経営科学OR用語大事典

森村英典／刀根 薫／伊理正夫
［監訳］

Encyclopedia of Operations Research
and Management Science

朝倉書店

ENCYCLOPEDIA OF OPERATIONS RESEARCH AND MANAGEMENT SCIENCE

Edited by

Saul I. Gass

Carl M. Harris

Translation and Adaptation of the first English language edition, Copyright ©1996 by Kluwer Academic Publishers
Boston, Massachusetts, USA.
Japanese translation rights arranged with Kluwer Academic Publishers through Tuttle-Mori Agency, Inc., Tokyo.

監訳者序

　オペレーションズ・リサーチ（Operations Research ＝ OR）と経営科学（Management Science ＝ MS）は約 50 年前に誕生し，以来急速な発展を遂げてきた分野である．理論と応用にとって豊饒の地と称しても過言でないほどの可能性をもっている．さまざまな問題に即してモデルが構築され，それを解くためにアルゴリズムが作られ，それをもとに現実への適用がなされるという好循環がたゆみなく続いている．モデル，アルゴリズム，アプリケーションというトロイカは OR/MS の発展を支える 3 つの重要な要素である．なかでも数理計画モデルと確率モデルは OR/MS の生んだ 2 大傑作であろう．今日多くの計画や決定がこれらのモデルを基になされており，現代社会のソフトな基盤として揺るぎない地位を得ている．またアルゴリズムの面でもコンピュータの進歩と相まって著しい発展を遂げている．このような傾向は今後も続くものと思われる．OR/MS は閉じた世界で展開されたわけではない．計算機科学，情報処理，工学，数学，経営学，会計学，理財学，政策科学等との緊密な連携のもとにダイナミックな研究開発が今日も行われている．これからますます重要視されている地球環境，医療保険，情報通信の諸問題に対しても地球規模の展開が期待されている．

　本書はそのような OR/MS の百科事典として S. I. Gass, C. M. Harris の両博士が中心となって編纂したものである．項目の選定に当たっては理論，算法，応用，歴史の各面に周到な配慮がなされている．また執筆者としては米国を中心とした OR/MS 学会である Institute for Operations Research and the Management Sciences (INFORMS) から主要なメンバーが参加している．執筆者による 1 次原稿は複数の査読者によって加筆修正された後に採択されるという過程をへている．いくつかの分野ではその分野の開拓者自身が執筆している．文字どおり米国を中心とした OR/MS の総力をあげた成果といえるであろう．原書の出版からほどなく，わが国の関係者の間から本書の翻訳が要望されるにいたった．そこで㈳日本オペレーションズ・リサーチ学会の中堅と若手が中心となって翻訳がなされた．本書の出版はある意味で日本 OR 学会の成果といえるであろう．本書がわが国における経営科学と OR の研究や普及のために活用されることを願う次第である．

1998 年 11 月

森村英典・刀根　薫・伊理正夫

監訳者

森村　英典　東京工業大学名誉教授
刀根　薫　政策研究大学院大学政策研究科教授
伊理　正夫　中央大学理工学部教授

編集者 （五十音順）

大山　達雄　政策研究大学院大学政策研究科
腰塚　武志　筑波大学社会工学系
今野　浩　東京工業大学大学院社会理工学研究科
高橋　幸雄　東京工業大学大学院情報理工学研究科
田口　東　中央大学理工学部
福川　忠昭　慶應義塾大学理工学部
伏見　正則　東京大学大学院工学系研究科
森　雅夫　東京工業大学大学院社会理工学研究科
森戸　晋　早稲田大学理工学部

翻訳者 （五十音順）

青木　武典　日本大学商学部
浅野　孝夫　中央大学理工学部
飯田　耕司　防衛大学校応用物理学教室
飯田　哲夫　東京工業大学大学院社会理工学研究科
伊倉　義郎　サイテック・ジャパン
池辺　淑子　東京理科大学工学部
今井　桂子　中央大学理工学部
岩田　覚　大阪大学大学院基礎工学研究科
上田　徹　成蹊大学工学部
梅室　博行　東京工業大学大学院社会理工学研究科
大澤　義明　筑波大学社会工学系
太田　敏澄　電気通信大学大学院情報システム学研究科
大西　匡光　大阪大学大学院経済学研究科
大屋　隆生　財団法人電力中央研究所情報研究所
大山　達雄　政策研究大学院大学政策研究科
片岡　靖詞　防衛大学校情報工学科
片山　隆仁　防衛庁航空幕僚監部防衛部
片山　直登　流通経済大学流通情報学部
金沢　孝　慶應義塾大学理工学部
河合　一　鳥取大学工学部
木嶋　恭一　東京工業大学大学院社会理工学研究科

岸本　一男　筑波大学社会工学系
木瀬　洋　京都工芸繊維大学工芸学部
紀　一誠　日本電気株式会社C＆Cメディア研究所
久野　誉人　筑波大学電子・情報工学系
栗田　治　慶應義塾大学理工学部
河野　宏和　慶應義塾大学大学院経営管理研究科
腰塚　武志　筑波大学社会工学系
古藤　浩　東北芸術工科大学デザイン工学部
今野　浩　東京工業大学大学院社会理工学研究科
齋藤　司郎　防衛庁統合幕僚会議事務局
逆瀬川浩孝　早稲田大学理工学部
阪田省二郎　電気通信大学電気通信学部
猿渡　康文　筑波大学社会工学系
椎塚　久雄　工学院大学工学部
柴　直樹　東京工業大学大学院社会理工学研究科
新　誠一　東京大学工学部附属総合試験所
新村　秀一　成蹊大学経済学部
鈴木　敦夫　南山大学経営学部
鈴木　和幸　電気通信大学電気通信学部
鈴木　賢一　東北大学経済学部
鈴木　勉　筑波大学社会工学系

関谷	和之	静岡大学工学部	伏見	正則	東京大学大学院工学系研究科
曹	徳弼	東京工業大学大学院社会理工学研究科	牧野	光則	中央大学理工学部
高井	英造	静岡大学人文学部	牧本	直樹	筑波大学大学院経営政策科学研究科
高橋	真吾	千葉工業大学工学部	松井	知己	東京大学大学院工学系研究科
高橋	徹	防衛庁情報本部	松井	泰子	東海大学理学部
高橋	幸雄	東京工業大学大学院情報理工学研究科	真鍋龍太郎		文教大学情報学部
高橋	敬隆	日本電信電話株式会社 マルチメディアネットワーク研究所	三浦	英俊	明海大学不動産学部
田口	東	中央大学理工学部	武藤	滋夫	東京工業大学大学院社会理工学研究科
竹原	均	筑波大学社会工学系	村松	正和	上智大学理工学部
田中	環	弘前大学理工学部	室田	一雄	京都大学数理解析研究所
玉置	久	神戸大学工学部	森	雅夫	東京工業大学大学院社会理工学研究科
田村	明久	電気通信大学電気通信学部	柳浦	睦憲	京都大学大学院情報学研究科
土谷	隆	文部省統計数理研究所予測制御研究系	矢部	博	東京理科大学理学部
寺野	隆雄	筑波大学大学院経営システム科学専攻	山上	伸	東京ガス株式会社リビング企画部
中里	宗敬	青山学院大学国際政治経済学部	山田	茂	鳥取大学工学部
中山	弘隆	甲南大学理学部	山田	善靖	東京理科大学理工学部
西野	寿一	慶應義塾大学理工学部	吉瀬	章子	筑波大学社会工学系
原	潔	日本ユニシス株式会社情報技術部	若山	邦紘	法政大学工学部
椛々木規雄		慶應義塾大学理工学部	渡辺	勇	財団法人電力中央研究所情報研究所
平林	隆一	東京理科大学工学部	渡辺	隆裕	岩手県立大学総合政策学部
福川	忠昭	慶應義塾大学理工学部			

(98年11月現在)

前書き

「経営科学OR用語大事典」の目標は，産業界，行政，学界において意思決定や問題解決に携わる人々に，意思決定に役立つ優れたオペレーションズ・リサーチと経営科学（OR/MS）の広い範囲のアイデアや手法，そしてさまざまな分野を集めて統合する総合力の包括的な概観を提供することである．このため，われわれは国際的に著名な研究者や実務家のグループの協力を得て，それぞれの方の得意とする題目について執筆をしていただいた．

監修者は，事典編集委員会の協力の下で，OR/MSを調査して，全部を集めれば基礎も応用も包含し，かつこの絶えず変化している分野のいかなる項目もどこかに現れるように，具体的な項目分割を行った．また，OR/MSは，他の科学の助けも借りながらこれまで維持され発展してきたのであるが，特に計算機科学，情報処理，数学との共生的な関係に力点を置いて，その密接な連携も明らかにしたいと考えた．OR/MSを幅広く眺めながら，われわれは，185の主要な解説的項目を選び出し，それらをさまざまな項目すなわち，記述，議論，定義および略語などで補完することとした．項目間の関連は，各項目の最後に参照（⇒）として適宜書き加えることではっきりさせている．読者は，大局的な見方や視点の多様性を与えるので，異なる執筆者によるそのような議論には価値があると感じられると思う．

この「大事典」のこれからの読者は，専門という面から見れば，拡散し広くなるであろう．いかに意思決定を下すかということについての科学，技術およびアイデアを取り入れたい誰もが読者になる．このような読者には，多くの職業，教育的背景，技能の人々が含まれているので，記述の形式，体裁，範囲には気を使った．それで，各項目は，それらすべての読者にとって最初の情報源となりうるように構想が立てられた．特に学生の要求には重点的に応えるように配慮している．各項目には，その話題の背景や歴史を盛り込み，関連する応用や現在および将来の展望を書き，将来の発展の基礎となる今日的な文献をあげている．多様な解説があるようにしたいので，それぞれの題材が研究と応用された全体像の両面から解説されるよう，各執筆者にお願いした．また，執筆に際しては，その話題にとって「標準」と考えられる数学記号を使用することは許されている．紙面の制約から，われわれは各執筆者にほぼ同じ分量で書いていただくように依頼した．しかしながら，この制約は抑止的なものであることがわかったので，ある種の編集上の制約は押しつけたものの，各項目の説明上の題材や参考文献の広さと詳しさの程度は執筆者にお任せした．

この「大事典」には，歴史的な題材，特にOR/MSの発展に影響を及ぼした団体に関する事柄は収録してある．しかしながら，われわれはORとMSの歴史を主要項目としては取り上げていない．これらの話題は容易に得られる文献中で十分に述べられているからで

ある．たとえば，「オペレーションズ・リサーチ」誌に掲載された1987年のJoseph F. McCloskeyの論文「オペレーションズ・リサーチの始まり：1934-1941」(35巻1号143ページ～152ページ)，「英国における第二次世界大戦中のオペレーションズ・リサーチ」(35巻3号453ページ～470ページ)，「米国における第二次世界大戦中のオペレーションズ・リサーチ」(35巻6号910ページ～925ページ)，および1984年の同誌に掲載されたHarold Lardnerの論文「オペレーションズ・リサーチの起源」(32巻2号465ページ～475ページ)を参照されたい．

この「大事典」には，オペレーションズ・リサーチと経営科学を定義する項目はない．ORとMSはしばしば互いに同一視されている．もし，それらを，そこで利用されている手法で定義しようとするならば，おそらく同じと見なされるであろう．しかし，もしそれらを歴史的な発展とそれらが包含する問題の種類によって定義しようとすると，同一であるという見方はやや曖昧になる．形式主義的にいえば，ORは第二次世界大戦中の英国と米国の軍隊における作戦上の問題から発生した．それは，手法的，算法的には，(とりわけ)線形計画法，ゲーム理論，動的計画法，離散事象シミュレーション，およびディジタル計算機の戦後の発達によって豊富になった．また，戦前の時代から発展してきたいくつものアイデアや問題の型がこの分野に付け加えられた．この中には，在庫理論，待ち行列論，マルコフモデル，最適化の基礎的方法が含まれている．初期(1950年代)のORの実務家たちは，その原理や技法を適用して産業界におけるいろいろな作業についての問題を解き，大きな成功を得た．まもなく，ORは1つの科学的分野として認知され，経営や組織，財務分析や公共政策などの広範囲な計画や戦術的な事項を研究し解決するために利用されるようになった．これを見て，ORに似たそしていくぶん重なるやり方でMSは始まり，繁栄した．

しかし，ORとMSの定義をしようと思えば，容易にできる．ORは次のように定義できよう．(1) オペレーションズ・リサーチとは，産業，企業，防衛などにおける人間，機械，資源，資金を含む巨大なシステムの方向付けや経営に関して生ずる複雑な諸問題に対する科学的な方法の応用である．(2) オペレーションズ・リサーチとは，人間-機械系の最良の設計と運用はどのようにすべきかを決める科学である．(3) オペレーションズ・リサーチとは，決定のための数量的な根拠を執行部門に提供する科学的方法である．また，MSは次のように定義できる．(1) 経営科学とは，経営の決定に対する科学的な方法や原理の適用である．(2) 経営科学とは，経営と組織の決定問題を解決するための数量的方法の利用である．まとめていえば，ORとMSは，作業の過程，意志決定，経営についての科学と考えてよいであろう．とはいえ，われわれの好みに合ったOR/MSの定義は，正にこの「大事典」に取り上げられた題材の全体によって与えられている．

われわれは，この「経営科学OR用語大事典」のすべての寄稿者のご努力およびわれわれと出版社に対して与えられたご協力とご支援さらにはその忍耐に対して，御礼を申し上げたい．この大事典の最初の構成におけるご援助と原稿査読などのその後のご努力では，編集委員会に負うところが大きく，彼らに深く感謝したい．Kluwer Academic Publishersの編集者とスタッフたちの，この大事典の発展と刊行への取り組みは正にプロそのものであった．われわれの感嘆と感謝はこれら関係者のすべてに棒げられる．

この「経営科学OR用語大事典」は，われわれ監修者の責任であることを明記したい．範囲，話題，題材の最終決定はわれわれが行った．読者が感じるかもしれない（編集上，取捨選択，強調，事実の）どんな欠点もわれわれの責任である．それで，この大事典のすべての点についてのご批評とご指摘を心から望んでいる．どうか，それらを監修者にお寄せいただきたい．

　連絡先：Editor, Encyclopedia of Operations Research and Management Science,
　　　　　Kluwer Academic Publishers,
　　　　　101 Philip Drive, Assinippi Park, Norwell, Massachusetts, 02061, USA

監修者

Saul I. Gass
College of Business and Management
University of Maryland
College Park, Maryland

Carl M. Harris
School of Information Technology and Engineering
George Mason University
Fairfax, Virginia

ENCYCLOPEDIA OF OPERATIONS RESEARCH & MANAGEMENT SCIENCE

Editors: Saul I. Gass and Carl M. Harris

ADVISORY BOARD

Peter C. Bell
University of Western Ontario, Canada

U. Narayan Bhat
Southern Methodist University, USA

Judith S. Liebman
University of Illinois, Urbana-Champaign, USA

Olvi L. Mangasarian
University of Wisconsin, USA

Heiner Müller-Merbach
Universität Kaiserlautern, Germany

William P. Pierskalla
University of California, Los Angeles, USA

Stephen M. Pollock
University of Michigan, USA

Graham K. Rand
Lancaster University, England

Martin K. Starr
Columbia University, USA

Kaoru Tone
Saitama University, Japan

Harvey M. Wagner
University of North Carolina, Chapel Hill, USA

Warren E. Walker
The RAND Corporation, USA

執筆者一覧

Leonard Adelman, George Mason University, Virginia.
Susan Albin, Rutgers University, Piscataway, New Jersey.
Frank Alt, University of Maryland, College Park.
G. Anandalingam, University of Pennsylvania, Philadelphia.
J. Scott Armstrong, University of Pennsylvania, Philadelphia.
Jay E. Aronson, University of Georgia, Athens.
Thomas E. Baker, Chesapeake Decision Sciences, New Providence, New Jersey.
Osman Balci, VPI & SU, Blacksburg, Virginia.
Stephen J. Balut, The Institute for Defense Analyses, Alexandria, Virginia.
Steve Bankes, The RAND Corporation, Santa Monica, California.
Arnold Barnett, MIT, Cambridge, Massachusetts.
David. J. Bartholomew, London School of Economics and Political Science, England.
Frank M. Bass, University of Texas at Dallas.
Isabel Beichl, National Institute of Standards and Technology, Gaithersburg, Maryland.
Peter, C. Bell, University of Western Ontario, Canada.
Filmore Bender, MIAC, Nairobi, Kenya.
Javier Bernal, National Institute of Standards and Technology, Gaithersburg, Maryland.
Gabriel R. Bitran, MIT, Cambridge, Massachusetts.
John L. G. Board, London School of Economics and Political Science, England.
Lawrence Bodin, University of Maryland, College Park.
Paul T. Boggs, National Institute of Standards and Technology, Gaithersburg, Maryland.
Percy H. Brill, University of Windsor, Canada.
Robert G. Brown, Materials Management Systems, Vermont.
James R. Buck, University of Iowa, Iowa City.
Dennis M. Buede, George Mason University, Virginia.
Laura I. Burke, Lehigh University, Bethlehem, Pennsylvania.

Richard M. Burton, Duke University, Durham, North Carolina.
Kenneth Chelst, Wayne State University, Detroit, Michigan.
Dilip Chhajed, University of Illinois, Champaign.
Clyde Chittister, Carnegie Mellon University, Pittsburgh.
Nastaran Coleman, TRW, Fairfax, Virginia.
Sue A. Conger, Southern Methodist University, Dallas, Texas.
William W. Cooper, University of Texas at Austin.
Richard W. Cottle, Stanford University, Stanford, California.
Sriram Dasu, University of California, Los Angeles.
James A. Dewar, The RAND Corporation, Santa Monica.
Ralph L. Disney, Texas A & M University, College Station.
James S. Dyer, University of Texas at Austin.
Joseph G. Ecker, RPI, Troy New York.
Jonathan Eckstein, Rutgers University, New Brunswick, New Jersey.
Richard W. Eglese, Lancaster University, England.
Jehoshua Eliashberg, University of Pennsylvania, Philadelphia.
Joseph H. Engel, Bethesda, Maryland.
Stuart Eriksen, University of California, Irvine.
Gerald W. Evans, University of Louisville, Kentucky.
Authony V. Fiacco, George Washington University, Washington, DC.
Martin Fischer, MITRE Corporation, Reston, Virginia.
Peter Fishburn, AT & T Bell Laboratories, New Jersey.
Gene H. Fisher, The RAND Corporation, Santa Monica, California.
Charles D. Flagle, Johns Hopkins University, Baltimore, Maryland.
Leonard Fortuin, Eindhoven University of Technology, The Netherlands.
Richard L. Francis, University of Florida, Gainesville.
Lindaa Weiser Friedman, Baruch College of the City

University of New York.
John A. Friel, The RAND Corporation, Santa Monica, California.
Tomas Gal, Furnuniversitaet, Germany.
Roberto D. Galvão, Federal University of Rio De Janeiro.
Viviane Gascon, College militairè royal de St.-Jean, Québec.
Saul I. Gass, University of Maryland, College Park.
Denos C. Gazis, IBM Research, Yorktown Heights, New York.
Arthur M. Geoffrion, University of California, Los Angeles. California.
Fred Glover, University of Colorado, Boulder.
Paul Gray, Claremont Graduate School, California.
Harvey J. Greenberg, University of Colorado, Denver.
Irwin Greenberg, George Mason University, Virginia.
Donald Gross, George Washington University, Washington, DC.
Thomas R. Gulledge, George Mason University, Virginia.
Robert W. Haessler, University of Michigan, Ann Arbor.
Yacv Y. Haimes, University of Virginia, Charlottesville.
Leslie Hall, Johns Hopkins University, Baltimore, Maryland.
Carl M. Harris, George Mason University, Virginia.
Dean S. Hartley, Oak Ridge National Laboratory, Tennessee.
Arnoldo C. Hax, MIT, Cambridge, Massachusetts.
James C. Hearn, University of Georgia, Athens.
Sidney W. Hess, Drexel University, Philadelphia, Pennsylvania.
Daniel P. Heyman, Bell Communications Research, New Jersey.
Frederick S. Hiller, Stanford University, Stanford, California.
James K. Ho, University of Illinois - Chicago.
Karla L. Hoffman, George Mason University, Virginia.
Clyde W. Holsapple, University of Kentucky, Lexington.
James P. Ignizio, University of Virginia, Charlottesville.
Richard H. F. Jackson, National Institute of Standards and Technology, Gaithersburg, Maryland.
Kamlesh Jain, University of Maryland, College Park.
John J. Jarvis, Georgia Institute of Technology, Atlanta.
Jianmin Jia, University of Texas at Austin.
Sharon A. Johnson, WPI, Worcester, Massachusetts.
Albert Jones, National Institute of Standards and Technology, Gaithersburg, Maryland.
Gerald Kahan, McCormick and Company, Sparks, Maryland.
Bharat K. Kaku, University of Maryland, College Park.
Gurumurthy Kalyanaram, University of Texas at Dallas.

Edward H. Kaplan, Yale University, Connecticut.
Harry H. Kelejian, University of Maryland, College Park.
L. Robin Keller, University of California, Irvine.
Alan J. King, IBM, Yorktown Heights, New York.
Jack P. C. Kleijnen, Tilburg University, The Netherlands.
Howard W. Kreiner, Center for Naval Analyses (retired), Virginia.
Ramayya Krishnan, Carnegie Mellon University, Pittsburgh.
Roman Krzysztofowicz, University of Virginia Charlottesville.
Shaul P. Ladany, Ben Gurion University, Israel.
Richard C. Larson, MIT, Cambridge, Massachusetts.
Kathryn Blackmond Laskey, George Mason University, Virginia.
Eugene L. Lawler, University of California, Berkeley (deceased).
Pierre Ecuyer, Université de Montréal, Canada.
Reuven R. Levary, Saint Louis University, Missouri.
Bernard Levin, Rockville, Maryland.
Matthew J. Liberatore, Villanova University, Pennsylvania.
Gary L. Lilien, Pennsylvania State University, University Park.
Andrew G. Loerch, U.S. Army, Washington, DC.
John R. Lough, University of Georgia, Athens.
Timothy J. Lowe, University of Iowa, Iowa City.
William F. Lucas, Claremont Graduate School, California.
Michael Magazine, University of Cincinnati, Ohio.
Thomas L. Magnanti, MIT, Cambridge, Massachusetts.
Nicolas S. Majluf, MIT, Cambridge, Massachusetts.
Andre Z. Manitius, George Mason University, Virginia.
Michael D. Maltz, University of Illinois, Chicago.
William G. Marchal, University of Toledo, Ohio.
Carl D. Martland, MIT, Cambridge, Massachusetts.
Richard O. Mason, Southern Methodist University, Dallas, Texas.
Christina M. Mastrangelo, University of Virginia, Charlottesville.
Zbigniew Michalewicz, University of North Carolina, Charlotte.
Douglas Miller, George Mason University Virginia.
Hugh J. Miser, Farmington, Connecticut.
Douglas C. Montgomery, Arizona State University, Tempe.
Richard C. Morey, Cornell University, Ithaca, New York.
Heiner Müller-Merbach, Universität Kaiserslautern, Germany.
Frederic H. Murphy, Temple University, Philadelphia.
Katta G. Murty, University of Michigan, Ann Arbor.

Steven Nahmias, Santa Clala University, California.
Stephen G. Nash, George Mason University, Virginia.
Marcel F. Neuts, University of Arizona, Tucson.
Børge Obel, Odense University, Denmark.
Manfred Padberg, New York University, New York.
John C. Papageorgiou, University of Massachusetts, Boston.
Chad Perry, Queensland Institute of Technology, Australia.
William P. Pierskalla, University of California, Los Angeles.
Donald R. Plane, Rollins College, Winter Park, Florida.
Roman A. Polyak, George Mason University, Virginia.
Israel Pressman, Baruch College of the City University of New York.
Ingmar R. Prucha, University of Maryland, College Park.
Luis Rabelo, Ohio University, Athens.
John S. Ramberg, University of Arizona, Tucson.
Ramaswamy Ramesh, SUNY - Buffalo, New York.
Graham K. Rand, Lancaster University, England.
Arnold Reisman, Case Western Reserve University, Cleveland, Ohio.
Charles ReVelle, Johns Hopkins University, Maryland.
George P. Richardson, SUNY - Albany, New York.
Meir J. Rosenblatt, Washington University, Missouri.
Jonathan Rosenhead, London School of Economics and Political Science, England.
Richard E. Rosenthal, Naval Postgraduate School, Monterey, California.
Michael H. Rothkopf, Rutgers University, New Brunswick, New Jersey.
Reuven Y. Rubinstein, Technion Institute of Technology, Israel.
David M. Ryan, University of Auckland, New Zealand.
Thomas L. Saaty, University of Pittsburgh, Pennsylvania.
Andrew P. Sage, George Mason University, Virginia.
Rakesh K. Sarin, University of California, Los Angeles.
Siegfried Schaible, University of California, Riverside.
Marc J. Schniederjans, University of NebraskaLincoln.
David A. Schum, George Mason University, Virginia.
William Schwabe, The RAND Corporation, Santa Monica, California.
Alexander Shapiro, Georgia Institute of Technology, Atlanta.
Ramesh Sharda, Oklahoma State University, Stillwater.
Bala Shetty, Texas A & M University, College Station.
Douglas R. Shier, Clemson University, South Carolina.
Edward A. Silver, University of Calgary, Canada.
Ariela Sofer, George Mason University, Virginia.
Marius M. Solomon, Northeastern University, Boston, Massachusetts.
Kathryn E. Stecke, University of Michigan, Ann Arbor.
Ralph E. Steuer, University of Georgia, Athens.
William R. Stewart, Jr., College of William and Mary, Virginia.
Lawrence D. Stone, Metron, Inc., Reston, Virginia.
Todd Strauss, Yale University, Connecticut.
Susan Suchocki, Claremont Graduate School, California.
Francis Sullivan, SRC, Bowie, Maryland.
Lakshmi Sundaram, University of Georgia, Athens.
Edward A. Sykes, University of Virginia, Charlottesville.
Clayton J. Thomas, U. S. Air Force, Washington, DC.
Kaoru Tone, Saitama University, Japan.
Alan Tucker, SUNY - Stony Brook. New York.
Stanislav Uryasev, Brookhaven National Laboratory, New York.
Igor Ushakov, SOTAS, Rockville, Maryland.
Paul van Beek, Agricultural University, Wageningen, The Netherlands.
Luk Van Wassenhove, INSEAD, Fontainebleau, France.
Andrew Vazsonyi, University of San Francisco, California.
Eugene P. Visco, Office of Deputy Under Secretary of the Army, Washington, DC.
Mark A. Vonderembse, University of Toledo, Ohio.
Warren Walker, The RAND Corporation, Santa Monica, California.
Pearl Wang, George Mason University, Virginia.
Andrés Weintraub, Universidad de Chile, Chile.
Andrew B. Whinston, University of Texas at Austin.
Chelsea C. White, III, University of Michigan, Ann Arbor.
Yoram (Jerry) Wind, University of Pennsylvania, Philadelphia.
Christoph Witzgall, National Institute of Standards and Technology, Gaithersburg, Maryland.
Norman Keith Womer, University of Mississippi, University, Mississippi.
Carlos G. Wong-Martinez, Drexel University, Philadelphia, Pennsylvania.
R. E. D. Woolsey, Colorado School of Mines, Golden.
Xiaomei Xu, Case Western Reserve, Cleveland, Ohio.
Yuehwern Yih, Purdue University, Indiana.
Oliver S. Yu, SRI International, Menlo Park, California.
Fatemeh (Mariam) Zahedi, University of Wisconsin, Milwaukee.
Stavros A. Zenios, University of Pennsylvania, Philadelphia.
William T. Ziemba, University of British Columbia, Vancouver, Canada.
Stanley Zionts, SUNY - Buffalo, New York.

目 次

あ

アウトオブキルターアルゴリズム ……………1
アーク ……………1
アクティビティー ……………1
アクティビティー水準 ……………1
アクティビティー分析問題 ……1
厚さ ……………1
アフィン・スケーリングアルゴリズム ……………1
アフィン変換 ……………1
溢れ過程 ……………1
アベイラビリティ ……………2
アメリカOR学会 ……………2
アーラン ……………2
アーランC式 ……………2
アーランの損失モデル ……………2
アーランの待時モデル ……………2
アーランB式 ……………2
アーラン分布 ……………3
R管理図 ……………3
アルゴリズム ……………3
アローダイアグラム(矢線図) …3
安全性 ……………3
鞍点問題 ……………3

い

医学と医療 ……………4
意思決定 ……………6
意思決定支援システム ……7
意思決定者 ……………10
意思決定問題 ……………10
異種兵力間のランチェスター方程式 ……………10
1次結合 ……………10
1次の条件 ……………11
1次不等式 ……………11
1次方程式 ……………11
一般アーラン分布 ……………11
一般化有界変数問題 ……………11
遺伝アルゴリズム ……………11
遺伝子 ……………13
入替えヒューリスティック …13
因子分解型計画法 ……………13
インダストリアルエンジニアリングとOR ……………17
インプット・アウトプット係数 ……………19
インプット・アウトプット分析 ……………19

う

ウィルキンソン等価ランダム法 ……………19
ヴォーゲルの近似法 ……………19
ウォルフの2次計画アルゴリズム ……………19
宇宙 ……………20
右辺 ……………21
埋込み ……………21

え

影響ダイアグラム ……………22
栄養素問題 ……………22
エキスパートシステム ………22
SIMD ……………25
SCERT ……………25
A*アルゴリズム ……………25
ST ……………25
エータ・ファイル ……………25
エータ・ベクトル ……………26
$\bar{X}$管理図 ……………26
FTRAN ……………26
MIMD ……………26
MODI ……………26
エルゴード定理 ……………26
LDU行列分解 ……………26
LU行列分解 ……………26

お

ORMS学会 ……………27
OR/MSにおける情報システムとデータベース設計 ……………27
OR/MSの実践 ……………29
OR/MSの倫理学 ……………34
追越し ……………36
オイラー巡回路 ……………36
凹関数 ……………36
応答時間 ……………36
応用確率 ……………37
O記法 ……………37
オートメーション ……………37
オープン(開放型)ネットワーク ……………40

親問題 …………………… 40

か

解 ……………………………… 41
回帰分析 …………………… 41
解空間 ……………………… 43
海軍分析センター ………… 43
解析的戦闘モデル ………… 46
階層化意思決定法 ………… 46
階層的生産計画 …………… 53
階段構造 …………………… 56
改訂シンプレックス法 …… 57
開発ツール ………………… 57
外部列 ……………………… 57
ガウス-ジョルダンの消去法 … 57
ガウスの消去法 …………… 57
カオス ……………………… 57
下界値のある変数 ………… 57
価　格 ……………………… 57
価格付け …………………… 57
可逆マルコフ過程 ………… 57
拡散過程 …………………… 58
拡散近似 …………………… 58
確実性係数 ………………… 58
確実同値 …………………… 58
角状システム ……………… 58
確率過程 …………………… 58
確率計画 …………………… 58
確率数値解析 ……………… 61
確率制約 …………………… 61
確率制約条件付計画 ……… 61
確率積分変換法 …………… 61
確率的アルゴリズム ……… 62
確率的計画法 ……………… 62
確率的モデル化における分布
　の選択 …………………… 62
確率場 ……………………… 64
確率分布 …………………… 64
確率母関数 ………………… 64
確率密度関数 ……………… 64
確率モデル ………………… 64

確率モデルの行列解析法 …… 64
確率論的決闘 ……………… 68
隠れマルコフ連鎖 ………… 68
火災モデル ………………… 68
可視化 ……………………… 71
過剰達成変数 ……………… 73
可制御変数 ………………… 73
仮想現実 …………………… 73
価値関数 …………………… 73
カッティング・ストック(板
　取り)問題 ……………… 73
カット ……………………… 78
カット集合 ………………… 78
GERT ……………………… 78
稼働期間 …………………… 78
過渡解析 …………………… 79
カーマーカーのアルゴリズム … 79
カルーシュ-キューン-タッカ
　ー(KKT)条件 …………… 79
環境システム分析 ………… 79
干渉フロート ……………… 83
関数の鞍点 ………………… 83
間接費用 …………………… 83
間接列挙法 ………………… 83
ガントチャート …………… 83
感度分析 …………………… 85
ガンマ分布 ………………… 86
緩和問題 …………………… 86

き

木 …………………………… 86
擬凹関数 …………………… 86
機会コスト ………………… 86
幾何計画法 ………………… 86
企業戦略 …………………… 88
擬似多項式時間アルゴリズム
　…………………………… 93
技術係数 …………………… 93
記述モデル ………………… 93
基　底 ……………………… 93
基底解 ……………………… 93

基底逆行列 ………………… 94
基底に入るベクトル ……… 94
基底ベクトル ……………… 94
基底変数 …………………… 94
擬凸関数 …………………… 94
規範的モデル ……………… 94
基本掃き出し行列 ………… 94
逆行列 ……………………… 94
逆行列の積形式 …………… 94
救急サービス ……………… 94
吸収ノード ………………… 97
狭義準凹関数 ……………… 97
狭義準凸関数 ……………… 97
強双対性定理 ……………… 97
強多項式時間アルゴリズム … 97
共通価値入札モデル ……… 97
行ベクトル ………………… 98
業務管理 …………………… 98
行列幾何 …………………… 101
行列と行列代数 …………… 101
行列不参加 ………………… 104
極限分布 …………………… 104
局(所最)小点 ……………… 104
局所解 ……………………… 105
局所改善ヒューリスティック
　…………………………… 105
局所平衡方程式 …………… 105
局(所最)大点 ……………… 105
極　値 ……………………… 105
極値問題 …………………… 105
許容分析 …………………… 105
キルター条件 ……………… 105
銀行業務 …………………… 105

く

空軍作戦分析 ……………… 109
くじ ………………………… 112
区分線形関数 ……………… 112
組合せ/整数最適化 ……… 112
組合せ的爆発 ……………… 118
組合せ理論 ………………… 118

クラスカルのアルゴリズム　*120*
クラスター分析　……………*120*
クラッシュコスト　…………*124*
クラッシュタイム　…………*124*
グラフ　………………………*124*
グラフ理論　…………………*124*
クラメルの規則　……………*126*
クリティカルアクティビティ
　ー　………………………*127*
クリティカルパス　…………*127*
クリティカルパス法　………*127*
クリー−ミンティーの問題　…*127*
クルースケジューリング　…*127*
グループ意思決定　…………*127*
グループ意思決定のための計
　算機技術　………………*133*
軍事 OR　……………………*134*

け

経営科学学会　………………*138*
経済学　………………………*138*
経済的発注量　………………*144*
計算幾何学　…………………*144*
計算機科学と OR　…………*149*
計算複雑度　…………………*152*
系滞在時間　…………………*155*
計量経済　……………………*155*
経路（パス）　………………*157*
経路改善発見的解法　………*157*
経路構築発見的解法　………*157*
結婚問題　……………………*157*
決定木　………………………*158*
決定分析　……………………*160*
決定変数　……………………*164*
決定論型戦闘モデル　………*164*
決定論的モデル　……………*164*
結論部　………………………*164*
ゲーミング　…………………*164*
ゲームの鞍点　………………*166*
ゲーム理論　…………………*167*
限界価値（費用）　…………*171*

研究開発　……………………*172*
建設応用　……………………*176*
現地分析　……………………*178*
限定基底入場規則　…………*181*
限定合理性　…………………*181*
ケンドールの記号　…………*181*

こ

公共政策分析　………………*182*
航空産業　……………………*183*
広　告　………………………*186*
交　差　………………………*188*
構造化モデリング　…………*189*
構造変数　……………………*192*
後退連鎖　……………………*192*
後着順　………………………*192*
交通解析　……………………*192*
高等教育　……………………*197*
勾配ベクトル　………………*200*
高負荷近似　…………………*201*
後方再帰時間　………………*201*
候補ルール　…………………*201*
効用理論　……………………*201*
小売業　………………………*204*
効率性　………………………*206*
効率的な解　…………………*206*
国際 OR 学会連合　…………*206*
国際応用システム分析研究所
　……………………………*206*
国際数理計画法学会　………*206*
故障率関数　…………………*206*
コックス型分布　……………*207*
固定費用問題　………………*207*
異なるパス　…………………*207*
コミュニティの OR　………*207*
ゴモリー・カット　…………*207*
ゴルダンの定理　……………*207*
コルモゴロフの後退方程式
　……………………………*207*
コルモゴロフの前進方程式
　……………………………*207*

混合整数計画問題　…………*207*
混合ネットワーク　…………*207*
混合問題　……………………*207*
混雑システム　………………*208*

さ

最悪ケース分析　……………*209*
最急降下法　…………………*209*
サイクル　……………………*209*
在庫モデル　…………………*209*
最小（最大）実行可能解　……*214*
最小全域木問題　……………*214*
最小値　………………………*214*
最小費用ネットワークフロー
　問題　……………………*214*
彩色数　………………………*214*
再生過程　……………………*214*
再生点　………………………*215*
最早開始時間　………………*215*
最早終了時間　………………*215*
最大値　………………………*215*
最大マッチング問題　………*215*
最大流・最小カット定理　…*216*
最大流ネットワーク問題　…*216*
最短ルート問題　……………*216*
最遅開始時間　………………*216*
最遅終了時間　………………*216*
最長経路問題　………………*216*
最適化　………………………*216*
最適化のための代数的モデリ
　ング言語　………………*216*
最適実行可能解　……………*219*
最適性判定条件　……………*219*
最適値　………………………*219*
最適値関数　…………………*219*
サイバネティクス　…………*219*
サービスシステム　…………*224*
三角行列　……………………*224*
産業への応用　………………*224*

し

シェル …………………229
時間追いかけ型シミュレーション …………………229
時間費用トレードオフ ……229
時系列分析 …………………229
資源集約 ……………………233
次元の呪い …………………233
資源の利用効率管理 ………233
資源平滑化 …………………233
資源平準化 …………………233
自己双対パラメトリック・アルゴリズム …………………233
事後(ポスト・オプティマル)分析 …………………233
資材所要量計画 ……………233
事象追いかけ型シミュレーション …………………234
辞書式順序付け ……………234
辞書式に正(負)のベクトル …………………234
指数オーダー(時間)アルゴリズム …………………234
指数到着 ……………………234
指数平滑法 …………………234
システム ……………………236
システムダイナミクス ……236
システムの信頼性 …………240
システム分析 ………………243
施設配置 ……………………253
施設レイアウト ……………256
事前の予測 …………………260
実行可能解 …………………260
実行可能基底 ………………260
実行可能基底解 ……………260
実行可能領域 ………………260
実行不可能解 ………………260
実施 …………………………260
シナリオ ……………………261
資本予算 ……………………261

シミュレータ ………………264
シミュレーテッド・アニーリング法(やきなまし法) …………………264
自明でない解 ………………267
自明な解 ……………………267
射影行列 ……………………267
ジャクソンネットワーク …267
弱連結システム ……………267
ジャストインタイム生産方式 …………………268
射線 …………………………268
集合の方向 …………………268
集合被覆問題 ………………268
集合分割問題 ………………268
習熟 …………………………268
習熟曲線 ……………………270
囚人のジレンマゲーム ……273
集団待ち行列 ………………273
自由フロート ………………273
自由変数 ……………………273
主-双対アルゴリズム ………273
出生死滅過程 ………………273
出発実行可能解 ……………274
出力過程 ……………………274
主問題 ………………………274
準凹関数 ……………………274
巡回 …………………………274
巡回セールスマン問題 ……274
巡回防止ルール ……………277
準可逆性 ……………………278
循環型待ち行列 ……………278
循環サービス規律 …………278
準凸関数 ……………………278
乗数ベクトル ………………278
冗長化 ………………………278
冗長な制約 …………………279
ジョブショップ・スケジューリング …………………279
処方箋的モデル ……………286
人工知能 ……………………286

人工変数(人為変数) ………289
真彩色 ………………………289
シンプレックス ……………289
シンプレックス・タブロー …………………289
シンプレックス法 …………289
新聞売り子問題 ……………290
信頼性 ………………………290
信頼度関数 …………………290

す

錐 ……………………………291
推移確率 ……………………291
推移関数 ……………………291
推移行列 ……………………291
水準曲線 ……………………291
推論 …………………………291
推論エンジン ………………291
推論知識 ……………………291
枢軸行 ………………………291
枢軸選択規則 ………………292
枢軸要素 ……………………292
枢軸列 ………………………292
数値解析 ……………………292
数理計画システム …………295
数理計画法 …………………295
数理計画問題 ………………295
数理モデル …………………295
SCOOP 計画 …………………296
スケジューリングと順序付け …………………296
スケーリング ………………300
スコア関数 …………………300
スタイナー木問題 …………302
スティグラーの栄養素問題 …………………303
砂表戦闘モデル ……………303
スプライン関数 ……………303
スプレッドシート …………305
スポーツ ……………………308
スラックベクトル …………312

スラック変数 ……………312

せ

制御不能な変数 ……………312
制御理論 ……………………312
政策評価 ……………………316
生産管理 ……………………318
政治学 ………………………323
斉時的確率過程 ……………325
整数計画問題 ………………325
整数目標計画法 ……………325
正則行列 ……………………325
正当性の検証 ………………325
制　約 ………………………325
制約想定 ……………………326
制約付き最適化問題 ………326
制約なし解 …………………326
制約なし最適化 ……………326
世界モデル …………………329
積形式解 ……………………330
石油化学産業 ………………330
設計と制御 …………………332
接続する ……………………333
切断問題 ……………………333
摂　動 ………………………333
摂動法 ………………………333
セミマルコフ過程 …………333
0-1 目標計画 ………………333
ゼロ行列 ……………………333
ゼロ和 ………………………333
ゼロ和ゲーム ………………333
全域木 ………………………333
線形計画法 …………………333
線形汎関数 …………………337
線形分数計画問題 …………337
先行図表 ……………………337
選好理論 ……………………337
潜在価格 ……………………340
染色体 ………………………340
全整数計画問題 ……………340
戦争ゲーム …………………340

選択戦略 ……………………341
選択理論 ……………………341
先着順 ………………………343
戦闘シミュレーション ……343
戦闘のモデル化 ……………343
戦闘モデル …………………347
線　分 ………………………347
前方再帰時間 ………………347
戦略的オプションの展開と分
　析 …………………………347
戦略的仮定の表面化とテスト
　……………………………347
戦略的選択 …………………348

そ

相型確率分布 ………………348
相型分布 ……………………350
総合的品質管理 ……………350
倉庫問題 ……………………355
双対シンプレックス法 ……356
双対線形計画問題 …………356
双対定理 ……………………356
相の方法 ……………………356
相補スラック定理 …………356
相補性条件 …………………356
相補性問題 …………………357
総余裕 ………………………360
疎行列 ………………………360
組織体 ………………………360
ソフトシステムズメソドロジ
　ィ …………………………365

た

大域的解 ……………………366
大域的最大値 (最小値) ……366
大域平衡方程式 ……………366
退　化 ………………………366
退化した解 …………………366
退化していない実行可能基底
　解 …………………………366
大規模システム ……………366

退去過程 ……………………367
ダイクストラの算法 ………368
対称型主双対問題 …………368
対称型ゼロ和 2 人ゲーム …369
対称行列 ……………………369
対称ネットワーク …………369
対話型最適化 ………………369
楕円体法 ……………………369
多項式階層 …………………369
多項式有界アルゴリズム …369
多次元輸送問題 ……………369
多重プライシング …………369
多属性効用理論 ……………370
多段階在庫システム ………372
多段階ロジスティック・シス
　テム ………………………372
タッカー・タブロー ………372
妥当性の検証 ………………372
多品種ネットワークフロー 372
多品種ネットワークフロー
　問題 ………………………372
タブーサーチ ………………374
ダミーアロー ………………381
多面集合の表現定理 ………381
多面体 ………………………381
多目的意思決定 ……………381
多目的計画法 ………………386
多目的線形計画問題 ………392
単位行列 ……………………392
単一サーバネットワーク …392
段　階 ………………………392
探　査 ………………………393
探索モデリング ……………393
探索理論 ……………………394
端　線 ………………………397
端線方向 ……………………397
ダンツィク-ウォルフの分解
　算法 ………………………397
端　点 ………………………398
端点解 ………………………398
端　末 ………………………398

ち

置換定理	398
知識獲得	398
知識技術者	398
知識ベース	398
チャップマン-コルモゴロフの等式	399
中国人の郵便配達人問題	399
中途離脱	401
超指数分布	401
超疎性	401
超平面	402
超立方体待ち行列モデル	402
直線	406
直列型待ち行列	406
直径	406
地理情報システム	406

つ

通信ネットワーク	409
通報優先順序	414
2フェーズシンプレックス法	414
詰込み問題	414

て

定期発注（または定期在庫調査）	415
定常確率過程	415
定常推移確率	415
定常分布	415
devex 掃出し	415
鉄道輸送（業務）	415
デュアルプレックス法	418
デルファイ法	418
点確率過程	420
点集合写像	421
天然資源	421
電力システム	425

と

同型グラフ	427
統計的平衡	427
等高線	427
同次1次方程式	427
同次解	427
同種兵力間のランチェスター方程式	428
到着過程	428
到着時点分布	428
動的計画	428
特異行列	430
特別順序集合	430
独立個人価値入札モデル	430
独立フロート	430
閉じたネットワーク	430
都市のサービス	430
図書館	433
凸1次結合行	435
凸関数	435
凸計画問題	435
凸結合	435
凸集合	435
凸錐	435
凸包	435
飛び石法	435
トラック積荷輸送	436
トラック派遣	436
トラヒック過程	436
トラヒック方程式	436
トラヒック密度	436
貪欲解法	436

な

内点	437
内点法	437
ナップサック問題	440

に

2階層（バイレベル）線形計画法	441
2次計画法	441
2次形式	447
2次整数計画	447
2次の条件	447
二者択一定理	447
2次割当て問題	447
2値変数	447
2部グラフ	447
入札モデル	448
入力過程	450
ニューラル・ネットワーク	450
任意時点分布	453
認識問題	453
認知写像	453

ね

ネットワーク	453
ネットワーク計画	453
ネットワーク最適化	457
ネットワークシンプレックス法	462
ネットワーク設計	462

の

農業と食品産業	463
ノード	465
ノード・アーク接続行列	465
ノードの次数	465

は

配送経路問題	466
排他的論理和ノード	470
ハイパーゲーム分析	470
バークの定理	470
バケーション時間	470
バケーションモデル	471
ハーシュの予想	471
PASTA	471
発展途上国	471

バッファー ……………472	費用勾配 ……………501	ブロック掃出し ………526
パート ………………472	費用分析 ……………501	フロート ……………526
ハミルトン巡回路 ……473	費用ベクトル …………503	プロトコル ……………526
パラメータ …………473	P^4 …………………504	分　枝 ………………527
パラメトリック解 ……473	ビールのタブロー ……504	分枝限定法 ……………527
パラメトリック計画法 …473	非割り込み …………504	文書化 ………………527
パラメトリック限界 …475	品質管理 ……………504	分数計画法 ……………528
パラメトリック線形計画法	ビン・パッキング問題 ……515	分離超平面定理 ………531
…………………476		
バリア関数と距離関数 …476	**ふ**	**へ**
パレート最適解 ………479	ファーカスの補題 ……519	平衡状態 ……………531
ハンガリア法 …………479	ファジィ集合 …………519	平衡分布 ……………531
半強準凹関数 …………479	VERT …………………521	平衡方程式 …………531
半強準凸関数 …………479	フィードバック型待ち行列 …521	平準化生産 ……………531
犯罪と司法 ……………479	フェーズⅠ手続き ……521	ベイズ意思決定理論，主観確
反　復 ………………484	フェーズⅡ手続き ……521	率と効用 …………532
	負荷率 ………………521	ベイズの定理 …………534
ひ	不均衡型輸送問題 ……522	平方根の法則 …………534
非アルキメデス的数 …485	複数の最適解 …………522	並列計算 ……………534
PERT …………………485	不定方程式系 …………522	ベクトル空間 …………537
非一様乱数 ……………485	ブートストラップ ……522	ヘッセ行列 ……………537
非基底変数 ……………485	部分価格付け …………522	ヘッセンベルグの行列 …537
非巡回ネットワーク …485	部分均衡方程式 ………522	別の最適解 ……………537
歪対称行列 ……………485	部分最適化 ……………522	辺 ……………………537
非ゼロ和ゲーム ………485	フライトルーチン ……522	変位行列 ……………537
非線形計画法 …………485	ブラウン運動 …………522	偏差変数 ……………537
非線形目標計画法 ……495	ブランドの巡回防止ルール	変数分離型関数 ………537
非対称型主双対問題 …495	…………………522	変数分離型問題 ………537
ビッグＭ法 ……………495	フーリエ-モツキンの消去法	ベンダーズの分解法 …537
BTRAN ………………495	…………………523	変動係数 ……………537
非負解 ………………495	プリムのアルゴリズム …523	変分法 ………………537
非負条件 ……………495	フレキシブル生産システム	
非補償的選択戦略 ……496	…………………523	**ほ**
100％規則 ……………496	フレーミング …………525	ポアソン過程 …………540
非有界最適解 …………496	フロー ………………525	ポアソン到着 …………540
ヒューリスティック手続き	プロジェクト管理 ……525	方向微分 ……………540
…………………496	プロスペクト理論 ……526	包絡分析法 ……………541
病　院 ………………496	プロセッサーシェアリング	ボーキング ……………545
費用行 ………………498	…………………526	北西隅の解 ……………545
費用係数 ……………498	プロダクションルール …526	保健管理システム ……545
費用効果分析 …………498	ブロック三角行列 ……526	補助変数 ……………548

xx　目次

保全 ……………………548
ポートフォリオ理論：平均-
　　分散 …………………548
ほとんど最適な解 ………553
ポラチェック-ヒンチンの公
　　式 ……………………553
ポーリングシステム ……553
ボロノイ図構成 …………553
ホーン節 …………………556

ま

前向き連鎖 ………………557
マーケティング …………557
待ち行列規律 ……………560
待ち行列推測エンジン …560
待ち行列ネットワーク …565
待ち行列の最適化 ………574
待ち行列理論 ……………574
待ち時間, 遅れ …………582
マッチング ………………582
マテリアルハンドリング …584
マルコフ確率場 …………587
マルコフ型経路選択 ……587
マルコフ過程 ……………587
マルコフ過程の生成作用素 …591
マルコフ決定過程 ………591
マルコフ再生過程 ………593
マルコフ性 ………………593
マルコフ連鎖 ……………593
丸め誤差 …………………597
満足化 ……………………597

み

水資源 ……………………597
未達成変数 ………………600
密度 ………………………600
密度関数 …………………600

む

無感度 ……………………600
無記憶性 …………………600

無向アーク ………………600
無制約変数 ………………600

め

メタゲーム分析 …………601
メタモデリング …………601
メニュー計画 ……………603

も

目的関数 …………………603
目標計画法 ………………603
目標制約 …………………605
モデル ……………………605
モデル構築者のリスク …605
モデル使用者のリスク …605
モデルの管理 ……………605
モデルの正当性の検証, 妥当性
　　の検証およびテスト
　　………………………608
モデルのテスト …………614
モデルの認定 ……………614
モデルの評価 ……………615
問題解決 …………………615
問題構造化法 ……………615
モンテカルロ法と分散減少法
　　………………………618

ゆ

唯一解 ……………………622
有界変数 …………………622
有界変数問題 ……………622
有限呼源 …………………622
有向グラフ ………………622
有効性の尺度 ……………622
有効制約 …………………622
有効でない制約 …………622
有効でない制約式 ………622
輸送シンプレックス法 …622
輸送問題 …………………623
輸送問題逆理 ……………623
ユニモジュラ(単模)行列

　　………………………623

よ

要員計画 …………………624
容量制約のある輸送問題 …625
余剰ベクトル ……………625
余剰変数 …………………625
予測 ………………………625
予測モデル ………………629

ら

ラグランジュ関数 ………630
ラグランジュ緩和 ………630
ラグランジュ乗数 ………630
ラプラス-スティルチェス変
　　換 ……………………630
ラプラス変換 ……………630
ランク(階数) ……………630
乱数生成法 ………………630
ランダムウォーク ………637
ランダム順 ………………637
ランチェスターの損耗 …637
ランチェスターの方程式 …637
RAND研究所 ……………640

り

利益等価定理 ……………646
陸軍を支えたOR機関 …646
離散時間マルコフ連鎖 …650
離散事象確率システムのシミ
　　ュレーション ………650
リスク ……………………656
リスク管理 ………………656
リスク事前評価 …………664
リッターの分割法 ………665
立地分析 …………………665
利得関数 …………………670
利得行列 …………………670
リトルの法則 ……………670
リプシッツ ………………671
流入頂点 …………………671

流入ノード ………………671
流量保存 …………………671
領域知識 …………………672
隣接する …………………672
隣接する端点 ……………672
隣接端点 …………………672
リンドレーの方程式 ………672

る

ルール ……………………672
ルール集合 ………………672
ルールの発火 ……………672

れ

零空間 ……………………673
列生成 ……………………673
列ベクトル ………………673
レベル横断法 ……………673
連携価値入札モデル ………675
連結グラフ ………………675
連鎖 ………………………675
レンジング ………………675
連続時間マルコフ連鎖 ……675

ろ

労働スケジュール …………676

ロジスティクス ……………676
ローゼンの分割法 …………679
ロバスト性解析 ……………679
論理プログラミング ………679
論理変数 …………………679

わ

割当て問題 ………………680
割り込み …………………680

| 索引 | 681 |

あ

アウトオブキルターアルゴリズム
out-of-kilter algorithm

最小費用ネットワークフロー問題（minimum cost network flow problem）を解くための特別の主-双対アルゴリズム（primal-dual algorithm）のこと．⇒最小費用ネットワークフロー問題．

アーク
arc

グラフまたはネットワークで，2つのノードをつなぐ辺（リンク）のこと．アークは通常の場合，向きがあるものをさす．

アクティビティー
activity

(1) 線形計画問題において，その値（水準）を計算する構造変数．⇒構造変数．(2) プロジェクトにおいて，特定の開始点，終了点および継続時間が付随しているアイテム．⇒ネットワーク計画，プロジェクト管理．

アクティビティー水準
activity level

線形計画問題において，最適解もしくは中間解において，構造変数がとる値のこと．⇒構造変数．

アクティビティー分析問題
activity-analysis problem

条件 $Ax \leq b$, $x \geq 0$ の下で，cx を最大化するという形式を満たす問題．ベクトル x の成分 x_j は，生産すべき製品の量を表す．資源ベクトル b の成分 b_i は，生産過程で利用可能な資源の量を表す．ベクトル c の成分 c_j は，1単位のアウトプット x_j に対応する価値（利益）を表し，技術行列 A の成分 a_{ij} は，第 j 製品を1単位生産する際に必要となる資源 i の量を表す．a_{ij} は技術係数，もしくは入出力（インプット・アウトプット）係数と呼ばれる．目的関数 cx は，全生産量の価値に関する何らかの尺度を表す．

厚　さ
thickness

グラフが互いに辺を共有しないような，平面部分グラフに分割される場合の平面部分グラフの最小個数をいう．⇒グラフ理論．

アフィン・スケーリングアルゴリズム
affine-scaling algorithm

線形計画法における，アフィン変換を用いた内点法のこと．プライマル・アフィン・スケーリング法の場合，標準形の問題は，現在の解を点 $(1, 1, \cdots, 1)$ に写像されるように変換される．しかるのちに，変換された空間の中の勾配ベクトルを射影したものを，符号を逆転させた方向に移動する．原空間における新たな解を求めるには，得られた点に逆アフィン変換を施せばよい．一方，双対アフィン変換法の場合には，もとの問題の双対問題を解く際に，双対スラック変数に対してアフィン変換を施し，上で述べたのと類似の考え方を用いる．⇒内点法，非線形計画法．

アフィン変換
affine transformation

1次変換を平行移動したもの．n 次元ベクトル空間のアフィン変換は，点 x に対してもう1つの点 $Ax+c$ を対応させる．ここで A は $n \times n$ 行列で，c は n 次元ベクトルである．

溢れ過程
overflow process

ある待ち行列サービスセンターあるいはノードに到着する客で，そこでサービスを受けない者が構成する点過程，もしくはマーク付き点過程．たとえば，到着過程は，窓口でサービスを受ける客がなす確率過程（つまり入力過程）と窓口でサービスを受けない客がなす溢れ過程の2つの確率過程から構成される．これらの区別は，容量が有限のノードをモデル化するときに必要である．⇒到着過程，入力過程，待ち行列理論．

アベイラビリティ

Availability

〈アベイラビリティ〉とは，システムの性質の1つであってシステムが意図された機能や仕事を時刻 t で遂行できる態勢にあることを要求しているものである（これはまた〈稼働可能性〉(readiness)とも呼ばれる）．アベイラビリティは明らかに，システムの主たる性質である信頼性と結びついている．アベイラビリティの主たる尺度は，いわゆる瞬時アベイラビリティ $A(t)$ であり，これは，システムが規定された時刻 t において動作可能な状態にある確率を意味する．

システムが動作しているかいないかを表している過程が，寿命(lifetime，すなわち故障までの時間) $\{X_i\}$ と修理時間 $\{Y_i\}$ の交代列で記述されているとしよう．このとき任意の時刻 t における瞬時アベイラビリティ(availability coefficient)は

$$A(t) = \Pr\{t \in X_i, i = 1, 2, \cdots\}$$

で与えられる．

定常過程，すなわち t が大変大きいところでは，定常アベイラビリティが

$$A = \lim_{t \to \infty} A(t) = \frac{E[X]}{E[X]+E[Y]}$$

で定義される．ここで，$E[\cdot]$ は期待値を示している．⇒システムの信頼性．

[Igor Ushakov/河合 一]

参 考 文 献

[1] Kozlov, B.A. and I.A. Ushakov (1970). *Reliability Handbook*. Holt, Rinehart and Winston, New York.
[2] Ushakov, I. A., ed. (1994). *Handbook of Reliability Engineering*. Wiley, New York.

アメリカOR学会

Operations Research Society of America (ORSA)

アメリカOR学会(Operations Research Society of America：ORSA)は1952年に設立された米国を代表するOR関連学会であった．1995年1月に経営科学学会(The Institute of Management Sciences, TIMS)と合併し，ORMS学会(The Institute for Operations Research and the Management Sciences：INFORMS)となった．ORSAの目的は，(1) 情報交換を通してのORの発展，(2) OR研究としての資質を判断するための専門的規準の確立とその維持，(3) ORの手法と技術の改善，(4) ORを学ぶ学生の支援と増強，(5) 役に立つORの応用，などであった．ORSAの時代には *Operations Research* (42 巻)を刊行してきた．他の刊行物(TIMSとの合同出版物も含む)もある．さらにORSAは国内大会(TIMSとの合同大会)，技法別の発表会，地域別の発表会などを開催してきた．また，ORSAは国際OR学会連合(International Federation of Operational Research Societies：IFORS)に対する米国を代表する学会であった．⇒ 経営科学学会．

アーラン

Erlang

電話通信ネットワークにおける混雑解析で用いられるトラヒック負荷率の単位．トラヒック負荷率というのは平均サービス時間当たりの平均到着数で，これは次元のない量であるが，アーランという単位をつけて表現される．⇒ 負荷率，待ち行列理論．

アーランC式

Erlang C formula

ポアソン到着，指数サービスで無限の待ちスペースがある複数窓口待ち行列システム M/M/c において，すべての窓口が塞がっている確率．⇒ 待ち行列理論．

アーランの損失モデル

Erlang loss model

ポアソン到着，指数サービスで待ちスペースのない複数窓口待ち行列システム M/M/c/c のこと．⇒ アーランB式，待ち行列理論．

アーランの待時モデル

Erlang delay model

ポアソン到着，指数サービスの複数窓口待ち行列システム M/M/c のこと．⇒ 待ち行列理論．

アーランB式

Erlang B formula

ポアソン到着，指数サービス，待ちスペースのない複数窓口待ち行列システム M/M/c/c において，すべての窓口が塞がっている確率．これは到着した客がシステムに入れない(ブロックされる)確率でもある．⇒ 待ち行列理論．

アーラン分布
Erlang distribution

連続分布で，正整数 k，正数 a を用いて，確率密度関数が $f(t)=a(at)^{k-1}e^{-at}/(k-1)!$ という形に書けるもの．定数 k は〈形のパラメータ〉(shape parameter)，a は〈尺度パラメータ〉(scale parameter) と呼ばれる．アーラン分布は形のパラメータが整数のガンマ分布である．⇒ ガンマ分布．

R 管理図
R-chart

標本範囲の変動を示す管理図．⇒ 品質管理，$\bar{X}$ 管理図．

アルゴリズム
algorithm

あるクラスの問題の解を求めるための計算手続き．⇒ 計算複雑度．

アローダイアグラム（矢線図）
arrow diagram

プロジェクト中のジョブコンポーネントとその相互関係を，アロー（矢印）を用いてグラフ的に表示したもの．アローダイアグラムは，ネットワークダイアグラムと呼ばれることもある．⇒ ネットワーク計画．

安全性
Safety

安全性は，あるシステムが人間あるいはその環境に対して危険な結果を招くことなしに動作できるという特性である．多くのシステム（たとえば，航空機，潜水艦，化学プラント，原子力発電所など）では，故障のいくつかは破局的な結果をもたらすこともありうる．このような場合，故障を定義するための適当な基準を選べば，安全性尺度は信頼性尺度に一致する．これらの尺度としては，事故が発生することなく正常に稼働する確率，事故が発生するまでの平均時間などがあろう．

ある場合には，（水力発電所や地震地帯における建物などの）システムの安全性が，自然の影響のみに左右されるものも考えられる．この場合，確率的尺度は不十分であり，外部の影響の所定水準の下での条件付き安全性を考える必要があろう．

しかし，多くのシステムは，事故が発生しなくても，理想的な条件の下でさえも有害なこともありうる．例として，種々の化学冶金プロセス，発電所，および有毒性物質により環境を汚染するようなシステムなどがあげられよう．

安全性を計量化するために，まず $f(t)$ を時間に関する有毒物質排出関数としよう．このようなシステムの有用な安全性尺度の1つは，ある決められた時間間隔 Δ に対して，

$$\int_t^{t+\Delta} f(t)\,dt \leq f^o$$

という条件であろう．ここで，閾値 f^o は所与とする．$f(t)$ で与えられる有害な結果を低減させるある減少プロセス $\phi(t)$ が存在すれば，適切な安全性尺度は

$$\int_t^{t+\Delta}[f(t)-\phi(t)]_+\,dt \leq f^o$$

となろう．ここで，$[\cdot]_+$ は括弧内の正の数値を表す．

多くの有害なプロセス（放射能の発出，二酸化物汚染など）は，時間とともに指数的に静まっていく．この場合，あてはまる安全性基準は，

$$\int_t^{t+\Delta} f(t)e^{-at}\,dt \leq f^o$$

となろう．ここで，パラメータ a は「回復」率を表す．

Rudenko and Ushakov (1989) と Ushakov (1994) は，ここで概説した問題，特に古典的信頼性モデルと安全性解析の関係についてより詳しく議論している．
⇒ 冗長化，システムの信頼性．

[Igor Ushakov／山田　茂]

参考文献
[1] Rudenko Yu. N. and I.A. Ushakov (1989). *Reliability of Power Systems* (in Russian), 2nd edition, edited by B.V. Gnedenko. Nauka, Novosibirsk.
[2] Ushakov I.A. ed. (1994). *Handbook of Reliability Engineering*. John Wiley, New York.

鞍点問題
saddle-point problem

数理計画問題：最小化 $f(x)$，条件 $\{g_i(x) \leq b_i\}$ に対して，鞍点問題は $F(x^0, y) \leq F(x^0, y^0) \leq F(x, y^0)$ なるベクトル x^0, y^0 を求めることである．ここで $F(x, y)$ はラグランジュ関数，$y \geq 0$ である．⇒ 関数の鞍点．

医学と医療

Medicine and Medical Practice

はじめに

オペレーションズリサーチの技術は，医療において治療サービスでの機材管理や経営の助けとしてだけでなく，疾病スクリーニング，診断および対症療法における意思決定，また医学教育にその用途が見いだされている．たくさんのオペレーションズリサーチとそれに関連する技術からの引用が医学関連の文献の中で見られ，それは合衆国国立医学図書館のオンライン MEDLARS システムの中でアクセスできる．初期の応用は現在医学界で盛んになっている新しい専門組織と論文誌を引き起こした．多くのオペレーションズリサーチの応用は，保健管理の広い分野へのコンピュータと通信技術を応用する「医療情報学」の類義項目として索引に載せられている．医学の文献におけるオペレーションズリサーチの位置付けを知るための簡単な原則がある．すなわち，ビジネスと産業界におけるオペレーションズリサーチは医学と保健管理における医療情報と同じ，というものである．両分野ともコンピュータと通信技術の潜在能力の開発に強い力点がおかれる．

いくつかの主要な伝統的オペレーションズリサーチの技術は医療看護への応用に影響力をもっている．その技術とは，確率モデル，コンピュータシミュレーション，数理計画法，そして決定分析である．そのいくつかの例を以下で説明する．

コンピュータシミュレーション，モンテカルロ法，確率モデル

コンピュータシミュレーション（computer simulation）は，初期の役割である複合確率過程の模倣を越えて拡大し，教育，研究，医療の開発に重要な役割を果たしている．シミュレーションと医学の両方を索引に載せている百以上のレビュー文献が，生理的過程の伝統的モンテカルロ法（Monte Carlo method）から3次元イメージ表現までの応用の幅を明らかにしている．コンピュータシミュレーションの利用例として，Roa and Gomez-Cia (1994) によるやけど治療手続きの開発がある．多くの応用例は治療問題のシミュレーションによって医学教育に充てられている．それはランダムに続発する診断と治療行為を通してか，反応する振る舞いを見せるイメージまたは人体解剖模型によるかであり，その動向はバーチャルリアリティに向いている．治療環境の教育努力としてのシミュレーション例には以下のようなものがある．心臓病看護での緊急事態の処理 (Tanner and Gitlow, 1991; Sajid et al., 1990; Bergeron and Greenes, 1989)，眼科治療看護 (Lonwe and Heiji, 1993)，放射線医師の訓練 (Martin, Bruidley, and Awad, 1993). 麻酔学におけるシミュレーションの利用は広範囲にわたり，それは何人かの著者によってレビューされている (Swank and Vahr, 1992; Garfield et al., 1992; Sciwa, 1992). シミュレーションを含むソフトウェアは連続した医学教育に利用可能である (Chiao, 1992).

医学の一領域として責務がある疫学の分野は，確率モデル (stochastic model) の構築とシミュレーションに引きつけられてきた．疫病の発生点，拡大，終息を知ることは原因となる主体とその伝染の方向性を認識し，予防策を評価するために欠くことのできないことである．疫病の複雑さとそれを制御するための介入はしばしば純粋数学的な分析を拒む．初期の数学的疫学の研究では，Bailey (1967) が時間的かつ空間的な疫病の成りゆきを確率過程モデルによって予測するためにコンピュータシミュレーションを使った．確率モデルとシミュレーションによる現在の例では，HIV/AIDS の疫学モデル (Bailey, 1991; Kaplan, 1991; Harris and Rattner, 1992; Kaplan and Brandeau, 1994) が見いだされる．集団の中での複合的な病気への感染しやすさの問題は Boylan (1991) によって取り掛かられた．

数理計画法 (mathematical programming)

治療戦略の最適化の機会は，企図する利益とそこに潜在する副作用との間の固有の交換関係の中に最も頻繁に現れる．放射線治療の例 (Rosen et al., 1991) では，目的は患部の回りの正常な組織への放射量の制約下で，患部への放射量を最大化することがある．洗練すれば，正常な組織への放射の制約パターンは，患部から正常な組織への距離の関数になる (Morrill et al., 1991).

核医学は，標的器官への集中放射が放射性元素減衰による減少率と時間の経過による強化の連立関数であることによる，非制約最適化の試みを紹介している．そこではスキャニングのための放射量と時間経過の両方が最適化できる (Emmons, 1968)．麻酔専門家の生産性を高めるため，動的計画法のモデルは，麻酔における最適な手続きの意思決定と自動化のために応用されている (Esogbue et al., 1976).

医学意思決定における決定分析

利得と損失の中でのトレードオフの考え方は，スクリーニングと治療診断の不確実な環境での意思決定のもとで存在し続けている．すなわちまったく症例が失われている場合の費用（否定的誤り）は，現在のところはその条件が揃わない場合として意味付けする費用（肯定的誤り）で考え比べられる．ベイズ決定理論での解探索の一般的形式，それは，予期される無駄を最小にするようにするもので，線形計画法と強く類似して生じ，しかし医学の意思決定理論の進歩にはたくさんの新しい方法をもたらした．初期のオペレーションズリサーチの応用分野である，保健管理における補給および組織化問題とほぼ時期を同じくして，診断と治療の手続きの中から直接にORに相当する技術が現れた．病状や徴候ほか様々な疾病の状態とリンクした大容量データベースが利用できることは，診断プロセスと治療法選択のための統計分析と価値理論を導いてきた．あるレビュー（Barnoon and Wolfe, 1972）では，診断の論理的基礎についての早期の仕事（Ledley and Lusted, 1959）および，実験による疾病スクリーニング（screening）での最適スクリーニングレベルが，検出されていない疾病と関連費用の特定の関数になることの証明（Flagle, 1967）の2つを引用し，否定的誤りと肯定的誤りの意思決定を遺憾としている．乳がん診断のための線形計画法，パターン認識，および意思決定支援システムによる応用例は Mangasarian et al. (1990, 1994) と Wolberg and Mangasarian (1993) に説明されている．

感度と治験の特効性の強化を通してのスクリーニングの改善は目標への働きかけを続けてきた．それは大容量データベースと治療の試みによって可能となった多様な分析で支援されている．「コンピュータ支援診断」（computer-aided diagnosis）という専門用語の出現は徴候と疾病の統計的相関を高くする多くの努力に伴って生まれた（たとえば，Gorry, 1968 ; Gorry and Barnett, 1968）．データの扱い方に注意を戻せば，統計的分析と結果のシステマティックな編集から得られる知識は，診断の確率の評価を越えて，エキスパートシステム（expert system）の大きな発展を導いた．すなわち成功した治療の手順はアルゴリズムの形で表現され（Warner, 1964），患者のデータベースは知識データベースに結び付けられた．さらに，普及させ手順を提供すべきエキスパートシステムを超え，人工知能（artificial intelligence : AI）のアプローチによって意思決定の手順そのものを理解し辿ろうという努力もなされている．人工知能の初期の開発，特殊な疾病に関するAIについては Szolovits and Pauker (1978) にレビューされている．医学診断の人工知能によるプロセスの一般化，たとえばMYCINプログラム（Shortliffe, 1976），知識結合（Weed, 1986），またエキスパート（Weiss and Kulikowski, 1979）などはコンピュータ支援意思決定プロセスによって特長付けられる．

方向性と発展

成長しつつあるデータベースによる医療の進歩には2つの主要なパターンが認められる．それは分析技術の進歩と新しい伝達技術である．第一は意思決定過程の定式化であり，研究結果と技術評価にもとづいた複数分野の手順と療法のガイドラインによるものである．そのようなガイドラインはしばしば関連する専門家グループの承認と賛同によって生まれる（アメリカ医学会, 1994）．そしてガイドラインの普及は電子出版，コンピュータ記憶装置，検索システムによってすすめられる．

医療のガイドラインの形式は，オペレーションズリサーチの専門家のよく知る処方箋的アルゴリズム（prescriptive algorithm）をしばしば含んでいるが，また患者のための変形版もしばしば含んでいる．このことは2番目に現れる方向性を特色付ける，すなわち，治療の計画の意思決定において，より患者を啓発させかかわり合って行く（Reiser, 1993）．オペレーションズリサーチの専門家は，患者のための双方向の問いかけと手助けのプログラム開発のパイオニアの中にあり続け，階層化意思決定法（analytic hierarchy process : AHP）などの技術（Saaty, 1980 ; Dolan and Bordley, 1992）を医療意思決定プロセスに適用することを行ってきた．最近の発展は，OR/MSの医学界への初期の企てによく似ており，医師とOR分析者の自発的な共同研究のもとに始まっているようである．そして将来，これらの概念は医療意思決定過程に取り込まれていくであろう．

⇒ 人工知能，動的計画，エキスパートシステム，保健管理システム，病院，線形計画法．

[Charles D. Flagle/古藤　浩]

参 考 文 献

[1] American College of Physicians (1994). "Guidelines for Medical Treatment for Stroke Prevention," *Annals Internal Medicine*, 121, 54-55.

[2] Bailey, N.T.J. (1967). *The Mathematical Approach to Biology and Medicine*, John Wiley, London.

[3] Bailey, N.T. (1991). "The Use of Operational Modeling of HIV/AIDS in a Systems Approach to Public Health Decision Making," *Mathematical Biosciences*, 107, 413-430.

[4] Barnoon, S. and Wolfe, H. (1972). *Measuring the Effectiveness of Medical Decisions : An Operations Research Approach*, Clarke C. Thomas, Springfield, Illinois.

[5] Bergeron, B.P. and Greenes, R.A. (1989). "Clinical Skill-building Simulations in Cardiology: Heartlab and Eklab," *Computer Methods and Programs in Biomedicine*, 30(2-3), 111-126.

[6] Boylan, R.D. (1991). "A Note on Epidemics in Heterogeneous Populations," *Mathematical Biosciences*, 105, 133–137.

[7] Dolan, J.G. and Bordley, D.R. (1991). "Should Concern Over Gastric Cancer Influence the Choice of Diagnostic Tests in Patients with Acute Upper Gastrointestinal Bleeding?" *Proceedings of the Second International Symposium on the Analytic Hierarchy Process*, Pittsburgh, Pennsylvania, 391–404.

[8] Emmons, H. (1968). "The Optimal Use of Radioactive Pharmaceuticals in Medical Diagnosis," Doctoral Dissertation, The Johns Hopkins University, Baltimore.

[9] Esogbue, A.C., Aggarwal, V. and Kaujalgi, V. (1976). "Computer-Aided Anesthesia Administration," *Int. Jl. Biomedical Computing*, 7, 271–288.

[10] Flagle, C.D. (1967). "A Decision Theoretical Comparison of Three Procedures of Screening for a Single Disease," *Proceedings of the Fifth Berkeley Symposium on Mathematical Statistics and Probability*, University of California Press, Berkeley.

[11] Garfield, D.A., Rapp, C., and Evens, M. (1992). "Natural Language Processing in Psychiatry: Artificial Intelligence Technology and Psychopathology," *Jl. Nervous and Mental Disease*, 180, 227–237.

[12] Gorry, G.A. (1968). "Strategies for Computer Aided Diagnosis," *Mathematical Biosciences*, 2, 293–318.

[13] Gorry, G.A. and Barnett, G.O. (1968). "Experience with a Model of Sequential Diagnosis," *Computers in Biomedical Research*, 1, 490–507.

[14] Gustafson, D.H., Taylor, J.O., Thompson, S. and Chesney, P. (1993). "Assessing the Needs of Breast Cancer Patients and Their Families," *Quality Management in Health Care*, 2(1), 6–17.

[15] Harris, C.M. and Rattner, E. (1992). "Forecasting the Extent of the HIV/AIDS Epidemic," *Socio-Econ. Plann. Sci*, 26(3), 149–168.

[16] Kaplan, E.H. (1991). "Mean-max Bounds for Worst Case Endemic Mixing Models," *Matm. Bioscience*, 105, 97–109.

[17] Kaplan, E.H. and Brandeau, M.L., eds. (1994). *Modeling the AIDS Epidemic: Planning, Policy, and Prediction*, Raven, New York.

[18] Ledley, R.S. and Lusted, L.B. (1959). "Reasoning Foundation of Medical Diagnosis," *Science*, 130, 9–29.

[19] Lonwe, B. and Heiji, A. (1993). "Computer-assisted Instruction in Emergency Ophthalmological Care," *Acta Ophthalmologica*, 71, 289–295.

[20] Mangasarian, O.L., Setiono, R., and Wolberg, W.H. (1990). "Pattern Recognition via Linear Programming: Theory and Application to Medical Diagnosis," in *Large-Scale Numerical Optimization*, Thomas F. Coleman and Yuying Li, eds., SIAM, Philadelphia, 22–30.

[21] Mangasarian, O.L., Street, W.N., and Wolberg, W.H. (1994). "Breast Cancer Diagnosis and Prognosis via Linear Programming," University of Wisconsin Computer Sciences Mathematical Programming Technical Report 94-10, Madison.

[22] Morrill, S.M., Lane, R.G., Wong, J.A. and Rosen, I.I. (1991). "Dose-volume Considerations with Linear Programming Optimization," *Medical Physics*, 18, 1201–1210.

[23] Reiser, S.J. (1993). "The Era of the Patients," *Jl. Amer. Med. Assn.*, 269, 1012–1017.

[24] Roa, L. and Gomez-Cia, T. (1994). "A Burn Patient Resuscitation Therapy Designed by Computer Similation," *Yearbook of Medical Informatics*, Schattauer Verlagsgesellschaft, Stuttgart.

[25] Rosen, I.I., Lane, R.G., Morrill, S.M., and Belli, J.A. (1991). "Treatment Plan Optimization Using Linear Programming," *Medical Physics*, 18, 141–152.

[26] Saaty, T.L., (1981). "The Analytic Hierarchy Process and Health Care Problems," *Proceedings of International Conference on Systems Science in Health Care*, Montreal, 1980.

[27] Shortliffe, Edward H. (1976). *Computer-Based Medical Consultations MYCIN*, American Elsevier, New York.

[28] Szolovits, P. and Pauker, S.C. (1978). "Categorical and Probabilistic Reasoning in Medical Diagnosis," *Artificial Intelligence*, 11, 115–144.

[29] Tanner, T.B. and Gitlow, S. (1991). "A Computer Simulation of Cardiac Emergencies," *Proceedings Annual Symposium on Computer Applications in Medical Care*.

[30] Warner, H.R. (1979). *Computer Assisted Medical Decision Making*, Academic Press, New York.

[31] Weed, L.L. (1986). "Knowledge Coupling Medical Education and Patient Care," *Crit. Ref. Med. Infomatics*, 1, 55–79.

[32] Wolberg, W. H. and O. L. Mangasarian (1993). "Computer-designed Expert Systems for Breast Cytology Diagnosis," *Analytical and Quantitative Cytology and Histology*, 15, 67–74.

意思決定

Decision Making

　意思決定は個人または組織によって行われるプロセスである．プロセスの中身は，1つまたは複数の基準に照らして，その個人または組織の将来における状態を改善することである．意思決定の専門家の多くは，このプロセスを，何らかの変革あるいは現状維持に影響を与えるような，資源の最終的な配分を達成するものの1つとして定義している．最もよく利用される配分資源は貨幣である．他にも希少性のある資源として商品やサービス，あるいは能力のある人々の時間とエネルギーなどがある．

3つの基本的な意思決定モードがWatson and Buede (1987)によって提示された．代替案のリストの中から1つを選択すること，競合するプロジェクトに限られた資源を配分すること，1人あるいは複数の相手と合意を得るべく交渉することである．決定分析は第1のモードに対してよく利用される分析的アプローチである．第2のモードには最適化の利用が一般的で，交渉過程の決定には多くの技術が利用されてきた (Jelassi and Foroughi, 1989)．

　解決を困難にする意思決定の要因には主に4つある．それは代替案を創造的に生成すること，相互依存的な評価基準の同定と評価，代替案と評価基準との因果的な結合，そしてその因果的結合に関連した不確実性 (uncertainty)の評価と分析である．意思決定者の多くが悩まされると訴えることは，まだどういうものであるかわからないが，それまで考えてきた代替案より確実によい代替案があるのではないかということである．そのような代替案を見極める方法を開発することにこれまで多大の注意が向けられてきた (Elam and Mead, 1990; Friend and Hickling, 1987; Keller and Ho, 1988; Keeney, 1992; McGoff et al., 1990)．ほかにも，意思決定者の不確実性を表す確率分布を評価するときに陥りやすい点を同定する研究が多くなされてきた (von Winterfeldt and Edwards, 1986)．問題に合った評価技術を探す研究もある．その1つにvon Winterfeldt and Edwards (1986)が行った，価値と効用関数の評価に関する研究がある．Keeney (1992)は鍵となる決定の価値の階層化とその構造に関する概念を発展させた．

　何が最良の代替案かを見極めることは不可能なのであるから，よい決定を行うには意思決定過程自体が確かなものでなければならない．ある結論へ到達するまでの行動全体を知るために，刻々と変化する世界をその未来へとたどることなどはできない．多くの研究者がこれまで意思決定のための多段階の過程を提唱してきた (Dewey, 1933; Simon, 1965; Howard, 1968 and 1984; Witte, 1972; Mintzberg et al., 1976; von Winterfeldt, 1980; Buede, 1992)．それらに共通に含まれる段階は，情報収集と問題定義，設計と分析，選択，そして実行である．意思決定過程におけるある1つの段階での不十分さを他の段階を強化して補うことは普通できない．

⇒ 企業戦略，意思決定問題，多属性効用理論，多目的計画法，多目的意思決定，組織体，効用理論．

[Dennis M. Buede/高橋真吾]

参 考 文 献

[1] Buede, D. (1992), "Superior Design Features of Decision Analytic Software," *Computers and Operations Research*, 19, 43–57.

[2] Dewey, J. (1993), *How We Think*, Heath, Boston, Massachusetts.

[3] Elam, J. and Mead, M. (1990), "Can Software Influence Creativity?," *Information Systems Research*, 1, 1–22.

[4] Friend, J. and Hickling, A. (1987), *Planning Under Pressure: The Strategic Choice Process*, Pergamon Press, Oxford.

[5] Howard, R. (1968), "The Foundations of Decision Analysis," *IEEE Transactions on Systems, Science, and Cybernetics*, SSC-4, 211–219.

[6] Howard, R. (1989), "The Evolution of Decision Analysis," in Howard, R. and Matheson, J. eds., *The Principles and Applications of Decision Analysis*, Strategic Decisions Group, Menlo Park, California.

[7] Jelassi, M. and Foroughi, A. (1989), "Negotiation Support Systems: An Overview of Design Issues and Existing Software," *Decision Support Systems*, 5, 167–181.

[8] Keeney, R. (1992), *Value-Focused Thinking*, Harvard University Press, Boston.

[9] Keller, L. and Ho, J. (1988), "Decision Problem Structuring: Generating Options," *IEEE Transactions on Systems, Man, and Cybernetics*, SMC-15, 715–728.

[10] McGoff, C., Vogel, D., and Nunamaker, J. (1990), "IBM Experiences with Group Systems," *DSS*-90 *Transactions*, 206–221.

[11] Mintzberg, H., Raisinghani, D. and Theoret, A. (1976), "The Structure of 'Unstructured' Decision Processes," *Administrative Sciences Quarterly*, 21, 246–275.

[12] Simon, H.A. (1965), *The Shape of Automation*, Harper & Row, New York.

[13] von Winterfeldt, D. (1980), "Structuring Decision Problems for Decision Analysis," *Acta Psychologica*, 45, 71–93.

[14] von Winterfeldt, D. and Edwards, W. (1986), *Decision Analysis and Behavioral Research*, Cambridge University Press, New York.

[15] Watson, S. and Buede, D. (1987), *Decision Synthesis: The Principles and Practice of Decision Analysis*, Cambridge University Press.

[16] Witte, E. (1972), "Field Research on Complex Decision-Making Processes – the Phase Theorem," *Int. Stud. Mgmt Organization*, 156–182.

意思決定支援システム

Decision Support Systems

意思決定についての研究

　日々の生活において生ずる問題の解決の糸口を見つけることを，ある適切な条件の下で支援できる人たちがいる．このことは，歴史を通じて深く信じられてきた．この種の支援の専門家は，カウンセラー，精神分析医，心

理学者，ソーシャルワーカーなどと呼ばれる．これらの支援の専門家以外にも，より身近なものとして，牧師，弁護士，教師，あるいはバーテンダー，美容師，タクシーの運転手などがある．

OR/MSで用いられるような科学的，あるいは定量的な方法が人間を支援できるという主張は，比較的新しいものであり，いまでも多くの人にとって懐疑的に受けとられている．こういった中で，OR/MSの裾野を広げ拡張しようという試みがある．それは，意思決定支援システム，DSS (decision support system) と呼ばれ，この項目の主題である．

DSSの議論に入る前に強調しておくべきことは，DSSという表現は人によって様々に用いられ，DSSとは何であるかということに関して，一般的に合意を得たものはないということである．しかし，DSSによる利点として主張されるものは，OR/MSの利点として主張されるものとまったく変わらない．DSSを評価するためには，多元論的な視点に立って，経営上の意思決定を支援するためになされる様々な試みを見る必要がある．

意思決定支援システムの特長

1970年代初頭，コンピュータシステムの新たな発達の影響を受け，意思決定に関する新しい見方が現れた．Keen and Morton (1973) は，経営上の問題解決のための自分たちのアプローチを称して，〈意思決定支援システム〉という表現をはじめて用いた．彼らはDSSの目立った特徴を数多く述べているが，ここにその中の5つを示す．

・DSSは特定の意思決定者，意思決定活動のために設計される．
・DSSは設計と実現の繰り返しによって開発される．
・DSSの開発はユーザの高度の参加の下で行われる．
・DSSはデータとモデルの両方を含む．
・DSSの開発においては，ユーザ-マシン間のインタフェースの設計が重要である．

図1はDSSの構造と主要な構成要素を示す．〈データベース〉(database) は，問題に関連した事実をすべて保持している．これらの事実は，企業に関するものであったり，環境に関するものであったりする．〈データベース管理システム〉(detabase management system, 図2) は，データのエントリー，検索，更新，削除を行う．また，問い合わせに答え，レポートを作成する．

〈モデルベース〉(modelbase) は，問題の解決に必要なモデルをすべて保持している．〈モデルベース管理システム〉(modelbase management system, 図3) は，数理モデルを構築したり，人間の作成した数理モデルをコンピュータに理解できる形に翻訳するのを支援する．モデルベース管理システムにおいて重要なプロセスは，数理モ

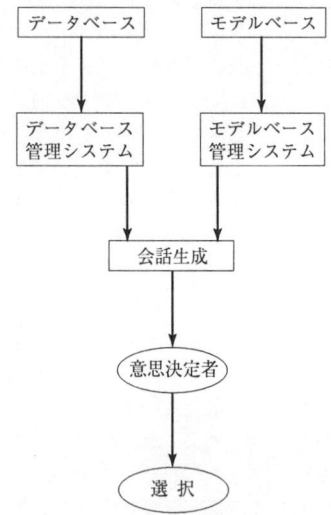

図1　DSSの構成要素

図2　データベース管理システム

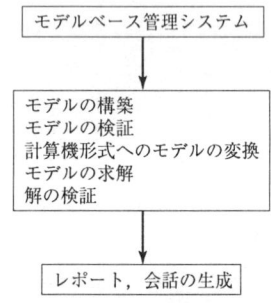

図3　モデルベース管理システム

デルの解を見つけることである．また，モデルベース管理システムは，レポートを作成し，コンピュータと人間との会話生成の準備を支援する．

OR/MSがモデルを重視するのに対し，DSSはコンピュータ上のデータベースを重視する．DSSはユーザと機械との間のインタフェースの重要性を強調する．したがって，会話を生成し管理するソフトウェアの設計を重視する．

DSSの支持者は，人間の思考とコンピュータの力を組み合わせることにより，DSSは意思決定を拡大することができ，DSSは伝統的なOR/MSのアプローチによらずに問題を把握することができると主張する．

DSSは意思決定における人間の役割を強調しており，明示的に人間の能力を意思決定に組み込んでいるところに注目すべきである．意思決定支援システムは，人間を不可欠なサブシステムとして受け入れる．DSSは，通常，数学的な意味での最適化を試みるわけではなく，〈限定合理性〉(bounded rationality)や〈満足化〉(satisficing)が，DSS設計者の指針となる．

意思決定支援システムの設計

DSSの設計フェーズは，他のシステムの設計，実現，テストのフェーズに非常に似ている．すべてのDSSに次の6つのフェーズすべてが必要であるというわけではないが，これら6つのフェーズを区別するのが普通である．

1. 〈システム分析と設計のフェーズ〉においては，新しいシステムの要求とニーズを確立するために，既存のシステムが再検討され分析される．次いで，仕様の実現可能性が，技術的，経済的，心理的，社会的観点から検討される．問題点の解決は可能か？　機会はコストに見合うか？　もしこれらの問いに対する解答が肯定的ならば，経営陣からの支持を得るために会議が開かれる．このフェーズでは，概念的な設計とマスタープランがつくられる．

2. 〈設計のフェーズ〉では，入力，処理，出力に関する要求が決められ，(物理設計ではなく)論理設計が行われる．論理設計が終わり，受容できるものであるとの判断がなされると，ハードウェアとソフトウェアの設計が行われる．

3. 〈構築とテストのフェーズ〉では，ソフトウェアが完成しハードウェアシステム上でテストされる．ユーザと経営者とが異なる場合，ユーザと経営者の両方の視点から受容できるものであることを保証するために，テストはユーザの参加のもとで行われる．

4. 〈実現のフェーズ〉では，システムは再度テストされ，デバッグが行われ，現実での使用に供される．ユーザの最終的な受容を得るために，ユーザのトレーニングや教育に対する努力が行われる．プロジェクトの進行に沿って，経営側の修正・変更も継続的に行われる．

5. 〈運用と保守〉は，DSSのライフサイクルの間続けられる．ユーザの満足度がモニタされ，エラーが見つけられ，修正され，システム運用の方法が細かく調整される．

6. 〈評価と管理〉は，システムの正当性と経営支援の継続性を保証するため，継続的に行われる．

予測システム

コノサー食品は，いくつかの自律的な部門と小会社をもつ総合食品会社である(Alter, 1980; Turban, 1990)．部門経営者の何人かは，主要な意思決定を行うのに経験と勘に頼る古いスタイルの経営者である．定量的な支援を提供し，宣伝，価格設定，プロモーションといったマーケティング努力のレベルを確立し監視するために，幹部経営者がDSSを導入した．DSSのモデルは，宣伝部門などにおける意思決定に対するマーケティング条件のS字型応答関数にもとづいていた．この曲線は，過去のデータとマーケティングの専門家によって作成された．農製品部門のデータベースは，300の支店で売られている400の品物に関して，額と売上数の両方の2000万件を越える売上データを含んでいた．

DSSは，経営者がよりよいマーケティング戦略をつくり，競争優位性の獲得を支援する．しかし，幹部経営者は，DSSの本当の利点はシステムやモデルそのものの導入よりも，企業意思決定における新しいアプローチを吸収することであるといっている．

ポートフォリオ管理システム

グレートイースタン銀行の信託部門はいくつかの部で合計50人のポートフォリオ管理者を雇っていた(Alter, 1980; Turban, 1990)．ポートフォリオ管理者はたくさんの少額口座と多額の年金基金を管理し，高額口座の投資家にアドバイスを提供する．オンラインDSSポートフォリオ管理システムは，ポートフォリオ管理者に情報を提供する．

このDSSは，ポートフォリオ管理者の購入可能な株式のリストや特定の企業の情報を提供し，分析を行う．基本的には，証券についての特定の情報とポートフォリオを表示できる情報検索システムである．

システムの心臓は，ポートフォリオ管理者がレポートを生成するのを可能にする，以下の機能をもったデータベースである．

・口座のディレクトリ
・口座の一覧表
・ある口座における産業別，証券別詳細情報のグラフ表示
・ある口座内のすべての証券の表によるリスト
・データ項目の散布図
・口座の集計
・証券データの分散
・仮ポートフォリオの評価
・ポートフォリオのパフォーマンスのモニタ
・ガイドラインからの偏差が生じたときの警告
・税金に関するアドバイス

システムの利点は，優れた投資パフォーマンス，洗練

された情報，洗練されたプレゼンテーション形式，事務作業の減少，よりよいコミュニケーション，銀行イメージの向上，マーケティング能力の拡大であった．

結　論

DSSの支持者は，OR/MSが〈構造化された〉問題(structured problem)を扱うのに対して，DSSは〈非構造化された〉問題(unstructured problem)，あるいは〈半構造化された〉問題(semistructured problem)を扱うと主張する．OR/MSに携わる人で，このことに同意するものはほとんどいないだろう．

ほとんどの場合において個別のビジネス状況は最初は混乱しており，それを改善するためには，問題は組織化され，構造化されなければならない．したがって，OR/MSとDSSのどちらであろうが，状況の可能な限りの構造化を試みることが必要である．

OR/MSやDSSによって，問題のある部分が定量的な方法とコンピュータによって取り扱いが可能になるまで構造化され，他の部分は人間による判断や直観，意見に任される．OR/MSとDSSの間で，ある程度の違いはあるかも知れない．たとえば，OR/MSは最適化とモデルベースを強調する反面，DSSはデータベースを強調するかもしれない．もし違いがあるとすれば，それは人，ケース，時間による．

DSSとOR/MSとの間に線を引く試みは，生産的なことではない．受け入れるべき視点は，そこにある方法論と得られる結果に注目するというものである．困難な問題に直面した経営者を支援することに自分を捧げようとする者は，役に立つと思われるすべての理論，実践，原則に通じていなければならない．生産的な方法で経営者の〈相談にのる〉ためには，試されてないものについては，いかなる手がかりも拒んではならないという姿勢が必要である．

⇒ 決定分析，意思決定問題，OR/MSにおける情報システムとデータベース設計．

[Andrew Vazsonyi/柴　直樹]

参考文献

[1] Alter, S.L. (1980). *Decision Support Systems: Current Practice and Continuing Challenges*, Addison-Wesley, Reading, Massachusetts.
[2] Bennett, J.L. (1983). *Building Decision Support Systems*, Addison-Wesley, Reading, Massachusetts.
[3] Keen, P.G.W. and Morton, S. (1973). *Decision Support Systems*, Addison-Wesley, Reading, Massachusetts.
[4] Simon, H.A. (1992), "Methods and Bounds of Economics," in *Praxiologies and the Philosophy of Economics*, Transaction Publishers, New Brunswick and London.
[5] Turban, E. (1990). *Decision Support and Expert Systems*, 2nd ed., Macmillan, New York.

意思決定者
decision maker (DM)

現状あるいは予想される未来の状況に何らかの不満をもち，その状況を変化させるような行動を起こす欲求と権限をもつ個人（または集団）．文献では，DMと書かれることが多い．⇒ 意思決定問題，数理モデル．

意思決定問題
decision problem

基本的な意思決定問題は以下のとおりである．r個の行動代替案の集合$A=\{a_1, \cdots, a_r\}$，q個の状態の集合$S=\{s_1, \cdots, s_q\}$，rq個の結果の集合$O=\{o_1, \cdots, o_{rq}\}$，それに対応した$rq$個の利得の集合$P=\{p_1, \cdots, p_{rq}\}$，そして最適化を行う決定基準，$f(a_j)$，ただし$f$は$A$上に定義された実数値関数とし，これらが与えられたとき，決定基準$f(a_j)$を最適にする行動代替案a_jを選択する．⇒ 意思決定者，数理モデル．

異種兵力間のランチェスター方程式
heterogeneous Lanchester equations

両軍の保有する複数の兵器システム（コンポーネント）のそれぞれを，係数とコンポーネントの兵力の大きさの積の総和で置き換えた，兵力の大きさを表す微分（もしくは差分）方程式．この概念では，それぞれのコンポーネントが敵方のそれぞれのコンポーネントによってある程度損耗し，この殺傷のメカニズムと率はこれらのコンポーネントの組合せに依存している．したがって，それぞれの項は（2次法則（square law）または1次法則（linear law）のような）メカニズムおよび率（係数）を定義し，この項の総和がシステム全体の損耗の合計を決定している．その結果，同種兵力間のランチェスターの法則のように2つの方程式ではなく，両軍のそれぞれのコンポーネントに1つずつの方程式が存在する．⇒ 戦闘のモデル化．

1次結合
linear combination

ベクトルの集合$\{x_1, \cdots, x_q\}$が与えられたとき，任意の実数a_jに対して$y=\sum_j a_j x_j$を$(x_1, \cdots, x_q)$の1次結合という．

1次の条件
first-order conditions

1階の微分だけを含む条件．

1次不等式
linear inequality

a_j, b を n 次元ベクトルとしたとき，$a_1x_1+a_2x_2+\cdots+a_nx_n\leqq b$ または $a_1x_1+a_2x_2+\cdots+a_nx_n\geqq b$ という形の数学式．この不等式を満たすベクトル $x=(x_1,\cdots,x_n)$ を半空間という．⇨ 超平面．

1次方程式
linear equation

a_j, b を適当なベクトルとしたとき，$a_1x_1+a_2x_2+\cdots+a_nx_n=b$ と表される数学的形式．⇨ 超平面．

一般アーラン分布
generalized Erlangian distribution

互いに独立で指数分布にしたがう確率変数の有限和の確率分布．ただしこれらの指数分布のパラメータは異なっていてもよい．ときにはアーラン分布の凸和を一般アーラン分布と呼ぶこともある．しかし後者は一般アーラン分布の混合 (mixture) と呼ばれることの方が普通である．

一般化有界変数問題
generalized upper-bounded (GUB) problem

あるインデックス集合 $j=\{1,2,\cdots,n\}$ に対して，$\sum x_J=1$ という形の制約式を含み，各 j はたかだか1つの J にしか現れないような構造をもつ線形計画問題．この問題は通常 GUB 問題と呼ばれており，シンプレックス法に工夫を施すことによって，多数の GUB 制約をもつ問題を効率的に解くことができる．

遺伝アルゴリズム
Genetic Algorithms

はじめに

この30年の間に遺伝と進化の原理を基本とした問題解決システムへの関心が高まっている．このようなシステムでは，解候補が集団として保持され，そのよさに応じた選択の手続きや組み換え演算が適用される．このようなシステムの1つとして，自然選択の原理を模倣してパラメータ最適化問題を解く進化戦略 (evolution strategy) のクラスがある (Schwefel, 1981)．Fogel の進化プログラミング (evolutionary programming) は小規模状態機械の空間を探索する方法であり (Fogel et al., 1966)，Glover のスキャッタ探索 (scatter search) 法は，集合として保持される参照点の線形加重結合によって新しい点を生成するものである (Glover, 1977)．もう1つのタイプは，Holland による遺伝アルゴリズム (genetic algorithm: GAs) である (Holland, 1975)．1990年に Koza は，特定の問題を解くのに最も適した計算機プログラムを探索するため，進化を基本としたシステムを提案した (Koza, 1990)．また，Michalewicz の進化プログラム (evolution program) では，遺伝アルゴリズムの考え方が一般化され，(染色体 (chromosome) 表現のための) 複雑なデータ構造および複雑な演算子が導入された (Michalewicz, 1992)．

これらの計算と生物学とのアナロジーにもとづく方法の中でも，その単純さおよび応用範囲の広さから遺伝アルゴリズムが最もよく知られている．遺伝アルゴリズムの始まりは1950年代の初頭，すなわち生物学者たちが生物系のシミュレーションをするために計算機を使用していた頃にさかのぼる．とはいえ，今日知られている遺伝アルゴリズムに至る研究は，Holland の指導のもとで1960年代後半から1970年代始めにかけてミシガン大学で行われた．

遺伝アルゴリズムのターゲットは複雑な問題を解くことである．遺伝アルゴリズムは確率アルゴリズムの範疇に入るものであるが，有向探索 (directed search) と確率的探索 (stochastic search) を組み合わせたようなランダムアルゴリズムとは大きく異なるものである．このため，遺伝アルゴリズムは既存の有向探索法よりもロバストである．遺伝アルゴリズムでは染色体を用いて問題の解候補を表し，染色体集団の進化過程を解空間内での最適値探索に対応させる．このような探索においては，(明らかに相反する) 2つの要件，すなわち最良解の付近を重点的に探索することおよび探索領域をできるだけ拡大することをバランスさせることが要求される．山登り法 (hill climbing) は，最良の解の近くを重点的に探索することによって解の改善を試みる方法の1つであるが，探索領域の拡大のほうは軽視される．一方，ランダム探索法 (random search) は，解空間内の有望領域に探索を重点化することをせず，探索領域の拡大のみに留意する方法の典型例である．遺伝アルゴリズムは，重点化と拡大とをうまくバランスさせうる (対象問題に依存しない) 汎用的な探索法のクラスである．

考 え 方

Davis (1987) に述べられているように，「……遺伝ア

ルゴリズムの背景にあるメタファーは自然進化である．進化において各々の種が直面する問題は，複雑で絶えず変化する環境にうまく適応していくことである．種が獲得した『知識』はそれぞれの個体の染色体が形成される際に埋め込まれることになる」．このように自然界で行われていることを人工的に模倣しようというのが，遺伝アルゴリズムの背景にある考え方である．例として，兎の集団を取り上げよう．いくらかの兎は他のものより速くて鋭いものとしよう．これらの速く鋭い兎は狐に食べられる危険性が少なく，結果として，より多く生き残ってより多くの兎を産む．もちろん，遅くて鈍い兎のいくらかも，好運にも生き残れるかもしれない．生き残っている兎の集団は生殖を始め，その結果，ある遅い兎は速い兎と，ある速い兎は速い兎と，ある鋭い兎が鈍い兎と，などといった具合に兎の遺伝子情報が適度に混ぜ合わされる．さらに，適当な間隔で遺伝情報を突然変異させた『野蛮な野兎』が現れる．より速く鋭い兎が生き残っているので，子供の兎は（平均的に）親兎より速く鋭くなっているであろう（幸いにも狐も同様のプロセスを経ている—そうでなければ，狐が兎を捕まえようにも兎が速く鋭くなりすぎてしまう）．

アルゴリズム

遺伝アルゴリズムは，前項の狐の話に極めてよくあてはまる手続きにしたがうものである．図1に遺伝アルゴリズムの構造を示す．

```
procedure 遺伝アルゴリズム
begin
  t ← 0
  P(t) を初期化
  P(t) を評価
  while (not 終了条件) do
  begin
    t ← t + 1
    P(t - 1) から P(t) を選択
    P(t) を組み換え
    P(t) を評価
  end
end
```

図1　遺伝アルゴリズムの構造

遺伝アルゴリズムでは，t回目の繰り返しにおいて解候補（自然界の用語に従えば染色体（chromosome）と呼ばれる）の集合$P(t)=\{x_1^t, \cdots, x_n^t\}$が保持される．おのおのの解$x_i^t$はその「適応度」（fitness）が評価され，より適応した個体が選ばれることによって，新しい集合が形成される（$(t+1)$回目の繰り返し）．その後，この新しい集合内からランダムに選ばれた個体が，交差（crossover）や突然変異（mutation）を通して複製（reproduction）され，新しい解候補が生成される．

交差は，親の染色体の対応する部分を交換することによって2つの親の特徴を組み合わせ，類似した特徴をもつ子を2つ生成するものである．たとえば，2つの親を$\langle v_1, \cdots, v_m \rangle$と$\langle w_1, \cdots, w_m \rangle$（それぞれの要素を遺伝子（gene）と呼ぶ）としたとき，k番目（$1 \leq k \leq m$）の遺伝子の直後で交差すると，子$\langle v_1, \cdots, v_k, w_{k+1}, \cdots, w_m \rangle$と$\langle w_1, \cdots, w_k, v_{k+1}, \cdots, v_m \rangle$が生成される．直観的には，交差は，異なる解候補の間で情報を交換するために適用されるものである．

突然変異は，選ばれた染色体の1つあるいは複数の遺伝子を，突然変異率に等しい確率でランダムに変更するものである．直観的には，突然変異は，個体集合にさらなる多様性を導入するためのものである．

基礎理論

遺伝アルゴリズムの基礎理論は，バイナリ記号列による解候補表現のもとで，スキーマ（schema）すなわち染色体間の類似性を計るテンプレート（Holland, 1975）の概念にもとづいて展開されている．長さmの染色体n個からなる個体集合には，2^mから$n2^m$個の異なるスキーマが保持され，少なくともn^3個のスキーマが有効に処理される．余計なメモリや計算機資源を必要とすることなく引き出されるこの性質を，Hollandは暗黙的並列性（implicit parallelism）と呼んだ．

スキーマの増加を表す方程式によると，選択演算によって平均以上の評価値をもつスキーマが増加していくこと，またその増加が指数関数的であることが示されている．しかしながら，選択演算だけでは，（初期の$t=0$でのサンプリングには現れていない）新しいスキーマは形成されない．これが交叉演算を導入する理由であり，交差によって構造的かつランダムな情報交換が可能となる．さらに，突然変異を導入することにより，さらなる多様性が個体集合に導入される．スキーマの増加に及ぼすこれら2つの演算の影響は，ある特定のスキーマについて最小となることが示されており（Goldberg, 1989），このようなスキーマを積木（building block）と呼ぶ．問題をコーディングする際には，この積木が形成されやすいようにすべきである．

バイナリ記号を用いると，情報1ビットあたりのスキーマの数が最大となる．その結果，遺伝アルゴリズムに関する研究においては，解候補をビット列表現する方法がもっぱら採用されてきた（Goldberg, 1989）．また，このコーディング法は，理論的な解析を容易にするとともに，簡潔な遺伝演算子を可能とするものである．

応　　用

特定の問題に適用される遺伝アルゴリズムは，以下の5つのコンポーネント：
・問題の解候補の遺伝子表現，
・解候補の初期集合を生成する方法，

・環境に相当する評価関数，解のよさを「適応度」に定量化する方法，
・複製の過程で，子の染色体を変更する遺伝演算子，
・遺伝アルゴリズムに含まれるパラメータの設定（個体集合のサイズ，遺伝演算子を適用する確率等），
から構成される．

遺伝アルゴリズムは，配線，スケジューリング，適応制御，ゲーム，認知モデリング，輸送問題，巡回セールスマン問題，最適制御問題，データベース構築，制約条件つき非線形最適化，機械学習などの最適化問題に対して応用され，成功を収めている（Proceedings, 1985, 1987, 1989, 1991）．

参 考 書

遺伝アルゴリズムについては数多くのテキストがある．遺伝アルゴリズムとシミュレーテッド・アニーリングの入門書として Davis(1987)，また GA のより新しい手法を紹介したものとして Davis (1991) がある．Goldberg (1989) には，遺伝アルゴリズム全般に対する完全な引用文献が付されている．Michalewicz (1992) には，遺伝アルゴリズムに関する引用文献の追加と遺伝アルゴリズムの一般化について記されている．歴史的な観点からは，最も重要な研究が Holland (1975) と DeJong (1975) に記されている．また，これらを Fogel (1966)，Glover (1977) および Schwefel (1981) と比較することにも意味がある．最近になって，進化プログラミングに対する興味あるアプローチを Koza (1992) が開発している．Koza は，（問題の解そのものではなく）問題を解くのに適したプログラムが進化の過程で成長すべきであると主張している．最近の GA の理論面および応用面での展開については，遺伝アルゴリズムに関する国際会議の4巻の論文集（Proceedings, 1985, 1987, 1989, 1991）に数多くの論文が掲載されている．

⇒ 人工知能，組合せ/整数最適化，シミュレーテッド・アニーリング法．　　[**Zbigniew Michalewicz/玉置　久**]

参 考 文 献

[1] L. Davis, ed. (1987). *Genetic Algorithms and Simulated Annealing*, Morgan Kaufmann Publishers, Inc., Los Altos, California.

[2] L. Davis, ed. (1991). *Handbook of Genetic Algorithms*, Van Nostrand Reinhold, New York.

[3] K.A. DeJong (1975). *An Analysis of the Behavior of a Class of Genetic Adaptive Systems*, Doctoral Dissertation, University of Michigan.

[4] L.J. Fogel, A.J. Owens, and M.J. Walsh (1966). *Artificial Intelligence Through Simulated Evolution*, John Wiley, New York.

[5] F. Glover (1977). "Heuristics for Integer Programming Using Surrogate Constraints," *Decision Sciences*, 8, 156–166.

[6] D.E. Goldberg (1989). *Genetic Algorithms in Search, Optimization and Machine Learning*, Addison-Wesley, Reading, Massachusetts.

[7] J. Holland (1975). *Adaptation in Natural and Artificial Systems*, University of Michigan Press, Ann Arbor, Michigan.

[8] J.R. Koza (1992). *Genetic Programming*, MIT Press, Cambridge, Massachusetts.

[9] Z. Michalewicz (1992). *Genetic Algorithms + Data Structures = Evolution Programs*, Springer-Verlag, New York.

[10] *Proceedings of the First* (1985), *Second* (1987), *Third* (1989), *and Fourth* (1991) *International Conferences on Genetic Algorithms*. Lawrence Erlbaum Associates, Hillsdale, New Jersey (First and Second), and Morgan Kaufmann Publishers, Los Altos, California (Third and Fourth).

[11] H.-P. Schwefel (1981). *Numerical Optimization for Computer Models*, Wiley, Chichester, United Kindom.

遺伝子

gene

遺伝アルゴリズムにおいて，染色体（解）によって保守される継承単位のこと．すなわちある特定の継承を決定する遺伝物質．

入替えヒューリスティック

interchange heuristic

ある種の局所改善ヒューリスティック．

因子分解型計画法

Factorable Programming

因子分解型計画問題（factorable programming problem）とは，すべての関数が因子分解可能のとき，

$$\underset{x \in R^n}{\text{minimize}}\, f(x)$$

条件　　$g_i(x) \geq 0, \quad i=1,\cdots,m$

の形で表される数理計画問題のことである．おおまかにいえば，因子分解可能な関数（factorable function）とは，有限個の関数列の最後の項として表すことのできる多変数関数のことである．ここで，この関数列の最初の n 個の関数は座標変数であり，第 n 項以降の各関数はそれ以前に定義された関数の和や積や1変数変換として定義される．もっと厳密にいえば，次のようになる．すなわち，$f_i: R^n \to R$ としたとき，次のルールによって定義される $f_i(x)$ からなる有限個の関数列を $[f_1(x), f_2(x),$

$\cdots, f_L(x)$] とする.

　ルール1：$i=1, \cdots, n$ に対して，$f_i(x)$ を i 番目のユークリッド座標，すなわち，$f_i(x)=x_i$ として定義する.

　ルール2：$i=n+1, \cdots, L$ に対して，$f_i(x)$ は次の a)，b)，c) のいずれか1つを用いて定義される.

　　a) $f_i(x) = f_{j(i)}(x) + f_{k(i)}(x)$
　　b) $f_i(x) = f_{j(i)}(x) \cdot f_{k(i)}(x)$
　　c) $f_i(x) = T_i[f_{j(i)}(x)]$

ただし，$j(i)<i$, $k(i)<i$ とし，T_i は1変数関数である．このとき，$f(x)=f_L(x)$ を〈因子分解可能な関数〉$[f_1(x), f_2(x), \cdots, f_L(x)]$ を〈因子分解された関数列〉(factored sequence) と呼ぶ（訳注：本項では以下，略してそれぞれ F 関数，F 列と呼ぶ）．もし関数 $f(x)$ がルール1やルール2で生成されるならば，$f(x)$ は〈因子分解可能〉であるといい，その結果として得られる関数列を F 列，あるいは，因子分解形式で書かれた関数という．

　F 関数は必ずしもすぐに得られるとは限らないが，その考えは，非常に自然なものである．実際，複雑な関数を評価する際に，われわれが行っている自然な手続きを定式化したものである．たとえば，次の関数を考えてみよう.

$$f(x) = [a^T x]\sin[b^T x]\exp[c^T x]$$

ただし，a, b, c, x は (2×1) 型のベクトルである．特定値 x_1^0, x_2^0 でこの関数を評価するための自然な方法は，まず括弧の中の量を計算して，それから正弦関数や指数関数の値を求めて，最後にこれら3つの量をかけることであろう．このことは，次のような手順で行われる.

$f_1 = x_1^0$ 　　$f_9 = c_1 f_1$
$f_2 = x_2^0$ 　　$f_{10} = c_2 f_2$
$f_3 = a_1 f_1$ 　　$f_{11} = f_9 + f_{10}$
$f_4 = a_2 f_2$ 　　$f_{12} = \sin(f_8)$
$f_5 = f_3 + f_4$ 　　$f_{13} = \exp(f_{11})$
$f_6 = b_1 f_1$ 　　$f_{14} = f_5 \cdot f_{12}$
$f_7 = b_2 f_2$ 　　$f_{15} = f_{13} \cdot f_{14}$
$f_8 = f_6 + f_7$

これは，$f(x)$ に対する F 列の一例である．

　後述の内容を理解するために，外積行列を導入する．もし $(m\times n)$ 型行列 A が，スカラー a, $(m\times 1)$ 型ベクトル a, $(n\times 1)$ 型ベクトル b に対して

$$A = aab^T$$

と表されるならば，A を〈外積行列〉(outer product matrix) という．式 aab^T を〈外積〉(outer product) もしくは〈ダイアド〉(dyad) という．ここで積の次元は $(m\times 1)(1\times 1)(1\times n)$ なので，外積行列 A は $(m\times n)$ 型になり，したがってダイアドが適合していることに注意されたい．外積行列の役立つ性質の1つは，もしダイアドとして表現しておくと，行列の積が簡単になり単に内積を求めればよいことである．その結果として，計算が楽になる．たとえば，c を $(n\times 1)$ 型, d を $(m\times 1)$ 型，F を $(n\times m)$ 型の行列としたとき

$$Ac = aa[b^T c]$$
$$d^T A = [d^T a]ab^T$$
$$AF = aa[b^T F]$$

となる．

　有効な（すなわち速くて精度のよい）アルゴリズムをつくる際に利用できる非常に特別な2つの性質を F 関数がもっていることは，よく知られている（McCormick, 1983）．この2つの性質とは，i) ひとたび因子分解形式で記述されれば，それらの勾配やヘッセ行列を正確かつ自動的に，しかも効率よく計算することができること，ii) それらのヘッセ行列が，そのベクトル因子が F 列の項の勾配であるようなダイアドの和として表されることである．最初の性質によって，非線形計画問題の微分をコンピュータソフトウェアルーチンに容易に提供できるようになり，その結果として，微分の計算の手間が大幅に削減される可能性がある．前述したように，2番目の性質によって行列の乗算に対する見方が変わり，多くの場合で乗算の計算量が少なくてすむようになる．

　逆に，こうした因子分解を利用したアプローチによってかえって作業量が増えてしまうような構造をもった因子分解型問題もある（たとえば，規模が小さくて密な問題）．こうした問題に対しては，入力を容易にするために依然として因子分解を用いたアプローチが使われるが，しかしながら行列計算の一部は従来のアプローチで置き換えられる．

　自然言語で入力したときに，自動的に因子分解を実行するソフトウェアパッケージがつくられている．そうしたパッケージづくりのいきさつについては Jackson and McCormick (1987) を参照されたい．また，Jackson, McCormick and Sofer (1989) も参照されたい．後者の論文では，F 関数を詳しく理解していなくても，ユーザが FORTRAN に似た書式で非線形関数を入力できるようなシステムについて述べられている．

　前述したように，F 関数の基本的な価値の1つは，結果としてそのヘッセ行列に反映するような簡単かつ計算上有効な形をしていることにある．実際，因子分解型計画法はこうした簡単な形式が存在することや，そのことに起因する簡単な操作にもとづいている．将来性のある結果としては，F 関数のヘッセ行列が F 列の関数の勾配からなるダイアド（もしくは外積）の和として表されることがあげられる（Fiacco and McCormick, 1968, pp. 184-188）．この基本的な結果は，Jackson and McCormick (1986) によって一般化された．この一般化を説明

する前に，ヘッセ行列とダイアドの概念を一般化する必要がある．

$A \in R^{(n_1 \times \cdots \times n_N)}$ とし，$A_{i_1 \cdots i_N}$ をこの配列の第 $(i_1, \cdots, i_N)$ 番目の要素とする．本項では，もし

$$A_{i_1, \cdots, i_N} = \partial^N f(x)/\partial x_{i_N} \cdots \partial x_{i_1}$$

ならば，A を多変数関数 $f(x)$ の〈N 階テンソル〉(Nth-order tensor) と呼ぶ．勾配とヘッセ行列がそれぞれ 1 階と 2 階のテンソルであることに注意しよう．

N 次元配列 A が〈一般化外積行列〉(generalized outer product matrix) であるとは，スカラー a とベクトル $a_1, \cdots, a_N$（ただし，各 a_k は $(n_k \times 1)$ 型である）の順序集合が存在して，A の各要素が ∂ やこれらのベクトルの特定な要素の積として次のように生成されることである．すなわち，a_{k,i_k} を $(n_k \times 1)$ 型ベクトル a_k の第 i_k 要素としたとき，$i_1 = 1, \cdots, n_1 ; \cdots ; i_N = 1, \cdots, n_N$ に対して

$$A_{i_1, \cdots, i_N} = a * a_{1, i_1} * \cdots * a_{N, i_N}$$

と表せることである．

一般化外積行列を生成するスカラーとベクトルの集合をまとめて〈ポリアド〉(polyad) といい，

$$(a : a_1 \cdots a_N) \tag{1}$$

と表す．ここで順番は重要である．すなわち，j 番目の位置にあるベクトルは j 番目の次元に関係する．N 個のベクトル因子を含むポリアドを〈N-アド〉(N-ad) という．また，ポリアドの和を含む式を〈ポリアディック〉(polyadic) といい，N-アドの和を含む式を〈N-アディック〉(N-adic) という（ただし，実際の和は，関係する一般化外積行列の和として計算される）．ポリアド内のベクトル因子が繰り返されるときには，対称な N-アドの場合のように，指数の記号を使って $(a : [a]^N)$ と表す．ポリアドによる一般化外積行列の表現は一意ではないことに注意せよ．たとえば，ゼロでない任意スカラー γ に対して，$(a|\gamma : [a_1\gamma] \cdots a_N)$ は式 (1) が生成するのと同じ N 次元の数の配列を生成する．最後になったが，$(a : ab)$ の形をした〈2-アド〉は，aab^T の形をしたよりなじみのあるダイアドと同値であり，これら 2 つの形は交互に使われる．

上で述べた一般化は，F 関数の（存在する）すべてのテンソルが自然なポリアディック構造をもっていることを示している．さらに，勾配の単子 (monad) からなるベクトル因子は，ヘッセ行列のダイアドや 3 階テンソルのトライアドなどからなるベクトル因子と同じである．このことは，数理計画法において計算上重要な意味をもっている．すなわち，ひとたび F 関数の勾配が計算されたならば，高次の微分を計算する作業の大部分がすでに終了していることを意味する．その結果として，いままでは計算上扱いづらいと考えられていた高次の微分を用いる最小化法を再考する意義がでてきた (Jackson and McCormick, 1986).

F 関数のテンソルが，まさにその性質によって，並列処理計算機やアレイプロセッサを用いた計算にこのうえなく向いていることは注目すべきである．われわれは数値的最適化におけるそうした理想的な応用例をほかにはあまり知らない．また，すべての因子分解型計画問題が同値な変数分離型計画問題として表現でき，これらの問題の大域的最適解を見つけるための有効なアルゴリズム (Falk and Soland, 1969; Falk, 1973; Hoffman, 1975; McCormick, 1976; Leaver, 1984) が存在することが示されている (McCormick, 1985)．したがって，因子分解型計画問題の大域的最適解を速くしかも精度よく見つけることができる可能性がある．

F 関数の発見と開発，そして数理計画法で利用することが McCormick (1974) によってなされた．こうした関数の発見以来，因子分解型計画法の理論がさらに発展し整備された．Ghaemi and McCormick (1979) はコンピュータコード FACSUMT を開発した．これは因子分解型計画問題の関数を処理し，非線形計画法コード SUMT (Mylander et al., 1971) に接続するものである．このコードの試作版は Pugh (1972) によって作成された．

さらに，Shayan (1978) によって因子分解型計画法の理論が拡張された．Shayan は，F 関数の m 次の方向微分を自動的に計算するための解法を開発し，関数が因子分解可能な場合には，基本操作と基本関数を数えることによって解法の効率が評価できることを指摘した．同値な関数評価の回数を数える従来のテクニック (Miele and Gonzalez, 1978) に比べて，これは効率性をより精密に評価する基準である（訳注：この段落の原文に不備があるので，文献 [9] にもとづいて翻訳した）．

F 関数のヘッセ行列の一般化逆行列を求めるための行列分解法を開発するために，Emami (1978) は F 関数のヘッセ行列の自然なダイアディック構造を利用した．また Ghotb (1980) はこの構造を利用して，縮約ヘッセ行列がダイアディック形式で与えられているときに，その一般化逆行列を計算する公式を与えた．さらに Sofer (1983) は，ダイアディック構造を用いてこの考え方を拡張して，縮約ヘッセ行列の一般化逆行列を生成し，しかも，反復ごとにそれを更新していくための数値計算上有効なテクニックを得た．

別の研究が DeSilva and McCormick (1978) によってなされている．彼らは，解ベクトルに関する 1 次の感度分析 (first-order sensitivity analysis) を行うために，一般の非線形計画問題に対して因子分解形式で記述された入力を利用するための公式と方法論を開発した．この結果は Jackson and McCormick (1988) によって一般化され，2 次の感度分析法 (second-order sensitivity analysis method) が提案された．その際，問題に含

まれているパラメータに関する局所解の成分の2階微分を計算するために使われる3階テンソルに関係した公式を利用した．

因子分解型計画法で実行される微分の計算は，近似計算ではなくて，数学的に正確な計算であることを理解することは重要である．さらに，F 列は手計算に似ているので，この計算は簡潔である．したがって，このテクニックは，微分を計算するための数式処理 (symbolic manipulation) のテクニック（これは大量のコードを生成する傾向がある）とは異なる．因子分解型計画法で使われているテクニックは，F 関数やそれらの偏導関数の配列に固有の特別な構造を有効に利用したものである．さらに，いくつかの微分の数式処理 (symbolic differentiater) は，一連のルールとして同様に記述された関数（そのおのおのが微分可能）を認識することができるけれども，類似点はそこまでである．そのような微分の数式処理は，関数を微分し続けるだけであって，その結果のポリアディック構造を利用するわけではない (Kedem, 1980 ; Rall, 1980 ; Wengert, 1964 ; Reiter and Gray, 1967 ; Warner, 1975)．まさに，ポリアディック構造を利用することこそが F 関数の真の価値を高めるものであり，このことによって両者のテクニックが区別されるのである．

⇒数理計画法，非線形計画法．

[Richard H. F. Jackson/矢部　博]

参 考 文 献

[1] A. DeSilva and G.P. McCormick (1978), "Sensitivity Analysis in Nonlinear Programming Using Factorable Symbolic Input," Technical Report T-365, The George Washington University, Institute for Management Science and Engineering, Washington, DC.

[2] G. Emami (1978), "Evaluating Strategies for Newton's Method Using a Numerically Stable Generalized Inverse Algorithm," Dissertation, Department of Operations Research, George Washington University, Washington, DC.

[3] J.E. Falk (1973), "Global Solutions of Signomial Problems," Technical report T-274, George Washington University, Department of Operations Research, Washington, DC.

[4] J.E. Falk, and R.M. Soland (1969), "An Algorithm for Separable Nonconvex Programming Problems," *Management Science*, 15, 550-569.

[5] A.V. Fiacco and G.P. McCormick (1968), *Nonlinear Programming: Sequential Unconstrained Minimization Techniques*, John Wiley, New York.

[6] A. Ghaemi and G.P. McCormick (1979), "Factorable Symbolic SUMT: What Is It? How Is It Used?," Technical Report No. T-402, Institute for Management Science and Engineering, George Washington University, Washington, DC.

[7] F. Ghotb (1980), "Evaluating Strategies for Newton's Method for Linearly Constrained Optimization Problems," Dissertation, Department of Operations Research, George Washington University, Washington, DC.

[8] K.L. Hoffman (1975), "NUGLOBAL-User Guide," Technical Report TM-64866, Department of Operations Research, George Washington University, Washington, DC.

[9] R.H.F. Jackson and G.P. McCormick (1986), "The Polyadic Structure of Factorable Function Tensors with Applications to High-order Minimization Techniques," *JOTA*, 51, 63-94.

[10] R.H.F. Jackson and G.P. McCormick (1988), "Second-order Sensitivity Analysis in Factorable Programming: Theory and Applications," *Mathematical Programming*, 41, 1-27.

[11] R.H.F. Jackson, G.P. McCormick and A. Sofer (1989), "FACTUNC, A User-friendly System for Optimization," Technical Report NISTIR 89-4159, National Institute of Standards and Technology, Gaithersburg, Maryland.

[12] G. Kedem (1980), "Automatic Differentiation of Computer Programs," *ACM Transactions on Mathematical Software*, 6, 150-165.

[13] S.G. Leaver (1984), "Computing Global Maximum Likelihood Parameter Estimates for Product Models for Frequency Tables Involving Indirect Observation," Dissertation, The George Washington University, Department of Operations Research, Washington, DC.

[14] G.P. McCormick (1974), "A Minimanual for Use of the SUMT Computer Program and the Factorable Programming Language," Technical Report SOL 74-15, Department of Operations Research, Stanford University, Stanford, California.

[15] G.P. McCormick (1976), "Computability of Global Solutions to Factorable Nonconvex Programs: Part I – Convex Underestimating Problems," *Mathematical Programming*, 10, 147-145.

[16] G.P. McCormick (1983), *Nonlinear Programming: Theory, Algorithms and Applications*, John Wiley, New York.

[17] G.P. McCormick (1985), "Global Solutions to Factorable Nonlinear Optimization Problems Using Separable Programming Techniques," Technical Report NBSIR 85-3206, National Bureau of Standards, Gaithersburg, Maryland.

[18] A. Miele and S. Gonzalez (1978), "On the Comparative Evaluation of Algorithms for Mathematical Programming Problems," *Nonlinear Programming*, 3, edited by O.L. Mangasarian et al., Academic Press, New York, 337-359.

[19] W.C. Mylander, R. Holmes and G.P. McCormick (1971), "A Guide to SUMT-Version 4: The Computer Program Implementing the Sequential Unconstrained Minimization Technique for Non-

linear Programming," Technical Report RAC-P-63, Research Analysis Corporation, McLean, Virginia.
[20] R.E. Pugh (1972), "A Language for Nonlinear Programming Problems," *Mathematical Programming*, 2, 176–206.
[21] L.B. Rall (1980), "Applications of Software for Automatic Differentiation in Numerical Computations," *Computing*, Supplement, 2, 141–156.
[22] A. Reiter and J.H. Gray (1967), "Compiler for Differentiable Expressions (CODEX) for the CDC 3600," MRC Technical Report No. 791, University of Wisconsin, Madison, Wisconsin.
[23] M.E. Shayan (1978), "A Methodology for Comparing Algorithms and a Method for Computing m^{th} Order Directional Derivatives Based on Factorable Programming," Dissertation, Department of Operations Research, George Washington University, Washington, DC.
[24] A. Sofer (1983), "Computationally Efficient Techniques for Generalized Inversion," Dissertation, Department of Operations Research, The George Washington University, Washington, DC.
[25] D.D. Warner (1975), "A Partial Derivative Generator," Computing Science Technical Report No. 28, Bell Telephone Laboratories, Murray Hill, New Jersey.
[26] R.E. Wengert (1964), "A Simple Automatic Derivative Evaluation Program," *Communications of the ACM*, 7, 463–464.

インダストリアルエンジニアリングとOR
Industrial Engineering and Operations Research

IEの世界
インダストリアルエンジニアリング（IE）とオペレーションズリサーチ（OR）は，それらの発展過程を通して大変密接な関係にある．IEの基本は「改善」である．IEの発展過程の初期には，別の「効率」という言葉が使われており，最初の30年間，この言葉と，「効率専門家」としてのインダストリアルエンジニアは，悪い言外の意味をもっていた．インダストリアルエンジニアリングの学会である，インダストリアルエンジニア協会（IIE）は以下のIEの定義を決めた．「インダストリアルエンジニアリングは，人，物，情報，設備，エネルギーを統合したシステムの設計，改善，導入を行う．これらは，これらのシステムから得られる結果を工学的に分析・設計する原則と方法論にもとづいた，数学，物理，社会科学の専門的な知識とスキルによっている」

人指向： 1800年代の終りに，工場の生産性を向上させるインダストリアルエンジニアリングを創設したのは，Frederick W. Taylorである．インダストリアルエンジニアリングの初期には，人々の「方法」と「標準」を改善することに重きがおかれた．IEは作業者と作業場所の効率を高めることを行った．方法は人々が仕事を行うやり方に関連し，標準は仕事が行われるスピードに関連する．ORはまだ開発されておらず，IEが使える道具としては，「常識」，「人間工学」，「統計」があった．

プロセス指向： ORは第二次世界大戦の間に軍事的な必要性から開発された．1950年代になってORが学問的な世界に取り入れられると，急速にIEに取り込まれていった．多くのORプログラムがIE学科で開発された．ORの道具と手法，特に線形計画法，ネットワーク，シミュレーションを使って，定量的な観点から，インダストリアルエンジニアが「プロセス」の改善に取り組むことが可能になった．これらの新しい方法論は，在庫，生産，スケジューリングなどに急速に適用された．多くの場合，これらの「システムの一部分」はORのモデル化にうまく適合した．計算時間が操作できるモデルの規模を規制するゆえに，適用範囲は限られていた．

システム指向： 計算能力は1970年代と1980年代に急速に高まった．新しいフレキシブルなシミュレーション言語と利用可能な大規模な計算機があいまって，製造システムの複雑な解析が可能になった．

製造からサービスまでのIE
初期のインダストリアルエンジニアリングのほとんどの活動は工場にかかわっていた．Henry Fordが最初の組立ラインを設置するまではそれほど時間はかからなかった．この変化は新しい問題と，それらをとらえる新しい技術者を生み出した．

インダストリアルエンジニアリングが機械工学（ME）から派生することは自然であった．MEは工場で稼働する機械を設計・製作していた．彼らは機械の性能を理解していた．機械を操作する作業者の問題を扱うのに最も適した技術者であった．IEのコースはME学科の中から生まれ出た．そして1940年代になって，IEは独立した学科へと発展した．

1950年代後半になると，IEはサービス部門へと範囲を広げた．多くのIEが医療機関に移っていった．病院の管理者たちによって，ヘルスケアに関連する人々，プロセス，システムを分析する手段として，インダストリアルエンジニアリングは取り込まれた．病院での問題は，保険のような他のサービス分野よりも簡単であった．患者を製品と置き換えれば，病院は工場といろいろな面で似ている．その後，IEは運輸/物流と政府を含む多くの分野へ入り込んでいった．

生産工場を訪ねると，ほとんどの工場にはIE部門があるのに，その他の技術部門はIEのように別扱いされていないという，事実が明らかになる．製造業と同様に，多くの病院にIE部門がある．これはもろ刃の剣である．一方では，インダストリアルエンジニアリングに明確な

存在感を与えることになるが，もう一方では，批判が集中することにもなりうる．最悪の場合には，組織の中ではっきりと区分された「バケツ」の中に，IEを追い込むことになる．「われわれIEの仕事は工場の問題だ」とか，「本社レベルでは，別のタイプ（システムアナリストなど，あなたの好きな言葉に置き換えればよい）の仕事がある」とかいう意見をよく聞く．この事実が，IEとORを根本的に区別するもとになる．一般化するわけではないが，IEと，IEのする仕事の多くはORを含んでおらず，工場あるいは実際の生産現場に主眼が置かれる傾向がある．多くのOR活動が生産の現場レベルでも見られるが，IEに比べて，多くの産業界のOR活動は本社の経営レベルで行われている．本社スタッフによる活動は，大規模で複雑なORモデルを必要とする買収や戦略に関するものである．

インダストリアルエンジニアリングのカリキュラム

IEとORは同じではない．学部のORプログラムはそれほど多くない．しかし，ORとIEの区別を理解するために，学部のIEプログラムを調べることには意味がある（最初のIEカリキュラムは1908年にペンシルベニア州立大学で創設された）．Georgia Tech (GT) の学部のIEプログラムでは，ORとIEの間に多くのオーバーラップが見られるが，学部のIEプログラムにははっきりとした特徴がある．1990年代半ばのGTのIEプログラムのクオーター時間（qh）での必要単位は表1のとおりであった．

表1

数学	28qh	オペレーションズリサーチ	9qh
物理科学	25qh	確率/統計	9qh
英語	12qh	品質	6qh
人間性/社会科学	21qh	人間科学	9qh
工学	13qh	経済	9qh
計算機	12qh	経営	6qh
一般選択	6qh	IE応用	8qh
その他	4qh	IE選択	12qh
		設計	6qh

表1において，IEとORの違いに注目してみよう．ここでは，1列目のコースと，2列目の最初の2つのコースと最後のコースは工学部のORカリキュラムに共通していると仮定しよう（ORの時間が少し多く，計算機と確率/統計の時間が少し少ないかもしれないが，それらは無視できる違いである）．基本的な違いは2列目の3番目から8番目の項目に現れる．インダストリアルエンジニアは品質と品質管理，経済と経済性工学，経営と経理，計画とスケジューリング，オペレーションと設備の設計を勉強する．これらに加えて，プロジェクト管理，倉庫・配送システム，マテリアルハンドリング，人間工学，時間測定，ロボティクス，システムダイナミクス，技術予測，技術評価，そして倫理などの幅広い選択科目のいくつかを勉強する．これらの科目要求からわかるように，インダストリアルエンジニアは，プロセスとシステムを理解・改善するために多くのことを勉強する．これらのコースの多くはORの応用問題を含んでいるが，それらはORの学生に与えられるものとは異なったものである．カリキュラムがBSから，MSあるいはPhDと進むにつれて，IEとORの区分はより少なくなる．

IEとORの将来

インダストリアルエンジニアリングとオペレーションズリサーチは共生的な関係を続けてきたが，それらは1つにはなろうとしなかった．Daellenback and George (1978) による「システムの操作に関連する問題の分析に，定量的なモデル，手法，そして道具を系統的に応用する」というオペレーションズリサーチの定義によれば，ORがまったく指向していないIEの要素がある．IEの，（人間工学，マンマシンインタフェース，品質管理などにおける）「人間」的側面は，特に重要であり，これら「人間的問題」は，ORでは伝統的に重要視されなかった．しかし，いつまでもというわけではない．

⇒ 産業への応用，OR/MSの実践．

[John J. Jarvis／金沢　孝]

参　考　文　献

[1] Churchman, C.W., R.L. Ackoff and E.L. Arnoff (1957), *Introduction to Operations Research*, John Wiley, New York.
[2] Copley, F.B. (1923), *Frederick W. Taylor, Father of Scientific Management*, vol. I, Harper and Brothers, New York.
[3] Daellenback, H.G. and J.A. George (1978), *Introduction to Operations Research Techniques*, Allyn and Bacon, Boston.
[4] Emerson, H.P. and D.C.E. Naehring (1988), *Origins of Industrial Engineering: The Early Years of a Profession*, Industrial Engineering and Management Press, Institute of Industrial Engineers, Atlanta, Georgia.
[5] Lehrer, R.N., "Organization of Industrial Engineering Curricula," Final Report on MSA Project TA-31-91, School of Industrial Engineering, Georgia Institute of Technology, Atlanta, 1952.
[6] Maynard, H.B., ed. (1956), *Industrial Engineering Handbook*, McGraw-Hill, New York.
[7] Moder, J.J. and S.E. Elmaghraby, eds. (1978), *Handbook of Operations Research: Models and Applications*, Van Nostrand Reinhold, New York.
[8] Salvandy, G., ed. (1982), *Handbook of Industrial Engineering*, John Wiley, New York.

インプット・アウトプット係数
input-output coefficients

　線形計画法やその他の生産問題において，制約条件 $Ax=b$ の係数行列 $A=(a_{ij})$ の係数 a_{ij} を，製品（アウトプット）j を1単位生産するために必要とされる資源（インプット）i の量と解釈することができる．より一般的に，国家経済のインプット・アウトプット行列は，経済理論における Leontief の功績の基礎となった．⇒アクティビティー分析問題，インプット・アウトプット分析．

インプット・アウトプット分析
input-output analysis

　一国の経済を研究するために経済学者 W. W. Leontief が考案した経済理論．ここでは，まずインプット・アウトプット表（行列）を求めることが必要となる．この行列の行は，その産業およびその他の産業の生産物を1単位生産する際に，その産業の生産物がどれだけ必要とされるかを表す係数からなっている．またその列ベクトルの係数は，その産業の製品を1単位生産するにあたって，他の産業の製品がどれだけ必要とされるかを表している．ここでインプット・アウトプット係数が近未来において安定的であって，規模に関する収益率が一定ならば，すなわち，線形関係が成立することを仮定すれば，必要な需要量を満たすための生産量を決定するための連立1次方程式を導くことができる．⇒インプット・アウトプット係数．

う

ウィルキンソン等価ランダム法
Wilkinson equivalent random technique

　アーラン損失モデルにおいて，溢れた客が見るブロッキング確率に対する1つの近似．この方法は電話通信ネットワークにおける混雑解析に用いられる．⇒待ち行列理論．

ヴォーゲルの近似法
Vogel's approximation method (VAM)

　輸送問題に対する初期実行可能解を求める方法．この方法ではまず輸送問題行列の各行各列の2つの最小コスト要素のセルを求める．これらの要素のうちの小さい方を他の要素から差し引くと，各行各列のヴォーゲル数（Vogel number）が得られる．最大のヴォーゲル数を選択し，対応する最小コストのセルに最初の割当てを行う．この割当ては対応する出発地から目的地へ送ることのできる最大量となる．各割当てのあとに行列中の残りの行と列にもとづいてヴォーゲル数を再計算する．この手続きをすべての割当て（輸送）が終了するまで続ける．VAM はよい（低コストの）初期実行可能解を見いだす傾向があるが，そのあとに必要な計算量は輸送問題を解くためのコンピュータソフトウェアを利用する際の障害となる．⇒北西隅の解，輸送シンプレックス法．

ウォルフの2次計画アルゴリズム
Wolfe's quadratic-programming problem algorithm

　正定あるいは半正定な2次形式を有する2次計画問題（quadratic programming problem）を解くために，シンプレックス法を適合させた方法．この方法は問題の線形制約の連立解と，それに関するカルーシュ-キューン-タッカー条件（Karush-Kuhn-Tucker condition）にもとづいている．⇒2次計画法．

宇宙

Space

はじめに

人類の宇宙への冒険は，1957年10月4日，ソ連の最初の人工衛星 Sputnik I の打ち上げによって始まった．すぐに続いて11月3日に「(ライカ)犬を乗せた」Sputnik II が，また，1958年1月31日には米国の最初の人工衛星，Explorer I が打ち上げられた．このときより，米国とソ連によって，人間が乗った宇宙船を衛星軌道に乗せるための，膨大な研究と開発が始まった．米国は，1957年10月1日に NASA (National Aeronautics and Space Administration) を設立し，その目的の1つとして「…なるべく早い時期に，人間を乗せた人工衛星を軌道に乗せ，それを安全に回収すること，そして宇宙空間における人間の能力を調査すること (Swenson et al. 1966, p. 111)」というものが与えられた．これによって始まった，米国の有人宇宙飛行計画は，マーキュリー計画 (Glenn 飛行士が 1962年2月20日に衛星軌道に乗る)．ジェミニ計画(2人乗りのカプセルが衛星軌道に乗る)．アポロ計画 (1969年7月20日，月着陸に成功)，そしてスペースシャトル計画へと進んでいく．この間，ソ連は1961年4月12日に Gagarin を衛星軌道に乗せ，最初の有人宇宙飛行を成功させている．この期間全体にわたり，OR/MS の技法は NASA や宇宙開発を管理・解析する宇宙産業によって活用された．その中には，プロジェクト管理 (project management)，予測 (forecasting)，スケジューリング (scheduling)，費用推定 (cost estimating)，最適化 (optimization)，シミュレーション (simulation)，それに多目的決定解析が含まれる．次の項で，そのいくつかの適用例を見てみよう．

応用例

Evans and Fairbairn (1989) は NASA が直面した長期計画問題を議論している．それは次の10年間のうちに可能ないくつもの計画の中から，どの計画を NASA は着手するべきかを決定する問題である．この問題は，ある計画を NASA の長期計画に入れるか否かを表す変数を決定変数とする，線形制約0-1整数計画問題でモデル化された．このモデルではコストだけでなく，(たとえば，理論的，人文学的，実用的などの) さまざまな分野に得られる利益に対して，いくつかの異なる基準を適用することが可能である．さらにこのモデルは，適当な制約を加えることによりそれぞれの任務の間の依存関係も考慮している．依存関係とはたとえば，火星への有人宇宙飛行の前に何回か無人探査をやっておかなければならない，というようなことである．

スペースシャトルの1回の飛行には，何千もの工程をスケジューリングしなければならない．それらの工程は，お互いの間に一定の前後関係があったり，様々な希少資源を使用しなければならなかったりする．これらの活動を期日・コスト・品質などの基準を満足するようにスケジューリングすることは，複雑なプロセスである．許容なスケジュールを組むことは，プロジェクトネットワーク，ヒューリスティックスケジューリングルール，シミュレーションなどを含む洗練されたプロジェクト管理技法を使わなければならない (Deale, 1992; Barth and Schafer, 1992).

Paté-Cornell and Fischbeck (1994) は確率的危険解析の手法を用い，スペースシャトルの耐熱タイルの整備における優先順位を設定した．その結果を用いると，タイルの不良に起因するシャトルの事故確率を70パーセント減らすことができることが論文の中で示されている．

Muscettola et al. (1992) はハッブル望遠鏡 (Hubble space telescope : HST) の観測計画を生成するのに使われたヒューリスティックスケジューリング試験台システム (heuristic scheduling testbed system : HSTS) について述べている．1990年に打ち上げられた HST は，14億ドルをかけてつくられた宇宙天文台であり，その寿命は15年と見積もられている．この HST に対して，常に多くの観測要求がある．これらの要求のスケジューリングはいくつかの理由によって難しいものとなっている．ある観測要求は HST のもつ6つの異なる観測装置を使ったいくつかの異なる操作を要求するものかもしれないし，また，いくつかの観測要求を，望遠鏡と目標の位置関係によっては1回の観測で満たすことができるかもしれない．異なる観測装置を同時に使用することは可能であるが，6つすべての装置を起動することはエネルギー上の制約から得策でない．HSTS は人工知能の手法を用い，HST の操作のスケジューリングに柔軟に対応をするものである．この方法は〈矛盾するスケジューリング制約を適当な目的関数に置き換える〉ことまで考慮に入れている．

Quirk et al. (1989) は宇宙基地において2つのエネルギーモジュール (太陽光発電と太陽熱発電) のどちらを使うべきか，という問題を扱った．システムを選択するために機会制約付問題モデルが使われた．モデルは発電量が需要以下になる確率が，あらかじめ決められた値よりも小さい，という制約をもち，コストの期待値の低い方が選択された．このモデルの構造は，確率的 Leontief システムである．モデルの入力は，ジョンソン宇宙センターのエンジニアたちが回答したいろいろな活動に関するエネルギー要求の主観確率分布を含んでいる．すなわち，そのモデルは，それぞれの選択に固有の不確実性を考慮に入れている．

離散事象のシミュレーションも，NASA ではいくつかの事例がある．たとえば，Morris and Write (1987) は地球からある宇宙基地まで荷物を運ぶ際のスペース・シャトルの運航サポート要求を解析するために SLAM II シミュレーションモデルを使った．このモデルは 3 つのモジュールから成り立っている．すなわち地球における操作，宇宙基地における操作，それに宇宙船における操作である．モデルの主な入力は，宇宙基地での配達要求である．このモデルはシステムの配達容量や必要なサポート資源を決定し，さらに様々なシステム資源の有効利用方法を割り出すのに使われた．

⇒確率制約条件付計画，組合せ/整数最適化，インプット・アウトプット分析，プロジェクト管理，スケジューリングと順序付け，離散事象確率システムのシミュレーション．

[Gerald W. Evans/村松正和]

参 考 文 献

[1] Barth T. and N. Schafer (1992). "Probabilistic Assessment of the Shuttle Processing Schedule Risks." Abstract published in the *TIMS/ORSA Joint Spring National Meeting Bulletin*, p. 59.
[2] Deale M.J. (1992). "Space Shuttle Ground Processing Scheduling." Abstract published in the *TIMS/ORSA Joint Spring National Meeting Bulletin*, p. 59.
[3] Emme E.M. ed. (1977). *Two Hundred Years of Flight in America: A Bicentennial Survey*. Univelt, Inc., San Diego, California.
[4] Evans G.W. and R. Fairbairn (1989). "Selection and Scheduling of Advanced Missions for NASA Using 0-1 Integer Linear Programming." *Jl. Opns. Res. Soc.* **40**, 971-982.
[5] Mark H. and A. Levine (1984). *The Management of Research Institutions: A Look at Government Laboratories*. U.S. Government Printing Office, Washington, D.C.
[6] Morris W.D. and N.H. White (1987). *Space Transportation System Operations Model*. NASA Technical Memorandum, NASA Langley Research Center, Hampton, Virginia.
[7] Muscettola N., S.F. Smith, A. Cesta and D. d'Aloisi (1992). "Coordinating Space Telescope Operations in an Integrated Planning and Scheduling Architecture." *IEEE Trans. Control Systems* **12**, 28-37.
[8] NASA Office of External Relations, eds. (1986). *NASA Space Plans and Scenarios to 2000 and Beyond*. Noyes Publications, Park Ridge, New Jersey.
[9] Paine T.O. ed. (1991). "Leaving the Cradle: Human Exploration of Space in the 21st Century." *Science and Technology Series*, Vol. 28, Univelt, Inc., San Diego, California.
[10] Paté-Cornell H.M. and P.S. Fischbeck (1994). "Risk Management for the Tiles of the Space Shuttle," *Interfaces* **24**, 64-86.
[11] Pritsker A.A.B. (1986). *Introduction to Simulation and SLAM II*. Systems Publishing Corporation, West Lafayette, Indiana.
[12] Quirk J., M. Olson, H. Habib-Agahi and G. Fox (1989). "Uncertainty and Leontief Systems: An Application to the Selection of Space Station System Designs." *Mgmt. Sci.* **35**, 585-596.
[13] Roland A. (1985). *Model Research: The National Advisory Committee for Aeronautics*, 1915-1958. Volume 1, The NASA History Series, Scientific and Technical Information Branch, NASA, Washington, D.C.
[14] Swenson L.S. Jr., J.M. Grimwood and C.C. Alexander (1966). *This New Ocean: A History of Project Mercury*, National Aeronautics and Space Administration, Washington, D.C.

右 辺
right-hand-side

一般の線形制約 $Ax=b$ における係数列ベクトル b のこと．

埋込み
embedding

(1) 辺を交差させないように面上にグラフを描くこと．(2) 複雑な構造の確率過程を解析するために，その中に含まれる部分的な確率過程を利用すること．⇒隠れマルコフ連鎖，待ち行列理論．

影響ダイアグラム
influence diagram

意思決定の代替案，不確実性と価値の関係を表すダイアグラムを構成する手続き．⇒ 決定分析，決定木．

栄養素問題
diet problem

毎日の栄養素摂取必要量を満たす食品の組合せを，最小費用で実現するための線形計画問題．スティグラーの栄養素問題は，シンプレックス法を用いて解かれた最初の線形計画問題の1つである．⇒ スティグラーの栄養素問題．

エキスパートシステム
Expert Systems

はじめに

事実や表明に関する推論を用いて問題を解決できるコンピュータシステムを開発することは，人工知能分野の研究の中心であったし，いまなお継続している使命である．1970年代の初期までに，これらの推論システムの研究は，疾病の診断，未知分子の化学構造の推定，鉱物の埋蔵個所の地質学的な決定，応用数学問題の解決など，狭い領域で難しい問題を解くことができるシステムに焦点を当てるようになった．これらのシステムは，対象問題領域に責任をもつ専門家の努力を要求する問題を解決するという意味で，エキスパートシステム（expert system：ES）として知られるようになった．初期のエキスパートシステムの中で，一番よく知られているものは，おそらくMYCINであろう．血液感染症を診断するMYCINの手法についてはBuchanann and Shortliffe (1984) に報告されている．DENDRAL, MACSYMA, PROSPECTORといった他の先駆的なエキスパートシステムについての記述はBarr and Feigenbaum (1982) に記述がある．

1980年代の初期までに，エキスパートシステム（ES）の研究の主眼は，これらのシステムの適用可能性と有用性を示すことから，それらの開発を容易にするツールや方法論を同定することへと変化してきた．先駆的なエキスパートシステムは，人工知能の専門家によって，それぞれ個別に構築され，その開発にはかなりのコストと期間が必要であった．エキスパートシステムが広く使われるようになるならば，より迅速で低コストの開発手段を発見することが必要なのは明らかであろう．この探索は大成功を収め，数多くの商用で利用できるES開発のためのコンピュータツールを産み出し，ES開発過程を導く特定の方法論の構築につながった．これらのツールと方法論とは，工学技術，製造工程，金融，ビジネス管理などの応用領域（Blanning, 1984；Mockler, 1989）に使用されるエキスパートシステムの増加に役立っている．

ESの可能性を評価するためには，エキスパートシステムの特質を理解することと，それらがどのように開発されるのかを理解することの2つが前提条件として要求される．エキスパートシステムの一般的な性質について，その機能，構造，操作を含めて，最初に述べる．ついで，ES開発について，方法論的問題と利用可能なツールのクラスについて調べる．

エキスパートシステムの一般的な性質

エキスパートシステムは，手軽に，タイミングよく，費用をかけずに相談できるとは限らないような専門家の知識に対していつでも利用できる代替として機能する．たとえば，金融計画のような特定の問題領域の専門家の事例を考えよう．金融計画に関する知識をもった専門家がいれば，その領域の特定の問題に関する質問を受けて，適切な助言を行うために専門知識を使って問題を考察し，得られた助言を伝達して，その助言の論拠を説明することが可能である．これらと同じ手続きを経て，専門家と同程度の助言や説明を行うことができるコンピュータを使ったシステムをエキスパートシステムと呼ぶ．すべてのESが1人の専門家に置き換わるわけではない．ESは，専門家のグループ，何人かの専門家それぞれ，蓄積されてきたデータの集まりであるような専門知識，ある（人間ではない）システムの行動として現れる専門知識などの代替物にもなりうる．

エキスパートシステムは，もとになる専門知識をもつ専門家に比べて，多くの潜在的な利点をもっている（Holsapple and Whinston 1986）．専門家と異なり，ESは，眠らず，病気にならず，休暇をとらず，機嫌の悪い日がない．また，忘れないし，報酬も求めないし，より重要な問題にかかわって動きがとれないということもないし，退職もしない．組織の視点からは，ESを構築するという作業は，専門知識を明確な形にし保存することにつながる．そして，それを複製することによって，地理

的に離れた場所において同時に利用でき，しかも，整合性のとれた助言を行うようなことができる．Holsapple and Whinston (1990) では，競合する企業戦略を実行可能なものとするために ES が利用できることを主張している．

ES の機能は3つの主要な構成要素にもとづいている．それは，利用者インタフェース (user interface)，推論エンジン (inference engine)，ならびに興味ある分野の問題に関して推論を行う基礎となる蓄積された知識本体（知識ベース）である．利用者インタフェースは，（助言を求める人などの）利用者が直接使う ES の部分である．それは，その問題における利用者の特徴を見分け，必要があればその特徴を明確にする質問を発し，その問題に関する ES の助言を利用者に与える．利用者インタフェースは，助言の正当化を求める利用者に対して，その根拠を提示する．エキスパートシステムは，他の2つの構成要素が同じものであっても，利用者インタフェースの実現方法や洗練の度合いによって非常に異なったものとなりうる．

ES の2番目の構成要素は，それが保持する知識の保存の仕組みである．これを ES の用語では〈知識ベース〉(knowledge base) という．普通，これには2つの異なった知識，記述的知識 (descriptive knowledge) と推論知識 (reasoning knowledge) が保持される．記述的知識は，対象世界の状態を記述するのに用いられる（たとえば，「昨年の収益は 1000 万ドルだったが，来年は 1500 万ドルになることが予想される」といった情報が記述的知識である）．推論知識は，特定の状況が存在すると判明したときに，どの結論が妥当であるかを特定するために用いられる（たとえば，「失業率が 8% を超えていると収益の期待値がある程度減少する理由になる」といった情報が推論知識である）．ES のあるものではこれらとは別のタイプの知識も知識ベースに含まれる場合もある．

ES に蓄積された知識の型を表現するにはいくつかの方法がある．記述的知識は状態変数の値として単純に表現されることがあり，この場合，属性-値の組 (attribute-value pair) と呼ぶ（たとえば，「収益属性または収益変数は 1000 万ドルの値をもつ」という情報がこのような知識である）．このような個々の記述的知識は，データベースのレコード (database record)，フレーム (frame)，意味ネットワーク (semantic net)，配列 (array)，スプレッドシートのセル (cell)，コンピュータ用の他の構造などの形に構造化されることもある．同様に，個々の推論的知識も複数の表現形式で表される．一般に行われている方法の1つにルール形式の使用がある．個々のルールには，なんらかの状況を特徴付ける前提部と，その状況が存在すると決定した場合に，どのような行動をとるべきかを示す結論部がある（たとえば，「状態変数の値にどのような変化が発生しうるか」といった情報である）．ルール表現言語には様々なものがある．それらは，記述形式，柔軟性，表現力などの面で異なっている．このような差異をサーベイした論文に Mockler (1989) がある．

推論エンジン

一般的な ES 構造の中心は〈推論エンジン〉(inference engine) である．これは利用者の問題表現に対応して適切な助言を導出するために，ES に蓄積した知識を使って推論を行うソフトウェア要素である．推論エンジンは同時に，利用者インタフェースを通じて推論の根拠を提示するための基礎情報として問題解決における推論の流れを記録する．あきらかに ES の推論エンジンは，a) 蓄積した記述的知識 (descriptive knowledge) と推論的知識 (reasoning knowledge) を記述するために使われる特定の表現言語，b) 利用者インタフェース (user interface) における利用者の要求の解釈，c) 推論結果をまとめて表示する利用者インタフェースの機能，などとの整合性を保持していなければならない．それぞれの ES に対して，推論エンジンは，異なる利用者インタフェースや知識表現の方式の面だけでなく，また，推論をどのように進めるかという点についても整合性を保証するように，異なっている．

前向き連鎖 (forward chaining) と，後退連鎖 (backward chaining) の2つはともに主要な推論方法である．どちらの場合も，推論エンジンはルールを使って，助言開始時には状態が不明な変数の値を確定していく．これらの値は，最終的に利用者に与えられるように整理された助言のもとになるものである．2つの推論方法の主な違いは，未知変数の値が既知になるときの処理の方向である．どちらの方法をとる場合でも，もし ES が問題を解くのに十分な知識をもっていなければ，推論エンジンは未知変数の値を確定する過程で失敗する．

前向き連鎖の場合推論エンジンは個々のルールの前提条件 (premise) を調べる．前提条件が真であれば，ルールの結論部 (action part) で指定した行動が実行される（これをルールが「発火する」(fire) という）．それゆえルールの発火は，それ以前には未知であった変数に値を割り当てる操作を含めて，変数の値を変えることになる．すべてのルールをこのようなやり方で調べたあと，推論エンジンはルール検査の2回目のパス (pass) に入る．このパスで新たに発火したルールがあれば，処理プロセスは3回目以降のパスへ続く．処理が終了するのは，これらのパス中で発火するルールがなくなる場合か，他の（あらかじめ決められた，値の決定していない変数に値が代入されるなどの）終了条件が成立する場合である．

前向き連鎖に比較すると，後退連鎖は，目標指向型

(goal oriented) の推論方法である．これは，ルールの前提条件の評価を試みる前に，その結論部を調べる．推論エンジンの最終的な目標は，特定の未知変数の値を確定することである．この目標を達成するために，推論エンジンは，結論部が目標変数 (goal variable) の値に影響を与えるようなルールの部分集合を同定する．これらを候補ルール (candidate rule) という．候補ルールを調べる場合，推論エンジンは，その前提部の評価を試みる．前提条件に未知変数が含まれていてこの評価が不可能な場合は，それらの未知変数が目標に加えられる．推論エンジンは，現在の目標変数をたどって，その候補ルールを同定し，さらにその前提部の評価を試みることによって，後退連鎖を行う．ルールの前提部が，真と判明したとき，そのルールは発火する．前提部が偽と判明したときは，推論エンジンは他の候補ルールの適用を試みる．助言全体の目標変数の値が確定するか，(解に到達することなく) 変数に対応する候補ルールがなくなるまで，この基本的な処理形態が再帰的に実行される．

この2つの推論方法に関しては，推論エンジンの処理速度や推論結果に影響するいろいろな変種がある．その中には，推論の厳格性の程度を考慮するものがある．これらではルール集合を使ってパスをつくる場合や候補ルールを選択する場合に推論エンジンがどの程度網羅的に働くかについて工夫がなされる．ルール選択の順序を重視する変種もある．これらでは，推論エンジンがパス中や候補ルール部分集合内においてどんな順序でルールを処理するかに注目する．その他にも，(複合的な前提において条件の順序を考慮するなど) 前提条件の評価方法において推論エンジンの戦略を工夫する余地は広い．推論エンジンの構造は変数値やルールの有効性に関する不確実性の扱い方によっては，大きく変わる可能性がある．あるものは不確実な状況の可能性を無視するが，他は，結果として得られる助言の品質を保証するために，確実性係数 (certainty factor) を結合する特別の計算方法を導入する．Holsapple and Whinston (1986) ではこれらの変種についてより詳しい議論がなされている．

エキスパートシステム開発

エキスパートシステムを開発するツールは大きく次の3種類に分類できる．すなわち，プログラミング言語 (programming language)，シェル (shell)，統合環境 (integrated environment)．プログラミング言語を使う場合，しばしば〈知識技術者〉(knowledge engineer) と呼ばれるES開発者は，推論エンジンと利用者インタフェースの設計・プログラミングを行う．さらに推論的知識と記述的知識を保持する記憶構造を，内容が推論エンジンからアクセスできるように設計しなければならない．そして適切な知識をその記憶構造に蓄積しなければ

ならない．シェルは，このような仕事のかなりの部分からES開発者を解放するが，その反面，開発者のシステム開発の自由度を減少させてしまう．シェルによって，開発者は既製の推論エンジン，利用者インタフェース，知識記憶構造を使うことができる．それゆえ，主な開発の仕事は適切な知識を記憶構造へ投入する作業となる．シェルによって，開発者は利用者インタフェースの入出力をある程度カスタマイズすることが可能となる．シェルのあるものは，(推論の厳格性，ルールの選択順序，不確実性の扱いなどの) 推論エンジンの動きを制御する手段を与える．シェルの推論エンジンは (スプレッドシートのデータなど) 他のソフトウェアシステムへのインタフェースを提供する場合もある．

ES開発の統合環境は，シェルの機能のすべてに，通常の分離型ソフトウェアツールに見られるような計算機能を付加したものである．すなわち，統合環境の推論エンジンは，データベース管理，スプレッドシート処理，モデル管理，帳票操作，グラフ生成などの，推論以外の処理を行えるように拡張されている．このような機能はルール処理の途中で使うことができるようになっている．逆に，これら推論以外の処理の間に，推論による助言のステップを入れることも可能である．このようなツールによって，よりいっそう専門家の行動に類似したESを開発することが可能となる．すなわち，専門家と同じように問題に関する推論ばかりでなく，データ操作，難しい計算，きれいな表示などの仕事もやってくれるのである．ツール選択のチェックリストとより詳しい統合環境の評価については，Holsapple and Whinston (1986)，寺野 (1992) に述べられている．Mockler (1989) には代表的な商用エキスパートシステムの特性を比較した結果が掲載されている．

どのようなツールを利用するにせよ，開発者はES開発プロジェクトを管理する仕事に直面する．Buchanan and Shortliffe (1984)，Hayes-Roth, Lenat, Waterman (1983) などの本には，ES開発の方法論に関する有用な考察が含まれている．Holsapple and Whinston (1986) が導入したES開発サイクルは種々の文献に見られる典型的なものである．注目を集めている開発上の重要な視点は，知識獲得 (knowledge acquisition: KA) の概念である．これは，推論知識を (専門家などの) その源から抽出し，それを分析・構造化し，さらにESの知識ベースに直接投入できる形式に表現する作業を意味する．

KAの諸問題，方法，ツールに関する概論の代表的なものはKidd (1987) のテキストである．そこで述べられた方法には，構造的インタビューやプロトコル分析の技術なども含まれている．KAツールでは，問題領域に関する普遍的な知識を専門家の行動の個々の例から獲得するという，帰納学習 (induction) の仕組みが中心である．

Dhaliwahl and Benbasat (1990) は，このような方法やツールの性能を評価するための実践的研究を導く変数指向のフレームワークを提案している．Holsapple, Raj and Wagner (1992) では，最近の KA 開発に関する理論的・実践的な研究もなされている（訳注：この論文は引用されていない）．

文　献

年々増加するエキスパートシステムを扱った図書は別にして，ES に関連する話題を扱う学術雑誌として次のようなものがある．*Expert Systems, Expert System with Applications, Heuristics: The Journal of Knowledge Engineering, IEEE Expert*（最近 *IEEE Intelligent Systems* という名称に変わった），*Intelligent Systems in Accounting, Finance, and Management, Knowledge Acquisition*. ES の話題は，人工知能のより一般的な雑誌や，ビジネスや工学に関するコンピュータシステムを扱う雑誌にも掲載されている．
⇒人工知能，意思決定支援システム．

[Clyde W. Holsapple/寺野隆雄]

参　考　文　献

[1] A. Barr and E.A. Feigenbaum, eds. (1982). *The Handbook of Artificial Intelligence*, William Kaufmann, Los Altos, California.
[2] R.W. Blanning (1984). "Management Applications of Expert Systems," *Information and Management*, 6, 311–316.
[3] B.G. Buchanan and E.H. Shortliffe (1984). *Rule-Based Expert Systems: The MYCIN Experiments of the Stanford Heuristic Programming Project*, Addison-Wesley, Reading, Massachusetts.
[4] J.S. Dhaliwal and I. Benbasat (1990). "A Framework for the Comparative Evaluation of Knowledge Acquisition Tools and Techniques," *Knowledge Acquisition*, 2, 145–166.
[5] F. Hayes-Roth, D.B. Lenat and D.A. Waterman, eds. (1983). *Building Expert Systems*, Addison-Wesley, Reading, Massachusetts.
[6] C.W. Holsapple and A.B. Whinston (1986). *Manager's Guide to Expert Systems*, Dow Jones-Irwin, Homewood, Illinois.
[7] C.W. Holsapple and A.B. Whinston (1990). "Business Expert Systems – Gaining a Competitive Edge," *Proceedings of Hawaiian International Conference on Systems Sciences*, Kona, Hawaii, January.
[8] A. Kidd, ed. (1987). *Knowledge Elicitation for Expert Systems: A Practical Handbook*, Plenum Press, New York.
[9] R.J. Mockler (1989). *Knowledge-Based Systems for Management Decisions*, Prentice-Hall, Englewood Cliffs, New Jersey.
[10] 田中幸吉，淵 一博編 (1983-1984)：人工知能ハンドブック第 I, II, III 巻，共立出版（[1] の訳）．
[11] AIUEO 訳 (1985)：エキスパート・システム．産業図書（[5] の訳）．
[12] オカムラ・コンピュータ・システム訳(1986)：ビジネスエキスパートシステム―管理者のための人工知能入門―，ダイヤモンド社([6]の訳)．
[13] 寺野隆雄編著 (1992)：エキスパートシステム評価マニュアル，オーム社．

SIMD

SIMD

single instruction, multiple data の頭文字をとったもの．単一の命令列が複数のプロセッシングエレメントを制御する，並列計算機アーキテクチャのクラス．プロセッサは同期して同じ計算を異なるデータに対して行う．

SCERT

synergistic contingency evaluation and response technique

プロジェクトが受けるリスクあるいはプロジェクトの結果に重要な影響を及ぼす不確定性と偶然性を特定し，それらを連結するための系統的なアプローチを用いる偶然性の評価と対処の技法のこと．⇒ネットワーク計画．

A* アルゴリズム

A* algorithm

ヒューリスティック探索手続きの一種．探索木の中で，ノードに到達するためのコストと，そのノードに付随するヒューリスティックコストの和の合計が最小となるものを，分枝ノードとして選ぶ方法である．この際ノードのヒューリスティックコストとしては，完成解の真の最小費用の下界値となるものを用いる．⇒ 人工知能．

ST

subject to

線形計画問題：
　最小化 cx,
　条件 $Ax=b$,　$x\geq 0$
にみられるように，「条件」を表す．

エータ・ファイル

eta file

シンプレックス法において，基底行列の LU 分解を求

める際の基本掃出し行列の列を格納するための逐次ファイル. ⇒ 改訂シンプレックス法.

エータ・ベクトル
eta vector

基本掃出し行列の中の, 単位ベクトルとは異なる列ベクトル. 掃出し行列は, このエータ・ベクトルとその位置によって一意的に決定される. ⇒ 改訂シンプレックス法.

$\bar{X}$ 管理図
$\bar{X}$-chart

標本平均の変動を示す管理図. ⇒ 品質管理, R 管理図.

FTRAN
forward transformation

シンプレックス法の反復で, 基底行列の LU 分解が与えられているとき, 基底に入ってくるベクトルの表現を計算するための手続き. FTRAN の名称は, エータ・ファイルを前の方から順番に走査することに由来する. ⇒ エータ・ファイル.

MIMD
MIMD

multiple instruction, multiple data の頭文字をとったもの. 各プロセッシングエレメントが独自の命令列を引き出して解読する, 並列計算機アーキテクチャのクラス. その命令列は, 他のプロセッサの命令列とは異なっていてもよい.

MODI
modified distribution method

修正配分法のこと. 輸送問題をシンプレックス法を用いて手計算する際の手続き. ⇒ 輸送シンプレックス法.

エルゴード定理
ergodic theorems

確率過程の長時間平均が, 極限分布や定常分布に収束するための条件を示した定理. ⇒ マルコフ連鎖, マルコフ過程, 待ち行列理論.

LDU 行列分解
LDU matrix decomposition

正則な行列 A が与えられたとき, ガウスの消去法を用いて, A を LDU の形に変換すること. ここで L は下三角行列, D は対角行列, U は上三角行列である. ここでは L と U の対角成分を1に選ぶことができる. D はピボットが構成する対角行列である. ⇒ LU 行列分解, 行列と行列代数.

LU 行列分解
LU matrix decomposition

行列を下三角行列 L と上三角行列 U の積に分解すること. 行列の LDU 分解の DU を新たに U と定義すれば, LU 分解となる. ⇒ LDU 行列分解.

お

ORMS 学会
Institute for Operations Research and the Management Sciences (INFORMS)

ORMS 学会(Institute for Operations Research and the Management Sciences: INFORMS)は米国の ORMS に関する主たる学会組織で，アメリカ OR 学会(ORSA)と経営科学学会(The Institute of Management Sciences: TIMS)の合併により 1995 年 1 月に公式に活動を始めた．

OR/MS における情報システムとデータベース設計
Information Systems and Database Design in OR/MS

〈情報システム〉(information system)，〈データベース構造〉(database structure)と〈OR〉は多くの密接な関係がある．OR のモデルやアルゴリズム手続きはどんどん情報システムの部品として集約されており，OR の課題はしだいにデータベース構造を含む情報システムの総合的な設計に向けられてきている．

総合的情報システムの構造

従来のデータ処理 (data processing) は基本的に，互いに分離していて，それぞれ独自のデータ構成をもった，〈個別〉のプログラムの寄せ集めであった．同様に，特徴的な OR パッケージは，たとえば，数理計画法 (mathematical programming)，ネットワーク分析 (network analysis) とシミュレーション (simulation)，あるいはさらに専門的なパッケージ，たとえば「ナップサック問題」(knapsack problem)，「巡回セールスマン問題」(traveling salesman problem)，「集合被覆問題」(set covering problem) などのように，1 つのタイプの問題に対して孤立して解を出していた．

これからの情報システムは，それに対して，〈総合的な〉構造をもっている．巨大な大多数のデータは集中的に，すなわち，データ管理コンピュータに，あるいはそれらコンピュータのネットワークに蓄積され保守される．ほとんどのプログラムは主にそのような集中化されたデータを処理し，またプログラム自身それら総合的情報システム (comprehensive information system) から手に入れることができる．

総合的情報システムの独自の特徴は〈クライアント-サーバ〉構造 (client-server structure)，すなわち，サーバ (サーバ (server) 計算機) あるいは複数のサーバのネットワークからデータとプログラムを供給される多数のクライアント (クライアント (client) 計算機) のネットワークである．

関係データベース

そのような総合的情報システムの設計とそれらのデータベースには規格が，特にデータ構造の〈規格〉が必要である．現在最も一般的な規格は，Codd (1970) でデザインされたような〈関係データベース〉(relational database) である．関係データベースの主な原理は（非技術用語で），次のようなものである．

・すべての情報は，〈属性〉(attribute) と〈エンティティーセット〉(entity set) という言葉で取り扱われる．エンティティーセットは，個別の属性の〈値〉ではなく属性をもったエンティティーの集まりである．

・エンティティーセットの間には階層関係はない．すべてのエンティティーセットは同じレベルにあり，直接のアクセスが許される．しかしときどきは，〈基本〉エンティティーセット (elementary entity set) と〈結合〉エンティティーセット (connecting entity set) を区別した方が有利な場合がある．前者はそれ自体で完結したものであり，一方後者は他のエンティティーセットと関連しており，したがって部分的にそれらに依存している．

・すべての情報は〈1 回〉だけストアされ，〈冗長性〉は許されない．したがって，どの属性もその関連する（基本，あるいは結合）エンティティーセットに所属させなければならない．これが関係データベース構造における「標準化」という概念の本質である．

モデルとデータベース

数理モデルと関係データベース構造は，綿密な関連がある．数理モデルにおける〈インデックス〉(index) がエンティティーセットの個々のエンティティーを表し，〈シングル〉(single) は〈基本〉エンティティーを，〈マルチプル〉(multiple) は〈結合〉エンティティーを表す．数理モデルにおける〈定数〉と〈変数〉は，エンティティーセットにおける〈属性〉を表す (Müller-Merbach, 1983, 1989; Groffrion, 1989)．

この関係は容易に生産要素の量と生産量を結び付ける生産関数 (production function) で例示することができる．

$$r_j = \sum_k a_{jk} x_k$$

ここで，j, k はそれぞれエンティティーセット **FACTOR**(j), **PRODUCT**(k) のエンティティーを示し，

$r_j =$ 必要とする生産要素 j の量
$x_k =$ 生産される製品 k の量
$a_{jk} =$ 生産係数，製品 k を単位量生産するのに必要な生産要素 j の量を表わす

図1に生産関数に関連する関係データベース構造を示す．基本エンティティーセット **FACTOR**(j) と **PRODUCT**(k) があり，同様に結合エンティティーセット $F \times P(j, k)$ がある．このデータベース構造は，もっと多くのエンティティーセットとエンティティーセットにもっと多くの属性をもつ総合的なデータベースの部分セットと考えられる．

すべての（たとえばOR，統計などの）数理モデルは，このようなデータベースとの対応がすぐ見つかるはずである．エンティティーセットは数学のインデックスと対応し，エンティティーセットの属性はモデルの定数や変数に対応している．

したがって，モデルの設計とデータベースの設計は同じ論理構造にしたがっている．どちらももう一方を取り扱うことができる．しかし，通常データベースの設計がモデルの設計に先行し，モデルに必要な属性はデータベースからとってくることができる．しかし，モデルで必要な属性がデータベースにないかもしれず，データベースの適切な拡張が必要になる可能性がある．

ニーモニック記法

大規模数理モデルや大規模データベースは，一般に巨大な数のエンティティーセットや属性を扱う傾向にある．それに対処するには，属性のニーモニック記法（mnemonic notation）が役にたつ．記法は，(i) エンティティーセットを参照し，(ii) 属性の内容を明記し，(iii) 属性の正式な特性を示す，べきである．

2段階のコスト生産関数，つまり3つの基本エンティティーセット **LABOUR**, **MACHINE**, **PRODUCT** を結び付けるものを考えることにする（図2）．インデックスは，i が職種別労働，j が機械，k が生産物を表す．エンティティーセット **LABOUR** のすべての属性は L から始まり，他のものはそれぞれのエンティティーセットを参照して M または P で始まる．2文字目はその内容を表し，量は Q，必要な時間は T，コストは C で表す．3文字目は，定数 (C) か変数 (V) を，あるいはデータの形式，たとえば離散変数 (D) 2項変数 (B) などを表す．

よって，定数ベクトル PQC_k は，既知 (C) でひとつの生産物 (P) の量 (Q) を表す．変数ベクトル MTV_j は与えられた量生産するのに機械 (M) の必要とする時間 (T) を表す．変数ベクトル LQV_i は機械を動かすのに必要な労働 (L) の量 (Q) を表す．

さらに，生産相関係数を導入する必要がある．それらは，基本エンティティーセット **MACHINE** と **PRODUCT** を，および **LABOUR** と **MACHINE** を結び付ける従属エンティティーセットの属性である．従属エンティティーセットの属性は，基本エンティティーセットの属性を直接参照するのが便利である．したがって，定数行列 $MTPQC_{jk}$ は生産品の量 (PQ) 1単位当たりの機械の時間 (MT) を表す．これは，与えられた生産量を生産するのに必要な機械の時間を表す生産関数をただちに導き出す．

$$MTV_j = \sum_k MTPQC_{jk} PQC_k$$

同様に，機械時間 (MT) の1単位当たりの労働時間 (LQ) の量は定数行列 $LQMTC_{ij}$ で表され，計算された

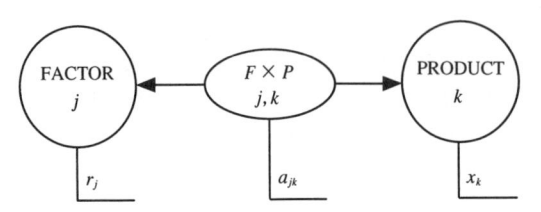

図1 生産関数のための関係データベースの構造（属性はエンティティーセット **FACTOR**, **PRODUCT** と $F \times P$ に付属する）

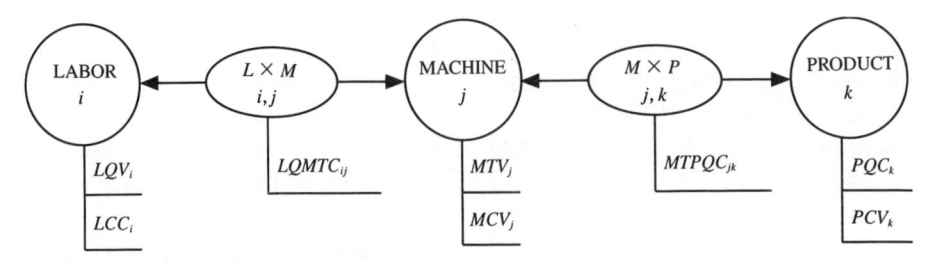

図2 2段階生産関数とコスト関数のための関係データベースの構造（ニーモニック属性は基本エンティティーセット **LABOR**, **MACHINE** と **PRODUCT**, および結合エンティティーセット $L \times M$ と $M \times P$ に付属する）

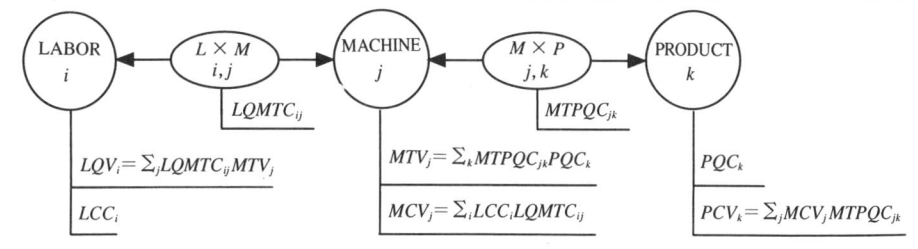

図3 2段階生産関数とコスト関数のためのオブジェクト指向データベースの構造（ニーモニック属性と変数の式は，基本エンティティーセット **LABOR**, **MACHINE** と **PRODUCT**, および結合エンティティーセット $L \times M$ と $M \times P$ に付属する．図2と同じ例）

機械時間に必要となる労働時間の生産関数の基礎となる．

$$LQV_i = \sum_j LQMTC_{ij} PQC_j$$

コスト関数（ここでは労働コストのみ）は生産関数の双対になっている．コスト関数は，生産関数と同じ生産係数行列を用いるが，基本エンティティーセットの属性は異なる．

$LCC_i =$ 労働 i の単位量のコスト

$MCV_j =$ 機械 j の単位時間あたりの労働コスト

$PCV_k =$ 製品 k の単位量あたりの労働コスト

最初のコスト関数では，労働コストは機械に割り付けられる．

$$MCV_j = \sum_i LCC_i LQMTC_{ij}$$

2番目のコスト関数は，結果として得られた機械の単位時間あたりの労働コストが製品に割り付けられる．

$$PCV_k = \sum_j MCV_j MTPQC_{jk}$$

オブジェクト指向モデリング

〈関係〉データベースや関係モデル化から〈オブジェクト指向〉(object-oriented) のデータベースやモデル化に変わりつつある．オブジェクト指向の特徴の1つは，関数とデータの統合化である．現在でもオブジェクト指向データベースの標準はないが，オブジェクト指向数理モデルの考え方は示すことができる．

統合化の利点

総合情報システムでのモデルと OR の手続きの統合化は，たくさんの長所がある．主な長所は次のようなことである．すなわち，集中化されたデータベースからモデルの必要とするデータを取り出すことができ，そしてモデルにより得られた結果はすぐにデータベースに入れ直すことができ，他のユーザが利用できる．

⇒モデルの管理，構造化モデリング，システム分析．

[Heiner Müller-Merbach／大屋隆生]

参考文献

[1] Codd, E.F. (1970). "A Relational Model of Data for Large Shared Data Banks." *Comm. ACM* **13**, 377–387.
[2] Geoffrion, A.M. (1989). "Computer-Based Modeling Environments." *Euro. Jl. Operational Res.* **41**, 33–43.
[3] Müller-Merbach, H. (1983). "Model Design Based on the Systems Approach." *Jl. Operational Res. Soc.* **34**, 739–751.
[4] Müller-Merbach, H. (1989). "Database-Oriented Design of Planning Models." *IMA J. Math. Applied in Business and Industry* **2**, 141–155.

OR/MSの実践

Practice of OR/MS

OR と経営科学 (OR/MS) の実践という言葉が意味するのは，人間／機械／自然システムに関する問題を新しい解釈，新しい決定，新しい方法，新しい構造，新しい政策によって改善するという視点から，これらの科学の適切なモデル，ツール，技能を利用するということである．このような実践には，問題状況の現象面についてかかわるだけでなく，当該の責任担当者や関係する部門の仕事についてもかかわるプロフェッショナリズムが求められる．

科学としての OR/MS

Ravetz (1971) によれば一般的に科学は「知的に構成された対象を取り扱う技能的仕事」ということができ，その対象によって分類できるとされている．科学的な仕事は，これらの対象に新しい特質を確立し，それが代表する分野の現象の事実を確認することを目的としている (Miser, 1993)．この定義には4つのインプリケーションが可能である．

1. 知的なオブジェクト（OR/MS ワーカーが一般にモデルと呼ぶ）は現象と対象を表現する初期の知識から情報を得た想像力，革新的なアイデア，現実からの新しい事実などから創造される．

2. 常に現実の現象との照合を行う．

3. 科学的な調査は，現実を変革するための基礎として対象を操作することと，現実からの新しい状況を見つけ出すことの双方の領域において新しい特性の探査を行うことになる．

4. 対象（あるいはモデル）から導かれる新しい特性は，実際の現象の適切な側面と照らし合わせてみなければいけない．

Kemeny (1959) によれば，たとえば物理学，生物学，あるいは OR/MS といった個別の科学は，それらの方法や技法やモデル（それらの多くはいくつもの科学で共通に使われている）で区分されるのではなく，それらが現実世界のどの部分を理解したり説明したり問題解決をしようとしているのかによって区分されるという点が肝要である．

Ravetz (1971) の言葉を言い換えるために，この概念によって規定される枠組みの中で，問題をその目的によって3つのクラスに分類するのが便利である．すなわち，科学的問題（その目的は調査の対象について新しい特性を確立することにあり，究極的な機能はその分野の知識を進歩させることにある），技術的問題（どのような機能が働くかで問題が規定される），実務的問題（遂行される仕事の目標は人間的な目的を助けたり推進したりすることであり，対象問題は人間の幸福の，ある側面を改善するという対象問題の状況を認識するところから明確化される）である．

この背景のもとに，われわれは実践とは実務的な問題に焦点を当てた活動と認識することができる．しばしば実務的な問題を解くことは技術的な問題を解くことを含んでいて，問題の状況の根底に横たわる基本的な現象が理解できないときは，実務的な問題を理解するためのモデルを得るために科学的問題を解かなくてはならない．このような科学に対する見方は科学全体としての概念の中にあるこれら3つのクラスの仕事のすべてを含んでいるということに留意することが重要である（Ravetz の科学についての見解に対する詳細は Miser and Quade, 1988 を参照されたい）．

OR/MS の意味するもの

科学は対象とする分野によって区分されるので，OR/MS についても，もしそれが他の科学と区別されるべきなのであれば，その意味するところを明確にしておくことは重要である．この点において OR/MS に携わる人たちはまだ簡明なコンセンサスを得るに至っていないので，ここで述べることは文献と経験にもとづく個人的見解ととっていただきたい．

OR/MS は人間，自然の要素，および人工物（この最後の要素は人間の技術的な生産物だけでなく，法律，標準的手続き，常識的行動，社会的構造や習慣を含むことを意味している）を含むシステムを取り扱うといわれているが，この素朴な表現によるシステムの概念を使う考えは，OR/MS の意味を表現する基本としてあまり有効ではないことが判明している．

より有効な考え方は，アクションプログラム（action program，活動過程）の概念（Boothroyd, 1978）である．それは，機能，操作，あるいは人間の意図やニーズや問題に沿った反応，あるいは，人間，機器，自然界の一部，組織の要素，関連のある経営や社会的構造などを含むものである．

あるアクションプログラムの要素が他のアクションプログラムと共通の要素をもつ場合があることはすぐに理解できるであろう．たとえば，ある企業の役員は他の組織においても役割をもっていることがあるとか，大企業や政府の中心的な機能や組織のような事例である．また，あるアクションプログラムは，他のアクションプログラムと共通の要素を介して間接的に作用しあったり，その結果が直接的に他のアクションプログラムに作用したりすることで影響を及ぼしたりすることもある（Boothroyd の概念の詳細は，Miser and Quade, 1988 を参照）．

このようにして，われわれは OR/MS の実践をアクションプログラムの問題に対応するために OR/MS の科学的知識や技術を適用するための行動，と表現することができよう．この簡単な表現はここでの議論の基礎として満足なもので，一般性をもった表現として現在の OR/MS の活動の大部分を包括するものであるが，今日の活動のすべてを含むものではないだけではなく，将来においてはさらに不完全なものになってしまう可能性のあることに読者は留意されたい．

OR 実践の状況

実際の活動における個々の状況はすべて独特なものだと考えていいが，以下のように実施における大部分（すべてではないにせよ）の要素の中心的な部分を含む事柄を表現することは可能である．

OR/MS アナリスト（OR/MS analyst）は，アクションプログラムにおいて当該の責任をもった人間が改善を要する問題を認識したときにコンサルテーションを求められることが多い．こういった責任者は問題をすでに診断していたり，可能な解決策についての見解をもっていることもあるが，ずっと深いところに，そういった回答が不満足なものである原因となる診断の不完全さや予測の不適切さが隠れていたりすることがよくある．したがって，OR アナリスト（より複雑な問題の場合はアナリストのチーム）は，その特性を推論して望ましくない部分を改善するための方法を考える前に，開かれた意識をもって問題に当たり，詳細に検討する意識をもたなければならない．

ORのアナリストは2つのグループから求めることができる．
1. 責任のある問題状況についての認識者（あるいはクライアント）が所属する組織や当該のアクションプログラムの中からアナリストを求める．
2. その組織やアクションプログラムの外からアナリストを求める．

どちらにケースにおいても，成功の鍵は分析チームと問題の状況に関連するグループとの間に創造的な協力関係を作り上げることにあることが，多くの実例から示されている．このことについてはあとで詳しく述べる．

実施のプロセス

図1は問題状況の一般的な不満感から出発して，ある政策や対応策の実施とその結果の分析までに至る一連の実施すべき作業に含まれる要素の概要を示している．それぞれの問題状況は独自の性格をもっているから，OR/MS実施業務がこの図の通りの順序で行われることはほとんどない，しかし，多くの（すべてではないにせよ）事例においては，実施のある段階でここに示した作業が発生する．

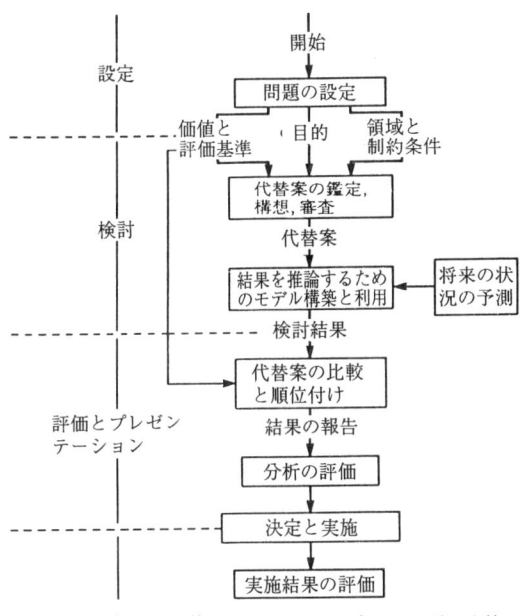

図1 OR/MSの実施における問題の設定から検討・実施とその結果の評価に至る主要な作業（出典：Miser and Quade, 1988, p. 23）

問題の定義

分析作業はまずクライアントとそのアクションプログラム当事者の協力による，問題状況の詳細な調査・検討から始まる．その目的は提示される問題を明確にすることにあるが，それはほとんどの場合クライアントが当初考えていたものとはまったく異なったものとなる．これが終わって，クライアントが分析チームと問題について合意したら実際に行うべき作業の計画を立てることができる．この初期の作業においてクライアントの問題の解決のために最終的に行われる仕事を選択し，解決策の目的をはっきりさせ，クライアントとの間で作業の領域と制約条件を合意するための価値と評価基準が示される．

検　討

この段階は問題の定義の段階から始まる情報とデータ収集の作業の延長である．これらから得られた結果によって，分析チームは問題解決のための可能な代替案を策定し選択することができる．これを基礎として，分析チームは将来の状況において代替案を実行した場合を推論するためのモデルを構築することができる．

評価とプレゼンテーション

アナリストは結果の推定をもとに，先に決定しておいたり作業の途中で新たに明らかになった評価基準に則って，代替案を比較したり，順位付けしたりする．これらの結果についてクライアントと問題の関係者に対して，結果を評価してもらえるだけでなく，その結果を導くための理論の概要を理解してもらえるようなプレゼンテーションを行わなければならない．これらの理解はクライアントが適切な政策や一連の行動をとるために不可欠である．

分析者でなくクライアントが効果的に実行するためには，何をどのようになすべきかを決定しなければならない．経験によれば，どのような作業を行ったかを理解している分析チームあるいはアナリストが実施の段階において協力的に働くことがきわめて重要である．

バリエーション

OR/MS実施の主要な要素の基本的なダイアグラムを示すことは可能であるが，実際の仕事がその線にそって行われることは，たとえあったとしてもきわめて稀である．というよりも，それぞれの問題状況は異なっているので，分析の仕事はそれに適応しなければならない．したがって，いくつものケースを検討することによって以下のようなバリエーションを上げることができる．

・一作業の進捗によって新しい洞察や新しい中間的な結果が得られたことによって，作業の当初の主発点の再検討が必要となった場合には，図1の始めから最後の段階までを直線的に進むのではなく，中間的な段階からはじめの方の段階に作業が回帰する．

・作業によっては，状況を変えることを求めるというよりは，状況に対するクライアントの理解を深めることを目的としている場合があり，この場合には中間的な段

階のどこかで作業が修了する．

・様々な段階における作業の密度はケースによって非常に異なる．あるケースでは情報やデータの収集に主要な努力が注がれ，その後の段階で何をするかはあまり解析を要さずに明らかであることもある．他のケースでは図1の流れに沿ってかなり急速に作業が進むが，一見比較的単純な提案内容を実施するために大変に長期の込み入った作業を必要とする場合もある．

・あるケースによっては，適切なモデルを作り出すための技術的な難しさや将来の状況の予測の不確実性や，複雑な問題状況などによって中間的な段階が作業全体を支配することもある．

どのようなケースでも，ここで基本として述べた作業過程は OR/MS の実施における基本的な要素を，検討すべき状況の特殊性によって様々に組み合わせるための基礎の1つと考えてほしい．

事後のフォローアップの重要性

特にアカデミックな世界で育った OR/MS の専門家の興味は，研究が終了してその結論が得られた段階で止まってしまう．しかしながら，経験によれば，そこで物事を終わらせてしまってはそれまでの努力をまったく無駄にしてしまうこととなる．2つの重要な作業が引き続き行われなければならない．すなわち，結果の効果的なコミュニケーションと実施段階に対する協力である．

結果のコミュニケーション： このプロセスは分析者にとっては，それまでの研究の段階よりも魅力に欠けるものであるが，同じくらいに重要で丁寧に行われる価値のあるものである．なぜなら，結果がうまく伝達されなければ，期待できる効果の評価を下げてしまい，それまでの努力を無駄なものにしてしまうからである．OR/MS の過程におけるこの作業の重要性から考えると，この仕事に必要な技能やそれをどのように使うべきかについてのシステマティックな文献がまったくないことは驚きである（簡単な紹介は Miser, 1985 を参照されたい）．ここでは議論を下記の点に絞ろう．

・このようなコミュニケーションに多くの時間を予定しているクライアントはほとんどいない．したがって，口頭にせよ，書いたものにせよ，主要な論点と結果についてできるだけ簡明に濃縮する努力を行うことが重要である．たとえば，トップ経営者は結果の主要点を2ページのメモか20分のブリーフィングで説明してほしいと考える．未経験者は，重要な情報が非常にコンパクトに要約できることに驚くかもしれないが，それはしかるべき努力の結果なのである．この場合，文章とともにグラフや表を用いることは大変有効である．

・効果的にコミュニケーションするには，クライアントの言葉を使うべきで，専門的な用語は最低限に抑えなければならない．

・全体の話はクライアントや聴衆の興味のあるところに集中しなければならない．大きな問題の場合，多くの異なったグループに対して報告をしなければならないときがあるが，このような場合には，それぞれのグループに合わせて報告のための資料をつくらなければならない．

・アナリストは行われた分析の範囲を超えて議論が進展しても，その結果を押し立てて，実施のための議論に加われるような心構えがなければならない．

実施： クライアントの責任者や分析に携わったスタッフが検討の結果や実施の見込みについてどれほど詳しく理解しているにせよ，経験的にいって，実施段階においてはアナリストチームか少なくともフォローアップのできるアナリストメンバーの関与と協力が不可欠である．変革の過程においては，慎重に運ばなければ，なされるべき当初の実施計画をだいなしにしてしまうような新しい問題が常に起きるものである．さらに，このような新しい問題は，すでになされたことを考慮しなければならない追加的な分析を必要とすることもある（Tomlinson, Quade and Miser, 1985）．

アナリストとクライアントの関係

効果的な協力関係のために必要なアナリストとクライアントの関係を詳しく調べることによって，Schön (1983) は，以下のように機能する「相互対応契約」(reflective contract)を提唱した．「OR 専門家とクライアントとの〈相互対応契約〉においては，クライアントは専門家の権威を認めることに同意せず，それに対する不信を留保する．クライアントが，専門家の参加に同意する理由は，助力を必要としている状況を調査するためであり，また，自分が直面している問題を理解して，その解釈を専門家にもわかってもらうためである．さらに，専門家の意見が彼にとって理解できなかったり，同意できなかったりしたときに反対するためである．また，専門家の仕事ぶりを観察してその能力を確かめ，提案の効果を上げるために求められていることについて，疑問を呈したりするためでもある．さらには専門家が提供したサービスに対する支払いを行ったり，専門家が信頼できるとわかったらそれを賞賛するためでもある．一方専門家が同意するのは，専門家の助言の内容と行動の原則をクライアントに理解させると同時に，クライアントが彼の行動の意味を理解して，そのあいまいな理解がもたらした契約を満足させるために専門家としての役割を演じて，その役割の範囲内でできるかぎりの能力を発揮するためである」

OR/MS のこの概念においては，問題の状況についての経験と理解を分かち与えるというクライアントの義務

はしばしば彼のスタッフを分析チームに協力するよう命じることで軽減されるが，この方法には以下のような数多くのメリットがある．たとえば，これによって分析の基礎となる情報を見つけ出し集めることができるし，クライアントの操業に関するばかげた間違いを避けることができる．そして，クライアントに対して分析によって何が判明しているかを伝えることができるが，いずれは発表されることをあらかじめ伝えておくことは有効である．

OR/MSの仕事は，分析者とクライアントとの問題の状況と目的の分析の対象となる問題に関する対話であると見なされるから，このようなやり方はクライアントとの定期的な進捗報告会議よりもずっと有用で意志疎通のための導管のように作用する（Miser, 1994）．

アナリストチームとクライアントとは，個々の契約の状況に応じてSchönの相互対応契約を実現するために必要な，その他の取り決めを行わなければならない．相互対応契約を行うことのできる自分の社内の分析チームには特に有利な点がある．そういったチームは自社の重役がまだ気付いていない問題を発見することができ，それが深刻で大きな問題になってしまう前に解決に動きだすことができるからである．

実践のための技能を学ぶ方法

OR/MSの関係者は残念ながら実施に関する包括的な認識論を発達させ，実習コースで幅広く使えるわかりやすいテキストにしてこなかった．システム分析のためのこの方向への最初の試みの1つで，OR/MS実施の一部と見なせる大規模な努力はMiser and Quade (1985, 1988)に載せられているが，彼らの意見の多くは全体としてOR/MSに同じように適用できるものである．OR/MSの経験を積もうと考えている人にとって，必要な科学的な知識や技能を学ぶためには多くの情報源から得られる下記の3項目の課程を履修しなければならない．

知的な基礎をつくる： 効果的なOR/MS実施の基礎は，特に確率と統計に重点をおいた徹底的な数学の教育である．次に（大学のどんな入門テキストにも書かれているように）OR/MSに関係するモデルについてもマスターしなければならない．そして，他の分野の知識も含めた科学全般の知識は非常に助けになろう．

数学と科学の教育を越えて将来の実務家になろうとする人は，問題の状況や問題に関係する人々や，ゆくゆくは相談する必要の生じる他の分野の実務家や理論の専門家などから学ぼうとしなければならない．Schönの概念が明らかにするように，実際の仕事を引き受けるということは，いくつにも分割され相互に連携した関係にかかわるということであり，効果的な仕事がしたいなら，このような状況にふさわしい情報のルートをもたねばならない．

OR/MSがかかわるアクションプログラムは主要な要素として人間を含むものであるから，アナリストは様々なレベルで問題の状況にかかわっている彼らと効果的に共感をもってつきあう方法を身に付けなければならない．結論的にいえば，対人関係の能力はよき実施のための前提である．

成功事例を知る： いままでにOR/MSの実施に関する成功事例について数多くの文献が出されている．*Interfaces*は特にその面の発表を専門にしていて，1975年以来，実施のための実際的な助言を含んだ，実施事例の宝箱といえる．Assad, Wasil and Lilien (1992)の報告はこれらのケースを有意義なコメントとともに紹介したものである．より広い視点からなら，1961年から出版されている包括的な抄録誌である*International Abstracts in Operations Research*の"Application Oriented"の章を参照するとよい．ここでは世界中で行われている様々な分野の実施事例が紹介されているだけでなく，それらが掲載されている雑誌や書籍を探すことができる．

徒弟制度に参加する： OR/MSの関係者は，実施に関する認識論について広く認知され集中的に文献化された見方を確立するに至っていないので，実施上の無数の技能を観察したり学んだりするために一番よい方法は，熟達した能力のあるアナリストチームと一緒に働くことである．要するに徒弟制度をとることである(Miser and Quade, 1985, 1988には効果的なOR/MSに必要な実際的技能について多くの追加的な情報が載せられている)．

優れた実施事例

1975年以来，*Interfaces*は毎年最も優れた実施事例に与えられるフランツ・エーデルマン賞の最終候補論文を掲載している．最終候補は毎年5編以上である．これらは優れた実施事例の主要な情報源で，最近では最終候補の発表のビデオテープも手に入れることができる．

このような事例についてはここでは書ききれないほど多くの情報源があるが，先に述べたもののほかに*Operations Research*と*Journal of the Operational Research Society*は毎号1編以上の優れた実施に関する論文が載せられている（訳注：日本においては日本オペレーションズ・リサーチ学会の「オペレーションズ・リサーチ」誌が当てはまる）．

⇒ 意思決定，OR/MSの倫理学，実施，問題構造化法，システム分析． [Hugh J. Miser／高井英造]

参考文献

[1] Assad, A.A., E.A. Wasil and G.L. Lilien (1992). *Excellence in Management Science Practice: A*

[2] Boothroyd, H. (1978). *Articulate Intervention*. Taylor and Francis, London.
[3] Kemeny, J.G. (1959). *A Philosopher Looks at Science*. Van Nostrand Reinhold, New York.
[4] Miser, H.J. (1985). "The Practice of Systems Analysis." In Miser and Quade (1985), 287–326.
[5] Miser, H.J. (1993). "A Foundational Concept of Science Appropriate for Validation in Operational Research." *European Jl. Operational Research* **66**, 204–215.
[6] Miser, H.J. (1994). "Systems Analysis as Dialogue: An Overview." *Technological Forecasting and Social Change* **45**, 299–306.
[7] Miser, H.J. and E.S. Quade, eds. (1985). *Handbook of Systems Analysis: Overview of Uses, Procedures, Applications, and Practice*. Wiley, Chichester, United Kingdom.
[8] Miser, H.J. and E.S. Quade, eds. (1988). *Handbook of Systems Analysis: Craft Issues and Procedural Choices*. Wiley, Chichester, United Kingdom.
[9] Ravetz, J.R. (1971). *Scientific Knowledge and its Social Problems*. Oxford University Press, Oxford.
[10] Schön, D.H. (1983). *The Reflective Practitioner: How Professionals Think in Action*. Basic Books, New York.
[11] Tomlinson, R., E.S. Quade and H.J. Miser (1985). "Implementation." In Miser and Quade (1985), 249–280.

OR/MS の倫理学

Ethics

　ORの実践における倫理とはOR/MSの実践家が彼らの研究成果を使うときに身に付けておくべき道徳基準を集めたものである．その結果，OR/MSの分析者は理性的に客観的に関連する研究を実行できるし，そうすべきだと考える．

　OR/MSの研究成果が科学的方法論の基本原理にしたがって〈明白な〉方法で報告されているように，OR/MS担当者もこの科学的方法論の基本原理を利用しなければならない．OR/MSの研究成果は正しく集められ，正しく分析されたデータにもとづき正当な方法で実行されたものであることが，技術的に優れているがこの研究とは特に関連のない人々によって検証されるべきである．一般に物理的科学とは違って，ORは人間と彼らが使うシステムとの相互作用を扱う．このことを心にとめて，われわれはOR/MS分析者の倫理的要求事項を，研究を始める段階，実行する段階，研究を報告する段階に分けて機能的に論じる（Caywood et al., 1971, pp. 1129-1130による）．

研究を始める段階

　OR/MSの分析者は解くべき問題の本質についてクライアントと十分に議論を尽くしそのシステムに精通しているべきである．その結果として，分析者とクライアントが研究されるべきシステムを運用する際のクライアントの目的，システムの目的を達成する場合の有効性の尺度，そしてそのシステムの境界について合意に達することができる．両者は「何がなされるべきか，何がなされるべきでないか」について同意する必要がある（Caywood et al., 1971）．

　研究をどのように始めるかを計画する場合に，システムの目的を注意深く記述することはすべての場合において重要なことである．そして，複数の目的がある場合には特に重要である．このような場合には，個々の目的すべてとそれに対する達成の尺度が慎重に定義されなければならない．問題の定式化において倫理的観点に照らして，重要なことは研究されるべきシステムの範囲を決定することである．このことは，このシステムの運用によって影響されるシステムの部分がどこであるか，さらにこのシステムの運用によって影響される現象のどれがクライアントに関係深いかについて分析者とクライアントが同意するべきであるということを意味している．したがって，このシステムの運用について適切な分析をすれば望ましい改善を達成できる提案をすることができる．

　また，このシステムの運用者が直接関心をもっているかどうかとは関係なく，システムがその環境全体に対して及ぼすすべての効果の一般的特徴を理解することはOR/MS分析者にとって重要なことである．予期しない効果を掘り起こすことによって，システムが全体としてその周囲に対してどのような関係があるかを，その運用者によりよく理解させることを可能にするかもしれない．このことによって，多分，他の場合よりもずっと有益な結果をもたらすであろう．

研究を実行する段階

　OR/MS分析者は達成尺度を選び，システム境界を定義したあとに，その運用者が実際にやっていることとは関係なく，現在かかえている問題に対して最も正確にかつ最も妥当性のあるデータを集める計画を立てなければならない．

　人間行動を扱う他の科学と同様に，OR/MS科学者が実験を管理統制して行うことができない場合がしばしばある（なぜならばこれらはシステム運用者に予期しない費用や損害としての負荷を負わせるであろうから）．科学者は一連の「運用」実験が適切な現場の状況の中で行われているであろうと期待して，その結果を観察することに満足しなければならないかもしれない．しかし，この運用に関するすべての側面を表すデータが統計的に有効

な量だけ集められることを保証するために，クライアントの同意を得て，OR/MS分析者は可能な限りデータ収集を実行するように鼓舞するべきである．

対象となっているシステムを記述するために使われる数学モデルの特性とシステムの運用者によって制御可能な要因と制御不可能な環境要因によってパフォーマンスがどのように影響されるかによって，上述のことは大きく依存している．データ収集の量や範囲を計画する際には，この実験を実行するために使える時間，人間，設備も考慮しなければならない．

優れた運用者が適切なデータ記録機器を使うことに精通しており，望ましい範囲の状況のもとで，適切な数の実験をしてそのデータを記録していることを分析者は保証するべきであり，あるいはどんな状況で現実には何回実験を行ったかを分析者に報告していることを分析者は保証するべきである．どのような場合でも，OR/MS分析者はデータを収集する実験を直接観察するべきである．そうすることによって真の現場の状況でこれらの実験が実施されるべきかどうかを決めることができる，そしてデータ収集の際に生じる誤差や不正確さが生じる原因が何かわかるようになる．

OR/MS分析者はデータ収集のための実験では機器を操作するべきではない，〈なぜなら分析者はこのシステムの一部分ではないから〉である，そして分析者がこの実験に参加することによって予期しない偏りを生む可能性がでるからである．とはいえ分析者がシステムがどのように機能するかをよりよく理解するために，他の適切な場所でシステムを動かしたり観察したりしてはいけないということではない．一般的にはデータを集めるのは分析者よりもクライアントである運用担当者のほうが好ましい．この種のデータは通常の運用プロセスの一部分として収集されるのが最も好ましい，あるいは収集されるべきである（なぜならこのようなやり方は運用者の訓練や自己評価の目的にしばしば有用なものだからである）．

データを収集したあとに，分析者はシステムの達成度を記述するために使われる数理モデルと一緒にデータを検討しなければならない．分析者は自分の（あるいはクライアントの）好みに合った結果を出すために適当にデータを取り除いたり，新しいデータや存在しないデータを加えたりしてはならない，そして，このデータに統計処理や数学処理，論理処理を適切に行い有効な結論を導き出すべきである．このことよりも，分析者は結論のもつ本質的意味を理解しようとするべきである，そして研究対象であるシステムに関して前もってもっていた考えになぜ同意するのか（あるいは同意できないのか）わかるようにするべきである．分析者はキーとなるパラメータや仮定を変化させた効果を調べる感度分析を実施するべきである，そして観察されたデータの値の精度からこの分析の限界を検討するべきである，そして結論にこれらの限界がどのように影響を与えるかを検討するべきである．

単一目的システムを研究する場合に，OR/MS分析者は最大の達成効果が生じるように複数の制御変数の値を決めるために数理モデルを利用する．多目的システムはより難しい問題である．

単一の業績尺度に対して単一の費用を扱う比較的単純な問題の場合，OR/MS分析者は2つの方法で問題処理する．1つは与えられた費用に対して業績を最大にする方法を見いだすことである．もう1つは，ある一定の業績を達成する方法のうちで，最小の費用を達成する方法を見いだすことである．

意思決定者（通常はOR/MSワーカーというよりクライアント）は自分が使ってもよいと考えている最大のお金の額を決めるかあるいは望ましい最小水準のパフォーマンスに決めるかしなければならない．そこで，OR/MSワーカーは望ましい費用水準で最良のパフォーマンスをいかにしたら達成できるかを推薦することによって，あるいは，いかにしたら望ましい水準のパフォーマンスを最小の費用で達成できるかを推薦することによって問題を解決できる．

多目的システムの一般解を求めるのは難しいことがしばしばある．なぜならばいかにしたら多目的システムを最適に運用できるかを見いだすための数学的に厳密な（よって合理的な）方法が存在しないからである．このシステムがある1つの定まった方法で運用されるときに複数の目的のそれぞれがより有効に達成されるような特殊な場合には，その方法はこの問題に対する唯一かつ支配的な最適解である．同様にして多目的支配解（これらの多目的支配解のどの1つをとっても，その解の各成分に対応する値を有効であるという点で他の多目的支配解と同じである．そしてすくなくとも非支配解のすべての成分に対して有効であり，かつある成分に対しては支配解の方がより有効である）が見つけられる．しかし，支配解は常に存在するわけではない．

このような場合，パフォーマンスに影響する重要な要因すべてを取り扱う均整のとれた方法を開発するために，矛盾する可能性のある目的をうまく処理する方法を考察することが必要である．たとえば，軍の航空機を可航範囲，巡航高度，速度，実戦用爆弾の重量，発射精度，防御力，入手および運用費用を考慮して最適設計をする際にこのような問題が生じるであろう．

一般に，多目的指数は数理モデルと一緒に使われる．このモデルはこの指数の値を最大にするための制御変数の値を決めるために使われる．このような指数は通常1つの成分の尺度が受入れ可能範囲での改善を示すとき（たとえば，この指数は各成分に与える正の数を累乗した

値の正の重み付け和で与えられるかもしれない）は何時もうまい方法で値を大きくするように構造化されている．これは達成できにくいことがしばしばである．たとえば，もし1つのシステムが予想される短期および長期の将来費用と便益の時間的流れを最適にするために設計されなければならないならば，短期に対して長期の将来費用と便益をどのように割引きかつバランスさせるかを決定することは困難である．これらの長期計画問題は必ずしも適切に扱われているわけではない．たとえば，長期的利益に十分な注意を払わずに各会計年度を黒字で終わることがしばしば強調される．

研究の報告の段階

OR/MS分析者は分析を実行しかつ結論を引き出したあとに，できるだけ完全かつ理解しやすい方法で顧客に対してこの研究の発見点や限界を報告しなければならない．研究を報告するための倫理を再検討することと同様にその構造を見直すことは価値があることである．多目的指数の数値やその成分，結論，推薦事項，諸限界を含めて，データ収集方法，基本仮定そして使った数理モデル等この分析のすべての側面はクライアントにすべて報告され，説明されるべきである．ある分析で多目的指数を利用するときには，分析者はクライアントに対してこの指数が使っている係数や指数の値がどのようにして選ばれてきたかをその選択に伴う意義を十分に議論したうえで説明しなければならない．〈分析者は自分あるいは他のだれかが前もってもっている結論を正当化するために故意に結果をゆがめるようにして分析を行い，報告することは，どんなことをしても避けねばならない〉．さらに分析者はクライアントに対してのみ報告し，クライアントの事前許可なくして誰にも報告してはいけない．「情報を漏らす」ことは非倫理的である（Caywood et al., 1971）．

報告の過程に関連する倫理問題は適切に，正直に，完全に，明確に，そして独占的に分析をし，報告する必要が生じたときに周期的に起きてくる．それによって，クライアントは何がなされ，何がなされていないかを理解するであろう．そうすることに失敗することは倫理的に失敗をすることである．なぜならこの分析者は契約したこと実行しなかったことになるからである．

他の倫理的検討課題

いままで議論してきたようなORの研究をはじめ，実行し，報告する倫理的な要求以外にも，OR/MS分析者が彼らの研究や応用活動において遭遇する倫理問題がたくさんある．これらの問題の多くはすべての専門家が直面する問題に似ている．たとえば，データの利用可能性，そして計算の再現性，見直す方法，さらにコンフリクトの処理方法などである．Wallace (1994) によって編集された本が十分広い範囲の倫理問題を取り扱っている．Caywood et al. (1971) の論文では1人の主張者としてのOR/MS分析者の考え方と倫理的問題についての貴重な討論を提案している．

⇒ 実施，モデルの正当性の検証，妥当性の検証およびテスト，多目的計画法，多属性効用理論，OR/MSの実践．

[Joseph H. Engel/山田善靖]

参考文献

[1] Caywood, T.E., H.M. Berger, J.H. Engel, J.F. Magee, H.J. Miser, and R.M. Thrall (1971), "Guidelines for the Practice of Operations Research," *Operations Research* 19, 1123–1158.
[2] Wallace, W. A., ed. (1994), *Ethics in Operations Research*, Elsevier, New York.

追越し
overtaking

客があるノード間を移動する際にその移動経路が複数存在する待ち行列ネットワークにおいて，そのノードを退去した客がある経路を選択することによりその経路を選択しなかった客で自分より前にいた客を追い越して先に目的のノードに到達することをいう．⇒ 待ち行列ネットワーク．

オイラー巡回路
Euler tour

無向連結グラフで，あるノードを出発点として，すべてのアークをちょうど1度だけ経由してもとのノードに戻る巡回路．⇒ 中国人の郵便配達人問題，組合せ理論，組合せ/整数最適化，グラフ理論．

凹関数
concave function

線形補間した関数より小さな値をとらない関数．数学的に述べると，関数 $f(x)$ が凸集合 S 上で凹関数であるとは，S 上の任意の2点 $\boldsymbol{x}_1$, $\boldsymbol{x}_2$ と $0 \leq \alpha \leq 1$ に対して，$f[\alpha \boldsymbol{x}_1 + (1-\alpha) \boldsymbol{x}_2] \geq \alpha f(\boldsymbol{x}_1) + (1-\alpha) f(\boldsymbol{x}_2)$ が成立することをいう．

応答時間
response time

多くの場合，新たな客が到着してから（たとえば救急車を要請する電話が消防署にかかってきてから），サービ

スが開始される（救急車が現場に到着する）までの時間，つまり待ち時間（訳注：計算機を待ち行列でモデル化した場合には，ジョブを投入してからそれの応答があるまでの時間を指すことが多い．このときは待ち時間ではなく，系滞在時間である）．

応用確率

applied probability

生物学，物理学，社会科学，工学などへの確率論の応用．⇒ 確率モデル．

O 記法

O, o notation

O は「～のオーダー（order）の」を意味し，o は「より低いオーダーの」を意味する．もし $\{u_n\}$ と $\{v_n\}$ がある一定数 n_0 より大きなすべての n に対して $|u_n/v_n|<K$（ここで K は n とは独立な定数），なる 2 つの数列であるとすると，$u_n=O(v_n)$ と書く．すなわち，たとえば $(2n-1)/(n^2+1)=O(1/n)$ となる．記号 O（〈大文字 O〉と読む）は連続変数の関数の場合にも拡張することができる．たとえば $(x+1)=O(x)$ となる．十分大きな x のすべての値に対して定義され，しかも x が無限大に近づくときに有限値をとるか，あるいはまた x の十分大きな値に対してもある一定の有界値よりも絶対値が小さくなるようなすべての関数 x を $O(1)$ と表す．たとえば，$\sin x = O(1)$ となる．

$u_n/o(v_n)$ の極限が 0 のとき，$u_n=o(v_n)$ と書く（小文字 o と読む）．したがって $u_n<v_n$ と $u_n=o(v_n)$ は同じ関係を異なる 2 つの方法で表したものである．たとえば，$\sin x - x = o(x)$ となる．この表記法もまた連続変数の関数に拡張することができる．さらに，n が無限大に近づくときに $u_n=o(1)$ であるということは，n が無限大に近づくときに u_n が 0 に近づくことを意味する．確率モデル（たとえばマルコフ連鎖や待ち行列）では，時間 Δt の微小増加よりも速く関数が 0 に近づく．したがって，$\lim_{\Delta t \to 0}[o(\Delta t)/\Delta t]=0$ となることを $o(\Delta t)$ と表す．

オートメーション

Automation

はじめに

「オートメーション」（automation）という言葉は，「自動運転」（automatic operation）を短縮した言葉として使われる場合がある．製造技術の分野では，オートメーションとは，「生産工程を操作し制御するために，機械的および電気的な，コンピュータを基礎としたシステムを応用する技術」と定義されている（Groover, 1987）．オートメーションの根底は，「技能や手作業の機械化である．さらに，機械化とオートメーションの主要な差は，オートメーションが自動化システムを実現するためにフィードバック制御を使っていることである」（Odrey, 1992）．

オートメーションは進歩が著しい技術であり，ここ十数年間，発展しつづけている．フォード自動車（Ford Motor）の D. S. Harder は，「オートメーションを，連続した生産工程の間で部品を自動的に受け渡すことである」と定義している．コンピュータの利用分野が広がるのにともなって，オートメーションの視野は広がり，情報の収集と処理，プロセス制御，外部環境との通信リンクにまで及んでいる．自動推論が陽にオートメーションの定義に入れられることはほとんどないが，機械学習，ヒューリスティクス，知識ベースシステムは，オートメーションの分野へ徐々に大きな影響を与えるようになってきている．今日では，「あらかじめ定義された対象物を長時間にわたって予測できない環境下で自ら判断しながら運ぶ，高度に自律的で知能的な実時間システムをつくること」が試みられている（Kim and Chung, 1991）．

結局，ここでは，オートメーションとは，できるだけ少ない，できればまったく人間の介入なしに所期の操作を行う機械をつくることによって，人間の日常的な肉体的労働と知的労働に伴う様々なコストを最小化する技術として定義する．これらの機械は，それが実現可能であるか，または必要がある限り，できるだけ自動的に始動，動作，判断，調整，故障診断を行わなければならない．

ほぼすべての人間の仕事に対してオートメーションの波が押し寄せている．製造業におけるオートメーションの適用は，次のような様々な技術に及んでいる．

・自動工作機械（automatic machine tool），再プログラムが容易なソフトウェアで制御されたコンピュータ数値制御工作機械（computer numerical controlled (CNC) tool）を含む．

・自動マテリアルハンドリングと自動倉庫，（automatic material handling and storage system）自動保管検索システム（automatic storage/retrieval system：AS/RS）と自動運搬車（automatic guided vehicle：AGV）．

・産業ロボット（industrial robot），プログラム可能な多機能マニピュレータで，腕のような形をしている場合が多く，様々な仕事をこなすことができる．

・フレキシブル製造システム（flexible manufacturing system：FMS），異なる製品を，一群の部品から必要なものを選んで製造するシステム．少量から中程度の規模のバッチ生産であり，制御用のコンピュータとマテリアルハンドリングシステムを中心において，それらで結

びつけられた一連のマシニングセンタを用いる.
・CAD (computer aided design), 設計や幾何学的なモデリング, エンジニアリング解析, コンピュータ運動学 (機構の中のある部品を移動したときに他の部品に与える影響を調べる実験が可能である), 製図に関する問題を考察する.
・CAM (computer aided manufacturing), 上に述べたような様々な形の生産自動化に関することの一般的な言葉である (Groover, 1987; Considine and Considine, 1989; Odrey, 1992; Kalpakjian, 1989).

製造業者は, 次に述べるような重要な効果を得るために, オートメーションに投資をする. それらは生産能力の増加, 在庫の改善, 工期の短縮, 製造コストの低下, 労働力コストの低減, 品質の向上, 工程床面積の縮小, 労働者の安全性の向上, 市場の変化により柔軟に対応すること, である. オートメーションの大きな欠点は, 設備投資が大きいことと, 雇用が減少することである. オートメーションを取り入れて実現すると, 作業者の再訓練や, コンピュータのハードウェアとソフトウェアへの投資が必要となり, さらに製造工程と生産組織自体が安定するまでに現れる様々な困難な問題を乗り越える能力が必要とされる.

OR/MS の役割

製造業のオートメーションに対する OR/MS の役割は, システムの発展段階に応じたいくつかの局面によって分類される (Singhal et al., 1987).

1) 技術の選択: オートメーション化に対する評価, 経済性の検討, オートメーションを実現する際の様々なオプションや投資の選択を行う必要がある. この意思決定問題に対して多くの OR/MS モデルが開発され, 適用されてきた. いくつかのモデルは, オートメーションシステムの基本設計を評価して必要なコストと達成できる効果を算出するものであり, また, システムの結果を外生的なものとして扱うモデルもある. 重要なコストと効果のすべてを定量化することは困難なので, 多くのモデルには伝統的な正味現在価値による分析では扱うことができない要因が含まれている. その結果, モデルを開発するときの主な論点は, 考慮すべき問題 (組織や政策の問題も含む) に関して財政的な面と, 非財政的で定性的な面とのバランスをとることである. このため, 階層的意思決定過程 (analytic hierarchy process: AHP) や, 多属性効用理論 (multi-attribute utility theory: MAUT) といった多目的な問題を扱うアプローチが, オートメーションの様々なオプションを比較するのにしばしば用いられている. これらのモデルと関連する事項の紹介が Liberatore (1990) と Canada and Sullivan (1989) に述べられている.

2) 物理的なシステム設計: この段階では, 基本設計および詳細設計を扱う. 基本設計の重要な点は, 制御システムの構成, 工程間で製造途中の半製品をおくバッファーの大きさと位置を決めることである. これらの問題に対しては, 待ち行列ネットワーク理論 (queueing network theory) が重要な設計ツールである (Buzzacott and Yao, 1986 b). 基本設計と物理的なシステムの設計に対して応用可能な様々な解析モデルが Buzzacott and Yao (1986 a) に紹介されている. 詳細設計では, レイアウト, 要求される機械の工作精度, コンピュータネットワークの信頼性が検討される. この際には, シミュレーション (simulation) が最もよく使われる手法である.

3) 生産計画 (production planning), スケジューリング (scheduling) と制御 (control) システムの設計: 生産計画は, いつ何を生産し, いつどの資源を工程に割り当てるかという決定を行うことである. スケジューリングは, ジョブを発生させ, 割り当て, 順序付ける手続きである. そして制御は, 生産工程の実時間制御, 設備の保全と修理, 品質の監視を行う. シミュレーション, 数理計画法とヒューリスティックスが, これらの問題を解くのによく適用される. FMS を含むマシンスケジューリングの分野における展開が Blazewicz et al. (1988) に紹介されている. Kusiak (1986) は, FMS における生産計画とスケジューリングに関する決定問題の枠組みを, 資材所要量計画 (materials requirements planning: MRP) システムにもとづいて述べている. Dhar (1991) は, 文献をレビューし, FMS の計画の枠組みを, プランニングの部門と運用操作部門との相互関係に力点をおいて述べている.

4) 実現と稼働開始: この段階では, 安定したシステムの運転を対象として開発された OR/MS モデルは, 一般には適用できない. この段階における OR/MS のモデルは, プロジェクト管理 (project management) に対するスケジューリングと制御技術に限定されている.

5) 安定状態の運転と改善: システムの動作の監視, 品質向上の研究などが対象となる. 継続的で, 計画的な学習努力がコストを下げ, 品質を向上させ, 製品の種類と設計を向上させる機会を生み出す. TQM (total quality management) と, BPR (business process redesign) を実施することによって, このような改善を行うことができる.

製造業と同様にサービス業もオートメーションの影響を受けている. 自動通信システム, 自動金銭出納機 (ATM), 半自動郵便システム, 光学スキャナ, ビルのエネルギー制御システム, ソフトウェアの自動生成などである. サービス部門においてなされた OR/MS のオートメーション技術の研究の例をあげると, 支店における労

働生産性に対するATMの効果を測定すること，投資のポートフォリオを管理すること，収入の一定割合の安全性を確保したうえでの取り引き，ローンの処理などである．サービス部門における生産性を向上することは引き続き重要であり，投資の見返りをより大きくするためにオートメーションとOR/MSの研究への投資が進められている．

オートメーションは，会計や金融といった組織の主要な管理機能にまで入るようになってきている．この分野では，オートメーションは，オフィスやビジネスの情報の流れや業務処理をコンピュータ化することを意味していることが多い．その一方，戦略的な計画問題へも及ぶこともある．電子ファイル (electronic imaging) のような新しい技術が業務の自動化に大きな影響を与えている．電子ファイルとは，書類（日常の報告書，交際費の払い戻し請求書，注文書など）を光学的に読み取って，画像イメージとしてデータベースに格納し，検索できるようにすることである．電子ファイルへの投資が有効であるかどうかは，業務の流れとシステム全体の効率に対する影響を計測することによって評価される．明らかに，製造業のオートメーションシステムの発展段階に応じて述べたOR/MSの適用分野の多くが，電子ファイルのようなオフィスの新しいオートメーション技術に対してもあてはまる．

人工知能 (artificial intelligence : AI) 研究の発展もオートメーションに重要な影響を与えている．オートメーションに関する技術は，経験から学び，ほとんどまたはまったく人間の介入なしに，コストを最小化し最適な操作を行うよう決定する能力を備えるようになりつつある．たとえば，製造業のオートメーションにおいては，すべての組織の活動がコンピュータを通じてつながっているというような本当のCIM環境 (computer integrated manufacturing environment) に向かうほど，AIが重要になってくる．特にCIMは，製造における次のような情報処理業務の自動化を目指している．(1) オーダー入力や顧客勘定のようなビジネスに関連する業務，(2) 製品設計，(3) 製造計画，(4) 製造工程の制御．

OR/MSと人工知能は互いに影響しあって発展してきたおかげで，それらのアプローチが重なる部分がますます多くなっている．AIは，OR/MSの仕事をどのように進めるかに影響を与えている．というのは，AIが，現在のツールとモデルに対して，どれかを選択する，開発する，使い続けるという態度を自動化するのに役立つからである．たとえば，AIを使って，ある数理計画モデルがより効率のよいアルゴリズムをつくりうるような特別な構造をもっているかどうかを判定することができる．さらに，AIは，操作に関する知識が複雑で定性的であるような状況において，新しいモデルを開発する手助けになる．たとえば，エキスパートシステムは，知識と推論によって難しい問題を解くことができる知能的なコンピュータプログラムであり，生産計画やスケジューリングのような分野で，OR/MSのアプローチと組み合わせて用いられることが多くなっている．

⇒階層化意思決定法，人工知能，フレキシブル生産システム，多属性効用理論，待ち行列ネットワーク，業務管理，離散事象確率システムのシミュレーション．

[Matthew J. Liberatore/田口　東]

参考文献

[1] Blazewicz, J., G. Finke, R. Haupt, and G. Schmidt (1988). "New Trends in Machine Scheduling," *European Jl. Operational Research*, 37, 303–317.

[2] Buzzacott, J. A. and D. D. Yao (1986a). "Flexible Manufacturing Systems: A Review of Analytical Models," *Management Science*, 32, 890–905.

[3] Buzzacott, J. A. and D. D. Yao (1986b). "On Queueing Network Models of Flexible Manufacturing Systems," *Queueing Systems*, 1, 5–27.

[4] Canada, J. R. and W. G. Sullivan (1989). *Economic and Multiattribute Evaluation of Advanced Manufacturing Technologies*. Prentice-Hall, Englewood Cliffs, New Jersey.

[5] Considine, D. M. and G. D. Considine, eds. (1989). *Standard Handbook of Industrial Automation*. Chapman and Hall, New York.

[6] Dhar, U.R. (1991). "Overview of Models and DSS in Planning and Scheduling of FMS," *International Jl. Production Economics*, 25, 121–127.

[7] Groover, M. (1987). *Automation, Production Systems and Computer-Aided Manufacturing* (2nd ed.). Prentice-Hall, Englewood Cliffs, New Jersey.

[8] Kalpakjian, S. (1989). *Manufacturing Engineering and Technology*. Addison-Wesley, Reading, Massachusetts.

[9] Kim, T. G. and M. Chung (1991). "Embedding Simulation Modeling in Development of High Autonomy Systems," *Proceedings of the Second Conference on AI, Simulation and Planning in High Autonomy Systems*.

[10] Kusiak, A. (1986). "Application of Operations Research Models and Technique in Flexible Manufacturing Systems," *European Jl. Operational Research*, 24, 336–345.

[11] Liberatore, M. J., ed. (1990). *Selection and Evaluation of Advanced Manufacturing Technologies*. Springer-Verlag, Berlin.

[12] Odrey, N. G. (1992). *Maynard's Industrial Engineering Handbook*, McGraw-Hill, New York.

[13] Singhal, K., C. H. Fine, J. R. Meredith, and R. Suri (1987). "Research and Models for Automated Manufacturing," *Interfaces*, 17(6), 5–14.

オープン（開放型）ネットワーク

open network

すべての顧客がネットワーク(network)に入り，最終的に去ることを前提とするような待ち行列ネットワーク，すなわち顧客の経路プロセスが，いかなる顧客に対しても状態の閉じた部分集合を含まないもの．⇨待ち行列ネットワーク，待ち行列理論．

親問題

master problem

ダンツィク-ウォルフの分解算法に現れる，変形された端点に関する問題のこと．⇨ダンツィク-ウォルフの分解算法．

か

解
solution

問題のすべての制約を満たす問題の値の集合. ⇒実行可能解.

回帰分析
Regression Analysis

はじめに

学問のほとんどすべての分野で，研究者はしばしば反応変数 (response variable)（目的変数 (output variable)，従属変数 (dependent variable)）と1個または複数の入力変数 (input variable)（説明変数 (predictor variable)，独立変数 (independent variable)）の間の関係を記述しなければならない問題に直面する．$x_1, x_2, \cdots, x_p$ という名前をもつ入力変数とそれに反応する変数 y に関するデータが与えられると，目標は入力から出力を導く方程式を決めることである．そのような方程式をつくる理由は，次のとおりである．

1. 与えられた入力データから出力を予測したい．
2. 反応に対する入力の効果を決めたい．
3. 理論的あるいは経験的な関係を確認し，誤りを明らかにし，あるいは何らかの提案をしたい．

たとえば，一番簡単な状況は，1個の入力変数の1次式 (linear relation) を仮定することである．これは β_0 と β_1 を用いて次の式で表される．

$$y = \beta_0 + \beta_1 x \tag{1}$$

観測値 (observation) が (x_1, y_1) と (x_2, y_2) の2個だけの場合，β_0 と β_1 の決定は容易である．

一般には，反応が式 (1) で正確に決まらないのでより複雑である．

これは，この関係が理論的には式 (1) で与えられるが，観測値は誤差なしで計測されないという理由による．完全な1次式の関係になる理論的な正当性はないが，近似式として用いられる．

モデルは，上で述べた2つのいずれの場合でも一般化でき，次のように表される．

$$y = \beta_0 + \beta_1 x + e \tag{2}$$

ここで e は，式 (1) から反応のずれを生じる測定誤差，あるいは y のランダムなゆらぎを表している．入力変数は，ユーザによって指定できるか誤差なしで計測されているものと仮定している．

式 (2) の適切な解析は，誤差分布に関する仮説にもとづいて行われる．

代表的な仮説は，誤差の分布が平均 (mean) 0で分散 (variance) が σ^2 で，観測値とは相関がない (uncorrelate) ことである．すなわち，式 (2) でモデル化された状況で比較的大きな個数の (x_i, y_i) の組のデータが観測された場合，次の関係が成り立つ．

(a) 誤差
$$e_i = y_i - \beta_0 - \beta_1 x_1 \tag{3}$$
の平均は0である．

(b) 1つの誤差は他の誤差に影響を及ぼさない．

(c) 誤差の平均平方は σ^2 になる．

n 組の観測値の組 (x_i, y_i) $i=1, \cdots, n$ から，β_0, β_1 と σ^2 の推定値と，これらのパラメータの影響を調べることが目的になる．

加えて，β_0 と β_1 の推定値 b_0 と b_1 を式 (1) で用いた場合，与えられた入力に対して得られる予測の精度を示すことが望まい．これらを推測するには，誤差の分布に関しさらに指定することが求められる．古典的な理論は，正規分布 (normal distribution) を仮定して展開されている．

この単純なモデルは，線形重回帰分析 (multiple linear regression model) として一般化される．

$$y = \beta_0 + \beta_1 x_1 + \beta_2 x_2 + \cdots + \beta_p x_p + e \tag{4}$$

誤差に関する仮定は上と同じであり，解析は n 組の $(p+1)$ 個のデータ $(x_{1i}, x_{2i}, \cdots, x_{pi}, y_i)$ $i=1, \cdots, n$ で行われる．式 (4) は，線形モデルであるという事が重要である．平均的な反応が式 (2) では x の1次式であり，式 (4) では $x_1, x_2, \cdots, x_p$ の1次関数である．しかし，これは本質的な線形性を意味していない．重要な点は，平均的な反応が係数 $\beta_0, \beta_1, \cdots, \beta_p$ の1次関数になっていることである．y と x_i $(i=1, \cdots, p)$ で示される変数が，次のような未知パラメータで表される関数になっていればよい．たとえば

$$\log z = \beta_0 + \beta_1 / w + e \tag{5}$$

このモデルでは，z は w の1次関数になっていない．しかし，$y = \log z$，$x = 1/w$ と置くことで，このモデルは式 (2) と同じになる．同様に次の多項式モデル (polynomial model) は，

$$y = \beta_0 + \beta_1 x + \beta_2 x^2 + e \qquad (6)$$

式 (4) で $x_1 = x$, $x_2 = x^2$ とした特殊なケースになる.

古典的な最小2乗法

一般の線形回帰モデル (linear regression model) の未知パラメータの推定は, 最小2乗法 (least-squares analysis) が代表的である. n 個の観測値 (またはケース) $(x_{1i}, x_{2i}, \cdots, x_{pi}, y_i)$ $i=1, \cdots, n$ が与えられると, i 番目の残差が次のように表される.

$$e_i = y_i - \beta_0 - \sum_{j=1}^{p} \beta_j x_{ji}$$

最小2乗法は, 残差平方和を最小にするような β_j の推定値として b_j の値を決める. i 番目の入力に対する推定された回帰関数 (予測値) の値 $\hat{y}_i$ と推定された残差 r_i は次の式で表される.

$$\hat{y}_i = b_0 + \sum_{j=1}^{p} b_j x_{ji}, \quad r_i = y_i - \hat{y}_i \qquad (7)$$

この方法には, 2つの優れた点がある. 最初は, 線形方程式の解を求めるという計算上のメリットである. 第2点は, 推定値に関して望ましい統計上の特質を備えている. 特に, b_j は β_j の不偏推定量 (unbiased estimates) になっており, 不偏推定値の仲間の中で最小の分散をもっている. さらに, 正規性を仮定すると, β_j の単純な推定を可能にする. σ^2 の推定値もまた, 最小不偏分散 (unbiased and minimum variance) になっている.

これらの特徴は, モデル式に用いられた $(x_1, x_2, \cdots, x_p, y)$ に関して成り立ち, もとの変数に関して成り立つわけではない. たとえば, 式(5)の β_0 と β_1 の推定値 b_0 と b_1 は, $\log z$ に対する不偏推定量であり, z に対するものではない. そして, $\log z$ と $1/w$ の散布図に書き込まれた直線からの偏差の自乗和を最小化しているのであって, z と w の曲線的な関係からの偏差の2乗和を最小にしているのではない.

コンピュータの高速化に伴い, 計算上の優位性は過去より薄らいできた. このため, 最小2乗法に替わる代替案の研究が活発に行われるようになったが, そのうちのいくつかを以下で紹介する.

古典的な仮定からの離別

標準的な分析では, モデルは正しく, データは間違いないものと仮定している. 実用上は, このようなことは稀であり, 上記の仮定に違反することを見つけ評価することが重要になる. 以下で主な問題点を議論する.

1. 正しくない関数のモデルを用いた. 変数を追加するか, 違った関数を用いる必要がある.
2. 誤差が独立であり, 一定の分散をもち, 正規分布にしたがうという仮定が崩れた.
3. いくつかの無視できない外れ値 (outliers と extreme points) がある. 目的変数の値が異状に大きいか小さい場合, あるいは入力変数が他と大きくかけ離れているような場合である.
4. 入力変数の間に多重共線性 (multi-collinearity), すなわち入力変数の一部にはほぼ完全な線形結合関係がある場合である. これには, 入力変数がほぼ一定の場合も含まれる.

これらの問題は, 解析結果を完全に無効なものにするかもしれないし, 不幸にして基本統計量 (standard statistics) はこれらの存在をほとんど指摘しない. いくつかの指標がこれらの可能性を見つけるために提案された. しかし, 上記のどの問題にも確かな解を提供しなかった. 次の対策は典型的であるが, 注意して用いなければならない.

1. 一定しない残差プロット (residual plot) は, 非線形性 (nonlinear) を示しているかもしれない. 個々の外れ値は, 他の変数の存在を示している. 特にカテゴリー変数 (categorical variable) でケースのサブグループを定義できる.
2. 分散が一定でない理由の大部分が, 分散が1つの入力変数の大きさに比例している場合である. この変数で式を割ったり, それを何乗かすることが役に立つ. このような変換によって正規性 (normality) が達成される.
3. 前に述べた2つの外れ値を解析から省いてもよいかもしれない. しかし, これらのデータは外れ値であっても正しいかもしれないので, 有益な観測値として取り扱わなければならない. 代替案として, 外れ値に強いロバスト (robust) な手法を用いることである.
4. 固有ベクトル (eigenvector) の分析が多重共線性を見つけてくれるかもしれない. しかし, 原因によってとるべき対応策を考えなければいけない. もし線形関係がモデル化されたシステム固有のものであり, その関係が強いなら, 関係する変数の中から1個削ることが適している. もし見かけ上の線形関係が特定のサンプルによって起因しているなら, 可能であればサンプル空間に一様に散らばるようなデータを追加して集めるべきである. さもなければ, リッジ回帰 (ridge regression) かそれに類する手法を用いることで代替できる.

古典的な最小2乗法の代替案

最小2乗法は, 基本的な仮定を少しでも満たさないと問題が生じやすいので, いくつかの代替案が提案されている.

この中で一番よく知られたものは, ロバスト回帰分析 (robust regression) である. 基本的な考え方は, 大きな残差をもつ観測値に小さな重みを与え影響を小さくすることである.

多重共線性が現れれば，係数の最小2乗推定値は，異常に大きくなったり符号が間違ったりする．リッジ回帰分析が効果的な手法である．

最小2乗法の欠点を補う一番古い修正法は，説明変数を削除することである．これは，適切な診断を行わないままデータに適用されることがあるので，困乱と議論をまきおこすトピックである．変数選択(variable estimation)は，データに関して外れ値や多重共線性がないか検討し，それに適切な対応をとったあとにのみ適用すべきである．反応変数の傾向を現すのに貢献していない変数は，省いてもかまわない．

変数を削除する方法として，多くの統計ソフトには，逐次変数選択法の手法（変数減少法）が含まれている．x_i の中で一番有効なものが選ばれ，式(1)の係数が推定される．（変数減増法または変数増加法では）新しい変数 x は，回帰で説明しきれない誤差の分散の割合の減少が統計的に意味がなくなるまで，付け加えられる．

⇒ 指数平滑法，時系列分析．

[Irwin Greenberg／新村秀一]

参 考 文 献

[1] Belsley D.A., Kuh E. and Welsch R.E. (1980). *Regression Diagnostics*. Wiley, New York.
[2] Daniel C. and Woods F.S. (1971). *Fitting Equations to Data*. Wiley, New York.
[3] Draper N.R. and Smith H. (1966). *Applied Regression Analysis*. Wiley, New York.
[4] Gunst R.F. and Mason R.L. (1980). *Regression Analysis and Its Applications*. Marcel Dekker, New York.
[5] Neter J. and Wasserman W. (1974). *Applied Linear Statistical Models*. Richard D. Irwin. Homewood, Illinois.

解空間

solution space

制約付き問題に対して，解空間は問題のすべての制約によって定義されるユークリッド空間の一部分．線形計画問題に対しては，解空間は n 次元ユークリッド空間の非負部分と問題のすべての制約との共通部分によって定義される．

海軍分析センター

Center for Naval Analyses

第二次大戦前の1940年，多くの科学者は国家の科学研究を組織することで，国の防衛力を高めることができると信じていた．その結果，国防研究委員会（National Defense Research Committee：NDRC）が，大統領の特命により設立された．

NDRCは，新編された科学研究開発室（Office of Scientific Research and Development：OSRD）の指揮下におかれ，大統領に直接報告を行っていた．NDRCの英国の研究者との接触は，いかなる分析過程であれ，その真の本質的部分は，実際の作戦の研究であることを示していた．なぜならば，オペレーションズリサーチの必要性は，特に対潜水艦戦（antisubmarine warfare：ASW）の分野において高く，海軍では対潜水艦戦オペレーションズリサーチグループ（Antisubmarine Warfare Operations Research Group：ASWORG）を編成した．1942年，最初の構成は10名たらずの科学者たちであり，軍事オペレーションズリサーチに関与した初の文官（civilian）グループである．海軍分析センター（Center for Naval Analyses：CNA）は，ASWORGを原点とする流れを引き継ぐものである．

今日ではCNAのアナリストたちは，作戦，システムおよび計画について幅広い研究成果を，海軍および海兵隊に提供している．これらの研究は，部隊の訓練や試験の支援からトップレベルの意思決定者のための新技術の評価や兵力構造の代替案までと多岐にわたっている．以下のCNAの略歴は，その変遷と国家安全保障への貢献について，主要な事項を顧みるものである．

第二次世界大戦（World War II）

1940年代の間，米国は当初欧州戦に，次に太平洋戦にのめりこんでいった．米国が戦争に入るやいなや，ドイツの潜水艦が米国の東海岸と大西洋の商船航路を本格的に哨戒しはじめた．海軍の当面の課題は，大西洋のU-ボート（U-boat）の脅威と，それとの戦闘であった．

英国では，P. M. S. Blackett教授が軍事問題を解決するにあたってのオペレーションズリサーチの価値を啓蒙していた．ボストンに新編された対潜水艦部隊の指揮官，Wilder Baker海軍大佐は，Blackettの論文"Scientists at the Operation Level"に啓発され，文官の科学者たちのグループは米海軍でも役立つだろうと確信した．彼は，MITのPhilip M. Morse教授に，そのようなグループの長となってくれるよう要請した．ASWORGは1942年4月に，ドイツのU-ボートを撃破する任務をもって誕生した．ASWORGに関する契約は，既存のNDRCの契約を対潜水艦戦に焦点を絞ったものとして，コロンビア大学において承認された．

ASWORGは分析に必要な現地データを収集するにあたって，まず主要な戦史の事例を用いた．文官である専門家たちを軍の執行部に送り込むことは，微妙な問題であった．1942年6月，マイアミの海岸線上の湾岸司令部（Gulf Sea Frontier Headquarters）において，ASWORGのアナリストたちが支援する現地プログラム（field program）が開始した．その後しばらくして，数名のアナリストがニューヨークの東海岸に配属となった．現地分析（field analysis）は，すぐに受け入れられるところとなった．ASWORGの注目すべき仕事のほとんどは，現地で行われた．

1942年6月，ASWORGは米艦隊総司令部（Head-quarters of Commander in Chief, U. S. Fleet：Comin-Ch）に配属となった．Ernest J. King提督は，米艦隊総司令官と海軍作戦部長（Chief of Naval Operation：CNO）を兼務していた．米軍のASW作戦（ASW opera-tion）を確固としたものにするため，1943年に第10艦隊が編成された．1943年7月に，ASWORGは第10艦隊の一部となった．

1944年10月敵潜水艦の活動が減少し，ASW以外の分野でのオペレーションズリサーチへの要求が増加してきたため，ASWORGは第10艦隊から米艦隊総司令部の即応課（Readiness Division）に配属替えとなった．また，その名称もオペレーションズリサーチグループ（Oper-ations Research Group：ORG）と変更し，より広い分野へと分析努力を傾注していくこととなった．

戦争の終結時には，ORGは約80名の科学者を擁し，彼らは海軍のすべての戦争形態を視野にいれた研究を行っていた．第二次世界大戦のほとんどの間，グループの人員の約40％は様々な作戦執行部に派遣されていた．彼ら現地のアナリストたちは，彼らの作戦執行部にとって重要な戦術問題や兵力配分問題の迅速で実用的な解を開発していた．と同時に，彼らは実務による経験と理解を中央のワシントンのグループにフィードバックした．その実務は，半世紀を経てなお続けられている．

第二次世界大戦中の多くの貢献には，ORGが考案したより効果的な直接護衛計画（escort screening plan），船団（convoy）の最適サイズの決定，対潜哨戒機（ASW patrol aircraft）の飛行パターンと高度といったASW戦術の開発，ドイツの音響魚雷やスノーケル中のU-ボートに対する反撃方法の開発，また航空機のレーダーの使用法などがある．

戦後の時代

1945年8月，King提督は海軍長官James V. Forres-talにあてた手紙の中で，ORGが平時においても戦時の約25％の規模で活動を継続することを許可するよう勧告・要請した．Forrestal長官は，その後しばらくしてその許可を与えた．

King提督とForrestal長官の2人は，ORG独自の存在価値は，海軍の幅広い問題に対して独立で科学的な視点を供給する能力によるものであると結論付けていた．引き続きORGの業務を平時へと拡張する中で，人材確保のための戦時の学術的研究機関との契約形態を残し，その特性を維持していくことが最良の方法であると決定された．その契約は，MITにおいて1945年11月に結ばれた．その時点で，ORGの名称は作戦評価グループ（Operations Evaluation Group：OEG）と改められた．OEGは海軍とその研究所を支援し，新装備，戦術ドクトリン（tactical doctrine）および戦略的戦争の分析評価を行った．

戦後，OEGが発表した重要な海軍作戦にかかわる包括的な報告書は，多くの新しい技術を含むものであった．そのうちのいくつかは，本来は秘密区分が付与されたものであったが，のちにMorse and Kimballの*Method of Operations Research*と，Carles Sternhell and Alan Thorndikeの*Antisubmarine Warfare in World War II*として世に現れることとなった．両者はともに，第二次大戦から学んだ死活的な教訓の記録であり，また重要なオペレーションズリサーチの方法であった．朝鮮戦争（Korear War），また冷戦（Cold War）の激化に伴い，1950年代の防衛計画に関する分析の任務は拡大していった．かつて，ソ連がその熱核兵器第1号を爆発させたとき，米国は多くの危機に対する防衛問題の考え方を変更した．核戦争の浮上と軍事費の急上昇による結果として，政府は従来以上に信頼できる科学的情報を必要とし，その戦略的意思決定の基盤とした．

朝鮮戦争以前は，OEGは徐々にしかし堅実に増員されてきた．1950年には，研究要員の数は約40名となった．戦争が始まり，OEGは戦闘司令部よりアナリストの派遣要請を受けた．彼らアナリストはデータを収集し，戦術的問題を解決し，作戦手順の改善策を提示した．改善策は，ただちに実施される場合もあった．OEGが主に努力を傾注した特定の戦術問題は，戦術目標に対する海軍航空攻撃における武器の選択，近接航空支援のスケジューリング，空対空戦闘の分析，艦砲射撃による海岸砲撃，阻止戦術，および陸上輸送路の遮断などである．戦争終結時には，OEGの研究要員の人数は60名に達していた．

戦争のあとも，OEGの業務量は徐々に増え続けた．アナリストたちは朝鮮戦争後も，あらゆる危機において海軍の部隊勤務に参加した．主要な技術，とりわけ原子エネルギーと誘導ミサイルの分野における技術の進歩の結果，朝鮮戦争後のグループの性格はきわめて重要な変化を迎えた．問題の対象，核兵器を使用する潜在的脅威，アメリカの政策の効果，米国が戦闘準備をすべき戦争の特性にもとづく兵器体系の選択と拡大していった．この時期，海軍は長期研究プロジェクトをMITに設けた．それは，のちに海軍調査研究所（Institute for Naval Studies：INS）となった．

防衛管理（defense management）

1960年代までは，兵器技術の進歩は防衛費を劇的に上

昇させる原因となっており，60年代後期のベトナム戦争 (Vietnam War) 時におけるその増加の速さは，防衛予算をはるか天井知らずへと押しやった．国防長官 Robert S. McNamara は1961年の就任宣誓において，防衛管理における新しい哲学の開始を告げた．費用に関しても，効果と同様に重視することが始まった．McNamara は，均衡のとれた無駄のない軍事構造を実現するためには，統合化されたシステム分析により防衛のあり方を検討する必要がある考えた．

1961年，MIT は OEG の中に経済部門を設けた．兵器システムの費用が，軍の意思決定における主要因となりつつあったためである．1961年までは，海兵隊に配属されていた OEG のアナリストは1人だけであった．1960年代はじめには，しかしながら海兵隊のオペレーションズリサーチに対する要望は実質的に増加していった．

1962年までに，海軍長官は OEG と INS の研究体制を堅固にしたいと考え，契約研究者の募集をすることにした．1945年から OEG の運営を担当してきた MIT は，この新企画の運営を依頼されたが，それを断った．海軍は，そこで新組織のための契約事務担当として，フランクリン研究所を選んだ．1962年8月，OEG と INS は共通の新組織，海軍分析センター (Center for Naval Analyses: CNA) の下で活動することとなった．

海軍分析センター

CNA の発足後，しばらくして OEG (一部署として) は再び実際の海軍の作戦に関与するようになってきた．1962年10月，海軍作戦部 (Office of the Chief of Naval Operations: OPNAV) 策定の海上兵力によるキューバの孤立化 (quarantine of Cuba) のための計画立案を支援し，水上艦艇による作戦の効果の評価を行った．

東南アジアにおける戦闘の激化に伴い，海上作戦の実戦部隊を直接，支援するために，CNA から職員数名が派遣されることとなった．CNA は，北ベトナムにおける破壊活動，南ベトナムへの侵入率等の分析など，多くの作戦の研究に参加した．また，戦争に関連する行動の大きなデータベースの構築と維持管理が，CNA のワシントン事務所で行われていた．1967年8月，CNA の契約の運営は，Franklin 研究所からロチェスター大学へと移管された．

ベトナム戦争の激化により，海軍ではより多くの戦闘分析を必要とした．その結果，東南アジア戦闘分析グループ (Southeast Asia Combat Analysis Group: SEACAG) が OPNAV 内に新編された．その後しばらくして，東南アジア戦闘分析課 (Southeast Asia Combat Analysis Division: SEACAD) が OEG 内に新編された．SEACAD の任務は SEACAG を支援し，CNA の戦争関連の分析量を増加させることであった．CNA は東南アジアの紛争において，戦闘機の損失，破壊，攻撃戦闘と空母防衛，監視と艦砲支援など様々な作戦の分析を行った．

1970年代にはベトナム戦争が泥沼化し，軍の予算，兵力および装備が悪化しはじめた．予算の削減に直面し現状能力を維持するために，海軍は分析により一層の力を注ぐようになった．新しいシステムの稼動にあたっては，海軍はその能力を最大限に活用するための方策を必要とした．すでに展開している古いシステムに関しては，海軍は技術的な弱点を補うような戦術の開発を必要とした．

軍事力拡大 (military buildup)

1980年代，米国が軍事力の拡大に力を入れたことは記憶に新しい．それは，1970年代のソ連の軍事力の成長へ対抗するものであった．海軍にとって，このことの意味は多くの船舶や航空機を整備するだけでなく，海上戦略が，また世界的戦争 (global war) において艦隊が対処すべき作戦構想が，より鮮明になるということであった．これらの努力が功を奏して1987年にゴルバチョフは軍縮路線に転向し，それはベルリンの壁の崩壊 (razing of the Berlin Wall) をもたらし，最後には，ソビエト連邦は消滅 (demise of the Soviet Union) したのである．

1982年，CNA は世界的戦争における大西洋艦隊の作戦構想を重要課題とする研究を開始した．この仕事の対象範囲は，戦争におけるソ連の目標と企図からソ連の戦略に対する海軍の可能行動までにわたり，またソ連の脅威に対処するために実行することができる戦域レベル (theater level) の戦術も含むものであった．この仕事の成果は1984年に第2艦隊司令官により実践され，彼はまた重要な戦術的革新 (tactical innovation) をも付加した．ワシントンと艦隊 (および CNA のワシントンと部隊勤務のアナリストたち) の連携と協力は，他の艦隊司令部にも波及していった．

1982年12月，CNA の運営に関する意見の違いが海軍省とロチェスター大学の間に生起した．海軍長官は，CNA の契約を公開競争制とすることを決定し，いくつかの大学と非営利研究機関が名乗りをあげた．1983年8月，海軍は CNA 運営の契約先を Hudson 研究所とすることを発表し，1983年10月から新契約となった．

新世界秩序 (new world order)

1990年代は，完全に新しい安全保障環境の到来を告げた．ソビエト連邦が崩壊し，それにより第三世界の脅威 (Third World threat) が顕在化している．海軍と海兵隊は，兵力構成の見直しを行っているところである．冷戦の脅威は過ぎ去り，新しい脅威はより小さく，より拡散している．たとえ，米国から離れた遠い場所で兵力

数を限定され基地との連絡も制限されても，協同で作戦ができるように小さな部隊単位が要求される．このような部隊の編成と作戦のあり方の検討は，1990年代の防衛計画にとって継続的なテーマとなっている．

1980年代の間のいくつかの重要な事象が，分析分野におけるCNAの地位を確固たるものにした．特に海軍と海兵隊の高級指揮官からの，CNAに対する分析支援要求は増加の一途であった．CNAは，重要な問題またトップレベルの意思決定者に関する問題により深く関与するようになり，これらの増大する要求に対処するためにCNAの職員は質・量ともに増大してきた．

CNAの内部組織は，数年の間にしばしば改編を行ってきており，それは変化しつつある世界，また変化しつつある軍事環境に対処するためであった．1990年春，それまでCNAを運営してきた監督部署，海軍，およびHudson研究所のすべてが，CNAが独立機関として機能することに合意した．

1990年10月1日，CNAは海軍省と直接接触し，独立した運用を開始した．CNAは，国家の安全保障政策，防衛戦略，防衛予算および業務慣行の切迫した変化を切り抜けるため，海軍と海兵隊への支援をする用意はできていた．

イラクがクウェートを占領した1990年8月後，海軍作戦部長がCNAに対して依頼したことは，中東（Middle East）における事象を追跡し文書化すること，行動を分析すること，および教訓を学習したデータベースを開発することであった．CNAは20名に及ぶ人員を現地へ派遣し，中東において，米海軍中部地区司令官（Commander, U. S. Naval Central Command）をはじめとする各級海上作戦指揮官に対し，作戦支援を行った．

戦争のあと，CNAは砂漠の盾/嵐（Desert Shield/Storm）のデータ収集および分析のための，海軍の主務担当部署に指名された．海軍は，将来の兵力構成，システム設計および予算の決定は，戦争の事象とそれに続く分析によって形作られると考えた．CNAは，砂漠の盾/嵐の再構成作業を実施し，14分冊の報告書を海軍に提供した．なお付言すると，CNAは戦争の分析と海上作戦の全データの記録を継続して実施しており，それらは国の公文書として保存されている．

砂漠の嵐の間，CNAが海軍と海兵隊のために実施した命題（トマホーク巡航ミサイル（Tomahawk cruise missile），揚陸艇（air‐cushioned landing craft：LCAC），海上事前展開）の分析的価値は実証された．トマホーク陸上攻撃ミサイルは，戦争のハイテク「スター」の1つであった．LCACは，急襲着上陸の恐怖を作り出すという，重要な役割を演じた．そして，海上事前展開（maritime prepositioning）は海兵隊2個旅団の湾岸への展開を記録的な時間で達成した．

1990年代の，CNAの最も重要な任務は，海軍および海兵隊が冷戦後の安全保障環境へ移行する手助けをすることである．これを行うために，CNAの研究計画ではこの移行に直接影響する分野を重視している．それらは新たな安全保障環境，沿岸作戦，通信，戦闘海域の調節，教育訓練，代替案の調査，兵力構成，ならびに経済性および効率性である．研究計画全体を通じて，協同作戦と海上防衛の基盤については特に重視している．

⇒ 現地分析，軍事OR，RAND研究所，陸軍を支えたOR機関． [Carl M. Harris／高橋　徹]

参考文献

[1] Center for Naval Analyses (1993), "Victory at Sea: A Brief History of the Center for Naval Analyses," *OR/MS Today*, 20(2), 46–51.
[2] Kreiner, H.W. (1992), *Fields of Operations Research*, Operations Research Society of America, Baltimore.
[3] Morse, P.M. and G.E. Kimball (1946), "Methods of Operations Research," OEG Report 54, Operations Evaluation Group (CNA), U.S. Department of the Navy, Washington, DC.

解析的戦闘モデル

analytic combat model

軍事モデルの1つ．初期状態を設定するだけで，途中で人間が介在することなく，自動的に戦闘結果を計算するもの．⇒ 戦闘のモデル化．

階層化意思決定法

Analytic Hierarchy Process

階層化意思決定法（analytic hierarchy process，以下ではAHPと略す）は評価の一般的理論で，多層の階層構造のもとでの離散的および連続的な一対比較（paired comparison）から比尺度（ratio scale）を導くのに使われる．この比較は実際に行うこともあるし，好みや感情の相対的な強さを反映した基準尺度（物差し）を使って行うこともある．AHPでは，整合性（consistency）からのずれおよびこのずれ具合の測定と，その構造の要素のグループの中とグループ間の従属関係にも，特段の配慮がされている．そして，評価基準が複数ある場合の意思決定，プランニング，リソースの配分，紛争解決（Saaty, 1990 b；Saaty and Alexander, 1989）など広範囲に適用されている．一般的な言い方をすると，AHPは，三段論法を使わないでいくつかの要因を同時に考慮したり，従属性やフィードバックも配慮した演繹的および帰納的な思考をするための，そして合成あるいは結論を出す際

に数値的なトレードオフを行うための，非線形なフレームワークである（図1，図2参照）．

人々は長い間物理的な事象と心理的な事象とを評価することに関心をもってきた．物理的とは，評価を行う個人の外のなにか客観的な事実を構成している有形のものと見なされている領域である．対照的に心理的とは，個人あるいは社会全体としての，主観的な考え，感情，あるいは信念などを構成している無形なものの領域である．これらの世界を，いずれにも妥協しないで扱えるような，筋の通った理論があるだろうかという疑問がある．AHPは，物理的および社会的の双方の領域での評価を確立するひとつの方法である．

AHPを使って問題のモデルをつくるには，その問題を階層構造（hierarchic structure）あるいはネットワーク構造（network structure）を使って表し，一対比較を使ってその構造内での関係をつくり上げる．離散的な場合にはこの比較から優劣行列（dominance matrices）がつくられ，連続的な場合にはFredholmの演算子の核（Saaty and Vargas, 1993）がつくられる．そしてこれらから，場合に応じて主固有ベクトル（principal eigenvector, 最大固有値に対する固有ベクトル）あるいは固有関数を用いて比尺度が導かれる．これらの行列あるいは核は，正かつ逆数関係，たとえば $a_{ij}=1/a_{ji}$ の関係がある．またこれらの行列の特性を明らかにする研究もなされた（Saaty, 1990 b, 1993）．多様な判断を扱うためにグループによる判断の合成の過程を扱う研究もかなりなされた（Saaty, 1994）．AHPの公理的な基礎はSaaty（1986 a）にある．

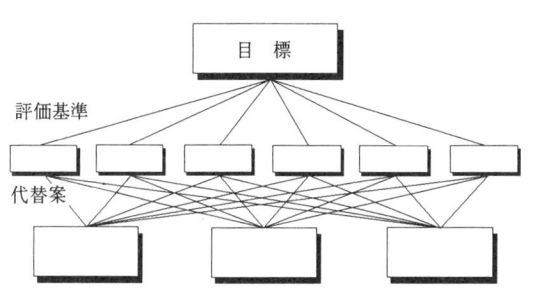

絶対評価と相対評価および構造の情報

認知心理学者はしばらくの間，2種類の比較法，絶対比較（absolute measurement）と相対比較（relative measurement）があると認識してきている．絶対比較では，代替案を経験によって形成されてきた自分の記憶の中にある標準と比べる．相対比較では，代替案を共通の属性について比較する．AHPでは両方の比較法を使って比尺度を導き出している．われわれはそういう尺度を，絶対かつ相対的な評価と呼んでいる．n個の要素のおのおのの相対評価値 $w_i(i=1,\cdots,n)$ は，その要素に与えた比尺度の値で他の要素との一対比較から導いたものである．一対比較では2つの要素 i と j とを共通にもっている特性について比較する．特性の値が小さい方の i を基準として使い，大きい方の j をその基準の何倍かという $(w_i/w_j)/1$ という形で推定する．この比 w_i/w_j は，絶対値の基準尺度のうえの値である．

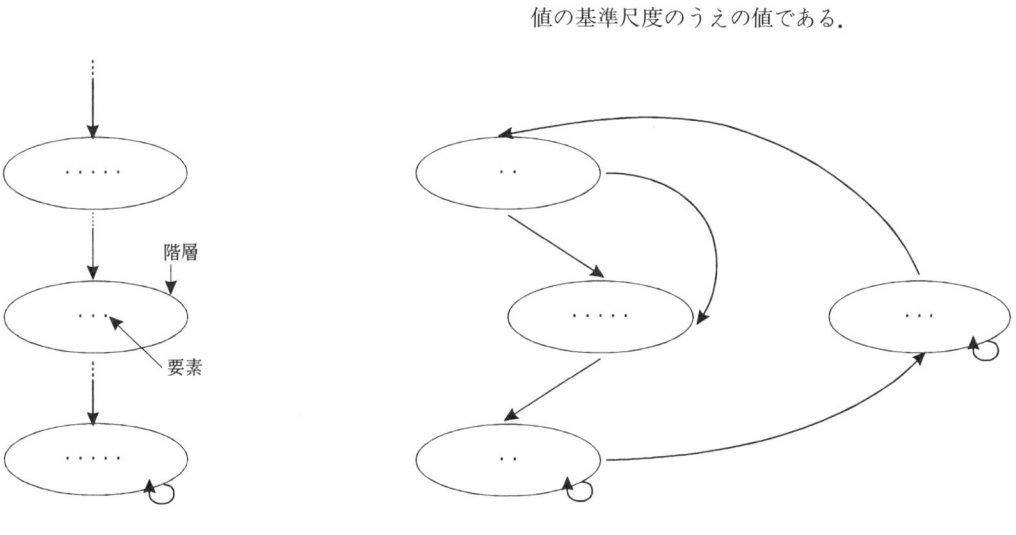

図1　3つの層をもった階層

線形階層

非線形ネットワーク

Ⓐ ──▶ Ⓑ ：AはBより勝る，あるいはBはAに依存する

図2　線形および非線形ネットワークの構造の相違

絶対評価（スコアリングとも呼ばれる）は，評価基準に関するランキング，あるいは，評価基準についての評点（あるいは強さ）を付けることで，たとえば，優秀，非常によい，よい，平均，平均以下，悪い，非常に悪い，とか，A, B, C, D, E, F, G などを使う．評価基準に対する（もしあれば，サブの評価基準についても）重要度を設定したあとで，各評価基準のもとで代替案の一対比較をして各案の重要度を一番評価が高い案のウエート（理想のウエート）で割る．最後にそれぞれの代替案の各評価基準の下での評価値を調べたうえで，すべての評価基準についての評価値を加えてその代替案のスコアを求める．これですべての代替案の比尺度のスコアが出る．最後に各代替案のスコアをそれらの合計で割って正規化する．

米国の都市を9つの評価基準の下で6人が絶対評価して順位付けをした例がある（Saaty, 1986 b）．大学が入学の選抜をするために志願者を絶対評価をした例もある（Saaty et al., 1991）．多くの学校が，実際に志願してきた者の成績とは無関係に選抜の基準を設けている．こうしてつくった志願者のウエートが，入学の要件にしたがって設けた基準を満たすかどうかを決めるのに使われている．この場合に，どの学生が入学の要件を満たすか決めるには，絶対評価を用いるべきである．

基準尺度

AHPの一対比較は，同種の要素の対に対して行う．重要度の判断を表現する値の基準尺度（fundamental scale）を表1に示した．この尺度（物差し）は，大勢の人達が使ってきたばかりか，他の多くの尺度と理論的な比較をしても，有効であることが検証されている（Saaty, 1990 b）．

測定のときに非常に近いあるいは引き分けている要素もあり，どちらが他方の何倍大きいかではなく，他方何割増しかとしたいこともある．すなわち1と2の間の比較値で，1.1, 1.2, …, 1.9という値を言葉で推定したいこともある．また比較の結果で直接に数値を推定しても問題はない．われわれの提案は，1.1はチビで，1.3はもっと，1.5は強くもっとで，1.7は非常に強くもっと，1.9は圧倒的であるといった区別のできるような言語尺度である．こういった細分化を1から9までの各区間で，さらに必要なら，1.1と1.2の区間でもさらに細分化してもよい．

費用/便益分析

選択の問題の状況では代替案に費用と便益の両方がかかわることが多い．この場合には，最下層には同じ代替案の集合をもった，費用に関する階層構造と便益に関する階層構造とを，別々につくると役に立つ．これで，費用の重要度ベクトルと，便益の重要度ベクトルを得る．

表1 基準尺度

重要度の強さ	定義	説明
1	同程度に重要	2つの活動が目的に対して同程度に貢献している
2	中間値	
3	やや重要	経験や判断で一方の活動が他方よりもわずかに勝っているといえる
4	中間値	
5	かなり重要	経験や判断で一方の活動が他方よりかなり重要といえる
6	中間値	
7	非常に重要	一方の活動が他方よりかなり重要あるいはその優位さが実際に示されている
8	中間値	
9	圧倒的に重要	一方の活動の他方への優位さが確認できる最大限のもの
上の逆数	活動iを活動jと比較して上の数値を割り当てられたときに，jをiと比べてその逆数を与える	妥当な仮定
有理数	尺度上の比の値	完全に整合性が成り立つようにn個の数値から行列を構成するとき

そして各代替案について，費用の重要度に対する便益の重要度の比を計算して，便益/費用ベクトルをつくり，その比が最大のものが最も好ましい代替案とする．リソースを，複数のプロジェクトに配分する場合に，費用に対する便益のこのような比あるいは対応する限界比率が非常に役に立つ．

たとえば3種類の複写機を評価しているときに，便益の階層では複写機に要求している特性を表し，費用の階層では3種の複写機を購入し維持するのに必要な損失とか金銭的費用を表す．便益に関する評価基準と費用の評価基準は互いに相反するものである必要はないし，まったく異なるものでもいいことに注意されたい．この考え方と同様に，3つの階層を使って，便益/（費用×リスク）という比を出して評価することもできる．

重要度と整合性のための固有値ベクトル解

行列$A = (a_{ij})$から重要度のベクトルを求める方法は無限というほどある．しかし整合性を重視すると固有値法（eigenvalue formulation）ということになる．

a_{ij}が代替案iの代替案jに対する重要度を表し，a_{jk}が代替案jの代替案kに対する重要度を表すとすると，代替案iの代替案kに対する重要度は，判断に整合性があるためには，$a_{ij}a_{jk}$でなければならない．まったく尺度がないとか，便利な測定の尺度がない場合には，$a_{ij} = w_i/w_j$の正確な値は得られず，推定できるだけである．このときわれわれの問題は$A'w' = \lambda_{\max}w'$となる．ここで$\lambda_{\max}$は，$A = (a_{ij})$から$a'_{ji} = 1/a'_{ij}$を満たすようにつく

った行列 $A'=(a'_{ij})$ の最大固有値あるいは主固有値となる．記法を簡単にするために，$Aw=\lambda_{\max}w$（A は一対比較行列，matrix of pairwise comparison）という書き方をする．

この解は，この行列の十分大きな次数のべき乗をつくり，行和をとって正規化して得る．このプロセスは，k 次の累乗からの重要度ベクトルの要素と，$(k+1)$ 次からのものとの差が，あらかじめ決めておいた値よりも小さくなったところで止める．

重要度の近似値を得る簡便な方法の1つに，一対比較行列の各行の要素の幾何平均をとって正規化する方法がある．この結果は，$n\leq 3$ では，固有ベクトルと一致する．もう1つの簡便法は，一対比較行列の各列を正規化してから行ごとに平均をとる方法である．

ただ，大事な問題には固有ベクトル法を使うべきであると注意しておく．というのは，簡便法は固有ベクトル法の結果のいい近似ではあるが代替案の順位に逆転が起こる場合もあるからである（Saaty and Vargas, 1992）．重要度ベクトルの任意の推定 x に対して，次が成り立つことを証明できる．

$$\lim_{k\to\infty}\frac{1}{\lambda_{\max}^k}A^kx = cw$$

ここで，c は正の定数，w は A の主固有ベクトル．このことは，ある推定値に $A/\lambda_{\max}$ を何回もかけると新たな推定値になり，これが最終的に主固有ベクトルの定数倍に収束する，とラフに解釈できる．

w の正確な値（あるいは推定値）が正規化された形ですでに求められている場合に，$\lambda_{\max}$ の正確な値（あるいは推定値）を得る簡単な方法は，A の各列の要素の和をとりこれにベクトル w をかけることである．その結果が $\lambda_{\max}$（あるいはその推定値）になっている．これは次のように導かれる．

$$\sum_{j=1}^n a_{ij}w_j = \lambda_{\max}w_i$$
$$\sum_{i=1}^n\sum_{j=1}^n a_{ij}w_j = \sum_{j=1}^n\left(\sum_{i=1}^n a_{ij}\right)w_j$$
$$= \sum_{i=1}^n \lambda_{\max}w_i = \lambda_{\max}$$

そこで問題は，主固有ベクトルのこの推定値 w はどのくらいよい推定かということになる．この問題を解いて $w=(w_1,\cdots,w_n)^T$ が得られたとすると，要素が w_i/w_j の行列は，行列 A の整合性のある推定になっている．もとの行列 A は整合性がある必要はない．実は，A の要素は推移的である必要もない．すなわち，案1が案2より望ましく，案2が案3より望ましくても，案3が案1よりも望ましくてもよい．われわれが欲しいのは，整合性がないことによる誤差の測定である．もし $\lambda_{\max}=n$ ならばまたこのときに限り A は整合性があり，常に $\lambda_{\max}\geq n$ であることがわかっている．そこで $\lambda_{\max}-n$ を整合性からのずれ（非整合性）の尺度として使えることがわかる．しかも，次の関係がある．

$$\lambda_{\max}-n = -\sum_{i=2}^n \lambda_i; \quad \lambda_{\max}=\lambda_1$$

ここで，$\lambda_i(i=1,\cdots,n)$ は A の固有値である．そして平均値 $(\lambda_{\max}-n)/(n-1)$ をずれの尺度として使う．これは，$\lambda_i(i=2,\cdots,n$，このうちのいくつかは共役複素数のこともある）の平均（の符号を逆にしたもの）である．

$(\lambda_{\max}-n)/(n-1)$ は，a_{ij} を推定する際に生じる誤差の分散でもあることは興味深い．これは次のようにして示される．

$$a_{ij} = (w_i/w_j)\varepsilon_{ij},$$
$$\varepsilon_{ij}>0, \text{ および } \varepsilon_{ij}=1+\delta_{ij}, \delta_{ij}>-1$$

と書いて，$\lambda_{\max}$ の式に代入する．誤差の成分として関係するのは δ_{ij} であり，不偏推定であるためには $|\delta_{ij}|<1$ である．非整合性のこの尺度は判断の整合性を逐次改善するのに使える．

こうして一対比較行列の整合性の尺度，整合度（consistency index, CI と書く）は，

$$CI = (\lambda_{\max}-n)/(n-1)$$

で与えられる．また CI と同じ n の RI (random consistency index, 表1a）との比を整合比（CR: consistency ratio）と呼ぶ．RI は，要素が $1/9, 1/8, \cdots, 1, \cdots, 8, 9$ であるランダムにつくった500個の逆数行列の CI の平均である．CR＝CI/RI が 0.10 以下であれば，その判断は採用できる．もし CR が 0.1 を越えたら，問題の分析をやりなおすか一対比較の判断を見直すかすべきである．

表 1a　ランダム整合比

n	1	2	3	4	5	6	7	8	9	10
ランダム整合比 (R.I.)	0	0	0.52	0.89	1.11	1.25	1.35	1.40	1.45	1.49

全階層の整合性のインデックスは次のように定義する．

$$C_H = \sum_{j=1}^h \sum_{i=1}^{n_{i,j+1}} w_{ij}\mu_{i,j+1}$$

ここで，w_{ij} を階層 $j(j=1,2,\cdots,h)$ の評価規準 i のウエート，$\mu_{i,j+1}$ を階層 j の評価基準に関する階層 $j+1$ の要素の整合度とする．また $j=1$ に対して $w_{ij}=1$ で，n_{ij+1} は階層 j の評価基準 i に関して階層 $(j+1)$ にある要素の数である．

階層構造（hierarchy）の作り方

結果に重要な影響があり意思決定の中で最も創造的な部分は，決定の構造を階層に作り上げることである．構造を作り上げていく過程でしたがうべき基本的な原理は，次の質問に答えられるかどうかを常に確かめておく

ことである．その質問とは，「その下の階層の要素を，そのすぐ上のいくつかのあるいはすべての要素から見て，比較ができるか」ということである．

普通は目標からできるだけ下りてゆき，そして代替案からさかのぼりこの2つのプロセスがつながってすべての階層間において比較が可能なようにしていくことである．以下に周到に設計をしていくための手順をあげる．

1．最終的な目標を明確にする．何をやり遂げたいか，なにが主な疑問か．
2．最終目標のサブの目標をたてる．必要なら，決定に影響する期限を示す．
3．最終目標のサブの目標を達成するために満たすべき評価基準を設ける．
4．各評価基準の下のサブの評価基準を明確にする．評価基準やサブの基準は，パラメータの範囲や高い，中程度，低いといった言葉で重要さを示しておく．
5．かかわっているアクター（actor）を明確にする．
6．アクターの目標を明らかにする．
7．アクターの政策を明らかにする．
8．選択肢あるいは結果を明確にする．
9．イエス・ノー型の決定では，もっとも好ましい案を取り上げ，その決定をすることによる便益および費用を，しないことによる便益および費用と比較する．
10．限界値を用いて便益/費用分析をする．優越性のある階層を扱っているので，どの代替案が最大の便益をもたらすか，どの代替案が最も費用がかかるかを問う．

Expert Choice (1993) というソフトを使うとAHPという方法論が実施しやすい．階層構造をつくり，相対あるいは絶対評価を状況に応じて使い，問題の解決を支援してくれる．

階層の合成と順位

階層を上から下へ重み付けをして和を取る過程を行って階層の合成をし代替案の総合重要度（目標から見た重要度）を求める．階層の合成の原理は，AHPの1つの定理で，ネットワークのサイクルやループを扱うネットワークの合成のひとつのケースである．

新しい代替案が追加されたりこれまでの案が省かれたりしたら，総合重要度で求められた代替案の順位にはどのようなことが起こるのであろうか．順位は，評価基準がどんなものであっても1つならば，変わらない．しかし複数の基準があると，順位を変えたくないか変えたいと思うかで，順位は変化しうる．順位が変わることが自然であるというような事例は文献にいくつもある．1990年にTversky et al.は，順位の逆転の主因は，手順の不変性の欠陥にあると結論した．しかしAHPでは，そのような方法論上の制約はない．

分布モード（distributive mode）のAHPでは，主固有ベクトルは判断にもとづく比尺度でのユニークな推定値を出すように正規化される．このモードでは順位の変化が許され，存在する代替案の数に依存する，あるいはもとからの代替案よりも優位な代替案があって順位の逆転を起こしうる場合などには役に立つ (Saaty, 1993)．理想モード（ideal mode）の場合には代替案の正規化した値を各評価基準ごとに順位が一番上の重要度で割っている．このようにしたとき，どこでも優位ではない案を新たに追加しても，すでに存在している代替案の順位を逆転することはない．

事　例

相対評価：　最良の住宅の選択

住宅を買うことを勧められている平均的な収入のある家庭は，8つの評価の基準を設けた．これらは3つのカテゴリーに分けられる．すなわち，経済的，地理的，物理的な条件である．これらのカテゴリーの間の相対的な重要さをはじめに検討することも考えられるが，カテゴリーではなく，8つの基準の間の相対的な重要度を調べることにした．候補にあがっている3棟の住宅から1つを選択することが問題である．AHPを適用する最初のステップは，問題の分割あるいは階層への構造化である（図3）．最初の（あるいは最上段の）水準に終局的な目標，ここでは住宅による満足をおく．2番目の水準に目標に貢献する8つの要因あるいは判定基準をおいてある．3番目の水準（最下段の層）に候補となった3つの住宅がある．要因と定義と階層を図3に示す．

家族にとって重要な要因は次のとおりである．

1．広さ：収納の広さ，各部屋の広さ，部屋の数，延床面積．
2．交通の便：バス便の便利さと近さ．
3．近隣：交通の頻繁さ，安全性，税金，周辺の建物の物理条件．
4．築年数．

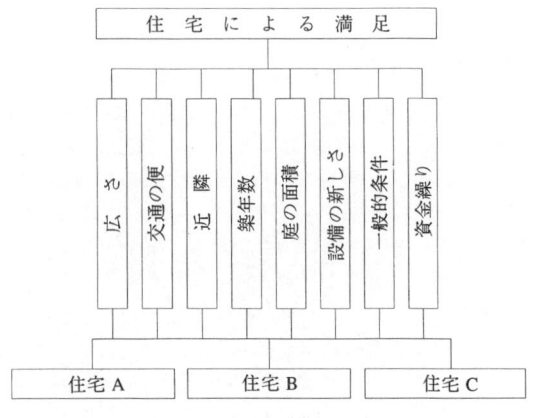

図3　問題の階層への分解

5．庭の面積：家の前庭，裏庭，両脇の広さ，隣家との共有スペース．

6．設備の新しさ：食器洗浄機，ゴミのディスポーザ，エアコン，警報機，その他の設備．

7．一般的条件：修理やリフォームが必要の程度，たとえば，壁，カーペット，カーテン類，配線配管類．清潔さなど．

8．資金繰り：利用できる担保，自己資金，銀行ローン．

次のステップは比較の判断である．評価基準の層の要素を配列に並べ，家を購入したい人たちに，最終的な目標の住宅から得る満足さ，に関して要素の相対的な重要さを判断してもらう．

2つの評価基準を比べるときに次のような質問をする．代替案を比べるときに，家を買う家族にとってどちらの基準が重要か，全体の目標である買う家から得られる満足度にどのくらい重要か．

住宅の買い手が行った評価基準の一対比較行列を図2に，重要度のベクトルも付けて示してある．比較の判断は基準尺度の言葉による尺度によっており，それを対応する数値で表してある．重要度ベクトルは行列の主固有ベクトルである．このベクトルは基準尺度で測定した要因の相対重要度を表している．すなわち，これらの重要度は正の相似変換の下ではユニークなものである．しかし，これらの和が1になることを保証するなら，必ずユニークでもある．この問題では，資金繰りが33％と一番

表2 水準1の一対比較行列

	1	2	3	4	5	6	7	8	重要度ベクトル
1	1	5	3	7	6	6	1/3	1/4	0.173
2	1/5	1	1/3	5	3	3	1/5	1/7	0.054
3	1/3	3	1	6	3	4	6	1/5	0.188
4	1/7	1/5	1/6	1	1/3	1/4	1/7	1/8	0.018
5	1/6	1/3	1/3	3	1	1/2	1/5	1/6	0.031
6	1/6	1/3	1/4	4	2	1	1/5	1/6	0.036
7	3	5	1/6	7	5	5	1	1/2	0.167
8	4	7	5	8	6	6	2	1	0.333

$\lambda_{max} = 9.669$　C.I. $= 0.238$　C.R. $= 0.169$

大きい重要度をもつという結果になった．

表2では評価基準を名称ではなく番号で示してある．

次に最下層の住宅の1つずつを他の住宅と，2番目の水準にある評価基準についてどの程度満足するかの度合いを比べる一対比較をする．2番目の水準には8つの評価基準があり，各要素には3つの住宅があるので，8つの3×3比較行列ができる．その家族の判断を表3の行列に示す．この判断を理解しやすいように対象とした各住宅の説明をしておく．

住宅A：この家は3軒の中では一番広い．交通量が少なく税金も安く近隣の環境がいいところにある．庭もB，Cの家に比べるとかなり広い．しかし建物の一般的な状況は非常によいわけではなく，掃除と塗りかえが要る．また資金繰りでも，かなり利息が高い銀行ローンを利用しなければならない．

表3 水準1から見た代替案の比較行列

広さ	A	B	C	正規化した重要度	理想モードの重要度
A	1	6	8	0.754	1.000
B	1/6	1	4	0.181	0.240
C	1/8	1/4	1	0.065	0.086

$\lambda_{max} = 3.136$　C.I. $= 0.068$　C.R. $= 0.117$

庭の広さ	A	B	C	正規化した重要度	理想モードの重要度
A	1	5	4	0.674	1.000
B	1/5	1	1/3	0.101	0.150
C	1/4	3	1	0.226	0.335

$\lambda_{max} = 3.086$　C.I. $= 0.043$　C.R. $= 0.074$

交通の便	A	B	C	正規化した重要度	理想モードの重要度
A	1	7	1/5	0.233	0.327
B	1/7	1	1/8	0.005	0.007
C	5	8	1	0.713	1.000

$\lambda_{max} = 3.247$　C.I. $= 0.124$　C.R. $= 0.213$

設備の新しさ	A	B	C	正規化した重要度	理想モードの重要度
A	1	8	6	0.747	1.000
B	1/8	1	1/5	0.060	0.080
C	1/6	5	1	0.193	0.258

$\lambda_{max} = 3.197$　C.I. $= 0.099$　C.R. $= 0.170$

近隣	A	B	C	正規化した重要度	理想モードの重要度
A	1	8	6	0.745	1.000
B	1/8	1	1/4	0.065	0.086
C	1/6	4	1	0.181	0.240

$\lambda_{max} = 3.130$　C.I. $= 0.068$　C.R. $= 0.117$

一般的条件	A	B	C	正規化した重要度	理想モードの重要度
A	1	1/2	1/2	0.200	0.500
B	2	1	1	0.400	1.000
C	2	1	1	0.400	1.000

$\lambda_{max} = 3.000$　C.I. $= 0.000$　C.R. $= 0.000$

築年数	A	B	C	正規化した重要度	理想モードの重要度
A	1	1	1	0.333	1.000
B	1	1	1	0.333	1.000
C	1	1	1	0.333	1.000

$\lambda_{max} = 3.000$　C.I. $= 0.000$　C.R. $= 0.000$

資金繰り	A	B	C	正規化した重要度	理想モードの重要度
A	1	1/7	1/5	0.072	0.111
B	7	1	3	0.650	1.000
C	5	1/3	1	0.278	0.428

$\lambda_{max} = 3.065$　C.I. $= 0.032$　C.R. $= 0.056$

表 4 合成（総合重要度の計算）

分布モード

	1 (0.173)	2 (0.054)	3 (0.188)	4 (0.018)	5 (0.031)	6 (0.036)	7 (0.167)	8 (0.333)		
A	0.754	0.233	0.754	0.333	0.674	0.747	0.200	0.072		0.396
B	0.181	0.055	0.065	0.333	0.101	0.060	0.400	0.650	=	0.341
C	0.065	0.713	0.181	0.333	0.226	0.193	0.400	0.278		0.263

理想モード

A	1.00	0.327	1.00	1.00	1.00	1.00	0.500	0.111		0.584
B	0.240	0.007	0.086	1.00	0.150	0.080	1.00	1.00	=	0.782
C	0.086	1.00	0.240	1.00	0.335	0.258	1.00	0.428		0.461

住宅B：Aよりは少し小さいし，バス路線も近くはない．交通量が多いので，安全ではない感じを与えあまりよい近隣環境だとはいえない．庭はかなり狭く，設備も新しいものがない．その代わり一般的な条件はいい．またかなりの担保価値もあり，安い金利で資金繰りはしやすい．近所にいくつか同類の住宅がある．

住宅C：非常に小さく，新しい設備も少ない．この周辺は税金も高いが，家の状態はよく安全度も高い．庭はBよりも広いが住宅Aのように広々とした環境ではない．一般的な条件はよく，きれいなカーペットやドレープがある．融資の条件はAよりはよいが，Bほどではない．

表3には，レベル2の各要素に対する，3つの住宅の比較行列と局所重要度（すぐ上の層の要素から見た重要度）を示す．

次は重要度を合成するステップである．合成するあるいは総合重要度を求めるために，3つの住宅のそれぞれの評価基準に関する局所重要度を表4のように整理した．各列のベクトルにその基準の重要度をかけて，行ごとに和をとると，各住宅の総合重要度が求められる．分布モードでは，たとえばBの家のまわりに同類のものがあることを気にする場合には，Aが優位である．理想モードでは，他の家のことや，同類の家がいくつかあることを気にせずに，各基準での最良の家を望むならば，Bが選択される．10の評価基準と3つの代替案がある非常に多数のケースの92％で，この2つのモードは同一の案を選択している（Saaty, 1994）．

絶対評価： 昇格のための従業員の評価

従業員の昇格を検討する．評価基準は，信頼度，学歴，経験，人格である．各基準について，図4のように，強さ，物差し，あるいはサブの基準とでも呼ぶものを設けた．各基準に対して一対比較をして重要度を求め，行列に示した．次にサブの基準をその親の評価基準に関して一対比較して重要度を求め（表5のように）各基準の中で，最も重いサブ基準の重要度でそれらの値を割る（図4の2列目のカッコで囲まれていない数値）．最後に，各従業員について評価基準ごとにサブ基準の尺度で評価する（表6）．これらのサブ基準の評点にその評価基準の重

図 4 昇進のための従業員の評価

目標

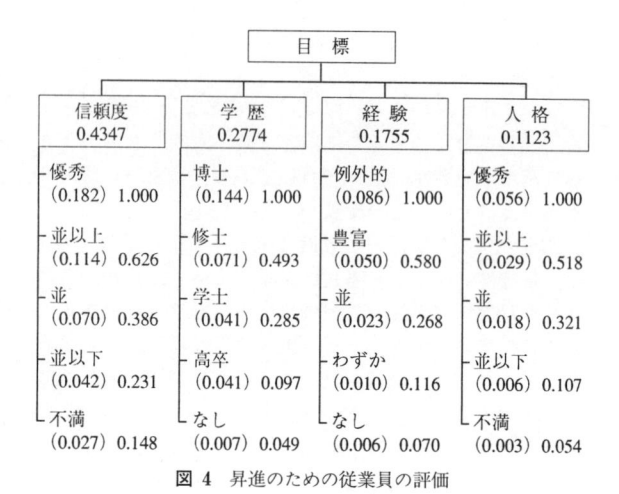

信頼度 0.4347	学歴 0.2774	経験 0.1755	人格 0.1123
優秀 (0.182) 1.000	博士 (0.144) 1.000	例外的 (0.086) 1.000	優秀 (0.056) 1.000
並以上 (0.114) 0.626	修士 (0.071) 0.493	豊富 (0.050) 0.580	並以上 (0.029) 0.518
並 (0.070) 0.386	学士 (0.041) 0.285	並 (0.023) 0.268	並 (0.018) 0.321
並以下 (0.042) 0.231	高卒 (0.041) 0.097	わずか (0.010) 0.116	並以下 (0.006) 0.107
不満 (0.027) 0.148	なし (0.007) 0.049	なし (0.006) 0.070	不満 (0.003) 0.054

表 5 サブの評価基準の各評価の重要度（例：信頼度）

	優秀	並以上	並	並以下	不満	優先度
優 秀	1.0	2.0	3.0	4.0	5.0	0.419
並以上	1/2	1.0	2.0	3.0	4.0	0.263
並	1/3	1/2	1.0	2.0	3.0	0.160
並以下	1/4	1/3	1/2	1.0	2.0	0.097
不 満	1/5	1/4	1/3	1/2	1.0	0.062

整合比＝0.015

表 6 従業員の評価

		信頼度 0.4347	学歴 0.2774	経験 0.1755	人格 0.1123	総合重要度
1.	Adams, V	優秀	学士	わずか	優秀	0.646
2.	Becker, L	並	学士	わずか	優秀	0.379
3.	Hayat, F	並	修士	並	並以下	0.418
4.	Kesselman, S	並以上	高卒	なし	並以上	0.369
5.	O'shea, K	並	博士	豊富	並以上	0.605
6.	Peters, T	並	博士	豊富	並	0.583
7.	Tobias, K	並以上	学士	並	並以上	0.456

要度をかけたものの和を出して，各従業員の比尺度の総合点とする．この方法は，対象とする業務についての経験を十分に積んでいて評価基準の度合いに重要度が付けやすいという場合に，使える．

産業界や官庁業務での応用

AHPはすでにいろいろな分野で使われている．経済/経営の分野では以下のような領域でかなり突っ込んだ利用がされている．監査，データベースの選択，設計，建築，財務，マクロ経済予測，マーケティング（消費者側の選択，製品設計・開発，戦略），計画，ポートフォリオ選択，施設の配置，予測，資源の配分（予算，エネルギー，保健，プロジェクト），逐次決定，政策/戦略，輸送，水利，業績評価など．政治的な分野でも次のように使われている．軍縮問題，紛争と交渉，候補者の選択，安全保障の評価，戦争ゲーム，世界的影響の問題など．社会的な問題では，教育，競争行動，環境問題，健康，法律，医薬（麻薬の影響，治療方法の選択），人口問題（地域間移動，人口増減），その他の公共部門の問題などで利用されている．やや技術的な応用では，市場選択，ポートフォリオ選択，技術移転などがある．さらにはGolden et al. (1989)やDyer and Forman (1989)を参照されたい．

（訳注）上下の層の要素間にも関係があるような問題は，階層構造ではなく本文にあるようにネットワーク構造になる．AHPをその種の問題に拡張した方法はANP (analytic network process)と呼ばれ，90年代中頃から盛んになった．これについてはSaaty (1996)および高橋 (1998)の解説を参照されたい．⇒決定分析，多属性効用理論，効用理論．［Thomas L. Saaty/真鍋龍太郎］

参考文献

[1] Dyer, R.F. and E.H. Forman (1989), *An Analytic Framework for Marketing Decisions: Text and Cases*, Prentice-Hall, Englewood Cliffs, New Jersey.
[2] Expert Choice Inc. (1993), *Expert Software*, 4922 Ellsworth Ave., Pittsburgh, PA 15213.
[3] Golden, B.L., P.T. Harker and E.A. Wasil (1989), *Applications of the Analytic Hierarchy Process*, Springer-Verlag, Berlin.
[4] Kinoshita, E. (1993), *The AHP Method and Application*, Sumisho Publishing Company, Tokyo.
[5] Saaty, T.L. (1986a), "Axiomatic Foundation of the Analytic Hierarchy Process," *Management Science* 32, 841–855.
[6] Saaty, T.L. (1986b), "Absolute and Relative Measurement with the AHP: The Most Livable Cities in the United States," *Socio-Economic Planning Sciences* 20, 327–331.
[7] Saaty, T.L. (1990a), *Decision Making for Leaders*, RWS Publications, 4922 Ellsworth Ave. Pittsburgh (first appeared in 1982, Wadsworth, Belmont, California).
[8] Saaty, T.L. (1990b), *The Analytic Hierarchy Process*, paperback edition, RWS Publications, Pittsburgh (first appeared in 1980, McGraw Hill, New York).
[9] Saaty, T.L. (1993), "What is Relative Measurement? The Ratio Scale Phantom," *Mathematical and Computer Modelling* 17(4–5), 1-12.
[10] Saaty, T.L. (1994), *Fundamentals of Decision Making and Priority Theory*, RWS Publications, 4922 Ellworth Ave., Pittsburgh.
[11] Saaty, T.L. and J. Alexander (1989), *Conflict Resolution*, Praeger, New York.
[12] Saaty, T.L. and K.P. Kearns (1985), *Analytical Planning – The Organization of Systems*, International Series in Modern Applied Mathematics and Computer Science 7, Pergamon Press, Oxford.
[13] Saaty, T.L. and L.G. Vargas (1982), *The Logic of Priorities: Applications in Business, Energy, Health, Transportation*, Kluwer Academic, Norwell, Massachusetts.
[14] Saaty, T.L. and L.G. Vargas (1991), *Prediction, Projection and Forecasting*, Kluwer Academic, Norwell, Massachusetts.
[15] Saaty, T.L. and L.G. Vargas (1993), "A Model of Neural Impulse Firing and Synthesis," *Jl. Mathematical Psychology* 37, 200–219.
[16] Saaty, T.L., J.W. France and K.R. Valentine (1991), "Modeling the Graduate Business School Admissions Process," *Socio-Economic Planning Sciences* 25, 155–162.
[17] Tversky, A., P. Slovic and D. Kahneman (1990), "The Causes of Preference Reversal," *American Economic Review* 80, 204–215.
[18] 刀根 薫，真鍋龍太郎編 (1990), 「AHP事例集」, 日科技連出版社，東京．
[19] Saaty, T. L. (1996), Analytic Network Process, RWS Publications, Pittsburgh.[20] 高橋磐郎 (1998), "講座：AHPからANPへの諸問題，I-VI", オペレーションズ・リサーチ, 1998年1-6月号，日本オペレーションズ・リサーチ学会．

階層的生産計画

Hierarchical Production Planning

はじめに

生産管理では数多くの意思決定が行われ，これらの意思決定は複数の組織や段階に影響を与える．このような意思決定は大きく3つのカテゴリーに分類することができる．

1．戦略レベル意思決定：方針，投資戦略，物理施設の設計などに関する意思決定．

2．戦術レベル意思決定：集約生産計画(aggregate production planning)に関する意思決定．

3．作業レベル意思決定：詳細生産スケジューリング問題に関する意思決定．

上記3つのカテゴリーは以下のような点，すなわち，経営者の責任とかかわりの深さのレベル，決定の扱う範

囲，必要情報の詳細度レベル，決定結果を評価するのに要する計画期間の長さ，不確実性およびリスクの度合いなどにもとづいてそれぞれ区分することができる．生産管理ではこのような分類および分析にもとづいて各レベル固有の性質を考慮し，協調性のある統合的意思決定を行うことが必要になる．この意思決定をサポートする方法が階層的生産計画方法である．

階層的生産計画

階層的生産計画の基本は，計画の分解と連結である．全体計画はまずサブ計画に分解され，それぞれ作成したサブ計画を連結して全体計画が作成される．ここで重要なインプットデータは製品構造のレベルである．ここでは3つのレベルに分類する．

1. 品目（item）：これは顧客に出荷される最終製品のレベルである．このレベルでは同じ製品であっても色，包装，ラベル，アクセサリーやサイズなどにより別の品目に分類されるので，品目数が膨大になってしまう．

2. ファミリー（family）：これは品目をグルーピングしたレベルである．このレベルでは同じファミリーの製品について同じ段取り活動を行うことができ，共同で生産・補充を行うことにより規模の経済効果を享受することができる．

3. タイプ（type）：これはファミリーをグルーピングしたレベルである．タイプレベルの生産量は集約生産計画により定められ，コスト，生産時間，需要の季節変動など相似性の高いファミリーが1つのタイプになる．

バッチ生産方式のもとではこの3つのレベルをもって製品構造を特徴付けることが求められる場合が多い．本節ではこの3つのレベルにもとづいて階層的生産計画の作成方法を説明する．

階層的生産計画の最初のステップでは各製品タイプに生産能力を配分し，集約生産計画を作成する．集約生産計画の計画期間は通常1年であり，計画期間内の需要の変動は考慮しない．このレベルの計画問題の解法には線形計画法を推奨する．

計画の第二ステップでは，上記集約計画モデルによる結果をファミリーレベルに分解し，第一期における各タイプのトータル生産量をそのタイプに属する各ファミリーにそれぞれ配分する．これよりデータの収集や加工の手間を大きく省くことができる．また，このような分解方法によりタイプレベルとファミリーレベルにおける意思決定の一貫性，および実行可能性が保たれ，ファミリーごとに発生する段取りコストを最小にすることもできる．段取りコストが明確に配慮されるのはこのステップだけである．

計画の最後の第三ステップでは，第二ステップで割り当てられたファミリーの生産量をさらにそのファミリー

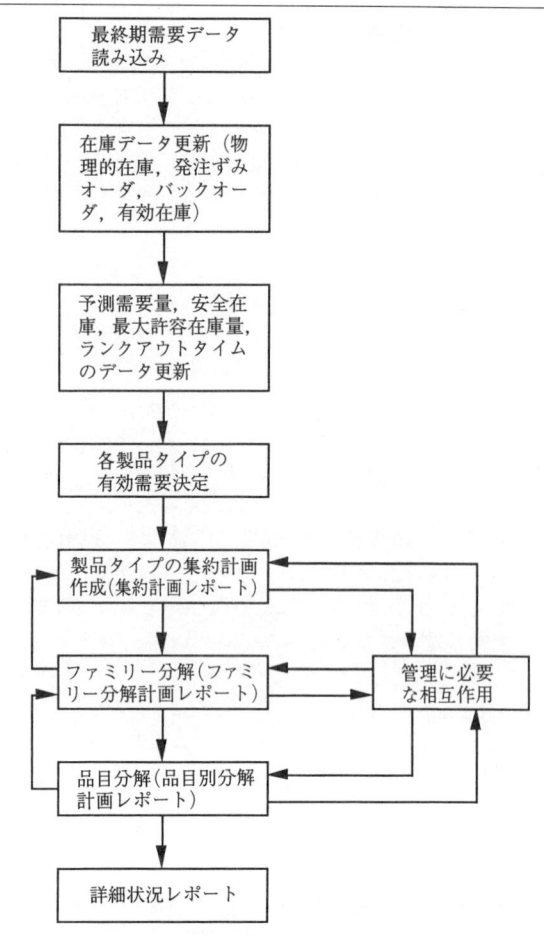

図1 階層的計画システムの概念図

に属する各品目に分解する．分解するときにはファミリー間の生産切り替え回数ができるだけ少なくなるように，各生産品目の必要生産・在庫量を計算する．繰り返しになるが，一貫性および実行可能性はこの分解過程における最重要制約条件である．図1に階層的生産計画の概念の全貌と流れを示す．

製品タイプの集約生産計画

集約生産計画は生産システムにおける最上位レベルの計画であり，製品タイプレベルに対応する．集約生産計画モデルの応用可能範囲は，分析対象となる実際問題を正確に表せるすべての問題である．次に示す製品タイプレベルにおける単純な線形計画モデルを考えてみよう．

問題 P：

最小化
$$\sum_{i=1}^{I}\sum_{t=1}^{T}(c_{it}X_{it}+h_{i,t+L}I_{i,t+L})+\sum_{t=1}^{T}(r_tR_t+o_tO_t)$$

条件
$$X_{it}-I_{i,t+L}+I_{i,t+L-1}=d_{i,t+L} \quad i=1,\cdots,I \\ ;\ t=1,\cdots,T$$

$$\sum_{i=1}^{I} m_t X_{it} = O_t + R_t \qquad t = 1, \cdots, T$$
$$R_t \leq (rm)_t \qquad t = 1, \cdots, T$$
$$O_t \leq (om)_t \qquad t = 1, \cdots, T$$
$$X_{it}, I_{i,t+L} \geq 0 \qquad i = 1, \cdots, I$$
$$\qquad\qquad\qquad\qquad\quad ; t = 1, \cdots, T$$
$$R_t, O_t \geq 0 \qquad t = 1, \cdots, T$$

ここで，X_{it} は t 期におけるタイプ i の生産量，$I_{i,t+L}$ は $t+L$ 期末におけるタイプ i の在庫量，R_t および O_t はそれぞれ t 期における通常勤務時間と残業時間を表し，これらの変数はこのモデルの決定変数である．

また，パラメータ I は製品タイプの数，T は計画期間の長さ，L は生産リードタイムの長さ，c_{it} は単位生産コスト（人件費除く），h_{it} は単位在庫コスト（1 個の在庫を1 期間もつときのコスト），r_t および o_t は通常勤務時間および残業時間における単位時間当たりの人件費，$(rm)_t$ および $(om)_t$ は t 期における勤務時間および残業時間の上限，m_t は製品タイプ i の生産性(productivity rate)の逆数（時間/生産量），$d_{i,t+L}$ は製品タイプ i の $t+L$ 期における有効需要(effective demand)をそれぞれ表わす．

計画作成プロセスは不確実性を伴うために，ここではまず第一期の計画だけを求める．そして第一期の期末の実績データをもってモデルをアップデートし，第二期の計画を求める．このプロセスを繰り返すことにより T 期までの生産計画を順次求める．そのために，タイプレベルの計画からファミリーレベルの計画にわたされるデータは第一期の生産量と在庫量だけであり，ファミリーレベルの計画ではこのデータを各タイプごとにそのタイプに属するファミリーに分解する．

ファミリー分解計画モデル

このレベルにおいて一貫性を保証するメイン条件は生産量である．すなわち，あるタイプに属する各ファミリーの生産量の合計は必ず上位段階で計画された同タイプの生産量と一致しなければならない．この制約条件によりファミリー分解計画とタイプ集約計画との一貫性が保証される．この一貫性は各ファミリーの実行生産量(run quantity)をこの制約条件に照らして決定することで実現され，実行生産量は段取りコストが最小になるように決められる．

Bitran and Hax (1977, 1981) は次のようなファミリー分解モデルを提案した．このモデルは各製品タイプに適用する連続ナップサック問題である．

問題 P_i

最小化 $\sum_{j \in J^0} (s_j d_j / Y_j)$

条件
$$\sum_{j \in J^0} Y_j = X_i^*$$
$$lb_j \leq Y_j \leq ub_j \quad (j \in J^0) \qquad (1)$$

ここで，Y_j はファミリー j の生産量，s_j はファミリー j のセットアップコスト，d_j はファミリー j の予測需要量（通常 1 年単位），lb_j および ub_j はそれぞれ Y_j の下界および上界を表す．X_i^* は製品タイプ i のトータル生産量であり，タイプ i に属する各ファミリーに割り当てられる．ファミリー分解モデルではまず第一期の生産量だけを決定するので，X_i^* は集約計画モデルの解 X_{i1} の最適値を用いる．

下界値 lb_j はファミリー j の最小生産量であり，以下の式で計算する

$$lb_j = \max[0, (d_{j,1} + d_{j,2} + \cdots + d_{j,L+1}) - AI_j + SS_j]$$

ここで，$d_{j,1} + d_{j,2} + \cdots + d_{j,L+1}$ はファミリー j のリードタイムに在庫を調べる時間間隔（ここでは 1 期間と仮定）を加えた期間中のトータルの予測需要量を表し，AI_j はファミリー j の有効在庫量（手持在庫に発注ずみオーダを加え，バックオーダを引いた量）を表す．SS_j は安全在庫(safety stock)を表す．下界値 lb_j はバックオーダが予測需要量の変動を安全在庫で吸収しきれないときのみに発生することを保証している．

上界値 ub_j は次の式で与えられる．
$$ub_j = OS_j - AI_j$$
ここで OS_j はファミリー j の最大許容在庫量を表す．

問題 P_i の目的関数ではファミリーの実行生産量は段取りコストと年間需要量に正比例すると仮定している．この仮定は経済発注量定式化の基本となっており，年平均段取りコストを最小にする役割がある．ここで在庫保管コストはすでに集約計画モデルに取り入れられており，このモデルからは取り外される．

問題 P_i 最初の制約条件，
$$\sum_{j \in J^0} Y_j = X_i^*$$
は集約モデルからのインプットデータ X_i^* と各ファミリーの生産量の合計が一致していることを保証する制約である．

J^0 の初期値には計画の対象となる期に生産指示が出されるファミリーだけが含まれる．ファミリーの生産指示は，有効在庫量が生産リードタイムに在庫調査間隔を加えた期間中の見込需要量より少ないときに出される場合がある．このとき，各ファミリーの有効在庫(available inventory) は次の条件を満たさなければならない．
$$AI_j < (d_{j,1} + d_{j,2} + \cdots + d_{j,L+1}) + SS_j$$

したがって，J^0 は在庫がなくなるまでの期間が 1 より小さいファミリーの集合と定義することもできる．すなわち，次式が成立する．

$$ROT_j = \frac{AI_j - SS_j}{\sum_{t=1}^{L+1} d_{j,t}} < 1$$

将来に欠品を発生させないために，上記条件を満たすファミリーの生産は今期に開始しなければならない．これ以外のファミリーは別のリストを作成し，生産能力に余裕があるときに生産する．Bitran and Hax (1977)はこの問題 P_i を解く緩和法を用いた効率的なアルゴリズムを提案している．

品目分解計画モデル

計画対象期間におけるすべてのコストは上記2つのレベルの計画モデルですでに決まり，ファミリーの実行生産量をさらに実行可能な形で品目別にどのように分解しても，トータルコストは変わらない．しかし，今期の結果が次期の初期条件となるので，今期の生産量は次期のコストに影響を与える．したがって，次期以降における段取りコストを節約するためには，同じファミリーに属する製品品目の在庫がなくなるまでの時間がなるべく一致するように品目別生産・在庫量を決める必要がある．一番単純な方法は，同じファミリーに属するすべての品目の生産をすべて同時にスタートさせることである．コスト削減の目的を達成するために私たちは次の完全凸ナップサック問題を提案する．

問題 P_j :

最小化
$$\frac{1}{2} \sum_{k \in K^0} \left[\frac{Y_j^* + \sum_{k \in K^0}(AI_k - SS_k)}{\sum_{k \in K^0}\sum_{t=1}^{L+1} d_{k,t}} - \frac{Z_k + AI_k - SS_k}{\sum_{t=1}^{L+1} d_{k,t}} \right]^2$$

条件
$$\sum_{k \in K^0} Z_k = Y_j^*$$
$$Z_k \leq OS_k - AI_k$$
$$Z_k \geq \max\left[0, \sum_{t=1}^{L+1} d_{k,t} - AI_k + SS_k\right]$$

ここで，Z_k は品目 j の生産量，AI_k，SS_k，および OS_k はそれぞれ品目 k の有効在庫，安全在庫，および最大許容在庫を表す．$d_{k,t}$ は品目 k の t 期における予測需要量，$K^0=\{1,2,\cdots,j\}$，そして，Y_j^* はファミリー j に属する品目に割り当てるトータル生産量を表す．Y_j^* の量はファミリー別分解計画モデルで決める．

問題 P_j の最初の制約条件式はファミリーから品目に分解するときの一貫性を保証する制約であり，あとの2つの制約式は各品目の実行生産量の上限と下限を表す．

目的関数の括弧の中の最初の項はファミリー j のランアウトタイム，すなわち在庫がなくなるまでの時間，あとの項はファミリー j に属する品目 k のランアウトタイム（予測誤差ゼロと仮定）をそれぞれ表す．この2項の差の2乗を最小にすることは，この2項の値をできるだけ近付かせることを意味する（係数 1/2 は計算の便宜のためのものである）．

このモデルの解法アルゴリズムや階層的生産計画モデルのパフォーマンスに関する考察については，Hax and Candea (1984)を参照されたい．

⇒業務管理． [Arnoldo C. Hax／曺　德弼]

参 考 文 献

[1] Bitran, G.R., E.A. Haas, and A.C. Hax (1982), "Hierarchical Production Planning: A Single Stage System," *Operations Research*, 29, 717–743.

[2] Bitran, G.R., E.A. Haas, and A.C. Hax (1982), "Hierarchical Production Planning: A Two Stage System," *Operations Research*, 30, 232–251.

[3] Bitran, G.R. and A.C. Hax (1977), "On the Design of Hierarchical Production Planning Systems," *Decision Sciences*, 8, 28–54.

[4] Bitran, G.R. and A.C. Hax (1981), "Disaggregation and Resource Allocation Using Convex Knapsack Problems with Bounded Variables," *Management Science*, 27, 431–441.

[5] Hax, A.C. and D. Candea (1984), *Production and Inventory Management*, Prentice Hall, Englewood Cliffs, New Jersey.

[6] Hax, A.C. and J.J. Golovin (1978), "Hierarchical Production Planning Systems," A.C. Hax (editor), in *Studies in Operations Management*, North Holland, Amsterdam.

[7] Hax, A.C. and J.J. Golovin (1978), "Computer Based Operations Management System (COMS)," A. C. Hax (editor), in *Studies in Operations Management*, North Holland, Amsterdam.

[8] Hax, A.C. and H.C. Meal (1975), "Hierarchical Integration of Production Planning and Scheduling," in M. Geisler (editor), *TIMS Studies in Management Science*, 1: Logistics, North Holland/American Elsevier, New York.

[9] Holt, C.C., F. Modigliani, J.F. Muth, and H.A. Simon (1960), *Planning Production Inventories and Work Force*, Prentice Hall, Englewood Cliffs, New Jersey.

[10] Lasdon, L.S. and R.C. Terjung (1971), "An Efficient Algorithm for Multi-Item Scheduling," *Operations Research*, 19, 946–969.

[11] Winters, P.R. (1962), "Constrained Inventory Rules for Production Smoothing," *Management Science*, 8, 470–481.

階段構造

staircase structure

最初のブロックが2番目のブロックと 2, 3 個の変数によって連結し，また2番目のブロックは3番目のブロックと 2, 3 個の変数によって連結し，というように，制約

集合が連結するブロックとして表されるような線形計画問題のこと．階段構造は連結変数が1つの期から次の期に，在庫に相当するような多期にわたる生産システムの問題に現れる．このような構造によって定義される係数行列は非常に疎となる．⇒角状システム，大規模システム，超疎性，弱連結システム．

改訂シンプレックス法
revised simplex method

シンプレックス乗数（multiplier）（価格）あるいは関連の情報を計算するのに現在の基底の逆行列を陽的あるいは陰的に表現するシンプレックス法の形態．⇒逆行列の積形式，シンプレックス法，シンプレックス・タブロー．

開発ツール
development tool

エキスパートシステムの開発を容易にするために使われるソフトウェア．ツールの3つのタイプとして，プログラミング言語，シェル（shell），統合環境（integrated environment）がある．⇒エキスパートシステム．

外部列
extremal column

ダンツィク-ウォルフの分解算法における親問題の列ベクトルのこと．⇒ダンツィク-ウォルフの分解算法．

ガウス-ジョルダンの消去法
Gauss-Jordan elimination method

$m \times m$ の1次方程式系 $AX = b$ を，$x = A^{-1}b$ という形に変形する計算手続き．⇒ガウスの消去法．

ガウスの消去法
Gaussian elimination

$m \times m$ の1次方程式系 $AX = b$ を，$MAx = Mb$ の形に変形する計算手続き．ここで $MA = U$ は上三角行列である．もとの方程式の解を求めるには，この結果導かれた三角方程式を，逐次代入によって解けばよい．この種の消去法は，線形計画問題をシンプレックス法を用いて解く場合の中心的課題である．⇒行列と行列代数，シンプレックス法．

カオス
chaos

独立変数における任意の微小変動が従属変数に対して大きな変動を生み出させるような状況を記述する数学的用語である．この用語は，最も典型的には，決定論的で非線形・微分可能な動的システムの挙動を特徴付けるために用いられる．この用語はまた，実際には数学的なカオスの状況ではないが，結果がそれと似たような騒乱状態になっている状況を表すためにときとして用いられる．たとえば，戦闘のモデル化にあたって，騒乱の影響として決定論的行動が明らかに失われているといった状況に対してである．

下界値のある変数
lower-bounded variables

$l_j \neq 0$ として，$l_j \leq x_j$ という条件の付いた変数のこと．最適化問題には，しばしばこのような条件が現れる．線形計画問題の場合には，これらの条件は適当な変数変換によって除去される．

価　格
prices

シンプレックス法において，非基底変数 x_j に対する価格は $d_j = c_j - z_j$ あるいは $d_j = z_j - c_j$，ここで c_j は変数の原コスト係数，z_j は $z_j = \pi A_j$，A_j は変数の原列ベクトル係数，π は現在の基底の乗数（価格）ベクトル（multiplier (pricing) vector）である．すなわち非基底変数 x_j に対する価格は直接コスト c_j と間接コスト z_j の差である．d_j は x_j の単位量の変化に対して目的関数がどれだけ変化するかを示している．実行可能基底解の基底変数に対する d_j は0に等しい．⇒Devex掃出し，機会コスト，シンプレックス法．

価格付け
pricing out

シンプレックス法において，現在の基底解に付随する価格を計算すること．⇒価格，シンプレックス法．

可逆マルコフ過程
reversible markov process

定常なマルコフ過程でその生成作用素の各要素が
$$q(k,j) = \frac{\pi_j q(j,k)}{\pi_k}, \quad j,k \in E$$

拡散過程

の形になるものをいう．ここで，π_j はこのマルコフ連鎖が状態 j にある定常状態確率，$q(j,k)$ は状態 j から状態 k に推移する推移率とする．すなわち，すべてのノードのペアについて状態推移率あるいは推移確率が局所平衡方程式を満たすようなマルコフ過程をいう．⇒ マルコフ連鎖，マルコフ過程，待ち行列ネットワーク，待ち行列理論．

拡散過程
diffusion process

$\mathbb{R}$，もしくは $\mathbb{R}^n$ 上の連続時間マルコフ過程で，物質の拡散と同様の手法で解析される確率過程のこと．

拡散近似
diffusion approximation

高負荷の（トラヒック密度が1に近い）待ち行列システムに対する1つの近似法．近似する確率過程の無限小平均と無限小分散を用いてフォッカー-プランク型（Fokker-Plank diffusion type）の拡散微分方程式を導き，それをラプラス変換などを用いて解く．

確実性係数
certainty factor

変数の値や表明された（たとえば，前提の）値，結論などの良好さや適正さ，あるいは見込みなどに関する確からしさの度合いの数値測度．⇒ エキスパートシステム．

確実同値
certainty equivalent

くじ（lottery）L の確実同値とは，意思決定者が L と無差別と見なす確実に得られる値 x' のことである．⇒ 決定分析，くじ，効用理論．

角状システム
block-angular system

線形方程式系の係数行列 A が，k 個の分離された係数ブロック A_i に分解可能なものをいう．ここで，A_i は異なる方程式系の係数を表す．このような構造が出現する典型的な状況は，全体のシステムが k 個の部分システムから構成されていて，各サブシステムのアクティビティーが，各部分システムをつなぐいくつかのトップレベルの制約以外は，ほとんど自律的な場合に対応する．このシステムの場合，ブロック同士をつなぐ変数以外に，いくつかのブロック外変数を含む場合もある．⇒ ダンツィク-ウォルフの分解算法，大規模システム，弱連結システム．

確率過程
stochastic process

パラメータ集合によって指標をつけられた確率変数の族．⇒ 在庫モデル，マルコフ連鎖，マルコフ過程，点確率過程，待ち行列理論，信頼性，再生過程，離散事象確率システムのシミュレーション．

確率計画
Stochastic Programming

モデル構築者が，問題のパラメータのいくつかに割り当てる値に関しての不確実性に直面しないような実際的な意思決定問題は稀である．この不確実性は，信頼できるデータの欠如，計測誤差，将来，あるいは未観測事象に対する不確実性，などに起因する．また問題自身の構造に関する不確実性でさえもありうるだろう．いくつかの例では，これらの不確実性を無視しても何ら害を生じないだろう．われわれは「最良の推定値」に頼ればよいかもしれないし，必要とあらば，事後最適性のパラメータ分析を追加的に行えばよい．しかし，このような方法にしたがい，つくりだした「解」を具現すると，災難を導きかねない状況が多々存在する！　たとえば，将来の市場に関する本来の不確実性を考慮せずに主要な生産計画を設計すると，もし市場の進展が予測にうまく合わなければ製造業者に多大な損失を与える．正しいアプローチは，将来の販売量のある分布，技術の発展，商品の価格，などを考慮すべきである．

不確実性を扱う多くの方法がある．様々な状況において有用であることが示されている方法は，不確実なパラメータに（統計的証拠にもとづこうともとづくまいと）ある確率分布を割り当て，目標あるいは目的から外れた際のリスクをモデル化する「リコース」関数（recourse function）を設計し，そのリコースの期待値を最適化することである．これは最適化モデルを〈確率計画問題〉（stochastic programming problem）として定式化している．

確率計画は不確実性下の意思決定に対する実際的手続きにかかわるものである．すなわち，事象の不確実性と意思決定のリスクを，最適化にとって適切な形にモデル化し，解を計算するための近似法や分解法を工夫することにかかわる．

確率計画の主題は他の分野に共有されている．統計的決定理論は（たとえば，ある機械を修理するべきか否か

の）意思決定を行うために，逐次的な観測値を処理することにかかわる．確率動的計画，あるいは確率制御は，系の状態にもとづいて最適な行動を規定するフィードバック，あるいは制御法則（たとえば，持ち合わせの在庫量をどのような水準にするように発注すべきか）を計算することにかかわっている．これらのどの分野の適用範囲も，不確実性下の意思決定のいかなる局面をも覆うよう一般化することができる．しかしこの主題における数学的分析や計算の実際的側面は，アプローチの間に明白な差異を導く．不確実性下の意思決定の広範囲にわたる数学的取り扱いを例示した文献は Dempster (1980), Ziemba and Vickson (1975) に見いだせる．

産業，ビジネス，行政計画において有用であるに足る詳細を含む不確実性とリスクのモデルは，状態の指数的な爆発の理由により，解くことが不可能であるような問題を生成するであろう．たとえば 10 期間のおのおのにおいてたった 4 個の可能な実現値を持つ確率過程は 100 万個以上の標本路を生成する！

確率計画で採用されるアプローチは，将来の不確実性をヘッジする頑健な「第 1 段の決定」(first-stage decision)を求める目的で問題をモデル化し，そして近似するものである．不確実性に関する状況が既知となったとき，新しい情報に対応する「リコース決定」(recourse decision) がなされうる．

たとえば，ある投資問題においては，資産価格の不確実性は拡散過程によりモデル化することができよう．投資家は目的のパフォーマンスレベルを選択し，問題におけるリスクを，10 四半期にわたる，ポートフォリオの価値が目的の値を下回る不足分，税金，取引き費用の期待値の総和と定式化しうるであろう．第 1 段の決定は利用可能な基金の各資産への初期配分であり，リコース決定は各四半期の変わり目におけるポートフォリオの売買の比率である．

不確実性をモデル化するアプローチの中で，ここで述べておくべき最も単純なものは「シナリオ分析」(scenario analysis)によるものである．ビジネスや産業においてはよく実際に適用される．われわれは多数のシミュレーション，たとえば次の 10 四半期にわたる資産価格のシミュレーションを作り出し，そして長期債と短期債の間の固定比率のような決定政策の影響を，各シミュレーションの下での政策の結果を吟味することで概観する．網羅的な検索の過程を通じて，合理的な結果の分布をもつ政策を探すことになる．この手続きは決定モデルに不確実性を組み入れる単純な方法を提供するが，これは実際上有効ではない．例外的な幸運がない限り，不確実性をヘッジする決定を見いだすことはできない．

数学的構造

確率計画の数学的研究は確率論，微分不可能解析 (nonsmooth analysis)，線形計画の主題を合わせもっている．数学的構造を例示するため，多段確率線形計画 (multistage stochastic linear program) の構成を概観しよう．非線形の定式化を含む，より完全な説明については，Ermoliev and Wets (1988) への序を見よ．われわれはまず問題の動的構造を多段線形計画問題として記述する，そして確率的要素を導入する．

線形計画の第 1 段決定は（以後の段を無視して），

$$\underset{x}{\text{minimize }} c_0 x$$

条件　　$A_0 x \geq b_0$ 　　　　　　　　　(1)

以後の第 1 段から終りの第 T 段までの各段では，われわれはリコース決定を行う，これはまた過去になされた決定に依存した線形計画としてモデル化される．そのリコース線形計画 (recourse linear programming) は次のとおりである．

$$\underset{y_t}{\text{minimize }} c_t y_t$$

条件　　$A_{t0} x + A_{t1} y_1 + \cdots + A_{tt} y_t \geq b_t$ 　(2)

リコース線形計画の不等式は，すべての期間の間の動的関係と期間内制約を含んでいることに注意することは重要である．

一般的な確率計画モデルにおいては，確率過程がリコース線形計画における，目的関数，右辺，行列のすべての係数にかかわっている．実際には，ほんの少しの係数しか確率的ではないであろうけれども．任意の段の係数の分布は，一般には，その時点までの確率過程の履歴に依存するであろう．期待値演算子 E に付いたの下付添字の t で，第 t 段までの（第 t 段は含まない）過程の履歴についての条件つき期待値を表そう．いま，再帰的な風に，値関数，あるいは将来費用関数を定義しよう．値関数は確率過程に依存している．したがって関数の引数のリストのなかにギリシャ文字 ω を含めることにより，この依存性を記す．

$$f_{t-1}(x, y_{t-1}, \cdots, y_1; \omega)$$
$$= \underset{y_t}{\text{minimize}} c_t y_t + E_t\{f_t(x, y_t, \cdots, y_1; \omega)\}$$

条件　　$A_{t0} x + A_{t1} y_1 + \cdots + A_{tt} y_t \geq b_t$ 　(3)

この定義は第 T 段から始まる（そこでは目的関数において右辺は何の値関数ももたない），そして第 1 段まで進む（そこでは左辺は何のリコース変数への依存性ももたない）．確率計画問題は，いまや第 1 段の決定変数のみを用いて，次のように記述することができる．

$$\underset{x}{\text{minimize }} c_0 x + E\{f_0(x; \omega)\}$$

条件　　$A_0 x \geq b_0$ 　　　　　　　　　(4)

確率計画の数学は式 (4) の定式化の理解に捧げられる．確率計画を非線形計画や古典的な確率・統計等の他

の研究と区別する2つの特筆すべき側面がある．第1は，目的関数がある積分により定義されていることである．第2は，その被積分関数はある最適化問題の値関数であり，したがって，それは古典的な意味での1階導関数をもたないし，有限値でさえないかもしれないことである．一般に，その積分値を第1段の決定の関数として閉じた形の表現を見いだすことは望みようがない（ある単純な場合においては，新聞売り子の問題のようにそうすることができるけれども）．それにもかかわらず，この定式化は解析と計算に耐えるものである．基本的ツールは確率論や微分不可能解析のそれである．これは理論的挑戦が応用自身の実際的重要性によってのみ釣り合う数学の一分野である．

歴史，モデルと計算

確率計画の歴史は洗練された最適化アルゴリズムと，より強力となった計算機の歴史に密にしたがっている．最も早い時期の「確率計画」は，ポートフォリオ最適化（portfolio optimization）のMarkowitzの平均/分散による定式化であった．すなわち期待収益に対するある制約の下で収益の分散を最小化するものである．これは目的の収益を選択して，ポートフォリオの収益と目的との差異にペナルティを課す2次のリコース関数の期待値を最小化するものである．結果として生ずる目的関数は決定変数に関して2次であり，シンプレックス法のある変形により解くことができる．望ましくない事象（たとえば，橋の崩壊）の確率に制約が課せられる確率制約条件付問題（chance-constrained problem）は，工学あるいは動力システムの設計に広く使用されている．Prekopaは，ある確率ベクトルが座標ごとに，ある問題の変数以下である確率を規定する制約は，関連する確率分布が対数凹であるときには，非線形な凸制約に帰着されることを示した（Ermoliev and Wets, 1988）．これら2通りの定式化は，確率分布の要素（たとえば，分散）を直接最適化モデルに組み入れることができ，解くことにいくらかは希望が持てる低い次元の問題に導くことから，よく用いられている．

上で概観した確率計画よりも，より一般的な主題，あるいは，そのころは不確実性下の線形計画（linear programming under uncertainty）と呼ばれていたものは，1955年にDantzigとBealeにより独立に導入された．ここで，最初から，あるいはアルゴリズム的手続きの部分において，標本空間にある陽な離散的記述が導入される．このモデルは非常に多様な問題を，線形計画の様々なモデル化上の工夫を通して，表現することが可能である．不確実性下の線形計画の一般モデルの欠点は次元の呪いである．利口であるか幸運でない限り，われわれは何十億もの変数と制約をもつ問題を解くことに直面してしまう．

このような問題を解くことへの挑戦は，多くの計算上と理論上の興味ある発展を導いた．それらのうちの最たるものは，L字型法（Van Slyke and Wets, 1969）と，確率計画を決定の段により分割する，多段への拡張（Birge, 1991），そして，積分を近似するサンプリングや他の方法を正当化する，Wetsらによって開発されたエピ収束（epi-convergence）の理論（King and Wets, 1991）である．2種の発展がこれらの問題の解決に対する刺激的な見込みを指し示している．すなわち，情報体（Rockafellar and Wets, 1991）と，L字型法におけるインポータンスサンプリング（Dantzig and Glynn, 1991；Infanger, 1994）である．分解は非常に大きな問題を複数のプロセッサにより解かれることを許す．サンプリングは不確実性モデルにおける情報を少ないデータ点のみを用いて表現することに用いられる．これらの2通りのアイデア，分解と近似は確率計画の計算上の進展の鍵である．

最近になるまで，わずかな確率計画の応用しか定式化され，そして解かれることはなかった．2段確率計画におけるいくつかの例外的試みは，銀行の資産債務管理（Kusy and Ziemba, 1986），湖の汚染管理（Somlyody and Wets, 1988），製造工場の規模拡大（Eppen, Martin and Schrage, 1989）である．計算機と最適化アルゴリズムの速度と能力の爆発的向上により，多段の確率計画の定式化が，学術機関や最先端の最適化に携わる研究室から，産業への応用へと出現しはじめている．大きな応用分野としては，多年度期間にわたる金融資産と債務管理，不確実な需要をもつ生産計画モデル，多期間にわたる動力システムの管理，森林収穫管理，広域エネルギー・経済計画モデル，などがある．

⇒確率制約条件付計画，動的計画，線形計画法，ポートフォリオ理論． [Alan J. King/大西匡光]

参考文献

[1] Birge J.R. (1985). "Decomposition and Partitioning Methods for Multi-stage Stochastic Linear Programs," *Operations Research*, 33, 989-1007.
[2] Dantzig G.B. and P.W. Glynn (1990). "Parallel Processors for Planning Under Uncertainty," *Annals Operations Research*, 22, 1-21.
[3] Dempster M.A.H. (1980). *Stochastic Programming*. Academic Press, New York.
[4] Eppen G.D., R.K. Martin and L.E. Schrage (1989). "A Scenario Approach to Capacity Planning," *Operations Research*, 37, 517-527.
[5] Ermoliev Y. and R.J.-B. Wets (1988). *Numerical Techniques for Stochastic Optimization*. Springer-Verlag, New York.
[6] Infanger G. (1994). *Planning Under Uncertainty*. Boyd and Fraser, Danvers, Massachusetts.

[7] King A.J. and R.J.-B. Wets (1991). "Epi-consistency of Convex Stochastic Programs," *Stochastics*, 34, 83-92.

[8] Kusy M.I. and W.T. Ziemba (1986). "A Bank Asset and Liability Management Model," *Operations Research*, 34, 356-376.

[9] Rockafellar R.T. and R.J.-B. Wets (1991). "Scenarios and Policy Aggregation in Optimization Under Uncertainty," *Math. Oper. Res.*, 16, 119-147.

[10] Somlyody L. and R.J.-B. Wets (1988). "Stochastic Optimization Models for Lake Eutrophication Management," *Operations Research*, 36, 660-681.

[11] VanSlyke R.M. and R.J.-B. Wets (1969). "L-shaped Linear Programs with Application to Optimal Control and Stochastic Programming," *SIAM Jl. Appl. Math.*, 17, 638-663.

[12] Ziemba W.T. and R.G. Vickson (1975). *Stochastic Optimization Models in Finance*. Academic Press, New York.

確率数値解析

computational probability

広く定義すると，確率数値解析（computational probability）とは，コンピュータを基礎とした，確率モデルの解析であり，アルゴリズムの開発と計算の効力に焦点を当てたものである．コンピュータと情報技術の革新のおかげで，非常に大規模で複雑なモデルを扱うことが可能となってきたので，より現実的な確率モデルを作成することが容易となった．確率数値解析は，既存の解析解の数値計算および，標準的な統計量を利用する際に生ずる問題を考察するだけではない．それに加えて，確率の研究者が，得られた解が数値計算を行ううえで最良で自然な形をしていることを保証することを含んでいる．現代のような計算環境が整う以前は，計算をせずに，定式化されたモデルがどのように振る舞うかを考察することに多大な努力が払われた．その一方で，初期には計算が困難であったために，数多くの数式解が導かれたものの，それらからは限られた定性的な結論しか導けず，また，アルゴリズムとして実現することが真剣には考慮されなかった．現在では計算が容易になったので，ずっと見通しがよくなっている．すなわち，それまでは完全には解けていなかった古典的なモデルに対して計算が可能となり，一方では，確率的な振る舞いに関してしばしば必要となる洞察を得るための複雑なアルゴリズムを開発することが可能となった．
⇒応用確率，計算機科学とOR，確率モデルの行列解析法，相型確率分布，離散事象確率システムのシミュレーション，確率モデル．

確率制約

chance constraint

ある事象が生起する確率が，一定の幅に入るという制約．ある条件の下では，この種の制約を数理計画問題の中に取り入れることができる．⇒確率制約条件付計画，線形計画法，確率計画．

確率制約条件付計画

chance-constrained programming

問題に含まれるパラメータが確率変数であって，解が確率的な意味で制約条件を満たすことを要求される数理計画問題．通常の線形計画問題において，与えられた0と1の間の定数 a_i に対して，制約条件が，$\Pr\{\sum_{j=1}^{n} a_{ij}x_j \leq b_i\} \geq \alpha_i, i=1,\cdots,m$ という形式で確率的に表現されるもの．確率制約条件付計画問題の中のあるものは，等価な線形計画問題に変換することができる．⇒線形計画法，確率計画．

確率積分変換法

probability integral transformation method

シミュレーションのために非一様乱数を作り出すためのひとつの主要な方法であり，任意の確率変数の累積分布関数は，それ自身を確率変数と見なすと，区間 $(0,1)$ 上の一様分布にしたがうという事実を使うものである．乱数を作り出す基本的な手続きは次のとおりである．区間 $(0,1)$ 上の一様乱数 z と確率変数 X の累積分布関数（CDF）$F(x)$ が与えられたとして，乱数 x は（理論的には）公式
$$x = F^{-1}(z)$$
によって発生することができる．「理論的には」といっているのは，関数 F の逆関数は簡単には求められないことが多いからである．逆関数法（inverse function method）がうまくいく例として，標準の指数分布 $F(x)=1-e^{-\theta x}$ を考えよう．この場合，乱数は
$$x = -\frac{1}{\theta}\ln(1-z)$$
あるいは，分布としては等価な
$$x = -\frac{1}{\theta}\ln(z)$$
によって求められる．この手続きは，CDFの逆関数が求められるかぎり，分布が離散的であろうと連続的であろうと，あるいは経験分布であろうと，適用することができる．CDFの逆関数が解析的あるいは数値的に求められない場合には，他の方法を使わなければならない．⇒モンテカルロ法と分散減少法，乱数生成法，離散事象確率

確率的アルゴリズム

システムのシミュレーション．

確率的アルゴリズム
probabilistic algorithm

変数のうちのいくつかを（確定的アルゴリズムと異なって）機会によるものとするアルゴリズムのこと．⇨遺伝アルゴリズム．

確率的計画法
probabilistic programming

データのうちのいくつかあるいはすべてが確率変数であるとした場合の数理計画問題のこと．⇨確率制約条件付計画，確率計画．

確率的モデル化における分布の選択
Distribution Selection for Stochastic Models

はじめに

確率システムを完全に解析するいかなる場合にも適切な確率分布を選択することは最も重要なことであり，それは考えられる分布の特性とモデルの「物理的な」要因について，なるべく多くの知識を得ることにかかっている．一般的に，まず行うことは，モデル表現に用いられる確率的現象に対し，どのような確率分布を用いるのが適切かを決定することである．たとえば，指数分布(exponential distribution)はマルコフ性（無記憶性）(Markovian (memoryless))と呼ばれる性質をもつ．この性質は研究対象となる，ある物理的状況で適切な条件であろうか．たとえば保全を伴う複雑なシステムにおける修理メカニズムの記述に着目しているとしよう．もし，到着部品に対する修理サービスが，かなり何度も反復された手順にしたがっている場合，修理サービスにかけられている時間の長い故障部品ほど，次の時間間隔でサービスが完了する確率が大きい（非無記憶性）と考えられるであろう．この場合，指数分布は考慮すべき妥当な候補ではない．一方，修理が本質的に主として各部を診断することからなる場合（故障をなおすためには，それを見つけなければならない）や，各到着部品の要求する修理サービスが非常に様々なため，次の瞬間にサービスが完了する確率がいままでに到着部品をサービスした時間と独立である場合には，無記憶性をもつ指数分布で実質上間に合うこともある．

密度関数の実際の形やそのモーメントもかなりの情報を与えてくれる．特に有用な指標は変動係数(coefficient variation: CV)と呼ばれる標準偏差と平均の比である．指数分布ではCV=1であり，指数分布のたたみ込みであるアーラン分布ではCV<1であり，指数分布の混合分布である超指数分布ではCV>1である．よって適切な分布を選ぶときには，分布の特性値についてできるだけ多く知識を得ることと，モデル化される状況の「物理的な」側面と，データが利用できるならば，その統計解析を組み合わせることが必要である．

ハザード率（hazard rate）

確率分布を特徴付けるために助けとなる重要な概念を示す．それはハザード率関数(hazard-rate function, または故障率関数といわれることもある)という信頼性理論と特に強い関連をもつものである．この概念は確率分布を選ぼうとするときに一般的に有効である．このハザード率を指数分布のマルコフ性と関係付け，確率分布について深い知識を得る方法としてその使用法を示す．

累積分布関数(CDF) $F(t)$ をもつ連続な寿命確率変数 T を表現する確率分布を選ぼうとしている場合を考えよう．密度関数 $f(t)=dF(t)/dt$ は故障までの時間が t の近傍内にある近似確率と解釈できる．もちろんCDFは故障までの時間が t 以下である確率を示す．そこで，ハザード率 $h(t)$ を，寿命時間がすでに少なくとも t はあったという条件の下で，寿命時間が t の近傍内にあるという条件付き確率として定義する．すなわち，故障時間を扱うときには，$h(t)dt$ は装置が時刻 t で動いているという条件の下で，装置が時間間隔 $(t, t+dt)$ で故障する近似確率である．

条件付き確率の法則から次の式を示すことができる．

$$h(t) = \frac{f(t)}{1-F(t)}$$

このハザード率または故障率関数は t に関して増加（その場合増加故障率またはIFRと呼ばれる），t に関して減少（その場合減少故障率またはDFRと呼ばれる），定数（IFRともDFRとも考えられる），またそれらが組み合わさった場合がありうる．定数の場合は無記憶性，無年齢性を示すことになる．この性質が指数分布に対して成立することは簡単に示される．ただし機器が古くなり，使用期間が長いほどその「機器」が次の期間 dt に故障しやすくなると思われるならば $f(t)$ としては $h(t)$ が t に関して増加のもの（IFR分布）が求められるということになる．この概念はあらゆる確率モデルに対しても利用できる．たとえば，機器の寿命のモデル化ではなく，銀行における客のサービス時間を表現しようとしている場合を考えよう．その場合，サービスの内容がどの客に対しても，かなり決まった手順の場合，サービス分布としてIFR分布がおそらく求められるだろう．しかし，客が様々な種類の仕事を要求する場合（個人用務の客とビジネス業務の客の両方が1つの行列に並んでいる場合など）には，DFR，場合によってはCFRである指数分布が

最良の選択となりうる．

逆に，簡単な線形1階微分方程式を解くことにより，$h(t)$ から $F(t)$ を以下のような式で一意に得ることができることに着目しよう．

$$F(t) = 1-\exp\left(-\int_0^t h(u)\,du\right)$$

このように，ハザード率は，候補となる確率分布に関する知識を得るうえで，($f(t)$ 自身の形と同じく) もう1つの重要な情報源である．

さて指数分布

$$f(t) = \theta\exp(-\theta t)$$

を考えてみよう．前に述べたことから，$h(t)=\theta$ となることが簡単に示される．よって，指数分布は定数故障 (ハザード) 率をもち，無記憶性である．あるランダムな時間を表すために IFR 分布が必要であると感じる状況を1つ考えてみよう．アーラン分布 (Erlang) はこの性質をもつことがわかっている．その密度関数は

$$f(t) = \theta^k t^{k-1}\exp(-\theta t)/(k-1)!$$

であり (ガンマ分布の特別な場合である)，CDF は不完全ガンマ関数により示されたり，同値な表現としてポアソン和の形で示される．これらのことから，アーラン分布のハザード率の計算を実行すると，それもポアソン和の項をもち，その導出はさほど困難ではないが，数値計算なしで t に関する $h(t)$ の増減を述べるのはいくぶん複雑である．しかし，$h(t)$ は t に関し増加し，その増加は緩やかになっていくことが示される．

次に，逆の IFR 条件がほしい場合を考えよう，すなわち，t に関する増加率が増加する場合である．ワイブル分布 (Weibull) という分布があり，この分布に対してはその条件を得ることができる．実際，ワイブル分布の主要パラメータのとりかたにより，増加率が減少する場合，一定である場合 (t に関して線形)，増加する場合，それぞれの IFR を作り出すことができ，同様に DFR や定数故障率である指数分布も作り出すことができる．ワイブル分布の CDF は

$$F(t) = 1-\exp(-at^b)$$

で表現され，そのハザード率は単純な単項式 $h(t)=abt^{b-1}$ であり，その形は b の値により決定される (よって形状パラメータ (shape parameter) と呼ばれる)．モデルにおいて適切な分布の候補を選ぶ過程のさらなる例として，アーラン分布のように IFR で，故障率の増加率が減少する場合は満足な結果が得られたとして，CV が1より大きいと思われる場合を考えよう．この後の条件によりアーラン分布は考慮の範囲から外れる．しかし，k 個の指数分布の混合分布 (よく H_k と表記される) は CV>1 の性質をもつことが知られている．また，指数分布のいかなる混合分布も DFR であることも知られている．実際，すべての IFR 分布は CV<1 であり，すべての DFR 分布は CV>1 であることを示すことができる (Barlow and Proshan, 1975)．よって IFR を用いる状況と考えた場合，CV<1 となることを受け入れなくてはならない．このことは直感的に次のように説明できる．CV>1 という状況は確率変数が混合分布 (たとえば指数分布の) である場合がよくある．よって，ある客が長くサービスを受けているとき，その客が「長いサービス」を要求するタイプである可能性が高くなり，その結果として次の無限小区間 dt でサービスが終了する確率はサービスをうけた時間に関して減少する．IFR 条件が成立する状況とは，サービスパターンがどの場合でも同じであることを示唆し，よって CV<1 となる．

確率変数の範囲

研究対象の確率変数の範囲に関する知識も，適切な分布を選ぶ際に可能な選択範囲をせばめるのに役に立つ．多くの場合確率変数がとりうる最小値がある．たとえば地下鉄列車の到着時間間隔をモデル化しようとするとき，安全のため最小時間間隔 γ があると知っているとしよう．ここまで述べてきた分布 (実際，多くの分布) は，最小値として0をとりうる．しかし，そのような任意の分布に対してでも位置パラメータ (location parameter) として，たとえば γ を付加することにより0以外の最小値をもつようにできる．密度関数表示で確率変数から位置パラメータを引けばよいのである．指数分布を用いたいが，最小値が γ であるとしよう，その場合，密度関数は $f(t)=\theta\exp(-\theta[t-\gamma])$ となる．もし確率変数に最大値があるとき，最大値をもつようにすることは，それほど簡単ではない．このような場合，有限の範囲をもつ分布として一様分布，三角分布，さらには一般ベータ分布などの分布を選ぶべきであろう (Law and Kelton, 1991)．

データ

研究対象の確率システムに付随した物理的な過程の知識により，多くの情報が得られるが，もしもデータを得ることが可能ならば，そうすることは非常に有効である．実際のシステムではデータはすでに存在しているか，あるいは観測により得られる．そして，これらのデータはシステムのモデル化に最も適した分布を選ぶために必要な，さらに深い知識を得ることに用いることができる．たとえば，標本の標準偏差，平均を計算し，標本の CV が1より小さいか，大きいか，またはだいたい1であるかなどを調べることができる．これにより，IFR，DFR，指数分布のうち，どれが適切かの見通しをつけられる．

データが十分あるときには，単にヒストグラムを書くだけで，どのような分布から選ぶべきかについて，その可能な分布に関して，よい見通しを得られることがよく

ある．なぜなら，理論的な確率分布はまったく異なった形をもっているからである（ただし，いくつかは非常に似ている）．たとえば，指数分布の指数型は，正規分布のベル型とはまったく違った形をしている．

あるデータが，考えられている候補の分布から得られたとしてよいかどうかを与える厳密な統計的適合度を与える手続きがある．これらは役に立つが，満足な結果を出すには，かなりのデータ数と計算が必要である．しかしUNIFIT II（Law, 1993）のような統計パッケージがあり，それによりデータセットを解析し，扱っている種類のデータをもっとも生み出しそうな理論分布の候補を得られる．

適切な確率モデルを選ぶには，考えられる確率分布の特性と，モデル化される物理的な状況両方について，できるだけ知ることが必要であると，もう一度強調しておく．

⇒ 故障率関数，マルコフ連鎖，マルコフ過程，システムの信頼性，離散事象確率システムのシミュレーション，確率モデル． [Donald Gross/河合 一]

参 考 文 献

[1] Barlow, R.E. and Proschan, F. (1975). *Statistical Theory of Reliability and Life Testing*. Holt, Rinehart and Winston, New York.
[2] Law, A.M. (1993). *Unifit II*. Averill M. Law and Associates, Tucson, Arizona.
[3] Law, A.M. and Kelton, W.D. (1991). *Simulation Modeling and Analysis*, 2nd ed., McGraw-Hill, New York.

確率場
random field

多次元のパラメータ集合をもつ確率過程．たとえば，1日に地点 (x, y) に降る雨の量を $R(x, y)$ とするときの $\{R(x, y), -\infty < x, y < \infty\}$ など．

確率分布
probability distribution

この言葉の用法は大変曖昧で，通常，確率変数の確率的な振る舞いを表現する関数を指す．確率変数が離散的ならば，確率関数（probability mass function）が確率分布と呼ばれ，確率変数が連続ならば分布関数や密度関数が確率分布と呼ばれることが多い．

確率母関数
probability generating function

とりうる値が整数（負の整数を含んでもよい）であるような離散的確率変数 X に対して，$p_j = \Pr\{X = j\}$ とすると，その確率母関数は

$$P(s) = \sum_{j=-\infty}^{\infty} s^j p_j$$

で与えられる．

確率密度関数
probability density function (PDF)

累積確率分布関数 $F(x)$ の導関数 $f(x)$ が存在するとき，それを密度関数もしくは確率密度関数（probability density function，略して pdf）と呼ぶ．

確率モデル
stochastic model

いくつかのデータあるいはパラメータが確率変数であるような数学モデル．⇒決定論的モデル，数理モデル．

確率モデルの行列解析法
Matrix-Analytic Stochastic Models

近年，古典的なアプローチをベクトルや行列表現に拡張することにより，待ち行列やダム，在庫などに対する新しい確率モデルが数多く出現している．以下では，M/G/1型待ち行列モデルに対する行列解析法（matrix-analytic method），GI/M/1型待ち行列モデルに対する行列幾何形式解（matrix-geometric solution），再生型点過程の拡張であるマルコフ到着過程（Markovian arrival process：MAP）の3つのモデルについて説明する．

M/G/1型待ち行列の行列解析法

M/G/1型待ち行列モデルは，推移確率行列が

$$\tilde{Q}(x) = \begin{vmatrix} B_0(x) & B_1(x) & B_2(x) & B_3(x) & B_4(x) & \cdots \\ C_0(x) & A_1(x) & A_2(x) & A_3(x) & A_4(x) & \cdots \\ 0 & A_0 & A_1(x) & A_2(x) & A_3(x) & \cdots \\ O & 0 & A_0 & A_1(x) & A_2(x) & \cdots \\ \cdot & \cdot & \cdot & \cdot & \cdot & \cdot \end{vmatrix}$$

という構造をもつ隠れマルコフ再生過程である．
ここで，各要素はそれ自身が確率関数を要素とする行列である．行列

$$A = \sum_{k=0}^{\infty} A_k(\infty)$$

が既約で不変確率ベクトル $\boldsymbol{\pi}$ をもつ場合，このマルコフ再生過程（Markov renewal process）が正再帰的であることと，係数行列が積率に関するいくつかの自然な条件を満たし，かつ

$$\rho = \boldsymbol{\pi} \sum_{k=1}^{\infty} k A_k \boldsymbol{e} < 1, \quad \boldsymbol{e} = (1, \cdots, 1)^{\mathrm{T}}$$

が成り立つこととは同値である．この ρ は，基本的な待ち行列モデルにおける〈トラヒック密度〉（traffic intensity）を一般化した量である．

m 個の状態 (i, j)，$1 \leq j \leq m$ の集合をレベル i と呼び，状態空間をこれらのレベルに分割する．レベル 0 の境界状態以外でのマルコフ再生過程の挙動を調べるうえで重要なのは，レベル $i+1$ に含まれる状態からレベル i の状態への初到達時間である〈基本期間〉（fundamental period）である．基本期間内の 1 つ下のレベルへの推移回数（待ち行列ではサービス終了回数に対応）に関する z 変換と基本期間の長さに関するラプラス変換をとった行列 $\tilde{G}(z;s)$ は，非線形行列方程式

$$\tilde{G}(z;s) = z \sum_{k=0}^{\infty} \tilde{A}_k(s) [\tilde{G}(z;s)]^k$$

を満たす．

この方程式を関数解析の手法で解析することによって，積率に関する多くの公式を行列表現の形で得ることができる．また，行列 $\tilde{G}(z;s)$ を利用すれば，このマルコフ再生過程の境界状態での挙動も簡単に調べることができる．待ち行列理論では，この方法によって稼働期間（busy period）や稼働サイクル（busy cycle）に対する関係が得られている．さらに，先着順での待ち時間分布は，初到達時間として求めることができる．実際，M/G/1 待ち行列に対するポラチェック-ヒンチンの積分方程式の一般化が，これまでに行われている（Neuts, 1986 を参照されたい）．

マルコフ再生理論の応用によって，隠れマルコフ連鎖のレベル 0 の状態集合に対する定常状態確率ベクトル $\boldsymbol{x}_0$ の公式が行列形式で得られている．また，Ramaswami (1988) によって提案された数値的に安定な再帰式を利用すれば，他のレベル i，$i \geq 1$ の定常状態確率ベクトル $\boldsymbol{x}_i$ も計算することができる．

M/G/1 型，および GI/M/1 型（これに対しては行列幾何形式解が存在する）のマルコフ再生過程の下敷きとなっている帯状の無限状態空間 (i, j)，$-\infty < i < \infty$，$1 \leq j \leq m$ 上のランダム・ウォークの間には興味深い双対性がある．この双対性は，Asmussen and Ramaswami (1990) と Ramaswami (1990) によって研究されている．

M/G/1 型の隠れマルコフ再生過程をもつモデルの範囲は非常に幅広く，それらは，通信工学などの分野で生じる連続あるいは離散時間の待ち行列モデルの解析において有用である．待ち行列理論では，様々な古典的モデルに対する結果が，マルコフ到着過程とセミマルコフサービス過程をもつモデルに拡張されている．これらの拡張の中には，よく知られた公式を自然な形で行列形式に拡張したものも少なくない．たとえば，Lucantoni (1993) による MAP/G/1 待ち行列と M/G/1 待ち行列の比較は，わかりやすい一例である．また，マルコフ到着過程とセミマルコフサービス過程をもつ MAP/SM/1 待ち行列の解析については，Lucantoni and Neuts (1994) を参照されたい．Asmussen and Perry (1992) には，MAP/G/1 待ち行列の稼働サイクル中の最大値に関する議論がある．M/G/1 型マルコフ連鎖の複素解析に関する数学的に厳密な議論については Gail, Hantler and Taylor (1994)，およびその中に引用されている同じ著者による未発表論文を参照されたい．待ち行列長および待ち時間分布の裾の確率に関する漸近的な解析については，Abate, Choudhury and Whitt (1994) および Falkenberg (1994) を参照されたい．

行列解析法によって得られる結果の数値計算には，研究対象となる問題が数多くあり，これまでにも実用性に優れたアルゴリズムが得られている．

行列幾何形式解

推移確率行列が

$$P = \begin{vmatrix} B_0 & A_0 & O & O & O & \cdots \\ B_1 & A_1 & A_0 & O & O & \cdots \\ B_2 & A_2 & A_1 & A_0 & O & \cdots \\ B_3 & A_3 & A_2 & A_1 & A_0 & \cdots \\ \cdot & \cdot & \cdot & \cdot & \cdot & \cdots \end{vmatrix}$$

という構造をもつマルコフ連鎖を考える．ここで，A_k は $m \times m$ の非負行列でそれらの和 A は確率行列となり，また B_k は P の各行和が 1 となるような非負行列である．エルゴード条件の下で，このマルコフ連鎖は〈行列幾何形式〉（matrix-geometric form）の不変確率ベクトルをもつ．すなわち，$\boldsymbol{x}P = \boldsymbol{x}$ を満たす唯一の確率ベクトル $\boldsymbol{x}$ を部分ベクトル $\boldsymbol{x}_i$，$i \geq 0$ に分割すると，$\boldsymbol{x}_i = \boldsymbol{x}_0 R^i$ が成り立つ．ここで，行列 R は方程式

$$R = \sum_{k=0}^{\infty} R^k A_k$$

の非負最小解として一意に定まる．また，R のすべての固有値は単位円内に存在することが知られている．さらに，行列

$$B[R] = \sum_{k=0}^{\infty} R^k B_k$$

は既約な確率行列となり，ベクトル $\boldsymbol{x}_0$ は，方程式

$$\begin{cases} \boldsymbol{x}_0 = \boldsymbol{x}_0 B[R] \\ 1 = \boldsymbol{x}_0 (I-R)^{-1} \boldsymbol{e} \end{cases}$$

を満たす唯一の解として定まる．ここで，$\boldsymbol{e}$ はすべての要素が 1 の m 次元列ベクトルである．行列 A が既約で不

変確率ベクトル π をもつ場合には，このマルコフ連鎖が正再帰的であるための必要十分条件は

$$\pi \sum_{k=1}^{\infty} kA_k e > 1$$

となる．

行列幾何形式と同じ構造の解は，境界状態での挙動がより複雑なマルコフ連鎖や，生成作用素 Q が同じ構造をもつ連続時間マルコフ連鎖でも存在する．Neuts (1981) には，このようなマルコフ連鎖の基本的な性質に関する包括的な議論や，様々な応用例が述べられている．

行列幾何形式の理論は，待ち行列理論に多くの応用がある．行列 P や生成作用素 Q が〈ブロック三重対角〉となるマルコフ連鎖は，〈準出生死滅過程〉(quasi-birth-and-death process: QBD) と呼ばれ，通信工学や計算機性能評価の分野の確率モデルとして頻繁に現れる．これらのモデルでは，隠れマルコフ連鎖を適切に選ぶことによりその定常状態確率ベクトルは行列幾何形式となり，それを利用すると待ち時間の定常分布や稼働期間分布などに対する陽な公式を行列表現で求めることができる．

このような直接的な応用に加えて，行列幾何形式は理論的な側面でも興味の対象となっており，たとえば，作用素への拡張が Tweedie (1982) によってなされている．

行列 R の最大固有値 η は様々な漸近的結果を得るために重要である．η を待ち行列のパラメータの関数と考えたときのグラフは，分布の〈裾を特徴付ける曲線〉となる．待ち行列における分布の裾の興味ある性質が，Neuts and Takahashi (1981), Neuts (1986), Asmussen and Perry (1992) などに述べられている．Sengupta (1989) には，待ち行列モデルの待ち時間分布の行列指数形式 (matrix-exponential form) が示されており，それと行列幾何形式の関係が Ramaswami (1990) で議論されている．行列 R に対する方程式の係数行列が可約となる場合については，Gail, Hantler and Taylor (1994) で詳しく調べられている．

行列 R はすべての応用において重要な役割を果たすが，R を求めるためには非線形行列方程式

$$R = \sum_{k=0}^{\infty} R^k A_k$$

を反復解法によって数値計算しなければならない．Latouche (1993) は，様々な数値解法を紹介するとともにそれらの比較を行っている．また，ブロック三重対角の場合（準出生死滅過程）に対する，特に効率的なアルゴリズムが Latouche and Ramaswami (1993) に示されている．

マルコフ到着過程

ポアソン過程 (Poisson process) やベルヌーイ過程を到着過程とするモデルの解析が他に比べて容易なのは，最も単純なマルコフ性である無記憶性をもつためである．逆に，行列計算の手間を厭わなければ，多くのモデルでより幅広い到着過程を考えることができる．マルコフ到着過程 (MAP) は，下敷きとなる過程の状態を記憶することによりマルコフ性を保つようにした点過程で，これにより解析を単純化することができる．そのため，多くのモデルでは，行列解析法による解析的な扱いやすさを保ったまま，到着過程として MAP を導入することが可能である．また，待ち行列や電話交換のモデルでは，バースト的な到着過程を表現するために MAP が利用される．ポアソン到着を仮定している古典的な待ち行列モデルの多くは，到着過程が MAP になっても同じように解析可能である．

MAP は，最初 Neuts (1979) によって導入されたが，より適切な表記法が，David Lucantoni によって，Lucantoni, Meier-Hellstern and Neuts (1990) の中で提案されている．離散時間の MAP や，集団到着を許す MAP も提案されているが，表記が複雑になる点を除けば，以下で説明する連続時間で個別到着の MAP と同様に扱うことができる．MAP の基本的な性質や多くの用例が，Neuts (1989, 1992) や Lucantoni (1991) に述べられている．

D を m 次元の既約な生成作用素とし，その定常確率ベクトルを θ とする．D は行列 D_0 と D_1 の和として表す．ここで，D_1 は非負行列，D_0 は対角要素が負，非対角要素が非負の正則行列である．m 状態のマルコフ再生過程 $\{(J_n, X_n), n \geq 0\}$ を考え，$\{X_n\}$ の状態が推移率 D_1 によって変化した時点で到着が起こるものとする．このとき，$\{(J_n, X_n)\}$ の推移確率行列 $F(\cdot)$ は

$$F(x) = \int_0^x \exp(D_0 u)\, du\, D_1, \quad x \geq 0$$

で与えられる．最もよく知られた MAP は，相型再生過程と〈マルコフ変調ポアソン過程〉(Markov modulated Poisson process: MMPP) である．これらはそれぞれ，$D_0 = T$, $D_1 = T^0 \alpha$，あるいは $D_0 = D - \Lambda$, $D_1 = \Lambda$ というパラメータ行列をもつ．ここで，(α, T) は相型分布の（既約な）表現で，列ベクトル $T^0 = -Te$, e はすべての要素が 1 の m 次元列ベクトルである．また，Λ は各状態での到着率を対角に並べた対角行列になっている．

行列解析法において MAP が扱いやすいのは，推移確率行列 $F(\cdot)$ が行列指数形式をもつためである．さらに，この行列指数形式が成り立つのは，D に支配されている下敷きとなる連鎖がマルコフ性をもつことによる．この構造に関する詳しい説明は Lucantoni (1991) に述べられている．

MAP の初期条件は，生成作用素 D の下敷きとなるマルコフ連鎖に対する初期確率ベクトル γ によって表される．γ が D の定常確率ベクトル θ に等しい場合は，

〈定常な〉MAP が得られる．また，定常過程の到着率 λ^* は，$\lambda^* = \boldsymbol{\theta} \boldsymbol{D}_1 \boldsymbol{e}$ で与えられる．一方，$\boldsymbol{\gamma} = (\lambda^*)^{-1} \boldsymbol{\theta} \boldsymbol{D}_1 = \boldsymbol{\theta}_{arr}$ とおくことで，原点は任意到着時点となる．

MAP の積率の数値計算にあたっては，それに適した行列表現が利用できる．これらの計算量は行列 $\exp(\boldsymbol{D}t)$ の計算量よりも，少し多い程度である．Neuts and Narayana (1992) には，これらの公式に関する包括的な議論が述べられている．たとえば，任意到着時点から始めたときの区間 $(0, t]$ での平均到着数を表すパルム測度 (Palm measure) $H(t) = E[N(t)|_{t=0} \text{で到着}]$ は

$$H(t) = \lambda^* t + \boldsymbol{\theta}_{arr} [\boldsymbol{I} - \exp(\boldsymbol{D}t)](\boldsymbol{e}\boldsymbol{\theta} - \boldsymbol{D})^{-1} \boldsymbol{D}_1 \boldsymbol{e}$$

で与えられる．

ある MAP に対して，下敷きとなるマルコフ連鎖の特定の推移時点だけを取り出す，ランダムに時間を変換する，ランダムに抜き取る，あるいは独立な MAP を重ね合わせる，などの方法により別の MAP を構成することができる．これらの構成法に関する説明や用例は Neuts (1989, 1992) で述べられている．特に，2 つあるいはそれ以上の独立な MAP の〈重ね合せ〉は，また MAP となる．2 つの連続時間 MAP のパラメータ行列を $\{\boldsymbol{D}_k(i)\}, i=1, 2$ とすると，重ね合せによって得られる MAP のパラメータ行列は $\boldsymbol{D}_k = \boldsymbol{D}_k(1) \otimes \boldsymbol{I} + \boldsymbol{I} \otimes \boldsymbol{D}_k(2)$ で与えられる．ここで，$\otimes$ はクロネッカー積 (Kronecker product) である．

⇒ マルコフ連鎖，マルコフ過程，行列と行列代数，相型分布，待ち行列理論． [Marcel F. Neuts/牧本直樹]

参考文献

[1] Abate, J., Choudhury, G.L. and Whitt, W. (1994), "Asymptotics for steady-state tail probabilities in structured Markov queueing models," *Stochastic Models*, 10, 99–143.

[2] Asmussen, S. and Perry, D. (1992), "On cycle maxima, first passage problems and extreme value theory for queues," *Stochastic Models*, 8, 421–458.

[3] Asmussen, S. and Ramaswami, V. (1990), "Probabilistic interpretation of some duality results for the matrix paradigms in queueing theory," *Stochastic Models*, 6, 715–733.

[4] Falkenberg, E. (1994), "On the asymptotic behavior of the stationary distribution of Markov chains of M/G/1-type," *Stochastic Models*, 10, 75–97.

[5] Gail, H.R., Hantler, S.L. and Taylor, B.A. (1994), "Solutions of the basic matrix equations for the M/G/1 and G/M/1 Markov chains," *Stochastic Models*, 10, 1–43.

[6] Latouche, G. (1985), "An exponential semi-Markov Process, with applications to queueing theory," *Stochastic Models*, 1, 137–169.

[7] Latouche, G. (1993), "Algorithms for infinite Markov chains with repeating columns," in *Linear Algebra, Markov Chains and Queueing Models*, Meyer, C.D. and Plemmons, R.J., eds., Springer Verlag, New York, 231–265.

[8] Latouche, G. and Ramaswami, V. (1993), "A logarithmic reduction algorithm for quasi-birth-and-death processes," *Jl. Appl. Prob.*, 30, 650–674.

[9] Lucantoni, D.M. (1991), "New results on the single server queue with a batch Markovian arrival process," *Stochastic Models*, 7, 1–46.

[10] Lucantoni, D.M. (1993), "The BMAP/G/1 queue: a tutorial," in *Models and Techniques for Performance Evaluation of Computer and Communications Systems*, L. Donatiello and R. Nelson, eds., Springer-Verlag, New York.

[11] Lucantoni, D.M., Meier-Hellstern, K.S., and Neuts, M.F. (1990), "A single server queue with server vacations and a class of non-renewal arrival processes," *Adv. Appl. Prob.*, 22, 676–705.

[12] Neuts, M.F. (1979), "A versatile Markovian point process," *Jl. Appl. Prob.*, 16, 764–779.

[13] Neuts, M.F. (1981), *Matrix-Geometric Solutions in Stochastic Models: An Algorithmic Approach*, The Johns Hopkins University Press, Baltimore. Reprinted by Dover Publications, 1994.

[14] Neuts, M.F. (1986), "The caudal characteristic curve of queues," *Adv. Appl. Prob.*, 18, 221–254.

[15] Neuts, M.F. (1986), "Generalizations of the Pollaczek-Khinchin integral equation in the theory of queues," *Adv. Appl. Prob.*, 18, 952–990.

[16] Neuts, M.F. (1989), *Structured Stochastic Matrices of M/G/1 Type and Their Applications*, Marcel Dekker, New York.

[17] Neuts, M.F. (1992), "Models Based on the Markovian Arrival Process," *IEEE Trans. Communications*, Special Issue on Teletraffic, E75-B, 1255–1265.

[18] Neuts, M.F. and Narayana, S. (1992), "The first two moment matrices of the counts for the Markovian arrival process," *Stochastic Models*, 8, 459–477.

[19] Neuts, M.F. and Takahashi, Y. (1981), "Asymptotic behavior of the stationary distributions in the GI/PH/c queue with heterogeneous servers," *Z. f. Wahrscheinlichkeitstheorie*, 57, 441–452.

[20] Ramaswami, V. (1988), "A stable recursion for the steady state vector in Markov chains of M/G/1 type," *Stochastic Models*, 4, 183–188.

[21] Ramaswami, V. (1990), "A duality theorem for the matrix paradigms in queueing theory," *Stochastic Models*, 6, 151–161.

[22] Ramaswami, V. (1990), "From the matrix-geometric to the matrix-exponential," *Queueing Systems*, 6, 229–260.

[23] Sengupta, B. (1989), "Markov processes whose steady state distribution is matrix-exponential with an application to the GI/PH/1 queue," *Adv. Appl. Prob.*, 21, 159–180.

[24] Schellhaas, H. (1990), "On Ramaswami's algorithm for the computation of the steady state

vector in Markov chains of M/G/1-type," *Stochastic Models*, 6, 541–550.
[25] Tweedie, R.L. (1982). "Operator-geometric stationary distributions for Markov chains with application to queueing models," *Adv. Appl. Prob.*, 14, 368–391.

確率論的決闘

stochastic duel

確率論的決闘とは，戦闘モデルの1つ（原型は，2人の個人間のものであるが，複数の個人が属する2個陣営のものに拡張されている）であり，戦闘のランダム性と損耗の有限性を重視して計算するもの．⇒戦闘のモデル化．

隠れマルコフ連鎖

imbedded Markov chain

そのままでは連続時間マルコフ連鎖としてモデル化できない待ち行列システムに対して，特定の時点だけでシステムを観測することにより構成される離散時間マルコフ連鎖．または，そのマルコフ連鎖を利用してもとのシステムを解析する方法．M/G/1待ち行列（M/G/1 queue）システムの待ち行列長はマルコフ性をもたないが，サービス終了時点のみで観測するとマルコフ連鎖として解析することができる．⇒マルコフ連鎖，マルコフ過程，待ち行列理論．

火災モデル

Fire Models

はじめに

火災科学と防火工学の分野において，火災モデルという言葉は燃焼している物質やその周囲の状況を予測する数理モデルや計算機モデルのことをさしている．それゆえ，火災の発生している室内やその周辺の部屋に火災が与える影響を予測する意味も含まれており，そのようなモデルが多数存在している(Friedman, 1991)．火そのものの成長は熱や有毒ガスや無毒ガスなど，燃焼による生成物という視点から記述されており，一般的にこれらの特性が火災モデルのインプットデータとして用いられる．火災モデルは火元の部屋の様々な高さにおける温度の時間的変化を予測するものであったり，周辺にある有限個の火元以外の部屋の温度を予測するモデルもある．同様に，これらのモデルは有毒ガスの流れも予測する．

火災による熱とガスの発生に関するデータは一般的に制御燃焼（controlled burn）によるデータにもとづいたものであり，これらの燃焼には重要な大規模火災のシミュレーションから小規模な試験燃焼まで様々なものがある．火災モデルに入力するデータの開発は，制御燃焼によって得られた既存のデータから推定したり，それらを修正したり組み合わせたり合成したりして行うものである．これには，かなりの技術的知識と経験，さらにモデルの基本的仮定の理解を必要とする．ただし，アプリケーションの中には簡単な数学的表現で十分なものもあり（例：発生熱量＝at^n, tは時間で，$a>0$, $n>1$とする），より洗練された数学モデルを開発しようという試みもある．

1980年代の初頭まで，火災モデルは主に学術的な関心によるものであった．1981年版の生活安全基準（Life Safety Code）のA 15-3.1.3には規定の高さ以下での煙のレベルを許容範囲内に維持するために最小限必要な排気ファンの容量を決定するための手順が記述されている．また，独特な応用例として，可燃性物質を多量に詰め込んだ様々な規格の囚人用独房での火災に関するものがある．これは，Cooper (1982, 1984)によって開発されたASETモデル（ASET model）にもとづいている．

最近の火災モデルの多くは責任問題訴訟に用いるためにつくられている．被告がより燃えにくい素材を使っていた場合や，建物内にさらに火災安全装置がついていた場合や，火事による傷害や損害を防ぐことが期待できる他の行動をとっていた場合に火災の成長や燃焼による生成物の拡大，それに伴う損害や負傷者数および死者数がどのようになっていたかをモデルを用いて予測するのである．

可燃性生産物の特性を変化させた効果を予測することによって，生産物の火災リスクの研究にも火災モデルを利用できる(Bukowski, Stiefel, Clarke and Hall, 1992)．これらの応用の中で多くの火災シナリオのペアがモデル化されており，それぞれのペアにおいて比較する2つの生産物だけを変化させ，その他のシナリオを固定して比較している．この火災モデルの用法は火災安全基準の開発や，可燃性生産物の再設計に用いられる可能性がある．

実践的なアプリケーションで用いられている火災モデルのほとんどは2ゾーンモデル（two zone model）である．これらのモデルは水平に広がっていて厚さの無視できる中間帯（neutral zone，中性帯ともいう）によって室内が上下2つのゾーンに分割されているという簡単な仮定を用いている．中間帯（あるいは中間平面）の上にある上部高温層では温度および濃縮された煙が一様に分布している．また，より低温で煙の少ない下部層でも同様に温度と煙が一様に分布しているものとする．この簡略化によってパーソナルコンピュータを使って興味深い有用な状況を数値計算することができるようになった．な

お，制御燃焼において煙（あるいは人工の煙）を目で観察したり，いろいろな高さで温度を測定した結果から，前述の仮定が室内の火災性状の妥当な近似であることが明らかになっている．

制御された火災での燃焼による生成物の流れとモデルによる予測を比較することによって，これらのモデルは有効なものであると確認されている．これには多種におよぶ火災が用いられた．最も再現性があるのはガスバーナーによる火災である．なぜならガスバーナーの火による熱は反復燃焼においてかなり安定したものにできるからである．角材を井桁に組み上げたもの（角材を2本平行に並べ，その上にまた平行な2本の角材を先ほどと垂直方向におく作業を繰り返して組んだもの）でもかなり再現性のある火災を起こすことができる．また，同じ仕様でつくられた家具で反復燃焼を行えば，1種類の家具だけでも制御燃焼が可能である．

再現可能な火災がモデルの妥当性の研究に使えるようになれば，実際の火災がモデルの妥当性テスト時の火災と多少の類似性をもつときには，モデルの使用を推奨できるほど十分に火災実験とモデルによる推定の結果を近いものにできるだろう（Jones and Peacock, 1989；Nelson and Deal, 1991；Peacock et al., 1993）．アプリケーションにおける結果の妥当性は，火災モデルに入力されたデータによって制限される．すなわち，対象とする火災が入力されたデータでどれほどうまく記述されているかに依存しているのである．

計算機モデル

HAZARD Iは，ユーザフレンドリーな計算機モデルであり，多くのマテリアルをサポートしているので，間仕切りによって区切られた空間や部屋など，限られた建築物内の火災を，詳細にモデリングすることができる（Bukowski et al., 1989）．このモデルには居住者の移動（後述のEXITTモデル）に関するコンポーネントや，居住者が長時間熱と有毒ガスにさらされることによって行動不能になったり死亡したりするかどうかを判断するためのコンポーネントが含まれている．このモデルは火災モデルの最初の総合的な応用例であり，現在は訴訟問題や事故分析，リスク分析の研究などに用いられるようになっている．

HAZARD Iがサポートするマテリアルには試験燃焼から得られた熱や有毒ガスに関するデータが含まれている．そして，これらのデータは燃焼による生成物が建物内で拡散していくモデルへのインプットデータとして使用可能である．

建物からの避難については注目すべき2つのモデルがある．EVACNETは大規模ビルにおいてネットワークの辺（例，階段）の容量が需要量よりも少ない場合，すなわち建物全体の避難の際に待ちが生じる場合に避難に必要な時間を決定するモデルである（Francis and Saunders, 1979）．このモデルは最後の避難者が建物を出るのにかかる時間を最小にするような避難路を決定する．ただし，この解では待ちを回避するために避難者によっては最短でない経路をたどらなくてはならない．現実の火災では，避難者は建物全体の避難という視点から最も効率的なルートを選ぶとは考えにくいのでEVACNETは避難時間の下限値を与えてくれるものであるといえる．このモデルは建物を建てる前に避難路の容量（すなわち幅など）やルートの配置を決定し，火災が起きる前に建物内の居住者に安全な避難路を提供するために利用できる．EVACNETはネットワーク構造における線形計画問題の解法に用いられる特別なアルゴリズムである"advanced capacitated network flow transshipment algorithm"にもとづいてつくられている（Kisko and Francis, 1983）．

EXITTはノードとアークで構成される非常に簡単な家庭用住宅のモデルであり，火災時における居住者の避難行動の進行に伴う意思決定と行動をシミュレートするものである（Levin, 1987, 1989）．避難者は眠っているかもしれないし，移動速度が制限されているかもしれないし，助けが必要かもしれない．モデル中の人物の行動の中には，目を覚ましたり状況を調べたり，救助したり，避難したりすることが含まれている．また，このモデルには行動や意思決定のルールが多数含まれており，これらのルールは火災調査を通じて確定された火災時における人々の行動にもとづいている．また，入力されるデータには時間経過を含めた建物内の煙の特性が含まれているので，意思決定ルールのいくつかは煙の状況に対する反応を含んでいる．このモデルは表面的には妥当性がある．実際の火災における避難時間に関する詳細なデータが入手できない状況では，経験的に妥当性を決定することは重要な方法論的試みである．また，これまでのところ厳密な妥当性の研究はなされていない．このモデルは決定論的であるが，行動のルールにおいて確率論的な性格を含むように拡張することができる．そして，そこに必要とされる確率分布をつくりだすことは計算機モデルを拡張する以上の挑戦なのである．なお，EXITTのバージョンの1つはHAZARD Iに含まれている．

火災研究者は政策決定の効果を推定するために意思決定分析（decision analysis）や意思決定木を用いてきた．意思決定木のそれぞれの経路は，経路が火災のシナリオを表している場合には火災の期待損失を表し，その他の場合には，定義された火災母集団の中でのランダムな火災のシナリオがとる確率を表している．経路中のそれぞれのノード（枝の分岐点）はさらなる火災のシナリオや，選択肢の確率のセットを表している．母集団が布張りの

椅子の火災の場合，経路に沿った次のノードは，「火元は何か？」,「誰か家にいるか？」,「責任のある人物が気づいているか？」,「動作している煙感知器はあるか？」,「他のものに燃焼が拡大する前に火事が発見されたか？」，といったものであろう．

確率の指定は，利用可能なデータや専門的判断にもとづいている（例，デルファイ法）．Levinthal (1980) は，このアプローチを，液体絶縁変圧器（liquid insulated transformer）の新しい火災安全基準の研究に使用した．Helzer, Offensend and Buchbinder (1979) は煙感知器を付けている家庭数の増加がもたらす効果や，たばこの置き忘れによって火災が発生するのを防ぐために新しい家具に必要とされる義務的製造基準をつくることの効果を推定するのにこのアプローチを用いている．

⇒ 決定分析，決定木，デルファイ法，ネットワーク．

[Bernard Levin/腰塚武志]

参考文献

[1] Bukowski, R.W., R.D. Peacock, W.W. Jones, and C.L. Forney (1989), "Technical Reference Guide for the HAZARD I Fire Hazard Assessment Method," NIST Handbook 164, Volume II, National Institute of Standards and Technology, Gaithersburg, Maryland.

[2] Bukowski, R.W., S.W. Stiefel, F.B. Clarke, and J.R. Hall (1992), "Predicting Product Fire Risk: A Review of Four Cases," *Fire Hazard and Fire Risk Assessment*, ASTM STP 1150, M.M. Hirschler, American Society of Testing and Materials, Philadelphia, 136–160.

[3] Cooper, L.Y. (1982), "A Mathematical Model for Estimating Available Safe Egress Time in Fires," *Fire and Materials*, 6, 135–144.

[4] Cooper, L.Y. (1984), "Appendix B: An Interim Buoyant Smoke Control Approach (for Atrium-Like Arrangements)," in Nelson, H.E., A.J. Shibe, B.M. Levin, S.D. Thorne, and L.Y. Cooper, "Fire Safety Evaluation System for National Park Service Overnight Accommodations," NBSIR 84-2896, National Bureau of Standards, Gaithersburg, Maryland.

[5] Friedman, R. (1991), "Survey of Computer Models for Fire and Smoke, Second Edition," Factory Mutual Research Corp., Norwood, Massachusetts.

[6] Francis, R.L., P.B. Saunders (1979), "EVACNET: Prototype Network Optimization Models for Building Evacuation," NBSIR 79-1738, National Bureau of Standards, Washington, DC.

[7] Helzer, S.G., F.L. Offensend, and B. Buchbinder (1977), "Decision Analysis of Strategies for Reducing Upholstered Furniture Fire Losses," NBS Technical Note 1101, National Institute of Standards and Technology, Gaithersburg, Maryland.

[8] Jones, W.W., and R.D. Peacock (1989), "Refinement and Experimental Verification of a Model for Fire Growth and Smoke Transport," in Wakamatsu, T., Y. Hasemi, A. Sekizawa, P.G. Seeger, P.J. Pagni, and C.E. Grant, *Fire Safety Science: Proceedings of the Second International Symposium, International Association for Fire Science*, Hemisphere Publishing, New York.

[9] Kisko T.M., and R.L. Francis (1983), "EVACNET+: A Computer Program to Determine Optimal Building Evacuation Plans," preprint of paper presented at the SFPE Symposium, Computer Applications in Fire Protection: Analysis, Modeling, and Design, March 1984.

[10] Levin, B.M. (1987), "EXITT, a Simulation Model of Occupant Decisions and Actions in Residential Fires: Users Guide and Program Description," NBSIR 87-3591, National Bureau of Standards, Gaithersburg, Maryland.

[11] Levin, B.M. (1989), "EXITT, a Simulation Model of Occupant Decisions and Actions in Residential Fires," in Wakamatsu, T., Y. Hasemi, A. Sekizawa, P.G. Seeger, P.J. Pagni, and C.E. Grant, *Fire Safety Science: Proceedings of the Second International Symposium, International Association for Fire Science*, Hemisphere Publishing Corp., New York.

[12] Levinthal, D. (1980), "Application of Decision Analysis to Regulatory Problem: Fire Safety Standards for Liquid Insulated Transformers," NBS-GCR-80-198, National Bureau of Standards, Gaithersburg, Maryland.

[13] Nelson. H.E., and S. Deal (1991), "Comparing Compartment Fires with Compartment Fire Models," in Cox. G., and B. Langsford, *Fire Safety Science: Proceedings of the Third International Symposium, International Association for Fire Science*, Elsevier, New York.

[14] National Fire Protection Association (1981), *Life Safety Code*, National Fire Protection Association, Quincy, Massachusetts.

[15] Peacock, R.D., G.P. Forney, P. Reneke, R. Portier, W.W. Jones (1993), "CFAST, the Consolidated Model of Fire Growth and Smoke Transport," NIST Technical Note 1299, National Institute of Standards and Technology, Gaithersburg, Maryland.

可視化

Visualization

背　　景

　問題解決（problem solving）の様々な段階における〈可視化技法〉の開発と利用に対して，オペレーションズリサーチ（operations research：OR）や経営科学（management science：MS）はますます深く関係してきている．Jones（1994）は問題を概念化する段階における自然言語や略図の利用を含む多くの例を示している．たとえば，スプレッドシート（spreadsheet），問題形成段階におけるブロック構造言語，データ収集時のスプレッドシートやリレーショナルデータベース，問題解決時の対話的な最適化（optimization）やネットワークフロー図，解（solution）の解析段階における対象の図や行列のイメージ，結果の表示段階におけるアニメーション（animation），ハイパーテキスト（hypertext），ハイパーメディア（hypermedia），図などである．

　このような可視化技法の利用は最近の話ではない．初期のOR/MS問題解決の多くに視覚的概念を用いた例が見られる．グラフはモデル学習の結果をまとめるのに通常使用されていた．また，フローチャートはアルゴリズム（algorithm）の流れを略図にするために用いられた．さらに，シンプレックス法を教えるための図解は長い間必須である．しかし，可視化はOR/MSの周辺的地位から新しい発展のための重要な駆動輪になったばかりである．

　コンピューティングの初期の頃は数値演算速度や記憶容量が重要視されていたが，その後使いやすさ（ユーザフレンドリー）や市場性の高さに重要性が置き換わった．このコンピューティングの発展と並行して，可視化はOR/MSの中心に出現した．このような発展は，行列形式をもとにした視覚的表示機能をもつスプレッドシートソフトウェアや，いまやパーソナルコンピュータのOS（operating system）で普通に見られる"WIMP"（ウィンドウ：window，アイコン：icon，マウス：mouse，プルダウンメニュー：pull-down-menu）ユーザインタフェース，カラフルでしかも動くこともある画像作成用の多くの〈ユーザフレンドリー〉なソフトウェアなどを生み出した．これらの発展がコンピュータ産業にとって市場性をもつことを証明するにつれて，結果としてOR/MSでも市場性を有することを示した．すなわち，いまや鮮明な可視化を行う大量のOR/MSソフトウェアが市場に出回っているのである．

　洗練されたコンピュータ生成画像は可視化の様々な可能性の中で最も先端的な部分である．また，他の多くの方法は多くの空間的手法を用いて情報をデータに付加している．一方では，非常に簡単なツールも存在する．この分野のツールでは，絵や文字を表示する際，様々な制限が加えられている．たとえば文字，表中のデータの配列，企業で用いる勘定表，コンピュータプログラムのブロック構造などで，これらはすべて数値や文字をわかりやすくするために視覚的に単純な配置となっている．最も先端的な技法と単純な技法の間のツールは伝統的に2つのグループ，すなわち，〈プレゼンテーショングラフィックス〉と〈アイコングラフィックス〉に分類される．

プレゼンテーショングラフィックス

　プレゼンテーショングラフィックス（presentation graphics）は，棒グラフ，線グラフ，円グラフなどの，データを説明したりまとめたりするために使われる画像である．このようなものの利用はコンピュータの起源よりさかのぼる．OR/MSの初期の頃からプレゼンテーショングラフィックスはデータをまとめたり，OR/MSに関する作業結果を説明したり，意思決定者（decision maker）や管理者へのデータや結果の伝達を円滑にするために使われていた．このようなグラフが数値より便利になったのはいつか，どの場合にどのグラフが最適なのか，プレゼンテーショングラフィックスにおいて色が意味をもったのはいつか，などに関する研究がなされている（Desanctis, 1984）．それによると，数値表示や様々なプレゼンテーショングラフィックスの中で適切なものを決定するためには，課題の性質が非常に重要である（Vessey, 1991）．

アイコングラフィックス

　アイコングラフィックス（icon graphics）は現実世界の要素に対応する絵でつくられる．道路地図は道路を表す線と都市部を表すブロックの2種類のアイコンで構成される画像である．そのほかに間取り図や，PERT図，ネットワークフロー図などが一般的なアイコングラフィックスである．このアイコングラフィックスはOR/MSにおいて長い歴史があるが，その重要性に関する研究がなされていない．たとえば，ニューヨークからサンフランシスコまでを道と都市に関する数値的データのみでドライブすることを考えてみれば，多くの人にとってアイコングラフィックスの価値は明らかである．しかしながら，ある問題に対してどのアイコングラフィックスを利用するのかに関する研究は緩慢にしか進まなかった．結果として，市場がアイコングラフィックス選択の決定権を握り，色を多く使ってけばけばしく，最も実用的とは恐らくいえないものが生き残ることが多かった．

　アイコングラフィックスは〈静的〉なものと〈動的〉なものとに分類される．静的なアイコングラフィックスにおいて輸送システムの経路決定や設計は重要な応用分野である．トラックや大量輸送システムの経路決定・ス

ケジューリング問題，さらにはスクールバスの経路決定問題を解決するために，数理計画（mathematical programming）モデルとコンピュータが生成する道路地図とを関連付ける（アイコングラフィックスを含む）モデル（model）が使われている（Florian et al., 1987; Bodin and Levy, 1994）.

動的アイコングラフィックスはアニメーションとも呼ばれる．これは Hurrion（1980）によって OR の研究にはじめて用いられ，巨大市場が成功することを示した．アニメーションの主な応用分野はシミュレーションモデリングである．いまやシミュレーションモデリングではシミュレーション各段階の進行を表すためにアニメーションが日常的に使われている．デバッグ（正しいように見え，かつ正しく動いていれば，それは正しいだろう），モデルの妥当性の検証（validation），意思決定者へのシミュレーション結果の提示の補助にアニメーションは利用されている．対話的なビジュアルシミュレーションは対話的アニメーションと動的なシミュレーションモデルとを結び付ける．これは，問題の定式化や対話的な問題解決を補助するために有用なツールであるビジュアル〈ユーザインタフェース〉をもつ〈意思決定支援システム〉（decision support system）を作り出す（Bell, 1991）．アニメーションや対話的シミュレーションモデルの利用は，いまやほとんどすべての主要なシミュレーションソフトウェアにこれらの機能が含まれているほど普及している.

〈アニメーションで表される感度分析〉（animated sensitivity analysis）はパラメータ（parameter）に応じて変化する最適解の感度を示すために動的グラフィックスが使われている．パラメータの変化に応じた最適解の変化を 30 回/秒の頻度でディスプレイは表示する．

新技術のインパクト

可視化への伝統的な見方は新技術によって大きく変化した．文字（テキスト）はその位置が意味をもつという意味でグラフィックスであるとされ，この意味で〈ハイパーテキスト〉とも呼ぶ．新技術はフォントの種類や大きさ，レイアウトを含む多くのグラフィック形式を提供した．また，OR/MS モデルのフロントエンドとしてのテキストやハイパーテキストの利用は重要な研究分野に進展している．再度記すが，数理計画プログラムへの入力に使われるパンチカード上のテキストデータのような単純なものから，複雑な最適化問題を記述する能力をもつハイパーテキストシステムに至るまで，グラフィックスの利用範囲は幅広いのである（Kimbrough et al., 1990）.

〈マルチメディア〉（multimedia）や〈バーチャルリアリティ〉（virtual reality）などの開発ツール（development tool）が合理的な費用で実現されたことは，OR/MS において新たな発展を導きつつある．これらの技術がより一般的になるに伴い，OR/MS の仕事で利用できるようになったこの新しいシステムを活かした多くの新しい種類の OR/MS モデルが現れている（Lembersky and Chi, 1984）.

OR/MS にとって重要分野となった可視化の出現が市場を誘導すると考えられているのと同時に，可視化が意思決定者の問題解決を援助するという考えを支える研究上の証拠が現れつつある．モデル構築者に対する調査（Kirkpatrick and Bell, 1989）や視覚的かつ対話的なモデルを用いた意思決定者に対する調査（Bell et al., 1995）では，モデル開発者と意思決定者がこの種のツールがよりよい意思決定を導くこと，また，シミュレーションモデルに関するアニメーション性能を有するソフトウェアが市場で成功することを説明できるという考えを強く支持している.

動的なアイコングラフィックスを用いたツールと視覚要素を含まないツールを比較する，課題にもとづく行動学的な研究によると，いくつかの特定の課題におけるグラフィックスツールの優位性が示されている（Bell and O'Keefe, 1995, Chau and Bell, 1995）.

最後に，OR/MS モデルと新しい情報技術ツールに加えて，可視化と対話を利用することは，将来 OR/MS に革命的な効果を将来もたらすことを示唆する証拠が増えつつあることを指摘しておこう．これらのツールは革新的な問題解決手法の利用を容易にするどころか，利用を要求することになるかもしれない（Bell and O'Keefe, 1994）．そして，これらの手法を支える新しい定理やアルゴリズムに関する分野の発展をも容易にし，発展を要求するかもしれないのである（Bell, 1994）．詳細は Jones（1994）参照のこと．

⇒計算幾何学，計算機科学と OR，スケジューリングと順序付け，離散事象確率システムのシミュレーション，配送経路問題． [Peter C. Bell/牧野光則]

参 考 文 献

[1] Bell, Peter C. (1991), "Visual Interactive Modelling: The Past, the Present, and the Prospects," *European Jl. of Operational Research*, 54, 274–286.
[2] Bell, Peter C. (1994), "Visualization and Optimization: The Future Lies Together," *ORSA Jl. on Computing*, 6, 258–260.
[3] Bell, Peter C., Elder, Mark and Staples, Sandy (1995), "Decision Makers' Perceptions of the Value and Impact of Visual Interactive Models," Technical Report, University of Western Ontario.
[4] Bell, Peter C. and O'Keefe, Robert (1994), "Visual Interactive Simulation: A Methodological Perspective," *Annals Operations Research*, **53**, Volume on Simulation and Modeling, Osman Balci,

ed., 321–342.
[5] Bell, Peter C. and O'Keefe, Robert (1995), "An Experimental Investigation into the Efficacy of Visual Interactive Simulation," *Management Science* (forthcoming).
[6] Bodin, Lawrence and Levy, Laurence (1994), "Visualization in Vehicle Routing and Scheduling Problems," *ORSA Jl. on Computing*, 6, 261–269.
[7] Chau, Patrick and Bell, Peter C. (1995), "Designing Effective Simulation-Based Decision Support Systems: An Empirical Assessment of Three Types of Decision Support System," *Jl. of the Operational Research Society* (forthcoming).
[8] Desanctis, Gerardine (1984), "Computer Graphics as Decision Aids: Directions for Research," *Decision Sciences*, 15, 463–487.
[9] Florian, M, Crainic, T. and Guelat, J. (1987), "FRET – An Interactive Graphic Method for Strategic Planning of Freight Flows," presented at the IFORS '87 Conference, Buenos Aires.
[10] Hurrion, Robert D. (1980), "An Interactive Visual Simulation System for Industrial Management," *European Jl. of Operational Research*, 5, 86–93.
[11] Jones, Christopher V. (1992), "Animated Sensitivity Analysis," in *Computer Science and Operations Research: New Developments in Their Interface*, O. Balci, R. Sharda and S. A. Zenios, eds., Pergamon Press, Oxford, United Kingdom, 177–196.
[12] Jones, Christopher V. (1994), "Visualization and Optimization," *ORSA Jl. on Computing*, 6, 221–257.
[13] Kimbrough, Steven O., Pritchett, Clark W., Bieber, Michael P. and Bhargava, Hemant K. (1990), "The Coast Guard's KSS Project," *Interfaces*, 20, 5–16.
[14] Kirkpatrick, Paul, and Bell, Peter C. (1989), "Visual Interactive Modelling in Industry: Results from a Survey of Visual Interactive Model Builders," *Interfaces*, 19, 5, 71–79.
[15] Lembersky, M.R. and Chi, U.H. (1984), "Decision Simulators Speed Implementation and Improve Operations," *Interfaces*, 14, 4.
[16] Vessey, I. (1991), "Cognitive Fit: A Theory-Based Analysis of the Graphics versus Table Literature," *Decision Sciences*, 22, 219–241.

過剰達成変数
overachievement variable

制約条件の左辺値が右辺値よりもどれだけ大きいかを示す目標計画問題 (goal programming problem) の制約における非負変数のこと. ⇒目標計画法.

可制御変数
controllable variables

決定問題において, 決定過程もしくは意思決定者が, その値を決定する変数. ⇒意思決定者, 意思決定問題, 数理モデル.

仮想現実
virtual reality

シミュレータ (simulator) の概念が拡張されたもの. これによりつくられる世界は静的ではなくむしろ動的である. 現実の動作が機器を通じて現実世界に影響を及ぼすのと同様に, シミュレータの操作による動作はつくられた世界に影響を与える. 実現される現実感はシステム (system) によって異なる. ⇒戦闘モデル.

価値関数
value function

決定問題で a を, すべての実行可能な代替案の集合 A に属する1つの実行可能な代替案としよう. 各代替案は n 個の属性 $(X_1, X_2, \cdots, X_n)$ に基づいて評価されるとしよう. ここでの意思決定問題は, 利得ベクトル $[X_1(a), X_2(a), \cdots, X_n(a)] = X^a$ を「最大化」する A の要素 a を見つけることである. ここで, 価値関数は以下のように定義される実数値関数 $v(.)$ である. 意思決定者が代替案 a を代替案 b より選好し, そのときに限り $v(X^a) > v(X^b)$ が成立し, 代替案 a が代替案 b と無差別のとき, またそのときに限り $v(X^a) = v(X^b)$ が成立する. そのとき, 意思決定者のかかえる決定問題は, すべての代替案の中から $v(X)$ を最大とする代替案を見つけることになる. ⇒選択理論, 決定分析, 多目的意思決定, 効用理論.

カッティング・ストック (板取り) 問題
Cutting Stock Problems

はじめに

アルミニウム, 鉄, ガラス, 木材, 革, 紙, プラスチックフィルムなどの固形物は, 実際に製品として使用されるよりも大きなサイズで生産されるのが普通であり, 製品を作る加工業者はこうした大きなサイズの素材から, 個々の製品をどのように切り取るかを決定しなければならない. これがカッティング・ストック問題である. カッティング・ストック問題は, カットされる素材の性質によって, 1次元, 2次元あるいは3次元の問題になることがある. また素材のサイズにおいても同一サイズで

ある場合や，いくつかの異なったサイズであったり，特殊なサイズであったりもする．質においては，常に均質，いくつかの傷がある場合がある．形状においても，いつも同じ形状（長方形）である場合もあれば，その都度変わった形である場合もある．素材だけでなく製品の方にも，決まった形であるか否か，すべてが同じ品質であるか否か，さらには注文が定期的であるか否かなど在庫に影響する場合もある．

カッティング・ストック問題の例を以下にあげる．
- 同一の径をもつ素材となる紙ロールから，製品ロールを切り取る問題
- 長方形のガラス板（素材）から，長方形のガラス片（製品）を切り取る問題
- 長方形の鉄板（素材）から，いろんなサイズの鉄片（製品）を切り取る問題
- いろんな形状の獣皮から，長方形の革片を切り取る問題
- いろんなサイズの丸太から，寸法の決まった木材を切り取る問題

上記に紹介したカッティング・ストック問題と密接にかかわる問題として，次の2つの問題がある．1つはレイアウト問題（layout problem）といい，与えられた長方形の集合を重ならないように並べ，そのすべてを内側に含むような最小の長方形を求める問題である．この問題の解法は，のちに紹介するカッティング・ストック問題において，切り取りパターンを生成することと本質的に同じである．もう1つはビン・パッキング問題（bin-packing problem）であり，これもカッティング・ストック問題と同様の技法を用いて解くことができる場合が多い．ビン・パッキング問題の例として，いくつかの物があり，それらを船に乗せて運ぶために，どの物をどの船に積載するかを決めて船舶数を最小にする問題を考える．このとき，重さだけを問題にして，床面積や容積を無視すれば，それを1次元のパッキング問題という．もし床面積や容積が重要な要因となるときは，それぞれ2次元あるいは3次元のカッティング・ストック問題と同じになる．もちろん，ギロチンカットにする必要性はない．以後は，カッティング・ストック問題に焦点を当てていくが，そこでの議論はレイアウト問題やパッキング問題を解く場合にも適用可能である．

どのカッティング・ストック問題も定式化することは比較的簡単であるが，多くの場合，特に形状が不規則な場合は解くことが困難であり，効果的な解法というものは文献の中にも見あたらない．この難しさの主な原因は，切り取ったときの無駄が少なくなるような実行可能切り取りパターンを生成しなければならないことにあり，たとえ整った形状であっても簡単な1次元問題から複雑な2次元問題に至るまで，この困難さがつきまとうことを以後見ていくことにする．

カッティング・ストック問題は，ロシアの経済学者Kantorovich（1960）によって1939年に最初に定式化された．また解法に関しては，Gilmore and Gomory（1961, 1963）が，最初でしかも優れた展開を示し，将来に影響を与える業績を残した．その研究では1次元の切り取り無駄を最小化する問題に対して，切り取りパターンを生成しながら，線形計画を用いる技法を報告している．それ以来，応用面に関しても発展を見せてきている．Sweeney and Patemoster（1991）は，カッティング・ストック問題とそれに関係する問題や応用について500ページ以上もの論文を発表した．このように活発な研究が行われる背景は，カッティング・ストック問題が広く工業界で起こる問題であり，より効果的な解法を開発することは経済的にも奨励されるべきことであり，提案された手法を比較することやそれらを用いる潜在的な価値を見いだすことがたやすいからである．

カッティング・ストック問題について，ここでは1次元問題とそれを解くのに効果的な技法について説明する．また，標準的な2次元問題への拡張を述べて締めくくることにする．

1次元問題

1次元のカッティング・ストック問題の例として，製紙工場での切り取り無駄最小化問題を扱う．これは長い幅をもつロール（素材）から幾種類かの幅をもつ紙ロール（製品）を切り取る問題である．径については，すべて一定とし，問題としない．決定すべきことは，切り取るときのパターンと，各パターンで素材ロールを何本使うかである．もちろん製品ロールの注文数は満足されていなければならない．目的関数は，無駄になって捨てられる部分の損失を最小化することである．この問題における切り取りパターンの基本的な制約は，切り取りパターンで決められる製品ロールの幅の総和が，素材ロールの幅を超えてはいけないことである．

切り取る前の素材ロールの幅を UW とし，それを切り取って幅 $W_i(i=1,\cdots,n)$ の製品ロールをつくる．各製品ロールの標準注文数を R_i とする．また，一般的な生産現場ではつくりすぎ（不足）に対する顧客の許容範囲があり，製品ロール i の注文数には RU_i, RL_i といった上下限がある．状況によっては，R_i は RU_i あるいは RL_i と等しくなる．各製品ロールとも同一の径をもつものとする．ここで，X_j を切り取りパターン j を用いて切り取る素材ロールの本数，T_j を切り取りパターン j で切り取ったときの切り取り無駄とするとき，問題は以下のように定式化される．

$$最小化 \sum_j T_j X_j \qquad (1)$$

条件　$RL_i \leq \sum_j A_{ij} X_j \leq RU_i$　すべての i　（2）

$\quad T_j = UW - \sum_i A_{ij} W_i$　すべての j　（3）

$\quad X_j$ 整数, ≥ 0　（4）

ここで A_{ij} は切り取りパターン j を用いたときに，素材ロールから幅 W_i の製品ロールを何本とることができるかを示す行列である．A_{ij} の各列が実行可能な切り取りパターンであるためには，次の制約が満足されていなければならない．

$\quad \sum_i A_{ij} W_i \leq UW$　（5）

$\quad A_{ij}$ 整数, ≥ 0　（6）

このとき，例題での目的関数が単純に切り取り無駄の最小化になっていることに注意する．多くの工業的な応用では，切り取り無駄だけではなく，他の要因も考慮する必要がある．たとえば，切り取りパターンを変える際の段取り費用がかかるかも知れないし，さらには注文数を満足させるために使えるパターンの数を制御することも重要な考慮すべき点である．

ここでは，この類の問題を解くための適用可能なアプローチとしてヒューリスティック手法を紹介する．というのも，最適整数解は，実際的な問題と比べて製品の数がずっと少ない場合でしか厳密に求められないからである．1次元カッティング・ストック問題を解くために，2つのヒューリスティック手法が広く用いられている．1つめの方法は，上記の整数計画問題に対し，線形計画（LP：linear programming）緩和を用い，それを初期解とする方法である．得られた LP の解を，ある方法により整数解が得られるように改善する．もう1つの方法は，必要製品数の残りを参照しながら，切り取りパターンを逐次生成する方法である．この逐次型のヒューリスティック手法（SHP：sequential heuristic procedure）は，すべての注文製品数が満足されたときに終了する．

線形計画緩和法

カッティング・ストック問題を解くための LP をベースにした手法は，そのほとんどが Gilmore and Gomory (1961, 1963) にさかのぼる．彼らの手法は，LP の基底として選ぶ切り取りパターンをナップサック問題（knapsack problem）を解きながら生成するものである．この方法によって，事前に実行可能な切り取りパターンをすべて列挙することなく，切り取り無駄最小化問題を線形計画法を用いて解くことが可能になった．実行可能な切り取りパターンというものは，幅の広い素材ロールから幅の狭い製品ロールを切り取るようなときには膨大な数になってしまうので，すべてを列挙しないで解けるということは，非常に重要なことである．Pierce (1964) は，そのような切り取りパターンがすぐに数百万にもなってしまうことを示した．だが，実際に切り取り無駄最小化の解で必要になる切り取りパターンというものは，すべての実行可能なパターンのうちほんのわずかだけであることがわかっている．したがって，Gilmore と Gomory によるあとから切り取りパターンを生成する方法では，一般的な目的でつくられた線形計画アルゴリズムにすべての切り取りパターンを入力して解くよりも，ずっと少ない計算時間で，切り取り無駄最小化問題を解くことができるのである．

式（1）から（3）で示される整数計画問題の線形計画緩和は，基本的に次のような形をしている．ただし，R_i は製品ロール i の注文数である．

最小化　$\sum_j X_j$　（7）

条件　$\sum_j A_{ij} X_j \geq R_i$　すべての i　（8）

$\quad X_j \geq 0$　（9）

ここで，U_i を制約式（8）における双対変数とする．このとき双対問題は次のように表記できる．

最大化　$\sum_i R_i U_i$　（10）

条件　$\sum_i A_{ij} U_i \leq 1$　（11）

$\quad U_i \geq 0$　（12）

主問題の実行可能性が保たれていれば，双対問題の制約式（11）により，線形計画の最適解が得られたか，あるいは線形計画の解をさらに改善することができるかを判断できる．

また，基底に入れる切り取りパターン $\mathbf{A} = (A_1, \cdots, A_n)$ は，次のナップサック問題を解いて見つけることができる．

$Z = \max \sum_i U_i A_i$　（13）

条件　$\sum_i W_i A_i \leq UW$　（14）

$\quad A_i$ 整数, ≥ 0　（15）

このとき，もし $Z \leq 1$ ならば，現在の解が最適解である．また $Z > 1$ であれば，切り取りパターン $\mathbf{A}$ を基底に入れて LP の解を改善することができる．

線形計画の解が求められたら，今度は X_j が整数値になるように，しかも注文数を満足するように，様々な方法を用いて修正しなければならない．よく行われている方法の1つは，まず線形計画の解を小数点以下切り落として整数化する．それから，RU_i を超えないように任意のパターンに対し X_j を1単位ずつ増加させる．最後に，次に示す逐次型ヒューリスティックを用い，必要とされる製品ロール数に対して新しい切り取りパターンをいくつか生成する方法である．

逐次型ヒューリスティック（SHP）

SHP は，1度に1つの切り取りパターンを生成し，すべての注文数を満足するまで繰り返し，解を構築する方法である．最初に SHP について研究したのは Haessler

(1971)で，スケジューラーが手作業でつくった解よりもよい解を見つけることができたと報告している．このタイプの方法をうまく働かせるには，SHPですでに見つかったパターンを利用して，新しいパターンをうまく選ぶことが肝要である．最初に選ばれるパターンは，切り取り無駄が少なく，利用される部分の率が高いものであるべきだろう．さらに，以後に生成されるパターンにとっても，既出のパターンと組み合わせやすく，余計な切り取りが起こらないように，注文の必要数も残しておくべきである．

以下に，多くの場合においても効果的な切り取りパターン選択ができるような手順を示す．

1. まだスケジュールされていない注文の要求について，素材ロールの数や各素材ロールから切られる製品ロールの平均数などを計算する．
2. 解に入れる切り取りパターンの目標値を定める．目標値は，切り取り無駄，パターン使用数，パターン内の製品ロール数で定める．
3. 目標値に適合する切り取りパターンを余すところなく探す．見つからなければ5へ行く．
4. 見つかったパターンを解に加え，どの各製品の注文数もR_iを超えない最大レベルにまでそのパターンを使うようにする．注文の残数を更新し1へ戻る．
5. 目標値内のパターン使用数を下げて3に戻る．

パターン使用数とは，1つのパターンの中に，特定の幅の製品ロールがとられる最大数を定めるものである．たとえば，ある幅をもつ製品ロールの残っている注文数が10であり，パターン使用数が4であるとき，この4つ分の幅は2度までしか1つのパターンの中で使うことができない．もし，どんなに探しても目標値を満足するパターンが見つからなかったときは，目標値のうちの1つ，通常はパターン使用数を緩めなければならない．こうすることにより，候補になるパターンの数は増加する．もしパターン使用数を3に下げたら，上の例では3つ分の幅を1つのパターンの中で3回用いることができるようになる．パターン使用数を1にして，切り取り無駄最小のパターンを選べば，上記の手順は終了することが保証される．

SHPの最大の利点は，切り取り無駄以外の要因を制御でき，整数値だけを扱うことで丸めの問題がないといった性能にある．たとえば，切り取りパターンの段取り変えにかかる費用があったとしても，パターン使用数を大きくしてSHPを適用すれば，パターン数を線形計画で得られた解にくらべて，半分以下にすることができる．

またSHPの主な欠点としては，終了条件によっては，非常に大きな切り取り無駄のある解を生成することがある．たとえば，あまり考えずに生成されたパターンが解に取り込まれ，注文残数が減っていった場合，都合の悪い幅の製品ばかりが残ってしまい，切り取り無駄に関して許容できるような解が生成できなくなることがある．たとえば100インチの素材ロールから，34インチの製品ロール1種類だけを切り取ることになってしまうような場合である．

2次元問題（長方形の場合）

高次元のカッティング・ストック問題の定式化も，(1)から(3)式までで示される1次元問題の場合とまったく同じである．難しくなるのは，実行可能な切り取りパターンを定義し生成するところだけである．2次元問題で最も単純なのは，素材も製品も長方形となっている場合である．2次元の長方形において切り取りパターンを考えるときの最も大切な問題を図1に例をあげて示す．

図1では示すことのできない問題で重要なことは，ある注文製品を，あるパターンの中で何枚とることができるかの制限についてである．この制限は一般的には最大必要枚数，つまり注文製品iの上限RU_iの関数になっている．もしR_iが小さな数であれば，製品iがあるパターンの中で使われる数を制限することは，1次元の場合と同様，2次元の場合においても重要なことである．R_iの値が大きくなるにつれ，またRU_iとRL_iとの差が大きくなるにつれ，この制限の問題は重要性が薄れてくる．

図1(a)に示される切り取りパターンは，2段階ギロチンカットの例である．最初のカットは水平方向かまた

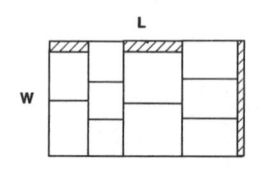

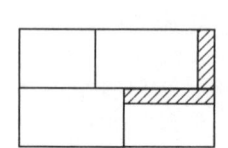

（a）2段階ギロチンカット （b）2段階ギロチンカット
　　（切り整えなし）　　　　　　（切り整えあり）

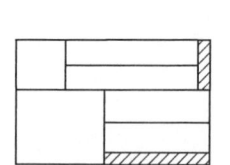

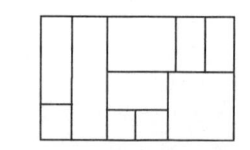

（c）3段階ギロチンカット　（d）一般的なギロチンカット

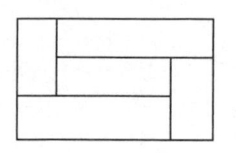

（e）ギロチンカットでない

図1 切り取りパターンの例

は垂直方向のどちらかに切断することができる．2段目は，1段目のカットに直交する方向に切断し，最終的な長方形をつくる．図1(b) は，正しい寸法に長方形を切り整えるために3段目のカットが行われることを除いては，2段階ギロチンカットと同じである．図1(c) は3段目のカットで2つの注文製品を切り取っている状況を示している．

図1(a, b, c) に示したような単純な段階的カット法はGilmore and Gomory (1965) によるもので，彼らは1次元のナップサック問題を2度解いて切り取りパターンが生成できることを示している．話を簡単にするために，各製品の切り取られる方向は，素材に対し相対的に固定されており，1段目のギロチンカットは素材の長さ(1次元問題に比べて新たに加えられた方の次元を与える側)に沿って切るものと仮定する．まず，幅 W_k 長さ L の帯の中に，幅 W_k 以下の注文製品のうちどのようなものを切り取ることができるかを見つける．これは双対実行不可能性の最大貢献度を与えるものである．

$$Z_k = \max \sum_{i \in I_k} U_i A_{ik} \tag{16}$$

条件 $\sum_{i \in I_k} L_i A_{ik} \leq L \tag{17}$

A_{ik} 整数, $\geq 0 \tag{18}$

$I_k = \{i \mid W_i \leq W_k\} \tag{19}$

次に，この幅 W_k 長さ L の帯の組合せを考え，最終的に問題を解く．

$$Z = \max \sum_k Z_k A_k \tag{20}$$

条件 $\sum_k W_k A_k \leq W \tag{21}$

A_k 整数, $\geq 0 \tag{22}$

見つかったパターンの Z の値が1より大きくなれば，LP解をさらに改善できるパターンとして基底に入れることができる．

このアプローチの難しいところは，1つのパターンの中に，ある注文製品の切り取られる枚数の制限ができないところにある．一方，最初に解く幅 W_k 長さ L の帯の中に，ある注文製品の切り取られる枚数を制限すること，あるいは，1つのパターンの中に各帯の含まれる枚数を制限することは容易である．特に注文製品のサイズが小さく，かつ，注文数も少ないとき，このような製品は多くの異なった帯の埋め合わせとして用いられてしまうだろう．このようなとき，ある大きさの注文製品が1つのパターンの中に含まれる数を制限することができなければ，パターンを生成する2段階のアプローチは非効率的になるという問題が生じるのである．

Wang (1983) は，あるサイズの注文製品が1つのパターンの中に何度使われるか制限できるような一般的なギロチンカットのパターンを生成する別のアプローチを開発した．彼女の開発した方法は，O_i を幅 W_i 長さ L_i の注

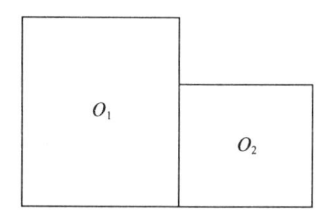

(a) O_1 と O_2 の水平生成

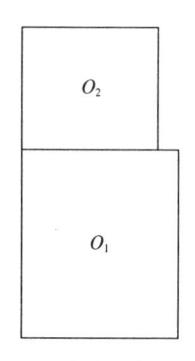

(b) O_1 と O_2 の垂直生成

図2 2つの長方形の生成

文製品とするとき，図2に示すような水平生成と垂直生成という方法で長方形を組合せる手法である．

以下に示す手順において，切り取り無駄の許容値として，注文製品の大きさによる潜在価値よりも，B を用いている．

ステップ1(a)
切り取り無駄の最大許容値 B を選ぶ．

ステップ1(b)
$L^{(0)} = F^{(0)} = \{O_1, O_2, \cdots, O_n\}$ とし，$K=1$ とする．

ステップ2(a)
$F(K)$ は以下の(i)〜(iii)を満足するすべての長方形 T の集合とする．

（i）長方形 T は，$L^{(K-1)}$ から2つの長方形を取り出し，水平生成あるいは垂直生成により形作られる長方形である．

（ii）長方形 T 中の切り取り無駄の総和は B を超えない．

（iii）長方形 T に含まれる注文製品 O_i は，1つのパターンの中で使える数の制限を超えない．

ステップ2(b)
$L^{(K)} = L^{(K-1)} \cup F^{(K)}$ とする．$L^{(K)}$ から等価(同じ構成になっている)な長方形のパターンを取り除く．

ステップ3
$F(K)$ が非空であった場合，$K=K+1$ とし，ステップ2へ行く．そうでなければ，$M=K-1$ とし，素材となる長方形中に置いたときに切り取り無駄が最も少なくなる

長方形を $L^{(M)}$ から選ぶ．

おわりに

パターン生成過程は，1次元問題から2次元問題に変わると，とたんに難しくなることがよくわかっていただけただろう．このことは，長方形という最も単純な形を考えているときでさえ難しくなることを特筆しておきたい．

このことは，2次元カッティング・ストック問題を解くさらなる研究が必要であることも示唆している．2次元問題では考慮すべき問題が2つあり，最初に (13)～(15) 式で示されるような1次元ナップサック問題を解いて注文製品から部分集合を選び出すこと，次に得られた解を統合して実行可能な2次元パターンになるか否かを調べることである．特に多くの異なった大きさの注文があり，かつそれらの注文数が少ない場合には，重要な問題となってくる．この点において，Wang のアルゴリズムは，パターンの内の切り取り無駄が分かっていれば理想的なものであろう．

切り取りパターンとして採用する長方形集合の次候補となるのは，以下の問題を解いて見つける．

$$Z = \max \sum_i U_i A_i \quad (23)$$
$$\text{条件} \sum_i AR_i A_i \leq UAR \quad \text{すべての } i \quad (24)$$
$$A_i \leq b_i \quad (25)$$
$$A_i \text{整数}, \geq 0 \quad (26)$$

ここに AR_i は注文製品である長方形 i の占める領域，UAR は素材である長方形の使用可能領域，b_i は1つのパターンの中に注文製品が使える回数の上限値である．

このようにして選ばれて候補となるパターン（A_1, …, A_n）は，Wang の手順を用いて実行可能性がチェックされる．もし AR_i が小さければ，生成された候補パターンの中に，切り取り無駄がほとんどなくなることが期待される．このことは，切り取り無駄を追い出し，実行可能なパターンがより出やすくなるように UAR を縮小させることの必要性にもつながる．

⇒ビン・パッキング問題，組合せ/整数最適化，線形計画法．　　　　　　　　　　[Robert W. Haessler/片岡靖詞]

参考文献

[1] Gilmore, P.C. and R. E. Gomory (1961), "A Linear Programming Approach to the Cutting Stock Problem," *Operations Research*, 9, 848–859.
[2] Gilmore, P.C. and R. E. Gomory (1963), "A Linear Programming Approach to the Cutting Stock Problem, Part II," *Operations Research*, 11, 863–888.
[3] Gilmore, P.C. and R.E. Gomory (1965) "Multi-stage Cutting Stock Problems of Two and More Dimensions," *Operations Research*, 13, 94–120.
[4] Gilmore, P. C. and R. E. Gomory (1966), "The Theory and Computation of Knapsack Functions," *Operations Research*, 14, 1045–1074.
[5] Haessler, R. W. (1971) "A Heuristic Programming Solution to a Nonlinear Cutting Stock Problem," *Management Science*, 17, 793–802.
[6] Kantorovich, L.V. (1960), "Mathematical Methods of Organizing and Planning Production," reprinted in *Management Science*, 6, 366–422.
[7] Paull, A.E. (1956), "Linear Programming: A Key to Optimum Newsprint Production," *Paper Magazine of Canada*, 57, 85–90.
[8] Pierce, J. F. (1964), *Some Large Scale Production Problems in the Paper Industry*, Prentice-Hall, Inc. Englewood Cliffs, New Jersey.
[9] Sweeney, P.E. and E.R. Paternoster (1991), "Cutting and Packing Problems: An Updated Literature Review," working paper No. 654, University of Michigan, School of Business.
[10] Wang, P.Y. (1983), "Two Algorithms for Constrained Two-Dimensional Cutting Stock Problems," *Operations Research*, 31, 573–586.

カット
cut

グラフ（ネットワーク）の中のアークの集合で，それを取り除くと，流入ノード s と吸収ノード t を結ぶすべてのパスが除去されるもの．⇒グラフ理論．

カット集合
cut set

それを取り除くと，グラフが非連結となる最小数の辺集合．⇒カット，グラフ理論．

GERT
graphical evaluatin and review technique

GERT は，すべてのノードが排他的論理和タイプであるようなネットワークモデルのこと．⇒ネットワーク計画，プロジェクト管理，研究開発．

稼働期間
busy period

待ち行列システムにおいて，すべての窓口が稼働中となったときから少なくとも1つの窓口が空きとなるときまでの期間．全稼働期間ともいう．⇒待ち行列理論．

過渡解析
transient analysis

待ち行列のような確率システムの（定常状態の解ではなく）時間に依存した解．⇒ 待ち行列理論．

カーマーカーのアルゴリズム
Karmarkar's algorithm

N. Karmarkar によって提案された線形計画問題の解法．この方法は，最適解に収束する解空間の厳密な内点の列を生成する解法である．カーマーカーのアルゴリズムとその変形版の多くは，多項式オーダーのアルゴリズムであって，大規模な問題を効率的に解くことができることが示されている．⇒ 内点法，多項式有界アルゴリズム．

カルーシュ-キューン-タッカー（KKT）条件
Karush-Kuhn-Tucker (KKT) conditions

カルーシュ-キューン-タッカー（KKT）条件は，非線形計画問題の解が満たすべき必要条件である．ただしこの条件が成立するためには，制約条件が制約想定の名で呼ばれる正規条件を満たす必要がある．問題の制約領域が凸集合であって，最小化（最大化）すべき関数が凸関数（凹関数）である場合には，KKT 条件は最適性の十分条件となる．この条件を線形計画問題にあてはめると，主問題と双対問題の間の相補スラック条件が得られる．⇒ 非線形計画法．

環境システム分析
Environmental Systems Analysis

はじめに

第二次世界大戦が終結し，オペレーションズリサーチが出現したあとの十年間に，すでに土木・環境技術者は戦争の間に防衛部門で発達していた注目すべき数学ツールを適用していた．彼らはすぐにこれらのツールを環境保護に関連する重要な社会問題の解決に応用したのである．都市・地域の水管理（water management）への OR の応用は，1950 年代後半に，主として Walter Lynn と Abraham Charnes のリーダーシップの下で始まった．OR ツールを使用した固形廃棄物管理（solid wastes management）は，1960 年代半ばにバークレーで Jon Liebman と技術者らによって始められた．また，数多くの大気汚染管理（air pollution management）モデルの開発が行われた．これらの環境問題の工学ベースの調査と並行して，林学/材木管理/レクリエーション/狩猟・漁業管理にも応用された．ここでは，環境への OR の応用に関して，3つの工学ベースの領域を検討する．

都市の水管理

OR の環境への応用の歴史的経緯を見ると，その第一は，まず都市・地域の水管理であった．都市・地域の水管理では多くのことが成し遂げられたが，そのいくつかは OR ツールによるものであり，ほかにはほとんど応用されるものはなかった．水資源管理（water resources management）は，都市・地域の水管理と並行する活動であるが，水供給，レクリエーション，治水，灌漑，水力発電，航路を目的とする貯水池・貯水池システムの運用に焦点がおかれている．また，帯水層管理，地面・表面水域の接続利用，および盆地間移動も扱われる．量・質とも多くの問題設定で共通するものがあるが，都市・地域の水管理活動はこれと対照的に，主に水の局所配送，水処理，廃水処分，受入水の品質に関係する．水資源管理については，本事典中の当該項目で議論されている．

ここでは，(1) 貯水池から飲料水を生産する水処理プラントまで，(2) 分配システムを経て消費者に至るまで，(3) 消費者から下水システムまで，(4) 廃水処理プラント（下水処理プラント）まで，(5) 多くのコミュニティから出された廃水の汚染物質が溶存酸素を含む水流と作用する受入水本体への放出までの水の流れを追う．

水処理プラント（water treatment plant）は，病気を引き起こすバクテリア，ウイルス，原生動物を含まない飲料水を生産するように設計される．水は，好ましくない味やにおい，色などがほとんどなく，魅力的（きれい）でおいしくなくてはならない．典型的な水処理プラントの過程は，これらの規準を達成するように設計される．構成要素の過程の設計・アレンジは，おそらく様々な汚染物質の最終的な濃度に制約がおかれるコスト最適化問題になるであろう．この設計の問題は，都市水管理のシステム分析の応用の第1段階を構成すると考えられる．しかしながら，水処理プラント設計では，OR／システム分析はほとんど行われなかった．

水処理プラントから，水は分配システムを経て消費者に至るまで配送される．このシステム応用の第二段階としての水分配システム（water distribution system）の設計には，線形計画法や非線形計画法が応用されてきた．一般に，方程式における非線形性は，未知の乗数項を近似するように線形計画法を反復して適用することにより対処された．決定項目は，システムのどのリンクを建設するか，管の直径，システムの各リンクの流量，および接合部における圧力水頭である．この話題に関する一連の論文は 1960 年代後半に現れはじめた．この設計問題に伴う主たる困難は，費用と冗長性（信頼性のために必要である）の間のトレードオフと，よい冗長性の指標の欠

如にある．この問題への数多くのアプローチについて明快に比較している唯一の著作として，管路ネットワーク最適化の領域の多くの研究者によって協同して準備され，まとめられた，Battle of the Network Models (Walski et al., 1987) がある．

住宅における消費者は，商工業と同様に，洗濯，入浴，芝生散水，灌漑および製造過程のために分配システムから水を受けて，使用し，しばしば乱用する．使用した結果，水質は主に有機的な汚染物質によって下げられるが，微生物や無機薬品によっても下げられる．水を受水槽の中の水を損なわない品質レベルに戻すため，下水処理プラント (sewage treatment plant) での処理が必要になる．

下水処理プラントに達するまでに，住居，商業および工業からの廃棄物は，廃水収集システムやプラントまでそれらを運ぶ下水システムに流される．下水システム (sewer system) の設計は，都市水管理のシステム分析の適用の第三段階である．どのリンクを建設するか，また，個々の下水管の直径，各管が設置される深さおよび個々の管の勾配を決定するために，多くの最適化モデルが構築された．この分野での代表的な成果が Walters (1985) によるものである．

下水に伴って廃棄物はその起源から処理プラントまで輸送されるが，処理プラント自身も設計されることが必要である．廃水処理プラント (wastewater treatment plant) の設計は，都市水管理のシステム分析の応用の第四段階である．処理プラントは，固形物に含まれる有機廃棄物や廃水中に溶解する有機廃棄物を取り除く通常の生物学的過程からなる．さもなくば，有機廃棄物は湖沼や河川に達したときに細菌によって除かれ，その有機質の低下が水に溶解している酸素を取り除くので，有機廃棄物は廃水から取り除かれる．魚や他の水生の有機体が生き残るには適切なレベルの酸素を必要とするので，魚や水生生物を支える溶存酸素資源を守るために，廃水から十分な量の有機物が取り除かれることは必須である．

受入水の条件にもよるが，処理プラントは，硝酸塩やリン酸塩だけでなく，生物学的処理に抵抗力がある微量の有機物も取り除くために，物理化学過程をもつことも可能である．最適化手法を使用した処理過程の設計は 1970 年代前半に始められた．有用な既存成果として参照される最近の研究論文は (Tang et al., 1987) である．

回復した廃水は，処理プラント (有機物が除去される場所) から河川・湖沼に入り，受入水と混合する．廃水処理プラントにおける取り外し処理の度合い/除去レベルが増加するにしたがって，最終的に受入水に放出される有機廃棄物の濃度は減少するであろう．多量の処理がなされなければ，水環境が魚と他の望ましい水中生物に合わず，有機廃棄物の酸化に伴って消費される湖沼・河川の中の溶存酸素の量は比較的大きくなるであろう．酸素資源の除去と有機廃棄物の生物学的衰退の予測モデルがまず 1910 年代に開発され，それ以来ますます記述的，包含的になった．そしてこれらの多数のモデルを明快に記述した参照文献として Thomann and Mueller (1987) がある．これらの微分・差分方程式モデルは，有機物と他の廃棄物の入力に対する受入水の応答を記述するものである．

有機廃棄物の単一流入力に対する受入水の応答は主に 1950 年代後半までにモデル化されたが，多数の空間に分離された廃棄物の流れに対する河川・湖沼の応答については分析的に記述されなかった．多重処理プラントから廃棄物が河川に入っていると考えるならば，河川のあらゆる場所の溶存酸素の濃度が必要レベルや基準を満たすような処理プラントの効率 (処理レベルまたは除去の度合) の最小コストセットを求める最適化問題となる．必要とされるレベルあるいは基準は，釣り，水泳，川遊びなど，水本体の用途を反映する．もちろん，廃水処理のシステムコストと溶存酸素の基準の間でトレードオフを展開することは可能であり，望ましいことである．溶存酸素の基準は河川に沿って現れる最低レベルの溶存酸素の値で表される．溶存酸素の応答が微分方程式にしたがっているという意味で線形最適制御であるこの最適化問題のために，線形計画モデル・動的計画モデルが開発された．

大規模な場合もあるが，システムと制約条件を記述する支配方程式の操作後，これらのモデルは次のような最適化問題に書き換えられる．

水汚染減少モデル (water pollution abatement model)

最小化 $\sum_{i=1}^{n} c_i e_i$

条件 $\sum_{i \in I} a_{ij} e_i \geq S \quad \forall j \in J$

$0 \leq e_i \leq 1 \quad \forall i \in I$

$i, I =$ 有機汚染物質の放出源とその集合，
$j, J =$ 溶存酸素の基準の確認地点とその集合，
$c_i =$ 放出源 i における除去効率の単位コスト，
$e_i =$ 放出源 i における除去効率，
$a_{ij} =$ 地点 i における単位除去効率に対して，地点 j において流れに存在する遵守または許容溶存酸素量，
$S =$ 河川の全計測地点で適用される溶存酸素基準．

潮の運動により汚染物質がその放出地点の上流・下流にわたって混合される河口部の状況では，係数 a_{ij} はすべて非零，正である．対照的に，潮のない河川では，地点 j が放出源 i より下流に位置するもののみについて，a_{ij} は非零，正である．すなわち，潮のない河川では，放出源 i からの汚染はその放出源より上流の測定地点に与える影響は軽微である．

相当の支出をもってしか一層の品質向上を得ることができないといった，急速な費用曲線の増加があるかもしれないので，総処理費用と溶存酸素基準の間に多目的トレードオフ曲線を作成しておくと有用である．多数の廃棄源の処理効率を選択する流域最適化モデル（river basin optimization model）は，都市水管理へのシステム分析の応用の第五段階である（ReVelle and Ellis, 1994）．

処理プラント/流域最適化モデルは，現実的で比較的複雑ではあるが，河川の汚染源の汚染軽減計画を設計するためのオプションを完全には記述しない．この問題は，処理された廃水の放出が，河川沿いの既知の〈あらかじめ指定された〉地点，通常，その汚染源から受入水本体に入るという仮定にもとづくことに主たる原因がある．したがって，応用の第六段階としてのもう１つの基本的な問題は，川に沿った廃水処理プラントの位置決定（siting）である．前述のモデルは除去効率を決めるものであったが，それぞれの廃水処理プラントからの流れが，流れを発生させたコミュニティや工業と地理的に同じ位置で河川に入ると仮定していた．これに対して，廃水処理プラントの位置決め問題は，河川沿いのすべてのプラントに対し，唯一の高い除去効率をあらかじめ仮定して，総処理コストを最小にする放出〈位置〉を探すものである．溶存酸素基準が川沿いにわたって満たされないことのないよう，単体の処理レベルは十分高いと想定される．一方の極端では，放出は川沿いのそれぞれのコミュニティや工業でまだ行われているかもしれないし，もう一方の極端では，単一の地域廃水処理プラントに放出地点が統合されるかもしれない．しかしながら最もありそうなケースは，各汚染源での放出による放出流と，処理・放出を合併した地域プラントからの放出流とが部分的に統合されたものである．

この問題設定の動機は，廃水流が結合され，一緒に処理される際に，処理に関する規模の経済性が生じるかもしれないということである．流れがまとめられることによるこのコスト上の有利さに対し，廃水流が主要地点に合併される際に要する管路やポンプの追加コストが発生する．したがって，地域廃水処理プラント問題の目的は，処理コストと配管・ポンプのコストの合計を最小にすることである．コミュニティが河川沿いに分散しているほど，地域プラントに統合されることは起こりにくくなるだろう．1970年前半以来，この問題について多くの研究がなされたが，その大部分が処理に関する凹なコスト関数の固定料金近似に焦点を当てている．Zhu and ReVelle (1988)は線形整数計画法を用いて，本質的には線形の河川に沿って地域処理プラントの位置決定に対する効率的で正確な解法を提示し，この問題に関するほとんどの既存研究に言及している．

前２つの問題の変形や結合，つまり溶存酸素基準が河川の全長にわたって守られているうえで，処理効率の最小コスト集合と地域廃水処理プラントの位置を求める問題についてはあまり研究されていない．特に，乗法的非線形性と凹コスト関数または固定料金コスト関数は挑戦に値する問題である．

最後に，システム分析の都市・地域水管理への応用の第七段階は，コストまたは負担の分担の問題である．この問題が考えられたのは，目標が環境問題の解決への協力を喚起することを目標とする地域政府が設けられたことによる．協力は共同活動の形がとられ，たとえば，地域での解が経費節約にもとづくとし，地域廃水プラントをつくるか，あるいは各コミュニティに別々のプラントをつくるかが検討される．地域政府がコミュニティに協力を強制することはできないと仮定するならば，協力を引き起こす方法を見つけなければならない．目標は共同作業から節約分を分配する有効で魅力的な方法を見つけることである．そのような分配によって，参加共同体にとって，単独でその廃棄物流を処理したり，他の最適でない連合に参加したりするよりもよい方法が選ばれる．ほとんどの既存研究に言及している論文として，Zhu and ReVelle (1990)がある．

固形廃棄物管理

都市・地域の固形廃棄物システムの運用と設計の管理は，最適化の応用にとって重要な環境分野を構成する問題の１つである．都市固形廃棄物システムの研究活動水準は1970年代半ば以来減少しているが，挑戦すべき問題は残っており，研究基金が20年前と同様に現在までこの部門に配分されたならば，確実に本腰を入れられたであろう．地域固形廃棄物管理，特に危険廃棄物の移送経路・配置に関しては活発に研究されている．

都市の廃棄物管理の分野は，およそ，収集・経路決定（collection/routing）部門と位置決定部門の２部門に分割されるであろう．第一の収集・経路のカテゴリーでは，２種の関連する問題がある．それは，地区内での移送経路（routing）の問題と，地区分割の生成（creation of district）の問題である．特定の地区内での経路問題には，総ルート延長を最小化したうえで（リンクの最小巡回），地区内のすべてのリンクを最低１回訪れるものと，全リンクを２回（街路の両側の収集に対応）訪れるもの（３回の巡回は不要）とがある．少なくとも１回全リンクを含む経路の原理は，最小巡回，つまり奇数ノード（奇数個の付帯リンクをもったノード）の最小延長マッチングによって達成されるという特性である．各辺を２回カバーする（両側収集）経路問題では，奇数ノードは存在しないので，マッチングは必要なく，経路は全長がちょうど地区内のリンクの全長の２倍に等しい状態で完成する．

代替案としての最良の経路は最も総費用の小さいものであるが，その際，時間がコスト決定における主要な要素となる．結果として，交通量の多い対向車線に対して左折（日本では右折）を多く含む経路は，より長いがほとんど右折（同左折）の経路よりも劣るかもしれない．コスト，時間および左折（同左折）を考慮した経路デザインの問題は依然挑戦すべき問題のままで残されている．

一方，大きな街路ネットワークから収集地区を生成する問題は，まず，各地区の総収集距離/時間（および量や積載重量）があらかじめ決められた制限内にある範囲で，リンクを各地区に割り当てることが第一のステップである．各地区がいったん生成されると，次は経路の段階に引き継がれるであろう．しかしながら，地区生成の段階とその段階における経路決定は互いに影響を及ぼす．すなわち，地区へのリンクの割当が地区内で最小経路の長さを知ることなしに理論上終了することはできないように経路決定することによって，地区内の最小延長経路の長さは，最終的には決定されなければならない．この問題に対する発見的方法は，Liebmanとその指導学生によって作成された(Liebman, 1975)．

第二の部門は，位置決定の問題である．少なくとも4つのタイプの位置決定問題を確認することができる．収集車センターの位置決定，焼却炉センターの位置決定，衛生上の埋立地の位置決定(複数あるかもしれない)，移動ステーションの位置決定（小トラックからより遠方への輸送するためより大きい車両に積み替えるステーション）の4つである．これらの位置決定問題のすべてが検討されたが，すべてが解決されたわけではない．固形廃棄物の運用管理のレビューは，Liebman (1975)によって行われており，また処理施設と埋立地の位置決定のレビューはGottinger (1988)によって行われている．

地域の固形廃棄物管理では，危険廃棄物の処分 (disposing of hazardous wastes) の設置問題が議論を呼んでいる．その目的が論争されながらも，経路，スケジューリング，位置決定に関する問題が豊富である．一方では，経路・位置はコストを最小にするものが選ばれるべきであり，もう一方では，経路・位置は危険性とそれに曝される人口を減らすものが選ばれるべきである．Turnquist and Zografosにより編集された *Transportation Science* の1991年増刊では，危険物輸送に関する問題が5つの論文で取り上げられた．

大気汚染の制御

大気汚染の制御へのシステム分析の応用は，1960年代後半までさかのぼる．大気汚染気象学から得られるモデル構築の努力により，はじめて，放出源から風下における大気汚染物質の濃度に対する規制の形式に適用可能と思われる予測方程式を開発するために適用された．これらの予測方程式から，移動係数（transfer coefficient）と呼ばれるものが導かれている．この移動係数は，汚染物質の各排出源における単位排出量（トン/日など）に対し，風下の特定の測定地点で汚染物質濃度の単位増分(ミリグラム/立方メートルなど)をいう．したがって，特定の排出源から放出される二酸化硫黄のトン/日は，多数の風下のそれぞれの地点における大気中の二酸化硫黄濃度に定量化可能なまでに影響力がある．排出源における減少のためのコストと同様に，この移動係数，および満たされるべき大気中の濃度基準について，最適化モデルを構築することができる．この大気汚染管理モデルは，除去効率の最小コストセット，重要なすべての特定地点で基準以下の大気中濃度を達成する各排出源ごとの除去レベルを選定する．

次に，酸性雨管理のための基本的なモデルについて記述する．このモデルは，前述の水汚染減少最適化モデルと同じ形式で示される．汚染物質の化学反応を推定するのではなく，汚染物質の緩やかな消散を推定するものであることに注意する必要がある．決定変数とパラメータは以下のとおりである．

i, I＝排出源の添字とその集合，
j, J＝濃度測定地点の添字とその集合，
R_i＝排出源iにおけるわずかな除去効率，
E_i＝除去しない場合の排出源iにおける単位時間当たり排出トン数，
t_{ij}＝移動係数(ミリグラム/立方メートル/トン/日)，iにおける単位排出量当たりのjでの大気中の濃度増分，
S_j＝測定地点jにおける大気中の汚染物質の基準，
c_i＝汚染物質除去の単位コスト．

したがって，最適化問題は以下のようになる．

酸性雨管理モデル（acid rain management model）

最小化 $z = \sum_{i \in I} c_i R_i$

条件 $\sum_{i \in I} t_{ij} E_i R_i \geq \sum_{i \in I} t_{ij} E_i - S_j \quad (j \in J)$

$0 \leq R_i \leq 1 \quad \forall i \in I$

この基本的な酸性雨管理問題は多くの方法で扱うことができる．移動係数は既知の数の単一の集合であるかもしれない．それはまた確率変数であるかもしれず，そして制約条件は期待値の制約条件であるかもしれないし，確率制約条件であるかもしれない．また，汚染物質除去への投資条件のもとで最大リグレットを最小化するモデルを導出できる多くの移動係数を考えることができる．大気汚染管理モデルの開発，特に酸性雨モデルの開発については，ReVelle and Ellis (1994)による水・大気質管理の最近のレビューの中で言及されている．

おわりに

ここで議論したいくつかの環境モデルは多くの共通点をもっている．大気および水汚染制御モデルには移動係数と同様のものがともにあり，上流や風上の放出や排出が下流や風下の濃度を決定する．埋立地と焼却炉と同様，水汚染制御施設は，位置決定やコストを最小にするための地域共同化を必要とする．また，発電所の大気放出が制御方程式の一部である場合は，発電所の位置決定は大気質管理と同じ問題になる．最後に，負担の分担とコストの配分の問題は環境管理のこれらのすべての領域に共通である．環境システム分析で設定される問題はたくさんあり，多様であり，挑戦に値する重要なものばかりである．

⇒ 整数計画問題，線形計画法，立地分析，天然資源，配送経路問題，水資源．　　　[Charles ReVelle/鈴木　勉]

参 考 文 献

[1] Walski, T., E. Brill, J. Gessler, I. Goulter, R. Jeppson, K. Lansey, H. Lee, J. Liebman, L. Mays, D. Morgan, and L. Ormsbee (1987), "Battle of the Network Models: Epilogue," *Journal for Water Resources Planning and Management*, Div. ASCE, 113 (2), 191.

[2] Walters, G. (1985), "The Design of the Optimal Layout for a Sewer Network," *Engineering Optimization*, 9, 37–50.

[3] Tang, C. Brill, E., and J. Pfeffer (1987), "Optimization Techniques for Secondary Wastewater Treatment Systems," *Journal of the Environmental Engineering Division*, ASCE, 113 (5), 935–951.

[4] Thomann, R., and J. Mueller (1987), *Principles of Surface Water Quality Modeling and Control*, Harper and Row, Inc.

[5] ReVelle, C., and J. Ellis (1994), "Models for Air and Water Quality Management," in *Operations Research and Public Systems*, edited by Pollock, S., Barnett, A. and M. Rothkopf, *Handbooks of Operations Research*, 7, Elsevier.

[6] Zhu, Z-P., and C. ReVelle (1988), "A Siting Model for Regional Wastewater Treatment Systems," *Water Resources Research*, 24 (1), 137–144.

[7] Zhu, Z-P., and C. ReVelle (1990), "A Cost Allocation Method for Facilities Siting with Fixed Charge Cost Functions," *Civil Engineering Systems*, 7 (1), 29–35.

[8] Liebman, J. (1975), "Models of Solid Waste Management," Chapter 5 in S. Gass and R. Sisson (editors), *A Guide to Models in Government Planning and Operations*, Sauger Books, Potomac, MD.

[9] Turnquist, M. and C. Zografos, eds. (1991), *Transportation Science*, Special Issue: Transportation of Hazardous Materials, 25 (1).

[10] Gottinger, H. (1988), "A Computational Model for Solid Waste Management with Application," *European Journal of Operation Research*, 35, 350–364.

干渉フロート
interfering float

プロジェクトネットワーク中の鎖や経路上の作業に共有されるフロートのこと．鎖上のすべての作業は同じフロートをもつ．⇒ネットワーク計画．

関数の鞍点
saddle-point of a function

任意の利得関数 $F(\boldsymbol{x}, \boldsymbol{y})$ に対して，点 $(\boldsymbol{x}^0, \boldsymbol{y}^0)$ は $F(\boldsymbol{x}^0, \boldsymbol{y}) \leq F(\boldsymbol{x}^0, \boldsymbol{y}^0) \leq F(\boldsymbol{x}, \boldsymbol{y}^0)$ のときに鞍点である．⇒鞍点問題．

間接費用
indirect costs

シンプレックス法において，間接費用は問題を定義する行列 A の各列ベクトルと乗数ベクトルとの内積をとることによって計算される．第 j 列との内積は通常 z_j と表現される．c_j をもとの目的関数の係数とすると，$(z_j - c_j)$ または $(c_j - z_j)$ によって，どの変数を基底に取り入れるかが決まる．基底変数 x_k に対しては，$z_k - c_k = 0$ となる．この $z_j - c_j$ を（基底に対応する）相対費用もしくは被約費用という．⇒ 価格．

間接列挙法
implicit enumeration

整数計画問題の解法の1つで，計算途中で得られる問題の実行可能性や目的関数値などに関する情報を利用して，可能な整数解の一部だけを調べることによって最適解を得ようとする方法．すなわち，解の中のあるものは，実行可能条件を満たしえないとか，目的関数値が従来得られているものと比べてよくなりえないということを示すことによって，調べる対象から除外するのである．⇒分枝限定法．

ガントチャート
Gantt Charts

定　義

ガントチャートにはよく知られた3つのタイプがあ

る．すなわち，負荷チャート（Gant load chart），レイアウトチャート（Gant layout chart），プロジェクトチャート（Gant project chart）である．ガントチャートは，水平軸が時間を表し，垂直軸が関連する作業，機械，従業員，他の資源の集合に対応したバーチャートにほかならない．バーは負荷が継続している状態すなわち，作業の開始から終了までを表している．ガントチャートは理解しやすく，複雑なスケジュールをまとめて見ることができるという点で魅力的である．

ガントチャートの3つのタイプは本質的には同じであるが，適用される分野が若干異なる．負荷チャートは，所与の期間において資源（装置であることが多い）に割り当てられた作業量を表すのに用いられる．ここでは作業順序の問題は無視される．負荷チャートは，プロジェクトに割り付けられた作業を表すのに便利であるが，進行中のプロジェクトの経過を表すことはできない．レイアウトチャートは，設備の占有時間の概略の計画を立てるのに用いられ，進行中のプロジェクトの経過を追跡するための1つの手段である．

ガントチャートで最もよく用いられるのは，ガントプロジェクトチャートである．ガントプロジェクトチャートは，プロジェクトを構成するすべての作業の開始と終了時点を表すのに用いられる．チャートを使ってプロジェクトの経過をモニターし，停滞しているブロックを見つけることができる．以下では，ガントプロジェクトチャートの例を示す．

例

プロジェクトが4個の作業からなるとしよう．それらをA, B, C, Dとし，それぞれ4, 7, 3, 5日必要であるとする．図1はこれらの作業の開始時点と終了時点を表したガントチャートである．

このチャートによると，AとBは第0日に開始し，それぞれ4日後，7日後に終了する．Cは第4日にAが終了してから開始し，第7日が始まるときに終了している．Dは第5日に開始し，第10日が始まるとともに終了する．チャートはそれぞれの作業の開始と終了を表しているが，それぞれの間の順序関係を表していないという欠点をもっている．たとえば，CはAの終了を待っていな

ければならないのか，それとももっと早く開始してもかまわないのか，Dは第5日ではなく第4日に開始してもよいのか，を読み取ることはできない．ガントチャートにはこのような重大な限界があり，後年，プロジェクトを表すのにネットワークを用い，順序関係をそのままネットワークの構造として表現する手法の方がずっと強力であることが，日程計画を専門とする人々の間で常識となっていった．ガントチャートのこの欠点を克服したのがクリティカルパス法（critical path method: CPM）とPERT（project evaluation and review technique）である．しかし，欠点はあるものの，ガントチャートはいったん決定したスケジュールを表すのに非常に便利な方法としていまでも使われている．

ガントチャートにはかなり異なった形式や構造のものがあるが，上記の例には，すべてのガントプロジェクトチャートの基本的な要素が含まれている．通常は，横軸が時間に対応し，縦軸が作業の集合（別のタイプのガントチャートでは機械や資源）に対応している．ここでは「作業」を広く解釈することにしよう．それらは，プロジェクトの構成要素，部品の番号，機械や人間であったりする．バーは，通常は作業の開始と終了に対応しているが，別の文脈では異なる解釈がありうる．たとえば，作業者の勤務時間のシフトや部品の引き渡し時点と発送時点に対応する場合がある．

実現に関する問題

ガントチャートを実際に使う場合にはいくつか考えておかなければならない点がある．まず時間の原点をどうとるか，単位をどうするかを考えなければならない．上の例では，0とラベルが付けられた最初の日からの経過日数で時間を表してある．しかし実際にはカレンダーの日が使われるのがより普通であり，この場合には，水平軸は計画期間のカレンダーの日に対応する．これで開始時点と終了時点はずっと明確になったが，まだ考慮しなくてはならない点がある．1日の長さをどうとるべきであろうか．通常の労働環境では1日は8時間であるが，24時間が適当であるような問題設定もある．また，週末も作業が行われるかどうかを考えなければならない．この点をどう扱うかに関してはいくつかの考え方がある．最も簡単なのは週末をチャートから除いてしまうことである．興味をもった読者は，Battersby（1967）とClark（1952）の詳しい解説を参照されたい．

拡　張

ガントプロジェクトチャートが拡張されたマイルストーンチャート（milestone chart）は，現在用いられているネットワークの前身である．ネットワークとは，頂点と向きのある枝から構成されるものであり，プロジェク

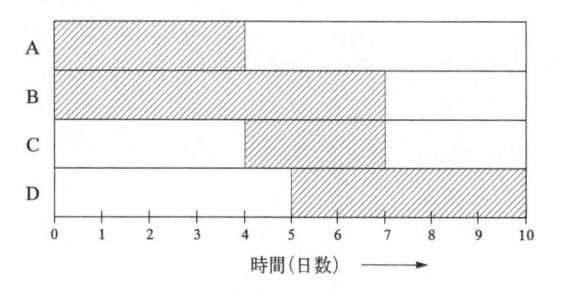

図1　4個の作業に対するガントチャート

ト計画では，頂点は作業の完了時点に，有向枝はそれぞれ対応する作業が行われていることに対応している．1940年代に米海軍で開発されたマイルストーンチャートは，ある作業の終了に応じて引き起こされるキーとなる期間を表す円を，ガントチャートに付け加えたものである．この円（マイルストーン）は，プロジェクトネットワークの頂点が有向枝で結ばれるのと同様に線で結ばれる．マイルストーンガントチャートの例を図2に示す．

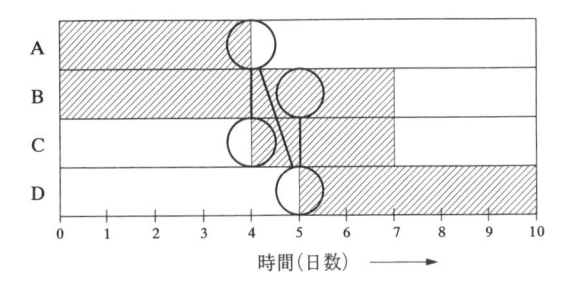

図2 マイルストーンガントチャート

作業AとCを結ぶ垂直の線分は，Aが終了するまでCを開始することができないことを表している．BとDの間の垂直の線分は，Bを開始して5日間たたないとDが開始できないことを表している（したがって，Bは2つの作業に分割すべきであろう）．AとDを結ぶ斜めの線分は，Aが終了しないとDが開始できないことを表している．

利　用

何種類もの商用管理システムがガントチャートから生まれ，今日でもそれらの多くの図が米国中の工場の壁に貼られている．Moore (1967) は，彼の古典的な著書の中で，1960年代に利用された Productrol boards, Schedugraphs, Boardmasters といったガントチャートの商用版について記している．これらすべてにおいて，時間軸が上側にとられ，水平の線が，機械，スケジュール，オーダなどを表している．1950年代にはよく用いられていたが，コンピュータが急速に進歩して，進行状況を表すチャートを迅速に更新し印刷できるようになったので，これらの手作業に頼る方法はすたれていった．

歴　史

基本的な概念は，Frederick Taylor と同時期に活躍し，経営と生産の管理に関する科学的な方法を開発するうえで主要な役割を果たした Henry L. Gantt によって考え出された．Gantt は第一次大戦中，陸軍造兵局で働いていたときに，プロジェクトの状態を監視するためにバーチャートのアイデアを開発した．もともとの意図は，当時の軍需品調達計画の進行状況を図的に表すことであった．ガントはその当時，計画の進行を評価するのにキーとなる変数は時間であることを認識していた．ガントの開発したアイデアは，その後プロジェクト計画の強力なツールとなるプロジェクト管理（project management）の科学的な方法の開発へと進む重要な第一歩であった．先に述べたCPMもPERTもガントが推奨した計画法から導かれたものである．この主題に関して多くのテキストが書かれ，また，非常に幅広く産業界で用いられてきている．現在では，スケジュールを表すのにガントチャートを積極的に利用したパソコンのソフトウェアを手軽に利用することができる．プロジェクト計画に関する概説が Nahmias (1993) にあり，プロジェクト計画技法に関するより詳細な内容が Moder, Phillips, and Davis (1983) に述べられている．
⇒クリティカルパス法，ネットワーク計画，PERT．

[Steven Nahmias/田口　東]

参　考　文　献

[1] Battersby, A. (1967), *Network Analysis for Planning and Scheduling*, Second Edition, Macmillan, London.
[2] Clark, W. (1952), *The Gantt Chart: A Working Tool for Management*, Pitman Publishing, New York.
[3] Moder, J.J., C.R. Phillips, and E.W. Davis (1983), *Project Management with CPM, PERT, and Precedence Diagramming*, Third Edition, Van Nostrand Reinhold, New York.
[4] Moore, F.G. (1967), *Manufacturing Management*, Fourth Edition, Richard D. Irwin, Homewood, Illinois.
[5] Nahmias, S. (1993), *Production and Operations Analysis*, 2nd ed., Richard D. Irwin, Homewood, Illinois.

感度分析

sensitivity analysis

数学モデルの出力が，与えられたデータの（通常の）微小変化にしたがって最適解が一般にどの程度変化するかを調べること．線形計画法においては，感度を研究することは問題の解の基本的部分である．これはコスト係数あるいは右辺値要素が，他のすべてのデータが一定で実行可能最適基底がもはや最適あるいは実行可能ではないときに，どの程度変化するかを示している．⇒100％規則，線形計画法，非線形計画法，パラメトリック線形計画法，レンジング，ロバスト性解析，許容分析．

ガンマ分布

gamma distribution

確率密度関数が $f(t) = a(at)^{b-1}e^{-at}/\Gamma(b)$ という形で書ける連続分布．ここで a と b は正数，$\Gamma(b)$ はガンマ関数である．定数 b は〈形のパラメータ〉(shape parameter)，a は〈尺度パラメータ〉(scale parameter) と呼ばれる．b が正整数のとき $\Gamma(b) = (b-1)!$ であり，このときガンマ分布はアーラン分布とも呼ばれる．さらにもし b が整数か半整数 $(1/2, 1, 3/2, 2, \cdots)$ で，$a=1/2$ ならば，これは統計の古典的な χ^2 分布と一致する．⇒アーラン分布．

緩和問題

relaxed problem

いくつかの制約条件が弱められた，あるいは緩和された制約付き最適化問題に与えられる用語．特に変数が整数とは限定されないような整数計画問題に対して適用される．緩和問題の目的関数は原問題の限界を表すのに用いられる．⇒整数計画問題．

木

tree

ネットワークにおいて，木は閉路をもたず，部分ネットワークのすべてのノードを連結するような部分ネットワーク（グラフ）である．すなわち各ノードを連結する唯一の経路が存在する．ネットワークのすべての n 個のノードを連結する木は完全木と呼ばれ，$(n-1)$ 本のアークを含む．⇒最小全域木問題，ネットワーク最適化．

擬凹関数

pseudoconcave function

開凸集合 X 上で微分可能な関数 $f(\cdot)$ が与えられたとき，任意の $x, y, x \neq y$ に対して $f(y) > f(x)$ ならば，$(y-x)^T \nabla f(x) > 0$ が成り立つ場合，関数は擬凹であるという．⇒凹関数，準凹関数．

機会コスト

opportunity cost

機会を失うことに伴うコスト，つまり最適でない行動を選択することによって犠牲となった金額あるいは価値のこと．線形計画法においては，機会コストは最適基底解に含まれていない変数のリデューストコストである．1単位の非基底変数が解に導入された場合，目的関数の最適値は対応するリデューストコスト（reduced cost）に等しい量だけ減少する．⇒シンプレックス法．

幾何計画法

Geometric Programming

はじめに

幾何計画法（geometrical programming）における初期の研究は，Zener (1961, 1962) が工業デザイン問題のための費用最小化手法を発表したことに触発されて活発に行われた．その後，この分野の重要な基礎は，Duffin (1962) や Duffin and Peterson (1966), Duffin, Peterson and Zener (1967) の研究によって確立された．幾何計画法とは最適化問題の1クラスで，変数ベクトルを $t=(t_1, t_2, \cdots, t_m)$ として

(P) 最小化 $g_0(t)$　条件 $g_k(t) \leq 1$，$t > 0$

の形に定式化される．ただし，$k=0, 1, \cdots, p$ に対して関数 $g_k(t)$ は，適当な実数値の係数 $\{c_i\}$ と指数 $\{a_{ij}\}$ によって

$$u_i(t) = c_i t_1^{a_{i1}} t_2^{a_{i2}} \cdots t_m^{a_{im}}$$

と表される項の和である．次の問題は3変数の幾何計画問題の1例である．

最小化 $g_0(t) = \dfrac{40}{t_1 t_2 t_3} + 40 t_2 t_3$

条件　$g_1(t) = \dfrac{1}{2} t_1 t_3 + \dfrac{1}{4} t_1 t_2 \leq 1$

　　　$t_i > 0$，$i = 1, 2, 3$

幾何計画法という名前は，上記の問題に対する双対定理が展開された当初，幾何平均と算術平均との間の不等式が重要な役割を果たしたことから採用された．初期には係数が正である問題クラスに研究が限定され，その場合の項 $u_i(t)$ は「ポジノミアル」(posynomial) と呼ばれた（訳注：指数 $\{a_{ij}\}$ は実数なので，一般にポジノミアルは多項式 (polynomial) ではない）．したがって，幾何計画法の代わりにポジノミアル計画法の名前が採用されていた可能性もある．工業デザイン問題の多くは，係数が正の幾何計画問題として定式化できる．そうした問題の例は，Duffin, Peterson and Zener (1967) の教科書や幾何計画法の解法と計算，応用について書かれた Ecker (1980) の論文，あるいは後者の参考文献の中にいくつも紹介されている．

幾何計画問題は，係数 $\{c_i\}$ にいくつか負のものが存在する場合にシグノミアル計画問題 (signomial program) と呼ばれる．このクラスの最適化問題を最初に考察したのは Passy and Wilde (1967) と Blau and Wilde (1969) である．初期の幾何計画法の理論はより大きなクラスの最適化問題へと一般化されており，Peterson (1976) の概説論文には，不等式によって双対理論を展開するアプローチが，どのようにして壮大なクラスの問題に一般化できるかが示されている．

ポジノミアル計画問題と凸計画問題の同値性

ポジノミアル計画問題 (posynomial program) は，目的関数 g_0 と制約関数 g_i がすべて凸となるように再定式化できる．単純な変換

$$t_j = e^{z_j}　j = 1, 2, \cdots, m$$

によって，各ポジノミアル項は

$$u_i(t) = c_i e^{a_{i1} z_1 + a_{i2} z_2 + \cdots + a_{im} z_m}$$

と書き換えることができる．第 i ポジノミアル項の指数を第 i 行 A_i にもつ行列を A で表し，z_i からなる列ベクトルを z とすれば，$u_i(t)$ は

$$u_i(t) = c_i e^{A_i z}$$

と表すことができる．行列 A は普通，指数行列 (exponent matrix) と呼ばれる．変数の数が m，ポジノミアル項の数が n ならば，A は $n \times m$ であることに注意しよう．前述の3変数の例の場合，指数行列 A は

$$A = \begin{bmatrix} -1 & -1 & -1 \\ 0 & 1 & 1 \\ 1 & 0 & 1 \\ 1 & 1 & 0 \end{bmatrix}$$

によって与えられる．

さて，ここで $x = Az$ と置けば，各ポジノミアル項は

$$u_i(t) = c_i e^{x_i}$$

と書ける．したがって，線形制約 $x = Az$ を追加すれば，係数が正の幾何計画問題はいずれも，目的関数と制約条件のすべてが変数 x の凸関数となるように変換できることがわかる．

ポジノミアル計画問題の双対問題

幾何・算術平均の不等式を用いれば，上記のポジノミアル計画問題 (P) から最大化問題を生成させることができる．この最大化問題は各ポジノミアル項 u_i に対して双対変数 d_i をもつので，双対ベクトルは

$$d = (d_1, d_2, \cdots, d_n)^\mathrm{T}$$

となる．また，k 番目の関数 $g_k(t)$ に対応して，

$$L_k = 変数 d_i の和$$

と表すことにしよう．

このとき，双対問題は

最大化 $u(d) = \dfrac{c_1}{d_1} \dfrac{c_2}{d_2} \cdots \dfrac{c_n}{d_n} L_1^{L_1} L_2^{L_2} \cdots L_p^{L_p}$

条件　$L_0 = 1$

　　　$A^\mathrm{T} d = 0$，$d \geq 0$

の形になる．前述の3変数の例ならば，以下が双対問題である．

最大化 $v(d) = \left(\dfrac{40}{d_1}\right)\left(\dfrac{40}{d_2}\right)\left(\dfrac{1}{2 d_3}\right)\left(\dfrac{1}{4 d_4}\right)(d_3 + d_4)^{d_3 + d_4}$

条件　$A^\mathrm{T} d = 0$

　　　$d_1 + d_2 = 1$

　　　$d \geq 0$

双対定理は，もとの主問題 (P) の解を双対問題の解から導く方法を与えるもので，Duffin, Peterson and Zener (1967) によって展開されている．問題 (P) は，

$$d > 0　A^\mathrm{T} d = 0$$

を満たす双対ベクトル d が存在する場合に基準 (canonical) 形であるという．基準形の問題には常に最小点 t^* が存在するが，さらに (P) の制約式を満たす点すべての集合が内点をもてば，以下の双対性が成立する．

（ i ）　双対問題に最大点 d^* が存在する

（ii） 双対問題の最大値は主問題（P）の最小値に等しい

（iii） 問題（P）の任意の最小点 t は，目的関数に含まれる項 $u_i(t)$ の各 i に対して $u_i(t)=d_i^*v(d^*)$ を満たし，制約関数では各 i に対して $L_k(d^*)$ のときに $u_i(t)=d_i^*/L_k(d^*)$ を満たす．

解 d^* が与えられれば，(iii) の2つの等式の右辺はいずれも正の定数となり，これらの等式の両辺に対して共通の対数をとることで変数 $\log(t_i)$ の1次方程式を得ることができる．一般に，この1次方程式には変数よりも等式の数が多く，したがって一意に最小点 t^* を決定できる．

計 算 法

ポジノミアル計画問題を解くためのアルゴリズムとして最初に発表されたのは Frank (1966) によるもので，双対問題を解いた後に上記の双対関係を用いて (P) の最小点を算出している．また，Blau and Wilde (1971) と Rijckaert and Martens (1976) も同様な方法を展開し，双対問題に対するカルーシュ-キューン-タッカー最適性条件を解いている．このほかに，Dinkel, Kochenberger and McCarl (1974) や Beck and Ecker (1975) などでも双対解法が研究されている．

問題（P）を直接に解く計算法のクラスは，積項を線形化するアイデアにもとづくもので，Duffin (1970) によって最初に提案された．また，Avriel and Williams (1975) と Avriel, Dembo and Passy (1975) は，各関数を1つのポジノミアル項に圧縮するアイデアを使って線形計画問題を定式化し，そこから負の係数がある場合にも（P）の近似解を求めている．この種の近似解法は Dembo (1978) に詳しく紹介されている．

⇒非線形計画法，最適化．

[Joseph G. Ecker/久野誉人]

参 考 文 献

[1] Avriel, M., R. Dembo and U. Passy (1975). "Solution of Generalized Geometric Programs," *Internat. Jl. Numer. Methods Engrg.*, **9**, 149–169.
[2] Avriel, M. and A.C. Williams (1970). "Complementary Geometric Programming," *SIAM Jl. Appl. Math.*, **19**, 125–141.
[3] Beck, P.A. and J.G. Ecker (1975). "A Modified Concave Simplex Algorithm for Geometric Programming," *Jl. Optimization Theory Appl.*, **15**, 189–202.
[4] Blau, G.E. and D.J. Wilde (1971). "A Lagrangian Algorithm for Equality Constrained Generalized Polynomial Optimization," *AI Ch. E. Jl.*, **17**, 235–240.
[5] Blau, G.E. and D.J. Wilde (1969). "Generalized Polynomial Programming," *Canad. Jl. Chemical Engineering*, **47**, 317–326.
[6] Dembo, R.S. (1978). "Current State of the Art of Algorithms and Computer Software for Geometric Programming," *Jl. Optimization Theory Appl.*, **26**, 149–184.
[7] Dinkel, J., J. Kochenberger and B. McCarl (1974). "An Approach to the Numerical Solution of Geometric Programming," *Mathematical Programming*, **7**, 181–190.
[8] Duffin, R.J. (1962). "Cost Minimization Problems Treated by Geometric Means," *Operations Res.*, **10**, 668–675.
[9] Duffin, R.J. (1970). "Linearizing Geometric Programs," *SIAM Review*, **12** 211–227.
[10] Duffin, R.J. and E.L. Peterson (1966). "Duality Theory for Geometric Programming," *SIAM Jl. Appl. Math.*, **14**, 1307–1349.
[11] Duffin, R.J., E.L. Peterson and C.M. Zener (1967). *Geometric Programming*. John Wiley, New York.
[12] Ecker, J. G. (1980). "Geometric Programming: Methods, Computations, and Applications," *SIAM Review*, **22**, 338–362.
[13] Frank, C.J. (1966). "An Algorithm for Geometric Programming," in *Recent Advances in Optimization Techniques*, A. Lavi and T. Vogl, eds., John Wiley, New York, 145–162.
[14] Passy, U. and D.J. Wilde (1967). "Generalized Polynomial Optimizations," *SIAM Jl. Appl. Math.*, **15**, 1344–1356.
[15] Peterson, E.L. (1976). "Geometric Programming – A Survey," *SIAM Review*, **18**, 1–51.
[16] Ricjkaert, M.J. and X.M. Martens (1976). "A Condensation Method for Generalized Geometric Programming," *Math. Programming*, **11**, 89–93.
[17] Zener, C. (1961). "A Mathematical Aid in Optimizing Engineering Design," *Proc. Nat. Acad. Sci. U.S.A.*, **47**, 537–539.
[18] Zener, C. (1962). "A Further Mathematical Aid in Optimizing Engineering Design," *Ibid.*, **48**, 518–522.

企業戦略

Corporate Strategy

全社レベルにおける戦略的タスク

公式的な戦略的計画プロセスは，全社レベル，事業分野レベル，職能レベルの3つの観点で区別される．これらの観点は各レベルで行われる意思決定の性質の面でも，また戦略形成プロセスによって作成された行動計画の編成と実施にどのような組織単位や管理者が関与するかという面でも異なるものである．

全社レベルの戦略的タスクでは，企業全体に及ぶ可能な限り広い視野が必要とされるので，組織の下位レベルに委譲できないタスクを取り扱う．事業分野レベルでは，

当該事業分野での競争から経済面で最も高い収益をもたらすような競争優位（competitive advantage）を確保するのに決定的に重要な意思決定を取り扱う．職能レベルでは，企業のコアコンピタンス（core competence），すなわち競争優位の源泉となる能力を開発，養成することをこころみる．

ここでは，全社レベルの戦略的タスクに絞って検討を行う（Hax and Majluf, 1991）．ここには，リーダーシップ面，経済面，および管理面の3つの側面からの責務がある．これらは，われわれの関心が企業のビジョンを形成することなのか，高収益を引き出すことなのか，あるいは適切な調整と管理の能力を確保することなのか，これらのいずれにあるのかに応じて，そのタスクを特徴付けるのに有効である．

リーダーシップの責務

この責務は一般にCEO（最高執行責任者）の人格に付随するものである．CEOは企業のビジョンを規定し，それを企業内にやる気が充満するような方法で伝達するものと期待されている．

CEOのビジョンは組織に目的意識をもたらし，容易ではないが達成可能な挑戦を課し，この挑戦目標を追求するための方向性を明示するものである．成功している組織には例外なく，成功の精神を生み出す創造的なビジョンを規定し，それを伝達する能力をもった有能なリーダーが存在するものである．すなわち，成功はさらなる成功を生み出すものである．

Hamel and Prahalad (1989) は，企業のビジョンには彼らが「戦略的意図」（strategic intent）と呼ぶ「脅迫観念」が伴わなければならないと主張している．この言葉が示しているのは，一見達成不可能と思われる目標を組織が達成するためには，かなりの背伸びが必要で，そのためにはテコとなる資源が必要であるということである．

リーダーシップについては，その資質が先天的なのか後天的なのか，すなわちリーダーは「生まれつくのか育てるのか」，あるいは成功するリーダー像を記述するための共通的な特性は存在するのか，など議論を呼ぶ点を含めて実に様々なことがいわれてきた（Schein, 1992; Kotter, 1988）．ここでは企業の戦略的タスクの経済的および管理的責務について議論を集中したいので，リーダーシップに関する議論にはこれ以上立ち入らないが，以下で検討する経済的および管理的責務に関するタスク群は同時に，企業のビジョンを焼き付けるためにも必須の道具立てとなるので，リーダーシップ能力はこれらのタスクを通して発揮され，実体となって現れてくる（Pfeffer, 1992）．

経済的責務

この責務は全社レベルでの価値の創造に関するものである．ここでの酸性試験は，複数の事業分野を一緒にする方が高収益をもたらすのか，あるいはそれぞれ別個に自律的な事業単位にした方がよいのかである．この観点からの企業戦略の基本は，個々の事業分野を独立の事業単位としたときの貢献の総和よりも企業全体の価値が大きくなることを確かめることである．

経済的責務には次の3つの中心的課題がある．すなわち，企業の事業分野を定義すること，これらの事業分野間の相互関係を識別し開拓すること，さらに種々の事業活動が資産とスキルを共有できるように調整すること，である（Porter, 1987; Pearson, 1989）．

企業戦略の経済的責務に関連するタスクには次の8つがある．最初のタスクは全社レベルにおける環境の走査（environmental scan）である．これによって当該企業が直面している外的圧力を熟知し，当社の競争的位置について熟慮を開始することが可能になる．戦略の主要な目的のひとつは企業と環境との間に適切な配置を求めることであるから，企業の戦略計画プロセスを外部環境の精査から始めることは十分合理的であると考えられる．

他の7つのタスクは企業の競争優位を達成するために必須の戦略的決定に関するものである．それらは企業の使命（mission of the firm），事業分野のセグメント化（business segmentation），水平的戦略（horizontal strategy），垂直統合（vertical integration），企業理念（corporate philosophy），企業の戦略的姿勢（strategic posture of the firm），およびポートフォリオマネジメント（portfolio management）である．以下にこれらのタスクの概要を述べる．

1. 全社レベルにおける環境の走査：企業に影響を及ぼす外部圧力の理解： 環境を走査することで，この企業が営業を行っている地域の地理的特性がもたらす事業機会を評価することが可能になる．また当社の事業分野のポートフォリオに関連する種々の産業分野の全般的動向を調べることができる．さらに技術動向，人的資源の供給，あるいは政治的・社会的・法制的要因が当社に与える好影響・悪影響を描写することも可能になる．外的圧力の結果として生じる主要な機会と脅威を認識，識別することが環境の走査から得られる産出物である．

2. 企業の使命：競争領域と競争方法の選択： 企業の使命は事業分野の範囲，すなわち製品，市場，立地を規定するとともに，その企業の限界能力を決定する競争力の源泉を規定するものである．この使命は，企業にとって必須の活動や能力のすべてを含まなければならないので，これを表現するための集計のレベルは幅の広いものにならざるをえない．

企業の使命はこの企業の全般的なビジネスポートフォ

リオを規定する．すなわち，参入あるいは撤退すべき事業分野を選択するとともに，これらの事業分野に割り当てられる有形無形の資源の配分を行う．全社レベルにおける事業領域の選択は，しばしば莫大なあるいは壊滅的なコストを覚悟せずに引き返すことは不可能である．独自の競争力を培うことは〈企業優位〉，すなわち様々な事業分野のポートフォリオにまたがる企業能力を形成することになる．

企業の使命には，事業分野の選択，経済面での付加価値を創造するように事業戦略を統合すること，という企業戦略にとって必須な2つの意思決定を含むものである．この2つの領域の意思決定で失敗を犯すことは，この賭けの賭金は当然のことながら高いので，致命的なものになる．

3．事業分野のセグメント化：計画と組織化の焦点の選択： 企業の使命は事業分野の範囲を規定する．具体的には，企業が作り出す製品あるいはサービス，それらを提供する市場，および企業が営業を行う地理的位置（立地）である．事業分野のセグメント化は，これらの活動を最も効果的に管理できるように集約するのに用いられる観点あるいは尺度として定義される．事業分野のセグメント化はまた，事業戦略の計画と実施の双方に中心的な役割を果たす計画と組織化の焦点を与えるものである．戦略的計画プロセスの結果として選択された事業分野がこの過程における最も関連性の高い分析単位となるので，この概念が公式的な戦略的計画プロセスに占める位置は重要である．

4．水平的戦略：事業単位間のシナジー的結合の追求： 水平的戦略は多角化した企業が全社レベルでの優位性を求める場合の主要な源泉として議論される．これはさらに多くの経済的な付加価値を生み出しうる，様々な事業分野間に存在するシナジーを探知し実現することによって達成される．諸資源および諸活動を事業分野間にまたがって共有しうる機会を探知するために用いられる基本的なフレームワークが価値連鎖である（Porter, 1985）．その結果，事業分野間の結合の程度がそれぞれの事業分野の相対的な自立性と独立性の程度を決定する．

企業の使命が事業分野の範囲を規定し，事業分野のセグメント化が計画と管理の単位を組織化し，水平的戦略が事業分野間の相互依存の程度を規定するので，結局これらのタスクは高度に連結されていることになる．さらに，企業の使命はこの企業の現在および将来の競争能力を規定することになり，この競争能力が様々な事業分野間の関係と，水平的戦略によって演ずべき役割とを支援する基盤になる．

5．垂直統合：企業の境界の定義： 垂直統合は価値連鎖の幅を規定するとともに，企業がその内部で実施する各活動の強さを規定する．これは企業の境界を規定し，企業を取り巻く主要な外部要素，すなわち供給業者，流通業者，顧客との関係を確立する．

垂直統合がもたらす便益には，規模および範囲の経済による費用削減，供給業者および顧客に対する防衛的な市場支配力の形成，新しい事業機会によってもたらされる利益獲得のための攻撃的な市場支配力の形成，などがある．一方，垂直統合の阻害要因には，経費および投下資本の増大による規模の不経済，柔軟性の欠如，経営管理活動の複雑化に起因する管理面での不利益，などがある（Stuckey and White, 1993；Harrigan, 1985；Walker, 1988；Teece, 1987）．

6．企業理念：企業と利害関係者との間の関係の定義： 企業理念は組織に統一テーマと一連の基本原則とを提供する．すなわち企業理念は，第一に，企業と従業員，顧客，供給業者，地域社会，株主との関係を規定する．第二に，企業の成長と収益に対する広義の目標を規定する．第三に，企業の基本的な方針を規定する．最後に，企業理念は倫理，信条，個人および企業の行動の規範について言及する．

企業理念は，CEOが掲げる企業のビジョンの重点を明示化するのを支援するという点において，リーダーシップの責務に密接に関連するタスクである．

7．企業の戦略的姿勢：戦略スラストと全社レベルの業績目標の定義： 企業の戦略的姿勢とは，全社レベル，事業分野レベル，職能レベルの各レベルでの戦略形成を誘導するために，全社レベルで開発された一連の実務的な要件である．戦略スラスト（strategic thrust）は企業の戦略的な検討事項の特徴を記述するものであり，ここにはこの企業のすべての主要な戦略的な問題が規定され，この解決に責任をもつ組織単位が示される．全社レベルの業績目標では，経営管理活動の結果を評価するために使用される主要な指標が規定され，企業の戦略的意図の表明として数値目標が割り当てられる．戦略的姿勢では，いままで述べてきたすべてのタスクの結果を取り込んで，それらを認識し行動を起こすための問題として取り扱うべき挑戦として利用する．

8．ポートフォリオマネジメント：資源配分のための優先順位の割当てと多角化と撤退のための機会の識別： ポートフォリオマネジメントと資源配分については，従来からその責任は常に全社レベルで負うものと認識されてきた．本項でも，企業の様々な事業分野で共有されるコアコンピタンスを開発することが全社レベルでの競争優位を形成する源泉であることは，すでに指摘したとおりである．このようなコンピタンスは，工場や設備などの物的資産，著名な銘柄などの無形資産，製品設計・開発に伴う技術などの能力，のように企業自身が育て，それを効果的に展開していかなければならない資源から生まれてくるものである．

効果的な資源配分の要諦は経済価値を創造する能力にある．この価値は企業の内部活動から発生してくる場合もあるが，合併，吸収，ジョイントベンチャー，あるいはその他の形態の提携によって外部の源泉から獲得する場合もある．さらに場合によっては，不採算部門から撤退することによって，すなわち企業に価値を追加するのではなく破壊することによって価値が生成される場合もある．ポートフォリオマネジメントはこのようにきわめて重要な問題のすべてを扱うものである．

1980年代は，ほとんどの先進国の経済が停滞に直面した時期であり，企業は思いきったリストラクチャリング（再構築）を実施することを余儀なくされた．リストラクチャリングは企業の構造と業績の再構成を意図した，物的資産，人的資源，および事業分野の境界の再割当て（この中には撤退も含まれる）へと導くものである．リストラクチャリングの意思決定もポートフォリオマネジメントの一部である(Donaldson, 1994)．

管理的責務

この責務は企業戦略を成功裏に実施するための主要な決定要因である．これには，企業の経営管理インフラストラクチャーの設計，キーパーソンの管理という2つの重要なタスクが含まれる．

9. 経営管理インフラストラクチャー：組織構造，経営管理プロセス，および戦略の実施を容易にするための企業文化と調和したシステムの設計と調整： 経営管理インフラストラクチャーは組織構造と経営管理システムとから構成される．企業戦略が成功裏に実施されるためには効果的な経営管理インフラストラクチャーの存在がきわめて重要である．この究極的な目標は，企業活動の分権化が可能になるような自己維持可能な一連の規則を生成するための企業価値，経営管理能力，組織責任，経営管理プロセスを開発することである．

組織構造という用語は一般に，環境，組織資源，企業文化，企業戦略との間で特定の配置を形成するための設計努力をさす用語として使用される(Nadler et al., 1992)．

10. キーパーソンの人的資源管理：選抜，養成，考課，報償，および昇進： 企業はその規模にかかわらず，少数のキーとなる個人によって経営が行われているのが常である．成功を遂げているグローバル企業であるAsea Brown-Boveri（ABB）のCEO, Percy Barnevikは当社の最重要課題で最大のボトルネックはグローバルマネジャーの養成であると述べている．もっとも彼はこう述べた直後に，グローバル企業といえどもこのようなマネジャーが何千人と必要なわけではない，と付け加えている．ABBの場合，この企業をうまく経営していくには，1万5000人いるマネジャーのうち500人で十分であるという(Taylor, 1991)．

Corning Glass-Worksの元社長Tom MacAvoyはかつて，組織運営のための「100人の（古代ローマの）百人隊長」の必要性を色鮮やかに語ったものである．これらの企業はいずれも世界100か国以上で業務を行っている巨大企業であるが，そこで本当に必要とされるキーパーソンの人数は驚くほど少数である．もっとも，このような人材の識別，養成，昇進，報償，維持のプロセスは組織が直面する最も困難な挑戦のひとつではあるが．

企業戦略を規定する基本要素

戦略的計画の枠組みのもとでの全社レベルの戦略的タスクは「企業戦略を規定する基本要素：10のタスク」（図1）のように組織化される．

この枠組みの最初の要素（企業戦略の焦点）は企業戦略の分析対象とすべき主体を識別することからなる．事業分野レベルの戦略の場合と対比すると，事業分野レベルの場合には分析の単位が戦略的事業単位（strategic business unit：SBU）であるのに対して，多角化した大企業の企業戦略を対象とする場合には，これとは異なるレベルを適用する必要がある．対象とする範囲を最も豊富にするには企業全体を分析主体にとることであるが，状況によっては分析の範囲をより狭く，部門，グループ，事業部などの対象組織全体の一部のみに絞る場合もある．このような主体が企業戦略の分析対象として意味があるためには，この主体は多数の様々な事業単位を含まなければならない場合もある．

次に，企業環境の走査，企業内部の精査と名付けた2つの重要な問題の集合がある．これらの問題に対応する一連のタスクに入る前に，ここで使用される時間軸を定義しておく必要がある．計画プロセスを開始するには，そこに内在する時間軸を具体的に明示しておかなければならない．企業戦略の分析全体にわたって，現時点で存在する条件と将来発生する条件とを対照しておくのである．

環境の走査の場合，未来の取り扱いには2つの異なる方法がある．まったく制御不可能な要因を取り扱う場合には，その潜在的な影響力を理解するために将来最も起こりそうな傾向を予測する必要がある．これに対して，われわれが将来の事象に影響を行使したい場合で，ある程度制御が可能な場合には，われわれにとって有利な将来像を描くことも可能である．

これとは対照的に，内部精査の部分に入るタスクの場合はすべて，未来は一群の制御可能な意思決定を通してわれわれが狙った状態を表すことになる．

企業環境の走査は，外部環境の変化が与える影響の枠組みを提供するものであるから，計画プロセスの先頭で行われるべきものである．環境の走査はまた，全体に共

```
                    ┌─────────────────┐
                    │ 企業戦略の焦点  │
                    ├─────────────────┤
                    │     企業        │
                    └─────────────────┘

┌──────────────────────┐          ┌──────────────────────────┐
│  企業の内部精査      │          │  企業の外部環境の走査    │
├──────────────────────┤          ├──────────────────────────┤
│ 企業の使命           │          │ 経済状況                 │
│ 事業分野のセグメント化│          │ 立地と業界の分析         │
│ 水平的戦略           │          │ 技術，人的資源，政治的・ │
│ 垂直統合             │          │  社会的・法制的な動向    │
│ 企業理念             │          │                          │
├──────────────────────┤          ├──────────────────────────┤
│ 強みと弱み           │          │ 機会と脅威               │
└──────────────────────┘          └──────────────────────────┘

                    ┌─────────────────┐
                    │ 企業の戦略的姿勢│
                    ├─────────────────┤
                    │ 戦略スラスト    │
                    │ 企業業績目標    │
                    └─────────────────┘

                    ┌─────────────────┐
                    │   資源配分      │
                    ├─────────────────┤
                    │ポートフォリオマネジメント│
                    └─────────────────┘

                    ┌──────────────────────────┐
                    │ 経営管理インフラストラクチャー│
                    ├──────────────────────────┤
                    │ 組織構造と経営管理システム│
                    └──────────────────────────┘

                    ┌─────────────────┐
                    │   人的資源      │
                    ├─────────────────┤
                    │キーパーソンの管理│
                    └─────────────────┘
```

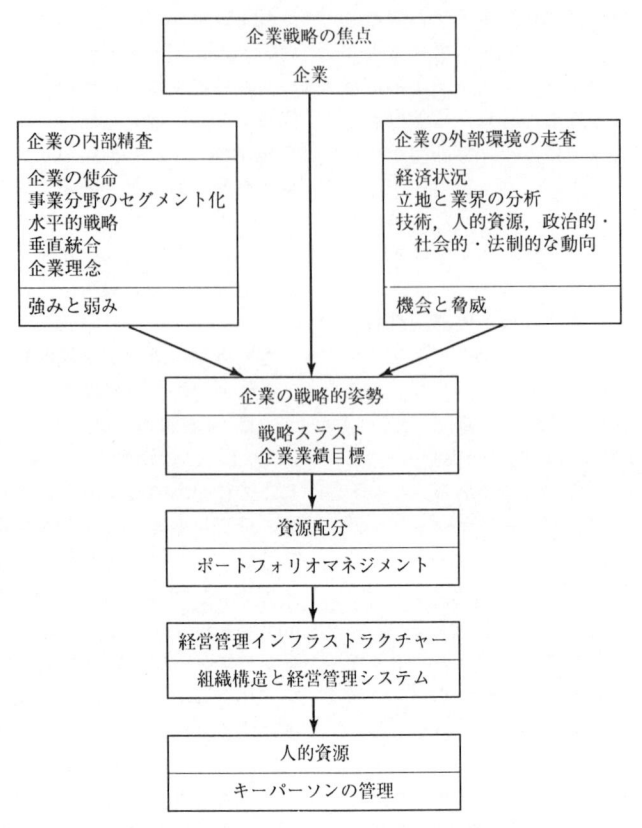

図1 企業戦略を規定する基本要素（10のタスク）

通した仮定を事業分野レベルや職能レベルの個々のマネジャーに伝達するとき，個々の戦略的計画に対する入力を提供することになるので，この点からも重要な役割を担うものである．さらにこのことは，戦略的計画の考え方に対して，すべての主要な組織単位にまたがる一様性の感覚を与えることにもなる．このタスクは（外部環境の好ましい影響であり，これをうまくとらえたい）機会と（好ましくない影響であり，これを中和したい）脅威とを識別することで最高潮に達する．

企業内部の精査は，外部環境が生成する挑戦に対して企業が競争可能な位置を得，さらに競争優位を確保し維持できるために行わなければならない主要な行動と意思決定を獲得することである．すでに指摘したように，この優位性は様々な事業単位に移転可能であり，企業の資源と能力を強化するものである．われわれの枠組みでは，内部精査に含まれるタスクには

・企業の使命
・事業分野のセグメント化
・水平的戦略
・垂直統合
・企業理念

がある．

これらの意思決定はすべて現在の状態と将来の望ましい状態とを対比しながら行われ，これについて，企業戦略を形成するために，これらの変化が産み出す挑戦を規定する段階へと進む．内部精査は，企業がその維持・強化を望む自社の強みと，企業がその修正・排除を望む自社の弱みを記述した文書で完結する．

企業環境の走査と企業内部の精査は，企業の戦略的姿勢を規定する際の基本的な入力を提供する．企業の戦略的姿勢のタスクはそれ以前の段階で行われた分析を総合する役割を担うものであり，自社の戦略的検討事項を把握する．戦略スラストは，企業の観点から統合された戦略を産み出すことを必要とするすべての問題を明確に表明したものである．企業の業績目標は企業の業務レベルならびに戦略レベルでの有効性を評価するために用いる主要な指標を規定する．戦略的姿勢は企業戦略形成の真髄であり，それゆえ最大限の注意が払われるべきタスクである．これが適切に行われれば，企業は自社の行動，責任，業績評価尺度の枠組みを産み出すことができるが，これはさらに上位の戦略的位置を得るために必須のことである．

これに続くタスク，すなわち資源配分とポートフォリオマネジメントは，戦略的姿勢では明示されていなかっ

た戦略行動を展開するのに必要な諸資源を配分することによって，戦略行動を支援するものである．ここに至ってわれわれは戦略実施の領域に踏み入ることになる．実施の努力は残りの2つのタスク，すなわち経営管理インフラストラクチャーとキーパーソンの人的資源管理によってさらに強化されるはずである．

⇨ 組織体．

[Arnoldo C. Hax, Nicolas S. Majluf/青木武典]

参 考 文 献

[1] G. Donaldson (1994), *Corporate Restructuring, Managing the Change Process from Within*, Harvard Business School Press, Boston.
[2] G. Hamel and C.K. Prahalad (1989), "Strategic Intent," *Harvard Business Review*, 67 (3), 63-76.
[3] K.R. Harrigan (1985), *Strategic Flexibility*: *A Management Guide for Changing Times*, Lexington Books, Lexington, Massachusetts.
[4] A.C. Hax and N.S. Majluf (1991), *The Strategy Concept and Process*: *A Pragmatic Approach*, Prentice Hall, Englewood Cliffs, New Jersey.
[5] J.P. Kotter (1988), *The Leadership Factor*, Free Press, New York.
[6] D.A. Nadler, M.S. Gerstein, R.B. Shaw, and Associates (1992), *Organizational Architecture*: *Designs for Changing Organizations*, Jossey-Bass, San Francisco.
[7] A.E. Pearson (1989), "Six Basics for General Managers," *Harvard Business Review* 67 (4), 94-101.
[8] J. Pfeffer (1992), *Managing with Power*: *Politics and Influence in Organizations*, Harvard Business School Press, Boston.
[9] M.E. Porter (1985), *Competitive Advantage*, Free Press, New York.
[10] M.E. Porter (1987), "From Competitive Advantage to Corporate Strategy," *Harvard Business Review*, 65 (3), 43-59.
[11] E.E. Schein (1992), *Organizational Culture and Leadership*, 2nd ed., Jossey-Bass, San Francisco.
[12] J. Stuckey and D. White (1993), "When and When Not to Vertically Integrate," *Sloan Management Review*, (Spring), 34 (3), 71-83.
[13] W. Taylor (1991), "The Logic of Global Business: An Interview with ABB's Percy Barnevik," *Harvard Business Review*, 69 (2), 90-105.
[14] D.J. Teece (1987), "Profiting from Technological Innovations: Implications for Integration, Collaboration, Licensing, and Public Policy," in *The Competitive Challenge*: *Strategies for Industrial Innovations and Renewal*, D.J. Teece, ed., Ballinger Publishing, Cambridge, Massachusetts.
[15] G. Walker (1988), "Strategic Sourcing, Vertical Integration and Transaction Costs," *Interfaces*, 19 (3), 62-73.

擬似多項式時間アルゴリズム
pseudo-polynomial-time algorithm

計算時間がデータの数値の対数ではなく，数値自体の大きさに依存するために，技法的に多項式にはならないようなアルゴリズムのこと．⇨ 計算複雑度．

技術係数
technological coefficients

線形計画問題の制約集合の係数 a_{ij} に与えられる総称的名称のこと．

記述モデル
descriptive model

記述モデルとは人間/機械システムの現実との関係や行動が「何であるか」を記述しようとするモデルである．意思決定問題に対して，このようなモデルは個人個人がどのように意思決定を行うかを記述しようとする．⇨ 意思決定問題，エキスパートシステム，数理モデル，規範的モデル，処方箋的モデル．

基　底
basis

ランクが行の数に等しい行列 A の中から，1次独立な列ベクトルを選んでつくられる，正則な正方行列 B のこと．B は方程式系 $Ax=b$ の基底行列となる．B に対応する x の成分を基底変数といい，残りの変数を非基底変数という．また基底変数の添字集合をさす場合もある．⇨ 基底行列．

基底解
basic solution

階数 m の $m \times n$ 線形方程式 $Ax=b$ ($m \leq n$) の場合，$n-m$ 個の変数の値をゼロに固定したうえで，残りの m 個の変数に対する m 本の方程式（m 個の変数に対応する列ベクトルが1次独立であるものと仮定する）を解いて得られる解のこと．ここで m 個の変数を基底変数といい，値がゼロに固定された残りの $n-m$ 個の変数を非基底変数という．基底変数に対応するベクトルは，$m \times m$ の基底行列 B を構成する．

基底逆行列
basis inverse

基底行列の逆行列. ⇒ 基底.

基底に入るベクトル
entering variable

シンプレックス法もしくは類似のアルゴリズムの反復過程で，基底に取り入れる非基底ベクトル. ⇒ シンプレックス法.

基底ベクトル
basis vector

基底行列の列ベクトル. ⇒ 基底.

基底変数
basic variables

線形方程式 $Ax=b$ において，基底行列の列ベクトルに対応する変数. ⇒ 基底解，基底.

擬凸関数
pseudoconvex function

開凸集合 X 上で微分可能な関数 $f(\cdot)$ が与えられたとき，$-f(\cdot)$ が擬凹のとき，関数は擬凸であるという. ⇒ 凸関数，擬凹関数，準凸関数.

規範的モデル
normative model

マン/マシンシステムの行動の規準，すなわち「いかにあるべきか」を記述することを目的とするモデル. 規範的モデルは，目標または規範を実現するためにシステムがもつべき実現可能，かつ望ましい姿を明らかにする. 意思決定問題の場合に即していえば，規範的モデルは，個人がいかなる決定を行うべきかについて，論理的かつ首尾一貫した手続きを明らかにするものである. ⇒ 意思決定問題，記述モデル，数理モデル，処方箋的モデル.

基本掃出し行列
elementary elimination matrix

単位行列のある列を，別のベクトルで置き換えた正則行列. 1次方程式の掃出し演算は，この基本掃出し行列を左からかけ合わせることと等価である. シンプレックス法の場合，この掃出し行列のことをエータ行列という. ⇒ 行列と行列代数.

逆行列
inverse matrix

$m \times m$ 正方行列 A に対して，その逆行列 A^{-1} とは，$m \times m$ 行列で $A^{-1}A=I=AA^{-1}$ を満たすもののことをいう. ここで I は単位行列である. 行列 A が逆行列をもつ場合には，A^{-1} は一意的に決まる. またこのとき A は正則であるという. 逆行列が存在しない行列を特異行列という. 正則（非特異）行列の行列式は，ゼロでない値をもつ. 一方特異行列の行列式はゼロである. ⇒ 行列と行列代数.

逆行列の積形式
product form of the inverse (PFI)

逆行列を一連の行列の積として表したもので，積の中の行列は初等的消去行列である. ⇒ エータ・ファイル，シンプレックス法.

救急サービス
Emergency services

はじめに

警察，消防そして救急医療サービス(emergency medical service：EMS)は，すべて，1日24時間，週7日間かつ予測が難しいという複雑な環境の中で勤務を行っている. これらのサービスの計画と管理は以下の不明確な事項によって入り組んでいる.

1. それぞれの緊急事態の時刻と場所
2. 通報のタイプ. 特にその事態の対処に必要な人員と装備
3. 非常事態での現場の活動とフォローアップに使われる時間

概してこれら救急サービス業務の管理者は，予算および共通して直面する2つの複雑な運営上の問題に厳しく制約されている.

1. 救急サービス用車両を時間と日に応じて何台配備すればよいか.
2. これら車両と人員をどこに配備すればよいか.

理想的な世界では，意思決定者はこれら決定を行うときに彼らの最終的な目的に注目するに違いない. 警察署担当者は，可能な戦略から犯罪とその予防にどれが相対的に効果があるかということにもとづいて評価するだろう. EMSの管理者は可能な手段の中で，生命を守り無力な状態を避けるという点から比較するだろう. 消防署の

管理者は火と戦うための装備と人員を，火災による損害が少なくなるように配備するだろう．残念ながらわれわれは様々な意思決定とその最終的なインパクトの間の関係を十分には知らない．たとえば路上のパトロールカーを10%増やしたときの犯罪率へのインパクトも，新たに1つ消防署を設置したときに救える命の数も予言することはできない．対照的にこの十年間に，自治体での救急医療設備の数およびタイプと，心停止の犠牲になる生命を救急車が救える公算との関係の理解については大きな進展を得た．しかしまだ，救急車のサービスの，交通事故など他のタイプの医療非常事態へのインパクトを知ったわけではない．

結局，救急サービスの意思決定者を支援するように構築されたオペレーションズリサーチのモデルでは，資源配分問題を構成するとき，応答時間に代理尺度を使う．図1は救急事態への対応パターンの全体を示す．救急事態の徴候が最初となる（たとえば，胸痛，煙，疑わしき人物）．ここでは救急事態の徴候が認識されるまでの時間遅れ，さらに救急事態が報告されるまでの時間遅れが起きる．派遣を管理する人は派遣すべき救急隊を見つけ呼び出す過程を経なくてはならない．そして対応までの最後の時間遅れは現場までの移動時間である．消防車と救急車に関しては通報をセンターが受けてから車両が道路に出るまでの時間も時間遅れに追加しなくてはならない．ある通報に対して複数の部隊が派遣される場合，到着時間も二重になる．オペレーションズリサーチのモデルは対応時間の以下の2つに注目する．(1)遅れの列：通報の受け取りから（各）救急サービスが派遣できるようになるまでの時間，(2)救難現場までの（各）移動時間．

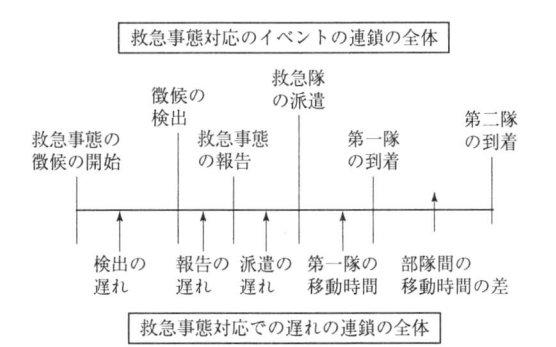

図1 救急対応システム

1970年代にMITの学部とニューヨーク市RAND研究所（ニューヨーク市とRAND研究所の共同事業体）は2つの基本的な配備の問題に対するモデルを開発した．この研究から導かれた，1つの特殊な関係式は平方根則である．それはランダムな通報に対する平均移動距離（average travel distance）を見積もる（訳注：原著の数式には抜けていた比例定数cを全体にかけて加えた）．

$$平均移動距離 = c\{A/[N(1-b)]\}^{1/2}$$

ここで，A=面積，N=救急施設数または救急車両数，b=救急隊が活動中になる比例時間，また，c=実際のデータから導かれる比例定数（一般に0.6～0.7であることが観測されている）である．パラメータA，bは都市に固有である．またNは意思決定の鍵であり，配備する部隊の数を示す．この単純な平方根の式は配備の意思決定の統合に利用できる．それは利用可能な救急隊の数を4倍にしても，平均移動距離を50%減らすにすぎないことを意思決定者に示す．移動距離の見積もりは様々な方法での移動時間に変換される．平均速度の仮定と回帰分析は，非線形な距離と時間の関係を定義するために使われる．警察署配置モデルは平均速度の因子を使い，一方消防署のモデルでは相関回帰の結果を使う傾向にある．

救急サービスの計画における大きな問題は，時間あたりの通報回数は乱数の変数となることにある．この乱数は古典的なポアソン過程に一致し，それは1時間または8時間の通報数予測の確率モデルを意思決定者に与えよう．これらの予測は待ち行列モデルのインプットとして使われ，通報から救急隊の手当てまでの平均遅れを見積もる．平均遅れの行列は平均移動時間に平均反応時間を加えたものとなる．

消防サービス (fire service)

消防サービスの配備は，ここで分析する3つのサービスの中で複雑さが最も少ない．火災通報率は典型的に低く，消防士は5%未満の時間しか通報への対応に使わない．一般に，反応時間は配置された消防署の数のみに影響し，それは1日の成りゆきによる平均通報率の変化に敏感ではない．つまり，市当局は，一定レベルの火災防備を提供するため，消防設備と人員を時間に関して一様なレベルで配備することになる．

この低いレベルの仕事量は，消防署配置問題を単純化する．消防署計画モデルは，必要なときに一番近い消防隊がただちに可能であるという妥当な仮定をもたらす．消防署配置問題に使われてきた，2つの古典的な意思決定最適配置モデルは，pメディアンモデル（p-median model）と被覆モデル（coverage model）である．被覆モデルは有効範囲の人や家の数を最大になるように消防署を配置する．また，pメディアンモデルは対象人口についての平均対応時間を最小になるように消防署を配置する．

いくつかの複雑な環境，たとえばニューヨーク市を対象とする研究者たちは記述的モデルを使ってきた．それは意思決定者に消防署を加えたり減らしたりしたときのインパクトを評価することを可能にする．記述的モデルはpメディアンモデルや被覆モデルよりも広い幅の作

業統計量を与える．このモデルでは役割の相違も含め（たとえば，ポンプ車やはしご車），第二陣，第三陣の到着までの反応時間も予測できる．

救急医療サービス（emergency medical service）

都市の救急車サービスは消防サービスよりも高い仕事量の活動をする．利用率は 15% から 30% で一般的でないとはいえず，また忙しいときの週間仕事量は 50% を越える．つまり，通報に対して最寄りの場所の救急車が空いているという単純な仮定は救急ステーション配置問題に適当とはいえない．そのため，より複雑な被覆モデルが開発されている．このようなモデルはバックアップの被覆と仕事量の適正化の概念を統合する．その目的は決定論的な救急車最適配置モデルを利用する可能性を保ちながら，暗黙に確率的な概念でそれを近似することにある．このような最適化配置モデルの代替案は超立方体待ち行列モデル（hypercube queueing model）である．このモデルの進歩している点は，明示的に近場の救急車の利用可能性を得ることにある．このモデルは本質的に記述的であり，救急車配置案の評価に利用できる．しかし，最適解やそれに近いものを得ることはできない．

警察サービス（police service）

派出所の配置はたくさんの要因のため複雑である．通りでの派出所の数は消防署や救急ステーションに比べはるかに多い．これらの派出所は緊急度の異なる多様な種類の通報（たとえば，強盗にいま襲われているという場合や，隣りの部屋の音楽がうるさいという場合など）に対応している．さらには警察への通報率は 1 日の中での時間，週の中での曜日によって著しく変化する．これらの追加された複雑性によって，大都市での計画は三段階に進められよう．

最初の段階では，警察の担当官は，異なる地区や管区の，週の中で異なる時間に割り当てるパトロールカーの数を決めるために，合算データとモデル，たとえば PCAM（patrol car allocation model：パトロールカー配分モデル）を使うだろう．次に，警察の指令者は個々のパトロールの巡回区域をデザインするため，超立方体待ち行列モデルやシミュレーションモデル（simulation model）のような記述的モデルを使うだろう．これらのモデルは警察隊の仕事量に加え，異なる優先順位の通報に対する対応時間を予測する．次に，街路のパトロール計画に十分に配置できる勤務人員を保証できるような職員の勤務計画をデザインするため，警察の担当官は数理計画モデルを利用するであろう．

すべての救急サービスの意思決定においては，効率性と平等性の間での引き合いがある．平均対応時間を最小にするような配置計画では，設備を危険度の高い地域に集中させがちである．そして残りの地域は対応時間が全体の平均よりも著しく長い状態で残されることになる．この問題は様々な方法で対処される．平等性を達成するため，PCAM は都市のどの地域にも適用する最低限の基準対応時間をおくことを意思決定者に許している．いうなれば，パトロール隊は各地域で，この最低限基準を達成するように割り当てられる．そして PCAM では余ったパトロールの設備を市全域の平均対応時間を最小にするように配分できる．代替案として，多特性効用と集団意思決定の考え方は意思決定者の平等な配分計画と効率的な配分計画とのトレードオフの分析を補助するために使えよう．

政策的な疑問

ここまで説明してきたモデルは救急サービスの日々の操業を改善するために開発された計画に焦点を当ててきた．OR の方法は以下のような，たくさんの政策的な問題の分析においても重要な役割を果たしてきた．

1．どちらが費用の点でより効果的か：公金を消防署の追加設置に当てて対応時間を減らすようにするか，火災報知器の設置維持を助成して火災発見までの時間遅れを減らすようにするか．

2．どちらが費用の点でより効果的か：より多くのしかし安価な基本生命維持設備の救急車か，より少なくしかし高価な高度生命維持設備の救急車か．

3．パトロール隊に 1 人の警官と 2 人の警官の場合では関連する利益はどうか．

救急サービスを統合させることを研究するため，ある一群の OR モデルが開発された．人口 10 万人以下の中小都市の多くでは，警察業務と消防業務を合わせ扱う訓練された救急公務員をもっている．多くの都市でこの考え方は費用削減に効果的と証明されているが，その他の都市ではこの考え方は失敗している．政策的に微妙な構想を実行する前に，OR モデルは意思決定者に，消防応答時間と警察応答時間と費用を統合させることの潜在的なインパクトの評価も可能にしている．

OR モデルは実行と政策上の問題の手がかりとなる重要な役割を果たしている．ここで述べた成功例にもかかわらず，米国では相対的にわずかな都市しか，オペレーションズリサーチモデルを意思決定の標準的基礎として利用していない．研究が成功のうちに完成したとしても，費用の点で効果的な推奨案を非常に多くの政治的な問題が潰してしまうのだろう．この問題は私的な領分より起こり，それが無駄をコントロールする市場の圧力を受けない公共の分野であることがより強調される．救急サービスを維持し発展させる奮闘に OR が重要な役割を担おうとなかろうと，都市の減っていく歳入の前で，新しい世代の技術的に洗練した救急サービスモデルよりも，お

おもとは市長や担当官の政治的な意思に依存しているのである．

⇒ 犯罪と司法，施設配置，超立方体待ち行列モデル，立地分析，待ち行列理論，RAND研究所．

[Kenneth Chelst／古藤　浩]

参考文献

[1] Chelst, K. R. (1981), "Deployment of One- vs. Two-officer Patrol Units: A Comparison of Travel Times," *Mgmt. Sci.* 27, 213–230.
[2] Cretin, S. and T.R. Willemain (1979), "A Model of Pre-Hospital Death from Ventricular Fibrillation following Myocardial Infarction," *Health Services Research* 14, 221–234.
[3] Halpern, J. (1979), "Fire Loss Reduction: Fire Detectors vs Fire Stations," *Mgmt. Sci.* 25, 1082–1092.
[4] Keeney, R. and H. Raiffa (1976), *Decisions with Multiple Objectives*, Wiley, New York.
[5] Larson, R.C. (1972), *Urban Police Patrol Analysis*, MIT Press, Cambridge, Massachusetts.
[6] Larson, R.C. (1974), "A Hypercube Queuing Model for Facility Location and Redistricting in Urban Emergency Services, *Computers and Opns. Res.* 1, 67–95.
[7] Matarese, L.A. and K.R. Chelst (1991), "Forecasting the Outcome of Police/Fire Consolidations," *MIS Report* 23, 4, 1–22. International City Management Association.
[8] ReVelle, C. (1991), "Siting Ambulances and Fire companies: New Tools for Planners," *Jl. of the American Planning Assn.* 57, 471–484.
[9] Taylor, P.E. and S.J. Huxley (1989), "A Break from Tradition for the San Francisco Police: Patrol Officer Scheduling Using an Optimization-Based Decision Support System," *Interfaces* 19, 4–24.
[10] Walker, W.E., J.M. Chaiken and E.J. Ignall, eds. (1979), *Fire Department Deployment Analysis*, North Holland.

吸収ノード
sink node

ネットワーク内の流れのすべて（あるいは一部）がネットワークを出る点をいう．

狭義準凹関数
strictly quasi-concave function

関数 $f(\cdot)$ と点 $x, y \in X$, ここで $x \neq y$, X は凸, が与えられたとき，「$f(y) \geq f(x)$ ならば, すべての $0 < \lambda < 1$ に対して $f[\lambda x + (1-\lambda)y] > f(x)$」が成り立つ場合, f は狭義準凹関数であるという． ⇒凹関数, 準凹関数．

狭義準凸関数
strictly quasi-convex function

関数 $f(\cdot)$ と点 $x, y \in X$, ここで $x \neq y$, X は凸, が与えられたとき，「$-f(y) \geq -f(x)$ ならば, すべての $0 < \lambda < 1$ に対して $-f[\lambda x + (1-\lambda)y] > -f(x)$」が成り立つ場合, f は狭義準凸関数であるという． ⇒凹関数, 凸関数, 準凹関数, 準凸関数．

強双対性定理
strong duality theorem

次のような主線形計画問題とその双対問題を考える．
主線形計画問題
　　最小化　$c^T x$
　　条件　　$Ax \geq b$
　　　　　　$x \geq 0$
双対問題
　　最大化　$b^T y$
　　条件　　$A^T y \leq c$
　　　　　　$y \geq 0$

次のような基本的な双対性定理 (duality theorem) を強双対性定理と呼ぶ人々もいる．主問題か双対問題のいずれか一方が有限な最適解をもつ場合，他も有限な最適解をもち，それらの目的関数値は等しい，すなわち最小値 $c^T x =$ 最大値 $b^T y$ である．次の定理を弱双対性定理と呼ぶ人々もいる．x は主問題 (primal problem) に対する実行可能解，y は双対問題に対する実行可能解とするとき，$b^T y \leq c^T x$ である．

強多項式時間アルゴリズム
strongly polynomial-time algorithm

計算時間が問題の数値データの大きさと独立であるようなアルゴリズム． ⇒計算複雑度．

共通価値入札モデル
common value bidding model

入札される物の価値が（入札時点ではわからないが）すべての参加者に関して共通であるような入札モデル．このようなモデルでは，落札者がその価値を過大評価しすぎがちであることから起きる「勝者の愚痴」とよくいわれる偏りを，参加者が修正しなければならない． ⇒ 入札モデル．

行ベクトル

row vector

行列の1つの行あるいは単一の行からなる行列のこと．

業務管理

Operations Management

はじめに

企業は，人々がそれぞれ個人単独では生存しえないというこの社会におけるニーズを満たすために存在する．業務（operation）とは組織の一部であり，日々大量に消費される非常に多岐にわたる一連の製品を生産することに責任を負っている．〈業務〉は投入物（労働力，資本，原材料，エネルギー）を一般大衆によって消費される産出物（サービスおよび財）に変換するプロセスである．業務は人々を雇用し，施設を建築し，設備を購入して，原材料をコンピュータハードウェアのような最終製品に加工したり，あるいはコンピュータのソフトウェア開発のようなサービスを提供する．

サービス（service）とは目に見えない生産物（products）であり，財（goods）とは物質的な生産物である．米国商務省の分類表によれば，サービスには輸送，用役，貸間，娯楽，保健，法務，教育，通信，卸および小売，銀行および金融，公共行政，保健，不動産，およびその他の雑サービスが含まれる．財は取引品目，商品，品物などと記述されるものである．製造（manufacturing）とは財の生産（production）を表現するために使われる用語である．本節では，製品（product）という用語で財とサービスの両方を表すものとする．

ある組織が，営利私企業部門あるいは非営利公共部門に属するものであれ，またサービスの提供あるいは財の生産を行うものであれ，その業務からの産出物は，顧客にとって投入物の総費用よりも価値の高いものでなければならない．その結果として組織は，その業務を管理するために行われる決定や活動を通して社会に対して富を創造するものである．

〈業務管理〉（operations management）とは，複数の研究領域にまたがる経営学の下位領域であり，特に企業の生産あるいは「業務」に焦点を当てた研究である．この領域の中には設計，計画，および業務に影響を与える種々の要因の管理に関する意思決定が含まれる．これらの意思決定には，どのような製品を生産すべきか，どの程度の規模の施設を建設すべきか，何人雇用すべきか，製品の品質を上げるためにはどのような方式を採用すべきか，などが含まれる．業務の管理者は，様々なアイデアや技術を駆使して生産性の向上とコストの削減をはかり，急速に変化する顧客のニーズに合わせるべく柔軟性を増し，品質を強化し，顧客に対するサービスを向上させるのである．

組織は，競争優位を獲得するための重要な手段として業務を活用することができる．業務を組織の全体的な戦略（この中にはエンジニアリング，財務，マーケティング，情報システム計画なども含まれる）と連携させることによって，シナジー効果を生むことができる．施設，設備，あるいは従業員の訓練を，部分最適な部門の目標に対してではなく，組織全体の目標を達成するための手段という観点から見ることによって，業務は積極的な要因となりうる．

製品の多様化と製品ライフサイクルの短縮に対する要求の高まりから，業務はより頻繁，急速に顧客のニーズに応えることが要求されている．競争はもはや価格のみ，あるいは価格と品質のみにもとづいて行われているのではない．競争は，顧客の期待する高品質，低コストの製品を，個々の顧客の要求に合わせつつ短時間で設計，生産するという時間ベースの競争になってきている．業務の設計に柔軟性を組み込むことによって，組織は常に変化している顧客のニーズに対して短時間に少ない費用で対応することが可能になる．組織をより柔軟なものにするためにコンピュータと情報技術を利用することができる．生産性と製品品質の向上はグローバルマーケットでの競争力の基礎を提供するものである．

成功する組織になるためには次のような関連する問題を熟慮しなければならない．すなわち，適切なサービスあるいは財を必要な数量生産可能なシステムを設計すること，システムを効果的に利用するための計画を作成すること，業務の主要な要素を管理すること，である．これらの問題について，その概要を以下に述べる．

システムの設計

システムの設計には，生産すべき財やサービスの特性や特徴を決めるのに必要なすべての決定が含まれる．またこれらの製品を生産するのに必要な施設や情報システムも確立する．サービスや財の生産が可能なシステムを設計しようとする場合，いくつかの疑問が浮かび上がってくる．

この組織はどのような製品を生産しようとしているのか（製品開発および製品設計）

どのような施設あるいは方式を使用すべきか（プロセス設計）

どのくらいの生産能力を確保すべきか

どこに施設を立地すべきか

どのように施設をレイアウトすべきか

どのように個々のジョブやタスクを設計すべきか

〈製品開発〉（product development）とは，(1) 顧客の

ニーズを事前評価し，(2) このニーズに合う製品(サービスおよび財)はどのように設計できるのかを記述し，(3) 高品質の製品を能率的に高い信頼性で生産するプロセスはどのように設計できるのかを決定し，(4) この製品を成功のうちに立ち上げるためのマーケティング，財務，および業務計画を開発する過程である．製品開発は複数の職能にまたがる，チームワークを必要とする意思決定過程である．この過程は，組織が市場でどのように競争していくのかを決めることであるから，成功するためには決定的に重要な要因となる．

〈製品設計〉(product design) とは，製品の特性や特徴，すなわち製品がどのように機能するのかを決定することである．製品設計は製品のコストと品質を決定するとともに，製品の特徴や性能を決定することになる．これらはどのような顧客がこの製品を購入するのかを決定するための主要な判断基準でもある．DFMA (design for manufaturing and assembly)のような手法が多くの企業で実施され，成功をおさめている．ここでの目標は製品設計の段階で製造に関する問題に焦点を当てることで，製品の品質向上と製品コストの低下をはかることである．DFMAはコンピュータソフトウェアとして実装され，設計者の行う決定に内在する経済面および品質面での問題点に焦点を当てることによって，製造のしやすい設計に向かわせるものである．製品の総コストのうちで設計の占める割合は小さなものであるが，設計段階での決定が製造コストの80％から90％を決定してしまうことが往々にしてあるのでこの点は重要である．品質機能展開もよく利用されている．これは一群の計画と情報伝達のためのルーチンからなり，これらに焦点を当て，活動の調整を行う．その基礎にあるものは，製品は顧客の願望と嗜好を反映するように設計されるべきであるという信念である．

〈プロセス設計〉(processs design) とは，製品がどのようにつくられるのかを記述するものである．プロセス設計に関する意思決定には2つの主要な構成要素がある．すなわち，技術あるいはエンジニアリング要素と，規模の経済あるいはビジネス要素である．技術面では，使用すべき技術に関する決定が要求される．たとえば，ファーストフードのレストランでは，ハンバーガーを火であぶるか，あるいは油で揚げるかを決めなければならない．業務の順序についても決定が必要になる．たとえば，レンタカー会社では，顧客から返された車を最初に検査すべきなのか，あるいは先にメンテナンスによって掃除，洗浄した方がよいのだろうか．これらの決定は，財の生産あるいはサービスの提供に使用される施設のタイプにもとづいて行われる．さらに，業務を遂行するために使われる手法や手続きについても決定しておく必要がある．

規模の経済あるいはビジネス要素には，組織の労働力をより生産性の高いものにするために，(道具および設備の) 適切なレベルの機械化を適用することも含まれる．ここには，製品の需要がマスプロダクションを行っても見合うほど大きいのか，フレキシブル生産システムが必要なほど顧客の需要が多様化しているのか，あるいは専用の生産施設をもつには需要が小さすぎるのか，などを決定することも含まれる．

〈キャパシティ〉(capacity)とは，組織がサービスあるいは財を，要求された数量と要求された期限内に提供しうる能力を表す尺度である．より具体的には，キャパシティは長期にわたって維持しうる最大の生産率である．キャパシティ計画には，需要の予測，施設の生産能力の決定，需要に応えるための組織の生産能力の変更方法の決定が含まれる．

〈施設の立地〉(facility location) とは，顧客，供給業者，関連する他の施設との関係で決定される施設の配置のことである．施設は長期にわたって経営資源を拘束し，これを変更することは容易でも安価でもないため，通常，施設の立地は戦略的な意思決定である．立地を評価する場合，経営者は顧客の利便性，土地および施設に対する初期投資，運転費用，輸送費，政府・自治体による優遇策などを考慮しなければならない．さらに，金融機関の利用可能性，従業員のための文化活動，企業のニーズに関連する大学の研究プログラムなどの質的要因にも考慮する必要がある．

〈施設のレイアウト〉(facility layout)とは，施設内の作業場所の配置のことである．最も高位のレベルでは，どの部門や作業場所を隣接させておくのが生産システムを通して製品，情報，人の流れが迅速で能率的であるかを考慮することである．次に，個々の部門や作業場所の中で，設備や貯蔵品との関連からどこに人を配置すべきか，部門の大きさをどのくらいにすべきかを考慮する．最後に，部門内の個々の作業場所をどのように配置すべきかを決定する．

〈ジョブの設計〉(job design)とは，タスク，責任，およびジョブの遂行方法を規定するものである．たとえば，X線技師のジョブの設計では，どのような機材が必要なのか，それを操作するための標準的な手順はどのようなものかが記述され，その中には安全確保のために遵守すべき事項も記述されているであろう．

システムの計画

計画とは，環境のなかに現れる機会や問題に対して管理者がとるように期待されている行動の一覧である．生産計画は，生産システムの設計時に生成された資源基盤の利用について経営者がどのように期待しているのかを表したものである．この結果の一部は，能率強化のため

の生産能力の増加，削減やレイアウトの変更というような形で現れてくる．

生産計画（production planning）の意思決定は，計画の対象となる時間の幅に依存する．長期の決定の場合は，予測された需要に合わせてどの程度の施設の追加を行うべきか，あるいは技術変化が財の生産やサービスの提供のために利用される技術にどのような影響を与えるのかなども含まれる．長期計画の時間幅は業種によって異なるとともに，新しい施設を建設するのに要する期間に依存する．たとえば，電力会社の場合，新しい発電所を建設するのに10年以上の期間を要することも珍しくないので，それ以上の長期にわたる将来計画が必須となる．

中期の生産計画では，これは通常1年であるが，施設の変更を行うことは実質的に不可能である．この場合，生産計画には労働力の投入量の決定，訓練計画の開発，供給業者に対する納入品の品質向上への働きかけ，配送の改善，集計ベースでの資材発注量の決定などが含まれる．

最も短期間を対象にした計画がスケジューリング（scheduling）である．生産計画が長期計画から短期のスケジューリングへと展開されるとともに，意思決定はさらに詳細なものになる．スケジューリングの段階では，経営者は，何あるいは何と何を生産するのか，誰が生産するのか，どの設備を使うのか，どの資材を消費するのか，いつ作業を開始するのか，作業の完了時には製品はどのような状態になっているのか，などを決定しなければならない．製品を現実のものにするためには，これらの生産にかかわるすべての局面がかかわってくる．

生産計画で利用される技法のいくつかを列挙すると，AP（集約計画，aggregate planning），MRP（資材所要量計画，material requirements planning），JIT（ジャストインタイム，just-in-time），CPM（クリティカルパス法，critical path method）などが，主要なものである．

システムの管理

人，情報，原材料，および品質が業務に与える影響力はますます大きくなっている．その結果として，これらの領域をうまく管理していくことが組織を成功に導くための重要な要因となる．業務を成功させるには，参画的経営とチームワークが必須となっており，そのためには動機付け（モチベーション），リーダーシップ，および訓練が新たな刺激となっている．

情報システムは，情報の収集，分類，組織化，蓄積，分析，および伝達のためのメカニズムである．業務のための情報要求は広範囲にわたる．製品開発からジョブの設計まで，あるいは長期計画からスケジューリングまで，よりよい意思決定のためにはタイミングのよい情報が必要である．

資材管理には，原材料の調達，統制，運搬，貯蔵，および輸送に関する意思決定が含まれる．多くの業務において購入品のコストが製品原価全体の50％以上を占めているので，原材料とその管理はますます重要になりつつある．資材の発注量をいくらにすべきか，いつ発注すべきか，どの供給業者に発注すべきかなどが重要な問題になる．

顧客が企業の製品を検討するとき，必要最低限の要求事項は高品質の製品を生産することである．品質はそれを検査する時代から作り込む時代へと発展してきている．品質はますます顧客志向になっており，品質を組み込む製品設計を獲得することに重点がおかれるようになってきた．ついで製品設計を高品質の製品へと変換するプロセスの設計と，それを実行する従業員の訓練が行われる．ここでは検査は品質を強化するものではなく，設計が有効であったかどうかを決定する役割を担うことになる．

近年，業務管理の範囲はますます広がりつつある．業務管理には戦略的要素も含まれ，行動科学的，工学的な諸概念に依存しながら，系統的な意思決定と問題解決を行うために経営科学，オペレーションズリサーチの手法や道具立てを利用する．業務管理が継続的に発展するのにしたがって，研究開発，マーケティング，エンジニアリング，財務などの他の職能領域との相互作用も大きくなり，複雑で複合領域的な問題に対して，より統合された解決案を開発していくことになる．

⇒ 施設配置，フレキシブル生産システム，OR/MSにおける情報システムとデータベース設計，在庫モデル，ジョブショップ・スケジューリング，組織体，生産管理，品質管理，スケジューリングと順序付け，総合的品質管理．

[Mark A. Vonderembse, William G. Marchal/青木武典]

参 考 文 献

[1] Blackstone, J.H. (1989), *Capacity Management*, South-Western Publishing Co., Cincinnati, Ohio.
[2] Chase, R.B. and D.A. Garvin (1989), "The Service Factory," *Harvard Business Review*, **67**, 4, 61–69.
[3] Clark, K.B. and T. Fujimoto (1991), *Product Development Performance*, Harvard Business School Press, Boston, Massachusetts.
[4] Doll, W.J. and M.A. Vonderembse (1991), "The Evolution of Manufacturing Systems: Towards the Post-Industrial Enterprise," *OMEGA Int. Jl. Mgmt. Sci.* **19**, 5, 401–411.
[5] Garvin, David A. (1988), *Managing Quality*, The Free Press, New York.
[6] Skinner, W. (1969), "Manufacturing-Missing Link in Corporate Strategy," *Harvard Business Review* **52**, 3, 136–145.

[7] Sule, D.R. (1988), *Manufacturing Facilities: Location, Planning, and Design*, PWS-Kent Publishing Company, Boston, Massachusetts.

[8] Tersine, R.J. (1982), *Principles of Inventory and Materials Management*, Elsevier Science Publishing Co., New York.

[9] Umble, M.M. and M.L. Srikanth (1990), *Synchronous Manufacturing*, South-Western Publishing Co., Cincinnati, Ohio.

[10] Utterback, J.M. and W.J. Abernathy (1975), "A Dynamic Model of Process and Product Innovation," *OMEGA Int. Jl. Mgmt. Sci.* **3, 6**, 639–656.

[11] Vonderembse M.A. and G.P. White (1988). *Operations Management: Concepts, Methods, Strategies*, West Publishing Company, St. Paul, Minnesota.

行列幾何

matrix geometry

確率モデルの解が,行列をパラメータとする幾何分布にしたがう場合. ⇒ 確率モデル行列解析法.

行列と行列代数

Matrices and Matrix Algebra

$m \times n$(matrix)行列は,次の例に示すように,縦に m 個ずつ,横に n 個ずつ 2 次元に配列した合計 mn 個の数の組である(この例では,$m=3$, $n=3$ である).

$$A = \begin{bmatrix} 4 & 3 & 8 \\ 1 & 2 & 3 \\ 4 & 5 & 6 \end{bmatrix}$$

ここで,数の横の並びを行(row),縦の並びを列(column)といい,第 i 行,第 j 列,すなわち,上から i 番目,左から j 番目に位置する要素を a_{ij} と記し,行列 A の (i, j) 成分(entry)という.$i = 1, \cdots, m$, $j = 1, \cdots, n$ に対し,$A = (a_{ij})$ という記号的表現を使う.ベクトルは,行または列の形で 1 次元に配列した数の組である.m 次元列ベクトル(column vector)は $m \times 1$ 行列であり,n 次元行ベクトル(row vector)は $1 \times n$ 行列である.ふつう行列 A の第 i 行ベクトルを a_i',第 j 列ベクトルを a_j で表す.このように,$m \times n$ 行列は,m 個の n 次元行ベクトルの組,あるいは,n 個の m 次元列ベクトルの組に分解して取り扱うこともできる.以降で述べるように,行列は,スカラー(scalar)と呼ばれるただ 1 個の数の自然な拡張となっている.行列は,OR および経営科学のほとんどあらゆる問題に直接的または間接的に現れる重要な概念である.

行列代数の基本演算と法則

行列を操作するための言語が行列代数(matrix algebra)である.行列代数は中学校・高等学校で学んだ 1 変数代数の多変数への拡張である.行列代数は内積にもとづいて組み立てられる.同じ次元 n をもつ 2 つのベクトル $\boldsymbol{a}$ と $\boldsymbol{b}$ の内積(scalar product)$\boldsymbol{a} \cdot \boldsymbol{b}$ は,積 $a_i b_i$ の和,すなわち,$\sum_{i=1}^{n} a_i b_i$ に等しい数(スカラー)である.内積 $\boldsymbol{a} \cdot \boldsymbol{b}$ は $\boldsymbol{a}$ の成分の 1 次結合(1 次式)であり,かつ,$\boldsymbol{b}$ の成分の 1 次結合であることに注意しよう.

$m \times n$ 行列 A と n 次元列ベクトル $\boldsymbol{b}$ との積(product)$A\boldsymbol{b}$ は,A の行ベクトル $\boldsymbol{a}_i'$ と $\boldsymbol{b}$ の内積 $\boldsymbol{a}_i' \cdot \boldsymbol{b}$ を第 i 成分としてもつ m 次元列ベクトルである.たとえば,2×3 行列

$$A = \begin{bmatrix} a_{11} & a_{12} & a_{13} \\ a_{21} & a_{22} & a_{23} \end{bmatrix}$$

と 3 次元列ベクトル

$$\boldsymbol{b} = \begin{bmatrix} b_1 \\ b_2 \\ b_3 \end{bmatrix}$$

の積は

$$A\boldsymbol{b} = \begin{bmatrix} \boldsymbol{a}_1' \cdot \boldsymbol{b} \\ \boldsymbol{a}_2' \cdot \boldsymbol{b} \end{bmatrix} = \begin{bmatrix} a_{11}b_1 + a_{12}b_2 + a_{13}b_3 \\ a_{21}b_1 + a_{22}b_2 + a_{23}b_3 \end{bmatrix}$$

であり,A の列ベクトル $\boldsymbol{a}_1, \boldsymbol{a}_2, \boldsymbol{a}_3$ の 1 次結合 $b_1\boldsymbol{a}_1 + b_2\boldsymbol{a}_2 + b_3\boldsymbol{a}_3$ に等しい.任意のスカラー r, q と $m \times n$ 行列 A,そして,任意の n 次元列ベクトル $\boldsymbol{b}, \boldsymbol{c}$ に対し,次の法則(分配法則)が成り立つ.

$$A(r\boldsymbol{b} + q\boldsymbol{c}) = rA\boldsymbol{b} + qA\boldsymbol{c}$$

m 次元行ベクトル $\boldsymbol{c}$ と $m \times n$ 行列 A との積は,$\boldsymbol{c}$ と A の列ベクトル $\boldsymbol{a}_j$ の内積 $\boldsymbol{c} \cdot \boldsymbol{a}_j$ を第 j 成分としてもつ n 次元行ベクトルである.たとえば,2×3 行列

$$A = \begin{bmatrix} a_{11} & a_{12} & a_{13} \\ a_{21} & a_{22} & a_{23} \end{bmatrix}$$

と 2 次元行ベクトル $\boldsymbol{c} = [c_1 \quad c_2]$ に対し,

$\boldsymbol{c}A = [c_1 a_{11} + c_2 a_{21}, c_1 a_{12} + c_2 a_{22}, c_1 a_{13} + c_2 a_{23}]$

である.

$m \times r$ 行列 A と $r \times n$ 行列 B の積 AB は,A の行ベクトル $\boldsymbol{a}_i'$ と B の列ベクトル $\boldsymbol{b}_j$ の内積 $\boldsymbol{a}_i' \cdot \boldsymbol{b}_j$ を (i, j) 成分としてもつ $m \times n$ 行列である.積 AB の第 j 列は行列と列ベクトルの積 $A\boldsymbol{b}_j$ であり,A の列ベクトルの 1 次結合 $\sum_{k=1}^{r} b_{kj} \boldsymbol{a}_k$ に等しい.また,積 AB の第 i 行は行ベクトルと行列の積 $\boldsymbol{a}_i' B$ であり,B の行ベクトルの 1 次結合 $\sum_{l=1}^{r} a_{il} \boldsymbol{b}_l'$ に等しい.行列と列ベクトルの積は,行列と行列の積において,第二の行列が 1 列だけからなる特別な場合である.行ベクトルと行列の積についても同様に考えることができる.

行列の積は,一般には,交換法則を満たさない.それ以外の,数について成り立つふつうの法則はすべて満たされる.

[結合法則] 行列の加算と乗算は結合的である.つまり,$(A + B) + C = A + (B + C)$ および $(AB)C = A$

(BC) が成立する．

[交換法則] 行列の加算は可換である．つまり，$A+B=B+A$ が成立する．一方，行列の乗算は，（特別な場合を除き）可換でない．つまり，$AB \neq BA$．

[分配法則] $A(B+C)=AB+AC$ かつ $(B+C)A=BA+BC$ が成立する．

[スカラー倍の交換法則] $r(AB)=(rA)B=A(rB)$ が成立する．

任意の $n \times n$ 行列（n 次正方行列 (square matrix) という）A に対し，$AI=IA=A$ を満たす単位行列 $I=[r_{ij}]$ が存在する．この行列の対角成分 (diagonal entry) $r_{ii}=1$ であり，非対角成分 $r_{ij}=0$ ($i \neq j$) である．$m \times n$ 行列 A の転置行列 (transposed matrix) A^T は，A の行が A^T の列となる $n \times m$ 行列である．

行列が行や列に沿ってきちんと分割されている場合を考えよう．たとえば，4×4 行列 A が次のように4個の 2×2 小行列に分割されていて，4×4 行列 B も同様に分割されているとき，

$$A = \begin{bmatrix} A_{11} & A_{12} \\ A_{21} & A_{22} \end{bmatrix}, \quad B = \begin{bmatrix} B_{11} & B_{12} \\ B_{21} & B_{22} \end{bmatrix}$$

行列の積 AB は，分割された小行列を用いて，次のように計算することができる．

$$AB = \begin{bmatrix} A_{11}B_{11}+A_{12}B_{21} & A_{11}B_{12}+A_{12}B_{22} \\ A_{21}B_{11}+A_{22}B_{21} & A_{21}B_{12}+A_{22}B_{22} \end{bmatrix}$$

連立1次方程式の解法

行列は連立1次方程式 (linear system of equations) と深く結びついている．たとえば，連立1次方程式

$$\begin{aligned} 4x_1+2x_2+2x_3 &= 100 \\ 2x_1+5x_2+2x_3 &= 200 \\ 1x_1+3x_2+5x_3 &= 300 \end{aligned} \quad (1)$$

は，

$$A = \begin{bmatrix} 4 & 2 & 2 \\ 2 & 5 & 2 \\ 1 & 3 & 5 \end{bmatrix}, \quad x = \begin{bmatrix} x_1 \\ x_2 \\ x_3 \end{bmatrix}, \quad b = \begin{bmatrix} 100 \\ 200 \\ 300 \end{bmatrix} \quad (2)$$

とおくことによって，次のように書くことができる．

$$Ax = b$$

2変数以上の連立代数方程式を解く方法は，本質的には連立1次方程式の解法に帰着されるものだけである（訳注：実際は，他に数式処理システムにおけるグレーブナ基底アルゴリズムにもとづく方法がある）．たとえば，非線形連立方程式は連立1次方程式を数値的に解く形に書き換えられる．ORや経営科学は非常に多くの変数を含む複雑な問題を扱うので，その分野では行列や連立1次方程式が到る所に現れる．

連立1次方程式(1)を行ベクトルについて注目すると，同時に満たさなければならない1次方程式の組を表すこと，そして，ガウスの消去法またはガウス-ジョルダンの消去法を用いて行ベクトル演算によって解くことができることがわかる．消去法の計算結果から，解をもたないか，ただ1個の解をもつか，あるいは，無限個の解をもつかのいずれかになるのがわかる．線形計画法の典型的な解法は，連立1次方程式 $Ax=b$ を満たすという制約のもとで，1次式 $c \cdot x$ で表される目的関数を最大または最小にするベクトル x を求める．シンプレックス法 (simplex method) では，拡大行列 $[A b]$ に一連のピボット演算 (pivot operation) を施すことによって，最適解を求める．非零の (i, j) 成分に関するピボット演算は，一群の行ベクトル演算（1つの行ベクトルをスカラー倍すること，および1つの行ベクトルのスカラー倍を他の行ベクトルから減ずること）によって，(i, j) 成分が1で，j 列の他のすべての成分が0となるような行列 $[A' b']$ に変換する．このピボット演算は，第 i 列だけが単位行列と異なるピボット行列 P を左から $[A b]$ に乗ずることによって達成することができる．

連立1次方程式(1)を列ベクトルについて注目し，次のベクトル方程式として扱うこともできる．

$$x_1 \begin{bmatrix} 4 \\ 2 \\ 1 \end{bmatrix} + x_2 \begin{bmatrix} 2 \\ 5 \\ 3 \end{bmatrix} + x_3 \begin{bmatrix} 2 \\ 2 \\ 5 \end{bmatrix} = \begin{bmatrix} 100 \\ 200 \\ 300 \end{bmatrix} \quad (3)$$

連立1次方程式を式(3)のように書いたとき，A の列ベクトルの1次結合によって表される右辺ベクトルはどのようなものか？ という疑問が生ずる．そのようなベクトル b の集合は，行列 A の値域 (range) と呼ばれる．A が正方行列の場合，連立1次方程式 $Ax=b$ がただ1個の解をもつための必要十分条件は，A のどの列ベクトルも他の列ベクトルの1次結合で表されないことである．また，これはすべての成分が0に等しい零ベクトル 0 を右辺とする同次方程式 $Ax=0$ が $x=0$ 以外に解をもたないことと等価である．この条件が成立するとき，A の列ベクトルは1次独立 (linearly independent) であるという．A が正方行列であってもなくても，$Ax=0$ が非零の解をもつとき，そのような非零解の集合を A の核 (kernel) という．核と値域と1次独立性にもとづいて，線形代数の理論が組み立てられる．この理論は，ORと経営科学において行列を用いるとき，重要な働きをする．たとえば，x^* が $Ax=b$ の1つの解で，x° が A の核の元（つまり，$Ax=0$ の解）であるならば，x^*+x° も $Ax=b$ の解である．実際，$A(x^*+x^\circ)=Ax^*+Ax^\circ=b$ を満たす．このようにして，$Ax=b$ のすべての解 x が，特殊解 (particular solution) x^* と核の元 x° の和として表されることがわかる．線形計画法では，制約 $Ax=b$ のもとで $c \cdot x$ を最大化または最小化するために，$Ax=b$ の1つの解 x^* に核の適当な元を加えることによって現在の解を改良する．

逆行列

正方行列 A の逆行列（inverse matrix）A^{-1} とは，性質 $A^{-1}A = AA^{-1} = I$ をもつ行列である．逆行列を使って連立1次方程式 $Ax = b$ を次のようにして解くことができる．すなわち，$Ax = b$ より $A^{-1}(Ax) = A^{-1}b$ となるが，この左辺は $A^{-1}(Ax) = (A^{-1}A)x = (I)x = x$ であるので，$x = A^{-1}b$ を得る．

正方行列 A が逆行列をもつための必要十分条件は，互いに等価な以下の条件のいずれかが成立することである．

（i）任意の右辺ベクトル b に対し，$Ax = b$ がただ1つの解をもつ．
（ii）A の列ベクトルが1次独立である．
（iii）A の行ベクトルが1次独立である．

逆行列 A^{-1} を求めるには，以下のような連立1次方程式（の組）を解けばよい．実際，関係 $AA^{-1} = I$ は，x_j を A^{-1} の第 j 列，i_j を単位行列 I の第 j 列（第 j 成分だけが1で他の成分が0）であるとすると，x_j が連立1次方程式 $Ax_j = i_j$ の解であることを意味している．

行列代数の重要な側面として，連立1次方程式 $Ax = b$ が解をもたないとき，つまり，方程式（3）において，A のどのような1次結合も b に等しくならないとき，そのような場合でも，A の列ベクトルの1次結合 Ay が b に最も近いという意味の「近似解」y が存在することに注目しよう．最も近いというのは，n 次元空間の中で，ベクトル Ay と b の間のユークリッド距離が最小であることを意味している．さらに，そのような y を $y = A^*b$ の形で与えるような，擬似逆行列（pseudoinverse）や一般逆行列（generalized inverse）と呼ばれる，「逆行列」に似た行列 A^* さえ存在する．この行列 A^* は，行列 A の行と列を交換してつくられる転置行列 A^T を用いると，$A^* = (A^T A)^{-1} A^T$ で与えられる（訳注：この表示は，A が正方行列のときは適切でない．一般逆行列としてこの表示が意味をもつのは，A が縦長の行列，つまり，$m \times n$ 行列であって $m > n$ であり，しかも，列ベクトルが1次独立である場合に限られる．そうでない場合の一般逆行列の表示については，線形代数の教科書を参照されたい）．

固有値と固有ベクトル

動的線形モデル（dynamic linear model）の標準的な形式は $p' = Ap$ で与えられる．ここで，A は n 次正方行列であり，p は人口や確率分布を表す n 次元列ベクトルである（確率分布の場合には，行ベクトルを用いた形式 $p' = pA$ がふつうである）．あるベクトル e とスカラー λ に対して等式 $Ae = \lambda e$ が成立するとき，つまり，e の左から A を乗ずることが e を単にスカラー倍することと同じであるとき，e を固有ベクトル（eigenvector），λ を〈固有値〉（eigenvalue）と呼ぶ．このとき，$A^n e = \lambda^n e$ となる．$A^n e$ の計算に比べて $\lambda^n e$ の計算の方がはるかに簡単であるから，この特殊な状況は大変好都合である．

大部分の n 次正方行列 A は n 個の相異なる（1次独立な）固有ベクトルをもつ．ベクトル p が，たとえば，固有値 λ_1, λ_2 に付随する固有ベクトル e_1, e_2 の1次結合 $p = ae_1 + be_2$ によって表されるとき，ベクトルに行列を乗ずる演算が線形であるから，Ap や $A^2 p$ は次のように計算することができる．

$$Ap = A(ae_1 + be_2) = aAe_1 + bAe_2 = a\lambda_1 e_1 + b\lambda_2 e_2$$
$$A^2 p = A^2(ae_1 + be_2)$$
$$= aA^2 e_1 + bA^2 e_2 = a\lambda_1^2 e_1 + b\lambda_2^2 e_2$$

一般に，次式が成立する．

$$A^k p = A^k(ae_1 + be_2) = aA^k e_1 + bA^k e_2$$
$$= a\lambda_1^k e_1 + b\lambda_2^k e_2$$

もし $|\lambda_1| > |\lambda_i|$, $i \geq 2$ であるならば，k が大きくなるとき，絶対値に関して λ_1^k が他の λ_i^k に比べて急激に大きくなり，$A^k p$ はこの絶対値最大の固有値に付随する固有ベクトルのスカラー倍に近づく．エルゴード的マルコフ連鎖は，その最大固有値が1に等しいので，等式 $p^* = p^* A$ を満たす定常確率分布ベクトル p^* に収束する．

行列ノルム

ベクトル v のノルム（norm）$|v|$ とは，非負の値をもつスカラーであり，スカラー因子法則 $|rv| = r|v|$ および三角不等式 $|u + v| \leq |u| + |v|$ を満たすものである．よく使われるベクトルノルムは，次の3種である．

1：ユークリッド，または，l_2 ノルムは，$v = [v_1, v_2, \cdots, v_n]$ に対し，次式で定義される．
$$|v|_e = \sqrt{v_1^2 + v_2^2 + \cdots + v_n^2}$$

2：和，または，l_1 ノルムは，$v = [v_1, v_2, \cdots, v_n]$ に対し，次式で定義される．
$$|v|_s = |v_1| + |v_2| + \cdots + |v_n|$$

3：最大値，または，l_∞ ノルムは，$v = [v_1, v_2, \cdots, v_n]$ に対し，次式で定義される．
$$|v|_m = \max\{|v_1|, |v_2|, \cdots, |v_n|\}$$

正方行列 A の行列ノルム（matrix norm）$\|A\|$ は，あらゆるベクトル x に対して成立する不等式 $|Ax| \leq \|A\| |x|$ の下界を達成する値，つまり，

$$\|A\| = \max_{x \neq 0} \frac{|Ax|}{|x|} \tag{4}$$

である．行列ノルムについても，定義式（4）において現れるベクトルノルムの3種の場合にそれぞれ対応して，ユークリッド，和，最大値の3種のノルムが定義される．対称行列 A のユークリッドノルム $\|A\|_e$ は，A の絶対値最大固有値の絶対値に等しい．A が対称行列でないときは，ユークリッドノルム $\|A\|_e$ は，行列 $A^T A$ の最大固有値の正の平方根に等しい．A の和ノルムと最大値ノルムは簡単に求められるので，ユークリッドノルムよりよく

用いられる．実際，A の第 j 列ベクトルを A_j，第 i 行ベクトルを A_i' とすると，$\|A\|_s = \max_j\{|A_j|\}$，$\|A\|_m = \max_i\{\|A_i'\|_s\}$ である．すなわち，A の和ノルムは，成分絶対値の列ごとの和の最大値であり，A の最大値ノルムは成分絶対値の行ごとの和の最大値である．

ノルムは多くの用途をもつ．たとえば，線形成長モデル $p' = Ap$ において，第 k 反復 $p^{(k)} = A^k p$ はノルムに関し，$|p^{(k)}| \leq \|A\|^k |p|$ の範囲に抑えられる．連立 1 次方程式 $Ax = b$ をわずかに変化させ，行列 A に誤差行列 E を加えたものを考えよう．x^* がもとの方程式 $Ax = b$ の解であり，$x^* + e$ が $(A+E)x = b$ の解であるとすると，解の相対誤差 $|e|/|x^* + e|$ は，A の相対誤差 $\|E\|/\|A\|$ の定数 $c(A)$ 倍以下である．すなわち，$|e|/|x^* + e| \leq c(A) \|E\|/\|A\|$ である．定数 $c(A)$ は $\|A\| \|A^{-1}\|$ に等しく，A の条件数（condition number）と呼ばれる．

Leontief による有名な線形入出力モデル (linear input-output model) は，$x = Ax + b$ の形で与えられる．ここで，x は様々な産業活動の生産量ベクトルであり，b はこれらの産業活動に対する消費者需要量ベクトルである．また，A は産業間需要行列であり，その (i, j) 成分 a_{ij} は第 j 産業活動の 1 単位量を生産するのに必要な第 i 産業活動の単位数を表す．したがって，Ax は出力ベクトル x を生産するのに必要な各産業活動の入力を表すベクトルである．モデル $x = Ax + b$ は，$\|A\|_s \leq 1$，つまり，列ごとの成分の和がすべて 1 より小さいとき，解をもつことが示される．この条件は次のように自然な経済学的解釈をもつ．すべての産業活動は利益を生むものでなければならない．すなわち，どの産業活動においても，1 ドルの価値の生産をするために必要な入力量の総和は 1 ドルより小さくなければならない．

代数的には，方程式 $x = Ax + b$ は次のように解くことができる．

$x = Ax + b$ より，$x - Ax = b$ を得る．これから $(I - A)x = b$，したがって，$x = (I - A)^{-1} b$ を得る．$\|A\| < 1$ ならば，幾何級数 $I + A + A^2 + A^3 + \cdots$ は $(I - A)^{-1}$ に収束し，$x = Ax + b$ が解をもつことと解が非負の成分をもつことが保証される．実際，A は非負行列 (nonnegative entry) であるから，A の任意のべきも非負の成分をもち，$(I - A)^{-1}$ も非負の成分をもつ．したがって，$x = (I - A)^{-1} b$ も非負成分のみもつ．

簡単な歴史

英語の単語 "matrix" は，ラテン語の "womb"（訳注：母体）を意味する．この用語は，1848 年，J. J. Sylvester が，1 群の行列式を生成する（「産出する」）ために使う数の配列を記述することを目的として導入したものである．その数年後すぐに，Cayley が行列の乗算と行列代数の基礎理論を導入した．線形代数と線形変換のより一般的な理論のために，1940 年代，ディジタル計算機が出現するまでは，行列は表舞台から隠されてしまった．1940 年代に，計算機科学の父，Alan Turing が LU 分解を導入し，ディジタル計算機の父，John von Neumann が，Herman Goldstein と協同して，数値計算行列代数の展開を開始し，行列の条件数を導入した．興味深いことには，Cayley と Sylvester が行列代数を展開しつつあったとき，もう 1 人の英国人，Charles Babbage が，現代における行列モデルを使うために必須のディジタル計算機にとっては前身である，彼の解析エンジンを建造中であった．

⇒ 階層化意思決定法，ガウス-ジョルダンの消去法，ガウスの消去法，線形計画法，マルコフ連鎖，シンプレックス法，自明な解. [Alan Tucker／阪田省二郎]

参 考 文 献

[1] Lay, D.C. (1993). *Linear Algebra and its Applications*, Addison-Wesley, Reading, Massachusetts.
[2] Strang, G. (1988). *Linear Algebra and its Applications*, 3rd. ed., Harcourt Brace Jovanovich, Orlando, Florida.

行列不参加

balking

待ち行列システムに到着したとき，あまりに長く待たされそうなため，客が行列に加わらず立ち去ること．

極限分布

limiting distribution

時点 0 で状態 i からスタートした確率過程が，（離散的または連続的な）時点 t で状態 j である確率を $p_{ij}(t)$ とする．すべての j に対して，$t \to \infty$ のとき $p_{ij}(t)$ が初期状態 i に無関係な極限 p_j に収束するならば，$\{p_j\}$ をこの確率過程の極限分布または平衡分布と呼ぶ．

局（所最）小点

local minimum

S 上で定義される関数 $f(x)$ は，S における x_0 の近傍のすべての点 x に対して $f(x_0) \leq f(x)$ となるとき，x_0 で局小値をとるという．この点 x_0 を，局所最適点もしくは最小点という．⇒ 大域的最小，非線形計画法，2 次計画法．

局所解
local solution

実行可能な近傍において最良な解.

局所改善ヒューリスティック
local improvement heuristic

与えられた出発点と緊密な関係をもつあらゆる解を調べて, 少なくとも 1 つの局所最適部に到達することが保証されているヒューリスティックルール. ⇒ ヒューリスティック手続き, 最大値, 最小値.

局所平衡方程式
detailed balance equations

確率過程 (マルコフ連鎖や待ち行列をその典型とする) において, 状態またはエンティティのペアの間で, 定常状態における状態推移率あるいは推移確率が平衡するものとして得られる方程式の集合のことで, たとえば
$$\pi_j q(j,k) = \pi_k q(k,j)$$
のように書き表される. ここで, π_m は状態が m である確率であり, $q(m,n)$ は状態 m から状態 n への推移率である. さらに状態は, 待ち行列ネットワークに見られるように, 一般に多次元情報をもち, エンティティは個々のサービスセンタあるいはノードと解釈することができる. ある 1 つの状態に推移する率とその状態から別な状態に推移する率が平衡するとして得られる大域平衡方程式とこの方程式を比較してみよ. ⇒ マルコフ連鎖, 待ち行列ネットワーク, 待ち行列理論.

局 (所最) 大点
local maximum

S 上で定義される関数 $f(x)$ は, S における x_0 の近傍のすべての点 x に対して $f(x_0) \geq f(x)$ となるとき, x_0 で局大値をとるという. この点 x_0 を, 局所最適解もしくは最大点という. ⇒ 大域的最大値, 非線形計画法, 2 次計画法.

極 値
extremal

最大値または最小値.

極値問題
extremal problem

ダンツィク-ウォルフの分解算法において, 極値問題は端点解によって表される原線形計画問題のこと. ⇒ ダンツィク-ウォルフの分解算法.

許容分析
tolerance analysis

目的関数のコスト係数あるいは制約条件の右辺値が同時に変化した場合の線形計画問題の感度分析手法のこと. ⇒ 100% 規則, 感度分析.

キルター条件
Kilter conditions

最小費用ネットワーク問題で, 相補性最適条件のことをキルター条件という. ⇒ アウトオブキルターアルゴリズム.

銀行業務
Banking

われわれは今日の銀行業務において, たとえば DEA による銀行の支店の経営効率の測定のための data-driven なモデルの開発, 小切手業務におけるイメージ認識技術の利用, ローン審査のための人工知能, ニューラルネットワークの利用, そして新規出店計画, ATM 配置問題に対する施設配置理論の適用など, 非常に多くの, そして多様なオペレーションズリサーチおよび経営科学の技術の適用事例を見いだすことが可能である. しかしそうした適用分野の中でも最も重要なのは, 資産負債管理 (asset and liability management : ALM) におけるリスク管理であろう. Zenios (1993), Jarrow et al. (1994) では銀行 ALM に関する解説が行われているが, 一般的に適用対象を, (1) 条件付きキャッシュフロー評価, (2) ポートフォリオイミュニゼーション, (3) 分散投資, の 3 種類に大別することが可能である.

条件付きキャッシュフロー評価

基本価格評価式は適切な割引率によるキャッシュフローの正味現在価値として条件付きキャッシュフローの価格を与えるが, 離散時間の場合であれば価格評価式は以下 (1) 式により与えられる.

$$P_T = E_s \left\{ \sum_{t=0}^{T} \frac{C_{t+1}^s}{1+r_t^s} \right\} \quad (1)$$

ここで E は添字集合 s によって与えられるシナリオの

集合上の期待値オペレータ，C_i^s はシナリオ s のもとで時刻 t において受け取るキャッシュフロー，r_t^s はスポットレート，T は満期日であり，ベクトル (r_t) は金利期間構造として知られる．無危険キャッシュフローの場合については割引率は財務省証券のイールドカーブ（利回り曲線）により与えられる．任意の時点において，ベクトル (r_t^{s0}) は市場データより得られ，これが現在の期間構造シナリオであるが，しかしながら期間構造の系時的な変化は確率的である．この確率的な利子率の振る舞い，およびキャッシュフローの不確実性（シナリオ C_i^s）は(1)式の評価を考えるうえで非常に重要である．

こうした研究の1つの主要な要素として金利期間構造(term structure of interest rate) の確率モデルの開発がある．最初に Cox, Ingersoll and Ross (1985) は（連続）拡散過程により金利のダイナミクスを

$$dr = x(\mu-r)dt + \sigma\sqrt{r}d\omega \qquad (2)$$

により記述した．ここで μ, σ は確率的な金利過程の平均と標準偏差，そして $d\omega$ は標準ウィナー過程の差分である．このモデルはドリフトファクター $x(\mu-r)$ により平均回帰的な性質を有し，金利が必ず正の値となることを保証する．しかしこれは単一ファクターモデルで，金利期間構造は唯一の状態変数であるスポットレート r により表現される．

2 ファクター債券価格モデルは Brennan and Schwartz (1979) によって提起されている．同モデルでは2つの状態変数，スポットレート r および長期金利（永久債金利）L，を導入した．これらの状態変数は過程

$$\begin{cases} dr = b_1(r,L,t)dt + a_1(r,L,t)d\omega_1 \\ dL = b_2(r,L,t)dt + a_2(r,L,t)d\omega_2 \end{cases} \qquad (3)$$

にしたがう．ここで，ドリフトファクターは関数 $b_1(r,L,t)$, $b_2(r,L,t)$ により，分散は $a_1(r,L,t)$, $a_2(r,L,t)$ により決定され，また $d\omega_1, d\omega_2$ は標準ウィナー過程の差分である．

さて連続モデルのエレガンスは別として，実用的なアプリケーションでは離散時点でのキャッシュフローを扱う必要があるため，離散モデルの開発も行われてきた．もっとも一般的なモデルは，その基礎をバイノミアルな格子 (lattice) に置いている．この種のモデルでは時刻 t と $t+1$ の間に2つの状態（上昇あるいは下降）のうちのいずれか一方が起こることを仮定する．状態の生起する可能性と上昇および下降幅は財務省証券のイールドカーブと市場において売買されるオプションのインプライドボラティリティーから求められる．Ho and Lee (1986) および Black, Derman and Toy (1990) において基礎的なモデルが提案されており，たとえば，Black, Derman and Toy は以下の過程によってスポットレートを記述した．

$$r_t^\sigma = r_t^0(x)^\sigma$$

ここで r_t は状態 $\sigma=0,1,2,\cdots,t$ において値 r_t をとるスポットレート，$r=t^0$ は基礎 (ground) 状態，x_t は時刻 t でのスポットレートのボラティリティーである．

以上のこれまでに見てきたモデルから，無危険キャッシュフローの価格評価に用いる割引率を得ることができる．しかし（信用リスク，債務不履行，権利失効，期前償還などを考慮しなければならない場合の）不確実性を伴った条件付きキャッシュフロー評価においては割引率は〈リスクプレミアム〉を適切に評価して調節されなくてはならない．このようなプレミアムは〈オプションアジャスティドアナリシス〉(Babbel and Zenios, 1992) を用いて，比較可能なリスクを持ちながら同時に活発に売買されている証券の市場価格から計算可能である．

式 (1) を評価するにあたってのもう1つの重要な問題は，キャッシュフローの流列 C_t の予測である．統計分析，計量経済モデルがこのために用いられるが，こうした手法は特に 1980 年代に登場した期前償還可能な社債，モーゲージ証券，その他のアセットバックセキュリティ，その他の多様な保険商品などの複雑な金融商品の評価を行うときに有効である．この種のモデルについて，保険商品については Asay, Bouyoucos and Marciano (1993)，モーゲージについては Richard and Roll (1989), Kang and Zenios (1992) において議論が行われている．

ポートフォリオイミュニゼーション

イミュニゼーション (immunization, 免疫化) とは事前に決定されている計画期間について固定の収益率を確保するポートフォリオ管理戦略であり，不確実性がシステマティックであること，すなわちコモンファクターによりリスクが説明できることを仮定し，ポートフォリオイミュニゼーションにおいてはそのようなシステマティックリスクを排除することを目的とする．特に固定利付債においては固定したシステマティックリスクは，主に金利期間構造変化に起因し，ポートフォリオイミュニゼーションはこの種のリスクを取り扱う．

アクチュアリー（保険数理人）F. M. Reddington (1952) はイミュニゼーションの考えを最初に紹介し，同時にイミュニゼーションの可能となる条件を明らかにしたが，ポートフォリオイミュニゼーションが一般的な戦略となった契機は，1970 年代米国での金利に関する規制緩和とその後の固定利付債市場のボラティリティー増大である．また Fisher and Weil (1971) は以下のようにイミュニゼーションを定義している．

> 投資ポートフォリオがイミュナイズ（免疫化）されているとは，金利が保有期間内においてどのように推移したにせよ，金利が一定であった場合と少な

くとも同等以上の期末価値をもつ場合を指す．

負債の流列に資金を供給するために用いられた資産のポートフォリオは，(1) 資産の現在価値と負債の現在価値が等しい，(2) 資産の〈デュレーション〉と負債のデュレーションが等しい，という2条件が満たされるときにイミュナイズされる．第一の条件は金利が同一の水準で推移したときに目標負債額が確保されることを，第二の条件は金利の平行シフトに対して資産，負債が同一の感応度をもつことを保証する．このためターゲットとなる負債には金利期間構造に平行シフトが起こった場合でも資金が供給される．ポートフォリオイミュニゼーションの一般的な解説については Fabozzi (1991)，また線形計画法を用いたイミュナイズドポートフォリオの構築については Zenios (1993) が詳しい．

イミュナイズポートフォリオの構築について簡単に見ておくことにしよう．ここで r_i を第 i 証券の利回り，C_{it} を第 i 証券の t 期のキャッシュフローとする．価格評価式 (1) より i 証券の価格

$$P_i = \sum_{t=1}^{T} C_{it}(1+r_i)^{-t}$$

を得る．価格感応度であるデュレーションは価格をキャッシュフロー利回りで微分することにより得られる（すなわち $\partial P_i / \partial r_i$）．

$$k_i = -\sum_{t=1}^{T} t C_{it}(1+r_i)^{-(t+1)}$$

負債の現在価値 P_L，デュレーション k_L が与えられたときに，イミュナイズドポートフォリオは以下の線形計画問題を解くことにより構築できる．

最大化 $\sum_i k_i r_i x_i$

条件 $\sum_i P_i x_i = P_L$

$\sum_i k_i x_i = k_L$

$x_i \geq 0$

この最適化問題の目的関数は，個別証券の平均の利回りをデュレーションにより加重平均して得られるポートフォリオ利回りの近似値を最大化している．

ポートフォリオイミュニゼーションについてはいくつかのバリエーションが存在する．1つの拡張は資産と負債の現在価値とデュレーションだけではなく，2階偏微分であるコンベキシティーまでも一致させたポートフォリオを構築することである．その他のアプローチは，金利の平行シフトだけでなく，2ファクター以上について価格感応度を計算することである．複数ファクター（平行シフト，期間構造を勾配の変化，逆転など）は市場データについて因子分析を適用することにより得られる．金利期間構造の因子分析は，最初に，Litterman and Scheinkman (1988) によってアメリカ市場について適用された．またファクターイミュニゼーションに対する線形計画法の適用は最近 Dahl (1993) で提案されている．

ポートフォリオ分散投資

「1つの籠にすべての卵を盛ってはならない」ということわざで知られる分散投資の原則はポートフォリオ管理のための普遍的な戦略であり，証券収益率の平均と分散の関数として残差リスクが正確に表現されることを仮定し，残差リスクをシステマティックに取り扱う手段を提供する．そして同時に投資家がポートフォリオ収益率の平均と分散から誘導される効用関数をもち，より高い平均，より低い分散をもつポートフォリオを選好することを仮定する．したがって投資家にとっては，同一水準の分散のもとで最大の収益を達成する，または同一水準の収益率のもとで最小の分散を達成するポートフォリオが効率的となり，このようなポートフォリオは〈平均分散効率的〉(mean-variance efficient) なポートフォリオと呼ばれる．平均分散最適化モデルは1950年代に Markowitz によって提案された．また Ingersoll (1987) では文献としてより高度な内容を取り扱っている．

最小分散ポートフォリオ，すなわち与えられた目標収益率のもとでの最小の分散をもつポートフォリオは2次計画法を用いて構築することが可能である．ここで

Q：証券間の共分散行列（q_{ij} は i,j 証券の共分散）

μ_i：第 i 証券の期待収益

μ_p：ポートフォリオの目標収益

x_i：証券 i への投資比率

と記法を定義する．空売りが許可されない（すなわち任意の i について $x_i \geq 0$ である）とすれば，平均分散モデルは以下のように定式化される．

最小化 $x^t Q x$

条件 $\sum_i \mu_i x_i = \mu_p$

$\sum_i x_i = 1$

$x_i \geq 0$

ポートフォリオ回転率，最小保有比率，異なる市場区分に関する投資制限などの条件はより複雑な定式化により取り扱うことが可能であり，こうした点については Perold (1984) で取り扱われる．

実務上で最小分散モデルを実施する際には共分散行列の推定方法が重要となるが，コモンファクターと個別証券の収益と分散を関連付けるファクターモデルが実務上広く利用される (Elton and Gruber, 1984)．

平均分散モデルはこれまで株式ポートフォリオを管理と戦略的アセットアロケーションに適用されてきた．これと対照的に，固定利付債のポートフォリオ管理はいままでポートフォリオイミュニゼーションの原則にもとづいていた．しかし1980年代にポートフォリオ管理のため

のツールはポートフォリオ分散投資の考え方に向かって収斂した．より複雑な固定利付証券（償還可能な社債，高利回債，モーゲージやその他のアセットバック証券など）は非常に非常に変動が激しく，感応度としてのデュレーションの考え方は，こうした投資対象に関しては制約がきついものであった．Mulvey and Zenios (1993) は固定利付債ポートフォリオのための分散投資モデルの使用を支持した．同研究においては，価格評価モデルにより分散投資モデルを利用するために必要となる保有期間中の利回りに関するシナリオを生成することが可能であること，そしてこのようなモデルが伝統的なポートフォリオイミュニゼーション戦略と比較してよい結果をもたらすことを示した．

このほかの最近の展開としては固定利付債，特にオプション埋め込みポートフォリオにおける非対称な収益率分布の取り扱いがある．平均分散モデルは収益が対称な確率分布をもつときに妥当であり，このため目標収益からの上側と下方の乖離に対してペナルティーを与える．1980年代後期には非対称な確率分布を取り扱い，上方と下方リスクを区別する実用的なモデルの開発がなされた（この種のモデルはたとえば半分散にその基礎を置きMarkowitzによる平均分散モデルと同程度に古くから分析が行われていたが，最近になって再評価され実用化がなされた）．このカテゴリーのモデルとしてはKonno and Yamazaki (1991) による〈平均絶対偏差モデル〉，Grauer and Hakanson (1995) による〈期待効用〉最大化モデル，Kallberg, White and Ziemba (1982)，Mulvey and Vladimirou (1992)，Golub et al. (1994) などの動的，多期間モデルがあげられる．

⇒ 包絡分析法，施設配置，線形計画法，ニューラル・ネットワーク，ポートフォリオ理論，2次計画法，効用理論．

[Stavros A. Zenios/竹原　均]

参考文献

[1] M.R. Asay, P.J. Bouyoucos, and A.M. Marciano (1993). "An economic approach to valuation of single premium deferred annuities." In S.A. Zenios, editor, *Financial Optimization*, 100–135. Cambridge University Press.

[2] D.F. Babbel and S.A. Zenios (1992). "Pitfalls in the analysis of option-adjusted spreads." *Financial Analysts Jl.*, July/August, 65–69.

[3] F. Black, E. Derman, and W. Toy (1990). "A one-factor model of interest rates and its application to treasury bond options." *Financial Analysts Jl.*, Jan/Feb, 33–39.

[4] M.J. Brennan and E.S. Schwartz (1979). "A continuous time approach to the pricing of bonds." *Jl. Banking and Finance*, 3, 133–155.

[5] John C. Cox, Jr. Jonathan E. Ingersoll, and Stephen A. Ross (1985). "A theory of the term structure of interest rates." *Econometrica*, 53, 385–407.

[6] E. Elton and M. Gruber (1984). *Modern Portfolio Theory and Investment Analysis*. John Wiley, New York.

[7] Frank J. Fabozzi, editor (1991). *The Handbook of Fixed-Income Securities*. Business One Erwin, Homewood, Illinois.

[8] Lawrence Fisher and Roman Weil (1971). "Coping with the risk of interest-rate fluctuations: returns to bondholders from naive and optimal strategies." *Jl. Business*, October, 408–431.

[9] B. Golub, M. Holmer, R. McKendall, L. Pohlman, and S.A. Zenios (1994). "Stochastic programming models for money management." *European Jl. Operational Research* (to appear).

[10] R.R. Grauer and N.H. Hakansson (1985). "Returns on levered actively managed long-run portfolios of stocks, bonds and bills." *Financial Analysts Jl.*, Sept., 24–43.

[11] H. Dahl (1993). "A flexible approach to interest-rate risk management." In S.A. Zenios, editor, *Financial Optimization*, 189–209. Cambridge University Press.

[12] Thomas S.Y. Ho and Sang-Bin Lee (1986). "Term structure movements and pricing interest rate-contingent claims." *Jl. Finance*, 41, 1011–1029.

[13] Ingersoll, J.E., Jr. (1987). *Theory of Financial Decision Making*. Studies in Financial Economics. Rowman & Littlefield.

[14] R. Jarrow, M. Maksimovic, and W. Ziemba, eds. (1994), *Handbooks in Operations Research and Management Science: Finance*. North Holland, Amsterdam.

[15] J.G. Kallberg, R.W. White, and W.T. Ziemba (1982). "Short term financial planning under uncertainty." *Management Science*, 28, 670–682.

[16] Pan Kang and Stavros A. Zenios (1992). "Complete prepayment models for mortgage backed securities." *Management Science*, 38, 1665–1685.

[17] H. Konno and H. Yamazaki (1991). "A mean-absolute deviation portfolio optimization model and its applications to the Tokyo stock market." *Management Science*, 37, 519–531.

[18] R. Litterman and J. Scheinkman (1988). "Common factors affecting bond returns." Technical report, Goldman, Sachs & Co., Financial Strategies Group, September.

[19] H. Markowitz (1952). "Portfolio selection." *Jl. Finance*, 7, 77–91.

[20] J.M. Mulvey and H. Vladimirou (1992). "Stochastic network programming for financial planning problems." *Management Science*, 38, 1643–1664.

[21] J.M. Mulvey and S.A. Zenios (1994). "Capturing the correlations of fixed-income instruments." *Management Science*, 40, 1329–1342.

[22] A.F. Perold (1984). "Large-scale portfolio optimization." *Management Science*, 30, 1143–1160.

[23] F.M. Reddington (1952). "Review of the principles of life-office valuations." *Journal of the Insti-

[24] Scott F. Richard and Richard Roll (1989). "Prepayments on fixed-rate mortgage – backed securities." *Journal of Portfolio Management*, Spring, 73–82.
[25] S.A. Zenios, editor (1993). *Financial Optimization*. Cambridge University Press.

く

空軍作戦分析

Air Force Studies and Analysis Agency

はじめに

〈軍事オペレーションズリサーチ〉(military operations research)は，空軍においてしばしば空軍作戦分析(air force operations analysis)と称されるが，第二次世界大戦中の陸軍航空部隊において開始されたのが最初である．戦後，作戦分析班を各統合軍司令部で維持することが決定され，これにより，分析員の採用，教育，配置転換などが「定常状態の」制度や手順となった．空軍は，1947年に陸軍から分離されて別の軍種となり，空軍規則 AFR 20-7 (Air Force Regulation AFR 20-7)により作戦分析計画が規定され，空軍省における作戦分析部門が AFR 20-7 を実現する中枢となったが，1971年に空軍研究分析局 (Air Force Studies and Analyses office．1960年代半ばに設立されて以来，いくつかの異なる組織名称等をもっていたが) に統合された．この空軍研究分析局は，業務遂行上や専門家集団の会議において，組織の壁を越えた技術情報の交換中枢として非公式ながら機能していた．ところが，近年の防衛関連企業の急激な変化に伴い，より公式の調整の必要性が明瞭となってきた．空軍は1993年に空軍研究分析局とともに，現場の実施機関としてモデリングシミュレーション分析評議会 (Directorate of Modeling, Simulations and Analysis) および空軍分析研究所(Air Force Studies and Analyses Agency) を発足させた．

第二次世界大戦中には，延べ245名の分析員が作戦分析計画に従事しており，最盛期には175名を数えた．戦争終了に伴い，大部分の分析員は，大学，研究所その他の民間部門に戻っていった．Brothers (1951) が報じていることによれば，1946年1月までに残っているのは12名のみとなり，このうち半数は最終報告書等を書き終えつつあった．定常的な計画が確立されるにつれ人数が増えていった．1951年までは，定員95名，実員70名であった．

1960年代に国防省内部部局が軍事オペレーションズリサーチをシステム分析 (system analysis) へと発展さ

せたことに伴い，費用対効果の検討（cost-effectiveness study）などの必要性が増大してきたので，要員数が急速に拡大した．さらに，空軍は相当数の制服軍人の分析員の教育を開始した．空軍における分析員の総数は，1980年代中期までの間徐々にではあるが増加傾向にあった．

1988年の空軍人事データベースによれば，476名の非軍人の分析員がオペレーションズリサーチ分析員として経歴管理されている．おそらく，ほぼ同数の制服軍人の分析員が相当する職域において存在していたであろう．1980年代後期の冷戦終結により，軍事オペレーションズリサーチを含む国防省の規模は減少傾向に転じはじめた．1993年末における空軍の非軍人分析員の水準は1988年より20%低く，今なお減少している．

第二次世界大戦中の空軍作戦分析

Brothers (1951) は，第二次世界大戦中245名の空軍作戦分析の分析員（分析専門家のことであり，補助作業員や管理部門の要員は含まない）は，26か所の作戦分析班に配置され，各戦闘航空団に1名のほかに，海外に展開している空軍司令部に数名ずつ，および米国本土にある各種空軍教育訓練施設に数名ずつであったと述べている．

> 攻撃任務にあるものは爆撃精度，兵器効果および目標被害などを取り扱い，防御任務にあるものは，爆撃機の防御隊形，味方航空機の戦闘被害や損耗，味方航空基地の防空などを取り扱った．…飛行制御手順，整備設備および整備手順，事故，飛行中における乗員の食事や休息，南太平洋の島々での野菜栽培の可能性，他への支援に関する研究などである．

最初にして最大の作戦分析班は第8空軍に設置されていたものである．McArthur (1990) は，この作戦分析班の業務および特に数学者に焦点を当てつつ分析員に関する多大な情報を詳細に記述している．Miserは，その序文でこう記している．

> 第8空軍の作戦分析班は，存在していた2年半の間，科学および技術教育を受けた48名の要員を擁していた．彼らは，1ダース以上の特技職域を代表していた．すなわち，数学は15名で最大グループであり，そのうち13名は半年以上従事した．…数学者たちは，単に数学的な役割を果たしただけでなく，科学者として実際現象に関する理論を発展させ，それらを運用，政策，および計画の問題に応用した．

Brothers (1954) は，これら分析者の貢献の賜物である，有名な爆撃精度向上（improvement in bombing accuracy）において活躍した．司令官が，「いかにすれば，2倍の爆弾量を目標に投下することができるのだろうか？」という質問を発した．1942年には，照準点のまわりの1000フィート以内に弾着していたのは，投下された爆弾のうち15%未満であった．この比率は徐々に改善され，2年以内には，60%に達した．この改善に貢献したのは，爆弾を全弾倉からほぼ同時に投下するという分析上の勧告であった．（各弾倉ごとに照準して爆弾を投下することではない）つまり，順次時間遅れをもたせて爆弾を投下するのではなく，爆弾の一斉投下であり，1個編隊当たりの航空機数を18～36の範囲から，12～14の範囲に減少させることができた．

この最初の作戦分析班の業務上の成功により，他の陸軍航空部隊の司令部も作戦分析概念に気付き，それぞれ作戦分析班を設置することになった．これらも成功し，これにより，戦後の空軍においても作戦分析を継続することとなった．

AFR 20-7に規定されている戦後の空軍作戦分析

空軍はすでに平時における作戦分析計画を確立することを決定していたが，戦争中の経験にもとづき司令部にも分析部門が必要であることも決定していたとBrothers (1951) は述懐している．その部門は次の2つの機能をもつ．つまり，幕僚に対し科学的な支援を行うことおよび全空軍組織にまたがる作戦分析の中枢として活動することである．空軍規則 AFR 20-7は米空軍司令部に作戦分析課を確立するとともに，必要とする支援を作戦分析部門から得るため各地方部隊の司令官に自らの司令部に作戦分析部門を設置する権限を付与した．

1946年1月を出発点として作戦分析組織の増強が始まり，1951年中旬には地方部隊の司令部に10か所の作戦分析部門が設立された．当時は制服軍人の分析員を養成していなかったので，95名の定員はほとんどが文民（非制服の公務員）であった．当時RAND研究所における研究は遠未来の問題に焦点を合わせていたので，作戦分析部門は主として直面する問題または近未来の問題に従事することができた．しかしながら，朝鮮戦争のため分析者を必要とした時期には，作戦分析部門からのほか，RAND研究所（および小規模のシンクタンクも）から招請された．

1950年代中期，作戦分析部門を統括する司令部は定員25名で5つの「チーム」を構成していた．そのうち2チームは主として新型兵器の応用研究に従事し，1つは核兵器であり，他は弾道および巡航ミサイルであった．3番目のチームは試験，演習などから得られる戦闘作戦に関する情報を収集整理することに従事し，4番目のチームは，前記3チームから得られた入力を統合して幕僚の計画立案を支援した．5番目のチームは地方におかれた作戦分析部門への連絡官として派遣され，現地に作戦分析部門の新規設置を希望する司令官を補佐した．

地方の作戦分析部門は同一の原則にもとづいて組織化されていた．新技術およびそれの新兵器への適用を理解

する要員が存在することに加えて，戦闘運用および関連問題を研究する分析員が存在することであった．作戦分析計画の当時の発展は，現存する作戦分析部門の増強ではなく，新規に組織を設立することに起因していた．

この状況が大きく変化しはじめたのは，次の2種類の開発が行われたこの期間，つまり1960年代の終わりに近づいてからであった．1つは，ケネディ政権当時に，「システム分析」（より広範な体系の課題に関するオペレーションズリサーチという意味で使用されている）が国防省内部部局において駆使され，陸海空軍が必要とする費用対効果分析の需要が増加したこと．もう1つは，この年代を通して計算機のハードウェアおよびソフトウェア能力の強化によりコンピュータシミュレーションモデルの開発，規模，使用が絶大に増加したことである．

作戦分析部門を統括する司令部においては，これらの傾向すべてに影響され，ベトナムにおける作戦の分析にできうる限り専念することが困難になってきた．また，1960年代中期には，1950年後期に設置された部門を改編して当時としては大規模なコンピュータシミュレーションモデルを運用するために，一層大規模な研究分析局が新規につくられた．このモデルを有効活用するためのデータおよび要員を入手することは常に困難であり，この部門の資源は，増大する費用対効果分析の所要を満たすために設置された新しい組織の要員として利用された．

より新しい研究分析局も，より小規模の作戦分析部門を統括する司令部（当時35名）も，いずれも高度なオペレーションズリサーチ技術を使用し同様の分析能力を必要としていた．このような類似点により，司令部の作戦分析部門を一層大きくするため，いくつかの小さい作戦分析部門の合併が認識され，そして1971年の前半にはとうとう実現された．

1970年代および1980年代

研究分析局はAFR 20-7の適用を継続しないことを決めた．この直接的な結果はストライキを行うことではない．2～3のものは，名前を少し変更しているが，地方の作戦分析部門はそのまま維持された．これまでに述べたその他の傾向の大部分はそのまま継続しているか，または，一層加速されている．コンピュータシミュレーションモデルは広く行き渡り，大規模な研究に使用されるようになった．空軍の分析者によりほぼ毎年行われていた運用分析技術シンポジウム（OA technical symposia）は廃止され，軍事オペレーションズリサーチ学会（Military Operations Research Society）の中で軍種を越えた秘密を取り扱う研究会が増加してきた．

研究の内容は，将来の兵器体系および将来の軍事態勢を取り扱う．1950年代には明確であったRAND研究所と空軍内の分析部門との差は，国防省におけるシステム分析の実施が原因となって，（RAND研究所の「出身者」が重要な役割を担ったので）大部分が消滅した．

秘密区分が極度に高い「暗黒の兵器体系」も依然として存在していた．これは，最新技術を適用した兵器体系を獲得するための，したがってこれを研究するための努力が継続されているということである．この時代の戦争は基本的には「冷戦」の継続であったが，いつの間にか「勝利」してしまった．

事　　案

米国において現在直面している軍事オペレーションズリサーチ事案は陸，海，空，海兵隊のすべての軍種にとって重要である．主要な事案であれば，1つ以上の軍種が現在行っている将来の軍事オペレーションズリサーチおよび研究分析をどう規定するかを反映する．国防産業にかかわる企業数の減少，現在利用可能とおぼしき技術が多くあるものの，十分開発されていない，もしくは十分理解されていないこと，モデル，シミュレーション，研究を不必要に繰り返さないための管理上の問題がいまだに解決されていないこと，モデルおよびシミュレーションを適切に使用するよう決定することに関する事前問題であるが，モデルおよびシミュレーションの設計検証や機能検証を行うプログラムを低費用で作成することが，いまだにチャレンジ課題であること，などである．

これらの事案は国防省内の組織改革をもたらした．空軍における，分析に影響を及ぼす，最近の主要な組織変更は，モデリングシミュレーションおよび分析研究所（Directora of Modeling, Simulations, and Analysis）の創設であった．これにより，新しいハードウェアおよびソフトウェア技術の導入を迅速にするため，空軍における研究，モデル，シミュレーションの管理法を改善することが嘱望されており，さらには，従来のAFR 20-7よりも一層望ましい点が再び反映できるであろう．

⇒戦闘のモデル化，軍事OR，RAND研究所

[Clayton J. Thomas／片山隆仁]

参 考 文 献

[1] Brothers, L.A. (1951). *Development of Operations Analysis*. Working Paper **17.1.4**, Operations Analysis Division, Directorate of Operations, Headquarters, United States Air Force, Washington, DC.

[2] Brothers, L.A. (1954). "Operations Analysis in the United States Air Force." *Opns. Res.* **2**, 1–16.

[3] McArthur, C.W. (1990). *Operations Analysis in the U.S. Army Eighth Air Force in World War II*. History of Mathematics Vol. **4**, American Mathematical Society.

くじ

lottery

効用理論および決定分析において，くじとは，有限個の代替案あるいは賞金 $A_1, \cdots, A_n$ と，賞金 A_i が確率 $p_i \geq 0$, $\sum_i p_i = 1$ で出るようなくじびきの仕組みのことである．⇒決定分析，効用理論．

区分線形関数

piecewise linear function

線形区分によってつくられた関数，あるいは非線形関数を線形区分によって近似したもの．

組合せ/整数最適化

Combinatorial and Integer Optimization

はじめに

組合せ最適化は，いくつかのあるいはすべての変数の値が整数であると制限されている際に，要求される目的に沿うような，有限な資源の効率よい配分について扱う．労働力，食糧，資本などの基本的な資源に対する制約では，可能と思われる代替物は限定されている．それにもかかわらず，多くの問題においては，考えるべき可能な代替物は数多く存在しており，最終目標の1つは，これらの代替物の中で最もよいものを探すことである．たとえば，大抵の航空会社では，総運転費用を最小とする常務員スケジュールの決定を行う必要がある．自動車メーカーは，マーケットシェアを最大にするような車のデザインを望むだろう．フレキシブル生産システムは，その日にどんな部品を生産する必要があるのかという事前情報をあまりもたずに，プラント生産のスケジュールをたてる必要がある．近年における，不安定で競争的な産業環境では，素早く求まる「解」を用いるか，最適な（optimal）解を見つけるために洗練された数理モデルを用いるかは，その会社が生き残るかどうかを決定する．

組合せ最適化モデルの多才さは，多くの現実問題では，活動や，機械や飛行機，人間といった資源が分割不可能であることに起因している．また，多くの問題は有限個の代替案しか存在せず，そのため組合せ最適化問題として定式化されるのが相応しい（組合せという単語は有限個の実行可能解しか存在しないことを表している）．組合せ最適化モデルは，しばしば整数計画（integer programming）モデルと呼ばれ，programmingは「計画」に該当している．これは，組合せ最適化モデルが，いくつかまたはすべての決定において選択できる可能性が有限個であるような計画において用いられるからである．

組合せ最適化は，明確に定義された離散的な問題空間において，1つ以上の最もよい（最適な）解を見つける手続きである．このような問題は経営におけるほぼすべての分野において出現する（たとえば，金融，マーケティング，生産，スケジューリング，在庫管理，施設配置および施設レイアウト，データベース管理），また多くの工学分野においても同様である（たとえば，水路と橋の最適設計，VLSI回路の設計とテスト，電子回路レイアウトにおける配線配置領域の最小化，データネットワークの設計と解析，固体廃棄物管理問題，スピングラス状態の決定，合金生成における最小エネルギー状態の決定，エネルギー資源計画モデル，電気の発電と送電における物流，フレキシブル生産工程におけるスケジューリング，結晶学における問題）．組合せ最適化に関連する応用に関する概説には Grötschel (1992) がある．

本項においては，最適化する関数および，実行可能解を規定する制約式の関数は，線形関数であるとする．いくつかの研究は，これらの関数の一部またはすべてが非線形であるような問題について扱っているが，これまでの研究のほとんどは線形の場合を扱っている．非線形整数計画に対する概説論文としては，Cooper and Farhangian (1985) がある．

一般的な線形〈整数〉モデルは

最大化 $\sum_{j \in B} c_j x_j + \sum_{j \in I} c_j x_j + \sum_{j \in C} c_j x_j$

条件

$\sum_{j \in B} a_{ij} x_j + \sum_{j \in I} a_{ij} x_j + \sum_{j \in C} a_{ij} x_j \sim b_i \quad (i = 1, \cdots, m)$

$l_j \leq x_j \leq u_j \quad (j \in I \cup C)$

$x_j \in \{0, 1\} \quad (j \in B)$

$x_j \in $ 整数 $\quad (j \in I)$

$x_j \in $ 実数 $\quad (j \in C)$

である，ただし B は 0-1 変数の集合，I は整数変数の集合，C は連続変数の集合であり，最初の制約式集合における記号〜は，制約式 $i = 1, 2, \cdots, m$ は，$\leq, \geq, =$ のどれかであることを表している．データ l_j と u_j は変数 x_j の下界と上界である．以下では，整数の場合について議論を行うので，B または I の中に変数は存在するものとする．集合 C と I が空集合のときは，0-1 線形整数計画問題（0-1 linear-programming problem）と呼ばれ，集合 C が空集合のときは，整数（線形）計画問題（integer (linear) programming problem）と呼ぶ．これ以外の場合は，混合整数（線形）計画問題（mixed integer (linear) programming problem）と呼ぶ．本項では，すべての制約を満たす点の集合を S とし，整数制約以外の制約すべてを満たしている点の集合を P とする．

組合せ最適化の応用

以下では，古典的な組合せ最適化モデルを記述するこ

とによって，この分野の多様性と多才さを概観し，巨大な現実問題例において解を求めるには，特定の応用における特殊な数学的構造を利用する解法が必要となることを示す．

ナップサック問題：　許容重量が W であるナップサックに，n 個の品物からいくつかを選んで入れる際，各品物は重さ w_i と価値 v_i を持っているとし，ナップサックに入れる品物の価値を最大にしたい．この問題は1本の線形制約をもち（ナップサックに入れる品物の総重量は W を超えてはならない），ナップサックに入れる品物の価値の総和を表す線形目的関数をもち，さらに制約式として，各品物はナップサックに入れるか入れないかどちらかしか許されない（品物の一部というのは許されていない）．ナップサック問題（knapsack problem）の解法については，Martello and Toth（1990）を参照されたい．

この問題は単純すぎてあまり応用がないように感じられるが，ナップサック問題は暗号理論家とコンピュータファイルの保護や電子送金，電子メールに関係する者にとっては重要な問題である．これらの応用では，保護情報の閲覧を許す「鍵」が必要である．鍵の設計は，データの集合の線形結合の中で，ある値と等しくなるものに基づいていることが多い．またこの問題は，多くの整数計画問題がこの問題の一般化である（たとえば，問題が多数のナップサック制約式からできているなど）という，構造的な意味においても重要である．多重ナップサック問題の解法の研究の多くは，各制約を独立に取り扱うというものである．

多重ナップサック問題の重要な例は，〈資本予算問題〉である．この問題は，考えられる何千もの資本計画の中で，細かな財政上の制限や調整のための制約，あるいは資本計画相互の関係の制約等を満たすような，資本計画の部分集合の中で，投資の回収が最もよいものを見つける問題である（Markowitz and Manne, 1957; Weingartner, 1963）．

ネットワーク問題とグラフ問題：　多くの最適化問題はネットワークとして表すことができる，ただし，ネットワーク（またはグラフ）とは，ノードとそれを結ぶアークで定義される．現実問題の多くは，町の街路，高速道路，鉄道網，通信回路網，IC といった物理的なネットワークを巡って出現する．さらに，下敷となる物理的なネットワークが存在しなくとも，ネットワーク上の問題としてモデル化される問題が数多く存在する．たとえば，費用を最小化するように，人の集合に仕事を割り当てる，〈割当て問題〉について考えてみよう．このとき，一方のノードの集合は人の集合を意味し，もう一方のノードの集合は可能な仕事の集合に対応し，ある人がある仕事を請け負うことができるならば，その人と仕事を結ぶアークが存在する．

空間-時間ネットワークは，スケジューリングの応用においてしばしば用いられる．ここでは，各時点において特定されている需要を満たすことを考える．この問題をモデル化するために，ある物の各時点における存在に，ノードを対応させる．スケジューリング問題の多くは，空間-時間ネットワークを用いて表現されるが，その例としては，〈航空機割当て問題〉がある．これは，特定の航空機を，最も費用が少なくなるように，あらかじめ定められたスケジュールに沿うように割り当てる問題である．各フライトには，ちょうど1機の航空機を割り当てなければならず，また各航空機をあるフライトに割り当てることができるには，そのフライトに十分な大きさをもっており，かつ，適切な空港に着陸して，整備がされており，フライトの時間には出発が可能でなければならない．各ノードは，おのおのの時刻における特定の空港を表しており，アークは各空港から離発着する様々な航空機の流れを表している．また他のアークとして，航空機がある時点から次の時点まで地上にとどまることを表す駐留アークと，航空機にある期間仕事をさせないことを強制する整備アーク，乗客を乗せないで航空機を他の空港に移動させる連結アークが存在する．ネットワークの応用に関する一般的な概説論文としては Ahuja et al.（1993）があり，解法については Ahuja（1992）を参照されたい．

以上に付け加えて，下敷きとなるグラフまたはネットワークの性質について考える必要のあるグラフ理論的な問題が数多く存在する．このような問題の例としては，あるノードから出発しグラフ中のすべての辺を1回以上通り，再び出発点に戻る道（隣接する辺の列）の中で，最も短いものを探す，〈中国人の郵便配達人問題〉（Chinese postman problem）がある．この問題に，各ノードはちょうど1回だけ訪れるという制約を加え，各辺を訪れるという制約を取り除いた問題は，有名な〈巡回セールスマン問題〉（travelling salesman problem）となる．他のグラフ問題としては，頂点彩色問題（vertex coloring problem）があるが，この問題は隣接する頂点（辺でつながっている頂点）が同じ色をもたないように頂点に色を塗る際に必要な色数を最小にするものである．辺被覆問題（edge covering problem）は，各頂点に少なくとも1つの辺が接続するような辺集合を集めたものの中で重み最小のものを求める問題である（訳注：上記の問題は，原著では辺彩色問題（edge coloring problem）とあるが，辺被覆問題の間違いと思われる．辺彩色問題は，各頂点に同じ色をもつ辺が2本以上接続しないように辺を彩色する際に，必要な色数を最小とする問題，と定義される場合が多い）．最大派閥問題（maximum clique problem）は，与えられたグラフの部分グラフの

中で，各頂点対が隣接しているような部分グラフで最大のものを求める問題である．最小カット問題（minimum cut problem）は，それを取り除くと頂点集合 s と頂点集合 t が非連結となるような辺集合の中で，重み最小のものを求める問題である．

これらのグラフ上の組合せ最適化問題は，数学的に興味深いが経営における意思決定や工学上の応用に乏しいと一見感じられるが，その応用範囲はたいへん広い．巡回セールスマン問題は，回路設計や戦略防衛における配線配送やスケジューリングに応用されている．4色問題（地図を4色以下で塗り分けることができるか？）は，頂点彩色問題の特殊ケースである．最大派閥問題と最小カット問題は，巨大システムの信頼性における，応用が存在する．

非線形関数を区分線形関数で近似する： 整数計画モデルの多彩さを示す最もよい例として，多くの非線形問題が混合整数線形計画としてモデル化されるという事実がある．これに用いる「仕掛け」は，各非線形関数を線形区分近似することである．このような変形の最も簡単な例としては，〈固定費用問題〉(fixed charge problem) があるが，この問題は，活動を始める際の固定費用と活動に準拠した限界費用という，2つの費用からなる費用関数をもっている．固定費用問題の例として，〈施設配置問題〉(facility location problem) があるが，これは施設の建設費用（1回限りの固定費用）と生産および顧客への輸送の費用（生産量と輸送量に依存した限界費用）を最小にするような施設の配置を求める問題である．施設が建設されなければ，そこで生産を行うことはできないため，生産量が零の点で費用関数が非連続となっている．この関数は，0または1の値しかとらない変数を追加することで，線形関数に変形できる．同様の変形によって，分離型の非線形関数を整数（線形）計画としてモデル化することができる．

ルールベースのスケジューリング問題： すべての制約式を数学的に「きれい」な形で書き下すことが不可能な問題が，数多く存在する．このような問題点がしばしば出現する例として，労働に関する制約，会社側のスケジュールに対する選好，そして「可能なスケジュール」を構成するための他のルールなど，無数の制約をもつスケジューリング問題がある．この種類の問題は，各作業員ごとに，すべてのあるいは十分な数の許容解を生成することによって解くことができる．この問題に対して，各行が考慮すべき仕事に対応し，各列が個々の作業員に対応する行列をつくる．行列の各列は，その作業員に割り当てられる仕事に対応する要素に1が立っており，他は0となっている．各「可能」スケジュールは，制約行列の1つの列によって規定され，各スケジュールにはその評価が対応している．ゆえに，制約行列は0または1の

要素をもち，不等式制約の意味するものは，各仕事がある特定の人数の作業員によってなされる（〈集合分割〉(set partitioning) と呼ばれる），ある特定の人数以上の作業員によってなされる（〈集合被覆〉(set covering) と呼ばれる），ある数以下に作業員によってなされる（〈集合充填〉(set packing) と呼ばれる），の3つがある．このとき最適化問題は，制約を満たす列集合の中で最もよいものを探す問題となる．集合分割問題(set partitioning problem)，集合被覆問題 (set covering problem)，集合充填問題（set packing problem）の概説論文としては，Balas and Padberg (1976)，Padberg (1979) がある．

定式化について

前項の例で示したように，整数計画による定式化は非常に多才であり，またこれが，組合せ最適化の分野がこのような問題の解法の開発に対し，非常に活動的であることをよく示している．多くの場合，同一の問題を数学的に表現する方法は1つではなく，大きな整数計画の最適解を適当な計算時間で求めるには定式化が大きく関係することから，近年の研究の多くは整数計画問題の再定式化について扱っている．これはたとえば，ときには整数変数や制約あるいは両方の数を増やす方がよい（減らすのではない）ことがある．これについては，整数計画の解法に対する項において，さらに述べることとする．様々な定式化によるアプローチについては，Guignard and Spielberg (1981) や Williams (1985) において議論されている．「自動的な」定式化と前処理については，Brearley, Mitra and Williams (1975) と Hoffman and Padberg (1991) に記されている．以下では，これらの問題に対する解法について簡単に述べる．

整数計画の解法

組合せ最適化問題を「解く」こと，すなわちこの問題の「最適」解を求めることは，非常に困難である．この困難さはたとえば，線形計画がその許容領域が凸集合であるのに対し，組合せ問題の許容領域は許容な格子点であり，また混合整数計画では半直線または線分の集合から，最適解を探し出さなければならない．ゆえに，問題の凸性から任意の局所最適解が大域的最適解である線形計画と違って，整数計画問題は多くの局所最適解をもっており，「大域的」な最適解を得るには，ある解が他のどんな許容解よりもよいことを，凸計画で用いられる数値微分を用いた方法とは異なる方法で，「示さ」なければならない．整数計画問題を解くには少なくとも3つのアプローチがあるが，計算実験においては，これらのアプローチを組み合わせた「混合型」解法がよく用いられる．この3つのアプローチとは，次の3つである．

・列挙法

・緩和法と分解法

・多面体的組合せ理論にもとづいた切除平面法

列挙法：「純粋」な整数計画を解く最も単純な方法は，有限個存在するすべての可能性を列挙することである．しかしながら，パラメータの「サイズ」に対する「組合せ的爆発」のため，この方法では小さな問題例しか解くことができない．ときには，支配や許容性について議論することにより，多くの可能性を「間接的に」(implicitly) 取り除くことができる．直接列挙あるいは間接列挙以外で，最も普通に用いられている列挙法は，〈分枝限定法〉(branch and bound method) と呼ばれており，「分枝」は解法の列挙の部分を意味し，「限定」はその時点までに得られた解の値の上下界と比較することにより，可能な解を削除することに対応する (Land and Doig, 1960)．解の上界を得るには（ここでは最大化問題を扱う），問題を緩和して比較的簡単に解けるような問題にする．

商業的な分枝限定コードは，すべて，整数制約を取り除くことで緩和を行い，その結果得られる P 上の連続な線形計画問題を解いている．もし，緩和された線形計画問題の解が整数制約を満たしたならば，その解は最適解である．線形計画問題が実行不能ならば，整数計画問題も実行不能である．上記のどちらも成り立たないならば，線形計画問題の解において，整数変数の少なくとも1つが分数になっている．このような非整数の変数の1つまたはいくつかを選び，2つまたはそれ以上の子問題を「分枝」によって生成する．この子問題は先の線形計画問題の解を含まず任意の整数解を含むものである．これらの新しい問題は分枝木のノードとなり，生成された各ノードにおいて線形計画問題が解かれる．子問題の許容解で整数制約を満たすものがない，あるいは子問題の最適値がその時点までに得られた整数解の目的関数値よりも悪いときは，そのノードは削除することができる．一般的な分枝限定の枠組みの中，用いられる様々な戦略については，Johnson and Powell (1978) を参照されたい．

ラグランジュ緩和と分解法：問題を緩和する方法は，整数制約を緩和するものだけではない．整数計画問題の解を得るための他の方法としては，「複雑な」制約を（ある固定された乗数に関する）ラグランジュ風に目的関数に繰り込むものがある（ただし乗数は反復ごとに変更される）．この方法は〈ラグランジュ緩和法〉(Lagrangian relaxation) として知られている．複雑な制約を制約集合より取り除いて得られる部分問題は，多くの場合非常に解きやすいものとなる．最適な乗数の値が求まるまで部分問題を繰り返し解く必要があるため，この性質は，上記の方法が働くために必要不可欠である．ラグランジュ緩和法によって得られる上下界は，部分問題を〈整数〉で解くことによって，線形計画によって得られるものよりきついものとなりうる，ただしこれは，部分問題が〈整数性〉(integral property) をもたないときだけである（部分問題が整数性をもつとは，整数性を取り除いた際に，ラグランジュ問題の最適値が変わらないことをいう）．ラグランジュ緩和を用いる際は，「複雑な」制約の緩和を行うために，解かれる問題の構造を理解する必要がある (Fisher, 1981)．ラグランジュ緩和による上下界を強化するための，関連するアプローチとして，〈ラグランジュ分解法〉(Lagrangian decomposition) がある (Guignard and Kim, 1987)．この方法では制約の集合をいくつかの集合に分離し，分離されたおのおのの制約の集合上での最適化は容易となるようにするものである．上記の制約の集合をつなぐための変数を導入するため，問題の次元は大きくなる．ラグランジュ的なアプローチはすべて問題依存的であり，下敷きとなる一般的な理論（任意の0-1問題に適用できるようなもの）は開発されていない．

ラグランジュ法を基礎とする戦略の多くは，特殊な行構造を取り扱うアプローチを提供している．ほかには，変数の一部が特定の数値に固定された際は，容易に解ける問題となってしまうといった，特殊な列構造をもつ問題がある．ベンダースの分解法 (Benders' decomposition algorithm) は，複雑な変数を固定して得られる問題を反復的に解くというものである (Benders, 1962)．問題に対応する双対問題にもとづいて，この算法では切除平面（すなわち，線形不等式）を見つける必要がある，ただしこの不等式は，現在の解を「切り落とし」かつ，どの整数解も「切り落とさない」ものでなければならない．この切除平面は不等式制約として問題の中に繰り込まれ，問題は再び解かれる．

上記で言及された分解法によるアプローチでは，整数解にもとづく上下界が得られるため，分枝限定法において通常用いられる線形計画緩和の代わりにこれを組み込むことができる．しかしながらこれらの算法は，「制約パターン」や問題の特殊構造を活用した特別仕様の算法である．

多面体的組合せ論にもとづいた切除平面法：厳密な最適解を求める計算において，非常に重要な進歩があった．この25年の間に発展した多面体理論 (polyhedral theory) を，問題例を解くのに適用した際，解かれた問題のサイズと難しさの両方が非常に大きくなった．多面体的組合せ論のもととなるアイデアは，整数計画問題の制約式集合を，問題の許容解と稜線の凸包で置き換えるというものである．

任意の凸多面体は，有限個の半空間の共通部分として，または，有限個の点の凸包と有限個のベクトルの凸錐を加えたものとして表されることを，昔 H.Weyl (1935)

が示した．問題のもとの定式化におけるデータが「有理」数であれば，Weyl の定理より有限の線形不等式系が存在し，その解集合は混合整数点の集合 S の〈凸包〉，ここでは conv(S) と書かれる，と一致する．ゆえに，「S の凸包」を完全に記述する線形不等式をすべてあげることができれば，整数計画問題を線形計画で解くことができる．この文脈においては，Gomory (1958) が開発した整数計画問題を解く「切除平面法」(cutting plane method) は，Weyl の定理の「構成的」な証明と解釈することができる．

Gomory の算法は有限ステップで最適解に収束するが，代数的な性質から導かれた切除平面は非常に「弱く」，たとえば許容解の凸法の支持超平面でさえないことがしばしばあるため，最適解への収束は非常に遅い．集合 conv(S) を表すできるだけ小さな線形不等式系が必要ならば，各不等式が conv(S) 極大面となっている極小の線形不等式系が必要となる．源問題の切除平面として，多面体 conv(S) の極大面となる不等式は「最もよい」ものである．すなわち，整数許容解や混合整数解のいずれも切り落とすことなく，「より強い」切除平面をつくることはどんな意味でも不可能である．特定の組合せ最適化問題に対するこのような線形不等式の一部（あるいはすべて）を同定することを目的に，多くの研究活動が行われてきた．これは各問題に依存したものではあるが，一般に適用することのできる Weyl の定理にしたがった「一般的な」主題にもとづくものである．最も興味深い整数計画問題において，その多面体を記述するのに必要な最小数の不等式の数は，変数の指数関数となっているため，上記のようなアプローチが計算において現実的なのかという疑問がある．これに対し，驚くべきことに，多面体的組合せ論にもとづいて実装された切除平面法は，それ以前は不可能と信じられていたサイズの問題を解くことに成功した．この数値実験における，成功の部分的な説明として，「conv(S) の 1 つの端点」(single extreme point) においてのみ，最適性を示せばよいからだとされている．すなわち，conv(S) の「完全な」(complete) 記述を行う必要はなく，最適解に「隣接する部分」(neighborhood) の部分的な記述のみで十分である．

以上より，一般的な切除平面法は，最初のステップでは変数の整数性を緩和して得られる P 上の線形計画を解く．線形計画が非有界または不能であったときは，整数計画もまた同じである（訳注：非有界の際は何らかの仮定が必要である）．線形計画の解が整数であったならば，整数計画問題は解けたこととなる．それ以外の場合，〈極大面同定問題〉(facet-identification problem) を解く，この問題の目的は，線形計画の非整数最適解を「切り落と」し，かつ，すべての整数解はそれを満たすような線形不等式を見つけることである．すなわちこの不等式は，conv(S) から線形計画の非整数最適解を「分離」するものである．この算法は，以下の 3 つの条件のどれかが成り立つまで繰り返される，(1) 整数解が得られる（幸運にも問題を解くことができた），(2) 線形計画が不能となり，すなわち整数計画も不能であることがわかる，(3) 極大面同定の手続きを用いても新たな切除平面が得られなくなる，この理由は，多面体の面構造が完全に判明していないか，あるいは，極大面判定手続きが厳密法でないことであり，このため知られている形式の切除平面を「算法的」に生成することができない．上記 3 つめの理由で切除平面法を終了した際は，一般には，線形計画による定式化を「きつくする」ことにより，得られる線形計画の解の値を整数計画の解の値により近いものとする．以下では，整数計画法に関する多くの研究開発の結果を，各問題に関して知られているすべてを用いる上位の算法に，いかに組み込むかについて説明する．この方法は「分枝切除法」(branch and cut method) と呼ばれている (Padberg and Rinaldi, 1991；Hoffman and Padberg, 1985, 1991, 1992)．

この算法の主要部分は，自動的な再定式化手続きと，「よい」整数許容解を得るための発見的解法，そして，線形計画緩和をきつくすることで組合せ最適化問題に近づける切除平面手続きからなる．これらの手続きはすべて，線形計画問題に対する分枝限定法と同様の，探索木の枠組みに組み込まれている．この手法では，可能なときはいつでも，(被約費用による理由かあるいは論理的な理由で) 変数を恒久的に固定し，また同様に探索木全体において制約の固定を行う．これら 4 つの部分は，計算終了時において得られた解の最適性が保証されるように組み合わされる．しかしながら，この算法は早めに停止することで，最適解に近い解とそれに残る誤差の見積りを出力することもできる．この算法において生成される切除平面は，整数許容解の凸包あるいはそのよい近似多面体の極大面であり，かつできうるかぎり「きつい切除平面」である．面の持ち上げ手続きは，生成された切除平面は探索木全域において有効であることを保証し，探索手続きを非常に減らすことができ，この点において，従来の (Gomory の) 切除平面法とは大きく異なっている．

経験的な事実より，純粋整数計画と混合整数計画のどちらも，整数計画の多面体構造にもとづいた解法により，経済的に可能な計算時間で最適性が「保証されている」解を求めることができる．この分枝切除法を用いた応用としては，次の文献がある．Barahona et al. (1988), Chopra et al. (1991), Grotschel et al. (1989), Magnanti and Vachani (1989), Pochet and Wolsey (1991), Van Roy and Wolsey (1987)．これらの研究の直接の結果としては，組合せ問題に対する商業的パッケージソフトウェアに共通する，前処理と制約生成手続きがある．

難しい組合せ最適化問題の計算における成功は，これらの問題の下敷きとなる多面体構造を構築するための，熱心な努力の賜である．ゆえに，このアプローチを用いるには，問題固有の特別な数学構造を「同定し」，かつ，その構造に対応する多面体について研究することが必要である．構造についての理解が深まり，自動的に構造が判定できるようになれば，これらの方法によってより広いクラスの問題を解くことができるようになる．これらのコードはもちろん複雑なものとなるだろうが，現時点において発見的解法だけが最適解を「推測できる」ような難しい組合せ問題に対し，（適当な計算手間で）最適解を得るものとなるだろう．分解法と異なり，関連する計算における成功は，問題の「数学的」な理解にもとづいており，それは単なる「構造」ではなく，制約個々の「パターン」そのものである．

以下では，組合せ計画と整数計画に関連するいくつかの話題を簡単にあげる．話題の1つとしては整数計画の複雑性がある（Garey and Johnson, 1979）．もう1つの話題としては発見的解法によるアプローチがある．これは，整数計画問題に対し，「よい」が最適とは限らない解を，素早く求めるテクニックである．一般的に，得られた解と最適解との「近さ」は保証されない．しかしながら，発見的解法は様々な理由で重要である．これにより，現在ある厳密解法では適当な時間で最適解を出すことができないような，非常に難しい組合せ最適化問題に対し，使用可能な解を得ることができる．もし厳密解法の内部で発見的解法を用いるならば，変数を固定するための上下界を得ることができ，また探索木の枝を探査することができる．発見的解法に関する近年の研究は，自然科学におけるテクニックの，組合せ問題の近似解への適用である．このような方法の中でも，（熱の物理学的な性質にもとづいた）シミュレーテッド・アニーリング法，（自然界の突然変異にもとづいた）遺伝アルゴリズム，（脳の機能のモデルである）ニューラル・ネットワーク，についてはおのおの，Hansen (1986)，Muhlenbein (1992)，Beyer and Ogier (1991) を参照されたい．Glover and Laguna (1992) は，これらの手法の特徴を一般化し，タブーサーチと呼ばれる方法を提案した．発見的解法の最悪値解析と確率的解析については，Cornuejols et al. (1980)，Rinnooy Kan (1986)，Karp (1976) を参照されたい．整数計画とそれに関連する話題についての本としては，Grötschel, Lovasz and Schrijver (1988)，Nemhauser and Wolsey (1988)，Parker and Rardin (1988)，Schrijver (1986) がある．

⇒割当て問題，分枝限定法，ベンダーズの分解法，ビン・パッキング問題，資本予算，中国人の郵便配達人問題，組合せ的爆発，組合せ理論，施設配置，探査，ラグランジュ関数，線形計画法，最大値，最小値，ネットワーク，詰込み問題，緩和問題，集合被覆問題，集合分割問題，巡回セールスマン問題．

[Karla L. Hoffman, Manfred Pedberg/松井知己]

参考文献

[1] R.K. Ahuja, T.L. Magnanti, J. Orlin (1992). *Network Flows: Theory, Algorithms and Applications*. Prentice-Hall, New Jersey.

[2] R.K. Ahuja, T.L. Magnanti, J.B. Orlin and M.R. Reddy (1993). "Applications of Network Optimization," *Operations Research* 41.

[3] E. Balas and M. Padberg (1976). "Set Partitioning: A Survey," *SIAM Review*, 18, 710–760.

[4] M. Barahona, M. Grötschel, M., G. Jünger, and G. Reinelt (1988). "An Application of Combinatorial Optimization to Statistical Physics and Circuit Layout Design," *Operations Research*, 18, 493–513.

[5] J.F. Benders (1962). "Partitioning procedures for solving mixed-variables programming problems," *Numerische Mathematik*, 4, 238–252.

[6] D. Beyer and R. Ogier (1991). "Tabu learning: a neural network search method for solving nonconvex optimization problems," *Proceedings of the International Joint Conference on Neural Networks*. IEEE and INNS, Singapore.

[7] A.L. Brearly, G. Mitra and H.P. Williams (1975). "Analysis of mathematical programming problems prior to applying the simplex method," *Mathematical Programming*, 8, 54–83.

[8] S. Chopra, E. Gorres and M.R. Rao (1992). "Solving the Steiner Tree Problem on a Graph Using Branch and Cut," *ORSA Journal on Computing*, 4, 320–335.

[9] M.W. Cooper and K. Farhangian (1985). "Multi-criteria Optimization for Nonlinear Integer-variable Problems," *Large Scale Systems*, 9, 73–78.

[10] G. Cornuejols, G.L. Nemhauser, and L.A. Wolsey (1980). "Worst Case and Probabilistic Analysis of Algorithms for a Location Problem," *Operations Research*, 28, 847–858.

[11] M.L. Fisher (1981). "The Lagrangian Method for Solving Integer Programming Problems," *Management Science*, 27, 1–18.

[12] M.R. Garey and D.S. Johnson (1979). *Computers and Intractibility: A Guide to the Theory of NP-Completeness*. W.H. Freeman, San Fransisco, California.

[13] F. Glover and M. Laguna (1992). "Tabu Search," a chapter in *Modern Heuristic Techniques for Combinatorial Optimization*.

[14] R.E. Gomory (1958). "Outline of an Algorithm for Integer Solution to Linear Program," *Bulletin American Mathematical Society*, 64, 275–278.

[15] R.E. Gomory (1960). "Solving Linear Programming Problems in Integers," *Combinatorial Anal-*

ysis (R.E. Bellman and M. Hall, Jr. eds, American Mathematical Society), 211-216.
[16] M. Grötschel (1992). "Discrete mathematics in manufacturing," Preprint SC92-3, ZIB.
[17] M. Grötschel, L. Lovasz, and A. Schrijver (1988). *Geometric Algorithms and Combinatorial Optimization*, Springer, Berlin.
[18] M. Grötschel, C.L. Monma, and M. Stoer (1989). "Computational results with a cutting plane algorithm for designing communication networks with low-connectivity constraint," Report No. 187, Schwerpunktprogramm der Deutschen Forschungsgemeinschaft, Universität Augsburg.
[19] M. Guignard and K. Spielberg (1981). "Logical Reduction Methods in Zero-one Programming: Minimal Preferred Inequalities," *Operations Research*, **29**, 49-74.
[20] M. Guignard and S. Kim (1987). "Lagrangian decomposition: a model yielding stronger Lagrangian bounds," *Mathematical Programming*, **39**, 215-228.
[21] P. Hansen (1986). "The steepest ascent mildest descent heuristic for combinatorial programming," *Proceedings of Congress on Numerical Methods in Combinatorial Optimization*, Capri, Italy.
[22] K.L. Hoffman and M. Padberg (1985). "LP-based Combinatorial Problem Solving," *Annals Operations Research*, **4**, 145-194.
[23] K.L. Hoffman and M. Padberg (1991). "Improving the LP-representation of Zero-one Linear Programs for Branch-and-Cut," *ORSA Journal Computing*, **3**, 121-134.
[24] K.L. Hoffman and M. Padberg (1993). "Solving Airline Crew Scheduling Problems by Branch-and-Cut," *Management Science*, **39**, 657-682.
[25] E.L. Johnson and S. Powell (1978). "Integer programming codes," *Design and Implementation of Optimization Software* (ed. H.J. Greenberg), NATO Advanced-Study Institute Series, Sijthoff & Noordhoff, 225-248.
[26] R.M. Karp (1976). "Probabilistic analysis of partitioning algorithms for the traveling salesman problem," in *Algorithms and Complexity: New Directions and Recent Results* (J.F. Traub, ed.) Academic Press, New York, 1-19.
[27] A.H. Land and A.G. Doig (1960). "An automatic method for solving discrete programming problems" *Econometrica*, **28**, 97-520.
[28] T.L. Magnanti and R. Vachani (1990). "A Strong Cutting Plane Algorithm for Production Scheduling with Changeover Costs," *Operations Research*, **38**, 456-473.
[29] S. Martello and P. Toth (1990). *Knapsack Problems*, John Wiley, New York.
[30] H. Markowitz and A. Manne (1957). "On the solution of discrete programming problems," *Econometrica*, **25**, 84-110.
[31] H. Mühlenbein (1992). "Parallel genetic algorithms in combinatorial optimization," *Computer Scienceand Operations Research* (ed. by Osman Blaci), Pergamon Press, New York.
[32] G.L. Nemhauser and L.A. Wolsey (1988). *Integer and Combinatorial Optimization*, John Wiley, New York.
[33] M. Padberg (1979). "Covering, packing and knapsack problems," *Mathematical Programming*, **47**, 19-46.
[34] M. Padberg and G. Rinaldi (1991). "A Branch-and-Cut Algorithm for the Resolution of Large-scale Symmetric Traveling Salesman Problems," *SIAM Review*, **33**, 60-100.
[35] R.G. Parker and R.L. Rardin (1988). *Discrete Optimization*, Academic Press, San Diego.
[36] Y. Pochet, and L.A. Wolsey (1991). "Solving Multi-item Lot Sizing Problems Using Strong Cutting Planes," *Management Science*, **37**, 53-67.
[37] A.H.G. Rinooy Kan (1986). "An introduction to the analysis of approximation algorithms," *Discrete Applied Mathematics*, **14**, 111-134.
[38] A. Schrijver (1984). *Linear and Integer Programming*, Wiley, New York.
[39] T.J. VanRoy and L.A. Wolsey (1987). "Solving Mixed Integer Programming Problems Using Automatic Reformulation," *Operations Research*, **35**, 45-57.
[40] H. Weingartner (1963). *Mathematical Programming and the Analysis of Capital Budgeting Problems*, Prentice Hall, Englewood Cliffs, New Jersey.
[41] H. Weyl (1935). "Elementare theorie der konvexen polyheder," *Comm. Math. Helv*, **7**, 290 (Translated in *Contributions to the Theory of Games*, **1**, 3, 1950).
[42] H.P. Williams (1985). *Model Building in Mathematical Programming*, 2nd ed. Wiley, New York.

組合せ的爆発

combinatorial explosion

最適化問題において，問題のサイズが大きくなるにしたがって，計算量が指数的に増加する現象．この現象を示す問題の1つの代表例は，巡回セールスマン問題である．⇨ 組合せ理論，組合せ/整数最適化，次元の呪い，巡回セールスマン問題．

組合せ理論

Combinatorics

組合せ理論とは，通常有限個の対象の配置を取り扱う数学の一分野である．ここで，〈配置〉という言葉は，様々な制約の下での選択，組分け，組合せ，順序付けなどを含む．

初等組合せ理論は，順列や配列に関係している．たと

えば，n 個の対象の順列（あるいは順序付け）の総数は，$n!=n(n-1)\cdots(2)(1)$ であり，n 個の対象から一度に k 個を取り出す組合せの総数は，二項係数

$$\binom{n}{k}=\frac{n!}{k!(n-k)!}$$

で与えられる．一対のサイコロを投げて 7 が出る確率や，ポーカーでインサイドストレート（間の数字が 1 つ入ればストレートになる手）を親からもらう確率を計算するには，順列，組合せやその他の配置の計算ができねばならない．実際，組合せ理論は，偶然ゲームの研究から始まったといわれている．組合せ数え上げ理論は，今日でいう離散確率論の基礎となっている．

実験計画法（experimental design）は，組合せ理論の別の古典的領域の動機を与えている．5 個の製品を 5 項目の実験によって，5 日間で検査することを考える．ただし，1 件の検査は，1 日に 1 個の製品についてのみ実施できるものとする．検査項目を A，B，C，D，E，製品を 1，2，3，4，5，日を月，火，水，木，金とラベル付けする．検査スケジュールの一例を以下に示す．

	月	火	水	木	金
1	A	B	C	D	E
2	B	C	D	E	A
3	C	D	E	A	B
4	D	E	A	B	C
5	E	A	B	C	D

このように，各記号が各行各列に 1 回ずつ現れる正方配列は，〈ラテン方陣〉（Latin square）と呼ばれる．

さらに，各検査の実施には，観測者が必要なものとしよう．検査項目と観測者の相互作用による偏りをなくすために，検査項目を表すラテン方陣が，観測者のためのラテン方陣と組合せ的に〈直交〉（combinatorially orthogonal）するようにしたい．これは，2 つのラテン方陣を重ね合わせたときに，検査項目と観測者の 25 通りの可能な対が，1 回ずつ現れることを意味する．このような正方配列は，〈グレコラテン方陣〉（Graeco-Latin square）と呼ばれる．観測者を a, b, c, d, e とラベルづけした 5 行 5 列のグレコラテン方陣の一例を以下に示す．

Aa	Bb	Cc	Dd	Ee
Bc	Cd	De	Ea	Ab
Ce	Da	Eb	Ac	Bd
Db	Ec	Ad	Be	Ca
Ed	Ae	Ba	Cb	Dc

Leonhard Euler は，2 行 2 列のグレコラテン方陣が存在しないことに気づき，その上の 5 までの n に対しては，n 行 n 列のグレコラテン方陣の例が構成できることを見いだしたが，6 に至って困難に直面した．1787 年に Euler は，k を自然数としたとき，$n=4k+2$ に対しては，そのような配列が存在しないと予想した．1900 年頃，Euler の予想は，$n=6$ のときには，系統的な場合分けによって，肯定された．しかしながら，彼のより一般的な予想は，1959 年に Bose, Shirkhande, Parker が，22 行 22 列のグレコラテン方陣を示すまで，未解決であった．その直後に，同じ研究者達は，2 と 6 以外のすべての n に対して，グレコラテン方陣が存在することを示して，Euler 予想の残された部分をも覆した．彼らの仕事は，数論の成果を利用している．このように，組合せ理論は数論と共生している．

Euler のもう 1 つの研究は，組合せ数学において，きわめて重要なものとなった．東プロシアのケーニヒスベルグでは，プレゲル川が町を二分し，その中に島があった．川には，7 本の橋が架けられていた．ケーニヒスベルグの人々は，すべての橋をちょうど 1 回ずつわたる経路を見いだすことに興じていたといわれる．1736 年に Euler は，ケーニヒスベルグの橋問題や同種の問題例に対する最終的な解答を与えた．「奇数本の橋がかかっている陸地の総数が 2 よりも多いならば，そのような経路は存在しない．もし，ちょうど 2 地域において橋の本数が奇数であるならば，そのうちの一方を出発点とすることによって，そのような行程が可能である．最後にもし奇数本の橋がかかっている陸地がないならば，どこから出発しても，求める経路を見いだすことができる」この結果は，今日でいうグラフ理論の最古の定理と見なされている．

ディジタル計算機とオペレーションズリサーチの出現に伴い，組合せ理論の重点は配置の数え上げや存在の問題から最適化の問題へと移行した．現代組合せ理論は，1950 年代の，Lester Ford と Ray Fulkerson によるネットワークフロー理論の展開によって，成年に達したといってもよいであろう．この特筆すべき理論によって，様々な実際上の最適化問題が効率的に解けるようになった．

より理論的な面では，多くの双対定理が Ford と Fulkerson の最大フロー最小定理から導かれる．一例として，以下の König-Egervary の定理があげられる．行列成分の部分集合で，どの 2 つの成分も同じ行や同じ列にないものを独立であると呼ぶ．このとき，非零成分の独立集合の最大の大きさは，その行列において，すべての非零成分を含む行と列の合計数の最小値に等しい．

1960 年代には Jack Edmonds が，線形独立性の概念を組合せ的に抽象化したマトロイド（matroid）を用いて，Ford と Fulkerson による結果の多くを一般化した．Edmonds はまた，グラフのマッチングに関する一般理論を展開した．マッチング（matching）とは，辺部分集合で，どの 2 つの辺も端点を共有していないものを指す．彼は，2 部グラフ上でのマッチングに関する双対定理とも見なせる König-Egervary の定理を一般のグラフに拡張した．

Edmonds (1965) はさらに，彼のマッチングアルゴリ

ズムの実行時間が，それを適用するグラフの大きさの多項式で押さえられることに気づき，多項式時間アルゴリズムの長所に関して，説得力のある議論を展開した．多項式性の重要性は，1973年のStephen Cook, Richard Karp, Leonid LevinによるNP完全性理論の発展によって，より一層高く評価されるようになった．それ以来，NP完全性の理論は，組合せ最適化研究者にとって，必要不可欠な道具となっている．

ネットワークフロー理論，マトロイド最適化理論，マッチング理論や，その他の同種の理論におけるアルゴリズムは，線形計画法アルゴリズムの特殊化と見なすことができる．最大フロー最小カット定理やKönig-Egervary定理などの組合せ的双対定理の多くは，線形計画法の双対定理の特殊形である．組合せ的問題を線形計画法を用いて定式化して解く一般的なパラダイムを〈多面体的組合せ理論〉(polyhedral combinatorics) という．

実社会に現れる組合せ最適化問題は，大抵，多面体的な技法のみで完全に屈服させるにはあまりに特異で複雑である．

これらの問題に対して，確実な最適解を探したいのならば，通常ある種の列挙を行う必要がある．巡回セールスマン問題（TSP）は，実社会に根差した難しい(NP完全)問題の原型である．この問題においては，n都市のそれぞれの間の距離を表すn行n列の行列が与えられて，最小距離の巡回路（各都市をちょうど1回ずつ訪問して出発地に戻る）を見いだすことが求められる．

可能な巡回路の総数はもちろん，$(n-1)!$という有限の値である．しかし，実際に現れるnの値，たとえば100や1000に対しては，巡回路の総数は天文学的に大きくなり，事実上無限といってよい．全体のほんの一部の巡回路さえ，網羅的に列挙するのは論外である．したがって，TSPを列挙法によって解きたいのであれば，列挙の対象をきわめて限定しなければならない．

TSPは，アルゴリズム研究の実験台としての役割を果たしてきた．実際，TSPに適用されたアプローチは，組合せ最適化技法のありとあらゆるものに及ぶ．これらの中には，多面体的アプローチと整数線形計画法，ラグランジュ緩和，微分不可能最適化，ヒューリスティクスと近似アルゴリズム，分枝限定法，動的計画法，近傍探索，シミュレーテッド・アニーリング法が含まれる．多くの研究者の努力の結果，今日では，数百数千都市の問題例に対して，最適解もしくは保証付きの近似最適解が得られる．

組合せ最適化は，機械スケジューリング，生産計画，車両配送，プラント配置，ネットワーク設計，VLSI設計などの様々な分野で実用上重要な役割を果たしている．将来，この分野は実用的にも理論的にも，ますます重要になるであろう．

⇒中国人の郵便配達人問題，組合せ/整数最適化，計算複雑度，グラフ理論，マッチング，ネットワーク，巡回セールスマン問題，配送経路問題．

[E. L. Lawler／岩田 覚]

参考文献

[1] N.L. Biggs, E.K. Lloyd, and R.J. Wilson (1976), *Graph Theory: 1736–1936*, Oxford Univ. Press.

[2] J. Edmonds (1965), "Paths, Trees, and Flowers," *Canad. Jl. Math.*, 17, 449–467.

[3] M.R. Garey and D.S. Johnson (1979), *Computers and Intractability: A Guide to NP-Completeness*, W.H. Freeman, San Franciso.

[4] R.L. Graham, B.L. Rothchild, J.H. Spencer (1980), *Ramsey Theory*, John Wiley, New York.

[5] E.L. Lawler (1976), *Combinatorial Optimization: Networks and Matroids*, Holt, Rinehart and Winston, New York.

[6] E.L. Lawler, J.K. Lenstra, A.H.G. Rinnooy Kan, and D.B. Shmoys, eds. (1985), *The Traveling Salesman Problem: A Guided Tour of Combinatorial Optimization*, John Wiley, New York.

[7] L. Lovasz (1979), *Combinatorial Problems and Exercises*, North Holland, Amsterdam.

[8] L. Lovasz and M.D. Plummer (1986), *Matching Theory*, North Holland, Amsterdam.

[9] G.L. Nemhauser and L.A. Wolsey (1988), *Integer Programming and Combinatorial Optimization*, John Wiley, New York.

[10] A. Schrijver (1986), *Theory of Linear and Integer Programming*, John Wiley, New York.

[11] R.J. Wilson and J.J. Watkins (1990), *Graphs: An Introductory Approach*, John Wiley, New York.

クラスカルのアルゴリズム

Kruskal's algorithm

ネットワーク上の最小全域木を求めるアルゴリズムの1つ．この方法は，サイクルができないようにしながら，費用が小さな方から順番にアークを選んでゆくという方法である．この場合，同じ長さのアークが2本以上あるときは，その中から適当なものを1本選べばよい．ノード数がn個のときには$n-1$本のアークが選ばれたところで計算は終了する．⇒貪欲解法，最小全域木問題，プリムのアルゴリズム．

クラスター分析

Cluster Analysis

はじめに

クラスター分析(cluster analysis)は，類似度(similarity)や距離(difference)にもとづいて分析対象をグループ化するために用いられる種々の手法の総称である．こ

れらの手法を適用して，各クラスターに含まれる要素は一様にして，クラスターどうしは異なるように，分析対象（要素，アイテム，個体，ケースなど）をお互い排反するクラスターにグループ化することを目的としている．クラスター分析の主な目的は，データの縮約（reduction of data），データの探索（data exploration），自然なグループの決定，グループにもとづく予測，分類，モデルの当てはめ，仮説をつくり検証することである(Everitt, 1990；Aldenderfer and Blashfield, 1984；Lorr, 1983)．

心理学，動物学，植物学，社会学，人工知能，情報検索といった様々な学問分野でクラスタリングが重要なので，（クラスター分析という呼び方のほか）Q分析，類型学(typology)，グループ化，クランピング，クラシフィケーション，数値分類(numerical taxonomy)，パターン認識(pattern recognition)といった呼び名が用いられている(Everitt, 1980)．実際に，Jain and Dubes(1988)は，「I. J. Good (1977) は，ぶどうの房を表すギリシア語から，クラスター分析の新しい名称としてbotryologyを提案した」ことを紹介している．

クラスター分析の手法は，長年にわたって存在しているが，豊富な仕事はここ20年になされたものである．これに対する重要な刺激は，1970年に設立されたクラシフィケーション学会(Classification Society)と，1963年に刊行されたSokalとSheathによるPrinciples of Numerical Taxonomyである(Lorr, 1983)．クラスター分析の急速な成長をもたらした他の理由として，科学的な方法論として基本的に分類が重要であるとの認識と，コンピュータのめざましい高速化である．クラスター分析の複雑さは，扱う問題のサイズが大きくなると驚くほど増加することが知られている．高度なコンピュータパワーを利用することで，大きくて実用的な問題の扱いは，現在では大きな関心事ではなくなってきている．

クラスター分析の応用事例

クラスター分析は，心理学，生物学，医薬，経済，市場調査，パターン認識，天気予報，情報システムの設計，柔軟な生産システムなどの様々な分野に応用されている．いくつかの興味のあるクラスター分析の応用例としては，次のようなものがある．大きな生産記録の分析(Homayoun, 1984)，国ごとの幸福度と生活の質の測定(Hirschberg et al., 1991)，柔軟な生産システムにおける切断工具の管理(DeSouza and Bell, 1990)，品質管理ツールのクラスタリング(Spisak, 1992)，人間の意思決定の構造と内容の識別(Allisou et al., 1992)，消費者の認識構造のマッピング(Hodgkinson et al., 1991)，情報システムの設計(Aronson and Klein, 1989；Karimi, 1986；Klein and Arouson, 1991)，輸送ルートおよび生産スケジュールとサンプリング(Romesburg, 1984)，所得税の階層の決定(Mulvey and Crowder, 1979)などである．Punj and Stewart (1983) は，種々のクラスター分析のパッケージとプログラムの詳細を含んだクラスター分析のアプリケーションについて優れた紹介を行っている．

クラスター分析の手法

Everitt (1980)，Cormack (1971)，Aldenderfer and Blashfield(1984)，Hartigan(1975)，Anderberg(1973)のような著者は，クラスター分析手法のよい解説を出している．しかしながら，種々のクラスター分析手法の定まった分類はない．事実，これはクラスター分析の落とし穴の1つである．Cormackによるすばらしい業績によって（それはPunj and Stewart (1983) とEveritt (1980) によって賛美されたが）次の5つのカテゴリーが基本的なものとして受け入れられている．

1. 階層手法（hierarchical method）
2. 分割最適型（optimization technique）
3. 密度検索法（density search technique）
4. クランピング手法（clumping method）
5. その他

1. 階層手法： 階層手法は，要素が最初により大きなクラスターに分類されるという樹状図の構造をもっている．これらのクラスターは，さらに小さなクラスターに分割され，最終的なクラスがもうそれ以上分割されなくなるまで続く．これらの手法は，生物学でしばしば用いられる．階層手法は，大きく分けて凝集型分類法(agglomerative)と分枝型（分割型）分類法(divisive)に分けられる．

凝集型は，各アイテムをそれ自体1つのクラスターとすることから出発する．そのあとは，2つ3つの近接したクラスターが新しいクラスターとして凝集され1つのクラスターになる．最終的には，すべてのアイテムは，1つの大きなクラスターにグループ化される．このため，この手法はビルドアップ法とも呼ばれている (Hairetal., 1987)．

分割型は，凝集型と反対の方向で行われる．すなわち，1つの大きなクラスターから始まり，最も異なっているアイテムのグループが抜け出して小さなクラスターになる．その過程は，各アイテムがそれぞれクラスターになるまで続けられる．Cormack (1971)，Everitt (1980)，Aldenderfer and Blashfield(1984)とHaire et al.(1987)は，種々の凝集型と分割型の完全な解説を行っている．

2. 分割最適型： この手法は，クラスタリングの過程で，アイテムの再配置を許し，初期の解から最適なものへ改善を計っている．クラスターの数は，事前に決める必要があるが，いくつかの手法では解析中にそれを変更できるものもある．最適化の違いは，初期解を得る方

法と最適解を得るために用いられるクラスター化するための基準の様々な違いである（Everitt, 1980）．

大部分の最適化の手法は，よく考えられた統計的概念にもとづいているのでこれらの問題を解くために数理計画法（mathematical programming）アプローチはほとんど用いられていない．Mulvey and Crowder (1979) では，この種の問題を解くために単純な検索手順と一緒にサブグラジェント法を用いている．しかし，彼らの手法は真の最適解を導かない．ヒューリスティックは大きな問題で効果的であるが，効果的な情報システムの設計（Klein et al., 1988）のような問題に対しては最適解を得る必要性があり，ヒューリスティックは魅力を半減している．Klein and Aronson (1991) は，この種の問題で最適解を見つけるために混合整数計画モデル（mixed integer programming model）を開発している．彼らの手法は，Balas (1965) による陰な列挙法（implicit enumeration method）にもとづいている．優先順やグループサイズの制限を含んだ拡張が，Aronson and Klein (1989) で紹介されている．初期において，Gower and Ross (1969)，Rohlf (1974) は，ある種の一般的なクラスターの定式化とグラフ理論でよく知られた最小全域木問題（minimum spanning tree）との間で直接的な関係があることを示した．クラスター分析におけるグラフ理論によるさらなる拡張は，Matula (1977) に述べられている．

3. 密度検索法： この概念は Gengerelli (1963) によって提案され，距離空間の点としてアイテムを考える．点の分布の密度が濃い部分が，密度の薄い部分によって分離されているものが自然なクラスターになることを提案している．Everitt (1980) は，異なったタイプの密度検索法を紹介している．

4. クランピング（群生）法： これらの手法は言語学で最もよく知られている．いくつもの意味をもつ言葉が，その意味でもって分類されるとき，いくつかのグループに属することになる．このため，この手法はいくつかのクラスターにオーバーラップすることを許すのが通例である．この定義は，ケンブリッジ言語研究所（Cambridge Language Research Unit）の Jones, Needham と共同研究者（Everitt, 1980）によって導入された．この手法は，分析対象をもとのデータからつくられた類似行列（similarity matrix）にもとづいて分析対象を2つのグループに分けることを試みる方法である．Needham (1967) の基準は，2つのグループの結合関数（cohesion function）を最小化することである．他のクランピング手法は，Rohlf (1974) と Everitt (1980) で議論されている．

5. その他の手法： ここには，上の4つの分類に入らないすべてのクラスター分析の手法が含まれる．たとえば，Cattell (1952) で紹介されている行動科学で一般的に使われている逆Q因子分析があげられる．Gower (1966) は，様々なRとQ因子分析の特徴に関してよい報告を行っている．R因子分析（R-factor analysis）は，変数間の相関を役立たせるQ因子分析（Q-factor analysis）の一種である．Everitt (1980) と Aldenderfer and Balshfield (1984) には，様々な他のクラスター分析手法についてのよい解説が含まれている．

いくつかの問題点

クラスター分析の概念は直感的にわかりやすいが，実際に分析を試みるとたくさんの問題に出あう．問題のいくつかは，データと変数の選択，何をクラスターにするかについての知識，距離を用いるか類似尺度を用いるか，尺度の変換，クラスターにする基準，用いるクラスター手法，クラスターの数そして結果の解釈などである（Anderberg, 1973）．Aldenderfer and Blashfield (1984)，Everitt (1980)，Hair et al. (1987)，Anderberg (1973) などでは，これらのいくつかを詳細に議論している．以下で，いくつかの重要な問題について議論したい．

距離と類似度のいずれを用いるか．要素間の関係は，類似度か距離のいずれかを用いて表される．類似度（密度を示す）は0から1の間の値をとり，距離は非負の値になる．クラスター分析の出力は，用いた尺度の種類に依存する．最も一般的に用いられる尺度の1つは，ユークリッド距離（Euclidean distance）である．これは，容易に変数を追加し一般化できる（Hair et al., 1987）．

変数間の関係を表す他の尺度は，1936年に Mahalanobis によって提案されている（Everitt, 1980）．これは，相関が0の場合の標準化された変数を用いたユークリッドの距離になっている．Mahalanobis の距離は，McRae (1971) によって用いられた．Everitt (1980)，Hair et al. (1987) と Hartigdn (1975) は，他のタイプの距離についていくつかの議論をしている．Klein and Aronson (1991) で示されたコンピュータ利用の組織でのクラスターモデルは，すべての相互作用を考慮している．各クラスターのアイテムの間にあるすべての相互作用を考慮する必要性から，規準化された距離にもとづいて最適クラスタリングを行うために混合整数計画モデルの定式化を導いている（Klein and Aronson, 1991）．

どのクラスター手法を用いるべきか？ 最適なクラスター手法を選択する問題は，解析者が変数，距離とクラスターの基準を決めたあとに自然にもち上がってくる．多くのソフトウェアパッケージとプログラムでクラスター分析が利用できる．Punj and Stewart (1983)，Anderberg (1973) は，クラスター分析を利用できる種々のプログラムを分類している．彼らはもとのソースを引用していないが，それらの全般的な比較を行っている．最善

のクラスター手法の選択のために，種々の手法の効率の特徴に気をつけるべきである（Hair et al., 1987）．

適切なクラスター数は？： クラスター分析で実用的な関心事の1つは，クラスター数の決定である．あるアルゴリズムは与えられたクラスター数に対する最善に当てはまる構造を見つけるが，一方階層手法のような他の手法ではたくさんの対象から1つの大きなクラスターすなわちすべてを1つのクラスターにするような輪郭になっている．しかし，クラスター数があらかじめ決められないなら，ある範囲のクラスター数を選んで，それらのクラスター数で問題を解いて，その中から最善の策を選択すればよい（Hair et al., 1987）．

⇒ 組合せ/整数最適化，意思決定，グラフ理論，OR/MSにおける情報システムとデータベース設計，最小全域木問題，配送経路問題．

[Joy E. Aronson, Lakshmi Sundaram/新村秀一]

参考文献

[1] Aldenderfer, M.S. and R.K. Blashfield (1984). *Cluster Analysis*. Sage Publications, California.
[2] Allison, S.T., A.M.R. Jordan, and C.E. Yeatts (1992). "A Cluster-analytic Approach Toward Identifying the Structure and Content of Human Decision Making." *Human Relations*, **45**, 49–73.
[3] Anderberg, M.R. (1973). *Cluster Analysis for Applications*. Academic Press, New York.
[4] Aronson, J.E. and G. Klein (1989). "A Clustering Algorithm for Computer-Assisted Process Organization." *Decision Sciences*, **20**, 730–745.
[5] Balas, E. (1965). "An Additive Algorithm for Solving Linear Programs with Zero-One Variables." *Operations Research*, **13**, 517–546.
[6] Cattell, R.B. (1952). *Factor Analysis: An Introduction and Manual for the Psychologist and Social Scientist*. Harper, New York.
[7] Cormack, R.M. (1971). "A Review of Classification." *Jl. Royal Statistical Society* (Series A), **134**, 321–367.
[8] DeSouza, R.B.R. and R. Bell (1991). "A Tool Cluster Based Strategy for the Management of Cutting Tools in Flexible Manufacturing Systems." *Jl. Operations Management*, **10**, 73–91.
[9] Everitt, B. (1980). *Cluster Analysis* (2nd ed.), Halsted Press, New York.
[10] Gengerelli, J.A. (1963). "A Method for Detecting Subgroups in a Population and Specifying their Membership." *Jl. Psychology*, **5**, 456–468.
[11] Gower, J.C. (1966). "Some Distance Properties of Latent Root and Vector Methods Used in Multivariate Analysis." *Biometrika*, **53**, 325–338.
[12] Gower, J.C. and G.J.S. Ross (1969). "Minimum Spanning Trees and Single Linkage Cluster Analysis." *Appl. Statist.*, **18**, 54–64.
[13] Hair, J.F. Jr., R.E. Anderson, and R.L. Tatham (1987). *Multivariate Data Analysis* (2nd ed.), Macmillan, New York.
[14] Hartigan, J.A. (1975). *Clustering Algorithms*. John Wiley, New York.
[15] Hirschberg, J.G., E. Maasoumi, and D.J. Slottje (1991). "Cluster Analysis for Measuring Welfare and Quality of Life Across Countries." *Jl. Econometrics*, **50**, 131–150.
[16] Hodgkinson, G.P., J. Padmore, and A.E. Tomes (1991). "Mapping Consumers' Cognitive Structures: A Comparison of Similarity Trees with Multidimensional Scaling and Cluster Analysis." *European Jl. Marketing*, **25**, 41–60.
[17] Homayoun, A.S. (1984). "The Use of Cluster Analysis in Analyzing Large Engineering Records Collection." *Records Management Quarterly*, October, 22–25.
[18] Jain, A.K. and R.C. Dubes (1988). *Algorithms for Clustering Data*. Prentice Hall, Englewood Cliffs, New Jersey.
[19] Karimi, J. (1986). "An Automated Software Design Methodology Using CAPO." *Jl. Management Information Systems*, **3**, 71–100.
[20] Klein, G. and J.E. Aronson (1991). "Optimal Clustering: A Model and Method." *Naval Research Logistics*, **38**, 447–461.
[21] Klein, G., P.O. Beck, and B.R. Konsynski (1988). "Computer Aided Process Structuring via Mixed Integer Programming." *Decision Sciences*, **19**, 750–761.
[22] Lorr, M. (1983). *Cluster Analysis for Social Scientists*. Jossey-Bass Publishers, California.
[23] Matula, D.W. (1977). "Graph Theoretic Techniques for Cluster Analysis Algorithms," in *Classification and Clustering*, J. Van Ryzin, ed., Academic Press, New York.
[24] McRae, D.J. (1971). "MICKA, A FORTRAN IV Iterative K-means Cluster Analysis Program." *Behavioural Science*, **16**, 423–424.
[25] Mulvey, J. and H. Crowder (1979). "Cluster Analysis: An Application of Lagrangian Relaxation." *Management Science*, **25**, 329–340.
[26] Needham, R.M. (1967). "Automatic Classification in Linguistics." *The Statistician*, **17**, 45–54.
[27] Punj, G. and D.W. Stewart (1983). "Cluster Analysis in Marketing Research: Review and Suggestions for Application." *Jl. Marketing Research*, **20**, 134–148.
[28] Rohlf, F.J. (1974). "Graphs Implied by the Jardine-Sibson Overlapping Clustering Methods." *Jl. American Statistical Association*, **69**, 705–710.
[29] Romesburg, H. (1984). *Cluster Analysis for Researchers*. Lifetime Learning Publications, Belmont, California.
[30] Sneath, P.H.A. and Sokol, R.R. (1973). *Principles of Numerical Taxonomy*. W.H. Freeman, San Francisco.
[31] Spisak, A.W. (1992). "Cluster Analysis as a Quality Management Tool." *Quality Progress*, **25**, 33–38.

クラッシュコスト

crash cost

クラッシュタイムにもとづくジョブ（プロジェクト）の推定費用．⇒ ネットワーク計画．

クラッシュタイム

crash time

仕事を急がせることによって，ジョブを完了させることができる最短時間．⇒ ネットワーク計画．

グラフ

graph

グラフ $G=(V, E)$ は，有限個のノード（頂点，点）の集合 V と，異なる頂点同士をつなぐ辺（アーク，線）の集合 E からなる．

グラフ理論

Graph theory

はじめに

グラフ理論は，多様な要素の相互の結び付きに関する一般的な研究である．グラフ理論の原点は，18世紀に遡ることができる一方，離散数学におけるこの分野のすばらしい成長の大部分は，過去数十年の間のものである．新しい理論と応用の両方における急速な成長は，グラフが，様々な種類の自然と工学のシステムをモデル化できるという事実を反映している．

物理的なシステムの多くは，〈ノード〉（node，または頂点）と，それを結ぶ〈辺〉（edge，もしくはアーク）からなる，〈グラフ〉（graph）と見なせる．たとえば，ローカルエリアネットワークからは，ノードが個々のコンピュータ（または周辺装置），辺はそのようなコンピュータをつないでいる物理的なケーブルを表すグラフが定義される．電話回線ネットワークは，電話施設（および中央交換局）とそれを結ぶ銅の回線（と光ファイバー）からなっている．航空路線システムでは，ノードが空港，辺が直航便である．道路網では，道路部分（辺）の交差点がノードを意味する．電気スイッチ回路には，入力線と出力線がグラフであるような論理ゲートが含まれている．

上記に加えて，グラフは，要素間の論理的関係を容易に表現できる．たとえば，コンピュータプログラムのサブルーチンからは，サブルーチンを表すノードとサブルーチン間の制御やデータの流れを表す辺からなるグラフができるだろう．多数の作業を含んでいるプロジェクトは，仕事をノード，論理的先行関係を辺とするグラフでモデル化できる．生態系では，ある種（ノード）が他の種を餌にしていることを辺として表すことができる．大学の試験時間割は，ノードが科目，辺が2つの科目が共通の学生を含んでいるかどうかを表すグラフを用いて考慮することができる．すなわち，そのような〈隣接〉（adjacent）する科目の試験は，同時に行われるべきではない．

以上の応用で示されたように，ノード間の直接の関係は，（電話の通話や，主要高速道路の通行のように）両方行的であったり，あるいは，（プロジェクトグラフでの先行関係や，生態グラフでの捕食者-被食者関係など）の関係から導かれるように特定の方向が存在したりする．したがって，グラフ理論は，無向グラフ（ノード間にもとづく関係が対称であるグラフ）と，有向グラフもしくは〈ダイグラフ〉（digraph，関係が対称であるとは限らないグラフ）の両方を扱う．これらの2つのグラフモデルは，おのおの図1と図2に描かれている．

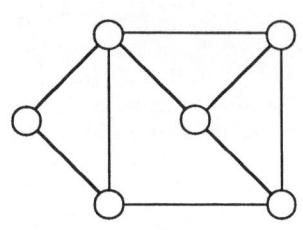

図1 無向グラフ

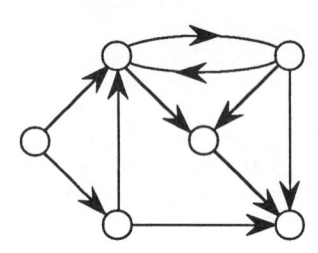

図2 有向グラフ

本項では，無向グラフについて扱う．なぜならばダイグラフにおける対応概念は一般に明らかだからである．本項中では，$G=(N, E)$ はノード集合 N と辺集合 E の無向グラフを表すとしよう．

グラフ理論における最も初期の応用の1つは，分子化合物の構造に対するものであり，そこでは原子（ノード）が化学結合（辺）で結ばれている．分子化合物が構造的に同じ（異性体）であることを判定する仕事は，グラフ理論の〈同型〉（isomorphism）の概念に表れる．すなわち，2つの与えられたグラフがノードのラベルの付け替えで等しくなることを意味する．さらに，各原子は，それに結合する他の原子の数を表す「原子価」をもつ．グラフ理論の言葉では，これは〈接続〉（incident）する辺

の数で，ノードの〈次数〉(degree) と呼ばれる．この概念は，局所的な連結度の尺度を与える．たとえば，通信ネットワーク中のノードの次数は，情報を送受信する際の，ノードにおける相対的な負荷を表す．したがって，頑健な通信システムは，ノードが大きい次数をもつことを回避するように設計されるべきである．このようなシステムは，一対一の通信を取り扱っていないことから，連結度のさらに一般的な尺度もまた必要となる．すなわち，基本的な概念である，ノード i, j 間の〈経路〉(path) である．これはノード i からノード j へと連なる，ノードとそれを接続する辺の交互列である．〈循環〉(cycle) とは，閉じた経路である．もし G 中の相異なるノードの対すべてが，G 中の経路で接続しているならば，G は〈連結〉(connected) である．グラフ G 中の2つのノード間の〈距離〉(distance) は，ノードを結ぶ経路中の辺数の最小値として定義される．グラフ全体の稠密さの尺度としては，その〈直径〉(diameter) がある．これは，2つのノード間の距離の最大値である．

オイラー循環とハミルトン循環

ある種の応用では，特別なタイプの経路や循環がグラフ中で探索される．たとえば，〈オイラー循環〉(Eulerian cycle) は G 中の各辺をちょうど1回通過する G の循環である．この概念は，都市中をゴミ収集に回る収集車の，効率よい経路を決める仕事をモデル化している．なぜならば，ある道を何度も通ることは好ましくないからである．グラフ G 中の〈ハミルトン循環〉(Hamiltonian cycle) は，各ノードをちょうど1回訪れるような G の循環である．この概念は電気回路基盤の製造や，考古学においては発見された人工物の整列に応用されている．〈オイラー経路〉(Eulerian path) や〈ハミルトン経路〉(Hamiltonian path) は，同様に定義される．

物流システムの設計の際は，慎重を記してノード i と j を結ぶ経路をいくつか設定する．これにより，ノードや辺の破損の場合にメッセージを送るのに冗長なルートを使うことができる．たとえば，敵はノード i からノード j までの資材の流れを中断するため，様々な辺（橋，道路）を破壊の対象に選ぶかもしれない．〈i-j カット〉(i-j cutset) は，それを除去すると，G 中で i と j が非連結となるような辺の極小部分集合である．i と j の間の通信を効率よく中断するためには，敵は，最小サイズ $\lambda_{ij}(G)$ の i-j カットを攻撃するかもしれない．メンガーの定理 (Menger's theorem) は，上記の「双対」の観点の間に成立する，最小最大関係について述べている．すなわち，i と j を結ぶ，辺が互いに素な経路の最大数は，i-j カット中の辺の最小数と等しい（もし，経路のノードが互いに素で，カット集合は，ノードによって定義されるならば，同じ結果が成り立つ）．

木

関連する概念としては，特定のペアというよりは，むしろ，すべてのノードの連結度を扱っているものがある．〈木〉(tree) は循環を含まない連結なグラフで，グラフ $G = (N, E)$ の〈全域木〉(spanning tree) は，ノード集合 N，辺集合が E の部分集合となっている木である．ゆえに，任意の全域木は，グラフの全ノード間のコミュニケーションを，可能とする．一方，G の〈カット集合〉(cut set) は，それを除去すると，G 中のあるノードのペアを非連結にするような辺の極小部分集合 S である．カット集合 S の辺は，G 中の任意の全域木の辺集合と，必ず交わりをもっている．グラフ G の総合的な連結の尺度としては，G のカット集合の最小サイズ，$\lambda(G)$ がある．

木は，グラフの理論において多数の応用をもつ．木を用いて，会社の階層組織，本の目次や言語の構文構造をモデル化できる．また，データベースの要素を系統だて，後の修正と更新を容易にする便利なデータ構造として，木は役立つ．さらに木は，算術式を簡潔に表現するため，コンピュータ言語のコンパイラで使用される．特に，オペレーションズリサーチにおいては，全域木は，グラフ上で定義された線形計画問題の基底解に，ちょうど対応しているという事実がある．

埋め込みと彩色

特別なタイプのグラフは，回路基盤におけるレイアウトに応用がある．どの2つの配線も，コンポーネント以外の場所では交わらないような，コンポーネントとそれを結ぶ配線の配置が要求されるからだ．これは，辺がノードでのみ交差するような，平面への，グラフの〈埋込み〉(embedding) に対応する．クラトウスキの定理 (Kuratowski's theorem) では，グラフが真に平面的であるエレガントな特徴づけが与えられている．さらに一般的には，すべてのグラフ G は，辺が互いに素ないくつかの平面的部分グラフに分割でき，分割する部分グラフの最小数を，グラフの〈厚さ〉(thickness) $\theta(G)$ と呼ぶ．平面的グラフ G はまた，双対グラフ G^* が定義できるので興味深い．特に，G の循環は，G^* のカット集合に一対一対応している．

グラフのノードの彩色にはまた，いくつかの応用がある．k 色を用いた G の〈真彩色〉(proper coloring) とは，G のノードへの k 色の割当てで隣接するノードは異なる色で塗られる．たとえば，G のノードが科目を表し，辺が矛盾（同時に試験を行えない科目）を表すならば，k 色での G の真彩色は，k 時間の矛盾のない試験時間割と定義できる．他の応用としては，G が，仕事間の協力関係を表しているとすると，G の〈補グラフ〉(complement, 辺が G の辺がないノード間にあるグラフ）の k-

彩色は，G のノードを，協力関係にある k グループに分割する．G の真彩色に必要な最小の色数 $\chi(G)$ は，G の〈彩色数〉(chromatic number) と呼ばれる．1976 年に最終的に証明された有名な四色問題は，$\chi(G) \leq 4$ がすべての平面的グラフ G で成り立つことを述べている．

最適化

対象間の本質的な隣接関係を引き出すことは，グラフの重要な側面の1つである．ほかには，最適化問題が思い浮かぶ．連結度 $\lambda(G)$，厚さ $\theta(G)$，彩色数 $\chi(G)$ を決定することは，明らかにグラフ最適化問題である．他のグラフ最適化問題は，応用から直接派生している．すなわち，適当な制約条件のもとで，試験時間割，施設配置，効率よい道順，コンピュータシステムの設計などに関連する目的関数の最適化である．1つの例として辺数を固定したうえで，異なるすべてのノードのペアで，$\lambda_{ij}(G) \geq k$ を満たす，最小直径通信グラフ設計がある．

さらに一般的には，グラフのノードあるいは辺に量的な情報が付与されている場合がある．これは，費用，時間，距離，容量，望ましさなどを表している．このとき様々なグラフ最適化問題を考えることができる．すなわち，(1) 費用最小な G の全域木を見つける，(2) G 中の2つのノードを結ぶ距離が最小の経路を見つける，(3) 始点ノードから終点ノードまで流すことが可能な原材料の最大量を見つける，(4) G 中の費用最小のハミルトン循環を見つける，(5) ノードで発生する需要を満たすような辺上の施設配置を最適化する，(6) G 中の隣接しない辺で重み最大の集合を見つける．

様々な物理論理システムをグラフを用いてモデル化する応用分野は，他にも存在する．本項では，無向グラフを扱ってきたが，有向グラフはマルコフ連鎖の状態遷移図を表すように，関連する分野がほかにもある．状態遷移を表す有向グラフ G の連結性は，連鎖中の状態の分類に用いることができ，G 中の（有向）循環の長さから，連鎖の周期を定義することができる．グラフと有向グラフにおける最適化問題の研究の結果，これらの問題を効率的に解く算法設計や，また，問題固有の難しいクラス（NP-困難）に属することの確認が活発となった．後者のような場合，すべてのグラフに適用できる効率よい方法が存在しなかったとしても，効率的に計算することができる特殊なタイプのグラフ（たとえば，平面的グラフ）の固定は重要である．

その他の文献

Biggs らの本 (1976) では，グラフ理論の歴史に関する素晴らしい参考文献が紹介されている．Fulkerson (1975), Roberts (1976), Michaels and Rosen (1991) では，様々なグラフの応用が議論されている．Wilson and Watkins (1990) は，グラフ理論の入門に適しており，より最新の話題は Harary (1971) と Berge (1973) で扱われている．グラフ理論の算法は，Evans and Minieka (1992) により議論されている．
⇒組合せ/整数最適化，組合せ理論，計算複雑度，線形計画法，マルコフ連鎖，マッチング，ネットワーク，プロジェクト管理，巡回セールスマン問題．

[Douglas R. Shier/松井泰子]

参考文献

[1] Berge, C. (1973). *Graphs and Hypergraphs*. North-Holland, Amsterdam.
[2] Biggs, N.L., E.K. Lloyd, and R.J. Wilson (1976). *Graph Theory* 1736–1936. Clarendon Press, Oxford.
[3] Evans, J.R. and E. Minieka (1992). *Optimization Algorithms for Networks and Graphs*. Marcel Dekker, New York.
[4] Fulkerson, D.R. (1975). *Studies in Graph Theory, Parts I-II*. Volumes 11–12, MAA Studies in Mathematics. Mathematical Association of America, Washington, DC.
[5] Harary, F. (1971). *Graph Theory*. Addison-Wesley, Reading, Massachusetts.
[6] Michaels, J.G. and K.H. Rosen (1991). *Applications of Discrete Mathematics*. McGraw-Hill, New York.
[7] Roberts, F. (1976). *Discrete Mathematical Models, with Applications to Social, Biological, and Environmental Problems*. Prentice-Hall, Englewood Cliffs, New Jersey.
[8] Wilson, R.J. and J.J. Watkins (1990). *Graphs: An Introductory Approach*. John Wiley, New York.

クラメルの規則

Cramer's rule

正則な連立1次方程式の解を計算するための公式．クラメルの規則によれば，$n \times n$ の正則な1次方程式系 $Ax = b$ の解は，$x_i = \det A_i(b)/\det A$, $i = 1, \cdots, n$ で与えられる．ここで $\det A$ は A の行列式，$\det A_i(b)$ は A の第 i 列を右辺ベクトル b で置き換えた行列の行列式である．この規則は，数値計算上は効率的とはいえない．その主たる利用法は理論的分析にある．⇒行列と行列代数．

クリティカルアクティビティー

critical activity

プロジェクト中の作業で，フロート・タイムがゼロであるクリティカルパス上に乗っているもの．⇒クリティカルパス，クリティカルパス法，ネットワーク計画．

クリティカルパス

critical path

プロジェクトネットワーク上の，開始から終了までのアクティビティーパスの中で最長のもの．クリティカルパス上の総経過時間は，プロジェクトの最短継続時間を与える．完了時点が特定されていないときは，クリティカルパスのフロートタイムはゼロである．クリティカルパス上の遅延は，プロジェクトの完了に，それと同じだけの遅延をもたらす．クリティカルパスは2つ以上存在する場合もある．⇒ ネットワーク計画．

クリティカルパス法

critical path method (CPM)

プロジェクトを構成する各アクティビティーの必要時間の予測値を用いて，作業全体の戦略やスケジュールを立てる際に用いられる技法．その基本となるのは，プロジェクトの開始から終了までの最長アクティビティー系列，すなわちクリティカルパスを決定することである．⇒ PERT，ネットワーク計画，プロジェクト管理．

クリー-ミンティーの問題

Klee-Minty problem

クリー-ミンティーの問題は，シンプレックス法がある頂点を出発して最適解に到達する過程で，領域のすべての頂点を経由することが必要となる場合がありうることを示すためにつくられた問題である．この問題は，シンプレックス法が（非退化仮定の下では）有限回の反復で終了することが保証されていても，その反復数が指数的に増加しうることを示したものである．この結果，シンプレックス法は多項式オーダーではないことになる．クリー-ミンティーの問題の1つは，超立方体に少々の摂動を施した集合のうえで定義される．

$$\text{最小化} \; -x_d$$
$$\text{条件} \quad x_1 \geq 0$$
$$x_1 \leq 1$$
$$-\varepsilon x_1 + x_2 \geq 0$$
$$\varepsilon x_1 + x_2 \geq 1$$
$$\cdots\cdots\cdots\cdots\cdots$$
$$-\varepsilon x_{d-1} + x_d \geq 0$$
$$\varepsilon x_{d-1} + x_d \geq 1$$
$$x_i \geq 0, \; j=1,\cdots,d$$

なおここで，$0 < \varepsilon < 1/2$ である．

クルースケジューリング

crew scheduling

飛行機，汽車，工場などの職員の時間的，空間的アクティビティーの決定．この種の問題は，しばしば数理計画問題としてモデル化される．

グループ意思決定

Group Decision Making

グループ意思決定（group decision making）は2人以上で2つ以上の選択肢（choice）がある場合の問題である．選択肢もしくは代替案（alternative）は複数の属性をもっている．言い換えれば意思決定者は決定において2つ以上の目的（objective）と評価基準（criteria）について考慮しなければならない．したがって，グループ意思決定は複数の評価基準と複数の意思決定者を含んでいる．おのおのの意思決定者の選好と目的はまちまちで，ときには相反しているかも知れないので，決定に到達することは一人の状況に比べ複数人の方がはるかに複雑である．

グループ意思決定は，広い範囲の意思決定を集約する過程を扱っており，様々な仮定にもとづく異なった状況での多くの方法を包含している．グループ意思決定は，以下のようなカテゴリーに分類できる．それは，グループ効用分析（group utility analysis），グループ合意形成（group consensus），グループ階層化意思決定法（group hierarchy process），ゲーム理論（game theory）である．

グループ効用分析

グループ効用分析はノイマン-モルゲンシュテルン型効用関数（Neumann-Morgenstern utility function）をもとにしたものである．この方法ではまず $U_i(x_1, x_2, \cdots, x_m)$ という形の多目的効用関数が存在していると仮定されている．ここで i はメンバーの番号であり，x_m は m 番目の属性を表し，m は属性の番号を表している．メンバーの効用関数は互いに独立であるとの仮定をもとにして，以下に示す2つのうち1つの効用関数によって，グループ効用関数（group utility function）は計算される．

加法的効用関数形は以下の式で表される．

$$U = \sum_{i=1}^{n} W_i U_i$$

ここで，n は属性の数である．また，乗法的効用関数形は以下の式で表される．

$$wU + 1 = \sum_{i=1}^{n}(ww_i U_i + 1)$$

ここで w と w_i は $0<w_i<1$, $w>-1$, $w\neq 0$ を満たすスケーリング係数である．メンバーの効用関数の評価は個人の多目的効用関数に対する評価を利用した仮定にもとづいている．グループ効用関数において重要な問題は個人のスケーリング係数である．Keeney and Kirkwood (1975) はこれらの係数は「好意的な独裁者」(benevolent dictator) かメンバー間のやりとりによって決定されるであろうとしている．

グループ効用関数の重み付けの問題を解決するために，2つの方法が提案されている．1つ目は Bodily (1979) の提案した〈代理者方式〉(delegation process) である．この方法は，グループメンバーの効用関数を統合する反復操作によってできている．考え方はおのおののメンバーが他のメンバーの重み付けか相対的重要性を割り当てるというものである．この方法ではおのおののメンバーが他のメンバーの効用関数や視点について適切によく知っていることを仮定している．おのおののメンバーは他の人間の効用を線形結合することで自分の効用を置き換える．メンバーは他の人間によって割り当てられた自分の重みはわからないとしている．この方法は以下のようなステップからなっている．

ステップ 1．メンバー i を代替する代理委員 (delegation subcommittee) は残りの $n-1$ 人のメンバーによって構成される．メンバー i はメンバー j の重み (0 から 1 の間の値) w_{ij} を割り当て，これをすべての $n-1$ 人のメンバーについて繰り返す．割り当てられた $n-1$ の重みの合計は 1 でなければならない．メンバー i の重みは 0，すなわち $w_{ii}=0$ である．

ステップ 2．代理委員の結合効用関数は以下のように計算され，メンバー i の効用関数と置き換わる．

$$u_i^1 = \sum_{j=1}^{n} w_{ij} u_j$$

これがすべてのメンバーに対し繰り返される．

ステップ 3．ステップ 2 が 2 回目に

$$u_i^2 = \sum_{j=1}^{n} w_{ij} u_j^1$$

として繰り返される．r 回目には

$$u_i^r = \sum_{j=1}^{n} w_{ij} u_j^{r-1}$$

として繰り返される．

行列形式で書くと反復は以下のように表現できる．

$$U^r = PU^{r-1}$$

ここで

$$U^r = [u_1^r, u_2^r, \cdots, u_n^r]$$

である．

この反復が適当に繰り返されると，マルコフ過程における定理により，ある条件下で U^r は収束する．これがグループ効用関数を表している．

ブロック法 (Brock methed)

Brock は効用を集計するための重みを評価する方法として，次のような方法を発展させた．ブロック法は，グループ決定の解はパレート最適であること，メンバーの効用の加法的な組合せによって得られること，そして効用の増分は影響を受けるメンバーの必要性をもとに分配されること，にもとづいている．必要性は望ましさの強度 (intensity) として以下のような式で計算される．

$$\frac{u_i - d_i}{u_j - d_j} = -\frac{du_i}{du_j} \quad \text{すべての} i, j$$

Brock はメンバーの効用関数の相対的重みは上記の係数の逆数で与えられることを示した．

グループ合意形成

グループ合意形成法 (group consensus method) はメンバーの観察される選好を合意点の作成のために統合する方法である．これらの合意点はグループの合意形成関数を計算するために使われる．グループ合意形成法はメンバーの効用関数を明示的に計算する必要はなく，メンバーの効用関数の評価方法を示す必要もないかもしれない．この方法はメンバーの効用関数を評価する効用関数法とは対照的に，グループ効用関数に到達する．

Krzysztofowicz 法：この方法 (1979) は以下の方法にもとづいている．

1. グループ効用関数は各属性 (x_i) の関数 (W_i) に分解され，これらの関数は他の関数 (H) を通して次のように組み合わされる．

$$W(x_1, x_2, \cdots, x_n) = H(W_1(x_1), W_2(x_2), \cdots, W_n(x_n))$$

ここで $W_i(x_i)$ は属性 x_i におけるグループの限界効用であり，n はグループの決定に関係する属性の数である．

2. グループの観察される選好 (preference) は決定ルール d によってメンバーの選好を統合した結果として表される．

3. グループのメンバーはいくつかの専門家の部分グループに分割される．各部分グループは，計測された $W_i(x_i)$ に対して責任をもつ．

4. 各メンバーと部分グループは効用関数理論の公理にもとづいて行動する．

この方法でグループはいくつかの部分グループに分割される．各部分グループはその専門性にもとづいて $W_i(x_i)$ を評価する．グループの各属性に対する限界効用は H によって統合される．この H はグループ効用理論と同様に加法的または乗法的関数である．

部分グループの $W_i(x_i)$ の評価において，メンバーが表明した選好は決定ルール d によって結合される．これが関数 $W_i(x_i)$ からの合意点の列を導く．

Zahedi グループ合意方法：この方法 (1986 a) は以

下のような仮定にもとづいている．

1．メンバー個人の選好は不確実性である．
2．各メンバーの相対的重み（または重要性）はそのメンバーの不確実性に対する程度の逆数に比例する．
3．標準偏差は不確実性の測度である．
4．メンバーの選好は標準正規分布にしたがっている．
5．各メンバーの相関は多くの代替案に対して一定であるとする．
6．合意得点（consensus point）は，最小の分散または不確実性をもつような得点としてメンバーが表明した選好の答を統合することによって生成される．
7．合意形成関数は生成された合意得点をもとにして計算される．

上記の仮定にもとづいて以下のようなステップでグループ合意形成関数は計算される．

ステップ1．各多目的代替案 a に対してメンバー i は区間の点数 $[x_{ai}, y_{ai}]$ を割り当てる．

ステップ2．その区間の平均と標準偏差を以下の式で計算する．

$$\hat{U}_{ai} = \frac{y_{ai} + x_{ai}}{2}$$

$$\hat{\sigma}_{ai} = \frac{y_{ai} - x_{ai}}{6}$$

ステップ3．各メンバーの相関を以下の式で計算する．

$$\hat{\rho}_{ik} = \frac{\text{Cov}(\hat{U}_i, \hat{U}_k)}{\sqrt{\text{Var}(\hat{U}_i) \cdot \text{Var}(\hat{U}_k)}}$$

ここで i と k はメンバーを表している．ステップ2で得られた標準偏差とステップ3で得られた各メンバー間の共分散を用いてグループの代替案 a に対する共分散行列をつくる．メンバーの数を n とすると，この行列はサイズが n の対称行列である．中心の対角成分は n 人のメンバーの分散であり，対角成分ではない i 行 j 列の成分は $\hat{\sigma}_{ai}\hat{\sigma}_{aj}\hat{\rho}_{ik}$ である．

ステップ4．代替案 a に対するメンバー i の重み a（$w_{ia}S$）を以下の式で計算する．

$$w_{ia} = \frac{\sum_{k=1}^{n} \alpha_{ika}}{\sum_{h=1}^{n}\sum_{k=1}^{n} \alpha_{hka}}$$

ここで α_{hka} はステップ3で計算した共分散行列の逆行列の要素である．

ステップ5．ステップ2とステップ4の結果を用いて以下の式で代替案 a の合意得点を計算する．

$$\hat{U}_a = \sum_{i=1}^{n} W_{ia}\hat{U}_{ia}$$

ステップ6．合意得点は，その最も大きい代替案を選び出すことで，代替案選択に直接利用されるかもしれない．また，合意得点を従属変数とし属性を独立変数とした回帰を利用してグループ合意関数を計算するという方法もある．

Zahedi法では合意得点も合意関数もメンバーの選好に対する返答によって直接つくられる．ここでは効用に関する公理が存在しているという仮定はなくてよいし，各メンバーの効用を推定することも必要ではない．

名目的グループ手法（nominal group technigue）：名目的グループ手法を最初に提案したのは Delbecq and Van de Ven（1971）である．名目的グループ手法の考え方は統合品質管理（TQC）の中での合意形成法の1つとなった．この方法ではまず各自が他人に知らせることなしに考え方を記録し，次にグループで議論し，投票によって重要性を決め，最終投票を行う．手法は以下のようなステップで表される．

ステップ1．チームのリーダーはグループに問題を提示する．各メンバーは独立して，解決方法に関する自分の案を他と相談せずに記す．

ステップ2．リーダーは各メンバーに案を表明するようにいい，それを表に記す．

ステップ3．メンバーは記された案について議論し，全員がすべての案を理解する．

ステップ4．各案について投票を行い，メンバーが順位付けを行う．そして各案についての平均的順位を計算する．

ステップ5．もう1回議論を行い，各メンバーの立場を明らかにする．

ステップ6．ステップ4と同様な方法で最終投票を行う．

デルファイ法（Delphi method）：デルファイ法は Dalkey（1967）によって発展させられた方法で，同じ立場にはないようなメンバーの間の合意を形成するために使われる．この方法ではすでに記述された質問と回答を用いる．この方法ではグループのリーダーは問題または質問を決め，グループのメンバーを特定して，彼らとやりとりをする．デルファイ法は以下のステップを繰り返す．

ステップ1．特定化されたメンバーによって答えられる質問票を作成する．

ステップ2．そのメンバーに質問票を回答させる．

ステップ3．回答を分析し，質問を変更する．そして今回の質問票の中には，前回の回答の集計された結果も含めて記し，その回の結果に対する反応も尋ねる．

何回かの繰り返しのあと，最終結果が計算され，代替案が順位付けされる．

反復公開計画法（iterative open planning process）：Ortolano（1974）は公開計画法を提案した．この方法は4段階の行動からなっている．問題の特定化（problem identification），計画の形式化（plan formulation），影響の査定（impact assessment），そして評価（evaluation) である．ここでは2種類の意思決定者の集合がある．すなわち，計画者（planners）と計画の影響を受ける大衆である．計画者と大衆は各段階において，それぞれ相互に以下のやりとりを行う．

・問題の定式化においては，計画者は多くの見解を通じて要因を決定し評価する．大衆は問題や関心について発言する．

・計画の形式化においては，計画者は代替案を詳述し，影響を受ける大衆は代替案を提案する．

・影響の査定においては，計画者は影響について予測し叙述する．これに対し大衆は叙述された影響について査定を行う．

・評価においては，計画者は代替案や影響における情報を組織化して提示し，影響を受ける大衆は影響を評価し，トレードオフをつくり，選好を表明する．

これらの段階は同時に行い，計画者と大衆は何度もこの過程を繰り返す．

グループ階層化意思決定法

階層化意思決定法（analytic hierarchy process：AHP）は Saaty（1977）によって発展された方法であり，Aczel and Saaty（1983）によってグループ意思決定に拡張された．この方法では AHP によって代替案の点数が計算される．この方法においては効用関数を測定する必要はなく，効用関数の公理を仮定しなくてもよい．グループ AHP 法は以下のような段階からなっている（Zahedi, 1986 b）．

ステップ1．決定すべき問題の本質をもとに決定のための階層（hierarchy）が構築される．これらの階層は多段階からなっている．最も上の階層は，最終目標である最適の代替案の選択である．次の階層は，グループ意思決定において重要な属性（attribute）の概念からなっている．次のレベルは各属性の概念をより詳細に，実体的に詳述したものになっている．最も下のレベルは代替案（alternative）である．

たとえば，最適な車選択においては，階層の最上位は「最適な車の選択」それ自体のみが要素である．2番目の階層は，費用，安全性，デザインなどの属性からなっている．3番目の階層は，2番目の属性をより特定化したものである．たとえば費用は3段階目においては，購買価格，維持費用，そして修理費用に分割されるかもしれない．安全性は，事故の結果と故障の頻度に分割できるであろう．デザインの属性は，美しさ，運転の快適性，広さなどに分割されるであろう．4番目の階層は，決定の代替案を含んでいる．選ばれるべき車，たとえばトヨタ，フォード，GM などである．

ステップ2．各階層のレベルでは，そのすぐ上位の階層に対しての役割や重要性に対して，各要素が一対ごとに比較される．これらの一対比較（pairwise comparison）の入力行列は以下のような形となる．

$$A = \begin{bmatrix} a_{11} & a_{12} & a_{13} & \cdots & a_{1n} \\ a_{21} & a_{22} & a_{23} & \cdots & a_{2n} \\ a_{31} & a_{32} & a_{33} & \cdots & a_{3n} \\ \vdots & \vdots & \vdots & \cdots & \vdots \\ a_{n1} & a_{n2} & a_{n3} & \cdots & a_{nn} \end{bmatrix}$$

ここで，すべての $i, j = 1, 2, \cdots, n$ に対して $a_{ij} = 1/a_{ji}$ であり，$a_{ii} = 1$ である．n はその階層の要素（その上位の階層に対して重要性や役割が一対比較される）の数である．

たとえば，トヨタ，フォード，GM の車は購買価格について一対比較され，一対比較行列 A を得るであろう．この行列のサイズは3である．このような一対比較行列が上のレベルの各要素に必要とされる．すなわち，購買価格，維持費用，修理費用，事故の結果，故障の頻度，美しさ，運転の快適性，広さについてである．

ステップ3．ここで，ある計算方法を用いて，一対比較行列から各階層の部分における相対的重みが求められる．計算に最もよく知られて広く用いられている方法は，$AW = \lambda W$ によって各部分の相対的重みのベクトルを求める方法であり，ここで λ は A の最大固有値，W は A の最大固有ベクトルである．

ステップ4．ここで各部分の相対的重みは，一番下層の代替案に対する全体の重みベクトルに統合されて，最上層の目標を決定する．AHP に従って得られた全体重みの最大の値をもつ代替案が最適な選択である．

グループ意思決定に応用するためには，まずグループはステップ1における階層構造の合意に到達しなければならない．ステップ2では各メンバーがそれぞれ一対比較行列をつくる．そして，これを統合してグループの一対比較行列をつくる．この行列の要素は各メンバーの行列の対応する要素の幾何平均である．

たとえば4人の意思決定者が車を購入する問題に直面したとしよう．3種類の車が購入価格について一対比較されたとき，1人の意思決定者ならばつくられる一対比較行列は1つである．4人の意思決定者がいるときは，このような行列が4つつくられる．車を比較するためのグループの一対比較行列 G を計算するためには，ij 成分 g_{ij} はこの4つの行列の ij 成分を掛け合わせたものの4分の1乗，すなわち $g_{ij} = (a_{ij}^1 a_{ij}^2 a_{ij}^3 a_{ij}^4)^{1/4}$ となる．ここで a_{ij} の上付き文字は各意思決定者を表し，g_{ij} はその4人の意思決定者の値の幾何平均である．ステップ3と4は1人の意思決定者の時における AHP と同じである．

社会選択論

グループ意思決定問題は18世紀はじめに興味をもたれており，Borda は1770年代に投票問題について研究を行い，Marquis de Condorcet は多数決原理のパラドッ

クスを1780年代に示した．この問題の1つの例は「3つの代替案 a, b, c に対して（多数決において）a が b より好まれ，b が c より好まれているにもかかわらず c より a が好まれている」というようなものである．社会選択を行うための方法への関心は19世紀も続き，20世紀には大きく興味をもたれた．

グループの意思決定に到達する1つの方法は投票 (voting) であるが，これも社会選択論の扱う分野である．社会選択論 (social choice theory) は，多数の意志を表明することを通じて，民主的な社会がグループの意思決定に到達する過程について研究している．投票は，複数の評価基準をもとにした代替案や，候補者を選出することである．投票は，2つの過程を含んでいる．票を投ずる過程 (voting) と，勝者を決めるために，票を集計する過程 (aggregation method)，すなわち票を投ずることと票を数えることである．票を投ずる方法には，2値 (bivalue)，点数付け (rating)，代替案の順位付け (ranking the alternatives) などの多くの方法がある．票の集計は単純に是非の数を数えるもの，点数付けから平均点を算出するもの，さらに順位付けを用いてより複雑な集計を行うものなどがある．

社会的厚生関数：　社会的厚生関数では，票と集計の過程は形式的な数学構造によって与えられる．各メンバーは代替案についての順序付けをもとにした効用関数をもっている．このメンバーの代替案に関する順序は選好構造 (preference profile) と呼ばれる．社会的厚生関数とはメンバーの選好からグループ全体の選好を導くルールである．明らかに，グループの選好を導くための非常に多くの方法が存在する．Arrow は，代替案に対するグループの順位付けの可能性に関する限界を示し，有名なアローの不可能性定理を導いた．

アローの不可能性定理 (Arrow's impossibility theorem)：　Arrow (1951) は，いくつかの合理的な条件によって社会的厚生関数をまとめることができることを示した．彼のおいた仮定は以下のようなものである．

1. すべての可能な選択は代替案の集合に含まれている．
2. もし1つの代替案を除いても他の代替案の選好順序が変わらなければ，そのときのグループの選好順序は変わらない．
3. 任意の2つの代替案に対して，メンバーは1つの代替案を他のものより好むと表明することができる．
4. 自分の選好がグループの選好順序そのものを表すような個人は存在しない．
5. グループの選好が代替案1を代替案2より好んでいたとしよう．もし1人のメンバーが代替案1の好みを，他の代替案間の選好を変えないようにして増加させたならば，グループの選好の中では相変わらず2より1が好まれる．

Arrow の示した有名な不可能性定理とは上記の5つの条件をすべて満足するような社会的厚生関数は存在しないということである．

投票理論や社会的厚生関数はメンバーの選好の強さは考慮していないことに注意する必要がある．これに対して効用関数理論や合意形成法，AHP などではメンバーの選好の強さを方法の中に取り込んでいる．効用関数理論や合意形成法においては，グループの決定におけるメンバーの重要性に応じて，メンバーの選好に対して，相対的な重みが割り当てられている．

ゲーム理論

ゲーム理論 (game theory) は意思決定者（またはプレイヤー）が競合状態にあるような状況に対して発展してきた理論である．しかし，ゲーム理論は，プレイヤーがともに得る利得や利潤を最大化するために協力するような，協力的プレイヤーに対する理論を含むような拡張も行われてきた．Nash-Harsanyi 解や Shapley 解はグループ意思決定のゲーム理論的方法の1つである．

Nash-Harsanyi 交渉解：　Nash (1950, 1953) は2人の協力ゲームを発展させ，Harsanyi (1963) はこれを n 人ゲームに拡張した．このモデルにおいては，n 人協力ゲームの唯一の解は以下のような問題を解くことによって得ることができる．

$\max_{x_i} \Pi_{i=1}^{n}(x_i - d_i)$

条件

$x_i \geq d_i \quad x \in P, \quad D = (d_1, d_2, \cdots, d_n)$

ここで，P は利得ベクトルの集合であり，D は交渉が合意しなかったときの利得である．

上記の定式化は以下のような仮定にもとづいている．

(1) 上記の解よりもよい利得はない（訳注：上記の解よりも「双方にとってともに」よい利得はないという意味）．

(2) プレイヤーの利得関数は同じである．

(3) すべてのプレイヤーに対するどんな線形変換も上記の解を変化させない．

(4) 2つのゲーム1と2を考え，その双方とも交渉が合意しなかったときの利得は変化せず，ゲーム1の利得の集合はゲーム2の利得の部分集合であったとしよう．もし，ゲーム2の解がゲーム1の利得集合に含まれていたならば，その解はゲーム1の解でもある．この仮定は最適ではない利得を付け加えても最適解が変わらないことを保証している．

Harsanyi (1977) は，上記の定式化が「競合状態で最もリスク回避が大きいプレイヤーが合意をつくる」という Zeuthen の原理から導けることを示している．

Shapley 値：　もし効用が譲渡可能 (transferable)

であるならば，すなわちすべてのプレイヤーが他のプレイヤーに対して2人の効用値の合計が変化しないようにお金，財，サービスなどを譲渡できるならば，Nash-Harsanyi解は成立しない．これは非合意点に対する唯一の利得ベクトルが存在しないことに起因する．Shapley値は譲渡可能効用に関するn人協力ゲームの1つの解を与える．

メンバーの部分集合を提携（coalition）と呼ぶことにしよう．全提携はメンバー全員からなる提携である．メンバーiが提携Cに参加したとき，彼が加わることによる提携への貢献は$V(C)-V(C-i)$であることがわかる（訳注：$V(C)$は提携Cによって獲得できる値を表す）．

メンバーiの利得は彼の全体提携への貢献への平均である．ここで，全体提携はメンバーが1人ずつ順番に参加する事で形成されてゆくものとし，その順番の起こりかたはすべて同様に確からしいと考える．このときの各プレイヤーの利得（$P_i, i=1, 2, \cdots, n$）がShapley値であり，以下のようになる．

$$P_i = \sum_{C \subseteq N} \frac{(c-1)!(n-c)!}{n!}(V(C)-V(C-i))$$

ここでcは提携Cのプレイヤーの数であり，Nはプレイヤーの集合，nはその数である．

上記の解は以下のような仮定にもとづいている．
1. 全員提携の値はメンバーの利得の和である．
2. すべてのメンバーは同じ利得を受け取る（訳注：すべてのメンバーが「対称のとき」は同じ利得を受け取るの意味）．
3. もしゲームが2つの部分ゲーム（subgame）に分けられるならば，ゲームの利得はその部分ゲームで受け取る利得の和である．

計算機によるグループ意思決定方法

計算機による方法は，いろいろな状況でのグループ意思決定を容易にするために数多く発展してきている．これらのシステムは2つのグループに分けることができる．すなわち，知能システムとグループ意思決定支援システムである．

意思決定のための知能システム（intelligent systems for group decision）：　一連のグループ決定過程の中には，時間を通して実行される，何回かの交渉過程が含まれている．この過程をやりやすくするために，人工知能とエキスパートシステムの技術を用いる事ができる．

Sycaraは労働管理の交渉過程をシミュレートしたPERSUADERというシステムを発展させた（Sycara, 1991）．このシステムはフレームにもとづく知識表現とグラフ検索を伴う人工知能によるcase-basedの思考過程，およびシミュレートされた交渉過程のために問題の再構成を提案するための多属性効用関数を用いている．システムによる問題の再構成は，(1) 新しい目標を提案する，(2) 目標を変える，(3) 目標を諦める，ということによって行われる．数理論理学の枠組みを用いて交渉過程を論理的に表現することは，グループの交渉過程をモデル化するもう1つの方法である．Kersten, Michalowski, Szpakowicz and Koperczak (1991) は合意に到達するために交渉や問題の再構成をいかにモデル化を行えるかということを示した．

グループ意思決定支援システム（group decision support system）：　グループ意思決定支援システムはグループの意思決定を容易にするために発展させられた計算機にもとづくシステムである．このようなシステムの1つの概念は電子会議システム（electronic meeting system: EMS）であり，これはハードウエア，ソフトウエア，オーディオ，ビデオ機器とグループ意思決定を支援する環境を創造する道具からできている（Dennis, George, Jessup, Nunamaker and Vogel, 1988）．これらのシステムは以下のような多くの目的のために設計されている．

・グループでの代替案作成やブレインストーミング
・メンバー間のコミュニケーションの改善や支援
・参加の機会増
・グループのための作業または計算の支援の提供

これらのシステムに関する肯定的な貢献に関しての実例や拡張については現在研究中である．

⇒ 階層化意思決定法，意思決定問題，デルファイ法，ゲーム理論，グループ意思決定のための計算機技術，マルコフ過程，総合的品質管理，効用理論．

[Fatemeh (Mariam) Zahedi/渡辺隆裕]

参 考 文 献

[1] Arrow, K.J. (1951). "Social Choice and Individual Values," *Cowles Commission Monograph* 12, Wiley, New York.
[2] Aczel, J. and T.L. Saaty (1983). "Procedures for Synthesizing Rational Judgements," *Jl. Mathematical Psychology*, 27, 93-102.
[3] Bodily, S.E. (1979). "A Delegation Process for Combining Individual Utility Function," *Management Science*, 25, 1035-1041.
[4] Brock, H.W. (1980). "The Problem of Utility Weights in Group Preference Aggregation," *Operations Research*, 28, 176-187.
[5] Dalkey, N.C. (1967). *Delphi*, Rand Corporation.
[6] Delbecq A.L. and A.H. Van de Ven (1971). "A Group Process Model for Problem Identification and Program Planning," *Jl. Applied Behavior Sciences*, 7, 466-492.
[7] Dennis, A.R., George, J.F., Jessup, L.M., Nunamaker, Jr, J.F., and Vogel, D.R. (1988). "Information Technology to Support Electronic

[8] Harsanyi, J.C. (1963). "A Simplified Bargaining Model for the n-person Cooperative Game," *International Economic Review*, 4, 194–220.
[9] Harsanyi, J.C. (1977). *Rational Behavior and Bargaining Equilibrium in Games and Social Situations*, Cambridge University Press, Cambridge, England.
[10] Keeney, R.L. and C.W. Kirkwood (1975). "Group Decision Making Using Cardinal Social Welfare Functions," *Management Science*, 22, 430–437.
[11] Kersten, G., Michalowski, W., Szpakowicz, S., and Koperczak. Z. (1991). "Restructurable Representations of Negotiation," *Management Science*, 37, 1269–1290.
[12] Krzysztofowicz, R. (1979). "Group Utility Assessment Through a Nominal-Interacting Process," Unpublished working paper, Department of Civil Engineering, MIT, Cambridge, Massachusetts.
[13] Mirkin, B.G. (1979). *Group Choice*, V.H. Winston & Sons, Washington, D.C.
[14] Nash, J. (1950). "The Bargaining Problem," *Econometrica*, 18, 155–162.
[15] Nash, J. (1953). "Two-Person Cooperative Games," *Econometrica*, 21, 128.
[16] Ortolano, L. (1974). "A Process for Federal Water Planning at the Field Level," *Water Resources Bulletin*, 10(4), 776–778.
[17] Saaty, T.L. (1977). "A Scaling Method for Priorities in Hierarchical Process," *Jl. Mathematical Psychology*, 15, 234–281.
[18] Shapley, L.S. (1953). "A Value for n-person Games," in *Contributions to the Theory of Games*, H. W. Kuhn and A. W. Tucker (eds.), Princeton University Press, 307–317.
[19] Sycara, Katia P. (1991). "Problem Restructuring in Negotiation," *Management Science*, 37, 1248–1268.
[20] Zahedi, F. (1986a). "Group Consensus Function Estimation When Preferences Are Uncertain," *Operations Research*, 34, 883–894.
[21] Zahedi, F. (1986b). "The Analytic Hierarchy Process – A Survey of the Method and its Applications." *Interfaces*, 16, 96–108.

グループ意思決定のための計算機技術
Group Decision Computer Technology

計算機技術と定量的な意思決定支援技術の出現にともない、これらの技術をいわゆる重役会議室に持ち込もうという動きに対して関心が注がれている。現時点では、グループ意思決定の支援のための共通に受け入れられたアプローチというものは存在しない(DeSanctis and Gallupe, 1987)。最も古いアプローチは、意思決定会議 (decision conferencing) である (Watson and Buede, 1987)。これは 1979 年に始められ広まったが、爆発的な普及とまでには至らなかった。意思決定会議は、意思決定分析のファシリテータ (facilitator) によって進められるグループプロセスである。ファシリテータは、簡単な意思決定分析モデルを使うことで、グループによる討論の焦点を目的と不確実性に照らした選択肢へと向けさせる。ファシリテータは分析的な活動と同時に、問題の創造的な構造化と選択肢の生成の活動も行う。意思決定会議は、2 日程度の短いものもあるが、2, 3 日のセッションをいくつか含むようなものも多い。意思決定会議については、McCartt and Rohrbaugh (1989)、Phillips (1984, 1990)、Reagan-Cirincione (1992)、Rohrbaugh (1989) を参照されたい。

グループ意思決定支援において、参加者の手元にコンピュータを置くアプローチがある。ファシリテータの重要性についてはこの分野の研究者間で意見の相違があるが、このアプローチはグループプロセスのファシリテータを少なくとも必要とする。計算機技術は、個人の生産性と、個人間の情報通信を拡大するために設計されている。グループの焦点が 1 つの意思決定に絞られているときは、通信メディアとしての計算機技術の効果には疑問を投げかけるものもいる。しかし、計算機技術は、同じ場所に集まるかどうか、さらには同じ時間に集まるかどうかについてさえもグループの選択肢を広げる。グループの主要な選択肢は、同時刻/同地点、同時刻/別地点、別時刻/同地点、別時刻/別地点というものである。この分野での業績の多くは、調査かデモンストレーションかによって特徴付けられる。最近の業績としては、Nunamaker et al. (1991) がある。

グループプロセスの支援は、急速に拡大しつつある領域である。グループプロセスがうまく行くと見なされるためには、研究者は意思決定支援を用いたグループが、そのグループにおいて 2 番目に能力のあるメンバーよりも効果的な意思決定を可能にすることを示す必要がある (Reagan-Cirincione, 1992)。グループは、彼らの活動において認知的な支援と社会的な支援の両方を提供されなければならない。この種の支援の提供においては、なくても済ませられるような選択肢はないのである。
⇒ グループ意思決定.　　　[Dennis M. Buede/柴　直樹]

参考文献
[1] DeSanctis, G. and Gallupe, R. (1987), "A Foundation for the Study of Group Decision Support Systems," *Management Science*, 33, 589–609.
[2] Huber, G. (1984), "Issues in the Design of Group Decision Support Systems," *MIS Quarterly*, 195–204.
[3] McCartt, A. and Rohrbaugh, J. (1989), "Evaluating Group Decision Support System Effectiveness:

A Performance Study of Decision Conferencing," *Decision Support Systems*, 5, 243–253.
[4] Nunamaker, J., Dennis, A., Valaich, J., Vogel, D., and George, J. (1991), "Electronic Meeting Systems to Support Group Work," *Communications of the ACM*, 34, 40–61.
[5] Phillips, L. (1984), "A Theory of Requisite Decision Modeling," *Acta Psychologica*, 56, 29–48.
[6] Reagan-Cirincione, P. (1992), "Combining Group Facilitation, Decision Modeling, and Information Technology to Improve the Accuracy of Group Judgment," in Nunamaker, J. and Sprague, R., eds., *Proceedings of the Hawaii International Conference on System Sciences*, Vol. IV, IEEE Computer Society Press, Los Alamitos, California.
[7] Rohrbaugh, J. (1989), "Demonstration Experiments in Field Settings: Assessing the Process, not the Outcome, of Group Decision Support," in Bengasat, I., ed., *The Information Systems Research Challenge*: *Experimental Research Methods*, Vol. 2, Harvard Business School Publishing, Cambridge, Massachusetts.

軍事OR

Military Operations Research

はじめに

オペレーションズリサーチ手法を〈軍事〉作戦に応用したものを軍事ORと表現することは，厳密には正しいものの，本テーマを理解するうえでは，たった1つの糸口しか示していない．以下に記述するように，第二次世界大戦中に軍事ORとして成果をあげたことが，一般分野でのオペレーションズリサーチの先駆的な発展および組織化の牽引車であった．さらに，これら輝かしい成果は，戦後においても軍事ORを継続させ，第二次世界大戦に参加したOR従事者を政府部内にとどめ，学会，工業部門，非営利のシンクタンクにおける活動を継続させ，他国においても類似の研究所を設立させることとなった．本項目においては，米国における実践および傾向を主眼に述べることとする．

オペレーションズリサーチの一般的な方法は，軍事的応用としては特に多方面で適用できる．ただし，次のような点においては相違がある．つまり，軍事に固有の秘匿性および秘密区分に関する手続きの必要性，軍事作戦や装備の特性，国家意思の発動手段として軍隊の使用に関係する戦略，運用技術および戦術を考慮するという点である．

現場における昨今の発展の軌跡をたどるなら，軍事OR学会（Military OR Society）から発刊されている軍事OR季報（*Bulletin of Military Operations Research*）を入手することが役立つだろう．軍事OR学会およびINFORMS（Institnte for Operations Research and Management Sciences）の軍事応用部会（Military Applications Section）は論文集を出版している．さらに，軍事OR学会は毎年小規模のミニシンポジウムやワークショップ（秘密に区分されていないものもある）のほか，秘密を取り扱うシンポジウムを実施しており，一方，軍事応用部会はINFORMSの国際会議における，秘密区分のない軍事OR論文のスポンサーとなっている．軍事OR学会も軍事応用部会も会議における論文集や秘密区分のない研究論文を出版している．これら2つの学会から誰でも軍事ORに関する全体的な概要を知ることができる．軍事応用部会の会員は数百人，軍事OR学会には約3000人の会員がいる．

第二次世界大戦中における軍事ORとしての成果

アルキメデスから第一次世界大戦におけるThomas A. Edisonの業績に至るまで軍事作戦を科学的に研究した個々の貢献はあるものの，軍事ORが広く行きわたり組織化されたのは，第二次世界大戦中であった．Solandt (1955)は，現在われわれがとらえている軍事ORは戦争初期の英国軍隊で開始されたと述べている．

英国におけるOR業務は軍種によって対象が異なっていた．空軍においてはレーダーの使用法が問題であり，海軍においては対潜水艦戦が問題であり，陸軍においては当初は対空問題に限定されていたものの，やはりレーダーに関することに集中していた．

Blackett教授は，3軍において業務を開始したといわれることもあるが，Blackett (1962)における彼の功績については初期の論文中に結果および方法論の両方について記述されている．

Morse and Kimball (1946)は，米海軍におけるORグループに配員されていた軍事OR分析員の初期の功績を多数述べている．その業績は，かつては秘密とされたが，若干の修正を加えられて1951年に再出版され，将来を担う分析要員に軍事ORについて解説するばかりでなく，より広範な聴衆にORの一般的な応用可能性を解説した．

上記の業績は，多くの役立つ軍事ORの適用を列挙しているKing提督の手紙を引用している（海軍以外にあっても，業績が述べられている）．

(a) 軍事所要を満たすため新規装備品を評価すること．

(b) 実際の行動報告書を検討することにより各種作戦段階における評価を行うこと（例：火砲による支援，対空砲火）．

(c) 新素材の運用上の振る舞いを測定するため，戦術問題を評価分析すること．

(d) 特定の要求事項を満たすため新しいドクトリン

を開発すること．
(e) 戦略計画に関する技術的側面を取り扱うこと．
(f) 海軍内外の研究開発機関と艦隊との相互連絡を担うこと．

MorseとKimballは第二次世界大戦において軍事ORに現実的な価値が出現したことに関する理由を述べている．つまり，以前の戦争とは異なり次のことが特徴である．

分析に値する作戦が繰り返し行われたこと：戦略爆撃，海上輸送に対する潜水艦による攻撃，上陸作戦，など．

戦争の機械化程度が延伸し，「…兵員と機械が一体になった作戦が，人間を介在しない機械的な作戦であるがごとく統計的に検討され，実験され，分析され，かつ既知の科学的手法を利用して予想された」

「…軍用装備品の陳腐化のテンポが増大し…そのときには，もはや戦場における試行錯誤を繰り返すことにより教訓を得るという手順を踏む時間的余裕がなかったので，定量的な評価や計画立案を行うことの利点が一層明確になってきた」

第二次世界大戦における米空軍に関する軍事ORのもう1つの役立つ貢献は，Brothers (1954) である．航空機から爆弾を投下する際に命中精度を向上させた事例で明白であったが，これに付け加えて，軍隊におけるORグループおよびOR実施手順についてBrothersは貴重な指針を与えた．

第二次世界大戦においては，軍事ORの実践者のほとんどが民間人であって（ときには制服を着ることもあったが），彼らは，役立つ業務の実践を通して時間経過とともに軍事作戦を取り扱うことについての信頼を得なければならなかった．もちろんこのことは第二次世界大戦における軍事ORの特殊性であった．

戦後における軍事ORの発展

第二次世界大戦終了後，軍事OR実践者は，大学，研究所，生産部門などの非軍事分野に戻っていった．どの程度の軍事OR機能が平和時の軍隊に必要であるのかが明瞭ではなかった．それぞれの部門において軍事ORを組織的に使用する決断が下された．Tidman (1984) のはじめの章には，軍事ORを戦後にどのように継続するかについての海軍の選択が興味深く記されている．

陸海空軍はそれぞれ異なる選択を採用した．軍隊における非軍人のグループ，非営利団体，生産工業等の取り扱いや，どの分野を重視するのかは時代とともに変化してきた．戦後ほどなく冷戦が始まり，軍事ORの活用を増加させる必要があることが，広く認識されていた．Tidmanの章では，このことを「強化と成長の時代」と適切な標題をつけている．

戦後の軍事ORの応用には，戦闘作戦を試験や訓練に置き換えただけで戦時中のものと類似したものもあった．しかしながら，補給，兵站，人員募集，訓練に特化したオペレーションズリサーチもあった．さらに，新兵器を新しい戦闘作戦に適合させるための考察には，多くの努力が充当された．第二次世界大戦中に，レーダー，核兵器，巡航ミサイル，弾道ミサイルの導入が図られたが，戦争終了時にはおのおのが急速に改善されていた．軍隊にとってそれらを応用し多種の兵器を集中活用することは，さらなる考察を必要とした．また，冷戦の様相は緊急性という観点を浮上させ，軍事ORを担う部署では，これらの問題を，努力を結集させるべき重要課題であると見なした．

システム分析の出現

軍事ORは，個々の兵器体系や敵対する2つの兵器体系間の交戦よりも高いレベルの問題を取り扱う．冷戦環境下においてさえ，軍隊に割り当てられる国家予算には制限があった．政府は，「国防支出にどれほど投入すれば十分なのか？」を決定しなければならないが，この決定を支援するのも軍事ORである．

このような高次元の問題にオペレーションズリサーチを適用することは，「システム分析」(system analysis) と称されることもあるが，第二次世界大戦当時の軍事ORとは比肩できないほどの困難に直面する．戦時の戦闘分析は，このように認識されない場合もあるが，Hitch (1953) が指摘したように，ある条件下における最適化のための評価基準問題となっている．このことは，将来の兵力構成を検討する場合に一層意味をもってくる．というのは，大きな不確実性の下で綿密な対処計画を取り扱うことが求められるからである．

Hitch (1955) は，爆撃精度の向上という第二次世界大戦当時の問題と兵器体系の開発や兵力構成という戦後の問題を比較することによって，システム分析の相対的な困難性を理解した．前者の問題は，当時は難しく見えたが，使用する航空機の型式，その数量，その性能，使用可能な爆弾の種類，敵目標および敵の防空態勢は既知であった．不確実な将来を検討する場合には，これらは変数となり，それが敵の可能行動の特定を複雑にする．Hitchの指摘どおり，困難性は問題に内包されているのである．このような難しさにもかかわらず，政府は意思決定しなければならず，システム分析は制約があるにしても，意思決定を支援する大部分を提案しなければならない．軍事OR分析者は規模をどこまで縮小するかという問題に帰着させることにより判断基準を構築し，Quade (1954) は，影響する全要素を包含する中で役立つ手法を収集した．Quade and Boucher (1968) とMiser and Quade (1988) は，手法を洗練し非軍事問題

への分析法として拡張させた．

システム分析の組織化と影響

Hitch and McKean（1960）は，国防システム分析を実施する手法として，費用対効果の検討を導入することに貢献した．1961年に発足した，ケネディ政権下でMcNamara 国防長官は，プランニングプログラミングバジェティングシステム（planning-programming-budgeting system : PPBS）を定着させるため，Hitch を管理官として国防省内部部局に迎え，Enthoven は Hitch の補佐官としてシステム分析室を発足させた．名称変更や組織改編が逐次行われたが，いまなお国防省内部部局はPPB およびシステム分析を継続させている．これらの新しい部局は，大いなる衝撃を招来した．政府は国防省以外にも予算局（1965）に類似の組織を新編した．国防省においては，新しい内部部局が政策決定に重要な役割を果たした．この機能が重視され求められるにしたがい，定量的な分析が増加し，陸海空軍においても要求を満たすため軍事 OR 部門を組織し拡張させた．このような伸展が行われたのは，コンピュータの能力が急速に増大するときであった．多くの軍事 OR 室は，システム分析に必要とする費用対効果の検討を行うため，新しい能力を使用しようとした．新規のまたは提案されている兵器体系が将来の戦場においてどういう貢献を発揮するのかを理解するため努力するうえで，コンピュータシミュレーションモデルが広く行きわたりはじめた．こういう努力は兵器体系の調達に大きな影響を与えながら必要とされる検討に貢献してきたので，いまなお，拡大を続けている．

朝鮮戦争およびベトナム戦争における戦闘 OR

第二次世界大戦における OR の成功により戦後も継続することになったものの，前述のように軍事 OR の努力は将来兵器体系の取得に置かれた．Hughes（1989）の第1章には，朝鮮戦争およびその後のベトナム戦争における戦闘 OR は，第二次世界大戦におけるオペレーションズリサーチに極似していたという Thomas の記述が掲載されている．第二次世界大戦後のモデリングやコンピュータ能力の拡大にもかかわらず，朝鮮戦争やベトナム戦争では期待以上の貢献をもたらさなかった．「時代とともに使用可能な技術分野が広がったにもかかわらず，第二次世界大戦において学習したことの多くは忘れ去られてしまい，その後の紛争において再学習したのである」

デザートシールド / デザートストーム作戦の教訓

新しいコンピュータやモデリング能力は，1991年の湾岸戦争における軍事 OR に一層大きい衝撃を与えたようだ．Vandiver et al.（1992）は，分析上の教訓には，第二次世界大戦の回顧でしかないものも，湾岸戦争という戦争に特異な教訓もあった．それらには，将来の戦闘分析を暗示する先行的傾向が存在した．

・分析に対するコンピュータの影響はますます変化するとともに，曲解される．
・ソフトウェアの分析ツールは，分析員ではない要員も含めて誰に対してもますます利用可能となる．
・よいデータベースの需要は，供給を大きく上回る速度で増大する．
・各軍種を統合した分析や協力の必要性が高まる．
・運用技術や戦闘推移に着目した分析上の興味が増える．
・現地分析やデータを「根本的に」誤用する危険性は以前に比べて減少する．

軍事 OR に関する事案

軍事 OR は，技術的な選択肢が広がり全盛をきわめる業務分野であるが，いまなお解決すべき事案が存在し，そのうちには長期的な取組みを必要とするものもある．これら事案の大部分はモデリングおよびシミュレーションに関連しているか，またはしばしばそのように分類されている．重大な関心を集めている事案は次のようなことである．

・科学基盤（設計検証，機能検証，および適合認定を含む）
・国防省組織（軍事 OR 組織を含む）
・マネジメント
・認知された所要を満たすこと
・技術的可能性に関し，適切な優位性を確保すること

次に示すわかりやすい批評の多くは，複数の事案を取り扱っているが，標題の多くは上記のいずれかを示している．たとえば，次のようなものである．

科学基盤
GAO (1980), *Models, Data, and War : A Critique of the Foundation for Defense Analyses*
Davis and Blumenthal (1991), *The Base of Sand Problem : A White Paper on the State of Military Combat Modeling*

国防省組織
BLUE RIBBON DEFENSE PANEL (1970), *Report ot the President and the Secretary of Defense on the Department of Defense*

マネジメント
DoDIG (1993), *Audit Report on Duplication/Proliferation of Weapon Systems' Modeling and Simulation Efforts Within DoD*

認知された所要を満たすこと
Davis and Hillestad (1992), *Proceedings of Confer-*

ence on Variable Resolution Modeling
Bankes (1993), *Exploratory Modeling for Policy Analysis*

技術的可能性に関し，適切な優位性を確保すること
Defense Science Board (1993), *Impact of Advanced Distributed Simulation on Readiness, Training and Prototyping*

国防省内では，モデルおよびシミュレーションの設計，管理および使用に関係する組織的かつ手続き的な変更が行われてきたが，上記の最初の3項目および最後の項目に関する報告書において例示された一種のかかわりあいについて表明するため着手されたものもある．この変更により，結果としてモデルおよびシミュレーションの内包している可能性を実現させる改良を継続させることとなったが，この効果はただちに表れるものではない．認知されたいくつかの所要を満たすためには，さらに，長期間を要するかもしれない．たとえば，可変解像モデリングに関する会議において合意された2つの結論は次のとおりである．

・統合されたモデルは必須である．しかしそれらはしばしば確率過程を取り扱う必要がある．

・「形態管理に関する問題」はシビアである．

おのおのの結論は重要かつ必須の研究計画を発動させ，また多くの問題は解決までに長期間を要するだろう．かなり以前に Hitch (1960) が観察したように，「オペレーションズリサーチには不確実性の存在」が重要である．
⇒空軍作戦分析，海軍分析センター，費用分析，費用効果分析，探索モデリング，陸軍を支えた OR 機関，RAND 研究所，システム分析．

[Clayton J. Thomas/片山隆仁]

参 考 文 献

[1] Bankes, S. (1993). "Exploratory Modeling for Policy Analysis." *Opns. Res.* **41**, 435–449.

[2] Blackett, P.M.S. (1962). *Studies of War*. Hill and Wang, New York.

[3] Blue Ribbon Defense Panel (1970). *Report to the President and the Secretary of Defense on the Department of Defense*. U.S. Govt. Printing Office, Washington, D.C.

[4] Brothers, L.A. (1954). "Operations Analysis in the United States Air Force." *Opns. Res.* **2**, 1–16.

[5] Bureau of the Budget (1965). *Planning-Programming-Budgeting*, Bulletin 65–5.

[6] Davis, P.K. and D. Blumenthal (1991). "The Base of Sand Problem: A White Paper on the State of Military Combat Modeling," N-3148-OSD/DARPA, RAND, Santa Monica, Calif.

[7] Davis, P.K. and R. Hillestad (eds.) (1992). *Proceedings of Conference on Variable-Resolution Modeling*, Washington, D.C., CF-103-DARPA, RAND, Santa Monica, Calif.

[8] Defense Science Board (1993). *Impact of Advanced Distributed Simulation on Readiness, Training and Prototyping*. DDR&E, Washington, D.C.

[9] DoD, Office of the Inspector General (1993). *Duplication/Proliferation of Weapon Systems' Modeling and Simulation Efforts Within DOD*. Rpt 93–060, Arlington, Virginia.

[10] Government Accounting Office (1980). *Models, Data, And War: A Critique of the Foundation For Defense Analyses*. PAD-80-21, Comptroller General, Washington, D.C.

[11] Hitch, C.J. (1953). "Sub-optimization in Operations Problems." *Opns. Res.* **1**, 87–99.

[12] Hitch, C.J. (1955). "An Appreciation of Systems Analysis." *Opns. Res.* **3**, 466–481.

[13] Hitch, C.J. (1960). "Uncertainties in Operations Research." *Opns. Res.* **4**, 437–445.

[14] Hitch, C.J. and R.N. McKean (1960). *The Economics of Defense in the Nuclear Age*. R-348, RAND, Santa Monica, Calif.

[15] Hughes, W.P. Jr. (ed.) (1989). *Military Modeling* (2nd ed.). MORS, Alexandria, VA.

[16] Miser, H.J. and E.S. Quade (eds.) (1988). *Handbook of Systems Analysis: Craft Issues and Procedural Choices*. North-Holland, New York.

[17] Morse, P.M. and G.E. Kimball (1946). *Methods of Operations Research*. OEG Rpt. 54, Office of the Chief of Naval Operations, Navy Dept., Washington, D.C.

[18] Quade, E.S. (ed.) (1954). *Analysis for Military Decisions*. R-387-PR, RAND, Santa Monica, Calif.

[19] Quade, E.S. and W.I. Boucher (eds.) (1968). *Systems Analysis and Policy Planning: Applications in Defense*. R-439-PR, RAND, Santa Monica, Calif.

[20] Solandt, O. (1955). "Observation, Experiment, and Measurement in Operations Research." *Opns. Res.* **3**, 1–14.

[21] Tidman, K.R. (1984). *The Operations Evaluation Group, A History of Naval Operations Analysis*. Naval Institute Press, Annapolis, Maryland.

[22] Vandiver, E.B. et al. (1992). "Lessons are Learned from Desert Shield/Desert Storm." *PHALANX*. **25**, 1, 6–87.

経営科学学会

The Institute of Management Sciences (TIMS)

経営科学学会(The Institute of Management Sciences：TIMS)は経営科学の実務家と研究者のための国際的組織として1953年に設立された．1995年1月にアメリカOR学会と合併し，ORMS学会(The Institute for Operations Research and the Management Sciences：INFORMS)となった．TIMSの目的は，(1) 経営の理解と実践に役立つ科学的知識を集め，発展させ，そして統一化し，(2) 経営科学の発展を振興し，経営の実践に関して，経営者，科学者，研究者，学生，そして私的，公的を問わず研究機関における経営科学の実務家たちの自由な情報交換を支援し，(3) このようなトピックスの一般の人たちへの情報伝達を図り，(4) 経営科学の教育プログラムの支援と開発を行うこと，であった．TIMSは *Management Science*（40巻），その他の刊行物(ORSAとの共同出版を含め)を出版した．米国内における大会(ORSAと共同開催)，手法別の研究会，地域別の大会などを開催したり，多くの国々で国際大会を開催してきた．
⇒ アメリカOR学会．

経済学

Economics

はじめに

オペレーションズリサーチ（operations research，以下，ORと略）と経済学の関連を考えるにあたってまず両分野の歴史をいくつかの面で理解しておく必要がある．ORの創始者たちには物理学，数学，工学，経済学など多くの分野の出身者が含まれており，このことからORは多様な訓練の必要性を分野的特性の1つとして保持しつづけようとしてきた．いまもOR関係の教科書を見ると，確率的モデル構成，シミュレーション，最適化，ゲーム理論といった一連の技法が共通に取り上げられているのがわかる．ORの分野ではまた，たとえば在庫管理といった，経営的方策領域への適用が強調されている．

ORは組織の意思決定の在り方を分析し，ひいてはそれを援助するための用具を提供する．ORのモデルを解くためには種々のアルゴリズムが用いられるが，これはORが計算機科学と密接に結び付いていることを意味している．そもそもデータを使用すること自体情報システムと不可分である．またORの用具を抜きにしてエンジニアが最善の設計を行うのは不可能に近い．さらに軍はORが提供する種々の手法・サービスの最大の消費者である．これらの経済学に関連するというよりは実務的な活動に結び付いたあらゆる事例から見て，ORが歴史的に実務家たちとよりはマクロ経済学者以外の理論家たちと深くかかわってきたという事実は想起しにくいことである．

経済学の諸領域の中で広い意味でORに関連する分野としては，マクロ経済学，中でも経済的な集計に関する研究：ミクロ経済学，中でも企業などの経済主体に関する研究ならびに独占のように操作可能な市場構造に関する研究：計量経済学，中でも経済モデルのパラメータ推定に用いる種々の統計技法に関する研究をあげることができる．従来は，マクロ経済学とORが重なり合うことはほとんどなかった．実際，経済学の中でもマクロ分析とミクロ分析の間の重複はわずかである．

第二次大戦後の数理経済学とORの急速な発展はともに同一の根，すなわち，モデル，それは研究対象の実像を近似したにすぎないものだが，を構築し理解するために数学を適用するという方法論から派生したものである．何世紀も以前から数学は自然科学にとって不可欠の用具であったし，それ以外にもいくつかの分野の発展に少なからず貢献してきたが，自然科学以外の分野で数学が体系的に使用されるようになったのは，第二次大戦後になってようやく，モデルがきわめて有用であるためには必ずしもそれが「真実」である必要はないことが明らかになって以来のことである．

共通の歴史

出発点に共通する部分があることとORの専門家たちが経済的に最効率な解を求めることに関心をもっていたことから，明らかに両者の間には本質的な重複が見られる．特にORの初期においてそれは際立ったものであり，両者は最適化手法とゲーム理論（game theory）を分野として共有していた．

物理学者のHitchcock (1941)と経済学者のKoopmans (1951)はそれぞれ独立に今日輸送問題として知られている最初の有用な最適化モデルを開発した．ロシア中央計画局の数学者であったKantorovitch (1939)は積み換えモデルを含む生産・分配の線形計画モデルをいくつか開発した．経済学者のStigler (1944)は食餌モデルを開発した．当時空軍所属の数学者だったDantzig (1951a；1963)ははじめて包括的な形で線形計画の定式化を

行うとともに解法としてのシンプレックスアルゴリズム (simplex algorithm) を創案した．シンプレックスアルゴリズムは線形計画の主解法として50年にわたって生き続けている．

たとえば Koopmans の論文集 (1951) をひもとけば，最適化とゲーム理論の起源ならびに両者の関係について明確に知ることができる．これらの分野における主たる貢献者は経済学者と数学者の混成であった．また，そこではかなりの部分が経済の投入産出モデルの一般化に当てられている．Dantzig (1963) は彼のアイデアの重要な出発点の1つとしてアメリカ経済の投入産出モデルに関する Leontief の業績をあげている．もう1つの初期の重要な文献，Dorfman, Samuelson and Solow (1958) は，経済学者の手になるものである．現在でもミクロ経済学の教科書には最適化とゲーム理論についての章が設けられている．

Dantzig (1963) の参考文献一覧から見てとれるように，最適化に関する初期の論文はもっぱら *Econometrica* に代表される経済学系学術誌に掲載された．初期の線形計画モデルの多くの開発者として知られる Charnes と Cooper はまた，Charnes, Cooper and Mellow (1952) をはじめ，多数の論文を経済誌に発表している．農業経済学では農場経営者のための食餌混合モデルの開発が急速に進んでいる．いまや数理計画法は農業経済学の支柱になりつつある (Hazell, 1986)．

在庫理論の初期において経済学と OR の専門家の間には双方向に強い連携があった．最適在庫方策の決定にはダイナミックプログラミングや，より伝統的な解析的手法が用いられた (Arrow, Karlin and Scarf, 1958; Whitin, 1957)．しかしながら，この分野における発展の主力は急速に OR 学者の手に移っていった．というのは，在庫分析における関心の対象が広範な経済的考察から在庫管理システムの実装や状況対応型の特殊モデルへと変化したからである．

ゲーム理論は，対立と協調の問題を理論的水準で検討することを目的に，von Neumann によって開発された．von Neumann and Morgenstern の創始的業績 (1944) はゲーム理論の経済学への応用に関するものであった．RAND 研究所は地政学的・軍事的戦略への適用を中心としたゲーム理論の初期の拠点になった．たとえば，有名な囚人のジレンマゲームは RAND 研究所で考案されたものである (Poundstone, 1992)．ゲーム理論と最適化の結び付きは最初期から Dantzig, 1951 b), Gale, Kuhn and Tucker (1951) に明確に現れている．

OR は経済学にきわめて重要な貢献をしてきた．Samuelson (1952) が数理計画と経済均衡の関連を認めて以来，数理計画は経済分析にとって重要な用具の1つになった．事実，モデル化のための言語 GAMS は，国家規模の経済発展計画を評価するための計算可能な一般均衡モデルを定式化しそれを解く目的で世界銀行の OR 専門家たちによって開発されたものである (Brooke, Kendrick and Meeraus, 1993)．経済学者の Gustafson (1958) は食糧飢饉を防止するための最初の穀物貯蔵モデルの開発に際して OR の用具であるダイナミックプログラミングを利用した．1970年代の最も卓越したミクロ経済的政策分析モデルの1つであるプロジェクト自立性評価システム (PIES) は，のちに国際エネルギー経済事業団を組織した OR 学者 Hogan (1975) の率いる OR と経済学の専門家チームによって構築された．

経済学と OR の異なる側面

経済学と OR は，主たる関心を異にしているという点で異なる分野である．経済学者が政策決定の定性的分析に最も惹かれるのに対し，OR の専門家はむしろ企業内での意思決定を援助することに興味があり，また強い計算指向をもっている．たとえば，石油会社は精製設備の運行に数理計画モデルからの成果を利用するが，経済学者は数値に関心がある場合でも個々の意思決定よりはそれらの集積の効果を測ろうとする．しかし同時に，両者のこの違いは絶対的なものではない．計量経済学者は計算の問題に関心が高い．Scarf (1973) は経済均衡を計算するためのアルゴリズムを開発した．OR の専門家が共同事業計画や公共政策において果たす役割は，特定の数値を示すことよりも，構造の洞察にある．これは，他の代替的政策の検討や背後のパラメータ変動が結果に及ぼす影響の感度分析を行うといった多元的シナリオを通じて行われる．

関心の違いは在庫問題への取組みにおいても見られる．過去2,30年の間，OR と計算機科学の専門家達が在庫システムの実装に取り組んできた一方で，経済学者は在庫方策それ自体より在庫が景気変動に及ぼす効果に照準を合わせてきた．最近の諸組織体における科学的在庫管理の普及と，資金の自由度や操業の弾力性を獲得するための在庫軽減欲求とが相俟って少なからぬ在庫・売上比率の減少がもたらされた．すなわち，在庫の回転がより速くなり企業は生産水準の厳密な調整をしなくても需要変動に即応できるようになった．経済学者はこの低減傾向を国民経済レベルで測定し，景気変動の抑制要因の1つとしてマクロ経済モデルに組み込んだ．たとえば，1990年代のリセッションは緩やかに生じ緩やかに回復したが，同時にその度合いも在庫システムと生産管理技術の種々の改善の積み重ねを反映して過去のリセッションよりも浅いものであった．

経済学における企業理論の展開を見れば，経済学の考え方がよく理解できる．一例として生産関数 $Q=F(K, L)$ を考えよう．ここで，Q は企業の産出量，K は投下資

本額，L は投入された労働量である．よく知られた生産関数の1つは以下のコブ-ダグラス生産関数（Cobb-Douglas production function）である．

$$F(K,L) = aK^{\alpha}L^{1-\alpha}$$

企業をこのようにとらえるのはマクロ的すぎて，企業内での意思決定の資料として用いることはできない．しかし，この企業が独占者であってその製品に対する需要曲線 $D(p)$ の逆関数 $p(q)$ が与えられているとき，p_K, p_L をそれぞれ資本，労働の価格として，最大利益を達成する生産量 q を求める最適化問題，

最大化　$p(q)q - p_K K - p_L L$
条件　　$q = F(K,L)$,

を考えると，ラグランジュ乗数法の停留条件からただちに以下の結論が導かれる．

$$\frac{\partial F/\partial K}{\partial F/\partial L} = \frac{p_K}{p_L}$$

すなわち，利益最大を達成している企業においては，資本と労働の技術的限界代替率の比はそれらの価格比に等しくなければならない．

次に規制のある経済の初期の単純なモデルを使って，市場行動の理解にこのアプローチを当てはめてみる．つまり，規制の下におかれた独占企業を考える．このとき，モデルは以下のようになる．

最大化　$p(q)q - p_K K - p_L L$
条件　　$p(q)q - sK - p_L L \leq 0$
　　　　$q = F(K,L)$
　　　　$K, L \geq 0$

ここで，s は認められた資本還付率である．この定式化での制約式は2本で，新たに加わった制約は許容された資本還付額 sK を利益が上回れないことを示している．

カルーシュ-キューン-タッカー条件（Karush-Kuhn Tucker (KKT) condition）は，λ を資本回収制約に対するKKT乗数とすると，

$$\frac{\partial F/\partial K}{\partial F/\partial L} = \frac{p_K}{p_L} - \frac{\lambda^{*}(s - p_K)}{(1-\lambda^{*})p_L}$$

となる．さらに $\lambda < 1$ であることも示すことができ，結局

$$\frac{\partial F/\partial K}{\partial F/\partial L} = \frac{p_K}{p_L}$$

を得る．したがって，資本はその技術的限界代替率を越えて用いられることがわかる．すなわち，同一生産水その下で，規制を受ける公益組織は規制のない企業にとっての最適水準を上回る額の資本を投下する．このことはアヴァーチ・ジョンソン仮説（Averch-Johnson, 1962）として知られている．これが仮説なのは，モデルの有効性の確認にはなお実証テストを要するからである．この簡潔な分析はモデルの定性的限界分析におけるKKT条件の威力を示している．いま，われわれが見たのは古典的規制の下で経済を動かすことに伴う重大な歪みの可能性についてであるが，このモデルは政策形成のためのこの種の分析における問題を示唆している．

この結果を立証しようとして多くの研究がなされてきた．Murphy and Soyster (1983) が電力産業を用いてこれらのモデルの評価を行ったところ，独立変数同様に統計的に強い相関をもつ従属変数を含んでいるのはそれらのうち1つしかなかった．これらの研究が直面する困難は，企業は1本の生産関数よりはるかに複雑なことである．計量経済学者たちは，電力産業における資本支出と燃料購入費を巡る嗜好の偏りを探ろうとしてきた．問題は安価な燃料ほど，より資本集約的設備を必要とすることである．石炭を燃料とするプラント建設には石油の場合をはるかに上回る費用を要し，原子力の場合は最も高価である．したがって，資本集約型企業ほど燃料費が少なくてすみ，その逆も真である．これに対しコブ・ダグラス関数をはじめとする典型的な生産関数によれば，燃料費の高騰は燃料から設備への代替をもたらし，その結果，より多額の資本支出が観測されなければならないことになる．本来燃料とは複合的な概念であり，単純な生産関数で仮定されるような単一の集約燃料を作り出す方法はない．

興味深いことには，規制を受ける企業は非効率であるという直観は正しいことが証明されている．しかしながら，エアライン，トラック輸送，電話通信などにおける規制緩和の結果何が起こったかといえば，労働者，管理職レベルを通じての雇用の減退であり，組合加入労働者たち（規制対象産業は強力に組合化されている）の納付金によって生じた少なからぬ手取り賃金の減少であった．このことが意味しているのは，定性的モデルそれ自分が悪いというよりはむしろ悪いモデルを使って定性的分析がなされた，ということである．この例は，社会科学分野で有効なモデルをつくるのが物理学やその応用分野と比べていかに困難なことであるかを示唆している．

経済学者が電力産業を集計された形で見ていたのと同じ頃，OR学者たちは電力企業の計画，操作に利用できるモデルを考えていた．一例として，電力研究機構 (EPRI) のために MIT で開発され会員企業に配布された，AGEAS モデルをあげることができる（Caramanis, Schweppe and Tabors, 1982）．AGEAS は容量拡大分析のための最適化およびシミュレーションに適している．さらに，電送網拡充モデルでも最適化手法が用いられる．AGEAS やその下敷きとされた初期のモデル（Mass and Gibrat, 1957）は，計画水準付近の操業レベルでならば経済学の文献に現れる標準的生産関数よりずっと詳細な水準で複合投入物を扱うことのできる生産関数モデルである．

経済学とORが共有する関心

2つの分野が重なり合ういくつかの領域がある．ここでは，公共政策分析，ファイナンス，ゲーム理論，意思決定分析の4領域を取り上げる．政策分析における両者の接近はもっぱら政治家が計画の定性分析を望むことによってもたらされた．経済学のモデルは経済主体がどのように行動するかについて多くの知見を含んでいる．一方，ORの専門家は計算および定式化に関する専門的訓練を積んでおり，経済理論をモデルに実装し政策の変更がもたらす経済的効果を算定することができる．

世界銀行(World Bank)における前述の活動はその一例である．経済学者とOR専門家の間の密接な協力関係はPIESに続く中期未来予測システム(Intermediate Future Forecasting System. Murphy, Conti, Sanders and Shaw, 1988)およびナショナルエネルギーモデリングシステム(National Energy Modeling System. Energy Infrormation Administration, 1994)でも保持されてきた．

この種の政策モデル群の大きな特徴は，それらがいくつかの部門で，技術的選択の直接的モデル内表現にもとづく最適化手法を用いて意思決定の定式化を行っていることにある．最適化手法を使う主な理由は，投入・産出財の価格・数量より大きな影響を及ぼす政策や技術に対して表現が必要なことと，ある部門に対してなされた意思決定の結果を評価するための歴史的蓄積がないことにある．他の理由として，2つ以上の部門を連結する必要があることと，入り組んだデータの履歴が電力企業の生産関数といったものを推定する計量経済学的分析の効果を鈍らせることがあげられる．ここでの最適化モデルは通常，産業内での集計にもとづく係数を用いた産業用計画モデルの簡略版である．それらは，最適化と経済均衡モデルの関連を示したSamuelsonの結論(1952)に依存したシミュレーションモデルとして扱われる．

ほとんどの政策モデルは計量経済的要素を含んでいる．たとえば，上述のエネルギーモデルは，石炭および電力企業のための最適化モデルに加えて計量経済学的手法で推定された需要関数を内蔵している．生産の計量経済モデルでは，生産関数パラメータの統計的推定に投入・産出の観測値を用いる．モデルは現実になされた意思決定については何も言及しない．その代わり，経済部門の実行者によってなされた決定の結果を定式化する．計量経済的手法は，需要の定式化や多数の独立な小企業からなる産業における生産者行動のように当事者間の差異が大きすぎて意思決定環境の諸パラメータが特定困難な場合を扱うには，最適化より適している．

ファイナンスの文献は金融市場とその効率性についての経済学的研究で占められている．Malkiel(1973)によるAI Random Walk Down Wall Streetはその1例である．この本は，証券価格の値動きは一種のランダムウォークであって投機筋による市場叩きは一般には成功しないことを示している．しかしながら，金融市場は完全に効率的ではなく，価格オプションに関するブラック-ショウルズのモデル(Black-Scholes, 1973)は金融産業のまったく新しい取引き分野を派生させることになった．

最適化モデルは資産混合の決定に重要な役割を果たすようになってきた．その最初のモデルはMarkowitz(1952)によるもので，それは計算指向ファイナンスの幕開けを示すものであった．また，危険と収益の相互関係に関するTobin(1958)の結果は，ファイナンスにおける意思決定モデルの発展の鍵となるものであった．Markowitzのモデルはポートフォリオ理論におけるSharpe(1964)の貢献をもたらした．彼のCAMPモデルは最適ポートフォリオの計算を可能にするものであった．さらに彼は分析を進め，最適ポートフォリオは各証券の市場全体に対する相対価値に比例してなされるべきであるという結論を導いた．この定性的分析から最近のインデックスファンドが派生したが，それは市場叩きを目的としたものではないが財務管理の在り方に永久的変化をもたらすものであった．

以前に比べてはるかに大規模な線形計画が解けるようになったことからポートフォリオ構築のための確率計画モデルが開発され，金融産業に大きな影響を与えた．Carino et al.(1994)は，財務的切迫状況の中でいわゆる「ロケット科学者たち」が用いた一種のORモデルを紹介している．

ゲーム理論における経済学とORの相互関係については，先のアヴァーチ-ジョンソン仮説(Averch-Johnson hypothesis)に戻って説明できる．この仮説は，企業内の当事者たちについて何も言及していないので，資本の偏りについては間違いであると示せる．彼らのモデルは企業の全員が株主の儲けのために利益を最大化するよう義務付けられていると仮定しているが，これは必ずしも正しくない．たとえば，意思決定者であるCEOは企業のオーナーではなく，したがって異なる動機をもっている．目標は，サービス停止(それは結果として同じく資本投下の偏りを余儀なくされることだが)の廉で公益事業監視委員会の査問を受けるよりは，信頼性を最大化することにあるかもしれない．もしくは，労働者の賃金要求に応じて，離反やストライキを最小化することかもしれない，というのは彼らは被雇用者であると同時に公益事業監視委員会に直訴できる有権者でもあるからである．企業の構成員達の動機付け要因を考慮し株主の関心との比較で彼らの行動を分析することは，支配者/行為者理論と呼ばれミクロ経済学の1つの大切な分野になっている．それは，本質的に企業を当事者たちの相互作用の場ととらえ，さらに進んで企業を構成するすべての主体の行動

特性を考察しようとするものである．

　経済主体およびその他の個人の行動を研究することは経済学の長い伝統であり，同時にゲーム理論の核心である．ゲームのモデルを数値的に評価するためのデータがほとんどないので，この分野に関心のある人々のほとんどが得られたゲームの定性的特性について研究してきた．経済学者はもっぱら市場に焦点を絞ってきた（Shubik, 1959）．実際，室内ゲームに関する von Neumann の初期の研究を除いて，この主題を本格的に取り上げ経済問題に焦点を当てたのは von Neumann and Morgenstern (1944) の本がはじめてである．OR の専門家たちは戦争ゲームや囚人のジレンマのような戦略ゲームといった他のタイプのゲームを考察対象にしてきた（Poundstone, 1992）．この研究の中心は RAND 研究所であった．戦略ゲームの例として，核戦争防止手段としての相互保障的核廃絶の安定性をあげることができる．Schelling (1980) はこれらの戦略ゲームに対する1つの分析を示した．Shubik は戦略ゲームと経済ゲームの両方に携わった研究者の好例である．彼は，戦略的問題点の検証の一部として，戦争や訴訟にまで対立がエスカレートしてしまうゲームの記述にドル競売ゲームを用いた（Poundstone, 1992）．

　政治学者と社会学者もゲーム理論にかかわるようになってきた．政治学とゲームの関連は，上述したゲームの諸例やゲーム理論の交渉概念を用いることからきわめて直接的である．社会学者は社会的相互作用の理解にゲームを利用する．囚人のジレンマゲームは社会的状況や構造の中での個人の行動を説明するために繰り返し用いられてきた．このように，ゲーム理論という概念は，それが元来発展を遂げてきた一学問領域の枠を越えて広がり，社会科学の諸重要分野に影響を及ぼすようになった．経済学者，OR 専門家双方に共通したゲーム理論に対する関心の一部は，他の分野での使用によって実証されたように，対立と協調の理解におけるその普遍性にある．

　ゲーム理論は合理的意思決定という主題の一部でもある．実際，この主題に関する Luce and Raiffa (1957) による画期的著書は双方を同時に扱っている．合理的決定とは何かについては議論のあるところである．この主題の探求のため，von Neumann と Morgenstern は期待効用の概念を開発した．これは，利益最大化のように目標が明確に記述可能ないくつかの状況下では，単純かつ明瞭な概念である．しかし，現実の生活の中でわれわれは多くのトレードオフに直面している．たとえばわれわれは，所得に対してレジャーをいかに評価するか，消費対象の諸製品をどう価値付ければよいか，現在より未来にどの程度賭けるか，といった問題を，リスクを負う意思をもって考える．Arrow (1951) は社会選択についての先駆的研究の中で，決定の合理性を定義する一連の公理を設定し，各個人が合理的効用関数をもっている場合でも，集団間相互作用や投票による意思集約過程がいかにして不合理な意思決定を引き起こすかを示した．意思決定に関する文献において Keeney and Raiffa (1976) は，意思決定に多属性効用を導入することに関する諸問題を検討した．経済学者の効用に対する考え方は交渉の研究に集約されている（Raiffa, 1982）．

　数理計画についても同様に，経済学者はこれまでのところ現実の意思決定には，Arrow (1951) におけるように意思決定過程から何らかの一般的性質が引き出される場合を除いて，目を向けてこなかった．このことを示す他の例の1つは，合理的期待形成に関する経済学文献である．マクロ経済モデルの文脈の中で設定されたこの問題の基本型は，「経済に参加するすべての主体がマクロ経済政策の効果に対して合理的期待をもち，かつ彼らの決定をそれに合わせて調整するとすれば，マクロ経済政策の結果はいかに変化するか？」というものであった．Redman (1992) と Sargent (1993) は経済学のこの領域について検討している．

　この主題の現実的側面に関しては OR が支配的になってきている．Borrison (1994) は組織における意思決定の詳細な分析の一例である．最も重要な貢献のいくつかは，人々の意思決定過程を理解しようと試みた心理学者たちによってもたらされた．経済学の合理的行動仮説を公平に検証するため心理学の知見を適用したところ，その欠陥が検出された．Bell, Raiffa and Tversky (1988) はこれら3分野すべてのアプローチを比較検討している．

要　　約

　経済学と OR は共通の根をもつ．両者はしばしば，たとえば KKT 条件のような，同じ用具を使用する．経済学ではこれらの条件は，アヴァーチ・ジョンソン仮説における市場の制度的歪みの検証や生産関数からの費用関数の導出といった，限界分析に用いられる．OR の専門家はこれらの条件をアルゴリズムの改善に利用する．さらに，モデルから得られた結果の安定性評価，係数の不確定性が解に及ぼす効果の推定，資源の追加ないしは節約を視野に入れた制約コストの決定，といった問題にそれらを実際に即した双対形ないしは摂動範囲で適用する．

　一言でいえば，両分野はこれらの用具に対して異なる目的のための異なる用い方をする．これは両分野の研究者たちそれぞれの学問的目標が多種多様なことを反映するものである．OR の専門家が意思決定過程それ自体に惹かれる一方で，経済学者は異なる市場構造や政策の結果を，合理的意思決定仮説を通して研究する．どちらのグループも合理的意思決定過程の理解と合理的決定から生じる諸結果については関心をもっている．これは両者

の企業理論の違いに端的に現れている．企業の経済学理論は真の意味で企業間の相互作用理論である．ORモデルは，企業内部における意思決定理論を提供するものであり，企業内理論の重要な要素である．これらのORモデルは企業における意思決定の完結した理論を提供するわけではない．なぜならOR学者たちは，企業内部の対立に言及することはあっても，傾向としてそれらの対立を生み出す動機や構造に的を絞ることはしないからである．これこそ，行為者理論が適合し，ゲーム理論が両分野を結び付ける問題の1つである．

いまや両者は別々の分野である．ORは工学的なものの見方を採用する．すなわち，その目標は意思決定のため，より優れた手法を創案することであり，それを実行する過程の改良であり，必要な限りモデルやアルゴリズムを開発することである．対照的に，経済学は社会科学であり，その目標は合理的利己主義仮説からの諸結果を検討することにより得られた基本命題を使って現存の世界を理解することにある．これら2つの世界は，市場のルールを変える必要が生じたとき，ないしは市場が利益を産む新製品開発の機会を技術者に提供するとき，協調し合う．両分野は今後とも異なる活動範囲を維持するだろうが，用具と歴史を共有することで常に連携し続けていくであろう．

⇒ 銀行業務，企業戦略，決定分析，計量経済学，ゲーム理論，インプット・アウトプット分析，ポートフォリオ理論，公共政策分析，RAND研究所，効用理論

[Frederic H. Murphy／西野寿一]

参 考 文 献

[1] Arrow, K. (1951), *Social Choice and Individual Values*, John Wiley, New York.
[2] Arrow, K., S. Karlin, and H. Scarf (1958), *Studies in the Mathematical Theory of Inventory and Production*, Stanford University Press, Stanford, California.
[3] Averch, H. and L. Johnson (1962), "Behavior of the Firm Under Regulatory Constraint," *American Economic Review*, 52, 369–372.
[4] Bell, D., H. Raiffa, and A. Tversky (1988), *Decisionmaking, Descriptive, Normative and Prescriptive Interactions*, Cambridge University Press, Cambridge.
[5] Black, F. and M. Scholes (1973), "The Pricing of Options and Corporate Liabilities," *Jl. Political Economy*, 81, 637–659.
[6] Borrison, A. (1995), "Oglethorpe Power Corporation Decides About Investing in a Major Transmission System," *Interfaces*, 25, to appear.
[7] Brooke, A., D. Kendrick and A. Meeraus (1993), *GAMS: A User's Guide*, Scientific Press, Redwood City, California.
[8] Caramanis, M., F. Schweppe, and R. Tabors (1982), *Electric Generation Expansion Analysis System*, Electric Power Research Institute EL-2561, Palo Alto California.
[9] Carino, D., T. Kent, D. Myers, C. Stacy, M. Sylvanus, A. Turner, K. Watanabe, and W. Ziemba (1994), "The Russell-Yasuda Kasai Model: An Asset Liability Model for a Japanese Insurance Company Using Multi-stage Stochastic Programming," *Interfaces*, 24(1), 29–49.
[10] Charnes, A., W.W. Cooper, and B. Mellon (1952), "Blending Aviation Gasolines – A Study in Programming Interdependent Activities in an Integrated Oil Company," *Econometrica*, 20, 2, 135–159.
[11] Dantzig, G. (1951a), "Maximization of a Linear Function of Variables Subject to Linear Inequalities," in T.C. Koopmans, ed., *Activity Analysis of Production and Allocation*, John Wiley, New York.
[12] Dantzig, G. (1951b), "A Proof of the Equivalence of the Programming Problem and the Game Problem," in T.C. Koopmans (ed.), *Activity Analysis of Production and Allocation*, John Wiley, New York.
[13] Dantzig, G. (1963), *Linear Programming and Extensions*, Princeton University Press, Princeton, New Jersey.
[14] Dorfman, R., P. Samuelson, and R. Solow (1958), *Linear Programming and Economic Analysis*, McGraw-Hill, New York.
[15] Energy Information Administration (1994), *The National Energy Modeling System: An Overview*, DoE/EIA-0581, May.
[16] Gale, D., H. Kuhn, and A. Tucker (1951), "Linear Programming and the Theory of Games," in T.C. Koopmans, ed., *Activity Analysis of Production and Allocation*, John Wiley, New York.
[17] Gustafson, R.L. (1958), *Carryover Levels for Grains*, US Dept. of Agriculture Technical Bulletin 1178.
[18] Hazell, P.B.R. (1986), *Mathematical Programming for Economic Analysis in Agriculture*, MacMillan, New York.
[19] Hitchcock, F. (1941), "The Distribution of a Product from Several Sources to Numerous Localities," *Jl. Mathematical Physics*, 20, 224–230.
[20] Hogan, W.W. (1975), "Energy Policy Models for Project Independence," *Computers and Operations Research*, 2, 251–271.
[21] Kantorovitch, L. (1939), "Mathematical Methods in the Organization and Planning of Production," Leningrad State University. Translated in *Management Science*, 6 (1960), 366–422.
[22] Keeney, R. and H. Raiffa (1976), *Decisions with Multiple Objectives*, John Wiley, New York. Reprinted in 1993 by Cambridge University Press, New York.
[23] Koopmans, T. (1951), *Activity Analysis of Production and Allocation*, John Wiley, New York.
[24] Luce, D. and H. Raiffa (1957), *Games and Deci-*

sions, John Wiley, New York.
[25] Malkiel, B. (1973), *A Random Walk Down Wall Street*, W.W. Norton, New York.
[26] Markowitz, H. (1952), "Portfolio Selection," *Jl. Finance*, 7, 77–91.
[27] Mass, P. and R. Gibrat (1957), "Applications of Linear Programming to Investments in the Electric Power Industry," *Management Science*, 3(1), 149–166.
[28] Murphy, F.H., J. Conti, R. Sanders and S. Shaw (1988). "Modeling and Forecasting Energy Markets with the Intermediate Future Forecasting System," *Operations Research*, 36, 406–420.
[29] Murphy, F.H. and A.L. Soyster (1983), *Economic Behavior of Public Utilities*, Prentice-Hall, Englewood Cliffs, New Jersey.
[30] Poundstone, W. (1992), *Prisoner's Dilemma*, Doubleday, New York.
[31] Raiffa, H. (1982), *The Art and Science of Negotiation*, Harvard University Press, Cambridge, Massachusetts.
[32] Redman, D.A., (1992), *A Reader's Guide to Rational Expectations*, Edward Elgar, Hants, England.
[33] Samuelson, P.A. (1952), "Spatial Price Equilibrium and Linear Programming," *Amer. Economic Rev.*, 42, 283–303.
[34] Sargent, T.J. (1993), *Rational Expectations and Inflation*, Harper Collins, New York.
[35] Scarf, H. with T. Hansen (1973), *The Computation of Economic Equilibria*, Yale University Press, New Haven, Connecticut.
[36] Sharpe, W. (1964), "Capital Asset Prices: A Theory of Market Equilibrium Under Conditions of Risk," *Jl. Finance*, 19, 425–442.
[37] Schelling, T. (1980), *The Strategy of Conflict*, Harvard University Press, Cambridge, Massachusetts.
[38] Shubik, M. (1959), *Strategy and Market Structure*, John Wiley, New York.
[39] Stigler, G. (1945), "The Cost of Subsistence," *Jl. Farm Economics*, 27, 303–314.
[40] Tobin, J. (1958), "Liquidity Preference as Behavior Toward Risk," *Rev. Economic Studies*, 25, 65–86.
[41] von Neumann, J. and O. Morgenstern (1944), *Theory of Games and Economic Behavior*, John Wiley, New York.
[42] Whitin, T. (1957), *The Theory of Inventory Management*, 2nd edition, Princeton University Press, Princeton, New Jersey.

経済的発注量

economic order quantity

単純かつ不確実性のない在庫モデルに対して発注費用と在庫保持費用の和を最小化する発注量．⇒ 在庫モデル．

計算幾何学

Computational Geometry

はじめに

計算幾何学は，幾何学的な対象やその特性（しばしば端的な特性）を計算するためのアルゴリズムとデータ構造を研究する分野である．対象は，主に，有限次元の点，フラット，超平面の「アレンジメント」，あるいは多面体の有限集合である．アルゴリズムは本質的に有限であって，そこにおいては〈計算量〉(complexity) が中心的な役割を果たす．特に，低次元の問題が集中的に取り上げられ，平面および3次元の特殊な性質が利用されている．

この若い分野は，1970年代のはじめに命名されその後周知のように急成長を遂げた．その発展は，部分的には，〈コンピュータグラフィックス〉(computer graphics)，〈パターン認識〉(pattern recognition)，〈クラスター解析〉(cluster analysis) の同時進行的な発展や計算機援用設計 (computer-aided design: CAD) およびロボティクスに対する現代産業の信頼からも加速された (Forrest, 1971; Graham-Yao, 1980; Lee-Preparata, 1984)．自動地図作製法や計算度量衡学の新分野でも計算幾何学は主要な役割を果たしている．

一般的なテキストとしては，Preparata-Shamos (1985), O'Rourke (1987), Edelsbrunner (1987), Aggarwal (1991) などを参照されたい．関連する幾何学的な概念は，Grünbaum (1976) でも取り上げられている．

オペレーションズリサーチとも密接な関係があり，そこにおける〈最小全域木〉(minimum spanning tree)，最大長〈マッチング〉(matching)，〈スタイナー木〉(Steiner tree) などを求める古典的な問題は，ユークリッドノルム，および関係するノルムをもつ，線形空間内での問題として提示されたときには，計算幾何学の問題となる．〈巡回セールスマン問題〉(traveling salesman problem) はユークリッド空間に限定してもNP完全である (Papadimitriou, 1977)．〈施設配置〉(facility location) や障害物が存在する際の〈最短経路〉(shortest path) を求める問題なども計算幾何学の例である．〈多面体〉(polyhedra) やその端的な性質は，計算幾何学の典型的なトピックスであるが，同時に，〈線形計画法〉(linear programming) での基礎にもなっている．線形計画問題，特に低次元の問題の計算量は，初期の計算幾何学の研究テーマとして注目を集め，任意の次元の問題を線形時間で解く成果につながった (Megiddo, 1982, 1984; Clarkson, 1986)．

問題例

基本的な問題は，d 次元空間 $\mathcal{R}^d$ 内の n 個の点の集合 S の〈凸包〉(convex hull) $\mathrm{conv}(S)$ を決定することである．この問題には弱定式化と強定式化の2つのタイプがある．弱定式化では $\mathrm{conv}(S)$ の端点を求めることのみが要求される．オペレーションズリサーチの分野では，この問題は線形不等式系の冗長な制約式（の双対なもの）を決定するという形で，よく知られている．強定式化では，さらに，凸多面体 $\mathrm{conv}(S)$ のファセットまできちんと特徴付けることが要求される．$d>3$ の次元に対しては，$\mathcal{R}^d$ における強定式化の凸包問題が $O(n^{\lfloor d/2 \rfloor})$ の最適な手間で解けることが知られている (Chazelle, 1991)．

単純な多角形の凸包の頂点および辺は，線形時間で求められる．一方，平面上の点の集合の凸包の，輪郭を求める $O(n \log n)$ の初期の手法は，分割統治法 (divide-and-conquer) にもとづいている (Graham and Yao, 1983; Preparata and Hong, 1977)．この広く用いられている再帰戦略では，まず問題が部分問題に分割され，次にその部分問題に再帰的に手法が適用されて解が求められ，それらの部分問題の解が組み合わされて最初の解が得られる．分割統治法にもとづくヒューリスティクスはユークリッド空間の様々な最適化問題に適用できる．最適マッチングなどがその一例である (Reingold and Supowit, 1983)．

次のブリッジ問題 (bridge problem) は，実際，線形計画問題である．すなわち直線で分離されている平面上の2つの点集合 S_1, S_2 に対して，2つの集合のギャップに橋をかける直線分，すなわち，凸包 $\mathrm{conv}(S_1 \cup S_2)$ の上部辺となる線分 $[p_1, p_2]$ を規定する2点 $p_1 \in S_1$ および $p_2 \in S_2$ を求める問題．あるいは，与えられた有向直線がまだ引かれていない2次元の点集合の凸包の辺となるのはどのような場合かということもできる．固定された次元2の線形計画問題であるので，ブリッジ問題は線形時間で解ける．Kirkpatrick and Seidel (1986) はこれと分割統治法を用いて，平面上の n 点の凸包を $O(n \log m)$ の時間で求めるアルゴリズムを得ている．なお，m は求まった凸包の頂点数である．

分割統治法を実際に行うとき，点集合 $S \subset \mathcal{R}^d$ を直線で2等分したい，すなわち〈ハム・サンドイッチカット〉(ham-sandwich cut) したいことも多い．これは，たとえば第1座標に関して，S の点のメジアンを見つけることでできる．有限の順序集合のメジアンを線形時間で求めることができるという事実はアルゴリズム理論の基本的成果の1つである．ブリッジ問題は平面上の点集合の2重のハムサンドイッチカット，すなわち，最初の2等分カットが与えられて，2等分された集合をさらに同時2等分する直線（はじめの集合を4等分する直線）を求め

る問題に等価である．3次元空間に対する3重カットやより高次元の成果に関しては，Dobkin and Edelsbrunner (1984) を参照されたい．

ユークリッド空間の〈郵便局問題〉(post office problem) は，〈エキスパートシステム〉(expert system) などの実現において見られる近接探索の典型例である．そこでは $\mathcal{R}^d$ 空間の n 個の郵便局 (post office) の「位置」(site) p_i が与えられていて，適当に前処理を施して，任意の顧客（の位置）に対して最近の郵便局を効率的に求められるようにすることが大切である．

この問題と関連して，空間 $\mathcal{R}^d$ を担当郵便区域，すなわち，郵便局 p_i の方が他のどの郵便局 p_j より近い $\mathcal{R}^d$ の点の集合 V_i に分割する問題が考えられる．そのような各領域 V_i は p_i の周りで凸多面体をなし，そのファセットは垂直2等分面，すなわち，2つの局からの等距離の点の集合である超平面や直線，で定義される．これらの多面体によって空間 $\mathcal{R}^d$ は被覆（分割）されるが，これを〈ボロノイ図〉(Voronoi diagram) という．ボロノイ図と双対の〈ドローネー三角形分割〉(Delaunay triangulation) は，互いに関係する計算幾何学の最も重要な概念である．

平面上の n 個の点集合の，ドローネー三角形分割を $O(n \log n)$ 時間の手法でいったん求めてしまうと，n 点のうちで最近の2点が線形時間で求まる．計算幾何学的な問題に対するドローネー三角形分割の有効性を最初に指摘したのは Shamos and Hoey (1975) である．

任意の質問点 p に対して，p を含むボロノイセル V_i を効率的に求める問題は，分割図形の〈点位置決定〉(point location) 問題といわれている．n 本の直線分で，生成された平面分割図形内で与えられた点の点位置決定を，$O(n \log n)$ の前処理時間と $O(n \log n)$ あるいは $O(n)$ の領域を用いて，$O(\log n)$ で行う実際的なアルゴリズムがすでに提案されている (Preparata, 1990)．平面上のボロノイ図に対する点位置決定において，Edelsbrunner and Mauer (1985) は非閉路グラフとパッキング (packing) を利用している．郵便局問題に対する確率的アプローチが Clarkson (1985) で与えられている．

与えられた点が単純な多角形の内部に含まれるかどうかは，その点を始点とし任意の方向に延びる1本の半無限直線と多角形の境界上の辺との交点をすべて調べることで，$O(n)$ の時間で判定できる．凸多角形に関しては，$O(n)$ の前処理を施すことによって，連続して行われる内点判定の問い合わせに，1回あたり $O(\log n)$ 時間で応答できる (Bentley and Carruthers, 1980)．

有向直線分 e によって定まる左半平面内に点 x が存在するときおよびそのときのみ真となる関数を $h_e(x)$ とおく．Muhidnov and Nazirov (1978) は，多角形の内点集合は，多角形の n 個の辺 e それぞれに対するその

ようなブール関数 ($h_e(x)$) を用いて，各 h_e が1度しか現れないブール表現によって特徴付けられることを示した．このブール表現は多角形の特性関数の代数的表現に容易に変換できる．3次元空間の多面体に対しては，Dobkin, Guibas, Hershberger and Snoeyink (1988) がその存在性および同様の〈構成的ソリッド幾何学〉(constructive solid geometry : CSG) 表現，すなわちブール表現，の決定について研究した（そこでは半空間のブール関数が繰り返し用いられている）．一般に，CSG 表現では基本図形を組み合わせるブール操作を用いていて，商用のCAD/CAM やディスプレイシステムでは最も根本的なものになっている．ソリッドモデルの表現法についての研究調査論文としては，Requicha (1980) を参照されたい．

内点判定の自然な拡張として，多角形の集合に対して質問点を含む多角形の個数を求める問題がある．この問題や類似の交差問題は，〈貫通〉(stabbing) 問題として分類されている．1次元の古典的な貫通問題では，n 個の区間が対象となる．この場合，質問点を含む区間数，すなわち「貫通数」(stabbing number) を，適当な前処理を施すことで $O(n)$ の領域を用いて，$O(\log n)$ の時間で計算することができる．同様の結果が，長方形を含む特殊な多角形のクラスに対しても得られている（Edelsbrunner, 1983）．

走査法も人気では分割統治法に匹敵する．たとえば，〈平面走査〉(plane-sweep) は直線走査 (line-sweep) といわれるが，概念的には垂直線が平面上を左から右に移動しながら，通過する対象を登録していく．平面走査法を用いると，平面上の n 本の直線分が交差するかどうか（交点を少なくとも1点もつかどうか）を $O(n \log n)$ で判定できる．これは最適である．

この線分の交差問題の重要な特殊ケースとして，折れ線あるいは多角形が自己交差しているかどうかを判定する問題がある．〈多角形の単純性〉(polygon simplicity) は多角形を「三角形分割」することで線形時間で判定できる．

〈多角形の三角形分割〉(polygon triangulation)，より正確には，単純な多角形の内部を，その多角形の頂点を頂点とするような三角形で分割する問題で，計算幾何学の有名な問題である．起源となった論文は，Garay, Johnson, Preparata and Tarjan (1978) によるもので，n 点の多角形を $O(n \log n)$ の時間で三角形分割するアルゴリズムを与えている．そこでは，平面走査法を用いて多角形を「単調な多角形」(monotone polygon) に分割している．単調な多角形は線形時間で三角形分割できる．関連するアイデアとして，多角形を「台形分割」(trapezoidation) し，それから三角形分割を線形時間で得る方法もある．Chazelle (1990) は，多角形の局所台形分割

とも見なせる木構造の「可視地図」(visibility map) という概念を導入し，これにもとづいて単純な多角形を，$O(n)$ の時間で三角形分割するアルゴリズムを与えている．3次元空間での同様の分割，（すなわち余分なスタイナー (Steiner) 点を頂点として用いない）4面体分割 (tetrahedralization) は，非凸多面体に対しては不可能なこともある．実際，そのような分割が存在するかどうかを判定することは NP 完全である (Rupport and Seidel, 1989)．

対象をある系列にしたがって検査するアルゴリズムにおいては，その系列をうまく利用するような〈バケット法〉(bucketing) が性能を改善してくれる (Devroye, 1986)．バケット法は，対象領域を長方形のような単純な形の同じ図形で分割し，そしてその図形を特別な順番で巡回する．すると扱う問題はバケットあるいは（巡回的あるいは場所的に）隣接するバケットに局所化できる．バケット法にもとづくアルゴリズムにより，ユークリッド空間の最適化問題で実用的に解けるものがある．たとえば，最短経路問題，最短長マッチング，ユークリッド距離での〈中国人の郵便配達人問題〉(Chinese postman problem, プロッタでの描画時間の最小化に対応) などがその例である (Asano, Edahiro, Imai, Iri and Murota, 1985)．〈4分木〉(quadtree) や8分木 (octree) の技法もバケット法の階層化版と見なせ，画像処理や地表面表現等の衛星画像解析にもしばしば用いられている．

空間内の物体や物体の各部分の相対位置により，ある視点からの可視部分が規定され，互いに影がつくられ，運動が妨害される．〈隠線〉(hidden line)，〈隠面〉(hidden surface) 除去のアルゴリズムは，コンピュータグラフィックスでは最も重要で，陰影の生成に欠かせない (Sutherland, Sproull and Schumacker, 1974)．Franklin (1980) は，隠面除去にバケット法を用いている．

Lozano, Perez and Wesley (1979) は〈可視グラフ〉(visibility graph) の概念を用いて，衝突回避の経路を求めている．すなわち，互いに疎な多面体集合が与えられたとき，可視グラフの頂点集合はそれらの多面体の頂点集合であり，2頂点間は互いに見えるときそしてそのときのみ辺で結ばれる．

〈ピアノ移動問題〉(piano movers problem) は，「動作計画」(motion planning) の代表である (Schwartz and Sharir, 1983, 1989)．そこでは，2次元の多角形障害物を回避しながら，多角形あるいは線分 (ladder) を回転と平行移動により移動するものとして取り上げている．

計算機援用設計 (CAD) などで生じる幾何学的な図形は，基本的には非線形である (Dobkin and Souvaine, 1990)．主たる目標は，曲線や曲面の生成であり，それは，データ集合や対象の境界を近似表現したり内挿するのに

用いられる（Barnhill, 1977；Bartels, Baetty and Barski, 1987；Farin, 1988）．古典的なアプローチは，〈スプライン〉（spline）と〈有限要素〉（finite element）の概念で組み立てられているが，三角形などの多角形状の面のタイルで覆いその上で部分的な多項式関数をつなぎあわせるというものである．例として，地形図モデルで有名な"TIN"（triangulated irregular network, 非一様三角形分割ネットワーク）アプローチ，三角形分割上の C^1 関数，対応する C^2 問題への精密解などがあげられる（Heller, 1990；Lawson, 1977；Alfeld and Barnhill, 1984）．

〈ベジェ曲線〉（Bézier curve），曲面は華麗な概念と関係する．すなわち，曲線や曲面の要素を定義するのに「制御点」(control point) を用いている点である．これにより，CAD で重要な，直観にもとづいた操作が可能になる（Forrest, 1972）．一般に，多項式関数は有理関数で取って代わられていることが多くなってきているが，その理由は，有理関数の方が係数の個数あたりの振動が少なくなるからである（Tiller, 1983）．これらすべて技法は，"NURBS"（non-uniform rational B-spline, 非一様有理 B スプライン）に凝縮されているが，工業界の応用において曲線や曲面の表現に広く推薦されている．

幾何学的な計算においては，浮動小数点数演算による丸め誤差が大きな問題である（Fortune and Milenkovic, 1991）．たとえば，与えられた複数の点が一直線上にあるかどうかを判定する際，許容範囲"eps"をあらかじめ指定していることが多く，その範囲内ならば一直線上にあると見なされる．したがって，点 p_1, p_2, p_3 が一直線上にあり点 p_2, p_3, p_4 も一直線上にあるのに，点 p_1, p_2, p_4 が一直線上にないということもありうる．このような矛盾あるいは似たような矛盾は，計算の破綻の原因になっている．丸め誤差による矛盾からの破綻を避ける頑健な（robust）アルゴリズムも提案されている（Guibas, Salesin and Stolfi, 1989；Beichl and Sullivan, 1990）．一方，様々な形式の厳密演算（exact arithmetic）も一層用いられるようになってきている（Fortune and Van Wyck, 1993；Yap, 1993）．計算の矛盾は通常不等式条件が等式で満たされるときに生じる．線形計画法における〈シンプレックス法〉(simplex method) の縮退などがその例である．そこでは，辞書式摂動が用いられて縮退が回避され，引き続く実行可能基底が矛盾なく選ばれている．同様の矛盾のないタイプブレークと厳密演算を組み合わせて，より一般的な計算の枠組みで正しく動作する，〈シンプレックスシミュレーション〉法も Edelsbrunner and Mücke (1988) で提案されている．

⇒クラスター分析，凸包，施設配置，最小全域木問題，巡回セールスマン問題，ボロノイ図構成．

[Isabel Beichl, Javier Bernal, Christoph Witzgall, Francis Sullivan／浅野孝夫]

参 考 文 献

[1] P.K. Agarwal (1991), *Intersection and Decomposition Algorithms for Planar Arrangements*, Cambridge University Press, New York.

[2] P. Alfeld and R.E. Barnhill (1984), "A Transfinite C^2 Interpolant over Triangles," *Rocky Mountain Journal of Mathematics*, 14, 17–39.

[3] T. Asano, M. Edahiro, H. Imai, and M. Iri (1985), "Practical Use of Bucketing Techniques in Computational Geometry," in *Computational Geometry*, G.T. Toussaint (ed), North Holland, New York.

[4] P. Atherton, K. Weiler, and D.P. Greenberg (1978), "Polygon Shadow Generation," *Comput. Graph.*, 12, 275–281.

[5] R.E. Barnhill (1977), "Representation and Approximation of Surfaces," in *Mathematical Software III*, J.R. Rice (ed), Academic Press, New York.

[6] R.H. Bartels, J.C. Beatty, B.A. Barski (1987), *An Introduction to Splines for Use in Computer Graphics*, Morgan Kaufmann, Los Altos, CA.

[7] I. Beichl and F. Sullivan (1990), "A Robust Parallel Triangulation and Shelling Algorithm," *Proc. 2nd Canad. Conf. Comput. Geom.*, 107–111.

[8] J.L. Bentley and W. Carruthers (1980), "Algorithms for Testing the Inclusion of Points in Polygons," *Proc. 18th Allerton Conf. Commun. Control Comput.*, 11–19.

[9] J.L. Bentley, B.W. Weide, and A.C. Yao (1980), "Optimal Expected-Time Algorithms for Closest Point Problems," *ACM Trans. Math. Software*, 6, 563–580.

[10] B. Chazelle (1990), "Triangulating the Simple Polygon in Linear Time," *Proc. 31st Annu. IEEE Sympos. Found. Comput. Sci.*, 220–230.

[11] B. Chazelle (1991), "An Optimal Convex Hull Algorithm and New Results on Cuttings," *Proc. 32nd Annu. IEEE Sympos. Found. Comput. Sci.*, 29–38.

[12] K.L. Clarkson (1985), "A Probabilistic Algorithm for the Post Office Problem," *Proc. 17th Annu. ACM Sympos. Theory Comput.*, 175–184.

[13] K.L. Clarkson (1986), "Linear Programming in $0(n3^{d_2})$ Time," *Inform. Process. Lett.*, 22, 21–24.

[14] L. Devroye (1986), *Lecture Notes on Bucket Algorithms*, Birkhuser Verlag, Boston, Massachusetts.

[15] D.P. Dobkin and H. Edelsbrunner (1984), "Hamsandwich Theorems Applied to Intersection Problems," *Proc. 10th Internat. Workshop Graph-Theoret. Concepts Comput. Sci.* (WG 84), 88–99.

[16] D.P. Dobkin and D.L. Souvaine (1990), "Computational Geometry in a Curved World," *Algorithmica*, 5, 421–457.

[17] D. Dobkin, L. Guibas, J. Hershberger, and J.

Snoeyink (1988), "An Efficient Algorithm for Finding the CSG Representation of a Simple Polygon," *Computer Graphics*, 22, 31–40.

[18] H. Edelsbrunner (1983), "A New Approach to Rectangle Intersections, Parts I and II," *Internat. Jl. Comput. Math.*, 13, 209–219, 221–229.

[19] H. Edelsbrunner (1987), *Algorithms in Combinatorial Geometry*, Springer Verlag, New York.

[20] H. Edelsbrunner and H.A. Maurer (1985), "Finding Extreme Points in Three Dimensions and Solving the Post-Office Problem in the Plane," *Inform. Process. Lett.*, 21, 39–47.

[21] H. Edelsbrunner and E.P. Mcke (1988), "Simulation of Simplicity: a Technique to Cope with Degenerate Algorithms," *Proc. 4th Annu. ACM Sympos. Comput. Geom.*, 118–133.

[22] G. Farin (1988), *Curves and Surfaces for Computer Aided Geometric Design*, Academic Press, New York.

[23] A.R. Forrest (1971), "Computational Geometry," *Proc. Roy. Soc. Lond.* Ser. A, 321, 187–195.

[24] A.R. Forrest (1972), "Interactive Interpolation and Approximation by Bzier Polynomials," *The Computer Journal*, 15, 71–79.

[25] W.R. Franklin (1980), "A Linear Time Exact Hidden Surface Algorithm," *Proc. SIGGRAPH '80, Comput. Graph.*, 14, 117–123.

[26] S. Fortune and V. Milenkovic (1991), "Numerical Stability of Algorithms for Line Arrangements," *Proc. 7th Annu. ACM Sympos. Comput. Geom.*, 334–341.

[27] S. Fortune and C. Van Wyck (1993), "Efficient Exact Arithmetic for Computational Geometry," *ACM Symposium on Computational Geometry*, 9, 163–172.

[28] M.R. Garey, D.S. Johnson, F.P. Preparata, and R.E. Tarjan (1978), "Triangulating a Simple Polygon," *Inform. Process. Lett.*, 7, 175–179.

[29] R.L. Graham and F.F. Yao (1983), "Finding the Convex Hull of a Simple Polygon," *Jl. Algorithms*, 4, 324–331.

[30] R. Graham and F. Yao (1990), "A Whirlwind Tour of Computational Geometry," *Amer. Math. Monthly*, 97, 687–701.

[31] B. Grünbaum (1967), *Convex Polytopes*, Wiley Interscience, New York.

[32] L.J. Guibas, D. Salesin, and J. Stolfi (1989), "Epsilon Geometry: Building Robust Algorithms from Imprecise Computations," *Proc. 5th Annu. ACM Sympos. Comput. Geom.*, 208–217.

[33] M. Heller (1990), "Triangulation Algorithms for Adaptive Terrain Modeling," *4th Symposium on Spatial Data Handling*, 163–174.

[34] D. Kirkpatrick (1983), "Optimal Search in Planar Subdivisions," *SIAM Jl. Comput.*, 12, 28–35.

[35] D.G. Kirkpatrick and R. Seidel (1986), "The Ultimate Planar Convex Hull Algorithm?," *SIAM Jl. Comput.*, 15, 287–299.

[36] C.L. Lawson (1977), "Software for C^1 Surface Interpolation," in *Mathematical Software III*, J.R. Rice (ed), Academic Press, New York.

[37] D.T. Lee and F.P. Preparata (1984), "Computational Geometry – A Survey," *IEEE Transactions on Computers*, c-33, 1072–1101.

[38] T. Lozano-Prez and M.A. Wesley (1979), "An Algorithm for Planning Collision-Free Paths Among Polyhedral Obstacles," *Commun. ACM*, 22, 560–570.

[39] N. Megiddo (1982), "Linear-Time Algorithms for Linear Programming in R^3 and Related Problems," *Proc. 23rd Annu. IEEE Sympos. Found. Comput. Sci.*, 329–338.

[40] N. Megiddo (1984), "Linear Programming in Linear Time When the Dimension is Fixed," *Jl. ACM*, 31, 114–127.

[41] N. Muhidinov and S. Nazirov (1978), "Computerized Recognition of Closed Plane Domains," *Voprosy Vychisl. i Prikl. Mat. (Tashkent)*, 53, 96–107, 182.

[42] E.M. Reingold and K.J. Supowit (1983), "Probabilistic Analysis of Divide-and-Conquer Heuristics for Minimum Weighted Euclidean Matching," *Networks*, 13, 49–66.

[43] J. O'Rourke (1987), *Art Gallery Theorems and Algorithms*, Oxford University Press, New York.

[44] C.H. Papadimitriou (1977), "The Euclidean Traveling Salesman Problem is NP-Complete," *Theoret. Comput. Sci.*, 4, 237–244.

[45] F.P. Preparata (1990), "Planar Point Location Revisited," *Internat. Jl. Found. Comput. Science* 24, 1, 71–86.

[46] F.P. Preparata and S.J. Hong (1977), "Convex Hulls of Finite Sets of Points in Two and Three Dimensions," *Commun. ACM*, 20, 87–93.

[47] F.P. Preparata and M.I Shamos (1985), *Computational Geometry: An Introduction*, Springer Verlag, New York.

[48] A.A.G. Requicha (1980), "Representations for Rigid Solids: Theory, Methods, and Systems," *ACM Comput. Surveys*, 12, 437–464.

[49] J. Ruppert and R. Seidel (1989), "On the Difficulty of Tetrahedralizing 3-dimensional Non-convex Polyhedra," *Proc. 5-th Annu. ACM Sympos. Comput. Geom.*, 380–392.

[50] J.T. Schwartz and M. Sharir (1983), "On the 'Piano Movers' Problem, I: The Case of a Two-dimensional Rigid Polygonal Body Moving Amidst Polygonal Barriers," *Commun. Pure Appl. Math.*, 36, 345–398.

[51] J.T. Schwartz and M. Sharir (1989), "A Survey of Motion Planning and Related Geometric Algorithms," in *Geometric Reasoning*, D. Kapur and J. Mundy (eds.), 157-169, MIT Press, Cambridge, Massachusetts.

[52] H. Samet (1990), *The Design and Analysis of Spatial Data Structures*, Addison Wesley, Read-

- [53] H Samet (1990), *Applications of Spatial Data Structures: Computer Graphics, Image Processing and GIS*, Addison Wesley, Reading, Massachusetts.
- [54] M.I. Shamos and D. Hoey (1975), "Closest-Point Problems," *Proc. 16th Annu. IEEE Sympos. Found. Comput. Sci.*, 151-162.
- [55] M.I. Shamos and D. Hoey (1976), "Geometric Intersection Problems," *Proc. 17th Annu. IEEE Sympos. Found. Comput. Sci.*, 208-215.
- [56] I.E. Sutherland, R.F. Sproull, and R.A. Shumacker (1974), "A Characterization of Ten Hidden Surface Algorithms," *ACM Comput. Surv.*, 6, 1-55.
- [57] W. Tiller (1983), "Rational B-splines for Curve and Surface Representation," *IEEE Computer Graphics and Applications*, 3, (6), 61-69.
- [58] C. Yap (1993), "Towards Exact Geometric Computation," *Proc. 5th Canadian Conference on Computational Geometry*, 405-419.

計算機科学とOR

Computer Science and OR

はじめに

オペレーションズリサーチ (operations research : OR) と計算機科学 (computer science : CS) は密接な関係を保ちながら発展してきた．コンピュータをはじめて商用に利用したのは石油会社である．そこではガソリンの最適な配合を決定する問題をオペレーションズリサーチの問題として定式化し，線形計画法 (linear programming : LP) を適用して解を求めた．それ以降，いつもオペレーションズリサーチの問題はコンピュータ技術の限界に挑戦し続け，同時に，ハードウェアとソフトウェアの進歩を積極的に利用してきた．ここでは，オペレーションズリサーチと計算機科学との相互の関係をいくつかの点にまとめて簡潔に述べる．オペレーションズリサーチと計算機科学が互いによい影響を与えあってきたことを概観するつもりである．

オペレーションズリサーチ/計算機科学の関係の3つの側面

図1はオペレーションズリサーチと計算機科学の関係を示したものである．影を付けた領域が，オペレーションズリサーチと計算機科学の両方が扱ってきた問題を示している．これらの問題は一般的には組合せ問題 (combinatorial problem) として知られている．その中でも，巡回セールスマン問題 (traveling salesman problem : TSP) と呼ばれる問題に対してオペレーションズリサ

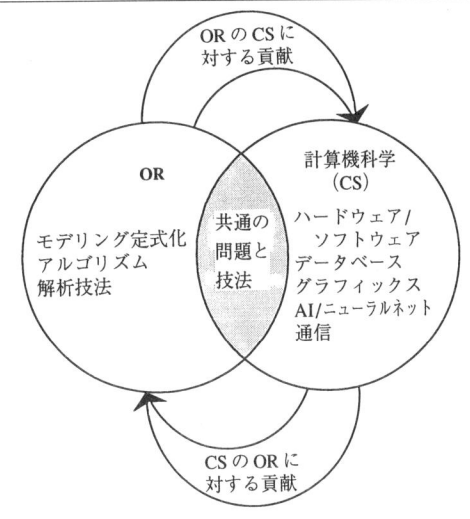

図1 ORとCSのインタフェース

ーチと計算機科学の両方から多くの研究がなされている．

オペレーションズリサーチの分野では，分枝限定法 (branch and bound) やヒューリスティクス (heuristics) といったアプローチが巡回セールスマン問題を解くのに用いられている．計算機科学の分野でも，巡回セールスマン問題を解くのにヒューリスティクスと木探索アルゴリズム (tree search algorithm) が用いられており，これらは，オペレーションズリサーチの分野における分枝限定法に非常によく似ている．人工知能 (artificial intelligence) とニューラル・ネットワーク (neural network) の研究者も巡回セールスマン問題に挑戦している．遺伝アルゴリズム (genetic algorithm)，シミュレーテッド・アニーリング (simulated annealing)，タブーサーチ (tabu search) といった他のヒューリスティックスも，オペレーションズリサーチと計算機科学の両方の分野で組合せ問題を解くのに用いられている．また，計算機科学の分野では経路問題やスケジュール問題を解くのに，論理型プログラミングが用いられている．これらの問題は，本質的に組合せ論の問題であり，オペレーションズリサーチの研究者によって深く研究されてきている．

計算機科学の進歩がオペレーションズリサーチに与えた影響

ここでは計算機科学の進歩がオペレーションズリサーチにどのように貢献したかを見てみよう．オペレーションズリサーチにおける研究と実践は，広い意味でモデリング (modeling) とアルゴリズム (algorithm) に分けることができる．モデリングとは，モデルを作成して動かし，結果とその分析を意思決定者に伝えることである．

また，アルゴリズムは実際の解法の手続きである．モデリングもアルゴリズムも，以下に述べるような計算機科学の進歩の恩恵を受けている．

モデリング： モデリングの最初は，モデルの作成，すなわちユーザが普通の言葉で記述した問題を，アルゴリズムの入力となり得るファイルの形式へと変換することである．モデル作成を支援する様々なモデル記述言語が開発されてきた．これらの言語は，データベース技術，その中でもリレーショナルデータベースモデルの発展の影響を受けており，その成果を取り入れている（Fourer, 1983）．Choobineh (1991) と Geoffrion (1992) の論文は，モデリングにおいてデータベースの進歩をどのように利用してきたかについて述べている．モデル管理の環境では，グループ化されたモデルを管理する際に，データベースモデリングにおいて開発された成果を取り入れている（Krishnan, 1993）．また，モデル作成の手法として，人工知能の分野における知識ベースのツールが利用されている．Collins and Baker (1989) にはオペレーションズリサーチとエキスパートシステムを結合する試みのいくつかが解説されている．

計算機科学は，モデルの解を得た後の局面でも重要な役割を担っている．たとえば，ANALYZE (Greenberg, 1992) のようなシステムによる解の診断が有効であることが報告されている．このシステムは，計算機科学の成果であるグラフ理論と自然言語推論を用いている．多重のシナリオを使った解析は，マイクロソフトエクセルのシナリオマネージャを使うことによって可能となっている．Sharda and Steiger (1994) の最近の研究では，多重のシナリオによって得られた結果から問題を考察するために，ニューラルネットワークが使われている．

おそらく，計算機科学の発展から受けた影響の中で最もめざましいものは，ユーザインタフェースに関するものであろう．スプレッドシート (spreadsheet) はモデルと関連するデータを管理する枠組みとして，また結果を提示するツールとして非常に広く使われている．いくつかのスプレッドシートが線形計画，非線形計画アルゴリズムを標準の関数としてもっている．このようなスプレッドシートは，オペレーションズリサーチの分析者がモデルを作成し，管理し，配布するための方法論を変えつつある．

グラフィックスを利用した多くのユーザインタフェースがモデル作成の手助けをするために開発されている．LPFORMS (Ma, Murphy and Stohr, 1989) はそのひとつである．Jones (1994) は，モデリングのときと，解を求めるときに，グラフィックスと可視化技術がどのように利用されているかを解説している．

これらに加えて，通信の発達がオペレーションズリサーチのモデルと解をタイミングよく提示するために重要になりつつある．実時間アクセスが多くのモデルを実際に成功させるうえでのキーとなっており，これは通信の進歩によってのみ可能である．

アルゴリズム： オペレーションズリサーチのアルゴリズムの面に対しても，計算機のハードウェア，ソフトウェア両方の進歩が大きく貢献している．ハードウェアの進歩によって，実際的で大規模なオペレーションズリサーチの問題をデスクトップコンピュータで解くことが可能となった（Nemhauser, 1994 ; Sharda, 1993）．これはキャッシュメモリやスーパースカラ計算といった技術のおかげである．たとえば，LP において扱う行列は疎行列であることが多いので，キャッシュメモリの効果によって，行列の要素に素速くアクセスし，演算することが可能となる．同様に，新しい計算機に取り入れられつつあるスーパースカラアーキテクチャやベクトル化の機能によってベクトル演算が可能となっている．OB1（いまは CPLEX に組み込まれている）や OSL のような LP のソフトウェアは，コンピュータアーキテクチャの最新の進歩を非常によく取り入れたソフトウェアの例である．

並列処理 (parallel processing) の分野の進歩によって，様々なオペレーションズリサーチの問題に対して新しいクラスの高速なアルゴリズムが考え出されている．パイプライン，ベクトル化，スーパースカラといった演算機構は，現在ではワークステーションでも利用でき，最新のシンプレックス法 (simplex method) や内点法 (interior point method) はこれらの機構を利用するように実現されている．さらに，多重プロセッサもしくは超並列プロセッサを使ったアルゴリズムが開発されている．この話題の要約は Zenios (1989) と Eckstein (1993) に述べられている．

グラフィックスの進歩によって，アルゴリズムの展開を可視化することができ，アルゴリズムのパラメータの最適化に使われている（Jones, 1994）．たとえば，OSL/6000 は LP アルゴリズムのどの繰り返しにおいても，目的関数の値をグラフ化して表示することができる．

計算機科学におけるソフトウェアの進歩も，オペレーションズリサーチアルゴリズムに大きな影響を与えてきた．たとえば，計算機科学で開発された新しいデータ構造はいつもオペレーションズリサーチアルゴリズムに取り入れられている．熱心なオペレーションズリサーチアルゴリズムの研究者にとっては常識であるが，疎行列を扱うのにリンク付きリスト，配列，直交リストなどのデータ構造の知識をもっていることは，アルゴリズムを効率的に実現するためのカギである．たとえば Adler et al. (1989) は，彼らが内点法を実現する際に用いたデータ構造について述べている．

計算機科学がオペレーションズリサーチに与えた別の大きな影響は確率数値解析 (computaional probability)

の分野に関するものである．確率方程式に対する数値解法を開発するために研究が進められている（Albin and Harris, 1987）．

シミュレーションの研究と実際の問題への適用も計算機科学の恩恵を受けている．そのひとつの例は，シミュレーションの設計と評価に対する人工知能技術の応用である．また，並列処理の進歩にともなって，計算を高速化するための並列シミュレーションに関する活発な研究が進められている（Fujimoto, 1993）．

計算機科学に対するオペレーションズリサーチの恩恵

オペレーションズリサーチが計算機科学の発展の恩恵を受けたように，計算機科学の実務家と研究者もオペレーションズリサーチの発展の恩恵を受けてきている．オペレーションズリサーチのアルゴリズムは，コンピュータの性能評価モデルをつくるのに非常に役立つことがわかってきた．たとえば Greenberg (1988) は，オペレーティングシステムにおいて重要な問題である様々な記憶割当てのアプローチを解析するのに，ランダムウォークの理論を用いている．

データベースとデータ構造の開発の成果が，オペレーションズリサーチにおけるモデリングとアルゴリズムに役立ったことは前に述べた．一方，オペレーションズリサーチは分散データベースを設計するうえで非常に重要な役割を果たしている．すなわち，そのようなデータベースを設計するうえで，オペレーションズリサーチモデルとその解が重要なのである．また情報の格納と検索に関する研究において，情報の照会（query）を最適化するのに，オペレーションズリサーチアルゴリズムが利用されている．Kraft (1985) は，このオペレーションズリサーチと計算機科学の関係について優れたサーベイを行っている．

オペレーションズリサーチのアプローチ（たとえば混合整数計画法（mixed-integer programming：MIP））は，人工知能の分野でも用いられている．MIP を使った自動定理証明が，その例である．

それ以外に，オペレーションズリサーチが計算機科学に対して大きな影響を与えたのは，通信の分野においてである．ネットワークの設計，経路，施設配置問題といった通信に関する様々な問題がオペレーションズリサーチの研究対象となっている．通信ネットワークに対する意思決定には，オペレーションズリサーチの分野である待ち行列理論，マルコフ解析，シミュレーション，MIPモデルが用いられている．

おわりに

ここでは，オペレーションズリサーチと計算機科学は関係が深く，互いに影響しあって発展してきたことを示した．*Computer World* の記事（Betts, 1993）によると，OR/MS が現実的な影響をもつためにはオペレーションズリサーチアルゴリズムへの入力として企業データが必要であり，戦略的情報システムに使われるアルゴリズムが必要であることが述べられている．一方では情報システム（IS）の分野では，優れたアプリケーションをつくるためにオペレーションズリサーチを必要としている．Betts は，OR/MS と CS/IS の両方の優れた技術をもつ人を新"Efficiency Einstein"と呼んでいる．この言葉は，この2つの分野に精通した人を呼ぶ言葉として大変ふさわしいものである．

⇒人工知能，組合せ／整数最適化，OR/MS における情報システムとデータベース設計，線形計画法，最適化のための代表的モデリング，非線形計画法，並列計算，構造化モデリング，配送経路問題，可視化．

[Remesh Sharda／田口　東]

参考文献

[1] Adler, I., N. Karmarkar, M.C.G. Resende, and G. Beiga (1989). "Data Structures and Programming Techniques for the Implementation of Karmarkar's Algorithm." *ORSA Jl. Computing*, 1, 84–106.
[2] Albin, S.L. and C.M. Harris (1987). "Statistical and Computational Problems in Probability Modeling." *Annals of Operations Research*, 8/9.
[3] Betts, M. (1993). "Efficiency Einsteins." *ComputerWorld*, March 22, 63–65.
[4] Choobineh, J. (1991). "SQLMP: A Data Sublanguage for Representation and Formulation of Linear Mathematical Models." *ORSA Jl. Computing*, 3, 358–375.
[5] Collins, D.E. and T.E. Baker (1989). "Using OR to Add Value in Manufacturing." *OR/MS Today*, 16, 6, 22–26.
[6] Eckstein, J. (1993). "Large-Scale Parallel Computing, Optimization, and Operations Research: A Survey." *ORSA/CSTS Newsletter*, 14, 2, 11–12, 25–28.
[7] Fourer, R. (1983). "Modeling Languages Versus Matrix Generators for Linear Programming." *ACM Trans. Math. Software*, 9, 143–183.
[8] Fujimoto, R. M. (1993). "Parallel Discrete Event Simulation: Will the Field Survive?," *ORSA Jl. Computing*, 5, 213–230.
[9] Geoffrion, A.M. (1992). "The SML Language for Structured Modeling: Levels 1 & 2." *Operations Research*, 40, 38–75.
[10] Greenberg, H.J. (1988). "Interfaces Between Operations Research and Computer Science." *OR/MS Today*, 15, 5.
[11] Greenberg, H.J. (1992). "Intelligent Analysis Support for Linear Programs." *Computers and Chemical Engineering*, 16, 659–674.
[12] Jones, C.V. (1994). "Visualization and Mathemat-

ical Programming." *ORSA Jl. Computing*, 6 (to appear).
[13] Kraft, D.H. (1985). "Advances in Information Retrieval: Where Is That /*&% Record?" *Advances in Computers*, 24, 277–318.
[14] Krishnan, R. (1993). "Model Management: Survey, Future Research Directions, and a Bibliography." *ORSA/CSTS Newsletter*, 14, 1, 1–16.
[15] Lustig, I. J., R. E. Marsten, and D. F. Shanno (1994). "Interior Point Methods for Linear Programming: Computational State of the Art." *ORSA Jl. Computing*, 6, 1–14.
[16] Ma, P.-C., F.H. Murphy, and E.A. Stohr (1989). "A Graphics Interface for Linear Programming." *Communications of the ACM*, 32, 996–1012.
[17] Nemhauser, G.L. (1994). "The Age of Optimization: Solving Large Scale Real-World Problems." *Operations Research*, 42, 5–13.
[18] Sharda, R. (1993). *Linear and Discrete Optimization Modeling and Optimization Software: An Industry Resource Guide*, Lionheart Publishing, Atlanta, Georgia.
[19] Sharda, R. and D. Steiger (1994). "Enhancing Model Analysis Using Neural Networks," presented at the ORSA/CSTS Meeting, Williamsburg, Virginia, January.
[20] Zenios, S. (1989). "Parallel Numerical Optimization: Current Status and an Annotated Bibliography." *ORSA Jl. Computing*, 1, 20–43.

計算複雑度

Computational Complexity

「計算複雑度」という言葉は，2つの異なる用法で使われる．1つは，〈問題〉を解く〈アルゴリズム〉に関するものである．大まかにいえば，アルゴリズムの計算複雑度は，与えられたサイズの問題例に対して，そのアルゴリズムが最悪で何ステップを要するかを意味する．ステップ数は，サイズの関数として表される．

第二のより重要な用法は，問題自体に関するものである．計算複雑度の理論は，問題の内在的な取り扱いやすさによる分類をもたらす．すなわち，「やさしい」か「難しい」かによって問題が分類される．この分類法は，PやNPといったよく知られたクラスを含む．「NP完全」や「NP困難」という言葉は，クラスNPに関連している．

アルゴリズムと複雑度

アルゴリズムの複雑度の意味を理解するには，アルゴリズム，問題，問題例の定義をせねばならない．さらに，問題例のサイズをどうやって測るか，アルゴリズムの「ステップ」は何からなるのかを理解せねばならない．

「問題」とは，抽象的な状況の記述と解答を要求する質問の組である．たとえば，巡回セールスマン問題（TSP）とは，「ノードと辺と各辺の費用が与えられたグラフに対して，各ノードをちょうど1回ずつ通る最小費用の閉路は何か？」となる．一方，問題例は，データに関する明確な情報をも含む．たとえば，「グラフは点1, 2, 3, 4, 5, 6 と費用 10 の辺 (1, 2)，費用 14 の辺 (1, 3)…を含む」といった具合である．より数学的にいえば，問題は，例 x に出力 $p(x)$ を対応させる関数と考えられる．

問題に対する〈アルゴリズム〉(algorithm) とは，指示の集まりであって，どんな問題例に対しても，有限のステップで正解を見つけだすことが保証されているものを指す．別の言い方をすれば，問題 p に対するアルゴリズムは，どんな入力 x に対しても $p(x)$ を計算する有限の手続きである．計算機科学者は，〈チューリング機械〉(Turing machine) と呼ばれる数学的な仮想機構を用いて，アルゴリズムをモデル化する．しかし，ここでは，より〈具体的なモデル〉を考える．計算装置の簡単なモデルでは，各ステップは，加算，減算，乗算，有限精度での除算，2つの数の比較といった演算のいずれかである．あるアルゴリズムが，ある問題例に対し，100回の加算と220回の比較を要するならば，このアルゴリズムは，320「ステップ」を要するという．この数字を意味あるものにするには，それを問題例のサイズの関数として表すことが望ましいが，正確な関数を決めるのは非実際的である．その代わりに，そもそも最悪の場合を問題にしているのであるから，実際のステップ数の適切な上界となる関数を与えることにする．そのような関数は，アルゴリズムの〈複雑度〉(complexity)，または〈実行時間〉(running time) と呼ばれる．

専門的な言い方をすれば，問題例の〈サイズ〉は，それを符号化するのに必要なビット数である．すなわち，問題例の内在的な次元（グラフのノードや辺の総数）と問題例における数値情報（辺の費用等）の符号化に必要なビット数の和となる．数値情報は2進法で符号化されるので，整数 C は約 $\log|C|$ ビットを要し，問題例のサイズに対数関数的に寄与する．アルゴリズムの実行時間は，正確な入力サイズよりも，むしろ，これらのパラメータの関数として表される．たとえばTSPの場合，アルゴリズムの実行時間は，ノードの個数，辺の本数と辺費用の符号化に必要な最大ビット数の関数として与えられるであろう．

これまで見てきたように，アルゴリズムの複雑度は，問題例に対して必要とされるステップ数の大まかな推定値でしかない．一般に，特に問題の内在的な取り扱いやすさを解析する際には，漸近解析（すなわち問題例が大きくなるにつれて，どのように実行時間が増大するか）が注目される．そこで，〈O記法〉の導入が有用となる．非負変数 t の2つの関数 $f(t)$ と $g(t)$ に対して，定数 $c>0$ が存在して，十分大きな t に対して，$f(t) \leq cg(t)$

となるとき，$f(t)=O(g(t))$ とする．このとき，関数 $cg(t)$ は f の漸近的な上界となる．たとえば，$100(t^2+t)=O(t^2)$ となる．というのは，$c=101$ をとると，$t\geqq 100$ に対して関係式が成立するからである．しかし，$0.0001t^3$ は $O(t^2)$ でない．ここで，$f(t)=O(g(t))$ と $g(t)=O(f(t))$ が同時に成立しうることに注意する．

アルゴリズムの実行時間が多項式 $P(x)$ に対して，$f(t)=O(P(x))$ となっているとき，そのアルゴリズムは〈多項式時間〉(polynomial time) で実行される（多項式時間アルゴリズム）という．多項式時間アルゴリズムは，一般に（形式的に）効率的であると見なされ，多項式時間アルゴリズムの存在する問題は「やさしい」といわれる．以後，本項において，「多項式」と言う際には，入力サイズの関数として多項式になることを意味している．

クラス P と NP

問題の相対的な取り扱いやすさを議論する形式的な枠組みを確立するため，計算機科学者は，「判定（あるいは決定）問題」(recognition problem) と呼ばれる大きなクラスを定義する．このクラスは，質問で要求される答が "Yes" または "No" である問題からなる．たとえば，無向グラフが連結かどうか（任意のノード対の間に経路があるかどうか）を判定する問題を考えよう．この問題の入力は，ノードと辺からなるグラフ G であり，質問は「G は連結か？」となる．多くの最適化問題は判定問題ではないが，対応する判定問題を有する．たとえば，TSP の判定問題版では，辺に費用のあるグラフ G と数 K が入力であり，質問は「G には K 以下の長さの巡回セールスマン経路があるか？」となる．一般に最適化問題は，その判定問題版を解くのに比べて，それほど難しくない．取りうる目的関数値に関する二分探索に判定問題版を組み込んで，判定問題の解法を多項式回呼び出すことで，通常，最適化問題を解くことができるからである．

クラス P は，多項式時間アルゴリズムの存在する判定問題の集合として定義される．ここで，"P" は「多項式」を意味する．つまり，P は「やさしい」と見なされている問題のクラスである．より大きな問題クラス NP は P を含む．"NP" は「非決定性多項式」を意味し，NP に属する問題を多項式時間で解きうるような，別の仮想的計算モデルに関係している．

クラス NP は，答が "Yes" である問題例に対しては，その事実が多項式時間で確かめられるような，多項式長さの「証拠」，もしくは証明が存在するような判定問題からなる．この概念を理解する最も簡単な方法は，全知の存在（Merlin）が人間に，ある問題例の答が "Yes" であると説得しようとする状況を考えることである．その問題が TSP の判定問題版であり，問題例は，グラフ G と数 $K=100$ だったとしよう．Merlin は，その問題例が確かに，長さ 100 以下の巡回路を含んでいると知っていて，この事実を納得させるために，巡回路中の辺のリストを示す．このリストは証拠になっている．というのは，長さが多項式であり，人間でも容易に，すなわち多項式時間で，これらの辺が実際に長さがたかだか 100 の巡回路になっていることを確かめられるのだから．

NP の定義には，"Yes" と "No" の間の非対称性が内在している．たとえば，Merlin が人間に，特定の問題例が長さ 100 以下の巡回路をもたないことを納得させる自明で簡潔な方法はない．実際，"Yes" と "No" の役割を逆転させることによって，"Co-NP" として知られるクラスを得る．NP に属する判定問題は，NP における質問の否定を質問とすることによって得られる Co-NP 問題を伴っている（例：「G のすべての巡回セールスマン経路は K より長いか？」）．多くの判定問題は，適当な証拠が見当たらないために，NP や Co-NP の外にあると信じられている．たとえば，グラフ G と 2 つの数 K と L とが与えられて，質問が「G の巡回セールスマン経路で，長さがたかだか K のものの総数はちょうど L か？」といった類いのものである．

NP 完全問題

今日に至るまで，誰も TSP に対する多項式時間アルゴリズムを発見してはいない．一方で，TSP に対する多項式時間アルゴリズムは存在しないと証明できた者もいない．それでは，TSP や他の NP 問題が「難しい」などとどうして主張できよう．その代わり，若干弱くはなるものの，依然として無視できない議論を提示しよう．TSP の判定問題版や，他の多くの NP 問題が，「もし，これらの問題のどれか 1 つに対する多項式時間アルゴリズムがあれば，NP のすべての問題に対して，多項式時間アルゴリズムがある」という意味で，クラス NP の中で〈最も難しい〉問題である．NP は，理論的にも実際的にも極端に解き難い問題を多数含んでいるので，この主張は，かなり強いものであることに注意されたい．NP の中で，この性質を満たす問題は，〈NP 完全〉(NP-complete) と呼ばれる．別の言い方をすれば，どんな NP 完全問題に関しても，多項式時間アルゴリズムが発見されることは，まずないであろう．というのは，そのようなアルゴリズムは，NP のすべての問題に多項式時間アルゴリズムをもたらすことになるのだから！

クラス NP と NP に関する「完全」問題は，Cook (1971) によってはじめて導入された．その論文において，彼は充足可能性問題という論理に関する特定の判定問題が，NP 完全であることを，他のすべての NP 問題が充足可能性問題の特殊形であることを直接示すことによって，明らかにした．一度，最初の NP 完全問題が確立

されれば，他の様々な NP 問題も NP 完全であることを示すのはやさしい．そのためには単に，すでに知られた NP 完全問題から，候補となっている問題への，〈多項式変形〉(polynomial transformation) を与える．本質的には，充足可能性問題のような，よく知られた「難しい」問題が，新しい問題の特殊形であることを示す必要がある．かくして，もし新しい問題に多項式時間アルゴリズムがあれば，すでに知られた難しい問題にもあるということになる．

関連する用語

NP 困難（NP-hard）という言葉は，どんな NP 問題と比べても，少なくとも同程度には難しいということを意味する．つまり，NP 完全問題は，NP 困難問題のクラスとクラス NP との交わりということになる．特に（TSP のように）判定問題版が NP 完全であるような最適化問題は NP 困難となる．というのは，最適化問題を解くのは，その判定問題版を解くのと少なくとも同程度には難しいのだから．

〈多項式ヒエラルキー〉(polynomial hierarchy) とは，NP や Co-NP の外側や内側にある多数の問題クラス群のことを指す．時間の代わりに，アルゴリズムが必要とする空間に注目しても，同様に諸々の定義ができ，時間と空間に関する諸定義は，自然に対応している．多項式台数の計算機を許した並列計算に関係した複雑度のクラスがあり，アルゴリズムの中のある種の決定が「コイン投げ」で行われるような確率アルゴリズムに関係した複雑度のクラスもある．さらに，最適化と近似可能性の概念に関する複雑度のクラスもある．多項式ヒエラルキーに関する最も有名な未解決問題は，P と NP が同じであるか，すなわち，P＝？NP という問題であろう．NP 完全問題のどれかに対して多項式時間アルゴリズムが発見されれば，NP は P に〈縮退〉し，多項式ヒエラルキーの大部分は消失してしまうであろう．

アルゴリズムの複雑度に関しては〈強多項式〉(strongly polynomial) と〈擬多項式〉(pseudo-polynomial) という 2 つの言葉も頻繁に耳にするであろう．強多項式時間アルゴリズムとは，実行時間が，数値情報の大きさとは無関係に，問題の内在的な次元にのみ依存した多項式時間アルゴリズムのことである．たとえば，ソーティングのアルゴリズムの多くは，入力値そのものとは独立に，入力の個数の多項式回の比較を行うので，強多項式時間アルゴリズムである．ネットワーク問題のアルゴリズムは，実行時間が，費用や容量とは無関係に，点の個数や辺の本数の多項式であるときに，強多項式時間アルゴリズムとなる．

〈擬多項式時間〉アルゴリズムとは，実行時間が，問題の次元と，関連するデータ（整数値と仮定する）の，2 を底とする対数ではなく，〈大きさ〉そのものの多項式となるアルゴリズムを指す．そのようなアルゴリズムは，専門的には，入力サイズの指数関数的な計算時間を要し，多項式時間アルゴリズムではない．実際，NP 完全や NP 困難であっても，擬多項式時間で解ける問題もある（これらの問題は，弱 NP 完全（weakly NP-complete）とか，〈弱〉NP 困難（weakly NP-hard）と呼ばれることもある）．たとえば，NP 困難であるナップサック問題も，ナップサックの大きさと品物の個数に関する多項式時間を要する動的計画法アルゴリズムによって，解くことができる（すべてのデータは，スケーリングによって整数値になっているものとする）．品物やナップサックの入力サイズは，それらの大きさの対数なので，このアルゴリズムは，指数時間を要する．しかし，Garey-Johnson (1978) がいうように，「擬多項式時間アルゴリズムは，〈指数的に大きな〉数に直面したときにのみ，〈指数的に振舞う〉のであって，そんなことは，実際の応用では非常に稀かも知れない．もし，そうであるならば，この種のアルゴリズムは，多項式時間アルゴリズムと同様，われわれの目的に資することとなる」．〈強 NP 完全〉(strongly NP-complete) という言葉は，データがその大きさと等しいサイズで符号化されていても（あるいは，データが全体の入力サイズに比べて「小さ」くても），NP 完全のままであることを意味する．つまり，問題が強 NP 完全ならば，P＝NP でない限り，擬多項式時間アルゴリズムもありえない．

⇒組合せ/整数最適化，組合せ理論．

[Leslie Hall/岩田　覚]

参 考 文 献

[1] Cook, S.A. (1971). "The complexity of theorem-proving procedures," *Proc. 3rd Annual ACM Symp. Theory of Computing*, 151–158.
[2] Garey, M.R. and D.S. Johnson (1979). *Computers and Intractability: A Guide to the Theory of NP-Completeness*. W.H. Freeman, New York.
[3] Karp, R.M. (1975). "On the computational complexity of combinatorial problems," *Networks* **5**, 45–68.
[4] Papadimitriou, C.H. (1985). "Computational complexity," in E.L. Lawler, J.K. Lenstra, A.H.G. Rinnooy Kan, and D.B. Shmoys, eds., *The Traveling Salesman Problem: A Guided Tour of Combinatorial Optimization*. Wiley, Chichester.
[5] Papadimitriou, C.H. (1993). *Computational Complexity*. Addison-Wesley, Redwood City, California.
[6] Papadimitriou, C.H. and K. Steiglitz (1982). *Combinatorial Optimization: Algorithms and Complexity*. Prentice-Hall, Englewood Cliffs, New Jersey [Chapters 8 (pp. 156-192), 15, and 16 (pp. 342–405)].

[7] Shmoys, D.B. and E. Tardos (1989). "Computational complexity of combinatorial problems," in L. Lovasz, R.L. Graham, and M. Groetschel, eds., *Handbook of Combinatorics*. North-Holland, Amsterdam.

[8] Stockmeyer, L.J. (1990). "Complexity theory," in E.G. Coffman, Jr., J.K. Lenstra, and A.H.G. Rinnooy Kan, eds., *Handbooks in Operations Research and Management Science; Volume 3: Computation*, Chapter 8. North Holland, Amsterdam.

系滞在時間

sojourn time

(1) 客が待ち行列システムの中で滞在する総時間．これは行列における待ち時間とサービス時間の和であり，ときには総待ち時間，あるいは単に待ち時間と呼ばれることもある（訳注：英語では waiting time を系滞在時間の意味に使うことも多い）．⇒ 待ち行列理論．(2) マルコフ連鎖のような確率過程において，ある状態に到着してからそこを離れるまでの時間．⇒ マルコフ過程．

計量経済

Econometrics

定 義

文字どおりにいえば，計量経済とは経済における計測のことを意味する．広義には，計量経済は経済的な関係の実証分析に関する方法である．初期の実証的な研究は17世紀におけるウィリアムペティ卿（Sir William Petty）の政治算術にさかのぼるが，1つの分野として確たる基盤を築いたのは，1930年の計量経済学会設立のときである．学会誌 *Econometrica* は，1933年から刊行されている．学会の活動範囲は次のように定義されている．「計量経済学会は統計および数学と関連させて経済理論の発展をめざす国際学会であり…」．Samuelson, Koopmans and Stone (1954, p.142) は，*Econometrica* のレポートの中で，計量経済を

> 理論と観察の同期的発展にもとづき，適切な推論方法によって関係づけられた実際の経済活動の定量的分析．

と定義している．同様な定義は，ほとんどの計量経済の教科書に見られる．たとえば，Goldberger (1964, p.1) は，計量経済を

> 経済理論と数学と統計推論を実際の経済的現象にあてはめる社会科学で，その主たる目的は，経済理論に実証的内容を与えることにある．

と定義している．

単一方程式回帰モデル
(single equation regression model)
計量経済の初期の業績の多くは，
$$y_t = x_t\beta + u_t, \quad t = 1, \cdots, n \qquad (1)$$
という古典的な回帰モデルに関連している．ここで，y_t は t 番目の従属変数の観測値で，x_t は $1 \times k$ の説明変数のベクトル，β は，$k \times 1$ の未知パラメータ，u_t は t 番目の外乱項である．古典モデルの仮定は，(i) $\mathrm{E}(u_t)=0$, (ii) $\mathrm{E}(u_t^2)=\sigma^2$, $\mathrm{E}(u_s, u_t)=0$ for $t \neq s$, (iii) x_t は非確率的，および (iv) $X=(x'_1, \cdots, x'_n)'$ はフル（列）ランクであるというものである．これらの仮定のもとで，ガウス－マルコフの定理（Gauss-Markov theorem）は，OLS (ordinary least squares) 推定量が線形不偏推定量 (linear unbiased estimators) のクラスの中で（最小の分散共分散行列をもつという意味で）最良であることを示唆する．いま，外乱項が正規分布にしたがっているとすると，正確な小サンプル信頼区間が求められる．正規性が保証されない場合には，x_t と u_t にさらに仮定を設けることにより近似推定ができる．

経済データの性格上，上記の仮定は強すぎることが多く，その結果として古典的方法のさまざまな拡張が考案されてきた．とくに，外乱項については，自己相関をもたせたり，不均一分散 (heteroskedasticity) を認めたりという拡張が行われている．ほかには，説明変数が確率的であることを許すケースがある．誤差を含んで計量される場合などに起こる．また，1つ以上の説明変数が，過去の従属変数によって変化するような動的なモデル設定でも起きうる．観測値によって，パラメータが確率的あるいは決定的に変化することが許されるようなモデルも考えられている．なお，ほかにも標本選択問題に関しても，拡張されている．これらの話題に関するテキストとしては，Amemiya (1985), Davidson and MacKinnon (1993), Judge et al. (1985) および，Schmidt (1976) などがある．

同時方程式モデル (simultaneous equation model)
経済は複雑な「関係」のシステムである．このため，経済モデルは2つ以上の方程式，すなわち複数の従属変数を有することも稀ではない．このことにより起こる問題点を理解するために，次のような m 個の方程式系を考える．
$$y_t = y_t B + z_t C + u_t, \quad t = 1, \cdots, n, \qquad (2)$$
ここで，y_t は同時に従属な $1 \times m$ のベクトル変数，$z_t = (y_{t-1}, \cdots, y_{t-h}, x_t)$，$x_t$ は $1 \times k$ の非確率変数，u_t は $1 \times m$ の外乱，B および C は，それぞれ対応するパラメータ行列である．

モデルの基本仮定は，(i) u_t は i.i.d. で有限な4次の積率をもち $\mathrm{E}(u_t)=0$, $\mathrm{E}(u'_t u_t)$ は正則，(ii) $I-B$ は正

則で, B の対角要素がゼロ, $n^{-1}\sum x_t'x_t \to Q(\tau)$, ここでマトリックス $Q(\tau)$ は有限で, $\tau=0$ に対しては正則, (iv) 系は動的に定常であるということである. $I-B$ が可逆であるから, 系は解くことができて,

$$y_t = \Pi z_t + v_t, \quad \Pi = C(I-B)^{-1},$$
$$\text{そして} \quad v_t = u_t(I-B)^{-1} \qquad (3)$$

文献では, (2) と (3) はそれぞれ, 構造型 (structural form) および還元型 (reduced form) と呼ばれている. B および C のパラメータは一般には特定不能で, したがって制約がないと一致推定量 (consistent estimator) は求められない. このパラメータ制約はしばしば, 経済理論にもとづいた除外制約の形式を取る. すなわち, 理論的には, すべてのパラメータが方程式に現れるわけではなく, B および C のなかで意味のないパラメータは, あらかじめにゼロに設定される.

(3) から明らかなように, y_t の要素は, 一般に u_t のすべての要素に依存している. その結果として, (2) の構造方程式は通常の OLS では, 一致統計量を得ることができない. (2) のモデルにおける推定/特定に関する基本的な業績は, 正規分布の最尤推定法に着目した Cowles Foundation による. 文献としては Koopmans (1950), Hood and Koopmans (1953) 参照. その後提案された推定方法は, 確率分布に特別な仮定を設けない操作変数法 (instrumental variable technique) にもとづいたものが多い. 初期の貢献としては Basmann (1957), Theil (1953), その後の業績としては Amemiya (1985), Davidson and MacKinnon (1993), Judge et al. (1985), Schmidt (1976) を参照.

近年では, (2) のモデルが, 上述したモデル (1) の参考文献に解説された方法と同様な方法で一般化されている. 加えて, Jennrich (1969) と Malinvaud (1970) の基本的な貢献に端を発して, モデル (1) と (2) に対応した非線型版の推定理論も展開されている. 動的非線型系の最近の推定理論については, たとえば, Gallant and White (1988) と Potscher and Prucha (1991 a, b) を参照されるとよい. 最後に, これらのモデルのベイズ的な拡張も研究されており, 初期の基本研究としては Zellner (1971) が, さらに最近のテキストとしては, Judge et al. (1985) がある.

その他のモデル化手法

(a) 時系列モデル (time series model): 経済データを記述する目的のモデルの中で, 重要なクラスとして自己回帰移動平均過程 (autoregressive moving average: ARMA) がある. 経済学の分野では, これらは Box and Jenkins (1976) により広められた. 最近の時系列関連のテクニックは, たとえば, Brockwell and Davis (1991), Harvey (1993) に詳しい.

任意の t に対して,
$$y_t = a_1 y_{t-1} + \cdots + a_p y_{t-p} + \varepsilon_t + b_1 \varepsilon_{t-1} + \cdots + b_q \varepsilon_{t-q} \qquad (4)$$

を満たす定常確率過程 y_t を ARMA (p,q) 過程という. ここで, $\mathrm{E}(\varepsilon_t)=0$, $\mathrm{E}(\varepsilon_t^2)=\sigma_\varepsilon^2$, $t=s$ に対して $\mathrm{E}(\varepsilon_t\varepsilon_s)=0$ である. y_t がある過程 z_t の差分をとることにより得られる場合, z_t は自己回帰集積移動平均 (ARIMA: autoregressive integrated moving average) 過程という. (4) が, 非確率的な説明変数を含むとき, 対応する過程をそれぞれ ARMAX および ARIMAX と呼ぶ. 明らかに還元型 (3) は ARMAX モデルでもある. ARMAX モデルは系の構造は記述しないものの, たとえば予測という目的においては非常に有用であることがわかっている.

最近の時系列関連の文献における重要な進展としては, 集積された変数間の均衡関係としての共集積 (cointegration) という概念の導入がある. この成果は, エコノミストたちに特に訴えるところである. というのも, 多くの経済変数がランダムウォークの形で表現されるにもかかわらず, その線形結合が定常過程に見えることがあるからである. 根本のアイデアは Granger (1981) により提案された. 最近の拡張と進展については Davidson and MacKinnon (1993), Engle and Granger (1991) に詳しく議論されている.

(b) 質的および制限従属変数モデル (qualitative and limited dependent variable model): エコノミストは本質的に少なくとも一部分は定性的な事象を説明するためのモデル化をしばしば行う. たとえば, 銀行が倒産するかどうかとか, 企業が投資をするかなどを決定する因子は興味深い例である. より一般的には, そのようなモデルは, 1つ以上のカテゴリーを用いて記述される事象と関連付けできる. 職業選択や企業構造あるいは旅行手段などがこのクラスに入る.

もう1つのクラスのモデルは, 制限従属変数モデルである. 文字どおり, 従属変数のとりうる値がなんらかの制約を受けるモデルである. 例として, 戸建て住宅の販売価格を説明するモデルを考える. 取り引きの価格が, ある一定価格を上回るときにのみ記録されるような状況で, 制限従属変数問題というのが起きる. このモデルでは, 質的なモデルにおけるテクニックと同様のものが利用されている. 近年の質的および制限従属変数モデルに関する計量経済モデルの一般化は, 前のセクションに述べた一般化と同様な方向で行われている. 初期の参考文献については, McFadden (1974, 1976), Amemiya (1981) に詳しい. テキストとしては, Amemiya (1985), Maddala (1983), Judge et al. (1985) を参照されたい.

おわりに

紙面の関係上，このレビューは簡潔で，したがって，いろいろなトピックが割愛されている．モデル記述検定や，合理性期待モデル（rational expectations model），モデルシミュレーションなどが，取り上げられなかった話題である．

⇒経済学，回帰分析，時系列分析．

[Harry H. Kelejian, Ingmar R. Prucha/山上　伸]

参考文献

[1] Amemiya, T. (1985). *Advanced Econometrics*. Harvard University Press, Cambridge, Massachusetts.
[2] Amemiya, T. (1981). "Qualitative Response Models, A Survey." *Jl. Economic Literature*, 19, 1483–1536.
[3] Basmann, R.L. (1957). "A Generalized Classical Method of Linear Estimation of Coefficients in a Structural Equation." *Econometrica*, 25, 77–83.
[4] Box, G.E.P., and Jenkins, G.M. (1976). *Time Series Analysis, Forecasting and Control*. Holden Day, San Francisco.
[5] Brockwell, P.J., and Davis, R.A. (1991). *Time Series, Theory and Methods*. Springer Verlag, New York.
[6] Davidson, R., and MacKinnon, J.G. (1993). *Estimation and Inference in Econometrics*. Oxford University Press, New York.
[7] Engle, R.F., and Granger, C.W.J., eds. (1991). *Long-Run Economic Relationships, Reading in Cointegration*. Oxford University Press, Oxford.
[8] Gallant, A.R., and White, H. (1988). *A Unified Theory of Estimation and Inference for Nonlinear Dynamic Models*. Basil Blackwell, New York.
[9] Goldberger, A.S. (1964). *Econometric Theory*. Wiley, New York.
[10] Granger, C.W.J. (1981). "Some Properties of Time Series Data and their Use in Econometric Model Specification." *Jl. Econometrics*, 16, 121–130.
[11] Harvey, A.C. (1993). *Time Series Models*. MIT Press, Cambridge, Massachusetts.
[12] Hood, W.C., and Koopmans, T.C., eds. (1953). *Studies in Econometric Methods*. Cowles Commission Monograph 14. Wiley, New York.
[13] Jenrich, R.I. (1969). "Asymptotic Properties of Non-Linear Least Squares Estimators." *Annals Mathematical Statistics*, 40, 633–643.
[14] Judge, G.G., Griffiths, W.E., Hill, R.C., Lütkepohl, H., and Lee, T.C. (1985). *The Theory and Practice of Econometrics* (2nd ed.). Wiley, New York.
[15] Koopmans, T.C., ed. (1950). *Statistical Inference in Dynamic Economic Models*. Cowles Commission Monograph 10. Wiley, New York.
[16] Malinvaud, E. (1970). "The Consistency of Nonlinear Regressions." *Annals Mathematical Statistics*, 41, 956–969.
[17] McFadden, D. (1976). "Quantal Choice Analysis, A Survey." *Annals Economic and Social Measurement*, 5, 363–390.
[18] McFadden, D. (1974). "Conditional Logit Analysis of Qualitative Choice Behavior." In P. Zarembka (ed.), *Frontiers in Econometrics*. Academic Press, New York, 105–142.
[19] Pötscher, B.M., and Prucha, I.R. (1991a). "Basic Structure of the Asymptotic Theory in Dynamic Nonlinear Econometric Models. I, Consistency and Approximation Concepts." *Econometric Reviews*, 10, 125–216.
[20] Pötscher, B.M., and Prucha, I.R. (1991b). "Basic Structure of the Asymptotic Theory in Dynamic Nonlinear Econometric Models. II, Asymptotic Normality." *Econometric Reviews*, 10, 253–325.
[21] Samuelson, P.A., Koopmans, T.C., and Stone, J.R. (1954), "Report of the Evaluative Committee for Econometrica." *Econometrica*, 22, 141–146.
[22] Schmidt, P. (1976). *Econometrics*. Marcel Dekker, New York.
[23] Theil, H. (1953). "Estimation and Simultaneous Correlation in Complete Equation Systems." Central Planning Bureau, The Hague (mimeographed).
[24] Zellner, A. (1971). *An Introduction to Bayesian Inference in Econometrics*. Wiley, New York.

経路（パス）
path

ネットワークにおける経路は，始点と定められた終点を結ぶノードとアークの系列を表す．⇒連鎖，サイクル．

経路改善発見的解法
route improvement heuristic

車両経路（vehicle route）を求めるための局所的改善発見的解法のこと．⇒配送経路問題．

経路構築発見的解法
route construction heuristic

各反復において，いまだ経路を割り当てられていない顧客を現在の部分車両経路に挿入することによって実行可能な解を得ようとする車両経路（vehicle route）の発見的解法のこと．⇒配送経路問題．

結婚問題
marriage problem

m人の男性とm人の女性がいたとして，特定の男女が結婚したときに得られる幸福の総和を最大化する問題．男女が$m \times m$の幸福係数a_{ij}を決定する．a_{ij}が大き

いほど，男性 i と女性 j が結婚したときの幸福度は大きい．この問題は，割当て問題として定式化することができる．その解は，すべての男女をちょうど m 組の夫婦として組み合わせる．これは割当て問題の解が 0 または 1 の値をとることの結果である．またこの事実は，一夫一婦制が結婚の最適な形式であることの「証明」として用いられることがある．⇒ 割当て問題．

決定木

Decision Trees

決定木は構造のはっきりした意思決定問題を図的に表したものである．決定木はノード（node，決定がなされる点あるいは偶然手番が起こる点）とアーク（arc，ノード同士を結ぶ枝）からなるグラフとして表現される．決定木が役に立つのは，決定がいかにしてなされるか，あるいはなされたかについて，明確に記録された議論可能なモデルを提供してくれるからである．

木は，利用できる各代替案に対する期待値を計算するための枠組みである．最大の期待値をもつ代替案は，決定がなされる時点での意思決定者のもつ客観的情報と主観的態度にもとづいた最善の選択経路となっている．この最善の選択経路は，代替案全体を考えたときの最善となっている．それはまた，不確実な部分が確定し，その後に続く最善の決定を含んでもいる．

決定木は，事象と決定が起こる時間的順序にしたがって，左から右に描くのが便利である．すなわち，左側にある決定段階は，右側にあるものより時間的に前に起きる．

決定ノード

いくつかの代替案のいずれかを選択する意思決定過程の段階を決定ノード（decision node）によって表す．ノードは四角形で描かれる．可能な選択は，その決定ノードの右へ伸びるアーク（または「経路」）として示される．あるノードで意思決定が行われたとき，その決定の結果はノードの箱の中に矢印で記録し，選択された代替案がわかるようにする．意思決定過程の例として，どの薬を市場へ出すべきかを考える製薬会社の社長の選択を考える．図1は薬剤選択の決定木の典型例である．注意すべきは，（最も右側に現れる）最終的な結果の評価は最終的なユーザ（いまの場合は患者と医師）の何らかの評価値として表されることである．

確率ノード

不確実性を含む，意思決定過程の段階は（確率ノード（chance node）と呼ばれる）円によって表す．確率的に選択された結果もやはり，ノードの右へ伸びるアークまたは経路として示される．これらの不確実要素の結果には意思決定者は関与できない．偶然により，あるいは意思決定過程の第三者によりこのノードの結果が決められる．1つの確率ノードにおける出現可能な結果は，それぞれに出現確率が付けられる．1つの確率ノードに付いた出現可能な結果の出現確率の和は 1.0 でなければならない．たとえば，上で述べた薬剤選択問題では，最善の薬剤の選択のために少なくとも1つの確率的な事象が絡んでいる．それは臨床試験における薬の効果のレベルで，薬の有効性を表す尺度となっている．図2に製薬会社の決定問題のその部分を簡単化して示した．各薬剤選択には図で示したのと同様の有効性を表す確率ノードが続いているので，木全体としては9個の結果がある．

決定木には複数のノードがあるのが普通である．薬剤決定問題の例では，決定は有効性のデータだけでなく，動物実験と人体に対する毒性検査で示された毒性のデータにも依存している．図3はこれらを加味した決定の基本的構造を表している．全体の木には 27 個の最終的な結果と値がある．

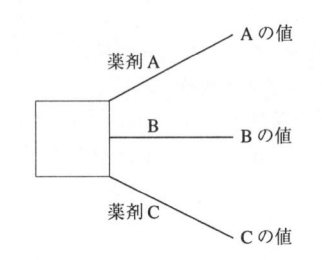

図 1　薬剤の選択

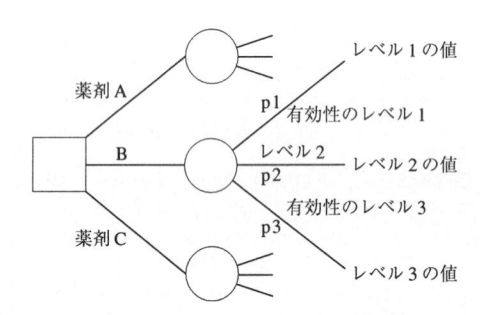

図 2　有効性の結果にもとづく薬剤の選択

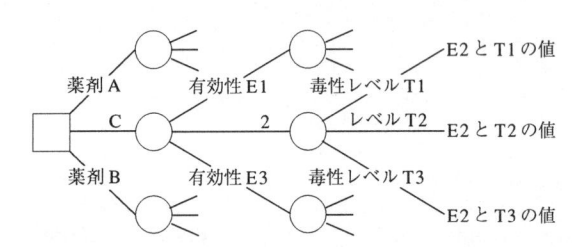

図 3　有効性と毒性の不確実性にもとづく薬剤の選択

決定木の1つの利用の仕方は、決定に含まれる要因と仮定を明確に表現することである。決定の結果が定量化され、偶然手番での確率が決められると、各代替案の期待値を計算して木を分析できる。

確率

確率ノードの各結果に対しては確率を評価する必要がある。上の薬剤決定の場合には、最初の確率ノードとは独立に、2番目の確率ノードの結果の確率が評価されている。なぜなら、たとえばこの場合の薬剤では、人体に対して高い毒性となる確率は、人体への有効性のレベルとはおそらく独立だからである。もちろん一般的な場合には、一連の結果の中で、あとの確率の値が前の結果の確率に依存して、条件付き確率となることが多い。

たとえば、図4のような問題を考えてみよう。薬剤決定のために使われる結果は、薬剤の売上にもとづいている。最終的な結果の値は、いまの場合会社に対する利益で表される。

高い売上高を上げるには、薬剤の有効性と毒性の双方が関係している。すなわち、高い売上高の条件付き確率は、有効性が高く毒性が低い場合の売上高の確率で、Pr{高い|有効性高い, 毒性低い}と書ける。

結果の尺度

木の右端には、各枝の先端にすべての起こりうる結果をあげる。代替的な選択に対する期待値を計算するには、結果を数量化しなければならない。それには金額による尺度がよく利用される。一般的には結果の効用(utility)を計算する。これまで多くの意思決定状況で、単一の、あるいは多属性の効用関数が、意思決定者の結果に対する選好を数値尺度上に表現するのに使われてきた。

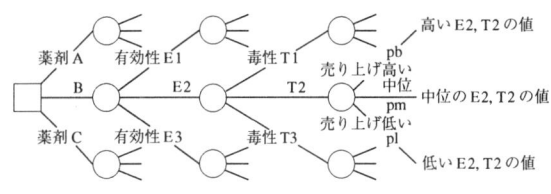

意思決定の支援のための決定木

決定木による分析方法は巻戻しと枝狩り法 (foldback and prune) と呼ばれている。まず木の右端の確率ノードで起こる各結果の値とその起こる確率をかけて、それらをすべて足し合わせて、その確率ノードの結果の期待値として計算し、記録する。図5に薬剤決定木の分析でのこの最初の段階の計算を示した。

この段階は巻戻し (folding back the tree) と呼ばれる。確率ノードから出ている枝を丸めて、1つの期待値として確率ノードを表すからである。これを木の右端にあるすべての確率ノードが計算されるまで行う。この期待値は図の左にある決定ノードの結果に対する値となる。決定ノードでは、最もよい選択は最大の期待値をもつ選択で、決定ノードの四角形に矢印で示され、選択された代替案に対する期待値が書かれる。これは枝狩り (pruning the tree) と呼ばれ、値の小さい選択は決定から除かれる方法である。この方法を木の右から左へと続け、各確率ノードで期待値を計算し、各決定ノードで枝狩りを行う。最後に最も左にある決定ノードが評価されると、この決定全体で最良の選択が行える。

⇒ 決定分析, 意思決定, 意思決定問題, グループ意思決定.　　　　　　　[Stuart Eriksen, L. Robin Keller/高橋真吾]

参考文献

[1] Eriksen, Stuart P. and Keller, L. Robin (1993), "A Multi-Attribute Approach To Weighing The Risks and Benefits of Pharmaceutical Agents," *J. Medical Decision Making*, 13, 118-125.

[2] Keeney, Ralph L. and Raiffa, Howard (1976), *Deci-*

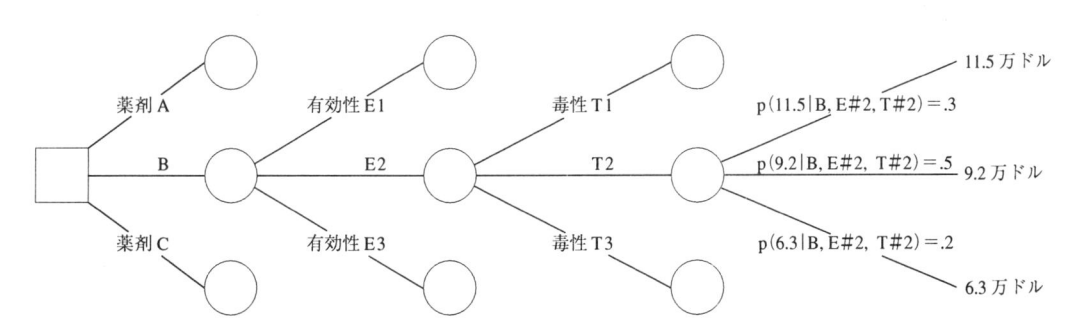

図4 有効性、毒性、売上げに基づく薬剤の選択

$$EV(売上げ) = 0.3(11.5) + 0.5(9.2) + 0.2(6.3) = 9.31$$

図5 第1段階:売上げに対する確率ノードの期待値を計算する

sions with Multiple Objectives: Preferences and Value Tradeoffs, John Wiley, New York.
[3] Raiffa, Howard (1968), *Decision Analysis*, Addison-Wesley, Reading, Massachusetts.

決定分析

Decision Analysis

はじめに

決定分析という語は，困難な推論や意思決定を行う個人や組織を支援する技術全体を指している．不確実性に直面した際に行われる選択には確率的な推論が付きものである．どんな学問分野も，それ1つで決定分析の技術をすべて担っているものはない．オペレーションズリサーチ，確率論，統計学，経済学，心理学，人工知能などの学問分野がそれぞれこれまで有用な方法を提供し，いまでも，政府，企業，軍事組織で働く人々に多方面で利用されている．決定分析という語からわかるように，複雑な推論や選択過程は，小さくてより扱いやすいと考えられる部分へと分解される．それらは確率的なものもあるし，選好や価値に関連したものもある．決定分析で利用される基本的戦略は「分けて考えよ」である．その前提は，分解前の推論や意思決定では全体的で広範な判断が必要で，それは意思決定の各要素に対する個々の判断よりも困難なことである．多くの場合，意思決定者は自分の直面している意思決定場面に含まれる内容のすべてについて気付いているわけではないと考えていいであろう．実際，ある意思決定が困難であると受け取られるのは，この決定をしなければならない人あるいは集団がそこに含まれる判断の性質や量についてよくわかっていないからであろう．決定分析の課題の1つは，特定の意思決定場面において必要と考えられる内容を抽出することである．

〈決定分析〉というラベルでは，推論や選択行為を支援してくれる様々な方法を利用する人々の活動を完全にとらえているとは実際のところいえない．この語が意味しているのは，ある推論や選択を，もっと個別の判断や情報ですむ，より小さな部分に分解することである．当然のことながら，これらの部分を再構築あるいは集計することのできるプロセスが必要である．それにより1つの結論や選択に到達できるのである．言い換えれば，推論や選択の分解された部分を〈合成〉する方法が必要である．推論や選択を支援するこの技術を指すためには，〈決定分析と合成〉といった方が正確であろう．このことは決定分析の分野の最近の発展を説明した文献の中でも指摘されている(Watoson and Buede, 1987)．ときには，より具体的な部分へと1つの推論や選択の分解に使われるフォーマルな方法が，同時に，それらの部分を再構築して結論を導いたり，行動を選択するのにも使えることがある．

決定分析の過程と段階

人間の推論や選択は容易に分類できない非常に多様な知的活動である．自然状態における人間の推論は，（教室でつくられた例とは違って）3種類の形態の思考を複雑に組み合わせたものであることがわかっている．それは〈演繹〉(deduction)(ある結論が必要であることを示す)，〈帰納〉(induction)(ある結論が起こりうることを示す)，〈アブダクション〉(abduction)(可能あるいは起こりそうな結論を生成または発見する)である．認識できる選択状況は実に様々である．たとえば原子力発電所や有毒廃棄物処理場をどこに建設するかといった行動や代替案の選択などもある．きわめて多くの場合，ある1つの選択はただちに別の選択を必要とし，選択の列全体として意思決定を考えなければならない．いつ意思決定の作業をやめ，列を終わらせるかを決めることは困難なことが多い．あるいは，限られた資源をその要求に応じていかにうまく配分するかを決定しなければならないこともある．人間の行う選択状況では，取り引きや交渉といった話があり，そこには競争あるいは敵対している個人や集団が存在している．推論や選択の多様性により，分析と合成の方法は選択状況ごとに多様であることが，決定分析に関する最近のいくつかのサーベイによりわかっている(von Winterfeldt and Edwards, 1986；Watson and Buede, 1987；Clemen, 1991)．その一方で，一般的な決定分析の過程もいくつか示されている．

ほとんどの決定分析は，推論または意思決定問題を注意深く定義し構造化しようとするところから始まる．この段階で典型的に考慮することは，意思決定問題の性質と，決定を行うのに必要な個人あるいは集団の目的である．目的は詳細に評価されなければならない．もし満たされるべき目的が何であるかについての情報が欠けている場合には，適切な選択を支援することはできない．決定分析においてこれまで議論されてきた中心的問題は，〈不確実性〉(uncertainty)と〈相反する複数の目的〉の2つである(von Winterfeldt and Edwards, 1986)．よくあるように，人が相反する目的を表明するケースは複雑になりやすい．意思決定の多くの場面では，複数の利害関係者がいて，彼らがいう目的は両立しないことがあると考えるのが自然である．相反する目的があるということは，トレードオフとなるものをいくつも用意しなければならないということを意味している．問題構造化では代替案，行動，選択の生成も行われる．ある種の不確実性が存在するとしたら，現在の状態を表現する仮説を生成する必要がある．その状態に依存して，現在考慮している各代替案はおそらく異なる結果を導くのである．し

かしながら，ある行動が選択されたとき，どの結果が生じるかについてはわれわれは確定できない．

　構造化にとってもう1つ重要なことは，意思決定の結果とその属性を同定することである．ある結果の属性とは，結果の測定可能な特性であり，意思決定者が表明した目的に関連している．同定された結果に対する属性を用いて，ある意思決定過程において表明された目的に結果がどの程度到達しているのかを表現することができる．言い換えれば，属性は価値の次元を構成し，それにより結果の相対的な選好が評価できる．表明された目的から結果の属性を生成する手続きは様々である(Keeney and Raiffa, 1976)．特に難しいのは，〈多属性〉(multi-attribute)または〈多次元の結果〉となる状況である．相反する目的は，相反する属性として現れ，トレードオフを探ることが必要となる．たとえば，オプション O_i と仮説 H_j に対して，多次元の結果 C_{ij} があり，その属性が $\{A_1, A_2, \cdots, A_r, \cdots, A_s, \cdots, A_t\}$ であったとする．意思決定者は，A_s を増やすために A_r をどのくらい減らさなければならないかを判断しなければならないかもしれない．意思決定の多くの方法ではそのような判断が利用される．さらに，不確実性下における選択の推論過程に関する構造化も必要である．相互に排他的な仮説あるいは行動に関連した現状の全体が与えられたとき，ある選択を行う時点で，これらの仮説のおのおのがどのくらい確からしいのかを決定するための証拠を可能な限り利用するのが普通である．証拠は，すでに確立された関連性や信憑性，推論方法から得られるのではなく，そのような信頼性を議論によって確立していくのである．複雑な確率的推論の構造化は，現在大きな関心が払われている分野である(Schum, 1987, 1990; Pearl, 1988; Neapolitan, 1990)．

　いま述べたような構造化の段階では，まず意思決定の分割の過程から始まる．場合によっては，そのような分割は確率論や規範的な基準によって行われる．ときにはそのときの意思決定問題が，数理計画法やその他のオペレーションズリサーチでよく使われる数理的な方法などで表現できるかもしれない．ある意思決定問題に対するモデルの構築が，決定に必要なすべての事柄が確認されて意思決定者が満足するまで繰り返し行われることもある．それ以上新しい事柄が出てこなくなったとき，得られたモデルは〈必要モデル〉(requisite model)と呼ばれる(Phillips, 1982, 1984)．ある意思決定問題の確率と価値の次元を分割する過程では，把握しなければならない要因の数が多くて，意思決定者がその1つ1つに対する判断をする時間がなく，判断しようとする気すら失わせてしまうことは容易に起こりうる．ここでの論点は，分割して問題を解くという過程をどの程度まで進めるべきかである．1つの意思決定問題にかかわるすべての関連要因を把握する時間が無制限でない場合には，問題への認識解像度のより粗いレベルでの簡単化された近似的な分割を行わなければならない(たとえば，von Winterfeldt and Edwards, 1986によって提案された多属性評価法(simplified multiattribute rating technique: SMART)がある)．

　多くの決定分析では，決定にかかわる人々の知識や経験にもとづく様々な主観的な判断を扱う必要がある．判断には確率的推論にかかわるものもあれば，確認された属性から見た結果の善し悪しにかかわるものもある．また，属性間の相対的重要性を評価するような判断もあるであろう．人々の相互依存的な定量的判断を扱う方法に関する心理学における研究は，決定分析にとって最も重要な貢献の1つとなっている．このような判断に関する研究のサーベイが von Winterfeldt と Edwards (1986)によってなされている．決定問題が構造化され，主観的判断に関する事柄が導かれたところで，決定分析では次に合成のプロセスを行う．このプロセスは「最良」の結果と選択を得るためのものである．多くの場合，そのときの状況にとって適切であると考えられた計算手順にしたがって合成は行われる．コンピュータを利用すれば，感度分析(sensitivity analysis)の手法で，意思決定者の主観的な信念にもとづく様々な可能性をその計算手順にしたがって調べることができる．ある計算手順にしたがって出された結論や選択の正当性を裏付けるには，決定分析と合成に関するフォーマルな枠組みを利用しなければならない．

分析と合成の理論

　現代の決定分析の2つの大きな柱は，確率的推論の理論および価値と選好の理論である．主流となっている確率の考え方はベイズ則(Bayes' rule)であり，整合的あるいは合理的な確率的推論の規準となっている．現在の決定分析もその考え方にもとづいているといえる．ベイズ則は，ある証拠 E があったとき，互いに排他的な決定に関する各仮説 H_k に対して事後確率 $\Pr\{H_k|E\}$ の分布を決定するのに利用される．ベイズ則を使うのに必要な事前確率と尤度（あるいは尤度比）は，多くの場合状況を熟知した人によって主観的に評価されると仮定される．ただし，場合によっては相対的頻度を用いてもよい．確率の主観主義的な見方は，Ramsey と de Finetti の研究に始まり，決定分析では広く認知されてきた(Mellor, 1990; de Finetti, 1972)．

　価値と選好に関する整合的で合理的な表現の理論は von Neumann and Morgenstern(1947)の研究に始まる．この研究ではじめて選好を扱うための公理的な基礎が築かれた．ノイマン-モルゲンシュテルンの公理にしたがえば，価値の判断は基数的あるいは等間隔的尺度上で

行うことになる．これは普通〈効用〉(utility)の判断といわれる．この公理は効用判断を導くための方法を示唆してもいる．すなわち，ある決定へ至る過程において，〈期待効用最大化原理〉(expected utility maximization)を適用して効用と確率の整合的な合成が行える．この考えはのちに，確率は本質的に主観的であるという見方に立った Savage(1954)によって拡張された．Savage の研究から生じた合理的選択の基準によれば，行動の代替案の中でどれがもっとも大きな〈主観的期待効用〉(subjective expected utility: SEU)であるかにもとづいて選択をすべきである．確率を集計することが必要なときには，ベイズ則にしたがって行うことがそこでは仮定されている．この行動選択の方法は〈ベイズ決定理論〉(Bayesian decision theory)と呼ばれることがある (Winkler, 1972; Smith, 1988)．

Ward Edwards(1954, 1961)の初期の研究は，確率と効用を導出する方法を研究する心理学者たちを刺激した．その結果，実際の人の選択メカニズムの記述としての SEU の十分性に対する行動評価が多く行われた．その後，Edwards (1962)は，複雑な確率推論の実行を支援するコンピュータシステムをはじめて提案した．多属性の結果に対する効用を評価するような非常に困難な問題への取り組みは，Raiffa (1968)の研究に始まっている．しかし現在われわれが決定分析と呼んでいる，効用を応用する分野があることを広く知らしめたのは Howard (1966, 1968)である．

決定分析の方法

いまや多くの個人や機関が決定分析の仕事に従事している．彼らがそこで出会う意思決定問題は多種多様である．ある状況でうまくいった方法も別の状況ではうまくいくとは限らない．決定分析が必要なほとんどの場面で，分析家は〈支援者〉(facilitator)，あるいは「指導者」(high priest)，の役回りを演じることになる(von Winterfeldt and Edwards, 1986)．この支援者が行わなければならないことは，分析過程を合成へと導く中で，意思決定者の経験と知恵を引き出すことである．意思決定状況とそれを扱う決定分析家は多様ではあるが，Watson and Buede (1987)は，以下のような現在利用されている5つの一般的決定分析の方法を抽出することができた．ただし，彼らはこれらの方法が互いに排他的であるとは述べていない．

1) モデル化 (modeling)： 決定分析家は意思決定問題が潜んでいるプロセスの概念的なモデルを構築することに分析の焦点を当てることがある．そこでは，支援される意思決定者は，決定をするのに必要な確率や価値の内容を提供するだけでなく，その決定が含まれている状況そのもののモデルを構築することに参加するよう要請される．特に重要な価値や不確実な変数は，このようなしばしば複雑となるモデルを構築する過程において同定される．

2) 吟味 (introspection)： 決定分析が必要な状況での支援者の役割の1つとして，主観的な期待効用最大化による合成で必要となる，関連する選好と確率の評価を意思決定者自身がよく吟味して決めるのを支援することがある．この過程で強調されることは，行動選択にかかわり，しばしば大量となる価値と確率を構成する事柄の合理性と整合性である．

3) 重み付け (rating)： 複数の利害関係者や多属性の結果を含むような状況では，問題の完全な分割をしようとしてもまとまらず，かえって時期を得た決定を行うことができなくなるであろう．そのような環境で意思決定を支援していくために，分析家は確率と価値の評価を簡単化したモデルの導入をよく行う．たとえば，前に述べた SMART の技法がある．この技法では，様々な重み付け技法を利用し，属性間の独立性を仮定することで，多属性効用の困難な評価の多くが簡単になる．

4) 話し合い (conferencing)： 意思決定の話し合いにおいては，支援者（あるいは指導者）としての決定分析家の役割は特に重要である．そのような場面では，決定の様々な段階に人々が参加してくるのが普通であるが，分析家が行うことは，参加者間の秩序ある対話と討論を進めて，代替案，仮説やその確率，結果とその値といった意思決定を構成する事柄を生成することである．分析家はさらに，1つの行動を選択する際に，このような意思決定の事柄の合成を支援する．意思決定の話し合いの主題として，行動選択，資源配分や交渉が関係している．

5) 開発 (developing)： 決定分析家の役割として，選択や資源配分を繰り返し行うための方法の構築を支援することがある．これらは選択を繰り返し行うという性質ゆえに，コンピュータを利用した〈意思決定支援システム〉(decision support system)など，コンピュータが支援する方法と普通結び付いている．意思決定支援システムの研究と開発は，それ自体1つの分野を確立するに至った(Sage, 1991)．その中でも Howard and Matheson (1981)によって始められたコンピュータにより実行される〈影響ダイアグラム〉(influence diagram)は，実際に利用されている優れた開発例である．影響ダイアグラムのシステムは，推論や意思決定問題の実行を計画したり，支援するのに利用でき，確率と価値の値を合成するのに必要なアルゴリズムを含めることもできる(Shachter, 1986; Shachter and Heckerman, 1987)．こういったシステムは，推論や選択が繰り返し起こらない場合にも同様に利用できる．

論　争

応用分野としての決定分析には，基礎になっている理論から派生した論争がある．現在も確率的推論はベイズ則が規準であるという見方に異議を唱える多くの文献がある（Cohen, 1977, 1989；Shafer, 1976）．選好の公理に関して Shafer (1986) は，選好の規範的理論はまだ確立しておらず，現在存在している理論は人間の基本的判断能力について不完全な仮定にもとづいていると主張した．あるいはまた，ベイズ決定理論で要求される確率や価値に関する値は正確さの程度を表しているが，その判断がよって立つ証拠やその他の情報が不正確であいまいである以上，それをそのまま受け入れることはできないという主張もある（Watson, Weiss and Donnell, 1979）．哲学者たちは現代の決定分析に対して最近は批判的になっている．Tocher (1977) は，Cohen と Shafer の考えに同意し，ベイズ則が規範であると考えられることに異議を唱えた．Rescher (1988) は，決定分析における目的は，最重要なものが何かを表しており，決定分析はそれと完全に整合する形で決定する方法を示してくれると主張した．ほかにも Dreyfus (1984) は，分解された推論と選択が，全体の推論と選択を常に上回るのか疑問を呈した．同じことは，法律学のような他の分野でも関心がもたれている（Twining, 1990）．このように，現代の決定分析における確率と価値に関する基礎については，今後も論争が続くであろうし，おそらく最終的な結論は出ないであろう．このことを認めれば，多くの場面で意思決定者は決定分析が提供する技法を利用し続け，それにより，複雑な推論や選択が扱いやすくなり恐れることはなくなる．

⇒ 選択理論，意思決定支援システム，ファジィ集合，グループ意思決定，多属性効用理論，効用理論．

[David A. Schum/高橋真吾]

参考文献

[1] Clemon, R.T. (1991), *Making Hard decisions: An Introduction to Decision Analysis*, PWS-Kent Publishing Co., Boston.

[2] Cohen, L.J. (1977), *The Probable and the Provable*, Clarendon Press, Oxford.

[3] Cohen, L.J. (1989), *An Introduction to the Philosophy of Induction and Probability*, Clarendon Press, Oxford.

[4] De Finetti, B. (1972), *Probability, Induction, and Statistics: The Art of Guessing*, John Wiley, New York.

[5] Dreyfus, S. (1984), "The Risks! and Benefits? of Risk-Benefit Analysis," *Omega*, 12, 335–340.

[6] Edwards, W. (1954), "The Theory of Decision Making," *Psychological Bulletin*, 41, 380–417.

[7] Edwards, W. (1961), "Behavioral Decision Theory," *Annual Review Psychology*, 12, 473–498.

[8] Edwards, W. (1962), "Dynamic Decision Theory and Probabilistic Information Processing," *Human Factors*, 4, 59–73.

[9] Howard, R. (1966), "Decision Analysis: Applied Decision Theory," in Hertz, D. B. and Melese, J., eds., *Proceedings of the Fourth International Conference on Operational Research*, Wiley-Interscience, New York.

[10] Howard, R. (1968), "The Foundations of Decision Analysis," *IEEE Transactions on Systems Science and Cybernetics*, SSC-4, 211–219.

[11] Howard, R. and Matheson, J. (1981), "Influence Diagrams," in Howard, R. and Matheson, J., eds., *The Principles and Applications of Decision Analysis, Vol. II*, Strategic Decisions Group, Menlo Park, California, 1984.

[12] Keeney, R. and Raiffa, H. (1976), *Decision With Multiple Objectives: Preferences and Value Tradeoffs*, John Wiley, New York.

[13] Mellor, D.H. (1990), *F.P. Ramsey: Philosophical Papers*, Cambridge University Press, Cambridge.

[14] Neapolitan, R. (1990), *Probabilistic Reasoning in Expert Systems: Theory and Algorithms*, John Wiley, New York.

[15] Pearl, J. (1988), *Probabilistic Reasoning in Intelligent Systems: Networks of Plausible Reasoning*, Morgan Kaufmann Publishers, San Mateo, California.

[16] Phillips, L. (1982), "Requisite Decision Modelling: A Case Study," *Journal Operational Research Society*, 33, 303–311.

[17] Phillips, L. (1984), "A Theory of Requisite Decision Models," *Acta Psychologica*, 56, 29–48.

[18] Raiffa, H. (1968), *Decision Analysis: Introductory Lectures on Choices Under Uncertainty*, Addison-Wesley, Reading, Massachusetts.

[19] Rescher, N. (1988), *Rationality: A Philosphical Inquiry into the Nature and Rationale of Reason*, Clarendon Press, Oxford.

[20] Sage, A. (1991), *Decision Support Systems Engineering*, John Wiley, New York.

[21] Savage, L. J. (1954), *The Foundations of Statistics*, John Wiley, New York.

[22] Schum, D. (1987), *Evidence and Inference for the Intelligence Analyst* [two volumes], University Press of America, Lanham, Maryland.

[23] Schum, D. (1990), "Inference Networks and Their Many Subtle Properties," *Information and Decision Technologies*, 16, 69–98.

[24] Shachter, R. (1986), "Evaluating Influence Diagrams," *Operations Research*, 34, 871–882.

[25] Shachter, R. and Heckerman, D. (1987), "Thinking Backward for Knowledge Acquisition," *AI Magazine*, Fall, 55–61.

[26] Shafer, G. (1976), *A Mathematical Theory of Evidence*, Princeton University Press, New Jersey.

[27] Shafer, G. (1986), "Savage Revisited," *Statistical Science*, 1, 463–501 (with comments).

[28] Smith, J.Q. (1988), *Decision Analysis: A Bayesian Approach*, Chapman and Hall, London.
[29] Tocher, K. (1977), "Planning Systems," *Philosophical Transactions Royal Society London*, A287, 425–441.
[30] Twining, W. (1990), *Rethinking Evidence: Exploratory Essays*, Basil Blackwell, Oxford.
[31] von Neumann, J. and Morgenstern, O. (1947), *Theory of Games and Economic Behavior*, Princeton University Press, New Jersey.
[32] von Winterfeldt, D. and Edwards, W. (1986), *Decision Analysis and Behavioral Research*, Cambridge University Press, Cambridge.
[33] Watson, S.R. and Buede, D. (1987), *Decision Synthesis: The Principles and Practice of Decision Analysis*, Cambridge University Press, Cambridge.
[34] Watson, S.R., Weiss, J.J., and Donnell, M.L. (1979), "Fuzzy Decision Analysis," *IEEE Transactions on Systems, Man, and Cybernetics*, SMC-9(1), 1–9.
[35] Winkler, R.L. (1972), *Introduction to Bayesian Inference and Decision*, Holt, Rinehart, and Winston, New York.

決定変数

decision variables

ある与えられたモデルによって特定化された決定原則（decision rule）にもとづいて操作されるモデル内の変数. ⇒ 可制御変数.

決定論型戦闘モデル

scripted battle model

主要な（またはすべての）事象（event）があらかじめ設定されているモデルまたはゲームをいい，確実に予定通りに進行するもの．あらかじめ設定されている事象の一覧を脚本（script）という．⇒ 戦闘のモデル化.

決定論的モデル

deterministic model

すべてのインプットデータとパラメータが，確実にわかっていると仮定されている数理モデル．⇒ 数理モデル，モデル，確率モデル.

結論部

conclusion

ルール（rule）の前提部が真の値をとりうる場合に，推論エンジン（inference engine）が実行しうる1つまたはそれ以上の行動の列を構成するようなルールの一部．⇒ 人工知能，エキスパートシステム.

ゲーミング

Gaming

はじめに

Abt (1970) は，ゲーム（game）というのは，「ある限定された状況のもとで，自らの目的を達成しようとする2人またはそれ以上の独立した意思決定者の活動である」と広くゲームを定義している．ゲーミング（gaming）では意思決定者の活動そのものを扱うのに対して，ゲーム理論（game theory）では，意思決定者がとるであろう最善の戦略ないしは決定を数学を用いて求める．

ゲームは，娯楽，運動，教育，訓練，そして研究調査と，いろいろな目的のためにプレイされる．研究調査のためのゲーミングは，心理学者，教育学者や社会学者によって，またORワーカー，その他のアナリストやデシジョンメーカーによっても用いられる．前者は，人々がゲームをどのように学習しプレイするかということを調べるために，そして，後者は，政策，戦略，仮説，その他のアイデアを開発し，調査し，テストするためにゲーミングを用いる．

ゲーミングは，数理的な厳密さを欠き，曖昧さを残して実施されることがよくあるので，ORやMSの方法としてのゲーミングにはいろいろな異論が出されてきた．また，いくつかのゲーミングの方法にはあまりにも不適切な名前が付けられてきたため，ゲーミングに懐疑的な人たちにはゲーミングを嘲るむきもあったが，一方，ゲーミングを支持する人たちは，「業務ゲーミング」（operational gaming），「シミュレーションゲーミング」（simulation gaming），「自由型ゲーミング」（free-form gaming），また国防研究における「戦争ゲーミング」（war gaming），「政治的軍事ゲーミング」（political-military gaming）のような真面目な，そして内容を表現する名前で呼ぼうとしてきた．（ORやMSの他のいくつかの技法と同様）ゲーミングは，数十年前に支持者たちが望んだようには科学的に厳密なものとはならなかったし，一般的に受け入れられるものともならなかった．ただ，戦略を開発したり，政策を実際に実施する前に前もってテストしたり，業務の複雑さをどの程度理解しているかをお互いがわかりあったりするうえでは，重要な助けとなってきた．

研究調査のためのゲームは，競争的な状況におかれた組織体が重要な政策や戦略を開発する際に，その計画プロセスの一部としてプレイされる．したがって，結果が公表されることはなく，ときにはゲーミングを行ったこ

とさえも公表されない．たとえば，1990年に，イラクがクウェートを実際に攻撃する前に，イラクとクウェートに関するいくつかのシナリオがゲームとしてプレイされていたが，それを公表された（機密扱いでない）文書で完全に立証することはできない．研究調査用のゲームについては，ゲーミングの研究について伝統のある組織（海軍軍事大学，ランド研究所など）から公表されるレポートや文献目録，*Simulation & Games* という専門誌，そして様々な書籍や論文などがその情報源である．Shubik (1975) は，ゲーミングに関する最も包括的な議論を行ったものであり，そこにはゲーミングのゲーム理論的な背景，解析的モデルや行動科学的モデル，そして，様々な目的のために用いられたゲームの例が含まれている．Brewer and Shubik (1979) は，軍事的戦争ゲームが用いられた事例の過去からその時代までのサーベイを行っている．

ゲーミングからの学習

ゲームを設計し，プレイし，プレイの結果を分析することにより，人々はゲーミングを通して学習することができる (Perla and Barrett, 1985 を参照)．Greenblat (1988) はゲームの設計過程を次の5つのプロセスとしてとらえている．(1) ゲームの目的と制約の設定，(2) 概念的なモデルの開発，(3) モデルの表現の決定，(4) モデルの構築と精緻化，そして (5) 文書化．ゲームは業務遂行上の込み入った重要な点をモデル化するものであるから，ゲームの設計は，通常，非常に頭をつかう作業であり，アナリストたちは，他のモデル設計でもそうであるが，ゲームを設計するプロセスから非常に多くのものを学ぶ．

ほとんどのゲームは2つまたはそれ以上のチームを含む．それぞれのチームは，国家や軍隊，企業のような意思決定主体であり，1つのチームに，状況によって，1人から何百人というプレイヤーが属する．プレイヤーは，それぞれ，（国家のリーダー，規制産業の長官，地域の軍司令官などの）役割を与えられ，その役割の中で，彼ら自身の政策，および競争相手である政府や組織のとる政策を批判したり，受け入れたりする．正式なゲームではプレイに関して厳密なルールがあるが，演習用のゲームないしは自由型ゲームではそんなに多くのルールはない．ゲームにおけるプレイはいくつかの手番に分けられる．各手番はある一定の時間からなり，その間はゲームの時間は止まっているものとされる（ゲームの時間は，多くの場合，将来の時間とされている）．通常，手番は情報を与えられたチームからスタートする．プレイヤーは与えられた情報を正しいものとして受けとり，考えそして決定を下すための基礎として用いる．情報はシナリオの形をとることが多い．手番期間の間にプレイヤーないしはチームが行った決定は，その手番における動きと呼ばれる．通常，そのゲームを設計した研究者や結果を解析する研究者などゲームを統括する人たちは，管理者ないしはレフェリーと呼ばれる．ゲームは普通はすべての参加者が1か所に集まって行われるが，遠く離れたプレイヤーたちの間でも，電子メールやその他の手段を使って通信することによりゲームをプレイすることができる．

ゲーミングは，本物ではなく「それらしく見せたもの」であるにもかかわらず，プレイヤーたちは知的に（ときには感情的にも）ゲームに夢中になり，目標達成のために，熱心に考えそして議論を行うことがよくある．そのプロセスを通して，プレイヤーたちは，問題点，彼らの仲間，そして彼ら自身について学んでいく．管理者たちは，業務を進めていくうえで何がうまくいかなくなるか，また「シグナル」などチームの間の通信がどうしてうまく伝わらなくなるか，を学ぶことがよくある．通常は，ゲームの最後の手番が終わったあとに，プレイヤー，管理者，それに観察者が集まって分析が行われる．分析は，まず批評から始まる．ゲームの監督者は，各チームのリーダーに，そのチームが何を主要な問題と考えたか，とりうる選択肢をどのように分析したか，何を決めたか，そして何を結果として期待したか，を発表させる．これよりもより本格的な分析が行われるかどうかは，ゲームがデータを得るためないしは分析に必要な観察を得るための実験として設計されていたかどうかにも依存する．もし，ゲームが連続して何回もプレイされるならば，それらの結果を用いて比較分析を行うことができる．

なぜゲームか？

OR/MS の他の手法とは異なり，ゲーミングは解を与えるものではない．ゲームの結果は，予測とか予知とか解を与えるものではなく，何かを厳密に立証するものでもない．よいゲームの結果というのは，状況に対する理解を増すものである．

ゲーミングによって，たとえば次のようなことができる．概念上の誤りや欠如している部分を明らかにすること，仮定を調べ明示されていないものを明らかにすること，異なる様々な意見を引き出すこと，業務遂行上の考えが実行可能であるかどうかを調べること，特に微妙なところないしは情報が欠けている部分を明らかにすること (Quade, 1975)，何人かのエキスパートの知識をプールしておくこと，さらに研究を進めるべき問題点や仮説を示唆すること，人々が関心を寄せる価値ないしは効果の尺度は何かを明らかにすること，承認を得たり政策を実施したりするための手順を実験的に組み立てること，長期にわたる結果にもとづいて戦略をテストすること，などである．ゲーミングは，一人の人間では，たとえそ

の人の分析力がどんなに力強いものであってもできないこと，つまりその人には決して起こらないであろうことをリストアップすることもできるし，注意深く書かれた文章が誤って解釈される過程も明らかにできる．また，ゲーミングは「理解と誤解，認知と誤認，交渉，証明，適応への挑戦，強制と威嚇，意思の伝達，お互いがすでに何を行い何を決定したかについての不確実性，などの現象を生み出すこともできる．これらは一人の人間や人間が集まった1つのチームだけではなしえないことである」(Levine, Schelling and Jones, 1991).

ゲーミングについての展望

ゲーミングの人気は周期的に上がったり下がったりしているが，傾向としては上昇する方向にあると思われる．ビデオ会議と電子メールネットワークにより，国際的なプレイを含むより広い参加者が参加できるゲームをそんなに費用をかけずに実施できる可能性が出てきた．コンピュータとソフトウェアの進歩により，ゲームをサポートするモデルを開発すること，ゲームがプレイされている間にシナリオを新しくするために急いでモデルを用いること，ゲーム中のプレイヤーからの質問に答えるためにデータファイルを調べること，ゲーム中の説明およびゲーム終了後の批評の際の説明のために図表を準備すること，などが簡単に行えるようになった．ビデオテープは，最新のシナリオをプレイヤーに「ニュース放送」方式で与えるため，そして，前もって収録したエキスパートによる説明，指示をプレイヤーに与えるため，に用いられる．エキスパート・システムもゲームをサポートするために用いられているが，ゲーミングにおいて，1つの規則にしたがって動く「代理人」として人工知能を用いることは1980年代のように活発には行われていない．

ゲーミングは，予想されていたほどには，他の方法を使った研究に十分に組み入れられてきたとはいえないが，政策や経営ないしは業務上の決定の伝達を分析する方法はゲーミング以外にはないといってよい．図1はPaxson (1963) から引いたものであり，ゲーミングと他の分析との関係をまとめてある．

初期の支持者達が求めていた厳密さを達成したかどうかは別として，ゲーミングはOR/MSの1つのツールとして価値を持ち続けているように思える．実際，ゲーミングは，他の方法よりも業務や戦略の流れの変化に素早く対応できることがよくある．ただ，ゲーミングには，プレイヤーを拘束する時間を短縮すること（特にかなりの地位についている人にプレイヤーとして協力してもらうときには重要である），（旅行費用を含む）ゲームのコストを削減すること，決定を伝える際に分析におけるゲームの結果を確実にかつ効果的に使用すること，などの改善すべき点がまだ残されている．

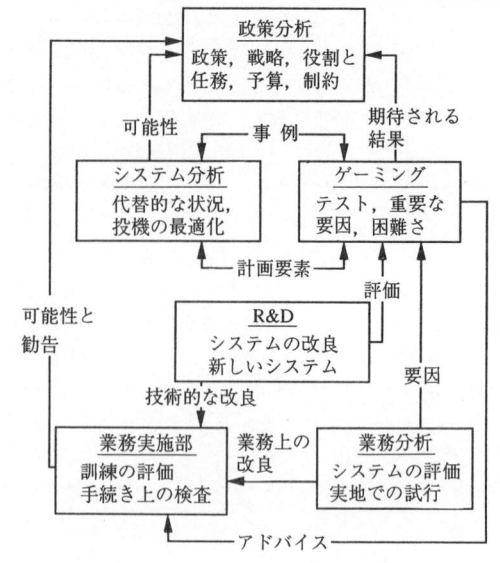

図1 ゲーミングと他の分析との関係

⇒ ゲーム理論，軍事 OR，ランド研究所．

[William Schwabe／武藤滋夫]

参考文献

[1] Abt, C.C. (1970). *Serious Games*. Viking Press, New York.
[2] Brewer, G. and M. Shubik (1979). *The War Game: A Critique of Military Problem Solving*. Harvard University Press, Cambridge, Massachusetts.
[3] Greenblat, C.S. (1988). *Designing Games and Simulations: An Illustrated Handbook*. Sage Publications, Newbury Park, California.
[4] Levine, R., T. Schelling, and W. Jones (1991). *Crisis Games 27 Years Later*. Report P-7719, The RAND Corporation, Santa Monica, California.
[5] Paxson, E.W. (1963). *War Gaming*. Report RM-3489-PR, The RAND Corporation, Santa Monica, California.
[6] Perla, P. and P.R.T. Barrett (1985). *An Introduction to Wargaming Its and Uses*. Report CRM 85-91, Center for Naval Analyses, Alexandria, Virginia.
[7] Quade, E.S. (1975). *Analysis for Public Decisions*. Elsevier, New York.
[8] Shubik, M. (1975). *Games for Society, Business and War: Towards a Theory of Gaming*. Elsevier, New York.

ゲームの鞍点

saddle-point of a game

ゼロ和2人ゲーム (zero-sum two person game) に対して，利得行列の要素 a_{ij} は行の最小値で列の最大値のときに，鞍点と呼ばれる．ゲームの値は鞍点の値に等

しい．最大化を目指すプレーヤーの最適戦略（optimal strategy）は純粋戦略（pure strategy）i で，最小化を目指すプレーヤーの最適戦略は純粋戦略 j である．⇒ゲーム理論，関数の鞍点．

ゲーム理論
Game Theory

はじめに

　ゲーム理論は，人々が対立したり，協力したりする状況を研究する理論であり，主にプレイヤー（player），戦略（strategy），利得（payoff）の3つの要素から構成される．ゲーム的状況が生じるのは，2人以上の意思決定者（〈プレイヤー〉）のそれぞれが，（〈戦略〉と呼ばれる）様々な行動の方針の中から1つを選び，それによって（〈利得〉で表現される）結果がもたらされるときであり，このような状況が起こるためには，相互に影響しあいしかも異なる目的をもつ2人以上の参加者が必要である．ゲーム理論は，室内ゲームやスポーツの用語を用いるが，純粋に数学的な理論であり，その応用分野は，広く，社会科学，行動科学，経営科学，ファイナンス科学，システム科学，そして軍事科学にわたっている．

　ゲーム理論は，異なる目的をもった2人以上のプレイヤーを含むという点で，古典的な最適化問題とは異なっている．また，確率や統計を用いるにも，統計的な不確実性のもとでの1人の人間の意思決定を分析する際の使い方を超えるものとなっている．ゲーム理論で扱う「熟練を要するゲーム」に対比して，1人の意思決定問題は，「偶然のゲーム」とか「対自然のゲーム」と呼ばれている．社会科学や自然科学の多くの側面では，人間がコントロールできないようなさまざまな法則にしたがって物事が動くことがよくあるが，このような状況は「ゼロ人」ゲームと見なすことができる．

　ゲーム理論では，対立はそれ自身悪であり，研究する価値はないものだという考えはとらず，むしろ，人々が自由な意思，異なった欲望，そして選択の自由をもっている状況では当然起こってくるものだ，と考える．さらに，ゲーム理論によって，対立を解決するための指針が与えられることがよくある．ゲーム理論では，プレイヤーは，起こりうる結果を（測定理論や効用理論におけるように）数量化して評価でき，利得の最大化を求めるという意味で合理的であり，必要な計算を行えるよう十分に熟練している，と仮定する．ゲーム理論は，最適な戦略的行動，均衡において生じる結果の性質，提携の形成と安定性，そして公平性，を明らかにしようとする理論である．

　ゲームは，様々な方法で分類できる．1つの重要な分類は，〈2人〉ゲーム（two-person game）と多人数ゲーム（multi-person game, $n \geq 3$ として〈n人〉ゲーム（n-person game）と呼ばれることもある）の区別であり，いま1つは，ゲームが〈協力的〉（cooperative）にプレイされるか，〈非協力的〉（noncooperative）にプレイされるかという区別である．また，プレイヤーにとって利用可能な情報のタイプや量もゲームを分析するうえで非常に重要なものであり，これは，最適なプレイが「純粋」戦略だけで行えるのか，それとも「混合」戦略まで必要とするのかという問題にも関連してくる．

情報と戦略

　ゲームにおいてプレイヤーがプレイする方法を，このプレイヤーの〈純粋〉戦略（pure strategy）という．これは，起こりうるすべての状況において，そこでどのような行動（動き）をとるかを定めるゲーム全体を通しての計画である．チェッカーのような人気のある娯楽のためのゲームの多くは〈完全情報〉（perfect information）をもつゲームなので，理論上は純粋戦略で最適戦略を求めることができる．ゲームが完全情報をもつというのは，そのゲームがプレイされるすべての局面において，そこでのルール，とりうる選択肢，そしてこれまでにすべてのプレイヤーがどのようにプレイしてきたか，のすべてがプレイヤー全員にわかっているということである．この場合には知られていない状況，ないしは隠れた手番というものはまったくないので，秘密にしたり，だましたり，はったりをかけたりする必要はまったくない．

　ゲーム理論における最初の一般的な定理は，1913年に論理学者 Ernst Zermelo により発表されたものであり，完全情報をもつ有限なゲームであれば，純粋戦略で〈最適〉戦略（optimal strategy）が存在するというものであった．ティック・タック・トー（三目並べ）のような完全情報をもち，しかも簡単なゲームにおいては，お互い相手を勝たせない戦略を簡単に見いだすことができ，そうなれば，ゲームは常に引き分けに終わるので，誰もこのようなゲームに対して真剣にチャレンジしようとはしない．一方，Zermelo の定理は，いわゆる「存在定理」の1つの例である．つまり，この定理は，チェスのような完全情報をもち面白くてしかも複雑なゲームに対しては，最適な純粋戦略を実際に決定する方法は与えていない．さらに，われわれはチェスに関して，1つの純粋戦略を書き下すこと，つまり，ルールに則ったすべての相手の動きに対するこちらの反応を列挙することもできない．このようなゲームへの挑戦意欲がかきたてられるのは，そこにとてつもない複雑さが含まれており，さらに，豊富な着想力が必要とされるからである．

　ポーカーのようなカードゲームの多くは完全情報をもたず，隠すこと，だますこと，ランダムに行動すること，そしてはったりをかけることが意味をもってくる．した

がって，これまでとは違ったレベルの関心と，戦略の選択に関する新たな考えが必要になってくる．もはや純粋戦略だけでは最適戦略を記述できず，混合戦略（mixed strategy）の考え方が基本的で重要な概念となってくる．〈混合戦略〉とは純粋戦略の上の確率分布であり，プレイヤーが与えられた確率にしたがってそれぞれの純粋戦略を用いるということを意味する．混合戦略により，プレイヤーが選択できる戦略の領域が大きく拡大される．一方，それと引き換えにプレイヤーは獲得しうる利得を「平均値」で考えなければならず，したがって，統計的な〈期待値〉の意味で利得の最大化をはかることになる．行列ゲームの理論を用いて，これらの考えを説明しよう．

行列ゲーム

ゲームのいくつかのクラスのうち，最もよく知られているものは2人ゼロ和ゲームである．〈ゼロ和〉ゲーム（zero-sum game）とは，プレイヤーの利得の和が常にゼロになるようなゲームである．したがって，2人ゲームの場合には，一方が勝てば他方は負ける．この場合には2人のプレイヤーが協力する余地はなく，このゲームは〈厳密に競争的な〉ゲーム（strictly competitive game）とか〈敵対的〉ゲーム（antagonistic game）とか呼ばれることもある．このような状況は，室内ゲームやスポーツの競技だけでなく，さまざまな種類の争い，査察，探索，ビジネスにおける競争，投票による決定などにおいてよく見られる．

ゼロ和ゲームは，$m \times n$ の数字を並べた表で特徴付けられるので〈行列ゲーム〉（matrix game）とも呼ばれる．行は，第1プレイヤーの純粋戦略に対応しており，列は第2プレイヤーの純粋戦略に対応している．以下，第1プレイヤー，第2プレイヤーをそれぞれI，IIと表す．表の数字は，プレイヤーIがプレイヤーIIから受け取る利得である．負の数字は，IがIIに（正の）支払いをすることを表している．2人のプレイヤーは，それぞれ自らの利得を最大にするように戦略を決定する．

行列ゲームの理論を，コイン合わせと呼ばれる2×2のゼロ和ゲームを用いて説明しよう．プレイヤーIは，表Hを見せるかそれとも裏Tを見せるかという2つの純粋戦略をもっている．プレイヤーIIも同様に2つの純粋戦略HとTをもっている．2人のプレイヤーのコインが「合えば」，プレイヤーIは，もし両者がHであれば3ドル，Tであれば1ドルをプレイヤーIIから得る．もしコインが合わなければ（すなわち，一方がHで他方がTの場合には），プレイヤーIIがプレイヤーIから2ドルを得る．このゲームは以下の表によって表現できる．

プレイヤーIにとって最悪なのは〈マックスミニ値〉（maximin value）の−2である（マックスミニ値というのは，各行の最小値のなかの最大値である）．プレイヤー

表1 行列ゲーム

		プレイヤーII		
		H	T	行の最小値
プレイヤーI	H	3	−2	−2
	T	−2	1	−2
列の最大値		3	1	

IIの〈ミニマックス値〉（minimax value）は1である．これはプレイヤーIIがそこまでにとどめることのできる最小の損失であり，第2列の純粋戦略Tをプレイしたときに（そしてプレイヤーIが第2行の純粋戦略Tをプレイしたときに）生じる利得である．ミニマックス値1とマックスミニ値−2の間には3ドルの「ギャップ」がある．もし混合戦略を用い，そして利得を期待値で評価することをいとわなければ，2人のプレイヤーとも，3単位のギャップのうちのいくらかを「獲得する」ことができる．

どちらのプレイヤーも，もしHを確率3/8，Tを確率5/8でプレイするという〈最適な〉（optimal）混合戦略を用いれば，相手がどのような戦略をとってこようとも，

$$3(3/8) - 2(5/8) = -1/8 = -2(3/8) + 1(5/8)$$

という期待利得を確保できる．混合戦略を用いることにより，プレイヤーたちは−2と1の区間からゲームの（期待）〈値〉−1/8へと「ギャップを縮める」ことができる．プレイヤーIIは1つのプレイあたり平均12.5セントを得ることができ，このゲームはプレイヤーIIに有利なゲームである．両者それぞれにとっての最適なプレイが期待利得0を与えないので，このゲームは〈公平な〉ゲームであるとはいえない．プレイヤーIとIIの最適混合戦略（3/8, 5/8）とゲームの値（game's value）−1/8を合わせてこの行列ゲームの〈解〉（solution of matrix geme）と呼ぶ（このゲームのように対称な利得行列をもつゲームを除けば，一般には，2人のプレイヤーが同じ最適混合戦略をもつことはない）．

行列ゲームにおける主要な理論的成果は，1928年にJohn von Neumannによって証明された，混合戦略まで考えればどんな行列ゲームにも解が存在する，という有名な〈ミニマックス定理〉（minimax theorem）である．したがって，いずれのプレイヤーにも，（期待値という統計的な意味ではあるが）ゲームの値を達成することを保証するような最適な混合戦略が存在する．

1947年に，同じくvon Neumannにより，線形計画における双対定理がミニマックス定理と同等であることが見いだされた．さらに，行列ゲームにおける問題と線形計画における問題とが数学的に完全に同等であることも

知られている．$m \times n$ の行列ゲームを解くためにさまざまなアルゴリズムがあるが，その典型的なものは行列ゲームの解を線形計画問題とその双対問題の組を用いて表現し，線形計画においてよく知られたアルゴリズムの1つを用いるものである．

非協力ゲーム

ゲームがゼロ和でないかもしくは3人以上のプレイヤーが存在するときには，それが協力的にプレイされるか非協力的にプレイされるかで，基本的に区別される．協力するということは，プレイする前に，プレイヤーたちが話し合うことができ（したがって，協議したり交渉したりでき），戦略を関連付けて選択できることである．また，話し合いの結果結ばれた協定はどんなものでも拘束力をもつ（したがって，実施可能なものである）．それに対して，〈非協力〉ゲームでは，各プレイヤーは他のプレイヤーがどんな選択をしたかを知らずに自らの戦略を選択する．

非協力ゲームにおけるすべての解に含まれている主要な考えは，〈均衡〉点（equilibrium point）という概念である．各プレイヤーの（純粋ないしは混合）戦略を1つずつ集めた集合において，どのプレイヤーも自分だけ他の戦略に変えてより大きな利得を得られることがないとき，この戦略の集合は均衡状態にあるという．残念ながら，均衡における結果は，われわれが解に対して望む性質のすべてを常に満たしているわけではないが，均衡の考えは，非協力ゲームの「解」にとってきわめて重要な概念であり，力学系における平衡性ないしは安定性の概念に対する社会科学におけるアナロジーであるといえる．

均衡が抱える難しさは，〈囚人のジレンマ〉（prisoner's dilemma）および〈チキン〉（chicken）と呼ばれる 2×2 非ゼロ和2人ゲームを見ればよくわかる．これらのゲームは，それぞれ（軍備競争や価格戦争の）拡大や対決を押し進める推進力となるものを説明している．これらのゲームにおいて，各プレイヤーは，妥協する（C）か裏切る（D）か，の2つの戦略をもっている．利得は以下の2つの表にまとめられている．両プレイヤーとも 4 は 3 より好ましく，3 は 2 より，そして 2 は 1 より好ましい．これらの表の利得は，2つの数の組 (a, b) で与えられている．a はプレイヤーⅠ（行プレイヤー）の利得であり，b はプレイヤーⅡ（列プレイヤー）の利得である．たとえば，チキン（表3）においてプレイヤーⅠ，Ⅱがそれぞれ戦略 D と C をとれば，それぞれ利得 4 と 2 を得る．

どちらのゲームにおいても，2人のプレイヤー全体として考えたときに最もよいのは，お互いに妥協し2番目によい 3 という利得を得ている (C, C) という戦略の組であり，もしこれらのゲームが協力ゲームとしてプレイさ

表2 囚人のジレンマ

		プレイヤーⅡ	
		C	D
プレイヤーⅠ	C	(3, 3)	(1, 4)
	D	(4, 1)	(2, 2)

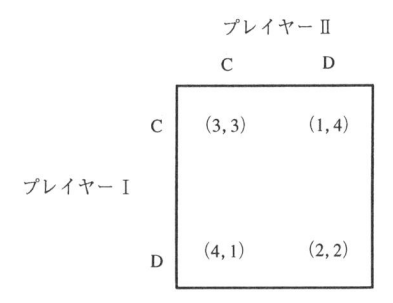

表3 チキンゲーム

		プレイヤーⅡ	
		C	D
プレイヤーⅠ	C	(3, 3)	(2, 4)
	D	(4, 2)	(1, 1)

れるならば，この結果が起こるであろう．しかしながら，この結果は均衡ではない．どちらのプレイヤーも，自分だけ戦略を C から D に変えれば，4 というより高い利得を得ることができる．囚人のジレンマにおいては，各プレイヤーは，相手がどちらの戦略を選択しようとも D をとっていた方が大きな利得を得られるので，どちらのプレイヤーにとっても D が「優越（dominant）」戦略である．2人のプレイヤーがともに優越戦略である D をとれば，お互い2番目に悪い結果である利得 2 を得ることになってしまう．チキンにおいては，2つの（純粋）戦略の組 (C, D) と (D, C) のどちらにおいても，どちらのプレイヤーも自分だけ戦略を変えることによってより大きな利得を得ることはできないので，この2つの状態は均衡になる．しかしながら，これら2つの結果は〈交換可能〉（interchangeable）ではない．もし，2人のプレイヤーが利得 4 を得られる均衡を目指して D を選択したとすれば，その結果 (D, D) という結果が起こり，利得の組は2人のプレイヤーにとって最悪の (1, 1) になる．(4, 3, 2, 1 の利得の組合せから生じる) 78個の 2×2 ゲームにおいて，この2つのゲームが最も厄介なものである．

ゲームの中には〈純粋〉戦略では均衡をもたないものもある．1950年に，John F. Nash は，2人ゼロ和ゲームにおける von Neumann のミニマックス定理を拡張して，すべての有限多人数一般和ゲームは〈混合〉戦略まで考えれば少なくとも1つの均衡をもつことを証明し

た．均衡を求めるアルゴリズムは，非線形のテクニックを含んでおり，「パスをたどる」アプローチを用いることがよくあるが，このアプローチの性質上，均衡そのものではなく，その近似値を導くことになる．均衡の精緻化や拡張も数多く行われており，これらの概念は，システム分析やORにおけるだけでなく，近代経済学や政治学においても，その基礎をなすものとなっている．

協力ゲーム

もしゲームにおいてプレイヤーたちの協力が許されているとすれば，彼らはお互いの利益のために共同して行動することに同意するであろう．各プレイヤーは，他のプレイヤーと提携することを考え，提携を形成することによってどれだけ余計に利得を得られるかに関心を寄せる．実際には，プレイヤーたちは，最適化問題を解いたり，非協力ゲームを考えたりすることによって，協力することによりどれだけのものが新たに得られるかを計算する．その次の関心事は，この新たに得られた利益をプレイヤーの間でどう分け合うか，ないしは分け合うべきかということである．各プレイヤーは自らの利益の最大化を目指すから，プレイヤー間に競争が生じ，さまざまな公平性の考えや，協議，交渉，脅し，調停，提携の再形成，「安定な」分配や提携構造に到達するための試み，などを分析に取り入れる必要がでてくる．したがって，多人数協力ゲームにおいて，いくつかの異なったモデルや「解概念」が提示されてきたとしても，それは驚くことではない．

多人数協力ゲームの最初の一般的モデルと解の考えは，1944年に出版された（そして1953年には第3版が出版された）John von Neumann と Oskar Morgenstern による歴史的な名著によって与えられた．彼らのアプローチは，特性関数形 n 人ゲームと呼ばれている．まず，$1, 2, \cdots, n$ と名付けられた n 人のプレイヤーの集合を $N=\{1, 2, \cdots, n\}$ とする．〈特性関数〉(characteristic function) v とは，N の部分集合 S に値 $v(S)$ を与える関数である．$v(S)$ の値は，S の補集合 $N-S$ に含まれるプレイヤーの行動にかかわらず，提携 (coalition) S が獲得できる値を表している．このモデルのもとで，彼らは，彼ら自身は〈解〉(solution) と呼び，現在では〈安定集合〉(stable set) と呼ばれる，1つの解概念を提示した．安定集合は理論面においてもまた応用面においても簡単に扱えるものではなく，また，数学的にも複雑で込み入っているので，ここではこれ以上触れないことにする．しかしながら，安定集合は，特に（以下に述べる）「コア」が存在しないようなゲームのクラスにおいては依然として有用な解概念である．提携形ゲームにおいては，安定集合以降，多くの解概念が提案されてきているが，よく用いられるのは5つである．以下，3人ゲームの例を

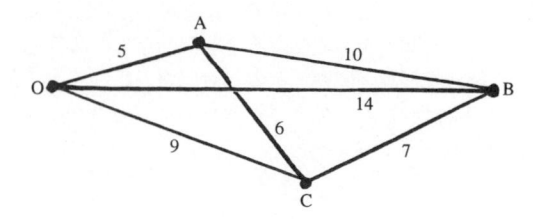

図 1 費用分担ゲーム

使いながら，そのうちの3つのものについて説明していこう．

3つの隣接する町 A, B, C が O にある補足的な水源から水を引こうとしている．町および水源を相互に結ぶ送水管を敷設するための（10万ドル単位の）費用は，図1の各辺に記してある．3人提携 $\{A, B, C\}$ の部分集合のそれぞれについて，必要とする共同費用は，各提携に関する「最小費用全張木」を見つけることによって求めることができる．提携 $\{A, B, C\}$ の総費用は，$OACB$ というリンクによって達成される $c(ABC)=18$ である．他の6つの提携の最小費用も同様にして，

OAB により $c(AB) = 15$,

OAC により $c(AC) = 11$

OCB により $c(BC) = 16$, OA により $c(A) = 5$

OB により $c(B) = 14$, OC により $c(C) = 9$

と求まる（$c(\{A, B, C\})$, $v(\{A, B, C\})$ などの表現を，それぞれ $c(ABC)$, $v(ABC)$ などと簡単に表記してある）．

この問題を，協力することによりどれだけ費用を軽減できるかという点から定式化しなおしてみよう．各提携は，そのメンバーがそれぞれ別々に水源 O から水を引いたときに要する費用に比べて，共同して水を引いた場合に，どれだけ費用を軽減できるかを考える．この「費用軽減ゲーム」の特性関数は，次のように与えられる．$v(ABC)=10(=c(A)+c(B)+c(C)-c(ABC))$, $v(AB)=4$, $v(AC)=3$, $v(BC)=7$, $v(A)=v(B)=v(C)=0$．3つの町全体が共同して事業を行えば，10×10 万ドル=100万ドルの費用を軽減できる．問題は，この軽減された費用を各町にどのように振り分けるかであり，$x_A+x_B+x_C=10=v(ABC)$, $x_A \geq 0 = v(A)$, $x_B \geq 0 = v(B)$, $x_C \geq 0 = v(C)$ によって定まる〈配分の集合〉(imputation set) の中から1つの (x_A, x_B, x_C) をいかにして選べばよいかである．これらの配分の集合は，図2の大きな三角形で図示される．

協力ゲームの1つの解は〈コア〉(core) と呼ばれる．コアは，すべての提携 S が $v(S)$ ないしはそれを超える値を得ているような配分からなる集合である．したがって，コアに属する配分においては，どの提携も，その提携への配分量の合計よりも多くの量をその提携だけで獲

図2 費用ゲームの解

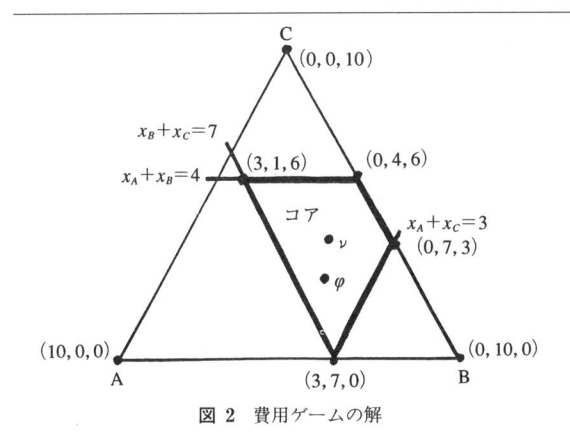

得することはできない。費用軽減ゲームにおいては、コアは、不等式 $x_A+x_B\geq 4=v(AB)$, $x_A+x_C\geq 3=v(AC)$, $x_B+x_C\geq 7=v(BC)$ を満たすすべての配分 (x_A, x_B, x_C) から構成され、図2における四辺形の領域である。このように、コアはただ1つの配分を与えるものではないし、またゲームによっては空集合になることもある。ただ、上のような費用配分ゲームではコアは常に非空であることが知られている。

いま1つのよく用いられる解は〈仁〉(nucleolus)と呼ばれる。仁は、コアの「中心」に位置する配分である。費用軽減ゲームでは、仁は配分 $\nu=(6/4, 19/4, 15/4)$ である(仁は、コアが空のゲームにおいては、N のすべての真部分提携 S に関して特性関数の値 $v(S)$ を同じ値ずつ減らしていったときに、「はじめて現れる」空でないコアの中心、として定義することができる)。費用軽減ゲームの仁を、もともとの費用分担ゲームに戻すことにより、費用分担

10万ドル$[(5, 14, 9)-\nu]$ = (35万ドル, 92万5000ドル, 52万5000ドル)

が得られる。

1951年に Lloyd S. Shapley によって提案された解は、〈シャープレイ値〉(Shapley value) と呼ばれ、仁と同様、費用分担ゲームにおいて「公平な」そしてただ1つの結果を与える。シャープレイ値は、一般に、n 人のプレイヤーを並べるすべての順列について、各プレイヤーの限界貢献度をとり、その平均値をとることによって得られる。ここで、$n!$ 個の順列(置換)のそれぞれは、1人ずつプレイヤーが加わっていって全員提携 N が形成される方法に対応している。上の例では、3つの町 A, B, C に関して、6個の順列、$(CBA), (BCA), (CAB), (BAC), (ACB), (ABC)$ がある。したがって、A 町のシャープレイ値 φ_A は、$6\varphi_A=2[v(ABC)-v(BC)]+[v(AB)-v(B)]+[v(AC)-v(C)]+2[v(A)-0]=(2\cdot 3)+3+4+(2\cdot 0)=13$ を満たす。同様の計算から、$6\varphi_B=(2\cdot 7)+4+7+(2\cdot 0)=25$, $6\varphi_C=(2\cdot 6)+3+7+(2\cdot 0)=22$ が成り立つ。したがって、費用軽減ゲームのシャープレイ値は $\varphi=(\varphi_A, \varphi_B, \varphi_C)=(13/6, 25/6, 22/6)$ と求まる。このゲームでは、この点はコアにはいっているが、費用分担ゲームにおいて常にシャープレイ値がコアに属するとは限らない。シャープレイ値に対応するもともとの費用分担ゲームの結果は、(28万3333ドル, 98万3333ドル, 53万3333ドル) である。

上記の3つを含め、多人数協力ゲームの様々な解が、経済学、政治学、オペレーションズ・リサーチにおいて用いられている。たとえば、コアは、経済市場の分析において重要であり、仁は、交渉問題に関する公平な結果を与えると考えられており、シャープレイ値は、通常はコアが空になる投票による決定システムにおいて、投票者のパワーを測る尺度としても用いられている。

⇒ 決定分析、双対定理、グラフ理論、線形計画法、最小全域木問題、囚人のジレンマゲーム、効用理論。

[William F. Lucas/武藤滋夫]

参考文献

[1] Aumann, R.J. and S. Hart, editors (1992, 1994, 1995), *Handbook of Game Theory: With Application to Economics*, Volumes 1, 2 and 3, North-Holland, Amsterdam.
[2] Lucas, W.F. (1971), "Some Recent Developments in n-person Game Theory," *SIAM Review*, 13, pp. 491–523.
[3] Luce, R.D. and H. Raiffa (1957), *Games and Decision*, Wiley, NY (reprinted by Dover, 1989).
[4] McDonald, J. (1975), *The Game of Business*, Doubleday, Garden City, NY (reprinted by Anchor, 1977).
[5] Ordeshook, P.J., editor (1978), *Game Theory and Political Science*, New York University Press, New York.
[6] von Neumann, J. and O. Morgenstern (1953), *Theory of Games and Economic Behavior*, 3rd ed., Princeton University Press, New Jersey.
[7] Williams, J. D. (1954), *The Compleat Strategyst* (sic), McGraw-Hill, New York (revised edition, 1966; Dover, 1986).

限界価値(費用)

marginal value (cost)

産出物を1単位追加して産出する場合に必要となる追加の費用を限界費用という。同様に、限界収益とは商品を1単位多く売ることによって得られる追加の収益のことである。限界収益と限界費用が等しくなるとき利益を最大化するという意味で、企業の経済学からは、企業にとって均衡のとれた最適な状態にあるといえる。その応用として、線形計画問題の双対変数は限界価値と解釈することができる。最適解が複数ある場合、異なる基底に

よって双対変数の値が異なってくるため，双対変数の経済学的解釈を複雑にさせる．このように，同じ制約条件に対して2つ以上の限界価値ができるかもしれない．このような多値の場合には，注意深く解釈する必要がある．
⇒双対定理．

研究開発
Research and Development

はじめに

製品とサービスには有限のライフサイクルがあり，そのライフサイクルの段階を終える速さは次第に速くなっている．研究開発 (R&D) という組織の機能を通じて，新製品やサービスが開発されたり，現在ある製品やサービスが改善されたり，それぞれの変換過程が効率を高めるように改善されたり，費用を最小化するよう改善されたりする．

米国では，R&Dに1991年の国内総生産 (GDP) の，2.6%を支出した．他の主要な工業国では，日本，ドイツ (統一後)，フランス，英国が，それぞれ3.0，2.6，2.4，2.1%を支出した．このR&D支出の一部は，基礎研究，すなわち，知識の追求を行う研究にあてられている．この研究は，主に大学，研究所，政府機関，大企業の研究室で行われている．その他のR&Dの支出は，応用研究の結果を，新製品やサービスを産出する，実際の変換システムに転換するという開発にあてられるのはもとより，既存の知識を，新製品，新サービス，新プロセスを設計するのに利用するという応用研究にあてられる．

産業界では，R&Dプロジェクトの発案は，主に企業のR&D部門で行われる．しかし，マーケティング，生産，技術などの部門も，トップマネジメントと同様に，しばしば貢献している．場合によっては，供給業者，依頼人・顧客，政府の部門が発案の源泉となっている．R&Dプロジェクトの管理は，その不確実性が高いために，しばしば困難であり，OR/MS，R&D管理者を支援するためのアプローチを開発してきた．OR/MSは，R&Dの管理に関して，主に2つの重要な問題に取り組んできた．1) プロジェクト評価，選択，資源配分，2) プロジェクトの計画作成と統制．

R&Dプロジェクトの選択

R&Dプロジェクトの評価，選択，資源配分問題は，R&Dプロジェクトの候補についての評価と，配分可能なR&D資源 (人材，資金，装置や装備) を配分するプロジェクトの部分集合の選択とに対処する．投資の実行，不確実性の存在，組織の将来にかかわる決定のインパクトといった理由から，プロジェクトの選択はきわめて重要で難解な問題である．その結果，この問題を論じ，その解決に様々なアプローチを提起する数百にも上る論文が出版されている．これらの論文については，文献サーベイ論文でレビューされてきた通りである (Augood, 1973; Baker and Pound, 1964; Baker, 1974; Baker and Freeland, 1975; Liberatore and Titus, 1983; Souder, 1972; Souder and Mandakivc, 1986)．ここでは，数多くのアプローチの中から少数に限って，OR/MSのこの領域における発展を示しつつ，論ずることとする．

第二次世界大戦前までは，プロジェクトの選択問題 (project selection problem) は，存在しなかった．企業は比較的小さく，競争も限られていたため，新製品開発に対するニーズは限られたものとなっていた．「研究」と「開発」との間の区別はなく，これに関連する機能も重要とは考えられてはいなかった．通常，技術担当役員が，生産に関するプロジェクトを提案し，その実施に至るまで担当した．第二次大戦後になると事業環境は変化し，競争の激化は，新製品/サービスやプロセスの改善に対する必要性を高める結果となり，R&Dプロジェクトの選択が問題となった．

プロジェクト評価と選択の方法は，1950年代半ばに出現しはじめている．最初に用いられた方法は，〈チェックリスト〉(checklist) ないし〈プロフィールチャート〉(profile chart) と呼ばれるものであり，基準のチェックリストによるものである．チェックリストは，プロジェクトの成功ないし失敗において重要であると考えられる要因で構成されており，1人あるいは複数の個人によって，各プロジェクトが主観的に評価されるときの基盤となる．チェックリストは，経済的要因と，社会的インパクトや環境への影響などの非経済的要因とを含んでいる．各プロジェクトの全体的なパタンの導出や，その有望性の決定を目的として，それぞれの基準における各プロジェクトの有望性が評価される．

この方法は，個々の基準の重要性を識別せず，定性的な判断にもとづくものであるので，次いで〈スコアリングモデル〉(scoring model) が開発された．これらのモデルは，個々の基準と，それぞれの基準における各プロジェクトの有望性の程度との両方に重み付けする．その結果，ウエートにもとづくスコアが，各プロジェクトについて計算される．プロジェクトのスコアが比較可能となるようにするため，共通の基準がすべてのプロジェクトに適用されなくてはならない．個々の意思決定者の選好関数を表すウエートを導出するために，様々な方法が提案されている．たとえば，意思決定者に基準の順位を付けさせるとか，プロジェクトの異なる組合せを比較させるなどである．

これらの方法は，無次元の結果であるので，〈便益対費用比〉(benefit-cost ratio) アプローチが開発された．プ

ロジェクトにおけるそれぞれの費用と便益が，非経済的な費用や便益を含めて，共通の尺度で表現され，その現在価値が計算され，比の形で表現される．リスク要因は，研究，開発，マーケットにおける成功確率で算入することができる．考慮の対象となるプロジェクトは，その費用-効果比が1を上回るべきである．

ここまでで述べた方法は，一般に〈古典的方法〉であり，その利用の簡潔性や容易さのため，プロジェクトの評価や選択に広く利用されてきた．これらの方法は，予備的なプロジェクトの分析やふるい分けに利用できることは確かである．しかし，これらの方法は，いくつかの重要な側面を考慮していないので，プロジェクトの選択問題は解決できない．たとえば，あるプロジェクトの結果が他のプロジェクトに影響を与える場合，プロジェクトは，個々に選択されるというよりも逐次的に選択される．さらに考慮されていない側面には，プロジェクトへの投資レベルに関するR&D環境のダイナミックな性質がある．この場合，プロジェクトの価値や選好性は，投資レベルの関数であること，ダイナミックな資源的制約，競合するプロジェクトの集合が，時間の経過とともに変化するということである．

〈決定木〉（decision tree）は，次いで相互に関連のある一連のプロジェクトを取り扱うために導入された．決定の木は，決定のノードとイベントのノードで構成されており，決定やイベントにおける代替案が，それぞれ枝分かれしている．金銭的あるいは効用で表された決定における経済的結果と，イベントの確率が書き込まれ，一連の決定についての期待ペイオフが，分枝の末端を起点として後戻りの方向に計算される．一連の最適な決定（プロジェクト/部分プロジェクトの最適な連鎖）が，これにより求められる．あるイベントのノードから枝分かれするイベントの数は限られているので，「確率的決定の木」が構築され，そこでは，イベントのノードが確率分布によって表現される．しかし，資源の制約は決定木に含めることができないので，他の方法に比べると，重大な欠陥となる．

OR/MSの出現やコンピュータの広範な利用に伴い，従来とは異なる「ポートフォリオモデル」（portfolio model）が開発され，上述の方法の欠点を克服した．数々の数理計画法（線形，整数，混合整数，0-1，非線形，動的，目標，多目的，確率）は，制約条件の集合に抵触することなく，特定の目的を最適化するプロジェクトの部分集合を選択するよう用いられてきた．この目的は，通常，プロジェクトの部分集合における正味の期待現在価値を最大化する．数理計画法は，R&Dプロジェクトの最適なポートフォリオを示し，それらに予算を配分するとともに，感度分析（sencitivity analysis）を容易に行うこと，解の範囲を示唆すること，what-if型の質問（what-if types of question）に答えることといった利点を備えている．しかし，ポートフォリオの最適性は，特定のタイプの数理計画法のもつ仮定やインプットデータで採用されている推定値の関数である．このことは，意思決定者の側におけるモデルの数理的側面についての理解に関する問題もあり，ポートフォリオモデルの成功例を，実際の利用において，限られたものとすることとなった．

1970年代には，現実のR&Dプロジェクトの選択問題に対する種々の解法の有用性や，そのR&D管理者による活用に関する問題が，多く議論された．Baker（1974）とBaker and Freeland（1975）とによる2つの研究は，その時点までに提案された方法の数々の限界を指摘している．

この限界には，便益への寄与やパラメータの推定における不確実性やリスクについての不適切な処理，便益への寄与と資源利用とに関するプロジェクトとパラメータとの関係，複合的な相互に関連性のある決定基準，データや基準の時間依存的性質，研究計画や研究スタッフにおける継続性に関する問題などがある．

さらには，この限界には，R&D管理者の経験や知識についての明快な認識の欠如，基礎研究と応用研究，製品開発と工程開発，社内プロジェクトと契約プロジェクト，改善的研究と革新的研究，多くのレベルの考えられるリスク-ペイオフ機会との間の関係について，バランスを達成し，維持するような非金銭的側面，モデルの理解や活用は難しいというR&D管理者のもつ認識，R&D組織における特定人物の重要性といったものもある．

そのほかに，この限界には，投資代替案の間欠的なつながりや階層的な決定過程の分散で生じる問題の処理における失敗，モデルに決定のタイミングを含めたり，追加的な代替案の発生を含めたり，プロジェクトのリサイクル化を新しい情報の収集，基準，変数，制約の再構築，新しい代替案の定義によって含めたりすることにおける失敗，基礎研究からエンジニアリングに至るプロジェクトの多様性についての認識における失敗といったものもある．

数々のOR/MSの研究者は，これらの限界をもたないアプローチを開発しようと試みた．結果的には，既存の方法における欠点について，特定の側面を考慮したさまざまなモデルが提案された．これらのアプローチでは，〈多目的数理計画法〉（multi-objective mathematical progrmming method）が重視された．これに関連し，〈目標計画法〉（goal programming method）は，目的の過小達成ないし過剰達成を表現するのに用いられる乖離変数を備えることによって，複数目的が，制約として考慮され，表現されるよう展開された．目的関数は，これらの乖離を最小化する．目標は，優先順位を付けることができるので，その達成が優先順位にしたがって考慮され

目的の要求水準の設定や，目的間のトレードオフを含めることに問題が生じる場合，〈多目的線形計画法〉(multi-objective linear programming method) が利用され，そこでは〈多属性効用理論〉(multi-attribute utility theory, Ringuest and Graves, 1989; Mehrez at al., 1982) が用いられる．多属性効用理論の適用では，効用値がプロジェクトの部分集合における複数の目的に対して割り付けられ，整数計画法により，すべての非卓越的な解のリストが生成される．この解は，ある目的における達成度は，他の1つないしはそれ以上の目的における達成度を犠牲にすることなしに改善することはできないような解となっている．1つの欠点は，非卓越的な解のリストは，現実的な状況では，非常に長いものとなり，意思決定者に複雑な選択問題を生じさせることである．開発されたスクリーニング方法は，非卓越的解のうちから1つを選択するのに，何がしかの助けとはなった．

最近の中心的アプローチは，しかしながら，R&Dプロジェクトの選択や資源配分の問題に取り組むにあたり，異なった理念にもとづいている．これは，プロジェクト選択の過程に影響力をもつ組織のすべての階層の人々を，その意思決定過程に含めることである．その結果的，〈行動的決定支援〉(behavioral decision aid: BDA) が提案されており，この考え方は，プロジェクトの選択モデルを，その問題の解としてではなく，合意が形成されるように，関係する集団間のコミュニケーションや相互作用を支援するというものである．

このアプローチのうちの1つは，〈Qソート〉(Q-Sorting)であり，各人が1組のカードをもつ．そのカードには1つのプロジェクトの名称ないし番号が記入されている．ソートの操作と特定の基準の使用により，プロジェクトが，その基準において最上位のレベルのものから最下位レベルのものまで，5群にソートされる．もう1つのBDAアプローチは，〈名目的対話型決定プロセス〉(nominal interactive decision process) である．この方法は，プロジェクトのタイプに応じて，他の様々な方法と併用されるものであり，合意は修正型デルファイアプローチによって形成される．

〈AHP〉(analytic hierarchy process) は，〈DHM〉(decentralized hierarchical modeling) においても用いられてきたもので，関係する集団がプロジェクトのポートフォリオについて合意に至るまで，電子的にコミュニケートする．対話は，階層間で行われる．トップマネジメントは，事業部の管理者に対して予算によるガイドラインを送ることによって，このプロセスを開始する．次いで，事業部の管理者は，このガイドラインを，恐らくは修正されたものとなっているであろうが，計画領域に優先順位の案を付して，R&Dの管理者に送付する．さらに，R&D管理者とそのスタッフは，R&Dのポートフォリオを作成し，上申する．R&Dの担当者は，ポートフォリオを提案するために，OR/MSの手法を用いるであろう．このプロセスは，何回か繰り返される．階層間での行きつ戻りつのコミュニケーションは，このプロセスのどの段階でも生じるであろう．

プロジェクトの計画作成とコントロール

R&D管理においてOR/MSが貢献してきた第二の主要な領域は，プロジェクトの計画作成とコントロールである．この領域においても，様々なアプローチが開発されている．

最初のアプローチのうちの1つが，〈PERT〉(program evaluation and review technique) である．これは，1958年に，米海軍の特別プロジェクト室とロッキード社により，Booz, Allen, Hamiltonの協力の下に，ポラリス艦隊弾道ミサイルプロジェクトの計画作成とコントロールのため開発された．PERTを用いることによって，プロジェクトはネットワークによって表現され，このネットワークは，ある時点までに完了する事項を表すイベント（ノード）ないしマイルストーンと，課業の遂行を表現するアクティビティ（アロー）とによって構成されている．イベントとアクティビティは，それらの適切な技術的論理的な順序にしたがい，交互に現れ，PERTのネットワークは，開始イベントと完了イベントをもち，優先順ネットワークとも呼ばれる．アクティビティは，マンパワー，材料，装置，資金などの時間や資源を消費し，各アクティビティは，開始ノードと完了ノードによって表現される．このことは，唯一のアクティビティが2つのノードを結合し，ネットワークはループをもたないことを示している．

アクティビティの時間は，ベータ分布にしたがうと仮定されており，各アクティビティに3つの推定時間がある．最短時間を表す楽観値，最尤時間を表す最尤値，最長時間を表す悲観値の3種類である．これらの推定値にもとづいて，各アクティビティの時間の平均値と分散が計算され，最長所要時間のパス（クリティカルパス）が定められ，一定の計画時間によるイベントへの到着確率およびクリティカルパスの完了確率が計算される．後者の確率は，通常プロジェクトの完了確率である．さらに，PERTから得られる重要な情報は，最早開始・完了時刻と，最遅開始・完了時刻と，各アクティビティの余裕時間である．余裕時間ゼロのアクティビティは，クリティカルアクティビティであり，プロジェクト完了における遅れを回避するため，特に監視を要するアクティビティである．

PERTが開発されるのとほぼときを同じくして，〈クリティカルパス法〉(critical path method: CPM) が，

1957年にデュポン社で，レミントンランド社のコンサルテーションの下に，化学プラントの保守停止をスケジュールするため開発された．PERTが確率論的なアプローチであるのに対して，CPMは決定論的アプローチである．CPMは，各アクティビティについて標準時間推定値と最短時間推定値，およびそれらに伴うコストを用いる．標準時間推定値は，PERTにおける期待値時間に対応し，最短時間は，コストの増加にかまわず，アクティビティを完了させるのに必要な最短の時間となっている．これらの違いはあるが，CPMは，ほぼPERTと同じであり，このため，これらの2つの方法は，PERT/CPM法と呼ばれる．PERTとCPMは，処理内容の追加や適用領域の拡大を伴うさまざまなバリエーション，修正，新たな技法を生み出した．これらのすべてについてレビューすることは不可能であるが，簡潔な概要がある (Wiest, 1985)．

PERTとCPMは，プロジェクトの計画作成とコントロールにおける多様な場面で用いられており，R&Dプロジェクト管理もそこに含まれている．しかし，そのとき置かれている仮定は必ずしも適切ではない．たとえば，当初開発されたネットワークは，プロジェクトの内容変更が行われると，その後は適切ではないものとなる．優先関係は先行アクティビティの結果に依存する場合が多いので，その関係は必ずしも事前に設定できない．プロジェクトの完了時間は最長時間のパスによって定まるとは限らない．これは，非クリティカルパスにおける遅延が，プロジェクトの完了時間を引き延ばしてしまうことがあるためである．ベータ分布は利用可能な唯一の分布ではないし，その平均値と分散を推定する公式は，元となるベータ分布の公式と比較すると誤差の多い推定値を与えるであろうし，3種類の時間の推定は，主観性を相当含んでいる (Chase and Aquilano, 1989)．

PERTとCPMとに対する批判に加えて，それらのR&Dプロジェクトの計画作成やコントロールにおける利用は，さらに制約を受けるものとなる (Clayton and Moore, 1972; Prisker, Sigal, and Hammesfahr, 1989)．その制約のうちの1つには，ノードからの分岐は決定論的であるということ，すなわち各アクティビティは，そのプロジェクトが完了する前に完了しなくてはならないという制約がある．しかし，R&Dプロジェクトにおいては，分岐は，通常確率論的であり，たとえば，テストの成功と次の段階の遂行，失敗とプロジェクトの一部断念，判断不能な結果とテストの繰り返しなどが生じる．あるノードに連結されてゆくすべてのアクティビティは，関連するイベントが実現される前に実行されなくてはならない．R&Dのプロジェクトにおいては，分岐の確率論的な性質を所与のものとしても，あるノードに連結されていくすべてのアクティビティが実現されるわけではない．ループの形成は認められていないが，R&Dプロジェクトのアクティビティは，たとえばテストのように，繰り返されなくてはならない．アクティビティ時間は，唯一ベータ分布で記述するよう仮定されているが，R&Dアクティビティは，個々に別の分布にしたがうこともある．1つの終点ノード（プロジェクトの完了）が設定されるが，R&Dでは，いくつかの終点イベントのうちの1つが生じるのであり，たとえば，プロジェクトの成功裏の完了，失敗と断念，再設計などが生じる．

これらのことを通じて明らかなように，これらの限界が，複雑なR&Dプロジェクトのモデル化において，PERTを硬直的なものとしている．PERTの限界を克服するために〈GERT〉(graphical evaluation and review technique)が開発された．この方法は，以下のような特徴をもつ．アクティビティは，0から1の範囲の被選択確率をもつ．その結果的，ノードは，決定論的ないしは確率論的という性質に応じて，それぞれ設定される．ノードの実現は，ノードに導く1つまたは複数のアクティビティの実行によって規定され，ノードは1回ないしは複数回実現され，1度実現された場合，完了されなくてはならないアクティビティの数は，以後の繰り返しにおいては違ってくることがある．単純な形ないしは複雑な形のループ形成が，許容される．ネットワークは，1つ以上の発生ノードないし到達ノードをもつ．一定のアクティビティの完了に伴うネットワークの修正を組み込むことができる．アクティビティ時間を表現するために，様々な形の確率分布を利用することができる．コストは，固定部分と単位時間当たりの変動部分とによって，各アクティビティに割り付けることができる．特定のアクティビティについての時間，コスト，アクティビティカウントについての統計量は，指定したノードについてはもちろんのこと，到達ノードについても集計される．

GERTは，ネットワークシミュレーションアプローチであり，この方法は，一層有効な〈Q-GERT〉へと改善されてきた．Q-GERTは，複数のプロジェクトの取り込みやシミュレーションができ，ノードにおける待ち行列をモデル化したり，ユーザの設定した決定ルールにもとづいて，プロジェクトを複数のチームで遂行するように道筋をつけることができる (Taylor and Moore, 1980; Pritsker, Sigel and Hammesfahr, 1989)．

GERTに続いて開発された，もう1つのネットワークシミュレーション型の技法に，〈VERT〉(venture evaluation and reiew technique) (Moeller and Digman, 1981)がある．VERTはプロジェクトのスケジューリングというよりは，GERTと同様に，プロジェクトの潜在的な結果，プロジェクトの種々のパラメータの期待値，重要な指標を分析する手法として開発された．これは，新規事業を企画することに伴うリスクや，進行中のプロジェク

トについての資源計画作成, コントロールのための監視, 全般的評価についてのリスクを, 時間, コスト, 成果に関して評価するのに用いられる. この方法は, 成果が数値的にネットワーク上に記入されるので, GERT に比較して有効であると考えられている. この方法は, 任意の計測単位や無次元的指標を用いてモデル化できる. VERT は, 6つの新たなノード論理を導入し, 所与のアローにおける時間, コスト, 成果変数間の数学的な関係の設定はもちろんのこと, あるアローのパラメータ値(時間, コスト, 成果)と任意の他のアローないしはノードのパラメータ値との間の数学的関係を設定することも可能にした.

最後に, 大規模R&Dの〈プログラム計画作成〉を行う2,3のアプローチがある. このようなプログラムは, 相互に関連性のある多種類の技術を含んでおり, 初期的には広範で定性的な政策的使命で規定され, 広範な事業者の母体に提供するものであり, R&D は, 個別の外部組織, ないしは1つの組織であっても遠隔的な場所で遂行される. プロジェクト間の資源配分, 目的の設定, プログラムの部分事業に対するプロジェクトの割付け, プロジェクトのスケジューリングについての決定がなされる必要がある. 意思決定支援アプローチや関連する文献については, Mathieu and Gibson, 1993 を参照されたい.

おわりに

要約すれば, R&D管理について考案した数千に及ぶOR/MS モデルがある. この領域は, 参考文献にあるように, 問題状況の更なる側面について, 現在あるモデルを改善しようとするモデルの提案を通じて, 引き続き発展している. これらのアプローチの利用は, R&D管理者がOR/MSのアプローチに一層広く接することにより, また, マイクロコンピュータやユーザの使いやすいソフトウェアが一層入手しやすくなることにより, さらに, 「政策を検討し, 意見を共有し, what-if 型の質問をし, 組織全体で部門間の相互作用を活性化する研究室」(Souder and Mandakovic, 1986) として利用することを強調することにより, 将来増加することが期待される.

⇒階層化意思決定法, 決定木, 目標計画法, 線形計画法, 多属性効用理論, 多目的計画法, ポートフォリオ理論, プロジェクト管理.

[John C. Papageorgiou/太田敏澄]

参考文献

[1] Augood D. (1973). "A Review of R&D Evaluation Methods," *IEEE Trans. Engineering Management*, EM-20, 114–120.
[2] Baker N.R. and W.H. Pound (1964). "R&D Project Selection: Where We Stand," *IEEE Trans. Engineering Management*, EM-11, 124–134.
[3] Baker N.R. (1974). "R&D Project Selection Models: An Assessment," *IEEE Trans. Engineering Management*, EM-21, 165–171.
[4] Baker N.R. and J. Freeland (1975). "Recent Advances in R&D Benefit Measurement and Project Selection Methods," *Management Science*, 21, 1164–1175.
[5] Chase R.B. and N.J. Aquilano (1989). *Production and Operations Management: A Life Cycle Approach*, Irwin, Homewood, Illinois, pp. 501–505.
[6] Clayton E.R. and L.J. Moore (1972). "PERT vs. GERT," *Journal of Systems Management*, 22, 11–19.
[7] Liberatore M.J. and G.J. Titus (1983). "The Practice of Management Science in R&D Project Management," *Management Science*, 29, 962–974.
[8] Mathieu R.G. and J.E. Gibson (1983). "A Methodology for Large-Scale R&D Planning Based on Cluster Analysis," *IEEE Trans. Engineering Management*, 40, 283–292.
[9] Mehrez A.S., S. Mossery and Z. Sinuany-Stern (1982). "Project Selection in a Small R&D Laboratory," *R&D Management*, 12, 169–174.
[10] Pritsker A.A.B., C.E. Sigal and R.D.F. Hammeswahr (1989). *SLAM II – Network Models for Decision Support*, Prentice Hall, Englewood Cliffs, New Jersey.
[11] Ringuest J.L. and S.B. Graves (1989). "The Linear Multi-Objective R&D Project Selection Problem," *IEEE Trans. Engineering Management*, 36, 54–57.
[12] Schroder H.H. (1971). "R&D Project Evaluation and Selection Models for Development: A Survey of the State of the Art," *Socio-economic Planning Sciences*, 5, 25–39.
[13] Souder W.E. (1972). "A Comparative Analysis of R&D Investment Models," *AIIE Trans.*, 4, 57–64.
[14] Souder, W.E. and T. Mandakovic (1986). "R&D Project Selection Models," *Research Management*, 29, 36–42.
[15] Taylor B.W. and L.J. Moore (1980). "R&D Project Planning with Q-GERT Network Modeling and Simulation," *Management Science*, 26, 44–59.
[16] Wiest J.D. (1985). "Gene-Splicing PERT and CPM: The Engineering of Project Network Models" in B.V. Dean (Ed.), *Project Management: Methods and Studies*, Elsevier (North-Holland), Amsterdam, pp. 67–94.

建設応用

Construction Applications

ほとんどの建設プロジェクトは, その規模および複雑さのため, OR/MS 手法が応用できる幅広い潜在力をも

つと考えられる．たとえば，PERT，CPM や先行図（precedence diagram）の標準的な臨界経路法は，特に有効な分野である．しかし，これらモデルのほかに，建設プロジェクトへ頻繁に応用できる OR/MS を見つけることは難しい．Schelle（1990, p. 111）は，「プロジェクト管理については，OR に関する出版物の多さとは対照的に実際の応用事例が少ない」と要約している．

ここでは，建設プロジェクトへの OR/MS 応用が可能となる 3 つの大きな分野—建設雇用予測と入札，プロジェクト計画，プロジェクト管理と制御—について概観する．また，建設プロジェクトへの OR/MS 応用を阻害する要因について議論し，将来の発展性についても論究する．

雇用予測と入札

いくつかの OR/MS モデルが，雇用予測へ応用されてきた．雇用予測（job estimation）では，時間と費用との間に生じるトレードオフの分析が必須である．初期の OR/MS 研究では，各活動の直接費用が時間に完全に比例すると仮定され，その結果，線形計画法が利用されてきた．しかし，建設プロジェクトでは，この仮定は一般に成立しない．そのため動的計画法や整数線形計画法も利用されてきたが，変数や制約条件が多すぎてこれらの方法を利用することは実質上不可能であった．発見的手法や非線形曲線にもとづくモデルはあてはまりがよく，建設業経営者に利用されてきた（Cusack, 1984）．加えて，もともと，米海軍により開発されたラインオブバランス（line of balance：LOB）モデルが，スケジュール代替案間のトレードオフを説明するために利用された．また，Time Chainage と呼ばれる修正 LOB モデルが，道路，橋梁，その他土木建造物の建設スケジュール予測のため，英国で使われた（Wager and Pittard, 1991）．

雇用予測と同様なものは，入札（tendering）である．そこでは，入札者の意思決定とともに競争相手の行動を考えなければならない．このため，分析範囲が広がり，モデル化はより困難となる．入札を支援する目的で ARIMA モデルや回帰分析さらには統計やシミュレーションモデルが開発されたが，これらが応用されることはほとんどなかった．

もし，入札が入札者の視点ではなく施主の視点からとらえられるなら，変数はそれほど不確実なものでない．なぜなら，施主は入札すべてについて確実な情報を保持するからである．それにもかかわらず，建設プロジェクトの複雑さは依然伝統的な OR/MS モデルの応用を困難にする．その大きな理由は，入札者についての事前知識が新たに選択要素となるからである．これには，線形計画法，多属性効用理論，回帰，エキスパートシステムからなるハイブリッドモデルが適当であろう（Russell, 1992）．

プロジェクト計画

入札を用意する一方で，建設業経営者はプロジェクトのより詳細な立案に着手しなければならない．この目的のために，費用制御やリポーティングモデルと統合した臨界経路法が広く利用されている（Wager and Pittard, 1991）．複雑な建設プロジェクトでの応用は，たとえば費用と時間との確率的関係の導入など，理論的拡張を必要とする．複雑な建設産業のためのこの拡張の 1 つに，PC プログラム Construction Project Simulator（CPS）がある．これは，生産力の多様性，敷地における建設過程への外的介入を考慮に入れている．そして，棒グラフや臨界経路法のように費用資源スケジュールを作成する（Bennett and Ormerod, 1984）．しかし，これらの拡張のほとんどは非現実的なデータを必要とし，試みがあっても応用されることは滅多にない．

モデリングは，特にトンネル建設プロジェクトに有用であった．たとえば，Touran and Toushiyuki（1987）はトンネル建設と設計にシミュレーションモデルを実証した．しかし，モデル利用は大規模なプロジェクトに限定される．プロジェクト計画（project planning）は，一般に制約条件下費用最小化だけではなく，たとえば環境への配慮も含む．いくつかの OR/MS 多目的モデルがこの点を補うために提供されてきた．たとえば，Scott（1987）はすべての定量データが同一の精度と信頼性を保持すると前提せずに，すべての尺度を評価するステップバイステップ法で，道路建設に多目的評価法を応用した．

管理と制御

プロジェクトが立案されたあと，プロジェクトは管理され制御されなければならない．プロジェクト計画に直結するものは，会計モデルである．リアルタイム報告の増加とともに，これらモデルは費用管理システムの精度を向上させた．伝統的 OR/MS モデルが最も有効なのは，運用開始後のプロジェクトを管理し制御する比較的に安定した状況に対してである．そこは，戦術的で決定論的な繰り返し操作の段階である．たとえば，標準的な費用最小化モデルは，設備建設管理，予備部品倉庫の立地や貯蔵，さらに必要不可欠な運用方法の選択問題へと応用できる．OR/MS の数少ない応用事例の 1 つとして，Perry and Iliffe（1983）は飛行場建設プロジェクトの砂利移動管理に，輸送モデルを利用した．OR/MS が応用できそうな他の 2 分野は，多重プロジェクト（いくつかのプロジェクトが同時に企画され多少協力して費用を最小化する）とマーケティングである．

総括すると，建設業への OR/MS 応用の可能性は一見

豊富にありそうであるが，実際の OR/MS 応用の利用速度はゆっくりとしたものである．この理由の1つは，ミスから生じるクレームが裁判まで持ち込まれる商業的運用に対し OR/MS モデル利用のリスクが大きいからである．さらに，別の理由は建設プロジェクトは多かれ少なかれ個々に異なることである．たとえば，敷地，地下条件，参加する組織および個人の目的，気候，材料，労働条件，時間や費用の見積りでの誤差，外部介入などで異なる．このような標準化の困難さから，OR/MS モデリングは，より一般的なシミュレーションモデル（大量のデータを必要とする）やヒューリスティックモデルへ向かう傾向があった．それでもなお，OR/MS 応用事例はほとんどない．たとえコンサルタントや現場事務所に計算機が広く導入されたとしても，その役割は計算機導入により期待できる潜在力を十分に活用するというよりはむしろ，以前からの手作業処理をより効率的に行うことにあるようだ（Brandon, 1990, p. 285）．

建設業において，将来，OR/MS 応用が効力を発揮するものは何であろうか？ 1つの有望な展開は，パーソナルコンピュータ上のユーザフレンドリーなソフトウェアとの利用である．建設業での研究では，研究推進の成功の鍵が，建設業経営者のような力強い仲裁者にあることが示唆されている．現場管理者のような経験にもとづく人々に代わるというよりは，彼らを支援するシミュレーションやエキスパートシステムなどのパーソナルコンピュータ上のソフトウェアの発展が，特に，複雑で高額を扱う契約において，OR/MS 応用の有効性を引き出す．これらの可能性は，相互作用的な3次元グラフィックスインタフェース利用により一層高められる．特に，建設業経営者たちの現在の知識を組み込める点から，エキスパートシステムはより頻繁に利用されるべきである．

⇒ エキスパートシステム，PERT，プロジェクト管理．

[C. Perry/大澤義明]

参 考 文 献

[1] Bennett, J. and Ormerod, R.N. (1984), "Simulation applied to construction projects," *Construction Management and Economics*, 2, 225–263.
[2] Brandon, P.S. (1990), "The development of an expert system for the strategic planning of construction projects," *Construction Management and Economics*, 8, 285–300.
[3] Cusack, M.M. (1985), "A simplified approach to the planning and control of cost and project duration," *Construction Management and Economics*, 3, 183–198.
[4] Perry, C. and Iliffe, M. (1983), "Earthmoving on construction sites," *Interfaces*, 13(1), 79–84.
[5] Russell, J.S. (1992), "Decision models for analysis and evaluation of construction contractors," *Construction Management and Economics*, 10, 185–202.
[6] Schelle, H. (1990), "Operations research and project management past, present and future," in Reschke, H. and Schelle, H., eds., *Dimensions of Project Management*, Springer-Verlag, Berlin.
[7] Scott, D. (1987), "Multi-objective economic evaluation of minor roading projects," *Construction Management and Economics*, 5, 169–181.
[8] Slowinski, R. and Weglarz, R., eds. (1989), *Advances in Project Scheduling Studies in Production and Engineering Economics* 9, Amsterdam.
[9] Touran A. and Toshyuki, A. (1987), "Simulation of tunnelling operations," *Construction Engineering and Management*, 113, 554–568.
[10] Wager, D.M. and Pittard, S.J. (1991), *Using Computers in Project Management*, Construction Industry Computing Association, Cambridge, England.

現地分析

Field Analysis

はじめに

〈現地分析〉は，オペレーションズリサーチの実践であり，通常は作戦を行う場所で実施する．そのために用いる観察記録やデータは，通常はそれらの作戦に携わる人々により記録されたものである．その目的は，作戦過程の不備を即座に改善することであり，また長期的には，将来の選択肢と変化を分析するために，不可欠な要素を見いだすことであろう．特に後者は，システム分析にとって必要不可欠なものである．

研究中の作戦は，現実にいま行われているものであるので，現有の装備や機械の使用法，またその使用法の訓練を受けた操作員の技量も対象となる．将来の能力の可能性や訓練方法の代替案は，分析により整備すべき基本データの主要な部分ではない．

システムを円滑に機能させるためのインタフェースの問題は，明らかに目に見える問題である．それらの解決策は，改善による違いがわかるようなものでなければならない．能力を半ベル（hemibels，約3倍：5dB＝3.16倍）改善するような，解決策を見いだす必要がある．何かが欠けていても，システムのノイズに埋もれてしまう．問題の原因を調査するにあたって，変数の候補は，操作員やアナリストがコントロールできる範囲内にないことが多く，それを判別するために苦闘することとなる．彼（彼女）は，科学的な厳格さよりも，むしろひらめき的発想で思考せざるをえない．

ケーススタディは，それらの問題を解決するための方法論としてしばしば興味深いものではある．しかし，問題の細部が異なるようなケーススタディでは，現地分析の本質である特性が明瞭にわかるようなグルーピングが

うまくいかない．現地分析のほとんどは，数学的な内容は平易であり，大学の数学のレベルを越えるものではない．したがって，現地分析の方法論を本当に構成しているのは，数学というより，むしろ，行動，思考および説明の分析方法なのである．

歴史的な起源

現地分析という用語は，米海軍で作戦アナリストが活動を開始した頃から用いられるようになった．海軍は，国家の初のオペレーションズリサーチ組織を1942年に発足させた．その組織は，それまで苦慮していたドイツの潜水艦兵力との戦闘の対処に関与することとなった．兵力，戦策および戦術は，経験を積むだけでは，敵を撃破するには不十分であることが明らかであった．とはいえ，オペレーションズリサーチの組織に配属された人々はみな，文官の科学者であり海軍の経験は乏しいか皆無であった．その立場に期待されていた唯一のものは，新鮮で科学的な視点が，新しい分析法と勝利の手段を導き出すことであった．その期待には，ドイツの大爆撃空襲に対して，英国がオペレーションズリサーチにより収めた成功が背景にあった．

科学者たちは，まず最初に，部隊の行動報告にもとづき戦闘の統計をとった．しかし，すぐに彼らは部隊の行動報告を完全に理解するためには，敵と交戦し報告を書いている実戦部隊のすぐ近くにいて，連携をとる必要があるということがわかった．

このため，彼らはドイツの潜水艦に対処するために展開している作戦司令部に，科学者を派遣した．彼らの目的は，実戦部隊の幹部や海曹士と直接会話をし，可能な限り戦闘状況をその目で観察することであった．最初のうちは，彼らは本部の科学者たちが，報告を正しく解釈し，正しい統計を確実に行うために努力を費やしていた．彼らが経験を積むにしたがい，またオペレーションズリサーチの目的がモデルの開発と作戦効果の予測に発展するにしたがい，実戦部隊でのアナリストの目的と任務は広がっていった．この派遣勤務のパターンは，その後，より長期間となり「現地プログラム」(field program)として知られるようになった．また，派遣部隊でアナリストが実施した分析は，「現地分析」と呼ばれている．

戦争終結時，Morse and Kimball (1946) はこのプログラムの目的を次のように性格付けた．(a) 軍の部隊に直接協力すること，(b) 本部組織では，入手困難な情報を確保すること，(c) 純理論の研究者たちが直面しがちな落とし穴に陥らないために不可欠な実地訓練を，個々のアナリストに訓練させること．彼らは，また現地業務 (field work) を実り多いものにするために，管理的な要素にもコメントした．彼らは，作戦執行部にとって，アナリストを受け入れて，配置を指定し，個人として認め

ることの必要性を強調した．アナリストは，実戦部隊の最高レベルに配属され，指揮官の指示を受け指揮官と同等のレベルで報告書を作成すべきである．実戦経験により得た知識を，本部のスタッフに還元するために，現地勤務のアナリストは定期的に異動すべきである．

MorseとKimballは，現地分析の科学的業務の性格を，次の6つのカテゴリーに分類した．

1. 分析的
2. 統計的
3. 連絡官
4. 経験的
5. 教育的
6. 公表

現地勤務においては，しかしながら，業務内容はこれらのカテゴリーの1種類には限定されない．アナリストたちが実施する業務内容には，何らかの比率でこれらのすべての要素が含まれている．

現地勤務のシステムは，戦争というひっ迫した環境の下で良好に機能していた．彼らの解決すべき問題の領域は，死活的で緊急を要するものであった．定常的なアナリストの供給は，基本的には実戦部隊や上級司令部に歓迎された（もちろん，分析による劇的な成功例が，アナリストの受け入れを確立したのである）．当初は不承不承であったが，分析による成功が，その態度を一変させたという例に，Stainhardが立案した，南大西洋の密航者に対する阻止線がある（Tidman, 1984）．

第二次大戦が終結し，戦後，米海軍のオペレーションズリサーチグループを引き継いだ作戦評価グループ (Operations Evaluation Group) は，現地勤務と現地分析を継続して実施した．グループの規模が縮小されたため，また海軍の展開兵力の活動が大きく切りつめられたため，現地勤務は，海軍の実験・評価部隊に限定されることとなった．朝鮮戦争の勃発により，グループの規模は，以前の規模に戻り，艦隊の幕僚部や実戦部隊へのアナリストの配置が再開された．

現地分析のためのアナリストの活動場所は，米海軍のみに限定されなかった．米陸軍の陸上部隊と航空部隊（その後，米空軍も）は分析グループを編成し，現地部隊に分析要員を派遣した．管理手順の細部は，異なるところもあるが，各ケースとも基本的な目的は同一方向を目指していた．戦後もこれらの組織は存続し，戦争や環境の要請により，現地活動は拡大していった．

非軍事問題における現地分析に関する論文の第1号を，*Journal of the Operations Research Society of America* に発表したのは，Thornthwaite (1953) である．軍でオペレーションズリサーチに従事した経験をもち，民間でその実践活動を行っている人々にとって，これは大変喜ばしいことであり，また彼らを奮闘させるこ

ととなった．オペレーションズリサーチの分野での現地分析という形態は軍においては定着したものではあったが，非軍事問題への適用についても，奏功する可能性が示されたのである．40年以上を経ても，その分析方法が開発された所では，その説明書が一度も変更されずに用いられてきた．Kreiner (1994) は，Thornthwaite の論文を見直し，その説明文の間隙を埋め，現地分析のよい実例としてその価値を明らかにした．

その後，現地分析の多くの好例が，様々な形態で公表された．これらの文献では，定義の説明は分析対象とする問題の分野での区分が原則となっており，オペレーションズリサーチの一分野として定義される現地分析の事例という観点は少ない．

システム分析の時代における現地分析

第二次大戦中は，軍における現地のアナリストの業務と本部要員の業務にはきわめて密接な連携があった．最初に現地プログラムを始めた動機は，正にこのような密接な連携であった．本部要員の関心は，もっぱら日々の問題と展開兵力の奏功に向けられていた．戦後の道程の中で形成されたオペレーションズリサーチの指針は，現地分析においても本部の分析においても同一であった．米軍が正式にオペレーションズリサーチの組織を編成してからの40年間，その活動は戦闘部隊から最高司令部レベルに至るまで，戦争により左右されてきたのは事実である．また，平時においては第二次大戦直後から，その範囲が大きく広がってきたことも事実である．アナリストの現地勤務は，個別の戦闘システムに関する運用試験・評価のためとなり，その分析結果は調達の意思決定に資するために用いられた．

本部のオペレーションズリサーチグループの業務が，ハイレベルのシステム分析へと推移するに伴い，実戦部隊との連携は疎遠になっていった．システムが複雑化し，相互作用が増大し，経費は上昇し，新規装備の開発期間が長期化するにしたがって，司令部レベルにおいては将来システムに関する分析が主となっていった．調達過程は，戦略レベルにまで押し上げられ，軍中枢部の幕僚の関心は長期的な予算問題に集中した．同様に，本部のオペレーションズリサーチグループも必然的に，彼らの視点を移していった．しかしながら，実戦部隊では，従来通り現有装備の効率的運用と部隊訓練のための分析にかかわっていた．現地のアナリストと本部のグループの関心が離反していくという問題は，ベトナム戦争 (Vietnam War) や湾岸戦争 (Gulf War) の間も完全には解消しなかった．これらの戦争は限定的なものであり，冷戦 (Cold War) と核戦争 (nuclear war) のさらなる脅威が予算や戦略を最大の関心事にさせる原因であった．

しかしながら現地のアナリストにとっては，すでに設計され，開発され，生産され，配分された保有装備の運用を含む作戦は，相変わらず分析の主要課題であった．もし，装備がまったくこの段階にはないのであれば，少なくとも運用試験および戦術開発を目的とする分析過程ははるか遠い先の話である．現地のアナリストたちの関心事は，民間，軍以外の政府機関，軍の機関のいずれにおいても雇用施策と教育訓練であり，それは，装備を製造できる限り効果的かつ効率的に使用するためである．中央のグループは，アナリストの訓練，ならびに現在の作戦および将来可能な作戦の記述に現実性を付与するという2つの目的のために，現地勤務を活用し，現地へアナリストの計画的派遣を行っており，民間も軍も共通の目的をもってその拡大を行っている．しかしながら，中央のグループにとって，現地分析と重要な将来システムの研究を，いずれにも偏ることなく考慮していくことは，困難なことであろう．

現地分析の継続的役割

オペレーションズリサーチがはじめて導入された時期の環境と比較すると，データ収集の方法は大幅に改善され，また計算機の性能が大幅に向上したため，モデルと器材や人間との相互作用が容易になった．作戦分析と問題解決手法の理論面での研究成果は，世界中のオペレーションズリサーチ学会の論文誌に数多く発表された．だが，もしオペレーションズリサーチの焦点が作戦上の問題解決であり続けるのであれば，その地点で研究対象の作戦を直接観察して分析を実施することは重要な任務として存続するのである．このことは，本部のグループにとって，大規模な作戦モデル構築が主要な分析手段である場合，特に重要となる．モデル構築中においても，その後においても，すべての前提と重要な要素の省略の可否について，見直しと検証を行うことは非常に困難であろう．

Morse と Kimball は，作戦アナリストの強みは半ベルの考察，すなわち，作戦効果を3倍以上改善するような方策を発見することであると指摘した．この量は，わずかな改善量という感じの量ではない．現地のアナリストは，半ベルの改善の機会を発見できる唯一の立場にいるのである．彼は，作戦を左右する要因を，直接監察することができる．彼は，これらの要因に関して仮定したことと，実際に起こっていることの違いを，記録し，計測し，検討結果にもとづき，違いの理由を説明し，最終的には作戦を改善するのである．

Kreiner (1992) は，現地分析の事例として，小目標のレーダー探知における，レーダー値の統計的特徴を前提とした識別法を記した．現地サイトの現在のデータは，その前提は誤りであることを証明している．最終的には，もとの理論は破棄され別の理論が適用された．同じ本の

中に，分析的な観点での作戦計画に関する報告があり，前提について記述がないこと，考慮されていないこと，および誤りがあることが指摘されている．計画は静的な固定の海上戦力を前提とし，攻撃に対する警戒時間は確実に長く，自殺的な飛行任務が課されればその任務より安全でかつ同等の効果が得られる作戦が他にあるとしても，飛行士は与えられた任務に着く．分析がこれらの前提の下になされたことが明らかなときは，計画全体は書き直されねばならない．

現地のアナリストは，作戦効果の評価尺度の選択について検討するためには，本部勤務の仕事仲間よりもよい立場にある．Larson (1988) は，現地勤務のアナリストではなかったが，彼が娘のために自転車を買うことにしたとき，待ち行列の1人の顧客の立場として現地分析を試みた．彼は，アナリストとしての経験から，このようなシステムでは平均待ち時間を標準的な尺度とし，この尺度を最小化することを目的とした．しかしながら彼は現実の顧客として，この尺度の重要な欠陥を見いだした．個々の顧客に対する観点での公平性が欠落していたのである．彼が用いた，待ち行列の作り方とその機能の尺度は，全体的な効果を解釈するには有効なものであった．

現地のアナリストに要求されることで，もう1つ重要なことは，依頼者の目的を達成することを第一目標とした，分析結果を提供することである．オペレーションズリサーチ学会誌，その他の科学雑誌に求められる発表内容は，簡潔で，厳密で，いろいろな同業者たちの関心事として十分な一般性をもっていることである．現地のアナリストには，さらに他にも観客がいる．彼はまず，分析対象である作戦への参加者としての役割を確立し，その分析活動の信頼性が損なわれないようにすべきである．外野席にいては，作戦の詳細な構成要素に近付いて見ることはできないであろう．同様に，現地のアナリストは作戦用語を用いて報告書を書くべきである．観客は，問題を区分するために，その解決の方法論の用語ではなく彼ら自身の用語を用いるだろう．報告書は，直接の問題に緊密に連接しているべきである．アナリストにとっては，方法論の革新は重要なことかもしれない．しかし，依頼者が要望することは，次の3つが確実であることのみである．問題の正しい側面に方法論を適用すること，アナリストは有能であること，そして分析結果が作戦を改善できることである．

⇒ 空軍作戦分析，海軍分析センター，実施，軍事 OR，陸軍を支えた OR 機関，OR/MS の実践，RAND 研究所．

[Howard W. Kreiner/高橋　徹]

参考文献

[1] Kreiner, H.W. (1992), *Fields of Operations Research*, Operations Research Society of America, Baltimore, Maryland.

[2] Kreiner, H.W. (1994), "Operations Research in Agriculture: Thornthwaite's Classic Revisited," *Operations Research*, **42**, 987–997.

[3] Larson, R.C. (1988), "There's More to a Line Than Its Wait," *Technology Review*, **91-5**, 60–67.

[4] Morse, P.M. and Kimball, G.E. (1946), *Methods of Operations Research*, OEG Report 54, Office of the Chief of Naval Operations, U.S. Navy Department, Washington, D.C.

[5] Thornthwaite, C.W. (1953), "Operations Research in Agriculture," *Jl. Operations Research Society of America*, **1**, 33–38.

[6] Tidman, K.R. (1984), *The Operations Evaluation Group*, Naval Institute Press, Annapolis, Maryland.

限定基底入場規則
restricted-basis entry rule

変数が一群の格子変数によって近似されるような分離計画問題を解くのにシンプレックスアルゴリズムを適用するに際して，限定基底入場規則では各格子変数に対して2個以上の隣接する格子変数が解に入らないようにする．このような規則はある種の相補性条件が成立するような2次計画問題（quadratic programming problem）を解くのにも用いられる．⇒ 変数分離型問題，特別順序集合，ウォルフの2次計画アルゴリズム．

限定合理性
bounded rationality

合理的行動という経済学的概念に沿った方法で選択を行うのに必要な知識と計算の能力が，意思決定者に欠けていることを表す概念．⇒ 選択理論，決定分析，組織体，満足化．

ケンドールの記号
Kendall's notation

待ち行列システムを表すために用いられる $A/S/c/K/Q$ という形の記号．A は到着間隔分布を，S はサービス時間分布を，c は窓口の数を，K はシステムに入ることのできる客数の上限を，Q は待ち行列規律をそれぞれ表現する．A や S としては，マルコフつまり指数分布として M，アーラン分布 (k) として E_k，一定分布として D，一般分布として G，などを用いる．⇒ 待ち行列理論．

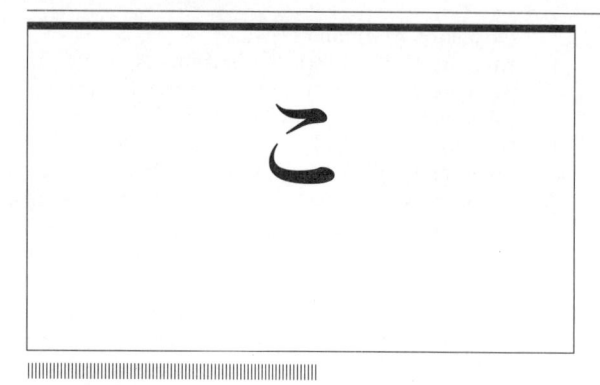

公共政策分析

Public Policy Analysis

はじめに

公共政策分析とは，行政における政策の決定を数理的な方法で行うものである．それと同時に，いくつかの政策を実行したときの結果の違いについての情報を与えることも目的とする．それによって「不確実」な条件下で「複雑」な代替案の中から最も適切な政策を決定すべき行政責任者を「支援」する．

「支援」という言葉は，チェックリスト，助言者，はたまた星占いが政策決定に用いられるのと同じように公共政策分析が政策決定に利用されることを意味している．しかし，このことは公共政策分析が行政責任者に取って代わるということではない（X線や血液検査があるからといって医者の診断が不必要だということにはならないのと同じことである）．むしろその目的は，問題を明確にし，代替案を比較し，決定による結果の違いを費用便益分析を用いて検討することによって，政策決定の基礎を与えることにある．

代替案が「複雑」であるとは，すなわち分析すべきシステムが，多くの変数やフィードバックを含み，政策の変更による結果の解析が容易ではないことを意味している．また代替案は膨大で多様な技術や戦略の組み合わせであることが多い．

政策の決定は，不完全な知識をもとに結果を想定しながら，「不確実な」条件下で行わねばならない．代替案は，期待することのできる効果だけでなく，失敗する危険という観点からも検討されなければならない．

公共政策分析は，行政のあらゆるレベル，研究所などで活用されている．この分析は特殊化された問題を解決するのではなく，問題解決の総合的方法を検討する．また方法論そのものではなく，総合的な枠組みをつくる過程において方法論を利用するのである．

「不確実」という言葉は，不完全な情報をもとに代替案を選択する必要に迫られ，かつその結果の予測も困難であることを意味している．よって代替案の検討は，得られる結果だけでなくリスクについても検討する必要がある．

公共政策分析の手順

公共政策分析は次のような手順からなる（図1）(Walker, Chaiken and Ignall, 1979, p.70 ; Miser and Quade, 1985, p.123)．

1. 問題の設定： 最初に分析すべき問題点を明確にして，その問題点が発生する状況を確認する．選択できる政策に伴う条件を整理して，その政策によって影響をこうむる住民が誰であるのかを想定する．主な代替案を発見して最初にとるべき方法を決定する．

2. 新しい政策の目標の設定： 政策とは一言でいえば問題を解決する一連の行動の全体を指すものである．政策決定者は解決すべき問題の目標を定めなければならない（多くの場合目標は複数であり，しかも両立し得ない目標を含むこともある）．

3. 代替案を評価する基準の設定： 評価すべき政策を実行したあとの結果を予測し，必要な費用と評価方法を決定する．

4. 代替案の選択： ここでは可能性のある政策はできるだけ多く比較することが重要である．現在行われている政策も，代替案評価の基準として比較すべき代替案の1つとして加えておく．

5. 代替案の分析： 代替案が実際に行われたときの結果をステップ3で決定した評価基準をもとに検討する．このとき，システムのモデルを利用するのが普通である．

6. 代替案の費用便益分析： 複数の代替案に順位を付ける．もしどの代替案も満足すべきものでなかったな

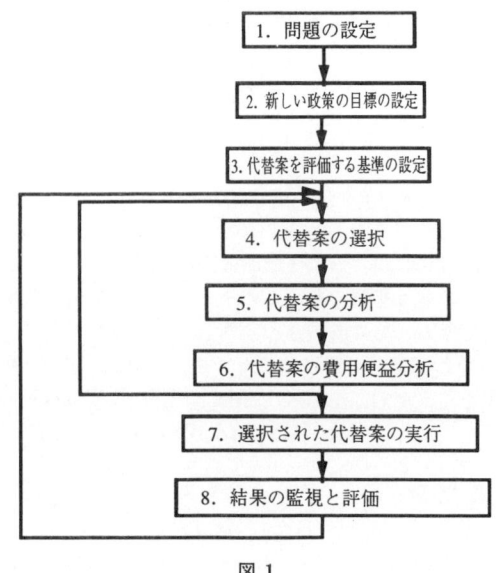

図1

らば（あるいは新たな問題点が見つかったならば），ステップ4に戻る．

7. 選択された代替案の実行： このとき，新しい手法の情報を入手し，新政策に従事する職員をトレーニングする．

8. 結果の監視と評価： 政策が目標を達成しているかどうかを確認することは重要であり，もし達成していなければ次の対策に着手しなければならない．

これらのプロセスは Miser and Quade (1985, Chapter 4) と Quade (1989, Chapter 4) に詳しく記述されている．

OR/MS と公共政策

公共政策分析は，1960～1970年代に RAND 研究所などで研究されたように，OR と密接に関係している (Miser, 1980；Majone, 1985)．初期の段階では OR の技術は問題に直接適用されるに過ぎず，少数のパラメータと目的関数を取り扱うだけであった（たとえば飛行機の設計，レーダーの配置など）．徐々に，衛生，住居，輸送，犯罪などの分野を含む大規模な問題を扱えるようになってきた．また，必ずしも数量的でない問題も分析する必要に迫られている．Schlesinga (1967) は，この問題を論じた初期の研究者である．最適化は制約条件を満足することにとって代わる．

Simon (1969, pp. 64-65) は，満足 (satisficing) とは最適解の代わりに問題の条件を満たす解を発見することであると定義した．彼は，条件を満足する解が必要な理由としてこう述べている．「われわれは最適解を発見する方法しか知らないから，条件を満足する解と最適解の途中にある解を選択することはできないのである」

OR 技術は，公共政策の道具として多数用いられている．代替案の分析と比較は数学・統計モデルによって行われる．シミュレーション，数学的プログラミング，待ち行列理論なども同様に利用されている．

公共政策分析のプロセスは他の問題にも広く応用されている．Miser and Quade (1985, chapter 3) はいくつかの例を示している．

・輸血用血液の供給
・防火設備の改良
・河口の洪水からの保護
・将来のエネルギー供給

さらには，公共政策分析は防衛政策，交通政策，水利用政策などの国家レベルの政策の定式化に用いられている．その他の適用例についてはたとえば Drake, Keeney and Morse (1972), House (1982), Mood (1983) などに述べられている．

⇒ 選択理論，費用分析，費用効果分析，決定分析，意思決定，多属性効用理論，OR/MS の実践，RAND 研究所，システム分析．

[Warren E. Walker, Gene H. Fisher／三浦英俊]

参考文献

[1] Drake, A.W., R.L. Keeney, and P.M. Morse, eds. (1972), *Analysis of Public Systems*, MIT Press, Cambridge, Massachusetts.
[2] Findeisen, W. and E.S. Quade (1985), "The Methodology of Systems Analysis: An Introduction and Overview," Chapter 4 in H.J. Miser and E.S. Quade, eds., *Handbook of Systems Analysis: Overview of Uses, Procedures, Applications, and Practice*, Elsevier, New York.
[3] House, P.W. (1982), *The Art of Public Policy Analysis*, Sage Library of Social Research Vol. 135, Sage Publications, Beverly Hills, California.
[4] Majone, G. (1985), "Systems Analysis: A Genetic Approach," Chapter 2 in H.J. Miser and E.S. Quade, eds., *Handbook of Systems Analysis: Overview of Uses, Procedures, Applications, and Practice*, Elsevier, New York.
[5] Miser, H.J. (1980), "Operations Research and Systems Analysis," *Science*, 209, 4 July, 139-146.
[6] Miser, H.J. and E.S. Quade, eds. (1985), *Handbook of Systems Analysis: Overview of Uses, Procedures, Applications, and Practice*, Elsevier, New York.
[7] Mood, A.M. (1983), *Introduction to Policy Analysis*, North-Holland, New York.
[8] Quade, E.S. (1989), *Analysis for Public Decisions*, Elsevier, New York.
[9] Schlesinger, J.R. (1967), *On Relating Non-Technical Elements to System Studies*, P-3545, The RAND Corporation, Santa Monica, California.
[10] Simon, H.A. (1969), *The Sciences of the Artificial*, MIT Press, Cambridge, Massachusetts.
[11] Walker, W.E. (1988), "Generating and Screening Alternatives," Chapter 6 in Miser, H.J. and E.S. Quade, eds., *Handbook of Systems Analysis: Craft Issues and Procedural Choices*, Elsevier, New York.
[12] Walker, W.E., J.M. Chaiken, and E.J. Ignall, eds. (1979), *Fire Department Deployment Analysis: A Public Policy Analysis Case Study*, Elsevier North Holland, New York.

航空産業

Airline Industry

はじめに

最近30年における航空産業における急激な成長は，航空運営にかかわるあらゆる分野においての OR/MS の利用に依存するところが大きい．すべての航空会社は高性能航空機とよく訓練された社員を確保するために多くの投資を行っている．航空機と社員の効果的な活用は高い利益を目指す会社運営において重要な目標である．

1960年代に航空産業は，Airline Group of the International Federation of Operations Research Societies (AGIFORS) の設立時から OR/MS の重要性に着目していた．年に1回の AGIFORS のシンポジウムが開催され，その報告集は OR/MS の多数の適用例と問題を提示している (Richer, 1989)．航空産業における OR/MS の適用に関する総合的な議論は，Teodorovic (1988) によってまとめられている．また Cook の編集による *Interfaces* の特集 (1989) は，航空産業における OR/MS の6つの適用例を紹介している．

長期計画から短期計画に及ぶ意思決定を含む，実際的な問題への幅広い適用のみならず，さらには予測，シミュレーション，近似解法や最適化などの手法や技術の全面的な適用が実用的な回答と意思決定支援システムを構築するために用いられてきた．特に集合分割最適化モデルと集合被覆最適化モデルは，航空路線のスケジューリング問題に広く適用され，近年は航空産業への適用によって生じた線形計画問題モデルは内点法やシンプレックス法の改良の研究を促進している．以下に示す航空産業における OR/MS の適用分野について詳しく説明する．

・飛行スケジュール計画
・機材の割当て
・乗員スケジュール
・資源の利用効率管理

飛行スケジュール計画 (flight schedule planning)

飛行スケジュールの構築は航空会社にとって最も重要かつ基本的な仕事であろう．航空機の出発時間と飛行間隔はスケジュール運用の何か月も前から準備された後に公表されている．スケジュールを立てるには，乗客の需要予測，飛行機や乗員の運用上の制限，飛行場の気象・混雑・飛行制限時間・利用料金の違いなどを考慮すべきである．実行可能なスケジュールを構築するための多くの条件とともに，利益最大化・乗客の利用距離最大化・負荷要因最小化・飛行機数最少化・直接コストと間接コストの最小化を目的とするそれぞれの選択の違いによって考慮すべき変数が設定される．これらの問題に関する議論は Soumis and Nagurney (1993) によってなされている．

ネットワーク型，「ハブアンドスポーク」(hub-and-spoke) 型という2種類の航空網タイプの違いは，飛行機の運行スケジュールにも違いを生じさせる．「ハブアンドスポーク」システムは多数の飛行機をハブと呼ばれる飛行場に短時間に集中させるネットワークであり，ハブ飛行場においてスポークと呼ばれる各路線へ向かう乗客の乗り換えを短時間内に可能とすることをねらったものである．ネットワーク型，ハブアンドスポーク型の両航空網タイプにおいて，飛行スケジュールの作成はいくつかの制約条件と目的関数を満たすフローを決定するネットワーク問題として定式化される．最適解を求めることが困難なネットワーク問題については，飛行スケジュール作成者のために発見的方法が開発されており，高速な解の導出方法は常に改良が進められている．

機材割当て

機材割当て問題は次の3つの問題に分けることができる．

・飛行機の配分とスケジュール管理
・ゲート割当て
・混乱したスケジュールの回復

飛行機の割当て問題は，最初にそれぞれのフライトに応じた最小コストと最大利益を満たす飛行機の種類を配分することから始められる．この問題は Subramanian et al. (1994) によって議論されており，彼らは線形計画問題として定式化する方法を開発した．彼らはデルタ航空のコストが年間推定 100 万ドル節約可能であると報告している．飛行機の配分問題の第2段階は，一連の飛行スケジュールを個々の飛行機に割り当てることである．

ゲート割当て問題は，短時間に多くの飛行機が1か所の飛行場に集中する「ハブアンドスポーク」システムを採用する飛行スケジュールにおいては特に重要である．乗り換えが必要な飛行乗員と乗客に対して着陸すべきゲートの割当てを注意深く考慮することによって，乗り換えに起因する飛行スケジュールの遅延と混乱を減らすことができる．

スケジュールの混乱回復に関連した問題は，特に飛行管理において重要である．スケジュールの混乱は悪天候や機材の故障によって発生し，飛行機の運用のみならず乗員の運用にも影響を与える．これらの混乱に即座に対応しなければならないため定式化は難しいが，この問題に関する知識を整理しておくことは，より進んだ研究を行ううえで重要である．

乗員スケジュール

乗員スケジュール問題は，ここ10年ほど OR/MS に携わる専門家に注目されている．この問題はおおよそ次の3つに分けることができる．

・乗員計画
・乗員への勤務割当て
・個人勤務スケジュールの決定

乗員計画問題では，フライトスケジュールと飛行機数に応じた様々なクラスにわたる必要な乗員数を予測しなければならない．乗員は飛行機種や地位が変わるたびにしばしば厳しい訓練を必要とされる．乗員の昇進は厳しい訓練を段階的に受けることによってのみ可能である，という「ストーブパイプ効果」によって管理されている．

乗員計画問題の解においては，最も少ないコストで，かつ「ジャストインタイム」によく訓練された乗員を送り出すことのできる最適訓練プログラムも求められる．

個人勤務スケジュール決定問題は，航空に関するOR問題の中で最もよく研究されてきた問題である．この問題は，法的に保証された休養期間を除く乗員の勤務時間内にフライトを割り当てることにほかならない．フライト割当ては，組合の合意や航空規定にもとづく多くの制限と条件を満たしていなければならない．一般に，乗員は一単位のフライト割当ての始まりと終わりに乗員詰所を指定されることが多く，何日にもわたる飛行機の運用に依存する．また，割当てはコストを最小化しかつ飛行スケジュールを満足する必要がある．個人勤務スケジュール問題は集合分割問題や集合被覆問題として定式化されることが多く，最近の成果はBarutt and Hull (1990) やAnbil et. al. (1991) によってなされている．また制約付き分枝法（Foster and Ryan, 1980），分枝カット法（Hoffman and Padberg, 1993），列生成（Lavoie et al., 1988；Barnhart et. al., 1991；Desrosiers et al., 1993）などを使った新しい手法は，多数の可能解を利用して問題を解くために用いられる．

勤務スケジュール決定問題では，すべての乗員クラスにわたって法的な条件を満たした実行可能なスケジュールを満足するような乗員のチーム編成を行わなければならない．乗員のチーム編成は，しばしば年功序列選択（seniority preferential bidding：SPB）システムと呼ばれる，できる限り年長者の希望を優先しながら乗員を割り当てていく方法が採用される．この割当て問題の発見的方法として貪欲なタイプの解法が一般に用いられているが，この解法は不公平な編成を行ったり，うまく割当てのできないチーム（「オープンフライング」と呼ばれる）が残ってしまったりすることがある．勤務スケジュール決定問題の代替案では，すべての乗員クラスにおける公平なチーム割当てを提示しなければならない．公平性の基準は，あるランクのすべての乗員がおおよそ同じ量の仕事を割り当てられているという意識をもっているかどうかということによって判断される．公平な勤務スケジュール決定問題は集合分割問題として定式化が可能である (Ryan, 1992)．実行可能かつ法的な基準を満足した勤務スケジュールのうち，モデルが選択した最適解は，最小コストで必要な乗員数を満たすチーム編成を与えるものでなければならない．ここでいうコストは，乗員の望む仕事に忠実に割り当てられているかどうかということを考慮すべきである．列生成法は，時間的に前の方から勤務スケジュールを決める必要性を減少させるために用いられる．

資源の利用効率管理

ほとんどの航空会社は，需要を反映した料金を設定している．航空券の発券枚数は，それぞれの座席クラスが十分入手可能であるように決められている．そして，資源の利用効率管理問題は，異なる料金の商品の組合せと，個々のフライトの乗客数がバランスよく配分されるように乗客を割り当てることによって得られる利益を最大化することを目的とする．Belobaba (1987) とLee (1990) はこの問題の確率的意思決定支援モデルを作成した．この問題は，予約した飛行機に搭乗しなかった乗客の比率を予測するために，多めに受け付けるべき乗客の数の検討という問題も含んでいる．これらのすべての問題の解決の基本は乗客の確率的な行動モデルである．

⇒ 組合せ/整数最適化，線形計画法，資源の利用効率管理．

[David M. Ryan／三浦英俊]

参考文献

[1] Anbil, R., E. Gelman, B. Patty and R. Tanga (1991). "Recent Advances in Crew Pairing Optimization at American Airlines," *Interfaces* 21, 62–74.

[2] Barnhart, C., E. Johnson, R. Anbil and L. Hatay (1991). *A Column Generation Technique for the Long-haul Crew Assignment Problem*, Industrial and Systems Engineering Reports Series, COC-91-01, Georgia Institute of Technology, Atlanta.

[3] Barutt, J. and T. Hull (1990). "Airline Crew Scheduling: Supercomputers and Algorithms," *SIAM News* 23(6), 1 & 20–22.

[4] Belobaba, P.P. (1987). "Airline Yield Management – An Overview of Seat Inventory Control," *Trans. Sci.* 21, 63–73.

[5] Cook, T.M., ed. (1989). "Airline Operations Research," special issue of *Interfaces* 19(4), 1–74.

[6] Desrosiers, J., Y. Dumas, M. Solomon and F. Soumis (1993). *The Airline Crew Pairing Construction Problem*, Working Paper, GERAD, Ecole des Hautes Etudes Commerciales, Montreal.

[7] Hoffman, K.L. and M. Padberg (1993). "Solving Airline Crew Scheduling Problems by Branch and Cut," *Mgmt. Sci.* 39, 657–682.

[8] Lavoie, S., M. Minoux and E. Odier (1988). "A New Approach of Crew Pairing Problems by Column Generation and Application to Air Transport," *Euro. Jl. Operational Res.* 35, 45–58.

[9] Lee, A.O. (1990). "Probabilistic and Statistical Models of the Airline Booking Process for Yield Management," PhD Dissertation in Civil Engineering, MIT, Cambridge, Mass.

[10] Richter, H. (1989). "Thirty Years of Airline Operations Research," *Interfaces* 19(4), 3–9.

[11] Ryan, D.M. and B.A. Foster (1981). "An integer

programming approach to scheduling," in Wren, A., ed., *Computer Scheduling of Public Transport.* North-Holland, Amsterdam, 269–280.

[12] Ryan, D.M. (1992). "The Solution of Massive Generalised Set Partitioning Problems in Aircrew Scheduling," *Jl. Operational Res. Soc.* 43, 459–467.

[13] Soumis, F. and A. Nagurney (1993). "A Stochastic Multiclass Airline Network Equilibrium Model," *Operations Res.* 41, 710–720.

[14] Subramaniam, R., R.P. Scheff, Jr., J.D. Quillinan, D.S. Wiper and R.E. Marsten (1994). "Coldstart: Fleet Assignment at Delta Air Lines," *Interfaces* 24, 104–120.

[15] Teodorovic, D. (1988). *Airline Operations Research.* Gordon and Breech, New York.

広告
Advertising

はじめに

最近の広告についての研究は，基本的に3つの領域で行われてきた．この3つの領域は，広告に対する販売高の応答，最適な広告方針（定常的な支出か，パルス的支出か），競争への対応である．広告の研究は，これらの課題に取り組むため，計量経済的，最適化，ゲーム理論的解析手法を用いてきた．多量のスキャナパネルデータ（scanner panel data）の出現は，個々の家計レベルでのモデル作成を実現してきた．ここでは，3つの領域のそれぞれにおける成果について論じる．最適制御広告モデルの展開についての包括的なレビューについては，Feichtinger, Hartl and Sethi (1993) を参照されたい．

数理計画法は，特に有効な技法である．この技法のメディア計画作成に対する初期の成功裏の適用 (Little and Lodish, 1969) 以来，その進展は，広告に対する応答関数（response function）の測定問題があったために，はかばかしくなかった．しかし，研究の進展 (Little, 1979; Eastlack and Rao, 1986) は，応答関数の決定に楽観的であってよいことを示した．その後，ヒューリスティックアプローチ (heuristic approach, Rust and Eechambadi, 1989) が，あるメディアの特性—到達と頻度を推定するために開発された．

販売高-広告の関係

ここで重要な最初のモデルは，Vidale and Wolfe (1957) により提案された．ヴィダル-ウォルフェモデルは，拡散モデル (diffusion modeling) の枠組みで構築されており，広告は，その企業から現在購入している顧客に対してではなく，購入はするが，時間の経過とともに購入をするのを忘れる（あまり買わなくなる）潜在的顧客に直接的に訴えるものであるとする．定式化すると，モデルは次のように示すことができる．

$$x' = \rho u(1-x) - kx, \quad x(0) = x_0$$

ここで，x は，マーケットシェア，u は，時点 t における広告支出のレベル，k は，減衰定数である．モデルは，ρ や k をパラメータとする指数的な到達と減衰の現象を示唆している．次の重要な段階では，Bass (1969) に続き，Bass and Parsons (1969) が，販売高と広告の同時方程式 (simultaneous equation) を開発し，このモデルを高頻度購入消費財のデータにもとづいて推定した．この分析で得られる実証的結果は，ブランドにおける広告の弾力性は小さく，広告支出は他のブランドの販売高における増加に応答していることを示唆している．このモデルの興味深い特徴は，優れた予測性をもっていることにある．

推定技術に関する限り，洞察に富んだ結果を示す3つの研究 (Bass and Clarke, 1972; Rao, 1986; Bass and Leone, 1986) がある．Bass and Clarke (1972) は，販売高-広告関係の統計的モデルが，Koyck (1954) のモデルに限定される必要のないことを示した．たとえば，非単調的な時間遅れの分布の方が，月次データには適切である．Bass and Leone (1986) は，さらにデータ間隔の問題を検討した．Rao (1986) は，異なるデータ間隔にもとづく販売高-広告間の関係のパラメータを推定する場合，観測できない広告支出の役割を認識すべきであることを指摘した．

広告効果についての一層適切な評価が発展するにつれ，議論の中心は，個人レベルのモデルに移行した．Blattberg and Jeuland (1981) は，2つのよく知られている広告のメカニズム，到達と減衰を取り込んだミクロモデルを主張した．彼らは，個人の広告に対する露出は，ベルヌーイ過程 (Bernouli process) で特徴付けられ，減衰（忘却）は，指数的過程 (exponential process) で特徴付けられると仮定した．これらの仮定は，広告効果について鋸の歯形による記述となる．ミクロモデルは，企業の販売高に対する広告効果のモデルとなるよう集計される．このモデルは，かなり柔軟で一般的なものであるが，洞察に富んだ解釈ができる．過去10年間にわたるスキャナパネルデータの出現と激増は，個人レベルでのモデル構築を加速的に増加させた．Pedrick and Zufryden (1991) による研究は，この代表的な研究である．彼らは，非定常的，統合的，確率的なモデルによるアプローチを考案し，そのモデルでは，ブランド選択，購入発生，露出行動の要素を併合した．この統合モデルは，スキャナパネルデータにもとづいて調節されていて，よく適合し，かなり正確な予測を提供した．

最適広告方針

研究者は，予算の制約下で，どのような方針が最適な広告方針であるのかを検討することに取り組んできた．ある研究者は，一定不変の広告，ないしはチャタリング (chattering, 2つの支出レベル間を不定の周期で揺らぐ) が，最適な方針であると主張した (Sasieni, 1971; Sethi, 1973). しかし，別の研究者は，パルス型 (Hahn and hyun, 1991; Feinberg, 1992) が最適ないしは比較的よいことを示した．Sasieni (1971) は，この問題を以下のように定式化した．

$$\max \int_0^\infty [\pi x(t) - u(t)] e^{-rt} dt,$$
$$X' = g(x, u), \quad x(0) = X_0$$

ここで，$x(t)$ と $u(t)$ は，時刻 t における販売高と広告であり，r は割引率である．いま，g_u と g_x が1次偏微分で，g_{uu} が2次偏微分であるとおき，動的計画法におけるベルマンのアプローチ (Bellman's approach) と，微分方程式の位相空間における古典的なポアンカレ-ベンディクソン定理 (Poincare-Bendixson theorem) とを用いて，Sasieni は，ある所与の販売高と広告について，次に示す仮定の下に，最適な広告方針は，一定不変の支出であることを示した．この仮定とは，(i) 広告のレベルが上昇し ($g_u \geq 0$) たとき，販売高の応答が変わらないか，または正であり，(ii) 販売高が比較的低い ($g_x \leq 0$) ときに，販売高の応答が変わらないか，または正であり，(iii) 販売高の応答は，広告レベルの増加に対して収穫逓減を示す，すなわち応答曲線 (response curve) が凹である ($g_{uu} \leq 0$) という仮定である．しかし，最適方針は，応答関数についての凹の仮定が成立しないときには，チャタリングになる．したがって，明らかに，応答曲線の形が論争の焦点となる．S字型応答曲線となる証拠を発見した研究者は多い (Little, 1979; Eastlack and Rao, 1986). 応答曲線の形についてのさらに決定的な結論は，広告を一層適切にモデル化する能力を高めるであろう．このことは，もちろん，実証的な検証の課題である．

Hahn and Hyun (1991) は，通常の媒体コストを上回る取引コストが Mahajan and Muller のモデル (1986) に含められている場合には，パルス型が最適方針であることを示した．Feinberg (1992) は，フィルタの概念を導入し，Sasieni のモデルを以下のように修正した．

$$x' = g(x, z), \quad z' = G(u-z)$$

ここで，z はフィルタを特徴付けている．Sasieni の定式化において，一定不変の支出を実現する唯一の方法は，非常に早く変動させること，すなわちチャタリングさせることである．チャタリングは根本的に不可能であり，一定不変の支出も実践的には不可能であるので，それらは2つの実現することのできない振動数の両端であり，ある意味では，知覚的には等価ともいえる．フィルタの導入によって，Feinberg は，これらの2つを数学的に等価にすることができたのである．このフィルタは，インプットを指数的に平滑化する．インプットが一定不変ないしはチャタリングの広告の場合，このフィルタは一定のアウトプットを出す．しかし，フィルタのアウトプットは，非定常的で周期的なインプットに対しては，パルス型の方針となる．Feinberg (1992) は，パルス型が一定の支出に比べて優れた方針であることを数値的に示した．

メディア計画作成のための目標計画法モデル (goal programming model) は，Charnes et al. (1968) にある．ここでの目的は，予算の制約はもちろんのこと，デモグラフィックな特性やその他の特性による頻度の分布を含んでいる．

競　　争

この問題は，最近十年間，かなりの注目を集めてきた．2種類のモデル，すなわち微分ゲームモデル (differential game model) とハザード率モデル (hazard rate model) が登場した．

微分ゲームモデルは，ヴィダル-ウォルフェないしは Nerlove and Arrow にもとづいて構築されており，オープンループ (open-loop, Rao, 1984) あるいはクローズドループ (closed-loop, Erickson, 1991) の決定論的ゲーム (deterministic game) がその解法として用いられている．Rao (1984) は，標準的なフォーマットでモデルを作成している．企業に対する価値は，販売高マイナス広告コストで定義される割引利益である．販売高と広告の応答関数は，それぞれ厳密に凹と凸であると仮定されている．さらに，任意の期間における販売高は，前期の販売高の幾何学的減衰で表現され，これにより企業における価値の上限が規定されている．背景は，寡占的競争である．この状況で，Rao は，産業のオープンループナッシュ均衡を証明した．ほとんどのオープンループ微分ゲームは，Rao の分析を確認している．しかし，つい最近になって，微分ゲームについてのオープンループ解とクローズドループ解とを比較する研究がなされ，クローズドループ均衡戦略は，市場における実際の支出レベルについてのデータに対する適合がよいことが判明した (Erickson, 1991).

Bourguignon and Sethi (1981) は，ハザード率モデルを，広告についての競争に適用し，優れた表現を行っている．これらのモデルは，企業が他の企業による参入の脅威に対抗して広告しなければならないという状況で有用である．Bourguignon and Sethi は，$h(p, u) = (1-F)^{n-1}$ で与えられる，ハザード率の，特殊なクラスを特徴付けている．ここで p と u は，それぞれ価格と広告であり，$F(t)$ は，企業の参入が期間 $[0, t)$ に生じる確

率であり，n は，潜在的参入の性質を表すパラメータである．Pontryagin の最適化原理を用いて，この研究者たちは，ある条件下では，企業の最適方針は，p と u とを攻撃的に設定することによって，任意の競争者の参入を阻止できることを示している．

ここでレビューしたモデルは，広告に関連して数々の結論を示している．第一に，広告の過程には，成長と減衰という2つのメカニズムが存在する．第二に，販売高-広告応答曲線は凹かS字型かのいずれかである．第三に，パルス型は，優れた広告方針である（おそらく最適ですらある）．第四に，競争は，クローズドループ均衡分析を用いることによってモデル化する方が優れている．
⇒動的計画，目標計画法，線形計画法．

[Gurumurthy Kalyanaram, Frank M. Bass/太田敏澄]

参 考 文 献

[1] Bass, Frank M. (1969), "A Simultaneous Equation Regression Study of Advertising and Sales of Cigarettes," *Jl. Marketing Research*, 6, 291–300.

[2] Bass, Frank M. and D.G. Clarke (1972), "Testing Distributed Lag Models of Advertising Effect," *Jl. Marketing Research*, 9, 298–308.

[3] Bass, Frank M. and Robert P. Leone (1986), "Estimating Micro Relationships from Macro Data: A Comparative Study of Two Approximations of the Brand Loyal Model Under Temporal Aggregation," *Jl. Marketing Research*, 23, 291–297.

[4] Bass, Frank M. and L.J. Parsons (1969), "Simultaneous-Equation Regression Analysis of Sales and Advertising," *Applied Economics*, 1, 103–124.

[5] Blattberg, Robert C. and Abel P. Jeuland (1981), "A Micromodeling Approach to Investigate the Advertising-Sales Relationship," *Management Science*, 27, 988–1005.

[6] Bourguignon, F. and S.P. Sethi (1981), "Dynamic Optimal Pricing and (Possibly) Advertising in the Face of Various Kinds of Potential Entrants," *Jl. Economic Dynamics and Control*, 3, 119–140.

[7] Charnes, A., W.W. Cooper, J.K. DeVoe, D.B. Learner, and W. Reinecke (1968), "A Goal Programming Model for Media Planning," *Management Science*, 14, 8, B423–B430.

[8] Eastlack, J.O. and A. Rao (1986), "Modeling Response to Advertising and Pricing Changes for V8 Cocktail Vegetable Juice," *Marketing Science*, 5, 245–259.

[9] Erickson, G.M. (1991), "Empirical Analysis of Closed-Loop Duopoly Advertising Strategies," Working Paper, University of Washington, Seattle.

[10] Feinberg, Fred (1992), "Pulsing Policies For Aggregate Advertising Models," *Marketing Science*, 11, 221–234.

[11] Feichtinger, Gustav, Richard F. Hartl, and Suresh Sethi (1993), "Dynamic Optimal Control Models in Advertising: Recent Developments," *Management Science*, 40, 195–226.

[12] Hahn, M. and J.S. Hyun (1990), "Advertising Cost Interpretations and the Optimality of Pulsing," *Management Science*, 37, 157–169.

[13] Koyck, L.M. (1954), *Distributed Lags and Investment Analysis*, North Holland, Amsterdam.

[14] Little, J.D.C. (1979), "Aggregate Advertising Models, The State of the Art," *Operations Research*, 27, 629–667.

[15] Little, J.D.C. and Leonard M. Lodish (1969), "A Media Planning Calculus," *Operations Research*, 17, 1–35.

[16] Mahajan, V. and E. Muller (1986), "Advertising Pulsing Policies for Generating Awareness for New Products," *Marketing Science*, 5, 89–106.

[17] Pedrick, James H. and Fred S. Zufryden (1991), "Evaluating The Impact of Advertising Media Plans: A Model of Consumer Purchase Dynamics Using Single-Source Data," *Marketing Science*, 10, 111–130.

[18] Rao, Ram C. (1984), "Advertising Decisions in Oligopoly: An Industry Equilibrium Analysis," *Optimal Control Applications and Methods*, 5, 331–344.

[19] Rao, Ram C. (1986), "Estimating Continuous Time Advertising-Sales Models," *Marketing Science*, 5, 125–142.

[20] Rust, Roland, T. and Naras Eechambadi (1989), "Scheduling Network Television Programs: A Heuristic Audience Flow Approach to Maximizing Audience Share," *Jl. Advertising*, 18(2), 11–18.

[21] Sasieni, M.W. (1971), "Optimal Advertising Expenditures," *Management Science*, 18, 64–72.

[22] Sethi, S.P. (1973), "Optimal Control of the Vidale-Wolfe Advertising Model," *Operations Research*, 21, 998–1013.

[23] Vidale, M.L. and H.B. Wolfe (1957), "An Operations Research Study of Sales Response to Advertising," *Operations Research*, 5, 370–381.

交 差

crossover

2つの親染色体（すなわち解）の遺伝子を交換する，遺伝アルゴリズムのオペレータ．これによって，異なる両親の遺伝子を組み合わせた子孫が生成される．⇒遺伝アルゴリズム．

構造化モデリング

Structured Modeling

はじめに

構造化モデリングは，1980年代に利用可能となったモデリングシステムの中に見られたいくつかの欠点を総合的に解決するものとして開発された．構造化モデリングはモデルとその実行に関して系統的に考察する方法であって，いかなるモデルも異なる要素 (element) の集合と見なすことができるという考えにもとづいている．モデルの中の各要素は，根原的 (primitive) であると定義されるか，あるいは，モデル中の他の要素の定義にもとづいて定義されるかのいずれかである．要素は，5つのタイプ (いわゆる，根原体 (primitive entity), 複合体 (compound entity), 属性 (attribute), 関数 (function), 検証 (test)) に分類され，類似性にもとづいて，属 (genera) と呼ばれるいくつかのクラスにまとめられる．さらに，これらの要素はモデルの高位の構造を表すために，モジュール (module) の根付木として階層的に構成される．当然のことながら，定義に関する要素間の相互依存性を，無閉路有向グラフの枝として図示することができる．また，すべての関数要素と検証要素は，付随的な数学的表現を用いて数値計算が可能なため，依存性のグラフは計算に活用することができる．

何らかの特定の目的のためにモデルを用いる場合，主観的な意図が含まれる．構造化モデルでは，ユーザによって定義される，モデル特有の「問題」や「仕事」と，それ自体がどちらかというと客観的であるモデルとを明確に区別する．典型的な問題や仕事の場合，個々の疑問，推論，特定の入力に対するモデルの振る舞いの評価，制約解の決定，最適化などに関連し，計算機上のモデル操作ツール (「ソルバー」) を利用することが要求される．ある種の繰り返し生じる問題や仕事に対しては，これらのツールは高度に開発され，構造化モデルソフトウェアシステムに組み込まれており，容易に利用できるようになっている．

構造化モデルの理論的な基礎は，Geoffrion (1989) によって形成された．そこでは，表現形式主義に陥ることを意図的に避けたうえで，厳密な意味構造が与えられている．構造が「意味論的」であるのは，すべてのモデルは，内容の意味するところを把握するように構築された定義の体系であると見なすことによる．それとは対照的に，通常の数学は大抵の場合，意味することの大部分を暗示的に処理している．3つの階層からなるモデル構造 (要素構造，属構造，モジュラー構造) についての詳細な概念，モデルの〈種類〉(class) とモデルの範例 (instance) との本質的な差異，関連する概念と構成，そして，基本的な理論的特性などが28個の定義と8つの命題によって確立された．このような構造は，知識表現，プログラミング言語設計，意味データモデリング，などの計算機科学の分野における文献に見られる概念と共通点を有してはいるが，OR/MSおよびその関連分野で用いられるモデリングのために特別に設計されたものである．

構造化モデル言語

SML (構造化モデル言語, structured modeling language) と呼ばれる，実行可能なモデル記述言語は，Geoffrion (1992) による構造化モデリングの意味構造の基盤をなしている．構造化モデリングのための言語としてはほかに，グラフベースのもの，論理ベースのもの，SQL指向のもの，添字なしのもの，またはオブジェクト指向のものなどがある．SMLは，表現能力の上昇方向に対して互換的な4つの層を通して見ることができる．第1層は，単純な定義システムと，Harry, Norman and Gartwright (1965) に見られる，有向グラフモデルを含むものである．第2層は，第1層をより複雑に拡張したもので，スプレッドシートモデル，数値公式，命題演算モデルを含むものである．第3層は，数理計画法を含み，集合とデカルト積上での単純な索引づけを伴う演算モデルを記述したものである．最後に，第4層は，上記に加えて相関データベースモデルと意味データベースモデルを含むものである．

図1に示すGeoffrion (1987) からの図は，古典的な混合形式モデルの一般構造の仕様を与えるSML様式 (schema) (第3層) と，モデルの要素の仕様を与える標本SMLの要素詳細表 (elemental detail table) である．後者は，様式を併せて，特定の混合形式モデルの範例を与える．

スペースの都合上，SMLの文章構造を完全に記述することはできないが，以下にいくつかのヒントを掲げよう．様式はパラグラフの木として構成され，木の葉は属となり，その内部の頂点はモジュールとなる．各パラグラフの太字体の部分は属またはモジュールの形式的な定義であってこの場合がそうであるように，残りの部分は形式的部分に関する文書コメントからなる．下線と大文字の使用についての規定を除くと，文書コメントは非形式的である．属パラグラフの形式的な定義は属の名称で始まる．そのあとに，(もしあれば) 括弧に入れられた定義の依存性の宣言，スラッシュで区切られた属の型，属性が存在する場合には，コロンで始まるデータ型の宣言，関数や検証が存在する場合には，セミコロンで始まる属性規則 (generic rule) と呼ばれる数学的な表現が続く．モジュールパラグラフの形式的な定義はその名称のみからなる．様式の仕様は提起された問題や仕事とは独立に決定されることに注意されたい．上記の様式に共通する問題は，すべてのT: NLEVEL要素が真と評価され，

&NUT_DATA 栄養素データ

 NUTRi /pe/ 栄養素のリストが存在する．

  MIN (NUTRi) /a/ : Real+ 各々の栄養素について，1日最小必要量(1日あたり1匹あたり単位数)が存在する．

&MATERIALS 原材料データ

 MATERIALm /pe/ 飼料として用いることのできる原材料のリストが存在する．

  UCOST (MATERIALm) /a/ 各々の原材料は単位コスト(原材料1ポンドあたりドル)を持つ．

 ANALYSIS (NUTRi, MATERIALm) /a/ : Real+ 各々の栄養素-原材料の組合せについて，成分表(原材料1ポンドあたり栄養素単位数)が存在する．

 Q (MATERIALm) /va/ : Real+ 各々の原材料の数量(1日あたり1匹あたり単位数)が選択される．

 NLEVEL (ANALYSISi., Q) /f/ ; @SUMm (ANALYSISim * Qm) 一旦数量が選択されると，各々の栄養について成分表から計算可能な栄養レベル(1日あたり1匹あたり単位数)が存在する．

 T:NLEVEL (NLEVELi, MINi) /t/ ; NLEVELi >=MINi 各々の栄養素について，栄養レベルが1日最小必要量と少なくとも同量であるかを判定する栄養検定が存在する．

 TOTCOST (UCOST, Q) /f/ ; @SUMm (UCOSTm * Qm) 選択された数量に関して全体コスト(1日あたり1匹あたりドル)が存在する．

図1 古典的な混合形式モデルの様式

NUTR

NUTR	‖	INTERP	MIN
P	‖	Protein	16
C	‖	Calcium	4

MATERIAL

MATERIAL	‖	INTERP	UCOST
std	‖	Standard Feed	1.20
add	‖	Additive	3.00

ANALYSIS

NUTR	MATERIAL	‖	ANALYSIS
P	std	‖	4.00
P	add	‖	14.00
C	std	‖	2.00
C	add	‖	1.00

Q

MATERIAL	‖	Q
std	‖	2.00
add	‖	0.50
	‖	

NLEVEL

NUTR	‖	NLEVEL	T:NLEVEL
P	‖	15.00	FALSE
C	‖	4.50	TRUE

TOTCOST

‖	TOTCOST
‖	3.90
‖	

図2 混合形式様式の要素詳細表の例

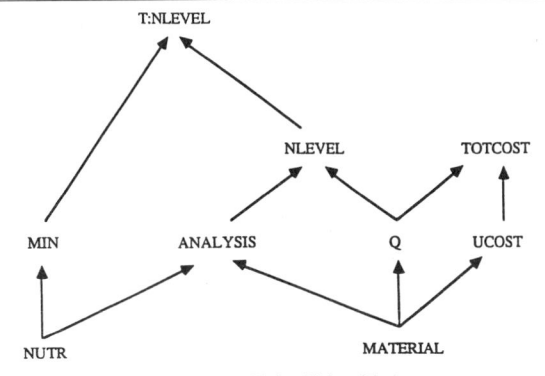

図 3 混合形式様式に関する属グラフ

TOTCOSTが最小となるようなすべてのQの要素の値を求めることである．

要素詳細表の構造と系列は，様式にもとづいて構成的に決定される．それぞれの表には名称が付けられ，通常は属の名称と一致するような列名をもち，対応する属の各要素を行にもつ．

最後の図は，上記の様式に付随する，いわゆる〈属グラフ〉(genus graph) である．これは，属の層における定義の相互依存関係を表している．

構造化モデリングの将来

意味構造とSMLそれ自体を設計することによって，SMLにもとづくモデリングシステムは，在来型のモデリングシステムにはなかった，以下に掲げるような特徴を有することになる．

* 一般的なモデル構造の形式的仕様に関するエラーチェック．これは，基盤となっている意味構造についてしらみつぶし的に行われる．

* モデルの各部分間の詳細な意味論的連結．この特性によってモデルを維持，拡張，および統合することが容易になり，また，コミュニケーション，デバッグ，モデルの維持改良，その他欠かすことのできない活動に役立ついくつかのモデル参照文書の自動生成が可能になる．

* 構造化モデリングがモデルを定義システムと見なすということを一般化することによって，単一のモデリングシステムを広範なモデリングパラダイムに適応させる能力．これによって，モデルの統合が容易になり，多くの標準化の利点がもたらされる．

* 抽象化の3層における閲覧可能な定義の相互依存グラフ，すなわち，任意のモデルの一般構造の視覚化，伝達に有用な構成物．

* モデルの複雑度を管理するためのアプローチ，あるいはモデルの方向付けのための視覚的手段としての階層的組織の利用．

* モデルの範例のための相関データ表の設計の自動生成．この特性によって，データ管理のための相関データベースツールの開発が容易になる．

* 形式的モデル仕様の文書化のためのSMLの非形式的部分言語の部分的一貫性のチェック．さらには文書参照による，形式的仕様の部分的な一貫性と完全性のチェック．

* モデルの種類別の一般的な構造と範例データとの間の完全な独立性．この特性によって，両者の再利用，簡潔さ，効率的なコミュニケーション，広範な柔軟性が促進される．

* モデルとソルバーの間の完全な独立性．この特性によって，単一のモデルに複数の解法を，複数のモデルに単一の解法を用いることが可能となり，概念上の透明性が高められる．

上記の特性を備えた研究上のプロトタイプの実施例が，Geoffrion (1992) とNeustadter et al. (1992) に述べられている．前者の論文には，それぞれ重点の異なる構造化モデリングの研究のプロトタイプ例が示されている．たとえば，グラフベースモデリング，ハイブリッド情報/数理モデリングシステム，ネットワーク環境上でのSQLデータベースサーバを用いたモデル管理，最適化ベースの応用，統計分析，文章指向型モデルによる編集などが含まれている．製品プロトタイプの開発にとって，十分な基盤があるといえる．

将来の研究における有望なテーマとしては，以下のようなものがある．すなわち離散事象シミュレーション (Lenard, 1993)，グラフベースモデリング (Jones, 1992)，データベースシステムとの統合 (Dolk, 1988)，言語指向エディタ (Vicuna)，オブジェクト指向システム (Muhanna, 1993)，モデル統合化，モデルの定義と操作のための改良言語，従来のモデリングシステムではサポートしていないモデリングライフサイクルの初期または後期フェイズへの適用，他のモデリングアプローチやシステムに対する，構造化モデリングにもとづいた強化と使用方法の教育，などである．構造化モデリングのサーベイと，選別された研究の方向，そして50項目の参照文献を記載したGeoffrion (1994) を参照されたい．

⇒ 数理モデル，モデルの管理，最適化のための代数的モデリング言語．　　　　[Arthur M. Geoffrion/鈴木賢一]

参 考 文 献

[1] Dolk D.R. (1988). "Model Management and Structured Modeling: The Role of an Information Resource Dictionary System," *Comm. ACM*, 31, 704-718.
[2] Geoffrion A.M. (1987). "An Introduction to Structured Modeling," *Management Science*, 33, 547–

588.

[3] Geoffrion A.M. (1989). "The Formal Aspects of Structured Modeling," *Operations Research*, 37, 30–51.

[4] Geoffrion A.M. (1991). "FW/SM: A Prototype Structured Modeling Environment," *Management Science*, 37, 1513–1538.

[5] Geoffrion A.M. (1992). "The SML Language for Structured Modeling," *Operations Research*, 40, 38–75.

[6] Geoffrion A.M. (1994). "Structured Modeling: Survey and Future Research Directions," *ORSA CSTS Newsletter*, 15(1), 1&11–20.

[7] Harary F., R. Norman and D. Cartwright (1965). *Structural Models: An Introduction to the Theory of Directed Graphs*, Wiley, New York.

[8] Jones C.V. (1992). "Attributed Graphs, Graph-Grammars, and Structured Modeling," *Annals of Operations Research*, 38, 281–324. (Special volume on Model Management in Operations Research edited by B. Shetty, H. Bhargava, and R. Krishnan.)

[9] Lenard M.L. (1993). "A Prototype Implementation of a Model Management System for Discrete-Event Simulation Models," *Proceedings of the 1993 Winter Simulation Conference*, IEEE, Piscataway, New Jersey, 560–568.

[10] Muhanna W. (1993). "An Object-Oriented Framework for Model Management and DSS Development," *Decision Support Systems*, 9, 217–229.

[11] Neustadter L., A. Geoffrion, S. Maturana, Y. Tsai and F. Vicua (1992). "The Design and Implementation of a Prototype Structured Modeling Environment," *Annals Operations Research*, 38, 453–484. (Special volume on Model Management in Operations Research edited by B. Shetty, H. Bhargava, and R. Krishnan.)

[12] Vicuña F. (1990). *Semantic Formalization in Mathematical Modeling Languages*, Ph.D. Dissertation, Computer Science Department, University of California, Los Angeles.

構造変数

structural variables

　線形計画問題の原変数でスラック変数，余剰変数，人工変数とは異なるもののこと．通常は構造変数は興味の対象となる変数であって，製造量，輸送量などの物理的解釈ができるもの．これらは原問題の不等式や等式をすべて方程式の形に変換する以前に現れる変数である．⇒論理変数，スラック変数，余剰変数．

後退連鎖

backward chaining

　推論エンジンにおいて，部分目標値を順次求めることによって，全体の目標値を求めようとする推論方法．ここでは推論エンジンが，部分目標の値を再帰的に求めることによって全体目標の値を求めようとする．反復の過程では，直近の目標の値を求めるにあたって，その目標の値を定める可能性をもつ規則を見いだすために，その規則によって得られるはずの結論を検証する手続きが実施される．この反復過程では，候補となる規則で前提される未知変数が，新たな部分目標となる．⇒エキスパートシステム．

後着順

LCFS, LIFO

　LCFSはlast-come, first-served, LIFOはlast-in, first-outの略で，あとから到着した客ほど優先してサービスする待ち行列規律．⇒待ち行列理論．

交通解析

Traffic Analysis

　交通解析は世界中の都市において拡大し続ける交通問題への処方に対する要請により，最近の約35年間に大きな進展を見せた．自動車交通の特徴に関する基礎的な特性を理解したことにより，交通施設の管理と最適化の問題に対する数々の重要な貢献をした．交通解析の一領域である流動に関する理論についてのいくつかの重要な進歩を，待ち行列の現象とも関連させて整理しておく．また交通ネットワークのコントロールに関してはここでは取り扱わないのでGazis (1992) を参照されたい．

交通流動に関する運動学的理論

　今日でも用いられているLighthill and Whitham (1955) の理論は交通流動 (traffic flow) 分析の貢献の中でも最も初期のものである．彼らは交通現象を基本的な法則にしたがうような液体と見なし，これが交通現象がもつ物理的な性質に制限されると考えた．たとえばある自動車は間接的な影響を自分の後方にのみ及ぼすことや，人間によって操作されることによる制限などである．Lighthill-Whitham理論 (Lighthill-Whitham theory) は2つの基本的な仮説にもとづいている．

1) 交通量は維持される．つまり全般的に見た交通単位は増えたり減ったりしない．

2) 交通流動と車両密度には交通システムがもつ物理的な特徴に起因する基本的な関係がある．

　前者の仮説はqを時間tの単位量当たりの自動車台数で表される交通流動，kを距離xの単位量当たりの自動車台数で表される交通密度として，

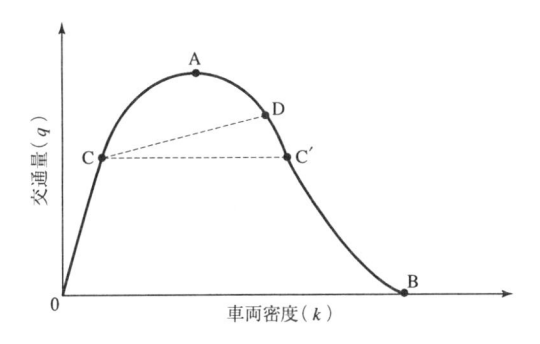

図1 交通量と車両密度の関係

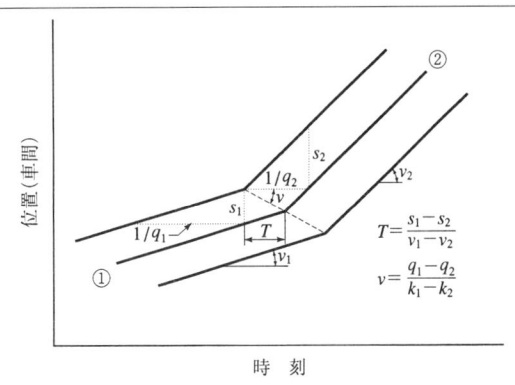

図2 定常的交通量の変化

$$\frac{\partial k}{\partial t} + \frac{\partial q}{\partial x} = 0 \qquad (1)$$

と表される．また v は交通流動の（平均）速度である．後者の仮説は交通流 q と密度 k の間の，

$$q = f(k) \qquad (2)$$

のような関係で表され，図1のように示される．密度ゼロにおいて流動量ゼロである．また流動量は"jam density" k_j でもバンパーとバンパーが接触する，つまりすべての車間距離がなくなるほどすし詰めになってゼロになる．この両極の間で交通量は最大になるまで増えゼロになるまで減少する．

交通がこの2つの仮定をもとに記述されることにより様々な知見を得ることができる．2つの仮定は実際に観察することもできる"波動の伝播現象"つまり交通の性質が変化する点の振る舞いや，交通流に対する障害によって起きる"待ち行列"などと関係がある．

波動の伝播現象（wave propagation）：いま交通量 q_1，密度 k_1 で定常状態にある交通流が，障害物などの外的要因からなる道路環境の変化によってそれぞれ q_2, k_2 にシフトしたとする．このとき道路条件が変化した地点付近にいる自動車は速度と車間距離を調節しようとする．その結果変化点は変化の性質によって前にも後ろにも動くことがある．実際には速度や車間距離の調節は緩やかなものであるが，波動の伝播の特徴を引き出すために Lighthill and Whitham (1955) では急激なものと仮定している．この仮定により定常状態にある交通が変化するときの様子はいまや交通工学で広く浸透している表現である「衝撃波」(shock wave)と関連があるという結果が導かれた．

衝撃波はある速度から別の速度に変化するときに生じ，交通流動においては常に後ろに移動する．なぜなら自動車は自分の後ろの自動車にのみ影響を与えるからである（ここでは前方の自動車にぴったりくっついて「追い上げる」行為は異常であり重要ではないとして無視する）．衝撃波の速度は式(1)により以下のように与えられる．

$$v = \frac{q_1 - q_2}{k_1 - k_2} \qquad (3)$$

式(3)による結果は交通量が維持されるという仮定にのみ依存し，交通量と集中の間にどのような関係があるか，さらにそのような関係自体の有無にはまったく依存しない．このような事実は図2より運動学的な考察から導かれる．ある定常的な交通流から別の状態への変化は結果的に道路環境に応じた速度変化の衝撃波となって観察される．また式(3)より「位相の速度」(phase velocity)は変化前と変化後の q と k にのみ依存することがわかる．さらに図1に示されるような流動と車両密度の関係を仮定すれば，以下のように交通の性質が異なる領域や波動の伝播現象を分類して定義することができる．

1) 交通量と交通密度がともにゼロの地点から交通量が最大になる地点まで（図1における区間OA）は比較的混雑していない状態である．この領域では道路に沿って前方に行くほど自動車の密度が少しずつ増加している．

2) 交通量最大の地点から交通量ゼロのいわゆる「すし詰め状態」(jam density)に至るまで（区間AB）は比較的混雑した状態かあるいは発進停止を繰り返すような(stop-and-go traffic)状態である．この領域では道路に沿って後方に行くほど車両密度が少しずつ増加している．

3) ある定常状態から別の状態への変化（図1における地点CからDへの変化）は線分CDの傾きにより変化する波動と関係している．

待ち行列（queueing）：待ち行列は道路上のある特定の地点において交通容量が減少したり，ある障害により q-k 曲線において未混雑状態から混雑状態へ移行するときに引き起こされ，交通量の減少とは無関係である（図1における直線CC'）．待ち行列の成長率はこれまでの手法を用いて推定することができる．つまり交通量 q，密度 k の交通がすべて待ち行列を生じさせる障害になると考えることで待ち行列の最後端の位置が後方に移動する速度は，

$$v = \frac{q}{k_j - k} \quad (4)$$

と書くことができる.

交通の運動学的解釈 (kinematic treatment of traffic) によるその他の成果: 様々な交通現象に対するライトヒル-ホワイトハムモデル (Lighthill-Whitham model) の適用事例については広範な文献があるが,適切な適用がなされたか注意する必要がある.このモデルの適用に際して自動車の速度を変化させる時間に余裕をもたせていないものはモデルの精神に反するものである.

Gazis and Herman (1992) はこのように交通を運動学的に取り扱う手法を交通の性質を変化させる要因である障害が移動する場合,つまり交通の流れの中で周囲よりも遅い速度で走行する自動車が存在するような場合に興味深い拡張をしている.このような「動く障害」(moving bottleneck) は「動かない障害」(fixed bottleneck) とは違う性質をもち,ガジス-ハーマンの方法 (Gazis-Herman treatment) ではこれに関連して待ち行列がどのように振る舞うかを説明している.彼らは2車線の高速道路上において低速走行車の存在により生じる待ち行列について記述しており,この場合2車線とも低速走行車の影響を受けるわけだが,まずその低速車が走行している車線ではその後方の自動車に対して直接の障害となり,別の車線では低速車により生じた待ち行列から車線変更した自動車が障害となっている.結果として低速走行車の付近に2車線にわたり待ち行列が生じることになり,この影響を被った自動車は低速車と併走せずに本来の速度に戻ることが可能である限り平均的に低速車よりも少しだけ速い速度で走行することになる.Gazis と Herman は運転者が稀に遭遇する一見説明できない場所で生じる混雑で「見かけの障害」(phantom bottleneck) と呼ばれる現象に説明を与えることもした.これらの現象の多くは一時的に速度を落とした自動車が「動く障害」となることが原因である.たとえば,貨物を満載したトラックが上り坂で一時的に速度が落ちてしまうような場合である.またガジス-ハーマンの方法により高速道路上で一定の交通量を維持するために許される最低の速度を理論的に求めることができる.

ボルツマン型の交通流動モデル
(Boltzmann-like model of traffic flow)

1959年,Prigogine が提案した統計力学にもとづく交通流動のモデル (Prigogine, Herman and Anderson, 1963, 1965; Herman and Prigogine, 1971) は Boltzmann の気体のモデルに似たものであった.彼らは交通の流れをそれぞれが統計学的な特性をもった交通の単位の「調和 (アンサンブル)」であると考えた.その中でも仮に自分以外の前方の自動車に制限されないときのある自動車の特性を希望する速度と関連付けた点に注目される.

いま交通がある特定の自動車の速度 v を用いて確率密度 $f(x, v, t)$ と表されるとする.この密度は時間 t と高速道路に沿った座標 x の関数である.関数 f が満たすべき基本的な関係は以下のように表される.

$$\frac{\partial f}{\partial t} + v \frac{\partial f}{\partial x} = \left(\frac{\partial f}{\partial t}\right)_{\text{relaxation}} + \left(\frac{\partial f}{\partial t}\right)_{\text{interaction}} \quad (5)$$

式 (5) の右辺第1項は,$f(x, v, t)$ が希望速度の分布 $f^0(v)$ より変化することを示し,各自動車は可能なときにはいつも希望する速度で走行しようとすることを意味している.右辺第2項は高速で走行する自動車が低速車により減速することを示している.Prigogine はこの第2項について「衝突」という表現を頻繁に用いたがこれは統計力学の専門家としての彼の流儀であったといえる.

これらの2項を数式で表現すると余裕の時間 τ,ある自動車が別の自動車を追い越すことができる確率 p,交通の流れの平均速度 V を用いて,

$$\frac{\partial f}{\partial t} + v \frac{\partial f}{\partial x} = \frac{f - f^0}{\tau} + (1-p) k (V-v) f \quad (6)$$

と書ける.式 (6) の右辺第2項が示す追い越し可能確率が1に近づくとき,交通集中は非常に軽微な状態で項全体はゼロに近づき,このとき余裕時間の項は正である.さらに,高速道路の物的環境が変化しないと仮定すれば $\partial f/\partial x = 0$ であるので式 (6) の解は,

$$f(v, t) = f^0(v) + [f(v, 0) - f^0(v)] e^{-t/\tau} \quad (7)$$

となる.式 (6) の解にのみ注目すれば,これは時間と位置に独立になっており,左辺はゼロになる.この式は一般解法で解くことができ,集中が軽微なときは交通量は近似的に集中の度合いに線形に比例することがわかる.このとき V^0 を平均の希望速度として,

$$q = V^0 k \quad (8)$$

と書けるが k が増加するにつれて自動車相互の影響が大きくなることで交通量 q の増加率は減少してくる.

交通がかなり集中している状態では以下の式 (9) を見るとわかるとおり,q は τ と p にのみ依存する量であり,f^0 に対しては独立である.

$$q = \frac{1}{\tau(1-p)} \quad (9)$$

交通流が定常的である場合(このとき交通流は時間と位置に独立である)の全区間の式 (6) に対する解は図3に示すとおりである.すべての f^0 に対して交通量 q は最大値に達するまで増加し,式 (9) で示した曲線に交わるまで減少する.交通流が「集団的」つまり車両密度が高くほとんど追い越し不可能な状態では一般的にこの曲線のような概形になる.この理論により現実の交通流において集団的に流れている自動車の停止を予測できることが,非常に混雑して発進停止を繰り返すような状態で

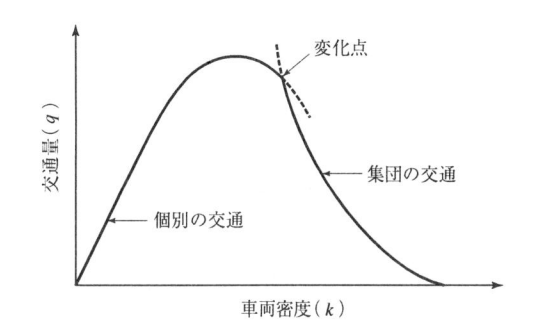

図3 ボルツマン型交通流動モデルによる交通と車両密度の関係

の経験則と一致している．

HermanとPrigogineは数人の共同研究者とともに引き続きこれらの結果を用いて「異なる2つの液体モデルのアプローチ」(two-fluid approach)による都市内交通のモデルを開発した．このアプローチは都市内の交通が動いている液体と止まっている液体からなる混合であると仮定しており，それぞれの自動車は道路網上を動いたり止まったりしている．ある都市内交通網のサービス水準は試験車両で道路網を循環し計測された走行時間と停止時間の比率を用いて評価することができる．このように2つの液体モデル(two-fluid model)は混雑した都市内交通を総体的に扱った簡潔な記述を与えることができる．このモデルを用いることで異なる都市交通網を比較することができ，また網の幾何学的形態や交通制御の仕方と関連づけて交通網のサービス水準の改善の処方を与えることも可能になるといえる．

交通流動の追従理論

Reuschl (1950) とPipes (1953) は，1車線道路において接近して走行する自動車の動きを詳細に記述するモデルを提案した．交通流動(traffic flow)におけるこのような微視的な追従理論(car-following theory)は，Herman, Montroll et al. (1959) によって飛躍的に発達した．この理論は運転者が前方の他車を自由に追い越せないときに，その自動車の後ろに続くことで，優先された前方の自動車と結果的に同じように走行してしまうという事実にもとづくものである．つまり運転者はこのような状態になるように自分の自動車を制御するのである．運転者が自分の車と自分の直前の自動車との相対的な速度に応じて走行するというこの理論の仮定は，実験による確認もなされている．さらに，実験の結果によると自動車の加速と直前の他車との相対的な速度の間には1秒のオーダーのタイムラグで高い相関関係があることが示されている．この結果から n をある走行する自動車の集団における順番，λ を定数の「ゲインファクター」(gain factor)，T を直前の自動車に反応するまでの遅れ，x_n を n 番目の自動車のハイウェーにおける位置とし，これらを用いて式(10)のような線形追従モデルが導かれる．

$$\frac{d^2x_n(t+T)}{dt^2} = \lambda\left[\frac{dx_{n-1}(t)}{dt} - \frac{dx_n(t)}{dt}\right] \quad (10)$$

このモデルは交通の乱れが生じた際にその集団の安定性を調べるのに用いられる．集団に属するどの自動車に乱れが生じてもその乱れの振幅が時間とともに減少するような場合，この集団は「局所的な安定」(locally stable)であるという．また乱れが後方に伝播するにつれその振幅が減少するような場合，この集団は「漸近的な安定」(asymptotically stable)であるという．式(10)において λT の値がその集団が安定であるかそうではないか，さらに局所的な安定なのか漸近的な安定なのかを決定する．まず $\lambda T < 1/e$ のとき，乱れは後方の自動車に伝わるにつれて指数関数的に減少し，非常に安定した状態であることを意味する．また λT が $1/e$ と $\pi/2$ の間にあるとき，乱れは2台ずつの自動車間でその振幅を変化させながら減少し，局所的な安定を表している．そして $\lambda T > \pi/2$ のとき，乱れは次第に振幅を大きくしていき，集団は不安定な状態であることを意味している．

集団が安定状態が漸化的であるかどうかは $\lambda T = 1/2$ を境として決まり，λT が $1/2$ 以下のとき乱れの振幅は後方の自動車に伝わるにつれ減少し，$1/2$ より大きいとき振幅は増加する．つまり λ が $1/e$ (~ 0.368) と $1/2$ の間にあるとき，局所的には安定状態であるが，漸近的な安定ではない．結局，走行する自動車群において乱れが大きすぎて車間がなくなり，振幅が次第に大きくなるようなことが起きないうちは，すべての車間において振幅を吸収することが可能である．

線形の追従モデル(linear car-following model)は一定の速度で定常的に流れる交通における走行状態の変動を記述できるモデルであるが，比較的大きな速度変化を伴うようなある定常状態から別の状態への変化には対応できない．そこでGazis et al. (1961)では非線形モデル(nonlinear model)が提案されており，このモデルではゲインファクターが定数ではなく式(11)で示されるように，後者の速度と，前車と後車の相対的な車間に依存するように設計されている．

c を定数，$v = dx/dt$ が速度，(l, m) を非線形モデルのための整数パラメータとして，

$$\lambda = \frac{[v_n(t+T)]^l}{[x_{n+1}(t) - x_n(t)]^m} \quad (11)$$

と (l, m) の値の組合せによってモデルが定義されるので，ある定常走行から別の定常状態への移行を調査することでこれらの値を推定する．式(11)の λ を代入した式(10)を時間で積分することにより，速度の変化と集中の程度の間にある関係を定式化することができる．さ

らに適切な境界条件，たとえば交通渋滞については車間ゼロで速度がゼロになる境界条件と合わせると，図1に示したような交通量と密度の現象学的な関係を得ることができる．

ここまでの議論は追従モデルによる貢献の要点を整理したにすぎず，さらに Gazis (1965) では自動車の加減速の性能による制約などの物理的制約を考慮した制御の枠組み (framework of control) に関する理論が提案されるなど，より進んだ分析がなされている．

おわりに

交通流動の解析的な分析はこれまで交通工学の分野に対してきわめて大きな影響を与えてきたし，今後も与え続けると考えられる．インテリジェントビークル・ハイウェイシステム (intelligent vehicle-highway system: IVHS) という研究領域の出現は交通システムの解析的調査への依存をより大きなものにするものである．この IVHS の主要な目的は交通をより理解し，混雑や待ち行列の兆候あるいは自動車間の信号の伝播などの交通現象の解析的記述を発展させようというもので，交通システムに対してハイテクを利用するための理論的基礎を構築することなのである．すでに解析的な成果を直接適用することでいくつかの改善がなされようとしている．たとえば追従モデルを利用した高速道路の自動運転システムはもはや非現実的ではなくなっている．また交通解析によって交通現象への理解が深まることで，交通システム全体の制御や最適化という新しい構想も導かれているということができる．

⇒ ネットワーク，待ち行列理論．

[Denos C. Gazis/腰塚武志]

参考文献

[1] Anderson, R.L., R. Herman, and I. Prigogine (1962), "On the Statistical Distribution Function Theory of Traffic Flow," *Operations Research*, **10**, 180–196.

[2] Ardekani, S.A. and R. Herman (1985), "A Comparison of the Quality of Traffic Service in Downtown Networks of Various Cities around the World," *Traffic Engineering and Control*, **26**, 574–581.

[3] Ardekani, S.A. and R. Herman (1987), "Urban Network-Wide Traffic Variables and Their Relations," *Transp. Science*, **21**, 1–16.

[4] Bick, J.H. and Newell, G.F. (1960), "A Continuum Model for Two-directional Traffic Flow," *Quart. Appl. Math.*, **18**, 191–204.

[5] Chandler, R.E., R. Herman, and E.W. Montroll (1958), "Traffic Dynamics: Studies in Car-Following," *Oper. Research*, **6**, 165–184.

[6] Chang, M.-F. and R. Herman (1981), "Trip Time versus Stop Time and Fuel Consumption Characteristics in Cities," *Transportation Science*, **15**, 183–209.

[7] Edie, L.C. and R.S. Foote (1960), "Effect of Shock Waves on Tunnel Traffic Flow," *Proc. Highway Research Board*, **39**, 492–505.

[8] Edie, L.C., R. Herman, and T.N. Lam (1980), "Observed Multilane Speed Distribution and the Kinetic Theory of Vehicular Traffic," *Transportation Science*, **14**, 55–76.

[9] Foster, J. (1962), "An Investigation of the Hydrodynamic Model for Traffic Flow with Particular Reference to the Effect of Various Speed-Density Relationships," *Proc. Australian Road Research Board*, **1**, 229–257.

[10] Gazis, D.C. (1965), "Control Problems in Automobile Traffic," *Proc. IBM Scientific Symposium on Control Theory and Applications*, IBM Yorktown Heights, New York. 171–185.

[11] Gazis, D.C. (1992), "Traffic Modelling and Control: Store and Forward Approach," in *Concise Encyclopedia on Traffic and Transportation*, Markos Papageorgiou (ed.), Pergamon Press, New York, 278–284.

[12] Gazis, D.C. and R. Herman (1992), "The Moving and Phantom Bottlenecks," *Transp. Science*, **26**, 223–229.

[13] Gazis, D.C., R. Herman, and R.B. Potts (1959), "Car-Following Theory of Steady-State Traffic Flow," *Oper. Research*, **7**, 499–505.

[14] Gazis, D.C., R. Herman, and R.W. Rothery (1961), "Nonlinear Folow-the-Leader Models of Traffic Flow," *Oper. Research*, **9**, 546–567.

[15] Greenberg, H. (1959), "An Analysis of Traffic Flow," *Operations Research*, **7**, 79–85.

[16] Herman, R. and S.A. Ardekani (1984), "Characterizing Traffic Conditions in Urban Areas," *Transp. Science*, **18**, 101–140.

[17] Herman, R. and R.B. Potts (1961), "Single-Lane Traffic Theory and Experiment," *Proc. 1st Intern. Symp. on the Theory of Traffic Flow*, R. Herman (ed.), Elsevier, 120–146.

[18] Herman, R. and I. Prigogine (1979), "A Two-Fluid Approach to Town Traffic," *Science*, **204**, 148–151.

[19] Herman, R., E.W. Montroll, R.B. Potts, and R.W. Rothery (1959), "Traffic Dynamics: Analysis of Stability in Car Following," *Oper. Research*, **7**, 86–106.

[20] Leutzbach, W. (1967), "Testing the Applicability of the Theory of Continuity on Traffic Flow at Bottlenecks," *Proc. 3rd Intern. Symposium on Theory of Traffic Flow*, L. C. Edie, R. Herman, and R.W. Rothery (eds.), Elsevier, 1–13.

[21] Lighthill, M.J. and G.B. Whitham (1955), "On Kinematic Waves: II. A Theory of Traffic Flow on Long Crowded Roads," *Proc. Royal Soc. (London)*, **A229**, 317–345.

[22] Makigami, Y., G.F. Newell, and R.W. Rothery (1971), "Three-dimensional Representations of Traffic Flow," *Transportation Science*, **5**, 302–313.

[23] Newell, G.F. (1965), "Instability in Dense Highway Traffic, a Review," *Proc. 2nd Intern. Symp. on Theory of Traffic Flow*, Joyce Almond (ed.), OECD, 73-83.

[24] Newell, G.F. (1991), "A Simplified Theory of Kinematic Waves," *Research Report UCB-ITS-RR-91-12*, University of California at Berkeley.

[25] Pipes, L.A. (1953), "An Operational Analysis of Traffic Dynamics," *Jl. Appl. Physics*, **24**, 274-281.

[26] Prigogine, I. (1961), "A Boltzmann-like Approach to the Statistical Theory of Traffic Flow," *Proc. 1st Intern. Symposium on the Theory of Traffic Flow*, R. Herman (ed.), Elsevier, 158-164.

[27] Prigogine, I. and F.C. Andrews (1960), "A Boltzmann-like Approach for Traffic Flow," *Operations Research*, **8**, 789-797.

[28] Prigogine, I. and R. Herman (1971), *Kinetic Theory of Vehicular Traffic*, American Elsevier, New York.

[29] Prigogine, I., R. Herman, and R.L. Anderson (1962), "On Individual and Collective Flow," *Acad. Roy. Belgique-Bull. de la Classe des Sciences*, **48**, 792-804.

[30] Prigogine, I., R. Herman, and R.L. Anderson (1965), "Further Developments in the Boltzmann-like Theory of Traffic Flow," *Proc. 2nd Intern. Symp. on the Theory of Traffic Flow*, Joyce Almond (ed.), OECD, 129-138.

[31] Prigogine, I., P. Resibois, R. Herman, and R.L. Anderson (1962), "On a Generalized Boltzmann-like Approach for Traffic Flow," *Acad. Roy. Belgique-Bull. de la Classe des Sciences*, **48**, 805-814.

[32] Reuschel, A. (1950), "Fahrzeugbewegungen in der Kolonne bei gleichfoermig beschleunigtem oder verzoegertem Leitfahrzeug," *Zeit. d. oesterreichischen Ing. u. Arch. Vereins*, **95**, 73-77.

[33] Underwood, R.T. (1962), "Some Aspects of the Theory of Traffic Flow," *Proc. Australian Road Research Board*, **1**, 35.

[34] Underwood, R.T. (1964), "Traffic Flow Models," *Traffic Eng. Control*, **5**, 699-701.

高等教育

Higher Education

1960年中期まで，キャンパス資源配分に対する厳密な計画技術と真剣な態度は，高等教育においてあまり見られなかった．拡張主義の教育機関は，学生および公的援助をともに惜しみなく消費していた．しかし，その後，大学組織の規模と複雑さの増大，さらにひっ迫した公的財政および大学進学者数の減少という明らかな前兆により管理技術に対する大学当局の興味は高められた．1980年代初期まで，大学運営は，OR/MS専門家たちの間では，常に興味の対象であった．しかし，この時期以降，方向は逆になったと考えられる．確固たる論拠はないが，この分野における研究と専門活動について詳細に吟味すると，大学に経営科学的アプローチを適用する興味が少し衰えてきているようである．

歴史的背景

高等教育における現代OR/MS応用の最も初期のものは，教育機関とシステムに対する形式張った計画モデルの開発である．最初の試みはCAMPUS (comprehensive analytical methods for planning university systems) であった．1964年からトロント大学にて開始したCAMPUSは，カナダの大学における費用パターンをシミュレートする計算機ベース計量経済モデル構築の試みの1つであった．CAMPUSの初期のバージョンは大量の入力データを必要とし，そのため大量の計算機容量が必須であった．このことは，数多くの大学による広範な利用を実質上不可能とした．しかし，CAMPUSは中等教育後教育機関における有用な計画・意志決定ツールの開発可能性を明らかに実証した．

1969年前後，米国教育省からの財政援助を通して，コロラド州の高等教育経営システムナショナルセンターにより，同様な努力が開始された．最終的に，RRPM (resource requirements prediction model) として知られている別の計算機シミュレーションモデルが完成した．RRPMそしてその後の様々なバージョンの主たる目的は，大学プログラムを作成し維持管理するのに必要な費用と財源の詳細な情報を教育機関に提供することであった．

ほぼ同時に，2つの重要な欧州モデルが開発された．最初のものは，HIS (Hochschule information system) と呼ばれるもので，フォルクスワーゲン社の援助を受け西ドイツ企業において作成された．もう1つは，TUSS (total university simulation system) と呼ばれ，オランダのユトレヒト大学で開発された．これらの2つの計画ツールは，大学運営のみへ利用を制限され，主に教育空間の効率的利用に焦点を合わせた．それ自体，北米モデルと比べて，一般化可能ではなく，さらに，これから述べるモデルより強力ではなかった．

1977年，収入と支出を予想するため，スタンフォード大学はTRADESと呼ばれる計算機ベース財政計画モデルを開発した．それは相互作用的で，高速で自由度が大きいため，TRADESモデルはこの分野で大きな役割を果たした．その名のとおり，TRADESは大学キャンパス指導者が直面するトレードオフに焦点を当てた．特に，利用者が「主要な計画変数」の一部（学部数，学生数，効用率のレベル）と，キャンパスや環境条件に対して考えられる様々なシナリオに対応する約200の変数を操作することを可能とする．TRADESは単にスタンフォード大学での利用のために構築されたが，その一般化バー

ジョンである GENTRA (generalized trade) は，まもなく教育計画局によりどこでも利用可能となった．TRADES と GENTRA とは，規則的で全体的な財政予測に伴う大量の退屈な計算を扱う最初のものであった．その結果，これらモデルは利用者たちに教育計画の核心により力を注ぐための新しい自由度を与えた．

これらの開発以降，スタンフォードモデルは適用され模倣された．おそらく最も有名な後続モデルは，EFPM (EDUCOM financial planning model) である．EFPM は，1970年代後半，米国350以上の大学からなる非営利協会である EDUCOM により開発された．主として，過去の予算状況を伸ばしたり，仮説的に新しい政策を課し将来の財政状況を見積もるなどの能力を教育機関に提供する計画モデルである．EFPM は今日の高等教育において，おそらく最も一般に利用されている意思決定支援システム (decision-supporting system: DSS) である．

研　　究

当分野の研究は3つの一般的な範疇に分類できる．最初の範疇は，〈高等教育における OR/MS 応用についての一般的な概観研究〉である．優れた初期の一例は，Schroeder (1973) である．そこでは，次の4分野における研究を批判的に概観している．計画プログラミング予算システム［PPBS］・経営情報システム［MIS］・資源配分モデル・入学計画，職員配置，資源利用最適化に対する数理モデル．同様な流れだがあまり技術的ではない一編は Wilson (1981) である．それは，現実の応用，仮想的応用を述べた短編だがうまく書かれた8研究からなる．重要なことに，この本は Cyert, Balderston そして Updegrove など，この分野の中心的著名人による貢献をも含んでいる．最後の仕事は White (1985) により行われ，1980年中期全体の研究とモデリングの努力成果の要約として非常に役立つ．White は著書目録を次の6分野に分類した．(1) 行政レベル，(2) モデルの主要目的，(3) プログラムの型，(4) 利用手法，(5) 割り付けられる資源，(6) 実行．White の研究はやや時代遅れとなりつつあるが，それでもなお，高等教育行政における OR/MS 応用の包括的評論としては最新のものかもしれない．

第二の範疇は，〈意思決定と計画モデル〉である．2人は (Hussain, 1976; Bleau, 1981 b)，1960年代および1970年代高等教育のために開発された「パッケージ型」計画モデルの徹底的な批評を行った．Hussain の本では，CAMPUS, RRPM, HIS および TUSS モデルに的を絞って述べられている．一方で，Bleau の研究は CAMPUS, TRADES, RRPM, EFPM, SEARCH (Peat, Marwick, Mitchell and Company による) および HELP/PLANTRAN (カンザスシティ中西部研究所で開発された) など北米で開発されたモデルに主に対象を絞った．Hussain および Bleau の批評論文以降，意思決定支援システムの改良は，技術的応用にて訓練されていない大学当局者向けに行われた．Rohrbaugh and McCartt (1986) は，高等教育における意思決定支援システム利用の急増について着実な概観を示した．そこで触れられた話題は，たとえば，マルコフ理論による意思決定支援応用，形式張った決定モデル，戦略決定モデル，システムダイナミクスシミュレーションモデル，代替案決定過程を評価するアプローチなどである．

意思決定および計画モデルをより包括的に吟味したい人々にとって，次の2つの古典的な研究が役立つ．それは，Halstead (1974) と Hopkins and Massy (1981) である．Halstead の本では，州レベルの中等教育後教育機関の職員の計画努力に焦点を当て，費用や歳入の予測，限られた州財源の代替可能性に対し特別な注意を払っている．対照的に，Hopkins and Massy の本では，個々の教育機関が直面する中央財政問題を扱っている．著者たちは財政計画モデルを定義し，モデルから正当に期待できる成果を略述し，必要なモデルをどのように構築するかを明示した．さらに，スタンフォード大学における計画モデルの開発および応用の経験にもとづく有用な歴史的背景を提供した．この本に含まれているのは，12の付録，網羅的な参考文献，有用な辞書および目録である．

意思決定および計画を予測する研究で強い印象を与えるものの1つは，Hoenack and Collins (1990) により編集された本である．著者たちは，経済学と OR/MS 両面から概念を採用し，資源配分，決定過程と優先，誘発的構造，財政環境，費用関数についての最新の内容を評論した．Becker による特に有用な章は，授業料に対する学生の感度についての大規模な計量経済学研究を評論し，この研究の計画への取り込み努力を考えた箇所である．

高等教育での OR/MS 研究の第三の範疇は，〈特別な小論と研究レポート〉である．典型的なものは，効率的資源配分に関してであり，その中で最も著名なものは Lee and Van Horn (1983) である．この本の核心は，当局と目的とを目標計画法にて結合させることにより教育機関経営を改善する提案である．しかも，これは数種類の資源配分モデリング法に関して有用な技術的評論をも含んでいる．品質保証と改善はこの範疇での第二の典型的な話題である．困難な責任の標準化を教育機関に守らせようとする時代では，大学プログラムの評価はすべての大学にて実質的に重要な運営テーマとなった．多くの研究者が，この問題に OR/MS の視点から参画した．Dressel (1976) は，予算化プログラム MBO，費用便益分析 MIS, PERT そして PPBS が評価過程において，論理的，規則的，包括的，とりわけ合理的な支援を提供で

きることを論じた．Lewis (1988) は，評価努力の内容だけではなく，それらの費用効率の面での分析についても評論した．

キャンパスにおける OR/MS の最初の特別な利用の1つは，施設経営，すなわち，建物とグラウンドの効率的利用と維持，新しい施設に関する意見統一において行われた．主に関連するのは，空間利用，在庫，需要予測，エネルギー消費である．この分野で最も話題となった最近の発展は，教育，研究そして公的活動というしばしば相反する目的について，施設計画者を支援する，統合型多目的計画モデルと混合整数目標計画法の利用である (Ritzman, Bradford and Jacobs, 1979)．特に，大規模な大学における，OR/MS 応用と関連する特別な利用は，スケジューリング，学生の入学制御である．このジレンマに対する典型的な経営科学的アプローチは，歴史的データから短期的および長期的将来像を外挿することである．この問題を取り扱う際，いくつかの教育機関は資料要求計画 (material-requirements planning: MRP) を用いて成功した (Cox and Jesse, 1981)．加えて特別な OR/MS 応用は，頻繁に職員配置問題へ応用された．たとえば，終身在職権，引退基準など大学雇用問題と関連する要素のたゆまぬ変化のため，短長期的教官需要計画は不断の挑戦となる．マルコフ連鎖法はこの複雑な問題を取り扱うのにしばしば利用されたアプローチの1つである (Bleau, 1981 a)．

局所的に生成され利用が制限された手法は，多くの教育機関の管理的ポートフォリオへたどりついた．ただ単に，自分たちの教育機関に的を絞るだけでないので，大学の教育研究所事務局 (institutional research: IR) は，しばしば，精緻な OR/MS 応用を開発した．それは，(1) 学生を観察し指導する学生登録管理手法，(2) 入学に合格した新入生が登録するか否かを予測する統計評価モデル，(3) 登録者を予測するマルコフ過程と関連する予測モデル，(4) 特定のプログラムへ入退出する学生の行動を解析する学生流動モデルである．不幸にも，特段の公表努力がなされない限り，これらは大学関係者以外の人々には通常知られないままである．公表されたもので注目すべきものの1つは Yanceys (1988) である．そこでは，大学の教育研究所事務局によって採用されたより有用な統計手法のいくつかについて，広範に概観している．Society for College and University Planning [SCUP] や Association for Institutional Research [AIR] のような高等教育行政官のための専門組織の年会もまた，この種の広報の場である．

キャンパスでの OR/MS

現代の中等教育後教育における OR/MS 手法の利用の大きさと性質について，明確な結論を与えることは，おそらく不可能である．多くの応用研究は，EFPM のようなよく知られた包括的計画モデルと比べると規模的に小さく，また，これらの多くは，直接かかわりあいのない人々には知らされない．たとえば，キャンパス (campus) 暖房必要量を満たす様々な選択肢からどれを選ぶかという問題とか，レジデンスホールの効率的利用方法の計画決定などは，重要でしかも OR/MS で明らかに解決可能である．しかし，これらは様々な形で制約される．この種の仕事は一般に教育機関内でさえも，さらに教育機関同士ではなおさら分担されない．キャンパス計画への管理的および政治的介入，社内分析を維持する必要性，教育的指向の OR/MS 研究公表に対する不十分な財政支援と公開機会の不足など，企業情報の非公開を招き，さらにこの非公開は確実に OR/MS アプローチの利用実態をわかりにくくしている．

一方で，外部から見たところでは，高等教育行政への OR/MS 応用について，隆盛をきわめた時代の終りに到達したように〈見える〉．動きは 1960 年および 1970 年代に大きな希望をもって始まったが，1980 年初頭，明らかに活発さを失い始めた．この時点以来，この分野で公表された小論，評論，研究は明らかに衰退した．例証となるものは，ORSA/TIMS 合同国家会議であり，十年前この分野に関しては特別な研究活動があったが，1992 年と 1993 年では1つの活動さえなかった．一方で，この分野の衰退についてさらに特筆すべきことは発表件数である．1973 年から 1982 年まで，*Decision Sciences* にはこの分野で 38 編の論文発表があったが，1983 年から 1992 年までは，わずか 6 編だけである．*Management Science* (同一の期間で，22 編から 3 編へ減少した) での同様な数字も，この分野での衰退を裏付ける．この分野では他の発表場所 (たとえば，EDUCOM 出版，特別教育雑誌) もあるが，主流の OR/MS 専門家たちの間では，普及度合いが減退していることは否めない．

もちろん，このような専門誌発表件数は，完璧な尺度ではない．多分，これらの考え方および技術が非常に組織的であるため，広く公表されたり自慢されることはめったにない．おそらく，OR/MS 応用の正当性はいまや確実に確立され，当然のこととさえ考えられる．しかし，この視点は当分野の大家たちの間で広く認知されてはいない．専門的興味の低下に対するもっともらしい解釈は，広く普及した大学の組織的な文化要素に対し OR/MS アプローチが複雑すぎ，利用者を無視しすぎ，外国的すぎることが明らかになったという可能性である．OR/MS アプローチに対する開放は，組織の形式と過程において長く認められた制度的差異を認めたうえで，研究機関どうしでは広く変化するかもしれない (Baldridge et al., 1978; Baldridge and Tierney, 1979)．たとえば，大学では他の教育機関と比較して権限が相対的に分散化

され，重要な意思決定が階層的に低いレベルで生じる緩く連結された組織である．〈大学の〉問題については，少なくとも，研究機関レベル，さらに学部レベルでさえ，多くのキャンパスにおいて，権限に対する抵抗がある．さらに，意思決定を行う多くの人々は彼ら自身が「経営者」と見なされることを嫌い，他の状況において首尾よく利用された経営手法を疑う傾向がある．この状況ではOR/MSのいくつかは十分に活用できないかもしれない．しかし，コミュニティ大学や他の初等的学部大学機関において，中央権力が強くなるにしたがい大学問題において積極的なOR/MS利用が増えるかもしれない．

いずれにせよ，現在の高等教育におけるOR/MS利用水準がどの程度であれ，中等教育後教育機関が複雑な組織であり，いまや，厳しい経済的，社会的，政治的，文化的状況に置かれていることを否定できない．その結果，意思決定を立案し支える情報に一層依存する．膨張したテレコミュニケーション，安価な計算技術，改善された意思決定支援システムの出現は，手助けになるものとして有望である．それゆえ，正しい理解があればキャンパスへのOR/MS応用という新しい波を理性的に予測できるかもしれない．

⇒ 費用分析，意思決定支援システム，予測，目標計画法，マルコフ連鎖，多目的計画法，PERT．

[James C. Hearn, John R. Lough/大澤義明]

参考文献

[1] Baldridge, J.V. and M.L. Tierney (1979). *New Approaches to Management: Creating Practical Systems of Management Information and Management by Objectives*. Jossey-Bass, San Francisco.

[2] Baldridge, J.V., D.V. Curtis, G. Ecker, and G.L. Riley (1978). *Policy Making and Effective Leadership: A National Study of Academic Management*. Jossey-Bass, San Francisco.

[3] Bleau, Barbara L. (1981a). "The Academic Flow Model: A Markov-Chain Model for Faculty Planning," *Decision Sciences*, 12, 294–309.

[4] Bleau, Barbara L. (1981b). "Planning Models in Higher Education: Historical Review and Survey of Currently Available Models," *Higher Education*, 10, 153–168.

[5] Cox, J.F. and R.R. Jesse Jr. (1981). "An Application of Material Requirements Planning to Higher Education," *Decision Sciences*, 12, 240–260.

[6] Halstead, D. Kent (1974). *Statewide Planning in Higher Education*. U.S. Government Printing Office, Washington, DC.

[7] Hoenack, Stephen A. and Eileen L. Collins., eds. (1990). *The Economics of American Universities: Management, Operations, and Fiscal Environment*. State University of New York Press, Albany, New York.

[8] Hopkins, David S.P. and William F. Massy (1981). *Planning Models for Colleges and Universities*. Stanford University Press, Stanford, California.

[9] Hussain, K.M. (1976). *Institutional Resource Allocation Models in Higher Education*. Paris: The Organization for Economic Co-operation and Development.

[10] Lee, Sang M. and James C. Van Horn (1983). *Academic Administration: Planning, Budgeting, and Decision Making with Multiple Objectives*. University of Nebraska Press, Lincoln, Nebraska.

[11] Lewis, Darrell R. (1988). Costs and Benefits of Assessment: A Paradigm, T.W. Banta, ed., *Implementing Outcomes Assessment: Promise and Perils*, 69–80. New Directions for Institutional Research, 59, Fall. Jossey-Bass, San Francisco.

[12] Ritzman, L., J. Bradford, and R. Jacobs (1979). "A Multiple-Objective Approach to Space Planning for Academic Facilities," *Management Science*, 25, 895–906.

[13] Rohrbaugh, John and Anne T. McCartt, eds. (1986). *Applying Decision Support Systems in Higher Education*. New Directions for Institutional Research, 49, March. Jossey-Bass, San Francisco.

[14] Schroeder, Robert G. (1973). "A Survey of Management Science in University Operations," *Management Science*, 19, 895–906.

[15] White, Gregory P. (1985). *Management Science Applications to Academic Administration: An Annotated and Indexed Bibliography*. CPL Bibliography, 157, CPL Bibliographies, Chicago.

[16] Wilson, James A., ed. (1981). *Management Science Applications to Academic Administration*. New Directions for Higher Education, 35, September. Jossey-Bass, San Francisco.

[17] Yancey, Bernard D., ed. (1988). *Applying Statistics in Institutional Research*. New Directions for Institutional Research, 58, Summer. Jossey-Bass, San Francisco.

勾配ベクトル

gradient vector

ある関数の勾配ベクトルとは，ある点 x^0 で評価される1階の偏導関数（が存在するとして）が定めるベクトルで

$$\nabla f(x^0) = \left[\frac{\partial f(x^0)}{\partial x_1}, \frac{\partial f(x^0)}{\partial x_2}, \cdots, \frac{\partial f(x^0)}{\partial x_n}\right]$$

と書く．このベクトルは，x^0 を通る $f(x)$ の等高線に対して法線方向もしくは垂直の方向を向いている．これは，局所的に関数値が最も増加する方向である．またその長さは，その最大増加率の大きさを表す．

高負荷近似
heavy-traffic approximation

待ち行列問題のトラヒック密度が下から1に近づいたとき，システム効率性の尺度の多くは，システムを定義している入力やサービスの過程の具体的な形にはほとんど依存せず，その期待値や分散にだけ依存するという性質をもつ．たとえば，利用率が $\rho=1-\varepsilon$ の一般的な $G/G/1$ 待ち行列における待ち時間の分布は $W_q(t)=1-\exp(-at)$ でよく近似される．ここで $a=(1/2)$(到着間隔の分散＋サービス時間の分散)/(到着間隔の平均－サービス時間の平均) である．⇒ 待ち行列理論．

後方再帰時間
backward-recurrence time

事象が時点 $T_1, T_2, \cdots$ で生起するものとし，事象生起間隔 T_k-T_{k-1} は互いに独立で同一分布にしたがう正の確率変数とする．任意時点 t を考える．時点 t における後方再帰時間とは，時点 t 以前の最新の事象生起時点から t までの経過した時間のことをいう．

候補ルール
canditate rules

推論エンジンが，現在の推論過程で，直接関係があるものと決定した一群の規則．これらの規則は特別の選択順序にしたがい，またあらかじめ定められた厳密度にしたがって考慮されることになる．⇒ 人工知能，エキスパートシステム．

効用理論
Utility Theory

効用理論は選好構造（preference structure）と選好を定量的に表現する方法に関する体系的な研究である．選好が定義される対象としては決定の潜在的な結果，決定における代替案，ある固定された期間における個人ないしは家計の消費，ある期間内における利益の列，投資利益，レストランのメニューの項目などあらゆるものが考えられる．選好自身は通常は個人の選好であるが，集団や組織の選好を考えることも十分ありうることである．

A を選好が定義されている対象の集合とし，$\succsim$ を A 上の2項関係，すなわち，A 内の対象の順序対 (x,y) の集合とする．(x,y) が $\succsim$ の要素のとき，普通 $x \succsim y$ と書き，x は y より〈少なくとも同等以上に好まれる〉という．$x \succsim y$ であるが $y \succsim x$ ではないとき，x は y より（厳密な意味で）好まれるという．また，$x \succsim y$ でしかも $y \succsim x$ である時 x と y は同等に好まれる，あるいは〈無差別〉という．$x \succsim y$ でもなくまた $y \succsim x$ でもないとき，x と y とは比較不可能であるという．厳密な選好と無差別はそれぞれ $x > y$, $x \sim y$ と書く．

通常の効用理論では A 上の選好関係 $\succsim$ を決定論的なものと見なし，$x \succsim y$ は「y を主張する資格があるときにそれの代わりに x を主張する気持ちがある」ことを意味する．不確実な選好，あるいは確率的な選好の概念もあるが，ここではそれらについては取り扱わない．確率的な選好や効用に関する優れた入門として Luce and Suppes (1965) がある．

次の2冊は効用理論に対して幅広い話題を扱っている．まず，Page (1968) は多くの歴史的な論考を収録している．その主なものの中で，Daniel Bernoulli の 1738 年の論文の英訳は，期待効用の概念を導入している．Jeremy Bentham の 1823 年の哲学的論文は，効用という言葉を一般的なものにした．John von Neumann and Oskar Morgenstern による 1944 年の古典的なゲーム理論からの抜粋では，効用理論を強固な公理系として基礎付けている．さらに George Stigler は経済学の立場から 1776 年から 1915 年までの効用理論の発展を説明している．Eatwell, Milgate and Newman (1990) による論集は最近の話題のいくつかを含め，効用理論の様々な側面を取り扱っている．

効用理論の分類

効用理論には多くの様々なものがあるが，大きく次の3つの性質によって分類することができる．すなわち，(1) A の構造，(2) A 上の選好 $\succsim$ の特徴に関する仮定，(3) $(A, \succsim)$ を数値的に反映した定量的表現，の3つである．

性質1に関する仮定は〈構造的仮定〉（structural assumption）であり，一方，性質2に関するものは〈選好についての公理〉（preference axiom）である．この両者は性質3の〈定量的表現〉（quantitative representation）を簡単化するときに用いられる．この定量的表現に用いられる数値的な関数は普通〈効用関数〉（utility fuction）と呼ばれる．確率分布や閾値関数などのその他の実数値関数も，効用の定量的表現には用いられる．

効用を表現する際に重要になるのは，その選好表現を満たす効用関数のすべてを集めたクラスを記述することである．これは，いわゆる表現の〈唯一性〉構造と呼ばれる．非常に強い唯一性構造を要求する選好表現もあるし，また非常に許容範囲の広い選好表現もある．

2つの例をあげてこれを説明しよう．夕食のメニューの候補として $A=\{$ビーフ，チキン，フィッシュ，ラム$\}$ を考えよう．性質2に関する仮定として，A 上の $>$ は〈線形順序〉であるとしよう．すなわち，A の任意の要素

x, y, z に関して,

> ＞ は〈非反射的〉(irreflexive) である ($x>x$ であることはない)
> ＞ は〈完備〉(complete) である ($x\ne y$ ならば $x>y$ あるいは $y>x$ が成り立つ)
> ＞ は〈推移的〉(transitive) である ($x>y$ かつ $y>z$ であれば $x>z$ が成り立つ)

A 上で＞の1つの実際の例はたとえば,[ビーフ＞ラム＞チキン＞フィッシュ]が成立する場合である.この選好順序は A 上に定義され,A 上の値 x に対して実数 $u(x)$ を [u(ビーフ)$>U$(ラム)$>u$(チキン)$>u$(フィッシュ)] となる形で対応させる効用関数 u により表現される.このような u の取り方には大きな自由度がある.＞を反映した形で＞を成立させる A 上の実数値関数なら,いずれもこの順序を表現する効用関数としての資格をもっているからである.

次に,$A=[0,M]^3$,$0<M$ としてみよう.すなわち,A を $0\le x_i\le M$ を満たすすべての3つ組 (x_1,x_2,x_3) の集合とする.ここでは,x_i は第 i 年のある個人の収入と考えることにする.性質3に対する1つの表現の方法は加法的効用モデル

$$(x_1,x_2,x_3)\succsim(y_1,y_2,y_3)$$
$$\Rightarrow \sum_{i=1}^{3}u_i(x_i)\ge\sum_{i=1}^{3}u_i(y_i)$$

を用いることである.ここで,u_i は $[0,M]$ 上で定義された実数値をとる増加関数である.このような表現が可能になるためには A 上の選好 $\succsim$ が〈弱順序〉でなければならない.すなわち,A 上の任意の要素 x,y,z に関して,

> $\succsim$ は〈強連結的〉(strongly connected) である ($x\succsim y$ か $y\succsim x$ のいずれかが成り立つ)
> $\succsim$ は〈推移的〉である ($x\succsim y$ かつ $y\succsim z$ であれば $x\succsim z$ が成り立つ)

ここで成立している加法性に関するほかの公理として,次のものがある.ある年の収入が等しい2つの3つ組について,もしその年の収入が両者とも同様に変化したとしても両者間の選好は不変である.すなわち,

$$(x_1,x_2,x_3)\succsim(x_1,y_2,y_3)$$
$$\Rightarrow (y_1,x_2,x_3)\succsim(y_1,y_2,y_3)$$

また,各収入に関する効用の単調性や各効用関数の連続性に関連する公理もある.

上に述べたモデルは,きわめてきつい唯一性構造をもっている.すなわち,u_1,u_2,u_3 がこの表現を満たすとき,以下の条件を満たす v_1,v_2,v_3 に置き換えてもこの表現は成立するが,逆にその表現が成立するのはそのときに限るのである.正の実数 $\alpha>0$ と実数 β_1,β_2,β_3 が存在して,$[0,M]$ 内の任意の m について

$$v_i(m)=\alpha v_i(m)+\beta_i, i=1,2,3$$

が成立する.つまり,原点とスケールを除いて各 u_i は唯一に定まるのである.

これからしばらくの間,性質1と数学的な付加的解釈にもとづく次の3分類にもとづきながら効用関数について説明していこう.

確実性:チャンスや不確実性を明示的には用いない

チャンス:数値化される確率の形でチャンスは A に現れてくるが,定量化できない不確実性は除外される.

不確実性:決定による結果が定量化されていない不確実な事象に明示的に依存している.

この3つの状況の違いは各 m_i を金額としたときの (m_1,m_2,m_3,m_4) を対象とする意思決定状況で説明できるだろう.これを4年間にわたる収入の列と考えれば,確実性(certainty)下の状況として見ることができる.また,これを m_1,m_2,m_3,m_4 の賞金がそれぞれ1/4の確率で生起する賭けとして考えれば,チャンス(chance)と見ることができる.さらに,m_1,m_2,m_3,m_4 を明日の競馬のビッグレースでひいきの馬が,それぞれ1等,2等,3等,着外に入ったときの掛け金1ドルあたりの配当だと考えれば,これはまさしく不確実性(uncertainty)の問題である.

性質2に関して興味深いのは,選好がどの程度推移的かということである.選好 $\succsim$ が弱順序である場合が最も条件がきつい状況である.そのときは,任意の $\succsim$ に対して,＞も～も推移的になる.もう少し条件を緩和すると,＞は推移的であるが～は推移的ではないと仮定される状況である.この〈非推移的無差別関係〉は,無差別関係の列 $x_1\sim x_2,x_2\sim x_3,\cdots,x_{n-1}\sim x_n$ は成立するが,最初の要素は最後の要素に比べ完全に選好されている ($x_1>x_n$) 場合1である.最も条件が弱いのは,＞も～もどちらも推移性を仮定しない場合である.この場合は,選好が循環して $x>y>z>x$ となる場合もありうることになる.Fishburn (1991) は,この非推移的な選好に関する研究について言及している.

確 実 性

$(A,\succsim)$ に対する効用に関する基本定理によれば,(1) A 上の選好 $\succsim$ が弱順序であって,(2) A に可算部分集合 B が存在して,$x\succsim y$ であれば必ず B 内にある z が存在して $x\succsim z\succsim y$ となるとき,またそのときに限って A の各要素に対して実数値 $u(x)$ を A の任意の x,y について

$$x\succsim y \iff u(x)\ge u(y)$$

を満たすように対応させることができる.この序数的効用の表現を少し緩和して,非推移的な無差別関係や選好に関する閾値をも取り扱った表現は,

$$x>y \iff u(x)>u(y)+\sigma(y)$$

ただし，$\sigma(y) \geq 0$ が成り立つ．この表現は各 x に対して〈効用の区間〉$[u(x), u(x)+\sigma(x)]$ を対応させるもので，x が y より選好されるときには，y の区間の右端の値が x の区間の左端の値より小さいときであり，またそのときに限る．

$$(x > a \text{ and } y > b) \Rightarrow (x > b \text{ or } y > a)$$

はこのような選好の公理の1つである．

効用理論でよく扱われる構造として，A を $X_1 \times X_2 \times \cdots \times X_n$ の部分集合として $(x_1, x_2, \cdots, x_n)$ や $(y_1, y_2, \cdots, y_n)$ という形の要素からなる集合として定式化することがある．X_i の添字 i は，A 内の要素のもつ属性と考えてもよいしまた時間を表すと考えてもよい．A がこのような直積構造をもつ場合は，上で述べた効用関数 u は特別な形をもつ．その1つとして，加法的分解

$$u(x_1, \cdots, x_n) = \sum_{i=1}^{n} u_i(x_i)$$

がある．ここで，u_i は第 i 属性あるいは期間 i に対する周辺効用関数を意味する．推移性は仮定しないものの加法形を仮定してこれをもう少し一般化すると

$$(x_1, \cdots, x_n) \succsim (y_1, \cdots, y_n) \iff \sum_{i=1}^{n} \varphi_i(x_i, y_i) \geq 0$$

ここで，φ_i は $X_i \times X_i$ 上で定義され，$\phi_i(x_i, x_i) = 0$ を満たす．Fishburn (1970, 1991), Keeney and Raiffa (1976) および Wakker (1989) がこの分野に関して広範な検討を行っている．

チャンス

チャンスを表現する基本的な選好構造は，A を結果の集合 X 上の確率分布としてとらえるものである．A の要素 p に対して，$p(x)$ を危険を含んだ事象 p が結果 x を導く確率を表現するとするのである．通常，性質1に関する条件として A は凸結合に関して閉じている (closed under convex combination) と仮定される．すなわち，p と q が A の要素であるとき，任意の $0 < \lambda < 1$ に関して $\lambda p + (1-\lambda) q$ もまた A の要素である．

$(A, \succsim)$ に関してしばしばおかれる選好構造の2つの公理は，選好が弱順序であることと，〈独立性条件〉(independence condition) である．後者は

$$p > q \Rightarrow \lambda p + (1-\lambda) r > \lambda q + (1-\lambda) r$$

と書かれるが，ここで，p, q, r は A の要素，$0 < \lambda < 1$ である．アルキメデス条件 (Archimedean axiom) を弱順序と独立性に付加すると，A 上にノイマン-モルゲンシュテルン流の線形の効用関数の存在を保証することができる．これは

$$p \succsim q \iff u(p) \geq u(q)$$

を満たすとともに線形性条件 (linearity property)

$$u(\lambda p + (1-\lambda) q) = \lambda u(p) + (1-\lambda) u(q)$$

を満たし，たとえば $\alpha u + \beta (\alpha > 0)$ という変換を除いて唯一という意味で，原点とスケールを除いて唯一に定まる．

A が有限のサポートをもつすべての分布を含み，$p(x) = 1$ のとき $u(x)$ を $u(p)$ と定義すれば，線形性から，任意の有限サポートをもつ確率分布に対して

$$u(p) = \sum_{x} p(x) u(x)$$

という期待効用の形が導かれる．より一般化された確率測度にたいする $u(p) = \int u(x) dp(x)$ という形を導くには，さらに公理を追加しなければならない．

期待効用に関する話題として，次の3つのバリエーションが考えられる．まず，結果が金銭のときの危険回避のような危険に対する態度の問題である (Raiffa, 1968; Wakker, 1989)．次は，$X = X_1 \times X_2 \times \cdots \times X_n$ のときの多属性期待効用で，これは $u(x_1, x_2, \cdots, x_n)$ の加法的および相乗的な分解を含む (Fishburn 1970; Keeney and Raiffa, 1976; Wakker, 1989)．最後に，公理系のうちの少なくとも1部を緩和する，期待効用の一般化である (Fishburn, 1988)．推移性を仮定せず結果として実質的に独立性条件を弱めた1つの表現は，$p \succsim q \iff \varphi(p, q) \geq 0$ である．ここで，φ は歪み対称 (skew symmetric) の性質 $[\varphi(p, q) + \varphi(q, p) = 0]$ を満たし，各引数に対して線形である．

不確実性

不確実性を表現する構造では，A を状態の集合 S から結果の集合 X への行為と呼ばれる関数 $f, g, \cdots$ の集合として考える (Savage, 1954)．すなわち，決定者が f を選び，状態 s が起きるならば，その結果は $f(s)$ となる．そこでは，ただ1つの状態が生起すること，しかしどの状態が起きるかは未知であること，そして，決定者の選ぶ行為が状態に影響を及ぼさないことが仮定される．

弱順序と独立性を含む $(A, \succsim)$ に対する Savage の公理 (Fishburn, 1970) を仮定すると，X 上の有界な効用関数 u の存在と S のすべての部分集合からなる集合上に確率測度 π の存在が導かれ，すべての行為 f と g に対して

$$f \succsim g \iff \int_S u(f(s)) d\pi(s) \geq \int_S u(g(s)) d\pi(s) \geq 0$$

が成り立つ．さらに，u は原点とスケールを除いて唯一に定まり，π もユニークである．

Savage のモデルの中で導かれる確率は，個人確率あるいは〈主観確率〉である．そのモデル自体は，〈主観期待効用〉の表現である．これを現実の問題に適用することは，〈決定分析〉(Raiffa, 1968) として知られている．多属性あるいは多段階問題は様々な応用分野をもっている．

Savage の構造に類似した多くの構造に対して様々な

効用理論が提唱されている．1つの流れは，単調性[$A \subseteqq B \Rightarrow \pi(A) \leqq \pi(B)$]を仮定することで彼のモデルを緩和しているが，加法性[A, Bが互いに素のとき，$\pi(A \cup B) = \pi(A) + \pi(B)$]は主観確率にとって必ずしも必要ではない．また，Savageのπに関する条件は保持してその代わり推移性を緩和すると

$$f \gtrsim g \Longleftrightarrow \int_S \varphi(f(s), g(s)) d\pi(s) \geqq 0$$

が得られる．ここでφは$X \times X$上で歪対称である．さらに詳細な参考文献としては，Fishburn (1988) とWakker (1989) を参照されたい．

⇒ 選択理論，決定分析，ゲーム理論，効用理論．

[Peter Fishburn/木嶋恭一]

参考文献

[1] Eatwell, J., M. Milgate and P. Newman (eds.). 1990. *The New Palgrave: Utility and Probability*. Macmillan, London.
[2] Fishburn, P.C. 1970. *Utility Theory for Decision Making*. Wiley, New York.
[3] Fishburn, P.C. 1988. *Nonlinear Preference and Utility Theory*. The Johns Hopkins University Press, Baltimore.
[4] Fishburn, P.C. 1991. Nontransitive Preferences in Decision Theory. *J. Risk & Uncertainty* 4, 113-134.
[5] Keeney, R.L., and H. Raiffa. 1976. *Decisions with Multiple Objectives: Preferences and Value Tradeoffs*. Wiley, New York.
[6] Luce, R.D., and P. Suppes. 1965. Preference, Utility and Subjective Probability. In *Handbook of Mathematical Psychology, III*, R.D. Luce, R.R. Bush and E. Galanter (eds.). Wiley, New York, pp. 249-410.
[7] Page, A.N. (ed.). 1968. *Utility Theory: A Book of Readings*. Wiley, New York.
[8] Raiffa, H. 1968. *Decision Analysis: Introductory Lectures on Choice under Uncertainty*. Addison-Wesley, Reading, Massachusetts.
[9] Savage, L.J. 1954. *The Foundations of Statistics*. Wiley, New York.
[10] Wakker, P.P. 1989. *Additive Representations of Preferences*. Kluwer, Dordrecht.

小売業

Retailing

小売業 (retailing) は商品の流れにおいて，生産ならびにロジスティクス (logistics) に続く第三のフェーズと見なされる．OR/MS は長期にわたり小売業において用いられてきた．その典型的な例は「新聞売り子の問題」（古典的な在庫管理の問題）や「巡回セールスマン問題」(traveling salesman problem) に見られる．後者は組み合わせ最適化の1つの原点である．

小売店はいくつかのカテゴリーに分類できる．すなわち，独立店舗，百貨店，スーパーマーケット，ディスカウントストアならびにコンビニエンスストアといった具合に．近年，前述の最後の3つの店舗は，利潤効率において最初の2つを凌駕してきている．これは消費行動の変化を反映してのものである．したがって，独立店舗と百貨店にとっては，小売りの方法を再構成することがきわめて重要になっている．加えて，いくつかの商品の純益は1〜3%にまで下がり，商品寿命は短期化し，また生産物の多様性は広範になりつつある．その結果として，科学的な経営の方法は，さらに重要なものとなりつつあるように見受けられる．

OR/MSは小売業の多くの局面に応用することができる．たとえば店舗の政策立案・配置問題・マーケティング/商品売買・在庫管理・広告/販売促進といった具合に．Higgins (1981) は1980年までの小売業に関する経営科学の優れたサーベイである．

1980年代の半ばには「ポイント・オブ・セール」(point of sale : POS) 情報システムの人気が増大した．このシステムはフォトエレクトロニックレジスターを用いるが，これは商品のバーコードを読み取り，その売り上げに関する情報をホストコンピュータに即時的に流すものである．こうして店舗は，そのデータベースから膨大な量の消費情報にアクセスすることになる．このシステムは2種類の便益をもたらす．第一に〈ハードな便益〉と呼ばれるものがあるが，その例はレジスタ操作の高速化，会計と人手削減における精度の向上などである．こうした便益によってシステムのコストをある程度削減することを促すことができる．第二の便益は〈ソフトな便益〉と呼ばれる．これらは適切なソフトウェアと方法によって，POSデータを処理し分析して得られるものである．こうしたソフトウェアを効率的に用いることが，利益における大きな違いをもたらすことになる．この点でのOR/MSの役割は後述するとおりである．

店舗を訪れる客数の予測

ある店舗を訪れる客の数に関する情報は店舗の経営戦略に重大なる影響を与える．この情報は売り上げ高とスタッフのスケジューリングにごく深く関係している．もしも将来の客数を精度よく予測することができれば，それが1日先にせよ1週間先にせよ1月先にせよ，運営計画を効率よく立案することができる．常勤やパートタイムの雇用者は運営コストを削減し，また顧客サービスを向上させるべく効率的にスケジュールされる．生産サイドについていえば，在庫発注がそれまでよりも精確に評価され，品切れによる小売り機会の喪失や過剰在庫による損失といったリスクを削減させることになる．

客数の算出における明らかな要因は通常，曜日・天気・温度・販売キャンペーンなどで与えられる．POSデ

ータにもとづいて，客の量と分布を説明する公式を得るためには，（カテゴリーデータを含む）重回帰分析（regression analysis）が用いられる．統計学的方法の詳細については Chatlerjee and Price (1991) を参照せられたい．新しいデータを用いることにより，推定公式は日単位・週単位で更新され，また推定値と実測値の差があらかじめ定めておいたレンジを超えたときに更新される．

売上高による商品の分類

平均的な規模のスーパーマーケットにおいては，数千点の商品が陳列されている．われわれはそれらを売り上げ（または総売上）にしたがって3つのクラスに分割することができる．これは ABC 分析（ABC analysis）あるいはパレート図（Pareto chart）として知られている．クラス A の商品は，売り上げの50％程度を占めているにもかかわらず，全商品のごく一部，通常は10％程度を構成しているにすぎない．クラス B は全商品に対する割合も，売り上げに占める割合も，ともに約40％をなすものである．クラス C の商品は全商品のおよそ半分を占めるが，売り上げのおよそ10％に寄与するにすぎない．

経験的研究によれば，クラス C の売り上げ高はポアソン型分布を反映している．一方，クラス B の売り上げは正規分布あるいは対数正規分布により表現される．クラス A の売り上げは説明要因（価格と販売キャンペーンを含む）を用いた回帰分析によりうまく説明される．

小売り業者，卸売り業者ならびに生産者は，商品を上述のように分類することによって，貴重な情報を獲得し，パラメータ集合の形で表現される商品の特性に対する理解を広げることができる．この情報は，ひいては店舗の商品を適切に選択するのに役立てることができる．クラス A の商品については，価格と販売キャンペーンが回帰式の中で果たす効果が戦略的経営のための便利な情報を与えることになる．加えて，後述するように商品の調達と在庫が，さらに効率的に制御されるのである．

在庫管理（inventory control）

上述のタイプのデータ解析の結果にもとづけば，われわれは将来の売り上げをある精度で推定することができる．この推定値は買い入れ量と商品の在庫に関係している．生鮮食品や乳製品のように，日ごとに配達される商品在庫を予測し制御することが特に重要である．

1つの基本的な在庫政策は，次のように説明される．閉店時の材の残量を Z とし，そのうち D だけの量が賞味期限切れによって廃棄されるものとする．すると，その日が終わった時点でのストックは $U=Z-D$ と表される．もしも翌日の売り上げ推定値が Y であり，買い入れのリードタイムが1晩であるならば，発注量 P は，$P=$ $\max\{Y-U+\alpha, 0\}$ と決定される．ただし α は安全ストックに関係するものであり，機会損失を防ぐためのスラック変数である．安全在庫 α は，機会損失と在庫費用の間のトレード・オフに直接関連する．こうした在庫シミュレーションは，実績データを用いた α の推定に応用することができる．

客の移動の分析

1人の客の POS の記録は，われわれに，いかなる種類の商品が買われたかを語ってくれる．しかし，彼あるいは彼女の店内での移動は，POS 記録のみからは明らかにはならない．しかしながら，店内のレイアウトと POS 記録とを比較すれば，われわれは「巡回セールスマン」（traveling salesman）のシナリオに沿って客の移動経路を推定できる．もしわれわれがその解を所与の数の客に重ね合わせれば，店内のすべての通路の混雑を推定することができる．加えて，新しい割り当てに伴って距離表を変化させれば，店内のディスプレーの変化が混雑に与える影響を誠に容易に分析することができる．従来の方法，すなわちビデオの利用や直接の観察は，コストと精度の両面で効率的でない．上述のような分析を用いることによって，店内の無駄なコーナーや客のいないコーナーを減らすことができるのである．

結論

この20年間で，小売業における競争と革新は増大した．POS のハードな便益はごく明白である．すなわち，リアルタイムな情報とデータの様々な形式への簡便な変換処理である．さらに明らかな便益は，しかしながら，経営者が意思決定（decision-making）過程を改善することが可能であるようなソフトウェアに見て取ることができる．OR/MS は，以前よりも効果的なデータベースの利用に貢献することができ，ひいては小売り効率の増大に貢献できる．なお，このレビューは OR/MS の無数の潜在的な応用のごく少数に触れたにすぎない．
⇒マーケティング，回帰分析．

[Kaoru Tone/栗田 治]

参 考 文 献

[1] Chatterjee S. and B. Price 1991. *Regression Analysis by Example*, 2nd ed., John Wiley & Sons, New York.
[2] Eliashberg J. and G.L. Lilien (eds.). 1993. *Marketing*, Handbook in Operations Research and Management Science. Vol. 5. North-Holland.
[3] Higgins J.C. 1981. "Management Science in Retailing," *Eur. J. Opnl. Res.* 7, 317–331.
[4] Mason J.B. and M.L. Mayer 1980. "Retail Merchandise Information Systems for the 1980s," *J.*

[5] Shugan S.M. 1987. "Estimating Brand Positioning Map Using Supermarket Scanning Data," *J. Marketing Research*, 24, 1–18.
[6] Sinkula J.M. 1986. "Status of Company Usage of Scanner Based Research," *J. Academy of Marketing Science*, 14, 63–71.

効率性

efficiency

(1) 統計学では不偏推定量の効率性は，他の不偏推定量と比較してのその分散の相対的な大きさである．(2) ⇒ 効率的な解．(3) ⇒ 包絡分析法．

効率的な解

efficient solution

多目的最適化（最大化）問題において，x^0 が効率的であるとは，x^0 が実行可能であって，$cx \geqq cx^0$ かつ $cx \neq cx^0$ となる別の実行可能解 x が存在しないことをいう．実行可能な解 x^0 が効率的であるための条件は，少なくとも1つの k に対して，$c_k x > c_k x^0$ となる実行可能な x が存在しないことである．効率的な解においては，他の目的を犠牲にすることなしには，ある目的を改善することはできない．効率的な解は，非劣解またはパレート最適解と呼ばれることもある．⇒ 多目的線形計画問題，多目的計画法，パレート最適解．

国際OR学会連合

International Federation of Operational Research Societies (IFORS)

各国のOR学会をメンバーとする国際学会連合．IFORS (International Federation of Operational Research Societies)は世界中のすべての国における総合科学とその進歩を目指すOR発展に寄与する組織として1959年に設立された．3年に1度の国際会議やその他の会議を主催し，情報の交換，国内OR学会の設立に対する支援，ORの発展や教育の支援などを行っている．

国際応用システム分析研究所

International Institute for Applied Systems Analysis (IIASA)

国際応用システム分析研究所(International Institute for Applied Systems Analysis : IIASA)は12か国の科学アカデミーまたはそれに準ずる研究機関により1972年にオーストリアのルクセンブルクに設立された非政府的研究所である．1994年1月現在，オーストリア，ブルガリア，カナダ，チェコおよびスロバキア共和国，フィンランド，ドイツ，ハンガリー，イタリア，日本，オランダ，ポーランド，ロシア，スウェーデン，ウクライナ，米国がこの組織のメンバー国となっている．IIASA設立の当初の動機は東西の科学者が共通の関心をもつような問題を共同で研究するためであった．これは現在でも1つの目的ではあるが，ほとんどの国々の科学者による共同研究を含めるように広げられている．IIASAの現段階における目標は「公共の，科学界の，そして国家的，国際的研究機関の利益となる，グローバルな環境，経済，そして社会変革に関する危機的問題に視点をおいた，国際的かつ学際的科学的研究を指揮すること」である(IIASA *Agenda for the Third Decade*)．IIASAの専任研究者は，研究者，政策立案者，研究機関の世界的なネットワークによる共同作業を通じて，研究プロジェクトをコーディネートしている．IIASAは環境，エネルギーその他の資源，経済と人口問題に関する世界モデルの開発に便宜を供与してきた．⇒ 環境システム分析，世界モデル．

国際数理計画法学会

Mathematical Programming Society

数理計画法の応用・計算法・理論の発展を支援するための国際学会．世界中で3年に1回開かれる国際数理計画シンポジウムや様々な会合のスポンサーである．

故障率関数

failure-rate function

寿命密度関数（life-time density）$f(t)$ と寿命分布関数 $F(t)$ をもつユニットの時刻 t における故障率は，ユニットが時刻 0 から t まで故障しなかったという条件のもとで，次の短い時間間隔 Δt で故障する確率 $h(t)\Delta t$ （近似的に）で定義される．連続的な場合には，これは正しくは，

$$h(t) = \frac{f(t)}{1-F(t)}$$

と書かれるものである（訳注：原文は $h(t) = \lim_{\Delta t \to 0}[f(t)/\{1-F(t)\}]$ となっている）．

関数 $h(t)$ はまたよく，ハザード率（hazard rate）あるいはハザード関数（hazard function），死亡率（force of mortality），強度あるいは強度関数（intensity function）とも呼ばれる．⇒ 信頼度関数，システムの信頼性．

コックス型分布
Coxian distribution

そのラプラス-スティルチェス変換が有理関数(多項式の比)である確率分布.コックス型分布は相表現が可能である(ただし相の中には虚のものを含むことがある).⇒ 待ち行列理論.

固定費用問題
fixed-charge problem

変数が正の場合に限り,一時的な費用が発生する問題.この固定費が,通常1次式で表されるコストに追加される.線形条件の下での固定費用付き問題は,補助的な2値変数を用いて再定式化される場合が多い.

異なるパス
alternate paths

待ち行列ネットワークで,2つのノードをつなぐ2本以上のアークのこと.

コミュニティのOR
community operations research

OR/MSの1つの応用分野であって,依頼者や相談者がコミュニティ集団である.このような組織は次のようなものによって定義される.(1) メンバーの利益を守るか促進しなければならない,(2) 管理するうえでの階層構造がない,(3) 資源か財源の不足,(4) コンセンサスかまたは民主的慣行による運営.⇒ 問題構造化法.

ゴモリー・カット
Gomory cut

実行可能な整数点を切り取ることなく,解空間を縮小するために線形計画問題に追加される線形制約.このような切除平面は,線形制約の下での整数解を求めるための基本的な道具の1つである.これは縮小された解空間の端点が,いずれ最適な整数点となるように考案されたものである.

ゴルダンの定理
Gordan's theorem

A を $m \times n$ 行列としたとき,次の2つの命題のちょうど1つが成立する.(i) $Ax < 0$ となる x が存在する,(ii) $A^T y = 0$, $y \geq 0$, $y \neq 0$ を満たす y が存在する.

コルモゴロフの後退方程式
backward Kolmogorov equations

連続時間マルコフ連鎖 $\{X(t)\}$ において,$X(s)=i$ という条件の下で $X(s+t)=j$ である確率を $p_{ij}(t)$ $(s, t \geq 0)$ と定義し,状態 i から状態 j への推移率を r_{ij} とする.このとき,状態 i, j と時点 $t \geq 0$ に対して $dp_{ij}(t)/dt = \sum_{k \neq i} r_{ik} p_{kj}(t) - v_i p_{ij}(t)$ をコルモゴロフの後退方程式と呼ぶ.ここで $v_i = \sum_j r_{ij}$ は状態 i から他の状態への推移率を表す.⇒ マルコフ連鎖,マルコフ過程.

コルモゴロフの前進方程式
forward Kolmogorov equations

連続時間マルコフ連鎖 $\{X(t)\}$ において,$X(s)=i$ という条件の下で $X(s+t)=j$ である確率を $p_{ij}(t)$ $(s, t \geq 0)$ と定義し,状態 i から状態 j への推移率を r_{ij} とする.このとき,任意の状態 i, j と時点 $t \geq 0$ に対して $dp_{ij}(t)/dt = \sum_{k \neq j} r_{kj} p_{ik}(t) - v_j p_{ij}(t)$ をコルモゴロフの前進方程式と呼ぶ.ここで $v_k = \sum_j r_{kj}$ は状態 k から他の状態への推移率を表す.⇒ マルコフ連鎖,マルコフ過程.

混合整数計画問題
mixed-integer programming problem (MIP)

制約式と目的関数は線形であるが,その変数のいくつかに整数制約が付いている数理計画問題.この場合整数変数は,2値変数の場合と一般の整数値変数の場合とがある.⇒ 2値変数,線形計画法,数理計画法.

混合ネットワーク
mixed network

待ち行列ネットワークの中で,ある顧客はネットワークに参入・退出することができるが,他の顧客は参入・退出が許されず,永久にノード上を巡回するもの.待ち行列ネットワークの中で,そのルーティング・プロセスが,あるタイプの顧客に対して少なくとも1つの閉じた状態集合をもつもの.

混合問題
blending problem

原油,肉などの原材料を混合して,燃料やソーセージなどの最終製品を製造する際のコストを最小化する線形計画問題.問題は原材料の利用可能度,混合要求,品質制約など,様々な制約条件からなる.⇒ アクティビティー分析問題.

混雑システム

congestion system

しばしば待ち行列システムと同義語．混雑というのは到着した客がすぐにサービスを受けられない状況を指しており，これは待ち行列の解析を行う主たる理由である．
⇒ 待ち行列理論．

さ

最悪ケース分析
worst-case analysis

アルゴリズムと関連する問題に対して，アルゴリズムが問題の任意の例に要するステップ数の上限を決定すること．最適化問題と発見的解法あるいは非最適化アルゴリズムに対しては，最悪ケース分析は目的関数値が真の最適解からどの程度離れているかを論じる．

最急降下法
steepest descent method

いくつかの変数の微分可能な関数を最小化するための基本的な手続き．方法の中心となるのは，1つの途中の解からもう1つの解へ移動する最急降下方向が現在の途中解における関数の勾配に沿っているということである．⇒非線形計画法．

サイクル
cycle

グラフ（ネットワーク）上で，あるノードとそれ自身をつなぐ経路．⇒連鎖，経路．

在庫モデル
Inventory Modeling

はじめに

在庫の調達・生産・流通は，すべての組織において関心のある問題である．国全体の，または国際的な視点から見ても，非常に多くの資本が在庫として保持されている．さらに在庫の補充活動，欠品，在庫管理を行ううえでの管理・事務に要する時間のため，非常に多くの費用が生じている．したがって，数理モデルにもとづいて設計された決定ルールを用いることで相当な利益が見込みうる．ここに2つの実際の応用事例を紹介する．

1．ファイザー製薬社は自社のアメリカの製薬事業における在庫の統合管理システムを開発・実用化した．経営科学の一連のモデルを用いることで，2390万ドルの在庫削減および同時に3年間を越えるバックオーダーの95%削減が可能となった（Kleutghen and McGee, 1985）．

2．米海軍では，在庫モデルにもとづくトレードオフ曲線を用いることで供給センターにおいて年間200万ドルのコスト節約を実現した．Gardner(1987)は，その研究および関連するモデルについて述べている．

在庫管理における意思決定は，しばしば，組織の他の部門の意思決定の影響を受けることがある．たとえば，i) 予防保全(スペア部品の在庫水準の決定)，ii) マーケティング(価格付けおよび販売促進を支援するための在庫要求)，iii) 品質保証(より高い品質レベルを設定すると，バッファーまたは安全在庫は減少する)，iv) 生産スケジュール(原材料の供給)．ここではこのような状況を扱うモデルを明確には示さず，むしろ在庫モデルそれ自体を紹介し，一般的な主題に対して読者の興味を刺激することを目的とする．

次の項では，組織が在庫を保持する一般的な理由のリストをあげる．その次に，在庫モデルを開発・利用する際関係してくる費用について議論する．続く4つの節ではわかりやすいいくつかのモデルを紹介し，その後在庫モデルの一般的な分類の枠組を述べる．そして，在庫モデルのパラメータのいくつかを変化させるという，ますます重要になっている可能性についての議論で締めくくることにする．

在庫を保持する理由

組織が在庫を保持する理由として基本的に5つがあげられる．大抵の場合これらの理由が混在しているけれども，ここでは，在庫保持理由の合理性を強調するため，むしろ極端な状況を想定して，個別に議論する．

a) ロットサイズ在庫(サイクル在庫，cycle stock)：需要率が一定で既知，供給に関しても不確実性が存在しない場合でもまだ需要量と補充量を正確に一致させない方がよい場合がある．補充量に物理的な制限(たとえば，化学プラントにおけるバッチコンテナサイズ)，補充活動に関する固定費，または大量購入・補充による購入・輸送費用の割引きがある場合である．これらの理由により，繰り返し(周期的に)まとまった量を補充することになる．

b) 輻輳在庫(congestion stock)：上にあげたロットサイズ在庫を保持する理由もなく，供給や需要に不確実性が存在しない場合でも，複数の品目を同じ設備で生産していて製造をある品目から別のものに変更するときに，かなりの時間がかかる状況では，在庫をもつことが必要になる．設備の輻輳によりある品目の生産を再開するのにかなりの時間がかかるときは，すぐに必要になる

量よりも多く生産しておかなければならない．

c) 安全在庫（buffer or safety stock）： 需要・供給が不確実で消費者リードタイムが補充リードタイムより短い場合，適切なサービス水準を確保するために余分な在庫をもつ必要がある．ここでいう「消費者」は組織内部である場合もあり，たとえば，破損した装置のスペアパーツなどを扱う場合などがある．

d) パイプライン在庫（pipeline stock）： 輸送距離が長いとき，パイプラインに在庫が発生する．より一般的には，ある時間，加工・処理などを受ける必要がある場合（輸送はその特別なケース）に，パイプライン在庫は発生し，その量は，（スループット率）×（加工・処理時間）となる．

e) 見越在庫（anticipation stock）： 需要，入手可能な原材料の量および原材料価格の変動が大きい場合，それらの変動を見越して，あらかじめ在庫をもつ．

在庫に関連した費用の分類

費用を実際に推定することは容易なことではない．さらに，在庫管理の意思決定に影響を与える費用のみ考慮すべきである．特に，在庫管理の意思決定にあまり影響されないオーバーヘッド費用に惑わされないよう注意すべきである．より詳しくは，Silver and Peterson (1985) を参照のこと．

以下の5つのカテゴリーを考える．

a) 材料費： 補充量により影響される場合に限り関係する．もし，調達費用（輸送費分も含む）に割引きがないならば，材料費は一定で，補充量には無関係である．明確には，いわゆる単価（原材料＋付加価値，v で表す）が補充量と無関係のとき年間のトータルの材料費は Dv となる（ただし，D は年間の需要量を表す）．

b) 補充活動における固定費： A で表し，この費用は補充量とは無関係に決まる．生産活動においては，段取り費用と呼ばれる．

c) 在庫保持費用： 在庫保持費用のモデル化の共通したやり方は次のとおりである．

$$\text{費用／年} = \bar{I}vr \tag{1}$$

ただし，$\bar{I}$ は平均在庫量（個），v（円/個）は上で定義したとおり，r は在庫を円換算したときの維持費用（円/円/年）を表す．r はいくつかの支出（たとえば，保険，税金，倉庫管理費等）および在庫として資産をもつことの機会損失（他への投資，または，負債の支払い）を含むいくつかのモデルでは $h=vr$（円/個/年）を用いて在庫保持費用を表している．

d) 短期間の在庫不足による費用： 需要を満たす分の在庫が不十分のとき費用が発生する．基本的に2つのタイプの費用が存在する．1つは在庫切れに関係するもの（販売損失，受注残，よい印象の損失）であり，も

う1つは在庫切れを避けるための緊急の行動に関係するもの（たとえば，促進作業，高費用の別の供給業者の使用など）である．それらの費用を在庫不足の頻度・程度の関数としてモデル化する普遍的なアプローチは存在しない．在庫切れ発生ごとに固定費がかかる，不足量に比例して費用がかかる，などのため．

在庫不足の費用を定める代わりに，多くの組織では在庫政策に対してサービス水準を制約として課している．サービス水準の尺度もまた数多くある．より一般的な2つとして，補充前に在庫切れを起こさない確率，および日常的に在庫で満たす需要の比率がある．

e) 在庫管理システムの費用： 多くのモデルは，上述の4つの費用カテゴリーの中の2つ以上のカテゴリーについて全体最小化を目的としている．しかしながら，いくつかの在庫管理システムの中からシステムを選択する際に考慮すべき5番目のカテゴリーが存在する，すなわちシステムそれ自身の費用である．それはシステムを運営するうえで必要なデータ（たとえば，需要率，需要の変動量，費用パラメータなど）の入手・更新にかかる費用，計算にかかる費用，訓練，および実行時のその他の面にかかる費用を含む．

経済的発注量（ウィルソンのロットサイズ）

これは在庫モデルにおいて最も初期に出された結果の1つである（Harris, 1913）．それは非常に安定した条件の下でどれくらい発注するのがいいかという問題を扱う．発注する際に固定費（A）がかかるとする．したがって，経済的発注量（economic order quantity : EOQ）はサイクル在庫と関係している．厳密にいえば，EOQ はかなりきつい仮定にもとづいている．しかし，以下の2つの理由から重要な結果である．(1) 費用は仮定のいくつかに関して頑健である，(2) 多くの仮定は緩めることができる．その結果，導かれる結果はいくらかより複雑になってしまうが，EOQ またはそのバリエーションはしばしば中心的役割を果たす．

a) 仮定： 基本となる8つの仮定がある．

1. 需要率は一定で，既知である，
2. 発注量には制限がない（整数である必要もない），
3. 大量購入による割引きは存在しない，
4. 費用要因は時間がすぎてもあまり変化しない，
5. 各品目は個別に扱う，
6. 補充リードタイム（品物を発注してからそれが需要を満たすのにかかるまでの時間）は既知である，
7. 補充は一斉になされる（在庫が徐々に増えていく製造工程とは状況が異なる），
8. 在庫不足は許されない．

b) EOQ の導出： 上述した仮定の下では不確実性は存在せず，時間とともに大きく変化するものもない．

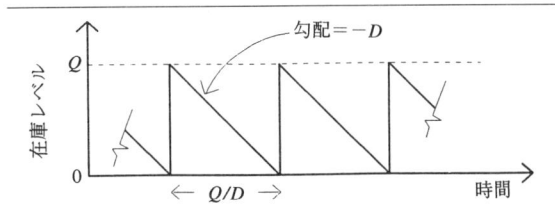

図1 在庫レベル/時間

それゆえ、次のように政策を限定することは適当であろう。在庫がゼロになるときに補充されるように、同じ量 Q を繰り返し発注することにする(各発注は在庫がゼロになるちょうどリードタイム分だけ前に行われる)。その結果在庫の時間推移のパターンは、図1のように、勾配が需要率 D の鋸型になる。

また仮定より、(Q の決定に影響を与えるという意味で)関連する費用は2つのカテゴリー、発注固定費と在庫保持費のみである。関連する費用の1年あたりの総計は

$$TRC(Q) = \frac{AD}{Q} + \frac{Qvr}{2} \quad (2)$$

で与えられる。第1項は、各発注ごとにかかる固定費と1年間の発注回数との積、第2項は式(1)、および I が $Q/2$(図1の三角形より)であるということより得られる。

$dTRC(Q)/dQ=0$ とすると、最適な Q の値は、

$$\text{EOQ} = \sqrt{\frac{2AD}{vr}} \quad (3)$$

となる。さらに、

$$\frac{d^2TRC(Q)}{dQ^2} = \frac{2AD}{Q^3} > 0$$

であるから、Q は実際に式(2)を最小化している。

c) いくつかの注意点:
1. EOQ の値で(2)の2つの項が等しくなっている。
2. EOQ を供給期間として表すと、

$$\frac{\text{EOQ}}{D} = \sqrt{\frac{2A}{Dvr}} \quad (4)$$

となる。多くの組織では広範囲の品目に対して、供給期間が等しくなるように補充量を決めるという簡単なルールが用いられている。しかし式(4)より A, D, および v のどれかが品目間で異なる場合には不適切である。

3. EOQ モデルの重要なバリエーションの1つに割引きを許すものがある。明確には、いわゆる全単位割引きであり、単位材料費が以下のように変化する。

$$v = \begin{cases} v_0 & Q < Q_b \\ v_1 & Q \geq Q_b \end{cases}$$

ただし、Q_b は発注量の割引点であり、$v_1 < v_0$ である。そのような状況の下で、最適発注量は以下の3つのどれかになることがわかる。v_0 を用いた EOQ, Q_b, または v_1 を用いた EOQ (Silver and Peterson, 1985)。

4. 別の重要な拡張としては、需要が既知であるけれども時間とともに変化する場合への拡張がある。少なくとも2つの状況として、塊り需要(MRP におけるのと同様な)とトレンドをもった需要がある。このような状況では、もはや同じ Q の値を繰り返し用いることは適切ではない。したがってある1年間の平均費用を見ることも不適切となり、正確な分析はより複雑となる。このいわゆるロットサイズ決定問題に関して広範囲を網羅している研究がある (Ritchie and Tsado, 1986)。

輻輳在庫に対するわかりやすいモデル

n 種類の品目 ($i=1, 2, \cdots, n$) を考える。それらは EOQ の仮定の中の2つを除いた他の仮定を満たしているものとする。正確には、それらは同じ装置で生産され(つまり、調整が必要)、補充される在庫は徐々に生産(品目 i に対して m_i 個/年)されるものとする。さらに、繰り返し生産を行うものとする、つまり、品目1、次に品目2、$\cdots$、品目 n、そしてまた品目1から始める。各サイクルには適当な余裕時間がある。品目 i の各パラメータを D_i, A_i, v_i そして m_i とし、Q_i を補充量とする。さらに、品目 i の生産の始めに τ_i 時間だけセットアップ時間がかかるものとする。決定変数は各サイクルの長さ T だけである。各補充量は、

$$Q_i = D_i T \quad i=1, 2, \cdots, n \quad (5)$$

で与えられる。

品目 i の生産は在庫水準がゼロになると同時に始まる、つまり、セットアップはその τ_i 前に始めておく必要がある。i の生産は $D_i T / m_i$ 期間続き、在庫は最大値 $Q_i(1-D_i/m_i)$ に達する。生産している間も需要が発生しているため最大値は Q_i ではない。したがって、品目 i の平均在庫水準は、

$$\bar{I}_i = \frac{D_i T}{2}(1-D_i/m_i) \quad (6)$$

である。年間の総費用は、

$$TRC(T) = \sum_{i=1}^{n} \frac{A_i}{T} + \sum_{i=1}^{n} \frac{D_i T}{2}(1-D_i/m_i)v_i r \quad (7)$$

である。総費用を十分な容量があるという条件、すなわち、

$$\sum_{i=1}^{n}\left(\tau_i + \frac{D_i T}{m_i}\right) \leq T$$

または $\quad T \geq \dfrac{\sum_i \tau_i}{1-\sum_i D_i/m_i} \quad (8)$

の下で最小化する。再び、$d^2 TRC(T)/dT^2 > 0$ あるから、$dTRC(T)/dT=0$ として $TRC(T)$ の最小値を求める。そのときその解は、

$$T_{\text{opt}} = \sqrt{\frac{2\sum_i A_i}{r \sum_i D_i v_i(1-D_i/m_i)}} \quad (9)$$

となる．$TRC(T)$ の凸性より，T_{opt} が式 (8) を満たしているならば，T_{opt} が最適となり，そうでなければ，(8) の右辺が最適となる．

より複雑な問題として，各サイクルですべての品目を生産するとは限らない場合がある．そのときは $Q_i = k_i D_i T$ とする（$k_i = 1, 2, 3, \cdots$）．

新聞売り子問題（1期間問題）

一般的に，関心のある期間の需要を予測するのにある種の予測モデルが用いられ，予測誤差の（同じことであるが，実際の需要が起こる）分布が求められる．関心のある期間の需要 x の分布の連続な確率密度関数を $f(x)$ とし，累積分布を

$$F(x) = \int_0^x f(y)\,dy \tag{10}$$

とする．なされる決定は，その期の需要に対してどれくらいの量 Q を在庫としてもつかということである．需要が満たされないとき（$Q < x$ のとき）1単位当たり c_u の販売損失，または期末に在庫が残ったとき（$Q > x$ のとき）売れ残りに対して1単位当たり c_0 の売れ残り損失が発生するとする．

ここでは総費用ではなく限界費用に注目して議論する．正確には，Q 番目のアイテムを考える．$x \geq Q$ のときは販売損失を節約でき，このことが起こる確率は $1 - F(Q)$ である．したがって，Q 番目のアイテムによる期待限界費用の節約は，

$$EMS(Q) = c_u[1 - F(Q)] \tag{11}$$

である．逆に $x < Q$ のときは売れ残り損失 c がかかる．それゆえ，Q 番目のアイテムによる期待限界費用の増加は，

$$EMI(Q) = c_0 F(Q) \tag{12}$$

である．最適性より，

$$EMS(Q) = EMI(Q)$$

となる Q が最適発注量 Q^* であり，式 (11)，(12) を用いると，

$$F(Q^*) = \frac{c_u}{c_u + c_0} \tag{13}$$

を満たす．注意すべきことは，式 (13) は任意の連続な需要分布に対して成り立つ一般的な結果であるということである．

この問題の多品目（在庫投資に対する予算制約がある場合）への拡張に対しても，モデル化され解かれている（Silver and Peterson, 1985, pp. 406-410）．

継続する需要に対する不確実性の取り扱い例

前とは対照的に，需要が継続して発生する場合を考える．このとき消費されていない在庫は将来の需要によって消費されるまで保持することになる．また，通常正の補充リードタイムが存在する．需要の不確実性とリードタイムが存在する場合には，在庫水準の定義にさらに注意を払う必要が出てくる．実際，少なくとも以下の4つの定義が存在する．

1. 手持在庫（on-hand stock）　現在，棚にもっている在庫
2. 受注残（backorders）　補充され次第満たされるけれども，現時点で満たされていない需要
3. 正味在庫（net stock）＝（手持在庫）−（受注残）
4. 有効在庫（inventory position）
   ＝（手持在庫）＋（発注残）−（受注残）

発注の決定は有効在庫量をもとになされる．

a）よく知られている単品目管理システム：　需要が不確実である場合，特定の場所の特定の品目の在庫を管理する際の決定変数は以下の3つである．

1. その品目の在庫状態の調査頻度（連続（在庫）調査（continuous review），ときには取引き毎在庫調査ともいう，と定期在庫調査（periodic review），後者ならば，調査間隔 R をいくつにするか）
2. 発注時期
3. 発注量

最もよく知られている単品目の在庫管理政策は以下の3つである．

1. (s, Q)　連続時間調査（$R = 0$）で有効在庫量が発注点 s 以下のとき，一定の量 Q だけ発注する．
2. (R, S)　R 期間ごとに補充点 S まで有効在庫量を引き上げるのに必要な量を発注する．
3. (R, s, S)　R 期ごとに在庫を調査し，有効在庫量が s 以下のとき，S まで引き上げるのに必要な量を発注する．

ここではその品目に対する需要が他の品目に対する補充政策に依存せずに，独立に発生することを想定している．しかしながら，ある品目が他の品目の部品である場合にはその需要は従属することになる．その場合上にあげた管理政策よりも MRP による管理の方が適切である．

b）(s, Q) システムにおける s の選択：　ある一定のリードタイム L の間に起きる需要が正規分布にしたがい，リードタイムの間に品切れを起こさない確率 P が設定されている場合を考えてみる．[その他の管理方策や需要分布そしてサービス尺度/品切れ費用の設定に対しても取扱い可能（Brown, 1982; Hax and Candea, 1984; Nahmias, 1989; Silver and Peterson, 1985）]

有効在庫量が正確に s のとき（大量の取り引きによって生じる s を下回る状況の取り扱いは本質的に数学的扱いを複雑にする），発注が行われると仮定する．リードタイムの間の需要分布を $f(x)$ とすると，品切れが起こらない確率は，

$$P = \int_{-\infty}^{s} f(x)\,dx \tag{14}$$

である.$f(x)$が正規分布(平均μ_L,標準偏差σ_L)であるという特別な場合は,

$$s = \mu_L + k\sigma_L \tag{15}$$

とおいて,式(14)に$u=(x-\mu_L)/\sigma_L$を代入すると,

$$P = \Phi(k) \tag{16}$$

となる.ただし,$\Phi(k)=\int_{-\infty}^{s}\phi(u)\,du$は標準正規分布そして$\phi(u)$はその密度関数である.標準正規分布に関しては数値表が整えられている.

概略を述べると,手続きは以下のようになる.式(16)より決められたPの値から$\Phi(k)$が決まる.数値表(または,計算機による近似計算)よりkを求める.それから,式(15)よりsを求める.

c) いくつかの注意点:

1. sの選択はQと独立である.他のサービス尺度/品切れ費用の設定をするとQと関係しうる.上述のEOQはそのような従属関係を無視して導き出されている.Qとsを同時に求める最適化の方法がいくつか提案されている(Hadley and Whitin, 1963; Naddor, 1966; Nahmias, 1989; Silver and Peterson, 1985).

2. 上述の分析はリードタイムが一定であるということにもとづいている.実際,少なくとも近似的に,同様な分析をリードタイムが変動する場合に対しても用いることができる.ただし,そのときリードタイムの間の需要xの分布は各期の需要の変動とリードタイムの変動を両方反映したものでなければならない.

多様な在庫モデル

在庫モデルを規定する多くのパラメータは実際の在庫システムにおいて2つないしはそれ以上の値をとりうる.原則として,それらのパラメータの組合せによって在庫モデルが決まることになる.重要なパラメータの大部分を以下の表にまとめる(可能な組合せの多くはすでに論文の中でモデル化されているけれども,最終的にある特定の組織において役に立つモデルになるにはしばしばその組織に合わせた変更や近似が必要になる.Silver, 1981; Zanakis et al., 1980).

需要の性質
・確定的 対 確率的(後者の場合,確率分布が既知対未知)
・時間に関して,定常対非定常
・手持在庫の影響を受けるか?
・消耗品 対 返却品/修理品
・他の品目に対する補充政策に対して,独立対従属

計画期間
・1期間 対 多期間
・離散時間 対 連続時間

・割引くかどうか

供給側
・購入の際の割引き(規模の経済)
・最小の発注量または固定バッチサイズ
・供給されない期間の有無
・リードタイムが一定またはランダム
・納入順序の逆転を許すか?
・生産量がランダム(納入量が発注量と異なる)
・供給能力制限

時間依存のパラメータ(需要以外)
・インフレーション
・ある1時点の特別価格
・リードタイムの変化
・供給能力の時間変化

品切れの際の需要
・販売損失 対 受注残対2つの混合

在庫停滞に対する考慮
・陳腐化
・劣化,老朽化(在庫の減耗)

単品目 対 複数品目
・予算制約または在庫スペース制約
・共通の供給業者,輸送・生産設備の形態を考慮した調整(または,同時発注)
・代替品または補完品

単施設 対 多段階施設(Schwarz, 1981)
・多段階施設において:直列対合流型(たとえば,組立)対 分岐型(たとえば,流通)

在庫状態(およびその他のパラメータ)の情報
・正確に得られているかどうか
・時間に対して連続的または離散的

在庫モデルにおける所与の条件の変更

伝統的に上で議論されたパラメータの値は,在庫問題をモデル化するうえで所与のものとして扱われている.絶え間なき改善という哲学はこの仮定に対し疑問を投げかけ,段取り費用,補充リードタイムなどの項は変更可能であり,しばしば,与えられたパラメータの下で単に最適化するよりもより本質的な利益をもたらすと主張している.別の言い方をすれば,ただ最適な在庫水準を見つけることよりもむしろ在庫の原因を部分的にでも取り除く方がよりよい結果を導くこともある(Silver, 1992).
⇒ 階層的生産計画,ロジスティクス,生産管理.

[Edward A. Silver/飯田哲夫]

参考文献

[1] Brown, R.G. (1982). *Advanced Service Parts Inventory Control*, 2nd ed., Materials Management Systems Inc., Norwich, Vermont.

[2] Gardner, E.S. (1987). "A Top-Down Approach to Modeling US Navy Inventories," *Interfaces*, 17(4), 1–7.

[3] Hadley, G. and T. Whitin (1963). *Analysis of Inventory Systems*. Prentice-Hall, Englewood Cliffs, New Jersey.

[4] Harris, F.W. (1913). "How Many Parts to Make at Once," *Factory, the Magazine of Management*, 10, 2, 13–56 and 152 (reprinted in *Operations Research*, 38(6), 947–950).

[5] Hax, A.C. and D. Candea (1984). *Production and Inventory Management*. Prentice-Hall, Englewood Cliffs, New Jersey.

[6] Kleutghen, P.P. and J.C. McGee (1985). "Development and Implementation of an Integrated Inventory Management Program at Pfizer Pharmaceuticals," *Interfaces*, 15(1), 69–87.

[7] Naddor, E. (1966). *Inventory Systems*. John Wiley, New York.

[8] Nahmias, S. (1989). *Production and Operations Analysis*. Irwin, Homewood, Illinois.

[9] Ritchie, E. and A. Tzado (1986). "A Review of Lot-Sizing Techniques for Deterministic Time-Varying Demand," *Production and Inventory Management*, 27(3), 65–79.

[10] Schwarz, L.B., ed. (1981). *Multi-Level Production/Inventory Control Systems: Theory and Practice*. Vol. 16, *Studies in the Management Sciences*. North-Holland, Amsterdam.

[11] Silver, E.A. (1992). "Changing the Givens in Modelling Inventory Problems: The Example of Just-in-Time Systems," *International Jl. Production Economics*, 26, 347–351.

[12] Silver, E.A. (1981). "Operations Research in Inventory Management: A Review and Critique," *Operations Research*, 29, 628–645.

[13] Silver, E.A. and R. Peterson (1985). *Decision Systems for Inventory Management and Production Planning*, 2nd ed., John Wiley, New York.

[14] Zanakis, S.H., L.M. Austin, D.C. Nowading and E.A. Silver (1980). "From Teaching to Implementing Inventory Management: Problems of Translation," *Interfaces*, 10(6), 103–110.

最小(最大)実行可能解
minimum (maximun) feasible solution

数理計画問題において，問題の制約条件を満たすものの中で，目的関数値が最小（最大）となる解のこと．このような解は一意的であるとは限らない．

最小全域木問題
minimum spanning tree problem

n 個のノードをもつ連結ネットワーク上で，すべての辺にコストが対応しているとき，全域木の中で費用最小のものを求める問題．⇒ ネットワーク最適化, 全域木.

最小値
minimum

$f(x)$ が $x^0 \in S$ で S 上での下界値の中の最大値をとるとき，$f(x)$ は S で最大値をもつという．このとき，すべての $x \in S$ に対して $f(x^0) \leq f(x)$ となる．⇒ 大域的最大値（最小値）．

最小費用ネットワークフロー問題
minimum-cost network-flow problem

容量制約のある有向ネットワーク上で，供給ノードと需要ノードが与えられたとき，供給ノードから需要ノードに単一の商品を送る際の費用が最小となるフローを求める問題．一般的に，ネットワークが供給ノードでも需要ノードでもない中継ノードを含む場合には，問題はトランスシップメント問題と呼ばれる．ノード上でのフロー保存則を仮定する．この問題は，その特殊構造のおかげで，インプットデータが整数であればその解も整数となる．この問題は，ノードアーク接続行列を主たる制約とする線形計画問題の1つである．⇒ 流量保存，最大流ネットワーク問題，ネットワーク最適化．

彩色数
chromatic number

グラフ上で，隣接するノードに異なる色を塗るときに必要とされる色の最小数．⇒ グラフ理論．

再生過程
Renewal Processes

ランダムに起こる一連の事象の生起間隔が，独立で同一の分布にしたがう確率変数である場合（たとえば，待ち行列理論における到着間隔），時点 t までに起こった事象の個数を表す確率点過程 $\{N(t)\}$ を〈再生過程〉という．通常，再生間隔（事象の生起間隔）の分布関数を $F(x)$，（存在する場合には）密度関数を $f(x)$，平均を $1/\mu$ で表す．再生間隔が同一の指数分布にしたがうポアソン過程（Poisson process）は特に重要な再生過程である (Cox, 1960; Cox and Isham, 1980; Feller, 1966; Smith, 1955).

事象の生起回数の平均（再生関数 (renewal function) と呼ばれる）$H(t) = \mathrm{E}(N(t))$ は，〈再生方程式〉(renewal equation)

$$H(t) = F(t) + \int_0^t H(t-x)\,dF(x)$$

を満たす．この式は，再生理論において重要な役割を果たす．$H(t)$ の導関数 $h(t)=dH/dt$ は〈強度関数〉(intensity function) と呼ばれ，$h(t)dt$ は近似的に区間 $[t, t+dt]$ で再生が起こる確率を表す．

再生関数と同様に，強度関数に対しても

$$h(t) = f(t) + \int_0^t h(t-x)\,dF(x)$$

という方程式が成り立つ．また，$t\to\infty$ のとき

$$\lim_{t\to\infty}\frac{H(t)}{t} = \frac{1}{\mu}$$

となることが示される．この式は，十分長い区間における平均再生回数が，平均再生間隔の逆数に比例することを表している．

再生間隔が連続的な確率変数の場合には，強度関数に対しても同様の関係式

$$\lim_{t\to\infty}h(t) = \frac{1}{\mu}$$

が成り立つ．この式は，十分長い時間が経過すると再生過程が定常となるため，強度関数が時点と無関係になることを示している．

この結果をさらに拡張したものにブラックウェルの定理 (Blackwell's theorem) がある．再生間隔が連続的な確率変数の場合，幅 τ の区間の再生回数に関して

$$\lim_{t\to\infty}[H(t+\tau)-H(t)] = \frac{\tau}{\mu}$$

が成立する (Feller, 1966)．

また，もう1つの重要な結果として，スミスの定理 (Smith's theorem, 1955) がある．再生間隔が連続的な確率変数の場合，$(0,\infty)$ で可積分な単調非増加関数 $V(t)$ に対して

$$\lim_{t\to\infty}\int_0^t V(t-x)\,dH(x) = \frac{1}{\mu}\int_0^\infty V(t)\,dt$$

が成立する．ここで $V(t)$ をどのように選ぶかは，扱う問題に依存して決まる．

ある種の点過程では，2種類の確率変数列 X と Y が交互に現れて $X_1, Y_1, X_2, Y_2, \cdots$ のように再生間隔を構成している．X および Y 自身がそれぞれ通常の再生過程である場合，このような確率過程は〈交代再生過程〉(alternating renewal process) とよばれる．この過程は，機械の故障と修理の状況などをモデル化する際に便利である．　　　　　　　　　　　[Igor Ushakov/牧本直樹]

参 考 文 献

[1] Cox D.R. (1960). *Renewal Theory*, Methuen, New York.
[2] Cox D.R. and V. Isham (1980). *Point Processes*, Chapman and Hall, New York.
[3] Feller W. (1966). *Introduction to Probability Theory and Its Applications*, vol. II, John Wiley, New York.
[4] Smith W.L. (1955). "Regenerative Stochastic Processes," *Proc. Royal Society, Ser. A*, 232, 6–31.

再生点
regeneration points

確率過程に対して，ランダムな時点 T_1 が存在して T_1 以降の確率法則が，時点 0 から始まる確率過程と同じであるとする．T_1 以降の確率過程に対してもこのような時点が存在するから，この考え方を繰り返し適用することにより，同じ性質をもつ時点列 $T_2, T_3, \cdots$ が存在することがわかる．この $\{T_1, T_2, T_3, \cdots\}$ を再生点と呼ぶ．⇒ 再生過程．

最早開始時間
earliest start time

プロジェクトネットワーク上で，先行するアクティビティーの所要時間を減らすことなく開始させることができる最早時間．これは，アクティビティーの開始を示すイベントに到る最長経路上の，すべてのアクティビティーの所要時間の合計として定義される．⇒ クリティカルパス法，PERT，ネットワーク計画．

最早終了時間
earliest finish time

プロジェクトネットワーク上で，先行するアクティビティーの所要時間を減らすことなく終了させることができる最早時間．これは，アクティビティーの最早開始時間と，そのアクティビティーの所要時間の和となる．⇒ クリティカルパス法，PERT，ネットワーク計画．

最大値
maximum

$f(\boldsymbol{x})$ が $\boldsymbol{x}^0 \in S$ での S 上での上界値の中の最小値をとるとき，$f(\boldsymbol{x})$ は S で最大値をもつという．このとき，すべての $\boldsymbol{x} \in S$ に対して $f(\boldsymbol{x}^0) \geq f(\boldsymbol{x})$ となる．⇒ 大域的最大値（最小値）．

最大マッチング問題
maximum matching problem

グラフ上で，各ノードにたかだか1回だけ接している線集合の最大値を求める問題．

最大流・最小カット定理
max-flow min-cut theorem

ネットワーク上の最大流問題において，ネットワーク上の最大流量が，ソース（流入）とシンク（吸収）を分離するすべてのカットの中の最小の容量と一致するという定理．ここでカットの容量というのは，カットに含まれるアークの容量の和のことである．⇒最大流ネットワーク問題．

最大流ネットワーク問題
maximum-flow network problem

容量制約のある有効ネットワークで，ソースとシンクが与えられたとき，ソースからシンクに送ることができる商品（フロー）の最大値を求める問題．

最短ルート問題
shortest-route problem

あるノードから目的地のノードまでの最短ルートあるいは1つのノードから他のすべてのノードへの最短ルートを求めるというネットワーク問題．これは線形計画問題であって，シンプレックス法によって解くことができるが，計算上より効率的に解くことができる特別の最短ルート問題が存在する．⇒ダイクストラの算法，ネットワーク最適化，シンプレックス法．

最遅開始時間
latest start time

プロジェクトの終了時間を遅らせることなく，あるアクティビティーを開始させるべき最遅時間．最遅開始時間よりアクティビティーの開始が遅れると，プロジェクトの終了はその分だけ遅くなる．この時間は，ネットワーク上の逆向きの経路をもとに計算される．⇒ネットワーク計画．

最遅終了時間
latest finish time

プロジェクトの終了時間を遅らせることなく，あるアクティビティーを終了させるべき最遅時間．これは最遅開始時間と，アクティビティーの継続時間の和となる．⇒ネットワーク計画．

最長経路問題
longest-route problem

有向ネットワーク上で，2つのノードの最長経路を求める問題．プロジェクトのアクティビティーの間の関係を表す非巡回ネットワークの場合，最長経路はクリティカルパスを表す．また最長経路の長さはプロジェクトの最早終了時間を表す．⇒クリティカルパス法，PERT．

最適化
optimization

得られる最良値を求めるプロセスのこと．数理計画法においては，実行可能領域における目的関数の最小値あるいは最大値のこと．⇒制約なし最適化．

最適化のための代数的モデリング言語
Algebraic Modeling Languages for Optimization

最適化モデルの作成

最適化モデル（optimization model．線形，非線形，整数計画法）は，産業，政府，軍関係で幅広く使われていて，大変な成功を収めている．これらのモデルを解くコンピュータやアルゴリズムがだんだんと強力になり，ますます大勢の人々が重要な決定問題を最適化モデルに当てはめる専門知識を習得するようになってきた．それにつれ，この技術の応用を妨げる要因は，モデル作成者が必要な入力をコンピュータアルゴリズムに与えたり，出力を得てもそれを意味のある分析に結びつけることができないことにあるということが最近だんだんわかってきた．

最適化モデルの意義について経営者たちがいう苦情の1つは，「解答をもらう頃には，何の質問だったのかすでに忘れてしまっている」ということであった．この苦情は，解法アルゴリズムの計算に時間がかかりすぎるということではない．むしろ，モデルに関するアイデアをコンピュータに処理できるようにする作業に手間がかかりすぎるということである．この問題の原因と解決法を述べる前に，実世界での最適化応用の手順を振り返ってみるのが重要である．

実務的な最適化モデルを作成するプロセスは，いくつかの相互に関連するステップからなる．最初でしかも最も重要なステップは，解こうとする問題の当事者と十分に対話することにある．それにより，問題の構成要素を明らかにし，当事者の組織上どの範囲までの最適化が可能であるかを確かめ，モデルユーザの理解力の限界を知ることができる．次のステップは，モデルの決定変数や制約式，目的関数などを定式化し，入力データの仕様を

決めることである.さらに,コンピュータ上での実施(モデル生成や例題に対する解を求めること)や,結果の分析のステップへと続く.これらの作業後もさらに対話を重ねる必要があるが,その結果,モデルの変更や仮定の見直しによるデータの詳細化,データの間違い,プログラミングエラーなどが見つかることもある.また一番面白い展開としては,前に明確でなかった操業方針,制約条件,要望等の発見などにつながることもある.

モデル定式化,コンピュータ上での実施,結果の検証などの技術的ステップが早ければ早いほど,すべてのプロセスがよりスムーズに進行し,モデルに対するユーザの評価がより高くなる傾向にある.顧客からの十分な関心やフィードバックがないと,どんなに技術水準が高くても,モデルは決して採用されず信頼されることはない.

代数的モデリング言語

代数的モデリング言語 (algebraic modeling language) は,モデル開発と分析時間を大幅に短縮するきわめて高度なソフトウェアパッケージである.この言語では,モデル作成者が代数的表現を使えば,モデルがわかる人たちへより迅速にモデルの内容を伝えることができるという考えに立っている.この鋭い見識は Fourer (1983) によるが,彼によると,モデル作成者の自然な表現法や作成法は,解法アルゴリズムへの入力形式と正反対の性格をもつという.ちなみにモデル作成者の表記法は,シンボル的,一般的,簡潔,そして他のモデル作成者に対しての明快性である.一方,解法ソルバーの入力形式は直接的,個別的,網羅的,そして計算上での利便性である.この差を埋めるのが代数的モデリング言語で,モデル作成者の表現法をコンピュータ入力として受理することでこの問題を解決する(初期のモデリング言語や,それ以前の技術であったマトリックスジェネレータとの比較についての議論は,Fourer, 1983 を参照).

モデリング言語 (modeling language) で定式化できる対象としては,集合(インデックス付き),パラメータ(与えられたもの,もしくは計算されるもの),決定変数,目的関数,制約式,そしてこれらの集まりである.集合は入力データとしてか,あるいは和集合,積集合,条件付選択,カーテジアン積などで定義される.パラメータは,種々の方法で直接入力されるか,ビルトインしてある数理関数によって定義される.以前の最適化の結果の主,双対解も,これらの計算に使うことができる.変数と制約式の定義は,計算される集合により条件が付されることも可能である.

例題

例として Rosenthal and Walsh (1996) の,次のような航空業におけるフライトのスケジューリングモデルを考える.

$$\sum_{jk} x_{ijk} + \sum_{j} (x_{i-1,j,SC} + x_{i-2,j,DC} + x_{i-3,j,TC})$$
$$\leq Max\_Ops\_i, \forall i$$

インデックスについては,i はフライト業務を示し,j は飛行機の型,k はフライトの長さを示す.k の値としては,SC, DC, TC とし,おのおののシングル,ダブル,トリプルのフライトサイクルを示すとする.決定変数の x_{ijk} は整数変数で,タイプ j の飛行機がサイクル i にフライトの長さを k として何度使用されるかを示す.上記右辺は,サイクル i 中に許されている離陸数と着陸数の合計の最大値を表すパラメータである.この制約式では,サイクル i に対して,最初の項ですべての離陸数を計算し,2番目の項ですべての着陸数を計算し,それらが右辺でおさえられる形になっている.この制約式のコンピュータ表現は,次のような代数的モデリング言語を使えば至極簡単である.AIMMS (Bisschop and Entriken, 1993), AMPL (Fourer et al., 1993), GAMS (Bisschop and Mecraus, 1982), LINGO (Cunningham and Schrage, 1994), MPL (Maximal Software, 1993).

たとえば GAMS による表現は次のようになる.

```
FLIGHT_OPS(i)..
  SUM((j, k), x, (i, j, k))
  +SUM(j, x(i−1, j, "SC")+x(i−2, j, "DC")
  +x(i−3, j, "TC"))
  = L = Max_Ops(i)
```

ここで代数的モデリング言語による制約式表現は,標準の ASCII コードを使うために,ギリシャ文字の Σ や,インデックスによる添字,不等号記号≦などの標準的数式がもっている明瞭さに欠ける(なお上記の式中,2番目の3項目の合計,すなわち,1つ,2つ,3つ前のサイクルからの着陸数に対しての和を取る式は,二重和に集約できる).

利点と制限

モデル作成者が上記のような表現方式に慣れれば,その利点は大きい.

・種々の最適化モデルをコード化するという,モデル作成者にとって非常に面倒で時間のかかる仕事が自動化されること,つまりモデル作成者にとって大変な時間の節約になること.

・モデルの定式化が問題の大きさと関係なくなること.先の例でいえば,たとえサイクル数が4倍になっても,また飛行機の型番が変わっても,フライト数の制約式には何の変化もない.特に,数千の変数と制約式をもつ超大型モデルが簡単に生成できること.

・モデリング言語は,モデルとデータの分離を可能にする.それゆえに,入力係数が変化しても,データテー

ブルを変えるだけでモデルを変えずに簡単に処理できる．

・モデルとデータの分離，およびモデルを定義する際のサイズからの独立性により，モデル作成者はプロトタイプを素早くつくることができる．迅速なプロトタイプ作成により，多大なリソースを費やす前に最終フルサイズモデルをつくるべきかどうかについての洞察が得られる．

・モデリング言語を使うと，非線型モデルの作成が，線形モデルと同じ容易さで行われる．非線型項は，そのまま式として表現される．たとえば，ポートフォリオ選択モデルの場合，証券 i に対する相対投資額を x_i，v_{ij} を証券 i と j に対する共分散とすると，関数

$$\sum_{ij} v_{ij} x_i x_j$$

は，ポートフォリオ全体の分散値を示す．GAMS によれば，この関数は，

SUM((i,j), v(i,j) * x(i) * x(j))

と表される．モデリング言語は，非線形計画ソルバーに対して非線形関数の微分係数を（数値計算による近似でない）解析的に計算するように指示を出す．この方式は，微分係数を計算する FORTRAN サブルーチンを書いて非線形計画ソルバーを直接呼ぶより，より簡単でエラーが少ない．

・モデル作成者が，モデル作成に専念できるようになる．また詳しい計算方法とか関係のない抽象化に煩わされずに，問題の中味だけを考えればよい．

・ほとんどすべてのモデル言語で，ソルバーの選択ができるようになっている．ソルバーを変えるのは簡単であり，パラメータによるチューニングによりパフォーマンスの改善も行うことができる．特に難しい問題，非線形計画とか整数計画問題については，1つソルバーがどの問題でもうまく働くとは限らない．モデルがモデリング言語によってインプリメントされていれば，ソルバー開発者から改訂版ソルバーがリリースされた際にすぐにその成果を利用することができる．

・モデル言語は，単純で標準的な文字セットを使用するので，どのモデルでもほとんど修正なしで，種々のコンピュータやオペレーティングシステムに容易に移植することができる．モデルは，簡単に E メールで送ることもできる．また，モデル言語は，内部用ドキュメント作成のための機能も備えていて，モデルに関するコミュニケーションを容易にするだけでなく，長期的な保守も容易にする．

・最適化モデルを実際に適用する際には，問題の新しい側面が見つかるたびにモデルを修正し続けなければならない．また他の修正理由として，特に整数計画問題のように計算時間を短縮するという場合もある．同じ問題に対して，それぞれの最適解が求まれば，それらは同じ結果を与えるという意味でいくつかの異なる定式化の方法がある．しかし，これらの見かけ上同値の定式化の中にも，明らかな違いがあり，解くのが容易なものと難しいものとがある (Bernhart et al., 1993; Schrage, 1991)．より計算に適した定式化を見つけるためには，異なる定式化を試す必要がある．いずれにしても，定式化を変えるには，モデリング言語を使うと，いままでのやり方よりもずっと簡単にできる．

・モデリング言語の中には，大変複雑なモデルや，部分問題を繰り返して解くような高度なアルゴリズムの実施を可能にする機能を備えているものがある．たとえば，現モデルの結果を次のモデルへの入力とすれば，ダンツィク-ウォルフ法 (Dantzig-Wolfe decomposition)，ベンダース法 (Benders decomposition) などの分解原理を用いた大型最適化アルゴリズムの実施は大変容易である (Lasdon, 1970)．もう1つの便利な使い方は，種々の単純化を試みても定式化を様々に工夫してみても，そのサイズや目的関数の非線形性のため実用的時間内に解くことができない極端に難しい整数計画問題に対して有効な解法を導くことである．このような問題に対しては，2つのより簡単な部分最適化問題を順に解くことが有効である．まず1つ目のモデルで連続問題の最適化を図る．次に2番目のモデルで，あるそれぞれの問題に応じた意味で連続解に「最適に関係している」実行可能整数解を見つけることである．この発見法的解法は，むやみに使われると危険であるが，種々の実用問題に対して大変効果があり，モデリング言語を使うと簡単に実施できることがわかっている (Rosenthal, 1994)．

ここで注意すべきは，場合によってはモデリング言語が適切でないこともある点である．このようなケースは，2つの極端な場合に大別されるようである．その1つは，初心者がさほど複雑でないモデルを扱う場合，モデル言語がやや専門的すぎて，若干の最適化機能をもった表計算ソフトよりも効果的でない場合である．

モデリング言語が最適化機能付きの表計算ソフトよりもよい点は，モデルとデータの分離，数値スケールからの独立性，ドキュメントしやすい点，修正が容易なことなど，上記のもろもろの点である．さらに他の特徴としては，次元からの独立性がある．これはモデリング言語によると，多数の添字の付いた変数の定義や，1個2個の添字変数を3個以上の添字付きに変更することは非常に簡単である．表計算の場合，これらの操作は不可能ではないにしても大変面倒である．

ただし最適化表計算ソフトには，モデリング言語にない利点がある．現在のところ表計算ソフトの方が，データベース管理システム，グラフィカルユーザインタフェースや他の企業内ソフトウェアシステムと統合するとい

う点では，より進んでいる（モデリング言語も，これらの点では改良が加えられはじめている）．さらに，表計算ソフトは，多くの人々，特にPC時代にコンピュータを使いはじめた人たちにとって，より親しみがあり，慣れている環境であろうと思われる．

また，モデル言語が最良の選択でない別の極端な例は，サイズの大きな問題，複雑すぎる問題，または早急の解を必要とする場合である（といっても，これらに対してもプロトタイプ用としては大変有効であるが）．よく知られたケースは，航空業界でのスケジューリング問題であり，それはあらかじめ生成されてない多くの列をもつ整数計画問題として定式化されるため，モデル言語が有効ではない．問題が単純すぎて，モデル言語を使うまでもない場合と，逆に問題が複雑すぎてモデル言語がまだ力不足である場合の両極端を除くと，その中間にある広大な最適化問題群に対しては，代数的モデリング言語は非常に優れたツールとして使用できるものである．
⇒構造化モデリング，モデルの管理．

[Richard E. Rosenthal/伊倉義郎]

参 考 文 献

[1] Barnhart, Cynthia, Ellis L. Johnson, George L. Nemhauser, Garbriele Sigismondi and Pamela Vance (1993). "Formulating a Mixed Integer Distribution Problem to Improve Solvability." *Operations Research* 41, 1013–1019.

[2] Bisschop, Johannes and Robert Entriken (1993). *AIMMS: The Modeling System*. Paragon Decision Technology, Haarlem, The Netherlands.

[3] Bisschop, Johannes and Alexander Meeraus (1982). "On the Development of a General Algebraic Modeling System in a Strategic Planning Environment." *Mathematical Programming Study* 20, 1–29.

[4] Brooke, Anthony, David Kendrick and Alexander Meeraus (1992). *GAMS: A User's Guide, Second Edition*. Boyd & Fraser – The Scientific Press Series, Danvers, Massachusetts.

[5] Cunningham, Kevin and Linus Schrage (1994). *LINGO User's Manual*, LINDO Systems, Chicago.

[6] Fourer, Robert (1983). "Modeling Languages vs. Matrix Generators for Linear Programming." *ACM Transactions on Mathematical Software* 9, 143–183.

[7] Fourer, Robert, David M. Gay and Brian W. Kernighan (1993). *AMPL: A Modeling Language for Mathematical Programming*. Boyd & Fraser – The Scientific Press Series, Danvers, Massachusetts.

[8] Lasdon, Leon S. (1970). *Optimization Theory for Large Systems*. Macmillan, New York.

[9] Maximal Software (1993). *MPL Modeling System*, Arlington, Virginia.

[10] Rosenthal, Richard E. and William J. Walsh (1996). Optimizing Flight Operations for an Aircraft Carrier in Transit. *Operations Research* 44, 2.

[11] Rosenthal, Richard E. (1994). *"Integerizing" Real-World Integer Programs*. Operations Research Dept., Naval Postgraduate School, Monterey, California.

[12] Schrage, Linus (1991). *LINDO: An Optimization Modeling System*, 4th ed., pp. 218–219. Boyd & Fraser – The Scientific Press Series, Danvers Massachusetts.

最適実行可能解

optimal feasible solution

最適化問題（optimization problem）に対して，最適実行可能解は問題のすべての制約条件を満足し，目的関数を最適化する解である．

最適性判定条件

optimality criteria

多くの最適化問題（optimization problem）に対して，与えられた実行可能解が最適か否かを判定する数学的公式がある．ある種の非線形計画問題に対しては，カルーシュ-キューン-タッカー条件（Karush-Kuhn-Tucker condition）が存在する．また線形計画問題に対しては，非基底変数のリデュースト コスト（reduced cost）に適用されるシンプレックス法テストが存在する．⇒線形計画法，非線形計画法，シンプレックス法．

最適値

optimal value

数理計画問題において得られる最良値で，実行可能領域における目的関数の最小値あるいは最大値のこと．

最適値関数

optimal value function

数理計画問題の最適値を目的関数の係数のような問題のパラメータの関数として表したもの．

サイバネティクス

Cybernetics

緒言と初期の歴史

サイバネティクスはシステムエンジニアリング（system engineering）やOR/MSの文献にときどき見られる術語である．これは，人間，機械，組織，社会における制御や通信の研究である．特に，これらの間の相互作用

を中心に扱う学問である．サイバネティクスという言葉はギリシャ語の Kybernetes に由来する．この言葉は，「制御器」，「調整器」，または「操舵手」という意味をもっている．この言葉の新しい使い方をはじめて提唱したのは MIT の数学の教授である Nobert Wiener である．彼は，数学システム論に早くから活発な貢献をなし (Wiener, 1949)，1948 年にはこの分野で最初の公式なものである Cybernetics という書名の本 (Wiener, 1948) を出版した．この本では，サイバネティクスを「動物と機械における制御と通信」と定義している．この定義は，生物学と物理学の分野の神経や生理学に関連した研究におけるフィードバック制御の概念の価値を強調している．サイバネティクスの発展の歴史の中で，初期はフィードバック制御 (feedback control) とサーボ機構 (servomechanism) の研究が中心であり，のちには制御系や制御工学に関わる領域の研究が中心となった (Singh, 1987)．サイバネティクスはアナログおよびディジタルコンピュータとともに発展してきた．特に，人間の脳のモデル化 (McCulloch, 1965) および自動化，遠隔操作を目的としたコンピュータと制御系との組み合わせ (Ashby, 1952, 1956；George, 1971；Lerner, 1976) に力が注がれてきた．

この他にも初期のサイバネティクスの影響を受けたものがたくさんある．人工知能 (artificial intelligence) (McCulloch, 1974) はその 1 つである．これは Wiener が関心をもった物理的制御系と中枢神経および脳との神経や生理学レベルでの類似性の研究である．Wiener と彼の仲間である Warren McCulloch, Arturo Rosenblueth, Walter Pitts が，このサイバネティクスの新しい分野の草分けである．そしてすぐに，情報の流れと独立させて制御系を論じても意味がないことがわかった．そのため，サイバネティクスは人間と機械との通信と制御の学問となった．このサイバネティクスの初期のとらえ方は，人間内の生理学や神経レベルの活動を手本にすることで，物理システムをもっとよく動かせるという考え方である．それゆえ，神経回路網の初期の研究はサイバネティクスから始まったともいえる．

サイバネティクスが早くから影響を与えた別な分野として恒常性 (homeostasis) という概念がある．これは，時間とともに変わる可能性があり，そして一般的には広範囲におよぶ外乱があったとしても組織のレベルを一定に保つということである (Ashby, 1952)．すぐにサイバネティクスは，静的で目的が固定されたシステムではなく，時間とともに目的が変わる活性化されたシステムを対象にするようになった (Beer, 1979)．不完全な情報下または冗長な情報下でも有効な通信パターンを作り上げて，組織体は活動する (Beer, 1979)．それゆえ，組織体はサイバネティクスシステム (cybernetic system) と してモデル化可能だし，モデル化されなければならない (Steinbrunner, 1974)．

サイバネティクスはしばしばシステムを見るときの 1 つの手法だと考えられてきている．つまり，個別のモデルではなく，問い合せへの対応の哲学的なとらえ方だと考えられてきている．サイバネティクス研究に関する Nobert Wiener の優れた論文は全集 (Masani, 1985) の第 4 巻に収録されている．すべてのサイバネティクス研究の基本は，モデルの作り方の手法である．特に，モデルづくりの行為の結果を，規範的または予兆的な値価のある理論として解釈し直すことである．現在，サイバネティクスの正確な定義付けに関するわずかな同意しか得られていない．サイバネティクスという術語を使う人の一部は制御系の研究だと思っている．また，神経または生理学レベルのモデル作りだと思う人もいる．また，神経レベルの議論を抜きにした，認識を軸とする生物工学的なモデル作りだと思う人もいる．その他の人々は，サイバネティクスとはすべてを表すものと考えている．オートメーション (automation), ロボット (robotics), 人工知能, 情報理論 (information theory), 生物工学 (bionics), 自動機械論 (automata theory), パターン認識 (pattern recognition), 画像処理 (image analysis), 制御理論 (control theory), 通信 (communication), 人間行動などはすべてサイバネティクスの一部だと思われてきた．

サイバネティクスの定義

現代のサイバネティクスでは，人間の神経系の生理学的側面が決定的であるという見方は非常に特殊な古典的な研究に例外的に残っているにすぎない．このことは神経の研究が色あせたということではない．実際，神経回路網 (neural network) やそれに関連した研究が盛んに行われている (Freeman and Skapura, 1991；Zurada, 1992)．少なくとも現在のシステム工学においては，サイバネティクスをもっと認知科学的にとらえている．本項では，「サイバネティクスを合目的な仕事を成し遂げるためのシステムにおける人間と機械との相互作用にかかわる通信と制御の方式の研究と定義する」．これは完璧な定義ではないが，通信と制御を通した人間と機械との相互作用にかかわっているシステム工学者には便利な定義である (Sage, 1992)．

認知人間工学的観点

本項はサイバネティクスおよびサイバネティクスを基礎とした人間の知識支援システム構築を論じることを目的としている．特に知識獲得の過程における人間とシステムとの相互作用に着目している．だから，故障検出 (fault detection), 診断 (diagnosis), そして訂正 (correction) などにおける人間と機械とのサイバネティクス的問題解決を行う知識ベースシステム (knowledge based system) を中心に扱う．これは上位監視系で人間を支援する多くの意思決定 (decision making) 支援システムの産業応用において非常に重要な問題である (Sage, 1991 ; Sheridan, 1992)．計算機，自動制御，ロボティクスなどの最近の発展と，生産性向上や労働条件改善という目標とによって，力仕事を主とする技術の重要性が減ってきている．実際，多くの分野で肉体労働はロボットに置き換えられている．このため力仕事の需要は減り，逆にシステムの監視制御などに関する人間の認知的な能力への要求が倍加している．

システムの運転状況を監視したり満足できるレベルに維持したりする仕事が，以前に増して人間に求められている．しかし，人間はシステムに関して，系統的でなく，しかも不正確な知識しか持ち合わせていない．結局，このようなシステムの動作を理解するための主に精神的な努力，つまり人間の問題解決への様々な努力は，実在の工程を操作，制御する実在の信号を通して形となる．つまり，機械と人間との多数のインタフェースが構築され，このインタフェースを通じて人間が機械を制御している．

情報技術の数多くの進展は，コンピュータ，制御，通信を統合したシステムを実現し，問題解決レベルにおける判断や意思決定に利用可能な情報の量を飛躍的に増加させた．しかし，どれほど質の高い情報であっても，知識は不確定，不確実であり，不完全である．だから，コンピュータ，制御，通信を統合したシステムの役割は与えられた情報を総合して，人間の判断の手助けをすることである (Sheridan and Ferrell, 1974)．このようなシステムは人工知能の分野ではエキスパートシステム (expert system) と呼ばれている (Barr, Cohen and Feigenbaum, 1981, 1982 ; Shapiro, 1987)．また，システム工学，経営科学，そして意思決定解析の分野では意思決定支援システム (decision support system) (Sage, 1991) または執行支援システム (executive support system) と呼ばれている (Rockart and DeLong, 1988)．知識支援システム (knowledge support system) という言葉は，エキスパートシステムと意思決定支援システムの技術を統合化した場合に用いられる．知識ベースシステムの利用を通じて，人間とシステムとの新たなインタフェースを構築する必要性が出てきた．それは，人間と計算機との間の適切な相互作用を保証するシステム設計の必要性である (Mayhew, 1992)．この情報技術の現代的利用は将来の大きな組織的変更へとつながっていく可能性がある (Harrington, 1991 ; Scott Morton, 1991 ; Davenpoert, 1993)．

サイバネティクスとシステム管理

人間-機械サイバネティクス系 (human-machine cybernetic system) は人間のシステムと人工システムまたは機械との機能的な統合と定義できるだろう．人間-機械系は主にこの2つの要素間の相互作用と相互依存として特徴付けられる．そして，通信と制御を導入すると，結果として〈サイバネティクス〉系となる．規模によらず，すべての人工システムは人間-機械サイバネティクス系の一部と見なすことができる．たとえば，産業用プラント，乗り物，マニュピュレータ，義足，コンピュータや経営情報システムなどである．もちろん，人間-機械系は他の大きなシステムの一部，つまりサブシステムであろう．たとえば，意思決定支援システムは，同じように人とのかかわりをもつ，企業管理，プロセス制御，計算機支援設計システムなどの大きなシステムの一部である．それゆえ，〈人間-機械サイバネティクス系〉という言葉は人工システムと人間-企業システムとの統合という観点から人工システムを見る特別な見方である．一般にはシステム管理またはシステム工学からの観点である．

〈人間-機械サイバネティクス系〉の全体的目的は外乱や制約がある環境下で，ある機能や製品，またはサービスを合理的な費用で提供することである．この概念は，人間，機械，そしてプロセスが一体となって機能するということである．図1は人間-機械サイバネティクス系という概念にもとづいた情報技術を簡略化して表している．人間-機械サイバネティクス系の主な「入力」は，一般には，性能，費用，信頼性，安全性などの期待値に帰着される，合目的な性能の集合である．加えて，仕事の

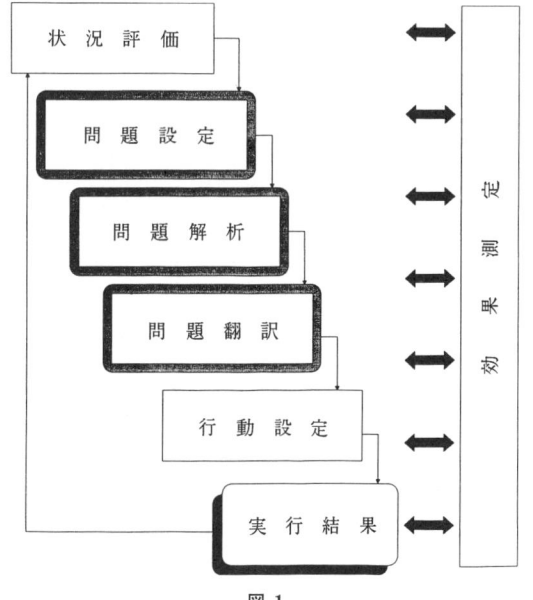

図1

負荷と満足感が許容できる水準に維持されているような設計でなければならない．このような設定のもとで人間は以下のような行動を行うことができる．

1. 要求される仕事を明確にする．つまり，さらに調査すべき項目と切り捨てるべき項目をはっきりさせる．
2. 設定された解決すべき項目に対して，解決するための仮定および取り得る選択肢を明確にする．
3. 選択肢ごとの予想される効果を明確にする．
4. これらの効果を目的別または仕事への「入力」別に解釈しなおす．
5. 選択肢の1つを選び，それを制御として実行する．
6. 結果として得られる人間とシステムの組合せによる効果を定量的に追跡する（Sage, 1992）．

多くの研究者が，このような行動を行動心理学（behavioral psychology），組織的管理（organizational management），人的要因（human factor），システム工学，そして管理科学などの種々の枠組みで論じてきた．

判断するための情報の使い方および自動プロセスを物理的に制御するための行動を含む各種の行動選択に関して多数の質問がありえる．この質問は適用する分野ごとに違っていたり同じだったりするが，どれも人工システムの制御にかかわっている．そして，自由度のある仕事配分の自動化の度合いにもかかわっている．さらに，これらの問題はコンピュータによるディスプレイの設計や使い方にもかかわっている．それに加えて，戦術，戦略，実行という違った階層における管理業務を含む人間-計算機の相互関係とも関連している．たとえば，人間の仕事の効率向上を支援する計算機システムは，システムの設計，実行，維持，そして管理という様々な分野に進出してきている．基本設計およびソフトウェアシステム管理を考える際に，システム設計におけるハードウェアやマイクロレベルのプログラミングにまで範囲を広げて考察することは大きな意義を持ち始めている．ソフトウェアの生産性に関して，システム工学とシステム管理を統合化したものを〈ソフトウェアシステム工学〉(software system engineering) と呼んでいる（Sage and Palmer, 1990）．

人間-機械サイバネティクス系における人間の仕事は以下の3つに分類できる．(1) 制御（手動による），(2) 通信（認知的），そして(3) 問題解決（認知的）（Johannsen, Rijnsdorp and Sage, 1983）．加えて，経験を積んで学習していくという監視およびフィードバックに当たる人間の役割もある（Johannsen, Rijnsdorp and Sage, 1983）．大体は学習の効果をあげているが，このような効果を永続させていくためには，メタレベルの学習，つまりいかに習得するかという学習を行っていく必要がある．これは，限定された仕事における慣れとは違う．1つの判断や操作の結果として起こったことを人は追跡していく．そ

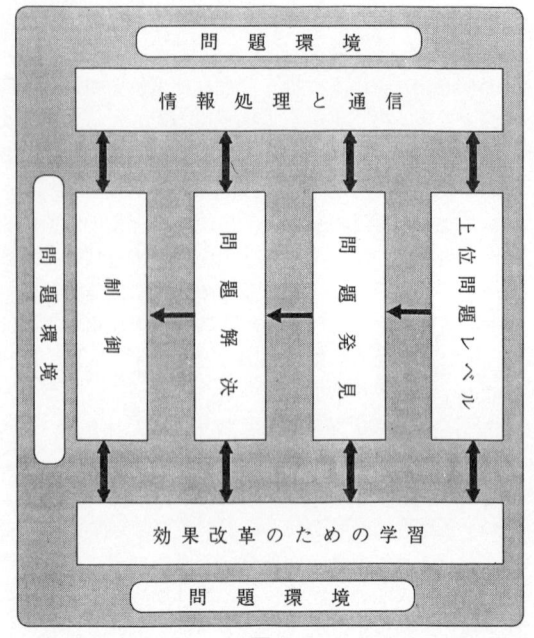

図2

して，これまでに見てきた経験は現在の問題を概念的にとらえる実験的な基礎となる．われわれの分類の1から4までの行動は問題（探索と）解決と考えられる．行動5は実行または制御にかかわり，行動6は通信または追跡とフィードバックにかかわる．これは「プロセスはどの程度上手く動いているか？」という，繰り返しを通しての学習と改善を可能とする問いかけへの対応でもある．もちろん，情報の流れと通信は，これらすべての行動全体に関係している．

さて，先に示した人間の役割の3つの分類は一般的にも通用する．図2は，これをブロック図で示したものである．ここで操作は制御理論で扱われるものより，もっと広い意味で用いられている．制御理論で使われる狭い意味では，開ループか閉ループか，連続系か間欠系かなどである．同様に離散システムでは，到達，切り替え，タイプ入力などである．図2に示すように人間-機械サイバネティクス系で生じる出力は，操作の生理学的な測面を通じて現れるものだけである．認知人間工学的な意味における操作は人間の情報処理，判断や選択の手助けも含んでいる．人間の認知レベルの機能は操作の中に組み込むことができるのにもかかわらずこれらは「問題解決」の実行レベルで最も重要な役割を果たしている．問題解決のレベルにおける，故障検出，故障診断，故障補償（fault compensation），管理，計画などの仕事は特に重要である．故障検出はシステム操作に関する潜在的な難しさを同定することにかかわっている．故障診断はシステムに起こりうる種々の不具合の原因を仮定することに対応している．そして，これらの仮定を評価して，最も

確からしい原因を選択しなければならない．これは基本的には認知的な仕事である．故障補償または管理は現実に故障が起きた場合の対処に相当する．これは，過去の経験からつくられたルールにもとづくとともに，結果に応じてルールを更新していくことも必要である．システム全体を適切な動作点に落ち着かせることで，補償や管理は完結する．両者とも，認知的かつ肉体的な活動にかかわる．計画は認知的な行為であり，頭の中で種々の可能性を追及することで未来に起こりうる問題を解決することである．適切な計画は知識体系の展望，体系化の原理，実践を，どのように利用するのかに，かかわることである (Sage, 1992)．これらは類似の状況の経験から得られる知識であり，多くの場合，技術，ルール，または定式化された知識ベースの推論として表現される (Rasmussenn, 1986)．人間の判断，操作の誤りは非常に重要な問題である．特に，人の誤りを避けたり改善しようとする努力によって，人間の誤りにうまく対応しようとするシステムを設計するうえでは重要である (Reason, 1990)．

サイバネティクスシステムの設計

ここでは人間である使用者と，関連するサイバネティクスシステムを考えた場合のシステム設計の意味を主に論じる．適切なシステム設計を行うには，人間による問題解決や意思決定の方法を理解する必要がある．この理解は個別の状況で人間がどのように行動するかというような具体的な記述のレベルでなくてはいけない．つまり，現実にはない理想的な環境下で行動の適否が決められる優等生的レベルでの話であってはいけない．しかも，現実世界の人間の種々の実際的な認知作業を援助できるような規範的レベルでなければならない．

技術が革新され，革新され続ける中で，すべての分野で人間と機械とのサイバネティクスシステムに対する特別な設計が要求されている．この要求は，現在の情報技術のおかげで大きな進歩がなされたので，総合的な自動化システムをもつ工場全体，戦略的な計画をたてる際の認知的な活動や操業の支援といった場面において，非常に現実的なものとなっている．ビジネス，防衛，医療の分野において，観察，計画，実行支援，管理，命令，制御などの仕事をするOAシステムや情報システムに対しても，人間-機械サイバネティクスシステムにおける進歩の影響が，同じように大きい．このことは高度の知識をもった熟練者が使う技術的かつ管理指向の情報システムだけでなく，未熟練者の手助けという意味の情報システムにも現れている．次世代の人間と機械のサイバネティクスシステムの中心的役割は，現存するシステムの維持と新しい技術システムの設計に対するコンピュータによる支援を行うことである．

このようなシステムに共通の問題は，人間と機械との相互作用を司る適切なサブシステムの設計である．人間と機械の間の適応的な仕事の割り振り，自然言語の使用も含めた対話法，そして他のソフトウェアシステムの技術的な側面が，現在の研究および開発における特に重要な課題である．コンピュータ化と自動化が進んでいく中で，人間との相互作用をするシステムを設計するには，いま以上の注意を払わざるをえない．現在進んでいる技術で，仕事の許容度と達成に対する満足度を向上させる柔軟な枠組みを提供できる可能性があるが，コンピュータを用いた人間と機械とのサイバネティクスシステムの設計者による，人間の行動への厳密な理解がなくては達成できない．逆説的ではあるが，高度な自動化には現在以上の人間の知恵と洗練された人間の技術が必要である．なぜなら，物理的な故障，人間による間違い，環境や文化の変化など自動システムに何時でも生じる物理システムの避け難い限界を，少なくとも監視レベルで，人間が補うことが求められるからである．このことは自動化システムでは避けることはできない．自動化の程度が進むにつれて，破滅的な動作が生ずる可能性が増大する．依然としてサイバネティクスシステムを使った自動化の需要は拡大している．その中で，上述の逆説は，現代の情報技術，情報社会，そしてサイバネティクスシステムが生んだ多くの鬼子の1つである．

⇒制御理論，数理モデル，ニューラル・ネックワーク．

[Andrew P. Sage George/新　誠一]

参考文献

[1] Ashby, W.R. (1952), *Design for a Brain*, Chapman and Hall, London.
[2] Ashby, W.R. (1956), *An Introduction to Cybernetics*, Chapman and Hall, London.
[3] Barr, A., Cohen, P.R., and Feigenbaum, E.A. (eds.) (1981, 1982), *Handbook of Artificial Intelligence, Vol. I, II, and III*, William Kaufman.
[4] Beer, S. (1979), *The Heart of Enterprise*, John Wiley, Chichester, UK.
[5] Davenport, T.H. (1993), *Process Innovation: Reengineering Work through Information Technology*, Harvard Business School Press, Boston, Massachusetts.
[6] Freeman, J.A., and Skapura, D. (1991), *Neural Networks: Algorithms, Applications and Programming Techniques*, Addison-Wesley Publishing Co., Reading, Massachusetts.
[7] George, F.H. (1971), *Cybernetics*, St. Paul's House, Middlegreen, Slough, UK.
[8] Harrington, H.J. (1991), *Business Process Improvement: The Breakthrough Strategy for Total Quality, Productivity, and Competitiveness*, McGraw-Hill, New York.
[9] Johannsen, G., Rijnsdorp, J.E., and Sage, A.P. (1983), "Human Interface Concerns in Support

System Design," *Automatica*, 19(6), 1–9.
[10] Lerner, A.Y. (1976), *Fundamentals of Cybernetics*, Plenum, New York.
[11] Masani, P. (ed) (1985), *Norbert Wiener: Collected Works Volume IV – Cybernetics, Science and Society; Ethics, Aesthetics, and Literary Criticism; Book Reviews and Obituaries*, MIT Press, Cambridge, Massachusetts.
[12] Mayhew, D.J. (1992), *Principles and Guidelines in Software User Interface Design*, Prentice Hall, Englewood Cliffs, New Jersey.
[13] Rasmussen, J. (1986), *Information Processing and Human Machine Interaction: An approach to Cognitive Engineering*, North Holland Elsevier, Amsterdam.
[14] Reason, J. (1990), *Human Error*, Cambridge University Press, Cambridge, UK.
[15] Rockart, J.F., and DeLong, D.W. (1988), *Executive Support Systems: The Emergence of Top Management Computer Use*, Dow Jones-Irwin, Homewood, Illinois.
[16] Sage, A.P. (ed) (1990), *Concise Encyclopedia of Information Processing in Systems and Organizations*, Pergamon Press, Oxford.
[17] Sage, A.P. (ed) (1987), *System Design for Human Interaction*, IEEE Press, New York.
[18] Sage, A.P. and Palmer, J.D. (1990), *Software Systems Engineering*, John Wiley, New York.
[19] Sage, A.P. (1991), *Decision Support Systems Engineering*, John Wiley, New York.
[20] Sage, A.P. (1992), *Systems Engineering*, John Wiley, New York.
[21] Scott Morton, M.S. (ed) (1991), *The Corporation of the 1990s: Information Technology and Organizational Transformation*, Oxford University Press, New York.
[22] Shapiro, S.C. (ed) (1987), *Encyclopedia of Artificial Intelligence*, John Wiley, New York.
[23] Sheridan, T.B., and W.R. Ferrell (1974), *Man-Machine Systems: Information, Control, and Decision Models of Human Performance*, MIT Press, Cambridge, Massachusetts.
[24] Sheridan, T.B. (1992), *Telerobotics, Automation, and Human Supervisory Control*, MIT Press, Cambridge, Massachusetts.
[25] Singh, M.G., (ed) (1990), *Systems and Control Encyclopedia*, Pergamon Press, Oxford, UK.
[26] Steinbruner, J.D. (1974), *The Cybernetic Theory of Decision*, Princeton University Press, New Jersey.
[27] Wiener, N. (1948), *Cybernetics, or Control and Communication in the Animal and the Machine*, John Wiley, New York.
[28] Wiener, N. (1949), *Extrapolation, Interpolation and Smoothing of Stationary Time Series with Engineering Applications*, MIT Press, Cambridge, Massachusetts.
[29] Zurada, J. (1992), *Introduction to Artificial Neural Systems*, West Publishing, St. Paul, Minnesota.

サービスシステム
service systems

待ち行列システム．⇒ 待ち行列理論．

三角行列
triangular matrix

対角成分より上の部分のすべての要素 a_{ij} が 0，あるいは対角成分より下の部分のすべての要素が 0 であるような正方行列 $A=(a_{ij})$ をいう．前者は下三角行列，後者は上三角行列と呼ばれる．

産業への応用
Industrial Applications

歴　史

この論説はその多くが著者の経験とヨーロッパの OR/MS の視野にもとづくものであるが，世界中の OR/MS 社会に対しての直接的な重要性を有している．この分野はヨーロッパでは OR すなわちオペレーションズリサーチとして周知であり，経営問題の分析と解答のための定量的方法を専らとするものである．その源は第二次世界大戦中の軍部に見ることができる．まずは "Battle of Britain" の準備を行う英空軍（UK）に見られ，のちにはドイツの U ボート（潜水艦）と戦う米海軍に見られた．第二次大戦後には，OR/MS は産業・政府・公共サービス・金融組織の経営者にも助けとなる，という一般的な雰囲気が存在した．その論理は明白である．すなわち，生産計画・在庫の管理と物理的分布といった産業活動は，モデル作成ならびに魅力的な数理的問題をもたらすような他の抽象化の形式にとって，誠にふさわしかったのである．そしてその実，訓練された OR ワーカーが利用できたのである．しかし，実務に応用できるような解答は期待されたほどには多くないことが，じきに明らかとなった．

この現象には 2 つの原因がある．1 つには，その頃利用可能だったコンピュータで作動するモデルは，経営者がもはや自分の問題だとは思えないほどに，現実を単純化しすぎたものだったのである．もう 1 つには，学界における OR ワーカーたちは，彼らの学問分野の基礎に注意を移動させていた．彼らの理論的な成果は，特に数理計画法（mathematical programming）・組合せ分析（combinatoric analysis）・待ち行列理論（queueing theory）の分野において，大変に見事なものであった．しかし，

日々の世の中での経営問題には，これら OR ワーカーはほとんど興味をもたなかったのである．その結果として，意思決定者は落胆を感じ，「数理的な意思決定理論」別名 OR/MS への信頼を捨て去り，単純で（しばしば単純すぎる）経験的な方法に回帰してしまった．このようにして，「実用面でのギャップ」が出現した．これは，(1) 早急に解くべき現実の意思決定問題をもっていて単純な解答を求めている経営者と，(2) 抽象的問題に創意をもってエレガントな解答を見つけることに取り憑かれた象牙の塔の OR 科学者とのギャップであった．OR がそうであると主張する，応用を目指した学問にとって，このギャップは誠に納得のゆかない状況である．こうして，やがては専門誌の論文は救済の発見に努力するようになり，優秀な OR ワーカーは「経営科学」に対する経営者の興味を回復させるべく努力した．しかし，すべての努力は無に帰したように見受けられる．OR/MS の〈権威者〉の 1 人でさえ，「OR の将来性は潰えた」と結論付けたのである（Ackoff, 1979）．

以上が，戦争中に得たよい評判を OR/MS が失うに至った経過である．製造業のスタッフ部門の OR ワーカーでさえ，彼らの存在のために闘わねばならず，往々にして職を失ったのである．数多くの部門が解体されたり，オートメーションプロジェクトのような他の仕事を割り当てられたりした．主として，周辺部で働く「一匹狼」と呼ばれる人々が OR の仕事を続けたのである（Fortuin and Lootsma, 1985）．

しかし，OR ワーカーは彼らの学問における信念を失わなかった．彼らは現実世界の問題を再発見することにより，徐々にその地位を向上させたのである．80 年代には，2 つの発展がこの過程を促進した．それは，安価で汎用的なコンピュータパワー（PCs）の利用可能性と，OR/MS ならびに他の定量的方法のための特別な大学講座の確立である．Ackoff 論文の 10 年後には完全に異なる声が聞かれたのである．「OR の将来は輝かしい！」（Rinnooy Kan, 1989）．

OR/MS の現在

定義によれば OR は 2 つの側面をもっている．1 つには OR は〈運営〉(operation) に集中するものであって，それゆえ OR は実用的でかつ現実問題への解答を提供すべく努力せねばならない．他方，OR は〈研究〉(research) を意味し，これは現実世界に具体的に存在する問題の抽象化と見なされる問題群の理論的研究を含んでいる．OR/MS のこれら 2 つの側面が，2 つのタイプの OR ワーカーの存在をもたらしてきた．〈実務家〉(practitioner) と〈理論家〉(theoretician) である．実務家は主にコンサルタントの部局ならびに大学における「インダストリアルエンジニアリング」や「工業数学」の学科などに見いだされる．大規模な会社においては，「一匹狼」がまだ見いだされる．理論家の方はといえば，彼らは大学やその関連組織でのみ働いている．

上述の 2 つのタイプの OR ワーカーは，その仕事を独立に展開しているが，両者の接触は増えつつある．それは会議やセミナーでのアイデアの交換を伴い，双方向的に行われている．この状況は自然な道行きに根差したものである．

・大抵のコンサルタントは大学を卒業している．彼らは理論的な前進について学ぶために，「大学ネットワーク」を維持している．その代わりに，学界における友人の OR ワーカーに対して，産業界の顧客が取り組んでいる問題についての情報を提供するのである．

・多くのコンサルタントは大学において非常勤講師として働いている．彼らはコンサルタントとしての経験と実務的知識とを教育の最新化のために用い，また，学問的研究の成果をコンサルタント業を補助するために用いているのである．

このように，OR/MS の好機は飛躍的に増大してきた．他の要素がこのプロセスを助長しつつある．

・産業における近代的経営者はアカデミックな背景をもっている．その勉強を通して，彼らは OR/MS の基礎に通じており，それゆえに，OR/MS が彼らに何かをしてくれるということを納得しやすいのである．彼らが最早，OR/MS のスタッフ部局をその組織内にもっていなくても，OR/MS コンサルタントの顧客となるのである．

・大学は企業とよい関係をもつことの重要性を見いだしてきた．

(1) それが大学の OR/MS ワーカーを実際的にし，未来の産業エンジニアに適切な訓練を施すことの重要性に気付いた経営者と協力することを教えた．

(2) OR/MS における研究に接することにより，彼らの資金の流れが潤沢なものとなる．

(3) それが学生たちに課程の一貫として，彼らの教育の質に資するために，産業界で一時的に働く機会を提供する．

(4) それは大学が研究プログラムに関する事項に優劣の順序を付けるために役立つ．

・純粋な理論家は，もはや孤立して研究課題を選択することができない．その代わりに，彼らは，産業界における学生を操縦する同僚たちから届く信号に注意を払わねばならない．

・情報技術はパワフルなコンピュータソフトウェアとハードウェアをもたらした．結果的に，モデル作成はとても現実的になり，適切な細部が考慮され，アニメーション画像が言語よりも容易に，経営者をして真に〈彼〉の問題が分析されつつあるのだと納得させることとなったのである．

この発展過程は OR/MS に関する専門雑誌に反映される．実務における OR/MS の多くの成功した応用が文献に報告されてきた．これらは〈事例研究〉(case study) と呼ばれるものであり，そこでは通常，次に述べるような項目を見いだすことができる．(1) 問題とそれを取り巻く環境，(2) 解答に向けての OR/MS のアプローチ，(3) OR/MS 分析の結果，(4) 代替案の集合からの経営者による解の選択，(5) 解の実行，(6) 結果 (OR/MS の介在以前の状況に比べた改善という意味であり，しばしば経営陣によって承認される)．これらの例は Bell (1989), Lootsma (1991) や Fortuin and Korsten (1988) に見ることができる．

しかしながら，いまだに「問題の所有者」が存在している．それは，複合的で込み入った状況の中で意思決定をせねばならない経営者であり，彼らはかつて OR/MS に失望した人々からなる先輩経営者たちの伝統を引きずる傾向をもっている．往々にして，彼らは2つ以上の解を持った問題に直面しており，解のおのおのは広範に及ぶ結果を伴っている．そして，彼らは時間のプレッシャーの下で最善の解を選ぶことを義務付けられているのである．ここで，もしもこれら問題の所有者が次の2点に気付きさえすれば，近代版 OR/MS によってうまく補助されるであろう．(1) OR の実務家が今日利用できるパワフルな方法と道具立て，(2) 現実世界の問題に対する OR/MS の変化した態度．一般に，次のように述べることができる．すなわち，1990年代に真の特性を見せる機会を有するやいなや，OR/MS は産業界の経営者にとって大変に便利なものとなった．主たる問題は，経営者が OR/MS に対してその機会を与えようと準備してくれるように，信頼を獲得する過程にある．明らかなことであるが，「実用面でのギャップ」はいまだに存在している．このギャップを埋めるためには，OR コンサルタントと学界の OR ワーカーが宣教師として振る舞わなければならない．彼らの職業の利益と，職務の展望と，そして何よりも増大する国際競争に直面するビジネスを真剣に発展させようと努力している経営者たちのために．

産業における OR/MS：何処で何が？

Fortuin and Zijlstra (1989) はフィリップス・エレクトロニクスにおける1つの OR グループの経験に関して報告したものである．フィリップス・エレクトロニクスはコンシューマープロダクト (たとえば家電製品，照明，テレビ，ハイファイ機器，ひげ剃り) とプロフェッショナルプロダクト (たとえば医療システム，電話交換機，照明システム) を生産する多国籍企業である．彼らは OR/MS における200件以上のプロジェクトを分析し，OR/MS の産業での応用のためにどの分野が最も重要で，どの OR/MS ツールが最も頻繁に用いられている

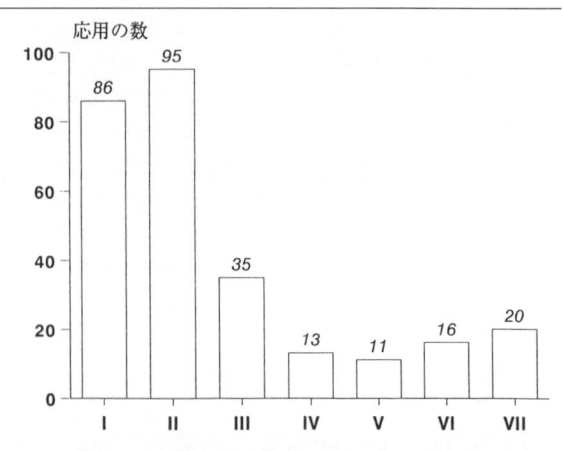

図1 産業における OR/MS のための応用分野
凡例：I＝生産，II＝生産システムの設計，III＝輸送と保管，IV＝輸送・保管システムの設計，V＝システムの実行，VI＝訓練と講座，VII＝その他 (たとえば，ポートフォリオ分析，情報システムの質の測定，達成度)．

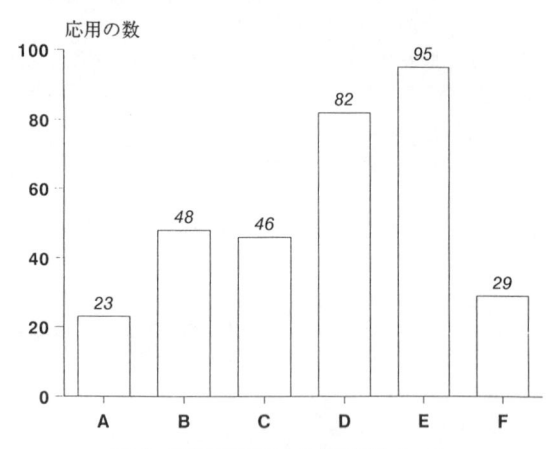

図2 産業に応用される OR/MS ツール
凡例：A＝LP に重点を置いた数理計画法，B＝組合せ分析，C＝在庫モデル，D＝待ちの理論モデル，E＝離散事象シミュレーション，F＝その他 (たとえば，詳細の構造化．多くのプロジェクトはこのタイプの OR で始まる．ときとしてこれが顧客の求めるすべてである場合もある)．

かを示した．これらの調査の1992年における最新版が，その結果を確認している．図1と図2を参照されたい．明らかに，最も頻発するプロジェクトは生産システムの設計に関するものであり，そこでは離散的コンピュータシミュレーションが，すべての複雑な相互作用を適切に考慮するために，用いられる OR ツールとなっている．この結論はヨーロッパにおける大規模な多国籍企業に当てはまるものである．米国においては，若干異なった様相を呈している．たとえば *Interfaces* の調査は，統計学，線形計画法，離散シミュレーションが (この順に) OR ツールの上位3つであると述べている (Harpell, Lane and Mansour, 1989)．

産業におけるほとんどの OR/MS プロジェクトにお

> モデル作成は，しばしば離散的シミュレーションならびに最適化と組み合わさって，近代的ORプロジェクトにおける重要な部分を演ずる．モデルは，定性的・定量的の双方の意味で，意思決定のシナリオ同士を比較するための洞察と可能性を提供する．ほとんどいつでもコンピュータは，モデル作成の必須のツールである．ただし情報科学の発展によってもたらされる推進力を簡単に過大推定してはならない．OR技術の集積の大きな部分は，ますますユーザフレンドリーでかつ安価になりつつあるソフトウェアのおかげで，PCの上で用いられる．近年では，問題の領域を，問題の所有者が十分に現実的であると考えるようなモデルによって表現することが，格段に容易になりつつある．大量のデータが，アクセスが簡単なデータベースに容易に格納できる．複雑な産業状況における不確実性を解消し，ビジネスプロセスの制御を増大するために，実際に貢献できるORの機会は多い．しかし，意思決定変数列の速やかな計算・意思決定の準備・意思決定支援といった，ORから得られる援助に気付いていない経営者がいまだに存在する．こうした経営者は，ORの援助で莫大な金を節約できるという事実について無知なのである．

図3 モデル作成

いて，仕事の1つの重要な部分はモデル作成である．端的にいえば，それはそのプロジェクトを通じて分析されるべき現実の断片を記述したものを意味する．この記述は，本質的な特性を保持するのには関係ないような細部を捨て去ったものである．このことが，モデル作成に科学というよりも技能（art）という側面を与えるのである（図3を見よ）．

産業におけるOR/MSの地位に関していえば，時代は変わった．10年ほど前には，OR/MSは主としてスタッフ部門の手中にあった．今日では，会社はその中核となるビジネスにおいて，1980年代半ばに始まったプロセスを引き揚げつつある．その結果として，スタッフ部門は完全に消し去られないまでも，最小限に縮小されている．もとの会社とのつながりをもたない場合でも，同様のことが起こっている．ちなみに，Fortuin and Zijlstra (1989) において示されたOR/MS部門も，案の定，フィリップス・エレクトロニクスを主たる顧客とする独立したコンサルタント業者となってしまった．少なくとも大西洋のヨーロッパ側に限っては，他の大規模な企業においても同様な傾向が見られる．

ヨーロッパでは，OR/MSによる産業への援助は2つの源から与えられる．何よりもまず，すでに述べたコンサルタント事務所が存在している．それらは普通，仕事が順を追ってなされるのにしたがって，プロジェクトの進展を追ってゆく．コンサルタント事務所は，ある程度は，第2の源と競争せねばならない．それは，ORプロジェクトにいくらかの金を費やそうとする会社を学生のために見つけようとする，大学のOR実務家である．大学・会社ともに，この協調によって利益を受ける．つまり，学生は職業を実習することを学び，会社はビジネス問題の高価でない解答または解答の糸口を，教授と学生の労力を用いることによって得る．これらアカデミックなORワーカーが経営者に示すには，社外のコンサルタントがいかに優れていようとも，結局のところ，会社の広告部門はアカデミックなORワーカーの努力による利益を受けることができるのである．

	活動	詳細
段階1	一般的調査	顧客ならびにスタッフとの討論．インタビュー，文書研究．全体的な問題記述．可能なアプローチのためのアイデアの生成．
	報告	期待される結果の概要．段階2への提案．
段階2	モデル作成	問題領域のシステマティックな記述．モデルを複雑すぎるものとしないように，最も関係があると思われる要素のみが考察の対象とされる．
	検証	顧客ならびにスタッフとの討論：そのモデルが問題領域・組織・方法・プロセスと手段を正しく表現しているか？
	実験	モデルのコンピュータプログラムへの翻訳．様々な状況の下での計算．
	分析	結果の吟味．
	報告	最重要の結果・結論・推奨の提示．段階3への提案．
段階3	実行	推奨された内容の実行．顧客ならびにスタッフに新しい方法で働くことを教示すること．

図4 1つのORプロジェクトにおける段階の要約
段階1と2では，そのプロジェクトにおいてコンサルタントが重点的に必要とされる．通常，段階3は問題の所有者とそのスタッフによって実行される．

図4はプロジェクトアプローチの概略を示すものである．顧客とORコンサルタントは，どの程度の費用と，どのくらいの時間で，どのような問題が分析され，また解けるかを決めて，契約書を作成する．契約はまた，顧客が期待する「成果物」ならびに顧客側のスタッフがせねばならない仕事を示すものである．さらなる詳細はFortuin, van Beek and van Wassenhove (1992) に見いだされる．こうしたアプローチは，多くの理由によって，とてもうまくゆくことが明らかになっている．

・準備段階（preliminary phase）は通常短いものである．その目的は問題の範囲と問題の所有者が納得できる問題記述との検分にある．経営者にとっての資金的リスクが低くなるように，費用は比較的安価である．このことが，経営者をして，社外のコンサルタントが本当にビジネスを発展させるのに助けとなると信頼させることを容易にしている．

・準備段階の間に問題が透明になり，解がただちに判明することも起きうる．このときは，探求段階（follow-up phase）はまったく必要でない．

おわりに

産業でのOR/MSの応用の見通しは良好に見える，と述べてよいであろう．

1. 産業会社の経営はかつてないほどに複雑になりつつある．世界的競争，余剰能力，顧客の需要，利益率の低下，新しい市場，為替の変動，これらは要因のほんの数例にすぎない．単純な解答の時代は過ぎ去り，基本的で理論的に正しい分析のみが経営意思決定を正当化できるのである．経営者はこうした分析のための時間と専門技術を持っていない．

2. 独立したコンサルタント事務所で現在働いている実務家は，一般の会社の政策によって制約されたり，がんじがらめにされたりしないで，OR/MSを奨励できるときには，彼ら自身のビジネスプランをつくり，彼ら自身の戦略にしたがうことができる．

3. コンピュータパワーは産業において広く普及しているが，これがORの解答を実行することを容易にしている．たとえそれが複雑で大規模なデータベースを必要とするとしても．

⇒意思決定，数理モデル，OR/MSの実践．

[Leonard Fortuin, Paul van Beek, Luc Van Wassenhove/栗田 治]

参考文献

[1] R.L. Ackoff (1979), "The future of OR is past," *Jl. Operational Research Society*, **30**, 93–104.
[2] P. Bell, "Successful Operational Research in Canada," *CORS-SCRO Brochure* (year not mentioned, but later than 1989).
[3] L. Fortuin and F.A. Lootsma (1985), "Future directions in Operations Research," in A.H.G. Rinnooy Kan (ed.), *New Challenges for Management Research*, North-Holland, Amsterdam/New York/Oxford.
[4] L. Fortuin and A.T.M. Korsten (1988), "Quantitative methods in the field: two case studies," *European Jl. Operational Research*, **37**, 187–193.
[5] L. Fortuin and M. Zijlstra (1989), "Operational Research in practice: experiences of an OR group in industry," *European Jl. Operational Research*, **41**, 108–121.
[6] L. Fortuin, P. van Beek and L. Van Wassenhove (1992), "Operational research can do more for managers than they think!," *OR Insight*, **5**, 1, 3–8.
[7] J.L. Harpell, M.S. Lane and A.H. Mansour (1989), "Operations Research in Practice: A Longitudinal Study," *Interfaces*, **19**, 65–74.
[8] F.A. Lootsma (1991), "Perspectives on Operations Research in long-term planning," *European Jl. Operational Research*, **50**, 76–84.
[9] A.H.G. Rinnooy Kan (1989), "The future of OR is bright," *European Jl. Operational Research*, **38**, 282–285.

し

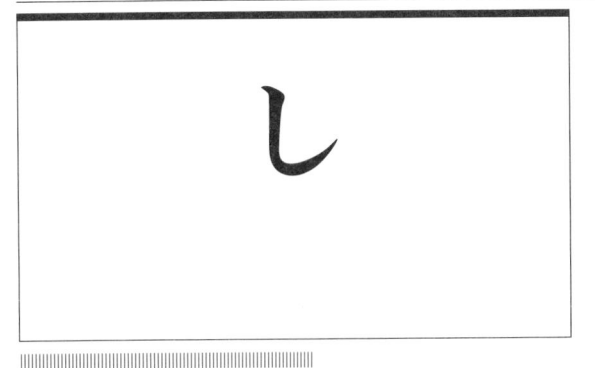

シェル
shell

作り付けの推論エンジンを備えたエキスパートシステム開発ツール. ⇨エキスパートシステム, 推論エンジン.

時間追いかけ型シミュレーション
time-stepped simulation

シミュレーションの時間の進め方を一定の間隔にしてモデル化したコンピュータモデル. 一定間隔で時刻を更新したあと, システムの状態を再計算する. シミュレーションモデルは状態変化を時間に沿って順にプログラムされるか, あるいは事象追いかけ型シミュレーションでも重要な関数に対しては時間追いかけ型でプログラムすることがある. ⇨事象追いかけ型シミュレーション, 離散事象確率システムのシミュレーション.

時間費用トレードオフ
time/cost trade-off

プロジェクト (project) の所要時間が最小コストで短縮されるようなスケジュールを作成するアプローチのこと. ⇨ネットワーク計画.

時系列分析
Time Series Analysis

はじめに

時系列とは, 順序が付いた観測データの列のことである. ここでの順序付けは, 通常時間を通して行うが, ときには空間における順序付けといった, 時間以外のインデックスも見受けられる. 時系列は, たとえば電圧といった電気信号として記録されれば, 連続時間列でありうる. しかし, ほとんどの実務における時系列は, 特定のタイムスパンで観測・記録され, 離散時系列と呼ばれる. 1つの変数だけが記録されるとき1変量時系列というが, ときには複数の変数に関して同時に観測されることもある. そのようなケースは多変量時系列と呼ばれる.

時系列を調べる目的は主に3つある. (1) 時系列を生成するメカニズムを理解しモデル化すること, (2) 将来値を予測すること, そして, (3) 時系列が効率指標であるような, システムの制御をすることである. 3つ目の応用事例は, 実務上に多く見られる. ほとんどすべての時系列は, 何らかの構造的な従属関係を示す. すなわち, 連続する観測に時間軸上の相関 (自己相関, autocorrelation) がある. この自己相関を考慮に入れた特殊な統計的手法群が必要になる.

図1には, きわめて性質の異なる時系列が例示されている. 図1(a)では, 時系列 x_t はある定量値の周辺で変動しているように見える. このような時系列は平均の周りで定常であるといわれる. 非定常な時系列を図1(b)に見ることができる. すなわち, この時系列 x_t は一定レベルの周りを漂っているように見えない. 非定常な時系列は時間トレンドをもっていたり, 時系列のばらつきが時間とともに増大する性質をもっていたりする. 季節変動

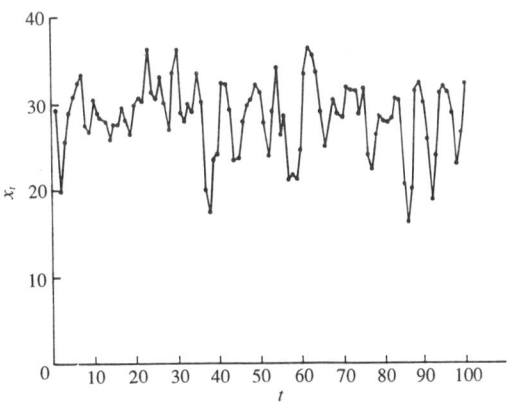

図 1(a) プラスチック容器の需要データ

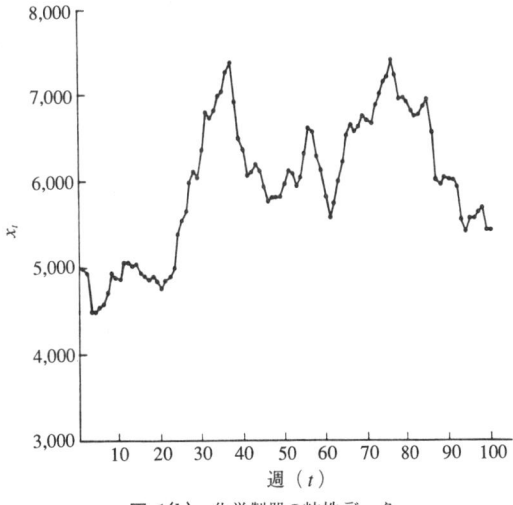

図 1(b) 化学製器の粘性データ

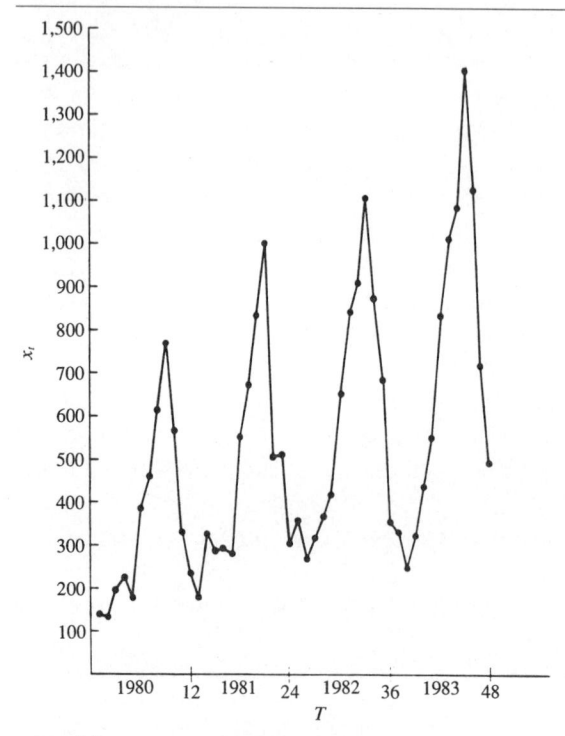

図1(c)　48オンス清涼飲料水の月次需要データ(100ケース)

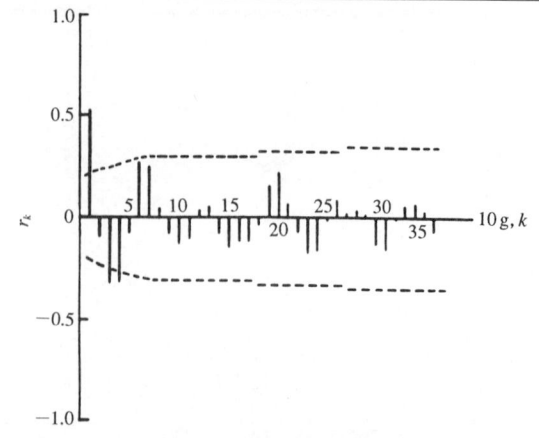

図2　標本自己相関関数

時系列が図1(c) に示されている．

自己相関関数は，時系列の振る舞いを特徴付けるうえで非常に便利である．x_t と x_{t+k} との自己相関は次の式で定義される．

$$\rho_k = \frac{\mathrm{cov}(x_t, x_{t+k})}{\sqrt{V(x_t)\, V(x_{t+k})}} = \frac{\gamma_k}{\gamma_0}$$

ここで，$\mathrm{cov}(x_t, x_{t+k}) = \mathrm{E}(x_t - m)(x_{t+k} - m)$ である．これは，遅れ k の自己相関という．通常の ρ_k, $k=1, 2, \cdots, K$, の推定量は標本自己相関関数

$$r_k = \frac{\hat{\gamma}_k}{\hat{\gamma}_0} = \frac{\sum_{t=1}^{n-k}(x_t - \bar{x})(x_{t+k} - \bar{x})}{\sum_{t=1}^{n}(x_t - \bar{x})}$$

で推定される．図2は図1(a)にある時系列の標本自己相関数（sample autocorrelation function）を表している．点線は標準誤差限界で，遅れ1のところに大きな正のスパイクがあり，標本自己相関はそれ以降サインカーブを描いて減衰する．標本自己相関関数は時系列モデルを適切に識別するに際して非常に役立つ．さらに，偏自己相関関数（partial autocorrelation function），逆自己相関関数（inverse autocorrelation function），拡張標本自己相関関数（extended sample autocorrelation function）も時系列のモデル同定に役立つ（Montgomery et al., 1990; Cleveland, 1972）．

時系列モデル化手法（time series modeling methods）
時系列データのモデル化と分析にあたりいくつか広く用いられている方法論がある．回帰分析法がその中心的な位置付けにある．y_t が関心のある時系列で，$x_{jt}, j=1, 2, \cdots, k$ が y_t に関連すると思われる別の時系列であるとすると，そのとき，

$$y_t = \beta_0 + \sum_{j=1}^{k} \beta_j x_{jt} + \varepsilon_t, \qquad t=1, \cdots, n$$

というかたちの回帰モデルを当てはめることが可能で，最小2乗法あるいはその変形を使ってパラメータ推定ができる．しかしながら，普通は，誤差 e_t は自己相関をもっており，より複雑な推定方法が必要となる．特に推定量そのものは最小2乗法のそれと同様であっても，その分散が非常に異なるような推定法が利用可能である．ユール-ウォーカー推定量（Yule-Walker estimation）は，誤差の自己回帰パラメータの推定にユール-ウォーカー方程式を，β の推定に一般化最小2乗法を用いる．Harvey (1981) が，この方法を含めて他の手法についても詳しい説明をしている．

時系列分析では平滑化の手法がしばしば用いられる．特に，指数平滑法（exponential smoothing）は，いろいろな種類の実務上の時系列データに対する短期予測に利用されている．この分野における，先駆的な研究は，Brown (1962), Holt (1957), Winters (1960) に見ることができる．指数平滑法は，しばしば $x_t = b + e_t$ という単純なモデルから出発して（ここで e_t は独立した確率変数で，b は未知定数である），ヒューリスティックに確立されることがある．単純（あるいは1階の）指数平滑は，

$$S_t = \alpha x_t + (1-\alpha) S_{t-1}$$

で定義される（ここで $0 \leq \alpha \leq 1$）．平滑統計量 S_t は定数 b を推定し，したがって，時刻 t における任意の将来値 $x_{t+\tau}$ の予測値は

$$\hat{x}_{t+\tau}(t) = S_t$$

で与えられる．1次あるいは2次のトレンド予測や季節

変動取り込みのための拡張は，Montgomery et al.(1990) に詳しい．

Box and Jenkins (1976) で提唱されている ARIMA (autoregressive integrated moving average) モデルは，時系列モデル化と予測に非常に大きな成功をおさめている．このモデルの族の一般的な形式は

$$(1-\phi_1 B-\phi_2 B^2-\cdots-\phi_p B^p)(1-B)^d x_t$$
$$= \theta_0 + (1-\theta_1 B-\theta_2 B^2-\cdots-\theta_q B^q)\varepsilon_t$$

で与えられる．ここで，ϕ_i は自己回帰パラメータ，θ_j は移動平均パラメータ，B は $B^r x_t = x_{t-r}$ で与えられるラグオペレータで，$(1-B)^d = \nabla^d$ は差分ラグオペレータであり，ε_t は平均ゼロ，分散 σ^2 の相関がないランダムノイズの列である．このモデルは，季節変動を考慮した拡張もできる（Box and Jenkins, 1976；Montgomery et al., 1990）．整数 p，d と q を指定することにより，ARIMA (p, d, q) モデルを得る．通常，パラメータの選定は標本自己相関関数と偏自己相関関数を調べながら行う．それから，ϕ_i と θ_j を推定するために非線形回帰法が用いられる．最後に，モデルの正確さを検証するために残差が分析される．一般には，残差の自己相関関数を精査すべきである．というのも，もしモデルが十分であれば残差に相関はほとんどないはずだからである．残差対あてはめた x_t のプロットといった残差プロットや，残差の正規確率プロットは，モデルの不十分さをチェックするのに有効である．

例として，図 1(b) の化学物質の粘性データを取り上げる．この場合の p，d と q の適切な選択は $p=0$，$d=1$，$q=1$ であることが示せて，結果として

$$(1-B)x_t = (1-\theta B)\varepsilon_t$$

という ARIMA$(0,1,1)$＝IMA$(1,1)$ を得る．このモデルのパラメータの最小 2 乗推定量 $\hat{\theta}=-0.70$ である．したがって，最終的なモデルは，

$$x_t = x_{t-1} + \varepsilon_t + 0.7\varepsilon_{t-1}$$

となる．このモデルは，上に述べた評価基準にしたがえば十分である．また，IMA$(1,1)$ は前述した指数平滑法と同値であることも示すことができる．

予測

時系列モデルの重要な目的の 1 つに将来値の予測がある．予測 (forecasting) という言葉が時系列分析の文献では用いられるが，ほとんどの成果は Kalman(1960)，Box and Jenkins (1976) ほかをはじめとする，線形予測の一般理論にもとづいている．狙いは，最小平均誤差をもつ予測を行うことである．

ARIMA モデルの最小平均誤差予測は条件付き期待値 $\mathrm{E}(x_{t+\tau}|x_t, x_{t-1}, \cdots)$ をとることにより得られる．

たとえば，前出の粘性データにある ARIMA$(0,1,1)$＝IMA$(1,1)$ モデルの最小平均誤差予測値は

$$\mathrm{E}(x_{t+\tau}|x_t, x_{t-1}, \cdots) \equiv \hat{x}_{t+\tau}(t) = x_t + 0.7 e_t(1)$$

で与えられる．ここで $e_t(1) = x_t - \hat{x}_t(t-1)$ は 1 階先予測誤差である．図 3 はこのモデルから得られる予測値を表している．通常は，点予測に加えて，信頼区間を提供

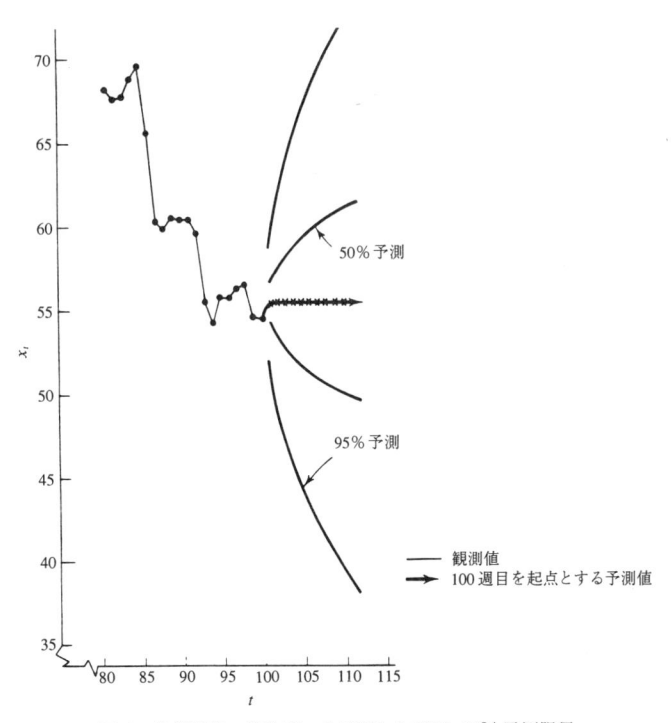

図 3 化学製器の粘性データ予測および 50, 95％ 予測限界

することが要求される．同図には，粘性データに関する95%と50%信頼区間が同時に描かれている．これらの信頼幅の求め方については，Box and Jenkins (1976)やMontgomery et al. (1990) に詳しい．

ARIMAモデルにおける実際の予測関数の形式も興味深い．というのも，複数のケースで，効率的な予測値の生成や更新に結びつくことがあるからである．いくつかの共通なARIMAモデルの予測関数の式がBox and Jenkins (1976) に与えられている．

伝達関数（transfer function）**と関連する話題**

いま，y_t と x_t が平均フィルター
$$y_t = V(B)x_t + \varepsilon_t$$
を通した2つの定常時系列のとき，$V(B)=\sum_{j=-\infty}^{\infty}v_j B^j$ はフィルターの伝達関数，e_t は系のノイズ列と呼ばれる．一般に x_t と e_t はARMA=ARIMA$(p,0,q)$ にしたがうと想定される．慣習として，
$$V(B) = \frac{\omega_s(B)B^b}{\delta_r(B)}$$
と書く．ここで，$\omega_s(B)=\omega_0-\omega_1 B-\omega_2 B^2-\cdots-\omega_s B^s$，$\delta_r(B)=\delta_0-\delta_1 B-\delta_2 B^2-\cdots-\delta_r B^r$ で，b は時刻 t における入力が出力に影響を与えるまでの遅れを表す．伝達関数モデルは，s，r，b の適当な値と e_t がしたがうモデルを選ぶことにより特定される．通常 s，r および b は2を超えることはない．クロス相関関数（cross-correlation function）はモデル特定上使い勝手がよい．

ひとたび，適当な伝達関数モデルが特定されると，非線形回帰によりパラメータ推定が行われ，さらにモデル診断方法が適用される．このあたりの手順は古典的な1変数ARIMAモデルにおける手続きに酷似している．最小平均2乗誤差予測は，時刻 t における y_t の条件付き期待値により同じように求められる．伝達関数モデルにおけるモデル特定，推定，診断検査および予測に関する例はBox and Jenkins (1976)やMontgomery et al. (1990) に詳しい．

伝達関数モデルの重要で特別な事例は，出力 y_t に影響を与えていると見られる入力系列 x_t が，特定可能でユニークな事象を表す0-1変数のときに見られる．この事象は干渉（intervention）と呼ばれ，結果として得られるモデルは干渉モデルという．干渉モデル（intervention model）は，特定可能な事象が時系列に変化を生じさせているかどうかという結論を下すための統計的な根拠として，よく用いられる．

Box and Tiao (1975) は，基本的な干渉分析手法を構築し，それをロサンゼルス盆地の光化学汚染のデータに適用した．それによると，ゴールデンステートフリーウェイの開業と，ガソリンに含まれる反応力が強い炭化水素の抑制および自動車エンジンの改良を求めた新しい法律は，暖かい季節にしかオゾンレベルの低減に寄与しないことがわかった．干渉モデルは，時系列における異常値の研究にも用いられる．Fox (1972) は，加法型（additive）と刷新型（innovative）という2つのタイプの異常値を提唱している．

多変量時系列という設定のもとでは，$x_{1t}, x_{2t}, \cdots, x_{mt}$ という m 個の異なる変数を観測することになる．Hannan (1970) やGranger and Newbold (1977) は，多変量ARIMAあるいは状態空間モデルという多変量時系列モデル化の方法に詳しい．

⇒ 指数平滑法，予測，品質管理，回帰分析．

[Christian M. Mastrangelo, Douglas C. Montgomery/山上 伸]

参 考 文 献

[1] Abraham B. and J. Ledolter (1983). *Statistical Methods for Forecasting*. John Wiley, New York.
[2] Box G.E.P. and G.M. Jenkins (1976). *Time Series Analysis, Forecasting and Control*, Revised Edition, Holden-Day, San Francisco.
[3] Box G.E.P. and G.C. Tiao (1975). "Intervention Analysis with Applications to Economic and Environmental Problems," *Jl. American Statistical Association*, 70, 70–79.
[4] Brown R.G. (1962). *Smoothing, Forecasting and Prediction of Discrete Time Series*, Prentice-Hall, Englewood Cliffs, New Jersey.
[5] Cleveland W.S. (1972). "The Inverse Autocorrelations of a Time Series and Their Applications," *Technometrics*, 14, 277–293.
[6] Fox A.J. (1972), "Outliers in Time Series," *Jl. Royal Statistical Society*, Ser. B, 43, 350–363.
[7] Granger G.W.C. and P. Newbold (1977). *Forecasting Economic Time Series*, Academic Press, New York.
[8] Hanan E.J. (1970). *Multiple Time Series*, John Wiley, New York.
[9] Harvey A.C. (1981). *The Econometric Analysis of Time Series*, John Wiley, New York.
[10] Holt C.C. (1957). "Forecasting Trends and Seasonal by Exponentially Weighted Moving Averages," *ONR Memorandum No. 52*, Carnegie Institute of Technology.
[11] Kalman R.E. (1960). "A New Approach to Linear Filtering and Prediction Problems," *ASME Jl. Basic Engineering for Industry*, Ser. D, 82, 35–45.
[12] Montgomery D.C., L.A. Johnson and J.S. Gardiner (1990). *Forecasting and Time Series Analysis*, 2nd ed., McGraw-Hill, New York.
[13] Winters P.R. (1960). "Forecasting Sales by Expo-nentially Weighted Moving Averages," *Operations Research*, 22, 858–867.

資源集約
resource aggregation

プロジェクト (project) ネットワークにおいて，たとえば最早開始時刻といった特定の規則にしたがって利用可能な余裕時間内に作業をスケジュール付けし，各時間間隔内に必要とされる各資源の総量を決定する方法のこと． ⇒ネットワーク計画．

次元の呪い
curse of dimensionality

動的計画法，制御理論，整数計画法，あるいは一般的に時間に依存する問題において，状態変数やデータ格納のためのメモリーが，問題のパラメータや次元の少々の増加に伴って，指数的に増加する現象．これはしばしば組合せ的爆発とも呼ばれる．⇒制御理論，組合せ/整数最適化，動的計画．

資源の利用効率管理
Yield Management

資源の利用効率管理は資本投資に対して最大収益を得るために行われる．異なる種類の製品と価格の組合せ（たとえば，週末のスキー，催物，繁忙期・閑期）があるときや，需要がそれぞれの製品と価格の組合せにより変動したり，時間を通して場所によって変動したり異なるときに，限られた数の製品（たとえば，部屋）の最適価格付けを取り扱う．資源の利用効率管理には，実務を通じて得られたデータにもとづいた解を得るということで，数理的な問題と人工知能の問題との両方の要素を含んでいる．

ホテル業界では，部屋が古くなるため適正な規則的スケジュールで改装しなければならない．しかし部屋に課される料金は，季節，貸出のリードタイム，宿泊数，売込みなどに依存して異なる．同様に，航空業界の経営も，収益を最大化するような料金で，古くなった飛行機の座席を価格付けすることを必要とする．製造業や医療における資源の利用効率管理は，ある特定の日であるとか，あるいは他の時期を通じて提示する料金の変更を明らかにするために，業務に関するオペレーションズリサーチの手法と人工知能の手法とを組み合わせている（Gray, 1994）．
⇒人工知能，在庫モデル，システム分析．

[Richard O. Mason, Sue A. Conger/柀々木規雄]

参考文献
[1] Gray, D.A. (1994), "Revenue-based capacity management, a survival technique developed by the airline industry, enters manufacturing sector," *OR/MS Today*, 21(5), 18–23.

資源平滑化
resource smoothing

プロジェクトに含まれる作業を，利用可能な余裕時間内に日々の資源必要量の変動を最小化するようにスケジュール付けする方法のこと．このアプローチはプロジェクトの完了時刻の移動が許されない場合に用いられる．⇒ネットワーク計画，プロジェクト管理．

資源平準化
resource leveling

プロジェクトに含まれる作業を，利用可能な資源の量の限界に見合うようにスケジュール付けする方法のこと．これはプロジェクトの完了時刻の移動が許されることを意味する．⇒ネットワーク計画，プロジェクト管理．

自己双対パラメトリック・アルゴリズム
self-dual parametric algorithm

与えられた線形計画問題を調整して，同じパラメータが各コスト係数と各右辺値要素に加えられるようにシンプレックス法とパラメトリック計画法を変形した方法．一連の主および双対シンプレックス変換を用いることによって，問題はパラメータのある値に対して最適となるであろうが，プロセスはパラメータの零値を有する解が見つかるまで続けられる．⇒シンプレックス法．

事後（ポスト・オプティマル）分析
postoptimal analysis

問題のデータの（通常の）小さな変動に対して解がどのように変化するかを研究すること．特に，この用語は線形計画問題に対する解の感度分析（sensitivity analysis）とパラメトリック分析（parametric analysis）に対して用いられる．⇒線形計画法，パラメトリック計画法，感度分析．

資材所要量計画
material requirements planning

資材所要量計画 (MRP) とは，最も詳細なレベルで，製造を行う際の製品の構成ユニット，サブ組立品，部品および原材料を管理する一連の論理的な手続きのことで

ある．MRPとは，管理者が実行可能性とコスト効率の点で評価できるような生産スケジュール案を作り出すための情報システムとシミュレーション用の道具である．⇒階層的生産計画，生産管理．

事象追いかけ型シミュレーション
event-driven simulation

すべての可能な事象が論理的なプログラムモジュールに含まれるようなコンピュータモデル．おのおのの事象モジュールは他のプログラムがその事象が必要と判断したとき，そのときだけに動きだす．一般的に事象追いかけ型シミュレーションでは，事象がいつ起きるかは確率的に決定される．

辞書式順序付け
lexicographic ordering

ベクトルが辞書式に正（負）であることをもとにした順序付け．ベクトルの列 $\{x_1, \cdots, x_p\}$ は，$i>j$ なら x_i-x_j が辞書式に正であるとき，辞書式に順序付けされているという．これは辞書の配列と似た順序付けであって，シンプレックス法の有限回収束を証明するときなどに用いられる．⇒巡回，辞書式に正（負）のベクトル．

辞書式に正（負）のベクトル
lexico-positive (negative) vector

ベクトル $x=(x_1, \cdots, x_n)$ は，$x\neq 0$ であってその最初の成分が正（負）であるとき，辞書式に正（負）であるという．ベクトル x は，$-x$ が辞書式に正であるとき辞書式に負であるという．また $x-y$ が辞書式に正のとき，x は y より辞書式順序の意味で大きいという．⇒辞書式順序付け．

指数オーダー（時間）アルゴリズム
exponential-bounded (-time) algorithm

解を求めるのに必要となるステップ数が，問題のデータの指数のオーダーの関数となることがわかっているアルゴリズム．シンプレックス法は，この意味で指数オーダーのアルゴリズムである（しかし実際には指数オーダーの振る舞いをすることは稀である）．⇒多項式有界アルゴリズム，シンプレックス法．

指数到着
exponential arrivals

待ち行列システムへの客の到着間隔が，互いに独立で同一の指数分布にしたがう確率変数列で与えられるもの．到着間隔の分布関数が $A(t)=1-\exp(-\lambda t)$ のとき，長さが t の任意の区間の間に到着する客の数は，確率関数 $p_n(t)=\exp(-\lambda t)(\lambda t)^n/n!$ をもつポアソン分布にしたがう．⇒ポアソン到着，待ち行列理論．

指数平滑法
Exponential Smoothing

指数平滑法は，時系列（time series）の平均の推定値を，予測値として外挿（extrapolate）を用いる手法である．この手法は，R. G. Brown（1944年頃）によってはじめて海軍の発射制御装置に用いられるボールディスク積分器（ball-disc integrator）の分析で連続変数の解析に用いられた．後になってR. G. Brown（1959）によって，1950年代初頭に離散量に適用された．

（一般に月次の）離散量の需要量の予測に指数平滑を用いることは，在庫問題に適しているようだ．なぜなら，パンチカードなどの簡単な記録装置で集められた30日程度のすべての製品の在庫を予測することが容易だからである．平均値の推定値を予測値にする式は次のとおりである．

新しい予測値 ＝ 古い予測値＋a×（誤差）
  ＝ 古い予測値＋a×（最新の観測値
    －古い予測値）
  ＝ $(1-a)$×古い予測値
    ＋a×（最新の観測値）

平滑化定数（smoothing constant）a は，理論的な裏付けはないが，もともと0.1に設定されている．こうすると，プラグボードのワイヤーを1つ左につなぎ換え加算するだけで記録装置で乗算できる．しかし，用いるべきよい値を推定するためのよりよい方法は，時間に打ち勝てることも大事である．

Weiner（1949）はあとになって何らかの最適化された重みを用いると，誤差2乗和を最小にする時系列の平均値の推定値になることを示した．Box and Jenkins（1970）は，最適な重みを見つけるすばらしい方法を示した．最適化された重みは，多少とも幾何的に下落することがある．実際，短期の時系列に対しては，まったく経験的な指数平滑は，最適重みと比べて区別が付かないくらいの成績を収めている．

1950年後半，Brown（1963）は傾向を含んだモデルに拡張した．最初のモデルは1階と2階指数平滑を用いている．Brown（1967）は，何階かの多項式の係数値を平

滑化することに等しいことを示した．この方法は，繰り返しのある季節変動（seasonal variation）をフーリエ級数（Fourier series）で近似して表されるような複雑な多項式へと一般化された．

Winters（1962）は，平均的な水準と傾向と季節成分に分け，それらの3つに対する最適な平滑化定数を見つけるすばらしいシミュレーション方法を開発した．様々なモデルと平滑化定数を用いたシミュレーションは，短期の時系列の標本誤差は得られた効果より大きくなるので誤った結果を導きやすい．指数平滑は学習できるので，いくつかの実施例ではモデルの係数を任意の値から出発しているものもある．しかし学習法は，いますぐによい予測を必要としている人に，思ったより長い忍耐の時間をしいるという問題がある．

係数の初期値は，利用できる過去のデータの回帰で推定できる（新製品に対しては，類似商品のデータを用いればよい）．フーリエ級数は直交しているので，すべての項をナイキスト周波数（Nyquist frequency）で当てはめできる（少なくとも一番高い周波数に対してサイクル当たり2個のデータが必要である）．そして自由度2のχ^2検定で有意でないものは棄却される．

予測にもとづく意思決定は，予測誤差（forecast error）の確率分布（probability distribution）に関する情報がいる．分布は正規分布が考えられるが，誤差分布が右に裾をひくことも稀ではない．そこで実際のデータに当てはまる分布かどうかを調べることをすすめる．1つのパラメータ（分散）に注目した確率モデルをつくることで十分である．

Brown（1959）は，バラツキの尺度として偏差の絶対値の和を最小にするMAD（mean absolute deviation）を提案した．記録装置では，符号を表すワイヤーを抜くだけで絶対値を測れるので簡単である．分布が正規分布であれば，標準偏差はMADの1.25倍になる．しかし実際のデータでは，その比率は1から1.7の間になることが知られている．そこで慎重に誤差の平均平方（MSE：mean squared error）を用いることがある．MSEは，新しい観測値に指数平滑法を適用するたびに改訂することができる．

時系列の理論モデルは，しばしば実際のデータから驚くほど異なっていることがある．売上は販売促進，政府による規制，競争，天候と記入ミスでゆがめられる．予測を改良している間は，例外レポートの作成をすすめる．需要フィルターは，最新の予測値からK倍以上の標準偏差になるデータを報告している．信号の監視で，予測における意味のあるバイアスを報告している．

予測で重要なことは，これらの例外レポートを真剣に集めることである．まず例外に対して考えられる理由を探し，次に適切な行動をとることになる．例外が報告されるのを待って原因を考えはじめることはよくない．例外を引き起こす環境を操作する出来事に注意し，実際に起こった問題についての仮説を確認したり否定したりするために報告書を利用すべきである．パターンを調べれば，いくつかの系列は同じ例外的な様子を見せているだろう．

いくつかの手段が信号を監視するのに提案されている．Brown（1959）は予測誤差の累積和を始めて提案した．しかし，将来におけるその合計の期待値は現在の合計に等しい大きな誤差が信号にバイアスを与え，小さな誤差があとになって例外を発生させることもある．

次の方法は，符号付きの誤差に指数平滑を適用するSETS法（smoothed error tracking signal）である．この方法は，データを生成している真のプロセスの変化に反応するのが少し遅れる．Trigg and Leach（1966）は，平滑化定数を修正するためにSETS法を提案したが，それらが間違っていたときにより信頼できる予測を行い，データに当てはまっているときは安定であるようにする．彼らは，それが適用されるすべての分野でフィードバックシステムが安定することを示すことには失敗している．

Gardner（1985）は，様々な信号監視手法の比較的有効な成果をあげた．Barnard（1959）は，品質管理にWarldの逐次解析（sequential analysis）（Wald, 1947）をベースにしたVマスク法を提案している．Brown（1971）は，これらのVマスク法に尤度比（likelihood ratio）で包み込んだ2次曲線マスクを開発した．この手法は品質管理におけるShewhartのxバーチャート（x-bar chart）とRチャート（R chart）のアナロジーにもとづいて，予測値と同じくMSEを監視することに拡張している．

当てはめの最中，初期のモデルの外れ値（outlier）は需要フィルターの例外に似ている．Brown（1990）は，すべての履歴が同一のモデルで記述できない過程から生じている証拠がある場合，その履歴を「明らかに違った事象」という言葉を用いている．1個の観測値のラグで明らかな有意な相関があるのは，明らかに差のある事象によって引き起こされている（他の原因が考えられる）．Brown（1990）は，その事象が起きた時刻を推定するため累積和を用いた手法を開発した．そのモデルはその時刻からの観測値にのみ当てはまる．

履歴の記述から予測を行うというアイデアは，今日では少しずれている．今世紀末には，企業が他の企業からの発注を予測するということよりも，ポイントオブセールデータ（point of sale data）に，素早く対応したりロジスティクス（logistics）の各階段で正確に受け渡しするために用いられるのであろう．

⇒予測，マーケティング，回帰分析，小売業，時系列分析．

[Robert G. Brown／新村秀一]

参考文献

[1] Barnard, G. (1959). "Control Charts and Stochastic Processes," *Jl. Royal Statist. Soc., Ser. B*, **21**, 239–271.
[2] Box, G. and Jenkins, G. (1970). *Time Series Analysis*, Holden-Day, San Francisco.
[3] Brown, R.G. (1959). *Statistical Forecasting for Inventory Control*, McGraw Hill, New York.
[4] Brown, R.G. (1963). *Smoothing Forecasting and Predicton*, Prentice Hall, Englewood Cliffs, New Jersey.
[5] Brown, R.G. (1967). *Decision Rules for Inventory Management*, Holt, Rinehart & Winston, New York.
[6] Brown, R.G. (1971). "Detection of Turning Points," *Decision Science*, **2**, 383–403.
[7] Brown, R.G. (1990). "Significant Events," *Proc. ISF*, New York.
[8] Gardner, E. (1985). "Exponential Smoothing: The State of the Art," *Jl. Forecasting*, **4**, 1–28.
[9] Shewhart, W.A. (1931). *Economic Control of Quality*, Van Nostrand, New York.
[10] Trigg, D.W. (1966). "Monitoring a Forecasting System," *Jl. Operational Research Society*, **15**, 211–274.
[11] Wald, A. (1947). *Sequential Analysis*, Wiley, New York.
[12] Weiner, N. (1949). *Extrapolation, Interpolation and Smoothing of Stationary Time Series*, Wiley, New York.
[13] Winters, P.R. (1962). "Constrained Rules for Production Smoothing," *Management Science*, **8**, 470–481.

システム

system

システムとはある目的を達成するために組織化された，関連する要素の集合である．⇒システム分析．

システムダイナミクス

System Dynamics

はじめに

システムダイナミクスは，政策解析および設計に対するコンピュータ援用アプローチである．それは，複雑な社会，管理，経済，あるいはエコロジーシステム，すなわち相互依存，相互作用，情報フィードバック，および因果関係によって特徴付けられる動的システムに発生する動的問題に応用される．

この分野は，最初 Jay W. Forrester の仕事から始まっている．彼の影響力の強い著書 *Industrial Dynamics* は，いまでもこの分野における哲学と方法論に関する重要な宣言である．この出版から 10 年の間に，応用の範囲が，研究開発の管理，都市の停滞や衰退，商品サイクル，および有限世界における成長のダイナミクスを含む組織や工業の問題から広がっていった．現在では，その本来の領域である管理をはじめとして，経済，公共政策，環境の研究，防衛，社会科学の理論構築，およびその他の領域で応用されている．インダストリアルダイナミクス (industrial dynamics) という名称は，この分野の広さにはもはや適合しないから，システムダイナミクスに一般化されることになった．この現代的な名称は，他のシステム方法論とのリンクを暗に意味しているが，このリンクは弱くそして誤解させるものである．システムダイナミクスは自動制御工学から派生したもので，一般システム理論やサイバネティクスではない (Richardoson, 1991)．システムダイナミクスアプローチは次のような内容を含んでいる．

・時間軸上でグラフから動的に問題を定義すること．
・システムの重要なダイナミクスの内部発生的な動作上の見方，および知覚された問題を発生あるいは悪化するシステムの特性について内側に焦点を合わせることに努力すること．
・情報フィードバック (information feedback)，循環性因果関係のループの中で相互連結された連続量として実システムのすべての概念を考えること．
・システムにおける独立なストックあるいは蓄積（レベル）とそれらの流入流出（レート）を見分けること．
・関心ある動的問題それ自身によって，再生可能な動作モデルを定式化すること．このモデルは，通常，非線形方程式によって記述されるコンピュータシミュレーション (computer simulation) モデルであるが，ときどき，システムのストック-フロー/因果フィードバック構造をとらえてダイアグラムとして量的に定められないものが残る．
・得られたモデルからの理解と応用可能な政策的洞察を導くこと．
・モデルにもとづいた理解と洞察に起因する変更を実施すること．

数学的に，形式的なシステムダイナミクスのコンピュータシミュレーションモデルの基本構造は，一連の非線形 1 階微分（あるいは積分）方程式

$$\frac{d}{dt}\boldsymbol{x}(t) = \boldsymbol{f}(\boldsymbol{x}, \boldsymbol{p})$$

のシステムである．ただし，$\boldsymbol{x}$ はレベルベクトル（ストックあるいは状態変数），$\boldsymbol{p}$ はパラメータの集合，そして $\boldsymbol{f}$ は非線形ベクトル値関数である．

そのようなシステムのシミュレーションは，長さ dt の離散区間にシミュレーション時間を分割し，同時にシステム全体の時間を $1dt$（1 間隔）進めることで容易に行われる．各状態変数は，それ以前の値とその変更レート

$x'(t):x(t)=x(t-dt)+dt*x'(t-dt)$ から計算される．この分野における初期のシミュレーション言語（DYNAMO）では，この式は次のような時間表示で書かれた．すなわちK（現在の時点），J（1間隔前の時点），JK（JとKの間の間隔）：$X.K=X.J+DT*XRATE.JK$（Richardson and Pugh, 1981）．計算間隔 dt はモデルによって表される動的振る舞いの効果を無視しないよう十分に小さな値が選ばれる．最近のシミュレーション環境では，より洗練された積分体系が利用可能であり（ユーザによって書かれる方程式は，簡単なオイラー積分体系のようであるかもしれないが），この時間表示は明示しないことがある．重要なシミュレーション環境は，メインフレーム，ワークステーション，およびパーソナルコンピュータ上でのDYNAMOシリーズ（Pugh, 1983；Pugh-Roberts Associates, 1986），DYSMAP 2（Dangerfield and Vapenikova, 1987），STELLA IIとiThink（High Performance Systems, 1990），S**4（Diehl, 1992）およびVensim（Ventana Systems, 1991）などを含んでいる．

Forresterの初期の仕事は連続的なアプローチを強調していたが，現代的なシステムダイナミクスの応用では，離散差分方程式（discrete difference equation）と連続微分（continuous differential）あるいは積分方程式の混在したものを扱っている．システムダイナミクス（system dynamics）の分野に関連する一部の実務家は，コンピュータシミュレーションの理論と手順，動的システムの解析と簡単化，政策最適化，動的システムの理論，および複雑な非線形力学と決定論的カオスを含んでいるそのような構造の数学についての仕事をしている．しかしながら，この分野における主たる応用の仕事は，政策解析と設計の目的のために複雑なシステムのダイナミクスを理解することに注意がそそがれていた．この分野の概念的ツールと概念（フィードバック思考（feedback thinking），ストック（stock）とフロー（flow），フィードバックループ（feedback loop）支配の概念，および内部発生的見方）は，そのシミュレーション方法と同じくらい重要である．われわれは次にシステムダイナミクスの基本要素を調べる．Richardson（1991 a, b）が詳細な記述を与えてくれた．

フィードバック思考

概念的には，フィードバックループはシステムダイナミクスアプローチの心臓にあたる．情報フィードバックと因果関係（circular causality）ループのダイアグラムは，複雑なシステムの構造を概念化したり，モデルベースでの洞察を伝えるためのツールである．直感的に，フィードバックループは，ある行動から生ずる情報がシステム内を動いて，結果的に将来の行動に影響を与えるようある形でもとの点に戻ってくるときに存在する．ループの傾向がはじめの行動を増強させるようであれば，そのループは〈正の〉フィードバックループ（positive feedback loop）と呼ばれ，もしその傾向がはじめの行動に対抗するようであれば，そのループは〈負の〉フィードバックループ（negative feedback loop）と呼ばれる．ループの符号は〈極性〉（polarity）と呼ばれる．負のフィードバックループは，目標指向，平衡あるいは安定過程としていろいろ特徴付けることができる．それらはしばしば，平衡目標を探している振り子が運動量を集め，それを行き過ぎるときのように，振動を引き起こす．正のループは，成長あるいは加速崩壊の原因である．それら

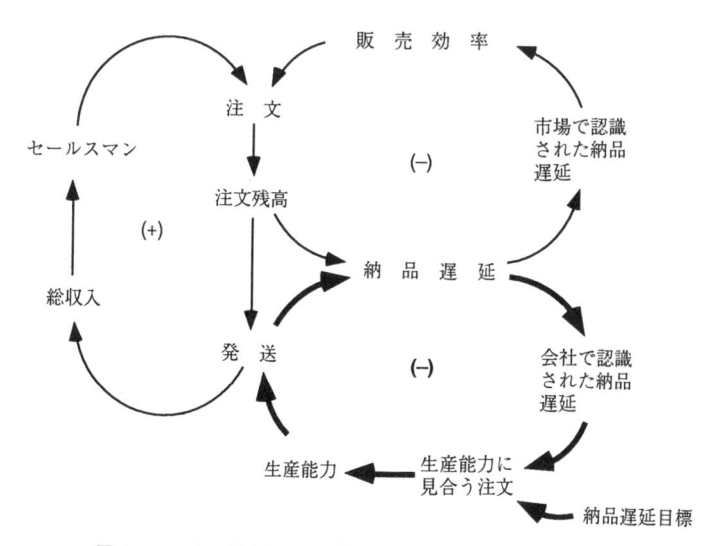

図1 システムダイナミクス学習のためのフィードバックループ（Forrester, 1968を簡略化）

は不平衡で不安定である．正と負の因果フィードバックループを併せると，動的パターンのすべての方法を生成することができる．図1はフィードバックループの使用を例示している．左側の正のループは，自己増強共同成長過程である．上部の負のループは成長を制約している．太い線のループは一般的な目標指向，すべての目的をもった振る舞いの基礎をなす負のフィードバックループ構造の例である．

ループ支配と非線形性

しかしながら，フィードバックや因果関係それだけにもとづくループの概念は十分でない．フィードバック理解についての説明と洞察は，また活動構造とループ支配という考えに基礎をおいている．複雑なシステムは全時間にわたって変化する．動的システムの強力な見解を得るための困難な要求は，条件を変更して影響の強さを変えるための知的あるいは形式的モデルの能力，すなわち，〈活動〉(active)あるいは〈支配構造〉(dominant structure)を変えるための能力である．

システム方程式において，ループ支配を変えるための能力はシステムの非線形性から内因性によって起こる．たとえば，古典的なロジスティック成長モデル（$dP/dt = aP - bP^2$）のS字型の動的な振る舞いは，その最終目標にシステムをもたらす負のフィードバックループ（$-bP^2$）に対して指数関数的な成長を生む正の，自己増強フィードバックループ（aP）からのループ支配におけるシフトの結果としてみることができる．非線形モデル (nonlinear model) だけがそれらの活動的あるいは支配的構造を内因的に変えることができ，そしてループ支配を変えることができる．フィードバックの考え方から，非線形性がループ支配における状態の変化を引き起こす能力は，社会システムの振る舞いに関して非線形モデルを主張するための基本的な理由である．

内因性の見方

内因性の変化の概念はシステムダイナミクスアプローチにとっては基本的なものである．それは，モデルの定式化の方向性を主張している．外因性(exogenous)の妨害はシステムの振る舞いの〈トリガー〉としてよく見られる（振り子を正常な位置から移すように）．その〈原因〉はシステムそれ自身の構造に含まれている（振動を生む振り子の位置と運動量の相互の影響のように）．調整的な応答は，また時間の関数としてモデル化されないが，システム内の条件に依存する．時間だけでは原因として見られない．しかし，より重要なこととして，理論構築と政策解析はこの内因性(endogenous)の見方によって著しく影響される．内因性の見方をすると，いろいろなことが重なって社会システムにおける多くの政策イニシアチブをくつがえすように自然の補正傾向が顕示される．フィードバックと因果関係は，遅れて，曲がって，そして当てにならない．理解するために，システムダイナミクスの実務家は〈内因性の見方〉(endogenous point of view) をするよう努めている．それは，システムそれ自体の構造に存在するシステムの振る舞いの原因を明らかにすることである．

システムの構造

これらのアイデアは，システム構造に対するForrester (1969) の体系フレームワークに盛り込まれている．

    閉じた境界
        フィードバックループ
            レベル
            レート
            目標
            観測条件
            相違点
            望ましい行動

閉じた境界(closed boundary)は内因性の見方を特徴付けている．ここで，「閉じた」という用語は，「開いている」ということと一般的なシステム感覚での閉じたシステムというものに関連するものではなく，むしろ因果的に閉じているというシステムの見方に関係している．モデル構築者の目標は，動的問題の本質的な特徴を外因性の説明なしに，それ自体によって再現することができる形式的構造を組み立てることである．この構成の枠組みの最初における因果的な閉じたシステム境界は，極端に押しつけられるフィードバック的見方として内因性の観点を確認している．フィードバック思考は，閉じた因果境界内でのダイナミクスを獲得するための努力の結果として見ることができる．因果ループ (causal loop) の外では，すべての変数は，結局はシステム外でそれらの変動の源を突きとめなければならない．その代わりに，そのシステムにおけるすべての重要な振る舞いの原因がいくつかの閉じた因果境界内に含まれていると仮定すると，因果ループを形成するそれらを取り出すのに因果的な影響を余儀なくされる．フィードバックループは内因性の見方を可能にし，その構造を与える．

レベルとレート

ストック（レベル）とそれらに影響を及ぼすフロー（レート）はシステム構造の本質的な構成要素である．因果関係の影響やフィードバックループを図にしたものは，システムの動的な振る舞いを決定するためには十分なものではない．一定の流入量は，直線的にストックを増加させることになる．直線的に流入量を増加させると放物線状に沿ってストックが増加することになる．ストック

(蓄積物，状態変数)は動的システムの記憶であり，その不均衡と動的振る舞いの源である．

Forrester (1961) は，そのシステムの観測条件と目標の間の相違点を減らすための行動をとり負のフィードバックループ (negative feedback loop) の古典的な構造を仮定して，レート間のシステムの運用上の政策をとらえた．最も簡単なそのようなレート構造は，$RATE = (GOAL - LEVEL)/(ADJTIM)$のような形の方程式になる．ただし，$ADJTIM$はそのレベルが目標に到達するように調整する時間である．

振る舞いはシステムの構造の結果

レベルとレートの重要性は，構造とダイナミクスの〈連続的な〉見方をとるとき顕著に現れる．しかし，分離された事象と決定に焦点をあてた，離散的な見方は内因性のフィードバックの考え方を完全に両立できるが，システムダイナミクスのアプローチは連続的な見方を強調している．連続的な見方は，事象の下にある動的パターンを見るために事象の向こうにあるものを探そうとしている．さらに，連続的な見方は離散的な決定に焦点を合わせないで，決定の下にある〈政策構造〉に焦点を合わせている．事象と決定はシステム構造と振る舞いの根本的な傾向による表面的な現象のように見える．それは，政策構造とシステムダイナミックスの中心である連続的な振る舞いの根本的な傾向である．

このように，システムダイナミクスアプローチには本質的な隔たりがある．すなわち，離散的な決定と無数の操作細目によって混乱させられるほど近いものではないが，政策構造と振る舞いの決定的な要素を失うほどの違いはない．決定は気づいた政策構造へ計画的ににじませる．システムダイナミクスアプローチの目標であるシステム構造と動的振る舞いの間を連結する洞察は，この特別な隔たりの見方からきているものである．

その他の文献

システムダイナミクス学会の雑誌，The System Dynamics Review は，方法論的な進展や応用を含むこの分野の活動の最良の情報源である．システムダイナミクスのモデル化の過程に関する内容は，Richardson and Pugh (1981)，High Performance System (1990) (ソフトウェアマニュアル，すなわち任意の言語によるシミュレーションモデル化への優れた入門でもある)，およびWolstenholme (1990)に掲載されている．面白い応用集はRobert (1978)とRichardson (1996)に含まれている．この分野の1つの傾向は，Senge (1990)が力強く示している機構的学習のためのモデルを基礎とした洞察の利用である．幅広い文献を含むシステムダイナミクスアプローチについてのより多くのことは，Richardson (1991 a, b)に含まれている．

⇒ 制御理論，世界モデル，公共政策分析，離散事象確率システムのシミュレーション．

[George P. Richardson/椎塚久雄]

参考文献

[1] Dangerfield B.C. and O. Vapenikova (1987). *DYSMAP*2. Department of Business and Management Studies, University of Salford, Salford, United Kingdom.

[2] Diehl E.W. (1992). *S**4: The Strategy Support Simulation System*. MicroWorlds, Inc., Cambridge, Massachusetts.

[3] Forrester J.W. (1961). *Industrial Dynamics*. The MIT Press, Cambridge, Massachusetts.

[4] Forrester J.W. (1968). "Market Growth as Influenced by Capital Investment," *Industrial Management Review* (now *Sloan Management Review*), 9(2), 83–105.

[5] Forrester J.W. (1969). *Urban Dynamics*. The MIT Press, Cambridge, Massachusetts.

[6] High Performance Systems (1990). *STELLA II User's Guide* and *Ithink User's Guide*. High Performance Systems, Hanover, New Hampshire.

[7] Pugh A.L. (1983). *DYNAMO User's Manual*, 6th ed. The MIT Press, Cambridge, Massachusetts.

[8] Pugh-Roberts Associates (1986). *Professional DYNAMO Plus*. Pugh-Roberts Associates, Inc., Cambridge, Massachusetts.

[9] Richardson G.P. (1991a). "System Dynamics: Simulation for Policy Analysis from a Feedback Perspective." In P.A. Fishwick and P.A. Luker, eds., *Qualitative Simulation Modeling and Analysis*, Springer-Verlag, New York.

[10] Richardson G.P. (1991b). *Feedback Thought in Social Science and Systems Theory*. University of Pennsylvania Press, Philadelphia.

[11] Richardson G.P., ed. (1996). *Modeling for Management: Simulation in Support of Systems Thinking*. International Library of Management, Dartmouth Publ., Aldershot, England.

[12] Richardson G.P. and A.L. Pugh III (1981). *Introduction to System Dynamics Modeling with DYNAMO*. The MIT Press, Cambridge, Massachusetts.

[13] Roberts E.B. ed. (1978). *Managerial Applications of System Dynamics*. The MIT Press, Cambridge, Massachusetts.

[14] Senge P.M. *The Fifth Discipline: The Art and Practice of the Learning Organization*. Doubleday/Currency, New York.

[15] *System Dynamics Review* (1985-present). John Wiley, Chichester, United Kingdom.

[16] Ventana Systems (1991). *Vensim: Ventana Simulation Environment*. Ventana Systems, Inc., Belmont, Massachusetts.

[17] Wolstenholme E.F. (1990). *System Enquiry: A*

System Dynamics Approach. John Wiley, Chichester, United Kingdom.

システムの信頼性

Reliability of Systems

はじめに

　来たる時代は Q のついた言葉，すなわち〈品質〉(quality) がまったく一般的になっている時代として知られることであろう．〈品質管理〉(quality control) とか〈品質保証〉(quality assurance) といったものは，過去何十年もの間産業技術者や統計家の研究対象であったけれども，QC サークル，〈総合的品質管理〉(total quality management) といった言葉は，いまでは実際に日常的な言葉になっている．〈品質〉に密接に関係があり，実際に必要な要素として〈信頼度〉(reliability) がある．これは粗く定義すると，ランダムな故障を伴うシステムが意図する期間にわたって規定の機能を遂行する確率である．以下では，もっと厳密な定義を与える．品質なくして信頼度を語ることはできるけれども，信頼度なくして品質を語ることは決してできないのである．

　ここでの主題は，それぞれが既知の寿命密度関数，たとえば $f_i(t)$ をもつ要素から構成されるシステムの確率的な構造について考察することである．システムの構成においては，2 つの基本的な要素の組合せがあって，それらは直列システム (series system) と並列システム (parallel system) である．もちろん，これらからつくられるさらに複雑なシステムも存在する．直列という言葉は，システムのいずれの 1 つの要素の故障もシステムの故障を引き起こすような構成を意味し，並列という言葉は，全システムの故障のためにはシステムのすべての要素の故障を要求しているような構成を意味している．

　いくつかの重要な並列型の変形型も存在し，それらは，並列型と以下の点で異なっている．すなわち，システムの要素のある集合は同時に動作することが許されているが，そうでない要素も存在し，それらには休止状態から動作状態へまた動作状態から休止状態への変更には何らかの切換機能が必要とされている点である．なお，すべての要素が同時に動作している場合，このシステムは並列冗長システム (parallel redundancy system) という．必要とされたときには動作への切換を待っている，すなわち待機中の要素が存在し，さらに待機中には年齢とともに劣化しないとき，このような構造のシステムは冷待機システム (cold standby system) と呼ばれる．また，待機中にも劣化の可能性があるがその速度は動作中に比べ小さい要素が存在するような構造のシステムは，温待機システム (warm standby system) と呼ばれる．もし待機中の要素が動作中と同じ速度で劣化するならば，このシステムは熱待機システム (hot standby system) と呼ばれ，以下のようなときには並列冗長システムと同じものになる．すなわち，動作中の要素が故障した時点で待機中の要素がその任務を引き継いで動作を開始する際の切換機能が，100% 信頼できる（失敗の確率が 0）のときである．

寿命分布

　確率の基礎的な法則を直接的に適用することにより，先にのべた基本的な構造をもつシステムの寿命分布を容易に導くことができる．保全を伴わない単純な直列システムの寿命の累積分布関数 (CDF) は

$$F(t) = 1 - \prod_{i=1}^{n}[1 - F_i(t)]$$

で与えられる，ここで $F_i(t)$ は i 番目の要素の寿命の CDF である．この結果は，CDF の補確率 $1-F(t)$，すなわち寿命が t より大きい確率として信頼度関数 $R(t)$ を定義すると，もう少し簡潔な形で書かれる．すなわち，システムの信頼度は，要素の信頼度を用いて次のように書かれる．

$$R(t) = \prod_{i=1}^{n} R_i(t)$$

各要素の寿命が指数分布にしたがう特別な場合には，

$$R(t) = \exp\left(-\sum_{i=1}^{n} \lambda_i t\right)$$

となる．並列冗長（あるいは，100% 信頼できる切換機能をもつ熱待機システム）の場合は，システムの寿命の CDF は

$$F(t) = \prod_{i=1}^{n} F_i(t)$$

で与えられることがわかる．また，これから信頼度関数は，

$$R(t) = 1 - \prod_{i=1}^{n} F_i(t)$$

となる．各要素の寿命がパラメータ λ の同一の指数分布にしたがう場合には，

$$F(t) = [1 - \exp(-\lambda t)]^n$$

となる．さらに $n=2$ の特別な場合には，システムの信頼度関数は

$$R(t) = \exp(-\lambda t)[2 - \exp(-\lambda t)]$$

となる．この結果を，指数寿命分布をもつ同一の 2 つの要素からなり 100% 信頼できる切換機能をもつ冷待機システムの結果と比較してみるのも興味深い．このシステムの信頼度関数は，2 つの確率の和として導くことができる．すなわち，主要素が t 時間生き残る確率と，主要素がある時刻 v ($0 \leq v \leq t$) で故障しかつ待機要素がその後 $t-v$ まで生き残る確率を v について 0 から t まで積分したものとの和である．このようにして，同一の指数寿命分布をもつ 2 つの要素からなる冷待機システムの信

頼度関数は，$R(t)=(1+\lambda t)\exp(-\lambda t)$ となることがわかり，これはすべての λ の値に対し並列冗長システムの信頼度関数より大きくなっている．もちろん，この結果を任意のサイズ n 個の要素からなるシステムに拡張することができる．また，待機システムに対し切換えの失敗の確率を盛り込み，待機システムと並列冗長システム間の相対的な利点に不完全な切換えが与える影響を観察することができる．さて，切換えが成功する確率を p とすると，信頼度関数は $R(t)=(1+p\lambda t)\exp(-\lambda t)$ のように修正される．以下の図は，$p=0,\ 0.5,\ 1$ のそれぞれの場合に $R(t)$ の t に対する値をプロットしたものである．このグラフは切換成功確率が零のときには，並列冗長システムがまさっていることを示している．また，切換成功確率が1のときには，すでに見てきたように冷待機の場合がまさっている．しかしながら，切換成功確率が 0.5 のように 0 と 1 の間にあるときには，並列冗長の場合と冷待機の場合の信頼度関数が交叉する時点が生ずる．

k-out-of-n システム

並列冗長システムを一般化して，次のようなシステムを定義できる．すなわち，システムの n 個の要素のうち $n-k+1$ 個以上の要素が故障しているならば($k-1$ 個以下の要素が動作中)，そのときシステムは故障していると見なすものである．したがって，システムの信頼度関数は $R(t)=\Pr\{n$ 個のうち少なくとも k 個が動作中$\}$ で与えられる．$p=$ 要素が時刻 t まで動作している確率 $=\exp(-\lambda t)$ とする．このとき，二項確率法則から，

$$R(t)=\sum_{i=k}^{n}\binom{n}{i}\exp(-\lambda t i)[1-\exp(-\lambda t)]^{n-i}$$

となることがわかる．

保全を伴うシステム

典型的な信頼性の応用例においては，故障したユニットには修理が施される場合がよく起こる．このような保全を伴うシステムの最初の例として，故障までの時間が平均 $1/\lambda$ の指数分布に，また修理時間が平均 $1/\mu$ の指数分布にしたがうような単一要素からなるシステムを考える．この単純な単一要素システムにおいては，時刻 t でシステムが動作中である確率および故障中である確率は，それぞれ，

$$p_0(t)=\frac{\mu+\lambda\exp[-(\lambda+\mu)t]}{\lambda+\mu}$$

$$p_1(t)=\frac{\lambda\{1-\exp[-(\lambda+\mu)t]\}}{\lambda+\mu}$$

で与えられる．$p_0(t)$ はシステムアベイラビリティ (system availability) と呼ばれている（これは，システムが時刻 t で利用可能 (available) である確率であることから $A(t)$ と書かれる）．長時間におけるアベイラビリティの平均 A は $A(t)$ の $t\to\infty$ の極限値として $A=\mu/(\lambda+\mu)$ で与えられる．

次に，同一の指数寿命分布にしたがう 2 個の要素およ

並列システムの信頼度 [*=RR, x=RSR]

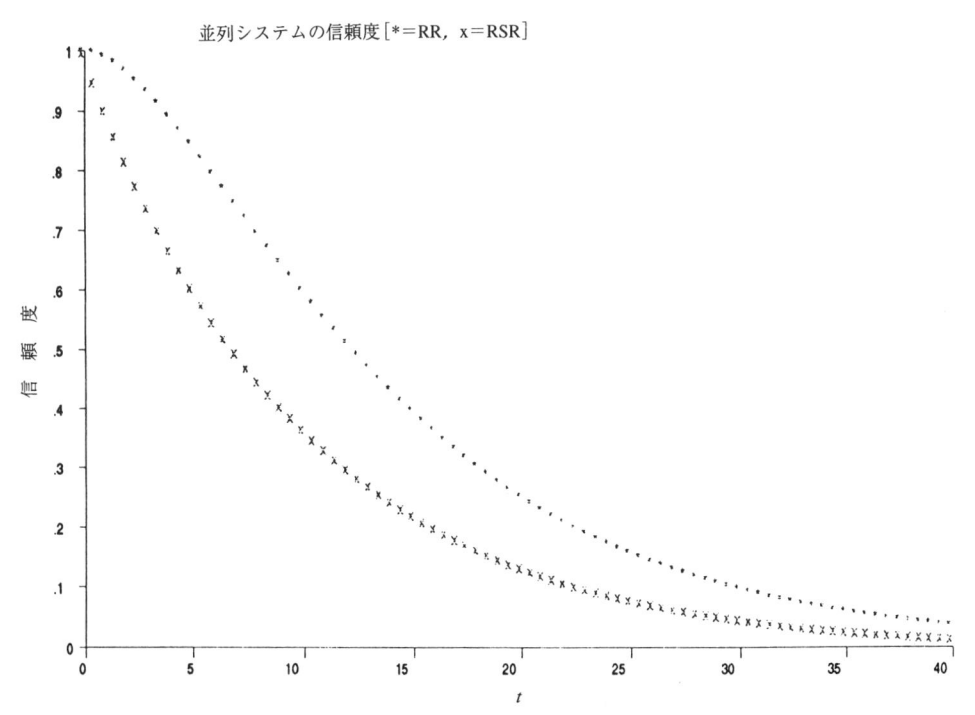

図 1　待機システムと並列システムの信頼度関数(切換成功率=0)

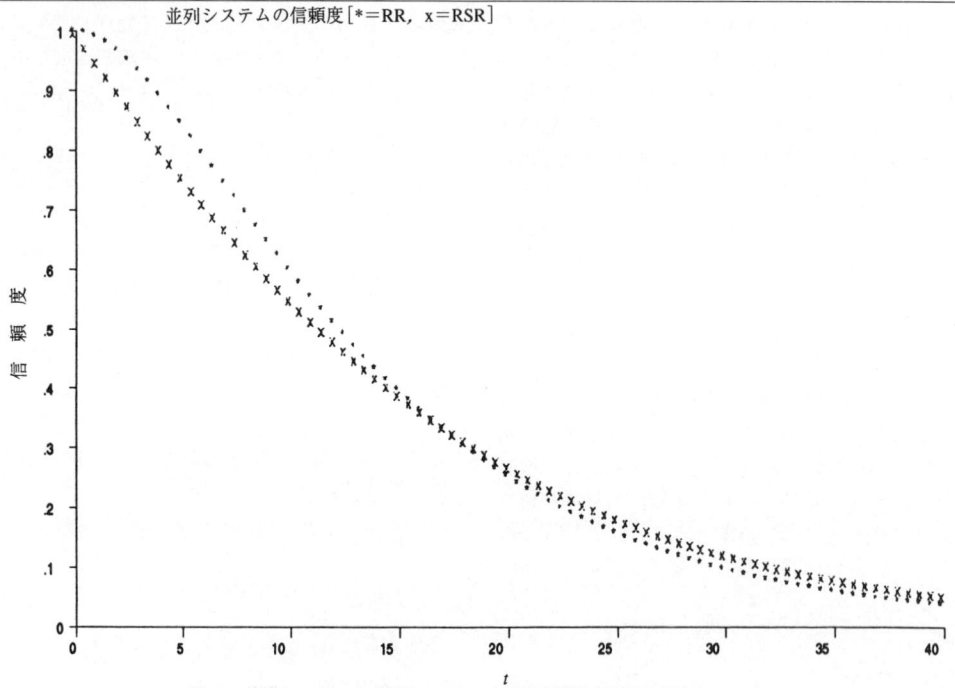

図 2　待機システムと並列システムの信頼度関数(切換成功確率=0.5)

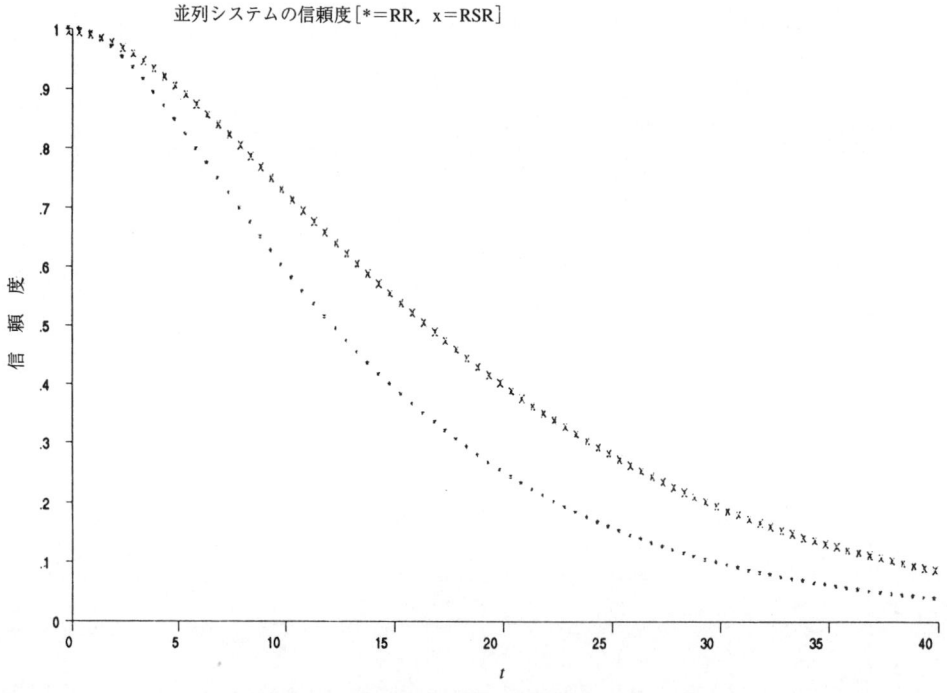

図 3　待機システムと並列システムの信頼度関数(切換成功確率=1)

び指数修理時間分布をもつ1人の修理人からなる直列システムについて考察する．時間の関数である確率は3つの未知関数を含む3つの方程式からなる連立微分差分方程式の解として与えられる．詳細は省略して，ここでは極限確率を与えておく．定常アベイラビリティ A は，どちらの要素もダウンしていない時間の長時間における割合であって，$A=\mu^2/(2\lambda^2+2\lambda\mu+\mu^2)$ で与えられる．また，1個および2個の要素がダウンしている確率の極限値は

それぞれ

$$\begin{cases} p_1 = \dfrac{2\lambda\mu}{2\lambda^2 + 2\lambda\mu + \mu^2} \\ p_2 = 1 - p_1 - A \end{cases}$$

で与えられる．

ここで考察する最後の保全を伴うシステムは，指数寿命分布にしたがう同一の2個の要素および指数修理時間分布をもつ1人の修理人からなる簡単な並列システムである．定常アベイラビリティ A は

$$A = \frac{\mu^2 + 2\lambda\mu}{\mu^2 + 2\lambda\mu + \mu^2}$$

となる．これは，先に与えられた直列システムの定常アベイラビリティより大きいことは明らかである．

構 造 関 数

複数の要素からなるより複雑なシステムに対しては，システムの信頼性を特徴付ける便利な道具である構造関数 (structure function) と通常呼ばれているものがあり，以下のように構成される．はじめに各要素 i に対し，それが動作しているならば1，故障しているならば0の値をとる二値確率変数 X_i を定義する．n 個の要素からなるシステムの構造関数は $\phi(X_1, \cdots, X_n)$ と書かれ，これは要素と同様にシステムが動作しているならば1，そうでなければ0の値をとるものと定義される．もしすべての要素が時刻 t での動作，故障が問題とされるのであれば，その時刻におけるシステム信頼度 $R(t)$ は $\phi = 1$ である確率として与えられる．

直列システムでは ϕ が1であるためにはすべての X_i が1でなければならないので，その構造関数は

$$\phi(X_1, \cdots, X_n) = \prod_{i=1}^{n} X_i$$

となる．また並列システムでは，少なくとも1つの X_i が1ならば ϕ は1となるので，その構造関数は

$$\phi(X_1, \cdots, X_n) = 1 - \prod_{i=1}^{n}(1 - X_i)$$

となる．構造関数の美しさは，それがどんなにシステムが複雑であっても，まったく自然なブール代数的なやり方でモデル化できる点にある．例として5個の要素からなる次のシステムを考える．すなわち，要素1と4および要素2と5は直列型であって，またこれらは並列型で構成されており，さらにシステムの動作のためには，要素1，3，5の組合せも許されているシステムである（全体として，これはブリッジ構造 (bridge structure) と呼ばれる）．これらの3つの組合せのうち少なくとも1つが動作可能である限りシステムは動作可能であるので，

$$\phi(X_1, \cdots, X_n) = 1 - (1 - X_1 X_4)(1 - X_2 X_5)(1 - X_1 X_3 X_5)$$

となることがわかる．

一般的なルールとして，意味のある構造（専門用語では，コヒーレント構造 (coherent structure)）にのみ考察の範囲を限定される．以下のときにシステムはコヒーレントであるという．すなわち，

(a) 構造関数はその各変数について非増加である（すなわち，X_i が0から1へ変わったときに悪くはならない），

(b) 各要素はシステムに関係がある (relevant, すなわち，その信頼性はシステムの機能に影響を与える)．

これらについては，かなり完成度の高い理論が展開されていて，Barlow and Proschan (1975) に収められている．

システムの信頼性とそれに関連する問題については大変数多くの広範な文献が存在するが，その中でも Barlow and Proschan (1975) が鍵となるものである．またシステムの信頼性に関して特に重要な内容が，Kaufmann et al. (1977) に見られる．システムの信頼性に関する入門的な内容は，Hillier and Lieberman (1990) の21章にも見受けられる．また，もうすこし進んだ取扱いは，Crowder et al. (1991) の9章でなされている．

⇒ 確率的モデル化における分布の選択，マルコフ連鎖，マルコフ過程，品質管理，待ち行列理論，総合的品質管理．

[Donald Gross／河合　一]

参 考 文 献

[1] Barlow R.E. and Proschan F. (1975). *Statistical Theory of Reliability and Life Testing*. Holt, Rinehart and Winston, New York.

[2] Crowder M.J., Kimber A.C., Smith R.L. and Sweeting T.J. (1991). *Statistical Analysis of Reliability Data*. Chapman and Hall, London.

[3] Hillier F.S. and Lieberman G.J. (1990). *Introduction to Operations Research*, Ch. 21. McGraw Hill, New York.

[4] Kaufmann A., Grouchko D., and Cruon R. (1977). *Mathematical Models for the Study of the Reliability of Systems*. Academic Press, New York.

システム分析

Systems Analysis

歴史と考え方

システム分析は，実世界のプロセスの研究に適用される広い用語である．この分析をするには，問題をまず構成要素に分解し，次いでその状況の概念的定義を正確に表すことが必要である．この目的は「何かを実行することが求められている問題に対して最も望ましい解を全体との関連の中で理解する」ことである (Churchman et al., 1957, p. 7)．この概念的定義は，次にコンピュータベースのシステムに，あるいは数理モデルにしばしば翻訳される．システム分析はビジネスプロセス，政府，経済のシステム，兵器システム，機械的な製造システム，そし

てコンピュータソフトウェアのような（物理的そして社会的）複雑で動的なシステムを理解するために利用されてきた．この科学はいくつかの鍵となる理論（システム論，サイバネティクス，そしてモデリング論）を基礎にしている．

システムとは，1つの目的を達成するために組織された関連する要素の集合である．この要素は「機能的に関係のある諸成分の相互連結した複雑性」を形成する(Churchman et al., 1957, p. 7)．各要素は，〈入力〉と〈プロセス〉，〈出力〉をもっている．この分析の最も詳細で基本的なレベルでは，要素は一般的に「ブラックボックス」として扱われる．高度に抽象化した表現をすると，システム分析では，ブラックボックスとして扱われている要素に入るものは何か，出てゆくものは何かを記述するが，しかし要素内の活動は記述しない．次にインプットからアウトプットを作り出す〈変換〉過程を定義するために各ブラックボックスが分析される．〈フロー〉，〈関連〉，〈メッセージ〉，そして〈コネクション〉などの概念が分析対象であるシステムの構造を表現するために使われる．これらの用語を用いて要素間の相互関係を記述する．さらに，この変換過程も〈トランザクション〉，〈プロセス〉，そして〈問題〉のような用語で記述される．

サイバネティック結合はシステムの中にフィードバックループをもち，そしてこのシステムの目的を達成するために必要な入力あるいは出力を調整するために交代に使われる出力間の通信を与える．これは，〈制御〉（control）と呼ばれる(Weiner, 1948)．

システムの数理モデルとは，システムを改善するための「実行可能なプログラムの特性を示す数理的関係の集まり」である(Dantzig, 1963)．数理モデルを構築することによってシステムやその特性に対する洞察力が付く．このモデルはこのシステムについての諸結論を導くために使うこともできる．

数理モデルや他のOR/MS技法は，システムの概念的定義に適用されるであろうし，このシステムが表す問題に対して，最適な可能解（システムの最適意思決定，政策，あるいは設計）を決めるために使われるであろう．Churchmanはシステム分析を完結するための5つの必要条件を主張している．

1. システム全体の目的そして，より詳細には，全体システムに対する達成尺度
2. システムの環境：固定された制約（システムの「外部」になる）
3. システムの資源（システムの「内部」にもっている能力そして，それゆえに再配分されうる）
4. システムの要素，その活動，機能，目標，そしてパフォーマンス尺度
5. システムのマネジメント．すなわちシステムの要素に資源を配分するプロセス(Churchman, 1968)

ほとんどのシステムは階層構造をもった認識可能なサブシステム，サブサブシステム，などをもっている．これらの配列はしばしば反復によって定義される入れ子型の「チャイニーズボックス」を含んでいる．システムに対して全体として最良である解は「最適解」と呼ばれる，反対に1つあるいはいくつかの要素の働きに関して最もよい解は「部分最適解」と呼ばれる．システム分析の挑戦するものの1つはトータルシステムを悪くしないで，あるいは悪くともシステムの全体目的を損なわないで，サブシステムの目標や目的に関してサブシステムのパフォーマンスを改善する（部分最適化）ことである．

システム分析とコンピュータシステム

システム分析は，大規模な仕事をコンピュータにさせる最初の段階である（他の主な段階は設計と実装である）．システム分析はシステム分析者によって実行される．そして，このシステム分析はそのシステム環境のもとで全体の仕事を分析し，そしてこの仕事をコンピュータによって処理するためにどのように組み替えるかを決定することからなっている．このシステム分析の仕事にはどれだけの作業が含まれるか，そしてどのぐらいの能力をもったコンピュータが必要かを推定することも含んでいる．この問題はプログラマーが引き継ぐのに十分な程度詳細に，そのつながりも含めて，記述されたいくつかの比較的独立した部分に分割される．

コンピュータアプリケーションは一連の変換を通して開発される．最初の変換は，上述したように，実世界の状況を状況の概念的定義にすることである．この概念モデルは設計活動を通じて実装モデルに変換される．この実装モデルは人間が判読可能なモデルであり，使おうとするコンピュータ環境の言語で記述される．次いで，この実装モデルはこの（コンピュータの）環境に特有なコード言語に変換される．これらの3つの変換によってアプリケーションの〈開発ライフサイクル〉を構成する活動のフェーズが決められる．この変換はその思考プロセスに関係する．そしてそれぞれは〈分析〉，〈設計〉，そして〈実装〉と呼ばれる．実装はプログラミング，テスト，そしてカットオーバーのサブフェーズに分けられる．

ソフトウェア開発方法論（software development methodology）が，ライフサイクル全体にわたる開発プロセスを管理するために使われる（技術的には，〈方法論はツールと技術の学問〉であり，そして方法はツールと技術である．ツール群のパッケージとして使われているシステム開発方法に対する共通する用語が〈方法論〉であり，そしてその用語がここで使われている）．次の5つのアプローチが一般に使われている．すなわち，数学的，プロセス，データ，オブジェクト，そして人工知能であ

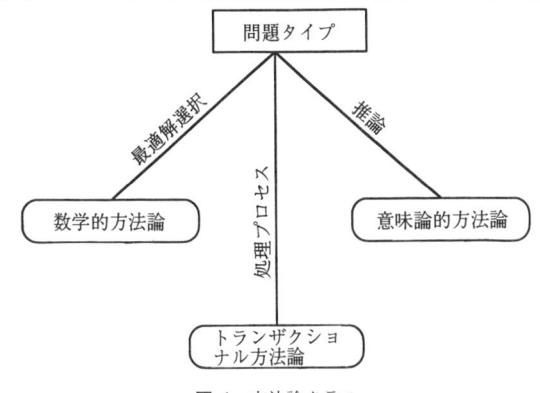

図1 方法論クラス
(問題タイプ — 最適解選択→数学的方法論、処理プロセス→トランザクショナル方法論、推論→意味論的方法論)

る．これら5つのアプローチすべては，問題解決のためにトップダウン戦略を使う，そして大問題をより小さく，解くことのできる独立解をもった問題に順次分解する(Laszlo, 1972)．この5つのアプローチは，彼らが解こうとする問題のタイプによって，さらに3つのクラス（数学的，処理的，そして意味論的）に分けられる（図1）．数学的方法論は選択問題と代替案分析問題を解く．プロセス，データ，そしてオブジェクト方法論は処理プロセス問題を解く．意味論的方法論は推論問題を解く．

数学的方法論： 数学的方法論は，システムの数理モデルを採用してそのシステムの論理的関係に焦点を当てている．これらのモデルの定式化はしばしば学際的チームによってなされる．学際的チームは，実際問題に対して科学的論理や方法を適用する(Ackoff and Rivett, 1963)．そこではOR，経営科学(MS)，そしてサイバネティクス法などが使われる．数学的方法が適用される問題のクラスは在庫問題，順序付け問題，待ち行列問題，経路設定問題，取り替え問題，競合問題，そして探索問題などである(Ackoff and Rivett, 1963, p. 34)．このような問題をORの方法で解き，多くの代替案を選択したり他の代替案を開発するための感度分析を行ったりする．

数学的，サイバネティクシステムは多義的ではないが，しかし多分不完全な情報をもとに最適解を求める(Churchman, 1957)．数学的な応用問題の入力として最適な案を含めた複数の代替案と利用可能な資源を与える．数理モデルを開発するために使うツールや技法は線形計画 (linear programming) 法，ネットワーク計画 (network programming)，動的計画 (dynamic programming) 法，確率計画 (stochastic programming) 法などである(Wagner, 1975)．これらの適用の結果は，通常は提案する機械のスケジュール，資源配分，などの形式で与えられる．

トランザクション方法論： トランザクション法は，システム要素間の情報のフローに焦点を当てている．トランザクションのタイプ，情報検索タイプ，そしてデータ分析タイプのアプリケーション（プロセス，データ，そしてオブジェクト）の開発のために3つの異なった方法論のクラスが生み出された．この3つのアプリケーションタイプすべてを十分サポートするような1つの方法論は，現在は存在しない．さらに，クライアント/サーバシステムそして分散システムに対する要求が徐々に出てくるにしたがって，開発を支援するためによりよく改善された方法論が必要とされるであろう．

プロセス方法論： プロセス法は，プロセスから入力と出力を分離するフォン・ノイマン型コンピュータのアーキテクチャーを反映するために1950年代と1960年代に開発された．その時代は計算が困難な課題であったので，計算処理がプロセス法の中心であった．特に，自動化されたタイプの問題は会計処理，オーダエントリー，在庫処理，などであった．これらのアプリケーションは，すべて組織のホワイトカラーの基本的なオペレーションを支援する処理を扱っている．開発技法はプロセス間のデータのフローに着目している(DeMarco, 1979; Yourdon, 1979)．図2のデータフローダイアグラムの例では，プロセスを外部エンティティやデータストアに有向線（すなわちデータフロー）で結び付いた円で示している．

外部エンティティは，このダイアグラムでは四角形で示され，情報が流れ出るあるいは流れ込むものである人間，組織，コンピュータシステムを表す．このダイアグラムにおいて開いた長方形で示されているデータストアは，時間を越えて永続する情報のファイルを示している．他のアイコンにつなげる線は，システムの中を一時的に流れるデータの流れを示す．そのような理由からここではデータフローダイアグラムという用語を使っている．

プロセス方法論や方法は，リアルタイムシステムの開発を支援するために反復して洗練していくようになっている(Ward and Mellor, 1985, 1986)．分析と設計でのデータの統合に欠点があるならば，本質的に統合する技術

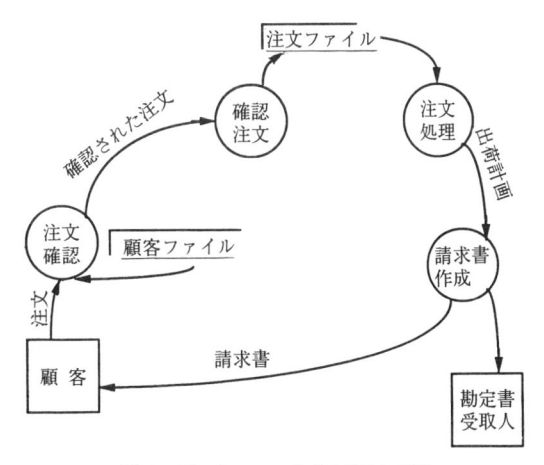

図2 データフローダイアグラムの例

を支援する方法であるべきプロセス法を放棄することになる．

データ方法論： 1960年代と1970年代に市場に出てきたデータベース技術として開発されたデータ方法論は，データ設計に特別な注意を必要とするために見いだされた．データ法は意味論的モデリング(Chen, 1981)，リレーショナルデータベース設計(Codd, 1972)，そしてデータ正規化(Kent, 1983)の理論をもとにしている．これらの理論はビジネスでは重要なものである．なぜならばこれらは数学的に正しいことが立証可能なデータ処理で，重要な役割のアプリケーションの指針を与えるからである．これらは，分析者やプログラマーの技能や正確さに前には依存していたようなトランザクション処理の数学的基礎の妥当性を示しているという意味でも重要である．

リレーショナルデータ設計に本質的なことは，情報が

図3　リレーショナルデータベースの概観

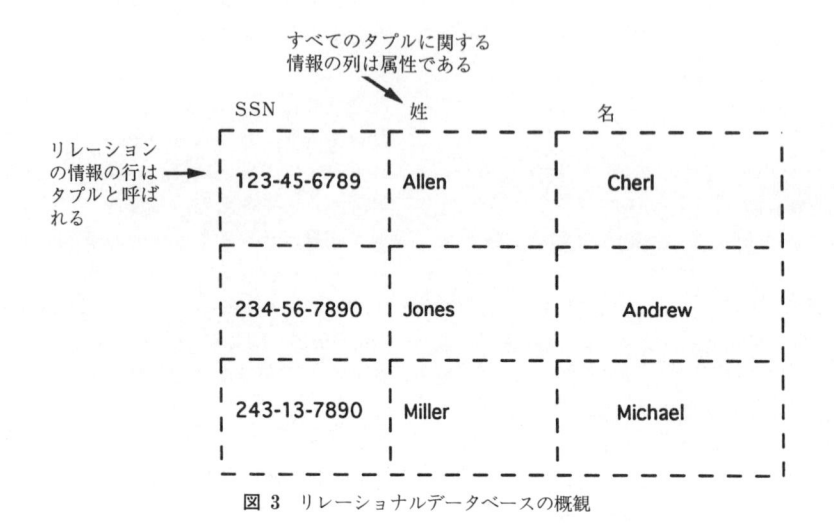

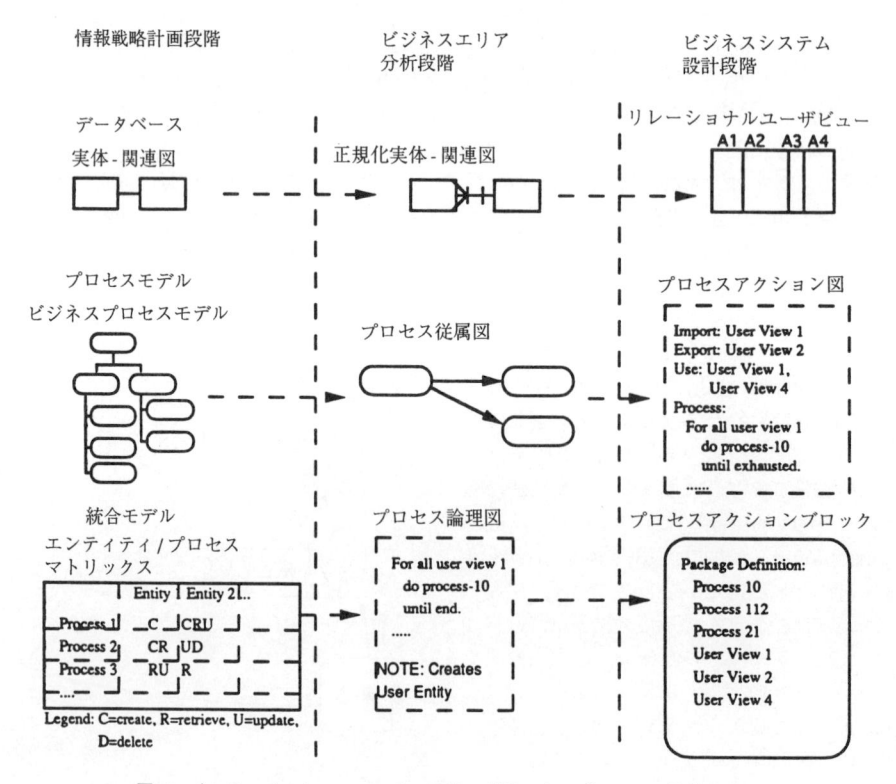

図4　インフォメーションエンジニアリングデータ，プロセス，総合モデル

行と列から構成されているスプレッドシートのようにユーザに見える表現をするべきであるということである(図3)．物理的実装は平明であるべきで，〈エンティティ整合性〉と参照整合性は保持されなければならない．エンティティ整合性は，1つのリレーションのユニークな識別子として主キー(primary key)を参照し，1つのキーのどの構成要素もナル値(null value)をとらないことを宣言している(Date, 1990)．〈参照整合性〉は，いかなるリレーションも不一致な外部キー(foreign key)値を含んでいないことを保証している．外部キーは，他のリレーションの属性，あるいは外部キーとして現れるあるリレーションの主キーである(Date, 1990)．

初期のデータ法では，すべての基本処理(作成，検索，更新，削除)は，データの正しい定義から論理的に導かれると仮定されたデータにのみ焦点を当てていた(Warnier, 1981)．世界の複雑性を現すために，プロセスデータフロー分析の重要な拡張と方法論を通してデータとプロセスを統合するデータモデルの開発が行われた．これはインフォメーションエンジニアリング(IE)と呼ばれている(Martin and Finkelstein, 1981)．実体・関連図のデータモデル，データフロー図に似た形のプロセスモデル，そしてデータとプロセスをつなぐ統合モデルは，インフォメーションエンジニアリングの各段階ですべて見いだされる(図4)．

インフォメーションエンジニアリング(IE)アプリケーションは，データベース技術と統合した伝統的な処理言語を使うことを仮定している．IEアプリケーションの開発を支援するコンピュータ支援ソフトウェア工学のツールは，またその中にリレーショナルデータベースのコードを含んだコードを生成する．データ方法論は，オンラインアプリケーションを仮定しているが，バッチ処理にも同じように使うことができる．それらは，リアルタイムアプリケーションにはあまり適合しない．データ方法論は，何百万のリレーションをもつデータベースによるフォーチュン誌500社で広く使われている．

オブジェクト方法論(object methodology)：オブジェクト技術は，Smalltalk™とApple Lisa™を商用化した，1970年代のXerox PARCではじめて形式化された．航空宇宙産業と国防産業から移植されたオンラインとリアルタイムの技術が商業界に導入されたとき，システム中の要素がいかにお互いに影響しあうかを説明する改良された方法が必要とされた．オブジェクト指向分析(object oriented analysis：OOA)は，3つのモデルの開発を必然的に含む．(1)オブジェクトと属性の用語で要素を記述する情報モデル，(2)時間を超えてオブジェクトの振る舞いと関連を記述する状態モデル，(3)基本的な再利用可能なプロセスによってアクションを指定するプロセスモデル(process model, Schlaer and Mellor, 1992)．

オブジェクト方法の目標は，データとプロセスをカプセルに包まれたオブジェクト(図5)に完全に統合することである．オブジェクトは，〈クラス〉のメンバーであり，関連するオブジェクトの性質や，データ，プロセスを再定義なしで，すなわち〈継承〉(inheritance)して再利用する性質である継承をもつ(Coad and Yourdon, 1990, 1991)．オブジェクトは，階層を通して参加するオブジェクトからの多重継承をもってもよい(図6)．オブジェクトは，また1つの公開された名前を使って同じプロセスが異なるオブジェクトに関連付けられたとき異なる形をとる能力である〈多態性〉をもつ(Booch, 1987, 1991)．クライアント-サーバ技術(client-server technology)は，オブジェクト指向の概念に形態を与える．〈サーバーオブジェクト〉は，要求されたプロセスを実行する．一方，〈クライアントオブジェクト〉は提供者からプロセスを要求する．

オブジェクト指向は，データ方法論と同じ理論にもとづいており，カプセル化(データ+プロセス)されたオブジェクトユニットに正規化を持ち込んでいる(Kent, 1983；Kim, 1899)．オブジェクトアプリケーションの最も見てわかる例は，パーソナルコンピュータのオブジェクト指向ヒューマンインタフェースであるウィンドウ，アイコン，メニューやポインタを使うMSウィンドウズである．オブジェクト指向の方法論は，埋め込みシステム，およびソフトウェアマーケットにおいて現在大いに採用されている(たとえば，グラフィカルユーザインタフェース：MSウィンドウズのようなGUI)．オブジェクト方法は，今日実験的ステージにあり，短期には手に負えないように思われる障害に達している．

伝統的なフォンノイマンアーキテクチャはデータを，それらを処理するプログラムから分離するが，オブジェクトのカプセル化は，使用後に放棄される非永続的なデータを仮定する．しかし多くのアプリケーションは永続的なデータを要求する．問題は，厳密なカプセル化によって発生するプロセスの大規模な重複なしの永続の必要性を中心に展開している．オブジェクト指向データベースは，データベースにおいてプログラムされた手続きを他のエレメントにするデータを定義するデータベーススキーマの中に，手続きの参照を埋め込むことによっていくらかの設計問題を解決した．現在のオブジェクトデータベースの処理の効率と効果に加え，追跡性，信頼性，そして，究極の分散性の追加された要求は，現時点ではまだ解決されていない(Kim and Lochovsky, 1989)．

さらなる問題は，オブジェクト指向の方法には用語の十分に標準化された手続きも共通の定義もないことである．それらが実装言語と密接に関連しているという事実は，分析と設計方法が，所望の目標言語にもとづかなければならないことを意味している．ある著者は，C++オブ

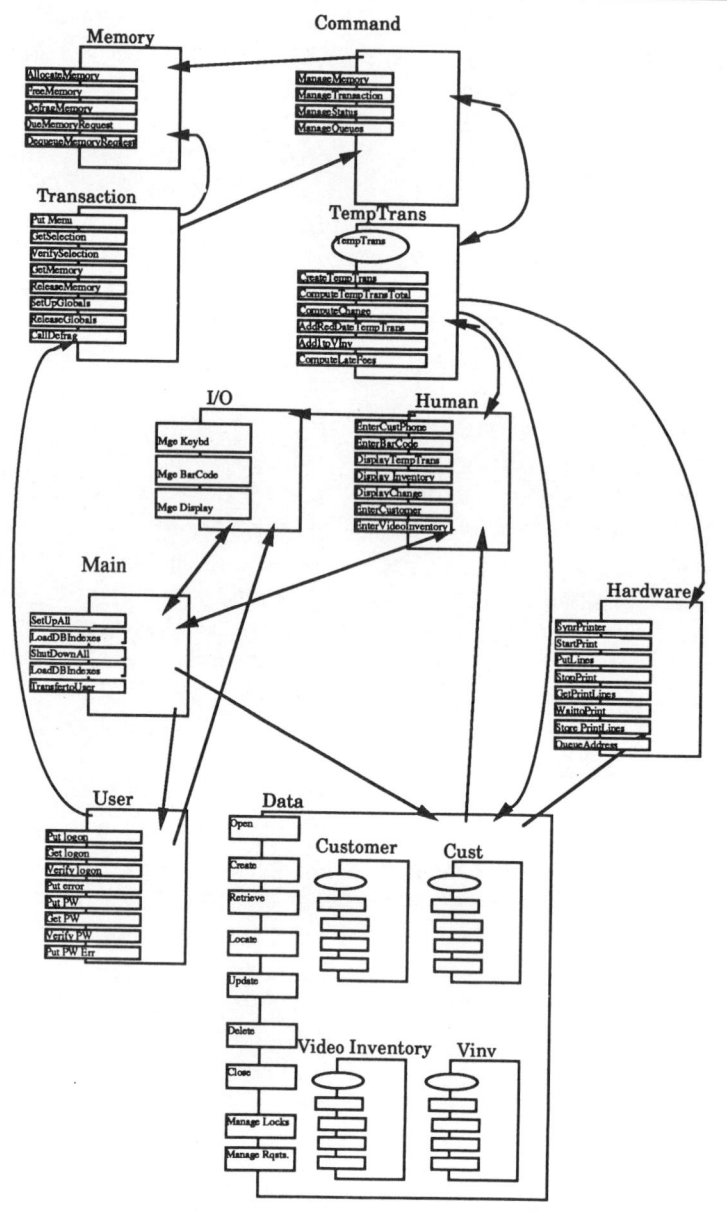

図5 カプセル化オブジェクトとオブジェクト通信

ジェクト指向の分析を提案し，他の著者はAdaオブジェクト指向の分析を提案している．また他の著者は，彼らのお気に入りを提案している．これらの課題は，近い将来ビジネスアプリケーションのためのアプリケーション開発の他の方法を排除しオブジェクト指向を採用するであろう．

意味論的方法論（semantic methodology）： 意味論は，意味を参照する．意味論の方法は，システムにおける知識，および，意味の役割に焦点を合わせる．それらは，意味をデータと，コンピュータ推論と学習に適用されると同じ認識論開発の理論で使用される推論規則に埋め込む（Anderson, 1987 ; Kolodner, 1986）．意味論の方

法論は人工知能（artificial intelligence: AI）のように，言語を理解し，学習，推論し，問題を解決し，そして人間の知能に関連する他の特性を示すコンピュータシステムを設計するために使われる（Barr, 1981）．それらは質的な知識と情報のアプリケーションにもとづく質問への決定，動作の列，あるいは応答を生み出すので，それらは，数学的なあるいは伝統的な方法論とは異なる．システム状況をさらに質的に調査するには，必要とされる技術をさらに発展させる必要がある．たとえば，人が朝，朝食にトーストを食べるかどうかは，前の夜の睡眠，前日の夕食，最近の運動などによって変わるであろう．こ

朝倉書店〈経営・数理・経済工学関連書〉ご案内

マネージング・ザ・サプライ・チェイン ―ビジネス・プロフェッショナルのための決定版ガイド―
D.スミチ-レビ他著　久保幹雄監修
A5判 176頁 定価3360円（本体3200円）（27012-9）

システムの設計・制御・操作・管理での重要なモデル・解決法・洞察・概念につき，数学的記述を避け，ビジネスの場ですぐに使えるよう平易に記述。〔内容〕サプライ・チェインの統合／ネットワーク計画／外部委託・調達・供給契約／顧客価値

サプライチェーン・マネジメント ―企業連携の理論と実際―
黒田 充編著
A5判 190頁 定価3150円（本体3000円）（27009-9）

SCMの考え方・理論から実際までを具体的に解説。〔内容〕全体最適とSCM／消費財変化とSCM／在庫管理モデル／SCMシステムとIT／SCMにおけるプランニング・スケジューリング統合技術／戦略品質経営とSCMの新展開／実例

サプライチェーン・ロジスティクス
松浦春樹・島津 誠訳者代表
A5判 292頁 定価5040円（本体4800円）（27010-5）

価値を創造し，事業を成功させるための企業戦略を重点的に述べ，ITの役割にも言及。〔内容〕リーン生産／顧客対応／市場流通戦略／調達と製造戦略／オペレーションの統合／情報ネットワーク／ERPと実行システム／APS／変革の方向性

実務家のための サプライ・チェイン最適化入門
久保幹雄著
A5判 136頁 定価2730円（本体2600円）（27011-2）

著者らの開発した最適化のための意思決定支援システムを解説したもの。明示された具体例は，実際に「動く」実感をWebサイトで体験できる。安全在庫，スケジューリング，配送計画，収益管理，ロットサイズ等の最適化に携わる実務家向け

現代生産管理 ―情報化・サービス化時代の生産管理―
鹿島 啓・畑 啓之・下左近多喜男・赤木文男・本位田光重・大野 彰著
A5判 192頁 定価3045円（本体2900円）（27008-2）

大学理工系，文系の学部，高専で初めて生産管理を学ぶ学生や社会人のための教科書。生産管理の範囲を製造業だけでなく，情報・サービス業も対象として工学系の生産管理論に経営戦略論的な視点を加味してわかりやすく編集した

複雑系の数理
松葉育雄著
A5判 256頁 定価4725円（本体4500円）（28002-9）

「複雑な現象」はどう扱うべきか？さまざまな複雑現象を処理するために実際に「使える」手法を解説。〔内容〕複雑な現象とは／複雑さのとらえ方／関数近似と計算論／次元解析／スケーリング法／時間的スケーリング／カオス／自己組織化臨界現象他

生産管理システム
大野勝久・田村隆善・森 健一・中島健一著
A5判 196頁 定価3570円（本体3400円）（27006-8）

QDCとCSの達成に不可欠な理論と技術の基本をわかりやすく解説した教科書。〔内容〕作業研究／工程分析・設計／スケジューリング／PERT・CPM／MRPシステム／JIT生産システム／工程・品質・設備管理／生産情報システム／他

シリーズ〈科学の言葉としての数学〉 経営工学の数理Ⅰ
宮川雅巳・水野眞治・矢島安敏著
A5判 224頁 定価3360円（本体3200円）（11631-1）

経営工学に必要な数理を，高校数学のみを前提とし一からたたき込む工学の立場からのテキスト。〔内容〕命題と論理／集合／写像／選択公理／同値と順序／濃度／距離と位相／点列と連続関数／代数の基礎／凸集合と凸関数／多変数解析／積分他

シリーズ〈科学の言葉としての数学〉 経営工学の数理Ⅱ
宮川雅巳・水野眞治・矢島安敏著
A5判 192頁 定価3150円（本体3000円）（11632-8）

経営工学のための数学のテキスト。Ⅱ巻では線形代数を中心に微分方程式・フーリエ級数までを扱う〔内容〕行列とベクトル／行列の基本変形／線形方程式／行列式／内積と直交性／部分空間／固有値と固有ベクトル／微分方程式／ラプラス変換他

ファイナンス統計学ハンドブック

G.S.マタラ・C.R.ラオ編　小暮厚之・森平爽一郎監訳
A5判　740頁　定価27300円（本体26000円）（29002-8）

ファイナンスに用いられる統計的・確率的手法を国際的に著名な研究者らが解説した、研究者・実務者にとって最高のリファレンスブック。〔内容〕アセットプライシング／金利の期間構造／ボラティリティ／予測／選択可能な確率モデル／特別な統計手法の応用（ブートストラップ、主成分と因子分析、変量誤差問題、人工ニューラルネットワーク、制限従属変数モデル）／種々の他の問題（オプション価格モデルの検定、ペソ問題、市場マイクロストラクチャー、ポートフォリオ収益率）

金融工学事典

今野　浩・刈屋武昭・木島正明編
A5判　848頁　定価23100円（本体22000円）（29005-9）

中項目主義の事典として、金融工学を一つの体系の下に纏めることを目的とし、金融工学および必要となる数学、統計学、OR、金融・財務などの各分野の重要な述語に明確な定義を与えるとともに、概念を平易に解説し、指針書も目指したもの〔主な収載項目〕伊藤積分／ALM／確率微分方程式／GARCH／為替／金利モデル／最適制御理論／CAPM／スワップ／倒産確率／年金／判別分析／不動産金融工学／保険／マーケット構造モデル／マルチンゲール／乱数／リアルオプション他

応用ファイナンス講座1　年金とファイナンス

浅野幸弘・岩本純一・矢野　学著
A5判　228頁　定価3940円（本体3800円）（29586-3）

公的年金の基本的知識から仕組みおよび運用までわかりやすく詳説〔内容〕わが国の年金制度／企業年金の選択／企業財務と年金資産運用／年金会計／年金財務と企業評価／積立不足と年金ALM／物価連動国債と年金ALM／公的年金運用／他

応用ファイナンス講座2　応用経済学のための時系列分析

市川博也著
A5判　184頁　定価3675円（本体3500円）（29587-0）

時系列分析の基礎からファイナンスのための時系列分析を平易に解説。〔内容〕マクロ経済変数と時系列分析／分布ラグモデルの最適次数の決定／統計学の基礎概念と単位根テスト／定常な時系列変数と長期乗数／ボラティリティ変動モデル／他

リスクの経営シリーズ　天候リスクの戦略的経営 —EaRとリスクスワップ—

刈屋武昭編著
A5判　192頁　定価4200円（本体4000円）（29576-4）

気温リスクマネジメントを立案する方法と、気温変動の時系列モデル化の方法を実例に沿って詳説〔内容〕企業活動と気温変動リスク／天候リスクと事業リスクEaR分析法／予測気温確率分布の導出／東京電力と東京ガスのリスクスワップ／等

年金数理概論

日本年金数理人会編
A5判　184頁　定価3360円（本体3200円）（29006-6）

年金財政を包括的に知りたい方、年金数理人をめざす方のための教科書。〔内容〕年金数理の基礎／計算基礎率の算定／年金現価／企業年金制度の財政運営／各種財政方式の構造／財政検証／財政計算／退職給付債務の概要／投資理論への応用／他

プロジェクトファイナンス —ベンチャーのための金融工学—

浦谷　規訳
A5判　296頁　定価5460円（本体5200円）（29003-5）

効率的なプロジェクト資金調達方法を明示する。〔内容〕理論／成立条件／契約担保／商法上の組織／資金調達／割引のキャッシュフロー分析／モデルと評価／資金源／ホスト政府の役割／ケーススタディ（ユーロディズニー、ユーロトンネル等）

ファイナンス数学入門 —モデリングとヘッジング—

米村　浩・神山直樹・桑原善太訳
A5判　304頁　定価5460円（本体5200円）（29004-2）

実際の市場データを織り交ぜ現実感を伝えながら解説。〔内容〕金融市場／2項ツリー、ポートフォリオの複製、裁定取引／ツリーモデル／連続モデルとブラック‐ショールズ公式、解析的アプローチ／ヘッジング／債券モデルと金利オプション／他

ファイナンス数学基礎講座
ファイナンスで使われる数学のエッセンスをわかりやすく解説

1. ファイナンス数学の基礎
小林道正著
A5判 176頁 定価3045円（本体2900円）（29521-4）

ファイナンスの実際問題から題材を選び，難しそうに見える概念を図やグラフを多用し，初心者にわかるように解説。〔内容〕金利と将来価値／複数のキャッシュフローの将来価値・現在価値／複利計算の応用／収益率の数学／株価指標の数学

5. デリバティブと確率 —2項モデルからブラック・ショールズへ—
小林道正著
A5判 168頁 定価3045円（本体2900円）（29525-2）

オプションの概念と数理を理解するのによい教材である2項モデルを使い，その数学的なしくみを平易に解説。〔内容〕1期間モデルによるオプションの価格／多期間2項モデル／多期間2項モデルからブラック・ショールズ式へ／数学のまとめ

6. ブラック・ショールズと確率微分方程式
小林道正著
A5判 192頁 定価3045円（本体2900円）（29526-9）

株価のように一見でたらめな振る舞いをする現象の動きを捉え，価値を測る確率微分方程式を解説〔内容〕株価の変動とブラウン運動／ランダム・ウォーク／確率積分／伊藤の公式／確率微分方程式／オプションとブラック・ショールズモデル／他

シリーズ〈ビジネスの数理〉
筑波大学ビジネス科学研究科監修。ビジネスの羅針盤となる数理的方法を探求

1. ビジネス数理への誘い
筑波大学ビジネス科学研究科編
A5判 160頁 定価3045円（本体2900円）（29561-0）

ビジネスのための数理的方法を俯瞰する入門編。〔内容〕ビジネス科学・技術／数理的方法の機能／モデルアプローチ／マネジメントプロセスモデル／モデルアプローチの成功と失敗／ビジネス現象のモデル化／デザイン技術としての数理的方法他

2. チャンスとリスクのマネジメント
大澤幸生・徐 驊・山田雄二編著
A5判 216頁 定価3675円（本体3500円）（29562-7）

人はなぜダイスを振るのか—ビジネスの現場で表裏一体となるチャンスとリスクの利用・管理技術の全貌を提示。〔内容〕チャンスマネジメントのプロセス／チャンス発見のためのデータ可視化技術／リスクマネジメント／リスク特定の方法／他

3. ビジネスへの確率モデルアプローチ
牧本直樹著
A5判 176頁 定価3150円（本体3000円）（29563-4）

確率モデルを用いて多様なビジネス現象の分析技術からシミュレーションまで解説。演習問題付。〔内容〕確率計算の基礎／離散的分布／連続的分布／多変量分布／データと分布／モーメント公式／確率モデル分析技術／シミュレーション分析／他

4. ビジネスへの統計モデルアプローチ
椿 広計著
A5判 144頁 定価3150円（本体3000円）（29564-1）

複雑かつ大規模なビジネス現象の分析に必要な統計モデルの構築の手法を解説。〔内容〕データとプロファイリング／統計モデルの要素／統計モデルのプランニング／統計的構造モデリング／一般化線形モデル（GLIM）／測定モデルのデザイン／他

シリーズ〈金融工学の基礎〉

「高所へジャンプ，技術的困難を一挙に解決する」基礎理論を詳述

1. 株価モデルとレヴィ過程
宮原孝夫著
A5判 128頁 定価2520円（本体2400円）（29551-1）

非完備市場の典型的モデルとしての幾何レヴィ過程とオプション価格モデルの解説および活用法を詳述。〔内容〕基礎理論／レヴィ過程／レヴィ過程に基づいたモデル／株価過程の推定／オプション価格理論／GLP&MEMM オプション価格モデル

2. リスク測度とポートフォリオ管理
田畑吉雄著
A5判 216頁 定価3990円（本体3800円）（29552-8）

金融資産の投資に伴う数々のリスクを詳述。〔内容〕金融リスクとリスク管理／不確実性での意思決定／様々なリスクと金融投資／VaRとリスク測度／デリバティブとリスク管理／デリバティブの価格評価／信用リスク／不完備市場とリスクヘッジ

3. 確率と確率過程
伏見正則著
A5判 152頁 定価3150円（本体3000円）（29553-5）

身近な例題を多用しながら，確率論を用いて統計現象を解明することを目的とし，厳密性より直観的理解を求める理工系学生向け教科書。〔内容〕確率空間／確率変数／確率変数の特性値／母関数と特性関数／ポアソン過程／再生過程／マルコフ連鎖

4. 数理統計・時系列・金融工学
谷口正信著
A5判 224頁 定価3780円（本体3600円）（29554-2）

独立標本の数理統計学から説き起こし，それに基づいた時系列の最適推測論，検定および判別解析を解説し，金融工学への橋渡しを詳述したテキスト。〔内容〕確率の基礎／統計的推測／種々の統計手法／確率過程／時系列解析／統計的金融工学入門

5. ポートフォリオ最適化と数理計画法
枇々木規雄・田辺隆人著
A5判 164頁 定価2940円（本体2800円）（29555-9）

「実際に使える」モデルの構築に役立つ知識を散りばめた実践的テキスト。〔内容〕数理計画法アルゴリズム／実行可能領域と目的関数値／モデリング／トラブルシューティング／平均・分散モデル／実際の計算例／平均・リスクモデル／感度分析

6. 確率解析と伊藤過程
小川重義著
A5判 192頁 定価3780円（本体3600円）（29556-6）

確率論の基本，確率解析の実際，理論の実際的運用と発展的理論までを例を豊富に掲げながら平易に解説。〔内容〕確率空間と確率変数／統計的独立性／ブラウン運動・マルチンゲール／確率解析／確率微分方程式／非因果的確率解析／数値解法入門

7. 無裁定理論とマルチンゲール
浦谷 規著
A5判 164頁 定価3360円（本体3200円）（29557-3）

金融工学の基本的手法であるマルチンゲール・アプローチの原理を初等的レベルから解説した書。教養としての線形代数と確率論の知識のみで理解できるよう懇切丁寧に詳解する。〔内容〕1期間モデル／多期間モデル／ブラック-ショールズモデル

ISBN は 978-4-254- を省略

（表示価格は2007年2月現在）

朝倉書店
〒162-8707 東京都新宿区新小川町6-29
電話 直通(03) 3260-7631 FAX (03) 3260-0180
http://www.asakura.co.jp　eigyo@asakura.co.jp

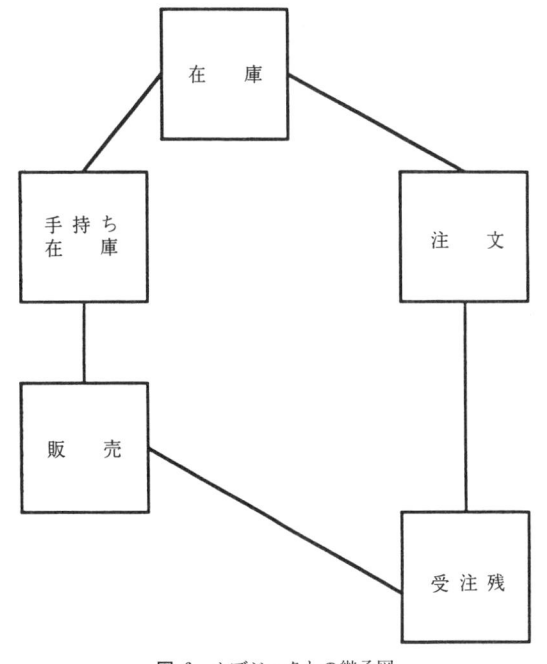

図6 オブジェクトの継承図

の単純な例は，AIアプリケーションが解決しなければならない問題のうちの2つを例証している．すなわち，推論を十分に一般的にし，そして，システムの量的，質的な関係のすべてを十分に確認することである．

DENDRALと呼ばれるプログラムは，AI研究の早期の結果であった．それは，大規模なスペクトログラフからデータを翻訳し，未知の有機化合物の化学構造を推論する化学者の支援者である．そのプログラムは，システムの要素(合成物の化学成分)の数を与えられたすべての可能な非循環グラフと，各要素(技術的原子価)と関係があるリンク(関係)の数を生成する1964年のJ. Lederbergによって開発されたアルゴリズムにもとづいている．任意に与えられた合成物のために生成された可能性の数は，莫大である．指数関数的探索を回避するために，DENDRALは，合成物の分子構造を決定するために評価されなければならない代替数の数を迅速に限定するために，化学者を調査することから得られるヒューリスティクスと知識を適用することで，規則を自動化する．DENDRALは，AI現場に普及していた専門家の知識，概念を表すために規則を使うことについてのアイデアを紹介した(Feigenbaum, 1971)．今日，DENDRALは，この仕事に関して専門家の化学者を凌いでいる(Buchanan and Feigenbaum, 1981；Churchman, 1971；Feigenbaum et al., 1971；Smith et al., 1973)．地割り研究の他の流れにおいて，MinskyおよびPapertは，並列処理のアイデアの推論問題への適用を開拓した(Minsky, 1968；Papert, 1980)．最も新しいAI技術である〈ニューラルネットワーク〉は，分析下にあるシステムを人間の脳だと考え，人間の脳の機能を模写し広いスケール上で人間の知的なアクティビティをモデル化しようとする．〈ニューロン〉は，最も小さい処理可能な要素であり，〈シナプス〉を経由して他のニューロンと関係付けられる．〈模樹石〉と呼ばれるオブジェクトは，シナプス接続するニューロンの間を流れるメッセージトランスミッタである(Zahedi, 1993)．単一のニューロンは，何千ものシナプスをもつことができる．模樹石経由の入力は，ニューロンの動作を起こさせうる(すなわち，開始する)，もしくは，抑制しうる．ニューロンへのメッセージの数，および頻度は，あらかじめ定義されたスレッシュホールドに到達するとき，始動されうるアクティビティのレベルを作成する．各ニューロンは，出力シグナルが模樹石ネットワークに送られる軸索をもっている(Zahedi, 1993)．これらの用語は，他の方法論と同列に並べられるが，ニューラルネットにおいては少々異なっている．ニューラルネットワークの問題は，他の方法論によって解決されるものと種類の別な問題である．AIおよびニューラル問題は，不完全な情報，確率的な結果，および推論と解決の開発に使われるためのデータにおける曖昧性を取り扱う．

意味論的方法論を含む技術は，方法論と呼ばれるのに十分に本当に成熟しているとはいえない．それらは，問題の与えられたセットに関する実地の体験にもとづいて，個々に親方・見習関係で個々に適用され，教えられたものである．

現時点では，異なるタイプの推論問題は，知能自動化に対する異なるタイプの方法，およびアプローチを必要とする(Winograd, 1986)．意味論的方法によって言及される問題のタイプは，言語理解，翻訳，感覚の理解(たとえば，視覚，触覚，など)，想起と忘却，および，動作の同調と制御を含む．これらの最も共通なものは，多数の時折矛盾した規則による推論で動作を選択する際の知能を示す，エキスパートシステムである．エキスパートシステムは核プラントオペレーションの監視，地質学上の穿孔場所の選択，医学問題の診断などのアプリケーションのために産業界や政府において受け入れられている．

AI技術と方法論は，継続的な精緻化と発展を経験している段階にある．オブジェクト指向の方法のように，AIの方法は，目標実装言語と密接に関連している．たとえば，ある言語は推論規則とデータの統合を要求するが，他の言語は推論規則からのデータの分離を要求する．多くの言語は，フォワード，バックワード，デプスファースト，ブレッズファースト，カスタム定義，その他のような推論プロセスの性質を決定する1つの推論アプローチを提供する．AIが重要なビジネスとして成り立つようにするためには，彼らが維持するプロセスとデータにつ

いての推論を含むための既存のアプリケーションを増加させることが必要である．ニューラルネットは，将来のいつか方法や技法を癒合するかもしれない一般的な推論システムとして前途有望である．

出現している問題領域

新しい世紀に向かって，会社がオートメーションを通して解決すべき問題は，組織のリエンジニアリング，ワークフロー設計，およびイールドマネジメントなどである．いくつかの革新的会社は，情報技術によって競争優位を獲得しようとする．

組織のリエンジニアリング：　組織のリエンジニアリング(reengineering)は，組織設計の1つの形態である．最初に，プロセスと情報は，企業の目標と使命に合致するようにモデル化される．その使命に貢献しないものは何であれ除去される．モデル化と適合化を行うための分析技術は，インフォメーションエンジニアリングからの企業分析技術の自然な拡張である(Conger, 1994)．

次に仕事の量と質を最大にできるジョブを設計するために残っているワークプロセスと情報を分析する．次いで全プロセスが有意義な決定をし，判断をし，組織の役割に貢献するようにさせるためにHackman and Oldham (1980)のジョブ設計理論(job design theory)を用いる．それから，依存と調整理論(dependency and coordination theory, Galbraith, 1967；Thompson, 1967)を使って，グループの凝集性と関心の焦点を最大にし，グループ間の結び付きを最小にするように仕事を分ける．情報技術がその再設計された組織を全社的に有効な支援をする可能性を決めるためにその組織を分析する．再設計された組織を支援するための新しい，修正されたアプリケーションを明確にしたことがここでの最終成果である．リエンジニアリングは，新しい組織とその支援システムを設計する際，システム分析と組織論を統合する．

ワークフロー再設計：　必ずしもすべての会社は，リエンジニアリングプロジェクトに付随する急進的な変更に対処しうるとは限らない．リエンジニアリングの縮小バージョンが，ワークフロー再設計(work flow redesign)である．

ワークフロー設計において，組織のある特別な仕事の流れが再設計のために分析される．保険会社での証書の流れがどのようになっているかの分析などよい例である．従業員が会社の方針にそって仕事をしたり，クレーム処理をするためにはそれらの方針を実行した場合に，通常はどのような影響が生じるかを示すドキュメントや情報が必要である．手作業でドキュメントをつくっている会社でこのような要求に答えるためにはドキュメントや情報を大量に収集し，移動し，再配分し直さなければならないことを意味している．方針やクレームに関係する人であればあるほど，これらの収集，移動，再配分を多くしなければならない．この過程では誤りが起こりやすい．たとえば，文書の紛失は当たり前であり，何年もの間紛失に気が付かないかもしれない．この過程では多くの時間が無駄に消費される．たとえば，これらのドキュメントや情報がどこに収納されているかわからない場合に，これらの収集，移動，再配分には1つの方針あるいはクレームあたり4時間から限りなく時間がかかることになる．その過程は，労働集約的であり，順次に処理することが要求されている．

ワークフロー設計において，システム分析技術は，リエンジニアリングのときと同様に本質的な作業，スキル，および情報を明確にするために使われる．それから，ジョブとジョブを支援するコンピュータシステムの両方が，サービスの質と生産高の増加のために再設計される．その結果生じるアプリケーションには，たとえば保険計理士の仕事を支援するために，数学的なアプリケーションコンポーネントを含むであろう．たとえば，退職カウンセリングの仕事では，サービス担当者が退職に関する助言をできるような，エキスパートシステムコンポーネントを含むであろう．そして，自動化されたイメージ記憶装置，検索，移動，およびトラッキングを導く伝統的なトランザクション処理を含むであろう．このように，ワークフロー再設計は3つの問題タイプと方法論を，複数の人たちの並行作業を支援する新しい形の包括的なアプリケーションに統合する．

イールドマネジメント：　イールドマネジメントは，投資した資本に対して最大の利益を得るために行われる．それは，異なる製品/価格ミックスがあるとき(たとえば，週末のスキー，会議，ピーク/閑期)，そして各製品/価格の組合せに対する要求が時間によって場所によって変わる場合に，製品(たとえば，部屋)の最適価格の決定を扱う．イールドマネジメントはトランザクショナルなアプリケーションによって供給されたデータにもとづく解答とともに数理的問題やAI問題を含む．

ホテル産業において，部屋は使い古されてくる，そしてきわめて規則的なスケジュールにしたがって改装されなければならない．しかし，部屋代は季節やレンタルへのリードタイム，滞在日数，販売促進のやり方などに応じて異なる．同様に，航空会社の管理は航空料金を収入を最大にするように決定する．製造業や接客業におけるイールドマネジメントでは日常業務をオペレーションズリサーチの方法を使い，そしてある日や期間での料金の変更をどのようにするかなどを人工知能の方法を使うなど両方法を併用している．

これらの現在あるシステム分析アプリケーション領域で共通することは，これらの問題の解答を得るために，種々の理論や方法論を統合する必要があるということで

ある．このことが3つの問題タイプが異なるそして別々の問題解決活動として扱われてきた過去40年と比較して大きく変わった点である．

支援機構

いくつかのタイプの支援機構がアプリケーション開発においてシステム分析をしやすくするのに有益である．組織的支援の中にはデータ管理や顧客と共同してアプリケーションの設計をする方法（joint application development : JAD）を含んでいる．自動化された支援が，コンピュータ援助ソフトウェア工学（CASE）ツールによって提供される．

データ管理： データ管理は複数の部門間でデータを共有するのを支援するためのデータの管理である．そして，データベースアプリケーションの開発を促進する（Conger, 1994）．データの管理組織は，データアーキテクチャを開発し，維持する．データアーキテクチャはデータの実体の構造や関係を表現したものである．データアーキテクチャは，自動化されたデータか自動化されていないデータかを識別し，それらが組織においてどのように使用されるかを明らかにする．データ管理を使って作業をするユーザは，各項目に対して「組織上の」定義を開発する．このアーキテクチャは，ここで使っているデータに対して新しいアプリケーションやドキュメントを定義し，既存のアプリケーションに対する責任を記述するための枠組みを提供する．また組織レベルでは，ユーザとデータ管理者は企業としての組織にとって重要なデータを定義するために働く．重要なデータは，管理，標準，監査，セキュリティ，および，復旧計画に関するデータである．有益ではあるがそれほど重要でないデータは災害の場合には必要とされず，また経営上注意する必要もない（Conger, 1994）．

さらに詳細なデータを扱う低レベルでは，データ管理者は，企業のデータ資源に対してデータ定義，共有，収集，統合，セキュリティ，アクセスなどのために方針や標準を開発し，管理し，保守する．データ管理はデータの蓄積，アクセス，使用，処理，および標準化を担当しているプロジェクトチームにガイダンスを提供する（Conger, 1994）．

データ管理から得られる利益は，エンティティの定義，ビジネス規則，および関係をフォーマルに認識し，同意を得ることからコミュニケーションの改善や企業データの理解が高まることである．データの標準化が個々のアプリケーションレベルではなく，組織を越えてなされるために，アプリケーション開発の効率化が生じる．冗長性は計画に盛り込まれる，そのために冗長性を管理することもできるようになる．十分正確に決められたデータ定義が存在し，重要なデータを容易に制御する新しいアプリケーションが使いうるので，組織は変化するビジネス状況に対して迅速に対応することができる，そして重要なデータの管理が容易になる．

データ管理はデータベース管理と混同されるべきではない．データベースは物理データベース設計やディスクスペース割当て，日々のオペレーション支援に対して責任がある．一方，データ管理はデータの冗長度を最適にし，データ定義の共有された理解を与え，将来のデータベース環境を計画するためにつくられた管理アプローチである．

ジョイントアプリケーション開発（JAD）： 要求，設計，または，他のアプリケーションに関連する仕事が完了するまで集中的にユーザと分析者の共同会議をする方法を記述するために，いくつかの技法が開発されてきた．最も一般的な名前は，ジョイントアプリケーション開発（JAD），共同要求計画（joint requirement planning : JRP），共同アプリケーション要求（JAR），そして，ファーストトラックである（JADとJRPは，IBM社の設計技法である．ファーストトラックはボーイングコンピュータサービス会社の設計技法である）．それらはすべて，アプリケーションの要求定義をユーザと分析者が共同で行うという目標をもっているという点で類似している．合同会議を計画し，実行するという点も類似している．主な差異は，参加者，主題のレベル，および，討論の詳細のレベルである．

JADは，アプリケーション開発の過程を短くし，その結果生じるアプリケーションの提供製品の品質を改善する狙いで設計されたシステム分析のチームベースの方法である．ある統計では，このシステム分析の時間を40%削減し，実装時間をより速くしたことが示されている．JADの他の利点は質的なものである．ユーザと技術者は共通の心的モデルを開発し，共同作業に携わる．理想的には，チームワークの精神が他の開発段階まで続く．

JADチームは，クライアント代表，ファシリテータ，システム開発者，および，支援要員からなる．クライアントにはコンフリクトを解消するに十分なレベルの意思決定者を入れ，アプリケーションの範囲とその内容を決める．組織の日々の機能や手続きを説明するために彼らは，十分な低いレベルにもいなければならない．この仕事によって影響を受けるすべての機能エリアからの代表者がクライアントでなければならない．システム開発者にはプロジェクトマネージャーと技術の専門的知識をもつ1, 2名の上級の分析者を含む．システム開発者の主な役割は，システムの用語での要求定義を正確に翻訳することを保証するために，問題の領域を学ぶことである．加えて，システム開発者の役割は目標としている環境において，この実行可能性と要求定義の予想される複雑さを評価することである．ファシリテータは，セッションを

運営し，情報を引き出し，議論を話題に集中させ，会議の進行を図り，矛盾を確認し解決していく，特に訓練された個人である．

ユーザと分析者の両方は，データとプロセスのモデル化のトレーニングセッションに出席することによってJADセッションに備えて準備する．ユーザは，データ例を集め，彼ら自身の作業に使われるプロセスを定義しようと試みることによってJADセッションに備えて準備するように要求される．これらのユーザ定義は，最初の日の作業のベースとなる．

JADセッションは，通常の作業場所から離れて場所で3～5営業日(あるいはそれ以上)開催される．日中のセッションでは，要求定義の明確化，用語の定義，ビジネス機能の確認，プロセスとデータの制約の確認，などが行われる．夜のセッションは翌朝のレビューのためにその日の間に完了した作業すべてをドキュメント化し回覧するためになされる．

JADの非技術的な利点は少なくとも技術的利点と同じくらい重要である．ユーザと分析者は，友人になり，共同作業に深く携わる．ユーザと分析者は望ましいアプリケーションが正確に実現されるような共有された心的モデルを開発する．1回1回のセッションが熱心になされるので，スタッフが分析活動に費やす時間は少なくてすむ．

コンピュータ支援ソフトウェア工学

コンピュータ支援ソフトウェア工学ツール(CASE tool)は，ソフトウェア工学の規範の様相を自動化する．すべてのCASEツールは，すべての設計オブジェクトがそこに定義されていて，参照できるレポジトリをもっている．製品をもっと洗練するには，もっと洗練されたレポジトリがいる．ここで論じられるCASEツールの3つの特徴は，支援されるライフサイクルのレベル，ソフトウェアに埋め込まれた知能のレベル，および方法論に結合するレベルである．

分析を自動化するCASE製品は，〈フロントエンドCASE〉，または〈上流CASE〉といわれる．プログラムコーディングやテストを自動化するCASEツールは，〈バックエンドCASE〉，または〈下流CASE〉といわれる．統合されたCASEを意味する〈I-CASE〉といわれるCASE製品は，作業の複数のフェーズを支援し，あるフェーズとそれに続くフェーズの作業を統合する．

概して，CASEツールには知能的に3つのレベルがある．すなわち，ダム，準知的そして知的である(図7)．ダムCASEツール(たとえば，ブリーフケース社のBrief-case)は，記憶装置のために情報を受け付け，レポジトリの内容について出力報告する，本質的に紙と鉛筆の代替である．準知的CASEツール(たとえば，Visible System CorporationのVisual Analyst)は，知的な一貫性と完全性の検査がダイアグラムの中あるいは，同等の定義の集合の中で行われるが，集合間では行えないものである．知的CASEツール(たとえば，テキサス・インスツルメンツ社のIEF)は，ダイアグラム内の集合の一貫性や完全性の検査ばかりでなくダイアグラム間の集合の一貫性と完全性をも検査する機能を提供する．より知的なツールは，より知的な検査を行う．たとえば，IEFは，プロセ

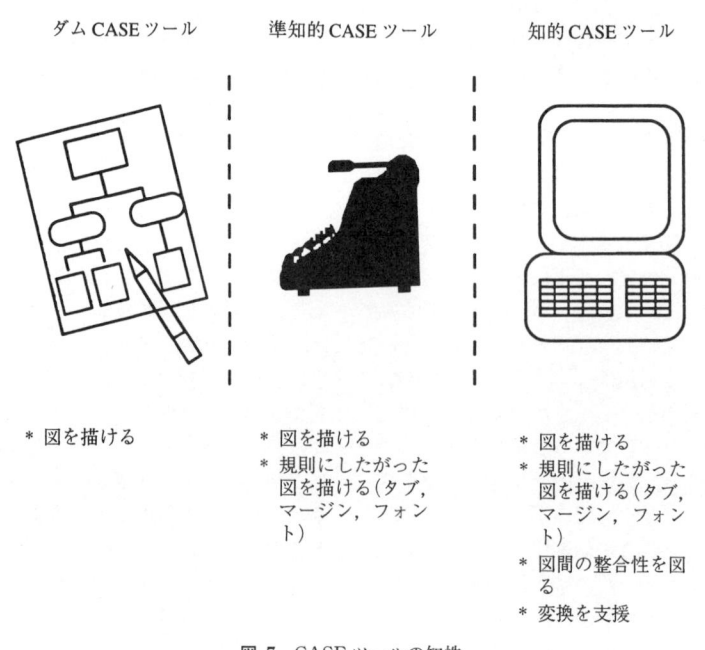

ダムCASEツール	準知的CASEツール	知的CASEツール
* 図を描ける	* 図を描ける * 規則にしたがった図を描ける(タブ，マージン，フォント)	* 図を描ける * 規則にしたがった図を描ける(タブ，マージン，フォント) * 図間の整合性を図る * 変換を支援

図7 CASEツールの知性

スとデータ定義に対する変更の影響を同じく分析する知的なツールであり，第3正規形のリレーショナルデータベーススキーマを生成し，定義の実装可能性を分析し，そしてDB2データベース処理を埋め込んだエラーフリーのコボルのコードを生成する．

CASEの第3の顕著な特徴は，1つの方法論に関連している．結合と知能は，CASEツールを強く結合させればさせるほど，CASEツールを使ってグラフィックスやデザイン要素について，この方法論の規則を定義したり，用いたりする連結概念である．密接な結合は，欠点をもっている．密接に結合されたCASEツールは，提供された製品にはない定義やグラフィックスの要求定義，特定のアプリケーションでは必要とされない項目等の定義に対し柔軟性に欠ける．これらの欠点は，さらなる検討作業を必要とする．

⇒ 人工知能，サイバネティクス，エキスパートシステム，数理モデル，ニューラル・ネットワーク，OR/MSの実践，資源の利用効率管理．

［Richard O. Mason, Sue A. Conger/原　潔・山田善靖］

参 考 文 献

[1] Ackoff Russell L. and Rivett Patrick (1963). *A Manager's Guide to Operations Research*. John Wiley & Sons, New York.
[2] Anderson J.R. ed. (1987). *Cognitive Skills and Their Acquisition*. Lawrence Erlbaum Associates, Hillsdale, New Jersey.
[3] Barr A. and Feigenbaum Edward (1981). *The Handbook of Artificial Intelligence*. William Kaufmann, Inc., Los Altos, California.
[4] Booch Grady (1987). *Software Engineering with Ada* (2nd ed.). Benjamin/Cummings, Menlo Park, California.
[5] Booch Grady (1991). *Object Oriented Design with Applications*. Benjamin/Cummings, Redwood City, California.
[6] Buchanan B. and Feigenbaum E. (1981). "DENDRAL and Meta DENDRAL: their application dimension." *Artificial Intelligence*, 11, 5–24.
[7] Chen Peter P.-S. (1981). "A Preliminary framework for entity-relationship models." In P. P.-S. Chen (Ed.), *Entity-Relationship Approach to Information Modeling and Analysis*. ER Institute, Saugus, California.
[8] Churchman C. West, Ackoff Russell L. and Arnoff E. Leonard (1957). *Introduction to Operations Research*. John Wiley, New York.
[9] Churchman C. West (1968). *The Systems Approach*. Delta (Dell) Publishing, New York.
[10] Churchman C. West (1971). *The Design of Inquiring Systems*. Basic Books, New York.
[11] Coad Peter and Yourdon Edward (1990). *Object Oriented Analysis* (2nd ed.). Prentice-Hall, Englewood Cliffs, New Jersey.
[12] Coad Peter and Yourdon Edward (1991). *Object Oriented Design*. Prentice-Hall, Englewood Cliffs, New Jersey.
[13] Codd Edgar F. (1972). "A relational model of data for large shared data banks." *Communications of the ACM*, 13, 377–387.
[14] Conger Sue (1994). *The New Software Engineering*. Wadsworth, Belmont, California.
[15] Dantzig G. (1963). *Linear Programming and Extensions*. Princeton University Press, New Jersey.
[16] Date Christopher J. (1990). *An Introduction to Database Systems* (5th ed.). Addison-Wesley, Reading, Massachusetts.
[17] DeMarco Tom (1979). *Structured Analysis*. Yourdon Press, New York.
[18] Feigenbaum Edward, Buchanan B. and Lederberg J. (1971). "On generality and problem solving." In B. Beltzer and Michie, D., eds., *Machine Intelligence*, 165–190. Elsevier, New York.
[19] Hackman J.R. and Oldham Gregory R. (1980). *Work Redesign*, Addison-Wesley, Reading, Massachusetts.
[20] Kent William (1983). "A simple guide to five normal forms in relational database theory." *Communications of the ACM*, 26, 120–125.
[21] Kim Won and Lochovsky Frederick H. eds. (1989). *Object-oriented Concepts, Databases, and Applications*. ACM Press, New York.
[22] Kolodner Janet L. and Riesbeck Christopher H. eds. (1986). *Experience, Memory and Reasoning*. Lawrence Erlbaum Associates, Hillsdale, New Jersey.
[23] Laszlo E. (1972). *The Systems View of the World*. John Wiley, New York.
[24] Martin James and Finkelstein Clive (1981). *Information Engineering*. Prentice-Hall, Englewood Cliffs, New Jersey.
[25] Minsky Marvin ed. (1968). *Semantic Information Processing*. MIT Press, Cambridge, Massachusetts.
[26] Papert Seymour (1980). *Mind-Storms: Children, Computers, and Powerful Ideas*. Basic Books, New York.
[27] Schlaer S. and Mellor Stephen J. (1992). *Object Lifecycles: Modeling the World in States*. Yourdon Press, Englewood Cliffs, New Jersey.
[28] Smith D., Buchanan B., Engelmore R., Adlercreutz J. and Djerassi C. (1973). "Application of artificial intelligence for chemical inference IX." *Journal of American Chemical Society*, 95, 6078.

施設配置

Facility Location

はじめに

最適化問題として，定式化が可能な施設配置問題

(facility location problem) は，オペレーションズリサーチの研究対象の1つにあげられ，その問題の多くは数理計画法を用いた研究がなされてきた．本文ではそれらの研究成果について概観する．はじめに，施設配置問題を平面モデル，ネットワークモデル，混合整数計画モデルに大別したあと，各モデルに対する解法について概説する．50年余り続いている施設配置問題の研究に対し，OR/MS が貢献しはじめたのはここ30年のことであり，これは期間にして約60%を占めることになる．特にアルゴリズム，つまり定式化された問題を解くための明確な計算手続きによる貢献は疑いようのないものである．これらのアルゴリズムの大部分は，第2次世界大戦直後にGeorge Dantzig によって発表された，線形計画問題に対する有名なシンプレックス法（simplex method）に端を発する数理計画法における成果のうえに築かれている．

アルゴリズムを用いて施設配置問題を解くためには，費用最小化や利益最大化などの明確な目的が存在しなければならず，また通常は最適化の対象となる領域を規定する予算制約などの制約条件を導入し，問題を定式化しなければならない．したがって，きわめて主観的であったり政治的性質の強い問題には，オペレーションズリサーチからのアプローチは一般には適さない．ただしこのような問題においても，考えている問題の範囲を限定したり，興味対象の基本的なトレードオフを認識する助けとなる結果が得られる可能性は否定できない．

施設配置問題に対する有名なアルゴリズムの多くは，有限個の候補地から最適な配置を選択するものである．各候補地は選択されるか否かの二者択一であるため，問題は本質的に離散性を有しており，ゆえに整数計画問題として定式化されることがある．支店を何店舗設置すればよいか苦慮している銀行を例にとって考えてみると，支店数を増やせば移動時間や移動費用といった面で顧客にとっては便利になるが，銀行にとってはそれだけ支店の運営費や固定費がかさむことになる．これは，利便性と運営費との間にトレードオフの関係が存在することを意味し，この関係はモデル分析の際に非常に重要な要因となる．また，このようなトレードオフの関係は施設配置問題ではしばしば登場する．

輸送費用が顕著で，かつ固定費用が候補地に比較的依存しない場合，施設配置問題は様々なアプローチを用いてモデル化される．その際，輸送距離に比例した輸送費用を仮定することが多い．ここで，道路網などのネットワーク上での輸送を考えている場合，問題はネットワークモデルとしてモデル化され，一般に輸送距離は最短経路アルゴリズム（shortest path algorithm）を用いて計算される．ネットワークモデルの研究では，主に2つの事柄に焦点が当てられる．(1) 問題を解くためのアルゴリズムと，(2) 点最適性（vertex-optimality）などの局所性である．ここで局所性とは，最適解を得るために考慮しなければならない候補地集合を何らかの有限集合に簡約できる性質のことである．いったんこのような有限集合が得られれば，結果として生じる残りの問題は，整数計画問題や混合整数計画問題としてうまくモデル化できる．

ネットワークモデルでは，必要なネットワークデータを入手したり取り扱うのに膨大な費用を要する場合がある．そのような場合，ユークリッド距離やマンハッタン距離などの平面距離を用いてネットワーク距離を精度よく近似することが可能な場合もある．近似した問題は一般に分析が容易になり，元問題に対する有益な情報を与えることがある．このようなモデルは平面モデルと呼ばれ，しばしば非線形計画法を用いた解法が採用される．

以下では，平面モデル，ネットワークモデル，混合整数計画モデルについて論じる．この分類はすべてを網羅するものではないが，これまで各文献で取り扱われたモデルの多くは，この分類にしたがって類別することが可能である．詳細については，Handler and Mirchandani (1979), Love, Morris and Wesolowsky (1988), Mirchandani and Francis (1990), Francis, McGinnis and White (1992) を参照されたい．

モデル

本項では，基本的ではあるが広く普及し，かつ有用な配置モデルをいくつか示すことにする．はじめに各モデルについて述べたあと，それらのモデルに対し適用可能な解法について概説する．ここでは，需要点を〈既存施設〉(existing facilities)，配置する施設を〈新規施設〉(new facilities) と呼ぶことにする．

モデル化に際し，以下の表記を用いる．

p：新規施設数．p の値は決定変数であるか固定
m：既存施設数
w_i：既存施設 i に付随する重み
X：1個の新規施設の配置点
$X=(X_1, \cdots, X_p)$：p 個の新規施設の配置パターン
$D_i(X)$：既存施設 i とそれに〈最も近い〉新規施設との距離

モデル1：p センター問題

このモデルでは，既存施設との最大距離が最小となるように p 個の新規施設を配置することを目的とする．いま，移動に要する最大の（重み付き）距離を $g(X) = \max_{i=1,\cdots,m}\{w_i D_i(X)\}$ で表すと，問題は

$$\text{minimize}_X \ g(X)$$

となる．

この問題は〈p センター問題〉(p-center problem) と

して知られており，緊急医療施設の配置問題，緊急時における応答時間の最小化を目的としたヘリコプター配置問題，そして最低受信レベルの最大化を目的とした送信機の配置問題などのモデル化に用いられている．

モデル2：被覆問題

この問題では，新規施設数は〈前もって〉決まっていないが，各既存施設について，少なくとも1つ以上の新規施設との重み付き距離がある一定距離以下でなければならないという制約が存在する．目的は，新規施設に関する費用を最小化する新規施設数 p とその配置パターン X を求めることである．

新規施設の候補地が有限集合として与えられている場合，この被覆問題は〈集合被覆問題〉(set-covering problem) としてモデル化できる．まず n 個の候補地の集合を S とし，各候補地を $j=1,\cdots,n$ で表すことにする．そして変数 y_j を，新規施設が候補地 j に配置されたら1，それ以外は0をとるように定義し，f_j を候補地 j での施設開設費とする．顧客（既存施設）は $i=1,\cdots,m$ で区別し，候補地 j に配置された新規施設が既存施設 i を被覆するならば $a_{ij}=1$，そうでなければ $a_{ij}=0$ となるよう a_{ij} を定義する．ただし，a_{ij} は定式化の際にすでにその値が決まっている定数である．これより，集合被覆問題の整数計画モデルは次式のように定式化できる．

最小化 $\sum_{j \in S} f_j y_j$

条件 $\sum_{j \in S} a_{ij} y_j \geq 1, \quad \forall i=1,\cdots,m$

$y_j \in \{0,1\}, \quad \forall j=1,\cdots,n.$

目的関数は新規施設の配置に要する固定費用の総和であるが，すべての j について $f_j=1$ の場合，目的関数は新規施設数の最小化を意味する．また，制約の第1式で各既存施設が被覆されることを保証し，第2式で変数を2値変数に限定している．

モデル3：単純施設配置問題

単純施設配置問題 (simple plant location problem : SPLP) では，複数個の施設を新設し（施設数は決定変数である），顧客に対してサービスを提供することを考える．また，施設の開設には固定費用を要する．この問題では，開設に要する固定費用と需要点へのサービスに要する変動費用の総和を最小化し，顧客への最適割当パターンを決定することを目的とする．

SPLP は，以下のように混合整数計画問題として定式化できる．すでに定義した S, f_j, y_j に加え，候補地 j に配置された新規施設から顧客 i への単位サービス費用を $c_{ij} \geq 0$ と定義する．顧客 i へのサービスのうち新規施設 j が担当する割合を x_{ij} とすると，SPLP の定式化は次式のようになる．

最小化 $\sum_{j \in S} f_j y_j + \sum_{i=1}^{m} \sum_{j \in S} c_{ij} x_{ij}$ （1）

条件 $\sum_{j \in S} x_{ij} = 1, \quad i=1,\cdots,m$ （2）

$y_j \in \{0,1\}, \quad j=1,\cdots,n$ （3）

$x_{ij} \geq 0, \quad i=1,\cdots,m, \quad j=1,\cdots,n$ （4）

$x_{ij} \leq y_j, i=1,\cdots,m, \ j=1\cdots,n$ （5）

目的関数（1）は開設費用とサービス費用の総和を表している．また，各顧客へのサービスを式（2）で保証し，式（3）で施設の部分開設を禁止し，式（4）で非負のサービスを保証している．そして，施設が開設されていない候補地からはサービスを受けることができないという条件を式（5）で与えている．

もし，目的関数の中に施設の開設費用に関する項がなく（すべての j に対し $f_j=0$），施設数が厳密に p 個に限定されている場合，この問題は〈p-メディアン問題〉(p-median problem) として知られている．

解　法

これまで述べてきた問題に対するオペレーションズリサーチからのアプローチについて論じるために，問題空間を平面モデル，ネットワークモデル，離散モデルの3つのクラスに分割する．これまで述べてきた問題の多くは，多少の変更を加えることでいずれか1つのモデルに帰着させることができ，また，ほとんどのモデルは3つのクラスのいずれかに類別することが可能である．

これら3つのクラスでは，2点間の距離の定義の仕方が大きく異なる．平面モデルでは，距離関数 $d(\cdot)$ はユークリッド距離やマンハッタン距離などの「ノルム」(norm) であり，新規施設に対する候補地は無限に存在する．これは問題が連続であることを意味している．いま点 i の座標を (a_i, b_i) とすると，点 i, j 間のユークリッド距離は $\sqrt{(a_i-a_j)^2+(b_i-b_j)^2}$ で与えられ，マンハッタン距離は $|a_i-a_j|+|b_i-b_j|$ で与えられる．ただし，$|\cdot|$ は絶対値関数である．

ネットワークモデルでは，高速道路網や一般道路網などの輸送を伴うネットワークを想定しており，2点間の距離は一般にネットワーク上の最短経路で定義される．ネットワークモデルは，平面モデルに比べ2点間の距離をより正確に表している場合が多いが，そのためには各区間ごとの距離が必要となるため，ネットワークデータに対する要求もまた高くなる．多くのモデルにとって，直接ネットワークを取り扱い，アルゴリズムを開発する際にその性質を利用することは有利である．既存施設はネットワークのノードに存在し，新規施設はネットワーク上の点に配置することになる．また別の利点として，問題を容易に視覚化できる点があげられる．これによって，もし問題がネットワークモデルとして解けない場合

でも，ネットワーク形式で解を呈示することで，意思決定者は問題を理解し，そこに内在する問題点を認識することが可能となるかもしれない．

離散モデルでは，既存施設数と候補地数は有限である．また，距離は平面距離，ネットワーク距離のいずれでも定義可能であり，距離に比例した輸送費用など，より一般的な定義も可能である．離散モデルは，混合整数計画問題としてモデル化されることが多く，それを解くのも困難であることが多いが，一方では，平面モデルやネットワークモデルでは導入できなかったより現実的な仮定を，離散モデルには導入できるといった利点を有している．

施設配置問題の3つのクラスに対するアルゴリズムや解法に関していえば，平面問題は一般に線形計画法や非線形計画法を用いて解かれる．ネットワーク問題はネットワーク理論やグラフ理論的手法を用いて解かれることが多く，離散問題には整数計画法が一般に用いられる．これらの解法に関する詳細については，参考文献を見ていただきたい．

⇒組合せ/整数最適化，施設配置，立地分析，ネットワーク，最短ルート問題，確率計画．

[**Dilip Chhajed, Richard L. Francis, Timothy J. Lowe/渡辺　勇**]

参 考 文 献

[1] Francis, R., L.F. McGinnis, and J.A. White (1992). *Facility Layout and Location: An Analytical Approach*, Prentice Hall, Englewood Cliffs, New Jersey.

[2] Handler, G.Y., and P.B. Mirchandani (1979). *Location on Networks: Theory and Algorithms*, MIT Press, Cambridge, Massachusetts.

[3] Love, R.F., J.G. Morris, and G.O. Wesolowsky (1988). *Facilities Location; Models and Methods*, North-Holland, Amsterdam.

[4] Mirchandani, P.B., and R.L. Francis, eds. (1990). *Discrete Location Theory*, John Wiley, New York.

施設レイアウト

Facilities Layout

製造業やサービス業において，施設の配置位置はその後の運転費用や作業効率に影響を及ぼすきわめて重要な決定事項である．施設レイアウト問題（facility layout problem：FLP）は，決まった数の離散的要素を空間内のどこに配置するかを決定する問題であり，次の例からもわかるように，要素や空間の定義の仕方によって様々な分野への適用が可能である．

[要素]	[空間]
部署	オフィスビル
部門	工場
部局	病院
相互依存プラント	市場
指示器，調整つまみ	制御パネル
電子部品	電子基盤
キー	キーボード

はじめにFLPのモデル化について述べ，次にそれらの問題に対する厳密解法やヒューリスティック解法を示す．最後に，今後の研究の方向性について述べる．

2次割当て問題への定式化

OR/MS関連の文献では，ほとんどの場合，FLPは2次割当問題（quadratic assignment problem：QAP）として定式化される．QAPは，すべての候補地について面積や形状が同一視できるという条件を必要とする特別な問題であり，この条件により，候補地の位置とその間の距離（一般に中心間のユークリッド距離やマンハッタン距離）を事前に定義することが可能となる．いま，N個の候補地にN個の施設を割り当てる場合を考える．まず4種類の$N \times N$行列を定義する．各行列の要素は以下のとおりである．

c_{ij}＝施設iを候補地jに割り当てる固定費用
f_{ij}＝施設i, j間の相互作用レベル
d_{ij}＝候補地i, j間の単位相互作用費
x_{ij}＝施設iを候補地jに割り当てる場合は1，それ以外0

以上の定義より，QAPは次式のように定式化できる．

最小化 $\sum_{ij} c_{ij} x_{ij} + \sum_{i,p} \sum_{j,q} f_{ip} d_{jq} x_{ij} x_{pq}$ （1）

条件　$\sum_{j} x_{ij} = 1 \quad \forall i$ （2）

$\sum_{i} x_{ij} = 1 \quad \forall j$ （3）

$x_{ij} \in \{0, 1\} \quad \forall i, j$

[目的関数]
相互作用費最小化
原材料の輸送費用最小化
患者と医療スタッフの移動量最小化
利益最大化
目や手の移動量最小化
接続費用最小化
キータイプ時間最小化

さらに，施設iが割り当てられる候補地を$\rho(i)$と定義することで，問題は次式のようなよりコンパクトな表現が可能となり，施設集合から候補地集合への，式(4)を満たす写像を求める問題に帰着される．

$$\text{最小化} \sum_i c_{i,\rho(i)} + \sum_{i,p} d_{\rho(i),\rho(p)} \qquad (4)$$

2次割当て問題は，相互に関連しあう工場の配置問題としてKoopmans and Beckmann (1957) によってはじめて定式化された．この定式化では，c_{ij} は候補地 j で工場 i を操業した際に，他の工場の配置位置とは無関係に得られる期待利得を表し，f_{ij} は工場 i から工場 j への物流量を表している．また d_{ij} は候補地 i, j 間の単位輸送費用を表している．目的関数は純利益，つまり輸送費用に対する期待利得の余剰分の最大化である．

2次割当て問題では，施設間の相互依存性が目的関数の2次の項として表現され，この項の存在が問題を困難なものにしている．したがって，施設間の相互依存性が無視できる場合（すべての i, j について $f_{ij}=0$），QAPは1次割当て問題 (linear assignment problem : LAP) に簡約され，効率的な解法を用いて解くことが可能となる．さらに，QAPの特別な例として巡回セールスマン問題 (traveling salesman problem) があげられる．これを確かめるために，まず相互作用行列として循環順列行列 (cyclic permutation matrix) を考える．この循環順列行列は，単位量のフロー（セールスマン）が1番目の都市から2番目の都市，そして3番目の都市へと移動し，最後に出発点に戻ってくるといった解釈を有している．距離行列は単に都市間の距離の行列とし，固定費用は無視できるものとする．このQAPの解は，もし $x_{ij}=1$ ならば都市 i を j 番目に訪問するものと解釈できる．これより，QAPがNP-困難のクラスに属していることがわかる．

隣接条件を用いた定式化

隣接条件 (adjacency requirement) と近接度 (closeness rating) にもとづいたアプローチについて述べる．隣接条件は，任意の実行可能解において，隣接しなければならないまたは隣接してはいけない施設の組の集合を規定する．また，近接度は，隣接する候補地に施設の組を配置することの〈望ましさ〉(desirability) を示す尺度で，一般に施設間の相互作用量などにもとづいている．隣接条件は，少なくとも1つの実行可能解の存在を保証しなければならず，また複数個の実行可能解が存在する場合は，その中から最適解を選択するために近接度が用いられる．その際，隣接する施設の組に対してのみ近接度が加算される．

QAPは，以下の2つの理由から文献等で注目されてきた．1つは，隣接条件を用いた定式化では，隣接条件を満足する施設の組の近接度のみを考慮し，それを最大化するが，QAPはすべての施設の組の相互作用費を考慮していること．もう1つの理由は，新規施設のレイアウト設計よりも一般的であるレイアウトの再設計などでは特に重要となる固定費用を，隣接条件を用いた定式化では考慮していないことである．本文の残りでは，議論をQAPに限定する．隣接条件を用いたアプローチに関してはFoulds (1983) を，QAPに関するより広範な文献リストに関してはKusiak and Heragu (1987) を参照されたい．

厳密解法

QAPに対する厳密解法は，線形化法 (linearization) と間接列挙法 (implicit enumeration) の2つのカテゴリーに大きく分類できる．

線形化法： QAPに対する線形化法は，すでにいくつか提案されている．Lawler (1963) が提案した線形化法は，変数 $y_{ijpq}=x_{ij}x_{pq}$ を定義することで問題を線形化するものである．ただし，その結果生じる整数計画問題は，元問題と比較して N^4 個の2値変数と N^4+1 本の制約式を余計に必要とする．Kaufman and Broeckx (1978) が提案した線形化法は最もコンパクトなもので，付加的には N^2 個の連続変数と N^2 本の制約式しか必要としない．またBazaraa and Sherali (1980) は，ベンダーズの分割 (Benders' decomposition) を用いた異なる線形化法を提案した．しかし，いずれのアプローチも計算量の面で効率的であることが証明されているわけではない．より詳細な情報については，Kusiak and Heragu (1987) を参照されたい．

間接列挙法： 分枝限定法 (branch-and-bound algorithm) は，QAPに対する厳密解法として最も成功したアルゴリズムであり，施設数が15個ないしは16個程度の問題ならば実時間で解くことが可能である．初期の間接列挙法には，ペア割当てアルゴリズムを採用しているものもある．これは，列挙木 (branch-and-bound tree) の各ノードにおいて，候補地の組に施設の組を割り当てるものである (Land, 1963 ; Gavett and Plyter, 1966)．しかし，ペア割当てアルゴリズムが，列挙木の各ノードにおいて単一施設を候補地に割り当てる単一割当てアルゴリズムに対抗できるものであるという証明はなされていない．

Gilmore (1962) とLawler (1963) はそれぞれ，単一割当て型の分枝限定プロシージャで利用可能な下界を独自に求めている．この下界は，現在発表されている有力な間接列挙法の大半においてその基礎をなすものである (Bazaraa and Kirca, 1983 ; Burkard and Derigs, 1980)．ギルモア-ローラーの下界 (Gilmore-Lawler lower bound) の計算方法について概説する．

いま，$\mathcal{F}$ をすでに候補地に割り当てられた施設集合とし，$\mathcal{L}$ をこれらの施設が割り当てられた候補地集合とする．式(4)を用いると，部分的に施設が割り当てられているこの段階での下界は次式で与えられる．

最小化 $\sum_{i\in\mathcal{F}} c_{i,\rho(i)} + \sum_{i\in\mathcal{F}}\sum_{p\in\mathcal{F}} f_{ip}d_{\rho(i),\rho(p)}$
$+ \sum_{i\in\mathcal{F}}\sum_{p\notin\mathcal{F}}[f_{ip}d_{\rho(i),\rho(p)} + f_{pi}d_{\rho(p),\rho(i)}]$
$+ \sum_{i\notin\mathcal{F}} c_{i,\rho(i)} + \sum_{i\notin\mathcal{F}}\sum_{p\notin\mathcal{F}} f_{ip}d_{\rho(i),\rho(p)}$ (5)

式(5)のはじめの2項は，それぞれ割当てが完了している施設の固定費用と相互作用費を表している．第3項は，すでに割り当てられた施設とまだ割り当てられていない施設間の相互作用費を表しており，最後の2項は，まだ割り当てられていない施設の固定費用と相互作用費を表している．最後の3項に対する最小値は以下のようにして計算できる．まだ割り当てられていない施設 $i\notin\mathcal{F}$ を割当て可能な候補地 $j\notin\mathcal{L}$ に割り当てることを考える．この割当てによる費用の増分は次式で与えられる．

$\sum_{p\in\mathcal{F}}[f_{ip}d_{j,\rho(p)} + f_{pi}d_{\rho(p),j}] + c_{ij} + \sum_{p\notin\mathcal{F}} f_{ip}d_{j,\rho(p)}$ (6)

式(6)のはじめの2項の値はわかっているので，第3項を最小化する必要がある．フロー行列から対角要素とすでに割り当てられている施設に対応する要素を取り除き，その第 i 行からなるベクトルをつくる．そして，そのベクトルの各要素を降順に並び替える．同様にして，距離行列から対角要素とすでに割り当てられている候補地に対応する要素を取り除く．その第 j 行からなるベクトルをつくり，各要素を昇順に並び替える．これらのベクトルの内積は必要最小費用を表している．その基本原理は，施設 i との最大相互作用量が最も低い単位費用で達成され，2番目に大きい相互作用量が2番目に低い単位費用で達成される，ということである．この計算を $i\notin\mathcal{F}$ と $j\notin\mathcal{L}$ のすべての組 (i,j) について繰り返す．したがって，これらの増加費用を費用係数にもつ LAP の最適解は，式(5)の3つの未知の項の下界を与える．

いま，その最適値を z^* とすると，Gilmore–Lawler の下界値は次式で与えられる．

$LB = \sum_{i\in\mathcal{F}} c_{i,\rho(i)} + \sum_{i\in\mathcal{F}}\sum_{p\in\mathcal{F}} f_{ip}d_{\rho(i),\rho(p)} + z^*$ (7)

下界値が上界値を下回らないノードでは，通常の方法で枝刈りされる．しかし，この下界が優れている点は，下界値を求める際に得られる2次的な情報を，最適解の探索過程で有効に利用できるという特徴を有している点である．では，下界値を求める際に得られた LAP の最適解について考える．ただし，施設 $i\notin\mathcal{F}$ は候補地 $\rho(i)$ に割り当てられているとする．最適解の双対変数を用いて，すべての $(i,\rho(i))$ 要素が 0 となるように費用行列を簡約する．第 i 行と第 $\rho(i)$ 列の要素の中で2番目に小さい値は，割当て $(i,\rho(i))$ が実現しなかった場合の〈残念度〉(regret)，もしくは最小付加費用を意味する．また，残念度と下界値の合計は，割当ての〈代替費用〉(alternate cost)を示しており，この費用を分枝規則に利用し，最大の代替費用を与える要素を次の割当てとして選択する．さらに，バックトラックの間に，ある節での代替費用が上界値を上回った場合，その枝における同じレベルの節は，それ以降評価する必要がなくなる．

ヒューリスティック解法

最適解を求めることが可能な問題のサイズ（このサイズは，実際の問題よりも小さいことがほとんどである）には限界があることから，QAP に対するヒューリスティック解法の開発に多大な関心が寄せられてきた．QAP に対するヒューリスティック解法は，限定列挙法(limited enumeration)，構築法(construction method)，改善法(improvement method)，統合法(hybrid method)に分類される．

限定列挙法： 最適解が分枝限定プロシージャのきわめて初期の段階で求まり，それ以降は，解の最適性を保証するためだけに時間が費やされる場合がしばしば見受けられる．限定列挙法を基本としたヒューリスティック解法はこの性質を利用し，打ち切り時間（cut-off time）を設定することで探索過程を短縮している．そして，下界値と上界値のギャップが十分に小さい節で枝刈りをすることで，探索は短縮されるか，もしくは一定時間内により広い範囲の探索空間を網羅することが可能になる．このギャップは，下界値の振る舞いに関する経験則にしたがって設定することが可能である．たとえば QAP では，下界値は列挙木の高いレベルでは急激に上昇し，レベルが低くなるにつれて緩やかに上昇するため，高いレベルではギャップを大きくとり，レベルが低くなるにつれて小さくするような動的なギャップを導入することも可能である．

構築法： 構築法では，何も割り当てられていない状態から施設を1つずつ割り当て，最終的にすべての施設を割り当てる．次の割当てを決定する際に用いられる選択規則は，すでに割り当てられている施設との相互作用量が最も大きい施設を，その施設の最も近い候補地に割り当てるといった単純な規則でもよい．また，これから割り当てる施設に加え，一度割り当てた施設の再配置を考慮に入れた選択規則を採用することも可能であり，その方がよりよい解を得られる可能性が高い．後者の選択規則の例として，下界値を計算する際に得られる代替費用（前述）や，Graves and Whinston (1970) がそれを改良した評価関数の利用などがあげられる．グレイブス–ウィンストン法(Graves-Whinston method)は，統計的性質を用いて，部分的に施設が割り当てられている状態から割当てが完了した際の目的関数の期待値を，基本的な算術演算のみで計算している．この方法は計算時間が非常に短いため構築法には適している．いま，k 個の施設がすでに割り当てられていると仮定すると，すべての割当てが完了した際の目的関数の期待値は，式(5)と類似した項を有する式(8)で与えられる．

$$EV = \sum_{i\in\mathcal{F}} c_{i,\rho(i)} + \sum_{i\in\mathcal{F}}\sum_{p\in\mathcal{F}} f_{ip}d_{\rho(i),\rho(p)}$$
$$+ \frac{\sum_{i\in\mathcal{F}}\sum_{p\notin\mathcal{F}}\sum_{j\notin\mathcal{L}}[f_{ip}d_{\rho(i),j}+f_{pi}d_{j,\rho(i)}]}{n-k}$$
$$+ \frac{\sum_{i\notin\mathcal{F}}\sum_{j\notin\mathcal{L}} c_{ij}}{n-k} + \frac{\sum_{i,p\notin\mathcal{F}} f_{ip}\left(\sum_{j,q\notin\mathcal{L}} d_{jq}\right)}{(n-k)(n-k-1)} \quad (8)$$

改善法： 改善法では，何らかの準最適解に対し部分的な割当ての変更を行なうことで解を改善する．改善ルーチンを設計するためには，次の事項について決定しておく必要がある．交換のタイプ：2 施設，3 施設，またはそれ以上．考慮する交換の数：すべての可能な交換，または限定した集合のみ．実際に行う交換の選択規則：最早改善（first improvement），または最大改善（best improvement）．評価する順序：ランダムか，または事前に決定しておく．この中で，相互作用量が大きい順に 2 施設ごと交換を行い，すべての可能な交換を考慮し，最早改善を採用する戦略が効果的であることが知られている．また，より多くの施設間での交換が最適となる場合もある．そして，局所最適解に陥ることを避けるための改善手法として最近提案された，シミュレーテッド・アニーリング法（Connolly, 1990）やタブーサーチ（Skorin-Kapov, 1990）といった改善法も QAP に適用され，成功をおさめている．

統合法： QAP への適用に最も成功したヒューリスティック解法の中には，統合法と呼ばれる方法がある．この名称は，初期解を得るための手法と改善法を組み合わせることに由来している．初期解を得るための手法としては，構築法（Liggett, 1981），限定列挙法（Bazaraa and Kirca, 1983），切除平面法（Burkard and Bonniger, 1983）などがある．Kaku, Thompson and Morton (1991) は，互いに異なる解を系統的に構築していくことで，構築法と交換改善法を組み合わせることに成功している．この方法では，探索空間の異なる領域を探索していることになる．

おわりに

QAP の定式化には，大きく 2 種類の問題点が存在する．1 つは，すべての施設に対し，その面積や形状に関して同一性を仮定している点である．異なる形状の施設についても，すべての施設を等面積の基本構成要素に分割し，同一施設の構成要素間に非常に大きな人工的なフローを導入することで，2 次割当て問題として取り扱うことは可能である．しかし，この方法は問題のサイズを大きくしてしまう．改善法では施設数がほとんど問題にならないため，このような戦略を採用できるが，交換は同じサイズの施設どうしか隣接する施設どうしに限定されてしまう．Bozer et al. (1994) は，施設レイアウト問題に空間充填曲線（spacefilling curve）を利用し，改善法が有するこのような欠点を克服している．もう 1 つの問題点は，QAP の扱う対象が原材料の輸送費用といった相互作用費に限定されている点である．もちろん，施設レイアウト問題の適用対象はそれだけではないので，一般には，実行前に人間の設計者による解の評価や微調整が求められる．たとえば，Fu and Kaku (1994) は，工場でのプロセス内作業（work-in-process: WIP）レベルに対するレイアウト設計の影響，つまり「リーン生産方式」（lean manufacturing）が脚光を浴びていた頃に関心を集めた問題について調査を行った．彼らは，一般に WIP レベルを低減させる優れた QAP の解を求めたが，そこには QAP では認識できない例外が存在する．最後に，施設レイアウト問題に対するヒューリスティック解法に求められる性質について，いくつかあげておく．異なる分野の問題も扱うことが可能な能力や，現実的な計算時間でよい解を求めることが可能な能力，そして，複数の基準を考慮できたり，意思決定者が選択できるように複数の代替レイアウトを呈示できる能力などがあげられる．

⇒分枝限定，施設配置，立地分析，2 次割当て問題．

[Bharat K. Kaku/渡辺　勇]

参考文献

[1] Bazaraa, M.S. and O. Kirca (1983). "A Branch-and-Bound-Based Heuristic for Solving the Quadratic Assignment Problem," *Naval Research Logistics Quarterly*, 30, 287–304.

[2] Bazaraa, M.S. and H.D. Sherali (1980). "Bender's Partitioning Scheme Applied to a New Formulation of the Quadratic Assignment Problem," *Naval Research Logistics Quarterly*, 27, 29–41.

[3] Bozer, Y.A., R.D. Meller, and S.J. Erlebacher (1994). "An Improvement-type Layout Algorithm for Single and Multiple-floor Facilities," *Management Science*, 40, 918–932.

[4] Burkard, R.E. and T. Bonniger (1983). "A Heuristic for Quadratic Boolean Programs with Applications to Quadratic Assignment Problems," *European Jl. Operational Research*, 13, 374–386.

[5] Burkard, R.E. and U. Derigs (1980). *Assignment and Matching Problems: Solution Methods with Fortran Programs*. Vol. 184 of *Lecture Notes in Economics and Mathematical Systems*, Springer-Verlag, Berlin.

[6] Connolly, D.T. (1990). "An Improved Annealing Scheme for the QAP," *European Jl. Operational Research*, 46, 93–100.

[7] Foulds, L.R. (1983). "Techniques for Facilities Layout: Deciding Which Pairs of Activities Should Be Adjacent," *Management Science*, 29, 1414–1426.

[8] Fu, M. and B.K. Kaku (1995). "Minimizing Work-in-process and Material Handling in the Facili-

ties Layout Problem," Technical Report TR 95-41, University of Maryland, College Park, Institute for Systems Research.
[9] Gavett, J.W. and N.V. Plyter (1966). "The Optimal Assignment of Facilities to Locations by Branch and Bound," *Operations Research*, 14, 210–232.
[10] Gilmore, P.C. (1962). "Optimal and Suboptimal Algorithms for the Quadratic Assignment Problem," *Jl. of SIAM*, 10, 305–313.
[11] Graves, G.W. and A.B. Whinston (1970). "An Algorithm for the Quadratic Assignment Problem," *Management Science*, 17, 453–471.
[12] Kaku, B.K., G.L. Thompson, and T.E. Morton (1991). "A Hybrid Heuristic for the Facilities Layout Problem," *Computers & Operations Research*, 18, 241–253.
[13] Koopmans, T.C. and M. Beckmann (1957). "Assignment Problems and the Location of Economic Activities," *Econometrica*, 25, 53–76.
[14] Kusiak, A. and S.S. Heragu (1987). "The Facility Layout Problem," *European Jl. Operational Research*, 29, 229–251.
[15] Land, A.H. (1963). "A Problem of Assignment with Inter-related Costs," *Operational Research Quarterly*, 14, 185–199.
[16] Lawler, E.L. (1963). "The Quadratic Assignment Problem," *Management Science*, 9, 586–599.
[17] Liggett, R.S. (1981). "The Quadratic Assignment Problem: An Experimental Evaluation of Solution Strategies," *Management Science*, 27, 442–458.
[18] Skorin-Kapov, J. (1990). "Tabu Search Applied to the Quadratic Assignment Problem," *ORSA Jl. Computing*, 2, 33–45.

事前の予測

ex ante forecasts

予測される期間のどんな知見も利用しないでされる予測.

実行可能解

feasible solution

最適化問題において,すべての制約条件を満たす解.線形計画法の場合は,たとえば条件 $Ax=b, x\geq 0$ を満たす点のことをいう. ⇒ 実行不可能解.

実行可能基底

feasible basis

線形計画問題において,すべての制約条件を満たす解を生成する基底. ⇒ 線形計画法,シンプレックス法.

実行可能基底解

basic feasible solution

$m \times n$ の線形方程式 $Ax=b$(ここでは $m\leq n$ を仮定する)の非負の基底解のこと.実行可能基底解の重要性は,それが線形計画問題の場合,解集合が表す凸集合の端点に対応するという事実にある.シンプレックス法は,隣接する端点(実行可能基底解)を移動する方法である. ⇒ 隣接する端点,基底解.

実行可能領域

feasible region

与えられた問題の,すべての制限(制約)を満たす点の集合.

実行不可能解

infeasible solution

最適化問題において,制約条件を満たさない解のこと.線形計画問題の場合,制約条件が $Ax=b, x\geq 0$ であったとすると,この方程式と非負条件のすべてを満たさないものが実行不可能解である. ⇒ 実行可能解.

実　施

Implementation

筆者は(米国における)OR/MS の実施については2つの異なる学派があると断言する.1つの学派は米国の東海岸と西海岸の高名な大学における「観察してモデル化せよ」派(watch it and model it)であり,他方はその他全国的な,それほど有名でない大学も含まれるところにおける「現場へ行ってやってみよう」派(get down and do it)である.

「観察してモデル化せよ」派

この学派における OR 実施の基本的な仮定は,OR/MS 担当者が理論的な方法論について十分に教育されているならば現実の世界における経験は最低限でいいというものである.この仮定は実践においてしばしば驚くほど有効である.なぜなら,このような課程の卒業生はわが国の人口の中の裕福であるかあるいは同時に知的に優れた階層に属しているからである.端的にいえば,これらの大学に入るには多額の資金かさもなければ奨学金を獲得できる優れた学力かのどちらかが必要なのである.そこで問題は以下のようになる.このような方法の結果として実際の社会の問題に向き合ったとき,彼らの概念的な教育の内容を探索して問題の解答を与えるのに間違

いのないモデルを選択することが可能だろうかということである．このことは，言外に他の仕事はくだらないもので，誰か他人にやらせた方が身のためだということを含んでいる．

この方法のよい面は，もしOR/MS担当者が大変優秀で頭の回転がよく，政治的判断力があれば，問題のシステムに関する知識が欠如していても常にすばらしい結果が得られるということである．担当者の知的な鋭さによって，状況に合わせたやり方を素早く作り上げることができる．また，顧客はたいていはコンサルタントの学歴や文化的，経済的背景を十分に認識していて，モデルの選択を受け入れるのにゲシュタルト心理学が少なからざる役割を果たしているということも指摘しておくべきであろう．この方法は特に戦略的で全社的な計画において経営者の支持を得やすく効果的であることがわかっている．この方法が成功を納める状況を特徴付けるもう1つの面は，結果が測定不可能であるほど受け入れられる確率が高いということである．

この方法の困った面は，戦術的な現場ではほぼ例外なしに失敗するということである．工場の責任者は現場経験のないアカデミックな「専門家」には時間を割かないことが一般である．このことがOR/MSが全社的な場面とは違って，生産現場ではとんど適用されないという議論の根拠となっている．博士号をとるための時間が生産現場での経験を得ることに大変不利に働いている．ここで，この世界では有名なお話を紹介したい．非線形最適化でランカスター賞をとった人物が，軍が彼が雇用されていた寄生的企業の典型であった会社への予算を停止したために突然解雇された．彼は製油所が製品の生産に多数の非線形問題を抱えていることをよく知っていたので，手近な製油所へ出かけていって，製油所長に非線形最適化問題を解くために彼を使わないかと申し出た．彼が求める報酬額を提示したところ製油所長は彼の化学工学に関する知識を尋ねた．彼がその分野についてはまったく何も知らないと白状すると，製油所長は丁寧に，彼が製油所の仕事をするために必要な化学工学の知識を学ぶために石油会社にいくら支払うつもりがあるかと尋ねた．この教訓的な話から，概念的な優秀さと現実の世界との違いを推し量ることができよう．

戦術的なレベルにおける失敗の主たる理由は，顧客はあなたが彼らの領域について十分な知識をもっていることを認識しなければならないということである，そこで，あなたは，

（a）政治は〈常に〉最適性より強いということ，

（b）あなたが彼らの分野についての知識をもっているということは，彼らが我慢しなければならないことを尊重するもとになる，

などがわかる．

さらに，企業の戦術的レベルに携わっている人たちは彼らが経験したのと同じような新兵養成所の訓練を受けていない人は重視しない．筆者は高名な大学における教育は，戦術的環境を診断することを克服するべきものをもっていると信じている．

「現場へ行ってやってみよう」派

筆者はいつも発表者に対して以下のような会話をしてORの実施を奨励するようにしている．

（1）あなたがモデル化する前はそのプロジェクトがどのようなことになっていたか知っていますか？

もし答えがYESなら，次のように丁寧に尋ねる．

（2）どうやってわかりましたか？

受け入れられる唯一の答えは，モデル化した仕事に携わっている人たちが，その仕事を全部任せて休暇をとってしまっても大丈夫だと思えるくらいの完璧さで，自分で実施してみた経験からわかったのだ，というものである．ただ見ているだけで全部わかると思っている人には，まあ勝手に遊んでいてもらう．

次の質問は，

（3）彼らはあなたのモデルを受け入れて使っていますか？

答えがYESなら，最後の質問をする．

（4）あなたは結果について測定可能な尺度，たとえば税引後でインフレーションファクターを考慮した現在価値などをもっていますか？

筆者の意見では以上のどれかの質問に"NO"と答えた人はORの実施に関するテストに落第したことになる．
⇒ 現地分析，OR/MSの実践．

[R. E. D. Woolsey／高井英造]

シナリオ
scenario

特定の状況または環境を定義するための条件および特徴の集合．体制や政策の記述を目的とする．しばしば，基線シナリオ（現在の趨勢が継続する場合に生起するもの）および理想シナリオ（将来として望ましいもの）に区分される．⇒ 戦闘のモデル化，感度分析．

資本予算
Capital Budgeting

資本予算の望ましい最終結果とは，代替的投資案の集合からの最適な投資案のポートフォリオを選択することである．ここで資本の〈最適ポートフォリオ〉とは組織のもつ制約条件のもとで組織の目標の達成に最も大きく貢献するであろう投資集合と定義される．資本予算の過

程において企業が直面する制約には，資本供給量の制限に限らず投資案件間の相互依存性などの他の資源に関する制約が含まれる．ここでいうところの相互依存は，もし2つのプロジェクトが相互に排他的である，つまり一方の受け入れが他の投資案の拒絶を必要とする場合，あるいはもし一方が受け入れられる場合に限り，他方も受入れ可能な場合に存在する．ここでは組織の目標と制約が線形関数として表現可能であると仮定して，資本投資の最適集合が線形計画法の適用により見いだせるとしよう．

資本割当ての下での資本予算

〈資本割当て問題〉とは，投資のために利用可能な資本量が制限されている場合の制約付資本予算問題である．

貸付けおよび借入れが許可されない純粋な資本割当て (capital rationing) のもとでの資本予算： 複数の独立なプロジェクトに投資する機会をもつ企業を考え，第1にそれぞれのプロジェクトからの将来キャッシュフローと企業の将来の資本コストの両方が予測可能であると仮定する．これらの予測は，期間企業がプロジェクトにかかわる場合の該当プロジェクトの正味現在価値の計算を可能にする．また第2に企業に関して，将来の資本予算とコストの両方がそれ以前の期での投資に影響されず，N 年間のそれぞれの期のプロジェクトに対する資金供給について所与の固定した予算をもっていると仮定する．最後に，予算の一部がある年に使用されなかった場合でも，その資本を将来に繰り越すことはできないものと仮定する．

純粋な資本割当てのもとでの資本予算編成の基本的なモデルは次のとおりである．

最大化 $\sum_{i=1}^{M} P_i x_i$ (1)

条件 $\sum_{i=1}^{M} f_{it} x_i \leq b_t, \quad t=1,2,\cdots,N$ (2)

$0 \leq x_i \leq 1, \quad i=1,2,\cdots,M$ (3)

ここで P_i は（将来のキャッシュフローの予測にもとづいて計算された）第 i プロジェクトの正味現在価値．f_{it} は t 年に発生するプロジェクト i のキャッシュフロー（ただし f_{it} はインフローの場合に正，アウトフローの場合に負の値であるとする），b_t は t 年度に利用可能な予算，M は代替的なプロジェクト数，そして x_i はプロジェクト i への投資比率である．

目的関数 (1) は資金を供給される投資案の全体として予想される正味現在価値を表す．また制約条件 (2) は利用可能な単年度あたりの予算制限を表し，制約条件 (3) は同一のプロジェクトが1単位を超えて最適なポートフォリオに含まれないことを保証する．x_i が $i=1,2,\cdots,M$ について整数であるとの制約を加えることによっ

て，問題は整数計画問題となる．この場合部分的なプロジェクトの採択は許されず，プロジェクトは採択されるか否決されるかのいずれかである．希少な資源のうえの制約，相互排他的なプロジェクト，条件付きのプロジェクトなどに関しても必要に応じて上記のモデルに追加することが可能である．

借入れと貸付けが許される資本予算： このモデルにおいては特定の年度に貸付け可能な量はその年の「残余の」資金であり，所与の金利 r で翌年へと持ち越される．ここで借入金利あるいは資金コストが借り入れする資金量に依存する場合を考え，借入れには上限が存在し，そのコストはより多くの借り入れを行う場合により高い金利を支払うような階段関数の形状をもつものとする．ここで r_j を C_{j-1} を超え C_j 以下の量の借り入れを行う場合の金利として，企業はもしより低い利子率での借り入れの限度を超える場合に r_j を支払って借り入れを行うものとしよう．

もし企業が N 年間にわたって提案されたプロジェクトとかかわるならば，企業の目的は N 年度末，すなわち計画期間での総キャッシュフローを最大化にすることにある．ここで α_i と β_{jt} をそれぞれ t 期における貸出し量と（金利 r_j での）借入れ量として，さらに f_{it} をプロジェクト i の採択の結果として t において発生するキャッシュフローであるとする．すべてのこのモデルでのキャッシュフローは当期価値であり現在価値ではなく，収入は正のキャッシュフロー，消費は負のキャッシュフローとして定義される．プロジェクトは N 年度以降もキャッシュフローを発生させるものとして $\hat{f}_i$ をプロジェクト i が N 年度以降に発生させるであろうキャッシュフローの計画期間終了時点（すなわち N 年度末）での期待現在価値とする．こうしたキャッシュフローに関しては企業の加重平均された資本コストと金利が等しいと仮定して N 年度の価値に割り引かれるものとする．以上のような諸仮定のもとで，モデルは

最大化 $\sum_{i=1}^{M} \hat{f}_i x_i + \alpha_N - \sum_{j=1}^{m} \beta_{jN}$ (4)

条件 $\sum_{i=1}^{M} f_{i1} x_i + \alpha_1 - \sum_{j=1}^{m} \beta_{j1} \leq b_i$ (5)

$-\sum_{i=1}^{M} f_{it} x_i - (1+r)\alpha_{t-1}$

$+\sum_{j=1}^{m}(1+r_j)\beta_{j,t-1} - \sum_{j=1}^{m}\beta_{jt} \leq b_t,$

$t=2,3,\cdots,N$ (6)

$\beta_{jt} \leq C_{jt} \forall t=1,2,\cdots,N; j=1,2,\cdots,m$ (7)

$0 \leq x_i \leq 1, \quad i=1,2,\cdots,M$ (8)

$\alpha_t, \beta_{jt} \geq 0, \quad \forall t=1,2,\cdots,N; j=1,2,\cdots,m$ (9)

により記述される．ここで m は資金の供給に対する異な

る金利の設定数，C_{jt} は t 年度における金利 r_j での借入れの上限である．目的関数 (4) が N 年度末において実施されたプロジェクトの結果として生じる総キャッシュフローを表す．目的関数の第1項 $\sum_{i=1}^{M} \hat{f}_i x_i$ は N 年度以降にプロジェクトより発生するキャッシュフローの計画期末での現在価値を表す．第2項 $\alpha_N - \sum_{j=1}^{m} \beta_{jN}$ は期末年度 N における貸出量と借入量の差分である．不等式 (5) および (6) は各年度における予算制約であり，借入の制限は式 (7) により与えられる．このモデルも希少なリソースの上に制約，相互に排他的なプロジェクト，条件付きプロジェクトなどを取り入れての拡張が可能である．

部分的プロジェクト

線形計画モデルは部分的（投資比率が1未満の）プロジェクトから構成された最適なポートフォリオをもたらす．Weingartner (1967) は（式 (1)～(3) により記述された）基本的な線形計画モデルの最適解において部分的プロジェクトの数が制約条件として挿入されている期間数を超えることができないことを示した．プロジェクト相互の排他性，条件付き，希少な資源などに関する追加的な制約が部分的プロジェクトの最大数を増加させ，そのときに制約条件が1つ追加されることにより部分的プロジェクトの最大数は1増加する．さらに Weingartner (1967) では，貸出，借入が許可される場合について最適ポートフォリオにおける部分的なプロジェクト数は，企業が借入，貸出を行わない期間数を超えることはないことを示した．

線形計画モデルの解が部分的プロジェクトを含む可能性があるため，このモデルは厳密解ではなく近似解を与えるにすぎず，厳密解は整数計画問題を適用しない限り求めることはできない．しかし線形計画モデルの解において相互に排他的なプロジェクトが部分的に含まれる場合については有益な解釈が得られる．部分的プロジェクトが協力の可能性を示唆するかもしれない．たとえば，ある企業がショッピングセンターの建設プロジェクトに部分的に投資することは他の企業との共同事業の実施を意味すると解釈することが可能である．

双対線形計画法と資本予算

純粋な資本割当てのもとでの資本予算管理のための基本的モデルが関係 (1)～(3) で与えられているとしよう．多種のプロジェクトの収益性を評価するためには，ディスカウントファクターが資本予算分析に取り入れられなくてはならない．ここで d_t を t 期のディスカウントファクター，r_t を t 期の利子率とすれば，$d_t = (1+r_t)^{-1}$ である．このときにプロジェクト i の正味現在価値は

$$P_i = \sum_{i=1}^{N} f_{it} d_t \tag{10}$$

で与えられる．ここで式 (10) を式 (1) へと代入することにより，以下の問題 (P) を得る．

最大化 $\sum_{i=1}^{M} \sum_{t=1}^{N} f_{it} d_t X_i$　条件 (2) と (3) 　　(P)

ここで y_t を t 年度の制約に関する双対変数とすれば，最適解における y_t の値 y_t^* は t 年度の予算が1ドル追加されるときの総現在価値の増加分を表している．

もし新たに ν だけ資金が追加されたとするならば，そのときの正味現在価値（目的関数）の増加は νy_t^* となる．ν の正味現在価値は νd_t であるから，これより最適解においてはディスカウントファクター d_t は双対変数 y_t^* に等しくなる (Baumol and Quandt, 1965)．問題 (P) はすべての期 t について $d_t = y_t^*$ であるときに整合的である (consistent) という．純粋な資本割当てのもとでの資本予算管理問題の許容解で双対変数がディスカウントファクターと一致しないものは最適解とはなりえず，したがってそのような解は矛盾である．解の整合性を分析することはディスカウントファクターと双対変数の関係を明らかにするだけでなく，目的関数の選択を行ううえでも有益であり，Freeland and Rosenblatt (1978) では以下に示すような諸性質が提示されている．

1. 問題 P の目的関数値は決定変数に上限が存在しない（すなわち X_i が1以下であるとの制限が与えられない）場合にはゼロである．
2. 目的関数値がゼロであるとき，矛盾のない解を得る唯一の方法はすべての割引要素をゼロに等しくすることであるが，これは無意味な条件である．
3. 無意味でない矛盾のない解を保証するには決定変数は上限をもたなくてはならず，かついくつかのプロジェクトが完全に採択されなければならない．
4. 矛盾のない解が無意味でないためには，目的関数の最適値は正でなくてはならない，そして予算ベクトルは正と負の要素の両方を含むものでなければならない．
5. もし剰余資金を将来に繰り越すことが不可能である場合，t 期のディスカウントファクターが $t+1$ 期のディスカウントファクターを上回る可能性がある．

「正確な」ディスカウントファクターの求め方

異なるディスカウントファクターを用いることにより，問題 P について異なる最適解が得られることから，問題 P の解を探索する以前に，純粋な資本割当てを考える場合の「正確な」(right) ディスカウントファクターを見いだすことが必要となる．Freeland and Rosenblatt (1978) では多くの文献において提案されている「正確な」ディスカウントファクターを見つけるための反復法の大部分が適切に動作しないことを報告した．しかしこのような「正確な」ディスカウントファクターの決定問

題は有限期間モデル（たとえば (4)〜(9)）を用いるときには回避可能である．

借入れと貸付けが許され，計画期間後のキャッシュフローが存在しないとき，モデルの期末価値は $a_N - \sum_{j=1}^{m} \beta_{jN}$ により与えられる（式 (4) 参照）．この場合にはディスカウントファクターが計画期末価値の最大化において利用されず，それゆえに「正しい」ディスカウントファクターの決定問題は無関係となる．一方で計画期間後にもキャッシュフローが発生するときには，経営者は金融，経済予測をもとにディスカウントファクターを予測しなくてはならないが，このための計算は資本予算決定のための線形計画モデルの外部に存在し，したがって線形計画モデルの解法とは結合されない．

その他の代替的資本予算モデル

ときとして資本予算問題は多目的であり，そうした問題は目標計画法により定式化することが可能である．また多くの場合，将来の金利，経済的耐用年数，残存価値などのプロジェクトのキャッシュフローに影響を与えている変数値には不確実性が存在するので，コンピュータシミュレーションが資本予算決定に関連した不確実性を取り扱う手段として利用可能である（Levary and Seitz, 1990）．シミュレーションは同様に資本予算の代替案のリスク分析にも用いることができる．決定木 (decision tree) 分析は単独の投資代替案に関するリスクを分析するための広く使われた方法である (Levary and Seitz, 1990)．また期待投資収益は資本資産評価モデル (CAPM) によりリスク調整が可能であり，Richard (1979) では投資環境の不確実性を取り込めるような一般化が行われた．ポートフォリオリスクに影響を与える投資案の相互関係は分散共分散行列により把握され，共分散行列が推定可能であれば資本予算のための2次計画モデルを構築することが可能である．さらに税の存在などを考慮した特別な資本予算に関しても数理計画法を用いたモデル設計が可能である．
⇒ 組合せ/整数最適化，目標計画法，線形計画法，平均分散ポートフォリオ分析．

[Reuven R. Levary／竹原　均]

参 考 文 献

[1] Baumol, W.J. and R.E. Quandt (1965). Investment and Discount Rates Under Capital Rationing – A Programming Approach. *The Economic Journal* 75, 298, 317–329.
[2] Freeland, J.R. and M.J. Rosenblatt (1978). An Analysis of Linear Programming Formulations for the Capital Rationing Problems. *The Engineering Economist*. Fall, 49–61.
[3] Levary, R.R. and N.E. Seitz (1990). *Quantitative Methods for Capital Budgeting*. South-Western Publishing, Cincinnati.
[4] Richard, S.F. (1979). "A Generalized Capital Asset Pricing Model." *Studies in the Management Sciences*, 11, North Holland, Amsterdam, 215–232.
[5] Weingartner, H.M. (1967). *Mathematical Programming and the Analysis of Capital Budgeting Problems*. Markham Publishing, Chicago.

シミュレータ

simulator

(1) （車や武器システムのように）操作する人（オペレータ）に合図を送ったり，オペレータの操作に反応したりして現実世界をまねる機械．合図は視覚的，聴覚的，触覚的信号であったりする．オペレータは現実の機器を真似てつくられた制御システムを操作する．フライトシミュレータがその例．⇒ 制御理論．

(2) （モンテカルロ法や離散事象型）シミュレーションモデルのコンピュータプログラム．⇒ 離散事象確率システムのシミュレーション．

シミュレーテッド・アニーリング法（やきなまし法）

Simulated Annealing

はじめに

シミュレーテッド・アニーリング法（やきなまし法，simulated annealing, 以下 SA 法と記す）は非常に大きな自由度をもつ機械的システムの振る舞いにヒントを得た手法である．物理学の一般的な法則によれば，そのようないかなるシステムもゆっくりとしたやきなまし (annealing) 過程を用いればエネルギー最小の状態に落ち着くことが可能である．たとえば，融けた金属の原子は，凝固点まで温度を下げると，原子間の相互力に伴うポテンシャルエネルギーが最小となる格子上の相対位置をとる傾向にある．温度の減少により，システム（または金属）は徐々に状態空間のより小さい領域に制限される．もし温度の減少が十分ゆっくりと行われたならば，システムは準安定な局所的エネルギー最小状態を抜け出し，大域的エネルギー最小状態に向かうことができる．SA 法は，アルゴリズムにおいて，物理現象のやきなまし過程に相当するものである．「やきなまし」は，「温度」(temperature) と呼ばれるパラメータを減少させることで実現される．「シミュレーション」は，各温度での「均衡状態」(equilibrium) に到達するために，よく知られているメトロポリスアルゴリズム (Metropolis algorithm) を利用することにより行われる (Metropolis et al., 1953)．Kirkpatrick, Gelatt and Vecchi (1983)，およ

び Cerny (1985) は，それぞれ独立に，SA 法を局所的な極値 (extremum) を数多くもつ関数の大域的極値を求めるような組合せ最適化問題に適用することを提案し，一定の成果を納めた．

SA 法では，解の候補が擬似乱数を用いて生成され，次に，その解のよさが調べられる．単純なランダム探索 (random search) や基本戦略である局所探索法 (local search) と同様に，SA 法でも前回の解よりもよい解は必ず受理される（最小化問題の場合，「よりよい」解とは，前回の解よりも関数値の小さい解のことである）．SA 法がランダム探索や局所探索法と大きく異なるのは，以下の点である．すなわち，SA 法では，新しい解はたとえそれが改悪解であっても，正の確率で受理される．SA 法の特徴は，上記の受理確率の制御パラメータと探索の相互作用にある．このパラメータは温度と呼ばれ，時間とともに小さくなるよう制御される．温度が高いときには，多くの改悪解が受理される．温度を下げていくと，改悪解は，たとえば改悪の度合いが小さいものなど，ごく限られた少数のものしか受理されなくなり，非常に悪い解は棄却されるようになる．物理現象のやきなましと同様に，探索は各温度において「均衡状態」に到達するまで行われる．ここで，均衡状態は，解が連続して棄却される回数や，棄却回数に対する受理回数の比などにより判定される．探索が均衡状態に到達すると，温度を下げ，前回の温度における最良解または最後の解（どちらを用いるかは研究者により異なる）を初期解として，同様のプロセスが反復される．この反復は，温度が定められた最終温度に到達するまで繰り返される．

最適化に際し，SA 法は以下のように動作すると考えられる．比較的高い温度では，たとえ悪い解であっても，多くの解が受理される．これにより，探索は，探索空間の広い領域を訪れることができる．一方，常に改良解のみを受理する方法では，局所最適解を見つけることはできるが，大域的最適解を見つけることは困難であろうと思われる．高い温度での探索の目的は，探索空間の全体的な特徴を見いだすことにある．続いて行われる，より低い温度での探索では，探索される範囲はより局所的になるが，より綿密な探索が行われるようになる．このようにして，SA 法は探索空間の中のよい部分空間の中から良質の解を見いだすことができると思われる．

SA 法に関しては，多くの本が出版されている．たとえば，Aarts and Korst (1989) や van Laarhoven and Aarts (1987) など．また，詳しい文献リストが Collins et al. (1988) にある．

数学的説明

$X \subset I^N$ を N 次元整数ベクトルの集合とし，関数 $Z: X \to R$ の最小化を考える．各 $x \in X$ に対し，集合 $N(x)$ が定義されているとし，$N(x)$ を x の近傍 (neighborhood) と呼ぶ．また，$x' \in N(x)$ であるとき，かつそのときに限り $P(x', x) > 0$ となる遷移確率行列 (transition probability matrix) があるとする．以後，$Z = Z(x)$, $Z' = Z(x')$ と記す．$T_1, T_2, \cdots$ を

$$T_1 \geq T_2 \geq \cdots \tag{1}$$

および

$$\lim_{k \to \infty} T_k = 0 \tag{2}$$

を満たす正の数（温度）の列とする．

SA 法は以下のように表される（訳注：原文でのアルゴリズムの記述は，暫定解 x^* の更新に関する記述が不自然に思えたので，訳者の判断により変更を加えた）．

0. 現在の解を x，暫定解を $x^* = x$, $k = 0$ とする．
1. $x' \in N(x)$ をランダムに生成する．
2. 確率
$$p = \min[1, \exp\{(Z - Z') / T_k\}] \tag{3}$$
で x を x' に置き換え，確率 $(1-p)$ で x はそのままとする．このとき，$Z(x) < Z(x^*)$ ならば，$x^* = x$ とする．
3. 温度 T_k において「均衡状態」に到達するまでステップ 1 と 2 を繰り返す．
4. $k = k + 1$ とする．これにより，温度 T_k は「冷却スケジュール」(cooling schedule) にしたがって下げられる．
5. ステップ 1〜4 を，$T_k \approx 0$ となるまで繰り返す．

ステップ 2 において，$Z' < Z$ ならば，式 (3) によって与えられる p は常に 1 となり，x' は必ず次の x として選ばれる．逆に，$Z' > Z$ ならば，$p < 1$ となる．$T_k \gg |Z - Z'|$ のときは，$Z' > Z$ であっても $\exp\{(Z - Z') / T_k\} \approx 1$ となる．探索の初期には，T_k は十分大きいため，このような状況が起こるが，このようなときには，ほとんどの場合，x' が次の x として選ばれる．冷却スケジュールにしたがって温度が下げられていくと，悪い解が受理される確率は次第に低くなる．

収束性，冷却スケジュール，および均衡状態

SA 法は，その振る舞いに対する多くの厳密な数学的解析がなされている．SA 法の数学的モデルを与える文献としては，Geman and Geman (1984), Gidas (1985), Lundy and Mees (1986), Mitra et al. (1986), Hajek (1988) などがある．これらのほとんどは SA 法を解析するためのマルコフモデルを定め，SA 法の均衡状態を，マルコフ連鎖の分布の均衡に直接対応づけている．このような解析による主要な成果は，全解空間に対する定常分布において，SA 法の解が最適解に落ち着く確率が 1 に収束するような冷却スケジュールが存在するという定理である．

このように，多くの研究者により，SA 法の漸近収束性

が示されたわけであるが，残念ながら，Sasaki and Hajek (1988) により，SA法の漸近収束性の条件が厳密に守られる限りは，簡単な問題に対してさえも，SA法の収束に必要な計算時間は指数的であることが示された．そこで，SA法の漸近収束性に必要な条件をどのように緩めるのが実用上効果的であるかについて，あらゆる試みがなされてきた．たとえば，Fetterolf (1990) は，いくつかの冷却スケジュールを試し，単純な指数関数

$$T_k = T_0 e^{-ak}, \quad k = 0, 1, \cdots \quad (4)$$

は，理論的な漸近収束性のための条件は満たさないが，調べたものの中では最も性能がよくなることを観測した．Fetterolfの結果ほど現実的ではないが，漸近収束性に関する理論的成果は，冷却速度が遅ければ遅いほど（計算時間はもちろん長くなるが）得られる解は大域的最適解に近づく，という直感的見地を示唆しているといえる．

実用に際しては，初期温度T_0も決める必要がある．T_0を選ぶ際には，以下のトレードオフがある．ステップ2において近傍$N(x)$内のどのx'でも受理されるほどT_0を高く定めると収束が極端に遅くなる．逆に$Z(x') < Z(x)$となるようなx'しか受理されないほどT_0を低く定めると，解空間の全体的な特徴を調べないうちに探索が局所最適解にとどまってしまい，解の精度が落ちると思われる．後者の場合は，通常の局所探索法と同様の動作になる．

最後に，$\lim_{k \to \infty} T_k = 0$ により収束は保証されるが（訳注：漸近収束ではなく，解が振動しないという意味と思われる），結果を得るまでに指数時間かかってしまう可能性がある．よって，最終温度T_fを適切に定める必要があるが，T_fの定め方により最終的に得られる解の精度が決まる．組合せ最適化問題における可能な解の数をN（そのうち1つだけが最適とする），最適解の感度（すなわち許される誤差の上限）をδ，誤り確率をλとすると，$\lambda \geq (N-1)e^{-\delta/T_f}$（訳注：原文では$\lambda/(1-\lambda) \geq (N-1)e^{-\delta/T_f}$となっている）が必要となる．よって，

$$T_f \leq \delta / \{\log(N-1) - \log \lambda\} \quad (5)$$

が得られる．式 (5) のT_fを最終温度として用いることも可能であるが，通常，実用的には，十分小さいと思われる値に設定する程度でよい．

各温度での均衡状態は，多くの場合メトロポリスアルゴリズムにより求める．このとき，各温度での計算の終了規則には，様々なバリエーションが可能である．最も一般的な方法は，ランダムに生成した解が連続して棄却される回数が，前もって定めた値に達したときに終了するというものである．棄却回数に対する受理回数の比が非常に低くなったときに均衡状態に達したと判断する方法もしばしば用いられる．

応　用

SA法は，非常に多くの問題に適用されている．たとえば，グラフ分割 (graph partitioning) とグラフ彩色 (graph coloring) (Johnson et al., 1989, および 1991)，巡回セールスマン問題 (traveling salesman problem) (Bonomi and Lutton, 1984)，電気通信ネットワークデザイン (telecommunications network design) (Fetterolf and Anandalingam, 1992)，VLSIデザイン (VLSI design) (Kirkpatrick et al., 1983)，パターン認識 (pattern recognition) (Geman and Geman, 1984)，コード生成 (code generation) (El Gamal et al., 1987) など．もちろん，SA法の応用例は上にあげたものがすべてではない．

性　能

多くの研究者により，SA法は多くの問題に対して比較的遅いことが観測されている（たとえば，Collins et al., 1988)．実用的な応用においてSA法が成功をおさめているのは，これまでアルゴリズムが設計されていないとか，あまりよいアルゴリズムが見つかっていなかったような，複雑な問題であることが多い．ORにおいて通常用いられる手法の1つに，問題の構造，または，解空間に何らかの制限を設けて問題を簡単にしたうえで，既存の定理やアルゴリズムを利用するというものがある．これに対し，SA法の利点は，複雑ではあっても現実的な問題構造をそのまま扱えるところにある．

実用上は，SA法の高速化のために，ハイブリッド化 (hybrid technique, すなわち，他の手法と組み合わせること) が多くの研究者により行われている．よく用いられる方法の1つに，整数変数を定める部分のみをSA法で行い，SA法の内部で整数解がランダムに1つ生成されるたびに，整数変数をその値に固定したうえで連続変数に対する最適化を線形または非線形計画法を用いて行うというものがある（たとえば，Vernekar et al., 1990)．また，ペナルティ関数法の中にSA法を組み込む方法もある (Johnson et al., 1991)．なお，SA法をグラフ分割問題に適用した詳しい実験結果を述べている Johnson et al. (1989) の論文には，SA法の性能を向上させるのに役立つ多くの見地が述べられている．この文献には，たとえば，アルゴリズム内のパラメータの最適化，異なる冷却スケジュールの利用（適応的な方法も述べられている)，無駄な計算量を抑えるために各温度での反復を早めに切り上げるカットオフ手法 (cutoff)，ランダムに生成したものよりもよい初期解の利用，その他の近似手法の利用，など，多くの話題が取り上げられているので，参照されたい．

⇒ 組合せ/整数最適化，組合せ理論，マルコフ連鎖，制約なし最適化． ［G. Anandalingam／柳浦睦憲］

参考文献

[1] Aarts E.H.L. and J.H.M. Korst (1989), *Simulated Annealing and Boltzmann Machines*, John Wiley, Chichester, United Kingdom.

[2] Cerny V. (1985), "A thermodynamical approach to the travelling salesman problem: an efficient simulation algorithm," *Jl. Optimization Theory and Applications*, 45, 41–51.

[3] Bonomi E. and J.L. Lutton (1984), "The N-city Travelling Salesman Problem: Statistical Mechanics and the Metropolis Algorithm," *SIAM Review*, 26, 551–568.

[4] Collins W.E., R.W. Eglese and B.L. Golden (1988), "Simulated Annealing: An Annotated Bibiliography," *Amer. Jl. Mathematical Management Science*, 8, 205–307.

[5] El Gamal A.A., L.A. Hemachandra, I. Shperling and V.K. Wei (1987), "Using Simulated Annealing to Design Good Codes," *IEEE Trans. Information Theory*, 33, 116–123.

[6] Fetterolf P. (1990), "Optimal Design of Heterogeneous Networks with Transparent Bridges," Ph.D. dissertation, University of Pennsylvania, Department of Systems.

[7] Fetterolf P. and G. Anandalingam (1992), "Optimal Design of LAN-WAN Internetworks: An Approach Using Simulated Annealing," *Annals Operations Research*, 36, 275–298.

[8] Geman S. and D. Geman (1984), "Stochastic Relaxation, Gibbs Distribution, and Bayesian Restoration of Images," *IEEE Trans. Pattern Analysis and Machine Intelligence*, PAMI-6, 721–741.

[9] Gidas B. (1985), "Non-stationary Markov Chains and Convergence of the Annealing Algorithm," *Jl. Statistical Physics*, 39, 73–131.

[10] Hajek B. (1988), "Cooling Schedules for Optimal Annealing," *Math. Operations Research*, 13, 311–321.

[11] Johnson D.S., C.R. Aragon, L.A. McGeoch and C. Schevon (1989), "Optimization by Simulated Annealing: An Experimental Evaluation; Part I, Graph Partitioning," *Operations Research*, 37, 865–892.

[12] Johnson D.S., C.R. Aragon, L.A. McGeoch and C. Schevon (1991), "Optimization by Simulated Annealing: An Experimental Evaluation; Part II, Graph Coloring and Number Partitioning," *Operations Research*, 39, 378–395.

[13] Kirkpatrick S., C.D. Gelatt and M.P. Vecchi (1983) "Optimization By Simulated Annealing," *Science*, 220, 671–680.

[14] Lundy M. and A. Mees (1986), "Convergence of an Annealing Algorithm," *Math. Programming*, 34, 111–124.

[15] Metropolis W., A. Rosenbluth, M. Rosenbluth, A. Teller and E. Teller (1953), "Equation of State Calculations by Fast Computing Machines," *Jl. Chem. Physics*, 21, 1087–1092.

[16] Mitra D., F. Romeo and A. Sangiovanni-Vincentelli (1986), "Convergence and Finite-time Behavior of Simulated Annealing," *Advances Applied Probability*, 18, 747–771.

[17] Sasaki G.H. and B. Hajek (1988), "The Time Complexity of Maximum Matching by Simulated Annealing," *Jl. Assoc. Computing Machinery*, 35, 387–403.

[18] van Laarhoven P.J.M. and E.H.L. Aarts (1987), *Simulated Annealing: Theory and Practice*, Kluwer Academic Publishers, Dordrecht, The Netherlands.

[19] Vernekar A., G. Anandalingam and C.N. Dorny (1990), "Optimization of Resource Location in Hierarchical Computer Networks," *Computers and Operations Research*, 17, 375–388.

自明でない解
nontrivial solution

同次1次方程式 $Ax=0$ において $x \neq 0$ を満たす解. ⇒零空間, 自明な解.

自明な解
trivial solution

斉次方程式 $Ax=0$ に対する解 $x=0$ は自明な解と呼ばれる. ⇒自明でない解, 零空間.

射影行列
projection matrix

与えられた行列 A に対し, 射影行列は $P=A(A^{\mathrm{T}}A)^{-1}A^{\mathrm{T}}$ と定められる. 行列 P は任意のベクトル b を A の列空間の上に射影する. ⇒行列と行列代数.

ジャクソンネットワーク
Jackson network

マルチサーバー待ち行列システムや指数型サービスとマルコフ的なノード, 1つのノードから出発して他のノードへ向かう記憶喪失型確率ルーティングなどの集まりのこと. ポアソン流の各ノードにネットワークの外から顧客が到着する場合, ネットワークは〈開放型〉, そうでないときは〈閉鎖型〉と呼ばれる. 開放型ネットワークに外から到着するすべての顧客は, ネットワーク内のいずれかのシステムでサービスを受けた後, ネットワークを去らねばならない. ⇒待ち行列ネットワーク, 待ち行列理論.

弱連結システム
weakly-coupled systems

制約条件あるいはその一部分を連結する少数個の変数

を有するような線形計画問題をいう．このようなシステムは，通常ブロック対角構造(block diagonal structure)を示す時間次元を有する大規模問題に現れる．このようなシステムの双対問題は，ブロックを連結する少数個の制約条件を有するという意味で弱連結である．計算に際してこのような構造を利用する特殊なシンプレックス法が存在する．⇒デュアルプレックス法，大規模システム，ローゼンの分割法．

ジャストインタイム生産方式
just-in-time (JIT) manufacturing

必要なときにタイミングよく作業を行うことにより，生産過程における無駄(付加価値のない活動)をなくすことに着眼した生産方法の哲学である．⇒フレキシブル生産システム．

射 線
ray

射線は，ベクトル d が非零ベクトルで $\lambda \geqq 0$ のとき，点の集合 $(x_0+\lambda d)$ によって表される．ここで d は射線の方向，x_0 は射線の原点と呼ばれる．

集合の方向
direction of a set

凸集合 S が与えられたとき，すべての $x \in S$ に対して射線 $(x+\lambda d)$，$\lambda \geqq 0$ が S に含まれるとき，d を S の方向ベクトルという．S が有界であるときには，方向ベクトルは存在しない．

集合被覆問題
set-covering problem

集合被覆問題は以下のように定義される整数計画問題である．

　　最小化 cx
　　条件　 $Ex \geqq e$

ここで E の要素は 1 か 0，列ベクトル e の要素はすべて 1，そして変数は 1 か 0 である．問題の概念はベクトル e の 1 が選ばれた列集合の中の少なくとも 1 つの 1 によって「被覆」されるような E の列の最小コスト集合を求めることである．多重被覆が許されていることに注意されたい．⇒ビン・パッキング問題，詰込問題，集合分割問題．

集合分割問題
set-partitioning problem

集合分割問題は以下のように定義される整数計画問題である．

　　最小化 cx
　　条件　 $Ex = e$

ここで E の要素は 1 か 0，列ベクトル e の要素はすべて 1，そして変数は 1 か 0 である．多重被覆が許されていないことを除くと，集合被覆問題に類似している．⇒詰込問題，集合被覆問題．

習　熟
Learning

はじめに

習熟とは，人間の作業の〈パフォーマンスが経験とともに改善されてゆく〉現象である．作業が改善される原因は数多く考えられる．作業が繰り返されるとともに作業要素はよく記憶され，動作を始める手がかりが正確にとらえられるようになる．また技能が精緻化し，視覚と動作の連係が堅実となり，動作から次の動作へ円滑に移行できるようになる．そして，要素動作同士の関係が明確に認識されるようになる．これらおよびその他のパフォーマンス変化の原因については Barnes and Amrine (1942)，Knowles and Bell (1950)，Hancock and Foulke (1966)，Snoddy (1926)，Wickens (1992) により報告されている．これらの作業者個人のパフォーマンス改善の要因はすべて，作業時間の短縮，エラーの減少，負荷の低減，そして場合によっては作業者自身の態度の改善として表れる．

習熟は，主に経験によるパフォーマンスの変化を意味する．習熟以外にも作業方法の変更や機械による自動化，業務に関する情報の共有，訓練，報酬などによる動機付け，その他多くの原因がパフォーマンスの変化を起こしうる．よって習熟の発見のためには経験の増加に伴うパフォーマンスの変化を同定し，他の要因による変化を排除する必要がある．理論と同様に習熟は決して証明することはできない．反証することだけが可能である．

習熟が発見されたら，次は測定と予測である．そのために観測されたパフォーマンスデータに数学的なモデルを当てはめる．このようなモデルを〈習熟曲線〉(learning curve) と呼ぶ．まず第一に適切なモデルを選択し，それをパフォーマンスデータに当てはめるが，複数のモデルを適用しその当てはまりのよさを 1 つの基準としてモデルを選択する場合もある．

作業者個人のパフォーマンスの改善に寄与する要因のうちいくつかは，乗組員，チーム，部署，企業，あるい

は産業全体といった規模で見られる経験による改善を引き起こす要因とよく似ている．よって，個人のパフォーマンス変化に関する用語や記述が組織のパフォーマンス変化についても同じようにあてはまることが多い．しかしながら，組立ラインや乗組員，チーム，部署など比較的人数の小さい集団には〈進歩曲線〉(progress curve) (Konz, 1990)，企業や産業など大きい集団には〈経験曲線〉(experience curve) (Hax and Majluf, 1982) などといった用語がよく用いられる．これらの異なる改善曲線の主要な違いは，個人の中で習熟が生じるとともに調整作業など個人間の活動が起こっているという点である．進歩曲線の場合には，多くの生産技術の変化による改善効果も存在している．経験曲線は同様にして，個人の習熟や生産技術の進歩に加えて科学技術の発達が具現化したものである．しかし改善が個人，個人間，物のいずれで起こるか，また改善の原因が何であるかに関係なく，同じ習熟曲線のモデルが適用されることが多い．その意味で進歩曲線や経験曲線は擬人化の手法であるといえる．

習熟の応用範囲は広くしかも重要なものが多い．その中の1つに生産現場における直接労働力の必要量の変化の予測がある．これはコストの予測のためだけでなく，生産計画や人員配置のためにも重要となる．もう1つの応用として作業方法の選択がある．ある必要な作業をするために複数の作業方法が考えられる場合，習熟は重要な選択基準の1つとなる．なぜなら，初期段階でコストの低い作業方法が，習熟後まで含めた全体の平均コストでは高くなるということが起こりうるからである．また，ある作業について十分に習熟が起こらないと，他の作業のボトルネックとなるという場合も考えられる．習熟のもう1つの形態として生産過程のエラーの減少も見られるので，品質工学や品質管理の分野でも習熟は重要である．

パフォーマンスの評価尺度と経験の単位

今日，産業界で習熟曲線のパフォーマンス尺度として最も広く使われているのは時間である．また，経験を表す変数として同様に広く使われているのは生産サイクルである．t_i を第 i サイクルの作業時間とすれば，習熟曲線は t_i をサイクル数 i の関数として予測するものである．習熟とは経験によるパフォーマンスの改善であることから，平均的な場合ではサイクル数 $i=1, 2, \cdots, n$ について $t_i \geq t_{i+1}$ より $t_i - t_{i+1} \geq 0$ であると見なすことができる．

各サイクルごとの時間基準としてもう1つ関連したものに，第 i サイクルの累積平均作業時間 (cumulative average performance time) A_i がある．累積平均時間とは，第1サイクルから第 n サイクルまでの作業時間の合計を n で割ったものである．第1サイクルでは $A_1 = t_1$

である．習熟が進むに連れて t_i は減少し，したがって A_i も減少する．しかし A_i の減少の度合いは t_i よりも小さい．このことは A_i の1階の前進差分として次のように表される．

$$\Delta A_n = A_{n+1} - A_n = \frac{\sum_{i=1}^{n+1} t_i}{n+1} - \frac{\sum_{i=1}^{n} t_i}{n} = \frac{t_{n+1} - A_n}{n+1}$$
(1)

t_{n+1} が A_n より小さい限りにおいて ΔA_n は負であり累積平均時間は減少し続ける．また式(1)より数列 $A_i, i=1, 2, \cdots, n$ が与えられたとき t_i を得ることが可能なことがわかる．しかし A_i は t_i よりも直接的に予測することが可能である．

もう1つの重要な基準は正確さ (accuracy) である．しかし多くの場合，正確さの代替尺度として生産過程のエラーを測定する方が容易である．第 i サイクルに観測されたエラー数を e_i とすると，連続する n サイクルの生産過程のエラー数は数列 $e_1, e_2, \cdots, e_i, \cdots, e_n$ で表される．ここでサイクルとは生産の単位であり，たとえば e_i はタイプライターで1ページをタイプする間のエラーの数 (Hutchings and Towill, 1975) などである．1生産単位中に単一の作業しか行わないような場合には，エラーは起こったか起こらなかったかしかなく，エラーの観測値は0と1の2値の数列となる．よりわかりやすくするために，e_i を，観測したエラー数を1作業中に起こりうるエラーの総数 m で割った分数として定義するという手段が用いられる (Fitts, 1966; Pew, 1969)．この定義によれば e_i は0，真分数，および1のいずれかの値をとる．このことにより n サイクルのエラー数の数列 e_i や，累積平均エラー数 (cumulative average errors) に習熟曲線を当てはめることができるようになる．もし習熟が存在すれば，$i=1, 2, \cdots, n$ が増加するにつれて全体として e_i の減少が見られる．また累積平均エラー数も同様に減少するが，減少の程度はエラー数の列に比べて遅くなる．

Pew (1969) は，速度-精度作業特性グラフ (speed-accuracy-operating-characteristic graph) により相関のある2つの評価尺度を同時に分析する手法を考案した．これは2変数のグラフで一方の軸が生産単位当たりの作業時間 (速度の代替尺度)，もう一方の軸は生産単位あたりのエラー数 (正確さの代替尺度) を表す．速度と正確さを同時にプロットすることにより，経験の増加とともに両方の評価尺度が同時に改善されていく様子が示される．プロットの傾きは両方の尺度の間の「バイアス」を表す．パフォーマンスの習熟の予測に対数モデルを用いている場合は，対数軸をとればプロットは直線に乗る．

その他の習熟の評価尺度

習熟曲線として知られる習熟モデルのほとんどは，経

験の単位として1単位あるいはロット単位といった生産単位を用いている．この場合，対応するパフォーマンス尺度はその生産単位を生産するのに必要な時間となる．これに対し習熟の効果を予測するもう1つの方法として，経験の単位として累積生産時間(時間，日など)を，パフォーマンスの尺度として各単位期間に生産された生産量をとるというアプローチがある．すなわち累積生産時間 $t=1, 2, 3, \cdots, k, \cdots, m$ に対し，生産量 $n_1, n_2, n_3, \cdots, n_k, \cdots, n_m$ が対応する．ほとんどの習熟曲線モデルは n_k と k の関係を記述するものであるが，その他のあまり見ることのない習熟モデルの1つとして，離散指数モデル(discrete exponential model)がある．これは，a, b をパラメータとして，n_k の値を

$$n_k = an_{k-1} + b \qquad (2)$$

で表すものである．このモデルは最初に Pegels (1969) によって初期コストの予測のために提案された(訳注：式(2)は原著では

$$n_k = an_1 + b$$

となっているが，Pegels の原典によれば上記(2)式が正しい)．のちに Buck, Tanchoco and Sweet (1976) はこのモデルは実は Goldberg (1961) の1次の前進差分方程式であることを示した．これより

$$n_k = a^k [n_1 - n^*] + n^* \qquad (3)$$

ただし $n^* = b/(1-a) > n_1$ かつ $0 < a < 1$ である．a が真分数であることから式(3)の第1項は k の増加とともに0に収束し，n^* が漸近線となる．よって n_k は時間とともに指数関数的に n^* に近付く．Bevis, Finnicat and Towill (1979) は，k を連続時間とした類似のモデルとして

$$n_k = n^* + [n_1 - n^*] e^{-ck} \qquad (4)$$

を示した．c はパラメータである．Buck and Chen (1993) は，従来の離散時間の形を用いてではあるが，このモデルは一般に使われているべき乗モデル(power model)に比べてデータへの当てはめは難しいかもしれないが，人間の習熟についてより正確な記述が可能であると述べている．

おわりに

習熟は経験によるパフォーマンスの変化であり，習熟曲線という定量的なモデルにより記述することができる．生産サイクルの関数として作業時間を予測する離散的な習熟曲線については「習熟曲線」の項に詳しく述べられている．そこでは習熟についてより一般的な視点が与えられ，他の評価尺度についても同様な記述が可能であること，さらにそれらが離散的あるいは連続的な時間の関数としても記述可能であることが述べられている．
⇒ 費用分析，費用効果分析，習熟曲線．

[James R. Buck/梅室博行]

参考文献

[1] Barnes, R. and Amrine, H. (1942), "The Effect of Practice on Various Elements Used in Screw-Driver Work," *Jl. Applied Psychology*, 197–209.
[2] Bevis, F.W., Finnicat, C. and Towill, D.R. (1970), "Prediction of Operator Performance During Learning of Repetitive Tasks," *International Jl. Production Research*, 8, 293–305.
[3] Buck, J.R., Tanchoco, J.M.A., and Sweet, A.L. (1976), "Parameter Estimation Methods for Discrete Exponential Learning Curves," *AIIE Transactions*, 8, 184–194.
[4] Buck, J.R. and Cheng, S.W.J. (1993), "Instructions and Feedback Effects on Speed and Accuracy with Different Learning Curve Functions," *IIE Transactions*, 25, 6, 34–47.
[5] Fitts, P.M. (1966), "Cognitive Aspects of Information Processing III: Set for Speed Versus Accuracy," *Jl. Experimental Psychology*, 71, 849–857.
[6] Goldberg, S. (1961), *Introduction to Difference Equations*, John Wiley, New York.
[7] Hancock, W.M. and Foulke, J.A. (1966), "Computation of Learning Curves," *MTM Journal*, XL, 3, 5–7.
[8] Hax, A.C. and Majluf, N.S. (1982), "Competitive Cost Dynamics: The Experience Curve," *Interfaces*, 12, 5, 50–61.
[9] Hutchings, B. and Towill, D.R. (1975), "An Error Analysis of the Time Constraint Learning Curve Model," *International Jl. Production Research*, 13, 105–135.
[10] Knowles, A. and Bell, L. (1950), "Learning Curves Will Tell You Who's Worth Training and Who Isn't," *Factory Management*, June, 114–115.
[11] Konz, S. (1990), *Work Design and Industrial Ergonomics*, 3rd ed., John Wiley, New York.
[12] Pegels, C.C. (1969), "On Startup of Learning Curves: An Expanded View," *AIIE Transactions*, 1, 216–222.
[13] Pew, R.W. (1969), "The Speed-Accuracy Operating Characteristic," *Acta Psychologia*, 30, 16–26.
[14] Snoddy, G.S. (1926), "Learning and Stability," *Jl. Applied Psychology*, 10, 1–36.
[15] Wickens, C.D. (1992), *Engineering Psychology and Human Performance*, 2nd ed., Harper Collins, New York.

習熟曲線

Learning Curves

経験や訓練によって，個人あるいは組織は作業をより効率的に，すなわちある単位の出力をより短時間で生産できるようになる．この単純で直観的に理解しやすい概念は，習熟曲線を用いることで数学的に表現することができる．

習熟曲線は Wright (1936) によって最初に紹介され

た．これは第二次世界大戦前の航空機の製造過程で見られた習熟現象についての報告であった．それ以来習熟モデルは作業計測，職務設計，容量計画，コスト予測など多くの産業の広い分野で利用されている．Yelle（1979）は習熟曲線に関する 90 の文献を概括している．Dutton, Thomas and Butler (1984)は，進歩関数(progress function)の歴史を 300 の文献にもとづいてたどっている．上記の文献の著者らによれば「習熟曲線」「進歩関数」「経験曲線」（experience curve）といった用語は同じ意味に使われることが多いとされている．しかしながら，多くの研究者はこれらの用語を次のように区別している．習熟曲線は直接労働における習熟のみに用いられるのに対し，進歩関数は管理職員や技術職員による習熟，さらに技術変化による改善までをも含む．経験曲線は産業レベルでの習熟や進歩について用いられる．経験曲線では代替尺度として価格が用いられることも多い．以下の議論ではこれらの用語について特に区別をしない．

Dutton et al. (1984)はまた，習熟曲線は，規模の経済（economies of scale）と混同されることが多いとも述べている．確かにこの 2 つは同時に観察されることが多いが，それぞれ異なる原因による別の効果である．進歩あるいは習熟は作業の規模がまったく変わらなくても起こりうる．

以下では基本的な習熟曲線の理論について，特に「べき乗モデル」（power model）と呼ばれるモデルに重点をおいて述べる．さらに他のモデルについても紹介し，最後に習熟曲線のパラメータの推定に関する問題に触れる．

べき乗モデル

べき乗モデルは対数線形モデル(log-linear model)としても知られ，習熟曲線のモデルの中で最もよく見られるものである．Wright は累積生産量が倍になると，おのおのの生産単位を生産するのに必要な直接労働時間が一定の比率で減少することに着目した．すなわち，累積生産量が倍になったとき作業時間が以前の 80% に減ったとすると，さらに生産量が倍になった時点では作業時間がさらに 80% に減少し，もとの 64% になる．累積生産量が 2 倍になったときの作業時間の減少の割合(上の例では 80%)は習熟率(learning rate)と呼ばれ，製造プロセスの種類ごとに固有な特性値であると考えられる．

このモデルでは，習熟曲線は次の式で表される．

$$L(y) = Ay^b$$

ここで $L(y)$ は第 y 番目の生産単位(サイクル)を生産するための所要時間，A は第 1 番目の生産単位を生産するための所要時間，y は累積生産単位数，b は習熟係数(learning index)または習熟曲線パラメータ(learning curve parameter)，あるいは習熟曲線の斜度パラメータ

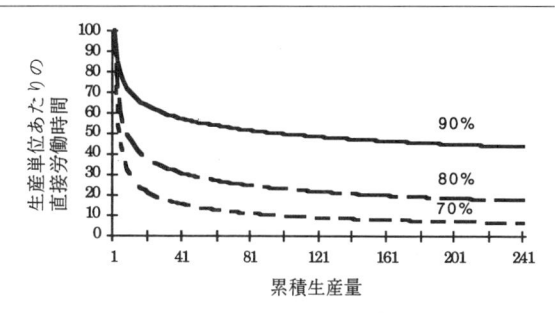

図 1 習熟率の異なる習熟曲線

(learning curve slope paramter)などと呼ばれるものである．習熟率との関係からいえば，習熟係数 b は習熟率 r を用いて以下の式で計算することができる．

$$b = (\log r)/(\log 2)$$

このモデルで表される習熟曲線について習熟率を 3 通りに変化させた例を図 1 に示す．

このモデルは直接労働時間だけではなく，コストについてもあてはまる．その場合，パラメータ A は最初の生産単位を生産するために要するコストとなる．しかし習熟曲線によるコスト計算は，インフレや労働時間単価の変化の影響を考慮しなくてはならないため複雑になることが多い．労働時間であればコストにも容易に換算することができる．

上記のモデルでは第 y 番目の生産単位を生産するための直接労働時間あるいはコストが計算される．このため，このモデルは「(生産)単位形式」(unit formulation)と呼ばれ，1944 年にロッキード社において，このモデルを導入した，James Crawford による考案とされている (Smith, 1989)．これに対しもとの Wright の研究にもとづくモデルは「累積形式」(cumulative formulation)と呼ばれ，上記の表記法では $L(y)$ は最初から第 y 番目までのすべての生産単位についての，労働時間あるいはコストの平均値を表す．累積形式のモデルはいくつかの生産単位で異常に高いあるいは低い労働時間やコストが観測されたときに平滑化する効果があり，特にバッチタイプの生産工程に有効であることが知られている．習熟曲線に関する多くの研究において生産単位当たりのコストや直接労働時間と累積出力との関係を関数として表現しようと試みられているが，出力の評価の範囲は拡大しつつあり，たとえば単位出力当たりの工程異常，単位出力当たりの品質上の欠陥や苦情，保証期間内に必要な保守なども含まれるようになってきている．

べき乗モデルのバリエーション

対数線形モデルは過去そして現在においても最も広く利用されているが，その一方で，ある特定の状況において対数線形モデルより当てはまりがよい形をもったモデルも提案されている．よく知られているものに

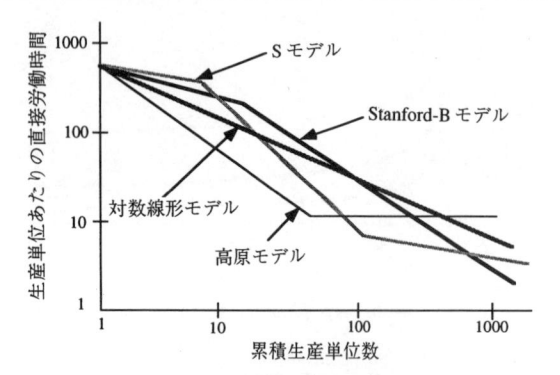

図2 両対数軸上の習熟曲線の形状

1. 高原モデル(plateau model)
2. Stanford-B モデル(Stanford-B model)
3. S モデル(S model)

がある．これらのモデルを対数軸上で表したものを図2に示す．

Conway and Schultz (1959)によって最初に示された高原モデルは，習熟段階が有限時間で終わり，その後は定常状態になるような現象を表現するために用いられる．このモデルは機械集約的な製造業に対して適用されることが多い．

Stanford-B モデルは，数式では

$$L(y) = A(B+y)^b$$

と表され，B 単位の生産が終わったあとに習熟が加速されるような過程を表現している（その他の記法は前述のとおり）．このモデルは Stanford Research Institute で開発されたもので，設計変更のある過程を記述するのに有効である(Garg and Milliman, 1961)．

Cochran (1960)による S モデルは，生産の初期の習熟が緩やかな段階と，生産後期に再び習熟が緩慢になる段階とを統合したモデルである．このモデルは多くの場合両対数軸上の3本の直線で近似され，労働集約的な重工業に用いられることがある．

これらの中から適切なモデルを選択するためには，多くの場合対象となるプロセスの実証的な研究や類似のプロセスについての過去の経験にもとづいて判断することになる．しかしこれらのより複雑なモデルは，精度がある程度しか改善されない一方でパラメータの推定がより困難になる．実践でいまも基本的な対数線形モデルが好まれているのはこのためである．

習熟に影響する他の要因

生産に影響を与える要因はほかにも多く存在し，これらを考慮せずに習熟率を推定すると推定値にバイアスがかかる場合がある．前述のように規模の経済が存在すると，入力が増加したときにその増加率を上回る出力の増加が生じる．もし習熟率を推定する際にこの効果を制御することができず，しかも作業規模が時間とともに増大するような場合は，習熟の効果は実際よりも大きく推定されてしまう．このような直接労働の習熟とは独立な要因としては他に資本投資の増大やシフト制，作業の時間間隔，生産率などがある．Argote and Epple (1990)は習熟に影響を及ぼす要因の混入についての文献を概括している．

習熟曲線パラメータの推定

ほとんどの推定手順は次の式で表される習熟曲線の対数表現をもとにしている．

$$\log L = \log A + b \log y$$

パラメータ A と b は，両対数軸上に時系列的にプロットして直線を当てはめることによって求めるか，あるいは対数表現の形で最小2乗法を用いることによって推定することができる．また習熟曲線のパラメータを推定するためのコンピュータプログラムもいくつか市販されている．

企業では個々の生産単位ごとではなくバッチ単位あるいはロット単位でデータを記録していることがある．このような場合にパラメータを推定するためには，バッチの平均労働時間またはコストと，その平均値に対応する生産単位すなわちロットの中点を知る必要がある．そして中点の対数値を独立変数，ロットの平均コストの対数値を従属変数として回帰を行う．このとき，習熟曲線が非線形であるため，バッチサイズを2等分した位置にある生産単位は中点にはならない．実際の中点 Q は以下の式で表される．

$$Q = \left[\frac{(y_l - y_f + 1)(1+b)}{(y_l + 0.5)^{1+b} - (y_f - 0.5)^{1+b}} \right]^{-\frac{1}{b}}$$

y_f はバッチの最初の生産単位，y_l はバッチの最後の生産単位である．式から明らかなように，この値は習熟係数 b が与えられないと計算できない．したがって，以下の式で与えられる中点の代数的近似値が用いられる．

$$Q = \frac{y_f + y_l + 2\sqrt{y_f y_l}}{4}$$

各ロットについてこの近似値 Q を求め，それらを用いてまず習熟曲線のパラメータを推定する．そして得られた b の値を用いて実際の中点を計算し，再度パラメータを推定する．この手順を望ましい精度が得られるまで繰り返す．

おわりに

習熟曲線の分野の研究は広範囲にわたり，習熟のプロセスを記述するために数多くのモデルが仮説として提案されてきた．習熟曲線のモデルは多くの産業および行政の広い範囲で応用され，その有効性が実証されている．

その応用分野はコストの推定，入札の準備および評価，必要労働量の推定，作業標準の確立，さらに財務計画などに及ぶ．

⇒ 費用分析，費用効果分析，習熟．

[Andrew G. Loerch/梅室博行]

参考文献

[1] Argote, L. and D. Epple (1990), "Learning Curves in Manufacturing," *Science*, 247, 920-924.

[2] Cochran, E.B. (1960), "New Concepts of the Learning Curve," *Jl. Industrial Engineering*, July-August.

[3] Conway, R.W. and A. Schultz (1959), "The Manufacturing Progress Function," *Jl. Industrial Engineering*, 10, January-February.

[4] Dutton, J.M., A. Thomas and J.E. Butler (1984), "The History of Progress Functions as a Management Technology," *Business History Review*, 58, 1984.

[5] Garg, A. and P. Milliman (1961), "The Aircraft Progress Curve Modified for Design Changes," *Jl. Industrial Engineering*, 12, 23.

[6] Smith, J. (1989), *Learning Curve for Cost Control*, Industrial Engineering and Management Press, Institute of Industrial Engineers, Norcross, Georgia.

[7] Yelle, L.E. (1979), "The Learning Curve: Historical Review and Comprehensive Survey," *Decision Sciences*, 10, 302-328.

[8] Wright, T.P. (1936), "Factors Affecting the Cost of Airplanes," *Jl. Aeronautical Sciences*, 3, 4, 122-128.

囚人のジレンマゲーム

prisoner's dilemma game

いずれのプレーヤーも，両者の決定がなされるまで相手のプレーヤーの決定を知らないという2人ゲーム（2 person game）のこと．2人の犯罪者がお互いから遮断されていて，警察の検査官が各犯罪者に次のような取引を申し出る状況を考える．1人の囚人が自白をすれば，他の囚人が有罪となり，自白をしたものは放免され，他の囚人は10年間収監される．もし両者が自白をすれば，彼らは5年間収監されることになる．もしいずれの囚人も自白をしないとすると，彼らはより軽度の犯罪に対する証拠があるため，両者とも1年間収監されることになる．もし彼らの間に信頼関係がないとすると，彼らは自白をするであろう．また彼らの間に完全な信頼関係があるとすると，彼らはいずれも自白をしないであろう．完全な信頼関係というのは非常に稀であるので，ゲームが1度だけ行われる場合には，プレーヤーはほとんど常に離脱してしまう．ゲームが繰り返し行われ，長期的に報酬を得る機会がある場合には，離脱することのないよう慎重に協力することが最良の戦略となる．このゲームは多くの社会的なビジネス契約を例示しているので，騙し合ったり，協力し合ったりするという集団の行動を理解するのに重要である．⇒ ゲーム理論．

集団待ち行列

bulk queues

待ち行列システムへの到着が一度に複数の顧客からなる場合，あるいは顧客へのサービスが同時に複数の顧客を処理する場合のこと．⇒ 待ち行列理論．

自由フロート

free float

プロジェクトの後続アクティビティーを遅延させることなく，特定のアクティビティーを遅らせることができる時間の長さ．⇒ フロート，ネットワーク計画．

自由変数

free variable

任意の値をとることのできる変数．線形計画問題の場合には，自由変数は2つの非負変数の差として表現することができる．⇒ 無制約変数．

主-双対アルゴリズム

primal-dual algorithm

双対問題に対する解から出発して，双対解を改良しつつ主問題の限定問題を系統的に解くシンプレックス法を適用したもの．各ステップにおいて，新たな限定主問題が定義され，原主問題と双対問題に対する解が得られるまで反復計算が実行される．⇒ シンプレックス法．

出生死滅過程

birth-death-process

以下の性質をもつ確率過程を出生死滅過程と呼ぶ．(1) 状態 n（より一般的に状態 E_n と書かれることもある）からは状態 $n+1$ か状態 $n-1$ にしか推移しない（すなわち1回の推移で±1単位しか状態は変化しない）．(2) 時点 t で状態 n にいるという条件の下で，微小区間 $(t, t+dt)$ の間に出生（死滅）が起こる確率は $\lambda_n dt + o(dt) [\mu_n dt + o(dt)]$ である．ここで $o(dt)$ は dt よりも速く0に近づく関数を表す．これらの性質をもつ過程は，連続時間マルコフ連鎖となる．M/M/1 待ち行列（M/M/1 queue）システムにおけるシステム内客数の変化は出生死滅過程

出発実行可能解

first feasible solution

シンプレックス法のフェーズIIを開始するときに用いる実行可能基底解．出発実行可能解は，通常の場合，フェーズI手続きを実施することによって得られるものであるが，場合によっては，ユーザが提供したり，以前にその問題を解いたときに生成された解を使う場合もある．⇒フェーズI手続き，フェーズII手続き，シンプレックス法．

出力過程

output process

出力過程とは，確率点過程またはマーク付き点過程のことである．ここでマークは待ち行列の客またはサービスノードに関する何らかの状況を表し，点は客がサーバから退去する時点を表している．出力過程と退去過程を混同してはいけない．後者は待ち行列システムから永久に退去する時点に関する概念である．たとえば，フィードバック型待ち行列を考えると，出力過程 $(\mathbf{X}^o, \mathbf{T}^o)$ は退去過程とフィードバック過程の重ね合せからなっている．⇒退去過程，待ち行列ネットワーク，待ち行列理論．

主問題

primal problem

主問題は通常，原線形計画問題と定義される．⇒双対線形計画問題．

準凹関数

quasi-concave function

関数 $f(\cdot)$ と点 $x, y \in X$，ここで $x \neq y$，X は凸，が与えられたとき，「$f(y) \geq f(x)$ ならば，すべての $0 < \lambda < 1$ に対して $f[\lambda x + (1-\lambda)y] \geq f(x)$」が成り立つ場合，$f$ は準凹関数であるという．⇒凹関数，凸関数．

巡　回

cycling

シンプレックス法が，ある基底およびそれに対応する実行可能基底解の系列を繰り返し生成する状況．これは，同一の端点に対応する複数の退化した基底解において生起する可能性がある．⇒巡回防止ルール，退化．

巡回セールスマン問題

Traveling Salesman Problem

はじめに

巡回セールスマン問題（TSP）は，その記述の簡潔さ，それに相反するような解決の困難さゆえに多くの数学者や計算機科学者の関心を集めてきた問題である．問題としてのTSPは以下のように記述できる．ある巡回セールスマンが与えられた m 都市をちょうど1度ずつ訪問し（ここで，都市 i から都市 j への移動する費用は c_{ij} である），出発点の都市に戻るとき，可能な移動経路の中で最も総費用の安いものはどれか？　巡回セールスマン問題，およびそれに関連した諸問題の歴史的発展については Hoffman and Wolfe (1985) に詳細に記されている．

TSPの重要性は，それが〈組合せ最適化問題〉(combinatorial optimization problem) というより広い問題のクラスの代表例であるところにある．具体的に，TSPはNP-完全（NP-complete）と呼ばれる組合せ最適化問題のクラスに属する．もし，TSPを解く効率のよい（すなわち，多項式時間の）アルゴリズムが構築できるならば，クラスNP-完全に属する他のすべての問題に対しても効率のよいアルゴリズムが構築できることになる．しかし，現在のところ，TSPに対して，そのような多項式時間のアルゴリズムは発見されていない．これは，このような問題の大規模なインスタンスはどれも解けないことを意味するのだろうか？（そのようようなことはない）．実務上発生する相当な大規模問題も，機械的に解けるものもかなりある．また，最近7397個の穴（都市）をもつ基盤の生産をモデル化したTSPの最適性が保証できる最適解が求まった例が報告されている Applegate et al. (1994)．さらに，ランダムに発生させた1万都市をもつ問題も，同様の技術を用いて解けるものもある．したがって，問題を「難しく」する原因については依然不明であるが，実務から発生する個々のTSPで，解けたものの記録は先行きが明るくなるものである．

このような問題を解く今日の技術はどのようなものであるか？　しらみ潰しのアプローチが不可能なことは明らかである．16都市をもつTSPの一例—オデッセウスがホメロス作オデッセイアに登場する16都市をちょうど1度ずつ訪問する問題—における異なる経路の数は，なんと，6538億3718万4000である（Grotschel and Padberg, 1993）！　この中から最短なものを全列挙法で求めるのに高速なワークステーションを用いても，92時間かかったと報告されている．功を奏したアルゴリズムは，このように可能な場合を全部列挙するのではなく，ほとんどの経路を，陽に考慮せずに削除することができる．

定式化

大規模な TSP を解く第一歩は，よい定式化を見つけることである．巡回セールスマン問題の場合，用いる数学的構造は各都市が点，すべての2点間に線（辺（edge），あるいはアーク（arc）と呼ばれる）が描かれているようなグラフである．各線にはそれぞれ距離（または費用）が，対応付けられている．セールスマンが任意の2点間を直接移動できるとき，グラフは完全（complete）であるという．すべての都市を1度ずつめぐる道筋は，線全体の集合の何らかの部分集合に対応し，グラフ理論では，巡回路（tour），またはハミルトン閉路（Hamiltonian cycle）と呼ばれる．巡回路の長さはそれに含まれる線の長さの総和である．

グラフの各辺をたどる方向を考慮するか否かで対称（symmetric），および非対称（asymmetric）巡回セールスマン問題が区別される．m 都市をもつ非対称 TSP を定式化するには，以下の0-1変数

$$x_{ij} = \begin{cases} 1 & \text{辺 } (i,j) \text{ が巡回路に含まれるとき} \\ 0 & \text{それ以外} \end{cases}$$

を導入する．巡回路ではグラフの各点は入る枝と出る枝をちょうど1つずつもつことを考慮すると，古典的な割当て問題（assignment problem）が得られる．しかし，これだけでは制約が不足している．なぜならば，このままでは部分巡回路（subtour），すなわち互いに点を共有しないような閉路も許されてしまうからである．したがって，非対称 TSP を正しく定式化するためには，部分巡回路排除制約（subtour elimination constraint）を加えて，このような部分巡回路を排除しなくてはならない．そうすると，問題は以下のように記述できる

最小化 $\sum_{i=1}^{m} \sum_{j=1}^{m} c_{ij} x_{ij}$

条件 $\sum_{i=1}^{m} x_{ij} = 1 \quad j = 1, \cdots, m$

$\sum_{j=1}^{m} x_{ij} = 1 \quad i = 1, \cdots, m$

$\sum_{i \in K} \sum_{j \in K} x_{ij} \leq |K| - 1 \quad$ すべての $K \subset \{1, \cdots, m\}$

$x_{ij} = 0$ または $1 \quad$ すべての i, j

ここで，K は都市の集合 $1, \cdots, m$ の任意の空でない真部分集合である．また，費用 c_{ij} と c_{ji} は異なることが許されている．

対称 TSP を定式化するには，辺をたどる方向は考慮しないことから，$c_{ij} = c_{ji}$ が成り立つことに注意する．もはや辺をたどる方向は関係ないので，任意の2点間に1つだけアーク（無向）があるグラフを考えれば十分である．したがって，各辺 j に対応した決定変数 $x_j \in \{0, 1\}$ を導入し，c_j をその辺をたどる費用とする．このグラフにおける巡回路を見つけるためには，各点がちょうど2つの辺に含まれるような辺の部分集合を見つけなければならない．よって，この問題はグラフ G における 2-マッチング問題として定式化することができる．ここでも，非対称な場合と同様に部分巡回路排除制約を加えて部分巡回路を排除しなくてはならない．以上より，以下の定式化が得られる．

最小化 $\dfrac{1}{2} \sum_{j=1}^{m} \sum_{k \in J(j)} c_k x_k$

条件 $\sum_{k \in J(j)} x_k = 2 \quad$ すべての $j = 1, \cdots, m$

$\sum_{j \in E(K)} x_j \leq |K| - 1 \quad$ すべての $K \subset \{1, \cdots, m\}$

$x_j = 0$ または $1 \quad$ すべての $j \in E$

ここで $J(j)$ は点 j に接続する無向辺の集合であり，また，K を都市全体の空でない真部分集合とすると，$E(K)$ は K の点同士をつなぐ辺全体の集合である．もちろん，対称 TSP は非対称 TSP の特殊ケースと見なすこともできるが，一般的に，非対称 TSP 用のアルゴリズムは対称 TSP に適用すると効率的でないことが経験的に知られている．よって，対称 TSP 専用の定式化，およびアルゴリズムが必要である．

アルゴリズム

このような問題を厳密に解くためには，与えられた問題インスタンスの真の最小値の下界，および上界を計算するアルゴリズムが必要である．すべての都市をちょうど1度ずつ通るような経路は実行可能解であり，したがってその費用は最小費用をもつ経路の費用を下回ることはない．実行可能な経路，すなわち最適値の上界を計算するアルゴリズムはヒューリスティクス（heuristics）と呼ばれる．このような解法は実行可能な解は求めるが，その解の最適解からの離れ具合に関する保証は何もない．実行可能解を1度だけ構築するようなヒューリスティックを構成型ヒューリスティクス（constructive heuristics）といい，与えられた初期解を繰り返し更新，改良するようなものを〈改良型ヒューリスティクス〉（improvement heuristics）という．最終的に得られる解が初期解に依存する場合，同じアルゴリズムを複数の（ランダムに選んだ）初期解からスタートさせることも可能である．〈無作為抽出改良型ヒューリスティクス〉（randomized improvement heuristics）に関しては，Junger, Reinelt and Rinaldi (1994) に優れたサーベイがなされている．短時間で何らかの解が必要になるときは，多くの TSP に対して「最適解に近い解」を求めることが経験的に知られているうまいヒューリスティックを使うこともしばしばあるであろう．

Johnson (1990) や Junger, Reinelt and Rinaldi (1994) の研究には，非常に大規模な（変数の数が十万，あるいは百万のオーダー）TSP に対しても，最適値から

の離れ具合が，2％以内の解を十分に実用的な時間内に求めるアルゴリズムが，紹介されている．ヒューリスティックの精度保証に関する議論は，Johnson and Papadimitriou (1985) に，確率的な解析は Kapr and Stelle (1985) に，またその発展や実験的検証は Golden and Stewart (1985) にそれぞれ報告されている．

上界の最適値からの離れ具合を知るためには，最適値の下界も必要である．上界と下界が一致すれば，最適性の保証が得られる．そうでなければ，最適値に対する上界の真の相対誤差を多めに見積もった値は，上界と下界の差を下界で割ったもので得られる．したがって，下界，および上界を求める技術は難しい組合せ最適化問題に対して，解の最適性を保証するために，また精度に関する一定の保証を得るためにすら必要である．

では，下界はどのように求め，改善していくのだろうか？ 最適化問題の〈緩和問題〉(relaxation) とは，もとの最適化問題の実行可能解の集合をそれ自身の実行可能解の集合の真部分集合としてもち，もとの問題の実行可能解における目的関数値がもとの問題の目的関数値と等しい，あるいは小さいような最適化問題である．したがって，「真の」問題を，より大きな実行可能領域をもつ，解きやすい問題で置き換える．この問題は，その実行可能領域がもとの問題の実行可能解集合により近くなるように繰り返して改良する．TSP の下界を得る標準的な手続きは，もとの問題よりも解きやすい緩和問題を用いる．使われる緩和問題の実行可能解集合は連続，離散のどちらの場合もある．TSP に関する緩和として n-路緩和問題，割当緩和問題 (assignment relaxation)，2-マッチング緩和問題 (2-matching relaxation)，1-木緩和問題，線形緩和問題 (linear programming relaxation) などが提案されてきた．ランダムに発生させた都市数が 7500 以下の非対称 TSP が分枝限定法の枠組みで，部分巡回路を追加する割当緩和を用い，上界計算に部分巡回路パッチング (subtour patching) を適用した方法で解かれたことが報告されている (Miller and Peckny, 1991)．対称 TSP に対しては，1-木緩和と 2-マッチング緩和が最も有効である．これらの緩和も分枝限定法に組み込まれている．

与えられた緩和が満たしていない制約を求める過程は〈切除平面〉(cutting plane) 法と呼ばれ，大規模な TSP を解いたアルゴリズムはすべて，切除平面を用いて問題の定式化を強めている．ここで，TSP の計算に成功した例はすべて〈ファセット誘導制約〉(facet-defining inequality) を切除平面として用いていることが重要である．シンプレックス法の基底表現を利用した，整数計画法の古典的な切除平面，たとえば Gomory カットやインターセクションカットなどは，収束性が非常に悪く，用いられなくなって久しい．基礎となる，TSP 多面体のファセット (facet) を誘導する最も簡単な制約の1つとして，部分巡回路排除制約がある．このほかにも，くし制約 (comb inequality)，クリーク木制約 (clique tree inequality)，路制約 (path inequality)，ねこ車制約 (wheelbarrow inequality)，自転車制約 (bicycle inequality)，はしご制約 (ladder inequality)，王冠制約 (crown inequality) などがファセットを誘導することが知られている．対称 TSP に対するファセット生成の理論は Grotschel and Padberg (1985) および Junger, Reinelt and Rinaldi (1994) に説明されている．この理論を実際に切除平面法に用いるアルゴリズムについては Padberg and Rinaldi (1992) および Junger, Reinelt and Rinaldi (1994) で議論されている．このような切除平面法は分枝カット法 (branch-and-cut method) と呼ばれ，木探索に組み込むことができる．計算機で解けている，非常に大規模な TSP のいくつかは，最適性の探索に並列処理を用いて効率を上げている．TSP の数学的構成の理解が深まり，計算機技術のたゆまない進歩に伴って，切除平面の生成技術やヒューリスティック，論理的推理を用いた変数固定や木探索などを組み合わせることによって，計算量的に難しいが重要である組合せ最適化問題が解けるようになるものと思われる．

応　　　用

ここで，本当に TSP がこれだけ注目されるに値するほど重要な問題であるか，という疑問をもつかもしれない．計算量的に難しい問題の「多面体」であるだけでなく，応用上重要な問題で TSP として定式化されるものもあり，また TSP を一般化させた問題に帰着できるものが多く存在する．前述の基盤の穴あけ問題以外にも TSP の構成をもつ問題は結晶の構成解析 (Bland and Shallcross, 1987)，ガスタービンエンジンの分解 (Pange, Lowe and Chandrasekaran, 1987)，倉庫の material handling (Ratliff and Rosenthal, 1981)，データ配列のクラスタリング (Lenstran and Rinooy Kan, 1975)，1機械上のジョブスケジューリング (Gilmore and Gomory, 1964)，および指定された fleet の飛行機の航路割当て (Boland, Jones, and Nemhauser, 1994) においても発生する．TSP に関連したバリエーションに関しては，たとえば，資源制約付き巡回セールスマン問題 (resource constrained traveling salesman problem) は aggregate deadline をもつスケジューリング問題に応用できる (Pekny and Miller, 1990)．同じ論文ではまた，賞品収集巡回セールスマン問題 (Balas, 1989) やオリエンテーリング問題 (Golden, Levy and Vohra, 1987) が資源制約付き TSP の特殊ケースであることも示されている．そして，最も重要であるのは，TSP がより複雑な組合せ最適化問題の部分問題として発生するこ

とが多いことがある．このような問題の最もよく知られ，かつ重要である例は配送路問題（vehicle routing problem）である．この問題は，与えられた一団の配達車に対して，どの自動車がどの顧客をサービスし，かつ割り当てられた顧客をサービスする順番を決定する問題である．この問題のよいサーベイとしては，Christofides (1985) や Fisher (1987) がある．

TSP に関する基本的な参考文献は，反響を呼んだ Dantzig, Fulkerson and Johnson (1974) の論文や 1984 年までの発展をまとめた Lawler, Lenstra, Rinnooy Kan and Shmoys 編の *The TSP : a Guided Tour of Combinatorial Optimization*, Junger, Reinelt and Rinaldi (1994) によるすぐれたサーベイがあげられる．様々なテスト問題を集めた問題集も電子的もあり (Reinelt, 1991)，Rice University, Houston, Texas, U. S. A. より配布されている．

⇒割当て問題，分枝限定，中国人の郵便配達人問題，組合せ理論，組合せ/整数最適化，計算複雑度，グラフ理論，ヒューリスティック手続き，線形計画法，ネットワーク，配送経路問題．

[Karla L. Hoffman, Manfred Padberg/池辺淑子]

参考文献

[1] D. Applegate, R.E. Bixby, V. Chvatal, and W. Cook (1994). "Finding cuts in the TSP" a preliminary report distributed at The Mathematical Programming Symposium, Ann Arbor, Michigan, August 1994.

[2] E. Balas (1989). "The Prize Collecting Traveling Salesman Problem," *Networks* **19**, 621–636.

[3] R.E. Bland and D.F. Shallcross (1987). "Large Traveling Salesman Problem Arising from Experiments in X-ray Crystallography: a Preliminary Report on Computation," Technical Report No. 730, School of OR/IE, Cornell University, Ithaca, New York.

[4] N. Christofides (1985). "Vehicle Routing," in *The Traveling Salesman Problem*, Lawler, Lenstra, Rinooy Kan and Shmoys, eds., John Wiley, 431–448.

[5] G.B. Dantzig, D.R. Fulkerson and S.M. Johnson (1954). "Solution of a Large-scale Traveling Salesman Problem," *Operations Research* **2**, 393–410.

[6] M.L. Fisher (1988). "Lagrangian Optimization Algorithms for Vehicle Routing Problems," *Operational Research '87*, G.K. Rand, ed., 635–649.

[7] B.L. Golden, L. Levy and R. Vohra (1987). "The Orienteering Problem," *Naval Research Logistics* **34**, 307–318.

[8] B.L. Golden and W.R. Stewart (1985). "Empirical Analysis of Heuristics," in *The Traveling Salesman Problem*, Lawler, Lenstra, Rinooy Kan and Shmoys, eds., John Wiley, 207–250.

[9] M. Grötschel, C. Monma and M. Stoer (1991). "Polyhedral Approaches to Network Survivability," DIMACS Series in Discrete Mathematics and Theoretical Computer Science, Volume 5, Amer. Math. Soc., 121–141.

[10] M. Grötschel, M.W. Padberg (1985). "Polyhedral Theory," in *The Traveling Salesman Problem*, Lawler, Lenstra, Rinooy Kan and Shmoys, eds., John Wiley, 251–306.

[11] M. Grötschel and M. Padberg (1993). "Ulysses 2000: In Search of Optimal Solutions to Hard Combinatorial Problems," Technical Report, New York University Stern School of Business.

[11] A.J. Hoffman and P. Wolfe (1985), "History" in *The Traveling Salesman Problem*, Lawler, Lenstra, Rinooy Kan and Shmoys, eds., Wiley, 1–16.

[12] D.S. Johnson and C.H. Papadimitriou (1985). "Performance Guarantees for Heuristics," in *The Traveling Salesman Problem*, Lawler, Lenstra, Rinooy Kan and Shmoys, eds., John Wiley, 145–180.

[13] D.S. Johnson (1990). "Local Optimization and the Traveling Salesman Problem," *Proc. 17th Colloquium on Automata, Languages and Programming*, Springer Verlag, 446–461.

[14] M. Jünger, G. Reinelt and G. Rinaldi (1994). "The Traveling Salesman Problem," Technical Report 375, Instituto di Analisis dei Sistemi ed Informatica. Rome, Italy.

[15] R. Karp and J.M. Steele (1985). "Probabilistic Analysis of Heuristics," in *The Traveling Salesman Problem*, Lawler, Lenstra, Rinnooy Kan and Shmoys, eds., John Wiley, 181–205.

[16] E.L. Lawler, J.K. Lenstra, A.H.G. Rinnooy Kan, and D.B. Shmoys, eds. (1985). *The Traveling Salesman Problem*, John Wiley, Chichester.

[17] D. Miller and J. Pekny (1991). "Exact Solution of Large Asymmetric Traveling Salesman Problems," *Science* **251**, 754–761.

[18] M.W. Padberg and M. Grötschel (1985). "Polyhedral Computations," in *The Traveling Salesman Problem*, Lawler, Lenstra, Rinooy Kan and Shmoys, eds., John Wiley, 307–360.

[19] M.W. Padberg and G. Rinaldi (1991). "A Branch and Cut Algorithm for the Resolution of Large-scale Symmetric Traveling Salesmen Problems," *SIAM Review* **33**, 60–100.

[20] H.D. Ratliff and A.S. Rosenthal (1981). "Order-Picking in a Rectangular Warehouse: A Solvable Case for the Traveling Salesman Problem," PDRC Report Series No. 81-10. Georgia Institute of Technology, Atlanta, Georgia.

[21] G. Reinelt (1991) "TSPLIB-A traveling salesman library," *ORSA Journal on Computing* **3**, 376–384.

巡回防止ルール

anticycling rules

シンプレックス法タイプのアルゴリズムにおいて，巡

回を防止するためのルール. ⇒ ブランドの巡回防止ルール, 巡回, 退化.

準可逆性
quasi-reversibility

待ち行列ネットワークを構成するあるノードについて, 時刻 t_0 におけるそのノードの状態と, t_0 より前の退去過程および t_0 より後の到着過程が独立であるとき, このノードは準可逆であるという. ⇒ 待ち行列ネットワーク.

循環型待ち行列
cyclic queueing network

客のネットワーク内移動経路が直列型である閉鎖型待ち行列ネットワーク. ⇒ 待ち行列ネットワーク.

循環サービス規律
cyclic service discipline

複数個の場所（サービスセンター）で客が発生し, それを1つのサービス設備（扱い者）がサービスする混雑システムにおいて, ある1つの場所から発生した客だけを前もって決められたルールにしたがって定められた時間だけサービスし, 時間がきたら次のグループへ移るようなサービス規律. ⇒ 待ち行列理論.

準凸関数
quasi-convex function

関数 $f(\cdot)$ と点 $x, y \in X$, ここで $x \neq y$, X は凸, が与えられたとき, 「$-f(y) \geqq -f(x)$ ならば, すべての $0 < \lambda < 1$ に対して $-f[\lambda x + (1-\lambda)y] \geqq -f(x)$」が成り立つ場合, f は準凸関数であるという. ⇒ 凹関数, 凸関数.

乗数ベクトル
multiplier vector

線形計画問題において, 実行可能な基底行列 B が与えられたものとし, それに対応する目的関数の部分行ベクトル c_B とする. このとき乗法ベクトルは, $\pi = c_B B^{-1}$ で与えられる. B が最適基底であるときは, π は主問題の制約条件のそれぞれに対応する双対変数となる. ベクトル π はまた, シンプレックス乗法ベクトルと呼ばれることもある. π の成分をシンプレックス乗数という. ⇒ シンプレックス法.

冗長化
Redundancy

〈冗長化〉は, システムや装置の信頼性を向上させるための工学的な方法である. 冗長化は, 主に追加的なユニット（サブシステム, モジュール, あるいは補足的な要素）をシステム内で用いることでなされる. 冗長ユニットは, 通常以下の2つの型に分類されると考えられる.
(1) 重負荷ユニット（loaded unit）. これは冗長ユニットは, システムの対応する主ユニットと同じ故障率 $\lambda(t)$ をもつ場合である. (2) 無負荷（補給）ユニット（unloaded (space) unit）. これは冗長ユニットはまったく故障しない場合である. すなわち, 稼働を開始するまでは, すべての t に対し $\lambda(t) = 0$ である. またこれらの中間的な場合も存在する. すなわち, 冗長ユニットはその故障率が0ではなく, さらに主ユニットの故障率より低いといった軽負荷的な型のものである. 通常, それらの主ユニットとの相対的な負荷の程度は, あまりはっきりとはわからないものである.

冗長化は, ユニット個々に対するものと, いくつかのユニットに共通するものとがある. 前者は, n 個の冗長ユニットのグループが1つの主ユニットを支援するものであり, 後者は, n 個の冗長ユニットのグループが k 個の主ユニットのグループを支援するよう前もって定められているものである. またこれは, 補給ユニット型の典型である. 主ユニットと冗長ユニットの再生あるいは修理可能性は, システムの信頼性向上に支配的な役割を果たす.

冗長化は, システムの信頼性を向上させるが, それには追加的な資源や費用を要する. 冗長化の費用効果分析は〈最適冗長化問題〉（optimal redundancy）としてとらえられている.

故障に関して独立な n 個のユニットからなるシステムを考えてみよう. また, 簡単化のためこのシステムは直列型, すなわちシステムのいずれの主ユニットの故障もシステムの故障を引き起こす, とする. システムの信頼度を増加させるために, われわれは冗長ユニットを次のように使用する. システムのユニット i は x_i 個の冗長ユニットをもつとし, このグループが与えられた任務を最後まで達成する確率（probability of successful operation: PSO）を $R_i(x_i)$ と書く.

ユニットの故障がグループ間で独立であることから, システムの PSO は

$$R(X) = \prod_{i=1}^{n} R_i(x_i)$$

と書ける, ここで, $X = (x_1, \cdots, x_n)$ である. 同時に, x_i 個の冗長ユニットを導入することは, $C(x_i)$ 単位の支出を伴う. 通常は, $C(x_i) = c_i x_i$ と仮定する. そしてこの場

合，システムの総コストは，

$$C(X) = \sum_{i=1}^{n} c_i x_i$$

で与えられることになる．さて，以上から最適冗長化問題としては，次の問題の一方を解く形で与えられる．

$$\max \left\{ \prod_{i=1}^{n} R_i(x_i) \middle| \sum_{i=1}^{n} c_i x_i \leq C^0 \right\} \quad (1)$$

あるいは

$$\min_{X} \left\{ \sum_{i=1}^{n} c_i x_i \middle| \prod_{i=1}^{n} R_i(x_i) \geq R^0 \right\} \quad (2)$$

を与える $X^0 = (x_1^0, \cdots, x_n^0)$ を求めよ．

これらの問題は，制約付き離散最適化問題であって，最急降下方，分枝限定法，動的計画法，整数計画法等の通常の方法で解くことができる．なお，どちらの問題においても，目的関数 $R(X)$ と $C(X)$ は凹関数であることに注意すべきである（訳注：原文は concave と書いてある．$R(X)$ は必ずしもそうはならない）．最もよい解法の1つは，動的計画法を計算上有利なように修正している Kettelle のアルゴリズム（Kettelle, 1962）である．

問題(1)の複数制約の場合とその解法は，Barlow and Proschan (1981) と Ushakov (1994) で考察されている．多機能システムに対する最適冗長問題と問題(2)の重要な拡張問題もまた，Ushakov (1994) で解かれている．

⇒ 費用分析，費用効果分析，システムの信頼性．

[Igor Ushakov／河合 一]

参考文献

[1] Barlow R.E. and F. Proschan (1981). *Statistical Theory of Reliability and Life Testing*: *Probability Models*, 2nd ed. To Begin With, Silver Spring, Maryland.
[2] Kettelle J.D. Jr. (1962). "Least-Cost Investment of Reliability Investment," *Operations Research*, 10, 249-265.
[3] Kozlov B.A. and I.A. Ushakov (1970). *Reliability Handbook*. Holt, Rinehart and Winston, New York.
[4] Ushakov I.A. ed. (1994). *Handbook of Reliability Engineering*. John Wiley, New York.

冗長な制約

redundant constraint

解空間の一部分を定義しないような数理計画問題の不等号あるいは等号制約のこと．等価な問題は冗長な制約を除去することによって形成される．

ジョブショップ・スケジューリング

Job Shop Scheduling

はじめに

今日米国では，約4万もの金属加工部品工場があり，生産された部品は，最終的に国内外で販売される膨大な種類の製品となる．これらの工場では，およそ200万人の従業員が雇われ，製品にして毎年およそ30億ドル分が出荷されている．これらの工場のほとんどはいわゆる「ジョブショップ」(job shop) であり，原材料および半製品の流れが完全にランダムである．何年もの間，このジョブショップの挙動や性能が，オペレーションズリサーチやマネジメントサイエンス (operations research and management science: OR/MS) の文献での注目の的となっている．OR/MSの雑誌のほとんど毎号で，工場レイアウト，在庫管理，プロセス制御，生産スケジューリングおよび資源利用などといった話題に関する論文が掲載されている．これらの話題の中でも特に多いのが，生産スケジューリング（ジョブショップ・スケジューリングとも呼ばれる）である．ジョブショップ・スケジューリングは，あらかじめ与えられたタスクのおのおのに，それを実行するために必要な時間分の資源を割り当てることであるととらえられ，コストの大幅な削減およびスループットの大幅な向上，すなわち利益の増大を可能とするという点において，大きな注目を集めている．

ジョブショップ・スケジューリング問題のモデル化手法および解法については，その成功の程度は異なるが，数多くのアプローチがORの文献で報告されている．これらのアプローチは，ここ30年余りの間の一連の技術の進歩とともに発展している．これらには，数理計画法 (mathematical programming)，ディスパッチングルール (dispatching rule)，エキスパートシステム (expert system)，ニューラル・ネットワーク (neural network)，遺伝アルゴリズム (genetic algorithm) および帰納学習 (inductive learning) などが含まれる．以下では，これらの技術がジョブショップ・スケジューリング問題に適用される方法について，その進展とともに概観する．なお，それぞれの技術分野における2, 3の主要な成果に限定して紹介するとともに，最後に，いくつかの技術を組み合わせて1つのハイブリッドシステムを構築するといった最近の動向について触れる．

数理計画法

ジョブショップ・スケジューリング問題に対しては，数理計画法が盛んに適用されてきた．NP完全 (NP-complete) 問題のクラスに属するこの問題は，整数計画法 (integer programming)，混合整数計画法 (mixed integer programming) および動的計画法 (dynamic programming）を用いて定式化され解かれている（Panwalker and Iskandar, 1977）．しかしながら，物流に関する制約を数学的関係として記述すること，および一般的な解法を構成することが困難であるといった理由から，これらのアプローチが実際の現場で用いられることはほとんどない．この困難さを打破するために，ジョブショップ・スケジューリング問題をいくつかの部分問題に分割し，これらの部分問題を解くという方法が数多く提案されるようになった．

Davis and Jones (1988) は，ベンダーズ型分解とダンツィク-ウォルフ型分解（Benders, 1960 ; Danzig and Wolfe, 1960）の両者を用いた数理計画問題の分解にもとづく方法を示した．この方法は，閉ループ，実時間，2レベル階層型のショップ制御システムの一部であった．上位のスケジューラは各仕事の最早開始時刻と最遅完了時刻を特定する．そして，下位のスケジューリングモジュールがすべての作業の順序を詳細化することによって，それらの時刻（時間範囲）を精緻化する．そこでは，納期遅れ（tardiness），スループット（throughput）および稼働コストを含む多目的関数を定めていた．分解は，まず原問題の制約条件をブロック対角形式となるように並べ替え，その後ブロック対角形式を階層的な木構造に変換するというものである．一般的には，N 個の部分問題と，いくつかの部分問題に関する制約条件を用いて表される．この制約条件は「カップリング」条件（coupling constraint）と呼ばれ，先行関係制約や物流制約などが含まれる．上位のユニットによって明示的にカップリング条件が取り扱われる一方で，下位のユニットでは分離されたおのおのの制約条件のみが考慮されていた．しかしながら，ジョブショップが本質的に有する確率的な性質およびほとんどの場合に競合する複数の目的のために，カップリング条件を数学的な関係として厳密に記述することの難しさが指摘されている．この困難さを打破するため，Davis and Jones (1988) は実時間シミュレーションによって上位および下位の問題を解く方法を新たに提案した．

Gershwin (1989) は，生産の計画・スケジューリングの分析を目的とし，数理計画の枠組みにおいて時間分割の概念を用いた多層モデルを提案した．そこでは，(1) 上位層の事象を制御するための定式化においては下位層で生じる種々の事象の詳細を無視し，(2) 下位層の定式化においては上位層の事象を静的・離散的なものであると見なしていた．スケジューリングは，計画層で決められた生産要求を満たすために，下位層で行われる．まず最初に，複雑な動的計画問題を解くことによって，将来の装置故障を補償するために生産すべき余剰在庫量が求められ，これを用いて時々刻々の生産率を決定する線形計画問題が定式化される．そして，この生産率にもとづいて，実際のスケジュール（どの部品をいつ生産するか）が決められる．スケジュールの決定方法としては，種々のアプローチが検討されつつある．

ディスパッチングルール

ジョブショップ・スケジューリング問題に対しては，一貫してディスパッチングルール（dispatching rule）が用いられている．ディスパッチングルールは，複雑な問題に対して実時間でよい解を与えることを目的として設計される手続きである．ディスパッチングルール以外にも，スケジューリングルール（scheduling rule），順序付けルール（sequencing rule）あるいはヒューリスティック（heuristic）という言葉がほぼ同義で用いられている（Panwalker and Iskandar, 1977）．ディスパッチングルールは，主にそれが開発される際に考慮された評価基準に応じて分類される．Wu (1987) はディスパッチングルールをいくつかのクラスに分類した．まず，クラス1には単純な優先ルール，すなわち仕事に関する情報にもとづいて構成されるルールが含まれる．さらに，どのような情報が用いられるかによって，サブクラスが定義される．一例として，処理時間（たとえば最短処理時間，shortest processing time : SPT），納期（たとえば最小納期，earliest due date : EDD），スラック（たとえば最小スラック，minimum slack : MINSLACK）あるいは到着時刻（たとえば到着順，first-in, first-out : FIFO）にもとづくルールからなるサブクラスが考えられる．

クラス2は，クラス1のルールの組合せによって構成されるルールからなり，ショップの状況に依存するような特別なルールが実現できる．このようなルールの典型例は，「待ち行列の長さが5を超えるまではSPTを用い，超えた場合はFIFOに切り換えよ」というものであり，処理時間の長い仕事が待ち行列に特別に長く存在することを防ぐためのものである．

クラス3には，重み付け優先指標（weighted priority indexes）と呼ばれるルールが含まれる．考え方としては，仕事に関する1つ以上の情報を利用してスケジュールを求めるというものである．それぞれの情報には，重要度にもとづく重みが割り当てられ，たいていの場合，

$$f(x) = \text{weight}_1 * \text{Processing Time Job}(x) \\ + \text{weight}_2 * (\text{Current Time} \\ - \text{Due Date Job}(x))$$

という形の関数が定義される．そして，順序付けの各段階で処理待ちの仕事 x について $f(x)$ が計算され，$f(x)$ が最小となる仕事が次に処理されることになる．

この30年の間に，シミュレーションを通して多数のディスパッチングルールの性能評価に関する研究が行われている．「ある特定の評価基準について最適化したい場合には，どのルールを用いるべきか？」という問いに答え

ることがこれらの研究の目的である．初期の研究のほとんどは最短処理時間ルール（SPT）に集中していた．最初に SPT およびその変形ルールについて研究したのは，Conway and Maxell（1967）であり，いくつかの仕事の滞留時間が極端に長くなることもあるが，SPT ルールによってすべての仕事の平均滞留時間が最小になることを見いだした．彼らはまた，待ち時間や稼働状況といった基本的な評価基準の平均値を最適にする場合に，SPT が最善の選択であることを示した．同様の研究，すなわち仕事に関する評価基準（たとえば納期遅れ）およびショップに関する評価基準（たとえばスループットや稼働率）の広範にわたって，これらを最適にするディスパッチングルールを特定しようとする研究が数多く行われている．ある与えられた評価基準に対して最適なディスパッチングルールを選ぶといった問題に対しては，非常に活発な研究が続けられている．

人工知能（AI）技術

1980 年代はじめから，一連の新しい技術がジョブショップ・スケジューリング問題に適用されはじめた．それらは，人工知能（artificial intelligence）と総称され，エキスパートシステム（expert system），知識ベースシステム（knowledge-based system），ニューラル・ネットワーク，遺伝アルゴリズムおよび機能学習を含むものである．これらの技術の主な利点として次の 3 つがあげられる．最初に，そして最も重要な点であるが，意思決定過程における定量的および定性的な知識を利用して，複雑な関係でさえも簡潔なデータ構造として表現できるという点である．2 番目は，上述の単純なディスパッチングルールに比べて極端に複雑なヒューリスティックルールを生成できるという点である．3 番目は，現時点での仕事，予想される新しい仕事，機械や搬送車の状態および在庫や人員の状況などといったジョブショップ全体に関する広範な情報にもとづいて，ヒューリスティックルールが選択されるという点である．

エキスパート/知識ベースシステム：エキスパートあるいは知識ベースシステムは 2 つの部分，すなわち知識ベース部とこの知識を操作する推論エンジン部からなる．知識ベースは，熟練者がもつ知識をルール，手続き，ヒューリスティクスあるいはその他の抽象表現で形式化しようとするものであり，通常 3 つの型，すなわち手続き型知識，宣言型知識およびメタ知識が含まれる．手続き型知識は，ドメイン依存型で問題を解決するためのものである．宣言型知識は，問題のドメインを定義する入力データを提供するものである．メタ知識は，実際に問題を解く際に手続き型および宣言型の知識をどのように利用するのかを定めるものである．知識ベースにおいて知識を表現するためのデータ構造としては，意味ネット（semantic net），フレーム，スクリプト，述語論理（predicate calculus）およびプロダクションルール（production rule）など種々のものが用いられている．推論エンジンは，対象問題を解くための知識ベースをどのように利用するかといった戦略を選択するものであり，前向き（データ駆動）あるいは後向き（目標駆動）が考えられる．

ジョブショップ・スケジューリング問題専用に開発された主要なエキスパートシステムの中で最も古いのは ISIS である（Fox, 1983）．ISIS は，目標，ハードな制約およびソフトな制約（訳注：原著ではそれぞれ physical constraints および casual restrictions）といった 3 つの階層の制約にもとづく制約指向の推論アプローチをとっていた．目標としては納期や仕掛りに関する目的関数が考慮され，ハードな制約としては機械の能力に制限があることが表現されていた．ソフトな制約の典型例が，処理進行に関するものと資源に関するものであった．制約の競合，制約の重要度，制約の相互干渉，制約の生成および制約の必要性といった種々の問題が考慮されていた．ISIS では，3 レベルの階層的な制約指向探索が用いられた．レベル 1 ではオーダの選択が行われた．レベル 2 では，選択されたオーダを処理するために必要な資源の利用可能性が調べられた．そして，レベル 3 で，詳細なスケジューリングが行われた．ISIS では，対話的にスケジュールを生成・変更することも可能であった．この際，更新中のスケジュールの整合性を維持するために制約に関する知識が用いられ，制約をほとんど満たさないスケジュールを特定することが可能であった．

Wysk et al.（1986）は，MPECS と呼ばれるエキスパートシステムとシミュレーションを統合したスケジューラを開発した．エキスパートシステムは，知識ベース内に蓄えられているディスパッチングルールやヒューリスティクスから，可能性のあるルールの系列を前向きあるいは後向きに選択するものであった．このルール選択は，ある 1 つの評価基準の最適化を目的とするものであり，その際，スケジューリング対象期間ごとに評価基準を変更することが可能であった．選ばれたルールは確定的シミュレーションによって 1 つずつ評価され，すべてのルールが評価された後で，最良のルールが実験システムに実装された．そのルールが実際にどのような性能を示したのかといった情報を集めることが可能であり，この情報を用いてオフライン的に知識ベースが更新された．周期的に再スケジューリングを行うことで，環境の変化に対してシステムが敏感に適応できることを示した．MPECS はいくつかの理由で重要であった．まず 1 つ目として，ショップからの実際のフィードバックにもとづいて意思決定が行われる最初のハイブリッドシステムであったことがあげられる．2 つ目は，将来の決定を改善するために何らかの学習機能を知識ベースに組み込んだこ

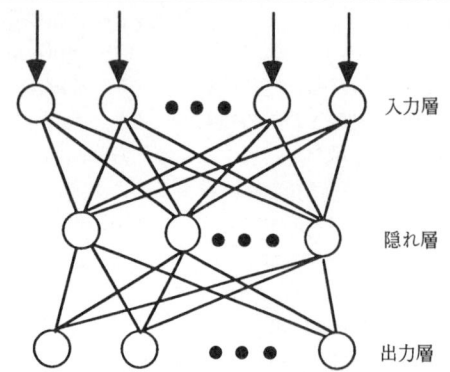

図1 3層フィードフォワード・ニューラル・ネットワークの一例

とである．これによって，いくつかの異なる評価基準を最適化する際にも，同じシステムを用いることができた．そして3つ目は，ショップスケジューリングに対して新たに多段階アプローチを用いたことである．

人工ニューラル・ネットワーク：人間の学習および予測能力を模倣することを目的として，ニューラル・ネットワーク（コネクショニスト（connectionist）あるいは分散並列処理モデル（distributed parallel processing model）とも呼ばれる）に関する研究が何年もの間行われている．ニューラル・ネットワークモデルは，ネットワークのトポロジー，ノードの特徴および学習ルールによって特定される．図1に，3層フィードフォワード・ニューラル・ネットワークの一例を示す．

ニューラル・ネットワーク（neural network）は，提示される「トレーニングパターン」を通して入力-出力間の望ましい関係を獲得しようとするものである．あるコスト関数が最小になるようにフィードフォワードネットワークの重みを勾配法によって変更する方法が，逆伝搬法（back-propagation）である（Rumelhart et al., 1986）．コスト関数は重みとトレーニングパターンのみに依存し，

$$C(W) = \frac{1}{2}\sum (T_{ip} - O_{ip}) \qquad (1)$$

で定義される．ここで，T, O, i および p は，それぞれ目標値，ネットワークの出力，出力ノードおよびトレーニングパターンである．

ネットワークが入力層（input layer）からの入力を出力層（output layer）に伝搬したあと，出力目標値と実際の出力との誤差が前の層に「逆伝搬」される．隠れ層（hidden layer）では，各ノードの誤差が，次の層（3層ネットワークの場合は出力層）のノードの誤差の重み付き和として計算される．たいていの場合，発火関数にはシグモイド関数が用いられ，重みは，

$$\Delta W_{ij} = \eta X_j(1-X_j)(T_j-X_j)X_i \qquad (2)$$

あるいは

$$\Delta W_{ij} = \eta X_j(1-X_j)(\sum \delta_k W_{jk})X_i \qquad (3)$$

にしたがって変更される．ここで，W_{ij}, n, x_j および d_k は，それぞれノード i-j 間の重み，学習係数，ノード j の出力およびノード k の誤差関数を表す．

j が出力層にあれば式（2）が，また j が隠れ層にあれば式（3）が用いられる．繰り返しの各段階において，コスト関数が減少するように重みが更新される．学習の過程は，実際の出力値とその予測値との誤差が，前もって与えられた許容誤差より小さくなるまで繰り返される．

Rabelo (1990) は，ジョブショップ・スケジューリングシステムにはじめて逆伝搬ニューラル・ネットワークを用いた．そこでは，到着パターン，処理計画，先行関係およびバッチサイズの異なるいくつかのタイプの仕事が考慮され，ニューラル・ネットワークを学習させるためのトレーニングパターンとしては，様々なスケジューリング方針と評価基準に見合った生産方法をネットワークが出力するように生成された．このようなトレーニングパターンを生成するため，対象とする生産システムに適用可能なディスパッチングルールの性能評価をするシミュレーションが行われた．ニューラル・ネットワークの学習は，3, 4 および 5 機械の問題に対して行われた．この学習を行うために，仕事の特徴（たとえば，タイプ，各タイプの仕事数，経路，納期および処理時間）とショップの特徴（たとえば機械数およびその能力）とを含む特別な入力特徴空間が開発された．ニューラル・ネットワークの出力は，対象とする問題および考慮される評価基準において適用可能なディスパッチングルールの相対的なランキングであった．このニューラル・ネットワークは膨大な数の問題に対してテストされ，その（平均納期遅れ最小化に関する）性能は，ただ1つのディスパッチングルールを適用した場合よりも常によい結果（25%から50%）であった．

ホップフィールドニューラル・ネットワーク（Hopfield and Tank, 1985）もまた，古典的・教科書的なジョブショップ・スケジューリング問題に適用されている．このホップフィールドネットワーク（Hopfield network）の実現に際しては，緩和モデルがベースとなる．Foo and Takefuji (1988) および Zhou et al. (1990) では，それぞれ4仕事3機械および10仕事10機械のジョブショップ・スケジューリング問題を解くためにホップフィールドネットワークが用いられている．Lo and Bavarian (1990) は，仕事，機械および時間を表現するために2次元のホップフィールドネットワークを3次元へと拡張した．彼らの目的はメイクスパン最小化であり，

$$E_t = \frac{1}{2}\sum_{j=1}\sum_{i=1}\sum_{l=1}(v_{ijl}/C_k)(1+T_{ij}-1)$$

のように定義されている．ここで，C_k, v_{ijl} および T_{ij} は，それぞれスケーリング係数，ニューロン ijl の出力およ

び機械 j が仕事 i を完了するのに必要な時間である．

これらのアプローチでは，実行可能スケジュールを生成するのに多くの変数が必要とされるために計算効率が悪く，また実行不能スケジュールしか生成されないことが多い．結果的に，これらのネットワークは，現実的なジョブショップ・スケジューリング問題に対しては使われていない．

遺伝アルゴリズム： 遺伝アルゴリズム (genetic algorithm) は，Darwinの自然選択説 (natural selection) および生物学的複製における突然変異 (mutation) を直接的に模倣した最適化手法である．この遺伝アルゴリズムは，原理的に概念 (concept) 空間を並列に探索するものであり，おのおのの探索過程において粗い山登りが行われることになる (Goldberg, 1989)．概念の実例が種の個体に対応し，概念に誘発する変化と組み換えが評価関数に照らしてテストされ，どの概念が次世代に生き残るのかが決まる．遺伝アルゴリズムは，

1. 問題の解を符号化する方法—固定長の記号列
2. おのおのの解のよさを返す評価関数
3. 解の集合を初期化する方法
4. 交差 (2つの親の間で，ランダムに選ばれた部分列を交換する)，突然変異 (遺伝子を変更する) および問題固有のその他の演算子など，親個体が複製される際にその遺伝的形質に変化を加えるために適用される演算子
5. アルゴリズムや演算子などに含まれるパラメータ設定

の5つの要素から構成される．盲目的組み換え演算子 (Davis, 1985; Goldberg and Lingle, 1985) の利用や制約条件の論理式充足問題への変換 (De Jong and Spears, 1989) を含め，ジョブショップ・スケジューリング問題に対する遺伝アルゴリズムの応用に関して，多くのアプローチが利用されている．

Starkweather et al. (1993) は，現実の生産工場における2目的ジョブショップ・スケジューリング問題にはじめて遺伝アルゴリズムを適用した．そこでは，工場内の平均在庫の最小化およびオーダの処理待ち時間の最小化が目的とされた．なお，これら2つの目的間には負の相関がある（在庫を増やすと待ち時間が短くなる；在庫を減らすと待ち時間が長くなる）．生産・出荷の最適化問題を表現するため，個体集合の各要素（染色体, chromosome）を次のような記号列に符号化している．客からのオーダを離散的な整数を用いて表し，この客からのオーダ（整数値）の順列を染色体に対応させる．また，盲目的組み換え演算子の変形，すなわち順列内の要素の相対順序に関する情報を重要視する演算子にもとづいた遺伝アルゴリズムを用いている．これは，順列内の要素の相対順序が在庫と待ち時間の両者に強く関連するという理由からである．個体集合内の要素をランキングするために，（2つの評価値の加重和をとった）単一の評価関数が用いられ，操業のオンラインシミュレーションにもとづいてランキングが行われた．このアプローチによって，工場責任者が許容できる在庫レベルおよび待ち時間を実現するスケジュールが生成された．さらに，遺伝アルゴリズムとオンラインシミュレーションを組み合わせているので，システムダイナミクスの変化に対応することが可能であった．

学 習： 知識ベースを開発する最初の段階は知識の獲得である．これ自身，2段階の手続きとなる．すなわち，知識の源から知識を得ることおよびこの知識をディジタル形式で蓄積することである．知識獲得の分野では，プロトコル解析や対話的編集などといった多くの研究が行われている．知識の源としては，熟練者，シミュレーションデータ，経験的データ，データベースおよびテキストなどがある．ジョブショップ・スケジューリング問題における知識の源は，熟練者あるいはシミュレーションデータである場合が多い．これら2つの源から知識を引き出すためのツールとして，例（データ）から学習を行う機械学習 (machine learning) の手法が有望なものとなる．帰納学習 (inductive learning) は，状態を分類する過程であり，状態空間を超平面ととらえることによって，（条件と決定からなる）トレーニングデータを超平面上の点として表現する．帰納学習アルゴリズムは，トレーニングデータにもとづいて，分割されたそれぞれの領域では同じ決定（結論）が出されるように超平面をいくつかの領域に分割するためのものである．

エキスパートシステムの枠組みに帰納を付加した形のアルゴリズムが，Quinlan (1986) によって実現されている．ID 3 (iterative dichotomister 3) と呼ばれるものである．ID 3 は，事例を利用してプロダクションルール（たとえば IF…THEN…）を帰納学習するものであり，単純な決定木を形成する．決定木は，分類を目的とした知識を表現する1つの方法であり，そこでのノードが分類されるオブジェクトの属性に対応し，アークが属性の取りうる値を表す．また，末端のノード（葉）がオブジェクトグループが属するクラスを示している．各事例は属性および決定によって記述される．オブジェクトをクラスに分割するための有効な属性を定めるに際して，まず，それぞれの属性がもつ情報量を測るためのエントロピーが導入される．そして，全体のエントロピーを最小化するような繰り返し型の分解過程によって，ルールが獲得されることになる．属性 A_k のエントロピーは，

$$H(A_k) = \sum_{j=1}^{M_k} P(a_{kj}) \left\{ -\sum_{i=1}^{N} P(c_i | a_{kj}) \log_2 P(c_i | a_{kj}) \right\}$$

によって定義される．ここで，

$H(A_k)$ = 属性 A_k のエントロピー
$P(a_{kj})$ = 属性 k が j 番目の値をもつ確率

$P(c_i|a_{kj})$ = 属性 k が j 番目の値をもつときにクラスが c_i である確率
M_k = 属性 A_k の取りうる値の数
N = クラスの総数（結果）

である．

エントロピーの最小値をとる属性が，オブジェクトを分類する決定木のノードとして選ばれる．このノードから出るアークのそれぞれが，対応する属性の異なる値を表す．1つのアークに含まれるすべてのオブジェクトが同じクラスに属する場合，分解の過程を終了する．そうでなければ，このアークに属するオブジェクトをさらに分類するため，エントロピーの値を参照して他の属性が選ばれる．このような分解の過程は，1つのアークに含まれるすべてのオブジェクトが同一のクラスに属するようになるまで繰り返される．なお，連続値をとる属性については，このアルゴリズムを適用する前にあらかじめ離散値に変換しておかなければならない．

ジョブショップ・スケジューリング問題へ応用する場合，属性およびクラスが，それぞれシステムの状態およびディスパッチングルールを表すことになる．ほとんどの場合に属性は連続値となる．Yih は 1990 年に，連続値を扱うために，また熟練者に口頭でインタビューする際に生じる問題を避けるために，履歴駆動型の知識獲得（trace-driven knowledge acquisition: TDKA）手法を提案した．TDKA は，熟練のスケジューリング担当者と対話することなく，スケジューリングルールを学習するものである．このアプローチには3つの段階がある．ステップ1では，熟練者の意思決定過程を模擬するための対話的シミュレータが開発され，熟練者がこのシミュレータと対話して意思決定を行う．意思決定過程の全容がシミュレータに記録されて，後の解析で反復される．一連のシステム情報と対応する決定の蓄積は「履歴」（trace）と呼ばれる．ステップ2で「履歴」が解析され，これをいくつかのグループに分類するルールが形成される．分類の過程は，各グループのほとんどすべての事例において同一のディスパッチングルールが用いられる（知識エンジニアによって与えられた閾値を誤差が下回る）ようになるまで繰り返され，最終的に意思決定ルールが形成される．最後のステップでは，生成されたルールが検証される．獲得されたルールベースを用いてシミュレータ内で仕事スケジュールを生成し，そのスケジュールが熟練者のものと同等かよりよい場合には終了．そうでなければ，閾値を大きくしてステップ2に戻ることになる．

新しい動向

この10年間の間，多くの製造会社がモダンなコンピュータベースの技術に多大な投資をしている．これらの技術によると，ショップで生じた事象に関するデータをそのままの形で蓄積することが可能である．このようなデータを利用できるようになったことが，OR の分野での新たな試みを引き起こしている．それは，ショップに問題が生じたことをデータが示す場合にはいつでも，「リアルタイムで」再スケジューリングできるようなジョブショップ・スケジューリング・システムを開発しようとするものである．さらに，多くの製造者は，これらのシステムに，(1) 複数の評価基準や仕事の優先度を扱えること，(2) 再スケジューリングの際にいくつかの仕事を固定できること，(3) 階層化・分散化の形態で存在する他のショップ制御装置と統合できること，といった能力を要求している．

このような要求に応えるため，多くの研究者が，これまでに紹介した2つあるいはそれ以上の技術を組み合わせたハイブリッドシステムを構築しはじめている（このうちのいくつかは先に紹介されている）．ハイブリッドシステムの中でも最も有望なものの1つが，Jones et al. (1994) に記されているもので，Davis and Jones (1988)，Gershwin (1989)，Rabelo (1990) および Yih (1990) の考え方にもとづくものである．それは，人工ニューラル・ネットワーク，リアルタイムシミュレーション，遺伝アルゴリズムおよび帰納学習を統合した2レベルの階層型スケジューラを実現するために設計されている．多段階の多目的アプローチで，特に上述の新たな要求のすべてに応えることを目的として設計されたものである．最初のステップでは，MPECS と同様に，単一の評価基準のもとで人工ニューラル・ネットワーク (Rabelo, 1990) を用い，多数のヒューリスティクスから少数のスケジューリングルール候補が高速に生成される．ステップ2では，Davis and Jones (1988) によるリアルタイムシミュレーションによって，候補ルールがより詳細に評価される．この評価は，すべての評価基準に対してそれぞれのルールがどの程度有効なのかを示すランキングを定めるために必要である．このランキングにもとづいてさらに候補の数を絞り込むことができるが，Davis et al. (1991) に示されているように，一般的には，単一のヒューリスティックルールを用いていくつかの評価基準を同時に最適化することはできない．

この難点を克服すべく，(1) 最も魅力的な候補の最良の特徴を組み合わせるとともに，(2) これらの候補の最悪の特徴を除去し，そして (3) すべての目的に対して満足のいくレベルの性能を引き出せるような新しい「ルール」を作ることが望ましい．Jones et al. (1991) によって2段階の手順が提案されている．まず最初に，最良の候補ルールを実際に適用して得られるスケジュールを遺伝アルゴリズムの入力として用いる．遺伝アルゴリズムからの出力は「最もよい」スケジュールである．次のス

テップでは，そのスケジュールに含まれる知識が引き出されて新しいルールに取り込まれる．そして，将来利用することができるように，この新しいルールをヒューリスティクスの集合に追加しておく．ここでのルール獲得には，履歴駆動型の知識獲得手法が用いられる（Yih, 1990）．現時点までで，平均滞流時間と最大納期遅れの和を目的関数とした計算機実験を行っているが，このルール獲得に要する計算時間は，33 MHzの486 PCクラスの計算機で1分以下であった．明らかに，Pentiumクラスの計算機ではより少ない計算時間ですむであろう．

おわりに

ジョブショップ・スケジューリング問題に対する主要な方法を，その進展とともにキーとなる例題を通して概観した．ここで紹介した方策は，数理計画法から遺伝アルゴリズムに渡る広範な技術にもとづくものである．さらに，これらの技術の2つあるいはより多くを統合することを試みるといった新しい動向についても記した．

ジョブショップ・スケジューリング問題はNP完全な問題のクラスに属するので，その定式化および求解が最も難しいものの1つである．30年以上もの間，オペレーションズリサーチ研究者はこの問題に対する解法を追求し，様々なレベルの成功を収めている．一方，ジョブショップ・スケジューリング問題は，客からの需要に応えて利益を生み出すといった生産者側の能力に及ぼす影響の多大さにおいて，最も重要な問題の1つとされている．この理由により，オペレーションズリサーチ研究者は，この追求を次の世紀までも続けるであろう．

⇒ 人工知能，計算複雑度，決定木，ガントチャート，遺伝アルゴリズム，階層的生産計画，線形計画法，ニューラル・ネットワーク，業務管理，生産管理，スケジューリングと順序付け．

[Albert Jones, Luis Rabero, Yuehwern Yih／玉置 久]

参考文献

[1] Adams, J., E. Balas and D. Zawack (1988), "The Shifting Bottleneck Procedure for Job Shop Scheduling," *Management Science*, 34, 391–401.

[2] Baker, K. (1974), *Introduction to Sequencing and Scheduling*, John Wiley, New York.

[3] Bean, J. and J. Birge (1986), "Match-up Real-time Scheduling," NBS Special Publication 724, 197–212.

[4] Benders, J. (1960), "Partitioning Procedures for Solving Mixed-Variables Mathematical Programming Problems," *Numersche Mathematik*, 4, 238–252.

[5] Chiu, C. (1994), "A Learning-Based Methodology for Dynamic Scheduling in Distributed Manufacturing Systems," PhD Dissertation, Purdue University, West Lafayette, Indiana.

[6] Conway, R. and W. Maxwell (1967), *Theory of Scheduling*, Addison-Wesley, Reading, Massachusetts.

[7] Dantzig, G. and P. Wolfe (1960), "Decomposition Principles for Linear Programs," *Operations Research*, 8, 101–111.

[8] Davis, L. (1985), "Job Shop Scheduling with Genetic Algorithms," *Proceedings of an International Conference on Genetic Algorithms and Their Applications*, Carnegie Mellon University, 136–140.

[9] Davis, W. and A. Jones (1988), "A Real-Time Production Scheduler for a Stochastic Manufacturing Environment," *International Journal of Computer Integrated Manufacturing*, 1, 101–112.

[10] Davis, W., H. Wang and C. Hsieh (1991), "Experimental Studies in Real-Time Monte Carlo Simulation," *IEEE Transactions on Systems, Man and Cybernetics*, 21, 802–814.

[11] De Jong, K. and W. Spears (1989), "Using Genetic Algorithms to solve NP-Complete Problems," *Proceedings of the Third International Conference on Genetic Algorithms*, Carnegie Mellon University, 124–132.

[12] Foo, Y. and Y. Takefuji (1988), "Stochastic Neural Networks for Solving Job-Shop Scheduling: Part 2. Architecture and Simulations," *Proceedings of the IEEE International Conference on Neural Networks*, published by IEEE TAB, II283–II290.

[13] Fox, M. (1983), "Constraint-Directed Search: A Case Study of Job Shop Scheduling," PhD Dissertation, Carnegie-Mellon University.

[14] Gershwin, S. (1989), "Hierarchical Flow Control: a Framework for Scheduling and Planning Discrete Events in Manufacturing Systems," *Proceedings of IEEE Special Issue on Discrete Event Systems*, 77, 195–209.

[15] Goldberg, D. (1988), *Genetic Algorithms in Search Optimization and Machine Learning*, Addison-Wesley, Menlo Park, California.

[16] Goldberg, D. and R. Lingle (1985), "Alleles, Loci, and the Traveling Salesman Problem," *Proceedings of the International Conference on Genetic Algorithms and Their Applications*, Carnegie Mellon University, 162–164.

[17] Hopfield, J. and D. Tank (1985), "Neural Computation of Decisions in Optimization Problems," *Biological Cybernetics*, 52, 141–152.

[18] Jones, A., L. Rabelo and Y. Yih (1994), "A Hybrid Approach for Real-Time Sequencing and Scheduling," *International Journal of Computer Integrated Manufacturing*, to appear.

[19] Lo, Z. and B. Bavarian (1991), "Scheduling with Neural Networks for Flexible Manufacturing Systems," *Proceedings of the IEEE International Conference on Robotics and Automation*, Sacramento, California, 818–823.

[20] McKenzie, L., (1976), "Turnpike Theory," *Econometrics*, 44, 841–864.

[21] Panwalker, S. and W. Iskander (1977), "A Survey of Scheduling Rules," *Operations Research*, 25, 45–61.
[22] Quinlan, J. (1986), "Induction of Decision Trees," *Machine Learning*, 1, 81–106.
[23] Rabelo, L. (1990), "A Hybrid Artificial Neural Networks and Knowledge-Based Expert Systems Approach to Flexible Manufacturing System Scheduling," PhD Dissertation, University of Missouri-Rolla.
[24] Rumelhart, D., J. McClelland and the PDP Research Group (1986), *Parallel Distributed Processing: Explorations in the Microstructure of Cognition Vol. 1: Foundations*, MIT Press, Cambridge, Massachusetts.
[25] Saleh, A. (1988), "Real-Time Control of a Flexible Manufacturing Cell," PhD Dissertation, Lehigh University.
[26] Starkweather, T., D. Whitely and B. Cookson (1993), "A Genetic Algorithm for Scheduling with Resource Consumption," *Proceedings of the Joint German/US Conference on Operations Research in Production Planning and Control*, Springer-Verlag, 567–583.
[27] Wysk, R., D. Wu and R. Yang (1986), "A Multi-Pass Expert Control System (MPECS) for Flexible Manufacturing Systems," NBS Special Publication 724, 251–278.
[28] Wu, D. (1987), "An Expert Systems Approach for the Control and Scheduling of Flexible Manufacturing Systems," PhD Dissertation, Pennsylvania State University.
[29] Yih, Y. (1990), "Trace-Driven Knowledge Acquisition (TDKA) for Rule-Based Real-Time Scheduling Systems," *Journal of Intelligent Manufacturing*, 1, 217–230.
[30] Zhou, D., V. Cherkassky, T. Baldwin and D. Hong (1990), "Scaling Neural Network for Job Shop Scheduling," *Proceedings of the International Conference on Neural Networks*, 3, 889–894.

処方箋的モデル

prescriptive model

マン／マシンシステムの最良解あるいは最適解を記述するモデルのこと．決定問題に対しては，このようなモデルは最良の代替解を選択するように支援するのに用いられる．⇒意思決定問題，記述モデル，数理モデル，規範的モデル，処方箋的モデル．

人工知能

Artificial Intelligence

人工知能（AI）もオペレーションズリサーチ（OR）もともに計算機科学の初期にその起源をもち，1950年代から1960年代にかけて成熟してきた．さらに，ともに過去十年間，コンピュータの爆発的な性能向上と普及に伴って大きな変化を遂げてきた．オペレーションズリサーチは，問題解決に対する学際的な接近法であり，システムを表現するのに一般に数理モデルを利用する．人工知能は，少なくとも部分的には，その解決に知性を要求すると一般に考えられるような機能を計算機に実行させる接近法である．知性の意味については議論があるものの，ORに関連する知性の1つの要素として，複雑な問題を解決する能力があげられる．

2つの問題解決の要素は〈ヒューリスティクス〉（発見的方法，heuristics）と〈推論〉（reasoning）である．これらに関連するAIの話題はORにおけるものとほぼ等しかったし，現在もその状況に変わりはない．最初に，発見的探索について，ORとAIの接近法の類似点と相違点に注目しながら論ずる．ついで，推論の1つの形式，すなわち論理的推論を，組合せ最適化との関連において記述する．この話題は論理プログラミングとエキスパートシステムの設計において中心的なものである．

ヒューリスティック探索

ヒューリスティック（heuristic）は複雑な問題を解くために考案された経験則である．ときには，ヒューリスティックそれ自身が，解を得るための完全に定義された手続きとなる．より一般的には，ヒューリスティックは探索戦略を誘導するために使われる機能である．

ヒューリスティック探索（heuristic search）を設計する最初のステップはモデル化である．この段階で，問題の表現とともに，データベース（database），プロダクションルール（production rule），制御戦略（control strategy）が定義される．探索の任意の時点で，データベースには解候補の部分集合が含まれ，制御戦略が新しい解候補生成に使うプロダクションルールを選択し検査する．制御戦略の例として，深さ優先探索と幅優先探索があげられる．巡回セールスマン問題（traveling salesman problem）における部分解のような解候補の検査には，ツアー（tour）の最終解に向かうそれ以降の探索を導くために，ヒューリスティックが使われる．ヒューリスティックには，部分解の終点において，その最も近い点を選んでツアーを伸ばすといった単純なものもありうる．その一方，ヒューリスティックには，部分解を完全解に作り上げたときのツアーの長さに関する限界を与えるために，線形計画緩和問題を解くといった，はるかに計算コストのかかるものもある．

探索木（search tree）のノードを選択するAIの手法にA*アルゴリズム（A* algorithm）がある．これは，最適解の発見をヒューリスティック関数によってガイドするように設計した一連のアルゴリズムである．巡回セー

ルスマン問題の部分解に相当するような，探索木中の任意のノード n について，そのノードに至るまでのコストを $g(n)$ とおき，解が得られるまでの推定最小コストをヒューリスティック関数 $h(n)$ で表現する．この制御戦略では，$g+h$ が最小となるようなノードを選択する．

この一連のアルゴリズムでは，ヒューリスティック関数が〈許容されること〉(admissible)，すなわち，$h(n) \leq h^*(n)$ となることが要請される．ここで，$h^*(n)$ はノード n から解に至るまでの実際の最小コストである．換言すると，ヒューリスティック関数は完全解に至るまでのコストの楽観的な評価値であり，特に，n が完全解であるならば $h(n)=0$ が成り立つ．許容性に対する条件はゆるやかなものであるが，A* アルゴリズムは，最適解が存在するならば，必ず最適解で停止する．さらに，h が許容されるので，すでに発見された解 n' について $g(n)+h(n) \geq g(n')$ ならば，探索木においてノード n より下を枝刈りすることができる（OR ではこれをノードを見切る（fathoming a node）という）．

$h \equiv 0$ かつ $g(n)$ がノード n の深さとして定義されているような特別な場合が幅優先探索となる．もう1つ別の特別な場合が，一般の整数計画で用いられる OR における分枝限定法である．この場合は，$g+h$ はノードにおいて線形緩和した目的関数の値となる．

ヒューリスティックはノードのコストのよりよい推定値を与えるように改良することができる．しかし，$h' \geq h$ を満たす h' を使う場合に，より多くの情報をもつ h' がより多くの探索木のノードを必要とするというような，異常な状況が発生することもある (Pearl, 1984)．ゆるやかなタイプブレークのルール，たとえば，最も左のノードを選ぶようなルールを用いると，このような異常な状況は発生しえない．そうすると，より多くの情報をもつヒューリスティックは，h を利用して枝刈される (pruned) 任意のノードが h' を使っても枝刈されるという意味で，より効率よく解を得ることができる．AI においては，より多くの情報をもつヒューリスティックが自動的に導出できるような学習ルール (learning rule) の研究に興味がもたれている．

AI は OR と異なり，解を導くという任務と，知的行動の実験的な理論をテストするうえでの研究ツールを提供するという任務の二重の役割をもっている．この二重の役割によって AI がヒューリスティック探索に接近する方法に OR との差異が生ずる．OR の設計では，いつでも最小の計算コストで最適解を探す．そのため複雑な問題においては解の品質と計算コストの間にトレードオフを考慮しなければならない．AI の設計では，これに加えて人間の推論方法との関連においてヒューリスティックの意味付けがなされるので，解の品質と計算コストとのトレードオフは異なったものとなりうる．歴史的には，OR は比較的狭いクラスの問題において数学的な構造を調べることによって計算コストを削減する研究に集中してきた．一方，AI はより広範囲の問題に対して論理的方法を使う研究に集中してきた．しかし，最近は，OR の接近法と AI の接近法とは混じりあうことが多くなっている．

OR 研究者も AI 研究者もヒューリスティック探索の新しい手法の研究をするようになった．その中には遺伝アルゴリズム (genetic algorithm)，ニューラル・ネットワーク (neural network)，シミュレーテッド・アニーリング法 (simulated annealing)，タブーサーチ (tabu search)，目標分析 (target analysis) などの手法が含まれる．これらの手法は自然界の比喩から触発されたものである．遺伝アルゴリズムは自然淘汰に範をとっており，ニューラル・ネットワークは脳がどのように働くかに範をとっている．シミュレーテッド・アニーリング法は熱力学の第二法則がもとになっているし，タブーサーチは知能と記憶との関連性がもとになっている．目標分析は経験からの学習から触発されたものである．

計算論理学

推論を行う1つの方法は論理学にもとづくものである．最も基本的な形式では命題論理 (propositional logic) が用いられる．この方法では，命題の集合と論理表現 (logical expression) が与えられる．〈充足可能性問題〉(satisfiability problem) とは，論理表現が真になるように，命題群に真偽値を割り当てるという問題である．論理的推論では，与えられた表現は，命題が互いにどう関連するかを示す事実となる．たとえば，命題 $P_j = TRUE$ がプロジェクト j を選択するという意味付けをもち，その否定はプロジェクト j を選択しないという意味付けをもつような，プロジェクト選択問題が与えられたとする．プロジェクトは単純な前後関係の制約をもつ．すなわち，$P_i \rightarrow P_j$ で，プロジェクト i が選択されればプロジェクト j も選択されなければならない（もしくはプロジェクト i の選択はプロジェクト j より先行しなければならない）という関係を表す．

実行可能な真偽値 (truth assignment) の割当てが存在するのは，〈知識ベース〉(knowledge base) に含まれる事実が整合的である場合である．論理表現のあるものが他から含意できる場合には，冗長な事実が存在する．たとえば，知識ベースが $P_i \rightarrow P_j$, $P_j \rightarrow P_k$ という表現を含んでいれば，$P_i \rightarrow P_k$ は（含意の推移律によって）冗長な事実である．知識ベースが巡回的推論を含むというのは，推論の連なりによって $P_i \rightarrow P_i$ という表現を導く場合をいう．たとえば，$P_i \rightarrow P_j$, $P_j \rightarrow P_k$, $P_k \rightarrow P_i$ という表現は巡回的である．これは，プロジェクト i, j, k が同値類を構成すること，すなわち，すべてが選択されるかすべてがまったく選択されないかのどちらかを意味す

る．知識ベースを管理する場合，とくに新しい事実が付加されたときに，知識ベースが，整合的か，冗長でないか，巡回的でないかを調べる必要が生ずる．ある場合には，これらに対する違反はルール入力の誤りを意味する．たとえば，ジョブスケジューリング（job scheduling）などのように，前提条件の制約が半順序関係になっている場合には，巡回的な推論の連なりは，実行可能なスケジュールが存在しないことを意味する．同様に，冗長性は，知識ベースの利用者が，推論の意味を誤解しないように導かれた命題間の関係のせいで発生することがある．

充足可能性問題は 2 値変数の線形不等式系で表現することができる．x_j を P_j がそれぞれ真か偽かによって 1 か 0 をとる変数としよう．単純な含意 $P_i \rightarrow P_j$ が真であることは $x_j \geq x_i$ と同値である．より複雑な論理表現も線形不等式で表現できるが，その不等式を導出する手間自身が，特別な形式を仮定しないかぎり，難しい問題となる．

そのような特殊な形式の 1 つがホーン節（Horn clause）である．これは，前提部が命題の連言であり，結論部が 1 つ以下の命題から構成されている．すなわち $P_1 \wedge P_2 \wedge \cdots \wedge P_n \rightarrow P_0$．この表現は，$x_0 \geq x_1 + x_2 + \cdots + x_n - n + 1$ と表現できる．ホーン節は論理プログラミング（logic programming）では一般に使われる．これは，演繹的な論理推論にもとづく推論規則を使って問題をモデル化する，AI の 1 つの接近法である（訳注：ホーン節の概念は，命題論理だけではなく，より広い述語論理の範囲でも成立するので，ここでの議論では，命題という用語のかわりに，節または論理式ということばを使うほうが正しい）．

特定の命題が事実の集合からどのように推論されるかを判定するための，論理プログラミングの問題は組合せ最適化問題の 1 つに定式化できる．命題上の添え字集合 I の要素 i について，P_i の真偽値が与えられ，そして，I に含まれない j について，P_j を知識ベースから推論したいとする．I に含まれる i について P_i の真偽に応じて $x_i = 1$ または 0 とし，論理的制約にしたがって x_j を最適化する．x_j の最大値が 1 であるための必要十分条件は，P_j が真となりうることであり，x_j の最小値が正であるための必要十分条件は P_j が真でなければならないことである．すると，P_j が真になりうる（すなわち max $x_j=1$）かつ P_j が偽になりえない（すなわち min $x_j > 0$）ならば，知識ベースの事実が P_j を含意することになる．P_j が真になりえない（すなわち max $x_j < 1$）かつ P_j が偽になりえないならば，知識ベースの事実は整合的でない．

論理プログラミングとエキスパートシステム

論理プログラミングは記号論理を問題表現と推論に使う．論理プログラミングの基礎は 1 階述語論理（first-order predicate logic）であり，命題論理に比べて表現力がはるかに強力で，その計算手続きは〈推論エンジン〉（inference engine）と呼ばれる（訳注：推論エンジンという用語は，AI における記号的な問題解決を行うプログラム全般に対して使われる．論理プログラミングに限る用語ではない）．論理プログラミング言語の 1 つに PROLOG がある．これは日本において第五世代コンピュータプロジェクトで標準として採用された．

論理プログラミングは，スケジューリングや経路問題のような OR における応用問題でも研究されている．特定の問題に助言を与えるように設計したエキスパートシステムを開発する場合に PROLOG が一般に利用される．エキスパートシステムの知識表現には論理表現の他の形式も含まれるし，不確実性の概念は様々な計算法によって表現される．

論理的手法の拡張は人間の推論においても AI においても自然になされる．たとえば，われわれは，（鳥は飛ぶ）という事実を受け入れるが，論理的な推論の主要な結果の値を変えることなしに，「ペンギン」のような特殊な場合も扱うことができる．この種の研究の主要なキーワードとして非単調論理（non-monotonic logic）やデフォルト論理（default logic）がある．

文　献

現在では数多くの入門書が出版されているが，AI で扱われる項目と概念の一般的な背景は，Barr and Feigenbaum (1981) や Shapiro (1990) に見られる．伝統的なヒューリスティック探索については，Pearl (1984) がよく書けている，より新しい手法については Glover and Greenberg (1989 a) で包括的に解説されている．OR と AI の関連性については Glover and Greenberg (1989 b) が詳しい．計算論理学とその OR との関連については Chandru and Hooker (1992) がよいガイドである．Klir (1989) は不確実な情報を表現する種々の方法についてよい展望を与える．AI の再生に大きな影響を与えた日本の第五世代プロジェクトについて興味深い説明が，Feigenbaum and McCorduck (1983) で与えられている．

⇒組合せ/整数最適化，エキスパートシステム，遺伝アルゴリズム，ヒューリスティック手続き，ホーン節，推論エンジン，ニューラル・ネットワーク，シミュレーテッド・アニーリング法（やきなまし法），タブーサーチ．

[Harvey J. Greenberg/寺野隆雄]

参 考 文 献

[1] A. Barr and E.A. Feigenbaum, eds. (1981). *The Handbook of Artificial Intelligence*, volume 1,

Heuris Tech.
[2] V. Chandru and J.N. Hooker (1993). *Optimization Methods for Logical Inference*, John Wiley, New York.
[3] E.A. Feigenbaum and P. McCorduck (1983). *The Fifth Generation*, Addison-Wesley, Reading, Massachusetts.
[4] F. Glover and H.J. Greenberg (1989a). "New Approaches for Heuristic Search: A Bilateral Linkage with Artificial Intelligence," *European Jl. Operations Research* 39(2), 119–130.
[5] F. Glover and H.J. Greenberg, eds. (1989b.) *Annals of Operations Research 21: Linkages with Artificial Intelligence*.
[6] G. Klir (1989). "Is There More to Uncertainty Than Some Probability Theorists Might Have Us Believe?," *International Jl. General Systems* 15, 347–378.
[7] J. Pearl (1984). *Heuristics*, Addison-Wesley, Reading, Massachusetts.
[8] S.C. Shapiro, ed. (1990). *Encyclopedia of Artificial Intelligence*, volumes 1 & 2, John Wiley, New York.

人工変数（人為変数）

artificial variables

出発実行可能基底解を求めるために，線形計画問題に一時的に追加される一群の非負変数のこと．もとの制約が $Ax=b, x\geq 0$ である場合には，その方程式のおのおのに対して人工変数, $y_i\geq 0$ を追加すると，方程式は $Ax+Iy=b, x\geq 0, y\geq 0$ となる．この y が人工変数ベクトルである．ここで $b\geq 0$ であることを仮定すると，このシステムは $y_i=b_i$ を基底変数, x_i を非基底変数とする自明な（人工的）実行可能解をもつ．もとの制約に対する実行可能基底解を求めるには，人工変数の値をゼロとすることが必要である．このための1つの方法として，(フェーズIとして知られる）人工変数の和を最小化する補助的線形計画問題を解く，というやり方がある．

もし新たなシステムが，すべての人工変数をゼロにするような解をもたないのであれば，もとの制約式は実行不能である．⇒ビッグM法，フェーズI手続き，フェーズII手続き.

真彩色

proper coloring

隣接する頂点が，異なる色になるようにグラフの頂点に色を割り当てること．⇒グラフ理論.

シンプレックス

simplex

$x_1+\cdots+x_n\leq 1, x_j\geq 0$ なる形式によって与えられる多面体のこと．またシンプレックスは一般に n 次元ユークリッド空間内の $n+1$ 個の点の凸包（convex hull）である．

シンプレックス・タブロー

simplex tableau

線形計画問題に対する基底解に付随する変換データを示す系統的な数値表現のこと．問題：最小化 cx, 条件 $Ax=b, x\geq 0$ に対して， B は $m\times m$ 実行可能基底行列, c は n 次元行ベクトル， b は n 次元列ベクトル，そして x は n 次元変数ベクトルとすると，シンプレックス・タブローは $(m+1)\times(n+1)$ の長方形行列

$$\begin{bmatrix} B^{-1}A & | & B^{-1}b \\ \pi A-c & | & \pi b \end{bmatrix}$$

ここで価格ベクトル (pricing vector) π は $c_0 B^{-1}$ に等しい．タブローの最後の $(m+1)$ 番目の行はリデューストコストと現在の目的関数値をそれぞれ含んでいる．シンプレックス法がフェーズIにある場合，追加の行が人工基底に付随するリデューストコストを含むタブローに付け加えられる．タブローの配列の中で，リデューストコストに付随する行がタブローの最上部に与えられる．また縮小タブローは，基底の行がリデューストコスト0の単位行に変換されるため，それらに対応する行を除くことによって得られる．シンプレックス・タブローは小さな問題を手で指導しながら解くときに有用である．コンピュータに基づくシンプレックス法のソフトウェアは，計算上非効率的なため，タブローを用いていない．その代わりにある種の改訂シンプレックス法 (revised simplex method) を用いている．⇒基底，フェーズI手続き，フェーズII手続き，改訂シンプレックス法，シンプレックス法.

シンプレックス法

simplex method (algorithm)

線形計画問題：最小化 cx, 条件 $Ax=b, x\geq 0$ を解くための計算手続きのこと．ここで A は $m\times n$ 行列 ($m<n$), c は n 次元行ベクトル， b は n 次元列ベクトル，そして x は n 次元変数ベクトルである．シンプレックス法は George B. Dantzig によって1940年代後半に開発された．この方法は既知の実行可能基底解 (feasible basic solution) あるいは人工基底解から出発し，問題が実行可能であるという前提の下では，目的関数値が改善されあ

るいは悪くならないような一連の実行可能基底解（端点解）を求める．非退化の仮定の下では，解の凸集合の端点，端線の個数が有限であることから，有限回のステップで解に収束する．最大 m 個の変数が正値解となる．シンプレックス法の各ステップ（反復）において，解の非負性を維持しながらガウス消去法を適用することによって新たな基底が求められ，作成される．消去ステップでは現在の解の変数を新たな変数と置換する．基底の逆行列（改訂シンプレックス法，revised simplex method）は現在の解が最適解でない場合に，現在の基底解にない変数を「価格付け」するために価格ベクトルを作成し，解に入る変数を選ぶのに用いられる．対応する双対問題に対する最適解もまたシンプレックス法によって原主問題に対する解の一部分として生成される．シンプレックス法はほとんどの主要なコンピュータシステム上で実行され，広範なシンプレックス法にもとづくソフトウェアがパーソナルコンピュータ上でスプレッドシートの形で利用可能である．⇒双対線形計画問題，線形計画法，価格，主問題，改訂シンプレックス法．

新聞売り子問題

newsboy problem

ある品目（ここでは新聞）を期首に調達し，期末には処分（または割引きをして売却）することを考える．需要は既知の分布にしたがう確率変数とする．問題は期待費用を最小化する期首在庫量を決めることである．これは確率的需要をもつ1期間在庫モデルになる．この問題はクリスマスツリー，流行のあるファッション，そしてスノータイヤやハヌカー祭用のろうそくといった次のシーズンまで保管される品目にもまた適用される．⇒在庫モデル．

信頼性

reliability

信頼性とは，要素あるいはシステムが，その所期の機能を要求されたときにそれを遂行する能力をいう．信頼性は通常，装置あるいはシステムが意図された時間，故障しなかった確率として定量化される．すなわち，$R(t)=\Pr\{寿命>t\}=1-F(t)$，ここで F は寿命の累積分布関数である．この関数はまたよく残存分布関数（survival function）と呼ばれる．⇒故障率関数，信頼度関数，システム信頼性．

信頼度関数

reliability function

時刻 t における信頼度，$R(t)$ で，これは，$\Pr\{寿命>t\}=1-F(t)$ で定義される．ここで，F は寿命の累積分布関数である．⇒信頼性，システムの信頼性．

す

錐
cone

集合 S は，S に属するすべての点に対して，その点によって生成される射線を含むとき錐という．数学的に述べると，$x \in S$ ならすべての $\alpha \geq 0$ に対して αx が S に含まれるとき，S を錐という．

推移確率
transition probabilities

マルコフ過程 $\{X(t), t \in T\}$ の状態から状態への推移を表す条件付き確率．一般的には，時点 $s<t$，状態 x および状態集合 A に対して $P(X(t) \in A | X(s) = x)$ と表される．離散時間マルコフ連鎖においては，時点 n で状態 i から j へ推移する確率 $P(X_{n+1}=j|X_n=i)=p_{ij}$ となる．⇒ マルコフ連鎖，マルコフ過程．

推移関数
transition function

マルコフ過程 $X(t)$ が状態集合 A へ推移する確率 $p(s, x; t, A) = P(X(t) \in A | X(s) = x)$ を表す関数．⇒ マルコフ連鎖，マルコフ過程．

推移行列
transition matrix

マルコフ連鎖 $\{X_n\}$ において，状態 i から状態 j への (1ステップ) 推移確率 $p_{ij} = P(X_{n+1}=j|X_n=i)$ を要素とする行列 $\boldsymbol{P} = (p_{ij})$．⇒ マルコフ連鎖，マルコフ過程．

水準曲線
level curve

等高線と呼ぶこともある．すなわち，与えられた関数が同一の値をもつ曲線のこと．⇒ 等高線．

推論
reasoning

問題解決 (problem-solving) 過程のこと．論理的な推論と類推的な推論が2つのパラダイムである．論理的な推論には演繹的なものと帰納的なものがある．演繹的推論 (deductive reasoning) は前提条件と推論規則とから結論を導く．帰納的推論 (inductive reasoning) は複数の観測を説明する一般的な結論を構成する．類推的な推論では，現在の状況の類比として，以前の経験からの類推を用いる．ニューラルネットワークは，類推的な推論の1つのパラダイムである(訳注：ニューラルネットは，データからの学習の過程で，データや知識を汎化する能力をもつが，一般に類推の機能はもたない)．⇒ 人工知能，エキスパートシステム，ニューラル・ネットワーク．

推論エンジン
inference engine

利用者から与えられる問題の記述によって起動するソフトウェアの一部または計算戦略のこと．解を導く試行において問題領域に関する推論知識を使い，推論の過程において（利用者などから）必要な問題固有の情報を収集し，なぜその付加された情報が必要かを説明し，解を利用者に提示し，さらに，解に至るまでに使われた推論の筋道を説明する機能をもつ．⇒ 人工知能，エキスパートシステム．

推論知識
reasoning knowledge

どのような環境が，妥当と考えられる特定の結論を導くかに関する知識（訳注：推論知識ということば自身，AI，エキスパートシステムの分野ではあまり使わない．ここでは，記述的知識 (descriptive knowledge) と対となる知識という意味で用いている）．⇒ 人工知能，エキスパートシステム．

枢軸行
pivot row

シンプレックス法の反復において，基底から出る基底変数に対応する行のこと．一般には，ガウス消去法のステップにおける枢軸要素 (pivot element) の行位置に対応する行のこと．⇒ エータ・ベクトル，ガウス消去法，行列と行列代数，枢軸列，枢軸要素，シンプレックス法．

枢軸選択規則
pivot-selection rules

シンプレックス法において，どの変数が基底に入り，どの変数が基底から出るかを決定する枢軸選択規則のこと．枢軸選択規則では，現在の解に依存して，解の実行可能性（非負性）の保持（主シンプレックス法，primal simplex method），最適性条件の保持（双対シンプレックス法，dual simplex method）が実現するように定められる．いずれにしても，規則では目的関数値が改善されるように基底に入る変数を選択しようとする．これらの規則には退化（degeneracy）防止，循環（cycling）防止の機能，そして疎性，数値精度を維持する手続きが付加されている．⇒ブランドの巡回防止ルール，密度，devex 掃出し，線形計画法，行列と行列代数，摂動法，シンプレックス法．

枢軸要素
pivot element

シンプレックス法において，基底から出る基底変数に対応する行指標の枢軸列の係数，またはガウス消去法（Gaussian elimination method）のステップにおいて上三角行列の対角上で選択される枢軸列の要素のこと．⇒エータ・ベクトル，ガウスの消去法，枢軸行，シンプレックス法．

枢軸列
pivot column

シンプレックス法の反復において，基底に入る変数に対応する係数の列ベクトルのこと．より一般的には，ガウス消去法（Gaussian elimination method）のステップあるいは同様のプロセスにおける枢軸要素（pivot element）を含む列のこと．⇒エータ・ベクトル，ガウスの消去法，行列と行列代数，枢軸列，枢軸行，枢軸要素，シンプレックス法．

数値解析
Numerical Analysis

はじめに

数値解析は，（計算機による）計算を道具として数学モデルの性質を調べる．数値解析の意味するものは，最も基本的には，線形計画（linear program）の最適値などのような答を1つ計算することであろう．これ以外に，誤差（error）推定（アルゴリズムによって計算された最適値はどのくらい正確か）や，感度（sensitivity）情報（最適値がデータの変動にどれほど鋭敏か）を知りたい場合もあるだろうし，さらにデータに含まれるランダム性の影響を解析したい場合さえもあるだろう．また，解析的方法ではとらえられないモデルの特性を明らかにするための実験手段（おそらくコンピュータグラフィックスと併せて）として数値解析を用いることもできる．

数値解析の手法は，様々な分野で利用されてきた．大規模シミュレーションを行うには，コンピュータは不可欠であり，たとえば，線形計画を手計算で解くような人は，（学校での授業を除いては）まずいない．数学問題を解く手段として，多くの人が解析的手法よりも数値的手法を使うようになっている．積分を評価したり微分方程式を解いたりする場合のように，閉じた形（closed-form）の解析解は存在しないが数値解は簡単に計算できる場合が多くある．たとえ解析解が存在しても，数値的方法の方がより効率的に正確に解を計算できるという理由から，数値的方法を使うのが好ましい場合もある．様々な応用分野において，数値解析は，数学問題を確実に自動的に解決する定石的（routine）手順を可能にしている．

コンピュータの影響

数値解析を語るとき，コンピュータに言及しないわけにはいかない．数値解析が独立の研究分野として発展したのは，コンピュータの発明後のことである．計算それ自体は古くから重要な主題であったが，広汎な数値解析技術が必要となったのは，コンピュータの発明とともにである．紙と鉛筆による手計算は，計算規模も小さくまた細心に計算チェックができるので，誤差が集積してしまう危険性はコンピュータによる自動計算に比べて少ないし，そのうえ，必要に応じて計算中に計算精度を調整することができる．一方，コンピュータを使うと，何百万という一連の計算をすることはいたって簡単であるが，通常，計算精度は固定され，途中で何のチェックもなく計算が進められる．さらに，小規模の問題に対して有用なアルゴリズムであっても，大規模の問題に対応できるとは限らないという問題点もある．コンピュータによる自動計算は，このような新しい可能性と危険性の双方を内包している．危険性を理解しそれを最小限に抑えながらこれらの新しい可能性を見いだそうと試みるのが，数値解析技術である．

数値解析の研究においては，次のようないくつかの中心的論点がある．与えられた数学的問題を解くための効率的なアルゴリズムは存在するか？　データの誤差に対して，問題の解はどれほど鋭敏か？　解の計算値はどれくらい正確か？　そのアルゴリズムは誤差推定を与えることができるか？

最も重要でかつすぐに思い浮かぶ論点は，ある特定の

問題を解くためのアルゴリズムが存在するかどうかということである．現在，様々な数値解析ソフトウェアがあり，様々な問題に対して優れた方法がある（文献表にそれらをいつくか列記した）．これらの方法を用いれば，閉じた形の解をもたない数多くの問題を解くことができる．閉じた形の解が存在する場合でも，数値解析ソフトウェアで採用されている解法は，効率や正確さといった理由から閉じた形の解とは無関係のこともある．たとえば，行列の固有値（eigenvalue）は，一般には特性多項式（characteristic polynomial）の形を計算せずに計算される．優れた数値計算法と現代の強力なコンピュータの力によって，大規模で困難な計算問題を定石的に解くことができるようになった．たとえば，何千という変数をもつ線形計画は，何なく解けてしまう．超高速スーパーコンピュータを極限まで使って解くような（3次元流体のような）問題がまだあるにはあるが，既製のソフトウェアやデスクトップコンピュータで多くの人の要求に応えることができる．

線形方程式

数値解析の考え方が最も明確に現れるのは，線形方程式系（system of linear equations）を解くという文脈においてであろう．線形方程式系は，$Ax=b$ と表すことができ，A は $n \times n$ の可逆行列（invertible matrix），b は右辺係数ベクトルである．線形方程式を解く最も一般的な手法はガウスの消去法（Gaussian elimination）である．ガウスの消去法では，線形方程式系を解くために約 n^3 回の四則演算が必要となる．ただし，n は変数の個数である．数百変数の線形方程式は，現在のコンピュータでは，数秒間で解くことができ，千変数の線形方程式は，スーパーコンピュータで1秒もかからずに解くことができる．変数の個数が2倍になれば，四則演算の回数は8倍に増える．

ガウスの消去法は，A^{-1} を計算することはしない．実際，いくつかの理由により，A^{-1} を計算することは様々な状況で望ましくない（Golub and Van Loan, 1989）．このことは大規模疎問題（large sparse problem），すなわち，行列 A の多くの要素が零であるような問題，においては特に正しい．ガウスの消去法には，このような零要素の存在を利用できるという利点がある．このような（疎行列を係数とする）方程式系を解くのに必要な四則演算の回数は，しばしば行列の非零要素数に比例し，それは，また変数の個数 n にしばしば比例する．これとは対照的に，A^{-1} は，A が疎であっても，事実上，零要素をもたないかも知れず，逆行列（inverse）を計算して乗ずるには，$O(n^2)$ と $O(n^3)$ の中間程度の演算回数を必要とするであろう．「数学的な解」$x=A^{-1}b$ とコンピュータによる解が別のやり方で計算されることはよくあるが，これはその一例である．

線形方程式を解くためのアルゴリズムは，ガウスの消去法だけではない．計算量が n^α（ただし $\alpha<3$）に比例するアルゴリズムが存在するが，しかしそれらは，広く用いられていない．大規模疎問題に対して特に効果的である「反復法」（iterative method）と呼ばれる手法もある（Golub and Van Loan, 1989）．

誤差解析

上記のアルゴリズムのひとつが，線形方程式系に適用されるとしよう．解 x をどれほど正確に計算することができるであろうか？ これを別の形に言い換えてみると次のようになる．すなわち解 x は，データ A と b に含まれる誤差に対しどのくらい鋭敏か？ データの小さな誤差が，解における大きな誤差に拡大するかどうかに注目しよう．このような誤差の拡大が生じる理由には，次の2つの可能性がある．問題が「悪い」（解がデータにより十分に決定されない）か，あるいは，アルゴリズムが「悪い」（データの誤差を拡大する）かのどちらかである．問題が悪い場合は，「悪条件である」（ill-conditioned）といい，アルゴリズムが悪い場合は，「不安定である（unstable）」という．

データ（行列 A あるいは右辺の b）が，オーダー ε 程度の誤差を含むならば，解 x の相対誤差は一般に cond$(A)\varepsilon$ に比例する．ただし，cond(A) は，A の条件数（condition number）を表し，A が特異（singular）であることにどれだけ近いかの尺度である（解のもつこの種の誤差はデータの誤差だけによるものである．なぜならいまは方程式系は正確に解かれていると仮定しているからである）．A が特異ならば，cond$(A)=\infty$ である．さもなければ，何らかの行列ノルム $\|\cdot\|$ によって，

$$\text{cond}(A) = \|A\| \cdot \|A^{-1}\|$$

と表現される．たとえば，もしユークリッドノルムを使うとすると，すべての行列 A に対し cond$(A) \geq 1$ となる．この結果を説明するために，データは $\varepsilon=10^{-6}$ 程度正確であり，cond$(A)=10^4$ と仮定しよう．すると，x の相対誤差は 10^{-2} に比例する，すなわち，x は10進2桁まで正確であると予想される．このように，条件数は線形方程式系の解の精度を定量的に予測するための手段として利用できる．

ガウスの消去法では，A^{-1} を計算することはしないけれども，副産物として cond(A) を推定することができる．そのためには，少しの追加計算が必要であるが，その計算量（約 n^2 回の四則演算）は，線形方程式系を解くために必要な演算回数 n^3 よりはるかに少なくてすむ．このようにして，ガウスの消去法では，解が計算されるだけでなく誤差推定も与えられる．

ほどんどの計算問題において，データの誤差に対する

解の感度を決定することはできるであろう．この感度は，問題に対する「条件数」と見なすことができる．この条件数が大きいならば，どんなアルゴリズムを使って問題を解いたにせよ，解の誤差が大きいことが予想される．もちろん，誤差をさらに拡大しないようなアルゴリズムを使うのが望ましい．

コンピュータは，有限桁の数（しばしば2進数）を記憶装置に記憶させるので，その結果，コンピュータに数を記憶するだけでも，データに誤差を招く可能性がある．たとえば，$1/3 = 0.333\cdots$ は有限桁の2進数で正確に表現することはできない．「マシンイプシロン」（machine epsilon）$\varepsilon_{\text{mach}}$ あるいは「単位丸め誤差」（unit roundoff）と呼ばれるコンピュータ演算の精度は，コンピュータによる計算精度の限界を与える．たとえ線形方程式系のデータが正確に既知だとしても，コンピュータの中にデータが記憶され，演算が施されると，線形方程式系の解は，$\text{cond}(A)$ の $\varepsilon_{\text{mach}}$ 倍に比例する程度の誤差をもつだろうと予測される．もし，$\text{cond}(A) \approx 1/\varepsilon_{\text{mach}}$ ならば，コンピュータによる演算の観点からは，その行列は，特異であるのと同じようなものである．

数学的には，ある行列は特異か非特異のいずれかであり，その両者の違いは明瞭である．計算的には，行列の条件数というものを考え，それを行列がどれほど特異に近いかの尺度として用いる．行列が「十分に非特異」で使いものになるかどうかは，データの精度と解の要求精度によるであろう．様々な種類の計算問題では，問題が退化に近づくと解の精度が低下し，特異性や退化の意味はぼやけてくるであろう．

いままでは，問題のデータから生じる誤差だけを考えてきたが，線形方程式系を解くために用いるアルゴリズムもまた，誤差を生み出すであろう．線形方程式系を解くためにガウスの消去法を用いると仮定しよう．ガウスの消去法は，その原形のままでは不安定であり，A が非特異であってもうまくいかないこともある．小さな修正（「部分軸選択」（partial pivoting）の使用など）によって，ガウスの消去法は，いかなる非特異な方程式系にも適用できる安定したアルゴリズムになる．部分軸選択を使ったガウスの消去法は，$(A+E)x = b$ の形の摂動系に対する厳密解を与えていることを証明できる．ここで，$\|E\|$ は $\|A\|$ のマシンイプシロン倍程度である．このように，$(A+E)$ は相対誤差がマシンイプシロン程度であるような A の摂動としてとらえることができる．すでに述べたように，コンピュータに単に A を記憶させることだけでも，この大きさの誤差を引き起こす可能性がある．このように，ガウスの消去法により生じる誤差は，問題をコンピュータに記憶させることにより生じる誤差と同程度の大きさである．よって，ガウスの消去法は優れたアルゴリズムと見なされる．

ガウスの消去法で計算された解が，摂動問題 $(A+E)x = b$ の厳密解であるというとき，われわれは特有の見方を採用しているのである．多くの人にとっては，解の計算値に含まれる誤差を考える方がより普通であろう．しかし，そうではなくて，ガウスの消去法が本来の問題をどれほど歪めるかを考えるのである．これは，アルゴリズム自体の特性である．他方，解の誤差（すなわち，この歪みが拡大して解に現れる量）は，データの特性であり，また行列の条件数に依存する．このように視点を転換することにより，解の精度に対するアルゴリズムの影響を分離することができる．このような考え方を「後退誤差解析」（backward error analysis）という．この場合，後退誤差解析は，ガウスの消去法が「近傍の」問題に対する厳密解を計算することを示している．

線形方程式系の誤差解析は，とくにエレガントにできる．その他の計算問題に対しては，誤差解析はそれほど好ましいものではない（解の計算値が厳密解となるような摂動問題の摂動量が大きくなってしまう）かもしれないし，あるいは，後退誤差解析が可能でないかもしれない．後者の場合には，アルゴリズムの安定性を評価するために他の手法を用いなければならない．

以上，数値解析の主要な論点のいくつかを説明した．問題によっては，別の論点も生じる．たとえば，線形方程式系は微分方程式の離散化により（すなわち，有限個の点における値を用いて連続関数を近似することにより）生じることもあるだろう．そのような問題においては，線形方程式系の解が元の連続問題の解をどれくらい正確に近似するかというのは自然な論点である．さらに，その離散解は，有限次元問題のサイズが大きくなるにつれて連続解に収束してほしいというのも自然な論点である．

ソフトウェアにアルゴリズムを実装する際には別の種類の問題に直面せざるを得ない．究極の目標は，(1) コンピュータに記憶できる数でデータと解が成り立っている場合は必ず，完全精度（full accuracy）の解を効率的に計算できるソフトウェアを生産し，そして，(2) 可能な限り多くの種類のコンピュータ上で確実に動くようにソフトウェアを設計することである．しかし，この目標を達成するのは容易ではない．ベクトルのユークリッドノルムを計算するというような一見簡単そうな仕事ですら，ベクトルの成分が機械演算（computer arithmetic）の限界の近くまで異常に大きかったり小さかったりする場合には，細心の注意が必要であることもある．

数値解析に携わる人は，より大きなより難しい計算問題を解こうと絶え間ない努力を重ねてきた．その結果，複数の計算を同時に実行できるベクトル計算機（vector computer）や並列計算機（parallel computer）に乗り換えることになったのもしばしばであった．これに伴い

次のような新しい疑問が提起された．その計算問題を解くための効率のよい並列アルゴリズムはあるか？ そのアルゴリズムは「スケーラブル」(scalable) か，つまり，問題のサイズとプロセッサーの数が増加しても高い性能を保てるか？ 最良の「スカラー」(すなわち非並列) アルゴリズムと比べ，その並列アルゴリズムの性能はどうか？ 並列計算機やベクトル計算機には様々な種類があるので，上記の疑問に対する答は，機械ごとに異なり，効率のよいアルゴリズムとソフトウェアを設計することは，いままで以上にますます難しくなってきている．

数値解析については，膨大な文献がある．数値解析に関する一般的な入門的解説については，Atkinson (1992), Kahaner, Moler and Press et al. (1992) を参照されたい．数値線形代数学についての網羅的な解説は，Golub and Van Loan (1989) にあり，コンピュータで入手可能な一群のソフトウェアについては，Grosse (1994) に記述がある．並列計算機向きのソフトウェア開発に係わる問題は，Anderson et al. (1992) に述べられている．

⇒ ガウスの消去法，行列および行列代数．

[Stephen G. Nash/室田一雄]

参考文献

[1] E. Anderson *et al.* (1992), *LAPACK Users' Guide*, SIAM, Philadelphia.
[2] K. Atkinson (1985), *Elementary Numerical Analysis*, Wiley, New York.
[3] G.H. Golub and C.F. Van Loan (1989), *Matrix Computations* (second edition), The Johns Hopkins University Press, Baltimore, Maryland.
[4] E. Grosse (1994), "Netlib Joins the World Wide Web," *SIAM News*, 27(5), 1-3.
[5] D.K. Kahaner, C.B. Moler and S.G. Nash (1989), *Numerical Methods and Software*, Prentice-Hall, Englewood Cliffs, New Jersey.
[6] D.R. Kincaid and E.W. Cheney (1991), *Numerical Analysis: Mathematics of Scientific Computing*, Brooks/Cole, Pacific Grove, California.
[7] W.H. Press, S.A. Teukolsky, W.T. Vetterling and B.P. Flannery (1992), *Numerical Recipes in FORTRAN: The Art of Scientific Computing* (second edition), Cambridge University Press, England.

数理計画システム

mathematical-programming system (MPS)

ある範囲の数理計画問題を解くために設計された，計算機プログラムの統合体のことを，数理計画システム (MPS) という．この種のシステムは，普通の場合シンプレックス法を用いた線形計画問題ソルバーを中心に，整数変数を扱う機能，2次計画問題などの非線形計画問題を解く機能などを備えている場合が多い．MPS が効果的であるためには，入力処理，制約条件マトリックスの生成，信頼できる最適化，計算のユーザ制御と自動制御，感度分析，解の再出発，出力レポート手続きをもつことが必須である．

数理計画法

mathematical programming

数理計画法は，OR/MS の重要な研究分野であり，一般的にいって，有限の資源の最適配分に関する研究を扱うものである．ここでプログラミングというのは，問題を扱う計画もしくは手続きの開発をさす．これはまた，一連の制約条件 $g_i(\boldsymbol{x}) \leq b_i$ の下で，関数 $f(\boldsymbol{x})$ の最大値（最小値）を求めるための理論的な問題と，計算上の問題を扱うという意味で，応用数学の一分野とも考えられている．この代表例は線形計画法である．

数理計画問題

mathematical-programming problem

制約条件 $g_i(\boldsymbol{x}) \leq 0,\ i=1,\cdots,m$ の下で $f(\boldsymbol{x})$ を最小化（最大化）する，制約付き最適化問題．目的関数 $f(\boldsymbol{x})$ と制約条件 $g_i(\boldsymbol{x})$ の形に依存して，様々な性質と様々なアルゴリズムが存在する．⇒ 組合せ/整数最適化，凸計画問題，分数計画法，幾何計画法，整数計画問題，線形計画法，非線形計画法，2次計画法，変数分離型問題．

数理モデル

mathematical model

現実の問題を数学的に記述したもの．オペレーションズリサーチ/マネジメントサイエンスにおいては，数理モデルは線形計画法，待ち行列理論，マルコフシステムなど様々な形式をとるが，これらの多くは分野を越えて広い範囲に応用される．OR/MS の基本的数理モデルは，X をとりうる解（様々な意思決定），Y を問題の与えられた条件としたとき，その有効性を表す関数 $E=F(X,Y)$（目的関数ともいう）の最大値（最小値）を求める問題として記述される．これは，単一の目的関数を最適化するという，かなり単純なモデルであるにもかかわらず，この数理決定モデルは，OR/MS の諸手法によってうまく定式化され，解かれた問題の多くに共通するものである．⇒ 意思決定問題，決定論的モデル，確率モデル．

SCOOP 計画

project SCOOP

最適計画に関する科学的計算（scientific computation of optimal programs）を意味する頭文字を組み合わせて SCOOP という略語が考案された．SCOOP 計画は，米空軍における計画立案およびスケジューリング問題を検討し，解決することを目的とした米空軍の研究計画であった．George B. Dantzig は，SCOOP 計画に従事する間に線形計画モデルを定式化し，該当する問題を解くためのシンプレックス法を開発した．SCOOP 計画は，1940 年代後半から 1950 年代前半までの間実施された．

スケジューリングと順序付け

Scheduling and Sequencing

はじめに

スケジューリングはタスク，ジョブまたはアクティビティを実行するため時間軸上に資源を割り当てることを表す．ここでは主として工場および計算機のシステムにおける機械スケジューリングの応用に注目するが，このほかのスケジューリングとしては

（a）生産スケジューリング：いつ，どの製品をどれだけ生産するかを決定する．

（b）従業員スケジューリング：労働制約を満たすための作業者数と就労サイクルを決定する．

（c）時間割り：スポーツのスケジューリングあるいは試験時における生徒と部屋の割当てのように，参加者どうしおよび参加者と資源のマッチングを決定する．

スケジューリングは，認識するしないにかかわらず，いつの時代にも行われてきた．第一次大戦中に兵站用に開発されたガントチャート（Gantt chart）は時間軸上に割り当てられたタスクと資源をグラフ表現したものであり，スケジューリングのために用いられた最初のフォーマルなモデルであったといえる．その後，クリティカルパス法（critical path method：CPM）が続き，これらは現在でも広く使われている．1950 年代になってスケジューリング問題を解析するためのモデルが輩出し，普及しはじめた．このような普及の理由はスケジューリングの重要性とそれに多くの時間を費やさなければならないという事実にある．スケジューリングの機能は典型的には実施段階にあり，実施されるべきタスクおよびそのために使われる資源の計画はすでに決定されていることを仮定している．

この分野における多数の研究にもかかわらず，応用面で大きなインパクトをもつと指摘できる研究は少なく，統一理論はほとんど見あたらない（McKay et al., 1988）．これはスケジューリング問題のきわめて難しい性質と応用における無数の特殊な制約や環境のためである．にもかかわらず，大きなインパクトをもったいくつかの結果が存在する．これらを，いくつかの共通する定義を与えたあと，スケジューリングに関する基本的なツールに沿って示そう．

この方面の解説に興味をもつ読者にはいくつかの優れたテキストやサーベイがある．Baker (1992)；Conway, Maxwell and Miller (1967)；French (1982)；Lawler et al. (1993)；Morton and Pentico (1993)．

予備知識

スケジューリングは 2 種の意思決定を含む．

・割当ての決定，すなわち，与えられたタスク（ジョブといわれる）の集合のそれぞれに必要な資源（ここでは機械と呼ばれる）の割当て．

・順序づけの決定，すなわち，これらのジョブのそれぞれを実施する時期．

与えられた乏しい資源の中で単に実行可能なスケジュールを決定すればよいような応用例も少なくはないが，大方のモデルは異なるスケジュールを比較するための経済的な評価尺度を用いる．これらの典型的な目的関数はスループット，顧客満足あるいはコストの代用である．多目的問題に対するいくつかの結果も存在するが (Daniels, 1990)，一般に，スケジュール問題の中心は，個々の単一目的である．

これらのモデルに含まれる制約や考慮の対象として，ジョブ間の先行関係，ジョブ優先度，機械の段取り時間および割り込み（preemption）の可否がある．Mckay et al. (1988) は製造環境では 600 種以上の制約が存在することを確かめている．機械環境もまた問題の解きやすさを決定する．1 機械，並列機械，いくつかの機械が直列になった〈フローショップ〉，直列構造が緩和された〈ジョブショップ〉などが考えられる．

問題データがどれくらい正確かも問題を解く難しさおよび用いられる技法に影響を及ぼす．確率的環境に対するいくつかの結果も存在するが (Pinedo and Schrage, 1982)，多くのモデルと結果は確定的なデータを仮定している．

解法

大方のスケジューリング問題は評価基準と制約を有するので，これらの問題を解くために最適化技法を用いることは当然である．実行可能解の数は問題規模とともに急速に増大し，そのような問題のほとんどすべてを極端に解きにくくする．n 種のジョブを 1 機械で付加的制約条件なしで処理すという最も単純な問題を考えてみよう．この場合，$n!$ 通りの順序を考慮しなければならず，相対的に小さな規模，たとえば，$n=100$ の場合ですら，

これらをすべて列挙することは実質上，不可能である．1970 年代の半ば，計算複雑さの立場から一握りの問題を除いたほとんどのスケジューリング問題が，難しい，より形式的には NP 完全（NP-complete，または NP 困難 (NP-hard)）クラスに分類された．ある意味では，Dempster, Lenstra and Rinnooy Kan (1982) による研究およびそこで引用されている他の研究はこの分野における唯一の統一理論であるといえる．

にもかかわらず，これらの難しい問題が解かれる必要がある．数理計画，列挙法および動的計画法のような従来の最適化技法では限られた成果しか得られていない．したがって，きわめてしばしば最適解を保証しないヒューリスティック (heuristic) 技法に頼らざるをえなくなる．これらの技法には 2 種類ある．すなわち，特定の基準を満たすスケジュールを考えることによって探索空間を制限するか，または，既知の実行可能スケジュールの限られた近傍で探索するかである．これらのヒューリスティクスに関する研究の大半は最悪例の性能（worst-case performance）しか考えていない．残念ながら，このような性能評価はヒューリスティックのよさを必ずしも真に表現しているとはいえない．遺伝アルゴリズム (genetic algorithm)，タブーサーチ (tabu search) およびシミュレーテッド・アニーリング (simulated annealing) などのヒューリスティクスの進歩によってよい解を得るための能力に新しい可能性が開けてきた．

スケジューリングの有意義な結果が一対交換 (pair-wise interchange) にもとづいた単純なヒューリスティックによって得られているのは驚きである．この近傍探索技法は問題の 1 つの実行可能解から出発し，ある規則にしたがってスケジュールされた 2 つのタスクの順序を交換する．いくつかのクラスの問題においてはこの手順で常に最適解が得られる．

確率的な形をした問題においてもこれらと同じ組合せ的な手法が使えることもある．また，単純な問題のいくつかは待ち行列理論 (queueing theory) の結果を利用することができる．しかし，多くの場合，シミュレーション技法が選ばれる．しばしば，複雑な環境やあるいは単に高度な組合せ的性格のためにシミュレーションが唯一の価値ある方法になってしまうことがある．

スケジューリングの結果

次に，スケジューリング理論や応用にとって重要なキーとなる結果を示そう．これらの結果は，単一で連続的に使用可能な機械，独立で 1 作業からなる確定的なジョブおよび機械段取り時間が無視できるか，またはジョブの処理時間に含められるような問題から生まれる．

1 機械モデル (one-machine model): 以下の特徴をもつ n ジョブがあるとする．

p_j = ジョブ j によって要求される処理時間

r_j = ジョブ j の準備時間，すなわち，そのジョブの処理を開始できる最早時刻

d_j = ジョブ j がそれまでに処理を終了しなければならない時刻

いったんスケジュールが決定されると，次の特徴が加わってくる．

C_j = ジョブ j の完了時刻

F_j = ジョブ j の滞留時間 (flow time) = $C_j - r_j$

L_j = ジョブ j の納期ずれ (lateness) = $C_j - d_j$

T_j = ジョブ j の納期遅れ (tardiness) = $\max(0, L_j)$

最も単純なモデルは評価尺度としてジョブ完了時刻の非減少関数を仮定する．これらは正規尺度 (regular measure) と呼ばれ，以下のようなものがある．

滞留時間和 (total flow time) = $F = \sum_{j=1}^{n} F_j$

納期ずれ和 (total lateness) = $L = \sum_{j=1}^{n} L_j$

最大納期ずれ (maximum lateness) = $L_{\max}$

納期遅れ和 (total tardiness) = $T = \sum_{j=1}^{n} T_j$

最大納期遅れ (maximum tardiness) = $T_{\max}$

これらの問題において，整数 $1, 2, \cdots, n$ の順列で表される〈順列スケジュール〉(permutation schedule) は常に最適である．すなわち，ジョブの割込みや機械の遊休のない最適スケジュールが存在する．

以下はスケジューリング理論の重要な結果である．

〈最小処理時間〉 (shortest processing time : SPT) 順序，すなわち，$r_j = 0$ のとき，最小処理時間から最大処理時間の順にジョブを順序付けることは滞留時間和を最小にする (Smith, 1956)．

このことはジョブの一対交換の論議で証明される．また，重みの異なるジョブにも拡張できる．

顧客サービス規準に対しては納期の情報が含められる．SPT が納期ずれ和 (L) を最小にすることはちょっと驚きかもしれない．納期を含む最も重要な結果は，

〈最早納期〉 (earliest due date : EDD) 規則，すなわち最早納期から最遅納期の順にジョブを順序づけることは $L_{\max}$ と $T_{\max}$ を最小にする．

納期尺度をもつ他の多くの問題においても EDD は最適化の基本情報である．

このほか，1 機械に関するいくつかの結果がある．正の準備時間は，ペナルティなしの割込みが許されない限り，納期尺度をもつ問題を難しくする．割込みが許されない場合，システムにまだ存在しない（すなわち準備できていない）ジョブを待つ必要性が出てきて，SPT や EDD のような単純な静的順序づけ (static sequencing) 規則は準最適解の解法にならざるをえない．

考えられるもう 1 つの条件は技術的理由から課せら

れるジョブ間の先行関係（precedence relation）である．先行関係はグラフ（すなわち，i から j へのアークがあれば，ジョブ i はジョブ j に直接先行する）によって表される．先行関係を有する1機械問題はある種の条件のもとでは比較的簡単なアルゴリズムで解かれることが多い．すなわち，グラフが鎖（chain）あるいは直並列（series-parallel）の場合，多くの問題は最適に解かれる．他方，一般化された先行関係については最適解を得ることは難しい（Monma, 1981）．

すでに述べてきたように，これらの単純なモデルは段取時間が無視されている．段取時間が存在し，順序に依存するとき，多くの問題は非常に難しくなる．たとえば，C_{max} すなわち最後のジョブの完了時刻を表すメークスパン（makespan）の最小化は巡回セールスマン問題（traveling salesman problem）と同等の難しさである．

これまでは正規尺度のみを考慮してきた．顧客サービスの属性を表す1つの非正規型尺度（non-regular measure）としてジョブの過早（earliness）ペナルティがある．共通の納期を有する多くのジョブがあるとき，過早と納期遅れペナルティの組合せを最小にすることは可能である（Baker and Scudder, 1990）．しかし，各ジョブの納期が異なるとき，問題はきわめて難しくなる．

多機械モデル（multiple-machine models）：　多機械に対する結果は豊富といえない．このような場合には順序付けのみならず割当ての意思決定が要求される．まず，n ジョブを処理するために，m 台の機械が用いられるとしよう．このようなモデルの最も簡単な場合は，機械は同一で，すべてのジョブが同じ準備時間を有する場合である．

最も基本的なモデルとしてメークスパン，すなわち，n ジョブすべてが完了する時刻を最小とすることを考える．各機械にジョブが割り当てられたとき，その中での順序はメークスパンに影響しないので，唯一の決定事項はジョブの機械への割当てである．もし，割込みが許されるならば，McNaughton (1959) が示したように，この割当てを行う簡単なアルゴリズムが存在する．割込みが許されないときは，$m=2$ の場合でも問題は NP 困難となる．

ここで妥当なヒューリスティクスの1つにリストスケジューリング（list scheduling）がある．すなわち，あらかじめ定められた順序に並べたジョブのリストを作成し，最初に利用可能となった機械（すなわち，機械が加工終了するごと）にリスト中の次のジョブを割り当てる．賢いジョブの並べ方をすれば，十分受け入れ可能なヒューリスティクスになる．たとえば，最長処理時間優先（longest processing time first : LPT）リストは最小メークスパンからのずれが 33% 以内であることを保証する（Graham, 1969）．Graham はまた，このリストスケジューリングの異常性を見いだしている．たとえば，機械数の増大あるいはジョブ処理時間の減少がかえってメークスパンの増大を招きうるのである．Dobson (1984) は異なる処理速度を有する多機械に対する性能保証（performance guarantees）について類似の結果を見いだしている．当然，先行関係の存在は，性能保証が得られる例も存在するが，問題を難しくする．

目的関数を m 台の同一機械における滞留時間和にとると，SPT リストスケジューリングは最適解を与える．残念ながら，1機械問題から一般化されたその他のほとんどの問題に対して最適解を多項式時間（polynomial time）で得ることは難しいと考えなければならない．

次の重要な問題クラスは〈フローショップ〉（flow-shop）と呼ばれるモデルである．最も単純な場合には各ジョブが m 機械のそれぞれで処理される，すなわち，m 作業からなり，かつ，どのジョブについても一定の同じ順序で m 機械を通過することを仮定する．フローショップ問題は1機械問題よりもかなり難しくなる．この場合，正規尺度の1機械問題には必要なかった遊休時間の導入が望ましいことも考えられる．加えて，各機械において異なるジョブ処理順序が考えられなければならない．すなわち，$(n!)^m$ 通りの順序が存在する．

しかしながら，$m=2$ に限定したとき，ジョンソン規則がメークスパン最小化のための効率のよいアルゴリズムになる（Johnson, 1954）．3機械以上の場合のメークスパン問題は難しい．ただし，$m=3$ のとき，ジョンソンアルゴリズムの変形によって最適解が得られるいくつかの特別な場合が存在する．

ここで，ジョンソンの定理（アルゴリズム）を彼の記法にしたがって述べてみる（Johnson, 1954）．

A_i ＝ジョブ i の第1番目の作業の処理時間（段取り時間を含める）

B_i ＝ジョブ i の第2番目の作業の処理時間（段取り時間を含める）

$F[i]$ ＝ i 番目のジョブの（第2番目の作業の）完了時間

ジョンソンアルゴリズムは次の（ジョンソンの）問題に適用される．すなわち最大滞留時間を最小にするため2機械フローショップにおいて任意の数のジョブを順序づける．ただし，すべてのジョブは同時に着手可能であると仮定する．

ジョンソン定理（Johnson's Theorem）：　最大滞留時間最小化の2機械フローショップ問題において，もし

$$\min(A_j, B_{j+1}) < \min(A_{j+1}, B_j)$$

ならば，ジョブ j がジョブ $j+1$ に先行する最適スケジュールが存在する．

ある条件のもとでは，ジョブ j の1つの作業をその先行作業が終える前に開始することができる．このような

作業の並行化によって，メークスパンの改善を可能にする．このような問題を Baker (1992) は，ロット流れ (lot streaming) といっている．

いったん，ジョブの処理が開始されると終了まで一切遅れが許されない処理を要求するフローショップ問題がある．このような非待機型モデル (no-wait model) については Hall and Sriskandarajah (1994) のサーベイがある．

ジョブが任意の順序で機械を通過することが許されるフローショップはオープンショップ (open shop) と呼ばれる．2 機械メークスパン最小化以外のオープンショップ問題は本質的に難しい．

〈ジョブショップ〉スケジューリング (job shop scheduling) は一般の工場スケジューリングのかなりの部分を占めている．ジョブショップにおいては作業の数および順序はジョブによって異なりうる．この問題は順列スケジュールを用いることができないので，事実上，手に負えない．Fisher and Thompson (1963) の 10 ジョブ，10 機械問題はこの問題の計算複雑さを表すベンチマークとして有名である．この問題の最適解が実証されるのに 25 年の研究期間を要した (Carlier and Pinson, 1988)．多くのヒューリスティクスはディスパッチングルール (dispatching rule) を利用している．すなわち，これらのアルゴリズムでは，機械が遊休状態になるごとに，その機械で処理すべきジョブを処理待ちの中からある規則にしたがって選ぶ．そのようなルールはシミュレーション解析によって性能評価されることが多い．

その他の結果

資源の一般化：スケジューリング問題では続けて使用できない，使用によって激減する，故障あるいは劣化するなどの資源をしばしば含むことがある．このような環境下でのスケジューリングは資源制約のあるプロジェクトスケジューリング (resource-constrained project scheduling) と呼ばれる．この方面の結果の多くは Blazevicz, Lenstra and Rinnooy Kan (1983) で見いだされる．

確率的機械スケジューリング (stochastic machine scheduling)：ジョブパラメータは既知で確定的である一方，処理時間が変動する，あるいはジョブの到着が未知である多くの状況がある．確率的問題が直接的に確定的問題に対応する場合がしばしばある．また，確定型のヒューリスティクスとして用いられるアルゴリズムが確率型の最適解を保証する場合もある．しかし，大方においては確率的問題は計算労力の観点からだけでなく，セミマルコフ決定理論 (semi-Markov decision theory) のような種々の手法を必要とするという点からも難しくなる．

族または群のスケジューリング (scheduling families or groups)：近代の生産設備は多様な製品の製造または組立てが可能な柔軟機械を有している．生産の切替えに段取り時間を要しない類似製品の集まりは製品族 (product family) といわれる．異なる製品族間の切替えが可能であっても，段取り時間が発生する．これらの環境下でのスケジューリングの難しさは，大きなバッチ (バッチ (batch) は 1 回の段取りで生産される品目の集合) によって生じる他の製品族の処理の遅れと，小さなバッチによる段取り煩雑化の間のトレードオフにある．これらの問題は典型的に族内の順序づけ，バッチの大きさの決定および異なる族間のバッチの順序付けを含む (Santos and Magazine, 1985).

⇒ 組合せ/整数最適化，組合せ理論，フレキシブル生産システム，遺伝アルゴリズム，在庫モデル，ジョブショップ・スケジューリング，業務管理，生産管理，シミュレーテッド・アニーリング法，タブーサーチ．

[Michael Magazine/木瀬 洋]

参 考 文 献

[1] Baker K. (1992), "Elements of Sequencing and Scheduling," Technical Report, Dartmouth College, Hanover, New Hampshire.

[2] Baker K. and Scudder G. (1990), "Sequencing with Earliness and Tardiness Penalties: A Review," *Opns. Res.*, 38, 22–36.

[3] Blazewicz J., Lenstra J.K. and Rinnooy Kan A. (1983), "Scheduling Subject to Resource Constraints," *DAM*, 5, 11–24.

[4] Carlier J. and Pinson E. (1988), "An Algorithm for Solving the Job-Shop Problem," *Mgmt. Sci.*, 35, 164–176.

[5] Conway R., Maxwell W. and Miller L. (1967), *Theory of Scheduling*, Addison-Wesley, Reading, Massachusetts.

[6] Daniels R. (1990), "A Multi-Objective Approach to Resource Allocation in Single Machine Scheduling," *Euro. Jl. Opns. Res.*, 48, 226–241.

[7] Dempster M., Lenstra J. and Rinnooy Kan A. (1982), *Deterministic and Stochastic Scheduling*, Reidel, Dordrecht.

[8] Dobson G. (1984), "Scheduling Independent Tasks on Uniform Processors," *SIAM Jl. on Comp.*, 13, 705–716.

[9] Fisher H. and Thompson G. (1963), "Probabilistic Learning Combinations of Local Job-Shop Scheduling Rules" in J. Muth and G. Thompson (eds.), *Industrial Scheduling*, 225–251, Prentice-Hall, Englewood Cliffs, New Jersey.

[10] French S. (1982), *Sequencing and Scheduling*, Ellis Horwood, U.K.

[11] Graham R. (1969), "Bounds on Multiprocessor Timing Anomalies," *SIAM Jl. of App. Math.*, 17, 416–425.

- [12] Hall N. and Sriskandarajah C. (1995), "A Survey of Machine Scheduling Problems with Blocking and No-Wait in Process," to appear in *Opns. Res.*
- [13] Johnson S. (1954), "Optimal Two and Three Stage Production Schedules with Setup Times Included," *Naval Res. Logistics Qtrly.*, 1, 61-68.
- [14] Lawler E., Lenstra J., Rinnooy Kan A. and Shmoys D. (1993), "Sequencing and Scheduling: Algorithms and Complexity," in *Handbooks in Operations Research and Management Science*, Vol. 4, Logistics of Production and Inventory, Graves, S., Rinnooy Kan, A. and Zipkin, P., Editors.
- [15] McKay K., Safayeni F. and Buzacott J. (1988), "Job-Shop Scheduling Theory: What is Relevant," *Interfaces*, 18(4), 84-90.
- [16] McNaughton R. (1959), "Scheduling with Deadlines and Loss Functions," *Mgmt. Sci.*, 6, 1-12.
- [17] Monma C. (1981), "Sequencing with General Precedence Constraints," *Math. Opns. Res.*, 4, 215-224.
- [18] Morton T. and Pentico D. (1993), *Heuristic Scheduling Systems*, John Wiley, New York.
- [19] Pinedo M. and Schrage L. (1982), "Stochastic Shop Scheduling: A Survey" in M. Dempster, et al., *Deterministic and Stochastic Scheduling*, Reidel, Dordrecht, 181-196.
- [20] Santos C. and Magazine M. (1985), "Batching in Single Operation Manufacturing Systems," *Opns. Res. Letters*, 4, 99-103.
- [21] Smith W. (1956), "Various Optimizers for Single Stage Production," *Naval Res. Logistics Qtrly.*, 3, 59-66.

スケーリング

scaling

すべてのデータの大きさを，できるだけ近づけるために問題のデータを前もって変換すること．このようなスケーリングは，数理計画問題あるいは線形計画問題にとって丸め誤差を減少させるという点で重要である．ほとんどの数理計画システムでは，行と列のデータの大きさを自動的に調整する SCALE コマンドがある．これは技術係数行列 A に適当な行と列の変換行列を乗じることによってなされる．よく用いられるスケーリングアルゴリズムは各行を絶対値最大要素によって除し，さらに各列を絶対値最大要素によって除す方法である．これは行列の絶対値最大要素が 1.0 で各行，各列は少なくとも 1 つの要素 1.0 を有することを意味する．

スコア関数

Score Functions

現実世界のシステムは離散事象システムとしてモデル化できる場合が多い．たとえば計算機制御された通信システム，工場の生産システム(FMS)，力学における破壊モデル，PERT 日程計画ネットワーク，物流ネットワークなどがその例としてあげられる．これらのシステムは複雑な内部構造をもつため，普通はシミュレーションを使って分析される．

このようなシステムを設計し解析する場合，システムの性能評価とともに，〈感度分析〉や〈最適化問題〉も解く必要がある．たとえば〈生産システム〉の場合，効率性の評価値はたとえばあるスケジュールとルーティングにした場合の仕掛かり部品の平均待ち時間であり，感度分析のパラメータ（決定変数）は加工機械の処理スピードである．また，ある与えられた制約条件（たとえばコスト）のもとで平均のメイクスパン（処理時間と待ち時間）を最小にしたい，というのが最適化問題である．

あるいはパイプとか容器のようなものの〈信頼性の確率モデル〉の場合では，性能の評価値は，ある時間内に中身が漏れ出す確率，感度分析のパラメータは使用材料の品質（部材の厚さ，耐性，強度など），加えられている圧力などである．故障する確率はひびの大きさとその時間進行の関数として表される．

この 10 年間で離散システムの感度分析と最適化に有効な 2 つの新しい方法が研究されてきた．それは〈無限小摂動解析法〉（Ho and Cao, 1991 ; Glasserman, 1991）と〈スコア関数法〉（尤度比法ともいう．Rubinstein, 1976 ; Reiman and Weiss, 1989 ; Glynn, 1990 ; L'Ecuyer, 1990 ; Rubinstein and Shapiro, 1993）である．スコア関数法は 1 つの標本（シミュレーションの結果）から性能の評価値と同時に感度分析のあらゆる尺度（傾き，ヘシアン，その他）を計算し，最適化問題を同時に解くことができる．

離散事象静的システムの推定と感度分析

$l(\boldsymbol{\theta})$ は $l(\boldsymbol{\theta})=E_\theta[L(\boldsymbol{Y})]$ によって与えられる実数値関数とする．ここで $\boldsymbol{Y}$ は分布関数 $F(\boldsymbol{y}, \boldsymbol{\theta})$ をもつ確率ベクトルで，$\boldsymbol{\theta}$ はたとえば $\mathbb{R}^n$ のような有限次元ベクトル空間の部分集合 $\boldsymbol{\Theta}$ の要素である．関数 $L(\boldsymbol{Y})$ は入力ベクトル $\boldsymbol{Y}$ によって決まる効率性の評価値の標本と見なすことができる．期待値の記号 E_θ は $F(\boldsymbol{y}, \boldsymbol{\theta})$ に関する期待値という意味をもつ．

シミュレーション（モンテカルロ法）で $l(\boldsymbol{\theta})$ の推定値を得るためには，$F(\boldsymbol{y}, \boldsymbol{\theta})$ にしたがう乱数 $Y_1, Y_2, \cdots, Y_N$ を生成し，標本平均 $N^{-1}\sum_{i=1}^{N} L(\boldsymbol{Y}_i)$ を計算すればよい．この方法では $\boldsymbol{\theta} \in \boldsymbol{\Theta}$ の値が変わるたびに新たな乱数を生成してシミュレーション実験をしなければならない．この手間を省くために確率測度変換の考えを使った次のような方法を考える．$\boldsymbol{Y}$ の分布関数 $F(\boldsymbol{y}, \boldsymbol{\theta})$ の密度関数を $f(\boldsymbol{y}, \boldsymbol{\theta})$ とする．$f(\cdot, \boldsymbol{\theta})$ の定義域で 0 とならないもう 1 つ別の密度関数 $g(\cdot)$ をとると，$l(\boldsymbol{\theta})$ は次の

ように表すことができる.

$$\begin{aligned}l(\boldsymbol{\theta}) &= \int L(\boldsymbol{z}) \frac{f(\boldsymbol{z}, \boldsymbol{\theta})}{g(\boldsymbol{z})} g(\boldsymbol{z}) d\boldsymbol{z} \\ &= E_g[L(\boldsymbol{Z}) W(\boldsymbol{Z}, \boldsymbol{\theta})] \end{aligned} \quad (1)$$

ここで $W(\boldsymbol{z}, \boldsymbol{\theta}) = f(\boldsymbol{z}, \boldsymbol{\theta})/g(\boldsymbol{z})$ である. 期待値を取る密度関数が $f(\cdot, \boldsymbol{\theta})$ から $g(\cdot)$ に変わったので積分変数を $\boldsymbol{y}$ から $\boldsymbol{z}$ に書き換えてあることに注意しよう. 式(1)は $l(\boldsymbol{\theta})$ を推定する別の方法を示唆している. すなわち, $g(\boldsymbol{z})$ にしたがう標本 $\boldsymbol{Z}_1, \boldsymbol{Z}_2, \cdots, \boldsymbol{Z}_N$ をとり,

$$\hat{l}_N(\boldsymbol{\theta}) = \frac{1}{N} \sum_{i=1}^{N} L(\boldsymbol{Z}_i) W(\boldsymbol{Z}_i, \boldsymbol{\theta}) \quad (2)$$

を $l(\boldsymbol{\theta})$ の推定値とするという方法である. 関数 $W(\boldsymbol{z}, \boldsymbol{\theta})$ は〈尤度比関数〉(likelihood ratio function), $g(\boldsymbol{z})$ は支配密度関数と呼ばれる. $g(\boldsymbol{z})$ はある $\boldsymbol{\theta}_0 \in \boldsymbol{\Theta}$ に対して $g(\boldsymbol{z}) = f(\boldsymbol{z}, \boldsymbol{\theta}_0)$ となるようにとるのが一般的である. このとき, $\boldsymbol{\theta}_0$ を参照値という.

尤度比関数は 2 つの密度関数が与えられれば陽に計算でき, 一般に $\boldsymbol{\theta}$ に関して滑らかで微分可能である. $\boldsymbol{Z}_1, \boldsymbol{Z}_2, \cdots, \boldsymbol{Z}_N$ が生成されると尤度比推定量 $\hat{l}_N(\boldsymbol{\theta})$ は $\boldsymbol{\theta}$ に関する解析関数になり, それは関数 $l(\boldsymbol{\theta})$ (応答局面) の 1 つの標本を与える. さらに, 傾きと積分の交換に関する緩やかな正則条件のもとで, (1) 式右辺の被積分関数を微分することで関数 $l(\boldsymbol{\theta})$ の傾きを計算することができる. その結果, 式(2)で与えられた標本推定値の傾き $\nabla \hat{l}_N(\boldsymbol{\theta})$ は $l(\boldsymbol{\theta})$ の傾きの不偏推定量になる. ヘシアンも同じようにして推定できる (Rubinstein and Shapiro, 1993).

尤度比関数 $W(\boldsymbol{y}, \boldsymbol{\theta})$ の傾き $\nabla f(\boldsymbol{z}, \boldsymbol{\theta})/g(\boldsymbol{z})$, 特に, $g(\ ) = f(\ , \boldsymbol{\theta})$ とおいたものを〈スコア関数〉(score function) といい $S(\boldsymbol{y}, \boldsymbol{\theta})$ で表す. スコア関数は $S(\boldsymbol{y}, \boldsymbol{\theta}) = \nabla \log f(\boldsymbol{y}, \boldsymbol{\theta})$ と表される. そうすると, 傾き $\nabla l(\boldsymbol{\theta})$ は, $f(\boldsymbol{y}, \boldsymbol{\theta})$ からの標本 $\boldsymbol{Y}_1, \boldsymbol{Y}_2, \cdots, \boldsymbol{Y}_N$ を使って次の式によって推定できる.

$$\bar{\nabla} l_N(\boldsymbol{\theta}) = \frac{1}{N} \sum_{i=1}^{N} L(\boldsymbol{Y}_i) S(\boldsymbol{Y}_i, \boldsymbol{\theta}) \quad (3)$$

高次の傾きも同じようにして扱うことができる.

一般の $g(\cdot)$ の場合, 尤度比関数の傾き $\nabla W(\boldsymbol{z}, \boldsymbol{\theta})$ は $W(\boldsymbol{z}, \boldsymbol{\theta}) S(\boldsymbol{z}, \boldsymbol{\theta})$ と表すことができる.

一般化スコア関数を用いた推定量は不偏であるが, その精度は支配密度関数 $g(\boldsymbol{y})$ の取り方, あるいは参照値 $\boldsymbol{\theta}_0$ の取り方に大きく影響される. 最適な $g(\boldsymbol{y})$ の決め方は分散減少法で用いられる重点標本抽出法と密接に関係している. この問題の詳細な議論と必要な分散減少法の知識については Rubinstein and Shapiro (1993) を参照せよ.

例 1 (システムの信頼性)

次のような標本評価関数を考える.

$$L(\boldsymbol{Y}) = \max_{1 \leq k \leq p} \min_{j \in \mathfrak{F}_k} Y_j$$

ここで $\mathfrak{F}_1, \cdots, \mathfrak{F}_p$ は始点から終点へのパスの記述, Y_j はシステムに含まれる部品の寿命を表す. 確率変数 $Y_1, \cdots, Y_m$ は独立にガンマ分布にしたがっているものとする. $Y_1, \cdots, Y_N$ が生成されると評価関数の期待値 $l(\lambda)$ の傾きはスコア関数を使って次のように推定することができる.

$$\bar{\nabla} l_N(\lambda) = \frac{1}{N} \sum_{i=1}^{N} L(\boldsymbol{Y}_i)(\boldsymbol{\beta}\lambda^{-1} - \boldsymbol{Y}_i) \quad (4)$$

離散事象動的システムの推定と感度分析

上で述べたスコア関数による方法は動的システムの問題にも拡張できる. 前と同様に, パラメータ $\boldsymbol{\theta} \in \boldsymbol{\Theta}$ に依存する密度関数 $f(\boldsymbol{y}, \boldsymbol{\theta})$ にしたがう独立同分布の確率変数 $\boldsymbol{Y}_1, \boldsymbol{Y}_2, \cdots$ によって動く離散事象動的システムを考える. $L_1, L_2, \cdots$ をこれらによって計算される出力結果としよう. すなわち, $\boldsymbol{Y}_t = (Y_1, \cdots, Y_t)$ を時刻 t までの履歴と考えたとき, 実数値関数 $L_t(\cdot)$ を使って $L_t = L_t(\boldsymbol{Y}_t)$ ($t = 1, 2, \cdots$) のように表されるものを考える.

$\{L_t\}$ は更新間隔が τ の離散時間更新過程 (regenerative process) であるとしよう. たとえば先着順にサービスされる GI/G/1 では, 入力系列は t 番目の客のサービス時間 Y_{1t} と, $t-1$ 番目と t 番目の客の到着間隔 Y_{2t} を使った 2 次元確率ベクトル $\boldsymbol{Y}_t = (Y_{1t}, Y_{2t})$ で与えられ, 更新間隔は 1 回の稼働周期中にサービスされる客の数とすればよい. このとき出力結果 L_t はたとえば t 番目の客の待ち時間である.

L_t の長時間平均の期待値を $l(\boldsymbol{\theta})$ とする. 更新過程の理論でよく知られているように $l(\boldsymbol{\theta})$ は L_t の定常状態の期待値に等しく, それは 1 つの更新間隔内で定義される 2 つの関数 $l_1(\boldsymbol{\theta}) = E_{\boldsymbol{\theta}}[\sum_{t=1}^{\tau} L_t]$ と $l_2(\boldsymbol{\theta}) = E_{\boldsymbol{\theta}}[\tau]$ の比 $l(\boldsymbol{\theta}) = l_1(\boldsymbol{\theta})/l_2(\boldsymbol{\theta})$ で表すことができる (Asmussen, 1987). 期待値 $l_1(\boldsymbol{\theta})$ と $l_2(\boldsymbol{\theta})$, したがって, 性能評価値 $l(\boldsymbol{\theta})$ は $\boldsymbol{\theta} \in \boldsymbol{\Theta}$ の関数になっていることに注意する.

いろいろな $\boldsymbol{\theta}$ の値に対する期待値関数 $l(\boldsymbol{\theta})$ やその傾き $\nabla l(\boldsymbol{\theta})$ を推定するのにやはりスコア関数の考え方を使うことができる. すなわち, 適当に選んだ支配関数 $g(\boldsymbol{z})$ を使って 2 つの関数 $l_1(\boldsymbol{\theta})$ と $l_2(\boldsymbol{\theta})$ を次のように変形するのである.

$$l_1(\boldsymbol{\theta}) = E_g[\sum_{t=1}^{\tau} L_t(\boldsymbol{Z}_t) \tilde{w}_t(\boldsymbol{Z}_t, \boldsymbol{\theta})]$$
$$l_2(\boldsymbol{\theta}) = E_g[\sum_{t=1}^{\tau} \tilde{w}_t(\boldsymbol{Z}_t, \boldsymbol{\theta})]$$

ここで, $\tilde{w}_t(\boldsymbol{Z}_t, \boldsymbol{\theta}) = f_t(\boldsymbol{Z}_t, \boldsymbol{\theta})/g_t(\boldsymbol{Z}_t)$, $f_t(\boldsymbol{z}, \boldsymbol{\theta}) = \prod_{i=1}^{t} f(\boldsymbol{z}_i, \boldsymbol{\theta})$, $g_t(\boldsymbol{z}_t) = \prod_{i=1}^{t} g(\boldsymbol{z}_i)$ である. 最後の式は $\boldsymbol{Z}_1, \cdots, \boldsymbol{Z}_t$ が密度関数 $g(.)$ にしたがうとしたときの確率ベクトル $\boldsymbol{Z}_t = (\boldsymbol{Z}_1, \cdots, \boldsymbol{Z}_t)$ の密度関数である.

標準的な正則条件の下で $l_1(\boldsymbol{\theta})$ と $l_2(\boldsymbol{\theta})$ はそれぞれ積分記号の中で微分することができるので N 個の更新周期を $g(.)$ を用いてシミュレーションし，標本平均を計算することにより傾きが計算できるので，$l(\boldsymbol{\theta})$ や $\nabla l(\boldsymbol{\theta})$ を推定することができる．

例2（待ち行列の遅れ）

サービス時間を Y_{1t}，到着間隔を Y_{2t} とする GI/G/1 待ち行列モデルで，t 番目の客の系内滞在時間を L_t とする．サービス時間，到着間隔の密度関数はそれぞれ $f_1(y_1, \theta_1)$，$f_2(y_2, \theta_2)$ とする．リンドレイの方程式（Lindray's equation）から

$$L_t = Y_{1t} + [L_{t-1} - Y_{2t}]_+, \quad t = 1, 2, \cdots$$

が成り立つ．τ を最初の稼働期間の間にサービスされる客の数とする．このとき，待ち時間の長時間平均の期待値は次のように表される．

$$l(\boldsymbol{\theta}) = \frac{E[\sum_{t=1}^{\tau} L_t]}{E_\theta[\tau]}$$
$$= \frac{E[\sum_{t=1}^{\tau}\sum_{j=1}^{t} Y_{1j} - \sum_{t=2}^{\tau}\sum_{j=2}^{t} Y_{2j}]}{E_\theta[\tau]}$$

ここで，$\boldsymbol{\theta} = (\theta_1, \theta_2)$，また $f(\boldsymbol{y}, \boldsymbol{\theta}) = f_1(y_1, \theta_1) f_2(y_2, \theta_2)$ である．そこで，ある $\boldsymbol{\theta}_0$ に対して N 回の稼働周期をシミュレーションしておけば，その結果をもとにいろいろな $\boldsymbol{\theta}$ の値に対する期待値関数 $l(\boldsymbol{\theta})$ や傾き $\nabla l(\boldsymbol{\theta})$ を推定することができる．

最　適　化

次のような性能評価関数の制約なしの最適化問題を考えよう．静的システムでも動的システムでもよいものとする．

(P_0)　最小化 $l(\boldsymbol{\theta})$, 　$\boldsymbol{\theta} \in \Theta$

この問題の最適解を $\boldsymbol{\theta}^*$ とする．1回のシミュレーションからこの最適解を求めるためにスコア関数の考え方を適用する．$\hat{l}_N(\boldsymbol{\theta})$ を $l(\boldsymbol{\theta})$ の尤度比推定量とし，次の最適化問題を考える．

$(\hat{P}_N)$　最小化 $\hat{l}_N(\boldsymbol{\theta})$, 　$\boldsymbol{\theta} \in \Theta$

この問題をもとの問題の確率的置き換えという．

尤度比推定量 $\hat{l}_N(\boldsymbol{\theta})$ は生成された標本に依存するので，その最適化問題 $(\hat{P}_N)$ も確率変動する．しかし標本が与えられれば，尤度比推定量 $\hat{l}_N(\boldsymbol{\theta})$ とその傾きはパラメータの関数として確定するので，いろいろな $\boldsymbol{\theta}$ の値に対してその値を計算することができる．したがって $(\hat{P}_N)$ は確定的最適化問題となり，数理計画法の通常の最適化問題を解く手法を使うことができる．Rubinstein and Shapiro (1993) は緩やかな正則条件の下で以下が成り立つことを示した．(i) $(\hat{P}_N)$ の解 $\hat{\boldsymbol{\theta}}_N$ は $N \to \infty$ とすると確率1でもとの問題の解 $\boldsymbol{\theta}^*$ に収束する．すなわち，$\hat{\boldsymbol{\theta}}_N$ は $\boldsymbol{\theta}^*$ の一致推定量である．(ii) $N^{1/2}(\hat{\boldsymbol{\theta}}_N - \boldsymbol{\theta}^*)$ は，$N \to \infty$ とすると平均0共分散行列 $B^{-1} \Sigma B^{-1}$ の多次元正規分布に法則収束する．ここで，$B = \nabla^2 l(\boldsymbol{\theta}^*)$，$\Sigma$ は，$N^{1/2} \nabla \hat{l}_N(\boldsymbol{\theta}^*)$ の漸近共分散行列である．すなわち，$\hat{\boldsymbol{\theta}}_N$ は，漸近的に正規分布 $N(\boldsymbol{\theta}^*, N^{-1} B^{-1} \Sigma B^{-1})$ にしたがう．スコア関数をシミュレーション実験の解析に適用した分析法や条件付き最適化問題への拡張については Rubinstein and Shapiro (1993) を参照のこと．

⇒ モンテカルロ法と分散減少法，非線形計画法，最適化，離散事象確率システムのシミュレーション．

[**Reuven Y. Rubinstein, Alexander Shapiro, Stanislav Vryasev/逆瀬川浩孝**]

参 考 文 献

[1] Asmussen S. (1987). *Applied Probability and Queues*, Wiley, New York.
[2] Glasserman P. (1991). *Gradient Estimation via Perturbation Analysis*, Kluwer Academic Publishers, Norwell, Massachusetts.
[3] Glynn P.W. (1990). "Likelihood ratio gradient estimation for stochastic systems," *Communications of the ACM*, 33, 75–84.
[4] Ho Y.C. and Cao X.R. (1991). *Perturbation Analysis of Discrete Event Dynamic Systems*, Kluwer Academic Publishers, Boston.
[5] L'Ecuyer P.L. (1990). "A unified version of the IPA, SF, and LR gradient estimation techniques," *Management Science*, 36, 1364–1383.
[6] Reiman M.I. and Weiss A. (1989). "Sensitivity analysis for simulations via likelihood rations," *Operations Research*, 37, 830–844.
[7] Rubinstein R.Y. (1976). "A Monte Carlo method for estimating the gradient in a stochastic network," technical report, Technion, Haifa, Israel.
[8] Rubinstein R.Y. and Shapiro A. (1993). *Discrete Event Systems: Sensitivity Analysis and Stochastic Optimization via the Score Function Method*, Wiley, Chichester.

スタイナー木問題

Steiner tree problem

N 個のノードからなるネットワーク（network）に対して，ノードの部分集合 S が与えられている．問題は集合 S のすべてのノード，あるいは場合によっては集合 N のいくつかの他のノードを含む最小長さの木を決定することである．スタイナー木問題はユークリッド平面上で定義されることが多く，問題が S 個のノードの与えられた集合を覆う最小長さ（距離）の木を求めることである．ここで，木は集合 S に含まれるノード以外のノードも含むことができる．⇒ 最小全域木問題．

スティグラーの栄養素問題

Stigler's diet problem

経済学者 George Stigler によって 1940 年代初頭に定式化された問題で，77 種の食品と 1939 年価格を用いて1年間にわたる栄養素とカロリーの，成人にとって望ましい日摂取量を最小コストで決定したいという目標を有する．この問題はシンプレックス法 (simplex method) を用いて最初に解かれた問題の1つである．スティグラーの非最適解は，小麦粉，蒸留ミルク，キャベツ，ほうれん草，そして乾燥いんげん豆などからなる 39.93 ドルの食事であった．それに対して線形計画法の最適解は39.67 ドルで，小麦粉，蒸留ミルク，キャベツ，ほうれん草，コーンミール，ピーナツバター，ラード，牛肉レバー，そしてじゃがいもを含むものであった．⇒栄養素問題，線形計画法，シンプレックス法．

砂表戦闘モデル

sand table battle model

地理と部隊を物理的に表現したモデルあるいはゲームのこと．古典的な砂表では，地域の救援をモデル化するのに砂を用いた．軍隊を表すのに錫の兵士が用いられた．⇒戦闘のモデル化．

スプライン関数

Splines

スプライン関数は，近似に使われる関数の重要な1クラスである．スプライン関数はしばしば〈可能な限り滑らかであるが，単なる多項式ではない〉(de Boor 1978, p.125) といわれることからもうかがわれるように，区分的に多項式の関数である．たとえば，図1の実線で示されている3次のスプライン関数は，隣り合うデータ点間で定義される3次曲線からなる．ここで，データ点上では，その関数値と1階および2階の導関数の値は同じになるように調整されている．一般に，$[a,b]$ 上で定義される関数は，点 $t_1, \cdots, t_r$ であって（訳注：これらの点は結び目，またはノットと呼ばれる）次の3条件を満たすとき，〈k 次の多項式スプライン関数である〉と呼ばれる．(i) $a < t_1 < \cdots < t_r < b$，すなわち，結び目 $t_1, \cdots, t_r$ は区間 $[a,b]$ を $r+1$ 個の区間に分割する．(ii) おのおのの区間 $[t_i, t_{i+1}]$ について，関数は多くとも k 次までの多項式で与えられる．(iii) 関数とその $k-1$ 階までの導関数は $[a,b]$ 上で連続である．スプライン関数の定義はしばしば，$t_i = t_{i+1}$ であってもよい，と拡張されることがある．この場合には，スプライン関数はそれらの点での連続性の条件を弱めて定義される (de Boor, 1978)．1960 年代はじめに，スプライン（たわみ尺）を使って滑らかな曲線を描くプロセスをスプライン関数で数学的にモデル化できるということがわかり，その後スプライン関数の近似と効率的計算方法に関する研究が行われた．

本項ではまず，スプライン関数で近似することの利点を議論する．その次に，スプライン関数による近似が有効であるようないくつかの応用例を示す．ついでスプライン関数のBスプライン表現を紹介し，最後に多次元空間における近似について短く述べる．

関数近似の手段としてのスプライン関数

OR/MS の科学者たちは，物理システムやプロセスを記述するための数学モデルを開発し，そのモデルを使って実験してそのシステムに関する結論を導き出す．この数理モデルの基礎となるのが関数である．関数は，決定変数・独立変数と出力・従属変数との関連を記述する．数学モデルの関数は明示的に知られている場合もあるが，しばしば起こるのは，関数形が知られていなくて，システムに関するデータを集めて関数の近似をしなければならない場合である．

ある関数が $x_1, \cdots, x_n$ で観測され，その値が $f(x_1), \cdots, f(x_n)$ であったとしよう．$f(x_i) = s(x_i)$，$i = 1, \cdots, n$ であるような近似関数 $s(x)$ を見つけることを内挿という．観測量 $f(x_1), \cdots, f(x_n)$ が誤差を含んでいる場合には，近似関数 $s(x)$ は，変動が小さく，しかもデータに十分よく合うように，両者をうまくバランスさせるようにして構成される (Dierckx, 1993)．たとえば，図1に点線で示される「変動に小さいスプライン補間」は，データからのはずれを許すスムージングパラメータを使って構成されている (de Boor, 1978)．データからの逸脱をもっと許すと，3次スプライン関数の場合，2次導関数を小さ

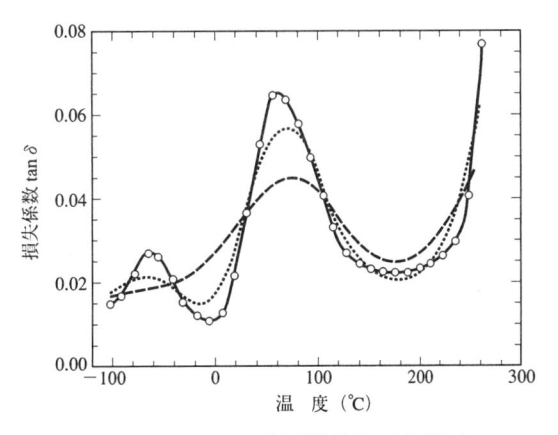

図1 ナイロン繊維の動力学的解析により得られたデータのスプライン補間（Monsanto Chemical Company の好意による）
○：計測値，—：スプライン補間，⋯：変動の小さいスプライン補間，--：より変動の小さいスプライン補間

くできる．破線で示されている曲線はこのような例である (Seber and Wild, 1989)．

このようなデータフィッティング問題は，近似問題の1つの大きなカテゴリーとなっている (Schumaker, 1981)．その他のよくある近似問題としては，すでに形がわかっている関数をより計算の簡単な関数を使用して近似する問題や，単純な場合以外は明示的には解けないような微分方程式を含むモデルの解を推定する問題がある．

スプライン関数は比較的変動が小さいので，効果的に関数を近似できる．特に次数が低いスプライン関数を使うならば，少ない計算時間で適切なフィットを得ることが可能である (Dierckx, 1993)．区間上の任意の連続関数は，十分な数のサンプル点があれば，ある次数の多項式スプライン関数でいくらでもよく近似できる．たとえば線形スプライン関数（区分的線形関数）は，より多くの区間に分けられていればいるほど，曲線によりよくフィットする．低次数スプライン関数は柔軟性があり，多項式近似にありがちな振動の問題がない．スプライン関数をコンピュータ上に保存したり，計算したりするのは簡単であり，そのために，スプライン関数は様々な応用に使われる強力な道具となっている．スプライン関数によるフィッティングのコードは，最も一般的なライブラリ（たとえば，NAG, 1988）から専用のスプラインパッケージ (Dierckx, 1993) に至るまで様々な形で用いられている．

応用例

有限次元水平動的計画問題の残余コスト関数 $f_t(x_t)$ とその最適解は，次の関数方程式を解くことにより与えられる．

$$f_t(X_t) = \max_{R_t}\{B_t(X_t, R_t) + E_{q_t}[f_{t+1}(x_{t+1})]\}$$

(1)

ただし $f_t(X_t)$ は，システムが期間 t を状態 X_t で始めたときに，システムを t から時間の終りまで動かすことによる利益の期待値を表す．このような問題は，在庫管理や貯水池の水量調節をモデル化する際に現れる．状態 x_t は在庫量や水量であり，q_t はシステムに対するランダムな影響，たとえば不確実な需要だったり流入量だったりする．それぞれの期間 t に，決定 r_t が現在の期間における運行利益 B_t と $t+1$ 期以降の期待利益 $E_q[f_{t+1}]$ の和を最大化するように下される．たとえば決定 r_t は，どれだけ生産するか，またはどれだけ放水するか，に対応する．期間 t の終りにおけるシステムの状態 x_{t+1} は遷移関数 $g(x_t, q_t, r_t)$ によって表される．たとえば在庫管理では，g は $x_t + r_t - q_t$ である．

状態ベクトル x_t が連続のとき，残余コスト関数 f_t と決定 r_t はしばしば x_t を離散化して (1) を再帰的に，$t=T$（最後の期間）より $t=1$ に向かって後退的に解くことによって得られる．関数値 $f_{t+1}(x_{t+1})$ は有限個の点でしか得られないので，その他の点での値が欲しいときには内挿が行われる．3次のスプライン関数を使って残余コスト関数を近似すると，このような動的計画法を解く手間が劇的に少なくなる．特に状態ベクトルが高次元のときには，区分的線形関数に比べて，同じ精度を達成するのにそれほど多くの結び目を必要とせず，しかも滑らかなので効果的な最適化法を用いて r_t を決定することができるので，より有利である (Johnson et al., 1993)．スプライン関数は，より一般の動的計画法に適用することもできる (Schweitzer and Seidmann, 1985)．

Bスプライン関数

任意の k 次のスプライン関数 $s(x)$ は，Bスプライン関数 $B_i(x)$ の線形結合

$$s(x) = \sum_i a_i B_i(x)$$

の形に書ける．ここで，それぞれのBスプライン関数（B-spline）$B_i(x)$ は，k 次のスプライン関数である (de Boor, 1978; Dierckx, 1993)．Bスプライン関数を使うと，スプライン関数とその導関数を簡単に計算できる．なぜなら，Bスプライン関数は局所サポートをもつからである．すなわち，ある小さな領域の外では，Bスプライン関数の値は0になる．

スプラインの次数 k，結び目の数および位置，それに係数 a_i を決めることにより，1つのスプライン関数が定まる (Dierckx, 1993)．適切な結び目の数や選び方を定めるのに，決定的な方法はなく，しばしば試行錯誤が必要である．モデルが途中で変化する場合には，その変化点を見つけることも可能である (Smith, 1979)．しかしモデルが急激に変わる場合には，よい近似のためには，その領域により多くのデータ点を必要とする (de Boor, 1978; Dierckx, 1993)．結び目の位置をパラメータとし，最適化するようなスプライン問題に対するアルゴリズムも開発されている．この問題は非線形であり，結び目の数が増えるとアルゴリズムの計算時間は急激に増大する (Dierckx, 1993)．

係数 a_i を決める条件は，どれだけそのスプライン関数がデータにフィットしなければならないか，また，要求される滑らかさの基準，および境界条件に左右される (Dierckx, 1993)．データを生成する関数が凸性や単調性などのある特定の性質を満たすことがわかっている場合，同じ性質をもつように近似をすることが望ましい．そのような性質を保存する近似は，望ましくない振動現象を防ぐのに有効であろう．

多次元近似

多次元近似関数を構成し，評価するのには，多次元問題を 1 次元問題の列にして解くテンソル積の方法が有効である (de Boor, 1978)．テンソル積の方法を使って構成される双 3 次のスプライン関数は，それぞれの座標軸に関する 3 次のスプライン関数である．このようなスプライン関数の欠点は，近似する領域が長方形か，あるいは簡単に長方形に変換できるような領域（たとえば，球形）でなければならないことである (Dierckx, 1993)．さらに，テンソル積を構成する方法は，近似されるものに〈特定の方向性があるとき〉に有効である (de Boor, 1978)．たとえば双 3 次スプライン関数は，ある軸に沿って起こったピークを効果的に近似できるだろうが，もし，ピークが対角線に沿って現れるならば，近似に際して多くの点が必要となってしまう．

テンソル積の方法が適切でないとき，多次元スプライン関数による近似は非常に複雑になり，したがって計算上それほど魅力的ではなくなる (Dierckx, 1993)．まず，データの近似分割を選び，次に（B スプライン関数のときと同様に）近似関数の効果的な計算を可能にするような適当な関数基底を定義する．Dierckx (1993) は領域の三角分割にもとづいた 2 つのスプライン関数の一般化について述べており，また，参考文献もあげている．

[Sharon A. Johnson/村松正和]

参考文献

[1] de Boor C. (1978). *A Practical Guide to Splines*. Springer-Verlag, New York.
[2] Dierckx P. (1993). *Curve and Surface Fitting with Splines*. Oxford University Press, New York.
[3] Johnson S.A., J.R. Stedinger, C.A. Shoemaker, Y. Li and J.A. Tejada-Guibert (1993). "Numerical Solution of Continuous-State Dynamic Programs Using Linear and Spline Interpolation," *Opns. Res.* **41**, 484–500.
[4] NAG 1988. *Fortran Library – Mark* 13, The Numerical Algorithms Group, Oxford.
[5] Schumaker L.L. (1981). *Spline Functions: Basic Theory*. John Wiley, New York.
[6] Schweitzer P.J. and A. Seidmann (1985). "Generalized Polynomial Approximations in Markovian Decision Processes," *J. Math. Anal. & Appl.* **110**, 568–582.
[7] Seber G.A.F. and C.J. Wild (1989). *Nonlinear Regression*. John Wiley, New York.
[8] Smith P.L. (1979). "Splines as a Useful and Convenient Statistical Tool," *The American Statistician*, **33**, 57–62.

スプレッドシート

Spreadsheets

はじめに

電子スプレッドシートはコンピュータの画面で格子状に数値および文字情報を表示するアプリケーションソフトである．この配列状の構造は，会計士のワークシート，教師のエンマ帳，納品/請求書，科学者のデータ記録ノート，といった多くの状況を表せる．コンピュータのキーボードとマウスとで，利用者は，数学的な演算，論理演算，文字の処理などを使って情報を処理/操作できる．このようなワークシートは，ユーザに理解しやすいようなコミュニケーションをするための，グラフやレポートをつくる基礎ともなっている．

スプレッドシートはパソコンの上で操作できる立派なビジネスツールであり，予算作成，キャッシュフロー分析，財務の計画，最適な投資，生産計画のフォロー，予測，設備の分析，宛名ラベルの印刷などと，いろいろな面で利用されている．

最初のコンピュータスプレッドシートはビジカルク (VisiCalc) で，1979 年 9 月に発表された．それまではパソコンは，オフィスのまじめな機器というよりは，趣味の対象としか見られていなかった．しかし，電子スプレッドシートの上では数値を容易に変更できること，その変更の影響をスプレッドシートの別のところで直ちに見ることができることなどを，利用者はすぐに認識しはじめた．この能力が，スプレッドシートソフトを備えたパソコンをオフィス機器とするに至った原動力である．1982 年にロータスデベロップメント社がロータス 1-2-3 と呼ばれるスプレッドシートソフトを発表したことで，当時の新型の IBM パソコンで，3 種の機能（ワークシート，グラフ作成，データベース）を備えたアプリケーションソフトが利用できるようになった．スプレッドシートは，パソコン産業が現在のような隆盛に至るための非常に顕著な駆動力になっている．1994 年当時で最も利用されているスプレッドシートは，エクセル，ロータス 1-2-3，クアトロプロ，スーパーカルクなどである．

例

ワークシートの仕組みと基礎的な機能を月単位の家計簿を例にして説明しよう．表 1 のワークシートでは，列が月ごとの情報を示し，行が費目ごとの支出を示している．3 か月間の費目ごとの合計と月ごとの合計も示してある．コンピュータの画面には表 1 のような簡単なワークシートが示される．ワークシートの列はアルファベットの名前で識別し，行には一連番号を付けてある．セルは，列の名前と行の番号で識別する．表 1 ではセル B 7（列 B，行 7）は 1 月の予算額を示している．

表1 バジェットスプレッドシート

```
B7        +B2+B3+B4+B5
```

	A	B	C	D	E
1		1月	2月	3月	計
2	食費	220	230	300	750
3	家賃	400	400	400	1200
4	衣料費	200	50	75	325
5	娯楽費	150	300	75	525
6					
7	計	970	980	850	

　利用者がどの月のどの費目の支出を変更しても，スプレッドシートは各行と各列の合計を自動的に再計算する．スプレッドシート全体の再計算が迅速に自動的に行われるので，ワークシートのサイズと複雑さが増すほど，人手による何時間かの計算に代わるようになった．ワークシートは，一度に画面に表せるものよりもずっと沢山の行や列を扱える．マウスあるいはキー操作で，ワークシート全体のどの部分でも画面に示せる．

　スプレッドシートが開発されるまでは，コンピュータを使って問題を解こうとする者は，非常に緻密なプログラミング言語を使ってプログラムを書き，きちんと定められた順序に命令をコンピュータに入れなければならなかった．そういうプログラムは，問題を解くあるいは分析の準備をするまでに，プログラミング上や論理的なエラーを見つけるために何度か試しの計算をしてみなければならなかった．他方スプレッドシートでは，その仕組みが通常の手作業の手順通りのものではないにしても，ユーザは情報をセルにどんな順序でどんな場所に入れてもかまわないのである．

基本操作

　数式，データ，文字列はキーボードから入れる．数式は，スプレッドシートが計算すべきそれぞれの値の関係とロジックを定義する．データの値は数式が利用する．文字列はスプレッドシートのユーザと，スプレッドシートがつくるレポートを利用する者にとって重要である．ワークシート上の数式は，スプレッドシートの影の駆動力になっている．表1のセルB7の中身を示そう．このセルでは次の数式を定義している．

　　　+B2+B3+B4+B5

ここで，B2，B3，B4，B5は，それぞれ1月の食費，家賃，衣料費，娯楽費の支出額を表している．ワークシートの他のセルについても同様の式が使われてる．

　現在の電子スプレッドシートにはコンピュータプログラミングの訓練を受けていない人々にも非常に役に立つ事柄が沢山ある．そのうちのいくつかを示そう．

　a．あるセルの数式を，その式のロジックを変えないで，他のセルにコピーできる．表1の例では，1月の合計を，2月，3月の対応するセルにコピーできる．

　b．ワークシートは，計算手順の都合ではなく，利用者にとって意味があるようにつくることができる．たとえば，値をその下にある数値の和として出すとかその右にある数値から計算するとかには関係なく，月間支出合計を一番上の行に置いたり，費目別の合計をワークシートの別のところに置いたりすることもできる．これは，手計算で行ごとにあるいは列ごとに計算していく方法とは一致していない．再計算のこの自然な方法は，利用者をコンピュータプログラミングの手順から解放してくれる知恵なのである．

　c．スプレッドシートでレポートが印刷できる．今日使えるスプレッドシートは，利用者のニーズを満たせるようなレポートをデザインするのに必要な融通性を備えている．レポートをつくる際にスペルをチェックしてくれる機能をもったスプレッドシートソフトもある．利用者が画面と印刷面の見栄えを変更できる手の込んだ機能も備えている．利用者は，体裁上の事柄，色とか，文字のフォントとかサイズとかを変えることもできる．グラフや，罫線，箱，影などデスクトップパブリッシングに相応しい視覚効果を用いることもできる．

　d．シートで計算した数値からグラフをつくることができる．グラフは表の中の数値と同期しており，グラフをつくったシート上の数値を変更すると，グラフも自動的に変更される．グラフは紙の上では別のイメージとして示すこともできるし，スプレッドシートの一部として示すこともできる．グラフをスプレッドシートの一部として表示することで，グラフをレポートの一部分にできる．表，グラフ，文章などの画面を順番に並べた「スライドショー」を支援するツールをもっているスプレッドシートソフトもある．

機　　能

スプレッドシートは，色々のスキルをもった利用者が様々な方法で使うことができる．初心者は，これがないと加算機や電卓を使わなければならず，ワークシートは時間の節約ができる道具程度にしか見ないだろう．これがスプレッドシートがポピュラーになった第一の理由とみてもいい．しかし，スプレッドシートは発展してきて，非常に機能が向上した．それらの強化された機能のいくつかをあげよう．

a. スプレッドシートをデータベースと連結して，データが中心のアプリケーションを，スプレッドシートの環境で実行できる．データベースの全体がスプレッドシートの一部である必要はなく，データベースから必要な情報を取り込むことができる．

b. 新しいスプレッドシートでは統計解析の広範なツールが組み込まれている．回帰分析，有意さの検定，分散分析といった手法が，スプレッドシートの機能になっている場合もある．

c. 工学および科学計算に必要な数学的な機能が含まれている．

d. 行列演算（乗算，転置，逆行列など）がスプレッドシートのコマンドで実行できる．

e. 財務計算の多数の関数が組み込まれている．

f. 最適化のアルゴリズムが含まれているスプレッドシートもある．そういう最適化手法はソルバ（solver）と呼ばれることもあり，制約条件付きで連続変数あるいは離散変数の線形あるいは非線形の最適化の問題を扱うことができる．最適化問題をスプレッドシートのソルバに伝える方法は，OR/MSの実際家が従来使ってきた方法とはまったく異なる．問題を，満足すべき連立方程式や不等式として定式化せずに，最適化の問題を次のようなステップでスプレッドシート流に記述する．

1. 目的変数の値，たとえば，利益を評価あるは計算するモデルを決定変数の任意のセットを使ってつくる．そのモデルには，各制限量を越えているかどうかを調べるのに必要な値も入れておく．原材料，生産能力，工数などを制約する量である．

2. スプレッドシートのソルバが，最適化問題の次の項目を識別できるようにしておく．
　　―どのセルが，最大にあるいは最小にすべき目的変数か．
　　―どのセルが調整できるもの（決定変数）か．
　　―どのセルが制約されるもので，どれが制限量であるか．

3. スプレッドシート上での最適化の環境で，スプレッドシートは問題のジェネレータとして，最適化を実施するアルゴリズムとして，あるいはまた最適化の結果をコミュニケーションするレポートジェネレータとしての役を果たす．

g. スプレッドシートは，込み入ったソフトウエアを開発する環境をも提供している．スプレッドシートに含まれているマクロあるいは一連の実行手順やステップなどを含む機能を使うことによって，従来のプログラミングの構造であるシークエンス，デシジョン，ループ，ケースを実現することができる．

スプレッドシートは進化を続けており，ビジネスマネジャーやいろいろな職業人たちが利用する最重要なアプリケーションソフトウエアになってきている．実際に，マネジメントサイエンスのすべての分野の入門の授業はスプレッドシートを利用して実施することができる．このアプローチだと，OR/MSのアルゴリズムとか数学的な面を無視してしまうかもしれない．しかしOR/MSの潜在的なユーザの多くが，数学よりもずっと気軽な言語としてスプレッドシートを使えて，この分野の基礎的なツールをユーザフレンドリーに提示できる．これには，うまくいく公算とリスクとがある．多くのエンドユーザがスプレッドシートをOR/MSのツールとして認識するほど，これが広く利用されるようになるだろう．ただ，こういう利用が広まると，利用者はそれらのツールの背後の数学や仮定にはあまり馴染まなくなるという，やや困った状況になるかもしれない．

⇒ OR/MSにおける情報システムとデータベース設計，線形計画法，非線形計画法，モデルの正当性と妥当性の検証およびテスト，可視化．

[Donald R. Plane/真鍋龍太郎]

参 考 文 献

[1] For a full description of contemporary spreadsheets, see the documentation provided with current versions of spreadsheet software. These publishers include:
Borland International, Inc., publishers of *Quattro Pro*.
Computer Associates, publishers of *Supercalc*.
Lotus Development Corporation, publishers of *1-2-3*.
Microsoft Corporation, publishers of *Microsoft Excel*.

[2] Plane, Donald R. (1994). *Management Science: A Spreadsheet Approach*. Boyd & Fraser, Danvers, Massachusetts.

[3] Ragsdale, C.T. (1995). *Spreadsheet Modeling and Decision Analysis*, Course Technology, Inc., Cambridge Massachusetts.

[4] Saffo, Paul (1989). "Looking at VisiCalc 10 Years Later," *Personal Computing*, 13(11), 233–236.

スポーツ

Sports

はじめに

システム分析とその多くの人間活動への応用の歴史と同様にスポーツイベントへの計量的手法およびシステム分析応用の歴史は，非常に長い．1976年までのスポーツ応用全般に関する網羅的な評論として，Ladany and Machol (1977) がある．一方で，1970年中期に招待研究論文まで到達した評価の高いものとして，Machol, Ladany and Morrison (1976) がある．最近の事例をほとんどを含む評論では，Gerchak (1994) がある．

初期のスポーツ研究は純粋に記述的なものであった．その手法的な論文の中で最初のものは，Elderton (1909, 1927, 1945)，Wood (1941, 1945) によるクリケットに関するもので，Pollard (1977) に記述されている．洗練された統計分析の応用は，Mosteller (1952) がワールドシリーズでチームの勝利確率を推定したことから始められた．次の段階では，アメリカンフットボール，バスケットボールの例を通して，オペレーションズリサーチがスポーツへ応用できることを Mottleys (1954) が示唆した．標準的な最適化応用が続いた．Howard (1960) と Bellman (1964) は動的計画法を野球へ応用した．

スポーツ研究のほとんどは，チームスポーツへ応用された．初期の段階では個々のチームの問題点を，より最近ではリーグや協会という組織上の問題を扱うという傾向がある．個人スポーツへの応用はこれより少ない．

チームスポーツ (team sports)

野球： ほとんどの研究手法が，野球へ応用された．野球はオペレーションズリサーチ手法が適用しやすい．なぜなら，行動が離散事象で生じること，そしてゲーム状況を特定化するのに単純だからである．敬遠四球や盗塁の戦略の効果については，Lindsey (1959, 1961, 1963, 1977) により徹底的に考察された．最適な打順が Cook and Garner (1964), Cook and Fink (1972), Freeze (1974), Peterson (1977) により分析された．優勝決定戦からのチーム除去方法については Robinson (1991) により探求された．

アメリカンフットボール： フィールドポジションの価値が，Carter (もとナショナルフットボールリーグのクオーターバック)，Machol (1971, 1978), Schaefer, Schaefer and Atkinson (1991) により研究された．引分けとエキストラポイント戦略の価値が Porter (1967), Bierman (1968) と Hurley (1989) により分析された．一方で，Bisland (1977) は攻撃戦略を評価するシミュレーションモデルを開発した．

アイスホッケー： ゴールキーパーをいつ攻撃参加させるかという問題を，Morrison (1976), Morrison (1989), Wheat (1986), Erkut (1987), Nydic and Weiss (1989), Washburn (1991) は考えた．リーグプレーオフ戦略は Monahan and Berger (1977) により分析された．

サッカー： Rivett (1975) は，サッカー試合の観客についてモデル化し，クラブ組織の変化を示唆した．Shikata (1977) は，ボール，選手の動きを4次元空間で解析しようと試みた．Mehrez, Pliskin and Mercer (1987) は，サッカーリーグの新得点システムを評価した．一方で，Mehrez and Hu (1994) はリーグの結果予測モデルを構築した．

一般的リーグ戦問題： フルシーズンのゲームスケジュールを様々な制約の下で，旅行距離と旅行回数をともにもしくはどちらか一方を最小化する問題は，様々なスポーツリーグ戦について研究された．Campbell and Chen (1976), Ball and Webster (1977), Cain (1977), Liittschwager and Haagenson (1978), Bean and Birge (1980), Schreuder (1980), Coppins and Pentico (1981), Tan and Magazine (1981), Lane (1981), de Werra (1982), Ostermann (1982), Ferland and Fleurent (1991) がそれである．関連する審判のスケジュール問題は，Cain (1977), Evans (1988) により考えられた．

北米プロスポーツで流行しているドラフト問題は，Price and Rao (1976), Brams and Straffin (1979), Gerchak and Mausser (1994) の研究課題である．一方，選手の新設チームへの移籍効果については，Bateman, Karvan and Kazee (1984) により分析された．

野球におけるストライキは Tversky and Gilovich (1989), Albright (1992) により分析された．一方で，ペナントレースを増やす方向となるリーグ分割の長所は，Winston and Soni (1982) により明らかにされた．

チームのランキング問題（個人のランキング問題へも応用できる）は研究者たちの強い興味を引いた．Leake (1976) は，電子ネットワーク理論をフットボールチームのランク付けへ利用した．Ushakov (1976) は，チェスなどのラウンドロビントーナメント (round robin tournament) の参加者をランク付けする方法を示した．一方で，Sinuany-Stern (1988) は階層化意思決定法をサッカーチームのランキング予想へ応用した．

個人スポーツ (individual sports)

トラックとフィールド： 五種競技（十種競技，三種競技，二種競技などへも応用できる）の最適練習計画の導出は，Ladany (1975 b) により道を開かれた．彼は，生理学上の制約条件の下で線形計画問題を解いた．一方，走り幅跳びについては，最初に Brearley (1972) が取り上げ，ベクトル解析を用いて分析した．Bob Beamon のメキシコシティでの奇跡のジャンプは当地の高度による

ものだが，ジャンプ地点の決定問題が Ladany et al. (1975), Sphicas and Ladany (1976), Ladany and Singh (1978), Mehrez and Ladany (1987) により論じられた．棒高跳びにおける最適な出発高さという戦略的問題（走り高跳びでも同じものが普及している）は Ladany (1975 a) により研究された．ルール変更後，Hersh and Ladany (1989) は，動的計画を用いて再考した．いくつかの体育イベントの逐次的および競争的性質は最近の造語 "games of boldness" を導き，さらに次の分析を誘導した．それは，Gerchak and Henig (1986), Henig and O'Neill (1992), Gerchak and Kilgour (1992) である．走者（泳者）のリレーチームでの最適割当ては，単純な決定論的モデルから条件付きそして確率論的取り扱いへ進むことにより，Machol (1970), Heffley (1977), Hannan and Chen (1987) により前進した．砲丸投げやハンマー投げの最適な投てき角度問題のような生物力学的視点については，Townend (1984) が議論を行った．

ゴルフ： ハンディキャップシステムの評価とその公平性は，多くの研究者に注目された．Scheid (1972, 1977, 1990) から始まり，Pollock (1974, 1977), Cochran (1990), Freeze (1994) が続いた．ハンディキャップシステムは他のスポーツイベントへも応用された．Camm and Grogan (1988) は，フロンティアアナリシスを用いてロードレースへ応用した．

テニス： 最も重要なポイントの分析は Morris (1977) により実行された．Gale (1971) は最適なサーブ戦略を探求し，よりリスクの高いサーブを最初に打つことを正当化した．Norman (1985) は，いつ高速サーブを打つのかを決定する問題へ動的計画法を応用した．Casey (1989) は選手評価システムを構築した．選手の試合への割当て問題は，Hannan (1979) および Hamilton and Romano (1992) により取り扱われた．

その他のスポーツ： 体操競技のチーム選抜は二価整数計画問題として Ellis and Corn (1984), Eilon (1986) により定式化された．重量上げの最適な戦略については，Lilien (1976) により導かれた．フィギュアスケートの採点におけるひいきや共謀については，ノンパラメトリック法を利用して，Klemm and Iglarsh (1984) により研究された．ボートのエイトでは，ボートの尻振り現象を防ぐためのオール配置について Brearley (1977) がモーメントの物理的理論により分析した．ハイアライでは，現在の得点システムの不公平性が Hannan and Smith (1981), Skiena (1988) によりシミュレーションを利用して評価された．

⇒ 階層化意思決定法，決定分析，動的計画，組合せ/整数最適化，線形計画法，離散事象確率システムのシミュレーション，システムの分析．

[Shaul P. Ladany/大澤義明]

参考文献

[1] Albright C. (1992), "Streaks & Slumps," *OR/MS Today*, April, 94–95.
[2] Ball B.C. and D.B. Webster (1977), "Optimal Scheduling for Even-numbered Team Athletic Conferences," *AIIE Transactions*, 9, 161–167.
[3] Bateman T.S., K.R. Karwan and T.A. Kazee (1984), "Can a Trade to a New Team Affect a Baseball Player's Performance," working paper of the College of Business Administration, Texas A&M University, College Station.
[4] Bean J.C. and J.R. Birge (1980), "Reducing Travelling Costs and Player Fatigue in the National Basketball Association," *Interfaces*, 10, 98–102.
[5] Bellman R.E. (1964), "Dynamic Programming and Markovian Decision Processes with Particular Application to Baseball and Chess," Ch. 7 in *Applied Combinatorial Mathematics*, E. Beckenbach (ed.), Wiley, New York.
[6] Bierman H. (1968), A Letter to the Editor, *Management Science*, 14, B281–282.
[7] Bisland R.B. Jr. (1977), "The Football Strategy Simulator Model," paper presented at the ORSA/TIMS Joint National Meeting, Atlanta.
[8] Blackman S.S. and J.W. Casey (1980), "Developing of a Rating System for All Tennis Players," *Operations Research*, 28, 489–502.
[9] Brams S.J. and P.D. Straffin Jr. (1979), "Prisoner's Dilemma and Professional Sports Drafts," *The American Mathematical Monthly*, 86, 80–88.
[10] Brearly M.N. (1972), "The Long Jump Miracle of Mexico City," *Mathematics Magazine*, 45, 241–246.
[11] Brearley M.N. (1977), "Oar Arrangements in Rowing Eights," in *Optical Strategies in Sports*, S.P. Ladany and R.E. Machol, eds., North-Holland, 184–185.
[12] Cain W.O. Jr. (1977), "A Flexible Algorithm for Solving the Umpire-Scheduling Problem," paper presented at the ORSA/TIMS Joint National Meeting, Atlanta.
[13] Camm J.D. and T.J. Grogan (1988), "An Application of Frontier Analysis: Handicapping Running Races," *Interfaces*, 18, 52–60.
[14] Campbell R.T. and D.S. Chen (1976), "A Minimum Distance Basketball Scheduling Problem," in *Management Science in Sports*, R.E. Machol, S.P. Ladany and D.G. Morrison, eds., North-Holland/TIMS Studies in the Management Sciences, 4, 15–26.
[15] Carter V. and R.E. Machol (1971), "Operations Research in Football," *Operations Research*, 19, 541–544.
[16] Carter V. and R.E. Machol (1978), "Optimal Strategies on Fourth Down," *Management Science*, 24, 1758–1762.
[17] Cochran A.J. (ed.) (1990), *Science and Golf: Proceedings of the First World Scientific Congress of Golf*, St. Andrews, Scotland, Chapman and Hall.

[18] Cook E. and W.R. Garner (1964), *Percentage Baseball*, MIT Press, Cambridge, Massachusetts.
[19] Cook E. and D.L. Fink (1972), *Percentage Baseball and the Computer*, Waverly Press, Baltimore, Maryland.
[20] Coppins R.J.R. and D.W. Pentico (1981), "Scheduling the National Football League," paper presented at CORS/TIMS/ORSA Conference, Toronto.
[21] de Werra D. (1982), "Graphs and Sports Scheduling," O.R. Working Paper 82/2, Departement de Mathematiques, Ecole Polytechnique Federale de Lausanne.
[22] Eilon S. (1986), "Note: Further Gymnastics," *Interfaces*, 16, 69–71.
[23] Elderton W.P. and E.M. (1909), *Primer of Statistics*, Black; London.
[24] Elderton W.P. (1927), *Frequency Curves and Correlation*, 2nd ed., Layton; London.
[25] Elderton W.P. (1945), "Cricket Scores and Some Skew Correlation Distributions," *Jl. Royal Statist. Soc. A.*, 108, 1–11.
[26] Ellis P.M. and R.W. Corn (1984), "Using Bivalent Integer Programming to Select Teams for Intercollegiate Women's Gymnastics Competition," *Interfaces*, 14, 41–46.
[27] Erkut E. (1987), "More on Morrison and Wheat's 'Pulling the Goalie Revisited,'" *Interfaces*, 17, 121–123.
[28] Evans J.R. (1988), "A Microcomputer-Based Decision Support System for Scheduling Umpires in the American Baseball League," *Interfaces*, 18, 42–51.
[29] Ferland J.A. and C. Fleurent (1991), "Computer Aided Scheduling for a Sports League," *INFOR*, 29, 14–24.
[30] Freeze A.R. (1975), "Monte Carlo Analysis of Baseball Batting Order," in *Optimal Strategies in Sports*, S.P. Ladany and R.E. Machol, eds., North-Holland, 63–67.
[31] Freeze A.R. (1995), "A Simulation Analysis of the Golf Handicap System," paper under review.
[32] Gale D. (1971), "Optimal Strategy for Serving in Tennis," *Mathematics Magazine*, 44, 197–199.
[33] Gerchak Y. (1994), "Operations Research in Sports," in *Handbooks in OR & MS*, Vol. 6, S.M. Pollock et al., eds., Elsevier Science, 507–527.
[34] Gerchak Y. and M. Henig (1986), "The Basketball Shootout: Strategy and Winning Probabilities," *Operations Research Letters*, 5, 241–244.
[35] Gerchak Y. and M. Kilgour (1993), "Sequential Competitions with Nondecreasing Levels of Difficulty," *Operations Research Letters*, 13, 49–58.
[36] Gerchak Y. and H.E. Mausser (1994), "The NBA Draft Lottery in the 90's: Back to Moral Hazard?," paper under review.
[37] Hamilton J. and R. Romano (1992), "Equilibrium Assignment of Players in Team Matches: Game Theory for Tennis Coaches," WP 1992-26, Graduate School of Industrial Administration, Carnegie Mellon University.
[38] Hannan E.L. (1979), "Assignment of Players to Matches in a High School or College Tennis Match," *Computers and Operations Research*, 6, 21–26.
[39] Hannan E. and C.D. Chen (1982), "Assignment of Swimmers to Events in a Swimming Meet," working paper, Institute of Administration and Management, Union College and University, Schenectady.
[40] Hannan E.L. and L.A. Smith (1981), "A Simulation of the Effects of Alternative Rule Systems for Jai Alai," *Decision Sciences*, 12, 75–84.
[41] Heffley D.R. (1977), "Assigning Runners to a Relay Team," in *Optimal Strategies in Sports*, S.P. Ladany and R.E. Machol, eds., North-Holland, 169–171.
[42] Henig M. and B. O'Neill (1992), "Games of Boldness, Where the Player Performing the Hardest Task Wins," *Operations Research*, 40, 76–87.
[43] Hersh M. and S.P. Ladany (1989), "Optimal Pole-Vaulting Strategy," *Operations Research*, 37, 172–175.
[44] Howard A. (1960), *Dynamic Programming and Markov Processes*, M.I.T. Press and John Wiley, Chapter 5.
[45] Hurley W. (1989), "Should We Go for the Win or Settle for a Tie?," unpublished paper.
[46] Klemm R. J. and H.J. Iglarsh (1983), "Skating on Thin Ice," working paper of the School of Business Administration, Georgetown University, Washington, D.C.
[47] Ladany S.P. (1975a), "Optimal Starting Height for Pole-Vaulting," *Operations Research*, 23, 968–978.
[48] Ladany S.P. (1975b), "Optimization of Pentathlon Training Plans," *Management Science*, 21, 10, 1144–1155.
[49] Ladany S.P., J.W. Humes and G.P. Sphicas (1975), "The Optimal Aiming Line," *Operational Research Quarterly*, 26, 3, 495–506.
[50] Ladany S.P. and Robert E. Machol eds. (1977), *Optimal Strategies in Sports*, North-Holland.
[51] Ladany S.P. and J. Singh (1978), "On Maximizing the Probability of Jumping Over a Ditch," *SIAM Review*, 20, 171–177.
[52] Lane D.E. (1981), "An Algorithm for the Construction of the Regular Season Schedule for the Canadian Football League," O.R. Working Paper 59, Departement de Mathematiques, Ecole Polytechnique Federale de Lausanne.
[53] Leake R.J. (1976), "A Method of Ranking Teams: With an Application to College Football," in *Management Science in Sports*, R.E. Machol, S.P. Ladany and D.G. Morrison, eds., North-Holland/TIMS Studies in the Management Sciences, 4, 27–46.
[54] Liittschwager J.M. and J.R. Haagenson (1978),

"The Round Robin Athletic Scheduling Problem," presented at ORSA/TIMS joint meeting, Los Angeles.

[55] Lilien G.L. (1976), "Optimal Weightlifting," in *Management Science in Sports*, R.E. Machol, S.P. Ladany and D.G. Morrison, eds., North-Holland/TIMS Studies in the Management Sciences, 4, 101–112.

[56] Lindsey G.R. (1959), "Statistical Data Useful for the Operation of a Baseball Team," *Operations Research*, 7, 197–207.

[57] Lindsey G.R. (1961), "The Progress of the Score During a Baseball Game," *Jl. American Statistical Association*, 56, 703–728.

[58] Lindsey G.R. (1963), "An Investigation of Strategies in Baseball," *Operations Research*, 11, 477–501.

[59] Lindsey G.R. (1977), "A Scientific Approach to Strategy in Baseball," in *Optimal Strategies in Sports*, S.P. Ladany and R.E. Machol, eds., North-Holland, 169–171.

[60] Machol R.E. (1970), "An Application of the Assignment Problem," *Operations Research*, 18, 745–746.

[61] Machol R.E., S.P. Ladany and D.G. Morrison, eds. (1976), *Management Science in Sports*, North-Holland/TIMS Studies in the Management Sciences, 4.

[62] Mehrez A. and M.Y. Hu (1995), "Predictors of Outcomes on a Soccer Game – A Normative Analysis Illustrated for the Israeli Soccer League," *Zeitschrift Operations Research*.

[63] Mehrez A. and S.P. Ladany (1987), "The Utility Model for Evaluation of Optimal Behavior of a Long Jump Competitor," *Simulation & Games*, 18, 344–359.

[64] Mehrez A., J.S. Pliskin and A. Mercer (1987), "A New Point System for Soccer Leagues: Have Expectations Been Realized?," *European Jl. Operational Research*, 28, 154–157.

[65] Monahan J.P. and P.D. Berger (1977), "Playoff Structures in the National Hockey League," in *Optimal Strategies in Sports*, S.P. Ladany and R.E. Machol, eds., North-Holland, 123–128.

[66] Morris C. (1977), "The Most Important Points in Tennis," in *Optimal Strategies in Sports*, S.P. Ladany and R.E. Machol, eds., North-Holland, 131–140.

[67] Morrison D.G. (1976), "On the Optimal Time to Pull the Goalie: A Poisson Model Applied to a Common Strategy Used in Ice Hockey," in *Management Science in Sports*, R.E. Machol, S.P. Ladany and D.G. Morrison, eds., North-Holland/TIMS Studies in the Management Sciences, 4, 137–144.

[68] Morrison D.G. and R.D. Wheat (1986), "Pulling the Goalie Revisited," *Interfaces*, 16, 28–34.

[69] Mosteller F. (1952), "The World Series Competition," *Jl. American Statistical Association*, 47, 259, 355–380.

[70] Mottley M. (1954), "The Application of Operations Research Methods to Athletic Games," *JORSA*, 2, 335–338.

[71] Norman J.M. (1985), "Dynamic Programming in Tennis: When to Use a Fast Serve," *Journal of the Operational Research Society*, 36, 75–77.

[72] Nydic R.L., Jr. and H.J. Weiss (1989), "More on Erkut's 'More on Morrison and Wheat's *Pulling the Goalie Revisited*," *Interfaces* 19, 45–48.

[73] Ostermann R. (1982), "Conversational Construction of a Sports Schedule," O.R. Working Paper, Département de Mathématiques, École Polytechnique Federale de Lausanne.

[74] Peterson A.V. Jr. (1977), "Comparing the Run-Scoring Abilities of Two Different Batting Orders: Results of a Simulation," in *Optimal Strategies in Sports*, S.P. Ladany and R.E. Machol, eds., North-Holland, 86–88.

[75] Pollard R. (1977), "Cricket and Statistics," in *Optimal Strategies in Sports*, S.P. Ladany and R.E. Machol, eds., North-Holland, 129–130.

[76] Pollock S.M. (1974), "A Model for Evaluating Golf Handicapping," *Operations Research*, 22, 1040–1050.

[77] Pollock S.M. (1977), "A Model of the USGA Handicap System and 'Fairness' of Medal and Match Play," in *Optimal Strategies in Sports*, S.P. Ladany and R.E. Machol, eds., North-Holland, 141–150.

[78] Porter R.C. (1967), "Extra-Point Strategy in Football," *The American Statistician*, 21, 14–15.

[79] Price, B. and A.G. Rao (1976), "Alternative Rules for Drafting in Professional Sports," in *Management Science in Sports*, R.E. Machol, S.P. Ladany and D.G. Morrison, eds., North-Holland/TIMS Studies in the Management Sciences, 4, 79–90.

[80] Rivett B.H. (1975), "The Structure of League Football," *Operational Research Quarterly*, 26, 801–812.

[81] Robinson L.W. (1991), "Baseball Playoff Eliminations: An Application of Linear Programming," *Operations Research Letters*, 10, 67–74.

[82] Schaefer M.K., E.J. Schaefer and W.M. Atkinson (1991), "Fourth Down Decisions in Football," Department of Mathematics, College of William and Mary.

[83] Scheid F. (1972), "A Least-squares Family of Cubic Curves with Application to Golf Handicapping," *SIAM Jl. Applied Mathematics*, 22, 77–83.

[84] Scheid F. (1977), "An Evaluation of the Handicap System of the United States Golf Association," in *Optimal Strategies in Sports*, S.P. Ladany and R.E. Machol, eds., North-Holland, 151–155.

[85] Scheid F. (1990), "On the Normality and Independence of Golf Scores, with Various Applications," in *Science and Golf*, A.J. Cochran, ed., Chapman

and Hall, 147–152.
[86] Schreuder J.A.M. (1980), "Constructing Timetables for Sports Competitions," *Mathematical Programming Study*, 13, 58–67.
[87] Shikata M. (1977), "Information Theory in Soccer," *Journal of Humanities and Natural Sciences* (Tokyo College of Economics), 46, 35–94.
[88] Sinuany-Stern Z. (1988), "Ranking of Sport Teams via the AHP," *Jl. Operational Research Society*, 39, 661–667.
[89] Skiena S.S. (1988), "A Fairer Scoring System for Jai-Alais," *Interfaces*, 18, 35–41.
[90] Sphicas G.P. and S.P. Ladany (1976), "Dynamic Policies in the Long Jump," in *Management Science in Sports*, R.E. Machol, S.P. Ladany and D.G. Morrison, eds., North-Holland/TIMS Studies in the Management Sciences, 4, 113–124.
[91] Tan Y.Y. and M.J. Magazine (1981), "Solving a Sports Scheduling Problem with Preassignments," Department of Management Sciences, University of Waterloo.
[92] Townend M.S. (1984), *Mathematics in Sport*, Ellis Horwood, London.
[93] Tversky A. and T. Gilovich (1989), "The Cold Facts about the 'Hot Hand' in Basketball," *Chance*, 2, 16–21.
[94] Ushakov I.A. (1976), "The Problem of Choosing the Preferred Element: An Application to Sport Games," in *Management Science in Sports*, R.E. Machol, S.P. Ladany and D.G. Morrison, eds., North-Holland/TIMS Studies in the Management Sciences, 4, 153–162.
[95] Washburn A. (1991), "Still More on Pulling the Goalie," *Interfaces*, 21(2), 59–64.
[96] Winston W. and A. Soni (1982), "Does Division Play Lead to More Pennant Races?," *Management Science*, 28, 1432–1440.
[97] Wood G.H. (1945), "Cricket Scores and Geometrical Progression," *Jl. Royal Statist. Soc. A.*, 108, 12–22.

スラックベクトル
slack vector

線形計画問題におけるスラック変数の列表現．⇒スラック変数．

スラック変数
slack variable

不等式を等式に変換するために，$\sum_j a_{ij} x_j \leqq b_i$ の形の不等式に加えられる非負変数．スラック変数は不等式の右辺と左辺の差を表す．⇒論理変数，スラックベクトル，余剰変数．

制御不能な変数
uncontrollable variables

意思決定問題において，意思決定者の管理下にない変数あるいは他の要素のこと．⇒意思決定者，意思決定問題，数理モデル．

制御理論
Control Theory

はじめに

制御理論は，実用上は，電気工学や機械工学での応用に関連しているのが通例であるが，その数学的基礎についてはオペレーションズリサーチや経営科学と共通している部分が多い．微分方程式，差分方程式，確率過程，最適化，変分法などがこの共通の基礎の中に含まれている．

応用上は，制御理論は，望ましい結果を得るために力学系 (dynamical system) の操作することと関連している．制御対象となるシステムの種類も，制御の目的も，どちらもが幅広い多様なクラスを含んでいる．制御理論は制御システム工学 (control systems engineering) と強く関連しており，制御システム工学は多くの先端技術の基本である．より広い意味では，制御理論的概念は，工学システムのみならず，生医学，経済，社会科学で現れる力学系にも適用可能である．制御理論は，また，応用数学の多数の分野に大きな影響を与えたし，研究問題の豊かな源泉であり続けている．

様々なシステムが制御対象となりうる．機械，電気，化学，熱学，そして，力学的振る舞いをするならそれ以外のシステムも対象となりうる．このようなシステムを制御するには，制御対象の力学的振る舞いを十分に理解することが要求される．これは，通常は，システムを数理モデルとして定式化し解析することで実現される．システムの物理的性質は数理モデルを確立するのに重要な役割を果たす．しかし，いったんモデルが確立してしまうと，制御理論的考察はシステムの物理的本性から独立してしまう．しばしば異なる物理システムが類似の数学

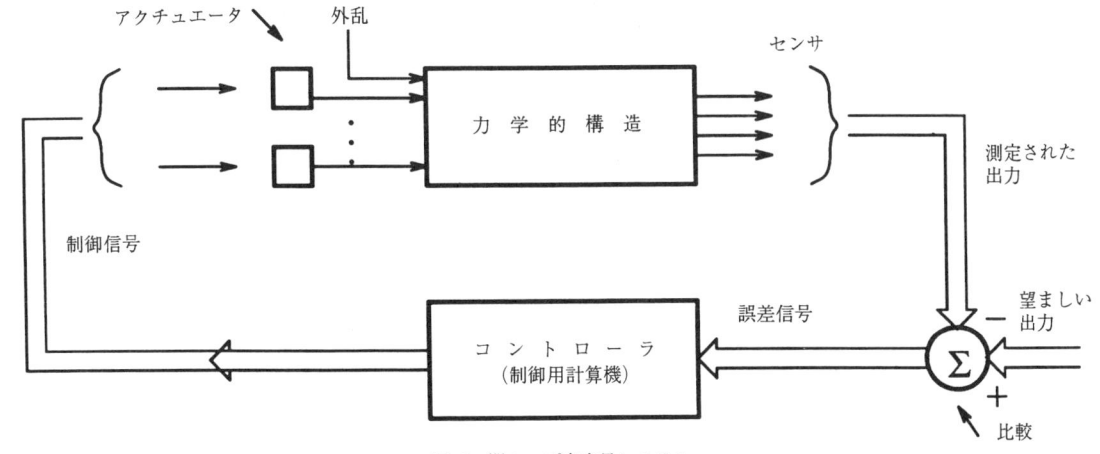

図 1 閉ループ多変量システム

的モデルをもつので類似の制御原則がそれらに適用可能になる．たとえば，バネで連結された質点の力学システムは，コンデンサーとインダクターからなる電気回路と同じ数理モデルによって記述される．制御理論的観点からみると，これら2つのシステムは同一のものとして扱いうる．

システムの制御は，通常，システムの振る舞いに影響を与える入力信号 (input signal) を与えることによって行われる（図1）．物理的には，しばしば入力信号はシステムのエネルギーの流れを変化させる．これは，操縦士の操作が飛行機のエンジンの推力を変化させるのとよく似ている．入力信号から質量の流れのような物理変数への変換は，アクチュエータ (actuator) と呼ばれる装置によってなされる．システムの応答は，センサ (sensor) と呼ばれる多様な計器によって測定される．出力信号 (output signal) と呼ばれる測定値は，コントローラ (controller) に送り込まれる．通常はこのコントローラは制御用計算機である．コントローラは，アクチュエータに引き渡される入力信号の一連の値を決定する．制御用計算機本体は制御の決定がなされる物理的な場所ではあるが，制御の本質は計算機ソフトウェアに埋め込まれたアルゴリズムの部分にある．制御アルゴリズムの開発は，しばしば制御の高度の数学理論と扱う制御対象固有のモデルとにもとづいている．

制御の大きな困難の1つはシステムモデルとシステム出力の不確かさにある．不確かさにはいくつかの原因がある．制御システムの数理モデルは多くの単純化された仮定にもとづいており，その結果近似誤差を含んでいる．システムの性質やパラメータは予期できない変化をする可能性がある．システムは，飛行機に吹き付ける一陣の風のような未知の外力にさらされているかもしれない．センサーから提供される出力信号はセンサーの雑音や通信路の雑音を含んでいる．制御問題の定式化は通常，本質的に不確かなパラメータや信号を含んでいるのである．制御理論の仕事は，これらの不確実性の下で，可能な限り，よいシステム特性を保証する解を提供することである．

歴史的発展

J. C. Maxwell による蒸気エンジンのフィードバック制御（feedback control）に関する最初の組織的な研究は1868に現れた．1893年に A. M. Lyapunov は運動の安定性に関する最初の論文を発表したが，彼の仕事が制御理論の文献に影響を与えたのは55年を経てからであった．第一次世界大戦後に長距離電話線に最初の電気増幅器が現れたとき，高階微分を含む力学特性をもつ増幅器を用いたゲイン（gain）の大きなフィードバックは安定性の問題を引き起こした．1932年 H. Nyquist が周波数応答にもとづくフィードバックの安定性解析法を与えた．1930年代末に飛行機を制御する機器が導入された．確率過程のフィルタリングに関する Norbert Wiener の理論は，自動制御装置に関する理論と合わさって，飛行機の制御機構設計のための統一的枠組みを与え，「古典制御理論」として知られるものとなった．

1950年末から1960年代にかけて，宇宙有人飛行や他の航空宇宙産業への応用がなされ，さらに計算機が出現するのと時期を同じくして，制御理論の広範な発展があった．動的計画法 (dynamic programming) に組み込まれているベルマンの最適性の原理（Bellman's principle of optimality），最適制御に関するポントリャーギンの最大原理（Pontryagin's maximum principle），そしてカルマンフィルター（Kalman filter）が1956年から1960年の間に考え出された．微分方程式と行列計算にもとづく，解析における状態空間法は，やがて「現代制御理論」と名付けられたものの主要な道具となった．制御理論は1969年のアポロ月着陸プロジェクトの成功に重要な役

割を演じた．1970年代には偏微分方程式で支配されるシステムの制御，適応制御，そして非線形制御において重要な進展があった．制御理論の応用は大きく広がり，複合材料加工，生医学問題，そして経済学を含むものとなった．1980年代には，ロバスト制御理論が定式化され，十分に成熟した段階に達した．ロバスト制御理論は，いまや「古典」制御理論と，(状態空間法にもとづく)「現代」制御理論とを統合したものとなっている．

総論としては，現在の制御の研究は，いくつかのさらに進んだ応用での，フィードバック制御理論の性能の極限の研究を目指している．制御の計算上の道具はすでにMATLABソフトウェアシステムをはじめとするソフトウェアでコーディングされている．この十年で，制御のハードウェアはマイクロプロセッサー，そして「スマートマテリアル」のような新しいセンサやアクチュエータの技術によって大変革を遂げた．インテリジェント制御のいくつかの道具は，基板誘導・航行システムに適用された．車におけるABS (anti-lock brake system)，車のエンジンの計算機制御，地理的位置測定システムは制御理論の原理と道具が活用されているいくつかの実例である．

制御の数学的理論と同定問題

現在最もよく用いられている数学的制御は，線形状態空間法である．これは入出力をもつ1階の時間不変線形微分方程式のシステムである．そのような線形システムは

$$\begin{cases} \dfrac{d}{dt}x(t) = Ax(t) + Bu(t) \\ y(t) = Cx(t) + Du(t) \end{cases}$$

と記述することができる．ただし，$x(t)$＝状態ベクトル，$u(t)$＝制御，$y(t)$＝出力，そしてA, B, C, Dは状況から定まる適当な次元の行列である．

実際の応用にあたっては，技術者はしばしばスカラーあるいは行列の伝達関数を用いる．これらはラプラス変換での複素変数s，あるいは，z-変換からきた変数zをもつ有理関数である．後者は離散時間システムで用いられる．状態空間と伝達関数の間には密接な関係がある．

最近二十年の間に，たとえば，非線形常微分方程式，時間遅れをもつ微分方程式，微分積分方程式，線形と非線形の偏微分方程式，確率常微分および偏微分方程式，半群理論，ディスクリート・イベントシステム(discrete-event system)，待ち行列システム，マルコフ過程，ペトリネット(Petri net)，神経回路モデルなど，多くの他のシステムも制御理論の研究文献中での解析対象となっている．多くの場合，これらのシステムの研究は線形システムの主要なパラダイムがこれらのシステムに拡張されるための正確な数学的条件を求める結果となっている．

実際の物理システムが与えられたとき，最も重要な仕事の1つは，制御する数学モデルの決定である．この作業は通常2つのうちの1つの方法でなされる．1つは，モデル方程式が物理法則から導かれ，少数の未知パラメータのみが入出力データから推定される方法，他方は，全パラメータが未知の一般のモデルシステムを仮定し，広範なパラメータ推定とモデル確認手続きが要求される方法，である．どちらの場合においても，実験データによるモデル決定のステップの全体は，システム同定(system identification)と呼ばれている．この作業において制御設計者を補助する，洗練された手法と計算機アルゴリズムが存在している．

主な概念

フィードバックは，システムの制御をシステム出力の同時測定にもとづいて行う仕組みである．一般には，システム出力は望ましい出力値と常時比較されており，制御はシステムを望ましい値に進ませるように調節される．フィードバックは出力を入力とリンクさせる直接的なループを作り出す．

複雑なシステムは多数のフィードバックループを有しており，それらは，階層構造をしているか，あるいはからみあっているかのいずれかである．フィードバックはシステムの内的な力学とシステムの入出力特性を変える結果となる．適切に設計されたフィードバックを有するシステムは，モデルや外乱の不確かさの下でも入力指令に正しく応答する．効果的なフィードバックは不確かさがどのような原因によるものであっても，その影響を縮小する．フィードバックは，また，安定性のゆとりを改善したり，望ましくない非線形性を取り除いたり，縮小させたり，あるいはシステムのバンド幅(bandwidth)を整えたりするのに用いられる．ある種のシステムは，フィードバックなしには安定に機能することすらできない．たとえば，諸条件を飛行を安定な範囲に保つためにフィードバックが用いられる近代的な「フライ・バイ・ワイヤ」(fly-by-wire)のジェット戦闘機は，その一例である．フィードバックの仕組みは線形システムの場合にはよく解明されている．しかしながら，非線形システム，特に，多自由度の非線形システムについては依然として研究が続いている．広い意味においては，フィードバックの概念は，物理学，生物学，経済学などに現れる多様な閉ループの相互干渉を防ぐために用いられる（たとえばFranklin, Powell and Emami-Naeni, 1994; SIAM, 1988を見よ)．

最適制御

多くの場合，最適制御（optimal control）の目標は何

らかの目的関数の最適化であるとして数学的に定式化することができる．最適理論と変分法の手法は，ある種の最適制御の原理を導出するのに利用されてきた．たとえば，2次の目的関数をもつ線形システムの幅広いクラスに対して有効な基本的結果の1つは，システムの内的な「状態ベクトル」(state vector)の測定にもとづく線形フィードバックで最適制御が実現されると主張する．その線形フィードバックのパラメータはリカッチ方程式(Riccati equation)と呼ばれる2次方程式を解くことによって得られる．別の基本的な結果は，有界な制御関数をもち所要推移時間を目的関数とする線形システムの制御は制御の限界値のみを用いて実現される（「バンバン制御」，bang-bang control）と主張する．最適な目的関数値を実現する制御を発見するには，最適制御問題においてはしばしば反復数値計算が必要である．

ロバスト制御

不確かさの影響を最小限にするフィードバックを設計する制御の手法が開発されている．この種のシステムはロバストであると呼ばれる．たとえば，出力への好ましくない外乱による伝達関数のノルムを最小にするようにフィードバックを設計することができる．この種のもう1つの設計は，パラメータの変動に対してできるだけ影響を受けないようにフィードバックシステムを構成することである．ロバスト制御(robust control)の1つの中心的考え方は，信号と作用（伝達関数）の双方にハーディ関数空間 H_∞ でのノルムを用いることである．H_∞ ノルム最小の解とある種の行列リカッチ方程式系の解との間の密接な関係が発見されている．

ロバスト制御理論は線形時間不変システムに対してはよく解明されており，非線形システムに対してもいくつかの結果が得られている．不確かさをもつ制御問題に対するゲーム理論的アプローチと線形・非線形のロバスト制御の間の関係も発見されている．

確率制御

〈確率制御理論〉(stochastic control theory)は，不確かさが確率過程(stochastic process)でモデル化される制御と再帰推定の問題の研究とかかわっている．線形理論における最も顕著な成果の1つは，カルマンフィルターアルゴリズムと最適確率制御における分離原理の発見である．この原理は，ある条件の下で，最適確率制御の解が最適決定論的状態フィードバックと状態ベクトルの最適フィルター推定の結合となり，この両者は互いに他と独立に得ることができる，と主張する．

非線形システムに対しては，マルコフ拡散が解析手法となった．確率最適制御条件としては，適当な初期条件と境界条件とを満足する滑らかな解を必ずしももたない非線形2階偏微分方程式が得られる．最近では，「弱解」(weak solution)と「粘性解」(viscosity solution)がこのような最適制御問題の解の記述に用いられている．

適応制御

システムと外乱の不確実性へのありうる対処法の1つは，適応制御(adaptive control)機構を用いることである．通常のフィードバックによるシステム運転において，入出力信号をシステムパラメータの推定を次第に精確にするために用いることができる．これを用いて逆にフィードバックループの補正を行うこともできる．あるいは原システムの推定のステップを省略して誤差の最小化のためフィードバック制御器の直接のチューニングを選択することもできる．このように設計された制御システムは，2つのフィードバックループをもっている．一方のループは通常のフィードバックだが修正可能なパラメータを含んでおり他方のループは修正の機構を提供する．適応システムは本性として非線形である．

ここでの主要な理論的論点は適応フィードバックループの安定性の問題である．あるクラスの非線形システムに対しては安定な適応フィードバック則が発見されている．しかし，単純な適応システムにおいても，爆発現象，振動やカオスが発見されている．現在の研究努力は，ロバスト適応制御則を見つけることと，いくつかの偏微分方程式に支配されたシステムに対する確率的適応制御問題に向けられている．

インテリジェント制御

インテリジェント制御(intelligent control)という用語は，不確かな環境下での意思決定，学習(learning)，自己組織化(self-organization)，新しいデータの到着・環境の変化に適応して制御規則自身を進化させる，などを含む制御を指すのに用いられる．インテリジェント制御では，操作の任意のある段階で，どの変数が制御されるべきか，どのモデルが用いられるべきか，あるいは，運転の特定のステージでどの制御戦略が用いられるべきかを決定することなども取扱いの対象になりうる．ある状況においては，システムの正確な数学的モデルは存在せず，プロセスの情報は言葉で記述されるだけの場合もありうる．

インテリジェント制御は，制御理論と人工知能の混合物である．数学的制御理論が，数学的に精密に定式化されたモデルと制御規則を用いるのに対して，インテリジェント制御は多くの場合，発見的なモデルや規則に依拠している．インテリジェント制御は発展中の分野であり，確立されたパラダイムはほとんど存在しない．インテリジェント制御の現在の道具には，エキスパートシステム，ファジィ集合理論，ファジィ制御アルゴリズム，人工神

経回路網が含まれる．インテリジェント制御が有効かもしれないと考えられている例としては，自律的ロボットや乗り物，フレキシブルマニュファクチャリングシステム（flexible manufacturing system），交通制御システムなどがある．

研究の課題と方向

主な研究課題としては，非線形偏微分方程式に支配されるシステム（たとえば，流体の流れの制御）を含む非線形多自由度システムのフィードバック制御，それらのシステムの適応・ロバスト制御，学習と知能意思決定を含む不完全モデルにもとづくシステムの制御，視覚などの非伝統的な観測データにもとづくシステムの制御等がある（SIAM, 1988）．

⇒人工知能，変分法，動的計画，ニューラルネットワーク．　　　　　　　　　　　　　[Andre Z. Manitius/岸本一男]

参考文献

[1] K. Astrom and B. Wittenmark (1989), *Adaptive Control*, Addison-Wesley, Reading, Massachusetts.
[2] B.D.O. Anderson and J.B. Moore (1990), *Optimal Control*, Prentice Hall, Englewood Cliffs, New Jersey.
[3] W. Fleming and M. Soner (1994), *Controlled Markov Processes and Viscosity Solutions*, Springer Verlag, New York.
[4] G. F. Franklin, J.D. Powell, and A. Emami-Naeni (1994), *Feedback Control of Dynamic Systems*, 3rd ed., Addison-Wesley, Reading, Massachusetts.
[5] M. Green and D.J.N. Limebeer (1995), *Linear Robust Control*, Prentice Hall, Englewood Cliffs, New Jersey.
[6] C.F. Lin (1994), *Advanced Control Systems Design*, Prentice Hall, Englewood Cliffs, New Jersey.
[7] SIAM (1988), *Future Directions in Control Theory: A Mathematical Perspective*, SIAM Reports on Issues in the Mathematical Sciences, Philadelphia.
[8] E.D. Sontag (1990), *Mathematical Control Theory: Deterministic Finite Dimensional Systems*, Springer Verlag, New York.
[9] A. Stoorvogel (1992), *The H_∞ Control Problem*, Prentice Hall International, London.
[10] J. Zabczyk (1992), *Mathematical Control Theory: An Introduction*, Birkhauser, Boston.

政策評価

Program Evaluation

政策評価（program evaluation）は社会的な計画と政策のパフォーマンスを評価するものである．極刑によって殺人を阻止できるか？　政府が援助するにふさわしいのはどの職業訓練プログラムか？　どうすれば救急医療をもっと効果的に行うことができるか？　エネルギー節減の社会的便益は何か？　といったことが，政策評価において取り上げられる問題のタイプである．

著名な評価にはWestinghouseのHead Startという幼児教育プログラム（Cicarelli, 1969），住宅手当て（housing allowance）実験（Struyk and Bendick, 1981），カンザスシティー防犯パトロール実験（Kelling et al., 1974），ニューヘブンにおけるHIV感染予防のための薬物使用者の注射針交換プログラム（Kaplan and O'Keefe, 1993）などがある．これらの例からわかるように重要な評価の問題や課題の多くは，公共住宅制度，医療制度，教育，福祉，治安など社会的・政治的に先端的な論点となっている分野である．

政策評価と密接に関係している分野に費用対便益（cost-benefit）と費用対効果（cost-effectiveness）分析がある．これらの資源配分法は意思決定者がどの社会的政策が援助にふさわしいか，事態に対応するのにどのくらいの投資をするべきかを決定するのに役立つ．政策評価は対象となる社会的政策を理解し，それにかかわる便益を推定する試みと解釈できよう．評価において，これらの便益を活動の費用と結び付けて考えているものもあるが，ほとんどの政策評価においては便益だけを測定使用としていると考えられる．

政策評価はしばしば，当事者，行政，議員，管理者，活動創設者，提唱者などとして社会的政策に関心のある組織の要請によって社会科学者の手で行われる．このような圧力のある雰囲気の中でOR/MSは有効だろうか？　政策の評価を行うことは政策決定に対して主として政策論争に情報を与える点で寄与できる．評価を行う作業は政策の決定過程にいる意思決定者に，重要な情報を提供する活動として構築することができる（Larson and Kaplan, 1981）．評価を行うことはまた問題の枠組みを与え，代替的政策を区分し選択するのに役立つ．評価作業は公共サービスの提供を改善したいと考えている行政官にとっては不可欠である．これらの仕事は，情報を収集し，分析し，活用することにある．意思決定を行わねばならないということが公共政策の評価業務においてOR/MSが特に有用となる理由である．

政策の内容と評価の範囲

システム分析の言葉では，社会的施策の要素は，入力，プロセス（処理），出力に区分される（Rossi and Freeman, 1993）．入力は施策に使われる資源であり，出力は施策の結果である．この枠組みで政策評価は，一般には施策の出力を評価することにある．このような評価は，しばしば成果（outcome）とか影響評価（impact evaluation）と呼ばれる．典型的なものは成果の評価の結果が問題の答えとなる，「政策は目的を達したか？」というものである．

成果の評価と対照的にプロセス評価はしばしば軽蔑的な意味も込めて，政策監視(program monitoring)と呼ばれる．実際の政策の無数の細部が監視評価においてはプロセスとして単純に区分されてしまうので，政策はブラックボックスになってしまう．このような枠組みはオペレーショナルではない．他方，プロセス評価におけるOR/MSアプローチは，適切な数理的モデルの力を借りながら政策のプロセスに焦点を当てる．典型的な政策評価はどの政策が有効かについてあまりにしばしば単純すぎる結論を導きがちである．政策のオペレーションに焦点を当てることによって，なぜある政策が成功し他のものが失敗するかについての理解を得ることが可能となることが多い．例として，Larsonのカンザスシティーにおける防犯パトロール実験の分析について考えてみよう(Larson, 1975)．この実験は日常の防犯パトロールと主要な成果，たとえば犯罪発生率と市民の満足度などとの関係を明確にし，合わせて，対応時間やパトロールの頻度といった重要な中間的な成果についても明らかにしようとしたものである．この実験の経験的な分析の結果は警官の防犯パトロールの頻度の少ない，中間的な，あるいは多い地域について「差がない」という判定しか出せなかった．対照的に，Larsonによるこの実験に対する簡単な確率モデルの応用は，実験計画の性質によってこのような結論になってしまうことを示した．彼は，たとえば，パトロール任務と呼び出し任務負担の特性によって対応時間には大きな違いが期待できないということを示した．同じモデルによって，大きなアメリカの都市の状況をよりよく示すような異なった実験環境においては異なった結論に達することが示されている．

政策評価におけるOR/MSアプローチの利点は，ゴールと目的が可能な限り明白に表現されることである．対象とする政策の目的は何か，そして政策の効果がいい場合と悪い場合をどのように性格付けられるのか？　このような質問の重要性はOR/MS専門家には自明のことであるが，政策に携わる人たちの大部分はこのような明白さにはなれていない．このような質問を行うことは，しばしばそれだけで政策論争の役に立つ．

問題解決へのOR/MSアプローチの主要点は，政策の目的合せにいくつかの効果尺度をすぐ使えるということである．評価尺度によってシステムの機構がどのくらいうまく働いたかが測定できる．評価尺度は測定可能で(仮に実際に観察不可能でも，計算可能で)，理解可能で，正当で信頼性があり，政策オペレーションの変更に合わせて適応できなければならない．公共政策のオペレーションのモデル化は先験的には明確でない評価尺度を作り出すこともできる．例として，薬物常用者のHIV感染に関する数理モデルを用いたニューヘブンの注射針交換政策を上げられよう(Kaplan and O'Keefe, 1993)．モデルによって注射針のサーキュレーション時間，つまり，薬物常用者にとって注射針が使用できる時間の累積が明らかになった．注射針のサーキュレーション時間を減少させることで1本当たりの針の使い回しを減らすことができる．これによって針が汚染される機会を減らすとともに，使用された針が感染を引き起こす機会を減らすことができる．針の交換は針のサーキュレーション時間の分布を変化させる．このモデルは，針の交換とHIV感染の確率との関係を明確にした．

方法論

政策評価の多くは性質からして定性的である．社会科学的方法では，フィールド観察やケースヒストリーといった類がよく用いられる．しかしながら，このような定性的なデータはしばしば特定の社会政策の評価に用いることができない．さらに定性的なデータは一般的に政策の効果について荒っぽい判定を行うことしかできない．万能薬ではないが，定量的な評価方法が社会的な政策の評価の標準になりつつある．政策の効果の評価は政策の対象となったグループと標準のグループとを統計的に対比することで行われる．ランダム化された実験がこのような評価の原型である．真にランダムな実験は現実の政策設定において実施するのが困難なので，その代わりに疑似実験計画法がよく用いられる．実験の参加者を，政策を当てはめられたグループと標準のグループとにランダムに割り当てるのではなく，疑似実験法は自然体と統計的に管理されたグループとの差を見つける．重相関法，誤差分析その他の統計的手法がよく使われる．Cook and Campbell (1979)は実験計画法の古典的な参考書である．

OR/MSのモデルベースの技法も政策評価に使うことができる．決定分析は明らかに有用で先見性をもって政策を選択するのに用いられる．待ち行列理論は，公共住宅割当てを含めた幅広い政策提供を分析するのに使用可能であろう．確率の応用は一般的に有用だが統計的手法は広範囲に価値がある．多目的計画法，包絡分析法(DEA)，そして階層化意思決定法(AHP)は，複数の目的間のトレードオフを明確にするのに役立つであろう．

OR/MSモデリングの確実な理解が政策評価を進めるのに有用であると考えられるのであるが，OR/MSは十分に活用されていない．たとえば，基本的な最適化手法である線形計画法もいまだに広く使われてはいない，それは多分，コンセンサスのある目的関数を定式化するのが困難だからであろう．OR/MSの教育は統計やその他の社会科学に比べて一般的ではない．公共政策の評価を専門にしている人たちでOR/MSの教育を受けた人はまだ少数である．しかしながら，社会的政策評価はOR/MSのさらなる発展と応用の重要で実り多い分野である

と確信している．

職業的機会と組織

国家，州政府および地域行政や国際機関の部門やエージェンシーは政策評価を行う部門をもっている．例としては，米国 EPA（環境庁）の政策評価部（Office of Policy Planning and Evaluation）や，ニューヨーク公立学校の研究・評価部門（Office of Research, Evaluation and Assessment），世界銀行のオペレーション評価部門（Operation Evaluations Unit）などがあげられよう．いくつかの大きな私的非営利組織が，多くの政策評価を手がけている．そのような組織には，The Urban Institute, Abt Associates, RAND 研究所，Mathematica Policy Research, Westat などがある．多くの政策評価が大学において主として社会科学者によって行われている．OR/MS の実務家には，かかわる機会があるであろう．1つの成果は INFORMS の College on Public Programs and Processes である．The American Evaluation Association は数千人の実務家と学者をもつ学際的なグループである．Evaluation Review 誌は品質評価の事例を載せている．

⇒ 費用分析，費用効果分析，救急サービス，問題構造化法，OR/MS の実践，公共政策分析，システム分析．

[Edward H. Kaplan, Todd Strauss/高井英造]

参考文献

[1] Cicarelli, V.G. et al. (1969). *The Impact of Head Start*. Westinghouse Learning Corporation and Ohio University, Athens, Ohio.
[2] Cook, T.D. and D.T. Campbell (1979). *Quasi-Experimentation: Design and Analysis Issues for Field Settings*. Houghton Mifflin, Boston.
[3] Kaplan, E.H. and E. O'Keefe (1993). "Let the Needles Do the Talking! Evaluating the New Haven Needle Exchange," *Interfaces* 23, 7-26.
[4] Kelling, G.L. et al. (1974). *The Kansas City Preventive Patrol Experiment: Summary Report*. The Police Foundation, Washington, D.C.
[5] Larson, R.C. (1975). "What happened to patrol operations in Kansas City? A review of the Kansas City Preventive Patrol Experiment," *Jl. Criminal Justice* 3, 267-297.
[6] Larson, R.C. and E.H. Kaplan (1981). "Decision-Oriented Approaches to Program Evaluation," *New Directions for Program Evaluation* 10, 49-68.
[7] Rossi, P.H. and H.E. Freeman (1993). *Evaluation: A Systematic Approach*, 5th ed. Sage Publications, Newbury Park, California.
[9] Struyk, R.J. and M. Bendick, Jr. (1981). *Housing Vouchers for the Poor: Lessons from a National Experiment*. Urban Institute, Washington, D.C.

生産管理
Production Management

はじめに

生産システムの主要な目的は，コストを最小に抑えながら，規格に合った製品を適切なタイミングで生産することである．多くの場合，1つの設備で多くの種類の製品が生産され，生産プロセス全体は地理的に分散したいくつかの設備に広がることになる．生産ネットワークが異なる国に立地している工場群で構成されているような業種も数多く存在している．

生産管理は，経営のすべての階層で行われる様々な意思決定に関係している．製造プロセスは，多くの異なる部門や組織に所属する多数の人々で構成され，様々な資源を活用している．作業に従事している人材の質に加えて，生産効率は，工場の立地や生産能力，技術選択，生産システムの構成，さらには日々の活動を調整する計画・管理システムに依存している．現在，生産部門の管理者にとって最も大切な成果測定の項目は，生産期間（スループット），コスト，在庫量，および納期である．生産に必要な作業者，機械設備，材料といったすべての資源をいかにして有効かつ効率的に活用するかという問題は複雑なので，意思決定を助ける数字モデルを開発することがしばしば必要になる．

製造に関する意思決定は，戦略レベル，戦術レベル，オペレーションレベルの3つに分類することができる．戦略的意思決定とは，垂直統合のレベルとか，内製部品の決定，工場立地，技術選択，組織設計など，長期的な影響があり容易には方向転換できないような活動について行われる．戦術的意思決定はそれに比べれば短期的で，大枠の生産計画，設備レイアウト，人員配置計画，段階的な能力増強といった決定が含まれている．オペレーションレベルの意思決定とは，詳細な生産スケジューリングや設備保全作業，在庫管理のルールなどに関するもので，日々の生産活動を進めるうえで必要になる．

生産部門の管理者が直面する問題の本質は，その生産設備を用いて競争している市場の特性に依存して決まることになる．したがって，製造システムを異なるタイプに分類しておくことが有効である．生産される製品の多様性と生産量は，製造システムのタイプを決めるうえで重要である．製造システムはこれまで，製品ミックスの生産量と多様性にもとづいて，ジョブショップ（job shop），バッチ生産システム（batch shop），流れ生産（flow line）および連続生産プロセス（continuous process）に分類されてきた．ジョブショップでは，加工条件が異なる多品種で少量の製品が生産される．一般的には，製品は個別顧客仕様になっていて，受注を受けてから生産される．その対極として流れ生産と連続生産プロセス

があり，そこでは限られた品種の製品が大量に生産される．バッチ生産はこれらの2つの極端なケースの中間に位置付けられる．本項の以下の部分では，これらのシステムのそれぞれについて開発されてきた経営科学モデルのいくつかについて説明する．

ジョブショップ

ジョブショップは，顧客ごとに仕様が異なる製品の生産に特化し，生産プロセスは多品種をつくるフレキシビリティを有している．製品の多様性が大きいために，ジョブショップ内でのものの流れは複雑で，それゆえに各ジョブの完了時刻を予測し管理することはとても難しい．大半のジョブは顧客から注文を受けてから着手されるので，管理面で重要な仕事は納期を正確に予測し，割り当てられた生産日程を守り，経営資源を有効かつ効率的に使用することになる．

オペレーション上の問題： 日々の生産活動を管理するうえでの課題に対する様々な取り組みが，数多くの組合せ最適化問題を生み出してきた．最も基本的な生産活動面の問題は，それぞれのジョブが異なる生産設備でいつ処理されるべきかというスケジュールを決めることである．それぞれのジョブに関して到着時刻（着手可能時刻），納期，および必要な処理内容が与えられている．それぞれの処理は，ある一定時間，生産設備群の一部を使用して行われ，処理順序には「先行制約」が存在している．

この問題に対して，代替的なスケジュールを評価する様々な指標が考案されている．共通に使われている指標としては，生産設備でジョブが処理されている平均あるいは最大滞留時間，納期遅れジョブ数，平均あるいは最大の納期遅れ時間がある．ジョブショップ・スケジューリング最適化問題の多くは，小規模なものを除いて厳密解を得ることができない (Lenstra et al., 1977；French, 1982)．したがって，多くの現実的な問題に対して近似解法が強調されている．特殊な構造をもつジョブショップ問題は研究者たちによって的確に分析されてきた．1機械問題や1工程多機械スケジューリング問題については，多くの有効な分析結果が得られている．多工程ジョブショップ問題は，すべてのジョブが同じ処理順序にしたがう場合には解析が可能である．

ジョブショップ・スケジューリングのモデルは，静的なモデルと動的なモデルに分類することができる．静的なモデルでは，ジョブの到着時刻や処理条件を含む一連の条件が前もって与えられている．一方，動的なジョブショップ・モデルでは，処理開始後に新たなジョブの到着が許されている．また，到着時刻が確率変数であったり処理条件が処理の過程で変化する場合もある．

静的なジョブショップ問題を研究するために，数理計画法のアプローチが採用されている．ジョブの完了時刻に対して，非減少の評価指標が与えられていて大規模でない問題では，最適解を生み出すために動的計画法 (dynamic programming：DP) が用いられている．動的計画法の考え方にもとづいたアプローチは，評価すべきスケジュールの個数を減らすためのドミナンス基準を明らかにするうえでも有効で，ドミナンス基準を利用した近似解法もいくつか開発されている．スケジューリング問題を整数計画法 (integer programming：IP) で定式化することも，最適に近い解を得るために行なわれている．多くの場合，整数計画法における複雑な制約条件の一部は，解析可能な部分問題を作り出すために緩和されることになる．

大部分の理論は，前もって制約条件が与えられていることを前提とした静的なジョブショップ問題に焦点を当てているが，大半の現実問題では条件が動的かつ確率的である．このような複雑な環境条件の下での解析の多くは，部分的な処理順序のルール（着手規則）を用いたシミュレーションに限定されている．たとえば，処理時間の短いジョブから着手するというように各工程の着手規則を定め，工程の全体的な評価はモンテカルロシミュレーションによって行われるといった具合である．多くの異なる着手規則が文献で議論されている．スケジューリングアルゴリズムに関する詳細については，Conway, Maxwell and Miller (1967), Graves (1981), および O'hEigeartaigh, Lenstra and Rinnooy Kan (1985) を参考にされたい．

動的な条件下でのスケジューリング領域における重要な研究成果は，ジョブショップ・スケジューリング問題をブロウニヤン制御によって近似できることである．解析されているネットワークの規模は小さいが，ボトルネックの工程に焦点を当てているので，この方法は様々な現実状況で役立つものである．ブロウニヤン制御問題は，平均リードタイムを最小化する最適に近いスケジューリング方法を明らかにするうえで有効である．

戦略的および戦術的な問題： 製造現場でジョブを順序付けたりスケジューリングする問題の大部分は厳密解を求めることができないので，望ましい成果を得るために，単純なリアルタイムの制御規則が役立つようなジョブショップを設計する，というニーズが生まれることになる．長期的な工程の成果は，処理されるジョブのタイプ（製品ミックス），異なる工程間での生産能力や生産技術，納期を設定したり現場でのものの流れを管理するルールなどに依存して変化する．したがって，これらの要因に関する戦術的および戦略的な決定をするためには，ジョブショップの中長期的な成果を予測できるようなモデルが必要になる．

長期的な成果を評価するための1つの方法は，モンテ

カルロシミュレーション（Monte Carlo simulation）を用いることである．シミュレーションモデルの強みは，（ⅰ）部分的な着手規則や工程へのインプット制御といった複雑なコントロールのルール，（ⅱ）製品間で相関のある需要や非定常的需要などの複雑な到着パターン，（ⅲ）複数の利用可能設備があったり機械故障が起きるといった生産手段に関する複雑な条件，といった多様な特性を考慮に入れられる点にある．広範囲にわたる評価尺度もシミュレーションモデルを用いて評価することができる．しかし，こうしたモデル解析は，多大な時間を要するうえに，考察の対象となっている計画方法に関して最適なパラメータの値を提示することはできない．

ジョブショップの長期的な成果を評価するために，オープン待ち行列モデルが提案されている．一般的な処理時間と到着間隔の分布，複数のジョブクラス，クラスによって変わるネットワーク内での処理経路といった特性値とともに，待ち行列の平均の長さを推定する精度のよい近似解法も開発されている．

しばしば用いられている近似解法としてパラメータ分解法（PDA）がある．PDAでは，各ノードは確率的に独立として扱われ，すべての評価尺度の値は各ノードでの到着間隔とサービス時間の分布の最初の2つのモーメントにもとづいて推定される．広範囲のテストの結果，PDAはごく一般的なネットワークならば各ノードでの待ち行列の長さの平均値を正確に推定することがわかっている．このアプローチの限界は，すべての評価尺度が安定状態のもので，待ち行列の平均の長さだけが正確に予測でき，ジョブが到着順に処理されるという仮定の下で分析が行われる，という点にある．しかし，このアプローチの強力さは，複雑なネットワークでも容易に分析でき，それゆえにネットワークの設計が容易になる点にある．

PDAにより，たとえば以下に示すような，施設の最適設計など様々な問題の分析が可能になっている．

　　目的：設備のトータルコストの最小化
　　決定変数：ネットワーク上の各工程の生産能力および生産技術
　　制約条件：異なるジョブクラスについての平均リードタイムの上界値

このモデルでは，平均リードタイムと設備選択の間にある関係を示すことができる．処理システムの設計は複数の評価基準にもとづいて行われるので，リードタイムと設備コストの間にあるトレードオフを表す曲線を描いておくことは有効である．この曲線は，許容できるリードタイムの上界値をパラメータとして変えていくことによって描くことができる．図1がトレードオフの曲線を示している（Bitran and Tirupati, 1988）．ジョブショップ問題への待ち行列論の応用に関するより詳しい説明は，Bitran and Dasuの論文（1992）で述べられている．

バッチ生産工程

バッチ生産工程で処理されるジョブの多様性はジョブショップの場合よりも少なく，バッチ生産の設備で処理される製品の種類は固定されている．それにもかかわらず，各製品の生産量は複数の製品が同一の設備を使用しなければならないような水準である．多くの場合，最終製品に対する需要は完成品在庫から引き当てられ，生産計画は需要予測にもとづいて立てられている．数多くの離散工程型の部品製造システムがバッチ生産工程に分類されている．

オペレーション上の問題：　バッチ生産工程を管理するうえでは，ある製品から次の製品に機械を切り替えるための時間とコストが最大の問題となる．ジョブショップでも段取り時間は大きいが，それぞれのジョブが異なるので段取り時間を各ジョブの処理時間に含めて扱うことができる．一方，バッチ生産工程では，同一の製品がくり返し生産されるので，注文を組み合わせたり分割して段取りの影響を小さくできる可能性がある．その結果として，各品種が生産される際のバッチサイズと生産順序を決める問題に関心が向けられることになる．在庫保管費，品切れ損，および段取りコストの間には，トレードオフの関係が存在している．

古典的なロットサイズ問題は，経済的ロットスケジューリング問題（economic lot scheduling problem：ELSP）である．ELSPは，各製品の需要速度が一定で前もって与えられている場合に，単一の生産工程での最適なロットサイズを求める問題である（Panwalker and Iskander, 1977）．この問題での分析の目的は，品切れを生じることなく，段取りコストと在庫保管コストの和を最小にするような各製品の生産頻度（すなわちロットサイズ）を求めることである．

ELSPの解法の多くは3つのステップで構成されている．第一に，生産能力の制約を無視して，各製品の最適な生産頻度（ロットサイズ）が求められる．次に，生産頻度（すなわちロットサイズ）が，計画の基準となる単位期間の整数倍に丸められる．最後に，各製品が生産さ

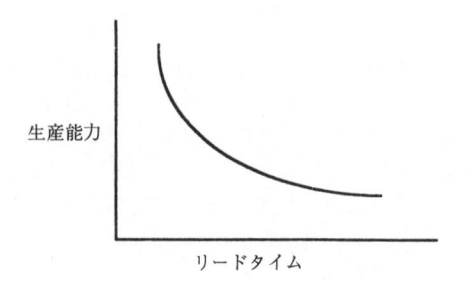

図1　トレードオフ曲線の例

れる順序を定めた解が作り出される．Roundy(1986)は，第二のステップで整数倍にするときの乗数が2のべき乗に限定されているならば，最適に近い解が得られることを明らかにした．最近では，ELSPのために開発された解法アプローチを多工程多機械問題に拡張する研究が始められている．

ELSPは連続時間のモデルである．現実には，生産計画は期間を区切って立てられるので，離散時間モデルのロットサイズ問題をつくって分析する研究も行われてきた．以下に，1工程多製品多期間の生産能力制約付きロットサイズ問題の定式化を示しておこう．

最小化 $\sum_{t=1}^{T} \{p_t(X_t) + h_t(I_t) + \sum_{i=1}^{I} s_{it}\delta(X_{it})\}$

条件 $I_{i,t-1} + X_{it} - I_{it} = d_{it}$ $t = 1, 2, \cdots, T$
$; i = 1, 2, \cdots, I$

$\sum_{i=1}^{I} X_{it} \leq C_t$ $t = 1, 2, \cdots, T$.

$\delta(X_{it}) = \begin{cases} 1 & X_{it} = 0 \\ 0 & \text{他の場合} \end{cases}$

$I_{it}, X_{it} \geq 0$ $t = 1, 2, \cdots, T$
$; i = 1, 2, \cdots, I$

ただし，$X_{it}, I_{it}, C_t, d_{it}, s_t$ はそれぞれ期間 t と製品 i についての生産量，期末在庫量，生産能力，需要量，および段取りコストを意味している．X_{it} と I_{it} だけが決定変数で，X_t と I_t は $\{X_{it}\}$ および $\{I_{it}\}$ をそれぞれの要素とするベクトルである．関数 $p_t(\cdot)$ と $h_t(\cdot)$ は，それぞれ量に応じて変化する生産コストと在庫保管コストを表している．

規模の小さな問題を除いて，ロットサイズ問題も NP 困難である (Garey and Johnson, 1979; Bitran and Yanasse, 1982)．しかし，(a) 生産能力の制約がなく，生産コストと在庫保管費が凹（量に対して単調増加）である1製品のロットサイズ問題，(b) 生産能力の制約が一定値で与えられ，生産コストと在庫保管費が量に対して単調増加である1製品問題，という2つの問題は，多項式オーダの時間で解けて多くの近似解法の基礎になっている．

需要が変動する複数の製品を生産する多工程システムでは，多くの場合，最適解を見いだすために多様な情報と多大な計算量が必要になる．そのために，階層的な計画システムが提案されている．最も上位の階層では，数か月（たいていは12か月）を計画期間とした大枠の生産計画が立てられる．需要に季節変動がある場合には，計画期間は需要変動のサイクル全体をカバーしなければならない．このような長い計画期間のうえで，各製品の需要や各生産手段の能力について詳しい情報を得ようとするのは非現実的である．したがって，製品群を類似ファミリーにまとめたり，機械群をマシンセンターに集約することが必要になる．大枠の生産計画では，集約された生産手段が異なる部品・製品群に期ごとに割り付けられる．この計画では，社内にある種々の生産手段のコスト，在庫を保有するコスト（場合によっては品切れして需要を待たせるコスト），および段取りコストの間にあるトレードオフに焦点が当てられる．計画期間を拡張することにより，生産設備は（先行生産を行って）需要の季節変動に対応することが可能になる．

大枠の生産計画は，各製品の詳細な生産スケジュールを決めるうえで基礎になる．生産資源の詳細な配分を決定する際には，大枠の計画レベルで決められた内容によって制約を受けることになる．

階層的計画の段階数，各レベルでの集約化の程度，および計画期間の長さはいずれも計画の質に影響するので，それぞれの関係を考慮して慎重に決めなければならない．階層的計画システムについては多くの研究があるが，Bitran and Tirupati (1992) と Hax and Candea (1984) の文献は，このアプローチに関して卓越した考察を示している．

計画が期ごとに分解され各品目の毎月の必要量がわかったならば，工程内での製品の流れを計画し管理するための数多くのアプローチが存在している．1つのアプローチとして，階層的計画システムで定められた納期までに対象品目の必要量が得られるように，その注文の着手時刻を適切に定める方法がある．プッシュ式（押し込み方式）とも呼ばれるこのアプローチでは，生産リードタイムについては推定値が用いられ，注文をリリース（着手）するタイミングは生産リードタイムに対応して決められる．各ワークステーションでのスケジューリングの決定は，各ステーションでの待ち時間を基準に決められる．そこでは，ジョブショップで開発されたスケジューリングモデルも役立つことになる．

工程をコントロールする別のアプローチがプル方式（引っ張り方式）である．このアプローチの下では，生産工程の直後にある仕掛かり在庫量の水準がその工程での生産開始を決定する．計画の段階ではバッファ在庫がもたれていて，在庫水準が閾値を下回ると生産が着手されることになる．

プッシュ方式は生産リードタイムの計画値を土台にして運用されるので，生産規則，生産能力および生産リードタイムの間の関係を把握するための経営科学的モデルが開発されている．プル方式において鍵となる意思決定変数は，各工程間のバッファ在庫の量である．バッファ在庫量が工程の成果に与える影響を調べた研究もいくつか存在している (Conway et al., 1988)．

戦略的および戦術的な問題

バッチ型工程での生産を単純化するために用いられる

アプローチは，生産設備をセルに分割することである．各設備で生産される部品はファミリーにまとめられ，ファミリーのそれぞれがセルに割り付けられる．1つのファミリーに必要なすべての作業が同一のセルで行われれば理想的である．セル生産方式（cellular manufacturing）の利点は，物の流れが単純化され，生産リードタイムが短くなり，段取りコストが少なくなることである．これらの利点の一部は設備が余分に必要になることで相殺されてしまう．部品のファミリーを形成するために，部品形状，生産量，段取り作業，工程内でのものの動きの経路，といった多くの異なる要因を考慮することが提案されている．セルへの分割の代案を導くための様々なアルゴリズムについても研究が行われている．多くの場合，これらのアルゴリズムは製品・工程行列をつくることから始められる．この行列では，列が部品に，行が機械に対応している．行列の需要 ij は，部品 i が機械 j での処理を必要とするならば1，そうでなければ0になる．この行列の行と列は対角行列のブロックをつくるために入れ替えられる．各ブロックは生産手段とジョブの集合を意味しており，残りの生産作業と相互に干渉しないようになっているので，セルに対応していることになる．

ジョブショップの場合と同様に，バッチ生産システムの設計は，中期ないし長期の成果が評価できればより適切に行われることになる．閉回路および開回路の待ち行列モデルとシミュレーションを基盤にしたモデルが，バッチ生産工程の長期的な成果を評価するために有効である．これらのモデルの目的は，異なるセルの間の生産能力，ロットサイズ，生産リードタイムの間の関係を明らかにすることである（Bitran and Dasu, 1992）．

待ち行列ネットワークモデルは，各工程での処理速度が変化しないことを前提にしているが，実際には各工程での処理速度は変化する．こうした変動は，ある工程に追加の（人的）生産資源が投入されたり，待ち行列の長さが機械のオペレータに精神的な影響を与えるために起こるのである．こうした観察結果にもとづいて，最近ではバッチ生産工程について別のタイプの戦術的モデルが提案されている（Graves, 1986）．そこでは，処理速度が待ち行列の長さの関数として変化すると仮定されている．すべてのジョブの各工程での滞留時間が等しくなるように，各工程での処理速度は変化してもよいものとされている．それゆえにこのモデルを用いると，管理者にとって各工程での生産リードタイムを計画することが可能になる．

流れ生産および連続生産

この分類には（単一ないし数品種の）品目を大量に生産するすべての生産形態を含むものとする．このような生産形態の例としては，組立ライン，搬送ライン，セメントや石油生成物を生産する連続型のラインなどがある．需要は多くの場合完成品在庫から引き当てられるので，完成品の動きに対応した在庫水準と供給連鎖の管理に主たる関心が払われる．オペレーション上の問題は比較的単純になるのでここでは説明を省略する．

戦術的な問題：重要なオペレーション上の問題は，生産速度を変えるためのコストと完成品の在庫コストの間のトレードオフを管理することである．前に述べた大枠の生産計画のモデルがここに応用できる．ほとんどの場合，生産システムのすべての工程は等しい生産能力をもっているので，設備間でのものの流れを管理することは重要な問題とはならない．組立ラインでは，異なるワークステーションに注意深く仕事を割り付けることにより負荷バランスを保つことができるが，それは複雑な組合せ最適化問題になる．組立工程でのラインバランスについては様々なアルゴリズムが開発されている．

戦略的な問題：大量生産システムはしばしば低コストを実現すべく互いに競争し，地理的に広範囲に分散した市場に製品を供給している．したがって，異なる市場向けの多くの工場を有することが珍しくない．複数工場のネットワークや供給システムの設計を支援するために，ORや経営科学のモデルがつくられてきている（Erlenkotter, 1978；Cohen et al., 1987；Federgruen and Zipkin, 1984）．ここでは，工場立地に限定して説明を行う．

工場の数，それぞれの生産能力および立地は，生産と物流のコストに大きな影響を与えることになるので，工場を立ち上げるための固定費と工場を操業する際の（運搬および生産面での）変動費の間のトレードオフを分析するモデルが開発されている．それらのモデルでは，需要が既知の一連の市場に製品が供給されねばならず，意思決定変数は工場の数，それぞれの立地と生産能力になる（Erlenkotter, 1978）．

おわりに

生産管理は数多くの複雑なトレードオフを含んでいる．その結果として，意思決定者を支援するために多くの数学的モデルがつくられている．ここでは，それらのいくつかを説明してきた．もちろん，それらのすべてを網羅したリストを示したわけではなく，在庫管理，予防保全，生産能力の拡張，品質管理といった多くの重要な問題領域を含んでいない．ここでは，製造システムでのものの流れに関するモデルに焦点を当てている．こうした範囲の中でも，広く全体を見通す視点を提供するために，フレキシブル生産システムのような専門的な生産方式を扱う多くの大切なモデルについて言及していない．

本項では，様々なタイプの生産システムで生じる問題を，すべての工場が独立して操業するかのように記述し

ている．実際には，生産システムは工場のネットワークで構成されている場合が多い．ある工場はバッチ生産やジョブショップであるが，別の工場は組立工程や連続生産プロセスという場合もある．このようなネットワークを調整する問題は，ここでは説明されていない．

大半の経営科学のモデルでは，段取りコスト，在庫保管費，生産速度を変更するためのコストの間にあるトレードオフを管理することに焦点が当てられている．その一方で，これらのトレードオフを引き起こす要因を排除（ないしは軽減）することによって，多くの生産性向上が実現されている．たとえば，段取りにかかるコストと時間の削減はリードタイムを短縮し，より多くの品種の製品を生産できるように生産システムの能力を増強し，在庫の役割を軽減してバッチ生産工程の管理を容易にしている．このようなプロセス改善の努力を方向付けたりその効用を定量化するモデルをつくる研究がすでに始められている（Porteus, 1985; Silver, 1993）．

⇒ 組合せ/整数最適化，動的計画，施設配置，フレキシブル生産システム，階層的生産計画，在庫モデル，ジョブショップ・スケジューリング，立地分析，待ち行列ネットワーク，業務管理，待ち行列理論．

[Gabriel R. Bitran/河野宏和]

参 考 文 献

[1] Bitran, G.R. and S. Dasu (1992), "A Review of Open Queueing Network Models of Manufacturing Systems," *Queueing Systems*, 12, 95–134.

[2] Bitran, G.R. and D. Tirupati (1989), "Trade-off Curves, Targeting and Balancing in Manufacturing Networks," *Oper. Res.*, 37, 547–564.

[3] Bitran, G.R. and D. Tirupati (1993), "Hierarchical Production Planning," in *Logistics of Production and Inventory*, Handbooks in O.R. and M.S, Vol 4, Edited by S.C. Graves, A.H.G. Rinnooy Kan and P. Zipkin, Elsevier Science Publishers, Amsterdam.

[4] Bitran G.R. and H.H. Yanasse (1982), "Computational Complexity of Capacitated Lot Sizing Problem," *Mgmt. Sci.*, 28, 1174–1186.

[5] Burbridge, J.L. (1979), *Group Technology in the Engineering Industry*, Mechanical Engineering Publications, London.

[6] Conway, R.W., W.L. Maxwell, and L.W. Miller (1967), *Theory of Scheduling*, Addison-Wesley, Reading, Massachusetts.

[7] Conway, R.W., W. Maxwell, J.O. McClain, and L.J. Thomas (1988), "The Role of Work-in-process Inventory in Serial Production Lines," *Oper. Res.*, 36, 229–241.

[8] Erlenkotter, D. (1978), "A Dual-based Procedure for Uncapacitated Facility Location," *Oper. Res.*, 26, 992–1005.

[9] Federgruen, A. and P. Zipkin (1984), "Approximation of Dynamic Multi-location Production and Inventory Problems," *Mgmt. Sci.*, 30, 69–84.

[10] French, S. (1985), *Sequencing and Scheduling, An Introduction to the Mathematics of the Job-Shop*, John Wiley and Sons, New York.

[11] Garey, M.R. and D.S. Johnson (1979), *Computers and Intractability: A Guide to the Theory of N.P. Completeness*, Freeman, San Francisco.

[12] Graves, S.C. (1981), "A Review of Production Scheduling," *Oper. Res.*, 29, 646–675.

[13] Graves, S.C. (1986), "A Tactical Planning Model for a Job Shop," *Oper. Res.*, 34, 522–533.

[14] Hax, A.C. and D. Candea (1984), *Production and Inventory Management*, Prentice-Hall, New Jersey.

[15] Lenstra J.K., A.H.G. Rinnooy Kan and P. Brucker (1977), "Complexity of Machine Scheduling Problems," *Ann. Discr. Math.*, 1, 343–362.

[16] O'hEigeartaigh, M., J.K. Lenstra, and A.H.G. Rinnooy Kan (1985), *Combinatorial Optimization – Annotated Bibliographies*, John Wiley, New York.

[17] Panwalker, S.S. and W. Iskander (1977), "A Survey of Scheduling Rules," *Oper. Res.*, 25, 45–61.

[18] Porteus, E.L. (1985), "Investing in Reduced Setups in the EOQ Model," *Mgmt. Sci.*, 31, 998–1010.

[19] Roundy, R. (1986), "A 98% Effective Lot-sizing Rule for a Multi-product, Multi-stage Production/Inventory System," *Math. Oper. Res.*, 11, 699–727.

[20] Silver, E.A. (1993), "Modeling in Support of Continuous Improvements Towards Achieving World Class Operations," in *Perspectives in Operations Management: Essays in Honor of Elwood S. Buffa*, R. Sarin, ed., Kluwer, Boston.

[21] Wein, L.M. (1990), "Optimal Control of a Two-station Brownian Network," *Math. Oper. Res.*, 15, 215–242.

政治学

Politics

ここでは OR/MS の代議制度と選挙制度への応用について考察する．政治的活動を管理する理論と実際のうち，次の4つの事柄に限定して議論を進める．

・議席数の割当て
・選挙区の分割
・投票方法
・候補者の選挙活動

議席数の割当て（apportionment）

これは，議席の総数に対して，選挙区に人数を割り当てることである．米国では，50州に対して435の選挙区があり，どの州も少なくとも1つ以上の選挙区をもつように割り当てられている．割当ての数の決定方法は政治

そのものの動向に大きく影響を与える．

Balinski and Young (1982) は長い歴史をもち，あまり手法的とはいえない議席数の割当て問題に，優れた数学的分析を行った．1791 年に，米国の国勢調査に続いて，ジェファーソンとハミルトンは「最大約数法」と「最大残余法」と呼ばれる議席数割当て方法を提案した．大統領は，この方法を指示する議会に同意せず，最初の大統領選挙を行った．

ほとんどの割当て方法は公平とはいえない．たとえば「比例代表制」（Hill and Huntington 法として知られており 1941 年から採用されている）は人口に対しては公平であるといえるが，ジェファーソンの方法は人口の大きい州に有利である．他の方法も，米国全体の人口は増加しないのに議席総数は増加するという矛盾を示している．

Balinski and Young (1982) は，完全に公平な方法はないことを結論付けた．しかし Senator Daniel Webster の開発した方法は，1842 年から 1932 年まで採用され，多くの人に好ましいと感じさせた方法であった．その方法は単純で，人口数との矛盾や不公平さがなく各州に人口に比例した議席数を割り当てるものであった（Ernst, 1994）．

選挙区の区分け(redistricting)

これは，広い地区に割り当てられた議席数に対して，さらに小さく分割して選挙区に議席数を割り当てることである．これまで議会の多数派を占める政党は，自分たちの勢力を維持・拡大できるように都合のよい区分けを行ってきた．

1962 年に，米国の最高裁判所は，選挙区と議席数は人口に比例して区分・配分すべきという判断を示した（Baker v. Car, 369 U. S. 186, 1962）．これまで様々な方式が開発されてきたが，その多くは人口に比例するという条件に，さらに地区の形に次のような項目を付け加えたものである．

・連続であること
・コンパクトにまとまっていること
・政治的に区分けされたものでないこと

区分け問題は，倉庫立地問題に類似している．すなわち，いくつかの倉庫を配置してそこに等しい需要を割り当てることは，地区を区分けしてそれぞれのセンターに等しい人口を配分することに似ているからである．

Hess, Weaver, Seigfeldt, Whelan and Zitlau (1965) は，センターへの最小費用輸送問題を線形計画問題として定式化して，人口に比例した区分けを行う方法を考案した．この問題での費用は，センターにおける人口の 2 次モーメントである．問題を解いて得られた地域分けとそのセンターを用いて，反復して問題を解くことによって，おおよそ人口に比例した選挙区の区分を見つけることができる．彼らの発見的方法は 350 の人口単位を 19 の選挙区に分ける問題を取り扱うことができた．この方法は少なくとも 7 つの州で実際に利用されている．

Garfinkel and Nemhauser (1969) は，選挙区の人口差をある値以下に抑えながら選挙区の形のコンパクト性を最小化する木探索アルゴリズムを開発した．彼らのコンパクト性の尺度は，選挙区の直径の 2 乗を面積で割った値である．計算速度と能力の限界から，この方法で取り扱えるサイズの限界は 50 個の人口単位を 7 選挙区に分割する問題までである．

Nygreen (1988) は 3 つの解法（整数計画問題，Garfinkel の解法の変形である集合分割問題，列挙法）でウェールズの再分割を行い，それぞれの方法の優劣を比較した．彼の扱った問題サイズは大きいものではなかったが，整数計画問題を用いた解法が劣っていることを結論付けた．また 500 の人口単位を 60 の選挙区に分割する問題を集合分割問題として解いた．20 年間のコンピュータの進歩が 10 倍のサイズの問題を扱うことを可能にしたのである．

これらの解法では，大きなサイズの問題を小さな問題に分割することが必要になる．問題を分割し，より小さな地域で議席数の割り当てをすることによって，地域の境界が自然に保持できて，政治的境界に沿った選挙区分割がやりやすくなる．Hess (1977) はニューヨーク州の国会の議席をあらかじめいくつかの郡ごとに割り当てておくことによって，複数の選挙区に分割せざるをえない郡の数を減らすことができることを示した．

一方で，裁判所と議会は選挙区の境界変更に対して消極的である．米国では，「1 人 1 票」が原則である．1982 年の投票権利法は，差別を受けている少数民族に，平等に投票の権利を与えることを要求した（Van Biema, 1993）．

裁判所は選挙区分割が適正であるかどうかを調査する一方で，分割プロセスそのものにあまり注意を払わない（Browdy, 1990）．その結果，政治家は都合のよい方法で選挙区の分割を繰り返し続けることとなる．フロリダ州だけで 1000 を超える選挙区分割は，市民が議員に都合のよい区分を見分けることを困難にした．裁判所は分割プロセスの公開を議会に命じたが，OR/MS もこれを支援できるようなアルゴリズムの開発を進めなければならない（Browdy, 1990）．

投票方法

投票方法は，マネジメントサイエンス研究所によって先駆的な研究が行われた（Fishburn and Little, 1988）．その方法によれば，投票者は投票用紙の候補者の番号にマークを付け，最もマークの多い候補者を当選とするも

のである.

Savas, Lipton and Burkholz (1972) は多重投票箱を導入することによってニューヨーク市の選挙区の数を減らした．これによって市当局は費用を節減し，投票者は増加し，同時に投票所への距離も短縮することに成功した．

候補者の選挙活動

Barkan and Bruno (1972) は，1970年の Senator Tunney のカリフォルニア州選挙活動を統計的分析によって解析し，彼が選挙活動を集中的に行うべき選挙区を明らかにした．

⇒ 組合せ/整数最適化, 線形計画法, 立地分析, 輸送問題.

[Sidney W. Hess, Carlos G. Wong-Martinez/ 三浦英俊]

参考文献

[1] *Baker v. Carr*, 369 U.S. 186 (1962).
[2] Balinski, M.L. and H.P. Young (1982), *Fair Representation. Meeting the Ideal of One Man, One Vote*, Yale University Press, New Haven, Connecticut.
[3] Barkan, J.D. and J.E. Bruno (1972), "Operations Research in Planning Political Campaign Strategies," *Operations Research*, 20, 925–941.
[4] Browdy, M.H. (1990), "Computer Models and Post-*Bandemer* Redistricting," *Yale Law Journal*, 99, 1379–1398.
[5] Ernst, L.R. (1994), "Apportionment Methods for the House of Representatives and the Court Challenges," *Management Science*, 40, 1207–1227.
[6] Fishburn, P.C. and J.D.C. Little (1988), "An Experiment in Approval Voting," *Management Science*, 34, 555–568.
[7] Garfinkel, R.S. and G.L. Nemhauser (1969), "Optimal Political Districting by Implicit Enumeration Techniques," *Management Science*, 16, B495–B508.
[8] Hess, S.W. (1971), "One-Man One-Vote and County Political Integrity: Apportion to Satisfy Both," *Jurimetrics Journal*, 11, 123–141.
[9] Hess, S.W., J.B. Weaver, H.J. Seigfeldt, J.N. Whelan, and P.A. Zitlau (1965), "Nonpartisan Political Redistricting by Computer," *Operations Research*, 13, 998–1006.
[10] Miniter, R. (1992), "Running Against the Computer; Stephen Solarz and the Technician-Designed Congressional District," *The Washington Post*, September 20, C5.
[11] Nygreen, B. (1988), "European Assembly Constituencies for Wales – Comparing of Methods for Solving a Political Districting Problem," *Mathematical Programming*, 42, 159–169.
[12] Savas, E.S., H. Lipton, and L. Burkholz (1972), "Implementation of an OR Approach for Forming Efficient Districts," *Operations Research*, 20, 46–48.
[13] Van Biema, D. (1993), "Snakes or Ladders," *Time*, July 12, 30–33.
[14] *Webster's New Collegiate Dictionary*, (1951). "Politics," p. 654, Mirriam, New York.

斉時的確率過程
parameter-homogeneous stochastic process

2つの時点 t_1, t_2 ($t_1 \leq t_2$) での分布の性質が，t_1 および t_2 の値によらず，それらの差 $t_2 - t_1$ のみに依存して定まる確率過程．

整数計画問題
integer-programming ploblem

変数の一部，もしくはすべてが整数変数であるという制約の付いた線形計画問題．⇒ 2値変数, 組合せ/整数最適化, 数理計画問題.

整数目標計画法
integer goal programming

意思決定変数が整数値をとる目標計画手法．

正則行列
nonsingular matrix

逆行列をもつ正方行列．正則行列の行列式は 0 でない値をもつ．⇒ 行列と行列代数.

正当性の検証
verification

数学モデル，特に，コンピュータに基礎をおくモデルに対して，正当性の検証は，計算手続き（コンピュータソフトウェア）が，無エラー（デバッグずみ）であることを確かめるためにチェックしたり，計算やソフトウェアによって表現されるモデルが，その解析者が何を意図しているのかということを決定する過程である．モデルは，意図する計算が正しく実行されたなら，その正当性が検証されたといわれる．⇒ 妥当性の検証, モデルの正当性の検証, 妥当性の検証およびテスト.

制約
constraint

最適化問題において，変数相互を関連付ける方程式．すなわち，与えられた問題の決定変数がとりうる値に関

する制限．

制約想定
constraint qualification

最適化問題の局所最適解において，カルーシューキューン－タッカー条件が成立するために，制約式が満たすべき条件．⇒非線形計画法．

制約付き最適化問題
constrained optimization problem

関数 $f(X)$ を，X が解集合 S の中に含まれるという条件の下で最適化（最小化または最大化）する問題．通常の場合，S は線形または非線形の制約式によって定められる．

制約なし解
unconstrained solution

制約条件とは独立な，あるいは制約条件のない解のこと．

制約なし最適化
Unconstrained Optimization

はじめに

制約なし最適化（unconstrained optimization）とは，変数が自由にいろいろな値をとるときに，非線形関数を最小化する点もしくは最大化する点を見つけることである．制約なし最適化問題は，エンジニアリングやサイエンスなど広範囲にわたった応用分野で発生する．制約なし最適化問題が一番多く発生するのは，データの当てはめ問題においてである．この問題は，「最も良い当てはめ」に関する何らかの基準を用いて，未知パラメータを含んでいるモデル関数をデータに当てはめる問題である．その基準として，誤差の2乗和を最小化することや，最尤関数やエントロピー関数を最大化することがあげられる．また，制約なし最適化問題は制約付き最適化問題（constrained optimization problem）に関連して現れることもある．なぜならば，一連の制約なし最適化問題を解くことによって，しばしば制約付き最適化問題が解かれるからである．

数学的な表現をすれば，制約なし最小化問題（unconstrained minimization problem）は次のように表される．

　　最小化　$f(x)$

ただし，x は n 個の自由変数からなるベクトルである．

理想的には，われわれは関数の〈大域的最小解〉（global minimizer），すなわち，f の最小値を達成する点 x^* を見つけたい．このような解は，

　　すべての x に対して　$f(x^*) \leq f(x)$

を満足する．しかしながら，多くの場合，大域的最小解を見つけることは非常に難しい．こうした理由から，アルゴリズムのほとんどが関数の〈局所的最小解〉（local minimizer），すなわち，x^* の適当な近傍内の任意の x に対して $f(x^*) \leq f(x)$ を満足する点 x^* を見つけることだけを試みている．もし目的関数 f が凸関数ならば，局所的最小解は大域的最小解になる．しかしながら，非凸関数の場合には，こうした性質は一般には成り立たない．

背　景

制約なし最適化に関する研究の多くが，連続な導関数をもった関数に焦点がしぼられている．以下の議論では，目的関数 f が2回連続的微分可能であると仮定する（すなわち，2階偏導関数が存在して，それが連続であると仮定する）．偏導関数 $\partial f(x)/\partial x_j$ を成分にもつベクトルを f の x における勾配（gradient）といい，$\nabla f(x)$ と表す．そして，2階偏導関数 $\partial^2 f(x)/\partial x_i \partial x_j$ を成分にもつ行列を f の x におけるヘッセ行列（Hessian）といい，$\nabla^2 f(x)$ と表す．f が2回連続的微分可能のとき，ヘッセ行列は対称になる．

もし微分可能な関数の最適化において基本的な道具を1つあげるとすれば，それはテイラー展開（Taylor series）であろう．テイラー展開は，ある点の近傍における関数の近似を与えてくれる．最適性の条件を導くときや，数値解法の開発や収束性の解析をするときに，テイラー展開が使われる．

$\bar{x}$ を与えられた点とし，p を何らかの方向とする．関数 f の $\bar{x}$ における1次のテイラー展開は

$$f(\bar{x}+p) = f(\bar{x}) + \nabla f(\bar{x})^\mathrm{T} p + O(\|p\|^2)$$

である．ただし $O(q)$ は，少なくとも q がゼロに近づくのと同程度の速さでゼロに近づく項を意味する．この展開で最後の項を無視すれば，$\bar{x}$ の近傍での f の1次近似を得る．このとき，その誤差は $\|p\|^2$ のオーダーになる．同様に，f の2次のテイラー展開は

$$f(\bar{x}+p) = f(\bar{x}) + \nabla f(\bar{x})^\mathrm{T} p + (1/2) p^\mathrm{T} \nabla^2 f(\bar{x}) p + O(\|p\|^3)$$

で与えられる．この展開で最後の項を無視すれば，f の2次近似が得られる．このとき，誤差は $\|p\|^3$ のオーダーになる．この近似を〈2次モデル〉（quadratic model）と呼ぶ．

$\nabla f(\bar{x})^\mathrm{T} p$ で表される量を，点 $\bar{x}$ おける方向 p に沿った f の〈方向微分〉（directional derivative）という．もしこれが負ならば，p 方向で f は減少する．このとき p は〈降下方向〉（direction of descent）と呼ばれる．こうし

た方向で微少ステップ $\varepsilon>0$ をとれば，目的関数値が低くなる点が得られる．すなわち，$f(\bar{x}+\varepsilon p)<f(\bar{x})$ となる．$p^\mathrm{T}\nabla^2 f(\bar{x})p$ で表される量を p に沿った f の〈曲率〉(curvature) という．もし曲率が正ならば，目的関数は方向 p に沿って局所的に凸になる．

テイラー展開の近似を用いることによって，f の局所的最小解 x^* が満たすべき条件を導くことができる．この条件とは，x^* において，関数がゼロの勾配をもち，かつ任意の方向に沿って非負の曲率をもたなければならない，ということである．これらは必要条件としてまとめられる．〈1次の必要条件〉(first-order necessary condition) とは，x^* において勾配がゼロになること，すなわち，$\nabla f(x^*)=0$ となることである．〈2次の必要条件〉(second-order necessary condition) とは，ヘッセ行列が半正定値になること，すなわち，任意の p に対して

$$p^\mathrm{T}\nabla^2 f(x^*)p \geqq 0$$

が成り立つことである（局所的最大点の場合には，ヘッセ行列は半負定値にならなければならない）．

これらの条件を説明するために，2変数関数 $f(x)=x_1^2+x_2^2$ を考えてみよう．この関数は $x^*=(0,0)^\mathrm{T}$ において最小値をとる．f の勾配は $\nabla f(x)=(2x_1, 2x_2)^\mathrm{T}$ となり，実際，x^* においてゼロベクトルになる．また，x^* におけるヘッセ行列は単位行列を2倍した行列なので正定値である．したがって，最小解であるための必要条件が x^* において満たされる．

勾配がゼロになる点を〈停留点〉(stationary point) という．そのような点は局所的最小解のときもあれば，局所的最大解のときもある．さらに，いずれでもないこともありうる（この場合，その点を〈鞍点〉(saddle point) という）．たとえば，$x^*=(0,0)^\mathrm{T}$ は，$f_1(x)=-x_1^2-x_2^2$ や $f_2(x)=x_1^2-x_2^2$ の停留点であり，f_1 の場合は局所的最大解となり，f_2 の場合は鞍点になっている．

停留点が局所的最小解になるための条件を導くことができる．〈2次の十分条件〉(second-order sufficiency condition) とは，もし任意の $p\neq 0$ に対して

$$\nabla f(x^*)=0 \quad \text{かつ} \quad p^\mathrm{T}\nabla^2 f(x^*)p > 0$$

が成り立つならば，x^* は f の局所的最小解になることである．

解 法

制約なし最小化に対するアルゴリズムのほとんどが，反復解法としての降下法である．各反復において，現在の近似解 x_k で降下方向（これを〈探索方向〉(search direction) という）が計算され，x_k での探索方向に沿ったステップ幅が求められて，そして $f(x_{k+1})<f(x_k)$ を満たす新しい点 x_{k+1} が得られる．この手順は，収束性を検査する何らかの条件が満足されるまで繰り返される．

もちろん，アルゴリズムの有効性は探索方向の選び方に大いに影響される．重要な疑問は，どのようにしてよい探索方向を得るかということである．ほとんどの解法の基本的な考えは，目的関数の局所的な近似を最小化する方向を計算することである．一般に，こうした局所的モデルはテイラー展開から導かれる．ニュートン法 (Newton's method) では，局所的2次モデル

$$f(x_k)+\nabla f(x_k)^\mathrm{T}p+(1/2)p^\mathrm{T}\nabla^2 f(x_k)p$$

を最小にするベクトル p_k が探索方向として選ばれる．もしヘッセ行列 $\nabla^2 f(x_k)$ が正定値ならば，2次モデルの最小解は連立1次方程式

$$\nabla^2 f(x_k)p = -\nabla f(x_k)$$

の解に等しい．この連立1次方程式を〈ニュートン方程式〉(Newton equation) という．p_k をニュートン方程式の解としたとき，次の反復式を得る．

$$x_{k+1}=x_k+p_k$$

もし初期点 x_0 が局所的最小解 x^* に十分近くて，かつ，$\nabla^2 f(x^*)$ が正定値ならば，ニュートン法で生成される点列は x^* に収束する．さらに，収束速度 (rate of convergence) は2次になる．すなわち，大きな k に対して，適当な正の定数 γ がとれて，

$$\|x_{k+1}-x^*\| \leq \gamma \|x_k-x^*\|^2$$

が成り立つ．

ニュートン法は解の近傍で速く収束するので，非常に魅力的な解法であるし，実際，かなり有効な方法である．しかしながら，最小解から離れた初期点から出発した場合には，ニュートン法が失敗することもある．なぜか？ 1番目の理由は，ヘッセ行列 $\nabla^2 f(x_k)$ が正定値でないならばニュートン方向が降下方向にならないからであり，また，ヘッセ行列が正則でないときは連立1次方程式が解けず解法が定義できなくなってしまうからである．2番目の理由は，たとえ p_k が降下方向であったとしても，$f(x_{k+1})$ が実際に $f(x_k)$ よりも小さくなる保証がないことである．したがって，初期点によらず解法が収束することを保証するために，本来のニュートン法を修正する必要がある．

〈大域的収束性〉(global convergence)（任意の初期点に対する収束性）を保証するための主要なアプローチとして，直線探索法 (line search method) と信頼領域法 (trust region method) の2つの方法がある．いずれのアプローチも，解の近傍では本来のニュートン法を用いて速い局所的収束性を実現している．しかし，両者は，解から離れているときに収束性を保証するための工夫の仕方が異なっている．いずれにしても，両者のアプローチは，各反復において降下方向を用いることを主張していることにはかわりがない．

直線探索法は，$x_{k+1}=x_k+\alpha_k p_k$ として新しい近似解を更新する．ただし，ステップ幅 (steplength) α_k は $f(x_{k+1})<f(x_k)$ となるように選ばれる正のスカラーで

ある.理想的には,このステップ幅はaに関して$f(x_k+ap_k)$を最小にするように選ばれる.しかしながら,そうしたステップ幅を見つけることは非常に時間がかかるので,もっと実用的なアプローチはp_kに沿ってfを「近似的」に最小化するようなステップ幅を用いることである.よく使われる条件の1つは,$0 \leq \theta < 1$に対して,もし
$$|\nabla f(x_k+ap_k)^\mathrm{T} p_k| \leq \theta |\nabla f(x_k)^\mathrm{T} p_k|$$
が成り立つならば,すなわち,もしp_kに沿って選ばれたa_kが方向微分係数の大きさを本質的に減少させるのならば,試験的にこのステップ幅a_kを採用することである.この条件だけでは目的関数が減少することが保証されないので,収束性を保証することはできない.そこで,関数が〈十分に減少する〉という条件をa_kに付加的に課すことが一般的である.この条件とは,
$$f(x_k+a_k p_k) \leq f(x_k) + \eta a_k \nabla f(x_k)^\mathrm{T} p_k$$
である.ただし,$0 < \eta < 1$とする.さらに,もし$\eta < \theta$ならば,適当な仮定のもとでアルゴリズムの大域的収束性が保証される.

直線探索を用いたニュートン法では,ヘッセ行列が定値でない場合を扱うために何らかの方策を組み込まなければならない.標準的なテクニックの1つとして,適当な対角行列E_kを用いてヘッセ行列を修正することがあげられる.その際,修正されたヘッセ行列が正定値になるようにE_kの対角成分は十分大きくとられる.このとき,〈修正ニュートン方向〉(modified Newton direction)は連立1次方程式$(\nabla^2 f(x_k)+E_k)p_k = -\nabla f(x_k)$の解として計算される.このアプローチによって,降下方向が生成され,ヘッセ行列が特異に近い場合に関連した数値的問題点を克服することができる.

信頼領域法は,〈あらかじめ〉探索方向の最大幅(これをΔとする)を決めておくという点において直線探索法とは異なる.探索方向は,その長さがΔを越えないという条件のもとでの2次モデルの最小解として得られる.このアプローチの動機は,テイラー展開から得られる2次モデルが,x_kに近い点に対しては関数にうまく適合するけれども,x_kから離れている点では関数にうまく適合しないということによる.2次モデルが信頼できる領域を〈信頼領域〉(trust region)といい,ステップ幅Δは信頼領域の半径(radius of the trust region)になる.この半径は,目的関数と2次モデルの一致度にもとづいて,反復ごとに調整される.もしその一致度がよいと思われるならば半径を増加し,一致度が悪いと判断されたらこの半径を減少する.

(直線探索法と信頼領域法の両方の変種としての)修正ニュートン法(modified Newton's method)は,小規模もしくは適当な規模の問題を解く際には有効である.しかし変数の数が増えるにつれて,各反復での計算の手間が非常に多くなる.$n \times n$行列を係数にもつニュートン方程式を解くことは手間がかかり,n^3のオーダーの計算量を必要とする.さらに,n^2個の2階偏微分を計算することも手間がかかり,しかも誤差が生じやすくなる.したがって,速い局所的収束性の利点は,各反復での多くの計算量のために相殺されてしまう.

準ニュートン法(quasi-Newton method)は,ニュートン法によって動機付けられた解法で,その一方で2階微分を計算する手間を避けたクラスの解法である.探索方向は,連立1次方程式
$$B_k p_k = -\nabla f(x_k)$$
を解いて得られる.ただし,B_kはヘッセ行列$\nabla^2 f(x_k)$の近似行列である.前回の反復での勾配の情報を利用して,行列B_kはB_{k-1}から更新される.ヘッセ行列を近似するためには,B_kが〈セカント条件〉(secant condition)と呼ばれる次の条件を満たすことが要求される.
$$B_k(x_k - x_{k-1}) = \nabla f(x_k) - \nabla f(x_{k-1})$$
準ニュートン法は,多種多様な実際問題を解くことに成功しており,おそらく,非線形最適化に対して最も広く使われている解法であろう.しかしながら,計算機の記憶容量や1反復あたりの計算量を考慮すると,この解法は,大規模問題にはあまり向いていない.記憶容量が少なくてすみ,かつ,1反復あたりの計算量も少なくてすむような準ニュートン法の修正版として,記憶制限付き準ニュートン法(limited-memory quasi-Newton method)がある.この方法は,行列B_kそのものを記憶するのではなく,B_kに近い行列を記憶するための情報を提供するような数本のベクトルを記憶するものである.

さらに,大規模問題用の別のクラスの解法として,打切りニュートン法(truncated-Newton method)があげられる.この方法は,ニュートン法の妥協案であり,共役勾配法(conjugate-gradient method)のような反復法でニュートン方程式を近似的に解くことによって探索方向を得るものである.ニュートン方程式の正確な解が見つかる前に反復法が停止するので,この解法の名前が付いている.打切りニュートン法は,ヘッセ行列を陽に計算せずに,単に数本のベクトルを記憶するだけであり,大規模問題を解くのにうまく使われている.

制約なし最適化の理論と解法については,Dennis and Schnabel (1983) やGill, Murray and Wright (1981) で,広範囲にわたって詳しく議論されている.数値的最適化(numerical optimization)に対するソフトウェアに関しては,Moré and Wright (1993) を参照されたい.本項では,微分可能な関数の局所的最適解を計算するための方法に焦点をしぼったが,微分不可能な関数を最適化する解法についての概要がLemarechal (1989) によって与えられている.また,大域的最適化(global optimization)に対する解法の概要がRinnooy Kan

and Timmer (1989) で与えられている．
⇒変分法，内点法，線形計画法，非線形計画法，最適化．

[Ariela Sofer/矢部　博]

参考文献

[1] J.E. Dennis and R.B. Schnabel (1983), *Numerical Methods for Unconstrained Optimization and Nonlinear Equations*, Prentice Hall, Englewood Cliffs, New Jersey.
[2] P.E. Gill, W. Murray, and M.H. Wright (1981), *Practical Optimization*, Academic Press, New York.
[3] C. Lemarechal (1989), "Nondifferentiable Optimization," in *Optimization*, G.L. Nemhauser, A.H.G. Rinnooy Kan, and M.J. Todd, eds., Elsevier, Amsterdam, 529–572.
[4] J.J. Moré and S.J. Wright (1993), *Optimization Software Guide*, SIAM, Philadelphia.
[5] A.H.G. Rinnooy Kan and G.T. Timmer (1989), "Global Optimization," in *Optimization*, G.L. Nemhauser, A.H.G. Rinnooy Kan, and M.J. Todd, eds., Elsevier, Amsterdam, 631–662.
[6] 伊理正夫，今野　浩，刀根　薫監訳 (1995)「最適化ハンドブック」，朝倉書店（[3] [5] の文献を含む）

世界モデル
Global Models

　地球あるいは世界モデルは，国内的および国際的な利害関係の政策問題へのシステム解析の応用を扱っている．関連する典型的な問題は次のようなものを含んでいる．人口増大 (population growth)，エコロジー (ecological issue, 森林，漁業，農薬，昆虫発生)，エネルギー (energy)，獲得できる水資源と利用，病気の拡大，および環境モデル (environnental model, 酸性雨，大気汚染)，Clark and Cole (1975), Holcomb (1976)．地球モデルは通常はそれらの構造およびデータの必要条件で高度に集約されている．しかし，そのようなモデルは低レベルでより詳細な国家あるいは地域モデルを統合することで開発することができる．関連する興味に関しては，長期気象あるいはマクロ経済活動を扱う世界的あるいは地域的な予測モデルがある．

　世界モデルの足跡は，Malthus と彼の出版物，*An Essay on the Principle of Population* (1798) にさかのぼってみられるが，世界モデルの現代的な開発は，世界問題の研究でのシステム解析を利用したり，Forrester の *System Dynamics*, Leontief の *Input-Output Interindustry Structure*, および Dantzig の *Linear Programming Model* のような特別な解析ツールが利用可能であることから始まっている．特に，Forrester と彼の仲間は，政府の役人への注目，および *World Dynamics* (Forrester, 1971) と *Limits to Growth* (Meadows et al., 1972) の中でそれぞれ述べている〈ワールド 2〉と〈ワールド 3〉システムダイナミクスモデルの応用によって科学者集団への世界モデルの使用をもたらした．

　〈ワールド 3〉モデルは全体としての世界を考察し，5 つの地球指標とそれらの相互作用（人口，非再生可能資源の消費，公害，食糧生産，工業化）を評価している．そのモデルの計算は，21 世紀のいつかは，この世界は都市の食糧と人口に関して急激な低下をみるであろうという結論を導いた．〈ワールド 3〉モデル（利用できる資源が変化するという仮定のもとで）によって到達したこの一般の悲観的な結論は，世界は間もなく資源，経済および人口について成長の限界に行きあたり，その処置が悲惨な状態を回避するために世界国家群によって始められなければならない，というものである．このモデルは，安定した（ゼロ成長）世界人口を維持するような厳密な評価尺度が適用されるときのみ安定した未来を示した (Meadows et al., 1972; Clark and Cole, 1975)．この結論の批判はたくさんあり，それらはモデルの構造，データ，集団，および方法論的アプローチの問題点を提示している（たとえば，Cole and Curnow, 1973, Schwartz and Foin, 1972, および Forrester, 1976 によって反証されたものを参照されたい）．

　その他の世界モデルは，〈ワールド 3〉モデルの限界と批判に勝つために試みられてきた．特に，われわれは Mesarovic and Pestel (1974) によるものに注目する．このモデルは世界を 10 の領域に分けて，評価するためにいくつかの政策オプション（すなわち，エネルギー資源の利用）を可能にしている．世界モデルに関する研究は国際応用システム分析研究所 (International Institute for Applied System Analysis: IIASA) の中で，そのような研究のために 1 つのセンターで続けられている．IIASA は環境解析のためのデータベース集の必要性を示し，ヨーロッパの酸性雨モデル，森林資源とペスト管理モデル，さらに計量経済学 (plus econometric) と線形計画法 (linear programming) を基本にした地球政策モデル化へのアプローチを発展させた．

　世界システムの複雑な相互作用をコンピュータに基礎をおくモデルで達成するためにわれわれができることは，批判に対して常にオープンにすることであろう．どのモデルも実世界の近似であるから，全体の世界あるいは主要な部分要素でさえも含ませようとするモデルは確かに，より精密なものにすることはできない．Mason (1976, p. 4) によって次のことが指摘されている．「われわれは，結局，世界モデルを評価するための客観的な方法はないということを見てきた」．しかし，上で述べたように過去の努力の成果が築き上げていることから，研究者が世界の政策決定者に値する世界モデルを開発できな

いという理由はない．
⇒ 環境システム解析，インプット・アウトプット分析，システムダイナミクス，妥当性の検証．

[Saul I. Gass/椎塚久雄]

参考文献

[1] G. Bruckmann, ed. (1980), *Input-Output Approaches in Global Modeling*, Pergamon Press, Oxford.
[2] C.W. Churchman and R.O. Mason, eds. (1976), *World Modeling: A Dialogue*, North-Holland, New York.
[3] J. Clark and S. Cole (1975), *Global Simulation Models: A Comparative Study*, John Wiley, New York.
[4] H.S.D. Cole, C. Freeman, M. Tahoda, and K.L.R. Pavitt (1973), *Models of Doom*, Universe Books, New York.
[5] J.W. Forrester (1961), *Industrial Dynamics*, MIT Press, Cambridge, Massachusetts.
[6] J.W. Forrester (1971), *World Dynamics*, MIT Press, Cambridge, Massachusetts.
[7] J.W. Forrester (1976), "Educational Implications of Responses to System Dynamics Models," pp. 27-35 in *World Modeling: A Dialogue*, C.W. Churchman and R.O. Mason, eds., North-Holland, New York.
[8] Holcomb Research Institute (1976), *Environmental Modeling and Decision Making*, Praeger, New York.
[9] R.O. Mason (1976), "The Search for a World Model," pp. 1-9 in *World Modeling: A Dialogue*, C.W. Churchman and R.O. Mason, eds., North-Holland, New York.
[10] D.H. Meadows, D.L. Meadows, J. Randers, and W.W. Behrens III (1972), *The Limits to Growth*, Signet Books, Washington, DC.
[11] M. Mesarovic and E. Pestel (1974), *Mankind at the Turning Point*, E.P. Dutton, Reader's Digest Press, New York.
[12] S.I. Schwartz and T.C. Foin (1972), "A Critical Review of the Social Systems Models of Jay Forrester," *Human Ecology*, 1, 2, 161-173.

積形式解

product-form solution

待ち行列ネットワークの各ノードにおける顧客数の定常状態の結合確率が，個々の確率と乗定数の積として $\Pr\{N_1=n_1, N_2=n_2, \cdots, N_J=n_J\} = B\pi(n_1)\pi(n_2)\cdots\pi(n_J)$ のように表されるとき，ネットワークは積形式解をもつといわれる．積形式解を決定するには乗定数が各頂点において，開かれたジャクソンネットワークの場合のように，別々の要因に分解されることが必要となることがよくある．この種の解の変形は，休息時間がある場合のような非ネットワーク的待ち行列においてもよく現れる．
⇒ 待ち行列ネットワーク，待ち行列理論．

石油化学産業

Petro-Chemical Industry

はじめに

石油化学産業は，ほぼそれが誕生した時期から国際市場において競合する巨大な多国籍複合企業によって支配されてきた．このような競争的な状態に置かれたため，OR/MS手法は文字通り企業活動のあらゆる面，すなわち資源探査における調査・推定から，生産および精製工程の最適化，製品配送における輸送経路の最適化といった面に適用されてきた．実際，石油化学産業で成功しなかったOR/MSの手法やアプローチを見つけ出すことは難しい．

1960年代と1970年代の間，石油化学産業の大きな企業のほとんどは，線形計画法，シミュレーション，統計解析を専門に行うかなり大きいOR/MSのグループまたは部課をもっていた．これらのグループは問題解決手法をより広く大規模な問題へ適用することを可能とし，この時代のOR/MSの分野でなされた多くの進歩に対する推進力となっていた．今日では，これらの中心的なOR/MSのグループのほとんどは解散している．しかし，OR/MS手法は，それ自身が長い期間企業活動の中にしっかりと組み込まれていて，以前と同様に利用されている．

このようにOR/MS手法が様々な企業活動にあまりにもしっかりと組み込まれてきたので，適用事例の文献を見いだすことが難しい．石油化学産業における適用事例は，*Management Science* だけではなく *Oil and Gas Journal*, *Chemical Engineering* にも掲載されている．それに加えて，多くの石油会社は過去に公開禁止の時代をもっており，また，化学産業の指導的な技術者は自分たちのよい仕事を公開しないという伝統をもっていた．幸いにも，これらの政策は変化しており，現在では多くの適用事例が公表されている．

資源探査と生産の分野においては，きわめて多様なOR/MSの手法が適用されてきた．シミュレーションは石油探査 (Higgins, 1993) と天然ガス探査 (Power, 1992) に共通して用いられてきたアプローチである．Hansen (1992) は，探査計画問題を混合整数計画問題として定式化し，タブーサーチ (tabu search) を用いた．均衡モデルとゲーム理論が定期リース権の価格入札の舞台で使われてきた．Findlay (1989) は石油精製に確率的動的計画法を適用した．いくつかの企業が，天然ガス生産の長期計画の策定に動的計画法と線形計画法を組み

合わせたアプローチを用いている．

シミュレーションは，石油とガスの輸送設備の設計における主役を果たしてきている．1970年代の間，ほとんどの石油企業は，海上輸送の基地の設計，海上のプラットホームの設計を行うために，離散事象シミュレーションの開発に専念していた．Bammi (1990) は，ノーザーンプレーンズ天然ガス社 (Northern Plains Natural Gas Co.) のパイプライン計画にシミュレーションを適用した例を述べている．

線形計画法の利用

精油産業は，線形計画法 (linear programming) が開発されると直ちにそれを使いはじめた（Bodington and Baker, 1990). 1950年代前半には，多くの主要な石油企業が線形計画法を基礎にした製品調合モデル (product blending model, Charnes and Cooper, 1952) を使いはじめていた．それらのモデルの規模は，その当時利用可能な計算機の能力を厳しく試すような大きさであった．計算機の能力が増大するにつれ線形計画法の適用範囲も大きくなり，精油所全体 (Symonds, 1955)，またアメリカの精油産業 (Manne, 1958) を包含するようになった．

複数の期を対象とし，調合基材の性状に基礎をおいた，最も簡単な精油モデルは，次のように表される．ここでは生産能力は無視されている．

添字：$i \in$ OPR；工程
$j \in$ STR；すべての精油ストリーム
$k \in$ PRO；調合製品
$m \in$ QUA；性状
$n \in$ TIM；期

変数：f_{jkn}；第 n 期におけるストリーム j から製品 k への流量
p_{in}；第 n 期における工程 i
h_{jn}；第 n 期終了時におけるストリーム j の在庫
q_{jmn}；第 n 期終了時におけるストリーム j の性状 m

データ：Y_{ij}；工程 i によるストリーム j の生産量
Q_{ijm}；工程 i によるストリーム j の性状 m
D_{kn}；第 n 期における製品 k に対する需要

方程式：
$$h_{jn} = h_{jn-1} + \sum_{i \in \text{OPR}} Y_{ij}p_{in} - \sum_{k \in \text{PRO}} f_{jkn}$$
すべての $j \in$ STR, $n \in$ TIM　（1）

$$q_{jmn}h_{jn} = q_{jmn-1}h_{jn-1} + \sum_{i \in \text{OPR}} Y_{ij}Q_{ijm}p_{in} - \sum_{k \in \text{PRO}} q_{jmn}f_{jkn}$$
すべての $j \in$ STR, $m \in$ QUA, $n \in$ TIM　（2）

$$h_{kn} = h_{kn-1} + \sum_{j \in \text{STR}} f_{jkn} - D_{kn}$$
すべての $k \in$ PRO, $n \in$ TIM　（3）

$$q_{kmn}h_{kn} = q_{kmn-1}h_{kn-1} + \sum_{j \in \text{STR}} q_{jmn}f_{jkn} - D_{kn}q_{kmn}$$
すべての $k \in$ PRO, $m \in$ QUA, $n \in$ TIM　（4）

式（1）は各ストリームに対する物質収支を表し，式（2）は各ストリームの性状ごとの収支を表す．式（3）と（4）は，各調合製品に対する物質と性状の収支を表している．この定式化において，性状は式（2）と（4）で定められる変数である．生産量 Y_{ij} が一定値であり，生産される性状 Q_{ijm} が一定であるとしても，式（2）と（4）に現れる，前につくられた基材油-性状，ならびにストリーム-性状の項によって問題は非線形となる．このように，この問題は，前につくられた基材油の存在，基材油プールの調合が非線形性を生み出すので，プーリング問題 (pooling problem) と呼ばれる．

石油化学プロセスの非線形性は，シェルオイル社における逐次線形計画法 (successive linear programming: SLP) によってはじめて取り扱われた．これは線形化したモデルを繰り返し解くという直截的な手法である (Griffith and Stewart, 1961). 逐次線形計画法は，間違って「リカージョン」と呼ばれたことがあるが，1960年代にほとんどの主要な企業で使われた (Baker and Lasdon, 1985). この分野に関して，調合プール間に現れる非線形誤差項を扱う特定の形をした逐次線形計画法を論じたいくつかの論文がある．この形式の逐次線形計画法は，「ディストリビューテッドリカージョン」という名前で呼ばれた．

文字通り，あらゆる形式の非線形最適化がこの産業において取り上げられてきている．Lasdon and Waren (1980) に適用事例の包括的なサーベイがある．Edgar and Himmelblau (1988) は，化学プロセスの設計と運転に特有の技法を示している．精油プロセスの最適化に対するいくつかのアプローチが Ciriani and Leachman (1993) に述べられている．

最適化の応用範囲が広がるのにつれて，モデル管理の負荷も増加した．多くの主要な企業はそれぞれのシステムを開発した．Beale (1978) は British Petroleum のアプローチを述べている．ある時期，エクソン社のモデル管理システムは，日常業務で使われる100以上の数理計画法のモデルを取り扱っていた (Palmer, 1984). 他の企業の取り組みは Bodington and Baker (1990) に述べられている．

生産計画とスケジューリングの分野においては，数理計画法，エキスパートシステム，意思決定支援システム，予測技法，シミュレーションなどを組み合わせた多様なアプローチがなされてきている．Klingman (1987) は Citgo で開発された統合物流システムについて述べてい

る．Miller（1987）は，エチル社の海上輸送問題に対して，ネットワークフローアルゴリズム，混合整数計画，意思決定支援を組み合わせた適用事例を述べている．Brown（1987）はモービルオイル社で開発された自動車輸送の荷積と経路システムについて述べている．Miller（1994）は，デュポン社において計画とスケジューリングに対してモジュラーシステムを開発した例を述べている．計画とスケジューリングに対する統合システムを設計し開発することは，学術的にも実務的にも活発に研究が進められている分野である（Baker, 1994）．

石油化学産業ほど，数理計画法の考え方と手法が，企業活動における戦略的な計画からプロセス制御に至るまですべての面に浸透している例は，ほかにはほとんど見られない．シェル社がシナリオを使った最適化を採用したことは，企業戦略レベルにおける意思決定システムに影響を与えている（de Geus, 1988）．価格指向および資源指向の分解技法が，分散した物流システムの調整をとるため日常的に適用されている．高度なプロセス制御の適用事例のほとんどは，OR/MS の分野で開発された概念から導かれている．Bodington（1995）は計画，スケジューリング，制御の三者の統合化に関する現在の技術水準を述べている．

⇒組合せ/整数最適化，線形計画法，非線形計画法，離散事象確率システムのシミュレーション．

[Thomas E. Baker/田口　東]

参 考 文 献

[1] Baker, T.E. and L.S. Lasdon (1985). "Successive Linear Programming at Exxon," *Management Science*, 31, 264–274.
[2] Baker, T.E. (1994). "An Integrated Approach to Planning and Scheduling," *Foundations of Computer-Aided Process Operations*, D.W.T. Rippin, ed., CACHE, Austin, Texas, 237–251.
[3] Bammi, D. (1990). "Northern Border Pipeline Logistics Simulation," *Interfaces*, 20(3), 1–13.
[4] Beale, E.M.L. (1978). "Nonlinear Programming Using a General Mathematical Programming System," in *Design and Implementation of Optimization Software*, H.J. Greenberg, ed., Sijthoff and Noordhoff, The Netherlands, 259–279.
[5] Bodington, C.E. and T.E. Baker (1990). "A History of Mathematical Programming in the Petroleum Industry," *Interfaces*, 20(4), 117–127.
[6] Bodington, C.E. (1995). *Planning, Scheduling and Control Integration in the Process Industries*, McGraw-Hill, New York.
[7] Brown, G.G. *et al.* (1987). "Real-Time, Wide Area Dispatch of Mobil Tank Trucks," *Interfaces*, 17(1), 107–120.
[8] Charnes, A., W.W. Cooper and B. Mellon (1952). "Blending Aviation Gasoline – A Study in Programming Interdependent Activities in an Integrated Oil Company," *Econometrica*, 20(2), 135–139.
[9] Ciriani, T.A. and R.C. Leachman (1993). *Optimization in Industry*, John Wiley, New York.
[10] de Geus, A.P. (1988). "Planning As Learning," *Harvard Business Review*, 88(2), 70–77.
[11] Edgar, T.F. and D.M. Himmelblau (1988). *Optimization of Chemical Processes*, McGraw-Hill, New York.
[12] Findlay, P.L. *et al.* (1989). "Optimization of the Daily Production Rates for an Offshore Oilfield," *Jl. Operational Research Society*, 40, 1079–1088.
[13] Griffith, R.E. and R.A. Stewart (1961). "A Nonlinear Programming Technique for the Optimization of Continuous Processing Systems," *Management Science*, 7, 379–392.
[14] Hansen, P. *et al.* (1992). "Location and Sizing of Offshore Platforms for Oil Exploration," *European Journal Operational Research*, 58(2), 202–214.
[15] Higgins, J.G. (1993). "Planning for Risk and Uncertainty in Oil Exploration," *Long Range Planning*, 26(1), 111–122.
[16] Klingman, D. *et al.* (1987). "The Successful Deployment of Management Science Throughout Citgo Petroleum Corporation," *Interfaces*, 17(1), 4–25.
[17] Lasdon, L.S. and A.D. Waren (1980). "A Survey of Nonlinear Programming Applications," *Operations Research*, 28, 102–1073.
[18] Manne, A. (1958). "A Linear Programming Model of the US Petroleum Refining Industry," *Econometrica*, 26(1), 67–106.
[19] Miller, D. *et al.* (1994). "A Modular System for Scheduling Chemical Plant Production," *Foundations of Computer-Aided Process Operations*, D.W.T. Rippin ed., CACHE, Austin, Texas, 355–372.
[20] Miller, D. (1987). "An Interactive, Computer-Aided Ship Scheduling System," *European Jl. Operational Research*, 32(3), 363–379.
[21] Palmer, K.H. *et al.* (1984). *A Model-Management Framework for Mathematical Programming*, John Wiley, New York.
[22] Power, M. (1992). "Simulating Natural Gas Discoveries," *Interfaces*, 22(2), 38–51.
[23] Symonds, G.H. (1955). *Linear Programming – The Solution of Refinery Problems*, Esso Standard Oil Company, New York.

設計と制御

design and control

待ち行列システムにおいて，設計というのは（サービス速度や窓口の数などの）システムパラメータの永久的な設定であり，制御というのはシステムの発展に伴ってある性能レベルを保つためにシステムパラメータを修正していくことである．制御ルールの典型的な例は，待ち

行列の長さがある数(たとえば N_1)を超えたとき窓口(扱い者)を増やし,待ち行列の長さが $N_2 < N_1$ へ下がったときには窓口を閉め扱い者を別な仕事に振り向ける,というものである. ⇒ 動的計画,マルコフ決定過程,待ち行列理論.

接続する
incident

グラフ上の辺は,それがつないでいる2つのノードに接続しているという.逆に,あるノードはそこから出ている辺に接続しているという. ⇒ 隣接する,ノード・アーク接続行列.

切断問題
trim problem

原材料のロール紙を需要に見合うように異なる大きさに切断するに際して,切り捨てる無駄な部分の大きさを最小化するためにはどのようにすればよいかを決定する問題である.この問題は,最初は新聞紙の大きなロール紙を望ましいより小さな大きさに切断する際に生じたものである.切断問題は線形整数計画問題として定式化され,解くことができる.列生成法(column generation procedures)をもたらした問題である. ⇒ 列生成.

摂 動
perturbation

パラメータ(parameter),関数,集合などを変動させること.

摂動法
perturbation methods

(1) 線形計画問題の制約条件を,シンプレックス法において循環(cycling)が起こらないように,すべての実行可能基底解を非退化状態で変動させる手続きのこと.このような修正は,陽的には右辺に微小量を加えることによって,あるいは陰的には辞書的手続きを用いることによって実行される. ⇒ 循環,退化,辞書式順序付け.
(2) 離散事象システムの感度分析の一種. ⇒ スコア関数.

セミマルコフ過程
semi-Markov process

離散値をとる確率過程で,状態の推移がマルコフ連鎖にしたがい,各状態の滞在時間の分布が推移前と推移後の状態に依存して定まるものを,セミマルコフ過程と呼ぶ.待ち行列や関連するシステムを解析するための基礎となる. ⇒ マルコフ過程.

0-1目標計画
zero-one goal programming

変数が0か1に等しいという決定変数に対する解を生成する目標計画法(goal programming method)の手法をいう.

ゼロ行列
null matrix

すべての成分がゼロである行列. ⇒ 行列と行列代数.

ゼロ和
zero-sum

競争的ないしは経済的状況において,貨幣ないしはそれに匹敵する尺度となるもので量った何人かの主体の得た総量が,残りの主体の失ったものの総量に等しくなるとき,この状況はゼロ和であるという.各プレイヤーの失った利得と獲得した利得の和が一定であるようなゲームにおいて特によく用いられる. ⇒ ゲーム理論.

ゼロ和ゲーム
zero-sum game

一方の利益は他方の損失になるようなゲーム.両方が勝つという結果は起こらない. ⇒ ゲーム理論.

全域木
spanning tree

ネットワークのすべてのノードを連結し,一度経路がノードを通過すると,そのノードには戻ってこない(経路が閉路をもたない)ような,与えられたネットワークの部分ネットワーク(グラフ)のこと.全域木はネットワークの木である.ネットワークが n 個のノードをもつとき,全域木は $n-1$ 個のアークをもつ. ⇒ クラスカルのアルゴリズム,最小全域木問題,ネットワーク最適化,主-双対アルゴリズム,プリムのアルゴリズム,木.

線形計画法
Linear Programming

線形計画法は,オペレーションズリサーチや経営科学

において最も広く使われている技法の1つである．その名称は，計画（planning, programming）が1次関数（linear function）のみによって記述される数理モデル（線形計画モデル（linear programming model）と呼ばれる）によってなされることを意味する．

線形計画モデル

線形計画モデルはいくつかの形式をとる．1つの共通形式を説明するために，製造業者にとって最も収益率の高い製品の生産比率を決める問題を考える．それぞれの製品 $j(j=1, 2, \cdots, n)$ に対して，その製品の製造量（≥ 0）を表す〈決定変数〉(decision variable) x_j を導入する．c_j を製品 j を1単位製造した場合の収益とし，Z を各製品の生産量の選択によって定まる総収益額とする．この選択は，これらの製品の製造に利用される生産設備の稼働容量の限度による制約を受ける．必要となる設備が m 種類ある．それぞれ種類 $i(i=1, 2, \cdots, m)$ の設備に対して，b_i を単位時間当たりに利用可能な総容量とし，a_{ij} を製品 $j(j=1, 2, \cdots, n)$ を1単位製造するために使われる種類 i の設備の容量とする．得られる線形計画モデルは，次のような条件を満たす $x_1, x_2, \cdots, x_n$ を選択することである．

$$\text{最大化 } Z = c_1x_1 + c_2x_2 + \cdots + c_nx_n$$
$$\text{条件} \quad a_{11}x_1 + a_{12}x_2 + \cdots + a_{1n}x_n \leq b_1$$
$$a_{21}x_1 + a_{22}x_2 + \cdots + a_{2n}x_n \leq b_2$$
$$\vdots$$
$$a_{m1}x_1 + a_{m2}x_2 + \cdots + a_{mn}x_n \leq b_m$$
$$x_1 \geq 0, \quad x_2 \geq 0, \cdots, x_n \geq 0$$

このモデルで最大化される1次関数は〈目的関数〉(objective function) と呼ばれている．左辺が1次関数となる m 個の不等式は〈構造制約条件〉(functional constraint(structural constraint)) と呼ばれ，最終行の不等式は〈非負制約条件〉(nonnegativity constraint) である．定数 (c_j, b_i, a_{ij}) はモデルの〈パラメータ〉(parameter) である．変数 ($x_1, x_2, \cdots, x_n$) の任意の選択は解 (solution) と呼ばれ，さらにすべての制約条件を満たすものは〈実行可能解〉(feasible solution) と呼ばれる．実行可能解の中で目的関数を最大化するものが〈最適解〉(optimal solution) である．

生産比率を決定する問題とは関係ない，他の多くの線形計画法の応用もこのモデルと同じ形式に適合する．これらの場合，ある種の〈アクティビティー〉(activity) が製品の生産に置き換わり，ある種の〈資源〉(resource) が生産設備に置き換わる．それぞれのアクティビティー j ($j=1, 2, \cdots, m$) について，決定変数 x_j はそのアクティビティーのレベルの決定を意味する．このとき問題は，目的関数として採用した〈性能の尺度の総量〉(overall measure of performance) にしたがってアクティビティーの最適な混合比（すなわち最適解）を得るように，限られた資源をこれら相互関係のあるアクティビティーに配分することである．

線形計画モデルについての他の共通形式としては，$\geq$ という符号を伴う構造制約条件と非負制約条件のもとで目的関数を〈最小化〉(minimize) するものがある．典型的な解釈としては，目的関数は選択したアクティビティーの混合比の総〈コスト〉(cost) を意味し，構造制約条件は異なる種類の〈便益〉(benefit) を意味する．特に，それぞれの構造制約条件の左辺の関数は，アクティビティーの混合比から得られる個々の便益のレベルを与え，右辺の定数は許容可能な最低限度の便益レベルを表している．よって問題はモデルで採用したコストと各種の便益の間の最適なトレードオフを与えるアクティビティーの混合比を決定するものである．

また他の線形計画モデルでは，構造制約条件のいくつかあるいはすべてが不等式の代わりに等式が用いられる．これらの制約条件は左辺の関数値が定数となることを要求している．

大規模線形計画モデルでは，構造制約条件において $\geq$ 符号，$\leq$ 符号や＝符号が混在することが一般的である．非負制約条件は常に $\geq$ 符号をもつが，決定変数のいくつかあるいはすべてについて，この種の制約条件を除くことが適切なことも時折起こる．

線形計画法の成功した応用例は，ときには〈非常〉に大規模なモデルを採用している．数百の構造制約条件と数百の決定変数をもつモデルはなみの大きさと見なされている．数千の構造制約条件と同程度以上の決定変数をもっても通常は大規模とは見なされない．

大規模モデルでは，モデルの定式化や計算機への入力に際して，誤りや不完全な決定を初期時点でしてしまうことは避けられない．すなわち，モデルの検証あるいは精緻化というプロセス（モデルの妥当性の検証，model validation）を徹底させる必要がある．通常の最終結果は1つの静的なモデルではなく，事後分析の一部をなす異なるシナリオを検査するための基本モデルの多くの変種である．高度に洗練されたソフトウエアパッケージや最適化のための代数的モデリング言語（algebraic modeling language）は〈モデル管理〉(model management, 入力や制約条件のブロックの修正，解の分析，レポート作成など) を手助けするために必要となるだろう．

線形計画法のいくつかの応用例

線形計画法の応用は著しく多岐にわたっている．これらはすべてアクティビティーの最適混合比を決定するもので，決定変数はそれぞれのアクティビティーのレベルを表している．しかしこれらのアクティビティーは多岐にわたる状況下で発生する．〈財務計画〉(financial planning）の場合には，アクティビティーは個々の株式や債券への投資（ポートフォリオ選択，portfolio selection）や資本計画の設計（資本予算，capital budgeting）や運用資産への財産の配分計画（財務混合戦略，financial-mix strategy）を表したりするだろう．〈マーケティング分析〉（marketing analysis）の場合には，アクティビティーは広告媒体の個々のタイプを表したり市場セグメントにおけるマーケティングリサーチを実行するか否かを表したりするであろう．〈生産計画〉（production planning）の場合には，応用範囲は広く，製品混合比問題から混合問題（個々の最終製品に含まれる材料の最適混合比を決定する），さらに生産スケジューリングから人員スケジューリングまでに及ぶ．

製造部門ばかりでなく，農業と食品産業における計画，健康管理，軍事作戦計画，天然資源利用についての政策展望などにおいても，生産計画と同種の応用例が存在する．

特に重要な線形計画問題として，〈輸送問題〉（transportation problem）がある．輸送問題の典型的な応用は，いくつかの工場からいくつかの卸業者に製品をいかにその企業が分配するかを決定するものである．特に，それぞれの工場での生産量とそれぞれの卸業者の必要量が与えられたとき，総輸送費が最小となるような各工場からそれぞれの卸業者への輸送量を求めることができる．ほかにも生産計画などの分野にも応用が拡大している．

輸送問題は，〈最小費用ネットワークフロー問題〉（minimum cost network flow problem）と呼ばれる線形計画問題のもう1つ重要な例の特殊な場合になっている．この問題では，分配ネットワークを利用して，総コストが最小となる物資の分配を決定するものである．このタイプの問題の1つの応用例として，Cigto 石油会社によって1980年代の中頃に開発された供給/分配/マーケティングモデル化システム（Supply, Distribution, and Marketing Modeling System）がある（Klingman et al., 1986）．このモデル化システムは，パイプライン，タンカー，バージ（barge）や数百の端末からなる分配ネットワークを通しての石油製品の分配を扱っている．線形計画法のこの応用例によって，この企業は毎年1500万ドル以上を節約したといわれている．またほぼ同時期に精油所の運用についても線形計画法が応用され，さらに1年当たり約5000万ドルの節約がなされた．同様に，線形計画法は世界中の多くの企業や組織の効率性を向上させるという多大な貢献をした．

線形計画問題の他の重要な応用は，〈整数計画法〉（integer programming），〈非線形計画法〉（nonlinear programming）や〈ゲーム理論〉（game theory）といったORやMSのいくつかの他の重要関連分野から発生する．線形計画法はしばしばこれらの他の分野の問題を解く手助けとしても使われている．

線形計画モデルの解法

20世紀中頃に出現して以来，線形計画法の多大な影響力は2つの重大な出来事に起因していた．1つの出来事は，線形計画モデルの最適解を求めるすぐれて効率的なアルゴリズム，〈シンプレックス法〉（simplex method）のGeorge Dantzigによる1947年の発明であった．もう1つの重大な出来事は，シンプレックス法によって大きな問題を解くことを可能にした〈コンピュータ革命〉（computer revolution）であった．

シンプレックス法は線形計画モデルの最適解のいくつかの基本的な性質を利用している．最適解は目的関数値が最良となる実行可能解である．モデル中の関数はすべて1次関数であるため，実行可能解の集合（実行可能領域（feasible region）と呼ばれる）は凸多面体となる．実行可能領域の〈頂点〉（vertex）（あるいは端点（extreme point））は最適解を求める上で特に重要な役割を果たす．実行可能解をもち（すべての制約条件を同時に満たすことができる）かつ目的関数値が無限大に発散しないように制約条件が与えられるならば，そのモデルは最適解をもつ．すべてのこのようなモデルは，ちょうど1つの最適解あるいは無限個の最適解をもたなければならない．前者の場合，唯一の最適解は実行可能領域の頂点でなければならない．後者の場合には，少なくとも2つの頂点が最適解でなければならず，これらの頂点のすべての凸結合もまた最適である．すなわち，すべての最適解を認識するためには，目的関数値を最良とする1つあるいは複数個の頂点を求めれば十分である．

これらの事実をもとに，シンプレックス法は実行可能領域の頂点のみを走査する反復アルゴリズムである．それぞれの反復では，現在の頂点からよりよい「隣接」頂点へと実行可能領域の辺に沿って移動する代数的計算手続きを用いる．アルゴリズムは，（同じ目的関数値をもつ実行可能解の存在性の検証は別として）よりよい隣接頂点をもたない頂点に到達したときに終了する．終了時の頂点の最適性は実行可能領域の凸性から導かれる．

シンプレックス法は〈指数時間アルゴリズム〉（exponential-time algorithm）である．しかし，実用上は非常に効率的であることが示されている．実行時間の増加傾向は構造制約条件の数の3乗に近似的に近づき，変数の数に関しては線形以下である．数千の構造制約条件をもち膨大な数の決定変数をもつ問題ですら，たいていの場合は解ける．これらの大規模問題が効率的に解ける1つの鍵は，最適解に到達するまでに通る経路上の頂点が一般的には，頂点全体からみてごく少数であることによる．反復の回数（通過した頂点の数）は一般に構造制約条

件の数と同じオーダとなる．

1984年にKarmarkarは，シンプレックス法よりも数段高速であるという主張とともに，線形計画法に対する新しい〈多項式時間アルゴリズム〉(polynomial-time algorithm)を公表したことでOR/MSのコミュニティーに非常に大きな騒ぎを起こした（実際，線形計画法に対する最初の多項式時間解法は，Khachiyanによって1979年に発表されたが，この「楕円体法」(ellipsoid method)は実用上ではシンプレックス法とはほとんど比較にならないほど遅いことが示されていた）．カーマーカー法は最適解に収束するまで実行可能領域の内部(interior)を動き，そのため〈内点法〉(interior point method)と呼ばれている．この公表では，計算機実装に必要な詳細な部分は含まれていなかった（Karmarkar, 1984）．

1984年以来，高度に洗練された計算機実装を伴い，同種の内点法の改良やまったく異なる内点法の開発という研究活動が，前進する疾風のごとく続けられた．このアプローチの特徴は，反復回数（解の改善の回数）と総実行時間が問題サイズの増加に対して非常に緩やかに（シンプレックス法よりもかなり緩やかに）しか増加しないことである．この内点アプローチの最良の実装がシンプレックス法と比較可能となり，さらにより高速となる分岐点は，（問題のタイプにかなり依存するのだが）構造制約条件と決定変数の数の総和が数万のオーダーとなるあたりである．内点法は，係数行列が非常に疎であるような，すなわちほとんど非ゼロ要素をもたないような超大規模問題に対してはより効率的となる（Lustig et al., 1994；Bixby, 1994）．

シンプレックス法のソフトウェアパッケージやその拡張版が，メインフレームやパーソナルコンピュータでも広く利用可能となっている．内点法のパッケージについても徐々に利用可能となるだろう．

双対理論と事後分析

それぞれの線形計画問題に対応して〈双対(dual)問題〉と呼ばれる別の線形計画問題が考えられる．さらに，もともとの問題（主(primal)問題と呼ばれる）とその双対問題の関係は対称的ある．すなわち，双対問題の双対問題は主問題となる．たとえば，以下のように行列表現された2つの関連する線形計画問題を考える（ここで A は行列，c と y は行ベクトル，b，x とゼロベクトル 0 は列ベクトルとし，すべての次元は適合しており，x と y が変数ベクトルとする）．

最大化 cx　　　　最小化 yb
条件　$Ax \leq b$　　条件　$yA \geq c$
　　　$x \geq 0$　　　　　$y \geq 0$

それぞれの問題の双対問題はもう一方の問題となっている．

主問題と双対問題の間には多くの有益な関係があり，双対問題は主問題を分析するうえで非常に多くの情報を提供する．〈事後分析〉(post-optimality analysis)，すなわち，妥当と思われる初期モデルの最適解を求めたあとに行う分析では特に有益である．多くの線形計画法の研究の主要な部分であるこの分析は，意思決定者にとって興味ある「もし…ならば，どうだろう」という形式の質問を扱う．初期モデルから推移しうる将来の状態についていくつかのシナリオを調査するのが目的である．

モデルのパラメータは定数として扱われているが，これらは真の値が全く異なるものとなりうる量の「最良の推定値」を表しているにすぎないことがしばしばある．事後分析の重要なものに〈感度分析〉(sensitivity analysis)がある．これはパラメータを分析するもので，（そのパラメータを微小量変化させると最適解が変化するような）〈感度パラメータ〉(sensitive parameter)を見つけ出し，その関係を調査することである．いくつかのパラメータについて，意思決定者はその値（たとえば資源の使用可能量）を制御できるかもしれない．このような場合，感度分析はそのパラメータ値の決定の指針を与える．感度分析の拡張に〈パラメトリック計画法〉(parametric programming)と呼ばれるものがあり，これはいくつかのパラメータがある範囲内で同時に変化するときに系統的な分析を可能にする．

この種の事後分析を実行するためのシンプレックス法の拡張はよく研究されている．しかし，事後分析への内点法の拡張の努力はまだまだ不十分である．そのため，最適解を求めるために内点法が使われたときでさえ，端点解を求め，それに続く分析を行うためにシンプレックス法に交替する必要がある．

パラメータの真値がどのようになるかがかなり不確定な場合には，いくつかのあるいはすべてのパラメータを確率変数として陽に扱う〈不確定状況下での線形計画法〉(linear programming under uncertainty)や〈確率計画法〉(stochastic programming)と呼ばれる異なるアプローチを用いる必要があるかもしれない．このアプローチは，不確定な将来に向けて複数期間について計画を立てなければならない状況では特に適切である．不確定状況下での線形計画法は活発な研究分野である（Infanger, 1993）．

追　　記

Dantzig (1982)は線形計画法のいくつかの初期の歴史について記している．Gass (1985)はこの分野の興味深い紹介を与えた．Hillier and Lieberman (1994)はここで述べた事柄すべてについて詳しく解説している．線形計画法の理論についての専門書としては，Dantzig

(1963) や，Schrijver (1986) がある．Marsten et al. (1990) は内点法の基礎をなす概念について議論をしている．先に述べた Citgo 石油会社の事例研究は Klingman et al. (1986, 1987) に記載されている．Salkin and Saha (1975) は線形計画法の応用を扱った論文を編集している．

⇒ 最適化のための代表的モデリング言語，計算複雑度，密度，双対定理，ゲーム理論，階層的生産計画，整数計画問題，内点法，数理モデル，非線形計画法，感度分析，輸送問題. [Frederick S. Hillier/田村明久]

参考文献

[1] Bixby, R.E. (1994). "Progress in Linear Programming," *ORSA Jl. Computing* **6**, 15–22.
[2] Dantzig, G.B. (1982). "Reminiscences About the Origins of Linear Programming," *Opns. Res. Letters* **1**, 43–48.
[3] Dantzig, G.B. (1963). *Linear Programming and Extensions*, Princeton University Press, Princeton, New Jersey.
[4] Gass, S.I. (1985). *Decision Making, Models and Algorithms*, John Wiley, New York.
[5] Hillier, F.S., and G.J. Lieberman (1994). *Introduction to Mathematical Programming*, 2nd ed., McGraw-Hill, New York.
[6] Infanger, G. (1993). *Planning Under Uncertainty: Solving Large-Scale Linear Programs*, Boyd and Fraser publishing, Danvers, Massachusetts.
[7] Karmarkar, N. (1984). "A New Polynomial-Time Algorithm for Linear Programming," *Combinatorica*, **4**, 373–395.
[8] Klingman, D., N. Phillips, D. Steiger, R. Wirth, and W. Young (1986). "The Challenges and Success Factors in Implementing an Integrated Products Planning System for Citgo," *Interfaces* **16**(3), 1–19.
[9] Klingman, D., N. Phillips, D. Steiger, and W. Young (1987). "The Successful Deployment of Management Science Throughout Citgo Petroleum Corporation," *Interfaces* **17**(1), 4–25.
[10] Lustig, I., R.E. Marsten, and D. Shanno (1994). "Interior Point Methods for Linear Programming: Computational State of the Art," *ORSA Jl. Computing* **6**, 1–14.
[11] Marsten, R., R. Subramanian, M. Saltzman, I. Lustig, and D. Shanno (1990). "Interior Point Methods for Linear Programming: Just Call Newton, Lagrange, and Fiacco and McCormick!" *Interfaces* **20**(4), 105–116.
[12] Salkin, H.M., and J. Saha, eds. (1975). *Studies in Linear Programming*, North-Holland, Amsterdam.
[13] Schrijver, A. (1986). *Theory of Linear and Integer Programming*, John Wiley, New York.

線形汎関数
linear functional

線形汎関数 $f(\boldsymbol{x})$ は，n 次元ベクトル空間上で定義される実数値関数で，すべての n 次元ベクトル $\boldsymbol{u}, \boldsymbol{v}$ とスカラー α, β に対して，$\boldsymbol{x}=\alpha\boldsymbol{u}+\beta\boldsymbol{v}$ とおいたとき，$f(\boldsymbol{x}) = f(\alpha\boldsymbol{u}+\beta\boldsymbol{v}) = \alpha f(\boldsymbol{u}) + \beta f(\boldsymbol{v})$ という関係を満たすもの．

線形分数計画問題
linear fractional-programming problem

線形制約条件 $\boldsymbol{Ax}\leq \boldsymbol{b}, \boldsymbol{x}\geq \boldsymbol{0}$ の下で，目的関数 $f(\boldsymbol{x}) = (\boldsymbol{cx}+\alpha)/(\boldsymbol{dx}+\beta)$ を最大化する問題．ここで $\boldsymbol{A}$ は行列，$\boldsymbol{b}$ はベクトル，α, β はスカラー，$\boldsymbol{c}, \boldsymbol{d}$ は行ベクトルである．この問題は，実行可能領域で $\boldsymbol{dx}+\beta$ の符号が一定であれば，新たな変数 $\boldsymbol{y}=\boldsymbol{x}/(\boldsymbol{dx}+\beta)$ を導入することによって，等価な線形計画問題に変換することができる．⇒ 分数計画法．

先行図表
precedence diagramming

ノードが作業活動（仕事）を表し，枝で連結されているようなプロジェクト計画をグラフ的に分析すること．仕事の間の関係は開始から開始，開始から終了，終了から終了として定められているが，これによってダミー枝を使用しなくてすむことになる．⇒ネットワーク計画法．

選好理論
Preferance Theory

はじめに

選好理論は，たとえば代替案集合に対する個人の選好を同定し定量化する方法や，意思決定のために適切な選好を表現する関数を構成する方法など，個人の選択行動の基本を研究する理論である．選好理論の重要な特徴は，それが厳密な公理にもとづいて個人の選択動作を特徴付けようとする点である．これらの選好に関する公理は，選好を表現する関数を構成する際に不可欠であり，選好の定量的分析のための正当性を与えている．

選好理論は，経済学と決定科学 (decision science) を基礎付けるものである．ミクロ経済学の基礎的な話題の1つに，消費者の選好と選択 (Kreps, 1990) の研究がある．意思決定分析やオペレーションズリサーチでは，意思決定者の選好に関する知識は，代替案を評価するために使われる目的（選好）関数を構成するために必要不可欠である．異なる意思決定者は，通常，異なる選好構造をもち，そのため異なる目的関数をもつと考えられる．

また，選好に関する研究は，複雑な決定状況に対する洞察と決定問題を単純化するための指針を提供することができる．

選好研究の基礎的な分野は，確実性下の選好なのかリスク下の選好なのか，あるいはその選好は1つの属性によって記述できる代替案についてなのかそれとも複数の属性で記述される代替案に関するものなのか，大きく2つの軸で分類できる．以下では，まず基礎的な選好関係の紹介を行い，続いて確実性下およびリスク下での選好の表現について論議する．なお本項では，確実性下での選好を表現する関数を価値関数と呼び，リスク下での選好を表現する関数を効用関数と呼ぶことにする．

基本的な選好関係

選好理論は，基本的に選択集合 X 上の2項関係 $>_p$ に関する性質について議論する．ここで，X は何らかの財の集合であり，決定における代替案の集合であり，あるいはまた金銭的ギャンブルの集合であるかもしれない．たとえば，ある個人が1組の代替案 x と y（たとえば，2台の車）をもっている状況で，彼がそれらをどのように比較する（すなわち，x か y どちらを好む）かを尋ねたとしよう．彼が x を y より好むというとき，われわれは $x>_p y$ と書くことにする．$>_p$ は強選好（strict preference, 厳密な選好）を意味する．彼が x と y が無差別であるとき，$x\sim_p y$ と書くことにする．逆に，$\sim_p$ を強選好が存在しない場合として定義することもできる．すなわち，$x>_p y$ でもなく $y>_p x$ でない場合として $\sim_p$ を定義するのである．$y>_p x$ が成立しないとき，$x\geq_p y$ と書く．$\geq_p$ は，弱選好と呼ばれる．また，$\geq_p$ を強選好 $>_p$ と無差別 $\sim_p$ の和集合，すなわち $x>_p y$ あるいは $x\sim_p y$ が成立する場合として定義することができる．

選好に関する研究は，個人の選択行為についてのいくつかの基礎的な仮定（公理）を設定することから始まる．まず，1対の代替案の組に対して矛盾なく選好を述べることができると仮定するのは合理的であろう．すなわち，その個人にとって，x を y より強選好すると同時に y を x より強選好することはありえないということである．このことは，〈選好の非対称性〉(preference asymmetry) を導くことになる．ここで，選好が非対称であるとは，$x>_p y$ かつ $y>_p x$ が成立する代替案の組 x, y は存在しないということである．

非対称性は，選好の一貫性の基準として見ることができる．さらに，個人が x は y より好まれると判断をするならば，その決定者は任意の第3の代替案 z を，z は y より望ましいか x より望ましくないか，あるいはその両者ともが成立するかのいずれかの形で序数的尺度上におくことができる．これは〈負の推移律〉(negative transitivity) と呼ばれる公理で，形式的には以下のように表現される．代替案集合 X の要素 x, y が $x>_p y$ を満たすとき X の第三の任意の要素 z について，$x>_p z$ か $z>_p y$ かあるいはその両方が成立する．

選好関係 $>_p$ が非対称で負の推移律を満たすとき，$>_p$ は弱順序と呼ばれる．〈弱順序〉は，選好順序のある種の望ましい特性を意味しており，多くの選好に関する研究において基礎的な仮定となっている．選好関係 $>_p$ が弱順序であるとき，これから導出される無差別性や弱選好も望ましい性質を有している．以下にそれらをまとめてみる．強選好関係 $>_p$ が弱順序であるとき，次が成り立つ．

1) 強選好 $>_p$ は，〈推移的〉である（すなわち，$x>_p y$ かつ $y>_p z$ ならば $x>_p z$ である）．
2) 無差別関係 (indifference) $\sim_p$ は推移的であり，〈反射的〉であり（すなわち，任意の x について $x\sim_p x$），対称的である（すなわち，$x\sim_p y$ ならば $y\sim_p x$）．
3) 任意の x, y の組に対して $x>_p y, x\sim_p y, y>_p x$ のいずれか1つがかならず成立する．
4) 弱選好 $\geq_p$ は推移的で〈完備〉である（任意の組 x, y について，$x\geq_p y$ か $y\geq_p x$ のいずれかが成り立つ）．

したがって，自らの選好を弱順序で表現できると考えている人間は，すべての代替案をただ1通りの順序に並べているといえる．2項選好関係の性質に関するより詳しい議論については，Fishburn (1970, 第4章)，および Kreps (1990, 第2章) を参照されたい．

確実性下の選好の表現

X 上の強選好 $>_p$ が弱順序のとき，選好の定量的な表現が可能である．すなわち，X 上に定義された実数値関数 v が存在して，

$$x>_p y \qquad v(x)>v(y)$$

が X 内の任意の要素 x, y について成り立つ（Fishburn, 1970）．このように確実性下における選好を表現する関数 v はしばしば〈価値関数〉(value function) と呼ばれる (Keeny and Raiffa, 1976)．価値関数は順序を保存する関数である．すなわち，通常の数の大小関係による $v(x), v(y), \cdots$ の順番は，$>_p$ に関する $x, y, \cdots$ の順序と一致している．したがって，v の任意の単調変換もまた順序保存的となるので，v の単位（スケール）は実質的な意味を持たない．

ある場合には，「選好の強さ」という概念が必要になるかもしれない．そのときには，任意の代替案の組について選好の違いの程度を考えなければならず，代替案の組を入れ替えたときにも選好が弱順序であることを要求する公理など，さらに条件のきつい仮定が必要になる (Krantz et al., 1971, 第4章)．これらの公理を仮定すると，X 上の実数値関数 v が存在して，X 内の任意の w, x, y, z に対して，w と x の選好の違いの強さが y と

z の選好の違いの強さより勝るときに，またそのときに限り，
$$v(w)-v(x)>v(y)-v(z)$$
が成立する．さらに，そのような v は正の1次変換を除いて，唯一に定まる．すなわち，v' も上の条件を満たす任意の関数とするとき，必ず $v'(x)=av(x)+b$ が成立する．ここで，$a(>0)$ と b は定数である．これは，v が〈評価の区間スケール〉(interval scale of measurement) を規定していることを意味しており，このような関数 v は，単なる順序保存関数と区別して〈尺度的価値関数〉と呼ばれる．

$X=X_1\times X_2\times\cdots\times X_n$ (n は属性の数)である多属性決定問題においては，その要素 $x=(x_1, x_2, \cdots, x_n)$ が1つの代替案を表現することになる．多属性価値関数は，$v(x_1, x_2, \cdots, x_n)$ として書くことができるが，ある種の選好独立の条件を用いることで，多属性価値モデルを単純化することができる．

X 内の属性の部分集合 Y が，その補集合 $\bar{Y}$ に対し〈選好独立〉であるとは，Y 内の属性のレベルに対する選好が補集合 $\bar{Y}$ 内の属性の固定されたレベルから独立している場合をいう．属性 $X_1, X_2, \cdots, X_n$ が相互選好独立であるとは，属性の任意の部分集合がその補集合と選好独立であることである．

多属性価値関数 $v(x_1, x_2, \cdots, x_n)$ (ただし $n\geq 3$) が，
$$v(x_1, x_2, \cdots, x_n) = \sum_{i=1}^{n} v_i(x_i) \tag{1}$$
のような加法形で書けるのはその属性が相互選好独立の場合であり，そのときに限る(Keeney and Raiffa, 1976; Krantz et al., 1971)．v が有界であれば，それぞれの属性の価値関数のとりうる値の範囲が0から1までであるように v をスケール変換するのが便利かもしれない．そうすれば，われわれは加法的価値関数を
$$v(x_1, x_2, \cdots, x_n) = \sum_{i=1}^{n} w_i v_i(x_i) \tag{2}$$
の形をもつようにすることができる．ここで v と v_i は 0 から 1 までの値をとり，w_i はその和が1になる正の重みである．モデル(1)，(2)をどのように評価するかについては Keeney and Raiffa (1976, 第3章) が論議している．

Dyer and Sarin (1979) は，代替案の選好の相違の概念にもとづいた尺度的多属性価値関数を提案しているが，これは上で述べた選好独立にもとづいて加法形で評価する方法に比べてきわめて容易な方法である．選好独立に加えて，Dyer and Sarin はある種の付加的条件を考察している．その条件は，簡単にいえば，ある特定の属性だけで選好のレベルが異なる代替案の組の選好の違いが，レベルが固定された残りの属性に依存しないことを要求するものである．これらの条件のもとでは，多属性

価値モデルは加法形あるいは相乗形に分解することができる．この議論は，加法形の価値関数と多属性効用モデルの関係付けをも与えている．

リスク下の選好の表現

ここで少し話題を変えて，くじやギャンブルという危険を伴った選択肢について考えてみよう．おそらくこの分野へ最も重要な貢献は，von Neumann and Morgenstern (1947) による〈期待効用理論〉の定式化であろう．それに端を発した研究は，今日多くの研究者によってさらに洗練されてきているが，基本的には3つの公理 (Fishburn, 1970) により表現することができるであろう．

P を単純な確率分布すなわち結果の非空の集合 X の上で定義されたくじ $\{X, Y, Z, \cdots\}$ の凸集合とする(以下では，X, Y, Z を確率分布を示すためにもまた確率変数を示すためにも適宜交換的に用いる)．P 内のくじ X, Y, Z と任意の λ (ただし $0<\lambda<1$) に対して期待効用の公理は以下のようなものである．

- A1. (順序) P 上の $>_p$ は，弱順序である．
- A2. (独立性) $X>_p Y$ であれば，P 内の任意の Z に対して
  $\lambda X+(1-\lambda)Z >_p \lambda Y+(1-\lambda)Z$ が成立する．
- A3. (連続性) $X>_p Y>_p Z$ が成り立つとき，$0<\alpha<1$ と $0<\beta<1$ を満たす適当な α と β が存在して $\alpha X+(1-\alpha)Z >_p Y >_p \beta X+(1-\beta)Z$ が成立する．

von Neumann and Morgenstern による効用理論は，上の3つの公理が成立すれば，またそのときに限り，実数値関数 u が存在して，P 内の任意の X, Y について
$$X >_p Y \iff \mathrm{E}[u(X)] > \mathrm{E}[u(Y)]$$
が成立することを示した．ここで，期待値はくじの確率分布上で計算される．さらに，そのような u は，正の1次変換を除いて唯一定まる．

期待効用モデルは，また個人の危険に対する態度を特徴付けるためにも使うことができる (Keeney and Raiffa, 1976, 第4章)．個人の効用関数が凹か線形か凸であるかによって，その個人はそれぞれリスク回避，リスク中立，リスク選好と呼ばれる．リスク下の選択に関するノイマン-モルゲンシュテルン理論では，くじの結果の確率が決定者に既知と仮定している．Savage (1954) は，リスク下の選択の理論を拡張し，結果の生起する主観確率に関する議論を展開するとともに，それらの結果に対する効用関数 u について検討している．

規範理論として，期待効用モデルは，決定問題の処方箋的な分析で，重要な役割を演じてきた．しかし，この理論の仮定は，記述的な立場に立つ実証研究によって反論を受けている (Kahneman and Tversky, 1979)．実証的な研究では，被験者が独立性の公理 (A2) への違反を

意味する代替案を選ぶ可能性が往々にしてあることを示している．A2について1ついえることは，期待効用モデルが「確率に関して線形のモデルである」ということである．独立性の公理を緩和し〈非線形の効用モデル〉を開発して，現実の決定活動をうまく記述しようとする研究も数多く行われている（Fishburn, 1988）．

ノイマン-モルゲンシュテルン効用モデルで $X = X_1 \times X_2 \times \cdots \times X_n$ であり，しかも決定者の選好がある種の独立性条件を満たすなら，$u(x_1, x_2, \cdots, x_n)$ は加法的あるいは相乗的などの簡単に評価可能なよく知られた取り扱いやすい形に分解することができる．

くじ $X_1, X_2, \cdots, X_n$ 上のくじに関する選好が，個々の属性レベルに割り当てられた周辺確率だけに依存し，2つまたはそれ以上の属性レベルに割り当てられた混合確率には依存しないとき，属性 $X_1, X_2, \cdots, X_n$ は〈加法的独立〉(additive independent) であるという．加法的独立条件が成り立つとき，またそのときに限り多属性効用関数 $u(x_1, x_2, \cdots, x_n)$ は，

$$u(x_1, x_2, \cdots, x_n) = \sum_{i=1}^{n} w_i u_i(x_i) \quad (3)$$

の形に分解される，ここで，u_i は0から1までの値をとる X_i 上で定義された1つの属性に関する関数で，w_i は総和が1である正の重み定数である．加法モデル(3)は，実際の問題を取り扱う際に広く使われている．

決定者の選好が加法独立性条件を満たさないときでも，相乗的な選好表現を導く弱い独立性条件は満たすかもしれない．

X_i のレベルが異なるくじに対する選好が，それ以外の属性の固定されたレベルに依存しない場合に属性 X_i はその補集合の属性から効用独立 (utility independent) であるという．属性 $X_1, X_2, \cdots, X_n$ が相互効用独立 (mutually utility independent) であるとは，属性のすべての真部分集合がその補集合から効用独立していることを意味する．

多属性効用関数 $u(x_1, x_2, \cdots, x_n)$ が相乗的な形

$$1 + ku(x_1, x_2, \cdots, x_n) = \prod_{i=1}^{n} [1 + kk_i u_i(x_i)] \quad (4)$$

をもつのは属性 $X_1, X_2, \cdots, X_n$ が，相互効用独立である場合であり，またそのときに限る．ここで，u_i は0から1までの値をとる X_i の上の単一属性関数であり，k_i は正のスケーリング定数，k は別のスケーリング定数である．モデル(4)を用いてどのように実際に評価するか，あるいは多属性効用理論のこのほかの拡張については，Keeney and Raiffa (1976) を参照されたい．
⇒ 決定分析，多属性効用理論，効用理論．

[James S. Dyer, Jianmin Jia/木嶋恭一]

参考文献

[1] Dyer, J.S. and R.K. Sarin (1979). "Measurable Multi-attribute Value Functions," *Operations Research*, 27, 810–822.
[2] Fishburn, P.C. (1970). *Utility Theory for Decision Making*. Wiley, New York.
[3] Fishburn, P.C. (1988). *Nonlinear Preference and Utility Theory*. The Johns Hopkins University Press, Baltimore, Maryland.
[4] Kahneman, D.H. and Tversky, A. (1979). "Prospect Theory: An Analysis of Decision under Risk," *Econometrica*, 47, 263–290.
[5] Keeney, R.L. and H. Raiffa (1976). *Decisions with Multiple Objectives: Preferences and Value Tradeoffs*. Wiley, New York.
[6] Krantz, D.H., R.D. Luce, P. Suppes, and A. Tversky (1971). *Foundations of Measurement*. Academic Press, San Diego.
[7] Kreps, D.M. (1990). *A Course in Microeconomics Theory*. Princeton University Press, New Jersey.
[8] Savage, L.J. (1954). *The Foundations of Statistics*. Wiley, New York.
[9] von Neumann, J. and O. Morgenstern (1947). *Theory of Games and Economic Behavior*. Princeton University Press, New Jersey.

潜在価格

shadow prices

潜在価格という用語は線形計画問題に対する最適双対変数（限界価値）を表現するのに用いられる．活動分析と同様の問題に対しては，制約に対応する潜在価格は制約の右辺値（資源）の単位変化に対応する目的関数値の変化量として解釈される．⇒ 限界価値．

染色体

chromosome

遺伝アルゴリズムにおいて，染色体は問題の潜在的解を表す．

全整数計画問題

pure-integer programming problem

すべての変数が整数に限定されているような数理計画問題．通常は制約条件と目的関数が線形であるような問題をいう．⇒ 混合整数計画問題．

戦争ゲーム

war game

軍事的な戦闘またはそのいくつかの側面を目的とするモデル．戦争ゲームという用語は，当該モデルが競技的

性格を重視するときに，他の戦闘モデルと区分するために用いる．敵味方のいずれか，または両方に人間が介在して進行する場合，またゲーム理論的に自動計算する場合のいずれも戦争ゲームである．⇒戦闘のモデル化．

選択戦略

choice strategies

いろいろな情報を組み合わせるために用いられる様々な方法・アプローチ．組合せのルールとも呼ばれる．⇒選択理論，決定分析，意思決定．

選択理論

Choice Theory

人間の選択行為を記述する理論は，ただ1つ確固としたものが存在するというわけではない．むしろ，選択行為を記述するために，様々な理論的・実証的アプローチが提唱されているというべきである．ここでは，その中から，制約された合理性(限定合理性)，プロスペクト理論，選択戦略の3つのアプローチについて簡単に概観してみる．これらのアプローチはいずれも，人間の実際の選択の方法のある側面を記述しているという意味で，記述的である．いずれも，合理的経済モデル(rational economic model，すなわち期待効用理論，expected utility theory)のような，人間はどのように決定を下すべきかを議論し必ずしも実際の選択行動を記述しない処方箋的なアプローチと対照をなすアプローチである．そこで最優先される原則は，人々の選択の方法は，本質的に選択問題の特徴に依存しているということである．

制約された合理性

制約された合理性（限定合理性）(bounded rationality)の概念は，ノーベル賞受賞者である H. Simon(1955, 1979)が提唱したもので，彼は，人間が合理的行為という経済学での概念(Hogarth, 1987)にもとづき選択を行おうとすれば，知識と処理能力が不足すると論じた．合理的な経済モデルの必要条件は，表1で示されるような利得行列(payoff matrix，ペイオフマトリックス)の概念で説明できる．

表1 利得行列として表現された合理的経済モデルにもとづく意思決定の必要条件

	世界の状態			
代替案	$S_1(p_1)$	$S_2(p_2)$	$\cdots$	$S_k(p_k)$
A	a_1	a_2	$\cdots$	a_k
B	b_1	b_2	$\cdots$	b_k
$\cdot$	$\cdot$	$\cdot$		$\cdot$
N	n_1	n_2	$\cdots$	n_k

利得行列の行は，問題に直面する意思決定者が利用可能な様々な代替案を表現している．一方，列はその選択肢の魅力に影響を及ぼし将来の事象として定義される世界の異なる状態を表現している．p_1 から p_k までの値は，おのおのの可能な世界の状態が生起する確率を表現している．行列の各セルは，結果にたいする評価(「効用」，utility)，すなわち，代替案と世界の状態の組に対する「利得」を示している．つまり，各結果は，意思決定者に対する様々な重要性に関する複数の基準に関してその代替案が生み出す知覚された利点と欠点を組み合わせて得られる正味の利得で表現されているのである．最後に，合理的意思決定者は，期待利得を最大化する代替案を選ぶと仮定される．各代替案の期待利得は，将来にある状態が起こったときにその代替案を実施したときに得られる結果の値に，その状態が生起する確率をかけ，最後にそれらの値をすべて合計することによって計算される．

多くの研究によれば，特別な支援がない場合，実際の意思決定の環境は複雑でダイナミックであり，また，人間の情報獲得能力と情報処理能力に制限があるため，人々は実際にはこのような決定マトリックスを使用して意思決定を行ってはいないという．では，支援のない人間の意思決定は，いかにして目標追求的(purposeful)であり「合理的」(reasonable)であるといえるのだろうか．Simon は，人間は「制約された合理性」としてまとめられる3つの簡略化戦略を使用していることを主張している．まず，人間は少数の代替案と世界の状態だけを考慮することで，問題を単純化している．2番目に，人間はその結果のうえで希求（あるいは許容）水準を課すことによって問題を単純化している．そして，最後に，人間はその希求水準を満たす最初の代替案を選択するのである．言い換えると，人間は，最適化（すなわち，すべての可能な代替案の中から最善案を選ぶこと）ではなく満足化（すなわち，最初に遭遇する満足な代替案を選ぶこと）を行っているのである．このように人間は情報獲得と情報処理の要求を減らすことで，目的追求的で合理的な行動ができるのである．

プロスペクト理論

Simon の制約された合理性と同様に，プロスペクト理論(prospect theory)は，期待利得理論に対抗する理論である．1つのプロスペクト（選択予想）の例を，Kahneman と Tversky (1979)からとってみよう．

選択A：($p=0.8$ で4000ドル，$p=0.2$ で0ドル)
または
選択B：(確実に3000ドル すなわち $p=1.0$)．

このとき，大多数の人は，選択Bを選ぶだろう．しかし，実際は選択Aは，Bより大きい期待値をもつのである．すなわち，4000ドル×0.8＝3200．次のプロスペクト

を考えてみよう.

選択C：(確率 $p=0.8$ で 4000 ドルの損失, 確率 $p=0.2$ で 0 ドル)

または

選択D：(確実に 3000 ドルの損失 すなわち $p=1.0$).

上の例と違う点は，符号が逆転していてここでは利得ではなく損失を考慮しているということだけである．しかし，この場合，大多数の人は，選択Cを選ぶだろう．すなわち，この場合，確率 0.8 で 4000 ドルを失う可能性のある賭けの方を，確実に 3000 ドルを失うより好むのである．ちなみに前者の賭けでの期待される損失は 3200 ドルである．ここでも再び，期待利得がより少ない方が選択されている．さらにここでは，「確かなもの」ではなくギャンブルの方がむしろ好まれている．

Kahneman and Tversky (1979, 1981) が示したのは，選択問題をどのように知覚するか(すなわち，「枠にはめ込むか」)その方法によってその評価は大きく影響を受けるということであった．期待利得理論の視点からは同じ選択結果をもたらすはずの情報が，実際は異なる選択を導くというのである．特に，人間は選択に関する経済学モデルが仮定するように，結果を（たとえば，富の）最終的な状態に比べ利益なのか損失なのかということより，何らかの基準点に比べ利益なのか損失なのかを気にするというのである．通常，基準点と見なされるのは，現在の状態である．しかし，その基準点の位置や，結果を利得と見るか損失と感じるかは，その選択問題をどのように枠にはめ込むかに影響されうるのである．このフレーミングの問題は選択においては特に重要である．なぜなら，上の例が示すように，人間は利得を考えるときにはリスク（危険）回避的 (risk adverse) になる傾向があり，損失を考慮するときにはリスク（危険）選好的 (risk seeking) になる傾向があるのである．特にそのプロスペクトが確かであるならば，この傾向は顕著となる．さらに，価値関数は利得より損失に関して勾配が急になるが，これは「利得より損失の方がずっと大きく感じる」という実際の観察と一致している．これらの理由により，ある選択が他の選択より低い期待値をもつときでさえ，多くの人々は「確かな損失」を避けるために賭けをする気にはなるが，「確実な利得」があれば賭け事をする気持ちにはならないのである．

選択戦略

選択に直面した人間が情報を組み合わせるために用いる様々に異なる戦略に関しては，数多くの研究が行われている．制約された合理性やプロスペクト理論に比較して，これらの戦略が使われるのは，決定者が，(a) その代替案を記述する多くの異なる次元（または属性）に関する情報をもち，(b) 自然の状態 (state of nature) に関しても情報の信頼性（または精度）に関しても確率を考えない場合である．この種の代表的な種類の問題は，車の選択のような，何かを購入する際の決定問題である．

ふつう，選択戦略 (choice strategy) は補償的 (compensatory) と非補償的 (non compensatory) の2つのクラスに分類される（たとえば，Beach, 1990; Hogarth, 1987)．補償的な戦略は，（相対的重み付けを通して）ある属性に高い重みをつけ他の属性に低い重みを与えるトレードオフの状態で用いられる．たとえば，車の選択問題で，ある人は燃費より快適さを重視するかもしれない．一方，非補償的戦略は，トレードオフではなく，むしろ，代替案の選択において必要となる閾値 (threshold, すなわちカットオフ) を用いる戦略である．たとえば，ある人は，快適さに関係なく，1ガロンにつき少なくとも 25 マイル走れない車はすべて選択対象から除去するかもしれない．上の文献で紹介されている戦略には，以下のようなものがある．まず，3種類の異なる補償モデルについて述べている．

1. 線形加法和戦略 (linear additive strategy)： 代替案のある次元に関する価値とその次元の相対的重みとを掛けあわせたのち，すべての次元に関して和を計算した値をその代替案の価値とする方法．

2. 差異加法和戦略 (additive difference strategy)： 代替案のある次元について，その次元の基準値とその代替案の価値との差を計算し，その差に次元ごとの重みをかけて和を計算する．これによって決定者は，全体として値が最も大きな代替案を選ぶことができる．

3. 理想点戦略 (ideal point strategy)： 決定者が代替案同士を比較する代わりに，理想的代替案に対する評価を用いる点を除いて，差異加法和戦略と同様である．

また，主な非補償的な戦略として次の4つを紹介している．

4. 支配戦略 (dominance strategy)： すべての次元に関して他の代替案と少なくとも同等に魅力的で，少なくとも1つの次元に関しては他の代替案より望ましい代替案を選択する．支配戦略は，特別な支援がない意思決定者にとって使うのが容易であるが，3つの補償戦略もみな支配的代替案を求める方法であるといえる．補償戦略は支配的代替案が存在しない場合でも，用いることができるが，支配戦略はこれが存在する場合にしか用いることができない．

5. 結合戦略 (conjunctive strategy)： すべての次元に関して，閾値をクリアする代替案のなかで最も望ましい代替案を選ぶ．これは，すべての次元で閾値をクリアする代替案のなかで最初のものを選ぶ満足化基準とも見ることができる．結合戦略の1つのバリエーションとして，すべての次元に関して閾値をクリアできない代替

案をすべて除去して，代替案集合を狭めてゆく方法が考えられる．

6. 辞書式戦略 (lexicographic strategy)： 最も重要な次元に関して最高の代替案を選ぶ戦略である．そのとき2つあるいはそれ以上の代替案が同順位であるなら，その中から2番目に重要な次元に関して最も望ましい代替案を選ぶことになる．以下同様に比較を行う．

7. 局面による除去 (elimination by aspects)： 重要性にしたがうにせよあるいは確率的な方法によるにせよ，次元に順番を付け，1つの代替案だけが残るまで，各次元の閾値つまり側面をクリアできない代替案をすべて除去する．

実際の選択の状況では，人はしばしば複数の戦略を使っているという（たとえば，Hogarth, 1987）．特に，非補償戦略は，考慮しなければならない代替案の数と次元（属性）の数を減らすために用いられている．職業選択の例を考えてみれば，人はまず最初に，その仕事が安全かどうかを判別する特定の閾値を下回るすべての代替案をまず考慮外におくだろうが，この安全性の次元はその後の選択でもはや省みられることはないだろう．ついで，代替案集合とともに考慮べき次元の数も減り，問題が扱いやすくなったあとには，人々は補償戦略を用いて，残っている代替案についてその強みと弱みを勘案して彼らに最も満足のゆく1つの代替案を選び出すのである．

おわりに

まず最初に，人間の選択に関してただ1つの記述的な理論があるわけではないことを強調した．そうではなく，選択活動を記述する様々な理論的・経験的アプローチが存在している．ここでは，それらのうちから，制約された合理性，プロスペクト理論，選択戦略の3つを簡単に概観した．これらのアプローチを，決定分析（decision analysis）や経済学にもとづく選択理論などの処方箋的な（prescriptive）アプローチと比較しながら説明した．決定分析や経済学にもとづく選択理論は，人間の意思決定はこうすべきであるという点には言及しているが，必ずしも実際の選択活動を記述してはいないことも指摘した．

⇒ 決定分析，意思決定，効用理論．

[Leonard Adelman/木嶋恭一]

参考文献

[1] Beach, L.R. (1990). *Image Theory: Decision Making in Personal and Organizational Contexts*. Wiley, New York.
[2] Hogarth, R.M. (1987). *Judgment and Choice*. Wiley, New York.
[3] Kahneman, D. and A. Tversky (1979). "Prospect Theory: An Analysis of Decision Making Under Risk," *Econometrica*, 47, 263-289.
[4] Simon, H.A. (1955). "A Behavioral Model of Rational Choice," *Quarterly Jl. Economics*, 69, 99-118.
[5] Simon, H.A. (1979). "Rational Decision Making in Business Organizations," *American Economic Review*, 69, 493-513.
[6] Tversky, A. and D. Kahneman (1981). "The Framing of Decisions and the Psychology of Choice," *Science*, 211, 453-458.

先着順

FCFS, FIFO

FCFS は first-come, first-served, FIFO は first-in, first-out の略で，客は到着した順にサービスされる待ち行列規律のこと．⇒ 待ち行列理論．

戦闘シミュレーション

combat simulation

軍事的な戦闘またはそのいくつかの側面を目的とするモデル．戦闘シミュレーションという用語は，当該モデルが時間すなわち過程（process）の側面を重視するときに，他の戦闘モデルと区分するために用いる．⇒ 戦闘のモデル化．

戦闘のモデル化

Battle Modeling

理想的な戦闘モデル

理想的な戦闘モデルとは，いかなる初期状態からでも，完璧に，正確に，迅速に，そして容易に戦闘結果を予測するものをいう．理想的な戦闘モデルの存在を阻害する，いくつかの要因がある．

第一の要素は，計算的複雑度である．医療の企画担当者なら，施設の大きさ，各科の医者に要求される技量，医薬品の在庫量を決定するために，このような戦闘モデルを用いるかもしれない．十数人程度の会戦においては，戦闘モデルが兵士1人1人の行動と，彼らの個々の傷病を追跡することは当然期待できる．一方，しかしながら数万人規模の会戦において同じような詳細性を求めるならば，容認できないほど高価なハードウェアと計算時間が要求される．すなわち，完璧な予想を要求するならば，計算機に完全性と速度を要求することが先決である．

理想的な戦闘モデルの存在を阻害する第二の要素は，戦闘を正確にモデル化するための，そのダイナミクスに関する知識をわれわれが十分に持ち合わせていないことである．われわれは，一部分を正確にモデル化することができる（たとえば，火器の発射原理，命中時の殺傷確率）としても，部分部分が相互にどのように関連してい

るか（たとえば，兵士が火器を発射するとき周囲の状況がどのように彼らの真の実力を変化させるか）を知っているわけではない．さらに，われわれは，いつ，どこで，そしてなぜ戦闘が起こり，また，どのように戦闘が終わるのかを知らない．われわれの無知は，絶対的なものではなく相対的なものであり，戦闘モデルでわれわれが達成できる正確さに反映される．

第三の要素は，やはりわれわれの無知によりもたらされるものである．われわれは，戦闘の結果を決定するために初期条件のうち何が重要な役割を果たしているかを知らない．一般的に，これらの戦闘モデルで精密な描写をするためには膨大な入力データが必要である．このように，精密に描写することは使用上の容易性と迅速性の障害となる．

戦闘モデルの分類

われわれは，理想的な戦闘モデルを構築することはできない．とはいえ，われわれは多くの個々の戦闘モデルを構築してきた．各モデルは，特定の目標の集合を完全に達成している．これらのモデルは，その位置付けにより，いくつかの規準（dimension）にもとづいて分類されるかもしれないが，これらはすべて共通の1つの特徴を有している．それは，戦闘（combat）のいくつかの側面をモデル化するという目的である．モデルを分類するための規準は以下に示すとおりであり，規準にもとづく位置付けの例をあわせて示す．

軍種：陸・海・空，宇宙，これらの協同．
期間（紛争のサイズ）：大隊レベルの戦闘，師団レベルの戦闘，地域レベルの戦闘（theater-level combat），世界的戦闘（global combat）．
範囲（紛争の型）：軍事政治的，特殊作戦，低強度紛争，市街地戦，正規戦，地域核，化学・生物戦，戦略核戦．
得点（判決と方法論）：評価尺度：損耗，移動，爆弾投下量，補給品搬送量，勝利．方法論：武器重量（単体または複合体，顕在的または潜在的），過程のシミュレーション．
ランダム性：決定論的または確率論的な計算．
戦闘行動および部隊編成（装備および任務区域）：武器，装甲，航空機，砲，技術者，兵站，信号，指揮統制，情報，水上艦，潜水艦，電子戦，宇宙装備，ミサイル．
詳細の程度（個別の実体（entity）としてモデル化された最小の項目）：弾丸，兵士，戦車，小隊，中隊，大隊，旅団，師団，方面軍．
環境：1次元的地形（ピストン・モデル），2次元的地形（海空を含む），緯度経度または六角格子，3次元的地形，気象，日中・夜間，霧煙．
目的（設計上の目的またはユーザの目的）：訓練，武器体系の用法，兵力組成の決定，作戦計画の検証．

訓練のレベル（訓練指導部）：個人の練度，小隊長の練度，師団幕僚の練度，指揮官の練度，それらの複合．
モデル内での時間の扱い：時間概念のない線形コードまたは理論的に計算された時間（通常の分析的戦闘モデル），タイムステップ型シミュレーション，イベント連接型シミュレーション，期待値モデル，確率的シミュレーション．
人間の介在部分：データの準備および結果の解釈，中断・修正後の再開，1サイド以上で人間が参加しコンピュータが支援するもの，全サイドで人間が連続的に参加するもの．
サイド：1サイド的（たとえば，戦略核攻撃による破壊効果），2サイド的，複数サイド的，各サイドとも同一のプログラムを用いるもの，各サイドが異なるプログラムを用いるもの（たとえば，米国とソ連の戦術），または，データにより各サイドに異なる性質を付与するもの．
計算機の使用程度：なし，中間的，全面的．
計算機への要求性能：PC，ミニコン，大型計算機，スーパーコンピュータ，要求される周辺機器，長時間のランタイム，短時間のランタイム．
外部との相互作用（実世界の部分との連接）：なし，分散処理，武器のシミュレーションとの連接，実装備との連接，砂表・その説明文．

戦闘のモデル化は，当初は誰かが埃にまみれてなぐり書きした戦闘作戦の結果を想像することから始まった．砂表（sand table），軍隊と地形の模型，さらにモデル化の過程の学問へと発展してきたが，モデル化には本質的に定性的な部分が残っている．砂表モデルは，対戦するプレーヤーたちが交互に駒を進める戦争ゲーム（war game）において，駒を進める都度その結果を判定するために用いられていた．近代の戦争ゲームは，砂表を用いるものと計算機による判定を用いるものが含まれる．

損耗の法則（attrition law）

Lanchester（1916）により，損耗の定量的モデルの概念がもたらされた（ロシアのOsipovと米国のFiskeも同様な概念をほぼ同時に発表したが，西側ではランチェスターの法則とランチェスター的損耗を参照した研究がほとんどである）．Lanchesterは，数学を用いて兵力の集中を精密に表現することができ，戦闘に勝利するために必要な兵力量を，事前に見積もることができることを示した．Engel（1954）は，ランチェスターの2次法則（Lanchester's square law）が正しいことを実証するため多大な成果を残した．

Lanchesterの簡潔な概念は拡張され精巧になり，Taylor（1983）はランチェスターの法則の多くの使用法と適用例について，2分冊に及ぶ著作をまとめあげた．計

算機の計算能力は，そのような精巧化（elaboration）を容認するものであった．まず，異種兵力間のランチェスター方程式は，面倒な手計算なしで解を求めることができる．その異種兵力間の方程式を認めるならば，その係数は他の要素，たとえば天候，射撃要領，目標距離などの関数と考えることができる．Bonder and Farrel (Taylor のもと，1983) は射撃行動を直接に観察することにより，この分野に厳格な思考（rigorous thinking）を導入し，これらの行動の数学モデルを開発した．

Dupuy (1985) は，従来の物的な戦闘モデルには含められていない，戦闘の多くの重要な要素について議論した．士気，訓練および指導力は少なくとも兵力の能力として重要であると Dupuy はいう．彼は，これらやその他の「ソフト」な要素を定量的に判定するモデルを提唱した．彼の定量化判定モデル QJM（quantified judgment model）は，大論争を巻き起こした．QJM そのものの長所はともあれ，ソフトな要素を定量的に判定するという研究の必要性は，現在では多くの人々の認めるところである．ベトナム戦争および湾岸戦争の間の世論の違い，軍の士気に及ぼす影響，戦争によりもたらされた結果，これらにより，ソフトな要因が過大に強調されすぎていたのをいくぶん修正することとなった．

計算機はまた，確率的過程の計算を可能にした．ランチェスターの損耗（Lanchester attrition）の微分方程式は，実際の撃破の過程であるランダムな過程のモデルを近似したものと考えられ，数値が大きくなるにつれて正しい値に近付く．確率的決闘（stochastic duel）は，小さな数値のときの結果を導く．Anker と Gafarian の研究は，この領域に大きく貢献した（Anker, 1994）．

Helmbold は戦闘のモデル化に関して，理論および実践の両面において貢献した．彼は，損耗（1961, 1964），突破点（1971），および移動（1990）に関する実証研究を行い，理論的な戦闘モデルに，ときとして希薄であった現実性という要素を注入した．Hartley (1991) は，この研究を引き継ぎ，損耗を記述する最良の指標（同種兵力間で近似）はランチェスターの 1 次法則（Lanchester linear law）や 2 次法則ではなく，その中間的な対数法則であるという結論を得た．

計算機による戦闘モデルはまた，モデル構造の拡散を招いた．対潜水艦戦（anti-submarine warfare）を含む戦闘モデルには，目標を攻撃する前に目標を捜索するという特別な機能が要求される．このようなモデルには，捜索理論（search theory）を実装する必要がある．そうすれば，実際の戦闘や演習において用いることができる（Shude, 1971）．いくつかの戦争の型においては，固有の資源配分または混合戦略により変数が容易に定義できる（たとえば，戦略核の目標設定または戦闘機の任務別配分）．なぜなら，ゲーム理論（game theory）により敵味方双方の選択肢を考慮した最適戦略が導かれるからであり，それは問題の定式化および処方箋的モデルの作成のための明確な技法を提供するものである（Bracken, Falk and Miercort, 1974；HQ USAF/SAMA, 1974）．

次元，データおよび出力

初期の陸戦モデルは 1 次元的であり，戦闘陣地の前縁（forward edge of the battle area：FEBA）が前進または後退するものであった．より洗練されたバージョンでは，双方の側が 1 次元構造をもっている（ピストン・モデル）．今日のより強力な計算機では，戦場を 2 次元構造とすることができ，x, y 座標（または緯度経度）か，（四角形または六角形の）格子構造のいずれかを用いる．現在では地形の標高を考慮した 3 次元構造のモデルもあり，航空機の効果が飛行高度により異なるようにできる（たとえば RESA (Research Evaluation and Systems Analysis) モデル（Naval Ocean Systems Center, 1992）では，異なる飛行高度の航空機と異なる潜行深度の潜水艦を扱うことができる）．

大型モデルの多くは膨大な入出力データがあり，データの流れを保つための高度なデータベース管理システムを必要とする．これらの大量の出力データを人間が見て結果を理解するためには，大変な労力を費やす．今日の大型モデルの多くには，高度なグラフィックス機能を付加する必要性がある．グラフィックス機能は，現実的なシナリオを定義しモデルの過程と結果を理解するために用いられる．

計算機能力の向上により，人間とのインタフェースに関しては，過去のものとは質的に異なるものとなった．そのようなインタフェースには，人間の目から見た戦場のリアルタイムの描写，また聴覚や触覚のインタフェースが含まれる．この種のインタフェースで実物大のものは，仮想現実（バーチャルリアリティ，virtual reality）と呼ばれ，その最初の例は SIMNET に含まれる戦闘モデルである（SIMNET のプログラムマネジャーはノックス地区（Fort Knox）の SIMNET 説明書の編集者である．HQ US Army Armor School, 1987）．SIMNET とは，戦車その他の車両等のシミュレータのネットワークであり，各参加者は仮想の戦場を共有することができる．

仮想現実の戦闘モデルを，他の従来型モデルと連接する仕事が進められている．シミュレータの連接がうまくいったことにより，最近では対話型の訓練用モデルを連接することも行われてきている．これらの戦闘モデルの連接は，分散処理と全ユーザによるコスト負担を許すものである．

戦闘のモデル化の歴史は，着々と改善を重ねていくというような順調な道のりではなかった．それは，多くの

分野で論争に苦しめられてきた．論争の中には，標準的な資源配分問題が含まれていた．何に金をかけるべきかということである．これらの関心の1つは，文書化である．初期の（1960年代～1970年代）計算機モデルには，説明書がないのが普通であった．その理由は頻繁に改修を行うからであり，モデルはさながら解読不能な暗号のようであった．しかるべき説明書の必要性は明らかであったが，よりよい（少なくとも，より複雑な）モデルの必要性の方がはるかに上回っていた．一方，1990年代のモデルの説明書は読みやすさに価値があるようであり，ほとんどのモデルには説明書がある．

正当性の検証，妥当性の検証および保証

ある議論は，おそらく誰かが好まない結果を出すような最初のモデルから始まった…「そのモデルは正しいのか」．1960年代から1970年代の間，われわれは，2つの型の高官たちの問題があるといってきた．第一の型は計算機の出力を信仰する高官，第二の型は計算機をまったく信じない高官である．第一の型の問題点は，警告があった場合の伝達方法にある．第二の型の高官のためには，本来の結果を隠匿するため結果をすべて手作業でタイプし直さなければならない．今日では高官たち（と政治家たち）は，計算機に関する常識をわきまえている．彼らは，結果の信頼性を高めることを望んでいる．彼らは，正当性の検証，妥当性の検証および保証を要求する．検討を進めてはいるが，一般的な戦闘モデルの正当性の検証，妥当性の検証および保証を完璧に行うにはどうすればよいかは誰にもわからない．

戦闘モデルには，技術的な議論もあった．注目すべき議論には次のようなものがある．ランチェスターの1次法則と2次法則の違いの解釈（また，その使用），損耗率と進出率の連接（もし必要なら），兵力比率の数値，決定論的ランチェスター方程式と確率的損耗方程式の連接，またそのいずれを用いるべきか．故人いわく，「攻撃側と防御側の兵力比が3対1であれば，攻撃は成功する」．この格言を攻撃するためにいろいろと研究されてきたが，いまだにこの言い伝えはすたれていない．

どのモデルが適切かというのはその使用目的に依存する，という原理は合意していても，決定論的モデルの細部の固有のレベルに関する意見の不一致もある．長期間の高精度のモデルは，膨大な量のデータを必要とし，計算は遅い．ある部隊は，精密なモデルよりも小さくて速い「おおむね正しい」モデルの方がよいと主張する．別の部隊は，そのようなモデルでは事の成否がかかるような重要な問題の肝心な答を間違える，と抗議する．確率過程の部隊は，大きくて精密なモデルと小さくて粗いモデルのどちらも確率的な戦闘の現実性にもとづいていないので，おおむね正しいとすらいえないと抗議する．

モデルの固有の使用方法についても，意見の不一致が続いている．一時は，処方箋的モデル(prescriptive battle model)に人気があった（最適戦略を求めるもの．最適の定義はモデルにより異なる）．最近は，それらは下火になってきている．モデルの誤用についての不平もある．それは，モデルを本来の目的以外の目的で使用し，モデルの前提が異なるために生じた結果の不整合を理解できないことから生じる．軽蔑的な意味でお勧めできるモデル化とは，望ましい結果を得るためには，入力パラメータをいじり回さなければならないようにすることである．大型モデルのほとんどは十分な数のパラメータをもち，それらは物的要素との関連がほとんど希薄なので，結果がどんな値にでもなり，その中からもっともらしい値が見つかるようになっている．

輝かしい議論もあり，その中には非常に単純な決定論的モデルがカオス(chaos)を表現できるというのがある(Dewar et al., 1991)．カオス問題を実際に扱う場合には，より複雑なモデルを用いることは明らかである．ほとんどのことがらは，点推定により設定される．たとえば，武器Xの効果について調査する場合を考えよう．25％X，50％X，75％Xおよび100％Xで，モデルを作動させてみる．75％Xおよび100％Xの場合の計算結果が高いことがわかったとする．この結果により，75％から100％の間は，妥当であると仮定する．もし，この結果がカオスによるものであればそのような仮定は認められない．結局この問題には結論が出ない．しかし，複雑なモデルを用いて調査しても，カオスによる不確実性は数パーセント以下でしかない．なぜならば，これはあらかじめモデルに組み込まれている不確実性の範囲内であるからであり，カオス効果による可能性は最小限に抑えるように注文がつけられているのである．

様々な議論がなされてはいるが，戦闘のモデル化はいくつかの問題に答えるための唯一の手段として残っており，広く用いられている．戦闘モデルは，武器調達の決定に必要な情報のため，戦略や戦術の検証のため，また人の訓練のため用いられている．訓練用の戦闘モデルは，指揮官を訓練するための安価な道具であり，陸上で行うよりも大規模な部隊が，計算機の内部で作戦行動をとるのである．軍縮が進む現在，従来の訓練に代わるこの種のものは必要不可欠となっている．

⇒ ゲーム理論，ゲーミング，ランチェスターの方程式，軍事OR，陸軍を支えたOR機関，RAND研究所，モデルの正当性の検証，妥当性の検証およびテスト．

[Dean S. Hartley, III/高橋　徹]

参 考 文 献

[1] Ancker, C.J., Jr. (1994). *An Axiom Set (Laws) for a Theory of Combat*, Technical Report, Systems Engi-

neering, University of So. California, Los Angeles.
[2] Bracken, J., J.E. Falk, and F.A. Miercort (1974). *A Strategic Weapons Exchange Allocation Model*, Serial T-325. School of Engineering and Applied Science, The George Washington University, Washington, DC.
[3] Dewar, J.A., J.J. Gillogly, and M.L. Junessa (1991). *Non-Monotonicity, Chaos and CombatModels*, R-3995-RC, RAND, Santa Monica, California.
[4] Dupuy, T.N. (1985). *Numbers, Predictions & War*. Hero Books, Fairfax, Virginia.
[5] Engel, J. H. (1954). "A Verification of Lanchester's Law," *Operations Research* **2**, 163–171.
[6] Hartley, D.S., III (1991). *Predicting Combat Effects*, K/DSRD-412. Martin Marietta Energy Systems, Inc., Oak Ridge, Tennessee.
[7] Helmbold, R.L. (1961). *Historical Data and Lanchester's Theory of Combat*, AD 480 975, CORG-SP-128.
[8] Helmbold, R.L. (1964). *Historical Data and Lanchester's Theory of Combat, Part II*, AD 480 109, CORG-SP-190.
[9] Helmbold, R.L. (1971). *Decision in Battle: Breakpoint Hypotheses and Engagement Termination Data*, AD 729769. Defense Technical Information Center, Alexandria, Virginia.
[10] Helmbold, R.L. (1990). *Rates of Advance in Historical Land Combat Operations*, CAA-RP-90-1. Combat Analysis Agency, Bethesda, Maryland.
[11] HQ US Army Armor School (1987). *M-1 SIMNET Operator's Guide*. Fort Knox, Kentucky.
[12] HQ USAF/SAMA (1974). *A Computer Program for Measuring the Effectiveness of Tactical Fighter Forces (Documentation and Users Manual for TAC CONTENDER) SABER GRAND (CHARLIE)*.
[13] Lanchester, F.W. (1916). "Mathematics in Warfare" in *Aircraft in Warfare: The Dawn of the Fourth Arm*, Constable and Company, London. (Reprinted in *The World of Mathematics*, ed. by R. Newman, Simon and Schuster, New York, 1956.)
[14] Naval Ocean Systems Center (1992). *RESA Users Guide Version* 5.5, *Vol* 1–8.
[15] Shudde, R.H. (1971). "Contact and Attack Problems" in *Selected Methods and Models in Military Operations Research*, ed. by P.W. Zehna. Military Operations Reserach Society, 125–146.
[16] Taylor, J.G. (1980). *Force-on-Force Attrition Modeling*. Military Applications Section, ORSA.
[17] Taylor, J.G. (1983). *Lanchester Models of Warfare, Volumes I and II*. Military Applications Section, ORSA.

戦闘モデル
combat model

軍事的な戦闘またはそのいくつかの側面を目的とするモデル．3種類の用語「戦闘モデル」(combat model)「戦闘シミュレーションモデル」(combat simulation model) および「戦争ゲーム」(war game) は，しばしば同義語として使用されるが，通常それらは戦闘モデリングに共通する3種類の特性を区分するために用いられる．「戦闘モデル」として区分する場合は，当該モデルが解析的戦闘モデル (analytic combat model) であることを意味する．⇒ 解析的戦闘モデル，戦闘のモデル化．

線　分
line segment

n 次元空間の任意の2点を結ぶものを，線分という．より具体的には，$x_1 x_2$ を n 次元空間の2点とすると，$\{x | x=(1-\lambda)x_1+\lambda x_2, 0\leq\lambda\leq 1\}$ が x_1，x_2 をつなぐ線分である．

前方再帰時間
forward-recurrence time

事象が時点 $T_1, T_2, \cdots$ で生起するものとし，事象生起間隔 $T_k - T_{k-1}$ は互いに独立で同一分布にしたがう確率変数とする．任意時点 t を考える．時点 t における前方再帰時間とは，任意時点 t から (t 以降はじめて起こる) 次の事象生起時点までの時間のことをいう．⇒ 点確率過程，再生過程．

戦略的オプションの展開と分析
strategic options development and analysis (SODA)

SODA はグループの意思決定のための問題構造化法の1つである．参加者に対して個人個人の認知マップ (cognitive map) が取り出されて，そして議論と参加を容易にするために，ワークショップ形式で使われる1つの戦略マップ (strategic map) にまとめあげられる．⇒ 問題構造化法．

戦略的仮定の表面化とテスト
strategic assumption surfacing and testing (SAST)

内部の不一致で決定的行動がとれない状況のときに，使われる問題構造化法が SAST である．異なった戦略を主張するためにサブグループを形成し，そして各グループが選んだ戦略のもとになっている重要な仮定を明確にする．合意された戦略が導き出されるように，諸仮定のもとで妥協を獲得する目的で，仮定間の差違を討議するために，このサブグループは再結成される．⇒ 問題構造化法．

戦略的選択

strategic choice

戦略的選択は不確実性をともなった問題を戦略的にマネジメントを助ける問題構造化法の1つである．グループ意思決定を容易にするための対話的方法の1つである．それは核となる問題に同意し，実行可能な意思決定案を明示化し，実際上のショートリストを設定するための，そして適切な不確定性を明らかにするために設計された一対比較のための技法とプロセスを提供している．アウトプットは意思決定，探索行動，選択を組み合わせたものである．⇒問題構造化法．

相型確率分布

Phase-Type Probability Distributions

相型分布（phase-type distribution），あるいはPH分布は，非負の確率変数を表現する一般的で有用なクラスを構成している．Neuts(1981)では，その基本的な性質について詳しく述べている．相型分布には〈離散〉と〈連続〉の2種類があり，それらの定義や性質についてはほぼ並行した議論が可能である．そのため，以下では連続な場合について考える．

$1, \cdots, m$ の m 個の一時的状態と，吸収状態 0 をもつマルコフ連鎖の吸収時間分布として定義される $[0, \infty)$ 上の確率分布 $F(x)$ を〈相型分布〉と呼ぶ．そのようなマルコフ連鎖の生成作用素 Q は

$$Q = \begin{vmatrix} T & T^0 \\ 0 & 0 \end{vmatrix}$$

のように表すことができる．ここで T は対角要素が負，非対角要素が非負の正則な $m \times m$ 行列である．また，e をすべての要素が1である列ベクトルとすると，$T^0 = -Te$ となる．このマルコフ連鎖の初期状態は (α, α_0) で表される．一般性を失うことなく，生成作用素 $Q^* = T + (1-\alpha_0)^{-1}T^0\alpha$ は既約であると仮定してよいだろう．

相型分布の分布関数 $F(x)$ は，一般に

$$F(x) = 1 - \alpha \exp(Tx) e, \quad x \geq 0$$

で与えられる．(α, T) の組は相型分布 $F(\cdot)$ の〈表現〉(representation) と呼ばれる．$F(\cdot)$ は 0 に確率 α_0 をもち，$(0, \infty)$ 上で確率密度関数 $F'(x) = -\alpha \exp(Tx) Te = \alpha \exp(Tx) T^0$ をもつ．$F(\cdot)$ のラプラス-スティルチェス変換 $f(s)$ は

$$f(s) = \alpha_0 + \alpha(sI - T)^{-1} T^0, \quad Re(s) \geq 0$$

で与えられる．また積率 λ'_v, $v \geq 1$ はすべて有限で，$\lambda'_v = (-1)^v v! \alpha T^{-v} e$ となる．相型分布の特殊な場合として，〈超指数分布〉(hyper exponential distribution) と (混合)〈アーラン分布〉(Erlang distribution) がある．

超指数分布

$$F(x) = \sum_{v=1}^{m} \alpha_v (1 - e^{-\lambda_v x})$$

に対する表現は，$\alpha = (\alpha_1, \cdots, \alpha_m)$, $\alpha_0 = 0$ および $T = -$

$\operatorname{diag}(\lambda_1, \cdots, \lambda_m)$ で与えられる（訳注：$\operatorname{diag}(\lambda_1, \cdots, \lambda_m)$ は λ_i を対角に並べた $m \times m$ 対角行列を表す）．一方，（混合）アーラン分布

$$F(x) = \sum_{v=1}^{m} p_v \int_0^x \frac{\lambda(\lambda u)^{v-1}}{(v-1)!} e^{-\lambda u} du$$

の表現は，$\boldsymbol{\alpha} = (p_m, p_{m-1}, \cdots, p_1)$，$\alpha_0 = 0$ および

$$T = \begin{vmatrix} -\lambda & \lambda & 0 & \cdots & 0 & 0 & 0 \\ 0 & -\lambda & \lambda & \cdots & 0 & 0 & 0 \\ & & \cdots & & & \cdots & \\ 0 & 0 & 0 & \cdots & 0 & -\lambda & \lambda \\ 0 & 0 & 0 & \cdots & 0 & 0 & -\lambda \end{vmatrix}$$

となる．

相型分布の利用

相型分布の有用性は，第一に種々の〈閉じた性質〉(closure property) に負うところが大きい．それらの性質によって，畳み込み (convolution) や混合などの分布に対する標準的な演算を行列演算として記述することができる．確率モデルの解析においては，問題を扱いやすくするために指数分布を導入することが多いが，それによって得られる結果の中には指数分布を相型分布に置き換えた場合にも行列形で成立するものがある．そのため，指数分布という強い仮定をおかなくても，相型分布によって有用な結果を得られることが多い．また，相型分布を含む積分も，通常は数値的に安定な再帰式や微分方程式によって評価することが可能である．さらに，相型分布は $[0, \infty)$ 上で定義される確率分布の中で〈稠密〉であることが知られている．したがって，原理的には $[0, \infty)$ 上のどのような分布も相型分布によって一様に近似することが可能である．

閉じた性質の例としては次のようなものがあげられる．

(a) $F(\cdot)$ が表現 $(\boldsymbol{\alpha}, T)$ および平均 λ_1' をもつ相型分布であるとき，密度関数 $(\lambda_1')^{-1}[1-F(x)]$ をもつ遅延分布 (delay distribution) $F^*(x)$ は表現 $(\boldsymbol{\pi}, T)$ の相型分布となる．ここで，$\boldsymbol{\pi} = (\lambda_1')^{-1}\boldsymbol{\alpha}(-T)^{-1}$ である．

(b) 到着率 θ，平均サービス時間 $\mu_1'(\rho = \theta \mu_1' < 1)$，サービス時間分布が相型分布 $H(\cdot)$ の M/G/1 待ち行列の定常状態における待ち時間分布 $W(\cdot)$ は相型分布となる．その表現は，$\boldsymbol{\gamma} = \rho \boldsymbol{\pi}$，$L = T + \rho T^0 \boldsymbol{\pi}$ として $(\boldsymbol{\gamma}, L)$ で与えられる．したがって，この M/G/1 待ち行列の待ち時間分布 $W(\cdot)$ は，線形微分方程式系を積分することにより，ポラチェック-ヒンチンの公式を解くよりも効率的に計算することができる．

$[0, \infty)$ 上のどのような分布も原理的には相型分布によって近似できるが，実用的な近似方法が知られているのはワイブル分布など限られた分布である．しかし，以下に述べる一般的な結果から，この稠密性は理論的には非常に有用である．

いま，$[0, \infty)$ 上の 1 つあるいはそれ以上の一般分布 $F_j(\cdot)$，$1 \leq j \leq N$ を含む確率モデルにおいて，これらの分布を引数とする連続な汎関数 $\Phi[F_1(\cdot), \cdots, F_N(\cdot)]$ を評価したいとしよう．もし，$F_1(\cdot), \cdots, F_N(\cdot)$ が相型分布の場合に $\Phi[\cdot]$ が求まり，しかもその解が相型分布の表現を陽に含まず分布関数だけに依存するならば，その $\Phi[\cdot]$ は一般の分布に対しても成立する．この結果は，待ち行列理論における積率などの公式を導くために利用されている．

現在では，相型分布やその応用に関して幅広い研究が行われている．最近の興味ある研究テーマとしては，相型分布族の幾何学的構造，相型分布による他の確率分布族の近似，データへの相型分布の当てはめなどがある．たとえば，O'Cinneide (1990) は相型分布を特徴付ける重要な結果を示している．Asmussen, Haggström, Nerman (1992), Johnson (1993), Schmickler (1992) らは相型分布による近似方法について議論している．また，Asmussen (1992) は，待ち行列理論において相型分布が意外なところで現れることを指摘している．

⇒ マルコフ連鎖，マルコフ過程，待ち行列理論．

[Marcel F. Neuts/牧本直樹]

参 考 文 献

[1] Asmussen, S. (1992), "Phase-type representations in random walk and queueing problems," *Annals Probability*, 20, 772–789.

[2] Asmussen, S., Haggström, O., and Nerman, O. (1992), "EMPHT – A program for fitting phase-type distributions," in *Studies in Statistical Quality Control and Reliability*, Mathematical Statistics, Chalmers University and University of Gteborg, Sweden.

[3] O'Cinneide, C.A. (1990), "Characterization of phase-type distributions," *Stochastic Models*, 6, 1–57.

[4] Johnson, M.A. (1993), "Selecting parameters of phase distributions: Combining nonlinear programming, heuristics, and Erlang distributions," *ORSA Jl. Computing*, 5, 69–83.

[5] Johnson, M.A. (1993), "An empirical study of queueing approximations based on phase-type distributions," *Stochastic Models*, 9, 531–561.

[6] Neuts, M.F. (1981), *Matrix-Geometric Solutions in Stochastic Models: An Algorithmic Approach*. The Johns Hopkins University Press, Baltimore. Reprinted by Dover Publications, 1994.

[7] Pagano, M.E. and Neuts, M.F. (1981), "Generating Random Variates from a Distribution of Phase Type," 1981 *Winter Simulation Conference Proceedings*, T.I. Oren, C.M. Delfosse, C.M. Shub (eds.), 381–387.

[8] Schmickler, L. (1992), "MEDA: Mixed Erlang dis-

tributions as phase-type representations of empirical distribution functions," *Stochastic Models*, 8, 131–156.

相型分布
phase-type distribution

アーラン分布にしたがう確率変数は，指数分布にしたがう確率変数の和であるから，一列に並んだいくつかの相（個々の相を通るために必要な時間は指数分布にしたがう）を通り抜けるために必要な時間と考えることができる．したがって，アーラン分布は相型分布の一種である．より一般的には，相型分布は，いくつかの相の間をマルコフ連鎖にしたがって動き回りながら最後に吸収状態の相に吸収されるまでの時間の分布として定義される．

⇒ アーラン分布，待ち行列理論，相型確率分布．

総合的品質管理
Total Quality Management

はじめに

1980年代の10年間で，米国企業は日本企業が高品質を達成させていることを認識し，DemingやJuranなどのいう「品質」の重要性を理解しはじめた．彼らは自分たちの組織内で，顧客の要求を入手し，理解し，情報を交換する方法を考え出し，技術上の設計・開発・製造や納期を改善するための術を発達させた．また，自主管理のワーキンググループや従業員の自主参加を含んだ新しい共同文化を作り出した．このように品質と顧客満足度を達成するための技術を採用することに焦点を当てることにより，米国企業の中には，低価格で高い品質と短期間の納期を達成するための改善を行い，最終的に企業業績を向上させた所もある．これらの多くの会社は，この新しい管理・実施哲学をTotal Quality Managementあるいは，単にTQMと呼んだ．

他の企業はスタートを間違ったり，実行に疑問をもったりして挫折し，TQMの価値を疑問視しはじめた．中には単なる一時的な流行と見てあきらめる所も出た（Senge 1993）．多くのこういう状況の中では，品質向上の努力は誤った方向へ向くか，まとまらないこともある．ある例では品質改善活動は単に組織の最上層に激しく苦情をいった顧客に対する型どおりの反応に終わってしまった．Ramberg (1994)は，一方では別の考えをもちTQMを非難する口の悪い人たちのいることにふれ，「TQMは思想改革あるいはトロイの木馬である」という疑問を投げかけている．

TQMは，total quality managementの3つの言葉が単に意味するものより多くを意味する．その3つのおのおのの言葉の定義は，説明を始めるにはちょうどよい．"total"の辞書に出ている典型的な意味は，全体であり，つまり全体を構成している＝全部ということである（訳注：日本ではTQMのtotalを次の4つの視点からとらえている．①目標とする特性がQCDSMすべてにわたること．②活動の部門が品質管理部門のみではなく全部門が実践すること．③参加する階層が社長から現場の作業者にわたるまで全員参加であること．④関連企業を含むグループワイドな活動であること）．"quality"の定義は，米国企業がそうであったように，理解するには少々難しい．米国品質管理学会(ASQC)と米国国家標準化局(ANSI)が決めていた従来からの定義は「品物またはサービスが使用目的を満たしているかどうかを決定するための評価の対象となる固有の性質・性能の全体」である．最後に"management"の定義は，企業の意思決定と行動の計画を立て，方向付け，組織化し，管理するものであり，それは本来科学・学術あるいはマナーであるべきものである．

横道にそれるが，面白いことには「manageする」という言葉は，馬を自分の歩調に合わせて鍛えるとか，あるいは調教するという意味でつくられたものである．

品質の深い理解

「品質」はTQMで中核となる言葉である．1960年代と1970年代で米国が製造業において世界のリーダーシップを失った根本的な理由は，Q (quality)という言葉に対する深い理解を欠いたからである．

品質の重要性をさらによりよく理解させるために「品質」の専門家たちはより短く，より明確で，より扱いやすい定義を生み出した．たとえば，Juranの「使用適合性」，Crosbyの「仕様との一致」，田口の「社会に対する長期損失」，そしてGitlow, Oppenheim and Oppenheim (1994)によって言い換えられたがDemingの「低コストで市場に適合する均一性と信頼性の予測可能の度合い」などである．

中にはこれらの運用上の品質の定義の差異を指摘する人もいるし，また，少数ながら品質の指導者達も品質の定義の一致が見えないと結論した人もいた．われわれは，このいくつかの定義を相補的だと考える．各定義では，その定義した人の顧客との関係で得た経験が強調されている．「使用適合性」という定義は，生産現場での製品の開発，マーケティングあるいはサービスにおいて最適なものである．その生産現場では，従業員は顧客とは遠く離れた場所にいるので，「品質」の実践は，明記された達成目標と必要な仕様書の次元でなされることになる．最後に，もし，「社会に対する損失」が「経営上の長期損失」と考えられれば，他の2つの定義との関係がはっきりし

てくる．Demingの定義は，品質改善における基本的なステップとして，変化や減少を強調していることがわかる．

「品質」を深く理解する最初のステップは，品質が顧客主導（customer driven）であることを認識することである．品質は顧客で始まるだけでなく，最後も顧客によって判断されるものである．このように「顧客の声」は避けて通れない．顧客がはっきり声に出して述べることができないかもしれないことを認識することは，品質が顧客主導であると同様に重要である．最も上質の顧客でも，大満足する製品特性のすべてを思い描くことはできないであろう．専門家は重要な役割を果たせるが，彼らにもまた，限界があるのである．これらの情報を入手するのは，複雑な仕事なのである．このデータにもとづいて，製品の創造・開発・出荷にたずさわる人は，顧客を満足させ楽しませることのできる品質を心に描かなければならない．さらに，この絶えず変化する「顧客の声」を理解し続け，そして対応するために，顧客との対話は続けなければならない．

伝統的には，経営者は品質を時間的，かつコスト的にゼロ和ゲームと考えていた．すなわち，品質で，あるいは納期通りであるという点で何らかの改善が見られるのは，実質的に余計にお金をかけたときであった．Vaughn(1990)は，この「従来の知恵」の例を以下のように提示している．「品質を大事にしないか，あるいは多くのコストをかけて品質をよくするか，のどちらかである．」Juran (1989)は，コストに関連する品質（ある会社でのパーセント値）を，次の大きな4つのグループに分類した．社内失敗コスト（30％），社外失敗コスト（40％），評価コスト（25％），発見と未然防止コスト（5％）である．彼はまた，これらのパーセントがいかに製品ラインが成熟しているか，あるいは，品質改善にどれほど努力しているかを示す，と指摘した．Juranの言う最適品質レベルのモデルでは，品質とコストは交換可能だということが強調されている．また，「評価や未然防止に関連するコストを増加させると失敗コストは減少する．しかし両者のコストが一致した点で総コストは増加しはじめる」とも述べている．

Cole (1992)は，品質とコストと納期に焦点を当てた優れた基本的パラダイム（理論的枠組）の例を示した．これは，日本の企業をもとにしたものである．表1にその結果を示す．Coleの考え方をいままでの「支払ったから，手に入れられる」という古いパラダイムと比べてみよ．実際には高いコストを払ったからといって，高品質が手に入るとは限らない．実際は，*Consumer Reports* の中で，"best buys" と参照されているように，あるときにはその逆も事実なのである．Coleが引用している日本の6つの達成項目は品質コストモデルからの結論に重要

表1 Coleによる，日本が高品質を達成しうるようになった理由

・低品質であれば，結局それにかかるコストは考えていたより実際には，はるかに高額であるということを理解していたこと．
・会社全体の品質改善に取り組む努力に焦点を当てることがその会社の広範囲にわたる業績を向上させうることを認識していたこと．
・品質の改善と低価格化を同時に指向したシステムを構築していたこと．
・源流において未然防止することに焦点を当てたことにより評価コストを劇的に減少させてきたこと．
・製品そのものの品質改善から仕組みの改善へと変えてきたこと．
・（これらの改善に対して顧客が喜んでその代価を払うとともに）顧客が品質の向上を要求するダイナミックなモデルを発展させてきたこと．

な影響を与えている．特に，品質を改善するのにこれ以上コストをかけてもだめな場合は，思ったより欠陥率が低いときであることを示している．

製品の品質を確立・評価そして判定することは単に定義することよりよほど難しい．非常に高い評価をもつ *Management of Quality* という本の中で，Garvin(1988)は品質についての8つの要素を述べている．それは，性能・特徴・信頼性・適合性・耐久性・サービス可能性・美的価値観そして認知される品質である．エアコンディションを例にとっての研究で，彼は種々の買い手，つまり，顧客，会社の第一の管理者，サービスマンにとってそれぞれの品質の認識に，違いがあることを示した．*Consumer Reports* は，品質をまったく別々にとらえており，どうしてこの認識の違いが生じるか詳しく述べている．

品質は，重要な製品特性，その目標値，仕様を詳しくつくることで達成される．製品が仕様に合致しているかどうかはその設計，開発，製造工程にかかっている．製品と工程に関する情報は，重要な製品特性の測定にもとづく工程能力調査により集められ，その工程の安定性と将来の性能の，予測可能性を示すために管理図が使われる．これらの製品特性はしばしば工程の分布によって，あるいは，もっとずばり工程能力 6σ を用いて決定される．

工程能力指数は，顧客の声と製品や工程の情報を結び付ける無次元の尺度である．Pignatilleo and Ramberg (1993)は，このやり方をレビューし，適切なデータ収集計画と統計的分析および結果の要約の重要性を説いた．無次元のこの指数は品質改善プロジェクトを行うときに用いられる．

トップの経営者は，お金だけを考えていればよいが，現場の従業員はお金と物の製品単価との両方に通じていなければならない．つまり個々の製品単価とその性能の両者である．田口はこの2つの要素を結び付けるのに，

損失関数を使うことを広めた．この関数は，経営上目標とした価値より，製品特性がどれほどずれているかを表現するものである．これらの損失関数は，設計・開発・製造そして納期の階段において製品の内部コストにより決まる．

Juran (1994) は，品質を達成するのに多くの意見の相違が見られるのは，根本的に違う2つの品質の問題点が存在するからだとした．1つは，利益追求型であり，他の1つはコスト追求型である．ユーザー満足度を生み出すのは利益追求型の特性である．またそれらは，新しい顧客を引き付け，さらに，引き止めておくための鍵でもある．コスト追求型の品質の問題点は，負うべき欠陥や故障である．これにより顧客の不満を買い，顧客を失ってしまう．顧客が，製品や，*Consumer Reports* などの出版物を通して生産者の業績などを知るようになるにつれ，コスト追求型の品質の問題点は顧客を魅了したり引き止めたりする力に影響を与える．さらにそれらは，社内的には欠陥や修理に，また，社外的には補償や他の要求されるサービスにお金がかかり，会社の収益に影響を与える．

総合品質

品質という言葉は，伝統的には製造業に，もっとずばりいうなら製造業での製品・工程・職能・設備に関連したものである．しかし，近代の総合品質（total quality）の観点は，工場限定の観点から，売買されようがされまいがすべての製品・商品そしてサービスの範囲まで広げられた．

総合品質の提唱者は，米国の指導者が生産性において重要視してきたテイラーシステムとは異なり，全員が訓練と教育を受けることを主張している．Taylor は，立案と実行とを分ける戦略を打ち出していた．この戦略は，移民の労働者は教育を受けておらず，短い時間で彼らを教育するには，経済的に割に合わないとする考えから引き出された．しかし，いまやわれわれはもっと高度に教育をうけた労働力が入手でき，かつ，この労働力は品質と生産性を改善することのできる，未開発の才能をもっている．総合品質の提唱者は，教育レベルを改善することや，これらの才能を使うだけでなく，継続した教育でさらに改善をするという責任があることを，認識している．さらに，これらの労働者が株主となり，生産性や品質向上において果たす役割が増大することもわかっている．

総合的品質管理

総合的品質管理（TQM）という言葉の起源は，W. Edwards Deming, Joseph J. Juran の研究や，日本企業が品質哲学，概念，方法を実行したことにさかのぼる．Kolesar (1975) は Deming が品質哲学を日本に紹介したことについて述べている．TQM の重要性は，優れた品質によって日本製品が優位に立ち，日本企業の TQM の導入が成功したのが明らかになってはじめて，米国でも深く認識されるようになった．この認識があって，Deming や Juran は進歩的な米国企業や政府の指導者に注目されるようになり，Deming の名は公共テレビ放送の番組を通して米国の学童ですら知るところとなった．

Deming は，TQM 哲学の基本である彼の14ポイントの宣言書（manifesto）と Shewhart/Deming の PDCA サイクルでおそらく最も知られていると思われる．PDCA サイクルはいまは PDSA と呼ばれ，plan（計画を立て），do（実行し），study（研究し），そして act（修正処置をとる）ということを意味し，品質達成のための基本概念である（訳注：PDCA は plan, do, check and act を意味する．日本では PDCA が管理の基本となっている）．Gitrow, Oppenheim and Oppenheim (1995) は，Deming のこの14ポイントについて論議を行い，品質改善を達成するために PDSA 法を採用した．Scherkenbach (1986, 1991) は，表2に示すように，Deming 哲学の中心となる特性をバランスよく見る方法を開発した．たとえば，14ポイントの1つ「無駄の減少」という項目は，「価値を付加する」という概念を加えることでバランスをとらせている．

表2 W. W. Scherkenbach によるデミング哲学の鍵を握る特性

・無駄の減少	・価値を付加すること
・目的の不変	・継続的な改善
・改善	・革新
・チーム	・個人
・長期政策	・短期政策
・インプット	・アウトプット
・設計	・解析
・知識	・アクション

Juran (1989) は，品質を管理するのに工程を管理する必要があるように，経営計画に品質を含むことの重要性を認識した．そして，3つのプロセスを含む財政管理について言及している．その3つとは財政計画（予算を立てること），財政管理（予算があっていることを保証すること），財政改善（所得を増やし，コストを減らす方法）である．これらを品質に適用すれば，"Juran Trilogy" として知られる品質計画・品質管理・品質改善の3点となる．好都合なことに，容易にこの考えを実行できるのは，年配の経営者は財政分野ですでにこのことを理解しているからである．Juran はまた，「これらの工程を遂行するための全員のつながり，品質計画ロードマップ，品質管理と品質改善のプロセス」とも述べている．「役に立たない警報システム」に終わってしまう「慢性的品質浪費」の存在を知ることは，彼の方法論を実行するうえで重要

である.

Senge (1993) は，TQM パラダイムを作り出した．それは，「指導構想」「インフラと理論」「道具と方法」の3つの土台からなるものである（訳注：本内容は次の文献の p.83, p.87 に示されている．Kano, N. and K. Koura (1990) *Development of Quality Control Seen Through Companies Awarded the Deming Prize*; Reports of Statistical Aplication Reserch, JUSE, Vol.37, No.1-2, 1990-91, pp.79-105）．彼によると「指導構想」はビジョンにもとづいている．この「ビジョン」がなければすべてのことは機械的で，ただ流れるだけである．このビジョンや指導構想を宣言するリーダーたちは，またそれを実行しなければならないはずだ．もし，別な風に指導者が決心したなら，仲間や部下がそのことを知ることになるだろう．しかし，リーダーたちのこれらの考え，行動や動きだけでは不十分である．これらの考えを普及させるためには，インフラが必要なのである．目標設定は，十分な討議のうえで，なされなければならない．責任のありかと適切な賞与構造が大事である．最後に理論と道具と方法論が必要である．このインフラは必須で，重要な部分ではある．しかし，それだけでは十分でない．OR/MS は道具や，特定の方法論を志向しているが，限定された視点だということを知っておく必要がある．

表3 品質手法—QC7つ道具と1手法

管理図
チェックシート
ヒストグラム
パレート図
石川の特性要因図
散布図
フローチャート/プロセス図
多変量管理図

表4 品質のマネジメントのための7つ道具

親和図
連関図
系統図法(マトリックス・データ
解析法)
マトリックス図法
PDPC
アローダイアグラム法

(訳注：日本では新QC7つ道具と呼ばれる)

表3と表4にこれらの必須道具を列挙した．これらのTQMの道具は，コミュニケーションを広げるためのもので，それは，工程や製品，組織や人々が聞いたり話したりするのを手助けする．

品質組織への変化

会社でTQMを実行するには，組織の変化が必要となり，「人間」という側面の重要性を認識していないとこの変化はうまくいかない．Scherkenbach (1991) は，この品質の人間的側面を強調して，変化に関する理論を示した．Scherkenbach は，人々の世界観がいかに違うか，また，なぜこのように違う方法で動かされるのかを示した．管理学者やオペレーションズリサーチの研究者の中には，「論理の世界」に住んでいる人もいる．彼らは，論理的行動をもとにして進みたがる．（ところが）多くのトップの経営者や同種の労働者は「現実の世界」に住んでいる．これは政策の，工程の，標準の，そして賞罰の世界なのである．彼らは机上でそれを実行する．さらにセールスマンやマーケティングの専門家や芸術家は「感情の世界」に住んでいる．この世界は「ルーク，力はそなたとともにある」という言葉（訳注：映画「スターウォーズ」より）で象徴される．

Scherkenbach の論点は，ステレオタイプを作り出すためではなく，なぜ議論は1つの世界の中だけでなされるのかをよく理解するために打ち出された．その1つの世界とは，外の世界にいる人には実質的な影響を与えないのである．つまり，われわれが他人と交渉するとき，その人たちはわれわれとは違った力により動かされるかもしれない，と理解することは必須なことである．他人との関係を発展させるためには，彼らの見方を知り，正しい方法で話しかけることが必須である．論理の世界に生きている人々に対する重要な呼びかけとして，Scherkenbach は Schopenhauer の次の言葉を引用している．「誰をも論理では説得できない．論理学者が収入源として論理を使ったときですら説得できない」

Scherkenbach は3つのプロセスの相互関係を通して，「変化」を説明している．その3つの関係とは，各世界観で，また，異なった精神状態や態度で分けられ，すなわち「依存，独立，相互依存」で表される．多くの人は単に「依存」か「独立」かの型だけで動いている．品質変化で重要な点は，その動きを簡単に「相互依存」の型にすることである．

TQMと原理にもとづくマネジメント

われわれの誰もが自分の関与する品質変化のプロセスに対し責任をもっている．Covey (1993) は，品質を変えることを次のようにして始めることを提案している．まず最初は，自分自身に対して行動を起こし，それから，原理にもとづく徹底した次の4つのステップを行う．彼によると，この4つは自分自身・対人関係・経営者・組織のステップである．まず，自分自身のレベルでは，自分たちのビジョンを注意深く打ちたて，人生が何のためにあるのかを見極め，人生上の決定をするときの指針のもとになっている原則を創り出すことが必要だと強調している．次は，このビジョンにしたがって，内面的に確信をもって一貫した態度で行うことが必要である．これは，学んでいる過程なので，すぐに完全に成功すること

を期待すべきではない．Shewhart/DemingのPDSAサイクルを自分たちの仕事の中に組み入れ実行することは，自分自身の仕事の品質を改善するために重要な方法である．次に，われわれが快適になり，自分自身の積極的な意見を生み出せるようになるにつれ，対人レベルへ移行することができる．Coveyは，対人レベルでの品質というものは，他の人々との関係の中で，正しい原則にしたがって生きることを表す，と述べている．ここで，Coveyは銀行口座の例を使い，われわれは感情の銀行口座へ預金をし，またそこから引き出しているとたとえている．この対人レベルでの品質を達成するのには，3つの重要な基本ルールがあると述べている．まず第一に，人と問題を起こしたのなら真っ直ぐにその人の所へいき，説明をすべきである．第二は，ミーティングのやり方に関係する．彼の基本ルールでは，前の人の意見の要点をその人が納得する形で述べ直してから，はじめて自分の意思を主張することを認める．意見の不一致の多くは，誤解によることが多いので，これにより意見の不一致の大半を消減できると彼は述べている．このことにより，潜在的な誤解が速やかに明らかになり，口論やそれ以上の誤解や，感情の銀行口座からの引き出しを避けることができる．さらに，誤解する回数を大いに減らすことができたので，新しい意見の不一致を見たとき，気分的に楽に反対するチャンスが生まれてくる．重要なことはグループの残りが別な行動をともにするとき，この基本ルールを実行し，また，実行し続ける勇気をもてるかどうかということなのである．

最後に，ミスを犯したら「間違っていました」という勇気が必要である．言い訳は無用．その人に謝るのは当然で，それに巻き込まれた他の人にも謝るべきである．経営者レベルでは，品質は雇用者に権限を与えようと企てることを意味する．このようにして，次第に彼らはわれわれを頼らなくなる．彼らは彼ら自身を管理し，われわれはミニ管理者というよりちょっと手助けをするだけになる．権限を与えられるということは自己管理と自己チェックで始まり，そしてそれを自分たちのチームへと広げていく．これらのチームは，工程を立案し，スケジュールを確立し，従業員を割り当て，強い圧力で原則を維持していくのである．彼らはかつては，経営者や専門家に限定されていた仕事もやり遂げる．Juran (1994) はこのシステムがテイラーシステムにとって変わるものということができるという．これは，生産性と品質の停滞状態から，脱却するチャンスを与えるものである．その停滞状態は，全員の労働力が使われていなかったり，Taylorのいう「なぜ立案と実行が分けられているのかを疑問に思わないこと」などに，直接起因するものである．職人は最初から最後まで製品をつくり，次のステップへの影響を認識することができるのである．生産の実行が，個々のコンポーネントレベルに分業化されると，品質を達成するための自分の役割を理解するチャンスがより小さく，減少してくる．

組織レベルでは，その鍵は構造とリーダーシップのスタイルにある．リーダーは社是に沿って動いているか，皆が社是の達成にかかわっていたかが重要である．

TQMとマルコム・ボールドリッヂ賞

マルコム・ボールドリッヂ賞（Malcolm Baldrige Award）のフレームワークは，TQMの取り組みに対する優秀な手引書と会社の習熟度を評価する方法（NIST, 1995）を提供している．そのフレームワークは，中核となる価値の部分と，以下の概念との協力関係を強調している．顧客主導の品質，リーダーシップ，従業員参加と啓蒙，迅速な対応，設計品質と未然防止，将来への長期展望，事実による管理，パートナーシップ，企業責任と市民への奉仕，そして目標の方向付けなどである．

その目標とするところは，ユーザ満足度，競争相手と比較してのユーザ満足度，製品とサービスによって測定される顧客維持とマーケット・シェア増加，生産性改善，ゴミ減量・排除化，供給者能力および財政的成果などである．中核となる価値と概念を導く人がリーダーシップをとる．その概念は商売上の成果とプロセスの体系を通しての顧客尊重とユーザの満足度を導くものである．そのプロセスは，会社の改善要求と顧客の要求を達成するために，4つの「よく定義され，設計された」プロセスからなる．この4つの分類は，情報と分析，戦略的立案，人的資源開発とマネジメント，そしてプロセスマネジメントである．その判断基準は毎年改訂され，米国品質管理学会とNISTによって普及が図られている．

TQMの健全さと地位

Sengeは1993年のASQC年次大会のキーノートアドレスを，TQMについての次のような疑問を投げかけながら「TQM運動の健全さと幸福」というタイトルで始めた．「基本的躍進ができていますか？」この後に続いて，彼はアーサーD.リトル社とマッキンゼー社による調査をまとめ，次のような結論を出した．500の会社を調査して，1/3以下が何も達成していなかった．TQMプログラムの2/3が活動を停止していた．

Sengeは，TQMの失敗と成功の診断を続けた．彼のケース・スタディによれば，大きな失敗の原因はほんの2, 3であるとの結論である．これはJuran Paretoの原則にもその例が出されている．その失敗の3つの大きな原因は，時間と努力との葛藤（それは，計画対自分の仕事ということ），迷える目標（多くのプレッシャーからくるもの），そして従業員の直感力（自分の仕事は危険に瀕している）であった．

TQM が仮に成功したところで，その成功を判断する尺度に重大な問題がある．つまり，多くの例で TQM の指標が改善されても，その会社の健全さ（たとえば，その値段で判断して）はかなり長い時間にわたるにもかかわらず何ら得られていなかった．つまり，TQM は少なくとも 1 人の顧客やその株主によって判断されても，会社の健全さを改善するには至っていなかった．これらの問題の根本原因を報告して，Senge は次のように結論した．大きな理由は，ほとんどの会社は TQM をプログラマティックなものと見たところにある．このような状態で提供され，あるいは実行されても，TQM はきっと D. O. A (Dead on Arrival)（訳注：病院に着いた時点ですでに生命反応の見られないもの，初期不動作の電子回路）のように見える．

　企業の業績評価への TQM の効果を調べ，比較研究が可能である．Jarrell and Easton (1994) は，TQM を採用した会社が長期にわたって実践し，改善を見た例を報告している．この結果は会計や株価など業績で評価したものとも整合している．同様に，分析がより成熟し統合された TQM システムをもつパイロットファームに限れば全体としてより優れた結果が得られている（訳注：わが国においてはデミング賞を受賞した企業と一般の企業との比較として次の文献があげられる．狩野紀昭，田中英明，山我幸男(1983)デミング賞受賞企業にみる TQC 活動とその経済的効果，品質，Vol. 13, pp. 171-179）．

　1990 年 8 月 8 日のビジネスウィークの巻頭に，基本点を制度化することが重要であると強調した TQM の記事が載せられた．その基本点とは次のものである．品質を優先することによるコストを，その見返りと比較すること，何が顧客を引き寄せ，また，離すのかその要素を見極めること，適正なコストでユーザ満足度を改善するための品質努力に焦点を当てること，品質にかけた費用と顧客保持の効果の間の関連性を確立すること，有望な計画案を支持し，また，有望でないものは除去することなどである．

⇒ 品質管理，システムの信頼性．

[John S. Ramberg/鈴木和幸]

参 考 文 献

[1] Business Week (1994), "Quality: How to Make it Pay," August 8, 54–59.
[2] Cole, R.E. (1992), "The Quality Revolution," *Production and Operations Management*, 1, 118–120.
[3] Covey, S. (1993), "An Inside Out Approach to Change and Quality," audio tape, Covey Leadership Center, Provo, Utah.
[4] Crosby, P.B. (1987), "What Are Requirements?" *Quality Progress*, ASQC, August, 47.
[5] Deming, W. Edwards (1986), *Out of the Crisis*, MIT Press, Cambridge, Massachusetts.
[6] Easton, G.S. (1993), "The 1993 State of U.S. Total Quality Management: A Baldrige Examiner's Perspective," *California Management Review*, 35(3), 32–54.
[7] Garvin, D.A. (1988), *Managing Quality*, Free Press, New York.
[8] Gitlow, H., Oppenheim, A. and Oppenheim, R. (1994), *Tools and Methods for the Improvement of Quality*, Irwin, Homewood, Illinois.
[9] Jarrell, S.L. and Easton, G.S. (1994), "An Exploratory Empirical Investigation of the Effects of Total Quality Management on Corporate Performance," *The Practice of Quality Management*, P. Lederer, ed., Harvard Business School Press, Cambridge, Massachusetts.
[10] Juran, J.M. (1989), *Quality Control Handbook*, McGraw-Hill, New York.
[11] Kolesar, P.J. (1994), "What Deming Told the Japanese in 1950," *Quality Management Jl.*, Fall 1994, 9–24.
[12] NIST (National Institute of Standards and Technology) (1995), *The Malcolm Baldridge Award Application Package*, Gaithersburg, Maryland.
[13] Pignatiello, J.J., Jr. and J.S. Ramberg (1993), "Process Capability Studies, Just Say No!" *ASQC Annual Technical Conference Proceedings*.
[14] Ramberg, J.S. (1994), "TQM: Thought Revolution or Trojan Horse?" *OR/MS Today*, 21(4), 18–24.
[15] Scherkenbach, W.W. (1986), *The Deming Route to Quality and Productivity*: *Road Maps and Roadblocks*, ASQC Press and Washington CEE Press.
[16] Scherkenbach, W.W. (1991), *Deming's Road to Continual Improvement*, SPC Press, Knoxville, Tennessee.
[17] Scholtes, P.R. and Hacquebord, H. (1988), "Six Strategies for Beginning the Quality Transformation (Part III)," *Quality Progress*, July, 28–33.
[18] Scholtes, P.R. (1988), *The Team Handbook*: *How to Use Teams to Improve Quality*, Joiner and Associates, Madison, Wisconsin.
[19] Senge, P. (1990), *The Fifth Discipline: The Art and Practice of the Learning Organization*. Doubleday, New York.
[20] Senge, P. (1993), "Quality Management: Current State of the Practice," Keynote Speech at the American Quality Congress.

倉庫問題

warehouse problem

　倉庫は固定容量 C と，販売価格とコストに関する既知の季節変動にもとづくある種の製品の初期ストック s_0 をもつとする．問題は将来の n か月の購入，貯蔵，販売の最適パターンを決定することである．問題は線形計画問題として定式化でき，双対問題は双対解が直ちに決定できる興味深い形をしている．

双対シンプレックス法

dual-simplex method

線形計画問題が与えられたとき，その双対問題を解くことを通じて，もとの問題を解くアルゴリズム．このアルゴリズムは，双対実行可能ではあるが主実行可能ではない解を出発点として，双対実行可能条件を維持しつつ，双対目的関数を逐次改善する方法である．

双対線形計画問題

dual linear-programming problem

線形計画問題と対になる問題．任意の線形計画問題に対して，その双対問題が存在する．たとえば次の形の線形計画問題

最小化 $c^T x$
条件 $Ax \geq b$
$x \geq 0$

に対しては，その双対問題は再び線形計画問題

最小化 $b^T y$
条件 $A^T y \leq c$
$y \geq 0$

となる．このとき，もとの問題を主問題という．双対問題の双対問題は主問題となる．主問題が，等式制約条件 $Ax = b$ と変数の非負条件 $x \geq 0$ の下で $c^T x$ を最小化する問題である場合には，双対問題は条件 $A^T y \leq c$ の下で $b^T y$ を最大化する問題となる．主問題と双対問題の最適解の間には，きわめて強い関係が成立する．⇒ 相補スラック定理，双対定理，対称型主双対問題，非対称型主双対問題．

双対定理

duality theorem

線形計画問題において，主問題と双対問題の間に成立する関係に関する定理．以下にその一例をあげる．もし主問題と双対問題のいずれか一方に有限な最適解が存在するならば，他方にも有限な最適解が存在して，両者の目的関数の最適値は等しい．この結果を用いると，最小化問題の任意の実行可能解の目的関数値は，最大化問題の任意の実行可能解の目的関数値を下回らないことが示される．このことはまた，一方の問題が実行可能で無限解をもつならば，他方の問題は実行不能であることを意味する．主問題と双対問題が，ともに実行不能であるような例も存在する．双対定理のもう1つの形は，次のようなものである．もし両方の問題が実行可能解をもてば，どちらも有限な最適解をもち，両者の最適解での目的関数値は一致する．⇒ 強双対性定理．

相の方法

method of stages

出生死滅型の解析方法を，アーラン分布にしたがうサービス時間と到着間隔をもつ待ち行列システムの解析のために一般化した方法．アーラン型の確率変数は互いに独立で同一の指数分布にしたがう確率変数の和で表されるので，相の方法では，ベースとなる指数確率変数を示すように状態空間を拡張し，その結果導かれた連立方程式を母関数を用いて解く．⇒ 待ち行列理論．

相補スラック定理

complementary slackness theorem

対称型の主問題と双対問題の間には，次の定理が成立する．すなわち，対称型の主問題と双対問題の最適解において，一方の問題の第 k 関係式で不等号が成立しているとき（すなわち第 k スラック変数が正であるとき），双対問題の第 k 変数は 0 となる．また一方の問題の第 k 変数が正の値をとるときには，その双対問題の第 k 式は等式条件を満たす（すなわち対応するスラック変数の値は 0 となる）．主問題と双対問題の実行可能解が与えられたとき，それらが相補スラック条件を満たすならば，最適解となる．同様の定理は，非対称型の主双対問題に対しても成立する．非対称型の主問題と双対問題の最適解において，双対問題の第 k 関係式で不等号が成立するときは，主問題の第 k 変数は 0 となる．また，もし主問題の第 k 変数が正ならば，双対問題の第 k 関係式で不等号が成立する．この定理は，シンプレックス法の最適条件を言い換えたものである．⇒ 相補性条件，相補性問題，対称型主双対問題，非対称型主双対問題．

相補性条件

complementarity condition

2つの非負のベクトルに対して，一方のある成分が正であるときには，他方の対応する成分が 0 でなくてはならないという条件．すなわち，2つの次元ベクトル X と Y に対して，その第 i 成分，x_i, y_i が，$x_i y_i = 0$, $i = 1, \cdots, n$ を満たすとき，X と Y は相補性条件を満足するという．⇒ 相補性問題，相補スラック定理．

相補性問題

Complementarity Problems

定　義

最も基本的な形の線形相補性問題は，与えられた写像 $f: R^n \to R^n$ に対する不等式系

$$x_i \geq 0, \quad f_i(x) \geq 0, \quad x_i f_i(x) = 0 \ (i=1,\cdots,n) \tag{1}$$

を満たすベクトルを求める，という問題である．f が $f(x) = q + Mx$ のようにアフィン的であるとき，問題(1)は〈線形相補性問題〉(linear complementarity problem) と呼ばれ，LCP(q, M) あるいは単に (q, M) と記される．そうでない場合は〈非線形相補性問題〉(nonlinear complementarity problem) と呼ばれ，CP(f) と記される．

$\bar{x}$ が (1) 以外に〈非退化条件〉(degeneracy condition，すなわち $i=1,\cdots,n$ について $\bar{x}_i + f_i(\bar{x}) > 0$) を満たすならば，$\bar{x}_i > 0$ である添字からなる集合と $f_i(\bar{x}) > 0$ である添字からなる集合は $\{i=1,\cdots,n\}$ の相補的な部分集合となる．これが線形，非線形計画法において用いられている〈相補スラック〉(complementary slackness) という用語の由来であると信じられている．さらにこの用語法により〈相補性問題〉(complementarity problem) という名が用いられるようになった．

相補性問題の源問題

相補性問題は，数理計画法の理論において見いだされた，局所最適解の必要条件であるカルーシュ-キューン-タッカー (KKT) 条件と密接に結びついている．この関係は Cottle (1964, 1966)，のちに Cottle and Dantzig (1968) によってもたらされた．元来，相補性問題を研究する1つの動機はこの条件が与えるような方程式の解を求めることであった．もう1つの動機は，双行列 (bimatrix) ゲームや多行列 (polymatrix) ゲームの均衡点を求めることであった．このようなアプリケーションは Howson (1963) や Lemke and Howson (1964) によって強く主張された．早期において大きく寄与したこれらの研究にはさらに，このような形の問題を本質的にはじめて解くアルゴリズムが含まれている．線形，非線形相補性問題のアプリケーションはきわめて多く，計算科学，経済学，様々な工学，ファイナンス，ゲーム理論，そして数学といった分野に存在している．これらのアプリケーションに関する記述や参考文献は，Murty (1988)，Cottle, Pang and Stone (1992)，Isac (1992) の本で見ることができる．

等価な定式化

問題 CP(f) はいくつかの等価な形で定式化することができる．よく見受けるものは，方程式系

$$y - f(x) = 0, \quad x \geq 0, \quad y \geq 0, \quad x^T y = 0 \tag{2}$$

の解とする形である．もう1つは写像

$$g(x) = \min\{x, f(x)\} \tag{3}$$

の零点 x を求める形である．ただしここで $\min\{a, b\}$ は2つの n 次元ベクトルの各添字ごとの最小値からなるベクトルである．もう1つの等価な定式化は写像

$$h(x) = x - g(x)$$

の不動点，すなわち $x = h(x)$ であるようなベクトル $x \in R^n$ を求めるという形である．

(3) で与えられる CP(f) の定式化は（しばしば非凸な）最適化問題

$$\text{最小化} \ x^T f(x)$$
$$\text{条件} \ f(x) \geq 0 \tag{4}$$
$$x \geq 0$$

と関係がある．このような問題では目的関数値は零によって下に有界であり，よって目的関数が $x^T f(x) = 0$ である実行可能解であるならば，CP(f) の解であると同時にこの問題の大域的最小解となっている．たまたまいくつかの状況（たとえば写像 f が単調であるなど）では，数理計画問題 (4) のすべての局所最小解が実は (3) の解になっていることもある．非線形相補性問題に対する非線形計画法の取り組み方については Mangasarian and Solodov (1993) やそこでの参考文献に述べられている．

また，Eaves and Lemke (1981) が区分的線形な写像 $\varphi: R^n \to R^n$ に対する区分的線形な方程式系 $y = \varphi(x)$ を解くことと LCP が等価であることを示したことは注目すべき結果である．いま $i=1,\cdots,n$ について $u_i^+ = \max\{0, u_i\}$，$u_i^- = -\min\{0, u_i\}$ であるとする．特に LCP(q, M) は

$$q + Mu^+ - u^- = 0$$

を満たすベクトル u を求めることに等しい．

線形相補性問題

CP に関する文献も多いが，LCP に関する文献はさらにはるかに多い．このことが LCP に触れる機会を比較的多いものにしていることはまず間違いない．この分野の研究にはいくつかの主要な方向性がある．それは，解の存在性，唯一性（あるいは数），問題の数学的な性質，問題の一般化，アルゴリズム，実施といったものである．

線形相補性問題の理論の多くは様々な面から行列のクラスと強い関係がある．たとえば，早期に Samelson, Thrall and Wesler (1958) が示した解の存在性に関する定理がある．構造力学での問題を端緒として，彼らは行列 M が正の主座小行列式をもつ（すなわち M のすべての主座部分行列の行列式が正である）ことが，LCP(q, M) が任意の q に対して唯一の解をもつための必要十

分条件であることを示した．そのような行列のクラスは **P** として知られるようになり，その構成要素は **P**-行列と呼ばれる（サムエルソン-スロール-ウェスラー定理（Samelson-Thrall-Wesler theorem）が LCP という見地から行列の1つのクラスを特徴付けていることは注目すべきことである）．クラス **P** はすべての正定値（**PD**）行列，すなわちすべての $x \neq 0$ に対して $x^T M x > 0$ であるような正方行列を含む．LCP という文脈からいえば，**PD** という言葉に対称性が含まれている必要はない．同様な定義（あるいは語法）は半正定値（**PSD**）行列に対しても成り立ち，M が **PSD** であるとはすべての x に対して $x^T M x \geq 0$ であることを意味する．このクラスの行列は単調写像と関係があるため，何人かの著者はこれらの行列を〈単調〉(monotone) と呼ぶ．**PSD**-行列は，この行列と結びついた LCP(q, M) すべてについて，それが実行可能であるならば可解であるという性質をもつ．一方，$M \in$ **PD** である LCP(q, M) はすべて実行可能であり，そして（**PD** $\subset$ **PSD** であるので）常に可解である．Murty (1968, 1972) はこの違いをさらに一般の行列の形に対して与えた．彼は LCP(q, M) がすべての q に対して解をもつすべての正方行列のクラスを **Q** と定義し，LCP(q, M) が実行可能であるならば解をもつすべての正方行列のクラスを $\mathbf{Q}_0$ と定義した．**Q** と $\mathbf{Q}_0$ のクラスを有効に特徴づけるという目標はいまだに達成されていないが，それらの特別な部分クラスのいくつかについては多くのことがわかっている．実際，いまでは文字どおり何十もの行列のクラスについて存在定理が示されている．

LCP を解くためのアルゴリズム

線形相補性問題を解くためのアルゴリズムは主として2つの型に分けられる．枢軸（pivoting, あるいは直接）型と反復（iterative, あるいは間接）型である．前者型のアルゴリズムでは問題 (q, M) を有限回の手続きで，等価かつ $q' \geq 0$ である不等式系の問題 (q', M') に変換しようと試みる．このようなことがいつも可能であるとは限らず，可能か否かは問題のデータ，通常は M が属する行列のクラス（**P** や **PSD** など）に依存する．このアプローチが可動な場合，それは方程式系

$$w = q + Mz$$

上で〈主座枢軸変換〉(principal pivotal transformation) を実行することに等しい．1つの主座枢軸変換に対して，主座部分行列 $M_{\alpha\alpha}$ が正則であるような1つの添字集合 α（と相補的な添字集合 $\bar{\alpha} = \{1, \cdots, n\}$）が対応している．この（ブロック枢軸）操作が実行されると，方程式系

$$w_\alpha = q_\alpha + M_{\alpha\alpha} z_\alpha + M_{\alpha\bar{\alpha}} z_{\bar{\alpha}}$$
$$w_{\bar{\alpha}} = q_{\bar{\alpha}} + M_{\bar{\alpha}\alpha} z_\alpha + M_{\bar{\alpha}\bar{\alpha}} z_{\bar{\alpha}}$$

は

$$z_\alpha = q'_\alpha + M'_{\alpha\alpha} w_\alpha + M'_{\alpha\bar{\alpha}} z_{\bar{\alpha}}$$
$$w_{\bar{\alpha}} = q'_{\bar{\alpha}} + M'_{\bar{\alpha}\alpha} w_\alpha + M'_{\bar{\alpha}\bar{\alpha}} z_{\bar{\alpha}}$$

となる．ただしここで，

$q'_\alpha = -M_{\alpha\alpha}^{-1} q_\alpha \quad M'_{\alpha\alpha} = M_{\alpha\alpha}^{-1}$
$M'_{\alpha\bar{\alpha}} = -M_{\alpha\alpha}^{-1} M_{\alpha\bar{\alpha}}$
$q'_{\bar{\alpha}} = q_{\bar{\alpha}} - M_{\bar{\alpha}\alpha} M_{\alpha\alpha}^{-1} q_\alpha \quad M'_{\bar{\alpha}\alpha} = M_{\bar{\alpha}\alpha} M_{\alpha\alpha}^{-1}$
$M'_{\bar{\alpha}\bar{\alpha}} = M_{\bar{\alpha}\bar{\alpha}} - M_{\bar{\alpha}\alpha} M_{\alpha\alpha}^{-1} M_{\alpha\bar{\alpha}}$

である．

LCP を対象とする枢軸アルゴリズムは主に2つある．その中でより堅固なものは Lemke (1965) による解法である．Lemke の解法は LCP(q, M) を「人工的な」非基底（独立）変数 z_0 を加えた問題の中に埋め込む．その際係数は，z_0 が十分に大きければすべての基底変数が非負となるように特別に選ぶ．そのような z_0 の値の中で最も小さい正の値を選ぶならば，値が0である基底変数が少なくとも1つ（非退化の場合はまさに1つ）ある．その変数を z_0 と置き換える．その後この解法は（ほとんど相補的な）簡単な枢軸変換を行う．各場合において，基底になる変数は前回の交換の際に非基底になった変数の相補変数となっている．この方法は z_0 が減少して0になるか（この場合問題は解かれたことになる），あるいは入ってくる非基底変数を増加させることで値が減少する基底変数がないことになって停止する．後者の結果は〈副次的半直線上での停止〉(termination on a secondary ray) と呼ばれる．ある行列のクラスに対しては，副次的半直線上で停止することは与えられた LCP が解をもたないことを意味する．Eaves (1971) はこの見地から Lemke 法を研究した第一人者の1人である．

LCP に対するもう1つの枢軸アルゴリズムは主座枢軸法と呼ばれる（Cottle and Dantzig, 1968；Cottle, Pang and Stone, 1992）．このアルゴリズムには対称版と非対称版の2つのバージョンがある．前者は1次か2次の主座（ブロック）枢軸変換を連続的に行うのに対し，後者はほとんど相補的であり，結果的に2次以上となる可能性のあるブロック主座枢軸変換を連続的に行う．主座枢軸法が適用できる問題のクラスはさらに限られている．Cottle, Pang and Stone (1992) はこの解法に関する最近の動向について述べている．

反復法は大変に大きな線形相補性問題の解を求めるためによく用いられる．このような問題において，行列 M は疎である（すなわち，非零要素の比率が小さい）傾向があり，そしてしばしば何らかの構造をもっている．反復法は問題のデータを変更しないので，大型問題のこれらの特徴を有利に用いることができる．しかしながら通常反復法は有限回では停止しない．その代わりとして求める解に収束する点列を生成する．予測しうることであるが，この解法族を適用できるかどうかは M が属する行列のクラスに依存する．このタイプのいくつかのアル

ゴリズムについての詳細は，Kojima, Megiddo, Noma and Yoshise (1991) の本，同様に Cottle, Pang and Stone (1992) の本の中で述べられている．

いくつかの一般化

線形，非線形相補性問題は様々な方法で一般化されている．早期に行われた一般化の1つは Habetler and Price (1971) と Karmardian (1971) によって行われたもので，閉凸錐 K に含まれており，$f(x) \in K^*$（双対錐）かつ $x^T f(x) = 0$ であるベクトル x を見つける問題を，CP(K, f) と定義した．この定式化を通して相補性問題と変分不等式問題との関係を見いだすことができる．変分不等式問題とは，R^n の非空な部分集合 X について，すべての $y \in X$ に対して $f(x^*)(y-x^*) \geq 0$ であるベクトル $x^* \in X$ を求める問題 VI(K, f) である．Karmardian (1971) は X が閉凸錐であるとき（ここでは双対錐が K^* であるような K としよう），CP(K, f) と VI(K, f) は（もし存在するならば）まったく同じ解をもつことを示した．

Robinson (1979) は上で定義した一般化相補性問題 CP(K, f) を〈一般化方程式〉(generalized equation) の1つの例であると考えた．一般化方程式とは，Ψ_K を閉凸錐 K の定義関数，∂ を凸解析において用いられる劣微分作用素とするとき，

$$0 \in f(x) + \partial \Psi_K(x)$$

であるベクトル $x \in R^n$ を求める問題である．

線形相補性問題の一般化も様々あるが，初出は Samelson, Thrall and Wesler (1958) においてであった．その中で著者たちは，与えられた $n \times n$ 行列 A, B と n 次元ベクトル c に対して

$$Ax + By = c, \quad x \geq 0, \quad y \geq 0, \quad x^T y = 0$$

を満たす n 次元ベクトル x, y を求める問題を考察している．Cottle and Dantzig (1970) は，これとは異なる一般化を導入した．N を k 個のブロックに分割された $\sum_{j=1}^{k} p_j \times n$ の行列であるとする．彼らの一般化問題では，この N を用いたアフィン関数 $f(x) = q + Nx$ を対象としている．q と $f(x)$ が行列 N に相応して分割されているとする．このとき

$$y^j = q^j + N^j x \quad (j = 1, \cdots, k)$$

が成り立っている．この問題は方程式系

$$y = q + Nx, \quad x \geq 0, \quad y \geq 0,$$
$$x_j \prod_{i=1}^{p_j} y_i^j = 0 \quad (j = 1, \cdots, k)$$

の解を求める問題である．この〈垂直一般化〉(vertical generalization) に関するさらなる研究がいくつか行われている一方，何種かの類似した〈水平一般化〉(horizontal generalization) についても研究されている．

⇒ゲーム理論，行列と行列代数，非線形計画法，2次計画法．

[Richard W. Cottle／吉瀬章子]

参考文献

[1] Cottle, R.W. (1964), *Nonlinear Programs with Positively Bounded Jacobians*, Ph.D. Thesis, Department of Mathematics, University of California, Berkeley. [See also, Technical Report ORC 64-12 (RR), Operations Research Center, University of California, Berkeley.]

[2] Cottle, R.W. (1966), "Nonlinear Programs with Positively Bounded Jacobians," *SIAM Jl. Applied Mathematics* 14, 147–158.

[3] Cottle, R.W. and G.B. Dantzig (1968), "Complementary Pivot Theory of Mathematical Programming," *Linear Algebra and its Applications* 1, 103–125.

[4] Cottle, R.W. and G.B. Dantzig (1970), "A Generalization of the Linear Complementarity Problem," *Jl. Combinatorial Theory* 8, 79–90.

[5] Cottle, R.W., J.S. Pang and R.E. Stone (1992), *The Linear Complementarity Problem*, Academic Press, Boston.

[6] Eaves, B.C. (1971), "The Linear Complementarity Problem," *Management Science* 17, 612–634.

[7] Eaves, B.C. and C.E. Lemke (1981), "Equivalence of LCP and PLS," *Mathematics of Operations Research* 6, 475–484.

[8] Habetler, G.J. and A.J. Price (1971), "Existence Theory for Generalized Nonlinear Complementarity Problems," *Jl. Optimization Theory and Applications* 7, 223–239.

[9] Harker, P.T. and J.S. Pang (1990), "Finite-Dimensional Variational Inequality and Nonlinear Complementarity Problems: A Survey of Theory, Algorithms and Applications," *Mathematical Programming, Series B* 48, 161–220.

[10] Howson, J.T., Jr. (1963), *Orthogonality in Linear Systems*, Ph.D. Thesis, Department of Mathematics, Rensselaer Institute of Technology, Troy, New York.

[11] Isac, George (1992), *Complementarity Problems*, Lecture Notes in Mathematics 1528, Springer-Verlag, Berlin.

[12] Karamardian, S. (1971), "Generalized Complementarity Problem," *Jl. Optimization Theory and Applications* 8, 161–168.

[13] Kojima, M., N. Megiddo, T. Noma and A. Yoshise (1991), *A Unified Approach to Interior Point Algorithms for Linear Complementarity Problems*, Lecture Notes in Computer Science 538, Springer-Verlag, Berlin.

[14] Lemke, C.E. (1965), "Bimatrix Equilibrium Points and Mathematical Programming," *Management Science* 11, 681–689.

[15] Lemke, C.E. and J.T. Howson, Jr. (1964), "Equilibrium Points of Bimatrix Games," *SIAM Jl. Applied Mathematics* 12, 413–423.

[16] Murty, K.G. (1968), *On the Number of Solutions*

to the Complementarity Problem and Spanning Properties of Complementary Cones, Ph.D. Thesis, Department of Industrial Engineering and Operations Research, University of California, Berkeley.

[17] Mangasarian, O.L. and M.V. Solodov (1993), "Nonlinear Complementarity as Unconstrained and Constrained Minimization," *Mathematical Programming, Series B* 62, 277–297.

[18] Murty, K.G. (1972), "On the Number of Solutions to the Complementarity Problem and Spanning Properties of Complementary Cones," *Linear Algebra and Its Applications* 5, 65–108.

[19] Murty, K.G. (1988), *Linear Complementarity, Linear and Nonlinear Programming*, Heldermann-Verlag, Berlin.

[20] Robinson, S.M. (1979), "Generalized Equations and Their Solutions, Part I: Basic Theory," *Mathematical Programming, Study* 10, 128–141.

[21] Samelson, H., R.M. Thrall and O. Wesler (1958), "A Partition Theorem for Euclidean n-Space," *Proceedings American Mathematical Society* 9, 805–807.

総余裕

total float

プロジェクト (project) の所要時間に影響することなく，プロジェクトの作業時間の遅れがどれだけ許されるかを表す量のこと．総余裕時間は1つの経路の中の1つの作業に対してのみ用いられる．スケジュール時間がいろいろな作業を開始し，終了するために特定化されていないならば，総余裕時間は最遅開始時間と最早開始時間との差あるいは最遅終了時間と最早終了時間との差として計算される．総余裕時間は正，負，0となりうる．⇒ネットワーク計画．

疎行列

sparse matrix

要素がほとんど0であるような行列のこと．⇒密度，超疎性．

組織体

Organization

はじめに

組織についての研究は，2つの領域にわたっている．ここで，〈組織理論〉 (organization theory) は，組織の構造，行動，有効性を説明し，理解するための実証的科学である．一方，組織設計は，有効性や効率を向上させるため，より優れた設計を提唱する規範的科学である．組織理論は，組織を理解し，説明しようとする．〈組織設計〉は，組織を創造し，構築する．

組織化の行動は，記録の残っている最も初期の時代の歴史においてさえ，明らかに行われている．古代中国は，高度に組織化された社会であった．そこでは，労働の専門化の下での能力主義が行われていた．ローマ帝国，特にローマ軍は，効率的に設計されていた．現代の組織は，われわれの文明にとって重要な部分であり，その理解は，現代の生活にとって重要である．組織は，時代に即しているとともに，時代を超越しているばかりでなく，その研究は，ほんの2，3例をあげても，経営科学，政治学，経済学，社会学，経営学，軍事学における基礎である．組織の研究は，学際的であり，全ての社会科学の中心である．

経営科学が，組織についてのわれわれの理解にもたらした重要な洞察は，その基本的な動作原理が情報処理であるということである．ラフなアナロジーをすれば，神経システムは，血液（エネルギーの担体）あるいは骨格（構造）よりもずっと多くの情報を伝達しているのであり，神経システムは，現代生活における組織理解の重要な基盤となる．数百年に及ぶ組織についての研究があるにもかかわらず，情報処理体 (information processor) としての組織という洞察は，20世紀の，しかもその後半の洞察である．情報を欠いた組織の研究は，神経システムを無視した人体の研究に似ている．研究をすることはできても，多くを欠いていたり，無視していたりする．

ここでは，組織の研究に関する経営科学やオペレーションズ・リサーチの貢献を中心とする．また，組織の比較的公式的な記述や定義を与える．ついで，経営科学的理論，モデル，方法について考察する．これらは，組織の理解や設計に関するわれわれの能力を啓発する助けとなる．最後に，組織に対する代替的アプローチと将来の課題を簡潔に述べる．全体として，経営科学的文献を参考文献として掲げるが，これらの文献は，課題を専門的に究明するための糸口である．

情報処理体としての組織

組織とは何か．定義は多い．すべての定義には，ある共通の要素がある．組織とは，その目的を達成するよう調整されなくてはならない個人（および機械）で構成される創造された社会的主体である．March and Simon (1959) は，現代の組織研究の初期の最も影響を及ぼしたと思われる書で，以下のように記述している (p. 4)．

> ここでは，もし文字どおりに，あるいは厳密に受けとめないとするならば，生物学的なアナロジーをしてもよいであろう．組織は，相互作用する人間の集合であり，社会における最も大規模な集合である．この集合は，中枢の調整システムに似たものをもつ．

ここで，これらの調整システムが，高等な生物的有機体の中枢神経システム程には発達していないことを認めよう．すわなち，組織は，サルよりもミミズに似ている．それにもかかわらず，組織内の構造や調整の高度な規定性は，(組織間や組織化されていない個人間の拡散的で変動的な関係と対比すると) 個々の組織を，生物学における個々の有機体とその重要性において類似する社会学的な単体として，区分している．

　MarchとSimonの組織は，態度，価値，および目標を吟味し，意思決定者と問題解決者 (組織化の原理とされていた権限，責任，および統制の範囲にかわる新しい用語) についての命題を新たに構築した．かれらは，組織化について考察する新しい基礎を与えた．すなわち，限定的合理性の原理である (p. 140-1)．

　　人間のほとんどの意思決定は，個人の意思決定であれ組織の意思決定であれ，満足できる代替案の発見と選択にかかわるものである．例外的な場合にのみ，最適な代替案の発見と選択にかかわるのである．

これは，明確に定義された環境で最適な決定を行う合理的経済人との対比となっている．情報処理モデルは，調整を達成するために情報を処理するという組織の有効なメタファーである．

・情報を感受し，すなわち世界を観察し，
・情報を貯蔵し，すなわち事実やプログラムを記憶し，
・情報を伝達し，すなわちメンバー間でコミュニケートし，
・情報を転換する．すなわち決定を行う．

これらの事柄は，組織の動作原理的課業である．情報処理は，選択すること，意思決定すること，および問題解決することを含んでいる．その基礎的なレベルでは，組織の動作原理はシンボルの操作である．人間であれ機械であれ，組織は，組織にとって利用可能な不完全情報により，最適ではない決定を行うのであり，限定的な意味でのみ，合理的である．

　意思決定の調整とその実施は，基本的な問題である．組織についてのチーム理論 (team theory) のモデル (Marschak and Radner, 1972) は，不確実性 (uncertainty, 自然の真の状態についての不確実性と，他のチームメンバーの情報と決定についての不確実性との両方の不確実性) の下で複数の決定を行わなくてはならない多人数組織についての明確な数学的モデルである．より優れた予測と，コミュニケーションとその決定規則導出における利用は，不確実性のレベルを減少させるとともに，一層最適に近い決定を実現させる．チーム理論のモデルは，情報を明確に取り入れている．すなわち，感受すること，貯蔵すること，伝達すること，および計算することである．最良の情報スキーム，すなわち組織設計は，ほぼ最適に調整された行為から得られる報酬と組織化の費用とをバランスさせる問題である．

　造船問題 (ship builder's problem) は，驚くほど単純であるが，基本的な問題である (p. 132)．

　　ある企業に2人の販売管理者がいるとし，それぞれの管理者は，その企業の製品につき，別々の市場を担当しているとする．その企業は2つの製造設備をもっているとする．1つは，低コストの生産設備であり，他方は，コスト高の設備で，予備として利用されている設備である．この後者の設備は，賃金が割高な別の工場とか，同じ工場でも「残業」時間における使用とかと考えることができる．便宜的に単純化したケースは，2つのドック (新しいものと古くて効率の劣るもの) と2つの市場 (「東」と「西」) をもつ造船会社で示すことができる．各販売管理者は，その市場での出荷価格を示される．2つの市場それぞれでの価格は，2状態変数である (すなわち，市場価格は，事前に既知の確率で，高価格か低価格かである)．2つの決定変数があり，そのおのおのは2つの値のうちの1つをとる．すなわち，注文を受注するか，受注しないかのいずれかである．

感受することと伝達することについて，9種類の組織設計がある．各ケースについて，報酬の期待値を最大化する決定規則がある．以下に，その設計のうちの4つを示す．

1) 市場の情報を，収集せず，伝達しない．
2) 両方の市場価格を観察し，本社に伝達する．
3) 各市場価格を観察し，注文を受注するか，しないかの決定を行う．
4) 1つの市場における市場価格を入手し，本社に送付するが，他方の市場については，これらを行わない．

　最良の設計は，より優れた情報で得られる報酬と，観察，伝達，選択の費用とに依存する．観察の費用がかさめばかさむほど，観察は行われなくなる．伝達の費用がかさめばかさむほど，組織は分権化される．決定規則は，利用可能な情報に依存している．

　情報処理は，核心的な問題である．March and Simonは，限定合理性 (boundedly rational) をもつ個人にもとづいた展開を行い，組織の意味を明らかにした．Marschak and Radnarは，チームにおいて，限定的な情報の利用，すなわち適切な人のための適切な時点での情報が不完全情報であるために合理性が限定される，完全合理性をもつ複数の個人を議論している．

　組織設計 (organizational design) に直接的に着目すると，Galbraith (1974) は，管理者の主要な課業は，情報処理によって不確実性を削減することであると断定的に推察している．

　　基本的な命題は，課業の不確実性が大きければ大

きいほど，課業遂行時の意思決定において処理されなくてはならない情報の量は多くなるというものである．(p.28)

Galbraith (p.29) は，March and Simon にもとづいて，意思決定者間のより優れた調整を達成するための3つの機構を示した．

1) 規則ないしはプログラムによる調整： 操作的な規則は，"if-then"という形式で記述することができる．たとえば，もし在庫量が4個よりも少ないならば，10個発注せよと記述することができる．プログラムは，多数の規則からなる構成体である．

2) 階層： さらに不確実性が高くて，規則がないときには，例外や新しい状況は，その解決のため，上位階層に報告されることになる（これは，規則そのものである．もし (if) 不確実性が大で，何をなすべきかについての規則がないならば (then)，その問題について，上位階層に解決を求めよ）．

3) 目標や目的による調整： ここでは，規則はほとんど規定されないであろうが，望ましい目標や目的は記述できる．部分目標が，意思決定の単体間の調整を行うために設定される．

これらの組織設計代替案に加えて，Galbraith (p.30) は，4つの情報処理戦略（information processing strategy）を示している．はじめの2つは，情報処理の必要性を削減する代替案である．その第1は，余裕資源の創造であり，たとえば，課業に過剰に人員を配置することである．その第2は，自己充足的な単体の創造であり，小規模な準独立の単体を設定することである．さらに，情報処理能力を拡充する代替案があり，たとえば，MIS のような垂直的情報システムへの投資と，たとえば，マトリックス組織のような水平的な関係の創造である．

Baligh (1990) は，意思決定規則（decision rule）の代数的表現を用いることによってシステム化する設計のプロセスを新たに構築した．彼は，組織構造を意思決定規則によって連結された人々の集合で定義している．これらは，（もしAならば，Bの要素の中から1つを選択（実行）せよ）という形式を要素とする写像である．ここで，Aは状況を表現しており，Bは可能な決定の集合を表現している．各規則には，制定者の集合と利用者の集合とがある．個々の規則とその規則の集合は，多くの個々の構造を記述しており，以上で述べたすべてを包含している．決定規則は，必要とする情報を明らかにしており，設計の決定は，決定規則のもたらす報酬と，必要とする情報の費用とを考慮しなくてはならない．

個別的な組織設計の代替案が示されており，その妥当性は，不確実性に対処する活動を調整するのに必要な情報にもとづいて，理論的に説明されている．

経営科学によるその他の貢献

経営科学的アプローチの主要な特色は，誰が何をするのか，誰が誰に伝えるのか，および誰がどのような状況でどのような行為をするのか，すなわち，認識，貯蔵，伝達，計算について，明確な組織モデルの作成を行ってきたことにある．経営科学的アプローチは，実世界を説明する実証科学と効率的な組織を明らかにする規範的科学とを含んでいる．すべてのモデルは，組織の明確な情報モデルである．この項では，このような経営科学的アプローチについて，簡潔に概要を示すこととする．

R. F. Drenick (1986) による数学的組織理論（mathematical organization theory）は，その「組織的慣行によって生じる悪化の状態」に由来している．企業はなぜ管理が下手なのか．われわれの理解を改善することはできないのか．彼の動機はオペレーションズリサーチにとって基本的なものである．つまり，慣行に着目し，厳密な数学や論理的推論を通じて理解をするというものである．彼は，Simon のいう組織化についての簡潔な限定的合理性，「人間には，その知識，予見，技能，時間に限りがあるという理由で，組織が人間の目的達成の有効な装置となっている」を出発点としている．Drenick は，(非)効率，過誤，変化に対する抵抗や忠誠心という個人の特性を数学的に厳密に定式化した．Drenick は，その経験に動機付けられて，経営者の仕事の負荷を削減する代替的戦略，すなわち限られた時間で情報を処理する代替的戦略に注目した．分権化（decentralization）が，経営者の仕事の負荷を削減すること，業績における信頼性を向上させること，個人的情報を有効に活用させることを，その厳密な定義のもとで証明した．Drenick は，この設計，すなわち組織設計を常に更新されたものとする方法について考察し，締めくくっている．

エージェンシー理論（agency theory）は，広く存在するプリンシパル-エージェント問題を数学的に扱うまた別のアプローチである．エージェントは，プリンシパルの代理で活動する．エージェント-プリンシパルの例は多い．ほとんどの従業員-雇用者契約，投資家-ポートフォリオ管理者，監査人-株主，依頼人-弁護士，すでに述べた造船問題におけるエージェントなどは，ほんの数例にすぎない．プリンシパルは，エージェントを，その労力，専門性，知識や特定の情報を得るために雇う．この状況は，エージェントがプリンシパルの利用できない情報をもつという非対称な状況である．通常，エージェントはリスクを嫌うのに対して，プリンシパルはリスクに関して中立であると想定されている．つまり，エージェントは，0ドルか2ドルかの50/50の賭けよりは，1ドル得る方を選ぶであろうが，プリンシパルは，2つの選択肢に関して無差別である．主要な課題は，プリンシパルとエージェントとの間で，リスク分有の契約を結ぶ方法である．

つまり，プリンシパルが，たとえエージェントのリスクに関する選好を既知であるとしても，エージェントのもつ個別の情報を監視できない状況の下で，プリンシパルが，自分の代理を忠実に務めるようにエージェントと契約を結ぶ方法である．先にあげた例では，販売担当者は，船舶の販売成約ができる場合でも，その注文を断るべきであろうかということである．その販売成約を断ることは，会社の利益を最大化することにはなるが，販売担当者の手数料を最大化することにはならない．この販売担当者は，販売手数料をもらう代わりに会社の利益の分配にあずかるべきであろうか．企業の従業員は，その業務が不確実である場合，その従業員が懸命に働く誘因は何であろうか．また，投資家の報酬を最大にするポートフォリオ管理者の誘因は何であろうか．分析的なモデルは，高度に複雑である．つまり，不確実性下で，エージェントの効用を制約条件とし，プリンシパルの効用を最大化するモデルである．1つの組織設計問題は，リスクに中立的な企業において，リスクを嫌う従業員による革新をいかにして奨励するかである．Eisenhardt (1989) は，優れたレビューを行っており，組織の研究に対する適用について，詳しく探求している．

シミュレーションは，組織を研究するための補完的な方法である．シミュレーションモデルは，しばしば複雑であるが，数学的に定式化されておらず，このため，解析的に閉じた形式の解をもたらすわけではない．シミュレーションは，この意味で，複雑な現象について，仮定を不適切なほど単純化する必要なく研究することのできるきわめて有効なアプローチである．シミュレーションモデルは，通常，組織を1つの情報を処理する課業として明確にモデル化している．

Cohen, March and Olsen (1972) は，組織のごみ箱モデル (garbage can model，ごくひかえめにいっても，好奇心をそそる隠喩であるが）を新たに構築した．彼らは，また，組織（ここでは，教育機関）の選択，ないしは意思決定の方法を観察することから取り組んだ．彼らの発見事項は，データを収集し，問題を定義し，代替案を列挙し，最良のものを選択し，実施するという通常の科学的方法とは，まったく対照的な過程であるというものであった．むしろ，組織はごみ箱であり，問題を求めている選択肢，公表の場を探し求めている懸案や問題意識，懸案を求めている解決策，仕事を求めている意思決定者からなる雑然とした集合である．彼らは，これらの観察結果を，明確なコンピュータシミュレーションモデルに翻訳し，数々の観察結果を検証し，説明することができた．このような組織，ないしは超限定的合理性が一体物事をなしうるのであろうか．驚くべきことに，なしうるのである．1つの結論は，「重要な問題は，重要でない問題に比較して解決される傾向にある」(p. 10) とい

うものである．その大部分は再確認となっている．つまり，このような組織は，機能しており，きわめて有効である．情報は非常に複雑に利用されている．彼らのシミュレーションモデルは，これらの非常に複雑な組織の過程を説明し，理解するよう工夫されている．

Burton and Obel (1984) は，階層的で分権的な組織を，分割型線形計画法 (decomposed linear programming) を用いて定式化した．事業部は本社に局所的な計画情報を送り，本社はこれらの計画を評価して，制約のある資源の費用について，改訂した指針を事業部に送る．現実の計画システムを複製するためには，計画実施に先立って，非常に少ない反復回数しか許容されない．ここでの研究の課題は，情報と意思決定のシステムである組織の設計が不確実性の下で，最良の成果をもたらすことに集約される．実証的な結果は，WilliamsonのM型組織についての仮説を検証している．すなわち，事業部制組織は，職能的組織に比較して，優れた業績をもたらすとするものである．そのほかに，弱連結と強連結の技術や計画作成における歴史的な情報の価値に関する最良の設計について，シミュレーションが行われた．彼らは，強連結のシステムは，比較的多くの情報処理を必要とすることを発見した．さらに，将来の計画作成に対する歴史的情報の価値は，課業の不確実性と計画作成過程の選択に依存することを発見した．

これらの数学的計算機シミュレーションは，機会主義 (opportunism) の重要性を研究するための実験室的経験 (Burton and Obel, 1988) を行うことができるよう改訂された．ここで，機会主義とは，個人がその状況を改善するために，他人や組織全体としての犠牲をもたらす誤った情報を用いるかということである．実際のところ，機会主義的に行動する人々もいるが，エージェンシー理論の仮説とは対照的に，利他的に行動する人々もいる．これらのシミュレーションと実験室的研究は，組織設計における基礎的な仮説を究明するための統制された実験である．

将来の課題

これまでに述べた経営科学的な情報処理視座は，将来の基礎をなすものとなっている．すなわち，結局，情報処理は組織が行っていることの根幹をなしている．Huber and McDaniel (1986) は，補完的な視座を提案している．それにもかかわらず，このほかのアプローチや現実界をみるレンズ，あるいは記述の枠組みがある．Scott (1992) は，組織理論に対する社会学的なアプローチについて，きわめて包括的で明快な興味深いレビューを行っている．それは，実証科学的研究のレビューであり，組織設計については暗黙的にしか考察していない．

Daft and Lewin (1990) は，*Organization Science* を

新たに出版するにあたって，啓発的な問題を提起している．「組織の研究という領域は，不適切なのであろうか」．産業界や行政府における読者はどこにいるのであろうか．彼らは，続けて，組織の研究は，通常科学の拘束服から脱出しなくてはならないとする．多様な情報源や多元的な視座からの知識は，組織の複雑性を踏まえると，奨励されるべきである．ただ1つの方法やアプローチが真の理解をもたらすことはない．多元的な視点が必要である．組織設計は，少なくとも，文化，意思決定，情報処理，CEO の価値やスタイルに関する組織的過程を含んでいる．彼らは，科学的探求の厳密さを維持し，多元的な視座やアプローチを受け入れるという，組織の研究における新しい時代への挑戦で締めくくっている．発刊間もないが，Organization Science は，この挑戦に応えている．

このほかの新しい興味深いアプローチに，MacKenzie (1991) のホログラム (horogram) を用いた組織の記述がある．Carley and Prietula (1993) は，シミュレーションアプローチを，演繹的で分析的なモデル化と実態にもとづく経験的研究を補完するものとして，一層包括範囲の広いコンピュテーショナル組織理論へと発展させている．コンピュテーショナル組織理論は，やはり情報処理の視座にもとづいている．Carley et al. (1992) は，SOAR モデルを一般化している．SOAR モデルは，問題空間における目標駆動型の探索行動をシミュレートしている．SOAR は，意思決定サイクルの連鎖にもとづいて行動し，その意思決定サイクルは，一時記憶，if-then のプロダクションルールからなる不変記憶，選好についての記憶からなる．課業は，複数のエージェントで，倉庫にある指示された部品を探し出すことである．Baligh, Burton and Obel (1990) は，組織の診断や設計のための組織理論の知識ベース (krowledge base) をもつエキスパートシステム (expert system) を構築した．彼らは，また，組織ベースを開発するために，情報処理を理論的基礎としている．

ここでは，組織の研究における情報処理（すなわち，組織の神経システムや脳の機能）の視点に注目した．この視点は，基礎的なレベルにある．しかし，組織の研究は，Management Science，Organization Science やその他のものにあるような多様な視座を必要としている．進化する科学の常として，Daft and Lewin (1993) は，現代社会における組織形態の理解と管理を支援することのできる新しい諸理論を求めている．

⇒意思決定，経済学，階層的生産計画，OR/MS における情報システムとデータベース設計，マーケティング．

[Richard M. Burton, Børge Obel/太田敏澄]

参 考 文 献

[1] Baligh, H.H. (1990), "Decision Rule Theory and Its Use in the Analysis of the Organization's Performance," *Organization Science*, 1, 360–374.
[2] Baligh, H.H., R.M. Burton and B. Obel (1990), "Devising Expert Systems in Organization Theory: The Organizational Consultant," in *Organization, Management, and Expert Systems: Models of Automated Reasoning*, M. Mascuch, ed., Walter de Gruyter, Berlin.
[3] Burton, R.M. and B. Obel (1984), *Designing Efficient Organizations: Modelling and Experimentation*, North-Holland, Amsterdam.
[4] Burton, R.M. and B. Obel (1988), "Opportunism, Incentives and the M-form Hypothesis," *Jl. Economic Behavior and Organization*, 10, 99–119.
[5] Carley, K., J. Kjaer-Hasen, A. Newell and M. Prietula (1992), "Plural-Soar: A Proglegomenon to Artificial Agents and Organization Behavior," in *Artificial Intelligence in Organization and Management Theory*, M. Masuch and M. Waglien, eds., North-Holland, New York.
[6] Carley, K.M. and M.J. Prietula, eds. (1993), *Computational Organization Theory*, Lawrence Erlbaum Associates, Hinsdale, New Jersey.
[7] Cohen, M.D., J.G. March and P.J. Olsen (1972), "A Garbage Can Model of Organizational Choice," *Administrative Science Qtly.*, 17, 1–25.
[8] Daft, R.L. and A.Y. Lewin (1990), "Can Organization Studies Begin to Break out of the Normal Science Straitjacket? An Editorial Essay," *Organization Science*, 1, 1–9.
[9] Daft, R.L. and A.Y. Lewin (1993), "Where Are the Theories for the 'New' Organizational Forms? An Editorial Essay," *Organization Science*, 4.
[10] Drenick, R.F. (1986), *A Mathematical Organization Theory*, North-Holland, New York.
[11] Eisenhardt, K.M. (1989), "Agency Theory: An Assessment and Review," *Academy Management Review*, 14(1), 57–74.
[12] Galbraith, J.R. (1974), "Organizational Design: An Information Processing View," *Interfaces*, 4, 28–36.
[13] Huber, G.P. and R.R. McDaniel (1986), "The Decision-making Paradigm of Organizational Design," *Management Science*, 32, 572–589.
[14] MacKenzie, K.D. (1991), *The Organizational Hologram: The Effective Management of Organizational Change*, Kluwer Academic, Norwell, Massachusetts.
[15] March, J.G. and H.A. Simon (1958), *Organizations*, John Wiley, New York.
[16] Marschak, J. and R. Radner (1972), *Economic Theory of Teams*, Yale University Press, New Haven, Connecticut.
[17] Scott, W.R. (1992), *Organizations: Rational, Natural, and Open Systems*, Prentice-Hall, Englewood Cliffs, New Jersey.

ソフトシステムズメソドロジィ
soft systems methodology（SSM）

SSMは関係する参加者のあいだで組織の変化についての討議を促進するためのシステム的考え方を使った問題構造化手法の1つである．いくつかのシステムを最も基本的な用語で記述する方法（基本定義）が開発されている，それぞれのシステムを特定の世界の価値観（世界観）から見ることも，関心をもっている分野から見ることもできる．各基本定義に対して，「概念モデル」はこの基本定義で記述したシステムが機能するのに必要な最小の活動群（そして相互関係）から構成されている．好ましい方向への変化や文化として受け入れられる変化が生じるように討議を体系的にするための基本として，概念モデルと参加者が認識している現状との差異を用いる．
⇒ コミュニティのOR，問題構造化法．

た

大域的解
global solution

全実行可能領域上で最適な解.

大域的最大値（最小値）
global maximum (minimum)

最適化問題において，実行可能領域における目的関数の最大（最小）値．⇒ 局（所最）大点，局（所最）小点，最大値，最小値，非線形計画法，2次計画法．

大域平衡方程式
global balance equations

マルコフ連鎖（待ち行列問題に典型的に現れるような）の個々の状態について，その状態への推移率あるいは推移確率と，その状態から別な状態への推移率あるいは推移確率が平衡するとして得られる定常状態に関する方程式．$\pi Q = 0$ のように書かれる．⇒ 待ち行列ネットワーク，待ち行列理論．

退　化
degeneracy

線形計画問題で，ある基底解の基底変数の中の少なくとも1つ以上が0となる状況．問題が退化しているときには，実行可能解が構成する凸集合の1つの端点に，複数の実行可能基底が対応する可能性がある．この結果，単体法は目的関数がまったく改善されない基底列を移動する可能性がある．滅多にないことではあるが，アルゴリズムは同一の基底列を巡回して，最適解に収束しないこともある．巡回防止ルール，摂動法，そして辞書式技法を用いれば，これを防止することができるが，これらを採用すると計算量が増加する．⇒ ブランドの巡回防止ルール，線形計画法，シンプレックス法．

退化した解
degenerate solution

基底変数のいくつかがゼロの値をとる基底解．⇒ 退化．

退化していない実行可能基底解
nondegenerate basic feasible solution

線形計画問題の実行可能基底解の中で，基底変数のすべてが厳密に正の値をとるもの．⇒ 実行可能基底解，退化，退化した解．

大規模システム
Large-Scale Systems

OR/MSにおいて，大規模システムは，その規模や情報内容のために既存の問題解決技術の能力が試されるような問題のモデル化および最適化の手法に関連している．そのような問題を分類する絶対的な基準が存在するわけではない．与えられたいかなる計算環境においても，問題解決の費用効果は，問題に含まれるデータの次元や総量に依存している．問題が大規模化するにしたがい，費用は増加し，効率は低下する．ハードウェアの物理的限界やソフトウェアの数値割当ての限界に達する以前でさえ，問題解決環境の効率性が許容しがたいものになるかもしれない．計算時間，数値精度，必要とするメモリやその他の計算資源などの，関連するパフォーマンス尺度のいずれかを改善する試みが，大規模システムの論点における主題である．より大規模な問題をより効率的に解くことは，オペレーションズリサーチのあらゆる専門分野においても同様に明白な目標なので，この分野のその他の領域に対して，自ずと関連をもち，必然的に重複する部分がある．

大規模システムに対する既知のすべての手法は，問題および既知の解法のアルゴリズム両方に見られる様々な構造上の性質を利用する計算技術の設計と見なすことができる．そのような特殊な性質は，〈ミクロ構造〉(micro-structure) もしくは，〈マクロ構造〉(macro-structure) のいずれかと見ることができる．ミクロ構造は，問題の変数と制約式の順序の置換に対して無関係な性質である．制約式の係数が疎な場合がある．マクロ構造はそれらの順序に依存している．例としては，緩い連結システム，または動的なシステムのブロック構造がある．

問題のミクロ構造の利用
現実のシステムのモデル化において，問題が大きくなればなるほど，変数間の相互作用は小さくなる傾向があ

る．もしも，おのおのの変数が全体の小さな部分集合内でしか結合していなければ，結果において制約式は疎となるだろう．存在しない相互作用の表現式を消去する技術によって，必要な保持すべきデータの量を顕著に減少させることができる．たとえば，1万個の変数と1万本の制約をもつ線形計画問題は，10^8個の係数をもつ可能性がある．仮に，1つの変数が平均的に10本の制約に現れるとすると，非零の係数は10^5個でしかなく，これは密度が0.1％であることを意味する．数値解析における疎行列手法は，この点において大きな成功を収めてきた．さらに，非零係数がずっと小さな，特定の値による共通の供給源に由来することもある．この特徴は，〈超疎性〉(supersparsity)と呼ばれ，データをより効率的に保持することを可能にする．大型で複雑なモデルは，通常，多様なパラメータ集合上で問題の論理を繰り返し適用することにより系統だって生成される．このことが，余分な変数や制約を定式化してしまうことがある．たとえば，流入量と流出量が等しい場合に冗長な制約を生む流量均衡式の例や，上限と下限が一致する場合は，変数が固定されてしまう例などがある．そのような冗長性を見いだし，取り除くことによって問題を簡略化する手法は〈前処理〉(preprocessing)と呼ばれる手続きに含まれている．この方法により問題の次元が10から50％にまで減少することも珍しいことではない．

アルゴリズムのミクロ構造の利用

アルゴリズムにおいては，マイクロプロセッサレベルにおける高度な計算機アーキテクチャが適用できるステップをもつものもある．たとえば，シンプレックス法(simplex method)における内積の計算のベクトル化である．まったく異なる成果としては，内点法において必要とされる反復回数が相対的に小さい点があげられる．問題の規模に対して反復回数は徐々にしか増加しないので，これは大規模システムの最適化に意図せずして役立つアルゴリズムのミクロ構造である．この項目に分類されるその他の有望な手法としては，確率的最適化(stochastic optimization)においてサンプリングの技術を用いたものがある．

問題のマクロ構造の利用

ほとんどの大規模システムは相互連関した部分システムからなる．例としては，半自律的な事業部の活動を本社が調整する複数事業部制企業，隣接時点間のみつながりをもつ動的システムの段階的モデル，どの時点もすべての継続期間と連関をもつ資本投資モデルあるいは財務計画モデル，などがある．上記の例を線形計画問題によりモデル化すると，それぞれ〈ブロック対角〉(block-angular)構造，〈階段状〉(staircase)構造，〈ブロック

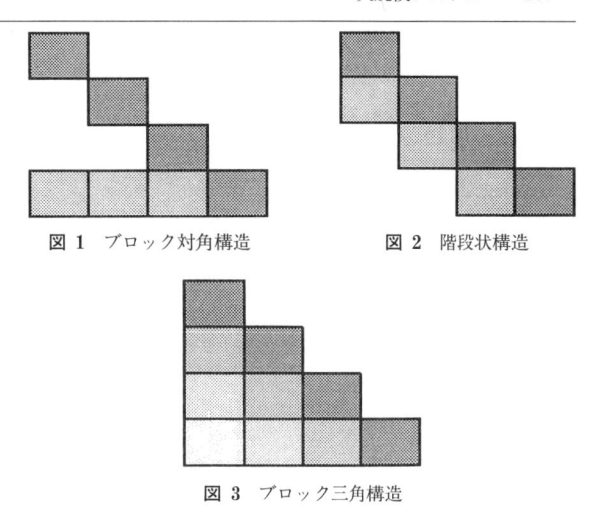

図1　ブロック対角構造　　図2　階段状構造

図3　ブロック三角構造

三角〉(block-triangular)構造をもつ問題が生成される(図1, 2, 3を参照)．このほかの変種や組合せも可能である．このような構造を利用する2つの主要な手法として，〈分解〉(decomposition)と〈因子化〉(factorization)がある．分解は問題を独立に解くことが可能な一連の小さな部分問題に変形するアルゴリズムによっている．部分問題を調整し全体の解へ進めていくための様々な枠組みが考案されている．多くのアルゴリズムは，この手法の厳密な枠組を与えたダンツィク-ウォルフの分解原理(Danzig-Wolfe decomposition principle)に由来している．因子化は，問題の構造を利用するために既存のアルゴリズムを調整したものである．シンプレックス法では，各段階における基底行列の表現はブロックに分割され個別に更新される．分割と分解のいささか混乱した外観のもと，何年にもわたって提案されてきたすべてのシンプレックス法にもとづく技術が，実際には，因子化の手法の特殊なクラスであることが明らかにされている．

アルゴリズムのマクロ構造の利用

分解および因子化は，独立な部分問題の解決を含むので，どちらも並列計算や分配計算の自然な候補である．後者については，様々なアーキテクチャのマルチプロセッサコンピュータによって，同時に解くことが可能である．特に，複合命令複合データ型(multiple-instruction-multiple-date: MIMD)計算機のクラスに向いている．これは，本質的には，独立に指示を実行できるプロセッサのネットワークであり，相対的に中規模でかつ経済的な構成要素から，莫大な処理能力を引き出す効率的な手法の代表的なものである．1つのプロセッサを，アルゴリズムの手続きの調整役としてプログラムできる．その他のプロセッサのそれぞれが，部分問題に割り当てられ，調整用プロセスと通信を行うようプログラムされる．全体として得られる効率は，使用しているプロセッサの

数によって上限が決まるので，この手法の意図は，プロセッサの能力を根本的に高めるというよりは，あるアルゴリズムの潜在能力のすべてを実現することである．しかしながら，マルチプロセッサ計算機は将来有望と見なされているので，大規模システムの欠かすことのできない側面となるだろう．

現　状

線形計画問題および混合整数計画問題は，大規模システムの最適化において，主要な焦点であり続ける．新しい計算機アーキテクチャは，プロセッサの能力とメモリの容量が向上し続けており，アルゴリズム開発の経験的なアプローチを可能にしている．大規模問題計算機実験は，改良のためのアイデアを特定し，試験し，微調整を行う，実行可能な戦略となった．これは，主として問題とアルゴリズムのミクロ構造を利用したシンプレックス法と内点法の商業的な実装において，特に成功している．数万本の制約式と数百万個の変数をもつ問題がワークステーション程度の計算機で解くことが可能である．分解と因子化のマクロ技術に関する過去の実験は，現在の技術の進歩に対して，利点となっていない．結果は，まだ決着がつかないか，もしくは将来有望とはいえない．特に進歩したハードウェアを用いた複合的な枠組上での，将来の研究は，大規模非線形最適化，整数計画問題，確率的最適化への重要な貢献となるだろう．
⇒ 組合せ/整数最適化，ダンツィク-ウォルフの分解算法，密度，線形計画法，非線形計画法，並列計算，超疎性． [James K. Ho/鈴木賢一]

参　考　文　献

[1] Lasdon, L.S. (1970), *Optimization Theory for Large Systems*, Macmillan, New York.
[2] Dantzig, G.B., M.A.H. Dempster and M.J. Kallio, eds. (1981), "Large-Scale Linear Programming," IIASA CP-81-S1, Laxenburg, Austria.
[3] Ho, J.K. (1987), "Recent advances in the decomposition approach to linear programming," *Mathematical Programming Study* 31, 119–128.
[4] Eckstein, J. (1993), "Large-Scale Parallel Computing, Optimization and Operations Research: A Survey," *ORSA Computer Science Technical Section Newsletter*, 14, Fall.
[5] Nemhauser, G.L. (1994), "The Age of Optimization: Solving Large-Scale Real-World Problems," *Operations Research* 42, 5–13.

退去過程

departure process

通常，待ち行列サービスセンターから退去する客の退去時点列をいう．もっと一般的には，退去過程とは確率点過程，あるいはマーク付き点過程のことである．後者の場合のマークは退去流ならびに客が退去するサービスセンターやノードの状況を表している．たとえば，M/G/1待ち行列システムからの退去を示すマーク付き点過程$(\mathbf{X}^d, \mathbf{T}^d)$では，$\mathbf{T}^d$を退去時点，$\mathbf{X}^d$を退去直後時点における待ち行列長であるとすると，これはマルコフ連鎖をなす．⇒ マルコフ連鎖，マルコフ過程，待ち行列理論．

ダイクストラの算法

Dijkstra's algorithm

ネットワーク上の，最短路を求めるためのアルゴリズム．このアルゴリズムは，ノードにラベルを付ける貪欲解法である．ここではノードiとノードjの間の距離c_{ij}はすべて非負であることを仮定する．ラベルは2つの成分$\{d(i), p\}$からなる．ここで$d(i)$は，流入ノードsからノードiまでの最短距離の上界を与えるもので，一方のpは最短路上でノードiの直前に位置するノードを表す．ノードsから，他のすべてのノードへの最短路を求めるアルゴリズムのステップは，以下のとおりである．

ステップ1． 各ノードiに，sから最短路の長さの上昇値を表す数値$d(i)$を付与する．このとき仮中間ノードとしては，ラベルの付いたノードだけを使用するものとする．初期設定としては，$d(s)=0$，$i\neq s$に対しては$d(i)=\infty$とする．yを最後にラベルのついたノードとする．ノードsにラベル$\{0,-\}$を付与し$y=s$とする．

ステップ2． ラベルの付いていないすべてのノードiに対して，以下のとおり$d(i)$を再定義する．
$d(i) = \min\{d(i), d(y)+c_{yi}\}$. もしくはラベルの付いていないすべての$i$に対して，$d(i)=(\infty)$となっていれば，$s$からラベルの付いていないノードへの経路は存在しないので終了する．そうでないときには，ラベルの付いていないノードで，$d(i)$が最小のものにラベルを付ける．ラベルのもう一方の成分pとしては，$d(i)$を決定するにあたって用いたアークの始点を選ぶ．$y=i$とする．

ステップ3． すべてのノードにラベルが付いたら終了する．このとき，sからiへのユニークなラベル$\{d(i), p\}$の経路が，sからすべてのノードへの最短経路となる．それ以外の場合は，ステップ2.に戻る．⇒ 貪欲解法，最小費用ネットワークフロー問題，ネットワーク最適化，配送経路問題．

対称型主双対問題

symmetric primal-dual problems

次のような主線形計画問題とその双対問題をいう．
主線形計画問題

最小化 $c^T x$
条件 $Ax \geqq b$
$x \geqq 0$

双対問題
最大化 $b^T y$
条件 $A^T y \leqq c$
$y \geqq 0$

⇒強双対性定理，非対称型主双対問題．

対称型ゼロ和2人ゲーム
symmetric zero-sum two-person game

歪対称型利得行列を有する，ゼロ和2人ゲーム（zero-sum two-person game）のこと．1人のプレーヤーの失う額は，もう1人の獲得する額に等しい（ゼロ和）．このようなゲームは値0のゲームであって，2人のプレーヤーの最適戦略は同じになる．⇒歪対称行列，ゲーム理論．

対称行列
symmetric matrix

対称行列 $A=(a_{ij})$ は $a_{ij}=a_{ji}$ のとき，すなわち，$A=A^T$ のときに対称という．⇒行列と行列代数．

対称ネットワーク
symmetric network

主要な有効性尺度がサービス時間分布の影響を受けないような，追加的な特性を有する準可逆頂点からなる待ち行列ネットワークのこと．⇒待ち行列ネットワーク，待ち行列理論．

対話型最適化
interactive optimization

人間と機械の間の相互作用を含む解決方法．

楕円体法
ellipsoid algorithm

線形計画問題に対する最初の多項式オーダーのアルゴリズム．楕円体アルゴリズムは，もともとShor, Yudin, Nemirovskyの3人によって，凸計画問題の解法として提案されたものである．しかし，この方法を線形計画法にあてはめると，多項式オーダーの解法が得られることを最初に示したのは，Khachianである．楕円体アルゴリズムは，線形不等式系の実行可能解を求める方法が基本となっている．この方法は，（実行可能解がある場合には）それを内部に含み，次第に体積が減少する楕円体の系列を生成する．もしこの楕円体列の中心点が線形不等式系の実行可能解となっていれば，アルゴリズムは終了する．そうでないときには，ある一定の（多項式）反復のあとに楕円体の体積が小さくなりすぎて，実行可能解を含むことができなくなる．この結果，不等式系には解が存在しないことが示される．不等式系の解を求めるためのこの方法を，線形計画問題に対する多項式オーダーの解法につなげるためには，線形計画問題の最適性の条件，すなわち主実行可能条件，双対実行可能条件と主目的関数値と双対目的関数値が等しくなるという条件を，線形不等式として書き直せばよい．この結果は，理論的にはきわめて重要なものであるが，計算上の性能は劣悪なため，この方法の実用的価値はほとんどないと思われる．

多項式階層
polynomial hierarchy

いろいろな計算複雑度（computational complexity）の階級を表すのに用いられる一般的用語．⇒計算複雑度．

多項式有界アルゴリズム
polynomially bounded (-time) algorithm (polynomial algorithm)

問題に対する解を求めるのに必要なステップ数が問題のデータの多項式関数によって有界であることが示されるようなアルゴリズムのこと．⇒計算複雑度，指数オーダー（時間）アルゴリズム．

多次元輸送問題
multidimensional transportation problem

商品のタイプを表す第3のインデックスのある輸送問題．ここでは，I個のソース，J個のシンクとK種の商品があるものとする．第iソースから第jシンクにk商品をx_{ijk}単位だけ送るものとする．これらの変数に対応する制約は，1次のバランス方程式で，目的関数は1次式で表される．これは多品種ネットワークフロー問題の一種である．通常の輸送問題の場合と違って，入力データが整数であっても，最適解は整数値であるとは限らない．インデックスが3つ以上の問題を定義することも可能である．⇒輸送問題．

多重プライシング
multiple pricing

線形計画問題をシンプレックス法で解く際に，基底に

取り入れる変数の候補として，5つ程度のベクトルを選ぶと計算上の効率が高まる．これらの候補列としては，被約費用の絶対値が大きなものを選び，実際に基底に取り入れるベクトルとしては，目的関数値の変化を最大とするものを選択する．それ以後の反復では，候補列の中で被約費用の符号が適当なもの（最大化のときは正，最小化のときは負）だけを考慮するのである．この候補ベクトルのすべてが基底に取り入れられるが，適当な符号のものがなくなったら，新しい候補列を決定し直す．⇒ 部分価格付け，シンプレックス法．

多属性効用理論
Multi Attribute Utility Theory

職業の選択，購入する自動車の選択，あるいは公共問題における教育・健康・防犯などへの予算配分などの決定問題を考えてみよう．これらの問題は，決定での選択肢が複数の属性に影響を与えるという共通の特徴を共有している．したがって，各選択肢の魅力は，その代替案の各属性に関する魅力度とその属性の相対的重要性の両者に依存する．多属性効用理論（MAUT）は，多属性をもつ選択肢の相対的魅力を定量化するのに有用な理論である．

以下の議論では次のような表記を用いる．

X_i　i 番目の属性に関する結果（スコア，結果）の集合
x_i　X_i の中のある一つの特定の結果
X　$X_1 \times X_2 \times \cdots \times X_n$（デカルト積，Cartesian product）
u_i　X_i 上に定義された一属性効用関数で $u_i : X_i \to \mathbb{R}$
u　X 上に定義された属性効用関数で $u : X \to \mathbb{R}$
$\gtrsim$　より選好されるあるいは無差別である

決定者は，効用関数 u を用いて利用可能な選択肢の中から選択を行う．多属性効用理論における主要な関心事は，u をどのように取り扱うかにある．具体的には，たとえば，単純な多項式への分解のための条件に関するもの，そのアセスメントの方法に関するもの，その評価が完全な精度で u を評価することなしに u に関して十分な情報を得る方法に関するものなどの話題がある．

理論の最も基本的な概念は，X 上に定義された選好関係（preference relation）$\gtrsim$ である．Luce et al. (1965) と Fishburn (1968) は，以下の条件を満たす効用関数 u の存在を保証するために決定者の選好関係が満たすべき条件を明らかにしている．

$$(x_1, \cdots, x_n) \gtrsim (y_1, \cdots, y_n), \quad x_i, y_i \in X_i, i=1, \cdots, n$$

であれば，またそのときに限り

$$u(x_1, \cdots, x_n) \geq u(y_1, \cdots, y_n) \qquad (1)$$

多属性効用関数 u をさらに単純な形に分解するためには，付加的な条件が必要となる．多属性をもった選択肢を評価するための最も普通のアプローチは，加法的表現を用いることである．簡単のために，$i=1$ から n までの各属性に関して，最も望ましい結果 x_i^* と最も望ましくない結果 x_i^0 が存在すると仮定しよう．加法的な表現では，結果 $(x_1, x_2, \cdots, x_n)$ に対して実数値 u が

$$u(x_1, x_2, \cdots, x_n) = \sum_{i=1}^{n} w_i u_i(x_i) \qquad (2)$$

の形で割り当てられる．ここで，$\{u_i\}$ は，各 $i=1$ から n に対して，$u_i(x_i^*)=1, u_i(x_i^0)=0$ となるように正規化された，属性 X_i 上で定義された効用関数である．また，$\{w_i\}$ は，属性 i の相対的重要性を反映する正の定数で，$\sum_{i=1}^{n} w_i = 1$ を満たす．

われわれの関心が単に利用可能な代替案に順番を付けることだけにあるなら，加法形 (2) での本質的な条件は〈相互選好独立〉（mutual preferential independence）の条件である．そのとき得られる効用関数は，〈序数価値関数〉（ordinal value function）と呼ばれる．X_i と X_j の間のトレードオフ（補完の程度）がすべての他の属性から独立しているとき，属性 X_i と X_j は選好独立（preferentially independent）であるという．すべてのペア X_i と X_j に対して選好独立性が成立するとき，相互選好独立と呼ばれる．本質的に，相互選好独立性が成り立つと，どんな1組の属性に対する無差別曲線（indifference curve）も，残りの属性をどのように固定しても影響を受けない．Debreu (1962), Luce and Tukey (1964) と Gorman (1968) は加法的な形式 (2) を得るための公理系を与え分析している．

順序付けだけでなく，2つの代替案間の選好の強さをも取り扱おうとするならば，追加条件が必要となる．そのとき得られる効用関数は〈尺度的価値関数〉（measurable value function）と呼ばれるが，その代替案間の選好の違いを順序付けるときに用いることができる．

加法的な尺度の価値関数が存在するための基本的条件は，〈差独立〉（difference independence, Dyer and Sarin, 1979）である．この条件は，1つの属性のみの値が異なる2つの代替案の選好の差は，他の属性がどのような共通の値をとろうともその値には依存しないことを主張するものである．

最後に，最も研究が行われている分野は，代替案の結果が X 上の確率分布で特徴付けられる危険（リスク）下の決定の場合であろう．X 上のすべての単純確率分布の集合を，$\tilde{X}$ と書くことにする．さらに任意の $p \in \tilde{X}$ に対して p と同一視できる代替案が存在すると仮定し，これを危険代替案と呼ぶ．$p \in \tilde{X}$ の結果は，結果 $x^1, \cdots, x^l$ に対しそれぞれ確率 $p_1, p_2, \cdots, p_l$ を割り当てるくじ（lottery）で表現できる．危険代替案 $p, q \in \tilde{X}$ の選択に関して，von Neumann and Morgenstern (1947) は，X 上の決定者のもつ選好関係 $\gtrsim$ の満たすべき条件を明らかにしているが，そのもとでは，

$p \gtrsim q$
であれば，またそのときに限り

$$\sum_{x \in X} p(x) u(x) \geq \sum_{x \in X} q(x) u(x) \quad (3)$$

が成り立つ．

これまでの議論で，同じシンボル u を使って序数価値関数，尺度的価値関数，そしていまのノイマン-モルゲンシュテルン効用関数を表していることで混乱するかもしれない．しかし，状況によりその解釈は明白なはずである．

多属性効用理論の応用に関する研究の多くのものが，ノイマン-モルゲンシュテルン型の効用関数が，加法形(2)に分解されるケースを扱っている．Fishburn (1965) は，効用関数が加法形に分解されるための必要十分条件を導いている．加法形に分解できるための本質的条件は，限界条件とも呼べる性質で，これはどんなくじ $p \in \tilde{X}$ に対する選好も，X_i 上の周辺確率分布にのみ依存し，同時確率分布には依存しないことを意味する．したがって，加法性をもつためには，下の2つのくじは，無差別にならなくてはならない．

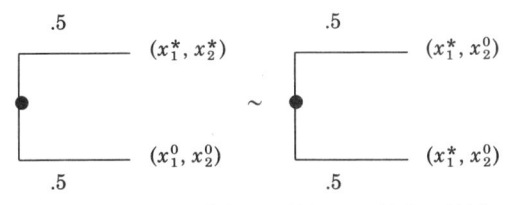

どちらのくじでも，各属性に関して，最良の結果が生じる確率と最悪の結果が生じる確率が同一であることに注意すべきである．しかし，決定者が2つの属性で最悪の結果である (x_1^0, x_2^0) が0.5の確率で生じるのを好まないならば，彼は左より右のくじを好むかもしれない．

(2)で現れる単一属性効用関数 $\{u_i\}$ を評価しようとする場合には，全体の効用が，序数価値関数，尺度的価値関数，あるいは，ノイマン-モルゲンシュテルン型効用関数を表現しているのかどうかに依存して異なる方法が必要となる．Keeney and Raiffa (1976) は多属性の序数価値関数および多属性のノイマン-モルゲンシュテルン型効用関数を評価する方法を論議している．Dyer and Sarin (1979) と von Winterfeldt and Edwards (1986) は，尺度的価値関数の評価について考察している．

加法形(2)のほかに，効用関数が相乗的になるケースも様々な具体的状況でしばしば生じる．相乗的表現では，結果 $(x_1, x_2, \cdots, x_n)$ に対し実数値 u が

$$1 + k u(x_1, \cdots, x_n) = \left[\prod_{i=1}^{n} [1 + k k_i u_i(x_i)] \right] \quad (4)$$

で割り当てられる．ここで，$\{u_i\}$ はゼロから1までの値に正規化された1属性 X_i 上で定義される効用関数で，$\{k_i\}$ は正のスケーリング定数，k は $k > -1$ を満たすスケーリング定数である．

$$1 + k = \prod_{i=1}^{n} [(1 + k k_i)]$$

u が尺度的価値関数ならば，相互選好独立と〈弱差独立〉(weak difference independence) を仮定すると(4)が成立する．ある属性が他の属性から弱差独立であるとは，その属性のレベルのペア間の選好の違いが，他のいずれの属性の固定されたレベルに依存しないことを意味する．したがって，X_i の要素 x_i, y_i, w_i, z_i に対して x_i と y_i との選好の違いと，w_i, z_i との選好の違いの順序は，他の属性が最も望ましいレベルかあるいは最悪のレベルに固定されれば，不変のままである．

(3)の形のくじをランク付けるために効用関数が用いられるときには，相乗的な表現(4)を得るためには，Keeney (1969) によって導入された〈効用独立〉条件が必要となる．ある属性上のくじに対する決定者の選好が残りの属性の固定されたレベルに依存しないとき，その属性は他の属性から効用独立であるという．相互選好独立と1つの属性が他の属性から効用独立であることは，効用が相乗形(4)あるいは加法形(2)で表現できるために十分条件である．(4)で $k=0$ かあるいは $\sum_{i=1}^{n} k_i = 1$ とすれば加法形が得られる．Keeney and Raiffa (1976) は，効用関数 (utility function) が加法形や相乗形になるための方法を議論している．その文献の中で，効用関数がより複雑な非加法的な形に分解されるための，ほかの種類の独立性条件も研究されている．これらの一般的な条件は，Farquhar (1977) を参照されたい．

効用や，重要性の重み，確率が不完全にしかわからない場合には，Fishburn (1964) と Sarin (1975) のアプローチを用いて代替案の部分的なランキングを得ることができる．

多属性効用理論の重要な特徴は，決定者の選好に関して意味のある条件を明らかにすることである．これらの条件が満たされるならば，多属性効用関数は単純な部分に分解することができる．複雑な価値の問題（目的関数）を処理可能な部分に分解しようというアプローチは，決定分析・政策分析の中で重要な役割を演じている．広い意味で，多属性効用理論は，選好すなわち価値の測定を行おうとする理論である．様々な有用な公理が，価値の測定を行うために提案されてきた．物理的な測定（たとえば，長さ）では，測定の方法は昔からよく知られており，測定に関する理論が新しい方法を提案するということはほとんどなかった．しかし，価値の測定では，理論の直接の結果としていくつかの新しい方法が開発されてきた．この意味で，多属性効用理論は，実にめざましい成果を上げてきたといってもよいであろう．

⇒ 決定分析，効用理論．　[Rakesh K. Sarin／木嶋恭一]

参考文献

[1] Debreu, G. (1960). "Topological Methods in Cardinal Utility Theory," in *Mathematical Methods in the Social Sciences*. Stanford University Press, Stanford, California, 16–26.
[2] Dyer, J.S. and R.K. Sarin (1979). "Measurable Multiattribute Value Functions," *Operations Research*, 27, 810–822.
[3] Farquhar, P.H. (1977). "A Survey of Multiattribute Utility Theory and Applications," *TIMS Stud. Management Science*, 6, 59–89.
[4] Fishburn, P.C. (1964). *Decision and Value Theory*. Wiley, New York.
[5] Fishburn, P.C. (1965a). "Independence in Utility Theory with Whole Product Sets," *Operations Research*, 13, 28–45.
[6] Fishburn, P.C. (1965b). "Utility Theory," *Management Science*, 14, 335–378.
[7] Gorman, W.M. (1968). "Symposium on Aggregation: The Structure of Utility Functions," *Rev. Econ. Stud.*, 35, 367–390.
[8] Keeney, R.L. (1969). *Multidimensional Utility Functions: Theory, Assessment, and Applications*. Technical Report No. 43, Operations Research Center, M.I.T., Cambridge, Massachusetts.
[9] Keeney, R.L. and H. Raiffa (1976). *Decisions with Multiple Objectives: Preferences and Value Tradeoffs*. Wiley, New York.
[10] Luce, R.D and J.W. Tukey (1964). "Simultaneous Conjoint Measurement: A New Type of Fundamental Measurement," *J. Math Psychol.*, 1, 1–27.
[11] Luce, R.D., R.R. Bush and E. Galantor (1965). *Handbook of Mathematical Psychology*, Vol. 3. Wiley, New York.
[12] Sarin, R.K. (1975). "Interactive Procedures for Evaluation of Multi-Attributed Alternatives." Working Paper 232, Western Management Science Institute, University of California, Los Angeles.
[13] von Neumann, J. and O. Morgenstern (1947). *Theory of Games and Economic Behavior*, Princeton University Press, New Jersey.
[14] Edwards, W. and D. von Winterfeldt (1986). *Decision Analysis and Behavioral Research*. Cambridge University Press, Cambridge, England.

多段階在庫システム

multi-echelon inventory systems

個々の在庫問題が多段階に重なったもの．⇒ 在庫モデル．

多段階ロジスティック・システム

multi-echelon logistics systems

個々のロジスティック問題が多段階に積み重なったもの．⇒ ロジスティクス．

タッカー・タブロー

Tucker tableau

主問題 (primal problem) と双対問題 (dual problem) の両者をタブローを用いて表現するという，線形計画問題の縮小シンプレックスタブローのこと．

妥当性の検証

validation

数学モデルの出力が実世界の問題に現実的にどれだけ一致しているかということを決定するための過程．妥当性の検証で2つの鍵となる側面は，表面妥当性 (face validity) と予想妥当性 (predictive validity) である．表面妥当性は，その仮定の試験，論理的に一致するモデルのデータを調べたり，実世界で知識のある専門家による結果の批評にもとづいている．予想妥当性は，モデル構築に用いない事象に対するモデルの予想を試験することにもとづいている．⇒ 正当性の検証，モデルの正当性の検証，妥当性の検証およびテスト．

多品種ネットワークフロー

Multicommodity Network Flows

はじめに

多品種最小費用ネットワークフロー問題 (multicommodity minimal cost network flow problem) はネットワーク $[V, E]$ 上の分布の問題として表現することができる．ここで V は n 個のノードの集合であり，V は m 個のアークの集合である．決定変数 x_{jk} はアーク j を流れる品種 k の流量を表しており，品種 k のすべてのアークの流量のベクトルは $\boldsymbol{x}^k = [x^{1k}, \cdots, x^{mk}]$ で表される．アーク j を通る品種 k の単位当たりの費用は c^{jk} で表され，すべてのアークについてのこの費用はベクトル $\boldsymbol{c}^k = [c^{1k}, \cdots, c^{mk}]$ で表される．アーク j の容量は b^j で表され，すべてのアークの容量はベクトル $\boldsymbol{b} = [b^1, \cdots, b^m]$ で表される．数学的には，この多品種最小ネットワークフロー問題は次のように定義される．

最小化 $\sum_k \boldsymbol{c}^k \boldsymbol{x}^k$

条件 $A\boldsymbol{x}^k = \boldsymbol{r}^k, \quad k = 1, \cdots, K$
$\sum_k \boldsymbol{x}^k \leq \boldsymbol{b}$
$0 \leq \boldsymbol{x}^k \leq \boldsymbol{u}^k, \quad k = 1, \cdots, K$

ここで K は品種の数を表しており，A はネットワーク $[V, E]$ のノード-アーク間の接続行列である．また，$\boldsymbol{r}^k$ は品種 k の必要量のベクトルであり，$\boldsymbol{u}^k$ は決定変数 $\boldsymbol{x}^k$ の上限である．

多品種ネットワークフロー問題は数多くの応用と，こ

れらの問題によって示される興味深いネットワーク構造のゆえに広く研究されている（Ahuja et al., 1993；Ali et al., 1984；Assad 1978；Kennington, 1978）．多品種モデルは都市交通システム（Chen and Meyer, 1988；LeBlanc, 1973；Potts and Oliver, 1972），通信システム（LeBlanc, 1973；Naniwada, 1969）を含む計画研究のために提案されている．スケジューリング（scheduling）やルーティングの問題を解くためのモデルも Bellmore, Bellington, and Lubore (1971) や Swoveland (1971) によって提案されている．望ましい人種の構成割合を達成するように生徒を割り当てる問題を解くための多品種モデルも Clark and Surkis (1968) によって提案されている．多品種モデルはそのほかにも，戦時の死傷者の撤兵の問題，穀物輸送の問題，米空軍の航空機のルーティングの問題に用いられている．これらの応用については Ali et al. (1984) を参照のこと．

解　法

多品種ネットワーク問題を解く特別なテクニックを開発するのに用いられる2つの基本的な手法は〈分解〉（decomposition）と〈分割〉（partitioning）である．分解法はさらに価格主導（price-directive）と資源主導（resource-directive）に特徴づけられる．価格主導分解法は親問題といくつかの子問題の間の調整を，それらの子問題の目的関数（価格）を変化させることによって管理する．目的はすべての子問題の解を結合したものがもとの問題の最適解となるような価格（双対変数）の集合を得ることである．資源主導分解法（Held et al., 1974；Kennington and Shalaby, 1977）は，K 品種の多品種フロー問題に適用されるときアーク容量をおのおのの品種に分配し，K 個の子問題を解くことで，連結した問題の最適フローを求めようとするものである．各反復で容量の割当てを行い K 個の1品種ネットワークフロー問題を解く．1つのアークのすべての品種に割り当てられた容量の和はもとの問題のそのアークの容量に等しい．したがって子問題の解を結合したフローは親問題の実行可能なフローになっている．その後，最適性をテストしこの過程を終了するか，新しい容量の割当を行うかする．分割法はシンプレックス法の特別なものであり，そこでは，現在の基底解がその特別な構造を活用するために分割される．これらの解法のテクニックは主シンプレックス法，双対シンプレックス法，主双対シンプレックス法の特別な例である．Hartman and Lasdon (1972) と Graves and McBride の論文は主シンプレックス法のテクニックについてであり，一方 Grigoriadis and White (1972) の研究は双対シンプレックス法のテクニックについてである．これらのテクニックについての広範な議論は Ahuja et al. (1993) と Kennington and Helgason (1980) を参照のこと．

何人かの研究者が最近，多品種フロー問題に対する新しいアルゴリズムを提案した．Gersht and Shulman (1987), Barnhart (1993), Farvolden and Powell (1990), Farvolden et al. (1993) はいずれも多品種モデルの新しいアプローチを提示している．並列最適化も多品種ネットワークの解法に適用されている．Pinar and Zenios (1990) はペナルティー関数を用いた多品種モデルの並列分解法のアルゴリズムを示している．Shetty and Muthukrishnan (1990) は資源主導の分解法に適用できる並列射影法を提示している．Chen and Meyer (1988) は交通流の割当て問題で生ずる非線形の多品種フロー問題を品種に独立な1品種ネットワークの部分問題に分割している．多品種フロー問題を解く困難さは決定変数が整数のとき，爆発的に増加する．この整数の問題に対してはほんの少しの文献しかない（Evans, 1978; Evans and Jarvis, 1978）．

多品種フローモデルを含むいくつかの計算結果が以下の文献に報告された．Ali et al. (1980) では，価格主導の分解法（PPD）資源主導の分解法（RDD），そして主分割法（PP）の計算機実験が示されている．彼らは主分割法と価格主導の分解法がほぼ同じだけの計算時間がかかること，それに対して，資源志向の分解法がそれらのほぼ半分の計算時間ですむことを発見している．最適解への収束性は PPD と PP では保証されている．一方 RDD では収束性の問題がある．Ali et al. (1984) は多品種フロー問題を解くため主分割アルゴリズムと一般の線形計画法のコードとの計算時間の比較を示している．あるテスト問題では，彼らは，主分割法はその一般の線形計画法のコードに比べてほぼ半分の計算時間ですむことを発見している．Farvolden et al. (1993) はあるクラスの多品種ネットワーク問題に対して主分割法のコード（PPLP）を用いて大変有望な計算結果を示している．それらの問題に対して，PPLP は MINOS よりも2桁ほど速く，OB1 よりも50倍速いことを彼らは発見している．

線形，非線形，そして整数多品種モデルはスケジューリング，ルーティング，交通，通信の分野で数多くの重要な応用がある．現実の世界での多品種モデルは大変大規模であることが多く，そのためそれらのモデルを解くためのより速く，効率のよいアルゴリズムが必要である．⇒大規模システム，線形計画法，ロジスティクス，最小費用ネットワークフロー問題，ネットワーク，輸送問題．

[Bala Shetty／鈴木敦夫]

参 考 文 献

[1] Ahuja, R.K., T.L. Magnanti, and J.B. Orlin (1993), *Network Flows: Theory, Algorithms, and Applications*, Prentice Hall, New Jersey.

[2] Ali, A., R. Helgason., J. Kennington, and H. Lall (1980), "Computational Comparison Among Three Multicommodity Network Flow Algorithms," *Operations Research*, 28, 995-1000.

[3] Ali, A., D. Barnett, K. Farhangian, J. Kennington, B. McCarl, B. Patty, B. Shetty, and P. Wong (1984), "Multicommodity Network Flow Problems: Applications and Computations," *IIE Transactions*, 16, 127-134.

[4] Assad, A.A. (1978), "Multicommodity Network Flows – A Survey," *Networks*, 8, 37-91.

[5] Barnhart, C. (1993), "Dual Ascent Methods for Large-Scale Multicommodity Flow Problems," *Naval Research Logistics*, 40, 305-324.

[6] Bellmore, M., G. Bennington, and S. Lubore (1971), "A Multivehicle Tanker Scheduling Problem," *Trans. Sci.*, 5, 36-47.

[7] Chen, R. and R. Meyer (1988), "Parallel Optimization for Traffic Assignment," *Math. Programming*, 42, 347-345.

[8] S. Clark and J. Surkis (1968), "An Operations Research Approach to Racial Desegregation of School Systems," *Socio-Econ. Plan. Sci.*, 1, 259-272.

[9] Evans, J. (1978), "The Simplex Method for Integral Multicommodity Networks," *Naval Research Logistics*, 25, 31-38.

[10] Evans, J. and J. Jarvis (1978), "Network Topology and Integral Multicommodity Flow Problems," *Networks*, 8, 107-120.

[11] Farvolden, J.M. and W.B. Powell (1990), "A Primal Partitioning Solution for Multicommodity Network Flow Problems," Working Paper 90-04, Department of Industrial Engineering, University of Toronto, Toronto, Canada.

[12] Farvolden, J.M., W.B. Powell, and I.J. Lustig (1993), "A Primal Partitioning Solution for the Arc-Chain Formulation of a Multicommodity Network Flow Problem," *Operations Research*, 41, 669-693 (1993).

[13] Gersht, A. and A. Shulman (1987), "A New Algorithm for the Solution of the Minimum Cost Multicommodity Flow Problem," Proceedings of the IEEE Conference on Decision and Control, 26, 748-758.

[14] Graves, G.W. and R.D. McBride (1976), "The Factorization Approach to Large Scale Linear Programming," *Math. Programming*, 10, 91-110.

[15] Grigoriadis, M.D. and W.W. White (1972), "A Partitioning Algorithm for the Multi-commodity Network Flow Problem," *Math. Programming*, 3, 157-177.

[16] Hartman, J.K. and L.S. Lasdon (1972), "A Generalized Upper Bounding Algorithm for Multicommodity Network Flow Problems," *Networks*, 1, 331-354.

[17] Held, M., P. Wolfe, and H. Crowder (1974), "Validation of Subgradient Optimization," *Math. Programming*, 6, 62-88.

[18] Kennington, J. and M. Shalaby (1977), "An Effective Subgradient Procedure for Minimal Cost Multicommodity Flow Problems," *Management Science*, 23, 994-1004.

[19] Kennington, J.L. (1978), "A Survey of Linear Cost Multicommodity Network Flows," *Operations Research*, 26, 209-236.

[20] Kennington, J.L. and R. Helgason (1980), *Algorithms for Network Programming*, John Wiley, Inc., New York.

[21] LeBlanc, L.J. (1973), "Mathematical Programming Algorithms for Large Scale Network Equilibrium and Network Design Problems," Unpublished Dissertation, Industrial Engineering and Management Sciences Department, Northwestern University.

[22] Naniwada, M. (1969), "Multicommodity Flows in a Communications Network," *Electronics and Communications in Japan*, 52-A, 34-41.

[23] Pilar, M.C. and S.A. Zenios (1990), "Parallel Decomposition of Multicommodity Network Flows Using Smooth Penalty Functions," Technical Report 90-12-06, Department of Decision Sciences, Wharton School, University of Pennsylvania, Philadelphia.

[24] Potts, R.B. and R.M. Oliver (1972), *Flows in Transportation Networks*, Academic Press, New York.

[25] Shetty, B. and R. Muthukrishnan (1990), "A Parallel Projection for the Multicommodity Network Model," *Jl. Operational Research*, 41, 837-842.

[26] Swoveland, C. (1971), "Decomposition Algorithms for the Multi-Commodity Distribution Problem," Working Paper, No. 184, Western Management Science Institute, University of California, Los Angeles.

多品種ネットワークフロー問題

multicommodity network-flow problem

供給ノードから需要ノードに向けて，多種類の商品を同時に送る際の費用を最小化する問題．単一商品問題の場合と違って，最適解が整数値をとるとは限らない．問題は角状系の制約条件をもつので，ダンツィク-ウォルフの分解算法向きである．この種の問題の応用としては，通信，輸送，ロジスティクスなど様々なものがある．⇒ダンツィク-ウォルフの分解算法，最小費用ネットワークフロー問題，ネットワーク最適化．

タブーサーチ

Tabu Search

背景

タブーサーチ（tabu search, 以下 TS 法と記す）は，局所探索法（local heuristic search procedure）による

探索を，局所最適解（locally optimal solution）でとどまることなく，さらに推し進めようとする方法であり，〈メタ戦略〉（metaheuristics）の1つととらえられる．最適化の適用事例における数々の成功例は，ここ数年TS法の発展に拍車をかけてきた．以下にあげるような数多くの分野の問題に対する最良解の「新記録」が，TS法や，TS法と他のヒューリスティクスまたは他のアルゴリズムとのハイブリッド戦略（hybrid，2つ以上の手法を組み合わせる方法）により塗りかえられてきた．このようにTS法が成果をあげてきた分野としては，スケジューリング（scheduling），順序づけ問題（sequencing），資源配分（resource allocation），投資計画（investment planning），電気通信（telecommunication）などがあげられる．このように幅広いTS法の適用分野の一部を表1に示す（Glover and Lagunaによるサーベイ論文（1993），および，Glover, Laguna, Taillard and de Werra編の特集号（1993）も参照のこと）．

TS法は，「解法が知的であるためには，〈適応メモリー〉（adaptive memory）と〈即応的探索〉（responsive exploration）を組み込むことが不可欠である」という考え方にもとづいている．適応メモリーは，物理現象や生物の進化を模倣するような方法などに見受けられる「無記憶」（memoryless）や，分枝限定法（branch and bound method）や人工知能（artificial intelligence：AI）的手法などに用いられる「固定メモリー」（rigid memory）とは，好対照をなす．アルゴリズムが決定的であっても確率的であっても，TS法において即応的探索が重要視されているのは，戦略的に動作を選択して失敗したときの方が，ランダムに選択してうまくいったときよりも，多くの情報が得られるという考え方にもとづく（メモリーをもつシステムでは，戦略にもとづいて行った選択がうまくいかなかったという情報は，戦略を改善するための有用な手がかりとなる．非常にランダム性の大きい探索空間（ほとんどの現実の問題にあるような規則的な性質がまったくなくなってしまうほどの極端なランダム性はないものとする）であっても，1つ1つの動作に目的のある解法の方が，問題構造の手がかりを見出し，ランダ

表1　タブーサーチの適用例

スケジューリング	電気通信
滞留時間セル生産	呼の方路選択
複合型プロセッサ	電波帯パッキング
スケジューリング	ハブ施設配置
労働計画	路割当て
教室スケジューリング	サービスのためのネットワークデザイン
機械スケジューリング	顧客割引プラン
フローショップ・スケジューリング	故障に対する免疫構造
ジョブショップ・スケジューリング	同期光ネットワーク
順序付けとバッチ構成	生産，在庫，および投資
デザイン	フレキシブル生産
計算機援用設計（CAD）	ジャストインタイム製造
耐故障ネットワーク	容量つきMRP
輸送ネットワークデザイン	パート選択
建築空間プラン	多項目在庫計画
ダイアグラム整合性	ボリューム割引獲得
固定費用付きネットワークデザイン	固定混合投資
変則カット問題	ルーチン
レイアウトプラン	配送経路問題
配置と割付け	容量つきルーチン
多品種	時間枠つきルーチン
配置/割付け	多重モードルーチン
2次割当	混合車両ルーチン
2次準割当	巡回セールスマン
多段階一般化割当	巡回購買人
論理と人工知能	護衛スケジューリング
最大充足可能性	グラフ最適化
確率的論理	グラフ分割
クラスタリング	グラフ彩色
パターン認識/分類	クリーク分割
データ完全性	最大クリーク問題
ニューラルネットワークトレーニング	最大平面グラフ
ニューラルネットワークデザイン	Pメディアン問題
技術	組合せ最適化一般
電源推定	0-1計画法
電力配分	固定費用つき最適化
工学構造デザイン	非凸非線形計画法
体積最小楕円体	全零ネットワーク
宇宙ステーション建築	2階層計画法
サーキットセル配置	一般化混合整数最適化
海洋油田探索	

表2　タブーサーチの主な特徴

適応メモリー
　選択的であること（戦略的な記憶の消去を含む）
　抽出および分解（明示および属性メモリーの利用による）
　タイミング：
　　イベントの最近性
　　イベントの頻度
　　短期メモリーと長期メモリーの差別化
　精度と影響：
　　選択肢の相対的望ましさ
　　構造または制約の関係における変化の度合い
　状況：
　　領域的な相互依存
　　構造的な相互依存
　　時系列的な相互依存

即応的探索
　戦略的に加えられる抑制と誘導
　　（タブー条件や特別選択レベル）
　よい探索領域やよい解構造に焦点をしぼった探索
　　（集中化の過程）
　見込みのある新たな領域の特徴づけと探索
　　（多様化の過程）
　単調でない探索パターン
　　（戦略的振動）
　解の結合および拡張
　　（パス再結合）

ム性の中に潜んでいた規則的な条件を見つけてそれを利用するのに適している).

TS法のこれらの基本要素は，いくつかの重要な特徴をもっている．それらを表2にまとめる．

TS法の研究は，表2にあげた概念を利用した，より新しい，そして，より効果的な方法を見いだすこと，および，知的な探索の基礎を拡張できる法則の発見にかかわっている．これらについて新しい法則や方法が見つかると，基本的なアイデアを組み合わせた新たな戦略が生まれ，その結果，よりよいアルゴリズムが構成でき，より良質の解が求まるようになる．このようにして，TS法においては，研究すべきテーマが次々と広がっているのである．

タブーサーチの基礎

TS法の基本動作は以下のとおりである．集合 X 上で与えられた関数 $f(x)$ の最適化を考える．TS法は通常の局所探索法と同様に，保持している点（解）を次々と更新していく動作を，終了条件が満たされるまで反復する．各 $x \in X$ には近傍（neighborhood）$N(x) \subset X$ が定義されており，各解 $x' \in N(x)$ は移動（move）と呼ばれる操作により x から到達できる．

TS法が局所探索法と異なるのは，探索が進むにつれて近傍 $N(x)$ を更新し，修正されたより効果的な近傍 $N^*(x)$ を用いる点である．上述の議論より想像がつくと思うが，TS法の鍵となるのは，$N^*(x)$ を定める際に用いられるメモリー構造である．このメモリーにより，どのように探索を行うかが定められるのである．

メモリー構造を用いて $N^*(x)$ の中に入る解を決める方法にはいろいろある．たとえば，ある定められた期間内に訪れた解（および，それらに関係のある他の解も含まれる場合がある）をタブーであると定め，これらが $N^*(x)$ に入ることを禁止するという方法がある．これがタブーサーチの名前の由来となっている（タブーという用語は，「文化的」な言外の意味（すなわち，歴史や環境の影響を受けやすく，適切な条件がそろえば破ってもよいという性質）を含むような拘束のタイプを伝えることを意図して用いられている）．

解がタブーになる過程には，思慮深く，かつ積極的に新たな点への探索が進むように設計された，いくつかの様相が含まれている．この過程を理解したり，実装したりする際に，解の評価をもとの関数からTS法独自の評価関数に置き換え，タブーとなっている解（すなわち，タブー状態を構成する要素との依存度に応じて，$N^*(x)$ から除外されるべき解）には，その解が選ばれることはまずありえないような，大きなペナルティがかけられると考えると便利である．さらに，TS法の評価関数には，特別採択（aspiration）レベルや長期的な展望に応じて，定期的に，タイプの異なる解への移動を促進するように変更が加えられる．以下の各項では，このような機能を実現するために，TS法の中でどのようにメモリーが利用されているのか（そしてどのように学習を行うのか）について述べる．

明示メモリーと属性メモリー：TS法では，明示メモリー（explicit memory）と属性メモリー（attributive memory）の両方が用いられる．明示メモリーには，解そのものをいくつか記憶する．明示メモリーに記憶される解の典型例としては，探索中に訪れたエリート解（elite solution, 特に評価値の高い解をいう），または，そのような解の近傍にあり，大変魅力的ではあるがこれまで訪れていない解などがある．これらの解は，戦略的に定められた適当な期間ごとに，解を追加して $N^*(x)$ を拡張するときなどに利用される．

TS法のメモリーは，属性メモリーの利用により，探索にもう少し微妙な効果を及ぼすように設計されている．属性メモリーには，ある解から別の解への移動において変化した解の属性に関する情報を記憶する．たとえば，グラフ（graph）やネットワーク（network）の問題では，移動により追加されたり削除されたり変更が加えられたりする，ノード（node）やアーク（arc）が属性となりうる．より抽象的な問題においては，変数や関数の値が属性となる場合もある．属性が戦略的に組み合わされてほかの属性を作り出すこともある．たとえば，このようなことは，ハッシュ法（hashing procedure）や，人工知能的手法である chunking, または，ボキャブラリービルディング法（vocabulary building method）などにより起こる（Hansen and Jaumard, 1990; Woodruff and Zemel, 1993; Battiti and Tecchioli, 1992 a; Woodruff, 1993; Glover and Laguna, 1993).

短期メモリーとその周辺：短期メモリー（short-term memory）と長期メモリー（long-term memory）を区別して考えることは，TS法の重要な特徴である．これら2つのメモリーには，それぞれ別々の戦略がある．最もよく用いられる短期メモリーは，最近の探索において変更された解の属性の軌跡を記憶しておくというもので，〈最近メモリー〉（recency-based memory）と呼ばれる．このメモリーは以下のように用いられる．最近訪れた解において変更された属性を〈タブー活性〉（tabu-active）にする．そして，ある解に含まれる属性，あるいは，定められた属性の組がタブー活性であるとき，そのような解はタブーとなり，移動が禁止されるのである．こうすることにより，最近訪れた解が $N^*(x)$ の中に入ること，すなわち，そのような解の訪れることを防ぐのである．最近訪れた解でなくても，タブー活性な属性を含む解であれば，同様に移動が禁止される．TS法の評価関数の中で，大きなペナルティを付けるタブー活性な属

性を適当に選ぶことで，タブーの状態を大幅に変えることができる．

最近メモリーの管理： TS法の動作は1つまたは複数個のタブーリスト（tabu list）により管理される．それらリストの中には，タブー活性な属性が記憶されており，また，直接，あるいは，間接的にそれら属性の現在の状態が記述されている．ある属性がタブー活性である期間の長さ（反復回数，すなわち，移動の回数で計る）は，〈タブー保有期間〉（tabu tenure）と呼ばれる．タブー保有期間は，属性のタイプや組合せによって異なる値を用いてもよい．また，探索の間，時間とともに変化させることも可能である．このようにタブー保有期間を変化させることにより，短期，および，長期メモリー戦略の間での異なるトレードオフが実現でき，また，動的でロバストな探索を実現できる（たとえば，Taillard, 1991；Dell'Amico and Trubian, 1993；Glover and Laguna, 1993 参照）．

特別採択レベル： TS法に柔軟性を与える重要な要素として，特別採択基準（aspiration criteria）がある．特別採択レベルという形で表現されたある条件が満たされると，ある解（または移動）がタブーであっても，タブーを犯してその解へ移動することが許される．実際には，特別採択レベルは，解の望ましさの閾値で表され，それにより，タブーであってもその解への移動を行うことを許容すべきかどうかを定める．たとえば，これまで探索したどの解よりもよい解は，タブーであっても移動を許す価値がある．探索空間を適当に分けた部分空間の中とか，何らかの特徴を共有している（たとえば，特定の関数値をもつとか，実行不可能性の度合いが同程度であるなど）ような解集合の中でのこれまでの最良解であることなども，特別採択基準として考えられる．特別採択基準のその他の例については，あとで述べる．

候補リスト戦略： TS法において，近傍解への移動の中で最良のものを求めることは重要であるが，これは，適度な計算の手間の範囲内で行う必要がある．「最良の」というのは，目的関数による評価での最良という意味に限らないことを再度断っておく（前述のように，TS法内部での解の評価は，探索の履歴により定まるペナルティなどによって変化する）．$N^*(x)$ が大きい，あるいは，解の評価に時間がかかる，というような状況においては，候補リスト戦略（candidate list strategy）を用いて1反復で調べる解の数を制限する方法がとられる．

TS法においては，注意深く選択を行うことが重要であるため，よい候補を選んで評価することを効率よく行う手法は，探索の要となる．候補リスト戦略が直接使われないとしても，反復ごとに各移動に対する評価値を効率よく更新し，最良，または，最良に近い解を見つける手間を削減するようなメモリー構造は，TS法ではしばしば用いられている．このように，1反復ごとの更新をうまく行うことにより，全体の計算時間を大幅に減らすことができるわけだが，特に大きい問題例に対しては，候補リスト戦略を直接組込むことにより，大きな効果が得られることが多い．

TS法の中で短期メモリーにかかわる構成要素を図1にまとめた．図中，ペナルティについて「大きい」「非常に小さい」とあるのは，閾値の効果を意味している．すなわち，ペナルティが大きいというのは，タブーである属性が含まれていたために評価が大幅に悪くなることを意味し，逆に，ペナルティが非常に小さいというのは，たとえば最良解が複数あったときに，そのうちのどれを選ぶかを決める基準としてメモリーが用いられたというような状況を意味する．このようなペナルティには，もちろん，上記のような使い方以外にも，探索の段階に応じて解の評価を変えるような効果をもたせることも可能である．現在可能な移動がすべてタブーであるときは（通常はこれらの解は次の解として選ばれることはないのだが），すべての候補に大きなペナルティがついているため，結局，「最もタブーの度合いが小さい」解が選ばれることになる．

TS法の変形で，〈確率的タブーサーチ〉（probabilistic

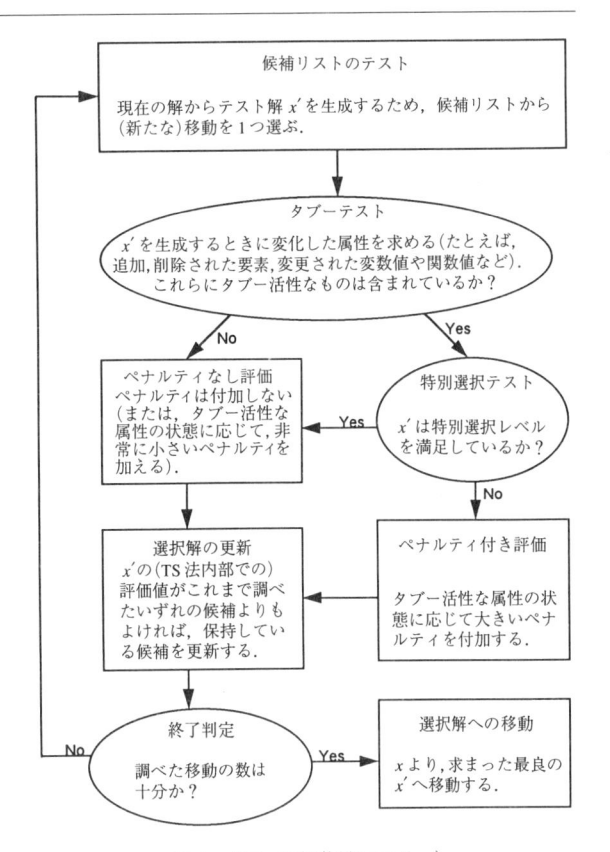

図1 タブー評価（短期メモリー）

tabu search) というものがある．この方法の短期メモリーにかかわる構成要素は，同様に図1のように表されるが，以下の点が通常の TS 法と異なる．この方法では，移動を選ぶ際に評価した解の評価値をすべて記憶しておく（通常の TS 法では最良の解のみを記憶）．そして，これらの解（または，これらの内のよい方からいくつかを取り出したもの）に，評価値が高い解ほど選ばれる確率が高くなるように確率を与えて，確率的に次の解を選ぶのである．確率的タブーサーチのより詳しい説明は，Glover (1989, 1993), Soriano and Gendreau (1993), Crainic et al. (1993) などにある．

長期メモリー： 問題によっては，短期メモリーのみを用いた TS 法で十分な性能を得られることもある．しかし，一般には，長期メモリーとそれに伴う戦略を組み込むことにより，性能が大きく向上する場合が多い．

〈頻度〉メモリー (frequency-based memory) は，基本的な長期メモリーの1つである．これは，ある属性が探索で訪れた解の中に含まれていた期間の長さに対してペナルティを与えるもので，領域を分化する効果をもつ．

意外に感じられるかもしれないが，長期メモリーの効果は，探索の比較的早い段階で現れてくる．このように，通常，長期メモリーによる改善はそれほど長い時間をかけなくても現れるわけだが，これにより，非常に質の高い解がかなり早い時点で見つかるようになるため，長期メモリーを用いない場合よりも早く探索を終了することが可能となる．たとえば，ジョブショップ・スケジューリング (job shop scheduling) やフローショップ・スケジューリング (flow shop scheduling) 問題に対する TS 法の中で現在最も高速なものは，長期メモリーを利用している．一方，探索において，最適解がまだわかっていない段階で，さらに時間をかけてよりよい解を求めようとするときにも，短期メモリーに加えて長期メモリーを併用する方が，性能は高くなる．

集中化と多様化： TS 法の長期メモリーにおいて非常に重要な要素として，〈集中化戦略〉(intensification strategy) と〈多様化戦略〉(diversification strategy) がある．集中化戦略は，これまでの探索において，よい結果が得られた移動や，よかった解などを記憶しておき，そのような移動や解への探索を促進するように選択規則を変更するという考え方である．魅力的な探索空間に探索を戻して，より詳細に調べるというルールもある．後者に対応するような集中化戦略の1例を図2に示す．

エリート解を選択する戦略は重要であるため，図2の中では下線で示してある．これについては，以下に述べる2つの方法が有効であることが知られている．1つは，Voss (1993) により提案された方法で，候補解集合に含まれるものが互いにある程度異なるように指標を設け，さらに，候補解中の最良解から探索をリスタートする際

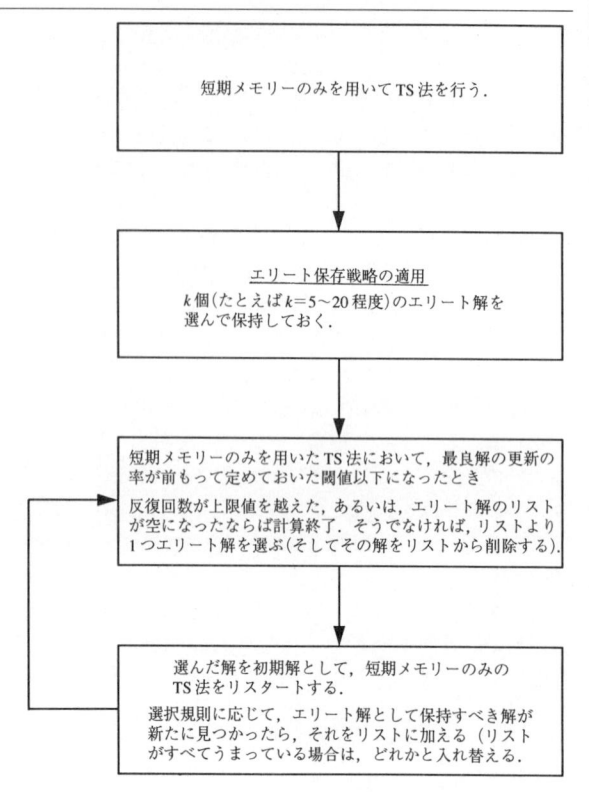

図 2 TS 法における集中化戦略の一例

に，短期メモリーをすべて空にするというものである．もう1つは，Nowicki and Smutnicki (1993) により提案された方法である．まず，定数長のリストを用意し，探索中にこれまでに得られている解よりもよい解が得られたら，それをリストの最後に加える．そして，探索をリスタートする際にはこのリストの最後の解から始める．このとき，リスタートのために選ばれた解はリストから削除する．なお，リストに保持している解には，その解が求まった時点での短期メモリーの状態と，その解の次に選ばれた解が合わせて記憶されており，前回とは異なる解へ探索が進むようになっている．

これらとは別に，以前に訪れた解の近傍に含まれていて，しかも，訪れてはいない解からリスタートを行うという戦略 (Glover, 1990) が考えられる．上述の2つめの戦略は，これに近い考え方である．この戦略では，エリート解集合を作成するために，これら未探索の近傍解の質を記憶しておき，その中で特定の性質をもつものに焦点を絞って利用するというものである．特定の性質をもつ解としては，たとえば，局所最適解であるとか，1回の移動で局所最適解に到達できる解などが考えられる．ただし，このような，未探索の近傍解を利用する戦略は，いままであまりテストされていない．しかし，前述の2つの戦略が非常によい結果を示していることは，注目に値

すると思われる.

多様化戦略: TS法における多様化戦略とは，その名が示す通り，探索を新しい領域に向けようとするものである．具体的には，しばしば用いられる方法として，これまであまり頻繁には用いられなかった属性をできるだけ解に取り入れるように選択規則を変更するというものがある．または，そのような属性を解に含めるために，探索を部分的に，あるいは，始めからリスタートするという方法もある．

集中化戦略で述べたようなメモリー構造は，多様化戦略においても有用である．ただし，記憶する解のタイプは異なり，また，記憶する解の数も一般にはより多い．これまで訪れたすべての解に対する情報を頻度メモリーとして保持するという単純な多様化戦略を図3に示す．この戦略は，機械スケジューリング (machine scheduling) 問題に対して非常に効果的であることが確認されている．この手続きにより，短期メモリーのみを用いたTS法を大幅に改善できる．

リスタートを行う多様化戦略は，大幅な変更が加えられないと意味のある探索領域に移動できないような問題や近傍構造に対して重要である．また，最近メモリーを，タブー保有期間を大きく設定することによって，長期メモリーとして用いるという方法も，多様化戦略として利用できる．

〈パス再結合〉(path relinking)，および，〈戦略的振動〉(strategic oscillation) と呼ばれる2つの特殊な戦略は，集中化と多様化の両方の側面をもちあわせており，また様々な状況において大きな効果が得られることが確認されている (Glover and Laguna, 1993). 集中化と多様化のバランスをどのように行うのが効果的であるかについては，今後の研究が期待される．このテーマは，効率的な並列アルゴリズムの構成にもかかわってくる．ここで目標となるのは，集中化と多様化の間で最良のトレードオフを実現するために，プロセッサ間での情報の伝達と共有の方法を構築することである．TS法に対する並列計算の研究は，Taillard (1991, 1993)，Battiti and Tecchioli (1992 b)，Chakrapani and Skorin-Kapov (1991, 1993)，Crainic, Toulouse and Gendreau (1993 a, 1993 b)，Voss (1994) などにある．

おわりに

TS法と，人工知能やニューラルネットワークの研究における展望を相補うことにより，双方の基本的な考え方を統合するシステムを構築できる可能性がある．この方向での研究はすでにいくつか行われている．たとえば，タブートレーニング・学習モデル (tabu training and learning model) (de Werra and Hertz, 1989; Beyer and Ogier, 1991; Battiti and Tecchioli, 1993; Gee and Prager, 1994)，タブー機械 (tabu machine) (Chakrapani and Skorin-Kapov, 1993; Nemati and Sun, 1994)，〈タブーデザイン〉手続き (tabu design procedure) (Kelly and Gordon, 1994) など．このような研究は，従来の結合モデルに比べ，非常に有望な成果をあげている．たとえば，〈ボルツマンマシン〉(Boltzmann machine) にもとづくモデルよりもはるかによい性能が得られたという結果や，ニューラルネットワークの入出力における誤り確率を低くするようなネットワーク結合を構成できたという結果などがある．

様々な応用におけるTS法の成功により，その根底にあるアイデアをより一層うまく利用しようとする研究が盛んになってきた．同時に，このようなアイデアの多くの側面については，まだ研究すべきことが多く残っている．たとえば，短期メモリーと長期メモリーをどのように組み合わせるのがよいのか，集中化戦略と多様化戦略のバランスをどのようにとるのがよいのかなど．このようなテーマの中には，間違いなく，将来より強力な解法を構築するために重要となる発見が潜んでいることであろう．

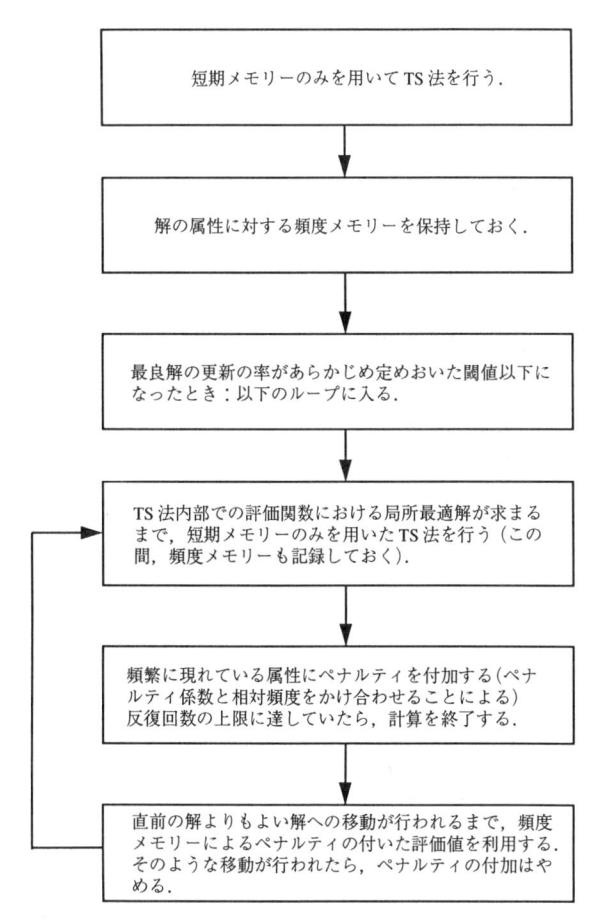

図 3 TS法における多様化戦略の一例

⇒ 人工知能，ヒューリスティック手続き，ニューラル・ネットワーク．　　　　　[Fred Glover/柳浦睦憲]

参考文献

[1] Battiti, R. and G. Tecchiolli (1992a). "The Reactive Tabu Search," IRST Technical Report 9303-13, to appear in *ORSA Journal on Computing*.

[2] Battiti, R. and G. Tecchiolli (1992b). "Parallel Biased Search for Combinatorial Optimization: Genetic Algorithms and TABU," *Microprocessors and Microsystems*, 16, 351–367.

[3] Battiti, R. and G. Tecchioli (1993). "Training Neural Nets with the Reactive Tabu Search," Technical Report UTM 421, Univ. of Trento, Italy, November.

[4] Beyer, D. and R. Ogier (1991). "Tabu Learning: A Neural Network Search Method for Solving Nonconvex Optimization Problems," *Proceedings of the International Joint Conference on Neural Networks*, IEEE and INNS, Singapore.

[5] Chakrapani, J. and Skorin-Kapov (1991). "Massively Parallel Tabu Search for the Quadratic Assignment Problem," SUNY at Stony Brook.

[6] Chakrapani, J. and Skorin-Kapov, J. (1993). "Connection Machine Implementation of a Tabu Search Algorithm for the Traveling Salesman Problem," *Journal of Computing and Information Technology*-CIT 1, 1, 29–36.

[7] Crainic, T.G., M. Gendreau, P. Soriano, and M. Toulouse (1993). "A Tabu Search Procedure for Multicommodity Location/Allocation with Balancing Requirements," *Annals of Operations Research*, 41(1-4): 359–383.

[8] Crainic, T.G., M. Toulouse, and M. Gendreau (1993a). "A Study of Synchronous Parallelization Strategies for Tabu Search." Publication 934, Centre de recherche sur les transports, Université de Montréal, 1993.

[9] Crainic, T.G., M. Toulouse, and M. Gendreau (1993b). "Appraisal of Asynchronous Parallelization Approaches for Tabu Search Algorithms." Publication 935, Centre de recherche sur les transports, Université de Montréal, 1993.

[10] Gee, A. H. and R.W. Prager (1994). "Polyhedral Combinatorics and Neural Networks," *Neural Computation*, 6, 161–180.

[11] Gendreau, M., P. Soriano, and L. Salvail (1993). "Solving the Maximum Clique Problem Using a Tabu Search Approach," *Annals of Operations Research*, 41, 385–404.

[12] Glover, F. (1989). "Tabu Search-Part I," *ORSA Journal on Computing*, 1, 190–206.

[13] Glover, F. (1990). "Tabu Search-Part II," *ORSA Journal on Computing*, 2, 4–32.

[14] Glover, F. (1993). "Tabu Thresholding: Improved Search by Nonmonotonic Trajectories," to appear in *ORSA Journal on Computing*.

[15] Glover, F. and M. Laguna (1993) "Tabu Search," *Modern Heuristic Techniques for Combinatorial Problems*, C. Reeves, ed., Blackwell Scientific Publishing, 70–141.

[16] Glover, F., M. Laguna, E. Taillard, and D. de Werra, eds. (1993) *"Tabu Search,"* special issue of the *Annals of Operations Research*, Vol. 41, J. C. Baltzer.

[17] Hansen, P. and B. Jaumard (1990). "Algorithms for the Maximum Satisfiability Problem," *Computing*, 44, 279–303.

[18] Hertz, A. and D. de Werra (1991). "The tabu search metaheuristic: how we used it," *Annals of Mathematics and Artificial Intelligence*, 1, 111–121.

[19] Kelly, J. P. and K. Gordon (1994). "Predicting the Rescheduling of World Debt: A Neural Network-based Approach that Introduces New Construction and Evaluation Techniques." University of Colorado, Boulder, Colorado.

[20] Nemati, H. and M. Sun (1994). "A Tabu Machine for Connectionist Methods," Joint National ORSA/TIMS Meeting, Boston.

[21] Nowicki, E. and C. Smutnicki (1993). "A Fast Taboo Search Algorithm for the Job Shop Problem," Report 8/93, Institute of Engineering Cybernetics, Technical University of Wroclaw.

[22] Soriano, P. and M. Gendreau (1993). "Diversification Strategies in Tabu Search Algorithms for the Maximum Clique Problem," Publication #940, Centre de Recherche sur les Transports, Université de Montréal.

[23] Taillard, E. (1991). "Parallel Tabu Search Technique for the Job Shop Scheduling Problem," Research Report ORWP 91/10, Departement de Mathematiques, Ecole Polytechnique Federale de Lausanne.

[24] Taillard, E. (1993). "Parallel Iterative Search Methods for Vehicle Routing Problems," *Networks*, 23, 661–673.

[25] Voss, S. (1994). "Concepts for Parallel Tabu Search," Technische Hochschule Dormstadt, Germany.

[26] de Werra, D. and A. Hertz (1989). "Tabu Search Techniques: A Tutorial and an Applications to Neural Networks," *OR Spectrum*, 11, 131–141.

[27] Woodruff, D.L. (1993). "Tabu Search and Chunking," working paper, University of California, Davis.

[28] Woodruff, D.L. and E. Zemel (1993). "Hashing Vectors for Tabu Search," *Annals of Operations Research*, 41, 123–138.

ダミーアロー

dummy arrow

プロジェクトネットワークダイアグラムで，プロジェクトのアイテムの相互関係を示すための矢印を，論理ダミーという．またアクティビティーの一意的な行き先を示す矢印を，ユニークネスダミーという．ダミーもしくはダミー矢印には，時間や資源は伴わない．⇒ ネットワーク計画．

多面集合の表現定理

representation theorem for polyhedral set

非空な多面集合 S が与えられたとき，点 X が S にあるということは X が集合の端点の凸結合と端線の非負結合の和によって表されるということと等価である．

多面体

polyhedron

有限個の線形制約条件の共通集合として定義された解空間のことで，例として，線形計画問題の解空間がある．このような空間は凸集合（convex set）である．⇒ 凸集合，線形計画法．

多目的意思決定

Multiple Criteria Decision Making

はじめに

多目的意思決定（multiple criteria decision making : MCDM）とは複数の（通常，相反する）目的をもつ意思決定をいう．多目的意思決定問題は日常の家庭内の問題から企業や政府における複雑な戦略や政策レベルの意思決定までにわたる，ほとんどあらゆる意思決定に広がっている．MCDM が1つの専門分野として研究されるようになる以前は，このような問題は伝統的に，1) これらの複数の目的を合成した1次元の尺度を導き出してそれを最適化する，2) これらの複数の目的のなかの1つを最適のための主要な目的として他の目的はそれぞれの許容レベルを達成させることを要請して問題を解く，ということにより単一目的の最適化として処理されてきた．MCDM が1つの専門分野として現れるに至ったのは，Herbert Simon によって1950年代に導入され詳細に検討された人間行動に関する2つの重要な概念〈満足化〉(satisficing) と〈限定合理性〉(bounded rationality) に負うところが大きい．これらの概念は相互に絡み合っている．すなわち満足化は最適化よりもむしろ制約を満足する解を見つけるということであり，一方，限定合理性は制約を調整して解を求めるというプロセスを続けるものである．近年における MCDM のいくつかの手法はこれらの概念にもとづいている．

以下で，MCDM のいくつかの重要なことがら（基本概念，モデリング技法，アルゴリズムなど）について概観することにする．次の項では基本的なアウトラインを示し，さらに続く項で MCDM の分類を与える．その後，アルゴリズムについて述べ，さらに最後で今後の傾向についてコメントと結言を与える．

基本概念

MCDM 問題は広く次の形で記述される．D によって可能な決定の代替案（alternative）の集合からなる決定空間を表す．$C=\{C_1, \cdots, C_p\}$ によって p 個の互いに相反する目的からなる目的空間を表す．一般性を失うことなく，すべての目的は最大化されるものとする．$E: D \to C$ を決定空間から目的空間への写像とする．ここで，$E(d_i)$ はベクトル $(C_1^i, \cdots, C_p^i)$ である．このベクトルの各要素は代替案 d_i のもつ各目的の評価値である．以下に MCDM における基本的な概念を定義する．

定義1（優越性, dominance）： 代替案 d_i と代替案 d_j に対し，$C_k^i \leq C_k^j$, $k=1, \cdots, p$ かつ少なくとも1つの厳密な不等式が成り立つとき，d_i は d_j によって優越されるという．

上の定義で，もしすべての不等式が厳密な不等式として成り立つとき，この優越性は強いという．そうでなければ弱いという．次の概念は優越性の論理的拡張である．

定義2（凸優越性, convex dominance）： 代替案 d_i と部分集合 $\hat{D} \subset D$ に対し，もし d_i が $\hat{D}$ に属する代替案のある凸結合によって優越されるなら，d_i は $\hat{D}$ によって凸優越される（convex dominated）という．

上の定義は以下に見られるようにあらゆる MCDM 技法の中心的テーマとなる．

定義3（効率性, efficiency）： 代替案 d_j は D に属する他のどのような代替案にも（弱くさえ）優越されないとき，「効率的」(efficient) あるいは「非被優越」(non-dominated) であるという．

効率性の概念は凸優越にも同様に拡張される．この場合，効率的代替案は「凸効率」(convex efficient) あるいは「凸非被優越」(convex nondominated) であるといわれる．Geoffrion (1968) による次の定理は代替案の効率性がどのように決定されるかを示すものである．Zionts and Wallenius (1980) はその問題を含む一連の問題を解くという別の，しかし等価な方法を提案している．

定理1： 任意の代替案 d_i とその目的空間への写像 $(C_1^i, \cdots, C_p^i)$ を考える．代替案 d_i は次の線形計画問題が非有界であるとき，かつそのときに限り，効率的であ

る.

$$\text{最大化} \sum_{j=1}^{p} w_j c_j^i$$
$$\text{条件} \quad \sum_{j=1}^{p} w_j c_j^k \leq 0, \quad k=1,\cdots,n,\ k \neq i$$
$$w_j \geq 0, \quad j=1,\cdots,p$$

MCDMの分類

これまでに提案されているMCDM手法は広範囲にわたっており，それらを組織的に分類する方法もいくつかある．ここではChankong et al. (1984)にもとづくものとする．まず，MCDM手法は2つの大きいクラス（ベクトル最適化法（vector optimization method）と効用最適化法（utility optimization method））に分けられることに注意する．ベクトル最適化法は主としてすべての効率的代替案を生成するものである．この手法は意思決定者の介入を必要とせず，非被優越解の部分集合を生成するものである．よく知られたベクトル最適化法はGeoffrion (1968), Villarreal and Karwan (1981), Yu and Zeleny (1976) などである．

効用最適化法は次の2つの性質によって分類することができる．
(1) 決定空間の性質： 陽的あるいは陰的
(2) 決定の結果の性質： 確率的あるいは確定的

陽的決定空間においては代替案は陽に表せる．古典的な1つの例は家を買う問題であり，そこでは意思決定者は可能性のある家をいくつか考慮することになる．陰的決定に対しては，代替案は線形計画法や非線形計画法で実行可能解が制約を満たすようにいくつかの制約によって陰的に表される．さらに，陰的決定は連続的，離散的という2つのカテゴリーに分けられる．決定結果は写像 $E: D \to C$ が確率的か確定的かによって確率的あるいは確定的に分けられる．表1はMCDM手法をこれら2つの性質によって大きく分類したものである．この分類のおのおのにおいて多くのアプローチが存在する．したがって，これからの議論はよく知られたいくつかの方法に限定する．

表1 MCDMアプローチの分類

決定による結果	決定空間	
	陽的	陰的
確定的	確定的多属性決定分析	確定的多目的数理計画法
確率的	確率的多属性決定分析	確率的多目的数理計画法

手法におけるいくつかのアプローチ

各カテゴリーにおいて選ばれた手法における重要なアイデアを次に示す．

確定的決定分析： 確定的決定分析（determinance decision analysis）は意思決定者の選好構造を表す価値関数（value function）を構成することによって最も好ましい解を見いだそうとするものである．価値関数 $v(C_1, C_2, \cdots, C_p)$ とは $(C_1, C_2, \cdots, C_p)$ が少なくとも $(C_1^i, C_2^i, \cdots, C_p^i)$ と同程度に好まれるとき，かつ，そのときに限って $v(C_1, C_2, \cdots, C_p) > v(C_1^i, C_2^i, \cdots, C_p^i)$ を満たすスカラー値関数のことである（Keeney and Raiffa, 1976）．価値関数の構成は意思決定者による選択活動を含む．もしある条件が満たされるならば，価値関数の構成は簡単化することができる．すなわち，各 k に対する部分的価値関数 $v_k(C_k)$ によって全体の価値関数を分解表現することができる．

これらの分解表現あるいは価値関数の簡単化は意思決定者の選好構造がある仮定を満足するときに可能である．これらの仮定のうちの1つは選好独立（preference independence）で，次のように言い表される： 目的の部分集合 $\hat{C}$ を考える．$C-\hat{C}$ における意思決定者の選好が目的 $\hat{C}$ のレベルによらず一定であるとき $\hat{C}$ は $C-\hat{C}$ に選好独立であるという．C の任意の部分集合が C におけるその補集合に選好独立であるとき，C は相互に選好独立であるという．相互に選好独立という条件が成り立つとき，加法的価値関数

$$v(d_i) = \sum_{k=1}^{p} \lambda_k v_k(C_k^i)$$

が得られる．ただし，λ_k はスカラーの定数である．同様に，非線形の形をした価値関数も可能ではある．しかし，加法的価値関数は，もしそれが適切であれば，非常に望ましいものである．一度，価値関数が決まれば，それによって代替案を評価し，ランク付けするのは容易である．

確率的決定分析： 確率的決定分析（stochastic decision analysis）は，結果が確率的で価値関数の代わりに効用関数が用いられることを除くと，確定的な場合と同様である．効用関数の場合の独立性の条件として，価値関数の場合とよく似たものがある．これらの条件の1つは効用独立（utility independence）である．目的の部分集合 $\hat{C}$ は，$\hat{C}$ における変化を含む「くじ」に対する条件付き選好順序が $\hat{C}$ の補集合のレベルによらないとき，$\hat{C}$ の補集合に効用独立であるといわれる．効用独立はくじを参照し，選好独立は確定的結果を考察するので，効用独立であれば選好独立であることがいえるが，その逆は必ずしも成り立たない．相互に選好独立な条件と同様，C の任意の部分集合が C に対するその補集合に効用独立であるとき，相互に効用独立であるといわれる．Keeney and Raiffa (1976) は C が相互に効用独立であるとき，乗法的効用関数が得られることを示している．すなわち，

$$u(d_i) = \prod_{k=1}^{p} \mu_k u_k(C_k{}^i)$$

で，$u(d_i)$ は代替案 d_i の全体の効用関数，$u_k(C_k{}^i)$ は k 番目の目的成分の効用関数，そして μ_k はスカラー定数である．効用関数が加法的であるためにはより厳しい条件が満たされなければならない．確率的な場合には効用関数の評価のみならず，生起結果の確率が意思決定者によって評価されなければならない．

多目的数理計画法： 多目的数理計画 (multiobjective mathematical programming) の分野ではこれまでにおびただしい数の成果がある．多目的線形計画法 (MOLP) や多目的整数計画法 (multiobjective integer programming：MOIP) もそれらに含まれる．目標計画法 (Lee, 1972), Zionts and Wallenius の方法 (1976, 1983), Benayoun et al. (1971) による STEM (step method), Steuer の方法 (1976) はそれらの中でもよく知られた方法である．ここでは，目標計画法のアプローチと Zionts and Wallenius の方法の概観を述べよう．

目標計画法 (goal programming) は線形計画法の拡張で Charnes and Cooper によって 1961 年に提案されたものである．この手法は以下のように述べられる．つぎの MOLP 問題を考えよう．

最大化 Cx
条件 $Ax \leq b$
$x \geq 0$

ここで，$C=(c_{kj})$ は $(p \times n)$ 行列，A は $(m \times n)$ 行列，そして x は $(n \times 1)$ ベクトルである．$(a_1, \cdots, a_p)$ を意思決定者によって明示された各目的の望ましい達成レベルを表す目標としよう．各目的に対する過剰達成変数 $y_k{}^+$ および不足達成変数 $y_k{}^-$ を導入し，次の制約を加える．ここで，C の第 k 行を c_k とするとき

$$c_k x - y_k{}^+ + y_k{}^- = a_k, \quad k=1, \cdots, p$$

$w_k(k=1, \cdots, p)$ によって目的の目標からの偏差（正味）に対するペナルティの重みを表すことにする．目的関数 $c_k x$ をちょうど a_k の値にしたいとき，目標計画法問題は次のように定式化される．

最小化 $\sum_{j=1}^{p} w_k(y_k{}^+ + y_k{}^-)$
条件 $\sum_{j=1}^{n} c_{kj} x_j - y_k{}^+ + y_k{}^- = a_k, \quad k=1, \cdots, p$
$Ax \leq b$
$x, y \geq 0$

上記問題は望ましい目標からの偏差の加重和を最小にするもので，重みは意思決定者が付与するものとする．目標計画法の定式化は意思決定者の望ましいと思う目標に最も近い解を見いだそうとするもので，（種々の）目標の不達成量に異なる重要度を与えることができる．

Zionts and Wallenius の方法は意思決定者が代替案の一対比較を行いながら対話的に MOLP を解くためのアプローチである．この方法は初期重み $\lambda \in R^p$ を選び線形の合成目的 λCx を最大化することから始める．これによって効率的な $\{Ax \leq b, x \geq 0\}$ の角点の 1 つを求めることができる．この解を x^0 とする．次に，効率的な x^0 の隣接角点（それらを導くそれらの端点はまた効率的である）を求める．この集合を S^0 とする．意思決定者は，i) x^0 を S^0 のすべての点よりも好むかあるいは，ii) S^0 のある点を x^0 よりも好む，かのどちらかが起こるまで x^0 と S^0 の中の解の間での選択をする．もし，x^0 が S^0 のすべての点よりも好まれるならば，x^0 を「局所的に」最もよい角点解として終了する．そうでなければ，S^0 のある解が x^0 よりも好まれるので，その解を x' とする．x' が x'' より好まれ，ε を小さい正の数とするとき，線形制約 $\lambda(Cx' - Cx'') \leq -\varepsilon$ が意思決定者の一対比較の選好によってつくられる．このとき，これらの制約を満足する重みの新たな集合が得られる．もし，これらの制約が矛盾しているならば，それらの内のいくつかを新しい重みを決定する際に取り除く．新しい重みを λ' とする．合成目的 $\lambda' Cx$ を最大化することによって新たな効率的角点が求められる．同様の手続きをある角点がそれに隣接するすべての効率的角点よりも好まれるという状態が起こるまで繰り返す．

MOLP に比べ，MOIP の研究はいくぶん少ない．MOIP の初期の成果のいくつかはベクトル最適化の範疇にある．Bitran and Rivera (1982) は 0-1 MOIP の効率解集合を決定するための陰的列挙法を与えた．Pasternak and Passy (1973) は 2 目的をもつ MOIP ベクトル最適化問題について考察した．Klein and Hannan (1982) は Pasternak and Passy の結果を 2 つ以上の目的をもつ問題に拡張した．Villareal and Karwan (1981) は古典的ダイナミックプログラミングの繰り返しを多基準の場合に一般化した．Ramesh et al. (1989) は効用最適化によって MOIP 問題の最選好解を求めている．

Ramesh et al. (1989) の方法は分枝限定法に従い，限定には Zionts and Wallenius の方法を用いている．意思決定者の選好構造は一対比較を用いて評価され，選好構造の内部表現は分枝限定の探索の間を通じ，繰り返しつくられている．この表現は一対比較の判断で認識負荷が最小になるように意思決定者の選好を推論するのに用いられる．内部表現は後に述べられる凸錐の概念 (Korhonen et al., 1984) にもとづいている．

図 1 で示されるような 2 次元目的空間を考えよう．$\bar{C}$, $\hat{C}$ を $\hat{C}$ が $\bar{C}$ よりも好まれるようなこの空間の 2 点とする．意思決定者の準凹 (quasi-concave) および非減少 (nondecreasing) な効用関数を仮定すれば，半直線 $\{C | C = \hat{C} + \mu(\bar{C} - \hat{C}), \mu \geq 0\}$ にあるすべての点は $\hat{C}$ よりも少なく選好され，$\bar{C}$ よりも多く好まれることはない．し

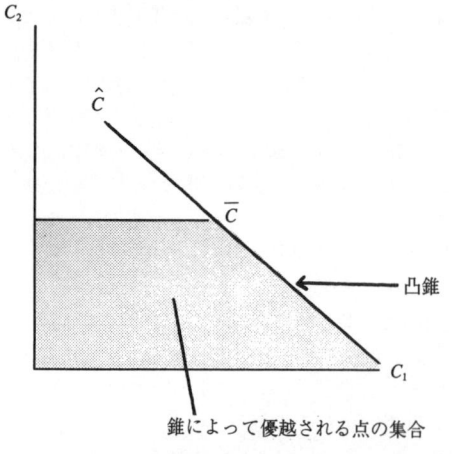

```
      C₂
      │
      │ĉ
      │\
      │ \
      │  \
      │───\c̄
      │////\
      │/////\ ← 凸錐
      │//////\
      │///////\
      │////////\_____ C₁
              錐によって優越される点の集合
```

図1　凸錐の図示

たがって，この半直線のすべての点とこれらによって優越される点は考察の対象から外すことができる．この半直線は凸錐と呼ばれ，図1で示される．意思決定者の各一対比較は1つの凸錐を生成し，これらの錐は効果的に探索領域を狭め，意思決定者の一対比較判断の必要性を最小にするために樹構造に整理されていく．

他の陽的決定空間法: 価値関数を求めることなく陽的に表された決定空間から最選好の代替案を見いだすための方法がいくつか提案されている．これらの手法は確定的決定分析の手法であり，確定的な問題において大きな勢力をもっている．このカテゴリーにある3つの重要な方法として階層分析過程 (analytic hierarchy process: AHP, Saaty, 1980)，Korhonen の方法 (1984)，AIM法 (Ltfi et al., 1992) がある．

AHP のアイデアは問題を階層的に構造化し，その問題の種々の側面に対する相対的重要度を考慮して判断をするというものである．これらの判断の結果としてランキングが得られる．ある簡単な決定問題としてトップダウン式に，1) 目標，2) 評価基準，3) 代替案という3つの層からなる階層をもつ場合を考よう．一般に，層の数は問題の性質による．n 個の代替案，p 個の評価基準をもつとする．このとき，意思決定者は $p+1$ 個の相反行列の要素を次のようにして埋めていくことを要請される．

1) 1つの評価基準の他の評価基準のすべてに対する $(p×p)$ 行列が1つ

2) 各評価基準とすべての代替案に対する $(n×n)$ 行列が p 個

それぞれの相反行列の対角要素はすべて1で，非対角要素は相反，すなわち互いに対応する要素の逆数，$a_{ij}=1/a_{ji}$ の関係にある．したがって，意思決定者は全要素の半分以下，もっと明確にいうと，$[p(p-1)/2]+p[n(n-1)/2]$ 個の非対角（上半分か下半分）の要素について答えるだけでよい．この数は冗長性をもたない $(p-1)+p(n-1)$ 個の成分にまで減少させることができるけれども，反面，要求される情報を減少させることは意思決定者が要素を埋めるときの認識負荷を増大させ，全部の要素に対して入力するときの互いに照合して正確さをチェックできるというメリットを失うことになる．

行列を埋める際，意思決定者は対象間の相対的重要度を反映する数を1/9と9の間の大きさで付与する．行列のうちの1つは評価基準間の比較を反映するもので，p 個の他の行列は各評価基準に関する代替案の評価を反映するものである．次に，AHPでは各行列の最大固有値に対する固有ベクトルを求める．行列の固有ベクトルは行列の各行の要素の幾何平均 ($p×p$ 行列に対しては各行の p 個の要素の積の p 乗根) をとり，さらに要素の和が1になるように正規化することによっても求められる．行列の整合性（ランダムに生成された行列と区別するものとして）は，行列に関するある計算をすることによってテストすることができる．この整合性のテストは，全部で $p(p-1)/2$ 個よりも少ない行列の要素に対してしか答えていないユーザに対しては妥協してもらわなければならないものである．その後，固有ベクトルの値が代替案の点数付けやランク付けに用いられる．

Korhonen et al. (1984) は離散的かつ確定的 MCDM の問題を解く際，一対比較を用いる対話型手法を提案している．準凹非減少な効用関数を仮定して，彼らは凸錐の概念を導入している．任意の正の重み w_i, $i=1, \cdots, p$ を選び，合成の線形効用関数が最初につくられる．この合成関数を真の効用関数の近似として用いることにより，その合成関数を最大にする代替案を決定する．この解を d^0 とする．写像 $E:D\to C$ を用いれば d^0 に隣接するすべての効率的代替案が（Zionts-Wallenius 法におけると同様）決定される．これは実行可能解のあらゆる凸結合からなる領域に対してなされる．このような解集合を S^0 で表す．意思決定者は d^0 と S^0 のある解の間の選択を求められる．この答にもとづき，MOLPに対する Zionts-Wallenius 法と同様，重みに対する制約がつくられ，1つの凸錐が導かれる．この凸錐によって優越される S^0 のすべての解が S^0 から取り除かれる．同じ手続きを d^0 が S^0 のすべての解よりも好まれるか，S^0 のある解が d^0 よりも好まれるまで続ける．重みに対する制約と，各繰返し過程で生成される凸錐は累積される．この凸錐の集合は意思決定者の選好を推論するために用いられる．このことは探索空間を減少させ，また意思決定者が行わなければならない一対比較の回数を最小化させる．

d^0 よりも選好度が小さい S^0 のすべての解が考察の対象から外される．もし d^0 が S^0 のすべての解よりも好まれるならば，それを $\bar{d}$ で表すことにする．もし S^0 のある解が d^0 より好まれれば，その好まれる解を $\bar{d}$ で表す．$\bar{d}$ が決定空間にある唯一の効率的解ならば，それを最

選好解として手続きを終了する．そうでなければ重みの制約を満足する1組の重みを選び（矛盾する制約は取り除いたあとで），新たな合成線形効用関数が生成される．この合成関数を最大にする代替案を $\tilde{d}$ で表すとき，意思決定者は $\bar{d}$ と $\tilde{d}$ の間の選択を行う．より好まれた方の解を d^0 で表し，上記手続きを繰り返す．

Lotfi, Stewart and Zionts (1992) は MCDM に対する〈希求水準対話型解法〉(aspiration-level interactive method：AIM) と呼ばれる折衷的方法を提案した．この方法は，希求水準を入力し，さらにそれがどの程度に実行可能かをみるというフィードバックが意思決定に対する強力な道具を与えるというフィロソフィを含んでいる．その手法は IBM 互換の PC に対し AIM とよばれるコンピュータプログラムの中に組み込まれている．この手法は意思決定者に彼らが解を探索するときに種々のフィードバック情報を供給する．このソフトでは種々の目的が含まれていてよい．すなわち，最大化すべき目的，最小化すべき目的，ターゲット目的，これらにさらに閾値（ユーザがその目的がそれ以上改善されても無差別に思うレベル）がついたものなど．閾値の考えをさらに説明するために，家の購入の際その家の年数が最小化すべき属性であると仮定しよう．さらに，購入者は10年以下の年数の家は同じと見なすと仮定する．このとき，10年という閾値があり，そのために築後8年の家は築後10年の家よりも年数においてよいとは見なされない．

まず，意思決定者は次の基本的情報をもっている．

1. 最初は中央値に設定された各目的に対する現在の目標あるいは希求水準とその値と少なくとも同程度によいと見なされるその目的の値をもつ代替案の割合

2. 2つの別の希求水準，すなわちデータベースの中で現在の目標の次によいものと次に悪いもの

3. 与えられた問題に対する理想解（ideal solution）と最悪解（nadir solution）

4. 1と2で与えられた希求水準を同時に満足する代替案の割合

5. 現在の目標に「最も近い非被優越解」．最近解は現在の目標を効率フロンティア（efficient frontier）すなわち非被優越解の集合への写像によって得られる．

現在の目標はユーザによって任意の目的の任意の要求された実現可能な水準に成分ごとに変えることができる（また，そうした方がよい）．しかし，この際，現在の目標を効率フロンティアの「近くに」，したがってほぼ達成可能なレベルに保つべきである．ユーザが現在の目標を変えるとき，3以外の上記項目はすべて変わる．ユーザは意思決定者に役立つ種々のオプションを採用することができる．まず，ユーザは現在の目標を満足する解が存在すればそれがどれかを見ることができる．第二に，ユーザは現在の目標の選択の結果生じるある関数にもとづいた解のランキングを得ることができる．第三に，ユーザは最近解に類似の「近似解」を求めるためアウトランキングと呼ばれる概念の簡単化された形のを用いることができる．意思決定者はまた，現在の目標で意味される「重み」を再検討してもよいし，目的空間で問題の分布を見てもよいし，被優越解を削除してもよい．

これからどこに行くか？

MCDM は20年以上も活発に研究されてきている分野である．すでに，数多くの興味あるアプローチが開発され，問題を解くのに実施されている．MCDM における現在の傾向の中に，多目的意思決定支援システム（MCDSS）と複数の意思決定者を含む多目的問題と見なされる交渉（negotiation）がある．

MCDSS はユーザフレンドリーなパソコンシステムの中に多目的アプローチを集積している．現在，利用可能なシステムに Korhonen and Laakso (1986) の VIG/VIMDA, AHP を実行する Expert Choice, Lotfi (1992) の AIM パッケージなどがある．ほとんどの MCDSS のもつ1つの目的は，十分に使いやすく，また広く使われることを目指して最終的に安価なスタンドアロンソフトウェアを供給することである．

交渉すなわち多人数 MCDM は MCDM の自然な拡張である．多くの決定はグループでなされるものであり，交渉の理論というのは簡単化して交渉を助けるために MCDM 概念のいくつかを利用することを含んでいる．

管理科学，オペレーションズリサーチ，行動科学に関する学術雑誌に加えて，この分野を専門的に取り扱う2つの学術雑誌がある．それらは John Wiley から刊行されている *Multiple Criteria Decision Analysis* と Kluwer 刊行の *Group Decision and Negotiation* である．

⇒ 階層化意思決定法，決定分析，意思決定問題，多属性効用理論，多目的計画法，効用理論，価値関数．

[R. Ramesh, Stanley Zionts/中山弘隆]

参 考 文 献

[1] Belton, B. (1986), "A Comparison of the Analytic Hierarchy Process and a Simple Multi-Attribute Value Function," *European Jl. Operational Research*, 26, 7–21.

[2] Belton, B., and Gear, A.E. (1983), "On a Shortcoming of Saaty's Method of Analytic Hierarchies," *Omega*, 11, 227–230.

[3] Benayoun, R., De Montgolfier, J., Tergny, J. and Larichev, O. (1971), "Linear Programming with Multiple Objective Functions: Step Method (STEM)," *Mathematical Programming*, 1, 366–375.

[4] Bitran, G.R. and Rivera, J.M. (1982), "A Combined Approach to Solving Binary Multicriteria Problems," *Naval Research Logistics*, 29, 181–201.

[5] Chankong, V. Haimes, Y.Y., Thadathil, J. and

[5] Zionts, S. (1984), "Multiple Criteria Optimization: A State of the Art Review," in *Decision Making with Multiple Objectives*, Springer-Verlag, Berlin, 36-90.
[6] Geoffrion, A.M. (1968), "Proper Efficiency and the Theory of Vector Maximization," *Jl. Mathematical Analysis and Applications*, 22, 618-630.
[7] Keeney, R.L. and Raiffa, H. (1976), *Decisions with Multiple Objectives: Preferences and Value Tradeoffs*, John Wiley, New York.
[8] Klein, D. and Hannan, E. (1982), "An Algorithm for the Multiple Objective Integer Linear Programming Problem," *European Jl. Operational Research*, 9, 378-385.
[9] Korhonen, P., and Laakso, J. (1986), "A Visual Interactive Method for Solving the Multiple Criteria Problem," *European Jl. Operational Research*, 24, 277-287.
[10] Korhonen, P., Wallenius, J. and Zionts, S. (1984), "Solving the Discrete Multiple Criteria Problem Using Convex Cones," *Management Science*, 30, 1336-1345.
[11] Lee, S.M. (1972), *Goal Programming for Decision Analysis*, Auerbach Publishers, Philadelphia.
[12] Lotfi, V., Stewart, T.J., and Zionts, S. (1992), "An Aspiration-Level Interactive Model for Multiple Criteria Decision Making," *Computers and Operations Research*, 19, 671-681.
[13] Pasternak, H. and Passy, V. (1973), "Bicriterion Mathematical Programs with Boolean Variables," in *Multiple Criteria Decision Making*, University of South Carolina Press, Columbia.
[14] Ramesh, R., Karwan, M.H. and Zionts, S. (1989), "Preference Structure Representation Using Convex Cones in Multicriteria Integer Programming," *Management Science*, 35, 1092-1105.
[15] Saaty, Thomas L. (1980), *The Analytic Hierarchy Process*, McGraw-Hill, New York.
[16] Simon, H. (1957), *Administrative Behavior*, The Free Press, New York.
[17] Steuer, R.E. (1976), "Multiple Objective Linear Programming with Interval Criterion Weights," *Management Science*, 23, 305-316.
[18] Villarreal, B. and Karwan, M.H. (1981), "Multicriteria Integer Programming: A (Hybrid) Dynamic Programming Recursive Approach," *Mathematical Programming*, 21, 204-223.
[19] Yu, P.L. and Zeleny, M. (1976), "Linear Multiparametric Programming by Multicriteria Simplex Method," *Management Science*, 23, 159-170.
[20] Zionts, S. and Wallenius, J. (1976), "An Interactive Programming Method for Solving the Multiple Criteria Problem," *Management Science*, 22, 652-663.
[21] Zionts, S. and Wallenius, J. (1980), "Identifying Efficient Vectors: Some Theory and Computational Results," *Operations Research*, 28, 788-793.
[22] Zionts, S. and Wallenius, J. (1983), "An Interactive Multiple Objective Linear Programming Method for a Class of Underlying Nonlinear Utility Functions," *Management Science*, 29, 519-529.

多目的計画法
Multi-Objective Programming

はじめに

多目的計画法は，線形計画法，整数計画法，非線形計画法において，1目的関数以上をもつ数理計画問題に用いることができる理論や実際への拡張に関心がある．

単一目的計画問題では，たとえば，利益の最大化もしくはコストの最小化を図るという単一の目的関数をしばしば設定している．しかし，ほとんどではないが多くの実際の問題において，われわれは多くの相反する基準をもつ環境に置かれていることがわかる．より適切に多目的でモデル化された問題を見てみると，次のようなものがある．

石油精製スケジュール
 最小化　コスト
 最小化　輸入原油
 最小化　高イオウの未精製品
 最小化　スレート需要からの差

生産計画
 最大化　全正味収益
 最大化　各期の最小正味収益
 最小化　受注残
 最小化　残業
 最小化　完成した製品在庫

森林管理
 最大化　木材生産
 最大化　レクリエーションの訪問者が来る日
 最大化　野生生物の生育環境
 最小化　予算からの超過偏差

1970年代はじめに新しい話題として現れたとき，ほとんどすべての新しいオペレーションズリサーチと経営科学のテキストの中で多目的をもつ計画法の章が見られるほど多目的計画法は成長した（Zeleny, 1982; Goicoechea, Hanson and Duckstein, 1982; Yu, 1985）．

用　　語

多目的計画法は，次のように表される．
 最大化　$\{f_1(\boldsymbol{x}) = z_1\}$
  　　　$\vdots$
 最大化　$\{f_k(\boldsymbol{x}) = z_k\}$
 条件　　$\boldsymbol{x} \in S$

ここで，k は目的の数，z_i は〈基準値〉(criterion value)，S は〈決定空間〉(decision space) の実行可能領域である．$\boldsymbol{Z} = (f_1(\boldsymbol{x}), \cdots, f_k(\boldsymbol{x}))$ となる $\boldsymbol{x} \in S$ が存在するときかつそのときに限って，$\boldsymbol{Z} \in R^k$ を $\boldsymbol{z} \in Z$ となる〈基準空間〉(criterion space) の実行可能領域としよう．$K = \{1, \cdots, k\}$ とする．すべての $i \in K$ に対して $z_i \geq \bar{z}_i$ であり，

少なくとも1つの$i \in K$に対して$z_i > \bar{z}_i$となるような別の$z \in Z$が存在しないときかつそのときに限って，〈基準ベクトル〉(criterion vector) $\bar{z} \in Z$は〈非支配的〉である．すべての非支配的な基準ベクトルの集合をNで表す．それは〈非支配集合〉(nondominated set) と呼ばれる．その基準ベクトル$\bar{z} = (f_1(\bar{x}), \cdots, f_k(\bar{x}))$が非支配的であるときかつそのときに限って，点$\bar{x} \in S$は〈効率的〉(efficient) である．すべての効率的な点の集合をEで表す．それは〈効率的集合〉(efficient set) と呼ばれる．

$U : R^k \to R$を意思決定者（decision maker : DM）の〈効用関数〉(utility function) とする．Z上でUを最大化する$z^0 \in Z$は〈最適基準ベクトル〉(optimal criterion vector) であり，$(f_1(x^0), \cdots, f_k(x^0)) = z^0$となる$x^0 \in S$は多目的計画の〈最適解〉(optimal solution) である．効率的集合Eと非支配集合Nにおけるわれわれの興味は，もしUが〈座標的に増加する〉（すなわち，常にどの目的も多い方が少ないよりもよりよい）ならば，$x^0 \in E$，かつ$z^0 \in N$であるという事実から生じている．このように，多目的計画はNの中の最も好まれる基準ベクトルを見つけることによって解くことができる．

多目的計画を解く最もよい方法は意思決定者の効用関数を取り入れ，次の問題を解くことである．

最大化 $\{U(z_1, \cdots, z_k)\}$
条件 $f_i(x) = z_i \quad i \in K$
$\quad\quad x \in S$

なぜならば，この計画問題を解いて得られた解は多目的計画の最適解だからである．しかし，多目的計画は通常，このように解かれることはない．なぜならば，(1) 十分に正確なUを取り入れることが難しい，(2) Uはほとんど確実に非線形である，(3) 意思決定者は解法の求解過程で学びたい他の候補解を見られない，からである．

結果的に，多目的計画法は意思決定者の効用関数について〈明確に〉ではなく，〈暗黙の〉知識だけを要求する対話的方法（interactive procedure）を主として使うことになる．対話的な方法では，意思決定者の最も好む基準ベクトルに対する非支配集合を見つけることが目標になる．不幸にも，Nの大きさのために，Nの中の最もよい基準ベクトルを見つけることは容易な仕事ではない．結果として，対話的な方法は，〈最終解〉と呼ばれるもの，すなわち最適もしくは，意思決定過程を満足して終わることができるほど十分に最適に近い解で終了する．

背景の概念

通常の数理計画法の基本的なものに加えて，多目的計画法はオペレーションズリサーチのほかでは広く使われていない追加的な概念を要求する．重要なものを次に示す．

(1) 決定空間対基準空間（decision space vs. criterion space）： 1目的計画が典型的に決定空間で検討されるのに対し，多目的計画はほとんど基準空間で検討される．説明するために，次のものを考える．

最大化 $\{x_1 - 1/2 x_2 = z_1\}$
最大化 $\{\quad\quad x_2 = z_2\}$
条件 $\quad x \in S$

ここで，決定空間Sは図1で与えられ，基準空間Zは図2で与えられる．たとえば，$x^4 = (3, 4)$の〈写像〉である$z^4 = (1, 4)$を生成するために，目的関数で点$(3, 4)$を評価することによって，z^4を得ることができる．図2において，非支配集合Nは，z^3からz^4を通って，z^5そしてz^6へと続く境界線の基準ベクトルの集合である．図1では，効率的集合EはNに含まれる基準ベクトルの逆写像である．つまり，x^3からx^4を通って，x^5そしてx^6へと続く境界を表す点である．Zが必ずしも非負の象限になるとは限らないことに気を付けよ．

(2) 支持されない非支配基準ベクトル (unsupported nondominated criterion vector)： 他の非支配基準

図1 決定空間での表現

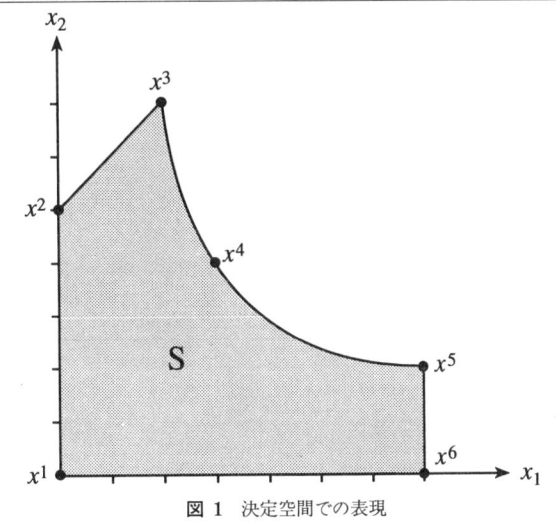

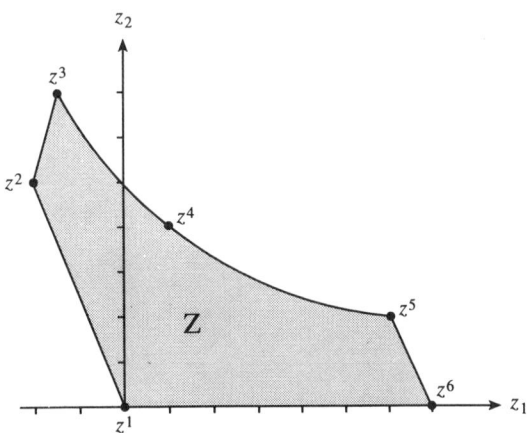

図2 基準空間での表現

ベクトルの凸結合によって，$\bar{z}$を支配することが可能なときかつそのときに限り，$\bar{z}\in N$は支持されない．図2において，支持されない非支配基準ベクトルの集合はz^3とz^5を除いて，z^3からz^4を通ってz^5までの基準ベクトルの集合である．支持される非支配基準ベクトルの集合は，z^3にz^5とz^6による線分を含めた集合である．支持されない非支配基準ベクトルは非凸実行可能領域においてのみ生じる．したがって，それらは整数計画および非線形多目的計画においてのみ生じる．

(3) 非支配基準ベクトルの同定 (identifying non-dominated criterion vector)：図を用いて$\bar{z}\in Z$が非支配か否かを決定するために，原点が$\bar{z}$になるように変換したR^kの非負象限を見てみよう．$\bar{z}$以外に，ベクトルが変換された非負象限の中にあるときかつそのときに限り，ベクトルが$\bar{z}$を支配することに気を付けよ．したがって，変換された非負象限が$\bar{z}$のほかに，可能な基準ベクトルを持たないときかつそのときに限り，$\bar{z}$は非支配的である．図2でz^4に変換された非負象限を見てみると，z^4が非支配的であることがわかる．z^2に変換された非負象限を見てみると，z^2が支配的であることがわかる．

(4) 利得表 (payoff table)：各目的が実行可能領域の境界にあると仮定すると，利得は次のようになる．

	z_1	z_2		z_k
z^1	z_1^*	z_{12}		z_{1k}
z^2	z_{21}	z_2^*	$\ddots$	z_{2k}
z^k	z_{k1}	z_{k2}		z_k^*

ここで，列は個々に目的を最大化したものから得られた基準ベクトルである．利得表の主対角にあるz_i^*は非支配集合上の様々な目的の最大基準値である．利得表の第i列の最小値はN上の第i目的の最小基準値である．N上の最小基準値を得るのはしばしば難しいので (Isermann and Steuer, 1988)，これらの列の最小値はN上の最小基準値の代わりにしばしば使われる．

(5) z^{**}参照基準ベクトル (reference criterion vector)：$z^{**}\in R^k$である参照基準ベクトルは非支配集合より上側にある基準ベクトルである．その要素は次のように与えられる．
$$z_i^{**} = z_i^* + \varepsilon_i$$
ここで，ε_iは適度に小さい正の値である．z_i^*よりも大きい最小の整数にz_i^{**}がなるようなε_iの値で通常，十分である．

(6) 重みベクトル空間 (weighting vector space)：一般性を失うことなしに，重みベクトル空間を次のようにしよう．

$$\Lambda = \{\lambda\in R^k | \lambda_i\in (0, 1), \sum_{i\in K}\lambda_i=1\}$$

対話を行う環境の中で，〈区間定義部分集合〉(interval defined subset) と呼ばれるΛの部分集合は次の形式をしている．
$$\Lambda^{(h)} = \{\lambda\in R^k | \lambda_i\in (l_i^{(h)}, \mu_i^{(h)}), \sum_{i\in K}\lambda_i=1\}$$

ここでhは反復回数である．また，次のように設定する．
$$0 < l_i^{(h)} < \mu_i^{(h)} < 1 \qquad i\in K$$
$$\mu_i^{(h)} - l_i^{(h)} = \mu_j^{(h)} - l_j^{(h)} \qquad \text{すべての}i\neq j\text{に対して}$$

一連の連続的な小さい区間定義部分集合は，各反復における区間幅 ($\mu_i^{(h)} - l_i^{(h)}$) を小さくすることによって定義できる．

(7) 標本計画問題 (sampling program)：次の〈加重和計画〉問題は非支配集合の標本を示すために使われる．なぜならば，$\lambda\in\Lambda$である限り計画問題の解は効率的な点を示すからである．

$$\text{最大化}\ \{\sum_{i\in K}\lambda_i f_i(x) | x\in S\}$$

加重和計画問題の欠点は，支持されない点を生成することができないということである．

それに応えるものとして多目的計画法の対話型手続きの多くで，z^{**}からの非支配集合の「下向きの」(downward) 調査をするために，〈拡張チェビシェフ〉計画問題 (augmented Tchebycheff program) が使われる．

最大化 $\{\alpha - \rho\sum_{i\in K}z_i\}$

条件 $\alpha\geq\lambda_i(z_i^{**} - z_i)$ $\qquad i\in K$
$f_i(x) = z_i$ $\qquad i\in K$
$x\in S$
$z\in \boldsymbol{R}^k$ 無制限（自由）

ここで，$\alpha\in R$，$\lambda\in\Lambda$である．ρは小さいが，計算するには十分な任意の正値である．拡張チェビシェフ計画問題の欠点はρの値にもかかわらず，問題の形で解くことができない非支配集合の中の支持されない解があるかもしれないことである (Steuer, 1986)．

よりよい数理的な特性をもつ計画問題は，実行するのは難しいが，辞書式のチェビシェフ計画問題である．

lex min $\{\alpha, -\sum_{i\in K}z_i\}$

条件 $\alpha\geq\lambda_i(z_i^{**} - z_i)$ $\qquad i\in K$
$f_i(x) = z_i$ $\qquad i\in K$
$x\in S$
$z\in \boldsymbol{R}^k$ 無制限（自由）

ここで，$\lambda\in\Lambda$である．最初の辞書式レベルで，αを最小化するように解く．そして，2番目の辞書式レベルでは，αを最小化するこれらの解のもとで，$-\sum_{i\in K}z_i$を最小化する．辞書式チェビシェフ計画問題の解はいつも非支配基準ベクトルであるとは限らないが，もし$\bar{z}$が非支配的ならば，$\bar{z}$が唯一計画問題の解になるような$\bar{\lambda}\in\Lambda$が存

在する (Steuer, 1986).

(8) 満足基準ベクトル (aspiration criterion vector): 満足基準ベクトル $q \in R^k$ は，問題からの期待もしくは予想を反映するために意思決定者によって決められる基準ベクトルである．満足基準ベクトルは，それが決められると満足基準ベクトルに近い非支配基準ベクトルを見つけるために，典型的には拡張チェビシェフ計画問題もしくは辞書式チェビシェフ計画問題によって N 上に射影される．

(9) q と z^{**} によって定義されるチェビシェフ端点の λ ベクトル (T-vertex λ-vector defined by q and z^{**}): q と z^{**} によって定義されるチェビシェフ端点の λ ベクトルはその要素が次のものによって定義される $\lambda \in \Lambda$ である．

$$\lambda_i = \frac{1}{(z_i^{**} - q_i)} \left[\sum_{j \in k} \frac{1}{(z_j^{**} - q_j)} \right]^{-1}$$

拡張チェビシェフ計画問題もしくは辞書式チェビシェフ計画問題に導入されるとき，チェビシェフ端点の λ ベクトルは z^{**} と q を通り，

$$-\left(\frac{1}{\lambda_1}, \cdots, \frac{1}{\lambda_k}\right)$$

の方向に沿った非支配集合を調べるための問題になる．

ベクトル最大化アルゴリズム

線形の場合，多目的線形計画 (multiple objective linear program: MOLP) は次のようなベクトル最大化の形式で書かれることがある．

"最大化" $\{Cx = z \mid x \in S\}$

ここで，C は行が k 目的の係数ベクトルである $k \times n$ 行列である．点が効率的であるときかつそのときに限り，それはベクトル最大化問題に対する解になる．多目的線形計画の効率的集合 E を特徴付けるアルゴリズムはベクトル最大化アルゴリズムと呼ばれる．1970 年代，すべての効率的な端点を計算するためのベクトル最大化コードの開発に対して，かなりの努力が費やされた．考え方は，意思決定者が決定過程を満足して終了するように，効率的な端点に関連する非支配基準ベクトルのリストを見せることによって，最大の効用をもつ効率的な端点を同定することができるというものである．

不幸にも，非支配集合を探すために ADBASE のようなベクトル最大化コードを使うとき，表 1（10 個のサンプルの大きさはそれぞれ $k \times m \times n$ の大きさ）に示すように，多目的線形計画問題は誰もが想像するよりも多くの効率的な端点をもつということがすぐにわかる (Steuer, 1986). 変数の数と制約式の数がある役割をするのに対し，効率的な端点に最も劇的に影響する要因は，k 個の目的関数の勾配によって生成される凸錐である〈基準錐〉(criterion cone) の大きさである．

表 1 多目的線形計画問題の効率的な端点の平均数

多目的計画問題の大きさ $k \times m \times n$	効率的な端点	C.P.U. 時間 (秒)
$3 \times 50 \times 25$	313	11.9
$3 \times 50 \times 50$	543	45.2
$3 \times 50 \times 100$	794	193.7
$4 \times 10 \times 50$	41	3.2
$4 \times 20 \times 50$	279	25.4
$4 \times 40 \times 50$	1702	203.2
$3 \times 50 \times 25$	313	11.9
$4 \times 50 \times 25$	1506	81.5
$5 \times 50 \times 25$	8905	939.7

表 1 の CPU 時間は，IBM ES 9000 モデル 720 のコンピュータにおける時間を表す．表 1 の数字によって示されている非支配集合の大きさのために，他の〈対話的方法〉が多目的計画法において最前線に出てきた．

対話的方法

対話型の多目的計画法では，非支配集合の中の最善の点を実行可能領域上で探索を行う．対話的方法は計算段階と意思決定の段階を交互に行うことによって特徴付けられる．一般的には，パターンを確立し終了するまで繰り返し行い続ける．各繰り返しのときに，解もしくは解グループが検討のために生成される．検討の結果として，意思決定者は〈制御パラメータ〉(controlling parameter) の値の形式で解法に対して，選好についての更新した情報を入力する（選好の重み，満足基準ベクトル，λ-ベクトル間隔幅，増加／減少／固定される基準ベクトルの要素，基準ベクトルの下限，など．個々の対話的方法に依存している）．

多くの対話的方法が提案されている一方で，実質的には，それらのすべては同じ〈一般的なアルゴリズムの原則〉(general algorithmic outline) に，多かれ少なかれしたがっている．図 3 に示したように，一般的なアルゴリズムの原則は次のものを含んでいる．

・制御パラメータの初期設定．
・非支配集合を調べる（たとえば，標本をとる）ための 1 つもしくは多くの数理計画問題の最適化．
・基準ベクトルの結果の検討．
・現在の反復において学習したものに焦点を当てた次回の反復のための制御パラメータの再設定．

利用するのに最も適切なものは，しばしば適用する問題と利用者の意思決定のスタイルに依存するために，ある範囲の対話的方法が必要であると合意されている，最も主要な対話的方法は次の 10 個である．

1. ECON：e-制約法(e-constraint method)
2. STEM：Benayoun, de Montgolfier, Tergny and Larichev (1971)
3. GDF：Geoffrion-Dyer-Feinberg 法

ら始まる．$q^{(1)}$ と z^{**} によって定義されるチェビシェフ端点の λ ベクトルを使い，$z^{(1)}$ を生成するために N 上に $q^{(1)}$ を射影して，拡張チェビシェフ計画問題を解く．$z^{(1)}$ に焦点を当てて，意思決定者は新しい満足基準ベクトル $q^{(2)}$ を決める．$q^{(2)}$ と z^{**} によって定義されるチェビシェフ端点の λ ベクトルを使い，$z^{(2)}$ を生成するために N 上に $q^{(2)}$ を射影して，拡張チェビシェフ計画問題を解く．$z^{(2)}$ に焦点を当てて，意思決定者は3番目の満足基準ベクトル $q^{(3)}$ を決める．そして，同様に続ける．アルゴリズムは，次のようになる．

ステップ1．$h=0$. 利得表と参照基準ベクトル z^{**} をつくり，拡張チェビシェフ計画問題に使う $\rho>0$ を決める．意思決定者は満足基準ベクトル $q^{(1)}$ を決める．

ステップ2．$h=h+1$. $q^{(h)}$ と z^{**} によって定義されるチェビシェフ端点の λ ベクトルを計算する．

ステップ3．チェビシェフ端点の λ ベクトルを使って，$z^{(h)}$ に対する拡張チェビシェフ計画問題を解く．

ステップ4．基準点として，$q^{(h)}$ と z^{**} を用いて，意思決定者は $z^{(h)}$ を見る．

ステップ5．もし，意思決定者が反復をやめたいならば，最終解として $(z^{(h)}, x^{(h)})$ で終了する．

ステップ6．意思決定者は満足基準ベクトル $q^{(h+1)}$ を決める．ステップ2へ行く．

N が $z^{(1)}$ から $z^{(h)}$ を通って，$z^{(2)}$ へ至る境界基準ベクトルの集合である図4を考える．図において，満足基準ベクトル $q^{(h)}$ が拡張チェビシェフ計画問題によって非支配集合上に射影される方法を見る．z^{**} から出ていて，$q^{(h)}$ を通って行く矢印の方向が

$$-\left(\frac{1}{\lambda_1}, \cdots, \frac{1}{\lambda_k}\right)$$

によって与えられる．ここで，λ_i は $q^{(h)}$ と z^{**} によって定義されるチェビシェフ端点の λ ベクトルの要素である．したがって，$q^{(h)}$ を変えることによって標本計画問題

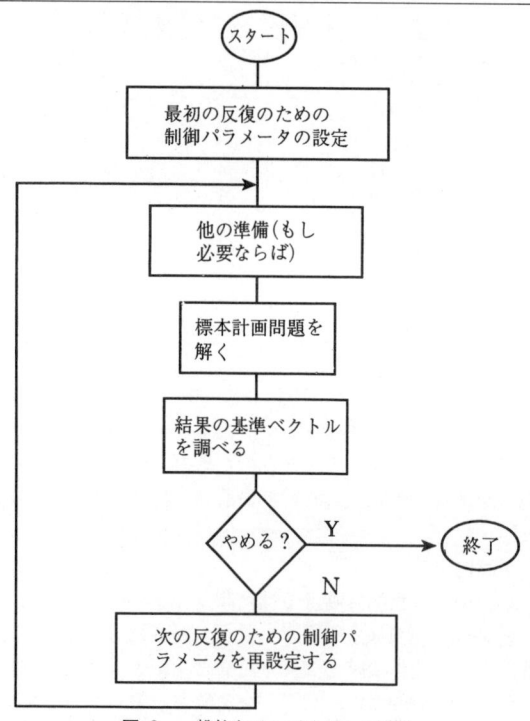

図3 一般的なアルゴリズムの原則

4．ZW：Zionts-Wallenius 法
5．ISWT：対話型代理価値トレードオフ法（intrreractive surrogate worth trade-off method, Chankong and Haimes, 1978）
6．IGP：対話型目標計画法（interactive goal programming, Franz and Lee, 1981；Spronk, 1981）
7．WIERZ：Wierzbicki (1982, 1986) の満足基準ベクトル法（aspiration criterion vector method）
8．TCH：Steuer and Choo (1983) のチェビシェフ法（Tchebycheff method）
9．SATIS：Nakayama and Sawaragi (1984) の満足化トレードオフ法（satisficing tradeoff method）
10．RACE：パレートレース（Pareto Race, Korhonen and Laakso, 1986；Korhonen and Wallenius, 1988）

他の対話型多目的計画法には，Sobol and Statnikov (1981), Gabbani and Magazine (1986), Climaco and Antunes (1987), Sakawa and Yano (1990), Jaszkiewicz and Slowinski (1992) がある．

対話的方法の選択

〈満足基準ベクトル法〉(WIERZ) は，満足基準ベクトル $q^{(1)} < z^{**}$ を決めるように意思決定者に求めることか

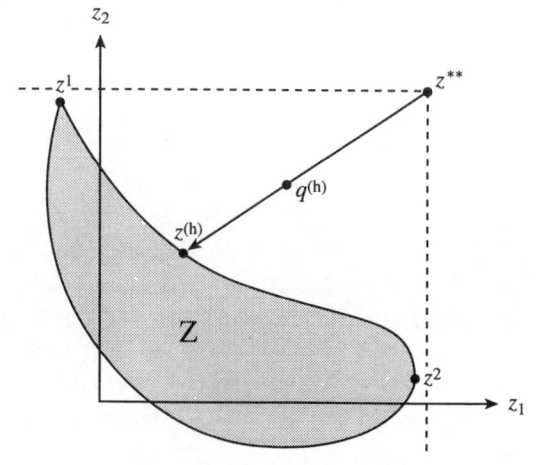

図4 非支配集合上への $q^{(h)}$ の射影

によって生成される $z^{(h)}$ を変えることができる．

　各反復で1つの解のみを生成する代わりに，〈チェビシェフ法〉(TCH) は次第に小さくなっていく一連の N の部分集合の各部分集合の複数の調査を行うことによって，解のグループを生成する．各反復で意思決定者に示される解の数を P とする．チェビシェフ法は $\Lambda^{(1)} = \Lambda$ から P 個のよく空間を代表する λ ベクトルを生成することから始まる．そして，拡張チェビシェフ計画問題がそれぞれの λ ベクトルに対して解かれる．P 個の非支配基準ベクトルから，意思決定者はその中から最も好ましいものを選ぶ．それを $z^{(1)}$ とする．そこで，$\Lambda^{(1)}$ の区間幅を削減し，区間部分集合 $\Lambda^{(2)}$ を定義するために，$z^{(1)}$ と z^{**} によって定義されるチェビシェフ端点の λ ベクトルを中心にして $\Lambda^{(2)}$ を生成する．そして P 個のよく空間を代表する λ ベクトルを $\Lambda^{(2)}$ から生成し，拡張チェビシェフ計画問題がそれぞれの λ ベクトルに対して解かれる．P 個の非支配基準ベクトルから，意思決定者は最も好ましいものを選びそれを $z^{(2)}$ とする．そこでまた，$z^{(2)}$ と z^{**} によって定義されるチェビシェフ端点の λ ベクトルを中心に $\Lambda^{(2)}$ の区間幅を削減し，区間部分集合 $\Lambda^{(3)}$ を定義する．そして，P 個のよく空間を代表する λ ベクトルを $\Lambda^{(3)}$ から生成し，拡張チェビシェフ計画問題がそれぞれの λ ベクトルに対して解かれる．そして，同様に続ける．

　各反復で複数解を生成するにあたって，加重和計画問題を使うもう1つの方法は，Geoffrion-Dyer-Feinberg (GDF) 法である．GDF 法は初期実行可能基準ベクトル $z^{(0)}$ を決めることから始める．そして，意思決定者は $z^{(0)}$ で部分的に限界トレードオフを反映する λ ベクトルを決める．λ ベクトルを使って，加重和計画問題を解き基準ベクトル $y^{(1)}$ を得る．そして $z^{(0)}$ から始まり，$y^{(1)}$ で終わる基準空間 Z の実行可能領域を通る線は，P 個の等空間基準ベクトルをつくるために区分される．等空間基準ベクトルの最も好まれるものが，$z^{(1)}$ になる．そして，意思決定者は $z^{(1)}$ で部分的に限界トレードオフを反映する新しい λ ベクトルを決める．λ ベクトルを使って，加重和計画問題が基準ベクトル $y^{(2)}$ に対して解かれる．そして，$z^{(1)}$ から始まり $y^{(2)}$ で終わる Z を通る線分は，P 個の新しい等空間基準ベクトルをつくるために区分される．等空間基準ベクトルの最も好まれるものが，$z^{(2)}$ になる．そして，同様に続ける．

　〈満足化トレードオフ法〉(SATIS) は参照基準ベクトル z^{**} と初期満足基準ベクトル $q^{(1)}$ を決めることから始める．そして，$z^{(1)}$ を生成するために，$q^{(1)}$ と z^{**} によって定義されるチェビシェフ端点の λ ベクトルを使い，拡張チェビシェフ計画問題を解く．意思決定者は，2番目の満足基準ベクトル $q^{(2)}$ をつくるために，増加する $z^{(1)}$ の要素，各増加量，緩和する要素，および各緩和量を決める．$z^{(2)}$ を生成するために，$q^{(2)}$ と z^{**} によって定義されるチェビシェフ端点の λ ベクトルを使い，拡張チェビシェフ計画問題を解く．意思決定者は，$q^{(3)}$ をつくるために，増加する $z^{(2)}$ の要素，各増加量，緩和する要素，および各緩和量を決める．$z^{(3)}$ を生成するために，$q^{(3)}$ と z^{**} によって定義されるチェビシェフ端点の λ ベクトルを使い，拡張チェビシェフ計画問題を解く．そして，同様に続ける．

　上述した他の反復方法の記述は，参考文献で見つけることができる．

結　論

　非支配集合の標本をとるために使われる加重和，拡張チェビシェフ，他の様々なこれらの計画問題は，ほとんどのケースで通常の数理計画法のソフトウェアを使うことができる1基準最適化問題である (Gardiner and Steuer, 1994)．このように，反復方法は1目的計画問題と同様に，多くの制約と変数をもつ多目的計画問題に用いることができる．不幸にも，多目的計画問題では，目的の数に関して制限がある．約5目的までの問題は一般的に適応できるが，非支配集合は目的の数が増加するにつれてその増加率が大きくなるため，この数についての困難さは簡単に生じる．しかし，予想される今後の研究の進歩によって，特に，通常の1基準の数理計画法を目的の数が1つのときの特別な場合として含む多目的計画問題に対する方法が実現されるならば，将来の見通しは明るい．

⇒ 決定分析，線形計画法，多目的意思決定，効用理論．

[Ralph E. Steuer/桃々木規雄]

参　考　文　献

[1] Benayoun, R., J. de Montgolfier, J. Tergny, and O. Larichev (1971). "Linear Programming with Multiple Objective Functions: Step Method (STEM)," *Mathematical Programming* 1, 366–375.

[2] Chankong, V. and Y.Y. Haimes (1978). "The Interactive Surrogate Worth Trade-off (ISWT) Method for Multiobjective Decision Making," in S. Zionts, ed., *Multiple Criteria Problem Solving, Lecture Notes in Economics and Mathematical Systems* 155, 42–67.

[3] Climaco, J.C.N. and C.H. Antunes (1987). "TRIMAP – An Interactive Tricriteria Linear Programming Package," *Foundations Control Engineering* 12(3), 101–120.

[4] Franz, L.S. and S.M. Lee (1981). "A Goal Programming Based Interactive Decision Support System," *Lecture Notes in Economics and Mathematical Systems* 190, 110–115.

[5] Gabbani, D. and M. Magazine (1986). "An Interactive Heuristic Approach for Multi-Objective In-

teger-Programming Problems," *Jl. Operational Research Society* 37, 285–291.
[6] Gardiner, L.R. and R.E. Steuer (1994). "Unified Interactive Multiple Objective Programming," *European Jl. Operational Research* 74, 391–406.
[7] Geoffrion, A.M., J.S. Dyer, and A. Feinberg (1972). "An Interactive Approach for Multicriterion Optimization, with an Application to the Operation of an Academic Department," *Management Science* 19, 357–368.
[8] Goicoechea, A., D.R. Hanson, and L. Duckstein (1982). *Multiobjective Decision Analysis with Engineering and Business Applications*, John Wiley, New York.
[9] Isermann, H. and R.E. Steuer (1988). "Computational Experience Concerning Payoff Tables and Minimum Criterion Values over the Efficient Set," *European Jl. Operational Research* 33, 99–97.
[10] Jaszkiewicz, A. and R. Slowinski (1992). "Cone Contraction Method with Visual Interaction for Multi-Objective Non-Linear Programmes," *Jl. Multi-Criteria Decision Analysis* 1, 29–46.
[11] Korhonen, P.J. and J. Laakso (1986). "A Visual Interactive Method for Solving the Multiple Criteria Problem," *European Jl. Operational Research* 24, 277-287.
[12] Korhonen, P. J. and J. Wallenius (1988). "A Pareto Race," *Naval Research Logistics* 35, 615–623.
[13] Nakayama, H. and Y. Sawaragi (1984). "Satisficing Trade-off Method for Multiobjective Programming," *Lecture Notes in Economics and Mathematical Systems* 229, 113–122.
[14] Sakawa, M. and H. Yano (1990). "An Interactive Fuzzy Satisficing Method for Generalized Multiobjective Programming Problems with Fuzzy Parameters," *Fuzzy Sets and Systems* 35, 125–142.
[15] Sobol, I.M. and R.B. Statnikov (1981). *Optimal Parameters Choice in Multicriteria Problems*, Nauka, Moscow.
[16] Spronk, J. (1981). *Interactive Multiple Goal Programming*, Martinus Nijhoff Publishing, Boston.
[17] Steuer, R. E. (1986). *Multiple Criteria Optimization: Theory, Computation, and Application*, John Wiley, New York.
[18] Steuer, R.E. (1995). "ADBASE Multiple Objective Linear Programming Package," Faculty of Management Science, University of Georgia, Athens, Georgia.
[19] Steuer, R.E. and E.-U. Choo (1983). "An Interactive Weighted Tchebycheff Procedure for Multiple Objective Programming," *Mathematical Programming* 26, 326–344.
[20] Wierzbicki, A.P. (1982). "A Mathematical Basis for Satisficing Decision Making," *Mathematical Modelling* 3, 391–405.
[21] Wierzbicki, A.P. (1986). "On the Completeness and Constructiveness of Parametric Characterizations to Vector Optimization Problems," *OR Spektrum* 8, 73–87.
[22] Yu, P.L. (1985). *Multiple-Criteria Decision Making: Concepts, Techniques and Extensions*, Plenum Press, New York.
[23] Zeleny, M. (1982). *Multiple Criteria Decision Making*, McGraw-Hill, New York.
[24] Zionts, S. and J. Wallenius (1976). "An Interactive Programming Method for Solving the Multiple Criteria Problem," *Management Science* 22, 652–663.

多目的線形計画問題

multi-objective linear-programming problem

通常の線形計画問題に現れる1次制約条件 ($Ax=b$, $x≧0$) の下で, $p≧2$ 個の目的関数の同時最適化を図る問題. p 個の目的関数に対応する p 本の行からなる $p×n$ 行列を C と書いたとき, 問題は $Ax=b$, $x≧0$ の下で Cx を「最大化」する問題となる. ここで「最大化」と括弧付きで書いたのは, p 個の目的関数を同時に最適化することはできないためである. もしそのような (端点) 解が存在するなら, 問題はただちに解ける. 一般には, 個々の目的関数を最適化する端点解の間の妥協解を求めるための特別な計算手続きが必要となる. 妥協解は, 効率的な解 (非劣解) の中から選ばれる. この問題は, またベクトル最適化問題とも呼ばれている. ⇒効率的な解, 多目的計画法, パレート最適解.

単位行列

identity matrix

正方行列 $A=(a_{ij})$ で, $a_{ii}=1$, $a_{ij}=0$, $i≠j$ となるもの. ⇒逆行列, 行列と行列代数.

単一サーバネットワーク

single-server network

一人のサーバが1つまたは複数のノードのすべてのサービスを受けもつような待ち行列ネットワークをいう. 例として, 巡回するトークンを保持したノードのみがサービスを要求する権利をもつトークンリングシステムや, サーバが待ち行列の間を逐次的あるいは循環的に動き回るポーリングシステムなどがある. ⇒待ち行列ネットワーク, 待ち行列理論.

段 階

stages

(1) 非指数的サービス時間を指数的な確率変数の和として表現するやり方のことで, おのおのの確率変数は段

階と呼ばれる．段階が独立で同一分布にしたがうとすると，和の分布としてアーラン確率関数が得られる．段階が独立のみであるとすると，得られる密度関数は一般化アーランとなる．この種の工夫をさらに拡張すると，コックス型あるいは段階型分布となる．⇒待ち行列理論．
(2) 意思決定が必要とされるような動的計画問題の分割化のこと．各段階にはいくつかの付随する状態が存在し，任意の段階における意思決定は現在の段階における状態が次の段階における状態に推移する状況について記述する．⇒動的計画．

探　査
fathom

計算パスを十分に吟味することによって，そのパスの分析結果が可能な限りの情報，もしくは必要とされる情報を提案することを論理的に結論すること．⇒ 分枝限定法．

探索モデリング
Exploratory Modeling

はじめに

探索モデリングは，複雑で不確実なシステムの分析を行うために数値実験（numerical experiment）を用いる研究方法である（Banks, 1993）．探索モデリングは，先行する知識から得られる確からしさや，さもなければ問題点によってモデルの集合体から探査したり抽出したりすることであると解釈できる．このモデル集合はしばしば大規模だったり，無限の大きさになってしまう．すなわち，探索モデリングの主要課題は，制約された数値実験をもとに有効な結論や信頼できる洞察を得ることのできる探査と抽出の方法を立案することにある．

探索モデリングは，既知の事実を統合して唯一のモデルを作り上げ，それをシステムの行動を表現するものとして利用する方法と対比できる．実験によって確かめられればこの唯一のモデルを実際のシステムの代わりとして分析に使用することができる．この方法の例にはCADシステムに使われている工学的モデルも含まれる．成功事例では，この「統合的」方法論は複雑なシステムの動きを理解するための強力な技法である．残念ながら，問題となるシステムにおいては，多くの場合，現実の代わりとして有効に使えるモデルを構築することは不可能に近い．これは，要素があまりに多様で，実験の結果が特定できないこと，理論の未熟さ，システム活動の非線形性などによるものでもあるが，基本的には仮説をつくるのに十分な知識が欠けていることにある．このようなシステムにおいては，既知の情報から統合的な唯一のモデルを作り上げて仮説の最適な推定を得るために使うのは大変危険である．

不十分な知識や非合理的な不確実性が，目的とするシステムのモデル化を妨げている場合，モデル開発者は詳細部分や因果関係について推測しなければならない．得られたモデルが目的とするシステムの信頼できるイメージにはならなくても「計算上の実験」として，もし推測した仮定が正しかったとしたら，システムはどのような挙動を示すかということを明らかにするために使うことができる．探索モデリングは，このような一連の数値実験を様々な推定や仮説の適用を調べるために利用する．

探索モデリングの焦点は問題についての唯一のモデルを考えるのではなく，取り扱っている分析や検討問題から見てうまく当てはまるか重要性のあるいくつものモデルの集合について考えることにある．この集合は問題に関係する不確実性から生まれたものであって，また，入手できるデータや知識によって制約されている．集合の中から特定のモデルを選び出すためには，不確実であるかまだ判明していない要因についての仮説を作り出すことが求められる．このような数値実験は，典型的にはそんなに情報を与えてくれるものではない（その結果についての当たり外れを提案する以上には）．そうではなくて，探索モデリング法は数多くの実験の結果を調べることによって得られる，全体的な結果の理由付けを支持するものでなければならない．このように，探索モデリングは先験的な知識によって信頼できると考えられるモデルの集合体を探査し抽出することだと理解できる．

中心的な問題

多数のあるいは無限の可能性の中から，どのようにして限られた数のモデルのサンプルとケースをうまく選び出すかということが探索モデリングの中心的な問題である．このためには，モンテカルロ法による構造的なモデル発生法，実験計画法，費用関数の極値探索，モデル空間内で質的に異なった挙動をする領域の探査，あるいは論理的なサンプリング法と人的な洞察や推論との組合せなど，幅広い検討の方法が可能である．数値実験は，可能性のある結果の範囲を調べたり，疑問のあるデータを説明するための仮説設定，特徴的な変化段階の発見，適用性のあるモデル集合への入り口，リスク分析・機会分析・シナリオ分析などにもとづく推論の確認などに役立つ．探査は実際の数値パラメータについて行う場合と，異なったグラフ構造，関数，問題構造等のような非パラメータ的な不確実性に関する場合との両方について行うことができる．

応用のタイプ

探索モデリングが応用できる問題には，データ駆動型

(data driven)，問題駆動型 (question driven)，モデル駆動型 (model driven) の3つの種類がある．データ駆動型の探索はデータセットから始まり，データに一致するモデルをモデル集合の中から選び出すことによって識見を得ようとするものである．問題駆動型の探索は回答を求める質問（たとえば，地球温暖化に対して政府はどのような政策をとるべきかなど）から始めて，確からしい回答を得られると考えられるモデルとケースの集合を探査することによってこの問題を処理する．モデル駆動型探索は固定的なデータセットも特定の質問や政策の選択も使わない，その代わりある範囲のモデルの特性についての理論的な調査であり，結果的には実験的数学である．データ駆動型とモデル駆動型の例はすべての科学において見られる．他方，問題駆動型は政策分析において認められる．

複雑で不確定な政策決定においては，信頼性を証明されたモデルが構築できない場合にも探索モデリングによって新しい知見を得ることができる．1つの例はモデルを存在証明や仮説生成に用いることである．反常識的であるがありえそうなモデルやケースを1つ示すことで，政策に関する議論のあり方に有意義な変化をもたらすことが可能である．その他の例としては，慎重にリスクを避けたい場合がある．この場合，起こりうる最悪の事態のモデルを検討することはヘッジ戦略の計画に非常に役立つ．これは，たとえモデルが確証されていなくても，また感度が未知であってもかまわない．有効な検討方策の他の例としては少額の投資が大きな配当を生むような特殊なケースを探す場合や，不確実性がすべて一方に（よい方にせよ悪い方にせよ）偏っていて，強い論拠が使える場合などである．これらすべての例は予測や最適化が不可能な場合でも部分的な情報によって政策を示すことができるという事実にもとづいている．モデル空間と関連の数値実験を探すことによって，代替的な政策の選択に有用な特性をもった例を見つけることができる．

政策問題に答えるために使用する情報の探査は，しばしばモデル空間の閾値，限界値，あるいは包絡を発見して，モデルを異なった特性をもった副集合に分割することでより容易になる．たとえば，探索モデリングでどのモデルが安定的でどれがカオス的な動特性をもっているかを探すことができるし，あるいは，2つの相反する政策のどちらにどのようなモデル特性の組合せが望ましいかを探すことを目的にすることもできる．

複雑なモデルに対して探索モデリングを積極的に利用するには，大きな計算能力が要求される．したがって，この方法は最近になってから広く用いられるようになった．コンピュータ能力の増加にしたがってこの手法はより重要になっていくであろう．

モデリングを支えている現在の多くの技術は，統合的なモデリングの伝統に根ざしている．単独のモデルの開発と利用は，複数のモデルによる数値実験を用いた探索的モデリングよりも広く支持されている．探索モデリング手法を推進するには利用者が効率的に信頼性のあるモデル群やモデルの出力を探査したり，証明の内容を構築したり，知識と仮説の双方の適用を学ぶことができるような探索的モデルのための環境が必要である．

⇒ OR/MS の実践，公共政策分析，妥当性の検証．

[Steve Banks/高井英造]

参 考 文 献

[1] Bankes, S. (1993), "Exploratory Modeling for Policy Analysis," *Operations Research*, 41, 435–449.

[2] Campbell, D., J. Crutchfield, D. Farmer and E. Jen (1985), "Experimental Mathematics: The Role of Computation in Nonlinear Science," *Communications of the ACM*, 28, 374–384.

[3] Hodges, J. (1991), "Six (or so) Things You Can Do With a Bad Model," *Operations Research*, 39, 355–365.

[4] E. Leamer (1978), *Specification Searches*: *Ad Hoc Inference with Nonexperimental Data*, John Wiley, New York.

[5] Miser, H.J. and E.S. Quade eds. (1985), *Handbook of Systems Analysis*: *Overview of Uses, Procedures, Applications, and Practice*, North-Holland, New York.

[6] Miser, H.J. and E.S. Quade, eds. (1988), *Handbook of Systems Analysis*: *Craft Issues and Procedural Choices*, North-Holland, New York.

[7] Quade, E.S. (1980), "Pitfalls in Formulation and Modeling," in Q. Majone and E.S. Quade (eds.), *Pitfalls of Analysis*, John Wiley, Chichester, England.

[8] Quade, E.S. (1985), "Predicting the Consequences: Models and Modeling," in H.J. Miser and E.S. Quade (eds.), *Handbook of Systems Analysis*: *Overview of Uses, Procedures, Applications, and Practice*, North-Holland, New York.

探索理論

Search Theory

はじめに

探索 (search) および探索理論 (search theory) という用語は，しばしばデータベースを通じたデータの探索や，関数の最大値の探索，およびジョブの探索のような広い範囲のトピックスを含んでいる．しかし以下の論述では，「探索者」(searcher) が効率的に発見したいと考える目標物 (target) がある古典的な探索問題で扱われる問題に議論を限定する．目標物の位置に関する探索者の知識は確率分布で表される．また探知センサ (detection sensor) があり，その性能は目標物の存在地域に投入された探索努力（search effort）と目標物の探知確率とを関連付ける関数で特性付けられるものとする．探索者は制限された一定の努力量をもっており，目標物の探知確率を最大にするようにこの努力量を配分したいと考えているものとする．

問題は次のように数学的に定式化される．

$X =$ 探索空間（search space）（典型的には n 次元ユークリッド空間）

$p(x) =$ 目標物が地点 x, $x \in X$, に存在している事前確率（密度）

$f(x) =$ 地点 x, $x \in X$, に投入される探索努力量（密度）

$b(x, z) =$ 目標物が x に存在するとき，その地点に投入された z の努力（密度）による目標物の探知確率，ただし $x \in X$, $z \geq 0$

$c(x, z) =$ 地点 x, $x \in X$, に投入された努力（密度）z のコスト（密度）

上記の定義では連続探索空間（continuous search space）または離散探索空間（discrete search space）に関する量について同じ記号を用いた．たとえば平面は連続探索空間であり，有限個のセルの集合は離散探索空間の例である．X が連続の場合，p は確率密度となり，f は努力密度となる．f を配分関数（allocation function）と呼び，b を探知関数（detection function）という．すべての関数はボレル可測であると仮定される．

$F(X) =$ 探索空間 X 上で定義された配分関数の集合とし，次を定義する．

$$P[f] = \int_X p(x) b(x, z(x)) dx$$

$$C[f] = \int_X c(x, z(x)) dx, \quad f \in F(X)$$

［訳注：ここでは，$z(x) = f(x)$ と考える］

このとき $P[f]$ は努力配分 f による目標探知確率であり，また $C[f]$ はその努力配分のコストである．ここで探索者の予算が K に制限されていると仮定する．そのとき最適探索問題は次を満足する探索努力配分 $f^* \in F(X)$ を求める問題となる．

$C[f^*] \leq K$,

$P[f^*] = \max\{P[f] : f \in F(X), C[f] \leq K\}$

探索努力配分 f^* は，探索コストに関する制約 K の下で目標探知確率を最大にする配分である．この問題は〈最適探知探索問題〉（optimal detection search problem）と呼ばれる．

歴　史

探索理論は，1942 年，大西洋におけるドイツ潜水艦の脅威に対抗するために米海軍の対潜戦 OR グループ ASWORG（the US Navy's Antisubmarine Warfare Operations Research Group）によって行われた分析から始まった．ASWORG は OR グループ ORG（the Operations Research Group）となり，後に作戦評価グループ OEG（the Operations Evaluation Group）となった．

ASWORG によって出された最初のメモランダムは探索に関する報告であった．George Kimball は Bernard Koopman, James Dobbie およびその他若干の人たちに，それまでに行った探索に関する分析結果を一貫した理論として統合することを提案した．探索理論の主題の基礎的な確率論的基盤を準備し，探索努力の最適配分に関する最初の分析結果，すなわち指数型探知関数と 2 変量正規分布の目標分布をもつ静止目標物の探知について，一定の探索努力の最適配分を求めたことは，Koopman の功績であると，Philip Morse が評価している．Koopman は最適探索の基本的問題の要素，すなわち，事前目標存在分布，探索努力と探知確率を関係付ける関数，探索努力量の制約，努力量の制約条件下での最適化の評価尺度である最大探知確率などを定義した．

それらの成果は *Search and Screening*（Koopman, 1946）（訳註：佐藤喜代蔵訳「捜索と直衛の理論」，海上自衛隊第 1 術科学校）として出版された．この書物では探索幅（sweep width），探索率（sweep rate），探知関数，運動学的増分（kinematic enhancement）などの探索に関する多くの基礎的な概念を定義している．そしてそれらによってレーダーや目視の探索モデルが与えられた．この書物とその改訂版，Koopman（1980）は，現在でも基礎的な探索理論に関する古典的参考文献として生きている．

静止目標物の探索

Koopman（1946）は次の問題を解いた．探索空間 X を平面とし，次を仮定する．

$$p(x_1, x_2) = (2\pi\sigma^2)^{-1} \exp\left(-\frac{x_1^2 + x_2^2}{2\sigma^2}\right),$$
$(x_1, x_2) \in X$
$b(x, z) = 1 - \exp(-Wz), \quad x \in X, \quad z \geq 0$
$c(x, z) = z, \quad x \in X, \quad z \geq 0$

上記は目標存在分布が円形正規分布，探知関数が指数型，そして探索努力が時間で測られる場合である．パラメータ W は探索率と呼ばれ，面積/時間の次元をもつ．努力密度 z の次元は時間/面積である．探索率は探索センサの効率の尺度であり，たとえば単位時間当たりに何平方哩の探索空間を掃引できるかを表す量である．ここで総時間 T だけ探索できるとする．そのとき探知確率を最大にする探索努力密度の配分 f^* は何か．この問題について Koopman は次の解を示した．

$f^*(x_1, x_2)$

$$= \begin{cases} \left(\dfrac{WT}{\pi\sigma^2}\right)^{1/2} - \dfrac{x_1^2+x_2^2}{2\sigma^2}, & \dfrac{x_1^2+x_2^2}{2\sigma^2} \leq \left(\dfrac{WT}{\pi\sigma^2}\right)^{1/2} \\ 0, & \dfrac{x_1^2+x_2^2}{2\sigma^2} > \left(\dfrac{WT}{\pi\sigma^2}\right)^{1/2} \end{cases}$$

このときの探知確率は次式となる．

$$P[f^*] = 1 - \left[1 + \left(\dfrac{WT}{\pi\sigma^2}\right)^{1/2}\right] \exp\left[-\left(\dfrac{WT}{\pi\sigma^2}\right)^{1/2}\right]$$

米国およびその他の諸国の研究者たちのその後の研究は，静止目標物に対する探索理論を十分成熟させた．Stone (1989) はこれらの成果をまとめたものである．

一様最適と増分最適性

$b(x,\cdot)$ の導関数を $b'(x,\cdot)$ で表す．すべての $x \in X$ に対して $b'(x,\cdot)$ が正で，連続かつ強意の減少ならば，b は〈正則〉探知関数（regular detection function）と呼ばれる．探知関数が正則のとき，Stone (1989) の定理2.2.2 と 2.2.3 は，任意の大きさの総努力 $K>0$ の最適配分 f^*（それは数値的な計算で求められるであろうが）の定理を与える（Stone の例題2.2.8 は離散探索空間，指数探知関数の場合の最適計画を求めるアルゴリズムを与えている）．Stone (1989) の定理2.2.4 と 2.2.5 は，正則探知関数の場合，探索空間および時間についての努力の最適配分は，時点 t までに使用される努力の最適な配分をすべての時点 $t \geq 0$ で計算することによって求められることを示している．そのような配分は，すべての時点にわたって最適なので〈一様最適〉（uniformly optimal）と呼ばれる．

［訳注：上述の Stone (1989) の定理は以下のとおりである．

b は正則な探知関数とし，$e(x,z) = z$，$\rho_x(z) = p(x) b(x,z)$，$z > 0$，と定義する．また $\rho_x^{-1}(\lambda)$ を $0 < \lambda \leq \rho_x(0)$ の λ に対しては ρ_x の逆関数，$\lambda > \rho_x(0)$ に対しては 0 と定義し，$U(\lambda) = \int_x \rho_x^{-1}(\lambda)\, dx$，$x \in X$，$\lambda > 0$，とする．

定理2.2.2 総探索コスト $K > 0$ に対し，$\lambda = U^{-1}(K)$（U^{-1} は U の逆関数）と定義する．このとき $f_\lambda^*(x) = \rho_x^{-1}(\lambda)$ で求められる f_λ^* は総探索コスト K の最適配分であり，$C[f_\lambda^*] = K$ である．（定理2.2.3 は離散探索空間問題に関する同様の定理である）．

定理2.2.4 $\varphi(x,t)$ を時点 t までに地点 x に配分される探索努力（密度），$M(t)$ を t までの累積総努力量とする．

$$\int_{x \in X} \varphi(x,t)\, dx = M(t).$$

このとき $\varphi^*(x,t) = \rho_x^{-1}(U^{-1}(M(t)))$，$x \in X$，$t \geq 0$，で求められる φ^* は一様最適である（定理2.2.5 は離散探索空間問題に関する同様の定現である）］．

正則探知関数の最適探索計画は，〈全的〉最適性（total optimality）と呼ばれるもう1つの興味深い性質をもっている．探索者が努力量 K_1 の最適探索を実施したが，目標物の発見に失敗したとしよう．彼は付加的な増分努力量 K_2 を与えられ，そして第1段階の探索が失敗したという条件の下で，この増分努力量を最適に配分する探索計画を実施したとする．ここでこれらの探索の総努力量 $K_1 + K_2$ の探索を考えてみよう．上述の2段階の探索は総努力量 $K_1 + K_2$ に対する最適計画になるであろうか．正則探知関数の場合はこの答えは「イエス」である．増分的最適探索計画（incrementally optimal search plan）は全的最適計画を与える．

移動目標物に対する探索

一方的な探索において，探索空間内の目標物の位置と動きは，確率過程 $Y = \{Y_t, t \geq 0\}$ で特性付けられている．ここに $Y_t \in X$ は時点 t の目標物の位置を表す．時間空間を $[0,T]$ にとり，時点 T までの目標物の探知確率を最大にすることを求める．探索計画 ψ は探索空間および時間についての探索努力（密度）の配分で表される．すなわち，

$$\psi(x,t) = \text{時点 } t \text{ で地点 } x \text{ に配分される努力（密度）}, \quad \text{ただし } x \in X,\ 0 \leq t \leq T$$

探索努力は使用可能な単位時間の量（rate）で制約されている．特に努力（時間率）$m(t)$ が時点 t，$0 \leq t \leq T$，で消費できる．探索計画 ψ は次式を満足しなければならない．

$$\int_x \psi(x,t)\, dx \leq m(t), \quad 0 \leq t \leq T$$
$$\psi(x,t) \geq 0, \quad x \in X,\ 0 \leq t \leq T$$

上記の条件を満足する計画の集合を Ψ とする．確率過程 Y の各標本経路 ω に対し，目標物がある経路をとるという条件の下で，時点 T までに目標物を探知する確率は，その経路の目標物について T まで累積した重み付け総努力密度 ζ，

$$\zeta(\psi,\omega,T) = \int_0^T W(Y_s(\omega),s)\, \psi(Y_s(\omega),s)\, ds$$

の関数で表される．Y の標本経路についての期待値を E とする．そのときには計画 ψ をとるときの時点 T までの探知確率は次式となる．

$$P_T[\psi] = E[b(\zeta(\psi,\cdot,T))]$$

移動目標物に対する最適探知問題は，すべての $\psi \in \Psi$ に対して $P_T[\psi^*] \geq P_T[\psi]$ となる $\psi^* \in \Psi$ を見いだすことである．そのような探索計画は〈T-最適〉（T-optimal）と呼ばれる．

ブラウンの計算アルゴリズム（Brown's algorithm）

探知関数が指数型で目標物の移動過程が離散空間・離

散時点マルコフ連鎖の場合，最適計画は短時間で効率的に計算できる．Brown (1980) はカルーシュ-キューン-タッカーの条件をこの問題の T-最適計画を計算するアルゴリズムに応用した．彼はこれらの条件を適切な形で書くことによって，この移動目標問題に対する最適計画は次の性質をもつことを見いだした．ある時点 t を選び，t を除いたすべての時点（t 以前も以後も）で最適計画が目標物の探知に失敗することを条件付ける．時点 t 以前および以後で目標物を探知しないという条件付きの事後目標分布を g_t とする．最適計画は目標分布 g_t の〈静止〉目標問題の探知確率を最大にするように時点 t の努力量 $m(t)$ を配分するものである．指数型探知関数の場合，静止目標物に対する最適計画を見いだす効率的な方法があるので，Brown は T-最適探索計画を求める効率的な繰り返し計算法を導くことができた．Washburn (1983) はこのアルゴリズムを他の評価関数に拡張した．

最適探索経路問題 (optimal search path problem)

探索者の移動の制約，たとえば 1 時点では隣接したセルにしか移動することができないような制約にしたがって，探索者がセル間を移動する離散時点・離散空間問題を考えよう．最適な探索経路問題は，制約条件を満足し，かつ時点 T までの探知確率を最大にする探索経路を求める問題である．Eagle and Yee (1990) はこの問題を解くためのアルゴリズムを提案している．

双方的な探索問題

この型の問題では，目標物は探知を避けることに努める．静止目標物の場合には，目標側の目的は，探索ができるだけ困難になるように潜伏位置を選ぶことである．この問題は通常，探知までの平均時間を最大にしたい目標物と，それを最小にしたい探索者の間の 2 人ゲームとしてモデル化される．一般的に最適解は探索者および目標物の混合戦略となる．目標物が移動する場合には，双方的なゲームは非常に複雑になる (Gal, 1980; Thomas and Washburn, 1991 を参照).

応用例

探索理論は，1968 年，アゾレス群島近海で沈没した米海軍原子力潜水艦〈スコーピオン号〉の発見 (Richardson and Stone, 1971) や，1857 年，カリフォルニアからニューヨークに向けて 3 トンの金塊を輸送中にハリケーンにあって遭難した汽船〈セントラル-アメリカ号〉の発見 (Stone, 1992) に応用されたことがある．また探索理論は電子計算機による米国沿岸警備隊の探索・救難計画支援システム (CASP: Computer-assisted, search-and-rescue planning system) の開発に用いられた (Richardson and Discenza, 1980).

[Lawrence D. Stone/飯田耕司]

参考文献

[1] Brown S.S. 1980. "Optimal Search for a Moving Target in Discrete Time and Space." *Opns. Res.* **28**, 1275–1289.
[2] Eagle J.N. and Yee J.R. 1990. "An Optimal Branch-and-Bound Procedure for the Constrained Path, Moving Target Search Problem." *Opns. Res.* **38**, 110–114.
[3] Gal S. 1980. *Search Games*. Academic Press, New York.
[4] Koopman B.O. 1946. *Search and Screening*. Operations Evaluation Group Report No. 56. Center for Naval Analyses, Alexandria, Virginia.
[5] Koopman B.O. 1980. *Search and Screening: General Principles with Historical Applications*. Pergamon Press, New York.
[6] Richardson H.R. and Discenza J.H. 1980. "The United States Coast Guard computer-assisted search planning system (CASP)." *Naval Research Logistics Quarterly* **27**, 659–680.
[7] Richardson H.R. and Stone L.D. 1971. "Operations Analysis During the Underwater Search for Scorpion," *Naval Research Logistics Quarterly* **18**, 141–157.
[8] Stone L.D. 1989. *Theory of Optimal Search*. Second edition, Operations Research Society of America, Baltimore, MD.
[9] Stone L.D. 1992. "Search for the SS Central America: Mathematical Treasure Hunting." *Interfaces* **22**, 32–54.
[10] Thomas L.C. and Washburn A.R. 1991. "Dynamic Search Games." *Opns. Res.* **39**, 415–432.
[11] Washburn A.R. 1983. "Search for a Moving Target: The FAB Algorithm." *Opns. Res.* **31**, 739–751.

端　線

extreme ray

凸集合において端線方向となる射線．

端線方向

extreme direction

ある集合において，他の 2 つの方向ベクトルの非負結合としては表現することができない方向ベクトル．

ダンツィク-ウォルフの分解算法

Dantzig-Wolfe decomposition algorithm

角状系の線形計画問題を解くために設計されたシンプレックス法の変形版．各ブロックは子問題を定義する．もとの問題は，子問題の端点の凸 1 次結合として表され

る解を求める問題に変換される．⇨ 角状システム．

端点
extreme point

凸集合 S の点の中で，S の相異なる2つの点の凸結合として表現することができないもの．端点は，頂点もしくはコーナー点と呼ばれることもある．四角形の場合は，その4つの頂点が端点となる．一方，円の場合はその円周上の点全体が端点となる．線形計画問題の場合には，凸集合の端点は実行可能基底解に対応する．またその問題が最適解をもつときには，端点の中の1つが最適解となる．

端点解
extreme point solution

解の凸集合のうち端点によって表される線形計画問題の解のこと．このような解は実行可能基底解である．

端末
terminal

貨物の統合，積荷降ろし，交替，あるいは輸送，車両サービスのために運送業者によって用いられる基地のこと．

ち

置換定理
transposition theorems

置換定理は線形方程式系の可解性に関する排反的二者択一性を扱う．たとえば Stiemke の置換定理は次のようになる．「行列 $A \neq 0$ に対して次の命題は等価となる．(1) $Ax=0$, $x>0$ は解をもたない．(2) $uA \leq 0$, $uA \neq 0$ は解をもつ．⇨ ファーカスの補題，ゴルダンの定理，強双対性定理，二者択一定理．

知識獲得
knowledge acquisition

専門知識の源泉から知識を抽出し，構造化し，分析するとともに，その知識を推論機構で利用可能な形式に表現する行為．⇨ 人工知能，エキスパートシステム，推論エンジン．

知識技術者
knowledge engineer

エキスパートシステムを開発したり，エキスパートシステムに利用するために専門家から推論知識を抽出したりする技術者．⇨ エキスパートシステム．

知識ベース
knowledge base

エキスパートシステムの構成要素の1つで，応用分野に固有の推論知識（reasoning knowledge）を保持するための部分．その知識は問題に関する推論の過程で推論機構によって使われる．推論知識がルールで表現されるエキスパートシステムでは，知識ベースはルール集合，すなわち，ルールベース（rule base）になる．知識ベースにはこれ以外の知識が含まれることもある．⇨ 人工知能，エキスパートシステム．

チャップマン-コルモゴロフの等式
Chapman-Kolmogorov equations

状態空間 S 上の斉時的なマルコフ連鎖 $\{X(t)\}$ において，$X(s)=i$ という条件の下で $X(s+t)=j$ である確率を $p_{ij}(t)$ とする．このとき，すべての状態 i, j とパラメータ $s, t \geqq 0$ に対してチャップマン-コルモゴロフの等式

$$p_{ij}(s+t) = \sum_{k \in S} p_{ik}(s) p_{kj}(t)$$

が成立する．状態空間が連続である場合にも，同様な等式が成り立つ．⇒ マルコフ連鎖，マルコフ過程．

中国人の郵便配達人問題
Chinese Postman Problem

はじめに

中国人の郵便配達人問題（Chinese postman problem：CPP）の名前は，普及するきっかけとなった文献における問題設定に由来している．中国人の数学者 Mei-Ko Kwan（1962）が，1人の郵便配達人と配達すべき道路が指定された地域が与えられたとき，すべての道路を通り，出発点に戻る経路の中で，総移動距離が最も短いものを求める問題を提案したのである．以後，Kwan の研究に追随した研究者はこの問題を中国人の郵便配達人問題（CPP）と呼ぶようになった．一般的に，与えられたグラフのすべての辺（道路など）を少なくとも1回ずつ通る経路の中で総距離が最も短いものを見つける問題は CPP としてとらえることができる．類似問題には，与えられたグラフの頂点をちょうど1度ずつ通る最短の経路を求める巡回セールスマン問題があるが，この巡回セールスマン問題と同様に CPP も多くの応用をもつ（もちろん，郵便配達もその1つである）．道路の清掃や除雪，ゴミの収集やメーター検針，配管の点検などはすべて CPP として扱うことができ，現実にそのように扱われてきた．

以下の議論において，巡回路（tour）および閉路（cycle）はともに，与えられたグラフで同一の始点と終点をもち，すべての辺を〈少なくとも1回〉ずつ通る経路をさすものとする．また，特にことわりのない限り，辺はすべて無向（通る向きは考慮しないもの）とする．

閉路および巡回路

CPP およびそれから派生する様々な問題の基礎は数学のグラフ理論にある．与えられたグラフですべての辺を通り，出発点に戻る閉路（巡回路，ツアー）を求める問題のはじまりは1736年の数学者 Leonid Euler による，当時流行したパズルの解析である．Euler が扱った問題は Königsberg のすべての橋を1度ずつ渡り，後戻り

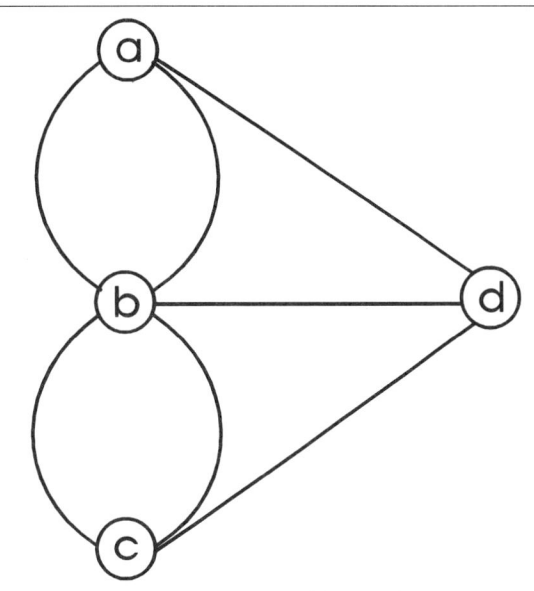

図1 ケーニヒスベルグ橋問題のグラフ

せずに出発点にもどる経路が存在するか，というものであるが，これは図1に示したグラフの各辺を〈ちょうど1度〉ずつ通る閉路が存在するか（すなわち，一筆書きができるか）を判定する問題と等価である．Euler は，このような閉路が存在する必要十分条件は各頂点に接続している辺の数が偶数である，すなわち各頂点の次数が偶数であることを示した．これは，各辺を〈ちょうど1度〉ずつ通る閉路においては各頂点を出る辺の数はその頂点に入る辺の数と同じでなければならない，という事実から論理的に導かれた帰結である．与えられたグラフの各辺をちょうど1度ずつ通る閉路はオイラー閉路（Euler cycle/tour）と呼ばれ，そのような閉路をもつグラフはオイラー的（Eulerian）であるという．各辺に費用が与えられ，辺を複数回経由することが許されたもとで〈費用が最小の閉路〉を求める問題が CPP である．

グラフがオイラー的である場合，巡回路の費用は，すべての辺の費用の総和となり，CPP の解は一般に多数存在するオイラー閉路のどれでもよい．一般的に，オイラー閉路が存在すれば1つ見つけることは，簡単である．与えられたグラフにおいて次数が奇数である頂点が2個以上あるとき（次数が奇数の頂点が1つだけもつことはありえない），CPP は2回以上通るべき辺を見つける問題に帰着される．図1に示されたグラフは奇数次数の頂点が4個あるので，このグラフにおける巡回路は2回以上通る辺が〈少なくとも1つ〉存在する．仮に図2のように各辺に費用を与えると，最小費用の巡回路は点線で示した辺を2回ずつ通る．この巡回路の費用は23であり，これはすべての辺の費用の和に辺 (a, b) および (c, d) を再度通る費用を加えたものである．

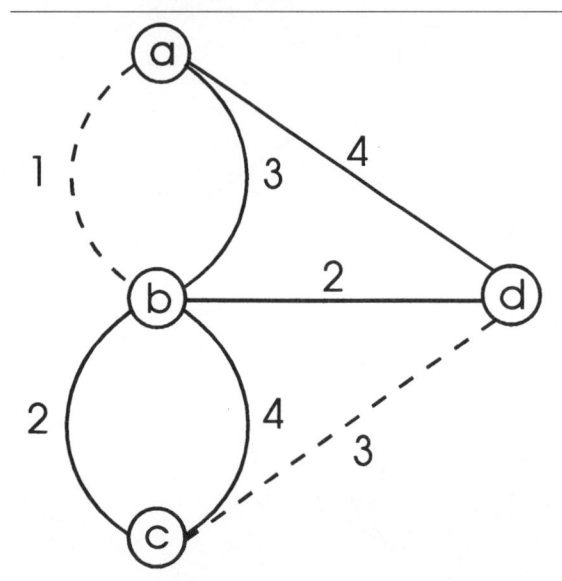

図2 辺に費用の付随したケーニヒスベルグ橋問題

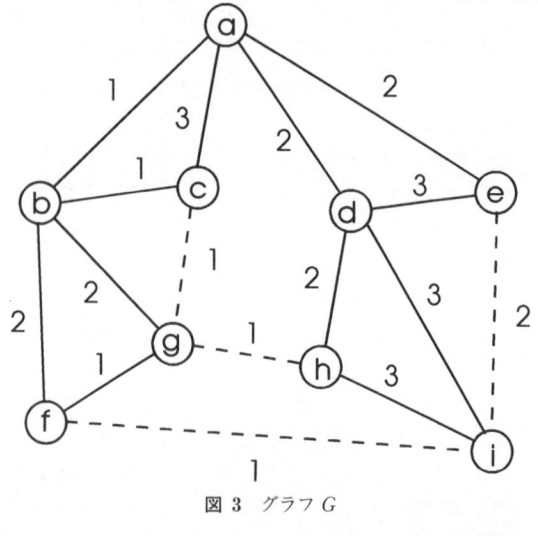

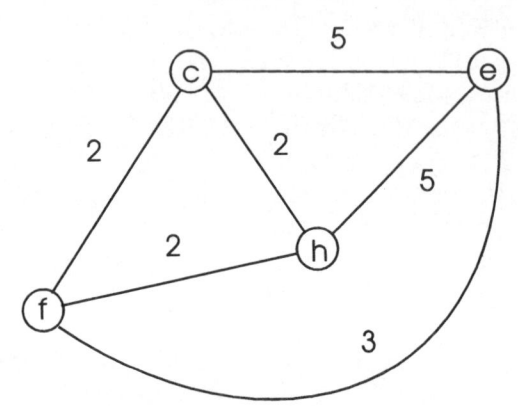

図3 グラフ G

図4 グラフ G'

数学的には，CPP は次のように記述することができる．n 個の頂点からなる頂点集合 V，辺集合 E をもつグラフ $G=(V, E)$，および頂点 i と j を結ぶ各辺 (i, j) に付随した費用 c_{ij} が与えられたとき，すべての辺を少なくとも1度ずつ通る通り方で総費用が最小となるものにおける辺 (i, j) を頂点 i から j へ通る回数 x_{ij} を求める．このとき，x_{ij} と x_{ji} の和が最適な巡回路における頂点 i と j を結ぶ辺を通る回数の和である．

CPP の定式化

$$\text{最小化} \sum_i \sum_j c_{ij} x_{ij} \tag{1}$$

$$\text{条件} \quad \sum_i x_{ik} - \sum_j x_{kj} = 0 \quad k=1, \cdots, n \tag{2}$$

$$x_{ij} + x_{ji} \geq 1 \tag{3}$$
$$\text{すべての } (i, j), (j, i) \in E$$

$$x_{ij} \geq 0, \text{ 整数} \tag{4}$$
$$\text{すべての } (i, j) \in E$$

記述を簡潔にするために，任意の2頂点間にはたかだか1つしか辺はないものと仮定しているが，図1，および2からもわかるように，これは必ずしも成り立つ事実ではない．しかし，同じ2頂点間に複数の辺がある場合も容易に (1)～(4) の形に変形できるので問題はない．

Edmonds と Johnson (1973)，および Christofides (1973) に指摘されたように，グラフに次数が奇数の頂点がある場合，CPP は次数が奇数の頂点の中で最小費用のマッチング (minimum cost matching) を求める問題に帰着される．グラフにおける最小費用のマッチングとは，頂点のペアの集合で，すべての頂点がちょうど1つのペアに含まれ，ペアにされた頂点同士を結ぶ辺の費用の総和が最小であるものである（訳注：通常，マッチング (matching) は各頂点がたかだか1つのペアに含まれるような頂点のペアの集合で，このように各頂点がちょうど1つのペアに含まれる場合は完全マッチング (perfect matching) と呼ばれる）．もし，ある2頂点間に辺がなければ，費用はその2頂点を結ぶ最短路の費用で与えるものとする．奇数次数の頂点の中の最小費用のマッチングに対応する辺をもとのグラフで複製することによって，グラフをオイラー的（すべての頂点が偶数次数）になるようにできる．このグラフのすべての辺の費用の総和，すなわちもとのグラフの辺の費用の総和に，複製した辺の費用の総和を加えたものがもとのグラフにおける最小費用の巡回路の費用になる．

この過程を図3のグラフを用いて説明する．図3のグラフは次数が奇数の頂点を4個 (c, e, f, h) もつ．この4個同士はいずれも直接辺で結ばれていない．最小費用のマッチングを求めるためには，図4に示されたグラフ G' を構成しなければならない．G' における辺の費用は対応する2頂点のもとのグラフにおける最短路の費用で与えられる．G' の最小費用のマッチングは (c, g) と (e, f) で構成されることは容易にわかる．この2つの辺

は，もとのグラフの路 (c-g-h) と (e-i-f) に対応しているので，最小費用の巡回路においては，これらの路に含まれる辺を2回通ることになり，図3では点線で示されている．

CPPを解くには2つの操作を行わなくてはならないが，いずれも多項式時間で実行することができる．まず，奇数次数の頂点の中で最小マッチングを求め，対応する辺を複製してグラフをオイラー的になるように変形する．次に，変形されたグラフの上でオイラー路を求めなければならない．CPPの時間計算量は最小マッチングを求める部分に支配されるが，これも $O(n^3)$ で求められることが知られている．が，次に簡単に触れるさまざまなバリエーションは，一般的に，このように簡単に解くことはできない．

中国人の郵便配達人問題の変形

CPPには現実にもしばしば登場するバリエーションが多数存在する．CPPにおいては，辺には向きがなく，どちらの方向にもたどることができる．CPPの最も単純な変形は，辺に向きがあるものである．このような辺は，配送路問題において一方通行の道路があったり，道路の清掃車の走行路を決定するときのように，1つの辺を両方向に通らなくてはならないようなときに生じる．後者の場合は，1つの道路を2つの有向辺で表すことになる．CPPと同様，辺に向きがある場合も多項式時間で解くことができ，マッチングではなく，ネットワーク流のアルゴリズムを用いればよいので，ある意味ではさらに簡単である．

グラフに無向，有向，両方の辺が混在するとき，費用が最小の巡回路を求める問題は混合郵便配達人問題 (mixed postman problem) と呼ばれる．混合郵便配達人問題はNP-困難であることが知られている．また，田舎の郵便配達人問題 (rural postman problem) は一部の辺のみ通らなくてはならないというCPPのバリエーションである．この問題は巡回セールスマン問題と等価であることが示されており，したがってNP-困難である．最後に紹介する容量制約付き中国人の郵便配達人問題 (capacitated chinese postman problem) では，各辺のサービスの需要が値をもち，サービスをする人（郵便配達人）の供給できるサービスに有限な容量がある可能性を考慮したものである．この設定においては，各辺の需要を満たしつつ，各配達人が容量を超えないような経路に割り当てられるように，複数の配達人の経路を決めなくてはならない．したがって，この問題は，容量制約をすべて満たし，かつすべての配達人の通る距離の総和が最小となるように辺全体をいくつかの部分集合に分割し，各部分集合に対して配達人を割り当てる問題，ということになる．混合郵便配達人問題や田舎の郵便配達人問題と同様に，この問題もNP-困難であることが知られている．

⇒組合せ理論，計算複雑度，グラフ理論，マッチング，ネットワーク，巡回セールスマン問題，配送経路問題．

[William R. Stewart, Jr./池辺淑子]

参 考 文 献

[1] Christofides, N. (1973), "The Optimum Traversal of a Graph," *Omega*, 1, 719–732.

[2] Edmonds, J. and E. Johnson (1973), "Matching, Euler Tours, and the Chinese Postman," *Mathematical Programming*, 5, 88–124.

[3] Kwan, M.-K. (1962), "Graphic Programming Using Odd or Even Points," *Chinese Mathematics*, 1, 273–277.

中途離脱

reneging discipline

待ち行列で待っている客が耐えられなくなって，サービスされる前，あるいはサービス中でさえも，自らシステムを離脱すること．リニーギング規律ともいう．⇒待ち行列理論．

超指数分布

hyperexponential distribution

確率密度関数が指数密度関数の凸和であるとき，連続確率変数は超指数（混合指数型）と呼ばれる．n 項の混合指数型に対する通常の $2n-1$ の代わりに，ちょうど2つのパラメータがあるようなとき，「超指数型」という用語が使われる．

超疎性

super-sparsity

ほとんどの大規模数理計画問題 (large-scale mathematical programming problem)，特に線形計画問題においては問題の行列の非零要素の数は非常に小さい．このような問題は低密度であるといわれる．さらに，問題の行列の中の異なる数値の個数は通常は非零係数の個数よりはるかに小さい．このような特性は超疎性として知られている．記憶と処理に要する計算量を節約するために超疎性という特性を以下のように利用する．それぞれの異なる数値は主記憶の中に数値表として貯えられる．それぞれの非零係数は3つの指標値，すなわち行指標値，列指標値，そして指示値として記録される．指示値は数値表の中の係数値の箇所を指定する．⇒密度，大規模システム，疎行列．

超平面

hyperplane

n 次元空間における超平面とは，与えられたスカラー a_j と b に対して，$a_1x_1+a_2x_2+\cdots+a_nx_n=b$ と表すことのできるベクトル $\boldsymbol{x}=(x_1,\cdots,x_n)$ の集合のことである．この式はまた，$\boldsymbol{a}=(a_1,\cdots,a_n)$ とすると，$\boldsymbol{ax}=\boldsymbol{b}$ とも書くことができる．この関数は，$n=2$ のときは直線を，$n=3$ のときは平面を定義する．

超立方体待ち行列モデル

Hypercube Queueing Model

超立方体待ち行列モデルは1960年代の後半から70年代の前半にかけて開発された．それは，米国の都市の病的な問題に科学的なエネルギーを投入しようと国家が力を入れはじめた時期に当たる．このモデルの最初の応用は，都市における警察のパトロールカーの配備展開に焦点があてられた．そのモデルにより都市の各管区に配置するパトロールカーの台数や，巡回する受け持ち区域，他の区域への展開のさせ方を決定し，警察官を他から緊急派遣する効果について検討することができた．数年にわたって，モデルは数多くの警察署や，他の公共的サービス機関や私的サービス業務に適用されてきた．

この項では，このモデル開発時の様子やモデルの鍵となるアイデア，その実施上の問題について述べる．二十年以上経つので，モデルの種々の側面について技術的な詳細を伝える文献が数多くでている．ここでは，モデルの歴史的進展の様子と枠組みについて述べ，参考文献を調べるためのロードマップを紹介し，実施した際のインパクトについて概観する．

初期の研究

超立方体モデルの起源は，ボストン警察署とMITとの共同研究および犯罪対策委員会でのわれわれの仕事に端を発する．パトロールカーの後部座席に座って乗り回したり，緊急派遣する担当官の無線機の後ろに立ちつくした膨大な時間の経験を通して，市街区域にある警察車の全車両は，「空間的に分散するサーバー」の待ち行列システムと見なせることがわかった．この待ち行列システム（queueing system）への「客の入力」は，「911番」（訳注：日本の110番）に電話する市民や緊急現場へのサービスを要求する市民によって生成される．通常のマルチサーバーモデルと違って，警察車の待ち行列システムはサーバーの異質性を考える必要がある．担当地区の特性や「客の要求」パターン，近隣地区のサーバーの負荷状況などによって各サーバーの仕事の負担（仕事量）が違ってくる．1969年に学位論文を書いているときに，どのサーバーがビジーでどのサーバーが手空きかがわかるよう状態空間（state space）を工夫したマルチサーバー・モデルが必要であると気づいた．あるサーバーの状態がビジーか手空きかを表すとなると，サーバーの数を N とすると，全部で 2^N の状態数が必要となる．「ビジー」なら1,「手空き」なら0と対応させて，1つの状態 i を N 桁の2進数で表すと便利である．サーバー N の状態は右から数えて，N 番目の数で表す．たとえば，状態 $i=01000\cdots$ は，サーバー $N-1$ がビジーで，残りはみんな手空きであることを示す．$i=2^N-1$ は，すべてのサーバーがビジーであり，待ち行列があるかもしれないことを示している（Larson, 1969, p. 124）．「超立方体」の問題を扱った学位論文では，「N が小さい場合」の数値例しか扱えなかった．大きな N に対する計算法についてはさらなる研究が必要であった．

この学位論文では，同時に，「ニューヨーク警察署」（NYPD）で集めた2週間分のデータをもとに，空間的に分散する待ち行列の性質を確定しようとした．データは54の所轄区域に巡回する「パトロール警官」によって集められた．1つの所轄区域でのデータは，8時間勤務の作業データをその区域のすべてのパトロールカー（たいていは12台，あるいはそれ以下）から集めたものである．ふつうの意味の行列ができることは稀ではあるが，〈確率的な混雑現象〉の意味で待ち行列が発生しているというのはよくあることであった．

確率的な混雑現象を理解するために，あなたが警察の巡回路Aに住んでいて，911番に警官の緊急な派遣を要請したとしよう．巡回路Aに割り当てられた車は，時間比にして ρ_A の割でビジーであるとする．ρ_A は巡回路Aに割り当てられた車（車A）の利用率（utilization factor）を表す．あなたが警察のサービスを必要とする時点は，車Aがビジーであるか手空きであるかの状態に依存しないと仮定する．911番に電話するとき，ρ_A の確率で，あなたの居所への車Aの緊急派遣はできないことになる．そのときは，派遣担当者は近隣地区の対応可能な車を選んで急送することになる．そのような応援車の派遣は「負担のシェア」と呼ばれる．というのは，たとえば，車Bは手空きであればAの要求に応じ，車Aは必要とされればBの手助けをする．そのようなやり方で，車AとBはそれぞれの仕事の負担をシェアする．一般的には，多くの車同士が複雑なやり方で互いの仕事の負担をシェアする．いま，すべての車A, B, C, … の利用率が同じ，つまり，$\rho_A=\rho_B=\rho_C=\cdots=\rho$ であるとしよう．このような場合，ある区域の誰かが911番に電話をしたとき，その要求に駆けつけてくれる車が，当該区域の車である可能性は $1-\rho$ であろう．結果的には，他の区域から駆けつけてくれる割合は ρ となる．この値は，米国の都市では，1960年代ではだいたい0.5であり，1990年代には

0.8 ぐらいである.

この単純に集約した「待ち行列モデル」で，1969 年 2 月 28 日（金）の NYPD 第 16 分署，第 3 巡回区域での外からの応援車の派遣を調べてみたのが，次の表である.

所轄区域	車がビジーな時間の比率（％）	他区域から緊急派遣された割合（％）
103	48	55
105	59	57
107	38	48
109	38	37
111	36	48

これからわかるように，緊急派遣される割合は，ビジーな時間比の値に比べて有意に小さくはない．上の単純なポアソンモデルが緊急派遣の比率の下限を与えることを理論的に示すことができる（Larson, 1969）.

この結果は 2 つの理由で重要である．第一に，緊急派遣される割合は巡回中の警官隊にとって有用な評価尺度である．個々の警察車の警察官は彼らに割り当てられた巡回，つまり彼らのパトロールに専念していると想定されている．パトロールに打ち込むことにより，彼らの巡回区域の公的秩序を守っているのだという気持ちを発揚させている．しかしながら，実際見たり理論的にも示したように，パトロールカーはきわめて頻繁に自分の受け持ち区域外の事件に派遣されている．これを警察用語では「フライング」と呼んでいる．フライングが多くなるほど，警察官は本来のパトロールの仕事への意識が薄れてしまう．われわれの研究調査の以前には，指揮官たちはフライングがそんなに多いとは思ってもいなかった．1990 年代にはもっとひどくなっている．第二に，この結果は，巡回中のパトロールカーである各サーバーが，空間的に複雑に分散され状態や仕事量が互いに強く依存し合っている待ち行列システムとなることを理論的にまた経験を通して立証した．

これらの結果と Larson (1969) により予備的に作られた超立方体モデルをもとにして，より一般的なモデルの開発に取り組んだ．この研究の以前には，パトロールをどう設計するかという手引きがほとんどなかった．巡回区域での仕事量が同じになるようにと配分されてきた．各巡回区域の仕事量が同じであれば，実際にパトロールカーにかかる仕事量も同じになるであろうと思われていた．われわれの研究調査の結果，この常識的なルールではひどく間違うこともあることがわかった（Larson, 1974 b）.

状態，遷移，確率の中心的アイデア

状態：先に述べたように，超立方体モデルは，立方体の端点やエッジで視覚化できる．たとえば，$N=3$ のとき，システムのある状態（state）は次のように記述できる．車 1 が手空きあるいは利用可能であり，車 2 がビジー，車 3 もビジーである状態は，$\{0,1,1\}$ と表される．これは，3 次元立方体の端点の 1 つに対応する．状態 $\{0,0,0\}$ は 3 台とも手空きであることを示し，$\{1,1,1\}$ は 3 台ともビジーであり，911 番に電話して待たされている人がいるかもしれない．もし待ちがあれば，立方体の状態空間の $\{1,1,1\}$ の状態に，「中国の凧」みたいに，無限に長い尾が追加される.

N が 3 より大きいときは，われわれの視覚化を超空間へと拡張して，N 次元空間の第 1 象限にある単位立方体を想像してもらえばよい．これがこのモデルを超立方体モデルと呼ぶ所以である.

遷移：状態遷移はサーバーが手空きからビジーに，ビジーから手空きになるときに生ずる．各遷移は超立方体のエッジに沿ってのみ生起する．この要請は各客に 1 人のサーバー，つまり 1 台のパトカーが割り当てられることを仮定している．すなわち，「集団サービス」がないということである.

遷移は確率的に発生する．サービスの終了に対応する下方への遷移は，サーバー j に対して率 μ_j で生起する．サービス時間は負の指数分布と仮定する．ある状態から隣接する他の状態への上向きの遷移は複雑な派遣ルールあるいは割り当てルールによって決まる．上方への遷移の率（transition rate）の計算はそれ自身うんざりするほど大変であり，自動的に計算できるようにしておく必要がある．サービスする地域の各エリアから，客はポアソン過程（Poisson process）にしたがって到着し，重なり合わないエリアでの到着過程（arrival process）は独立であると仮定する．上方への遷移の率がいったん求められてしまえば，任意の状態からの上向きの遷移のしたがう過程はポアソン過程になる．こうして，モデル全体は連続時間マルコフモデルとなる．

状態確率（state probability）：立方体モデルの評価尺度の値は極限での確率的振る舞いがわかれば求められる．そのために，システムが状態 $i=0,1,\cdots,2^{N-1}$ にある極限確率，つまり定常確率を計算する必要がある．この状態番号は超立方体の端点に都合のよいやり方で付けておく．

定常確率を計算するにはフローのバランスを考えればよい．ある微小時間 Δt の間にシステムが状態 i に入る確率は，システムがその状態から出る確率と等しいはずである．すなわち，入る確率流量と出る確率流量がバランスする．もしそうでなければ，状態 i において確率の正味の増分あるいは減少分があることになり，定常状態にあるという仮定に反する．超立方体の各端点の周りに小さな N 次元球を考え，そこへの入・出力フローを等しくすることでフローバランスの式をつくることができる．一般的には，2^N 本の方程式がつくられるが，その中の 1

本は冗長であり，それを確率の和が1となるという式と入れ換えて解くことになる．

Cambellが，最初にNサーバー超立方体モデルを解く一般的なコンピュータコードをつくった（Cambell, 1972）．Larsonがそのコードを一般化し，PL/Iでプログラムを書き，1975年にリリースした（Larson, 1975 b）．そのバージョンは，強化されたGauss-Seidel法をはじめ，モデルの計算時間を短縮化するいくつかのアルゴリズムを組み込んでいる．そのコードはモデルについて記述した最初の論文にあるアイデアのすべてを実装している（Larson, 1974 a）．

最初のモデルにおける物理的な仮定

最初のモデルは，いまでは，超立方体基本モデルと呼ばれているが，以下のいくつかの仮定をおいている（Larson, 1978; Larson and Odoni, 1981）．

1．地理的アトム： システムがサービスを提供する領域を，N_A個の「統計をとる小区域」あるいは「地理的アトム」に細分化できるものとする．これらは，たとえば，人口調査を行う区画単位，市街区のいくつかの集まり，あるいは警察の統計を報告する地域区分に対応する．モデルの中では各アトムはその中心に位置する点として扱われる．各アトムは交通輸送ネットワークのノードと見なされる．

2．独立ポアソン到着（Poisson arrival）： 各アトムは現場でのサービスを要求する客を率λ_iで発生する独立なポアソン過程発生源と見なされる．

3．移動時間： アトムiからアトムjへの平均移動時間を推定するのに必要なデータは利用可能である．そのようなデータがない場合，移動時間のもっともらしい値は解析的なモデルやネットワークアルゴリズムで近似的に計算できる．

4．サーバー： 空間的に分散しているN人のサーバーがあり，それらはサービス領域内の任意のアトムに移動できる．

5．サーバーの位置： サーバーの位置を表す方法として，パトカーの確率的な位置表示と救急車の確定的な位置表示とがある．l_{nj}＝サーバーnが手空きのときアトムjにいる確率，と定義する．空きのときは決まった位置に駐在する救急車nに対しては，l_{nj}のどれか1つの値が1で，他は全部0とする．いくつかのアトムをパトロールするパトカーに対しては，対応するアトムのところだけ非ゼロの値を与えればよい．

6．サーバーの割り当て： 各客の要求に対して，1つのサーバーだけが派遣されるものとする．その時点で派遣可能な車がない場合，待ち行列に並ぶか，たとえば私的な救急サービスのような「バックアップ・サービス」のどこかにその客を送るかのオプションがある．

7．派遣先の選好順序： サーバーの割り当ては固定された選択手続きによって行われる．つまり，各アトムに対して，そのアトムに派遣されてくるサーバーが好ましい順に並べられたリストがある．割り当て担当者は，そのリストの順に最初に空いているサーバーを探して派遣する．たいていは，リストは移動時間を最小にするなど地理的な要因をもとにつくられている．しかし，ときにはバイリンガルな警官を割り当てるなど他の要因を考慮することも重要である．

8．サービス時間： サービス時間には，移動時間，現場での処理時間，関連するフォローアップ時間が含まれ，平均時間はわかっているものとする．一般的にはサーバーごとにサービス時間が違うかも知れない．サービス時間分布は，ときには粗い近似かも知れないが，負の指数分布にしたがうものと仮定する．

9．サービス時間の移動時間への依存の程度： 移動時間に起因するサービス時間の変動は現場での処理時間や後処理時間による変動分に比べて小さく，2次的である．

上の仮定の下でモデルを用いて，サーバーの負担やサービス領域内での移動時間，近隣地区とのサービスの質の格差などに関する種々の有用な評価尺度を求めることができる（Larson, 1974 a, b）．

実際，いかなる現実のシステムでもモデルの仮定のすべてに正確に合致するものはないであろう．限られた努力の投入でモデルから導かれる意思決定の質を表すファクターを決めて，モデル化の単純さと現実のギャップの間のバランスをとらざるを得ない．

近　　似

超立方体待ち行列システムの研究を始めたころ（1973），コネチカット州のニューヘブン市の警察署から電話があった．そこの計画担当者がわれわれのモデルを使ってみたいということであった．これが最初の試験的な応用になりそうだということで興奮していた．当時のコンピュータの制約から，サーバー数が15まで対応できるモデルをPL/1でプログラムした．ニューヘブンがニューヨークやボストンのような大都市であれば，サーバー（警察車）が8～12の命令系統が独立したいくつかの区域に分けて扱ったであろう．ニューヨーク市や米国の他の大都市では，警察車が各行政区を越えて走り回ることはないので，区ごとに独立にモデル化すればよい．そこで，ニューヘブンの担当者に行政区について問い合わせたところ，同市では警察車はどこにでも動きうるということであった．実際，ニューヘブン市は全体で1つの行政区であり，$N=48$台の警察車があった．われわれは今日のコンピュータでも$N=48$の超立方体モデル，すなわち，2^{48}本の連立方程式を解くことができるとは思って

いない．

そこで超立方体モデルの状態空間の構造，つまりサーバーが1つ増えれば状態数が2倍になるという構造から課される「次元の呪い」を解決することに取り組んだ．われわれのアイデアは単純であった．方程式は評価尺度を計算するのに用いればよく，そのために 2^N 個の状態確率をすべて計算する必要はないということであった．われわれが必要とするのは，各サービスユニットの負荷（利用率）と「ユニット n がアトム j に派遣される比率」という形での派遣頻度であった．しかしながら，各ユニットが独立に動くということを暗に仮定しているため，この種の議論の背後にある論理は間違っていた．

1975年に，この独立性の仮定をはずした問題を確率的に正しく解く方法が工夫された（Larson, 1975 a）．システムの集約された確率的振る舞いを表現するのに M/M/N 待ち行列モデル（M/M/N queueing model）を用いてわれわれの以前の近似を均質サーバーでランダムな派遣ルールを行う M/M/N に対して修正し，また，不均一なサーバーシステムに対して近似的に修正するための「修正係数」を見いだした．

この修正係数を使って，N ユニットの（近似的な）利用率を求める N 本の非線形連立方程式を書くことができる．その非線形方程式は 3 ないし 4 回のガウス-ザイデルタイプ（Gauss-Seidel type）のイタレーションで解が幾何級数的に収束するよい性質をもっている．この結果に修正係数を再び利用して，サーバー n がアトム j に派遣される比率が計算できる．このように問題が解かれ，必要な評価尺度がすべて求められる．2年間にわたって，「正確な超立方体モデル」とこの「近似モデル」をいろいろなデータセットに対して同時に走らせてみた．ほとんどすべての例において，近似モデルは 2% 以内の誤差に収まっていた．この程度の誤差であれば十分な精度が得られたと考え，実際に適用する上で近似モデルだけで進めて行くことにした．ニューヘブン市での近似モデルの適用結果は Chelst（1975）に報告されている．

　　実　施　例

超立方体モデルを用いて方策決定を行う方法はかなり多くテストされたうえで，実施例での経験や多くの示唆を取り入れて数年にわたって汎用化された．ページ数の制約があって，ここではこれらの改良の詳細な記述を割愛したが，技術的な詳細を知りたければ Larson（1979）を参照するとよい．

超立方体モデルは，コネチカット州のハートフォード市，フロリダ州オーランド市（Sacks and Grief, 1994），オランダのロッテルダム市（Larson and Mcewen, 1974），ノースカロライナ州のチャペル・ヒル，テキサス州ダラス市，ニューヨーク市（Larson and Rich, 1987；Larson, 1979），マサチューセッツ州ケンブリッジ市をはじめとする多くの都市の警察署で導入されてきた．また，ボストン市（Brandeau and Larson, 1986；Hill et al., 1981；Larson, 1982）およびニューヨーク市の救急サービスにも適用されてきた．たとえば，ハートフォード市では警察車の一部を 911 番の応答業務から外して，麻薬対策専用車とするため，車の配置の再設計に焦点があてられていた．この計画は 1991 年に成功裏に行われた．1992 年，オーランド警察署は全警察力の再配備をこのモデルを用いて行った．このプロジェクトで新しく，ダウンタウン管区が導入された．ケンブリッジ警察署は，州の「プロポジション 2 1/2」で要請された税のカットに対応して警察力を縮小すると有害な結果が生じることを，市の責任者にデモンストレートするためにモデルを利用した．

⇒ マルコフ連鎖，マルコフ過程，待ち行列理論，RAND 研究所．　　　　　　　[Richard C. Larson／森　雅夫]

参 考 文 献

[1] Bodily, S.E. (1978), "Police Sector Design Incorporating Preferences of Interest Groups for Equality and Efficiency," *Management Science*, 24, 1301–1313.

[2] Brandeau, M., and R.C. Larson (1986), "Extending and Applying the Hypercube Queueing Model to Deploy Ambulances in Boston," in *Delivery of Urban Services*, A. Swersey and E. Ignall, eds., North Holland, New York.

[3] Campbell, G.L. (1972), "A Spatially Distributed Queueing Model for Police Patrol Sector Design," S.M. thesis, M.I.T., Cambridge, Massachusetts.

[4] Chelst, K. (1975), "Implementing the Hypercube Model in the New Haven Department of Police Services," The New York City Rand Institute, R-1566/7.

[5] Chelst, K. (1978), "An Interactive Approach to Police Sector Design," in R.C. Larson, ed., *Police Deployment, New Tools for Planners*, D. C. Heath, Lexington, Massachusetts.

[6] Chelst, K. and Z. Barlach (1981), "Multiple Unit Dispatches in Emergency Services: Models to Estimate System Performance," *Management Science*, 27, 1390–1409.

[7] Heller, N. (1977), "Field Evaluation of the Hypercube System for the Analysis of Police Patrol Operations: Final Report," The Institute for Public Program Analysis, St. Louis, Missouri.

[8] Hill. E.D. *et al.* (1981), "Planning for Emergency Ambulance Service Systems, City of Boston," Department of Health and Hospitals, Massachusetts.

[9] Jarvis, J.P. (1975), "Optimization in Stochastic Service Systems with Distinguishable Servers," M.I.T. Ph.D. thesis, Cambridge, Massachusetts.

[10] Larson, R.C. (1969), "Models for the Allocation of

Urban Police Patrol Forces," Tech. Rep. #44, Operations Research Center, M.I.T., Cambridge, Massachusetts.
[11] Larson, R.C. (1971), "Measuring the Response Patterns of New York City Police Patrol Cars," New York City Rand Institute R-673-NYC/HUD.
[12] Larson, R.C. (1974), "A Hypercube Queueing Modeling for Facility Location and Redistricting in Urban Emergency Services," *Jl. Computers and Operations Research*, 1, 67-95.
[13] Larson, R.C. (1974), "Illustrative Police Sector Redesign in District 4 in Boston," *Urban Analysis*, 2(1), 51-91.
[14] Larson, R.C. (1975), "Approximating the Performance of Urban Emergency Service Systems," *Operations Research*, 23, 845-868.
[15] Larson, R.C. (1975), "Computer Program for Calculating the Performance of Urban Emergency Service Systems: User's Manual (Batch Processing)," Innovative Resource Planning in Urban Public Safety Systems, Report TR-14-75, M.I.T., Cambridge, Massachusetts.
[16] Larson, R.C. (1979), "Structural System Models for Locational Decisions: An Example Using the Hypercube Queueing Model," in *Operational Research '78*, Proceedings of the Eighth IFORS International Conference on Operations Research, K. B. Haley, ed., North-Holland, Amsterdam.
[17] Larson, R.C., ed. (1978), *Police Deployment: New Tools for Planners*. Lexington Books, Massachusetts.
[18] Larson, R.C. (1982), "Ambulance Deployment with the Hypercube Queueing Model," *Medical Instrumentation*, 16(4), 199-201.
[19] Larson, R.C. and E. Franck (1978), "Evaluating Dispatching Consequences of Automatic Vehicle Location in Emergency Services," *Jl. Computers and Operations Research*, 5, 11-30.
[20] Larson, R.C. and V.O.K. Li (1981), "Finding Minimum Rectilinear Distance Paths in the Presence of Barriers," *Networks*, 11, 285-304.
[21] Larson, R.C. and T. McEwen (1974), "Patrol Planning in the Rotterdam Police Department," *Jl. Criminal Justice*, 2, 235-238.
[22] Larson, R.C. and M.A. McKnew (1982), "Police Patrol-Initiated Activities within a System Queueing Model," *Management Science*, 28, 759-774.
[23] Larson, R.C. and A.R. Odoni (1981), *Urban Operations Research*. Prentice-Hall, Englewood Cliffs, New Jersey.
[24] Larson, R.C. and T. Rich (1987), "Travel Time Analysis of New York City Police Patrol Cars," *Interfaces*, 17(2), 15-20.
[25] Li, Victor on-Kwok (1977), "Testing the Hypercube Model in the New York City Police Department," S.B. thesis, EE, M.I.T., Cambridge, Massachusetts.
[26] McKnew, Mark (1978), "The Performance of Initiated Activities and Their Impact on Resource Allocation," M.I.T. Ph.D. thesis, Cambridge, Massachusetts.
[27] Sacks, Stephen R. and Shirley Grief (1994), "Orlando Magic," *OR/MS Today*, 21(1), 30-32.

直 線
line

x_1, x_2 を n 次元空間の相異なる点とし，λ を実数としたとき，点の集合 $\{x \mid x = \lambda x_1 + (1-\lambda) x_2\}$ を直線という．この直線は，x_1, x_2 を通る．

直列型待ち行列
series queues

客の移動経路が直列型である待ち行列ネットワークをいう．タンデム型待ち行列ともいわれる．⇨ 待ち行列ネットワーク．

直 径
diameter

グラフ上の任意の2つの頂点の間の最長距離．

地理情報システム
Geographic Information Systems (GIS)

地理情報システムは電子地図 (electronic map) とデータベース (database) を結び付けるソフトウェアツールである．地理情報技術は，大量の地理情報データを分析家や意思決定者が理解しやすい形に表現して利用するオペレーションズリサーチのツールとして注目されている (Hanigan, 1988)．GIS が適用される問題として以下のようなものがあげられる．

・会話形式の施設位置選択
・選挙管理と選挙区の再区画
・社会資本の管理
・地図とデータベースの出版（連邦地図機関である Defence Mapping Agency, The Department of the Interior, The United States Bureau of the Census のような組織）
・鉱物資源探査
・公衆衛生と救急活動（たとえば伝染病の伝染経路の追跡，緊急車両の出動）
・不動産管理
・再生資源管理（たとえば林業）

・調査とマッピング
・輸送業やその他のロジスティクス
・都市計画，地域計画（Hanigan, 1988）

米国において特に重要なデータ源は，TIGER（Topological Integrated Geographic Encoding and Referencing System, 1990）という1：100000縮尺のディジタル街路地図である．

GISの背景と能力

地理情報システムという用語は，1965年にDacey and Marble（1965）によって作り出された．現在では空間的な事象に関する研究や分析を行うのに広く用いられている（Attenucci et al., 1991）．Hanigan（1986）は，その能力を次のように定義している．

・空間位置データの収集，蓄積，検索
・指定された条件に合う位置の特定
・データ集合間の関係を探ること
・意思決定を行うために，関連する空間データを解析すること
・代替案とその影響の評価を容易にすること
・選択された環境を視覚的，数値的に表示すること

専用のソフトウェアが，統一的に割り当てられた指標を使って，属性（個々の対象の値）と電子地図を結び付ける．このような解析機能を使うことによって，多重の空間的な関係を表示することができる．すなわち，

1) いくつかの地理的な特徴を組み合わせて重ね合わせ，得られた結果を記録する．
2) ネットワークを解析する．
3) 条件を指定して地域を特定する．

実際，地理情報システムは，特定の特徴を表す一連のレイヤー（layer）からなり，それらを互いに正確に重ね合わせることができる．特徴それぞれが独立したレイヤーをなしていて，分析者の指示によって表示したりしなかったりできる．基本的な特徴は点，線，多角形であり，それらを用いて空間的な事象全体を表現することができる．たとえば，線を使って，鉄道や高速道路といった交通機関を表す．標準的な地図は緯度経度のデータを含んでいるので，解析にあたって，経路に沿った距離を容易に計算することができ，それを使って推論を進めることができる．

街路をもとにした住所は，空間的な分布を調べるのに役立つ特徴のひとつである．これはブロックの境界点として定義されたり，幹線道路に沿って規則的な間隔に置かれた点として定義されたりする．ソフトウェアは補間アルゴリズムをもっているので，特定の対象をこのアドレスを使って正確に位置付けることができる．たとえば，市場調査において，顧客や潜在的な顧客の位置を特定することができる．また，学区分けを考える場合には，生徒の位置を表すことができる．

ある変数の密度分布，主題地図（選択された地域における支出，活動度，該当数など）を表示させることができる．たとえば，60歳以上の人口の地理的分布は，国勢調査のデータを使って，濃淡表示または色別表示で表すことができる．

NCGIA研究計画6：空間的意思決定支援システム

1990年に国立地理情報解析センター（National Center for Geographical Information and Analysis）によって始められた研究計画6は，地理情報システムの将来の利用分野を調べることであった．その計画の中で大学および政府機関の人々が参加したワークショップが開かれた．主要な目的は，空間的意思決定支援システム（spatial decision support system：SDSS）を研究に利用する際に，その役割を定義することであった（Fotheringham, 1990）．そこでは，Geoffrion（1983）の意思決定支援システム（DSS）の定義，すなわち，決定を支援する手法である1つまたは複数のよく体系化されたモデルを含むソフトウェアを用いて，それほど体系化されていない問題を調査するという定義が採用された．そして，これらの手法を市場調査，小売り，施設配置理論へ応用することが論じられた．

第一の目的は，電子地図と結合した理想的なデータベース管理システムで，地図の表示，空間的な検索，解析モデル作りを支援するシステムを記述することであった．このシステムは，位置，位相，主題に関するデータを統合し，様々なレベルで縮尺および集約されたデータタイプ間に，複雑な空間的関係を構成し，それを利用する能力を備えているものでなければならないとされた．現在ではこれらの能力をもつGISシステムがマイクロコンピュータ上で動いている．

空間的意思決定支援システムは，現存する情報を再配置することと，新しい情報を作り出すことの2つのシステムに分けることができる（Fotheringham, 1990）．再配置とは，現存するデータを異なる形に表して観察することである．たとえば，国勢調査による収入分布を地図で見て，小売店の位置を考えたり，宣伝キャンペーンの目標を決めたりすることがあげられる．また，新しい情報を作り出すとは，領域を重ね合わせ，それらの特徴を新しい見方で組み合わせ，スプレッドシートの形式では明らかでない空間的な関係を見いだすことである．

意思決定に対する空間的意思決定支援システムの使用

上述の会議において次のような基本的な問題が提示された．

・空間的意思決定支援システムは意思決定にどのように役立つのか？

・意思決定プロセスにおいて，空間的意思決定支援システムはどのようなインパクトをもたらすのか？

それに対する解答は，以下のとおりである．

・空間的意思決定支援システムによってより多くの情報を取り出し，よりよい解を導くことができるので，意思決定は改善される．

・解析ツールをより頻繁に使えるので，意思決定を柔軟かつ効率的に行うことができる．

・政治的（または科学的/道徳的）な支持がより鮮明になるので，意思決定者がその決定のインパクトを理解するのに役立つ．

・得られた解または選択への支持がより多く得られる．

GISを都市政策や他の政策決定に用いる

Batty (1989) には，コンピュータモデルを政策立案に用いることについての合意は一般にはなされていないし，また空間的な決定問題の定義やアプローチについての方法も合意されていない，と述べられている．

よくある計画モデルは，小売りや交通といった現存する施設の表示となりがちである．また応用は，配置問題といった構造のよい問題を扱うことが多く，政策立案者が現実に直面するような選択肢が不確定な集合であるといった問題は扱わない．

現在都市計画に用いられるGISは，一般システム理論 (Harris and Batty, 1992) の枠組みに役立っている．都市と地域は階層的なサブシステムから構成される複雑なシステムであり，第一義的に空間的で形式的には静的なものとして扱われる．これらのシステムに対する計画は，理想的な人口分布を考えるというような，システムの一般的な性質を最適化する問題からなっている．難しい問題は，考えている領域の外縁でのシステム同志の相互作用から生ずる．

コンピュータを都市計画に用いるという動きは，早い時期に以下のような障害に直面した．それはデータ収集が困難なこと，データ表現に大きな領域が必要であること，適切なモデルを開発することが困難なことであった (Brewer, 1973 ; Lee, 1973)．このような実際上の問題は都市計画の考え方を変え，現実に計画に携わる人々の興味をより現実的なアプローチへと変えていった．今日では，最適化よりも，より広範囲な事柄に関する公平さに重点が移っている．都市計画におけるこのような目標の転換は，現在の需要が，施設配置，緊急サービス計画，資源管理と保全，財産と税の登録の記録といったことを扱うデータシステムにあることに現れている．Forrest (1990) に，GISが応用される60以上の異なるシステムと問題領域のリストがある．それはナビゲーション，選挙区割り，有害廃棄物管理，自然生物保護といった明らかに異質な分野にわたっている．現在の利用可能なGISシステムは，これらの多元的な応用に対応できるよう設計された十分に柔軟性のあるツールキットを備えている．

非常に洗練された商用のソフトウェアが利用可能であるにもかかわらず，現実には，多くの都市計画および地域計画部門にとってGISは非常に初歩的な技術面での支援にとどまっている．都市計画の専門家にとってGISの学習曲線はそれほど進んではいない．地方の機関のほとんどの計画立案者は，非常に限られた範囲でしかGISに接してこなかったという調査結果が得られている (Wiggins, 1989)．主要なプラットホームは，スタンドアローンのマイクロコンピュータである．計画立案者にとって最も厳しい問題は，トレーニング，予算，計画に利用できるソフトウェアの欠如であると報告されている (French and Wiggins, 1989 a, 1989 b)．

例：通信ネットワークのモデル

GISを利用して，視覚的に会話形式でモデルをつくる例がAnghern and Lüthi (1990) によって述べられている．彼らは，Tolomeoという名前のGISシステムをマッキントッシュ環境で作り上げ，その中にエキスパートシステムの技術の1つである，「例を使ってモデルをつくる」という要素を組み込んだ．そして，それを通信網の交換センターの位置と数を決め，経路を定める問題に適用した．つくられたモデルは，対象とする地域を表示し，存在する送信施設と受信施設，提案する交換センター（ネットワークの頂点），電送チャンネル（ネットワークの辺）を表示する．モデルをオブジェクト指向とすることにより，トラフィック，コスト，伝送時間という量を表すデータを各頂点と各辺に結び付けることが可能となる．ユーザはスクリーンを見ながら，会話型に通信網の構成を変更することができる．さらに様々な表示方法によって，状態を多元的に見ることができる．ユーザがモデルを変更すると，もとになるデータが計算し直されて，その変更の影響が表示される．制約条件と目標を組み込んで，制約条件を考慮に入れて計算を行い，現在の解が目標とどの程度離れているかを示すこともできる．さらに，「例によってモデルをつくる」という機能によって，改善の方向をユーザーに示唆することができる．このような示唆は，最適化の適用にもとづいている．

おわりに

地理情報システムは，利用可能な空間情報と最適化技術を，マイクロコンピュータの画像表示能力と統合した，オペレーションズリサーチの強力な解析手法の基礎を提供する．そして，GISの能力によって，施設配置のような2次元の問題に対するアプローチの方法を根本的に変

える機会が与えられる．
⇒意思決定支援システム，立地分析，ロジスティクス，OR/MS における情報システムとデータベース設計，配送経路問題．[Paul Gray, Susan Suchocki/田口　東]

参考文献

[1] Anghern, A.A. and Lüthi, H.-J. (1990). "Intelligent Decision Support Systems: A Visual Interactive Approach." *Interfaces* 20, 17–28.

[2] Anselin, L. (1992). "Spatial Analysis with GIS: An Introduction to Application in the Social Sciences." National Center for Geographic Information and Analysis Technical Paper 92-10.

[3] Antenucci, J.C., Brown, K., Croswell, P.L., Kevany, M.J., and Archer, H. (1991). *Geographic Information Systems: A Guide to the Technology*. Van Nostrand Reinhold, New York.

[4] Batty, M. (1989). "Urban Modelling and Planning," in *Remodelling Geography*, B. Macmillan (ed.), 147–169, Oxford, United Kingdom.

[5] Brewer, G.D. (1973). *Politicians, Bureaucrats and the Consultant: A Critique of Urban Problem Solving*. Basic Books, New York.

[6] Dacey, M. and Marble, D. (1969). "Some Comments On Certain Aspects of Geographic Information Systems." Technical Report No. 2, Department of Geography, Northwestern University, Evanston, Illinois.

[7] Fotheringham, A.S. (1990). "Some Random(ish) Thoughts On Spatial Decision Support Systems." National Center for Geographic Information and Analysis Technical Paper 90-5.

[8] Forrest, E. (ed.) (1990). "Intelligent Infrastructure Workbook: A Management-Level Primer of GIS." *A-E-C Automation Level Newsletter*, Fountain Hills, Arizona.

[9] Geoffrion, A.M. (1983). "Can OR/MS Evolve Fast Enough?" *Interfaces* 13, 10–25.

[10] Hanigan, F.L. (1989). "GIS Recognized As Valuable Tool For Decision Makers," *The GIS Forum*, 1, 4.

[11] Harris, B. and Batty, M. (1992). "Locational Models, Geographic Information and Planning Support Systems." National Center for Geographic Information and Analysis Technical Paper 92-1.

[12] Lee, D.B. (1973). "Requiem for Large-Scale Models," *Jl. American Institute of Planners* 39, 163–178.

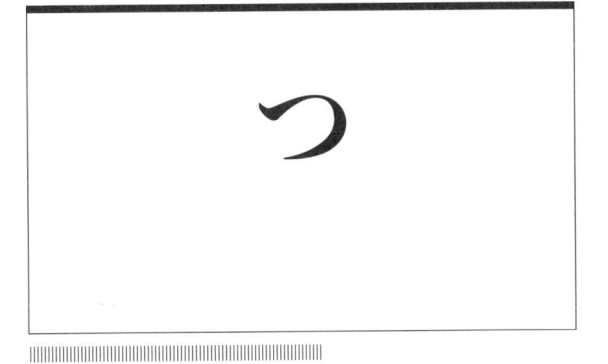

つ

通信ネットワーク
Communications Networks

はじめに

通信ネットワークは，加入者間の情報交換を担う電気的・光学的装置からなるシステムのことである．様々な通信ネットワークがわれわれの毎日の生活の中に多数みられる．電話ネットワーク，放送やケーブルテレビネットワーク，インターネットのようなコンピュータ通信ネットワークなどである．通信ネットワークが個人・社会・地球に及ぼす影響は圧倒的であり，かつての大型帆船とか自動車のそれに匹敵する．ほんのここ 2 世紀の間に，人類社会は陸地に分散した無数の孤立した村や町から，1 つの"グローバルな情報村"に転換された．この転換は，情報伝送と情報処理の境界を定義することがますます困難になってきていることからも明らかである．そして通信ネットワーク，計算技術，端末装置（たとえば，電話機，テレビ，パーソナルコンピュータ）を統合することが急速に進み，これらは"情報インフラストラクチャー"とひとくくりで呼ばれるようになってきてさえいる．

OR/MS は情報技術や情報インフラストラクチャーを開発し，展開し，管理することに対して主要な役割を担ってきている．情報ネットワークを"モデル化"し，"解析"し，"設計"する際に OR/MS を応用することは，実に 19 世紀の終わり頃あるいは 20 世紀初頭から始まっている．これは OR/MS の応用という意味では最古の例の 1 つである．OR/MS の歴史上最も顕著な仕事の 1 つに，A. K. Erlang による電話の待ち行列モデル化がある．しかしこれにとどまらず，情報ネットワークのモデル化，解析，設計は，より一般的な OR/MS の応用分野として豊かな可能性をもっている．情報ネットワークは基本的にはネットワークであり，ほとんどすべてのネットワーク理論が応用可能である．そして情報ネットワークのモデル化と解析においては，待ち行列と待ち行列ネットワーク，シミュレーション，ネットワーク信頼性といった理論が応用可能であり，情報ネットワークの設計においては，設備配置，トポロジー設計・最適化，容量最適化・

配分といったような理論が応用可能である．最後に，情報ネットワークにおける諸問題は，たとえば交通輸送システムとか水資源配給システムなど他領域においても共通的にみられることが多いことに注意しよう．これらの領域におけるモデル化，解析，設計などは，かなりの部分，情報ネットワークと類似の問題をもっている．

OR/MS技法の応用において生じる様々な情報ネットワーク問題は，非常に広範囲にわたっている．ここでは現代的な通信技術において生じているモデル化・解析・設計問題に焦点を合わせて紹介する．

基本構造と概念

1つの典型的な通信ネットワークは，相互間の〈トラヒック要求〉(traffic requirement)を発する，〈加入者〉(subscriber)の集合からなり，そのトラヒック要求は所与のネットワーク〈アーキテクチャ〉(architecture)により処理される．たとえば各家庭（加入者）は電話（トラヒック要求）をかけるが，この電話呼は音声ネットワーク交換システム（アーキテクチャ）により処理される（運ばれる）．ほとんどの通信アーキテクチャには，トラヒックを処理するために階層的構造をした様々な通信装置がある．最も基本的なものは，〈端末装置〉(customer premises equipment)，〈加入者系装置〉(local access equipment)，および〈交換機〉(switching equipment)である．端末装置は，直接・間接的にトラヒック要求を生成することにかかわっている．加入者系装置は加入者をネットワークへつなぐ手段を提供する．つまり加入者とネットワーク間のインタフェースとなっている．交換機はトラヒックを発信加入者から着信加入者まで運ぶのが仕事である．

これら3つのタイプの装置は，トラヒックの性質や所用の技術・アーキテクチャにより決められる．音声（電話）ネットワークでは，端末装置は，通常，電話機である．つまり，この場合の「加入者」は家庭で，そこで発信・受信される電話呼はすべてこの電話機からなされる．加入者系装置は，この場合，市内電話会社により所有・提供される．市内交換（市内呼）もありうるが，議論を容易にするため市内交換を無視すれば，交換機はAT&Tのような長距離電話会社により所有・提供される．同様な例は，データ通信ネットワークやテレビ電話会議ネットワークについても考えられる．

通信ネットワークにはトラヒックを運ぶための様々な方式がある．音声ネットワークではたいてい回線交換方式により呼を運んでいる．すなわち，呼を運ぶためのすべての経路において所用の容量を割り当てる．データネットワークでは，情報をパケットに分割し，各パケットはそれぞれ独立にルーティングされ，もとの情報は受信側で再度組み立てられる．また，これらの基本的な方式を混合したり変形した方式が多数提案されている．そして技術の進歩により，異なるトラヒック特性や異なる要求品質を有するトラヒックを同時に，しかもそれぞれの特性や要求品質に合わせて運べるような方向で急速に発展している．たとえば，音声トラヒックは伝送エラーに関して寛容である（回線におけるある程度の雑音は許容できる）が，遅延に関して厳しい（言語が発生してから受信側に到達するまでに長い遅延は許容できない）．逆に，ファイル転送のようなデータトラヒックは，通常，エラーに関して厳しいが遅延に関して寛容である．この種の問題は，ネットワークモデル化やシミュレーションにおいて考慮される．

ネットワークモデル化，解析，および設計を概念化するうえで一般共通的な方法は，ネットワークをノードとリンクからなるグラフと見なすことである．ノードは（加入者とか交換機とかいった）装置の所在を抽象的に表すのに用いられる．リンクは加入者と交換機を，あるいは交換機同士を接続するのに用いられる．通常，リンクには運べるトラヒックの容量がある．リンクは管（パイプ）のようなものと見なすことができる．このとき，リンク容量は管の直径と見なされうる．ただし1つ注意が必要である．通常，通信リンクは双方向のトラヒックを運ぶが，このとき両方向とも与えられた容量までのトラヒックを運ぶことができる．すなわち，そのリンクは2本の等しい容量の管からなり，各管は片方向のトラヒックを運ぶ，と見なす方が適当である．通信ネットワークの設計とは，基幹（中央）ノードの数やそれらの配置，加入者と基幹ノード間のリンクの選定とそれらの容量の決定，そして基幹ノード間のリンク選定とそれらの容量の決定，を行うものである．

モデル化

通信ネットワークは非常に複雑な大規模システムである．ほとんどの大規模システムがそうであるように，モデル化は計算機にもとづいた技法に大きく頼っており，開発されたモデルの性質は答えるべき問題に強く依存している．たとえば，シミュレーションは通信装置あるいはプロトコルの相互作用に関する詳細な問題に答えるのに用いられる．これらの詳細検討は，対象の装置やプロトコルが該当するトラヒックを処理するために許容の性能範囲内で実用化可能かどうかを判定するのにしばしば必要である．また，このようなモデルは装置やプロトコルを設計する際にも必要である．通常，通信システムのシミュレーションでは，（呼，パケット，セルというような）情報単位の発生，転送，配置やシステムを運用するプロトコルならびにネットワークを構成する装置の物理的な挙動をモデル化する．どのシミュレーションでも行われることだが，シミュレーションの計算時間を節約す

るために，システムの様々なことがらが無視されたり集約されたりする．

シミュレーションに代わる手段として，解析的なモデル化がある (Kleinrock, 1976)．これはトラヒックのユニットをまとめることによってフローとして表し，その特性を統計的・確率的モデルを用いてとらえるものである．解析的モデル化の有利性は，ネットワークの挙動を方程式系で記述することにより，ネットワークの運用をシミュレーションする時間と比較してはるかに速くその挙動を予測できる点である．不利な点は，ネットワークの挙動を平均的にとらえているため，実際の時間依存の性能を正確に記述できないことである．通信システムのモデルはほとんどが単一待ち行列あるいは待ち行列ネットワークシステムを援用している．情報ユニット（呼，パケット，セル）はこれらの待ち行列システムでは客に対応し，通信装置（交換機，リンクなど）はサーバに対応している．

ハイブリッド型シミュレーション/解析モデル化は第三のアプローチで，最近ポピュラーになってきた (Sage and Sykes, 1994)．このアプローチの精神は，トラヒック入力，ルーティング，輻輳制御や資源配分における重要なプロトコル決定にはシミュレーション技法を用い，トラヒック自体の挙動をモデル化するのには解析的技法を用いることである．この結果，各パケットなりセルなりが個々にシミュレートされることに伴う計算の複雑性を回避することができる．情報ネットワークのハイブリッド型シミュレーション/解析モデルは，「フローにもとづいたシミュレーション」とも呼ばれている．ここではトラヒックフローが流れる経路はシミュレートされ，フロー自体は解析的にモデル化される．

モデル化のアプローチは応用されるべき目的により選択される．運用上の多くの条件の下で過渡的性能が繰り返し観測されるべきプロトコル・装置設計が目的の場合には，シミュレーションが優れている．設計の品質評価や方式比較が目的となる解析や設計においては，性能のいろいろな実現可能性に対する平均的挙動を予測できる解析モデルが有用である．シミュレーションを用いても，いく度も繰り返すことによって性能を計算することはできるが，これらの平均を直接効率的に計算できる解析的方法あるいはハイブリッド型シミュレーション/解析モデルの方が優れている．

解　　析

ネットワーク解析とは，1つまたは複数のネットワークモデルを応用し，通信ネットワークを特徴付けることである．多くのネットワーク設計において，設計プロセスの中心的なステップは，様々なカテゴリーの評価尺度に関して設計を特徴付けることである．費用とかトポロジー的な性質とか，性能とかが主な評価尺度である．おのおののカテゴリーの評価尺度に対して，その評価尺度を計算する個別のモデルが適用される．そして個々のモデルの結果を総合するために，集約したネットワーク解析が行われる．費用尺度には，1回だけの費用（たとえば装置の購入費など）と繰り返し発生する費用（リンクの賃貸料など）があり，これらはしばしば同じ単位で測られる．トポロジー的尺度とは，全回線にわたるネットワークの構造的特性量のことで一般に技術とは独立である．たとえば，経路のアベイラビリティや多様性，発信側から受信側までのリンク数とかホップ数という意味での経路長などがトポロジー的尺度にあたる．性能尺度は一般に技術依存的であり，端末から発生したトラヒックを処理するためのネットワーク能力や品質といった特性量のことである．

設　　計

通信ネットワークを設計するときの基本的な考え方は，設計プロセスを2つの位相，〈アクセス域設計〉(access area design)と〈バックボーン設計〉(backbone design)，に分割することである (Boorstyn and Frank, 1977)．アクセス域設計はバックボーンノードの数と配置を決定し，各加入者をそれぞれのバックボーンノードにホームする（リンクを張る）．バックボーン設計は，バックボーンノード間の接続（リンクの張り方）を決定する．設計プロセスの例が図1に示されている．図1(a) は出発点である．ここで点は加入者の場所を示し，正方形はバックボーンノードの候補地を示している．図1(b) はアクセス域設計の出力結果である．ここで黒く塗り潰された正方形は選択されたノードを示し，実線はホームすることを示す．ホームする際には，各加入者の要求するトラヒックを運ぶ容量とタイプを有する交換機を選びリンクを張っていることを暗黙のうちに仮定している．アクセス域設計位相での出力結果はバックボーン設計位相への入力となる．具体的には，バックボーンノード数と場所およびバックボーンノード間の交流トラヒック量である．交流トラヒック量はホームしたリンクの積み上げにより求められる．バックボーン位相では，バックボーン間の相互接続が設計され，そこでは交流トラヒック量に対して適切な性能をもち他の制約条件が満たされるよう配慮される．図1(c) はバックボーン設計を示し，図1(d) は最終的な全体解析結果を示している．

包括的な（すべてのアクセス/バックボーン部分を含んだ）設計問題は，特殊な場合を除いて計算の複雑性により解けなくなることに注意しよう．ただしここではこのことは無視する．また包括的な問題をアクセス域設計位相とバックボーン設計位相に分解するという構造から，全体の最適解でなく部分最適解を求めることになっ

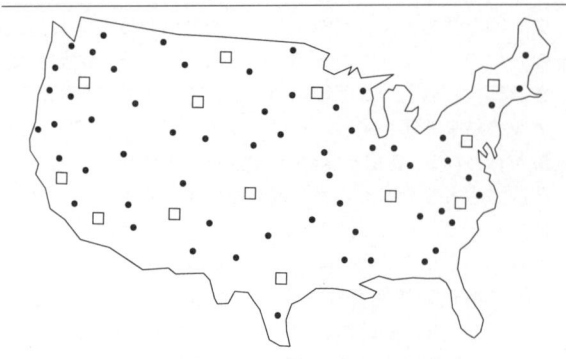

図 1(a)　ネットワーク設計—出発点

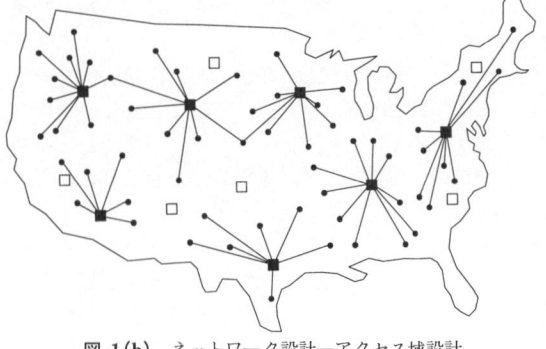

図 1(b)　ネットワーク設計—アクセス域設計

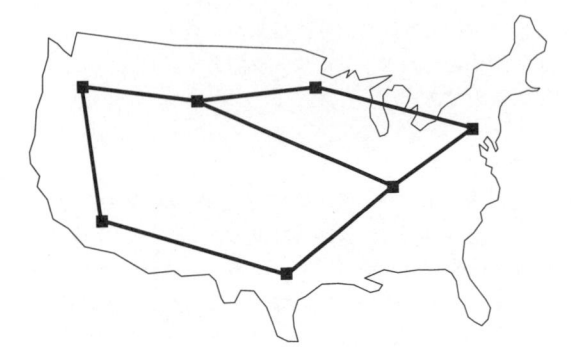

図 1(c)　ネットワーク設計—バックボーン設計

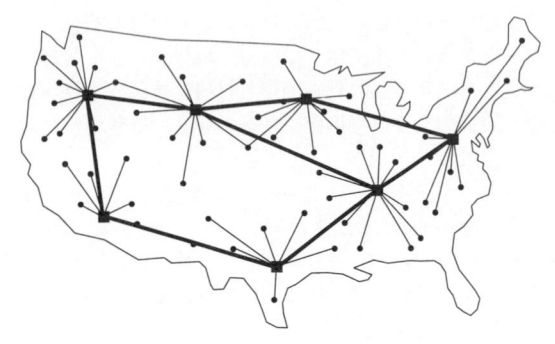

図 1(d)　ネットワーク設計—統合解

てしまうことに注意しよう．このことを説明するために，ネットワークの総費用が次の3つからなる包括的な問題を考える．

・ホームリンク費用．加入者からノードにホームするリンク費用の総和，各加入者・ノードペアによって費用が異なりうる．

・バックボーン費用．各ノードをバックボーン部分として選択し購入する費用，通常，どのノードでも費用は同一である．

・バックボーンリンク費用．バックボーンノード間のリンク費用の総和，各ノード・ノードペアによって費用が異なりうる．

かなり一般的な仮定の下で，バックボーンとして選択されたノード数が大きくなるにつれて，次のように変化する．

・ホームリンク費用は減少する（アクセスリンク長が減少し，したがってリンク費用が減少する）．

・バックボーン費用は線形で増大する（バックボーン化費用は選択したノード数に比例する）．

・バックボーンリンク費用は増大する（バックボーンノードが増えれば増えるほど，より多くのリンクが必要となる）．

したがって，アクセス域設計位相でホーム化とバックボーン化費用のみで最適化すると，過剰なノードを選択することになりがちである．この病状に対して，通常，次の2種類の治療法が適用されている．（ⅰ）アクセス域設計問題に何らかの形で推定したバックボーンリンク費用を取り込む，（ⅱ）広範囲のバックボーンノード数について繰り返し演算を行う（ノード数をある定数に固定し，そのノード数に対してアクセス域問題とバックボーン問題を順次解き，総費用解を計算する．この一連の計算を広範囲のノード数にわたって行い，その結果から最もよい解を選ぶ）．どちらの治療法も大域的な最適性を保証するものではないが，いずれも解費用を相当に改善することができる．

アクセス域問題はしばしば 0-1 整数計画問題として定式化される（Fischer et al., 1993）．これは離散立地問題とか設備配置問題と密接に関連している（Mirchandani and Francis, 1990）．多くの場合，これらの整数計画は大規模すぎて直接解けないため，種々のアプローチが用いられている．たとえば，線形計画緩和法，ラグランジュの緩和法，切除平面法などである（Ahuja et al., 1993）．またその代わりにアクセス問題をヒューリスティックなアルゴリズムで解くことも考えられる．そして恐らくより一般的に，クラスター手法が使われるだろう．基本的なアクセス域設計問題は以下のように述べられる．

入　力：加入者・加入者間の交流トラヒック量
　　　　候補ノードの場所

最小化：ホームリンク総費用＋バックボーンノード総費用
出　力：候補ノードの選択
　　　　加入者をホームすること
条　件：ノードポートの制約（ノードにホームできる最大加入者数）
　　　　ノードトラヒックの制約（ノードにホームできる最大総加入者トラヒック）
　　　　各加入者は必ずいずれかのノードにホームされる（時たま，加入者は複数ノードにホームされなければならない）
　　　　（オプションとして，選択されるべきノード数が固定されている）

　バックボーン設計問題は 0-1（あるいは整数）計画問題に定式化される（Gavish, 1986）．しかし，この定式化ではネットワークの性能を正確に把握・予測することは不可能ではないにしても大変難しい．しかも，トポロジー的な制約など整数計画による定式化によってとらえうるバックボーン問題のいろいろな重要な側面の多くが，その解法に要する時間を組合せ数的に爆発させる．それにもかかわらず，OR/MS 文献には整数計画問題による定式化が充満している．これらの場合も，解法はやはり線形計画緩和法やラグランジュの緩和法に頼っている．
　バックボーン設計に対して，数理計画法以外のアプローチとして通常使われているのが対話型ソフトウェアツールである（Stiffler and Sykes, 1990；Monma and Shallcross, 1989）．この対話型ツールによるアプローチでは
　・初期設定を行い，設計プロセスを開始する．
　・一連のモデルを用いて様々な（費用，トポロジー的特性，性能，物理的な実現可能性等の）尺度を評価し，設計結果を解析する．
　・設計結果が満足ならストップする．そうでなければ
　・設計結果において不足か箇所を改善し，解析ステップに戻る．
　この反復法はバックボーン設計に広く使われており，実際，音声・パケットデータ・多重化装置・非同期型転送方式（ATM）などの様々な通信ネットワークの設計に有効である．さらに，数理計画法より広い対象や制約を取り入れることができ，ネットワーク性能をより精確に予測するよう実用化できる．設計プロセスの核心部分では包括的なネットワーク解析の埋め込みを行い，最適プロセスをより小さいステップに分解することで，上述したことはすべて可能となる．ただ，数理計画法では最適解が求められたりあるいは最適化との差の限界がわかったりするが，反復法では最適解を保証することも限定することもできない．
　典型的なバックボーン設計問題は以下のように述べられる．
入　力：バックボーンのノード・ノード間の交流トラヒック量
　　　　ノードの場所
　　　　リンクのアベイラビリティと費用
最小化：リンク費用の総和
出　力：リンク配置
条　件：トポロジー的制約：
　　　　　ノードの接続性（各ノードペア間の有効な（経由ノードが重ならない）経路数の下限値）
　　　　　直径（各ノードペアが通信するため通過しなければならない最小リンク数の上限値）
　　　　　ノードポート等級（各ノードに収容可能なリンク数の物理的上限値）
　　　　性能制約：
　　　　　所与のネットワークアーキテクチャに適合するためのスループット，使用率，遅延，損失率等に対する制約

注　　意

　通信システムと，その設計についてのサーベイは，Schwartz (1987)，Tanenbaum (1987)，Bertsekas and Gallager (1987)，Kershenbaum (1993) を参照．データ通信ネットワーキングへの古典的入門については Kleinrock (1976) を参照．この本では広範囲にわたるモデル化と最適化技法が紹介されている．通信ネットワーキング技術に関する議論は Partridge (1994) を参照．
⇒組合せ/整数最適化，ネットワーク，待ち行列ネットワーク，待ち行列理論．　　　　[Edward A. Sykes/高橋敬隆]

参　考　文　献

[1] Ahuja, R.K., T.L. Magnanti and J.B. Orlin (1993). *Network Flows*. Prentice Hall, Englewood Cliffs, New Jersey.

[2] Bersekas, D. and R. Gallager (1987). *Data Networks*. Prentice Hall, Englewood Cliffs, New Jersey.

[3] Boorstyn, R.R. and H. Frank (1977). "Large Scale Network Topological Optimization," *IEEE Transactions on Communications*, COM-25, 29–47.

[4] Fischer, M.J., G.W. Swinsky, D.P. Garland, and L.E. Stanfel (1993). "A Methodology for Designing Large Private Line Transmission Networks with Multiple Facilities," *Telecommunication Systems*, 1, 243–261.

[5] Gavish, B. (1986). "A General Model for the Topological Design of Communications Networks," *Proceedings GLOBCOM '86*, 1584–1588.

[6] Kershenbaum, A. (1993). *Telecommunications Network Design Algorithms*. McGraw-Hill, New York.

[7] Kleinrock, L. (1975). *Queueing Systems Volume I: Theory*. John Wiley, New York.
[8] Kleinrock, L. (1976). *Queueing Systems Volume II: Computer Applications*. John Wiley, New York.
[9] Mirchandani, P.B. and R.L. Francis, editors (1990). *Discrete Location Theory*. John Wiley, New York.
[10] Monma, C.L. and D.F. Shallcross (1989). "Methods for Designing Communications Networks with Certain Two-Connected Survivability Constraints," *Operations Research*, 37, 531–541.
[11] Partridge, C. (1994). *Gigabit Networking*. Addison-Wesley, Reading, Massachusetts.
[12] Sage, K.M. and E.A. Sykes (1994). "Evaluation of Routing-Related Performance for Large Scale Packet-Switched Networks with Distributed, Adaptive Routing Policies," *Information and Decision Technologies*, 19, 545–562.
[13] Schwartz, M. (1987). *Telecommunication Networks, Protocols, Modeling and Analysis*. Addison-Wesley, Reading, Massachusetts.
[14] Stiffler, J.A. and E.A. Sykes (1990). "An AI/OR Hybrid Expert System for Data Network Design," *Proceedings of the 1990 IEEE International Conference on Systems, Man and Cybernetics*, 307–313.
[15] Tanenbaum, A.S. (1988). *Computer Networks*. Prentice Hall, Englewood Cliffs, New Jersey.

通報優先順序

call priorities

緊急性の度合いが様々な通報を扱うための計画.多くの救急サービスは通報に対して優先順位のレベルによって異なる対応(たとえば警告灯とサイレンを使うか使わないか)になるような決まった手順を設けている.⇒救急サービス.

2フェーズシンプレックス法

two-phase simplex method

人工変数を用いて初期実行可能基底解を求め(フェーズ I),さらに最適実行可能解を求める(フェーズ II)というシンプレックス法の手続き.⇒人工変数(人為変数),フェーズ I 手続き,フェーズ II 手続き.

詰込み問題

packing problem

次のような整数計画問題

　　最大化 cx
　　条件　 $Ex \leqq b$

ここで行列 E の要素は 1 か 0,列ベクトル e の要素はすべて 1 ,そして変数は 1 か 0 である.問題の考え方は,容器に詰め込まれるものあるいはそれらの組合せを求め,最も効率的に実行することである.⇒ビン・パッキング問題,集合被覆問題,集合分割問題.

て

定期発注（または定期在庫調査）
periodic review

定期発注（または定期在庫調査）は，あらかじめ定められた時間間隔ごとに在庫量を調査し，発注する方策．連続在庫調査 (continuous review) と対照をなしている．⇒ 在庫モデル．

定常確率過程
stationary stochastic process

複数時点での状態確率の同時分布が，時点を平行移動しても変化しない確率過程．

定常推移確率
stationary transition probabilities

マルコフ連鎖の推移確率が時点に無関係に一定である，すなわち，2つの時点 $s<t$ と，任意の状態 x および状態集合 A に対して $P(X(t) \in A | X(s)=x) = P(X(t-s) \in A | X(0)=x)$ が成り立つとき，その推移確率を定常推移確率と呼ぶ．⇒ マルコフ連鎖, マルコフ過程．

定常分布
stationary distribution

マルコフ連鎖において，1ステップの推移確率行列を P とするとき，$\pi = \pi P$ の解として与えられる状態確率分布．数学的には，推移確率行列 P の固有値1に対する固有ベクトルと同等である．⇒ 極限分布, マルコフ連鎖, マルコフ過程, 統計的平衡, 平衡分布．

devex 掃出し
devex pricing

基底に取り入れる変数を選択する基準の1つ．devex 掃出しは，出発非基底変数空間での勾配が最大になるような変数を基底に取り入れるものである．これは，現在の基底解に対応する非基底変数空間における勾配が最大の変数を基底に取り入れるシンプレックス法とは対照的なものである．このルールを採用すると大規模な問題の場合，シンプレックス法の反復回数が大幅に削減される傾向が見られる．⇒ 線形計画法, シンプレックス法．

鉄道輸送（業務）
Rail Freight Operations

北米では，鉄道産業はそのほとんどが私有鉄道であり，また圧倒的に旅客輸送よりも貨物輸送の比重が高い．ここで OR/MS の鉄道輸送への適用についていくつか述べる．それらは車両の運用，運用の計画と実行，列車の編成の3つである．

車両の運用

車両の運用に関する次の3つの問題について述べる．すなわち列車の規模，特殊目的のための貨車の配置，空の貨車の配置である．これらの問題は，車両が北米中の線路に分散してしまっていることによって，さらにやっかいなものになっている．「自社」の車両と「他社」の車両が路線に混在していることから，複雑な規則が定められている．貨車運用の研究開発プログラム The Freight Car Utilization Research/Development Program (1980) は1975年から米国鉄道協会と連邦の鉄道管理当局によって共同で進められており，車両運用に関する一連の研究を指揮している．プログラムの個々の研究は，最も重要な問題に集中して取り組み，データを収集し，研究結果を実際に適用するようにコントロールされている．たとえば研究 I-2 (1977) は，車両運用の状態をはかるいくつかの尺度の統合的な組合せを開発し，この尺度が列車の規模と配置の決定にどのように用いられているのかを調べるものであった．

空の貨車を積荷の待つ地点へ回送する手続きにおいて，鉄道会社は輸送需要に応えられるように十分な数の空貨車を主なヤード（操車場）へ配置しておくのが普通である．余分な空貨車は，より重要な積荷がある地点まで送られる．Southern Railway は線形計画を貨車配置へ適用している (AAR, 1976)．彼らは全線を37のブロックに分割し，13種類の貨車のそれぞれの月ごとの供給と需要の推定を行った．そのときに余分な貨車を送るべき地点を決定する「回送ルール」を決めるために線形計画を利用している．Southern Railway が Norfolk & Western と合併し Norfolk Southern Railroad となってからも，この方法は継続使用されている．プログラムは改良されて毎週運用されているが，その基礎的な部分は1960年代後半に開発された方法がそのまま使われている (Gohring et al., 1993)．1993年現在, Norfolk

Southern は 70 のブロックと 15 種類の貨車に対してこの方法を用いている．改良されたプログラムは貨車の過剰と不足に対してより現実的に対応し，またより柔軟な需要予測・供給予測を提供している．

Philip (1980) が貨車配置モデルをサーベイしたところによれば，Southern Railway は鉄道産業で最も進んだモデルの適用を行っている会社であった．Dejax and Crainic (1987) による「空貨車配置問題」(empty vehicle distribution problem) に関する 151 の論文のレビューは，その大部分が鉄道会社に関連するものであるが，Southern Railway モデルとその他の 2 つのモデルが，鉄道会社に導入されたモデルであると確認している．

この 2 つの線形モデルは，線路上の貨車の配置を管理する貨車供給ルールにおいて発生する問題に対して適用されている．貨車供給ルールは一般に自社路線上の他社の貨車の増加をできるだけ防ぐことを目的としている．なぜなら他社の貨車は列車の台数と空貨車の走行距離をともに増加させるからである．「貨車交換協定」(Clearing-house) という制度は，協定を結んでいる鉄道会社では他社の貨車を自社の規則で運用することを促進し，空貨車の走行距離を抑えている (Task Force I-5, 1978)．線形計画は週ごとに運用され，相互協定のある会社間で最適な空貨車の供給の決定を支援している．その結果 1977 年の調査では，積載貨車は全体の 55% から 62% に，貨車の積載日数は 50.7% から 56.2% に，積載貨車の総走行距離は 60% から 64% にそれぞれ上昇した．貨車交換協定の成功は貨車供給規則を自社だけでなく業界全体にとって都合がよくなるように変更することを促進した．

多段貨車積載プログラム (multilevel reload problem, I. C. C. Finance Docket 29653, 1981) は，高価格で利用頻度の低い貨車，主として 2 段あるいは 3 段のデッキをもつ自動車輸送用の貨車の効率的な運用を目的としたものである．このような貨車は自動車組立工場から販売センターへ自動車を輸送するのに用いられてきており，したがって販売センターからの帰りは空貨車を走らせることしかできなかった．1979 年にゼネラルモータースとフォードによって，多段貨車積載プログラムがゼネラルモータースの自動車組立工場からの輸送に導入され (のちに他の自動車会社へも導入された)，空貨車の走行距離を最小にする線形計画の適用が行われた．この導入によって，すぐに効果が現れた．1981 年までに，9000 台の貨車がプログラムの適用を受け，空貨車の走行距離率は 0.95 から 0.55 (ゼネラルモータース)，0.84 (フォード) へ低下させることができた．このプログラムは 1993 年現在でも運用されている．しかし，この 2 つの成功を収めたプログラムは，主たる制度的な変化の中では部分的なものにすぎないことは注意しておかなければならない．

Crainic のレビューしたいくつかの論文において指摘しているように，過去 20 年間に貨車の配置に関する多数の方法論的研究が発表されてきた．それらの多くは長期的計画，需要の変化，列車到着時間の不確実性に着目して，よりよい最適化を目的とするものである (Turnquist and Jordan, 1983)．しかし Turnquist and Markowicz (1989) が指摘しているように，方法論的な最適は，すべての貨車が同一であるといったような現実的でない仮定のもとでのみ得られるものであった．

貨車の編成とスケジューリング

貨車を編成してそれらを運行することは，鉄道貨物輸送の本質である．いくつかの貨車を編成して，ある駅から他の駅まで運行する．場合によっては複数の列車によって運行されることもある．貨車の編成は貨物の種類，目的地，荷主の優先度などの多数の項目によって考慮しなければならない．どこでどのように貨車を編成するか，どの列車がどの編成を運行するか，ということが問題である．残念なことに，貨車の編成と列車の運行スケジュールを実際のネットワーク上で同時に計画する最適な方法は存在しないということが，すでに知られている．そこで，OR 技術はスケジューリングの部分的な計画と制度的・組織的な問題に絞って適用されてきた．

貨車を編成し，その編成を列車に割り当てて，列車の運行を計画するためのアルゴリズムが開発されてきた．自動編成モデル (automatic blocking model) と列車スケジューリングシステム (train scheduling system) は北米の鉄道の操車場で広く使われている (Van Dyke and Davis, 1990)．

計画には，いくつかの列車を操車場を経由させながら目的地まで運行する運行計画を含む．典型的な箱型貨車の運用の流れは次のようなものである．積荷は適当な貨車に割り当てられたあとに，まず短距離貨物列車によって最寄りの操車場まで輸送される．次に貨車は，発車時刻が貨車到着よりあとになる列車の編成に加えられる．予定している荷物の到着時刻をにらみながら貨車の編成追加は続けられ，その後列車は発車する．最初のコンピュータ化された貨物列車編成計画システムは Missouri Pacific Railroad によって 1976 年に開発された．1991 年になって鉄道産業は異なる鉄道会社間の列車計画を行う計画を発表した (Ad Hoc Commitee, 1991)．

列車の接続のために必要な時間を予測することは，列車のスケジューリングの中で最も難しい部分であり，それと同時に終端となる駅の管理システムの基準を定めるうえで重要な問題でもある．多くの鉄道会社は接続の標準時刻を決定する終端駅管理システムを運用しており，それは通常，発車の打切り時間に依存している．問題は，首尾一貫した打ち切り時間と接続時刻の管理が難しいこ

とにある．また，操車場の状況は刻々と変化しているので，よりよい操車場の時間管理と列車の接続の信頼性は，接続ができる確率（"PMAKE"と呼ばれる）を考慮することによって得られる．有効な時間，貨車の優先度，列車の優先度，到着時刻などの関数として，接続の確率を表す PMAKE 関数を用いることが可能である（Martland, 1982）．PMAKE 関数は操車場の作業時間の確率分布を分析するためにも使われている．

サービスプランニングモデル（service planning model：SPM）は列車の走行時間や列車運行計画の信頼性，交通流を予測するために PMAKE を利用している（McCarren and Martland, 1980）．SPM はいくつかの鉄道会社によって，列車走行時間の信頼性の基準の設定，計画の代替案の評価などのために使用されている．

ネットワークモデルは鉄道の最適化を研究するために広く使われている．特にこのモデルは，細かい管理計画というよりも，交通流や制限付きの流れの容量を取り扱うことが多い．多くの場合，最短路アルゴリズムは路線上の流量を予測するために用いられる（Hornung and Kornhauser, 1979）．

路線上の列車管理

効果的な列車管理システムは鉄道管理システムの本質である．列車管理は列車の運行，列車間の安全距離の調節，単線における行き違い，高速列車の追い抜きなどを含んでいる．列車が通常どおり運行されているシステムにおいては，列車の行き違いや通過は運行計画の一部として注意深く運用されている．高密度で旅客列車も同時に走行するような複雑なシステムでは，運用計画の立案には数年を要し，様々なアルゴリズムが活用されている．また，この場合の列車管理は管理が混乱した場合も想定しておかねばならない．

北米の鉄道会社では，列車スケジュールは細かい部分まで決めておくことは少なく，発車時間も日によって変化する．その結果，行き違いや通過の時間と場所も一定でなく，列車管理は列車の動きの影響に大きく左右される．このような列車管理を支援するいくつかの方法が提案されている．Sauder and Westerman（1983）は，列車管理問題を整数計画問題として定式化し，分枝限定法を用いて Southern Railway の場合の問題を解いた．彼らの方法は，4時間先の最適な行き違いと通過の組合せを求めて，次々に更新するものである．他のシステムには，行き違いと通過をあまり複雑でないアルゴリズムを用いて求めて，列車管理者に無視されない限り，自動的に提示案が実行に移されるというものもある．一方で，スケジュール管理のために列車管理者が電話に取り付くことを止めさせるような，計画の決定において1つ1つの作業に要する時間を節約することは，最適な決定を立案するために時間をかけないのと同じくらい重要である．

OR モデルは，路線容量，路線スケジューリング，列車管理などの研究に用いられており，それらの多くは Pertersen and Tayler（1982）の研究などに記述されている．Jovanovich and Harker（1991）は，Burlington Northern Railway における路線管理システムを評価する SCAN システムを開発した．

⇒ 線形計画法，ネットワーク，スケジューリングと順序付け．
　　　　　　　　　　　　　[Carl D. Martland／三浦英俊]

参考文献

[1] Ad Hoc Committee to Develop ETA and Trip Plan Capabilities Among Railroads (1991), *A Proposal for Systems to Support Interline Service Management*, Association of American Railroads Report R-776, Washington, DC.

[2] Association of American Railroads (1976), *Manual of Car Utilization Practices and Procedures*, Association of American Railroads Report R-234, Washington, DC.

[3] Dejax P.J. and T.G. Crainic (1987), "A Review of Empty Flows and Fleet Management Models in Freight Transportation," *Transportation Science*, 21, 227–246.

[4] Freight Car Utilization Program (1980), *Catalog of Projects and Publications*, 2nd ed., Association of American Railroads Report R-453, Washington, DC.

[5] Gohring K.W., T.W. Spraker, P.M. Lefstead and A.E. Rarvey (1993), "Norfolk Southern's Empty Freight Car Distribution System Using Goal Programming," presented to ORSA/TIMS Annual Spring Meeting, Chicago, Illinois.

[6] Hornung M.A. and A.L. Kornhauser (1979), "An Analytic Model for Railroad Network Restructuring," Report 70-TR-11, Princeton University, New Jersey.

[7] I.C.C. Finance Docket 20653 (1981), "Application of Certain Common Carriers by Railroad Under 49 U.S.C. Paragraph 11342 for Approval of an Agreement for the Pooling of Car Service" (see especially verified statements of H.H. Bradley, W.E. Leavers, and J.M. Slivka).

[8] Jovanovic D. and P.T. Harker (1991), "Tactical Scheduling of Rail Operations: The SCAN I System," *Transportation Science*, 25, 46–64.

[9] Martland C.D. (1982), "PMAKE Analysis: Predicting Rail Yard Time Distributions Using Probabilistic Train Connection Standards," *Transportation Science*, 16, 476–506.

[10] McCarren J.R. and C.D. Martland (1980), "The MIT Service Planning Model," *MIT Studies in Railroad Operations and Economics*, vol. 31.

[11] Missouri Pacific Railroad (1976), *Missouri Pacific's Computerized Freight Car Scheduling System*, Federal Railroad Administration Report

No. FRA-OPPD-76-5, Washington, D.C.
[12] Petersen E.R. and A.J. Taylor (1982), "A Structural Model for Rail Line Simulation and Optimization," *Transportation Science*, 16, 192–205.
[13] Philip C.E. (1980), "Improving Freight Car Distribution Organization Support Systems: A Planned Change Approach," *MIT Studies in Railroad Operations and Economics*, vol. 34.
[14] Sauder R.L. and W.M. Westerman (1983), "Computer Aided Train Dispatching: Decision Support Through Optimization," Norfolk Southern Corporation/Southern Railway Corporation, Atlanta, Georgia.
[15] Smith M., P.K. Patel, R.R. Resor and S. Kondapalli (1989), "Benefits of the Meet/Pass Planning and Energy Management Subsystems of the Advanced Railroad Electronics System (ARES)," *Jl. Transportation Research Forum*, 301–309.
[16] Task Force I-2 (1977), *Freight Car Utilization: Definition, Evaluation and Control*, Association of American Railroads Report R-298, Washington, DC.
[17] Task Force I-5 (1978), *Freight Car Clearinghouse Experiment – Evaluation of the Expanded Clearinghouse*, Association of American Railroads Report R-293, Washington, DC.
[18] Van Dyke C. and L. Davis (1990), "Software Tools for Railway Operations/Service Planning: the Service Planning Model Family of Software," Comprail Conference, Rome, Italy.

デュアルプレックス法
dualplex method

弱連結線形計画問題を分割して解くための手続き．⇒角状システム．

デルファイ法
Delphi Method

はじめに

デルファイ法は，1948年にRAND研究所（RAND Corporation）において始められた意思決定の研究から生まれたものである．萌芽的な論文，"An Experimental Application of the Delphi Method to the Use of Experts"（デルファイ法の専門集団による利用への実験的応用）はDalkey and Helmerによって書かれた（1963）．

このテクニックの基本にある原理は，特に正確な知識の入手が不可能な問題において，「2人は1人に勝る」という古い格言である．デルファイ法は，グループの選択肢を得るための伝統的な方法である対面方式による議論に代わるものとして開発された．実験による研究は，対面方式による議論のもつ深刻な問題点をいくつか指摘している．その中には，(1) 支配的な人による影響力（グループは最もたくさん発言する人，あるいは最も権威のある人に大きく影響される），(2) ノイズ（研究の示すところでは，グループ内での「コミュニケーション」は，問題の解決よりも個人やグループの関心に向けられる），(3) グループの圧力に対する従属（研究はグループの圧力が個人の判断を歪めることを示した）などがあった．

デルファイ法はこのような問題の解決を目的に開発された．その初期の形は，次の3つの基本的な特長をもっていた．(1) 匿名による応答：グループのメンバーの意見は，質問票により得られる．(2) 反復と管理されたフィードバック：メンバー相互間のやりとりは，何度かの反復を通して行われる体系的な方法によってなされる．反復での各回（ラウンド）においては，注意深く管理されたフィードバックが行われる．(3) 統計的なグループの反応：グループの意見は，最終ラウンドでの個人の意見を適切な方法で集計したものと定義される．

手順としては，デルファイ法は問題となっている主題に関する質問票に対して，専門家のグループに答えてもらうことから始まる．彼らの回答は，表形式にまとめられ，回答の匿名性を保つ方法でグループ全体にフィードバックされる．グループ全体の反応に照らし合わせて，自分の回答の修正とコメントが求められる．これが，デルファイ法の第2ラウンドとなる．その結果は表にされ，第1ラウンドと同じ方法でグループにフィードバックされる．このプロセスは意見が収束するまで，あるいはそれ以上の進展が見られなくなるまで続けられる．結果は，最終的に統計的なグループの意見としてまとめられ，グループのすべてのメンバーの意見が反映されたものとされる．

この初期の実験において，デルファイ法は未来の技術予測に用いられた．専門家の判断は数値的に得られる（たとえば，ある技術進歩が実現されると思われる期日）．このような場合には，専門家たちの判断の平均やメディアンが，グループ固有の回答と比べて真の解とのずれが少なくとも半分以下であることが示される．このことから，初期のデルファイ法の支持者は，対面方式の議論よりもデルファイ法が一般的によりよい評価を生むことを主張することができた．

この手法の驚くべき実験結果として，デルファイ法の反復ラウンドにおいて，いかに早く収束や進展の停止が達成されるかというものがある．これはデルファイ法を高速なもの，十分効率的なもの，専門家の意見をとらえるためのコストのかからないツールにするのに役立った．それは理解しやすいものであったし，バリエーションにおいても多彩であった．1975年までには，数百のデルファイ法の応用例が文献上に報告された．それらの多

くは，多様な判断状況におけるデルファイ法の応用であったが，デルファイ法とその効果への学術的な関心も集めた．

批　判

やはり RAND 研究所の社員であった H. Sackman (1975) は，デルファイ法の最初の厳しい批判を公にした．彼の *Delphi Critique* という著書は，この技法に関するまさに批判，特にその数量化の側面への批判であり，「デルファイ法は，その原理や方法，基本的な応用が，科学的に擁護しうるものであることが実験的に確立されるまで，研究機関，企業，政府における利用を控えること」を最終的には提言している．

Sackman の批判は，グループの判断を得るための新しいテクニックの開発と，デルファイ法と他のこの種のテクニックとを比較するという様々な研究の両方に拍車をかけた．主要な代替案は，統計的なグループ技法（グループの回答は，相互のやりとりなしに統計的にテーブル化される），非構造化された直接の相互作用（伝統的な対面方式の議論を指す），構造化された直接の相互作用（名目的グループ手法（nominal group technique），Gustafson et al., 1973 など）に分類される．

Woudenberg (1991) は，彼の広範囲なレビューにおいて，これら4つの手法のうちのどれかが他よりも優れているという明確な証拠を見つけていない．彼は，方法論的な難しさゆえにいくつかの研究を割り引いても，「定量的な」デルファイ法の初期の形が，「他の（簡単な，早い，安価な）判断方法に勝っているわけでは決してない」と結論付けている．

デルファイ法のもう1つの広範囲の評価 (Rowe et al., 1991) も，Sackman や Woudenberg らと同様の結論に至っているが，初期のものを拡張しようとする研究に対して，より批判的である．否定的な評価を受けている研究のほとんどは，似たようなバックグラウンドをもった非専門家（大抵の場合，学部学生や大学院の学生）を，年鑑タイプの質問や，短い時間間隔の予測を含む簡単なテストにおいて使っている．Rowe et al. (1991) は，異なる訓練を積んだ多様な専門家が，自分たちの専門知識を互いに反復してフィードバックさせたとき生じる効果に関しては，粗末なテストしかなされていないと指摘している．彼らは，デルファイ法は，その初期の意図であった判断を助ける技術としての能力はもってはいるが，改良が必要であり，グループ内で判断が変わる仕組みや，統計的な名目的グループの，正当性に影響を及ぼす要因に対するさらなる理解が必要であると結論付けている．

応　用

一方で，デルファイ法は合意形成のためには非常に効率的であると認められており，最近のデルファイ法の多くが用いられるのは，この方向においてである．政策デルファイ（policy Delphi）法，（意思）決定デルファイ（decision Delphi）法といったデルファイ法のバリエーションは，一般的には参加者の匿名性と応答の反復を継承している．特定のフィードバックについても，多くのものが用いているが，より定性的な面を強調したバリエーションに関しては，通常，統計的なグループ応答を使用していない．デルファイ法本来の技術予測の目的（デルファイ法は，中国での技術予測と技術開発戦略の研究の約90％で使用されたというレポートがある）から，医学の未来研究，戦略物資の不足の可能性の検証，地域的な水資源・天然資源の開発計画，麻薬の濫用に対する国策の分析，起業機会の見究めまでといった様々な分野で利用され続けている．さらに，デルファイ法の欠点の理解が進むとともに，それを補うべきデルファイ法のバリエーションの開発が続いている．最近のデルファイ法の応用として，たとえば，LAN の構築がある．これは，高性能ワークステーションに接続された数台のラップトップコンピュータから構成されている．ラップトップコンピュータ上では，個々の参加者がスプレッドシートを占有して使用でき，ワークステーション上で管理されるスプレッドシートに集計されプロジェクタを使ってスクリーンに投影される．そこには，平均，メディアン，標準偏差，すべての参加者のスコアのヒストグラムが表示される．リアルタイムで問題は議論され，様々な参加者が状況に対する自分たちの解釈を提示し，自分たちが適切だと考えるスコアにもとづいて異議を示し，その進展に沿って自分たちのスコアを変えていく．個々の参加者は自分自身のスコアは知っているが，他の参加者のスコアは知らない．議論を通じてスコアの変更を決めた人は，匿名でそれができる．スコアはワークステーションに送られ，新しい平均，メディアン，標準偏差，ヒストグラムがスクリーンに表示される．この方法は，伝統的なデルファイ法のすべての要素を継承しており，同時に，グループ討議を促進し，デルファイ法のラウンドを完結するために通常必要とされる時間の短縮を可能にする実時間的な更新を容易にしている．

⇒ グループ意思決定のための計算機技術，グループ意思決定．　　[James A. Dewar, John A. Friel／柴　直樹]

参 考 文 献

[1] Dalkey, N. and O. Helmer (1963), "An Experimental Application of the Delphi Method to the Use of Experts," *Management Science*, 9, 458–467.

[2] Gustafson, D.H., Shukla, R.K., Delbecq, A., and Walster, G.W. (1973), "A Comparison Study of Differences in Subjective Likelihood Estimates Made by Individuals, Interacting Groups, Delphi

- [3] Rowe, G., Wright, G., and Bolger F. (1991), "Delphi: A Reevaluation of Research and Theory," *Technological Forecasting and Social Change*, 39, 235–251.
- [4] Sackman, Harold (1975), *Delphi Critique*, Lexington Books, Lexington Massachusetts.
- [5] Woudenberg, F. (1991), "An Evaluation of Delphi," *Technological Forecasting and Social Change*, 40, 131–150.

点確率過程

Point Stochastic Processes

はじめに

〈点過程〉(point process) というのは，確率過程 $\{N(t)=$時間 t までの生起回数$\}$ のことで，時間軸上のランダムな事象の生起時刻点列を記述するものである．通常（いつもとは限らないが），事象の生起間隔は独立であると考えられる．このタイプは〈制限メモリ付き点過程〉(point process with restricted memory) と呼ばれる．生起間隔（たとえば待ち行列理論では到着間隔）が独立で，同一分布をもつ確率変数になっているとき，点過程は〈再生過程〉(renewal process) とか，〈再帰点過程〉(recurrent point process) と呼ばれる．ポアソン過程は生起間隔が独立で同一の指数分布にしたがうので，再生過程の特別な場合である (Cox and Isham, 1980; Franken et al., 1981)．

2つの確率変数 X と Y を交互に出現させて列 $X_1, Y_1, X_2, Y_2, \cdots$ をつくることにより〈交替点過程〉(alternating point process) が導かれる．さらに X と Y のそれぞれの部分列がともに通常の再生過程ならば，この点過程は交替再生過程と呼ばれる．

点過程の間引き

実際面では，何らかの理由からある特定の確率で事象が点過程から除去される場合にしばしば出会う．たとえば，ある単一ユニットの故障がシステム障害に至るのは他のいくつかの確率的事象が重なって生ずるときのみ，という場合である（訳注：システムの障害発生時点だけからなる点過程を考えるということである．障害に至らないユニット故障は除かれる）．このような事象除去は〈間引き手順〉(thinning procedure) と呼ばれる．もし間引き手順の中で（正規化された）事象除去確率が1に近づくならば，間引いた結果の点過程はポアソン過程に収束する．この命題は厳密には Renyi の極限定理とか Yu. K. Belyaev による一般化定理にみられる (Gnedenko et al., 1969)．

この命題の実用上の意味は次の通りである．もとの再帰過程における事象生起間隔の平均が T で，各事象が1に近い確率 p で除去されるとしよう．すると間引いた（除去された結果生ずる）過程はポアソンとなり，そのパラメータは

$$\lambda = \frac{1-p}{T}$$

で与えられる．

点過程の重ね合わせ

次の重要な命題は，いわゆる点過程の重ね合わせに関するものである．この命題は Khinchine-Ososkov の極限定理として定式化され (Khinchine, 1960; Ososkov, 1956)，後に Grigelionis-Pogozhev の極限定理として一般化された (Grigelionis, 1964; Pogozhev, 1964)．定性的レベルで命題を記述すると次のようになる．互いに独立で「無限に希少な」点過程の重ね合わせによって生ずる点過程はポアソン過程に収束する．たとえば，ある装置が非常に多くのブロックとかモジュールで構成されているとしよう．このとき，この装置の故障フローはポアソン過程と見なせる．この重ね合わせ過程のパラメータは，もとの過程のパラメータの和で表される．すなわち，もし n 個の再帰過程があり ($n \gg 1$)，それぞれが平均生起間隔 T_i をもつならば，重ね合わされた結果の点過程はポアソン過程に近く，そのパラメータは

$$\lambda = \sum_{i=1}^{n} \frac{1}{T_i}$$

で与えられる．

これらの点過程の間引きや重ね合わせの結果から，ポアソン過程が確率過程論の中で果たす役割は，一般の確率・統計理論で正規分布が果たすものと同様であることがわかる．

⇒ポアソン過程，再生過程，待ち行列理論，確率モデル．

[Igor Ushakov/高橋敬隆]

参考文献

- [1] Cox, D.R. and V. Isham (1980). *Point Processes*, Chapman and Hall, New York.
- [2] Franken, P., D. Knig, U. Arndt, and V. Schmidt (1981). *Queues and Point Processes*, Akademie-Verlag, Berlin.
- [3] Gnedenko, B.V., Yu.K. Belyaev, and A.D. Solovyev (1969). *Mathematical Methods of Reliability Theory*, Academic Press, New York.
- [4] Grigelionis, B.I. (1964). "Limit Theorems for Sums of Renewal Processes," in *Cybernetics in the Service of Communism, vol. 2: Reliability Theory and Queueing Theory*, A.I. Berg, N.G. Bruevich, and B.V. Gnedenko, eds. Energiya, Moscow, 246–266.
- [5] Khintchine, A.Ya. (1960). *Mathematical Methods in the Theory of Queueing*, Charles Griffin, Lon-

don.

[6] Osokov, G.A. (1956). "A Limit Theorem for Flows of Similar Events," *Theory Probability & Its Applics.* 1, 246-255.

点集合写像

point-to-set map

ある空間内の点を別の空間の部分集合に写像する関数のこと.

天然資源

Natural Resources

はじめに

天然資源(natural resources)の分野は数多くの関連分野をカバーしている. すなわち, 農業, 漁業, 林業, 鉱業である. これらの分野は通常個別のものと見られているが, 実は環境問題・稀少資源の利用・持続可能性といった共通の問題を抱えている. そこには, この十年間に起きた共通の筋書きもある. 1つには, ある程度は人口成長と経済発展に駆られて, 多くの天然資源が持続可能な開発水準に到達またはその水準を超越しつつある. あるいは, 再生可能な資源の場合でも, 確認埋蔵量の限界が存在する. 2つめの主要な事柄は, 自然環境の保全, 絶滅に瀕した種の保護, 水質と大気の質の確保, 生物の多様性の助長, といった点の必要性に対する新たなる認識である. このことは, しばしば生産目標と環境保護の間の深刻な争いにつながってきた. この争いは, 意思決定プロセスにおける大衆参加の増加に伴っている. 3つめの基本的な事柄は, 効率的な生産プロセスを得る必要性を伴った, 世界的な競争市場の出現である. この文脈では, オペレーションズリサーチと経営科学が天然資源を管理する上で, 重要な役割を果たしてきた. 私たちは, ケーススタディーを通じての方法論的な提案と実際の適用とを区別しなければならない. これは誠に大切なことである. 典型的には, これらの問題は往々にして複雑でいて不確実性を包含し, また多目的なものである. また, 天然資源の問題は, 往々にして大きな規模と範囲を有し, 信頼できるデータも入手し難い. このことが, いくつかの分野において典型的な例を通じて示される, モデルによる提案と, 計画や生産のプロセスでの実際の適用との間の重要なギャップを説明する要因の1つである. パソコン・新しい情報収集システム・進歩したデータ処理・アルゴリズムのソフトといったものの導入は, OR/MSの利用を助ける上での特に重要な役割を果たす. それぞれの分野において, 典型的な OR/MS 技術を利用して, 広範な問題が取り扱われてきた. いくつかのケースでは, それらの答えはアルゴリズムの開発をもたらした. 分野にまたがって最も共通に用いられる技術である線形計画法とシミュレーションによって, 各分野の主たる問題の本質を解明し, 解のために提案される技術を吟味することは興味深いことである. 林業は, OR/MS が意思決定にどのように影響してきたかを, 数多くの成功した適用とともに示すためのよい例である. これらは, Garca (1990), Kallio et al. (1986), Bare et al. (1984), Dykstra (1984) に見られる.

林　　業

林業(forestry)に関する事柄の大部分は, 森林の管理に関するものである. しばしば公的に所有されている自然林は多目的に利用される存在と見なされる. 木材・放牧場の生産・リクリエーション・野生動物保護地区・水質と土質の保持がそれである. 松やユーカリといった営林場は通常私有され, ときとしては, パルプと製材の処理プラントに統合されたり, 保護法の枠内で, 主目的である木材生産に統合されている. 森林経営の意思決定は, 長期計画から短期計画まで様々である.

考慮すべき木の種類に依存した長期計画は, たかだか2つの木のローテーションを含むために40年から200年以上にわたるものであり, 基本的な林学的・経済学的選択肢を反映し, また営林地の場合は, 高度の投資にかかわる意思決定問題を含むのである. この分野では数学的道具がうまく用いられてきた. 異なる管理の代替案の下で木の成長を予測する目的のために, 回帰分析技術とサンプリングプロットにもとづいたシミュレーションモデルが十分に精度がよいことが明らかになっている. 意思決定はほとんど線形計画 (linear programming) モデルに助けられてきた. US Forest Service によって開発された, 複数出力の線形計画モデル "FORPLAN" (Kent et al., 1991) はよく知られたものの1つである. 他のLPモデルは営林管理を指向して私企業によって開発され, 米国・カナダ・ヨーロッパ・ニュージーランド・チリ・ブラジル・オーストラリアで用いられている.

中期の経営意思決定のためには, 収穫すべき領域への道路の建設といった空間的な意思決定を考えねばならない. この十年間で出現した, 1つの大きな空間的事項は, 活動の空間的配置である. 野生動物の生息地や景観美を大切にするには, 新たなる木々の成長を許すために, 隣接する区画は異なる期間に収穫すべきである. これは, いくつかの動物は成熟した木々に覆われた部分の近くでのみ餌を食べることによる. この問題は特に道路建設と併せるとき, 計画立案に大変な組合せ論的複雑さを付加することになる. これを解くための1つの形式は, 区画の隣接性と道路建設の問題を, 明示的にモデルに含めて

やることである (Kirby et al., 1986). 整数変数が与えられるので，このアプローチは小規模なケースに適用されたり，発見的な近似を用いて解かれたりしてきた．制約式の持上げの付加によるコラム生成技術にもとづく新しいアプローチ (Barahona et al., 1992) やラグランジュ緩和 (Lagrangian relaxation) がやがて提案された．多くの応用において，発見的技術が用いられてきた．ランダム探索技術は，基本的には可能解の大きな集合を選択し，しかるのちにその中から最良のものを選び出すことからなる．この技術は区画の隣接性の問題のために広く提案され用いられてきた (Nelson and Brodie, 1990). ランダム探索は，隣接性の問題と道路建設の問題を併せ解くために発見的ルールならびに最短経路アルゴリズムと組み合わされてきた (Sessions and Sessions, 1991). シミュレーテッド・アニーリング法 (simulated annealing) とタブーサーチ (tabu search) もまた，隣接性の問題を取り扱うために提案された (Lockwood and Moore, 1993).

短期的オペレーションは，伐採する区画の選択，収穫すべき量，収穫のための装備の選択，輸送スケジュール作り，といった問題を包含している．数多くのモデルとアルゴリズムが提案されたきた．最もよく用いられるのは，収穫と配分のための線形計画法にもとづくモデルである．もっと複雑な幹の鋸引き問題については，動的計画法 (dynamic programming) ならびに発見的アルゴリズムが提案されている．ただし，その利用は，もっぱらトレーニング目的のためであったが．塔，搬出用の滑り台，ヘリコプター，といった収穫のための装置のスケジューリングは，デジタル地形モデルや地理情報システムを相互に関連付けることによって成し遂げられてきた．

森林の多目的利用のためには，森林管理を多目的問題と見なすのが唯一の自然なやり方である．この問題の内容は多岐にわたるものである．すなわち，材木・放牧場の生産，レクリエーション，景観美，絶滅に瀕した種の保存，野生動物の生息，水質，コスト，収入と社会的影響などである．この問題を取り扱うための最も一般的なアプローチは，目標計画法 (goal programming) あるいは多目的線形計画法 (Bare and Mendoze, 1988) を通じてのものであった．しかしながら，これらの開発物は，実行が困難なるがゆえに，実務家にはほとんど用いられていない．

リスクと不確実性の明示的な取り扱いは，森林計画者の更なる注意を引きつけている．不確実性に関係する主たる事柄は次のようなものの中にある．将来の木材市場，木材の成長と収益の見積り，大火や有害動物といったカタストロフの恐れなどである．不確実性を制御するために提案される基本的なアプローチは以下のとおりである．(a) パラメトリックな，あるいはシナリオ (scenario) による分析，(b) 確率的動的計画法，ポートフォリオ理論 (portfolio theory), 確率的制約下の線形計画法，シミュレーション (Hof et al., 1992), (c) 制約条件とパラメータにある程度の曖昧さを仮定したファジィモデル (Bare and Mendoza, 1994). これらの試みはもっぱら開発段階にあり，報告すべき応用はほとんどない．

階層的な計画について．森林問題は 20 エーカーから 200 万エーカーに至るまでの空間的問題を含み，また，数か月といった短期のものから 150 年ないし 200 年といった長期の計画まで多岐にわたるものである．意思決定のレベルは，高度の経営に関するものから，現場での操業に関するものまで様々である．全体モデルを解くために，まずは，大規模な統一モデルを解くことが提案された．これらのモデルの運営と分析における困難が判明し，全体の問題を分割するアプローチがいくつか提案された．このアプローチは分離されてはいるが，関連付けられた方法で異なる意思決定レベルの問題群を取り扱うものである (Martell et al., 1993).

他の OR/MS の森林への応用は，有害動物の管理，世界的貿易の分析，森林火災の管理と制御である．そこでは OR/MS が火災の防止，燃料管理，火災の探査，資源の獲得，初期出動，特別出動の管理と訓練などに用いられている (Martell, 1982).

野生動物の管理 (wildlife management)

野生動物の動態を定量化することはとても難しいことであるが，異なる種の行動を評価するためのモデルが開発されてきた．これらのモデルは捕食者-被捕食者の関係や生息地，気候ならびに食物の獲得可能性に関する競合効果といった側面にもとづくものである．たとえば線形計画法，決定分析 (decision analysis), ならびにシミュレーションがライオンの頭数を制御したりアンテロープの保護計画を開発するために用いられ，また，ヘラジカやシカのハンティング政策を評価するために用いられている (Starfield and Bleloch, 1986 ; Golden and Wasil, 1993).

農 業 (agriculture)

農業問題を取り扱うために数理モデルが広く提案されている (Glen, 1987 ; Hazel and Norton, 1986 ; Kennedy, 1986). 定量的アプローチが提案されてきた主たる領域は以下のとおりである．

農場レベルでの農作物生産問題： これらは作付けパターンの決定，収穫オペレーションの計画，収穫のための装置の設計，病害虫の制御といった内容を含んでいる．これらの内部で関連した意思決定は，作付けデザイン，肥料の利用，潅漑計画と資本投資を包含している．これ

らの問題を扱うために提案される主たる技術は，ほとんど線形計画法とシミュレーションならびに混合整数計画法，動的計画法ならびに意思決定理論である．

農作物の収穫高と価格における不確実性はまたポートフォリオ理論，確率的支配，確率的動的計画法ならびに自然に対するゲームを通じて議論されてきた．もう1つの重要な事項は複数の基準に関するものである．これは農業意思決定のほとんどの領域で明らかなものであり，大半は目標計画法と妥協計画法（Romero and Rehman, 1989）を用いて取り扱われる．

これら提案されたモデルは徹底的に応用されてはいない．その1つの原因は，精確な情報に欠けた制約による技術的な最適性を探し求めるよりも，むしろ経験にもとづく判断を用いる，という農場の伝統にある．

地域計画の問題：これらは，次のように集約化された意思決定を指向するものである．すなわち，開発プロジェクトの評価，税金や価格維持政策の決定，環境影響の分析（Kutcher and Norton, 1982）．空間的市場均衡モデルは国内ならびに国際通商の分析のために役立つ．これらのアプローチは，しかしながら，実務には間接的な影響しか与ええないことがほとんどであるか，あるいは，単なる研究上の興味にとどまるものである．

家畜の生産：この領域では，数理モデルが広くかつ成功裏に用いられてきた（Glen, 1987）．古典的な給餌・食料割り当ての定式化においては，主として線形計画法や2次計画法（quadratic programming）からなる様々なモデルが相異なる家畜のために提案されてきた．シミュレーションは牧場における家畜のシステムをモデル化するために利用されてきた．家畜の繁殖ならびに取り替えの問題は，シミュレーション，線形計画法，確定的・確率的動的計画法を通して接近されてきた．特に大規模な乳製品，鶏卵の生産，養鶏においては，ほとんどすべての応用が取り替え政策の評価という分野に関したものである．

鉱業（mining）

鉱業において定量的技術は重要な役割を演じてきたが，この十年間はそれがさらに加速している（Elbrond, 1988；Lane, 1988）．鉱業における主要な意思決定問題は以下の通りである．

・露天掘り鉱山の最適設計：工程の実行可能性と採鉱搬出プロセスでの等高線を，地質学的・鉱山学的制約の下で，売買価格と搬出・処理プロセスのコストとの差を最大化すべく決定すること．そこでは，搬出は3次元空間内の一揃えのブロックの系列と見なされる．この問題に対しては，グラフ理論（graph theory），線形計画法ならびに発見的方法が用いられてきた．

・鉱脈の地質学的モデリング：空間的分布の理論から導かれた地質統計学に古典的な地質学的アプローチを組み合わせたものである．

・採鉱坑のオペレーション：内掘式ならびに，特にもっと複雑な露天掘りのためのものである．これは，容量計画，機械スケジューリング，生産計画，輸送などに関する意思決定を含んでいる．この問題にはシミュレーション，ネットワークフロー，線形計画法ならびに非線形計画法（nonlinear programming）が使われてきた．

・経済学的な評価と最適化：これは，生産速度と打ち切るべき品質等級に関するものである．

・工場の運営：ここではシミュレーションと最適制御を通じて，精錬・混合・鉱物処理・内部での輸送といった問題が解かれる．

次のような新しい技術も紹介されつつある．鉱石の残存量のためのエキスパートシステム（expert system），生産と整備のスケジューリング，異なる代替案に対する鉱山開発のシミュレーションならびにロボティクスの導入補助のための，コンピュータによる設計とコンピュータ生成のアニメーション，などである．

漁業（fishing）

漁業の経営は，次のような意味で，他の天然資源とは異なった展望を与える．すなわち，資源に自由に到達できること，生産が通常は異なる企業によって共有されていること，その割当てプロセスが困難でかつファジィであることなどである．漁業資源の長期的な保護は最優先の事柄であり，保護のための一群の規制が世界的に開発されつつある．漁業システムは主として2つの基本的事項に関係している（Lane, 1989）．水産資源の行動と割当て，ならびに資源の開発である．

生物学的問題は個体数の動態，魚類資源のアセスメント，所与の環境影響（汚染，温暖化・寒冷化傾向），資源同士の相互作用，ならびに資源開発といった，あらゆる面を含んでいる．ただし，個体数の動態は，魚類資源はいかにして増加するか（成長率と死亡率，繁殖特性）を理解するためのものである．

資源配分の問題は，漁業権の割当てと規制とからなる．それは，割当量，許可証，収穫税，領域封鎖である．開発や経営のための意思決定は次の内容をもっている．船団の計画と漁獲作戦，漁獲のための努力の決定（漁獲努力に対する漁獲高の反応は資源アセスメントのための重要な情報を提供してくれる），魚のための設備の設計である．

これらすべての問題に対する定量的アプローチが広く提案されてきた．記述的数理モデリング（特に生物学的側面のための），線形計画法・非線形計画法・最適制御・動的計画法・統計的推定・シミュレーションのような数理計画の方法などである．方法論の提案は広範にわたっ

ているものの，具体的な応用は，主として信頼できるデータに欠けるという理由によって，遅々とした歩みを見せている．ほとんどの応用は，開発と配分の分野に存在している（Golden and Wasil, 1993；Guimaraes, 1990）．

OR/MSの方法は，石炭・石油といったエネルギー源のような他の天然資源にアプローチするためにも用いられている．膨大な文献が，貯水施設を運営するうえでの経営問題，水力発電エネルギーの生産，潅漑計画の設計などの，水資源の分野をカバーしている（Golden and Wasil, 1993；Yeh, 1985）．

⇒農業と食品産業，環境システム分析，ファジィ集合，世界モデル，目標計画法，線形計画法，多目的計画法，シミュレーテッド・アニーリング法（やきなまし法），タブーサーチ．　　　　　　　[Andrés Weintraub/栗田 治]

参 考 文 献

[1] Barahona F., A. Weintraub and R. Epstein (1992). "Habitat Dispersion in Forest Planning and the Stable Set Problem," *Operations Research*, 40(1), S14–S21.

[2] Bare B.B., D.G. Briggs, J.P. Roise and G.F. Schreuder (1984). "A Survey of Systems Analysis Models in Forestry and the Forest Products Industries," *European Jl. Operational Research*, 18, 1–18.

[3] Bare B.B. and G.A. Mendoza (1988). "Multiple Objective Forest Land Management Planning: An Illustration," *European Jl. Operational Research*, 34, 44–55.

[4] Bare B.B. and G.A. Mendoza (1994). "A Fuzzy Approach to Natural Resource Management from a Regional Perspective," *International Transactions in Operational Research*, 1, 51–58.

[5] Dykstra D. (1984). *Mathematical Programming for Natural Resource Management*, McGraw-Hill, New York.

[6] Elbrond J. (1988). "Evolution of Operations Research Techniques in the Mining Industry" in *Computer Applications in the Mineral Industry* (K. Fytas, J.L. Collins, and R. Singhal, eds.). A.A. Balkema, Rotterdam.

[7] Garcia O. (1990). "Linear Programming and Related Approaches in Forest Planning," *New Zealand Jl. Forest Science*, 20, 307–331.

[8] Guimaraes, Rodrigues A., ed. (1990). *Operations Research and Management in Fishing*, Kluwer Academic Publishers, Dordrecht, The Netherlands.

[9] Glen J.J. (1987). "Mathematical Models in Farm Planning: A Survey," *Operations Research*, 35, 641–666.

[10] Golden B. and E. Wasil (1993). "Managing Fish, Forests, Wildlife and Water Successful Applications of Management Science and Operations Research Models to Natural Resource Decision Problems," in *Operations Research and Public Systems* (S. Pollock, A. Barnett and M. Rothkopf, eds.), Handbook in Operations Research and Management Science, 7.

[11] Hof J.G., B.M. Kent and J.B. Pickens (1992). "Chance Constraints and Chance Maximization with Random Yield Coefficients in Renewable Resource Optimization," *Forest Science*, 38, 305–323.

[12] Hazell P.B.R. and R.D. Norton (1986). *Mathematical Programming for Economic Analysis in Agriculture*, Macmillan, New York.

[13] Kallio M., A.E. Andersson, R. Seppala and A. Morgan, eds. (1986), "Systems Analysis in Forestry and Forest Industries," *TIMS Studies in the Management Sciences*, 21.

[14] Kennedy J.O.S. (1986). *Dynamic Programming: Applications to Agriculture and Natural Resources*, Elsevier Applied Science Publishers, London, England.

[15] Kent B., B.B. Bare, R.C. Field and G.A. Bradley (1991). "Natural Resource Land Management Planning Using Large-Scale Linear Programs: The USDA Forest Service Experience with FORPLAN," *Operations Research*, 39, 13–27.

[16] Kirby M.W., W.A. Hager and P. Wong (1986). "Simultaneous Planning of Wildland Management and Transportation Alternatives," *TIMS Studies in the Management Sciences*, 21, 371–387.

[17] Kutcher G.P. and R.D. Norton (1982). "Operations Research Methods in Agricultural Policy Analysis," *European Jl. Operational Research*, 10, 333–345.

[18] Lane D.E. (1989). "Operational Research and Fisheries Management," *European Jl. Operational Research*, 42, 229–242.

[19] Lane K.F. (1988). *The Economic Definition of Ore*, Mining Journal Books Ltd.

[20] Lockwood C. and T. Moore (1993). "Harvest Scheduling with Spatial Constraints: A Simulated Annealing Approach," *Canadian Jl. Forest Research*, 23, 468–478.

[21] Martell D., Davis L. and A. Weintraub, eds. (1993). *Proceedings of the Workshop on Hierarchical Approaches to Forest Management in Public and Private Organizations*. University of Toronto.

[22] Martell D.L. (1982). "A Review of Operational Research Studies in Forest Fire Management," *Canadian Jl. Forest Research*, 12, 119–140.

[23] Nelson J. and D. Brodie (1990). "Comparison of a Random Search Algorithm and Mixed Integer Programming for Solving Area-Based Forest Plans," *Canadian Jl. Forest Research*, 20, 934–942.

[24] Romero C. and T. Rehman (1989). *Multiple Criteria Analysis for Agricultural Decisions*. Elsevier, Amsterdam.

[25] Sessions J. and J.B. Sessions (1991). "Tactical Harvest Planning," in *Proceedings of 1991 Society of American Foresters National Convention*, SAF Publication 91-05, 362–368, Bethesda, Maryland.
[26] Simon H. (1982). *Models of Bounded Rationality: Economic Analysis and Public Policy*. The MIT Press, Cambridge, Massachusetts.
[27] Starfield A.M. and A.L. Bleloch (1986). *Building Models for Conservation and Wildlife Management*, Macmillan, New York.
[28] Yeh W.G. (1985). "Reservoir Management and Operations Models: A State of the Art Review," *Water Resources Research*, 21&22, 1797–1818.

電力システム

Electric Power Systems

電力システムは，個々の需要家へ，信頼でき，経済的で，社会的に許容できる電気を生産し配送するために設計される．それは多くの相関のある要素，すなわち，発電所，制御センター，送電線，配電用変電所，および配電線を伴う．複雑なシステム構造，複雑な経済的・社会的目的をもち，多数の信頼性，安全性，および資源に関する制約のもとで，長い間，電力システムの計画・運用はオペレーションズリサーチおよび経営科学（OR/MS）の技術の開発と応用には理想的な分野であった．これらの開発と応用は，電力技術の発達と公益事業における変化とともに広がり，発展し続けている．以下の節では，いくつかの基本概念を提示する原型の一例として，またOR/MSの電力システムへの応用に関する莫大な事例の総括として，発電システム（electric power generations system）の計画・運用を扱うことにする．

概　要

電力システムは，規制を受けた公益事業によって電気を一般市民に供給するために計画され，建設され，運用されてきた．規制された主体として，これらの公益事業は，需要家から電気料金の形で収入を得ることにより適正な収益を上げることを許可され，電力供給のための資本投資と運用経費を取り戻すことができる．公益事業の経済効率を保証するために，一般に規制委員会は公益事業に対して電力供給に必要な総収入を最小にすることを要求する．したがって，電力システムの計画と運用は，将来の期間にわたって，与えられたレベルの信頼性を確保しつつ，計画電力需要の成長に必要となる公益事業の収入を最小化するという，古典的なOR/MSの問題である．

電力システムには，発電，変電，送配電の3つの主要な部分がある．変電および送配電における電力の流れについては，正確で経済的な評価がまだ困難であるので，発電システム計画・運用における最適化技法の応用がほとんどであった．詳しくいえば，発電システム計画・運用の問題は，一般的に同意を得た発電システムの信頼性基準（reliability standard）を満たし，将来の電力需要を満足する資本，燃料，運転保守の総支出の現在価値を最小化する発電所の組合せと配電指令スケジュール（unit dispatch schedule）を選択するための問題である．

発電システムの最適信頼性

発電システムの信頼性基準を設定することは，それ自体が最適化問題である．基準が低過ぎれば頻繁な停電により需要家に経済的損失を引き起こすかもしれず，一方で基準が高すぎれば，発電所の低容量利用を引き起こし，その結果，発電コストが高くなる．

従来，一般的に受け入れられた実証的な発電システムの信頼性基準は，負荷損失の確率が10年間に1日，すなわち，日最大電力負荷が10年で2日以上，毎日の有効発電容量を上回らないというものであった．しかしながら，技術力の発展に伴い，公益事業が発電システムの信頼性を詳細に評価することのできる計算上効率的な手順が開発された（Yu, 1978）．さらに，電力供給不足・混乱のコストと需要家の容量超過のコストとの間の適正なトレードオフを決定することによって，所与の社会経済環境に対する最適な信頼性基準を導出するために，費用便益アプローチが使用された（Kaufman, 1975; Telson, 1975; Keane and Woo, 1992）．

発電設備の最適指令

電力負荷が1年を通じ時間，日，季節ごとに変化するので，毎日の負荷要求量を満たす発電装置の指令もまた，それ自体が最適化問題である．このいわゆる生産費用問題は，負荷を満たすうえで燃料・運転管理コストを最小化するプラント指令スケジュールを決定しようとするものである．より大きな文脈では，生産費用問題はまた，コストの低い，またはバックアップ容量のある近隣の公益事業からの電力購入を含む．したがって，最適発電システム計画に関して，われわれはまず生産コスト最適化の運転上の副問題の解を見つけなければならない．

古典的な発電システム運転最適化問題は，水力発電所と火力発電所の結合したスケジューリングである．明らかに，水力発電の非効率的な利用は運転コストの高い火力発電の利用を増加させるであろう．電力システム運転問題はすなわち，負荷要求量と水力の利用可能性における不確実性のもとで，与えられた期間における発電システム運転の総コストを最小化するものである．

電力システム拡張計画

簡単な形では，時間の期間$[0, T]$での電力システム拡

張計画 (generation system expansion planning) 問題は以下の通りに表現される (Anderson, 1972).

最小化 $c_f(x_1, x_2, \cdots, x_n)$
$\qquad +c_v[y_1(t), y_2(t), \cdots, y_n(t)]$
条　件　$\sum_i y_i(t) \geq L(t)$　for t in $[0, T]$
$\qquad 0 \leq y_i(t) \leq d_i x_i$

x_i：プラント i の容量
$y_i(t)$：時間 t に使用されるプラント i の容量
$L(t)$：時間 t における負荷
d_i：ランダムな供給停止によるプラント i の割引率
c_f：固定コストの現在価値
c_v：可変コストの現在価値

より洗練された定式化として，プラント供給停止のランダムな性質を考えると，1番目の制約条件は以下の式で置き換えられる．

$\Pr\{\sum_i y_i(t) < L(t)\} \leq p$　for t in $[0, T]$

正確に最適指令スケジュールを決定するために，確率的シミュレーションモデルが使用された (Stremel et al., 1980 ; Sidenblad and Lee, 1981). 生産費用副問題の解とともに総合的な発電システム計画問題を解くために，線形・非線形計画法を含む数多くの OR/MS 技術を使用することができる．

もう1つの複雑化は，x_i を整数とする必要があることである．この場合，発電システム計画の解を得るためには混合整数計画法 (Benders, 1962) や動的計画法 (Jenkins and Joy, 1974) を使用することができる．

発電システム拡張計画への OR/MS や他の工学的経済的分析手法の総合的な応用としては，Electric Power Research Institute (EPRI, 1983) によって開発された発電拡張分析システム (electric generation expansion analysis system : EGEAS) がある．

発電ユニットの最適保守スケジューリング

発電システムの運用におけるもう1つの最適化問題は，ユニット保守スケジューリング (unit maintenance scheduling) である．それぞれの発電ユニットには予防保守のための毎年決まった期間が定められている．最適保守スケジューリングの目的は，年間を通して発電システムの信頼性基準を満たしている間の総合的な生産コストを最小にすることである．この問題は OR/MS のナップサック問題といくらか似ている．そして，公益事業の要求が変わるため，特定の発電システムに対する保守スケジューリングの解を見つけるために，しばしば発見的アプローチが必要である (Yu and Freddo, 1978).

燃料在庫計画

OR/MS の応用しやすい発電システム計画における別の一領域として，燃料在庫計画 (fuel inventory planning) がある．Chao et al. (1989) は以下の問題の正式な費用便益分析を実行する最適化コンピュータプログラムを開発した．

・不確実な燃料配送と燃料燃焼
・燃料使用および燃料供給の季節性
・重大度，警告回数，および持続時間の変化による供給混乱
・不足コストの非線形性

公益事業の資源計画と将来への挑戦

最近15年間に，米国の電力産業において大きな変化が起こった．その結果，公益事業の資源計画の目的は進化したのである (Yu and Chao, 1989).

まず1970年代に成長してきた環境保護主義は，環境制御コストと発電システムの信頼性の間のトレードオフを追加するよう求めた．OR/MS 技術の主たる応用は EPRI により資金供給された超過・過少容量拡張モデル (over/under capacity expansion model) の開発であった (EPRI, 1987).

1980年代後半以来，普及している省エネルギー倫理は，しばしば統合資源計画 (integrated resource planning) とも呼ばれる最小費用計画 (least cost planning) の概念の広範囲な適用をもたらしている．この計画概念のもと，それらの間の経済的比較に加え，省エネルギーと負荷マネジメントを含む電力供給代替手段が需要サイドマネジメントのオプションとさらに比較されることになっている．米国の電力産業の研究管理の担い手として，EPRI はまた，多目的統合決定分析・シミュレーション (multi-objective integrated decision analysis and simulation : MIDAS) モデルおよび公益事業計画モデル (utility planning model : UPM) を含む，この領域での多くの主要な最適化ツールの開発資金を提供した (EPRI, 1988).

近年，電力の規制緩和に向けた強い傾向がある．ますます競争力が高まる市場では，発電資源投資計画は複雑さのレベルを増し，新しい挑戦課題を OR/MS に提供するであろう．

⇒ 組合せ/整数最適化，線形計画法，非線形計画法．

[Oliver S. Yu/鈴木　勉]

参 考 文 献

[1] Anderson, D. (1972). "Models for Determining Least Cost Investments in Electricity Supply," *Bell Jl. of Economics and Management Sciences*, 3, 267–299.
[2] Benders, J.R. (1962). "Partitioning Procedures for Solving Mixed-Variable Programming Problems," *Numerische Mathematik*, 4, 238–252.

[3] Chao, H., Chapel, S.W., Morris, P.A., Sandling, M.J., Fancher, R.B., and Kohn, M.A. (1989). "EPRI Reduces Fuel Inventory Costs in the Electric Utility Industry," *Interfaces*, 19, 48–67.

[4] Electric Power Research Institute (1988). *EPRI Products*, *Volume* 8, *Planning*, Palo Alto, California.

[5] Electric Power Research Institute (1987). *OVER/UNDER Capacity Planning Model*, Version 3, P-5233-CCM, Palo Alto, California.

[6] Electric Power Research Institute (1983). *EGEAS, The Electric Generation Expansion Analysis System*, EL-2561, Palo Alto, California.

[7] Ikura, Y., Gross, G., and Hall, G.S. (1986). "PG&E's State-of-the-Art Scheduling Tool for Hydro Systems," *Interfaces*, 16, 65–82.

[8] Jenkins, R.T., and Joy, D.S. (1974). *WIEN Automatic System Planning Package (WASP) – An Electric Utility Optimal Generation Expansion Planning Computer Code*, Report ORNL-4945, Oak Ridge National Laboratory, Oak Ridge, Tennessee.

[9] Kaufman, A. (1975). *Reliability Criteria – A Cost Benefit Analysis*, Report 75-9, New York Department of Public Service, New York, New York.

[10] Keane, D.M., and Woo, C.K. (1992). "Using Customer Outage Cost to Plan Generation Reliability," *Energy*, 17, 823–827.

[11] Sidenblad, K.M., and Lee, S.T.Y. (1981). "A Probabilistic Production Costing Methodology for Systems With Storage," *IEEE Transactions on Power Apparatus and Systems*, 100, 3116–3124.

[12] Stremel, J.P., Jenkins, R.T., Babb, R.A., and Bayless, W.D. (1980). "Production Costing Using the Cumulant Method of Representing the Equivalent Load Curve," *IEEE Transactions on Power Apparatus and Systems*, 98, 1947–1956.

[13] Telson, M.L. (1975). "The Economics of Alternative Levels of Reliability for Electric Power Generation System," *Bell Jl. of Economics*, 6, 679–694.

[14] Yu, O.S., and Freddo, W. (1978). *An Efficient Electric Power Generation Maintenance Scheduling Procedure*, presentation at ORSA/TIMS National Meeting, San Francisco, California.

[15] Yu, O.S. (1977). *An Efficient Approximation Computational Procedure for Generation System Reliability*, Technical Report, Mid-American Interconnection Network, Chicago, Illinois.

[16] Yu, O.S., and Chao, H. (1989). "Electric Utility Planning is a Changing Business Environment: Past Trends and Future Challenges," *Proceedings of Stanford-NSF Workshop on Electric Utility Planning Under Uncertainty*, 253–272, Stanford, California.

同型グラフ
isomorphic graph

同一の構造をもつグラフ.

統計的平衡
statistical equilibrium

時点 0 で状態 i からスタートした確率過程が時点 t で状態 j である確率を $p_{ij}(t)$ と定義する. $t \to \infty$ のとき, すべての j に対して $p_{ij}(t)$ が初期状態 i に無関係な極限 p_j に収束するならば, そのときこの確率過程は統計的平衡 (statistical equilibrium) にあるという. マルコフ連鎖が極限分布をもてば, その分布は $\pi = \pi P$ を解いて得られる定常分布と一致する. ⇒ 極限分布, マルコフ連鎖, マルコフ過程, 定常分布, 平衡分布.

等高線
isoquant

ある関数 $f(x)$ が与えられたとき, ある定数 c に対して $f(x) = c$ を満たす x の全体を等高線という. $f(x)$ が利益 (コスト) 関数である場合, 等高線を等利益 (等費用) 線という.

同次 1 次方程式
homogeneous linear equations

$Ax = 0$ という形の 1 次方程式系.

同次解
homogeneous solution

$Ax = 0$ という形の方程式解. $x = 0$ は自明な解と呼ばれる. これに対して $x \neq 0$ であるような解を自明でない解という.

同種兵力間のランチェスター方程式

homogeneous Lanchester equations

両軍それぞれを1つずつの方程式で表す単純なランチェスター方程式．これらの方程式は両軍の保有する兵器が（すべて小武器で）まったく同種，もしくは，異種の場合は単純化して同種と近似した場合に使用される．⇒ランチェスターの方程式．

到着過程

arrival process

確率的な点過程もしくはマーク付き点過程で，客が待ち行列に到着する一連の時点を示すとともに，客の到着に関するある種の特性あるいは待ち行列それ自身の到着時点におけるある種の特性を示したもの．たとえば，マーク付き点過程 (X^a, T^a) で，T^a 過程が実際の到着時点の列を示すのに加えて，X^a 過程は待ち行列に到着した客の優先クラスの列を示すようにできる．

到着時点分布

customer distribution

待ち行列システムにおいて，客の到着時点における状態の確率分布．客平均分布，到着客が見る分布ともいう．この分布は，任意時点における分布とは一般に異なる．ただし，ポアソン到着をもつ待ち行列システムではこれらが一致することが知られている．待ち行列に入った客は必ず出るので，システムに入った客の到着時点での客数分布は客の退去時点での分布と一致する．⇒任意時点分布，待ち行列理論．

動的計画

Dynamic Programming

はじめに

動的計画は，相互に関連する一連の決定をもつ，数学的に記述可能な問題に対する，問題解決へのアプローチであるとともに効率的に適用可能な分解手法でもある．このような意思決定問題は広範囲にわたっている．ある道路ネットワーク上において，ある出発地（たとえば，あなたの家）からある目的地（たとえば，あなたの学校，あるいは勤務地）への経路を決定するためには，一連の方向転換が必要である．（たとえば，テレビを販売する）小売店を経営するには一連の卸し購入の決定が必要である．

このような問題は，ほかにもまた共通の特性を共有している．どれも，一定不変に，ある評価規範と関連している．われわれは自宅から勤務地への最短の，あるいは最も景色のよい経路を選択しようとしているかもしれない．一方小売店の経営者は期待利潤を最大化すべく販売することを意図して，テレビの卸し買いを行う．どれも，現在の決定が将来の意思決定環境に影響を与えるものである．自宅から仕事場に行く際には，現在選ばれた方向転換は次に方向転換の決定を行う地理的位置を決定するであろう．一方小売店を経営する際には，今日発注された品物の数は来週の在庫水準に影響を与えるだろう．

起源と重要な参考文献

〈動的計画〉（dynamic programming）という語句を造語し，その広範囲にわたる応用可能性を読みとったのは，通常 Bellman (1957) に帰するとされている．Bellman の 1957 年の本以前の簡潔な歴史は Denardo (1982) に見いだすことができる．動的計画の徹底した記述と応用は，Bertsekas (1987), Denardo (1982), Heyman and Sobel (1984), Hillier and Lieberman (1990；第11章参照), Ross (1983), に見いだすことができる．

動的計画の哲理と方法論の中心的役割を果たすものは〈最適性の原理〉（principle of optimality）であり，以下の多段決定問題（multi stage decision problem）に関連している（Bellman, 1957）．$\{q_1, q_2, \cdots, q_n\}$ を，〈政策〉（policy）特に n 段政策と呼ばれる実行可能な決定の列とする．ある関連する評価関数の最大値を生む政策は〈最適政策〉（optimal policy）と呼ばれる．決定は過程の状態，すなわち意思決定を行う際に利用可能な情報にもとづいてなされる．最適政策の基本的性質は次のように表現される．

〈最適性の原理〉：最適政策は，現在の状態と決定が何であろうとも，残りの決定は現在の状態から生じた状態に関して最適政策を構成しなければならない，という性質をもつ．

最適性の原理は，その適用により最適政策を生むような，ある再帰的関係により，可能な決定の集合上の最適化問題として表現される．以下では，2つの例を用いて，このことを例示する．

例

1. 通勤経路選択問題

自宅から仕事場への最短経路を求めたい．その周辺の地図には，自宅と仕事場を含む街路のネットワーク，途中の交差点，それらを結ぶ街路，ある交差点からある街路で直接結ばれたもう一方の交差点への距離が記載されている．われわれはこの問題を次のようにモデル化する．N を自宅，仕事場，そしてすべての交差点からなる集合とする．N の要素をノードと呼ぶ．簡単のため，すべての街路は一方通行であるとする．われわれはある街路を

ノードの順序対で表す．すなわち，(n, n') はノード n からノード n' への街路である（われわれは n' をノード n の直接後続ノードという）．$m(n, n')$ をノード n からノード n' への距離とする．すなわち，街路 (n, n') の長さを表す．

われわれは，以下のように，この問題を再帰的に吟味することに進もう．$f(n)$ をノード n から目的ノードである〈仕事場〉への最短距離に等しいものとする．われわれの目的は出発ノードである〈自宅〉から仕事場への最短距離 $f(自宅)$，および，$f(自宅)$ と等しい距離をもつ自宅から仕事場までの経路を求めることである．ノード n の任意の直接後続ノード n' に対して，$f(n) \leq m(n, n') + f(n')$ が成り立つことに注意しよう．もし $f(n) = m(n, n'') + f(n'')$ を満たすような n の直接後続ノード n'' を求めることができれば，このとき，われわれがノード n にいるならば，ノード n'' へと導く街路に沿って進むべきである，ということが理にかなっているように思われる．こうしてすべての $f(n)$ の値を決定すれば，$f(自宅)$ と自宅から仕事場までの最短距離の経路の両方を決定できる．形式的には，これらの値の決定は方程式 $f(n) = \min\{m(n, n'') + f(n'')\}$ から再帰的に進めることができる．ただし min はノード n の直接後続ノード n' のすべてにわたってとられ，$f(仕事場) = 0$ が初期条件である．

2. 在庫問題 (inventory problem)

$x(t)$ を，第 t 週の終りの持ち合わせの商品の数とし，$d(t+1)$ を第 $t+1$ 週の間に購入を希望する顧客の数そして $u(t)$ を第 t 週の終りに発注され，第 $t+1$ 週のはじめに納入される商品の数とする．（水晶玉でもなければ）$d(t)$ を正確に知ることはできそうにないけれども，すべての $n = 0, 1, \cdots$ に対して $d(t) = n$ である確率を知っているものと仮定する．未納注文（backorder）を保持することを仮定して，$x(t+1) = x(t) - d(t+1) + u(t)$ が成り立つことに注意する．合理的な目的は $t = 0$ から $t = T (T>0)$ までの期間にわたってかかる期待費用を，発注の決定は現在の在庫水準にもとづいて行われる，すなわち，すべての $t = 0, \cdots, T-1$ に対して，$u(t)$ を決定する機構（たとえば，店の経営者）は $x(t)$ を知っているものと仮定して，$u(0), \cdots, u(T-1)$ の選択により，最小化することである．費用には，品切れ損失（持ち合わせの在庫量が不十分である場合の罰則），保管費用（持ち合わせの在庫量が過多である場合の罰則），発注費用（卸し売り商品を購入するために必要な費用を反映する），売却価格（商品が売却されたときに受け取る収入を反映する，負の費用），などがあろう．$c(x, u)$ を $x(t) = x$ および $u(t) = u$ を所与としたときに，第 t 週の終りから第 $t+1$ 週の終りまでにかかる期待総費用を表すものとする．このとき，われわれが最小化したい評価規範は，$E\{c[x(0), u(0)] + \cdots c[x(T-1), u(T-1)]\}$ である．ただし E は確率変数 $d(1), \cdots, d(T)$ に関する期待値演算子である．

われわれは，また，この問題を再帰的に吟味することができる．$f(x, t)$ を，$x(t) = x$ と仮定したときに，時刻 t から時刻 T までにかかる最小の期待費用であるとする．明らかに，$f(x, T) = 0$ である．また，任意の可能な $u(t)$ に対して，$f[x(t), t] \leq c[x(t), u(t)] + E\{f[x(t) - d(t+1) + u(t), t+1]\}$ が成り立つことに注意しよう．例1に対して正しかったように，$f[x(t), t] = c[x(t), u''] + E\{f[x(t) - d(t+1) + u'', t+1]\}$ を満たすような発注数 u'' は，現在の在庫が $x(t)$ であるときに出すべき発注数である．こうして，再帰的方程式はすべての x に対する $f(x, 0)$ のみならず，現在の在庫水準の関数として発注数を決定する．

共通の特徴

動的計画の2つの鍵となる様相は，状態の概念と再帰的方程式である．動的計画問題の状態は，現在の決定の基礎となる現在利用可能な情報である．たとえば，通勤経路選択問題では状態は現在のノードであり，在庫問題では持ち合わせの商品の数が問題の状態を表す．いずれの例においても，どのように系が現在の状態に至ったかは意思決定の展望には取るに足らないものである．通勤経路選択問題において，次に進むべき最善の街路を決定するために必要なものは現在のノードだけであり，そのノードに至った経路ではない．今週発注すべき商品の数の決定は現在の在庫水準のみに依存している．評価規範の最小の期待値と最適な決定列を決定するために使うことのできる再帰的方程式（他の名前としては，関数方程式や最適性方程式などがある）は現在のノードあるいは現在の在庫水準に依存している．いずれの場合においても，再帰的方程式は本質的に問題を，各状態ごとに1つの問題が対応する，部分問題の列に分解していることを見て取ることができる．

⇒ダイクストラの算法，ネットワーク，マルコフ決定過程．　　　　　　　　　　[Chelsea C. White, III/大西匡光]

参 考 文 献

[1] Bellman, R.E. (1957), *Dynamic Programming*. Princeton University Press, Princeton, New Jersey.

[2] Bertsekas, D.P. (1987), *Dynamic Programming: Deterministic and Stochastic Models*. Prentice-Hall, Englewood Cliffs, New Jersey.

[3] Denardo, E.V. (1982), *Dynamic Programming: Models and Applications*. Prentice-Hall, Englewood Cliffs, New Jersey.

[4] Heyman, D.P., and Sobel, M.J. (1984), *Stochastic Models in Operations Research*, Vol. II. McGraw-

[5] Hillier, F.S., and Lieberman, G.J. (1990), *Introduction to Operations Research* (fifth edition). McGraw-Hill, New York.
[6] Ross, S.M. (1983), *Introduction to Stochastic Dynamic Programming*, Academic Press, New York.

特異行列

singular matrix

行列式の値が0であるような正方行列．この場合，行列の列集合は線形従属集合となる．⇒行列と行列代数．

特別順序集合

special-ordered sets (SOS)

最適化モデルにおける制約のタイプのこと．タイプ1のSOSは集合の中の1個の変数のみが非零であることが必要である．タイプ2のSOSは集合の中の2個の変数のみが非零であって，しかもそれらが隣接していることが必要である．タイプ1のSOSは集合の中の変数が2値で，しかも1個の変数のみが1である（たとえば人員の割当）ような問題に用いられる．タイプ2のSOSは変数分離型問題を等価な線形構造に変換する場合に生ずる．両タイプのSOS問題の処理を単純化するために特別の計算上のアプローチが用いられる．⇒変数分離型問題．

独立個人価値入札モデル

independent private values bidding model

入札の参加者が，入札される物の価値を他の参加者が推定した価値に対して統計的に独立であるように，推定する入札モデル．このモデルでは，どの参加者も他の参加者の情報から学んで価値の推定を変えるようなことはない．⇒入札モデル．

独立フロート

independent float

直前のアクティビティーの最早開始時間を遅らせることなく，また後続アクティビティーの最遅終了時間に影響を与えることなく，当該アクティビティーを遅延することができる時間の長さ．⇒ネットワーク計画．

閉じたネットワーク

closed network

入口も出口もない待ち行列ネットワークにおいて一定数の顧客が際限なく循環する場合のこと．⇒待ち行列ネットワーク．

都市のサービス

Urban Services

はじめに

都市のサービスは広い範囲の活動を含んでいる．これらは下水道等の公衆衛生，ごみや雪，氷を取り除く街路清掃，公共住宅供給，都市交通システム，さらに地方公共団体の他のサービスなどから成り立っている．このセクションではこれらサービスの効率改良を目指した代表的なオペレーションズリサーチの応用について述べることにする（たとえば Larson and Odoni (1981) を参照のこと）．

街路清掃と公衆衛生

これらサービスで共通に考えなければならないのは，コストを最小にする効率的な車のルートを設定することであり，これはおおむね旅行時間を最小にすることで達成される．ごみ収集者は街路のあちこちを通って各家の前で止まり，ごみを集める．街路清掃者は歩道の縁石に沿って動き，駐車中の車を避けながらごみを掃除する．除雪車や塩を積んだトラックは雪で覆われた幹線を行き，人々のために円滑で安全な交通流を確保しなければならない．

街路のどの部分までを考えるかという問題を伴うこのクラスの経路問題 (routing problem) は〈中国人の郵便配達人問題〉(Chinese postman problem) と同等である．都市の問題では経路計画は多数の車を視野に入れ，道路の一方通行や双方通行さらにはUターンができるかどうかも考慮しなければならない．ごみ収集問題ではさらにトラックの容量とランダムに変動するごみの量に伴う複雑さがこれに加わる．つまり経路が決まったとしてもトラックが満杯になるまでに何回止まるかを正確に予測するのは難しい．そして満杯になるといったんルートを離れて，ある距離をかけてごみを捨てに行き，またもとのルートに戻らなければならない．また除雪車や塩を積んだトラックは次のような複雑さがつけ加えられる．それは街路を1回通過しただけでは望ましいレベルの効果が得られないかもしれないことである．それに加えて雪が降り続いたり，道路が氷結し続けている場合にはまた再度同じ所に来て作業をしなければならない．

ニューヨーク市の公衆衛生部門ではオペレーションズリサーチが経路計画を越えた広範な問題に取り組んでいる．仕事量予測モデルが開発され，人員の需要計画を立てたり，超過勤務時間を減らしたり，休暇をピークを過ぎた時期にずらしたり，新しい職員の雇用計画を立てた

りしている．またある分析の結果，トラックの容量増加の影響を査定したり，シミュレーションモデルの開発によってたとえ 1 台であっても不法駐車が街路清掃の効率をどのくらい下げるかを予測でき，これによって道路交通法を執行する部局と同等な努力をすることができる．改革によってプロジェクトスコアカードというものがつくられ，これに月 6000 街区のサンプルの調査結果が記されるのだが，調査は集めたごみの量ではなく街区がどのくらい汚かったかという点で行われている．また OR グループはいろいろな種類の調査を行い，これによってリサイクルを促進するためのごみ分別の様々な条例の効果を測定した．まとめると，オペレーションズリサーチはニューヨーク市の街路清掃のやり方や公衆衛生部局のマネジメントのやり方を根本的に変革した (Riccio, Miller and Litke, 1986)．

公共住宅建設

様々な都市環境の中で多くの市は貧しい人や高齢者に賃貸料を補助する公共住宅を建設している．英国レディングの地方行政部局から出された最初の問題は，マンチェスター市が所有する 10 万戸の住宅に対する応募者に順番を付けることであった．彼らは住宅得点法なるものを開発し，これによって住宅部局の職員が応募者の相対的な住宅必要性を正しく把握することができるようになった．多数の対の比較を行うことにより，次のような問いに答えることができる．それは，「病気を抱えているある 1 人の応募者は，過密状態の中で暮らしているある人より高い得点が与えられるべきだろうか？」という問題である．

英国では，コミュニティ OR（community OR）の考え方の典型である，より広範な調査研究の結果をサーンスコー住宅建設協同組合（Thurnscoe Housing Co-operative）が受け入れた．これはオペレーションズリサーチをする 1 つのチームが広範な問題に対してこの協同組合とともに働いた結果である．これらは資金計画や組織化された意思決定を含んでおり，それはここ数年にわたる協同組合のすべての計画の中で不可欠なものであった．この 2 つの調査研究にはソフト OR が用いられており，これには線形計画法や待ち行列理論のような典型的な OR 手法が必ずしも用いられるわけではない．

米国では研究者は待ち行列理論を用いテナント割当てポリシーの二者択一を行った．そのポリシーとは，最初に可能なものに割り当てるというものと，これに対して優先順位による割当てというものである．効果は待ち時間と人種問題が解消するかどうかで評価された．さらにボストンの東地区の再開発による住宅建設プロジェクトの中で継続的なテナントの再配置計画に整数計画法が用いられている（Kaplan and Berman, 1988）．

都市の交通サービス

都市の大量輸送サービスをめぐる諸問題は以下で述べるように広い範囲の学問分野によって研究されてきた．経済学者は公正な運賃と交通需要の関係について研究をリードしてきた．都市や地域のプランナーは都市や地域の開発における大量輸送機関の役割を調査研究してきた．特定のルートの交通需要を計画するのに重要な OD マトリックスに関する複雑な予測問題に統計学者は取り組んできた．土木技術者は道路と大量輸送機関の双方の交通計画を立ててきたが，これらは彼らの学問分野の主要な部分であり，しばしばオペレーションズリサーチのモデルを用いたり，オペレーションズリサーチの専門家と一緒に仕事をしてきた．学術雑誌 *Transportation Science* は，この分野や関連分野における最新の研究報告に焦点を当てている．ここではわれわれはおおむね OR モデルの利用に限って議論することにする．

交通サービスは 3 つの視点から見ることができる．それは乗客，乗務員，それにたとえば車両や施設といったような，サービスを供給するのに必要なインフラストラクチャーである．乗客は地点 A から地点 B まで行くのに最も費用効率のいい方法に関心をもっている．列車やバスの輸送ルートやたとえば運転間隔のような走行頻度を決めることが経営上の鍵を握っており，これが乗客の行動に影響を与える．一般的には確率モデル，とりわけ待ち行列モデルが開発され，これによって様々な経営戦略のもとでの鉄道やバスの待ち時間が予測された．シミュレーションがしばしば典型的に柔軟な道具として用いられ，システム遂行上の様々なポリシーの影響を計画したり評価したりしている．

老人や身体障害者にとっては彼等の移動ニーズに応じて大量輸送機関を利用するのは難しいが，タクシーは料金が高くつく．そこで電話をして乗ることのできるミニバスシステム（Dial-a-Ride mini-bus system）がそのギャップを埋め，乗客のリクエストに応じて多数の地点で客をひろい，また他の多数の地点で乗客を降ろしている．これには〈巡回セールスマン問題〉（traveling salesman problem）のヒューリスティックな計算法が基礎となり，複雑な運行を効率よく管理することができる．

人員に関係することでは，オペレーションズリサーチの専門家が一番身を入れてきた問題は人的資源のスケジューリング（manpower scheduling）であり，これは数理計画法の典型的応用である．交通サービスに対する需要は 1 日の時間によってまったく異なるので，人員や車両のスケジュールは費用効率に合わせなければならない．HASTUS は広く利用されているツールで人員と車両の両方のスケジュールを立てるのに用いられている．決められた人員のランダムに起こる休みは，複雑なシステムにより一層の負荷を与えるが，確率的モデルが開発

されており，この助けをかりて交通管理者は予期せぬ人員不足を満たす，人的資源計画を立てることができる (Blais, Lamont and Rousseau, 1990).

どのような地方公共団体のバスシステムにとっても，車庫は1つの重要な要素である．バスや運転手は移動の出発や終了を車庫で行うし，ほとんどのメンテナンスもこれらの施設で生ずるものである．これら車庫の数とロケーションに関する決定問題はネットワークの最小費用フローモデル（minimum cost network flow model）を繰り返し適用することで，分析されている．これに関連する1つの問題は，すべての資本集約型のシステムに共通なのだが，主要な設備のメンテナンスを含んでおり，この問題は信頼性，最適メンテナンス，再配置戦略といったような広い範囲のオペレーションズリサーチ手法に関係している．モントリオールにおける1つの調査では2000台のバスについて検査と故障の関係が分析され，最適な検査の方針が5000kmから8000kmに変えるように提案された．これには多目的決定モデル（multi-criteria decision model）が用いられ，構成要素のメンテナンス方針が開発された．これは総メンテナンス費用だけでなく，車の利用可能性や構成要素の信頼性にも焦点を当てたものである（Ball, Assad, Bodin, Golden and Spielberg, 1984）.

他のサービス

都市環境の中で，広く行政と非行政のサービス両方にわたって共通な1つの問題は施設をどこにどのくらい建設するかということである．典型的な施設配置モデルは容量制限がある場合もない場合も都市の中だけを考えてきた．都市という環境では，しばしば特別な配達サービスをする組織を必要としており，そのサービスにはふつう時間制約を伴う多数の車のスケジューリングと経路決定（routing）が含まれている．1つの特化された応用分野は食事の配達だった．経路決定モデルに基礎をおいた巡回セールスマン問題が用いられ，在宅の老人に規則的なサービスを行う給食宅配プログラム（meal-on-wheels program）のために効率よい道順が開発され維持されている（Bartholdi, Platzman, Collins and Warden, 1983; Ball and Beckett, 1991）.

オペレーションズリサーチの専門家の役割はモデル開発に限定されているわけではなく，評価に関する研究やパフォーマンス評価に関する検討，さらには公正さに対する配慮が含まれている（Ball and Beckett, 1991）．しかし都市サービスの計画や管理に対するORの全般的な影響は，ORのもつ潜在能力に比較すると非常に限られたものであり，世界中の都市で同じような状況でやってきた．もっとORを利用しようとするとき，a) 都市のサービスを行っている組織でORの教育を受けた人間が

リーダシップをとれる地位に着いていない，b) 市の行政組織の中にORの訓練を受けた専門家を採用しづらい，c) 誰の利益になるかわからないので継続的改良に向けた調査に駆り立てる動機がない．などが主要な障害となっている．

⇒ 中国人の郵便配達人問題，コミュニティのOR，犯罪と司法，救急サービス，施設配置，立地分析，要員計画，ネットワーク最適化，巡回セールスマン問題，配送経路問題．　　　　　　　　　　　　[Kenneth Chelst/腰塚武志]

参考文献

[1] Ball, M., A. Assad, L. Bodin, B. Golden, and F. Spielberg (1984), "Garage Location for an Urban Mass Transit System," *Transportation Science*, 18, 56–75.

[2] Ball, R. and A. Beckett (1991), "Performance Evaluation in Local Government, The Case of a Social Work Department Meals-on-Wheels Service," *European Jl. Operations Research*, 51, 35–44.

[3] Bartholdi, J.J., L.K. Platzman, R.L. Collins, and W.H. Warden (1983), "A Minimal Technology Routing System for Meals on Wheels," *Interfaces*, 13(3), 1–8.

[4] Beltrami, E.M. and L. Bodin (1974), "Networks and Vehicle Routing for Municipal Waste Collection," *Networks*, 4, 65–94.

[5] Blais, J.Y., J. Lamont, and J.M. Rousseau (1990), "The HASTUS Vehicle and Manpower Scheduling System at the Société de Transport de la Communaute Urbaine de Montréal," *Interfaces*, 20(1), 26–42.

[6] Chang, S.K. and P. M. Schonfeld (1991), "Multiple Period Optimization of Bus Transit Systems," *Transportation Research-Applications*, 25B, 453–478.

[7] Goplalaswamy, V., J.A. Rice, and F.G. Miller (1993), "Transit Vehicle Component Maintenance Policy via Multiple Criteria Decision Making Methods," *Jl. Operational Research Society*, 44, 37–50.

[8] Kaplan, E. and O. Berman (1988), "OR Hits the Heights: Relocation Planning at the Orient Heights Housing Project," *Interfaces*, 18(6), 14–22.

[9] Nascimento, E.M. and J.E. Beasley (1993), "Locating Benefit Posts in Brazil," *Jl. Operational Research Society*, 44, 1063–1066.

[10] Larson, R.C. and A.R. Odoni (1981), *Urban Operations Research*, Prentice Hall, Englewood Cliffs, New Jersey.

[11] Lutin, J.M., M.A. Hornung and J. Beck (1988), "Staging Area Simulation Model for Seattle Metro Subway," *Transportation Research Record*, #1162, 58–66.

[12] Pinkus, C.E. and A. Dixson (1981), *Solving Local Government Problems*, George Allen & Unwin Ltd., London.

[13] Reinert, K.A., T.R. Miller, and H.G. Dickerson (1985), "A Location – Assignment Model for Urban Snow and Ice Control Operations," *Urban Analysis*, 8, 175–191.
[14] Riccio, L.J., J. Miller and A. Litke (1986), "Polishing the Big Apple, How Management Science Has Helped Make New York Streets Cleaner," *Interfaces*, 16(1), 83–88.
[15] Savas, E.S. (1978), "On Equity in Providing Public Service," *Management Science*, 24, 800–808.
[16] Stein, D.M. (1978), "Scheduling Dial-a-Ride Transportation Systems," *Transportation Science*, 12, 232–249.

図書館
Libraries

はじめに

The American Heritage Dictionary of the English Language（p. 753）によると，図書館とは，「読書用，参照用のための本，定期刊行物，新聞，パンフレット，プリントなど文学上および芸術上の資料貯蔵場所」である．このやや古典的な概念には，いまや図書館が〈情報システム〉(information system : IS) として知られているより広い活動分野の一部であるという事実認識が欠けている．しかしながら，ここでの議論は上記の定義を少しだけ広く解釈する．

図書館へのOR/MS応用の歴史は，目立つものではない．ほとんどのオペレーションズリサーチ研究者が研究対象として図書館を選ばなかったということを反映し，1970年代の中の10年間までほとんどなかった．加えて，図書館員たちはオペレーションズリサーチ研究者に問題を解決する協力を要請せず，またオペレーションズリサーチ研究の特別な環境づくりもしなかった（Chen, 1974）．一方で，1970年代から計算機科学は利用者と包括的なデータベースとを結ぶ今日のローカルおよびグローバル計算機ネットワークを創設するために，図書館学を組み込み図書館分野へ深く関与するようになった．

オペレーションズリサーチの図書館への応用の初期の研究は，Bacon and Machol (1958) と Bacon et al. (1958) である．1960年代には，さらなる関心が広がった（Leimkuhler and Cox, 1964 ; Cox, 1964 ; Morse, 1968 ; Cook, 1968）．図書館におけるオペレーションズリサーチに関する網羅的な評論は Kantor (1979) によりなされた．そこでは，以前の評論研究がすべて総括された．オペレーションズリサーチの観点から最も注目すべきものは，Slamecka (1972) および Kraft and McDonald (1977) による参考文献一覧，Bommer (1975), Kraft and McDonald (1976), Leimkuhler (1970, 1972, 1977 a, 1977 b), Churchman (1972), Morse (1972) による概観と評価である．

図書館におけるオペレーションズリサーチ利用に関する研究は，いくつかの異なる方法で分類された．Kantor (1979) は，論文およびプロジェクトを研究目的に応じて次のグループに分類した．それは，システム記述，システムのモデリング，パラメータ同定，最適化もしくは多重評価，応用である．Rowley and Rowley (1981) は，研究をその性質（再帰問題，オンオフ問題など）により分類した．分析された問題の型にもとづくと，応用分野は，蔵書の配架問題などの操作的かつ再帰的問題，図書館立地問題などの戦略もしくはオンオフ決定，貸出し方針などの制御・デザイン（Rowley and Rowley, 1981）である．

オペレーションズリサーチの図書館管理への応用は，利用されるオペレーションズリサーチ手法からも分類できる．

(1) 待ち行列モデル

平均貸出時間，蔵書を借りる利用者の平均人数のデータに対し待ち行列理論を用いて，特定の蔵書の平均貸出率が導出された（Morse, 1968）．

(2) シミュレーション

職員数，様々な仕事量（利用者の要望，新刊，期限超過料金など），具体的な仕事処理時間とともに，遅延時間，処理時間，職員各メンバーおよび施設の利用状況を推定するために，シミュレーションが利用された（Thomas and Robertson, 1975）．

(3) 施設立地算法

図書施設の再配置問題が Min (1988) により議論された．

(4) 数理計画法

同一資源（調査，索引作成，アブストラクト作成に要する職員の時間）を共有する情報サービスが2タイプあり，それらが異なった単位利潤であるとしよう．総利潤を最大にする各タイプサービス量を見つける問題に，線形計画法が利用できる（Rowley and Rowley, 1981, 58-64）．

(5) ネットワークフローモデル

所蔵コレクションの高さと幅，および書庫の高さとその費用が与えられたとき，有向ネットワーク上の最短経路を見いだす問題を通して，配架費用を最小にする書庫の高さとその数を求めるネットワークモデルが開発された（Gupta and Ravindram, 1974）．

(6) 決定理論

導入費用および失敗成功確率が与えられたとき，図書館安全管理システムを導入すべきかどうかに関する決定問題が（Rowley and Rowley, 1981）に記述されている．

(7) 探索理論

Morse (1970) は図書館における閲覧パターンを取り

上げた．

(8) 輸送問題

自動車による資料の支所配送に関して，経路問題が用いられた（Heinritz and Hsiao, 1969；McClure, 1977）．

(9) 在庫制御理論

ある図書供給ストックの最適注文量を決定するため，EOQ モデルが利用された（Rowley and Rowley, 1981, 111-116）．

(10) 確率と統計

図書館蔵書貸出し，個々の蔵書の評判については，負の二項分布上でベータの優位性を実証した Gelman and Sichel (1987) により確率過程において定式化された．

(11) 便益費用分析

図書館計画が Leomkuhler and Cooper (1971) により取り扱われた．

これらの各範疇それぞれは上から順に，たとえば基本的に論理学的あるいは演繹的なモデルと対立するものとして，あるいは生データと現実の図書館員両方とも，またはどちらか一方を考慮する実際の図書館システムにもとづいているものとして，研究が根づいているか否かでさらに特徴付けられる．この問題のより直接的な議論は Reisman and Xu (1994) に見ることができる．この研究の表1 (p. 37) では，当分野ほとんどの研究について，分類学上の評論が提供されている．

上述および参照した表から理解できるように，図書館でのオペレーションズリサーチ利用は，潜在力が大きい反面，現在の利用状況は完全とは言えない．応用指向のシミュレーション，確率統計を除いて，研究の大部分は，実態にうまくあっていない．研究は，オペレーションズリサーチにおける複雑な数学モデルと，計量的教育を受けていない図書館員たちとのギャップを反映している (Stueart and Moran, 1987)．図書館におけるオペレーションズリサーチの応用を高めるために，Bommer (1975) はオペレーションズリサーチ研究者と図書館管理者との間のより親密な情報交換を提案した．

[Arnold Reisman, Xianmei Xu/大澤義明]

参考文献

[1] Bacon, F.R. Jr. and Machol, R.E. (1958), "Feasibility Analysis and Use of Remote Access to Library Card Catalogs," paper presented at the Fall meeting of ORSA (unpublished).
[2] Bacon, F.R. Jr., Churchill, N.C., Lucas, C.J., Maxfield, D.K., Orwant, C.J. and Wilson, R.C. (1958), "Applications of a Teller Reference System to Divisional Library Card Catalogues: A Feasibility Analysis," Engineering Research Institute, University of Michigan, Ann Arbor, Michigan.
[3] Bommer, M. (1975), "Operations Research in Libraries: A Critical Assessment," Jl. American Society for Information Science, 26, 137–139.
[4] Chen, Ching-chih (1974), "Applications of Operations Research Models to Libraries: A Case Study of the Use of Monographs in the Francis A. Countway Library of Medicine, Harvard University," unpublished Ph.D. dissertation, Case Western Reserve University, School of Library Science, Cleveland, Ohio.
[5] Churchman, C.W. (1972), "Operations Research Prospects for Libraries: The Realities and Ideals," Library Quarterly, 42, 6–14.
[6] Cook, J.J. (1968), "Increased Seating in the Undergraduate Library: A Study in Effective Space Utilization," in Case Studies in Systems Analysis in a University Library, B.R. Burkhalter (ed.), Scarecrow Press, 142–170.
[7] Cox, J.G. (1964), "Optimal Storage of Library Material," unpublished Ph.D. dissertation, Purdue University Libraries, Lafayette, Indiana.
[8] Gelman, E. and Sichel, H.S. (1987), "Library Book Circulation and the Beta-Binomial Distribution," Jl. American Society for Information Sciences, 38, 4–12.
[9] Gupta, S.M. and Ravindram, A. (1974), "Optimal Storage of Books by Size: An Operations Research Approach," Jl. American Society for Information Science, 25, 354–357.
[10] Heinritz, F.J. and Hsiao, J.C. (1969), "Optimum Distribution of Centrally Processed Material," Library Resources and Technical Services, 13, 206–208.
[11] Kantor, P. (1979), "Review of Library Operations Research," Library Research, 1, 295–345.
[12] Kraft, D.H. and McDonald, D.D. (1976), "Library Operations Research: Its Past and Our Future," in The Information Age, D.P. Hammer (ed.), Scarecrow Press, Metuchen, New Jersey, 122–144.
[13] Kraft, D.H. and McDonald, D.D. (1977), "Library Operations Research: A Bibliography and Commentary of the Literature," Information, Reports and Bibliographies, 6, 2–10.
[14] Leimkuhler, F.F. (1970), "Library Operations Research: An Engineering Approach to Information Problems," Engineering Education, 60, 363–365.
[15] Leimkuhler, F.F. (1972), "Library Operations Research: A Process of Discovery and Justification," Library Quarterly, 42, 84–96.
[16] Leimkuhler, F.F. (1977a), "Operational Analysis of Library Systems," Information Processing and Management, 13, 79–93.
[17] Leimkuhler, F.F. (1977b), "Operations Research and Systems Analysis," in Evaluation and Scientific Management of Libraries and Information Centres, F.W. Lancaster and C.W. Cleverdon (eds.), Nordhoff, Leyden, The Netherlands, 131–163.
[18] Leimkuhler, F.F. and Cooper, M.D. (1971), "Analytical Models for Library Planning," Jl. Ameri-

[19] McClure, C.R. (1977), "Linear Programming and Library Delivery Systems," *Library Resources and Technical Services*, 21, 333-344.
[20] Min, H. (1988), "The Dynamic Expansion and Relocation of Capacitated Public Facilities: A Multi-Objective Approach," *Computers and Operations Research (UK)*, 15, 243-252.
[21] Morse, P.M. (1972), "Measures of Library Effectiveness," *Library Quarterly*, 42, 15-30.
[22] Morse, P.M. (1970), "Search Theory and Browsing," *Library Quarterly*, 40, 391-408.
[23] Morse, Philip M. (1968), *Library Effectiveness: A Systems Approach*, MIT Press, Cambridge, Massachusetts.
[24] Rowley, J.E. and Rowley, P.J. (1981), *Operations Research: A Tool for Library Management*, American Library Association, Chicago, 3-4.
[25] Slamecka, V. (1972), "A Selective Bibliography on Library Operations Research," *Library Quarterly*, 42, 152-158.
[26] Stueart, R.D. and Moran, B.B. (1987), *Library Management*, 3rd ed., Libraries Unlimited, Inc., Littleton, Colorado, 200-202.
[27] Thomas, P.A. and Robertson, S.E. (1975), "A Computer Simulation Model of Library Operations," *Journal of Documentation*, 31, 1-16.

凸1次結合行
convexity rows

分解算法の親問題において,解が子問題の端点の1次結合になっていることを示す制約式. ⇒ ダンツィク-ウォルフの分解算法.

凸関数
convex function

線形補間した関数より大きな値をとらない関数. 数学的に述べると, 関数 $f(\boldsymbol{x})$ が凸関数であるとは, S 上の任意の2点, $\boldsymbol{x}_1$, $\boldsymbol{x}_2$ と $0 \leq \alpha \leq 1$ に対して $f[\alpha \boldsymbol{x}_1 + (1-\alpha)\boldsymbol{x}_2] \leq \alpha f(\boldsymbol{x}_1) + (1-\alpha)f(\boldsymbol{x}_2)$ が成立することをいう.

凸計画問題
convex-programming problem

目的関数が凸関数で, 制約条件が凸不等式であるような最小化問題. 通常の場合, この問題は

最小化 $f(\boldsymbol{x})$
条件 $g_i(\boldsymbol{x}) \leq 0$, $i=1,\cdots,m$

と書くことができる. ここで $f(\boldsymbol{x})$ と $g_i(\boldsymbol{x})$ は, ユークリッド空間上で定義される凸関数である. ⇒ 数理計画問題, 非線形計画法.

凸結合
convex combination

点(ベクトル)の加重平均. 点 $\boldsymbol{x}_1, \cdots, \boldsymbol{x}_k$ の凸結合とは, $\alpha_1 + \cdots + \alpha_k = 1$ を満たす定数 $\alpha_1 \geq 0, \cdots, \alpha_k \geq 0$ を用いて, $\boldsymbol{x} = \alpha_1 \boldsymbol{x}_1 + \cdots + \alpha_k \boldsymbol{x}_k$ と表される点のことをいう.

凸集合
convex set

集合 S が凸集合であるとは, S に含まれる任意の2点を結ぶ線分上のすべての点が, S に含まれることをいう. 数学的に述べれば, S に含まれる任意の2点, $\boldsymbol{x}_1$, $\boldsymbol{x}_2$ と $0 \leq \alpha \leq 1$ に対して, $\alpha \boldsymbol{x}_1 + (1-\alpha)\boldsymbol{x}_2$ が S に含まれるとき, S を凸集合という.

凸錐
convex cone

それ自体が凸集合となる錐.

凸包
convex hull

与えられた点集合 S を含む最小の凸集合. S の凸包は, S を含むすべての凸集合の共通部分である. S の凸包は, S の点の凸結合の全体となる. S が有限次元空間の有限個の点からなる集合であれば, その凸包は多面体となる. ⇒ 凸集合, 多面体.

飛び石法
stepping-stone method

輸送問題 (transportation problem) を定義する制約構造に適用された, シンプレックス法の単純化にもとづく輸送問題の解法手続き. 初期実行可能基底解 (feasible basic solution) から出発し, あらゆる非基底変数に対して, 改良解が1つの非基底変数を基底に入れることによって得られるか否かを評価する. 問題の構造はセルの配置 (i,j) が, 出発地 i から目的地 j への物資輸送量 x_{ij} に対応するような m 個の出発地と n 個の目的地の長方形配列となる. 非基底変数 x_{ij} に対する評価プロセスはセル (i,j) から出発し, x_{ij} が基底に入るときに, 新たな実行可能解が生成されるように, 現在の基底変数セルへの経路 (ステップ) を求める. このような経路は常に存在し, 現在の基底解が退化している場合には経路を定義するのに退化手続きが必要とされる. 経路に付随するのは, 新たな実行可能解が目的関数値を改良 (減少) させ

るか否かを示すコストである．教育的観点からは有用であるが，飛び石法は手計算あるいはコンピュータ解法にとっては効率的ではない．輸送問題を解くための最もコンピュータにもとづいた解法では，輸送（主双対）シンプレックス法あるいは特別なネットワークアルゴリズムを用いている．⇒改訂シンプレックス法，シンプレックス法，輸送問題．

トラック積荷輸送
truckload (TL) shipment

TL規模を縮小するために，トラック輸送に際して最小重みを与えること．⇒ロジスティクス．

トラック派遣
truck dispatching

トラック（運転手）に積荷，顧客を動的に割り当てること．⇒ロジスティクス，配送経路問題．

トラヒック過程
traffic process

待ち行列ネットワークにおけるルーテングを考慮した客の流れを表現する確率点過程あるいはマーク付き点過程のことである．マークは客やネットワーク状態に関する情報を与える．点は事象の生起を表現する．⇒到着過程，退去過程，入力過程，待ち行列ネットワーク，出力過程．

トラヒック方程式
traffic equations

待ち行列ネットワークにおいて，あるノードへの到着の流れと退去の流れが平衡するとして得られる方程式．すなわち，あるノードへの到着率はネットワークの外部から到着する客による新規到着率とネットワーク内の他のノードを退去した客がこのノードに到着する到着率の和であるということから得られる次のような線形方程式をいう．

$$\lambda_i = \gamma_i + \sum_j \lambda_j r_{ji}$$

ここで，λ_iはノードiへの総到着率，γ_iは外部からのノードiへの到着率，r_{ij}はノードiでのサービスを終了した客が次にノードjにつく確率とする．⇒流量保存，待ち行列ネットワーク，待ち行列理論．

トラヒック密度
traffic intensity

待ち行列システムの各窓口に負わされる平均の負荷（単位時間当たりの仕事量）．⇒負荷率，待ち行列理論．

貪欲解法
greedy algorithm

各ステップで，先のことは考えずに，その場で最もよいものを選択するヒューリスティック算法．貪欲解法は，決してすでに行った選択や決定を撤回するようなことはしない．貪欲算法は普通の場合，最適解（最小費用，最大価値）を求めようとするものであるが，それが得られるという保証はまったくない．KruskalやPrimの最小全域木アルゴリズムは，最適解を生成する貪欲解法である．⇒アルゴリズム，ヒューリスティック手続き，クラスカルのアルゴリズム，プリムのアルゴリズム．

内 点

interior point

制約付き最適化問題において,解空間 S の境界上に乗っていない解のこと.S が不等式制約群 $\{g_i(x) \leq 0\}$ で定義されている場合には,すべての i について $g_i(x^0) < 0$ を満たす点 x^0 のことをいう.

内点法

Interior-point methods

はじめに

オペレーションズリサーチの黎明期にシンプレックス法(simplex method)が線形計画問題の解法として多大な成功を収めたことはよく知られている.その頃でさえ,「線形計画問題を,シンプレックス法のように多面体の境界上を辿るのではなく,内部に定義された曲線(path)を辿ることによって効率的に解けるのではないか?」という内点法の考え方はそれなりに魅力的なものであった.いろいろな方法が試みられ,そして様々な試行錯誤の末,最近になってやっと,シンプレックス法に匹敵する効率的な解法が登場し,その意義が認められつつあるわけである.本項では,内点法が登場した背景,線形計画法の計算複雑度,簡単な歴史,そして,執筆時点での現状について議論する.より本格的なサーベイとしては,Wright (1992), Gonzaga (1991),そして Goldfarb and Todd (1989) などを参照されたい.

以下のような標準形線形計画問題

$$\text{minimize}_x \ c^t x$$

条件 $Ax = b, \quad x \geq 0$ (LP)

$c, x \in R^n, b \in R^m, A \in R^{m \times n}$ を考えよう.問題(LP)の実行可能領域は $Ax^0 = b, x^0 > 0$(つまり x^0 の各要素は正)を満たす内点実行可能解 x^0 をもつと仮定する.シンプレックス法はこの領域の境界を頂点から頂点へと移る経路を進む.実行可能領域は多くの面をもつので,非常に多くの反復を要する可能性がある.一方,もし実行可能領域の内部を通り最適解に至るような曲線がうまく定義できれば,それを追跡することで,とても少ない反復で最適解が得られる可能性があるわけである.

シンプレックス法は非常に多くの反復を要する可能性があるにもかかわらず,実際にはとても効率的であることが知られてきた.しかし,シンプレックス法の計算複雑度について,きちんとした解析をすることは難しい問題であった.この方面での重要な成果の1つは,Klee and Minty (1972) によるもので,それは,シンプレックス法の最悪の計算複雑度は指数的になりうることを例題(クリー-ミンティの問題)を構成して示したものである.彼らの例題の実行可能領域は n 次元の立方体を少し歪めたもので,ある種のシンプレックス法を実行すると,2^n のすべての頂点を通ってしまう.つまり,原点からスタートして,すべての頂点を通り,しかも目的関数が各ステップで単調に減少するようなパスが存在するわけである.しかし,すぐにわかったことであるが,実際に使われているようなシンプレックス法を適用すればこのようなことは起こらない.そこで,実用的シンプレックス法の効率のよさを説明することは重要な問題であった.実際,後の解析は,シンプレックス法は平均的に線形の複雑度をもちうることを示しており,部分的にはその振る舞いは説明されたわけである(Goldfarb and Todd, 1989).

線形計画問題に対し,最悪計算量の意味での多項式性が最初に証明されたアルゴリズムは Khachian による楕円体アルゴリズム(ellipsoid algorithm)である.簡単にいえば,Khachian のアルゴリズムでは,最初に実行可能領域全体を包むような十分に大きな楕円体を構成し,それに引き続く反復では,その楕円体が,最終的には最適解の一点になるように縮小されていく.この方法について,Khachian は,その計算複雑度が $O(n^4 L)$ であることを示した.ここで,L は問題を記述するのに必要なビット数である.残念ながらこのアルゴリズムは,平均的にも最悪な場合の理論的複雑度と同じくらいの複雑度をもち,実用的にはシンプレックス法には太刀打ちできないことがすぐに示された.Khachian のアルゴリズムは内点法ではない.

簡単な歴史

内点法は,常に内点実行可能解を生成して最適解に近づいていく.このような方法は古くから知られていたが,効率的ではないとされてきた(その理由については本項の最後の方で述べる).

内点法の最初のものは,1950年代に提案された障壁法(barrier method)である.不等式制約条件のみをもつ問題に適用される場合,これは,典型的には,Fiacco and McCormick (1968) においてより一般的に述べられている逐次無制約最小化法(SUMT)と組み合わせて用

いられる．(LP) に対する障壁法では，等式制約条件のもとでの障壁関数 (barrier function)

$$B(\boldsymbol{x}, \mu) = \boldsymbol{c}^t\boldsymbol{x} - \mu\sum_{i=1}^{n}\log x_i \qquad (1)$$

条件 $\boldsymbol{A}\boldsymbol{x} = \boldsymbol{b}$

を利用する．ここで μ は正のパラメータである．そして，適当な内点許容解 $\boldsymbol{x}^0$ を1つ選んで等式制約条件つきの最適化問題

minimize$_x$ $B(\boldsymbol{x}, \mu)$

条件 $\boldsymbol{A}\boldsymbol{x} = \boldsymbol{b}$

を解く．この答えを $\boldsymbol{x}^1$ としよう（線形等式制約つきの問題を解くのは難しくないことに注意しよう）．対数障壁関数 (log barrier function) は制約の境界で無限大に発散するので $\boldsymbol{x}^1$ は内点実行可能解となる．さらに μ を減少させて，$\boldsymbol{x}^1$ を初期点として (1) を解く．たとえば（各 $\boldsymbol{x}^i$ を得るための）反復の最初で $\mu := \mu/2$ とおいて，μ がゼロに減少するにつれて，得られる点列 $\{\boldsymbol{x}^i\}$ は (LP) の最適解 $\boldsymbol{x}^*$ に収束することが知られている．

もう1つの内点法アプローチ，中心法 (method of centers) は，Huard (1967) によって提案された．この方法では，まず，(LP) の適当な内点実行可能解 $\tilde{\boldsymbol{x}}^0$ に対して，もとの制約の多面体と目的関数が $\boldsymbol{c}^t\tilde{\boldsymbol{x}}^0$ 以下の半空間の交わりの解析的中心 (analytic center) をニュートン法で求め，これを $\boldsymbol{x}^1$ とする．ここで解析的中心とは，中心化関数

$$C(\boldsymbol{x}) = \prod_{i=0}^{n} r_i(\boldsymbol{x})$$

$$r_i(\boldsymbol{x}) = x_i, \quad i = 1,\cdots,n, \quad r_0(\boldsymbol{x}) = \boldsymbol{c}^t\tilde{\boldsymbol{x}}^0 - \boldsymbol{c}^t\boldsymbol{x}$$

が実行可能領域内部において最大値をとる点として定義される．関数 $C(\boldsymbol{x})$ は明らかに境界で0で，$\boldsymbol{c}^t\boldsymbol{x}$ の値が $\boldsymbol{c}^t\tilde{\boldsymbol{x}}^0$ の値より小さいような実行可能領域の内部では正の値をとり，だから（適当な条件の下で）最大値が存在する．次に関数 $r_0(\boldsymbol{x})$ が $\tilde{\boldsymbol{x}}^0$ の代わりに $\boldsymbol{x}^1$ と $\tilde{\boldsymbol{x}}^0$ を結ぶ線分上の適当な点 $\tilde{\boldsymbol{x}}^1$ を使って定義され，上にいった反復を繰り返すことになる．前と同様に，$\{\boldsymbol{x}^i\}$ は $\boldsymbol{x}^*$ に収束していく．

もう1つの初期の代表的内点法は Dikin (1967) によって提案された次のような方法である．この方法では，まず，現在の内点実行可能解が，要素がすべて1のベクトルとなるように問題を尺度変換する．このようにすることで，変換後の空間では現在いる点が境界から離れた点になる．そして，変換後の空間について最急降下法を行い，結果の点をもとの空間に戻して次の点を得るのである．普通の最急降下ステップはいまいる点が境界の近くであるととても短くなってしまうのに対し，変換後の空間では常に長いステップがとれるのがこの方法の利点である．この方法はアフィン・スケーリングアルゴリズム (affine-scaling algorithm) と呼ばれ，後に説明されるカーマーカー法 (Karmarkar's method) と関係が深い．

これらの方法を実際にシンプレックス法と比較することも試みられたが，以下に述べる2つの基本的理由によって，どれひとつとしてシンプレックス法には太刀打ちできそうになかった．第一の理由は，ほとんどすべての内点法が各反復で解かなくてはいけない線形方程式

$$(\boldsymbol{A}^t\boldsymbol{A})\boldsymbol{d} = \boldsymbol{v}, \qquad \boldsymbol{d}, \boldsymbol{v}\text{ は } m \text{ 次元ベクトル} \qquad (2)$$

を，$(\boldsymbol{A}^t\boldsymbol{A})$ の疎構造を利用して効率的に解くための強力な線形計算法が，1970年代以前には確立されていなかったということである．第二の理由は，内点法は大きなサイズの問題についてはじめてシンプレックス法と競争できるようになるが，このサイズは1960年代の計算機の容量よりもずっと大きかったということである．

1970年代には内点法自身についてはほとんど何も進展がなかったものの数値線形代数や計算機の記憶容量や計算速度などが意義深い発展を遂げた．そして，Karmarkar (1984) が彼の内点法が多項式性をもち，シンプレックス法とも太刀打ちできることを発表するに及んで，内点法への関心は再び高まったのである．カーマーカー法は内点可能解から出発する．射影変換を用いて，(LP) を1次元高い空間の多面体に，現在いる点がその解析的中心になるように埋め込む．アフィン・スケーリングアルゴリズムの場合と同様にして長いステップがこの空間ではとれる．そして，新しい点がもとの空間に戻される．それ以降，カーマーカー法とそれに深く関連した方法，アフィン・スケーリングアルゴリズムや障壁法などは随分盛んに研究され，(LP) に対する内点法の理論や実験，2次計画法やより一般的な非線形計画問題への拡張について何百もの論文が書かれてきた．

現状と拡張

理論的な分野では，(LP) を解くための反復回数を改良することにかなりの興味がもたれてきた．以前から内点法は任意の内点実行可能解から最適解にいたる連続的な道あるいは曲線を生成しそれを辿る方法として定式化できることが知られてきた．その中でも特に，中心曲線 (central trajectory) と呼ばれる曲線は種々の望ましい性質をもち，重要な役割を果たす．これらの曲線の性質や中心曲線を追跡するアルゴリズムについて多くの研究が行われてきた．これらの結果については Gonzaga (1991 a, 1991 b) を参照されたい．これから述べる主双対内点法 (primal-dual interior-point method) を単純化したものも活発に解析されてきた．現在までのところ，理論的に最良のものとしては，主双対内点法で $O(\sqrt{n}L)$ 回の反復で問題を解き，漸近的に2次収束するものが得られている．

(LP) を解く上で実用上最もよいとされる内点法は主

双対問題を用いて障壁法に由来する方程式にニュートン法を適用する主双対内点法である．双対問題は，

maximize$_y$ $b^t y$
条件 $A^t y + z = c,\ z \geq 0$ (DP)
$y \in R^m,\ z \in R^n$

と書ける．主問題と双対問題を解くことは，次の主双対問題を解くことと等価である．

minimize$_{x,y,z}$ $c^t x - b^t y$
条件 $Ax = b,\quad A^t y + z = c,\quad x \geq 0,\ z \geq 0$ (PD)

(PD) に対する障壁関数は簡単に書ける．さらに，この障壁関数の最小点を求める条件を等価変形することで，(x, y, z) に関する非線形方程式系

$Ax = b,\ A^t y + z = c,\ x_i z_i = \mu\ (i=1, \cdots, n),$
$x \geq 0,\quad z \geq 0$

が得られる．主双対内点法ではこの方程式をニュートン法で近似的に解きながらパラメータ μ を減らしていく（μ は障壁関数法の罰金パラメータに相当するものである）．実際には，μ を含むいくつかのパラメータが適応的に更新されるため，実装版においては計算複雑度を解析することには成功していない．

アフィン・スケーリング法，特に双対アフィン・スケーリング法は，ある程度の成功を収めたが，主双対内点法や障壁関数法ほど効率的ではなかった．さらに，カーマーカー法の探索方向はアフィン・スケーリング法といわゆる中心化方向の1次結合として書けることが指摘されて以来，1次結合を変えることでよりよい方法をつくるための研究が進められた．これらの方法で一番成功したのは，部分空間最適化と呼ばれる方法で，2つ（あるいは他）の方向に (LP) を制限したものを解くことで，これらの方向を一番有効に使おうというものである．新しい点で新しい方向を計算し，あとは同様にする．この方法は線形計画問題については主双対内点法に若干劣るもののほぼ同じくらい速く，2次計画についても有望視されている．

内点法はある種の非常に大きい問題には大変有効であるが，シンプレックス法を完全に置き換えるものでもない．「一番よい」方法はもちろん問題に依存するものであるが，一般的には，より大きな問題，数値線形代数的に向いている問題については内点法が優れているとされる．先に述べたように，(2) の線形方程式を速く解くために $(A^t A)$ の（疎）構造を生かすことができれば，内点法が有利になる．このような A の例としては，多期間の資源配分問題があげられる．この場合 A は階段状の構造をもち，$A^t A$ はブロック対角となり効率的に分解できる．内点法は大規模な問題でしばしば現れる非常に退化した問題についてもより有利である．このような場合はシンプレックス法がうまくいかない典型的な状況である．内点法の欠点の1つは，基底解を直接得ることができず，それを得るために余分な仕事が必要になるということである．もし，感度解析の場合のように，最適基底解が必要ならば，シンプレックス法が有利になる．現在では，シンプレックス法と内点法をうまく組み合わせ，それぞれの一番よい部分を取り込む方法が知られている．

内点法の (LP) に対する成功のゆえに，2次計画や非線形計画問題に対して内点法を拡張するための研究が現在も進められている（訳注：原書が執筆されたあと，この分野においては，線形計画問題に対する実行不能主双対内点法 (infeasible primal‐dual interior‐point methods)，凸計画問題に対する self-concordant 障壁関数 (self-concordant barrier function) の理論や半正定値計画法 (positive semidefinite programming) などの大きな進展が見られた．これらは，Nesterov and Nemirovskii (1994)，水野 (1995)，小島 (1996)，Terlaky (1996)，Wright (1996)，土谷 (1997, 1998)，Ye (1997) などを参照されたい）．

⇒ 計算複雑度，大規模システム，線形計画法，非線形計画法，最適化，2次計画法，シンプレックス法．

[Paul T. Boggs/土谷　隆]

参考文献

[1] I.I. Dikin (1967). "Iterative solution of problems of linear and quadratic programming." *Soviet Mathematics Doklady*, 8, 674–675.

[2] A.V. Fiacco and G.P. McCormick (1968). *Nonlinear Programming: Sequential Unconstrained Minimization Techniques*. John Wiley, New York.

[3] C.C. Gonzaga (1991a). "Large-steps path-following methods for linear programming, part i: Barrier function method." *SIAM Jl. Optimization*, 1, 268–279.

[4] C.C. Gonzaga (1991b). "Large-steps path-following methods for linear programming, part ii: Potential reduction method." *SIAM Jl. Optimization*, 1, 280–292.

[5] C.C. Gonzaga (1992). "Path following methods for linear programming." *SIAM Review*, 34, 167–224.

[6] D. Goldfarb and M.J. Todd (1989). "Linear programming," In G.L. Nemhauser, A.H.G. Rinnooy Kan, and M.J. Todd, eds., *Optimization*, 73–170, North Holland, Amsterdam and New York.

[7] P. Huard (1967). "Resolution of mathematical programming with nonlinear constraints by the method of centres." In J. Abadie, ed., *Nonlinear Programming*, pages 209–219. North Holland, Amsterdam.

[8] N.K. Karmarkar (1984). "A new polynomial-time algorithm for linear programming." *Combinatorica*, 4, 373–395.

[9] L.G. Khachiyan (1979). "A polynomial algorithm in linear programming." Translated in *Soviet Mathematics Doklady*, 20, 191–194.

- [10] V. Klee and G. Minty (1972). "How good is the simplex algorithm?" In O. Sisha, ed., *Inequalities III*. Academic Press, New York.
- [11] M.H. Wright (1992). "Interior methods for constrained optimization." In A. Iserles, ed. *Acta Numerica*, 341–407, Cambridge University Press, New York.
- [12] Nesterov and A. Nemirovskii (1994). *Interior Point Polynomial Methods in Convex Programming*. SIAM Publications, Philadelphia, Pennsylvania, USA.
- [13] 水野真治 (1995). 内点法 (1)-(4)（連載）. 日本オペレーションズ・リサーチ学会誌, 35, pp. 321-326, pp. 376-381, pp. 437-442, pp. 508-512.
- [14] 小島政和 (1996). 半正定値計画問題と内点法. 応用数理, 6, pp. 270-279.
- [15] T. Terlaky (ed.) (1996). *Interior Point Methods of Mathematical Programming*. Kluwer Science Publisher, Netherlands.
- [16] 土谷 隆 (1997). 凸計画問題に対する内点法の発展. 数理科学, 405, pp. 40-47.
- [17] 土谷 隆 (1998). 最適化アルゴリズムの新展開——内点法とその周辺（連載）. システム/制御/情報, 42, pp. 218-226, 334-343, 460-469, 552-561.
- [18] S. Wright (1997). *Primal-dual interior point methods*. SIAM, Philadelphia.
- [19] Y. Ye (1997). *Interior point algorithms: Theory and Analysis*. John Wiley, New York.

ナップサック問題

knapsack problem

以下で定義される最適化問題をナップサック問題という．

最大化 $c_1x_1+c_2x_2+\cdots+c_nx_n$

条件　$a_1x_1+a_2x_2+\cdots+a_nx_n \leq b$

　　　x_j は 0 または 1

通常の場合，(a_j, c_j, b) はすべて正の整数である．この問題がナップサック問題と呼ばれる理由は，以下のとおりである．b ポンドの品物を入れることのできるナップサックをもっているキャンパーがいたとして，その中に n 種の品物の中から適当な組合せを詰めるものとする．第 j 番目の品物が選ばれれば，$x_j=1$，そうでないときは $x_j=0$ と定義する．また，第 j 番目の品物の重量は a_j ポンドで，この品物の「価値」を c_j とする．キャンパーは，重量制限の中で価値の合計が最大になるものを選びたいと考えている．ナップサック問題は，プロジェクトの選定や他の問題の子問題としてしばしば出現する．この問題は動的計画法，もしくは整数計画法によって解くことができる．ここで x_j が $c_1/a_1 \geq c_2/a_2 \geq \cdots \geq c_n/a_n$ を満たすように順番が付けられているとするならば，0 または 1 という条件を $0 \leq x_j \leq 1$ に変更した問題の最適解は，第 1 番目の品物から順番に，はじめて重量制限を越えるところで積め込むことによって得られる．そして重量をオーバーすることになった最後の品物は，重量の合計がちょうど b になるように，端数分を積み込むのである．

に

2階層(バイレベル)線形計画法

bilevel linear programming

2階層線形計画法(BLP)とは,階層的,分権的,多階層数理計画問題の中で,目的関数と制約式がいずれも線形であるもののことをいう.上位レベルの問題と下位レベルの問題とによって,以下のように定義される.

最大化 $f_1(\boldsymbol{x}, \boldsymbol{y}) = \boldsymbol{c}_1\boldsymbol{x} + \boldsymbol{d}_1\boldsymbol{y}$

ここで $\boldsymbol{y}$ は以下の問題の最適解である.

最大化 $f_2(\boldsymbol{x}, \boldsymbol{y}) = \boldsymbol{c}_2\boldsymbol{x} + \boldsymbol{d}_2\boldsymbol{y}$
条件 $\boldsymbol{A}\boldsymbol{x} + \boldsymbol{B}\boldsymbol{y} \leq \boldsymbol{b}$
$\boldsymbol{x} \geq 0, \quad \boldsymbol{y} \geq 0$

ここで $\boldsymbol{c}_1, \boldsymbol{c}_2, \boldsymbol{d}_1, \boldsymbol{d}_2, \boldsymbol{b}$ は定数ベクトル,$\boldsymbol{A}, \boldsymbol{B}$ は定数行列である.また $\boldsymbol{x}$ と $\boldsymbol{y}$ はそれぞれ上位問題と下位問題の変数で,f_1, f_2 は上位問題,下位問題の目的関数である.⇒線形計画法.

2次計画法

Quadratic Programming

はじめに

2次計画法(QP)とは,決定変数の2次関数を線形等式,線形不等式の制約下で最適化(最小化あるいは最大化)する数理計画のクラスである.

$\boldsymbol{x} = (x_1, \cdots, x_n)^T$ を決定変数の列ベクトルとする.数理計画法ではある制約の下で関数 $f(\boldsymbol{x})$ の最大化問題を同じ制約の下での $-f(\boldsymbol{x})$ の最小化問題に変換して取り扱うことが標準的である.これら2つの問題は同じ最適解の集合をもつ.このため今後は,最小化問題に限り議論する.

決定変数 $\boldsymbol{x}$ の2次関数は

$$Q(\boldsymbol{x}) = \sum_{i=1}^{n}\sum_{j=i}^{n} q_{ij}x_ix_j + \sum_{j=1}^{n} c_j x_j + c_0$$

である.$\boldsymbol{c} = (c_1, \cdots, c_n)$ とし,n 次の正方対称行列 $\boldsymbol{D} = (d_{ij})$ を

$$\begin{cases} d_{ii} = 2q_{ii} & i = 1, \cdots, n \\ d_{ij} = d_{ji} = q_{ij} & i > j \end{cases}$$

とする.行列表現を用いると,$Q(\boldsymbol{x}) = (1/2)\boldsymbol{x}^T\boldsymbol{D}\boldsymbol{x} + \boldsymbol{c}\boldsymbol{x} + c_0$ となる.ここで,$\boldsymbol{D}$ は $Q(\boldsymbol{x})$ のヘッセ行列(つまり2階偏微分係数行列)である.

たとえば,$n=3$, $\boldsymbol{x} = (x_1, x_2, x_3)^T$, $h(\boldsymbol{x}) = 81x_1^2 - 7x_2^2 + 5x_1x_2 - 6x_1x_3 + 18x_2x_3$ とする.この2次関数を行列

$$\boldsymbol{D} = \begin{pmatrix} 162 & 5 & -6 \\ 5 & -14 & 18 \\ -6 & 18 & 0 \end{pmatrix}$$

を用いて表現すると $h(\boldsymbol{x}) = (1/2)\boldsymbol{x}^T\boldsymbol{D}\boldsymbol{x}$ である.

2次関数はもっとも単純な非線形関数であり,そこで,一般の非線形化関数を複数の局所的なモデル群を用いて近似する場合,それぞれのモデルの関数として利用されることが多い.n 次の正方行列 $\boldsymbol{D}$ は

すべての $\boldsymbol{x} \in R^n$ に対して $\boldsymbol{x}^T\boldsymbol{D}\boldsymbol{x} \geq 0$ であれば非負定値(positive semidefinite: PSD)である.

すべての非ゼロベクトル $\boldsymbol{x} \in R^n$ に対して $\boldsymbol{x}^T\boldsymbol{D}\boldsymbol{x} > 0$ であれば正定値(positive definite: PD)である.

これらの線形代数の知識は,QPの研究において重要である.なぜならば,2次関数 $Q(\boldsymbol{x}) = (1/2)\boldsymbol{x}^T\boldsymbol{D}\boldsymbol{x} + \boldsymbol{c}\boldsymbol{x} + c_0$ は,行列 $\boldsymbol{D}$ が PSD であれば,またそのときに限り,R^n 上で凸関数である.n 次の正方行列に対して,行列の対角成分に沿って最大 n 回のガウスピボットを行うことでその行列が PD か PSD であるかを判定する効率的なアルゴリズムが存在する (Murty, 1988, 1994).

2次計画法の分類

2次計画法は以下のような種類に分類できる.

〈無制約最小化2次計画問題〉(unconstrained quadratic programming minimization problem) は R^n 空間において2次関数 $Q(\boldsymbol{x})$ の最小化である.

〈等式制約付き最小化2次計画問題〉(equality constrained quadratic programming minimization problem) は変数に対する線形等式系制約 $\boldsymbol{A}\boldsymbol{x} = \boldsymbol{b}$ の下で2次関数の最小化である.これらの等式系によりいくつかの変数は残りの変数からなる等式系で表現できるので消去できる.したがって,残りの変数についての無制約最小化問題の形に等式制約付き問題が変換される.つまり等式制約付き2次計画問題と無制約最小化2次計画問題は数学的には等価であり,無制約2次計画問題法と同様な解法で解くことができる.

〈不等式制約付き最小化2次計画問題〉(inequality constrained quadratic programming minimization problem) は線形不等式制約 $\boldsymbol{B}\boldsymbol{x} \geq \boldsymbol{d}$ 下の2次関数 $Q(\boldsymbol{x})$ の最小化である.不等式制約としては各変数に対する有界制約 $l_i \leq x_i \leq u_i$ や等式制約 $\boldsymbol{A}\boldsymbol{x} = \boldsymbol{b}$ を含む場合がある.

〈ネットワーク最適化2次計画問題〉(quadratic programming network optimization problem) は,制約が,ネットワーク上での流量保存制約 (flow conservation constraint) であるような2次計画問題である．

〈有界制約付き最適化2次計画問題〉(bound constrained quadratic programming minimization problem) は変数に対して有界条件（上限 かつ/または 下限）のみを制約とする2次関数の最小化である．

〈凸2次計画法〉(convex quadratic program : CQP) は最小化される目的関数 $Q(x)$ が凸関数であれば，上記の問題すべてを対象とする．

〈非凸2次計画法〉(nonconvex quadratic program) は最小化される目的関数 $Q(x)$ が非凸関数であれば，上記の問題すべてを対象とする．

〈線形相補性問題〉(linear complementarity problem : LCP) は相補対（complementary pairs）と呼ばれる互いに素な対をなす非負変数の線形等式系を対象にした特殊な問題である．変数の各対で少なくとも一方が0である実行可能解を求める．この問題では最小化する目的関数は存在しない．2次計画問題の最適解に対する1次の必要条件 (first-order necessary optimality condition) は LCP の形で与えられる．逆に，任意の LCP は2次計画問題として書き換えることができる（訳注：線形相補性問題の定義は後述の「最近のアルゴリズムの研究」を，線形相補性問題と2次計画問題の関係は文献 [4] の第1章を参照されたい）．

古典数学における無制約2次関数最小化

2次関数は一般の非線形関数に対して簡潔な局所モデルを与えるので，古くから重要視されてきた．2次関数は非線形関数の中で最も単純であり，一般の非線形関数に対する局所近似として利用される場合，線形近似では得ることができない重要な曲率に関する情報を与えてくれる．一般の非線形関数に対する2次近似は遠い過去にさかのぼる．ここでは，いくつかの重要な例を述べる．

ニュートン法 (Newton's method)：　Newton は，無制約の下で2階連続微分可能な関数 $f(x)$ の最小点を見いだすために，かの有名なニュートン法を開発した．現在の点 x^r における1階偏微分係数からなる行ベクトルを $\nabla f(x^r)$，x^r での関数 $f(x)$ のヘッセ行列を $H(f(x^r))$ とすると，ニュートン法では x^r における関数 $f(x^r+y)$ の局所モデルを2次関数 $Q(y)=f(x^r)+\nabla f(x^r)y+(1/2)y^TH(f(x^r))y$ とする．関数 $Q(y)$ は点 x^r で関数 $f(x)$ の第2項までのテイラー展開による近似である．ニュートン法はモデル関数 $Q(y)$ の最小点 y^r を求め，次の点 $x^{r+1}=x^r+y^r$ とする．ここで，ヘッセ行列 $H(f(x^r))$ が PD であれば，$y^r=-(H(f(x^r)))^{-1}(\nabla f(x^r))^T$ でモデル関数 $Q(y)$ の最小点が求められる．

このようにニュートン法は無制約2次計画最小化問題を各ステップで解く．初期解 x^0 から始めて，点列 $\{x^r\}$ を生成する．これにより，この点列はある条件の下で関数 $f(x)$ の最小値に収束することが証明できる．

ヘッセ行列 $H(f(x^r))$ が必ずしも PD でない場合に対して，ニュートン法を修正したいくつかの方法が提案されている．これらの方法は点 x^r に対する2次のテイラー展開による近似とは異なる2次モデルに基づいている．また，無制約最小化問題に対する準ニュートン法の理論は2次モデルの研究から発展した（Dennis and Schnabel, 1983; Flecher, 1987; Bazaraa, Sherali and Shetty, 1993）．

共役勾配法（conjugate gradient method）：　n 次の正則な線形等式系 $Ax=b$ を解く手法としてはきわめて効率的であるガウス消去法が存在する．しかしながら，n がきわめて大きくなると，この手法は扱いにくく実現も困難となる．この線形等式系の最小2乗形式は制約なしの2次最小化問題

　最小化 $(Ax-b)^T(Ax-b)$

であり，Hestenes and Stiefel (1952) はこの問題を解くための共役勾配法を開発した．その後の研究者により，彼らの手法は一般の非線形関数の無制約最小化問題に対する共役勾配法として様々に拡張された．

線形最小2乗 (linear least squares)：　厳密解をもたない大規模な線形等式系（線形等式の本数が変数の数を超えるような等式系）$Ax=b$ を考える．そのような線形等式系に対する一般的なアプローチは最小2乗解を求めることである．つまり，無制約の2次計画最小化問題

　最小化 $(Ax-b)^T(Ax-b)$

の最適解を求めることである．これは線形最小2乗問題として知られている．特異値分解 (singular value decomposition : SVD) のような強力な数値計算の技法は QP の中でこのような特殊なクラスの大規模問題を解くために開発された（Dennis and Schnabel, 1983）．線形最小2乗モデルは線形回帰モデルでの係数の推定値を計算するために統計学者により古くから用いられている．

解の種類

線形計画法 (linear programming : LP) の最適解に対しては，局所的最適性，大域的最適性という2つの最適性は議論されない．なぜなら，線形計画問題の最適解に対する1次の必要条件を満たすすべての点，つまり線形計画法の局所的最適解は大域的最適解であるからだ．しかしながら，一般的な2次計画法の場合には解の性質の議論を避けることはできない．

2次計画法，または目的関数 $\theta(x)$ の最小化を望む数理計画問題に対する〈局所的最適解〉(local minimum) は，$\bar{x}$ を中心にユークリッド距離 ε 内にあるすべての実行可能解 x に対して $\theta(x) \geq \theta(\bar{x})$ が成り立つ $\varepsilon>0$ が存在する実行可能解 $\bar{x}$ である．

〈大域的最適解〉(global minimum) は，すべての実行可能解 x に対して $\theta(x) \geq \theta(\bar{x})$ を満たす実行可能解 $\bar{x}$ である．

〈均衡点〉(stationary) または〈KKT 点〉は，問題に対する KKT (Karush-Kuhn-Tucker) 最適性条件と呼ばれる最適解に対する 1 次の必要条件を満たす実行可能解である．

凸 2 次計画問題ではすべての均衡点 (KKT 点) または局所的最適解は大域的最適解であり，また大域的最適解であれば均衡点 (KKT 点) または局所的最適解である．一方，非凸 2 次計画問題ではこのことは成り立たず，大域的最適解でない局所的最適解が存在する場合や，大域的最適解や局所的最適解でない均衡点も存在する場合がある．さらに，この問題では実行可能領域で目的関数が下に有界でなくともいくつかの局所最適解を含むこともある．今後，2 次計画問題に対する最適解についての 1 次の必要条件 (KKT 最適性条件) を KKT システム (KKT system) と呼ぶ．

どの種類の解を効率的に求めることができるのか？

線形計画問題と同じように 2 次計画問題は，実行可能領域が非空であれば大域的最適解が存在するか，もしくは目的関数が実行可能領域で下に有界でない場合のいずれか一方が成り立つという性質をもつ．凸 2 次計画問題と非凸 2 次計画問題のいずれに対しても，実行可能領域で目的関数が下に有界であるかどうかを判定するアルゴリズムや大域的最適解が存在するならばその解を求めるアルゴリズムは存在する．

凸 2 次計画問題では大域的最適解が存在するならば，その解を求めるためのきわめて効率的なアルゴリズムは複数存在し，これらのアルゴリズムを巧妙に実現したソフトウェアは商業ベースで利用されている．非凸 2 次計画問題に対して大域的最適解を求めるアルゴリズムを利用した場合，そのアルゴリズムにしたがって実行される計算量は対象とした問題のサイズに対して指数関数的に増大する．非凸 2 次計画問題は NP 困難であり現実的に妥当な時間内で最適解を求めることを保証するアルゴリズムは現在のところ知られていない．

非凸 2 次計画問題の局所的最適解を少なくとも求めることができるであろうか？ 残念ながら，与えられた実行可能解が非凸計画問題の局所的最適解であるかどうかを判定することも難しい問題であろう．Murty and Kabadi (1987) によると，次のような簡単な構造をもつ 2 次計画問題

　　　最小化　$x^T D x$
　　　条件　　$x \geq 0$

の局所的最適値が 0 であるかどうかを判定する問題は D が PSD でなければ co-NP 完全である．本書ではすでに，非凸 2 次計画問題を扱うときは KKT 点に収束するような減少点列（目的関数値が狭義に減少する実行可能解の点列）を生成するアルゴリズムを見いだすことが合理的な解決方向であると説明されていた．以降で述べるアルゴリズムの中には，この性質を有するものがある．

QP の適用例

ファイナンス： 2 次計画法を用いた分析は最適投資戦略を選択する上で確固たる 1 分野を形成している．おそらく Markowitz (1959) がこの分野での最初の成書を執筆した．マルコビッツモデルでは分散共分散行列 D，証券投資のベクトルを x とするとき，収益のばらつきは 2 次関数 $x^T D x$ であり，これをリスクとして評価する．このリスクが最小化されるべき目的関数である．モデルの制約には予算制約とポートフォリオの期待収益に対する下限制約が存在する．さらに，モデルには，1 点に集中した投資を行わないように，つまり投資の分散化を図るために特定の産業分野（たとえば製薬業，公共事業関連の分野など）への投資に上下限制約が付加されることもある．投資について現実のうえで考慮すべき点の多くは適当な制約を加えたり，2 次の罰金項を含むように目的関数を改訂することで簡単に対処できる．多くの研究者は，アーク乗数 (arc multiplier) により利子，配当金や国債をモデル化した多期間の 2 次関数での一般的なネットワークフローモデルを構築している (Crum and Nye 1981; Mulvey, 1987)．

課税： 2 次計画法は今日，課税政策の分析で重要な役割を果たしている．国政または地方行政での政策担当者は税収入の成長率を予測し，さらに期待される率での成長を確保するためには国や地方での様々などのような税率を設定すればいいのかという分析に期待を寄せている．White (1983) はジョージア州で実施された上記のような分析例を詳しく紹介している．売り上げ税，ガソリン税，アルコール税，消費税などの国税，地方税は健全な経済成長を保証するレベルですべて設定される．国家財政は一定期間内で各税が予測通りの安定成長するという仮定にもとづいている．

ある税に対して税率を s，t 年度でこの税から得られた歳入を S_t とすると，s と t の関数として S_t を推定するために用いる典型的な回帰式は $\log_e S_t = a + bt + cs$ である．ここで a，b，c は過去のデータから最小 2 乗法により得られた推定値であり，回帰モデルに最も適合している．この税収入の年成長率はパーセント表示すると回帰係数 b を 100 倍にした値が対応する．

モデルの決定変数は $s_j = $ 基準年での税 j に対する税率である．基準年の税 j に対する与えられた税の基本指標 (tax base) から税 j の基準年での税収入は $s_j \times$ (税 j に対する税の基本指標) $= x_j$ となる．この収入に対する不

安定性や変動性は過去のデータから推定した分散共分散行列 V から2次関数 $Q(x)=x^TVx$ で与えられ，$Q(x)$ を最小化する．モデルでの制約は x_j への上下限と基準年の期待総収入 $\sum x_j=T$ の予算制約からなる．様々な税 j の成長率の重み付き平均により全体の成長率 $\sum(x_jb_j)/T$ は望まれる成長率 λ に一致しなければならないという等式制約が存在する．これら以外の線形制約として，決定変数に対して満たすことが望まれる線形制約もモデルに組み入れることができる．実際に，λ はパラメータとして取り扱われ，完全なモデルではパラメトリックQPとして解かれる．考慮すべき範囲の中での様々な λ の値に対して最適解を求めることは政策決定者にとって税収入の期待成長率を一定としたうえで様々な税率に対する適正値を決定するための情報を与える．

均衡モデル： 経済学者は経済状況，予想価格，物価上昇率などの変化の予想を分析するために均衡モデルを用いる．これらのモデルには2次計画問題が含まれる．例として，Glassey (1978) は，単一消費財での地域間貿易の均衡モデルを述べた．そのモデルは，N 個の地域と以下のようなデータと変数

  データ：$a_i>0$ 輸出入が無い場合の第 i 番目の地域での均衡価格；
  $b_i>0$ 第 i 地域での需要供給弾力性；
  c_{ij} 第 i 地域から第 j 地域までの輸送にかかる単位コスト；
  変　数：p_i 第 i 地域での均衡価格
  y_i 第 i 地域への純輸入量（正，零，負もある）；
  x_{ij} 第 i 地域から第 j 地域までの実輸出量

で記述されている．もし，$p_i>a_i$ であれば，第 i 地域での供給量は需要量を超えており，その差は輸出にまわるであろう．これにより $p_i=a_i-b_iy_i$ である．また y_i と x_{ij} は流量保存則の等式 $\sum x_{ij}=y_i$ が成立する．地域間貿易均衡条件は

$$\begin{cases} p_i+c_{ij} \geqq p_j & \text{すべての } i, j \text{ に対して} \\ (p_i+c_{ij}-p_j)x_{ij}=0 & \text{すべての } i, j \text{ に対して} \end{cases}$$

である．上式の第1式が成立しなければ，市場 i と j の弾力性効果が存在する間，第 i 地域から第 j 地域への輸出は増加し，価格は輸出から付加的な利益がもはや発生しなくなるように調整される．さらに，もし $x_{ij}>0$ であれば $p_i+c_{ij}-p_j=0$ でなければならない．これらの条件はネットワーク型2次計画問題の最適解に対する1次の必要条件である．このネットワーク型2次計画問題の目的関数は社会純利得関数（net social payoff）として解釈できる．これらのことから，Glassey (1978) は2次計画法にもとづいた均衡価格と財の流れを求める手続きを提案した．

交通工学の技術者はネットワーク型2次計画問題の解法が適用できる交通流均衡モデルを道路計画や通信ネットワーク計画のために利用する．これらの交通流均衡モデルは何百万の変数と制約数をもち，正則基底行列上で解く最大級の2次計画問題であろう．

電気回路： 19世紀後半の物理学者 J. C. Maxwell の時代に，電気回路や水路網の均衡条件は総エネルギー損失が最小となるときに成立することが知られていた．もし電気回路のすべてのデバイスが線形な（たとえば，オームの）性質をもつならば電気回路の抵抗器や電圧源（voltage source）でのエネルギー損失の和は分岐電流（branch current）の2次関数であることを，Dennis (1959) は示した．この事実から電気回路の様々なデバイス，電源，ダイオードや抵抗器を結ぶ電気回路での均衡状態にある分岐電流を求める問題は2次計画問題に定式化された．そしてこの2次計画問題の最適条件はラグランジュ乗数が点電位差を表すことから，回路の均衡状態を支配しているキルヒホッフの法則であることを示した．発電所が分散している状態で，この2次計画問題は所与の需要量に応じるために，発電所の電流を送電網（transmission network）に通すことに関する負荷電流（load flow）問題を解くために用いられている．

発電日程計画（power system scheduling）： 発電所システムの操業上での経済的発電問題はいかなる時点においても操業の生産単位の中から発電所に対する需要の配分またはシステム稼動の割当てを決める問題である．最小費用配分を達成する生産単位の中から最適な稼動割当ては生産単位の相対効率性に依存し，2次計画問題としてモデル化された（Wood, 1984）．発電所システム操業において，適切な稼動調整を行う日にはこの問題を何回も解く．

一般の非線形計画問題の解法への応用： 一般の非線形問題の解法に対するもっとも知られているアルゴリズムの1つに SQP（sequential or recursive quadratic programming，逐次2次計画法もしくは再帰的2次計画法）がある．反復ごとの探索方向を見いだすための凸2次計画問題と求められた方向での直線探索問題（メリット関数に対する1次元最小化問題）を解く反復法（iterative method）である．この方法のもとになる概念は Wilson (1963)，Han (1976)，Powell (1978) らにより提案されている．しかし，Eldersveld (1991)，Bazaraa, Sherali and Shetty (1993)，Murty (1988) をはじめとする多くの研究者らにより利用可能なアプローチとして磨かれてきた．これらの方法の成功は QP を数理計画法の中できわめて重要な話題にした．SQP にもとづいた非線形計画法に対するよいソフトウェアパッケージは FSQP（Zhou and Tits, 1992）である．

最近のアルゴリズムの研究

フランク-ウォルフ法 (Frank-Wolfe method): 近年において開発された QP の中で, その初期に提案された方法の1つにフランク-ウォルフ法がある (1956). 各反復で探索方向を見いだすために線形計画問題を解き, その方向での直線探索問題を解く. この方法は減少数列を生成し, この点列のいかなる集積点も KKT 点である. しかしながら, この方法はゆっくりと収束する. さらに, 問題の特殊な構造を利用するような超高速方法により各反復での線形計画問題を解くことが可能である問題以外では一般的ではない.

簡約勾配法 (reduced gradient method): 線形計画問題に対するシンプレックス法は線形制約式の下で2次関数 (または一般的には滑らかな非線形関数) の最小化を含む問題を解くところまで拡張された. その方法は簡約勾配法と呼ばれ, Wolfe (1959) によって提案された. 簡約勾配法の名前はいくつかの変数 (従属変数または基底変数) を問題から消去するために等式条件を用いて, その結果得られた問題を独立変数 (または非基底変数) のみからなる空間上で, 陰にまたは陽に扱う方法に対して呼ばれる. 簡約勾配は独立変数空間での目的関数の勾配である. この方法は普及している. OSL ソフトウェアパッケージは2次計画問題を解くためにこの方法を用いる. MINOS 5.4 ソフトウェアパッケージは線形等式制約の下での滑らかな非線形関数の最小化のためにこの方法を用いる. この方法は非線形制約を含む非線形計画問題を解く GRG (一般化簡約勾配, generalized reduced gradient) 法 (Abadie and Carpentier, 1969) として一般化された. GRG 法は普及した方法であり, この方法をいくつかの非線形計画ソフトウェアパッケージが基本としている.

LCP による方法: 1950 年代と 60 年代に KKT システムを解くことで QP を解くための方法が開発された. Lemke (1965) は QP の KKT システムを LCP として定式化して〈相補ピボットアルゴリズム〉と呼ばれるアルゴリズムを開発した. オーダー n の LCP に対するデータは正方行列 M と列ベクトル $q \in R^n$ からなり, 次のような非負変数の等式システムを満たす $w = \{w_j\} \in R^n$ と $z = \{z_j\} \in R^n$

$$w - Mz = q$$
$$w, z \geq 0$$
$$w_j z_j = 0 \text{ (すべての } j \text{ に対して)}$$

を求める.

一般の LCP に解が存在するかどうかは NP 完全な問題であり, 効率的なアルゴリズムは知られていない. しかし, 相補ピボットアルゴリズムは解が存在する場合では凸2次計画問題に対応する KKT システムを含むような LCP のクラスに対して解を求めるために有限回で終了するパス追跡法である.

しかしながら, 相補ピボットアルゴリズムと LCP に対する他のいくつかの解法は凸2次計画に対してさえ普及していない. なぜなら, n 個の非負変数で m 本の不等式制約の2次計画問題はオーダー $m+n$ の LCP となり, 問題のサイズが膨らむ. 非凸2次計画問題に対して, 相補ピボットアルゴリズムは明らかに適していない. なぜなら, KKT システムのみに注目しており, 目的関数値を決して計算していないからである. つまり, 終了時に KKT 点を得たとしても, 局所的最適解でないかもしれない.

しかし, LCP に定式化することと LCP に対する相補ピボットアルゴリズムの理論的貢献は大きい. LCP は興味ある幾何学的解釈をもつ. LCP の幾何学についての研究は Murty (1968) が先鞭を付けた. 相補ピボットアルゴリズムに潜む数理理論は非線形方程式系や不動点問題を解くためのシンプレックス法 (これも相補ピボットアルゴリズムと呼ばれている) を開発するために利用されている (Murty, 1988; Cottle, Pang and Stone 1992).

有効制約法 (active set method): 2次計画問題を解くための一般的な方法は反復ごとに最適解で有効な制約を決定する組合せ的なアプローチが基本になっている. 不等式制約付きの最適化問題を扱うためのこの種の戦略は〈有効制約戦略〉(active set strategy) と呼ばれる. この方法は不等式制約のいくつかを等式として扱い, 一時的に他の制約を無視することで一連の等式制約 (有効制約, active set) 付き2次計画問題を解く. 有限回で収束することを保証するために反復から次の反復への有効制約の更新ルールがいくつかある (Theil and van de Panne, 1961). 線形等式と線形不等式からなる制約の下で滑らかな非線形関数の最小化のためにこの方法は拡張された.

内点法 (interior point method): 1984 年に Karmarkar により線形計画問題に対するきわめて効率的な内点法が開発されて以来, 様々な内点法が凸2次計画問題やそれに関連した LCP に対して提案された. これらのアルゴリズムの最悪計算時間は入力サイズの多項式時間で評価できる. さらにいくつかのアルゴリズムは大規模で疎な問題に対してすばらしい計算性能を示した. Kojima, Megiddo, Noma and Yoshise (1991) によるモノグラフで LP や LCP に対する主双対内点法に対する基礎理論が確立した. これらのアルゴリズムに対する他の参考文献は Ye (1991) や Fang and Puthenpura (1993) がある.

非凸2次計画問題に対する方法: 非凸2次計画問題の特殊なクラスに対して局所的最適解を保証する効率的な多項式時間アルゴリズムを Vavasis (1992) が発表している.

ソフトウェア

2次計画問題を解くことに対して2つのソフトウェアパッケージが，商業ベースで利用できる．1つは，MINOS 5.4 で，Stanford Business Software からもしくは代数的モデルシステム AMPL や GAMS の一部として The Scientific Press から提供されている．もう一方は OSL であり，IBM からもしくは AMPL の一部として The Scientific Press から提供されている．

AMPL は2次計画問題はもとより線形計画問題，整数計画問題，非線形計画問題に対して自然な形での入力を与える数理計画のためのモデリング言語である (Fourer, Gay and Kernighan, 1993)．数百の変数と制約式をもつ問題なら容易に解くような代表的な解法と AMPL の PC 学生版が本とともに販売されている．より大規模な問題をサポートするバージョンは出版社から提供されている．AMPL は2次計画問題を解くには MINOS 5.4 ソルバーまたは OSL ソルバーを利用する．

GAMS (Brooke, Kendrick and Meeraus, 1988) は高級言語であり，プログラマーに対しては大規模で複雑な数理計画モデルの構築と求解がより簡単に，モデル利用者には大規模で複雑な数理計画モデルをより理解しやすくしたものである．2次計画問題を解くには MINOS ソルバーを用いており，線形計画問題，整数計画問題，非線形計画問題に対してもソルバーが用意されている．学生版とプロフェッショナル版が提供されている．

IBM の OSL は線形計画問題，整数計画問題，2次計画問題のモデルを解くための高性能の計算処理手続きからなるシステムである．MINOS 5.4 (Murtagh and Saunders, 1987) は大規模な線形モデル，2次モデル，非線形モデルを解くために Fortran を基本に設計した計算機システムである．

⇒ 銀行業務，相補性問題，計算複雑度，電力システム，内点法，線形計画法，非線形計画法，最適化，ポートフォリオ理論，ウォルフの2次計画アルゴリズム．

[Katta G. Murty/関谷和之]

参 考 文 献

[1] J. Abadie and J. Carpentier (1969), "Generalization of the Wolfe Reduced Gradient Method to the Case of Nonlinear Constraints," in *Optimization*, R. Fletcher, ed., Academic Press.

[2] M.S. Bazaraa, H.D. Sherali and C.M. Shetty (1993), *Nonlinear Programming Theory and Algorithms*, Wiley-Interscience, New York.

[3] A. Brooke, D. Kendrick and A. Meeraus (1988), *GAMS: A User's Guide*, Scientific Press.

[4] R.W. Cottle, J.S. Pang and R.E. Stone (1992), *The Linear Complementarity Problem*, Academic Press.

[5] R.L. Crum and D.L. Nye (1981), "A Network Model of Insurance Company Cash Flow Management," *Mathematical Programming Study*, 15, 86–101.

[6] J.B. Dennis (1959), *Mathematical Programming and Electrical Networks*, Wiley, New York.

[7] J.E. Dennis, Jr. and R.B. Schnabel (1983), *Numerical Methods for Unconstrained Optimization and Nonlinear Equations*, Prentice Hall, New Jersey.

[8] S.K. Eldersveld (1991), "Large Scale Sequential Quadratic Programming," SOL91, Dept. OR, Stanford University.

[9] S.C. Fang and S. Puthenpura (1993), *Linear Optimization and Extensions Theory and Algorithms*, Prentice Hall, New Jersey.

[10] R. Fletcher (1987), *Practical Methods of Optimization* (2nd ed.), Wiley, New York.

[11] R. Fourer, D.M. Gay and B.W. Kernighan (1993), *AMPL A Modeling Language for Mathematical Programming*, The Scientific Press, San Francisco.

[12] M. Frank and P. Wolfe (1956), "An Algorithm for Quadratic Programming," *Naval Research Logistics Quarterly*, 3, 95–110.

[13] C.R. Glassey (1978), "A Quadratic Network Optimization Model for Equilibrium Single Commodity Trade Flows," *Mathematical Programming*, 14, 98–107.

[14] S.P. Han (1976), "Superlinearly Convergent Variable Metric Algorithms for General Nonlinear Programming Problems," *Mathematical Programming*, 11, 263–282.

[15] M.R. Hestenes and E. Stiefel (1952), "Method of Conjugate Gradients for Solving Linear Systems," *J. Res. N. B. S.*, 49, 409–436.

[16] IBM (1990), *OSL – Optimization Subroutine Library Guide and Reference*, IBM Corp., New York.

[17] M. Kojima, N. Megiddo, T. Noma and A. Yoshise (1991), *A Unified Approach to Interior Point Algorithms for Linear Complementarity Problems*, Lecture Notes in Computer Science 538, Springer-Verlag, New York.

[18] C.E. Lemke (1965), "Bimatrix Equilibrium Points and Mathematical Programming," *Management Science*, 11, 681–689.

[19] H.M. Markowitz (1959), *Portfolio Selection: Efficient Diversification of Investments*, Wiley, New York.

[20] J.M. Mulvey (1987), "Nonlinear Network Models in Finance," *Adv. Math. Program. Finan. Plann.* 1, 253–271.

[21] B.A. Murtagh and M.A. Saunders (1987), "MINOS 5.4 User's Guide," SOL 83-20R, Dept. OR, Stanford University.

[22] K.G. Murty (1968), "On the Number of Solutions

to the Complementary Quadratic Programming Problem," Ph. D. dissertation, University of California, Berkeley.
[23] K.G. Murty (1988), *Linear Complementarity, Linear and Nonlinear Programming*, Heldermann Verlag, Berlin.
[24] K.G. Murty (1994), *Operations Research: Deterministic Optimization Models*, Prentice Hall, New Jersey.
[25] K.G. Murty and S.N. Kabadi (1987), "Some NP-complete Problems in Quadratic and Nonlinear Programming," *Mathematical Programming*, 39, 117–129.
[26] M.J.D. Powell (1978), "Algorithms for Nonlinear Constraints That Use Lagrangian Functions," *Mathematical Programming*, 14, 224–248.
[27] H. Theil and C. van de Panne (1961), "Quadratic Programming as an Extension of Conventional Quadratic Maximization," *Management Science*, 7, 1–20.
[28] S.A. Vavasis (1992), "Local Minima for Indefinite Quadratic Knapsack Problems," *Mathematical Programming*, 54, 127–153.
[29] F.C. White (1983), "Trade-off in Growth and Stability in State Taxes," *National Tax Journal*, 36, 103–114.
[30] R.B. Wilson (1963), "A Simplicial Algorithm for Convex Programming," Ph.D. dissertation, School of Business Administration, Harvard, Cambridge, Massachusetts.
[31] P. Wolfe (1959), "The Simplex Method for Quadratic Programming," *Econometrica*, 27, 382–398.
[32] A.J. Wood (1984), *Power Generation, Operation, and Control*, Wiley, New York.
[33] Y. Ye (1991), "Interior Point Algorithms for Quadratic Programming," 237–261 in *Recent Developments in Mathematical Programming*, S. Kumar, ed., Gordon and Breach, Philadelphia.
[34] J.L. Zhou and A.L. Tits (1992), "User's Guide to FSQP Version 3.1," SRC TR-92-107r2, Institute for Systems Research, University of Maryland, College Park.

2 次形式
quadratic form

$x^T C x$ のように書かれる関数をいう．ここで $n \times n$ 行列 C は既知の係数行列，x は列ベクトルである．行列 C は通常対称と仮定されている，あるいは対称行列（symmetric matrix）となるように変換される．2 次形式は，任意のベクトル $x \neq 0$ に対して $x^T C x > 0$ のときに正定値（positive definite）と呼ばれる．負定値（negative definite）あるいは負半定値は前の定義の不等号を適当に変えることによって定義される．⇒ 行列と行列代数．

2 次整数計画
quadratic-integer programming

線形制約と整数変数の下で 2 次関数の最小化をはかる数理計画法のこと．

2 次の条件
second-order conditions

2 階微分を含む条件のこと．

二者択一定理
theorem of alternatives

多くの定理が存在するが，典型的なものとして「$Ax = b$ が解を持つか，あるいは $yA = 0, yb \neq 0$ が解をもつかのいずれかである」というのがある．これらは線形計画法の強双対性定理に等価であることが示される．⇒ ファーカスの補題，ゴルダンの定理，強双対性定理，置換定理．

2 次割当て問題
quadratic assignment problem

目的関数の一部に 2 次形式（quadratic form）を含むような問題．問題は通常，施設を立地個所に割り当てる際に，施設間の物資の流れのコストを最小化する問題となる．⇒ 割当て問題，施設レイアウト，施設配置．

2 値変数
binary variable

とりうる値が，0 または 1 に制限されている変数．2 値変数は，線形制約からなる問題において，論理条件や非線形条件を取り扱う際によく用いられる．⇒ 組合せ/整数最適化，整数計画問題．

2 部グラフ
bipartite graph

グラフまたはネットワークで，ノードを2つの部分集合 N_1, N_2 に分割したとき，すべての枝が N_1 のノードと N_2 にノードをつなぐようになっているもの．⇒ 割当て問題，グラフ理論，ネットワーク最適化，輸送問題．

入札モデル

Bidding Models

　入札モデル（bidding model）は，参加者（bidder）がいかに入札額を決めるか，いかに競売（auction）の主催者が競売方法を評価するか，そしていかに談合（collusion）を防ぐかということを補助するために発展してきた．モデルは少なくとも1956年にまではさかのぼれる．その研究はORで最初のPh. D.を取得したFriedmanによる研究である．1970年代の前半には，数多くの新しい理論的研究が行われ，その中の多くはゲーム理論的モデルを含んでいる．入札モデルの応用結果はモデルの仮定をどう選ぶかに対して非常に鋭敏であることがよく知られている．

　競売にはいくつかの種類がある．ある入札モデルはある特定の種類の競売における入札を分析するためにつくられているのに対して，あるものはいくつかの種類をまとめて結果を比較する動機でつくられている．4つの主な入札モデルがある．1つ目は相手に知られず入札額を入札する種類の標準的な入札モデル（standard sealed bidding）で，1番高い額を入札した人が落札し，その入札額が落札額となる入札である．2番目はあまり知られていないが，セカンドプライス競売（second price auction）またはヴィクレイ競売（Vickrey auction）と呼ばれるもので，1番高い額を入札した人が落札するが，2番目に高い値を付けた人の入札額が落札額となるものである（Vickrey, 1961）．競り（oral progressive auction）もしくはイギリス式競売（English auction）と呼ばれるものは，誰も競り上げるものがいなくなるまで，参加者が値を吊り上げてゆき，その時点での価格が彼の落札額となるもう1つの重要な種類の競売方法である．最後の種類はオランダ式競売（Dutch auction）と呼ばれるもので，競売人（auctioneer）か機械じかけの「時計」（clock）がだんだんと値段を低くしていき，参加者が声をかけたところで彼が落札者となりそのときの金額が落札額となる，というものである．いまのは参加者が買い手であったときのものであったが，参加者が売り手でお金を得るときのような入札額が一番低いものが落札者となる競売に対しても，おのおのの種類の入札に対してまったく同じに対応するものが存在する．

　競売モデルは多くの場合1つの独立した競売を扱う．最も初期の頃に研究され，最も多く研究されているモデルは，標準的な競売モデルにおける意思決定モデルであり，参加者が入札することを助けるものである．このモデルでは，最高入札価格xの確率分布$F(x)$が仮定されるか計算されるか，もしくは統計的に推測される．そして入札の対象に参加者がもつ価値（これは参加者自身が知っている）をvとしたときの期待利得$E[b]=(v-b)F(b)$を最大化するように入札額をbに選ぶ．vは確率変数であるときは，期待値の計算のときにxとは独立に与えられる．もし$F(x)$が計算されるならば，それは多くの場合競争相手jの入札の分布を$F_j(x_j)$としたときの最大値$\prod_j F_j(x_j)$として計算される．このようなモデルは〈独立個人価値モデル〉（independent private value model）と呼ばれる．このモデルでは，参加者が直面する競争が激しければ激しいほど，参加者の入札額はより競争的になる．

　石油採掘所に対する賃貸権の販売などの多くの状況では，〈共通価値モデル〉（common value model）と呼ばれるモデルが個人価値モデルよりも適している．共通価値モデルは売られる対象に対する価値は各個人とも同じであると仮定されている．参加者は，独立な誤差が生じるこの共通価値を推定すると仮定されている．このモデルにおいては，参加者の推定誤差に偏りがないときであっても，落札者は最も過大推定を行った人になる．よって落札した結果，落札者は共有価値が彼の推定した価値よりも少ない価値であるということがわかる．この偏りは厳しく，特に多くの競争者がいて推定精度が不正確であるときはそうである．参加者はこれを十分に修正しようと試みるだろう．さもなければ「勝者の愚痴」（winner's curse）をこぼすことになる（Capen, Clappand and Campbell, 1971）．あるレベル（そのレベルは相対的に低い）を越えている競争が生じているときには，この修正によって参加者は賭けに対して競争的になれない．

　意思決定理論のモデルにおいては，単価入札モデル（unit price bid）や解約可能（withdrawable bid）モデルなどが扱われている．単価モデルにおいては，各参加者は各財の単価の集合を入札し，参加者に供給されることになった財の集合に各単価を掛け合わせたものの合計が1番小さかった人が落札者となる．実際に供給される量は不確実であり，利得はそれにもとづいて決まる．参加者自身と参加者の状況把握の食い違いを最大限の可能性で利用して，参加者は単位価格の集合を決める．参加者は供給量に対する推定の差と各単位の種類の差をちょうど合わせて有利に賭けるであろう．単位価格の最適な集合を決める問題は簡単な線形計画問題の解として定式化でき，リスク回避的参加者の場合は2次計画法として定式化できる．

　解約可能モデルは参加者が落札の後に，違約金を払うなどの方法で，解約できるような状況を想定している．あるモデルの結果では，参加者が他の人があまり高い額を入札しなかった状況で落札したならば解約をするであろうとしている．また他のモデルでは，入札後に他の競争者の入札額が与えられれば，大変な「勝者の愚痴」をいうであろう事態を避けるために，たとえ解約することで違約金を受けるとしても，合理的に選ばれた入札額で

も解約するであろうとしている．

多くの入札のゲーム理論モデルでは，事前には対称であるリスク中立的な参加者の集合が与えられたもとで，個人価値が独立しているときのナッシュ均衡における賭けの戦略を示している．多くはいくつかの競売方法について結果を比較している．いくつかの結果を以下に示そう．

イギリス式競売においては，各参加者は〈支配〉戦略(dominant strategy)（すなわち，他の競争相手が何を賭けようとも最適な戦略）をもっており，それは彼が対象に対してもつ価値まで競争し続けることである．すべての参加者がこの戦略にしたがうとき，効率的な結果が保証される．すなわち，売りに出された対象はそれに対して最も高い価値をもった人に売られ，その価格はすべての参加者の中で2番目に高い価格もしくはそれをわずかに越えた価格になる．同様な結果がセカンドプライス競売でも得られる．これらの場合，入札額は最適な戦略というよりはむしろ参加者がもつ価値に等しくなる．競りの場合と同じように1番高い価値をもつ人に2番目に高い価値をもつ人の価値の価格で商品が売られる．オランダ式競売と標準的な入札は同じ戦略をもち，参加者は勝つ可能性と負ける危険性をバランスさせたような入札額を選ぶというもので，上記で議論されたような個人価値モデルの意思決定モデルの延長上にある．このとき参加者に対称な均衡の入札関数（訳注：彼のもつ価値から入札額を決める関数）は参加者の価値に関して増加するので，売買は一番高い価値をもつ人に対して行われる．

このモデルにおいては，売り手が利潤を増加させるための競売方式の選択には限界がある．売り手の期待利益は以下のような条件を満たすすべての競売方法に対して同じである．(1)対象は常に1番高い価値をもっている参加者に売られる，(2)自分のもつ価値ができる限り低い値をもっているならばいつでも，その参加者の期待利益は0である．この結果より，特に標準的な4つの競売方式は利益が等価であることがわかる．

独立個人価値モデルと共通価値モデルを含むクラスの「連携価値」(affiliated value)と呼ばれる重要な価値関数のクラスでは，イギリス式競売は少なくとも，Vickrey競売と同じ期待利益を与え，Vickrey競売はオランダ式競売や通常の入札と同じ期待利益を与える（Milgrom and Weber, 1982）．この期待利益の順位付けは，しかしながら決定的なものではない．これは，対称で，リスク中立的で，外生的に参加者の人数が固定されている（すなわち参加者は賭けに対する費用を負うか負わないか選択することはできない）と仮定されている．さらにこの仮定を変えたときのファーストプライス競売とセカンドプライス競売の一般的な順位付けは決定的ではない．セカンドプライス競売では，競りでも入札方式でも，均衡点において最も高い価値をもつ参加者に商品を売るということは保証されるが，ファーストプライス競売においてはもはやその保証もない．McAfee and McMillan (1987)のサーベイにおいては，外生的に参加者数が決定される場合の単一で独立の競売におけるゲーム理論の多くの拡張された結果が示されている．

多くの状況における意思決定に〈直接〉役立つためには，入札モデルは単一の競売モデルを越えた分析が必要である．合計の金額に制約があるもとで，同時に複数の競売が行われる入札モデルは，動的計画法でも解析的でも研究されている．段階的な競売もまたしかりである．これらのモデルのいくつかでは，競売間の関係は，競売に参加する会社内の関係である．これらのいくつかのモデルでは，直接費用と機会費用と競争を優位にするための費用の合計である．段階的な競売モデルにおいて，最適な入札価格は競売にお互いに関係しあっている競争者の各段階での行動における入札への効果で決まる．これらのモデルの1つにおいて適切な入札額は，競売が行われる間隔に対する割引率や競争者に対する反応を速める程度が高くなればなるほど，より低くなる．

相手を欺くことを考えると，競売における適切な選択に影響を及ぼすかもしれない．いくつかのモデルが欺くことを考慮している．この結果では，参加者の陰謀は安定しており，単一の競りやVickrey競売でより多く起きやすいであろうことが示されている．そして，主催者による欺きに対する恐れはVickrey競売の珍しさが1つの要因かもしれないとしている．いくつかの統計的な研究がなされているが，最も有効な結果は公的に得られていない．

さらに入札モデルについて知りたければ以下の文献を参照のこと．競売の表現はCassady (1967)，競りの社会学的解釈はSmith (1990)，2つの論文集としてAmihud (1992), Engelbrecht-Wiggans, Shubik and Stark (1983)，ハンドブックの章として2つあげるとWilson (1992), Rothkopf (1994)，サーベイ論文としてEngelbrecht-Wiggans (1980)，そして重要なエッセーとしてRothkopf and Harstad (1994)がある．

⇒ 決定分析，ゲーム理論．

[Michael H. Rothkopf/渡辺隆裕]

参 考 文 献

[1] Amihud, Y., ed. (1976), *Bidding and Auctioning for Procurement and Allocation*, New York University Press, New York.
[2] Capen, E., R. Clapp and W. Campbell (1971), "Competitive Bidding in High Risk Situations," *Jl. Petroleum Technology* 23, 641–653.
[3] Cassady, R., Jr. (1967), *Auctions and Auctioneering*, University of California Press, Berkeley.
[4] Engelbrecht-Wiggans, R. (1980), "Auctions and

Bidding Models," *Management Science* 26, 119–142.
[5] Engelbrecht-Wiggans, R., M. Shubik and R.M. Stark, eds. (1983), *Auctions, Bidding, and Contracting: Uses and Theory*, New York University Press, New York.
[6] Friedman, L. (1956), "A Competitive Bidding Strategy, "*Operations Research* 4, 104–112.
[7] McAfee, R. P. and J. McMillan (1987), "Auctions and Bidding," *Jl. Economic Literature* 25, 699–738.
[8] Milgrom, P.R., and R.J. Weber (1982), "A Theory of Auctions and Competitive Bidding," *Econometrica* 50, 1089–1122.
[9] Rothkopf, M.H. (1994), "Models of Auctions and Competitive Bidding," *Handbooks in Operations Research, Vol. 7: Beyond the Profit Motive: Public Sector Applications and Methodology*, S. Pollock, A. Barnett and M.H. Rothkopf, eds., Elsevier Science Publishing, New York.
[10] Rothkopf, M.H. and R.M. Harstad (1994), "Modeling Competitive Bidding: A Critical Essay," *Management Science* 40, 364–384.
[11] Smith, C.W. (1990), *Auctions: The Social Construction of Value*, University of California Press, Berkeley.
[12] Wilson, R.B. (1992), "Strategic Analysis of Auctions," in *The Handbook of Game Theory, Volume 1*, R. Aumann and S. Hart, eds., North-Holland/Elsevier Science Publishers, Amsterdam.

入力過程

input process

入力過程とは，待ち行列システム（またはそのノード的な部分システム）に入る客に関する状況，あるいは入力時点におけるノードに関する状況を表している確率点過程のことである．ここで点とは客が入る時点を表している．たとえば，有限容量待ち行列に対して $(\mathbf{X}^a, \mathbf{T}^a)$ 過程を考える．$\mathbf{X}^a$ 過程は到着時点において待ち行列が満杯のとき1，そうでないとき0をとる(0-1値)確率変数列であり，$\mathbf{T}^a$ 過程は到着時点列を表すものである．$\mathbf{X}^a = 0$ に対する $\mathbf{T}^a$ の部分集合は客が実際にノードに入ることができる到着時点列を表し，$\mathbf{X}^a = 1$ に対する $\mathbf{T}^a$ の部分集合は客がアクセスできずにオーバフローする到着時点列を表している．⇒到着過程，待ち行列ネットワーク，待ち行列理論．

ニューラル・ネットワーク

Neural Networks

はじめに

知能のニューラル・ネットワークモデルにおける初期の研究が数十年前に表面化したが，克服しがたいように思われた障害のため，1960年代では，ほとんど死んだ状態になっていた．しかしながら1970年代後半から1980年代初期における際立った進歩によりこの領域における興味と活動が復活した (Hopfield, 1984; Rumelhart, Hinton and Williams, 1986)．McCulloch and Pitts (1943) によって提唱されていた人の細胞活動に対する古典的モデルは依然として現在のニューラル・ネットワークの多くの研究の基礎となっている．

実際のニューラル・ネットワーク（神経系）は，哺乳動物の脳の中の要素の内部結合であり，要素内および要素間の活動を通して，意思決定過程を遂行している（たとえば，記憶，認識，予測，計画，問題解決）．人工的なニューラル・ネットワークは，まだ，未熟な試行段階ではあるが，物理的に，またはコンピュータによって模擬されたニューラル・ネットワークモデルと，それにもとづいたアルゴリズムによって生物学的過程を模擬する（たとえば，電子構成部品，ディジタルシミュレーション）．そのような模擬がどの程度厳密に行われるべきかという点については多様な考え方がある．ニューラル・ネットワーク純粋主義者はアーキテクチャや機能において脳とほとんど一対一対応の類似性を主張するかもしれない．より現実的な推奨者は，それがどれほど類似しているかどうかにかかわりなく，脳の作用の理論によって，手元の問題解決に役立つネットワークと付随するアルゴリズムを単に求めようとするだろう．

オペレーションズリサーチ研究者の観点からは，ニューラル・ネットワークは，いくつかの特徴と制約を有する（究極的にはハードウェア化される）並列演算アルゴリズムと見なされる．もう少し詳しくいうと，比較的単純な非線形の処理要素とそれらの重み結合を通して計算を進める．そのような処理要素による計算は，記憶された局所的な情報の伝達にもとづく．鍵となる結果は，並列計算が可能ということと，すべての記憶は結合上の情報（重み）に限られているということである (Burke and Ignizio, 1992)．いわゆるフィードフォワード的なニューラル・ネットワークのグラフを図1に示す．

なぜニューラル・ネットワークを用いるか

ニューラル・ネットワークは真にヒューリスティックな方法として（受入れ可能な）解を必要とするほとんどあらゆる問題に適用できる．すなわち，予測/予想問題，パターン分類/パターン認識問題，最適化問題（連続あるいは離散変数を含む）などである．この意味では，そのような問題の解を提供する別の方法がすでに存在することに注意しなければならない（すなわち，予測やパターン認識のための統計的手段，最適化問題のための数理計画アルゴリズム）．実際，最適化の場合においては既存の

ネットワークの応答

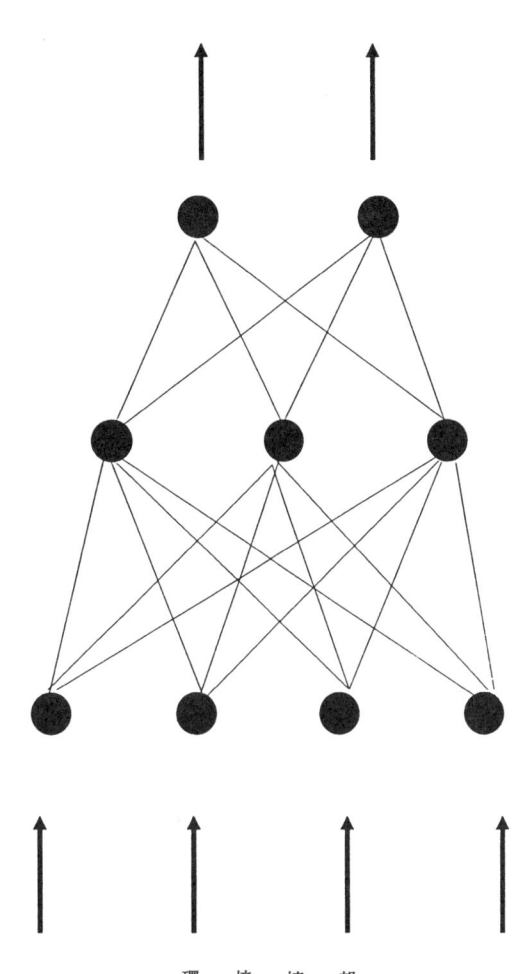

図1 人工的細胞構造

環境情報

数理計画アルゴリズムは，ニューラル・ネットワークがヒューリスティックにしか解けない問題に最適解を与えることが可能である．したがって，ニューラル・ネットワークは，新しいタイプの問題を解いたり，あるいは，既存の方法では解けなかった問題を解く能力を提供するわけではない．しかし，ニューラル・ネットワークは以下のような優れた利点を提供する．

・ノンパラメトリック（nonparametric）（すなわち，データに関する仮定に依存しない）であるので，パラメトリックな仮定を必要とする統計的方法より頑強である．

・問題解決手順の並列処理化の可能性を提供するので，より高度な処理，フォールトトレラント性（fault tolerant）および究極的にはハードウェア模写（すなわち，シリコンチップ上の模写）などの潜在性を有している．

ニューラル・ネットワーク手法を利用しようと考える理由はこれらのためである．(Burke, 1991; Lippmann, 1987).

ニューラル・ネットワークの構造

与えられたニューラル・ネットワークを次の3つの属性で定義することができる．ネットワークアーキテクチャすなわちトポロジー，ノード（節点）の特徴，およびノード対間の枝の重み付けを行うための訓練あるいは学習過程である．したがって，ニューラル・ネットワークの設計者は，まず，手元の問題に適したネットワークのアーキテクチャ（すなわち，階層数，各階層のノード数およびノード間の内部結合）を決定しなければならない．次に，各ノードにおいて実行されるべき（非線形の）処理タイプを選び，さらに教師付きかそうでないかのどちらかのモードで目的を達成するようにネットワークを訓練する．教師付き訓練（supervised training）によってネットワークに予測の能力をもたせることができるようになる（たとえば，注目する属性のデータ集合が与えられたとき，その集合に特定の出力を対応させる），あるいは分類の能力をもたせることができる（たとえば，注目する属性のデータ集合が与えられたとき，その集合に特定のクラスまたはグループを対応させる）．

しかしながら，分類を実行する前に，まず，対象が割り当てられるべき特定のクラスの集合を決定する必要がある．教師なし学習（unsupervised learning）を採用するネットワークはこれらのグループを見いだすのによく用いられる．言い換えると，これらはクラスター分析（cluster analysis）として知られる作業を実行するために用いられることができる．

ニューラル・ネットワークのアーキテクチャとそのノード間の重み付けは，特定の知識の表現になる．このとき，その知識は，入力信号の値にもとづいて出力を予測する，対象物を分類する，または，定常状態のネットワークのもとで連続的あるいは組合せ的最適化の問題を解くことなどに用いられる．ニューラル・ネットワークの単純な一例として，図2に示されたネットワークを考える．

注意すべきことは，どのような数のノードやアーキテクチャのニューラルネットワークにおいても，ノード j はそのすべての入力の重み和を受け取ることである．すなわち，

$$\text{input}(j) = \sum_i w_{ij} v_i, \quad i = 1, \cdots, N$$

ただし，N はネットワークにおけるノードの数，ノード i と j の間に結合がなければ，$w_{ij}=0$，また，v_i はノード i の状態である．この例では計4つのノードがある．ノード1から3は入力ノード，したがって単にそれらに加え

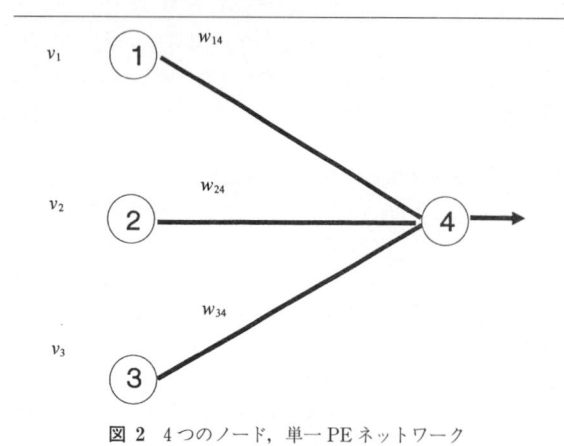

図2　4つのノード，単一PEネットワーク

られた入力を伝達するだけである．他方，ノード4は処理要素（PE）としての機能を有する．すなわち，ノード4への3つの重み付き入力が加わると，PEは和の演算を行う．非線形処理の1種はハードリミティング（hard-limiting）として知られている．つまり，入力信号の重み和があるレベルを超えるとき，ノードの出力が活性化される．そうでない場合は活性化されない．このような場合，3種の重みは1つのクラスを別のクラスと分離する面を定義するのに使われる．

大方の分類問題は複数個の非線形な分離面を必要とし，これらは示されているような単一PE，単一層のネットワークでは実現できない．しかし，幸いなことに，多層ニューラル・ネットワークによって非線形分離面を生成することができる．結果的に，予測および分類のためのニューラル・ネットワークの大きさは3層となる（たとえば，図1に示されている3層のフィードフォワード・ネットワーク）．このようなアーキテクチャは，クラス認識や予測出力のための訓練手段と組み合わせることによって最終的なネットワーク構造における枝の重みを生成する．そのようなネットワークを訓練する方法においては（ハード・リミティングタイプよりもむしろ）微分可能な処理機能を必要とし，その発見がニューラル・ネットワークにおける新たな興味への重要な役割を果たした．

ニューラル・ネットワーク研究を挫けさせる側面の1つは応用が成功するかどうかについてのアーキテクチャと訓練法の選択にかかわる「気まぐれさ」である．ニューラル・ネットワークが統計的方法に取って代わると信じている人もいるかもしれないが，統計的概念を適切にニューラル・ネットワークの世界に移行することによってニューラル・ネットワークが統計技術を拡張するのに役立つであろうというくらいが本当のところではないだろうか．たとえば，皮膚科の診断で用いられた患者の属性というようなパターンを分類するために訓練されたニューラル・ネットワークは，異なった例で訓練された類似のネットワークとまったく異なる働きをすることがある．すなわち，有効な訓練セットを決定することは，それが統計的処理を行うと同じくらい，少なくとも応用面では重要な仕事なのである．

最適化問題を解くためのニューラル・ネットワークはいくぶん複雑な話題といえる．しかしながら，本質的にはこの問題は局所最小解を求めるエネルギー関数（energy function）の確立ということになる．そのようなネットワークでは初期入力が与えられ，安定状態が実現されるまで枝の重みを繰り返し調整することが行われる．つまり，そのような状態が局所最小に一致する．Hopfield and Tank（1985）は線形計画を含む種々の最適化問題を解くためにそのようなネットワークが使えることを実証した．しかしながら，（制約集合の境界に沿って解が移動する）線形計画のシンプレックス法とは異なり，ニューラル・ネットワークは，うまくいけば，大域最適解に，またはその近傍に到達するであろう内点解である．

双方の応用（すなわち，パターン認識と最適化）においてニューラル・ネットワークの副次的な利点は問題解決に対する新鮮な見通しを与えた点である．多くの場合，ニューラル・ネットワークでうまくいく程度には統計的手法でもうまくいく．しかしながら，ニューラル・ネットワークの手法は研究者の創造性を広げ，しばしば，古い問題にまったく新しい洞察を導く．

⇒ 人工知能，制御理論，サイバネティクス．

[James P. Ignizio, Laura I. Burke／木瀬　洋]

参考文献

[1] Burke Laura I. and James P. Ignizio (1992). "Neural Networks and Operations Research: An Overview," *Computers and Operations Research*, 19(3/4), 179–189.

[2] Burke Laura I. (1991). "Introduction to Artificial Neural Systems for Pattern Recognition," *Computers and Operations Research*, 18(2), 211–220.

[3] Lippmann Richard P. (1987). "An Introduction to Computing with Neural Networks," *IEEE ASSP Magazine*, April, 4–22.

[4] McCulloch Warren S. and Walter Pitts (1943). "A logical calculus of the ideas immanent in nervous activity." *Bulletin of Mathematical Biophysics*, 5, 115–133.

[5] Rumelhart David E., Geoffrey E. Hinton and Ronald J. Williams (1986). "Learning representations by back-propagating errors." *Nature*, 323, 533–536.

[6] Hopfield J.J. (1984). "Neurons with graded response have collective computational properties like those of two-state neurons." *Proceedings of the National Academy of Sciences*, 81, 3088–3092.

任意時点分布
outside observer distribution

待ち行列システムにおいて，任意に選ばれた時点における状態の確率分布．時間平均分布，外部観察者が見る分布ともいう．客の到着時点や退去時点における分布と区別する．ポアソン到着をもつ待ち行列システムでは，これらの分布は一致する．⇒ 到着時点分布，待ち行列理論．

認識問題
recognition problem

答えが"YES"か"NO"となるような計算問題のこと．たとえば「グラフ G が与えられたとき，オイラーツアーが存在するか？」といった問題である．⇒ 計算複雑度．

認知写像
cognitive mapping

意思決定者が問題状況を理解する際に用いる概念獲得プロセスをグラフ的に表現したもの．概念は両対極を参照して固定される．また有向アークは，関知された因果関係を表す．⇒ 問題構造化法．

ね

ネットワーク
network

ネットワークは，N をノード（点，頂点）の集合とし，A をアーク（辺，線，リンク）の集合としたとき，集合対 (N, A) によって定義される．i と j をノードとし，それらをつなぐアークを (i, j) と書く．各アークには，その上の単位流量に対応するコスト c_{ij} と，そこを流れることのできる流量の上限 u_{ij} が対応する．ある種の応用問題の場合，商品が流入する供給ノード，商品が流出してゆく需要ノード，その上を商品が通過してゆくだけの頂点などが定義される．ほとんどの応用問題において，ノードに流入する商品の量と流出する商品の量は同じであると仮定されている．これは流量保存の仮定と呼ばれる．しかし問題によっては，流出量が流入量より多い場合（液体の膨張などによる），流出量が流入量より少ない場合（漏出などによる）もある．これらは，利得または損失のあるネットワークと呼ばれている．多くの場合，ネットワーク問題は線形計画問題の特殊な形である．⇒ ネットワーク最適化．

ネットワーク計画
Network Planning

ネットワーク計画（もしくは解析）は，日程の計画・運営を支援するための情報を与えるテクニックの一般的な名称である．たとえば，〈クリティカルパス法〉（CPM：critical path method），PERT（program evaluation and review technique）などのこれらのテクニックでは日程に含まれているそれぞれの作業を確定すること，それらの作業がなされるべき順序と，さらには他の作業と同時になされる活動とが必要である．ネットワーク計画は所要時間の最小化，資源の限定，そして費用の最小化の問題を扱うことができる．

歴 史

大きなプロジェクトの管理を支援する計画手法を改良することの必要性は1950年代から認識されていた．

CPM は E. I. du Pont de Nemours and Company と Sperry-Rand Corporation の共同開発によって始まった．1957 年 9 月までに実際の応用が UNIVAC I コンピュータを使った，ある試作システムの上で実行されており，これから，CPM の発展が始まった（Kelly and Walker, 1959；Kelly 1961）．ときを同じくして，米国海軍はポラリスミサイルプログラムを計画，運用するシステムの開発を行っていた．これから，PERT が発展し，そして，PERT はポラリス計画の完成を少なくとも 2 年間は早めることを助けたという信頼も得た（Malcom, Roseboom et al., 1959. Moder, Phillips et al., 1983 と Sculli, 1989 にこれらの初期の開発のさらに詳しい事情が示されている）．

これらの初期の時代に，これらの手法の変種が開発された（VERT, GERT, SCERT）が，この分野の研究はいまだに活発に行われている．1986 年にはこの分野の研究の現状を評価し，理論と実践の両方の進歩を刺激するために，EURO プロジェクト運営・日程管理研究部会（EURO Working Group on Project Management and Scheduling）が設立された．その結果，2 年ごとにワークショップが開催され，*European Journal of Operational Research* の特別号が 3 回（Vol. 49(1)，1990；64(2)，1993；78(2)，1994），さらに，Slowinski and Weglarz (1989) が出版された．

所要時間最小化

ネットワークの作成： ネットワーク，もしくは〈アローダイアグラム〉(arrow diagram，また，そしてより正確には，アクティビティーオンアークダイアグラムと呼ばれる）は，プロジェクトに含まれるすべての作業を表すために設計される．そのネットワークはそのプロジェクトに含まれるすべての作業からなり，プロジェクトの各段階での終了に付随するすべてのイベントを識別する．すなわち，それは，1 つあるいは 2 つ以上の作業の完了ごとに，作業とイベントの相互関係と相互依存関係を示す．

作業は普通矢印で表され，その方向は時間の流れ（しかし，その矢印の長さは時間の尺度には関係ない）と，直前のイベント（i）とそれに引き続くイベント（j）の間の関係を示している．したがって，その作業は（i,j）で知ることができる．イベントは結合点で表される．

ネットワークの論理的な整合性を保つために，また，2 つの結合点を結ぶ 2 つの作業があってはならないという慣例を保つために，ダミーの作業が必要なことがままある（それらは破線の矢印で表される）．それらは時間も消費せず，何の資源も必要とせず，何の努力の消費も必要としない．

ネットワークの作成の手続きは以下のようである．

1. 作業リストを作成する．
2. 各作業がなされるべき順番を決め，また，それらの作業の間の相互関係を決める．各作業について以下のことを知る必要がある．
   a. どの作業がその作業に先行しているか．
   b. どの作業がその作業が完了するまで開始することができないか．
3. これらの関係，そしてこの関係だけが含まれているようなネットワークを描く．このネットワークは，ただ 1 つの開始イベントと，ただ 1 つの終了イベントをもたなくてはならない．イベントには一般に，それに先行するイベントはそれに引き続くイベントより若い番号がふられていなくてはならない（この要請はいくつかの計算機を用いる解法で必要である）．

ネットワークの分析の手続きは以下のようである．

1. 各作業の所要時間を決める．
2. 各作業の最も早い開始時刻（最早開始時刻）を決める．
3. 各作業の最も遅い開始時刻（最遅開始時刻）を決める．
4. 各作業のフロート（float）を計算する．作業のトータルフロートは，フリーフロート，独立フロート，そして従属フロートに分類できる．フリーフロートのある作業は，従属フロートのみの作業よりもより容易に異なる時間に終了するように設定することができる．それは，引き続く作業に与える影響を考慮する必要がないからである．
5. 計画された終了日時が特定されていないという状況で，クリティカルパスは全余裕が 0 の作業のパスからなっている．このパスを構成しているのはクリティカルな作業である．

点に作業を対応させる： アローダイアグラム (arrow diagram) はネットワーク計画法で最も広く使われている方法であるが，別の手法も Roy (1964)，Fondall (1961) によって独立に開発された．この方法は Roy によってポテンシャル法と名づけられている．この方法の重要なところは，作業は点によって表され，論理的なつながりは矢印によって表されることである．この方法の変種，現在ではアクティビティーオンノード (activity on node)，またはプレセデンスダイアグラミング (precedence diagramming) と呼ばれることが多いが，アローダイアグクラムを徐々に侵食している．そして，これらの手法はたとえば，次にあげるような利点をもっていると主張されている．

1. 学ぶのが簡単である（たとえば，ダミーが不必要）．
2. よりコンパクトである．
3. ネットワークに変更を加えるのが容易である．
4. ネットワークがただ一通りに決まる（一方，アロ

ーダイアグラムではダミーの作業のせいで，何通りかのネットワークがつくれる可能性がある）．

日程管理： 一度，プロジェクトがスタートすると，その管理は状態報告のシステムによって維持される．いくつかの作業は推定されていたよりも長い時間がかかるであろうし，またいくつかは短い時間ですむであろう．ときにはまだ終わっていない作業の所要時間の推定をやり直すことも必要である．これらの新しい情報を考慮に入れて，そのネットワークは定期的に更新され，再分析され，新しいスケジュールが用意されねばならない．

不確実な所要時間： ときには所要時間を推定するのが不可能なときもある（たとえば，研究開発の仕事のような探索的な性格をもつプロジェクト）．また，ときには所要時間を推定するのが不適当なときもある（なぜなら不慮の出来事のための余裕や，怠惰による遅れの要因を含むから）．これらの問題を克服するために PERT で用いられている手法は，3点見積りである．楽観的な推定 (t_o)，最もありそうな所要時間の推定 (t_m)，そして悲観的な推定 (t_p) である．期待時間の近似値はこれらの3つの数字の重み付き平均 (1：4：1) をとることによって得られる．その標準偏差は

$$\sigma_t = (t_p - t_0)/6$$

である．
PERT では期待時間はベータ分布をすると仮定している．その分布は

$$f(t) = k(t-t_0)^\alpha (t_p-t)^\beta \quad (t_0 < t < t_p)$$

であり，α と β は，分布の形状を決めるパラメータである．

PERT は理論的には多くの点で批判されている．PERT ではプロジェクトの所要時間の平均値はクリティカルパス上の作業の所要時間の平均値の和としている．この仮定は1つの作業の流れからなるプロジェクトでのみ正しく，プロジェクトを表すネットワークが複雑になるにつれて，この方法ではプロジェクトの所要時間をかなり過小評価することになる．さらに，PERT ではプロジェクトの所要時間の分散をクリティカルパス上の作業の所要時間の分散の和としている．この仮定も同じく1つの作業の流れからなるプロジェクトでのみ正しく，ネットワークの複雑性が増すにつれて分散を過小評価する事になる．期待時間の公式は特定の α と β については正しい平均時間を与える．ただし，このベータ分布が適当かどうかということについて深刻な疑いが表明されてきた．PERT ではサブクリティカルパスの終了時間の確率を考慮に入れていない．このサブクリティカルパスを考慮に入れることができないことが PERT に対する最も深刻な批判である．このために，PERT は「真の統計的なプロジェクト所要時間」をたいてい 30% ほど過小評価し，さらに，納期に間に合う確率を深刻なほど大きく見積もる．これらの尺度に対する唯一の満足のいく方法はシミュレーションである．この目的のためのプログラムパッケージが出ている．Elmaghraby (1977) と Golenko-Ginzburg (1989) にこれらの点の詳しい議論が載っている．

逆説的ではあるが，PERT は現場では大変役立つ，そしてその理由を見つけるのはそう難しいことではない．ネットワーク手法の威力というのはもとの計画からの乖離を検出する能力にある．ネットワーク手法を使えば，プロジェクトのよりよい管理が維持されることが確実になる．現在進行しているプロジェクトを常に監視することで，計画からの乖離をすばやく検出し，プロジェクトを計画した終了時刻までに終わらせるような適切な行動をとれるようにできる．その意味では「真の統計的なプロジェクトの所要時間」は無意味な概念である．天候のようなランダムな要因の影響をシミュレーションしようとしても，もしこれらのランダムな要因に対してとられる行動をもそのシミュレーションに含めなければ，効果はない．PERT/CPM を用いたプロジェクト計画は，たとえ不確実性を含む状況であっても非常に成功を納めている（しかも現場で証明されている）方法である．

費用最適化

1950年代，60年代というかなり豊かな時代には，工業国の重要なプロジェクトの最も大切な目的は，そのプロジェクト所要時間の最小化であったといわれている．それに対して，最近では，プロジェクトは限りある資源と厳しい財政上の制約の時代に管理運営されている．Tavares (1987) が指摘しているように，プロジェクトの運営チームの目的は「総（または一部の）所要時間に関する様々な制約のもとで，スケジュールによってプロジェクトの現在価値」を最大にすることであるというのももっともである．ネットワークの中のいくつかの，もしくはすべての作業は，それぞれ異なる所要時間をもついくつかの費用水準のうちの1つで遂行される．普通，費用と所要時間の関係は通常の所要時間と非常に短い所要時間の間で線形であり，その間のどんな所要時間もとれると仮定する．目的は，作業の所要時間とそれらの費用を選択して，与えられたプロジェクトの所要時間に対して総作業費用を最小にすることである．これに関連する問題の1つに，与えられた予算のなかで，最短のプロジェクトの所要時間を求める問題がある．

プロジェクトの所要時間を（あたえられた量だけ）減少させる問題の解は，与えられたプロジェクトの所要時間がクリティカルパスの次に長いネットワーク上のパスよりも大きいか等しい場合には非常に簡単である．この場合に必要なのは，クリティカルパス上の作業を費用の傾きの小さい順にならべ，一番費用の傾きの小さな作業

の所要時間をできるだけ減らし，これを，次に費用の傾きの少ない作業にと次々と続け，クリティカルパスが必要なだけ短くなるようにすればよい．しかしながら，望ましいプロジェクトの所要時間が2番目に長いネットワーク上のパスよりも短い場合は，クリティカルパスだけではなく1つもしくはもっと多くのサブクリティカルパスも短くしなくてはならない．このときは問題の解法はより難しくなり，費用最小化の目標の達成のためにはシステマティックな手続きが必要になる．この問題は費用と所要時間が線形であるという仮定のもとで，線形計画問題として定式化され，シンプレックス法で解くことができる．しかし，より効率のよいネットワークフローのアルゴリズムが Fullkerson (1961) によって開発されている．このアルゴリズムはわかりやすく，コンピュータの活用には向いているが，手作業には長たらしい．そのほかのアプローチも Ritchie (1985) に述べられている．

資源の割当て

必要な資源量はそれぞれの作業について頻繁に推定される．資源とは，普通，労働力，いろいろなタイプの機械，資金である．資金はプロジェクトの運営にとってキャッシュフローが関心事であるときに特に重要になる．それぞれの作業ではひとつ，もしくはいくつかのタイプの資源が必要である．この主題に対する文献の要約が Boctor (1990) にある．

資源の制限があるときの分析には，ごく簡単なネットワークについてのものを除いてコンピュータが使われる．すべてのタイプの資源分析はイベントと作業の時間を計算することから始まる．最も単純なタイプの分析では，すべての作業はある共通の規則によって，たとえば，それらの最早開始時刻に，スケジュールされると仮定する．そして，各期間での必要な各資源の総量を足し合わせる．これを〈資源の張り付け〉，もしくは積算と呼ぶ．

作業をそれが必要とする資源を考慮に入れてスケジュールするためにより複雑な方法が用いられる．これらの方法は，プロジェクトの所要時間を最小に保ちながら資源の必要量をならすときと，資源があらかじめ定めた水準を越えないようにしながらプロジェクトの所要時間を可能な限り短くするときの両方に用いられる．最初のアプローチは時間限定のスケジューリング，または〈資源の平滑化〉，2つめのアプローチを資源限定のスケジューリング，または〈資源の平準化〉と呼ぶ．そのようなスケジューリングの結果を表すのにしばしば〈ガントチャート〉や〈棒グラフ〉が役に立つ．

資源制約の問題に対しては2つの主なアプローチがある．それらは数理計画法(Prisker, Walters, et al., 1969; Patterson and Huber, 1974; Talbot and Patterson, 1978) と発見的解法 (たとえば，Weist の SPAR-1 モデル, 1967; Davis, 1973) である．この手の実際の問題は，最近の離散最適化の進歩にもかかわらず，そう簡単には解けないことがままある．それゆえ，いくつかの単純化のための仮定が普通設けられる．これらの仮定はモデルの柔軟性を失わせる．しかし，必ずしもモデルの有用性を増すわけではない．商業用のソフトウェアにスケジューリング最適化の手続きがないことを考えてみてもそのことがわかる (Tavares, 1989)．

コンピュータ

コンピュータはネットワーク解析に広く用いられている．そこに含まれている計算はそう複雑なものではないが，しかし，意味のある規模のプロジェクトでは，必要なデータ処理の量は大きくなりうる．マイクロコンピュータはネットワーク分析にますます使われるようになりつつある．そして，多くのソフトウェアパッケージが日常的な時間分析とその結果を表示するのに使われている．それらのパッケージは日程計画の従事者に彼らの計画を，すばやく，しかも効果的に更新することを可能にしている．多くのパッケージはあまり洗練されたものではない．たとえば，資源制約問題の扱いなどである．しかし，それも進歩はしている．これについての紹介論文は Wasil and Assad (1988) と Wit and Herroelen (1990) によって書かれたが，これらのパッケージソフトの発達が速いので，これらの論文もすぐに時代遅れになってしまうであろう．最近では徐々にエキスパートシステムのネットワーク解析への応用に注意が向けられている (Probst and Worlitzer, 1988)．

⇒クリティカルパス法，ガントチャート，ネットワーク，PERT，プロジェクト管理，スケジューリングと順序付け．
[Graham K. Rand/鈴木敦夫]

参考文献

[1] Boctor F.F. (1990). "Some efficient multi-heuristic procedures for resource-constrained project scheduling." *European Journal of Operational Research* 49, 3-13.

[2] Davies E.M. (1973). "An experimental investigation of resource allocation in multiactivity projects." *Operational Research Quarterly* 24, 587-591.

[3] de Wit J. and W. Herroelen (1990). "An evaluation of microcomputer-based software packages for project management." *European Jl. Operational Research* 49, 102-139.

[4] Elmaghraby S.E. (1977). *Activity Networks: Project Planning and Control by Network Models*. Wiley, New York.

[5] Fondahl J.W. (1961). *A noncomputer approach to the Critical Path Method for the construction industry*. Dept. of Civil Engineering, Stanford Uni-

versity, Stanford, California.
[6] Fulkerson D.R. (1961). "A network flow computation for project cost curves." *Management Science* 7, 167–178.
[7] Golenko-Ginzburg D. (1989). "PERT assumptions revisited." *Omega* 17, 393–396.
[8] Kelley J.E. (1961). "Critical-path planning and scheduling: mathematical basis." *Operations Research* 9, 296–320.
[9] Kelley J.E. and M.R. Walker, eds. (1959). "Critical-path planning and scheduling." In *Proceedings of Eastern Joint Computer Conference*, Boston, December 1–3, 1959, 160–173.
[10] Malcolm D.G., J.H. Roseboom, C.E. Clark and W. Fazar (1959). "Application of a technique for research and development program evaluation." *Operations Research* 7, 646–669.
Moder J.J., C.R. Phillips and E.W. Davis (1983). *Project Management with CPM, PERT and Precedence Diagramming*. Van Nostrand, New York.
[12] Patterson J.H. (1984). "A comparison of exact approaches for solving the multiple constrained resource, project scheduling problem." *Management Science* 30, 854–867.
[13] Patterson J.H. and W.D. Huber (1974). "A horizon-varying, zero-one approach to project scheduling." *Management Science* 20, 990–998.
[14] Pritsker A.A.B., L.J. Walters and P.M. Wolfe (1969). "Multi-project scheduling with limited resources: a zero-one programming approach." *Management Science* 16, 93–108.
[15] Probst A.R. and J. Worlitzer (1988). "Project management and expert systems." *International Jl. Project Management* 6, 11–17.
[16] Ritchie E. (1985). "Network based planning techniques: a critical review of published developments." In *Further Developments in Operational Research* (G.K. Rand and R.W. Eglese, eds.), 34–56. Pergamon, Oxford.
[17] Roy B. (1964). "Contribution de la theorie des graphes a l'etude des problems d'ordonnancement." In *Les problems d'ordonnancement: applications et methodes* (B. Roy, ed.), 109–125. Paris, Dunod.
[18] Sculli D. (1989). "A historical note on PERT times." *Omega* 17, 195–196.
[19] Slowinski R. and J. Weglarz (1989). *Advances in Project Scheduling*. Studies in Production and Engineering Economics. North Holland, Amsterdam.
[20] Talbot F.B. and J.H. Patterson (1978). "An efficient integer programming algorithm with network cuts for solving resource-constrained scheduling problems." *Management Science* 24, 1163–1174.
[21] Tavares L.V. (1987). "Optimal resource profiles for program scheduling." *European Jl. Operational Research* 29, 83–90.
[22] Tavares L.V. (1989). "A multi-stage model for project scheduling under resource constraints." In *Advances in Project Scheduling* (R. Slowinski and J. Weglarz, eds.), 315–326. Amsterdam, The Netherlands, Elsevier Science Publishers.
[23] Wasil E.A. and A.A. Assad (1988). "Project management on the PC: software, applications, and trends." *Interfaces* 18(2), 75–84.
[24] Weist J.D. (1967). "A heuristic model for scheduling large projects with limited resources." *Management Science* 13, B369–B377.

ネットワーク最適化

Network Optimization

はじめに

ネットワークは高速道路，電話網，鉄道網，電力システム，航空路，さらに最近では，コンピュータやケーブルテレビのネットワークのように毎日の生活で定常的に使用されており，馴染み深いものである．また，ネットワークは次のようなあまり目に見えない場面でも現れる．たとえば，生産や流通ネットワークはプラントやプラントの間，倉庫，小売販売店を通る製品のフローを決定し，集積化半導体チップやプリント基盤内の配線のネットワークによって，多くの製品の電子処理能力がもたらされている．

このような状況のもとで，ネットワーク最適化問題を2つに分けてそれらの解法を考えたい．

(1) オペレーショナルプランニング（operational planning）： 与えられた（流通，電話，生産などの）ネットワークをいかにして可能な限り有効に使用するかという問題である．この問題においては，基礎となるネットワーク構造（位相や施設）は既知であり，そのうえで最もよいフローを見つけることが必要になる．このような決定をするための最適化モデルは〈ネットワークフロー問題〉(network flow problem) として知られている．

(2) システムデザイン（system design）： 価格が安く，さらに使用者によりよいサービスを与えるようなネットワークの最もよいデザインを与えるという問題である．この場合，ネットワーク構造とその上でのフローを同時につくらなければならない．このようなモデルは一般に〈ネットワーク設計問題〉(network design problem) と呼ばれている．

この50年間にOR/MSの分野では，オペレーショナルプランニングとシステムデザインに対するネットワークモデルやその解法が数多く揃っており，それらの手法は多数の応用に適用されている．実際，ネットワーク最適化は応用数学，計算機科学，工学，そしてOR/MSの分野の中で最も活気があり，豊富な応用やモデル化，それに理論の領域の1つを与えているといえる．

ネットワークモデル

図1はネットワーク最適化の基本的な要素を含む典型的な応用を表している．これは自動車，コンピュータなど多くの産業の典型であるが，このような応用においては，企業は多くの工場や国で部品を生産し，他の工場や国でそれらの部品を組み立てる．便宜上，製品の部品のことを品種と呼ぶことにする．すべての品種を各部品工場から組み立て工場へ直接送るよりは，規模の節約のために会社は中間の流通センター（または倉庫）を使用する．流通センターは在庫目録をもっていて，組み立て工場において必要とされる部品の変動に応じることができる．

この問題を数学的に定式化するために，まず基礎となるネットワークを定義する．一般的に，ネットワークは，（ⅰ）ノードの集合 N と，（ⅱ）ノード i と j を結ぶ有効辺 (i, j) の集合 E からなる．図1の例は各工場や流通センターに対して「入力」と「出力」に対応するノードをもつという特殊なネットワーク構造をもっている．辺には2つのタイプがある．すなわち，工場と流通センター間を結ぶ辺と，各工場や流通センターに対する入力と出力の間を結ぶ辺である．辺 (i,j) には，品種 $k=1, 2, \cdots, K$ に対して単位フローコスト c_{ij}^k と品種 k のフロー容量 u_{ij}^k，すべての品種のフローの合計の上限を定めるフロー容量 u_{ij} が与えられている．工場と流通センターを結ぶ辺に対しては，これらの量は施設間の品種のフローを示している．流通センタの入力と出力の間の辺に対しては，これらの量は流通センターの生産コストと容量を表している．工場に関しても同様である．各ノードにおける生産を表現するために2つのノードを用いることは，ノードのコストと容量を辺のコストと容量として表現するためによく用いられる技法である．

図1における部品工場の入力ノードへの矢印は，部品工場における部品の供給を表している．また，このモデルでは各部品工場での部品の製造はすでに決定されていると仮定している．各部品をどの部品工場で生産するかを割り当てるためにネットワーク最適化モデルを使うのであれば，品種 k それぞれに品種の総供給量が決まっている部品供給ノード s^k を導入する．このときは，部品供給ノードと工場 q を結ぶ辺 (s^k, q) の上のフローはそれらの工場に部品の供給を割り当てることになる（図1の挿入A参照）．

一般的なネットワーク最適化問題（そして様々な製造と流通計画問題）のモデル化のために，品種 k のノード i から j へのフローを f_{ij}^k で表すことにする（したがって辺 (i, j) 上のフローは i から j への向きをもつ）．またノード i における品種 k の供給量を b_i^k で表すことにする．この量はネットワークの入力ノード（われわれの例では部品工場）においては正であり，出力ノード（組み

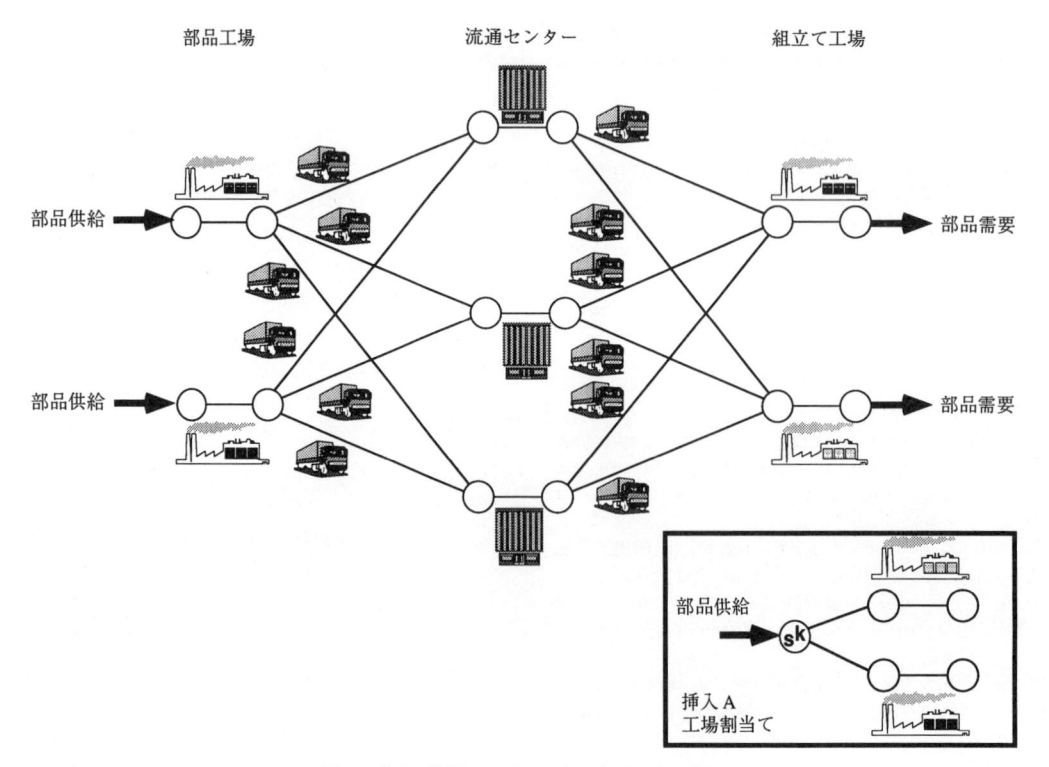

図1 生産・流通システムのネットワークモデル

立て工場）では負（需要をモデル化するため）であり，他のノードでは零である．問題を定式化すると次のようになる．

$$\text{最小化} \sum_{k=1}^{K} \sum_{(i,j) \in E} c_{ij}^k f_{ij}^k + \sum_{(i,j) \in E} F_{ij} y_{ij} \quad (1)$$

$$\text{条件} \sum_{j:(i,j) \in E} f_{ij}^k - \sum_{j:(j,i) \in E} f_{ji}^k = b_i^k$$
$$\forall i \in N, \quad k = 1, \cdots, K \quad (2)$$

$$\sum_{k=1}^{K} f_{ij}^k \leq u_{ij} y_{ij} (\forall (i,j) \in E) \quad (3)$$

$$f_{ij}^k \leq u_{ij}^k y_{ij} (\forall (i,j) \in E, k = 1, \cdots, K) \quad (4)$$

$$f_{ij}^k \geq 0 (\forall (i,j) \in E, k = 1, \cdots, K) \quad (5)$$

$$0 \leq y_{ij} \leq 1, \quad y_{ij} \text{は整数} \quad (\forall (i,j) \in E) \quad (6)$$

このモデルは次のように解釈することができる．ノード i における〈フロー保存則〉(flow conservation equation)(2)は，そのノードにおける総流出量から総流入量を引くとそのノードの供給量に等しくなることを意味している．2値変数(0か1をとる) y_{ij} は，ネットワークデザインにおいて，辺 (i,j) をネットワークに含む（$y_{ij}=1$）か含まない（$y_{ij}=0$）かを表す（図1の場合，これらの変数は2つのタイプの決定を表現している．（ⅰ）可能な位置の1つに工場や流通センターを配置するかどうかとネットワークに対応する生産を表す辺を加えるかどうかの決定，それに，（ⅱ）工場と流通センターを結ぶ，または流通センターと工場を結ぶ輸送路を使用するかどうかの決定．辺 (i,j) に対応する固定コスト F_{ij} は辺の建設，借用，運営などにかかる費用（フローとは独立）である．制約条件(3)と(4)はネットワークがその辺を含まない（$y_{ij}=0$）場合は，各品種 k に対して辺 (i,j) 上のフローを零にする．もし，$y_{ij}=1$ であれば，(3)は辺 (i,j) 上の総流量が辺の容量を越えないという条件となっており，(4)は品種 k のフローはその品種に対するフロー容量 u_{ij}^k を越えないという制約を表している．

このモデルでは辺に向きが付いていると仮定している．したがって各辺には1方向しかフローを流すことができない．しかし，辺が無向である場合もある．このような場合には，$y_{ij} = y_{ji}$ という条件を加え，(3)と(4)の制約条件において f_{ij}^k を辺 (i,j) の両方向の総流量 $f_{ij}^k + f_{ji}^k$ に取り替えればよい．

例でみたように，ネットワーク最適化モデル (1)～(6) を施設配置問題に，また，輸送路の選択という配送経路問題に利用することもできる．さらに，電話網や物理的なネットワークデザインのための場合にも利用することができる．たとえば，電話網においては光ファイバーケーブルをどこに引くかを決定するために辺の決定変数を用いることができるだろう．

最適化モデル (1)～(6) は混合型整数計画問題の特別な場合である（したがって，実数，整数または2値変数をともに含む）．実際，このようなネットワーク最適化問題を解くことは難しい（表面上はしりごみしたくなるような）問題である．このモデルは各ノードと品種に対してフロー保存則をもっている．実際には，1品種の場合でさえ，多数のノードをもつネットワークが頻繁に現れるので，多くの方程式が含まれている．電話網や交通網の場合にはネットワーク内のノードのすべての対の間に品種（メッセージや貨物）のフローが要求される．したがって，100ノード程度の少ないノードでも問題は $100*99 \approx 10000$ 品種と $10000*100 = 100$ 万のフロー保存条件（品種とノードの各組に対して1つある）が存在する．

問題がデザイン変数をもっている場合はより難しくなる．20ノード程度でそれらのノードを結ぶ最大 $20(19)/2 = 190$ の枝に対して2値変数 y_{ij} のネットワークを考えると，2^{190} 通りの設計がありうる（どの設計も190本の辺のそれぞれを含むか含まないかのいずれかがある）．この数はソーラーシステムを満たすために必要な砂粒の数と同じ程度である．したがって，このような問題を解くことは非常に多くの創意工夫を要求する．すべての可能な解を列挙するのは不可能なので，それらを列挙することなく解かなくてはならない．

モデルのタイプ

ネットワーク最適化モデル (1)～(6) は多くの特殊化や変形をもっており，それらは個々に（応用，解法，基礎理論それぞれに）重要な文献を生成している．表1と2はそれらのモデルと（最近のワークステーションによる）解くための典型的な実行時間を示している．

表は大きく分けて2つのモデルからなる．

(1) ネットワークフローモデル (network flow model)： このモデルでは，2値変数 y_{ij} は0または1に固定され（したがってネットワークの位相は与えられている），問題は線形計画問題となる．各フロー変数 f_{ij}^k はノード i の出力と j の入力として，ちょうど2つのフロー保存則に現れるという特殊な形をしていることに注意しなければならない．研究者はこの特徴を利用して，一般的な線形計画法のソフトウェアを使用して解くよりももっと効率的に解く特別なアルゴリズムを開発してき

表1 ネットワークフローモデル（y_{ij} は0または1に固定）

モデルタイプ	問題の記述	解法	計算機実験．ノード数：実行時間
多品種フロー	多品種の一般的なフローモデル(1)～(6)	線形計画法，分解法	数百：数分
最小費用フロー	1種品（$K=1$）	特殊なパスフロー法	数千：数秒
最大フロー	1品種，フローコストなし；入口と出口の対の間に最大フローを流す．	特殊なノードラベリング（逐次探索）法	数千：数秒
最短路	1品種，1つの原点，フロー容量なし	特殊なノードラベリング（逐次探索）法	数万：数秒

表 2 ネットワークデザインモデル

モデルタイプ	問題の記述	解法	計算機実験.ノード数:実行時間
費用固定のネットワークデザイン	一般的モデル (1)～(6)	整数計画,発見的方法	数十:数分または数時間
ネットワークローディング	フローコストなし.必要とされる点間の要求を満たすようにネットワークを構成する(y_{ij} は2値ではなく整数とする).	整数計画,発見的方法	数十:数分または数時間
ネットワークの連結性	いろいろなノード対の間の指定された数の辺を共有しない道を求める.	整数計画,発見的方法,線形計画双対勾配法	数百:数分
ネットワーク統合	与えられたフロー要求に対して,ネットワークがいくつかのノード対の間の指定された要求を満たすような容量をもつように辺の容量を(最小コストで)決定する.	すべての辺のコストがすべて同じであれば最小全域木	数千:容量がすべて同じコストをもつなら数分 数十から数百:数分(一般には)
最小全域木	フローコストなし.容量なし;すべてのノードを結ぶネットワークを見つける.	特殊なワンパス"貪欲"アルゴリズム	数千:数秒
スタイナー木	フローコストなし.容量なし;ノードの指定された集合を(必要であれば他のノードも使って)結ぶようなネットワークを見つける.	発見的方法と線形計画双対勾配法	数千:数秒

注意:最小全域木を除くすべてのネットワークデザイン問題に対して,一般的に手法は近似的に最適であるが,最適解を得るわけではない.

た.

(2) ネットワークデザイン問題 (network design problem): このモデルにおいては,デザイン決定とフロー決定の両方が関係している.このモデルには,フローコストが零であり,問題はフローに要求される条件を満たす中で最小のコストをもつネットワーク構造を見つけるという問題が含まれている.

図 2 は,辺のコストは長さに比例すると仮定した場合の〈最小全域木〉(minimum spanning tree)と〈スタイナー木問題〉(Steiner tree problem)の例を与えている.この例における基礎となるネットワークは東西と南北の「チャネル」をもち配線を行うといったプリント回路基盤に現れる典型的な応用である(したがって,すべての辺は垂直か水平になっている).最小全域木はすべてのノードを結ばなければならないし,スタイナー木はノードの部分集合(ターミナルノードという)のみを結ぶが,他のノード(スタイナーノード)を使用してもよいということに注意されたい.どちらの場合も,選んだ辺のコストの総和に関して最小のネットワーク構造を見つけたい(フローコストは関係していない).他のネットワークデザイン問題においては最適ネットワーク構造を見つけ

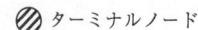

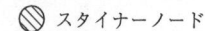

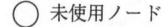

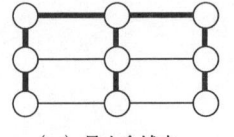

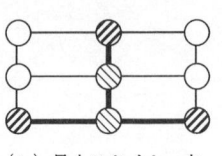

○ ターミナルノード
◎ スタイナーノード
○ 未使用ノード

(a) 最小全域木   (b) 最小スタイナー木

図 2 最小全域木とスタイナー木問題

るが,同時にフローコストも含んでいるかもしれない.

ネットワーク最適化問題 (1)～(6) が幅広い応用をもっていること,様々な応用の特徴をとらえる可能性を高めるために(たとえば,部品工場における生産の割り当てをするため,またはノードの生産額を表現するため)付加的なノードや辺をどのように導入するかについて議論していこう.そのようなモデル化の他の多くの手法は実際に役立つことが証明されている.表1において示したように,計算機ソフトウェアは大規模なネットワークフロー問題を高速に解くことができる.最小全域木とスタイナー木を除いて,ネットワークデザイン問題を解く可能性はいうまでもなく制限されたものとなっている.

解　法

ネットワーク最適化問題を解くことは解法を開発すること,それらを計算機上で効率よく実行すること,その性能を評価することにおいて(理論上も実際も),多くの工夫が要求される.これらの問題を説明するために最も簡単なネットワークフロー問題の1つである〈最短経路問題〉(shortest path problem)を考えよう.この問題を解くための基本的なアルゴリズムを述べたあとで,より効率的にアルゴリズムを実現するためにどのように計算を進めていくか,そして基礎となるデータ(辺の長さ)に関して情報がある場合に改良する方法を示そう.

辺 (i,j) が非負の長さ d_{ij} をもつネットワークが与えられていると仮定し,指定された2つのノード,入口 s と出口 t の間の最短経路を見つけたい.この問題を解くために,次のようなアルゴリズム(解法)を使用することができる.ノード j が入口に最も近いノードであれば入口からこのノードへの最短距離 $d(j)$ は距離 d_{sj} をもつ枝 (s,j) からなる道である.次に,入口 s と隣接しているか j と隣接しているノードで s に最も近いノード k を考える. k が j に隣接しているノードのとき, s から k までの距離は $d_{sj}+d_{jk}=d(j)+d_{jk}$ で与えられる. 2つの選択肢のうち短い方を選ぶために,各ノード $r \neq s, j$ に対して, $d(r)=\min\{d_{sr}, d(j)+d_{jr}\}$ を計算し, $d(r)$ の値が最小になるノード r を k として選ぶ.この取り方によ

って，ノード s から k への任意の道の中で最短距離を与える道が選ばれることは簡単に示すことができる．一般に，何ステップかの後に，入口 s からノード $j, k, \cdots, p$ への最短距離 $d(j), d(k), \cdots, d(p)$ が求められていると仮定しよう．次のノード q への最短経路を求めるために，$r \neq s, j, k, \cdots, p$ に対して

$$d(r) = \min\{d_{sj}, d(j)+d_{jr}, d(k)+d_{kr}, \cdots, d(p)+d_{pr}\} \qquad (7)$$

を計算する．$d(r)$ の値が最小になるようなノード r を q として選ぶ．これらのステップにおいてノード t が選ばれると，問題は解けたことになる．すなわち，s から t への最短経路が求まっている（証明は Ahuja et al., 1993 を参照）．

このアルゴリズムは各ステップで1つのノードへの最短経路が求まる．ネットワークが n 個のノードをもち，それらのうち v 個への最短経路が見つかっているとすると，(7) は v 回の加法と $n-v$ 個のノードに対する比較を行わなければならない．したがって $v(n-v)$ 回の計算が行われる．よって，すべてのノードに対する最短経路を見つけるためには，アルゴリズムは $1(n-1)+2(n-2)+3(n-3)+\cdots+(n-1)(1) = n^2(n-1)/6$ 回の計算を行わなければならない．もっと改良することができるだろうか？ このアルゴリズムが多くの冗長な計算を行っていることに気がつけば，改良することができることがわかる．たとえば，最初のステップのあと，それ以前のステップのどこでも選ばれていなかったノード r に対しては $d(j)+d_{jr}$ を計算する．ノード q を選んだあとでは，(7) は

$$d^{\text{new}}(r) = \min\{d_{sr}, d(j)+d_{jr}, d(k)+d_{kr}, \cdots, d(p)+d_{pr}, d(q)+d_{qr}\} \qquad (8)$$

となる．

(7)と(8)を比較してみると，$d^{\text{new}}(r) \leftarrow \min\{d(r), d(q)+d_{qr}\}$ であることがわかる．したがって，1つのステップから次のステップへ移るときに，$d(r)$ の値を保存しておき，次の候補となる $n-v$ 個のノードをもっているステップ v において

$$d^{\text{new}}(r) \leftarrow \min\{d(r), d(q)+d_{qr}\} \qquad (9)$$

と計算を行うことにすると，$v-r$ 回の計算ですむことになり，アルゴリズム全体では $(n-1)+(n-2)+\cdots+1=n(n-1)/2$ 回の計算となる．この単純な例が示すように，アルゴリズムにおける必要とされる計算をかなり減らすことができることが度々ある．ネットワークフローアルゴリズムの文献の多くがアルゴリズムの設計や解析に対する似たようなアイデアの利用を含んでいる（一般にアイデアはより複雑であるが）．

研究者はどのようにして効率的なアルゴリズムを設計するために問題の構造を利用するかをもう少し説明する．そのために，最短経路問題のコストを次のようにさらに単純化して考えよう．各距離 d_{ij} の値が限定されているとしよう．具体的には1または2をとるとする．この場合，入口 s から任意のノード k への最短距離は整数 $1, 2, \cdots, 2(n-1)$ のどれかとなる．よりよいアルゴリズムを得るために，この事実と式(9)を用いることになる．距離 $d(r)$ が k であるノードを k 番目のバケットに格納するような $2(n-1)$ 個の「バケット」の集合を管理する．そして，バケット番号0から始めて，小さい方から大きい方へバケットを調べる．バケットが空でなければ，そこからノード q を選び，同時にそれに接続する辺 (q, r) をとる．式(9)を用いてノード r の距離 $d(r)$ を更新する．そして，もしノード r の距離が減ったならば，新しいバケットを作成し，そこに移動させる．このアルゴリズムは各辺 (i, j) を1度しか参照しないし，バケットが空であるかどうかを調べ，中身を取り出すためにたかだか $2(n-1)$ 個のバケットしか探索しないことに注意しよう．したがって，m 本の辺をもつネットワークに対して，このアルゴリズムは $m+2(n-1)$ 回の計算を必要とする．m は上限 n^2 よりもかなり小さいだろうから，式(8)を用いた実現方法によるよりもこの場合にはかなり高速になる．辺長がある定数 C に対して $0 \leq d_{ij} \leq C$ を満たすような場合には，同様のバケット手法が最短経路問題を解くために大変効率的であり，最も有効なアルゴリズムのいくつかを与えることになる．

ネットワーク最適化問題のアルゴリズムの設計や解析に関する膨大な文献がある．そのような話題に関するこの短い紹介では，この分野のいくつかの重要な展望を説明してきた．

・ネットワークアルゴリズムは，一般的な線形計画問題のような他の最適化問題を解くために必要とされる洗練された手法よりはむしろ単純な計算（式(7)や(9)において使用したような）を度々用いる．実際，これらのような特殊な手法をもとにしたソフトウェアは，問題が何千個の制約条件をもつ（モデル(1)～(6)では各ノードに対して1つの制約条件）線形計画問題だったとしても，何千ノードの最短経路問題を数秒で解くことが出来る（表1参照）．

・特別な問題を解くことにおいて，問題の広いクラスを解くことはしばしば有用である（われわれが述べてきた入口から出口だけでなく，他のすべてのノードへの最短経路を求めるようなアルゴリズムを考える）．

・計算を注意深く構成することはアルゴリズムの効率化をもたらす．最短経路問題の例において，冗長な計算を省くこと（(8)と(9)参照）によって，計算回数を $n^2(n-1)/6$ から $n(n-1)/2$ に減らすことができた．

・データ構造の独創的な使用（われわれの例におけるバケット）はより効率的なアルゴリズムをしばしば導く（例では $n(n-1)/2$ 回の計算が $m+2(n-1)$ となった）．

・アルゴリズムは解きたい問題のタイプだけではなく，データの種類を十分利用するために設計され得る．この事実の2つの例をすでに見た．(i) われわれが記述したアルゴリズムは，辺長が負の場合には最短経路問題を解くことができない．つまり，すべての辺長は非負であるという事実を利用していた．(ii) データのとりうる値が制限されている場合（たとえば，辺のコストが0とCの間というような）はより効率的なアルゴリズムが導けることが多い．

その他の文献

多くの本がこれまで考えてきた話題に関して詳しく解説し，ネットワーク最適化の他の応用や理論的発展について紹介をしている．Ford and Fulkerson (1962) はこの分野における初期の発展の多くの可能性を秘めた結果を与えた．Ahuja, Magnanti and Orlin (1993) は理論と応用の両方にまたがるこのテーマを最近の論法で議論している．Glover, Klingman and Phillips (1992) はネットワークのモデル化と応用への貴重な見識を与えている．Ball, Magnanti, Monma and Nemhauser (1995) によって編集されたハンドブックはネットワーク最適化における多くの主要な研究者による最近の概観が含まれている．Lawler (1976) はネットワークフローとマトロイドとして知られている組合せ最適化における関連する話題の間の関係を導いている．
⇒ 組合せ/整数最適化，施設配置，線形計画法，立地分析，最大流ネットワーク問題，最小費用ネットワークフロー問題，多品種ネットワーク・フロー問題，最短ルート問題，スタイナー木問題．

[Thomas L. Magnanti/今井桂子]

参考文献

[1] Ahuja R.K., T.L. Magnanti and J.B. Orlin (1993), *Network Flows: Theory, Algorithms and Applications*, Prentice Hall, Englewood Cliffs, New Jersey.
[2] Ball M., T.L. Magnanti, C. Monma and G.L. Nemhauser (1995), *Network Models*, vol. 7, Handbooks of Operations Research and Management Science, Elsevier, New York.
[3] Ball M., T.L. Magnanti, C. Monma and G.L. Nemhauser (1995), *Network Routing*, vol. 8, Handbooks of Operations Research and Management Science, Elsevier, New York.
[4] Ford L.R. and D.R. Fulkerson (1962), *Flows in Networks*, Princeton University Press, New Jersey.
[5] Glover F., D. Klingman and N. Phillips (1992), *Network Models in Optimization and Their Applications in Practice*, John Wiley, New York.
[6] Lawler E.L. (1976), *Combinatorial Optimization: Networks and Matroids*, Holt, Rinehart and Whinston, New York.

ネットワークシンプレックス法
network simplex algorithm

最小費用ネットワークフロー問題に対して，ネットワーク制約の数学的構造を用いて，高速化，効率化を図ったシンプレックス法の改良版．このアルゴリズムの主要なアイデアは，ネットワーク問題を線形計画問題と見なしたとき，その実行可能基底解が，ネットワークの全域木に対応するという事実を利用することである．⇒ 最小費用ネットワークフロー問題，ネットワーク最適化，シンプレックス法．

ネットワーク設計
network design

ロジスティック・ネットワークの，ノードやリンクの構成に関する意思決定問題．⇒ ネットワーク最適化，ネットワーク計画．

農業と食品産業
Agriculture and the food industry

1つの経済のどこまでが農業部門で，どこからが非農業部門であるかを指摘するのは困難なことが多い．本項では，経済の農業部門を次のように定義する．すなわち，農業への投入物の生産と供給，農場や牧畜場での農産物の生産，それら材の処理と輸送，最終生産物の卸売りと小売り，である．このように定義すれば，米国経済の農業部門はGNPの約24％を占めることになる．

経済の非農業部門についてと同様に，オペレーションズリサーチは1940年代と50年代に農業問題を解決するためにはじめて用いられた．*A Survey of Agricultural Economics Literature*, Vol. 2 : *Quantitative Methods in Agriculrural Economics*, 1940s to 1970s は，農業問題に重点をおいたオペレーションズリサーチの展開を追跡したものである（Judge et al., 1977）．この仕事は，生産関数の定量化からモデルの開発に至るまで多岐にわたっている．すなわち，経済の成り行きを定量化し，または予測するためのシミュレーション構造と線形計画法（linear programming）ならびに非線形計画法（non-linear programming）の利用，あるいは特定の農場における特定の問題におけるこれら道具の利用，である．

農業経済の中の個別の部門によっては，ORの道具立てに強い執着をもってきたものもあれば，そうでないものもある．投入量と環境要因の制御を徹底的に試みることができる農業部門（たとえば牧畜，養鶏，鶏卵生産，養豚，乳製品生産）は1950年代の末には，ORの道具を適用しはじめた．1965年までには，実質的に，米国の養鶏方法が定式化された．それは最小コストの線形計画給餌法によっている．同時に，1960年代には牛肉産業が最小コストの給餌方法と最適生産ならびに市場戦略のために，線形計画法を適用しはじめた．乳製品のための餌の最小コスト割当てのために線形計画法を用いることは1970年代末には標準的な業務となった．林業は，これも農業の1部門であるが，多期間の線形計画モデルを最適な植林・収穫スケジュールを決定するために用いている．

線形計画法が様々な農業問題を解くためにいかに用いられたかを記述する文献においては，多くの興味深い事例が報告されてきた．Upcraft et al. (1989) は特定の耕作地の灌漑をいつ行い，かつどれだけの水を用いるべきかを決定するためには，土壌の水分の不足量が主要な決定変数（これは英国の農場主が観測する）であることを報告した．その決定は一般的に，各耕作地の中の灌漑が行われる最初の部分における土壌の水分不足量にもとづく．ホースによる噴霧型の灌漑システムのための短期的灌漑スケジュールをモデル化するために，混合線形計画法が作成された．最適スケジュールは，装置・労働力・水の入手可能性の制約の下での灌漑の費用・便益を定量化することによって生み出される．このモデルはホース噴霧型灌漑システムのための個別の耕作地のスケジュールではなく，農場の灌漑の全体スケジュールを提供する点で優れている．

肉牛の飼育場の効率的な運営は，家畜の価格，購入時・販売時の重量ならびに給餌システムによって制御される．最適給餌システムは，生産過程のすべての段階における最小コスト餌割当てを必要とする．Glen (1980) は US National Research Council が推奨する栄養規準に適合すべき最適給餌システムを決定する方法の開発について報告した．そのアプローチは，家畜の体重を決められた分量だけ増加させるための最小コストの餌の配合を決定するために線形計画法を用いるものである．線形計画モデルによる最小コストの餌の配合を用いて，最小コストで既知の体重から所与の体重に増加させるための餌の配合の時系列的推移を決定するためには，動的計画法（dynamic programming）が用いられた．動的計画モデルの結果は，家畜の購入時の体重，売却時の体重ならびに給餌システムの最適な組合せを決定するために利用できる．動的計画モデルを用いるためには，線形計画モデルが多数回にわたって解かれねばならない．

家畜生産における給餌方策を評価するについては，一般に，最適な給餌方策は最小コストの餌の配合を，生産過程を通じて必要とするものと想定する．Glen (1987) は，特に家畜を養うために用いられる飼料のうちのいくつかに量の制限がある場合は，この想定が必ずしも正しくないことを示した．この想定の是非をテストするための技術は線形計画モデルを用いて示された．この線形計画モデルは，いくつかの種類の農作物が家畜を養うために用いられるような，農作物と牛肉の統合生産のモデルである．この想定が正しくない場合には，対話型の解法が提案された．ここで改善された解を見つけるための手段に伴う計算量は大きいが，現実データによる経験から，線形計画モデルからの結果が最適であるように見受けられる．

1年のうちの牛乳供給パターンは，牛の出産日の分布

に大きく依存する．そして，出産日の分布の方は天候条件に影響される．牛乳生産において最も重要でコストを下げるための入力は，春から初夏にかけての牧草の元気のよい成長と消化の良さである．これが往々にして季節特有の牛乳供給パターンに帰着するような，きわめて季節的な出産分布を生じさせるのである．しかしながら，液体のまま消費される牛乳と腐りやすい乳製品の生産は，1年を通じて一定の消費者需要に応えるように調整されねばならない．この調整はコストを最小にするための期間以外の膨大な生産を必要とする．Killen and Keane (1978) は出産日分布を与える線形計画モデルの開発が，生産コストを最小化し，かつ，消費者の牛乳と関連製品への需要を満足させると報告した．加えて，その双対が生産者に支払われるべき季節価格のセットを与える．これは生産者が負担すべきコストを公平に補償するものなのである．

農業部門は生物学的システムを取り扱う．本来的に農業はオペレーションズリサーチ技術の利用を促進する要素のほかに，これら技術の応用を阻害する要素ももっているのである．多くの農業生産単位は比較的に小さい規模なので，それらはコストに見合ったやり方でオペレーションズリサーチ技術を適用することができない．一方，農場1つ1つは分散しているので，他の農場への入力をもたらす農場も，農産物を収穫し加工する農場も，トラック配送経路や他の空間的最適化の技術を効果的に利用することができる．

コンピュータソフトの入手可能性の増大と，コスト削減が達成可能であるという点の両面から，農業におけるオペレーションズリサーチ技術の利用の増加に期待することは当然のことであろう．実際，1973年にBeneke and Winterboer が，*Linear Programming Applications to Agriculture* を出版した．この本は特に農業における線形計画法の利用に焦点を当てている．

食品産業においては，線形計画法はますます一般的になりつつある．次のような事象の定式化に線形計画法を利用した例が報告されている．すなわち，肉の混合の定式化 (Rust, 1976)，昼食またはサンドイッチの肉 (IBM, 1966 ; Wieske, 1981)，蛋白質添加の午餐ソーセージ (Nicklin, 1979)，ボローニャソーセージ (IBM, 1966)，フランクフルトソーセージ (IBM, 1966)，ソーセージ製品のバラエティー (MacKenzie, 1964 ; IBM, 1966 ; Skinner and Debling, 1969) である．アイスクリームは線形計画法を用いてうまく定式化できた，もう1つの食品である (IBM, 1964 ; Singh and Kalra, 1979)．

穀物をベースとした食品のブレンドは，必要なレベルの良品質の蛋白質を保証するために，線形計画法を用いて定式化されてきた．こうしたブレンドはときとして発展途上国に輸出されるため，線形計画法はその国の主要な穀物が主たる成分として登場することを確保する面で役立ってきたのである．穀物は混合することが望ましい．なぜならば，植物蛋白質は通常1つ以上の必須アミノ酸に欠けているからである．Inglett et al. (1969) は，穀物ベースの食品の必須アミノ酸のパターンを，鶏卵のそれにできるだけ近付けるために線形計画法を利用した．Cavins et al. (1972) は最小コストの穀物ベース食品を構成するために線形計画法を用いた．蛋白質の品質は，おのおのの必須アミノ酸が全必須アミノ酸に占める割合の上・下限を設定することによって制御される．Hsu et al. (1977 a, b) は，パン，パスタ，クッキー，トウモロコシ粉の成形スナックやソーセージを定式化するために，広範な植物蛋白源と植物蛋白源のブレンドを研究した．制約条件は，栄養学的性質と機能的性質の双方を制限するために用いられた．

低コレステロールで低脂肪の牛肉シチューを線形計画法を用いて構成する方法の詳細な記述がBender et al. (1976) に見られる．目的は，栄養学的制約と，脂肪の修正と低コレステロール栄養の促進にもとづいた制約，という双方を満足するようなコストの最小化を行うことである．これらの制約は，100g一人前のシチューのためのものであり，コレステロール含有量，蛋白質・ビタミンA・チアミン・リボフラビン・ニコチン酸・ビタミンC・鉄分の下限，ならびに炭水化物・脂肪・カロリーの上下限を設定するものである．

Dano (1974) はビール混合の問題への線形計画法の応用の秀逸な記述を提供した．Wieske (1981) は最適なマーガリンの定式化を記述した．もう1つの応用はマヨネーズの定式化に見られる (Bender et al., 1982)．

コンピュータによる献立計画の可能性は，1960年代に一般的に確立された (Balintfy and Blackburn, 1964)．コンピュータ利用の献立分析 (Brisbane, 1964) も同様である．これらのモデルにおいては，栄養学的な要求が最低コストで提供されている．栄養学的な要求だけでなく，味覚の目標を満足するようなモデルの開発は，はるかに難しい問題であることが判明している．

⇒線形計画法，天然資源，配送経路問題．

[Filmore Bender, Gerald Kahan／栗田　治]

参考文献

[1] Balintfy, J.L. and Blackburn, C.R. (1964). "From New Orleans: A Significant Advance in Hospital Menu Planning by Computer." *Institutions Magazine*, 55(1), 54.

[2] Bender, F.E., Kahan, G. and Mylander, W.C. (1991). *Optimization for Profit*, Haworth Press, New York.

[3] Bender, F.E., Kramer, A. and Kahan, G. (1976). *Systems Analysis for the Food Industry*, AVI

[4] Bender, F.E., Kramer, A. and Kahan, G. (1982). "Linear Programming and its Application in the Food Industry." *Food Technology*, 36(7), 94.

[5] Beneke, R.R. and Winterboer, R.D. (1973). *Linear Programming Applications to Agriculture*, Iowa State Press, Ames.

[6] Brisbane, H.M. (1964). "Computing Menu Nutrients by Data Processing," *Jl. Amer. Dietetic Association*, 44, 453.

[7] Cavins, J.F., Inglett, G.E., and Wall, J.S. (1972). "Linear Programming Controls Amino Acid Balance in Food Formulation." *Food Technology*, 26(6), 46.

[8] Dano, S. (1974). *Linear Programming in Industry*, 4th ed., Springer-Verlag, New York.

[9] Glen, J.J. (1980). "A Mathematical Programming Approach to Beef Feedlot Optimization." *Management Science*, 26, 524–535.

[10] Hazell, P.B.R. (1986). *Mathematical Programming for Economic Analysis in Agriculture*, Macmillan, New York.

[11] Hsu, H.W., Satterlee, L.D. and Kendrick, J.G. (1977a). "Experimental Design: Computer Blending Predetermines Properties of Protein Foods, Part I." *Food Product Development*, 11(7), 52.

[12] Hsu, H.W., Satterlee, L.D. and Kendrick, J.G. (1977b). "Results and Discussion: Computer Blending Predetermines Properties of Protein Foods, Part II." *Food Product Development*, 11(8), 70.

[13] IBM (1964). *Linear Programming – Ice Cream Blending*. IBM Technical Publications Dept., White Plains, New York.

[14] IBM (1966). *Linear Programming – Meat Blending*. IBM Technical Publications Dept., White Plains, New York.

[15] Inglett, G.E., Cavins, J.F., Kwokek, W.F., and Wall, J.S. (1969). "Using a Computer to Optimize Cereal Based Food Composition." *Cereal Science Today*, 14(3), 69.

[16] Judge, G.G., Day, R., Johnson, S.R., Rausser, G., and Martin, L.R. (1977). *A Survey of Agricultural Economics Literature Vol. 2: Quantitative Methods in Agricultural Economics, 1940s to 1970s*, University of Minnesota Press, Minneapolis.

[17] Killen, L. and Keane, M. (1978). "A Linear Programming Model of Seasonality in Milk Production," *Jl. Operational Research Society*, 29, 625–631.

[18] Kreiner, H. W. (1994). "Operations Research in Agriculture: Thornthwaite's Classic Revisited," *Operations Research*, 42, 987–997.

[19] Love, R. R., Jr. and J. M. Hoey (1990). "Management Science Improves Fast-food Operations," *Interfaces*, 20(2), 21–29.

[20] MacKenzie, D.S. (1964). *Prepared Meat Product Manufacturing*. AMI Center for Continuing Education, Am. Meat Inst., Chicago.

[21] Nicklin, S.H. (1979). "The Use of Linear Programming in Food Product Formulations." *Food Technology in New Zealand*, 14(6), 2.

[22] Rust, R.E. (1976). "Sausage and Processed Meats Manufacturing." AMI Center for Continuing Education. Am. Meat Inst., Washington, DC.

[23] Singh, R.V. *et al.* (1979). "Least Cost Ice-Cream Mix Formulation: A Linear Programming Approach." *Agric. Situation in India*, 33(1), 7.

[24] Skinner, R.H. *et al.* (1969). "Food Industry Applications of Linear Programming." *Food Manufacturing*, 44(10), 35.

[25] Upcraft, M.J. *et al.* (1989). "A Mixed Linear Programme for Short-Term Irrigation Scheduling." *J. Operational Research Society*, 40, 923–931.

[26] Wieske, R. (1981). *Criteria of Food Acceptance*, 6th ed. Forster-Verlag, Zurich.

[27] Winston, W.L. (1987). *Operations Research: Applications and Algorithms*, Duxbury Press, Boston.

ノード

node

(1) 待ち行列ネットワークにおいて，サーバーセンターと1つ以上のサーバーと待ち行列規則からなる単純な待ち行列サブシステム．この場合待ち行列容量は有限・無限両方の場合がある．(2) グラフまたはネットワークの成分で，アークまたは辺で2つずつつながっているもの．しばしば，点，頂点とも呼ばれる．⇒グラフ理論，ネットワーク最適化．(3) プロジェクト・ネットワーク上で，あるアクティビティーの開始と終了を円によって表現したもの．⇒ネットワーク計画．

ノード・アーク接続行列

node-arc incidence matrix

最小費用流ネットワークで，ノードを行に対応させアークを列で対応させた行列．i から j に向かうアーク (i, j) が存在するとき，行列の第 (i, j) 成分は $+1$，(j, i) 成分は -1 で，それ以外の成分はすべて 0．この結果，どの列もちょうど2つの非ゼロ成分をもつ．⇒最小費用ネットワークフロー問題，多品種ネットワーク・フロー問題，ネットワーク最適化．

ノードの次数

degree of a node

グラフのあるノードに隣接している辺の数．

は

配送経路問題
Vehicle Routing

配送経路問題とは，いくつかの訪問場所と各場所での需要量がわかっているとき，それらの場所を何台かの車両でサービスして巡る際，最小費用となる個々の車両の配送経路を決定する問題である．車両の数がわかっているときは，非生産的な運送（回送など）も含めて，総配送時間が最小になるような経路を構築する．車両の数がわかっていないときには，車両数と回送時間が最小になるような経路を構築する．

配送経路を構築する際に考慮される制約としては，次のようなものがよく用いられている．

1. 各車両の配送経路は，ある長さを超えてはならない．

2. 各車両の積載量は，ある量を超えてはならない．この量のことを車両の容量制限と呼ぶ．

3. 各車両の配送経路は，デポと呼ばれる点から出発し，同じデポに戻らなければならない．これを〈単一デポ配送経路問題〉と呼ぶ．

4. 場所 i へのサービスが，時刻 L_i と U_i の間に行われなければならないとき，$[L_i, U_i]$ を場所 i の〈きつい時間枠〉と呼ぶ．また，場所 i へのサービスは，時刻 L_i と U_i の間に行われるのが望ましいが，L_i, U_i は厳密に守られなくてもよいようなとき，$[L_i, U_i]$ を〈ゆるい時間枠〉と呼ぶ．

配送経路問題には膨大な数の文献があるが，ほとんどの論文において，Bodin (1990), Bodin et al. (1983), Golden and Assad (1986, 1988) を参考文献としている．これらの文献を見ると，さらに多岐にわたった文献や論文を調べることができる．

配送経路問題の実際

配送経路問題の実例には次のようなものがある．デポからいくつかの場所への物資の配送，住宅地などゴミの回収，検針係のスケジューリング，地域保全団体のスケジューリング，新聞や電話帳の配送，プロパンやガソリンなど燃料の配送，乗継ぎ支援車両のスケジューリング，添乗員の拾上げ/引渡しのスケジューリングなどである．実際の配送経路問題を解くときには，次のような場合が生じてくることもある．

1. 各配送経路の長さが，ある決められた上下限の間でなければならない場合．このとき，配送経路の長さは，制約というよりもむしろ目的として扱われる．

2. 各配送経路は同じデポから出発し，同じデポに戻ってこなければならないが，そのようなデポが複数ある場合．これを〈複数デポ配送経路問題〉と呼ぶ．

3. 車両のタイプがすべて同じではなく，いくつかのタイプの車両があり，それらは容量や乗組員の数，スピードなどで異なっている場合．これを〈複数車種配送経路問題〉と呼ぶ．

4. いくつかの場所では，必ずしもすべての車両タイプでサービスできる必要はなく，いくつかの車両タイプでしかサービスができない場合や，ある場所へのサービス可能な車両タイプの仕様が，場所ごとに異なっている場合．この問題を〈車両・場所または現場依存型配送経路問題〉と呼ぶ．

5. ある場所での需要が前もってわかっておらず，ある確率にしたがう場合．この問題を〈確率的配送経路問題〉と呼ぶ．確率的配送経路問題の変型の1つとして，〈在庫型配送経路問題〉と呼ばれる問題がある．この問題は，プロパンガスなどの配達現場で生じる．プロパンガスの場合，各場所での需要量は，気温偏差日のような要因を用いて予想される．

6. 貴重な物資の輸送で，ハイジャックなどの危険性もある場合．このときは，配送経路を2つに分け，それらの最初の部分を安全管理上一致させておく．最初の部分を通過したあと，各車両は別れておのおのの経路を通る．そのような例の1つとして，ラテンアメリカの街でのタバコ輸送があげられる．最初の部分は，2台の輸送車と1台の武装車とで通過し，そのあと武装車だけがもとのデポに戻ってきたのである．

7. 乗継ぎ支援車両，添乗員の移送，乗合タクシーなどのように，各顧客は特定の場所から車両に乗り，特定の場所で降りる場合．そこでは配送経路上で顧客を降ろす順序を決める前に，顧客の拾い上げの方が先にスケジュールされていなくてはならない．また，これらの問題では，車両の交換も許している．つまり，荷物はある車両に積み込まれ，特定の場所へ行って降ろされ，そのあとに別の車両に積み込まれ，配達先に届けられる．

8. 多くの配送経路問題では，物資が配達される場所が前もってわかっていることを前提にして経路を考えている．しかしながら，乗継ぎ支援車両，添乗員の移送，乗合タクシーの問題では，他の配送経路問題のように，実時間を考慮しなければならない場合がある．これらの問題では，場所と車両との割当ては，配車係が指示を受

け取るときにはすでに決定されているのである．配送経路もまた，走って実際に要する時間がわかる前にすでにスケジュールされているのである．

9．ある配送経路問題では，荷物の配達場所と積込み場所とが与えられている場合もある．ここでは，各経路には荷物の積込みがまだ何もなされていないうちに，すべて（ほとんど）の配送順序を決めるという条件が課せられている．このような条件を付けると，荷物で一杯の車両で配送する問題ではなく，空の状態で始める問題にすることができる．この問題を〈積込・配達型配送経路問題〉と呼んでいる．

配送経路問題を解くアルゴリズム

ほとんどすべての配送経路問題は，NP困難（NP-hard）と呼ばれる，組合せ最適化問題のクラスに属しているといってもよい．ある問題がNP困難であるとは，問題の入力サイズに対して，解くときの計算回数が指数的に増加することであり，Garey and Johnson (1979), Karp (1975), Lenstra and Rinnooy Kan (1981), Papadimitriou and Stieglitz (1982) に詳しく記述されている．手ごろなサイズの問題であっても，最適解を求めるのは不可能であり，最適に近い解を求めるために，一般にはヒューリスティック手法が用いられている．

多くの配送経路問題やスケジューリング問題を解く標準的なヒューリスティック手法は，次のようなステップを踏んでいる．

ステップa. 車両数 K の決定

一般に K の値は，ユーザが決定する．

ステップb. 巡回経路の構築

配送する場所を K 個のクラスターにまとめる．経路を構築するアプローチとしては，配送場所を1つずつ挿入していくヒューリスティックがあり，これは1度の繰り返しに対して，1つのクラスターに，1つの場所を割り当てていくという意味で，逐次的なものである．他のアプローチとしては，一般割当問題のような数理計画法を基調とした問題を解く方法があるが，これは逐次的なものではない．場合によっては，配送経路やスケジュールはクラスターにしたがって構築されるが，もし配送場所がクラスターごとにまとまっているために，経路やスケジュールができないときには，K 個のクラスターに割り当てられている配送場所を越えて経路を構築する．ただし，越えられるクラスターは1度に1つだけとする．この手順が終わったときにはまだ，経路に割り当てられない配送場所や，配送時間の上限を超えた経路ができている可能性がある．

ステップc. 経路の改善

各経路において，配送時間を短縮し，未配送場所をいずれかの経路に入れるために次の手順を行う．

i．（ステップb．において最適配送経路が求められていない場合）各経路において配送順序を変える．ただし1度に1つの経路に対してのみ行う．

ii．経路間で配送場所を移動する．

iii．ステップb．で説明した経路構築の手順を用いて，未配送場所を経路に取り込む．

経路の改善手順は，解の改善が見られなくなるまで，あるいはこの手順に費やすことのできる制限時間を超えるまで続ける．経路の改善手順においては，用いる車両の数を減らすために，1つの経路を分解したり，それらに含まれる配送場所を他の経路に挿入したりすることもある．

実際の問題を考えるときには，車両数 K を正確に見積もることは非常に難しく，ユーザはいくつの経路をつくればよいかわからない場合もある．もちろん，K の値を変えてアルゴリズムを繰り返し，一番よい値を解とすることもできるが，このアプローチは非常に時間を浪費するうえに，十分よい結果が得られないこともある．

さらに，多くの経路構築法は，各繰り返しにおいて，1つの配送場所が K 個の経路があるうちのどれか1つに割り当てられるという意味において，逐次型である．したがって，経路構築のあるステップにおいて誤った決定をすると，解が生成されないようにブロックされたり，さらにはあとに続く経路への割当てに影響を及ぼす可能性がある．ある与えられた K の値に対して誤った経路を構築してしまうと，経路改善手順（ステップc.）において，時間を浪費してしまうか，もとになる解が悪すぎて妥当な解を引き出すことができなくなる場合もある．配送経路問題を扱うためのこのようなヒューリスティックアプローチは，研究の立場からと商用的に有効なソフトウェアの両面から「馬車馬」的な手順の1つとなってきた．

配送経路問題を解く他のアプローチとしては，数理計画法，列生成法，集合分割や相互に作用する最適化問題を解く方法などがある．それらについては，Bodin (1990), Bodin et al. (1983), Golden and Assad (1988), Karp (1975) 参照のこと．

配送経路問題のクラス

配送経路問題は一般に2つのクラスに分類できる．ノード対ノード型あるいはノード巡回と，接続アーク型あるいはアーク巡回である．ノード巡回の問題では，配送される場所というのは，領域全体に散らばっている．ノード巡回の配送経路問題を解くためには，配送場所をいくつかの部分集合に分割し，各部分集合の中において配送時間が最小の経路となるように順序付けられる．慣例的にノード巡回の問題を解くときには，配送場所間のユークリッド距離を時間に変換して移動時間として用い

る．

〈巡回セールスマン問題〉（traveling salesman problem）は，ノード巡回の配送経路問題の1つである．より正確にいえば，巡回セールスマン問題は配送場所のすべてをちょうど1度ずつ訪れてサービスをしながら，配送時間が最小になるような経路を決定する問題である．巡回セールスマン問題の例を図1に示す．図1では，対称型あるいは無向型巡回セールスマン問題の例を示しており，2ノード間の移動時間がその方向に依存しないものである．それに対して非対称あるいは有向巡回セールスマン問題は，2ノード間の移動時間が向きによって異なっている場合をいう．

〈容量つきアーク巡回問題〉とは，アーク巡回問題の一例である．無向（有向）グラフにおける容量つきアーク巡回問題では，無向（有向）ネットワークが与えられており，各アークには需要 $q_{ij}>0$ があり，各車両には Q という容量制限がある．このとき，ネットワークを分割するのだが，各アークはいずれかの分割成分に属し，各分割での需要量は Q を超えてはならない．そして，各分割成分内において，すべてのアークを通り，総巡回時間が最小になるような巡回経路を求めることが問題である．

〈無向（有向）中国人の郵便配達人問題〉（Chinese postman problem）は，車両数が1台のアーク巡回問題であり，無向（有向）で連結しているネットワークのすべてのアークを通る巡回経路を求める問題である．無向ネットワークで最小巡回時間を求めるときには，1-マッチング問題を解けばよい．また，有向ネットワークの場合に最小巡回時間を求めるときには，輸送問題を解けばよい．1-マッチング問題や輸送問題を最適に解く多項式時間のアルゴリズムは存在しているので，無向（有向）中国人の郵便配達人問題はNP困難ではない．

一方，もしネットワークが連結でなかったり，無向や有向のアークが混在しているときに，需要のあるすべてのアークを通り，残りのアークは回送アークとして通る最小費用の巡回経路を求める問題はNP困難になる．NP困難なクラスに属する中国人の郵便配達人問題は，実際にはよくある類の問題である．

道路巡回経路問題

実際に配送経路問題を解くときには，ユークリッド距離の仮定は現実的ではないこともある．図1に5地点の巡回セールスマン問題を示しており，ABCDEAはユークリッド距離を仮定したときの最適解である．しかし，実際には巡回地点が道に沿って設置されているので，同じ解（ABCDEA）を示すと図2のようになる．この解では，サービスを行わずに通りすぎる巡回場所がいくつかあり，これらの場所は経路のあとの方で巡回することになる．このため経路の総巡回時間が長くなるのである．

図3には，ユークリッド距離ではなく，2地点間の最短移動時間を用いて巡回セールスマン問題を解いたときの解を示している．この解ではUターンは許されておら

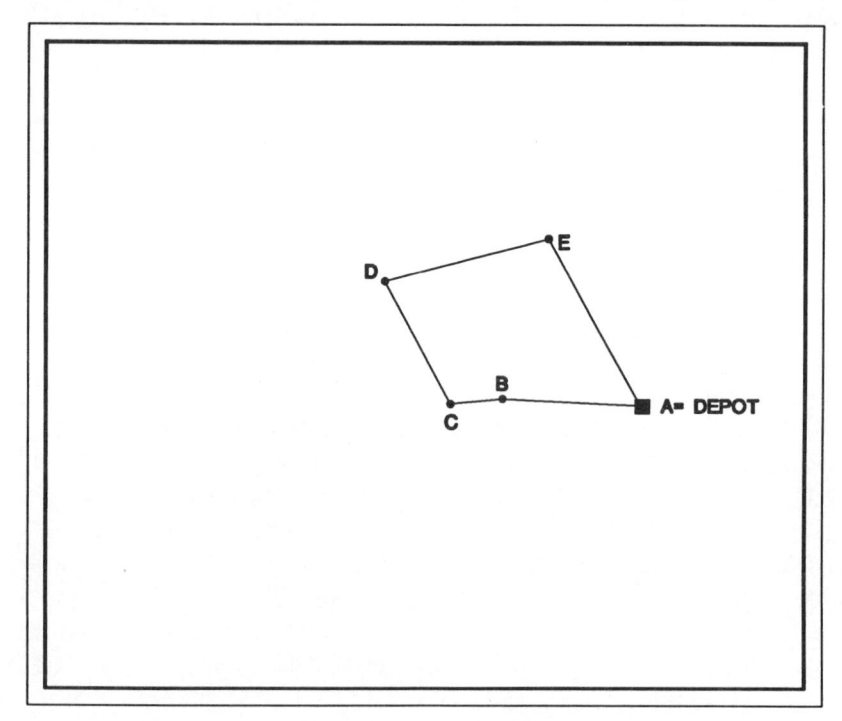

図1 ユークリッド距離にもとづいた5地点の巡回セールスマン問題

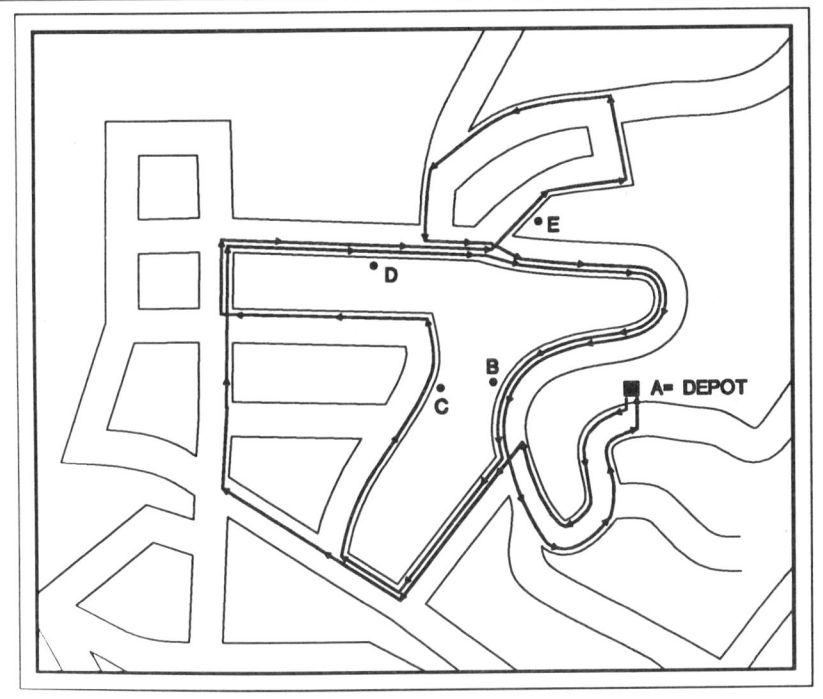

図2 図1で求めた最適順序にしたがったときの実際の巡回経路

経路上でサービス地点を巡回する順序は，図1と同じになっている．Uターンは禁止．また，右側通行を守りながらサービスを行うため，サービス地点を右側にして通過するときでないとサービスができない．したがって，A地点からB地点へ移動するのに，Uターンと進行方向の左側でのサービスとができないとすれば，図のようにいくつものブロックをまわらなければならない．

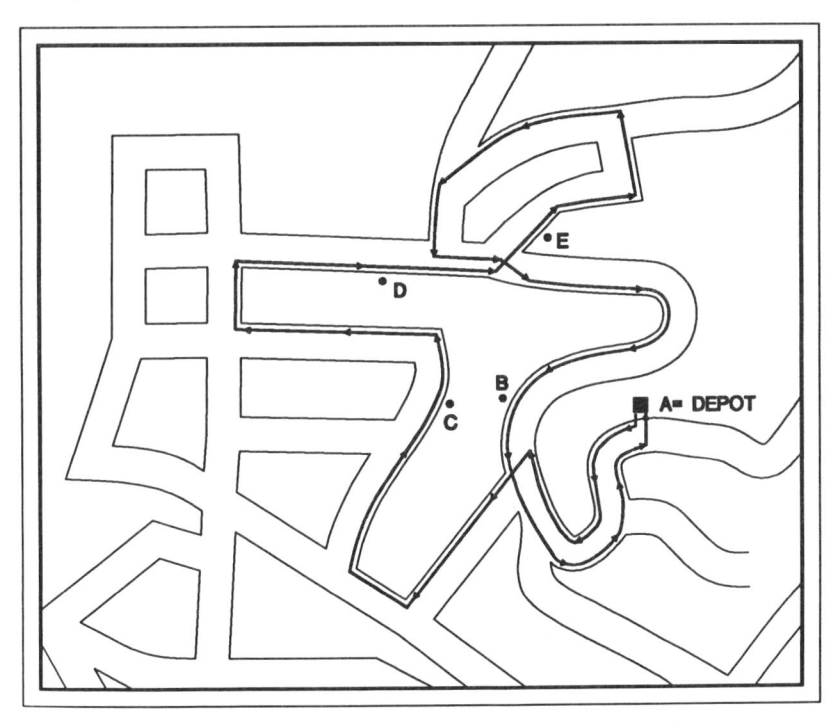

図3 道路ネットワークで最短距離を計算したときの巡回経路

同様にUターンは禁止されている．また，右側通行を守りながらサービスを行うため，サービス地点を右側にして通過するときでないとサービスができない．

ず，車両の右側で巡回地点を訪れるようにしている．また，車両は常に巡回地点の前を通ったときにサービスを行っている．

実際的な配送経路問題の特別なものとして，〈道路巡回経路問題〉というものがある．この問題は大局的にはノード巡回問題であるが，サービスを受ける地点がある区域に密集しており，その区域の中ではアーク巡回問題となっている．道路巡回経路問題では，サービスを受ける地点はディジタル地図上に位置しており，回送時間はユークリッド距離ではなく，最短距離をもとに計算されている．アーク巡回の部分では，その区域のほとんどの道路がサービスを受けるようになっている．

地理情報システム
道路巡回経路問題を解くためには，正確なディジタル道路ネットワークと地理情報システム（geographic information systems：GIS）が必要になる．ディジタル道路ネットワークとは，ある地理的領域内の道路区間を示したもののことである．GIS とは，ディジタル道路ネットワーク上での車両の捕捉，管理，操作法，分析，モデル化および表示ができるように組み込まれたコンピュータのハードウェア，ソフトウェアおよび計算手順全体のことをいう．正確な GIS があれば，ディジタル道路ネットワーク上のサービス地点に印をつけたり，巡回場所の間を最短時間で移動できるように計算したり，各車両ごとに道路から道路へ進む方向を正確に与えることができる．それに対して，ユークリッド距離を用いて配送経路問題を解く方法では，ただ経路に沿ってサービス地点の巡回順序を与えるだけである．

おわりに
配送経路システムは機能的にかつ精巧なものになりつつある．これらのシステムは，よりよいグラフィック機能，ユーザインタフェースをもち，正確で実際的な解を早く見つけるようになるだろう．さらに応用の幅も膨らみ，定式化されたもっと多くの新しい問題や新しい計算アルゴリズムの開発を推進していく原動力ともなる．計算機と結びついた配送経路問題は，組織のロジスティック/配送システムにとって必要なものとなっていくだろう．
⇨中国人の郵便配達人問題，計算複雑度，地理情報システム，グラフ理論，ロジスティクス，巡回セールスマン問題，可視化． ［Lawrence Bodin/片岡靖詞］

参 考 文 献

[1] Bodin, L. (1990), "Twenty Years of Routing and Scheduling," *Operations Research*, 38, 571–579.

[2] Bodin, L., B.L. Golden, A. Assad, and M. Ball (1983), "Routing and Scheduling of Vehicles and Crews: The State of the Art," *Computers & Operations Research*, 10(2), 63–211.

[3] Garey, M. and D. Johnson (1979), *Computer and Intractibility: A Guide to the Theory of NP-Completeness*, Freeman Press, San Francisco.

[4] Golden, B.L. and A. Assad, eds. (1986), *Special Issue on Time Windows*, *American Jl. Mathematical and Management Sciences*, 6 (3 and 4), 251–399.

[5] Golden, B.L. and A. Assad (1988), *Vehicle Routing: Methods and Studies*. North-Holland, Amsterdam.

[6] Karp, R. (1975), "On the Computational Complexity of Combinatorial Problems," *Networks*, 5, 45–68.

[7] Lenstra, J.K. and A. Rinnooy Kan (1981), "Complexity of Vehicle Routing and Scheduling Problems," *Networks*, 11, 221–227.

[8] Papadimitriou, C. and K. Stieglitz (1982), *Combinatorial Optimization*, Prentice Hall, Englewood Cliffs, New Jersey.

排他的論理和ノード
exclusive-OR node

ネットワーク上で，あるノード（イベント）に入ってくるアークのうちの，いずれか1つが実現されるときに限り実現されるイベント．⇨ネットワーク計画．

ハイパーゲーム分析
hypergame analysis

独立なアクターの間のコンフリクトと協調を対象とする問題構造化法のこと．その鍵となるのは，異なるアクターがもつであろう異なる状況認識を表現することができる，という性質である．⇨問題構造化法．

バークの定理
Burke's theorem

安定な $M/M/c$ 待ち行列システムの定常状態退去過程は，サービス率に依存することなく，到着過程と同じ率（到着率）をパラメータとしてもつポアソン過程となる．⇨待ち行列理論．

バケーション時間
vacation time

バケーションモデルで，サーバ（扱い者）がノードを離れてから再び戻ってくるまでの時間．⇨循環サービス規律，バケーションモデル．

バケーションモデル
vacation model

窓口のサーバ（扱い者）が，ある時点でノードを離れ，しばらくたってから戻ってくるような待ち行列モデル．ノードを離れる前にサービスする客の範囲には，1人だけサービスする，サービス開始時点でそのノードにいた客をすべてサービスする，そこに客がいる限りすべてサービスする，などのバリエーションがある．⇒ 循環サービス規律，待ち行列理論，バケーション時間．

ハーシュの予想
Hirsch conjecture

この予想は，線形計画法の分野で古くから懸案となっているもので，シンプレックス法である端点から別の端点に到達するために，何回の反復（規定変換）が必要か，ということに関するものである．よりはっきりいえば，任意の線形計画問題に対して，m を方程式（制約式）の本数としたときに，与えられた実行可能解を出発点として，もう1つの与えられた実行可能解までに，m 回以下の反復で到達することができるか，という問題である．もしこの推測が正しければ，線形計画問題の最適解は，m 回以下の反復で求まることになる．

PASTA
Poisson arrivals see time averages

Poisson arrivals see time averages の頭文字をとったもので，「パスタ」と読む．これは，到着時点でシステムのある状態を見る者の（極限での）割合が，（無限に長い）全時間の中で過程がその状態にいる割合と等しい，つまり到着時点分布と時点分布が一致することを指す．⇒ 待ち行列理論．

発展途上国
Developing Countries

ここでは発展途上国におけるORの利用に関する主要な問題について，途上国における社会的，政治的そして技術的環境を考察し，また，これらの国におけるORの役割についての様々な意見や，ORの推進のための機関について論じる．

ORは発展途上国において，大戦後の米国，英国における開始から10年ほど遅れて1950年代に地位を得はじめたと考えられる．それ以来，これらの国においてはORの役割についての論争がだんだんと大きくなってきている．その論争の中心的な問題は以下のようなものである．発展途上国のORという独立したものが存在するのか？もしそうなら，それは伝統的なORと何が違うのか？途上国のORを推進するにはどのような手段をとるのがよいのか？ これらの問題は，いろいろな場所で議論されていて，Bornstein and Rosenhead (1990)などいくつかの論文で取り上げられている．しかし当然ながら，正反対の2つの主張の間で結論には至っていない．

片方の端の意見としては途上国のORといっても，何も特別なものではなくて，ただ，理論についても実施においても使うことのできる資源が貧弱なだけだというものである．各国が適切なレベルに達したら，この問題は自然に消滅するはずだというのである．他方の端には，異なった物質的な基礎とインフラストラクチャーの問題から，これらの国におけるORは異なった役割をもっているとするものである．後者においては経済と社会の発展のためにORが積極的な役割を果たすような手段が講じられるべきだとされている．

社会的，政治的，技術的環境

発展途上国の問題を一般化して論じるのは間違いのもとであろう．なぜなら，国によって状況が極端に異なるからである．まず，途上国をどのように特徴付けられるだろうか？ どの国を「発展途上」と定義付けられるのか？ 国連は何年か以前に発展途上地域について発展の段階を区分する試みを始めた．それによって，社会的，経済的尺度のある閾値以下の国について「低開発国(LDC)」という名称を適用した．しかしこのような問題はここでの議論の範囲外である．われわれは，発展途上国というのは人口の大きな部分が最低生存レベルかそれ以下で生活していて，人口の大部分にとって社会的サービスは事実上存在せず，一般的に教育や文化のレベルが非常に低い所であるという見方をとる．これらの地域における政治的大問題は，これらの国の政治的組織がどのレベルにおいても大変に不安定だということである．

経済は一般に先進諸国に大きく依存している．発展途上国の多くにおいて，経済発展を推進するため国家が経済に大きな部分を占めている（この傾向は「市場経済」の強調によって逆になってきているが）．官僚制とインフラストラクチャーの深刻な事態が経済発展の妨げとなっている．技術面においてもまた，自国における技術開発がほとんどなく，先進国に対する過度の依存が見られる．この困難な背景のもとにORが果たすべき役割と，どうすればORを発展のための道具として役立てられるかについて考えなければならない．

ORの活用

ここでORの開発について，ReVelleの（私信による）3つの面からの強調点について考えてみたい．（i）理論

的発展．これはほとんどの場合大学においてなされる．(ⅱ) 特定の問題についての解法の開発．これは大学と実業界の双方で行われる．(ⅲ) 応用．これはもっぱら実業界でなされる．OR の問題は，したがって連続体であって途上国と先進国の双方がこの連続体の3つの側面を分かちもつものである．しかしながら，途上国におけるより重要な問題は，これらの国が直面しなければならないうえに述べたような社会的，政治的，技術的問題の性質からみて応用面にある．Rosenhead（私信）によれば，いまひとつの重要な問題は，先進国で発展した既存の理論や方法論は多くのケースにおいて途上国が直面している問題には大変貧弱な当てはまり方しかしない．新しい分野への応用についての実施は，一般的に役立つ新しい方法論を生む可能性があろう．

発展途上国における OR の利用は，しばしば当該国の社会経済的必要性とかけ離れていると指摘されている（Galvano, 1988）．これらの国から価値のある理論的な貢献がなされているが，彼らが直面している問題のために開発された新しい理論や手法はほとんど見られない．

発展途上国の一般的な状況は非常に不安定な環境にあり，それが「たちの悪い」問題のもととなる．ほとんどあるいはまったくデータが入手できなかったり，データの精度が非常に悪い問題がある．関係者や意思決定者間の競合によって複雑な結論を出さねばならないこともある．そしてこのような「たちの悪い」問題を解くのに役立つ手法は，先進国に比べて多くない．

発展途上国における OR の応用プロジェクトに関する大きな特徴は，それらの多くがまったく実施されていないことである（Loss, 1981）．この原因はそれらの国の社会機構がもつ大きな不安定性や，OR 教育の欠如，OR アナリストが OR の応用に当たって地域の環境的な特性や人的な要素を無視して洗練された OR 技法を使いがちなことなどにある．このような問題は先進国にも途上国にも当てはまるが，経験によれば後者においてより見過ごされがちである．

特定の途上国については OR の実施に関して多くの論文が出されている．ペルーにおける初期の OR については Sagasti（1972）の報告がある．Bandyopadhyay and Datta（1990）はインドにおける実施について，Papoulias and Darzentas（1990）はギリシャについて報じている．

OR の組織的基盤

発展途上国における OR の組織的な中心は各国の OR 学会である．いくつかの国においてはこれはよく確立されているが発足したばかりのところもある．多くの学会は IFORS（International Federation of Operational Research Societies）のメンバーであり，IFORS の地域組織に属している．特に，ALIO（Latin-Iberian-American Association of Operational Research）ではメンバーの大部分が発展途上国である．APORS（Asian Pacific Operations Reseach Societies）も発展途上国の学会を代表している．1989 年に IFORS の内部組織として発展途上国における OR 活動に協力し，それらの国における OR 活動を推進する目的で発展途上国委員会（Developing Countries Committee）が発足した．
⇒ OR/MS の実践．

[Roberto Dieguez Galvan／高井英造]

参 考 文 献

[1] Bandyopadhyay, R. and Datta, S. (1990). "Applications of OR in Developing Economies: Some Indian Experiences," *European Jl. Operat. Res.* 49, 188–199.
[2] Bornstein, C.T. and Rosenhead, J. (1990). "The Role of Operational Research in Less Developed Countries: A Critical Approach," *European Jl. Operat. Res.* 49, 156–178.
[3] Galvão, R.D. (1988). "Operational Research in Latin America: Historical Background and Future Perspectives," in *Operational Research '87* (Proceedings of the 11th Triennial Conference on Operations Research, edited by Rand, G.K.), North-Holland, 19–31.
[4] Löss, Z.E. (1981). "O Desenvolvimento da Pesquisa Operacional no Brasil (The Development of OR in Brazil), *Sc. Thesis*, COPPE/Federal University of Rio de Janeiro.
[5] Papoulias, D.B. and Darzentas, J. (1990). "OR in Greece: Myth and Reality." *European Jl. Operat. Res.* 49, 289–294.
[6] Sagasti, F.R. (1972). "Management Sciences in an Under-developed Country: The Case of Operations Research in Peru," *Mgmt. Sci.* 19, B1–B11.

バッファー

buffer

待ちスペースもしくは待合室．この用語は直列型待ち行列などでよく使われる．⇒ 待ち行列理論．

パート

program evaluation and review technique (PERT)

それぞれの作業に対する楽観的，最も起こりやすい，そして悲観的な時間見積り値を用いて作業の不確定性をモデル化する，プロジェクトを計画し，スケジュールを作成する方法のこと．⇒ クリティカルパス法，ネットワーク計画，プロジェクト管理．

ハミルトン巡回路
Hamiltonian tour

ハミルトン巡回路とは，無向連結グラフの場合，グラフの各ノードをちょうど1度だけ通過する辺の列のことをいう．⇒ グラフ理論，巡回セールスマン問題．

パラメータ
parameter

数理計画モデルに現れる量で，決定変数に影響を及ぼす要因となるもの．

パラメトリック解
parametric solution

解を問題のパラメータの関数として表したもの．

パラメトリック計画法
Parametric Programming

はじめに

ここで使用されるパラメータ（parameter）の意味については，簡単な例で説明するのが妥当であると思われる．放物線は一般に $y=ax^2$ ($a\neq 0$) と表される．ここで，$a=1$ とおいたときにえられる放物線と $a=5$ とおいたときの放物線では形が異なる．しかし，いずれの場合も放物線が得られており，異なるのはその形だけである．したがって，放物線 $y=ax^2$ というときは，放物線の族を表しており，パラメータ a は放物線の形を特定するものである．

次の一般的な数理計画モデルを考えてみよう．

最大化 $z=f(\boldsymbol{x})$　　　　　　　　　　（1）
条件
　　$g(\boldsymbol{x})\leq 0$　　　　　　　　　　　　（2）

これに1つあるいは複数のパラメータを導入しても，モデルは変わらないが，パラメータの値を特定するたびに，それに対応した特定の問題が得られることになる．

数理的な最適化モデルをつくるために最初にすべきことは，データを集めることである．ところが，収集されたデータは往々にして不正確であったり，確率的な性格をもっていたり，曖昧であったり，何らかの不備があったりすることがある．したがって，最適解に特定の要素データが与える影響を解析できるように，パラメータを導入することが適切である．このことは，

1) モデルを設定する際にパラメータを導入する．
2) 最適解が得られた後にパラメータを導入する．

のいずれかによって行われる．後者の場合は最適化後分析（postoptimal analysis: POA）として前者の場合よりもよく用いられている．

最適化後分析は，よい報告書作成用ツールでは，用いられてしかるべき重要なツールである(Gal, 1993)．このとき，意思決定者（DM）は「確固とした」最適解を選ぶことができるための情報を得ることができる．最適化後分析はいくつかの分析からなるが，最も重要なものは感度分析（sensitivity analylsis: SA）である．拡張された感度分析の1つがパラメトリック計画法である．非線形計画法においては，感度分析は摂動分析（perturbation analysis）に対応している．摂動分析においては，最適解が得られたあとで，初期データを摂動し，最適解に対するデータの摂動の影響を分析する．

歴史的なスケッチ

線形計画法に対する感度分析や最適化後分析の進んだ手法が開発された．特に，1950年代にはOrchard-Hays（修士論文），Manne (1953)，SaatyとGass (1954) などがパラメトリック計画法に関する初期の論文である．1960年代の後半になって，パラメトリック計画法に関する最初の本が現れ (Dinkelbach, 1969)，引き続いてGal (1973, 1979) の本が出版された．1979年に最初の「データの摂動とパラメトリック計画法」に関するシンポジウムがワシントンD.C.においてA. V. Fiaccoによって開催され，現在にいたるまで，毎年開催されている．数冊の本（Bank et al., 1982; Guddat et al., 1991）のほかに，論文誌の特集号が1970年代と1980年代に発行されている．Gal (1980, 1983) にはパラメトリック計画問題の歴史について，より詳細なことが述べられている．Gal (1994 a) にはパラメトリック計画法の分野の1000以上の論文に関する文献表がある．

最適化後分析

まず，取扱う数理的最適化モデルが線形計画問題であるとする．

最大化 $z=\boldsymbol{c}^\mathrm{T}\boldsymbol{x}$　　　　　　　　　　（3）
条件
　　$\boldsymbol{Ax}=\boldsymbol{0}, \quad \boldsymbol{x}\geq \boldsymbol{0}$　　　　　　　　（4）

ただし，ここで，$\boldsymbol{c}=(c_j)$ は n 次元の目的関数の係数ベクトル，$\boldsymbol{x}$ は n 次元変数ベクトル，$\boldsymbol{A}=(a_{ij})$ は $m\times n$ 行列 ($m<n$)，m 次元ベクトル $\boldsymbol{b}=(b_i)$ は右辺ベクトル（vector of right-hand-side: RHS）である．これらすべてのベクトルは列ベクトルである．

式(3)，(4)によって定義される問題が最適な実行可能基底解 $\boldsymbol{x}_B=\boldsymbol{B}^{-1}\boldsymbol{b}$ をもつものとする．ただし，$\boldsymbol{B}^{-1}$ は $\boldsymbol{A}$ の m 本の線形独立な列ベクトルからなる $m\times m$ の基底行列 $\boldsymbol{B}$（基底）の逆行列である．ここで，m 次元の解ベクトル $\boldsymbol{x}$ が与えられるということは，以下の解要素とシ

ンプレックス法の要素を決定することを意味する．
1) 目的関数(objective function：OF)の最大値，z_{max},
2) 基底変数 x_i, $i=1,\cdots,m$ の値,
3) 被約費用 $d_j=z_j-c_j$, $j=1,\cdots,n$ の値．

最適化後分析の枠組みにおいては，上記の解の要素の評価が実行される．すなわち，意思決定者に与える情報として，基底解の値のもつ意味，どの資源が使用されているか，どの資源が重要になっているか（スラック変数の値），機会費用と陰の価格の値の意味づけがある．また，準最適化分析が実行されることもある．ここで，準最適化分析とは1つあるいはいくつかの非基底変数を正の値にしたときにどういうことになるのかを意思決定者に知らせることである．

感度分析

最適化後分析は，さらに，目的関数と右辺ベクトルに関する感度分析を行うことによって続行される．感度分析はすべての線形計画法ソフトウェアで出力されるものである．感度分析においては，
$$c_j(t) = c_j+t, \quad j \text{ は固定} \quad (5)$$
あるいは
$$b_i(\lambda) = b_i+\lambda, \quad i \text{ は固定} \quad (6)$$
のように，パラメータ t や λ が導入される．感度分析では，最適基底行列 B が変わらないような t_j の区間 T_j や λ の区間 Λ_i が求められる．これらの区間の上限値と下限値は公式によって求めることができる (Gass, 1985)．右辺項 b_i の値を変化させることは基底変数の値を変化させることになるので，z_{max} の値が変化することになる．一方，目的関数の係数 c_j を変化させることは被約費用を変化させることになるので，やはり z_{max} の値が変化することになる．これらの情報は意思決定者に対して大きな価値のある情報となる．これらの感度分析を行うときの前提は，ただ1つのデータ要素を除いて，他のすべてのデータ要素は固定しているということである．複数のデータ要素を同時に変化させる場合の分析には，100%規則 (Bradley, Hax and Magnanti, 1977) の限定的な適用や許容度改正 (Wendell, 1985) などがある．

パラメトリック分析

右辺項 b_i に対して，次のような問題を考える．
式(3), (4)で表される問題に対して，最適解が存在する式(6)の λ の範囲は何か．この問題に対する解となる λ の範囲に対して，現在の最適解から順に，最適基底とその最適基底が最適となる λ の範囲の系列を生成することができる．すると，意思決定者は，すべての範囲における最適解を知ることができ，与えられた問題に対する妥当な最適解を選ぶことが可能となる．意思決定者はパラメータの値を選択すると，そのパラメータ値に対応する最適解と対応する b_i の範囲がえられることになる．同様の分析が，式(5)で与えられているような目的関数のパラメータ化に対しても適用できる．さらに，右辺項にパラメータを導入することが目的関数に影響を与えることがあり得る（あるいはその逆）ことを考慮すると，RIMパラメトリック分析 (parametric analysis) を行うことも可能である．すなわち，右辺項と目的関数に同時に導入されたパラメータに対して，最適基底の列と，各最適基底が最適であるパラメータの範囲を求める分析である．標準的な右辺項，目的関数，RIMパラメトリック分析は，線形計画法ソフトウェアに組み込まれている．

また，係数行列 A の要素 a_{ij} に関する感度/パラメトリック分析を行うことも可能である．不幸にして，この分析は公式が複雑なので，線形計画法ソフトウェアには含まれていない．しかし，いくつかのソフトウェアでは，a_{ij} の値をわずかずつ変化させて線形計画問題を解くことが可能である．

ここまでは，パラメータが1つで，その係数が1である最も簡単な場合について述べてきた．以上の場合を次のように拡張することができる．

(i) 1つのパラメータを，同時に複数の右辺項と目的関数の係数に任意の係数で導入する．

(ii) 複数のパラメータを，同時に複数の右辺項と目的関数の係数に任意の係数で導入する．

(i) の場合には，各最適基底に対してその基底が最適基底であるパラメータの区間が付随する．(ii) の場合には，各最適基底に対してその基底が最適基底であるパラメータの集合は1次元以上の凸多面体となる．RIM分析の場合では，各パラメータが独立であれば，各最適基底に対応するのは高次元区間である．パラメータの個数が増えると，結果を解釈することが困難となり，意思決定者が妥当な最適基底を選択することが困難となる．そのような場合には，対話型のアプローチを採用し，パラメトリック分析の専門家が，意思決定者が妥当な最適基底を選択するのを補助することが薦められる．

応　用

パラメトリック分析の利用には，次の2つの場合がある．
1) 各種の数理計画問題にパラメータを導入し，これらの問題をパラメトリックに解く．
2) 実際問題に応用する．

1) に関して．非凸計画，分解，近似，整数計画などの問題ではパラメータを導入することで問題が解きやすくなることがある．また，式(3), (4)で表される問題において，目的関数の係数ベクトルを行列 C とパラメータベクトル t の積で置き換えると，
$$\text{最大化} \, z = (Ct)^T x$$

条件 $Ax = 0, \quad x \geq 0$

が得られるが，これは，線形多目的計画問題（Steuer, 1986）の特別な場合となる．対応する斉次多目的計画問題を解くことによって，すべての効率解の集合を決定することができる（Gal, 1994 b）．

2）に関して．感度分析/パラメトリック分析は石油工業，資本投資，工場の意思決定，精製操作，企業の獲得利益の最大化など多くの適用事例がある（Gal, 1994 b）．

他の分野における感度分析とパラメトリック分析

感度分析/パラメトリック分析の理論/方法論は，非線形相補問題，力学系の制御問題，分数計画，幾何計画，整数計画，2次計画などの問題，輸送問題などでも論じられている．より詳細な文献目録は Gal (1994 b) を参照するとよい．

退　　化

線形計画問題の実行可能基底解で1つ以上の基底変数が0となっているとき，この基底解は退化しているという．このとき，実行可能領域（凸多面体）の，この解に対応する端点も退化しているという．退化 (degeneracy) は様々な効率性や収束性の問題を引き起こすので，感度分析を実行する場合には特に事前に注意を払う必要がある．感度分析は，現最適基底が変化しないような最大の区間を求めるものであるが，退化している場合には，複数個の最適基底が存在しているので，このこと自体が意味を失ってしまう．この問題に対する理論的な議論は Kruse (1986) によって与えられている．退化している場合には，標準的なソフトウェアでは，現在の最適基底を保存する右辺項あるいは目的関数の係数の範囲を決定する感度分析は正常には動かないことに注意しておく．

おわりに

線形計画法とそれに関連する数学の分野では，感度分析とパラメトリック分析は，最初に与えられたデータが変化する場合を分析するための重要な道具となっている．これらの分析によって，関連する数学的モデルに対するより深い洞察とより多くの情報を得ることができる．また，一般的に，モデル構築に対するわれわれの理解を深めることができ，さらに，広い範囲の数理的な問題を解決することに資することができる．

⇒ 線形計画法，多目的計画法，非線形計画法，感度分析．

[Tomas Gal/平林隆一]

参 考 文 献

[1] Bank, B., J. Guddat, D. Klatte, B. Kummer, and T. Tammer (1982). *Non-linear parametric optimization*. Akademie-Verlag, Berlin.
[2] Bradley, S.P., A.C. Hax, and T.L. Magnanti (1977). *Applied Mathematical Programming*. Addison-Wesley, Reading, Massachusetts.
[3] Dinkelbach, W. (1969). *Sensitivitsänalysen und parametrische Programmierung*. Springer Verlag, Berlin.
[4] Gal, T. (1973). *Betriebliche Entscheidungsprobleme, Sensitivitsänalyse und parametrische Programmierung*. W. de Gruyter, Berlin.
[5] Gal, T. (1979). *Postoptimal analyses, parametric programming and related topics*. McGraw Hill, New York.
[6] Gal, T. (1980). "A 'historiogramme' of parametric programming." *Jl. Operational Research Society*, 31, 449–451.
[7] Gal, T. (1983). "A note on the history of parametric programming". *Jl. Operational Research Society*, 34, 162–163.
[8] Gal, T. (1992). "Putting the LP survey into perspective." *OR/MS Today*, December, 93.
[9] Gal, T. (1994a). "Selected Bibliography on Degeneracy." *Annals Operations Research*.
[10] Gal, T. (1994b). *Postoptimal analyses and parametric programming*. Revised and updated edition. W. de Gruyter, Berlin.
[11] Gass, S.I. (1985). *Linear Programming*, 5th ed. McGraw-Hill, New York.
[12] Gass, S.I. and T. L. Saaty (1955). "The parametric objective function." *Naval Research Logistics Quarterly*, 2, 39–45.
[13] Guddat, J., F. Guerra Vazquez, H. Th. Jongen (1991). *Parametric optimization: singularities, pathfollowing and jumps*. B.G. Teubner, Stuttgart, and John Wiley, New York.
[14] Kruse, H.-J. (1986). *Degeneracy graphs and the neighborhood problem*. Lecture Notes in economics and mathematical systems No. 260. Springer Verlag, Berlin.
[15] Manne, A.S. (1953). "Notes on Parametric Linear Programming." RAND Report P-468. The Rand Corporation, Santa Monica, California.
[16] Saaty, T.L., and S.I. Gass (1954). "The Parametric Objective Function, Part I." *Operations Research*, 2, 316–319.
[17] Steuer, R.E. (1986). *Multiple criteria optimization: Theory, computation, and application*. John Wiley, New York.
[18] Wendell, R.E. (1985). "The Tolerance Approach to Sensitivity Analysis in Linear Programming." *Management Science*, 31, 564–578.

パラメトリック限界

parametric bound

最適値関数あるいは解の限界値を，問題のパラメータの関数として表したもの．

パラメトリック線形計画法
parametric linear programming

一般の線形計画問題

最小化 cx

条件 $Ax = b$

$x > 0$

においてデータのいくつかがある単一のパラメータ λ の関数の場合，最適解がどのように変化するかを研究することが適切であることがよくある．ほとんどの数理計画システムではコスト係数（PARAOBJ），右辺要素（PARARHS）のパラメトリック分析，目的関数と右辺要素（PARARIM）の結合分析，そして行データ（PARAROW）のパラメトリック分析（parametric analysis）を認めている．⇒パラメトリック計画法．

バリア関数と距離関数
Barrier and Distance Functions

はじめに

1950年代半ばから1960年代初頭にかけて，Frisch (1955) と Carrol (1961) は〈古典的バリア関数〉(classical barrier function : CBF)を制約付最適化問題に適用することを提案した．少し遅れて，Huard (1967) が〈内点距離関数〉(interior distance functions : IDFs) を提案し，その後，CBF と IDF に関して幅広い研究が行われている．特に，初期の代表的な仕事としては，SUMT (sequential unconstrained minimization technique) を開発した Fiacco and McCormick (1968) がある．現在，バリア関数または距離関数をもとにした数値計算法は，現代最適化理論の大きな部分を占めている．

これらの関数は，N. Karmarkar (1984) によって〈射影スケーリング法〉が提案されたときに再び注目を浴びるようになった．射影スケーリング法は多項式時間収束をするだけでなく大規模線形計画問題に対してシンプレックス法と同等以上の性能を達成することが可能であるといわれ，そこで使われるカーマーカー（Karmarkar）のポテンシャル関数は，まさに IDF そのものであったからである．

1980年代の終わりに，Nesterov and Nemirovsky (1994) は CBF と IDF が「セルフコンコーダント」(self-concordant) と呼ばれる性質をもっていて，この性質が内点法の多項式時間収束を保証していることを発見した．このように CBF と IDF は内点法にとって重要な役割を果たしているが，一方これらの関数には本質的な欠点がいくつかある．それは，これらの関数およびその微分が最適解で値をもたずに発散すること，ヘッセ行列の条件数が近似解が最適解に近づくにつれて0になることである．

CBF と IDF の望ましい性質を保ちつつこれらの欠点を解消するために，Polyak (1986, 1991, 1992) は〈修正バリア関数〉(modified barrier functions : MBFs) および〈修正内点距離関数〉(modified interior distance function : MIDF) を提案した．これらの関数は両方とも，目的関数および制約式を等価な形に変換し，その変換された問題の古典的ラグランジュ関数を考えることによって理論的解析および数値計算を行う〈非線形リスケーリング原理〉(Polyak, 1986) の一例である．

修正バリア関数

次のような制約付最適化問題を考えよう．

最小化 $f(x)$ (1)

条件 $g_i(x) \geq 0, \; i = 1, \cdots, m$ (2)

任意の $k>0$ に対して，問題(1)，(2)は次に等価である．

最小化 $f(x)$ (3)

条件 $k^{-1}\ln[kg_i(x)+1] \geq 0, \; i = 1, \cdots, m$ (4)

ここでは制約式 (2) が $\phi(t)=\ln(t+1)$ によって変換されている．等価問題 (3)，(4) に対する古典的ラグランジュ関数は

$F(x, \lambda, k) = f_0(x) - k^{-1}\sum \lambda_i \ln[kg_i(x)+1]$ (5)

となり，これが Frisch (1955) の CBF

$F(x, k) = f_0(x) - k^{-1}\sum \ln g_i(x)$

に対応する MBF である．

一方任意の $k>0$ に対し，システム (2) は

$k^{-1}[(kg_i(x)+1)^{-1}-1] \leq 0, \; i = 1, \cdots, m$ (6)

と等価である．ここでは変換 $\nu(t)=(t+1)^{-1}-1$ を使った．等価問題 (1) および (6) に対する古典的ラグランジュ関数は

$C(x, \lambda, k) = f_0(x) - k^{-1}\sum \lambda_i[(kg_i(x)+1)^{-1}-1]$ (7)

であり，これは Carrol (1961) の CBF

$C(x, k) = f_0(x) - \sum g_i(x)$

に対応する MBF である．

MBF には，CBF と根本的に異なる性質がある．すなわち，MBF とその微分は最適解において存在し，カルーシュ-キューン-タッカー（KKT）条件を満たすペア (x^*, λ^*) および任意の $k>0$ に対し，次のような式が成り立つ．

P1. $F(x^*, \lambda^*, k) = C(x^*, \lambda^*, k) = f_0(x^*)$

P2. $\nabla_x F(x^*, \lambda^*, k) = \nabla_x C(x^*, \lambda^*, k)$
$= \nabla f_0(x^*) - \sum_1^m \lambda_i^* \nabla g_i(x^*) = 0$

P3. $\nabla_{xx} F(x^*, \lambda^*, k) = \nabla_{xx} L(x^*, \lambda^*, k)$
$+ k\nabla g^T(x^*) \Lambda^* \nabla g(x^*)$

ただし，$L(x, \lambda) = f(x) - \sum_1^m \lambda_i^* g_i(x)$ は(1)に対する古典的ラグランジュ関数，$\nabla g(x) = J[g(x)]$ はベクトル値

関数 $g(x)=\{g_i(x), i=1,\cdots,m\}$ のヤコビアン, $\Lambda=\mathrm{diag}(\lambda_i)$ である.

MBF は拡張ラグランジュ関数と類似の性質をもっている (Bertsekas, 1982 ; Hestenes, 1969 ; Mangasarian, 1975 ; Powell, 1969 ; Rockafellar, 1974). 実際, MBF を内点拡張ラグランジュ関数と見なすことができるが, 2 次の外点ペナルティ関数を使った拡張ラグランジュ関数とは異なる (Polyak, 1992). MBF の性質を利用する数値計算方法, MBF 法 (MBF method) を以下に述べよう.

まず, $k>0$, $\lambda^0=e=(1,\cdots,1)\in\mathcal{R}^m$, $x^0\in\Omega_k=\{x|g_i(x)\geq -k^{-1}, i=1,\cdots,m\}$ とおこう. さらに $t\leq 0$ では $\ln t=-\infty$ とする. MBF 法は
$$x^{s+1}\in\mathrm{argmin}\{F(x,\lambda^s,k)|x\in\mathcal{R}^n\} \quad (8)$$
および
$$\lambda^{s+1}=\mathrm{diag}[kg_i(x^{s+1})+1]^{-1}\lambda^s \quad (9)$$
ととることにより, 点列 $\{x^s\}$ および $\{\lambda^s\}$ を生成する. この MBF 法は, SUMT とも, また, CBF を使った他の内点法とも本質的に異なる. MBF 法を主問題も双対問題も最適解集合が有界であるような凸計画問題に適用した場合, 任意の固定した $k>0$ に対し, 点列は主問題および双対問題の最適解へ収束する (Jensen and Polyak, 1994). さらに, もし 2 次の最適条件が満たされれば, 主双対変数は 1 次収束をする.
$$\max\{\|x^{s+1}-x^*\|,\|\lambda^{s+1}-\lambda^*\|\}\leq ck^{-1}\|\lambda^s-\lambda^*\|$$
$$(10)$$
ここで, $c>0$ は k とは無関係な定数である. したがって, バリア変数 k を大きくすることにより, 比 $q=ck^{-1}$ はいくらでも小さくすることができる (Polyak, 1992). 線形計画問題の場合には, 任意の固定したバリア変数に対し, MBF 法は目的関数値が最適値へ, また制約の非許容性が 0 へ R-1 次収束するような主変数の列を生成する (Polyak, 1992).

MBF 法を実際に行うには, たとえば, ニュートン法を使って x^s の近似解をみつけ, それからラグランジュ乗数の更新を行うことが考えられる. この方法はニュートン MBF と呼ばれる. MBF が固定したバリア変数 $k>0$ で収束するから, MBF のヘッセ行列の条件数は大きく, また, ニュートン法が適用できる範囲も広い (Smale, 1986 ; Polyak, 1992). これらの性質のおかげでアルゴリズムは数値的に安定で, かつ計算時間も少なくてすむ. さらにこれらの性質の研究は, 制約付最適化問題の「ホット」スタート現象 (hot start phenomenon) の発見につながった (Melman and Polyak 1994 ; Polyak, 1992). ホットスタートというのは, ある精度 $\varepsilon>0$ を与えられた場合, もしその制約付最適化問題が退化していなければ, ある初期点より $O(\ln\ln\varepsilon^{-1})$ 回のニュートン法の反復を行ったあとに精度 ε が達成され, ラグランジュ乗数の更新ができるような初期点のことである. それぞれのラグランジュ乗数の更新は, 主双対変数と最適解との距離を $0<q_k=ck^{-1}<1$ 倍に縮める. すなわち, k を大きくとることにより, この倍率はいくらでも小さくすることができる.

修正内点距離関数

(modified interior distance function)

内点法のもう 1 つの基本的な道具として, IDF (interior distance function) がある. まず, $y\in\mathrm{Int}\,\Omega=\{x|g_i(x)\geq 0, i=1,\cdots,m\}$, $a=f(y)$ とおこう. 最もよく知られた IDF は
$$F(x,a)=-m\ln[a-f(x)]-\sum\ln g_i(x) \quad (11)$$
および
$$H(x,a)=-m[a-f(x)]^{-1}-\sum g_i^{-1}(x) \quad (12)$$
であり, これらは内点法において広く使われている.

内点中心法 (訳注 : パス追跡法 (path following method) とも呼ばれる) の反復は, 緩和許容領域 (RFS)
$$\Omega(y)=\{x\in\Omega|f(x)\leq f(y)\}$$
の中心を見つけ出し, それから RFS を新たな目的関数値を使うことによって更新する, という手順からなる. $\Omega(y)$ の中心を見つけるためには, 次の無制約最適化問題
$$\hat{x}\equiv\hat{x}(a)=\mathrm{argmin}\{F(x,a)|x\in\mathcal{R}^n\}$$
を解く. ここで, $t\leq 0$ に対しては $\ln t=-\infty$ である. そして y を $\hat{x}$, a を $\hat{a}=f(\hat{x})$ と置き換えることにより, 内点中心法の 1 反復を終わる. 曲線 $a\rightarrow\hat{x}(a)$ は内点法の計算複雑度の証明の鍵となるいくつかの重要な性質をもっている (Gonzaga, 1992 ; Renegar, 1988).

内点法を実際に構成する際の重要な要素の 1 つに, a の値を反復ごとにどのように変えていくか, ということがある. ある $a=f(y)$, $y\in\mathrm{Int}\,\Omega$ が与えられたとき, $\hat{x}(a)$ に十分近い点 (「ウォーム」スタート (warm start) と呼ばれる) からシステム $\nabla_x F(x,a)=0$ に対するニュートン法の 1 反復, すなわち,
$$\tilde{x}-\hat{x}-[\nabla_{xx}F(x,a)]^{-1}\nabla_x F(x,a)$$
を行う. そのあと a を更新するわけだが, a として $\hat{a}$ を使うと, 新しい近似解 $\tilde{x}$ が再びシステム $\nabla_x F(x,\hat{a})=0$ に対するウォームスタートとなっているようにできることが知られている. ギャップ $\Delta(a)=a-f(x^*)$ は倍率 $0<q_n<1$ で縮小していく. ここで q_n は問題のサイズにのみ依存する定数である (Gonzaga, 1992 ; Renegar, 1988).

さて, MIDF を使う修正中心法では, 計算プロセスは次の 3 つで制御される. すなわち, 中心 (あるいは目的関数値), バリア変数, それにラグランジュ変数である. この方法は, 退化していない制約付最適化問題にたいして, たとえ中心とバリア変数が両者ともに固定されてい

るとしても，主双対最適解に1次収束をする．

任意の $k>0$ に対して RFS は
$$\Omega(y) = \{x \mid g_i(x) \geq 0, i=1,\cdots,m ; f(x) \leq f(y)\}$$
$$= \{x \mid k^{-1}[\ln(kg_i(x)+f(y)-f(x))$$
$$-\ln(f(y)-f(x))] \geq 0$$
$$i=1,\cdots,m ; f(y) > f(x)\}$$

と表せる．したがって，次の問題

最小化 $-\ln[f(y)-f(x)]$

条件 $k^{-1}[\ln(kg_i(x)+f(y)-f(x))$
$$-\ln(f(y)-f(x))] \geq 0$$
$$i=1,\cdots,m$$

は (1), (2) と等価である．等価問題 (13), (14) は単調変換を目的関数 (1) と制約 (2) に施すことによって得られ，古典的ラグランジュ関数は
$$F(x,y,\lambda,k) = (-1+k^{-1}\sum\lambda_i)\ln[f(y)-f(x)]$$
$$-k^{-1}\sum\lambda_i\ln[kg_i(x)+f(y)-f(x)]$$

であり，これは $F(x,a)$ に対する MIDF である．また，$H(\boldsymbol{x},a)$ に対する MIDF は
$$H(x,y,\lambda,k) = (1-k^{-1}\sum\lambda_i)[f(y)-f(x)]^{-1}$$
$$+k^{-1}\sum\lambda_i[kg_i(x)+f(y)-f(x)]^{-1}$$

である．これは目的関数および制約に対して $t \to 1/t$ の変換を施して得られる等価問題の古典的ラグランジュ関数である．MIDF とその微分は最適解において存在し，KKT 条件を満たすペア $(\boldsymbol{x}^*, \lambda^*)$ は P1～P3 に類似の条件を満たす．

この MIDF は，P1～P3 に類似の性質をもつため，次の修正中心法が可能となる．いま，$y \in \text{Int } \Omega$, $k>0$ を十分大きな数とし，$\varepsilon = (1,\cdots,1) \in \mathcal{R}^m$ とする．また，$t \leq 0$ のとき $\ln t = -\infty$ とする．修正中心法は次のようにして2つの点列 $\{x^s\}$, $\{\lambda^s\}$ を生成する．

$$x^{s+1} = \text{argmin}\{F(x,y,\lambda^s,k) \mid x \in \mathcal{R}^n\} \quad (15)$$

$$\lambda^{s+1} = \text{diag}\left\{\frac{f(y)-f(x^{s+1})}{kg_i(x^{s+1})+f(y)-f(x^{s+1})}\right\}\lambda^s \quad (16)$$

中心 $y \in \text{Int } \Omega$ およびバリア変数 $k>0$ を固定したとき，もし (1), (2) に対する2次の最適性条件が満たされれば，主双対変数列 $\{\boldsymbol{x}^s, \lambda^s\}$ は最適解 $\{\boldsymbol{x}^*, \lambda^*\}$ に1次収束し，次の評価が可能である．

$$\max\{\|x^{s+1}-x^*\|, \|\lambda^{s+1}-\lambda^*\|\}$$
$$\leq ck^{-1}[f(y)-f(x^*)]\|\lambda^s-\lambda^*\|$$

ただし，c は k および $\boldsymbol{y}$ には無関係な定数である．

ラグランジュ変数の更新のあとの MBF の無制約最適化は重み付き古典的バリア項を加えたシフトされた双対目的関数の無制約最適化と等価である (Jensen and Polyak 1994; Teboulle, 1993)．すなわち，主問題に対する MBF は双対問題に対する内点法に等価である．これは数値計算の立場からは非常に重要である．なぜならこのおかげで，関数の滑らかさを保ち，主変数の無制約最適化にニュートン法を用い，さらに主双対問題の制約付最適化がもつ組合せ的性質を消し去ることができるからである．

最後に，MBF 法は，双対問題にエントロピー的なカーネルを用いたプロック法（Prox method）に等価である (Teboulle, 1993)．

⇒計算複雑度，内点法，非線形計画法．

[Roman A. Polyak/村松正和]

参考文献

[1] Bertsekas, D. (1982). *Constrained Optimization and Lagrange Multipliers Methods*, Academic Press, New York.

[2] Carroll, C. (1961). "The created response surface technique for optimizing nonlinear restrained systems," *Operations Research*, 9, 169–184.

[3] Fiacco, A.V. and McCormick, G.P. (1968). *Nonlinear Programming: Sequential Unconstrained Minimization Techniques*, John Wiley, New York.

[4] Frisch K. (1955). "The logarithmic potential method of convex programming," Technical Memorandum, May 13, University Institute of Economics, Oslo.

[5] Gonzaga, C. (1992). "Path Following Methods for Linear Programming," *SIAM Review*, 34, 167–224.

[6] Hestenes, M. (1969). "Multiplier and gradient methods," *Jl. Optimization Theory & Applications*, 4, 303–320.

[7] Huard, P. (1967). "Resolution of Mathematical Programming with Nonlinear Constraints by the Method of Centers" in *Nonlinear Programming*, J. Abadie, ed., North-Holland, Amsterdam.

[8] Jensen, D. and Polyak, R.P. (1994). "The convergence of the modified barrier method for convex programming," *IBM Jl. R&D*, 38, 307–321.

[9] Karmarkar, N. (1984). "A New Polynomial-time Algorithm for Linear Programming," *Combinatorica*, 4, 373–395.

[10] Mangasarian, O. (1975). "Unconstrained Lagrangians in Nonlinear Programming," *SIAM Jl. Control*, 13, 772–791.

[11] Melman, A. and Polyak R. (1994). "The Newton Modified Barrier Method for QP," ORE Report 94111, George Mason University, Fairfax, Virginia.

[12] Nesterov, Yu. and Nemirovskii, A. (1994). *Interior Point Polynomial Algorithms in Convex Programming*. SIAM Studies in Applied Mathematics, Philadelphia.

[13] Polyak, R. (1986). *Controlled processes in extremal and equilibrium problems*, VINITY, Moscow.

[14] Polyak, R. (1991). "Modified Interior Distance Functions and Centers Methods," Res. Report 17042, IBM T.J. Watson Research Center, New York.

[15] Polyak, R. (1992). "Modified Barrier Functions

(Theory and Methods)," *Mathematical Programming*, 54, 177–222.
[16] Powell, M. (1969). "A Method for Nonlinear Constraints in Minimization Problems," in *Optimization*, R. Fletcher, ed., Academic Press, New York.
[17] Powell, M. (1992). "Some Convergence Properties of the Shifted Log-Barrier Method for Linear Programming," Numerical Analysis Report DAMTP 1992/NA7, Univ. of Cambridge.
[18] Renegar, J. (1988). "A polynomial-time algorithm, based on Newton's method for linear programming," *Mathematical Programming*, 40, 59–93.
[19] Rockafellar, R.T. (1974). "Augmented Lagrange Multiplier Functions and Duality in Nonlinear Programming," *SIAM Jl. Control & Optimization*, 12, 268–285.
[20] Smale, S. (1986). "Newton method estimates from data at one point" in *The Merging of Disciplines in Pure, Applied and Computational Mathematics*, R. Ewing, ed., Springer-Verlag, New York/Berlin.
[21] Teboulle, M. (1993). "Entropic proximal mappings with application to nonlinear programming," *Mathematics of Operations Research*, 17, 670–690.

パレート最適解
Pareto-optimal solution

多目的問題に対する解の実行可能な変動が，他の目的は悪化させるものの，1つの目的は改善するとき，そのような解はパレート最適と呼ばれる．⇒効率的な解．

ハンガリア法
Hungarian method

割当て問題の解法の1つで，ハンガリー生まれの数学者 König が証明し，後に同じくハンガリーの数学者 Egerváry によって一般化された定理を用いたものである．A を行列とし，m を A の独立なゼロ成分の数とすると，縦横合計 m 本の線を行列上に引くことによって，A のすべてのゼロ成分を被覆することができる，というのがこの定理の内容である（行列の成分の集合が独立であるとは，その中のどの2つも，同一の行または同一上にはないことを意味する）．

半強準凹関数
semi-strictly quasi-concave function

関数 $f(\cdot)$ と点 $x, y \in X$，ここで $x \neq y$，X は凸，が与えられたとき，「$f(y) > f(x)$ ならば，すべての $0 < \lambda < 1$ に対して $f(\lambda x + (1-\lambda) y) > f(x)$」が成り立つ場合，$f$ は半強準凹関数であるという．⇒凹関数，準凹関数，狭義準凹関数．

半強準凸関数
semi-strictly quasi-convex function

関数 $f(\cdot)$ と点 $x, y \in X$，ここで $x \neq y$，X は凸，が与えられたとき，「$-f(y) > -f(x)$ ならば，すべての $0 < \lambda < 1$ に対して $-f(\lambda x + (1-\lambda) y) > -f(x)$」が成り立つ場合，$f$ は半強準凹関数であるという．⇒凹関数，凸関数，準凹関数，準凸関数，狭義準凹関数，狭義準凸関数．

犯罪と司法
Crime and Justice

はじめに

犯罪と司法を研究している OR/MS の研究者は少数である．また犯罪・司法研究者のうち OR/MS の正確な知識をもっている者も多くはない．しかし OR/MS の研究者は犯罪の問題を意思決定者が扱いやすいように手法を作り直してきた．

OR/MS の導入は犯罪と司法の定量的な議論において認識されつつある．これによってより正確でわかりやすい犯罪の記述が行われ，しばしば犯罪防止策の提案と実行に貢献してきた．また OR/MS の導入は犯罪司法政策の実行・分析・判断の科学的厳密性を高めた．

OR/MS のいくつかの手法が犯罪と司法の問題がもとになって開発されたことはあまり知られていない．19世紀初頭にフランスは犯罪司法に関する統計を集めて (Daston, 1988)，統計学者はそのデータを分析する新しい手法を考案した．Simeon Denis Poisson がフランスの裁判における有罪の比率をモデル化しながら，どのように彼の名を冠した統計分布を見つけたのかを Stingler (1986) は述べている．Hacking (1990) は犯罪の手がかりに関する陪審の信頼性のモデリングから，Poisson がどのように大数の法則を見つけたのかを記している．司法と犯罪に関する現代の OR 手法の開発は，OR 研究者とシステムアナリストがこの分野への進出を目指した1960年代の半ばに始まる (STTF, 1967)．その後の OR/MS 手法の発展は最近のサーベイ論文 (Maltz, 1994) に述べられているとおりである．ここでは，この分野において OR/MS の果たしてきた顕著な役割についていくつか述べる．特に，犯罪統計，犯罪者行動分析，犯罪司法システムにおける OR/MS の応用について議論する．また待ち行列理論と最適化手法の適用や OR/MS による犯罪学者の結果の再検討についても述べる．

殺　人 (homicide)

犯罪について議論するとき，最も重大な犯罪である殺人から始めるのが自然であろう．FBI は 10 万人あたりの年間の殺人による死亡率を評価すれば十分であろうと考えた．その数は十分安心すべきものであった．すなわち，もし去年 10 万人あたり 50 人が殺人によって死亡していたとすれば，残りの 9 万 9950 人は殺人の被害を受けなかったということになる．デトロイト市が 1973 年にこの殺人率を調査したとき，*The New York Times* 誌は次のように書いている．「もしデトロイトに住むならば隣人に殺されない賭け率は 2000：1 である．デトロイト市の殺人統計の見通しを調査する楽観主義者は，この賭け率が満足すべきものであると主張するであろう」

しかし，OR/MS 研究者は次のような疑問を提示した．なぜ 1 日当たり，1 か月当たり，もしくは 10 年あたりではなく，1 年当たりの殺人率で評価するのか？　都市住民が生涯にわたって殺人に巻き込まれる危険にさらされているならば，人の寿命を基準として計算するのが自然であろう．そして年間の殺人による死亡率が 1/2000 ならば，人生 70 年として生涯の殺人による死亡率はなんと 1/28 である (!!)(Barnett, Kleitman and Larson, 1975 ; Barnett, Essenfeld and Kleitman, 1980 ; Barnett and Schwartz, 1989).

人の寿命を基準として殺人による死亡率を計算する方法は一般的になりつつある．現在，殺人は悲劇やほとんど起こりえない現象とはいえ，重大な公共的健康問題であるということは広く認識されている．

犯罪者の行動 (offender behavior)

公共政策の観点から，少数の犯罪常習者による犯罪と，ほとんど犯罪とかかわりのない人によるそれは区別して取り扱われる．OR/MS 研究者は犯罪者の数，特に逮捕歴のない初犯の犯罪者の数を把握することに努力してきた (Greene and Stollmack, 1981 ; Greene, 1984). 犯罪者の数はその発生回数や犯罪の種類によって様々である (Chaiken and Chaiken, 1982). 犯罪司法に関する OR/MS の主たる貢献は，個人の犯罪行動と犯罪者の犯罪行動を関連付ける簡明なモデルを構築したことである．

ほとんどの犯罪者は決まった計画にしたがって犯罪を犯すわけではない．彼らの犯罪行動の発生に関する性質はほとんど明らかでないが，犯罪集団による犯罪総数がポアソン分布モデルによって説明できることだけはいえそうである．正規分布が連続過程を集計するために用いられるのに対して，ポアソン分布は離散過程において用いられる．

Shinnar and Shinnar (1975) は，単純な犯罪と処罰のモデルを考案した．ここで，犯罪者歴 T 年のある犯罪者が年間平均 λ のポアソン分布にしたがって犯罪を犯すものと仮定する．もし彼が逮捕されなければ，T 年間に λT 回犯罪を起こすであろう．1 回の犯罪当たり逮捕される確率を q，逮捕されたときの刑罰が懲役刑となる確率を Q，懲役刑の場合の平均投獄期間を S と置く．もし T が S に対して十分長く定常状態にあるとすれば，懲役刑を終えてから再び逮捕されて懲役刑に服するまでの期間は平均 $1/(\lambda qQ)$ である (図 1). すると，懲役刑による投獄のために，T 年間のうち $(1/\lambda qQ)/(1/\lambda qQ + S)$ が彼の自由な犯罪活動に当てられる．また，投獄によって彼の起こす犯罪回数は $S/(1/\lambda qQ + S)$ の割合で減少することになる．

このモデルではいくつかの大きな単純化が行われている (たとえば，犯罪者としての期間 T は，実際の刑罰政策とは無関係であるとしている). しかし，このモデルの式には犯罪司法システムのすべての基本的な要素が組み込まれている．すなわち，犯罪者 (犯罪発生確率 λ), 警察 (逮捕確率 q), 司法 (懲役刑を科す確率 Q), 矯正制度 (投獄期間 S) である．モデルは特に予測することの困難なデータ (犯罪者の逮捕，判決，前科など) を集計する人々にも示唆を与えた．Blumstein らのような OR/

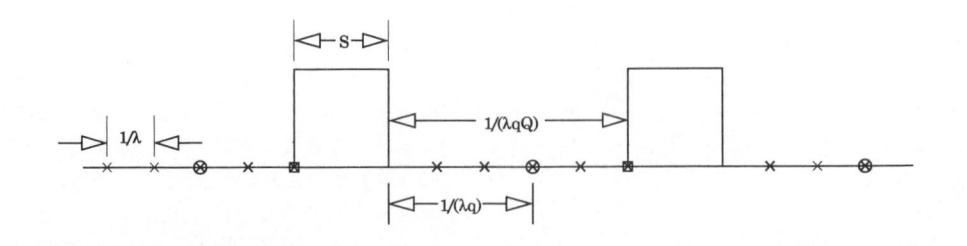

×　犯罪 (年平均 λ 回)
⊗　逮捕 (年平均 λq 回)
⊠　逮捕-有罪-投獄 (年平均 λqQ 回)
S　投獄期間

図 1

MS研究者は個人の犯罪歴の記録の項目を増やすことに努力してきた（Blumstein, Cohen, Roth and Visher, 1986）．それらの項目とは，犯罪行動を起こす可能性のある人々の割合い，犯罪者として活動する期間中の犯罪活動回数，ある犯罪を専門とする期間，犯罪者としての期間などである．ある単純なモデルにおいて，犯罪者の活動期間は次の4つのパラメータで表される．全人口のうち普通の市民を犯罪者へ勧誘する犯罪者の割合い P，はじめて犯罪を起こす年齢 A，自由に活動している場合の年間あたりの犯行回数 λ，犯罪者としての活動を止める1年間あたりの確率 ρ である．このマクロモデルは，様々な人口分布をこれらのパラメータに当てはめることによって，犯罪者の多様性を表すことができる（犯罪種類の分布については，たとえばChaiken and Chaiken (1982) などで述べられている）．たとえばロンドンの犯罪者は，ρ よりも λ の差が大きいようである（Barnett, Blumstein and Farrinton, 1987）．これは，彼らの犯罪者期間の差は犯罪活動の頻度よりも大きくないことを表している．

図1に表されているように，多くの犯罪者は「矯正」施設に収監されたことがあるにもかかわらず，その後犯罪を起こし続ける．しかし全員がそうであるとは限らず，犯罪者の再犯は犯罪司法研究において重要な問題である．OR/MS研究者たちは，犯罪者が将来再び犯罪を起こす可能性を評価するモデルの作成に努力してきた（Stollmack and Harris, 1974；Harris, Kaylan and Maltz, 1981；Maltz, 1984；Ellerman, Sullo and Tien, 1992）．これらの柔軟で数学的な技術は個人の犯罪についての予測に役立っている．

犯罪司法システム

OR/MS研究者は，数学モデルを用いて警察，司法，矯正機関の3組織のそれぞれの政策変更が他へ影響を及ぼすことを反映した犯罪司法システムの概念について述べている（STTF, 1967）．たとえば犯罪者逮捕数の増加は裁判所の混雑と刑務所の囚人数の増加を招き，その結果囚人数を減らすための改善プログラムが求められるようになるであろう．このようなフィードバック効果を組み込んだ初期のモデルにJUSSIMがある（Belkin, Blumstein, Glass and Lettre, 1972）．JUSSIMはその後改良され，米国司法省によって開発されたソフトウェアは広く使われている（ILJ, 1991）．

犯罪司法システムが有効で効率のよい犯罪防止策を提示できることが期待されている中で，この目標は果たして達成可能かどうかという議論が湧き上がった．犯罪司法システム（criminal justice system：CJS）の目標は，犯罪者の犯罪行動を〈思いとどまらせ〉て，懲役刑によって彼らの権利を〈制限〉し，さらには将来再び犯罪を起こさないように〈再教育〉をすることにある．このシステムによって犯罪者が出所後により一層狂暴になり，残忍な犯罪を起こす可能性を大きくすることがあるかもしれない．このため，CJSの全体の効果を見るための統計データの分析（Blumstein, Cohen and Nagin, 1978；Blumstein, Cohen, Roth and Visher, 1986）が，実際の犯罪司法の運用を評価する作業とともに行われている（Barnett, 1981）．

待ち行列モデル

犯罪発生率が地区や日によって異なることはよく知られている．OR/MS研究者は，警察への通報記録にもとづいた犯罪の発生の分布確率モデルを作成した（Larson, 1972；Chelst, 1978）．このモデルと待ち行列に関する知識から大きな問題点が明らかになった．すなわち，通報のランダム性が通報に対するサービス反応時間の大きな遅れの原因になっているのである．たとえば1時間に6回のランダムな通報は10分間に一定間隔の6回の通報よりもサービスへの反応が遅くなる．

待ち行列理論は警察の巡回の割当てのために用いられている．超立方体待ち行列モデル（Larson, 1974；Larson and Odoni, 1981；Larson and Rich, 1987）のような定式化やRAND's Patrol Car Allocation Model（Chaiken and Dormont, 1978）は，警察の戦略の違いが通報への平均反応時間の長さや警官の配置などに大きく影響を与えることを明らかにした．多くの米国の都市で警官の配置に利用されているこのモデルは，パトロールカーの数や規則を変化させて，いくつかの異なる戦略ごとの効果の違いをディスプレイ上で見ることを可能にした．現在のOR/MSの結果は通報へのサービスについての優先順序の付け方や派遣すべきパトロールカーの数を提示することを可能にした（Green and Kolesar, 1984）．これらのレビューはSwersey (1994) によってまとめられている．

最　適　化

OR/MSの最も得意とする最適化は，犯罪司法においては比較的小さな役割しか果たしていない．たとえば刑罰政策について最適化は限られた成功を収めているにすぎない．個々の犯罪発生についての仮定と戦略へ与える感度の違いをもとに，Blumstein and Nagin (1978), Barnett and Lofaso (1986) は刑務所の広さに関する最適配置について述べている．しかしこれらの仮定の検証は（モデルのパラメータの推定は別として），モデルが必ずしもうまく機能していないことを明らかにした．矯正政策の変化が囚人数に与える影響の推定についての試みは囚人数の予測を与える．しかしその予測はモデルの有効性をすぐに示すものではない（Blumstein, Cohen and

Miller, 1980；Barnett, 1987）．

おそらく最も有名な OR/MS の提案する最適刑罰方法は，Greenwood の「選択的権利剥奪」(selective incapacitation) 法であろう．この方法は，7つの危険な要素のうち4つ以上をもつと判断された犯罪者は重い刑を受けるべきであると主張するものである（Greenwood, 1982；Chaiken and Rolph, 1980）．しかしデータ分析からは，この方法の実行の難しさが明らかにされており（Chaiken and Chaiken, 1982；Greenwood and Turner, 1987），「フォルスポジティブズ」（釈放の許されない将来重大な犯罪を起こす可能性のある受刑者）の存在も問題となっている．このような受刑者の存在は，「推測による刑の宣告」や刑の軽減が行われにくいことに対する論争を生んでいる．

Caulkins (1993 a, b) は不正な薬物使用に対する刑の宣告の評価に OR/MS の手法を用いた．彼は，「容赦のない刑罰」が麻薬犯罪を抑制することができず，結果的に売人と麻薬使用者を麻薬から遠ざけるどころか，より重大な犯罪へ導いていると指摘している．また彼は麻薬売買地区における期間を限定した取り締まりが，活動の減少を生む条件についても論じている．Caulkins の研究は，数学的手法を用いていない．彼は麻薬犯罪者の行動について一見もっともらしい仮説を受け入れるならば，これまでの政策は無意味になることを明らかにしたのである．

あいまいさを含むデータの判断

しばしば OR/MS 研究者は犯罪司法システムについて言及しなかった事柄によって貢献してきた．OR/MS 研究者はあいまいさ（個々の実際のパターンが幅広い可能性を有する場合）を含んだデータに取り組んできた．あるデータについてわれわれが最も飛びつきやすい解釈のみが実行可能なものとして取り扱われようとするときに，彼らはそれに待ったをかけることになる．そのような事例を次に4つあげる．

最初の事例は，1970年代初頭のカンザスシティーの警備パトロールの実験に関するものである．パトロールカーは，緊急通報があるまで担当地区をでたらめに巡回することになっており，このことはパトロールカーが市民と犯罪者の目に触れる回数を増やすことによって，犯罪の予防に効果があるとされてきた．しかしこの効果はカンザスシティー以外でパトロールカーがでたらめに巡回する地区とまったく巡回しない地区に分けて実験をしたときに疑問視された．巡回地区ごとの犯罪発生率も市民のパトロールカーの認識回数も実験中に変化がなければ巡回の犯罪予防効果に疑問を呈するのも無理はない．

しかし Larson (1975) は，詳細な計算をもとに，この実験がカンザスシティーの条件とまったく異なっていたことを明らかにした．犯罪多発地区を巡回するパトロールカーは，そうでない地区からの通報に応答して目的地へ行くのに多くの時間を必要とした．そしてこの通報は犯罪多発地区をからっぽにしてしまう．結果として，パトロールカーが犯罪防止のための巡回に当てられる時間は非常に少なかったのである．Larson はこの例で犯罪率とパトロールカー認識率が変化しなかった原因として，警察の活動そのものがほとんど変化していなかったことにあると推測した．

2番目の例では，逮捕された犯人の年齢に関するものである．逮捕者の年齢分布をグラフにすると，10代後半にピークをもつことがわかっている．このグラフから，たとえば30歳の犯罪者に長期間の禁固刑を与えるのは，費用の点で効果的でないという見解が出された．30歳の犯人は青年期よりも活動的でなく，刑期を終えたあとは反社会的な行動を起こす可能性は低いだろうと考えられるからである．

しかし Blumstein, Cohen and Hsieh (1982) は，そのような分析は誤りに陥りやすいことを指摘した．確かに逮捕者全体の年齢分布は10代後半が最も多いが，このことを個々の犯罪者にそのまま当てはめることはできない．犯罪者の個人の経歴の研究から，年齢による逮捕者数の減少は，年齢が進むにつれて犯罪者の犯罪活動の活発さを失うことを反映したものではなく，むしろ犯罪活動から引退する割合が増加することによることが明らかになった．統計的に，30歳で逮捕された犯罪者は自由の身になったら，彼の後継者を犯罪者として教育することと，犯罪活動を継続することの両方を期待されるであろう．

米国で1970年代半ばに死刑復活に関する議論が盛んなころ，一部の経済学者は歴史的な分析をもとに，死刑が殺人の発生に与える影響について研究を進めていた．そこで開発されたモデルは，1つの死刑が8つの殺人を思いとどまらせると主張するものであり，この発見は連邦最高裁判所に支持された．しかし Barnett (1981) はその経済モデルについて疑問を抱いた．彼は，そのモデルにおける殺人発生レベルの誤差がポアソン確率で与えられていることに着目し，米国の州ごとに殺人発生数の推定を行ってみた．すると推定値は予期しない原因による誤差を含んでおり，しかも誤差はモデルで想定された大きさよりもはるかに大きかったのである．Barnett はこのモデルが誤差が大きいことから実用にはならないことを結論付けた．

最後の例は，青少年の非行防止のための留置に関する法律についての研究から生まれたものである．その研究は，少年院に送られた少年は，彼が留置期間中に矯正されてなかったとしても，少年院に送致される前よりも出所したあとのほうが逮捕される回数が少ないというもの

であった．逮捕の減少は，留置による犯罪活動の抑制効果が強く働いているためと解釈された．

しかし Maltz and Pollock (1980) は，別の可能性を示唆した．もし，少年が一定の頻度で犯罪を犯し，1回の犯罪あたりの逮捕される確率が変わらないとしても，彼の逮捕に関する運・不運は，実際の逮捕率に影響を与える．警察当局者は逮捕すると少年院に送りたがるものである．そして少年院が矯正に効果がなかったとしても，彼の少年院出所後の逮捕は，以前の不運にも高い確率と比較して，減少しがちである．Tierney (1983) は改良された研究を発表したが，それでも抑制効果がまったく幻想であることを示しているにすぎない．

これらの4つの例は，OR/MS を犯罪司法のデータに適用する方法を示している．しかしデータは集計された形で与えられるので，これらはより細かい段階での情報を与えてくれるわけではない．OR/MS 研究者は問題の「分子構造」を研究することの重要性を忘れてはならない．

注意すべき点

これを書いている1994年は米国の犯罪問題がかつてないほど深刻なときであり，このような状況でOR/MSの公共安全への適用の数を調べることは簡単ではない．OR/MS は犯罪問題により深い理解をもたらし，犯罪司法システムと相互に影響を与えあってきた．しかし，犯罪というものは精神的，文化的，経済的，社会的な原因を持つものであるから，数学モデルの適用が期待される場面にはある程度の限界がある．

⇒ 救急サービス，超立方体待ち行列モデル，政策評価，公共政策分析，待ち行列理論．

[Arnold Barnett, Michael D. Maltz/三浦英俊]

参考文献

[1] Barnett, A. (1981). "The Deterrent Effect of Capital Punishment: A Test of Some Recent Studies." *Operations Research* 29, 346–370.

[2] Barnett, A. (1987). "Prison Populations: A Projection Model." *Operations Research* 35, 18–34.

[3] Barnett, A., A. Blumstein, and D.P. Farrington (1987). "Probabilistic Models of Youthful Criminal Careers." *Criminology* 30, 83–108.

[4] Barnett, A., E. Essenfeld, and D.J. Kleitman (1980). "Urban Homicide: Some Recent Developments," *Jl. Criminal Justice* 8, 379–385.

[5] Barnett, A., D.J. Kleitman, and R.C. Larson. 1975. "On Urban Homicide: A Statistical Analysis." *Jl. Criminal Justice* 3, 85–110.

[6] Barnett, A., and A.J. Lofaso (1986). "On the Optimal Allocation of Prison Space." In A.J. Swersey and E. Ignall, eds. *Delivery of Urban Services*. TIMS Series in the Management Sciences, 22, 249–268, Elsevier-North Holland, Amsterdam.

[7] Barnett A., and E. Schwartz (1989). "Urban Homicide: Still the Same." *Jl. Quantitative Criminology* 5, 83–100.

[8] Belkin, J., A. Blumstein, W. Glass and M. Lettre (1972). "JUSSIM: An Interactive Computer Program and Its Uses in Criminal Justice Planning." In G. Cooper, ed., *Proceedings of International Symposium on Criminal Justice Information and Statistics Systems*. Project SEARCH, Sacramento, 467–477.

[9] Blumstein, A., J. Cohen and P. Hsieh (1982). *The Durations of Adult Criminal Careers*. Final Report to National Institute of Justice, Carnegie-Mellon University, Pittsburgh.

[10] Blumstein, A., J. Cohen, and H. Miller (1980). "Demographically Disaggregated Projections of Prison Populations." *Jl. Criminal Justice* 8, 1–25.

[11] Blumstein, A., J. Cohen, and D. Nagin, eds. (1978). *Deterrence and Incapacitation: Estimating the Effects of Criminal Sanctions on Crime Rates*. National Academy of Sciences, Washington, D.C.

[12] Blumstein, A., J. Cohen, J.A. Roth, and C. Visher, eds. (1986). *Criminal Careers and "Career Criminals."* Vols. I and II, National Academy of Sciences, Washington, D.C.

[13] Blumstein, A. and D. Nagin (1978). "On the Optimum Use of Incarceration for Crime Control." *Operations Research* 26, 383–405.

[14] Cassidy, R.G. (1985). "Modelling a Criminal Justice System." In D.P. Farrington and R. Tarling, eds. *Prediction in Criminology*. State University of New York Press, Albany.

[15] Caulkins, J. (1993a). "Zero-Tolerance Policies: Do They Inhibit or Stimulate Illicit Drug Consumption?" *Management Science* 39, 458–476.

[16] Caulkins, J. (1993b). "Local Drug Markets' Response to Focused Police Enforcement." *Operations Research* 41, 843–863.

[17] Chaiken, J.M. and M.R. Chaiken (1982). *Varieties of Criminal Behavior*. Report R-2814-NIJ, The Rand Corporation, Santa Monica, California.

[18] Chaiken, J.M., and P. Dormont (1978). "A Patrol Car Allocation Model: Background, Capabilities, and Algorithms." *Management Science* 24, 1280–1300.

[19] Chaiken, J.M. and J. Rolph (1980). "Selective Incapacitation Strategies Based on Estimated Crime Rates." *Operations Research* 28, 1259–1274.

[20] Chelst, K. (1978). "An Algorithm for Deploying a Crime-Directed (Tactical) Patrol Force." *Management Science* 24, 1314–1327.

[21] Daston, L. (1988). *Classical Probability in the Enlightenment*. Princeton University Press, New Jersey.

[22] Ellerman, P., P. Sullo, and J.M. Tien (1992). "An Alternative Approach to Modeling Recidivism Using Quantile Residual Life Functions." *Opera-

tions Research 40, 485–504.
[23] Green, L. and P. Kolesar (1984). "A Comparison of Multiple Dispatch and M/M/C Priority Queueing Models of Police Patrol." *Management Science* 30, 665–670.
[24] Greene, M.A. (1984). "Estimating the Size of the Criminal Population Using an Open Population Approach." *Proceedings of the American Statistical Association, Survey Methods Research Section*, 8–13.
[25] Greene, M.A. and S. Stollmack (1981). "Estimating the Number of Criminals." In J.A. Fox, ed., *Models in Quantitative Criminology*. Academic Press, New York, 1–24.
[26] Greenwood, P.W. (with A. Abrahamse) (1981). *Selective Incapacitation*. Report R-2815-NIJ, The Rand Corporation, Santa Monica, California.
[27] Greenwood P.W., and S. Turner (1987). *Selective Incapacitation Revisited: Why the High-Rate Offenders are Hard to Predict*. Report R-3397-NIJ, The Rand Corporation, Santa Monica, California.
[28] Hacking, I. (1990). *The Taming of Chance*. Cambridge University Press, England.
[29] Harris, C.M., A.R. Kaylan, and M.D. Maltz (1981). "Recent Advances in the Statistics of Recidivism Measurement." In J.A. Fox, ed., *Models of Quantitative Criminology*. Academic Press, New York, 61–79.
[30] Institute for Law and Justice (1991). "CJSSIM: Criminal Justice System Simulation Model: Software and User Manual." Institute for Law and Justice, Alexandria, Virginia.
[31] Larson, R.C. (1972). *Urban Police Patrol Analysis*. MIT Press, Cambridge, Massachusetts.
[32] Larson, R.C. (1974). "A Hypercube Queueing Model for Facility Location and Redistricting in Urban Emergency Services." *Jl. Computers & Operations Research* 1, 67–95.
[33] Larson, R.C. (1975). "What Happened to Patrol Operations in Kansas City?: A Review of the Kansas City Preventive Patrol Experiment." *Jl. Criminal Justice* 3, 267–297.
[34] Larson, R.C. and A.R. Odoni (1981). "The Hypercube Queueing Model." In *Urban Operations Research*, Prentice-Hall, Englewood Cliffs, New Jersey, 292–335.
[35] Larson, R.C. and T. Rich (1987). "Travel Time Analysis of New York City Police Patrol Cars." *Interfaces* 17, 15–20.
[36] Maltz, M.D. (1984). *Recidivism*. Academic Press, Orlando, Florida.
[37] Maltz, M.D. (1994). "Operations Research in Studying Crime and Justice: Its History and Accomplishments." In S.M. Pollock, A. Barnett, and M. Rothkopf, eds. *Operations Research and Public Systems*. Elsevier, Amsterdam.
[38] Maltz, M.D. and S.M. Pollock (1980). "Artificial Inflation of a Delinquency Rate by a Selection Artifact." *Operations Research* 28, 547–559.

[39] Morgan, P.M. (1985). *Modelling the Criminal Justice System*. Home Office Research and Planning Unit Paper 35, Home Office, London.
[40] STIF: Science and Technology Task Force (1967). *Task Force Report: Science and Technology*. President's Commission on Law Enforcement and the Administration of Justice, US Government Printing Office, Washington, D.C.
[41] Shinnar, R. and S. Shinnar (1975). "The Effects of the Criminal Justice System on the Control of Crime: A Quantitative Approach." *Law and Society Review* 9, 581–611.
[42] Stollmack, S. and C. Harris (1974). "Failure-rate Analysis Applied to Recidivism Data." *Operations Research* 22, 1192–1205.
[43] Stigler, S.M. (1986). *The History of Statistics: The Measurement of Uncertainty before 1900*. The Belknap Press of Harvard University Press, Cambridge, Massachusetts.
[44] Swersey, A.J. (1994). "The Deployment of Police, Fire, and Emergency Medical Units." In S.M. Pollock, A. Barnett, and M. Rothkopf, eds. *Operations Research and Public Systems*. Elsevier, Amsterdam.
[45] Tierney, L. (1983). "A Selection Artifact in Delinquency Data Revisited." *Operations Research* 31, 852–865.

反　復

iteration

アルゴリズムのステップのことを反復という．線形計画問題を解くためのシンプレックス法を例にとれば，1回の反復は以下のステップからなる．(1) 基底に取り入れる変数を選んで基底から追い出す変数と入れ替える，(2) 新たな実行可能基底の逆行列を求める，(3) 新たな実行可能解が最適条件を満たすかどうかを調べる．

ひ

非アルキメデス的数
non-Archimedean number

アルキメデスの公理を満たさない数．これは目標計画法における preemptive なプライオリティーを設定する場合，線形計画問題の実行可能基底を求めるための「ビッグM法」，そしてデータ包絡法における微小量を選ぶときに表れる．⇒ ビッグM法，包絡分析法，目標計画法．

PERT

事象指向型のプロジェクトネットワーク図法で，計画やスケジューリングの作成に用いられる．⇒ ネットワーク計画，パート，プロジェクト管理，研究開発．

非一様乱数
random variates

特定の確率分布からのランダムサンプルと見なせるように，コンピュータ上で区間 $(0, 1)$ 上の一様乱数を使って代数的に作り出した数の列．この操作をするための基本的な手続きとしては，逆関数法あるいは確率積分変換法と呼ばれる方法がある．区間 $(0, 1)$ 上の擬似乱数 z と確率変数 X の累積分布関数 (CDF) $F(x)$ が与えられたとして，乱数 x は（理論的には）逆関数法によって

$$x = F^{-1}(z)$$

として発生できる．CDF の逆関数が求められるかぎり，この方法は離散分布でも，連続分布でも，あるいは経験分布に対してでも適用できる．CDF F の逆関数が解析的にも数値的にも求められない場合には，逆関数法以外の方法，たとえば採択-棄却法，畳み込み法，合成法，などが使われる．⇒ モンテカルロ法と分散減少法，確率積分変換法，乱数生成法，離散事象確率システムのシミュレーション．

非基底変数
nonbasic variable

線形計画問題の実行可能基底が与えられたとき，基底に入っているベクトルに対応しない変数のこと．⇒ 基底変数．

非巡回ネットワーク
acyclic network

巡回路（サイクル）を含まないネットワーク．⇒ グラフ理論．

歪対称行列
skew-symmetric matrix

$a_{ij} = -a_{ji}$ のとき，正方行列 $\boldsymbol{A} = (a_{ij})$ は歪対称行列と呼ばれる．したがってすべての対角要素は 0 となる．⇒ 行列と行列代数，対称型ゼロ和2人ゲーム．

非ゼロ和ゲーム
nonzero-sum game

プレイヤーの利得 p_i の和がゼロにならないゲーム．プレイヤー i の利得は，利益であれば正，損失であれば負である．⇒ 利得行列，ゲーム理論，ゼロ和ゲーム．

非線形計画法
Nonlinear Programming

はじめに

〈非線形計画法〉(Kuhn and Tucker (Kuhn, 1991) により作られた用語である）は，非線形関係が制約式 (constraint) や目的関数 (objective function) に現れるような最適化問題に関係した手法の総称として意味されるようになってきた．最大化 (maximization) と最小化 (minimization) は数学的には等価なので，一般性を失うことなく以下のような問題の解 (solution point) や最適値 (optimal value) を求めるものと仮定しても構わない．

　　最小化 $f(\boldsymbol{x})$
　　条件　$g_i(\boldsymbol{x}) \geqq 0$　$(i = 1, \cdots, m)$　　　(P)
　　　　　$h_j(\boldsymbol{x}) = 0$　$(j = 1, \cdots, p)$

この問題の中に現れるすべての関数は実数値とする．変数のとりうる空間は，もっと一般的なものでもかまわないが，ここではよく知られた n 次元ユークリッド空間で，$\boldsymbol{x} \in \boldsymbol{E}^n$ とする．この問題のすべての関数（つまり，f とすべての i と j に関する g_i と h_j）が 線形 (linear)

の場合に（実際には，線形項と定数の和で表現される線形アフィン関数（linear-affine）である場合に）問題（P）は線形計画（linear program）と呼ばれ，(LP) と表記される．

問題（P）のもう1つの大変重要な例は，制約式の g_i や h_j が現れない，あるいは f の定義域のすべての点が実行可能解（feasible solution, 制約式をすべて満足する点を意味する）である場合の問題である．これは制約なし問題（unconstrained problem）と呼ばれ，古典的な数学の問題となる．

いくつかの簡単な例

ピラミッドの最高点を求める問題は，1つの線形計画問題として見ることができる．ピラミッドの側面と底面を含む平面の方程式がわかっているものとしよう．それなら，これらの平面に囲まれた物体としてのピラミッドが本質的に実行可能領域（feasible region）である．われわれの問題は，その領域内で最大の高さを与える点を求めることである．

いくぶん類似の例として1つの湖の最深点を見つける問題がある．湖岸線を制約と考え，その実行可能領域を湖面として，その目的関数を深度と考える．この例は，一般に高次の非線形問題となるかもしれない．

われわれは皆，地図を使うことには慣れているので，もう1つの簡単に理解できる例を考えることができる．それは，考えているある領域で海抜の最大値あるいは最小値を求める問題である．たとえば，ヴァージニア州の最高海抜地点を求める問題を考えよう．その制約は，州の境界線で決まる領域である．海抜の等しいところを結んだ線は，よく地図上に表示される等高線，あるいは数理計画法の用語である（海抜を表す）目的関数の「レベルカーブ」(level curve) となる．このようにして考えると，最大値を与えるあるレベルカーブの上に乗っている点の内で（実行可能領域である）ヴァージニア州の位置の緯度と経度を捜していることになる．これは，問題（P）の形をした非線形問題の実際問題に等しいものとなる．この問題にはたくさんの局所的最大値（local maxima），つまり丘や山頂が存在し，問題（P）を解くために相当の挑戦が行われている．

いくつかの数学的な例

$x \in E^n$ を変数とする連立方程式
$$h_1(x) = 0, \cdots, h_q(x) = 0$$
の1つの解を求めることは，以下の無制約の非線形計画（NLP : nonlinear program）として持ち出されることが多い．

最小化 $\sum_{j=1}^{q} h_j(x)^2$　条件　$x \in E^n$

これは，目的関数をまとめて $h = (h_1, \cdots, h_q)^T$ とベクトル表示し，通常のユークリッドノルムを利用して書き直すと，$\min \| h(x) \|^2$ と等価な問題となる．さらに，有限次元ユークリッド空間における他のノルムに対する形の $\min \| h(x) \|^2$ を求める問題を考えてもよいし，ノルムは非負なので $\min \| h(x) \|$ を求めることとも等価になる．この連立方程式には解がないかもしれないが，書き直した非線形計画問題はこの場合でも別途考えることができ，解が存在すれば，考えているノルムの意味でベクトル $h(x)$ の，ゼロベクトル $\mathbf{0}$ からのずれを意味する「残差」(residual) を，最小化する点を与えてくれる．通常のユークリッドノルムによる $\sum h_j^2$ は，いわゆる「最小2乗」(least-squares) 解を与え，関数 h が微分可能なら，なめらかな（微分可能な）問題を生じさせる方法として最も流行しているといっても過言ではない（他の測り方ではふつうはなめらかにならない）．もし，劣決定系である（underdetermined）ために問題の解がたくさん出てくる場合には，自由度を利用して必要とされる性質を満足する解を求めようとするもしれない．たとえば，

最小化 $\| x \|$　条件　$h(x) = 0$

という制約付き（constrained）の非線形計画の解を求める最小ノルム（minimum norm）問題である．

最小ノルム残差の考えは，非常に効用があることがすぐに分かり，パラメータ推定（parameter estimation）やデータの当てはめ（data-fitting）として知られている回帰（regression）問題，あるいは本質的には1種の曲線当てはめ（curve-fitting）や最短距離問題（minimum distance problem），固有値問題（eigenvalue problem）のような非線形計画問題の種々の重要なクラスに対して解法のもとになっている．回帰の考え方は，測定値ベクトル y を入力データベクトル x とパラメータベクトル α とランダムな測定誤差ベクトル ε の関数として，たとえば $y = F(\alpha, x) + \varepsilon$ の形を推定することである．r 個のベクトル $x^i (i = 1, \cdots, r)$ が起こったときに，それぞれ r 個のスカラー $y_i (i = 1, \cdots, r)$ が測定されるならば，適当な仮定の下で，最小2乗回帰問題（least-squares regression problem）が次のように定式化される．つまり，

$$\min_{\alpha} \sum_{i=1}^{r} [y_i - F(\alpha, x^i)]^2$$

という無制約の非線形計画の解であるパラメータ $\bar{\alpha}$ を見つけようとする．もし，F が線形なら「線形回帰」(linear regression) と呼ばれ，大変よく知られた方法であり，頻繁に使われ豊富な統計的基礎と解釈を備えている．他のノルムを使ってもよい．また，同様の方法に曲線当てはめがあり，これはある関数 F を与えられたいくつかの点の集まりを通るように，あるいは関数 F の制約条件（たとえば，関数 F の境界条件や導関数に関する条件）を導

くもう1つの関数に一致するように関数 F の形を決定する場合に用いられる．このときは，統計理論を持ち出す必要もなく色々なノルムを利用することなしに論じられる．

また，$n \times n$ 実対称行列 A の最小固有値とそのときの固有ベクトルを求める問題は，

最小化 $x^\mathrm{T} A x$　条件 $\|x\|^2 = 1$

という制約付きの非線形計画問題の最適値と最適解をそれぞれ求めることにほかならない．これもまた，最小ノルム型の問題である．さらに，点と点の最短距離，点と直線の最短距離，点と集合の最短距離，あるいはもっと一般に集合 S_1 と集合 S_2 の最短距離を求める問題は，

最小化 $\|x - y\|$　条件　$x \in S_1$,　$y \in S_2$

というかなり自然な制約付きの非線形の問題となる．この考え方の多くの拡張と枝分かれをみることができる．

いくつかの実際の応用

Hancock (1960, p. 151) は「ガウス (Gauss) の原理によれば，力学のすべての問題は最大・最小の問題に帰着される」と述べている．実際，光学，波動力学，量子物理学，天文学，化学，生物学などに現れる原理は，たいてい「極値」(最大，最小) 原理 ("extremal" principle, maximum principle, minimum principle) によって定式化できる．たとえば，最小抵抗路路や最小エネルギー，あるいは最大エントロピーなどである．

非線形計画法の実際の応用は，信じられないくらい広範囲にわたっており，数学・物理学や自然科学・応用科学，あるいは計量経済学や工学統計の周辺分野に現れる回帰問題や曲線当てはめの問題にも利用されている．たとえば，一般化としてパラメータの可能な制約条件を与えたり，高次元へ拡張したり (曲面の当てはめ)，パターン認識や地理学，農学，量子物理学などに応用されている (Hobson and Weinkam, 1979)．1980年代になるや否や Hillier and Lieberman の報告 (1980, Ch. 1) が出され，その中で，最も広く利用されているオペレーションズリサーチの技法は，(主に回帰分析を含む) 統計手法 (statistical technique) とシミュレーション (simulation)，および線形計画法 (linear programming) であると報告している．また，数理計画法 (mathematical programming) の最も重要な応用には，生産管理 (production management) に関するものが数多く見られ (たとえば，利益，品質，能率，有効性などの尺度を最大化するような資源配分を求める問題)，次に財政計画や投資計画に関するものが多いとも述べられている．さらに，コンピュータ上のすべての科学計算の約25%が線形計画法とその計算技法に関係していたと報告している．これらの傾向は，明らかにいまでも続いていると思われる．Winston (1991, p. 51) は，500社にアンケート調査を行い，その回答によれば85%が線形計画を利用していたと報告している．彼の著書の中でも約40%が最適化技法に関することに割かれている．

実際，非線形計画に関するあらゆる研究や教科書の中で重要な今日の応用問題が議論されている．Fletcher (1987, p. 4) では，数値解析や微分方程式はもちろんのこと，構造設計，スケジューリング，混合問題などに関する重要な応用例をあげている．McCormick (1983) は，化学平衡，在庫管理，工学設計，水質汚染管理に現れる問題を解析した．Bazaraa and Shetty (1979, Ch. 1) は，離散最適制御と連続最適制御，機械設計・構造設計，電気網，設備配置に現れる問題を解析した．

非線形計画に対する方法論は，明らかにほぼ1960年代に一斉に始まり，多くの応用研究によって支えられてきた．たとえば，石油精製問題は1960年から1961年の Rosen のアルゴリズムに関する仕事に影響を与え，紙・パルプの製造工程問題は1959年と1961年の Carrol によって提唱された方法を産み出した．また，Bracken and McCormick (1968) によって，入札評価 (bid evaluation)，層化標本 (stratified sampling)，乗用車設計 (launch vehicle design)，高オクタン配合燃料製造最適化 (alkylation process optimization) のような多様な分野に関する一連の事例研究がまとめられている．使われているアルゴリズムは，Carrol の内部バリア関数 (barrier function) と1943年に提案された外部2次ペナルティ関数 (penalty function) にもとづいたものである．これらのアルゴリズムは，Fiacco と McCormick によって1963年に発展・拡張され，Fiacco, Mylander と McCormick によって1965年に逐次制約なし最小化法 (SUMT: sequential unconstrained minimization technique) のコンピュータプログラムとして実用化された (Fiacco and McCormick, 1968, 1990)．

基礎理論

次のようないくつかの重要な異なった問題の分類があることに注意しよう．(i) 1次元か多次元か，(ii) 有限次元 (E^n) か無限次元か (変分解析や最適制御で扱われる)，(iii) 有限個の制約式か無限個の制約式か (「半無限計画法」(semi-infinite programming) で扱われる)，(iv) 無制約か制約付きか，(v) 実数変数 (標準的な非線形計画) か整数変数 (整数計画法 (integer programming)) か，(vi) 凸計画 (convex programming) か非凸計画 (nonconvex programming) か，(vii) 滑らか (微分可能計画) か滑らかでないか (微分不可能計画, nondifferentiable programming)，(viii) 確定的 (deterministic) か確率的 (stochastic) か．

問題 (P) の局所的最小解 (local minimizer) とは，$\bar{x}$ のある近傍の中の任意の実行可能ベクトル x に対し

て，$f(\bar{x}) \leq f(x)$ が成立するような実行可能ベクトル $\bar{x}$ のことと定義される．また，すべての実行可能ベクトル x に対して，$f(\bar{x}) \leq f(x)$ が成立するならば，$\bar{x}$ は大域的最小解 (global minimizer) と呼ばれる．特に，局所的最小解 $\bar{x}$ がある近傍の中の $\bar{x}$ と異なる任意の実行可能ベクトル x に対して，$f(\bar{x}) < f(x)$ を満たすならば，$\bar{x}$ は狭義の局所的最小解 (strict local minimizer) と呼ばれる．さらに，$\bar{x}$ の実行可能なある近傍で $\bar{x}$ が唯一の局所的最小解ならば，$\bar{x}$ は孤立局所的最小解 (isolated local minimizer) とも呼ばれる．

大変重要な基本的結果として，実行可能領域 R が空でないコンパクト集合であれば，任意の連続関数は R 上で実行可能な大域的最小解をもつことがわかる．これは，ワイエルシュトラス (Weierstrass) の与えた結果である．もし，関数 f が $\bar{x}$ で1回連続微分可能 (continuously differentiable) で $\bar{x}$ が無制約の局所的最小解ならば，そのときの勾配ベクトル (gradient vector) については $\nabla f(\bar{x}) = 0$ となることがわかる．さらに，関数 f が2回連続微分可能 (twice continuously differentiable) であれば，任意の局所的最小解 $\bar{x}$ において $\nabla f(\bar{x}) = 0$ であると同時に，そのときの f のヘッセ行列 (Hessian matrix)，すなわち第2階偏導関数からなる行列 $\nabla^2 f(\bar{x})$ が半正定値 (p. s. d. : positive-semi-definite) であることが確かめられる．逆に，ある点 $\bar{x}$ で $\nabla f(\bar{x}) = 0$ であって，そのときのヘッセ行列 $\nabla^2 f(\bar{x})$ が正定値 (p. d. : positive definite) であれば，$\bar{x}$ は孤立局所的最小解 (このときは狭義の局所的最小解でもある) となる．

問題 (P) に対する通常のラグランジュ関数 (Lagrangian) は，次のように定義される．

$$L(x, u, w) = f(x) - \sum_{i=1}^{m} u_i g_i(x) + \sum_{j=1}^{p} w_j h_j(x)$$

ここで，$\{u_i\}$ と $\{w_j\}$ はラグランジュ乗数 (Lagrange multipliers) と呼ばれる．1948 年に Kuhn が，1939 年に Karush が，1951 年に Tucker がそれぞれ独立に，等式制約に対する古典的な「Lagrange 乗数規則」 (Lagrange multiplier rule) (Lagrange, 1762) を不等式制約を含む形へ一般化・拡張した．その結果，われわれが単に「カルーシューキューンータッカー条件」 (Karush-Kuhn-Tucker condition) と呼んでいる次のような最適性に関する1次の条件 (first-order condition) にたどり着いた (ここでは KKT$(\bar{x}, \bar{u}, \bar{w})$ と略記する)．

実行可能ベクトル $\bar{x}$ に対して，
$\nabla_x L(\bar{x}, \bar{u}, \bar{w}) = 0, \quad \bar{u}_i g_i(\bar{x}) = 0$
$(i = 1, \cdots, m)$
$\bar{u} = (\bar{u}_1, \cdots, \bar{u}_m)^T, \quad \bar{u}_i \geq 0 \quad (i = 1, \cdots, m)$
$\bar{w} = (\bar{w}_1, \cdots, \bar{w}_p)^T$

を満足するラグランジュ乗数 $\bar{u}$ と $\bar{w}$ が存在すること．もし局所的最小解 $\bar{x}$ で，ある適当な制約想定 (CQ: constraint qualification) が満足されていれば，上の1次の条件 KKT$(\bar{x}, \bar{u}, \bar{w})$ が成立する．Kuhn and Tucker (1951) によってもっと一般の制約想定が与えられているが，局所的最小解 $\bar{x}$ で (等式で成り立っている制約を意味する) 「有効な」 (binding, active) 制約関数の勾配ベクトルが線形独立 (linearly independent)，すなわち

$$\{\nabla g_i(\bar{x}) \mid i \in B(\bar{x})\} \cup \{\nabla h_j(\bar{x}) \mid j = 1, \cdots, p\}$$

(ただし，$B(\bar{x}) = \{i : g_i(\bar{x}) = 0\}$ とする) が線形独立集合ならば制約想定が満たされ，1次の条件 KKT$(\bar{x}, \bar{u}, \bar{w})$ が成立する．ここでは，この制約想定を線形独立制約想定 (linear independence constraint qualification) と呼び，LI$(\bar{x})$ と表す．問題 (P) が凸計画 (convex program) ならば，すなわち目的関数 f が凸で，不等式制約 $\{g_i\}$ が凹関数で，等式制約 $\{h_j\}$ が線形アフィン関数であるとき，1次の条件 KKT$(\bar{x}, \bar{u}, \bar{w})$ はベクトル $\bar{x}$ が最小解となるための十分条件となる．凸計画はさらによい性質をもっている．局所的最小解が大域的最小解となるため，凸計画は多彩な双対理論 (duality theory) をもち，解析しやすく解きやすい部類の問題となっている．凸計画の2次の最適条件 (second-order optimality condition) もまたよく知られており使用頻度が高い．

問題 (P) が凸計画ならば，以下のような双対問題が考えられる．

$$\max_{(u,w)} \min_x L(x, u, w)$$
条件 $\nabla_x L(x, u, w) = 0, \quad u \geq 0$ (D)

ここで，ベクトル $u = (u_1, \cdots, u_m)$ において，$u \geq 0$ はすべての $i = 1, \cdots, m$ ついて $u_i \geq 0$ が成立することを意味する．この簡潔で大変便利な定式化は，1961 年に Wolfe がはじめて提案し発展させたものである (Fiacco and McCormick, 1968, 1990)．双対問題 (dual problem) (D) の最適値は，問題 (P) の最適値と等しいか小さく，もし線形独立制約想定 LI$(\bar{x})$ が成立するか，もしくは他のよく知られた制約想定のどれか1つが成立していれば，この凸計画問題に対する最小解 $\bar{x}$ でのカルーシューキューンータッカー条件 KKT$(\bar{x}, \bar{u}, \bar{w})$ が成立し，ラグランジュ乗数との組 $(\bar{x}, \bar{u}, \bar{w})$ が双対問題 (D) の最適解となるので，$f(\bar{x}) = L(\bar{x}, \bar{u}, \bar{w})$ が得られる．双対性は重要な計算上の応用を兼ね備えている．たとえば，双対問題の実行可能なベクトルを生成するアルゴリズムは同時に主問題 (primal problem) の最適値の下界を与える．

他の双対性も研究されてきており，最も詳細な拡張と利用は Rockafellar (1970) らによって行われてきた．もちろん，線形計画に対する双対理論も豊富で緻密な解析が行われている．

アルゴリズム

アルゴリズムはここでの本質的なレシピであり，与えられた初期条件から出発して，ある終了条件を満足するまで計算のステップや反復を繰り返す数値計算の手続きを指している．つい最近まで，線形計画の解法のために使われたアルゴリズムの第1位は，ダンツィクのシンプレックス法 (Dantzig's simplex method, 単体法ともいう) の1種であった．その手法は，実行可能領域のある頂点から隣接する別の頂点へ目的関数の値を減少させるように移動を繰り返す考えにもとづいている．その数学的な簡潔さと工業化および経済計画の必要性，さらには1940年代の電子ディジタルコンピュータの到来やそれに続く，重要な実際の応用問題の研究が線形計画を広く受け入れさせ，頻繁に使われるようにならしめた．

1940年代の終り頃に，線形計画の発展を促したのと同じ勢いで，非線形計画に対する理論的な研究とアルゴリズムに対する研究が行われた．1930年代，1940年代には，シカゴ大学や他の研究機関で，Valentine，Ried，McShane，Karush，Bliss，Graves，Hestenes，Courant，John などの数学者によって変分解析と最適化に対する数多くの理論的な取り組みがなされた．1950年の初頭，不等式制約付きの非線形計画に対する1次と2次の最適条件の研究に焦点が当てられた．いくつかの研究があるが，たとえば1次の条件は1951年に Kuhn と Tucker により，2次の条件は1953年に Pennisi によって研究された．

1951年代になるや否や，熱心なアルゴリズムに関する研究の形跡が見られるようになった．たとえば，Arrow (1951)は制約付きの鞍点問題 (saddle-point problem) を解くための勾配法 (gradient method) について論じている．この時代には2つのキーとなる結果が考案された．1つは，1952年に Hestenes と Stiefel によって研究された，連立線形方程式を解くための反復手続きである共役方向法 (conjugate direction method) である．もう1つは，1959年に Davidon によって研究された可変計量法 (variable metric method) である．これは，探索を進める際に逐次，ヘッセ行列の逆行列を求める手続きの中で用いられた一連の方法で，準ニュートン法 (quasi-Newton method) とも呼ばれる．これらの結果は，非線形計画問題を解くうえで中心となる，方程式を解く際の最急降下法 (steepest descent method) やニュートン法 (Newton's method) などの研究に多大の貢献を与えた．これらは，1960年代の以下に述べるような理論の迅速な確立と計算的・方法論的な結果の飛躍的進歩となる一連の熱心な研究者の活動に引き継がれた．1960年に Kelly が切除平面法 (cutting plane method) アルゴリズムを考案し，同じく1960年には Zoutendijk が許容方向法 (feasible direction method) を提案した．さらに，1960年から1961年にかけて Rosen が勾配射影法 (gradient projection method) を発案して，1963年には Fiacco と McCormick が逐次制約なし最小化法 (SUMT) を考案した (Fiacco and McCormick, 1968, 1990)．

無制約問題と制約付き問題に対する数多くのアルゴリズムが次から次へと開発された．最も普及しているアルゴリズムの原型は，次のようなものである．まず，「評価関数」(merit function) すなわち目的関数と初期条件 (initial condition) を与える．次に，探索方向 (search direction) を決定し，適当な直線探索 (line search) にもとづいてステップ幅 (step size) を決定する．この方法は，実行可能性を保ったまま，その評価関数の値を減少させる1次元曲線当てはめである．そして，これらの手順はある収束規準が満たされるまで繰り返される．ある適切な (well-posed) 問題に対するアルゴリズムは一般に，局所的最小解であるための1次の最適性必要条件を満足するように設計されている．もっと精巧なアルゴリズムは，2次の必要条件を満足するし，近年の技術の継続的な発展により大域的最小解を捜し出すものさえ考案されている．アルゴリズムには，決定論的に求めるものと確率的に求めるもの，連続的に求めるものと離散反復で求めるもの，集積点に関する情報にもとづくものとそうでないものなどがある．多くの特別な目的をもったアルゴリズムが1次元最適化のために開発されてきた．たとえば，逐次2分割 (successive bisection) の変形，ニュートン法 (Newton's method)，セカント法 (secant mothod)，偽位置 (false position)，フィボナッチ探索 (Fibonacci search) と黄金分割法 (golden section method) (McCormick, 1983) がある．

一般的に，なめらかな無制約問題に対する最も有効な現代のアルゴリズムのいくつかは，近似的なニュートン法である「準ニュートン法」(quasi-Newton method) あるいは共役方向法のいずれかの変形かそれらの混合である．その競争に生き残るものは，あらゆる要求や計算量・収束の速さ・正確さ・壊れにくさ・プログラムのしやすさ・取っつきやすさなどの何らかの負荷を意味する規準に合う総合的なものであるに違いない．これらの属性を測定することに対する厳格な計算上と理論上の標準化に対する努力は現在でも続けて行われている．たとえば，収束速度の理論によれば最急降下法は (幾何級数のように) 1次収束 (linear convergence) し，ニュートン法はかなり理想的な状況の下で (指数的に，少なくとも2次的に) 2次収束 (quadratic convergence) することがわかっている．いろいろな共役方向法と準ニュートン法などの可変計量法の混成法 (hybrid method) は，(最も効率のよい1次収束で1次と2次の折衷的な) 超1次収束 (superlinear convergence) をする時，十分に実行さ

れていると考えられている．もう1つの重要な規準は，無制約アルゴリズムがn変数の正定値2次形式問題の最小解をたかだかn回の反復で計算できるかどうかである．原理に合わせた手がかりは問題の構造の利用である．

制約付きの問題に対する重要なアルゴリズムには次のものがある．分離超平面法や切除平面法などの逐次線形計画法 (SLP: sequential linear programming)，制約付きニュートン法などの逐次2次計画法 (SQP: sequential quadratic programming)，変数消去のシンプレックス型アルゴリズムである一般化簡約勾配法 (GRG: generalized reduced gradient)，制約付きの最急降下法である許容方向法 (feasible direction method)，勾配射影法 (projected gradient method)，ラグランジュ関数にペナルティ項を加えた拡張ラグランジュ関数法 (augmented Lagrangian function technique) や目的関数に制約違反費用を追加したペナルティ関数法 (penalty function method) あるいは目的関数に制約強制項を追加したバリア関数法 (barrier function method) などの補助関数法 (auxiliary funtion method)．これらのアルゴリズムとソフトウェアは参考文献にあげておいた．

他に重要な話題やあげておきたい参考文献は以下のとおりである．大域的最適化 (global optimization)(Kan and Timmer, 1989)，パラメトリック計画法 (parametric programming) と感度分析 (sensitivity) および安定性解析 (stability analysis)(Fiacco, 1983; Fiacco, ed., 1990)，これらについては次の「感度分析」で解説する，確率計画法 (stochastic programming)(Wets, 1989)，半無限計画法 (SIP: semi-infinite programming)(Fiacco and Kortanek, 1983)，多目的計画法 (multi-objective programming)(Sawaragi, Nakayama and Tanino, 1985)，多段階計画法 (multi-level programming)(Anandalingam, ed., 1992)，制御理論 (control theory)(Hocking, 1991)，数値計算法とプログラム化による実装 (numerical method and implementation)(Gill, Murray and Wright, 1981)，ソフトウェアとアルゴリズムの評価と比較 (Waren, Hung and Lasdon, 1987; Mor and Wright, 1993)，並列計算と大規模問題 (parallel and large-scale programming)(Rosen, 1990)，整数計画法 (integer programming)(Schrijver, 1986)，基本的なバリア関数法とペナルティ関数法 (Fiacco and McCormick, 1968, 1990)，微分不可能計画 (nonsmooth optimization)(Neittaanmaki, 1992)．

ここ数年間では，線形計画と非線形計画に対する多項式計算量 (polynomial-complexity) をもった〈内点法〉(interior point method) の開発に多大の力が注がれた．その火付け役となったのは，理論的な躍進であったハチヤンの楕円体法 (Khachian's ellipsoid method)(Khachian, 1979) と理論的・計算的な躍進であったカーマーカーのポテンシャル法 (Karmarkar's potential method)(Karmarkar, 1984) であった．それらに関する文献は，すでに膨大な量になり計算速度の向上とともに急速に増え続けている．読者は次の文献を調べてみるとよい．この重要な発展をまとめ，多くの参考文献が載っているすばらしい入門書として，Gonzaga (1992) と Wright(1992) があげられる．また，技術的な進歩をまとめた本が Megiddo(1989) と Nesterov and Nemirovski (1993) である．

ここに記述されたすべての方法がプログラム化されソフトウェアになっている．計算能力については，Rosen (1990) の前書きに書いてある一般的な評価で我慢しよう，「記述される計算結果にもとづけば，いまや数千の変数と制約式をもついろいろな最適化問題を数分の実行時間で解くことが可能になったといえよう」数百変数の問題ならば，いまや身近なパソコンで計算できる．もっと大きな問題ならば，並列計算機が必要になるかもしれない．しかしながら，非線形計画に対する計算複雑度はよくわかっていない．たとえば，1変数でも高次の多項式関数は多くの局所的最小解をもつ場合もあり，数百の変数と制約式からなる大規模な凸計画問題を解く場合よりもはるかに困難さが伴う場合があることを考えてみればわかる．

感度分析

この話題の動機付けとなる以下の質問が，得られた結果に対する疑問をもつときに関係して起こってくるものと考えられる．その質問とは，仮定が変わったとき，その答えはどのように変化するであろうかである．仮定は与えられた条件であったりデータであったりする．また，その変化とは質的か量的か，制御可能か不可能か，確定的か確率的か，小規模か大規模か，既知か概算か，即時的なものかそうでないかであったりする．この論点はいくぶん避けられない普遍的なものである．なぜなら，われわれは不完全な世界に生きており，近似や解釈を行う際にこれまでに知られている誤差や範囲を取り扱ううえでの一種の柔軟性を持ち合わせなければならない．それは，会話や車の運転，テニスボールの打撃，あるいは投資の利益計算を行ううえで要求されるだろう．商業，工業，娯楽，数学でわれわれは，1つの筋書きに立った1つの答えだけではめったに満足しない．

古い時代の数学と物理学においては，これに関連した論点が明らかにしばしば起こっていた．それは，どんなとき，問題が適切なものとなるか．すなわち，与えられた問題のデータが連続的に変化するのに伴って，その解

が連続的に変化するのはいつか？このテーマは多様に変化し解の変化がある意味で緩やかなのはどんなときかたとえば有限である場合，有界である場合，可微分である場合はどんなときに起こり，そうでない場合はどんなときなのかという問いに変わる．その解を与えられたデータの変化の関数としてちゃんと計算できるだろうか．あるいは，少なくともその変化に対する解の挙動範囲（上限・下限）や変化率を計算できるだろうか．摂動された（perturbed）（パラメータをもつ）解の便利な性質を特定したり，評価したりできるだろうか．たとえば，単一解は単一解のままでいられるだろうか，あるいは解曲線が微分可能な場合に，解の関数や解集合がその変化の関数として凸性をもつだろうか．さらには，与えられた摂動（perturbation）に対して，仮定が持続するだろうか，など．もう少し精密な角度から考えると，ある解が得られているとき，新しいデータに合わせた問題を再構築せずに，いまの解から利用可能な情報によってこれらの性質のいくつかを計算できるであろうか．

摂動を制約にするようなパラメータ（データ）をもつ非線形計画での結果を簡単に要約してみよう．ここでは，パラメータの特定の小さな変化を含む特徴付けにわれわれの主な興味を制限しよう．この研究を「感度分析」（sensitivity analysis）と呼んでいる．

ごく簡単な例をあげて，異なるパラメータに対して安定したり，不安定になったりする問題を説明しよう．次の線形計画問題を考えよう．

最小化 x_1 条件 $x_1 \geq -1$, $x_2 \leq \varepsilon x_1$, $x_2 \geq 0$

ここで，$\boldsymbol{x}=(x_1, x_2)\in \boldsymbol{E}^2$, $\varepsilon \geq 0$ である．

$\varepsilon > 0$ の場合を考えると，最適解は $\boldsymbol{x}(\varepsilon)=(0,0)$ となり，ε が多少変化しても解は変化しない．しかし，$\varepsilon=0$ の場合には最適解は $\boldsymbol{x}(0)=(-1,0)$ となり，ε がちょっとでも変化すれば，いきなり $\boldsymbol{x}(\varepsilon)=(0,0)$ へ最適解が変化してしまう．われわれは，それらの安定性・不安定性の原因や因果関係を理解したがるであろう．

準備: パラメトリック非線形計画法（parametric nonlinear programming）は次のように定義される．

最小化 $f(\boldsymbol{x},\varepsilon)$
条件
$\boldsymbol{x}\in R(\varepsilon)$:
$=\left\{\boldsymbol{x}\in \boldsymbol{E}^n \middle| \begin{array}{l} g_i(\boldsymbol{x},\varepsilon)\geq 0 \quad (i=1,\cdots,m) \\ h_j(\boldsymbol{x},\varepsilon)=0 \quad (j=1,\cdots,p) \end{array}\right\}$ P(ε)

ここで，$\boldsymbol{x}\in \boldsymbol{E}^n$ であり，ε は $\boldsymbol{E}^k$ の空でない部分集合である T の要素で摂動パラメータを表す．もし ε が定数のときは，問題 P(ε) はわれわれが最初に議論した問題（P）の形をした標準的な非線形計画問題の1つにすぎない．問題 P(ε) のラグランジュ関数（Lagrangian）は

$L(\boldsymbol{x},\boldsymbol{u},\boldsymbol{w},\varepsilon)=f(\boldsymbol{x},\varepsilon)-\sum_{i=1}^m u_i g_i(\boldsymbol{x},\varepsilon)$
$\quad\quad +\sum_{j=1}^p w_j h_j(\boldsymbol{x},\varepsilon)$

のように定義される．問題 P(ε) の最適値関数（optimal-value function）f^* と最適解写像（optimal-solution map）S はそれぞれ次のように与えられる．

$f^*(\varepsilon)=\begin{cases} \inf_{R(\varepsilon)} f(\boldsymbol{x},\varepsilon) & R(\varepsilon)\neq \emptyset \\ +\infty & R(\varepsilon)=\emptyset \end{cases}$

$S(\varepsilon)=\{\boldsymbol{x}\in R(\varepsilon): f(\boldsymbol{x},\varepsilon)=f^*(\varepsilon)\}$

また，与えられた解 $\boldsymbol{x}\in S(\varepsilon)$ に対する最適なラグランジュ乗数（Lagrangian multiplier）の集合は，

$\{(\boldsymbol{u},\boldsymbol{w}): \text{KKT}(\boldsymbol{x},\boldsymbol{u},\boldsymbol{w}) \text{が成立}\}$

となる．

パラメータ ε における方向 $\boldsymbol{z}$ に対する最適値関数の方向微分は，その極限が存在するときに

$D_z f^*(\varepsilon)=\lim_{\alpha\to 0+}\frac{f^*(\varepsilon+\alpha z)-f^*(\varepsilon)}{\alpha}$

となる．

もし，各 $\varepsilon\in T$ に対して関数 f と $-g_i$ が x について凸関数で h_j がアフィン関数ならば，問題 P(ε) は凸であるといわれる．また，T が凸集合のとき，それぞれの関数が $(\boldsymbol{x},\varepsilon)$ について上記の性質を満たせば，同時凸（jointly convex）であるといわれる．ここで問題 P(ε) を定義する関数はすべて，2変数 $(\boldsymbol{x},\varepsilon)$ について同時連続（jointly continuous）であると仮定する．

いくつかの基礎理論の結果: あるパラメータ値において実行可能解 $\boldsymbol{x}$ で成立するかもしれない以下の条件を利用する．ここで，$(\boldsymbol{x},\varepsilon)$ において微分可能性は仮定される．

(a) カルーシュ-キューン-タッカー条件：KKT($\boldsymbol{x},\boldsymbol{u},\boldsymbol{w}$)

次の条件を満足する $u_i\geq 0 (i=1,\cdots,m)$ と $w_j (j=1,\cdots,p)$ が存在する．

$\nabla_x L(\boldsymbol{x},\boldsymbol{u},\boldsymbol{w},\varepsilon)=0,$
$u_i g_i(\boldsymbol{x},\varepsilon)=0 \quad (i=1,\cdots,m),$
$h_j(\boldsymbol{x},\varepsilon)=0 \quad (j=1,\cdots,p)$

(b) 線形独立性（linear independence）：LI($\boldsymbol{x}$)

$\nabla_x g_i(\boldsymbol{x},\varepsilon) (i\in B(\boldsymbol{x},\varepsilon))$ と $\nabla_x h_j(\boldsymbol{x},\varepsilon) (j=1,\cdots,p)$ が線形独立なベクトルであること．ここで，$B(\boldsymbol{x},\varepsilon)=\{i: g_i(\boldsymbol{x},\varepsilon)=0\}$ とする．

(c) 狭義の相補性スラック条件（strict complementary slackness）：SCS($\boldsymbol{x}$)

$u_i>0 \quad (i\in B(\boldsymbol{x},\varepsilon))$

(d) マンガサリアン-フロモビッツの制約想定（Mangasarian-Fromovits constraint qualification）：MFCQ($\boldsymbol{x}$)

ベクトル $\nabla_x h_j(\boldsymbol{x},\varepsilon) (j=1,\cdots,p)$ が線形独立であり，同時に $\nabla_x g_i(\boldsymbol{x},\varepsilon)z>0 (i\in B(\boldsymbol{x},\varepsilon))$ と $\nabla_x h_j(\boldsymbol{x},\varepsilon)z=0 (j=1,\cdots,p)$ が成立するベクトル z が存在すること．

(e) 2次の十分条件（second-order sufficient condition）：SOSC($\boldsymbol{x},\boldsymbol{u},\boldsymbol{w}$)

カルーシュ-キューン-タッカー条件 KKT(x, u, w) を満足するある (u, w) が存在して

$$\nabla_x g_i(x, \varepsilon) z \geq 0, \quad i \in B(x, \varepsilon)$$
$$\nabla_x g_i(x, \varepsilon) z = 0, \quad i \in D(x, \varepsilon)$$
$$\nabla_x h_j(x, \varepsilon) z = 0, \quad i = 1, \cdots, p$$

を満たす任意の $z \neq 0$ について常に

$$z^T \nabla_x^2 L(x, u, w, \varepsilon) z > 0$$

が成立する. ここで, $D(x, \varepsilon) = \{i \in B(x, \varepsilon) : u_i > 0\}$ とする.

これらに関係して, 以下の事柄が知られている. 2次の十分条件 SOSC$(\bar{x}, \bar{u}, \bar{w})$ が成立すれば, 最適ラグランジュ乗数 $(\bar{u}, \bar{w})$ をもつ問題 (P) に対して $\bar{x}$ が狭義の局所的最適解となる. つまり, $\bar{x}$ の実行可能近傍においては大域的な単一最適解となる. また, 局所的最適解 $\bar{x}$ でマンガサリアン-フロモビッツの制約想定 MFCQ$(\bar{x})$ が成立することとカルーシュ-キューン-タッカー条件 KKT$(\bar{x}, u, w)$ を満足するベクトルの組 (u, w) の集合が空でないコンパクト凸集合となることが同値である. もし, ある局所的最適解 $\bar{x}$ で線形独立性 LI$(\bar{x})$ が成立するならば, カルーシュ-キューン-タッカー条件 KKT$(\bar{x}, \bar{u}, \bar{w})$ を満足する単一のベクトルの組 $(\bar{u}, \bar{w})$ が存在する.

これらと他のよく知られた事実を使って問題 P(ε) に対して成立する重要な結果を示しておこう.

(i) もしすべての関数 f, g_i, h_j が2変数 (x, ε) について1回微分可能で, $R(\varepsilon)$ が空でなく, $\bar{\varepsilon}$ の近くの任意の ε について $R(\varepsilon)$ があるコンパクト集合に含まれ, ある $\bar{x} \in S(\varepsilon)$ でマンガサリアン-フロモビッツの制約想定 MFCQ$(\bar{x})$ が成立するならば, $\varepsilon = \bar{\varepsilon}$ において最適値関数 f^* は連続関数となる.

(ii) もし問題 P(ε) が同時凸ならば, その最適値関数 f^* は T 上で凸となる. もし目的関数 f が摂動変数 ε について凹で, 制約集合 R が ε に依存しないならば, その最適値関数 f^* は T 上で凹となる. したがって, 最適値関数 f^* が凸か凹で, 最適ラグランジュ乗数が存在してわかっていれば, その点での大域的パラメトリック最適値の挙動範囲が簡単に計算できる. また, 最適値関数 f^* が凸か凹であれば, その関数 f^* は T の内部で連続となることがわかる.

(iii) もし T が凸集合で, 制約集合 $R(\varepsilon)$ が空でないコンパクト集合で摂動変数 ε に依存しなく, 目的関数 f とその ε に関する勾配ベクトル関数 $\nabla_\varepsilon f$ が2変数 (x, ε) に対して同時連続ならば最適値関数の z 方向微分は次に等しくなる.

$$D_z f^*(\varepsilon) = 最小化 \nabla_\varepsilon f(x, \varepsilon) z \quad 条件 \quad x \in S(\varepsilon)$$

(iv) もしすべての関数 f, g_i, h_j が2変数 (x, ε) について2回連続微分可能で, $\varepsilon = \bar{\varepsilon}$ においてカルーシュ-キューン-タッカー条件 KKT$(\bar{x}, \bar{u}, \bar{w})$, 2次の十分条件 SOSC$(\bar{x}, \bar{u}, \bar{w})$, 線形独立性 LI$(\bar{x})$, 狭義の相補性スラック条件 SCS$(\bar{x})$ が成立すれば, ベクトルの組 (x, u, w) は局所的に単一な解となり, そのため摂動変数 ε の1回連続微分可能な関数となる. このとき, 仮定は $\bar{\varepsilon}$ の近くで $(x(\varepsilon), u(\varepsilon), w(\varepsilon))$ に対して満足され, 最適値関数 f^* は2回連続微分可能となる. ここで, 最適値関数とその勾配ベクトルは $\varepsilon = \bar{\varepsilon}$ の近くで

$$f^*(\varepsilon) = f[x(\varepsilon), \varepsilon]$$
$$\nabla_\varepsilon f^*(\varepsilon) = \nabla_\varepsilon L[x(\varepsilon), u(\varepsilon), w(\varepsilon), \varepsilon]$$

のように ε の関数となっている. その結果, $x(\varepsilon)$ は孤立解, すなわち局所的に単一解となり, それは狭義の局所最小解となる. また, 乗数ベクトル $[u(\varepsilon), w(\varepsilon)]$ も単一解となる. $\nabla_x g_i(x, \varepsilon) z \geq 0 (i \in B(x, \varepsilon))$ という制約もはずして2次の十分条件 SOSC を強いものにし, 狭義の相補性スラック条件 SCS をはずしても, $\varepsilon = \bar{\varepsilon}$ の近くで局所的単一解である乗数ベクトルの組 $[x(\varepsilon), u(\varepsilon), w(\varepsilon)]$ に対して仮定が成立しているので, われわれは単一乗数ベクトル $[u(\varepsilon), w(\varepsilon)]$ での孤立局所的最小解 $x(\varepsilon)$ を見つけることができる. しかし, この場合はもはや (x, u, w) が ε に対して1回連続微分可能とはいえなくなり, 単に方向微分可能であることしか保証されない. また, 最適値関数 f^* は1回連続微分可能で $\nabla_\varepsilon f^* = \nabla_\varepsilon L$ となることしかわからない. 線形独立性 LI をマンガサリアン-フロモビッツの制約想定に緩和して, 2次の十分条件 SOSC を上記のように強いものにし, すべての最適な乗数の組 (u, w) についてこれらの条件が成立すると仮定されるならば, 仮定が局所的に成立し続け, $x(\varepsilon)$ は局所孤立最小解となり, 少なくとも連続であることが確かめられて, 最適値関数 f^* が方向微分可能であることだけが保証される. もちろん, そのラグランジュ乗数ベクトルは単一解とはならず, 空でないコンパクト凸集合を形成することが知られている. また興味あることに, カルーシュ-キューン-タッカー条件, 2次の十分条件 SOSC, 線形独立性 LI, 狭義の相補性スラック条件 SCS は, 非退化な線形計画問題の(単一端点)解で満足される.

拡張と将来の研究: 問題の構造に関する情報を用いるともっと解析的な結果が導き出せる. たとえば, かなり高度に発達した最近の最適性に関する感度分析はよく知られ, 線形計画には広く利用されている. それには局所解の変化や誤差限界を媒介変数表示することも含まれている. さらに, 制約なし最小化, 制約の右辺摂動 (right-hand-side perturbation), 分離計画 (separable program), 幾何計画 (geometric program) などの研究が行われている. 前節で述べたようなものに加えて, 最適値や最適解, あるいはラグランジュ乗数を媒介変数にもつ導関数や方向微分が存在するときの既知の公式や詳細な特徴付けが明らかにされている.

ここで述べられたいくつもの結果がもっと一般の空間で定義された種々の問題の場合に拡張され，より条件の弱い制約想定を利用する結果を導いたり，制御理論や半無限計画に現れるような無限個の変数や無限個の制約式を含む問題や多目的計画，整数計画，確率計画のような問題に対しても研究されている．さらに，構造の一般化は変分不等式（variational inequality）や均衡問題や，もっと抽象的な一般化方程式にまで及んでいる．そこには，媒介変数の緻密な摂動理論が存在し，その特化が非線形計画に深い結果を与えている．性質の拡張として，追加しておかなければいけない重要な事柄に以下のものがある．1つは，問題に現れる関数に対する一般化された凸性や凹性の仮定についての最適値関数のもっと一般的な凸性や凹性の特徴付けであり，もう1つは，Clarke の一般化された導関数（generalized derivative）のような一般化最適値導関数の評価である．さらに，ヘルダー連続（Hölder continuity）のような解の連続性の概念も重要である．他の重要な拡張には，パラメトリックな場合とは異なる別のクラスの摂動が含まれる．たとえば，関数摂動や抽象集合論的摂動である．これらのものに対応するかなりの文献が存在する．

これからの研究には2つの方向があるといえる．1つは，アルゴリズムが解を計算しようとする際に利用可能な情報から感度に関する情報の近似をどのようにするかであり，残りの1つは摂動が与える収束性への効果や求解アルゴリズムの収束比の測定をどのように与えるかである．前者の内容として，アルゴリズム的な近似に対するしっかりとした土台が，バリア関数法やペナルティ関数法について構築されたが，他は皆無である．また，後者の内容の結果は，わずかに標準的なアルゴリズムが知られているだけである．

応用： ここで述べられたすべての結果が重要な理論的応用と実用的応用をもっている．たぶん，最も明らかなものの1つは，与えられたデータをもつ解から摂動データをもつ解へ補外するときに用いられるものである．もう1つは，制約式の摂動から得られる最適値の変化の近似である．それは，再び双対関係に含まれる内容の（線形計画では潜在価格（shadow price）に当たるが），それぞれの最適なラグランジュ乗数をどのように評価するかということに結びついている．このほかにも，分解（decomposition），ミニマックス問題（min-max problem），2段計画や多段計画（bilevel programming, multilevel programming），半無限計画，陰関数最適化（implicit function optimization）や部分問題の最適値関数が現れる分野や，あるいはある変数が与えられた反復において他の媒介変数の関数として見ることのできる場合において多くの応用が見られる．感度分析の結果は媒介変数の有限な許容範囲上で解の近似を行おうとするパラメトリック計画に貴重な情報を与えてくれる．

線形計画に対する最近の最適性に関する感度分析は，多くの商用パッケージに標準的なオプションとして組み込まれていて，実用上かなり利用されている．非線形計画の感度分析の可能性を秘めた応用は，すでにおびただしい数に上るが，それはいままでのところ，実用化されるにはほど遠いようである．実用問題に対する非線形計画のプログラム化による実装は，大変制限されたものであって特殊な目的の場合しかなく，大変試験的なものでわずかな構造のよいモデルにしか利用できなかった．たとえば，幾何計画に対する多くの試みがそうである．感度性についての色々な結果が産み出される他のモデルや媒介変数については次のようなものがある．水中の溶解酸素の許される最大不足量の下で他の70媒介変数の摂動の汚水排出，品目の単価や製品化までの要求される時間の標準偏差などの色々な媒介変数をもつ連続時間検査の他，品種在庫問題，多くの設計媒介変数をもつ石油タンカーの垂直に取り付けられる波形の横断隔壁の構造設計，投資問題におけるリスクと期待利得を表す媒介変数をもつポートフォリオ分析，目的関数と制約関数の媒介変数を変化させるタービン排出リングやコンデンサーシステム設計の開発を要求する出力システムエネルギーモデル．感度性の情報は，Fiacco, Armacost and Mylander (Fiacco, 1983) によって1973年に開発されたコンピュータコード SENSUMT によって計算された．このプログラムでは，バリア関数近似法を利用している．明らかに，SENSUMT は非線形計画に対する感度分析をユーザオプションとして提供した最初のコンピュータコードである．

注意と文献： 感度分析での理論的な結果の多くは，Fiacco (1983) に含まれている．特に，その本の第2章に書かれている概説を見るとよい．1983年以降も多くの研究が行われたし他にも文献はあるが，変化に富んだ質的・量的感度性の評価についての外形を教えてくれる初期の基本的な結果に限定してきた．他の直接参照すべき概説には，Fiacco and Hutzler (1982), Fiacco and Kyparisis (1992), Fiacco and Ishizuka (1990) がある．変分不等式や媒介変数をもつ，確率計画，半無限計画，整数計画，非線形計画，幾何計画，線形計画，多目的計画などに現れる連続性や微分可能性，有界性などの問題やアルゴリズム的な摂動に関する結果，継続，媒介変数法などを含む広い感度分析や安定性解析の技術的水準をまとめた最近の概説として，Fiacco (1990) の編集した講究録を参照するとよい．重要な現在の研究に関する参考文献が数百も引用され，一般化方程式・曲線追跡手法・多段計画法などのここで説明されたこと以上の重要な分野についての参考文献も数多く収録されている．感度分析や他の話題に関する最近の本には次のようなも

のがある．パラメトリックなものについては Jongen, Jonker and Twilt（1986），半無限最適化（semi-infinite optimization）については Brosowski（1982），近似については Brosowski and Deutsch（1985），パラメトリック最適化（parametric optimization）については Guddat, Jongen, Kummer and Nozicka（1987），広い話題を取り扱ったものとして Fiacco（1984），特に連続性について書かれ，一般の非線形パラメトリック最適化については Bank, Guddat, Klatte, Kummer and Tammer（1982），適切最適化（well-posed optimization）については Dontchev and Zolezzi（1993），統合された一般摂動理論（perturbation theory）に対しては Levitin（1993）を参照するとよいだろう．

⇒ バリア関数と距離関数，変分法，組合せ/整数最適化，線形計画法，パラメトリック計画法，回帰分析，制約なし最適化． 　　　　　　　[Anthony V. Fiacco／田中　環]

参考文献

[1] Anandalingam G., ed. (1992), *Hierarchical Optimization*, special issue of *Annals of Operations Research* 34, J.C. Baltzer, Basel, Switzerland.

[2] Bank B., J. Guddat, D. Klatte, B. Kummer and K. Tammer (1982), *Nonlinear Parametric Optimization*, Akademie-Verlag, Berlin.

[3] Bazaraa M.S. and C.M. Shetty (1979), *Nonlinear Programming, Theory and Algorithms*, Wiley, New York.

[4] Bracken J. and G.P. McCormick (1968), *Selected Applications of Nonlinear Programming*, Wiley, New York.

[5] Brosowski B. (1982), *Parametric Semi-Infinite Optimization*, Verlag Peter Lang, Frankfurt am Main.

[6] Brosowski B. and F. Deutsch, eds. (1985), *Parametric Optimization and Approximation*, Birkhauser.

[7] Dontchev A.L. and T. Zolezzi (1993), *Well-Posed Optimization Problems*, Springer-Verlag, Berlin Heidelberg.

[8] Fiacco A.V. (1983), *Introduction to Sensitivity and Stability Analysis in Nonlinear Programming*, Academic Press, New York.

[9] Fiacco A.V., ed., (1984), *Sensitivity, Stability and Parametric Analysis*, Mathematical Programming Study 21, Elsevier Science Publishers B.V., North-Holland.

[10] Fiacco A.V., ed. (1990), *Optimization with Data Perturbations*, special issue of *Annals of Operations Research* 27, J. C. Baltzer, Basel, Switzerland.

[11] Fiacco A.V. and W.P. Hutzler (1982), "Basic Results in the Development of Sensitivity and Stability Analysis in Nonlinear Programming," in *Mathematical Programming with Parameters and Multi-level Constraints*, J.E. Falk and A.V. Fiacco, eds., *Special Issue on Computers and Operations Research* 9, Pergamon, New York, 9–28.

[12] Fiacco A.V. and Y. Ishizuka (1990), "Sensitivity and Stability Analysis for Nonlinear Programming," *Annals of Operations Research* 27, 215–235.

[13] Fiacco A.V. and K.O. Kortanek, eds. (1983), *Semi-Infinite Programming and Applications*, Lecture Notes in Economics and Mathematical Systems, Number 215, Springer, Berlin.

[14] Fiacco A.V. and J. Kyparisis (1992), "A Tutorial on Parametric Nonlinear Programming Sensitivity and Stability Analysis," in *Systems and Management Science by Extremal Methods: Research Honoring Abraham Charnes at Age 70*, F. Y. Phillips and J. J. Rousseau, eds., Kluwer Academic Publishers, Boston, 205–223.

[15] Fiacco A.V. and G.P. McCormick (1968), *Nonlinear Programming, Sequential Unconstrained Minimization Techniques*, Wiley, New York. An unabridged corrected version was published by SIAM in the series *Classics in Applied Mathematics* (1990).

[16] Fletcher R. (1987), *Practical Methods of Optimization*, Wiley, New York.

[17] Gill P.E., W. Murray and M.H. Wright (1981), *Practical Optimization*, Academic Press, London.

[18] Gonzaga C.C. (1992), "Path Following Methods for Linear Programming," *SIAM Review* 34, 167–224.

[19] Guddat J., H. Th. Jongen, B. Kummer and F. Nozicka, eds. (1987), *Parametric Optimization and Related Topics*, Akademie-Verlag, Berlin.

[20] Hancock H. (1960), *Theory of Maxima and Minima*, Dover, New York.

[21] Hillier F.S. and G.J. Lieberman (1980), *Introduction to Operations Research*, Holden-Day, Oakland, California.

[22] Hobson R.F. and J.J. Weinkam (1979), "Curve Fitting," in *Operations Research Support Methodology* (A.G. Holzman, ed.), Marcel-Dekker, New York, 335–362.

[23] Hocking L.M. (1991), *Optimal Control: An Introduction to the Theory with Applications*. Oxford University Press, New York.

[24] Jongen H. Th., P. Jonker and F. Twilt (1986), *Nonlinear Optimization in R^n: II. Transversality, Flows, Parametric Aspects*, Verlag Peter Lang, New York.

[25] Kan A.H., G. Rinnooy and G.T. Timmer (1989), "Global Optimization," Ch. IX in *Handbooks in OR&MS*, 1, G. L. Nemhauser et al., eds., North-Holland, Amsterdam.

[26] Karmakar N. (1984), "A New Polynomial-time Algorithm for Linear Programming," *Combinatoria* 4, 373–395.

[27] Khachian L.G. (1979), "A Polynomial Algorithm in Linear Programming," *Soviet Mathematics Doklady* 20, 191–94.
[28] Kuhn H.W. (1991), "Nonlinear Programming: A Historical Note," in *History of Mathematical Programming* (J. K. Lenstra, A.H.G. Rinnooy Kan and A. Schrijver, eds.), North-Holland, Amsterdam, 82–96.
[29] Kuhn H.W. and A.W. Tucker (1951), "Nonlinear Programming," *Proceedings of the Second Berkeley Symposium on Mathematical Statistics and Probability* (J. Neyman, ed.), University of California Press, Berkeley, 481–493.
[30] Lagrange J.L. (1762), "Essai sur une Nouvelle Methode pour Determiner les Maxima et Minima des Formules Integrales Indefinies," in *Miscellanea Taurinensia* II, 173–195.
[31] Levitin E.S. (1993), *Perturbation Theory in Mathematical Programming*, Wiley-Interscience, New York.
[32] McCormick G.P. (1983), *Nonlinear Programming: Theory, Algorithms and Applications*, Wiley, New York.
[33] Megiddo N., ed. (1989), *Progress in Mathematical Programming – Interior Point and Related Methods*, Springer, New York.
[34] Mor J.J. and S.J. Wright (1993), *Optimization Software Guide*, Frontiers in Applied Mathematics 14, SIAM.
[35] Neittaanmaki M. (1992), *Nonsmooth Optimization*, World Scientific Publishing, London.
[36] Nesterov Y. and A. Nemirovski (1993), *Interior-Point Polynomial Algorithms in Convex Programming*, Studies in Applied Mathematics 13, SIAM.
[37] Rockafellar R.T. (1970), *Convex Analysis*, Princeton University Press, Princeton, NJ.
[38] Rosen J.B., ed. (1990), *Supercomputers and Large-Scale Optimization: Algorithms, Software, Applications*, special issue of *Annals of Operations Research* 22(1)–(4), J.C. Baltzer, Basel, Switzerland.
[39] Sawaragi Y., H. Nakayama and T. Tanino (1985), *Theory of Multiobjective Optimization*, Academic Press, New York.
[40] Schrijver A. (1986), *Theory of Linear and Integer Programming*, Wiley, New York.
[41] Waren A.D., M.S. Hung and L.S. Lasdon (1987), "The Status of Nonlinear Programming Software: An Update," *Operations Research* 35, 489-503.
[42] Wets Roger J.-B. (1989), "Stochastic Programming," in *Handbooks in OR&MS*, 1, Elsevier/North-Holland, Amsterdam.
[43] Winston W.L. (1991), *Operations Research: Applications and Algorithms*, PWI-Kent Publishing, Boston.
[44] Wright M.H. (1992), "Interior Methods for Constrained Optimization," in *Acta Numerica 1* (A. Iserles, ed.), Cambridge University Press, New York, 341–407.

非線形目標計画法
nonlinear goal programming

モデルの中に非線形成分を含む目標計画問題を解くときに用いられる方法. ⇨ 目標計画法.

非対称型主双対問題
unsymmetric primal-dual problems

次のような2つの線形計画問題を考える.
主問題 (primal problem)
　　最小化　$c^T x$
　　条件　　$Ax = b$
　　　　　　$x \geq 0$
双対問題 (dual problem)
　　最大化　$b^T y$
　　条件　　$A^T y \leq c$
双対問題の変数が無制約変数であることに注目されたい. ⇨ 強双対性定理, 対称型主双対問題.

ビッグM法
big-M method

シンプレックス法で，人工変数を基底から追い出すために，これらの変数に十分大きなペナルティ M を付与する方法. ⇨ 人工変数(人為変数), フェーズI手続き, フェーズII手続き.

BTRAN
backward transformation

シンプレックス法の反復で基底行列のLU分解が積形式で与えられたとき，双対変数を計算する手続き. BTRANの呼称は，解を求める際に，エータ・ファイルを逆向きに走査することに由来する. ⇨ エータ・ファイル.

非負解
nonnegative solution

すべての変数が $x_j \geq 0$ を満たす解.

非負条件
nonnegativity conditions

変数が0または正であるという条件. 線形計画法問題では，通常 $x_j \geq 0$ $(j=1,\cdots,n)$ という非負条件が課される.

非補償的選択戦略

non-compensatory choice strategies

選択対象の属性（attribute）間のトレードオフ（trade-off）の代わりに，代替案がクリアすべき閾値（カットオフ）を用いて行う選択の方法. ⇒ 選択理論.

100％規則

hundred percent rule

線形計画問題の最適解が与えられたとき，この基底解の最適性を維持しつつ，目的関数の係数と右辺ベクトルの係数を同時に変更することを許す規則．この条件は，可能な変化と提案される変化の比の合計が0と1の間になくてはならない，という事実に由来する. ⇒ 感度分析, 許容分析.

非有界最適解

unbounded optimal solution

目的関数値が実行可能領域上で無限に増加（あるいは減少）することが示されるような制約付き最適化問題に対する解のこと．現実の問題に対する数理モデルが非有界最適解を有する場合には，定式化が正しくないに違いない．

ヒューリスティック手続き

heuristic procedure

ある問題が与えられたとき，その解を導くための規則またはステップの集合．ただしこの結果得られる解は最適解であるとは限らない．これらのルールは，問題の特質，直観，予感，アイデア，その他適切な探索手続きなどからなる場合が多い. ⇒ 貪欲解法, シミュレーテッド・アニーリング法.

病院

Hospitals

現代の病院は，Dowling（1984）の言葉を借りれば，「米国保健管理システムの不可欠な資源かつ組織の軸，患者の看護よる救命と保健に携わる人員の訓練の中心，保健に関する研究の指導と普及の中心」となる．それは3200億円産業への成長（1993）と健康に携わる人員の4分の3の雇用を象徴し，国民の医療支出の約40％，連邦政府の支出の約58％，州政府の支出の40％に責任をもつ.

まず第一に，病院にはたくさんの異なるタイプがある．それは，急性疾患ケア（平均入院期間が30日未満の病院と定義される）（訳注：米国の病院は通例入院が中心であり，最初に診察を受けるのは physician's office か clinic である），精神病院，慢性疾患病院（長期），リハビリテーション施設，養護施設，そして連邦政府施設（退役軍人病院など）である．この項での力点はおよそ5600ある急性疾患病院の1990年代の事業におく．

病院をとりまいている主要な属性は，次のようにまとめられる．（ⅰ）アクセス（または利用可能性），（ⅱ）費用，（ⅲ）看護の質と救命．それぞれを順に考察していこう．

アクセス

現在では100万に近い数のベッド，または1000人当たりで約4.16のベッドが存在する．1946年では米国人1000人に対して約3.2の病床であったのから増えてきた．医学の偉大な進歩（ポリオワクチンの開発と，ペニシリン利用の普及）は，保健管理がいまや必要であり，もはや特権ではなく権利であるという考えを導いた．リンドン・ジョンソン大統領の「偉大な社会」（Great Society）政策の一部である老齢者医療保険制度（Medicare, 老齢者の保健管理費用への連邦財政補助），低所得者医療補助（Medicaid, 貧困者の保健管理補助への州の補助）は1965年に創設された．これらの計画は過去，保健管理を受けられなかった1200万人の米国人に保健管理をもたらした．しかし，なお3700万人の米国人は保健の保証なしでいる．

病院をとりまく第二の鍵となる情勢は外来患者（通院）へのサービスの劇的な増加であり，年あたりの外来患者は1980年から1988年までに40％（2億200万人から2億8500万人に）増加した．この増加とそれほど重症でなくても外来患者として来院する傾向によって，過去よりも病院に病人が多い傾向を引き起こした．

最後に三番目のアクセスをとりまく発展は，可能な限りのケアの「支給」の必要である．すなわちサービスの必要には優先順位が付けられており，すべてのサービス（臓器移植など）が可能なわけではないようになっている．オレゴン州はこの考え方の実現可能性と公平さを検討中である．

費　用

病院への入院患者の1入院日当たりの費用はここ数年，年10％以上の率で増加してきた．この増加の理由は技術の進歩，米国民の老化，そして保険会社が患者に対してではなく，主に病院の請求額に対応して支払うことにある．1983年以前は政府の給付事業は病院の実際の費用に対して弁済された．しかし1983年に老齢者医療保険制度は見積り支払制度（prospective payment system：PPS）に変更された．その老齢者医療保険制度では，病

院の真の費用にかかわらずそれぞれの診断患者に対し一定額を払う．その狙いはこれによって病院が真の入院期間を短くし，付属的なサービスなどを除き，病院の利益を最大にすることを導くことにあった．「歯止め」効果によって，悪循環的な病院の拡大がいくらかチェックされることも期待された．同じ方法はただちに低所得者医療補助と多くの保険事業にも採用された．同じようなアプローチとして資源にもとづく相対価値システム (resource based relative value system：RBRVS) として知られる手数料計画も医師のサービスのために実行された．残念ながら，PPS は期待されたような費用面の成功を収めてはいない．

その他の費用分野で鍵となる要素は大学付属病院への差額支払いである．すなわち，17% の病院ではインターンと実習医を訓練している．現在までに病院は教育課程の報酬として老齢者医療保険制度から 30 億ドルを受け取っている．この金額は直接医療教育(direct medical education：DME．病院の実習医給与，教職医師給与，教室，実験設備などへの支出への報酬) 要素と間接医療教育(indirect medical education：IME．給費費用，重症患者が混じっていること，DME などによって補正したとしても，大学付属病院の患者当たり費用は，それ以外の病院より実質上高いという事実への報酬) 要素によって構成される．この差額の大きさは，実習医当たりの費用に医学学校によって大きなバリエーションがあることに対応するのみならず，研究にとっても実り豊かなものである．

看護の質

PPS の導入の内容と，病院が利益を高めるために看護の質について妥協する心配から，病院の提供する看護の質について測り，監視し，改良しようという努力が高まっていた．これによって雇用者は病院が安い費用で良質の看護を提供することを求めたため，保険業の費用は循環的に悪化していった．その手がかりには病院での死亡率，感染率，完治率，再診率を含むような関心から得られた．これらの尺度は患者の特性 (年齢，性別，転居状況，教育，社会的地位など) だけでなく，診察する患者の混合具合に強く依存することが認識され，これらのことを反映する診察の遅れや看護の質の有効性の指標による，さらなる，分析的努力がなされてきている．米国保健看護財団局は，すべての急性疾患病院の入院患者について指標によるランクをとった．ランキングには異論があるが，この重要な分野の研究を刺激し，外来患者について同様の指標を構築するのを助けた．保健管理計画を社会的に行っている多くの国 (ブラジルやインドなど) では，援助金を受け取り，責任もって運営している病院を保持するため，このような尺度に強く関心をもっている．

OR の必要性

この点については次の言葉 (Pierskalla and Wilson, 1989) が強調される．「わずかな例外を除き，OR の理論と方法について過去 10 年間に大きな進歩がなされ，産業，政策，軍事の主要な課題を解くため OR が利用されているが，保健看護救命のための OR 利用の大きな新しい進歩はもち越された…主要な例外…は医療診察での診断と医学処方の決定のための意思決定の分野である」

また，Pierskalla and Wilson (1989) は次のことも指摘している．「病院関連の産業は合衆国の GNP の 5～6% を占めており，国家の優秀な最高の若者たちを十分な金銭と社会的な報酬で医師 (と管理者) に引きつけている．そして病院におけるたくさんの他の仕事には，同様の優秀で能力のある若者を引きつけるような，刺激となる魅力がほんのわずかかまったくもたれていない」

オペレーションズリサーチやマネジメントサイエンスが成功する可能性があるのは，次の領域だろう．入院/外来スケジューリング，サービス容量計画，サービス需要予測，サービスシステム計画，立地選択，在庫/機材計画，車両スケジューリング，職員配置とスケジューリング，経営戦略計画，サービス配分 (Pierskalla and Wilson, 1989)．研究と応用向けの，いくつか他の有望な可能性を提示しよう．

ⅰ) 外来患者に関する看護の質を測る努力．

ⅱ) 規模の経済や見通しの経済を織り込んでの，病院の効率性を測る努力．たとえば，効率的な病院はどのように見えるか，どのように資源を配分するか，どのような手続きで，プロセスでか．その失敗例と離別してうまく雇用なされているか．

ⅲ) 政府による病院への差額支払いの償還問題．割り当て不均衡の調整に関する問題 (すなわち，一般の病院より貧困な患者をたくさん抱えた病院の扱い)，大都市の場合の調整，教育に関してなど．

ⅳ) 病院のサービスの規模は費用と質にどのように影響するか．Brailer and Pierskalla (1992) は，死亡率の低下は病院の計画容量以上の混雑につながることを示した．

ⅴ) 死亡率の低下などはケアの質の評価の正当な指標となるか．

ⅵ) 病院における質の費用とはなにか．工業における場合のように「無料」なのか．

ⅶ) 他のタイプの労働や資本によって代用できるか．Pierskalla and Wilson (1989) は登録正看護婦 (registered nurse：RN) は 3 分の 2 の時間をその資格が必要でも使いもしないような看護婦の仕事以外のことに費やしていることを明らかにした．

上記の問題のいくつかの答え（または部分的な洞察）が手に入れられるようになったとき，様々な要因の調整と運営の改良を戦術的戦略的に遂行するために，その情報と道具をもつ意思決定者が病院に必要になるだろう．多分将来，保健管理分野，特に病院部門より OR/MS の応用によって収益をあげる経済分野はないことになるだろう．
⇨ 保健管理システム，医学と医療．

[Richard C. Morey／古藤　浩]

参 考 文 献

[1] Brailer, D.J. and Pierskalla, W.P. (1992), "The Impact of Hospital Congestion on Mortality," *Proceedings of TIMS International Conference*, Helsinki, Finland, July.
[2] Dowling, William L. (1984), "The Hospital," chapter in *Introduction to Health Services*, S.J. Williams and P.R. Torrens, eds., John Wiley, New York.
[3] American Hospital Association (1990), *Hospital Statistics*.
[4] Pierskalla, W.P. and Wilson, D. (1989), "Review of Operations Research Improvement in Patient Care Delivery Systems," University of Pennsylvania study for R.W. Johnson Foundation.

費用行

cost row

シンプレックス・タブローにおいて，実用可能基底に対応する被約費用を表す行．⇨ シンプレックス法．

費用係数

cost coefficient

線形計画問題において，目的関数の係数に与えられる一般的名称．

費用効果分析

Cost Effectiveness Analysis

はじめに

費用効果分析は公的なプロジェクトの有用性を評価する実践的な方法である．テーマの歴史は，Dupuit の古典的な 1844 年の論文「公的な仕事の効用の測定について」までさかのぼることができる．1902 年以来，その技術は陸軍の技術者が主に支持してきた．その技術の最近のバリエーションは費用効果分析，費用便益分析（cost benefit analysis），システム分析（systems analysis），もしくは単に分析と分類されている．それは，防衛，運輸，灌漑，航路，建築のプロジェクトに広く適用されている．

費用効果分析は，問題に関係ある目的とそれらを達成するためのいくつかの方法を調べるための理論，データ，モデルを使った手続きである．それは，問題に対するいくつかの解の費用，便益，リスクを比較し，意思決定者がそれらの中から選択するのを助けるために使われる．費用効果分析とオペレーションズリサーチそれ自身の分野との差は微妙であり，扱い方によっては，単に「強調の問題」（matter of emphasis）である（Quade, 1971）．ここで用いる慣例は，オペレーションズリサーチはあらゆる研究で使われるすべての道具や方法を含む一群の知識であるということである．〈費用効果分析〉（cost effectiveness analysis : CEA）は選択問題のためのモデルや方法のある特定の応用である．

ときどき，費用効果分析は効果を測定する難しい問題と費用推定の通俗的な問題の組合せとして表現される．事実，費用測定は重要な問題である．費用効果分析は，それぞれの代替案に直接的にも間接的にも関連したすべての資源が分析に含まれるときのみ，効果的な資源配分のための道具を与える．いくつかの提案されている資源配分の機会費用は，最善の代替的な利用における資源の価値である．したがって，機会費用の概念は目標と目的，効果の測定尺度，他の代替案，それに制約の知識を要求する．すなわち，費用の基本概念を使うために，問題に対する注意深い分析が遂行されなければならない．

したがって，費用効果分析は検討対象の問題を解明する適切な尺度を開発するために，費用と効果の両方をモデル化する過程に焦点を当てなければならない．結局，費用効果分析は測定尺度のベクトルを評価する方法からなる．過程の中で，費用効果分析は事業規模，リスク，不確実性，タイミング，他のプレーヤーの活動のような問題に取り組まなければならない．

モデルの役割

Quade（1970）からとってきた図 1 は費用効果分析の要素を表現している．モデルが代替案の評価を助けるために費用効果分析の中で使われている．これらのモデルは，しばしば代替的なシステムの物理的な記述とそれら

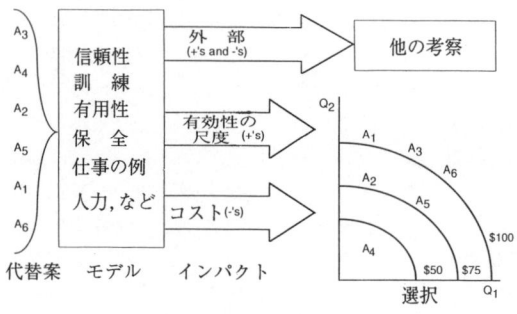

図 1　費用効果分析の要素

の生産と利用に対する様々なインパクトとを関連付ける方程式の形をとっている．システムの取得やその運営，もしくはシステムの環境への適用に関する様々な状況にモデルは関連している．

どの分析にも多くの仮定がある．しばしば関心の外におかれる仮定の重要なクラスに，分析過程にいる重要なプレーヤーの行動がある．伝統的に，費用効果分析はシステムの物理的な特徴（重み，スピード）を生産費用に関連付ける，比較的機械的なモデルにもとづいている．行動に言及することはしばしば効率についてのあいまいな表現の中に限定される．事実，費用と便益は活動からのみ生じる．したがって，活動する動機は費用と便益をモデル化するうえで重要な部分である．不幸にも，これらの行動上の仮定はしばしば明確に表現されない．その代わり，それらはしばしば，現実の環境の中での複雑なシステムの同時的な動きを示すために，詳細なコンピュータ・シミュレーションの中に埋め込まれる．

比較のできないインパクト

一組のモデルの出力は，測定されたシステムのインパクトを示す比較的長いリストである．システムのインパクトのいくつかは，効果もしくは費用の単位で測定可能である．その一方で，われわれが考えている費用や便益という枠組外のものもある．一般的に，それぞれのインパクトはそのインパクトに特有な単位で測定可能である．たとえば，死亡数，失われた装置の取替費用，誤差のない変速機の時間数などである．選択は，測定可能なインパクトの客観的な考察だけでなく，しばしば測定できない外部インパクトの考察も要求する．結果として，分析者は注意深くインパクト尺度とそれらの正確性および，測定されないインパクトの両方について報告することが重要である．選択はインパクトとそれらのもっかの選択問題との関連を評価する1つの基準の明確な利用を要求する．

分析者と意思決定者

分析をするとき，理解すべき最初で最も重要な問題は意思決定者の問題である．「問題は何か？」という質問に答えることは，分析が行われる組織と研究対象となる物理システムもしくは構造変化の両方を理解することをしばしば要求する．問題は，様々な形で，様々な時点で，そして様々な組織におけるレベルで述べられる．したがって，問題を理解することは組織全体の目的を理解することを要求する．

たとえば，ある航空システムに現在割り当てられている任務の費用を分析する問題を考える．問題は何か？いくつかの候補がある．

・現在のシステムは置き換えられるべきか？

・どのような設計を選択すべきか？
・誰がシステムをつくるべきか？
・どのように任務は遂行されるべきか？
・任務はできるのか？

分析はしばしば，これらの問題の1つに関して行われ，その後，同じ研究が異なる問題に適用される．明らかに，代替案，リスク，目的，費用は取りかかっている問題と独立ではない．

これは誰の問題か？　技術を選択し，データを集め，プロセスをモデル化し，費用と出力を測定するのは分析者である．取りかかっている問題に特有の内容にそってなされる選択を正当化するのは分析者である．したがって，「問題は何か」という質問に答えることができなければならないのは分析者である．

もし分析者の役割がそんなに大きいならば，意思決定者には何が残っているのだろうか？　意思決定者も問題を完全に理解し，分析の価値を判断しなければならない．意思決定者は代替案がすべて尽くされているかを調べ，仮定を評価し，インパクトの大きさを調べ，リスクが適切に取り扱われているかどうかを決定しなければならない．これらすべての仕事は重要だが，意思決定者の最も重要な仕事は様々な肯定的なインパクトと否定的なインパクトの相対的な重要性を評価する仕事である．これは組織の内部的なインパクトだけでなく，外部的なインパクトも含んでいる．インパクトを評価することは，それらのリスクや不確実性を取り扱うことも意味する．意思決定者の価値はリスクに対する態度も含んでいる．意思決定者の役割は分析者の役割とは特異に異なる．一度，インパクトが評価されたならば，選択は単に，各代替案ごとに重み付けされたインパクトを合計して比較するだけのことである．

基　準

費用便益比率（cost benefit ratio）：　費用効果分析はしばしばシステムの各インパクトを費用もしくは便益として分類することによって実行される．費用と便益に対してそれぞれ共通単位が見つけられ，それぞれの割引現在価値を計算する．代替案はこれらの2つの尺度の比率によって比較される．

代替案の中から選択するために，費用便益比率を使うことにはいくつかの問題がある．しばしば，このアプローチは適切な尺度を抜かすことになる（図1では外部的なものとしてそれらを取り扱っている）．なぜならば，これらのインパクトは主要なインパクトと比較できる単位で評価できないからである．主要なインパクトに対する単位を選択することには価値尺度の相対的な価値をトレードオフする主観的な決定を含んでいる．たとえば，失われる命が目に見える公害と比較されなければならな

い．あるいは環境へのインパクトは，経済損失に相対的に価値付けられなければならない．そのような価値の異なる尺度に対する共通単位を決定する人はもはや分析者の役割を果たすものではない．その人は意思決定者として行動している．

代替案は，メリットを合成させないで様々な尺度で測られている．しかしながら，分析が多入力多出力で考えなければならないときには，ある大きな問題が生じる．いくつかの比率が構築されるかもしれないが，代替案の全価値を決めるために，これらの多くの比率がどのように結び付けられるべきかは明らかではない．費用便益比率はこの場合，どのように進めればよいかを意思決定者に示してはくれない．

比率分析のもう1つの問題は，費用便益比率を計算するのに暗黙のうちに規模の収穫が一定であるという仮定をすることである．比率形式で結果を見せることによって，分析者は，もしシステムが拡張もしくは縮小するならば，費用と便益は比例的に両方とも変化することを暗示する．不幸にも，世界にはそのような比例ルールを壊す代替案の例は多い．最後に，比率分析がそれ自身でリスクと不確実性の明確な取り扱いを助けることはない．

生産関数 (production function)： 費用効果分析に対する生産関数アプローチは，技術における様々な規模の収穫可変と他の非線形性を取り扱うことができる．異なる規模のレベルでの様々な代替案に対する費用と便益の多くの推定は，非線形生産関数を回帰分析で適合させるために使われる．この技法はいくつかの入力の尺度を取り扱うことができ，それゆえ費用便益比率のいくつかの困難さを克服することができる．生産関数は確率変数で記述されたリスクを取り入れることもできる．しかし，多変量回帰生産関数はいくつかの欠点ももっている．最初に，回帰分析の利用は最善の成果の代わりに，平均的な成果に関する効率を測定する傾向をもたらす．すなわち，すべての観測値が生産関数や平均的な効率性尺度に適合するために用いられる．そして，各代替案はその平均的な尺度に対して測定される．また，多変量回帰分析は出力のために単一の指標が使われることを要求する．したがって，多出力は比率分析と同様に，単一の効果指標に結合されなければならない．このタイプは特に出力に対する価格が得られないか，もしくは価格が不完全である非営利組織や公的組織にとって特にきびしい問題である．Charnes and Cooper (1985) も，「非効率性の発生原因とその量を同定する」回帰分析の能力の欠如を批判した．

〈包絡分析法〉(data envelopment analysis：DEA)： 最近発展してきた技法であるDEAは尺度問題を助ける効率性尺度を提供する．この線形計画法にもとづく尺度はその源泉を線形計画法の理論に発している．Golany (1988) は，「DEAは，発行された研究論文の数と実際の世の中の問題に対する適用数の両方に関して，効率性評価の主要な方法として急速に台頭してきている」と指摘した．

DEAは，メリットを測る多数の尺度値があり，生産効率として1つの意味のある指標にそれらを総合する明確で客観的な方法がないという状況において，相対的な効率性を測るために特に設計された手法である．システムの総合したインパクトを平均化する回帰分析と比較して，DEAは極端な方法である．DEAは各代替案のメリットの尺度値を他の代替案のメリットの尺度値と比較することによって（数理計画モデルを使って），各代替案の効率性を計算する．各代替案のメリットの尺度値はできるだけ好ましいように重み付けされる．もし，代替案が非効率的であるとき，DEAはそのメリットの尺度値のどれがその非効率性をもたらしているかを示す．また，DEAは生産関数をパラメトリックに決めることを要求しない．それはモデルの出力となるもので，費用と有効性との要素に関する観測値から直接生産関数の推定を得る．DEAは多くの組織の生産性と効率性を測定するために使われる．特に出力の市場価格が得られない公的部門の組織に有用である．DEAは費用効果分析の尺度を開発するうえで非常に助けとなる潜在力をもっている．

例

費用効果分析は多くの重要な国の決定を支援する（あるいは反対する）ために行われる．たとえば，スペースシャトルの選択に結果としてなった代替的な配送システムの研究，非弾道ミサイルに関する一連の研究，そしてAT&Tの分割に対する賛成と反対の研究は，この重要な概念の強力さともろさの両方を示す典型的な研究である．

⇒ 費用分析，包絡分析法，有効性の尺度，機会コスト．

[Norman Keith Womer/柀々木規雄]

参 考 文 献

[1] Charnes, A. and W.W. Cooper (1985), "Preface to Topics in Data Envelopment Analysis," *Annals of Operations Research*, 2, 59–94.
[2] Sueyoshi, T. (1988), "A Goal Programming/Constrained Regression Review of the Bell System Breakup," *Management Science*, 34, 1–26.
[3] Dupuit, J. (1844), "De la mesure de l'utilité des travauz publics," Reprinted in *Jules Dupuit, De l'utilité et de sa mesure*, Torino, la Roforma sociate, 1933.
[4] Evans, D.S. and J.J. Heckman (1983), "Natural Monopoly," in *Breaking Up Bell*, D.S. Evans, ed., North Holland, New York, 127–156.
[5] Evans, D.S. and J.J. Heckman (1988), "Natural

Monopoly and the Bell System: Response to Charnes, Cooper and Sueyoshi," *Management Science*, 34, 27-38.
[6] Gregory, W.H. (1973), "NASA Analyzes Shuttle Economics," *Aviation Week and Space Technology*, September.
[7] Golany, B. (1988), "An Interactive MOLP Procedure for the Extension of DEA to Effectiveness Analysis," *Jl. Operational Research Society*, 39, 725-734.
[8] Heiss, K.P. and O. Morgenstern (1971), "Factors for a Decision on a New Reusable Space Transportation System," memorandum to Dr. James C. Fletcher, Administrator, NASA, Mathematica Corp., Princeton, New Jersey.
[9] Operations Research Society of America, "Guidelines for the Practice of Operations Research," *Operations Research*, 19, 1123-1258.
[10] Quade, E.S. (1964), *Analysis of Military Decisions*, United States Air Force Project Rand, R-387-PR, Santa Monica, California, p. 382.
[11] Quade, E.S. (1971), "A History of Cost-Effectiveness," United States Air Force Project Rand, P-4557, Santa Monica, California.
[12] Sueyoshi, T. (1991), "Estimation of Stochastic Frontier Cost Function Using Data Envelopment Analysis: An Application to the AT&T Divestiture," *Jl. Operational Research Society*, 42, 463-477.

費用勾配

cost slope

プロジェクトの作業の，継続時間1単位当たりの費用の変化率．⇒ネットワーク計画．

費用分析

Cost Analysis

費用分析とは，目的を達成するためのいくつかの方法の個々の費用や相対的な費用を推定する手続きをいう．正確な費用を推定するのではなく，むしろ，1つの代替案が他のよりも費用がかかっている，もしくはかかっていない範囲を明らかにすることが目標となる．費用分析は他の代替案に対して，ある1つの代替案を選択するときに助けとなる効果分析と一緒にしばしば用いられる．

発　展

費用分析は，1940年代終りから1950年代はじめに，国防省（Department of Defense：DoD）の意思決定過程に経済原理を適用するために，そのより広い手始めの一部として現れた．第二次世界大戦に続く多くの出来事が公的組織で行われる資源配分決定の方法に対して劇的で永続的な変化をもたらした．費用効果分析と費用分析の開発と発展がほぼ同時に起こり，それゆえに密接に関係付けられている．両方のタイプの分析はオペレーションズリサーチの方法を利用している．

オペレーションズリサーチは，戦争を支援するのに，主に民間の科学者によって考案され応用されてきた．そのはじまりから，オペレーションズリサーチは「得られる資源から最も多くのものを得るための科学的な方法を使おう」としてきた（Quade, 1971）．戦後すぐに，新しく開発された定量的な方法を防衛上の決定の支援に応用しようと，これらの科学者の多くが国防省によって雇用された．RAND研究所の前身と防衛分析研究所（Institute for Defense Analyses：IDA）と海軍分析センター（Center for Naval Analyses：CNA）はこの時期につくられた．

戦後，軍事技術の急速な発展と異なる特徴をもつ軍事的脅威の結果として，全米軍の間で軍事上の責任の分割がなされてきた．各軍は担当任務のために競争しはじめ，新武力システムのための予算の認可をめぐって論争を起こしてきた．競争するシステムは費用効果のもとで考察された．同じ効果をもつ武力システムが比較されるときには，それらの中で最も費用が少なく見積もられたものが資金提供の許可を得た．そのような決定に適用された分析的な手続きは，最初に「武力システム分析」と呼ばれ，のちに短くなって「システム分析」という用語になった．最初に提供されたシステム分析は1949年にRAND研究所によって遂行され，B-52とターボプロペラ爆撃機を比較した．実際にかかるコストの1つの代理として「ドル費用」を利用することは，基本的なシステム分析の質問を，「どの武力システムがその仕事にとって最もよいか？」から「ある固定的な予算が与えられたとき，どの武力システムが最も費用効果的か？」に変えた（Smale, 1967；Novick, 1988）．

費用分析は1950年代のはじめに別々の活動として起こり，RAND研究所の費用分析者のNovick（1988）のおかげで誕生した．Novickは武力システムの費用分析を開発し，「費用分析の父」として引用されている．RAND研究所のNovickとそのグループは費用分析の基礎となる部分を開発した．これらには，全費用の費用要素への分離，1回だけの費用と2回目以降の費用の分離，費用を推定する関係の開発，概念的な費用の開発，もしくは将来のシステム提案を比較するために使われる額の大きさの推定を含んでいる．Novickのグループはパラメトリックな費用推定，増分費用，および「全軍事費用」（Novick, 1988；Hough, 1989）を考案した．

1960年代はじめに，国防省は計画，プログラミング，予算システム（Planning, Programming and Budgeting System：PPBS）と呼ばれる中央集権化された資源配

分手続きを確立し，実行した．このシステムのもとで，費用効果を決定基準として使う組織的，合理的な方法によって，将来の防衛資源を担当任務間に配分した．1961年に，システム分析室（Office of the Secretary of Defense: OSD）がこの新しい資源配分手続きの実行を助けるために，国防長官室に設立された．1965年に，費用分析部門が国防省の補助室であるシステム分析室の中に設立された．この活動とともに，費用分析は OSD レベルでの代替的な武力構成の調査に主要な役割を果たした．1965年にはまた，PPBS システムが Lyndon Johnson アメリカ大統領によってすべての連邦政府機関に拡張された．

次の数十年間は国防省の費用分析の能力を強化する手始めとなった．陸軍は司令部や主要師団には費用分析室を開設し，少なくともその一部にはオペレーションズリサーチの方法の訓練を受けたり経験した人を配置した．国防省は，防衛費用分析者に主な武力システムの調達に関する費用実績の記録を提供するために，防衛産業の契約者から費用情報の組織的な収集を開始した．取得を決める重要な決定時点において，提案されたシステムの費用の推定の基礎をつくったこれらの記録は，契約交渉中の国防省の地位を強め，国防省に交渉した費用を追尾できるようにした．1971年に，米国の国防省の Packard 副長官は国防省の費用分析改善グループ（Hough, 1989）の設立，新システム獲得のための独立したパラメトリックな推定の要求，システムの取得を決める重要時点での費用分析によるレビューの公式化，それに軍事部門に対する費用推定能力を改善することの要求を含む防衛取得の改善を始めた．Packard の改善の一部として，費用は主要な設計パラメータによる「費用に対する設計」の考え方を実行することへと高められた（Hough, 1989）．10年後の1981年に，米国の国防省の Carlucci 副長官は国防省の費用分析の能力にさらなる要求を行った．Carlucci は便益／リスク分析にもとづく「多数年調達」（multi-year procurement）の実行，インフレに対してより現実的な予算化を図る「最も起こりそうな費用，もしくは期待コストによる予算」，経済的な生産レイトの利用，防衛産業の業者工場を一般商業ベースで予測するようにという要求，費用のリスクや不確実性を定量化するためのさらなる努力，設計した費用目標に賞金を付けることにより実際の製造コストがそうなるように，より大きな動機付けの用意を始めた．

1970年代，1980年代を通して，費用分析の実施は主に公的部門に拡張し続けた．政府の費用分析組織は工学，経済学，オペレーションズリサーチ，会計，数学，統計，ビジネス，そして関連分野での技術者を引き抜くことによって規模を成長させた．いくつかの焦点を当てた教育プログラムが，the Air Force Institute of Technology, the Naval Postgraduate School, the Defense Systems Management College を含む軍事用の大学でこの成長しはじめた職業を支援しはじめた．

1990年代は，防衛品調達手続きの統合部分として，費用運営効果分析（cost and operational effectiveness analysis: COEA）を制度化することにより費用分析の活動の急激な高まりをもたらした．費用運営効果分析は現在，主要な武器システムの調達にあたって各主要な決定時点ごとに，防衛品調達幹部に対して示すことを要求している．

方　　法

費用分析は，逐次的な過程である．最初は同定，そして測定，最後に代替案の評価である．これは十分な計画状況での資源代替案の構築と分析を必要とする．防衛の場合，米国防衛予算の大きさは国内防衛に備えるために得られる金額には制限がある．1つの任務／能力／武器システムに費やされるお金は他に費やせば得られたであろうものを得られなくなる．「したがって，個々のプログラムの費用の正確な評価は，いくつかのプログラムの間の相対的な便益と能力を理解するうえで最初に必要なステップであるので，適切に構築される費用推定と費用分析が不可欠である」（Smile, 1967）

「経済費用」は失われた便益であり，「代替費用」もしくは「機会費用」としてしばしば参照される（Fisher, 1970）．1つの選択，決定，もしくは代替案の経済費用の推定値は，この文脈の中では，もしそれを採らなければ残りの代替案の中で最もよいものを選ぶことによって得られる便益の推定値となる．このように構築されるとき，費用は便益と同じ次元をもち，直接の比較が可能である．

次の費用分析の概念をここで簡単に記す．作業分解構造（work breakdown structure: WBS），関連性の推定，それに費用進展曲線である．説明はあくまでも費用分析の方法にまったくなじみのない人達のために，どんな考えにもとづくものかを示すためだけのものであって，すべてを尽くしているわけではない．

作業分解構造：　費用分析は，費用を推定しようとする前に複雑なシステムを部分に分ける．この過程に対する概念の基礎が，作業分解構造である（U. S. Air Force Material Command, 1993）．作業分解構造の基本概念は，たとえば，ハードウェア，ソフトウェア，施設，データ，サービスやその他の作業からなる階層木として，航空機システムを表すことである．この木は製品と実行されるべき作業を完全に定義する．それは仕事の要素をお互いに，また最終製品へと関連付けている．費用分析は通常，作業分解構造の個々の要素の費用を合計して，全体のシステム費用を推定する．

関連性の推定：　費用分析の基礎となる他の道具は関

連性の推定（estimating relationship：ER）である．広い意味で，「関連性を推定することは，費用分析者が基礎的な入力（たとえば，いくつかの将来の武器システムのための記述的な情報）から軍事能力の出力を指向したパッケージについての費用を推定することを可能にする変換装置である」(Fisher, 1970)．特に関係の推定は，様々なカテゴリーの費用を「費用ドライバー」(cost driver)として参照される説明変数に関連させる分析法である．多くの様々な形をとる一方，関係の推定は通常，統計分析を使って実際のデータから得られる数学的な関数になる．

費用進展曲線(cost progress curves)：習熟曲線(learning curve, 学習曲線)の基本的な概念は，作業手続きが繰り返されるにつれて，その手続きを行う人は，通常その手続きをよりよく，もしくはより効率的に実行するようになるというものである．その手続きを実行する時間もしくは費用の削減は一般的に「習熟」に起因する．費用の削減に興味のある費用分析者は習熟ではなく費用進展としてこの現象を言及する．

費用進展曲線の理論は全単位量（たとえば，航空機，翼，もしくは胴体）が2倍になったとき，単位当たりの費用はある一定比率まで下がるということを表す．Wright (1936) は経験的にその原則を示した (Asher, 1956)．標準的な数理モデルは，ある単位を生産するために要求される製造労働時間が生産される累積単位数に関するべき関数である．関数形は簡単である．

$$C = aQ^b$$

ここで，C は Q 単位を生産するために要求される時間数，a は最初の単位を生産するために要求される労働時間，b はモデルのパラメータを推定するために使われるデータに反映される費用進展の量を測るパラメータである．形状は対数空間で線形になる双曲線の関数である．対数空間での線形性の特徴と適用の容易さは費用分析者の間での費用進展曲線の一般的な容認と人気の原因となっている．いくつかの軍隊の大きさと構成の費用を推定するときに，費用進展曲線は防衛費用分析者によって広く適用されている．

専門的な組織

費用分析が過去何十年かにわたって発展するにつれて，費用分析と関連する専門的活動をさらに促進するために，多くの専門的な組織がつくられた．米国のオペレーションズリサーチ学会（現在は，オペレーションズリサーチ・経営科学学会 (the Institute for Operations Research and the Management Sciences: INFORMS))の費用効果技術部門がそのような分析を指導するうえでの経験の交流のために1956年につくられた．その組織はINFORMSでは軍事応用部門 (Military Application Section：MAS) に名前を変えた．

全国推定学会（National Estimating Society：NES）は1978年につくられた．この組織の焦点は，私的部門の観点から費用推定を行うことである．1981年の費用分析学会（Institute of Cost Analysis：ICA）の成立は米国国防省の費用分析者に対して，何十年の中の最も重要な出来事として引用された．費用分析学会は公的部門と私的部門の費用分析の推進に専念した．費用分析学会と全国推定学会は，会員の技術力を保証し，「検定された費用分析者」もしくは「検定された費用推定者」の称号を得られるようにするプログラムを確立した．費用分析学会と全国推定学会はその後，費用推定・分析学会（Society of Cost Estimating and Analysis：SCEA）をつくるために合併した．費用推定・分析学会は資格試験に合格した人に対して，「検定された費用推定・分析者」資格を与えることで，検定のプロセスを続けている．

⇒ 海軍分析センター，費用効果分析，RAND研究所．

[Stephen J. Balut, Thomas R. Gulledge／枇々木規雄]

参考文献

[1] Asher, H. (1956), "Cost-Quantity Relationships in the Airframe Industry," R-291, The RAND Corporation, Santa Monica, California.
[2] Fisher, G.H. (1970), "Cost Considerations in Systems Analysis," R-490-ASD, The RAND Corporation, Santa Monica, California.
[3] Hough, P.G. (1989), "Birth of a Profession: Four Decades of Military Cost Analysis," The RAND Corporation, Santa Monica, California.
[4] Novick, D. (1988), "Beginnings of Military Cost Analysis: 1950–1961," P-7425, The RAND Corporation, Santa Monica, California.
[5] Smale, G.F. (1967), "A Commentary on Defense Management," Industrial College of the Armed Forces, Washington D. C.
[6] Quade, E.S. (1971), "A History of Cost-Effectiveness Analysis," Paper P-4557, The RAND Corporation, Santa Monica, California.
[7] U.S. Air Force Materiel Command (1993), "Work Breakdown Structures for Defense Material Items," Military Standard 881B.
[8] Wright, T.P. (1936), "Factors Affecting the Cost of Airplanes," *Jl. Aeronautical Sciences*, 3, 122–128.

費用ベクトル

cost vector

線形計画問題において，目的関数の係数を成分とする行ベクトル c のこと．⇒ 費用係数．

P^4

分割され，前もって割り当てられた枢軸手続きのこと．線形計画問題の基底行列をできるだけ下三角形式に近くなるように変換する手続きのこと．このような変換は，線形計画問題の原データセットが疎の場合に，逆行列を疎にするのに有用である．⇒線形計画法，改訂シンプレックス法．

ビールのタブロー
Beale tableau

シンプレックス・タブローの中で，基底変数と目的関数を，非基底変数の関数として陽な形に表現したもの．このタブローは，しばしば整数計画問題を解く際に使用される．

非割り込み
non-preemtive

待ち行列モデルで，より優先度の高い客が到着してもサービス中の客はサービスを中断されないこと．⇒待ち行列理論，目標計画法．

品質管理
Quality Control

はじめに

人々の品質への関心は産業そのものに対してと同様に歴史の長いものであるが，技術的かつマネジメント的な規範としての品質管理は1940年代～1950年代になってようやく受け入れられはじめ，広く実践されるようになった．統計的品質管理手法，これは米国と英国において開発されたものであるが，最も熱心な使われ方がなされたのは戦後の日本の企業家と管理者によってであった．Deming をはじめとする何人かの統計的品質管理 (statistical quality control：SQC) の専門家は日本においては誰にでもよく知られているが，彼らは自国ではほとんど知られていなかった．しかし過去数十年の間，競争のグローバル化と顧客がもつ品質意識がより高いレベルになったことによって西欧においては再び品質管理に対する関心が高まりつつある．SQC 手法は総合的品質管理 (total quality management：TQM) における鍵を握る要素であり，産業における継続的な改善プログラムである．このプログラムにより低価格で高品質な製品を顧客が要求し手に入れることが可能となってきたのである．

基本的な〈統計的工程管理〉(statistical process control：SPC) の技術は 50 年以上にわたり変わっていないが，累積和，移動平均，多変量統計学，ベイズ意思決定論などの考え方の活用が大きく発展してきた．簡単なイントロのあと，〈管理図〉(control chart) と古典的 SPC 手法 (Shewhart 管理図) の基本的な考え方を示し，次に累積和管理図と移動平均管理図について述べる．多変量とベイズ手法は簡単に紹介する．そして，組織における品質管理の近年の発展を最後に示す．

SQC 手法の効用

何年もの間，SQC 手法は製造業のみならずサービス業においても文字通り数千にわたる応用がなされてきた．基本的な SQC 手法を用いることは比較的簡単である．そして統計的手法の簡単なトレーニングのみで作業現場の工具によって活用されてきた．SQC 手法は大枠「統計的工程管理」と「抜取検査」(acceptance sampling) の 2 分野に分けられる．

〈統計的工程管理〉は工程において起こりうるあらゆる問題を発見し，必要なときに是正処置をとるために，定められた時間間隔において製造工程をモニタリングする「管理図」を用いるものである．管理図は工程の状態を知るための見通しのよい視覚的な表現を与える．問題が重大になる前にそれを見つけられる．そして経済的な損失が最小化される．異常が示されたとき，管理図上に観測されたパターンは通常是正処置がとりうるように問題のありかを指し示しているものである．

Montgomery (1991) は管理図利用法を 5 つあげている．管理図は生産性を改善し，工程の不良や不必要な調整を防ぎ，工程の診断情報と能力の情報を与えるために確立された手法である．

工程のインプットの質はそのアウトプットの質と大きく関連性をもつ．供給者からの原材料または作業工程からの半製品は別の工程へのインプットとなる．そのような状況下で別の工程から製品/材料のあるバッチを受け取り，そこから抜きとられたサンプルの品質にもとづいてそのバッチを受け入れるか棄却するかを決めなければならない．このような入荷/出荷される製品の検査にもとづいて，あるバッチを受け入れるか棄却するかの決定を行う品質管理の手法を抜取検査と呼ぶ．これは SQC においてよく活用され発展した一分野である．しかしこのサンプリング法の利用はこのところ，減少の傾向にある．なぜなら最近の品質は製品を検査することによってわかるものではないという考えが広まりそのうえそのロットの不良品の一部は採択されてしまうというおそれがあるからである．また，Montgomery (1991) によって指摘されているように最終工程において不良品と良品を仕分けることは，はじめから良品だけをつくるよりは決して安くないからである．本質的に品質管理は不良品を治

すよりは不良品を出さないためのものである．

統計的工程管理と抜取検査の技術は1920年代にさかのぼる．ベル研究所のWalter A. Shewhart は1924年に統計的な管理図を考案した．1920年代の後半 Harold F. Dodge と Jarold G. Romig は抜取検査の考え方を考案した．彼らもまたベル研究所の人である．SQC手法の発展と利用は当初はゆっくりであった．第二次世界大戦における防衛上の要請は切迫したものであり産業におけるSQC手法の利用にはずみを付けた．1940年代後半と1950年代は戦時中に開発されたSQC手法の強化がなされたときとして特徴付けられる．すでに産業化された国々および産業化途上の国々にSQCの利用は広まったが，とりわけ日本は宣教師のような熱意をもってこれらの技術を採用しその技術の潜在力を世界に示した．

1950年代になると連続生産と工程改善を行うための実験計画法 (design of experiments) の利用が始まった．Box (1957) は実験計画法の産業への革新的な応用を示しその名前をエボップ (evolutionary operation: EVOP) と名付けた．エボップはシステマティックな計画，つまり計画された実験にしたがい工程に小さいが細心な変化を加えながら進める．エボップを使うとわずか数回の試行実験のみで，進化的に生産性の改善からコスト低減またはその両者のために将来の〈実験〉を導くのに十分な情報を得ることができる．この実験計画法は生産管理者の監督があれば，実施することができ，その他のいかなるものも不要である．実験室よりも通常の工場生産の状況下においてこそ工程改善が効果的になしうるという考え方が重要である．しかし実験計画法の考え方は日本人がその技術を用い恩恵を受けたことが知られるようになった1970年代後半から1980年代はじめに脚光を浴びた．実験計画法に関するTaguchi (1976, 1977) の書物とオフライン品質管理に関する Taguchi and Wu (1979) の書物は，製品と製造工程の改善のための実験計画法のリバイバルであり近年の人気の牽引力となっている．Taguchi の考え方は品質は製品の中に作り込まれるべきであるというものである．彼によれば目標値からのいかなるずれも品質ロスにつながり，そのロスは最小化されるべきであり，実際できる．Bendell, Desney and Pridmore (1989) 編および Dehnad (1989) 編の書物は多くのケーススタディを含んでいる．

TQC (total quality control) は1950年代にFeigenbaum によって提案された．彼のアイデアは品質管理における次のすべてのフェイズを統合化するものである．(1) 設計・開発，(2) 製造，(3) 入荷/出荷検査，(4) もし必要であれば修正処置を容易にするために情報を設計/開発，製造，販売へフィードバックすること (Feigenbaum, 1951)．品質保証 (quality assurance) に焦点をおき TQC は品質の単なる評価から企業組織における不満足な状況を防止する方向へマネジメントの視点を移すことをねらっていた．

総合的品質の考えを促進する近年の発展は TQM と継続的改善のプログラムに具現されている．TQM プログラムは顧客満足度を最大化するための組織にまたがる活動である．Roberts and Sergesketter (1993) によれば「TQM とは，より低いコストにより，継続的に顧客満足度を増加させるための，顧客に視点をおいたマネジメントの仕組み」である．TQM プログラムは技術的な要素とマネジメントの要素の2つをもつ．後者はチームワーク，リーダーシップの実践，品質保証システム，顧客満足度の調査，などを含む．製造企業における TQM プログラムの技術的な要素は SPC 技術にもとづいている．過去数年にわたってこのプログラムは米国，西欧において大変ポピュラーになりマルコム・ボールドリッチ国家品質賞，デミング賞，ISO 9000 により企業の中に制度化されつつある．

技術用語

品質 (quality) という言葉は人によって異なる意味をもつ．品質のもともとの定義は仕様への適合性である．しかし製造環境の変化によりこの言葉は設計品質と適合品質の2つの異なった意味をもつこととなった．

〈設計品質〉(quality of design) は同じ使用目的に対し性能の異なる製品は異なる設計仕様をもつということをいっている．たとえば，ロールスロイスとトヨタターセルはともに輸送手段であるがまったく異なった設計仕様である．この2つの車は異なったマーケットセグメントをねらったもので，これは2つの会社のマネジメントによっておのおの図面を引く前になされた決定にもとづく．一度企業がねらったマーケットセグメントに対し物をつくることを決定すると企業は素材・半製品・最終製品の品質特性に対する設計仕様と許容差を明確にする．そして工程設計により製造工程は設計仕様を具現しうるように造られなければならない．設計品質を改善するために用いられる統計的方法があるがここではふれない．

〈適合品質〉(quality of conformance) は明確な設計品質を製造工程において具現しうる能力を示す．すなわち設計仕様に合うアウトプットを生み出しうる能力である．SQC のステップはこの段階において最も効果的に用いられる．特に SPC 技術は設計者によって定められた仕様にアウトプットが適合することを請け負うために工程のモニタリングを行うシステマティックな手段である．本項はこれらの技術に焦点を当てている．

統計的品質管理の専門家と研究者は異なる品質の定義を行っている．日本のエンジニア Taguchi (1979) によれば品質とは製品が出荷された時点から始まる社会の被る損失である．社会への損失は損失関数によって計られ

る．それは測定される特性値がその目標値から外れている大きさに比例するペナルティを示すものである．

Montgomery (1991) によれば品質を「使用適合性」(fitness for use) と定義している．この使用適合性とは品質特性によって決定される．たとえば穴あけ工程に対し，対象となる品質特性はその穴の口径と深さである．一変量工程管理図を用いて穴あけ工程をモニタリングすることができる．または対象となるいくつかの相関をもつ品質特性に対して多変量管理図によりモニタリングをすることができる．1つの品質特性に対しても2つの管理図を用いることができる．すなわち工程平均をモニタリングするものと工程変動をモニタリングする．

規格限界値（specification limit）： 測定できる品質特性に対して設計のエンジニアは許容される最小および（または）最大の値（許容差）と目標値（製品仕様）を決める．品質特性の許容しうる最大の値を上部規格限界値，最小の値を下部規格限界値という．

〈規格限界値〉と〈許容限界値〉(tolerance limit) はよく置き換えて使用される用語である．ASQC（アメリカ品質管理学会）の用語辞典におけるこれらの定義は同じである．この用語は「製造やサービスにおける1つの製品の適合限界」と定義されている．しかし許容限界値は製造またはサービス環境の評価に対して通常使用され，〈規格限界値〉は材料，製品，またはサービスなどの要求に応じてそれらの個々の分類をおこなうのに適している，と先の用語辞典では示されている．Banks(1989) によると〈規格〉(specification) はすべての特性に当てはまるのに対して，〈許容差〉(tolerance) は物質的な測定値に対してのみ当てはまる．このときには規格限界値は許容限界値を含むといえる．

規格限界値と工程能力

ひとたびある品質特性に対する規格限界値が確立されたならば，その工程がこれらの要求を満足することが可能かどうかを確認しなければならない．一般によく使用される工程能力に関する尺度を工程能力指数（process capability index）C_p という．次のように定義される．

$$C_p = (U-L)/6s$$

U は上部規格限界，L は下部規格限界，s は品質特性の分布の標準偏差を示す．C_p の値が1よりも小さい場合，その工程において規格限界の要求を満足することが不可能であるということを示している．C_p の値が少なくとも1.33以上であれば，その工程は大変良好であるといえる．そのような工程では標準偏差は $(U-L)$ の1/8以下でなければならない．たとえば，Motorola は $C_p=2$ を多くの工程において要求している．$C_p=2$ を得るためにはその工程の標準偏差は $(U-L)$ の1/12を必要とする．C_p はある規格限界を満たしうるか否かを示すものであるが，その工程が目標とする平均を中心に位置しているかは示していない．

どの程度工程の平均がその目標値 T から離れているかを示す，よく使用される尺度は次の K で表される．

$$K = (T-\bar{X})/[(U-L)/2]$$

ここで $\bar{X}$ は現工程における平均の推定値である．工程平均が目標とする平均に等しい場合に $K=0$ となり，工程平均が上部規格限界値にシフトする場合に $K=-1$ となり，工程平均が下部規格限界値に等しい場合に $K=1$ となる．K を考慮した工程能力は $C_{pk}=C_p(1-K)$ にて与えられる．$\bar{X}$ が目標とする平均値 T と等しい場合，$C_{pk}=C_p$ となる．工程平均が下部規格限界値にシフトした場合に $C_{pk}=0$ となり，工程平均が上部規格限界値に等しい場合には $C_{pk}=2C_p$ となる．

適合と不適合： 長年にわたり品質管理専門家は「欠点」や「不良品」などの用語を使用してきた．検査にもとづき製品/原材料は不良品または良品に分類される．これにより管理図における「1製品当たりの欠点数」や「不良品数」そして「不良品率」がよく用いられてきた．欠点はさらに重欠点，中欠点，小欠点などに分類することができる．近年の傾向として〈不適合〉(nonconformity) という用語を欠点に対して用い，〈不適合ユニット〉(nonconforming unit) という用語を不良品に対して用いるようになってきている（ASQC, 1983）．

これらのことから，不適合とは品質特性が意図する規格値から離れている場合，または製品の要求に対し使用に適応しない状態にあることをいう．不適合ユニットとは1単位の製品に対して最低1つの不適合を含んでいる．不適合は品質特性に対して使われ，不適合ユニットはある1つの製品全体に対して使われる．ある製品にいくつかの不適合があるとしてもその製品全体が不適合と分類される場合とされない場合がある．たとえば，車の表面に存在する気泡はひどい不適合とは見なされずにその車は適合ユニットとして分類されるのである．

工程： 製造工程は人，機械，材料，作業手順，検査機器，工具，ダイス，治具，備品，調節，環境状態などからなるものとして視覚化されよう．このような視覚化によって後に SPC の基本目的である問題要因の同定を行う手助けとなる．

SPC の基本概念

この項では SPC 手法（管理図）が発展していった上で重要ないくつかの鍵となる考えを述べる．

変動の要因： まったく同じ状態の機械によって製造された2つの製品は品質特性という点において違いは見られないということを認識することが重要である．これは変動というものがすべての製造工程に内在しており，製造工程の精度を顧みないで製品の変動をすべて取り除

くことは不可能なことであることを示している．いくつかの工程では他と比較して変動が少ない場合もあるが，それでもなお変動というものは存在するものである．

自動または半自動製造工程において，2つの変動要因があげられる．偶然変動および異常原因によって生じる変動である．偶然（ランダム）変動は1つの工程における，1つ1つは小さくて個別には区別できないインパクトを与える多くの要因がもたらす効果の和の全体をいう．偶然変動は工程につきものの変動であり規格許容差（規格限界値）を通して設計にかかわるエンジニアによって検討される．工程が計画どおりに動いている場合には，その製造された製品は規格限界値内の望ましい品質特性を備えているといえる．そのような状態をその工程が〈管理状態にある〉(in control) という．

その他の製造工程における変動要因として1つまたは複数の異常原因によるものがあげられる．製造工程において異常原因が存在する場合（工具の摩滅や破壊，誤った調節，気温の変動，品質の悪い原材料の利用，再校正を必要とする検査ゲージなど），その工程は〈管理状態にない〉(out of control) という．異常変動要因は管理図を用いることにより見つけることができ，それを取り除くことによって工程を管理状態に戻すことができる．

工程が管理状態にある場合に（偶然変動のみが存在する場合）その測定値は満足できる工程の挙動モデルとして採用されるパターンにしたがう傾向があることが経験としてわかっている．正規分布は，しばしば満足できる挙動モデルとして使用される．そのために管理状態にある工程は予測可能な動きであり，その測定値は正規分布にしたがっているといえる．もし測定値が予測可能なパターンにしたがっていない場合，なんらかの要因が存在し，管理状態ではないことが示唆される．工程の定義をもう一度思い出そう．管理図における測定値パターンから工程上の1つまたはそれ以上の要素によって起こる異常変動をしぼることがしばしば可能である．SPCの目的はできるだけ早くに異常変動を見つけ出すことであり，それによって不適合が製造されるよりもずっと以前に適切な行動をとることを可能にするものである．

管理図 (control charts)：　工程から規則的にサイズnのサンプルをとり，抜き取られたアイテムのいくつかの測定値，適切な統計量の計算（たとえば，和，標準偏差，範囲，不適合率など），によって工程をモニターすることができ，まとめの統計量を図にプロットすることができる．これをシュワート管理図 (Shewhart, 1931) といい，図中には中央線 (CL)，上部管理限界線 (UCL)，下部管理限界線 (LCL) が含まれる．これは1つの品質特性をモニターする上で使用される．UCL は一般に中央線より3標準偏差上に引かれ，LCL は中央線より3標準偏差下に引かれる．個々またはグループとしての観察にもとづきプロットされる統計量はサンプル値，範囲，標準偏差，形状不適合，数の不適合などである．図1は典型的なシュワート管理図上での変動を示している．

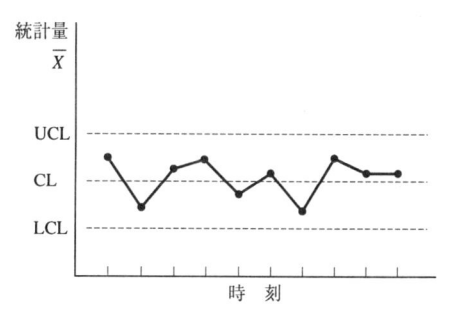

図1 平均に対する典型的な1変量シュワート管理図

サンプルの統計量が UCL と LCL の間にある場合，その工程は管理状態にあるということができ，それには特別な要因は存在しない．一方で統計量が UCL および LCL 外に位置する場合，または統計量が何らかの傾向を示しているときは異常原因が存在する可能性を示唆している．このとき，工程を止め，存在するあらゆる特別な原因を検出するための努力を必要とする．特別な要因がないと確認されたあと，または異常原因が除かれた場合にのみ，その工程は再開される．

管理値の決定：　シュワート管理図において管理されている状態にあるにもかかわらずアラーム（第一種の誤り）を出してしまう確率を定めることにより管理限界線が決まる．この誤ったアラームは工程が実際には管理状態にあるのに統計量の値が管理限界線を越えてしまう場合に生じるものである．管理限界線の形は様々な管理図に対し，のちほど説明する．

サンプリングの考慮：　管理図の使用上，サンプルサイズ，サンプリングの頻度，サンプリング技術の方法などを決めることが必要となる．

サンプルサイズに関しては，サンプルが大きいほど工程平均におけるシフトを見つけ出す確率が高くなる．しかし実際問題として品質特性が測定可能な場合には小さいサンプル数（$n=4$ または 5）が適用される．またサンプリング頻度に関しては，工程の変化の速さに依存してサンプルをとっていく．もしその工程の変化が急速に起こる場合にはサンプルをさらに頻繁にとることが必要となる．少数のサンプルを頻繁にとっていく方が多量なサンプルを少ない頻度でとっていくことよりも望ましい．対象となる特性の測定が難しい場合には必要となるサンプルサイズはさらに大きくなる．

通常，私たちは工程を時間ごとにモニタリングすることにより，あらゆる工程の変化を見つけ出そうとする．そのためには論理的な基礎として工程における時間順序

を利用することがサンプルを抽出する上で重要となる．異常原因が存在する場合抽出されたサンプル（サブグループ）の群内の偶然変動が最小となり，一方，群間の差が最大となるようにサンプルをとるとよいとShewhartは示唆している．「合理的なサブグループ」の適用もまた彼によって示唆されている．サブグループを適用する一般的なアプローチとして，同時期に製造された製品をひとまとめにしてサンプルとして扱う方法がある．その他の合理的なサブグループへのアプローチとして，最後にサンプルがとられた以降のすべてのサンプルの中からランダムにサンプルをとっていく方法がある．すべての製造期間中の全製品が対象の場合，このアプローチは有効である．合理的なサブグループの概念は管理図がグループ観察にもとづいて行われる場合に適切である．できる限り有効な情報を管理図の解析から得るためにはサンプルを適切に選択することが最も重要である．異なる機械，作業場，シフト，作業者などのアウトプットは，異常原因によって起こる問題を正確に定めることが不可能となるゆえプールすべきではない．

管理図性能の評価： 管理図の性能はその平均連長（average run length：ARL）で評価される．工程におけるARLは管理状態ではない状態を示すシグナルが出る前にとられるサンプル数の平均をいう．工程が管理状態にある場合に管理状態でない状態を示すシグナルが出ることは誤ったシグナルにほかならない．この確率は第1種の誤りと呼ばれ一般にαで表される．シュワート管理図では，管理状態の下でのARLは$1/\alpha$に等しい．

管理図の種類： シュワート管理図は最新のサンプルをベースとしており工程での大きなシフトを見つけ出すのに有効ではあるが，小さい，または中程度のシフトや時間とともに徐々に増加するシフトなどに対しては敏感ではない．その他の管理図として累積和管理図（cumulative sum：CUSUM）と指数平滑管理図（exponentially weighted moving average：EWMA）がある．これらは特に小さいシフトや中程度のシフトを見つけ出すのに有用ではあるが，大きなシフトを見つけ出す感度は低い．

1変量CUSUM管理図が逐次的確率比検定を繰り返し適用しているのに対しEWMA管理図は過去のすべての観測値の指数重み付け移動平均をベースとしている．一方，EWMA工程では最新の観測値に対して最も高い重み付けをしており，より以前の観測値に対して指数的に重み付けを減らしていく．EWMA管理図はCUSUM管理図に比べて使いやすく理解しやすいが，EWMA管理図とCUSUM管理図はともにシュワート管理図と比較すれば，作成と使用がやや難しくなる．

1954年のPageが発端となって以来CUSUM手法に関する多くの研究はARLの計算を扱ってきた（Goldsmith and Whitfield, 1961；Kemp, 1961；Van Dobben de Bruyn, 1968；Goel and Wu, 1971；Brook and Evans, 1972；Reynolds, 1975；Khan, 1978；Zacks, 1981；Lucas, 1976, 1982；Lucas and Croseir, 1982；Woodall, 1983, 1984；Pollack and Siegmund, 1986；Waldman, 1986）．Reynolds（1975）はARLのよい近似値をシミュレーションによって求めうることを示した．Goel and Wu（1971）のノモグラム，Gan（1991）の管理図，Van Dobben de Bruyn（1968）の表を使用することにより許容品質水準（μ_0），棄却品質水準（μ_1），棄却品質水準を見つけ出すための管理状態下また管理状態ではない場合の理想的なARL等にもとづきCUSUM管理図の計画パラメータを決定することができる．

Hunter（1986）はEWMAに関する詳しい説明を提供している．Crowder（1987）はEWMA管理図の連の長さの分布を研究するうえでの簡単な方法を提案している．EWMA管理図のパラメーターをプロットしていくうえでCrowder（1989）は最適EWMA管理図の作成を簡単にした．最適EWMA管理図とは管理状態では一定のARLをもち，工程平均で特定のシフトに関しての異常状態の下では最少のARLをもつものである．Lucas and Saccucci（1990）は初期の応答をより早く高めていく方法をいくつか提案している．また最適EWMA管理図を決定するための管理図パラメータの表も示した．

統計的工程管理計画の立案： 最後に管理図をどのように使用するかについて述べたい．管理図の利用が目標とする平均（μ_0）や標準偏差（σ_0）からのへだたりを求めるためである場合，管理図の作成は比較的簡単である．もしμ_0やσ_0がわからない場合それらは定常な状態の下でサンプリングされ推定される．20またはそれ以上のサンプル（サブグループ）からのデータが目標とする平均や標準偏差を推定するために用いられる．

これらの推定値を使って仮の管理限界線が計算され，先のサンプルがとられたときの工程は管理状態であるかどうかをみることができる．必要に応じ仮の管理限界線は，仮の管理限界線を用いたときに管理はずれとなったサンプルを除外することで修正される．工程平均と標準偏差の修正された推定値にもとづく管理限界線を用いて，将来の工程をモニタリングする．

シュワート管理図

管理図はモニタリングされた品質特性によって〈1変量〉，〈多変量〉の2つに分類することができる．これらは主な3タイプの管理図を含み，それぞれをシュワート管理図，CUSUM管理図そしてEWMA管理図と呼ぶ．この項では1変量シュワート管理図を扱う．1変量CUSUM管理図と1変量EWMA管理図はあとの項で述べる．そのあとに多変量管理図についての概要を示す．

対象となる品質特性が連続型変数である場合，測定さ

れた特性の管理図は「変量に対する管理図」と呼ばれる．もし集められたデータが離散型変数を含む場合にはその管理図は「属性に対する管理図」と呼ばれる．

変量に対する管理図： ある確率分布にしたがう連続型変数（本項では正規分布にしたがうとする）に対しわれわれは一般に工程の中心的傾向と変動をモニタリングすることに興味をもつ．中心的変動は群に分かれた観測値にもとづいた個々の観測値（X管理図）または標本平均（$\bar{X}$管理図）を用いることによりモニタリングすることができる．変動をモニタリングするために用いられる代表的な尺度に範囲（R管理図）または標準偏差（S管理図）がある．一般に管理図は$\bar{X}$やR管理図（または$\bar{X}$管理図とS管理図）などと組み合わせて用いられる．工程平均のモニターを行いながら工程変動をモニタリングしていくことが薦められる．

属性の管理図： ある品質特性をモニタリングすることにより検査されたアイテムが規格に対して適合か不適合かをgo/no-goゲージなどを用いることによって分類する．このタイプの品質特性はその属性に関連しており，管理図は不良率（P管理図）または不良数（np管理図）をもとに作成される．これらは二項分布にもとづく．不適合ユニットの生じる確率（p）は一定であるとする．

その他の属性用の管理図としてある単位あたりの欠点数にもとづくものがある．もしある単位あたりのサンプルが，たとえば，布1インチ四方またはある長さの鋼線などが，異なる欠点数をもつ場合，単位あたりの欠点数（または平均欠点数）にもとづく管理図を対象にしていく．欠点出現確率が一定でありその出現確率が非常に低い場合に，これらの管理図は適切である．これらの管理図はポアソン分布にもとづく．

変量の管理図（目標とする平均と分散が既知のとき）：個々の観測値の管理図（X管理図）；工程は個々の測定値またはサブグループを観察した標本平均のどちらかを使用することによってモニタリングすることができる．これらの管理図の原理は工程からの測定値は平均μ_0と標準偏差σ_0をもつ正規分布からランダムに抽出されたサンプルにもとづいている．このとき個々の測定値の99.73％が$\mu_0 \pm 3\sigma_0$の間にある．一般的に観測値のうちの$100(1-\alpha)$％が$\mu_0 \pm z_{\alpha/2}\sigma_0$の間に存在する．$(1-\alpha) = 0.9973$の場合では$\alpha/2 = 0.00135$，$z_{0.00135} = 3.0$となる．

個々の観測値を工程平均をモニタリングするために用いる管理図は次のように作成される．

$$\text{UCL} = \mu_0 + z_{\alpha/2}\sigma_0, \quad \text{CL} = \mu_0, \quad \text{LCL} = \mu_0 - z_{\alpha/2}\sigma_0$$

米国で管理図を作成するために一般によく用いられる$z_{\alpha/2}$の値は3.0であり，これらの管理限界線は3σ管理限界線となる．これにより個々の観測値にもとづく管理図のUCLは$\mu_0 + 3\sigma_0$，またLCLは$\mu_0 - 3\sigma_0$となる．

標本平均の管理図（$\bar{X}$管理図）： 標本平均にもとづく管理図（$\bar{X}$管理図）の管理限界線は，工程からの観測値が平均μ_0，標準偏差σ_0の正規分布にしたがう場合，この工程からのn個の観測値にもとづく標本平均は平均μ_0，標準偏差$\sigma_0/\sqrt{n}$の正規分布にしたがうという事実により導かれる．標本平均にもとづく管理図の管理限界線は次のように与えられる．

$$\text{UCL} = \mu_0 + z_{\alpha/2}\sigma_0/\sqrt{n} = \mu_0 + A\sigma_0, \quad \text{CL} = \mu_0,$$
$$\text{LCL} = \mu_0 - z_{\alpha/2}\sigma_0/\sqrt{n} = \mu_0 - A\sigma_0$$

ここで，$Z_{\alpha/2} = 3.0$であり，$n = 2, 3, \cdots, 25$に対するAの値はDuncan (1986) 参照のこと（訳注：管理図に関する和書としては，石川編 (1962) 管理図法，日科技連出版社が詳しい）．

サイズnの連続サンプルに対してこの管理図は第1種のあやまりαをもつ次の統計的仮説検定を繰り返し行っていることになる．

$H_0: \mu = \mu_0$

$H_1: \mu \neq \mu_0$

変動の尺度に対する管理図： 定められた期間ごとにサイズnの標本がとられた場合，工程の変動は範囲にもとづく管理図（R管理図）または標準偏差に基づく管理図（S管理図）によってモニタリングされる．

R管理図；範囲は$R = X_{\max} - X_{\min}$によって与えられる．Rの平均と標準偏差を見つけるために次のような相対範囲を定義する．すなわち，$W = R/\sigma_0$，ここでWは標本サイズnの関数である．その平均$E(W)$はd_2で，標準偏差はd_3で与えられる．よって範囲Rの平均$E(R)$は$d_2\sigma_0$となり，Rの標準偏差は$d_3\sigma_0$となる．$n = 2, \cdots, 25$に対するd_2とd_3の値はDuncan (1986) 参照のこと．

R管理図に対する管理限界線は次式で与えられる．

$$\text{UCL} = E(R) + 3\sigma_R = d_2\sigma_0 + 3d_3\sigma_0 = (d_2 + 3d_3)\sigma_0$$
$$= D_2\sigma_0$$
$$\text{CL} = E(R) = d_2\sigma_0$$
$$\text{LCL} = E(R) - 3\sigma_R = d_2\sigma_0 - 3d_3\sigma_0 = (d_2 - 3d_3)\sigma_0$$
$$= D_1\sigma_0$$

ここで，$n = 2, \cdots, 25$に対するD_1, D_2, d_2の値はDuncan (1986) 参照のこと．

S管理図： 標本標準偏差の計算は範囲の計算よりも難しいゆえR管理図はS管理図よりもより多く用いられてきた．しかし計算機の性能向上によりS管理図の使用は増えるべきである．

S管理図の管理限界線は次のように与えられる．

$$\text{UCL} = B_6\sigma_0, \quad \text{CL} = c_4\sigma_0, \quad \text{LCL} = B_5\sigma_0$$

ここで，$n = 2, \cdots, 25$に対するc_4, B_5, B_6の値はDuncan (1986) を参照されたい．R管理図もS管理図も各統計量の確率分布はその統計量の平均値の周りの3×標準偏差に分布していることにもとづく．

変量に対する管理図（平均と分散が未知の場合）： 以

前に記したように，まずはじめに，データ，たとえば m 個のサブグループからのデータにもとづき目標とする平均と分散を推定する．そして試行的な限界線を計算し，先の m 個のサブグループのデータがとられたときに工程が管理状態にあったかどうかを振り返る．次にこれらのうち管理はずれとなっているサブグループのデータをはずして先に求めた平均と分散の推定値を改める．最後に，修正された管理限界線が将来の工程をモニタリングするために計算される．

一般には工程平均と標準偏差の不偏推定量が用いられるべきである．m 個のサブグループからのデータを用いて，各グループの標本平均 ($\bar{X}_i$) と標準偏差 (S_i) を計算し，さらにそれらの全体の平均 $\bar{X}$ と標準偏差の平均 ($\bar{S}$) を求める．もしも範囲が標準偏差の代わりに用いられるならば $\bar{R}$ が計算される，ここで $\bar{R}$ はサブグループの範囲の平均である．しかし $\bar{S}$ と $\bar{R}$ は工程の標準偏差の不偏推定量ではないことに注意されたい．不偏推定量は先の係数 c または d を用いて得られる．

$\bar{X}$ に対する管理図： この管理図に対する管理限界線は μ_0 と σ_0 の推定値が用いられなければならないことを除けば，先の管理図と同様である．ここで $\bar{R}$ が変動を示すために用いられたとき，$\bar{X}$ の管理限界線は次のように与えられる．

$$\text{UCL} = \bar{X} + A_2\bar{R}, \quad \text{CL} = \bar{X}, \quad \text{LCL} = \bar{X} - A_2\bar{R}$$

S 管理図が用いられた場合は限界線は次のようになる．

$$\text{UCL} = \bar{X} + A_3\bar{S}, \quad \text{CL} = \bar{X}, \quad \text{LCL} = \bar{X} - A_3\bar{S}$$

ここで，$n=2,\cdots,25$ に対する A_1, A_3 の値は Duncan (1986) を参照されたい．

R 管理図と S 管理図： これらの管理図は σ_0 の推定値が用いられるという点を除けば，先の管理図と同様である．ここで R 管理図と S 管理図に対する 3σ 管理限界線はこれらの分布が非対称ゆえ確率限界線と考えてはいけない．R 管理図，S 管理図に対する確率限界線の利用の詳細は，工程の標準偏差の最尤推定量にもとづく管理図の設計とともに Ryan (1989) に記されている．

属性に対する管理図： 先に述べたようにこれらの管理図は通常二項分布またはポアソン分布にもとづく．不良率に対する管理図（P 管理図）と不良品数に対する管理図（np 管理図）は二項分布にもとづいている．単位ユニット当たりの欠点数の管理図（c 管理図）と単位ユニット当たりの平均欠点数の管理図（u 管理図）はポアソン分布にもとづいている．

不良率にたいする p 管理図： 工程が安定した状態で稼動されその不良率を p とする．この工程から一定の間隔で標本サイズ n のサンプルを抽出し，各サンプル中の不良品数 (x) を観測することにより工程がモニタリングされるならば確率変数（不良品数）はパラメータ n と p の二項分布にしたがう．もしも不良率 (x/n) を用いたいならばその平均は p であり分散は $p(1-p)/n$ である．p が既知のとき $\bar{p}$ に対する管理限界値は

$$\text{UCL} = p + 3[p(1-p)/n]^{1/2}, \quad \text{CL} = p$$
$$\text{LCL} = p - 3[p(1-p)/n]^{1/2}$$

となり，LCL が負の場合その値は 0 とする．

p が未知の場合または与えられていない場合，20 から 30 のサブグループからのデータを用いて推定される．これらのサブグループからの標本不良率が計算され，またこれらの標本不良率の平均 ($\bar{p}$) が p の推定値として与えられる．上記の管理限界線において p を $\bar{p}$ と置き換えることによって目標とする p 管理図への試行的な管理限界線が求まる．必要ならば試行的な限界線はより多くの情報が利用しうるにしたがい改訂される．

上記で与えられた管理限界値は標本サイズ n が一定のときにのみ適応される．もしもサンプルサイズがサブグループ間で異なる場合，管理限界線の計算においては n の代わりにサンプル数に応じた適切な n を用いる．しかしサブグループ間の標本サイズの変化が微量であれば標本サイズの平均が管理限界線の計算で用いられる．

先にのべたように不良率管理図への標本サイズは変量の管理図において用いられる標本サイズと比べかなり大きい．大体の目安としては次のサンプルで特定の変化 d を発見するための確率が 0.5 であるように標本サイズが決められるべきである．3σ 限界線を用いた二項分布への正規近似を用いて標本サイズ n は次式となる．

$$n = 9p(1-p)/d^2$$

不良品数に対する np 管理図： この管理図の管理限界線は，確率 p で不良品を出す工程においては標本サイズ n 個中の不良品数の平均は np であり，不良品数の分散は $np(1-p)$ という事実にもとづいて計算される．3σ 管理限界線は次のようになる．

$$\text{UCL} = np + 3[np(1-p)]^{1/2}, \quad \text{CL} = np,$$
$$\text{LCL} = np - 3[np(1-p)]^{1/2}$$

もしも p が未知であればその代わりに $\bar{p}$ が用いられる．さらに継続的な改善のために不良品数を減少させることが望まれる．

欠点数への c 管理図（標本サイズ一定）： この場合サンプルユニットとは 1 つの製品（例，布 1 インチ四方），あるユニットの固まり（例，50 DRAM チップ）などであるが，標本サイズは一定である．またその事象が生起する可能性の場合の数 (n) にたいする欠点の生じる確率 (p) はきわめて微小かつ一定であることを前提とする．このとき確率変数（欠点数）は二項分布の極限操作より得られるポアソン分布にしたがう．もし $np=c$ という条件のもとで n を無限大に（p が 0 に）近づければ二項分布はパラメータ c のポアソン分布に漸近する．このとき平均と分散はともに c である．よって c 管理図の 3σ 管理限界線は次式で与えられる．

$$UCL = c + 3c^{1/2}, \quad CL = c, \quad LCL = c - 3c^{1/2}$$

LCL は負の場合に 0 と置き換えられる．前と同じように c が未知の場合は次のように行えばよい．標準偏差が与えられていない場合，これまでの標本サイズ n における欠点数の平均 ($\bar{c}$) によって c は推定され，仮の限界線は c の代わりに $\bar{c}$ を用いて計算される．

単位ユニット当たりの平均欠点数に関する u 管理図：u 管理図はサンプル単位が 2 つ以上の検査ユニットを含む場合に c 管理図の代わりに用いられる．そして単位ユニット当たりの欠点数を図に表す．ここで $u = c/n$ であり n は検査されたユニットの個数，c は得られた総欠点数である．

もしも標本サイズ（対象領域）がサンプルごとに変わるならば u 管理図が c 管理図に代わって用いられる．たとえば，車のドアの塗料欠点数を数える場合，対象領域は車のモデルによって変わる．単位平方メートル当たりの平均欠点数により u 管理図が適用される．標本サイズ (n) が一定のとき u 管理図の管理限界線は

$$UCL = \bar{u} + 3\sqrt{\bar{u}/n}, \quad CL = \bar{u},$$
$$LCL = \bar{u} - 3\sqrt{\bar{u}/n},$$

となり，$\bar{u}$ は総サンプルにおける総欠点数を総ユニット数で割ったものである．もしも標本サイズがサンプルごとに違う場合，n を n_i に置き換えることで管理限界線を変化させるか，n を平均サンプルサイズ ($\bar{n}$) に置き換えることにより管理限界線を設けることができる．

管理図のパターンの解釈：もしも工程が偶然変動のみにより動いているならば管理図上の点は CL（中心線）の周りにランダムに散らばる．近似的に半数の点は CL の上側であり半数は下側に位置する．管理図上のランダムでない動きのパターンは異常原因が存在する可能性を示している．よって 3σ 限界線とともに管理図上のランダムでないパターンを見分けるルールが用いられている．Grant and Leavenworth (1988) は異常原因を見つけるための次のルールを与えている．

・CL の上側または下側一方に続けて 7 個の点が位置する場合
・同様に一方に 11 個中少なくとも 10 個が位置する場合
・14 個中少なくとも 12 個が位置する場合
・17 個中少なくとも 14 個が位置する場合
・20 個中少なくとも 16 個が位置する場合

Statistical Quality Control Handbook (1958) もランダムでないパターンを見つけるためのルールを示している（訳注：本書物は参考文献 [67] である．邦訳は住友電機工業（株）より 1961 年に出版された）．このハンドブックのルールは以下のパターンの生起確率が観測されたある 1 点が 3σ 限界線の外に位置する確率にほぼ等しいことにもとづいている．これらのルールは次のとおりである．3 個の連続点のうち 2 個以上が 2σ 限界値の外にある．あるいは 5 個の連続点のうち 4 個以上が 1σ 限界値の外にある．または 8 個の連続点が CL の片側のみに位置する場合に異常が起きたとするものである．

Duncan (1986) は上記とは異なったタイプが生じる確率と連（run）の長さの確率を与えている．もし管理図上の 5 個の連続点が平均よりも下側に位置するならば長さ 5 の平均以下の連があるという．同様に平均以上の連という言葉を用いる．管理図上のある点からはじめて，引き続く 6 個の観測値が減少していれば長さ 6 の下方への連があるという．Nelson (1984) は異常を示すシグナルが生じる確率を等しくする規則の一覧を与えている．

工程をモニタリングするために 1 つ以上のルールを用いるならば，特定の原因を見つける確率は増加するが誤ってアラームを出す確率も増加する．たとえば 2 つの異なったルールが誤ったアラームを出す確率をそれぞれ α_1, α_2 とするときこの 2 つのルールを同時に用いた場合に誤ったアラームを出す確率は近似的に $1-(1-\alpha_1)(1-\alpha_2)$ となり，この値は α_1, α_2 よりも大きい．

検討すべきその他のパターンは次のとおりである．周期，傾向，急激なシフト，など．これらのパターンのより詳細な情報は *Statistical Quality Control Handbook* (1958) の 161 から 180 ページに与えられている．

CUSUM 管理図と EWMA 管理図

累積和（CUSUM）管理図：1 変量 CUSUM 法は，Page (1954) に提案された．それ以来多くの研究者によって研究されてきた．Gibra (1975), Goel (1981), Vance (1983) and Woodall (1986) は本トピックに対しての研究の参考文献とレビューを書いている．

ここでは標本平均に対する累積和管理図の作成についてのみ紹介する．不良率，不良数，単位ユニット当たりの欠点数，範囲，標準偏差などの他の統計量にもとづく累積和をも同様にして作成しうる．これらの CUSUM 法の作成に関しては Johnson and Leone (1962), Page (1961), Lucas (1985) を参照されたい．多変量の工程のモニタリングに関しても研究がなされている．

CUSUM 法は過去と現在のサンプルの両者の情報を用いて工程の変化を見つける．もし 1 つの品質特性を管理したい場合，その工程の平均と分散を管理する CUSUM 管理図が 1947 年 Wald によって提案された逐次確率比検定を繰り返し適応することにより作成される．

1 変量の工程の場合，工程平均の変化は目標とする平均に対し増加か，あるいは，減少を示すゆえ 2 方向 CUSUM 法が用いられる．V-マスクまたはある尺度をもつそれに準じたものを用いることで 2 方向 CUSUM 法が適用しうる．本項で示す方法は上記の尺度にもとづく．

標本平均は互いに独立に平均 μ_0 分散 σ_0^2/n の正規分布にしたがうと仮定する．標本平均 $\bar{X}$ をそのまま用いるのではなく次式で示される基準化された正規変量 Z_t

$$Z_t = \sqrt{n}(\bar{X}_t - \mu_0)/\sigma_0$$

を用いる．次に時刻 t で次式において示される2つの累積和 T_t と S_t を計算する．

$$T_t = \min\{0, T_{t-1} + Z_t + k\}$$
$$S_t = \max\{0, S_{t-1} + Z_t - k\}$$

ここで $T_0 = S_0 = 0$；$k_0 \geqq 0$ は参照値である．T_t は工程平均の下方への変化を見つけるもので S_t は上方への変化を見つけるものである．参照値は工程平均の基準化された目標値と基準化された棄却したい工程平均の中間の値を取る．通常 k は 0.5 とされる．$T_t < -h$ または $S_t > h$ となるはじめての時刻 t が異常を示すシグナルである．ここで h は決定間隔とよばれる別のパラメータであり通常4または5をとる．$T_t < -h$ は工程平均の下方への変化，$S_t > h$ は上方への変化を示すものである．

CUSUM法作成のためのパラメータ，h と k は次の諸量にもとづく．すなわち，管理状態のARL，採択・棄却品質水準，管理状態でない棄却品質水準下でのARLである．Goel and Wu (1971) のノモグラム，Van Dobben de Bruyn (1968) の表，Gan (1991) の図はパラメータを見つけるのに有用である．

CUSUM法は工程平均のわずかな（中程度の）変化，たとえば標準偏差の0.5から2.0倍程度，を見つけるのにシュワート管理図よりも有効である．しかしこれらの管理図は大きな変化を見つけるには時間を要する．Lucas (1982) は大きな工程の変化を見つけるためにCUSUM管理図を改良した混合型CUSUM-シュワート法を提案している．

Lucas and Crosier (1982) は工程の立ち上がりにおける早めの応答，CUSUM法の感度を改善させる方法を提案している．彼らは $T_0 = S_0 = h/2$ を薦めている．

指数重み付き移動平均 (exponentially weighted moving average: EWMA)： EWMA管理図は Roberts (1959) により導入された．それは個々の観測値またはグループ化されたデータの標本平均にもとづき用いられる．ここでは目標とする平均 μ_0 と分散 σ_0^2 が既知のときを扱い標本平均に対する EWMA 管理図を作成する．標本平均 $\bar{X}$ は独立に平均 μ_0，分散 σ_0^2/n の正規分布にしたがうとする．時刻 t において次の EWMA 統計量 z_t を計算する．

$$z_t = r(\bar{X}_t) + (1-r)z_{t-1}$$

ここで $0 < r \leqq 1$ であり $z_0 = \mu_0$ である．z_t はすべての重みの和が1となるように観測値に重みを付けるものである．この重みは標本の観測値が古くなればなるほど幾何的に減少する．z_t の分散は次式にて与えられる．

$$\mathrm{Var}(z_t) = (\sigma_0^2)(r)[1-(1-r)^{2t}]/[n(2-r)]$$

t が増加するにつれ z_t の分散は $r\sigma_0^2/\{n(2-r)\}$ に近づく．よってEWMA管理図の管理限界線はある程度大きい t に対し次式によって与えられる．

$$\mathrm{UCL} = \mu_0 + 3\sigma_0\{r/[n(2-r)]\}^{1/2}, \quad \mathrm{CL} = \mu_0$$
$$\mathrm{LCL} = \mu_0 - 3\sigma_0\{r/[n(2-r)]\}^{1/2}$$

t が小さい場合管理限界線は厳密には z_t の分散にもとづくべきである．

目標とする平均と分散が未知な場合，目標平均 μ_0 は $\bar{X}$ に置き換えられ，目標とする分散は試行的な管理限界線を得るために $(\bar{R}/d_2)$ または $(\bar{S}/c_4)$ によって置き換えられる．EWMA管理図は欠点数 c，不良品数 np のような他の標本統計量に対しても拡張できる．

EWMA管理図は工程平均の小さな変化を見つけるのに大変有効である．しかし工程平均の大きな変化を見つけることに対してはシュワート管理図ほど効果的ではない．Crowder (1989) と Lucas and Saccucci (1990) は最適な EWMA 管理図作成の表を与えている．最適な EWMA 管理図とは，ある特定の工程変化に対し異常を判定するまでの最少の ARL を与えるものである．

シュワート管理図，CUSUM管理図，EWMA管理図の比較： 管理図の性能はその平均連長により示される．ある方法のARLは異常であるという判定がとられるまでの標本数の平均である．工程の変化の大きさが $k\sigma$ であることを仮定してARLが工程平均の種々の変化に対して計算される．$k = 0$ のとき工程は管理状態にある．管理状態におけるシュワート管理図のARLは $1/\alpha$ であることが示される．ここで α はその管理図の第1種の誤りの確率である．工程変化が $k\sigma$ である異常が起きた工程に対するシュワート管理図のARLは $1/(1-\beta)$ となる．ここで β は工程変化を見つけられない確率である．表1はこれら3つの管理図に対する平均連長を示す．3つの管理図とも管理状態ではARL＝250と基準を合わせている．小さな工程変化に対しては EWMA 管理図がベストである．中程度の変化（1.5σ から 2.5σ）に対しては CUSUM 管理図と EWMA 管理図はほぼ等しく，変化が 2.5σ のときは3つの管理図にほとんど差がない．また Shewhart 管理図は大きな変化（3.0σ またはそれ以上）に対してベストであることがわかる．

多変量管理図

製造工程では一般に複数の品質特性を同時に管理している．このとき個々の品質特性はおのおのの1変量の管理図によって管理される．しかし特性値間の関連性を考えた1つの図上の2変量（または多変量）データの利用は個々の1変量の管理図より豊かな情報を与える．Jackson (1956) は1変量の管理図を同時に利用する場合，間違った結果を生じるおそれがあることを示した．多変量管理図 (multivariate control charts) を作成する必要性

表1 シュワート管理図, CUSUM 管理図, EWMA 管理図の ARL

シフト量	シュワート管理図 $\alpha=0.004$	CUSUM 管理図 $h=4.39$ $k=0.50$	EWMA 管理図 $h=0.76$ $r=0.15$
0.0	250.00	250.00	250.00
0.5	110.33	30.80	26.90
1.0	33.08	9.16	8.75
1.5	11.89	5.14	5.05
2.0	5.27	3.60	3.59
2.5	2.84	2.81	2.82
3.0	1.82	2.34	2.36

出典: Gan (1991)

は,その分野で早くから認識されていた.Hotelling (1947) はこの必要性を最初に認識した統計学者であった.またその他の研究者も 2 変量およびそれ以上の多変量の場合について研究を行ってきた.Alt (1985) と Jain (1993) は過去 50 年におよぶこれらの発展を論じている.

TQM,ISO およびその他の発展

総合的品質管理,QC サークルおよび ZD 運動の考え方は 1960 年代に現れた.総合的品質管理の理論は品質管理部門のみならずすべての部門が出荷品質水準の役割を担わなければならないということである.QC サークルはチェックシート,ヒストグラム,パレート図,グラフ,石川の特性要因図などの簡単な道具を用いて作業者が改善活動に取り組むよう動機付けを行っている.これらの改善活動は品質,生産性,安全性,コストなどの領域にわたっている.ZD 運動の背後にある基本的な考え方は,一度不良が見つかればその根本原因が究明され同じ不良の再発が防止されることである.この ZD 運動は従業員が管理できるエラーを減少させることだけでなく,自ら自身のエラーを減少させるように動機付けをすることを目指している.

そのようなプログラムの現代版は TQM と組織にわたる継続的改善の努力に見られる.これらは技術的な側面とともに品質のマネジメントの側面により多くの焦点をおいている.今日,要求される品質の改善の多くは古典的な統計的品質管理や抜取検査を越えるものである (Feigenbaum, 1983).

1980 年代より品質に関する人間とマネジメントの側面に焦点が当てられつつある.米国において現在見られる品質領域は数年前と比べても大きく広がりつつある.品質のマネジメントの全貌は製品とサービスのライフサイクルに及び(製品の概念から顧客サービスに至るまで),そしてもはや生産現場のみに限定されたものではない.TQM プログラムは決して競争のグローバル化と顧客ニーズを変えるためのものではない.グローバルな経済の下では,より低いコストでよりよい品質の製品を得ることができ,企業は複雑多岐で不透明な世界において生き残るために,顧客ニーズを満足せざるを得ないということを顧客は知っている.成功し成長することを望む企業は顧客を満足させるだけでなく価格の価値以上のものを顧客に提供することにより「喜び」を与えるよう努力しなければいけない.

米国における TQM の導入と継続的な改善プログラムの採用は,日本のデミング賞にちなんでつくられたマルコルム・ボールドリッヂ国家品質賞によって過去数年間サービス業と製造業においてさらに盛んとなった(デミング賞は統計的品質管理によって顕著な品質向上活動に対し与えられる日本における最高の賞である).製造業,サービス業,および中小企業の 3 つのカテゴリーにおいて毎年 6 件までのボールドリッヂ賞が与えられている.この賞は国をあげてトップマネジメントの議題に品質を盛り込むのに大きなインパクトを与えてきた.

EU(形式上は EC)によって必要とされるよりよい品質の製品に対する高まるニーズに見合うために,その製品の供給者に共通な一環したガイドラインを与える目的で ISO は ISO 9000 と呼ばれる国際的な標準を作成し発刊した.この ISO 9000 の一連の標準は 1987 年に発刊され品質の測定とマネジメントに対する広範囲なガイドラインを含む 5 つの要素をもっている.このシリーズはそれ以来拡張されつつある.品質システムの登録と認証を望む組織は第三者機関によるアセスメントと定期的な監査を経る必要がある.しかし品質システムの登録は製品そのものが与えられた仕様に適合しているか否かを見ているものではない.ある組織の品質システムが登録されてもその製品が適合していないこともある.50 か国以上にわたり,すでに ISO 9000 の標準が各国の国家標準として採用されている.そして ISO 9000 の認証はグローバルにビジネスを行う会社,とりわけ EU において,重要な位置を占めるものとなった.

⇒ 総合的品質管理.

[Frank Alt, Kamlesh Jain/鈴木和幸]

参考文献

[1] Alt F.B. (1973). *Aspects of Multivariate Control Charts*. Unpublished MS Thesis. School of Industrial and Systems Engineering, Georgia Institute of Technology, Atlanta, Georgia.

[2] Alt F.B. (1982). "Multivariate Quality Control: State of the Art," *ASQC Quality Congress Transactions-Detroit*, 886–893.

[3] Alt F.B. (1985). "Multivariate Quality Control." In Kotz, S. and N.L. Johnson, Eds., *Encyclopedia of Statistical Sciences*, Volume 6: 110–122. John Wiley, New York.

[4] Alt F.B., S.J. Deutsch and J.W. Walker (1977). "Control Charts for Multivariate, Correlated Observations," *ASQC Quality Congress Transac-*

tions, Philadelphia: 360–369.

[5] ASQC (1983). *Glossary and Tables for Statistical Quality Control*, 2nd ed. Milwaukee, WI: American Society for Quality Control.

[6] Banks J. (1989). *Principles of Quality Control*. John Wiley, New York.

[7] Bendell A., J. Disney and W.A. Pridmore, Eds. (1989). *Taguchi Methods: Applications in World Industry*. Springer-Verlag, New York.

[8] Box G.E.P. (1957). "Evolutionary Operation: A Method of Increasing Industrial Productivity," *Applied Statistics*, 6(2), 81–101.

[9] Calvin T.W. (1990). "Bayesian Analysis." In Harrison M. Wadsworth, Ed., *Handbook of Statistical Methods for Engineers and Scientists*. McGraw-Hill, New York.

[10] Brook D. and D.A. Evans (1972). "An Approach to the Probability Distribution of Cusum Run Length," *Biometrica*, 59, 539–549.

[11] Crosier R.B. (1988). "Multivariate Generalizations of Cumulative Sum Quality Control Scheme." *Technometrics*, 30, 291–303.

[12] Crowder S.V. (1987). "A Simple Method for Studying Run Length Distributions of Exponentially Weighted Moving Average Charts," *Technometrics*, 29, 401–407.

[13] Crowder S.V. (1989). "Design of Exponentially Weighted Moving Average Schemes." *Technometrics*, 31, 156–162.

[14] Dehnad K., Ed. (1989). *Quality Control, Robust Design, and the Taguchi Method*. Wadsworth and Brooks, Pacific Grove, California.

[15] Duncan A.J. (1986). *Quality Control and Industrial Statistics*, 5th ed., Irwin, Homewood, Illinois.

[16] Feigenbaum A.V. (1951). *Quality Control: Principles, Practice and Administration: An Industrial Management Tool for Improving Product Quality and Design and for Reducing Operating Costs and Losses*, 1st ed., McGraw-Hill, New York.

[17] Feigenbaum A.V. (1983). *Total Quality Control-Engineering and Management*, 3rd ed. McGraw-Hill, New York

[18] Gan F.F. (1991). "An Optimal Design of CUSUM Quality Control Charts," *Jl. Quality Technology*, 23, 279–286.

[19] Ghare P.M. and P.E. Torgersen (1968). "The Multicharacteristic Control Chart," *Jl. Industrial Engineering*, 19, 269–272.

[20] Gibra I.N. (1975). "Recent Developments in Control Chart Techniques," *Jl. Quality Technology*, 7, 183–192.

[21] Goel A.L. and S.M. Wu (1971). "Determination of ARL and a Contour Nomogram for Cusum Charts to Control Normal Mean," *Technometrics*, 13, 221–230.

[22] Goel A.L. (1981). "Cumulative Sum Control Charts," In S. Kotz and N.L. Johnson, Eds., *Encyclopaedia of Statistical Sciences*. John Wiley, New York.

[23] Goldsmith P.L. and H. Whitfield (1961). "Average Run Length Cumulative Chart Control Schemes," *Technometrics*, 3, 11–20.

[24] Grant E.L. and R.S. Leavenworth (1988). *Statistical Quality Control*, 6th ed., McGraw-Hill, New York.

[25] Hotelling H. (1947). "Multivariate Quality Control-Illustrated by the Air Testing of Bombsights." In C. Eisenhart, M.W. Hastay and W.A. Willis, Eds., *Techniques of Statistical Analysis*. McGraw-Hill, New York.

[26] Hunter J.S. (1986). "The Exponentially Weighted Moving Average," *Jl. Quality Technology*, 18, 203–210.

[27] Jackson J.E. (1956). "Quality Control Methods for Two Related Variables," *Industrial Quality Control*, 12, 2–6.

[28] Jackson J.E. and R.A. Bradley (1966). "Sequential Multivariate Procedures for Means with Quality Control Applications." In P.R. Krishnaiah, Ed., *Multivariate Analysis* I, 507–519. Academic Press, New York.

[29] Jain K. (1993). *A Bayesian Approach to Multivariate Quality Control*. Unpublished doctoral dissertation, University of Maryland at College Park.

[30] Johnson N.L. and F.C. Leone (1962). "Cumulative Sum Control Charts, Mathematical Principles Appplied to Their Construction and Use," Part I, II, & III. *Industrial Quality Control*, June 1962, 15–22.

[31] Joseph J. and V. Bowen (1991). "A Cumulative Bayesian Technique for Use in Quality Control Schemes," *Proceedings of the American Statistical Association*.

[32] Kemp K.W. (1961). "The Average Run Length of the Cumulative Sum Chart When a V-Mask is Used," *Jl. Royal Statistical Society, Series B*, 23, 149–153.

[33] Khan R.A. (1978). "Wald's Approximations to the Average Run Length in Cusum Procedures," *Jl. Statistical Planning and Inference*, 2, 63–77.

[34] Lowry C.A., W.H. Woodall, C.W. Champ and S.E. Rigdon (1992). "A Multivariate Exponentially Weighted Moving Average Control Chart," *Technometrics*, 34, 1992.

[35] Lucas J.M. (1976). "The Design and Use of V-Mask Control Schemes," *Jl. Quality Technology*, 8, 1–12.

[36] Lucas J.M. (1982). "Combined Shewhart-Cusum Quality Control Schemes," *Jl. Quality Technology*, 14, 51–59.

[37] Lucas J.M. (1985). "Counted Data CUSUM's," *Technometrics*, 27, 129–144.

[38] Lucas J.M. and R.B. Crosier (1982). "Fast Initial Response for Cusum Quality Control Schemes," *Technometrics*, 24, 199–205.

[39] Lucas J.M. and M.S. Saccucci (1990). "Exponentially Weighted Moving Average Control Schemes, Properties and Enhancements," *Technometrics*, 32, 1–12.

[40] Montgomery D.C. (1991). *Introduction to Statistical Quality Control*, 2nd ed. John Wiley, New York.

[41] Nelson L.S. (1984). "The Shewhart Control Chart-Tests for Special Cases," *Jl. Quality Technology*, 16, 237–239.

[42] Page E.S. (1954). "Continuous Inspection Schemes," *Biometrika*, 41, 100–115.

[43] Page E.S. (1961). "Cumulative Sum Charts," *Technometrics*, 3, 1–9.

[44] Pignatiello J.J., Jr. and M.D. Kasunic (1985). "Development of Multivariate Cusum Chart," *Proceedings of the 1985 ASME International Computers and Engineering Conference and Exhibition*, 2, 427–432.

[45] Pignatiello J.J., Jr., G.C. Runger and K.S. Korpela (1986). Truly Multivariate Cusum Charts,. Working Paper, School of Systems & Industrial Engg., Univ. of Arizona, Tucson.

[46] Pignatiello J.J. Jr. and G.C. Runger (1990). "Comparisons of Multivariate CUSUM Charts," *Jl. Quality Technology*, 22, 173–186.

[47] Radharaman R. (1986). "Bicharacteristic Quality Control in Manufacturing," in *Proceedings of the 8th Annual Conference on Computers and Industrial Engineering*, 209–214.

[48] Pollack, M. and D. Siegmund (1986). *Approximations to the Average Run Length of Cusum Tests*. Technical Report 37. Department of Statistics, Stanford University, California.

[49] Reynolds M.R. Jr. (1975). "Approximations to the Average Run Length in Cumulative Sum Control Charts," *Technometrics*, 17, 65–71.

[50] Roberts S.W. (1959). "Control Chart Based on Geometric Moving Averages," *Technometrics*, 1, 239–250.

[51] Roberts H.V. and B.E. Sergesketter (1993). *Quality is Personal, A Foundation for Total Quality Management*. The Free Press, New York.

[52] Ryan T.R. (1989). *Statistical Methods for Quality Improvement*. John Wiley, New York.

[53] Shewhart W.A. (1931). *Economic Control of Quality of Manufactured Product*. Van Nostrand, New York.

[54] Smith N.D. (1987). *Multivariate Cumulative Sum Control Charts*. Ph.D. Dissertation, University of Maryland at College Park.

[55] Taguchi G. (1976). *Experimental Design*, Vol. 1, 3rd ed., Maruzen, Tokyo.

[56] Taguchi G. (1977). *Experimental Design*, Vol. 2, 3rd ed., Maruzen, Tokyo.

[57] Taguchi G. and Y. Wu (1979). *Introduction to Off-line Quality Control*. Central Japan Quality Control Association, Nagoya.

[58] Van Dobben de Bruyn, C.S. (1968). *Cumulative Sum Tests-Theory and Practice*. Hafner Publishing, New York.

[59] Vance L.C. (1983). "A Bibliography of Statistical Quality Control Chart Techniques, 1970–1980," *Jl. Quality Technology*, 15, 59–62.

[60] Wald A. (1947). *Sequential Analysis*. John Wiley, New York.

[61] Waldman K.H. (1986). "Bounds for the Distribution of the Run Length of One-Sided and Two-Sided CUSUM Quality Control Schemes," *Technometrics*, 28, 61–67.

[62] Woodall W.H. (1983). "The Distribution of the Run Length of One-Sided Cusum Procedures for Continuous Random Variables," *Technometrics*, 25, 295–301.

[63] Woodall W.H. (1984). "On the Markov Chain Approach to the Two-Sided Cusum Procedure," *Technometrics*, 26, 41–46.

[64] Woodall W.H. (1986). "The Design of CUSUM Quality Control Charts," *Jl. Quality Technology*, 18, 99–102.

[65] Woodall W.H. and M.M. Ncube (1985). "Multivariate CUSUM Quality Control Procedures," *Technometrics*, 27, 285–292.

[66] Zacks S. (1981). "The Probability Distribution and the Expected Value of a Stoppimg Variable Associated with One-Sided Cusum Procedures for Non-Negative Integer Valued Random Variables," *Communications in Statistics-Theory and Methods*, A10, 2245–2258.

[67] Western Electric Company (1958), *Statistical Quality Control Handbook*, 2nd ed., Indianapolis.

ビン・パッキング問題

Bin-Packing

問題の定義

ビン・パッキング問題は、アイテムの集合が入力データとして与えられたとき、それらのアイテムの詰め込みに必要なビンの最小数を求める問題である．この問題は、オペレーションズリサーチや計算機科学，工学の分野に数多くの応用例をもつ．これらの分野で扱われるビンや詰め込むアイテムは多次元である場合が一般的であり，工業製品の製造，カッティングストック，軍事上の配車計画，テレビにおけるコマーシャルのスケジューリング，多プロセッサ上のジョブのスケジューリング，集積回路の製造や故障の発見，線形回路での配置テスト，配送経路の決定などがその例としてあげられる．ビン・パッキング問題は，NP困難（NP-hard）であることがすでに知られており，最適解に近い解を求めるための効率のよいヒューリスティクス（heuristics）の構築が中心的研究課題となっている（Garey and Johnson, 1981）.

古典的な1次元ビン・パッキング問題（one-dimensional bin-packing problem）は，次のように定義され

る．正の値からなるビンの容量 C とアイテムリスト $L=(p_1, p_2, \cdots, p_n)$ が与えられている．ただし，アイテム p_i は，$s(p_i)$ の大きさをもち，$0 \leq s(p_i) \leq C$ を満たしているとする．このとき，アイテムリスト L を $L=B_1 \cup B_2 \cup \cdots \cup B_m$ のように分割する最小の整数 m を求める問題が1次元ビン・パッキング問題である．ただし，$1 \leq j \leq m$ に対して，B_j は，$\sum_{p_i \in B_j} s(p_i) \leq C$ を満たさなければならない．一般に集合 B_j は，容量 C をもった1つのビンの内容物と見なされる（C は1として扱われる場合が多い）．

2次元のビン・パッキング問題（two-dimensional bin-packing problem）では，アイテムリスト L は，高さ h_i，幅 w_i をもつ矩形 p_i の集合として扱われており，様々なタイプの問題が提案され研究の対象となっている．たとえば，矩形からなるリスト L を，幅 C，高さが無限大の2次元のビンに詰め込む問題が1つのタイプとして扱われている．この問題では，アイテム群を詰め込むときのビンの高さの最小化を目的としている．また，矩形からなるリスト L を矩形のビン集合へ詰め込むときのビン数の最小化を目的とした問題も研究されている．さらに類似の問題として，矩形のリスト L を m 個の単位正方形のビンに，m を最小化するように詰め込む問題も研究されている．

ビン・パッキング問題に対する研究を歴史的に紐解くと，ヒューリスティクスについての研究が早い時期から行なわれている．1970年代には，1次元ビン・パッキング問題に対して用いられるいくつかの手法が最適解に近い解を必ず算出するということがすでに示されていた．それ以降，逐次型（sequential model）や並列型の計算モデル（parallel model of computation）をもとに，1次元，2次元の双方の問題に対する近似解を求める手法が数多く提案されている．その一方で，高次元の問題に対しては，あまり研究がなされていない．また，詰め込み方とともに，ヒューリスティックな振る舞いに対する研究が重要視され，多くの研究者によって解析がなされている．

ビン・パッキング問題に対する発見的解法の研究は，Coffman et al. (1991) や Garey and Johnson (1981) に詳しくまとめられている．アルゴリズムの計算機実験による評価は，Dyckhoff (1990) にみることができる．また，様々な手法の確率的な解析は，Coffman et al. (1991) で解説されている．さらに，並列計算機モデル上でのアルゴリズムの評価は，Anderson et al. (1989) や Berkey (1990) でみることができる．

ビン・パッキング問題に対するアルゴリズムのクラス分け

ビン・パッキング問題に対するアルゴリズムは，逐次型や，並列型のシステムそれぞれに対して提案され，解析されている．逐次型のヒューリスティクスは，オンラインアルゴリズム（on-line algorithm）とオフラインアルゴリズム（off-line algorithm）に大別できる．オンラインアルゴリズムでは，入力データであるアイテムは入力順にビンに割り当てられる．そのため，データリストに関する大域的な情報は利用しない．ネクストフィット（next-fit）法が，オンラインアルゴリズムの例としてあげられる．一方，オフラインアルゴリズムでは，一般に，ソートの手法によって，データの前処理を行なう．ファーストフィットディクリーシング（first-fit decreasing）法やベストフィットディクリーシング（best-fit decreasing）法がオフラインアルゴリズムの代表例である．また，入力アイテムそれぞれをその大きさごとに，ある幅をもったインターバルからなる部分集合に分割し，これらの集合上でアイテムの詰め込み操作を行うハーモニック（harmonic）法も提案されている．これらの手法については，以下でより詳しく説明する．

近年，並列計算の様々なモデルにもとづいた，1次元ビン・パッキング問題に対する近似アルゴリズムが提案されている．ファーストフィットディクリーシング法といったビン・パッキング問題に対して用いられる逐次型の手法が P 完全（P complete）であることはすでに示されている．したがって，並列ランダムアクセスマシーン（parallel random access machine : PRAM）の理論的なモデル上で，これらの発見的解法を並列化しても，効率のよいアルゴリズムが構築できるとは考えられない．しかし，ハーモニック法といった逐次型の手法は，効率よく並列化することが可能である．現に，類似の発見的解法は，単一命令，多重データ型（single instruction, multiple data : SIMD）の計算機や多重命令，多重データ型（multiple instruction, multiple data : MIMD）の計算機上で実現されており，計算機実験の結果が報告されている．

性能評価の研究

ランダムなデータをもとにした，ビン・パッキング問題に対するアルゴリズムの性能を評価するための評価基準がいくつも提案されている．理論的な解析として，一般には，ヒューリスティクスによって得られる解の最悪値の振る舞い（worst-case performance）に関する解析や平均値の振る舞い（average-case performance）に関する解析がある．漸近的な最悪値の振る舞い（asymptotic worst-case performance）は，あるアルゴリズムによって得られた最悪値と最適値の極限比として定義される．たとえばあるアイテムリスト L に対して，$A(L)$ をアルゴリズム A によって得られたビンの数，$OPT(L)$ を L に対する最適なビンの数とすると，漸近的な振る舞いの比（asymptotic performance ratio）は，

以下のように定義することができる．

$$R_A^\infty = \inf\{r \geq 1 : \text{ある } N > 0 \text{ と } OPT(L) \geq N \text{ を満たすすべての } L \text{ に対して，} A(L)/OPT(L) \leq r\}$$

平均値の振る舞いの評価基準として，期待値 $E(R_N)$ と $E(U)$ を用いるものがある．ただし，R_N は，あるアルゴリズムによって得られるビンの平均数とデータアイテムすべての平均数の比であり，U は，これらの値の差である．$E(R)$ を $E(R_N)$ の極限分布とすると，$E(R)=1$ の場合や，$E(U)=O(\sqrt{N})$ の場合には，アルゴリズムは完全パッキング（perfect packing）を示しているという．

これらの評価基準は，シミュレーションとともに理論的にも研究されている．そこでは，入力データは，一般に一様分布 $[a, b]$ から得られると仮定している．近年，Coffman et al. (1991) は，離散一様分布を用いて，連続的な近似によって失われる平均値の振る舞いを評価している．

1次元ビン・パッキング問題に対する発見的解法

ネクストフィット法は，最も単純な方法によって，1次元のアイテム集合の1次元ビンへの詰め込みを行っている．このアルゴリズムでは，アイテム群は1番目のアイテム p_1 から順に，1度に1つずつ処理される．また，ビンは，B_1 から順に利用される．よって，アイテム p_1 は，ビン B_1 に詰め込まれる．いま，アイテム p_i を処理するとする．B_j を非空のビンの中で添え字が最大のビンとする．このとき，アイテム p_i がビン B_j に入るならば，すなわち，$s(p_i) + \text{size}(B_j) \leq C$ ならば，p_i を B_j に詰め込む．さもなければ，新しいビン B_{j+1} を準備し，アイテム p_i を B_{j+1} に詰め込む．この手順にしたがって，それぞれのアイテムは，現段階で処理しているビンを対象に詰め込み操作を行い，最新のビン以外のすでに利用したビンは処理の対象外となる．ネクストフィット法は，高速なオンラインアルゴリズムであり，その計算量は $O(n)$ 時間である．また，最悪値の振る舞いの比は2であり，平均値の振る舞いの比は3/2である．ネクストフィット法に対しては，ネクストフィットディクリーシング（next-fit decreasing）法，ネクスト1フィット（next-1-fit）法やネクストKフィット（next-K-fit）法を含む，数多くの改良版が提案されている．また，この方法の概念的な部分は，2次元ビン・パッキング問題を解くためのレベルオリエント（level-oriented）法にも利用されている．

ファーストフィット（first-fit）法は，データアイテム p_i を入力順に，そのアイテムを詰め込むことができる最小添え字のビン B_j に詰め込みながら処理していく方法である．一方，いずれのビンにもアイテム p_i を詰め込むことができない場合には，新しいビンが準備される．この操作を実現するため，この方法では，現在使用している各ビンの空き容量を常に保持しておく必要がある．ファーストフィット法の最悪値や平均値の振る舞い，また，下界値の振る舞いに関しては，それぞれ $1.7OPT(L) \pm 2$ であることがすでに示されている．また，この方法の計算量は $O(n \log n)$ 時間である．データアイテムが非増加順に前もってソートされている場合には，このヒューリスティクスはファーストフィットディクリーシング法と見なすことができ，アルゴリズムの振る舞いの比は，11/9 まで減少する．ベストフィット（best-fit）法（あるアイテムを詰め込むことのできるビンの候補が複数個ある場合，最適な（best）なビンを選ぶ方法），ベストフィットディクリーシング（best-fit decreasing）法，ワーストフィット（worst-fit）法，オールモストワーストフィット（almost worst-fit）法，改訂ファーストフィット（revised first-fit）法や修正ファーストフィットディクリーシング（modified first-fit decreasing）法が，この方法を応用した解法として位置付けられる．ファーストフィットディクリーシング法やベストフィットディクリーシング法に対しては，データアイテムを一様分布から抽出した場合，$E(A(L)) - n/2 = O(n)$ となることもわかっている．

ハーモニック法では，まず，（ビンの容量 C に対応する）単位インターバルを m 個の部分インターバルに分割する．このとき，$1 \leq k < m$ である k に対して，部分インターバル I_k を $I_k = (1/(k+1), 1/k]$，I_m を $I_m = (0, 1/m]$ とする．次に，ビンの集合を m 個のカテゴリーに分類し，I_k 番目のビンには，たかだか kI_k 個のデータを詰め込むことにする．I_k 番目のインターバルにあるアイテムはネクストフィット法を用いて I_k 番目のビンに詰め込む．いずれの段階においても，インターバル I_k に対するビンの集合で，余裕のあるビンのリストは保持しなければならない．ハーモニック法の最悪値の振る舞いの比は 1.67 であり，このアルゴリズムの改良版がいくつか提案されている (Gambosi et al., 1989; Rhee and Talagrand, 1988)．

多次元ビン・パッキング問題に対する発見的解法

2次元ビン・パッキング問題に対するヒューリスティクスとして，ボトムレフト（bottom-left : BL）法が有名である．この方法は，無限大の高さをもつ2次元のビンを伴ったビン・パッキング問題に対して適用することができる．この方法では，第1の矩形を，ビンの左隅の底に詰め込み，底に近く（bottom-most）かつ左隅に近い（left-most）位置を基準に矩形を次々に詰め込んでいく．ただし，矩形を詰め込む場合，すでに詰め込まれた矩形に重ならないようにしなければならない．アイテムが幅の非増加順にあらかじめソートされている場合の最悪値の振る舞いが解析されており，この解法によって得

られるビンの高さが最適な詰め込みを行ったときに得られる高さの2倍を超えないことがわかっている．また，このアルゴリズムは，$O(n^2)$時間で実現可能である．

レベルオリエント法は，詰め込む矩形それぞれが高さの非増加順にソートされている問題に対して適用することができる．詰め込み操作は，高さによって規定されるレベル（level）の系列をもとに構築され，各レベルは，それぞれのレベルに詰め込まれる最初の矩形の高さによって決定される．それぞれのレベルはネクストフィット法，あるいは，ファーストフィット法によって決定することができ，また同時に，詰め込み操作も可能である．ネクストフィットディクリーシングハイト（next-fit decreasing height）法の漸近的な振る舞いの比は2であり，ファーストフィットディクリーシングハイト（first-fit decreasing height）法の振る舞いの比は1.7であることが知られている．一方，レベルをパラメータとして扱った手法がいくつか提案されており，それらはシェルフ（shelf）法の一種とみなされている．それらの方法では，上記の方法と同様の操作を用いた各レベルの詰め込みが行なわれている．ネクストフィットシェルフ（next-fit shelf）法やファーストフィットシェルフ（first-fit shelf）法がその例としてあげられる．これらの解法の実行時間は，$O(n)$時間と$O(n^2)$時間であり，また，漸近的な振る舞いの比は，パラメータをrで表すと，それぞれ$2/r$と$1.7/r$となる．

さらに，別の方法として，詰め込むアイテムの集合を部分リストに分割し，得られた部分リストごとに詰め込み操作を行う分割詰め込み法がある．この方法では，無限大であるビンの高さもいくつかの部分領域に分割する．次にこの部分領域に対して，1次元の問題に対する発見的解法を利用した矩形の詰め込み操作を行なう．スプリットフィット（split-fit）法，ミクスフィット（mixed-fit）法やアップダウン（up-down）法がこの手法を応用したものであり，これらの計算量は，$O(n \log n)$時間である．また，解法の振る舞いの比は，それぞれ，2，1.33，1.25となることが示されている．同様の解法は，Coffman et al. (1984) や Coffman and Lueker (1991) にまとめられている．

この手法を応用した特徴的な解法（Coffman et al., 1988）として，四角形（square）を2次元の長方形のビン（strip）に詰め込む問題に適用したものがある．この方法ではまず，幅が1/2の大きさを超える四角形を，幅の減少順に，ビンの左端に沿って積み重ねていく．この操作によって積み重ねられた四角形の高さの合計を$H_{1/2}$とし，この$H_{1/2}$の高さから，残りの四角形を幅の減少順にビンの右端に沿って積み重ねていく．積み重ねの操作のあと，右端の四角形の山を，その山がビンの底に着くか，あるいは，左端の山にある四角形の1つとぶつかるまで下方向へずらす．さらに，$H_{1/2}$よりも上にその全体がある四角形を2つの山に積み重ね直す．これは四角形を，ビンの左端，あるいは，右端に向かって移動させることで実現する．この操作では，四角形のサイズの減少順に，それぞれの四角形をすでに積み重ねられた2つの山の低い方へ移動させる．このアルゴリズムは，$E(A(L)) = E(OPT(L)) + O(1)$の振る舞いの比をもつことが知られている．

多次元のアイテムを最小数の多次元のビンへ詰め込む問題に対しては，ベクトル（vector）法を利用することができる．この手法は，1次元の問題に対する手法の一般化となっている．たとえば，矩形の集合を立方体のビンへ詰め込む場合を考えると，取り得る唯一の方法は，ベクトル法において，矩形をビンを横切るように角から角へ対角状に配置することである．一般に，2つの非空のビンを組合せて1つのビンにすることができない場合には，この方法によって得られるビンの数と最適解との比は，$d+1$を超えないことがわかっている．ただし，dは次元の大きさである．また，ファーストフィット法やファーストフィットディクリーシング法を多次元問題を扱えるように拡張した解法が提案されており，それらの漸近的な最悪値の振る舞いの比は$d+7/10$や$d+1/3$であることがわかっている．

並列アルゴリズム

1次元のビン・パッキング問題に対する，並列計算の様々なモデルにもとづいたヒューリスティクスが提案されている．共有メモリ，排他読み込み，排他書き込みが可能なPRAMモデルに対しては，ファーストフィットディクリーシング法にもとづいたヒューリスティクスが提案されている．この解法では，$n \log n$個のプロセッサを用いることで，$O(\log n)$時間で解を算出する（Anderson, 1989）．この解法では，まず，入力アイテムを2つのグループに分割する．第1のグループに属するアイテムは，さらに，いくつかのサブリストに分割され，それぞれ現在「処理中」（run）のビンに詰め込まれる．次に，各ビンに対して，第2のグループに属するアイテムの詰め込み操作を行い，ビンを一杯にする．このアルゴリズムは，並列前処理（parallel prefix），併合（merging），挿入マッチング（parenthesis matching）の操作に依存しており，その最悪値の振る舞いの比は11/9であることがわかっている．

1次元ビン・パッキング問題に対する実用的なアルゴリズム（ハーモニック法の並列版を含む）もいくつか提案されており，それらは，シストリックアレイ（systolic array），SIMDアレイ（SIMD array）やMIMDハイパーキューブ（MIMD hyper cube）のような並列のアーキテクチャ上で実現されている．また，これらの手法のい

くつかに対する定量的な研究や理論的な分析がすでになされている．たとえば，シストリック (systolic) 法の最悪値の振る舞いの比は 1.5 であり，$O(n)$ 時間で実現できることがわかっている．同様の結果は，Berkey (1990) において報告されている．
⇒組合せ理論，計算複雑度，並列計算．

[Pearl Wang, Nastaran Coleman/猿渡康文]

参考文献

[1] Anderson, R.J., Mayr, E.W. and Warmuth, M.K. (1989), "Parallel Approximation Algorithms for Bin Packing," *Information and Computation*, 82, 262–271.

[2] Berkey, J.O. (1990), "The Design and Analysis of Parallel Algorithms for the One-Dimensional Bin Packing Problem," Ph.D. Dissertation, School of Information and Technology, George Mason University, Fairfax, Virginia.

[3] Coffman, E.G., Jr., Courcoubetis, C.A., Garey, M.R., Johnson, D.S., McGeoch, L.A., Shor, P.A., Weber, R.R., and Yannakakis, M. (1991), "Average-Case Performance of Bin Packing Algorithms under Discrete Uniform Distributions," *Proceedings of the 23rd ACM Symposium on the Theory of Computing*, 230–241, ACM Press, NewYork.

[4] Coffman Jr., E.G., Garey, M.R. and Johnson, D.S. (1984), "Approximation Algorithms for Bin-Packing – An Updated Survey," in *Algorithm Design for Computer System Design*, Ausiello, G., Lucertini, M. and Serafini, P., eds., Springer, NewYork.

[5] Coffman, Jr., E.G. and Lueker, G.S. (1991), *Probabilistic Analysis of Packing and Partitioning Algorithms*, John Wiley, New York.

[6] Coffman Jr., E. G. and Lueker, G. S. and Rinnooy Kan, A. H. G. (1988), "Asymptotic Methods in the Probabilistic Analysis of Sequencing and Packing Heuristics," *Management Science*, 34, 266-291.

[7] Dyckhoff, H. (1990), "Typology of Cutting and Packing Problems," *European Jl. Operational Research*, 44, 145-159.

[8] Gambosi, G., Postiglione, A. and Talamo, M. (1989), "On the On-line Bin-packing Problem," IASI Report R.263.

[9] Garey, M.R. and Johnson, D.S.(1981), "Approximation Algorithms for Bin Packing Problems: A Survey," in *Analysis and Design of Algorithms in Combinatorial Optimization*, Ausiello, G. and Lucertini, M., eds., 147-172, Springer-Verlag, New York.

[10] Rhee, W.T. and Talagrand, M. (1988), "Some Distributions that Allow Perfect Packing," *JACM*, 35, 564-573.

ふ

ファーカスの補題
Farkas' lemma

行列 A と列ベクトル b が与えられたとき，次の 2 つの命題のうちいずれか一方，そして一方だけが成立する．
(1) $Ax=b$ を満たすベクトル $x \geqq 0$ が存在する．
(2) $yA \geqq 0$, $yb<0$ を満たすベクトル y が存在する．この補題を証明するには，適当な主問題と双対問題を定義して，そこに線形計画法の双対定理を適用すればよい．
⇒ ゴルダンの定理，強双対性定理，二者択一定理．

ファジィ集合
Fuzzy Sets

問題の状況を分析するとき，ややもすると，問題の記述や用いられるデータは正確であることを前提にしてしまう．しかし，言葉の厳密性やデータの正確さは永遠に到達できない目標であり，解釈や近似に頼らざるをえないことは明らかである．このための 1 つの方法は，問題状況は固定され，関連するデータは確定的であると仮定することである．次に，適用できる 1 つ以上のシナリオ，データの範囲内で記述される解集合，もとのモデルの頑強性および対応する感度解析などを通して分析を行う．これとは対照的に，標準的な統計的特性と関連するデータの確率分布を仮定することによっても分析が行われる．すなわち，問題は既知の確率的環境の中で分析される．大方の数学モデルは確定的か確率的である．しかしながら，ある種の問題においては記述とデータの不明確さに対してこれらとは異なるアプローチが必要となる．すなわち，ファジィ集合理論（fuzzy set theory）の使用である．

ファジィ集合の概念は Zadeh (1962) によって最初に導入され，その後，Zadeh (1965, 1973), Bellman and Zadeh (1970), Gaines and Kohout (1977) およびその他によって発展・報告された．Zadeh (1962) はファジィ集合理論の開発に対する動機として，「…確率分布によっては記述されえないファジィな，すなわち，ぼんやりした量の数学的取扱いの必要性」を言及している．ファ

ジィ性の概念は Zadeh and Bellman (1970) によって次のように説明されている．

> ファジィ性は〈ファジィ集合〉に伴うある種の不確かさを意味する．すなわち，帰属と非帰属の間に明確な遷移が存在しないクラスがある．たとえば，〈緑色の物体〉のクラスはファジィ集合である．大きい，小さい，有意義な，重要な，深刻な，単純な，正確な，近似的などの普通に使われる形容詞で特徴づけられる物のクラスはすべてファジィ集合である．確かに，数学におけるクラスや集合とは際立って対照的に，実世界における大方の集合では，1つのクラスに属する物とそうでない物を分け隔てるクリスプ (crisp) すなわち明確な境界が存在しない．これに関連して，人どうしの会話において，「John は Jim より〈数インチ〉長身である」，「x は y より〈かなり〉大きい」，「会社 X の将来は〈輝かしい〉」，「株式市場は〈急激に〉落ち込んでいる」などが，〈 〉で囲んだ言葉の不確かさにもかかわらず，情報を提供していることに注目すべきである．(pp. B 141-B 142)

集合 X（有限または可算）が与えられたとき，A を X の1つの部分集合とする．各要素 $x \in X$ に対して，x が A に含まれる包含の程度（またはグレード (grade)）を0と1の間の非負値で表すメンバーシップ関数 (membership function) $\mu_A(x)$ で定義することができる．関数 $\mu_A(x)$ は $x \in A$ の帰属度と称されている．このとき，A はファジィ集合であり，順序対の集合，$A = \{x, \mu_A(x) | x \in X\}$ によって定義される．これと対称的に，集合に対する古典的な数学の記法は，各要素 $x \in X$ に対して，x は A に属するか（そのグレードは1）あるいは属さない（そのグレードは0）のどちらかである．そのような集合は〈クリスプ集合〉(crisp set) と称されている．

ファジィ集合はあいまいで質的な記述の意味を把握することを可能にする．たとえば，X を男性の集合とし，ファジィ集合 A を〈長身〉の男性集合とする．このとき，長身の男性の集合を以下のように（一意的でない）メンバーシップ関数によって定義できる．

For $x \leq 5'8''$, $\mu_A(x) = 0$
For $5'8'' < x \leq 5'10''$, $\mu_A(x) = 0.2$
For $5'10'' < x \leq 6'$, $\mu_A(x) = 0.4$
For $6' < x \leq 6'2''$, $\mu_A(x) = 0.6$
For $6'2'' < x \leq 6'4''$, $\mu_A(x) = 0.8$
For $6'4'' < x$, $\mu_A(x) = 1.0$

Bellman と Zadeh (1970) は例としてファジィ集合 A と対応するメンバーシップ関数 $\mu_A(x)$ を次のように与えている．ただし，A は10よりかなり大きい数の集合である．

$\mu_A(x) = 0$ if $x \leq 10$
$\mu_A(x) = [1 + (x-10)^{-2}]^{-1}$ if $x > 10$

ファジィ集合に対しても，メンバーシップ関数を用いて，和，交わり，補元，その他の論理関係および法則を定義，確立することができる．同様にして，ファジィ集合に対して数学演算，すなわち，和，積，凸結合および写像を定義し，展開させることができる．

ファジィ線形計画

オペレーションズリサーチの意思決定パラダイムとモデルに対するファジィ集合の関係は Carlson (1984) において論議されている．特に，以下では Zimmermann (1991) による線形計画モデルのファジィ集合化を記述する．標準的線形計画モデルが

最大化 $z = cx$
条件 $Ax \leq b$
$x \geq 0$

であるとする．ただし，A は $(m \times n)$ 行列である．このとき，ファジィ集合LPモデルは

最大化 $z \simeq cx$
条件 $Ax \cong b$
$x \geq 0$

で与えられる．ただし，記号 $\cong$ は，目的関数と制約がファジィで，以下のメンバーシップ関数によって特徴付けられていることを示している．

$$\mu_i = \begin{cases} 1 & \text{if } (A'X)_i \leq b'_i \\ 1 - \dfrac{(A'X)_i - b'_i}{\delta_i} & \text{if } b'_i < (A'X)_i \leq b'_i + \delta_i \\ 0 & \text{if } (A'X)_i > b'_i + \delta_i \end{cases}$$

ただし，A' は A に行ベクトル c が付随した行列，b' は b に目標レベル z が付随したベクトル，また，インデックス i は行列の第 i 行を表す．δ_i は主観的に選ばれた許容間隔である．ファジィLPは以下のように通常のLPとして定式化できる．

最大化 λ
条件
$\lambda \delta_i + (A'x)_i \leq b'_i + \delta_i (i = 1, \cdots, m+1)$
$x \geq 0$

Carlson (1984) が指摘しているように，ファジィLPの利点として，(i) 正規のLPモデルより柔軟である，(ii) 制約と目標レベルの相反性を分析でき，除くことができる，(iii) 多目的化が容易である，があげられる．

OR/MS およびより一般的に意思決定に対するファジィ集合の応用として，ファジィ環境下における多目的の意思決定 (Bellman and Zadeh, 1970; Zimmermann, 1991)，ファジィ線形計画 (fuzzy linear programming) (Zimmermann, 1979, 1991)，ファジィ動的計画 (Esogbue and Bellman, 1984) が含まれ，これらはロジスティクス，在庫管理，エキスパートシステム，製造，スケジューリングおよび立地あるいはメディアの選択に応用さ

れている (Zimmermann, 1991). ファジィ理論はまた, 製造, カメラの設計と操作 (対象物に焦点を合わせるタイミングの決定), 洗濯機 (衣類の負荷に合わせた洗濯サイクルの決定), 自動車 (ギア変換のタイミングの決定), また, ロボット工学, 医療診断, プロセス制御, パターン認識, 情報検索および人工知能に応用されている (Sugeno, 1995; Terano et al., 1992; Zimmermann, 1991). ファジィLPのメディア選択への応用については Wiedey and Zimmermann (1978) を参照されたい.

⇒ 選択理論, 決定分析, 線形計画法, 選好理論, 効用理論.

[Saul I. Gass/木瀬 洋]

参考文献

[1] R.E. Bellman and L.A. Zadeh (1970), "Decision-making in a Fuzzy Environment," *Management Science*, 17(4), B141–B164.

[2] C. Carlson (1984), "On the Relevance of Fuzzy Sets in Management Science Methodology," pp. 11–28 in Zimmermann et al. (1984).

[3] A.O. Esogbue and R.E. Bellman (1984), "Fuzzy Dynamic Programming and its Extensions," pp. 147–167 in Zimmermann et al. (1984).

[4] A.O. Esogbue and R.C. Elder (1983), "Measurement and Valuation of a Fuzzy Mathematical Model for Medical Diagnosis," *FSS*, 10, 223–242.

[5] B.R. Gaines and L.J. Kohout (1977), "The Fuzzy Decade: A Bibliography of Fuzzy Systems and Closely Related Topics," in M.M. Gupta, G.N. Saridis and B.R. Gaines, eds., *Fuzzy Automata and Decision Processes*, North-Holland, New York.

[6] M.M. Gupta, R.K. Ragade and R.R. Yager, eds. (1979), *Advances in Fuzzy Set Theory and Applications*, North Holland, New York.

[7] A. Jones, A. Kaufmann and H.-J. Zimmermann, eds. (1985), *Fuzzy Sets Theory and Applications*, Reidel Publishing Company, Dordrecht, The Netherlands.

[8] McNeill, D. and P. Freiberger (1993). *Fuzzy Logic*, Touchstone Books, New York.

[9] M. Sugeno, ed. (1985), *Industrial Application of Fuzzy Control*, North-Holland, New York.

[10] T. Terano, K. Asai and M. Sugeno (1992), *Fuzzy Systems Theory and Its Applications*, Academic Press, Boston.

[11] G. Wiedey and H.-J. Zimmermann (1978), "Media Selection and Fuzzy Linear Programming," *Jl. Operational Research Society*, 29, 1071–1084.

[12] L.A. Zadeh (1962), "From Circuit Theory to Systems Theory," *Proceedings of Institute of Radio Engineers*, 50, 856–865.

[13] L.A. Zadeh (1965), "Fuzzy Sets," *Information and Control*, 8, 338–353.

[14] L.A. Zadeh (1973), "Outline of a New Approach to the Analysis of Complex Systems and Decision Processes," *IEEE Transactions Systems, Man and Cybernetics*, SMC-3, 28–44.

[15] H.-J. Zimmermann, L.A. Zadeh and B.R. Gaines, eds. (1984), *Fuzzy Sets and Decision Analysis*, North-Holland, New York.

[16] H.-J. Zimmermann (1991), *Fuzzy Set Theory*, 2nd. edition, Kluwer Academic Publishers, Boston.

VERT
venture evaluation and review technique

事業評価審査技法のこと. 新たな事業の開始あるいは資源計画, 監視制御, 進行中のプロジェクト, 計画, システムの全体評価などに含まれるリスクの系統的な評価に用いられるネットワーク (network) シミュレーション技法のこと. ⇒ネットワーク計画, プロジェクト管理, 研究開発.

フィードバック型待ち行列
feedback queue

客がサービスを終了したら再び戻ってくるような待ち行列システム. 実際の問題では客がサービス終了直後に待ち行列のあとに並び直し再びサービスを受ける確率がゼロではない場合が多く見られる. ⇒待ち行列ネットワーク, 待ち行列理論.

フェーズⅠ手続き
phase Ⅰ procedure

最初の実行可能基底解 (feasible basic solution) を求めるためのシンプレックス法の手続きのこと. ⇒線形計画法, フェーズⅡ手続き, シンプレックス法.

フェーズⅡ手続き
phase Ⅱ procedure

フェーズⅠで得られた実行可能基底解 (feasible basic solution) あるいは初期実行可能基底解から開始して, 最適実行可能基底解を求めるためのシンプレックス法の手続きのこと. ⇒線形計画法, フェーズⅠ手続き, シンプレックス法.

負荷率
offered load

平均サービス時間の平均到着間隔に対する比. これは

不均衡型輸送問題
unbalanced transportation problem

輸送される物資の総量が総需要に等しくないような輸送問題（transportation problem）をいう．不均衡型輸送問題は供給が需要より大きい場合には仮想目的地を加えることによって，そして需要が供給より大きい場合には仮想出発地を加えることによって標準型の輸送問題として記述することができる．最初のケースでは，仮想目的地における需要は総供給量と総需要量の差となり，また後者のケースでは，仮想出発地における供給は総需要量と総供給量の差となる．⇒輸送問題．

複数の最適解
multiple optimal solutions

最適化問題において，2つの異なる実行可能解が同一の最適目的関数値を与えるとき，問題は複数の最適解をもつという．線形計画問題の場合についていえば，それらは端点解とその凸結合となる．⇒唯一解．

不定方程式系
undetermined system of linear equations

$m \times n$ 線形方程式系 $Ax=b$ において $m<n$ の場合をいう．このようなシステムは無限個の解をもつか，あるいは非整合的となる．線形計画問題の方程式系がこれに対応する．

ブートストラップ
bootstrapping

予測において，ブートストラップ（bootstrapping）という言葉は，個人が予測するのに用いた入力を，個人やグループの予測に回帰させるようなモデルを意味する．⇒予測，回帰分析．

部分価格付け
partial pricing

シンプレックス法によって新たな変数が基底に入る場合，標準シンプレックス法あるいは多重的に価格付け（pricing）するようにすべての非基底列を価格付けすることは計算上非効率的である．部分価格付け法は，たとえば5個の候補ベクトルの集合が見つかるまで添字の順に非基底変数を探すことから開始される．その後これらのベクトルは，多重的に価格付けする場合と同様に，基底に入る可能性のあるベクトルとして利用される．候補集合が空になると，最初の集合が探索を停止した箇所から非基底ベクトルを探すことによって別の集合が見いだされる．このプロセスは最適解が見つかるまで候補集合を探索し，選択しながら続けられる．問題を解くのに必要な全反復回数は通常は増加するが，計算時間は価格付け戦略によって節約される．⇒シンプレックス法．

部分均衡方程式
partial balance equations

ネットワーク（network）のような待ち行列問題において，頂点において満足すべき全体均衡方程式の部分集合，すなわち確率流の均衡を表す．⇒待ち行列ネットワーク，待ち行列理論．

部分最適化
suboptimization

得られる解が最適になるということを保証するとは限らないような，最適化問題の解を求める手続きのこと．この手続きは通常，よくない解を生成しないようにする発見的解法を含む．⇒ヒューリスティック手続き．

フライトルーチン
freight routing

ロジスティックネットワークにおける配送経路．

ブラウン運動
Brownian motion

1次元ブラウン運動 $\{B(t), 0 \leq t\}$ は，実数値をとる連続時間マルコフ過程で連続なサンプルパスをもち，平均値関数 $E(B(t))=\mu t$ と共分散関数 $Cov(B(s), B(t))=\sigma^2 \min(s,t)$ のガウス分布にしたがう．n次元ブラウン運動は $\mathbb{R}^n$ 上の確率過程で，n 個の要素は互いに独立でそれぞれ1次元ブラウン運動にしたがう．⇒マルコフ過程．

ブランドの巡回防止ルール
Bland's anticycling rules

（退化した）線形計画問題において，シンプレックス法の巡回を防止するためのピボット選択ルール．その基本原理は，基底に取り入れる変数，または基底から追い出

す変数の候補が2つ以上ある場合には，その添字が最も小さいものを選ぶというものである．⇒巡回防止ルール，巡回，退化．

フーリエ-モツキンの消去法
　　　　　　　　　　Fourier-Motzkin elimination method
線形方程式系を解くための方法．

プリムのアルゴリズム
　　　　　　　　　　　　　　　　Prim's algorithm
ネットワークにおいて最小全域木（minimum spanning tree）を求める手続きのこと．任意の頂点から出発して，最も近い頂点に連結する．それから現在連結されている頂点に対して，これらのいずれかと最も近く，しかもいまだ連結されていない頂点を求め，それを連結頂点集合に加える．すべての頂点が連結になるまでこの操作を繰り返す．同距離の場合は任意に選択する．⇒貪欲解法，クラスカルのアルゴリズム，最小全域木問題．

フレキシブル生産システム
　　　　　　　　　　Flexible Manufacturing Systems
はじめに
金属加工業においてフレキシブル生産システム（FMS）とは，自動マテリアルハンドリング機器により連結された工作機械の統合システムである．このシステムでは，工作機械の汎用性および切削ツールの高速（秒単位）切替えが可能であるので，部品を小ロット（場合によっては1個単位）で，しかも同時並行に加工することができる．このようなシステムではジョブショップと同じような柔軟性を維持しながら，よくバランスのとれた組立てラインと同じような高い生産効率を実現することができる．

FMSはいくつかのNC（numerical control）工作機械から構成される．それぞれのNC工作機械は多様な作業が可能であり，所定の作業を完成するために必要な切削ツールを収納するツールマガジン（tool magazine）を備えている．ある部品の加工に必要な切削ツールをマガジンにロードすると，機械はコンピュータの制御のもとで部品加工を始めることができる．システムの稼働中，作業や切削ツールは自動的に切り替えられ，機械がアイドリングすることなく作業やツールの切り替えが行われる．新しいツールが必要なときには，ツールマガジンが適切な位置まで回転し，ツールチェンジャーが秒単位のスピードで主軸（spindle）にセットされているツールとマガジン上のツールとを自動交換する．加工される各タイプの部品はそれぞれいくつかの作業で定義される．各作業では一定量の切削ツールが使用され（たとえば，5〜20），各切削ツールはマガジンの1個，またはそれ以上のスロットを占有する．

各切削ツールはマガジンの1, 3, または5個のスロットを占有する．1つのマガジンには40〜160個のスロットがあり，60スロットのものが典型的である．ツールは着用されたり，取り外されたりするので，その活動や移動場所を追跡してコンピュータに随時記録しなければならない．ツールを部品加工中に機械から取り外すと，部品がひどく損傷したり，機械や主軸が壊れる場合があるので注意しなければならない．ツールは手動，または自動運搬車（AGV）などにより自動的にFMSに供給され，さらに手動，または自動的にツールマガジンにロードされる．

FMSにおける部品の搬入搬出や機械間の移動は自動マテリアルハンドリングシステムにより行われる．マテリアルハンドリングシステムは誘導ワイヤ，AGV，コンベヤーシステムまたは牽引式台車，そしてパレット入れ替え装置（interchange）から構成される．マテリアルハンドリングシステムと部品のインタフェースはパレットおよび部品の取付け装置である．パレットは台車に載せられ，取り付け装置が部品を持ち上げてパレットに取り付ける．パレットは1種類だが，取付け装置は普通多種類ある．多種類の取付け装置を使用する理由は，完全に異なる部品を取り扱う場合や使用目的が異なる場合があるためである．システムにおける仕掛かり在庫の量は使用中のパレットの数により決まる．

一定の加工が終わると検査器具が主軸にセットされ，切削など行われた加工に対して必要な検査を行う．検査は部品を機械にセットしたまま行われる．一部の作業が終わると部品は台車で洗浄ステーションに運ばれ，次の加工，再取付け，または検査のための洗浄が行われる．

いくつかの既存システムに関する詳しい内容についてはStecke（1992）を参照せよ．自動化については経済的分析と戦略的分析の両方にもとづいて意思決定を行うべきである．FMSは一定の目的，たとえば，ある部門で多品種切り替え生産や新しい製品ファミリーの製造を行うために使われ，FMSの導入が決定された場合には多くの設計項目に関する意思決定が必要になる．これらの問題に関する詳しい内容についてはStecke（1985, 1992）を参照されたい．

システム設計においてはまず，柔軟度の要求を把握し，それにもとづいてシステムの自動化の度合いやFMSのタイプを決める．FMSタイプの選択に影響を与える主な要因は，機械間の部品搬送に使われる自動マテリアルハンドリングシステムである．柔軟性選択の分類についてはBrowne et al.（1984）とSethi and Sethi（1991）を

参照されたい.

適切なFMSをデザインするためには正確で効率のよい数学モデルやその他の評価モデルを用いて選択範囲を狭める必要がある．FMSの開発や稼動開始後もこれらのモデルはシステムのセットアップや生産スケジューリングに利用できる．

FMS計画およびスケジューリング

加工に必要とされるツールがあらかじめ機械のツールマガジンにすべてロードされている場合，切削ツールの切替えはすばやく行うことができ，前後作業間の段取り時間は無視できるほど小さくなる．しかし，どの工具をどのツールマガジンにロードし，どのような順番にロードするかについては計画やスケジューリングが必要であり，ツールをマガジンにロードする時間を含めて段取り時間が発生する．このようにシステムが部品の加工を始める前に作成し，実行しなければならない段取りの問題を〈FMS計画問題〉と呼ぶ (Stecke, 1983). システムの段取りが完成し，加工ができるような状態になったあとの問題を〈FMSスケジューリング問題〉と呼ぶ.

〈FMS計画問題〉で最初に決めなければならないのは，生産しようとする（予測需要または顧客の注文）部品タイプの中から，次の期に加工すべき部品タイプを選択することである．この情報はプールする工作機械の数，すなわち，同種の機械が何台もある場合，その内の何台を各部品タイプの共通加工用にするかを決める場合に役に立つ．一部または全部の機械をプールすることにより，多くのシステムメリットを享受できる．たとえば，加工ルートの選択枝が増え，1台の機械が故障しても生産を中断する必要がない．同一機械群の一部または全部の機械が同種の作業ができるようになっているからである．

〈FMS計画問題〉のもう1つの問題はFMSが効率よく稼動できるように，システムに投入すべき各部品タイプの生産量の相対比を決めることである．パレットの数や各取付け装置の数がこの生産比率の決定に影響する．さらに対象部品の加工およびその加工に必要な切削ツールは1台またはそれ以上の工作機械に効率よく割り当てなければならない．ツールはロードの仕方によって，適用される状況が違ってくる．これらがすべて決まり，切削ツールが選ばれたツールマガジンにそれぞれロードされれば，生産が始められる．そして，この次に解決しなければならないのが〈FMSスケジューリング問題〉である．

スケジューリングの問題は計画段階でセットアップされたあとのシステムの運用を考える問題である．その問題の1つが選択されたタイプの部品をどのような順番でFMSに投入するかという問題，すなわち効率的投入順番を決める問題である．

すべての部品のシステム全体にわたる加工作業を一定のアルゴリズムにしたがってスケジューリングしなければならない．自動化されたシステムにおいては静的スケジューリング法よりリアルタイムの動的スケジューリング法がより適切である．工具の破損，機械の故障などにより静的スケジュールは完全に乱れてしまう可能性がある．しかし，静的計画は初期実行の基準としては役に立つ．利用できるスケジューリングの方法には，単純ディスパッチングルールから，複雑な先読みアルゴリズムまでいろいろな方法がある．スケジュールと制御手順を決める際には機械の故障など多くのシステム攪乱を考慮するべきである．計画段階において十分な配慮と柔軟性をもった計画にもとづいてシステムを設定すると，スケジューリングがよりやさしくなる．

〈FMSのコントロール〉では連続的監視，すなわち計画された通りに実行されているか，また設定した要求を満足しているかをチェックする必要がある．たとえば，〈FMSのデザイン〉段階では，各種生産異常に対処する方針を決めておくべきである．どのようなケースにおいても作業の再配置や，切削ツールの再ロード（必要であれば）ができるようにし，ツール交換時間が最小になるようにするべきである．加工プロセスと切削ツールの監視手順，および各種データ（監視データおよび故障データ）収集の方法は詳細に決めなければならない．ツールの使用可能残余時間データは定期的に調べ，アップデートする．加工プロセスのエラーなど（たとえば，機械やパレットの誤作動，切削ツールの疲労とその検出，チップ問題など）については，必ずその原因を突き止め，問題を解決しなければならない．

計画とスケジューリング問題では多くのデータが絡み合って問題を複雑にするために，多くの場合これらの問題はフレーム化され，階層的なサブ問題に分割される．上層の問題の解は下層の問題の制約条件となる．階層的な問題分割の例として，〈FMS問題〉を〈計画問題〉と〈スケジューリング問題〉に分割することがあげられる．Stecke (1983, 1985) はいくつかのこの種の問題に適用できる階層的対話型アプローチを提案している．

FMSモデル

モデルはシステムのキーファクター (key factor) を突き止めるために役に立つ．キーファクターはシステムのパフォーマンスに影響を与え，システムの挙動やシステムの各部分間の相互作用がすぐわかるようなファクターである．モデルはシステムを効率的に運営するための適切なシステムデザイン，段取り，および戦略の決定に用いられる．

モデルに組み込まれる情報の量に依存するが，シミュレーション方法は現実模擬に必要あるいは望ましいとさ

れる細かさに応じて詳細に分析することができ，詳細性および柔軟性両方から見て，モデルの分析に一番向いている方法である．一方，シミュレーション方法はコストが高く，開発，デバッグ，そしてその実行に一番時間のかかる方法でもある．結論を下すまでに何回も実行を重ね，可能性について十分検討することが要求される．

FMSを集約計画レベルで詳細にモデル化するために，開待ち行列ネットワーク(open queuing network)と閉待ち行列ネットワーク(closed queuing network)が用いられる．このようなモデルでは同一機械上で競合する部品の相互作用や混雑度，そしてFMSの不確実性や動的特性を分析することができる．一番シンプルな待ち行列モデルではインプットとして平均値，たとえば各機械における各作業の平均加工時間と仕事の平均到着間隔などが与えられる．システムのパフォーマンス評価に役に立つアウトプットデータもやはり平均値であり，安定状態における生産率(production rate)，待ち行列の平均長さ，機械の稼働率などが挙げられる．

Solberg (1977)はシングルクラス，マルチサーバー，閉待ち行列ネットワークを用いてFMSをシンプルにモデル化することを最初に提唱した人である．彼のコンピュータプログラム，CAN-QはBuzenの効率的アルゴリズムを用いて解が積形式となる待ち行列ネットワークを分析している．このような解析的待ち行列ネットワークのレビューについてはBuzacott and Yao (1986)を参照されたい．

一部の問題は非線型整数計画，線形または整数計画により数学的に定式化されている(Stecke, 1983)．問題の定式化によっては扱いやすく，しかも詳細に定式化され，したがってすぐに役に立つものもあるが，詳細に定式化されているが扱いにくいものもある．これらの定式化問題を解くためにヒューリスティック解法や他のアルゴリズムが開発されている．Stecke (1992)に他のFMSモデルが紹介されている．各モデルは異なった状況や異なる問題に適用することができる．また，一部の問題の解決には階層的モデルが必要になる．
⇒ ジョブショップ・スケジューリング，待ち行列ネットワーク，生産管理．　　　［Kathryn E. Stecke/曺　徳弼］

参 考 文 献

[1] Browne, J., D. Dubois, K. Rathmill, S.P. Sethi and K.E. Stecke (1984), "Classification of Flexible Manufacturing Systems," *FMS Magazine*, 2, 114–117.

[2] Buzacott, J.A. and D.D.W. Yao (1986), "Flexible Manufacturing Systems: A Review of Analytical Models," *Management Science*, 32, 890–905.

[3] Sethi, A.K. and S.P. Sethi (1990), "Flexibility in Manufacturing: A Survey," *International Jl. Flexible Manufacturing Systems*, 2, 289–328.

[4] Solberg, J.J. (1977), "A Mathematical Model of Computerized Manufacturing Systems," *Proceedings of the 4th International Conference on Production Research*, Tokyo, Japan.

[5] Stecke, K.E. (1992), "Flexible Manufacturing Systems: Design and Operating Problems and Solutions," Chapter in Maynard's *Industrial Engineering Handbook*, 4th Edition, W.K. Hodson, ed., McGraw-Hill, New York.

[6] Stecke, K.E. (1985), "Design, Planning, Scheduling, and Control Problems of Flexible Manufacturing Systems," *Annals Operations Research*, 3, 3–12.

[7] Stecke, K.E. (1983), "Formulation and Solution of Nonlinear Integer Production Planning Problems for Flexible Manufacturing Systems," *Management Science*, 29, 273–288.

フレーミング

framing

決定問題が決定者によりどのように表現され定式化されるか，その方法のこと．⇒ 選択理論．

フロー

flow

ネットワーク上のあるノード（ソース）からもう1つのノード（シンク）に送られる商品または物質．⇒ ネットワーク最適化．

プロジェクト管理

Project Management

プロジェクト管理の意味するところは，その言葉を使う人によって異なる．OR/MSの分野では伝統的に，PERT/CPMなどの手法によって，次のような問題を解く技術的な側面に限って関心がもたれてきた．すなわち，資源を有効に使ってプロジェクトを所定の期日内に完了するという問題である．OR/MSの外では，プロジェクトに従事するグループの管理というような，もっと人間が関係する側面に関心がもたれてきた．ここ数年，この種の問題がオペレーションズリサーチに従事する人，特に，OR/MSグループの管理者の関心を集めつつある．

プロジェクト管理では組織構造が重要な役割を果たす．迅速な応答が重要視されてきているために，組織の平坦化ならびに最近のプロジェクト管理の考え方の多くが産み出されている (Handy, 1993)．OR/MSの専門的な知識は，それぞれの組織の中に普通のものとして取り込まれているのが現在の傾向である．たとえば，プロジ

ェクトチームに OR/MS の専門家が含まれることはあるが，OR/MS プロジェクト専従チームが存在することはずっと少ない．

プロジェクトチームを管理するには，リーダーシップ，コーチング，サポーティング，意思決定といった技術を必要とする (Boddy and Buchanan, 1992)．プロジェクトチームの各メンバーは，チームワーク(Belbin, 1981)，時間管理 (Adair, 1988；推奨されているアプローチの効力に関してもう少し保守的な見方については，Eilon, 1993)，レポート作成，プレゼンテーション技術 (Woolcott and Unwin, 1983)，ネットワーキングと交渉術 (Kennedy, 1982)，インタビュー技術といったスキルが要求される．

プロジェクト管理の分野における認定は，プロジェクト管理協会 (UK) (85 Oxford Road, High Wycombe, Bucks HP 11 2 DX, UK) が取り扱っている．The Project Management Institute (PO Box 189, Webster, NC 28788, USA) では，プロジェクト管理を学ぶ大学院コースを開いており，*Project Management Journal* という雑誌を発行している．国際プロジェクト管理協会は，*The International Journal of Project Management* という雑誌を発行している．
⇒ネットワーク計画，組織体，PERT，OR/MS の実践．

[Graham K. Rand/田口　東]

参 考 文 献

[1] Adair, J. (1988). *Effective Time Management*. Pan Books, New York.
[2] Belbin, R.M. (1981). *Management Teams: Why They Succeed or Fail*. Heinemann, London.
[3] Boddy, D. and D. Buchanan (1992). *Take the Lead: Interpersonal Skills for Project Managers*. Prentice Hall, Hemel Hempstead, UK.
[4] Eilon, S. (1993). "Time management." *Omega* 21, 255–259.
[5] Handy, C. (1993). *Understanding Organizations*. Penguin, London.
[6] Kennedy, G. (1982). *Everything Is Negotiable*. Business Books, London.
[7] Woolcott, L.A. and W.R. Unwin (1983). *Mastering Business Communication*. Macmillan, Basingstoke, UK.

プロスペクト理論

prospect theory

選択の記述的な理論であって，実際の選択が期待効用理論からずれているのを説明しようとするもの．⇒選択理論．

プロセッサーシェアリング

processor sharing

窓口の処理能力を，そのとき存在するすべての客に公平に割り振る待ち行列規律．⇒待ち行列理論．

プロダクションルール

production rule

状態空間から行動空間への写像のことで，一般にモジュール型の知識表現において使用される．言語の形式指向の解析を原理としており，プロダクションルールは，とくにヒューリスティック探索 (heuristic search) において基本的な推論メカニズムを構成する．⇒人工知能，エキスパートシステム．

ブロック三角行列

block-triangular matrix

対角部分に位置するいくつかのブロックを除くと，下(上)三角行列となる行列．⇒三角行列．

ブロック掃出し

block pivoting

シンプレックス法においていくつかの非基底変数を同時に基底に取り入れるプロセス．⇒シンプレックス法．

フロート

float

プロジェクト全体の継続時間に，影響を与えることなく，あるジョブを遅延することができる時間の長さ．⇒ネットワーク計画．

プロトコル

protocols

どのようにして予測し決定をくだすことで問題を解いたかを，専門家に尋ね，発話させることによって，専門家の手続きを抽出した結果のこと（訳注：プロトコルとは認知科学研究でしばしば用いられる．被験者(専門家)に対象問題解決の過程を語らせることである．文献：海保博之，原田悦子：プロトコル分析入門，新曜社，1993)．⇒人工知能，エキスパートシステム．

分　枝

branch

それ以前のパスから得られる結果をもとに，新たな計算パス（分枝）に移動し分析すること．⇒ 分枝限定法．

分枝限定法

branch and bound

実行可能点集合を，次々と小さな部分集合に分割して生成される問題を解きながら，最適化問題を解く方法．生成される問題は，子問題もしくは列挙木のノードと呼ばれる．分枝限定法の考え方は，もとの問題の最適解は子問題の最適解の中の最もよいものになる，というものである．解くべき子問題の数を削減するために，各ノード上で緩和問題を解いて，子問題の下界値を計算する．もしこの下界値が，すでに求まっている最良の解より悪ければ，その子問題は考慮の対象から外される．分枝限定法は，整数計画問題や大域的最適化問題を解く際にしばしば利用される．⇒ 組合せ/整数最適化，整数計画問題．

文書化

Documentation

多くのOR研究は複雑な形式の数理的決定モデルを使っているので，モデルの開発や分析を担当した人は，モデルの要点，利用法，結果などについて述べた文書をまとめる義務がある．特に重要なのは，コンピュータプログラムと使用した入力データからなるコンピュータベースのモデルである．ORモデル活用の大部分における深刻な問題の多くは，成功したものについても失敗したものについても，よい文書化の最低の規範を満たす文書が欠けていることである(Gass et al., 1981)．文書化が求められる理由は多いが「作成者以外のシステムアナリストやプログラマーがモデルやプログラムを使えるようにする」「モデルとプログラムの使用法についての監査と検証を容易にする」「使用の可能性を検討している人がモデルやプログラムが目的に適っているかどうかを確かめられる」などである(Gass, 1984)．

モデルの文書化に関して，最も一般に受け入れられている見方は，モデルの発展のライフサイクルにおけるすべての事柄を記録するものだということである．Gass (1979)によって提唱されたライフサイクルモデル文書化は13の主要な文書からなっている．しかしながらモデル利用者とアナリストの基本的な必要性からいえば，これらの文書は下記の4つのマニュアルに集約して書き直すことが可能である．それらは，「アナリストマニュアル」「ユーザマニュアル」「プログラマーマニュアル」「マネジャーマニュアル」である．これらのマニュアルの内容について以下に簡単に述べるが，それぞれの詳細については Gass (1984)に述べられている．

アナリストマニュアル

アナリストマニュアル (analyst's manual) はその他の文書を総合したもので，モデルの開発，改訂，メンテナンスに携わるアナリストにとって基本的な情報源である．これはモデルの実際的な理解と活用に必要な技術的内容，たとえば，機能の説明，必要データ，正当性と妥当性の検証，アルゴリズムの解説などを含んでいなければならない．

ユーザマニュアル

ユーザマニュアル (user's manual) の目的は（プログラム作成者でない）ユーザがモデルを正確に効率的に利用できるように，モデルの目的，能力と限界を示すことにある．マニュアルはユーザがモデルの全体的な構造や論理，必要な入力，出力形式，結果の解釈と利用などを理解できるようにするものである．このマニュアルは技術者がデータを用意しモデルを実行するために使われる．

プログラマーマニュアル

プログラマーマニュアル (programmer's manual) の目的は，現在と将来のプログラム担当者にモデルのプログラムを改訂し維持するのに必要な情報を提供することにある．このマニュアルはプログラマーが，モデルの改訂や他のコンピュータシステムや他のユーザに移設することができるかを決めるために，ソフトウエアの操作を理解したり，デバッグやエラーの修正のためにトレースしたりするのに必要なすべての細部の情報を与えなければならない．

マネジャーマニュアル

マネジャーマニュアル (manager's manual) は意思決定のために用いられるコンピュータモデルにとっては必須である．これはモデルの結果を解釈し利用し，そして継続的な利用と維持を支持してくれる組織の経営層を対象としている．このマニュアルは問題設定の説明，プロジェクトの起源，目的や能力や制約といったモデルの一般的な説明に加えて，モデルから得られる結果についての性質，解釈，利用，制約など，モデルを利用する費用と便益，組織や意思決定機関におけるコンピュータモデルの意義，必要な資源，必要なデータ，操作上や移植の問題，基本的な解説資料を含んでいなければならない．
⇒ 実施，OR/MSの実践．　　　[Saul I. Gass/高井英造]

参考文献

[1] Brewer, G.D. (1976). "Documentation: An Overview and Design Strategy," *Simulation & Games*, 7, 261-280.
[2] Gass, S.I. (1979). *Computer Model Documentation: A Review and An Approach*, National Bureau of Standards Special Publication 500-39, U.S. GPO Stock No. 033-003-02020-6, Washington, D.C.
[3] Gass, S.I., K.L. Hoffman, R.H.F. Jackson, L.S. Joel and P.B. Sanders (1981). "Documentation for a Model: A Hierarchical Approach," *ACM Communications*, 24, 728-733.
[4] Gass, S.I. (1984). "Documenting a Computer-Based Model," *Interfaces*, 14, 84-93.
[5] NBS (1976). *Guidelines for Documentation of Computer Programs and Automated Data Systems*, FIPS PUB 38, U.S. Government Printing Office, Washington, DC.
[6] NBS (1980). *Computer Model Documentation Guide*, NBS Special Publication 500-73, U.S. Government Printing Office, Washington, DC.

分数計画法

Fractional Programming

はじめに

OR/MSにおけるある種の決定問題では他の極値問題と同様，比の最適化が必要となる．制約付きの比最適化問題は一般に〈分数計画問題〉(fractional programming problem)と呼ばれ，その目的関数には1つ以上の比が含まれることもある．

最も初期に研究された分数計画問題（当時は異なる名前で呼ばれたが）の1つは，拡大する経済の均衡モデルで，そこでは成長率が複数の投入産出比の中で最小なものの最大値によって決定された（von Neumann, 1937, 1945）．多くはCharnes and Cooper (1962) による古典的論文のあとになるが，以来，分数計画法に関して約900編もの文献が出版されている．たとえばSchaible (1982, 1993) には，その包括的な文献目録がある．分数計画法のみに的を絞ったモノグラフも，Schaible (1978) やCraven (1988) などがある．

分数計画法は当初から，より大きなクラスの一般化凹計画法に関連して論じられてきた．比は普通，凹関数ではないものの，ある意味においては一般化凹関数であることが多い．これに関連する分数計画法の入門書としてはAvriel, Diewert, Schaible and Zang (1988) がある．

表記と定義

記号 f, g, および $h_j (j=1, \cdots, m)$ は，n 次元ユークリッド空間 $\mathcal{R}^n$ の部分集合 X 上で定義された実数値関数を表し，Tを転置記号に $\boldsymbol{h}=(h_1, \cdots, h_m)^T$ でベクトル関数を表すことにする．集合 X 上で $g(\boldsymbol{x})>0$ を仮定し，

$$S = \{\boldsymbol{x} \in X | \boldsymbol{h}(\boldsymbol{x}) \leq \boldsymbol{0}\} \qquad (1)$$

の上で比

$$q(\boldsymbol{x}) = f(\boldsymbol{x})/g(\boldsymbol{x}) \qquad (2)$$

を考える．このとき，非線形計画問題

$$\sup\{q(\boldsymbol{x}) | \boldsymbol{x} \in S\} \qquad (3)$$

を（単一比）分数計画問題と呼ぶ．さらに，以下の3種類の複数比分数計画問題がここでの考察対象である．

$$\sup\{\textstyle\sum_{i=1}^{p} q_i(\boldsymbol{x}) | \boldsymbol{x} \in S\} \qquad (4)$$

$$\sup\{\min_{1 \leq i \leq p} q_i(\boldsymbol{x}) | \boldsymbol{x} \in S\} \qquad (5)$$

および多目的分数計画問題

$$\sup_{x \in S}\{q_1(\boldsymbol{x}), \cdots, q_p(\boldsymbol{x})\} \qquad (6)$$

ただし，f_i と g_i を X 上で $g_i(\boldsymbol{x})>0$ なる実数値関数として $q_i(\boldsymbol{x}) = f_i(\boldsymbol{x})/g_i(\boldsymbol{x}) (i=1, \cdots, p)$ である．問題 (5) は〈一般化分数計画問題〉(generalized fractional programming problem) とも呼ばれる (Schaible and Ibaraki, 1983)．

分数計画法における研究の焦点は，実行可能領域 S ではなく，その目的関数である．多くの文献と同様に h_j は凸定義域 X 上で凸関数であることを仮定するが，これによって実行可能領域 S は凸集合となる．

分数計画問題 (3)～(6) に関する理論のほとんどは，次の凹/凸性条件をすべての比が満足することを仮定して展開されている．すなわち，凸集合 X 上で f は凹であり，g は凸である（あとで示すように，g がアファイン-1次でないなら，f は非負でなければならない）．これを満たす問題を〈凹分数計画問題〉(concave fractional programming problem) と呼ぶが，これらの目的関数は一般に凹とはならない点に注意しよう．つまり，凹分数計画問題は凹計画問題ではない．問題 (3) は，f と g が2次関数，S が凸多面体のとき，〈2次分数計画問題〉(quadratic fractional programming problem) という．

特殊ケースの1つに，f と g がアファイン-1次関数で S が凸多面体の〈線形分数計画問題〉(linear fractional programming problem)

$$\sup\{(\boldsymbol{c}^T\boldsymbol{x}+a)/(\boldsymbol{d}^T\boldsymbol{x}+\beta) | A\boldsymbol{s} \leq \boldsymbol{b}, \boldsymbol{x} \geq \boldsymbol{0}\} \qquad (7)$$

がある．ただし，$\boldsymbol{c}, \boldsymbol{d} \in \mathcal{R}^n$, $\boldsymbol{b} \in \mathcal{R}^m$, $a, \beta \in \mathcal{R}$ で，A は $m \times n$ 行列を表し，分母は実行可能領域上で正である．のちに，線形分数計画問題と凹分数計画問題が，それぞれ線形計画問題と凹計画問題に共通する性質を数多く有することを示そう．

単一比分数計画問題

文献に登場する単一比分数計画法の応用としては次の種類がある．経済学的応用，非経済学的応用，そして間接的応用である．

経済学的応用：システムの効率は，経済的要因や技

術的要因の比によって特徴づけられることがある．その場合，効率の最大化を目指せば，分数計画問題が必要となる．そうした比の例としては

> 利潤/資本，利潤/収益，費用/数量，生産性，原材料の相対的使用量，収穫/費用，収穫/危険，期待費用/ベータ指標，（期待）費用/期間，利潤/期間，流動比，1株当たり利益，1株当たり配当，加重産出量/加重投入量，所得/(投資＋消費)，平均/標準偏差．

これらは，資源配分，輸送，生産，維持，在庫，金融，包絡分析法，それにマクロ経済学などに現れる．かつて，これらの比は過去の経済行動を管理するためにしか用いられることがなかった．しかし，比の最適化はいまや，将来の計画に対する意思決定において，ますます注目を集めるようになっている．上記の比の最適化問題は，分母と分子の関数の形により，線形，2次，あるいは凹分数計画問題となる．

非経済学的応用：　情報理論では，通信路の容量が最大伝送率として定義され，これによって（非2次）凹分数計画問題が必要となる．数値解析では，固有値問題がレイリー商（Rayleigh quotient）の制約付き最大化問題となり，（非凹）2次分数計画問題に帰着される．また，物理学では，信号対雑音比から凹2次分数計画問題が生じる．

間接的応用：　分数計画問題は，比をまったく含まない他の最適化問題を解く過程にも現われることがある．例をあげれば

> 大規模数理計画法での子問題，確率的数理計画法での確定的代用問題，微分不可能凸計画問題での子問題，線形計画法の内点法に関連する問題，双対配置問題，数値的に困難なポートフォリオ選択問題の近似，救急医療施設に対する外傷効果関数の限界．

もとの最適化問題にもよるが，これらはたいてい，線形，2次，あるいは凹分数計画問題となる．

性　　質

凹分数計画問題には以下の性質がある（Avriel et al., 1988）．

命題1：　目的関数 $q(\boldsymbol{x}) = f(\boldsymbol{x})/g(\boldsymbol{x})$ が半狭義準凹（semistrictly quasiconcave）なので，局所的最大は大域的に最大である．

命題2：　分子 $f(\boldsymbol{x})$ が狭義凹で分母が狭義凸ならば，目的関数が狭義準凹となるので，最大点は一意である．

命題3：　関数 $f(\boldsymbol{x})$, $g(\boldsymbol{x})$, $h(\boldsymbol{x})$ が微分可能な場合，目的関数 $q(\boldsymbol{x})$ が準凹となるので，カルーシュ-キューン-タッカー条件の解が最大点である．

〈線形分数計画問題〉に対しては，さらに次の性質が成り立つ．

命題4：　実行可能領域 S が（非空で）有界ならば，目的関数が準凸（かつ準凹）であるので，S のある端点が最大点となる．

凹分数計画問題と線形分数計画問題がそれぞれ凹計画問題，線形計画問題と共有するのは以上の性質だけでない．ある種の変換を通して両者をこの2つの問題に関係付けることもできる．以下に紹介する変換の1つは変数変換を伴うが，2つめの変換では同じ変数が保持され，代わりに変換後の問題にパラメータが必要となる．

新たな変数

$$\boldsymbol{y} = [1/g(\boldsymbol{x})]\boldsymbol{x}, \quad t = 1/g(\boldsymbol{x}) \qquad (8)$$

を導入すれば，以下が示される（Schaible, 1976）．

命題5：　アファイン-1次の分母をもつ凹分数計画問題（3）は凹計画問題

$$\sup\{t\,f(\boldsymbol{y}/t) \mid t\,\boldsymbol{h}(\boldsymbol{y}/t) \leq 0,$$
$$t\,g(\boldsymbol{y}/t) = 1,$$
$$\boldsymbol{y}/t \in X, \ t > 0\} \qquad (9)$$

に帰着させることができる．

関数 $g(\boldsymbol{x})$ がアファイン-1次でない場合には，(9) の等式を $tg(\boldsymbol{y}/t) \leq 1$ に緩和することで (9) に代わる等価な凹計画問題が得られる．

線形分数計画問題 (7) の場合は特に，等価な凹計画問題 (9) が線形計画問題

$$\sup\{\boldsymbol{c}^{\mathrm{T}}\boldsymbol{y} + \alpha t \mid A\boldsymbol{y} - \boldsymbol{b}t \leq 0,$$
$$\boldsymbol{d}^{\mathrm{T}}\boldsymbol{y} + \beta t = 1, \ \boldsymbol{y} \geq 0, \ t > 0\} \qquad (10)$$

となる．ここで，(7) が最適解をもつ場合，条件 $t>0$ は $t \geq 0$ に置き換えてよい．この (7) と (9) の同値性を最初に確立したのが Charnes and Cooper (1962) である．

さて，第2の変換では，変数と実行可能領域はそのまま保持されるものの，分母と分子を分離するために1つのパラメータが導入される（Dinkelbach, 1967）．次の問題を考えよう．

$$\sup\{f(\boldsymbol{x}) - \lambda g(\boldsymbol{x}) \mid \boldsymbol{x} \in S\}, \ \lambda \in \mathcal{R} \ (\text{パラメータ})$$
$$(11)$$

問題 (3) が凹か，線形，あるいは2次分数計画問題ならば，問題 (11) はそれぞれパラメトリックな凹か，線形，あるいは2次計画問題となる．

関数 $f(\boldsymbol{x})$, $g(\boldsymbol{x})$ はともに連続で，S は（非空の）コンパクト集合であるものとしよう．このとき，以下が導かれる．

命題6：　狭義減少，連続関数

$$F(\lambda) = \sup\{f(\boldsymbol{x}) - \lambda g(\boldsymbol{x}) \mid \boldsymbol{x} \in S\} \qquad (12)$$

の唯一の零点 $\lambda = \bar{\lambda}$ にパラメータ値を設定すれば，問題 (3) と (11) は同じ最適解をもつ．

次に，分数計画法に対する双対性に話を移そう．ここでは，通常の凹計画法における双対関係が，凹分数計画問題だけでなく線形分数計画問題に対してさえも成り立たないことに注意する必要がある．とはいえ，命題5に

より，等価な凹計画問題（9）を通して双対性を導入することは可能である（Schaible, 1976）．双対性への様々なアプローチに関する詳細や，その感度分析への応用については，Schaible (1978), Avriel et al. (1988), および Craven (1988) を見よ．

命題1～6に示した凹分数計画問題と線形分数計画問題の性質を利用することで，少なくとも4つの異なる解法が考えられる（Martos, 1975; Schaible and Ibaraki, 1983; Craven, 1988）．

a) 準凹（擬凹）計画問題（3）を直接に解く方法
b) 等価な凹（線形）計画問題（9）を解く方法
c) 問題（9）の双対問題を解く方法
d) パラメトリック凹（線形）計画問題を解く方法

解法 d) の場合，パラメトリック計画法を応用するほかに Dinkelbach (1967) の反復法を用いることもできる．この方法は古典的なニュートン法で（12）の関数 $F(\lambda)$ の零点 $\bar{\lambda}$ を計算するのと同じであることが知られている．各種の改良や計算結果は，Schaible and Ibaraki (1983) に議論されている．

複数比分数計画問題

比の和の最大化： 意思決定において，前述した割合のいくつかを最適化しなければならないとき，これらの割合の加重和を最適化する妥協解が求められる．もちろん，これは問題（4）にほかならない．このモデルの他の応用については Schaible (1990) に記載されている．

残念ながら，各比が凹関数の凸関数による商であれば，線形の場合でさえ，凹分数計画問題に対する前述の性質は成り立たない．この重要ではあるが，難しい問題については初歩的な理論と計算の結果が知られているのみである（Craven 1988; Schaible, 1990）．

複数比の最小値最大化： von Neuman (1937, 1945) による経済均衡モデルのほか，公正さを考慮した金融計画や資金配分における問題からも一般化分数計画問題（5）は生じる（Schaible, 1990）．さらに，チェビシェフ・ノルムによる有理数近似で，同じモデルが計算数学の興味深い問題となっている．これらの例ではすべて，比は凹関数の凸関数による商である．

von Neuman (1937, 1945) をはじめ，何人かの研究者は凹一般化分数計画問題に対する双対定理を提案している（Avriel et al., 1988; Craven, 1988; Schaible, 1990）．異なるアプローチが取られていても，ほとんどの双対問題は同じもので，しかも再び一般化分数計画問題になる．主問題の目的関数が半狭義準凹ならば，双対問題の目的関数は半狭義準凸である（Avriel et al., 1988）．したがって，局所的最適解は主問題でも双対問題でも大域的に最適である．これらの非凹型問題に対する双対定理は，凹計画問題や線形計画問題と同じくらい豊富に確立されている．

凹一般化分数計画問題は，主問題か双対問題のいずれかに Dinkelbach のアルゴリズムの拡張版を適用することで解くことができる．このアルゴリズムの動作は，比が2つ以上の場合，もはやニュートン法と同じではない．子問題として凹（線形）計画問題の列を生成するが，その収束性は十分に解析されている．このアルゴリズムに種々の改良を加えた計算実験は良好な結果を残している（Schaible, 1990）．

多目的分数計画問題： 問題（6）は，前述した割合のいくつかを同時に最大化しなければならないときに生じるが，（4）や（5）の問題と異なり，単一化した目的関数は考えない．代わりに意思決定者には有効解の集合，つまり，他の割合を減少させることなく，どの割合も増加させることのできない実行可能解のすべてが与えられる．凹関数と凸関数との比の場合，双対関係を含むいくつかの理論的な結果が（6）に対して得られている（Craven, 1988; Schaible, 1990）．また，限定的な仮定の下では，有効解集合の連結性も確立されている．他の理論と計算の結果は，2つの比の場合に得られている（Schaible, 1990）．

おわりに

凹の単一比分数計画問題と一般化分数計画問題に関しては，理論的にも計算上も成功裏に解析が行われてきた．非凹の場合，それに比の和の問題（4）と多目的分数計画法（6）に関しては，さらに研究が必要である．

⇒包絡分析法，線形分数計画問題，線形計画法，多目的計画法，非線形計画法，2次計画法．

[Siegfried Schaible／久野誉人]

参考文献

[1] Avriel, M., W.E. Diewert, S. Schaible and I. Zang (1988). *Generalized Concavity*, Plenum, New York.

[2] Charnes, A. and W.W. Cooper (1962). "Programming With Linear Fractional Functionals," *Naval Research Logistics Quarterly* 9, 181-186.

[3] Craven, B.D. (1988). *Fractional Programming*, Heldermann Verlag, Berlin.

[4] Dinkelbach, W. (1967). "On Nonlinear Fractional Programming," *Management Science* 13, 492-498.

[5] Martos, B. (1975). *Nonlinear Programming: Theory and Methods*, North-Holland, Amsterdam.

[6] Schaible, S. (1976). "Duality in Fractional Programming: A Unified Approach," *Operations Research* 24, 452-461.

[7] Schaible, S. (1978). *Analyse und Anwendungen von Quotientenprogrammen*, Mathematical Systems in Economics 42, Hain-Verlag, Meisenheim.

[8] Schaible, S. (1982). "Bibliography in Fractional

Programming," *Zeitschrift für Operations Research* 26, 211–241.

[9] Schaible, S. (1990). "Multi-Ratio Fractional Programming – Analysis and Applications," *Proceedings of 13th Annual Conference of Associazione per la Matematica Applicata alle Scienze Economiche e Sociali*, Verona/Italy, September 1989, Mazzoleni, P., ed., Pitagora Editrice, Bologna, 47–86.

[10] Schaible, S. (1993). "Fractional Programming," *Handbook of Global Optimization*, Horst, R. and P. Pardalos, eds., Kluwer Academic Publishers, Dordrecht.

[11] Schaible, S. and T. Ibaraki (1983). "Fractional Programming," *European Jl. Operational Research* 12, 325–338.

[12] von Neumann, J. (1937). "Über ein ökonomisches Gleichungssystem und eine Verallgemeinerung des Brouwerschen Fixpunktsatzes," *Ergebnisse eines mathematischen Kolloquiums* 8, Menger, K., ed., Leipzig und Wien, 73–83.

[13] von Neumann, J. (1945). "A Model of General Economic Equilibrium," *Review Economic Studies* 13, 1–9.

分離超平面定理

separating hyperplane theorem

C_1 と C_2 は n 次元空間の 2 つの非空相反凸集合とする．このときこれらを分離する n 次元超平面 $ax=b$, $a \neq 0$ が存在する．すなわち C_1 内の x に対して $ax \leq b$, そして C_2 内の x に対して $ax \geq b$ となる．⇒ 超平面．

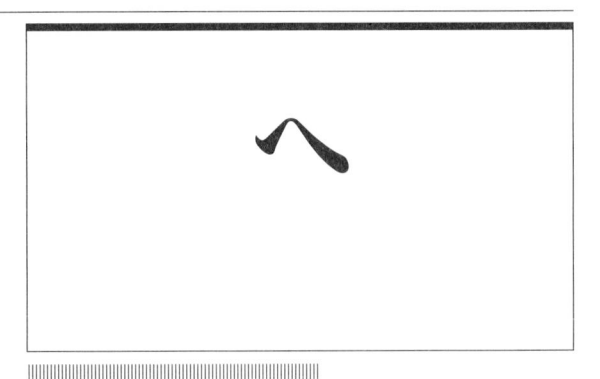

平衡状態

steady state

状態確率が初期条件と（本質的に）無関係な値に達したとき，その確率過程は平衡状態にあるといわれる．⇒ 統計的平衡．

平衡分布

steady-state distribution

時点 0 で状態 i からスタートした確率過程が時点 t で状態 j である確率を $p_{ij}(t)$ と定義する．すべての j に対して，$t \to \infty$ のとき $p_{ij}(t)$ が初期状態 i に無関係な極限 p_j に収束するとき，集合 $p=\{p_j\}$ はその確率過程の極限分布，または平衡分布と呼ばれる．離散時間マルコフ連鎖においては，極限分布が存在するならば，$\pi = \pi P$ を解いて得られる定常分布も存在し $\pi = p$ が成り立つ．連続時間マルコフ連鎖においては，平衡分布は大域平衡方程式 $\pi Q = 0$ を満たす確率ベクトルとして与えられる．⇒ 極限分布，マルコフ連鎖，マルコフ過程，定常分布，統計的平衡．

平衡方程式

balance equations

(1) 確率モデルにおいて，状態推移率が等しいとおくことによって得られる定常状態確率に対する方程式系．マルコフ連鎖においては，コルモゴロフの微分方程式，あるいは，定常状態では 1 つの状態（あるいはレベル）への流入率がその状態（レベル）からの流出率に等しいという事実から導かれる．(2) 線形計画法（通常は生産工程モデルに関連する線形計画法）において，原材料の流入量と流出量が等しいという制約条件．

平準化生産

smooth patterns of production

生産サイクルの数が多くなる生産計画問題では，一連

のサイクルで生産される量を等しくするかできるだけ近い値にしようと努力される場合が多い．このような（量変動の少ない）平準化生産は，量変動が大きい場合よりもコスト効率がよくなる傾向がある．この種の生産量を決める問題の多くは，線形計画問題（linear-programming problem）として定式化できる．⇒ 在庫モデル，業務管理，生産管理．

ベイズ意思決定理論，主観確率と効用
Bayesian Decision Theory, Subjective Probability and Utility

人間の営みのあらゆる分野において，個人または組織は，不確実なあるいは情報がまったくない状況下で意思決定をする．そして，その結果および価値は，意思決定の際にはわかっていない事象あるいはモノに大きく依存することが稀ではない．このような不確実な状況下での意思決定という問題が，表題にあるベイズ意思決定理論（Bayesian decision theory）を形成する．ベイズ意思決定理論は工学，経済，ビジネス，公共政策あるいは人工知能といった幅広い分野に応用されている．

不確実な状況下の意思決定問題の（意思決定）理論的なモデルは，以下のような基本要素を含む．

・意思決定者が選択しうる〈オプション〉の集合
・意思決定の帰結として起こりうる〈結果〉の集合
・各オプションごとに起こりうる結果に対して，意思決定者の所信（belief）を表現した〈確率分布〉
・結果に対する意思決定者の選好を表現した〈効用関数〉

主観確率（subjective probability）

意思決定理論では不確実な事象あるいはモノに対する意思決定者の所信を定量化するために確率計算を応用し，追加的な情報を得るたびに所信を更新する．De Finetti（1974）によれば，確率計算に矛盾する所信にしたがって意思決定をする人は，一連の不利な賭けによってむさぼり取られうることが示されている．そのような賭けはダッチブック（Dutch book，賭け屋に絶対に有利な賭け）といわれる．ダッチブック定理（Dutch book theorem）および合理性公理（axioms of rationality）から派生する関連定理は，所信の合理的な度合いの算法に確率論を用いることを正当化するのに用いられてきている（DeGroot, 1970 ; Pratt et al., 1965）．

ベイズ法則

意思決定者が，不確実な仮説に関する情報を得るとき，新たな証拠にもとづいて仮説の条件付き確率を再計算することにより，所信の度合いを更新する．新たな証拠がいかに所信を変えるかを表現する方程式は Thomas Bayes 師（1763）によるとされており，ベイズ法則（Bayes rule）と呼ばれる．ベイズ法則のオッズ尤度は，

$$\frac{\Pr\{H_1|E\}}{\Pr\{H_2|E\}} = \frac{\Pr\{E|H_1\}\Pr\{H_1\}}{\Pr\{E|H_2\}\Pr\{H_2\}}$$

で与えらえる．

この方程式で，H_1 および H_2 は意思決定者がもつ不確実な仮説で，E は新しい証拠あるいは情報を表す．ベイズ法則は，新しい情報が得られたときに，仮説の相対的な事後確率（posterior probability）$\Pr\{H_i|E\}$ を定量化する．事後確率の比は2つの要素によって決定される．1つは事前確率（prior probability）$\Pr\{H_i\}$ の比である．すなわち，他のすべての条件が同じであるとすると，H_2 に対する H_1 の事前の所信が強ければ強いほど，H_2 に対する H_1 の事後の所信は強い．もう1つは，それぞれの仮説が真実であるときの尤度比あるいは確率 $\Pr\{E|H_i\}$ の比である．同様に他のすべての条件が等しければ，H_1 が H_2 より証拠に対する説明力があればあるほど，H_1 の H_2 に対する相対的な事後の所信は強い．

確率解析の他の解釈

確率の概念をいかに解釈するかについては多くの議論がある．ベイズ法則にちなんだ〈ベイジアン〉（Bayesian）という用語は，〈主観的〉（subjective）解釈を意味する．主観確率分布は，不確実な結果に対する個人の所信の程度を表す．他の解釈としては，古典的，論理的，頻度論的（frequentist）アプローチがある（Fine, 1973）．標準的な統計理論の多くは頻度論にもとづいている．頻度論者によれば，確率モデルは本質的なランダムさを内包した，繰り返し起こる現象にのみ適用しうるということになる．そのような現象に対しては，不確実な事象を生じさせる過程の本質を表現した客観的に正しい確率が存在するという議論になる．それに対して，主観主義者たちは，意思決定者にとって不確実なあらゆる結果に確率論を適用する．彼らにとっては，客観的に正しい確率は存在する必要がない．意思決定者が異なれば，結果の確率に対しても異なった見解があってかまわない．

主観主義者が，確率分布に対して唯一要求する制約は，首尾一貫していること，すなわち所信の度合いをうまく確率計算に乗せられることである．この制約の範囲内であれば，意思決定者は不確実さを表現するのに，自由に確率分布を選ぶことができる．ここに内在する恣意性が，まさに主観主義者に対する執拗な批判の的となっている．このことは，本質的なランダムさを十分に表出していれば，実際上ほとんど重要ではない．主観主義者が未知パラメータの事後分布について推論を行うのに対して，頻度論者は未知パラメータの値の区域を決めてデータの分布に関する推論を下す．にもかかわらず，正確な

推論を下すに十分なデータ量があるときは，主観主義者も頻度論者も結論の意味するところに対しては合意に達するのである．かくして，主観主義者と頻度論者の実際上の差異は，パラメータを正確に推定するにはあまりにもデータ量が不足している場合，あるいは，本質的な分布に関する仮定を設けることが困難な場合における，取組み方の違いが大きい．頻度論者は，そのような問題に確率モデルを適用することはふさわしくないという立場をとっている．一方，主観主義者は，確率モデルは適切で，良識ある人にとって，十分な量のデータが得られるまでは合意を留保できるという意味で，きわめて合理的であると主張している．

効用理論 (utility theory)

意思決定理論では，選好を効用関数により定量化する．意思決定者は，各オプションをとったときに起こりうる1つ1つの結果に対して数値としての効用を割り当てることができると仮定されている．高い効用をもった結果の方が低い効用値のそれよりも選好される．不確実性が伴うとき，意思決定者は最も高い期待効用値をもつオプションを選択する．問題によっては，損失すなわち負の効用を扱うこともある．小さい損失は大きいそれよりも好まれる．

効用という概念がはじめて用いられたのは，Daniel Bernoulli (1738) の St. Petersburg パラドクス (paradox) として知られるパズルの解においてであろうと思われる．Bernoulli は次のようなギャンブルをやる機会があるとしたら，一体いくら払うべきかという問題を考えた．公正なコイン (表が出る確率が 0.5) が，はじめておもてが出るまで投げ続けられる．はじめてのおもてが n 回目のトスで出るとき，賭けの参加者は 2^n 単位の通貨を勝利者賞としてもらえるとする．そのときの参加者の期待利得は，

$$2(0.5)+2^2(0.5)^2+2^3(0.5)^3+\cdots$$

となり，これは無限大である．期待賞金を最大化しようとする参加者は，このギャンブルをやるのにいくらでも高いお金を払ってもかまわないことになる．Bernoulli がいうとおり，ほとんどの人は，そこそこのお金しか賭けないであろう．Bernoulli によれば，この明らかな矛盾に対する答えは，各人の賞金に対する効用が，その貨幣価値に対して非線型になっているということである．たとえば，2^n を $\log 2^n$ で置き換えると，上の式は有限の値に収束する．

Von Neumann and Morgenstern (1944) が効用理論の正式な公理展開を最初に行った．彼らは，結果の効用を1つは確実な，もう1つは不確実な2つのオプションの比較により定義した．確実なオプションは結果そのものであり，不確実な方のオプションは，2つの賞からなり，1つは確実な結果よりも価値が上回り，もう1つがそれを下回るくじとして表現されている．いま，2つの賞の効用がそれぞれ0と1であるとき，確実な結果をもつオプションの効用は，不確実なオプションの勝利確率に一致して，そのときに2つのオプションはその意思決定者に対しては同値になる．そのほかにもいくつかの同様な公理系が，合理的な意思決定の原理としての期待効用最大化を導くことが示されている (DeGroot, 1970; Pratt et al., 1965)．

意思決定理論の応用

人間は日常の行動において，体系的に期待効用公理を逸脱していることが，観察されている．ときには，示された選好の意味するところを意思決定者に逆にフィードバックすることにより，逸脱を一変できることもあるが，多くのケースでは，最初の判断を変えることには抵抗があるようである．たとえ期待効用理論を合理的な行動の規範として認識している意思決定者でも，独力で判断した行為が，理論に合致しているという保証はない．〈意思決定分析〉(decision analysis) の分野では，意思決定論と情報処理に関する心理学の分野における理論と手法を，実際の意思決定問題に対する理論モデルの構築に応用している．

現在，関心の方向は統計的な問題に対する意思決定論的な定式化に向いている．たとえば，仮説検定問題の定式化では，帰無仮説と対立仮説に対して，事前分布を定義する．同様に，誤った対立仮説を受け入れることと，逆に真の帰無仮説を棄却することに対して，それぞれ損失を定義する．最適の意思決定ルールは，観測されたサンプルからの事後分布にもとづいて計算した期待損失が小さいほうの仮説を受け入れるというものである．同様に，情報を集めるかどうか，さらに標本サイズをどの程度にするかという問題も，情報を集めることにかかるコストと，情報を得ることのメリットを秤にかける意思決定問題として定式化される．頻度論者の視点から見るときわめて難しいとみなされる問題も，ベイジアンの視点から見れば単刀直入というケースもある．たとえば，階層型モデル (hierarchical models) や欠落データの問題などがその例である (Rubin, 1984)．

応用としては人工知能の分野がある．エキスパートシステムでは推論の組立てと制御に効用理論が用いられている．確率理論をベースにした診断型のエキスパートシステムは人間に比肩するパフォーマンスを達成している (たとえば，Heckerman, 1990 にある，リンパ節の病理を診断する経路探索システムなど)．おそらく，意思決定論の最も重要でかつチャレンジングな局面はモデル定式化の創造的過程である．意思決定論は，選択肢・結果・およびその相互の関連を与件ととらえる．自動的な意思決

定モデルの生成は，人工知能の分野に対する意思決定論の応用として，未解決でかつ非常に重要なエリアである (Laskey, et al., 1993 ; Wellman, et al., 1992).
⇒ 決定分析，意思決定問題，決定木，エキスパートシステム，効用理論.

[Kathryn Blackmond Laskey/山上　伸]

参考文献

[1] Bayes, Thomas R. (1763). "An Essay Towards Solving a Problem in the Doctrine of Chances." *Philosophical Transactions of the Royal Society of London* 53, 370–418 (reprinted with biographical note by G. Barnard, 1958, in *Biometrika* 45, 293–315).
[2] Bernoulli, Daniel (1738). "Specimen Theoriae Novae de Mensura Sortis." *Commentarii Academiae Scientarium Imperalis Petropolitanae* 175–192 (translated in Sommer, L., 1984, *Econometrica* 22, 23–26).
[3] de Finetti, Bruno (1974). *Theory of Probability: A Critical Introductory Treatment*. John Wiley, New York.
[4] DeGroot, Morris H. (1970). *Optimal Statistical Decisions*. McGraw Hill, New York.
[5] Fine, Terrence L. (1973). *Theories of Probability*. Academic Press, New York.
[6] Heckerman, David (1990). "Probabilistic Similarity Networks." Ph.D. diss., Program in Medical Information Sciences, Stanford University, California.
[7] Laskey, Kathryn B., and Paul E. Lehner (1994). "Metareasoning and the Problem of Small Worlds." *IEEE Transactions on Systems, Man and Cybernetics* 24, 1643–1652.
[8] Pratt, John W., Howard Raiffa, and Ronald Schlaifer (1965). *The Foundations of Decision Under Uncertainty: An Elementary Exposition*. McGraw Hill, New York.
[9] Rubin, Donald B. (1984). "Bayesianly Justifiable and Relevant Frequency Calculations for the Applied Statistician." *Annals of Statistics* 12, 1151–1172.
[10] von Neumann, John and Oscar Morgenstern (1944). *Theory of Games and Economic Behaviour*. Princeton University Press, New Jersey.
[11] Wellman, Michael P., John S. Breese and R. P. Goldman (1992). "From Knowledge Bases to Decision Models." *The Knowledge Engineering Review* 7, 35–53.

ベイズの定理

Bayes rule

　意思決定者が，不確実な事象から生じるデータを手に入れたときに，事象の事前確率は新しい事実が与えられると不確実な仮説の条件付き確率を計算することで更新される．修正あるいは事後確率の計算方法は，基本的な原理から容易に導かれる．それは Thomas Bayes 師 (1763) によって発見された．結果は，次の〈ベイズの定理〉として知られている．

$$\Pr\{H_1|E\} = \frac{\Pr\{E|H_1\}\Pr\{H_1\}}{\sum_i \Pr\{E|H_i\}\Pr\{H_i\}}$$

この式で，H_1 は意思決定者に興味のある特定の不確実な仮説で，$\{H_i\}$ は排反なすべての仮説の集合である．E は新しい事実あるいは情報を表す．

平方根の法則

square root law

　モデルの結果が入力変数またはパラメータの平方根に比例すること．1つの例として，緊急車両が呼出し地点まで移動する平均距離は領域の面積の平方根に比例する．別の例としては，在庫モデルにおける経済的発注量(economic order quantity : EOQ) がある．

並列計算

Parallel Computing

　アプリケーション指向のユーザにとって，並列計算とは，単一のタスクに対して，協調して同時に共同作業をするようにプログラム化できる，複数の同等な算術論理演算ユニット（ALU）を含むコンピュータシステムの利用を意味する．この定義ではアプリケーション中心のプログラマには基本的に見えない他の並行性，すなわち，浮動小数点数と整数の演算の重複とかスーパースカラマイクロプロセッサチップ上の複数コンカーレント命令とかを含んでいない．

並列計算機の種類

　Flynn (1972) の分類では，並列計算機を「SIMD」と「MIMD」に分類している．SIMD (single instruction, multiple data) アーキテクチャでは，単一の命令ストリームがすべての ALU を同期的に制御する．すなわち，1つのプロセッサが add 命令を実行しているときは他のプロセッサも同じ命令を実行する．しかしながら，ローカルレジスタの値，メモリの内容，プロセッサの状態ビットはプロセッサ単位ごとに異なってもよい．MIMD (multiple instruction, multiple data) アーキテクチャでは，命令デコーディングハードウェアおよび ALU 回路の複製を行うが，通常複数の標準マイクロチップから構成されている．多数の異なるコンカーレントで非同期式の命令のストリームとなり，通常各 ALU にそれぞれ1つの命令ストリームが対応している．

他の分類では，分散メモリと共有メモリの違いにもとづいている．純粋な分散メモリアーキテクチャでは，各プロセッサが自身のメモリバンクをもち，異なるプロセッサバンクの情報はプロセッサ間のメッセージ通信でのみ受け渡しされる．これに対して，もう一方の対極にあるものは，純粋共有メモリマシンで，どのプロセッサからもアクセス可能な共通のグローバルメモリ1つからなる．このような設計法は，プロセッサ数が巨大になると，メモリ要求の問題点からきわめて実現が困難になる．

一般原理として，SIMD/MIMDや分散/共有メモリの分類は有効であるが，現実のシステムではこの範疇に正確に入るものは多くはない．たとえば，各プロセッサに分散メモリがある程度割り当てられていて共有メモリもあるというシステムもある．一方，小さいSIMDを多数集めてMIMDシステムとしているものもある．また，実際の物理的メモリユニットが特別のプロセッサに深く結び付けられているけれども見かけ上は，完全な共有メモリでアドレス空間もグローバルであるものもある．

大規模システムでは，一般にすべてのペアに対して通信できるように結線しておくのは，実際的ではない．通常用いられている結線方式は，リング型，格子型，メッシュ型，トロイド型，バタフライ型，ハイパーキューブ型である．通信のコストと複雑さを最小とするハードウェアが要求されるが，同時にネットワークの直径も小さく保たなければならない．最善のトレードオフをもたらすネットワークのトポロジーは，通信と計算の相対速度およびシステムの使用目的に依存する．あるシステムは，小さいリングを大きいリングに結合したモデルとか，小さい密結合のグラフを大きなハイパーキューブに結合したモデルなどの「複合」(compound) ネットワークを採用している．また，幅広木モデル (fat tree) (Leighton, 1991) などのあるアーキテクチャでは，プロセッサは通信ネットワークのすべてのノードではなく一部のノードにのみ割り当てられていて，残りのノードには通信スイッチが割り振られている．Bertsekas-Tsitsiklis (1989) の第1章ではいくつかの共通の相互結合アーキテクチャも解析されている．

「分散」(distributed) システムすなわち「ワークステーション農園」(workstation farm) ではデスクトップコンピュータのバックグランド容量，つまり空き時間の容量を組み込んで1つの問題を解いている．このタイプのシステムは，ハードウェアがすでに利用できるときは低費用でできる．しかし，そのようなシステムをつなぐローカルエリアネットワークでは，通信に関して厳しい制限が課せられる．たとえば，与えられたある時刻では，ネットワークのどの回線の部分でも送信できるプロセッサも受信できるプロセッサもそれぞれ1台だけである．

プログラムモデル

並列計算は現在も技術革新のまっただ中にあって，したがって各システムは手元にあるハードウェアに適した独自のプログラム環境をもつのが一般的な傾向である．しかし，標準化への道も進行中であり，ある種の基本原理も発表されそうになっている．第一に，並行性における〈データ並列〉(data parallel) と〈制御並列〉(controlparallel) の記述の相違である．データ並列モデルでは，プログラムは1本の一連の制御からなるが，個々の文 (statement) は大サイズの配列のデータを非明示的に並列に操作できる．たとえば，A, B, C が同一の形式の同サイズの配列で，文 $A = B + C$ は A の各要素を B と C の対応する要素の和で置き換えるものとする．各配列が複数の区画に分割され，全体のプロセッサのうちでその区画を担当するプロセッサが決められ，それにより仕事を分担でき同時に実行できる．データ並列プログラムでの通信は，通常ある種の標準的で本質的な関数を介して実行される．たとえば，式 $SUM(A)$ は A のすべての要素の和をプロセッサ全体に渡って計算することを意味し，現実のハードウェアに対して最適なアルゴリズムが何であるかは問題にしない．

データ並列言語は最初SIMDアーキテクチャのために開発されたが，データ並列と「SIMD」は同義語ではない．MIMDシステムは手元の応用にうまくかなうときには，データ並列の方法でプログラム化が可能であり現実にそうされている．実際，データ並列プログラムのスタイルはときには逐次 (sequential) 計算機でも適切な場合もある．データ並列言語として今日よく知られているものは，FORTRAN 90 である (Metcalf-Reid, 1990)．

制御並列プログラミングモデルでは，MIMDアーキテクチャに限定されるが，各プロセッサにそれぞれ別個の一連の制御系列が存在する．共有メモリが存在するときには，その命令群はメモリを介して通信しあうが，「ロック」(lock)，「クリティカルセクション」(critical section)，「モニタ」(monitor) などと呼ばれるメカニズムを用いて，同一の位置への同時不整合書き込みを避けている．そうでないときには，〈メッセージ受け渡し〉(message passing) と呼ばれるスタイルの，メッセージ送受信を行いプロセッサは通信しあう．制御並列プログラムは通常標準的な逐次型プログラム言語で書かれるが，メッセージやメモリの連結機構の操作は特別のサブルーチンを用いて行われる．

一般に，制御並列プログラムは，データ並列プログラムと比べて，解析でも，理解しやすさでも，開発のしやすさでも，デバッグの点でも，難しいといわれている．それは，一連の命令群で生じやすい「レース」(race) や「デッドロック」(deadlock) の複雑な条件によるものである．一方，データ並列プログラマは柔軟性をいくぶん

犠牲にしている．理想的な妥協は，プログラムの本当に必要なところにだけ制御並列を用い，それも必要なだけに限るというものであろう．そのようなアプローチをサポートする「大域-局所同時」(global-local) プログラムモデルが現在開発中である．

スピードアップ，効率，およびスケーラビリティ

与えられた問題を p 個のプロセッサを用いて解くのにかかる時間を T_p とし，T_1 を単一のプロセッサで同一の問題を解く際の時間（最善の逐次アルゴリズムを用いることでそれは定義できる）とすると，キーとなる概念は，〈スピードアップ〉(speedup) であり，$S_p = T_1/T_p$ として定義される．〈効率〉(efficiency) は S_p/p と定義されるが，大まかにいってしまうと，個々の計算能力をどのくらい効果的に利用しているかを表す割合である．並列アルゴリズム設計者の最終目標は，ほぼ p に比例して増加する線形のスピードアップである．あるいは，p の増加とともに，効率が 0 に近づかないことともいえる．

並列計算を必要とした動機の最大の要因は，より大きい問題を解きたいという要求であった．したがって，固定されたサイズの問題に対する非常に大きいスピードアップを得ることに専念するのではなく，より重要なことは，計算時間に対する並列化の効果が，問題のサイズと使用するプロセッサの個数が比例して，あるいはある関係した形で増加していくときに，どのように現れるのかを研究することであるといえるだろう．この概念は〈スケーラビリティ〉(scalability) と呼ばれている．

オペレーションズリサーチへの応用

活発な研究にもかかわらず，並列計算は，たとえば計算流体力学に及ぼした影響ほどの影響を，オペレーションズリサーチへの応用においては発揮してきていない．これは，主に構造化されていないスパース行列の分解や関係する操作を効率的に並列計算する手法が得られていないことによる．上記のような操作は，オペレーションズリサーチの数値的最適化アルゴリズムでは核をなしているが，スパースな活性集合やニュートン法には本質的に欠かせないものである．しかしながら，特殊な構造をした問題，たとえば，確率計画法などの分解法が適用できるものとか，あるいは，密な問題とかでしか成功が報じられていない．並列性は，分枝限定法および関連する探索アルゴリズムや，複雑な非凸関数の大域最適解を求める確率的アルゴリズムなどでもきわめて有効であると報じられてきている．多くの独立試行とか，シナリオを有するシミュレーション応用も並列計算の自然な応用分野である．一般的原理は，問題の構造をよく把握して，たとえばスパースな行列の分解のように，並列化になじまない可能性のある操作をできるだけ個々のプロセッサに局在化させることであるといえるであろう．また別のアプローチとして，そのような操作を完璧に避け同時に高度に並列化できる真にすばらしいアルゴリズムを考案することであろう．しかし，並列化は，残念ながらしばしば見受けられるのであるが，不適切であったり，力まかせ（brute force）の方法を，競争力のあるものにするための万能薬ではないことを心しておこう．並列計算とOR/MS の関係は，Bar-Hickman (1993)，Eckstein (1993)，Zenios (1989) で述べられ議論されている．

⇒組合せ/整数最適化，離散事象確率システムのシミュレーション，確率計画．　　[Jonathan Eckstein/浅野孝夫]

参考文献

[1] R.S. Barr and B.L. Hickman (1993). Reporting Computational Experiments with Parallel Algorithms: Issues, Measures and Experts' Opinions. *ORSA Jl. Computing* **5**, 2–18.

[2] D.P. Bertsekas and J. Tsitsiklis (1989). *Parallel and Distributed Computation: Numerical Methods*. Prentice-Hall, Englewood Cliffs, New Jersey.

[3] J. Eckstein (1993). Large-Scale Parallel Computing, Optimization, and Operations Research: A Survey. *ORSA Computer Science Technical Section Newsletter* **14(2)**, 1, 8–12.

[4] M.J. Flynn (1972). Some Computer Organizations and their Effectiveness. *IEEE Transactions Computers* **C-21**, 948–960.

[5] G.A.P. Kindervater and J.K. Lenstra (1988). Parallel Computing in Combinatorial Optimization. *Annals Operations Research* **14**, 245–289.

[6] V. Kumar and A. Gupta (1994). Analyzing Scalability of Parallel Algorithms and Architectures. *Jl. Parallel and Distributed Computing*.

[7] F.T. Leighton (1991). *Introduction to Parallel Algorithms and Architectures: Arrays, Trees, and Hypercubes*. Morgan Kaufmann, San Mateo, California.

[8] M. Metcalf and J. Reid (1990). *Fortran 90 Explained*. Oxford University Press, Oxford, United Kingdom.

[9] S.A. Zenios (1989). Parallel Numerical Optimization: Current Status and an Annotated Bibliography. *ORSA Jl. Computing* **1**, 20–43.

[10] S.A. Zenios (1994). Parallel and Supercomputing in the Practice of Management Science. *Interfaces*, **24**, 122–140.

ベクトル空間

vector space

ベクトル n 次元空間とは，それぞれ n 個の要素を有するベクトルあるいは点の集合であって，実数によるベクトルの和あるいは積を規定している．ユークリッドの 3

次元空間はベクトル空間である．

ヘッセ行列

Hessian matrix

ベクトル変数 x の関数 $f(x)$ のヘッセ行列とは，ある特定の点 x^0 における 2 階の偏導関数（存在するとして）が構成する正方行列で，$\nabla^2 f(x)$ と書く．これは $n \times n$ 行列で，その第 (i, j) 成分は

$$\nabla^2 f(x)_{i,j} = \frac{\partial^2 f(x^0)}{\partial x_i \partial y_j}$$

で与えられる．⇒ 非線形計画法．2 次計画法．

ヘッセンベルグの行列

Hessenberg matrix

対角部分のすぐ下に非ゼロ成分があるほかは，上三角行列となっている行列．このような行列は，行列の逆行列を計算するにあたって，スパーシティーを維持しようとする際に現れるものである．⇒ 行列と行列代数．

別の最適解

alternate optima

同一の最適化問題の異なる最適解．⇒ 唯一解．

辺

edge

(1) 多面体集合の 2 つの端点をつなぐ線分で，その線分上のどの点も，この線分に乗っていない多面体集合上の相異なる 2 点の中間点とならないもの．(2) グラフ（ネットワーク）上の，2 つのノードをつなぐ線．⇒ グラフ理論，ネットワーク最適化．

変位行列

rate matrix

出生死滅確率過程（birth and death stochastic process）において推移がどのように起こるかを決定する微小変位行列のこと．⇒ 出生死滅過程，マルコフ連鎖，マルコフ過程．

偏差変数

deviation variables

目標計画モデルで，決定された目標，もしくは目標水準からのずれを表す変数．⇒ 目標計画法．

変数分離型関数

separable function

関数 $f(x_1, \cdots, x_n)$ は，$f(x_1, \cdots, x_n) = f(x_1) + \cdots + f(x_n)$ のとき，変数分離型関数である．変数分離型関数を含むある種の非線形計画問題は線形近似によって適切に表現され，シンプレックス法（simplex method）の変形によって解くことができる．⇒ 変数分離型問題，シンプレックス法．

変数分離型問題

separable-programming problem

いくつかの制約条件と目的関数が 1 変数の変数分離型関数であるような非線形計画問題のこと．変数分離型関数に対する線形近似を用いると，問題は限定基底入場規則を用いたシンプレックスアルゴリズムの変形によって近似され，解くことができる．⇒ 変数分離型関数，特別順序集合．

ベンダーズの分解法

Benders' decomposition method

少数の整数変数を含む（混合）整数計画問題を解くための方法．問題を複雑にしているこれらの変数の値を固定すると，問題は簡単に解ける線形計画問題となる．

変動係数

coefficient of variation

確率変数の標準偏差と平均値の比．

変分法

Calculus of Variations

はじめに

変分法は数理計画法の祖父である．数理計画法は，双対性（duality）やラグランジュ乗数（Langrange multiplier）などの概念を変分法から継承した．最適化の多数の中心的概念は，まず変分法に対して展開され，そのあとに非線形計画法に特化して論じられたが，これらはすべて，線形計画が現れる何年も前に起こったことである．

変分法は，そのパラメータが単一値の変数ではなく，関数であるような最適化問題を解く．たとえば，空気抵抗を最小にするには，自動車のボンネットはどんな形状であるべきだろうか？ あるいは，不規則媒質中では光線はどのような経路をとるだろうか？ 変分法は，最適制御理論に密接に関連している．というのは，最適制御

では，ある目標を最適に実現するために「制御」(control) の集合が用いられるからである．たとえば，航空機のパイロットは，特定の巡航高度と速度を最小時間であるいは最小燃料で実現するように絞り弁や下げ翼を操作したいかもしれない．われわれは，車，エレベータ，暖房システム，ステレオなど，最適制御を用いて設計された機器に囲まれている．

最速降下問題

変分法は，力学での問題，特に3次元運動の研究から刺激を受けた．変分法は，18, 19世紀に多数の重要な物理法則を導出するのに用いられた．これは，最小作用の原理（principle of least action）を用いて行われた．作用は質量，速度，そして距離の積の積分として定義される．最小作用の原理は，自然がこの積分を最小にするように振る舞うと主張する．この原理を適用するには，まず作用積分の公式を問題の状況に当てはまるよう特定化し，その後，積分を最適化するために変分法が用いる．

変分法で最も著名な問題は，1696年にJohn Bernoulli によって提出された．それは最速降下(brachistochrone)（「最小時間」）問題と呼ばれ，小球に作用する力が重力のみである場合に，小球が2点間を最小時間で降下するにはどのような経路を通ればよいかを問う．最速降下問題の解は，

$$\min_{y(t)} \frac{1}{\sqrt{2g}} \int_{t_1}^{t_2} \sqrt{\frac{1+y'(t)^2}{y(t)}} dt$$

を解くことによって得られる．ただし，gは重力定数である．もしこれが有限次元の問題であるなら，目的関数の微分を0とおいて解けばよい．しかし，17世紀の数学は，どうすれば関数に関する微分をとれるのかを知らなかった．最速降下問題は，当時，Newtonらによって解かれたが，「変分法」の名前のきっかけとなるテクニックはその後数十年を経てはじめて開発された．最初の重要な結果は1740年代にEulerによって得られた．彼は一般形が

$$\min_{y(t)} \int_{t_1}^{t_2} f(t, y(t), y'(t)) dt$$

という形をした種々の問題を考察した．最速降下問題はこの特殊な場合である．Eulerはこれらの問題を離散化して，解$y(t)$を有限個のtでの$y(t)$の値の組で近似することにより解いた．この離散化された問題は，通常の微分の手法で解くことができる．そのうえで，Eulerは近似解の離散点の個数を無限大にした極限をとった．このアプローチは難しく，制限も強かった．というのは，問題ごとの特性に応じて解く必要があり，さらに，このアプローチで解ける問題のタイプには制約があったからである．

ラグランジュのアプローチははるかに強力であった．

彼は，解を$y(t)$から$y(t)+\varepsilon z(t)$に摂動する，あるいは「変分する」ことを提案した．ただし，εは小さな数であり，$z(t)$は$z(t_1)=z(t_2)=0$を満足する任意の関数である．最速降下問題においては，あとの条件は，摂動された関数が依然として2点を結ぶ路であることを保証している．

もし$y(t)$が問題

$$\min_{y(t)} \int_{t_1}^{t_2} f(t, y(t), y'(t)) dt$$

の解であるなら，$\varepsilon=0$は

$$\min \int_{t_1}^{t_2} f(t, y(t)+\varepsilon z(t), y'(t) + \varepsilon z'(t)) dt$$

の解でなくてはならない．Lagrangeは，この観察から，無限次元の原問題を，通常の解析学で扱える1次元の問題に変換した．積分のεに関する微分を$\varepsilon=0$において0とおくことにより方程式，

$$\frac{d}{dt}\frac{\partial f}{\partial y'} - \frac{\partial f}{\partial y} = 0$$

が得られる．この最後の条件は無制約変分問題の1階 (first-order) の最適条件である．これは，Eulerによって発見されたものではあるが，ここでの導出はLagrangeによるものである．

「変分法」という名前はEulerが選択し，関数$y(t)$を「変分する」というLagrangeのアプローチによって息吹を与えられた．最適条件は，1変数最適化問題に対する条件$f'(x)=0$との類比から「1階変分が0でなくてはならない」と述べられる．EulerはLagrangeの仕事に感銘を受け，Lagrangeが先に発表できるようにこの話題に関する彼自身の論文を公表しなかった．すでに名声を得ていたEulerは，当時はまだ無名であったLagrangeに度量のある応対をしたのである．

変分法に対してはさらに別の1階の最適性条件が必要である．この理論は有限次元の最適化に対するより複雑であり，最適解の必要十分条件は1870年代にWeierstrassがこの問題を研究するまで十分な理解に至らなかった．この理論に関する議論はGregory and Lin (1992) にある．

乗　数

他の最適問題におけるのとちょうど同じく，変分法の問題においても制約条件を課すことができる．制約は，エネルギー保存則を表現しているかもしれず，あるいは，たとえば惑星が太陽の周りの特定の軌道を周回しているというように，運動が何らかの方法で制限されていることかもしれない．

EulerとLagrangeはこの問題を考察し，2人とも乗数 (multiplier) の概念に到達した．変分法においては，乗

数は（有限次元問題の場合と同じく）スカラー，あるいは，問題の制約の形に応じて独立変数 t の関数であることもある．これらは「ラグランジュ乗数」と呼ばれるようになったが，最適条件の場合と同じく Euler が先に見いだしたものである．

その著書「*Mécanique Analytique*」の中で，Lagrange は乗数項の解釈を述べている．彼は，それらが動く粒子に作用する力のモーメントを表現し，制約条件が満足されるのを保つ役割を果たすと見なされうると書いている．Lagrange はこのアイデアをさらに深く追求したようには見えないが，この視点は双対性理論の基礎となるものである．

双 対 性

双対性理論は今世紀初期に至るまで十分には展開されなかったが，多数の重要なステップは変分法に負っている．当初は孤立した双対性（duality）の例が存在するのみだった．一対の問題（一方は最大化問題で他方は最小化問題）が互いに関係する最適解をもつことに気づいたものがいた．このタイプの早い例の1つは1755年に公刊され，Kuhn (1991) の中で述べられている．19世紀には，電気回路の電流と電圧のような多様な他の例が見つかった．次第に双対性はこれらの例に特有の偶発的な現象ではなく，最適化問題の幅広いクラスに適用可能な一般的な原理だと理解されるようになった．1920年代までに，最適化問題の上下界を主問題と双対問題の近似解を見つけることにより求める技法が開発された．一般的原理としての双対性は Courant and Hilbert (1953) の著書の中で記されている．

Euler と Lagrange は等号制約の問題を考えただけだったが，のちの研究書の著者たちは不等号制約も許している．有限次元問題に特殊化した場合は，最適条件はカルーシュ－キューン－タッカー条件と呼ばれている．Kuhn and Tucker はこの結果を1951の論文の中で導いている．のちに Karush が同じ結果を Bliss の指導の下にシカゴ大学の彼の修士論文 (1939) の中で導いていることが発見された．この結果には2つの側面がある．すなわちその不等式制約条件の取扱いと，その証明に用いられる，仮定あるいは「制約想定」である．第一の着想は Weierstrass まで，第二の着想は Mayer まで遡ってたどることができ，どちらも変分法の副産物である．

1870年代に Weierstrass は変分法を研究し，研究成果を講義の中で述べた．Weierstrass は彼の仕事を公刊せず，彼の仕事は年を経てから聴講者の書き物を通じて広く知られるようになった．Bolza (1904) によれば，Weierstrass は不等式制約

$$g(y) \leq 0$$

を，2乗「スラック変数」を用いて，同値な等式制約

$$g(y) + s^2 = 0$$

に変換した．この手法は1900年以後の多数の出典に記述されている．Bolza はのちにシカゴ大学の教授になり Weierstrass から Bliss そして Karush への接続を行った．Karush は彼の論文の中でこの手法を用いている．

Karush, Kuhn and Tucker によって用いられた制約想定は実現可能なアーク（解に至る実現可能な点の経路）と解における制約条件の勾配（gradient）とを関連づける．同じ条件は，適用対象は等式制約条件をもつ変分法に対してであったが，Mayer (1986) で，そして（Bliss を含む）多様な著者たちによる Karush の論文にまで至る一連の論文で用いられていた．これらの論文で，それは「正規性（normality）」条件と呼ばれており，解における制約の勾配がフルランクであることを要求することと等価である．Mayer の著作の中で明確に述べられているように，陰関数定理によってこの条件を実現可能アークに対する条件と関連づけることができる．

変分法は応用数学の多数の分野に影響を与えた．それはパラメータが関数である最適化問題の解法での技法であり，最適制御でも同様に用いられ続けている．それは，双対性や制約条件の取扱いなどの，最適化問題での最も重要な概念の発展の舞台装置であった．そして，最小作用の原理と組み合わせられたときには，物理学の基本法則を導く媒体となった．

⇒制御理論，ラグランジュ乗数，線形計画法，非線形計画法．

[Stephen G. Nash/岸本一男]

参 考 文 献

[1] G.A. Bliss (1925), *Calculus of Variations*, Open Court, Chicago.

[2] O. Bolza (1904), *Lectures on the Calculus of Variations*, University of Chicago Press, Chicago.

[3] R. Courant and D. Hilbert (1953), *Methods of Mathematical Physics, Volume I*, Interscience, New York, 1953.

[4] H.H. Goldstine (1980), *A History of the Calculus of Variations from the 17th through the 19th Century*, Springer-Verlag, New York.

[5] J. Gregory and C. Lin (1992), *Constrained Optimization in the Calculus of Variations and Optimal Control Theory*, Van Nostrand Reinhold, New York.

[6] M.R. Hestenes (1966), *Calculus of Variations and Optimal Control Theory*, John Wiley, New York.

[7] H.W. Kuhn (1991), *Nonlinear Programming: A Historical Note*, in *History of Mathematical Programming*, J.K. Lenstra, A.H.G. Rinnooy Kan, and A. Schrijver, eds., North-Holland (Amsterdam), 82–96.

[8] J.L. Lagrange (1888–89), *Oeuvresde Lagrange*,

Volumes XI and XII, Gauthier-Villars, Paris.
[9] A. Mayer (1886), "Begrndung der Lagrange'schen Multiplicatorenmethode in der Variationsrechnung," *Mathematische Annalen*, 26, 74–82.

ポアソン過程
Poisson process

時点 $t=0$ で $N(0)=0$ から始まる再生型の計数点過程が以下の条件を満たす場合，それを強度 λ のポアソン過程と呼ぶ．(1) 区間 $(t, t+h]$ に1つの事象が起こる確率は $\lambda h+o(h)$．ここで $o(h)$ は h より速く0に収束する関数を表す．(2) $(t, t+h]$ に2つ以上の事象が起こる確率は $o(h)$．(3) 重ならない区間に起こる事象の個数は互いに独立（このうち (1) または (2) は，区間 $(t, t+h]$ に事象が起こらない確率は $1-\lambda h+o(h)$ である，と言い換えてもよい）．M/G/1 待ち行列システムへの到着過程はポアソン過程である．待ち行列システムへの到着過程が強度 λ のポアソン過程であれば，到着間隔は互いに独立で平均 $1/\lambda$ の指数分布にしたがう．⇒ マルコフ連鎖，マルコフ過程，待ち行列理論．

ポアソン到着
Poisson arrivals

待ち行列システムへの客の到着間隔が，互いに独立で同一の指数分布にしたがう確率変数であるとき，与えられたある時間区間における到着客の数はポアソン分布にしたがう（したがって到着過程はポアソン過程となる）．このことから，このような待ち行列システムはポアソン到着をもつという．⇒ 指数到着，ポアソン過程，待ち行列理論．

方向微分
directional derivative

最適化問題において，問題のパラメータの関数として決まる最適値（目的関数の最小値または最大値）の，ある点での与えられた方向への変化率．⇒ 非線形計画法．

包絡分析法

Data Envelopment Analysis

まえがき

DEA (data envelopment analysis) は DMU (decision making unit, 意思決定単位) と呼ばれる主体の集合の実績を評価するために生まれた「データ指向の方法」である。ここで DMU は入力を出力に変換することについての責任主体である。DMU の例としては病院，米空軍航空団やそれらの部門である外科，飛行隊などがある。DMU の定義は一般的なもので，柔軟性がある。DMU の例としては，(i) 半導体の製造プラントにおける各生産期間や，(ii) 広告やその他の販売活動が行われてきた各販売地域などがある。入力も出力も複数あってよいし，おのおのは異なった単位で計測されていてもかまわない。

包絡分析法の概念を取り込んだ様々なモデルが開発されてきた。まず，次の双対(dual)な線形計画(linear programming)モデルを取り上げる。

[主問題]

最小化 $h_0 = \theta_0 - \varepsilon(\sum_{i=1}^{m} s_i^- + \sum_{r=1}^{s} s_r^+)$ (1 a)

条件 $0 = \theta_0 x_{io} - \sum_{j=1}^{n} x_{ij}\lambda_j - s_i^-$

$y_{ro} = \sum_{j=1}^{n} y_{rj}\lambda_j - s_r^+$

$0 \leq \lambda_j, \ s_r^+, \ s_i^-$

[双対問題]

最大化 $y_0 = \sum_{r=1}^{s} \mu_r y_{ro}$ (1 b)

条件 $1 = \sum_{i=1}^{m} v_i x_{io}$

$0 \geq \sum_{r=1}^{s} \mu_r y_{rj} - \sum_{i=1}^{m} v_i x_{ij}$

$\varepsilon \leq \mu_r, \ v_i$

ただし，$x_{ij}=$ DMU$_j$ によって使われる入力 i の量，

$y_{rj}=$ DMU$_j$ によって生産される出力 r の量，

$i=1, \cdots, m; \ r=1, \cdots, s; \ j=1, \cdots, n$.

便宜上，すべての入力と出力は正の値をとるものとする（この条件は緩和できる。Charnes, Cooper and Thrall, 1991)。

効率性

通常，線形計画法は〈計画づくり〉のために〈事前〉に使用されてきたが，ここではすでになされた選択を〈事後〉に評価，〈管理〉するために線形計画法を用いる。DMU の実績を評価するために，(1)が以下の定義にしたがって〈全〉DMU の入力-出力データに適用される。

効率性(efficiency)：Pareto-Koopmans の定義の拡張；各 DMU の完全な(100%の)効率性は，その入力や出力が他の入力や出力のどれかを犠牲にすることなしには改善できない場合に限り達成される。

この定義は，どの入力や出力に対してもその相対的重要性の尺度を〈あらかじめ〉付与する必要がないという利点をもっている。ほとんどの経営や社会科学での応用では，理論的に可能な効率性の水準はわからないであろう。それゆえ，前述の定義は次のものに置き換えられる。

相対的効率性(relative efficiency)：ある DMU に着目したとき，「その入力や出力のいくつかはその他の入力や出力のいくつかを悪化させることなしに改善できる」ということが他の DMU の実績から見て不可能な場合に限りその DMU は完全に(100%)効率的であると評価されるべきである。

この定義に則るためには，任意の DMU$_j$ を入力 x_{io}，出力 y_{ro} をもつ DMU$_0$ とし，(1) を DMU$_j$, $j=1, \cdots, n$ の全体の入力，出力データに適用することが必要である。(1 b)の制約式の中には DMU$_0$ も含まれているので最適値 $\theta_0 = \theta_0^* \leq 1$ が常に存在するといえる。上の定義を (1) に適用することにより次のことがいえる。

DEA 効率性：DMU$_0$ の実績は，最適化において $\{(i)\ \theta_0^* =1\}$ かつ $\{(ii)$ すべてのスラック(slack)$=0\}$ の両方が成り立つ場合すなわち，等価的に(1 b)において $\sum_{r=1}^{s} \mu_r^* y_{ro} = 1$ が成り立つ場合に限り完全に効率的である。

$\theta_0^* < 1$ の値は，「他の DMU の非負結合が達成した出力はその入力のすべてを減少させても DMU$_0$ と同等以上であった」ということを（データが）示している。同様に非零のスラックは，「どの入力の削減，どの出力の増加が他の入力，出力の改善なしに可能か」を示している。これらの非零のスラックは，〈非負結合〉におけるどの変化分だけ DMU$_0$ の入力と出力のおのおのにおける実績を改善させえたかを示す一方，$\theta^* < 1$ は〈すべての〉入力が同じ比率で削減されえたことを示している（これはいわゆる「入力指向モデル」である。同様に出力指向モデルはすべての出力に関して最大化されるべき変数 ϕ_0 を導入することによって定式化できる。この尺度は θ_0^* の逆数すなわち $\phi_0^* \theta_0^* = 1$ になっているが，ここではこの話題はこれ以上述べない)。

Farrell の尺度

スカラー量 θ_0^* は Farrell (1957) 以降「Farrell の尺度」とも呼ばれる。しかし，(1)における s_r^{-*} や s_r^{+*} のどちらかが正ならば $\theta_0^* = 1$ であっても前述の相対的効率性の定義を満足しないことに注意しよう。なぜならば，(1 a)に示されている主問題から明らかなように非零のスラックのどれであっても他の変数に影響することなしに改善の可能性があることを示しているからである。さらに $\theta_0^* = 1$ かつ全スラックが零となる最適値があっても，$\theta_0^* = 1$ かついくつかのスラックが正の値をもつ別の解も利用できるときに完全な(100%)効率性が達成され

たとは解釈されないことに注意する必要がある．

これがどのように扱われるかを見るためには，主（最小化）問題 (1a) の目的関数におけるスラック変数 s_i^- や s_r^+ が $\varepsilon(>0)$ 倍されている事実に注目しなければならない．この ε は非アルキメディアン微小値 (non-Archimedean infinitesimal) であり，通常の線形計画法における人工変数に関する「巨大な罰金 M」の逆数になっていて，スラックの値の選択は θ_0 の起こるどんな増加にも対応〈できない〉．これは θ_0 の最小化が優先されることを意味し，DEA のコンピュータプログラムでは一般に ε を明確に規定することを避けて 2 段階の最適化を行っている．形式的には第 1 段階で θ_0 の値を最小化し，それから第 2 段階に入って (1a) の主問題において $\theta_0 = \theta_0^*$ の制約下でスラックの和を最大化することに相当する．スラックの和が最大化されているので，第 1 段階で $\theta_0^* = 1$ ならば第 2 段階で全スラックが零となる解は DMU_0 が完全に効率的であることを意味することになる．

例

図 1 は DMU が点 $P_1, \cdots, P_4$ と解釈される幾何的表現である．ここで点 $P_1, \cdots, P_4$ は各 DMU が単一の出力の同じ量を生産するのに使った 2 種類の入力量に対応する座標値をもっている．P_3 は P_2 と比較して明らかに非効率的である．なぜならば，それは同じ出力を達成するのにより多くの両入力を使用したからである．実際に公式

$$\theta_0 = \frac{d(0, P_2)}{d(0, P_3)} = \frac{\sqrt{3^2+2^2}}{\sqrt{6^2+4^2}} = \frac{1}{2}$$

を使って P_2 に比べての相対的な Farrell の非効率性尺度を決定することができる．ここで $d(0, P)$ はユークリッドの距離すなわち l_2 距離を意味している．

式 (1) においてスラックをなくし，主問題を次の不等式で書き直しても同じ θ の値が得られる．

最小化 θ_0 （2）
条件 $\quad 6\theta_0 \geq 2\lambda_1 + 3\lambda_2 + 6\lambda_3 + 1\lambda_4$
$\quad\quad\quad 4\theta_0 \geq 2\lambda_1 + 2\lambda_2 + 4\lambda_3 + 4\lambda_4$
$\quad\quad\quad 1 \leq 1\lambda_1 + 1\lambda_2 + 1\lambda_3 + 1\lambda_4$
$\quad\quad\quad 0 \leq \lambda_1, \cdots, \lambda_4,$

ただし，第 3 制約は各 DMU によって生産される出力 $y=1$ を反映している．

最適値は $\theta_0^* = 1/2$, $\lambda_2^* = 1$ で達成され，このことは P_3 の評価に P_2 が使われることを示している．しかし，スラックの可能性も考慮する必要がある．これは，特に $\varepsilon > 0$ を明確に規定しなくても式 (1) から次の問題を構成する第 2 段階に進めば得られる．

最小化 $s_1^- + s_2^- + s^+$ （3）
条件 $\quad 0 = -6\theta_0 + 2\lambda_1 + 3\lambda_2 + 6\lambda_3 + 1\lambda_4 + s_1^-$
$\quad\quad\quad 0 = -4\theta_0 + 2\lambda_1 + 2\lambda_2 + 4\lambda_3 + 4\lambda_4 + s_2^-$
$\quad\quad\quad -1 = -1\lambda_1 - 1\lambda_2 - 1\lambda_3 - 1\lambda_4 + s^+$
$\quad\quad\quad 0.5 = \theta_0$
$\quad\quad\quad 0 \leq \lambda_1, \cdots, \lambda_4, s_1^-, s_2^-, s^+$

この第 2 段階を終了すると最適解は $\theta_0^* = 1/2$, $\lambda_1^* = 1$, $s_1^{-*} = 1$ であることがわかる．(これは P_1 の実績によって示されるように) 他の DMU から次のことがわかる．すなわち，P_3 は，(a) その観測値の半分に〈両方の〉入力を削減し，(b) $s_1^{-*} = 1$ によって示される付加的な量だけ入力 1 を削減することができる．

このスラック $s_1^{-*} = 1$ は P_2 によって使われている第 1 入力の余剰を表しており，相対的効率性の前述の定義が満足されなければならないならばこの量も考慮しなければならない．実際，P_2 を評価するのに (1a) の主問題を使うと，$\theta_1^* = 1$ かつ $\lambda_1^* = s_1^{-*} = 1$ となって非効率であることがわかるであろう．相対的効率性の 2 条件が満足されるかどうかを決めるのに (1a) を使うとより重要な結果が導ける．すなわち効率性評価に使われる基底集合での正の係数をもつ解には効率的 DMU だけが入っていることがわかる．DEA のために開発されてきた計算機プログラミングではこの性質を使って最適基底の要素すべてを効率的なものと識別してそれ以上の評価を省略することにより計算回数を減らしている．

図 1 からわかるように P_1 は P_2 を支配（優越）しており，P_3 も支配している．P_1 と P_4 だけが支配されておらず，Bowlin et al. (1993) にあるように DEA で支配関係だけをみるときには P_1 と P_4 だけが効率的とみなされる．しかし，連続性の仮定が加えられるならば，P_1 と P_4 を結ぶ線分全体が効率性評価に利用できるようになる．この線分は「効率的フロンティア」(efficient frontier) と呼ばれる．P_1 と P_2 を結ぶ線分以外では，P_1 と P_4 を結ぶ線上のある点から他の点へ移動しようとするとどれかの入力を悪化させざるをえないという意味で「効率的フロ

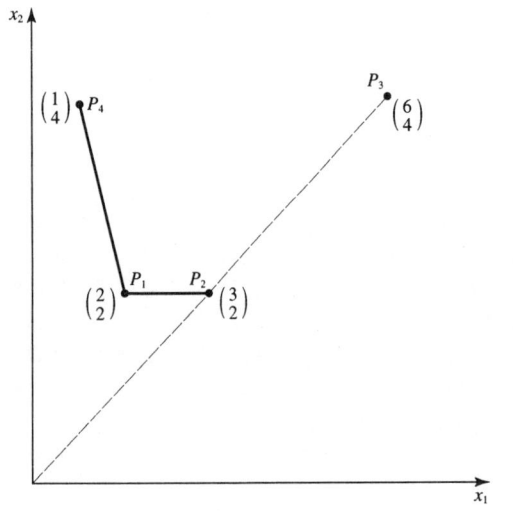

図 1 DEA 非効率性

ンティア」という言葉が適切である.

連続性の仮定の下では効率的フロンティア上にない点はフロンティアを参照して評価される. 実際に観測された実績値によっては支配されていない場合でさえ, 観測集合内の任意のDMUの効率性評価に使えるようλ^*の非負結合とスラックがフロンティア上の点を決めてくれる.

「CCR射影式」(projection formula)と呼ばれる次の式が各点を効率的フロンティア上に移動するのに使われる.

$$\hat{x}_{io} = \theta_0^* x_{io} - s_i^{-*} \leq x_{io}, \quad i = 1, \cdots, m \quad (4)$$
$$\hat{y}_{ro} = y_{ro} + s_r^{+*} \geq y_{ro}, \quad r = 1, \cdots, s$$

ただし, $(\hat{x}_{io}, \hat{y}_{ro})$はDMU$_o$の観測値$(x_{io}, y_{ro})$から得られる効率的フロンティア上の点を表す. 実際, 任意のDMU$_o$に対しCCR射影から得られる効率的フロンティア上の点は$(\hat{x}_{io}, \hat{y}_{ro})$は$(x_{io}, y_{ro})$, $i=1, \cdots, m$; $r=1, \cdots, s$を評価するのに使われる点である.

比率形式モデル

「包絡分析法」という名前は以下の考察にもとづいて, 式(1)での主(最小化)問題からきている. その目的は, DMU$_o$の入出力ベクトルに対してその観測された入力を下から, その観測された出力を上から包絡し, かつできるだけ密着した包絡面を得ることである. (1a)の主問題からわかるように最適包絡面は, 少なくともDMU$_o$の入力の1つ, 出力の1つに対する包絡制約に「接触」している.

双対問題(1b)は「乗数」(multiplier)型または「生産関数」(production function)型といわれる. 前者はμとvの値を双対乗数と呼ぶことによっている. その目的は「仮想出力」と呼ばれるy_oを最大にすることである. この最大化は第1制約で与えられるように対応する「仮想入力」が1すなわち$\sum_{i=1}^{m} v_i x_{io} = 1$であるという条件にしたがっている. 他の制約では任意のDMU$_j$, $j=1, \cdots, n$に対して仮想出力は仮想入力を超えられない, すなわち

$$\sum_{r=1}^{s} \mu_r y_{rj} \leq \sum_{i=1}^{m} v_i x_{ij}, \quad j = 1, \cdots, n$$

であることが必要である. 最後に, 条件$\mu_r, v_i \geq \varepsilon > 0$はどの入力も出力もこの「生産関数」型では「何らか」の正の価値を割り振られるべきであるということを意味している. ただし, 前にも述べたようにεの値は特定化される必要はない.

式(1a)の次にある(双対)問題におけるすべての変数を$t>0$倍して, 次のように定義された新しい変数を導入できる.

$$u_r = t\mu_r \geq t\varepsilon, \quad v_i = tv_i \geq t\varepsilon, \quad t = \sum_{i=1}^{m} tv_i x_{io}$$
$$(5)$$

双対問題(1b)の目的関数に$t>0$を掛けてtで割れば式(6)が得られ, これはDEAにおける比率形式に対応する. Charnes and Cooper (1962)に述べられているように分数計画法(fractional programming)の理論にしたがえば, 式(1b)と式(6)の最適な関数値は等しい.

最大化 $\quad \dfrac{\sum_{r=1}^{s} u_r y_{ro}}{\sum_{i=1}^{m} v_i x_{io}} \quad (6)$

条件

$$\frac{\sum_{r=1}^{s} u_r y_{rj}}{\sum_{i=1}^{m} v_i x_{ij}} \leq 1, \quad j = 1, \cdots, n$$

$$\frac{u_r}{\sum_{i=1}^{m} v_i x_{io}} \geq \varepsilon, \quad r = 1, \cdots, s$$

$$\frac{v_i}{\sum_{i=1}^{m} v_i x_{io}} \geq \varepsilon, \quad i = 1, \cdots, m$$

定式化(6)はある利点をもっている. たとえばCharnes and Cooper (1985)は式(6)における最適な比率の値が任意の入出力で使われる測定単位に対して不変であることを示した. この特性は式(1)に対してもあてはまる. 式(6)は解釈面でも力を発揮し, いろいろな分野における効率性の定義を統一する基礎を与えてくれる. たとえば, Charnes, Cooper and Rhodes (1978)に示されているように, 科学や工学で通常使われる単一入力に対する単一出力の効率性は式(6)から得られる. これらの定義は暗に最適性の基準を含んでいることがわかる. 分数計画法を通じての式(1)から式(4)までの関係はまた, これらの最適性条件を経済学で使われる効率性の定義と関連付けている(前述のPareto-Koopmansの効率性に関する議論参照). これは比率形式をDEA評価に一致させる. (Charnes and Cooper, 1962に与えられているように)分数計画法の理論にしたがえば, 式(1b)と式(6)の最適な関数値は等しい.

式(6)から明らかなようにDEAは重み付けを決めるための新しい原理ももたらしてくれる. 特に, その重みは〈事前に〉与えられるのではなくてデータから直接決定される. 評価されるべきDMUのおのおのに対して「最善」の重み集合が決定される. この最善の重み集合が得られると, 任意のDMU$_o$の非効率性はその最善の重みを使ってDMU$_o$よりも他のDMU$_j$の方が高い(効率性の)比率を達成するかどうかを調べればよい((a) 重みの値はDMUの異なる集合を参照して決められており, (b) 式(1)を使って決定されるときには非零のスラックのことを考慮する必要があることからこれらの重みの解釈には注意が必要である. Charnes, Cooper, Divine, Ruefli and Thomas (1989)での議論を参照されたい. そこでは, Texas Public Utility Commissionsによって効

率性監査の使用につながる完全な順序付けを得るためにドル等価性(dollar equivalent)が使われている).

DEAはまた実証データから推論するための新しい原理をもたらす.たとえば,〈すべての〉点にできるだけ近くなるように単一の最適化を行う統計学などの方法と異なり,DEAではn個の観測値の〈おのおの〉に対してできるだけ近くなるようにn回の最適化を行っている点が新しい.明確に関数形を特定化する必要はない.関数形は数学的な等張性(isotonicity)の特性さえあれば非線型であってよいし,(多分,DMUごとに異なる)多重形(multiple)であってもかまわない.

モデル(1)は現在利用可能ないくつかのDEAモデルの1つにすぎない.このことは,DEAがいまやこれらのモデルをお互いに統合する概念,モデル,方法の体系であることを示している.これは,「規模」(scale),「配分」(allocative)やその他の効率性の識別への拡張性を内包している.

拡張と応用

DEAの応用で遭遇する条件に合わせて,よく知られている文献を超える拡張がなされてきた.Seiford and Thrall (1990)に述べられているように「領域限定」(assurance region)法と「錐比率」(cone ratio)法では,配分効率性の概念が必要とする価格(あるいは重み)における正確な等式条件の代わりにより緩やかな不等式条件を設定して,「配分的に最も効率的な点」という概念を「配分的に最も好ましい領域」という概念に置き換えて発展した.DMUの経営管理を超えている条件を扱うためにBanker and Morey (1986)は外生的に固定された値をもつ「制御不能(nondiscretionary)変数」を導入した.また彼らはDEAの能力を改善するために「カテゴリー変数」を導入して評価対象DMU_oと同じカテゴリーにある効率的DMUを用いて評価した.

L. Seiford (1993)によってまとめられた文献目録にはCharnes, Cooper and Rhodes (1978)以降に発表された600以上の参考文献があげられている.しかし,これで終わったわけではない.Seifordの参考文献はすべて〈過去〉の実績を評価するのにDEAを使っている.Arnold, Bardhan and Cooper (1993)の論文は新しい道を切り開いた.そこでは,州では優秀レベルが決められているが,その置かれた環境ゆえに優秀レベルを達成できなかった「DEA効率的」な学校でその〈未来〉の業績を改善するのに必要とする資源を予算計上するためにDEAを使えるよう拡張している.

この例は(テキサス州の公立学校の成績責任を改善するために州議会によって援助された研究の一部であるが)DEAがいまなお発展段階にあることを示している.それはまた,冒頭でDEAを「データ指向的方法」と呼んだときに意図されていたものの上にさらに積み上げていくことを可能にしてくれる.この研究の一部として,州で決められた優秀さを見るためのテスト得点が学校と地域の特性に関して回帰された.これからは,「代表的な」学校におけるヒスパニック系や英語能力の低い生徒の比率に対する有意性の高い負の係数が得られた.このことは回帰式に取り込まれた疑問点に関する満足できる答えになっていないと思われる.DEAを使用してみると,このような生徒を高い比率で抱えている学校の多くは効率的に活動している一方,「優秀校」と格付けされた学校は押し並べて過剰な資源使用によって効率的に活動することには失敗していたことがわかった.

このことから,これらの効率的に活動している学校を優秀校にまでもっていくために必要な資源に関する課題が生じた.この課題を扱えるようDEAを拡張した結果,いくつかの学校では非常に大量の資源増加が必要なことがわかった.この結果,業務改善に必要な資源量を割り出せるようDEAにパラメトリックな変動技法を開発することが必要となった.次に,州にまたがる(あるいは米国全体の)優秀さの基準を,1回限りの(多分,不可能な)飛躍よりはむしろ段階的に進歩を促すような(多分)優秀さの複数カテゴリーを含むより柔軟で動的なシステムによってうまく置き換えられるかどうかという課題が生じた.

この例から,DEAの方が望ましい方法で,(回帰)分析は避けられるべきだと結論付ける必要はない.DEAと統計的解析法はこれまでには用いられてこなかったようないろいろな方法で結合されるだろうと結論付けることもできる.たとえば,効率的な学校のデータに限定した場合にはヒスパニック系と低英語能力の生徒に関連する回帰係数は正,あるいは統計的に有意でないことがわかった.この結果は今後の課題につながっており,そのいくつかはDEAが他の新しい実り多き方法と結合されうるような巧みな研究の必要性を示している.

⇒ 双対線形計画問題,分数計画法,線形計画法,

[William W. Cooper/上田　徹]

参　考　文　献

[1] Ahn, T., A. Charnes and W.W. Cooper (1988), "A Note of the Efficiency Characterizations Obtained in Different DEA Models," *Socio-Economic Planning Sciences* 22, 253–257.

[2] Arnold, V., I. Bardhan and W.W. Cooper (1993), "DEA Models for Evaluating Efficiency and Excellence in Texas Secondary Schools," Working Paper, IC^2 Institute of the University of Texas, Austin.

[3] Arnold, V., I. Bardhan, W.W. Cooper and A. Gallegos (1994), "Primal and Dual Optimality in IDEAS (Integrated Data Envelopment Analysis Systems) and Related Computer Codes," *Proceed-*

ings of a Conference in Honor of G.L. Thompson, Quorum Books.
[4] Banker, R.D. and R.C. Morey (1986), "Data Envelopment Analysis with Categorical Inputs and Outputs," *Management Science* 32, 1613–1627.
[5] Banker, R.D. and R.C. Morey (1986), "Efficiency Analysis for Exogenously Fixed Inputs and Outputs," *Operations Research* 34, 513–521.
[6] Banker, R.D. and R.M. Thrall (1992), "Estimation of Returns to Scale Using Data Envelopment Analysis," *European Jl. Operational Research* 62, 74–84.
[7] Bowlin, W.F., J. Brennan, W.W. Cooper and T. Sueyoshi (1993), "A DEA Model for Evaluating Efficiency Dominance," submitted for publication.
[8] Charnes, A. and W.W. Cooper (1962), "Programming with Linear Fractional Functionals," *Naval Research Logistics Quarterly* 9, 181–186.
[9] Charnes, A. and W.W. Cooper (1985), "Preface to Topics in Data Envelopment Analysis," in R. Thompson and R.M. Thrall, eds., *Annals Operations Research* 2, 59–94.
[10] Charnes, A., W.W. Cooper, D. Divine, T.W. Ruefli and D. Thomas (1989), "Comparisons of DEA and Existing Ratio and Regression Systems for Effecting Efficiency Evaluations of Regulated Electric Cooperations in Texas," *Research in Governmental and Nonprofit Accounting* 5, 187–210.
[11] Charnes, A., W.W. Cooper, B. Golany, L. Seiford and J. Stutz (1985), "Foundations of Data Envelopment Analysis and Pareto-Koopmans Efficient Empirical Production Functions," *Jl. Econometrics* 30, 91–107.
[12] Charnes, A., W.W. Cooper and E. Rhodes (1978), "Measuring Efficiency of Decision Making Units," *European Jl. Operational Research* 1, 429–444.
[13] Charnes, A., W.W. Cooper and R.M. Thrall (1991), "A Structure for Classifying and Characterizing Efficiency and Inefficiency in Data Envelopment Analysis," *Jl. Productivity Analysis* 2, 197–237.
[14] Farrell, M.J. (1957), "The Measurement of Productive Efficiency," *Jl. Royal Statistical Society*, Series A, 253–290.
[15] Kamakura, W.A. (1988), "A Note on the Use of Categorical Variables in Data Envelopment Analysis," *Management Science* 38, 1273–1276.
[16] Rousseau, J.J. and J.H. Semple (1993), "Notes: Categorical Outputs in Data Envelopment Analysis," *Management Science*, 39, 384–386.
[17] Seiford, L.M. and R.M. Thrall (1990), "Recent Developments in DEA," in *Frontier Analysis, Parametric and Nonparametric Approaches*, A.Y. Lewin and C.A. Knox Lovell, eds., *Jl. Econometrics* 46, 7–38.
[18] Seiford, L.M. (1993), "A Bibliography of Data Envelopment Analysis," Technical Report, Department of Industrial Engineering and Operations Research, University of Massachusetts, Amherst.

ボーキング
balking

「邪魔する」という意味．待ち行列では行列が長すぎて行列に入る気にならないことを指す．

北西隅の解
northwest-corner solution

輸送問題の実行可能基底解を求める手続き．m 個の始点と n 個の終点からなる問題が与えられたとき，第 (i, j) 成分が始点 i から終点 j への商品の輸送量を表す m 行 n 列の表をつくる．アルゴリズムは，すべての輸送量が 0 である状態を出発点として，北西隅のセル ($i=1, j=1$) に送れるだけの最大量を割り当てる．割当てを行うたびに行または列を消去する．次いで圧縮された表の中の北西隅のセルに，送れるだけの最大の量を割り当て，これを $i=m, j=n$ となるまで続けるのである．この結果，もとになる線形計画問題の実行可能解が得られる．途中のステップで行を消去するか，それとも列を消去するかを決めるにあたって，退化防止手続きを用いなくてはならないこともある．

保健管理システム
Health Care System

はじめに

保健管理分野にオペレーションズリサーチを適用することは，主に 1960, 1970 年代に行われた．多くの研究者の医師が注目する，実質的に成長が連続している医療診断・治療の意思決定の分野は例外として，1980 年代はそれらの仕事の洗練と再適用がなされた．現在の世界的トレンドである，国家によって設置された準公共保健管理システムによって，保健管理事業でのオペレーションズリサーチは再び注目を集めてきている．

多様なテーマをカバーする保健管理へのオペレーションズリサーチ適用の研究は，そのほとんどを 5 つの分野に分けることができる．それはスケジューリング，配分，需要予測，器材および供給計画，医療意思決定である．それぞれの分野について，以下では，それらが含むいくつかの異なるトピックスと，課題に対して働きかけてきたオペレーションズリサーチの技術について述べることで，それらを検証する．

なお，保健管理に関するオペレーションズリサーチの

詳しいレビューについては Fries (1976, 1979) と Pierskalla et al. (1993) を参照してほしい.

スケジューリング

保健管理分野に関するスケジューリング問題 (scheduling) は様々な状況, すなわち患者, 看護婦, 医師, 施設, 車両およびその他の保健に関する供給とセッティングを含む状況に適用される. ナーススケジューリングに関して多くのモデルが構築された. Maier-Rothe and Wolfe (1973) は看護婦が共通の定時業務に就いているときの診察モデルを提示した. ナーススケジューリング問題を解くために, 数理計画法によるアプローチも使われている (Warner, 1976: Miller et al., 1976). 包括的なナーススケジューリングモデルは以下の特性のほとんどを含まなくてはならないだろう. すなわち, 看護婦の選好, 最低限必要な人員数, 週末の休業日の日数, 連続勤務日数の上限, 勤務時間の変化具合, 業務交代である. しかし問題の複雑さのため, これらすべてを含む試みはわずかしかない. 患者看護のための望ましい人員数, 看護婦の選好, 看護婦の特殊な要求, 費用最小化のような1つ以上の目的に応じるため, 目標計画法 (goal programming) も使われている. 問題の複合構造を考慮した発見的アルゴリズムも考えられている. ナーススケジューリング問題は現在もなお関心を引き続けている. なぜなら問題のすべての要素を集めたモデルはまだ存在しないからである.

多くの保健管理供与の車両配置・スケジューリング問題に関する研究は, 救急医療サービス (emergency medical service : EMS) の車両派遣, 献血車, 血液輸送を含んでいる. EMS スケジューリングの解では, 需要に最適な車両には基本的に最も近い位置のものが割り当てられる (Liu and Lee, 1988 ; Trudeau et al., 1989). 血液輸送の解は多重セールスマン問題により深く関連している. しかし両方の分野とも, 問題と解答は車両配置に深く結合し, また需要が予測されなくてはならない. シミュレーションはこれら複合的包括的問題の解を求めることを支援する技術の選択肢の1つであった.

外来患者のためのスケジューリング問題は予約システムの構築にあり, それはスタッフの無駄な時間と患者の待ち時間を減らすことにある. 外来患者のスケジューリングと同格の優れたアプローチは, 患者とスタッフの満足度と活用度を交換する関数の最大化による解答を導くものである (Fries and Marathe, 1981). 入院患者のスケジューリングシステムは, 外来患者のシステムが直面する問題に加え, さらに多くの制約と達成すべき目的があるのでより複雑になる. 多くのアプローチがこの問題に対して使われており, たとえばシミュレーション (simulation. Dumas, 1985), 数理計画法 (mathematical programming) とヒューリスティック解法 (heuristic method. Hancock and Isken, 1992) などが使われている.

配　分

保健管理資源はますます制限されている. そのため健康サービスの提供者にとっては様々なサービスをどのように配分するかを決め, 様々なサービスの容量を再配分し, サービスの場所を選択することが必要である. 多くのサービス容量計画の研究は, 病院への需要をもとにサービスのための病床の配分にかかわっている. 想定される因子は, 疾病と性別にもとづく患者のカテゴリー, 病床のカテゴリー, 医師のタイプなどである. 基本的な目的関数は, 急患を迅速に受け入れられるようにし, 入院待ちの待ち時間を減らすために, 利用可能な病床の利便性を最大化することにある (Dumas, 1985). シミュレーションは最もよく使われるアプローチである. 配分問題に強く関係するサービス容量計画はまた, 保健管理サービスにおける患者の流れにも対処する. 待ち行列理論とシミュレーションの技術は, 待ち時間を最小化するための他サービスへの患者の移動人数を決める多くのモデルに使われている.

保健管理での立地問題はもともとは新しい病院の建設地に関連するものであった. 現在は, このような建設はずっと少ない出来事といえる. そのため, 現在の立地モデルはスキャナーや外来施設などの高度な技術に関する高価な施設を, 費用最小に, また救急車の到達時間を最小にして救急通報に対して最大人数を救命できるように配置することを含んでいる (Pirkul and Schilling, 1988 ; Trudeau et al., 1989). 発見的方法とシミュレーションだけでなく, 目標計画法や整数計画法 (integer programming) などの数理計画法の手法もこれらの目的のために使われている.

需要予測

保健管理での需要予測 (forecasting demand) は, 診断サービスや処置のため未来の疾病や需要の発生を見積もるために必要である. それは資源配分と病状進行の研究に関する, よりよい意志決定のために使われてきた. 保健管理に使われる予測モデルは数多く存在する. その中の主なものは, 線形重回帰 (multiple linear regression) 分析, 指数平滑 (exponential smoothing) 法, ARIMA, ボックスジェンキンズモデル (Box Jenkins model), マルコフ過程 (Markov process) である (Kao and Pokladnik, 1978 ; Kao and Tung, 1980). 与えられているモデルは, 時間制約などの要因に関する, ある種のデータベースの精度向上によってより適切なものになるであろう. 保健管理分野での予測にはたくさんの応用

範囲があり，新規患者数，総患者数，退院人数，救急輸送への需要，在宅看護と特殊な治療（Lane et al., 1985），また病院や診療所での特有のサービスがあげられる．予測モデルを含む大量の研究成果はそれらが保健管理のうえでいかに重要かを物語っている．そのうえ，保健管理での費用削減の必要は，よりよい予測結果を出せるオペレーションズリサーチの研究者を奨励していくことだろう．

器材および供給計画

保健救命の立場での供給品は壊れやすい器材とそうでない器材で構成され，その多くは時間と場所に強く依存している．このケースでは，欠乏することを防ぐことが重要である．それゆえ，保健管理分野での在庫モデル（inventory model）の多くは在庫管理の費用最小化よりも，在庫が底をつくことを防ぐことに重点が置かれている．しかし，いくつかの研究では，他品目薬剤倉庫や無菌設備の必要な在庫量を決めるため，費用を考察している（Ebrahimzadeh et al., 1985）．さらにいくつかの研究では，ストックをなくしたジャストインタイム方式（just-in-time inventory）の在庫管理も現在進行中である．なぜなら血液はもちが悪く，重大な品目であるため，保健管理の在庫モデルの論文の多くは血液銀行の在庫管理を扱っているのである（Prastacos, 1984）．

医療意思決定

疾病の診断と治療のための医療意思決定（medical decision making）は，心肺疾患のための人工知能とエキスパートシステムが紹介された1970年代以来盛んである．これに平行しての消化器疾患を診断するためのベイズ決定木（Bayesian decision tree）による成果もある．これら両方のアプローチは現在，多くの疾病の診断と予防と治療のために広く使われている．多くの医学校ではその標準カリキュラムの中で決定分析（decision analysis）を紹介している（Pauker and Kassirer, 1987）．

Charnes and Cooper（1978）にはじめて提案された包絡分析法（DEA）は保健管理への応用への期待が高まってきている．Chiligerian and Sherman（1990）は病院のサービス提供の中で，医師の意思決定効率性を評価するためにDEAを利用した．また別の研究者は様々な病院間での看護の質や，大学付属病院での同種のサービスの効率性の比較評価にDEAを応用している．

⇒ 救急サービス，施設配置，予測，目標計画法，病院，医学と医療，OR/MSの実践，待ち行列理論，スケジューリングと順序付け，離散事象確率システムのシミュレーション．

[Viviane Gascon, William P. Pierskalla/古藤　浩]

参考文献

[1] A. Charnes, W.W. Cooper, and E. Rhodes (1978), "Measuring Efficiency of Decision Making Units," *Eur. J. Opl. Res.* 2, 429–444.

[2] J.A. Chiligerian and H.D. Sherman (1990), "Managing Physician Efficiency and Effectiveness in Providing Hospital Services," *Health Services Management Research* 3, 3–15.

[3] M.B. Dumas (1985), "Hospital Bed Utilization: An Implemented Simulation Approach to Adjusting and Maintaining Appropriate Levels," *Health Services Research* 20, 43–61.

[4] M. Ebrahimzadeh, S. Barnoon, and Z. Sinuani-Stern (1985), "A Simulation of a Multi-Item Drug Inventory System," *Simulation* 45, 115–121.

[5] B.E. Fries and V.P. Marathe (1981), "Determination of Optimal Variable-Sized Multiple-Block Appointment Systems," *Operations Research* 29, 324–345.

[6] B.E. Fries (1979), "Bibliography of Operations Research in Health-Care Systems: An Update," *Operations Research* 27, 409–419.

[7] B.E. Fries (1976), "Bibliography of Operations Research in Health-Care Systems," *Operations Research* 24, 801–814.

[8] A.M. Hancock and M.A. Isken (1992), "Patient Scheduling Methodologies," *Jl. Society for Health Systems* 3(4), 83–94.

[9] E.P.C. Kao and F.M. Pokladnik (1978), "Incorporating Exogenous Factors in Adapting Forecasting of Hospital Census," *Management Science* 24, 1677–1686.

[10] E.P.C. Kao and G.C Tung (1980), "Forecasting Demands for Inpatient Services in a Large Public Health Care Delivery System," *Socio-Econ. Plan. Sci.* 14, 97–106.

[11] D. Lane, D. Uyeno, A. Stark, E. Kheiver, and G. Gutman (1985), "Forecasting Demand for Long Term Care Services," *Health Services Research* 20, 435–460.

[12] M. Liu and J. Lee (1988), "A Simulation of a Hospital Emergency Call System Using SLAM II," *Simulation* 51, 216–221.

[13] C. Maier-Rothe and H.B. Wolfe (1973), "Cyclical Scheduling and Allocation of Nursing Staff," *Socio-Econ. Plan. Sci.* 7, 481–487.

[14] H.E. Miller, W.P. Pierskalla, and G.J. Rath (1976), "Nurse Scheduling Using Mathematical Programming," *Operations Research* 24, 857–870.

[15] S.G. Pauker and J.P. Kassirer (1987), "Decision Analysis," *New England Jl. Medicine* 316(5), 250–258.

[16] W.P. Pierskalla, D. Wilson, and V. Gascon (1993), "Review of Operations Research Improvements in Patient Care Delivery Systems," Working Paper, University of Pennsylvania, Philadelphia.

[17] H. Pirkul and D.A. Schilling (1988), "The Siting of Emergency Service Facilities with Workload

[18] にあたる "Capacities and Backup Service," *Management Science* 34, 896–908.
[18] G.P. Prastacos (1984), "Blood Inventory Management: An Overview of Theory and Practice," *Management Science* 30, 777–800.
[19] P. Trudeau, J.-M. Rousseau, J.A. Ferland, and J. Choquette (1989), "An Operations Research Approach for the Planning and Operation of an Ambulance Service," *INFOR* 27, 95–113.
[20] D.M. Warner (1976), "Scheduling Nursing Personnel According to Nursing Preference: A Mathematical Programming Approach," *Operations Research* 24, 842–856.

補助変数

supplemental variables

非マルコフ的なシステムをマルコフ的なシステムにして，より容易に分析できるようにするために追加変数を導入するための分析手法．⇒マルコフ再生過程，待ち行列理論．

保　全

maintenance

保全とは，システムがその使用の長期にわたって所期の機能を満足に発揮させるための以下の方法による支援活動をいう．すなわち，(1) 定期的な，あるいはサンプル的な検査，(2) システムの部品の計画的な，あるいは予防的な取替え，(3) 故障診断，そして(4) 予備部品の供給，である．

システムの保全解析に対するORのモデルは，主にシステムや装置の信頼性の改善のための最適化モデルによって表現される．

(1) と (2) に対しては，通常確率制御過程による方法が用いられる．(3) に対しては，数学的論理にもとづく特有の方法が用いられる．一方，(4) は〈最適冗長化〉(optimal redundancy) や〈在庫管理〉(inventory control) の範囲で考察される．

[Igor Ushakov/河合　一]

参　考　文　献

[1] Ushakov, I.A., ed. (1994). *Handbook of Reliability Engineering*, Wiley, New York.

ポートフォリオ理論：平均-分散

Portfolio Theory : Mean-Variance

ポートフォリオ選択問題

ポートフォリオ問題の関心は，合理的な経済主体による投資資産の最適な組合せの選択である．この問題の特徴は，ポートフォリオの特性がいずれの構成要素の特性とも異なることがあるということである．ポートフォリオ問題の原理は1930年代から1950年代にかけて Allais, De Finetti, Hicks, Marschak et al. によって議論されていたが，このような選択モデルをはじめて定式化したのは Markowitz (1952, 1959) である．彼は最適ポートフォリオを計算するために平均-分散モデル (mean-variance model) を定義した．Tobin (1958, 1965), Sharpe (1970), Roll (1977) にしたがえば，ポートフォリオ選択モデル (portfolio selecting model) は次のように表されるであろう．

$$\begin{aligned}&\text{最小化} \quad x'Vx \\ &\text{条件} \quad x'r = r_p \\ &\phantom{\text{条件}} \quad x'e = 1\end{aligned} \quad (1)$$

ただし，x は投資比率を表す列ベクトル，V は資産リターンの分散-共分散行列(少なくとも半正定符号でなくてはならない)，r は資産の期待リターンを表す列ベクトル，r_p は投資家の目標リターン，e は要素がすべて1である列ベクトルである．この問題の明示的な解は Merton (1972), Ziemba and Vickson (1975), あるいは Roll (1977) に書かれている手法で求めることができる．

空売り (short sale) の制限は式 (1) に次の制約条件を加えることによってモデル化することができる．

$$x \geq 0 \quad (2)$$

ただし，0 は要素がすべて0の列ベクトルである．いまではこの問題は2次計画法の典型的な例となっており，実にポートフォリオ問題の進展は初期の頃の非線形計画法の進歩と表裏一体であった．それぞれの定式化の特徴と拡張に関する研究は Szeg(1980), Huang and Litzenberger (1988) および前出の文献にある．

平均と分散の使用

このモデルの経済学的正当性は，Markowitz (1959) が述べているように，ノイマン-モルゲンシュテルンの期待効用仮説 (Neumann-Morgenstern expected utility results) にある．また，このモデルは Lancaster (1971) が提案した特性モデル (characteristics model) などの消費者選択理論 (consumer choice theory) の点からも都合の良いかたちをしている．彼の主張によると，消費者が購入する財ははっきりとした1つのサービスを与えるものではなく，消費者に何らかの利益 (あるいは不利益) を与えてくれるような属性の集合体とみなせるであ

ろうということである．したがって，選好は財そのものよりも，財に内在された特性を通じて定義される．

分析では資産そのものよりも，資産がもつ属性に注意が払われる．このとき，効用が特性にのみ依存して決まるという仮定をおくことが必要になる．k個の特性をC_kとすると，必要となるのは，

$$U = f(W) = g(C_1, \cdots, C_k)$$

である．ただし，UとWは効用と富を示す．モデル化を行う際，あまり特性の数を絞り込みすぎると，誤った実証結果を導くことになる．特性の数に比べて資産の数が多くなるにつれて，明らかにこのアプローチの利点は大きくなる．選択の対象は特性$C_1, \cdots, C_k$である．ポートフォリオ理論では，それはペイオフ（リターン）とリスクである．Markowitzの示唆によると，危険資産の選択を扱う場合，ペイオフはリターンの分布における期待リターンとして計られ，またリスクはリターンの標準偏差で計られる．わずかな例外を除けば，Ziemba and Vickson (1975)が示すように，この特性の組合せは次の2つの場合に限り期待効用理論と整合的であり，投資資産を完全に表現する．それは資産（訳注：資産のリターン）が正規分布をしている場合か，あるいは投資家が富に対する2次効用をもっている場合である．数多くの研究者によってこの仮定の妥当性が検討されている（たとえば，Borch, 1969; Feldstein, 1969; Tsiang, 1972）．しかし，リターンには非正規性が見つかっており，また2次効用はあまり好ましくない数多くの特徴（特に高い富に対して富の限界効用が逓減すること）（訳注：限界効用の逓減は望ましい特性である．2次効用の問題点は，高い富に対して効用の水準そのものが減少してしまうことにある）をもってはいるが，何人かの研究者は平均分散分析で十分とする近似結果を示している（Samuelson, 1970; Ohlson, 1975; Levy and Markowitz, 1979）．

Markowitz (1959)を含む数多くの研究者は分散に代わるリスク測度の検討を行い，半分散（semi-variance）の使用を提案している．これは現実的なポートフォリオ選択ルールにまで拡張されている．Fama (1971)とTsiang (1973)はリスク測度として準四分位点距離（semi-interquartile range）の有用性を示している．Kraus and Litzenberger (1974)ほかは投資家が歪度（skewness）に対する選好をもつことを認め，3次モーメントの選好がおよぼす影響について検討している．Kallberg and Ziemba (1979, 1983)は，資産のリターンが正規分布する場合，最適なポートフォリオを決定するためには，効用関数が凹型になるようなリスク回避性（risk aversion preference）があれば十分であることを示した．

ポートフォリオ選択モデルの解

空売り制約がない場合には，式（1）は次のように書き換えられる．

$$\text{最小化} \; L = \frac{1}{2} \boldsymbol{x}'\boldsymbol{V}\boldsymbol{x} - \lambda_1(\boldsymbol{x}'\boldsymbol{r} - r_p) - \lambda_2(\boldsymbol{x}'\boldsymbol{e} - 1) \quad (3)$$

ここで，1次の条件は次式となる．

$$\boldsymbol{V}\boldsymbol{x} = \lambda_1 \boldsymbol{r} + \lambda_2 \boldsymbol{e}$$

これは，いかなる効率的な$\boldsymbol{x}$に対しても，期待リターン$\boldsymbol{r}$と共分散$\boldsymbol{V}\boldsymbol{x}$（訳注：ポートフォリオ$\boldsymbol{x}$と各資産の間の共分散）には線形関係があることを示している．

これを$\boldsymbol{x}$について解くと，

$$\boldsymbol{x} = \lambda_1 \boldsymbol{V}^{-1}\boldsymbol{r} - \lambda_2 \boldsymbol{V}^{-1}\boldsymbol{e} = \boldsymbol{V}^{-1}[\boldsymbol{r}\;\boldsymbol{e}]\boldsymbol{A}^{-1}[r_p\;1]' \quad (4)$$

ただし，

$$\boldsymbol{A} = \begin{bmatrix} a & b \\ b & c \end{bmatrix} = \begin{bmatrix} \boldsymbol{r}'\boldsymbol{V}^{-1}\boldsymbol{r} & \boldsymbol{r}'\boldsymbol{V}^{-1}\boldsymbol{e} \\ \boldsymbol{r}'\boldsymbol{V}^{-1}\boldsymbol{e} & \boldsymbol{e}'\boldsymbol{V}^{-1}\boldsymbol{e} \end{bmatrix}$$

となる．式（4）をポートフォリオの分散の定義式$\boldsymbol{x}'\boldsymbol{V}\boldsymbol{x}$に代入すると，次式を得る．

$$V_p = [r_p\;1]\boldsymbol{A}^{-1}[r_p\;1]'$$
$$S_p = \left[\frac{cr_p^2 - 2br_p + a}{ac - b^2}\right]^{1/2} \quad (5)$$

ただし，V_pとS_pはそれぞれポートフォリオの分散と標準偏差を示している．この式から効率的集合（efficient set）が定義され，それは平均/標準偏差平面上で双曲線（平均/分散平面上では放物線）になる．最小リスク点は$S_{\min} = c^{1/2}$，$r_{\min} = b/c$上（ともに厳密に正）の位置にある．合理的に行動する危険回避的投資家は，この境界上で$r \geq r_{\min}$の部分に位置するポートフォリオを保有しようとする．また，式（5）は2ファンド分離定理（two fund separation theorem）を示しており，わずか2つのポートフォリオの1次結合によって効率的集合全体が表されることになる（訳注：式(5)からこの定理を理解することは難しい．式(4)で効率的$\boldsymbol{x}$がr_pの線形関数になっていることから2ファンド分離定理が導かれる）．

それぞれの効率的ポートフォリオpには直角ポートフォリオz（orthogonal portfolio, $\text{Cov}(r_p, r_z) = 0$）が存在し，zは次のリターンをもつ．

$$r_z = (a - br_p)/(b - cr_p)$$

これを使うと，切片がr_zで双曲線に点pで接するような直線上に効率的集合が退化する．これが資本市場線（capital market line）である（訳注：この記述は誤りである．効率的集合が直線になるのは，安全資産$f(V_f = S_f = 0)$が存在する場合に限られる．このとき，$r_z = r_f$である．したがって資本市場線が定義されるのも安全資産が存在する場合だけである．ただし，安全資産が存在しない場合にも後述の式(6)は成立する．このことはゼロベータCAPMとして知られている）．資本市場線は，

$$\boldsymbol{r} = r_z + \lambda \boldsymbol{s}$$

ただし，$\boldsymbol{r}$と$\boldsymbol{s}$は効率的ポートフォリオの期待リターンとリスクのベクトルである（訳注：ベクトルではなくス

カラーと考えた方が理解しやすい). また, $\lambda=(r_p-r_z)/s_p$ はリスク1単位当たりに追加される期待収益と理解できる. これはシャープ比率 (Sharpe ratio; Sharpe, 1964, 1994) として知られている.

ここでさらに期待の同質性 (すべての投資家が同じパラメータ値を想定している) と市場均衡 (market equilibrium) を仮定し, 式 (4) に V をかけると, 証券市場線 (security market line, すなわち, 資本資産評価モデル: capital asset pricing model: CAPM) が導かれる.

$$r = r_z e + (r_p - r_z)\beta$$
$$\beta = \frac{Vx}{V_p} \qquad (6)$$

もし, 安全資産が存在するならば, 安全利子率 (risk-free rate) で r_z を置き換えることができる (定義から, 安全資産のリターンはいかなる危険資産のリターンとも無相関である). すると式 (6) から, 期待リターンは安全利子率とリスクプレミアム (市場ポートフォリオ (market portfolio) とその資産の共分散によって計測される) の和になるという本来の CAPM が導かれる. CAPM は現代ファイナンス理論の基礎を形成するが, それについてここで詳しく述べることはしない. この議論については Huang and Litzenberger (1988), Ferson (1995) に見ることができる. また Ziemba (1994) はこの理論の組織的ファンダメンタル (systematic fundamental) と季節的な理論の逸脱について述べている.

空売り (short selling)

ポートフォリオ問題に関する解析的結果をモデルから導く場合には資産に空売り ($x_i<0$) を認めることが正当化される. また, 均衡を考えるならば (たとえば CAPM), 空売り禁止の制約は組み込まれないであろう (なぜなら, 総和において空売りは正味で0になるからである). しかし, ほとんどの市場において, 投資家は空売りの制限を無視することはできない. これらの制限は, 市場による空売りの完全な禁止, あるいは空売りを担保する預託金にかかる追加コスト, 潜在的な損失を抑えるために設けられた自己管理上の制限などさまざまな形をとるであろう. たとえば, NYSE ではアップティックルール (uptick rule) を定めており, 直近の取引価格がその前の取引価格以上である場合に限り空売りを認めている (空売りは市場の下落時に利益を生むため, このルールは空売りの魅力を実質的に抑制している).

これとは対照的に, ポートフォリオ理論を基礎にするモデルのほとんどでは, 特に CAPM では, 空売り制約は無視されている (Markowitz, 1983, 1987). この違いは, 制度上の制限の扱いが不適切な (制限を取り入れていない) 均衡モデルの展開においては首尾一貫している. しかし, 応用研究では通常, 50% までの資産に空売りが観測されており, たびたび大量に, そしてときには投資ポートフォリオの当初の価値を越えるほどの空売りが行われている. 事実, 空売りファンド (short seller fund) ではこれが主たる投資行動となっている.

推定の問題

モデル (1) ではポートフォリオを保有しようとする期間について r と V を推定する必要がある. これまでにの推定問題にはあまり注意が払われていなかった. 多くの研究者は, 実務家も大学関係者も, 過去の値 (ヒストリカル値, historical value) があたかも将来の値の推定であるかのように用いてきた. しかし, Hodges and Brealey (1973) はヒストリカルデータをわずかに修正するだけでも利益が得られることを実証している.

リスクの推定は次のいずれかの方法が考えられる. 資産リターンと分散, 共分散の予測にそれぞれ異なる方法を使い, これをマーコビッツモデルのヒストリカル値のかわりに用いること, あるいは修正を加えたポートフォリオ選択テクニック (Bawa et al., 1979) にヒストリカル値を用いることである. マーコビッツの方法ではこれらの推定値をパラメータとして考えているため, 推定方法については何の理論的手引きもない. そこで, 推定値を得るために様々な方法が提案されている. Sharpe (1963) の〈単一指数市場モデル〉(single index market model) は共分散行列の予測に広く応用されている. 本来のモデルで必要となる計算を軽減するため, 株式リターンと市場尺度との間に線形関係を仮定する. $r=\alpha+\beta'm+\varepsilon$ (m は市場指数, ε は残差である). このとき, 平均と分散についてはヒストリカルな推定値が用いられるが, インプライド共分散行列は $V_1=v_m\beta\beta'+V$ になる. ただし v_m は市場指数の分散, β はそれぞれの資産を市場指数で回帰したときの傾き係数の列ベクトル, V はそれぞれの回帰における残差の分散を要素とする対角行列である. 数多くの研究では, 完全にヒストリカルな方法よりも単一指数モデルを用いたモデルの方が優れていることが示されている.

Elton and Gruber (1973) によってはじめて提案された〈全体平均法〉(overall mean method) は, 平均値についてはヒストリカルな推定値で十分だが, $N(N-1)/2$ 個の共分散項についてはそれを正確に推定できるほどデータは十分に安定していないという所見をもとにしている. 最も大雑把な解は, 来期の資産どうしのすべての相関が過去の相関の全体平均に等しいと仮定するものである. これから V の推定値が求められる. Elton, Gruber and Urich (1978) は, 全体平均法による共分散行列の予測とヒストリカル値を使った予測および4種類の単一指数モデルの比較を行った. その結果, 彼らは明らかに全体平均法が優越していると結論した. 全体平均相関の推

定のために簡単化されたプロシージャーは Aneja, Chandra and Gunay (1989) にある.

近年，統計学者は〈ベイズ法〉（Bayesian method）(Hodes, 1976)，特に〈ジェイムス-スタイン推定量〉(James-Stein estimator) (Efron and Morris, 1975, 1977; Judge and Bock, 1978; Morris, 1983) への関心を高めているようである．このアプローチの背景には，平均から大きく離れたリターンは平均に近い場合に比べて測定誤差を含む可能性が高いという直感がある．これは株価の平均回帰（mean reversion）に関する議論に類似している．したがって，個別の株式データから求められたリターンの推定値は，すべてのデータを使って求められた総期待リターンの推定値に向かって修正される．この推定量は変わった特性をもっているが，大きな標本ではパフォーマンスがよいと考えられている．

Jorion (1985, 1986) はベイズ-スタイン推定（Bayes-Stein estimation）のパフォーマンスをシミュレーションデータと小さな実データの両方を使って検証し，ベイズ-スタインアプローチはヒストリカル推定量をリターンと共分散行列に使う場合よりも優れていると結論した．しかし，Jorion (1991) はインデックスモデルの方が Stein のものやヒストリカルモデルよりも優れていることを発見した．Board and Sutcliffe (1994) はこれらの方法と他の方法を大きな実データに応用してみた．初期の研究とは対照的に，彼らの結果ではベイズ-スタインの相対的なパフォーマンスは様々であった．それが平均リターンベクトルにもっともらしい推定値を与える一方では，空売りが許される場合の分散行列の推定にはより優れた方法がある（たとえば，全体平均の利用など）．また彼らは，空売りが禁止される場合は実際のポートフォリオのパフォーマンスが明らかに改善されることを示した．しかし，この場合には数ある評価方法のうちでわずかなものしか選択することができなくなる．

もう1つのアプローチは，新たな制約を式 (1) に追加することで，パラメータ推定が引き起こす誤差をコントロールしようとするものである．明らかに，事前的（ex-ante）にはそのようなモデルの解が式 (1) を優越することはない．しかし，事後的（ex-post）には優越性が現れるかもしれない（すなわち，それまでは劣位のポートフォリオであっても，実際のパフォーマンスが他よりも優れているようなものなど）．たとえば，式 (1) に下限制約（たとえば，空売りの禁止など）あるいは上限制約（分散化を強制する）を加えることは，アドホックな方法ではあるが評価されたリスクによる悪い影響を避けるのに有効である．事前のパフォーマンスは劣っていても，結果的には保有期間のパフォーマンスが改善されるかもしれない．もちろん，極端な，しかしときには好まれるかもしれないコーナーソリューションもこの方法によって取り除くことができる．Cohen and Pogue (1967) はすべての資産に 2.5% の上限制約を与えてみた．Board and Sutcliffe (1988) は投資比率に上限を与えた場合の影響について研究を行い，それがリスク評価に対する対応として解釈できるかもしれないと考えた．彼らは，リターンと共分散行列にヒストリカルな予測値を使い，空売りを排除したところ，分散化を強制することによってその条件を付けないモデルよりも実際のパフォーマンスが改善されることを発見した．

Kallberg and Ziemba (1984) の研究に続き Chopra and Ziemba (1983) は，平均値の誤差は分散の誤差よりも影響が大きく，また，分散の誤差は共分散の誤差よりも重要であることを示した．彼らのシミュレーションによると，それらの誤差の大きさは 20 対 2 対 1 である．このことは先の知見を計量化するとともに，資産平均の評価の重要性を強調している．

もう1つのアプローチはファンダメンタル分析（fundamental analysis）を用いて，外部情報を推定値の修正に使おうというものである (Hodges and Brealey, 1973)．まず考えられる単純な外部データは季節に関する情報である（たとえば，年や月の変わり目や週末効果など）．これは世界中のほとんどの株式市場で観察されている．これらをパラメータ推定に用いることによって，モデルのパフォーマンスに大きな改善が見られるかもしれない．Ziemba (1994) は平均リターンの推定にファクターモデルを使う利点を示している．

おわりに

われわれは1期間の平均-分散ポートフォリオ理論モデルについて考察してきた．しかし，近年の進展ではモデルを多期間に拡張することに注目が集まっている．これらのモデルのほとんどは摩擦のない資本市場を仮定しており，瞬間的な平均-分散モデルの連続を考え，その解を求めているが，これに取引費用の存在を考えると問題が極端に複雑になる．動的ポートフォリオ理論への移行に関するサーベイは Constantinides and Malliaris (1994), Ziemba and Vickson (1975), Huang and Litzenberger (1988), Ingersoll (1987) にある．

⇒ 線形計画法, 非線形計画法.

[John L. G. Board, William Z. Ziemba/中里宗敬]

参考文献

[1] Aneja Y.P., Chandra R. and Gunay E. (1989), "A Portfolio Approach to Estimating the Average Correlation Coefficient for the Constant Correlation Model," *Jl. Finance*, 44, 1435–1438.

[2] Bawa, V.S., Brown S.J., and Klein R.W. (1979), *Estimation Risk and Optimal Portfolio Choice*, North Holland, Amsterdam.

[3] Board, J.L.G. and Sutcliffe C.M.S. (1988), "Forced Diversification," *Quarterly Review Economics and Business*, 28(3), 43–52.

[4] Board, J.L.G. and Sutcliffe C.M.S. (1994), "Estimation Methods in Portfolio Selection and the Effectiveness of Short Sales Restrictions: UK Evidence," *Management Science*, 40, 516–534.

[5] Borch, K. (1969), "A Note on Uncertainty and Indifference Curves," *Review Economic Studies*, 36, 1–4.

[6] Chopra V.K. and Ziemba W.T. (1993), "The Effect of Errors in Means Variances and Covariances on Optimal Portfolio Choice," *Jl. Portfolio Management*, 19, No. 2, 6–13.

[7] Cohen K.J. and Pogue J.A. (1967), "An Empirical Evaluation of Alternative Portfolio Selection Models," *Jl. Business*, 40, 166–193.

[8] Constantinides G. and Malliaris G. (1995), "Portfolio Theory," in *Handbook of Finance*, Jarrow, Maksimovic and Ziemba, eds., North-Holland, Amsterdam.

[9] Efron B. and Morris C. (1975), "Data Analysis Using Stein's Estimator and its Generalizations," *Jl. American Statistical Assoc.*, 70, 311–319.

[10] Efron B. and Morris C. (1977), "Stein's Paradox in Statistics," *Scientific American*, 236, No. 5, 119–127.

[11] Elton E.J. and Gruber M.J. (1973), "Estimating the Dependence Structure of Share Prices Implications for Portfolio Selection," *Jl. Finance*, 28, 1203–1232.

[12] Elton, E.J., Gruber M.J., and Urich T.J. (1978), "Are Betas Best?," *Jl. Finance*, 33, 1375–1384.

[13] Fama E. (1971), "Risk, Return and Equilibrium," *Jl. Political Economy*, 79, 30–55.

[14] Fama E.F. (1976), *Foundations of Finance*, Basil Blackwell, Oxford.

[15] Feldstein M. (1969), "Mean Variance Analysis in the Theory of Liquidity Preference and Portfolio Selection," *Review Economic Studies*, 36, 5–12.

[16] Ferson W. (1995), "Theory and Testing of Asset Pricing Models," in *Handbook of Finance*, Jarrow, Maksimovic, and Ziemba, eds., North-Holland, Amsterdam.

[17] Hodges S.D. (1976), "Problems in the Application of Portfolio Selection," *Omega*, 4, 699–709.

[18] Hodges S.D. and Brealey R.A. (1973), "Portfolio Selection in a Dynamic and Uncertain World," *Financial Analysts Jl.*, 29, March, 50–65.

[19] Huang C.F. and Litzenberger R.H. (1988), *Foundations for Financial Economics*, North-Holland, Amsterdam.

[20] Ingersoll J. (1987), *Theory of Financial Decision Making*, Rowman & Littlefield.

[21] Jarrow R., Maksimovic V., and Ziemba W.T., eds. (1995), *Finance*, North-Holland, Amsterdam.

[22] Jobson J.D. and Korkie B. (1981), "Putting Markowitz Theory to Work," *Jl. Portfolio Management*, Summer, 70–74.

[23] Jobson, J.D., Korkie B., and Ratti V. (1979), "Improved Estimation for Markowitz Portfolios Using James-Stein Type Estimators," *Proceedings Business Economics Statistics Section*, American Statisticial Association, 279–284.

[24] Jorion P. (1985), "International Portfolio Diversification with Estimation Error," *Jl. Business*, 58, 259–278.

[25] Jorion P. (1986), "Bayes-Stein Estimation for Portfolio Analysis," *Jl. Financial and Quantitative Analysis*, 21, 279–292.

[26] Jorion P. (1991), "Bayesian and CAPM Estimators of the Means: Implications for Portfolio Selection," *Jl. Banking and Finance*, 15, 717–727.

[27] Judge G.G. and Bock M.E. (1978), *The Statistical Implications of Pre-Test and Stein-Rule Estimators in Econometrics*, North-Holland.

[28] Kallberg J.G. and Ziemba W.T. (1979), "On the Robustness of the Arrow-Pratt Risk Aversion Measure," *Economics Letters*, 2, 21–26.

[29] Kallberg J.G. and Ziemba W.T. (1983), "Comparison of Alternative Utility Functions in Portfolio Selection," *Management Science*, 29, 1257–1276.

[30] Kallberg J.G. and Ziemba W.T. (1984), "Misspecification in Portfolio Selection Problems," in G. Bamberg and K. Spremann (eds), *Risk and Capital: Lecture Notes in Economics and Mathematical Systems*, Springer-Verlag, New York.

[31] Kraus A. and Litzenburger R.F. (1976), "Skewness Preference and the Valuation of Risk Assets," *Jl. Finance*, 31, 1085–1100.

[32] Lancaster K. (1971), *Consumer Demand: A New Approach*, Columbia University Press.

[33] Levy H. (1969), "A Utility Function Depending on the First Three Moments," *Jl. Finance*, 24, 715–719.

[34] Levy H. and Markowitz H (1979), "Approximating Excted Utility by a Function of Mean and Variance," *American Economic Review*, 69, 308–317.

[35] Markowitz H.M. (1952), "Portfolio Selection," *Jl. Finance*, 7, No 1, March, 77–91.

[36] Markowitz H.M. (1959), *Portfolio Selection: Efficient Diversification of Investments*, Yale University Press.

[37] Markowitz H.M. (1983), "Nonnegative or Not Nonnegative: a Question about CAPMs," *Jl. Finance*, 38, 283–295.

[38] Markowitz H.M. (1987), *Mean-Variance in Portfolio Choice and Capital Markets*, Blackwell.

[39] Merton R.C. (1972), "An Analytic Derivation of the Efficient Portfolio Frontier," *Jl. Financial and Quantitative Analysis*, 7, 1851–1872.

[40] Morris C. (1983), "Parametric Empirical Bayes Inference: Theory and Applications," *Jl. American Statistical Assoc.*, 78, 47–55.

[41] Ohlson J. (1975), "Asymptotic Validity of Quadratic Utility as the Trading Interval Approaches Zero," in *Ziemba and Vickson, op. cit.*

[42] Roll R. (1977), "A Critique of the Asset Pricing Theory's Tests," *Jl. Financial Economics*, 4, 129–176.

[43] Samuelson P. (1970), "The Fundamental Approximation Theorem of Portfolio Analysis in Terms of Means Variances and Higher Moments," *Review Economic Studies*, 37, 537–542.

[44] Sharpe, W.F. (1963), "A Simplified Model for Portfolio Analysis," *Management Science*, 9, 277–293.

[45] Sharpe, W.F. (1966), "Mutual Fund Performance," *Jl. Business*, 39, 119–138.

[46] Sharpe, W.F. (1970), *Portfolio Theory and Capital Markets*, McGraw-Hill, New York.

[47] Sharpe, W.F. (1994), *The Sharpe Ratio*, Technical Report, Stanford University, California.

[48] Szegö, G.P. (1980), *Portfolio Theory, with Application to Bank Asset Management*, Academic Press, New York.

[49] Tobin, J. (1958), "Liquidity Preference as Behaviour Towards Risk," *Review Economic Studies*, 26, 65–86.

[50] Tobin, J. (1965), "The Theory of Portfolio Selection," in *The Theory of Interest Rates*, F. Brechling, ed.

[51] Tsiang, S. (1972), "The Rationale of the Mean Standard Deviation Analysis, Skewness Preference and the Demand for Money," *American Economic Review*, 62, 354–371.

[52] Tsiang, S. (1973), "Risk, Return and Portfolio Analysis: Comment," *Jl. Political Economy*, 81, 748–751.

[53] Ziemba, W.T. (1994), "World Wide Security Markey Regularities," *European Jl. Operational Research*, 74(2).

[54] Ziemba, W.T. and R.G. Vickson, eds. (1975), *Stochastic Optimization Models in Finance*, Academic Press, New York.

ほとんど最適な解
near-optimal solution

最適化問題において，目的関数値が（通常は既知でない）最適目的関数値から見て，一定の範囲内にある実行可能解のこと．

ポラチェック-ヒンチンの公式
Pollaczek-Khintchine formula

M/G/1 待ち行列システムにおいて，L を定常状態における平均系内客数，λ を客の到着率，$1/\mu$ を平均サービス時間，σ^2 をサービス分布の分散としたとき，

$$L = \rho + (\rho^2 + \lambda^2 \sigma^2)/[2(1-\rho)]$$

となる．ここで $\rho = \lambda/\mu$. この式はポラチェック-ヒンチンの公式（P-K formula）として知られている．ときにはリトルの公式を用いてこれから導かれる平均待ち行列長 L_q, 平均待ち時間 W_q, 平均系内滞在時間 W に対する式もポラチェック-ヒンチンの公式と呼ばれることがある．⇒ 待ち行列理論．

ポーリングシステム
polling system

1人のサーバが客のグループ（待ち行列）を循環しながら待ち行列に並ぶ客がいるかどうかを調べ，もしサービスを待つ客がいる場合にはゲート方式あるいは全処理方式といわれる方式にしたがいそれらの客のサービスを行う待ち行列システム．ゲート方式ではその時点に存在した客だけをサービスし，そのサービス中に到着した客のサービスは行わない．全処理方式ではすべての客がいなくなるまでサービスを行う．⇒ 待ち行列ネットワーク，待ち行列理論．

ボロノイ図構成
Voronoi Constructs

はじめに

ユークリッド空間 $\mathcal{R}^d$ の点 p_i の有限集合 S が与えられたとき，点 p_j の〈ボロノイ多面体〉(Voronoi polyhedron) $V(p_j)$ とは，p_j の方が残りのすべての点 p_i より近くなるような点 $p \in \mathcal{R}^d$ の集合である．

そのようなボロノイ多面体（「Thiessen 多角形」あるいは「Wigner-Seitz セル」とも呼ばれる）は凸であり，その境界面は2つの異なる点の垂直2等分面からなっている．ボロノイ多面体の集合 $\{V(p_i) | p \in S\}$ は空間 $\mathcal{R}^d$ を被覆し，その多面体複体は〈ボロノイ図〉(Voronoi diagram) (Voronoi, 1908) あるいは〈ディリクレ分割〉(Dirichlet tesselation) (Dirichlet, 1850) として知られている．調査論文としては，Aurenhammer (1991) と Okabe, Boots and Sugihara (1992) のテキストを参照されたい．

双対な複体のセルは凸で，一般には単体である．双対な複体の単体でないようなセルを単体に分割することにより，〈ドローネー三角形〉分割 (Delaunay triangulation) が得られる（図1）．こうして，$\mathcal{R}^d$ の任意の集合 S の凸包の，S の点を頂点とする単体分割（三角形分割）の正準的なスキームが得られる．点の集合が同一のポアソン過程で選ばれるという条件のもとで，ボロノイ図やドローネー三角形分割の様々なパラメータの統計的性質が得られている（Miles, 1970; Stoyan, Kendall and

Mecke, 1987).

ドローネー三角形分割

各点 $p_i \in S$ に対して，ドローネー三角形分割は点 p_i から（ユークリッド距離のもとで）最近隣接点 $q \in S$ への辺を含む．特に，ドローネー三角形分割は S の最小距離を実現する2点間の辺をすべて含む．ドローネー三角形分割の1-骨格（1-skeleton）は〈相対隣接グラフ〉(relative neighborhood graph) を含み (Toussaint, 1979)，さらにそれは，ユークリッド距離の最小全域木 (minimum spanning tree) を含む．ドローネー三角形分割はこのように，様々な近接問題を解くのに適した道具である (Shamos anad Hoey, 1975)．ドローネー三角形分割は，できるだけ小さな角度の三角形を避けるので（図1参照），本質的には唯一で簡単に決定できる．そのような三角形は，工学上区分的に線形な曲面の構成や「有限要素」(finite element) 法にしばしば応用されている．

ドローネー三角形分割は以下の〈空球基準〉(empty sphere criterion) で特徴付けることができる．すなわち，ドローネー三角形分割に含まれる単体の外接球はドローネー三角形分割のどの頂点も内部に含まない (Delaunay, 1934)．この基準により，「縮退」（すなわち，複数の単体が共通の外接球を共有すること）がなければ三角形分割は唯一に決定される．

2次元では，三角形分割に含まれる各三角形の内角の最小角を選びその角を小さい順に並べてその三角形分割を規定すると，同一の点集合における三角形分割の中で上記の系列で辞書式順序で最大のもの（等角度性，equangularity）が，空球基準に相当する．すべての内角を小さい順に並べてできる系列で辞書式順序で最大のものとすると，縮退が存在するとき，それはより強い要請になり，縮退時のタイブレークとして用いることもできる．

n 点の集合 $S \subset \mathcal{R}^d$ のドローネー三角形分割は，適切に選んだ $\mathcal{R}^{d+1}$ の n 個の点の凸包を $\mathcal{R}^d$ に射影することによって得ることができる．すなわち，「立体的射影」(stereographic projection) として球上の点として選ぶこともできるし，あるいは三角形分割の空間に垂直な方向を回転軸とする回転放物面上の点として選ぶこともできる．これは，d 次元空間のボロノイ図/ドローネー三角形分割構成問題は，より一般的な $d+1$ 次元空間の凸包問題を解くことで解けることを意味している．

与えられた三角形分割が空球基準を満たしているかどうかを検査するためには，各単体の頂点でない他のすべて

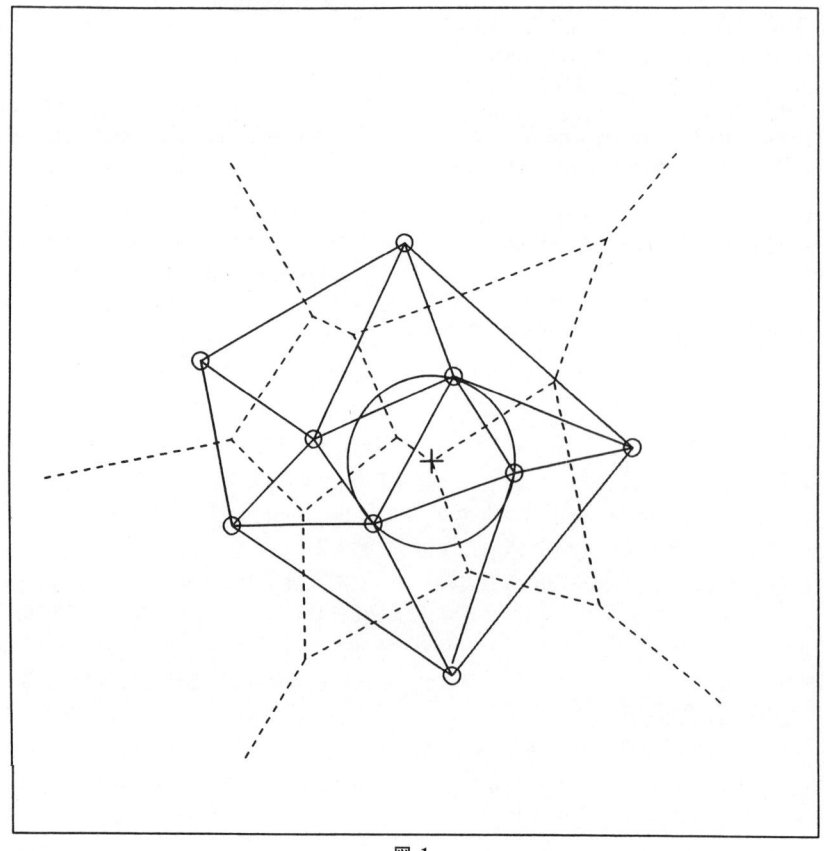

図 1

の点に対して空球基準が満たされていること示すことが必要であるというわけではない．すなわち，和集合をとると凸となるような（ファセットを介して）隣接する2単体が共有する境界面のファセット上にない2点に対して，それぞれもう一方の外接球の内部に含まれるかどうかを検査するだけでよい．これは，隣接するファセットの角度を検査して（超）曲面の凸性を確立することに対応する．2次元においては，上記の基準は辺を共有する2つの三角形で形成される四辺形のうちで特に凸四辺形に対して，正しい対角線が与えられた三角形分割の辺となっているかどうかを確かめることに対応する（Lawson, 1977）．これにもとづいて，〈挿入法〉(insertion method) などの各種の単純で効率的な手法では四辺形の対角線交換をしている．一方，分割統治法（divide-and-conquer）や「平面走査法」(plane sweep) にもとづいて，平面上のn点のドローネー三角形分割を$O(n\log n)$の時間で構成できる．$O(n)$の平均時間でボロノイ図を求めることが Bentley, Weide and Yao (1980) と Dwyer (1991) で議論されている．

実際の応用では，ドローネー三角形分割の特徴（不必要にとがった三角形のないことおよび本質的に唯一であること）を保存しながら，前もって指定した辺を用いる平面上の三角形分割が要望されることも多い．そのような状況での空球基準は，三角形のどの点からも前もって指定された辺のいずれにもブロックされず見えるような点（可視性，visibility）に対してのみ，外接円の内部に入るかどうかを検査するだけでよいというふうに一般化できる．この一般化された空球基準のもとで〈制約付きドローネー三角形分割〉(constrained Delaunay triangulation) が定義でき，それは円周上の点の集合以外では唯一である（De Floriani and Puppo, 1988）．

ボロノイ図の重要な一般化として，〈有力図〉(power diagram)（Aurenhammer, 1987）あるいは〈根軸ボロノイ図〉(radical Voronoi diagram)（Gellatly and Finney, 1982）と呼ばれるものがある．そこでは，点の代わりに正の半径をもつ球が与えられている．2つの球の共通部分は実であれ虚であれ，「根軸」(radical)（超）平面として定義される平面上にある．この（超）平面が古典的なボロノイ図の垂直2等分面と同じ働きをする．中心が$p_i \in \mathcal{R}^d$で半径が$r_i \geq 0$の球の集合の根軸ボロノイ図はこうして$\mathcal{R}^{d+1}$次元の点(p_i, r_i)の古典的なボロノイ図ともとのd次元空間との共通部分をとることで得られる．根軸ボロノイ図は，異なる原子半径の差を計算するため結晶学で用いられる．

対応する$\mathcal{R}^d$の〈根軸ドローネー三角形分割〉(radical Delaunay triangulation) は修正した空球基準を満たす．各単体に対して，$d+1$個の球に直交する唯一の球Kを考える．すると他の球はKに対して直交的に内部（orthogonally interior）ではない，つまり，どれもKに直交する位置からKの中心に向かってシフトすることはできない．

ボロノイ図/ドローネー三角形分割に関しては他にも様々な一般化が存在する．ユークリッド距離の代わりに別の距離や，点集合の代わりにより一般的な図形の集合なども考えられている．さらに，「k番目」(order-k)，「最遠」(furthest point)，「重み付き」(weighted)，「離散」(discrete)，「抽象」(abstract) などの形容詞のついたボロノイ図も考えられている．ユークリッド距離にもとづくボロノイ図は，超平面の〈アレンジメント〉(arrangement) から得られる，セル複体の例である．一般的に，そのようなセル複体のデータ構造，アルゴリズム，および組合せ的成果に関しては，Edelsbrunner, O'Rourke and Seidel (1986) を参照されたい．

⇒計算幾何学，グラフ理論，最小全域木問題．

[Isabel Beichl, Javier Bernal, Christoph Witzgall, Francis Sullivan/浅野孝夫]

参考文献

[1] F. Aurenhammer (1987), "Power diagrams: properties, algorithms, and applications," *SIAM Jl. Comput.*, 16, 78–96.

[2] F. Aurenhammer (1991), "Voronoi Diagrams – a survey of a fundamental geometric data structure," *ACM Computing Surveys*, 23, 345–405.

[3] J.L. Bentley, B.W. Weide, and A.C. Yao (1980), "Optimal expected-time algorithms for closest point problems," *ACM Trans. Math. Software*, 6, 563–580.

[4] B. Delaunay (1934), "Sur la sphère vide," *Bull. Acad. Sci. USSR VII: Class. Sci. Mat. Nat.*, 793–800.

[5] G.L. Dirichlet (1850), "Uber die Reduction der positiven quadratischen Formen mit drei unbestimmten ganzen Zahlen," *Jl. Reine Angew. Math.*, 40, 209–227.

[6] L. De Floriani and E. Puppo (1988), "Constrained Delaunay triangulation for multiresolution surface description," *9th International Conference on Pattern Recognition*, Rome, Italy, 1, 566–569.

[7] R.A. Dwyer (1991), "Higher-dimensional Voronoi diagrams in linear expected time," *Discrete Comput. Geom.*, 6, 343–367.

[8] H. Edelsbrunner, J. O'Rourke, and R. Seidel (1986), "Constructing arrangements of lines and hyperplanes with applications," *SIAM Jl. Comput.*, 15, 341–363.

[9] B.J. Gellatly and J.L. Finney (1982), "Characterizations of models of multicomponent amorphous metals: the radical alternative to the Voronoi polyhedron," *Jl. of Non-Cryst-Solids*, 50, 313–329.

[10] C.L. Lawson (1977), "Software for C^1 surface interpolation," in *Mathematical Software III*, J.R. Rice (ed.), Academic Press, New York.

[11] R.E. Miles (1970), "On the homogeneous planar Poisson process," *Mathematical Biosciences*, 6, 85–127.
[12] A. Okabe, B. Boots, and K. Sugihara (1992), *Spatial Tesselations: Concepts and Applications of Voronoi Diagrams*, Wiley, New York.
[13] M.I. Shamos and D. Hoey (1975), "Closest-point problems," *Proc. 16th Annu. IEEE Sympos. Found. Comput. Sci.*, 151–162.
[14] D. Stoyan, W.S. Kendall, and J. Mecke (1987), *Stochastic Geometry and Its Applications*, Wiley, New York.
[15] G.T. Toussaint (1980), "The relative neighborhood graph of a finite planar set," *Pattern Recognition*, 12, 261–268.
[16] M.G. Voronoi (1908), "Nouvelles applications des paramètres continus à la théorie des formes quadratiques," *Jl. Reine Angew. Math.*, 134, 198–287.

ホーン節
Horn clause

A→Cの形式をした論理表現 (logical expression) であり，A（前提部）は基本的な（原子）命題の連結 (and) 結合であり，C（結論部）は空であるか単一の原子命題である（訳注：ホーン節の概念は命題論理だけでなく述語論理においても成立する）．⇒人工知能．

ま

前向き連鎖
forward chaining

真であるという前提が確立されたルールをすべて発火させることによって，推論エンジンが未知変数に対する現在の既知の値の影響を決定するような理論へのアプローチのこと．⇒人工知能，エキスパートシステム．

マーケティング
Marketing

はじめに

経営管理機能としてのマーケティングには広告，販売，市場調査などの活動が含まれる．マーケティングはまた，顧客への価値を創造する新製品や新サービスを創造してそれを立ち上げることを目的とした，多くの職能にまたがる新製品開発プロセスでも中心的な役割を担う活動である．〈理念的〉には，マーケティングは顧客のニーズを理解，予測して，それに合わせることの必要性を組織が成功するための鍵と見なすことにある．ここでは顧客が，提供される製品やサービスの価値に対する最後の審判者である．このような顧客指向のマーケティングの理念は組織の内部顧客やその他の利害関係者に対しても拡張される．

このように，マーケティングは人間の欲求や要求を予想，理解し，それを製品やサービスに対する（経済学者が使う用語としての）需要に変換する活動に関するものである．これらの欲求や要求は製品やサービスによって充足される．製品やサービスにはそれぞれ特定の物理的およびイメージ的な特徴があり，それらはダイレクトセールスから小売店の店頭販売，メールオーダ，双方向テレビ番組に至る多岐にわたる流通チャネルを通して顧客の手許に渡される．このような中から1つの交換が実現するためには，個々人は（広告やその他の媒体を通して）その製品の存在を認識，理解し，（その製品の総費用，すなわち販売促進のための特典なども考慮した購入価格に維持，利用，廃棄のための費用を含めた費用と，その製品の性能やイメージによってもたらされる便益とを比較して）その製品にお金を払う価値があることを見いだして，この交換過程に参加する．

交換は市場で行われる．市場は特定の要求をもち，その要求を満足させるために交換に進んで応じる用意のある潜在顧客から成り立っている．以上の諸点を要約して，米国マーケティング学会 (American Marketing Association) はマーケティングを「個人ならびに組織の目標を満足させるような交換を形成するために，アイデア，財およびサービスの概念化，価格設定，販売促進および流通の計画と実行のプロセス」と定義している．

マーケティングに関する諸問題に対して OR/MS が明確な役割を担うものであることは，上記の定義からも読み取ることができる．マーケティングシステムの中心にいるのは顧客であるから，その行動の特徴付け，理解および予測に OR/MS のモデリングアプローチが役立つことになる．顧客や組織の購買担当者にとって，この行動には要求や欲求に対する解の探索，代替案のスクリーニングや評価，最適な代替案の選択，購買行動そのもの，将来の購買行動に影響を与える購買後のフィードバックと学習などが含まれる．

企業ならびに（博物館，政府機関などの）その他の組織は，製品設計，価格設定，流通，販売促進，広告宣伝，対面販売，あるいはこれらに対して起こりうる反応などの意思決定に対して，個人行動に関する知識やモデルを活用することができる．さらに，より上位のレベルではこれらの意思決定は（財務，製造，R&D などの）他の経営管理活動と統合，調整される必要があり，また，当該企業あるいは組織がもっている他の製品や市場に関する意思決定とも関連付けられる必要がある．これらの中には製品間，市場間，流通経路間あるいは事業領域間での重要資源の配分などの意思決定も含まれる．

OR/MS マーケティングモデルの諸類型

マーケティング領域における OR/MS には基本的には3つの目的がある．それらは，計測，意思決定，および理論構築である．これらに対応するモデルをそれぞれ計測モデル (measurement model)，意思決定モデル (decision making model)，様式化された理論モデル (stylized theoretical model) と呼ぶ（もっとも，これらの「カテゴリー」をモデルの目的の多元性を表す分類次元として解釈することも有効であろう）．

計測モデル：計測モデルの目的は，多数の独立変数からなる関数として表されたある製品の実際あるいは予想される「需要量」を計測することである．ここでいう「需要量」とは広く解釈されるべきものであり，必ずしも製品の「単位数」である必要はなく，それに関連する変数でもよい．たとえば，Guadagni and Little (1983) のモデルでは，ある個人が特定の銘柄を特定の購買状況で

購入する確率を従属変数としている．他の選択モデルでは独立変数として，当該銘柄が特定の購買状況でセール中であるかどうか，そのブランドの通常価格，（もしあれば）セール価格，個人のブランドロイヤリティ，などを含むものもある．さらに，このようなモデルの中には，（認知度，初回購入，反復購入などの）定常状態の需要として顕在化する前の状態変数に焦点を合わせているものもある．これらの例は，計測モデルでは（集計されていない）個人の需要も（セグメントレベルあるいはマーケットレベルの）集計された需要も，また遷移状態の需要も定常状態の需要も取り扱えることを示唆している．計測モデルの発展は，よりよいデータ（たとえばPOSデータなど），あるいはよりよい補正方法や手続き（たとえば一般 logit モデルのための最尤法など）に負っていることを注意しておきたい．最近における顧客満足（customer satisfaction）や顧客が規定する品質（customer defined quality）への関心の高まりとともに，OR/MS 計測モデルは比較的単純な調査ベースのアプローチからこれらの構成概念の計測へと大きく拡張されうるものである．たとえば，Green and Krieger (1993) は顧客満足の尺度に多次元尺度構成法をベースにしたアプローチを開発した．

意思決定モデル：このモデルはマーケティング担当の経営管理者が行う意思決定を支援してよりよいものにするように設計されている．これらのモデルには，その構成要素として計測モデルが組み込まれているが，管理者に対して最適なマーケティングミックスの決定を提示する点で計測モデルをはるかに超えるものである．最適な方策を導出するために使用される手法は，対象適用領域によって様々であるが，微積分，動的計画法，最適制御や変分法，あるいは線形計画法や整数計画法などの手法が含まれる．これらのモデルは個々のマーケティング変数ごとに，あるいはマーケティング計画全体（すなわち価格設定や流通も含めた製品およびサービスの提案）に対して開発されてきた．Little (1975) の BRANDAID はこのようなモデルの1例である．

様式化された理論モデル：このモデルの目的はマーケティングの諸現象を説明し，洞察を与えることである．すなわち，典型的な様式化された理論モデルは，特定のマーケティング環境を記述する一群の仮設から始まる．これらの仮設の中には分析を行いやすくするために純粋に数学的，ただし直感的に論理的なものもあるが，他の仮設は現実の経験を基礎にした実質的な仮設である．この領域でモデル化に努力を注いだものとして2つの有名なモデルがある．Bell, Keeney and Little (1975) は，マーケットシェアのモデルとしてどのような形の関数が特定の「リーズナブルな」基準に対して一貫性をもっているかを示した．また，Basu, Lal, Srinivasan and Staelin (1985) は，企業とセールスマンの目標と行動に関する一群の仮定の下で，販売部門に対してどのような形態の補償プランが最適であるかを示した．

マーケティングサイエンスの出現

マーケティング領域における OR/MS は 1960 年代から 1970 年代にかけてその成長を開始したことは衆目の一致するところである．文献ではマーケティングの諸問題に対して様々な OR/MS の手法を適用している．これらの問題には製品設計・開発の決定，流通システムの決定，販売部門管理の決定，広告およびマスコミの決定，販売促進の決定問題などが含まれている (Kotler, 1971)．1960 年代およびそれ以前に普及していた OR/MS の手法には，数理計画法，シミュレーション，消費者の選択行動モデルに適用された確率過程，応答関数解析，様々な形の動的モデル（通常は1次の差分あるいは微分方程式）などがある．ゲーム理論の適用例もいくつか報告されているが，競争を取り扱ったモデルの多くは決定分析，リスク分析，あるいはマーケットシミュレーションゲームを用いている．

1970 年代には OR/MS の文献に現れるマーケティング関連の記事数は，1952 年から 1969 年までの期間に比べて約3倍になっている (Eliashberg and Lilien, 1993)．記事数の増加に加えて，Schultz and Zoltners (1981) および Lilien and Kotler (1983) の行ったレビューでは，様々な新領域が出現してきたことを指摘している．これらの中にはマーケティング意思決定の記述モデル，マーケティングが組織設計に与える影響および相互作用，主観的な決定問題，戦略的計画モデル，公共機関および非営利組織のモデル，組織の購買モデル，マーケティング意思決定支援システム (MDSS) の概念の出現などが含まれる．さらに，出版された記事の数が劇的に増加する一方で，組織の業績に与える影響については同様に顕著な伸びとはいいにくく，効果的な実施についての疑問が提示されることになった．1970 年代の文献の多くが適用領域の拡大の必要性を示している．1970 年代に著された論文のいくつかでは，その「制限」の節の中で，従来見落とされていた多くの現象（たとえば競争，動態，マーケティング決定変数間の相互作用など）があって，それらは重要であるとともに，本質的にモデルを複雑なものにすることを指摘している．これらの点から，マーケティング分野におけるモデルの複雑さと分析の洞察力の深さは，1980 年代およびそれ以降ではさらに上昇することが運命付けられているように思われた．

1980 年代には，マーケティング分野で刊行された OR/MS の記事数は，前の10年に比べてさらに倍以上の伸びが見られた．この成長の多くをもたらした2つの領域は，上記の様式化された理論モデルとプロセス指向モデルで

ある．製品ライフサイクルの短縮と市場における競争者の反応が与える影響は，多くの市場で定常状態あるいは均衡状態に近付くのを妨げることになった．このことから，新たに発生した研究領域には消費者行動のモデル化の新分野（ここでは消費者の反応に影響を与える刺激の時間特性が最近の研究の焦点となっている），新製品分野（競争者の動きや反応によっても市場が定常状態に保たれること），および交渉（1つの集団の行動が他の集団に情報を提供すること，交渉プロセスの流れを方向付けること）が最近のOR/MSモデル化の中で多く見られるようになってきた．

マーケティング分野におけるOR/MSの動向

マーケティング分野におけるOR/MSの文献は膨大な量にのぼるが，包括的なレビューがLilien, Kotler and Moorthy (1992) およびEliashberg and Lilien (1993) によって行われている．様々なモデルがマーケティングのほとんどの側面と市場の解明のために用いられてきたが，マーケティングの研究は適切なモデル化によって徐々に統合されつつある．過去の発展は包括的であり，将来はさらに挑戦的である．現在の主要な動向を以下に列挙する．

1. マーケティングのOR/MSはマーケティングの学術的な発展とマーケティングの実務の双方に重要な影響を与えている： 1980年代にOR/MSアプローチを強調する2つの重要な雑誌，すなわち *Marketing Science* と *International Journal of Research in Marketing* (*IJRM*) が創刊された．両誌とも健全でポピュラーであり，特に研究者間で絶大な影響力をもつ．両誌ともマーケティングモデルの発展を反映している．マーケットモデルの実務への適用と影響に関して2つの卓越した検討がLittle et al. (1994) とParsons et al. (1994) に収録されている．もっとも，多くのマーケティングサイエンスモデルの影響力が語られているにもかかわらず，これらのモデルが潜在的な受益者，特にトップマネジメントに採用されることはまだほんの一部に限られている．よりよいOR/MSモデルが採用されることは，マーケティングサイエンスとOR/MSの専門家が直面している大きな機会を表している．

2. 新しいデータソースがマーケティングのモデル化に対する主要な影響力となりつつある： 1980年代にマーケティングモデルの分野に最も大きな影響を与えたものの1つはPOS端末によるスキャナデータの開発である．学会の全国大会ではPOSデータの利用方法に関するセッションが少なくとも2つ以上開かれるのが典型的であるし，最近もこのトピックに特化した会議が開催され，IJRMも特集号を刊行している．POSとこれに密接に関連した単一ソースデータ（通信回線使用料がPOS端末から収集されたデータと結合されて日計表に表示される）によってマーケティングサイエンスの専門家は従来よりもはるかに高い精度でモデルを開発，テストできるようになった．実際，膨大な量が発生するこの種の新しいデータは，このデータが本来的にもっている新しい情報の流れを管理するための新しいツールを産み出すことになった (Schmitz, Armstrong and Little, 1990)．

3. 様式化された理論モデルがマーケティング分野における研究の主流になった： ミクロ経済学の分野はマーケティングの数量化モデルの発展に対して常に大きな影響を及ぼしているが，この影響は1980年代に入ってさらに深化した．*Journal of Business* の1980年7月号は，マーケティングと経済学とのインタフェースに関する会議のプロシーディングスについて報じている．1987年1月にはEuropean Institute for Advanced Studies in Management が同様のトピックに関して会議を開催して「2つの学問領域の結合は確実に強まった」と報告している (Bultez, 1988)．主要な理論モデルの開発は，主に価格設定，消費者行動，製品政策，販売促進，販売チャネルの決定の領域のものであるが，Lilien et al. (1992) で詳細に述べられており，マーケティングの研究者に対する影響力は劇的であること，これらの理論を実務で検証するための機会を得ることも等しく重要であることが指摘されている．

4. 新しいツールと方法がマーケティングモデルの内容を変容させつつある： *Journal of Marketing Research* の1982年11月号では因果モデルが取り上げられた．当時としては比較的新しい方法論であった因果モデルは，現在ではマーケティング分野で行動面の諸現象に対する説明モデルを構築する場合のアプローチの主流となっている．新しい発展は計量心理学モデルでも起こっている．*Journal of Marketing Research* は1985年8月号でマーケティング分野おける競争の特集を行い，そこでゲーム理論，最適制御理論，マーケットシェア/応答モデルなどの技法はマーケティングモデルの構築者にとって必須のツールキットになるであろうと指摘している．さらに人工知能とエキスパートシステムのアプローチに対する爆発的な関心の高まりと，このアプローチが伝統的なマーケティングのモデル化アプローチを補完しうる潜在能力は，マーケティング分野の規範とパラダイムを変化させる可能性を秘めている．マーケティング分野のエキスパートシステムについてはIJRM の1991年4月号とRangaswamy (1991) の中で議論されている．

5. 競争と相互作用が今日のマーケティングモデルの主要な推進力となっている： 市場の飽和と生き残りを賭けた経済闘争はマーケティングモデルに対する関心の焦点を変えてきたが，これは多分今後も永久に続くであろう．*Marketing Science, Journal of Marketing*

Research, Management Science（マーケティング関連記事のみ）3誌の1989年と1990年の2年分の記事に対してキーワード検索を行ったところ，「競争」，「競争戦略」，「非協力ゲーム」，「競争的参入」，「遅延参入」，「市場構造」のキーワードは，同一記事に対してこれらのキーワードが複数個登録されていることが判明した．同様の分析を1969年と1970年のJournal of Marketing Research, Management Science, Operations Research（Marketing Science発刊後はこの雑誌からマーケティング分野はなくなってしまったが，この時点ではマーケティング分野の主要雑誌の1つであった）3誌に対して行ったところ，これらの用語はほとんど見つからなかった．

要するに，OR/MSアプローチはマーケティング理論とマーケティング実務に主要な影響力を与えてきた．マーケティングサイエンスは今日の経営管理者が直面している重要な問題の多くを取り扱うべき研究領域として見なされている．その将来は，経営管理者および社会の利益のために新しいマーケティングサイエンスのモデルを構築，検証，適用を行うことで活気ある新たな発展の期が熟しつつある．

⇒ 決定分析，ゲーム理論，線形計画法，小売業．

[Jehoshua Eliashberg, Gary L. Lilien, Yoram (Jerry) Wind/青木武典]

参考文献

[1] Basu, A., R. Lal, V. Srinivasan and R. Staelin (1985), "Salesforce Compensation Plans: An Agency Theoretic Perspective," *Marketing Science*, 4, 267-291.
[2] Bell, D.E., R.L. Keeney and J.D.C. Little (1975), "A Market Share Theorem," *Jl. Marketing Research*, 12, 136-141.
[3] Bultez, A. (1988), "Editorial for special issue on marketing and microeconomics," *International Jl. Research in Marketing*, 5, 221-224.
[4] Eliashberg, J. and G.L. Lilien, eds. (1993), *Handbooks In Operations Research and Management Science: Marketing*, Elsevier, Amsterdam.
[5] Green, P.E. and A. Krieger (1993), "Voice: An Analytical and Predictive Model for Measuring Customer Satisfaction," Wharton School working paper, University of Pennsylvania, Philadelphia.
[6] Guadagni P. and J.D.C. Little (1983), "A Logit Model of Brand Choice Calibrated on Scanner Data," *Marketing Science*, 2, 203-238.
[7] Kotler, P. (1971), *Marketing Decision Making: A Model Building Approach*, Holt, Rinehart and Winston, New York.
[8] Lilien, G.L. and P. Kolter (1983), *Marketing Decision Making: A Model Building Approach*, Harper & Row, New York.
[9] Lilien, G.L., P. Kotler, and K.S. Moorthy (1992), *Marketing Models*, Prentice-Hall, Englewood Cliffs, New Jersey.
[10] Little, J.D.C. (1975), "BRANDAID: A Marketing Mix Model. Part I: Structure; Part II: Implementation," *Operations Research*, 23, 628-673.
[11] Little, J.D.C. et al. (1994), Commentary on "Marketing Science's Pilgrimage to the Ivory Tower," by Hermann Simon. In G. Laurent, G.L. Lilien, and B. Pras, eds., *Research Traditions in Marketing*, 44-51, Kluwer Academic Publishers, Norwell, Massachusetts.
[12] Parsons et al. (1994), "Marketing Science, Econometrics, and Managerial Contributions," Commentary on "Marketing Science's Pilgrimage to the Ivory Tower," by Hermann Simon. In G. Laurent, G.L. Lilien, and B. Pras, eds., *Research Traditions in Marketing*, 52-78, Kluwer Academic Publishers, Norwell, Massachusetts.
[13] Rangaswamy, A. (1993), "Marketing Decision Models: From Linear Programs to Knowledge-based Systems." In J. Eliashberg and G.L. Lilien, eds., *Handbooks in Operations Research and Management Science: Marketing*, 16, 733-771, Elsevier, Amsterdam.
[14] Schmitz, J.D., G.D. Armstrong, and J.D.C. Little (1990), "CoverStory: Automated News Finding in Marketing," *Interfaces*, 20(6), 29-38.
[15] Schultz, R.L. and A.A. Zoltners (1981), *Marketing Decision Models*, North Holland, New York.
[16] Wind, Y. (1993), "Marketing Science at a Crossroad," inaugural presentation of the Unilever Erasmus Visiting Professorship in Marketing at the Erasmus University, Rotterdam.
[17] Wind, Y. and G.L. Lilien (1993), "Marketing Strategy Models," In J. Eliashberg and G.L. Lilien, eds., *Handbooks in Operations Research and Management Science: Marketing*, 17, 773-826, Elsevier, Amsterdam.

待ち行列規律

queueing discipline

次にサービスされる客を選ぶ規則．先着順（FCFS）では待ち行列の先頭の客が選ばれ，後着順（LCFS）では待ち行列の最後尾の客が選ばれる．ランダム順（SIRO）では，待っている客の中から一様分布にしたがってランダムに選ばれる．⇒ 待ち行列理論．

待ち行列推測エンジン

Queue Inference Engine

毎月，銀行から計算書と一緒に，銀行であなた自身が待った時間の分布を計算した結果を受け取る，ということを想像してみよう．銀行で待った待ち行列は，出納係の前の待ち行列でもATM（自動預入支払機）の前の待

ち行列でもよい．待ち行列推測エンジン（QIE: queue inference engine）の技術によって，このような新しい問題が答えられるようになってきているのである．

背景，動機，概観

QIE は 1980 年代の終わり頃に全米科学財団の補助の下，米国東部マサチューセッツの銀行であるベイバンクのために M. I. T. が待ち行列的に研究した結果誕生したものである．ベイバンクは3か所のATMサイトから採取した膨大な業務取引データを提供した．ベイバンク側からの問題は次のようなものであった．「どのサイトのATMが待ち行列的観点から混みすぎていて，そのためATMの容量を増やさなければならないか？」取引データは，1か月間のすべての顧客のATM取引時刻からなっている．

この問題に対する最初のアプローチは伝統的なものだった．すなわち，到着率やサービス時間を取引データから推定し，アーランの公式とかM/G/1モデルのようによく知られた定常状態待ち行列モデルを用いるアプローチであった．ところが取引データをよく調べたところ，待ち行列のサンプルパスの本質的な部分がその中に保存されていることが認められた．つまり取引データ集合の中には，「ノート」と「ストップウォッチ」を用意して実際の待ち行列に並んで得られるような情報が部分集合として含まれていたのである．たとえば，どの客が待たされたかは次のようなサインを認識することによって識別できる．すなわち，客が待たされるのは，全部のATMが稼働中であるときに，同じATMでサービス終了と次のサービス開始時間が引き続いているときである．実際，このように引き続いている状況でサービスに入る客はほとんど確率1で待ち行列に並んでいる．さらに，時間的に隣接しているこのサインを辿ることによって，ある1つの混雑期間中に待たされた客全体を識別することができる．ここで〈混雑期間〉（congestion period）というのは，N人のサーバすべてが稼働中である状態が連続的に続く期間のことである（ただし客がサービスを完了して退去してから，待ち行列に並んでいた次の客がサービスを受けはじめるまでの短い時間は無視する）．われわれ，M. I. T. グループは，この取引データ集合がこれ以外にも待ち行列関連の情報を含んでいないか，さらにデータの中味について吟味した．

驚いたことには，取引データ集合の部分情報から様々な待ち行列の評価尺度が各混雑期間に対して得られ，これらの尺度（平均遅延，平均待ち行列長，待ち行列長分布，そして過渡的な平均待ち行列長でさえも）がポアソン到着の仮定の下に効率的に計算できたのである．これらの初期の研究結果はいろいろな方向に拡張されてきている．

この項では，焦点を次の4つに合わせる．(1) QIE を適用しうる物理的状況を解説し，(2) QIEの結果をもたらす3つの解析的なアプローチのうちの1つを記述し，(3) この新しくて魅力ある分野で発表されてきている文献を紹介し，(4) いくつかの実用化実験を簡単に議論する，ことである．

待ち行列推測問題の実例

小売販売： 人がサーバであるほとんどの小売りサービスシステムでは，現代的な POS（point of sales）システムや顧客検知装置（たとえば，圧力感応マットとか赤外線/超音波検知器など）から業務取引データを収集しなければならない．ATMでは取引データ収集は自動的に行われ，客が銀行カードを挿入した時点（サービス開始に相当）と ATM がそのカードを出した時点（サービス終了）の時間が記録される．ATM にQIEを適用して得られた待ち行列の統計量から，銀行管理者は各サイトのATM利用状況を把握し，さらにATMを増設（あるいは減少）すべきかどうか判断することができる．人がサーバである銀行・郵便局・ファーストフードレストランなどの小売販売に QIE を適用すると，管理者は (1) 待ち時間が規定した品質値以内にあることを確認するために，その日またはその週のサービス水準を監視することができ，(2) 日・週単位でサーバを最適にスケジューリングできるようになる．

通信システムにおける目に見えない待ち行列： 多くの有限容量通信システムでは，混雑期間の間，システムの外に目に見えない客の待ち行列があり，それらの客はシステムにアクセスを得るべく，繰り返しトライする．一例がk-チャンネル陸上移動無線方式である．k本のチャンネルがすべて同時に使用中なときは，メッセージを送信しようとする（しばしば野原とか車の中にいる）ユーザが連続的にチャンネルの利用状況を監視し，k本のうちの1つでも空いたらすぐそのチャンネルを捕捉しようとする．任意時刻tにおいて，このように潜在的に空きチャンネルを待っているユーザ数が$n(t)$人存在するならば，これら$n(t)$人は空間的に分散した目に見えない待ち行列を構成している．この待ち行列は，チャンネルをアクセスしようとするユーザが新たにポアソン到着するとさらに長くなる．メッセージの終了後ほとんど間をおかずチャンネルをとらえることのできたユーザが，次の客となる．サービス規律は，まず絶対，先着順とはならない．QIEの見地からすると，記録される時点は客がチャンネルのアクセスに成功した（サービス開始）時点ならびにメッセージ送信完了した（サービス終了）時点である．これらの時点がルーチン的にモニターできて自動的に記録されると，QIEが適用でき，待ち行列的な挙動を推測することができる．同様の適用例は，若干の

変更を加えて，航空電話・移動体セルラー電話・一般加入電話システムや様々なデジタル式通信ネットワークに見いだすことができる．

順序統計量と QIE 性能尺度

待ち行列推測問題の解析では，順序統計量がその基本になっている．パラメータ $\lambda > 0$ をもつ斉時ポアソン過程を考えよう．ある時間区間 $[0, T]$ を固定し，そのうちにちょうど N 個のポアソン事象（待ち行列では到着）が起こったことを知らされたとしよう．N 個の順序付けられた到着時点を $0 \leq X_{(1)} \leq X_{(2)} \leq \cdots \leq X_{(N)} \leq T$（そして $X_{(N+1)} > T$）とし，N 個の順序付けられていない到着時点を $X_1, X_2, \cdots, X_N, 0 \leq X_i \leq T (i=1, 2, \cdots, N)$ としよう．ポアソン過程が時間的に斉時なため $\{X_i\}$ は互いに独立で $[0, T]$ 上の一様分布にしたがうことはよく知られている．もし，ポアソン過程が非斉時的で時間依存のパラメータ $\lambda(t)$ をもつならば，N 個の順序付けられていない到着時点は互いに独立で $\lambda(t)$ に比例する密度関数をもった $[0, T]$ 上の分布にしたがう．ここでは簡単のため，以下では斉時的な場合に焦点を合わせる．

歩行者待ち行列の例： 待ち行列の推測を説明するために，赤信号の長さが T の信号機がある横断歩道を考えよう．ポアソン到着した歩行者は信号が青に変わるまで縁石で待ち，時刻 T で信号が変わると一斉に道路を横断する（待ち行列の言葉で言えば集団でサービスされる）．赤信号中に到着する歩行者数 N は平均 λT のポアソン分布にしたがう．さて，N を固定しよう．$X_{(i)}$ は i 番目に到着した歩行者の到着時点である．X_i は信号が青に変わる直前に写真を撮り，そのすべての待ち歩行者の中から無作為に抽出した歩行者の到着時点と見なせる．ポアソン到着の仮定から到着時点列が時間軸上に考えられ，到着時点間隔は平均 λ^{-1} の指数分布にしたがって互いに独立に選ばれたと思ってよい．

この歩行者横断実験を行うための等価な方法として，まずポアソン分布から N を選び，次に N 人の歩行者の各々に対して $[0, T]$ 上の一様分布から独立に選んで，その到着時点とする．この結果はポアソン到着時点列の実験値と確率的に等しい．さて，ある T を固定し，赤信号の間で時刻 t までに到着した歩行者数 $N(t)$ を考えよう．第 2 番目のモデルから，$N(t)$ に対して以下のことが容易にわかる．

$$\begin{cases} E[N(t)] = \dfrac{t}{T} N \\ \mathrm{var}[N(t)] = \sigma^2[N(t)] = \dfrac{t}{T} \dfrac{T-t}{T} N \\ \Pr\{N(t) = k\} = \binom{N}{k} \left(\dfrac{t}{T}\right)^k \left(\dfrac{T-t}{T}\right)^{N-k} \end{cases} \quad (1)$$

ここでのデータは，待ち人数 N と赤信号の長さ T である．これらのデータから，待ち行列長の条件付き平均・分散・確率分布の過渡的な値がわかる．同様の論理は他の性能尺度を求める際にも適用され，たとえば，平均待ち時間はこの場合明らかに $T/2$ で与えられる．以上が待ち行列推測の最も簡単な例の 1 つである．

より一般的な待ち行列における待ち行列推測： ほとんどの待ち行列では客は 1 人ずつ退去する．1 つの混雑期間のなかでサービスを終了した客，つまり待ち行列で待った客，の終了時点はデータの部分集合として記録されるが，これらはこれらの客の到着時点に対して不等号制約条件を与えることになる．この不等号制約条件の集合こそ，順序統計量に対する条件付け情報，われわれが待ち行列的挙動を推測するために使う条件付け情報，を生み出すものである．

M/D/1 システムにおいて，ちょうど $N=2$ 人の客が待った混雑期間を調べよう．簡単のためサービス時間は客あたり 1 分とし，時刻 0 でこのサーバ混雑期間が開始するものとする．$N=2$ であるから，この混雑期間内にちょうど 2 人の客が待ち，これらのサービスが終わるとサーバは再び空きになる．全稼働期間（busy period）は，待ち行列に並んだ 2 人と混雑期間を開始させた 1 人の計 3 人の客をサービスする総時間 3 分である．データから，最後（先着順待ち行列規律を仮定すると混雑期間内の 3 番目かつ待ち行列に並んだ客の 2 番目）の客のサービス時間中には新たな客は来ない．2 人の待ち客のうち少なくとも 1 人は $[0, 1]$ に到着していなければならない（そうでないときは時刻 $T = 1^+$ でサービスされるべき客が存在しないから）．同様に 2 番目の待ち客は $T = 2$ までに到着していなければならない．

順序に関する情報がなければ 2 人の待ち客の条件付き到着時間は独立で $[0, 2]$ 上の一様分布にしたがう．確率変数 X_1 と X_2 の結合標本空間では，これは $[0, 2] \times [0, 2]$ 上の一様分布に対応し，以下の 4 つの面積の等しい正方形に分割される．(1) $0 \leq X_1 \leq 1$, $0 \leq X_2 \leq 1$, (2) $1 \leq X_1 \leq 2$, $0 \leq X_2 \leq 1$, (3) $0 \leq X_1 \leq 1$, $1 \leq X_2 \leq 2$, (4) $1 \leq X_1 \leq 2$, $1 \leq X_2 \leq 2$. サービス終了時点に関して追加すべき条件付け情報がなければ，この実験の試行結果はこれら 4 つの部分正方形上に等しく，しかも各部分正方形の上で一様分布にしたがって実現されよう．しかし，データからの条件付け情報があると，$X_{(1)} \leq 1$, $X_{(2)} \leq 2$ という不等式制約条件が課され，したがって部分正方形 (4) は実現されえない．この事象の先験的確率は，支配確率（master probability）と呼ばれるが，3/4 である．待ち客数が一般の N の場合の支配確率は，順序統計量がデータにより課せられる順序不等式を満たす先験的な確率である．効率的に支配確率が計算できれば，興味のある他の特性量のほとんどは容易に求められる．

$N = 2$ の例に戻ろう．もし，X_1 と X_2 が部分正方形 (1)

に入れば，これら2つの到着時点は $[0, 1]$ 上の一様分布にしたがう．もし1つが $[0, 1]$ 上に，他方が $[1, 2]$ 上に（すなわち部分正方形 (2) または (3) に）入れば，最小値は $[0, 1]$ 上の，最大値は独立に $[1, 2]$ 上の一様分布にしたがう．この性質は次のように一般化される（Larson, 1990）．すなわち，1つの混雑期間において t_k を待ち客 k のサービス開始時点とし，N 個の到着時点のうち n_1 個が部分区間 $[t_k, t_{k+1})$ に含まれていることを知っているとする．このときこの n_1 個の到着時点は，$[t_k, t_{k+1})$ 上という条件の下で，互いに独立で一様分布にしたがう．この事実を用いると，データで条件付けられた多くの有用な待ち行列システム性能特性量を得ることができる．

上述の観察を応用すると，ランダムに選ばれた待ち客の到着時点 A の確率密度関数が，図1で示すように階段的に減少していることがわかる．この形の確率密度関数は，任意の N に一般化される（Hall, 1992; Larson, 1990）．無作為に抽出された待ち客の到着時点に対する周辺確率密度関数は，混雑期間中にわたって階段的に減少し，各ジャンプはサービス終了時点 t_i で生起する．

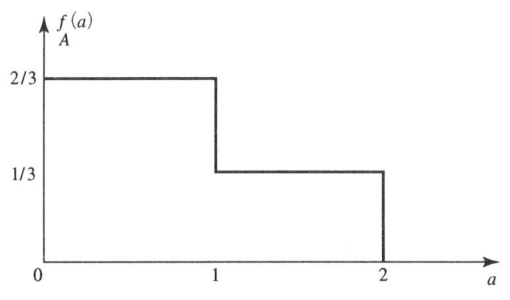

図1 待ち客の到着時点 A の確率密度関数

次に到着の順序を考えると，最初の待ち客の条件付き到着時点 $X_{(1)}$ は $[0, 1]$ 上の2つの一様独立な確率変数の最小値，あるいは単に $[0, 1]$ 上で一様である．前者の状況は実験結果が部分正方形 (1) で起こるときにのみ適用される．同様に，2番目の待ち客の条件付き到着時点 $X_{(2)}$ は $[0, 1]$ 上の2つの一様独立な確率変数の最大値，あるいは単に $[1, 2]$ 上で一様である．前者は再び部分正方形 (1) で起こるときのみに適用される．このような最小・最大確率変数は三角形の確率密度関数をもつので，われわれの結果と合わせて，図2に示すように，待ち客両者のそれぞれの到着時点に対する確率密度関数を得ることができる．最後に待ち時間については，先着順待ち行列規律を仮定すると，最初の待ち客の待ち時間は $1 - X_{(1)}$，2番目のそれは $2 - X_{(2)}$ で与えられる．したがって待ち時間の確率密度関数は図3のように与えられる．もし銀行が「あなたがこの混雑期間中の2番目の顧客だ」ということを知ったならば，銀行はあなたの個人的な銀行待ち時間確率密度関数を作成するために必要な情報をもったことになる．あなたの月間の確率密度関数を得るには，銀行は単に，あなたがその月に受けた銀行サービスに対するこのような条件付き確率密度関数を加えて正規化するだけでよい．

順序統計量の一般的結果と待ち時間推測への応用：サービス終了/開始時点のデータがベクトル $t = \{t_i : i = 1, 2, \cdots, N\}$ で与えられているとしよう．待ち行列推測の設定では，t_i には2種類の定義がある．(1) 混雑期間内で i 番目にシステムを退去する客の退去時点が観測されている，(2) 待ち行列から出て i 番目にサービスを受ける客のサービス開始時点が観測されている（この場合，必ずしも先着順でなくてもよい）．この2種類の集合は等しくはないし，互いに排反でありうる．待ち行列推測エンジンの解析ではサーバ数 M は入ってこないし，サービス時間の分布情報も不要である（たとえば，互いに独立で同一分布にしたがうという仮定は不要である）．ただしサービス時間は到着時点と独立であることは仮定する．どんな混雑期間に対しても，その期間の終了後ならばいつでも QIE の計算をすることができる．

$X_1, X_2, \cdots, X_{N(1)}$ を $[0, 1]$ 内に値をとる互いに独立で同一の分布にしたがう確率変数列とする．ここで変数の数 $N(1)$ は独立な整数値をとる確率変数である．われわれは順序統計量ベクトルが次の N 次元区間に入る確率を数値的に効率よく求めるためのアルゴリズムを探す．

$$\Gamma(\boldsymbol{s}, \boldsymbol{t}) \equiv Pr\{s_1 \leq X_{(1)} \leq t_1, s_2 \leq X_{(2)} \leq t_2, \\ \cdots, s_N \leq S_{(N)} \leq t_N | N(1) = N\} \quad (2)$$

ここで，$\boldsymbol{s} \equiv (s_1, s_2, \cdots, s_N)$，$\boldsymbol{t} \equiv (t_1, t_2, \cdots, t_N)$ で，一般性を失うことなく $\{s_i\}, \{t_i\}$ は単調増加列としてよい．ある時間区間 $(0, T]$ 内の N 個の（順序の付いていない）ポアソン到着時点は互いに独立で同一の一様分布をしているという事実を用い，さらに便宜上混雑期間を $(0, 1]$ にスケーリングすると，上述の記法から $\Gamma(\boldsymbol{o}, \boldsymbol{t})$ が支配確率，すなわち（観測されていない）到着時点 $X_{(1)}, X_{(2)}, \cdots, X_{(N)}$ が不等式 $X_{(i)} \leq t_i (i = 1, 2, \cdots, N)$ を満たす先験的な確率である．ここで "$X_{(i)} \leq t_i$" というのは，i 番目の到着待ち客は i 番目の退去客のサービス終了以前に到着していなければならない，ということを表している．

ポアソン到着過程が斉時的ならば，順序の付いていない到着時点は互いに独立で同一の一様分布にしたがい，過程のパラメータは解析に不要となる．もし到着過程が非斉時的ならば，時刻依存の到着率 $\lambda(t)$ が定数倍を除いてわかっている必要がある．これは累積分布関数

$$F(x) = \frac{\int_0^x \lambda(t) dt}{\int_0^1 \lambda(t) dt}, \quad 0 \leq x \leq 1$$

を計算する必要があるからである．簡単のため $F(x)$ は単調非減少連続関数と仮定しよう．このとき，Jones and

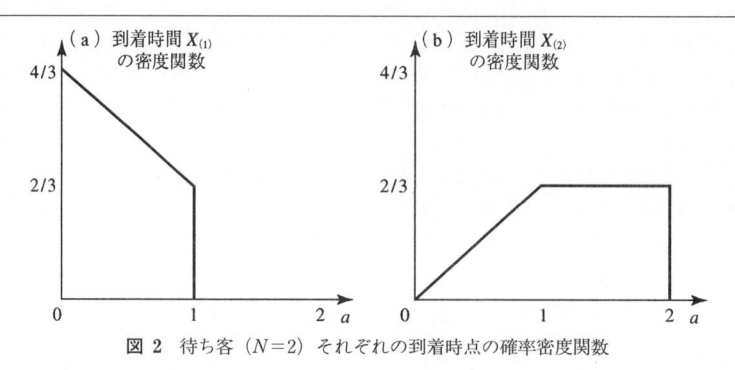

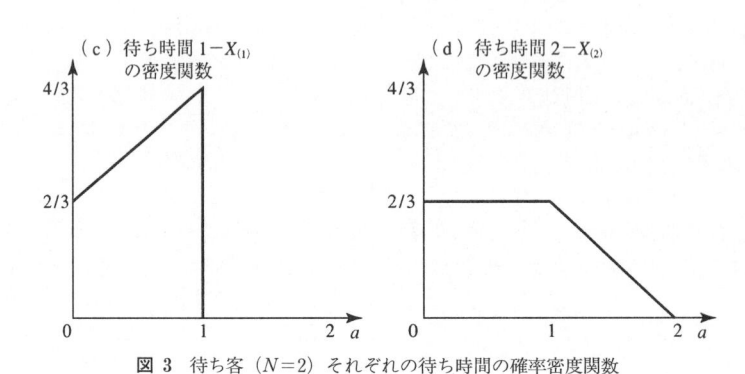

図 2 待ち客（$N=2$）それぞれの到着時点の確率密度関数

図 3 待ち客（$N=2$）それぞれの待ち時間の確率密度関数

Larson (1995)は$\Gamma(s,t)$を求めるための$O(N^3)$アルゴリズムを導出した．次にいくつかの待ち行列推測の応用について簡単に議論しよう．

最大待ち時間： 先着順規律のある待ち行列を考えよう．N人からなる混雑期間を考え，退去時点ベクトルtが観測されて（与えられて）いるものとする．われわれはtが与えられた下でのN人の待ち時間の最大値に関心がある．より正確にいうと，われわれは，ベクトルtが与えられた下で，N個の非独立な確率変数であるところの待ち時間の最大値の累積分布関数に関心がある．

記号$D(\tau|t)$で，観測された退去時点データがtという条件の下に，N人の中のどの客の待ち時間もτ以上でないという条件付き確率を表そう．すべての$i=1,2,\cdots,N$に対して$s_i=\max\{t_i-\tau,0\}$とおく．このとき，$\Gamma(s,t)=\Gamma(t-\tau,t)$は観測された退去時点の不等式が満たされ，どの到着客の待ち時間もτ以上にはならないという先験的な確率を表している．よって

$$D(\tau|t) = \Gamma(t-\tau,t)/\Gamma(o,t) \qquad (3)$$

である．

最大待ち行列長： 待ち行列規律に関する仮定をすることなく，すべての$i=1,2,\cdots,N$；$K=1,2,\cdots,N$に対して，$s_i^{*K}=t_{(i-K)}$となるように$s=s^{*K}$と定義する．ただしtの下付き添字が負の場合はs_i^{*K}は0とする．これらのs_i^{*K}の値は「混雑期間内でi番目の到着が$i-K$番目の退去時点以降に起こらなければならい」ことを意味している．すると混雑期間内で待ち行列長がKを越えない条件付き確率は次式で与えられる．

$$P(Q \leq K|t) = \Gamma(s^{*K},t)/\Gamma(o,t) \qquad (4)$$

待ち行列長分布： Larson (1990)と同じ議論をたどれば，任意の待ち行列規律に対して$O(N^3)$計算アルゴリズムが適用でき，退去時点における待ち行列長分布を決定できる．フローの平衡に関する議論より退去時点における待ち行列長は到着時点における待ち行列分布に等しい（訳注：暗黙裡に，個別到着・個別サービスを仮定している，集団到着/サービスのときはこの確率的同一性は成り立たない）．したがってPASTAより任意時点における待ち行列長が得られたことになる．

待ち時間分布： 観測された退去時点データが与えられたとき，QIEアルゴリズムから条件付き待ち時間の分布関数の各点が数値計算できる．先着順待ち行列を再び考えよう．$\beta_j(\tau|t)$を，tが与えられた下で混雑期間内に到着したj番目の客の待ち時間がτ未満になる条件付き確率とする．s^jの各要素を

$$s_i^j = \begin{cases} 0 & i=1,2,\cdots,j-1 \\ \max\{t_j-\tau,0\} & i=j,j+1,\cdots,N \end{cases}$$

で定義すると，以下のように書くことができる．

$$\beta_j(\tau|t) = \Gamma(s^j,t)/\Gamma(o,t) \qquad (5)$$

式 (5) より，各混雑期間に対して，退去時点のデータ

が観測されたという条件の下での任意の（無作為に抽出された）客の待ち時間分布が計算できる（各jについて式（5）を計算し，その結果を平均すればよい）．Jones and Larson (1995)は，ある閾値を超える平均確率を計算するための別の$O(N^3)$アルゴリズムを開発した．

QIE 研究文献

待ち行列推測の研究は広範囲にわたっている．待ち行列の性能推測のための$O(N^3)$アルゴリズムについては Bertsimas and Servi (1992), Larson (1990), Daley and Servi (1992, 1993), 個人の待ち時間確率密度関数については Hall (1992), 行列不参加（balking）のある待ち行列については Larson (1990), Daley and Servi (1993), Jones (1994) をおのおの参照されたい．QIE の応用では，Gawlick (1990) や Chandrs and Jones (1994) に詳しい議論がある．QIE の概念は商用ソフトウェア Queue Management System (QMS) に組み込まれ，銀行・航空会社・US 郵便サービスなどで実用に供されている．
⇒待ち行列理論，小売業．

［Richard C. Larson／高橋敬隆］

参 考 文 献

[1] Bertsimas, D.J. and L.D. Servi (1992), "Deducing Queues from Transactional Data: The Queue Inference Engine Revisited," *Operations Research*, 40(S2), 217-228.
[2] Chandrs, K. and L.K. Jones (1994), "Transactional Data Inference for Telecommunication Models," presentation at First Annual Technical Conference on Telecommunications R & D in Massachusetts, University of Massachusetts, Lowell, Massachusetts.
[3] Daley, D.J. and L.D. Servi (1992), "Exploiting Markov Chains to Infer Queue-Length from Transactional Data," *Jl. Applied Probability*, 29, 713-732.
[4] Daley, D.J. and L.D. Servi (1993), "A Two-Point Markov Chain Boundary-Value Problem," *Adv. Applied Probability*, 25, 607-630.
[5] Gawlick, R. (1990), "Estimating Disperse Network Queues: The Queue Inference Engine," *Computer Communication Review*, 20, 111-118.
[6] Hall, S.A. (1992), "New Directions in Queue Inference for Management Implementations," Ph.D. dissertation in Operations Research, Massachusetts Institute of Technology, available as Technical Report No. 200, Operations Research Center, M.I.T., Cambridge.
[7] Jones, L.K. (1995), "Inferring Balking Behavior and Queue Performance From Transactional Data," submitted to *Management Science*.
[8] Jones, L.K. and Richard C. Larson (1995), "Efficient Computation of Probabilities of Events Described by Order Statistics and Applications to Queue Inference," *INFORMS Journal on Computing*, 7, 89-100.
[9] Larson, R.C. (1990), "The Queue Inference Engine: Deducing Queue Statistics From Transactional Data," *Management Science*, 36, 586-601. Addendum, 37, 1062, 1991.

待ち行列ネットワーク
Networks of Queues

はじめに

待ち行列ネットワークの研究は待ち行列そのものの研究と同じくらいに長い歴史をもっている．この分野は着実に発展を続けてきているが，待ち行列長に関する問題のように大変よく研究が進んだ面をもつ一方，網内の経過時間に関する問題のようにいまだに未解決な問題をも抱えている．様々な方法を用いて待ち行列ネットワークに関する問題を解決しようとする試みについては多数の文献が存在しているし，またそれらは増加し続けている．最も頻繁に用いられる方法はコンピュータシミュレーションによる方法であるが，マルチンゲールやペトリネットを用いた解析的な方法が用いられることもあるし，数値計算法のみならず拡散近似法を含む各種の近似法が用いられることもある．

本項では特に，積形式解をもつような待ち行列長プロセスと準可逆な待ち行列に注目し述べることにする．これらの待ち行列ネットワークで生じることがらを説明するための助けとして，網内滞在時間に関する問題とトラヒック過程についての考察を行う．また，単一サーバネットワークについても簡単な紹介を行う．

基本的な表記：待ち行列ネットワークに関する研究の大半は定常なマルコフ過程に関する理論を基本として行われている．いま，マルコフ過程を$X(t)$とし，その状態がベクトル$x=(x_1, x_2, \cdots, x_J)$により表されているものとする．ここで，$J$は対象とする待ち行列ネットワークを構成するノードの数とする．x_kは簡単なモデルにおいてはノードkの客数を示す整数値と解釈することができる．より複雑なモデルにおいてはマルコフ性を保持するようなもっと一般的な状態空間が必要とされる．ここでは，両者を含み一般的な状態表現としてxを用いる．このマルコフ過程の生成作用素をQとし，その要素を$q(x, x')$と表す．このマルコフ過程には定常状態が存在するものと仮定し，その定常状態に関する結果のみを考察していくこととする．πを$X(t)$の定常状態確率ベクトルとすれば，一般に定常状態方程式は$\pi Q=0$により与えられる．この方程式のことを〈大域平衡方程式〉(global balance equation) という．

ジャクソンネットワーク

〈ジャクソンネットワーク〉(Jackson network) は待ち行列ネットワークの中で最も簡単なものであり，多くのモデルがこの待ち行列ネットワークを基本として構成されている．ここではまずこのネットワークに則していくつかの概念を紹介する．これらは後に一般化される．

到着と退去 (arrival and departure): 考えているネットワークはすべて単一サーバノードから構成されるものとし，ノード数を J (有限)とする．各ノード j におけるサービス時間は互いに独立に同一の指数分布にしたがう (i.i.d.) 確率変数とし，そのパラメータはノード j とその客数 n_j に依存し $\mu_j \phi_j(n_j)$ で与えられるものとする（より一般的なジャクソンネットワークにおける複数サーバノードもまたこのような形のパラメータをもっている）．各ノードのサービス時間プロセスは互いに独立とする．各ノードの待ち行列長には上限値はないものとし，またそのサービス規律はすべて FCFS であるものとする．

ノード j には外部から客が到着することもある．この場合には到着過程はノード j のみに依存するパラメータ ν_j をもつポアソン過程にしたがう．到着過程は互いに独立でありまたサービス過程にも独立とする．

プロセスの状態 (state of the process): ジャクソンネットワークの状態はベクトル $\boldsymbol{n} = (n_1, n_2, \cdots, n_J)$ で表現される．ここで，$n_k (k=1, 2, \cdots, J)$ はサービス中の客を含むノード k の待ち行列長とする．待ち行列ネットワークが開放型の場合にはノード 0 を付け加え，これをネットワークの「外部」ということにする．待ち行列ネットワークが閉鎖型の場合にはこの「外部」は不必要である．以上よりこのマルコフ過程の状態空間 E はベクトル $\boldsymbol{n}$ の集合になる．

経路選択 (routing): 客はノードからノードへと移動し，最終的にはネットワークの外に去って行く．この事を表現するにはいくつかの方法があるが，〈マルコフ型経路選択〉(Markov routing) による表現が最もよく用いられている．その他の表現法についてはのちに考察する．ノード j を退去した客はノード k に確率 $p(j, k)$ で移動するものとし，$j, k=1, 2, \cdots, J$ について，要素 $p(j, k)$ をもつ行列 P' を定義する．また，ノード j から客がネットワークの外部に退去する確率 $p(j, 0) \geq 0$，外部からの到着客がノード k につく確率 $p(0, k) \geq 0$，を P' に付け加えて得られる行列を P とする（このことは，パラメータ ν をもつポアソン到着過程にしたがい客がネットワークに到着し，ノード k についてはパラメータ $\nu_k = \nu p(0, k)$ のポアソン到着過程にしたがう客の到着過程がある，と考えることと同じである）．

$R(t)$ をノード間の移動経路についての推移確率行列 P をもつ既約，非周期的，正再帰的なマルコフ連鎖とする．

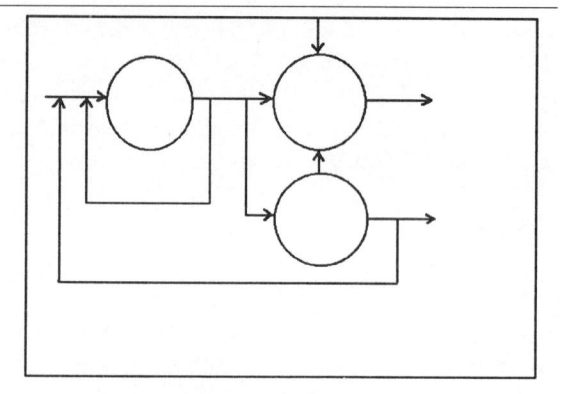

図 1 開放型待ち行列ネットワークの例

このとき，$R(t)$ は〈経路選択過程〉(routing process) といわれ，またネットワークは〈開放型〉(open network) であるといわれる．図 1 に開放型待ち行列ネットワークの一例を示す．すべての j および k について，$p(j, 0) = 0$ および $p(0, k) = 0$ であり，また経路選択過程 $R(t)$ が既約，非周期的，正再帰的なマルコフ連鎖の場合にはネットワークは〈閉鎖型〉(closed) であるといわれる．この場合には，ある一定の人数の客が常にネットワークの中を移動していることになる．さらに，ネットワークがある客たちについては開放型であり，別の客たちについては閉鎖型である場合もありうる（この場合にはマルコフ連鎖は既約にはならない）．この種のネットワークは〈混合型ネットワーク〉(mixed network) といわれる．

プロセスの定常状態分布 (steady-state distribution of the process): ジャクソンネットワークの効果を示す一般的な指標は待ち行列長に関する定常状態確率ベクトルである．$\pi(\boldsymbol{n})$ を待ち行列長に関する定常状態ベクトルとする．このとき，単一サーバノードから構成される開放型待ち行列ネットワークについて

$$\pi(\boldsymbol{n}) = \prod_{j=1}^{J} (1-\rho_j) \rho_j^{n_j} \qquad (1)$$

なる関係が成り立つ．ここで，$\rho_j = \lambda_j / \mu_j < 1$，$j \in E$ はノード j へのトラヒック密度であり，$\{\lambda_j\}$ は次の〈トラヒック方程式〉(traffic equation) を満たしている．

$$\lambda_j = \nu_j + \sum_{k=1}^{J} \lambda_k p(k, j) \qquad (j=1, 2, \cdots, J) \qquad (2)$$

上式は，ネットワーク内のすべてのノードからあるノードへ到着する客の流れ（右辺）はそのノードから退去する客の流れ（左辺）に等しくなければならないことから導かれる．この $J \times J$ の線形方程式は適正な移動経路行列については最大階数をもつことが保証される．

ここで，ジャクソンネットワークについて，より一般的で有用ないくつかの性質を以下に示し，必要に応じてそれらを引用することにする．

・n_j をノード j の客数とし，ネットワークの状態を表

す状態ベクトルを $\bm{n}=(n_1, n_2, \cdots, n_J)$ と定義すると，開放型のジャクソンネットワーク $X(t)=[X_1(t), X_2(t), \cdots, X_J(t)]$ はこの状態ベクトルがとりうるすべての状態集合上のマルコフ過程となる．閉鎖型ネットワークの場合には，ネットワーク内の総客数を N とすると，状態集合は $n_1+n_2+\cdots+n_J=N$ を満たすすべての状態ベクトルから構成される．

・方程式 (1) は〈積形式解〉(product form solution) といわれる次のような形に表現することができる．

$$\pi(\bm{n}) = B\pi_1(n_1)\pi_2(n_2)\cdots\pi_J(n_J)$$

ここで，B は正規化定数とする．開放型のジャクソンネットワークでは，$B=1$ であり，$\pi_k(n_k)$ は，それが存在するなら，ノード k における滞在客数を表す $0, 1, \cdots$ の上の分布である．

閉鎖型ネットワークの場合には，正規化定数 B はネットワーク内の総客数に依存する関数になる．すなわち，以下に示すようなジャクソンネットワークの積形式解が意味する独立性は成り立たない．しかしそれにもかかわらず，閉鎖型待ち行列ネットワークの待ち行列長に関する定常状態分布は積形式解となる．しかしながら，閉鎖型待ち行列ネットワークにおいて正規化定数 B を定めることは簡単なことではない．

・方程式 (1) は次のようなことを意味している．すなわち，開放型のネットワークにおける各ノードの待ち行列長の定常状態分布はたがいに独立であり，またそれらは待ち行列 M/M/1 の定常状態分布と同じ形をしている．

・トラヒック方程式 (2) は以下のような意味で確率の「流れ」がバランスしている「平衡方程式」と解釈することができる．すなわち，左辺はその流れが次にどこに流れ込むかには無関係にノード j から流れ出る確率の流れを表しており，一方右辺は，それがどこからきた流れかを問わず，ノード j への確率の流入量を表している．定常状態においてはこれらの流れは平衡していなければならない．より一般のネットワークにおいては後にみるように，さらに何種類かの「平衡方程式」が成り立つ場合がある．

・ジャクソンネットワークを次の2つの視点からながめてみることは意味あることであろう．1つは，ネットワークを与えられたものとしてとらえて解析を行うという視点，もう1つは，あるよく知られた性質をもつ単一ノードの集まりが与えられたときにそれらを用いてネットワークを構成するという視点である．ネットワークを構成する際には，個々のノードははじめにもっていた望ましい性質の一部あるいは全部を失うかもしれない．しかし，それらは他のノードと結び付けられることによって新しい性質が得られるかもしれないのである（このような構成については以下に議論される）．

・以下に示すバークの定理によって，開放型のジャクソンネットワークを構成する各ノードはそれを単独で取り出した場合には，入力がポアソン過程にしたがうなら出力もポアソン過程にしたがうという性質をもっている．このようなノードは〈準可逆〉(quasi-reversible) であるといわれる．また，ネットワークを構成するすべてのノードが準可逆である場合にはそのネットワークは〈準可逆なネットワーク〉(quasi-reversible network) であるといわれる．

拡　　張

これらの結果は様々な方向に拡張することができる．1つの拡張として，マルコフ連鎖を用いた客の網内移動経路の表現方法を別な表現法に変え，同時に客のタイプあるいはクラスという概念を導入し，客の網内の移動経路はその客のタイプあるいはクラスに依存してもよい，という形への拡張を考えることができる．しかし，この形への拡張はやや繁雑な表現をとらざるをえない．すなわち，状態空間は各ノードにおける待ち行列長ではなく，また待ち行列長に関する確率過程もそれ自身ではもはやマルコフ過程にはなっていないため，定常状態における待ち行列長の分布を求めるためにはもっと一般化された複雑なマルコフ過程をあつかうことが必要になる．

客のタイプ (type of customer)：　客のタイプは T 種類あり，タイプ i の客はパラメータ ν_i をもつポアソン到着過程にしたがいネットワークに到着してくるものとする．これらの到着過程は互いに独立であり，またサービス過程にも独立であるものとする．客のタイプはその客の網内移動経路に対応している．$r(i,s)$ をタイプ i の客が網に到着してから第 s 番目に訪問するノードの番号とし，経路 $r(i,1), r(i,2), \cdots, r\{i, L(i)\}$ でタイプ i の客が訪問するノードの列を表すことにする．ここで，$r(i,1)$ はタイプ i の客が最初に訪問するノード，$r\{i, L(i)\}$ はタイプ i の客が網から退去する時に最後に訪問するノードを表している．

システムの振る舞い (dynamics of the system)：　以下を仮定する．

(1) 各タイプの客は指数分布にしたがうサービス時間を要求するものとする．一般性を失うことなく，そのパラメータを1とする．

(2) ノード j においては，そのノードの客数 n_j に依存するサービス率 $\phi_j(n_j)$ でサービスが行われる．ここで，$n_j>0$ の場合には $\phi_j(n_j)>0$，および $\phi_j(0)=0$ とし，このようなノードを〈仕事量が保存される〉(work conserving) ノードという．

(3) ノード j の客数が n_j のとき，サービス率 $\phi_j(n_j)$ のうち $\gamma_j(l, n_j)$ の割合いでそのサービス能力がノード j の「ポジション」l に滞在する客へのサービスに割り当

てられる．ただし，各ノード j について

$$\sum_{l=1}^{n_j} \gamma_j(l, n_j) = 1$$

とする．たとえば，FCFS（先着順）のサービス規律をもつノードの場合には，$\gamma_j(1, n_j) = 1$，その他の l について $\gamma_j(l, n_j) = 0$ とすれば，サービスが先着順であること（FS）の表現になっている．

(4) ノード j の客数が $n_j (\geq 0)$ である場合にそのノードに到着した客は確率 $\delta_j(l, n_j+1)$ でポジション l に入る．ただし，各ノード j について以下の関係が成り立つものとする．

$$\sum_{l=1}^{n_j} \delta_j(l, n_j) = 1$$

先着順のサービス規律をもつノードの場合，$\delta_j(n_j+1, n_j+1) = 1$，その他の l について $\delta_j(l, n_j+1) = 0$ とすることにより，到着客が最後尾に着くこと（FC）の表現になる．

(5) ノード j のポジション l に滞在していた客のサービスが終了して退去した場合には，ポジション $l+1, l+2, \cdots, n_j$ に滞在していた客はそれぞれポジション $l, l+1, \cdots, n_j-1$ に移る．また，ノード j に客が到着しポジション l に入った場合には，その直前にポジション $l, l+1, \cdots, n_j$ に滞在していた客はそれぞれポジション $l+1, l+2, \cdots, n_j+1$ に移動する．

状態の記述： ジャクソンネットワークの場合には待ち行列長プロセスはマルコフ過程であったが，以上のように一般化されたモデルにおいては待ち行列長プロセスはもはやマルコフ過程にはならない．しかし，状態を次のようにとればマルコフ過程を構成することが可能になる．$t_j(l), s_j(l)$ をそれぞれノード j のポジション l に滞在する客のタイプとそのノードへの訪問順番号とし，$c_j(l) = c_j\{t_j(l), s_j(l)\}$ をノード j におけるポジション l の「クラス」と呼ぶことにする．さらに，ノード j の状態を $c_j = \{c_j(1), c_j(2), \cdots c_j(n_j)\}$，ネットワーク全体の状態を $C = (c_1, c_2, \cdots, c_J)$ と表す．このとき，これらの状態からなる集合の上のマルコフ過程 $X(t)$ を考えることができる．

状態推移率 (transition intensity)： このマルコフネットワークにおいては3種類の状態推移の可能性がある．$T_{jlm}C$ を状態 C から出発して，ノード j のポジション l に滞在していた客がそのノードから退去し，次に着いたノード（訳注：$r\{t_j(l), s_j(l)+1\}$）のポジション m に入った結果として生じる状態，$T_{jl}C$ をノード j のポジション l に滞在していた客がネットワークから退去した結果生じる状態，$T^{im}C$ をタイプ i の客がネットワークに到着しノード $j=r(i,1)$ のポジション m に入った結果生じる状態とする．

マルコフ過程 $X(t)$ のこれらに対応する状態推移率は以下の形に表現される．

$$q(C, T_{jl}C) = \sum_k \phi_j(n_j) \gamma_j(k, n_j)$$

ノード j のポジション k に滞在する客がネットワークを退去する直前に訪問するノードがこのノード j であるとすると，すなわち，そのタイプによらず $j = r\{\cdot, L(\cdot)\}$ とすると，右辺の各項はその客のサービスが終了する率を表している．これらをそのような状態推移を生ずるようなすべてのタイプ（訳注：$T_{jl}C = T_{jk}C$ となるすべての k）について和をとることにより左辺が導かれる．たとえば，ノード j に滞在する客がすべて同じタイプであり，このノードがネットワークを退去する前に彼らが訪問する最後のノードであったとすると，その和はノード j に滞在する客すべてにわたるものとなる．別な状態推移として，タイプ i の客がネットワークに到着し，ノード $j = r(i,1)$ のポジション m に入るものがある．この場合も，ノード j のポジション m についてそのような状態推移を生ずる可能性のあるすべてのタイプについての和をとることにより，すなわち，$T^{im}C = T^{ih}C$ となるすべての k についての和をとることにより

$$q(C, T^{im}C) = \sum_h \nu_i \delta_j(h, n_j+1)$$

が得られる．最後に，ノード j に滞在する客がノード $k = r\{t_j(l), s_j(l)+1\}$ のポジション m に移動する状態推移について以下の関係を得る．

$$q(C, T_{jlm}C) = \sum_g \sum_h \phi_j(n_j) \gamma_j(g, n_j) \delta_k(h, n_k+1)$$

ここで，和は前と同様に，同じ状態を与えるすべての状態 $T_{jlm}C$ について（訳注：$T_{jlm}C = T_{jgh}$ となるすべての g, h について）とるものとする．

定常状態確率 (steady-state probability)： このネットワークにおいては次のような積形式解が成り立つ．

$$\pi(C) = \prod_{j=1}^J \pi_j(c_j)$$

ただし，

$$\pi_j(c_j) = b_j \prod_{l=1}^{n_j} \frac{a_j[t_j(l), s_j(l)]}{\phi_j(l)}$$

$b_j > 0$ とし，これ以外の場合には定常状態は存在しないものとする．また，$a_j(\cdot, \cdot)$ はタイプ i の客のノード j への総到着率とする（訳注：すなわち，

$$a_j(i, s) = \begin{cases} \nu_i, & r(i, s) = j \text{ の場合} \\ 0, & \text{その他の場合} \end{cases}$$

とする）．この関係から，ノード j への総到着率を $a_j = \sum_i \sum_s a_j(i, s)$ とすると，ノード j に n 人の客が滞在する確率は次の形に与えられる．

$$\Pr\{N_j = n\} = b_j \frac{a_j^n}{\prod_{l=1}^n \phi_j(l)}$$

まとめ： 本章で紹介した開放型の待ち行列ネットワークは次の2つの重要な性質をもっている．

・このようなネットワークを時間逆転（reverse）させ

たものは同じ性質をもつ別のネットワークになる（以下に説明）．

・定常状態において，タイプ i の客の退去過程はポアソン過程にしたがう．さらに，各タイプの退去過程はたがいに独立であり，また退去直後の系の状態とも独立である．

待ち行列ネットワークの逆過程

前項ではベクトルで表現された状態空間をもつマルコフ過程を用いて対象とする待ち行列ネットワークのモデル化を行った．この方法を発展させさらに有効な情報を得ることができる．そのためにはマルコフ過程の時間を逆転した〈逆過程〉(reversing) と〈可逆性〉(reversibility) の概念を導入することが必要になる．

逆過程 (reverse of a process)：可算無限個の状態空間 E をもち，定常状態ベクトル π，推移作用素 Q をもつ定常なマルコフ過程 $X(t)$ を考える．このマルコフ過程に対応して，その推移作用素 Q' が $x, x' \in E$ について

$$\pi(x)q'(x, x') = \pi(x')q(x', x) \tag{3}$$

となるようなマルコフ過程 $X'(t)$ を考えることができる．この確率過程は $X(t)$ の〈逆過程〉(reverse) といわれ，π はこれら 2 つのプロセスに共通する定常状態ベクトルになっている．この概念は大変に有用である．他の方法では複雑すぎて扱えないような多くの問題において，逆過程がどんなものであるべきかについて鋭い洞察を行い，大域平衡方程式からではなく (3) から定常状態分布を決定することができる，ということがある．もちろん，逆過程それ自体が有効な性質をもつことはいうまでもない．

可逆性と局所平衡方程式

方程式
$$\pi(x)q(x, x') = \pi(x')q(x', x), \quad x, x' \in E$$
は〈局所平衡方程式〉(detailed balance equation) といわれる．この方程式は，状態 x から状態 x' に推移する確率の流れが状態 x' から状態 x に推移する確率の流れと等しくなることを要求している．この要求はむしろ厳しいものであり，そう頻繁に見いだされる類の性質ではない．しかし，もしこの方程式が成り立つならば，たとえば，以下に示される〈不感性〉(insensitivity) のような重要な性質を導くことができる．

局所平衡方程式は $Q = Q'$ であることを意味している．このことは，定常状態においては順方向の過程（' を付けない確率過程）と逆過程は有限次元の同一の同時分布をもっていることを意味しており，この 2 つの確率過程は順方向に考えても逆向に考えても確率的には同一のものであることを意味している．一方，もしあるノードが可逆であることがわかったとすると，すべてのノードについての和をとることにより，局所平衡方程式を満たす任意の解はまた大域平衡方程式の解にもなっていることがわかる．したがって，局所平衡方程式を用いると，大域平衡方程式を直接解くことなく，定常状態ベクトル π を得ることができる．ただし，この局所平衡方程式は，複雑な方程式を簡単に解くための手段というだけではなく，待ち行列の性質の解明そのものに有効であることを再び強調しておく．

出生死滅型の待ち行列は可逆である．M/M/s 待ち行列の退去過程は到着過程と同じパラメータをもつポアソン過程である．その初期の証明はバークの定理として知られている．ネットワーク内の複数サーバをもつノードをモデル化するためにそのノードのサービス時間プロセスの死滅過程を用いると，先に述べた形のジャクソンネットワークを得ることができ，その可逆性を用いることによりそこで議論した性質も保たれていることがわかる．

準可逆性と部分平衡

先に得られた結果をもとに以下のようなモデルを考える．ここでも J ノードから構成されるネットワークを考え，客のクラスはノード間の移動経路に依存してもよいものとする．簡単のために，クラスの数は有限とし，ノード滞在中には客のクラスは変化せず，ノード間を移動するときにのみ変化してもよいものとする．x_j をノード j の状態を記述する変数とし，ベクトル $x = (x_1, x_2, \cdots, x_J)$ を状態にもつマルコフ過程 $X(t) = \{X_1(t), X_2(t), \cdots, X_J(t)\}$ が存在するものとする．

準可逆性 (quasi-reversibility)：このとき，各ノードは準可逆性といわれる次のような性質をもつ．すなわち，各ノードはそれを単独に切り離して 1 つの待ち行列としてみた場合に，時刻 t におけるその待ち行列の状態と時刻 t より前の退去過程および時刻 t よりあとの到着過程は独立になる．このことから，到着過程と退去過程は独立なポアソン過程であることがいえる．いま，状態 x に対して，この状態よりもクラス c の客が一人だけ多く，その他のクラスの客数は変らない状態をすべて集めてできる状態集合を $S(c, x)$ とする．準可逆性の仮定から，クラス c の客の到着過程はそのクラス c にのみ依存し，状態 x には依存しない．したがって，クラス c の客の到着率は

$$a(c) = \sum_{x' \in S(c, x)} q(x, x')$$

となる．一方，この待ち行列についての逆過程を考えることにより，この逆過程における客の到着率はもとの待ち行列における到着率に等しいことがわかる．すなわち，以下の関係が成り立っている．

$$a(c) = \sum_{x' \in S(c, x)} q'(x, x')$$

以上から，次の関係が得られる．
$$\pi(\boldsymbol{x}) \sum_{\boldsymbol{x}' \in S(c, \boldsymbol{x})} q(\boldsymbol{x}, \boldsymbol{x}') = \sum_{\boldsymbol{x}' \in S(c, \boldsymbol{x})} \pi(\boldsymbol{x}') q(\boldsymbol{x}', \boldsymbol{x})$$
この方程式は次のような解釈のもとに〈部分平衡方程式〉(partial balance equation) といわれている．すなわち上記の方程式は，状態 $\boldsymbol{x}$ のときにクラス c の客が到着することにより状態が変化する率と，クラス c の客が退去することにより状態が $\boldsymbol{x}$ に変化する率が等しい，ということを意味している．待ち行列ネットワークがこのような準可逆性をもつノードによってのみ構成されている場合には，そのネットワークは〈準可逆なネットワーク〉(quasi-reversible network) といわれる．ただしこのことは，準可逆なネットワーク内の各ノードがポアソン到着過程あるいはポアソン退去過程をもつことを意味するわけではないことに注意しておく必要がある．のちに見るようにそのような場合は稀である．ここでいえていることは，準可逆なノードの集まりから準可逆なネットワークを構成することができる，ということだけである．

ネットワーク内の状態変化 (transition in the network)：前と同様に3種類の状態変化を考える．すなわち，クラス c の客が網外からあるノードに到着する場合，そのノードに他のノードから到着する場合，およびそのノードからのクラス c の客が退去する場合である．客のタイプはノード間を移動する際に変化してもよいものとするが，あるノードに滞在中は変化しないものとする．

準可逆性から導かれる性質 (consequences of quasi-reversibility)：ノード j に滞在する客でそのクラスが (i, s) である客，すなわちそのタイプが i でありそのステージが s である客を考える．$\pi_j(\boldsymbol{x}_j)$ をノード j が $j = (i, s)$ である客により構成される状態 $\boldsymbol{x}_j$ に関する定常状態確率とする．このとき以下の性質が導かれる．

・準可逆なネットワークは定常状態分布に積形式解をもつ．

・準可逆なネットワークの逆過程は同じタイプの別なネットワークになっている．

・準可逆なネットワークでは，各タイプについての退去過程は独立なポアソン過程となる．またその退去過程は，退去時点後のシステムの状態とは独立である．

・先に述べた閉鎖型待ち行列ネットワークは準可逆なネットワークであり，したがって積形式解をもつ．

対称型待ち行列ネットワークと不感性

準可逆なネットワークを構成するノードの中で，$\gamma = \delta$ であるものを対称型のノードという．また，すべてのノードが対称型である場合にはそのネットワークを〈対称型ネットワーク〉(symmetric network) という．そのようなネットワークにおいては，各ノードの定常状態確率はサービス時間分布の平均値のみに依存する．このようなノードは〈不感性〉(insensitivity) をもつといわれる．サービス時間分布は平均値以外の性質については影響をもたない．この性質はたいへん有用であり，そのような性質をもつネットワークの場合には，すべてのサービス時間分布を「無記憶性」という重要な性質を備えている指数分布で置き換えることができる．しかし，サービス規律に関して $\gamma = \delta$ という制約をもっているため，不感性をもつノードの範囲は広いものではない．たとえば，FCFS 規律をもつノードは不感性をもっていない．プロセッサシェアリング，後着順割り込み優先で中断点再開，などの規律をもつ待ち行列や無限サーバ待ち行列は不感性をもっている．

このことを最初に予想したのは「アーランの損失式」といわれる関係式がもつ性質，すなわち有限容量のノード M/G/c (総容量 c) に到着した客が系内に入れずに立ち去る（呼損）確率はサービス時間分布の平均値にのみ依存するという性質を見いだした Erlang と思われる．この関係式はサービス時間分布の形に対して不感性をもつといわれる．別の形の不感性が示される場合もある．

トラヒック過程

先に示した結果については正しく解釈をしておく必要がある．それらの結果はネットワーク内における客のトラヒック過程がポアソン過程であることを意味しているように見える．しかし，これは特別な場合を除いては正しくない．われわれは，これらの結果を注意深く解釈する必要がある．ここで，それらの結果を正しく理解するための3つの例を示す．

バークの定理 (Burk's theorem)：バークの定理によれば，待ち行列 M/M/1 の退去過程は到着過程と同じパラメータ（通常 λ と表記される）をもつポアソン過程になる．しかし，ここで注意すべきはある退去間隔について見れば，それはその退去開始時点での待ち行列長に依存していることである．すなわち，もし待ち行列が空でなければ次の退去時点までの時間間隔はサービス時間に等しい．また，退去直後時点で待ち行列が空になった場合には，次の退去時点までの時間間隔は次の客が到着するまでの待ち時間（指数分布にしたがう）とその客のサービス時間（同様に指数分布にしたがい，到着間隔には独立）との和になる．このように，退去間隔は確かに待ち行列長プロセスに依存しているのである．

バークの定理の意味するところは，退去間隔はその開始時点での待ち行列の状態（空であるかどうか）には依存しているが，その終了時点での状態には依存してはいない，ということである．この依存性は退去間隔が〈周辺的に〉(marginally) 独立であるための十分条件であり，マルコフ再生過程においてはさらに一般化された結

果が成り立っている．

準可逆性とバークの定理の間には密接な関係がある．両者においては，退去はシステムの状態には独立である．重要なことは，退去間隔はシステムの過去の状態には確かに依存しているがシステムの未来の状態には依存してはいないということである．無限容量をもち FCFS サービス規律をもつ M/G/1 型の待ち行列の中では，退去過程がポアソン過程となるのは M/M/1 待ち行列のみである．しかし，これらの待ち行列についても準可逆性をもつものについては退去過程がポアソン過程になる．

フィードバックのある待ち行列（queue with feedback）： ネットワーク内のトラヒックの特徴を示す簡単な例として，FCFS 規律をもつ M/M/1 待ち行列で，サービスを終了した客は，退去するかあるいはフィードバックして待ち行列の最後尾に付くかをある確率をもって瞬時的にきめるようなベルヌーイフィードバック（Bernoulli feedback）をもつものを考える（図2参照）．この待ち行列においては，サービスを終了した客は，その時点での待ち行列長には依存しない確率 p で待ち行列の最後尾につき次のサービスを待つか，あるいは確率 $(1-p)$ でシステムから退去するものとする．その結果，この待ち行列に関する客のトラヒックの流れは次の5種類となる．

・到着過程（arrival process）は仮定によりポアソン到着過程である．

・退去過程（departure process，システムからの客の退去）はバークの定理の簡単な拡張から到着過程と同じパラメータをもつポアソン過程となる．

・出力過程（output process，サービス終了により客がサーバを退去する過程，その内のあるものはフィードバックする）はポアソン過程にはならない（フィードバックがない自明な場合を除いて）．

・入力過程（input process，外部からの到着客とフィードバックによる客を合わせたサーバへの到着過程）は出力過程の逆過程となり，したがって決してポアソン過程にはならない（出力過程がそうでない限り）．

・フィードバック過程（feedback process，フィードバック客によるもの）は自分自身の逆過程になっておりしたがって可逆過程であるが決してポアソン過程にはなっていない．

この例の意味するところは，ジャクソンネットワークをはじめとする多くの積形式解をもつネットワークは，そのトラヒック過程が一見ポアソン過程のように見えても実はそのようにはなっていない，ということである．トラヒック過程がポアソン過程になるのは，ネットワークのグラフ表現が木状になる場合である（この場合でも後に示す滞在時間（sojourn time）についての議論にみられるように，たとえば，各ノードにおける滞在時間のようにたがいに依存関係をもつプロセスが存在しうるのである）．ネットワークの中にループがある場合には，フィードバックをもつ待ち行列がその簡単な例であったように，たとえ外部へのトラヒックの流れがポアソン過程であっても，内部のループ上でのトラヒックの流れはポアソン過程にはなっていない．

部分ネットワーク（sub-network）： 先に述べてきた結果から，ジャクソンネットワーク内の各ノードは簡単な M/M/1 待ち行列の形をしていることがわかる．したがってネットワークの性質をそのノードごとに分解して調べることができる．

$X(t)$ をジャクソンネットワークとする．このネットワークを構成するノードを A, B, C の3つの部分に分解し，それぞれの集合を部分ネットワークということにする．すべての客はまず部分ネットワーク B に到着し，次に部分ネットワーク A に進み，さらに部分ネットワーク C に進むものとする．このような場合には一度に扱わなければならないノード数を削減するために，部分ネットワーク A を1つのジャクソンネットワークとして扱いたくなるであろう．ここで問題は「部分ネットワーク A はジャクソンネットワークであるか？」ということである．結果は多分「否」である．問題は次のような点である．いま，C から B への移動経路があったとすると，このネットワークは少なくとも1つ A から出て A に戻るループをもつことになる．このようなループ上の客の流れはポアソン過程にはならないことが一般に知られている（先に示したフィードバック待ち行列はこの最も簡単な場合になっている）．したがって，部分ネットワーク A への入力過程はもはやポアソン過程ではなく，またそれゆえに A はジャクソンネットワークにはなっていない．ここでいえる一般的な性質は，ノードからの出力過程がポアソン過程になるのは特別な場合に限られる，ということである．FCFS 規律をもつ M/G/1 クラスの待ち行列で退去過程がポアソン過程になるのは M/M/1 待ち行列の場合のみである．準可逆な待ち行列の場合には別な

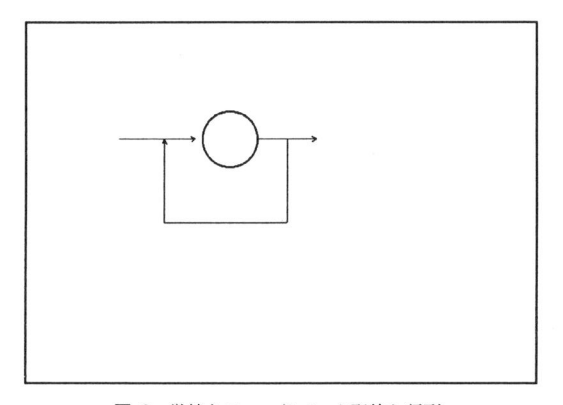

図2 単純なフィードバック型待ち行列

例外が生じることがある．ここで先と同様に以下の点について注意しておくことが必要である．待ち行列への到着過程と客が実際にサービス窓口につく入力過程とは区別しなければならない．それらは，有限容量の待ち行列がその例であるように，同じものではない．同様に，サービスを受けたあとにサーバを離れる客による出力過程と，最終的にサービス窓口を離れる客による退去過程とは区別すべきものである．たとえば，バークの定理は到着過程と退去過程に関して成立するものであり，入力過程と出力過程について成り立つものではない．また，有限容量の FCFS 規律をもつ M/M/1 待ち行列の場合を例にとると，入力過程と出力過程は逆過程になっており，待ち行列の容量が 2 以上の場合には，ポアソン過程にはなっていないのみならず再生過程にもなっていない．

滞在時間

前項で示したことから，〈滞在時間〉(sojourn time) 過程（客がネットワークを経過する総時間）は大変に複雑なものとなることがわかる．待ち行列ネットワークに関する滞在時間過程については特殊な場合を除いてはほとんど知られておらず，わずかにある特定の客の滞在時間についてのみが知られているだけである．滞在時間過程についての研究は現在の段階では手付かずの状態といえる．

再びフィードバック待ち行列について： フィードバック待ち行列において，ある特定の客に着目し，その客が何回かその待ち行列を通過する場合の滞在時間について考える．最初の滞在時間は明らかに M/M/1 の滞在時間である．その客が 2 回めに待ち行列についた時点では，その客の前にはある人数の客がすでに存在しているであろう．その内の何人かは最初の滞在時にすでにその客より前に存在していた客であろうし，残りの客は注目している客の最初の滞在時間の間に到着した客である．後者に属する客が何人滞在しているかは注目客の最初の滞在時間の長さに依存している．すなわち，注目客の 2 回めの滞在時間は，その客が待ち行列につきなおした時点で自分より前に並んでいた客の総数に依存しており，またその客数は注目客の最初の滞在時間の長さに依存している．つまり，これら 2 回の滞在時間は依存関係にある．ここで，注目客の滞在時間と，その客が待ち行列につきなおすときに見いだす自分より前に並んでいた客数との 2 つ組みの変数をもつ確率過程を考えると，この確率過程はマルコフ再生過程になっている．このネットワーク内の総滞在時間はこの確率過程における初到達時間として得られる．

3 ノードからなるネットワーク： FCFS 規律をもつ 3 ノードから構成されるジャクソンネットワークを考える．ポアソン到着過程にしたがう客がノード 1 に到着する．ノード 1 を退去した客は確率 p でノード 2 に進むか，確率 $(1-p)$ でノード 3 に進み，すべての客はノード 3 からネットワークを退去する．先に述べたように，この待ち行列長過程は積形式解をもっている．

ノード j での滞在時間を S_j とし，$S=S_1+S_2+S_3$ をノード 2 を経由してネットワークを通過する客の総滞在時間とする．このとき，S_1 と S_2 は独立な確率変数であり，また S_2 と S_3 もそうである．しかし，S_1 と S_3 は独立ではなく依存関係がある．

追越しについての説明： 上記の 2 つの例に見られる結果は〈追越し〉(overtaking) といわれるものがその原因となっている．以下では，ある種のネットワーク問題において，追越し現象のみならずその他の変則的と思われる現象が何を引き起こすのかを説明する．

2 つの時刻 t_0 と $t_0+\tau$ を考える．$X(t)$ はマルコフ過程であるから，$X(t_0)$ と $X(t_0+\tau)$ は任意の t_0 および τ について，定常，非定常を問わずに独立ではなく依存関係にある．しかし，ジャクソンネットワークにおいて見られるように，これらの 2 つのベクトルの各要素は独立であることもありうる．このことはしかし，$X_j(t_0)$ と $X_j(t_0+\tau)$ あるいはその他のノードが異なる時刻においては独立な状態をもつ確率過程にしたがう，ということを意味しているわけではなく，また 2 つのベクトルのどの 2 つの要素も異なる時刻において独立である，ということを意味しているわけでもない．このような種類の独立性が見られる場合もあるということである．たとえば，単一サーバのノードが直列につながっている待ち行列ネットワークにおいては，ある客に着目すると，その客が各ノードで過ごす滞在時間は独立であり，したがってこのようなネットワークを客が通過する時間は単に各ノードの滞在時間の和になっていることがよく知られている．しかしこのような独立性は一般に成り立つものではない．

先に述べたフィードバック待ち行列の例は，あるノードの異なる時刻における待ち行列長は，たとえ定常状態にあっても依存関係にある，ということを示している．このことから，そのノードにおける滞在時間は依存関係にあることが結論される．

3 ノードからなる滞在時間問題の例では，ノード 1 におけるある客の滞在時間はその客の到着時点（t_0 とする）に観測される客数に依存している．一方，その客のノード 3 における滞在時間はその客がそのノードに到着した時点（$t_0+\tau$ とする）に観測される客数に依存している．この 2 つの待ち行列長に関するベクトルは独立ではない．ジャクソンの結果から，各ベクトルの要素は定常状態のもとでは独立ではあるが，$X(t_0)$ の要素と $X(t_0+\tau)$ の対応する要素は独立ではなく依存関係をもっている．現在の待ち行列ネットワークの研究の中で，この依存関

係についての研究はまだまだ未開拓の分野として残されている．したがって，定常状態で積形式解をもつようなネットワークにおいても滞在時間に関してはまだ知られていないことが多数残されている．

単一サーバネットワーク

バケーション（vacation）型待ち行列やポーリング（polling）システムのように，一人のサーバが多数の待ち行列を扱う形のネットワークが最近では興味をひくようになってきている．

バケーションモデル（vacation model）：この型のモデルには様々な種類があるが，それらは基本的には一人のサーバによりサービスされる単一ノードから構成されている．バケーションモデルではある客のサービスが終了した時点でサーバは休止状態に入る．すなわち，サーバはノードを立ち去り，ある時間（バケーション期間といわれる確率変数）経過したあとに再びノードに戻ってきてサービスを継続するか，あるいは次の休止状態にはいる．

休止状態に入る時点を定める最も簡単な規律としては，サーバは客のサービス終了時点でノードを離れ休止状態に入り，休止期間終了後再びノードに戻った時点でノードが空の状態であったなら直ちに次の休止期間に入る，というものがある．そのほかにも，サーバは待ち行列に存在するすべての客のサービスを終了したあとに休止状態に入るという規律や，すべての客ではなくある人数の客をサービスしたあとに休止状態に入る規律などが考えられている．休止期間はネットワークの状態とは独立と仮定する場合や，待ち行列長のようなネットワークの状態を示す変数に依存すると仮定する場合などがある．

ポーリングモデル（polling model）：この型のモデルではいくつかのノードがあり一人のサーバがこれらすべてのサービスを行う．サーバはノード間をある移行規律にしたがい訪問し，そのノードに滞在する客をバケーションモデルの場合と同様なサービス規律にしたがいサービスする．サービスが終了するとサーバは経路上の次のノードに移行する．このように次々にノードを移行し，最後に出発したノードに戻り1周を完了する．一般的なモデルでは，サーバはノード間を周期的に巡回し一人の客をサービスすると次のノードに移行する．このようなモデルはトークンリングネットワークの解析に用いられる．このモデルの旧い例としては〈巡回修理人〉（patrolling repairman）モデルがある．修理人はある経路で機械を点検して歩き，必要があれば修理し必要がなければそのまま立ち去る．

その他の文献

待ち行列ネットワークを学びはじめるにあたっては，Syski (1960) の著書はマルコフ過程を基礎とする待ち行列理論の初期の歴史をネットワークを含みながら詳しく解説してあるためいまでも参考になる．Kelly (1979)，van Dijk (1993)，Walrand (1988) および Whittle (1986) の著書は待ち行列ネットワークと積形式解への入門書として大変に優れている．それぞれの著書はこの分野に進むための独自の道筋が示されており，また発展を続けるこの分野に関する多くの応用問題や例題が含まれている．たとえば，van Dijk (1993) には何種類かの平衡方程式，積形式解，可逆性の間に見られる相互関係について大変にわかりやすい紹介がなされている．

Walrand (1988) の著書は，制御問題および滞在時間問題の両者を扱っている点に特徴がある．また，Whittle (1986) の著書では不感性についての詳しい紹介がある．待ち行列ネットワークにおけるトラヒック過程について学ぶためには Disney and Kiesseler (1987) の著書があげられる．バケーションモデルについては Takagi (1991)，ポーリングモデルについては Takagi (1986) の著書に紹介されている．この分野についてのさらに進んだ展望と方法論について知るためには QUESTA (1993) を手がかりにするのがよいであろう．

⇒ マルコフ連鎖，マルコフ過程，待ち行列理論．

[Ralph Disney／紀　一誠]

参 考 文 献

[1] Disney R.L. and Kiessler P.C. (1987), *Traffic Processes in Queueing Networks*: *A Markov Renewal Approach*, Johns Hopkins University Press, Baltimore.

[2] Kelly F.P. (1979), *Reversibility and Stochastic Networks*, John Wiley, New York.

[3] *QUESTA* (1993), *Queueing Systems: Theory and Applications*, 13, May.

[4] Syski R. (1960), *An Introduction to Congestion Theory in Telephone Systems*, Oliver and Boyd, London.

[5] Takagi H. (1991), *Queueing Analysis: A Foundation for Performance Analysis, Vacation and Priority Systems*, part 1, North-Holland, Amsterdam.

[6] Takagi H. (1986), *Analysis of Polling Systems*, MIT Press, Cambridge, Massachusetts.

[7] van Dijk N.M. (1993), *Queueing Networks and Product Forms: A Systems Approach*, John Wiley, New York.

[8] Walrand J. (1988), *An Introduction to Queueing Networks*, Prentice-Hall, Englewood Cliffs, New Jersey.

[9] Whittle P. (1986), *Systems in Stochastic Equilibrium*, John Wiley, New York.

待ち行列の最適化

optimization of queues

待ち行列システムのパラメータを最適に設定すること．ここでいう最適というのは，対象となるパラメータを変数としてもつ費用関数を最小（あるいは最大）にすることである．⇒ 待ち行列理論．

待ち行列理論

Queueing Theory

歴　史

待ち行列理論は，到着やサービスが確率的に変動するサービスシステムに対する研究である．これは〈確率的サービスシステム（stochastic service system）理論〉とか〈倉庫理論〉（theory of mass storage）とも呼ばれる．日常生活における確率的サービスシステムの例として，たとえば銀行の窓口や現金自動預入払出機の前の行列がある．客はランダムに到着し，要求にしたがっていろいろな長さのサービスが行われる．先端技術の世界ではコンピュータ・システムの例がある．ランダムに到着したジョブは，いろいろな量のシステム資源を要求する．サービス速度が変わる原因としてあまりによくあるのが，ハードウェアやソフトウェアのクラッシュである．クラッシュはコンピュータを使おうとするときにばかり起こるように思われるかもしれないが，おそらくこれらはランダムに起こる．コンピュータ・システムの中を覗くと，たくさんの確率的サービスシステムが存在する．ディスク，I/O 機器，CPU などではタスクがランダムに到着し，それらの処理に要する時間は確率的に変動する．

待ち行列理論は，1905 年の A. K. Erlang の仕事から始まった．彼は電話自動交換機の設計をしていて，同時にいくつの呼（客からの1つずつの電話を「呼（こ）」と呼ぶ）を扱うことができるかを知る必要があった．それぞれの呼はランダムな時刻に始まりランダムな時間続くので，現在通話中の呼の数は確率的に変動し，確率過程となる．Erlang は，確率過程の数学的理論が整備される前に，すでに出生死滅過程とか統計的平衡といった確率過程におけるいくつかの重要な概念を導いている．待ち行列理論は，初期の30年間，電話を題材として発展してきた．電話はそれ以後も待ち行列理論の主要な応用分野であり続けている．第二次世界大戦中にオペレーションズリサーチが始まり，高速道路の料金所や港湾施設の容量評価，着陸待ちの航空機を滑走路に導く順序決定，病院における患者のスケジューリングなどといった新しい応用分野が開拓された．現在，最も活発に応用されている2つの分野は，生産システムの解析とコンピュータ/通信システムの解析である．

基本概念

ふつう待ち行列モデルでは，いくつかの窓口（扱い者）をもったサービス施設を考え，そこに客がある種のサービスを受けるために来る．客が到着したとき，もし空いている窓口があれば，そこへ進む．もしすべての窓口が塞がっていれば，〈待ち行列〉（queue）（これは〈待合い室〉（waiting room）とか〈バッファー〉（buffer）とか呼ばれることもある）へ加わるかあるいは立ち去る．客がサービスを受けずに立ち去る主な理由は2つある．待ち行列が満杯であるか（このとき，客は〈ブロックされた〉（blocked）という），客が待ち行列で待つのをいやがるか（このとき，〈客はじゃまされた〉（balked）という）である．立ち去った客は永久に戻らないか，あるいはある時間経ったあとにもう一度トライする．待ち行列に加わった客は窓口が空くまで待つ（もう1つの可能性は，客が途中で逃げ出すことである，このとき客は〈中途離脱〉（reneging）するという）．窓口が空いたら待っていた客のうちの1人がサービスを受けはじめる．この幸運な客を選ぶルールを〈待ち行列規律〉（queue discipline）と呼ぶ．ある種の待ち行列規律では，新しく到着した客がサービス中の客と入れ替わることを許す．これは〈割り込み〉（preemption）と呼ばれる．

要求したサービスを窓口で受け終わると客は退去する．考えているサービス施設が1つしかなければ，退去した客がどこへ行くかは考慮しない．サービス施設が複数あるときは，モデルは〈待ち行列ネットワーク〉（queueing network）と呼ばれ，退去した客がどこへ行くかを決定する〈遷移規則〉（routing rule）を定めなければならない．

ほとんどの場合，到着やサービス時間の確率的構造はあらかじめ与えられる．理論の目的はサービス施設の性能尺度を求めるところにある．性能尺度というのは，たとえば次のようなものである．客の〈待ち時間〉（delay または queueing time）は，到着してからサービスを受けるまで，待ち行列で費やす時間である．客の〈系滞在時間〉（sojourn time）は，サービス施設で過ごす総時間である．これは〈総待ち時間〉（total waiting time）と呼ばれることもある．〈待ち行列長〉（queue length）は待ち行列にいる客の数である．〈系内客数〉（number in the system）は待ち行列長とサービス中の客の数の和である．〈全稼働期間〉（busy period）は，空き窓口がないひと続きの期間をいう．窓口の数が1つのときは単に稼働期間ともいう．このほか，サービス中の窓口の和，ブロックされた客の割合，ブロックされなかった客のうち正の時間待たされた客の割合，などという尺度も用いられる．

モデルの分類

D. G. Kendall は，待ち行列モデルを表す簡潔な記法を導入した．モデルは5つのパラメータ $A/S/c/K/Q$ で表される．A は客の到着間隔の分布，S はサービス時間分布，c は窓口（扱い者）の数，K は待ち行列に並ぶことのできる最大数と窓口の数の和，Q は待ち行列規律，をそれぞれ表す．このとき $K \geq c$ でなければならない．$K=\infty$ のときは K は省略されることが多い．

A と S には，つぎの記号が用いられる．指数分布（Markov）は M，一定分布（deterministic）は D，フェーズ k のアーラン分布（Erlang）は E_k，k 次の超指数分布（hyperexponential）は H_k，相型分布（phase-type）は PH である．サービス時間分布が一般の分布にしたがうとき S として G を用いる．到着間隔が必ずしも互いに独立である必要がないときは A として G が用いられる．到着間隔が互いに独立であることを強調するときは A として GI を用いる．

よく用いられる待ち行列規律は FIFO（first-in, first-out，先入れ先出し）である．これは FCFS（first-come, first-served，先着順）と通常同じと見なされる．しかし厳密には，窓口が1つの場合はこれらは同じであるが，窓口の数が複数の場合には FIFO の方が FCFS より強い．これはデフォルトの規律（とくに指定しないときに採用される規律）なので，しばしば省略される．よく使われる他の2つの規律は LIFO（last-in, first-out，後着順）と SIRO（servic in random order，ランダム順）である．より重要な客を優先するため，客は優先度によってクラス分けされることもある．数種類の優先権規律がこれまで調べられている．

暗黙のうちにいくつかの仮定をおく．客のサービス時間は互いに独立で同一の分布にしたがう．サービス時間は客の到着間隔と独立である．G の場合を除き，客の到着間隔は互いに独立で同一の分布にしたがう．客の到着とサービス終了は同時には生じない．集団到着や集団サービス，従属性など，その他の特徴はそれぞれの記号で表される．

通常，平均到着間隔は $1/\lambda$（λ は〈到着率〉(arrival rate)），平均サービス時間は $1/\mu$ で表される．このとき $a=\lambda/\mu$ はシステムに仕事が持ち込まれる速度であり，〈負荷率〉(offered load) と呼ばれる．負荷率は単位のつかない量であるが，しばしば A. K. Erlang の貢献に敬意を表してアーランという単位で表される．c 個の窓口がある場合には，1つの窓口当たりの負荷率は a/c であり，通常 ρ で表され〈トラヒック密度〉(traffic intensity) あるいは〈利用率〉と呼ばれる．

一般定理

待ち行列理論において得られている結果の多くは，個別のモデルにおける稼働特性に関する各種の公式である．しかし多数の待ち行列モデルに適用できる定理もいくつか存在する．ここではそのような定理を2つ示す．これらの定理を述べる前に，〈統計的平衡〉(statistical equilibrium) もしくは〈定常状態〉(steady state) と呼ばれる概念を導入する．

待ち行列システムが稼働を始める時刻を0とする．たとえばコンピュータ・システムであれば，これは一連の立ち上げ手続きが終了した時点である．t を現在の時刻とし，$X(t)$ を時刻 t におけるわれわれがモデル化したシステムの稼働特性，たとえばシステムが稼働を始めてから t 時間後の系内客数，とする．通常，時刻0における初期条件が $X(t)$ に影響する．時刻0で待っている客がいれば，客がいないときに比べて $X(t)$ は大きくなる．初期条件の影響は，ふつう t とともに減少する．この初期条件の影響が消え去ったときに，統計的平衡が達成される．この考えを数学的に表現すると次のようになる．$p_{ij}(t) = \Pr\{X(t)=j \mid X(0)=i\}$ と定義すると，極限 $p_j = \lim_{t \to \infty} p_{ij}(t)$ が存在し，それが i に依存しない．定常状態のもう1つの説明は，これらの確率 $p_{ij}(t)$ が時間 t とともに変化しないこと，つまり $p_{ij}(t)$ の t に関する微分が0であることである．

多くの場合，定常解 $\{p_j\}$ は，〈過渡解〉(transient solution) $\{p_{ij}(t)\}$ よりも簡単に求められる．p_j は，長い時間の間に X が状態 j にいる時間の割合，と解釈したい．このことを数学的にきちんと表すために，$T_j(t)$ を，時間区間 $(0, t]$ の間に $X(s)=j$ となる時間の長さ，としよう．われわれがいいたいのは

$$p_j = \lim_{t \to \infty} \left[\frac{1}{t} \int_0^t T_j(s)\,ds \right] \tag{1}$$

ということである．このような形の結果は〈エルゴード定理〉(ergodic theorem) と呼ばれる．式 (1) が成り立つためには，さらに何らかの条件がモデルに必要となる．エルゴード定理を証明するのには，定常過程や再生過程の理論がしばしば用いられる．

いろいろなエルゴード定理の中で，つぎに述べるリトルの定理と PASTA の2つがもっともよく利用される（訳注：通常，ここでいうリトルの定理はリトルの法則と呼ばれることが多い）．

リトルの定理：　任意の待ち行列システム，または待ち行列システムの任意の部分に対して，λ を到着率，L を平衡状態における客の平均数，W を平衡状態における系滞在時間の平均とする．λ と W がきちんと定義できてしかも有限で存在するならば，L も存在して $L = \lambda W$ となる．

この定理を用いれば，L と W の一方だけを計算すれば十分であることがわかる．この定理をうまく応用したものにつぎの3つがある．電話でダイヤルトーンが返っ

てくるまでの平均時間 W がいくらであるかを知ることは重要であるが，それを測定することは難しい．しかし電話の到着率 λ や，ダイヤルトーンが返ってくるのを待っている呼びの平均数 L を測定することは，それほど難しくない．リトルの定理 (Little's theorem) は，ダイヤルトーン待ち時間を推定する間接的な方法を与えている．

到着した客はすべてサービスされ，平衡状態における待ち行列長が有限であるような，同一能力をもった複数の窓口があるモデルを考え，そのモデルの平衡状態におけるサービス中の窓口の数の平均を求めるものとしよう．これを直接的に行うのはたいへん難しい．ここで窓口全体を1つの「システム」と考えてみると，「到着率」は客の到着率 λ で，客のシステムにいる「滞在時間」はサービス時間，「システム内客数」はサービス中の窓口の数である．するとリトルの定理から，平均サービス時間を $1/\mu$ とすると，われわれの解は λ/μ，すなわち負荷率，であることがわかる．この結果は，少なくとも λ/μ 個の窓口が必要であることを示している．もし待ち行列規律が各窓口を同じように使うようなものであれば，トラヒック密度は各窓口がサービス中である時間の割合になっている．

3番目の応用は，待ち行列規律の間の比較に関するものである．先着順 (FIFO) と同じ L をもたらす待ち行列規律は (たとえば，後着順 (LIFO) やランダム順 (SIRO) などがそうであるが)，同じ W の値をもたらす．客のサービス時間の情報を用いるいくつかの待ち行列規律は，(FIFO と比べて) L の値を小さくする．リトルの定理から，これらは W の値も小さくすることがわかる．

〈PASTA〉というのは Poisson arrivals see time averages (ポアソン到着は時間平均を見る) の頭文字をとったものである．式 (1) から，p_i は時間平均，つまり i 人の客が存在する時間の割合，と解釈できる．ある客が到着する直前に $X=i$ であったとき，その客は確率過程 $X(t)$ が状態 i にあることを「見る」という．t_n を n 番目の客の到着時刻としよう．すると n 番目の客が到着したときに見る状態は $X(t_n^-)$ であり，δ_A を事象 A が起きたとき 1，起きなかったとき 0 をとる関数とすると，状態 i の〈到着時点平均〉(客平均) (customer average) は

$$\pi_i = \lim_{N\to\infty}\left[\frac{1}{N}\sum_{n=1}^{N}\delta_{\{x(t_n)=i\}}\right] \quad (2)$$

である．一般には $\pi_i = p_i$ となるとは限らない．たとえば，到着間隔が 1，サービス時間が 1/2 の D/D/1 待ち行列では，π_0 は 1 だけれど，p_0 は 1/2 である．PASTA 定理が主張しているのは，到着がポアソン過程にしたがっているときには，π_i か p_i のどちらかが存在すれば他方も存在し，それらは一致する，ということである．この定理が成り立つためにはひとつの技術的な条件が必要である．

それは，大雑把にいえば，任意の時点において，将来の到着過程は X-過程の過去とは独立になっている，ということである．この定理は今後も何度か引用されることになる．

出生死滅型待ち行列 (birth-and-death queue)

最も簡単な確率的待ち行列モデルは，到着間隔とサービス時間が指数分布にしたがうものである．$X(t)$ を時刻 t でシステムにいる客の数とする．$X(t)=i$ のとき，短い時間区間 $(t, t+h]$ の間に到着が起きる確率は $\lambda_i h$ であり，サービスが終了する確率は $\mu_i h$ である．h は小さいと仮定しているので，h^2 のオーダーの項は無視される．$(t, t+h]$ の間に到着とサービス終了がともに起きる確率や2つ以上の到着もしくは2つ以上のサービス終了が起きる確率は h^2 のオーダーである．ここでのモデル表現では，指数分布の〈無記憶性〉(memoryless property) が暗黙のうちに仮定されている．このモデルは人口の増減モデルと解釈できるので，λ_i は〈出生率〉(birth rate)，μ_i は〈死亡率〉(death rate) と呼ばれる．

μ_0 は解析に無関係なので，簡便のため $\mu_0 = 0$ とおく．$i>0$ に対して $\mu_i > 0$ と仮定する．したがって人口の下限は常に 0 である．$\lambda_n = 0$ ならば，人口が一度でも n 以下になれば決して $n+1$ 以上になることはない．したがってこれは待合室の大きさが有限のモデルを表現するときに利用できる．われわれは初期条件 $\{p_i(0)\}$ が与えられたときの $p_i(t) = \Pr\{X(t)=i\}$ を知りたい．

〈確率フローによる議論〉： 確率を $0, 1, 2, \cdots$ という番号をもったバケツの間を流れる流体と見なし，$p_i(t)$ を時刻 t にバケツ i に入っている確率の量と考えよう．λ_i は確率の各分子がバケツ i からバケツ $i+1$ へ単位時間に流れる割合，μ_i は確率の各分子がバケツ i からバケツ $i-1$ へ単位時間に流れる割合である．するとバケツ i からバケツ $i+1$ への確率のフローは $\lambda_i p_i(t)$，逆方向の確率のフローは $\mu_{i+1} p_{i+1}(t)$ である．バケツの中の確率の変化率は流入フローと流出フローの差であるから，$i = 0, 1, 2, \cdots$ に対して

$$\frac{dp_i(t)}{dt} = \lambda_{i-1} p_{i-1}(t) + \mu_{i+1} p_{i+1}(t) - (\lambda_i + \mu_i) p_i(t)$$
$$(3)$$

となる．ただし $i=0$ のときは $p_{i-1}(t)$ の項は無視する．これらの式は出生死滅過程に対する〈コルモゴロフの後ろ向き方程式〉(backward Kolmogorov equation) と呼ばれる．

定常状態では式 (3) の左辺における微分はゼロとなり，右辺に現れる確率は定常状態での極限確率となる．したがって次の〈定常状態における平衡方程式〉(steady-state balance equation) が得られる．

$$(\lambda_i+\mu_i)p_i = \mu_{i+1}p_{i+1}+\lambda_{i-1}p_{i-1}, \quad i=0,1,2,\cdots \tag{4}$$

これらの式は p_{i-1}, p_i, p_{i+1} だけしか含まないので,2次の差分方程式である.さらに確率フローによる議論を用いると,これらを1次の差分方程式に帰着することができる.定常状態では,ある状態へ入り込む確率の流入フローとその状態から流れ出る流出フローは等しくなければならない.したがって $\lambda_i p_i = \mu_{i+1} p_{i+1}$, $i=0,1,2,\cdots$ である.これを用いると式(4)の解は次のように p_0 に順に λ_{i-1}/μ_i を掛けることによって求めることができる.

$$p_i = p_0 \frac{\lambda_0 \lambda_1 \cdots \lambda_{i-1}}{\mu_1 \mu_2 \cdots \mu_i}, \quad i=0,1,2,\cdots \tag{5}$$

ここで p_0 はすべての p_i の和が1となるように選ばれる.ただしこのためには式(5)の右辺の積の和が収束しなければならないから,出生率 λ_i と死亡率 μ_i にはある種の制限が必要となる.

M/M/1 待ち行列(M/M/1 queue): M/M/1 待ち行列では,指数分布の無記憶性から,すべての i に対して $\lambda_i=\lambda$ および $\mu_i=\mu$ となる.したがって式(5)は $p_i=p_0\rho^i$ となる.ここで $\rho=\lambda/\mu$ である.すべての p_i の和が収束するためには $\rho<1$ でなければならない.このとき $p_0=1-\rho$ となる(この結果はリトルの定理から導かれるので,いちいち計算をする必要はない).この分布の平均は $\rho/(1-\rho)$ であり,リトルの定理から $W=1/\{\mu(1-\rho)\}$ であることがわかる.系内に k 人以上の客がいる確率は ρ^k である.これらの公式は,確率的サービスシステムに共通なある重要な特徴を示している.すなわち,システムの運用者は,通常,窓口が空いている(扱い者が遊んでいる)時間が短いことを希望する.したがって ρ は1に近い方が望ましい.しかし ρ を1の近くに保つと,客の待ち時間が非常に長くなる.これは客の不満をつのらせる.

待ち時間分布は,指数分布が無記憶性をもつことと PASTA によって,客の到着時点における残りサービス時間が同じ指数分布にしたがうことから,次のようにして求めることができる.ある客が到着したときにシステム内に i 人の客がいたとすると,指数分布の無記憶性と PASTA によって,その客の待ち時間は互いに独立で同一の指数分布にしたがう i 個の確率変数の和によって表される.したがってその分布は形のパラメータが i のガンマ分布となる.再び PASTA から,ある客が到着したときに i 人の客がシステムにいる確率は p_i と解釈できる.したがって,確率 $1-\rho$ で待ち時間はゼロ,確率 ρ で平均 $1/(\mu-\lambda)$ の指数分布にしたがう.

M/M/1/N 待ち行列(M/M/1/N queue): 最大 N 人の客しかシステムに入れないときは,$i \geq N$ に対して $\lambda_i=0$ と置く.すると,式(5)から $p_i=p_0\rho^i$ となり,正規化条件から,$\rho \neq 1$ のときは,$p_0=(1-\rho)/(1-\rho^{N+1})$ となる.$\rho=1$ のときは,$p_i=1/(N+1)$ である.ここでは正規化のための和は有限個の項しか含まないので,$\rho<1$ という条件は必要ない.

M/M/c 待ち行列(M/M/c queue): この場合,すべての i に対して $\lambda_i=\lambda$ であり,μ_i については少し複雑になって,$i \leq c$ のとき $\mu_i=i\mu$, $i>c$ のとき $\mu_i=c\mu$ である.このモデルは,〈アーランの待時モデル〉(Erlang delay model) または〈アーラン C モデル〉(Erlang C model) と呼ばれている.式(5)から

$$p_i = \begin{cases} \dfrac{p_0 a^i}{i\,!} & 1 \leq i \leq c \text{ のとき} \\[6pt] \dfrac{p_0 a^i}{c^{i-c} c\,!} & i \geq c \text{ のとき} \end{cases}$$

ここで

$$p_0 = \left\{ \sum_{j=0}^{c-1} \frac{a^j}{j\,!} + \frac{ca^c}{c\,!\,(c-a)} \right\}^{-1}, \quad a<c$$

である.すべての窓口が塞がっている確率はアーラン C 式(Erlang C formula)

$$C(c,a) = \frac{p_0 c a^c}{c\,!\,(c-a)}$$

で与えられる.

M/M/c/c 待ち行列(M/M/c/c queue): これは,$i \geq c$ のとき $\lambda_i=0$ となることを除いて,M/M/c 待ち行列と同じである.このモデルは〈アーランの損失モデル〉(Erlang loss model) または〈アーラン B モデル〉(Erlang B model) と呼ばれる.式(5)から

$$p_i = \frac{a^i/i\,!}{\displaystyle\sum_{k=0}^{c} a^k/k\,!}$$

となる.これはポアソン分布の裾を打ち切ったものになっている.PASTA から,p_c は客がブロックされてサービスを受けられない確率である.$i=c$ のときの上の式は〈アーランの損失式〉(Erlang's loss formula) または〈アーラン B 式〉(Erlang B formula) と呼ばれ,$B(c,a)$ で表される.この式の著しい特徴は,この式が平均が $1/\mu$ であるどんなサービス分布であっても成立することである.これは〈保存則〉あるいは〈不感性定理〉(insensitivity theorem) と呼ばれる一連の定理の一例である.

M/M/∞ 待ち行列(M/M/∞ queue): これは,上のモデルで $c=\infty$ としたものであり,たとえばセルフサービスシステムのモデルとして用いられる.定常状態確率は平均 a のポアソン分布となる.

機械修理工(有限呼源)モデル(machine-repair (finite source) queue): これは r 人の修理工が m 台の機械の修理を担当しているモデルである.機械の故障間隔が互いに独立で同一の指数分布にしたがい,また修理時間も互いに独立で同一の指数分布にしたがっているとすると,稼働できない機械の数は $\lambda_i=(m-i)\lambda$, $\mu_i=\min(i,r)\mu$ をもつ出生死滅過程となる.定常状態確率は

式 (5) で計算することができる．m への依存性を強調するために，この確率を $p_i(m)$ と書くことにしよう．機械の故障はポアソン過程にしたがって生起するわけではないので，故障した機械が修理を受けるときに待つ確率は $\sum_{i\geq r} p_i(m)$ ではない．しかし，驚くべきことに，ある機械が故障したときに，他の i 台の機械が故障中である確率は $p_i(m-1)$ で与えられる．

行列不参加および中途離脱 (balking and reneging)：長く待たされるのを嫌って行列に参加しないことや中途で離脱することを，出生率と死滅率を修正して上のモデルに取り入れることができる．系内客数が i のときに到着した客が行列に参加することをあきらめる確率が b_i ならば，λ_i を $\lambda_i b_i$ で置き換えればよい．系内客数が i のときに，短い時間間隔 h の間に客のうちの一人が行列を中途で離脱する確率が $r_i h$ であるならば，μ_i を $\mu_i + r_i$ で置き換えればよい．

出力過程定理 (output theorem)：定常状態において，長さ t の時間間隔の間に退去する客の数を $\varDelta(t)$ としよう．$\lambda_i \equiv \lambda$ ならば，$\varDelta(t)$ はポアソン過程となる．この結果は〈バークの定理〉(Burk's theorem) として知られている．

これらの基本的なモデルに関するより詳細な結果は，Morse (1958)，Cox and Smith (1961)，Prabhu (1965) などの古典的な教科書に書かれている．

マルコフ連鎖モデル (Markov chain model)

出生死滅過程は連続時間マルコフ連鎖の特別な場合で，隣の状態へのみ推移が可能な連鎖である．一般の連続時間マルコフ連鎖までモデルを拡張すると，集団到着や集団サービス，それにある種の非指数分布にしたがうサービス時間や到着間隔を扱うことができる．

連続時間マルコフ連鎖は，推移速度行列 $\boldsymbol{Q}=(q_{ij})$ を用いて表現される．ここで q_{ij} は，状態 i から $j, i\neq j$，へ推移が起こる速度である．$i=j$ のときは，$q_{ii}=-\sum_{i\neq j}q_{ij}$ とおく．これは状態 i から出ていく推移の速度である．確率フローの議論は連続時間マルコフ連鎖に対しても有効である．式 (5) を一般化すると，定常状態確率の行ベクトル $\boldsymbol{p}=(p_0, p_1, \cdots)$ が行列方程式 $\boldsymbol{pQ}=\boldsymbol{0}$ を満たすことがわかる．ただし $\boldsymbol{p}$ の要素の和は 1 とする．

アーラン分布 (Erlang distribution)：Erlang は，次のようにしてある種の非指数分布にしたがう確率変数に対して指数分布の議論を適用した．平均が $1/\lambda$ であるような確率変数を考え，それが〈相〉(stage) と呼ばれる k 個の互いに独立で平均が $1/k\lambda$ の指数分布にしたがう確率変数の和によって構成されているものとしよう．このようにしてつくられた分布は，次数 k の〈アーラン〉(Erlang) 分布と呼ばれる．これは形のパラメータが整数のガンマ分布であり，確率密度関数が $k\lambda(k\lambda t)^{k-1}e^{-k\lambda t}/(k-1)!$ で与えられる．標準偏差は $1/(\lambda\sqrt{k})$ であり，これは同じ平均をもつ指数分布の標準偏差 $1/\lambda$ よりも小さい．

$M/E_k/1$ モデル ($M/E_k/1$ queue) では，状態として系内の客の数とサービス中の客（もしいれば）の相の組をとる．相 $j<k$ にいる客の相のサービスが終了すると次の相へ移る．相 k のサービスが終了した客は窓口から去る．この方法は〈相の方法〉(method of stages) と呼ばれる．このモデルに対する平衡方程式は，M/M/1 に対する平衡方程式よりもだいぶ込み入っていて，それを解くのはより大変である．ひとつの結果を紹介すると，平均待ち時間は

$$E(D)=\frac{k+1}{2k}\frac{\rho}{1-\rho}\frac{1}{\mu}$$

で与えられる．これは M/M/1 モデルの平均待ち時間に $(k+1)/2k$ をかけたものになっており，この係数は $k>1$ のとき 1 よりも小さい．

一般アーラン分布族 (extended erlang family of distributions)：相の方法をさらに一般化するために，つぎのような分布を考える．〈超指数確率変数〉(hyperexponential random variable) というのは，k 個の異なる指数分布の中からある確率分布にしたがって選ばれた分布にしたがうものである．a_j を分布 j を選ぶ確率，$1/\lambda_j$ を分布 j の平均とする．すると確率密度関数は $\sum_{j=1}^{k}a_j\lambda_j e^{-\lambda_j t}$ で与えられる．この分布の標準偏差は，同じ平均をもつ指数分布の標準偏差より大きい．この分布は，待ち行列モデルの中で，アーラン分布と同様に用いることができる．

アーラン分布は指数の相を直列に描くことで視覚的に表され，超指数分布は指数の相を並列に描くことで表される．これらの指数の相をさらにアーラン分布や超指数分布で置き換えると，より広い分布のクラスが導かれる．この置き換えを好きなだけ繰り返すことによって〈一般アーラン分布〉(general Erlangian distributions) のクラスが導かれる．一般アーラン分布は有向グラフによって図示できる．1つの枝（アーク）を通過するのにかかる時間は指数確率変数である．各節点（ノード）からは1つの枝を選んで進む．どの枝に進むかは，どのようにその節点に到達したかには独立な確率的選択によって決められる．このようにして始節点から終節点までいくのにかかる時間の分布が一般アーラン分布である．

一般アーラン分布は，状態数が有限で時間連続な吸収的マルコフ連鎖において，決められた状態からスタートしたときの吸収時間の分布になっている．〈相型分布〉(phase-type distribution) は，同じく有限状態，時間連続な吸収的マルコフ連鎖における吸収時間の分布であるが，この場合，初期状態はランダムに選ぶことができる．このマルコフ連鎖による表現は，上述の指数分布の一般

化を拡張し統一するものである．PH 分布のクラスは，これらの分布を到着間隔やサービス時間に用いたときの平衡方程式を解くためのアルゴリズムを得るのに便利ないくつかの性質をもっている．

集団待ち行列(bulk queue)： これまでわれわれは到着やサービスは，一度に1つしか起きないものと仮定してきた．これは必ずしもいつでも成り立つわけではない．実際，バスが到着するとバスの乗客全員が一度に切符売場に向かうかもしれないし，バスはバス停で待っている数人の客を一度にサービスするかもしれない．集団の人数は確率変数と考えられるかもしれない．たとえばバスは満員ではないこともあるからである．このバスの例では，サービスされる客の数は，バスに乗せることが可能な人数と待っている客の数の小さい方，と仮定するのは自然であろう．しかし，どんなシステムでもそうというわけではない．たとえば，高い段取り費用がある場合，最低限の数の客が集まらなければサービスをしないかもしれない．同様に，もし到着した客の集団が入りきるだけの待ちスペースがない場合，全体の集団がブロックされてしまうこともあるし（実際，ある通信システムではメッセージの一部だけを受け付けることはできない），集団の一部がブロックされることもある．

M/M/1 集団到着待ち行列（M/M/1 batch arrival queue)で，集団の大きさが k である確率を c_k，集団の大きさの平均を $\bar{c}$ であるものとする．客の到着速度は $\lambda \bar{c}$ であるので，定常状態が存在するためには $\rho = \lambda \bar{c}/\mu < 1$ である必要がある．またリトルの定理より $p_0 = 1 - \rho$ である．系内客数は速度 λc_k で i から $i+k$ へ推移し，速度 μ で i から $i-1$ へ推移する．したがって平衡方程式は

$$\lambda p_0 = \mu p_1, \quad (\lambda + \mu) p_i = \mu p_{i+1} + \sum_{k=1}^{i} c_k p_{i-k},$$
$$i = 1, 2, \cdots$$

となる．これらの方程式は，$\{c_k\}$ の確率母関数を用いて $\{p_i\}$ の確率母関数を求めることによって解くことができる．特に $c_k = (1-\alpha)\alpha^{k-1}$，$0 < \alpha < 1$，の場合，$p_i$ の陽解は

$$p_i = (1-\rho)[\alpha + (1-\alpha)\rho]^{i-1}(1-\alpha)\rho, \quad i > 0$$

となる．この確率分布の平均は $\rho\{(1-\rho)(1-\alpha)\}^{-1}$ であり，これは同じトラヒック密度をもつ M/M/1 待ち行列の平均待ち時間に集団の大きさの平均をかけたものになっている．到着が集団である場合の方が集団でない場合よりもシステムの性能が落ちるのは，到着過程がより〈バースト的〉(bursty) になるからである．つまり集団到着過程では客の到着時点の数はより少なく，しかもこれらの到着時点では数人の客が一度に現れる傾向があり，客の到着は固まりやすいのである．

非マルコフ型待ち行列（non-Markovian queue）

到着間隔とサービス時間が指数分布にしたがうことが，系内人数過程をマルコフ連鎖にしている．これらの条件が成り立たないとき，われわれはどこか他にマルコフ連鎖を探さなければならない．以下のモデルでは，代わりに〈隠れマルコフ連鎖〉（embedded Markov chain）をもつ．この隠れマルコフ連鎖は，特別に選ばれた時点のみで確率過程を注目する，つまり観察時点を制限することによって導かれる．

M/G/1 待ち行列（M/G/1 queue）： ここではサービス時間は与えられた分布 $G(\cdot)$ をもつ．この分布の平均は $\nu_g = 1/\mu$，2次のモーメントは ν_{2g}，分散は σ_g^2，ラプラス-スティルチェス変換は $\tilde{G}(\cdot)$ とする．平均待ち時間は，ある一般的な定理を用いれば，細かい計算をしなくてもすぐに求められる．定常状態における平均待ち時間を D，平均待ち行列長を Q と書く．R を，定常状態で1人の客が到着した時点におけるサービス中の客（もしいれば）の残りサービス時間の平均とすると，$D = Q\nu_g + R$ である．リトルの定理から $Q = \lambda D$ であり，これらを解くと，$D = R/(1-\rho)$ となる．ここで $\rho = \lambda \nu_g$ はトラヒック密度で，窓口が稼働中の確率でもある．PASTA から次の2つのことがわかる．窓口が空いているときは $R = 0$ である．窓口が稼働中のときは，再生理論により，R は分布 $G(\cdot)$ に対応する〈前向き再生時間〉（forward recurrence time）の平均となる．つまり $R = \nu_{2g}/2\nu_g$ である．したがって $R = \rho \nu_{2g}/2\nu_g$ であり，$D = \lambda \nu_{2g}/2(1-\rho)$ となる．これは平均待ち時間に対する〈ポラチェック-ヒンチンの公式〉（Pollaczeck-Khintchine formula）と呼ばれる．この公式を変動係数の 2 乗 $c^2 = \sigma_g^2/\nu_g^2$ を用いて書き換えておくと便利である．

$$D = \frac{c^2+1}{2} \frac{\rho}{1-\rho} \frac{1}{\mu} \tag{6}$$

この公式から，サービス時間が一定の場合の平均待ち時間は，指数サービスの場合の半分であることがわかる．

待ち時間分布は，サービス終了時点でのみ系内客数を見ることによって求められる．どんな待ち行列でも，客の到着やサービス終了が一度に1つしか起きないならば，到着のときに状態が i である客の数とサービスを終了した直後の状態が i である客の数は，たかだか1しか違わない．したがって到着時点での定常状態分布とサービス終了時点での定常状態分布は等しい．だから PASTA 定理から，サービス終了時点だけを見ても，時間平均確率が得られることがわかる．

n 番目の退去直後の系内客数を X_n とし，n 番目のサービス中に到着した客の数を A_n とする．議論を簡単にするために，最初の客は時刻 0 で到着し，そのとき系内に客は誰もいなかったものとしよう．すると $X_{n+1} = \max(0, X_n - 1) + A_n$ であり，これから X_n はマルコフ連鎖と

なることがわかる．$\rho<1$ のときこのマルコフ連鎖は極限分布 $\{\pi_i\}$ をもつ．その確率母関数を $\hat{\pi}(\cdot)$ とすると，この関数がつぎのようになることを示すことは難しくない．

$$\hat{\pi}(z) = \frac{(1-\rho)(1-z)\tilde{G}(\lambda-\lambda z)}{\tilde{G}(\lambda-\lambda z)-z}$$

これは Pollaczek と Khintchine によって示されたもう1つの公式である．客が先着順でサービスされたときの待ち時間分布を $W(\cdot)$，そのラプラス-スティルチェス変換を $\tilde{W}(\cdot)$ とする．すると π_i は分布 $W(\cdot)$ にしたがう長さの時間区間において i 人の客が到着する確率と考えられるから，$\pi_i = \int_0^\infty e^{-\lambda t}[(\lambda t)^i/i!]dW(t)$ である．したがって $\hat{\pi}(z) = \tilde{W}(\lambda-\lambda z)$ であり，

$$\tilde{W}(s) = \frac{(1-\rho)s\tilde{G}(s)}{s-\lambda[1-\tilde{G}(s)]}$$

となる．

M/G/1 優先権待ち行列（M/G/1 priority queue）：客は K 個の優先権クラスに分けられているものとする．$i<j$ のとき，クラス i はクラス j に対して優先権をもつ．1人のサービスが終了したとき次にサービスを受けるのは，そのときにいる客のうちで最も小さい優先権番号をもったクラスの客である．優先権は〈非割り込み〉（non-preemtive）であるものとする，つまりサービス中の客は，そのサービス中に優先権の高い客が到着しても，サービスは中断されない．ここでも上と同様の記号を用いる．クラス j の客の到着率を λ_j，平均サービス時間を $1/\mu_j$，トラヒック密度を $\rho_j = \lambda_j/\mu_j$ とする．任意の客のサービス時間は各クラスの客のサービス時間分布の混合であり，その平均を $1/\mu$，変動係数を c，全体のトラヒック密度を $\rho = \sum_{i=1}^K \rho_i$ とする．するとクラス j の客の平均待ち時間は

$$D_j = \frac{c^2+1}{2} \frac{\rho}{\left(1-\sum_{i=1}^{j-1}\rho_i\right)\left(1-\sum_{i=1}^{j}\rho_i\right)} \frac{1}{\mu},$$
$$j=1,2,\cdots,K$$

で与えられる．先着順のときの式（6）と比較すると，クラス1の客は待ち時間が短く，クラス K の客は待ち時間が長くなることがわかる．

クラス j の客が待っているときの単位時間あたりのコストが C_j で，われわれは好きなように優先順位を付け替えることができるものとしよう．待ちコストを最小にするには，$C_j\mu_j$ の大きい順に優先権を付ければよい．これは〈$C\mu$-ルール〉（$C\mu$-rule）と呼ばれる．$C_j \equiv 1$ としてみると，平均サービス時間の小さい順に優先権を付ければよいことがわかる．優先権のクラスの数を無限にし，客 i の方が客 j よりもサービス時間が短ければ i は j より優先するようにすることを考えると，「サービス時間が最短の客を先にサービスする」というのが，非割り込み優先権の中で最適なものであることがわかる．割り込みが許される場合は，「残り処理時間が最短の客を先にサービスする」というのが最適になる．

GI/M/c および GI/G/1 待ち行列（GI/M/c and GI/G/1 queues）： GI/M/c 待ち行列は M/G/1 待ち行列と同様に解析することができる．到着時点を見ることによって隠れマルコフ連鎖が導かれ，定常状態確率や待ち時間分布はある超越方程式の区間 $(0,1)$ にある実根を用いて表現することができる．

GI/G/1/FIFO 待ち行列（GI/G/1/FIFO queue）に対しては，n 番目の客の待ち時間を D_n，到着時刻を T_n，サービス時間を S_n，そして次の客との到着間隔を $U_n = T_{n+1}-T_n$ とする．退去時刻は $T_n+D_n+S_n$ であり，したがって $D_{n+1}=\max(0,D_n+S_n-U_n)$ である．$\rho<1$ のとき，D_n-過程は極限分布 $D(\cdot)$ をもつ．S_j や U_j は互いに独立で，それぞれ共通の分布にしたがう．そこで $F(t)=P(S_1-U_1\leq t)$ とおく．すると $D(t)=\int_{-\infty}^t D(t-x)dF(x)$ である．これは〈リンドレーの方程式〉（Lindley's equation）と呼ばれる．この方程式の扱いやすい一般的な解は知られていない．しかしこの方程式は定性的な情報を得るためにも有用である．たとえば，U_1 と S_1 の分散をそれぞれ σ_U^2，σ_S^2 としたとき，平均待ち時間は $\lambda(\sigma_U^2+\sigma_S^2)/\{2(1-\rho)\}$ より大きくなることはない．ρ が下から1に近付くとき，$D(\cdot)$ は上の平均待ち時間の上界を ρ 倍した平均をもつ指数分布に近付く．これは〈重負荷近似〉（heavy-traffic approximation）の例である．

待ち行列ネットワーク（queueing network）

これまでのモデルでは，客は1つの窓口でサービスを受けると，それで退去していた．待ち行列ネットワークでは，1つの待ち行列を退去しても別の待ち行列に加わることができる．これは次のようなネットワークで表現することができる．ノードはサービスセンター（1つの待ち行列といくつかの並列しておかれた窓口）を表し，ノード i から j への有向枝はサービスセンター i を退去した客がサービスセンター j の待ち行列に加わることができることを表している．ネットワークにしたことで，経路選択ルールや待ちスペースが満杯のサービスセンターに行こうとした客の処分など，いくつかの新しい問題が生じる．

フィードバック待ち行列（feedback queue）： 最も簡単なネットワークは，1つのノードからなり，退去の一部が再び待ち行列に加わるものである．これは〈フィードバック待ち行列〉（feedback queue）と呼ばれ，生産における再処理をモデル化するのに使うことができる．再処理される部品を待ち行列の先頭におくとサービス時間を延長したことになるが，待ち行列の最後尾におくと到

着率が増えたような効果をもつ．

直列型ネットワーク（tandem network）：客はノード1に到着し，それからノード2, 3, … と順に進み，ノードNから退去する．このようなものは〈直列型ネットワーク〉(tandem network) と呼ばれる．このモデルは修理工程や組立工程を記述するのに有用である．到着がポアソン過程で，各ノードにおけるサービス時間が指数分布にしたがいノードごとに独立で，各ノードに待ちスペース制限がないならば，バークの定理から，定常状態においてノードnは出生死滅型待ち行列となる．ノードnにi人の客がいる定常状態確率を$p_n(i)$とする．また，$i=(i_1, i_2, \cdots, i_N)$をノード$n(=1, 2, \cdots, N)$に$i_n$人の客がいる状態とし，$p(i)$をそのような定常状態確率とする．すると$p(i)=\prod_n p_n(i_n)$であることが知られている．これは〈積形式解〉(product-form solution) と呼ばれ，この性質から同時確率分布を計算することは非常に簡単になる．これはさらに，定常状態では，ある特定の1つの時点において，各ノードの待ち行列長は互いに独立であることを示している．

ジャクソンネットワーク：r_{ij}をノードiからノードjへ客が進む確率とし，この確率はこの客の他の経路選択や他の客の経路選択とは独立であるものとする．このようなものを〈マルコフ型経路選択〉(Markovian routing) という．ノードiからネットワークを退去する確率は$1-\sum_j r_{ij}$である．到着とサービスが出生死滅型でマルコフ型経路選択をもつネットワークは〈ジャクソン型ネットワーク〉(Jackson network) と呼ばれる．

外部からノードjへの到着率をa_j，他のノードからの到着をも含めた到着率をλ_jとする．これらの到着率はトラヒック方程式 (traffic equations)

$$\lambda_j = a_j + \sum_i \lambda_i r_{ij}$$

によって関係付けられている．

1つ以上のa_jが正のとき，ネットワークは〈開〉(open) であるという．開(待ち行列)ネットワーク(open (queueing) network) は FMS (flexible manufacturing system) や通信ネットワークをモデル化するのに使われている．経路選択行列(r_{ij})が既約で1つ以上の行和が1より小さければ，開ネットワークに対するトラヒック方程式は一意的な解をもつ．開ジャクソン型ネットワークは定常状態確率$p(i)$に対して積形式解をもち，それはノードjでの到着率をλ_jとした出生死滅型待ち行列の定常状態確率の積になっている．

すべてのa_jが0で，(r_{ij})のすべての行和が1, そして一定の数(Mとしよう)の客がネットワークの中を回っているようなネットワークは〈閉〉(closed) であるという．閉(待ち行列)ネットワーク(closed (queueing) network) はタイムシェアリングコンピュータシステムをモデル化するのに使われてきた．このようなシステムがいつも高負荷で運用されているならばジョブの数は実質的に一定であり，ジョブはいろいろなコンポーネント(中央演算装置，ディスクなど)で順次サービスを受ける．閉ネットワークでは，トラヒック方程式は無限個の正の解をもつ．つまりλが解ならば，任意の$C>0$に対して$C\lambda$も解である．この場合も積形式解$p(i)=C\prod_n p_n(i_n)$をもつ．ここで$p_n(\cdot)$はトラヒック方程式の1つの解λ_nを到着率とした出生死滅型待ち行列の定常状態確率であり，Cは確率の和が1となるようにするための正規化定数である．このCを計算するのは大変な仕事である．M人の客をN個のサービスセンターに配置する方法の数は${}_{N+M-1}C_M$であり，これは$M=100$, $N=10$のときおよそ4.25×10^{12}にもなる．

待ち行列理論に関するテキストは長年にわたって多数出版されている．ここでは次のものをあげておく．Cohen (1969), Cooper (1984), Cox and Smith (1961), Gross and Harris (1985), Heyman and Sobel (1982), Kelly (1979), Kleinrock (1975), Mehdi (1991), Morse (1958), Neuts (1981), Prabhu (1965), Takács (1962), Walrand (1988), and Wolff (1989).

研究課題

リトルの定理やPASTAの考えを拡張するために，マーク付き点過程，マルチンゲール，パーム測度などの確率過程に関する新しい概念を用いて，極限の存在や平均値の間の関係に関する一般的な定理を証明する研究が行われている．待ち行列の問題に刺激されて，ラプラス変換の数値逆変換やマルコフ連鎖解析における線形方程式のための数値解法が大きく発展し，広い範囲のモデルに対して数値解が得られるようになってきている．現在扱うことのできない問題，とくに大きな待ち行列ネットワーク，に対して不等式や近似式が研究されている．待ち行列の設計や制御に関する多くの問題はいままさに研究の真っ最中であり，高速度通信の分野などから多くの示唆を受け応用を模索している．

⇒ 出生死滅過程，リトルの法則，マルコフ連鎖，マルコフ過程，待ち行列ネットワーク．

[Daniel P. Heyman/髙橋幸雄]

参 考 文 献

[1] Cohen J.W. (1969). *The Single Server Queue*. John Wiley, New York.
[2] Cooper R.B. (1984). *Introduction to Queueing Theory*, 2nd ed., North-Holland, New York.
[3] Cox D.R. and W.L. Smith (1961). *Queues*, Methuen, London.
[4] Gross D. and C.M. Harris (1985). *Fundamentals of Queueing Theory*, 2nd ed., John Wiley, New York.

- [5] Heyman D.P. and M.J. Sobel (1982). *Stochastic Models in Operations Research*, vol. 1. McGraw-Hill, New York.
- [6] Kelly F.P. (1979). *Reversibility and Stochastic Networks*. John Wiley, New York.
- [7] Kleinrock L. (1975). *Queueing Systems, vols. 1 and 2*. John Wiley, New York.
- [8] Medhi J. (1991). *Stochastic Models in Queueing Theory*. Academic Press, Boston.
- [9] Morse P.M. (1958). *Queues, Inventories and Maintenance*. John Wiley, New York.
- [10] Neuts M.F. (1981). *Matrix-Geometric Solutions in Stochastic Models*. Johns Hopkins University Press, Baltimore.
- [11] Prabhu N.U. (1965). *Queues and Inventories*. John Wiley, New York.
- [12] Takács L. (1962). *Introduction to the Theory of Queues*. Oxford University Press, New York.
- [13] Walrand J. (1988). *An Introduction to Queueing Networks*. Prentice Hall, Englewood Cliffs.
- [14] Wolff R.W. (1989). *Stochastic Modeling and the Theory of Queues*. Prentice Hall, Englewood Cliffs, New Jersey.

待ち時間,遅れ

delay, waiting time

サービスを受けはじめるまで待ち行列で待つ時間(訳注:waiting time という英語は,系滞在時間の意味で使われることも多いので注意が必要). ⇒ 待ち行列理論.

マッチング

Matching

マッチング問題は,〈グラフ理論〉(graph theory)において重要な部門を形成しており,OR において発生する問題への応用という観点からも特に興味深い. またマッチング問題は多項式時間で解ける整数線形計画問題のクラスとしても知られている. マッチング問題各種の歴史的発展とそれらの解決についてのよい解説が Lovász and Plummer (1986) の序文に書かれている.

与えられた無向グラフ $G=[V, E]$ (E は辺集合)に対して,〈マッチング〉(matching)は互いに隣接しない辺からなる E の部分集合 M として定義される. G において頂点の集合 $X \subseteq V$ のすべての要素がマッチングの辺に接続するとき,このマッチングは X を〈張る〉(span)という.〈完全マッチング〉(perfect matching)とは V を張るマッチングである.〈最大マッチング〉(maximum matching)は辺数最大のマッチングである.

グラフが次のような条件を満たすとき〈2部グラフ〉(bipartite graph) と呼ばれる. すなわち, 頂点集合 V が V_1 と V_2 の直和であり, E の各要素が V_1 の要素 v_1 と V_2 の要素 v_2 を結ぶ辺 (v_1, v_2) と表せる.

2部グラフにおけるマッチング

まず2部グラフ上で定式化されるマッチング問題を考える. たとえば, V_1 が作業者の集合を表し, V_2 がなすべき仕事の集合を表すとする. もしそれぞれの作業者が行える仕事の集合が確定しているならば, あるいは各仕事を行える作業者の集合が定まっているならば, この状況は2部グラフ G を用いてモデル化できる. すなわち作業者 $v_1 \in V_1$ が仕事 $v_2 \in V_2$ を行えるとき, またそのときに限り G では2頂点 v_1 と v_2 を辺で結ぶ. 各作業者はたかだか1つの仕事を割り当てられ, 各仕事にはたかだか1人の作業者が割り当てられるという条件を課すならば, これは割当て問題 (assignment problem) となる. なしうる仕事の最大数を求めるためには, G の最大マッチングを求めればよい. もし作業者が仕事を担当するときの有効性を尺度化することができるならば, 有効性の総量を最大化するような作業者の仕事への割当てを求めることを問われることもあろう. これは最大重みマッチング問題 (maximum weighted matching problem) である. また有効性の尺度の代わりにコストが与えられているならば, 最小コスト割当て問題は各コストを最大コストとそれの差として置き換えることで最大重み割当て問題として解くことができる.

これらの割当て問題は何種類ものアルゴリズムによって解くことができる. たとえば, 2部グラフの最大マッチングはネットワークフロー問題(network flow problem)として定式化し, 定式化によって得たネットワークの最大流を求めることで見つけられる. 2部グラフ上の最大重みマッチング問題(最大マッチング問題はこれの特殊ケース)を解くための有名なアルゴリズムの1つは, ハンガリア法 (Hungarian method) と呼ばれ, Kuhn (1955, 1956) によって紹介された. 彼は主双対線形計画の観点から見た計算手続きを与えた. このアルゴリズムは $O(m^2 n)$ ステップで最適マッチングを求めるように実装することができる. ただしここでは n は頂点数, m は辺数を表すとする. 詳細は Lawler (1976) に記載されている. このアルゴリズムは効率的ではあるが, 大規模な問題に対する場合やより複雑な計算手続きの一部として何度も繰り返し用いられる場合には, より高速な実装が必要となることがある. Jonker and Volgenant (1986) あるいは Wright (1990) による方法も含めていくつかの方法が提案されている(文献 [20] 参照).

ジョブスケジューリング (job scheduling)

マッチング問題としてモデル化できる他の例がジョブスケジューリングから発生する (Coffman and Graham, 1972). 行うべきジョブが n 個あり, 使用可能な機

械が2台とする．すべてのジョブは終了するために同一時間を必要とし，どちらの機械でも実行可能である．しかしジョブには先行関係があり，いくつかのジョブは他のジョブが開始される前に終了していなければならない．n 個のジョブすべてを終了するために必要な最短時間はどうなるだろうか．

この例は，次のようなグラフ G を構成することでモデル化できる．G はジョブに対応した n 個の頂点をもち，さらに2つのジョブが同時に実行可能なとき，またそのときに限り対応する頂点を辺で結ぶ．最適なスケジューリングは2つの機械をできるだけ多く同時に使用するものである．よって，この問題は G の最大マッチングを求める問題となり，それから最短時間が求まる．この場合にはもはや G は2部グラフではなく，一般グラフの最大マッチングを求めるアルゴリズムが要求される．

グラフの最大マッチングを求める最初の効率的なアルゴリズムは Edmonds (1965 a) によって提案された．最大マッチングを求めるアルゴリズムのほとんどは Edmonds のアイデアを基盤としている．Gabow (1976) や Lawler (1976) はこのアルゴリズムをどのようにして $O(n^3)$ で実装するかについて示している．大規模問題に対してより効率的になるように，このアルゴリズムを修正することも可能である．たとえば，Even and Kariv (1975) は $O(n^{5/2})$ 時間のアルゴリズムを提案し，Micali and Vazirani (1980) は $O(mn^{1/2})$ 時間アルゴリズムを開発している．

アークルーティング (arc routing)

アークルーティング問題はマッチングにも密接な関係がある．郵便配達人が町のすべての道路に沿って手紙を配達しなければならないとする．総距離が最短で，それぞれの道路を通り出発点に戻る順路とはどのようなものか．この問題は，中国人数学者 Mei-Ko Kwan (1962) によって最初に紹介された，中国人の郵便配達人問題 (Chinese postman problem) として知られている．この問題は，辺が町の道路を表し頂点が交差点を表す無向グラフ G において，それぞれの辺を少なくとも1度は通る最短巡回路を求める問題として定式化できる．Edmonds and Johnson (1973) は，この問題が G の奇頂点を頂点集合とし辺が G の奇頂点間の最短距離を表すグラフでの最小重みマッチングを求める問題と等価であることを示した．ここで奇頂点とは奇数個の辺が接続した（すなわち次数が奇数である）頂点を意味する．この最小重みマッチング問題は，各辺の距離に -1 をかけることで，Edmonds (1965 b) によって紹介された最大重みマッチング問題に対するアルゴリズムを用いて効率的に解くことができる．Gabow (1976) や Lawler (1976) は，このアルゴリズムを $O(n^3)$ で実装する方法について述べている．すなわち，中国人の郵便配達人問題は，いまのところ多項式時間アルゴリズムが知られていない巡回セールスマン問題 (traveling salesman problem) よりも簡単に解ける．

大規模問題に対する重み付きマッチングアルゴリズムの高速版が，Galil, Micali and Gabow (1982) や Ball and Derigs (1983) によって開発されている．これらのアルゴリズムの計算量は $O(mn\log n)$ である（文献 [21] 参照）．最大マッチング問題に対する計算時間を縮める初期手続きが Derigs and Mets (1986) によって提案され，それは対応した2部グラフの割当て問題を解く．

⇒ 割当て問題，中国人の郵便配達人問題，組合せ/整数最適化，双対線形計画問題，グラフ理論，ハンガリア法，最大流ネットワーク問題，ネットワーク，輸送問題，巡回セールスマン問題．　　[Richard W. Eglese/田村明久]

参考文献

[1] Ball, M.O. and U. Derigs (1983). "An Analysis of Alternate Strategies for Implementing Matching Algorithms," *Networks* 13, 517–549.

[2] Coffman, E.G., Jr. and R.L. Graham (1972). "Optimal Scheduling for Two Processor Systems," *Acta Inform.* 1, 200–213.

[3] Derigs, U. and A. Metz (1986). "On the Use of Optimal Fractional Matchings for Solving the (Integer) Matching Problem," *Computing*, 36, 263–270.

[4] Edmonds, Jl. (1965a). "Paths, Trees, and Flowers," *Canad. Jl. Math.*, 17, 449–467.

[5] Edmonds, Jl. (1965b). "Maximum Matching and a Polyhedron with (0,1) Vertices," *Jl. Res. Nat. Bur. Standards Sect. B*, 69B, 125–130.

[6] Edmonds, Jl. and E.L. Johnson (1973). "Matching, Euler Tours and the Chinese Postman," *Math. Programming*, 5, 88–124.

[7] Even, S. and O. Kariv (1975). "An $O(n^{5/2})$ Algorithm for Maximum Matching in General Graphs," *16th Annual Symposium on Foundations of Computer Science*, IEEE Computer Society Press, New York, 100–112.

[8] Galil, Z., S. Micali and H. Gabow (1982). "Priority Queues with Variable Priority and an $O(EV\log V)$ Algorithm for finding a Maximal Weighted Matching in General Graphs," *23rd Annual Symposium on Foundations of Computer Science*, IEEE Computer Society Press, New York, 255–261.

[9] Gabow, H.N. (1976). "An Efficient Implementation of Edmond's Algorithm for Maximum Matching on Graphs," *Jl. Assoc. Comput. Mach.*, 23, 221–234.

[10] Gondran, Michel and Michel Minoux (1984). *Graphs and Algorithms*. John Wiley, Chichester.

[11] Jonker, R. and A. Volgenant (1986). "Improving the Hungarian Assignment Algorithm," *Opl Res.*

Lett., 5, 171–175.
[12] Kuhn, H.W. (1955). "The Hungarian Method for the Assignment Problem," *Naval Res. Logist. Quart.*, 2, 83–97.
[13] Kuhn, H.W. (1956). "Variants of the Hungarian Method for Assignment Problems," *Naval Res. Logist. Quart.*, 3, 253–258.
[14] Kwan, Mei-Ko (1962). "Graphic Programming Using Odd and Even Points," *Chinese Math.*, 1, 273–277.
[15] Lawler, E.L. (1976). *Combinatorial Optimization, Networks and Matroids*. Holt, Rinehart and Winston, New York.
[16] Lovasz L. and M.D. Plummer (1986). *Matching Theory*. Annals of Discrete Mathematics, vol. 29, North-Holland, Amsterdam.
[17] McHugh, James A. (1990). *Algorithmic Graph Theory*. Prentice-Hall, London.
[18] Micali, S. and V.V. Vazirani (1980). "An $O(V^{1/2}E)$ Algorithm for Finding Maximum Matching in General Graphs," *21st Annual Symposium on Foundations of Computer Science*, IEEE Computer Society Press, New York, 17–27.
[19] Wright, M.B. (1990). "Speeding Up the Hungarian Algorithm," *Computers Opns Res.*, 17, 95–96.

[20] 2部グラフの最大マッチングのアルゴリズムについては，$O(mn^{0.5})$ のものが知られている．
・Hopcroft, J. E. and R. M. Karp (1973). "An $n^{5/2}$ Algorithm for Maximum Matching in Bipartite Graphs," *SIAM J. Comput.*, 2, 225–231.
・González, J. and O. Landaeta (1995). "A Competitive Strong Spanning Tree Algorithm for the Maximum Bipartite Matching Problem," *SIAM J. Disc. Math.*, 8, 186–195.

その他にも次のような計算量のアルゴリズムも提案されている．
・Alt, H., N. Blum, K. Mehlhorn and M. Paul (1991). "Computing a Maximum Cardinality Matching in a Bipartite Graph in Time $O(n^{1.5}\sqrt{m/\log n})$," *Inf. Process. Lett.*, 37, 237–240.

割当て問題に対しては $O(n(m+n\log n))$ 時間アルゴリズムが知られている．
・Fredman, M. L. and R. E. Tarjan (1987). "Fibonacci Heaps and Their Uses in Improved Network Optimization Algorithms," *J. Assoc. Comput. Mach.*, 34, 596–615.

[21] 一般グラフの最大重みマッチング問題に対しては，$O(n(m+n\log n))$ 時間アルゴリズムが知られている．
・Gabow, H. N. (1990). "Data Structures for Weighted Matching and Nearest Common Ancestors with Linking," *Proc. 1st ACM-SIAM Symp. Discrete Algorithms*, 434–443.

またマッチングアルゴリズムの確率的解析に関する論文も興味深い．
・Motwani, R. (1994). "Average-Case Analysis of Algorithms for Matchings and Related Problems," *J. Assoc. Comput. Mach.*, 41, 1329–1356.

マッチング問題を扱っている最近の著書としては以下のようなものもある．
・浅野孝夫 (1993)．情報の構造―データ構造とアルゴリズム（上下巻），日本評論社．
・Johnson, D. S. and C. C. McGeoch eds. (1993). *Network Flows and Matching*, DIAMCS Series in Discrete Mathematics and Theoretical Computer Science, American Mathematical Society.
・Ball, M. O., T. L. Magnanti, C. L. Monma and G. L. Nemhauser eds. (1995). *Network Models*, Handbooks in Operations Research and Management Science, Vol. 7, North-Holland.

マテリアルハンドリング

Material Handling

はじめに

マテリアルハンドリング (material handling) では工場の外部から工場, 工場から工場, 工場から倉庫, 物流ネットワーク内あるいは工場から直接顧客に運ばれる原材料, 仕掛かり在庫, および最終製品の動きを対象としており, 基本目的は工具とマテリアル（原材料, 部品, 最終製品) を正しく組み合わせ, 必要なとき, 必要な場所に, 必要なフォームで, 正しい方向へ最小コストで移動させることである.

Tompkins and White (1984)によると, マテリアルハンドリングコストは製造における総作業費用の20%～50%を占めると推定されている. また, マテリアルハンドリング活動に費やされる時間は顧客の注文を受けてから出荷するまでの時間の80%～95%を占めるようである (Rosaler and Rice, 1983). これはマテリアルハンドリング活動の効率を上げることにより, 生産コストおよびリードタイムを大幅に削減するとともに, スペースや設備の利用率も高めることができるだけでなく, 作業環境, 安全性, 顧客サービスの改善, そして, 結果的にはもっと高い利益とマーケットシェアを獲得することができることを意味する. マテリアルハンドリングは, 製品コストには計上されるが付加価値向上には何の貢献もない.

ジャストインタイム (JIT) 生産方式の普及に伴い, マテリアルハンドリングシステムのデザインもますます重要になっている. JIT 生産方式では生産リードタイムを短縮し, 在庫コストを最小にするために, 生産が小ロットサイズで行われ, そのために多頻度のマテリアルハンドリングが必要になる. したがって, JIT システムの導入を成功させるには, 高速かつ信頼度の高いマテリアルハンドリングシステムの構築が前提条件となる.

生産ロットサイズは保管スペースを各製品に割り当てる際に直接影響を与え, ゆえにマテリアルハンドリング

コストにも影響する．したがって，ロットサイズを決定する際には段取りコストや在庫コストだけでなく，倉庫コストやマテリアルハンドリングコストも同時に考慮すべきである．言い換えれば，生産ロットサイズの決定，倉庫スペースの割当て，マテリアルハンドリング設備の選択の意思決定は同時に行わなければならない．

また，フレキシブル生産システムにおいて，製品の加工経路が選択可能な場合，加工経路の組合せとその選択は職場の生産出来高と仕掛かり在庫に著しい影響を与える．このようなシステムを効率的に運用するためには，適切なマテリアルハンドリングシステムをデザインすることが必要になる．デザイン内容は高価な機械が導入されるときには特に重要である．無駄は主にこのマテリアルハンドリングシステムが不適切であったり，ボトルネックになるために発生する場合が多い．

さらに，マテリアルフロー全体のパターンは施設をレイアウトするときに決められるために，施設レイアウト問題がマテリアルハンドリングの活動やコストに著しい影響を与えることを忘れてはならない．Tompkins and White (1984)は効率的な施設計画およびレイアウトにより，マテリアルハンドリングコストを少なくとも10%～30%削減できると推定している．反面，効率的レイアウトは効率的マテリアルハンドリングシステムを必要とし，したがって，これらの意思決定を同時に行うことが肝要である．

マテリアルハンドリング設備

マテリアルハンドリング設備の分類方法には以下の3つの方法がよく使われる．1. コントロールタイプにより分類（作業員コントロール対自動コントロール）する方法，2. 設備の設置場所により分類（床に設置するか天井に設置するか）する方法，3. 搬送手段(travel path)により分類（固定式か移動可能式か）する方法である．ここではBarger (1987)の搬送手段による分類方法を用いることにする．移動可能式設備は搬送ルートのどこにでも移動でき，通常は作業員によりコントロールされる．トラック(truck)は一番よく使われる作業設備である．トラックは必要とされるハンドリングのタイプにより何種類かに分類される．以下のようなトラックがよく使われる．

カウンターバランス型フォークトラック(counter-balanced fork truck)：高さ20フィート以上の倉庫，またはスピーディな運搬に利用できる．

狭い通路用トラック(narrow-aisle truck)：主に倉庫作業に使われる．

携帯式パレットトラック(walkie pallet truck)：短距離運搬に使われる．

手押しトラック(manual truck)：短距離運搬や補助的作業に使われる．

固定式パス設備には以下の3つの重要な種類がある．

コンベヤー：コンベヤーはマテリアルハンドリング設備の一番大きいファミリーの1つである．コンベヤーの分類方法には荷物を運ぶ表面の性質，たとえば，ローラー，ベルト，車輪，スラット(slat)，キャリアチェーンなどにより分類する方法と，設置場所，たとえば床，天井などにより分類する方法がある．

自動運搬車(automatic guided vehicle：AGV)：これは誘導パスに沿って移動する電力駆動式運搬車である．誘導パスは電気ワイヤー，またはペイントやテープ（反射性をもつ）のストリップ(strip)でできている．AGVはセンサで電気ワイヤーの位置を判断するか，光センサにより地面に貼られているパスを判断し，誘導パスに沿って目的地に移動する．AGVは人間の介入なしに誘導パスで連結されている任意の2点間で資材や部品を運ぶことができる．最近のほとんどのAGVは自動積み下ろし(loading and unloading)ができるようになっている．また，ほとんどのAGVは主に2点間の運搬に使用されるが，いまはフレキシブル組立ラインの各ステージ間を移動する流れ作業の運搬などにも使われている．従来のAGVが固定パス式車両であるのに対し，最近は技術の進歩に伴い誘導パスから多少離れても移動できるようになっている．このようなフレキシビリティーはAGVの応用範囲を大きく広げている．

ホイスト(hoist)，モノレール(monorail)，クレーン(crane)：ホイストは天井レール，トラック(track)，クレーンブリッジ(crane bridge)またはクレーンビームに設置される一番基本的なリフテイング設備である．ホイストは通常フック，持ち上げ用ロープ/チェーン，およびロープ/チェーンの収納箱から構成される．モノレールはそれぞれ独立の車輪をもち，天井トラック(track)に沿って移動するトロリー(trolley)で構成される．トロリーは動力駆動式と無動力式の2種類ある．クレーンは従来から重いものの運搬などに幅広く使われている上部空間マテリアルハンドリング設備である．上部空間に設置されるクレーン以外に壁に設置されるクレーンや床にマウントされるクレーンや携帯式クレーンなどがある．スタッカークレーン(stacker crane)のようなタイプは倉庫作業に非常に役に立つ．

自動倉庫と検索システム (AS/RS)

AS/RS (automated storage and retrieval system)は高密度倉庫スペース，コンピュータ制御のハンドリング，可能な限り自動化された倉庫設備，およびコンベヤーやAGVなど搬送設備により連結されているその他のマテリアルハンドリング機器から構成される．AS/RSにはユニットロード(unit load)式，ミニロード(miniload)式，マンオンボード(man-on-board)式，デ

ィープレーン(deep lane)式，円形コンベヤー(carousel)式などがある．立体自動倉庫を利用することにより，品物の効率的配置と搬出搬入，正確な在庫管理，高いスペース利用率，効率的生産計画などを実現することができる．同時にAS/RSは正確な在庫情報を提供でき，監視監督の量を減らすことができる．AS/RSでは一般的に水平，垂直両方向スタッカークレーン(stacker crane)がマテリアルハンドリングに用いられる．クレーンは1つの通路で作業し，通路間で移動できるタイプを使用する(Rosenblatt et al., 1993)．AS/RSの入庫，出庫はコンベヤーまたはAGVにより行われる．このような物流の統合は，工場から倉庫までのシステム全体におけるマテリアルハンドリングの自動化を目指すときに行われる．AS/RSにおけるスケジューリングや倉庫スペースの割当て問題に関しては多くの研究が行われている(Hausman et al., 1976)．

マテリアルハンドリングシステム設計における諸問題

ユニットロードコンセプト(unit load concept)： 従来のマテリアルハンドリングでは与えられた量のマテリアルに対して，大きいロットサイズ，移動距離最小化，機械によるハンドリングなど，その効率だけが求められていた．移動距離最小化自体悪い目的ではないが，この目的の実現するためには大きい運搬ロットサイズ，大型マテリアルハンドリング設備の導入，大きい倉庫スペースが必要になる．これに対して小さいユニットロードの場合は，低コスト，低消耗型で，信頼性の高いマテリアルハンドリングシステムを構築することができる．また，現在のトレンドである連続流れ作業や自動化水準の高いシステムであるほど小さいユニットロードの使用を必要としている(Apple and Rickles, 1987)．

コンテナサイズとその標準化： これはユニットロードコンセプトに関連する問題である．コンテナサイズとユニットロードサイズとの間には明らかに相関関係がある．そのために小型コンテナが現在のトレンドになっているのは必然である．小型コンテナのメリットは，コンパクトで効率のよい作業場の利用，小さい搬送ロットサイズによる柔軟性の高いスケジューリングの作成，より小さい集荷エリア，より簡単な通関ハンドリングシステムなどである．最適なコンテナサイズに影響を与える他の要因としては，コンテナを利用する品物の種類があげられる．また，倉庫作業では品物の物理的サイズが大幅にばらついている場合を除いて，2種類以上のサイズのコンテナの借用コストは1種類のときより高くつく(Roll et al., 1989)．標準化されたコンテナを用いることにより，両地におけるコンテナの積替作業をなくすことができる．

システムキャパシティまたは設備の数量： マテリアルハンドリングシステムを設計するときの最後の段階では，ワークセンタ(workcenter)とマテリアルハンドリング設備の相対コストについて慎重な検討が行われる．高いコストのジョブショップ用の場合には，キャパシティを十分持たせ，マテリアルハンドリングシステムが絶対にボトルネックとならないように設計するべきである．

マテリアルハンドリングにおけるORモデル

ORモデルはマテリアルハンドリング領域における様々な問題の研究や解決に応用される．たとえば，マテリアルハンドリングシステムの初期設計段階では，グラフ理論的なモデリングフレームワーク(Kouvelis and Lee, 1990)が使われる．また，コンベヤシステムにおける問題では待ち行列理論が使われ，搬送ライン問題には動的プログラミング技法が使われる．理論的な研究ではAGVとAS/RSを対象とした研究が多い．AGVのデザインおよびコントロールは非常に複雑なタスクである．デザイン意思決定には2つの内容，すなわち，最適AGV台数の決定(Maxwell and Muckstadt, 1982)，および最適なフローパス(flow path)の決定(Kim and Tanchoko, 1993)が含まれる．デザインの意思決定を行うときにはハードウェア，ファシリティレイアウト(facilities layout)の影響，資材調達方法や原則，そして生産方法や原則などの要因を考慮しなければならない．これらの要因から構築した実用モデルには複雑なものが多く，そのためにヒューリスティック解法やシミュレーション手法がデザイン問題の解決に多く用いられる．コントロール問題，すなわちタスクのディスパッチングとルーティングの問題はリアルタイムの意思決定を必要とするために，最適解を求めるのは困難である．研究者達は動的システムの代わりにその静的モデルについて研究したり(Han and Mcginnis, 1989)，単純シングル・ループレイアウト(single-loop layout)方法を利用する(Egbelu, 1993)など，複雑な問題を単純化することにより研究を進めている．

物流研究，特にAS/RS問題に関する研究では，物流システムのデザインの有効性をはかるために，様々な尺度を用いる．一番よく使われる尺度としてはオーダの日当たり処理量を表すスループット(throughput)，シングルまたはダブルコマンドの実行に伴うクレーンの平均移動時間，およびオーダの平均待ち時間がある(Hausman et al., 1976)．問題解決にはシミュレーションまたは最適化手法が使われる．最適化手法では非線型整数計画法がよく使われる．なお，最適化手法とシミュレーション手法をコンバインした分析方法もあり，この方法はコストと実用性両方においてより現実的である(適切なサービスタイム)(Rosenblatt et al., 1993)．

将来工場におけるますますの自動化に伴い，NC機械とFMSはさらに普及されるであろう．マテリアルハンドリングシステムにはロボットがより多く使われるようになり，有効なマテリアルハンドリングシステムなしには，どんなに自動化が進んだとしてもそれは「自動化の島」になりかねない(White, 1992)．統合化され，激しく競争する将来のグローバル経済において，マテリアルハンドリングシステムはコスト削減，生産性向上，そしてサービス水準の向上において決定的な役割を果たすようになると思われる．
⇒フレキシブル生産システム，在庫モデル，ジョブショップ・スケジューリング．

[Meir J. Rosenblatt／曹　徳弼]

参考文献

[1] Apple, J.M. and H.M. Rickles (1987). "Material Handling and Storage," *Production Handbook*, John A. White, ed., Wiley, New York.
[2] Barger, B.F. (1987). "Materials Handling Equipment," *Production Handbook*, John A. White, ed., Wiley, New York.
[3] Egbelu, P.J. (1993). "Positioning of Automated Guided Vehicles in a Loop Layout to Improve Response Time," *European Journal of Operational Research*, 71, 32–44.
[4] Han, M.-H. and L.F. McGinnis (1989). "Control of Material Handling Transporter in Automated Manufacturing," *IIE Transactions*, 21, 184–190.
[5] Hausman, W.H., L.B. Schwarz, and S.C. Graves (1976). "Optimal Assignment in Automatic Warehousing Systems," *Management Science*, 22, 629–638.
[6] Kim, K.H. and J.M.A. Tanchoco (1993), "Economical Design of Material Flow Paths," *International Journal of Production Research*, 31, 1387–1407.
[7] Kouvelis, P. and H.L. Lee (1990). "The Material Handling Systems Design of Integrated Manufacturing System," *Annals Operations Research*, 26, 379–396.
[8] Maxwell, W.L., and J.A. Muckstadt (1982). "Design of Automated Guided Vehicle Systems," *IIE Transactions*, 14, 114–124.
[9] Roll, Y., M.J. Rosenblatt, and D. Kadosh (1989). "Determining the Size of a Warehouse Container," *International Journal of Production Research*, 27, 1693–1704.
[10] Rosaler, R.C. and J.O. Rice, eds. (1983). *Standard Handbook of Plant Engineering*," McGraw Hill, New York.
[11] Rosenblatt, M.J., Y. Roll. and V. Zyser (1993). "A Combined Optimization and Simulation Approach to Designing Automated Storage/Retrieval Systems," *IIE Transactions*, 25, 40–50.
[12] Tompkins, J.A. and J.A. White (1984). *Facilities Planning*, John Wiley, New York.
[13] White, J.A (1982). "Factory of Future Will Need Bridges Between Its Islands of Automation," *Industrial Engineering*, 14, 4, 60–68.

マルコフ確率場

Markov random field

（確率場に対して定義される拡張された）マルコフ性をもつ確率場．

マルコフ型経路選択

Markov routing

待ち行列ネットワークを構成するノードの間を移動する客の移動経路をマルコフ連鎖を用いて指定する経路選択をいう．このマルコフ連鎖の要素 $p(j, k)$ はノード j を退去した客が次にノード k を選択する確率を表しており，$1-\sum p(j, k)$ はノード j を退去した客がネットワークから退去する確率を表している（和はネットワーク内のすべてのノードについてとる）．⇒待ち行列ネットワーク．

マルコフ過程

Markov Processes

はじめに

〈マルコフ過程〉$\{X(t), t \in T\}$ は，状態空間 S と時間パラメータ集合 T をもち，〈マルコフ性〉(Markov property) を満たす確率過程である．マルコフ性はまた〈無記憶性〉(lack of memory) としても知られている．通常，確率過程が未来の時点である挙動を示す確率は，過去にどのような振る舞いをしたかに依存する．これに対して，マルコフ性をもつ確率過程では，未来の事象の確率法則が現在の状態で完全に決まる，すなわち，現在の状態がわかってしまえば，過去の振る舞いは未来の事象の生起確率に影響しない．数学的には，確率過程 $\{X(t), t \in T\}$ が，任意の $n>0$，T に含まれる任意の時点列 $t_1<t_2<\cdots<t_n<t_{n+1}$，任意の状態 $x_1, x_2, \cdots, x_n$ と状態空間 S の任意の部分集合 A に対して，

$$\mathrm{P}(X(t_{n+1}) \in A | X(t_1)=x_1, \cdots, X(t_n)=x_n)$$
$$= \mathrm{P}(X(t_{n+1}) \in A | X(t_n)=x_n)$$

を満たす場合，マルコフ過程と呼ばれる．右辺の条件付き確率は，このマルコフ過程の〈推移確率〉(transition probability) と呼ばれ，マルコフ過程の解析において中心的な役割を果たす．推移確率は，$s<t$ なる $s, t \in T$，$x \in S$ および $A \subset S$ に対して，〈推移関数〉(transition function) $p(s, x ; t, A)=\mathrm{P}(X(t) \in A | X(s)=x)$ として与えられる．マルコフ過程の〈初期分布〉(initial distri-

bution)は，$A \subset S$ に対して $q(A) = P(X(0) \in A)$ と書かれる．マルコフ過程の分布は，初期分布 $q(\cdot)$ と推移関数 $p(\cdot, \cdots, \cdot)$ によって一意に定まる．すなわち，時点列 $0 = t_0 < t_1 < \cdots < t_n$ と状態空間 S の部分集合 $A_1, A_2, \cdots, A_n$ に対して

$$P(X(t_1) \in A_1, \cdots, X(t_n) \in A_n)$$
$$= \int_{x_0 \in S} q(dx_0) \int_{x_1 \in A_1} p(t_0, x_0; t_1, dx_1) \cdots$$
$$\int_{x_{n-1} \in A_{n-1}} p(t_{n-2}, x_{n-2}; t_{n-1}, dx_{n-1})$$
$$p(t_{n-1}, x_{n-1}; t_n, A_n)$$

と表される．

マルコフ性は，現在の状態が与えられたという条件の下で，過去と未来の挙動が独立であると解釈することもできる．すなわち，任意の $m > 0$，任意の $n > 0$，任意の時点列 $t_{-m} < \cdots < t_{-1} < t_0 < t_1 < \cdots < t_n$ および任意の状態 x_0 と状態空間の部分集合 $A_1, A_2, \cdots, A_m, B_1, B_2, \cdots, B_n$ に対して

$$P\{X(t_{-m}) \in A_m, \cdots, X(t_{-1}) \in A_1, X(t_1) \in B_1, \cdots,$$
$$X(t_n) \in B_n | X(t_0) = x_0\} = P\{X(t_{-m}) \in A_m, \cdots,$$
$$X(t_{-1}) \in A_1 | X(t_0) = x_0\} P\{X(t_1) \in B_1, \cdots, X(t_n)$$
$$\in B_n | X(t_0) = x_0\}$$

が成り立つ．

推移確率が時間的に不変，つまり任意の $s, t > 0$ に対して $P(X(s+t) \in A | X(s) = x) = P(X(t) \in A | X(0) = x)$ であるとき，マルコフ過程は〈定常推移確率〉(stationary transition probability) をもつという．この場合には，推移関数はより簡単な形 $p_t(x, A) = P(X(t) \in A | X(0) = x)$ で表現できる．マルコフ過程の多くのモデルは，定常推移確率を仮定している．

マルコフ過程の分類

マルコフ過程は，時間パラメータ T と状態空間 S がそれぞれ可算集合か非可算集合かによって，分類することができる．この分類により4つの一般的なタイプが生じる．可算な時間パラメータの集合は，通常整数または非負整数で表される．これに対して，非可算な時間パラメータの集合は，連続体($\mathbb{R}$ または $[0, \infty)$)で表される．同様に，可算な状態空間は整数で表現できるが，ときにはそのように数え上げるよりも他の表示の方が理解しやすいこともある．非可算な状態空間は，通常1次元あるいは高次元の連続体で表される．大まかにいえば，「離散」は可算に対応し，「連続」は非可算に対応している．1907年にマルコフが離散時間で有限状態空間の過程を考えたときには，時間的な依存関係を表現するために「連鎖」という言葉を用いた．その意味では，〈マルコフ連鎖〉(Markov chain) という用語は，離散時間で可算状態空間のマルコフ過程を表している．このような歴史的な議論については Maistrov (1974) を，またマルコフの1907年の論文については Howard (1971) の付録 B を参照されたい．現在では，「マルコフ連鎖」の定義の範囲に対する一般的な規則はない．Chung (1967) は，可算な状態空間のマルコフ過程をマルコフ連鎖としている．一方，Iosifescu (1980) やルーマニア学派の人々は，状態空間が何であっても，離散時間の過程は「マルコフ連鎖」，連続時間の過程は「マルコフ過程」と呼んでいる．有名な教科書の間でも，用語の使われ方は様々で，Karlin and Taylor (1975, 1981) は Chung の呼称を採用しているが，Breiman (1968) はルーマニア方式である．どのタイプであるかを明示するには，〈離散時間マルコフ連鎖〉(discrete time Markov chain: DTMC) や〈連続時間マルコフ連鎖〉(continuous time Markov chain: CTMC) などの用語を使う．

以下では，離散時間/連続時間，可算状態空間/非可算状態空間で分類される4つのタイプのマルコフ連鎖の例をあげる．

a. ギャンブラーの破産 (gambler's ruin, 離散時間/可算状態空間)：ギャンブラーが繰り返し賭けを行う．毎回の賭けでは，確率 p で1ドルを儲け，確率 $1-p$ で1ドル失う．それぞれの賭けの結果は独立である．最初にある所持金から始めて，所持金が0になるか，M ドルに達するまで賭けを続ける．n 回の賭けを行ったあとの所持金を X_n とすると，確率過程 $\{X_n, n = 0, 1, 2, \cdots\}$ は状態空間 $\{0, 1, 2, \cdots, M\}$ 上の離散時間マルコフ連鎖となる．この場合，マルコフ性は，毎回の賭けの結果が独立事象であることから導かれる．このモデルは，所持金をすべて失う確率，目標の M ドルに達する確率，行う賭けの平均回数，などの評価尺度を計算するために利用される．これらの評価尺度はすべて，初期の所持金 x_0，確率 p，および目標金額 M に依存する関数である（ギャンブラーの所持金は 0 と M を吸収壁とするランダムウォーク (random walk) となる）．ギャンブラーの破産の問題は，保険会社のように，収入や支出がランダムに起こり，ときには破産の可能性もある複雑なシステムを簡略化したものである．

b. 保全システム (maintenance system, 連続時間/可算状態空間)： 2台の機械と1人の修理工からなるシステムを考える．おのおのの機械は，故障が起こるまで稼働し続ける．故障した機械は修理されたあとに再び稼働しはじめる．ある機械が故障したときに，修理工が他の機械を修理している場合には，修理の順番がくるのを待つ．したがって，おのおのの機械は，稼働中 (O)，修理待ち (W)，修理中 (R) という3つの状態の間を順番に回る．機械に 1, 2 という番号を付け，この番号を状態の添え字とすると，可能なシステムの状態は (O_1, O_2), (O_1, R_2), (R_1, O_2), (W_1, R_2), (R_1, W_2) となる．以下で

は，稼働時間と修理時間は互いに独立で，指数分布にしたがうランダムな変数であると仮定する．各機械の平均稼働時間を，それぞれ $1/\alpha_1$ および $1/\alpha_2$ とする（したがって各機械の故障率は α_1 および α_2 となる）．また，各機械の平均修理時間を，それぞれ $1/\beta_1$ および $1/\beta_2$ とおく（したがって各機械が修理を終える率は β_1 および β_2 である）．$X_i(t)$ を機械 i の時点 t での状態とすると，確率過程 $\{(X_1(t), X_2(t)), 0 \leq t\}$ は5個の状態からなる状態空間上の連続時間マルコフ連鎖になる．マルコフ性は，稼働時間と修理時間が独立な指数分布にしたがうことから導かれる（指数分布は無記憶性をもつ唯一の連続分布である）．このタイプのシステムにおける興味ある評価尺度としては，長時間観測したときに機械が2台とも故障している時間の割合や，稼働している機械の平均台数などがある．このモデルは，より複雑な保全システムを簡略化した一例である．

c．品質管理システム（離散時間/連続状態空間）：ある生産システムで製造されている部品は，長さに関する非常に厳しい規定がある．定められた長さは α であるが，製造装置が不正確なため，製造される部品の長さは α に比べてランダムな誤差を生じる．n 番目に製造された部品の長さを X_n とする．部品を製造するときに装置に生じる誤差 D_n を，正規分布 Normal $(0, \delta^2)$ でモデル化する．n 番目の部品の長さ x_n を測定した後，このシステムでは $(n+1)$ 番目の部品の長さを $c_n = -\beta(x_n - \alpha)$ だけ長くするように装置を調整する．しかし，調整にも誤差が生じるため，実際には正規分布 Normal $(c_n, (\gamma c_n)^2)$ にしたがう長さ C_n が付け加えられる．したがって，$X_{n+1} = X_n + C_n + D_{n+1}$ となる．$\{X_n, n=0, 1, 2, \cdots\}$ は離散時間/連続状態空間のマルコフ連鎖である．マルコフ性は，誤差変数 (D_n) が独立であることと，制御変数 (C_n) が現在のシステムの設定 (X_n) だけに依存して決まることから導かれる．（システムが長時間にわたって安定ならば）このシステムにおいては，長時間にわたる生産部品の長さの分布などが興味ある評価尺度となる．また，システムが安定になるような β の選び方や，さらには最適な β の求め方も問題となる．

d．ブラウン運動 (Brownian motion，連続時間/連続状態空間)：1828年，英国人植物学者 Robert Brown が，水面に浮かんだ花粉の粒子がランダムに動いている様子を観察した．この動きは，水分子の衝突によって引き起こされたものである．花粉の粒子の位置を時間の関数と見なしたものが2次元ブラウン運動となる．

1次元ブラウン運動は，ランダムウォークのスケール変換によって得られる．$P(Z_i = +1) = P(Z_i = -1) = 1/2$，$i=1, 2, \cdots$ を満たす独立で同一の分布にしたがう確率変数列 Z_i に対して，$S_n = \sum_{i=1}^{n} Z_i$，$n = 0, 1, 2, \cdots$ および，$X_n(t) = n^{1/2} S_{[nt]}$，$0 \leq t \leq 1$，$n = 1, 2, \cdots$ とする．ここで，$[nt]$ は nt 以下の最大の整数を表す．$n \to \infty$ のとき，確率過程 $\{X_n(t), 0 \leq t \leq 1\}$ は〈標準ブラウン運動〉(standard Brownian motion) あるいは〈ウィーナー過程〉(Wiener process) $\{W(t), 0 \leq t \leq 1\}$ に収束する．詳しくは Billingsley (1968) を参照されたい．ウィーナー過程は，連続時間パラメータをもつ連続状態空間上のマルコフ過程で，そのサンプルパスは連続となる．連続なサンプルパスをもつ連続時間/連続状態空間のマルコフ過程のより一般的なクラスに〈拡散過程〉(diffusion process) がある．ウィーナー過程が，ランダムウォーク $\{S_n, n=0, 1, 2, \cdots\}$ の近似であったように，拡散過程も離散モデルに対する有効な近似である．Glynn (1990) を参照されたい．〈幾何ブラウン運動〉(geometric Brownian motion) $\{Y(t), 0 \leq t\}$ は，$Y(t) = \exp(\sigma W(t))$，$0 \leq t$ で定義される拡散過程である．幾何ブラウン運動は，株価変動のモデルとして提案されている．Karlin and Taylor (1975) を参照されたい．その場合の興味ある評価尺度は，有限期間内での最大値の分布である．

マルコフ過程によるモデル化によって，様々な評価尺度を計算することができる．そのうちのいくつかについては，すでにこれまでの例の中で述べた．以下では，マルコフ過程の挙動の一般的な性質や，評価尺度について説明する．ここでは，マルコフ連鎖 $\{X_n, n=0, 1, 2, \cdots\}$ に対して述べるが，同様な考え方は他のタイプのマルコフ過程に対しても適用できる．マルコフ連鎖 X_n が，$n \to \infty$ のとき初期状態 x_0 に無関係な分布に法則収束するならば，X_n は〈強エルゴード的〉(strongly ergodic) であるという．一方，$n^{-1} \sum_{i=1}^{n} X_i$ が $n \to \infty$ のとき初期状態に無関係な定数に収束するならば，X_n は〈弱エルゴード的〉(weakly ergodic) であるという．また，ある種の条件の下では，適当な実数値関数 $f: S \to R$ に対して，$n \to \infty$ のとき，$f(X_n)$ が法則収束する，$n^{-1} \sum_{i=1}^{n} f(X_i)$ が定数に収束する，$n^{-1/2} \sum_{i=1}^{n} [f(X_i) - E(f(X_i))]$ が漸近的に正規分布に収束する，といったことが知られている．マルコフ過程の理論では，エルゴード的であるための条件や，極限が存在するための条件，極限が存在する場合にそれを計算するための方法などを調べる．たとえば，前に述べた保全システムでは，長期間での平均費用に興味があるので $f(\cdot)$ を費用関数と考えるであろう．この評価尺度は，長期間の（別の言い方をすれば，〈無限期間の〉，〈定常状態の〉，〈漸近的な〉）挙動に関するものである．これとは逆に，短期間の（別の言い方をすれば，〈有限期間の〉，〈過渡的な〉）挙動に興味がある場合も考えられる．状態空間 S の部分集合 A に対して，マルコフ過程がはじめて A を〈訪れるまでの時間〉(passage time) T_A を $T_A = \min\{n : X_n \in A\}$ と定義する．このとき，いつかは A を訪れる〈到達確率〉(hitting probability) $P(T_A < \infty)$ や，T_A の分布，$E(T_A)$ などに興味がある．ギャンブラー

の破産の例では，ギャンブラーは状態集合 $\{0\}$ や $\{M\}$ への到達確率を知りたいであろう．マルコフ過程の過渡解析 (transient analysis) では，これらの量や過渡的な挙動に関するその他の評価尺度を解析する．過渡解析は，マルコフ過程の4つのタイプに応じてそれぞれ異なる方法で行われる．

複雑なシステムをマルコフ過程によってモデル化したときには，評価尺度の数値計算が難しい場合がある．一方で，標準的な数値計算アルゴリズムが有効なモデルもあるし，また特別なアルゴリズムが開発されているマルコフ連鎖もある．たとえば Grassmann (1990) を参照されたい．〈確率モデルの数値計算法〉の研究者たちは，システムの特別な構造や確率的な挙動を調べたり，理論的な解析結果から得られる知識を利用することによって，マルコフモデルに対するアルゴリズムを開発し，数値計算法を評価してきた．Neuts (1981) は，この方針で一般的なマルコフ連鎖に対する数値計算アルゴリズムを開発している．マルコフ連鎖が，「可逆性」(reversibility) と呼ばれる構造的性質をもつ場合には，評価尺度に対する効率的な数値計算法が知られている．Keilson (1979), Kelly (1979), Whittle (1986) を参照されたい．また，離散時間と連続時間のマルコフ連鎖の間には，「一様化」(uniformization) と「ランダム化」(randomization) と呼ばれる関係があり，この関係は連続時間マルコフ連鎖の評価尺度の計算に利用することができる．Keilson (1979), Gross and Miller (1984) を参照されたい．巨大な状態空間をもつマルコフ連鎖に対しては，モンテカルロシミュレーション (Monte Carlo simulation) が有効な場合もある．Hordijk, Iglehart and Schassberger (1976), Fox (1990) 等を参照されたい．

確率過程の中には，マルコフ過程ではないけれども，マルコフ過程と関連があるものも少なくない．たとえば，マルコフ過程ではないがある種の無記憶性をもつ確率過程がある．再生型過程 (regenerative process) は，特定の時点（再生点）では無記憶性をもつが，それ以外の時点では無記憶ではない．Çinlar (1975) を参照されたい．セミマルコフ過程 (semi-Markov process) は連続時間/離散状態空間の確率過程で，状態推移は離散時間マルコフ連鎖にしたがうが，状態推移の間にある状態に滞在する時間の長さは一般分布にしたがう．Çinlar (1975) を参照されたい．場合によっては，補助変数を取り込んで状態を拡張することにより，マルコフ性をもたない確率過程 $\{X(t), 0 \leq t\}$ をマルコフ過程 $\{(X(t), Y(t)), 0 \leq t\}$ に変換できることもある．補助変数としては，過去の履歴に依存する事象の経過時間を選ぶことが多く，この方法を使えば，状態空間は大きくなるけれども，非常に広い範囲の離散状態の確率システムをマルコフ過程としてモデル化することができる．また，離散事象動的システムに対する一般的なモデルとしては，一般化セミマルコフ過程 (generalized semi-Markov process : GSMP) がある．Whitt (1980), Cassandras (1993) を参照．

確率過程 $\{X(t), t \in T\}$ のパラメータ集合 T は，「時間」もしくは「空間」，あるいはそれらの両方を表す．パラメータ集合が時間，空間，空間-時間のどれであるかに応じて，それぞれ時間的な過程，空間的な過程，空間-時間的な過程となる．多次元のパラメータ集合をもつ確率過程は，〈確率場〉(random field) と呼ばれる．マルコフ性を多次元の枠組みへ拡張することによって，〈マルコフ確率場〉(Markov random field) が得られる．Kelly (1987), Kindermann and Snell (1976), Whittle (1986) を参照．このマルコフ確率場は多くの応用があり，たとえば統計力学（相互に作用する粒子のシステム）のモデルとなっている．また，テクスチャー解析や画像解析でも有効である．Chellappa and Jain (1993) を参照．

⇒ マルコフ連鎖，マルコフ決定過程．

[Douglas R. Miller/牧本直樹]

参 考 文 献

[1] Billingsley, P. (1968). *Convergence of Probability Measures*. Wiley, New York.

[2] Breiman, L. (1968). *Probability*. Addison-Wesley, Reading, Massachusetts.

[3] Breiman, L. (1986). *Probability and Stochastic Processes, With a View Toward Applications*, Second Edition. The Scientific Press, Palo Alto, California.

[4] Cassandras, C.G. (1993). *Discrete Event Systems: Modeling and Performance Analysis*. Irwin, Boston.

[5] Chellappa, R. and A. Jain, eds. (1993). *Markov Random Fields: Theory and Application*. Academic Press, San Diego.

[6] Çinlar, E. (1975). *Introduction to Stochastic Processes*. Prentice-Hall, Englewood Cliffs, New Jersey.

[7] Chung, K.L. (1967). *Markov Chains with Stationary Transition Probabilities*. Springer-Verlag, New York.

[8] Feller, W. (1968). *An Introduction to Probability Theory and Its Applications, Volume I*, Third Edition. Wiley, New York.

[9] Feller, W. (1971). *An Introduction to Probability Theory and Its Applications, Volume II*, Second Edition. Wiley, New York.

[10] Fox, B.L. (1990). "Generating Markov-Chain Transitions Quickly." *ORSA J. Comput.* **2**, 126–135.

[11] Glynn, P.W. (1989). "A GSMP Formalism for Discrete Event Systems." *Proc. IEEE* **77**, 14–23.

[12] Glynn, P.W. (1990). "Diffusion Approximations." In *Handbooks in OR and MS, Volume 2*, D.P. Heyman and M.J. Sobel (eds.). Elsevier Science

Publishers, Amsterdam, 145-198.

[13] Grassman, W.K. (1990). "Computational Methods in Probability." In *Handbooks in OR and MS*, *Volume* 2, D.P. Heyman and M.J. Sobel (eds.). Elsevier Science Publishers, Amsterdam, 199-254.

[14] Gross, D. and D.R. Miller (1984). "The Randomization Technique as a Modelling Tool and Solution Procedure for Transient Markov Processes." *Oper. Res.* **32**, 343-361.

[15] Heyman, D.P. and M.J. Sobel (1982). *Stochastic Models in Operations Research, Volume I: Stochastic Processes and Operating Characteristics*. McGraw-Hill, New York.

[16] Hordijk, A., D.L. Iglehart, and R. Schassberger (1976). "Discrete-time methods for simulating continuous-time Markov chains." *Adv. Appl. Probab.* **8**, 772-778.

[17] Howard, R.A. (1971). *Dynamic Probabilistic Systems, Volume I: Markov Models*. Wiley, New York.

[18] Iosifescu, M. (1980). *Finite Markov Processes and their Application*. Wiley, New York.

[19] Isaacson, D.L. and R.W. Madsen (1976). *Markov Chains: Theory and Applications*. Wiley, New York.

[20] Karlin, S. and H.M. Taylor (1975). *A First Course in Stochastic Processes*, Second Edition. Academic Press, New York.

[21] Karlin, S. and H.M. Taylor (1981). *A Second Course in Stochastic Processes*. Academic Press, New York.

[22] Keilson, J. (1979). *Markov Chain Models – Rarity and Exponentiality*. Springer-Verlag, New York.

[23] Kelly, F.P. (1979). *Reversibility and Stochastic Networks*. Wiley, New York.

[24] Kemeny, J.G. and J.L. Snell (1976). *Finite Markov Chains*. Springer-Verlag, New York.

[25] Kemeny, J.G., J.L. Snell, and A.W. Knapp (1966). *Denumerable Markov Chains*. Van Nostrand, Princeton.

[26] Kindermann, R. and J.L. Snell (1980). *Markov Random Fields and their Applications*. American Mathematical Society, Providence, Rhode Island.

[27] Maistrov, L.E. (1974). *Probability Theory: A Historical Sketch*. Academic Press, New York.

[28] Neuts, M.F. (1981). *Matrix-Geometric Solutions in Stochastic Models*. The Johns Hopkins University Press, Baltimore.

[29] Parzen, E. (1962). *Stochastic Processes*. Holden-Day, San Francisco.

[30] Snell, J.L. (1988). *Introduction to Probability*. Random House, New York.

[31] Whitt, W. (1980). "Continuity of Generalized Semi-Markov Processes." *Math. Opns. Res.* **5**, 494-501.

[32] Whittle, P. (1986). *Systems in Stochastic Equilibrium*. Wiley, New York.

マルコフ過程の生成作用素
generator of a Markov process

状態推移率を要素とする行列.

マルコフ決定過程
Markov Decision Processes

状態数・行動数ともに有限のマルコフ決定過程は,シンプルかつ比較的扱いやすい不確実性下の多段階意思決定モデルである.健康管理,高速道路の保守,在庫,機械の保守,キャッシュフロー管理,ダム貯水量の調整といった広範囲な分野に応用されている.ここではまずマルコフ決定過程の定義と一例を紹介し,それからいくつかのタイプのマルコフ決定過程に対する解法を何種類か述べる.それらはすべて動的計画法にもとづいている.

問題の定式化

$k \in \{0, 1, \cdots, K-1\}$ は意思決定の時点(または,段階)(stage)を表し,$K (<\infty)$ はマルコフ決定過程の計画期間(planning horizon)を表す.s_k を k における制御すべきシステムの状態(state)とする.状態は状態空間(state space)と呼ばれる有限集合 S の要素でなければならない,つまり,$s_k \in S$, $k=0, 1, \cdots, K$. 状態の過程 $\{s_k, k=0, 1, \cdots, K\}$ は条件付き確率

$$p_{ij}(a) = \mathrm{Prob}(s_{k+1} = j | s_k = i, \ a_k = a)$$

にしたがって推移する.ただし,a_k は k において選ばれた行動(action)である.行動は有限個からなる行動空間 A (action space)から選ばれる.行動空間は現在の状態に依存してもよい,つまり,$s_k = i$ のとき $a_k \in A(i)$ としてもよい.すべての k において行動はそのときの状態 s にもとづいて選ばれる.δ_k を状態空間から行動空間への写像 $\delta_k(s_k) \in A(s_k)$ とする.そのとき δ_k は政策(policy)と呼ばれ,政策の列 $\pi = \{\delta_0, \cdots, \delta_{K-1}\}$ を戦略(strategy)と呼ぶ.

$r(i, a)$ を $s_k = i$ かつ $a_k = a$ のときに $k = 0, 1, \cdots, K-1$ において得られる1期間利得(one-stage reward)とする.$r(i)$ を K ($K < \infty$ と仮定)において $s_K = i$ のときの最終利得(terminal reward)とする.戦略 $\pi = \{\delta_0, \cdots, \delta_{K-1}\}$ によって得られる計画期間全体での総割引利得(total discounted reward)は,

$$\sum_{k=0}^{K-1} \beta^k r(s_k, a_k) + \beta^K r(s_K)$$

である.ただし,$a_k = \delta_k(s_k)$, $k=0, 1, \cdots, K-1$ であり,β は非負の割引率とする.問題の目的は,すべての戦略の中で総割引期待利得を最大にする戦略(最適戦略, optimal strategy)を見つけることである.

1つの例: 検査官は各期ごとに現在の機械の劣化状

態にもとづいて，機械の取替え，修理，無処置のどれかを決定しなければならないとする．機械は M 個の可能な状態のうちのどれかであるとし，$S=\{1,\cdots,M\}$ とする．ただし，状態1は機械が完全に正常な状態，状態 M は故障状態，そして $1<m<M$ は完全ではないが動作可能な状態を表すことにする．毎週検査官は，機械を動かす（無処置，$a=1$），機械を完全に取り替える（取替え，$a=R$），または何らかの修理を行う（修理，$1<a<R$）の中から決定を下す．したがって，$A=\{1,\cdots,R\}$．$c(i,a)$ を週のはじめに機械が状態 i で検査官が行動 a を選択したときその週にかかる費用とする．β を週換算の割引率とする．また，すべての $i, j\in S$ および $a\in A$ に対して推移確率 $p_{ij}(a)$ はわかっているものとする．そして $i>j$ に対して $p_{ij}(1)=0$ となっているだろう．

動的計画問題としての定式化（有限期間の場合）

次に有限期間の場合に対してマルコフ決定過程を動的計画 (dynamic programming) 問題として定式化する．計画期間が有限であるという仮定は，ある個人が退職するまでの期間といったような有限期間に対してのみの最適戦略を探す状況をモデル化している．$f_k(i)$ を $s_k=i$ のときの k から最終時点 K までの最適な総割引期待利得とする．$f_k(i)$ は k において得られる利得分だけ $f_{k+1}(s_{k+1})$ と異なることに注意する．実際，f_k と f_{k+1} が以下の再帰方程式によって関係付けられることは容易に示される．

$$f_k(i) = \max_{a\in A(i)} \left\{ r(i,a) + \beta \sum_{j\in S} p_{ij}(a) f_{k+1}(j) \right\}$$

ただし，境界条件は $f_K(i)=r(i)$ である．また，戦略 $\pi^*=\{\delta_0^*,\cdots,\delta_{K-1}^*\}$ が最適となる必要十分条件は，すべての $k=0,1,\cdots,K-1$ に対して

$$f_k(i) = r[i,\delta_k^*(i)] + \beta \sum_j p_{ij}[\delta_k^*(i)] f_{k+1}(j)$$

を満たすことであることに注意する．したがって，$s_k=i$ のとき k では

$$\max_{a\in A(i)} \left\{ r(i,a) + \beta \sum_j p_{ij}(a) f_{k+1}(j) \right\}$$

を達成する行動がとられなければならない．

無限期間かつ割引きありの場合

$K=\infty$ とする．これは個人というよりはたとえば組織上の意思決定に対して適当な仮定である．この場合無限大の利得を生む戦略が存在するかもしれない．しかしながら，割引率 β が1未満のときはそのような戦略は存在しない．このことは以下の式からわかる．

$$\sum_{k=0}^{\infty} \beta^k r(s_k, a_k) \leq \sum_{k=0}^{\infty} \beta^k \max_{i,a} |r(i,a)|$$
$$= \frac{\max_{i,a} |r(i,a)|}{1-\beta}$$

無限期間の動的計画問題を有限期間問題と関連付けることは妥当なことに思える．m を有限期間問題における計画期間の最後までの残りの期間数とする．そのとき，有限期間問題に対する動的計画問題は以下のように書き直せる．

$$g_{m+1}(i) = \max_{a\in A(i)} \left\{ r(i,a) + \beta \sum_j p_{ij}(a) g_m(j) \right\}$$

ただし，$f_k(i)=g_{K-k}(i)$ とする．初期状態 i に対して最適な総割引期待利得は $g(i)=\lim_{m\to\infty} g_m(i)$ となり，極限操作と最大化操作とが交換可能ならば，

$$g(i) = \max_{a\in A(i)} \left\{ r(i,a) + \beta \sum_j p_{ij}(a) g(j) \right\} \quad (1)$$

を満たす．ここで考えている条件の下でこの交換は可能であり，そして最適な総割引期待利得が唯一 (1) を満たす．また，定常な（時間に関して不変な）最適戦略が存在し，かつその戦略（政策といっても同じである）はすべての $i\in S$ に対して

$$g(i) = r[i,\delta^*(i)] + \beta \sum_j p_{ij}[\delta^*(i)] g(j)$$

を満たす．

解法の手続き

式 (1) の g と δ^* を決める3つの計算方法を示す．

線形計画法： 以下の線形計画問題を解くことで割引きありの無限期間マルコフ決定過程を解くことができる．

　最小化 $\sum_{i\in S} g(i)$
　条件　$g(i) - \beta \sum_j p_{ij}(a) g(j) \geq r(i,a)$

ただし，制約条件の不等式はすべての $i\in S$ と $a\in A(i)$ に対して満たされなければならない．

逐次近似 (successive approximation) 法： この手続きは，最も簡単な場合として，大きな m に対して以下の再帰方程式を用いて $g_m(i)$ を求める．

$$g_m(i) = \max_{a\in A(i)} \left\{ r(i,a) + \beta \sum_j p_{ij}(a) g_{m-1}(j) \right\}$$

ただし，$g_0(i)$ は任意に選ばれる（もちろん，g を前もって推定する何らかの方法があるならばできるだけ g に近くなるように g_0 を選ぶべきである）．

政策反復 (policy iteration) 法： この解法は以下の手続きを反復して行う．

　ステップ0：δ を選ぶ．
　ステップ1：
$$g_\delta(i) = r[i,\delta(i)] + \beta \sum_j p_{ij}[\delta(i)] g_\delta(j)$$

を満たす g_δ を求める．ここで以下の式が成り立っていることに注意する．

$$g_\delta = (I - \beta P_\delta)^{-1} r_\delta$$

ただし，$P_\delta=\{p_{ij}[\delta(i)]\}$, $g_\delta=\{g_\delta(i)\}$, $r_\delta=\{r[i,\delta(i)]\}$, I は単位行列であり，$\beta<1$ であるから逆行列が存在する．

ステップ2：
$$r[i,\delta'(i)]+\beta\sum_j p_{ij}[\delta'(i)]g_\delta(j)$$
$$=\max_{a\in A(i)}\left\{r(i,a)+\beta\sum_j p_{ij}(a)g_\delta(j)\right\}$$
を満たす δ' を求める．

ステップ3：
g_δ と $g_{\delta'}$ が十分に近くなるまで，$\delta=\delta'$ としてステップ1に戻る．

上にあげた解法手続きはどれも，完全列挙による方法に比べてはるかに効率的であることに注意する．現在，大規模な割引きあり無限期間マルコフ決定過程に対して，政策反復法と逐次近似法を組み合わせた特に効率的な計算手続きを開発する多くの研究がなされている．

割引きなしのマルコフ決定過程（平均利得の場合）
評価基準を期待平均利得
$$\lim_{K\to\infty}\left(\frac{1}{K+1}\right)E\left\{\sum_{k=0}^{K}r(s_k,a_k)\right\}$$
とする．システムが定常政策 δ の下で制御されているとき，P_δ がエルゴード的ならば，
$$\gamma_\delta+v_\delta(i)=r[i,\delta(i)]+\sum_j p_{ij}[\delta(i)]v_\delta(j) \quad (2)$$
を満たす $v_\delta(i)$，$i\in S$ および状態に依存しないゲイン γ_δ が存在することが示せる．そこで γ^*，δ^* そして v が以下の式を満たしているとする．
$$\gamma^*+v(i)=\max_{a\in A(i)}\left\{r(i,a)+\sum_j p_{ij}(a)v(j)\right\}$$
$$=r[i,\delta^*(i)]+\sum_j p_{ij}[\delta^*(i)]v(j)$$

ただし，すべての δ に対して P_δ はエルゴード的と仮定する．そのとき，γ^* は最適戦略によって得られる評価基準の値であり，δ^* は最適戦略である．次に γ^*，δ^* そして v を求める政策反復法を示す．ただし，確率行列の行和が1であることから v の定数項は何でもよい．

ステップ0：δ を選ぶ．
ステップ1：
v_δ および γ_δ に関して式(2)を解く，ただし，ある i に対して $v_\delta(i)=0$ とする．

ステップ2：
$$\max_{a\in A(i)}\left\{r(i,a)+\sum_j p_{ij}(a)v_\delta(i)\right\}$$
の最大値を達成する政策 δ' を決定する．

ステップ3：
γ_δ と $\gamma_{\delta'}$ が十分に近くなるまで，$\delta=\delta'$ としてステップ1に戻る．

おわりに
状態空間および行動空間が有限で，利得が各期ごとに得られ，利得・割引率・推移確率はすべて既知，そして現時点の決定を行う前にシステムの状態を正確にわかっているときのマルコフ決定過程について簡単に考察してきた．現在これらの条件はすべて，論文などにおいて弱められている．そして，このモデル化の道具の妥当性と取扱いやすさの両方を改善するため，大規模な問題の計算効率の改善に多くの研究がなされている．
⇨ 動的計画，マルコフ過程．　　　[C. C. White/飯田哲夫]

参考文献

[1] Bertsekas, D.P. (1976). *Dynamic Programming and Stochastic Control*. Academic Press, New York.
[2] Derman, C. (1970). *Finite State Markovian Decision Processes*. Academic Press, New York.
[3] Howard, R. (1971). *Dynamic Programming and Markov Processes*. MIT Press, Cambridge, Massachusetts.
[4] Ross, S.M. (1970). *Applied Probability Models with Optimization Applications*. Holden-Day, San Francisco.
[5] White, D.J. (1969). *Dynamic Programming*. Holden-Day, San Francisco.

マルコフ再生過程
Markov renewal process

マルコフ連鎖において，推移の間隔が互いに独立な確率変数で，その分布が推移前と推移後の状態に依存して定まる場合，これをマルコフ再生過程と呼ぶ．⇨ マルコフ連鎖，マルコフ過程，待ち行列ネットワーク，再生過程．

マルコフ性
Markov property

確率過程の未来の挙動が，過去の振る舞いとは独立で現在の状態だけに依存して定まる性質（過去の振る舞いは現在の状態を通してのみ未来の挙動に影響を与える）．すなわち，確率過程 $\{X(t), t\in T\}$ において，任意の $n>0$ と T に含まれる任意の時点の組 $t_1<t_2<\cdots<t_n<t_{n+1}$，および任意の状態 $x_1, x_2, \cdots, x_n$ と状態集合 A に対して，$P(X(t_{n+1})\in A\,|\,X(t_1)=x_1,\cdots,X(t_n)=x_n)=P(X(t_{n+1})\in A\,|\,X(t_n)=x_n)$ が成り立つ性質．⇨ マルコフ連鎖，マルコフ過程．

マルコフ連鎖
Markov Chains

はじめに
マルコフ連鎖 $\{X(t), t\in T\}$ は，状態空間 (state space) S が離散的で，時間パラメータ T が離散的または連続的なマルコフ過程 (Markov process) である．以

下では，時間パラメータが可算集合の場合に焦点を絞り，時間パラメータが連続的な場合は「マルコフ過程」の項で説明する．マルコフ連鎖に関する文献は数多くあるが，ここでは以下の文献を推薦しておく．Breiman (1986), Çinlar (1975), Chung (1967), Feller (1968), Heyman and Sobel (1982), Isaacson and Madsen (1976), Iosifescu (1980), Karlin and Taylor (1975), Kemeny and Snell (1976), Kemeny, Snell and Knapp (1966) および Parzen (1962).

マルコフ型の確率過程として，マルコフ連鎖はマルコフ性あるいは「無記憶性」(lack of memory) と呼ばれる性質をもつ．マルコフ性とは，未来の事象の生起確率が，確率過程の現在の状態と現時点からの挙動の確率によって完全に定まることを意味する．別な言い方をすれば，確率過程の現在の状態がわかれば，過去の振る舞いに関する情報は未来の事象の生起確率に影響しない，ということである．したがって，離散時間の過程 $\{X(t), t\in T\}$ がマルコフ連鎖であるとは，任意の $n>0$，任意の時点列 $t_1<t_2<\cdots<t_n<t_{n+1}$，および任意の状態の組 $i_1, i_2,\cdots, i_n, j$ に対して

$$P(X(t_{n+1})=j|X(t_1)=i_1,\cdots,X(t_n)=i_n)$$
$$=P(X(t_{n+1})=j|X(t_n)=i_n)$$

が成り立つということである．

この等式の右辺の条件付き推移確率は，時点を非負整数にとり i_n を i と書けば $P(X(n+1)=j|X(n)=i)$ と簡略化できる．これにより，推移確率は状態の組 (i,j) と推移時点 n だけの関数となる．通常はさらに，推移確率は定常である，つまり時間に関して不変ですべての推移時点で同じであると仮定する．その結果，i と j の添え字をもった数の集合 $[p_{ij}]$ が得られる．この p_{ij} はマルコフ連鎖が状態 i にいたという条件の下で，次のステップで状態 j に推移する条件付き確率を与える．これらは（有限または無限次元の）正方形に並べられて1ステップ〈推移確率行列〉(the transition probability matrix) と呼ばれる．この行列は，通常，P で表される（すべての行和が1となる非負正方行列は，それがマルコフ連鎖と関連しているかどうかにかかわらず〈確率行列〉(stochastic matrix) と呼ばれる）．

マルコフ連鎖の例

(1) ランダムウォーク (random walk)： 最も簡単な例として，ある物体が1回の推移で確率 p で左に1単位，確率 $1-p$ で右に1単位動く状況を考える．この問題は，左右に〈反射壁〉(reflecting barrier) を置いて，M あるいは N の地点に達したら，それぞれ $M+1, N-1$ に連鎖を戻すようにすれば，有限状態空間となる．この問題の重要な類例として，正の確率で同じ状態にとどまることを許したモデルもある．

(2) ギャンブラーの破産 (gambler's ruin)： ギャンブラーが確率 p で1ドル儲け，確率 $1-p$ で1ドル失う賭けを独立に繰り返す．ギャンブラーはある所持金から始めて，破産するかあるいは所持金が M ドルに達するまで賭けを続ける．n 回の賭けの後のギャンブラーの所持金を X_n とすると，確率過程 $\{X_n, n=0,1,2,\cdots\}$ は状態空間 $\{0,1,2,\cdots,M\}$ 上のマルコフ連鎖となる．マルコフ性は，各回の賭けの結果が独立であるという仮定から導かれる．このマルコフモデルは，すべての財産を失う確率，目標金額の M ドルに達する確率，ゲームが終わるまでに行う賭けの平均回数，などの評価尺度を求めるために利用される．これらすべての評価尺度はギャンブラーの最初の所持金 x_0，確率 p，および目標金額 M ドルの関数である（したがって，ギャンブラーの所持金は，0と M を〈吸収壁〉(absorbing barrier) とするランダム・ウォークとなる）．ギャンブラーの破産の問題は，保険会社のように，収入や支出がランダムに起こり，ときには破産の可能性もある複雑なシステムを簡略化したものである．

(3) コイン投げの列： 表と裏がそれぞれ1/2の確率で出るコインを独立に続けて投げる試行を考える．$n-1$ 回目と n 回目の結果が（表，表），（表，裏），（裏，表），（裏，裏）のどれであるかによって，時点 n での状態を 1, 2, 3, 4 に定めれば，これはマルコフ連鎖となる．

n ステップ推移確率 $p_{ij}^{(n)}$ を，マルコフ連鎖が状態 i から状態 j へ n ステップで推移する確率

$$p_{ij}^{(n)}=P(X_{m+n}=j|X_m=i), \quad m\geq 0, \ n>0$$

とする．この n ステップ推移確率は，〈チャップマン-コルモゴロフの等式〉(Chapman-Kolmogorov equation)

$$p_{ij}^{(n+m)}=\sum_{k=0}^{\infty}p_{ik}^{(n)}p_{kj}^{(m)} \quad n,m,i,j\geq 0$$

を利用して計算することができる．特に，$m=1$ の場合には，

$$p_{ij}^{(n)}=\sum_{k=0}^{\infty}p_{ik}^{(n-1)}p_{kj}=\sum_{k=0}^{\infty}p_{ik}p_{kj}^{(n-1)}$$
$$n=2,3,\cdots, i,j\geq 0$$

となる．n ステップ推移確率を要素とする行列を $\boldsymbol{P}^{(n)}$ で表すと，$\boldsymbol{P}^{(n)}=\boldsymbol{P}^{(n-k)}\boldsymbol{P}^{(k)}=\boldsymbol{P}^{(n-1)}\boldsymbol{P}$ となり，$\boldsymbol{P}^{(n)}$ はもとの1ステップ推移確率行列 $\boldsymbol{P}$ の n 乗で計算できる．

条件付きでない時点 n での確率分布を計算するためには，初期確率分布 (initial probability distribution) $P(X_0=i)=p_i, i\geq 0$ を定める必要がある．これにより，条件の付かない X_n の分布は，

$$P(X_n=j)=\sum_{i=0}^{\infty}P(X_n=j|X_0=i)\cdot P(X_0=i)$$
$$=\sum_{i=0}^{\infty}p_i p_{ij}^{(n)}$$

で計算される．これは，行ベクトル $\boldsymbol{p}$ に $\boldsymbol{P}^n$ の j 列をかけた値に一致する．

マルコフ連鎖の性質

非常に長い時間にわたるマルコフ連鎖の挙動は，1ステップ推移確率行列の各要素の位置と相対的な大きさによって完全に決まる．各要素によって，どの状態が他のどの状態から推移可能か，これらの推移が起こるためには平均してどの程度の時間が必要か，といったことを求めることができる．より形式的には，有限回の推移でiからjへ移れるとき，つまりある$n \geq 0$に対して$p_{ij}^{(n)}>0$となるとき，状態iから状態jへ到達可能($i \to j$, reachable)であるという．もし，さらに$j \to i$ならば2つの状態は〈相互到達可能〉(communicate with each other)であるといい，$i \leftrightarrow j$で表す．どの状態からも他のすべての状態へ到達可能であれば，マルコフ連鎖は〈既約〉(irreducible)であるという(すなわち，状態空間を相互到達可能でない部分集合に分割できない状況を意味する)．

次に，状態iの〈周期〉(period)を，$p_{ii}^{(n)}>0$なる正整数nの集合の最大公約数$d(i)$によって定義する(すべての$n \geq 1$に対して$p_{ii}^{(n)}=0$のときは$d(i)=0$と定める)．$d(i)=1$のとき，iは〈非周期的〉(aperiodic)，そうでなければ周期的(periodic)と呼ばれる．$p_{ii}>0$ならば，iは明らかに非周期的である．相互到達可能な1つの組に属する状態の周期はすべて同じになる．すべての状態の周期が1の場合には，そのマルコフ連鎖も非周期的であると呼ばれる．

マルコフ連鎖の任意の状態の組(i,j)に対して，n回の推移でiからjにはじめて移る確率を$f_{ij}^{(n)}$，いつかはiからjに移る確率をf_{ij}と定義する．$f_{ij}=1$のとき，この分布の平均m_{ij}は〈iからjへの平均初到達時間〉と呼ばれる．$j=i$のときは，それぞれの確率を$f_i^{(n)}$, f_i，また平均をm_iと記す．このm_iは状態iでの〈平均再帰時間〉(mean recurrence time)と呼ばれる．$f_i=1$かつ$m_i<\infty$ならば，状態iは〈正再帰的〉(positive recurrentまたはnonnull recurrent)，$f_i=1$かつ$m_i=\infty$ならば〈零再帰的〉(null recurrent)と呼ばれる．さらに，$f_i<1$の場合は，iは〈一時的〉(transient)と呼ばれる．

再帰性に関しては，$i \leftrightarrow j$でiが再帰的ならば，jも再帰的である，という結果が知られている．また，状態空間が有限集合のマルコフ連鎖では，すべての状態が一時的になることは起こりえず少なくとも1つの状態は再帰的であること，すべての状態が再帰的ならばそれらはすべて正再帰的である．より一般的に，既約なマルコフ連鎖においては，状態はすべて正再帰的であるか，すべて零再帰的であるか，すべて一時的である．

反射壁をもつランダムウォークの例

1ステップ推移確率行列が

$$\begin{bmatrix} 0 & 1 & 0 & 0 \\ 1/3 & 1/3 & 1/3 & 0 \\ 0 & 2/3 & 0 & 1/3 \\ 0 & 0 & 1 & 0 \end{bmatrix}$$

で与えられる4状態のマルコフ連鎖を考えよう．状態1からスタートして他のすべての状態を経て状態1に戻る正の確率をもつパスが存在するから，すべての状態は相互到達可能である．そして，すべての状態は再帰的で非周期的である．

もし，両側の反射壁がなくてランダムウォークの状態空間が無限集合であったとすると，このマルコフ連鎖は各状態から左右に同じ確率で推移する場合だけ再帰的となり，それ以外のときは最初の状態に戻らず，$+\infty$か$-\infty$に流れて行く．

極限での挙動

マルコフ連鎖の確率的な挙動を特徴付ける主要な尺度は，長時間あるいは極限での挙動である．これを調べるために，初期分布$\pi_j^{(0)}$から始めてn回の推移で状態jにいる確率を$\pi_j^{(n)}$で定義しよう．確率ベクトル$\boldsymbol{\pi}=(\pi_0, \pi_1, \cdots)$がベクトル-行列方程式$\boldsymbol{\pi}=\boldsymbol{\pi}\boldsymbol{P}$を満たすとき，離散時間マルコフ連鎖は〈定常分布〉(stationary distribution)$\boldsymbol{\pi}$をもつという．方程式系として書くと，定常分布を求める問題は

$$\pi_j = \sum_i \pi_i p_{ij}, \quad j=0,1,2,\cdots$$
$$\sum_i \pi_i = 1$$

を解くことと同等である．

もし，
$$\lim_{n \to \infty} \pi_j^{(n)} = \lim_{n \to \infty} P(X_n = j) = \pi_j, \quad j=0,1,2,\cdots$$

であれば，マルコフ連鎖は極限状態確率ベクトル$\boldsymbol{\pi}=(\pi_0, \pi_1, \cdots)$をもつという．$\boldsymbol{\pi}$はまた長時間平均の状態確率あるいは〈平衡状態確率〉とも呼ばれる．

既約で非周期的かつ正再帰的なマルコフ連鎖は，〈エルゴード的〉(ergodic)であるという．以下の定理は，これらの性質と，定常分布/極限分布の存在性を関連付けている．

定理

$\{X_n\}$が既約で非周期的かつ斉時なマルコフ連鎖ならば，極限状態確率

$$\pi_j = \lim_{n \to \infty} P(X_n = j), \quad j=0,1,2,\cdots$$

は常に存在して，初期分布に依存しない．すべての状態が一時的あるいは零再帰的ならば，どの状態jに対しても$\pi_j=0$となり定常分布は存在しない．逆に，すべての状態が正再帰的(したがってマルコフ連鎖はエルゴード的)ならば，任意の状態jに対して$\pi_j>0$で集合$\{\pi_j\}$は定常

分布となる．このとき，$\pi_j=1/m_j$ である．

逆に，定常分布が存在したとしても，必ずしも極限分布が存在するとは限らない．たとえば，簡単なマルコフ連鎖

$$P = \begin{bmatrix} 0 & 1 \\ 1 & 0 \end{bmatrix}$$

が定常分布 $\pi=(1/2,1/2)$ をもつことはすぐに確かめられる．しかし，このマルコフ連鎖は状態1と2の間を振動するため，極限分布は存在しない．その理由は，このマルコフ連鎖が周期2をもつため，上で述べたエルゴード定理の条件が成り立たないためである．これまでの議論と併せると，既約で状態数有限のマルコフ連鎖がエルゴード的であるためには，非周期的であることが必要であることがわかる．一方で，周期的に振動するこのマルコフ連鎖において，$(1/2,1/2)$ という確率が，極限においてそれぞれの状態にいる時間の割合を表していると解釈することは可能である．

反射壁をもつランダムウォークの例（続）

前に考えたランダムウォークの定常分布を求めてみよう．すでに，この連鎖がエルゴード的であることは示したので $\pi = \pi P$，すなわち方程式系

$$\begin{cases} \pi_1 = \dfrac{1}{3}\pi_2 \\ \pi_2 = \pi_1 + \dfrac{1}{3}\pi_2 + \dfrac{1}{3}\pi_3 \\ \pi_3 = \dfrac{1}{3}\pi_2 + \pi_4 \\ \pi_4 = \dfrac{2}{3}\pi_3 \end{cases}$$

を解けばよい．この方程式系を解いてすべての要素を（たとえば）π_1 を用いて表し，次に和が1となることを利用すれば $\pi=(1/9,3/9,3/9,2/9)$ が求まる．また，n ステップ推移確率行列の極限 $\lim_{n\to\infty} P^n$ が存在して，すべての行がベクトル π に等しくなることも確かめられる．

ギャンブラーの破産（続）

この問題では，3つの状態の組 $\{0\}$，$\{1,2,\cdots,M-1\}$，$\{M\}$ が存在する．有限時間内に，ギャンブラーは目標の M ドルに達するか，またはすべての所持金を失ってしまう．したがって，i ドルの所持金から賭けを始めたとき，破産する前に M ドルに達する確率 p_i，$i=0,1,\cdots,M$ が問題となる．この場合，解が，

$$p_i = \begin{cases} \dfrac{1-[(1-p)/p]^i}{1-[(1-p)/p]^M}, & p \neq \dfrac{1}{2} \\ \dfrac{i}{M}, & p = \dfrac{1}{2} \end{cases}$$

となることを示すことはそれほど難しくない．

コイン投げの列（続）

このマルコフ連鎖の1ステップ推移確率行列は

$$\begin{bmatrix} 1/2 & 1/2 & 0 & 0 \\ 0 & 0 & 1/2 & 1/2 \\ 1/2 & 1/2 & 0 & 0 \\ 0 & 0 & 1/2 & 1/2 \end{bmatrix}$$

となる．この行列は，行和だけでなくすべての列和も1になるという特徴をもっている．このような行列は，〈二重確率的〉（doubly stochastic）といわれる．二重確率的な推移確率行列をもつ再帰的で非周期的なマルコフ連鎖の定常分布は，常に離散的一様分布 $\pi_j=1/M$ となる．

最後の注

離散時間マルコフ連鎖は，マルコフ過程の一部として考えることで，より完全な形で理解できることを強調しておく．連続時間のマルコフ連鎖としては，出生死滅過程（birth-death process, とその待ち行列理論（queueing theory）への応用）やポアソン過程（Poisson process）などがある．

⇒ マルコフ過程，待ち行列理論，確率過程．

[Carl M. Harris/牧本直樹]

参考文献

[1] Breiman, L. (1986). *Probability and Stochastic Processes, With a View Toward Applications*, Second Edition. The Scientific Press, Palo Alto, California.

[2] Çinlar, E. (1975). *Introduction to Stochastic Processes*. Prentice-Hall, Englewood Cliffs, New Jersey.

[3] Chung, K.L. (1967). *Markov Chains with Stationary Transition Probabilities*. Springer-Verlag, New York.

[4] Feller, W. (1968). *An Introduction to Probability Theory and Its Applications, Volume I*, Third Edition. Wiley, New York.

[5] Heyman, D.P. and M.J. Sobel (1982). *Stochastic Models in Operations Research, Volume I: Stochastic Processes and Operating Characteristics*. McGraw-Hill, New York.

[6] Iosifescu, M. (1980). *Finite Markov Processes and Their Application*. Wiley, New York.

[7] Isaacson, D.L. and R.W. Madsen (1976). *Markov Chains: Theory and Applications*. Wiley, New York.

[8] Karlin, S. and H.M. Taylor (1975). *A First Course in Stochastic Processes*, Second Edition. Academic Press, New York.

[9] Kemeny, J.G. and J.L. Snell (1976). *Finite Markov Chains*. Springer-Verlag, New York.

[10] Kemeny, J.G., J.L. Snell, and A.W. Knapp (1966). *Denumerable Markov Chains*. Van Nostrand, Princeton.

[11] Parzen, E. (1962). *Stochastic Processes*. Holden-Day, San Francisco.

丸め誤差
roundoff error

離散的な計算に固有な有効数字計算に伴う計算誤差のこと．

満足化
satisficing

決定問題において，意思決定者が「最適な」(optimal) 代替案選択ではなく，満足できる代替案を選択すること．すなわち，意思決定者は結果に関して希求水準 (aspiration level) あるいは許容水準を設定しこれらのレベルをクリアした（最初の）代替案を採択するのである．このように意思決定者が妥協的な態度をとるのは，意思決定問題にまつわるすべての複雑性に決定者が対処できないからであり，また最適解を決定するための方法を欠いているからである．⇒ 限定合理性，選択理論，決定分析，意思決定者，意思決定問題，目標計画法．

み

水資源
Water Resources

1960年代前半以来，ORと経営科学の方法論および技術が水資源問題に広範に適用されている．逆に，水資源問題は，特に極値統計学，動的計画法アルゴリズム，および多目的最適化手法における種々の方法論の開発を著しく刺激した．ここでは4種類の問題について議論し，使用された手法に注意しながら模範的なモデルを描写する．操作的モデルをつくる基本は，水輸送過程の科学である．

水文学と水力学

時空間における天然水の量および質の変化と再生可能性は，水文学的なサイクル，すなわち，水が大気，陸地および海洋の間を輸送される過程（降水，気化，蒸発，浸透，地表流，河川）により支配されている．水文学 (hydrology) はこれらの自然過程のモデルや，与えられた場所・時間で利用可能な水量・水質を記述・予測するのに使用可能なモデルを開発するものである (Young, 1993)．この情報は，順に水資源システムのモデルへの入力を構成する．水力学 (hydraulics) は，水路や湖における流れや，放水路・水門・魚梯・タービン・ポンプ・パイプライン・送水路・暗渠・誘導水門・放水路などの建設物を通る流れのモデルを開発する (May and Tung, 1992)．これらのモデルは制御・管理モデルの構築の一部分として役立つ．

水資源開発の計画

水資源開発 (water resource development) の目的は，人間活動の社会経済的目的によって決められる場所・時間の水量・水質を確実にするために自然水文学的サイクルを変更することである．詳細な目的は，(ⅰ) 洪水の制御，(ⅱ) 水力発電，(ⅲ) 国内，市内，工業および農業用途のための給水，(ⅳ) 航路，レクリエーション，水質管理のための低水位流への水の添加（廃水と汚染雨水の希釈による）と，水生生物の保全（夏季の河川の水量増加と温度低下による）である．

図1 水資源

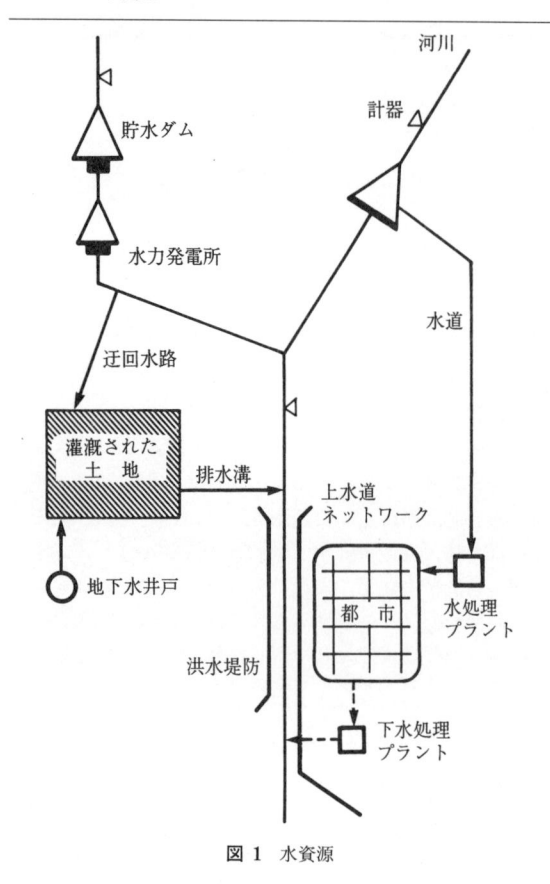

総合的な計画のための水資源システムの自然的境界は，流域（表層水の源泉）と背後にある帯水層（地表水の源泉）である．図1は模範的なシステムを表している．計画は，施設のタイプ・位置・規模を決めたり，投資順序を決めたり，制御策を開発することなどを含んでいる．施設は（滝または井戸の2つの貯水池，灌漑水を同じ地区に供給する貯水池として）個別に，あるいは一緒に操作される．

計画過程は期間（通常数十年間）と目的（通常複数）の同定から始まる．次に，利用可能な水資源が特徴付けられる．すなわち，地表水供給とその再補充率が推定され，測定位置における河川流がモデル化された．たとえば時系列的なもの(Hipel, 1985)や，洪水(Potter, 1987)や干ばつ(SHH Special Issue, 1991)などの極端な出来事が確率的にモデル化されている．様々な目的のために水需要の予測モデルが開発されている．代替システムの計画が設計され，個々のプロジェクトやサブシステムの運用が，シミュレーションモデルや最適化モデルとして（整数計画法，線形計画法，非線形計画法，確率制約条件計画法，確率計画法または動的計画法の形で）記述されている．最後に，すべてのモデルが多目的分析のための決定支援を提供する総合的な流域計画モデルに統合され

る(WRB Special Issue, 1992)．分析の目的は，数多くの代替プランを審査して，パレート最適である2,3のプランを選択することにある．実行計画の選択は，通常，政治的過程まで残される (Loucks et al., 1981)．

水システムの運用

貯水池，水路，灌漑システム，水分配ネットワーク，都市の排水・下水システムの最適制御は，最も活発で挑戦的な研究領域の1つである．ほとんど常に，制御政策は（時間，日，週，月または年の時間間隔の）離散的な時間で記述されるが，そうではなく，離散的/連続的，期間が有限/無限，定常/非定常（たとえば，河川流の1年の過程が周期的に繰り返されるなど）である場合もある．

一般的な単一貯水池制御問題では，状態 x_n は時間間隔 n のはじめにおける貯水量を示し，入力 ω_n は間隔 n の間の流入を表し，制御 u_n は間隔 n のはじめに決定された放水量であり，出力 y_n は間隔 n の間の流出量を表す．有限の軌道 $\boldsymbol{x}=\{x_n\}, \boldsymbol{y}=\{y_n\}$ $(n=1,\cdots,N)$ について，貯水池の目的（たとえば水力発電，洪水災害対策）によって記述される形式でパフォーマンス基準 $g(\boldsymbol{x},\boldsymbol{y})$ が関連付けられる．決定論的な場合では，流入 $\{\omega_n\}$ は既知で，$y_n=u_n$ であると仮定され，貯水量・放水量の制約のもとに，状態力学 $x_{n+1}=x_n-u_n+\omega_n$ を制約条件として $g(\boldsymbol{x},\boldsymbol{y})$ を最大にする政策 $\boldsymbol{u}^*=\{u_n^*\}$ が求められる．確率的な場合では，流入は確率的な法則にしたがい（通常，マルコフ的構造），非線形状態力学，出力オペレータ，確率的制約の条件のもとで，期待値 $E[g(\boldsymbol{X},\boldsymbol{Y})]$ を最大にする戦略 $\boldsymbol{\mu}^*=\{\mu_n^*\}$ および制御法則の系列 $u_n=\mu_n^*(x_n)$ が求められる．

水システム(hydrosystem)の複雑性は，文献に記述されている数多くの制御モデルに反映されている．特徴にしたがって，次のように分類することができる．(i) 単一貯水池と多貯水池，(ii) 単一目的と多目的，(iii) 決定論的な流入と確率論的な流入，(iv) 気候統計と水文学的予測，(v) 線形目的関数と非線形目的関数，(vi) 変数分離型目的関数と変数分離不可能な目的関数，(vii) 単一目的制御と多目的制御，(viii) 短期制御(時間，日，週単位)と長期制御(月，年単位)，(ix) 一段階制御と階層的制御，(x) 期間条件と無限期間．

決定論的制御問題はしばしば動的計画問題(DP)として定式化され，離散的なDPやstate incremental DP, differential DP などの連続近似算法(Yakowitz, 1982)，近似線形2次制御(Protopapas and Georgakakos, 1990)によって解が求められる．他の技法の中では，線形計画法(Yeh et al., 1980)やその確率制約条件付きのもの，ネットワークフロー算法，線形・非線形最適化(Rosenthal, 1981)および多目的最適化も使われている．確率論的制御問題はもっぱら，離散的なDP, 政策反復法

または近似線形2次制御による動的計画問題として定式化される．また，サンプリングDP，シミュレーション，シミュレーション最適化混合法，発見的制御戦略など様々な疑似確率論的アプローチが試みられてきた(Johnson et al., 1991)．これらの進歩にもかかわらず，水システムの確率論的制御は，状態空間の次元性，水文学的入力の空間的時間的依存性，非線形状態力学，非線形多目的目的関数から由来する挑戦的分野として，依然研究の最先端分野である．

洪水の緩和

ダム，保留貯水池および転換水路，堤防などの構造物に関する解は，ある一定の程度までの洪水(floods)に対する防御策となる．リスクおよび費用便益分析は，防御の度合いと構造物の規模に関する決定を導いた．発見的規則，シミュレーションおよび最適化手法が，洪水の間の貯水池の運用戦略を開発するのに使われた．

氾濫原のゾーニング，洪水保険，および洪水警告システムなどの非構造物に関する解は，洪水のネガティブな結果を減少させることを目的とする．土地利用ゾーニングや保険料の設定，洪水警報の発令，洪水予測の経済的便益の評価のためにリスク分析や決定分析が提案された(Krzysztofowicz and Davis, 1984)．

洪水警告システムの決定理論的モデルについてここに一例を示す(Krzysztofowicz, 1993)．不確実な洪水の頂点を H，河川の計測点における頂点の時間を Λ として，(H, Λ) の予測値 (s, t) を受けて，管理者は洪水面が標高 y を超えるゾーンに対し警告を発する $(w=1)$ か発しない $(w=0)$ かを決定しなければならない．その後，ゾーンが洪水を被れば $\theta=1$，被らなければ $\theta=0$ とする．それぞれの決定事象ベクトル (w, θ) から，不効用

$$D_{w\theta}(s, t) = \int_y^\infty \int_0^\infty d_{w\theta}(h, \lambda) \phi(h, \lambda | s, t) d\lambda \, dh$$

が導かれる．ただし，$\phi(\cdot, \cdot | s, t)$ は予測条件下での (H, Λ) の事後密度，$d_{w\theta}(h, \lambda)$ は時刻 λ に起こった洪水の頂点 h から生じるすべての経済的，社会的，行動的結果の不効用である．リスク関数と呼ばれる，決定 w と関連付けられる期待不効用は，Pr で確率を表すとすれば，

$$R(s, t, w) = D_{w0}(s, t) \Pr\{\theta = 0 | s, t\} + D_{w1}(s, t) \Pr\{\theta = 1 | s, t\}$$

と表される．それぞれの (s, t) について，最適な警告規則 W^* は，リスク $R(s, t, w)$ を最小にする決定 $w = W^*(s, t)$ を規定する．

水質管理 (management of water quality)

水質汚染は，直接監視することができる点的発生源(たとえば，工場廃水の放出)か，負荷のみを見積もることのできる非点的発生源(たとえば，農場や都市域からの汚染された雨水)のどちらかからくる．下流の利用者のきれいな水に対する選好と，上流の主体(自治体，工場，農業生産者など)の汚染物質の自由な排出に対する選好が，法的，経済的，制度的方法による解決が必要とされる社会的利害衝突を引き起こす．

通常，管理モデルは，地域廃水処理プラントや廃水処分場の位置・規模決定，廃水放流料金の設定，モニタリングネットワークの位置決定・運用，実施政策の考案などの決定に直面している地域機関による計画を支援するために定式化される．これらの決定問題は，現実には多目的であり，かつ階層的である(Loucks et al., 1981)．上位のレベルである地域機関の目的は，(ⅰ)総費用を最小にすること，(ⅱ)費用を公正に各主体に割り当てること，(ⅲ)廃水の質を改善することである．そして，下位のレベルでの各主体の目的は，(ⅰ)費用を最小にすること，(ⅱ)廃水基準と排出規制の遵守度合を最適化することである．主体の遵守に関する行動，すなわち政策の有効性を予測するために，ゲーム理論的モデルが開発されている(WRB Special Issue, 1992)．水質を一括して定義する成分濃度(たとえば，生物学的酸素要求量(BOD)，溶存酸素欠損量，窒素，リン，金属，有機物，バクテリア)に関する管理計画の代替案のインパクトを予測するために，水本体において起こっている物理的，化学的，生物学的過程をシミュレートする水質モデルが用いられる(Young, 1993)．

⇒動的計画，環境システム分析，世界モデル，線形計画法，多目的計画法，確率計画．

[Roman Krzysztofowicz/鈴木　勉]

参　考　文　献

[1] Hipel, K.W., ed. (1985). *Time Series Analysis in Water Resources*. American Water Resources Association, Bethesda, Maryland.

[2] Johnson, S.A., J.R. Stedinger and K. Staschus (1991). "Heuristic Operating Policies for Reservoir System Simulation." *Water Resources Research* 27, 673–685.

[3] Krzysztofowicz, R. (1993). "A Theory of Flood Warning Systems." *Water Resources Research* 29, 3981–3994.

[4] Krzysztofowicz, R. and D.R. Davis (1984). "Toward Improving Flood Forecast-Response Systems." *Interfaces* 14(3), 1–14.

[5] Loucks, D.P., J.R. Stedinger and D.A. Haith (1981). *Water Resource Systems Planning and Analysis*. Prentice-Hall, Englewood Cliffs, New Jersey.

[6] Mays, L.W. and Y-K. Tung (1992). *Hydrosystems Engineering and Management*. McGraw-Hill, New York.

[7] Potter, K.W. (1987). "Research on Flood Fre-

quency Analysis: 1983–1986." *Reviews of Geophysics* 25, 113–118.
[8] Protopapas, A.L. and A.P. Georgakakos (1990). "An Optimal Control Method for Real-Time Irrigation Scheduling." *Water Resources Research* 26, 647–669.
[9] Rosenthal, R.E. (1981). "A Nonlinear Network Flow Algorithm for Maximization of Benefits in a Hydroelectric Power System." *Operations Research* 29, 763–786.
[10] SHH Special Issue (1991). "Drought Analysis." *Stochastic Hydrology and Hydraulics* 5, 253–322.
[11] WRB Special Issue (1992). "Multiple Objective Decision Making in Water Resources." *Water Resources Bulletin* 28, 1–231.
[12] Yakowitz, S. (1982). "Dynamic Programming Applications in Water Resources." *Water Resources Research* 18, 673–696.
[13] Yeh, W. W-G., L. Becker, D. Toy and A.L. Graves (1980). "Central Arizona Project: Operations Model." *Jl. Water Resources Planning and Management* 106, 521–540.
[14] Young, P.C., ed. (1993). *Concise Encyclopedia of Environmental Systems*. Pergamon Press, New York.

未達成変数

underachievement variable

制約条件の左辺値が右辺値よりもどれだけ小さいかを計測する目標計画問題（goal programming problem）の非負変数のこと．⇨目標計画法．

密　度

density

制約行列の係数の中でゼロでないものの割合．$m \times n$ 行列 $A = (a_{ij})$ が与えられたとき，a_{ij} の中で 0 でないものの個数を k とすると，密度は $k/(m \times n)$ で定義される．大規模な線形計画問題の場合，密度は 0.01 程度である．⇨疎行列，超疎性．

密度関数

density function

⇨確率密度関数．

無感度

insensitivity

有効性の尺度が平均値以外の特定の分布仮説に依存しないという，待ち行列システムの性質のこと．典型的な例はマルチサーバー M/G/c/c 待ち行列におけるアーランの呼損失公式で，サービス時間プロセスはその平均値のみによって決定される．⇨アーラン B 式，待ち行列理論．

無記憶性

memoryless property

確率過程に対して記憶の欠如（lack-of-memory）はマルコフ性と等価である．ある現象の継続時間などのモデル化に使われる正の確率変数 T に対しては，記憶の欠如は残りの時間がそれまでに経過した時間とは独立であることであり，したがって $s, t > 0$ に対して $\Pr\{T > t+s | T > s\} = \Pr\{T > t\}$ となることである．この性質を満たす唯一の連続分布は指数分布であり，唯一の離散分布は幾何分布である．⇨指数到着，マルコフ過程，マルコフ性．

無向アーク

undirected arc

ネットワークにおいて，フローが両方向に流れるようなアークのこと．

無制約変数

unrestricted variable

任意の値をとりうる変数のこと．⇨自由変数．

め

メタゲーム分析
metagame analysis

それぞれに独立したプレイヤーが対立したり協力したりする状況に関して，問題の構造を明らかにする方法．ゲーム理論的考えにもとづき，プレイヤー間のはっきりした脅しや約束，そうではない暗黙の脅しや約束を明らかにして，いろいろなシナリオの安定性を分析する．

メタモデリング
Metamodeling

はじめに

メタモデル（metamodel）という言葉は，詳細なモデルを理解する助けとなるような補助的モデルという意味で使われる．メタモデル化はしばしばシミュレーション実験の中にも取り込まれる．シミュレーションモデルは現実に比べれば十分に簡略化されているものの，入力と結果の因果関係を知るには複雑すぎる．シミュレーションモデルよりもっと簡単なモデルで現実をよりよく理解でき，仮説の検定の枠組みを提供できるようなものがあれば，シミュレーションの補助道具として便利に使われるであろう．この道具立てがメタモデルである．

何人かの著者が詳細なモデルを簡略化するための解析的メタモデルを提案している．Geoffrion (1976) は数理計画の問題に，Blanning (1974, 1975 a, b) はあらゆる種類の経営科学のモデルに，Lawless et al.(1971), Rose and Harmsen(1978)は感度分析に，Kleijnen(1975, 1979, 1981, 1982, Kleijnen et al., 1979) はシミュレーションモデルに，Friedman (1986, 1989) は待ち行列のシミュレーションに適用している．

シミュレーション実験でよく用いられるメタモデルは実験計画における一般化線形モデル，あるいは回帰モデル（regression model）である．まず正しい結果が保証されるシミュレーションプログラムをつくり，必要なパラメータの範囲でいくつかの結果を計算する．次に，その計算結果を使って，興味のある効率性の評価値を少数の要因で説明できるようなモデル式を作成する．

シミュレーションの出力結果の解析に使われる統計的分析の中には非常にしばしば暗黙のうちにメタモデルが使われている．これらの分析の多くは入力のパラメータと出力結果を関係付けるモデルを仮定する．これは実験計画における線形加法モデルのことが多い．シミュレーションの結果からメタモデルをつくることは以下にあげるように多くの利点がある．すなわち，モデルを単純化する，モデルの進化，最適化，解釈に役にたつ，システムの振る舞いをよりよく理解するためにモデルのダイナミックスについて理解が深まる，同じようなタイプのシステムのモデルに適用できる，シミュレーション実験を追加せずにシステムに関する仮説を検証することができる，感度分析に有効，逆問題に答えられる（これこれの出力結果を得るためにはパラメータにどのような値をセットすればよいか）．

システムシミュレーションにおけるメタモデル

シミュレーション分析が解明しようとしている現実世界は次のような関数関係でとらえることができるものとしよう．

$$\mu = g(x_1, x_2, \cdots, x_q) \qquad (1)$$

ここで μ はシステム応答で現実世界の動きを特徴付ける尺度を表す．q 個の x は制御可能な，あるいは（制御不能な）環境を表す要因で，システム応答に影響を及ぼすものである．g はシステム応答に及ぼす要因の効果に関する未知の関係，すなわち要因からいかにしてシステム応答が決まるかを示したものである．シミュレーションモデル化の目的は現実世界で調べることは不可能あるいは現実的ではないこの未知の関係（少なくともユーザにとって重要な要因とシステム応答との関係）を，可能な限り近似的に表現することである．シミュレーションモデル（流れ図，コンピュータプログラム，など）を次のような関数として表現したとしよう．

$$y_i = f(x_{i1}, x_{i2}, \cdots, x_{ik}, r_i), \qquad i = 1, \cdots, n \qquad (2)$$

ここで y_i は i 番目の要因の組に対応する応答変数，n は要因の組合せの数，k は要因の個数で q より小さいこともありうる．x_{ij} は i 番目の要因の組合せの要因 j の値，r_i は i 番目の要因の組合せをシミュレーションするときに用いられる乱数の集合で，シミュレーションモデルに取り込まれなかった $q-k$ 個の要因の効果を表しているとも考えられる．

図1はシステムシミュレーションの流れを説明する3つのレベルを図で表現している（Friedman and Friedman, 1984）．最初のレベルは現実世界そのもので，分析する人にとってそれを完全に理解することは不可能とされるものである．ここではシステム分析とデータ収集だけが可能である．第二のレベルはシミュレーションモデルの世界である．シミュレーションモデルは現実世界

$$\mu = g(x_1, x_2, \ldots, x_q)$$

実世界

↓

$$y_i = f(x_{i1}, x_{i2}, \ldots, x_{ik}, r_i)$$

シミュレーションモデル

↓

$$y_i = \beta_0 + \sum_j^k \beta_j x_{ij} + \epsilon_i$$

メタモデル

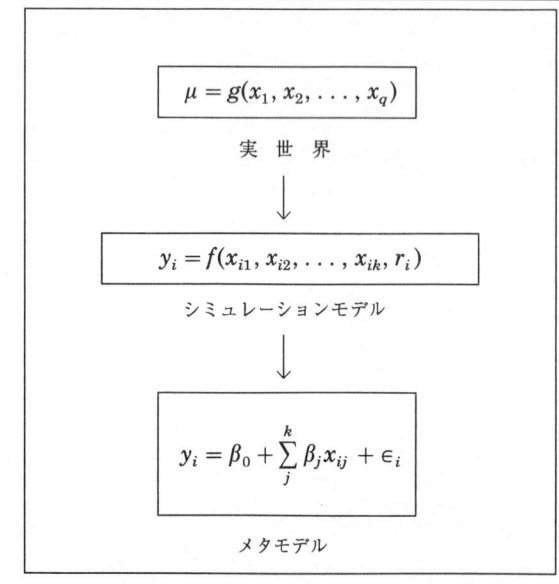

図1 システムシミュレーションにおけるメタモデル

に比べて貧弱に見えるが，少なくともシミュレーション分析者の目標として重要な変数については現実世界を模倣しているようなモデルをつくらなければいけない．この段階で，実際にシミュレーションモデルをつくり，プログラムの検証，妥当性の検証を行う．

第三のレベルはシミュレーションモデルの，そして結局は実世界の動きを説明するメタモデルをつくる段階である．実験計画とその解析がこの段階で行われる．シミュレーションの出力結果を使って行われる分析の様々なタイプの一般化として，一般化線形モデルがよく使われる．よく好まれるタイプの1つは加法モデル，あるいは回帰モデルである (Kleijnen, 1979, 1982; Kleijnen et al., 1979)．線形回帰モデルは各要因が応答変数に及ぼす影響の相対的な寄与に関して有益な情報をもたらすことが多い．

一般化線形メタモデル

一般化線形メタモデルは次の式で表されるものである．

$$y_i = \beta_0 + \sum_{j=1}^k \beta_j x_{ij} + e_i \quad (i=1, \cdots, n) \tag{3}$$

ここで e_i は i 回目の繰り返しでの実験誤差である．

評価基準がいく通りもある場合は多次元の一般化線形モデル，すなわち連立回帰方程式を扱うことが必要である (Friedman, 1986, 1987, 1989)．このメタモデルは多変量一般化線形仮説を用いて全般の変数の有意性に対して検定できるであろう．これについては Morrison (1976) が研究し，Friedman and Friedman (1985 a) が手順を明らかにした．

多変量（あるいは1変量）解析や実験計画法のベースである線形加法モデルは一般化線形モデルの特別なケースである (Morrison, 1976)．実験配置や，要因の定性的定量的な違い，分析の目的などによって一般化線形モデルは回帰分析，分散分析，t 検定，一対 t 検定，などに帰着される．実際，これらの統計的手法のどれかで分析されるシミュレーション実験の計画は一般化線形メタモデルのある場合に該当する．

メタモデルはデータ依存の分析法なので，使うデータが違えば結果は当然違ってくるということをシミュレーション分析者は知っていなければいけない．データをランダムに2つに分けて，それぞれにもとづくメタモデルをつくり両者が矛盾しないことを確かめる，というのはよい考えである (Friedman and Friedman, 1985 b)．概して，実験を繰り返すにつれてメタモデルがだんだんと安定してくることを示してくれるだろう．3つの違う実験を通して，メタモデルはデータを替えてもあまり違わないという結果が報告されている (Friedman and Pressman, 1988)．メタモデルの考え方はシミュレーションと同じように有効な分析方法である．

⇒ 数理モデル，離散事象確率システムのシミュレーション，モデルの正当性の検証，妥当性の検証およびテスト．

[Israel Pressman, Linda Weiser Friedman/逆瀬川浩孝]

参 考 文 献

[1] Blanning, R.W. (1974). "The Sources and Uses of Sensitivity Information," *Interfaces*, 4, 32–38.
[2] Blanning, R.W. (1975a). "Response to Michel Kleijnen, and Permut," *Interfaces*, 5, 24–25.
[3] Blanning, R.W. (1975b). "The Construction and Implementation of Metamodels," *Simulation*, 24, 177–184.
[4] Friedman, L.W. (1986). "Exploring Relationships in Multiple-Response Simulation Experiments," *Omega*, 14, 498–501.
[5] Friedman, L.W. (1987). "Design and Analysis of Multivariate Response Simulations, The State of the Art," *Behavioral Science*, 32, 138–148.
[6] Friedman, L.W. (1989). "The Multivariate Metamodel in Queueing System Simulation," *Computers & Industrial Engineering*, 16, 329–337.
[7] Friedman, L.W. and H.H. Friedman (1984). "Statistical Considerations in Simulation, The State of the Art," *Jl. Statistical Computation and Simulation*, 19, 237–263.
[8] Friedman, L.W. and H.H. Friedman (1985a). "MULTIVREG, A SAS Program," *Jl. Marketing Research* (Computer Abstracts), 22, 216–217.
[9] Friedman, L.W. and H.H. Friedman (1985b). "Validating the Simulation Metamodel, Some Practical Approaches," *Simulation*, 25, 144–146.
[10] Friedman, L.W. and I. Pressman (1988). "The

Metamodel in Simulation Analysis, Can It Be Trusted?" *Jl. Operational Research Society*, 39, 939–948.

[11] Geoffrion, A.M. (1976). "The Purpose of Mathematical Programming is Insight, not Numbers," *Interfaces*, 7(1), 81–92.

[12] Kleijnen, J.P.C. (1975). "A Comment on Blanning's 'Metamodel for Sensitivity Analysis': The Regression Metamodel in Simulation," *Interfaces*, 5, 21–23.

[13] Kleijnen, J.P.C. (1979). "Regression Metamodels for Generalizing Simulation Results," *IEEE Transactions Systems, Man, and Cybernetics*, SMC-9, 93–96.

[14] Kleijnen, J.P.C (1981). "Regression Analysis for Simulation Practitioners," *Jl. Operational Research Society*, 32, 35–43.

[15] Kleijnen, J.P.C. (1982). "Regression Metamodel Summarization of Model Behavior." In *Encyclopedia of Systems and Control* (M.G. Singh, ed.), New York, Pergamon Press.

[16] Kleijnen, J.P.C., A.J. Van den Burg, and R. Th. van der Ham (1979). "Generalization of Simulation Results," *European Jl. Operational Research*, 3, 50–64.

[17] Lawless, R.W., L.H. Williams, and C.G. Richie (1971). "A Sensitivity Analysis Tool for Simulation with Application to Disaster Planning," *Simulation*, 17, 217–223.

[18] Morrison, D.F. (1976). *Multivariate Statistical Methods*, McGraw-Hill, New York.

[19] Rose, M.R. and R. Harmsen (1978). "Using Sensitivity Analysis to Simplify Ecosystem Models: A Case Study," *Simulation*, 31, 15–26.

メニュー計画

menu planning

栄養素問題（diet problem）の一種で、変数が個々の食品でなく、アペタイザーやアントレーなどからなる完全なメニューを対象としたもの。この場合、問題はこれらの素材をメニューに取り入れるか否かを表す0-1変数によって定義される整数計画問題となる。

目的関数

objective function

最適化問題（optimization problem）において、最適化（最大化あるいは最小化）される対象となる数学的表現。⇒有効性の尺度，最適性判定条件．

目標計画法

Goal Programming

〈目標計画法〉(goal programming : GP) は、〈線形目標計画法〉(linear goal programming : LGP) とも呼ばれ、線形計画法 (LP) の特別な場合として分類することができる。実行不可能な線形計画問題を解く手段としての目標計画法の発生は、線形計画法の方法論としての特徴を立証した (Charnes and Cooper, 1961)。目標計画法は現在、〈多基準意思決定〉(multi-criteria decision making : MCDM) 法と考えられている (Steuer, 1986)。それは、多変数で制約された資源と多目標をもつ同様の問題に使われる。

目標計画法のモデル化

線形計画法と同様に、目標計画法のモデルは〈目的関数〉(objective function) と目標制約 (goal constraint) と呼ばれる制約と〈非負条件〉(nonnegativity requirement) をもつ。目標計画法の目的関数は通常最小化関数として表現される (Schniederjans, 1984)。

最小化 $Z = \sum w_{kl} P_k (d_i^- + d_i^+)$

すべての k, l, i に対して．

この目的関数の中で、Z はすべての偏差の合計、w_{kl} は第 k 優先順位の中の様々な〈偏差変数〉(deviation variable) に対して使われる選択的で数理的な重み、P_k は目標制約の中の偏差変数の選択的な順位、d^- の値は負の偏差変数、d^+ の値は正の偏差変数である。P_k による順位付けは、偏差変数のシステマティックな最適化の順番を示す優先的な順位（ここで、$P_1 > P_2 > P_3 > \cdots$ など）を表すので、P_k の順位は〈優先順位〉(preemptive priority) と呼ばれている。

目的関数の中の変数の最適化は，〈満足化〉(satisficing) という用語が利用されることになる優先順位によって順番付けられたうえでなされる．この用語は目標計画モデルの解が目標からの偏差を最小化させるにあたって，順番の構造を満足するという事実に起因する．目標計画法の最もよい特徴の1つは，w_{kl} を使って目標内のこれらの選好の重要性を重み付けたとしても，意思決定者の個人の選好に応じて，P_k により目標を順番付けることを許すことにある．重み w_{kl} が大きくなればなるほど，それに関連する偏差変数に付けられた重要性は大きくなる．

目標計画モデルの目標制約は次のように表現される．

$$a_{ij}x_j + d_i^- - d_i^+ = b_i \quad \text{すべての } i, j \text{ に対して．}$$

ここで，a_{ij} は関連する資源 b_i の単位利用量を表す資源利用率であり，x_j は決定したい〈決定変数〉(decision variable) である．目標計画モデルの目標制約式は，右辺にある目標 b_i からの偏差を最小にすることによって達成しようとする目標を表すために使われる．本質的に，この偏差変数の利用は各制約の右辺と左辺の絶対差を最小にする．d_i^- は〈不達成〉(underachievement) 変数，d_i^+ は〈超過〉(overachievement) 変数と呼ばれる．目標計画モデルの非負条件は通常，次のように表す．

$$x_j, d_i^-, d_i^+ \geq 0 \quad \text{すべての } i, j \text{ に対して．}$$

目標計画法の解法

様々な解法が，様々なタイプの目標計画モデルを解くために存在する．目標計画モデルのタイプはモデルの中の決定変数に対する特別な要求に依存している．目標計画モデルのほとんどの解法は線形計画法から借用した〈改訂シンプレックス法〉(revised simplex method) にもとづいている．目標計画問題に対するシンプレックス法にもとづく解法は，Lee (1972) の順次目標達成（優先順による）手順として考案された．〈整数〉目標計画問題，〈0-1〉型目標計画問題，〈非線形〉目標計画問題に対する追加的な解法がある．線形計画法のように，これらの特別なタイプの目標計画法の解法は改訂シンプレックス法や列挙法それに微積分学にもとづいている．

シンプレックス法にもとづく目標計画法の解法から，〈双対〉(duality) 情報や〈感度分析〉(sensitivity analysis) の情報も得ることができる (Ignizio, 1982)．目標計画モデルの双対解は優先間の偏差のトレードオフを調べるのに焦点が当てられる．Lee and Shim (1993) のソフトウェアシステムはより低い優先目標からの偏差を減少させる右辺にある目標 b_i を改訂する限界トレードオフを計算する．目標計画法のために，様々な線形計画法にもとづく感度分析法がある．目標計画法に独特のものは P_k 感度分析である．P_k 感度分析では，k 個の目標優先順位の入れ換えがモデルの解に与える順序効果を調べるように実行される．

目標計画法の研究と応用

目標計画法のモデル化と解法が線形計画法をその源泉としているのに対し，目標計画法の応用には線形計画法とは異なる2つの特徴がある．多目標と，相反するものを取り扱う目標の順位付けである．ビジネスや政府の問題には，こうした2つの特徴を含んだものが多く，目標計画法はすぐに大変人気のある方法論になった．

1960年代と1970年代はじめの間に，ほとんどの目標計画法の研究は，相反する目標の順位を伴うが，前述した線形計画法タイプの改訂に焦点が当てられた．Lee (1972) の一連の応用例はこの時期の仕事の典型である．最も普通の応用はビジネスにおける実用的な分野に従事していた．たとえば，会計における予算，ファイナンスにおけるポートフォリオ分析，経営における生産計画，マーケティングにおける広告資源の配分である．これらの応用分野に使い尽くしたので，目標計画法への興味は減少しはじめた．1970年代終りと1980年代はじめに，整数（特に 0-1 型）の目標計画法が現れ，目標計画法の利用の新たな興味を引き起こした．0-1 型目標計画法の解法はモデルを2つの（対の）結果になる状況に適用させることを許し，目標計画法の潜在的な応用基盤を広げた．0-1 型目標計画法の応用はプロジェクト選択，人員選択，ロジスティクスを含んでいる．この時期には，目標計画モデルの中に，輸送シンプレックス法，割当て法，ネットワークモデル，動的計画法，シミュレーション，ゲーム理論，ファジィ計画法，ヒューリスティック法 (Steuer, 1986)，のような他のオペレーションズリサーチと経営科学の方法論の組合せも見た．

1980年代終りと1990年代はじめには，目標計画法のコンピュータソフトウェアが現れ，実務家の手に強力な解の導出能力を与え，目標計画法の応用という別の爆発的な興味をもたらした．たとえば，小さいビジネスにおける計画作成，サービス業の生産性の改善，製品開発の計画作成などである．目標計画法の工学的な応用には，フレキシブル製造システム，ロボット選択，戦略計画，金属切断と在庫のサイズといったものが含まれる．目標計画法の重み付けの改善は，〈階層化意思決定法〉(analytic hierarchy process : AHP) と〈回帰分析〉(regression analysis) を使うことによって発展した．

個人の選好情報を使う目標計画モデルの能力は，社会的に敏感な問題を取り扱うのにとても有用な道具になる．目標計画法の歴史を通して，応用とモデルはいかに目標計画法が公的な政策問題を分析するのに強力な道具であるかを表してきた．応用例には，人種のバランスを達成するための強制バス通学のスケジュール，廃棄物処理計画，健康管理計画，再雇用配分，がある．

⇒ 階層化意思決定法，割当て問題，動的計画，ゲーム理論，線形計画法，多目的計画法，多目的意思決定，回帰分析，シンプレックス法，輸送問題．

［Marc J. Schniederjans/枇々木規雄］

参考文献

[1] A. Charnes and W.W. Cooper (1961). *Management Models and Industrial Applications of Linear Programming*, John Wiley, New York.
[2] J. Ignizio (1982). *Linear Programming in Single- and Multiple-Objective Systems*, Prentice-Hall, Englewood Cliffs, New Jersey.
[3] S.M. Lee and J.P. Shim (1993). *Micro Management Science*, 3rd ed., Allyn and Bacon, Boston.
[4] S. M. Lee (1972). *Goal Programming for Decision Analysis*, Auerbach Publishers, Philadelphia.
[5] H. Min and J. Storbeck (1991). "On the Origin and Persistence of Misconceptions in Goal Programming," *Jl. Operational Research Society*, 42, 301–312.
[6] M.J. Schniederjans (1984). *Linear Goal Programming*, Petrocelli Books, Princeton, New Jersey.
[7] M.J. Schniederjans (1995). *Goal Programming: Methodology and Applications*, Kluwer Academic Publishers, Norwell, Massachusetts.
[8] R.E. Steuer (1986). *Multiple Criteria Optimization: Theory, Computation, and Application*, John Wiley, New York.
[9] S.H. Zanakis and S. Gupta (1985). "A Categorized Bibliographic Survey of Goal Programming," *OMEGA*, 13, 211–222.

目標制約
goal constraints

資源利用率，決定変数，偏差変数，最小および最大資源水準などからなる数学的表現．これは目標計画法において，個々の資源目標をモデル化するときに用いられる．⇒ 目標計画法．

モデル
model

モデルとは研究対象としている，そして分析対象としている現実世界の状況を，（抽象化して単純化した記述で）理想化して表現したものである．モデルは多くの方法で分類することができる．メンタルモデルは，検討している状況の個人の概念的見方，明言されていない見方を示したものである．言語あるいは文書モデルは人間のメンタルモデル（mental model）を記述したもの（モデル）であり，画像モデルは感じを表現しているもの（たとえばビルの建築モデル）である．アナログモデルは記述的でかつ重要な諸特性とその対象物の特性を関連付けるもの（たとえば時間のコンセプトは時計のはりと文字で記述される）であり，記号あるいは数理的モデルは検討しているプロセスを記号で表現しているもの（たとえばアインシュタインの方程式 $e=mc^2$) である．⇒ 意思決定問題，記述モデル，決定論的モデル，数理モデル，規範的モデル，予測モデル，処方箋的モデル．

モデル構築者のリスク
model builder's risk

実際上モデルが十分に信頼できるときに，モデルを信頼できないと棄却してしまう確率をモデル構築者のリスクという．⇒ モデルの正当性の検証，妥当性の検証およびテスト．

モデル使用者のリスク
model user's risk

モデルが十分に確かなものでないとき，そのモデルの信頼性を受け入れる確率．⇒ モデルの正当性の検証，妥当性の検証およびテスト．

モデルの管理
Model Management

はじめに

モデル管理という言葉は意思決定支援システム（DSS）の本の中で1970年中期につくられた用語である（Will, 1975；Sprague and Watson, 1975）．このDSS（decision support system）コンセプトの重要な目的は意思決定者がOR/MSモデルを対話的に利用することによって，かなり有益な洞察力を得ることのできる環境を提供することであった．しかし，そのような環境を開発するにはモデルを用いて問題を明確にして，表現し，相互作用することに対しての基本的な解が必要である．このことがモデルに焦点を当て，そして次にモデル化に，さらにモデルの管理（これは広く定義され，モデル表現の研究，このモデル表現によってもたらされたオペレーション集合，そしてモデル化を促進するコンピュータベースの環境を含んでいる）の研究に導いている．

次にモデルの管理において活発に研究されてきた2つの分野の研究の簡単な概説をする．最初に，われわれはモデルを記述する言語の研究と解を出す前の段階と解を出したあとの段階の両方でモデル作成者を支援するオペレーションを促進させる技法を開発する研究を概説する．次に，モデルの収集（たとえば，モデルのライブラリ）の表現に関する研究そしてモデル選択と構成を可能

にする技法の開発の研究を概説する．

モデルの管理Ⅰ：モデル化の言語

正当性検証，妥当性検証，デバッグ，保守，通信を容易にする表記法でモデルを表現する必要性がモデル化言語 (Fourer, 1983) の開発を動機付けた．これらの言語開発に先立って，モデルのコンピュータ実行可能表現のみが有効解に対してアーケーン形式で最適化されていた（たとえば，MPS 形式）．現在のモデル化言語はモデルを記述するために高水準のシンボリック表記法を提供している．ソリューションオペレーションもまた宣言されうる．そしてモデルインスタンスをソルバーによって要求されるデータ構造と結び付けるために必要な詳細事項がすべて明白に宣言されている．このことによってモデルベースの研究の生産性は大幅に増加した．

モデル化言語設計には本質的なものとして以下の4つの原理が明らかにされてきた (Fourer, 1983; Geoffrion, 1992 a, 1992 b; Bhargava and Kimbrough, 1993; Krishnan, 1993)．

・モデルとデータの独立性：モデルの数理的構造は使っているデータとは独立でなければならない．このことはモデル表現を修正しないでこのモデルで使うデータのフォーマット，次元，単位あるいは値を修正することを許すということである．

・モデルとソルバーの独立性：モデルの表現はソルバーによって要求される表現とは独立でなければならない．このことは与えられたモデルを複数のソルバーが使うのを許すということである．さらに，モデル表現とソルバーに要求される表現に要求の基本的差異が存在することを認識することが必要である．

・モデルとパラダイムの独立性：モデル化言語は異なったパラダイム（たとえば，数理計画法と離散型事象駆動型シミュレーションなど）から出されたモデル表現を許さなければならない．

・メタレベル表現と推論：モデル化言語は意味論的整合性のチェックができるようにするためにモデルの数理的構造に加えてモデル成分とモデルについての情報を表現しなければならない．

モデル化言語はこれらの原則をいろいろな程度で組み込んでいる．モデル化言語の例には IFPS (Gray, 1987) のようなスプレッドシート言語 (spread sheet based language)，GAMS (Bischop and Meeraus, 1982) や AMPL (Fourer et al., 1990) そして MODLER (Greenberg, 1992) のような代数モデル化言語 (algebraic modelling language)，SQLMP (Choobineh, 1991) のような合理的モデル化言語，NETWORKS (Jones, 1991) のようなグラフィカルモデル化言語そして ASCEND (Piela et al., 1992) のようなタイプドモデル化言語を含んでいる．モデル化言語には2つの開発が大きな影響を与えてきた．1つは構造化モデリング (structured modeling: SM) (Geoffrion, 1987) の独創的な研究である．モデル化言語についての従来の研究ではモデル作成者によって伝統的に使われていたコンピュータ実行可能な表記法の表現であったが，SM では定義的に従属しているものを階層的に集めたものとしてモデルを扱う理論を定義している．このことによって，構造化したモデル化言語は前述した4つの設計原理のすべてを満たす．いくつかの言語が SM を実施してきたが，最も完全に開発したものは SML (Geoffrion, 1992 a, 1992 b) である．他の重要な開発はモデル化環境に対してかなり一般性のあるアーキテクチャーを定義するために使われる埋め込み型言語技術である．この技法は言語で述べられている用語や表現についての情報と同様モデル化言語を特定化するのに使われている．TEFA モデル化環境がこの技法を使いながら実施されてきた (Bhargava and Kimbrough, 1993)．

オペレーション： モデル管理の初期の研究はモデルの解に焦点を当てていた．この目的はモデルインスタンスに対してソリューションアルゴリズムを明白に結び付けることであった．上述したように，モデル化言語がこの目的を実現してきた．モデルの管理研究はモデル化ライフサイクルのプレソリューションとポストソリューションの両方の側面を支援することが求められているオペレーションに焦点を当ててきた．次に，われわれはプレソリューションフェーズ，モデルの定式化，そしてポストソリューションフェーズ，モデル解釈に関する研究を見直す．

モデルの定式化： モデルの定式化は厳密な問題記述を数理モデルに書き換える仕事である (Krishnan, 1993)．それは多様な種類の知識を使う複雑な仕事である．モデルが適切かどうかは正確性，扱いやすさ，関連データの入手可能性，理解しやすさなど様々な要因によって決められる．モデルの定式化の研究は主に数理計画モデルの定式化を支援するための理論，ツール，技法の開発に焦点を当ててきた．

プロトコル分析 (protocol analysis) を使って，エキスパートモデリングプロセスの詳細な研究がなされてきた．そしてプロセスモデルが開発されてきた (Orlikowski and Dhar, 1986; Sklar and Pick, 1990; Raghunathan et al., 1993; Krishnan et al., 1992)．ドメイン-インディペンデントモデル (domain-independent model) とドメイン-スペシフィック (domain-specific model) の定式化戦略がモデル定式化支援システムに実装された (Ma, Murphy and Stohr, 1989; Binbasioglu and Jerke, 1986; Krishnan, 1990; Raghunathan et al., 1993)，そして種々の表現や（演繹的）推論スキームが研究されて

きた．Liang and Konsynski (1993) による研究ではモデル定式化システムを実装するために類推や，ケースベース推論のような代替的アプローチも詳細に調べてきている．この研究がどこまで進んでいるかのサーベイ研究が Bhargava and Krishnan (1993) によってなされた．

モデルの解釈： モデルのインタプリテーションはモデル作成者がモデルを理解するのを助けるための多様な技法から構成されている．それらはパラメトリック分析 (parametric analysis)，構造分析 (structural analysis)，そして構造精査を含んでいる．

パラメトリック分析はモデル管理システムにおいて長くサポートされてきた．スプレッドシートは What-if 分析やゴールシーキングを恒常的にサポートしている．

構造分析の先駆的仕事は Greenberg による ANALYZE システムである (Greenberg, 1987)．ANALYZE は線形計画モデルの冗長性や実行不可能性のような例外を生じさせるようなモデル構造を引き出す．Kimbrough and Oliver (1994) は線形計画モデル以外のモデルに対するポストソリューション分析に関する研究をしている．そして ANALYZE の考え方にそってソリューションをつくろうとしてきた．この方法の重要な特徴は代理モデルのパラメータが変化したときのソリューションへの影響を分析できるところである．

Piela et al. (1992) はモデルの構造を調べるためのブラウザーの利用について記述している．そして Dhar and Jarke (1993) と Raghunathan et al. (1993) はモデルのもとになる原理を記録することの有効性を検討している．この原理が記録されているのでモデルの構造の変化を正しくかつ整合的に伝えるのに使われるとともに理解を助けるのに使われる．

モデルの管理 II：モデルのライブラリ

前節で述べた研究とは違って，ここではデバッグされ正当性が認められたモデルが存在していると仮定している．その結果，モデルライブラリの表現の問題の研究やモデル選択や構成のようなオペレーションの研究がなされてきた．

モデルの表現： 一般的には，モデルは1組の指定されたインプットとアウトプットで示されるブラックボックスであると抽象的に表現される．これは前節で示したようなモデル構造の詳細な表現とは対照的である．モデルを表現するために，仮想関係 (virtual relation. Blanning, 1982) そして宣言的論理 (Bonczek, Holsapple and Whinston, 1978) を含む多様な表現が用いられてきた．これらの表現に付加的構造が課せられてきた．Mannino et al. (1990) はライブラリのモデル群を整理するためにモデルタイプ，モデルテンプレートそしてモデルインスタンスのようなカテゴリーの利用を提案した．モデルタイプは線形計画法のようなモデルクラスの一般的記述である．モデルテンプレートは生産計画 LP モデルのようなモデルタイプを精錬したものである，そしてモデルインスタンスとは，モデルのパラメータの値の源泉が宣言されてきたモデルテンプレートである．

モデルの選択： 新しい問題のためのモデルをつくるときに，すでに開発されたモデルが存在すれば，モデル選択はより効果的にできる．あるモデルのインプットとアウトプットに加えて，モデルの仮定のような付加情報も表現される必要がある．Mannino et al. (1990) は，正確かあいまいかにかかわらず，モデルがもとにしている諸仮定や問題記述の一部分を示す仮定を正確に表すモデル選択のオペレータを記述した．Banerjee and Basu (1993) は Mannino et al. (1990) と同様なフレームワークを採用した．しかし彼らの仕事はモデルタイプの分類法を開発するためのシステム分析と設計の分野から借りてきたボックス構造法 (Mills et al., 1986) と呼ばれる構造化技法を使う点で Mannino et al. (1990) と異なっていた．

モデルの構成： すでに開発された複数のモデルを結び付けること（モデルの合成を参照）あるいはそれらを統合すること（モデルの統合を参照）によって，モデルの構成はより効果的にできる．

モデルの合成とはあるモデルのアウトプットがもう1つのモデルのインプットになるような独立しているモデルどうしを結び付けることである．モデルの合成はどのモデルも問題の諸要求を満たさないときにモデル選択と一緒に使われることがしばしばある．需要予測モデルと生産スケジューリングモデルを結び付けることはモデル合成の1つの例である．

初期の仕事では同じ名前をもった変数のリンクのみが認められていたが，Muhanna (1992) と Krishnan et al. (1993) の最近の仕事ではある種の意味論的制約が満たされる限り，オブジェクト（変数，アレイ，タイプのインスタンスなど）の間のリンクを認めた．Muhanna (1992) は一連のリンクしたモデルを解く規則を決める方法も提案した．与えられたインプット集合から1つのアウトプット集合を得るために合成される必要のあるモデルの集合を決定することのできる表現方法と，アルゴリズムの研究がモデルの合成研究の主流であった．ここにきて，仮想関係 (Blanning, 1982)，宣言論理 (Bonczek, Holsapple and Whinston, 1978)，そしてメタグラフと呼ばれる構成図 (Basu and Blanning, 1994) をもとにした研究が出てきた．

修正を認めてモデルを統合できるようにしたモデルの合成とモデルの統合は異なったものである．モデルの統合はスキーマの統合とソルバーの統合の両方をもっている (Dolk and Kotteman, 1993)．スキーマ統合は新しい

モデルをつくるために，2つ以上のモデルの内部構造をマージするタスクである．プロセス統合は統合されたモデルを解くために複数のソリューションプロセスを絡み合わせるタスクである．

コンフリクト解決のサポートはスキーマ統合の主流となる研究である．これはデータ型（Muhanna, 1992）を統合することを求める多様な型スキーマと本質と次元（Bhargava et al., 1991）の概念の開発を含んでいる．

構造化されたモデリング言語で書かれたモデル統合化の詳細な手順が提案されてきた（Geoffrion, 1989, 1992 a, 1992 b）．この方法は諸変化の効果を見つけるために構造化モデリングの能力を利用し，そして有効な構造化モデルを組み立てる正式な定義を利用する．

ソルバー統合の最初の仕事は Dolk and Kotteman (1993) の仕事であった．彼らは，ソルバー統合の問題に注意を向けるために，逐次プロセスのコミュニケーティングの理論を使った（Hoare, 1985）．この問題の，単純化したバージョンは，Muhanna (1992) が SYMMS システムで用いられた．モデルの管理の追加検討および調査が Stohr and Konsynksi (1992)，Blanning (1993)，Shetty (1993)，そして Krishnan (1993) によってなされた．

⇒ 意思決定支援システム，モデルの評価，構造化モデリング，モデルの正当性の検証，妥当性の検証およびテスト． 　　　　　　　　　　[Ramayya Krishnan/山田善靖]

参考文献

[1] Banerjee, S. and A. Basu (1993), "Model Type Selection in an Integrated DSS Environment," *Decision Support Systems*, 75–89.

[2] Basu, A. and R. Blanning (1994), "Metagraphs: A Tool for Modeling Decision Support Systems," *Management Science*, 40, 1579–1600.

[3] Bhargava, H.K. and R. Krishnan (1993), "Computer-aided Model Construction," *Decision Support Systems*, 9, 91–111.

[4] Bhargava, H.K., S. Kimbrough and R. Krishnan (1991), "Unique Names Violations: A Problem for Model Integration," *ORSA Jl. Computing*, 3, 107–120.

[5] Bhargava, H.K. and S.O. Kimbrough (1993), "Model Management: An Embedded Languages Approach," *Decision Support Systems*, 10, 277–300.

[6] Binbasioglu, M. and M. Jarke (1986), "Domain Specific DSS Tools for Knowledge-based Model Building," *Decision Support Systems*, 2, 213–223.

[7] Bischop, J. and A. Meeraus (1982), "On the Development of a General Algebraic Modeling System in a Strategic Planning Environment," *Mathematical Programming Study*, 20, 1–29.

[8] Blanning, R. (1982), "A Relational Framework for Model Management," *DSS-82 Transaction*, 16–28.

[9] Blanning, R. (1993), *Decision Support Systems: Special Issue on Model Management*, in Blanning, R., C. Holsapple, A. Whinston, eds., Elsevier.

[10] Bonczek, R., C. Holsapple, and A. Whinston (1978), "Mathematical Programming within the Context of a Generalized Data Base Management System," *R.A.I.R.O. Recherche Operationalle*, 12, 117–139.

[11] Choobineh, J. (1991), "SQLMP: A data sublanguage for the representation and formulation of linear mathematical models," *ORSA Jl. Computing*, 3, 358–375.

[12] Dhar, V. and M. Jarke (1993), "On Modeling Processes," *Decision Support Systems*, 9, 39–49.

[13] Dolk, D.K. and J.E. Kotteman (1993), "Model integration and a theory of models," *Decision Support Systems*, 9, 51–63.

[14] Fourer, R. (1983), "Modeling Languages versus Matrix Generators for Linear Programming," *ACM Transactions on Mathematical Software*, 2, 143–183.

[15] Fourer, R., D. Gay, and B.W. Kernighan, "A Mathematical Programming Language," *Management Science*, 36, 519–554.

[16] Geoffrion, A.M. (1987), "An Introduction to Structured Modeling," *Management Science*, 33, 547–588.

[17] Geoffrion, A.M. (1989), "Reusing Structured Models via Model Integration," J. F. Nunamaker, ed., *Proceedings Twenty-Second Annual Hawaii International Conference on the System Sciences*, III, 601–611, IEEE Press, Los Alamitos, California.

[18] Geoffrion, A.M. (1992a), "The SML Language for Structured Modeling: Levels 1 and 2," *Operations Research*, 40, 38–57.

[19] Geoffrion, A.M. (1992b), "The SML Language for Structured Modeling: Levels 3 and 4," *Operations Research*, 40, 58–75.

[20] Gray, P. (1987), *Guide to IFPS*, McGraw-Hill, New York.

[21] Greenberg, H.J. (1987), "ANALYZE: A computer-assisted analysis system for linear programming models," *Operations Research Letters*, 6, 249–255

[22] Greenberg, H.J. (1992), "MODLER: Modeling by object-driven linear elemental relations," *Annals Operations Research*, 38, 239–280.

[23] Hoare, C.A.R. (1992), *Communicating Sequential Processes*, Prentice-Hall, Englewood Cliffs, New Jersey.

[24] Jones, C.V. (1991), "An Introduction to Graph Based Modeling Systems, Part II: Graph Grammars and the Implementation," *ORSA Jl. Computing*, 3, 180–206.

[25] Kimbrough, S. and J. Oliver (1994), "On Automating Candle Lighting Analysis: Insight from Search with Genetic Algorithms and Approximate Models," J. F. Nunamaker, ed., *Proceedings Twenty-Seventh Hawaii International Conference on the System Sciences*, III, 536–544, IEEE Press, Los Alamitos, California.

[26] Krishnan, R. (1993), "Model Management: Survey, Future Research Directions and a Bibliography," *ORSA CSTS Newsletter*, 14, 1.

[27] Krishnan, R. Piela, and A. Westerberg (1993), "Reusing Mathematical Models in ASCEND," in *Advances in Decision Support Systems*, C. Holsapple and A. Whinston, eds., 275–294, Springer-Verlag, Munich.

[28] Krishnan, R., X. Li, and D. Steier (1992), "Development of a Knowledge-based Model Formulation System," *Communications ACM*, 35, 138–146.

[29] Krishnan, R. (1990), "A Logic Modeling Language for Model Construction," *Decision Support Systems*, 6, 123–152.

[30] Liang, T.P. and B.R. Konsynski (1993), "Modeling by Analogy: Use of Analogical Reasoning in Model Management Systems," *Decision Support Systems*, 9, 113–125.

[31] Ma, P.-C., F. Murphy, and E. Stohr (1989), "A Graphics Interface for Linear Programming," *Communications ACM*, 32, 996–1012.

[32] Mannino, M.V., B.S. Greenberg, and S. N. Hong (1990), "Model Libraries: Knowledge Representation and Reasoning," *ORSA Jl. Computing*, 2, 287–301.

[33] Mills, H., R. Linger and A. Hevner (1986), *Principles of Information Systems Analysis and Design*, Academic Press, Orlando.

[34] Muhanna, W. (1992), "On the Organization of Large Shared of Model Bases", *Annals Operations Research*, 38, 359–396.

[35] Orlikowski, W. and V. Dhar (1986), "Imposing Structure on Linear Programming Problems: An Empirical Investigation of Expert and Vice Modelers," *Proceedings National Conference on Artificial Intelligence*, Philadelphia.

[36] Piela, R. McKelvey, and A. Westerberg (1992), "An Introduction to ASCEND: Its Language and Interactive Environment," in J.F. Nunamaker Jr., ed., *Proceedings Twenty-Fifth Annual Hawaii International Conference on System Sciences*, Vol. III, 449–461, IEEE Press, Los Alamitos, California.

[37] Raghunathan, S., R. Krishnan and J. May (1994), "MODFORM: A Knowledge Tool to Support the Modeling Process," *Information Systems Research*, 4, 331–358.

[38] Shetty, B. (1993), *Annals of Operations Research: Special Issue on Model Management*, Shetty, B., ed., J.C. Baltzer Scientific Publishing, Amsterdam.

[39] Sklar, M.M., R.A. Pick, G.B. Vesprani, and J.R. Evans (1990), "Eliciting Knowledge Representation Schema for Linear Programming," D.E. Brown and C.C. White, eds., *Operations Research and Artificial Intelligence: The Integration of Problem Solving Strategies*, 279–316, Kluwer, Amsterdam.

[40] Sprague, R.H. and H.J. Watson (1975), "Model Management in MIS," *Proceedings Seventeenth National AIDS Conference*, 213–215.

[41] Stohr, E. and B. Konsynski (1992), *Information Systems and Decision Processes*, IEEE Press, Los Altimos, California.

[42] Will, H.J. "Model Management Systems" in *Information Systems and Organization Structure*, Edwin Grochia and Norbert Szyperski, eds., 468–482, Walter de Gruyter, Berlin.

モデルの正当性の検証，妥当性の検証およびテスト

Verification, Validation and Testing of Models

OR/MSのモデルに関する研究においては，その問題を直接的に扱うのではなく，むしろ，問題のモデルに関する仕事をすることになる．十分に正確な表現を欠いているモデルは，そのモデルの結果にもとづいてきわどい決定をしようとするとき，カタストロフィックに働いて間違った結果を生ずることになる．連邦政府の意思，および，政策決定機能に用いられているモデルの信頼性に関して，合衆国一般会計局（U. S. General Accounting Office：GAO）は，連邦政府によって調達されたコンピュータモデルの管理を改善するために，1976年，議会にある報告書を提出した（U. S. GAO, 1976）．1979年，合衆国GAOは，モデル評価のためのガイドラインに関する，報告書を出版した（U. S. GAO, 1979）．国家標準局（National Bureau of Standard）は，モデルアセスメントに関する到達水準を上げるいくつかの特別な出版を行った．

ここでのわれわれの目的は，OR/MSモデルのための正当性の検証，妥当性の検証およびテストの技術（VV&T）と原理を議論することである．いくつかの背景となる情報を示したあとに，モデルのVV&T（model VV&T）の6つの原理を紹介する．44のモデルのVV&T技術の分類的な概観が与えられる．その技術の応用の適否は，モデルの型（たとえば，数理計画モデル（mathematical programming model），確率最適モデル（stochastic optimization model），シミュレーションモデル（simulation model））に関して判断される．

背　　景

〈モデル〉は，システム，概念，あるいは現象のような何かの表現であり，抽象化である．それは，図1に示すように入力，パラメータおよび出力をもつことができる．「システム」という用語は，モデル表現のすべてのものについて用いられる．

〈モデルの正当性の検証〉(model verification)は，そのモデルが意図されているように十分な正確さをもって，ある形態から他へ変換されるのを実証することである．モデルの正当性の検証は，そのモデルが〈正しく〉構築されていることを扱う．問題の定式化をモデルの仕様に変換する正確さ，あるいは，マイクロフローチャートにおけるモデル表現を実行可能なコンピュータプログラムに変える正確さは，モデルの正当性の検証において評価される．

〈モデルの妥当性の検証〉(model validation)は，そのモデルが，応用可能な領域の範囲で，研究の目的に一致した満足な正確さで振る舞うことを実証することである．モデルの妥当性の検証は，〈適切な〉モデル (right model)が構築されていることを扱う．それは，システムを駆動する〈同一〉入力条件の下でモデルを実行/稼働すること，およびモデルの振る舞いとシステムの振る舞いを比較することによって処理される（線形計画モデルは実行され，シミュレーションモデルは稼働することに注意）．モデルとシステムの振る舞いの比較は，同時に単一の出力変数，すなわち，O_1^mに対するO_1^s，O_2^mに対するO_2^sなどのようにするべきではない．多変数の比較は，出力変数間の相互関係を組み入れて導き出すべきである．

〈モデルのテスト〉(model testing)は，モデルの中に不正確なものの存在，あるいはモデルにエラーがあることを実証することである．モデルのテストにおいて，われわれはそれが正確に機能していることをみるために，テストデータあるいはテストケースにしたがってそのモデルに経験させる．「テストの失敗」は，そのテストではなく，モデルの失敗を意味している．テストを行うことは，正当性の検証と妥当性の検証を行うことに通じている．いくつかのテストは，ある形から他へのモデルの変換の正確さ（正当性の検証）を判定するよう意図されている．いくつかのテストは，モデルの動作的な正確さ（すなわち，妥当性の検証）を評価するよう工夫されている．したがって，一般に，われわれはモデルのVV&Tとして全体のプロセスに言及する．

モデルのVV&Tは，OR/MSのモデル化の研究における3つの主要なタイプのエラーの発生を防止するのに通じている (Balci, 1990)．すなわち，タイプIのエラーは，実際モデルが十分に信頼できるとき，そのモデルの信頼性を否定するエラーである．タイプIIのエラーは，実際モデルが十分に信頼されないとき，そのモデルの信頼性を認めるエラーである．そしてタイプIIIのエラーは，間違った問題を解くエラーである．タイプIのエラーを犯す確率は，〈モデル構築者のリスク〉(model builder's risk)と呼ばれ，タイプIIのエラーを犯す確率は，モデル使用者のリスク (model user's risk)と呼ばれる．タイプIのエラーを犯すということは，モデル開発のコストを増加させる．タイプIIおよびタイプIIIのエラーを犯す結果は破局的になるであろう．したがって，コスト-リスク解析は，調査しているシステムからデータが収集できる場合に実施される (Balci and Sargent, 1981)．

原　　理

モデルのVV&Tの6つの原理は以下のように与えられる．

原理1：　モデルのVV&Tの結果は，そのモデルが絶対に正しいとか，絶対に間違っているというように2

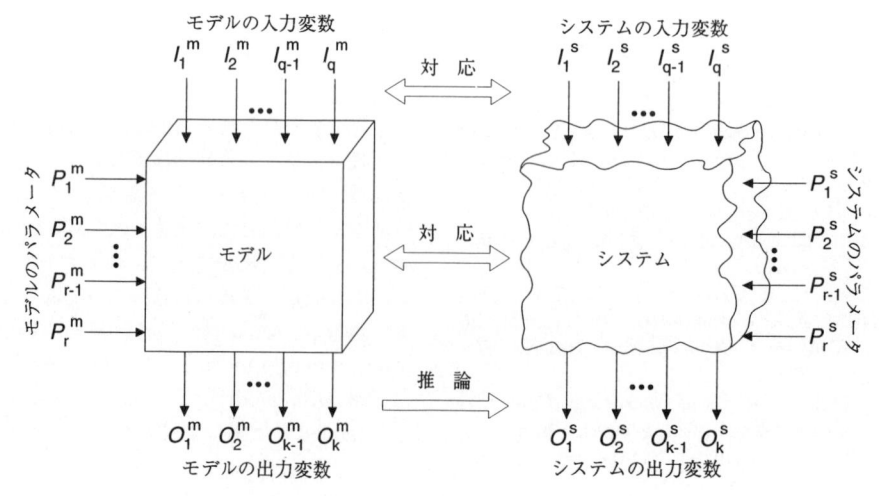

図1

元的に変わるものとして扱うべきではない．モデルはシステムの抽象化であるから，完全な表現は決して期待してはならない．モデルはある特定の目的のために構築され，その信頼性はモデルの目的に関して判定される．その目的はモデルがどのように表現されるべきかを指図している．しばしば，正確な表現が60％で十分なときもあれば，95％の正確さを要求される場合もあろう．

原理2： モデルのVV&Tは，問題の定式化から始まり，モデルの結果の表現を完結させる全体的なモデル化のライフサイクルを通して行われるべきである．エラーはできるだけ早くそのライフサイクルにおいて検出されるべきである．ライフサイクルの後段階で検出されたエラーを修正することは，より高価なものとなる．いくつかの致命的なエラーは，タイプIIあるいはタイプIIIのエラーの発生で，結果的に後段階で検出可能とはならないであろう．

原理3： モデルのVV&Tは，開発者の先入観を入れないために，独立していることが要求される．モデル化の研究を指揮するために請け負う組織は，〈最終〉モデルのVV&T（テストを受け入れる）を遂行する資格は与えられない．モデル化の研究のスポンサーは，最終モデルのVV&Tを指揮するために独立な第三者を見分けるべきである．この原理を強調するために，VV&Tはこの分野の多くの著者によって独立VV&T（IVV&T）と呼ばれている．

原理4： モデルのVV&Tは難しく，また創造性と洞察力を必要とする．問題領域の知識，モデル化方法論における専門技術，および従来のモデル化とVV&Tの経験が必要とされる．1人の人間が，特に，そのモデルが100個にもおよぶ同時発生アクティビティー（concurrent activity）を含む確率的なものであるような，大規模でかつ複雑なモデルの全体を完全に理解するのは不可能である．

原理5： 完全なモデルのテストは可能ではない．徹底的な（完全な）テストは，〈すべて〉の可能な入力のもとでモデルをテストすることを要求する．モデルの入力変数の実行可能な値の組合せは，モデルの実行において百万もの論理的な道筋を生成することができる．時間と予算の制約により，百万もの論理的な道筋の正確さをテストすることは不可能である．したがって，モデルのテストにおいて，その目的は，100％の信頼性を示そうとすることよりは，むしろ研究の目的によって規定されるだけ，モデルの信頼性に関してわれわれの信用を増加させることである．

原理6： モデルのVV&Tは計画され，文書化されなければならない．テストはモデル開発のライフサイクルにおける段階やステップではない．それは全体的なライフサイクルのいたるところでの連続的な活動である．テストは確認され，テストデータあるいは事例が準備され，テストは計画され，そして全体のテスト経過が文書化される．すべてのテストデータと事例は，モデルのメンテナンスに用いるために保存されなければならない．

技　　法

図2に示してある分類は，44モデルのVV&T技法を6つのカテゴリーにクラス分けしてある．おのおののカテゴリーの数学的形式のレベルは，左端の非常に非形式的なものから右端の非常に形式的なものへ増加してい

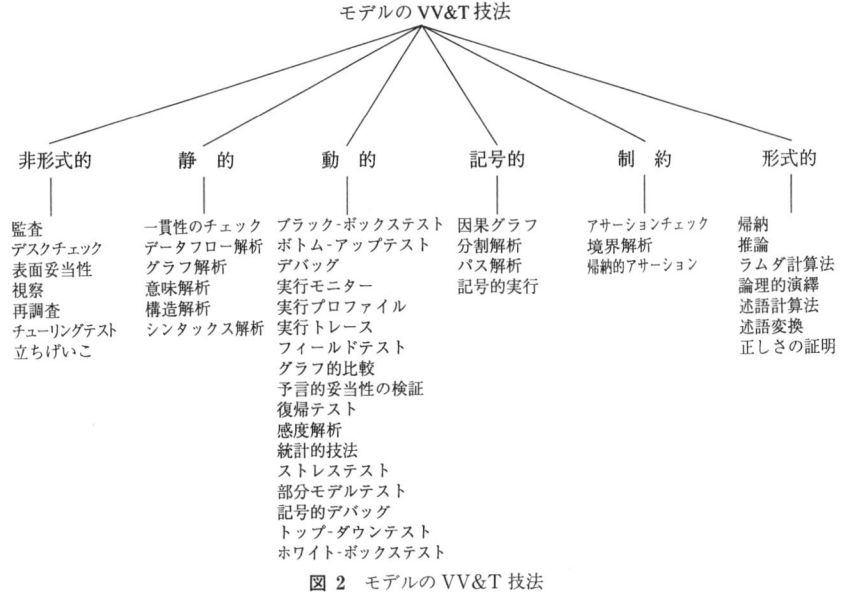

```
                          モデルのVV&T技法
     ┌──────────┬────────┬────────┬────────┬────────┬────────┐
   非形式的    静的     動的    記号的    制約    形式的
```

非形式的：
監査
デスクチェック
表面妥当性
視察
再調査
チューリングテスト
立ちげいこ

静的：
一貫性のチェック
データフロー解析
グラフ解析
意味解析
構造解析
シンタックス解析

動的：
ブラック-ボックステスト
ボトム-アップテスト
デバッグ
実行モニター
実行プロファイル
実行トレース
フィールドテスト
グラフ的比較
予言的妥当性の検証
復帰テスト
感度解析
統計的技法
ストレステスト
部分モデルテスト
記号的デバッグ
トップ-ダウンテスト
ホワイト-ボックステスト

記号的：
因果グラフ
分割解析
パス解析
記号的実行

制約：
アサーションチェック
境界解析
帰納的アサーション

形式的：
帰納
推論
ラムダ計算法
論理的演繹
述語計算法
述語変換
正しさの証明

図2 モデルのVV&T技法

る．同様に，複雑さもまたカテゴリーと同じように増加し，より形式的となる（Whitner and Balci, 1989）．

〈非形式的な技法〉（informal technique）は，それらを最も共通に用いられるものの中にある．それらは非形式的と呼ばれる．なぜならば，そのツールとアプローチが人間の推論や厳密な数学的形式主義によらない主観に強く信頼をおいているからである．「非形式」というラベルは，構造や技法の使用のための形式的なガイドラインの欠如を暗に意味するものではない．

〈監査〉は，確立した経験，標準，およびガイドラインに関してモデル開発過程の適切さを調べるために一人の人間によって行われる．〈デスクチェック〉は，その正確さを判定するためにその仕事を人手によって調査することから構成されている．〈表面的な妥当性の検証〉（face validation）は，妥当性の検証に対する準備的なアプローチとして有用である．モデル化に携わるプロジェクトチームのメンバー，モデルの潜在ユーザ，考察下のシステムについて見識のある人々は，それらの評価と直感にもとづいてモデルとその結果が正当なものであるか否かを判定するために，主観的にモデルとシステムの振る舞いを比較する．〈点検〉は，形式的に通常は，6つの段階，すなわち，計画，概観，準備，点検，補正，フォローアップにおいて，仲裁者，設計者，実施者，および解析者から構成されるチームによって行われる．再調査は，形式的には専門家のチームによって行われ，標準，ガイドライン，および仕様に関してモデルを評価することを探し求める．チューリングテスト（Turing test）は，考察下のシステムについて人々の専門知識にもとづいている．これらの人々は，同一の入力条件の下で，1つはモデルから，もう1つはシステムから得られた2つの出力データの集合で示される．どちらがどれなのかということを確認なしで，人々はこれら2つの間の違いを尋ねる．もし，彼らがうまくいったなら，どのようにしたらそれができるのかということを尋ねられる．彼らの返答は，正しいモデル表現のために貴重な意見を提供する．もし，彼らが区別することができなければ，モデルの妥当性の検証におけるわれわれの信用は増加する．〈立ちげいこ〉（walkthrough）は，点検や再調査と同じようにして行われる．組織化された方法では，チームメンバーは，モデル表現の完全さ，一貫性，曖昧さのなさを評価するのにモデル設計あるいはソースコードの詳細について調査する．

〈静的技法〉（static technique）は，モデルの実行を要求しないでモデル構造の質を評価しようとするものである．〈一貫性のチェック〉（consistency checking）は，(a) モデルの表現が矛盾を含んでいないかの証明をすること，(b) すべての仕様が曖昧さがないか，(c) すべてのモデル成分は正しく同時に適合しているか，そして，(d) すべてのデータ要素は正しく扱われているか，ということに関係している．〈データフロー解析〉（data flow analysis）は，モデル変数の正確な使用法を正当化することを扱う．データフローダイアグラムの助けを借りると，データの定義，照合，依存性，つながり，および変換などを調べることができる．〈グラフ解析〉（graph-based analysis）は，モデル表現のグラフの試験にもとづく診断の3つのタイプ，すなわち，解析的，相対的，情報（知識）的を用いている（Nance and Overstreet, 1987）．〈意味解析〉（semantic analysis）は，モデル構築者の意図するところがモデル表現に正しく変換されているかを評価することに関係している．〈構造解析〉（structural analysis）は，構造化された設計と開発原理が支持されているものとして，モデルの構造を試験して決定するのに用いられる．〈シンタックス解析〉（syntax analysis）は，実行可能なモデル化言語の手順が正しく応用されているとしてチェックすることを扱う．この基本的なソースコード解析は，多くの場合言語コンパイラによって行われる．

〈動的技法〉（dynamic technique）は，動的モデルの特性を評価したり，モデルの実行を要求したりするのに用いられる．〈ブラックボックステスト〉（black box testing）は機能テスト（functional testing）とも呼ばれ，モデルあるいは部分モデルの入-出力変換の正確さを判定することに関係している．〈ボトムアップテスト〉（bottom-up testing）は，そのモデルレベルになるまで終始，基礎レベル部分モデル（それ以上に分割できない）から，部分モデルごとに，執り行われる．〈デバッグ〉（debugging）は，(a) テストによって検出されたエラーのソースの場所確認を意味し，(b) エラーの除去改善を見つけ出し，(c) 訂正をして，そして，(d) 修正を確かめ再テストする，繰り返しの過程である．〈実行モニタ〉（execution monitoring）は，モデル実行中に起こる事象とアクティビティーについての情報を作り出す．この情報はモデルの正当性の検証と妥当性の検証のために解析される．〈実行プロファイル〉（execution profiling）は，より上位のレベルでモデル実行プロファイルを構築する以外は実行モニタに同じである．〈実行トレース〉（execution tracing）は，そのモデルを使って，モデルの実行の下位レベルでの記録をつくる．希望する情報はトレースデータから取り出され，正当性および妥当性の検証において用いられる．〈フィールドテスト〉（field testing）は，モデルの正当性の検証および妥当性の検証を得るのにできるだけ多くの情報を収集する目的のために，動作状態でモデルをあるべき位置でとらえる．これらのテストは軍事戦闘システムのモデルの妥当性の検証にとって特に有用である．それは通常は難しく，高価で，そして複雑なシステムに対してはしばしば不可能である．しかし，これらはモデルの信頼を得るのにプロジェクトチームや意思決

定者の両方にとって可能な援助をする場合はいつでも用いられる．〈グラフ的比較〉(graphical comparison)は主観的で，エレガントではなくそしてヒューリスティックであるが，特に準備的なアプローチとしてきわめて実用的な技法である．モデルの全時間の変数値のグラフは，周期性，傾斜，変局点の個数と位置，対数的増大と線形性，位相推移，方向線，および指数的増大定数に関する類似性のような特性を調べてシステム変数値のグラフと比較される．〈予想妥当性の検証〉(predictive validation)は過去のデータを必要とする．モデルは過去のシステム入力データによって駆動され，その予測はモデルの予知能力をテストするために対応する過去のシステムデータを用いて比較される．〈復帰テスト〉(regression testing)は，モデルの修正がエラーを引き起こさなく，不利な副作用を生成しないことを確かめることが必要である．〈感度解析〉(sensitivity analysis)は，モデルの入力変数の値と重要ないくつかの範囲でパラメータを組織的に変化させ，そしてモデルの振る舞いの影響を観察することによって行われる．予期しない影響は無効なものを明らかにするだろう．そのようなエラーに対してモデルの振る舞いの感度を決定するのにエラーを誘発させるために，入力の値は変化させることもできる．感度解析は，どのモデルの振る舞いが非常に敏感なのか，その値に対してこれらの入力変数とパラメータを見分けることができる．そこでモデルの妥当性の検証は，これらの値が十分な正確さをもって明記されることを明らかにすることによって強調することができる．〈統計的技法〉(statistical technique)は，同一の入力データ下でモデルとシステムの両方を稼働させることによって得られるモデルとシステムの出力データを比較することによってモデルの妥当性の検証を行うのに用いられる．モデルの妥当性の検証のためのいくつかの典型的な統計的技法は，確信区間/領域，ホテリングの T^2 テスト，分散の多変量解析，ノンパラメトリックな適合度テスト，平均のノンパラメトリックテストおよび時系列解析を含んでいる．〈ストレステスト〉(stress testing)は，作業負荷の予期しない高レベルの下でのモデルの正確さを評価するのに用いられる．〈部分モデルテスト〉(submodel testing)は，部分モデルの観点からトップダウンのモデル分割を要求している．モデルは，部分モデルのすべての入出力変数についてデータを収集するのに供される．システムは同様のデータを収集するために同じように（もし可能ならば）供される．そこで，おのおのの部分モデルの振る舞いは，対応する部分システムの振る舞いと比較される．〈記号的デバッグ〉(symbolic debugging)は，ソースコードレベルでモデルを調べている間，モデルの実行を操作することをモデル構築者ができるようにデバッグツールを用いる．〈トップダウンテスト〉(top-down testing)は，トップダウンモデルの開発を同時進行的に行う．テストは高次レベルの全体的なモデルで始まり，低次レベルの部分モデルに進んでいく．与えられたレベルで部分モデルをテストするとき，低次のレベルでの部分モデルの必要が，疑似部分モデル (dummy submodel)を用いてシミュレートされる．〈ホワイトボックステスト〉(white box testing)は，内部モデルの構造と実行経路を解析するのに用いられる．

〈記号的技法〉(symbolic technique)は，モデルに対して記号入力を与え，モデル実行経路にしたがって記号データの変換から導出される出力の表現を作り出す．それらは，モデルの入-出力変換の正確さを評価するのに用いられる．〈因果グラフ〉(cause-effect graphing)は，原因（入力条件）を結果（出力条件）に変換する正確さを決定するのを探し出す．〈分割解析〉(partition analysis)は，モデルの仕様とモデルの実装の両方を，モデル要素の代数表現を維持し，モデルの実行経路を示す記号的評価技法を用いることによって機能表現 (functional representation)に分解する．これらの機能表現は，それらが十分に互いに類似しているものであるかということを決定するために比較される．〈経路解析〉(path analysis)は，全モデル実行経路の完全なテストの基礎についてモデルの正確さを確立することを試みる．〈記号的実行〉(symbolic execution)は，入力に対して実際のデータ値よりも記号的な値を用いてモデルを実行することにより行われる．モデルの実行中，記号的な値はモデルの実行経路に沿って変換され，得られた表現は解析するために出力される．

〈制約〉技法 (constraint technique)は，モデルの仮定とモデルの実行中から生じる実際の条件の間の比較にもとづいてモデルの正確さを評価する．〈アサーションチェック〉(assertion checking)は，モデル構築者の仮定と対照してモデルの実行中に何が起こるのかを試験する．アサーションはモデルが実行しているとき当てはまるべき宣言である．いろいろな論理的な点におけるモデルの範囲内で提示されるモデルの仮定は，アサーションに変えられる．アサーション宣言は，そのモデルの基礎となっているすべての仮定が満たされることを確かめるために，モデルの実行中にチェックされる．〈境界解析〉(boundary analysis)は，入力等価分割の境界のちょうど範囲内，最高点，およびちょうど外側に生成されるテスト事例を用いてモデルの正確さを評価するのに用いられる．〈帰納的アサーション〉(inductive assertion)は，おのおののモデル実行経路のはじめと終りに位置するアサーション宣言に関して全モデル変数に対する入力対出力の仕様を要求する．モデルの査定は，おのおのの経路に対して，その経路の始まりにおけるアサーションが真で，そして，その経路に沿うすべての宣言が実行される

なら，そのときその経路の終わりにおけるアサーションが真であることを証明することで達成される．

〈形式的〉技法（formal technique）は，正しいことの形式的な数学的証明にもとづいている．もし達成できるなら，形式的技法はモデル査定の最も効果的な意味を提供する．〈帰納〉(induction)，〈推論〉(inference)，および〈論理的演繹〉(logical deduction)は与えられた前提の根拠にもとづいて結論を正当化することである．〈ラムダ計算（lamda calculus）法〉は，モデル表現を数学的証明技法を適用することができる形式的表現に変換するシステムである．〈述語計算（predicate calculus）法〉は，モデル表現から導かれる述語(簡単な関係の組合せ)を扱う規則を与える．〈述語変換〉(predicate transformation)は，モデルの出力状態をすべての可能なモデルの入力状態へ変換する写像でモデルの意味を定義するのに用いられる．この定義は，モデルが十分に正しいか否かを証明するための基礎を与える．〈正しさの証明〉は，正確な表記および，(a) 実行モデルが終了し，(b) その仕様の要求を満たすことを数学的に証明することに関してモデルを表現するために用いられる．

おわりに

モデル化の研究において，「だれもその問題を解いていない．だれもが，彼（あるいは彼女）が構築したその問題のモデルを解いている」という格言をよく思い出す(Elmaghraby, 1968)．この格言は，モデルの信頼性に関して決定的な重要性を確認している．もし，そのモデルが十分な正確さをもって問題を表していないならば，モデル化の研究は役に立たないものとなる．

ここで示したモデルのVV&T原理および技法は，モデルの信頼性の査定が多様な側面と学際的知識および経験を要求するわずらわしい仕事であることを指摘している．ここで記述した44の技法の中から，必要に応じて，モデルの信頼性を増すように，できるだけ多く適用することを試みる．要求される信頼性，あるいはテストを停止するときの趣旨は，その研究の目的に関して決定される．

⇒ モデルの認定，戦闘のモデル化，文書化，モデルの評価，モデルの管理，OR/MSの実践，回帰分析，リスク管理，感度分析，離散事象確率システムのシミュレーション，構造化モデリング，システム分析，正当性の検証，妥当性の検証．　　　　　　[Osman Balci/椎塚久雄]

参 考 文 献

[1] Balci, O. (1990). "Guidelines for Successful Simulation Studies." *Proceedings 1990 Winter Simulation Conference*, IEEE, 25–32, Piscataway, New Jersey.

[2] Balci, O. and R.G. Sargent (1981). "A Methodology for Cost-Risk Analysis in the Statistical Validation of Simulation Models." *Communications ACM* 24, 190–197.

[3] Elmaghraby, S.E. (1968). "The Role of Modeling in I.E. Design." *Industrial Engineering* 19, 292–305.

[4] Gass, S.I., ed. (1979). "Utility and Use of Large-Scale Mathematical Models," Proceedings of a Workshop, NBS Special Publication 534, Washington, D.C.

[5] Gass, S.I., ed. (1980). "Validation and Assessment Issues of Energy Models," Proceedings of a Workshop, NBS Special Publication 569, Washington, D.C.

[6] Gass, S.I., ed. (1981). "Validation and Assessment of Energy Models," Proceedings of a Symposium, NBS Special Publication 616, Washington, D.C.

[7] Nance, R.E., and C.M. Overstreet (1987). "Diagnostic Assistance Using Digraph Representations of Discrete Event Simulation Model Specifications." *Transactions SCS* 4, 33–57.

[8] U.S. General Accounting Office (1976). "Ways to Improve Management of Federally Funded Computerized Models," LCD-75-111, U.S. GAO, Washington, D.C.

[9] U.S. General Accounting Office (1979). "Guidelines for Model Evaluation," PAD-79-17, U.S. GAO, Washington, D.C.

[10] Whitner, R.B. and O. Balci (1989). "Guidelines for Selecting and Using Simulation Model Verification Techniques." *Proceedings 1989 Winter Simulation Conference*, IEEE, 559–568, Piscataway, New Jersey.

モデルのテスト

model testing

モデルに不正確あるいは誤りが存在するか否かを調べること．⇒ 妥当性の検証，正当性の検証．

モデルの認定

Model Accreditation

モデルの認定とはあるモデルが特定の目的に対しては利用できるということを公に決めることである（William and Sikora, 1991; Ritchie, 1992）．認定対象としている要素は与えられた標準を満たしていることを，認定は保証している．あるモデルに対して認定を与えるにはそのモデルの明解な仕様が与えられ，さらに，このコンピュータベースのモデルを的確に記述している仕様と記述していない仕様を説明していなければならない．この説明はモデル開発者の責任である．彼らの仕事はユーザの同意を得ていて開発者の受入試験に合格していることを示さなければならない．もしモデル化のプロセスが

正しく行われ，適切な記録がつくられているなら，利用の仕方を明示して，このモデルを認定するべきである．

モデルの認定は利用可能な記録を再検討し，評価することによってなされるべきである．独立第三者機関によって通常為されているこの評価は色々な評価基準に対してその基準をどの程度達成したかを決めるためになされる．特に，それらの正当性と妥当性について評価がなされるべきである．特定のユーザや潜在ユーザを考慮して，この審査はなされるべきである．この審査は指示された使い方をした場合に問題となっているモデルが使えるか使えないか，すなわちこのモデルがある特定された利用に対して認定するかしないか，についてユーザに対する手引きになる報告書をつくるべきである（Gass, 1993）．

モデルをどのように認定するかについての決定的な指針はいままでに公表されていない．モデルの認定について一般的な手順はないとしても，この考え方は米国国防省のモデル化局によって受け入れられはじめている．
⇒ モデルの評価，モデルの管理，OR/MS の実践，妥当性の検証，正当性の検証．　　[Saul I. Gass/山田善靖]

参 考 文 献

[1] Williams, M.K. and J. Sikora (1991). "SIMVAL Minisymposium – A Report," *Phalanx, Bulletin of the Military Operations Research Society*, 24, 2.

[2] Ritchie, A.E., ed. (1992). *Simulation Validation Workshop Proceedings* (SIMVAL II), Military Operations Research Society, Alexandria, Virginia.

[3] Gass, S.I. (1993). "Model Accreditation: A Rationale and Process for Determining a Numerical Rating," *European Jl. Operational Research*, 66, 2, 250–258.

モデルの評価

Model Evaluation

モデルの評価あるいは評定とはモデルの設計，開発，実施には関係していないが利害関係のある部門が，ある信頼水準で，結果が意思決定に使えるか否かを決めるためにモデルの構造やインプットデータの点からモデルの結果を評価するプロセスである（Gass, 1977）．モデル評価は，(1) モデルの正当性と妥当性そしてモデルの使いやすさの品質管理そして可用性，(2) モデルのもっている仮定と限界とその適切な使い方および結果が導かれた理由の調査，検討を含んでいる（Greenberger and Richels, 1979）．

モデルの評価を主張するのには次の3つの理由がある．すなわち，(1) 多くのモデルに対して，最終意思決定者はモデル化のプロセスからはるかに隔たっている，さらにこのような意思決定者がモデルの結果を受け入れる偏りがあることが認められなければならない，(2) 複雑なモデルに対しては，公式で独立な評価なくしてモデルの仮定，データの使用可能性や他の要素がモデルの構造や結果におよぼす相互作用や影響を評価し十分に理解することは困難である，そして，(3) 他の人のために開発された複雑なモデルの利用者はこの新しい利用者の問題領域に対してこのモデルをどのように適用すればよいかについて明確な記述を得ることができなければならない（Gass, 1997 a）．

モデルを評価するための方法は基本的には情報収集活動である．その際の情報の詳細さや水準は評価の目的や評価者の技能によっている．いくつかの評価方法が Gass (1977 a, 1977 b), Wood (1988), U.S.GAO (1979) らによって提案されている．評価の事例研究としては Fossett, Harrison, Weintrob and Gass (1991) が発表している．

モデル評価の方法とその目的はそのモデルの範囲や目的に合わせてつくられるべきである．そしてモデルそれ自身，モデルの開発者，評価者，利用者，利用可能な資源によって異なるであろう．モデル評価は費用のかかるものであり，複雑で厄介な仕事である，すべてのモデルを評価する必要は必ずしもない．モデル開発者や利用者は適切なモデル化手法を利用することによって，モデルの評価者が論じなければならない義務が大幅に軽減されることを認識すべきである（Gass, 1987）．
⇒ モデルの認定，モデルの管理，OR/MS の実践，プロジェクト管理，モデルの正当性の検証，妥当性の検証およびテスト．　　[Saul I. Gass/山田善靖]

参 考 文 献

[1] Fossett, C., Harrison, D., Weintrob, H., and Gass, S.I. (1991). "An Assessment Procedure for Simulations Models: A Case Study," *Operations Research*, 39, 710–723.

[2] Gass, S.I. (1977a.) "Evaluation of Complex Models," *Computers and Operations Research*, 4, 27–35.

[3] Gass, S.I. (1977b). "A Procedure for the Evaluation of Complex Models," *Proceedings of the First International Conference in Mathematical Modeling*, 247–258.

[4] Gass, S.I., ed. (1980). *Validation and Assessment Issues of Energy Models*, National Bureau of Standards Special Publication 569, U.S. GPO Stock No. 033-003-02155-5, Washington, D.C.

[5] Gass, S.I., ed. (1981). *Validation and Assessment of Energy Models*, National Bureau of Standards Special Publication 616. U.S. Government Printing Office, Washington, D.C.

[6] Gass, S.I. (1983). "Decision-Aiding Models: Validation, Assessment, and Related Issues for Policy Analysis," *Operations Research*, 31, 603–631.

[7] Gass, S.I. (1987). "Managing the Modeling Pro-

cess: A Personal Perspective," *European Jl. Operational Research*, 31, 1–8.

[8] Wood, D.O. (1981). "Energy Model Evaluation and Analysis: Current Practice," in S.I. Gass, ed., *Validation and Assessment of Energy Models*, National Bureau of Standards Special Publication 616. U.S. Government Printing Office, Washington, D.C.

[9] U.S. GAO (1979). *Guidelines for Model Evaluation*, GAO/PAD-79-17, Washington, D.C.

問題解決

problem solving

目標（goal）を達成する行動を決定するための過程．初期には，目標は問題の解を表現するように定義される．推論の過程において，副目標が構成されるので問題解決は再帰的なものになる．⇒人工知能，エキスパートシステム，決定分析，意思決定，意思決定支援システム．

問題構造化法

Problem Structuring Methods

はじめに

問題構造化法（PSM）は問題を直接解くよりも，問題の構造化を支援することを目的とした問題処理法の集合である．これらは参加的であり対話的であるという特性があり，そして，原則的には，より古典的 OR 技法が適用範囲を制限してきた範囲の問題状況まで OR/MS を利用しようとしている．

PSM は伝統的な OR 技法が限定された範囲でしか使えないという批判から，あるいは少なくともそのことに関連して開発されたものである．1960 年代後半から，OR/MS モデルの客観性に対する要請や良構造問題に集中して OR/MS を実践するために負った制限について活発な議論がなされた．標準的な OR 技法は関連する要因，制約，そして目的関数は前もって設定されており，そして一般にはこの技法の役割は制御変数の最適な値を決めることであるという意味で合意されていると仮定しているという点での批判がある．このことと整合するが，OR 方法論の標準的な定式化の仕方は考えている問題状況の表現方法が単純で決定的であることを仮定していると見られている．

OR の実践はこのこととはかなり違ったものであり，特に最適性の考え方によって支配されているもの（しかしながら，この利用できるツールのほとんどはこの分野以外では役立たないが）とはほど遠いものであることを批判者は認識していた．この提案されている方法論のフレームワークは合理的行動をあまりしない状況の問題を処理する場合，分析者にほんの少しの示唆を与えるだけのように見られている．

扱いやすい問題と厄介な問題

この批判の１つの見方は本質的に異なる２つのタイプの問題状況（扱いやすい問題と厄介な問題（Rittel and Webber, 1973），問題と混沌（Ackoff, 1981），技術と実践問題（Ravetz, 1971），そしてムーンゲットーの比喩（Nelson, 1974））を明確に分けることである．この差異は Schön（1987）の拡張した比喩によく示されている．その比喩は技術的関心が非常に大きいが社会的重要性は限定的であるような問題があるところを「高級な土地」と呼び，技術的な解を受け入れない混沌とし，混乱した問題があるところを「沼地」と呼び対照させている．

高級な土地の「扱いやすい」問題に対して役に立つ分析的手法は沼地の厄介な問題にはほとんど利用されない．命令の伝わり方が階層構造に強くしたがってなされ，分析的やり方が比較的洗練されていなく，仕事を実行する優先順位について明白な合意があるような良構造で繰り返しの仕事（大量の信頼できるデータを処理する）を行っている組織においてのみ，伝統的 OR/MS のアプローチはよく機能する（Greenberger, Crenson and Crissey, 1976）．それ以外の場合では，失敗しがちである．

それゆえに，伝統的な OR/MS の技法や方法論の扱う対象を扱いやすい問題から厄介な問題に変えるのは困難である．しかしながら，批判者は「論理的に厳密でない研究」（Schön が仮定したように，1987）のみが沼地問題の分野では可能なのであるということを受け入れるのを好まない．実際には個人の革新家達によって代替的方法が少しずづ開発されている（不正確で有益でない用語であるが「ソフト OR」（soft OR）と呼ばれて，これらの方法は集められ蓄積している）．PSM はそれぞれ大きく異なる合理性，目的，技術的道具，などをもっている．しかし，ここでは特定のモデルの詳細な違いの検討に努力を集中するよりも共通特性を論じたほうが有益であろう．

Rosenhead（1981）は図１に示されたように，従来のパラダイムの特性を逆転させることによって代替的アプローチの方法論としてのフレームワークの「原則」を提案した．

「沼地」状況の特徴の定義を考察することから，より確かな（似ているが）仕様書をつくることができる．いかなる意思決定も，自律性を相当程度もっていて自分自身の協議事項をもって，そして薦めるか反対するかについて関心をもっている他の意思決定者との関係の中でなされている．コンフリクトは協調と類似した特性をもっている，そして不確実性（システムの行動，特性，他の意思決定についての）はその状況固有のものである．この問題環境のもとでは，いかなる意思決定支援方法論も社

最適化のための単一目的のトレードオフ	表面化,分離した次元,複数の単位
データの要求,偏り	判断を補足する分析がデータ需要を減らす
合意仮定,政策の科学化,不透明性	コンフリクトを明らかにする透明性
受け身な客体としての人間 階層的,抽象的目的	働きかける主体としての人間 ボトムアップ計画
未来確定,予測と準備	不確定性の受容,意見をオープンに
扱いやすい問題	厄介な問題

図1 問題分類による方法論の特徴と仮定

会の要請を受けていることになる.もしそれが多様なものの見方を調整し,合同討議事項の交渉を容易にし,相互作用と繰り返しによって機能し,全体解よりも部分解を作り出すならば,それはより使われるであろうし有用であろう.おのおのの社会の要請はそのたびにいろいろな技術的な貢献をもたらした.グラフィカルな手段(代数的あるいは数値結果の表によるよりもむしろ)による問題の複雑性表現法がユーザの参加の助けになるであろう.多様なものの見方の存在が1つの最適値を求める価値をなくする,解空間のシステマティックな探索の方がむしろ必要なことである.一般的には連続変数のどの値をとるかを判断するよりも不連続な代替案のどれを選ぶかの判断をするほうがより意義深いものである.確率を推定することはあきらめてこの問題に関係のあるもので実現可能な事柄を明確にすることが必要であろう.そして代替的シナリオが将来予測にとってかわるであろう.

より適切な意思決定を支援する技術のためのアウトライン仕様書では高等数学,確率論,複雑なアルゴリズムをほとんど使わない.これらはむしろ関係の表現法,記号操作法,そしてシステマティックなフレームワークの中での限定的定量化手法を用いた他のアプローチを記述している.このようなアプローチは広義の意味で論理的であると考えられる.

問題構造化

問題構造化法についての決定的な定義はない.これらは原因-効果関係を陽示的に示しているモデルの中心となる要素があるという点で,組織開発のようなグループで機能するような非OR様式でもない.これらは,PSMの方法としての透明性,数学表現の制限,そして問題表現よりも判断を支援することに焦点を当てることによって混沌とした,大掛かりな問題(たとえば階層化意思決定法,analytic hierarchy process)に取り組もうとする他のORアプローチとも一線を画すことができる.これらの限界は不正確であり議論の余地がある.そして他のあるいはより広い目的で開発されたアプローチ(たとえばスプレッドシートモデル)が同様な精神で使われる余地もある.PSMとある程度類似性があるが統一性を保つためにこの分類から外す方がよいと見なされる方法には決定分析,決定会議,PROMETHEE,シナリオ計画,システムダイナミクス(system dynamics)そして生存可能システム診断(viable system diagnosis)がある.フォーカスグループ法とラピッドルーラル評価法や他の第三世界の開発した参加型アプローチによって周辺部分が広げられた.

最もよく知られ,最も広く使われてきたPSMと主な提唱者は,理想計画法(対話的計画法としても知られている.Ackoff, 1981)ソフトシステム方法論(soft system methodology: SSM. Checkland and Scholes, 1990),戦略的選択法アプローチ(Friend and Hickling, 1987),戦略的代替案開発分析(SODA. Eden et al., 1983),他の方法としてハイパーゲーム分析(hypergame analysis),メタゲーム分析(metagame analysis),ロバスト性解析(robustness analysis. Rosenhead, 1981, 1989)そして戦略的仮定の表面化とテスト(SAST)などである.PSMの中には特殊なタイプの問題状況だけよく適合する特殊な形態のものもある.2つのゲーム理論関連手法が協調とコンフリクトを扱っている,ロバスト分析は柔軟性の保持に関係しており,他方戦略的選択は不確実性と関与のマネジメントを強調している,そしてSASTは鍵となる仮定に対して同意を得ることに努力を集中している.他の手法はより一般的な目的を論じている.SODAは状況を理解するために参加者が使う諸要因を明確にすることを目的にしている.そうすればそれらは共有財産とすることができる.

理想計画法は未来の組織の再設計において合意を得ることを目的にしている.SSMはいろいろな代替的修正システムについて討議を生成することを目的にしている.多くのPSMは交換したり,リサイクルしたりする自由度をかなりもったプロセス(社会的部分と技術的部分)の緩くつながっている集合から構成されている.それゆえにこれらは再構成することができるのである.1つの方法のある段階だけで問題を解決することもできるであろうし,あるいは複数の方法を組み合わせて使うこともできるであろう.たとえばSODAとSSM,戦略的選択法とロバスト法,ハイパーゲーム法とSODAのように.特定の「ハード」と「ソフト」の方法を組み合わせた経験も限定されてはいるがある.明らかに,従来のORプロジェクトのはじめの問題定式化あるいは問題構成の段階でPSMを使う余地は少なくともある.

確立したPSMのいくつかはそのソフトウェアをもっている.例としてあげると,CONAN(メタゲーム分析),STRAD(戦略的選択),COPE(SODA)である.これらのパッケージはいろいろな機能を実行できる.これら

はコンセプトやそれらの相互関係を表示したり再構成したり，実行可能な活動の選択範囲を明らかにしたり，一対比較を行って選好を引き出したり，などができるであろう．これらはプロジェクトのいろいろな役割を演じるであろう．それは参加者個人個人が独自で調査研究を実施するのを容易にしたり，オンラインのグループ意思決定支援システムを提供したりしてグループ討議の「バックルーム」技術支援からファシリテータまで行う．

PSM の実際への適用例が広い範囲のクライアント組織から報告されてきた．それらは環境政策に対する産業と政府の交渉問題，地方自治体による土地利用開発計画，健康サービス局問題，そして主要産業分析などがある．PSM が大きな貢献をしてきた実際の開発分野は〈コミュニティの OR〉の分野である．

PSM の実践家は重要な主題の複雑性をマネジメントするだけでなく，参加者どうしの相互作用のダイナミック性もまたマネジメントしなければならない．このようなコンサルタントにはグループプロセスの分析者としての役割と，ファシリテータとしての役割の両方の過酷な要求が課せられている．このコンサルタントには従来の OR 実践家よりも広い範囲のスキルを身に付けることが求められている．可能ならば，少なくとも簡単な実践経験ができる実習訓練が必要である．

⇒ OR/MS の実践，システム分析．

[Jonathan Rosenhead/山田善靖]

参考文献

[1] Ackoff, R.L. (1981). "The art and science of mess management," *Interfaces*, 11, 20–26.
[2] Checkland, P. and Scholes, J. (1990). *Soft Systems Methodology in Practice*. Wiley, Chichester, UK.
[3] Eden, C., Jones, S. and Sims, D. (1983). *Messing About in Problems*. Pergamon, Oxford.
[4] Flood, R.L. and Jackson, M.C. (1991). *Creative Problem Solving: Total Systems Intervention*. Wiley, Chichester, UK.
[5] Friend, J.K. and Hickling, A. (1987). *Planning Under Pressure*. Pergamon, Oxford.
[6] Greenberger, M., Crenson, M.A. and Crissey, B.L. (1976). *Models in the Policy Process*. Russell Sage, New York.
[7] Nelson, R.R. (1974). "Intellectualizing about the moon-ghetto metaphor: a study of the current malaise of rational analysis of social problems," *Policy Science*, 5, 375–414.
[8] Ravetz, J.R. (1971). *Scientific Knowledge and Its Social Problems*. Oxford University Press, Oxford.
[9] Rittel, H.W.J. and Webber, M.M. (1973). "Dilemmas in a general theory of planning," *Policy Science*, 4, 155–169.
[10] Rosenhead, J. (1981). "Operational research in urban planning," *Omega*, 9, 345–364.
[11] Rosenhead, J., ed. (1989). *Rational Analysis for a Problematic World: Problem Structuring Methods for Complexity, Uncertainty and Conflict*. Wiley, Chichester, UK.
[12] Schon, D.A. (1987). *Educating the Reflective Practitioner: Toward a New Design for Teaching and Learning in the Professions*. Jossey-Bass, San Francisco.

モンテカルロ法と分散減少法
Monte Carlo Sampling and Variance Reduction

はじめに

$l(v)$ をある離散システムの評価尺度の期待値

$$l(v) = E_v \varphi(L(Y)) \quad (1)$$

とする．ここで，$L(Y)$ は確率分布関数 $f(y,v)$ にしたがう確率ベクトル Y を与えることによって決まる評価尺度の標本関数（シミュレーションモデル）を表し，φ は実数値関数とする．期待値の記号についている下付き文字の v は $f(y,v)$ に関する期待値という意味をもつ．$l(v)$ をシミュレーションによって推定するためには，$f(y,v)$ にしたがう乱数 Y_i $(i=1,2,\cdots,N)$ を生成し，標本関数 $L(Y_i)$ を計算して，それらの標本平均

$$\tilde{l}_N = \frac{1}{N} \sum_{i=1}^{N} \varphi(L(Y_i)) \quad (2)$$

を求め，それを推定値とすればよい．

この方法は原始的モンテカルロ法と呼ばれる．この標本平均は N が大きくなったとき（簡単な制約条件）大数の法則により真の平均値に確率収束する事が保証されている．

わかりやすくするために問題を少し書き直して，次の定積分を求める問題を考えよう．

$$\theta = \int \varphi(y) f(y) \, dy$$

ここで y は簡単のためにスカラー変数とする．モンテカルロ積分はもっと次元が大きな定積分で，より効果を発揮する方法であるが，考え方は1次元でも多次元でも同じである．モンテカルロ法では $f(y)$ にしたがう独立な乱数 $Y_1, Y_2, \cdots, Y_N$ を生成し次の式を計算する．

$$\hat{\theta} = \frac{1}{N} \sum_{i=1}^{N} \varphi(Y_i)$$

このとき θ の推定量 $\hat{\theta}$ の精度は $1/\sqrt{N}$ に比例する．

あるいは別の例で，あるゲームの勝つ確率を推定しよう．ゲームは毎回独立に何度も繰り返し行われることとし，1回の勝負に勝ったら1，さもなければ0が得られるものとしよう．w_i を i 回目の勝負で得られる量とすれば，このベルヌーイ試行的ゲームの1回当たりに得られる量の期待値の推定量は次の式で与えられる．

$$\tilde{l}_N = \frac{1}{N}\sum_{i=1}^{N} w_i = \frac{r}{N}$$

ここで，N は勝負の回数で r は勝った回数である．ゲームは各回独立に行われ，勝つ確率はいつも同じとすると，回数を増やしていくにつれてこの推定量はゲームに勝つ確率 $E(W)=p$ に確率1で収束する．この推定量の分散は1回のベルヌーイ試行の分散が $p(1-p)$ であることから，$p(1-p)/N$ となることは容易にわかる．モンテカルロ実験では N は十分に大きいので，中心極限定理を利用して真の値 p の信頼区間をかなり正確に構成することができる．

推定量に要求される精度は問題によって様々で，実行不可能なくらい大量の標本をとらなければ要求精度を満たす推定値が得られない場合も多い．そこで，標本の大きさを増やさずにもっと精度のよい推定法，すなわち分散のより小さな推定量を見つける工夫が始まった．それが分散減少法である．

分散減少法はもともとのシミュレーションモデルを目的に合うように変形することである．一般に対象のシステムをよく知れば知るほど分散減少法は成功しやすい．よく知られている方法としては，対照変量法，共通乱数法，制御変量法，重点標本抽出法，などがある．ほかの方法については Glynn and Iglehart (1988), Kleijnen (1974), Wilson (1984) を参照せよ．

分散減少法が用いられるのはいくつかのもっともらしい理由がある．分散減少法を組み込むために余分な計算時間だとか作業時間が必要だが，共通乱数法，対照変量法などではそれはほとんど無視できる．分散減少法の存在意義は，たとえば故障率が 10^{-25} というような高い信頼性をもったコンピュータシステムの故障のように，非常に稀な現象をシミュレーションしたい場合に，より明らかになる．この場合，重点標本抽出法を使わないシミュレーションの結果はほとんど使いものにならない．

対照変量法，共通乱数法

2つの確率変数 X と Y はそれぞれ分布関数 F_1, F_2 にしたがっているものとし，$E(X-Y)$ の最小分散推定量を求めるという簡単な例を考える．

$$\mathrm{var}(X-Y) = \mathrm{var}(X) + \mathrm{var}(Y) - 2\mathrm{cov}(X, Y) \quad (3)$$

だから，差の分散を最小にするためには $\mathrm{cov}(X, Y)$ を最大にすればよいことがわかる．いま X, Y の標本は逆関数法で生成されているものとしよう．

$$\begin{cases} X = F_1^{-1}(U_1) = \inf\{x \mid F_1(x) \geq U_1\} \\ Y = F_2^{-1}(U_2) = \inf\{y \mid F_2(y) \geq U_2\} \end{cases} \quad (4)$$

ここで，U_1, U_2 は $(0, 1)$ 区間での一様乱数である．U_1 と U_2 を同じものを使おう，というのが共通乱数法であり，$U_2 = 1 - U_1$ としようというのが対照変量法である．

F_1^{-1}, F_2^{-1} は U の非減少単調関数なので，共通乱数法を適用すれば式 (3) の共分散が非負になることは容易にわかり，さらに共通乱数法が $\mathrm{cov}(X, Y)$ を最大に，したがって $\mathrm{var}(X-Y)$ を最小にするということが証明できる．同様に対照変量法を使ったとき $\mathrm{var}(X+Y)$ は最小になるということも証明できる (Glasserman and Yao, 1992)．

もう少し実際的な問題を考えよう．X, Y を n 次元の確率変数，L_1, L_2 を実数値をとり各要素ごとに単調な関数として，$E[L_1(X) - L_2(Y)]$ の最小分散推定量を求めたい．L_1, L_2 はたとえば比較しようとしている2つの待ち行列モデルに対応する．3つの窓口が直列に並んだシステムならば4次元の確率変数（到着間隔と3つの窓口のサービス時間）を考えることになる．Rubinstein, Samorodnitsky and Shaked (1985) は，もし L_1, L_2 が要素ごとに同方向に単調で，$X^{(i)}$ と $Y^{(j)}$ は $i=j$ の場合を除いて互いに独立ならば，$U_1 = U_2 = U$ のとき $\mathrm{var}(L_1(X) - L_2(Y))$ が最小になる，ということを示した．

対照変量法を適用するということは式 (2) において互いに負の相関をもつ標本が生成されるということである．すなわち，Y_{2i-1} ($i=1, 2, \cdots, N/2$) を U_{2i-1} から生成したとすると Y_{2i} は $U_{2i} = 1 - U_{2i-1}$ から生成することになる．

2つあるいはそれ以上のシステム ($L_1, L_2, \cdots, L_Q, Q > 1$) を比較する場合にも，共通乱数法，対照変量法を適用することができる．どのようにすれば最適かということについては，実験計画法のブロックデザインを適用したメタモデルを使った議論がなされている (Schruben and Margolin, 1978; Donohue, Houck and Myers, 1992)．

共通乱数法を適用した例は豊富にある．同じ環境（共通乱数）でいろいろなシステムを比較するということは実験する人にとってわかりやすい自然な方法だからである．しかし，それらの適用の仕方は，適当に何回か繰り返してみるという初等的段階にとどまっていることが多い．共通乱数を使った場合の標本 $L(Y)$ 同士の共分散を求めることによってもっと多くのことが分析できるようになる．一方，対照変量法は適用の仕方は簡単なのに，実際の問題に適用したという例はあまり聞かない (Kleijnen and Van Groenendaal, 1992)．

制御変量法(control random variable)

X を μ の不偏推定量としよう．X と相関があり，その期待値 γ が既知であるような確率変数 C を X の制御変量という．制御変量を線形に用いた確率変数 $X(a)$ を次の式によって定義する．

$$X(a) = X - a(C - \gamma) \quad (5)$$

ここで a はスカラーのパラメータである．$X(a)$ の分散

は
$$a^* = \text{cov}(X, C)/\text{var}(C) \qquad (6)$$
のとき最小化され，その分散の大きさは次の式で表される．
$$\text{var}(X(a^*)) = (1-\rho_{xc}^2)\text{var}(X) \qquad (7)$$
ここで ρ_{xc} は X と C の相関係数である．$\text{cov}(X, C)$ は未知だから，a^* はシミュレーションによって推定しなければならない．$\text{cov}(X, C)$ と $\text{var}(C)$ の両方を推定するということは a^* を推定するために線形回帰分析が必要になるということである．a^* を推定しなければならないということから，その推定値を使ったシミュレーションでは(7)式の最小分散が得られないかもしれないし，推定量が偏りをもつかもしれない．制御変量法は複数の制御変量を含む場合とか，複数の出力結果を含むモデルに拡張することは容易である (Kleijnen and Van Groenendaal 1992, pp. 200-201; Lavenberg, Moeller and Welch, 1982; Rubinstein and Marcus, 1985; Wilson, 1984).

重点標本抽出法 (importance sampling)

重点標本抽出法の考え方は統計学の伝統的標本抽出理論における重み付き層別標本抽出法から導かれたものである．ランダムな観測値 Y から $\theta = E\varphi(Y)$ を推定することを考えるのであるが，θ の推定にはある範囲の Y の値が特に重要であるという予備知識があるとしよう．その範囲からより多くの Y を抽出すれば推定の精度が上がると考えられる．そこで Y がもともとしたがっている確率分布 f から標本を抽出する代わりに，その情報を組み込んだ g から標本抽出することにしよう．その結果次の式で定義される推定量は θ の不偏推定量になる．
$$\hat{\theta}_0 = \frac{1}{N}\sum_{i=1}^{N}\frac{\varphi(Y_i)f(Y_i)}{g(Y_i)}, \qquad Y_i \sim g$$
この考え方のキーは $\varphi(Y_i)$ に Y の抽出頻度 g/f に逆比例した重みを付けて平均を計算していることである．その結果，$\varphi f/g$ をなるべく一様にすることによって推定量の分散を小さくできる．g の選び方は問題に強く依存する．特に多次元の問題では適切な g を選択することは非常に難しい．この点については Bratley, Fox and Schrage (1983) に詳しく書いてある．

ここに解説した以外の分散減少法もたくさんある．大変複雑なやり方をしているけれどある特定の問題に有効である，というような方法もある．とくに標本が独立でない場合には特別な方法を考えないといけないことが多い．よりよく知るために以下の文献を参照されたい (Kleijnen and Van Groenendaal, 1992; Kriman and Rubinstein, 1993; Rubinstein and Shapiro, 1993; Asmussen, Rubinstein and Wang, 1994).

⇒ 乱数生成法，離散事象確率システムのシミュレーション.

[Jack P. C. Kleijnen, Reuven Y. Rubinstein/ 逆瀬川浩孝]

参考文献

[1] Asmussen, S., R.Y. Rubinstein, and C.-L. Wang (1994). "Regenerative rare events simulation via likelihood ratios," *Jl. Applied Probability*, **31**, 797-815.
[2] Bratley, P., B. L. Fox and L.E. Schrage (1983). *A Guide to Simulation*, Springer-Verlag, New York.
[3] Bucklew, J.A., P. Ney, and J.S. Sadowsky (1991). "Monte Carlo simulation and large deviations theory for uniformly recurrent Markov chains," *Jl. Applied Probability*, **27**, 44-59.
[4] Donohue, J.M., E.C. Houck, and R.H. Myers (1992). "Simulation designs for quadratic response surface models in the presence of model misspecification," *Management Science*, **38**, 1765-1791.
[5] Heidelberger, P. (1993). "Fast simulation of rare events in queueing and reliability models," Manuscript, IBM Research Center, Yorktown Heights, New York.
[6] Glasserman, P. and D.D. Yao (1992). "Some guidelines and guarantees for common random numbers," *Management Science*, **38**, 884-908.
[7] Glynn, P.W. and D.L. Iglehart (1988). "Simulation method for queues: an overview," *Queueing Systems*, **3**, 221-256.
[8] Kleijnen, J.P.C. (1974). *Statistical Techniques in Simulation*, Part I, Marcel Dekker, New York.
[9] Kleijnen, J.P.C. and W. Van Groenendaal (1992). *Simulation: a Statistical Perspective*, John Wiley, Chichester, UK.
[10] Kriman, V. and R. Rubinstein (1993). "The complexity of Monte Carlo estimators with applications to rare events," Manuscript, Technion, Haifa, Israel.
[11] Lavenberg, S.S., T.L. Moeller and P.D. Welch (1982). "Statistical results on control variables with application to queueing network simulation," *Operations Research*, **30**, 182-202.
[12] Rubinstein, R.Y. and R. Marcus (1985). "Efficiency of multivariate control variates in Monte Carlo simulation," *Operations Research*, **33**, 661-667.
[13] Rubinstein, R.Y., G. Samorodnitsky, and M. Shaked (1985). "Antithetic variates, multivariate dependence and simulation of complex stochastic systems," *Management Science*, **31**, 66-77.
[14] Rubinstein, R.Y. and A. Shapiro (1993). *Discrete Event Systems: Sensitivity Analysis and Stochastic Optimization via the Score Function Method*, John Wiley, New York.
[15] Schruben, L.W. and B.H. Margolin (1978). "Pseudorandom number assignment in statistically designed simulation and distribution sampling

experiments," *Jl. American Statistical Association*, **73**, 504–525.
[16] Wilson, J.R. (1984). "Variance reduction techniques for digital simulation," *American Jl. Mathematical Management Science*, **4**, 277–312.

ゆ

唯一解
unique solution

1個の，しかもただ1個の最適解をもつような最適化問題に対する最適解のこと．⇨ 複数の最適解．

有界変数
bounded variable

線形計画問題の変数 x_j の中で，ある正の定数 $b_1 \leq b_2$ に対して，$0 \leq x_j \leq b_2$，$-b_2 \leq x_j \leq 0$，$b_1 \leq x_j \leq b_2$ などの制約がついているもの．

有界変数問題
simple upper-bounded problem (SUB)

u_j が所与の有界値であるとき，$x_j \leq u_j$ という有界性条件によって一部あるいはすべての変数が制約を受けているような線形計画問題．有界性条件が陰的に考慮されるような特別のシンプレックス法を適用することによって解くことができる．⇨ シンプレックス法．

有限呼源
finite source

機械修理のモジュールのように，待ち行列システムを使うことの可能な潜在的な客の数が有限のもの．⇨ 待ち行列理論．

有向グラフ
digraph

すべての辺が1方向の向きをもつグラフ．⇨ グラフ理論．

有効性の尺度
measure of effectiveness (MOE)

意思決定問題における最適化される目的の中の1つを有効性の尺度（MOE）という．たとえば線形計画問題のMOEは目的関数である．⇨ 数理モデル．

有効制約
active constraint

最適化問題において，解によって符号が満たされる制約．⇨ 有効でない制約式，スラック変数，余剰変数．

有効でない制約
nonactive (nonbinding) constraint

最適解において不等号で成立している不等式．⇨ 有効制約，有効でない制約式．

有効でない制約式
inactive constraint

最適化問題の制約条件の中で，与えられた解において厳密な不等号が成立するもの．⇨ 有効制約，スラック変数，余剰変数．

輸送シンプレックス法
transportation simplex (primal-dual) method

輸送問題の主問題（primal problem）に対する双対問題（dual problem）は次のように書くことができる．

最大化 $\sum_i a_i u_i + \sum_j b_j v_j$
条件 $u_i + v_j \leq c_{ij}$ すべての (i, j)

ここで双対変数 u_i と v_j の $(m+n)$ 個の集合は無制約（自由）変数である．主問題は総供給と総需要が等しいことから余分な方程式をもつ．したがって輸送問題に対する実行可能基底行列は次数 $(m+n-1) \times (m+n-1)$ となる．いかなる実行可能基底行列も三角形式に変換できる．与えられた基底に対して，シンプレックス法では対応する双対制約が等号で成立することが必要，すなわち基底にある変数 x_{ij} に対しては $u_i + v_j = c_{ij}$ が成立しなければならない．この $(m+n-1) \times (m+n)$ 本の双対方程式は任意の1個の双対変数を，たとえば $u_1 = 0$ とすることによって，$(m+n-1) \times (m+n-1)$ 本の双対方程式系に縮小することができる．このことは余分な制約式として輸送問題の最初の方程式を除去することに対応する．このようにして得られる方程式の双対正方形集合は，現在の基底解に対応する u_i と v_j を効率的に計算するこ

とが可能となる三角形式を有する．u_i と v_j の値を用いて，われわれは非基底変数に対する (u_i+v_j) を計算するが，それぞれが対応する c_{ij} より小さいかあるいは等しい場合には，双対性定理と相補性によって現在の基底が最適となる．後者の条件が成立しない場合には，基底に入る変数を選択するために通常のシンプレックス基準が用いられ，現在の実行可能基底解を表現するネットワークのフローを調整することによって新たな実行可能基底解が生成される．このネットワークはすべての出発地と目的地を結ぶ木であって，新しい変数（木に対するアーク）を追加することによって新たな解が直ちに計算される．この主双対プロセスは最適解が見つかるまで繰り返される．輸送問題は常に実行可能解をもち，さらに解集合が有界であることから，このような解は存在する．⇒ネットワーク最適化，輸送問題．

輸送問題

transportation problem

以下のような線形計画問題を輸送問題という．

最小化 $\sum_i \sum_j c_{ij} x_{ij}$

条件 $\sum_j x_{ij} = a_i \quad i=1,\cdots,m$（出発地・供給地）

$\sum_i x_{ij} = b_j \quad j=1,\cdots,n$（目的地・需要地）

$x_{ij} \geq 0$

変数 x_{ij} は出発地 i から目的地 j への生産物の輸送量を表し，a_i は出発地 i から輸送される生産物の総輸送量を表し，また b_j は目的地 j への生産物の総需要量を表す．ここで $\sum_i a_i = \sum_j b_j$ でなければならない．a_i と b_j が整数の場合には，すべて整数値となる実行可能基底解が存在する．輸送問題はネットワーク表現が2部グラフ（bipartite graph）と呼ばれる特殊なタイプのネットワーク問題である．輸送問題において特に $m=n$ であってかつ $\{a_i\}$ と $\{b_j\}$ がすべて1の場合には，割当て問題と呼ばれる．輸送問題はシンプレックス法を直接適用することによって解くことができるが，数学的な構造によって輸送（主双対）シンプレックス法と呼ばれる効率的な修正シンプレックス法によって解くことができる．また特殊なネットワークアルゴリズムによっても解くことができる．⇒割当て問題，ネットワーク最適化，北西隅の解，輸送シンプレックス法，不均衡型輸送問題．

輸送問題逆理

transportation problem paradox

輸送問題においては，最適解よりも多くの物資を輸送するにもかかわらず，最適解が改善される場合がある．すなわちより少ないコストでより多くを輸送するということである．

ユニモジュラ（単模）行列

unimodular matrix

階数 r の $m \times n$ 行列 A は大きさ r の任意の部分行列が行列式の値として0か$+1$か-1をもつとき，ユニモジュラ（単模）であるといわれる．

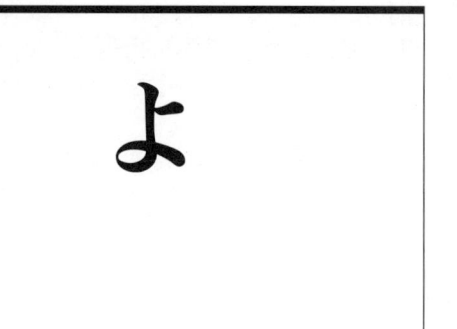

要員計画

Manpower Planning

はじめに

要員（人的資源）計画は，雇用される人々の需要と供給に関する量的な面を扱う．国全体の雇用人口を考えることは一方の極端の適用例ではあるが，1企業あるいは1職業のように，より小さくより均一な問題に適用した方が現実的である．〈要員計画〉という用語が世に現れたのは1960年代であるが，それらのアイデアの多くはもっと以前にさかのぼることができる．英国での研究の歴史はSmith and Bartholomew (1988) にまとめられている．実践者たちの専門分野の広さを反映して文献の出典は様々であるが，技術論文の多くはOR，確率，統計分野の学術誌に掲載されている．1960年代後半から1970年代前半に初期の文献が現れ，その後Grinold and Marshall (1977)，Vajda (1978)，Bennison and Casson (1984) らの単行本が出版された．Batholomew, Forbes and McClean (1991) の論文は技術的な問題を幅広く扱うとともに，十分な参考文献をまとめている．

要員計画の基本は，「適切な数の適切な種類の人を，適切なときに適切な場所に配置する」のが目的であるという格言に集約される．基本的なアプローチは，対象システムのメンバーを何らかの方法で明確にすることから始める．この区分では職種，給与水準，性別，学歴，そして地位が基本となる．次に，対象システムのある時点において，〈ストック〉（stock）と呼ばれる，各区分の人数をまとめる．時間の経過に伴って，個人がそのシステムに入ったり，出たり，あるいは区分間で移動する．このように移行する人数は〈フロー〉（flow）と呼ばれる．この変化をもたらす要因は予測可能であったり，予測不可能であったりするが，それらには辞めるという個人的な意思決定，商品需要の変化，昇進あるいは組織構造に関する経営的な意思決定などがある．ORワーカーの役割は，効率を最適化するその基礎となるシステムのモデルを記述することである．

確率モデル

要員システムを機能化させる多くの面において不確実性が存在することは，適切なモデルが確率的になることを意味する．中でも2つの確率プロセスはフレキシブルで現実的であることが認められている．それらは吸収マルコフ連鎖（absorbing Markov chain）とリニューアル過程（renewal process）である．前者は，ある一定のフロー率あるいは確率で，ストックが時点ごとに変化することが許されるシステムにおいて適切なモデルである．成功した応用例では，個人をいくつかのカテゴリーに分類して，各カテゴリーの個人が他のカテゴリーに移行する確率はほぼ同一とする．システムからの減少を「吸収」（absorption）と対応付けたうえで，様々な移行確率のもとで，将来のストック人数を予測するためにマルコフ連鎖（Markov chain）を適用する．最近ではこの手法を拡張した，移行の間隔を確率変数とする手法が開発され，セミマルコフ過程（semi-Markov process），あるいはマルコフ再生過程（Markov renewal process）と呼ばれている．

カテゴリーがグレード分けされたり，仕事の機能で分類されている場合のように，カテゴリーの人数が固定である場合には異なったアプローチが用いられるべきである．移行は固定確率で起こるものとは考えられず，空きの発生によって起こる．それゆえに，取替えあるいは更新過程ということになり，消耗（あるいは新しい仕事の生成）に対応して動くことになる．

システムが比較的小さい場合と，操作を規定しているルールが複雑な場合の唯一の現実的なモデル化は，コンピュータによるシミュレーションであろう．この場合のシミュレーションという用語は，一般的に2つの異なった意味で用いられる．1つには，モデルの中での個人の移動がランダム的に起こることを意味する．もう1つは，システム全体の特性を決めるアルゴリズムは，決定論的なものとして扱われる．

予測と管理

広い意味ですべてのモデルは，〈予測〉（forecasting）と〈管理〉（control）という2つのモードで用いられる．研究の初期の段階では，現在の傾向が継続するという前提のもとで，システムの将来の状況を予測することが求められた．次の段階になると，現状にある変動があったときの結果を探求する感度分析を行うことが望まれた．これは，ある望ましい目標を達成するために，経営管理の対象となるパラメータをいかに選択するかという，管理の問題に行き着くことになる．予測と管理の違いはマルコフモデル（Markov model）の簡単な数式を用いて説明できる．このモデルによれば，期待ストックの次期ベクトルは次式によって説明される．

$$n(T+1) = n(T)P + R$$

ここで T は時間，P は移行確率の行列，R は採用人数のベクトルである．予測モードでは，$n(T)$ の将来値を推定するために，P と R の期待値あるいは推測値を用いる．原則として，P と R は T に依存する．管理モードでは，所与の n をある時間保持するために，P と R のある要素，あるいは全要素をいかに選択するかが求められる．これは，到達性（問題が解けるのかどうか）と，〈保持性〉(maintainability, いったん到達したある n を保てるかどうか）の問題になる．これらは，決定論的と確率的な環境における，それらの問題の解決性についての興味深い理論的な問題を導く．より現実的なレベルでは，目標計画法，あるいはネットワーク分析 (Gass, 1991; Klingman and Phillips, 1984) で表現される最適化問題の定式化に関連する．

消耗のフロー（退職あるいは転職として知られる）は，きわめて変動することと，経営者の管理できる範囲を大きく超えるという2つの理由から，要員システムでは重要な要素である．これについては，主として生存関数，あるいは等価なサービス終了期間の度数分布によって，積極的な研究がなされている．実用面では，データが普通調査されたものであり，ときには部分的なものである事実から，分析は複雑になる．この研究は，消耗を決めている要因を測定し，推定し，知識を得るという3つの目的をもっている．

要員方程式 (manpower equation) の需要面は調査が困難である．人々への需要は仕事の供給と等価であるが，これは，特定の組織あるいは産業に固有な技術的，政治的，社会的，経済的要因に依存する．資格をもった医学要員の需要を1つの例とすれば，それは，民主的な変化，政府とユーザがどの程度喜んで医療費を支払うか，AIDSのような新しい病気の出現とその広がりなどの変動要因に依存している．手法は，応用分野に応じてきたし，また応じるべきである．不確実性が大きいゆえに，環境変化を定期的に監視して，計画を適切に調整することが重要である．今度限りの計画というのは，要員計画ではありえない．

⇒目標計画法，マルコフ連鎖，マルコフ過程，ネットワーク．　　　　　　　　　[David J. Bartholomew／金沢　孝]

参考文献

[1] Bartholomew, David J., A.F. Forbes and S.I. McClean (1991). *Statistical Techniques for Manpower Planning*, 2nd ed., John Wiley, Chichester.
[2] Bennison, Malcom and J. Casson (1984). *The Manpower Planning Handbook*. McGraw-Hill, London.
[3] Gass, S.I. (1991). "Military Manpower Planning Models," *Computers and OR*, 18(1), 65–73.
[4] Grinold, R.C. and K.T. Marshall, 1977. *Manpower Planning Models*. New York and Amsterdam: North-Holland.
[5] Klingman, D. and N. Phillips (1984). "Topological and Computational Aspects of Preemptive Multicriteria Military Personnel Assignment Problems," *Management Science*, 30, 1362–1375.
[6] Smith, A.R. and D.J. Bartholomew (1988). "Manpower Planning in the United Kingdom: An Historical Review," *Jl. Operational Research Society*, 9, 235–248.
[7] Vajda, Steven (1978). *Mathematics of Manpower Planning*, John Wiley, Chichester.

容量制約のある輸送問題
　　　　　　　　　capacitated transportation problem

輸送問題の中で，ソースとシンクの間のフローの一部，またはすべてに上界制約がついているもの．

余剰ベクトル
　　　　　　　　　　　　　　　surplus vector

線形計画問題の余剰変数の列表現．⇒余剰変数．

余剰変数
　　　　　　　　　　　　　　surplus variable

不等式を等式に変換するために，$\sum_j a_{ij} x_j \leq b_i$ の形の線形不等式に加えられる非負変数．余剰変数は不等式の右辺と左辺の差を表す．⇒論理変数，スラック変数，余剰ベクトル．

予　測
　　　　　　　　　　　　　　　　Forecasting

はじめに

正式な予測手法 (forecasting procedure) は，未来について不確実であるときのみ必要になる．太陽が明日も昇るというような予測は無価値である．予測はまた，事象を完全に制御できるときも，不用になる．たとえば，自宅の室温を予測することは，それを自由に設定できるので予測手法を使う必要はない．しかし多くの意思決定が，不確実性を含んでおり，これらの場合には正式な予測手法（単に「予測」という）が役に立つ．たとえば，環境の変化あるいは政策の変更の効果の不確実性を減少させることは，管理者がよりよい意思決定を行うのに役立つ．

実際には，予測 (forecasting) は計画 (planning) としばしば混同される．計画とは，対象とするものがどのようになる〈べき〉かを論ずるのに対し，予測はそれが

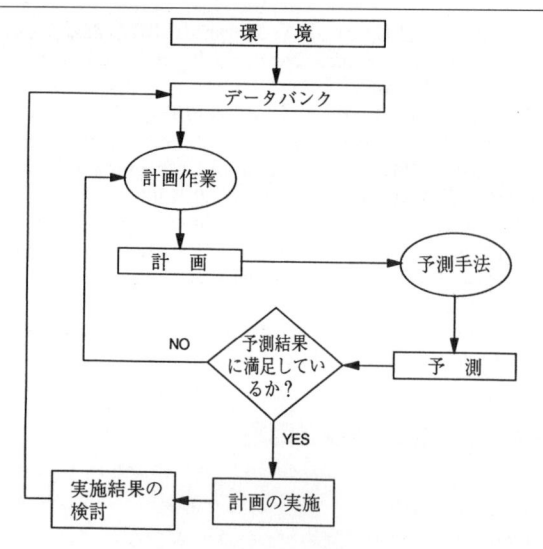

図1 予測と計画の枠組み

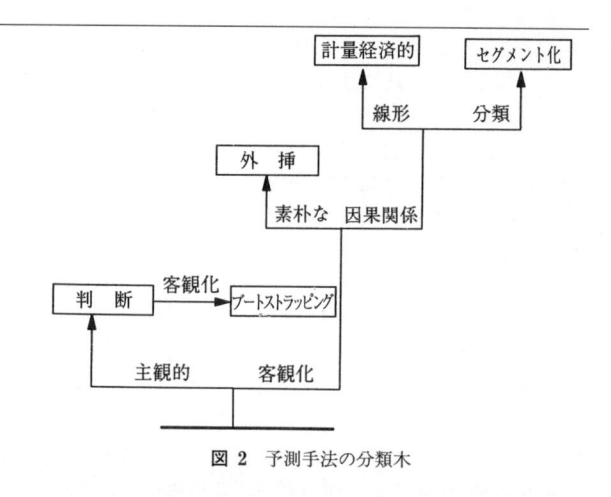

図2 予測手法の分類木

どのようになる〈だろう〉かを論じている．図1はこの関係をまとめている．予測手法は，各計画のできばえを予測するのに用いられる．もしできばえが満足のいくものでなければ，計画は修正されるべきである．この過程は，結果が満足のいくまで繰り返される．修正された計画は再び実施され，その結果が次の計画に反映するため監視される．

（主として心理学や経済学の）いくつかの著名な例外を除いて，予測に関する研究は，Brown (1959) が指数平滑法（exponential smoothing）を開発した1960年代の初期頃に始まった．Brownの方法は，最新のデータが予測に一番大きな影響をもっているという哲学である．

Box and Jenkins (1990) は，予測手法はデータの特徴にもとづくべきであることを提唱し，予測に大きな影響を与える哲学を打ち立てた．彼らは統計学者に大きな影響を与え，彼らの手法は多くの企業で採用された．しかしながら，これらの手順は単純な量的手法と比較して精度のうえで目立った効果が得られない（Armstrong, 1985）．

予測の研究は，1960年以降急速に増えており，Fildes (1981) の参考文献には4000件が含まれているが，これらの多くは間接的な予測に関係している．1980年以来の成長は，予測に関する学際的な研究者の学会であるIIF (International Institute of Forecasters) の設立で活性化した．1980年代には，Journal of Forecasting と International Journal of Forcasting という2つの学術雑誌が刊行された．

基本的な予測手法を以下で簡単に説明する．次に，手法の選択の指針を述べる．OR/MSの典型的な予測の応用例が，どの手法がどういう場合に最も適しているかの意見とともに例示されている．多くの研究上の発見に焦点が当てられ，主なレビュー論文の引用を行っている．最後に，実施方法について議論している．

予測手法

予測手法には，様々なものがある．それらは，情報を分析するのに主観的（subjective）あるいは客観的（objective）な過程を用いる．また，ある手法では興味の対象である変数よりも情報，特に重要なのは何気ない情報を用いるものもある．最後に，予測手法は，分類（classification）とは異なるが，一方では関係をもっている．図2のような方法で予測手法の分類を行うことができる．各手法を手短に紹介して，そのおのおのについてもっと重要な見解をまとめる．Makridakis and Wheelwright (1989) はこれらの手法の応用の詳細を述べている．

判断による予測（judgmental forecast）は，管理者が重要な意思決定をするのに最も人気のある手法である．判断業務を向上させる努力において，研究者は重要な発見を行った．これらは，

1) 1人の専門家より，できれば5人から20人の専門家を登用する．

2) 構造のよくわかった手法を用いる（すなわち，各専門家の情報をうまく用いるために問題を分割し，各専門家が集団の圧力を避けて，片寄らない予測結果を得る）．

3) 歪みを避けるように問題の枠組みをつくる（すなわち，専門家に予測をたのむときに，様々な方法で予測問題を述べる）ある場合には，主要人物の意向で予測する．意識調査が，何年にもわたる改良に成功し，選挙の予測や新製品の開発に用いられた．たとえば，購買動向は，様々な代替商品の比較をしてもらうことで評価できる（コンジョイント分析（conjoint analysis）のような手法）．Bunn and Wright (1991) は，判断による予測に関する文献の調査をし，それがどのように統計的予測手

法と関係するかを示している．

ブートストラップ (bootstrapping) は，専門家の判断をよりどころとしているが，それを主観的な手順に変換している．これをする1つの方法は，専門家に彼らが予測するとおりのプロセスを記述させることで専門家のプロトコルを手に入れることである．他のアプローチは，一連の状況をつくりあげ，それらについて専門家に予測をたのむことである．これらの判断による予測は，モデルを開発するためにその状況を表すデータとつきあわせ照合される．いったん開発されると，ブートストラップ法は，予測を行うのに低コストの手段を提供する．この手法は，個々の改良は小さなものであるが，いつも精度の改良が行える．この手法は，新製品についての予測とか，結果を観察しにくいとか，管理職の選択とかのデータのないような予測に特に役に立つ．

外挿法 (extrapolation method) は，過去の時系列データがあるときに適している．在庫や生産の短期予測 (short-term forecast) に広く用いられている．重要な知見は次のとおりである．

1) データの季節調整 (seasonal adjust) に気を付けること．

2) 比較的単純な手法を用いること．

3) 過去の傾向が一貫しており，その傾向が持続するときに，その傾向を外挿できる．

4) 予測の不確実性は増大するので，傾向の外挿には慎重にすること（すなわち，最新のデータで小さな変化を予測する）．

Gardner (1985) は，指数平滑の研究調査を行った．Fildes (1988) は，外挿法に関してより広範な調査を行っている．

〈計量経済的手法〉(econometric method) は，様々な仮定と様々な段階のもとで環境に何が起こるかを予測したいときに有効である．

これらの手法は，次のときに役に立つ．

1) 強い因果関係 (strong causal relationship) が期待できる．

2) 因果関係が推定できる．

3) 大きな変化が予測の範囲を超えて，因果関係のある変数間に起きることもある．

4) 因果関係のある変数間の変化は予測できる．

経済の短期予測で起きるように，これらの条件が保持できないときに，経済手法は正確でなくなる．これらの手法の重要な所見は

1) 過去のデータに単に統計的な当てはめをするのではなく，理論と固有領域の知識にもとづいて因果関係のある変数の選択を行い，

2) 比較的単純なモデルを用いる（すなわち，問題を小さな独立な問題に分割する．同時斉次方程式は用いない，パラメータに関して線形のモデルを用いる）．

3) 推定された関係が事前にわかっているのと同じ方向のときのみ，その変数を用いる．

Fildes (1985) は，予測のための計量経済手法の調査を行っている．

図2は，理想的な手法を表している．実際，解析者はこれらの手法の中から選べばよい．研究からの重要な発見は，複数の手法を用いて予測結果を結びつけることである．Clemen (1989) は，手法の複合化について調査を行っている．

手法の選択

実証的な文献では，与えられた状況で最も適した手法を選択する指針を示している．図3はこれを要約したものである．主観的あるいは客観的，因果関係あるいは素朴な関係，線形あるいは分類手法を用いる場合を示している．

図3に示す一般的なアドバイスは，与えられたモデルの選択に十分ではない．分類は，次の点を考慮する必要がある．

以下のとき客観的な手法が適している：
1. 客観的なデータがたくさんある
2. 大きな変化が起こる可能性がある

客観的手法が適しているか？ → No → 判断を用いる

Yes ↓

以下のとき因果関係が選ばれる
1. 因果関係のあるデータが利用できる
2. 関係について事前によい知識がある
3. 大きな変化が起こりうる
4. 従属変数の情報が乏しい

因果関係が適しているか？ → No → 外挿法を用いる

Yes ↓

分類手法は次のときに回帰よりよい
1. 多くのデータが利用可
2. データに難点がある

分類手法が適しているか？ → No → 線形手法を用いる

Yes ↓

分類手法を用いる

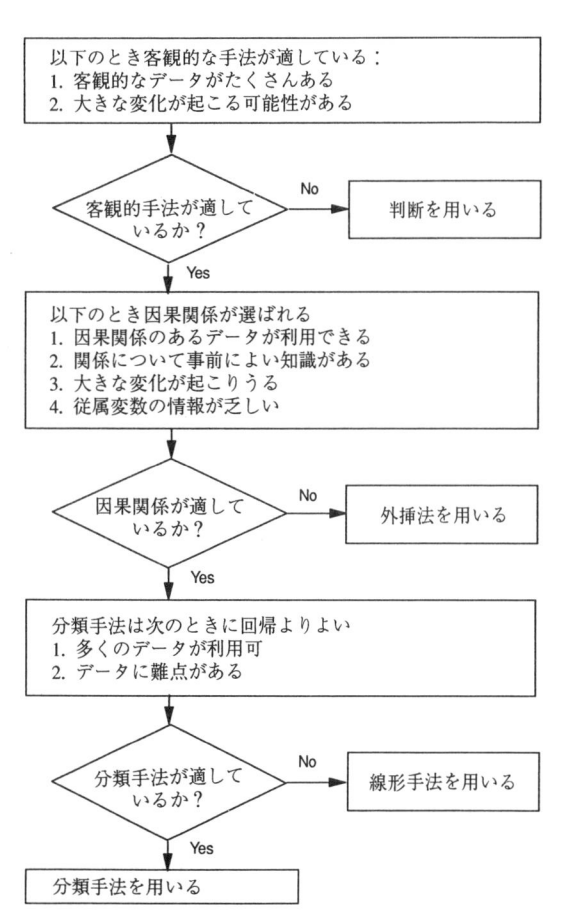

図3 状況による手法の選択

1) 予測したいタスクの要求
2) 固有領域の知識（domain knowledge）
3) 予測手法の理解
4) データの特徴

最近まで，これらの情報を総合化することは困難であった．管理者は彼らの判断に頼りがちで統計学者を無視しがちであった．一方，統計学者はより複雑な問題にアプローチし，管理者の存在が眼中に入ってこなくなっている．

ルールベースの予測は，管理者の固有領域の知識を統計学者の定量的な手法と総合化することで一般化できる．ルールベースの予測（rule-based forecasting）は，固有技術の専門家から情報を引き出す意思決定アプローチである．それは，予測に関する研究から最新の指針を組み込んでいる．この情報は，様々な予測手法からの予測値に様々な重みを適用して用いられている．ルールベースによる予測は，外挿法に適用されたときに精度の著しい改善を達成する（Collopy and Armstrong, 1992）．

与えられた状況で適切な予測手法を選ぶことは，代替手法を比較するために用いられる手続きの範囲の大きさで左右される．有意義な進歩が手続きの検証においてなされた．たとえば，統計学者はモデルが過去のデータにどれくらいよく当てはまっているかを分析する洗練された手順を信頼している．しかしながら，この方法は予測手法の選別には役に立たない．代わって，予測者が直面する現実の状況のもっともらしいシミュレーションから得られる事前の予測（ex ante forecast）を信頼すべきである．平均平方のような伝統的な誤差は，手法の比較に信頼のおける基準を提供しない．中央値からの偏差の比率の絶対値は，スケールに対し不変であり，外れ値に過剰に影響されないのでより適している．小さなデータを用いての比較では，予測の困難さの度合いを制御することもまた望まれる．これを行うための1つの尺度は，与えられたモデルでの誤差を，単純な何も変化しない予測（定数項モデル）による誤差と比較することである（Armstrong and Collopy, 1992）．

不確実性を減らすことは（すなわち，正確度を増す），予測はまた不確実を評価することと関係する．統計家はこの問題に大きな注意を払ったが，彼らの努力は予測の不確実性を推論する方法として過去のデータに当てはまることに頼っている．実証的な研究は，しばしば実際の値の半分以上が95%信頼区間に入らないことがあることを示している．その場合によりよいアプローチは，できるだけ厳密に現実の予測手順をシミュレーションし，不確実性を評価するために事前の予測を行って得られた分布を用いることである．

経営における予測の応用例

予測手法は，経営の多くの分野で利用されている．図4は，ある分野でこれらがお互いにどのように関係しているかの概略である．たとえば，計量経済手法は環境と産業の長期予測には適している．外挿法は，費用，売上，市場占有率などの短期予測に用いられる．競争相手の行動に関する予測は，判断によってなされる．たとえば，もし唯一の競合相手がある場合，彼らの行動はロールプレイング（role playing）でもって予見される（現実の状況のシミュレーションで競合相手の役割を描いてみる）．ロールプレイングは，政府の規制を予見するのにも便利である．

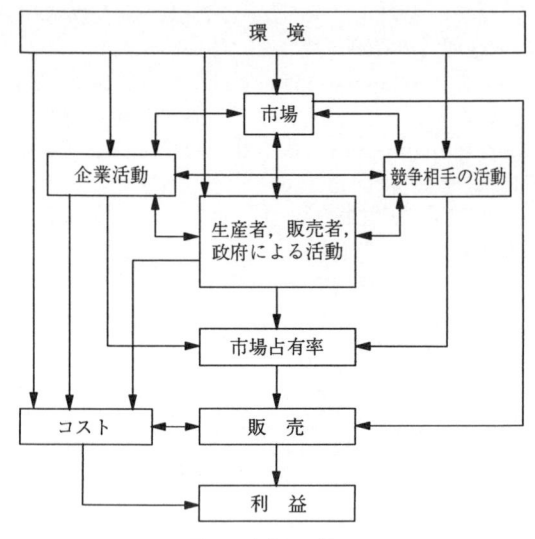

図4 企業における

予測の実施

予測における進歩は，構造のはっきりした定量的な手法への応用を通して達成された．これにもかかわらず，管理者は重要な意思決定を主観的な予測に頼りきっている．定量的な予測が行われても，管理者はそれらを修正するのに彼らの判断を用いている．判断はある場合には予測に適しているが，しばしば間違いを生じる．一般的なルールは，専門家が現状の出来事の決定に能力を発揮するが，変化を予見するには不向きである．このため，判断は現状の不確実性を減らすために用いると結果を改善するが，変化する状況では間違えることが多い．これにチャレンジするには，定量的な手法と判断手法を効果的に結びつける手法を開発することである．

予測の実施は，予測の本来的なメリットに限らず，組織へ受け入れられるかどうかにかかっている．これは，ユーザの能力と組織の行動様式に依存する．次に様々な手順を現実的な設定でいかにうまく実施できるかを評価

することが役に立つ．この分野を促進する研究がBretschneider et al. (1989) によって行われた．たとえば，彼らは組織における複雑な手順の利用は予測精度をそこなうということを報告している．

正確な予測は，特に悪いニュースが含まれているときに無視されがちである．いくつかの代替案からなる将来に関するシナリオ (Armstrong, 1985) は，それの予測を行ったケースが意思決定者にもっともらしくみえるように実施できる．

シナリオのもっともらしさは，生き生きとしてはっきりした例を用いることで増やすことができる．そのような例は，事象の論理的な流れを示し，意思決定者がそのシナリオでどのように行動するかを記述させることができて，シナリオを作成するときに過去の例を用いることができる．

おわりに

1960年以来，予測に関する研究は，代替アプローチの経験的なテストに重点を置いていた．それらはまた，様々な手法が最も適している条件を調べることである．これらの研究の方法は，役に立つ知見を提供することである．多くの場合，知見は統計家と管理者の予測と矛盾する．これが新しい手法の採用を遅らせる．結果として，多くの組織が多くの研究成果を採用しないでいる．

⇒ デルファイ法，計量経済，指数平滑法．回帰分析，時系列分析． [J. Scott Armstrong／新村秀一]

参考文献

[1] Armstrong, J. Scott (1985). *Long-Range Forecasting: From Crystal Ball to Computer* (2nd ed.), John Wiley, New York.
[2] Armstrong, J. Scott and F. Collopy (1992). "Error Measures for Generalizing About Forecasting Methods: Empirical Comparisons," *International Jl. Forecasting*, 8, 69–80.
[3] Box, George E. and G.M. Jenkins (1970). *Time Series Analysis for Forecasting and Control*. Holden Day, San Francisco.
[4] Bretschneider, Stuart I., W.L. Gorr, G. Grizzle, and E. Klay (1989). "Political and Organizational Influences on the Accuracy of Forecasting State Government Revenues," *International Jl. Forecasting*, 5, 307–319.
[5] Brown, Robert G. (1959). *Statistical Forecasting for Inventory Control*. McGraw Hill, New York.
[6] Bunn, Derek and G. Wright (1991). "Interaction of Judgmental and Statistical Methods: Issues and Analysis," *Management Science*, 37, 501–518.
[7] Clemen, Robert T. (1989). "Combining Forecasts: A Review and Annotated Bibliography," *International Jl. of Forecasting*, 5, 559–583.
[8] Chatfield, Chris (1993). "Calculating Interval Forecasts," *Jl. Business and Economic Statistics*, 11, 121–135.
[9] Collopy, Fred and J.S. Armstrong (1992). "Rule-based Forecasting: Development and Validation of an Expert Systems Approach to Combining Time Series Extrapolations," *Management Science*, 38, 1394–1414.
[10] Fildes, Robert (1988). "Recent Developments in Time Series Forecasting," *OR Spektrum*, 10, 195–212.
[11] Fildes, Robert (1981). *A Bibliography of Business and Economic Forecasting*. Gower Publishing, Farnborough, Hants, England. [An update was published by the Manchester Business School under the same title in 1984.]
[12] Fildes, Robert (1985). "Quantitative Forecasting – The State of the Art: Econometric Models," *Jl. Operational Research Society*, 36, 549–580.
[13] Gardner, Everette S. Jr. (1985). "Exponential Smoothing: The State of the Art," *Jl. Forecasting*, 4, 1–28.
[14] Makridakis, S. *et al.* (1982). "The Accuracy of Extrapolation (Time Series) Methods: Results of a Forecasting Competition," *Jl. Forecasting*, 1, 111–153.
[15] Makridakis, Spyros and S.C. Wheelwright (1989). *Forecasting Methods for Management* (3rd ed.). John Wiley, New York.
[16] Makridakis, Spyros and S.C. Wheelwright (1987). *The Handbook of Forecasting: A Manager's Guide*. John Wiley, New York.
[17] Special Issue (1988). "The Future of Forecasting," *International Jl. Forecasting*, 4, No. 3.

予測モデル

predictive model

未来に起こる出来事を予測し，意思決定に利用するためのモデル．⇒ 意思決定問題，記述モデル，数理モデル，モデル，規範的モデル，処方箋的モデル．

ら

ラグランジュ関数
Lagrangian function

条件式 $\{g_i(\boldsymbol{x}) \leq b_i\}$ の下で，$f(\boldsymbol{x})$ を最小化する一般の数理計画問題が与えられたとき，$L(\boldsymbol{x}, \lambda) = f(\boldsymbol{x}) + \sum_i \lambda_i [g_i(\boldsymbol{x}) - b_i]$ をラグランジュ関数という．ここで λ_i をラグランジュ乗数という．線形計画問題の場合，ラグランジュ乗数は双対問題に対応する．⇒ 非線形計画法．

ラグランジュ緩和
Lagrangian relaxation

線形計画法において，分解法もしくはラグランジュ関数を用いて下界値を求める方法．⇒ 組合せ/整数最適化．

ラグランジュ乗数
Lagrange multipliers

数理計画法において，ラグランジュ関数に表れる1次結合の係数．双対問題が存在する場合には，これらは双対変数と呼ばれるものである．線形計画問題の場合には，潜在価格（シャドウ・プライス）と呼ばれるが，これは適当な条件の下では，制約条件が変化したときの目的関数値の変化率を与える．⇒ ラグランジュ関数，非線形計画法．

ラプラス-スティルチェス変換
Laplace-Stieltjes transform

$t \geq 0$ で定義された任意の関数 $G(t)$（確率分布関数のような）に対して，そのラプラス-スティルチェス変換（LST）は $\int_0^\infty e^{-st} dG(t)$ で定義される．ただし $\mathrm{Re}(s) > 0$ である．関数 $G(t)$ が微分可能であれば，LST はその導関数 $g(t) = dG(t)/dt$ の通常のラプラス変換と一致する．

ラプラス変換
Laplace transform

$t \geq 0$ で定義された任意の連続関数 $g(t)$（確率密度関数のような）に対してそのラプラス変換は $\int_0^\infty e^{-st} g(t) dt$ で定義される．ここで $\mathrm{Re}(s) > 0$ である．

ランク（階数）
rank

$m \times n$ 行列 $\boldsymbol{A}$ のランクは $\boldsymbol{A}$ の線形独立な列の最大個数である．$\boldsymbol{A}$ のランクはその転置 $\boldsymbol{A}^\mathrm{T}$ のランクと等しく，ランクは m あるいは n より大きくはない．⇒ 行列と行列代数．

乱数生成法
Random Number Generators

はじめに

オペレーションズリサーチにおけるアルゴリズムやヒューリスティクスの中には，乱数（random number）を必要とするものがいろいろある．たとえば，モンテカルロ積分，確率的な離散系シミュレーション，（遺伝アルゴリズム，シミュレーテッド・アニーリング法のような）確率的アルゴリズムなどで乱数が必要になる．実際には，いわゆる「乱数」はたいてい決定論的な計算機プログラムによってつくられており，したがって全然ランダムではない．このようなプログラムは〈乱数生成プログラム〉と呼ばれているが，その目的は，たとえば0と1の間の一様分布 $U(0,1)$ にしたがう確率変数のあたかも i. i. d.（独立で同一分布にしたがう）サンプルであるかのように「見える」数の列を作り出すことである．プログラムによっては，整数乱数や0-1乱数（ランダム・ビット）を作り出すものもある．作り出される数列は，実際には決定論的なものだから，〈擬似乱数列〉（pseudorandom sequence）と呼ばれることも多く，また，プログラムの方も〈擬似乱数生成プログラム〉と呼ばれることもある．ここでは，慣例にしたがって，擬似乱数という代わりに単に〈乱数〉ということにする．もちろん，一様分布以外の分布，たとえば正規分布，指数分布，ポアソン分布，などの分布にしたがう確率変数が必要になることも多い．実際には，このような確率変数は，一様乱数を適当に変換してつくることが多い（Bratley et al., 1987; Devroye, 1986）が，これについては以下で説明する．

乱数をつくるための物理的からくり（たとえば，箱の中からボールを取り出したり，特殊な電子回路の「ノイズ」を利用したりすること）をコンピュータと組み合わ

せて使うことは，現実には決して行われないが，その理由は，これらは便利ではないし，このような方法によってつくった数が独立で本当に一様分布にしたがっているかどうかはっきりしないからである．

（擬似）乱数生成アルゴリズムの設計と解析に関しては，理論体系がよく整備されている（Knuth, 1981; L'Ecuyer, 1990; L'Ecuyer, 1994; Niederreiter, 1992). しかし，残念ながら，信用できない「危険な」生成法が依然として科学的な文献やコンピュータ・システム上にあふれている．現実的な応用では，ありふれた生成法を使っても有用な結果が得られることも多いが，事態が悪くなりはじめると，急速に破滅的な状況になってしまうこともあるので，注意する必要がある．十分テストして推奨される生成法（プログラム付き）が，たとえばL'Ecuyer et al.(1993), L'Ecuyer et al.(1991), Tezuka and L'Ecuyer (1991) などに記載されている．

〈乱数生成法〉(random number generator：RNG)は，抽象的には $\mathcal{F}=(S, s_0, T, U, G)$ として定義することができる．ここで，S は状態の有限集合，$s_0 \in S$ は初期状態，$T: S \rightarrow S$ は〈推移関数〉，U は〈出力〉記号の有限集合，$G: S \rightarrow U$ は出力関数である．生成法は状態 s_0（〈たね〉(seed)と呼ばれる）から出発し，$s_i := T(s_{i-1})$ という法則にしたがって変化し，各段階 i において出力 $u_i := G(s_i)$ が観測される．観測値を外から見れば，あたかも U 上で一様分布する i. i. d. 確率変数の実現値のように見えると期待される．集合 U は $\{0, \cdots, m-1\}$ という形の整数の集合であったり，あるいは $U(0, 1)$ 分布を近似する0と1の間の有限個の小数であったりすることが多い．以下では，後者であると仮定する．S が有限であるから，状態の系列はいずれは周期的となる．〈周期〉というのは，ある整数 $\tau \geq 0$ とすべての $n \geq \tau$ について $s_{\rho+n} = s_n$ が成り立つ最小の正整数 ρ のことである．この性質をもつ最小の τ のことを〈過渡期〉(transient)と呼ぶ．$\tau=0$ の場合には，系列は〈純周期的〉(purely periodic)であるという．

真のランダムネスを導入するためには，s_0 をランダムに，たとえば箱の中から球を取り出して決めることもできる．真にランダムなたねをまくのは，真にランダムな数の長い列を生成するのに比べれば，ずっと労力が少なく，実行可能である．ランダムなたねを使ったRNG はランダムネスの〈延長装置〉と見なすことができるが，その目的は「硬貨投げ」の手間を省くところにある．これによって，真にランダムな少数のたねを引き延ばして，真にランダムな数列のように見えると思われる長い数列を作り出すのである．

RNGをつくること自体は，ランダムにやってはいけない．十全の注意と相当の理論的根拠を必要とする．周期がわかっているというだけでは，それがたとえ天文学的な長さであったとしても十分ではない．RNGによってつくられる点（すなわち，引き続く，あるいはとびとびの値からなるベクトル）が多次元空間にどのように分布するかも理論的に分析しなければならない．たとえば，引き続く観測値からつくられる t 次元ベクトルの1周期分すべてを要素とする集合

$$\Omega_t = \{u_n = (u_n, \cdots, u_{n+t-1}) ; \tau \leq n \leq \tau + \rho - 1\}$$

を考える．ふつうやることは，これらの点が t 次元単位立方体 $[0, 1]^t$ 内にきわめて均等に分布していることを要請することである．もちろん，分布が一様すぎる点集合はランダムには見えなくて，(均等にはほど遠い分布の点集合と同様に) i. i. d. の一様分布にしたがう確率変数を模擬することはできない．では，なぜ集合 Ω_t が「超一様」分布をすることを要求するのであろうか？

その理由は，Ω_t は標本空間で，この中から点が非復元抽出によってランダムに取り出されると考えるべきだからである．Ω_t のすべての点を含む大きな箱を考えてみよう．これらの点が $[0, 1]^t$ 上にきわめて一様に分布しているとすれば，$[0, 1]$ 上の一様分布からの近似的な i. i. d. 標本をつくるよい方法は，この箱の中から点をランダムに復元抽出して各ベクトルのすべての成分を使うことである．RNGの周期がきわめて長く（すなわち，Ω_t の要素数がきわめて大きく）て，実際に使うのはほんの（無視できるほどの）一部分ならば，Ω_t から点を選ぶのに復元抽出をしようと非復元抽出をしようと，実用上まったく違いがないと仮定（あるいは期待）することができる．RNGによってつくられる点の集合を Ω_t からのランダム標本と見るならば，Ω_t が $[0, 1]^t$ 上にできるだけ一様に分布するようにしておくことに意義がある．この議論は，RNGの周期が実際に使う乱数の個数よりも〈桁違い〉に巨大でなければならないことも示唆している．

周期全体にわたる均等分布(equidistribution)の性質がよければ，実際にわれわれが使う周期の一部分についても統計的性質がよいであろうと信頼できる．ふつうは，さらに統計的検定を行って補完する．しかし，これらの統計的検定(statistical test)を行っても，必ずしもよい生成法とありきたりの生成法が判別できるわけではない．したがって，まず，理論的な検定にもとづいて生成法を選び，これに対して適当な統計的検定を行うのがよい．統計的検定はいくらでも考えて実施することができる．いくつかの「標準的な」検定がKnuth(1981), Marsaglia (1985)に記述されている．理想をいえば，乱数を何に使うかに応じて検定法を選択すべきである．したがって，ソフトウェアパッケージやライブラリとして提供されている「汎用の」RNGを使う前に，さらに「特別な」統計的検定を行う方がよい．もちろん，出力系列に周期があるどんなRNGに対しても，十分な時間をかければ，ひどい結果になる検定法を作り出すことができる．し

がって，そのような RNG に統計的検定を適用しようという考えは，馬鹿げているように思われるかもしれない．しかし，実用的な観点から，たいていの人々は RNG が「適当な」時間内に実行できる一連の統計的検定に合格すればよいと感じている．

汎用の RNG を選ぶための他の基準としては，速さ，所要の記憶容量，再現性，移殖性，実装の容易さ，飛び越しおよび分割利用の機能の有無などがある．(たとえば素粒子物理学の分野のように) 何十億もの乱数を必要とするシミュレーションの適用分野では，使用できる計算機の能力の如何にかかわらず，RNG の速さが常に決定的に重要な特性である．多くの「仮想的な」RNG (すなわち，多くの部分系列) を並列に保持しなければならない場合には，メモリの使い方が重要になる．これは，たとえばある種の分散減少法を適切に実装する際に必要になる (Bratley et al., 1987; L'Ecuyer and Côté, 1991; L'Ecuyer, 1994)．移殖性(portability)というのは，RNG が標準的な高水準言語を使って効率的に実装でき，すべての「標準的な」コンパイラとすべての「ふつうの」コンピュータ上で (少なくとも機械の精度の範囲内では) 完全に同じ系列を生成できるという意味である．同一のコンピュータあるいは異なるコンピュータ上で同一の乱数列を再生成できるという性質 (〈再現性〉と呼ばれる) は，プログラムの正しさの確認および分散減少法のために重要である (Bratley, 1987; Ripley, 1990)．再現性は，物理的な手段によって生成される系列と比べて，擬似乱数列がもっている主要な利点の1つである．もちろん，物理乱数についても，きわめて長い系列を大きなディスクあるいはテープに貯えておいて，以後必要に応じて再利用することは可能である．しかし，これは数行のプログラムとして書けるよい RNG ほど便利ではない．〈飛び越し機能〉(jumping ahead) というのは，現在の状態 s_n が与えられたとして，どんな大きな ν に対しても状態 $s_{n+\nu}$ を (途中の状態を全部生成しないで) 迅速に計算できる機能のことである．この機能は，乱数列をいくつかの互いに重複することのない長い部分系列に分割して，ある部分系列から他の部分系列へすばやく飛び移るのに便利である．L'Ecuyer and Côté (1991) に掲載されているパッケージは，このような機能を利用して「仮想的な」並列 RNG を実装している．

線形漸化式による系列

現在使われている多くの RNG は，

$$x_n = (a_1 x_{n-1} + \cdots + a_k x_{n-k}) \bmod m \qquad (1)$$

という形の線形漸化式にもとづいている．ここで，m は正整数で法 (modulus) と呼ばれ，$a_1, \cdots, a_k$ ($a_k \neq 0$) は $-m$ と m の間の整数で乗数(multiplier)と呼ばれ，k は漸化式の次数である．第 n ステップにおける漸化式の状態 (state) は $s_n = (x_n, \cdots, x_{n+k-1}) \in \mathbf{Z}_m^k$ で定義される．全成分が 0 という状態は吸収状態で，したがって避けなければならないことを考慮すれば，達成可能な最長周期は $m^k - 1$ であることがわかる．この最大 (あるいは全) 周期は，m が素数で，漸化式の特性多項式

$$P(z) = z^k - a_1 z^{k-1} - \cdots - a_k$$

が m を法として原始多項式 (primitive polynomial) ならば，実際に達成される．そのような原始多項式は，$m-1$ および $(m^k-1)/(m-1)$ の因数分解ができれば，簡単に見つけられる (Knuth, 1981; L'Ecuyer, 1990; L'Ecuyer et al., 1993)．全周期系列に関しては，s_n の引き続く ρ 個の値の中には，$s_n = (0, \cdots, 0)$ を除いて，$\{0, \cdots, m-1\}^k$ の各要素がちょうど 1 回ずつ出現する．

出力系列をつくるための 1 つの方法は，各ステップで s_n を u_n に変換することである．たとえば，区間 $[0, 1)$ 上の値は $u_n = x_n/m$ として得られるが，この RNG は多項漸化式法 (multiple recursive generator: MRG) と呼ばれている (L'Ecuyer et al., 1993; L'Ecuyer, 1994; Niederreiter, 1992)．$k=1$ という特別な場合には，有名でよく使われている乗算型線形合同法 (multiplicative linear congruential generator: MLCG) が得られる (Bratley et al., 1987; Knuth, 1981)．

実用的な実装の観点からすると，ある種の非素数の法は，素数の法よりずっと魅力的である．あるものは組合せ生成法という形で効率的に実装できる (L'Ecuyer and Tezuka, 1991; Tezuka and L'Ecuyer, 1991; Wang and Compagner, 1993) し，m が 2 のべきという重要な特殊ケースの場合には，"mod m" という演算は，単に桁あふれを無視して上位ビットを「切り捨てる」だけで済ませられる．しかし，周期の長さと統計的な頑健性は，ある程度犠牲になる．たとえば，2 のべきを法とする MLCG に関しては，達成可能な最長周期は $m/4$ でしかなくて，これが達成できるのは，たとえば $a \bmod 8 = 5$ で x_0 が奇数のときである．実は，もっと一般的な形:

$$x_n = (a x_{n-1} + c) \bmod m \qquad (2)$$

を使えば，周期 m を達成可能である．ただし，c は定数 (Knuth, 1981)．しかし，いずれにしても，2 のべき乗という法には他にも多くの欠点があるので，まったく使わない方がよいだろうと思われる．たとえば $m = 2^e$ とすると，x_n の下から i ビット目の周期はたかだか 2^i であり，点 (x_n, x_{n+i}), $i = 2^{e-d}$, はたかだか $\max(2, 2^{d-1})$ 本の平行線群の上にのってしまう．m が素数の場合に式 (1) を実装する方法は Bratley et al. (1987)，L'Ecuyer et al. (1993)，L'Ecuyer and Côté (1991) に記載されている．

出力を作り出す，もう少し一般的な方法は，各段階で漸化式 (1) の s 項を使って

$$u_n = \sum_{j=1}^{L} x_{ns+j-1} m^{-j} \qquad (3)$$

とすることである．ここで，s と $L \leq k$ は正整数である．この場合には，RNG の状態を定義しなおして $s_n = (x_{ns}, \cdots, x_{ns+k-1})$ とし，系列 $\{u_n\}$ は離散多段階系列（digital multistep sequence）と呼ぶ（L'Ecuyer, 1994; Niederreiter, 1992）．式 (1) の周期が $\rho = m^k - 1$ で s が ρ と互いに素ならば，式 (3) の周期も $\rho = m^k - 1$ である．このような離散的な構成法を使うと，単に $u_n = x_n/m$ とするよりも高精度の乱数をつくることができ，m として小さい値を使ってもよくなる．Couture et al. (1993), L'Ecuyer (1994), Tezuka and L'Ecuyer (1991) に説明があるとおり，式 (3) の系列は，形式的なローラン級数の空間における MLCG としてもつくることができる．この見方は，m が小さい場合に系列の構造的な性質を分析するのに有用である．

式 (3) の重要な特殊ケースは $m=2$ の場合である．各 u_n は 2 進の系列式 (1) の L 個の連続するビットを 1 ブロックとして使い，ブロック間に $s-L \geq 0$ ビットの未使用の間隔を入れることによってつくられる．これは Tausworthe の生成法（Tausworthe generator）として知られている（Knuth, 1981; Niederreiter, 1992; Tezuka and L'Ecuyer, 1991）．実装に関する議論は Bratley et al. (1987), L'Ecuyer (1994), Tezuka and L'Ecuyer (1991) に出ている．

MLCG の行列形
$$X_n = (AX_{n-1}) \bmod m \quad (4)$$
も考えられる．ここに，A は $k \times k$ 行列で，
$$X_n = \begin{pmatrix} x_{n,1} \\ \vdots \\ x_{n,k} \end{pmatrix}$$
は k 次元列ベクトルである．このとき，$\{X_n\}$ は漸化式
$$X_n = (a_1 X_{n-1} + \cdots + a_k X_{n-k}) \bmod m \quad (5)$$
を満たすことがわかる．これは，同一の漸化式 (1) の k 個のコピーを同時に進行させるものである（コピー間の位相差はいろいろであろう）．式 (4) の代わりに式 (5) をそのまま実装すると，メモリは k 倍必要になるが，ずっと速くなる可能性がある（RNG の状態ベクトルは $s_n = (X_n, \cdots, X_{n+k-1})$ となる）．式 (5) は行列 RNG (4) の〈並列 MRG〉実装と呼んでよかろう．もし，$b_1, \cdots, b_k$ を任意の整数として，$y_n = \sum_{j=1}^{k} b_j x_{n,j} \bmod m$ と定義すると，系列 $\{y_n\}$ もまた漸化式 (1) を満たすので，式 (4) によっては，これ以上の一般化は達成できないことになる．しかし，X_n の成分を別の形で結合すれば，式 (1) とは異なる漸化式が得られる可能性がある．その 1 つは，いわゆる〈行列 MLCG〉で，各ステップで X_n の各成分を使って k 個の一様乱数を作り出す．もう 1 つは，〈離散行列 MLCG〉で，各ステップで，各 X_n に対して離散構成法を使って 1 個の一様乱数を作り出す（L'Ecuyer, 1994）．後者については，式 (5) における MRG の k 個のコピー間の位相差が一定（$=d$）であり，$\gcd(d, \rho) = 1$ であると仮定すると，
$$u_n = \sum_{j=1}^{L} x_{n,j} m^{-j} = \sum_{j=1}^{L} x_{ns+j-1} m^{-j} \quad (6)$$
と書ける．ここで，$L \leq k$, $x_{n,j} = x_{n+(j-1)d,1}$, $x_i \stackrel{\text{def}}{=} x_{id,1}$ で，s は $\rho = m^k - 1$ を法とする d の逆数である．したがって，式 (1) の係数を x_i の再定義に応じて変えるということにすれば，この方法は式 (3) に帰着することになる．言い換えると，離散行列 MLCG は，式 (3) を実装するための別法として使える．この場合，式 (5) のベクトル X_n のはじめの L 個の成分だけを計算して記憶しておけばよいことになる．

離散行列 MLCG の特殊ケースで重要なのが，$m=2$ の場合の一般化フィードバックシフトレジスタ（generalized feedback shift register method: GFSR）法である（Fushimi and Tezuka, 1983; Niederreiter, 1992）．この場合，各 X_n は 0-1 ベクトルであり，$a_j \neq 0$ であるすべての j に対する X_{n-j} のビットごとの排他的論理和（XOR）をとって求められる．前段の議論からわかるとおり，（位相差を一定にした）GFSR は Tausworthe 法の高速な実装法であると見なせる．$P(z) = z^k - z^{k-r} - 1$ という形の原始 3 項式にもとづくいくつかの GFSR 法（特に $L=32$ のもの）が提案されている（たとえば，Fushimi and Tezuka, 1983）．この場合，式 (5) は
$$X_n = X_{n-r} \text{ XOR } X_{n-k} \quad (7)$$
となり，大変に速い生成法となる．しかし，この漸化式が極端に単純であるがゆえに，統計的な性質に欠点が生ずる（L'Ecuyer, 1994; Wang and Compagner, 1993）．Compagner (1991), Tezuka and L'Ecuyer (1991), Wang and Compagner (1993) が議論しているように，特性多項式として〈多数〉（たとえば約 $k/2$ 個）の非零係数をもつ多項式を利用するのがよいように思われる．これは，Tausworthe 法を組み合わせることによって効率的に実装することができる．また，式 (7) の XOR 演算を $+$, $-$, modulo（m は 2 のべき乗とするのが代表的）などの演算で置き換えた生成法も考えられる．この一般化した生成法はラグド-フィボナッチ法（lagged-Fibonacci generator）と呼ばれている（Marsaglia, 1985）．

最近，生成規則が単純で速度も速くて，しかも周期がきわめて長い生成法をつくろうとする努力がされている．悪い意味で有名な例は，twisted GFSR および add-with-carry/subtract-with-borrow 法である．これらについては，その後の解析によって大きな欠点があることが判明した（L'Ecuyer, 1994; Tezuka et al., 1993）．一般に，生成法をきわめて単純にしておくことと，統計的な頑健性を達成することとは矛盾するように思われる．

格子構造

MRG の重要な特徴の1つは格子構造 (lattice structure) であり，すべての t 次元ベクトル $u_n=(u_n,\cdots,u_{n+t-1})$ が比較的少数の等間隔に並んだ平行な超平面にのってしまう (Knuth, 1981; L'Ecuyer, 1990). 超平面間の距離 d_t は，短ければ短いほどよい．なぜなら，点の分布の空白部分がより薄いものになり，$Ω_t$ はより均等に分布した集合となるからである．現在では，かなり大きな次元 (50 次元程度まで) の d_t を計算するプログラムが存在している．生成法がよいものであるためには，かなり大きなところまでのすべての t について d_t が小さくなくてはならない．具体例は Knuth (1981)，L'Ecuyer (1990)，L'Ecuyer et al. (1993)，L'Ecuyer and Tezuka (1991) などに出ている．

Tausworthe 法および GFSR 法についても，形式的な級数の空間において格子構造が存在し，この構造を利用して点集合 $Ω_t$ の幾何学的な分布を解析することができる．$m=2$ として，単位超立方体 $[0,1]^t$ を 2^{lt} 個の同一体積の小立方体に分割しよう．各小立方体に $Ω_t$ の点が同数個ずつ (零ベクトルは例外であってもよい) 含まれるならば，この系列は (t, l)-均等分布をするという．$Ω_t \cup \{0\}$ に含まれる点の個数は 2^k 個なので，この条件が満たされるためには $l \leq \lfloor k/t \rfloor$ でなくてはならない．系列が $t=1, \cdots, k$ について $(t, \lfloor k/t \rfloor)$-〈均等分布〉をしているならば，この系列は最大均等分布をしている (maximally equidistributed)，あるいは漸近的ランダム (asymptotically random) であるという．Tausworthe 系列の均等分布は格子構造を使って解析できる (Couture et al., 1993; Tezuka and L'Ecuyer, 1991). ほぼ最大均等分布をする RNG が Tezuka and L'Ecuyer (1991) によって提案されている．

差異，および差異の小さい系列

N 個の t 次元点集合 $u_n=(u_n, \cdots, u_{n+t-1})$, $0 \leq n \leq N-1$，を考えよう．$R = \prod_{j=1}^{t}[\alpha_j, \beta_j)$, $0 \leq \alpha_j < \beta_j \leq 1$，という形の超直方体に対して，$R$ に含まれる点 u_n の個数を $I(R)$ で表し，$V(R) = \prod_{j=1}^{t}(\beta_j - \alpha_j)$ を R の体積としよう．このような領域 R のすべてからなる集合を $\mathbb{R}$ とするとき，

$$D_n^{(t)} = \max_{R \in \mathbb{R}} |V(R) - I(R)/N|$$

を点集合 $u_0, \cdots, u_{N-1}$ の t 次元差異 ((extreme) discrepancy) という．すべての j について $\alpha_j=0$ という条件を付加した場合には，$D_n^{(t)}$ のことを star discrepancy という．

重複対数の法則によれば，〈本当にランダム〉な系列の差異はほぼ $O(N^{-1/2})$ である (Niederreiter, 1992). したがって，理想的には本当のランダムネスをまねしようとするならば，シミュレーションで使う点集合は，近似的にこのオーダの差異を有するものでなければならない．差異が大きすぎると一様分布でないことになるし，一方差異が小さすぎると点が一様に分布しすぎることになる．すでに述べたとおり，N が乱数列の1周期に等しい場合の差異はきわめて小さくなるようにしておいて，シミュレーションでは，1周期のごく一部分だけを使うようにして，その部分についての差異は適切なオーダになることを期待してもよい．Niederreiter (1992) は，いくつかのクラスの乱数列について，主として $N=ρ$ の場合の差異に対する一般的な上界を求めた．しかし，ごくわずかの特殊な例を除けば，差異を正確に計算するための効果的な算法は知られていない．

差異の概念は，モンテカルロ法による数値積分の誤差の上界を求めるためにも有効である．この場合には，差異が小さいほどよい．なぜなら，数値誤差の上界は差異を用いて表され，目的は誤差を小さくすることであって，真のランダムネスのまねをすることではないからである．特別な〈差異の小さい〉点列 (low-discrepancy sequence) (〈準乱〉数列 (quasi-random sequence) とも呼ばれる) がこの目的のために提供されている．これらは，任意の N について差異が小さい無限列である (Niederreiter, 1992).

組合せ生成法

複数の異なる生成法を組み合わせる方法は，周期を長くし，(望むらくは) 統計的性質を改良するための手段としてしばしば推奨されている．実際，多くの高速で単純な生成法，たとえば MLCG や原始3項式にもとづく Tausworthe 法などは，最近のコンピュータで実行される大規模なシミュレーションに対しては十分な統計的頑健性を有しているとはいえない．組合せ生成法 (combined generator) によって得られる数列の構造は必ずしもよく解明されているとはいえないが，経験的には組合せは好ましいものとされている (L'Ecuyer, 1994; Marsaglia, 1985). また，ある種の組合せ生成法は，大きい非素数の法をもつ MLCG，あるいは高次の可約な特性多項式をもつ Tausworthe 法に (近似的に) 等価であることが判明している．これは，相異なる法をもつ2つ以上の MLCG を並行に走らせて，その状態をある整数 m_1 を法として加えたり，これらの MLCG の出力を1を法として加えると起きることである (L'Ecuyer and Tezuka, 1991). 同様に，2つ以上の Tausworthe 法の出力をビットごとに桁上りなしで加えることは，各 Tausworthe 法の特性多項式の積を特性多項式とする Tausworthe 法を使うことと等価である (Tezuka and L'Ecuyer, 1991; Wang and Compagner, 1993). この結果，これらの組合せ生成法は，大きな法をもつ MLCG 法や多数の非ゼロ係数をもつ多項式を特性多項式とする Tausworthe

法を実装するための効率的な方法であると見ることができる．現在のところ，これらの方法が，多くのシミュレーションに対して十分に速い乱数生成法の中でもっとも信頼のおける方法であるように思われる．

非線形生成法

多くの人が，線形系列の構造は規則的すぎるので，非線形の方式を考えるのがよいと信じている（Eichenauer-Herrmann, 1992; Niederreiter, 1992）．非線形性は次のいずれかの方法で導入できる．(a) 線形の生成法を使うが，状態を非線形に変換して出力を出す．(b) 非線形の推移関数 T をもつ生成法を構築する．(a)の一例は逆数（生成）法（inversive generator）で漸化式としては式 (1) を使うが，m を法とするかけ算に関する x_n（0 は捨てる）の逆元を計算してから m で割り算をして出力を生成する（Eichenauer-Herrmann, 1992）．非線形生成法（nonlinear generator）の他の例として，暗号への応用を目的として Blum, Blum and Shub (1986) によって提案された BBS 法 (BBS generator) がある．これは漸化式 $x_n = x_{n-1}^2 \pmod{m}$ を使うもので，m は相異なる 2 つの k ビットの素数（いずれも 4 で割ると 3 が余るものとする）の積で，$\gcd(x_0, m) = 1$ とする．各ステップで，x_n の下位の ν ビットが出力されるが，ν は $\log(k)$ のオーダである．因数分解は難しく，m と x_0 はランダムに選ぶという仮定の下に，BBS 法と真の乱数生成法の出力を（ある特定の意味で）統計的に区別する（k について）多項式時間の検定法は無いことが証明されている．すなわち，k が十分大きければ，BBS の出力は統計的観点からすれば大変に良好であるといえる．

非線形生成法に共通の性質は，線形の場合のような格子構造（lattice structure）が生じないということである．また，差異についても真の乱数列によく似たふるまいをする（Niederreiter, 1992）．しかし，よくテストされたパラメータ値で高速の生成に向くものは現在のところ得られていない．BBS 法および逆数法をソフトウェアで実装すると，遅すぎて一般のシミュレーションには向かない．

非一様乱数列 (non-uniform random numbers)

非一様分布にしたがう乱数列を生成するための標準的な方法は，一様乱数生成法の出力 u_n にさらに変換を施すことである．この方法で簡単に生成できる分布もあるし，そうでないものもある．Devroye (1986) および Bratley et al. (1987) の本には，有効な方法がほとんどすべて詳しく説明されている．ある種の分布については，算法の単純さ，近似の程度，（パラメータの変化に対する）頑健性，および（速度および所要の記憶容量に関する）効率性の間の適当なトレードオフを考慮する必要がある．一般的には，わずかの高速化のために単純性を犠牲にしてはならない．

逆関数法（inverse function method）：　概念的には，分布 F にしたがう乱数 X を生成するための最も簡単な方法は，逆関数を使うことである．すなわち，0 と 1 の間の一様分布にしたがう乱数 U を使って $X = F^{-1}(U) = \min\{x | F(x) \geq U\}$ とする．このように X を定義すると，$\Pr\{X \leq x\} = \Pr\{F^{-1}(U) \leq x\} = \Pr\{U \leq F(x)\} = F(x)$ となるから，X の分布関数は F となる．この方法を使うためには，F^{-1}（または，そのよい近似）が必要である．

具体例として，X がパラメータ α, β のワイブル分布（Weibull distribution）にしたがうものとすると，$F(x) = 1 - \exp[-(x/\beta)^\alpha]$ $(x>0)$ であり，$F^{-1}(U) = \beta[-\ln(1-U)]^{1/\alpha}$ となるから，X を生成するのは簡単である．もう 1 つの例として，X がパラメータ p の幾何分布（geometric distribution）にしたがうものとしよう．そうすると $F(x) = 1 - (1-p)^x$ $(x=1, 2, \cdots)$ だから $F^{-1}(U) = 1 + \lfloor \ln(1-U)/\ln(1-p) \rfloor$ となる．

一方，ある種の分布に対しては F^{-1} が簡単な数式で書き表せないが，精度のよい近似的表現が得られることも多い．たとえば，正規分布（normal distribution），Student の t 分布（Student's t distribution），カイ 2 乗分布（χ^2 distribution）などに対しては，関数近似式と FORTRAN プログラムが Bratley et al. (1987) の本に出ている．分布の範囲が有限の一般の離散分布（general discrete distribution）については，分布関数を表の形で保持し，直線探索，2 分探索，あるいはバケットを用いるインデックス探索を用いて逆関数法を実現することができる．分布の範囲が無限の場合（たとえばポアソン分布）には，有限のところで打ち切った表を保持し，必要なときだけ（これは，ごく稀にしか起きないであろう）その先の値を計算すればよい．

たいていのシミュレーションでは，逆関数法を選ぶのがよい．それは，U から X への変換が〈単調〉であり，この性質が負相関の方法や共通乱数の方法（Bratley et al., 1987）などの主要な分散減少法（variance reduction method）と相性がよいからである．しかし，〈速度〉が最も重要な問題点で，単調性はさほど問題にならない場合もある．このような場合には，逆関数法以外の方法を使うのが適当であろう．

逆関数法以外の方法：　X が有限集合 $\{x_1, \cdots, x_N\}$ 上の離散分布で，各 i について $p_i = \Pr\{X = x_i\}$ であるものとする．この場合，X を生成するためのきわめて速い方法は，次の〈別名法〉（alias method）である．この方法は単調性は有しないが，最初に $O(N)$ の手間で表を作成すると，後は $O(1)$ の手間で 1 個の乱数が生成できる．分布のヒストグラムを考え，各 i に対して幅が 1 で高さが

p_i の長方形が対応するものとする．大ざっぱにいえば，考え方の基本は，長方形を切り刻んで方々に移動し，各インデックス i に対応する確率が $1/N$ となるようにヒストグラムを「ならす」ことである．これは次のようにして実現できる．新しいヒストグラムでは，各長方形 i は，最初のヒストグラムにあった i 番目の長方形（その大きさを q_i としよう）と，他の長方形 j から移動してきた大きさ $1/N-q_i$ の長方形を足し合わせたものである．この j を $A(i)$ と表記し，i の別名 (alias) と呼ぶ．初期設定では，2つの表 A と R を作成するが，$A(i)$ は i の別名で，$R(i)=(i-1)/N+q_i$ である．X を生成するためには，区間 $(0,1)$ 上の一様乱数 U を使って $i=\lceil N\cdot U \rceil$ とし，$U<R(i)$ なら $X=x_i$ とし，そうでなければ $X=x_{A(i)}$ とする．連続分布に対する別名法も存在し，〈採択-補集合法〉(acceptance-complement method) と呼ばれている (Bratley et al., 1987; Devroye, 1986)．

今度は複雑な密度 f にしたがう乱数 X を生成したいものとしよう．f はある単純な関数 t によって上からおさえられ（すなわち，すべての x について $f(x)<t(x)$ が成り立つ），したがって

$$r(x)=\frac{t(x)}{a}, \quad a=\int_{-\infty}^{\infty} t(s)\,ds,$$

で定義される密度 r にしたがう乱数を生成することは容易であるものと仮定しよう（r は t を密度関数にするためにスケールを変えただけのものであることに注意しよう）．そうすると，乱数 X は以下の操作によって生成できる．すなわち，密度 r にしたがう乱数 Y と $U(0,1)$ 乱数 U を生成するという操作を $U \le f(Y)/t(Y)$ が成り立つまで繰り返す．この条件が成立したら $X=Y$ を返す．これを〈採択/棄却法〉(acceptance/rejection method) という (Bratley et al., 1987; Devroye, 1986)．条件が成立するまでの繰り返し回数はランダムである．正確には，$1/a$ をパラメータとする幾何分布をする．したがって，「繰り返し」回数の期待値は $1/a$ であり，a が 1 に近いほどこの値は小さくなる．これは，上界関数 t は f をできるだけ絞り込むように選ぶべきであることを意味する．しかし実際には，a を 1 に近付けることと t を単純にすることとの間で適当な妥協をするのがふつうである．

採択-棄却法の変種で〈間引き〉(thinning) と呼ばれる方法が非斉次ポアソン過程 (non-homogeneous Poisson process) にしたがう事象を生成するためによく使われる．この過程の時刻 t における生起率を $\lambda(t)$ とし，すべての t について $\lambda(t) \le \bar{\lambda}$（$\bar{\lambda}$ は有限の定数）が成立するものと仮定する．まず，平均 $1/\bar{\lambda}$ の i.i.d. 指数乱数を発生させて，一定の生起率 $\bar{\lambda}$ をもつポアソン過程の到着時刻の列を生成する．次に，時刻 t における到着事象を確率 $\lambda(t)/\bar{\lambda}$ で（すなわち，U を独立に $U(0,1)$ にしたがう乱数として，$U \le \lambda(t)/\bar{\lambda}$ なら）採択し，確率 $1-\lambda(t)/\bar{\lambda}$ で捨てることによって，目的とする非斉次過程をつくる．非斉次過程は逆関数法を使っても生成することができる (Bratley et al., 1987)．

F がいくつかの分布の凸結合である場合を考えよう．$F(x)=\sum_j p_j F_j(x)$，あるいはもっと一般に $F(x)=\int F_y(x)\,dH(y)$．F からのサンプルを生成するためには，確率 p_j で $J=j$ を（あるいは分布 H にしたがって $Y=y$ を）生成し，次に F_j（あるいは F_y）にしたがって X を生成すればよい．これは合成法 (composition algorithm) と呼ばれる方法である．これは，超指数分布や複合ポアソン過程のような「複合」分布からのサンプルをつくるのに有効な方法である．これは，以下のように，（正規分布のような）複雑な分布からのサンプルを生成するための特別な算法を設計するためにもよく使われる．基本的な考え方は，複雑な密度関数のグラフの下の領域をいくつかの領域に分割するというもので，j 番目の領域の面積が p_j となったものとする．乱数を生成するためには，まず領域を選び（領域 j を確率 p_j で，たとえば別名法を使って選ぶ），次にこの領域上に一様分布にしたがって1点を選ぶ．要点は，大きな領域に対応する乱数生成が高速で簡単にできるように領域分割をすることである．そうすれば，ほとんどの場合 X がきわめて速く返される．

合成法の双対は，畳み込み法 (convolution method) で，X が $X=Y_1+Y_2+\cdots+Y_n$（Y_i は互いに独立）という形に書けるときに使える．この方法では，単に $Y_1,\cdots,Y_n$ を生成して足し合わせるだけでよい．この場合，少なくとも n 個の一様乱数が必要である．このように和の形で表現できる確率変数の例には，超指数分布 (hyperexponential distribution)，アーラン分布 (Erlang distribution)，2項分布 (binomial distribution)，その他多数のものがある．以上で簡単に述べた一般的な方法のほかに，よく使われるポアソン分布 (Poisson distribution)，正規分布 (normal distribution)，その他の分布に対しては，個別に見事な発生法が考えられている．さらに詳細な記述が Bratley et al. (1987) および Devroye (1986) にある．

⇒ モンテカルロ法と分散減少法，離散事象確率システムのシミュレーション． [Pierre L'Ecuyer/伏見正則]

参 考 文 献

[1] L. Blum, M. Blum and M. Shub (1986), "A Simple Unpredictable Pseudo-Random Number Generator," *SIAM Jl. Comput.* **15**, 364–383.

[2] P. Bratley, B.L. Fox and L.E. Schrage (1987), *A Guide to Simulation*, second edition. Springer-Verlag, New York.

[3] A. Compagner (1991), "Definitions of Random-

ness." *Amer. Jl. Physics* **59**, 700–705.

[4] R. Couture, P. L'Ecuyer and S. Tezuka (1993), "On the Distribution of k-Dimensional Vectors for Simple and Combined Tausworthe Sequences," *Math. of Computation* **60**, 749–761 & S11–S16.

[5] L. Devroye (1986), *Non-Uniform Random Variate Generation*, Springer-Verlag, New York.

[6] J. Eichenauer-Herrmann (1992), "Inversive Congruential Pseudorandom Numbers: a Tutorial," *International Statist. Revs.* **60**, 167–176.

[7] M. Fushimi and S. Tezuka (1983), "The k-Distribution of Generalized Feedback Shift Register Pseudorandom Numbers," *Communications of the ACM* **26**, 516–523.

[8] D.E. Knuth (1981), *The Art of Computer Programming: Seminumerical Algorithms*, vol. 2, second edition. Addison-Wesley, Reading, Massachusetts.

[9] P. L'Ecuyer (1990), "Random Numbers for Simulation," *Communications of the ACM* **33**, 85–97.

[10] P. L'Ecuyer (1994), "Uniform Random Number Generation," to appear in *Annals of Operations Research*.

[11] P. L'Ecuyer, F. Blouin and R. Couture (1993), "A Search for Good Multiple Recursive Random Number Generators," *ACM Trans. Modeling and Computer Simulation* **3**, 87–98.

[12] P. L'Ecuyer and S. Côté (1991), "Implementing a Random Number Package with Splitting Facilities," *ACM Trans. Math. Software* **17**, 98–111.

[13] P. L'Ecuyer and S. Tezuka (1991), "Structural Properties for Two Classes of Combined Random Number Generators," *Math. of Computation* **57**, 735–746.

[14] G. Marsaglia (1985), "A Current View of Random Number Generation," *Computer Science and Statistics, Proceedings of the Sixteenth Symposium on the Interface*, Elsevier/ North Holland, 3–10.

[15] H. Niederreiter (1992), *Random Number Generation and Quasi-Monte Carlo Methods*, SIAM CBMS-NSF Regional Conference Series in Applied Mathematics, vol. 63, SIAM, Philadelphia.

[16] B.D. Ripley (1990), "Thoughts on Pseudorandom Number Generators," *Jl. Computational and Applied Math.* **31**, 153–163.

[17] S. Tezuka and P. L'Ecuyer (1991), "Efficient and Portable Combined Tausworthe Random Number Generators." *ACM Trans. Modeling and Computer Simulation* **1**, 99–112.

[18] S. Tezuka, P. L'Ecuyer, and R. Couture (1993), "On the Lattice Structure of the Add-with-Carry and Subtract-with-Borrow Random Number Generators," *ACM Trans. Modeling and Computer Simulation*, to appear.

[19] D. Wang and A. Compagner (1993), "On the Use of Reducible Polynomials as Random Number Generators," *Math. of Computation* **60**, 363–374.

ランダムウォーク
random walk

独立で同一の分布にしたがう確率変数列 $\{X_i\}$ に対して、$S_0=0$, $S_n=X_1+X_2+\cdots+X_n$ と定義すると、S_n はランダムウォークと呼ばれる離散時間マルコフ連鎖の一種となる。もっとも頻繁に現れるランダムウォークは、X_i の取りうる値が ± 1 の場合である。⇒ マルコフ連鎖，マルコフ過程．

ランダム順
SIRO

SIRO は service in random order の頭文字をとったもので、次にサービスされる客は、その到着時刻にかかわらず、ランダムに選ばれるというサービス規律．⇒ 待ち行列理論．

ランチェスターの損耗
Lanchester attrition

対抗する軍事力と損耗率との数学的関係を明確にした概念．これには2つの古典的な法則，すなわち，ある負の定数に双方の兵力の大きさの積を乗じることにより，一方の損耗率（兵力の大きさの時間に関する導関数）を与える1次法則（linear law）と，ある負の定数に他方の兵力の大きさを乗じることにより，一方の損耗率を与える2次法則（square law）がある．⇒ 戦闘のモデル化，同種兵力間のランチェスター方程式，ランチェスターの方程式．

ランチェスターの方程式
Lanchester's Equations

歴史的背景

ランチェスターの方程式は英国人 F. W. Lanchester から名付けられた．彼は1914年に英国の *Engineering* 誌に投稿した一連の記事の中でこれを定式化し発表した．そしてこれらの記事は，Lanchester (1916) によって出版された．最近ではこれらの結論は，1946年の "Operations Evaluation Group Report No. 54"や，John Wiley and Sons から出版された Philip M. Morse and George E. Kimball (1951) による *Methods of Operations Research* において紹介されている．さらに，1916

年の Lanchester による "Mathematics in Warfare" が，James R. Newman によって 1956 年に Simon and Schuster から出版された The World of Mathematics, Volume 4 に紹介されている．

これらの方程式の重要な点は，おそらくこれが最初の戦闘における兵力の数学的な分析を著したものであり，第二次世界大戦中およびそれ以降の（米国および連合国の）すべての戦闘モデル，シミュレーションおよびその他の戦闘間の戦闘損耗を計算する方法の開発を導く光を与えていることである．

M. Osipov によって類似の方程式が，おそらくランチェスターの結果とは独立に開発され，1915年の帝政ロシアのミリタリージャーナルに出版されていることがわかっている．彼の業績の英語への翻訳は Robert L, Helmbold and Allen S. Rehm によって行われ，1991年9月に米国陸軍構想分析研究所によって出版された．

ランチェスター方程式は戦争において対抗する部隊の相対的強さ，兵器の特質，集中の重要性およびその損耗に与える影響のような概念について数学的に論議し，戦争の結果を与えている．

ここでは，彼の論文の概要を原著の記述を多く残したまま要約する．この方程式は「古典的戦闘」と「近代的戦闘」とに分けられる．

古典的戦闘

ランチェスターは，戦争の間常時戦闘の前面での近接戦闘を活発に実施している戦闘の一方の軍隊の数（これを青軍と呼ぶ）と，これと対抗しているもう一方の軍隊の数（赤軍）はほぼ等しいことを，（刀剣のような）古典的戦闘における武器の交戦距離の制約によって説明している．この理由は，（戦闘終了の間際まで）両軍の活発に戦闘している軍隊の数が一定であるため，損耗を引き起こす率が一定であると仮定することができ，そして，青軍の戦闘員が死傷する率 c (>0) を固定された戦闘中の青軍の兵力と，（赤軍の兵器の平均的強さと青軍の防御の効果によって）引き起こる個々の損耗効果の平均との積で表す．同様の結果が赤軍の損耗率 k (>0) にもあてはまる．この2つの損耗率は，両軍の兵器と防御に違いがあるかもしれないので，同じ必要はない．

もし，$b(t)$ を戦闘が始まってから t 時間後における有効な青軍の数，$r(t)$ を有効な赤軍の数とすれば，次のような方程式に書くことができる．

$$db/dt = -c, \quad dr/dt = -k \qquad (1)$$

両軍の大きさの関係は次のように，式 (1) から観察することによって容易に確かめることができる．

$$db/dr = c/k \qquad (2)$$

これから以下のように導かれる．

$$k[b(0)-b(t)] = c[r(0)-r(t)] \qquad (3)$$

上の方程式において，$b(0)$ と $r(0)$ は戦闘のはじまる時間 0 における初期兵力（正数）の大きさと定義され，この方程式は $b(t)$ と $r(t)$ が 0 より大きい場合のみ妥当である．戦闘員はどちらか一方のすべての部隊が戦闘不能もしくは死傷するまで戦闘すると仮定すると，$b(t)$ または $r(t)$ が 0 と等しくなる最も早い時刻に戦闘が終了する．したがって，b が 0（逆の場合も同じ）になるときの式 (3) の r を解くと，以下のようになる．

$b(t)=0$ のとき，$r(t) = [c*r(0)-k*b(0)]/c$
$r(t)=0$ のとき，$b(t) = [k*b(0)-c*r(0)]/k$
$$(4)$$

したがって，もし $c*r(0)>k*b(0)$ ならば赤軍が戦闘に勝利し，一方 $k*b(0)>c*r(0)$ ならば青軍が戦闘に勝利することが理解できる．これらの観察の結果を青軍の初期兵力を表す $k*b(0)$ と赤軍のそれを表す $c*r(0)$ によって要約することができ，大きな初期兵力をもつ部隊が勝利し，初期兵力が等しい場合は引き分けることが理解できる．

これはまた単純に，もとの微分方程式 (1) に戻りこれを解き時間に対し 1 次関数の両軍の兵力を求めることである．これは本質的に「古典的戦闘」(ancient warfare) のランチェスターのモデル化を達成している．

近代的戦闘

ランチェスターは近代と古代の戦闘の間の主要な違いを，長射程から損耗を引き起こす（原始的な弓矢，石弓などに対するライフルのような）近代兵器の能力にあると仮定した．その結論として，戦闘している一方の部隊は原則として敵対するすべての部隊から射撃を受ける．その結果，一方のそれぞれの部隊のすべてが固定された率で同じ（平均的）損耗を引き起こす能力をもつと仮定するため，一方に対する総合された損耗率は他方の兵力の数に比例する．

これは近代的戦闘 (modern warfare) のランチェスターモデルを構成する次のような微分方程式を直接導く．

$$db/dt = -c*r, \quad dr/dt = -k*b \qquad (5)$$

古典的戦闘の場合と同じように，個々の損耗を引き起こす率 c および k は戦闘間既知の定数であると仮定する．

これらの 2 つの方程式を組み合わせて（古典的戦闘のときに実施したのと同様に）次の式が得られる．

$$db/dr = (c*r)/(k*b) \qquad (6)$$

式 (6) を解くことにより戦闘の進捗に応ずる双方の有効な戦闘力の関係が得られ，次のように導かれる．

$$k[b^2(0)-b^2] = c[r^2(0)-r^2] \qquad (7)$$

これらの方程式は b および r が 0 に等しいか 0 より大きいときのみに適用されるため，古典的戦闘の場合のように，（劣勢の方が戦闘力がなくなるまで損耗し続けたとき戦闘は終了し）勝者は正数の戦闘力を保持し，比較

して大きな初期戦闘力（青軍は $kb^2(0)$ で赤軍は $cr^2(0)$）をもった軍隊が勝利し，（古典的戦闘のときと同様に）初期戦闘力が等しい場合は引き分けとなる．方程式 (7) と以上の文章は，彼の近代的戦闘モデルとしてのランチェスターの 2 次法則を構成している．

さらに，古典的戦闘の場合と同様に，式 (5) の最初の微分方程式は時間の関数として解くことができ双方の振る舞いを記述する明確な方程式を得ることができる．これらの結果はまた Morse and Kimball (1951) にも見られ，この要旨が「近代的戦闘」のランチェスターのモデル化を完成している．

拡　張

ランチェスターは彼の結論を論ずるにあたり，われわれが現在では OR の実践において当然と思いがちな多くのテクニックを使用している．彼は彼の研究しているシステムの運用に関する明快な仮定を定式化し，彼の仮定の数学的帰結を明らかにし，そして，仮定の変化がいかに結果に影響するかについて論議した．その結果，彼は明確な仮定にしたがって運用されるシステムを改善する有用な方法に翻訳することができる，システムの特性に明快な数学的洞察を与えることができた．

ランチェスターはオペレーションズリサーチの第一定理として度々引用される

「平均の関数は関数の平均に等しい」

ことを使用して，彼の数学的モデル化を完成することができた．

上記の結果は非常に特別な環境においてのみでなく，この定理を使用すれば決定的結論を容易に解明できる事例がたくさん存在する．このような結果は通常，実際に起こる結果の平均のよい近似値が得られるであろう．このテクニックにより，温度や熱力学などのような概念に付随する様々な化学方程式や自然科学における公式が解明されている．

これらの方程式において，平均速度が既知の様々な速度で動き回るたくさんの小さな物体のグループが，あたかもすべての物体が同じ（平均）速度で動いているかのように，同じように動くと仮定する．同様に，彼の戦争のモデル化において，ランチェスターは戦闘する一方の部隊の個々の損耗を引き起こす率が一定であり，軍全体の平均の（部隊ごとの）損耗を引き起こす率に等しいと，これはもう一方の軍隊にも同じことがいえると仮定した．

ランチェスターの業績の有用な点は主として，その戦闘がいかに行われるかに関して明確に規定された仮定に順応するよう，あらかじめ記述することのできる，ある戦闘における損耗の発生に関して数学的かつ数値的な結論を描くことができるという事実の証明にある．このような観察から，その他の仮定の集合にしたがうモデルを一般化し誘導することができ，その結果より広範囲な戦闘場面を取り扱うことができる．これはランチェスターの技術の一般化によって取り扱うことのできるすべての種類のモデルを導いている．

分析者は戦闘間の部隊の増援や撤退のような，ランチェスターによって特に取り扱われていない他の要因も考慮することができる．部隊の動きを考慮することができる．兵器と防御技術の違いを研究することができる．

一方の部隊が（ゲリラ戦のように）分散して隠れている場合はもう一方から撃たれる率に影響を及ぼす．これはランチェスターにこのような部隊のためにもう 1 つの微分方程式を提示させている．これは古典的，近代的およびゲリラ戦における一方，他方もしくは両方の部隊の会戦についての分析を導いている．ゲリラ戦の可能性の考察を付加することにより，彼の手品のバッグの中の，分析者が取り扱うことのできる戦闘は 9 種類になる (Deutschman, 1962)．

「平均的」な結果を明確に予測するため，決定論的微分方程式の使用を伴う推論モデルは，非常に大きな柔軟性をもっていることは明白である．また，戦闘間の行動は B. O. Koopman が Morse and Kimball (1951) で発表したように，比較的単純な場合においては確率事象として扱われる．残念ながら，確率論的なシステムの数学は決定論的なシステムのそれと比べ非常に難しいことが多く，戦闘における複雑に絡み合ったあらゆる種類の要素の存在を認識する必要があり，必要な数値計算のためコンピュータを使用することにより最もよく取り扱うことが可能となる複雑で奥深い数学に導かれる．

「戦闘シミュレーション」(combat simulation) の分野はランチェスターのアプローチの直系の末裔として認識されている．この関係の歴史的な面白さは米国海軍の Fiske 大尉が 1911 年に戦闘の両者の損耗を計算した一斉射撃対一斉射撃の表から構成された戦闘モデルを発表したという事実である．この話題は同時代の分析者の H. K. Weiss (1962) によって注目を浴びることとなった．

Engel (1963) は Fiske のモデルの方程式は差分方程式であり，連続する一斉射撃の時間間隔が 0 に近付く極限において，近代的戦闘のランチェスター微分方程式とまったく同じことを証明した．ある意味で，コンピュータ計算のための戦闘モデルを近似した離散時間モデルを使用することは妥当であり，このような離散時間の戦闘モデルによる近似法を使用することによって得られた結果に大きな驚きはなく，分析者の一部には大きな自信を与えた．

この点について注意書きがなされるべきである．過去および未来のいかなる戦闘を論議する場合においても分析者が誘導するかもしれないどのような数学的モデルも

これを使用する前に，その戦闘がどのように実施され終結するかについてのモデルの仮定が分析しようとするその戦闘に適切であると，分析者は確信すべきである．分析者は研究中の事例に適用できると信じるランチェスターまたはその他のモデルにおいて使用される（$b(0)$, $r(0)$, c および k のような）いかなるパラメータについても適切な値を誘導できなければならない．経験からの考察だけでは十分でない．その仮定がその戦闘がどのように進行するかについて妥当な記述を与えているかどうかを判定するため，また，問題となる戦闘と経験的データからそのモデルのパラメータの数値が適切であるということを確かめるために，分析者はデータを試験しなければならない．

方程式の妥当性

ランチェスターは歴史上のいかなる特定の戦闘についても彼のモデルの妥当性については発表は行っていない．しかしながら，ある戦術的な行動の結果と彼のモデルから導くことのできた結論とが一致していることを示唆している「歴史からの事例」について論議している．ランチェスターの近代的戦闘の方程式は，Engel (1954) による第二次世界大戦の硫黄島の戦闘の分析によってはじめて妥当性を与えられた．この分析は約40日以上に及ぶこの戦闘での，米軍部隊の毎日の損耗の変化がランチェスターの近代的戦闘のモデルと一致していたことを示した．このときから，戦闘の結果と経験についての補足的な分析が，様々なパラメータの値がある特定の戦闘の状況に使用するため予測できること，その適用した戦闘モデルがそれらのパラメータの値と結合して使用することが可能であり，軍事計画者や意思決定者に興味ある結果を与えることを証明した．

軍事問題の分析者にとって最も重要な指標を与えている，戦闘損耗の分析の分野におけるモデル化の手法はランチェスターにより切り拓かれた．彼は仮想の戦闘の結果の予測に適用できる戦闘の数学モデルの開発において使用することのできるこれらの技術をどのように適用するかを示した．これは運用研究分析者にこれらの戦闘の結果の予測，戦術および戦略の立案，必要な兵器の開発，所要兵力の決定を可能にし，さらに軍事力の効率的使用に関して計画者および意思決定者を補助することを可能にした．

⇒ 戦闘のモデル化，軍事OR，モデルの正当性の検証，妥当性の検証およびテスト．[**Joseph H. Engel/齋藤司郎**]

参 考 文 献

[1] Deitchman, S.J. (1962), "A Lanchester Model of Guerrilla Warfare," *Operations Research*, 10, 818–827.
[2] Engel, J.H. (1963), "Comments on a Paper by H.K. Weiss," *Operations Research*, 11, 147–150.
[3] Engel, J.H. (1954), "A Verification of Lanchester's Law," *Jl. Operations Research Soc. Amer.*, 2, 163–171.
[4] Lanchester, F.W. (1916), *Aircraft in Warfare: The Dawn of the Fourth Arm*, Constable and Company, London.
[5] Morse, P.M. and G.E. Kimball (1951), *Methods of Operations Research*, John Wiley, New York.
[6] Weiss, H.K. (1962), "The Fiske Model of Warfare," *Operations Research*, 10, 569–571.

RAND 研究所
RAND Corporation

背　景

第二次世界大戦が終了に近づくにつれ，米国政府内外の多くの人たちは，戦争終了後にも政府および軍事的活動にとって科学者の兵役を維持する必要性を感じていた．研究開発に対し当然払われるべき注意をもって軍事的な計画立案に寄与できるだろうと思われていた．このため，1945年12月ダグラス航空機会社との間で契約が締結され RAND 計画（Project RAND）が確立した．最初の RAND 報告書は 1946年5月に発刊された．それは，人工衛星の設計，性能，使用の可能性を扱っていた．1948年2月空軍参謀長は RAND を非営利法人として編組しダグラス航空機会社から独立させることを承認した．

1948年11月1日には，RAND 計画の契約がダグラス航空機会社から RAND 研究所へ正式に移管された．RAND の目的は定款には，次のように定められている．

　　一にかかって，公共の福祉および米国の安全保障のため，科学的，教育的および慈善の目的をより一層発展させること．

防衛問題，国際関係および国内問題に関する事案を取り扱う計画において秘密研究および秘密に区分されていない研究を実施することを通じて，RAND 研究所はこの目的を達成する．スタッフは，おおよそ研究者600名と研究を支援するための人員500名を数え，研究者のうち約36％はオペレーションズリサーチ従事者，数学者，物理学者，エンジニア，および統計学者である．RAND 研究所では，過去から継続しておおむね研究部門は学問分野別に構成されていた．たとえば，数学，経済，物理，などである．しかし，最近では，5つの広範な政策分野に研究部門が再構築された．それらは，防衛と技術計画，人的資源，外交政策，資源管理および社会的政策である．

定款では RAND 研究所の貢献はオペレーションズリサーチの理論と実施に照準されている．しかしながら，RAND 研究所は，エンジニアリング，物理，政策科学，

社会科学および行動科学を含むその他の分野においても理論および実施上で貢献している．

最初の10年間（1948～1957）

RAND研究所の最初の10年間の成果は，システム分析（system analysis）の開発に始まり，システム分析とはより特定された分野でより狭義に焦点を絞って従前行われていたオペレーションズリサーチから発展したものであったが，多数の変数を含み，かつ多目的問題を取り扱うための新しい手法上の概念および技法の作成にまで至っている．

〈システム分析〉は，体系的に精査することであって，将来採用すべき行動方針の代替案を，期待費用，期待便益および期待リスクという観点から比較することと定義できる．システム分析の主目的は，意思決定者の直感や判断を鋭敏にさせ，より多くの情報環境での選択を基本として，彼らに情報を提供することである．システム分析を成功に導くためには，概念構成力および広範な手法や技法を開発することが必要であることは，当初から明白であった．これら手法や技法の最も重要な情報源は，〈オペレーションズリサーチ〉から出現しつつある学問分野であった．

1950年代前期にEdwin Paxsonは，〈戦略爆撃のシステム分析〉（Strategic Bombing Systems Analysis）と題した報告書を作成するプロジェクトを指導した．これは，新しい手法の名称の由来として知られているほか，システム分析の概念を応用した最初の主要なものであると一般的に見なされている．とりわけ，この報告書は，爆撃機を敵の防御から隠蔽するためデコイの活用を唱えた．この検討は，多数の分析手法および技法を開発し，出現させ，刺激する促進剤であった．いくつかのより重要な例は次のとおり．

・ゲーム理論：初期のRAND計画の研究主題のうち数学およびゲーム理論（game theory）は目立つ題目であった．Lloyd Shapley, J. C. C. McKinsey, Melvin Dresher, Merill Flood, Oliver Gross, Irving Glicksberg, Rufus IsaacsおよびRichard Bellmanは，この分野におけるRANDの初期貢献者であった．John von Neumannは，しばしばゲーム理論の父と称され，また，Oskar Morgensternはゲーム理論と経済行動を結び付けたが，この2人はRANDの実働コンサルタントであり，他の多くの人たちは主要な大学とつながりをもっていた．DresherおよびFloodは，囚人のジレンマゲーム（prisoner's dilemma game）を開発し，RANDのコンサルタントA. W. Tuckerがその名をつけた．

・強化されたコンピュータ能力：Paxsonのプロジェクトは，当時実在していたものを越える能力をもつコンピュータを必要としていた．1954年に開発されたジョニアックディジタルコンピュータにつながる開発の契機であった．John von Neumannの設計にもとづき，プログラムを格納された「プリンストン級」の機械6つのうちの1つであり，コアメモリ付きの世界最初に運用されたコンピュータであった．最初のオンラインタイムシェアリングコンピュータシステム（1960）においてRANDはJOHNNIACオープンショップシステム（JOSS）を構築した．これは個々のユーザ向けの最初のインタラクティブ型プログラム言語であった．

・動的計画：またPaxsonのプロジェクトは全体的に強化された戦略能力上の観点で主要な戦略爆撃機の一部分（たとえばデコイのような）に関して動的計画（dynamic programming）を試験する必要があった．1950年代初期の他のプロジェクトからの要請と相俟って，これが動的計画に関する数学理論を開発する主たる動機となった．Richard Bellmanは2, 3人の協力者とともにこの理論の開発をほぼ独立して行った．動的計画に関する最初のRAND報告書は1953年に出版された．Bellmanの有名な書物（*Dynamic Programming*）は続いて1956年に，また，Stuart Dreyfusとの共著 *Applied Dynamic Programming* は1962年出版された．

この期間におけるシステム分析による2番目に大きい検討はAlbert Wohlstetterが指導した戦略航空基地の選択と使用に関する研究であった．戦略空軍力の残存性を向上させるための基地と運用上のオプションを開発し，米国における戦略思考の焦点を，第2次攻撃力を確保することに基づく抑止へと変更させた．

1950年代に開始した他の主要な努力は，オペレーションズリサーチ手法の開発へと導いたが，これは，兵站方針に関する事案の研究であった．空軍の兵站とRANDとのかかわりは，補用部品の需要量および不確定需要にも対処できる兵站方針に主眼が置かれていた．この分野での主要な参加者は，Stephen Enke, Murray Geisler, James Peterson, Chauncey Bell, Charles ZwickおよびRobert Paulsonであった．分析上の主要事案は，戦略的不確実条件下で代替政策を精査することであった．当初の研究では「期待値」分析が使用されたが，のちには，RANDの研究者たちが次のようなより複雑な手法を開発し使用した．

・最終結果において，どの分野における不確実性が重要であるのかを決定するための感度分析の使用

・複数の可能（不確実）シナリオに対して強固な解決案を求めるため，複数の適切な将来シナリオに関する分析の繰り返し

・上記結果が与えられたときに，次の3項目を可能にする研究開発活動を設計すること，(1) 不確実性に関する主要な分野を減少させる，(2) 主要な不確実性に対してヘッジを提供する，(3) どれか1つを将来環境の下で

使用した場合には不確実性が減少することにつながるような複数の可能行動方針オプションを確保する．

最後に，当初の10年間は，RANDのプロジェクトその他で範囲を越えて役立つ多数の手法や技法の開発が行われた．

いくつかの重要な事例は次のとおりである．

・モンテカルロ技法（Monte Carlo technique）を用いた問題解法：RANDで発明されたものではないが，モンテカルロ法（Monte Carlo method）として知られている有力な数学技法は，RANDにおいて多種の空軍問題および核兵器問題に関する検討途上で実施された初期開発から多くを得ている．RAND研究員はデジタルシステムシミュレーションの1要素として本手法を先駆的に使用した．

・*A Million Random Digits with* 100,000 *Normal Deviates*：1955年の報告書にある乱数表はエンジニアリングや計量経済学の教科書の標準参考資料となり，モンテカルロ試行（Monte Carlo trial）を適用したゲーミングやシミュレーションで広く使用された．これはRANDのベストセラー書物であった（Rand, 1955）．

・*Approximations for Digital Computers*：この書物はCecil Hastings and J. P. Wong, Jr.によるものでありあらゆる種類のデジタルコンピュータにおいて使用される関数近似を含んでいる．

・システム開発研究所（System Development Laboratory）：人間と機械の集団は，ストレス環境下でどのように働くのかを精査するのに役立てるため，ジョン・ケネディの指導の下でこの研究所が設立された．この成果は最終的にシステム開発会社（SDC）の設立につながった．

次の10年間（1958～1967）

RAND史上この時期にはシステム分析（system analysis）が政策分析（policy analysis）に変遷した．またこの頃国内政策事案に関する研究を開始した．

システム分析から政策分析に変遷することの最も重要な変化の次元は，分析しようとする問題の〈背景〉であった．背景は時代とともに一層広範かつ内容も豊穣になってきた．以前には所与の条件（分析に対して外因的）とされていたものが，のちには変数（分析に対して内因的）になった．たとえば1950年代や1960年代の初期の典型的なシステム分析においては，多くの配慮事項が十分に取り入れられていなかったし，しばしばまったく無視された．たとえば，政策上，社会学上，心理学上，組織上および伝搬上の効果がそれである．このようにシステム分析が政策分析に変遷するにつれ，問題空間の境界が拡大した．このことは，分析に対する概念や手法を適用するうえでの重大な変化であった．たとえば，モデルの観点からは問題空間を広げようとする圧力に対して，政策分析において使用するモデルの規模を大きくし複雑にするだけでは満たされることはない．モデルの開発および利用に対しても精巧な戦略を開発することは同様に重要であった．

システム分析から政策分析への変遷は，この時期にはあまり進展しなかったものの，1950年代にRANDで行われた典型的な研究に比べれば，より広範な背景で実施された研究分野があった．この例には次のものが含まれる．Ed Barlowの戦略攻撃兵力に関する研究（SOFS），Bernard Brodieの核兵器および弾道ミサイル廃棄という「新しい」時代における抑止戦略の開発に関する業績，Herman Kahnの核戦争が生起した場合における民間防衛に関する分析，およびCharles HitchおよびRoland McKeanの稀少資源を経済的に使用することが国防計画立案における致命的な観点であるという見方を信奉する*Economics of Defense in the Nuclear Age*という書物．この観点はRobert McNamara国防長官が採用し，国防のためのプランニングプログラミングバジェティングシステム（PPBS）の開発にRANDを巻き込むことになった．

上に述べられているような政策研究に付け加えて，この10年間には定量分析手法の開発が一層進んだ．一義的にはオペレーションズリサーチ手法である．RANDにおいて進展が図られた主要なものは数理計画，待ち行列理論，コンピュータシミュレーション，確率過程および運用ゲーミングである．

〈線形計画法〉（linear programming）はRANDの経済的意思決定のほかオペレーションズリサーチの理論および実施に対し，おそらく最も重要かつ強烈な貢献である．1947年から1952年までの間，George B. Dantzigおよびペンタゴンで，空軍のSCOOP計画に従事したメンバーが，シンプレックス法（simplex method）および線形計画法のその他の基本特性を開発した．Dantzigは1952年にRANDに移った．次の10年間はRANDは線形計画法開発に関する世界の中心であった．Dantzigおよび他のRAND従業員およびコンサルタントによる手法上の開発（例：双対シンプレックスアルゴリズム）に加えて，生産計画および巡回セールスマン問題（travelling salesman problem）のような古典的問題に関して独創的な仕事が行われた．さらに，線形計画アルゴリズムの先駆的なプログラミングの大部分は（例：修正シンプレックス法の最初のコードプログラム）RANDにおいてWilliam Orchard-Haysらが行った．この期間の多くの業績はDantzigの書物，1963年に出版された*Linear Programming and Extensions*（膨大な参考文献も含まれている）に記載されている．数理計画に関するその他の分野における独創的な業績は1950年代および1960年

代に RAND で行われた．Ralph Gomory は最初の整数計画アルゴリズムを開発した．Philip Wolfe, George Dantzig および Harry Markowitz は 2 次計画法（quadratic programming）に関し研究を開始した．また，George Dantzig および Albert Madansky は確率過程プログラミングの研究を開始した．この期間における RAND における「手法」の分野での注目に値する業績のその他の例を 3 つ述べることとする．

・シミュレーション：1960 年代初期，「困難な方法」による複雑なシミュレーション用のモデリングを行ったあと，Harry Markowitz および Herb Karr は SIMSCRIPT を開発した．これは離散型のイベント型シミュレーションモデルに適用されるプログラム言語である．この研究は 1968 年の SIMCSCRIPT II へと導かれた．これはいまなお広く使われている．

・人工知能（artificial interigence：AI）：Allen Newell, Herb Simon および Cliff Shaw がコンピュータ上で人間の思考を模擬するため，シンボリック（非数値）処理を採用した汎用問題解法言語の作成を開始したので，人間と機械のパートナーシップを研究しているシステム研究所においては新しい機動力を得た．「思考に関する理論」を実行に移すため，最初の努力はチェスの試合を行うためのコンピュータプログラムの作成であった．この研究の規模を拡大することにより，複数の情報処理言語(例，IPL V）が生まれた．これは LISP に類似しており，初期の AI コンピュータの研究で使用された．

・ネットワークフロー（flows in networks）：1962 年 RAND の数学者であった Lester Ford, Jr. および Delbert R. Fulkerson は，容量に制限のあるネットワークにおける単一物品循環の観点から定式化された，いろいろな問題を取り扱うための手法に関する最初の統一的取扱いに関する書物を出版した．この書物はネットワークフローと題されていて，概念（例：最大流量/最短経路）とアルゴリズム（例：不均衡状態）を解説している．以後，これはネットワーク問題を取り扱うため使用されている．

数学者 Edward Quade により 1964 年にいくつかの最初の書物が RAND から出版された．彼はシステム分析およびその後の政策分析の手法を開発し普及するうえで主要な役割を果たした．軍事上の意思決定に関する分析（Analysis for Military Decisions）は，1955 年から 1959 年まで RAND が軍人および非軍人の意思決定者に対して行った 5 日間の集中コースに関する資料をまとめたものである．

3 番目の 10 年間（1968～1977）

RAND 史上この期間にはこれに先立つ 10 年間に始められた数多くの傾向が加速された．これら傾向の 1 つには，軍事上の意思決定支援として専門家の判断を利用するため改善手順を開発したことも含まれている．デルファイ法（Delphi procedure）はこの努力から生まれた．このような手順は，問題にぴったりの知識が得られない場合にグループとしての判断を引き出し，洗練するため，匿名の回答を繰り返し，また制御されたフィードバックおよびグループとしての統計的反応を使用している．

もう 1 つの傾向は，国内問題に関する研究事案を分析することが一層重要視されたことによる，システム分析の政策分析への継続的変遷であった．最後の 2 項目の傾向が重要であったので，ニューヨーク市 RAND 研究所（NYCRI）を設立することになった．1968～1977 間の RAND の重要な研究努力には，ニューヨーク市 RAND 研究所において実施された作業およびオランダ政府の政策分析研究がある．

ニューヨーク市 RAND 研究所： 1968 年 RAND は，福祉，健康サービス，住居，火災予防，法遵守および水資源に関する問題に取り組むためニューヨーク市と長期関係を締結した．1969 年には正式にニューヨーク市 RAND 研究所が設立された．研究員は，職業訓練計画を評価し，市立病院における看護婦不足を解消するための提案を出し，貸部屋の統制方針を変更するための支援を行い，消防署の管理方針を変更し，警察官を再配置し，ジャマイカ湾の水質改善を支援した．

ニューヨーク市 RAND 研究所が実施したプロジェクトで最も成功したのはニューヨークの消防署の運営および配置改善に専念したものであった．1968 年消防署が直面している主要な問題は，警報発生頻度の増加であった．これによる労働負荷の増加は，人員および装備を追加してもあまり改善されなかった．また，消火チームの配置，出張所および勤務場所の変更に関する従来の方法を操作しても改善は見られなかった．RAND 研究所の検討により，消防署の管理法，配備している人員および装備，および出張所体系の運営法を変更した．研究においては，広範にわたるコンピュータモデルの作成を含み配備を分析し評価した．これにより，新しい方針を形成することができた．Warren Walker および Peter Kolesar は，消火活動のため一時的に不在になった消防署に出動態勢にある消化チームを再配置する問題に対してどのように数理計画法を応用したのかを記述した論文により，1974 年の米国 OR 学会のランチェスター賞が授与された．このプロジェクトにおける研究作業の全内容は，Walker, Chanker and Ignall（1979）に報告されている．

ドイツ政府のための政策分析研究： 1970 年代に国際化の潮流の中で政策分析研究を行うことに対する興味が増加してきたことを反映して，RAND はドイツ政府のための活動を開始した．1 つの重要な研究は，洪水から入江を保護することであった．1975 年 4 月 RAND はドイ

ツ政府と共同研究ベンチャーを開始し，ドイツ最大の入江であるオーステルシェルデを洪水から守るための3種類のアプローチについての結果を比較した．1つの代替案について7分類の結果が考察された．経費上の費用，エコロジー，漁業，輸送，レクリエーション，国民経済，および地域への影響である．それぞれの分類ごとに数種類の結果が考察された．この研究には入江および沿岸の海に関する複雑なコンピュータモデルの開発を必要とした．1976年6月ドイツ議会はRAND研究結果の多くにもとづき代替案の1つを採用した．そして，入江の口をまたぐ巨大な可動門を取り付けた10kmの何十億ドルもの荒天波浪用防波堤を建設した．

2番目の研究はオランダにおける水資源管理の改善に焦点を合わせたものであった．1977年4月RAND，ドイツ政府およびデルフト流体研究所による共同研究として，オランダの水資源管理のための政策分析（PAWN）プロジェクトが開始された．オランダの水資源管理制度をすべて分析し，国家に対し，新しい国家水資源管理政策の基本を提供した．候補となる政策について複数の結論を評価する手法を開発しそれを応用して代替政策を作成しそれらの結論を評価比較した．研究内容および報告書を検討することには，125人年の直接努力を投入した．このプロジェクトはマネジメントサイエンスの実施に対し1984年フランツ・エーデルマン賞を受賞した．

4番目の10年間（1978～1988）

この期間には数多くの主要な研究組織上のマイルストーンの設立を経験した．いくつかの例は，

・1982年RANDおよびカリフォルニア大学ロサンジェルス校が共同でプー記念財団の資金により健康政策センターを設立した．1年後にはRANDおよびカリフォルニア大学ロサンジェルス校が共同でソビエト国際行動研究センターを設立した．

・1984年新しい連邦政府の資金による研究開発センター，つまり，国防省内部部局の資金により国家防衛研究所（NDRI）が設立された．

・1984年RAND内にアヨロセンター，連邦政府資金による陸軍研究開発センターが設立された．

・1984年健康および人間支援省がスポンサーになって，健康ケアファイナンス内に，政策研究センターが設立された．

これら研究組織の発展は，RANDの現存する研究計画分野における業務（たとえば，健康政策）や新規業務を開始するための新しい分野（たとえば陸軍の政策事案の分析）において，業務強化する手助けとなった．

RANDの研究計画はこの期間に実質的に規模および範囲が拡大した．過去の傾向の多くは継続された．たとえば，国内の政策研究に投入される努力の増加やより広範な研究を実施する傾向である．また，いくつかの新しい傾向も出現した．たとえば，（当時の）ソビエト連邦よりも国際化潮流の中で実施された研究がより強調されはじめた．さらに，分析上の概念，手法および技法の開発も継続された．いくつかのより重要なものとしては，次のようなものがある．

・RAND戦略評価システム（RSAS）：戦略分析に関する手法には限界が感じられたので，1982年RANDは古典的ゲーミング，システム分析手法および技法，人工知能および最先端コンピュータ技術を組み合わせた戦略分析手法の開発に着手した．RAND戦略評価システムは，国家命令レベルにおける戦略意思決定および命令実行段階における意思決定について分析するための枠組みとツールを提供するものである．また，どの役割を人間が担い，どの役割を機械が行うのかの選択において，このシステムは柔軟性をもっている．

・Dyna-METRIC：ダイナメトリック兵站支援モデルは補用部品の利用可能性と戦時航空機のソーティ作成能力とを関連付ける主要な新規ツールである．Richard HillestadとIrving Cohenによって開発されたこのモデルは，待ち行列理論，在庫管理およびシミュレーションの要素を結合させる．現在では空軍における兵站および態勢管理システムが集約された部分である．

・CLOUT（不確実性および脅威に対応するための兵站と運用の結び付け）は，不確実性や海外における通常兵器を使用した戦争による混乱に対処するために，RANDが開発した空軍兵站システム能力改善のための一連の構想である．CLOUT構想は戦域にある航空基地の被害結果のほか補用部品，整備およびその他の支援活動からの所要の期待値を実質的に相殺することを意図している．

・下士官戦力管理システム（EFMS）：下士官戦力管理システムプロジェクトはオペレーションズリサーチのツールがどのように出現している情報技術とうまくやっていけるかをデモし，ある1つの組織全体にわたる実時間形式で意思決定支援を行うために開発された意思決定支援システムに関する見通しおよび複雑性にとって傑出している．Warren Walkerは空軍のカウンターパートとともに作業している大規模なRANDチームを指導した．1980年代の初期に彼らは一緒になって下士官兵力の階級構成，昇任政策および採用，配置，訓練，補償，除隊，および退職に関する組織的な意思決定支援システム（ODSS）を作成した．1990年以来EFMSは下士官に影響する主要な政策決定を支援するために使用されている主要な分析ツールである．このシステムの成功はCarter et al. (1992)の出版の動機となった．

現　　状

　最初の40年が経過したあと,上記に概括した主要な傾向の大部分は,それぞれが継続している.たとえば,国内の研究はRANDの1億ドルの研究予算のうち30％近くであり,実際の研究が必要とする手法の強化は依然として優先度が高い.1992年RANDはオランダにヨーロッパアメリカセンター政策分析センターを設立した.現在までの主要な研究努力はシフォル空港の安全性に関する研究,環境を保全しながらオランダにおける河川堤防の改善方法およびオランダにおける道路貨物輸送に関するマイナス効果を減少させるため有効な方針の代替案について体系的に精査することなどが含まれる.

⇒人工知能,費用分析,デルファイ法,動的計画,救急サービス,ゲーム理論,ゲーミング,在庫モデル,線形計画法,ロジスティクス,軍事OR,ネットワーク,非線形計画法,最適化,公共政策分析,離散事象確率システムのシミュレーション,システム分析,巡回セールスマン問題.

　　　　　[Gene H. Fisher, Warren E. Walker/片山隆仁]

参考文献

[1] Bellman E. Richard (1957), *Dynamic Programming*, Princeton University Press, Princeton, New Jersey.

[2] Bellman E. Richard and Stuart E. Dreyfus (1962), *Applied Dynamic Programming*, Princeton University Press, Princeton, New Jersey.

[3] Carter Grace M., Michael P. Murray, Robert G. Walker and Warren E. Walker (1992), *Building Organizational Decision Support Systems*, Academic Press, Inc., San Diego.

[4] Dalkey N.C., D.L. Rourke, R.J. Lewis and D. Snyder (1972), *Studies in the Quality of Life: Delphi and Decision-making*, D.C. Heath and Company, Lexington, Massachusetts.

[5] Dantzig George (1963), *Linear Programming and Extensions*, Princeton University Press, Princeton, New Jersey.

[6] Ford Lester R. Jr. and Donald R. Fulkerson (1962), *Flows in Networks*, Princeton University Press, Princeton, New Jersey.

[7] Goeller Bruce F., et al. (1983), *Policy Analysis of Water Management for the Netherlands: Vol. 1, Summary Report*, R-2500/1-NETH, The RAND Corporation, Santa Monica, California.

[8] Hitch Charles J. and Roland McKean (1960), *The Economics of Defense in the Nuclear Age*, Harvard University Press, Cambridge, Massachusetts.

[9] Kahn Herman (1960), *On Thermonuclear War*, Princeton University Press, Princeton, New Jersey.

[10] Markowitz Harry M., Bernard Hausner, and Herbert W. Karr (1963), *SIMSCRIPT: A Simulation Programming Language*, Prentice Hall, Inc., Englewood Cliffs, New Jersey.

[11] Newell Allen ed. (1961), *Information Processing Language-V Manual*, Prentice-Hall, Inc., Englewood Cliffs, New Jersey.

[12] Paxson Edwin (1950), *Strategic Bombing Systems Analysis*.

[13] Quade E.S. (1964), *Analysis for Military Decisions*, Rand McNally & Co., Chicago.

[14] RAND (1955), *A Million Random Digits with 100,000 Normal Deviates*, The Free Press, Glencoe, Illinois.

[15] Shaw J.C. (1964), *JOSS: A Designer's View of an Experimental On-line Computing System*, P-2922, The RAND Corporation, Santa Monica, California.

[16] Sherbrooke Craig C. (1966), *METRIC: A Multi-Echelon Technique for Recoverable Item Control*, RM-5078-PR, The RAND Corporation, Santa Monica, California.

[17] Walker Warren E., Jan M. Chaiken and Edward J. Ignall, eds. (1979), *Fire Department Deployment Analysis: A Public Policy Analysis Case Study*, Elsevier North Holland, Inc., New York.

[18] Williams John D. (1954), *The Compleat Strategyst: Being a Primer on the Theory of Games of Strategy*, McGraw-Hill Book Company, Inc., New York.

[19] Wohlstetter A.J., F.S. Hoffman, R.J. Lutz and H.S. Rowen (1954), *Selection and Use of Strategic Air Bases*, R-266, The RAND Corporation, Santa Monica, California.

り

利益等価定理
revenue equivalence theorem

入札モデルにおける利益等価定理とは，多くの入札の種類（たとえば，標準的な入札モデルや競りなど）に対して，期待利益が等しくなるような条件を述べたものである．⇒入札モデル．

陸軍を支えたOR機関
Operations Research Office and Research Analysis Corporation

軍事ORの創生期

英国におけるオペレーションズリサーチの創生期について，Blackett（1962）は，次のように述べている．「軍隊は何十年もの間，戦争に使用する新兵器や新型車両の生産には非軍人の科学者を用いてきたが，一方，それら新兵器や新型車両の戦術的や戦略的使用法についてはつい最近に至るまで制服軍人の専管事項とされていた．第二次世界大戦の初期，戦術や戦略を研究する場合にもときどき非軍人の科学者が重要な役割を果たすことができるということが明白となる状況が生起した．このような新しい状況の本質的な特色は，軍隊への新兵器や装置（傑出したレーダー）の急激な導入であった．当時は，軍事上の困難かつ大きい問題が存在しており，しかも自分たちでさえまったく対処不能とさえ思える直面している問題に適切に対処可能な，また，それを解決するスペシャリスト士官が急速に軍隊に多数入ってきたという環境にあった．私がこの理由を記述しようと試みれば，つまり，当初は戦術や戦略に関する知識がほとんどないかあるいはまったくない非軍人の科学者が，ときどきこのような事態において重要な役割を果たし，軍事科学（military science）という本質的に新しい部門をどのように育ててきたかということであるが，これは後になって英国では"Operational Research"，米国では"Operations Analysis"と称される．戦争終了までに3軍とも司令部または主要な独立部隊に付随した部署にオペレーションズリサーチを実施する大部分が非軍人である科学者たちのグループをもつに至った．このようなグループは，程度に差はあるものの軍隊で作戦運用を担当する幕僚のすべての主要な活動に深くかかわる立場にあって，しかも進行中の作戦運用に関する事実を研究し，それを科学的に分析し，必要とされる場合には，戦争遂行上の作戦方向をどのように改善するかについて幕僚に助言するため…」

第二次世界大戦中英国における作戦解析は3軍に置かれたが，米国では陸上航空軍（Army Air Corps，のちの陸軍航空部隊（Army Air Force））と海軍に置かれていた．米陸軍のグループは，どの1つをとっても，英陸軍の作戦解析グループと同じものはなかった．陸軍においては，様々な部門に作戦解析を実施する小規模なグループが点在していた．運用経験データを用いることにより無線通信の操作指示教範を作成するため通信軍はオペレーションズリサーチ部隊を設立した．科学研究開発室（Office of Scientific Research and Development）の主要隷下組織の現地サービス室（Office of Field Service）は，当初作戦解析を実施するため太平洋戦域の陸軍部隊に非軍人の科学者を提供していた．しかし，科学者たちは，しばしば作戦解析以外の業務を実施するため必要とされた．海軍および陸軍航空部隊のグループだけが作戦解析に専念した．戦争終了までに，米陸軍航空部隊には，番号付けされた航空隊，統合軍，方面，飛行隊，委員会，および学校に26の作戦解析班を配置した．これらの班には，約250名の分析員が勤務していた．広範な専門分野が含まれており，典型的なのは50名のエンジニア，40名の教官，35名の数学者，25名の法律家，そして21名の物理学者であった．その他の代表的分野としては，建築，気象，生理学者，歴史家，農業，投資顧問や株式ブローカー，天文学者，生物学者，その他多数であって，英国で最初に基礎固めを行った人たちによって導入された混合チームの概念に忠実であった．陸軍のアバディーン試験場において，最近では弾道研究所（Ballistic Research Laboratory：BRL）に衣替えしたが，実施されたいくつかの分析は，使用している言葉からはそれと認識されないものの，確かに，陸軍作戦解析（army operations analysis）と見なすことができる．特に，陸軍航空機に関する残存性と脆弱性に関する広範な研究は，弾道研究所で実施されたものであるが，その多くが兵器効果および爆撃パターン分析であった．しかしながら，第二次世界大戦中の航空隊での業務以外には，陸軍全体のオペレーションズリサーチの中心的グループは存在していないと認識されている．

第二次世界大戦後の活動

英国および米国において戦時中に活躍したグループは，第二次大戦後もいくつかの異なる形態をとりながら

も軍隊内でそれぞれが引き続きオペレーションズリサーチおよび分析を実施していた．米国では軍事オペレーションズリサーチ（military operations research）の必要性および重要性が十分実証されていたので，全軍にオペレーションズリサーチ組織が必要であるということは明白であった．このため，第二次世界大戦後2～3年以内には以下の組織がつくられた．海軍作戦評価グループ（Operations Evaluations Group：OEG）―のちには海軍分析センター（Center for Naval Analyses：CNA）となった，空軍作戦分析部およびRAND計画（Project RAND），および陸軍の作戦解析オフィス（Operations Research Office：ORO）．それぞれの組織が歴史上もOR/MSを発展させるうえでも重要な役割を果たした．ジョンスホプキンス大学のOROはオペレーションズリサーチ分析および研究を実施することを目的として陸軍の非制服文官が運営する組織として機能させるため，1948年ワシントンDC付近に米陸軍によって設立された．OROの主たる目的は，国家安全保障および防衛事案に関する独立した客観的かつ科学的に健全な研究を実施することであった．

作戦解析オフィス（ORO）の責任者

　OROの歴史は，その設立者でありただ1人の責任者であったEllis A. Johnsonとともに歩んだ歴史である．彼はマサチューセッツ工科大学で修士および博士の学位を取得したあと，1934年にワシントンに移り，米国沿岸および測地調査を実施するため磁気装置の研究を行った．1935年彼はカーネギー研究所の地磁気部に地球物理学者として入り，1940年初期，最初はコンサルタントとして海軍兵器研究所（NOL）に移り，対機雷戦術としての消磁その他に従事し，後に研究副所長になった．間もなく彼は攻撃作戦における機雷の使用および対機雷戦に興味をもった．機雷，対機雷分析に従事していた初期の頃から，分析員および研究者は軍事作戦に究極の責任をもつ人たちと密接な連携を維持しなければならないと信じていた．これはオペレーションズリサーチの神髄そのものである．このように最初からOROはJohnsonの戦時体験および分析哲学を反映していた［本項のその後の展開の多くは，特にJohnsonに対する関係においては，彼への賛辞を引き出すため，彼の死後アメリカOR学会より発行された出版物から引用した（Page et al., 1974）］．Page et al. はOROの発足時に関し次のように述べている．

> OROは業務を開始するに当たって業務の前提は，オペレーションズリサーチと呼ばれるようなものが存在し，陸軍はその価値を十分承知しているので，使いたがっていたというものであるが，このことは陸軍にとってオペレーションズリサーチが明確に定義されているということを意味するわけではない．陸上戦闘は，オペレーションズリサーチにとっては，航空戦闘や海上戦闘に比べて，より一層困難な分野として認識されていた．一方，陸上戦闘はレーダーが航空戦闘に与えたように1つの新規技術要因にはあまり影響されず，他方，航空や海上のように広大な空間に関する便利な位置関係の分析は，実際の地形や地勢上の部隊移動には適用できない．だから，オペレーションズリサーチが陸軍の計画を立案するうえで重要な役割を果たすとするならば，問題をどのように構造化するのかを知り，分析になじみやすい要素を識別し，現存するものを応用したり新しく発明したりして，分析手法を見いださなければならない．何が期待できるのかについては，ほとんど直接の前例がなく…（Page et al., 1974）

OROの活動およびプロジェクト

　素早く展開された組織基準は次のとおりである．研究課題の広範な広がり，分析に携わっている研究者の手中に分析実施上の統制や管理を委ねること，組織やシステムの性能を表現する実際データ，しばしば生の運用データへのアクセスを含め陸軍の作戦要素を密接に取り込むことである．研究管理上，実体との関連性を維持するため，OROの研究指導者たちにも自ら研究を実施することが期待されていた．

　OROの最初の2年間は，陸軍から割り当てられた他国への軍事援助に関する主要な研究，大砲の射撃誤差による因果関係の研究や装甲兵力の運用を実施した．この時期には専従分析員が40名の水準にまで達し，100名以上のコンサルタントを抱えておくことが確立され，多数の研究分析会社との連携により所要に応じた支援が可能であった．核兵器，戦術，兵站，軍事費用，心理戦，ゲリラ戦，および防空といった幅広い研究計画を継続するという調整が陸軍との間で取り決められていた．15個の中核的なプロジェクトが承認され予算化され，これにより今後進めていくべき確固とした基礎が形態上できあがっていた．1950年6月に朝鮮戦争が勃発し，即応態勢にある陸軍を代表して，OROは健全で現実的な分析を行うという名声を高めながら，実際に機能する研究所の1つであった．ただちにJohnsonは戦争の中に必要性と機会を認識した．彼は早期に韓国を訪問し，作戦戦域に置かれている現地分析チーム（field analysis team）のために〈業務遂行手順〉を確立した．OROは秋までに40名の分析員を現地に置いた（わずか2～3か月前には全員でもこの数であった）．戦争終了時には専門スタッフの半数以上が戦闘地域で過ごした．何百もの報告書が作成され，これらは軍事作戦にかなりの衝撃を与えた．英国およびカナダがOROの影響を感知し，国連軍として参加した

これら2か国からオペレーションズリサーチ分析員がそれぞれ自国の在韓部隊に参加した．

小規模のORO現地チームが，バージニア州フォートレス（現在はフォート）モンローのアメリカ大陸陸軍司令部（CORARC）に組織された．当時この司令部は知られており，陸軍に対し運用ドクトリンを開発し，そのドクトリンに関連する訓練をも開発する任務が与えられていた．オペレーションズリサーチはドクトリン開発に当たっても重要な貢献が可能であり，特に，戦場で原子核（のちに核）兵器を使用する可能性があるという条件下で地上戦闘を新規に見直すための戦闘隊形に必要な事項を配慮する場合には顕著であるというのがJohnsonの視点であった．OROは隊形の設計を支援し，ペントミック編成師団およびペンタゴナル師団（5つの戦闘部隊）のための兵力構成およびドクトリンを援助した．他の研究としては戦術核兵器に対する装甲隊形の脆弱性や威力を抑えた核兵器を攻撃時に使用する可能性に着目したものがあった．当初戦術運用や兵站に多くの注目を集めたが，その後は戦略事案に関係する研究が行われ，そのうち最も必要かつ重要なものは核兵器を含む，有人航空機による米国本土への攻撃からどのように防衛するかに関する大規模な研究であった．

西独ハイデルベルグの在欧米陸軍司令部にOROの現地事務所が設置され，ここではヨーロッパ防衛およびNATO作戦に関し大きく貢献した．ハイデルベルグ事務所ではヨーロッパ作戦に関するウォーゲーミングおよび演習を大々的に実施した．

軍事オペレーションズリサーチおよび一般的なオペレーションズリサーチを発展させるうえでOROは継続的かつ前向きの牽引車であった．陸軍に研究開発投資効果を理解させるため，また，予算化を競い合っている多くの研究開発プロジェクトに対する予算配分を改善するため，提案されている研究開発予算の評価を目的とした一連の専門家会議を主催した．PISGAH（モーゼが約束の地を眺めた山にちなんで命名された）会議は，制服士官，オペレーションズリサーチ分析員，工業科学者，学者が一緒になって陸軍の将来ニーズを検討する機会であった．セミナーおよび討論会は毎週定期的に開催された．前者は計画されている，または進行中の研究について，または注目されている部外講師により実施され，一方，後者はより難解な数学的分析のトピックに主眼を置いていた．OROは（相対的に）独立した分析を実施するため，ORO上級分析員の指導の下で頭のよい高校生の能力をテストするための実験を行った．高校生チームによる研究は，何年間も広範なトピックについて実施され，たとえば市民のための効果的な空襲警報システムの特性や困難な地形での強力な推進力を備えた装甲作戦がある．この計画の5年間に，75名の高校生が少なくとも1シーズンの夏休みをOROで過ごした．多くは，大学卒業後，通常職員としてOROに入った．

ORO活動の13年間には，陸軍の研究トピックの全範囲について真剣に取り組んだ．航空作戦および防空，ゲリラ，市街地戦や非正規戦，戦術的，戦域横断的，戦略的機動力および兵站，兵器体系，市民防衛，情報，心理戦および民間事態，複雑な国家安全保障体制下における陸軍の準備態勢全般（ORO, 1961）．OROの研究の幅広いインパクトを示すため，2つの例を次に記述する．

戦術運用の分野では，OROは小火器の射撃に関し，殺傷能力を向上させる方法を検討した．2種類の独創的なアイデアが提出され評価された．1つは，斉射の考え方であり，西部開拓の騎兵として従軍した1人の陸軍士官が19世紀に獲得した特許から発展させたものである．この考え方は，ライフル弾薬が2つの弾丸システムから構成され，1つを他の後方に納め，1つのカートリッジ内にケースと推進薬を備えている．引き金を1回引くと，2発の弾丸が連なって兵器から出てくる仕組みである．OROの分析員は確率理論を使用して，2発の弾丸の広がりにより，戦闘中に運用される離隔距離における人間大の目標に対する命中確率を大きく増加させることを予測した．OROの分析員は，実験科学であるという作戦解析の基本に立ち戻って斉射モードの2～3発の弾丸を作成し，拳銃に装塡し背後の射場で発射した．ありのままの実験結果は統計分析を立証した．陸軍はその結果を受け入れ，M14 30口径ライフルに2発の斉射弾を標準化した．2番目の考え方は，歩兵のライフル訓練に焦点を当てた小火器の効果改善に関するものであった．ORO分析員は歩兵を訓練するため伝統的に使用していた距離を既知としたものとは異なり，模擬的歩兵戦場用目標群を開発し試験した．人間大の目標を戦場に分散し電子制御と結ぶことにより，敵の射手を模擬した目標が急出現するようにした．この考え方もTRAINFIREシステムとして陸軍に採用された．

2番目の例は，朝鮮戦争における黒人兵士の使い方に関する研究であり，この研究を発展させて，全陸軍において黒人部隊を統合させるという，より広範な事案である（Hausrath, 1954）．独立戦争から朝鮮戦争に至るまで，米軍隊においては統合させないことが伝統であった．1948年トルーマン大統領による大統領行政命令は，行政府および軍隊に機会均等を指示した．また，第二次世界大戦後の経済成長および人口統計上の主要な変化は，陸軍がOROに要請した研究の原動力となった．この研究は広範囲に渡る手法を使用した．人口統計分析（demographic analysis），意見および姿勢調査（opinion and attitude survey），内容分析（content analysis），クリティカルインシデント技法（critical incident technique），統計分析（statistical analysis），およびコミュニティ調

査（community survey）である．

この研究の要約には以下のように記されている．
　…この研究は米陸軍の政策決定者に黒人と白人兵士の部隊の統合を支援する客観的事実を提供した．この事実は，第一に，分離された部隊に比べて統合部隊は利用可能なマンパワーが一層均一に配分されることにより，もっと効果的な使用が可能となる．第二に，統合部隊は十分満足できる結果を示している．第三に，経験を積み重ねるにつれ，統合への抵抗は大幅に減少している．もし，制約があるとするなら，黒人比率20％以上が統合水準であり，陸軍全所に至るまで統合を拡張する際の困難点が識別され，全陸軍統合に導く計画を実行するための順序を付けて並べられた（Hausrath, 1954）．

OROが明らかにしたこと，結論および提言は，陸軍の処置を支援し，1950年代に統合は成功を納めた．

OROの終焉

1961年ジョンズホプキンス大学は管理上の点で陸軍と合意できず，契約関係を撤回した．1961年8月31日深夜，ジョンズホプキンス大学作戦解析オフィスを閉鎖した．その活動は，新規に設立された連邦契約研究センターである研究分析会社（RAC）に引き継がれた．

最後に，OROの歴史については，1961年夏に書かれた（ORO, 1961）故Ellis A. Johnsonの言葉をもって締めくくる．

　OROの最後の13年間の成果は実際注目に値する．OROは何千もの結論や提言を含む648の研究を出版した．これらの大部分は，採用され機能している．OROの成果を要約してまとめるために本調査が行われた．これにより，この成果に関与した人たち（全スタッフ：研究要員，支援要員，および管理要員）が，自らのバランス感覚を認め，満足し，「誰もがこの記録を誇らしく感じている」

研究分析会社（RAC）への変遷

RACの業務は防衛担当部局に対して巨大な貢献を行ったが，RACは自らの能力の幅およびクライアントの拡大を求めた．結果としてRACの活動は，ホワイトハウスや国家安全保障会議，国防省，安全保障にかかわりをもつ9個の部局，その他40程度の政府部局，国家安全保障の分野以外に興味をもつ民間の財団，を含むまでに拡大した．このような幅の広いクライアントおよび彼らの興味分野に幅広さおよび必要とされる研究支援はRACのデータや知識の情報源，分析能力や説得技術を拡大させた．犯罪や非行の問題について都市部のクライアントのための業務実施と同様，外国支援のために行っていた業務や陸軍の課題を取り扱う開発は，RACの能力を一層高めた．その存在期間を通じて，RACは自らの主要任務を公共に役立つサービスをすることであると見なし，その主眼は陸軍にサービス（研究，オペレーションズリサーチおよびシステム分析にもとづいたカウンセリング）を提供することであった．RACの陸軍業務は，兵力構成分析，計画立案，兵站，人的資源，資源分析，費用分析，軍事ゲーミング，に集中していた．このような研究は，運用，計画，情報，および研究開発に関する問題を包含していた．さらに，RACは暴動，対暴動，「脅威」下における社会の安定化作戦について，特性や目的に関する研究を実施した．RACは，米駐留軍がすでに運用されているか，助言や訓練を提供しているか，あるいはそのように求められる地域において，政治と軍事の両方に係る観点からこれらの分野を検討した．このような研究は現実環境および将来環境の両側面から行われた．OROが行ったように，地方に特有の試験や作戦と直接の関係をもちながら，現地において問題に取り組み分析支援を行うため，RACも現地事務所を開設した．

研究分析会社（RAC）のポートフォリオプロジェクト

RACが請け負った最大規模のプロジェクトには，非常に複雑，世界的，兵站支援的な輸送システムがある．（戦時および平時とも）陸軍兵力を航空輸送するための能力に関するRACの研究は，その後の特定の評価にもつながり，当該システムが建設され展開され運用されたあと，作戦分析に適したハードデータの骨格を生成することとなった．

また，兵器に対する所要評価や競い合っている兵器体系の相対的効果を重視するということは継続されていた．RACのエンジニアや科学者は，このほか軍事研究開発の管理改善法を追求し，用途の定まっていない資源を研究開発に配分するためのより効率的な方策を求めていた．また，RACの分析員は通信に取り組み，電波周波数を軍事上の使用者に割り当てる新しい方法を提案した．通信網の信頼性を向上させ，早期から今日の高度に複雑化した指揮統制通信システムの先駆者であった．

RACはOROから，幅の広いオペレーションズリサーチ問題を分析する定量手法，特に数理計画法や意思決定分析の領域，の基本研究を引き継いだ．「シンクタンク」という用語は当時RACに最もよく当てはまった．

RACの業務には，軍隊内に設置された正規の研究所の所掌以外の事項として発生した問題に関する，経済的，政治的，社会科学的研究が含まれている．最も顕著なのは，公共安全問題，裁判の実施と犯罪や非行管理，国内外の経済社会開発に関する研究である．これらは，防衛関係クライアントのためのRAC業務を必然的に拡大した．

軍事問題に関する RAC の目立った業務は，人的資源および人事案件である．この分野の問題は，ベトナム戦争，徴兵制，の衝撃下で，1960年代には新しい次元を開拓し，その後に，全員志願制の軍隊に移行することとなった．

ORO は，軍事費用および費用分析，ウォーゲーミングおよびシミュレーション，戦略および制限戦争に関する研究を先駆的に実施した．RAC はこれらの努力を継続させ，一層手法を改善し，さらに複雑で有力な分析手順を 1960 年代には判明していなかった問題について適用する可能性を探求した．また，軍備管理および軍縮についても研究した．軍事上の計画立案者のみならず国家安全保障に関する広範な問題に関与する人たちにとっても必要な政治-軍事分析（politico-military analysis）の領域を創設した．

RAC が ORO に取って代わったとき，先端研究計画がかなり進行中であり，RAC の存在期間中で最高度にその行き足を維持していた．この継続は，陸軍および RAC ともに矛盾するものであり，どの程度の努力を（もし，行うとすれば）基本研究に投入するのかという，短期的観点からは陸軍に直接役立つ，現時点に存在している技法を適用することに反することになる深刻な意見の相違が存在した．まず手始めに，陸軍トップは，そのような計画は必要であり，RAC と陸軍間の契約下で費やされる全努力の約 10% とすることが決定された．彼らは，短期的問題を取り扱うときに使用される基本手法を発展させる場面はどこかを探求する必要性を感じていた．一方，RAC の先端研究グループ（Advanced Research Group）は，主として数理計画法および意思決定分析を発展させるため，応用にかなりの注意を集中させていた．Fiacco and McCormick の 1968 年の独創的な書物は先端研究グループの成果であった．

RAC は，意思決定，効用理論，認知理論の分野における数多くの研究を実施した．これらの研究の目的は，全体として各級レベルにおけるわかりやすい理解力および意思決定理論に置かれていた．クライアントの研究の応用に加えて，この業務は RAC における問題解決手順の確立へと導いた．1972 年営利組織である全般研究会社（GRC）が RAC を買収し，施設，一部のスタッフ，陸軍や他の RAC クライアントとの契約関係を入れ替えた．

おわりに
ORO も RAC も OR/MS の歴史上重要な要素である．この 2 つの組織の努力が重なり合って，合理的意思決定のパラダイムとしてのオペレーションズリサーチを確立するため主要な役割を果たすことに貢献したといっても過言ではない．
⇒空軍作戦分析，戦闘のモデル化，海軍分析センター，軍事 OR, RAND 研究所．

[Eugene P. Visco, Carl M. Harris/片山隆仁]

参考文献

[1] Blackett, P.M.S. (1962). *Studies of War, Nuclear and Conventional*, Hill and Wang, New York.
[2] Fiacco, A.V. and G.P. McCormick (1968). *Nonlinear Programming: Sequential Unconstrained Minimization Techniques*. John Wiley, New York.
[3] Harris, C.M., ed. (1993). "Roots of OR, I: The Research Analysis Corporation, The World War II years," *OR/MS Today*, 20(6), 30–36.
[4] Harris, C.M., ed. (1994). "Roots of OR, II: The History of the Research Analysis Corporation Continues with the Vietnam Era," *OR/MS Today*, 21(3), 46–49.
[5] Hausrath, A.H. (1954). "Utilization of Negro Manpower in the Army," *Jl. Operations Research Soc. Amer.*, 2, 17–30.
[6] Moore, L. (1968). "20th Anniversary of ORO/RAC," *The Raconteur*, 4(15).
[7] Operations Research Office (1961). *A Survey of ORO Accomplishments*, The Johns Hopkins University, Baltimore, Maryland.
[8] Page, T., G.S. Pettee and W.A. Wallace, (1974). "Ellis A. Johnson, 1906–1973," *Jl. Operations Research Soc. Amer.*, 22, 1141–1155.
[9] Parker, F.A. (1967). *An Introduction to the Research Analysis Corporation*, RAC, McLean, Virginia.

離散時間マルコフ連鎖
discrete-time Markov chain : DTMC

離散時間パラメータをもち，状態空間が可算集合であるマルコフ過程のこと．単にマルコフ連鎖と呼ばれることも多い．⇒マルコフ連鎖，マルコフ過程．

離散事象確率システムのシミュレーション
Simulation of Discrete-Event Stochastic Systems

オペレーションズリサーチのモデル化手法の中で最も強力な道具の 1 つはシミュレーションである．シミュレーションは複雑なシステムを詳細に解析する手段を提供する．しかしいろいろな欠点を考えると，一般的にいって，解析的な分析手段があるならばまずそちらを考えるべきである．とはいえ，シミュレーションの研究が進むにつれて，ある場合には解析的手段があるにもかかわらず分析に使われたり，また多くの場合それが〈唯一〉の分析手段という状況になりつつある．

シミュレーションは生産システムや通信システムのモデル化で頻繁に用いられる．そのようなシステムは本来ランダムな要因を含み，それらが複雑に絡み合っている

から，ランダムさに対する相当思い切った仮定をおかないと解析的手法はほとんど適用できない．以下で，離散事象確率シミュレーションのキーポイントと思われるものについて概説する (Law and Kelton, 1991; Hoover and Perry, 1989; Fishman, 1978)．

シミュレーションモデルの要素

シミュレーションモデル化は大きく分けて3つの要素からなる．ランダム事象の生成，シミュレーション実験の遂行，出力結果の分析，の3つである．シミュレーションは確率的なシステムのモデル化を伴うので，確率的な現象をコンピュータで作り出すことが必要になる．たとえば，生産システムは様々な到着分布やサービス時間を含む待ち行列網モデルと考えることができる．システムを実際に観察しているかのように，これらの様々な確率分布にしたがう乱数を生成することが必要である．ランダム事象の生成法が決まると，それらを実際に生成させシステムの中をトランザクションが動き回る様子を記録し，システムの時間的な推移を管理し，あとで必要となるデータを収集するなど，実験遂行のためのプログラムが必要になる．出力結果の分析では適切な性能評価尺度を計算し，統計的手法を用いて正しい結論を導かなければいけない．

次に述べるのは上の3つの要素を説明するための架空の簡単な例である．

　　特殊な製品をつくっているある小さな工場で，上得意から20回に分けて発注される特注品を契約した．ラインの管理者はこの契約を受けるとどうなるかをシミュレーションを使って分析したいと考えた．客の注文はいつくるかわからないが，待たせてはまずい．注文はあるとすれば各月の最初に発生するが，その間隔は2か月から7か月の間で一様である．この製品の出荷は月末で，完成までの日数は1か月から6か月の間で一様である．同時に2つつくることはできないため，注文が重なるとあとにきた注文は待たされる．このような状況で，仕掛品の個数，受注してから納品できるまでの月数，その最長月数，稼働率，などを知りたい．最初の注文がいつくるかはわかっていて，そのときまでにシステムは準備ができており，20回の注文をこなした後ラインは撤去される．

最初の段階，すなわちランダム事象の生成は，さいころを使って実現できる．受注の間隔は2と7の間の一様分布，生産期間は1と6の間の一様分布だから，受注の時点を決めるためには19回さいころを振って，出た目それぞれに1を足せば受注の間隔のランダムデータが生成できる．サービス時間はさいころを20回振って出た目を記録すればよい．表1はそのようにしてできたランダム

表1 入力データ

注文の間隔：	-, 7, 2, 6, 7, 6, 7, 2, 5, 4, 5, 3, 2, 6, 2, 4, 2, 6, 5, 5
処理時間：	1, 3, 2, 3, 6, 5, 4, 5, 1, 1, 3, 1, 3, 2, 2, 6, 5, 1, 3, 5

表2 事象時刻管理表
$[n], t$ はトランザクションの番号とその発生時刻を表す．

時刻	次の事象 到着	退去	待ち行列にあるトランザクション	サービスされているトランザクション
0	[2], 7	[1], 1		→[1]
1	[2], 7	[2], 10		[1]→
7	[3], 9	[2], 10		→[2]
9	[4], 15	[2], 10	→[3]	[2]
10	[4], 15	[3], 12	[3]→	→[3] [2]→
.	.	.	.	.
.	.	.	.	.
.	.	.	.	.
81	[20], 86	[19], 84		→[19]
84	[20], 86			[19]→
86		[20], 91		→[20]
91				[20]→

データである．

次にそれらのデータを使ってシミュレーション実験を行う．時間の進行を管理するために時計を用意する．まず時刻0で最初の注文が到着し，生産期間は1か月なので，時刻1で退去することを記録する．また次の注文が時刻7(=0+7)に到着することを記録する．次に時刻1とし，最初の注文を退去させる．次に時刻7とし，そのときラインは空いているので，2番目の注文の退去時刻を10 (=7+3)とする．また次の注文が時刻9 (=7+2)に到着することを記録する．時刻9で3番目の注文がきたとき2番目の注文はまだ処理中なので，3番目の注文は待ち行列に並ぶ．そして，4番目の注文が時刻15 (=9+6)にくることを記録する．次に時刻10で2番目の注文が退去し3番目の注文の生産が開始される．この注文は時刻12 (=10+2)に退去することを記録する．このようにシミュレーションの進行が記録管理され，20の注文が全部処理されるまで計算される．

表1の入力データを使って表2のような事象時刻管理表（一部）が生成される．

システムが複雑になればもっと込み入ったものになるが，表2のような事象時刻管理表を使えば，待ち時間や滞在時間のような性能の評価値を簡単に計算することができる．たとえば1番目の注文は時刻0に到着して直ちに処理され時刻1に退去したので待ち時間は0，滞在時間は1か月である．2番目の注文は時刻7に到着し，直ちに処理されて時刻10に退去しているのでシステムに3か月滞在したことになる．3番目の注文は時刻9に到着しているがその時前の注文がまだ処理中のため待ち行列に並んでいる．待ち行列を出るのは時刻10で時刻12に

は退去している（表2には省略されている）ので待ち時間が1か月で滞在時間は3か月である．これらの数字を使えば平均待ち時間とか，最大待ち時間は簡単に計算できる．

待ち行列の長さや受けている注文の数，あるいはラインの遊休時間なども表2から計算できるが，待ち行列がある長さにある時間間隔を表から一々計算することが必要になる．

表2のデータを使ってそれらの計算をした結果をまとめると，待ち行列の最大長は1で，処理中のものを含めるとシステムには同時に最大2つの注文が滞留した．待ち時間が最長だったのは17番目の注文で4か月，滞在時間が最長だったのは同じく17番目の注文で9か月であった．平均待ち行列長は0.13，平均の仕掛かり注文数は0.81，ラインの遊休率は32%，平均待ち時間，平均滞在時間はそれぞれ0.6か月，3.7か月であった．

ランダム規則の決定とランダム事象の生成

昔から使われている GIGO (garbage in, garbage out, ごみからはごみしか生まれない) という略語を思い出しつつ，モデル化された環境を最もよく記述するような確率規則を選ばなければいけない．このことは可能な限り状況を把握することと，正しくデータ解析することが必要になる．場合によっては使えるデータがまったくなく測定もできないということもある（新しいシステムの設計など）ので，その場合は環境の知識だけから決定しなければならない．ランダム規則の設定の違いが出力結果にどのような影響を与えるかということはまだよくわかっていない．

ランダム規則が決まるとシミュレーション実験を行うために，そのランダム規則を具体的にコンピュータで生成することが必要である．この分野では多くの研究が行われてきた（Fishman, 1978；Law and Kelton, 1991；Hoover and Perry, 1989）．

ランダムデータは区間 $(0,1)$（あるいは $[0,1]$）で一様な乱数を変換してつくられるが，その一様乱数は，数式を用いた計算で一見ランダムそうな桁数の大きな整数を生成し，それを区間 $(0,1)$ におさまるように正規化して求めている．この計算法を〈擬似一様乱数生成法〉(pseudorandom number generator) という．最も簡単な方法は次の線形混合合同法と呼ばれる数式を用いるものである．

$$Y_i = (kY_{i-1}+a) \bmod m$$

ここで k は乗数，a は増分，$\bmod m$ は m で割り，そのあまりを取り出すという意味である．この式は再帰的に定義されているので，1つの値 Y_0 を最初に与えることが必要である（乱数の種ともいう）．この再帰式で計算される数は0以上 m 未満の整数になるので m で割れば（正規化すれば）$[0,1)$ の数が得られる．乗数，増分，種と m の選択には十分な注意を払うことが必要である．

擬似一様乱数を使えば，原理的には（経験分布関数を含む）あらゆる確率分布にしたがう乱数を生成することができる．基本的な生成方法は逆変換を用いる方法である．$[0,1)$ 区間で一様な乱数を Z_i とし，確率変数 X の分布関数を $F(x)$ とする．$F(x)$ にしたがう乱数を逆関数法で生成するためには次の関係を利用する．

$$X_i = F^{-1}(Z_i)$$

例として，指数分布 $f(x) = \theta e^{-\theta x}$ にしたがう乱数を生成しよう．分布関数は $F(x) = 1 - e^{-\theta x}$ なので，

$$Z_i = 1 - e^{-\theta X_i}$$

を満たす X_i を求めればよい．この式を解くと

$$X_i = -\frac{1}{\theta}\ln(1-Z_i)$$

となる．

この手順は離散確率変数でも連続確率変数でも，経験分布関数でも，逆関数さえ定義できれば適用できる．これをグラフを使って説明すると，関数 F のグラフの y 軸上に Z をとり，そこから x 軸に平行線を引いて F にぶつかった点から今度は x 軸に垂線を下ろして，その x 軸との交点を X とすることと同じである．ほとんどの連続分布は逆変換を陽に求めるのは難しく，数値的に計算するしかない．しかし数値的に逆変換を計算するくらいならばもっと効率的な方法がみつかる場合が多い．それらは部分棄却法，合成法，などである．

シミュレーション用プログラム言語

シミュレーションモデルをつくるためには非常に様々なプログラム言語や専用パッケージが利用できる．これらは3つのタイプに分類できる．汎用プログラム言語，シミュレーション言語（simulation language），シミュレータ（simulator）の3つである．FORTRAN, C, PASCAL, BASIC などの汎用プログラム言語はいくらでも自由なモデルをつくることが可能な柔軟性があるが，言語の知識がかなり必要となる．前に例としてあげた簡単な問題でわかるように，確率分布にしたがう乱数を生成するプログラム，シミュレーションの計算を進行させ各種の情報を管理するプログラム，性能の評価値を得るための統計的計算をするプログラムをすべて自分でつくらなければならない．

シミュレーションの時間進行を管理したり，ランダムデータを生成したり，出力結果の統計分析に必要なデータを集めたりすることは多くのシミュレーション実験で共通の仕事なので，それらをあらかじめプログラム化したシミュレーション用パッケージが開発されてきた．(GPSS/H, SIMAN, SIMSCRIPT II.5, SLAM など) シミュレーション用パッケージを使えばプログラムは著

しく簡単なものになる．しかしそのパッケージの環境に合わせたモデルづくりが要求されるため，多少の柔軟性は犠牲にされる．多くの場合これはあまり問題にならない．一般的にプログラムの手間が少なくなればなるほど，モデルの柔軟性が失われるといえる．

よく使われているシミュレーション言語の多くは計算の管理方式として事象追いかけ方式を採用している．これは上の例で説明したように，事象が起きる時刻におけるシステムの状態変化だけを記録する方式である．それに対して一定時刻ごとにシステムの状態を管理する方式もある．この場合は何も変化が起こらない時刻でもシステムの状態がどのようになっているかを記録していく．多くの事象追いかけ型方式ではさらにトランザクションの動きを中心にそれが発生してから消滅するまでをモデル化するようになっているものが多い．

シミュレーション言語よりさらに簡単なのが〈シミュレータ〉を使う方法である．シミュレータはほとんどプログラム作業がいらない．アイコンを選択したり，必要な表に情報を書き込むだけでモデルができあがってしまう．当然のことながらモデルづくりの柔軟性はほとんどなく，生産システムのシミュレータとか通信ネットワークのためのシミュレータのように，用途が限定される．生産システムのためのシミュレータとしては，SIM-FACTORY，ProModel，WITNESS，通信ネットワークのためのシミュレータとしては，NETWORK，OPNET などがある．

出力結果の解析

シミュレーションの実験結果から信頼できる結論を引き出すためには多くの考察と細心の注意が必要である．確率的なシステムをシミュレーションする場合は 1 回のシミュレーション結果はばらつくため，正しい実験計画と正しい数理統計の知識がないと正しい結論を得ることはできない．独立観測でランダムサンプルが得られることが大前提の古典的標本調査法と違い，ときにわざと相関を導入して推定量の分散を少なくするなどの工夫が持ち込まれるシミュレーションの結果を解析するためには既存の統計的分析方法だけでは不十分である．シミュレーションの計算結果を解析するための方法のいくつかを次に述べる．

シミュレーションモデルには 2 つのタイプがある．ある条件が満たされたら計算が終わるシミュレーション（有限終結型）と，そうでないもの（いつまでも続く，非終結型）とである．有限終結型はたとえば銀行が 9 時に開いて 3 時に閉まるというように，始まりと終わりの時刻がおのずと決まっている．非終結型の場合は，たとえば生産ラインで，あるシフトの始まりには前のシフトの終わりに積み残した仕事が続けられる，というように時間の終わりとか始まりがない．後者の場合は定常状態でのシステムの状態に興味があり，シミュレーションを始めてからどれくらいたったら定常になったといえるのか，ということが問題になる．

上の例で調べたような有限（終結型）シミュレーション（terminating simulation）の場合，1 回だけのシミュレーションでは何も統計的な結論を得ることはできない．たとえば，最大待ち時間を調べたいとき，1 回のシミュレーションから 1 つのデータしか得られない．そこで乱数を変えて様々な注文の到着間隔や処理時間を生成して何回も実験を繰り返し，独立な観測値を計算して従来の統計理論を適用する．n 回実験を繰り返し，その都度最大待ち時間 $w_1, w_2, \cdots, w_n$ を計算したとしよう．もし n が十分に大きければ中心極限定理を使ってその信頼区間を求めることができる．まず

$$\overline{w} = \frac{1}{n}\sum_{i=1}^{n} w_i$$

$$s_w = \sqrt{\frac{1}{n-1}\sum_{i=1}^{n}(w_i - \overline{w})^2}$$

を計算し，次の式で $100(1-\alpha)\%$ 信頼区間を決める．

$$\left[\overline{w} - t(n-1, 1-\alpha/2)\frac{s_w}{\sqrt{n}}, \overline{w} + t(n-1, 1-\alpha/2)\frac{s_w}{\sqrt{n}}\right]$$

ここで $t(n-1, 1-\alpha/2)$ は自由度 $n-1$ の t 分布の上側 $100(1-\alpha/2)\%$ 点である．

定常状態に興味がある非終結型シミュレーション（continuing simulation）の場合は確率過程のエルゴード定理から

$$\lim_{T\to\infty}\frac{1}{T}\int_0^T X^n(t)\,dt = E[X^n]$$

が成り立つので，十分長い時間をシミュレーションすれば定常状態の期待値に十分近い値が得られる．しかしどの程度長く計算すればよいのかはわからないし，信頼区間もわからない．そこで新たに 2 つの問題を背負い込むことになる．いつ定常状態に到達したのか，いつシミュレーションを終えればよいのか，ということである．これらの問題は解決されたものとして，定常状態においてある窓口での客の待ち時間を計算し $w_1, \cdots, w_n$ を得たとしよう（ここでは w_i は客一人ひとりの待ち時間で，最大待ち時間ではない）．データが得られると，普通はこれら n 個のデータから標本平均と不偏分散を計算して信頼区間を計算する．しかし，今度の場合は w_i が相関のあるデータなので，上の式のように普通に分散を計算したのでは真の分散を過小評価してしまう．相関のあるデータに対して，その相関の大きさを推定したり，標準偏差を推定する手順があることはあるが，推定の精度はあまりよくない．

相関の問題をさけるために，有限終結型と同じように独立なシミュレーションを m 回繰り返してデータをと

る方法がある．毎回個々のトランザクションの待ち時間を計算してそれらの平均待ち時間だけを計算する．

$$\bar{w}_j = \frac{1}{n}\sum_{i=1}^{n} w_{ij}$$

ここで w_{ij} は j 回目のシミュレーションの i 番目のトランザクションの待ち時間を表す．そうすると $\bar{w}$ は有限終結型の場合同様独立になるので，上で述べたような方法でまず

$$\bar{w} = \frac{1}{m}\sum_{j=1}^{m} \bar{w}_j$$

$$s_{\bar{w}} = \sqrt{\frac{1}{m-1}\sum_{j=1}^{m}(\bar{w}_j - \bar{w})^2}$$

を計算し，下の式で信頼区間を決める．

$$\left[\bar{w} - t(m-1, 1-\alpha/2)\frac{s_{\bar{w}}}{\sqrt{m}},\ \bar{w} + t(m-1, 1-\alpha/2)\frac{s_{\bar{w}}}{\sqrt{m}}\right]$$

さて，連続型シミュレーションでいつ定常状態に到達するのか，いつ計算を終えればよいのか，という問題はどう考えればよいだろうか．まず後者の問題を考える．1回のランの長さ n と繰り返し実験の回数 m は信頼区間の幅を決める標準誤差の大きさ（$s_{\bar{w}}/\sqrt{m}$）に影響する．標準誤差が小さければ小さいほど同じ信頼率 $1-\alpha$ の下で信頼区間の幅は小さくなって精度がよくなる．標準誤差は $\sqrt{m}$ に反比例して減少するので，シミュレーションを繰り返せば繰り返すほど精度はよくなる．さらに1回のランの長さも長くすればするほど標準誤差 $s_{\bar{w}}$ は小さくなることが期待できるから，ランの長さを長くすることも結果の精度をあげることに役にたつ．それならば，もしシミュレーション実験の時間が決められているとき，1回のランの長さを延ばすべきなのか，繰り返し回数を増やすべきなのか．この問題の解はまだ与えられていないので，何回かテスト実験をして決めることが必要である．

定常状態に到達したことを判断する問題（立ち上げの問題）も大変に難しい．もし定常状態に達するのに必要な時間，あるいはトランザクションの数があらかじめわかっていれば，シミュレーション実験で最初のうちはデータをとらずに，決められた時間，あるいはトランザクションの数だけ計算し，その後定常状態に到達してからデータをとりはじめればよい．この問題に対してはいろいろな提案がなされているので，前にあげたシミュレーションの教科書を調べてほしい．

立ち上げの問題は依然として残された問題で，現在はまだ経験とカンが必要である．大変によくできている方法の1つは Welch (1981, 1983) の方法である．ランの長さ n のシミュレーションを m 回繰り返すものとしよう．たとえば待ち時間のような評価尺度をとり，各ランの i 番目のトランザクションの待ち時間 m 個を集めて平均を計算する．それらの移動平均を計算してグラフに表し，それが水平になったと見なされたとき定常状態に到達したと判断する．移動平均の項数を決めるためにはいくつか試算してみるとよい．どのようにしてグラフが水平になったと判断するか，何項移動平均がよいのか，という問いに対して答えるのはやはり経験とカンを必要とする．

上のようなトランザクションの平均を利用するもう1つの方法は Kelton and Law (1983) によって提案された回帰を用いる方法である．n 個の平均値を b 等分し，まず b 等分された最後の組に含まれるデータだけを使って回帰直線を求める．もし回帰直線の傾きが0とみなしてよければそのデータは定常状態にあると判断し，前にさかのぼって次の（最後から2つめの）組のデータを取り込んで回帰直線を計算する．ここで傾きが有意に0と違わなければこの組も定常状態にあるとしてさらに前の組を取り込んで同様の計算を続ける．あるところで，回帰直線の傾きが有意に0と違うと判断されたら，その組およびそれより前の組のデータは定常状態ではなかったと判断する．この方法は計算された評価値が単調に推移することを前提にして成り立っている．そのためにシミュレーションをシステムが空の状態から出発させればよい．ここでもやはり n, m, b をどうしたらよいかについては使う人に任されている．

定常状態に到達した点を求めようとする上の2つの方法と違って，定常になる前の状態の偏りを評価して，データがその偏りをもっているかを調べる方法がある (Schruben, 1982)．この方法は上に述べた2つの方法のどちらかと併用して，取り除いたデータが本当に立ち上げの偏りを持ったものだったかどうかをチェックすることに使うこともできる．

シミュレーションの繰り返しごとに定常になる前のデータを捨てているのはもったいない．そうしないですます塊平均法（procedure of batchmean）が提案されている (Law, 1977; Schmeiser, 1982)．シミュレーションを新たに何回もやり直す代わりに1回のシミュレーション実験を長くし（たとえば mn 個のトランザクションをシミュレーションする），それを n 個ずつの m 組（塊）に分割する．各組ごとに計算された評価値は互いに独立であると見なして（各組の長さを十分に長くすれば各組の相関は小さくできる），従来の方法で標準偏差を推定する．つまり，各組が独立標本であると見なすのである．信頼区間の計算は m 回のシミュレーションを繰り返した場合のそれと同じである．しかし，前の方法に比べてこのやり方は毎回不要なデータを捨てるという無駄がない．そのほかの方法としては，再生過程を利用したシミュレーション (Crane and Iglehart, 1975; Fishman, 1973)，時系列解析を適用した方法 (Fishman, 1971; Schruben, 1983) などがある．

2つのシステムを比較したい場合はそれぞれのシステムの評価値の差にもとづく t 分布を使った検定を適用することが多い．たとえば，2人のサーバがサービスしているシステムと，それらを何台かの自動機械に置き換えたシステムとで，トランザクションの滞留時間がどう違うのかを知りたいとしよう．まずそれぞれのシステムでシミュレーションを実行しそれぞれの滞在時間を計算してその差を求める．同じことを m 回繰り返してその差の平均値，標準偏差を求め，t 分布を使って差に対する信頼区間を計算する．

もし可能ならば，同じ乱数を使って2つのシステムのシミュレーションを実行するとよい．そうすることによって計算された差の中に乱数のばらつきによる違いが混ざることを防ぐ．もちろん，繰り返しごとには別々の乱数を使わなければいけない．これは共通乱数法と呼ばれる分散減少法の1つで，信頼区間の幅を小さくするために非常に有効な方法である．これについては後で述べる．

ときに3つ以上のシステムの比較をしたいこともある．そのような方法はいくつか提案されている．上の方法ですべてのペア同士で比較することもできる．しかしその場合は1組の比較に信頼率 $1-\alpha$ の信頼区間を計算すると，k ペアを同時に考えたとき信頼率が $1-k\alpha$ に落ちてしまうことに注意しなければいけない．もし最終的な信頼率を $1-\alpha$ にしたいのであれば，ペア同士の信頼区間の信頼率を $1-\alpha/k$ としておかなければいけない．

k 個のシステムの中で最もよいシステムを選んだり，最もよいシステムを含む r 個のシステムを選んだり，トップの r 個のシステムを選ぶような，順位付けシステム選択法，についても様々な研究がある．これについては Law and Kelton (1991) を参照せよ．

分散減少法 (variance reduction technique)

実際の問題における標本抽出と違い，シミュレーションモデルを扱う人はシステムのランダム要因を制御することができる．意図的に独立でない標本の取り方をして分散を小さくし精度のよい信頼区間を求める工夫をすることもある．その1つの例として上に述べたような共通乱数法がある．2つのシステムのシミュレーションに同じ乱数を使って出力結果に正の相関をもたせ，平均値の差の分散を小さくしたため，比較の精度をあげることができる．

対照変量法（antithetic variate）と呼ばれる別の手法は，1つのシステムのシミュレーションを行う場合2回のシミュレーション実験の間に負の相関をもたせる方法である．1回目の実験で大きな乱数を使った場所では，2回目で小さな乱数を使うというようにして2回の実験を行い，その結果を1回の実験と見なして評価値の平均を計算するのである．したがって繰り返しが m 回ならば全部で $m/2$ 個の独立標本が得られる．これらから通常の方法にしたがい分散を計算し信頼区間を求める．こうすることによって，独立な m 個の標本から求めた分散に比べて驚くほど小さな分散が得られることがある．

そのほかの分散減少法として，間接推定法，条件付き推定法，重点標本抽出法，制御変量法などがあるが，これらについてはシミュレーションの参考書を参照せよ．

モデルの妥当性評価

モデルの妥当性（model validation）評価はシミュレーションを用いた分析過程の中で重要な位置を占める．シミュレーションの分析に入る前に分析者は対象のシステムを十分に知って，管理者，運用者にも内容を理解してもらい，その分析でどの程度詳しいことが必要なのかについて合意しておかなければいけない．モデルは要求される答が得られるのであればなるべく粗っぽいものがよい．シミュレーションモデルはどのようなやり方でもできてしまうため，ともすれば不必要に詳細なモデルをつくってしまいがちである．これは非効率であり，また非生産的でもある．

モデルの妥当性と似たようなことを表現したものに，プログラムの正当性とモデルの信頼性がある．プログラムの正当性とはプログラムが意図した通りに正しく動くということで，3つの中では特に目的がはっきりしていて，それを保証するためのよく知られた方法が存在する．

妥当性はモデルがどれくらい現実を表現しているのかということで，信頼性は使う人にとってそのモデルが信じられるかということである．妥当性とか信頼性はユーザをモデルづくりの段階から取り込んで行くことによって獲得することができる．分析のゴール，システムの性能の評価値とその精度についてはなるべく単純なものとし，あらかじめ合意を得ておくべきである．モデルの仮定についてはきっちりと文書にしておくこと，それをモデルをつくる人と使う人が定期的に確認しあうことが必要である．

もし可能ならばシミュレーションの出力結果を現実のデータとつきあわせるべきである．もし結果が統計的に見て現実のデータとそう違わないのであれば，妥当性の面でも信頼性の面でもプラスになるだろう．シミュレーションする対象が将来のシステムであるならば，解析的に既知の状況（たとえば待ち行列モデルの解析的にわかっているモデルの場合）をシミュレーションしてみて照合してみることにより確かめることができる．また様々な状況を設定して結果を出し，それをユーザにみてもらうということも必要である．大抵のシミュレーションの教科書は1章をこの重要なテーマに費やしている．Carson (1986), Gross and Tompson (1980), Sargent (1988), Schuruben (1980) などを参照せよ．

⇒ 確率的モデル化における分布の選択，数理モデル，待ち行列ネットワーク，待ち行列理論，乱数生成法．

[Donald Gross/逆瀬川浩孝]

参考文献

[1] Carson J.S. (1986). "Convincing Users of Model's Validity Is Challenging Aspect of Modeler's Job," *Industrial Engineering*, **18**, 74–85.

[2] Crane M.A. and Iglehart D.L. (1975). "Simulating Stable Stochastic Systems, III: Regenerative Processes and Discrete Event Simulation," *Operations Research*, **23**, 33–45.

[3] Fishman G.S. (1971). "Estimating Sample Size in Simulation Experiments," *Management Science*, **18**, 21–38.

[4] Fishman G.S. (1973). "Statistical Analysis for Queueing Simulations," *Management Science*, **20**, 363–369.

[5] Fishman G.S. (1978). *Principles of Discrete Event Simulation*. Wiley, New York.

[6] Gass S.I. and Thompson B.W. (1980). "Guidelines for Model Evaluation: An Abridged Version of the U.S. General Accounting Office Exposure Draft," *Operations Research*, **28**, 431–439.

[7] Hoover S.V. and Perry R.F. (1989). *Simulation: A Problem-Solving Approach*. Addison-Wesley, Reading, Massachusetts.

[8] Kelton W.D. and Law A.M. (1983). "A New Approach for Dealing with the Startup Problem in Discrete Event Simulation," *Naval Research Logistics Quarterly*, **30**, 641–658.

[9] Law A.M. (1977). "Confidence Intervals in Discrete Event Simulation: A Comparison of Replication and Batch Means," *Naval Research Logistics Quarterly*, **27**, 667–678.

[10] Law A.M. and Kelton W.D. (1991). *Simulation Modeling*. McGraw-Hill, New York.

[11] Sargent R.G. (1988). "A Tutorial on Validation and Verification of Simulation Models," *Proceedings of the 1988 Winter Simulation Conference*, 33–39.

[12] Schmeiser B.W. (1982). "Batch Size Effects in the Analysis of Simulation Output," *Operations Research*, **30**, 556–568.

[13] Schruben L.W. (1980). "Establishing the Credibility of Simulations," *Simulation*, **34**, 101–105.

[14] Schruben L.W. (1982). "Detecting Initialization Bias in Simulation Output," *Operations Research*, **30**, 569–590.

[15] Welch P.D. (1981). "On the Problem of the Initial Transient in Steady-State Simulation." IBM Watson Research Center, Yorktown Heights, New York.

[16] Welch P.D. (1983). "The Statistical Analyses of Simulation Results," *The Computer Performance Modeling Handbook*, S. S. Lavenberg, ed. Academic Press, New York.

リスク

risk

ある決定 d のリスクは，すべての可能な集合からとれた d を使うときに課せられる損失の期待値である．リスク回避型人間は，保守的な行動を取ろうとする．意思決定者（decision maker，以下 DM と略す）は，非退化的なくじよりもそのくじの期待される結果を選好するならば，リスク回避的であるといわれる（非退化的なくじとは，単一の結果が確率では起こらないというものである）．ある DM がリスク回避的であるとは，その DM の効用関数が凹関数であることである．逆に，リスク選好型人間は，保守的な行動をとるのを好まない．DM は，くじの期待される結果よりも非退化的なくじを選好するならば，リスク選好的であるといわれる．ある DM がリスク選好的であるとは，その DM の効用関数が凸関数であることである．最後に，ある DM がリスク中立的であるとは，その効用関数が線形であることである．⇒ くじ，リスク事前評価，リスク管理，効用理論．

リスク管理

Risk Management

はじめに

工学システムのほとんどは，きわめて多くの未知要因と大きな不確実性の下で，構想，設計，組立の工程を経て，販売・保守される．この工学システムに関する知識不足は，たとえば材料強度，機能，性能，精度，構成要素と組立製品の品質のような技術的問題に限定されるものではなく，顧客，競争相手，および市場の挙動の予測あるいは製造した組織への当該製品の影響の予想のような非技術的な領域にまで広がっている．したがって，不利な結果をもたらす確率と厳しさにより計測されるような，工学システムに付随するリスクが存在する．これらのリスクは管理されなければならない．リスクを管理することは，大昔から工学上の重要な問題である．しかし，20～30年前に行われたリスクの管理と，現在のリスク管理との違いは，現在の管理技術を用いた系統的かつ方法論的なアプローチにある．また，コンピュータソフトウェアが工学システムの運用に重要な役割を果たしていることも強調しておきたい．コンピュータが社会に普及していることに加えて，OR/MS におけるソフトウェアの重要性がますます高まっていることから，リスク管理について述べる本項では，コンピュータシステムのソフトウェアの側面を直接議論することにしよう．

ソフトウェアは，物理法則ではなく数学と論理に基礎を置いているので，ソフトウェア技術者がソフトウェアシステムに不確実性を持ち込む可能性は他の分野よりも

高い．したがって，〈ソフトウェアの開発中に持ち込まれる不確実性は，厳しい管理方法によってしか効果的に制御することはできない〉．現在までに，このような不確実性は効果的に制御されたことはない．なぜなら，ソフトウェア開発に対する明確に定義されたリスク事前評価（risk assessment．以下，リスク評価）法と管理プロセスがなかったからである．

意思決定におけるソフトウェアの影響度が増大してくると，技術分野における経営方法にも新しい考え方が出てきた．いままでに使われてきた多くの技術的な意思決定法は，限定的であるとはいえ，〈ソフトウェア〉の機能に置き換えられたり，変換されてきたのである．このような，ソフトウェアの機能，ソフトウェア技術者の責任と役割，技術系職業の仕事に必要とされる専門性などにおける重点の変化は，ソフトウェア技術者が新しい現実や〈変化〉（ソフトウェア開発に関連するリスクの評価と管理に影響を与えるものすべて）に適応するのに，興味ある〈徴候〉，〈示唆〉，および〈チャレンジ〉を内包している（Chittister and Haimes, 1994）．

この重点の変化が最も顕著にあらわれているものの1つが，おそらくリアルタイム制御システムに関するものであろう．たとえば，工学システムの構成部品の製造における品質管理は，もはや作業者の主要な職務ではない．その製造工程を制御するソフトウェアが品質を管理するのである．したがって，実際に製造工程を管理しているのは，ソフトウェア技術者が設計し開発したソフトウェアであって，もともと製品を設計した技術者ではない．これは，狭義のハードウェア工学だけの見地からハードウェア工学とソフトウェア工学の両見地へと，物作りの考え方が変化してきていることを意味する．ソフトウェアは，システム設計に重大な影響を与えている．たとえば，C-17型輸送機は，いままでつくられた中でも最もコンピュータ化されソフトウェア主導的輸送機であるといわれている（General Accounting Office, 1992）．同様に，宇宙ステーションには，「宇宙船の安全性と使命にとって中枢的なコンピュータが搭載されている」（General Accounting Office, 1992）．A 320 エアバス機や高度技術を有する多くの民生用システムや軍事用システムも，ソフトウェアなしではその機能を達成できない．このような例は，生産機構あるいは実行機構としてのソフトウェアと，システム設計要素としてのソフトウェアとの相違も示している．

たとえば，他から受け取った実時間センサーデータにもとづいて，制御パラメータやアルゴリズム全体を更新したり変更したりする意思決定は，いまではソフトウェアのシステム設計の中に組み込まれている．もう1つ例をあげると，システム上に表示されるように選択されたデータは，他のシステムから受け取った情報にもとづいているかもしれない．実際のところ，現在ソフトウェアによって実行される変更や更新に類するものは，昔はハードウェアの修正やシステムの基本的な再設計を必要としていた．このような例があるにもかかわらず，他の工学システムや人間に重大な意味をもっているソフトウェアのリスク評価やリスク管理は，よく理解されているというよりも依然として進展の初期段階にある．

多くの場合ソフトウェア開発は〈アドホック〉なプロセスであるので（Humphrey, 1990），リスクの同定・管理プロセスもまたアドホック的であることは驚くにあたらない．しかし，このプロセスは，ソフトウェア開発プロセスがそうではなくても，システム化し構造化することができる．ハードウェア技術と信頼性技術の進歩およびコンピュータの際限のない能力により，ほとんどのシステムの信頼性を，使われているソフトウェアの信頼性にいままで以上に依存させることができる．したがって，システム故障に対する寄与率に関して，いままでハードウェア故障に払ってきた同じ労力で，ソフトウェア故障を吟味する必要がある．

ソフトウェアリスク（software risk）
ソフトウェア開発プロセスにおいては，次に示す3つの疑問点が，各段階でリスクに関して提起・回答されなければならない．(1) 何が悪くなろうとしているのか，(2) それが悪くなろうとする可能性はどの程度か，(3) その結果，どうなるのか（Kaplan and Garrick, 1981）．これらの疑問点に回答できたときにはじめて，最後の疑問点である「何をなすべきか」が尋ねられる．何をなすべきかを決定することは，必然的に代替的設計案を開発したり，（コスト，信頼性，性能，総合的品質と安全性の観点から）1つ以上の設計案を選択し，現在の方針が将来の設計案に及ぼす影響を評価することになる．リスク評価プロセスでの最初の3つの疑問点に答えるために，ソフトウェア開発においても同様に以下のシステム故障の4つの主要な原因に関する知識を利用することができる（Haimes (1991) を参照）．

1. ハードウェア故障（hardware failure）
2. ソフトウェア故障（software failure，ソフトウェア開発に使われるソフトウェアツールについても含む）
3. 組織的故障（organizational failure）
4. 人的故障（human failure）

意思決定におけるソフトウェア技術者の新しい役割が生み出され，大きな新しい挑戦を創出し続けている．既定の製品品質に合致しないリスクも変化してきている．ただ単に，技術的なノウハウ，専門性，および経験をもっていた伝統的技術者の責任であったものが，いまでは制御するソフトウェアを設計し開発するソフトウェア技術者と責任を分かち合わなければならない．

すべての技術管理者は様々な方法でリスク管理を実行するけれども，ごく少数の管理者は，システムの故障原因を調査することによって，この系統的なプロセスを取ろうとする．(複雑な工学システムに適用するときには）リスク評価・管理プロセスの複雑性と，(確率・統計論の知識と他の内容知識を必要とする）定量的分析の必要性は，工学におけるリスク管理の部分的専門化を引き起こしてきた．したがって，リスク管理者としての技術者と工学システムの管理者としてのリスク専門家という2種類のグループが発生するに至った．同時に，経営上の問題よりは主にプロジェクトの技術的側面に関心をもつような〈技術専門家としての技術者〉と，技術的側面よりは主に（広い意味においての）〈経営に関心をもつような管理者〉との相違を区別できるようになった．

（専門的管理者としての）〈技術者〉と，(広い視野と将来の見通しを有する一般的管理者としての）〈管理者〉は，責任，ツール，方法論を共有しているとともに，異なる職務を果たしたり，それぞれの専門的文化を成熟させたり，異なる専門用語を使ったり，異なる言葉で意思の疎通をはかったりしている．ソフトウェア工学，ソフトウェアマネジメント，およびソフトウェアリスク分析の3つをめぐる新しいパラダイムを理解することは，ソフトウェアの技術的リスク管理の緊急性を理解するうえでの核心である．

さらに，このパラダイムにおける3つの要素の関連性を認識するためには，以下のような階層的経営構造（hierarchical management structure）と各項目の重要性を理解しなければならない．

1. 上位管理：このグループは，ほとんど収益性，スケジュール，および品質の観点からだけでリスクを考える．また，組織全体から，そしていくつかのプロジェクトあるいは1つの製品に対する影響という観点からもリスクを考える．

2. プログラム管理：このグループは，収益性には関心をもっているが，特定のプログラムあるいはプロジェクトに対して，コスト，スケジュール，製品の特異性，品質および性能をより重視する．

3. 技術スタッフ（ソフトウェア技術者，ハードウェア技術者など）：この専門家グループは，主に1つ以上のプロジェクトの構成部品，サブシステム，および製品（システム）の技術的詳細について関心をもっている．

この階層的意思決定構造の各段階でのリスク管理者の相違は，多くの要因により発生する．この要因には，必要となるスキル，知識，経験，および専門性と同様に，責任，時間制約，職務の範囲と水準を含んでいる．したがって，これらの相違により，各水準でのリスク管理者が使うツールや方法論も決まってくる．ソフトウェア開発に関係するリスクの管理も，同一の階層的意思決定構造により支配される．

技術的リスクと非技術的リスク

システムに対するソフトウェアの影響度と優越性が増してくると，リスクと不確実性の要因が必ず増えてくる．ソフトウェア開発に関するリスクの単純な分類法はこれまでに提案されてはいないが，〈ソフトウェアの技術的リスク〉と〈ソフトウェアの非技術的リスク〉という2分類モデルを取り上げてみよう（Chittister and Haimes, 1994）．

ソフトウェアの技術的リスクおよび非技術的リスクという2分類法は，2種類のソフトウェア製品を区別するためではなく，ソフトウェアの開発プロセスにおける様々な機能を分類するために導入される．したがって，各機能を決めるのに必要とされる専門性に関係するものである．明らかに，ソフトウェアの技術的リスクおよび非技術的リスクは，相互に依存し合う．たとえば，システム統合段階においては，開発されたソフトウェアは所定の性能基準や要求仕様に合致しないことが多い．この場合，その製品を修正することによって納期に遅れたり（計画された予算を越えている可能性がある），あるいは納期に間に合うように製品をつくるといった管理方法が考えられる．しかし，いずれにしてもソフトウェアの技術的リスクの発生源は変わらない．ただ，結果が変わるだけである．

〈ソフトウェアの技術的リスク〉（software technical risk）は，〈意図する機能や性能の仕様に合致しないというソフトウェア開発における固有の不利益をもたらす確率とその厳しさの尺度〉として定義される．したがって，ソフトウェアの技術的リスクは，開発されるソフトウェアの経過時間に伴う品質，正確さ，および性能に関係するソフトウェア開発プロセスにおけるこのような側面に関するリスクを意味している．換言すれば，ソフトウェアの技術的リスクは，意図する機能や性能に合致するソフトウェアを構築するのに関連するリスクを意味する．

一方，ソフトウェアの非技術的リスクは，管理全般，すなわち人事，請負人の選択，スケジュール，予算，および市場調査に関するソフトウェアの開発プロセスにおける計画的側面のリスクを意味する．

〈ソフトウェアの非技術的リスク〉（software non-technical risk）は，〈ソフトウェアの開発プロセスにおける計画的側面に関係し，ソフトウェア開発における固有の不利益をもたらす確率とその厳しさの尺度〉として定義される．各リスクは相互に影響を及ぼし合うが，この区別は役に立つ．なぜなら，因果関係を確立することによってリスク評価およびリスク管理のプロセスを改善するからである．実際にも，ソフトウェアの技術的リスク（たとえば，期待される製品品質ではないこと）とソ

フトウェアの非技術的リスク（たとえば，費用超過と製品の納期遅れ）を区別することは，後述する4つの意味において役立つ．これらのリスクの相違を認めることは，これらを取り扱うときに不利益を与えるものではなく，リスク評価とリスク管理を改善するはずである．換言すれば，リスクの様々な要因と種類を区別することは重要ではあるが，〈統合的かつ総合的アプローチによってのみ，首尾よくリスクを管理できるのである〉．ソフトウェア開発は知的かつ労働集約的作業であるので，人間と人的要因は，ソフトウェアの技術的リスクを正しく評価・管理するために，注意深く理解する必要がある．

ソフトウェア開発に関するリスクの要因は多種多様である．実際にも，ソフトウェアのライフサイクル（設計，開発，テスト，設置，大規模システムへの統合，運用）の各段階で，開発作業者は多くのリスクの要因を同定している．

ソフトウェアシステムを構築する道のりは驚きに満ちている．ソフトウェアは，問題を解決するために，多くの変更がなされ，改良され，修正され，再コンパイルされ，そしてシステム構築がなされる．それにもかかわらず，新しい問題が必ず発生する．これらの変更は，要求仕様が変更されたり，人間が誤りを犯したり，市場情報に適応するためにハードウェア製造者がシステムを変更したり，技術者が改良を加えたり，ソフトウェア開発者が仕様ツールを変えたりするために発生する．さらに，作業者間の意思の疎通が図れなかったり，変更によりソフトウェア開発プロセスに不確実性が加わったりする．

事前にソフトウェアの問題を予測できるためには，3つの要素が必要である．

1. 発生する前に問題を同定し予知すること．
2. 問題あるいはリスクの潜在的または顕在する大きさを決定すること．
3. 適当な人にその問題あるいはリスクを伝えること（適当な人とは，その問題を引き起こしたり，修正したり，問題の影響を受けたり，問題に責任がある人たちのことである）．

大規模システムにおけるソフトウェアの役割

ソフトウェア開発リスクが何であるかを理解し，ハードウェアの工学分野からソフトウェアの工学分野への知識移転を通じてリスク評価およびリスク管理に役立てるために，次のことを行う必要がある．（a）ハードウェア工学とソフトウェア工学の開発プロセスの顕著な特徴と相違を認識する．（b）全体システムにおけるソフトウェア工学の役割を理解する．（c）システム故障の4つの要因（ハードウェア，ソフトウェア，組織，人間）の重要性を認識したうえで，ハードウェア故障と対比しながら，ソフトウェア故障の特異性を設計および開発の工程の中で正しく評価する．（d）全体システムの観点からリスク評価およびリスク管理のプロセスに精通する．

一般に，ハードウェア開発を設計仕様に合致させるために，いくつかの基本的な設計方法がある．実際にも，故障の木解析（FTA）が広く使われている．ソフトウェアの構造設計の場合には，これが当てはまらない．与えられた仕様に対するソフトウェアの設計方法の数は，きわめて多く，よりあいまいでかつ広範囲である．このような設計の自由度の多さは，ソフトウェア開発における潜在的な欠陥，フォールト，およびエラーを予測するのに，過去のデータに頼ることを許さない．

ソフトウェアの設計と開発は，よく確立しているプロトコルや一般に受け入れられている手段になじむことはまずない．多くの場合，ソフトウェア開発は特殊で独特な製品をつくるものと思われている．このように，確立した受け入れ可能なプロトコルがないために，ソフトウェア開発リスクの評価には様々な考え方がある．

ハードウェア製品では〈構成部品〉の果たす役割が大きくなってきているが，ソフトウェア製品では全体〈システム〉としての果たす役割が大きくなっている．しかし，これはすべての組織についてあてはまることではない．このような1極中枢的開発の仕方を通して，ソフトウェア技術者は，製品設計，開発，および市場調査に関する重要な意思決定に大きな影響を与えてきている．1つのシステム内の多くの構成要素の調整は，ソフトウェアによって，コスト的に有効かつ高い信頼度で実現できる．このことは，製品の設計や開発に影響を与える方策を公式化するときに，システム技術者の役割をより際立たせるものにしている．さらに，プロジェクトに注ぎ込む知識以上に，実現におけるソフトウェア技術者の進化的役割は，ハードウェアからソフトウェア技術者に重点が移るのに大きな力となっている．実際にも，システム開発の最終段階は，最終の製品開発における責任と権威をもっているソフトウェア技術者を必ず含んでいる．しかし，システム設計全体については，ハードウェア技術者もソフトウェア技術者も同等に重要な役割を果たすことを認識する必要がある．この意味において，ハードウェアからソフトウェアに重点が移るときには，ソフトウェア開発は人的要因が中心となる知識集約的作業であることを心に銘記しておかなければならない．認知人間工学の著作において，Sage（1992）は，システム工学のライフサイクルのすべての段階における，システムの様々な側面と人間との相互作用の重要性について議論している．したがって，ソフトウェアの技術的リスクおよび非技術的リスクを評価・管理するために，人間的要素について明確に説明する必要がある．Sageは，「システムおよび組織におけるヒューマンエラーの系統的研究とヒューマンエラーの影響を改善する方法」が本質的であ

ると述べている．

　システムの要求仕様に合致しようとするソフトウェアの役割が大きくなるにつれて，ソフトウェアのシステムリスクに対する影響が増加してくる．リスク評価は，効果的かつ意味のあるものであるためには，システム管理全体を包括するものでなければならない．このことは，技術革新的なシステム，特に，システムの故障が，ハードウェア，ソフトウェア，組織，あるいは人間などにより引き起こされるソフトウェア集中型システムの管理においては非常に重要である．

リスク評価のための階層的ホログラフィックモデル

　ソフトウェア工学のリスク管理に対する解析的構造を開発するためには，これら3つの問題の〈発生源と原因〉に焦点を当て，これらを意味のある管理可能な種類数にグループ分けし，現象よりも原因を取り扱うための理解しやすい構造を開発することが重要である．このような議論を合理化し秩序を付加するには，階層的構造が使われる．

　実際には，これを平面構造（モデル）にまとめることにより，ソフトウェア開発のリスク評価およびリスク管理に対する理解しやすい構造を確立することは不可能である．クロス表現・重複モデルを認めることにより，階層的ホログラフィックモデル (hierarchical holographic modeling : HHM) は，単一的スキーマの限界あるいは複雑システムの単一的視点の限界を緩和することができる (Haimes, 1981 ; Haimes et al., 1990)．

　基本的に HHM は，ソフトウェア開発のような大規模かつ複雑なシステムが，1つ以上の表現，視野，あるいはスキーマにより研究されモデル化されるべきであるという前提に立っている．さらに，そのような複雑性は平面的にかつ単一的視点により十分にモデル化したり表現することができないので，視点間の重複は不可避であるだけでなく，システムに関係する様々な構成要素，外観，目的，および意思決定者の間の関連性をホログラフィックにより理解するのに有益でもある．

　ここで述べるリスク同定のための方策は，3つの階層的レベルに展開される (Chittister and Haimes, 1994)．その3つの主要な見方（パースペクティブ）には，機能的パースペクティブ，因果的パースペクティブ，時間的パースペクティブがある．

　機能的パースペクティブから見ると，ソフトウェア開発プロセスは，次の7つのサブシステムに分解できる．それは，要求仕様，製品，プロセス，人間，管理，環境，および開発システムの7つである（図1）．各用語の定義は以下のとおりである．

　1．要求仕様：どのような製品をつくるのか，要求に合致するためには何が必要か，製品がどのように働くか，顧客は製品をどのように使うのか，といった最上位レベルの定義．これは，生産上のパースペクティブに対応している．

　2．製品：顧客に出荷されるプロジェクトの産出物．これには，ハードウェア，ソフトウェア，および文書といった全システムを含む．

　3．プロセス：契約者が顧客の要求を満たすために提案する方法．プロセスは，投入物，産出物，作業，確認基準および監視活動などの一連の段階であり，初期の要求仕様に始まって，最終の出荷製品まで続く．プロセスは，要求分析，製品定義，製品生産，テスト，および出荷という工程から成り立つ．また，プロセスには，コスト管理，工程管理，人事管理といった一般管理プロセスと，実現可能性分析，設計審査，回帰テストといったプロジェクトの評価プロセスの両者を含む．

　4．人間：プロジェクトの技術的作業に携わる人および支援スタッフ．また，技術的アドバイザ，監督者，専門家も含まれる．

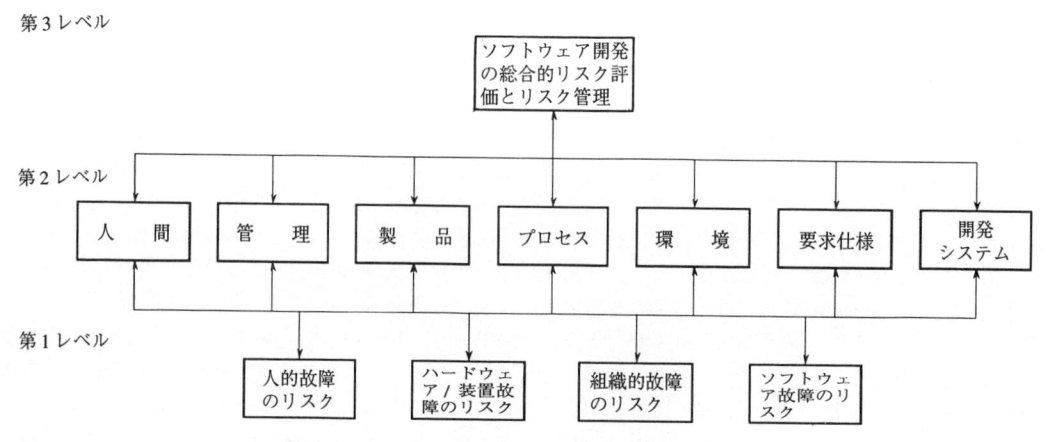

図1 ソフトウェア工学の総合的リスク評価とリスク管理
（機能にもとづく階層的ホログラフィック構造）

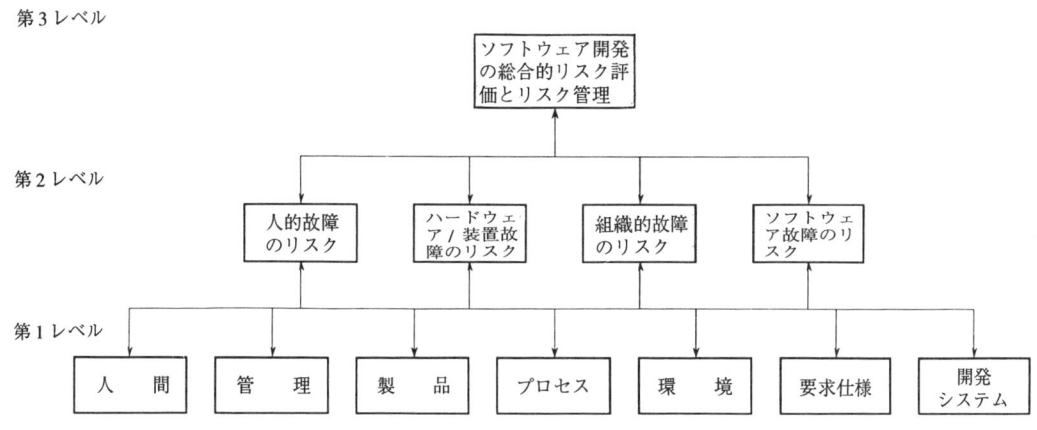

```
                        第3レベル  ┌──────────────┐
                                   │ソフトウェア開発│
                                   │の総合的リスク評│
                                   │価とリスク管理  │
                                   └──────┬───────┘
                        第2レベル  ┌──────┼──────┬──────┐
                          ┌─────┐┌─────┐┌─────┐┌─────┐
                          │人的故障││ハードウェ││組織的故││ソフトウ│
                          │のリスク││ア/装置故││障のリス││ェア故障│
                          │       ││障のリスク││ク      ││のリスク│
                          └───┬─┘└──┬──┘└──┬──┘└──┬──┘
                        第1レベル  │     │      │      │
         ┌────┬────┬────┬────┬────┬────┬────┐
      ┌──┐┌──┐┌──┐┌────┐┌──┐┌────┐┌────┐
      │人間││管理││製品││プロセス││環境││要求仕様││開発     │
      │   ││   ││   ││        ││   ││       ││システム│
      └──┘└──┘└──┘└────┘└──┘└────┘└────┘
```

図2 ソフトウェア工学の総合的リスク評価とリスク管理
(因果関係にもとづく階層的ホログラフィック構造)

5. 管理:プロジェクトに対して責任をもっているあらゆるレベルでのライン管理者.予算,スケジュール,人事,設備,顧客関係に責任がある管理者も含む.

6. 環境:プロジェクトの外部.プロジェクトの外部で制御するが,プロジェクトの成功に大きな影響を与えたり,潜在的リスクの発生源になったりする要因.

7. 開発システム:製品開発において使われる方法,ツール,および支援設備.これには,たとえばCASEツール,シュミレータ,設計技法,コンパイラ,ホストコンピュータなどが含まれる.

最初に述べたシステム故障の次の4つの発生源により,HHMの別の見方が可能になる(図2).

1. ハードウェア故障
2. ソフトウェア故障(ソフトウェア開発に使われるソフトウェア)
3. 組織的故障
4. 人的故障

これら4つの故障発生源は,必ずしも相互に独立ではない.ソフトウェアとハードウェアの相違が必ずしも明瞭ではないのと同様に,人的故障と組織的故障も分離できない.にもかかわらず,これら4つの故障発生源の分類は,提案された構造に対する意思決定階層を構築するのに有益な基礎を与える.ソフトウェア開発は,知的かつ労働集約的作業であり,これはよく管理された組織基盤により合理化され,絶え間ない改善原理により引き出される組織の文化と考え方により育成されることに注意せよ.

HHMの3番目の見方は,時間軸上のソフトウェア開発の進化に関係している.ソフトウェア開発の各段階は,明確に区別できず,重複や反復もあるけれども,時間的に分解できるサブシステムを構成している(図3).本節では,Humphrey (1990)と同じく,時間的段階が,(1)システム要求定義,(2)ソフトウェア要求定義,(3)分析,(4)プログラム設計,(5)コーディング,(6)テスト,(7)運用からなるものとしよう.

時間的分解における各段階(サブシステム)は,ソフトウェア開発プロセス中のある特定時点(たとえば,テスト)での構成要素として考えることができる.機能的分解(たとえば,要求定義)や因果的分解(たとえば,組織的故障)に関するリスクは,このような特定時点で同定され表現されるのである.別の例として,ソフトウェア開発の各段階に共通する4つのリスク,すなわちコスト超過,時間遅れ,要求仕様への不一致,技術的品質仕様への不一致を考えてみよう.時間領域はプロジェクトのスケジュール以上に重要である.これにより,時間軸上でリスクがどのように変化するか,そして進化していくかということが表現できる.

ここで展開される3つの階層的ホログラフィック(HH)サブモデルのおのおのは,ソフトウェア開発に関するリスクを同定するのに寄与する.これらのHHサブモデル間の重複は,様々な故障原因を明確に区別することができないという点に関して,ソフトウェア開発の実世界を特徴付けるあいまいさによく似ている.図2の原像である図1は,次の3つの疑問に答える際にまったく異なる見方を与えてくれる.何が悪くなろうとしているのか.それが悪くなろうとする可能性はどの程度か.そしてその結果,どうなるのか.リスク評価の中心的目的は悪くなろうとしているものすべてについて可能な限り同定することであるので,階層的ホログラフィックモデルの構造は平面的単一モデルよりも優れている.たとえば,図1における4つのリスク発生源(人間,ハードウェア,組織,ソフトウェア)は,機能的分解(人間,管理,製品,プロセス,環境,要求仕様,開発システム)の各サブシステムについて検討がなされる.一方,図2は別の見方を示している.すなわち,7つの機能的分解は,4つの故障のリスク発生源のおのおのについて検討がな

される．図3は，ソフトウェア開発の段階ごとの進化プロセスをとらえる時間的分解，したがって各段階に関するリスクおよび機能的分解と因果的分解の各サブシステムに対するリスクを統合するものである．特に，図3aと図3bは，時間領域をHHMに結びつけることにより，図1と図2をそれぞれ拡張している．

まとめと結論

ソフトウェアは，大規模かつ複雑なシステムにおいてより多くの機能性が加わるにつれて，規模，複雑性，そして重要性もますます増大し続けるであろう．特定の社会で働く技術者および管理者がソフトウェア開発に対してリスク管理法を採用しなければ，ソフトウェアの問題も多くなり続けるであろう．リスク管理を実施すること

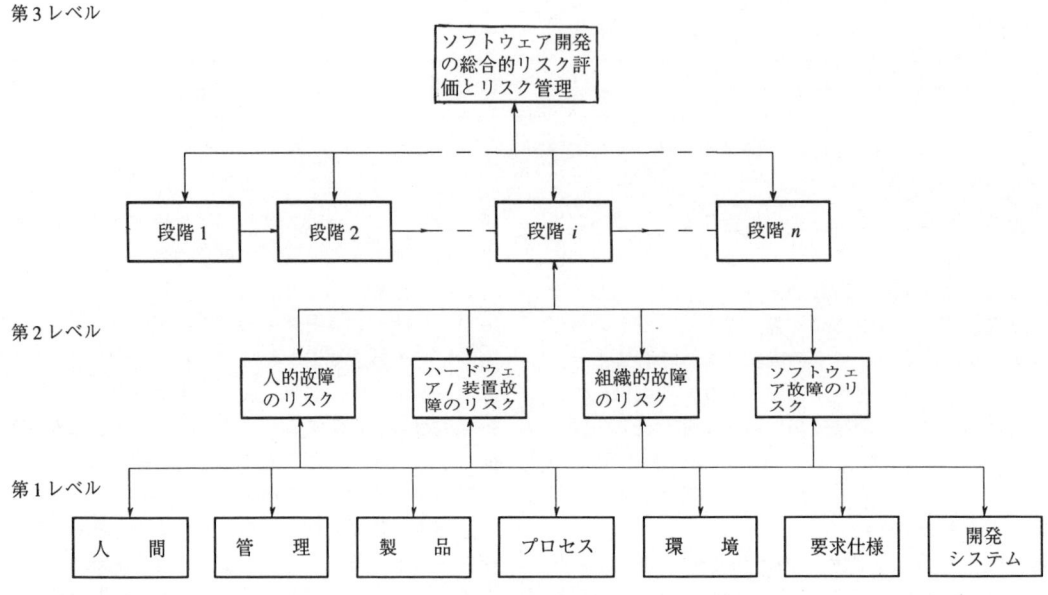

図 3a ソフトウェア工学の総合的リスク評価とリスク管理
（時間にもとづく階層的文書化構造）

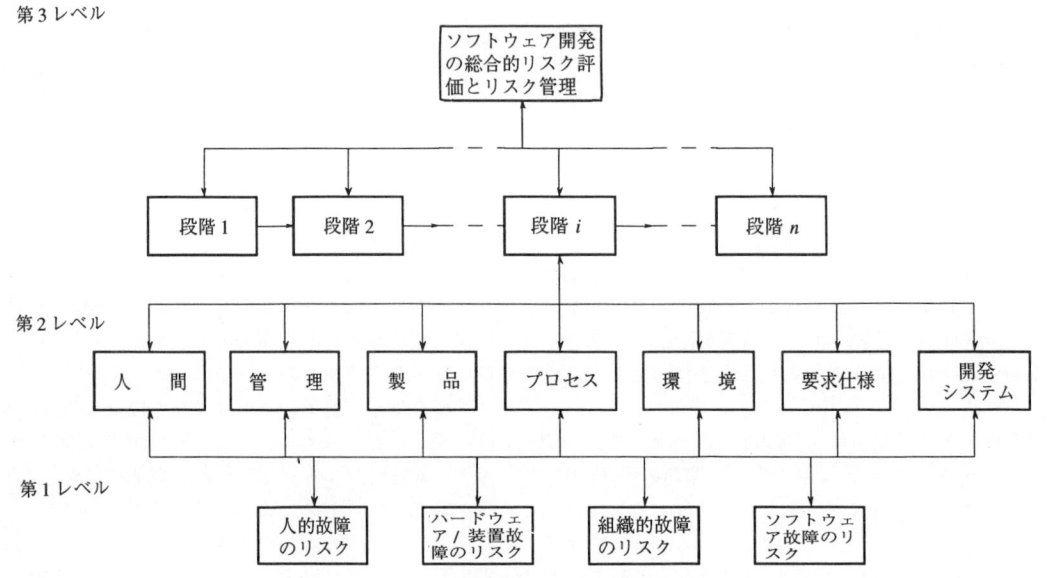

図 3b ソフトウェア工学の総合的リスク評価とリスク管理
（時間にもとづく階層的文書化構造）

が問題を少なくする保証はないけれども，将来事象の不確実性と影響について，よりよい意思決定を行う構造を与えてくれる．リスクも計量化されれば，偶発的な方策も与えられよう．しかし，リスクが未知であると，きわめて不便であろう．

　ソフトウェア工学は他の工学原理とは異なっているが，ソフトウェア開発プロセスにおけるリスクの管理はすべての工学原理に対して重要である．ソフトウェア開発プロセスにおいてリスクを同定・評価するための構造は，ソフトウェア開発が知的かつ労働集約的作業であるという前提に立っている．したがって，ヒューマンファクターをリスクの評価・管理に対して中心的なものにしている．

　システムがより大規模化しより複雑になると，リスクを評価し管理するためにはチーム労力が必要となる．そのチームとは，システム開発者，支援スタッフ，および管理者を含んでいる．リスク管理はプログラム管理者だけの仕事でも，単なる技術的問題でもない．財務リスクと品質リスクも，ソフトウェアの技術的リスクと同様に重要である．

　チームが分散すればするほど，共通のそして合意のとれるリスク評価・管理プロセスをもつ重要性が増す．そのチームの構成員は，独自の技術的専門用語と準拠枠をもっている．各サブグループが別々にリスクを同定し管理すれば，コミュニケーションあるいは計測のための共通基盤はなくなってしまう．すべての人に使われる系統的かつ構造化されたプロセスは，議論および緩和方策のための基礎を与えてくれる．このプロセスは，大規模かつ複雑なシステムにおけるリスクの発生源そのものである誤解によって引き起こされる混乱をかなり減少させてくれる．

　実際にも，ソフトウェアの技術的リスクをモデル化し管理することは，ソフトウェア開発が実行される内部環境と外部環境の複雑さを認識する活動であるはずである．重点の置き具合とソフトウェア開発の実践具合に依存して，ソフトウェアの技術的リスクと非技術的リスクという2種類のリスクが発生する．ハードウェアからソフトウェアに重点が移るような変化を認識し管理する必要がある．*Changed Agents* において London (1990) は，組織的変化について次のように見解をまとめている．

　　増加する変化は，新しいものを古いものに合併する．新しい考え方に寛大であり，絶えず組織目標を洗練し，可能ならばそれを拡張するには自発性を必要とする．構造を破壊する変化は，劇的かつ突発的である．抵抗はあるであろうが，組織の存続は，組織の使命，構造，スタッフ，および運用モードを再形成することにかかっている．

　実際にも，製品品質と性能，コスト，およびスケジュールに合致しないというリスクは，評価と管理の系統的かつホログラフィック可能プロセスが使われたときのみ，首尾よく同定され，計量化され，評価され，管理されるのである．そのようなプロセスは，長期的に持続可能な開発のための組織的秘訣である．Toffler (1990) は，技術的変化に正しく対処する規範をうまく表現した．ソフトウェア工学界は，未踏の領域へ旅をしているようなものだ．その旅行の成功は，その大規模システムに現実性を持ち込む能力次第である．その現実性とは，ソフトウェア領域における重点の移動を認めそして反応することが，首尾よくソフトウェアの技術的リスクと非技術的リスクを管理する上での最初の重要なステップであるということだ．

　問題を処理する最良の方法は，それらを発生させないことであるとは誰もいわないだろう．組織全体で採用され実施されるリスク倫理は，未知のリスクや危険な状況により生み出される混乱を大幅に減少させるであろう．
⇒ 品質管理，リスク事前評価．

[Clyde Cittister, Yacov Y. Haimes／山田　茂]

参 考 文 献

[1] C. Chittister and Y.Y. Haimes (1993), "Risk Associated with Software Development: A Holistic Framework for Assessment and Management," *IEEE Trans. Systems, Man, & Cybernetics*, 23, 710-723.

[2] C. Chittister and Y.Y. Haimes, "Assessment and Management of Software Technical Risk," *IEEE Trans. Systems, Man, & Cybernetics*, 24, 187-202.

[3] General Accounting Office (1989), "Automated information system," Washington, D.C.: Government Printing Office.

[4] General Accounting Office (1992), "Embedded computer systems: Significant software problems on C-17 must be addressed," Washington, D.C.: CAO/IMTEC-92-48, Government Printing Office.

[5] Y.Y. Haimes (1981), "Hierarchical holographic modeling," *IEEE Transactions on Systems, Man, and Cybernetics*, SMC-11, 606-617.

[6] Y.Y. Haimes (1991), "Total risk management," editorial in *Risk Analysis*, 11, 169-171.

[7] Y.Y. Haimes, K. Tarvainen, T. Shima and J. Thadathil (1990), *Hierarchical Multiobjective Analysis of Large Scale Systems*. Hemisphere Publishing, New York.

[8] W.S. Humphrey (1990), *Managing the Software Process*, Addison-Wesley, Reading, Massachusetts.

[9] S. Kaplan and B.J. Garrick (1981), "On the Quantitative Definition of Risk," *Risk Analysis*, 1, 11-27.

[10] M. London (1990), *Change Agents*: *New Roles and Innovation Strategies for Human Resource*

[11] W.W. Lowrence (1976), *Of Acceptable Risk: Science and Determination of Safety*. William Kaufmann, Los Altos, California.
[12] A.P. Sage (1992), *Systems Engineering*, John Wiley, New York.
[13] A. Toffler (1990), *Powershift*, Batman Books, New York.

リスク事前評価

Risk Assessment

はじめに

門外漢にとっては，リスクは確率によって計量化されることが多い．このため，「低確率」で生起するある事象に関する賭事は危険なことだといわれる．また，確率が0とはいえない「破局的」事象が存在しうるというだけで，危険状態にあるということができる．原子力プラントの故障，地球温暖化，あるいはオゾン層の破壊などのリスクが例としてあげられる．自動車保険証書を持ち運ばないというリスクは，危険とはいえないだろう．このような単純な考察からわかることは，標準的なリスクの構成要素としては，損失の可能性，損失の大きさ，および損失の出現率が考えられる．

人々は，リスクについて様々な見方をしている．富の変化量（正か負）に対して「富の有効性」（すなわち効用関数，utility function）の変化量が一定と考える人は〈リスク中立的〉（risk neutral）である．したがって，このような人は，「よい」結果を補償する確率が存在する限り，「悪い」結果となる可能性にも許容できるといえよう．このような意思決定者達にとっては，いかに多くの富をもっていようとも，余分な富の価値は変わらない．

一方，富の変化量に対して効用関数の変化量が，富の増分が負のときよりも正のときの方が必ずより大きいと考える人は〈リスク選好的〉（risk seeker, risk prone）である．したがって，このような人は凸効用関数を有しているといえる．すなわち，余分な富の増分量が個人の富が増えるにつれて増加するものと考える．このような意思決定者たちは，よい結果となる確率がゼロでない限り，悪い結果となるのを無視する．特に，たとえ低い確率でも有利な結果が高く期待される場合には．

上記のことから，余分な富の増分量が個人の富が増えるにつれて減少するという効用関数を有する〈リスク回避的〉（risk averse）な人間もいることがわかる．彼らにとっては，富の変化量に対して効用の変化量が，富の増分が正のときよりも負のときの方が必ずより大きいと考える．このとき，彼らの効用関数は凹関数となる．

以上の概念は効用理論の重要な部分であり，リスクに関係する3つの挙動の型に対する効用関数の例を図1に示した．ここで再び，純然たるリスク選好的挙動は凸効用関数となり，一方純然たるリスク回避的挙動は凹効用関数となることに注意しよう．しかし，現実にはそのように単純ではなく，1人の意思決定者でも，リスク回避的挙動とリスク選好的挙動を混ぜて使っている．

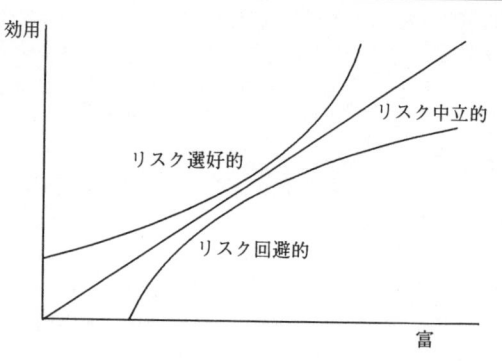

図1 効用関数の形状

統計的決定理論におけるより公式な議論では，以下のように，リスクは決定ルールと状態集合により定義される．Xを意思決定者の利用可能な情報量としよう．この意思決定者は，Xがとりうる各値に対してどのような決定を下すかという1つの戦略を選択しなければならない．この決定を$d(x)$により表す．意思決定者は，もちろん何らかの意味で最適な関数dを選択することに興味がある．そこで，その行動は確率変数Xの関数であるので，明らかに$d(X)$も確率変数である．また，意思決定者の行動に伴う損失も，Xとランダムな自然の状態θに依存する．したがって，損失関数を（loss function）$l[d(X,\theta)]$と書くことにしよう．このとき，よく用いられる総合的な尺度は，Xに関する損失関数の期待値である．この期待値は，リスク関数（risk function）としてよく知られ，自然の状態の関数

$$R(d,\theta) = E\{l[d(X,\theta)]\}$$

として書くことができる．意思決定者の損失関数は，実験コストを含むことがあり，その状態の確率は実験結果により〈帰納的〉に修正される．

意思決定者により使われる損失関数は，様々な形をとり，たとえば死亡率や疾病率への決定の影響，企業の利益率への効果，あるいは大学の入学者数の変化なども含む．状態のすべての可能な値に対するリスクを最小化する行動を求めるので，最適解を得るには困難を伴う．不幸にして，そのような決定ルールは，現実の問題では存在しないことが多い．たとえば，上昇する株価に有効な戦略は，下降する場合には効き目がない．

意思決定者リスクのモデル化は，意思決定分析や効用と選択理論の話題としてよく取り扱われている．しかし，リスク事前評価における究極の問題は，想定されるリスクと得られる利得あるいは利益とのトレードオフである

ので，リスクは多重評価基準意思決定問題の一部に含まれることが多い．そこで，その問題だけでリスクモデルを考察しても有益である．

具体例

最初の例として，未知の平均 θ（自然の状態）をもつ指数分布にしたがう需要の下での古典的単一期間在庫モデルを考えよう．品物を購入あるいは生産する単価を u，単位保持コストを h，単位品切れコストを s とする．このとき，在庫数量が y のときの期待コストは，

$$C(y) = h(y-\theta) + uy + \theta(s+h)e^{-y/\theta}$$

となる．発注量の最適値は $y^* = -\theta \ln[(u+h)/(s+h)]$ であり，このときの最小コストは

$$C(y^*) = \theta[u-(h+u)]\ln[(u+h)/(s+h)]$$

となる．一方，θ の推定値 t が与えられたときには，最適発注量の推定値は

$$\hat{y}^* = -t\ln[(u+h)/(s+h)] = (t/\theta)y^*$$

であり，コスト関数の推定される最適値は

$$C(\hat{y}^*) = h(\hat{y}^*-\theta) + u\hat{y}^* + \theta(s+h)e^{-\hat{y}^*/\theta}$$

となる．さて，次の損失関数を定義しよう．

$$\begin{aligned}l(t,\theta) &= C(\hat{y}^*) - C(y^*) \\ &= \theta(s+h)[(u+h)/(s+h)]^{t/\theta} \\ &\quad - (u+h)/(s+h)] \\ &\quad + (u+h)(t-\theta)\ln[(u+h)/(s+h)]\end{aligned}$$

リスク関数は，所与の θ である t の条件付き確率分布に関する $l(t,\theta)$ の期待値として求められる．この問題に対して θ が n 個の需要の観測値の平均値により推定されるものと仮定すると，この条件付き確率分布は形状パラメータ n および尺度パラメータ θ/n をもつアーラン分布となる．

2番目の例として，統計量 t により統計的パラメータ θ の推定問題を考えよう．t によって θ を推定するときの「コスト」を損失関数 $l(t,\theta)$ で定義し，t の標本分布を $f(t|\theta)$ としよう．このとき，損失関数は次式のように書くことができる．

$$R(d,\theta) = \int_{-\infty}^{\infty} l(t,\theta)f(t|\theta)dt$$

損失関数のよく知られた形は2次関数

$$l(t,\theta) = A(t-\theta)^2$$

である．これは，t の分散に比例することを意味する．これを，帰無仮説 $H_0: \theta = \theta_0$，対立仮説 $H_1: \theta \neq \theta_0$ という通常の統計的仮説検定問題にいかに関係付ければよいのだろうか．ここで，意思決定ルールは，$\theta_{LB} \leq t \leq \theta_{UB}$ ならば H_0 を採択し，それ以外ならば H_1 を採択することになる．この仮説検定とリスク理論を組み合わせれば，$\theta_{LB} \leq t \leq \theta_{UB}$ における t に対しては損失 λ_0 で中立的，一方その区間外の t に対しては損失 λ_1（$\lambda_1 > \lambda_0$）で一様に不利であるということになる．

⇒選択理論，決定分析，リスク管理，効用理論．

[Clyde Chittister, Yacov Y. Haimes, Carl M. Harris/山田　茂]

参考文献

[1] Clemen R.T. (1991), *Making Hard Decisions*, PWS-Kent, Boston.
[2] Kaplan S. and B.J. Garrick (1981),"On the Quantitative Definition of Risk," *Risk Analysis*, 1, 11–27.
[3] Lowrence W.W. (1976), *Of Acceptable Risk: Science and Determination of Safety*. William Kaufmann, Los Altos, California.
[4] MacCrimmon K.R. and D.A. Wehrung (1986), *Taking Risks: The Management of Uncertainty*. Free Press, New York.

リッターの分割法
Ritter's partitioning method

制約を結合しかつ変数を結合することによって，線形計画問題を分割して解く方法のこと．⇒角状システム．

立地分析
Location Analysis

〈立地分析〉（location analysis）では，空間または地理上に様々な種類の施設を配置するためのアルゴリズム・方法論と定式化の発展について解説する．施設の配置は，需要地点，供給地点またはその両方との関係から決定される．施設レイアウトはこの定義に当てはまるが，一般的に立地分析の項目では考慮しないようである．立地分析を説明する共通の用語としては〈配置〉（deployment），〈位置決め〉（positioning），〈立地〉（siting）があげられるが，これらは実際に定式化やアルゴリズムを使って得られる結果である

立地問題は，大きく2種類の問題，すなわち平面問題（planar problem）とネットワーク問題（network problem）に分類することができる．一般的な平面問題では，需要地点や供給地点と施設の距離，または他の施設との距離が計量（metric）によって与えられるものと仮定する．この計量は，空間上の座標をもとにした地点間の距離による計算式で与えられる．これに対しネットワーク問題では，ものの移動はネットワーク上のみで行われ，その距離はネットワーク上の特定の地点間の最短距離で定義される．最短距離を計算するためには，最短ルートアルゴリズムを利用する必要がある．この2種類の問題のもう1つの大きな相違点は，ほとんどの平面問題では解空間を連続空間と仮定することである．特定の地域や領域を除くという条件はあるかもしれないが，こ

の仮定は平面上の任意の地点に施設を配置できるというものである．たいていの平面問題は非線形最適化問題であり，応用面からはネットワーク上の問題よりも抽象的になる．ほとんどの平面問題に連続空間の仮定があるのに対して，ネットワーク問題では少数の例外を除いて，あらかじめ指定された施設候補地に施設を配置するという制限を設けている．ネットワーク問題は，線形の0-1最適化問題となる場合が多く，整数解を得る努力が必要となる．まずはじめに，平面問題とこの問題に対するアプローチについて議論し，次にネットワーク立地問題の定式化と解法を議論する．

平面上の立地問題

ウェーバー問題（Weber problem）は，歴史上はじめて現れた最も有名な立地問題である．ウェーバー問題は，この問題を提起し，解法を提案した近代初期の研究者にちなんで命名された．ウェーバー問題では，平面上に分布した地点を対象とし，各地点から中央の工場や施設に物を送ったり，工場や施設から完成品を受け取るものとする．この問題は，分布する全地点の重みと距離の積の合計を最小化する中心地点を求める問題である．この問題では，分布している各地点と中心地点との距離をユークリッド距離で定義する．また，平面上の任意の地点に中心地点をおくことができ，さらに分布する各地点に重みまたは負荷が与えられているものとする．1930年代に，この問題に対する反復解法が提案され，反復解が最適解に収束することが証明された．この解法はしばらく忘れ去られていたが，1960年代のはじめになって，複数の研究者によって独立に再発見された．一方，複数ウェーバー問題は，複数の中心施設を配置し，分布する各地点を集団に分割し，これらを各施設に割り当てる問題である．1990年代のはじめになって，ようやく複数ウェーバー問題の厳密解法が開発された．Rosing (1992) には，この問題の歴史と厳密解法が記述されている．

単一施設や複数施設のウェーバー問題では，ユークリッド計量を距離に用いている．一方，ミニサム直線計量問題（minisum rectilinear problem）は，距離にマンハッタン計量（Manhattan metric）または直線計量（rectilinear metric）を用いた中心地点との距離と重みの積の合計を最小にする問題である．2地点間の直線計量は，2地点間の水平座標と垂直座標の差の和で表される．この問題は候補地点集合から配置場所を選択する問題に帰着できる．このため，複数施設ミニサム直線計量問題に対しては，ネットワーク上の配置モデルのところで議論するpメディアン問題に用いられるヒューリスティック手法や線形整数計画問題の定式化を利用することができる．古典的な計量の場合や，単一施設ミニサムの解が重心となる重みつき距離の平方和の最小化を除くと，一般にミニサム問題の解を求めることは大変困難である．

平面問題において2番目に重要な問題は，中心施設から任意の需要・供給地点までの最大距離の最小化を目的関数とした単一施設の立地問題である．この問題では，2つの古典的な計量であるユークリッド計量または直線計量を利用している．分布する地点が多数であっても，直線計量をもつミニマックス単一施設立地問題は，幾何的解をもつか，あるいは4制約をもつ線形計画問題となる．ユークリッド計量をもつミニマックス単一施設立地問題は非線形計画問題となるが，幾何的解法でも解くことができる．複数施設の平面ミニマックス立地問題に対しては，pメディアン問題に利用されている手法に類したヒューリスティック手法を利用することができる．平面立地問題をわかりやすく網羅し参考文献として，Love, Morris and Wesolowsky (1988) がある．

ネットワーク上の立地問題

平面上の施設立地では，公式を用いた計量を利用している．これに対して，ネットワーク上の立地問題では，常にネットワーク上のリンクを利用した最短距離を距離の尺度とする．ネットワーク上の立地問題でも，連続解空間を仮定することができる．この場合には，ネットワークの各アーク上の任意の点が連続解空間となる．しかし，pメディアンなどの問題では，一般性を失うことなく，全アーク上の任意の点から有限個の候補点に解空間を限定することができる．多くのネットワーク問題では，配送のインフラストラクチャのように各地点に必要とされる特性にもとづいて，あらかじめ施設の候補地点集合を指定するという単純な仮定をおく．

ネットワーク立地では，異なった2種類の研究に焦点が当てられている．第一は，商品志向の費用最小化・利益最大化のための立地であり，これは特に製造業や流通業の活動を対象とした研究である．第二は，住民や公共サービス志向の立地であり，これは地方から全国単位までの様々なレベルの行政の活動を対象とした研究である．当然，これら2つを完全に区別できるわけではないが，少なくとも議論のためにはこの分類は有効であろう．そこで，これら2つの立地問題を順番に取り上げる．

商品志向の立地

商品志向の立地の分類の中で，最も広範囲にわたって検討されている立地問題は，〈単純工場立地問題〉（simple plant location problem : SPLP）である．この問題では，空間上に分布した多数の需要地点があり，これらに供給する製品を製造するために未知の数の工場を立地すると仮定する．工場には生産能力の制限がなく，また各地点の需要をすべて満たすように供給しなければ

ならない.また,製造費用と輸送費用の合計の最小化を目的関数としている.製造費用には,工場を開設するための固定費用と生産量に比例する線形の増加費用が含まれている.この問題は,数学的には次のように定義できる.

最小化 $z = \sum_{i=1}^{m}\sum_{j=1}^{n} c_{ij}x_{ij} + \sum_{i=1}^{m} f_i y_i$

条件

$\sum_{i=1}^{m} x_{ij} = 1, \quad j = 1, \cdots, n,$

$y_i - x_{ij} \geq 0, \quad i = 1, \cdots, m; j = 1, \cdots, n,$

$x_{ij}, y_i \in \{0, 1\}, \quad i = 1, \cdots, m; j = 1, \cdots, n.$

$i = m$ 個ある工場施設候補地の添字

$j = n$ 個ある需要地点の添字

$f_i =$ 候補地 i における工場の開設費用

$c_{ij} = j$ の全需要を i から j へ輸送するのに必要な費用,i における製造費用を含む

$y_i = 0, 1 : i$ に工場を開設すれば1,それ以外は0

$x_{ij} = 0, 1 : i$ から j に全需要を輸送すれば1,それ以外は0

SPLP の定式化はいくつか存在するが,上で与えた定式化はその中の Balinski (1965) によるものである.ここで,Balinski の定式化を選んだのは,この定式化が多くの解法の基本となるためである.

1950年代にヒューリスティック手法がはじめて提案されて以来,SPLP は注目を受けてきた.1960年代には,すでに Balinski が定式化を示していたが,特に注目はされなかった.その後,SPLP を解くための分枝限定 (branch and bound) 法が開発されたが,これらのアルゴリズムでは実用規模の問題を解くことができなかった.1970年代中頃になり,Bilde and Krarup (1977) と Erlenkotter (1978) によって,SPLP の双対勾配 (dual ascent) 法が提案された.2つの研究者グループによって提案されたこれらの SPLP の基本アルゴリズムを用いると,他の手法に比べて大規模な問題を取り扱えることが証明された.Morris (1978) はランダムに生成した500個の工場立地問題について調査し,もし Balinsi の定式化を用い,(すべての変数の整数条件を取り去った) 線形計画問題として解いた場合には,96% の問題ですべての変数が0または1である解が得られることを発見した.このため,Morris の実験から,Balinski の SPLP の定式化に対して,線形計画法が強力な手法であることがわかった.また,Galvao (1989) と Korkel (1989) によるラグランジュ緩和 (Lagrangian relaxation) を利用しても,この問題を効率的に解くことができるようになった.この手法は,非常に大規模な問題を解くために,上述の双対勾配アルゴリズムに修正を加えた手法である.

古くから SPLP が注目を受けてきたのに対して,ほぼ同じ形をした〈容量制約付き工場立地問題〉(CPLP: capacitated plant location problem) は1980年代後半になるまで注目されなかった.CPLP は各工場用地で生産できる量に制限がある点を除けば,その他のすべての点で SPLP と同じである.Davis and Ray (1969) によってこの問題の研究が始まり,のちに Pirkul (1987) によって注目を受けるようになった.Pirkul は,従来の研究の調査とラグランジュ緩和法を用いた解法を示した.CPLP は,固形廃棄物処理の問題として記述することもできる.この廃棄物は住民ノードで発生し,処理容量の制限をもつ埋立地で処理しなければならない.この問題では埋立地を配置することになる.

ほかにも多くの工場立地タイプの問題が示されている.最大利益形の SPLP もその1つである.同様に,時間要因も多くのモデルに取り入れられている.もう1つの問題は,原材料の供給地点と需要地点間の工場立地である.オリジナルの問題では,このような供給部分の仮定はしていない.もう1つは,工場と需要地点間の倉庫立地である.この問題は前述の問題に類似しているが,供給地点に容量の制約をもっている.さらに,供給地点と需要地点間の工場と倉庫の両方の立地として問題を定式化することもできる.また,同様に多製品の場合も取り扱うことができる.最後に,需要,価格および費用がランダム,すなわち確率にしたがうタイプの工場立地問題も存在する.このような条件が付加した工場/倉庫立地問題については,Aiken (1985) に広範囲にわたる解説が行われている.

公共サービス志向の立地

ほとんどすべての工場立地問題では,商品の流れや動きに重点をおいている.これに対して,公共サービス志向の立地問題では,住民のサービスの受けやすさや,住民へのサービスのしやすさに注目する.ものの流れや動きが式の一部に現れるモデルもあるが,それ以外では単純な地理的なサービスの範囲を考慮すれば十分である.

公共サービス立地のネットワーク立地問題でも,平面問題,ミニサムやミニマックス問題で扱われるのと同じ2種類の目的関数が考慮されている.ミニサムネットワーク立地問題は〈p メディアン問題〉(p-median problem) として知られており,ミニマックスネットワーク立地問題は〈p センター問題〉(p-center problem) として知られている.

最も初期の一連のモデルは p メディアン問題であり,この問題は ReVelle and Swain (1970) によってはじめて厳密に解かれた.p メディアン問題は,費用が最小になるように住民ノードを p 個の施設うちの1つに割り当てる問題であり,1点を除けば SPLP に類似している.実際,Galvao (1989) が示したように,p メディアンと単

純工場立地モデルは大変類似しているため，同じアルゴリズムを少し修正すれば双方の問題を解くことができる．pメディアンの数理計画問題としての定式化を用いると，両モデルの唯一の相違点を簡単に説明することができる．pメディアン問題は，割り当てられた施設までの移動距離と住民数の積の合計を最小化するp個の施設の配置を求める問題である．目的関数を総住民数で割ると，住民数×距離の合計である目的関数を最小化することが，サービス施設まで移動する住民の平均移動距離も最小化することがわかる．ここで，サービス施設への移動/割当ては，常にp個の施設の中で最も近い施設に対して行われるものと仮定する．

pメディアン問題は，次のような数理的な定式化ができる．

最小化 $Z = \sum_{i=1}^{n}\sum_{j=1}^{n}a_i d_{ij}x_{ij}$

条件
$\sum_{j=1}^{n}x_{ij} = 1 \quad i = 1,2,\cdots,n$
$x_{ij} - x_{jj} \geq 0 \quad i,j = 1,2,\cdots,n ; i \neq j$
$\sum_{j=1}^{n}x_{jj} = p$
$x_{ij} = (0,1) \quad i,j = 1,2,\cdots,n$
$a_i =$ 需要ノードiの住民数
$d_{ij} =$ ノードiからノードjへの最短距離
$n =$ ノード数
$p =$ 施設数
$x_{ij} = (0,1) : j$にある施設にノードiを割り当てる場合に1，それ以外は0

pメディアンの定式化とSPLPの定式化を比較すると，目的関数では施設を開設するための固定費用と開設を表す変数の有無だけが異なり，制約条件では施設数制約の有無だけが異なっている．他のすべての点では，実質的に同じ問題である．乗数を用いてpメディアンの定式化の施設数制約を目的関数に取り込むと，目的関数は次のようになる．

$\sum_{i=1}^{n}\sum_{j=1}^{n}a_i d_{ij}x_{ij} + \sum_{j=1}^{n}\lambda x_{jj}$

もちろん，添字は工場から需要地点への流れではなく，中心施設への流れを表している．しかし，この違いを除けば，pメディアンは同一の開設費用をもつSPLPとまったく等価な問題となる．このため，すべてのSPLPの解法のテクニックをpメディアンの解法に用いることができる．pメディアンの乗数λを決めることは，多目的計画法に対する重み付け法を用いて施設数と住民数×距離の間のトレードオフを行うことと等価になる．pメディアンに利用できるSPLPの解法には，線形緩和法（relaxed linear programming）（ReVelle and Swain, 1970 ; Morris, 1978），双対勾配（dual ascent）法（Bilde and Krarup, 1977 ; Erlenkotter, 1978)，ラグランジュ緩和（Lagrangian relaxation）法（Galvao, 1989）がある．pメディアン問題に対しては，これら以外にも数多くの解法が提案されている．ReVelle et al.(1977)には，初期のpメディアンの解法のリストが記載されている．

pメディアン問題が大きな注目を受ける一方で，複数の研究者が平均的な住民のアクセシビリティには限度があるということに焦点を当てた．最も近くにある施設までの距離の中で最も遠いもの，すなわちサービス施設から住民の中心ノードまでの最大距離または最大時間を考慮するためには，もう1つの概念であるサービス可能な範囲（coverage）を考えなければならない．ある最大距離または最大時間以内の場所，すなわち標準時間内に配置された施設があれば，この住民ノードは施設によってカバーされると考える．サービス範囲の問題では標準値以内にある施設を必要としたり，施設を探索することになるため，〈立地集合被覆問題〉（LSCP: location set covering problem）という新しい多くの問題が発生した．

LSCPは，全需要地点が時間または距離の標準値以内に配置された1つ以上の施設をもつような最小数の施設の位置を求める問題である．この問題は，次のような線形の0-1計画問題としてとらえることができる．

最小化 $z = \sum_{j \in J}x_j$

条件 $\sum_{j \in N_i}x_j \geq 1 \quad \forall i \in I$
$\quad\quad x_j = 0,1 \quad \forall j$

$i, I =$ 需要地点の添字と集合
$j, J =$ 施設候補地点の添字と集合
$x_j = 1, 0 : j$に施設が配置されれば1，それ以外は0
$d_{ji} =$ 施設候補地点jから需要地点iまでの最短距離（または時間）
$S =$ 最も近い施設から需要地点がサービスを受けられる最大距離（または時間）
$N_i = \{j | d_{ji} \leq S\} =$ 需要地点iからS以内にあるために，iにサービスできる施設の集合

一般の集合被覆問題を解くためには整数計画のアルゴリズムが必要となる．しかし，LSCPは特別な性質を持っているため，特に地理上の問題のデータを用いた場合には，すべての0-1条件を外した線形計画を用いた定式化の解が（95%以上の割合で）規則正しくすべて0または1となる．もし施設候補集合があらかじめ特定されているならば，LSCPもまたpセンター問題の解を求めるために用いることができる．pセンター問題は，最も近い施設から任意の住民ノードまでの距離の最大値をできる限り小さくするようなp個の施設の配置を探す問題である．この問題の解は，最大距離に対して必要な施設を表すトレードオフ曲線の最も左の端点で得られる配置パ

ターンによって決定することができる．このトレードオフ曲線は，LSCPを繰り返し解いた解から求めることができる（Minieka, 1970）．しかし，もしネットワークの任意のリンク上の任意の地点に施設をおくことができる（連続解空間の場合の）場合には，pセンター問題の解は未解決のままであり，まだ研究の余地が残っている．

しかしLSCPは，その問題設定にいくつかの欠点をもっている．第一に，住民数が問題に記述されていない．近接するという条件と住民数を関連付けようとしても無理がある．第二に，すべての住民ノードを標準以内でカバーする必要があるので，このために必要となる施設やサービスに対して多額の費用がかかることになる．

多くの研究者がこのようなLSCPの欠点を認め，施設を必ず必要とするのではなく，目標値としたサービス可能範囲の概念を利用した新しい立地モデルを作成した．広く知られているこのようなモデルの多くは，最大被覆立地問題（maximal covering location problem : MCLP），または特定の定式化に依存する部分被覆問題と呼ばれている．MCLPは，距離または時間の標準値S以内に位置する施設をもつ住民数を最大にするように，あらかじめ特定された候補地点集合からp個の施設の位置を決める問題である．ここで，Sは住民をカバーできる最大範囲である．MCLPは次のように記述できる．

最大化 $z = \sum_{i \in I} a_i y_i$

条件 $y_i \leq \sum_{j \in N_i} x_j \quad \forall i \in I$

$\sum_{j \in J} x_j = p$

$x_j, y_i = 0, 1 \quad \forall i, j$

追加の定義は次のとおりである．

$a_i =$ 需要地点iの住民数
$y_i = 1, 0 : N_i$に含まれる施設によって，需要iがカバーされるとき1，それ以外は0
$p =$ 配置できる施設数

基本的には，LSCPでは目標距離以内ですべての需要ノードをカバーするための最小数の資源を見つけ，一方MCLPでは可能な限り住民をカバーするように，より少なく限られた資源を配分する（Church and ReVelle, 1974）．

部分的にカバーするという考えからは，多くの別の形の定式化が発生する．これらの中には，目標計画によるサービス可能範囲の定式化，予備・冗長被覆問題や最大期待被覆定式化（Daskin et al., 1987）がある．さらに，複数車両や複数目標の被覆問題も研究されている．

関連する領域には，標準時間以内でサービスできる車両や人員が保証されないという確率被覆モデル（probabilistic covering model）がある．確率モデルでは，車両が利用可能かどうかという機会制約が使用される．この機会制約は，特定の信頼性水準をもつ時間標準以内で車両が利用できるという条件である．この機会制約は，厳密な必要条件であったり，各住民需要ノードの目標値として扱われる．冗長・予備被覆モデル，確率被覆モデルや複数配送車タイプモデルについては，ReVell（1989）やReVell（1991）に概説されている．一般的な立地被覆問題の解説は，Schilling et al.（1993）で行われている．

ネットワーク立地については，多くの系統の研究が続けられている．これらのひとつに，階層立地モデル（hierarchical location model）がある．これは，相互作用・相互関係をもつ種々のタイプの施設を階層的に立地するモデルである．例として，病院，診療所やリモート医師から構成される発展途上国の保健・衛生管理の階層モデルが挙げられる．このほかには，銀行本店，支店やCDから構成されるバンキングシステムがある．Narula（1987）には，階層システムに対する形態学関連の解説が行われている．Church and Eaton（1987）では，水準間を参照する興味深い階層モデルを提供している．もう1つの重要な配置の研究の系統は，競合立地モデルである．これは，他の小売業者・製造メーカーからマーケットシェアを奪うことを目的とした競合マーケット環境において施設を配置する問題である（Friezs, Miller and Tobin, 1988）．

その他の研究の系統には，有害施設の立地がある．有害施設は存在自体が望ましいものではないため，住民の中心地から離すか，相互の施設を離す必要がある．Erkut and Newman（1989）には，不快施設の立地に関する解説が行われている．

おわりに

立地問題には広範囲にわたる様々な重要な応用問題が存在し，この問題のアプローチに必要とされる数学に対するチャレンジ気質が存在するために，立地モデルはエキサイティングな領域であることを示した．数多い立地問題の論文のための学術雑誌には，*Transportation Science*や*European Journal of Operational Research*があり，これに加えて*Location Science*が1993年に発刊された．*Location Science*には，様々な種類の立地問題が掲載されている．また，*Locational Decisions*（ISOLDe）で3年ごとに行われている国際シンポジウムのプロシィーディングが，1984年のBoston/Martha's Vineyard会議からAnnals of Operations Researchの分冊に掲載されている．

⇒ 施設配置，ネットワーク，最短ルート問題，確率計画．

[Charles ReVelle／片山直登]

参 考 文 献

[1] Aikens, C.H. (1985), "Facility location models for

distribution planning," *European Jl. of Operational Research*, 22, 1985, 263–279.
[2] Balinski, M. (1965), "Integer Programming: Methods, Uses and Computations," *Management Science*, 12, 253–313.
[3] Bilde, O. and J. Krarup (1977), "Sharp lower bounds and efficient algorithms for the simple plant location problem," *Annals Discrete Mathematics*, 1, 79–97.
[4] Church, R. and D. Eaton (1987), "Hierarchical location analysis using covering objectives," in *Spatial Analysis and Location Models*, Van Nostrand-Rheinhold, New York, 163–185.
[5] Church, R. and C. ReVelle (1974), "The maximal covering location problem," *Papers Regional Science Association*, 32, 101–118.
[6] Daskin, M., K. Hogan and C. ReVelle (1987), "Integration of multiple, excess, backup and expected covering models," *Environment and Planning*, 15, 15–35.
[7] Davis, P. and T. Ray (1969), "A Branch-and-Bound Algorithm for the Capacitated Facilities Location Problem," *Naval Research Logistics Quarterly*, 16, 331–344.
[8] Erkut, E. and S. Newman (1989), "Analytical models for locating undesirable facilities," *European Jl. Operational Research*, 40, 275–291.
[9] Erlenkotter, D. (1978), "A Dual-Based Procedure for Uncapacitated Facility Location," *Operations Research*, 26, 992–1009.
[10] Friesz, T., T. Miller and R. Tobin (1988), "Competitive network facility location models: a survey," *Papers Regional Science Association*, 65, 45–57.
[11] Galvão, R. (1989), "A method for solving optimality uncapacitated location problems," *Annals Operations Research*, 18, 225–244.
[12] Korkel, M. (1989), "On the exact solution of large-scale simple plant location problems," *European Jl. Operational Research*, 39, 157–173.
[13] Love, R., Morris, J. and G. Wesolowsky (1988), *Facilities Location: Models and Methods*, North Holland, New York.
[14] Minieka, E. (1970), "The M-Centre Problem," *SIAM Review*, 12, 138–141.
[15] Morris, J., "On the extent to which certain fixed charge depot location problems can be solved by LP," *Jl. Operational Research Society*, 29(1), 71–76.
[16] Narula, S. (1986), "Minisum hierarchical location-allocation problems on a network: A survey," *Annals Operations Research*, 6, 257–272.
[17] Pirkul, H. (1987), "Efficient algorithms for the capacitated concentrates location problem," *Computers and Operations Research*, 14, 197–208.
[18] ReVelle, C. (1989), "Review, extension and prediction in emergency service siting models," *European Jl. Operational Research*, 40, 58–69.
[19] ReVelle, C. (1991), "Siting ambulances and fire companies," *Jl. American Planning Association*, Autumn, 471–484.
[20] ReVelle, C., Bigman, D., Schilling, D., Cohon, C. and R. Church (1977), "Facility location: A review of context-free and EMS models," *Health Services Research*, summer, 129–146.
[21] ReVelle, C. and R. Swain (1970), "Central facilities location," *Geographical Analysis*, 2, 30–42.
[22] Rosing, F. (1992), "An optimal method for solving the (generalized) multi-Weber problem," *European Jl. Operational Research*, 58, 414–426.
[23] Schilling, D., Jayaraman, V. and R. Barkhi (1993), "A review of covering problems in facility location," *Location Science*, 1(1).

利得関数

payoff function

ゲームにおいて，各プレイヤーが用いる戦略のもとで，それぞれのプレイヤーの利益および損失を与える関数を利得関数という．⇨ゲーム理論．

利得行列

payoff matrix

ゼロ和2人ゲーム（zero-sum two-person game）で，利得行列は最大化を目指すプレーヤーが戦略 i をとり，最小化を目指すプレーヤーが戦略 j をとった場合に，最大化を目指すプレーヤーへの利得を表す実数 a_{ij} を要素とする $m \times n$ 行列である．⇨ゲーム理論．

リトルの法則

Little's Law

リトルの法則は，待ち行列理論の中で最も基本的で有用な公式のうちの1つであり，待ち行列システムの定常状態における平均系内客数と平均系内時間を次の式で関係付けるものである．

$L = \lambda W$

ここで

$L =$ サービス中の客も含めた系内客数の平均
$\lambda =$ 客の系への到着率
$W =$ 客のサービス時間込みの系内滞在時間の平均

リトルの法則のもう1つの形は，待ち行列にいる客のみを取り扱うものである．すなわち

$L_q = \lambda W_q$

ここで

$L_q =$（サービス中の客を除いた）待ち行列内の平均
$\lambda =$ 客の待ち行列への到着率

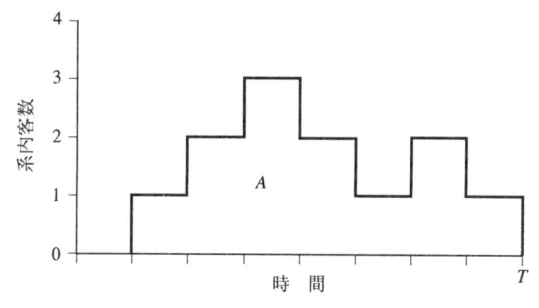

図1 系内客数サンプルパスの時間変化

$W_q =$（サービス時間を含まない）待ち行列内滞在時間（つまり待ち時間）の平均

リトルの法則は Little (1961) により正式に証明され，Stidham (1974) により簡単化されたが，非常に一般的な仮定，すなわち待ち行列システムがエルゴード的であるという仮定，だけで成り立つ．この法則は任意の到着過程，サービス時間分布，サーバ数に対して成り立っている．また優先権とかその他の特性で区別されるある特定クラスの客に対しても成り立っている．

リトルの法則は待ち行列システムのどんな無限時間のサンプルパスに対しても成り立っている．近似的には有限時間 T におけるサンプルパスに対しても成り立っている．この場合，T を長くとればとるほど近似精度は向上する．

数学的な解析であろうと，シミュレーションや直接的なデータ収集であろうと，待ち行列の研究ではしばしば平均系内客数か平均待ち時間のどちらか一方だけしか簡単にはわからないことがある．しかし，一度，どちらか簡単な方の特性量が得られれば，リトルの法則により他方の特性量が得られることになる．たとえば，オペレーティング生産システムでは平均系内時間（リードタイム）がデータから推定されれば，リトルの法則より，平均系内部品数（加工品在庫）を推定することができる．

リトルの法則の証明は，概略，到着率 λ をもつ定常状態待ち行列システムの系内人数の変化を時間 T の間にわたってサンプルパスの形で記述した図1にもとづいている．客の総滞在時間はサンプルパスのグラフの下の面積 A に等しい．区間 T における平均到着客数は（近似的に）λT になる．したがって，客あたりの平均滞在時間は $W = A/\lambda T$ であり，平均系内客数は $L = A/T$ である．これらの式を使って A を消去し，極限をとり，0 と T の両端での影響を評価すると，リトルの法則が得られる．
⇒待ち行列理論．

[Susan Albin/高橋敬隆]

参考文献

[1] Little, J.D.C. (1961), "A Proof for the Queueing Formula: $L = \lambda W$," *Operations Research*, 9, 383-387.
[2] Stidham, S., Jr. (1974), "A Last Word on $L = \lambda W$," *Operations Research*, 22, 417-421.

リプシッツ

Lipschitz

関数 $f(x)$ がリプシッツ，もしくはリプシッツ連続であるとは，任意の2点 x_1, x_2 とある定数 $0 < K < 1$ に対して，$\|f(x_1) - f(x_2)\| \leq K \|x_1 - x_2\|$ となることをいう．

流入頂点

origin node

ネットワーク(network)において，ものがネットワークに流入する頂点のこと．すべてのものがネットワークに流入する特定の頂点を定めておくのが有用なことがよくある．

流入ノード

source node

ネットワーク内の流れのすべて（あるいは一部）がネットワークに入る点をいう．

流量保存

conservation of flow

（1）ネットワーク上の，商品の流れを支配する流量バランスに関する方程式で，あるノードに入ってくるフローと出て行くフローの差が，そのノードでの供給または需要に等しくなるという関係．⇒ネットワーク最適化．
（2）待ち行列システム，もしくはそれと関連する確率過程において，ある状態もしくは施設への極限流入量と，そこからの極限流出量が等しいということを言い表した方程式系のこと．ここでいう施設とはサービス施設（ステージ）で，ここに流入するユニットの極限値と，そこから流出するユニットの極限値は等しくなる．より具体的な例をあげると，待ち行列システムでの顧客が n 人へと上昇する比率と，n 人へと下降する比率が等しい，といった関係式．⇒待ち行列理論．

領域知識
domain knowledge
与えられた主題の領域に関して専門家がもつ知識. ⇒人工知能.

隣接する
adjacent
グラフもしくはネットワークのノードは，辺で結ばれているとき，互いに隣接するという．また，同一ノードに接している辺同士は，互いに隣接するという．⇒グラフ理論，ネットワーク最適化.

隣接する端点
adjacent (neighboring) extreme points
互いに辺でつながっている多面体の端点のこと.

隣接端点
neighboring extreme point
線形計画問題が定義する凸集合において，2つの端点が隣接していることは，それらの点が凸集合の辺で連結されていることをいう．シンプレックス法によって決まる解の列は，次々と隣接する端点列を構成する．⇒シンプレックス法.

リンドレーの方程式
Lindley's equation
一般的な単一窓口待ち行列システム G/G/1 における定常状態待ち時間分布に対する積分方程式．$W_q(x)$ を待ち時間分布の分布関数とすると，$x \geq 0$ に対して
$$W_q(x) = \int_{-\infty}^{\infty} W_q(x-y)\,dU(y)$$
であり，$x<0$ に対して $W_q(x)=0$ である．ここで関数 $U(y)$ は，サービス時間から到着間隔を引いた確率変数の分布関数である．⇒待ち行列理論.

る

ルール
rule
前提部（IF 部）と結論部（THEN 部）から構成される推論知識で名前のついた単位となっているもの．さらに，ルールには，優先順位，コスト，前提となる行動列，前提条件を検査する戦略，テキストとしての記述，内部的なコメントなどの属性が含まれることもある．⇒人工知能，エキスパートシステム.

ルール集合
rule set
特定の問題領域に関する推論知識を表現する名前の付いたルールの集まり．ルール集合は推論機構によって使われ，その領域における特定の問題を解く．ルールに加えて，ルール集合には，初期的な推論列，最終的な推論列，変数に関する記述が含まれることがある．⇒人工知能，エキスパートシステム，推論エンジン.

ルールの発火
firing a rule
ルールの前提部が真の値をとった場合に，その結論部の行動を実行すること．⇒人工知能，エキスパートシステム.

れ

零空間
null space

方程式 $Ax=0$ を満たす解 x の集合を A の零空間という．⇒ 自明な解．

列生成
column generation

超大型の線形計画問題を解くにあたって，必要なときにのみ制約行列の列ベクトルを生成する手法．これは制約行列が大きすぎて，計算機中に格納できないときや，それらがインプリシットにしか知られていないときに用いられる．改訂シンプレックス法に列生成を埋め込んだ手法は，板取り問題などに利用されているが，その場合列ベクトルは組合せ論的考察をもとに生成される．⇒ 切断問題．

列ベクトル
column vector

行列の1つの列，または1つの列からなる行列のこと．⇒ 行列と行列代数．

レベル横断法
Level-Crossing Methods

はじめに

待ち行列や在庫といった確率モデルにおける確率分布を求めるレベル横断法は Brill (1975, 1976, 1979) によって始められ，Brill and Posner (1974, 1975, 1977, 1981) や Cohen (1976, 1977) によりさらに研究が進められた．この手法は，システム点過程論の本質的な部分として開発された．文献では，システム点解析，サンプルパス解析，レベル横断法，レベル横断的アプローチ・理論・解析などとも呼ばれている (Brill, 1975)．レベル横断法は確率モデルに対して，たいへん有用な率保存法でもある (Miyazawa, 1994)．

モデルと定常分布

パラメータ集合および状態空間が両方とも連続である確率過程 $\{W(t), t \geq 0\}$ を考えよう．時刻 t における確率変数 $W(t)$ は，一般的な流出のあるダムの貯水量とか，在庫システムの在庫量とか，待ち行列における仮待ち時間あるいは残余仕事量とかを示している．$\{W(t)\}$ の上方へのジャンプは率 λ_u で生起し，下方へのジャンプは率 λ_d で生起するものと仮定する．上方ならびに下方へのジャンプ量は，それぞれ分布関数 B_u, B_d をもつものとする．さらに，$t \to \infty$ としたときの $W(t)$ の定常分布が存在することを仮定し，その分布関数を G, 確率密度関数を g で表す．われわれの目標はレベル横断法を用いて g とか G をモデルパラメータで表現することである．

サンプルパス

確率過程 $\{W(t)\}$ のサンプルパスは非負実数値上の右連続関数で，時点 t における値は確率変数 $W(t)$ の実現値を表す．$X(t), t \leq 0$, を任意のサンプルパスを表す関数とする．すると，関数 X はある増加時点列 $\{\tau_n | n=0,1,\cdots\}$ 上でジャンプするか除去可能な不連続点をもつ．ただし，一般性を失うことなく $\tau_0=0$ としてよい．具体的には，時点列 $\{\tau_n\}$ はダムにおける入力あるいは出力時点だったり，待ち行列における到着時点だったり，在庫システムにおける需要あるいは補充時点だったりする．サンプルパスが正値ならば，ジャンプ時点間では次のように連続的に減少することを仮定する．すなわち，$X(t)$ の微分が存在するとき，$dX(t)/dt = -r(X(t))$, $X(t)>0$, $\tau_n \leq t < \tau_{n+1}$, $n=0,1,2,\cdots$, である．ここで，$x>0$ に対して $r(x)>0$ であるものとする．たとえば，待ち行列システムにおける仮待ち時間過程では，$r(x)=1(x>0)$, $r(0)=0$ である．また再オーダーレベル s, 最大在庫レベル S, 在庫減少率が k の $\langle s, S \rangle$ 連続観測式在庫システムでは，$r(x)=k(s \leq x < S)$ である．

サンプルパスによるレベル横断

x を固定した状態レベル，t_0 を任意の正の時点とする．t_0 がジャンプ時点列 $\{\tau_n\}$ のうちの1つであったとき，d_0 ならびに u_0 を対応する下方および上方へのジャンプ量としよう．u_0 あるいは d_0 のうち少なくとも1つは正とする．サンプルパスは任意の時点でレベル x を上から下に横断する可能性があるが，レベル x を下から上に横断できるのは t_0 が $\{\tau_n\}$ の要素であるときに限る．

サンプルパスが $\{\tau_n\}$ の要素でない時点でレベル x を上から下に横断するならば，横断は連続的である．実際，サンプルパスはこの時点で連続であるからである．t_0 が $\{\tau_n\}$ の要素ならば，x の上から下へジャンプ量 d_0 の減少が起きている．サンプルパスが t_0 でレベル x を下から上に横断するときは，t_0 は $\{\tau_n\}$ の要素であることが必要

であり，x の下から上へジャンプ量 u_0 の増加が起きている．

u_0 と d_0 が両方とも t_0 で正ならば（この場合，t_0 は $\{\tau_n\}$ の要素であるが），モデルの構造から下方あるいは上方のジャンプのどちらが先行するかを判断することが必要である．たとえばリードタイムのない在庫システムでは，需要により在庫は減り（下方のジャンプ），補充により在庫は増加する（上方のジャンプ）．この場合，下方ジャンプが上方ジャンプに先行する．ジャンプ自体はサンプルパスに属しないが，サンプルパスを構成するのに一役買っている．ある時点 t_0 でのレベル横断を，$|u_0-d_0|$ の純ジャンプ量があるとして定義することも可能である．この場合，ジャンプ方向は $u_0>d_0$ ならば上方，$u_0<d_0$ ならば下方とする．

レベル横断と定常分布

下方横断（downcrossing）：　時間 $(0, t)$, $t>0$, において，レベル x を上から下へ連続的に横断した回数を $D_t^c(x)$ とし，上から下へジャンプして横断した回数を $D_t^j(x)$ とする．このとき確率1で以下の式が成り立つ（Brill, 1974）．

$$\lim_{t\to\infty}\frac{D_t^c(x)}{t}=r(x)g(x) \quad (\text{すべての } x \text{ で}) \quad (1)$$

次の式も確率1で成り立つ．

$$\lim_{t\to\infty}\frac{D_t^j(x)}{t}=\lambda_d\int_{y=x}^\infty \overline{B}_d(y-x)g_d(y)dy$$
$$(\text{すべての } x \text{ で}) \quad (2)$$

ただし，g_d は下方ジャンプ点における $t\to\infty$ での極限確率密度関数，$\overline{B}\equiv 1-B$ である（訳注：ここの極限は，正確には $G_d(x)=\lim_{n\to\infty}P(W(\tau_n^d)\leq x)$, $\{\tau_n^d\}$：下方ジャンプ時点列，$g_d(x)=dG_d(x)/dx$ である）．

上の式 (1), (2) は，$D_t^c(x)$, $D_t^j(x)$ のところを期待値 $E[D_t^c(x)]$, $E[D_t^j(x)]$ で置き換えても成立する．このときは"確率1で"という記述は不要となる．下方ジャンプ間隔が指数分布にしたがうとき，つまりジャンプ生起過程がポアソンのときは，PASTA（Poisson arrivals see tim averages）性から $g_d=g$ となる．

上方横断（upcrossing）：　時間 $(0, t)$ における，レベル x を，下から上にジャンプして横断した回数を，$U_t^j(x)$ とする．すると確率1で

$$\lim_{t\to\infty}\frac{U_t^j(x)}{t}=\lambda_u\int_{-\infty}^x \overline{B}_u(y-x)g_u(y)dy$$
$$(\text{すべての } x \text{ で}) \quad (3)$$

が成り立つ．ただし g_u は上方ジャンプ点における $t\to\infty$ での極限確率密度関数である（Brill, 1974）．式(3)は，典型的なサンプルパスにおいて，上方ジャンプ点でレベル x を上方へ横断するロングランでの率を与えている．上方ジャンプ過程がポアソン過程のときは，PASTA 性から $g_u\equiv g$ となる．

レベル横断のための保存則

各状態空間レベルに対して，次の保存則が成り立つ．

ロングランでの下方横断率
＝ロングランでの上方横断率

この保存則と式 (1), (2), (3) から，確率密度関数 g に対する積分方程式を得ることができる．

$$r(x)g(x)+\lambda_d\int_{y=x}^\infty \overline{B}_d(y-x)g_d(y)dy$$
$$=\lambda_u\int_{-\infty}^x \overline{B}_u(y-x)g_u(y)dy$$
$$(\text{すべての } x \text{ で}) \quad (4)$$

式(4)において，左辺はレベル x での（ロングランにおける）下方横断率を表し，右辺はレベル x での（ロングランにおける）上方横断率を表している．式 (4) から標準的な応用数学的手法を用いて g を解くことができる．

応用可能性

レベル横断法は，様々な入力ルールやレベル制御方策のある有限容量ダムモデルや，M/G/1, M/M/c, G/M/1 待ち行列のいろいろな変形モデル，たとえば中途離脱があったり，仮待ち時間に閾値があったり，サーバ遊休とか様々な状態依存があったり，巡回型のサービスをもったりしているモデルに対して応用することができる．また，在庫，生産/在庫，計数器（カウンター），リスク準備モデルなど，広いクラスの確率モデルに適用可能である．

式 (1), (2), (3) と同様なレベル横断的着想が Cohen (1976, 1977) によって再生過程のサイクルに応用された．これら Cohen の結果，Brill の結果と離散状態連続時間マルコフ連鎖における平衡方程式（ある状態への入力率＝その状態からの出力率）を合わせれば，広いクラスの確率モデルに対する平衡状態確率やその他の特性量を得ることができる．

レベル横断的推定

式(1)より，t が十分に大きいとき，$D_t^c(x)/tr(x)$ により $g(x)$ を推定することが考えられる．レベル横断的推定（システム点推定）は次の3段階からなる．(i) 長い時間 t にわたり，1つのサンプルパスをシミュレーションする，(ii) $(0, t)$ において，各状態空間レベルについて連続的な下方横断回数を計測する，(iii) g や G の点推定や区間推定，ならびにそのモーメント等の計算をする (Brill, 1991)．

⇒在庫モデル，マルコフ連鎖，PASTA，待ち行列理論．

[Percy H. Brill/高橋敬隆]

参考文献

[1] Azoury, K. and Brill, P.H. (1986) "An Application of the System-Point Method to Inventory Models under Continuous Review." *Jl. Applied Probability*, 23, 778–789.

[2] Brill, P.H. (1975) "System Point Theory in Exponential Queues," Ph.D. Dissertation, University of Toronto.

[3] Brill, P.H. (1976) "Embedded Level Crossing Processes in Dams and Queues." WP #76-022, Department of Industrial Engineering, University of Toronto.

[4] Brill, P.H. (1979) "An Embedded Level Crossing Technique for Dams and Queues." *Jl. Applied Probability*, 16, 174–186.

[5] Brill, P.H. (1991) "Estimation of Stationary Distributions in Storage Processes Using Level Crossing Theory." *Proc. Statist. Computing Section*, Amer. Statist. Assn., 172–177.

[6] Brill, P.H. and Posner, M.J.M. (1974) "On the Equilibrium Waiting Time Distribution for a Class of Exponential Queues." WP #74-012, Department of Industrial Engineering, University of Toronto.

[7] Brill, P.H. and Posner, M.J.M. (1975) "Level Crossings in Point Processes Applied to Queues." WP #75-009, Department of Industrial Engineering, University of Toronto.

[8] Brill, P.H. and Posner, M.J.M. (1977) "Level Crossings in Point Processes Applied to Queues: Single Server Case." *Operations Research*, 25, 662–673.

[9] Brill, P.H. and Posner M.J.M. (1981) "The System Point Method in Exponential Queues: A Level Crossing Approach." *Mathematics Operations Research*, 6, 31–49.

[10] Cohen, J.W. (1976) *On Regenerative Processes in Queueing Theory*. Lecture Notes in Economics and Mathematical Systems 121, Springer-Verlag. New York.

[11] Cohen, J.W. (1977) "On Up and Down Crossings." *Jl. Applied Probability*, 14, 405–410.

[12] Miyazawa, M. (1994) "Rate Conservation Laws: A Survey," *QUESTA*, 18, 1–58.

[13] Ross, S. (1985) *Introduction to Probability Models*. 4th edition. Academic Press. Inc.

連携価値入札モデル
affiliated values bidding model

入札の参加者が，競争者が入札対象にもつ価値を以前に予想していたよりも高いと学ぶことによって，自らの価値を上げる（少なくとも下げない）ような入札モデル．連携価値モデルは共有価値モデルと独立価値モデルを極限の場合として含んでいる．⇨入札モデル．

連結グラフ
connected graph

任意の2つのノードが経路によって連結しているグラフ（またはネットワーク）．

連　鎖
chain

ネットワーク上の特定の2つのノード，すなわち始点ノードと終点ノードの間をつなぐアークの系列で，それらのアークの上のフローの向きが，始点から終点の方向に向いているもの．⇨サイクル，経路，マルコフ連鎖．

レンジング
ranging

線形計画問題に対する最適解の完全な感度分析を表す用語である．レンジングは線形計画法のコスト係数あるいは右辺値要素が，最適実行可能基底がもはや最適あるいは実行可能とはならなくなるまでに，どれだけ変化しうるかを表す．レンジング分析は技術係数の変動をも含むが，それは標準的なものではない．完全なレンジング分析はコンピュータにもとづくシンプレックス法の解の一部分である．⇨線形計画法，感度分析，シンプレックス法．

連続時間マルコフ連鎖
continuous-time Markov chain : CTMC

状態空間が可算集合で，連続時間パラメータをもつマルコフ過程のこと．連続時間マルコフ連鎖 $\{X(t)\}$ は，すべてのパラメータ $s, t \geq 0$，状態 i, j および $x(u), 0 \leq u < \infty$ に対して

$$P(X(t+s) = j | X(s) = i, \ X(u) = x(u), \ 0 \leq u < s)$$
$$= P(X(t+s) = j | X(s) = i)$$

を満たす．⇨マルコフ連鎖，マルコフ過程．

労働スケジュール

work schedule

労働の時程，日程に関するスケジュールのこと．この問題は通例1日24時間，週7日間提供されるような救急サービス業務において特に重要である．⇒救急サービス．

ロジスティクス

Logistics

はじめに

長期間にわたり，ロジスティクスはGNPの中の相当な割合（1990年には11%）を占めている．加えて，経済の発展に伴って，生産性を大幅に改善できる可能性のある領域として，ロジスティクスの存在が強調されてきた．ほとんどのロジスティクス問題は本質的な複雑さを含んでおり，生産性の改善のためにはオペレーションズリサーチ/マネジメントサイエンス（OR/MS）手法を使うことが必要となってくる．

ロジスティクスにおける戦略，戦術やオペレーション上の意思決定のためにOR/MSのモデルとアルゴリズムが発展してきた．この起源は，1950年代（Dantzig and Fulkerson, 1954）までさかのぼることができる．1970年代初期から始められた代表的な研究や実施の成果として，戦略ロジスティクスシステム計画に対するGeoffrion and Graves (1974) の研究をあげることができる．この研究では，広い適用範囲をもつ二段階多品種配送システムにおける費用が最小となる設計を決定するためのモデルとアルゴリズムを開発した．このモデルは，様々な制約条件をもつシステム全体の費用を最小化するように施設立地，輸送フローおよび工場荷役を決定することから構成されている．ベンダース分解（Benders decomposition）を用いたアルゴリズムを使うことによって，このモデルは大手の食品会社においてうまく適用されている．

20年間以上にわたるモデリングやアルゴリズム論の卓越した発展と絶え間ないコンピュータ技術の飛躍的な進歩のおかげで，オペレーションズリサーチの研究者はロジスティクスに多彩な応用領域を見いだし，ロジスティクスへのOR/MS技法の適用数が急激に増加することになった．次項からは，大規模なロジスティクスシステムへの最新のOR/MSの適用例を議論する．

ネットワーク計画と経路計画

Braklow et al. (1992) には，共同輸送（LTL: less-than-truckload）の章に，ネットワーク設計と，貨物経路計画が記述されている．Braklowらは，このモデルを，非線形多品種ネットワーク設計問題（network design problem）として定式化した．彼らは，問題全体を最適化部分問題に階層的に分解することによって，この問題の解を求めている．また，対話型最適化によって，ネットワークデザイン問題を解いている．この対話型最適化では，積荷計画ネットワークへ（から）リンクを付加（削除）する局所改善ヒューリスティック（heuristic）によって求められる探索結果を，ユーザが処理する．部分問題はLTL貨物，トラック貨物および空トレーラーの経路計画から構成される．はじめの2つの問題は最短ルートアルゴリズムを利用して解くことができ，また最後の問題は古典的な線形輸送問題となる．積荷計画ネットワークの変更が行われるたびに，再最適化が必要となる．対話型最適化を可能にするために，再最適化は十分速く実行できるようになっている．ある大規模な輸送会社において，このモデルが積荷計画のための戦術意思決定ツールとして利用されてきた．また，新ターミナルの配置と規模を決定するための戦略的なレベルにも利用されている．

ロジスティクスは様々な活動を含んでいる．そこで，残りの部分では輸送と保管という2つのキーとなる要素に焦点を当てることにする．実際，輸送部門はほとんどのロジスティクスシステムにおいて最も費用がかかる部門である．輸送管理の最も重要な部分は，配送車の経路計画とスケジューリングである．この領域については，Bodin et al. (1983) をはじめとする優れたサーベイ論文に解説されている．

Bell et al. (1983) には，多期間上で貨物配送を行う配送車群スケジューリングをはじめとする成功事例が記述されている．彼らは，混合整数計画による定式化と双対変数を設定するための乗数修正法（multiplier adjustment method）を含むラグランジュ緩和（Lagrangian relaxation）法（Fisher, 1985）を用いたアルゴリズムを示している．この問題では，経路計画と在庫の両面を考慮し，配送頻度と顧客への配送数量を決定変数としている．このルート生成・ルート選択アプローチは，一流の液体酸素・液体窒素の会社で利用されている．

この領域にOR/MS手法を適用することによって，実

際に多くの成功を収めることができた．Golden and Wong (1992) では，民間部門と公共部門における数多くの経路計画の応用問題を同時に扱えるような広い適用範囲をもつ問題を対象としている．この論文では，飛行機，ヘリコプター，船舶，自動車，トラックなどの様々な輸送手段を扱っている．

様々な経路計画問題の中には，顧客の時間枠指定 (time window) のような時間的側面も含まれている．時間制約をもつ配送経路計画や乗務員スケジューリング問題に対する統一的枠組みに関しては，Desrosiers et al. (1993) に広範囲にわたるサーベイが行われている．これらの問題に存在する共通の構造は，付加的資源制約をもつ多品種ネットワークフロー (multicommodity network flow) モデルである．時間はその資源の一例である．ダンツィク-ウォルフ法 (Danzig-Wolfe decomposition) は，列生成 (column generalion) 法によって次々に古典的な集合分割問題を生成するモデルに適用できる．資源変数は，複雑な非線形費用関数や困難な局所的な制約（たとえば，時間枠指定，配送車積載容量や労働組合規則）を取り扱うときに役立つ．前進型の動的計画アルゴリズムを用いると，最短路計算でこれらの資源を扱うことができる．分解プロセスは分枝限定木の一部に組み込まれ，主問題や部分問題の構造の中に分枝の選択や分枝のカットが現れる．

乗務員スケジューリング

前述の枠組みの中の注目すべき2つの応用分野は，都市交通機関における乗務員スケジューリング問題 (crew scheduling problem) と航空路線における乗務員スケジューリング問題である．Blais et al. (1990) には，前者の問題を扱うためのソフトウェアパッケージについて記述されている．このパッケージは，複数のモジュールから構成されている．まずはじめに，バススケジューリング問題を解くために，標準的なネットワークフロー手法が使用される．次に，乗務員スケジューリングを2つのステップで解く．はじめのステップでは，線形計画問題の解を高速に求めるために数種類の近似が使用される．この解を使用して，ヒューリスティックに2次整数計画問題を解き，さらに最適マッチングアルゴリズムを利用するという2つのステップを行うことによって，特定の運転手の割当てが求められる．最後に，マッチング問題から得られた限界費用を利用した最短ルートアルゴリズムを用いて，解の改善が行われる．このソフトウエアは，多くの都市で適用され，成功を収めている．上述のダンツィク-ウォルフ/列生成法の枠組みを用いたアルゴリズムは，乗務員スケジューリング (Desrosiers et al., 1993) にも利用されている．

Anbil et al. (1991) には，12年以上にわたって大手航空会社における乗務員スケジューリングに適用した手法の歴史が記述されている．乗務員スケジューリングの方法は，1970年初期の手作業による方法から，今日使用されている強力な OR/MS を用いたソフトウェアによる方法に進歩した．これは，他のロジスティック分野で発生した発展を反映している．乗務員スケジューリングの研究は，現実規模の問題を扱うことができる最適化手法の最先端の研究の1つである．問題構造の利点を使って設計された最新の最適化手法の効果と，洗練されたコンピュータ科学技術の効果およびワークステーションの計算能力が融合することによって，新しい最適化アルゴリズムを開発することができた．この分野における計算能力の飛躍的な進歩については，Desrosiers et al. (1993) に議論されている．

配車管理

最適化アルゴリズムによって解くことができる問題のサイズは絶えず増加してはいるが，依然としてヒューリスティック手法は大規模な問題や非常に複雑な問題に対する有効なツールである．配車管理 (dispatching) は，大規模な問題においてリアルタイムに解を与える複雑な活動であるため，ヒューリスティック解が役に立つ．Brown et al. (1987) には，広範囲に分布する顧客へ軽油製品をトラック配送する問題に対する興味深い応用事例が記述されている．このシステムは，この問題の実際的な複雑さを扱うために，ルート構築・ルート改善ヒューリスティック (heuristic) を利用している典型的な例である．高速交換ヒューリスティックを用いることによって，システムが運行管理者の意思決定の支援をリアルタイムに行うことを可能にしている．このシステムは，大手石油会社で利用され，配送とマーケティングの全体を管理している．これは，コンピュータ統合ロジスティクス (computer integrated logistics : CIL) や，横断的な機能管理であるコンピュータ統合管理を行う動きの実例である．

トラック貨物輸送においても，配車管理の高い動的な性質がはっきりと見られる．需要が大変不確実である状態下で，輸送会社では国を横断する貨物を運転手に割り当てるという管理を常時行わなければならない．Powell et al. (1988) では，動的な配送車割当問題を解析するための確率的ネットワーク最適化モデルを発展させた．また，Powell et al. (1993) には，この分野の問題についての広範囲にわたるサーベイが示されている．彼らは既知情報と予測情報を明確に区別し，そのモデルは効率的な修正ネットワークシンプレックスコードを使って解くことができる．このモデルは，最大手の貨物輸送会社の1つで利用されている．その他の応用分野としては，鉄道配送やレンタル配送車管理があげられる．

Moore et al. (1991) には，貨物量の正確な予測ができない場合に対する混合整数計画法 (mixed integer programming: MIP) モデルとシミュレーションモデルの構築が報告されている．これらの手法をオペレーショナルな目的のために利用するようになったのは，同様の手法を用いて戦略的な意思決定の有効な解が得られたことが発端となっている．この意思決定解から，利用する輸送業者を大幅に減少させ，彼ら業者と「協力関係」をもつようになった．世界的な総合アルミニウム企業における輸送業者選択問題を解くために，著者らは MIP モデルを開発し，さらにシミュレーションを用いて得られた結果を解析した．この問題には，意思決定の結果を取り入れ，分散化していた輸送を集中化することを目指した再設計の成果の重要部分が表されている．これはジャストインタイム生産方式のロジスティクスを反映したものでもある．さらに，輸送業者との協力を行うために，CIL 化の方向でコンピュータを使ったデータ交換 (electronic data interchange: EDI) が始まっている．

ロジスティクスと在庫

輸送費用と在庫費用とのトレードオフ関係は，資材管理の中心的な問題である．Blumenfeld et al. (1987) では，配送機器部品メーカーの生産ネットワークについての優れた解析が行われている．彼らのボトムアップアプローチは，単一リンク上のトレードオフの解析から始まる．これは，標準的な経済的発注量 (economic order quantity: EOQ) モデルを使って行うことができる．いくつかの現実的な近似を行うことによって，より複雑なネットワークに対応できるように解析法を拡張している．近似の1つは大規模なネットワークを小さな独立した部分ネットワークに分割することである．この部分ネットワークの積荷サイズは，単一リンクモデルを使って計算することができる．この研究は，優れたグラフィック情報が加えられた簡単で理解しやすいモデルを含んでおり，組合せ最適化を補う研究の代表例である．

世界的な激しい競争の圧力のために，多くの企業では在庫への投資を減らし，一方でビジネス活動に不可欠な消費者サービスの維持や改善を行ってきた．さらに，ジャストインタイム生産方式の実施によって，製品の種類が大幅に増加してきた．このことが，アフターサービスのロジスティクスネットワークの複雑さを増大させることになった．Cohen et al. (1990) には，多様なサービスレベルをサポートできるスペア部品の在庫コントロールシステムの設計が記述されている．彼らのアプローチは，1部品，1配置の場合の定期在庫調査の確率モデルから始まる．そして，このモデルはサービス割当問題と呼ばれる多製品，1配置モデルに拡張され，これは貪欲ヒューリスティック法を用いて解くことができる．総合的な多製品，多段階問題に対しては，分解アプローチを利用する．この方法には，最終段階のサービス割当問題を解くことから始まるボトムアップ手続きが含まれている．得られた解は，次の上位段階を扱うために利用される．このようにして，このアルゴリズムでは順々により上位の段階を対象にしていく．世界的なコンピュータ企業が，このモデルを利用している．戦略的ネットワークの再設計ツールとして，また週単位のオペレーショナルな作業のツールとして，このモデルを利用できることがわかっている．

統合ロジスティクスシステム

Klingman et al. (1987) には，大手石油会社の様々なビジネス分野の広範囲にわたる OR/MS ツール群の適用例が示されている．この企業が，横断的な機能管理であるコンピュータ統合管理，特に CIL の最先端にあることは驚くに値しない．線形計画のような OR/MS 技法は，1950年代はじめから石油会社で利用されてきた．Klingman et al. (1987) の成果には，数理計画，統計，予測，エキスパートシステム，人工知能，組織論，認知心理，情報システムなどのツールが含まれている．この研究の中心部分は，供給，配送やマーケティングのための最適化を用いた統合システムである．この戦略ツールは，どのくらいの製品を購入し取引きするか，どのくらいの在庫量をもつか，どの輸送方法でどのくらいの製品を輸送するかといった様々な決定を行うために使用される．このシステムは，最小費用ネットワークフローモデルを利用している．Ahuja et al. (1989) には，ネットワークフロー手法の広範囲にわたるサーベイが行われている．

⇒ 施設配置，最小費用ネットワークフロー問題，多品種ネットワーク・フロー問題，ネットワーク，輸送問題，配送経路問題．　　　　　[Marius M. Solomon/片山直登]

参考文献

[1] Ahuja R., T. Magnanti, and J. Orlin (1989). "Network Flows." In *Handbooks in Operations Research and Management Science, Vol.* 1, G. Nemhauser, A. Rinnooy Kan and M. Todd (eds.). Elsevier Science Publishers B.V., Amsterdam, The Netherlands, 211–369.

[2] Anbil R., E. Gelman, B. Patty, and R. Tanga (1991). "Recent Advances in Crew-Pairing Optimization at American Airlines." *Interfaces* 21, 62–74.

[3] Assad A., E. Wasil, and G. Lilien (1992). *Excellence in Management Science Practice*. Prentice Hall, Englewood Cliffs, NJ.

[4] Bell W., L. Dalberto, M. Fisher, A. Greenfield, R. Jaikumar, P. Kedia, R. Mack, and P. Prutzman (1983). "Improving the Distribution of Industrial Gases with an Online Computerized Routing and

Scheduling Optimizer." *Interfaces* 13, 4-23.
[5] Blais J.-Y., J. Lamont, and J.-M. Rousseau (1990). "The HASTUS Vehicle and Manpower Scheduling System at the Societé de Transport de la Communauté Urbaine de Montréal." *Interfaces* 20, 26-42.
[6] Blumenfeld D., L. Burns, C. Daganzo, M. Frick, and R. Hall (1987). "Reducing Logistics Costs at General Motors." *Interfaces* 17, 26-47.
[7] Bodin L., B. Golden, A. Assad, and M. Ball (1983). "Routing and Scheduling of Vehicles and Crews: The State of the Art." *Computers and Operations Research* 10, 62-212.
[8] Braklow J., W. Graham, S. Hassler, K. Peck and W. Powell (1992). "Interactive Optimization Improves Service and Performance for Yellow Freight System." *Interfaces* 22, 147-172.
[9] Brown G., C. Ellis, G. Graves, and D. Ronen (1987). "Real-Time, Wide Area Dispatch of Mobil Tank Trucks." *Interfaces* 17, 107-120.
[10] Cohen M., P. Kamesam, P. Kleindorfer, H. Lee, and A. Tekerian (1990). "Optimizer: IBM's Multi-Echelon Inventory System for Managing Service Logistics." *Interfaces* 20, 65-82.
[11] Dantzig G. and D. Fulkerson (1954). "Minimizing the Number of Tankers to Meet a Fixed Schedule." *Naval Research Logistics Quarterly* 1, 217-222.
[12] Desrosiers J., Y. Dumas, M. Solomon and F. Soumis (1993). "Time Constrained Routing and Scheduling," *Handbooks in Operations Research, Volume on Networks*, 35-139. Elsevier Science Publishers B.V., Amsterdam, The Netherlands.
[13] Fisher M. (1985). "An Applications-Oriented Guide to Lagrangian Relaxation." *Interfaces* 15, 10-21.
[14] Geoffrion A. and G. Graves (1974). "Multicommodity Distribution System Design by Benders Decomposition." *Management Science* 20, 822-844.
[15] Golden B. and R. Wong, eds. (1992). "Vehicle Routing by Land, Sea and Air." *Interfaces* 22.
[16] Klingman D., N. Phillips, D. Steiger, and W. Young (1987). "The Successful Deployment of Management Science Throughout Citgo Petroleum Corporation." *Interfaces* 17, 4-25.
[17] Moore E., J. Warmke, and L. Gorban (1991). "The Indispensable Role of Management Science in Centralizing Freight Operations at Reynolds Metals Company." *Interfaces* 21, 107-129.
[18] Powell W., Y. Sheffi, K. Nickerson, K. Butterbauch, and S. Atherton (1988). "Maximizing Profits for North American Van Lines' Truckload Division: A New Framework for Pricing and Operations." *Interfaces* 18, 21-41.
[19] Powell W., P. Jaillet, and A. Odoni (1993). "Stochastic and Dynamic Networks and Routing." *Handbooks in Operations Research, Volume on Networks*, 141-295. Elsevier Science Publishers, B.V., Amsterdam, The Netherlands.

ローゼンの分割法
Rosen's partitioning method

制約を結合あるいは変数を結合することによって，ブロック対角システム（block diagonal system）である線形計画問題を分割して解く方法のこと．⇒角状システム．

ロバスト性解析
robustness analysis

(1) 不確実条件下における逐次的な意思決定のための問題構造化法の1つである．初期の決定に伴う拘束条件によって，有用な柔軟性が維持される程度を評価するための規準を与える．変形版として，好ましくない将来の状況への陥りやすさの程度を組み入れた単一シナリオ法や複数シナリオ法がある．⇒問題構造化法．

(2) より一般的には，モデルの入力を小変更したとしても問題の解が安定しているかを調べることである．⇒感度分析．

論理プログラミング
logic programming

問題表現と推論のために，形式論理を利用すること．論理プログラミングの言語としては，1970年初期にフランス人の科学者によって考案されたPROLOGがある．日本ではこれが標準言語として採用された．⇒人工知能．

論理変数
logical variables

線形計画法で，不等式を等式に変換するための変数を論理変数という．⇒1次不等式，スラック変数，構造変数，余剰変数．

割当て問題

assignment problem

m 人の個人を, m 種のジョブに最適な方式で割り当てる問題のこと. このとき, どの個人もちょうど1つの仕事に割り当てられること, どのジョブにもちょうど1人の個人が割り当てられることが条件となる. このとき, 特定の割当ての効用が線形であることを仮定すると, 問題は次の線形計画問題

最大化 $\sum_i \sum_j c_{ij} x_{ij}$

条件　$\sum_i x_{ij} = 1 \quad j=1, \cdots, m$

　　　$\sum_j x_{ij} = 1 \quad i=1, \cdots, m$

$x_{ij}=1$ 個人 i がジョブ j に割り当てられたとき
　　　 0 個人 i がジョブ j に割り当てられないとき

$c_{ij}=$個人 i がジョブ j に割り当てられたときの効用

として定式化される. これは輸送問題の特殊ケースである. したがって, x_{ij} に関する0-1制約条件を非負条件 $x_{ij} \geq 0$ に置き換えた線形計画問題は, すべての変数が0または1の値をとる最適解をもつ. したがって, この問題はシンプレックス法を用いて解くことができる. しかし, この問題のために特別に設計された解法の方が, 計算上はより効率的である. ⇒ハンガリア法, 輸送問題, 輸送シンプレックス法.

割り込み

preemption

待ち行列理論において, 到着した優先度の高い客がサービス中の優先度の低い客をサービスから追い出すこと. 割り込まれた客のサービスは, 割り込まれたところから再開される場合と, はじめからやり直される場合とがある. ⇒待ち行列理論.

和 文 索 引

ア

アイコン　icon　71
アイコングラフィックス　icon graphics　71
アヴァーチ-ジョンソン仮説　Averch-Johnson hypothesis　141
アウトオブキルターアルゴリズム　out-of-kilter algorithm　1
アーキテクチャ　architecture　410
アーク　arc　1, 158
悪条件である　ill-conditioned　293
アーク乗数　arc multiplier　443
アクションプログラム　action program　30
アクセス域設計　access area design　411
アクター　actor　50
アクティビティー　activity　1, 334, 612
アクティビティー水準　activity level　1
アクティビティー分析問題　activity analysis problem　1
アークルーティング　arc routing　583
アサーションチェック　assertion checking　613
値域　range　102
厚さ　thickness　1, 126
アナリストマニュアル　analyst's manual　527
アニメーション　animation　71
アフィン・スケーリングアルゴリズム　affine scaling algorithm　1, 438
アフィン変換　affine transformation　1
アブダクション　abduction　160
溢れ過程　overflow process　1
アベイラビリティ　availability　2
アメリカOR学会　Operations Research Society of America : ORSA　2
アーラン　Erlang　2
　　——の損失式　Erlang's loss formula　577
　　——の損失モデル　Erlang loss model　2, 577
　　——の待時モデル　Erlang delay model　2, 577
アーランC式　Erlang C formula　2, 577
アーランCモデル　Erlang C model　577
アーランB式　Erlang B formula　2, 577
アーランBモデル　Erlang B model　577
アーラン分布　Erlang distribution　3, 63, 348, 578, 634
アルキメデス条件　Archimedean axiom　203
アルゴリズム　algorithm　3, 149, 152
アレンジメント　arrangement　555
アローダイアグラム(矢線図)　arrow diagram　3, 454
アローの不可能性定理　Arrow's impossibility theorem　131
安全在庫　safety stock　55, 210
安全性　safety　3
安全性尺度　safety index　3
安定集合　stable set　170
安定性解析　stability analysis　490
鞍点　saddle point　327
鞍点問題　saddle point problem　3, 489

暗黙的並列性　implicit parallelism　12

イ

医学と医療　medicine and medical practice　4
イギリス式競売　English auction　448
意見および姿勢調査　opinion and attitude survey　648
意思決定　decision making　6, 205, 221
意思決定会議　decision conferencing　133
意思決定支援システム　decision support system : DSS　7, 162, 198, 221, 605
意思決定者　decision maker : DM　10
意思決定単位　decision making unit : DMU　541
意思決定デルファイ法　decision Delphi　419
意思決定分析　decision analysis　69, 533
意思決定モデル　decision making model　557
異種兵力間のランチェスター方程式　heterogeneous Lanchester equation　10
移送経路　routing　81
位相の速度　phase velocity　193
依存と調整理論　dependency and coordination theory　250
偉大な社会　Great Society　496
1機械モデル　one-machine model　297
位置決定　siting　81
1次結合　linear combination　10
1次元ビン・パッキング問題　one-dimensional bin packing problem　515
1次式　linear relation　41
1次収束　linear convergence　489
一時的　transient　595
1次独立　linearly independent　102
1次の感度分析　first-order sensitivity analysis　15
1次の条件　first-order condition　11, 488
1次の必要条件　first-order necessary condition　327
1次不等式　linear inequality　11
1次法則　linear law　637
1次方程式　linear equation　11
1次割当て問題　linear assignment problem : LAP　257
位置パラメータ　location parameter　63
一様化　uniformization　590
一様最適　uniformly optimal　396
1階述語論理　first-order predicate logic　288
一貫性のチェック　consistency checking　612
一致推定量　consistent estimator　156
一対交換　pairwise interchange　297
一対比較　paired comparison　46
一対比較行列　matrix of pairwise comparison　49
一般アーラン分布　generalized Erlangian distribution　11, 578
一般化簡約勾配法　generalized reduced gradient　490
一般化された導関数　generalized derivative　493
一般化セミマルコフ過程　generalized semi-Markov process : GSMP　590

682 和文索引

一般化線形メタモデル general linear meta model 602
一般化フィードバックシフトレジスタ法 generalized feedback shift register method : GFSR 633
一般化分数計画問題 generalized fractional program problem 528
一般化方程式 generalized equation 359
一般化有界変数問題 generalized upper-bounded (GUB) problem 11
一般逆行列 generalized inverse matrix 103
一般の離散分布 general discrete distribution 635
遺伝アルゴリズム genetic algorithm : GA 11, 149, 279, 283, 287, 297
遺伝子 gene 13
移動係数 transfer coefficient 82
田舎の郵便配達人問題 rural postman problem 401
意味解析 semantic analysis 612
意味ネットワーク semantic network 23
イミュニゼーション immunization 106
意味論的方法論 semantic methodology 248
医療意思決定 medical decision making 547
入替えヒューリスティック interchange heuristic 13
因果グラフ cause-effect graphing 613
因子化 factorization 367
因子分解型計画法 factorable programming 13
因子分解型計画問題 factorable programming problem 13
因子分解可能な関数 factorable function 13
因子分解された関数列 factored sequence 14
隠線 hidden line 146
インダストリアルエンジニアリングとOR industrial engineering and operations research 17
インダストリアルダイナミクス industrial dynamics 236
インデックス index 27
インテリジェント制御 intelligent control 315
インテリジェントビークル・ハイウェイシステム intelligent vehicle-highway system : IVHS 196
陰な列挙法 implicit enumeration method 122
インプット・アウトプット係数 input-output coefficient 19
インプット・アウトプット分析 input-output analysis 19
隠面 hidden surface 146

ウ

ヴィクレイ競売 Vickrey auction 448
ウィーナー過程 Wiener process 589
ウィルキンソン等価ランダム法 Wilkinson equivalent random technique 19
ウィンドウ window 71
ウェーバー問題 Weber problem 666
ヴォーゲル数 Vogel number 19
ヴォーゲルの近似法 Vogel's approximation method : VAM 19
ウォームスタート warm start 477
動かない障害 fixed bottleneck 194
動く障害 moving bottleneck 194
打切りニュートン法 truncated-Newton method 328
宇宙 space 20
右辺 right-hand-side 21
埋込み embedding 21, 125
運動学的増分 kinematic enhancement 395
運用分析技術シンポジウム OA (operations analysis) technical symposia 111

エ

影響ダイアグラム influence diagram 22, 162
影響評価 impact evaluation 316
栄養素問題 diet problem 22
エキスパートシステム expert system 5, 22, 39, 145, 221, 279, 281, 364, 423
エージェンシー理論 agency theory 362
枝刈される pruned 287
エータ・ファイル eta file 25
エータ・ベクトル eta vector 26
エネルギー関数 energy function 452
エボップ evolutionary operation : EVOP 505
エリート解 elite solution 376
エルゴード定理 ergodic theorem 26, 575
エルゴード的 ergodic 595
演繹 deduction 160
演繹的推論 deductive reasoning 291
エンティティーセット entity set 27

オ

追越し overtaking 36
オイラー経路 Eulerian path 125
オイラー巡回路 Euler tour 36
オイラー循環 Eulerian cycle 125
オイラー的 Eulerian 399
オイラー閉路 Euler cycle 399
凹関数 concave function 36
黄金分割法 golden section method 489
応答関数 response function 186
応答曲線 response curve 187
応答時間 response time 36
凹分数計画問題 concave fractional program problem 528
応用確率 applied probability 37
遅れ delay, waiting time 582
オーダ order 37
オートメーション automation 37, 220
オブジェクト指向 object oriented 29
オブジェクト指向分析 object oriented analysis : OOA 247
オブジェクト方法論 object methodology 247
オフラインアルゴリズム off-line algorithm 516
オープンショップ open shop 299
オープンループ open loop 187
オペレーションズリサーチ operations research : OR 149
オペレーションズリサーチグループ Operations Research Group : ORG 44
重みベクトル空間 weighting vector space 388
親問題 master problem 40
オランダ式競売 Dutch auction 448
温待機システム warm standby system 240
オンラインアルゴリズム on-line algorithm 516

カ

解 solution 41, 170, 334
外因性 exogenous 238
回帰分析 regression analysis 41, 604
回帰モデル regression model 601
回帰問題 regression problem 486
解空間 solution space 43
海軍作戦部 Office of the Chief of Naval Operations : OPNAV 45
海軍作戦部長 Chief of Naval Operation : CNO 44
海軍調査研究所 Institute for Naval Studies : INS 44
海軍分析センター Center for Naval Analyses : CNA 43, 501, 645
海上事前展開 maritime prepositioning 46
外積 outer product 14
外積行列 outer product matrix 14
解析的戦闘モデル analytic combat model 46, 347
解析的中心 analytic center 438
改善法 improvement method 258
階層 hierarchy 130

外挿　extrapolate　234
階層構造　hierarchy structure　47, 49
階層手法　hierarchical method　121
階層的経営構造　hierarchical management structure　658
階層的生産計画　hierarchical production planning　53
階層的ホログラフィックモデル　hierarchical holographic modeling : HHM　660
階層分析過程　analytic hierarchy process　384
外挿法　extrapolation method　627
階層立地モデル　hierarchical location model　669
階段(状)構造　staircase structure　56, 367
改訂シンプレックス法　revised simplex method　57, 289, 290, 604
カイ2乗分布　χ^2 distribution　635
開発ツール　development tool　57
外部列　extremal column　57
塊平均法　procedure of batchmean　654
開放型(オープン)ネットワーク　open network　40, 566
開待ち行列ネットワーク　open queueing network　525, 581
解約可能モデル　withdrawable bid model　448
改良ヒューリスティクス　improvement heuristics　275
ガウス-ザイデルタイプ　Gauss-Seidel type　405
ガウス消去法　Gaussian elimination method　57, 292
ガウス-ジョルダンの消去法　Gauss-Jordan elimination method　57
ガウス-マルコフの定理　Gauss-Markov theorem　155
カオス　chaos　57, 346
下界値のある変数　lower-bounded variable　57
価格　price　57
科学研究開発室　Office of Scientific Research and Development : OSRD　43, 646
価格主導　price directive　373
価格付け　pricing　57, 522
価格ベクトル　pricing vector　289
可逆性　reversibility　569, 590
可逆マルコフ過程　reversible Markov process　57
核　kernel　102
拡散過程　diffusion process　58, 589
拡散近似　diffusion approximation　58
拡散モデル　diffusion modeling　186
確実性　certainty　202
確実性係数　certainty factor　24, 58
確実同値　certainty equivalent　58
学習ルール　learning rule　287
角状システム　block-angular system　58
核戦争　nuclear war　180
拡張チェビシェフ計画　augmented Tchebycheff program　388
拡張標本自己相関関数　extended sample autocorrelation function　230
拡張ラグランジュ関数法　augmented Lagrangian function technique　490
確率過程　stochastic process　58
確率計画法　stochastic programming　58, 245, 336, 490
確率計画問題　stochastic programming problem　58
確率最適モデル　stochastic optimization model　609
確率数値解析　computational probability　61, 150
確率制御理論　stochastic control theory　315
確率制約　chance constraint　61
確率制約条件付計画　chance constrained programming　61
確率制約条件付問題　chance constrained problem　60
確率積分変換法　probability integral transformation method　61
確率的アルゴリズム　probabilistic algorithm　62
確率的機械スケジューリング　stochastic machine scheduling　299
確率的計画法　probabilistic programming　62

確率的決定分析　stochastic decision analysis　382
確率(論)的決闘　stochastic duel　68, 345
確率的最適化　stochastic optimization　367
確率的サービスシステム理論　stochastic service system theory　574
確率的タブーサーチ　probabilistic tabu search　377
確率的モデル化における分布の選択　distribution selection for stochastic model　62
確率ノード　chance node　158
確率場　random field　 1, 590
確率被覆モデル　probabilistic covering model　669
確率分布　probability distribution　64, 235
確率母関数　probability generating function　64
確率密度関数　probability density function : PDF　64
確率モデル　stochastic model　4, 64
　——の行列解析法　matrix analytic stochastic model　64
隠れマルコフ連鎖　imbedded Markov chain　68
火災モデル　fire model　68
可視化　visualization　71
可視グラフ　visibility graph　146
ガジス-ハーマンの方法　Gazis-Herman treatment　194
可視性　visibility　555
可視地図　visibility map　146
貨車運用の研究開発プログラム　The Freight Car Utilization Research/Development Program　415
過剰達成変数　overachievement variable　73
可制御変数　controllable variable　73
仮想関係　virtual relation　607
仮想現実　virtual reality　73, 345
画像処理　image analysis　220
価値関数　value function　73, 338, 382
カッティング・ストック(板取り)問題　cutting stock problem　73
カット　cut　78
カット集合　cut set　78, 125
カテゴリー変数　categorical variable　42
稼働期間　busy period　65, 78
稼働サイクル　busy cycle　65
過渡解　transient solution　575
過渡解析　transient analysis　79, 590
過渡期　transient　631
加入者系装置　local access equipment　410
可変計量法　variable metric method　489
加法的独立　additive independent　340
カーマーカーのアルゴリズム　Karmarker's algorithm　79
カーマーカーのポテンシャル法　Karmarkar's potential method　490
カーマーカー法　Karmarkar's method　438
空売り　short selling　550
カルーシュ-キューン-タッカー(KKT)条件　Karush-Kuhn-Tucker (KKT) condition　19, 79, 140, 219, 326, 488, 491, 539
カルマンフィルター　Kalman filter　313
環境システム分析　environmental systems analysis　79
環境の走査　environmental scan　89
環境モデル　environmental model　329
還元型　reduced form　156
頑健なアルゴリズム　robust algorithm　147
監査　audit　612
観察してモデル化せよ　watch it and model it　260
干渉フロート　interfering float　83
干渉モデル　intervention model　232
関数の鞍点　saddle point of a function　83
間接医療教育　indirect medical education : IME　497
間接費用　indirect cost　83
間接列挙法　implicit enumeration method　83, 257
完全情報　perfect information　167

完全精度　full accuracy　294
完全パッキング　perfect packing　517
完全マッチング　perfect matching　400, 582
観測値　observation　41
貫通　stabbing　146
貫通数　stabbing number　146
感度解析　sensitivity analysis　613
ガントチャート　Gantt chart　83, 296
感度パラメータ　sensitive parameter　336
ガント負荷チャート　Gantt load chart　84
ガントプロジェクトチャート　Gantt project chart　84
感度分析　sensitivity analysis　85, 161, 173, 233, 336, 473, 491, 604, 675
ガントレイアウトチャート　Gantt layout chart　84
完備　complete　202
ガンマ分布　gamma distribution　86
簡約勾配法　reduced gradient method　445
管理　control　624
管理状態にある　in control　507
管理状態にない　out of control　507
管理図　control chart　504, 507
緩和問題　relaxation, relaxed problem　86, 276

キ

木　tree　86
擬凹関数　pseudoconcave function　86
記憶制限付き準ニュートン法　limited-memory quasi-Newton method　328
機械学習　machine learning　283
機会コスト　opportunity cost　86
機械修理工待ち行列モデル　machine repair queue model　577
機会主義　opportunism　363
規格　specification　506
規格限界値　specification limit　506
幾何計画法　geometric programming　86
幾何ブラウン運動　geometric Brownian motion　589
幾何分布　geometric distribution　635
希求水準　aspiration level　597
希求水準対話型解法　aspiration level interactive method　385
企業戦略　corporate strategy　88
企業の使命　mission of the firm　89
企業の戦略的姿勢　strategic posture of the firm　89
企業理念　corporate philosophy　89
危険廃棄物の処分　disposing of hazardous wastes　82
記号的デバッグ　symbolic debugging　613
擬一様乱数生成法　pseudorandom number generator　652
擬似逆行列　pseudoinverse　103
擬似多項式時間アルゴリズム　pseudo-polynomial-time algorithm　93
技術係数　technological coefficient　93
記述的知識　descriptive knowledge　23
記述モデル　descriptive model　93
基準空間　criterion space　386
基準尺度　fundamental scale　48
擬似乱数列　pseudorandom sequence　630
議席数の割当て　apportionment　323
季節調整　seasonal adjust　625
季節変動　seasonal variation　235
期待効用仮説　expected utility result　548
期待効用最大化原理　expected utility maximization　162
期待効用理論　expected utility theory　341
擬多項式　pseudo-polynomial　154
木探索アルゴリズム　tree search algorithm　149
基底　basis　93
基底解　basic solution　93
基底逆行列　basis inverse matrix　94

基底ベクトル　basis vector　94
基底変数　basic variable　94
擬凸関数　pseudoconvex function　94
帰納　induction　160, 614
帰納学習　inductive learning　279, 283
帰納的アサーション　inductive assertion　613
帰納的推論　inductive reasoning　291
機能テスト　functional testing　612
規範的モデル　normative model　94
キーファクター　key factor　524
基本エンティティーセット　elementary entity set　27
基本期間　fundamental period　65
基本統計量　standard statistics　42
基本掃出し行列　elementary elimination matrix　26, 94
既約　irreducible　595
逆過程　reverse of a process, reversing　569
逆関数法　inverse function (transformation) method　61, 485, 635, 652
逆行列　inverse matrix　94, 103
　　——の積形式　product form of the inverse : PFI　94
逆自己相関関数　inverse autocorrelation function　230
逆数生成法　inversive generator　635
キャパシティ　capacity　99
ギャンブラーの破産　gambler's ruin　588, 594
救急医療サービス　emergency medical service : EMS　94, 96, 546
救急サービス　emergency service　94
吸収ノード　sink node　97
吸収壁　absorbing barrier　594
吸収マルコフ連鎖　absorbing Markov chain　624
給食宅配プログラム　meal-on-wheels program　432
キューバの孤立化　quarantine of Cuba　45
行　row　101
強エルゴード的　strongly ergodic　589
境界解析　boundary analysis　612
狭義準凹関数　strictly quasi-concave function　97
狭義準凸関数　strictly quasi-convex function　97
狭義の局所的最小解　strict local minimizer　488
狭義の相補性スラック条件　strict complementary slackness　491
教師付き訓練　supervised training　451
教師なし学習　unsupervised learning　451
凝集型（分類法）　agglomerative　121
共集積　cointegration　156
強選好　strict preference　338
強双対性定理　strong duality theorem　97
強多項式　strongly polynomial　154
強多項式時間アルゴリズム　strongly polynomial-time algorithm　97
共通価値入札モデル　common value bidding model　97
共通価値モデル　common value model　448
共通乱数法　common random variate　619
共同要求計画　joint requirement planning : JRP　251
強度関数　intensity function　206, 215
競売人　auctioneer　448
行ベクトル　row vector　98, 101
業務管理　operations management　98
共役勾配法　conjugate gradient method　328, 442
共役方向法　conjugate direction method　489
協力的　cooperative　167
行列　matrix　101
　　——と行列代数　matrices and matrix algebra　101
行列解析法　matrix analytic method　64
行列幾何　matrix geometry　101
行列幾何形式　matrix geometric form　65
行列幾何形式解　matrix geometric form solution　64

行列ゲーム　matrix game　168
　　──の解　solution of matrix game　168
行列指数形式　matrix exponential form　66
行列代数　matrix algebra　101
行列ノルム　matrix norm　103
行列不参加　balking　104, 565
　　──および中途離脱　balking and reneging　578
強連結的　strongly connected　202
漁業　fishing　423
極限分布　limiting distribution　104, 595
局(所最)小点　local minimum　104
局所解　local solution　105
局所改善ヒューリスティック　local improvement heuristic　105
局所探索法　local heuristic search procedure　265, 374
局所的最小解　local minimizer　326, 487
局所的な安定　locally stable　195
局所平衡方程式　detailed balance equation　105, 569
局(所最)大点　local maximum　105
極大面同定問題　facet identification problem　116
極値　extremal　105
極値原理　extremal principle　487
極値問題　extremal problem　105
局面による除去　elimination by aspect　343
曲率　curvature　327
許容限界値　tolerance limit　506
許容差　tolerance　506
許容分析　tolerance analysis　105
許容方向法　feasible direction method　489, 490
距離　difference, distance　120, 125
キルター条件　Kilter condition　105
ギルモア-ローラーの下界　Gilmore-Lawler lower bound　257
銀行業務　banking　105
均衡点　equilibrium point, stationary　169, 443
近接度　closeness rating　257
近代的戦闘　modern warfare　638
均等分布　equidistribution　631
近傍　neighborhood　265, 376
金利期間構造　term structure of interest rate　106

ク

空貨車配置問題　empty vehicle distribution problem　416
空間的意思決定支援システム　spatial decision support system: SDSS　407
空球基準　empty sphere criterion　554
空軍規則 AFR 20-7　Air Force Regulation AFR 20-7　109
空軍研究分析局　Air Force Studies and Analyses office　109
空軍作戦分析　air force operations analysis　109
空軍分析研究所　Air Force Studies and Analyses Agency　109
くじ　lottery　58, 112, 371
区分線形関数　piecewise linear function　112
組合せ最適化問題　combinatorial optimization problem　274
組合せ/整数最適化　combinatorial and integer optimization　112
組合せ生成法　combined generator　634
組合せ的爆発　combinatorial explosion　118, 233
組合せ分析　combinatoric analysis　224
組合せ問題　combinatorial problem　149
組合せ理論　combinatorics　118
クライアント-サーバ技術　client-server technology　247
クライアント-サーバ構造　client-server structure　27
クラスカルのアルゴリズム　Kruskal's algorithm　120
クラスター解(分)析　cluster analysis　121, 144, 451
クラッシュコスト　crash cost　124
クラッシュタイム　crash time　124
クラトウスキの定理　Kuratowski's theorem　125
グラフ　graph　124

グラフ解析　graph-based analysis　612
グラフ的比較　graphical comparison　613
グラフ理論　graph theory　124, 423, 582
クラメルの規則　Cramer's rule　126
クランピング手法　clumping method　121
クリスプ集合　crisp set　520
クリティカルアクティビティー　critical activity　127
クリティカルインシデント技法　critical incident technique　648
クリティカルセクション　critical section　535
クリティカルパス　critical path　127
クリティカルパス法　critical path method: CPM　84, 127, 174, 296, 453
クリー-ミンティの問題　Klee-Minty problem　127, 437
クルースケジューリング　crew scheduling　127
グループ意思決定　group decision making　127
　　──のための計算機技術　group decision computer technology　133
グループ階層化意思決定法　group hierarchy decision making process　127
グループ合意形成　group consensus　127
グループ効用関数　group utility function　127
グループ効用分析　group utility analysis　127
グレイブス-ウィンストン法　Graves-Whinston method　258
グレコラテン方陣　Graeco-Latin square　119
クレーン　crane　585
クロス相関関数　cross correlation function　232
クローズドループ　closed loop　187
軍事OR季報　*Bulletin of Military Operations Research*　134
軍事応用部会　Military Applications Section　134
軍事オペレーションズリサーチ　military operations research　109, 134, 647
軍事オペレーションズリサーチ学会　Military Operations Research Society: MORS　111, 134
軍事科学　military science　646
軍事力拡大　military buildup　45

ケ

経営科学学会　The Institute of Management Sciences: TIMS　138
計画　planning　625
経験曲線　experience curve　269, 271
経済学　economics　138
経済的発注量　economic order quantity: EOQ　144, 210, 534, 678
経済的ロットスケジューリング問題　economic lot scheduling problem: ELSP　320
警察サービス　police service　96
計算機援用設計　computer aided design: CAD　38, 144
計算幾何学　computational geometry　144
計算機科学　computer science: CS　149
　　──とOR　computer science and OR　149
計算複雑度　computational complexity　152, 369
計算量　complexity　144
形式的技法　formal technique　614
継承　inheritance　247
形状パラメータ　shape parameter　63
計測モデル　measurement model　557
系滞在時間　sojourn time　155, 574
系内客数　number in the system　574
計量　metric　665
計量経済　econometrics　155
計量経済的手法　econometric method　627
経路　path　125, 157
経路解析　path analysis　613
経路改善発見的解法　route improvement heuristic solution　157

経路構築発見的解法　route construction heuristic solution　157
経路問題　routing problem　430
ゲイン　gain　313
下水システム　sewer system　80
下水処理プラント　sewage treatment plant　80
結合エンティティーセット　connecting entity set　27
結合関数　cohesion function　122
結合戦略　conjunctive strategy　342
結婚問題　marriage problem　157
決定科学　decision science　337
決定木　decision tree　158, 173
決定空間　decision space　386
決定原則　decision rule　164
決定ノード　decision node　158
決定分析　decision analysis　160, 343, 422, 547
決定変数　decision variable　164, 604
決定論型戦闘モデル　scripted battle model　164
決定論的ゲーム　deterministic game　187
決定論的モデル　deterministic model　164
結論部　action part, conclusion　23, 164
ゲーミング　gaming　164
ゲーム　game　164
　——の値　game's value　168
　——の鞍点　saddle point of a game　166
ゲーム理論　game theory　127, 138, 164, 167, 335, 345, 541
限界価値(費用)　marginal value (cost)　171
研究開発　research and development　172
言語学　language studies　122
原始多項式　primitive polynomial　632
減少故障率　decreasing failure rate：DFR　62
建設応用　construction application　176
現地業務　field work　179
現地サービス室　Office of Field Service　646
現地プログラム　field program　43, 179
現地分析　field analysis　43, 178
現地分析チーム　field analysis team　647
限定基底入場規則　restricted-basis entry rule　181
限定合理性　bounded rationality (rational)　9, 181, 361, 381
限定列挙法　limited enumeration　258
ケンドールの記号　Kendall's notation　181, 575
現場へ行ってやってみよう　get down and do it　260
厳密演算　exact arithmetic　147
厳密に競争的なゲーム　strictly competitive game　168

コ

コア　core　170
コアコンピタンス　core competence　89
公益事業計画モデル　utility planning model　426
降下方向　direction of descent　326
交換可能　interchangeable　169
交換機　switching equipment　410
交換点過程　alternating point process　420
鉱業　mining　423
公共政策分析　public policy analysis　182
航空産業　airline industry　183
高原モデル　plateau model　272
広告　advertising　186
交差　crossover　12, 188
格子構造　lattice structure　634, 635
交渉　negotiation　385
恒常性　homeostasis　220
洪水　floods　599
構成型ヒューリスティクス　constructive heuristics　275
構成的ソリッド幾何学　constructive solid geometry：CSG　146
合成法　composition algorithm　636
構造解析　structural analysis　612

構造化された問題　structured problem　10
構造型　structural form　156
構造化モデリング　structured modeling　189
構造化モデル言語　structured modeling language：SML　189
構造関数　structure function　243
構造制約条件　functional constraint (structural constraint)　334
構造的仮定　structural assumption　201
構造分析　structural analysis　607
構造変数　structural variable　192
後退誤差解析　backward error analysis　294
交代再生過程　alternating renewal process　215
後退連鎖　backward chaining　23, 192
構築法　construction method　258
後着順　last-in, first-out：LIFO；last come, first-served：LCFS　192, 575
交通解析　traffic analysis　192
交通の運動学的解釈　kinematic treatment of traffic　194
交通流動　traffic flow　192, 195
工程能力指数　process capability index　506
高等教育　higher education　197
行動心理学　behavioral psychology　222
行動的決定支援　behavioral decision aid：BDA　174
勾配　gradient　326
勾配射影法　gradient projection method　489
勾配ベクトル　gradient vector　200, 488
勾配法　gradient method　489
後方再帰時間　backward recurrence time　201
候補リスト戦略　candidate list strategy　377
候補ルール　candidate rule　24, 201
効用　utility　162, 341
効用関数　utility function　201, 371, 664
効用最適化法　utility optimization method　382
効用独立　utility independence　340, 382
効用理論　utility theory　201, 533
小売業　retailing　204
合理性公理　axioms of rationality　532
効率(性)　efficiency　206, 381, 536, 541
効率的　efficient　381
　——な解　efficient solution　206
効率的集合　efficient set　387, 549
効率(的)フロンティア　efficient frontier　385, 542
合理的　rational　341
合理的経済モデル　rational economic model　341
顧客が規定する品質　customer defined quality　558
顧客主導　customer driven　351
顧客満足　customer satisfaction　558
国際OR学会連合　International Federation of Operational Research Societies：IFORS　206, 472
国際応用システム分析研究所　International Institute for Applied Systems Analysis：IIASA　206, 329
国際数理計画法学会　Mathematical Programming Society　206
国防研究委員会　National Defense Research Committee：NDRC　43
国防省　Department of Defense：DoD　501
固形廃棄物管理　solid wastes management　79
誤差の平均平方　mean squared error：MSE　235
故障検出　fault detection　220
故障補償　fault compensation　222
故障率関数　failure rate function　206
個人スポーツ　individual sports　308
コスト　cost　334
国家標準局　National Bureau of Standard：NBS　609
コックス型分布　Coxian distribution　207
固定費用問題　fixed charge problem　114, 207
古典的戦闘　ancient warfare　638

和文索引　687

古典的バリア関数　classical barrier function　476
異なるパス　alternate path　207
コヒーレント構造　coherent structure　243
コブ-ダグラス生産関数　Cobb-Douglas production function　140
ごみ箱モデル　garbage can model　362
コミュニティ調査　community survey　648
コミュニティのOR　community operations research　207, 431
ゴモリー・カット　Gomory cut　207
固有値　eigenvalue　103, 293
固有値法　eigenvalue formulation　48
固有値問題　eigenvalue problem　486
固有ベクトル　eigenvector　42, 103
固有領域の知識　domain knowledge　628
雇用予測　job estimation　177
孤立局所的最小解　isolated local minimizer　488
ゴルダンの定理　Gordan's theorem　207
コルモゴロフの後退(後ろ向き)方程式　backward Kolmogorov equation　207, 576
コルモゴロフの前進方程式　forward Kolmogorov equation　207
混合型ネットワーク　mixed network　566
混合整数計画法　mixed integer programming：MIP　151, 678
混合整数計画モデル　mixed integer porgramming model　122
混合整数(線形)計画問題　mixed integer (linear) programming problem　112, 207
混合戦略　mixed strategy　168
混合ネットワーク　mixed network　207
混合問題　blending problem　207
混合郵便配達人問題　mixed postman problem　401
混雑期間　congestion period　561
混雑システム　congestion system　208
根軸ドローネー三角形分割　radical Delaunay triangulation　555
根軸ボロノイ図　radical Voronoi diagram　555
コンジョイント分析　conjoint analysis　626
コンピュータグラフィックス　computer graphics　144
コンピュータ支援診断　computer aided diagnosis　5
コンピュータ支援ソフトウェア工学ツール　computer aided software engineering (CASE) tool　252
コンピュータシミュレーション　computer simulation　4
コンピュータ数値制御工作機械　computer numerical controlled (CNC) tool　37
コンピュータ統合ロジスティクス　computer integrated logistics：CIL　677

サ

差異　discrepancy　634
最悪解　nadir solution　385
最悪ケース分析　worst case analysis　209
最悪値の振る舞い　worst case performance　516
最悪例の性能　worst case performance　297
差異加法和戦略　additive difference strategy　342
再帰点過程　recurrent point process　420
最急降下法　steepest descent method　209, 489
最近メモリ　recency-based memory　376
サイクル　cycle　209
サイクル在庫　cycle stock　209
在庫管理　inventory control　205
在庫モデル　inventory modeling　209, 547
在庫問題　inventory problem　429
最小化　minimization, minimize　334, 485
最小カット問題　minimum cut problem　114
最小原理　minimum principle　487
最小作用の原理　principle of least action　538
最小2乗　least squares　486

最小2乗法　least squares analysis　42
最小(最大)実行可能解　minimum (maximun) feasible solution　214
最小処理時間　shortest processing time：SPT　297
最小全域木　minimum spanning tree　144, 460, 523, 554
最小全域木問題　minimum spanning tree problem　122, 214
最小値　minimum　214
最小費用計画　least cost planning　426
最小費用ネットワークフローモデル　minimum cost network flow model　432
最小費用ネットワークフロー問題　minimum cost network flow problem　1, 214, 335
最小費用のマッチング　minimum cost matching　400
最小不偏分散　unbiased and minimum variance　42
彩色数　chromatic number　126, 214
再生型過程　regenerative process　590
再生過程　renewal process　214, 420
再生関数　renewal function　214
再生点　regeneration point　215
再生方程式　renewal equation　214
最早開始時間　earliest start time　215
最早終了時間　earliest finish time　215
最早納期　earliest due date：EDD　297
最速降下　brachistochrone　538
最大重みマッチング問題　maximum weighted matching problem　582
最大化　maximization　485
最大原理　maximum principle　487
最大値　maximum　215
最大納期遅れ　maximum tardiness　297
最大納期ずれ　maximum lateness　297
最大派閥問題　maximum clique problem　113
最大被覆立地問題　maximal covering location problem　667
最大マッチング　maximum matching　582
最大マッチング問題　maximum matching problem　215
最大流・最小カット定理　max-flow min-cut theorem　216
最大流ネットワーク問題　maximum flow network problem　216
採択/棄却法　acceptance/rejection method　636
採択-補集合法　acceptance-complement method　636
最短距離問題　minimum distance problem　486
最短経路　shortest path　144
最短経路問題　shortest path problem　460
最短ルート問題　shortest route problem　216
最遅開始時間　latest start time　216
最遅終了時間　latest finish time　216
最長経路問題　longest route problem　216
再調査　review　611
最長処理時間優先　longest processing time first：LPT　298
最適化　optimization　20, 216
　——のための代数的モデリング言語　algebraic modeling languages for optimization　216
最適解　optimal solution　334
最適解写像　optimal solution map　491
最適化後分析　postoptimal analysis　473
最適化モデル　optimization model　216
最適化問題　optimization problem　219, 603
最適実行可能解　optimal feasible solution　219
最適冗長化　optimal redundancy　278
最適制御　optimal control　314
最適政策　optimal policy　428
最適性の原理　principle of optimality　428
最適戦略　optimal strategy　167
最適探索経路問題　optimal search path problem　397
最適探知探索問題　optimal detection search problem　395
最適値　optimal value　219

最適値関数　optimal value function　219, 491
最適な　optimal　168, 597
差異の小さい点列　low-discrepancy sequence　634
サイバネティクス　cybernetics　219
財務計画　financial planning　334
財務混合戦略　financialmix strategy　335
先入れ先出し　first-in, first-out：FIFO　343, 575
作業構成明細書　work breakdown structure：WBS　502
作戦解析オフィス　Operations Research Office：ORO　647
作戦評価グループ　Operations Evaluation Group：OEG　44, 179, 647
殺人　homicide　480
差独立　difference independence　371
砂漠の盾/嵐　Desert Shield/Storm　46
サービスシステム　service system　224
サービスプランニングモデル　service planning model　417
サーボ機構　servomechanism　220
三角行列　triangular matrix　224
産業への応用　industrial application　224
産業ロボット　industrial robot　38
残差　residual　486
残差プロット　residual plot　42
酸性雨管理モデル　acid rain management model　82
残念度　regret　258

シ

ジェイムス-スタイン推定量　James-Stein estimator　550
シェル　shell　24, 57, 229
時間追いかけ型シミュレーション　time-stepped simulation　229
時間費用トレードオフ　time/cost trade-off　229
事業分野のセグメント化　business segmentation　89
シグノミアル計画問題　signomial program　87
時系列　time series　234
時系列分析　time series analysis　229
時系列モデル　time series model　156
資源　resource　334
──の利用効率管理　yield management of resource　233
資源集約　resource aggregation　233
資源主導　resource directive　373
資源制約付き巡回セールスマン問題　resource constrained traveling salesman problem　276
資源制約のあるプロジェクトスケジューリング　resource constrained project scheduling　299
資源にもとづく相対価値システム　resource based relative value system：RBRVS　497
次元の呪い　curse of dimensionality　233
資源配分　resource allocation　375
資源平滑化　resource smoothing　233
資源平準化　resource leveling　233
自己回帰移動平均過程　autoregressive moving average：ARMA　156
自己回帰集積移動平均　autoregressive integrated moving average：ARIMA　156
事後確率　posterior probability　532
自己相関　autocorrelation　229
自己双対パラメトリック・アルゴリズム　self-dual parametric algorithm　233
事後分析　post-optimality analysis　233, 336
資材所要量計画　material requirement planning：MRP　38, 233
資産負債管理　asset and liability management：ALM　105
事象追いかけ型シミュレーション　event driven simulation　234
市場均衡　market equilibrium　549
辞書式順序付け　lexicographic ordering　234
辞書式戦略　lexicographic strategy　343
辞書式に正(負)のベクトル　lexico-positive (negative) vector　234

次数　degree　125
指数オーダー(時間)アルゴリズム　exponential-bounded (-time) algorithm　234
指数重み付き移動平均　exponentially weighted moving average：EWMA　512
指数行列　exponent matrix　87
指数時間アルゴリズム　exponential time algorithm　335
指数的過程　exponential process　186
指数到着　exponential arrival　234
指数分布　exponential distribution　62
指数平滑法　exponential smoothing　230, 234, 546, 626
システム　system　236
──の信頼性　reliability of system　240
システムアベイラビリティ　system availability　241
システム開発研究所　System Development Laboratory　642
システムダイナミクス　system dynamics　236, 617
システム同定　system identification　314
システム分析　system analysis　109, 135, 243, 498, 641〜643
システム分析室　Office of the Secretary of Defense：OSD　502
シストリックアレイ　systolic array　518
施設配置(立地)　facility location　99, 144, 253
施設配置問題　facility location problem　114, 253
施設レイアウト　facility layout　99, 256
施設レイアウト問題　facility layout problem：FLP　256
事前確率　prior probability　532
自然の状態　state of nature　342
事前の予測　ex ante forecast　260, 628
実験計画法　design of experiment　119, 505
実行可能解　feasible solution　260, 334, 486
実行可能基底　feasible basis　260
実行可能基底解　feasible basic solution　260, 289, 435, 521
実行可能領域　feasible region　260, 335, 486
執行支援システム　executive support system　221
実行生産量　run quantity　55
実行トレース　execution tracing　612
実行不可能解　infeasible solution　260
実行不能主双対内点法　infeasible primal-dual interior point method　439
実行プロファイル　execution profiling　612
実行モニタ　execution monitoring　612
実施　implementation　260
質的および制限従属変数モデル　qualitative and limited dependent variable model　156
実務家　practitioner　225
自動運搬車　automatic guided vehicle：AGV　37, 585
自動機械論　automata theory　220
自動工作機械　automatic machine tool　37
自動倉庫　automatic(automated) storage　37
──と検索システム　automated storage and retrieval system　585
自動保管検索システム　automatic storage/retrieval system：AS/RS　37
自動マテリアルハンドリング　automatic material handling　37
シナリオ　scenario　261, 422
シナリオ分析　scenario analysis　59
支配確率　master probability　562
支配戦略　dominance strategy　342, 449
4分木　quadtree　146
死亡率　death rate, force of mortality　206, 576
資本資産評価モデル　capital asset pricing model　550
資本市場線　capital market line　549
資本予算　capital budgeting　261, 335
資本割当て　capital rationing　262
シミュレーション　simulation　20, 27, 38, 546
シミュレーション言語　simulation language　652
シミュレーションモデル　simulation model　96, 609

シミュレータ　simulator　73, 264, 652
シミュレーテッド・アニーリング　simulated annealing　149, 264, 287, 297, 422
自明でない解　nontrivial solution　267
自明な解　trivial solution　267
4面体分割　tetrahedralization　146
射影行列　projection matrix　267
射影変換　projective transformation　438
社会選択論　social choice theory　131
弱エルゴード的　weakly ergodic　589
弱解　weak solution　315
弱差独立　weak difference independence　371
ジャクソン(型)ネットワーク　Jackson network　267, 566, 581
尺度的価値関数　measurable value function　370
弱連結システム　weakly coupled system　267
ジャストインタイム生産方式　just-in-time (JIT) manufacturing　268
ジャストインタイム方式　just-in-time inventory　547
射線　ray　268
シャープ比率　Sharpe ratio　549
シャープレイ値　Shapley value　171
車両経路　vehicle route　157
重回帰分析　multiple (linear) regression analysis　41, 205, 546
周期　period　595, 631
周期的　periodic　595
集合充填　set packing　114
集合充填問題　set packing problem　114
集合の方向　direction of a set　268
集合被覆　set covering　114
集合被覆問題　set covering problem　27, 114, 255, 268
集合分割　set partitioning　114
集合分割問題　set partitioning problem　114, 268
収集・経路決定　collection/routing decision　81
習熟　learning　268
習熟曲線(学習曲線)　learning curve　268, 270, 503
習熟曲線パラメータ　learning curve parameter　271
習熟係数　learning index　271
習熟率　learning rate　271
囚人のジレンマ　prisoner's dilemma　169
囚人のジレンマゲーム　prisoner's dilemma game　273, 641
修正内点距離関数　modified interior distance function　476, 477
修正バリア関数　modified barrier function　476
修正ニュートン方向　modified Newton direction　328
充足可能性問題　satisfiability problem　287
収束速度　rate of convergence　327
従属変数　dependent variable　41
集団待ち行列　bulk queue　273, 579
集中化戦略　intensification strategy　378
重点標本抽出法　importance sampling　620
重負荷近似　heavy traffic approximation　580
重負荷ユニット　loaded unit　278
自由フロート　free float　273
自由変数　free variable　273
周辺的に独立　marginally independent　570
集約生産計画　aggregate production planning　53
主観確率　subjective probability　532
――と効用　subjective probability and utility　532
主観的期待効用　subjective expected utility: SEU　162
主固有ベクトル　principal eigenvector　47
主座枢軸変換　principal pivotal transformation　358
主軸　spindle　523
主シンプレックス法　primal simplex method　292
主双対アルゴリズム　primal-dual algorithm　1, 273
主双対内点法　primal-dual interior point method　438
受注残　backorders　212

述語計算法　predicate calculus　614
述語変換　predicate transformation　614
出生死滅確率過程　birth and death stochastic process　537
出生死滅型待ち行列　birth and death queues　576
出生死滅過程　birth death process　273, 596
出生率　birth rate　576
出発実行可能解　first feasible solution　274
出力　output　609
出力過程　output process　274, 571
寿命　lifetime　2
寿命分布関数　cumulative distribution function: CDF　206
寿命密度関数　life time density function　206
主問題　primal problem　97, 274, 336, 372, 488, 495, 622
需要予測　forecasting demand　546
シュワート管理図　Shewhart chart　509
準凹　quasi-concave　383
準凹関数　quasi-concave function　274
巡回　cycling　274
巡回修理人　patrolling repairman　573
巡回セールスマン　traveling salesman　205
巡回セールスマン問題　traveling salesman problem: TSP　27, 113, 144, 149, 204, 257, 274, 286, 298, 399, 431, 468, 583, 642
巡回防止ルール　anticycling rule　277
巡回路　tour　275, 399
準可逆　quasi-reversible　567
――なネットワーク　quasi-reversible network　567, 570
準可逆性　quasi-reversibility　278, 569
循環　cycle, cycling　125, 292, 333
循環型待ち行列　cyclic queueing　278
循環サービス規律　cyclic service discipline　278
瞬時アベイラビリティ　availability coefficient　2
準四分位点距離　semi-interquartile range　549
純周期的　purely periodic　631
準生死滅過程　quasi-birth and death process　66
順序付け問題　sequencing　375
純粋戦略　pure strategy　167
準凸関数　quasi-convex function　278
準ニュートン法　quasi-Newton method　328, 489
準乱数列　quasi-random sequence　634
順列スケジュール　permutation schedule　297
衝撃波　shock wave　193
証券市場線　security market line　549
条件数　condition number　104, 293
乗算型線形合同法　multiplicative linear congruential generator: MLCG　632
勝者の愚痴　winner's curse　448
乗数　multiplier　57, 539, 543, 632
乗数修正法　multiplier adjustment method　676
乗数ベクトル　multiplier vector　57, 278
状態　state　403
状態確率　state probability　403
状態空間　state space　402, 593
状態推移率　transition intensity　568
冗長化　redundancy　278
冗長な制約　redundant constraint　279
使用適合性　fitness for use　506
障壁関数　barrier function　438
障壁法　barrier method　437
消防サービス　fire service　95
情報システム　information system　27, 433
情報処理戦略　information processing strategy　362
情報処理体　information processor　360
情報フィードバック　information feedback　236
情報理論　information theory　220
正味在庫　net stock　212
乗務員スケジューリング問題　crew scheduling problem　675

初期確率分布　initial probability distribution　594
初期分布　initial distribution　587
序数価値関数　ordinal value function　370
ジョブショップ　job shop　318
ジョブショップ・スケジューリング　job shop scheduling　279, 299, 378
ジョブスケジューリング　job scheduling　288, 582
ジョブ設計理論　job design theory　250
ジョブの設計　job design　99
処方箋的アルゴリズム　prescriptive algorithm　5
処方箋的戦闘モデル　prescriptive battle model　346
処方箋的な　prescriptive　343
処方箋的モデル　prescriptive model　286
事例研究　case study　226
仁　nucleolus　171
真偽値　truth assignment　287
進化戦略　evolution strategy　11
進化プログラミング　evolutionary programming　11
神経回路網　neural network　220
人口増大　population growth　329
人工知能　artificial intelligence：AI　5, 39, 149, 220, 248, 281, 286, 375, 643
信号的技法　symbolic technique　613
信号的実行　symbolic execution　613
人口統計分析　demographic analysis　648
人工変数（人為変数）　artificial variable　289
真彩色　proper coloring　126, 289
新世界秩序　new world order　45
シンタックス解析　syntax analysis　612
診断　diagnosis　220
人的故障　human failure　657
人的資源のスケジューリング　manpower scheduling　431
人的要因　human factor　222
シンプレックス　simplex　289
シンプレックスアルゴリズム　simplex algorithm　139
シンプレックス・タブロー　simplex tableau　289, 498, 504
シンプレックス法　simplex method (algorithm)　25, 94, 102, 147, 234, 289, 303, 335, 367, 437, 522, 537, 642, 680
新聞売り子問題　newsboy (newsvendor) problem　212, 290
進歩関数　progress function　271
進歩曲線　progress curve　269
信頼性　reliability　290
信頼性基準　reliability standard　425
信頼度　reliability　240
信頼度関数　reliability function　290
信頼領域　trust region　328
──の半径　radius of the trust region　328
信頼領域法　trust region method　327

ス

錐　cone　291
推移確率　transition probability　291, 587, 594
推移確率行列　transition probability matrix　594
推移関数　transition function　291, 587
推移行列　transition matrix　291
推移的　transitive　202
水質管理　management of water quality　599
水準曲線　level curve　291
垂直一般化　vertical generalization　359
垂直統合　vertical integration　89
水平一般化　horizontal generalization　359
水平的戦略　horizontal strategy　89
水文学　hydrology　597
水力学　hydraulics　597
推論　inference, reasoning　286, 291, 614
推論エンジン　inference engine　23, 164, 288, 291

推論知識　reasoning knowledge　23, 291, 398
数学的組織理論　mathematical organization theory　362
数式処理　symbolic manipulation　16
枢軸行　pivot row　291
枢軸選択規則　pivot selection rule　292
枢軸要素　pivot element　291, 292
枢軸列　pivot column　292
数値解析　numerical analysis　292
数値実験　numerical experiment　393
数値的最適化　numerical optimization　328
数値分類　numerical taxonomy　121
数理計画システム　mathematical programming system：MPS　295
数理計画法　mathematical programming　4, 27, 122, 224, 279, 295, 487, 546
数理計画モデル　mathematical programming model　609
数理計画問題　mathematical programming problem　295
数理モデル　mathematical model　295
スカラー　scalar　101
スキーマ　schema　12
スキャナパネルデータ　scanner panel data　186
スクリーニング　screening　5
スケジューリング　scheduling　20, 38, 373, 375, 546
──と順序付け　scheduling and sequencing　296
スケーラビリティ　scalability　536
スケーラブル　scalable　295
スケーリング　scaling　300
スコア関数　score function　300
スコアリングモデル　scoring model　172
すし詰め状態　jam density　193
スタイナー木　Steiner tree　144
スタイナー木問題　Steiner tree problem　302, 460
スタイナー点　Steiner point　146
スティグラーの栄養素問題　Stigler's diet problem　303
ステップ幅　step size, steplength　327, 489
ストック　stock　624
ストレステスト　stress testing　613
砂表　sand table　344
砂表戦闘モデル　sand table battle model　303
スピードアップ　speedup　536
スプライン　spline　147, 303
スプレッドシート　spreadsheet　71, 150, 305
スプレッドシート言語　spreadsheet based language　606
スポーツ　sports　308
スミスの定理　Smith's theorem　215
スラックベクトル　slack vector　312
スラック変数　slack variable　312

セ

成果　outcome　316
正規尺度　regular measure　297
正規性　normality　42
正規分布　normal distribution　41, 635, 636
制御　control　38
制御戦略　control strategy　286
制御燃焼　controlled burn　68
制御不能な変数　uncontrollable variable　312
制御並列　control parallel　535
制御変量法　control random variable　619
制御理論　control theory　220, 312, 490
制限メモリ付き点過程　point process with restricted memory　420
整合性　consistency　46
整合度　consistency index　49
整合比　consistency ratio：CR　49
正再帰的　positive recurrent　595

政策監視　program monitoring　317
政策デルファイ法　policy Delphi　419
政策反復法　policy iteration　592
政策評価　program evaluation　316
政策分析　policy analysis　642, 643
生産関数　production function　27, 500, 543
生産管理　production management　318
生産計画　production planning　38, 100, 335
生産率　production rate　525
政治学　politics　323
政治-軍事分析　politico-military analysis　650
正常分布　stationary distribution　595
整数計画アルゴリズム　integer programming algorithm　643
整数計画法　integer programming：IP　112, 319, 335, 487, 546
整数計画問題　integer programming ploblem　112, 325
整数目標計画法　integer goal programming　325
正則行列　nonsingular matrix　325
正則探知関数　regular detection function　396
生存可能システム診断　viable system diagnosis　617
正定値　positive definite：PD　441, 447, 488
静的技法　static technique　612
静的順序づけ　static sequencing　297
正当性の検証　verification of correctness　325
性能の尺度の総量　overall measure of performance　334
性能保証　performance guarantees　298
製品開発　product development　98
製品設計　product design　99
整品調合モデル　product blending model　331
生物工学　bionics　220
成分　entry　101
正方行列　square matrix　102
制約　constraint　325
　——された合理性　bounded rationality　341
　——の右辺摂動　right-hand-side perturbation in the constraint　492
制約技法　constraint technique　613
制約式　constraint　485
制約想定　constraint qualification　326, 488
制約付き最適化問題　constrained optimization problem　326
制約付きドローネー三角形分割　constrained Delaunay triangulation　555
制約なし解　unconstrained solution　326
制約なし最小化問題　unconstrained minimization problem　326
制約なし最適化　unconstrained optimization　326
制約なし問題　unconstrained problem　486
世界銀行　World Bank　141
世界的戦争　global war　45
世界モデル　global model　329
セカント条件　secant condition　328
セカンドプライス競売　second price auction　448
セカント法　secant mothod　489
積　product　101
積形式解　product form solution　330, 567, 581
石油化学産業　petro chemical industry　330
設計と制御　design and control　332
設計品質　quality of design　505
切除平面　cutting plane　276
切除平面法　cutting plane method　116, 489
接続(する)　incident　125, 333
絶対比較　absolute measurement　47
切断問題　trim problem　333
摂動　perturbation　333, 491
摂動分析　perturbation analysis　473
摂動法　perturbation method　333
摂動理論　perturbation theory　494
説明変数　predictor variable　41

セミマルコフ過程　semi-Markov process　333, 590, 624
セル　cell　23
セル生産方式　cellular manufacturing　322
セルフコンコーダント　self-concordant　476
0-1 線形整数計画問題　zero-one linear-programming problem　112
0-1 目標計画　zero-one goal programming　333
ゼロ行列　null matrix　333
ゼロ和　zero-sum　333
ゼロ和ゲーム　zero-sum game　168, 333
ゼロ和2人ゲーム　zero-sum two-person game　166, 369, 670
全域木　spanning tree　125, 333
遷移規則　routing rule　574
戦域レベル　theater level　45
遷移の率　transition rate　403
全稼働期間　busy period　574
選挙区の区分け　redistricting　324
漸近的な安定　asymptotically stable　195
漸近的な最悪値の振る舞い　asymptonic worst case performance　516
漸近的な振る舞いの比　asymptotic performance ratio　516
漸近的なランダム　asymptotically random　634
線形アフィン関数　linear affine function　486
線形回帰モデル　linear regression model　42
線形化法　linearization　257
線形加法和戦略　linear additive strategy　342
線形緩和法　relaxed linear programming　668
線形緩和問題　linear programming relaxation problem　276
線形計画法　linear programming：LP　144, 149, 245, 292, 331, 333, 442, 463, 486, 642
線形計画モデル　linear programming model　334, 421, 541
線形計画問題　linear programming problem　532
線形混合合同法　linear congruential generator　652
線形最小2乗　linear least squares　442
線形性条件　linearity property　203
線形相補性問題　linear complementarity problem：LCP　357, 442
線形独立性　linear independence　491
線形独立制約想定　linear independence constraint qualification　488
線形入出力モデル　linear input-output model　104
線形の追従モデル　linear car-following model　195
線形汎関数　linear functional　337
線形不偏推定量　linear unbiased estimator　155
線形分数計画問題　linear fractional programming problem　337, 528
線形方程式　linear equation　293
線形方程式系　system of linear equation　293
選好関係　preference relation　370
先行関係　precedence relation　298
選好構造　preference profile (structure)　131, 201
先行図表　precedence diagramming　337
選好独立　preferentially independent　370, 382
選好についての公理　preference axiom　201
選好の非対称性　preference asymmetry　338
選好理論　preferance theory　337
潜在価格　shadow price　340, 493
戦術的革新　tactical innovation　45
戦術ドクトリン　tactical doctrine　44
染色体　chromosome　11, 12, 340
全整数計画問題　pure integer programming problem　340
戦争ゲーム　war game　340, 344, 347
全体平均法　overall mean method　550
選択戦略　choice strategy　342
選択的権利剝奪　selective incapacitation　482
選択理論　choice theory　341

先端研究グループ　Advanced Research Group　650
先着順　first-come, first-served：FCFS；first-in, first-out：FIFO　343, 575
前提条件　premise condition　23
全的最適性　total optimality　396
戦闘シミュレーション　combat simulation　343, 639
戦闘シミュレーションモデル　combat simulation model　347
戦闘陣地の前線　forward edge of the battle area：FEBA　345
戦闘のモデル化　battle modeling　343
戦闘モデル　combat model　347
線分　line segment　347
前方再帰時間　forward recurrence time　347
戦略　strategy　167
戦略スラスト　strategic thrust　90
戦略的オプションの展開と分析　strategic options development and analysis：SODA　347
戦略的仮定の表面化とテスト　strategic assumption surfacing and testing：SAST　347
戦略的振動　strategic oscillation　379
戦略的選択　strategic choice　348
戦略爆撃のシステム分析　Strategic Bombing Systems Analysis　641
戦略マップ　strategic map　347

ソ

増加故障率　increasing failure rate：IFR　62
相型確率分布　phase type probability distribution　348
相型分布　phase type distribution　348, 350, 578
相関がない　uncorrelate　41
総合的情報システム　comprehensive information system　27
総合的品質管理　total quality management：TQM　350, 504
総合品質　total quality　352
相互効用独立　mutually utility independent　340
相互選好独立　mutual preferential independence　370
相互対応契約　reflective contract　32
相互到達可能　communicate with each other　595
倉庫問題　warehouse problem　355
倉庫理論　theory of mass storage　574
捜索理論　search theory　345
操作変数　instrumental variable technique　156
造船問題　ship builder's problem　361
相対的効率性　relative efficiency　541
相対比較　relative measurement　47
相対隣接グラフ　relative neighborhood graph　554
双対(性)　duality　538, 604
双対勾配　dual ascent　667, 668
双対シンプレックス法　dual simplex method　292, 356
双対線形計画問題　dual linear programming problem　356
双対(性)定理　duality theorem　97, 356
双対問題　dual problem　97, 336, 372, 488, 495, 622
双対理論　duality theory　488
挿入法　insertion method　555
挿入マッチング　parenthesis matching　518
相の方法　method of stages　356
増分的最適探索計画　incrementally optimal search plan　396
相補スラック　complementary slackness　357
相補スラック定理　complementary slackness theorem　356
相補性条件　complementarity condition　356
相補性問題　complementarity problem　357
総待ち時間　total waiting time　574
総余裕　total float　360
疎行列　sparse matrix　360
属グラフ　genus graph　191
属性　attribute　27
属性-値の組　attribute value pair　23
属性メモリー　attributive memory　376

速度-精度作業特性グラフ　speed-accuracy operating characteristic graph　269
族または群のスケジューリング　scheduling families or groups　299
組織設計　organizational design　361
組織体　organization　360
組織的管理　organizational management　222
組織的故障　organizational failure　657
組織理論　organization theory　360
ソビエト連邦消滅　demise of the Soviet Union　45
ソフトウェア開発方法論　software development methodology　244
ソフトウェア故障　software failure　657
ソフトウェアシステム工学　software system engineering　222
ソフトウェアの技術的リスク　software technical risk　658
ソフトウェアの非技術的リスク　software nontechnical risk　658
ソフトウェアリスク　software risk　657
ソフトOR　soft OR　616
ソフトシステム方法論(メソドロジィ)　soft system methodology：SSM　365, 617
ソルバ　solver　307
損失関数　loss function　664

タ

ダイアド　dyad　14
大域-局所同時プログラム　global-local simultaneous program　536
大域的解　global solution　366
大域的最小解　global minimizer　326, 488
大域的最大値(最小値)　global maximum (minimum)　366
大域的最適化　global optimization　328, 490
大域的収束性　global convergence　327
大域平衡方程式　global balance equation　366, 565
第1段の決定　first-stage decision　59
退化　degeneracy　292, 366, 475
　――した解　degenerate solution　366
　――していない実行可能基底解　nondegenerate basic feasible solution　366
対角成分　diagonal entry　102
大気汚染管理　air pollution management　79
大規模システム　large scale system　366
大規模疎問題　large sparse problem　293
退去過程　departure process　368, 571
ダイクストラの算法　Dijkstra's algorithm　368
ダイグラフ　digraph　124
台形分割　trapezoidation　146
第三世界の脅威　Third World threat　45
対称型主双対問題　symmetric primal-dual problem　369
対称型ゼロ和2人ゲーム　symmetric zero-sum two-person game　369
対称型ネットワーク　symmetric network　570
対称行列　symmetric matrix　369, 447
対称ネットワーク　symmetric network　369
対照変量法　antithetic random variate　619, 655
対数障壁関数　log barrier function　438
対数線形モデル　log linear model　271
代数モデル化言語，代数的モデリング言語　algebraic modelling language　217, 334, 606
対潜水艦戦　antisubmarine warfare：ASW　43, 345
対潜水艦戦オペレーションズリサーチグループ　Antisubmarine Warfare Operations Research Group：ASWORG　43
代替案　alternative　127, 381
第二次世界大戦　World War II　43
滞留時間和　total flow time　297
対話型最適化　interactive optimization　369

対話型代理価値トレードオフ法　interactive surrogate worth trade-off method　390
対話型目標計画法　interactive goal programming　390
対話的方法　interactive procedure　387
楕円体法　ellipsoid method (algorithm)　336, 369, 437
多角形の三角形分割　polygon triangulation　146
多角形の単純性　polygon simplicity　146
多機械モデル　multiple machine model　298
多基準意思決定　multi-criteria decision making: MCDM　603
多項漸化式法　multiple recursive generator: MRG　632
多項式階層　polynomial hierarchy　369
多項式計算量　polynomial complexity　490
多項式時間　polynomial time　153, 298
多項式時間アルゴリズム　polynomial time algorithm　336
多項式モデル　polynomial model　41
多項式有界アルゴリズム　polynomially bounded algorithm　369
多次元輸送問題　multidimensional transportation problem　370
多重共線性　multicollinearity　42
多重プライシング　multiple pricing　370
多重命令, 多重データ型　multiple-instruction, multiple-data: MIMD　26, 516, 534
多属性　multi-attribute　161
多属性効用理論　multi-attribute utility theory: MAUT　38, 174, 370
多属性評価法　simplified multiattribute rating technique: SMART　161
正しさの証明　proof of correctness　614
畳み込み　convolution　349
畳み込み法　convolution method　636
多段階計画法　multilevel programming　490
多段階在庫システム　multi-echelon inventory system　372
多段階ロジスティック・システム　multiechelon logistics system　372
多段確率線形計画　multistage stochastic linear program　59
多段貨車積載プログラム　multilevel reload problem　416
多段計画　multilevel programming　493
多段決定問題　multistage decision problem　428
立ち上げの問題　warm-up period　654
立ちげいこ　walkthrough　612
タッカー・タブロー　Tucker tableau　372
ダッチブック定理　Dutch book theorem　532
妥当性の検証　validation　372
多人数ゲーム　multi-person game　167
たね　seed　631
多品種最小費用ネットワークフロー問題　multi-commodity minimal cost network flow problem　374
多品種ネットワークフロー　multi-commodity network flow　372, 677
多品種ネットワークフロー問題　multi-commodity network flow problem　374
タブー活性　tabu active　376
タブーサーチ　tabu search　149, 287, 297, 374, 422
タブー保有期間　tabu tenure　377
タブーリスト　tabu list　377
多変量管理図　multivariate control chart　512
ダミーアロー　dummy arrow　381
多面集合の表現定理　representation theorem for polyhedral set　381
多面体　polyhedra, polyhedron　144, 381
多面体的組合せ理論　polyhedral combinatorics theory　120
多面体理論　polyhedral theory　115
多目的意思決定　multiple criteria decision making　381
多目的計画法　multi-objective programming　386, 490
多目的決定解析　multi-objective decision analysis　20
多目的決定モデル　multi-criteria decision model　432
多目的数理計画　multi-objective mathematical programming　383
多目的数理計画　multi-objective mathematical progrmming method　173
多目的整数計画法　multi-objective integer programming　383
多目的線形計画　multiple objective linear program　389
多目的線形計画法　multi-objective linear programming method　174
多目的線形計画問題　multi-objective linear programming problem　392
多目的統合決定分析・シミュレーション　multi-objective integrated decision analysis and simulation　426
多様化戦略　diversification strategy　378
単位行列　identity matrix　392
単位形式　unit formulation　271
単一サーバネットワーク　single server network　392
単一指数市場モデル　single index market model　550
単一方程式回帰モデル　single equation regression model　155
単一命令, 多重データ型　single-instruction, multiple-data: SIMD　516
単位丸め誤差　unit roundoff error　294
段階　stage　392
単価入札モデル　unit price bid model　448
短期メモリー　short-term memory　376
短期予測　short-term forecast　627
探査　fathom　393
探索　search　394
探索木　search tree　286
探索・救難計画支援システム　computer assisted, search and rescue planning system　397
探索者　searcher　394
探索努力　search effort　395
探索幅　sweep width　395
探索方向　search direction　327, 489
探索モデリング　exploratory modeling　393
探索率　sweep rate　395
探索理論　search theory　394
単純工場立地(施設配置)問題　simple plant location problem: SPLP　666
端線　extreme ray　397
端線方向　extreme direction　397
探知関数　detection function　395
探知センサ　detection sensor　394
単調な多角形　monotone polygon　146
ダンツィク-ウォルフの分解算法　Dantzig-Wolfe decomposition algorithm　218, 372, 397, 677
ダンツィクのシンプレックス法　Dantzig's simplex method　489
端点　extreme point　335, 398
端点解　extreme point solution　398
弾道研究所　Ballistic Research Laboratory: BRL　646
端末　terminal　398
端末装置　customer premises equipment　410

チ

チェックリスト　checklist　172
チェビシェフ法　Tchebycheff method　390
置換定理　transposition theorem　398
チキン　chicken　169
逐次　sequential　535
逐次解析　sequential analysis　235
逐次型の計算モデル　sequential model of computation　516
逐次近似法　successive approximation　592
逐次制約なし最小化法　sequential unconstrained minimization technique　487
逐次線形計画法　sequential (successive) linear programming:

SLP　331, 490
逐次2次計画法　sequential quadratic programming　490
逐次2分割　successive bisection　489
地区分割の生成　creation of district　81
知識獲得　knowledge acquisition : KA　24, 398
知識技術者　knowledge engineer　24, 398
知識支援システム　knowledge support system　221
知識ベース　knowledge base　23, 364, 398
知識ベースシステム　knowledge based system　221, 281
チームスポーツ　team sports　308
チーム理論　team theory　361
チャタリング　chattering　187
チャップマン-コルモゴロフの等式　Chapman-Kolmogorov equation　399, 594
チャンス　chance　202
中間帯　neutral zone　68
中期未来予測システム　Intermediate Future Forecasting System　141
中国人の郵便配達人問題　Chinese postman problem　113, 146, 399, 430, 468, 583
中心曲線　central trajectory　438
中心法　method of center　438
中東　Middle East　46
中途離脱(リニーギング規律)　reneging discipline　401, 574
チューリング機械　Turing machine　152
チューリングテスト　Turing test　612
超1次収束　superlinear convergence　489
超過・過少容量拡張モデル　over/under capacity expansion model　426
長期メモリー　long-term memory　376
超指数分布　hyperexponential distribution　348, 401, 636
朝鮮戦争　Korear War　44
超疎性　super sparsity　367, 401
頂点　vertex　335
頂点採色問題　vertex coloring problem　113
超平面　hyperplane　402
超立方体待ち行列モデル　hypercube queueing model　96, 402, 481
直接医療教育　direct medical education : DME　497
直接護衛計画　escort screening plan　44
直線　line　406
直線計量　rectilinear metric　666
直線走査　line sweep　146
直線探索　line search　489
直線探索法　line search method　327
直列型ネットワーク　tandem network　581
直列型待ち行列　series queue　406
直列システム　series system　240
直角ポートフォリオ　orthogonal portfolio　549
直径　diameter　125, 406
直交的に内部　orthogonally interior　555
地理情報システム　geographic information system : GIS　406, 470

ツ

ツアー　tour　286
追従理論　car-following theory　195
通信　communication　220
通信ネットワーク　communication network　409
通報優先順位　call priority　414
2フェーズシンプレックス法　two-phase simplex method　414
積木　building block　12
詰込み問題　packing problem　414
強い因果関係　strong causal relationship　627
ツールマガジン　tool magazine　523

テ

定期発注(定期在庫調査)　periodic review　212, 415
提携　coalition　170
定常確率過程　stationary stochastic process　415
定常状態　steady state　575
　——における平衡方程式　steady state balance equation　576
定常推移確率　stationary transition probability　415
定常分布　stationary distribution　415
低所得者医療補助　Medicaid　496
ディスパッチングルール　dispatching rule　279
訂正　correction　220
ディリクレ分割　Dirichlet tesselation　553
停留点　stationary point　327
定量化判定モデル　quantified judgment model : QJM　345
定量的表現　quantitative representation　201
デカルト積　Cartesian product　370
適応制御　adaptive control　315
適応度　fitness　12
適応メモリー　adaptive memory　375
適合品質　quality of conformance　505
適切最適化　well-posed optimization　494
敵対的ゲーム　antagonistic game　168
テストの失敗　test failed　610
データ駆動型　data driven　393
データ処理　data processing　27
データの縮約　reduction of data　120
データの探索　data exploration　120
データフロー解析　data flow analysis　612
データ並列　data parallel　535
データベース　database　8, 286, 406
　——のレコード　database record　23
データベース管理システム　database management system　8
データベース構造　database structure　27
鉄道輸送(業務)　rail freight operation　415
デッドロック　deadlock　535
デバッグ　debugging　612
デフォルト論理　default logic　288
手持在庫　on-hand stock　212
デュアルプレックス法　dualplex method　418
デルファイ法　Delphi method (procedure)　129, 418, 643
点位置　point location　145
点確率過程　point stochastic process　420
点過程　point process　420
点検　inspection　612
電子会議システム　electronic meeting system : EMS　132
電子地図　electronic map　406
電子ファイル　electronic imaging　39
点集合写像　point-to-set map　421
伝達関数　transfer function　232
転置行列　transposed matrix　102
天然資源　natural resource　421
電力システム　electric power system　425
電力システム拡張計画　generation system expansion planning　425

ト

等角度性　equangularity　554
同型　isomorphism　125
同型グラフ　isomorphic graph　427
統計的技法　statistical technique　613
統計的検定　statistical test　631
統計的工程管理　statistical process control : SPC　504
統計的品質管理　statistical quality control : SQC　504
統計的平衡　statistical equilibrium　427, 575
統計分析　statistical analysis　648

統合環境　integrated environment　24, 57
統合資源計画　integrated resource planning　426
等高線　isoquant　427
統合法　hybrid method　258
動作計画　motion planning　146
同次1次方程式　homogeneous linear equation　427
同次解　homogeneous solution　427
等式制約付き最小化2次計画問題　equality constrained quadratic programming minimization problem　441
投資計画　investment planning　375
同時凸　jointly convex　491
同時発生アクティビティー　concurrent activity　611
同時方程式　simultaneous equation　186
同時方程式モデル　simultaneous equation model　155
同種兵力間のランチェスター方程式　homogeneous Lanchester equation　428
同時連続　jointly continuous　491
到達確率　hitting probability　589
到達可能　reachable　595
到着過程　arrival process　403, 428, 571
到着率　arrival rate　575
動的技法　dynamic technique　612
動的計画(法)　dynamic programming: DP　245, 313, 319, 422, 428, 463, 592, 641
動的線形モデル　dynamic linear model　103
東南アジア戦闘分析課　Southeast Asia Combat Analysis Division: SEACAD　45
東南アジア戦闘分析グループ　Southeast Asia Combat Analysis Group: SEACAG　45
投票　voting　131
登録正看護婦　registered nurse　497
特異行列　singular matrix　430
特殊解　particular solution　102
特性関数　characteristic function　170
特性多項式　characteristic polynomial　293
特別採択　aspiration　376
特別採択基準　aspiration criteria　377
特別順序集合　special-ordered sets: SOS　430
独立個人価値入札モデル　independent private value bidding model　430
独立個人価値モデル　independent private value model　448
独立性条件　independence condition　203
独立フロート　independent float　430
独立変数　independent variable　41
閉じた形　closed form　292
閉じた境界　closed boundary　238
閉じたネットワーク　closed network　430
都市のサービス　urban service　430
図書館　library　433
凸1次結合行　convexity row　435
凸関数　convex function　435
凸計画　convex programming　487
凸計画問題　convex programming problem　435
凸結合　convex combination　435
　　　──に関して閉じている　closed under convex combination　203
凸集合　convex set　381, 435
凸錐　convex cone　435
突然変異　mutation　12
凸2次計画法　convex quadratic program (CQP) method　442
トップダウンテスト　top-down testing　613
凸包　convex hull　145, 289, 435
凸優越性　convex dominance　381
飛び石法　stepping-stone method　435
飛び越し機能　jumping ahead　632
トマホーク巡航ミサイル　Tomahawk cruise missile　46

ドメイン-インディペンデントモデル　domain-independent model　606
ドメイン-スペシフィックモデル　domain-specific model　606
トラック　truck　585
トラック積荷輸送　truckload (TL) shipment　436
トラック派遣　truck dispatching　436
トラヒック過程　traffic process　436
トラヒック方程式　traffic equation　436, 566
トラヒック密度　traffic intensity　65, 436, 575
トラヒック要求　traffic requirement　410
トレードオフ　trade-off　496
ドローネー三角形分割　Delaunay triangulation　145, 553
貪欲解法　greedy algorithm　436

ナ

内因性　endogenous　238
ナイキスト周波数　Nyquist frequency　235
内積　scalar product　101
内点　interior point　437
内点距離関数　interior distance function: IDF　476
内点法　interior point method　150, 336, 437, 445, 490
内容分析　content analysis　648
流れ生産　flow line　318
ナショナルエネルギーモデリングシステム　National Energy Modeling System　141
ナップサック問題　knapsack problem　27, 75, 113, 440

ニ

2階層(バイレベル)線形計画法　bilevel linear programming　441
2項分布　binomial distribution　636
2次計画法　quadratic programming: QP　423, 441, 643
2次計画問題　quadratic programming problem　19, 181
2次形式　quadratic form　447
2次元ビン・パッキング問題　two-dimensional bin packing problem　516
2次収束　quadratic convergence　489
2次整数計画　quadratic integer programming　447
2次の感度分析法　second-order sensitivity analysis method　15
2次の最適条件　second-order optimality condition　488
2次の十分条件　second-order sufficient condition　327, 491
2次の条件　second-order condition　447
2次の必要条件　second-order necessary condition　327
2次分数計画問題　quadratic fractional programming problem　528
2次法則　square law　637, 639
2次モデル　quadratic model　326
2者択一定理　theorem of alternative　447
二重確率的　doubly stochastic　596
2次割当問題　quadratic assignment problem: QAP　256, 447
2ゾーンモデル　two-zone model　68
2段計画　bilevel programming　493
2値変数　binary variable　447
2ファンド分離定理　two-fund separation　549
2部グラフ　bipartite graph　447, 582, 623
ニーモニック記法　mnemonic notation　28
入札　tendering　177
入札モデル　bidding model　448
入力　input　609
入力過程　input process　450, 571
入力変数　input variable　41
ニュートン法　Newton's method　327, 442, 489
ニュートン方程式　Newton equations　327
ニューラル・ネットワーク　neural network　149, 279, 282, 287, 450

任意時点分布 outside observer distribution 453
人間-機械サイバネティクス系 human-machine cybernetic system 221
認識問題 recognition problem 453
認知写像 cognitive mapping 453

ヌ

抜取検査 acceptance sampling 504

ネ

熱待機システム hot standby system 240
ネットワーク network 40, 302, 453, 521, 522
ネットワーク計画 network planning 245, 453
ネットワーク構造 network structure 47
ネットワーク最適化 network optimization 457
ネットワーク最適化2次計画問題 quadratic programming network optimization problem 441
ネットワークシンプレックス法 network simplex algorithm 462
ネットワーク設計 network design 462
ネットワーク設計問題 network design problem 457, 676
ネットワークフロー flows in networks 643
ネットワークフローモデル network flow model 459
ネットワークフロー問題 network flow problem 457, 582
ネットワーク分析 network analysis 27
ネットワーク問題 network problem 665
粘性解 viscosity solution 315
燃料在庫計画 fuel inventory planning 426

ノ

ノイマン-モルゲンシュテルン型効用関数 Neumann-Morgenstern utility function 127
納期遅れ和 total tardiness 297
納期ずれ和 total lateness 297
農業 agriculture 422
──と食品産業 agriculture and the food industry 463
ノード node 124, 158, 465
──の次数 degree of a node 465
──を見切る fathoming a node 287
ノード・アーク接続行列 node-arc incidence matrix 465
ノルム norm 103
ノンパラメトリック nonparametric 451

ハ

配車管理 dispatching 677
廃水処理プラント wastewater treatment plant 80
配送経路問題 vehicle routing problem 466
排他的論理和ノード exclusive-OR node 470
配電指令スケジュール unit dispatch schedule 425
ハイパーゲーム分析 hypergame analysis 470, 617
ハイパーテキスト hypertext 71
ハイパーメディア hypermedia 71
パイプライン在庫 pipeline stock 210
ハイブリッド化 hybrid technique 266
ハイブリッド戦略 hybrid strategy 375
配分関数 allocation function 395
配分の集合 imputation set 170
配列 array 23
爆撃精度向上 improvement in bombing accuracy 110
バークの定理 Burke's theorem 470, 570, 578
バケーション時間 vacation time 470
バケーションモデル vacation model 471, 573
バケット法 bucketing 146
ハザード関数 hazard function 206
ハザード率 hazard rate 62, 206
ハザード率関数 hazard rate function 62

ハザード率モデル hazard rate model 187
ハーシュの予想 Hirsch conjecture 471
パス再結合 path relinking 379
パス追跡法 path following method 477
外れ値 outlier, extreme points 42, 235
パターン認識 pattern recognition 121, 144, 220
ハチヤンの楕円体法 Khachian's ellipsoid method 490
発火する fire 23
パッキング packing 145
バックボーン設計 backbone design 411
バッチ生産システム batch shop 318
発電拡張分析システム electric generation expansion analysis system 426
発電システム electric power generation system 425
発展途上国 developing country 471
発展途上国委員会 Developing Countries Committee 472
発電日程計画 power system scheduling 444
初到達時間 first passage time 589
バッファー buffer 472, 574
ハードウェア故障 hardware failure 655
波動の伝播現象 wave propagation 193
ハードリミティング hardlimiting 452
パトロールカー配分モデル patrol car allocation model: PCAM 96
ハブアンドスポーク hub-and-spoke 184
ハミルトン経路 Hamiltonian path 125
ハミルトン巡回路 Hamiltonian tour 473
ハミルトン循環(閉路) Hamiltonian cycle 125, 275
ハム・サンドイッチカット ham-sandwich cut 145
パラメータ parameter 473, 609
パラメータ推定 parameter estimation 486
パラメトリック解 parametric solution 473
パラメトリック計画法 parametric programming 336, 473, 490
パラメトリック限界 parametric bound 475
パラメトリック最適化 parametric optimization 494
パラメトリック線形計画法 parametric linear programming 476
パラメトリック非線形計画法 parametric nonlinear programming 491
パラメトリック分析 parametric analysis 233, 474, 476, 607
バリア関数 barrier function 487
──と距離関数 barrier and distance function 476
バリア関数法 barrier function method 490
張る span 582
パルム測度 Palm measure 67
パレート最適解 Pareto optimal solution 479
パレート図 Pareto chart 205
パレート・レース Pareto race 390
ハンガリア法 Hungarian method 479, 582
半狭義準凹 semistrictly quasi-concave 529
半強準凹関数 semistrictly quasi-concave function 479
半強準凸関数 semistrictly quasi-convex function 479
半構造化された問題 semistructured problem 10
犯罪司法システム criminal justice system 481
犯罪者の行動 offender behavior 480
犯罪と司法 crime and justice 479
反射壁 reflecting barrier 594
半正定値 positive semidefinite: PSD 488
半正定値計画法 positive semidefinite programming 439
バンド幅 bandwidth 314
反応変数 response variable 41
反復 iteration 484
反復公開計画法 iterative open planning process 130
反復法 iterative method 293
半分散 semivariance 549
半ベル hemibels 178

和文索引　697

半無限計画法　semi-infinite programming　487, 490
半無限最適化　semi-infinite optimization　494

ヒ

ピアノ移動問題　piano movers problem　146
非アルキメディアン微小値　non-Archimedean infinitesimal　542
非アルキメデス的数　non-Archimedean number　485
非一様三角形分割ネットワーク　triangulated irregular network：TIN　147
非一様有理 B スプライン　non-uniform rational B-spline：NURBS　147
非一様乱数　random variate　485
非一様乱数列　non-uniform random numbers　635
非基底変数　nonbasic variable　485
非協力的　non-cooperative　167
非形式的な技法　informal technique　612
非減少　nondecreasing　383
飛行スケジュール計画　flight schedule planning　184
非構造化された問題　unstructured problem　10
非支配集合　nondominated set　387
比尺度　ratio scale　46
非周期的　aperiodic　595
非終結型シミュレーション　continuing simulation　653
非巡回ネットワーク　acyclic network　485
歪対称行列　skew symmetric matrix　485
歪度　skewness　549
非正規型尺度　non-regular measure　298
非斉次ポアソン過程　non-homogeneous Poisson process　636
非ゼロ和ゲーム　nonzero-sum game　485
非線形計画　nonlinear program　486
非線形計画法　nonlinear programming　335, 423, 463, 485
非線形性　nonlinear　42
非線形生成法　nonlinear generator　635
非線形相補性問題　nonlinear complementarity problem　357
非線形目標計画法　nonlinear goal programming　495
非線形モデル　nonlinear model　195, 238
非退化条件　degeneracy condition　357
非待機型モデル　no-wait model　299
非対称型主双対問題　unsymmetric primal-dual problem　495
非単調論理　non-monotonic logic　288
ビッグ M 法　big-M method　485, 495
必要モデル　requisite model　161
非凸計画　nonconvex programming　487
非凸 2 次計画法　nonconvex quadratic program method　442
非反射的　irreflexive　202
非被優越　non-dominated　381
非負解　nonnegative solution　495
非負行列　nonnegative entry　104
被履モデル　coverage model　95
非負条件　nonnegativity condition　495
非負制約条件　nonnegativity constraint condition　334
非負定値　positive semidefinite：PSD　441
微分ゲームモデル　differential game model　187
微分不可能計画　nondifferentiable programming　487
非補償的　non-compensatory　342
非補償的選択戦略　non-compensatory choice strategy　496
非マルコフ型待ち行列　non-Markovian queue　579
100% 規則　hundred percent rule　496
非有界最適解　unbounded optimal solution　496
ヒューリスティクス(発見的方法)　heuristics　149, 275, 286, 515
ヒューリスティック　heuristic　280, 297, 674, 675
ヒューリスティックアプローチ　heuristic approach　186
ヒューリスティック解法　heuristic method　546
ヒューリスティック探索　heuristic search　286, 526
ヒューリスティック手続き　heuristic procedure　496
病院　hospital　496
費用運営効果分析　cost and operational effectiveness analysis　502
評価関数　merit function　489
評価の区間スケール　interval scale of measurement　339
費用行　cost row　498
費用係数　cost coefficient　498
表現　representation　348
費用効果分析　cost effectiveness analysis　498
費用勾配　cost slope　501
標準的な入札モデル　standard sealed bidding　448
標準ブラウン運動　standard Brownian motion　589
費用推定　cost estimating　20
費用対効果　cost effectiveness　316
　　──の検討　cost effectiveness study　110
費用対便益　cost benefit　316
費用逓増曲線　cost congress curve　503
費用分析　cost analysis　501
費用ベクトル　cost vector　503
費用便益比率　cost benefit ratio　499
費用便益分析　cost benefit analysis　498
標本誤差　sampling error　235
標本自己相関数　sample autocorrelation function　230
表面妥当性　face validity　372
表面的な妥当性の検証　face validation　612
ビールのタブロー　Beale tableau　504
非割り込み　non-preemtive　504, 580
品質　quality　505
品質管理　quality control　504
品質保証　quality assurance　505
頻度メモリー　frequency-based memory　378
ビン・パッキング問題　bin packing problem　74, 515

フ

ファーカスの補題　Farkas' lemma　519
ファジィ集合　fuzzy set　519
ファジィ集合理論　fuzzy set theory　519
ファジィ線形計画　fuzzy linear programming　520
ファシリテータ　facilitator　133
ファセット誘導制約　facet defining inequality　276
ファンダメンタル分析　fundamental analysis　551
不安定である　unstable　293
フィードバック型待ち行列　feedback queue　521
フィードバック過程　feedback process　571
フィードバック思考　feedback thinking　237
フィードバック制御　feedback control　220, 313
フィードバック待ち行列　feedback queue　571, 580
フィードバックループ　feedback loop　237
フィールドテスト　field testing　612
フェーズⅠ手続き　phase I procedure　521
フェーズⅡ手続き　phase II procedure　521
フォールトトレラント性　fault tolerant　451
不確実性　uncertainty　7, 160, 202, 361
不確定状況下での線形計画法　linear programming under uncertainty　60, 336
負荷率　offered load　521, 575
不感性　insensitivity　569, 570
不感性定理　insensitivity theorem　577
不均一分散　heteroskedasticity　155
不均衡型輸送問題　unbalanced transportation problem　522
副次的半直線上での停止　termination on a secondary ray　358
複数の最適解　multiple optimal solution　522
複製　reproduction　12
輻輳在庫　congestion stock　209
2 つの液体モデル　two-fluid model　195
　　──のアプローチ　two-fluid model approach　195

和文索引

2人ゲーム　two-person game　167, 273
復帰テスト　regression testing　613
負定値　negative definite　447
不定方程式系　undetermined system of linear equation　522
不適合　nonconformity　506
不適合ユニット　nonconforming unit　506
不等式制約付き最小化2次計画問題　inequality constrained quadratic programming minimization problem　441
ブートストラップ　bootstrapping　522, 627
負の推移律　negative transitivity　338
部分価格付け　partial pricing　522
部分均衡方程式　partial balance equation　522
部分最適化　suboptimization　522
部分軸選択　partial pivoting　294
部分平衡方程式　partial balance equation　570
部分モデルテスト　submodel testing　613
不偏推定量　unbiased estimates　42
フライトルーチン　freight routing　522
ブラウン運動　Brownian motion　522, 589
ブラウンの計算アルゴリズム　Brown's algorithm　396
ブラックウェルの定理　Blackwell's theorem　215
ブラックボックステスト　black box testing　612
フランク-ウォルフ法　Frank-Wolfe method　445
ブランドの巡回防止ルール　Bland's anticycling rule　522
プランニングプログラミングバジェティングシステム　planning-programming-budgeting system : PPBS　136, 642
フーリエ級数　Fourier series　235
フーリエ-モツキンの消去法　Fourier-Motzkin elimination method　523
ブリッジ構造　bridge structure　243
ブリッジ問題　bridge problem　145
プリムのアルゴリズム　Prim's algorithm　523
プーリング問題　pooling problem　331
プルダウンメニュー　pull down menu　71
プレイヤー　player　167
フレキシブル生産(製造)システム　flexible manufacturing system : FMS　38, 523
プレゼンテーショングラフィックス　presentation graphics　71
フレーミング　framing　525
フレーム　frame　23
フロー　flow　525, 624
プログラマーマニュアル　programmer's manual　527
プログラミング言語　programming language　24
プロジェクト　project　229, 233, 360
プロジェクト管理　project management　20, 38, 85, 525
プロジェクト計画　project planning　177
プロジェクト選択問題　project selection problem　172
フローショップ　flowshop　298
フローショップ・スケジューリング　flow shop scheduling　378
プロスペクト理論　prospect theory　341, 526
プロセス設計　processs design　99
プロセスモデル　process model　247
プロセッサシェアリング　processor sharing　526
プロダクションルール　production rule　286, 364, 526
ブロック三角行列　block triangular matrix　526
ブロック三角構造　block triangular structure　367
ブロック対角構造　block diagonal (angular) structure　268, 367
ブロック対角システム　block diagonal system　679
ブロック掃出し　block pivoting　526
ブロック法　Brock method　128
フロート　float　526
プロトコル　protocol　526
プロトコル分析　protocol analysis　606
プロフィールチャート　profile chart　172
フロー保存則　flow conservation　459

分解　decomposition　367, 373
分割　partitioning　373
分割解析　partition analysis　613
分割型線形計画法　decomposed linear programming　363
分割統治法　divide-and-conquer　145, 555
文官　civilian　43
分権化　decentralization　362
分散　variance　41
分散減少法　variance reduction method (technique)　635, 655
分散システム　distributed system　535
分枝　branch　527
分枝カット法　branch and cut method　276
分枝限定法　branch and bound algorithm (method, procedure)　115, 149, 257, 375, 527, 667
分枝切除法　branch and cut method　116
文書化　documentation　527
分数計画法　fractional programming　528, 543
分数計画問題　fractional program problem　528
分布モード　distributive mode　50
分離超平面定理　separating hyperplane theorem　531
分類　classification　626

ヘ

米海軍中部地区司令官　Commander, U. S. Naval Central Command　46
平滑化定数　smoothing constant　234
米艦隊総司令部　Headquarters of Commander in Chief, U. S. Fleet : CominCh　44
平均　mean　41
平均移動距離　average travel distance　95
平均回帰　mean reversion　551
平均値の振る舞い　average case performance　516
平均-分散モデル　mean variance model　548
平均連長　average run length : ARL　508
併合　merging　518
平衡状態　steady state　531
平衡分布　steady state (equilibrium) distribution　531, 595
平衡方程式　balance equation　531, 576
閉鎖型ネットワーク　closed network　566
ベイジアン　Bayesian　532
平準化生産　smooth patterns of production　532
ベイズ意思決定理論　Bayesian decision theory　532
ベイズ決定木　Bayesian decision tree　547
ベイズ決定理論　Bayesian decision theory　162
ベイズ-スタイン推定　Bayes-Stein estimation　551
ベイズ(法)則，ベイズの定理　Bayes' rule　161, 532, 534
ベイズ法　Bayesian method　550
平方根の法則　square root law　534
閉待ち行列ネットワーク　closed queueing network　525, 581
平面走査(法)　plane sweep　146, 555
平面問題　planar problem　665
並列型の計算モデル　parallel model of computation　516
並列計算　parallel computing　534
　　──と大規模問題　parallel and large scale programming　490
並列計算機　parallel computer　294
並列システム　parallel system　240
並列処理　parallel processing　150
並列ランダムアクセスマシーン　parallel random access machine　516
閉路　cycle　399
べき乗モデル　power model　270, 271
ベクトル空間　vector space　537
ベクトル計算機　vetor computer　294
ベクトル最適化法　vector optimization method　382
ベジェ曲線　Bézier curve　147

ヘッセ行列　Hessian matrix　326, 488, 537
ヘッセンベルグの行列　Hessenberg matrix　537
別の最適解　alternate optima　537
別名法　alias method　635
ベトナム戦争　Vietnam War　45, 180
ペナルティ関数　penalty function　487
ペナルティ関数法　penalty function method　490
ベルヌーイ過程　Bernouli process　186
ベルヌーイフィードバック　Bernoulli feedback　571
ベルマンの最適性の原理　Bellman's principle of optimality　313
ベルリンの壁　Berlin Wall　45
辺　edge　124, 537
変位行列　rate matrix　537
便益　benefit　334
便益対費用比　benefit cost ratio　172
辺彩色問題　edge coloring problem　113
偏差変数　deviation variable　537, 603
偏自己相関関数　partial autocorrelation function　230
変数選択　variable estimation　43
ベンダーズの分解(割)　Benders' decomposition　115, 218, 257, 538, 676
変動係数　coefficient variation : CV　62, 537
変分不等式　variational inequality　493
変分法　calculus of variation　537

ホ

ポアソン過程　Poisson process　66, 214, 403, 540, 596
ポアソン到着　Poisson arrival　404, 540
――は時間平均を見る　Poisson arrivals see time averages : PASTA　471, 576, 674
ポアソン分布　Poisson distribution　636
ホイスト　hoist　585
ポイントオブセール　point of sale : POS　204
ポイントオブセールデータ　point of sale data　235
法　modulus　632
防衛管理　defense management　44
防衛分析研究所　Institute for Defense Analyses : IDA　501
方向微分　directional derivative　326, 540
包絡分析法　data envelopment analysis : DEA　500, 541, 547
ボーキング　balking　545
北西隅の解　northwest-corner solution　545
補グラフ　complement graph　126
保健管理システム　health care system　545
保持性　maintainability　625
ポジノミアル計画問題　posynomial program problem　87
補償的　compensatory　342
補助関数法　auxiliary funtion method　490
補助変数　supplemental variable　548
保全　maintenance　548
保全システム　maintenance system　588
保存則　insensitivity theorem　577
ボックス-ジェンキンズモデル　Box-Jenkins model　546
ホットスタート現象　hot start phenomenon　477
ホップフィールドネットワーク　Hopfield network　282
ポートフォリオ最適化　portfolio optimization　60
ポートフォリオ選択　portfolio selection　335
ポートフォリオ選択モデル　portfolio selecting model　548
ポートフォリオマネジメント　portfolio management　89
ポートフォリオモデル　portfolio model　173
ポートフォリオ理論　portfolio theory　422, 548
ボトムアップテスト　bottom-up testing　612
ほとんど最適な解　near-optimal solution　553
ポラチェック-ヒンチンの公式　Pollaczek-Khintchine formula　553, 579
ポリアド　polyad　15

ポーリングシステム　polling system　553
ポーリングモデル　polling model　573
ボルツマン型の交通流動モデル　Boltzmann-like model of traffic flow　194
ホログラム　horogram　364
ボロノイ図　Voronoi diagram　145, 553
ボロノイ図構成　Voronoi diagram construct　553
ボロノイ多面体　Voronoi polyhedron　553
ホワイトボックステスト　white box testing　613
ホーン節　Horn clause　288, 556
ポントリャーギンの最大原理　Pontryagin's maximum principle　313

マ

マイルストーンチャート　milestone chart　84
マウス　mouse　71
前処理　preprocessing　367
前向き再生時間　forward recurrence time　579
前向き連鎖　forward chaining　23, 557
マクロ構造　macro-structure　366
マーケティング　marketing　557
マーケティング分析　marketing analysis　335
マシンイプシロン　machine epsilon　294
待合い室　waiting room　574
待ち行列　queue, queueing　193, 574
――の最適化　optimization of queues　574
待ち行列規律　queue(ing) discipline　560, 574
待ち行列システム　queueing system　402
待ち行列推測エンジン　queue inference engine　560
待ち行列長　queue length　574
待ち行列ネットワーク　queueing network　565, 580
待ち行列ネットワーク理論　queueing network theory　38
待ち行列モデル　queueing model　481
待ち行列理論　queueing theory　224, 297, 574, 596
待ち時間　delay, queueing, waiting time　574, 582
マックスミニ値　maximin value　168
マッチング　matching　119, 144, 400, 582
マテリアルハンドリング　material handling　584
マトロイド　matroid　119
マネジャーマニュアル　manager's manual　527
間引き　thinning　636
間引き手順　thinning procedure　420
マルコフ確率場　Markov random field　587
マルコフ型経路選択　Markov routing　566, 581, 587
マルコフ過程　Markov process　546, 587, 593
――の生成作用素　generator of a Markov process　591
マルコフ決定過程　Markov decision process　591
マルコフ再生過程　Markov renewal process　65, 593, 624
マルコフ性　Markovian, Markov property　62, 587, 593
マルコフ到着過程　Markovian arrival process　64
マルコフ変調ポアソン過程　Markov modulated Poisson process　66
マルコフモデル　Markov model　624
マルコフ連鎖　Markov chain　593, 624
マルコフ連鎖モデル　Markov chain model　578
マルコム・ボールドリッジ賞　Malcolm Baldrige Award　354
マルチメディア　multimedia　72
丸め誤差　roundoff error　597
マンガサリアン-フロモビッツの制約想定　Mangasarian-Fromovits constraint qualification　491
満足化　satisficing　9, 381, 597
満足化トレードオフ法　satisficing tradeoff method　390
満足基準ベクトル　aspiration criterion vector　389
満足基準ベクトル法　aspiration criterion vector method　390
マンハッタン計量　Manhattan metric　666

ミ

見かけの障害　phantom bottleneck　194
ミクロ構造　micro-structure　366
見越在庫　anticipation stock　210
水汚染減少モデル　water pollution abatement model　80
水管理　water management　79
水資源　water resource　597
水資源開発　water resource development　597
水資源管理　water resources management　79
水システム　hydrosystem　598
水処理プラント　water treatment plant　79
水分配システム　water distribution system　79
未達成変数　underachievement variable　600
密度　density　600
密度関数　density function　600
密度検索法　density search technique　121
ミニサム直線計量問題　minisum rectilinear problem　666
ミニマックス値　minimax value　168
ミニマックス定理　minimax theorem　168

ム

無感度　insensitivity　600
無記憶　memoryless　375
無記憶性　lack of memory, memoryless property　576, 587, 594, 600
無向アーク　undirected arc　600
無作為抽出改良型ヒューリスティクス　randomized improvement heuristics　275
無差別関係　indifference　338
無差別曲線　indifference curve　370
無制約最小化2次計画問題　unconstrained quadratic minimization programming problem　441
無制約変数　unrestricted variable　600
無負荷(補給)ユニット　unloaded (space) unit　278

メ

明示メモリー　explicit memory　376
命題論理　propositional logic　287
名目的グループ手法　nominal group technique　129, 419
名目的対話型決定プロセス　nominal interactive decision process　174
メークスパン　makespan　298
メタゲーム分析　metagame analysis　601, 617
メタ戦略　metaheuristics　375
メタモデリング　metamodeling　601
メタモデル　metamodel　601
メッセージ受け渡し　message passing　535
メトロポリスアルゴリズム　Metropolis algorithm　264
メニュー計画　menu planning　603
メンガーの定理　Menger's theorem　125
メンタルモデル　mental model　605
メンバーシップ関数　membership function　520

モ

目的関数　objective function　334, 485, 603
目的変数　output variable　41
目標　goal, target　394, 616
目標計画法　goal programming　173, 333, 383, 422, 546, 603
目標計画法モデル　goal programming model　187
目標計画問題　goal programming problem　73, 600
目標指向型　goal oriented　23
目標制約　goal constraint　603, 605
目標分析　target analysis　287
目標変数　goal variable　24
モデリング,モデル化　modeling　149, 162
モデリング言語　modeling language　217
モデリングシミュレーションおよび分析研究所　Directora of Modeling, Simulations, and Analysis　111
モデル　model　605
　——の管理　model management　334, 605
　——の信頼性　model credibility　653
　——の正当性の検証　model verification　609
　——の妥当性(検証)　model validation　609, 655
　——のテスト　model testing　609, 614
　——の認定　model accreditation　614
　——の評価　model evaluation　615
　——のVV&T　model VV&T　609
モデル駆動型　model driven　394
モデル構築者のリスク　model builder's risk　605, 610
モデル使用者のリスク　model user's risk　605, 610
モデルベース　modelbase　8
モデルベース管理システム　modelbase management system　8
モニタ　monitor　535
モノレール　monorail　585
問題解決　problem solving　291, 616
問題駆動型　question driven　394
問題構造化法　problem structuring method: PSM　616
モンテカルロ技法　Monte Carlo technique　642
モンテカルロ試行　Monte Carlo trial　642
モンテカルロシミュレーション　Monte Carlo simulation　319, 590
モンテカルロ法　Monte Carlo method　4, 642

ヤ

野生動物の管理　wildlife management　422

ユ

唯一解　unique solution　622
優越　dominant　169
優越性　dominance　381
有界制約付き最小化2次計画問題　bound constrained quadratic programming minimization problem　442
有界変数　bounded variable　622
有限呼源　finite source　622
有限呼源モデル　finite source queue　577
有限(終結型)シミュレーション　terminating simulation　653
有限要素　finite element　147, 554
有向グラフ　digraph　622
有効在庫　available inventory, inventory position　55, 212
有効性の尺度　measure of effectiveness: MOE　622
有効制約　active constraint　622
有効制約戦略　active set strategy　445
有効制約法　active set method　445
有効でない制約　nonactive (nonbinding) constraint　622
優先順位　preemptive priority　603
尤度比　likelihood ratio　235
尤度比関数　likelihood ratio function　301
郵便局問題　post office problem　145
有力図　power diagram　555
ユークリッド距離　Euclidean distance　122
ユーザマニュアル　user's manual　527
輸送シンプレックス法　transportation simplex method　622
輸送問題　transportation problem　335, 435, 522, 623
輸送問題逆理　transportation problem paradox　623
ユニット保守スケジューリング　unit maintenance scheduling　426
ユニットロードコンセプト　unit load concept　586
ユニモジュラ(単模)行列　unimodular matrix　623
ユール-ウォーカー推定量　Yule-Walker estimation　230

ヨ

要員計画　manpower planning　624
要員方程式　manpower equation　625
様式化された理論モデル　stylized theoretical model　557
要素詳細表　elemental detail table　189
揚陸艇　air-cushioned landing craft　46
容量制約付き工場立地問題　capacitated plant location problem　667
容量制約付き中国人の郵便配達人問題　capacitated Chinese postman problem　401
容量制約のある輸送問題　capacitated transportation problem　625
余剰ベクトル　surplus vector　625
余剰変数　surplus variable　625
予想妥当性　predictive validity　372, 613
予測　forecasting, predict　20, 41, 231, 624, 625
予測誤差　forecast error　235
予測手法　forecasting procedure　625
予測モデル　predictive model　629

ラ

ラグド-フィボナッチ法　lagged-Fibonacci generator　633
ラグランジュ関数　Lagrangian function　488, 491, 630
ラグランジュ緩和　Lagrangian relaxation　115, 422, 630, 667, 676
ラグランジュ乗数　Lagrange multiplier　488, 491, 537, 539, 630
ラグランジュ分解法　Lagrangian decomposition　115
ラプラス-スティルチェス変換　Laplace-Stieltjes transform　630
ラプラス変換　Laplace transform　630
ラムダ計算　lambda calculus　614
ランク（階数）　rank　630
乱数　random number　630
乱数生成法　random number generator：RNG　630, 631
ランダムウォーク　random walk　588, 594, 637
ランダム化　randomization　590
ランダム順サービス　service in random order：SIRO　575, 637
ランチェスターの1次法則　Lanchester's linear law　10, 345
ランチェスターの損耗　Lanchester attrition　345, 637
ランチェスターの2次法則　Lanchester's square law　10, 344
ランチェスターの方程式　Lanchester's equation　637

リ

利益等価定理　revenue equivalence theorem　646
リエンジニアリング　reengineering　250
リカッチ方程式　Riccati equation　315
力学系　dynamical system　312
陸軍航空部隊　Army Air Force　646
陸軍作戦解析　army operations analysis　646
陸軍を支えたOR機関　Operations Research Office and Research Analysis Corporations　646
陸上航空軍　Army Air Corps　646
リコース関数　recourse function　58
リコース決定　recourse decision　59
リコース線形計画　recourse linear programming　59
離散差分方程式　discrete difference equation　237
離散時間マルコフ連鎖　discrete time Markov chain：DTMC　588, 650
離散事象確率システムのシミュレーション　Simulation of Discrete-Event Stochastic Systems　650
離散指数モデル　discrete exponential model　270
離散多段階系列　digital multistep sequence　633
リスク　risk　656
リスク回避性　risk aversion preference　549
リスク回避的　risk adverse, risk averse　342, 664

リスク関数　risk function　664
リスク管理　risk management　656
リスク事前評価　risk assessment　657, 664
リスク選好的　risk seeking, risk seeker, risk prone　342, 664
リスク中立的　risk neutral　664
リストスケジューリング　list scheduling　298
理想解　ideal solution　385
理想点戦略　ideal point strategy　342
理想モード　ideal mode　50
リッジ回帰　ridge regression　42
立体的射影　stereographic projection　554
リッターの分割法　Ritter's partitioning method　665
立地集合被覆問題　location set covering problem　668
立地分析　location analysis　665
リデュースドコスト　reduced cost　86, 219
利得　payoff　167
利得関数　payoff function　670
利得行列　payoff matrix　341, 670
リトルの定理　Little's theorem　576
リトルの法則　Little's law　670
リニューアル過程　renewal process　624
リプシッツ　Lipschitz　671
流域最適化モデル　river basin optimization model　81
流入頂点　origin node　671
流入ノード　source node　671
流量保存　conservation of flow　671
領域知識　domain knowledge　672
利用者インタフェース　user interface　23
利用率　utilization factor　402
理論家　theoretician　225
林業　forestry　421
隣接（する）　adjacent　124, 672
隣接条件　adjacency requirement　257
隣接端点　neighboring extreme point　672
リンドレーの方程式　Lindley's equation　580, 672

ル

類似行列　similarity matrix　122
類似度　similarity　120
累積形式　cumulative formulation　271
累積平均作業時間　cumulative average performance time　269
累積和管理　cumulative sum：CUSUM　508
ルール　rule　164, 672
　――の発火　firing a rule　672
ルール集合　rule set　672
ルールベース　rule base　398
　――の予測　rule based forecasting　628

レ

レイアウト問題　layout problem　74
冷却スケジュール　cooling schedule　265
零空間　null space　673
零再帰的　null recurrent　595
冷戦　Cold War　44, 180
冷待機システム　cold standby system　240
レイヤー　layer　407
レイリー商　Rayleigh quotient　529
レース　race　535
列　column　101
列車スケジューリングシステム　train scheduling system　416
列生成　column generation　673, 677
列生成法　column generation procedure　333
列ベクトル　column vector　101, 673
レベル横断法　level-crossing method　673
レベルカーブ　level curve　486
連携価値　affiliated value　449

連携価値入札モデル affiliated values bidding model 675
連結 connected 125
連結グラフ connected graph 675
連鎖 chain 675
レンジング ranging 675
連続時間マルコフ連鎖 continuous time Markov chain : CTMC 588, 675
連続生産プロセス continuous process 318
連続(在庫)調査 continuous review 212, 415
連続微分 continuous differential 237
連立1次方程式 linear system of equation 102

ロ

労働スケジュール work schedule 676
老齢者医療保険制度 Medicare 496
ロジスティクス logistics 204, 235, 676
ローゼンの分割法 Rosen's partitioning method 679
ロック lock 535
ロバスト robust 42

ロバスト回帰分析 robust regression 42
ロバスト性解析 robustness analysis 617, 679
ロバスト制御 robust control 315
ロボット robootics 220
ロールプレイング role playing 628
論理的演繹 logical deduction 614
論理表現 logical expression 287, 556
論理プログラミング logic programming 288, 679
論理変数 logical variable 679

ワ

ワイブル分布 Weibull distribution 63, 635
ワークステーション農園 workstation farm 535
ワークフロー再設計 work flow redesign 250
割当て緩和問題 assignment relaxation problem 276
割当て問題 assignment problem 275, 582, 680
割り込み preemption 296, 574, 680
ワールド3モデル World 3 model 329
湾岸戦争 Gulf War 180

英文索引

A

A* algorithm　A*アルゴリズム　25, 286
ABC analysis　ABC分析　205
abduction　アブダクション　160
absolute measurement　絶対比較　47
absorbing barrier　吸収壁　594
absorbing Markov chain　吸収マルコフ連鎖　624
acceptance-complement method　採択-補集合法　636
acceptance/rejection method　採択/棄却法　636
acceptance sampling　抜取検査　504
access area design　アクセス域設計　411
acid rain management model　酸性雨管理モデル　82
action part　結論部　23
action program　アクションプログラム　30
active constraint　有効制約　622
active set method　有効制約法　445
active set strategy　有効制約戦略　445
activity　アクティビティー　1, 334, 612
activity analysis problem　アクティビティー分析問題　1
activity level　アクティビティー水準　1
actor　アクター　50
acyclic network　非巡回ネットワーク　485
adaptive control　適応制御　315
adaptive memory　適応メモリー　375
additive difference strategy　差異加法的戦略　342
additive independent　加法的独立　340
adjacency requirement　隣接条件　257
adjacent　隣接(する)　124, 672
adjacent (neighboring) extreme point　隣接する端点　672
Advanced Research Group　先端研究グループ　650
advertising　広告　186
affiliated value　連携価値　449
affiliated values bidding model　連携価値入札モデル　675
affine scaling algorithm　アフィン・スケーリングアルゴリズム　1, 438
affine transformation　アフィン変換　1
agency theory　エージェンシー理論　362
agglomerative　凝集型(分類法)　121
aggregate production planning　集約生産計画　53
agriculture　農業　422
agriculture and the food industry　農業と食品産業　463
AGV → automatic guided vehicle
AHP → analytic hierarchy process
AI → artificial intelligence
AIMMS　217
air-cushioned landing craft　揚陸艇　46
air force operations analysis　空軍作戦分析　109
Air Force Regulation AFR 20-7　空軍規則 AFR 20-7　109
Air Force Studies and Analyses Agency　空軍分析研究所　109
Air Force Studies and Analyses office　空軍研究分析局　109

airline industry　航空産業　183
air pollution management　大気汚染管理　79
algebraic modeling language　代数モデル化言語，代数的モデリング言語　217, 334, 606
algebraic modeling languages for optimization　最適化のための代数的モデリング言語　216
algorithm　アルゴリズム　3, 149, 152
alias method　別名法　635
ALIO　472
allocation function　配分関数　395
ALM → asset and liability management
alternate optima　別の最適解　537
alternate path　異なるパス　207
alternating point process　交換点過程　420
alternating renewal process　交代再生過程　215
alternative　代替案　127, 381
AMPL　217
analyst's manual　アナリストマニュアル　527
analytic center　解析的中心　438
analytic combat model　解析的戦闘モデル　46, 347
analytic hierarchy process　階層分析過程　384
analytic network process：ANP　53
ancient warfare　古典的戦闘　638
animation　アニメーション　71
ANP → analytic network process
antagonistic game　敵対的ゲーム　168
anticipation stock　見越在庫　210
anticycling rule　巡回防止ルール　277
antisubmarine warfare：ASW　対潜水艦戦　43, 345
Antisubmarine Warfare Operations Research Group：ASWORG　対潜水艦戦オペレーションズリサーチグループ　43
antithetic random variate　対照変量法　619, 655
aperiodic　非周期的　595
APORS　472
applied probability　応用確率　37
apportionment　議席数の割当て　323
arc　アーク　1, 158
Archimedean axiom　アルキメデス条件　203
architecture　アーキテクチャ　410
arc multiplier　アーク乗数　443
arc routing　アークルーティング　583
ARIMA → autoregressive integrated moving average
ARL → average run length
ARMA → autoregressive moving average
Army Air Corps　陸上航空軍　646
Army Air Force　陸軍航空部隊　646
army operations analysis　陸軍作戦解析　646
arrangement　アレンジメント　555
array　配列　23
arrival process　到着過程　403, 428, 571

arrival rate 到着率 575
arrow diagram アローダイアグラム(矢線図) 3, 454
Arrow's impossibility theorem アローの不可能性定理 131
artificial intelligence : AI 人工知能 5, 39, 149, 220, 248, 281, 286, 375, 643
artificial variable 人工変数(人為変数) 289
ASET model ASETモデル 68
aspiration 特別採択 376
aspiration criteria 特別採択基準 377
aspiration criterion vector 満足基準ベクトル 389
aspiration criterion vector method 満足基準ベクトル法 390
aspiration level 希求水準 597
aspiration level interactive method 希求水準対話型解法 385
assertion checking アサーションチェック 613
asset and liability management : ALM 資産負債管理 105
assignment problem 割当て問題 275, 582, 680
assignment relaxation problem 割当て緩和問題 276
ASW → antisubmarine warfare
ASW operation ASW作戦 44
ASWORG → Antisubmarine Warfare Operations Research Group
ASW patrol aircraft ASW対潜哨戒機 44
asymptonic performance ratio 漸近的な振る舞いの比 516
asymptotic worst case performance 漸近的な最悪値の振る舞い 516
asymptotically random 漸近的ランダム 634
asymptotically stable 漸近的な安定 195
attribute 属性 27
attribute value pair 属性-値の組 23
attributive memory 属性メモリー 376
auctioneer 競売人 448
audit 監査 612
augmented Lagrangian function technique 拡張ラグランジュ関数法 490
augmented Tchebycheff program 拡張チェビシェフ計画 388
autocorrelation 自己相関 229
automata theory 自動機械論 220
automatic guided vehicle : AGV 自動運搬車 37, 585
automatic machine tool 自動工作機械 37
automatic material handling 自動マテリアルハンドリング 37
automatic storage 自動倉庫 37
automatic storagea/retrieval system : AS/RS 自動保管検索システム 37, 585
automation オートメーション 37, 220
autoregressive integrated moving average : ARIMA 自己回帰集積移動平均 156, 546
autoregressive moving average : ARMA 自己回帰移動平均過程 156
auxiliary funtion method 補助関数法 490
availability アベイラビリティ 2
availability coefficient 瞬時アベイラビリティ 2
available inventory 有効在庫 55
average case performance 平均値の振る舞い 516
average run length : ARL 平均連長 508
average travel distance 平均移動距離 95
Averch-Johnson hypothesis アヴァーチ-ジョンソン仮説 141
axioms of rationality 合理性公理 532

B

backbone design バックボーン設計 411
backorders 受注残 212
backward chaining 後退連鎖 23, 192
backward error analysis 後退誤差解析 294
backward Kolmogorov equation コルモゴロフの後退(後ろ向き)方程式 207, 576
backward recurrence time 後方再帰時間 201
backward transformation : BTRAN 495
balance equation 平衡方程式 531, 576
balking ボーキング, 行列不参加 104, 545, 565
balking and reneging 行列不参加および中途離脱 578
Ballistic Research Laboratory : BRL 弾道研究所 646
bandwidth バンド幅 314
banking 銀行業務 105
barrier and distance function バリア関数と距離関数 476
barrier function 障壁関数, バリア関数 438, 487
barrier function method バリア関数法 490
barrier method 障壁法 437
basic solution 基底解 93
basic variable 基底変数 94
basis 基底 93
basis inverse matrix 基底逆行列 94
basis vector 基底ベクトル 94
batch shop バッチ生産システム 318
battle modeling 戦闘のモデル化 343
Bayesian ベイジアン 532
Bayesian decision theory ベイズ(意思)決定理論 162, 532
Bayesian decision tree ベイズ決定木 547
Bayesian method ベイズ法 550
Bayes rule ベイズ(法)則, ベイズの定理 161, 532, 534
Bayes-Stein estimation ベイズ-スタイン推定 551
BBS generator BBS法 635
BDA → behavioral decision aid
Beale tableau ビールのタブロー 504
behavioral decision aid : BDA 行動的決定支援 174
behavioral psychology 行動心理学 222
Bellman's principle of optimality ベルマンの最適性の原理 313
Benders' decomposition ベンダーズの分解(割) 115, 218, 257, 538, 676
benefit 便益 334
benefit cost ratio 便益対費用比 172
Berlin Wall ベルリンの壁 45
Bernouli feedback ベルヌーイフィードバック 571
Bernouli process ベルヌーイ過程 186
Bézier curve ベジェ曲線 147
bidding model 入札モデル 448
big-M method ビッグM法 485, 495
bilevel linear programming 2階層(バイレベル)線形計画法 441
bilevel programming 2段計画 493
binary variable 2値変数 447
binomial distribution 2項分布 636
bin packing problem ビン・パッキング問題 74, 515
bionics 生物工学 220
bipartite graph 2部グラフ 447, 582, 623
birth and death queues 出生死滅型待ち行列 576
birth and death stochastic process 出生死滅確率過程 537
birth death process 出生死滅過程 273, 596
birth rate 出生率 576
black box testing ブラックボックステスト 612
Blackwell's theorem ブラックウェルの定理 215
Bland's anticycling rule ブランドの巡回防止ルール 522
blending problem 混合問題 207
block angular structure ブロック対角構造 367
block angular system 角状システム 58
block diagonal structure ブロック対角構造 268
block diagonal system ブロック対角システム 679
block pivoting ブロック掃出し 526
block triangular matrix ブロック三角行列 526
block triangular structure ブロック三角構造 367
Boltzmann-like model of traffic flow ボルツマン型の交通流動モデル 194

bootstrapping ブートストラップ 522, 627
bottom-up testing ボトムアップテスト 612
boundary analysis 境界解析 613
bound constrained quadratic programming minimization problem 有界制約付き最小化2次計画問題 442
bounded rationality 限定(制約された)合理性 9, 181, 341, 361, 381
bounded variable 有界変数 622
Box-Jenkins model ボックス-ジェンキンズモデル 546
BPR → business process redesign
brachistochrone 最速降下 538
branch 分枝 527
branch and bound 分枝限定 665
branch and bound algorithm 分枝限定法 257
branch and bound method 分枝限定法 115, 375, 527, 667
branch and bound procedure 分枝限定法 149
branch and cut method 分枝切除(カット)法 116, 276
bridge problem ブリッジ問題 145
bridge structure ブリッジ構造 243
BRL → Ballistic Research Laboratory
Brock method ブロック法 128
Brownian motion ブラウン運動 522, 589
Brown's algorithm ブラウンの計算アルゴリズム 396
B-spline Bスプライン 304
B-spline representation Bスプライン関数 304
BTRAN → backward transformation
bucketing バケット法 146
buffer バッファー 472, 574
buffer or safety stock 安全在庫 210
building block 積木 12
bulk queue 集団待ち行列 273, 579
Bulletin of Military Operations Research 軍事OR季報 134
Burke's theorem バークの定理 470, 570, 578
business process redesign : BPR 39
business segmentation 事業分野のセグメント化 89
busy cycle 稼働サイクル 65
busy period 稼働期間(全稼働期間) 65, 78, 574

C

CAD → computer aided design
calculus of variation 変分法 537
call priority 通報優先順序 414
CAM → computer aided manufacturing
CAMPUS → comprehensive analytical methods for planning university systems
candidate list strategy 候補リスト戦略 377
candidate rule 候補ルール 24, 201
capacitated Chinese postman problem 容量制約付き中国人の郵便配達人問題 401
capacitated plant location problem 容量制約付き工場立地問題 667
capacitated transportation problem 容量制約のある輸送問題 625
capacity キャパシティ 99
capital asset pricing model 資本資産評価モデル 550
capital budgeting 資本予算 261, 335
capital market line 資本市場線 549
capital rationing 資本割当て 262
car-following theory 追従理論 195
Cartesian product デカルト積 370
case study 事例研究 226
CASE toll コンピュータ支援ソフトウェア工学ツール 252
categorical variable カテゴリー変数 42
cause-effect graphing 因果グラフ 613
CDF → cumulative distribution function
cell セル 23
cellular manufacturing セル生産方式 322
Center for Naval Analyses : CNA 海軍分析センター 43, 501, 645
central trajectory 中心曲線 438
certainty 確実性 202
certainty equivalent 確実同値 58
certainty factor 確実性係数 24, 58
chain 連鎖 675
chance チャンス 202
chance constrained problem 確率制約条件付問題 60
chance constrained programming 確率制約条件付計画 61
chance constraint 確率制約 61
chance node 確率ノード 158
chaos カオス 57, 346
Chapman-Kolmogorov equation チャップマン-コルモゴロフの等式 399, 594
characteristic function 特性関数 170
characteristic polynomial 特性多項式 293
chattering チャタリング 187
checklist チェックリスト 172
chicken チキン 169
Chief of Naval Operation : CNO 海軍作戦部長 44
Chinese postman problem 中国人の郵便配達人問題 113, 146, 399, 430, 468, 583
choice strategy 選択戦略 342
choice theory 選択理論 341
chromatic number 彩色数 126, 214
chromosome 染色体 11, 12, 340
CIM → computer integrated manufacturing
civilian 文官 43
classical barrier function 古典的バリア関数 476
classification 分類 626
client server structure クライアント-サーバ構造 27
client server technology クライアント-サーバ技術 247
closed boundary 閉じた境界 238
closed form 閉じた形 292
closed loop クローズドループ 187
closed network 閉じた(閉鎖型)ネットワーク 430, 566
closed queueing network 閉待ち行列ネットワーク 525, 581
closed under convex combination 凸結合に関して閉じている 203
closeness rating 近接度 257
clumping method クランピング手法 121
cluster analysis クラスター解(分)析 121, 144, 451
CNA → Center for Naval Analyses
CNC tool → computer numerical controlled tool
CNO → Chief of Naval Operation
coalition 提携 170
Cobb-Douglas production function コブ-ダグラス生産関数 140
coefficient variation : CV 変動係数 62, 537
cognitive mapping 認知写像 453
coherent structure コヒーレント構造 243
cohesion function 結合関数 122
cointegration 共集積 156
cold standby system 冷待機システム 240
Cold War 冷戦 44, 180
collection/routing decision 収集・経路決定 81
column 列 101
column generation 列生成 673, 677
column generation procedure 列生成法 333
column vector 列ベクトル 101, 673
combat model 戦闘モデル 347
combat simulation 戦闘シミュレーション 343, 639
combat simulation model 戦闘シミュレーションモデル 347
combinatorial and integer optimization 組合せ/整数最適化

112
combinatorial explosion 組合せ的爆発 118, 233
combinatorial optimization problem 組合せ最適化問題 274
combinatorial problem 組合せ問題 149
combinatoric analysis 組合せ分析 224
combinatorics 組合せ理論 118
combined generator 組合せ生成法 634
CominCh: Headquarters of Commander in Chief, U. S. Fleet 44
Commander, U. S. Naval Central Command 米海軍中部地区司令官 46
common random variate 共通乱数法 619
common value bidding model 共通価値入札モデル 97
common value model 共通価値モデル 448
communicate with each other 相互到達可能 595
communication 通信 220
communication network 通信ネットワーク 409
community operations research コミュニティのOR 207, 431
community survey コミュニティ調査 648
compensatory 補償的 342
complementarity condition 相補性条件 356
complementarity problem 相補性問題 357
complementary slackness 相補スラック 357
complementary slackness theorem 相補スラック定理 356
complement graph 補グラフ 126
complete 完備 202
complexity 計算量 144
composition algorithm 合成法 636
comprehensive analytical methods for planning university systems: CAMPUS 197
comprehensive information system 総合的情報システム 27
computational complexity 計算複雑度 152, 369
computational geometry 計算幾何学 144
computational probability 確率数値解析 61, 150
computer aided design: CAD 計算機援用設計 38, 144
computer aided diagnosis コンピュータ支援診断 5
computer aided manufacturing: CAM 38
computer aided software engineering (CASE) tool コンピュータ支援ソフトウェア工学ツール 252
computer assisted, search and rescue planning system 探索・救難計画支援システム 397
computer graphics コンピュータグラフィックス 144
computer integrated logistics: CIL コンピュータ統合ロジスティクス 677
computer integrated manufacturing: CIM 39
computer numerical controlled (CNC) tool コンピュータ数値制御工作機械 37
computer science and OR 計算機科学とOR 149
computer science: CS 計算機科学 149
computer simulation コンピュータシミュレーション 4
concave fractional program problem 凹分数計画問題 528
concave function 凹関数 36
conclusion 結論部 164
concurrent activity 同時発生アクティビティー 611
condition number 条件数 104, 293
cone 錐 291
congestion period 混雑期間 561
congestion stock 輻輳在庫 209
congestion system 混雑システム 208
conjoint analysis コンジョイント分析 626
conjugate direction method 共役方向法 489
conjugate gradient method 共役勾配法 328, 442
conjunctive strategy 結合戦略 342
connected 連結 125
connected graph 連結グラフ 675
connecting entity set 結合エンティティーセット 27

conservation of flow 流量保存 671
consistency 整合性 46
consistency checking 一貫性のチェック 612
consistency index 整合度 49
consistency ratio: CR 整合比 49
consistent estimator 一致推定量 156
constrained Delaunay triangulation 制約付きドローネー三角形分割 555
constrained optimization problem 制約付き最適化問題 326
constraint 制約, 制約式 325, 485
constraint qualification 制約想定 326, 488
constraint technique 制約技法 613
construction application 建設応用 176
construction method 構築法 258
constructive heuristics 構成型ヒューリスティクス 275
constructive solid geometry: CSG 構成的ソリッド幾何学 146
content analysis 内容分析 648
continuing simulation 非終結型シミュレーション 653
continuous differential 連続微分 237
continuous process 連続生産プロセス 318
continuous review 連続(在庫)調査 212, 415
continuous time Markov chain: CTMC 連続時間マルコフ連鎖 588, 675
control 管理, 制御 38, 624
control chart 管理図 504, 507
controllable variable 可制御変数 73
controlled burn 制御燃焼 68
control parallel 制御並列 535
control random variable 制御変量法 619
control strategy 制御戦略 286
control theory 制御理論 220, 312, 490
convex combination 凸結合 435
convex cone 凸錐 435
convex dominance 凸優越性 381
convex function 凸関数 435
convex hull 凸包 145, 289, 435
convex programming 凸計画 487
convex programming problem 凸計画問題 435
convex quadratic program (CQP) method 凸2次計画法 442
convexity row 凸1次結合行 435
convex set 凸集合 381, 435
convolution 畳み込み 349
convolution method 畳み込み法 636
cooling schedule 冷却スケジュール 265
cooperative 協力的 167
core コア 170
core competence コアコンピタンス 89
corporate philosophy 企業理念 89
corporate strategy 企業戦略 88
correction 訂正 220
cost コスト 334
cost analysis 費用分析 501
cost and operational effectiveness analysis 費用運営効果分析 502
cost benefit 費用対便益 316
cost benefit analysis 費用便益分析 498
cost benefit ratio 費用便益比率 499
cost coefficient 費用係数 498
cost congress curve 費用逓増曲線 503
cost effectiveness 費用対効果 316
cost effectiveness analysis 費用効果分析 498
cost effectiveness study 費用対効果の検討 110
cost estimating 費用推定 20
cost row 費用行 498
cost slope 費用勾配 501
cost vector 費用ベクトル 503

coverage model 被覆モデル 95
Coxian distribution コックス型分布 207
CPM → critical path method
CQP → convex quadratic program method
CR → consistency ratio
Cramer's rule クラメルの規則 126
crane クレーン 585
crash cost クラッシュコスト 124
crash time クラッシュタイム 124
creation of district 地区分割の生成 81
crew scheduling クルースケジューリング 127
crew scheduling problem 乗務員スケジューリング問題 675
crime and justice 犯罪と司法 479
criminal justice system 犯罪司法システム 481
crisp set クリスプ集合 520
criterion space 基準空間 386
critical activity クリティカルアクティビティー 127
critical incident technique クリティカルインシデント技法 648
critical path クリティカルパス 127
critical path method : CPM クリティカルパス法 84, 127, 174, 296, 453
critical section クリティカルセクション 535
cross correlation function クロス相関関数 232
crossover 交差 12, 188
Cμ-rule Cμ-ルール 580
CS → computer science
CSG → constructive solid geometry
CTMC → continuous time Markov chain
cumulative average performance time 累積平均作業時間 269
cumulative distribution function : CDF 寿命分布関数 206
cumulative formulation 累積形式 271
cumulative sum : CUSUM 累積和管理 508
curse of dimensionality 次元の呪い 233
curvature 曲率 327
customer defined quality 顧客が規定する品質 558
customer driven 顧客主導 351
customer premises equipment 端末装置 410
customer satisfaction 顧客満足 558
CUSUM → cumulative sum
CUSUM chart CUSUM 管理図 511
cut カット 78
cut set カット集合, カットセット 78, 125
cutting plane 切除平面 276
cutting plane method 切除平面法 116, 489
cutting stock problem カッティング・ストック (板取り) 問題 73
CV → coefficient variation
cybernetics サイバネティクス 219
cycle サイクル, 閉路, 循環 125, 209, 399
cycle stock サイクル在庫 209
cyclic queueing 循環型待ち行列 278
cyclic service discipline 循環サービス規律 278
cycling 巡回, 循環 274, 292, 333

D

Dantzig's simplex method ダンツィクのシンプレックス法 489
Dantzig-Wolfe decomposition algorithm ダンツィク-ウォルフの分解算法 218, 372, 397, 677
database データベース 8, 286, 406
database management system データベース管理システム 8
database record データベースのレコード 23
database structure データベース構造 27
data driven データ駆動型 393
data envelopment analysis : DEA 包絡分析法 500, 541, 547
data exploration データの探索 120
data flow analysis データフロー解析 612

data parallel データ並列 535
data processing データ処理 27
DEA → data envelopment analysis
deadlock デッドロック 535
death rate 死亡率 576
debugging デバッグ 612
decentralization 分権化 362
decentralized hierarchical modeling : DHM 174
decision analysis 決定分析, 意思決定分析 69, 160, 343, 422, 533, 547
decision conferencing 意思決定会議 133
decision Delphi 意思決定デルファイ法 419
decision maker : DM 意思決定者 10
decision making 意思決定 6, 205, 221
decision making model 意思決定モデル 557
decision making unit : DMU 意思決定単位 541
decision node 決定ノード 158
decision rule 決定原則 164
decision science 決定科学 337
decision space 決定空間 386
decision support system : DSS 意思決定支援システム 7, 162, 198, 221, 605
decision tree 決定木 158, 173
decision variable 決定変数 164, 604
decomposed linear programming 分割型線形計画法 363
decomposition 分解 367, 373
decreasing failure rate : DFR 減少故障率 62
deduction 演繹 160
deductive reasoning 演繹的推論 291
default logic デフォルト論理 288
defense management 防衛管理 44
degeneracy 退化 292, 366, 475
degeneracy condition 非退化条件 357
degenerate solution 退化した解 366
degree 次数 125
degree of a node ノードの次数 465
Delaunay triangulation ドローネ三角形分割 145, 553
delay 待ち時間, 遅れ 574, 582
Delphi method (procedure) デルファイ法 129, 418, 643
demise of the Soviet Union ソビエト連邦消滅 45
demographic analysis 人口統計分析 648
DENDRAL 22
density 密度 600
density function 密度関数 600
density search technique 密度検索法 121
Department of Defense : DoD 国防省 501
departure process 退去過程 368, 571
dependency and coordination theory 依存と調整理論 250
dependent variable 従属変数 41
descriptive knowledge 記述的知識 23
descriptive model 記述モデル 93
Desert Shield/Storm 砂漠の盾/嵐 46
design and control 設計と制御 332
design for manufaturing and assembly : DFMA 99
design of experiment 実験計画法 119, 505
detailed balance equation 局所平衡方程式 105, 569
detection function 探知関数 395
detection sensor 探知センサ 394
determinance decision analysis 確定的決定分析 382
deterministic game 決定論的ゲーム 187
deterministic model 決定論的モデル 164
Developing Countries Committee 発展途上国委員会 472
developing country 発展途上国 471
development tool 開発ツール 57
devex pricing devex 掃出し 415
deviation variable 偏差変数 537, 603

DFMA → design for manufaturing and assembly
DFR → decreasing failure rate
DHM → decentralized hierarchical modeling
diagnosis　診断　220
diagonal entry　対角成分　102
diameter　直径　125, 406
diet problem　栄養素問題　22
difference　距離　120
difference independence　差独立　371
differential game model　微分ゲームモデル　187
diffusion approximation　拡散近似　58
diffusion modeling　拡散モデル　186
diffusion process　拡散過程　58, 589
digital multistep sequence　離散多段階系列　633
digraph　ダイグラフ，有向グラフ　124, 622
Dijkstra's algorithm　ダイクストラの算法　368
directional derivative　方向微分　326, 540
direction of a set　集合の方向　268
direction of descent　降下方向　326
direct medical education: DME　直接医療教育　497
Directora of Modeling, Simulations, and Analysis　モデリングシミュレーションおよび分析研究所　111
Dirichlet tesselation　ディリクレ分割　553
discrepancy　差異　634
discrete difference equation　離散差分方程式　237
discrete exponential model　離散指数モデル　270
discrete time Markov chain: DTMC　離散時間マルコフ連鎖　588, 650
dispatching　配車管理　677
dispatching rule　ディスパッチングルール　279
disposing of hazardous wastes　危険廃棄物の処分　82
distance　距離　125
distributed system　分散システム　535
distribution selection for stochastic model　確率的モデル化における分布の選択　62
distributive mode　分布モード　50
diversification strategy　多様化戦略　378
divide-and-conquer　分割統治法　145, 555
DM → decision maker
DME → direct medical education
DMU → decision making unit
documentation　文書化　527
DoD → Department of Defense
domain independent model　ドメイン-インディペンデントモデル　606
domain knowledge　固有領域の知識，領域知識　628, 672
domain specific model　ドメイン-スペシフィックモデル　606
dominance　優越性　381
dominant　優越　169
dominant strategy　支配戦略　342, 449
doubly stochastic　二重確率的　596
DP → dynamic programming
DSS → decision support system
DTMC → discrete time Markov chain
dual ascent　双対勾配　667, 668
duality　双対(性)　537, 539, 604
duality theorem　双対(性)定理　97, 356
duality theory　双対理論　488
dual linear programming problem　双対線形計画問題　356
dualplex method　デュアルプレックス法　418
dual problem　双対問題　97, 336, 372, 488, 495, 622
dual simplex method　双対シンプレックス法　292, 356
dummy arrow　ダミーアロー　381
Dutch auction　オランダ式競売　448
Dutch book theorem　ダッチブック定理　532
dyad　ダイアド　14

dynamical system　力学系　312
dynamic linear model　動的線形モデル　103
dynamic programming: DP　動的計画(法)　245, 313, 319, 422, 428, 463, 592, 641
dynamic technique　動的技法　612

E

earliest due date: EDD　最早納期　297
earliest finish time　最早終了時間　215
earliest start time　最早開始時間　215
econometric method　計量経済的手法　627
econometrics　計量経済　155
economic lot scheduling problem: ELSP　経済的ロットスケジューリング問題　320
economic order quantity: EOQ　経済的発注量　144, 210, 534, 678
economics　経済学　138
e-constraint method　e制約法　389
EDD → earliest due date
edge　辺　124, 537
edge coloring problem　辺彩色問題　113
EDUCOM financial planning model: EFPM　198
efficiency　効率(性)　206, 381, 536, 541
efficient　効率的　381
efficient frontier　効率(的)フロンティア　385, 542
efficient set　効率的集合　387, 549
efficient solution　効率的な解　206
EFPM → EDUCOM financial planning model
eigenvalue　固有値　103, 293
eigenvalue formulation　固有値法　48
eigenvalue problem　固有値問題　486
eigenvector　固有ベクトル　42, 103
electric generation expansion analysis system　発電拡張分析システム　426
electric power generations system　発電システム　425
electric power system　電力システム　425
electronic imaging　電子ファイル　39
electronic map　電子地図　406
electronic meeting system: EMS　電子会議システム　132
elemental detail table　要素詳細表　189
elementary elimination matrix　基本掃出し行列　26, 94
elementary entity set　基本エンティティーセット　27
elimination by aspect　局面による除去　343
elite solution　エリート解　376
ellipsoid algorithm　楕円体(法)　369, 437
ellipsoid method　楕円体法　336
ELSP → economic lot scheduling problem
embedding　埋込み　21, 125
emergency medical service: EMS　救急医療サービス　94, 96, 546
emergency service　救急サービス　94
empty sphere criterion　空球基準　554
empty vehicle distribution problem　空貨車配置問題　416
EMS → electronic meeting system, emergency medical service
endogenous　内因性　238
energy function　エネルギー関数　452
English auction　イギリス式競売　448
entity set　エンティティーセット　27
entry　成分　101
environmental model　環境モデル　329
environmental scan　環境の走査　89
environmental systems analysis　環境システム分析　79
EOQ → economic order quantity
equality constrained quadratic programming minimization problem　等式制約付き最小化2次計画問題　441

equangularity 等角度性 554
equidistribution 均等分布 631
equilibrium distribution 平衡分布 595
equilibrium point 均衡点 169
ergodic エルゴード的 595
ergodic theorem エルゴード定理 26, 575
Erlang アーラン 2
Erlang B formula アーラン B 式 2, 577
Erlang B model アーラン B モデル 577
Erlang C formula アーラン C 式 2, 577
Erlang C model アーラン C モデル 577
Erlang delay model アーランの待時モデル 2, 577
Erlang distribution アーラン分布 2, 63, 348, 578, 634
Erlang loss model アーランの損失モデル 2, 577
Erlang's loss formula アーランの損失式 577
escort screening plan 直接護衛計画 44
eta file エータ・ファイル 25
eta vector エータ・ベクトル 26
ethics of OR/MS OR/MSの倫理学 34
Euclidean distance ユークリッド距離 122
Euler cycle オイラー閉路, オイラー循環 125, 399
Eulerian オイラー的 399
Eulerian cycle オイラー循環 125
Eulerian path オイラー経路 125
Euler tour オイラー巡回路 36
EVACNET 69
event driven simulation 事象追いかけ型シミュレーション 234
evolutionary operation: EVOP エボップ 505
evolutionary programming 進化プログラミング 11
evolution strategy 進化戦略 11
EVOP → evolutionary operation
EWMA → exponentially weighted moving average
EWMA chart EWMA 管理図 511
exact arithmetic 厳密演算 147
ex ante forecast 事前の予測 260, 628
exclusive-OR node 排他的論理和ノード 470
execution monitoring 実行モニタ 612
execution profiling 実行プロファイル 612
execution tracing 実行トレース 612
executive support system 執行支援システム 221
EXITT 69
exogenous 外因性 238
expected utility maximization 期待効用最大化原理 162
expected utility result 期待効用仮説 548
expected utility theory 期待効用理論 341
experience curve 経験曲線 269, 271
expert system エキスパートシステム 5, 22, 39, 145, 221, 279, 281, 364, 423
explicit memory 明示メモリー 376
exploratory modeling 探索モデリング 393
exponential arrival 指数到着 234
exponential-bounded (-time) algorithm 指数オーダー(時間)アルゴリズム 234
exponential distribution 指数分布 62
exponentially weighted moving average: EWMA 指数重み付き移動平均 512
exponential process 指数の過程 186
exponential smoothing 指数平滑法 230, 234, 546, 626
exponential time algorithm 指数時間アルゴリズム 335
exponent matrix 指数行列 87
extended sample autocorrelation function 拡張標本自己相関関数 230
extrapolate 外挿 234
extrapolation method 外挿法 627
extremal 極値 105
extremal column 外部列 57

extremal principle 極値原理 487
extremal problem 極値問題 105
extreme direction 端線方向 397
extreme point 端点, 外れ値 42, 335, 398
extreme point solution 端点解 398
extreme ray 端線 397

F

face validation 表面的な妥当性の検証 612
face validity 表面妥当性 372
facet defining inequality ファセット誘導制約 276
facet identification problem 極大面同定問題 116
facilitator ファシリテータ 133
facility layout 施設レイアウト 99, 256
facility layout problem: FLP 施設レイアウト問題 256
facility location 施設配置, 施設立地 99, 144, 253
facility location problem 施設配置問題 114, 253
factorable function 因子分解可能な関数 13
factorable programming 因子分解型計画法 13
factorable programming problem 因子分解型計画問題 13
factored sequence 因子分解された関数列 14
factorization 因子化 367
failure rate function 故障率関数 206
Farkas' lemma ファーカスの補題 519
fathom 探査 393
fathoming a node ノードを見切る 287
fault compensation 故障補償 222
fault detection 故障検出 220
fault tolerant フォールトトレラント性 451
FCFS → first-come, first-served
feasible basic solution 実行可能基底解 260, 289, 435, 521
feasible basis 実行可能基底 260
feasible direction method 許容方向法 489, 490
feasible region 実行可能領域 260, 335, 486
feasible solution 実行可能解 260, 334, 486
FEBA → forward edge of the batte area
feedback control フィードバック制御 220, 313
feedback loop フィードバックループ 237
feedback process フィードバック過程 571
feedback queue フィードバック(型)待ち行列 521, 571, 580
feedback thinking フィードバック思考 237
field analysis 現地分析 43, 178
field analysis team 現地分析チーム 647
field program 現地プログラム 43, 179
field testing フィールドテスト 612
field work 現地業務 179
FIFO → first-in, first-out
financialmix strategy 財務混合戦略 335
financial planning 財務計画 334
finite element 有限要素 147, 554
finite source 有限呼源 622
finite source queue 有限呼源モデル 577
fire 発火する 23
fire model 火災モデル 68
fire service 消防サービス 95
firing a rule ルールの発火 672
first-come, first-served: FCFS 先着順 343, 575
first feasible solution 出発実行可能解 274
first-in, first-out: FIFO 先入れ先出し 343, 575
first-order condition 1次の条件 11, 488
first-order necessary condition 1次の必要条件 327
first-order predicate logic 1階述語論理 288
first-order sensitivity analysis 1次の感度分析 15
first passage time 初到達時間 589
first-stage decision 第1段の決定 59
fishing 漁業 423

fitness　適応度　12
fitness for use　使用適合性　506
fixed bottleneck　動かない障害　194
fixed charge problem　固定費用問題　114, 207
flexible manufacturing system：FMS　フレキシブル生産(製造)システム　38, 523
flight schedule planning　飛行スケジュール計画　184
float　フロート　526
floods　洪水　599
flow　フロー　525, 624
flow conservation　フロー保存則　459
flow line　流れ生産　318
flowshop　フローショップ　298
flow shop scheduling　フローショップ・スケジューリング　378
flows in networks　ネットワークフロー　643
FLP → facility layout problem
FMS → flexible manufacturing system
force of mortality　死亡率　206
forecast error　予測誤差　235
forecasting　予測　20, 231, 624, 625
forecasting demand　需要予測　546
forecasting procedure　予測手法　625
forestry　林業　421
formal technique　形式的技法　614
forward chaining　前向き連鎖　23, 557
forward edge of the battle area：FEBA　戦闘陣地の前縁　345
forward Kolmogorov equation　コルモゴロフの前進方程式　207
forward recurrence time　前方再帰時間, 前向き再生時間　347, 579
forward transformation：FTRAN　26
Fourier-Motzkin elimination method　フーリエ-モツキンの消去法　523
Fourier series　フーリエ級数　235
fractional programming　分数計画法　528, 543
fractional program problem　分数計画問題　528
frame　フレーム　23
framing　フレーミング　525
Franklin Institute　Franklin研究所　45
Frank-Wolfe method　フランク-ウォルフ法　445
free float　自由フロート　273
free variable　自由変数　273
freight routing　フライトルーチン　522
frequency-based memory　頻度メモリー　378
FTRAN → forward transformation
fuel inventory planning　燃料在庫計画　426
full accuracy　完全精度　294
functional constraint (structural constraint)　構造制約条件　334
functional testing　機能テスト　612
fundamental analysis　ファンダメンタル分析　551
fundamental period　基本期間　65
fundamental scale　基準尺度　48
fuzzy linear programming　ファジィ線形計画　520
fuzzy set　ファジィ集合　519
fuzzy set theory　ファジィ集合理論　519

G

GA → genetic algorithm
gain　ゲイン　313
gambler's ruin　ギャンブラーの破産　588, 594
game　ゲーム　164
game's value　ゲームの値　168
game theory　ゲーム理論　127, 138, 164, 167, 335, 345, 641
gaming　ゲーミング　164
gamma distribution　ガンマ分布　86
GAMS　217
Gantt chart　ガントチャート　83, 296
Gantt layout chart　ガントレイアウトチャート　84
Gantt load chart　ガント負荷チャート　84
Gantt project chart　プロジェクトチャート　84
garbage can model　ごみ箱モデル　362
garbage-in, garbage-out：GIGO　652
Gaussian elimination method　ガウスの消去法　57, 292
Gauss-Jordan elimination method　ガウス-ジョルダンの消去法　57
Gauss-Markov theorem　ガウス-マルコフの定理　155
Gauss-Seidel type　ガウス-ザイデルタイプ　405
Gazis-Herman treatment　ガジス-ハーマンの方法　194
gene　遺伝子　13
general discrete distribution　一般の離散分布　635
general linear meta model　一般化線形メタモデル　602
generalized derivative　一般化された導関数　493
generalized equation　一般化方程式　359
generalized Erlangian distribution　一般アーラン分布　11, 578
generalized feedback shift register method：GFSR　一般化フィードバックシフトレジスタ法　633
generalized fractional program problem　一般化分数計画問題　528
generalized inverse matrix　一般逆行列　103
generalized reduced gradient　一般化簡約勾配法　490
generalized semi-Markov process：GSMP　一般化セミマルコフ過程　590
generalized trades：GENTRA　198
generalized upper-bounded (GUB) problem　一般化有界変数問題　11
generation system expansion planning　電力システム拡張計画　425
generator of a Markov process　マルコフ過程の生成作用素　591
genetic algorithm：GA　遺伝アルゴリズム　11, 149, 279, 283, 287, 297
GENTRA → generalized trades
genus graph　属グラフ　191
geographic information system：GIS　地理情報システム　406, 470
geometric Brownian motion　幾何ブラウン運動　589
geometric distribution　幾何分布　635
geometric programming　幾何計画法　86
GERT → graphical evaluation and review technique
get down and do it　現場へ行ってやってみよう　260
GFSR → generalized feedback shift register method
GI/G/1/FIFO queue　GI/G/1/FIFO 待ち行列　580
GIGO → garbage in, garbage out
GI/G/1 queue　GI/G/1 待ち行列　580
Gilmore-Lawler lower bound　ギルモア-ローラーの下界　257
GI/M/c queue　GI/M/c 待ち行列　580
GIS → geographic information system
global balance equation　大域平衡方程式　366, 565
global convergence　大域的収束性　327
global-local simultaneous program　大域-局所同時プログラム　536
global maximum (minimum)　大域的最大値(最小値)　366
global minimizer　大域的最小解　326, 488
global model　世界モデル　329
global optimization　大域的最適化　328, 490
global solution　大域的解　366
global war　世界的戦争　45
goal　目標　616
goal constraint　目標制約　603, 605
goal oriented　目標指向型　23
goal programming　目標計画法　173, 333, 383, 422, 546, 603

goal programming model　目標計画法モデル　187
goal programming problem　目標計画問題　73, 600
goal variable　目標変数　24
golden section method　黄金分割法　489
Gomory cut　ゴモリー・カット　207
Gordan's theorem　ゴルダンの定理　207
gradient　勾配　326
gradient method　勾配法　489
gradient projection method　勾配射影法　489
gradient vector　勾配ベクトル　200, 488
Graeco-Latin square　グレコラテン方陣　119
graph　グラフ　124
graph-based analysis　グラフ解析　612
graphical comparison　グラフ的比較　613
graphical evaluation and review technique：GERT　78, 175
graph theory　グラフ理論　124, 423, 582
Graves-Whinston method　グレイブス-ウィンストン法　258
Great Society　偉大な社会　496
greedy algorithm　貪欲解法　436
group consensus　グループ合意形成　127
group decision computer technology　グループ意思決定のための計算機技術　133
group decision making　グループ意思決定　127
group hierarchy decision making process　グループ階層化意思決定法　127
group utility analysis　グループ効用分析　127
group utility function　グループ効用関数　127
GSMP → generalized semi-Markov process
GUB problem　11
Gulf War　湾岸戦争　180

H

Hamiltonian cycle　ハミルトン循環(閉路)　125, 275
Hamiltonian path　ハミルトン経路　125
Hamiltonian tour　ハミルトン巡回路　473
ham-sandwich cut　ハム・サンドイッチカット　145
hardlimiting　ハードリミティング　452
hardware failure　ハードウェア故障　657
hazard function　ハザード関数　206
HAZARD I　69
hazard rate　ハザード率　62, 206
hazard rate function　ハザード率関数　62
hazard rate model　ハザード率モデル　187
Headquarters of Commander in Chief, U. S. Fleet：CominCh　米艦隊総司令部　44
health care system　保健管理システム　545
heavy traffic approximation　重(高)負荷近似　201, 580
hemibels　半ベル　178
Hessenberg matrix　ヘッセンベルグの行列　537
Hessian matrix　ヘッセ行列　326, 488, 537
heterogeneous Lanchester equation　異種兵力間のランチェスター方程式　10
heteroskedasticity　不均一分散　155
heuristic　ヒューリスティック　297, 674, 675
heuristic approach　ヒューリスティックアプローチ　186
heuristic method　ヒューリスティック解法　546
heuristic procedure　ヒューリスティック手続き　496
heuristics　ヒューリスティクス(発見的方法)　149, 275, 286, 515
heuristic search　ヒューリスティック探索　286, 526
HHM → hierarchical holographic modeling
hidden line　隠線　146
hidden surface　隠面　146
hierarchical holographic modeling：HHM　階層的ホログラフィックモデル　660
hierarchical location model　階層立地モデル　669

hierarchical management structure　階層的経営構造　656
hierarchical method　階層手法　121
hierarchical production planning　階層的生産計画　53
hierarchy　階層(構造)　49, 130
hierarchy structure　階層構造　47, 49
higher education　高等教育　197
Hirsch conjecture　ハーシュの予想　471
HIS → Hochschule information system
hitting probability　到達確率　589
Hochschule information system：HIS　197
hoist　ホイスト　585
homeostasis　恒常性　220
homicide　殺人　480
homogeneous Lanchester equation　同種兵力間のランチェスター方程式　428
homogeneous linear equation　同次1次方程式　427
homogeneous solution　同次解　427
Hopfield network　ホップフィールドネットワーク　282
horizontal generalization　水平一般化　359
horizontal strategy　水平の戦略　89
Horn clause　ホーン節　288, 556
horogram　ホログラム　364
hospital　病院　496
hot standby system　熱待機システム　240
hot start phenomenon　ホットスタート現象　477
hub-and-spoke　ハブアンドスポーク　184
Hudson Institute　Hudson研究所　45
human factor　人的要因　222
human failure　人的故障　655
human-machine cybernetic system　人間-機械サイバネティクス系　221
hundred percent rule　100% 規則　496
Hungarian method　ハンガリア法　479, 582
hybrid method　統合法　258
hybrid strategy　ハイブリッド戦略　375
hybrid technique　ハイブリッド化　266
hydraulics　水力学　597
hydrology　水文学　597
hydrosystem　水システム　598
hypercube queueing model　超立方体待ち行列モデル　96, 402, 481
hyperexponential distribution　超指数分布　348, 401, 636
hypergame analysis　ハイパーゲーム分析　470, 617
hypermedia　ハイパーメディア　71
hyperplane　超平面　402
hypertext　ハイパーテキスト　71

I

icon　アイコン　71
icon graphics　アイコングラフィックス　71
ID 3 → intetive dichotomister 3
IDA → Institute for Defense Analyses
ideal mode　理想モード　50
ideal point strategy　理想点戦略　342
ideal solution　理想解　385
identity matrix　単位行列　392
IDF → interior distance function
IFORS → International Federation of Operational Research Societies
IFR → increasing failure rate
IIASA → International Institute for Applied Systems Analysis
IIF → International Institute of Forecasters
i-j cutset　i-j カット　125
ill-conditioned　悪条件である　293
image analysis　画像処理　220

imbedded Markov chain 隠れマルコフ連鎖 68
IME → indirect medical education
immunization イミュニゼーション 106
impact evaluation 影響評価 316
implementation 実施 260
implicit enumeration method 間接列挙法, 陰な列挙法 83, 122, 257
implicit parallelism 暗黙的並列性 12
importance sampling 重点標本抽出法 620
improvement heuristics 改良型ヒューリスティクス 275
improvement in bombing accuracy 爆撃精度向上 110
improvement method 改善法 258
imputation set 配分の集合 170
incident 接続(する) 125, 333
in control 管理状態にある 507
increasing failure rate : IFR 増加故障率 62
incrementally optimal search plan 増分的最適探索計画 396
independence condition 独立性条件 203
independent float 独立フロート 430
independent private value model 独立個人価値モデル 448
independent private values bidding model 独立個人価値入札モデル 430
independent variable 独立変数 41
index インデックス 27
indifference 無差別関係 338
indifference curve 無差別曲線 370
indirect cost 間接費用 83
indirect medical education : IME 間接医療教育 497
individual sports 個人スポーツ 308
induction 帰納 160, 614
inductive assertion 帰納的アサーション 613
inductive learning 帰納学習 279, 283
inductive reasoning 帰納的推論 291
industrial application 産業への応用 224
industrial dynamics インダストリアルダイナミクス 236
industrial engineering and operations research インダストリアルエンジニアリングと OR 17
industrial robot 産業ロボット 38
inequality constrained quadratic programming minimization problem 不等式制約付き最小化2次計画問題 441
infeasible primal-dual interior point method 実行不能主双対内点法 439
infeasible solution 実行不可能解 260
inference 推論 614
inference engine 推論エンジン 23, 164, 288, 291
influence diagram 影響ダイアグラム 22, 162
informal technique 非形式的な技法 612
information feedback 情報フィードバック 236
information processing strategy 情報処理戦略 362
information processor 情報処理体 360
information system 情報システム 27, 433
information system and database design in OR/MS OR/MS における情報システムとデータベース設計 27
information theory 情報理論 220
INFORMS → Institute for Operations Research and the Management Sciences
inheritance 継承 247
initial distribution 初期分布 587
initial probability distribution 初期確率分布 594
input 入力 609
input process 入力過程 450, 571
input variable 入力変数 41
input-output analysis インプット・アウトプット分析 19
input-output coefficient インプット・アウトプット係数 19
INS → Institute for Naval Studies
insensitivity 不感性, 無感度 569, 570, 600

insensitivity theorem 保存則, 不感性定理 577
insertion method 挿入法 555
inspection 点検 612
Institute for Defense Analyses : IDA 防衛分析研究所 501
Institute for Naval Studies : INS 海軍調査研究所 44
Institute for Operations Research and the Management Sciences : INFORMS ORMS 学会 27, 134
instrumental variable technique 操作変数 156
integer goal programming 整数目標計画法 325
integer programming : IP 整数計画法 112, 319, 335, 487, 546
integer programming algorithm 整数計画アルゴリズム 643
integer programming ploblem 整数計画問題 112, 325
integrated environment 統合環境 24, 57
integrated resource planning 統合資源計画 426
intelligent control インテリジェント制御 315
intelligent vehicle-highway system : IVHS インテリジェント ビークル・ハイウェイシステム 196
intensification strategy 集中化戦略 378
intensity function 強度関数 206, 215
interactive goal programming 対話型目標計画法 390
interactive optimization 対話型最適化 369
interactive procedure 対話の方法 387
interactive surrogate worth trade-off method 対話型代理価値トレードオフ法 390
interchangeable 交換可能 169
interchange heuristic 入替えヒューリスティック 13
interfering float 干渉フロート 83
interior distance function : IDF 内点距離関数 476
interior point 内点 437
interior point method 内点法 150, 336, 437, 445, 490
Intermediate Future Forecasting System 中期未来予測システム 141
International Federation of Operational Research Societies : IFORS 国際 OR 学会連合 206, 472
International Institute for Applied Systems Analysis : IIASA 国際応用システム分析研究所 206, 329
International Institute of Forecasters : IIF 624
interval scale of measurement 評価の区間スケール 339
intervention model 干渉モデル 232
intetive dichotomister 3 : ID 3 283
inventory control 在庫管理 205
inventory modeling 在庫モデル 209, 547
inventory position 有効在庫 212
inventory problem 在庫問題 429
inverse autocorrelation function 逆自己相関関数 230
inverse function (transformation) method 逆関数法 61, 485, 635, 652
inverse matrix 逆行列 94, 103
inversive generator 逆数生成法 635
investment planning 投資計画 375
IP → integer programming
IPL V 643
irreducible 既約 595
irreflexive 非反射的 202
isolated local minimizer 弧立局所的最小解 488
isomorphic graph 同型グラフ 427
isomorphism 同型 125
isoquant 等高線 427
iteration 反復 484
iterative method 反復法 293
iterative open planning process 反復公開計画法 130
IVHS → intelligent vehicle-highway system

J

Jackson network ジャクソン(型)ネットワーク 267, 566, 581
jam density すし詰め状態 193

James-Stein estimator　ジェイムス-スタイン推定量　550
JIT → just-in-time
job design　ジョブの設計　99
job design theory　ジョブ設計理論　250
job estimation　雇用予測　177
job scheduling　ジョブスケジューリング　288, 582
job shop　ジョブショップ　318
job shop scheduling　ジョブショップ・スケジューリング　279, 299, 378
jointly continuous　同時連続　491
jointly convex　同時凸　491
joint requirement planning：JRP　共同要求計画　251
JRP → joint requirement planning
jumping ahead　飛び越し機能　632
just-in-time inventory　ジャストインタイム方式　547
just-in-time (JIT) manufacturing　ジャストインタイム生産方式　268

K

KA → knowledge acquisition
Kalman filter　カルマンフィルター　313
Karmarkar's algorithm　カーマーカーのアルゴリズム　79
Karmarkar's method　カーマーカー法　438
Karmarkar's potential method　カーマーカーのポテンシャル法　490
Karush-Kuhn Tucker (KKT) condition　カルーシュ-キューン-タッカー条件　19, 79, 140, 219, 326, 488, 491, 539
Kendall's notation　ケンドールの記号　181, 575
kernel　核　102
key factor　キーファクター　524
Khachian's ellipsoid method　ハチヤンの楕円体法　490
Kilter condition　キルター条件　105
kinematic enhancement　運動学的増分　395
kinematic treatment of traffic　交通の運動学的解釈　194
KKT point　KKT点　443
Klee-Minty problem　クリー-ミンティの問題　127, 437
knapsack problem　ナップサック問題　27, 75, 113, 440
knowledge acquisition：KA　知識獲得　24, 398
knowledge base　知識ベース　23, 364, 398
knowledge based system　知識ベースシステム　221, 281
knowledge engineer　知識技術者　24, 398
knowledge support system　知識支援システム　221
Korear War　朝鮮戦争　44
k-out-of-n system　k-out-of-nシステム　241
Kruskal's algorithm　クラスカルのアルゴリズム　120
Kuratowski's theorem　クラトウスキの定理　125

L

lack of memory　無記憶性　587, 594
lagged-Fibonacci generator　ラグド-フィボナッチ法　633
Lagrange multiplier　ラグランジュ乗数　488, 491, 537, 539, 630
Lagrangian decomposition　ラグランジュ分解法　115
Lagrangian function　ラグランジュ関数　488, 491, 630
Lagrangian relaxation　ラグランジュ緩和　115, 422, 630, 667, 676
lambda calculus　ラムダ計算　614
Lanchester attrition　ランチェスターの損耗　345, 637
Lanchester's equation　ランチェスターの方程式　637
Lanchester's linear law　ランチェスターの1次法則　10, 637
Lanchester's square law　ランチェスターの2次法則　10, 344
language studies　言語学　122
LAP → linear assignment problem
Laplace-Stieltjes transform　ラプラス-スティルチェス変換　630
Laplace transform　ラプラス変換　630
large scale system　大規模システム　366
large sparse problem　大規模疎問題　293
last-come, first-served：LCFS　後着順　192
last-in, first-out　LIFO　後着順　192, 575
latest finish time　最遅終了時間　216
latest start time　最遅開始時間　216
lattice structure　格子構造　634, 635
layer　レイヤー　407
layout problem　レイアウト問題　74
LCFS → last-come, first-served
LCP → linear complementarity problem
LDU matrix decomposition　LDU行列分解　26
learning　習熟　268
learning curve　習熟曲線(学習曲線)　268, 270, 503
learning curve parameter　習熟曲線パラメータ　271
learning index　習熟係数　271
learning rate　習熟率　271
learning rule　学習ルール　287
least cost planning　最小費用計画　426
least squares　最小2乗　486
least squares analysis　最小2乗法　42
level-crossing method　レベル横断法　673
level curve　水準曲線，レベルカーブ　291, 486
lexicographic ordering　辞書式順序付け　234
lexicographic strategy　辞書式戦略　343
lexico-positive (negative) vector　辞書式の正(負)のベクトル　234
library　図書館　433
lifetime　寿命　2
lifetime density function　寿命密度関数　206
LIFO → last-in, first-out
likelihood ratio　尤度比　235
likelihood ratio function　尤度比関数　301
limited enumeration　限定列挙法　258
limited-memory quasi-Newton method　記憶制限付き準ニュートン法　328
limiting distribution　極限分布　104, 595
Lindley's equation　リンドレーの方程式　580, 672
line　直線　406
linear additive strategy　線形加法和戦略　342
linear affine function　線形アフィン関数　486
linear assignment problem：LAP　1次割当て問題　257
linear car-following model　線形の追従モデル　195
linear combination　1次結合　10
linear complementarity problem：LCP　線形相補性問題　357, 442
linear congruential generator　線形混合合同法　652
linear convergence　1次収束　489
linear equation　1次方程式，線形方程式　11, 293
linear fractional programming problem　線形分数計画問題　337, 528
linear functional　線形汎関数　337
linear independence　線形独立性　491
linear independence constraint qualification　線形独立制約想定　488
linear inequality　1次不等式　11
linear input-output model　線形入出力モデル　104
linearity property　線形性条件　203
linearization　線形化法　257
linear law　1次法則　637
linear least squares　線形最小2乗　442
linearly independent　1次独立　102
linear programming：LP　線形計画法　144, 149, 245, 292, 331, 442, 463, 486, 642
linear programming model　線形計画モデル　334, 421, 541
linear programming problem　線形計画問題　532
linear programming relaxation problem　線形緩和問題　276

linear programming under uncertainty 不確定状況下での線形計画法 60, 336
linear regression model 線形回帰モデル 42
linear relation 1次式 41
linear system of equation 連立1次方程式 102
linear unbiased estimator 線形不偏推定量 155
line search 直線探索 489
line search method 直線探索法 327
line segment 線分 347
line-sweep 直線走査 146
LINGO 217
Lipschitz リプシッツ 671
LISP 643
list scheduling リストスケジューリング 298
Little's law リトルの法則 670
Little's theorem リトルの定理 576
loaded unit 重負荷ユニット 278
local access equipment 加入者系装置 410
local heuristic search procedure 局所探索法 374
local improvement heuristic 局所改善ヒューリスティック 105
locally stable 局所的な安定 195
local maximum 局(所最)大点 105
local minimizer 局所的最小解 326, 487
local minimum 局(所最)小点 104
local solution 局所解 105
location analysis 立地分析 665
location parameter 位置パラメータ 63
location set covering problem 立地集合被覆問題 668
lock ロック 535
log barrier function 対数障壁関数 438
logical deduction 論理的演繹 614
logical expression 論理表現 287, 556
logical variable 論理変数 679
logic programming 論理プログラミング 288, 679
logistics ロジスティクス 204, 235, 676
log linear model 対数線形モデル 271
longest processing time first : LPT 最長処理時間優先 298
longest route problem 最長経路問題 216
long-term memory 長期メモリー 376
loss function 損失関数 664
lottery くじ 58, 112, 371
low-discrepancy sequence 差異の小さい点列 634
lower-bounded variable 下界値のある変数 57
LP → linear programming
LPT → longest processing time first
LU matrix decomposition LU行列分解 26

M

machine epsilon マシンイプシロン 294
machine learning 機械学習 283
machine repair queue model 機械修理工待ち行列モデル 577
macro-structure マクロ構造 366
MACSYMA 22
MAD → mean absolute deviation
maintainability 保持性 625
maintenance 保全 548
maintenance system 保全システム 588
makespan メークスパン 298
Malcolm Baldrige Award マルコム・ボールドリッジ賞 354
management of water quality 水質管理 599
manager's manual マネジャーマニュアル 527
Mangasarian-Fromovits constraint qualification マンガサリアン-フロモビッツの制約想定 491
Manhattan metric マンハッタン計量 666
manpower equation 要員方程式 625
manpower planning 要員計画 624

manpower scheduling 人的資源のスケジューリング 431
marginally independent 周辺的に独立 570
marginal value (cost) 限界価値 (費用) 171
maritime prepositioning 海上事前展開 46
market equilibrium 市場均衡 549
marketing マーケティング 557
marketing analysis マーケティング分析 335
Markov chain マルコフ連鎖 593, 624
Markov chain model マルコフ連鎖モデル 578
Markov decision process マルコフ決定過程 591
Markovian (mamoryless) マルコフ性 (無記憶性) 62
Markovian arrival process マルコフ到着過程 64
Markovian routing マルコフ型経路選択 581
Markov model マルコフモデル 624
Markov modulated Poisson process マルコフ変調ポアソン過程 66
Markov process マルコフ過程 546, 587, 593
Markov property マルコフ性 587, 593
Markov random field マルコフ確率場 587
Markov renewal process マルコフ再生過程 65, 593, 624
Markov routing マルコフ型経路選択 566, 581, 587
marriage problem 結婚問題 157
master probability 支配確率 562
master problem 親問題 40
matching マッチング 119, 144, 400, 582
material handling マテリアルハンドリング 584
material requirement planning : MRP 資材所要量計画 38, 233
mathematical model 数理モデル 295
mathematical organization theory 数学的組織理論 362
mathematical programming (method) 数理計画法 4, 27, 122, 224, 279, 295, 487, 546
mathematical programming model 数理計画モデル 609
mathematical programming problem 数理計画問題 295
Mathematical Programming Society 国際数理計画法学会 206
mathematical programming system : MPS 数理計画システム 295
matrices and matrix algebra 行列と行列代数 101
matrix 行列 101
matrix algebra 行列代数 101
matrix analytic method 行列解析法 64
matrix analytic stochastic model 確率モデルの行列解析法 64
matrix exponential form 行列指数形式 66
matrix game 行列ゲーム 168
matrix geometric form 行列幾何形式 65
matrix geometric form solution 行列幾何形式解 64
matrix geometry 行列幾何 101
matrix norm 行列ノルム 103
matrix of pairwise comparison 一対比較行列 49
matroid マトロイド 119
MAUT → multi-attribute utility theory
max-flow min-cut theorem 最大流・最小カット定理 216
maximal covering location problem 最大被覆立地問題 667
maximin value マックスミニ値 168
maximization 最大化 485
maximum 最大値 215
maximum clique problem 最大派閥問題 113
maximum flow network problem 最大流ネットワーク問題 216
maximum lateness 最大納期ずれ 297
maximum matching 最大マッチング 582
maximum matching problem 最大マッチング問題 215
maximum principle 最大原理 487
maximum tardiness 最大納期遅れ 297
maximum weighted matching problem 最大重みマッチング問題 582
MBF method MBF法 477

MCDM → multi-criteria decision making
meal-on-wheels program 給食宅配プログラム 432
mean 平均 41
mean absolute deviation : MAD 235
mean reversion 平均回帰 551
mean squared error : MSE 誤差の平均平方 235
mean-variance model 平均-分散モデル 548
measurable value function 尺度の価値関数 370
measure of effectiveness : MOE 有効性の尺度 622
measurement model 計測モデル 557
Medicaid 低所得者医療補助 496
medical decision making 医療意思決定 547
Medicare 老齢者医療保険制度 496
medicine and medical practice 医学と医療 4
membership function メンバーシップ関数 520
memoryless 無記憶 375
memoryless property 無記憶性 576, 600
Menger's theorem メンガーの定理 125
mental model メンタルモデル 605
menu planning メニュー計画 603
$M/E_k/1$ queue $M/E_k/1$ 待ち行列 578
merging 併合 518
merit function 評価関数 489
message passing メッセージ受け渡し 535
metagame analysis メタゲーム分析 601, 617
metaheuristics メタ戦略 375
metamodel メタモデル 601
metamodeling メタモデリング 601
method of center 中心法 438
method of stages 相の方法 356
metric 計量 665
Metropolis algorithm メトロポリスアルゴリズム 264
M/G/1 priority queue M/G/1 優先権待ち行列 580
M/G/1 queue M/G/1 待ち行列 68, 579
micro-structure ミクロ構造 366
Middle East 中東 46
milestone chart マイルストーンチャート 84
Military Applications Section 軍事応用部会 134
military buildup 軍事力拡大 45
military operations research 軍事オペレーションズリサーチ 109, 134, 647
Military Operations Research Society : MORS 軍事オペレーションズリサーチ学会 111, 134
military science 軍事科学 646
MIMD → multiple-instruction, multiple-data
MIMD hyper cube MIMDハイパーキューブ 518
minimax theorem ミニマックス定理 168
minimax value ミニマックス値 168
minimization 最小化 485
minimize 最小化 334
minimum 最小値 214
minimum cost matching 最小費用のマッチング 400
minimum cost network flow model 最小費用ネットワークフローモデル 432
minimum cost network flow problem 最小費用ネットワークフロー問題 1, 214, 335
minimum cut problem 最小カット問題 114
minimum distance problem 最短距離問題 486
minimum (maximun) feasible solution 最小(最大)実行可能解 214
minimum principle 最小原理 487
minimum spanning tree 最小全域木 144, 460, 523, 554
minimum spanning tree problem 最小全域木問題 122, 214
mining 鉱業 423
minisum rectilinear problem ミニサム直線計量問題 666
MIP → mixed integer programming, mixed integer programming problem
mission of the firm 企業の使命 89
mixed integer programming : MIP 混合整数計画法 151, 678
mixed integer programming model 混合整数計画モデル 122
mixed integer programming problem : MIP 混合整数計画問題 112, 207
mixed network 混合(型)ネットワーク 207, 566
mixed postman problem 混合郵便配達人問題 401
mixed strategy 混合戦略 168
MLCG → multiplicative linear congruential generator
M/M/1 batch arrival queue M/M/1 集団到着待ち行列 579
$M/M/c/c$ queue $M/M/c/c$ 待ち行列 577
$M/M/c$ queue $M/M/c$ 待ち行列 577
$M/M/1/N$ queue $M/M/1/N$ 待ち行列 577
$M/M/N$ queueing model $M/M/N$ 待ち行列モデル 405
M/M/1 queue M/M/1 待ち行列 273, 577
$M/M/\infty$ queue $M/M/\infty$ 待ち行列 577
mnemonic notation ニーモニック記法 28
model モデル 605
model accreditation モデルの認定 614
modelbase モデルベース 8
modelbase management system モデルベース管理システム 8
model builder's risk モデル構築者のリスク 605, 610
model credivility モデルの信頼性 653
model driven モデル駆動型 394
model evaluation モデルの評価 615
modeling モデル化, モデリング 149, 162
modeling language モデリング言語 217
model management モデル管理 334, 605
model testing モデルのテスト 609, 614
model user's risk モデル使用者のリスク 605, 610
model validation モデルの妥当性の検証 609, 655
model verification モデルの正当性の検証 609
model VV&T モデルのVV&T 609
modern warfare 近代的戦闘 638
MODI → modified distribution method
modified barrier function 修正バリア関数 476
modified distribution method : MODI 26
modified interior distance function 修正内点距離関数 476, 477
modified Newton direction 修正ニュートン方向 328
modulus 法 632
MOE → measure of effectiveness
monitor モニタ 535
monorail モノレール 585
monotone polygon 単調な多角形 146
Monte Carlo method モンテカルロ法 2, 4, 642
Monte Carlo simulation モンテカルロシミュレーション 319, 590
Monte Carlo technique モンテカルロ技法 642
Monte Carlo trial モンテカルロ試行 642
MORS → Military Operations Research Society
motion planning 動作計画 146
mouse マウス 71
moving bottleneck 動く障害 194
MPL 217
MPS → mathematical programming system
MRG → multiple recursive generator
MRP → material requirements planning
MSE → mean squared error
multi-attribute 多属性 161
multi-attribute utility theory : MAUT 多属性効用理論 38, 174, 370
multicollinearity 多重共線性 42
multi-commodity minimal cost network flow problem 多品種最小費用ネットワークフロー問題 374

multi-commodity network flow　多品種ネットワークフロー　372, 677
multi-commodity network flow problem　多品種ネットワークフロー問題　374
multi-criteria decision making：MCDM　多基準意思決定　603
multi-criteria decision model　多目的決定モデル　432
multidimensional transportation problem　多次元輸送問題　370
multi-echelon inventory system　多段階在庫システム　372
multi-echelon logistics system　多段階ロジスティックシステム　372
multilevel programming　多段(階)計画(法)　490, 493
multilevel reload problem　多段貨車積載プログラム　416
multimedia　マルチメディア　72
multi-objective decision analysis　多目的決定解析　20
multi-objective integer programming　多目的整数計画法　383
multi-objective integrated decision analysis and simulation　多目的統合決定分析・シミュレーション　426
multi-objective linear programming method　多目的線形計画法　174
multi-objective linear programming problem　多目的線形計画問題　392
multi-objective mathematical programming　多目的数理計画　383
multi-objective mathematical progrmming method　多目的数理計画法　173
multi-objective programming　多目的計画法　386, 490
multi-person game　多人数ゲーム　167
multiple criteria decision making　多目的意思決定　381
multiple-instruction, multiple-data：MIMD　多重命令，多重データ型　26, 516, 534
multiple machine model　多機械モデル　298
multiple objective linear program　多目的線形計画　389
multiple optimal solution　複数の最適解　522
multiple pricing　多重プライシング　370
multiple recursive generator：MRG　多項漸化式法　632
multiple (linear) regression analysis　重回帰分析　41, 205, 546
multiplicative linear congruential generator：MLCG　乗算型線形合同法　632
multiplier　乗数　57, 539, 543, 632
multiplier adjustment method　乗数修正法　676
multiplier vector　乗数ベクトル　57, 278
multistage decision problem　多段決定問題　428
multistage stochastic linear program　多段確率線形計画　59
multivariate control chart　多変量管理図　512
mutation　突然変異　12
mutual preferential independence　相互選好独立　370
mutually utility independent　相互効用独立　340
MYCIN　22

N

nadir solution　最悪解　385
NASA → National Aeronautics and Space Administration
National Aeronatutics and Space Administration：NASA　国家航空宇宙局　20
National Bureau of Standard：NBS　国家標準局　609
National Defense Research Committee：NDRC　国防研究委員会　43
National Energy Modeling System　ナショナルエネルギーモデリングシステム　141
natural resource　天然資源　421
NBS → National Bureau of Standard
NDRC → National Defense Research Committee
near-optimal solution　ほとんど最適な解　553
negative definite　負定値　447
negative transitivity　負の推移律　338
negotiation　交渉　385
neighborhood　近傍　265, 376
neighboring extreme point　隣接端点　672
net stock　正味在庫　212
network　ネットワーク　40, 302, 453, 521, 522
network analysis　ネットワーク分析　27
network design　ネットワーク設計　462
network design problem　ネットワーク設計問題　457, 676
network flow model　ネットワークフローモデル　459
network flow problem　ネットワークフロー問題　457, 582
network optimization　ネットワーク最適化　457
network planning　ネットワーク計画　453
network problem　ネットワーク問題　665
network programming　ネットワーク計画　245
network simplex algorithm　ネットワークシンプレックス法　462
networks of queues　待ち行列ネットワーク　565
network structure　ネットワーク構造　47
Neumann-Morgenstern utility function　ノイマン-モルゲンシュテルン型効用関数　127
neural network　ニューラル・ネットワーク, 神経回路網　149, 220, 279, 282, 287, 450
neutral zone　中間帯　68
newsboy problem　新聞売り子問題　290
newsvendor problem　新聞売り子問題　212
Newton equations　ニュートン方程式　327
Newton's method　ニュートン法　327, 442, 489
new world order　新世界秩序　45
node　ノード　124, 158, 465
node-arc incidence matrix　ノード・アーク接続行列　465
nominal group technique　名目的グループ手法　129, 419
nominal interactive decision process　名目的対話型決定プロセス　174
nonactive (nonbinding) constraint　有効でない制約　622
non-Archimedean infinitesimal　非アルキメディアン微小値　542
non-Archimedean number　非アルキメデス的数　485
nonbasic variable　非基底変数　485
non-compensatory　非補償的　342
non-compensatory choice strategy　非補償的選択戦略　496
nonconforming unit　不適合ユニット　506
nonconformity　不適合　506
nonconvex programming　非凸計画　487
nonconvex quadratic program method　非凸2次計画法　442
non-cooperative　非協力的　167
nondecreasing　非減少　383
nondegenerate basic feasible solution　退化していない実行可能基底解　366
nondiffferential programming　微分不可能計画　487
non-dominated　非被優越　381
nondominated set　非支配集合　387
non-homogeneous Poisson process　非斉次ポアソン過程　636
nonlinear　非線形性　42
nonlinear complementarity problem　非線形相補性問題　357
nonlinear generator　非線形生成法　635
nonlinear goal programming　非線形目標計画法　495
nonlinear model　非線形モデル　195, 238
nonlinear program　非線形計画　486
nonlinear programming　非線形計画法　335, 423, 463, 485
non-Markovian queue　非マルコフ型待ち行列　579
non-monotonic logic　非単調論理　288
nonnegative entry　非負行列　104
nonnegative solution　非負解　495
nonnegativity condition　非負条件　495
nonnegativity constraint condition　非負制約条件　334
nonparametric　ノンパラメトリック　451

non-preemtive 非割り込み 504, 580
non-regular measure 非正規型尺度 298
nonsingular matrix 正則行列 325
nontrivial solution 自明でない解 267
non-uniform random numbers 非一様乱数列 635
non-uniform rational B-spline：NURBS 非一様有理Bスプライン 147
nonzero-sum game 非ゼロ和ゲーム 485
norm ノルム 103
normal distribution 正規分布 41, 635, 636
normality 正規性 42
normative model 規範的モデル 94
northwest-corner solution 北西隅の解 545
no-wait model 非待機型モデル 299
NP-complete NP完全 153, 274, 279, 297
n-person game n人ゲーム 167
NP-hard NP困難 154, 297, 401, 467, 515
Nth-order tensor N階テンソル 15
nuclear war 核戦争 180
nucleolus 仁 171
null matrix ゼロ行列 333
null recurrent 零再帰的 595
null space 零空間 673
number in the system 系内客数 574
numerical analysis 数値解析 292
numerical experiment 数値実験 393
numerical optimization 数値的最適化 328
numerical taxonomy 数値分類 121
NURBS → non-uniform rational B-spline
Nyquist frequency ナイキスト周波数 235

O

OA（operations analysis）technical symposia 運用分析技術シンポジウム 111
objective function 目的関数 334, 485, 603
object methodology オブジェクト方法論 247
object oriented オブジェクト指向 29
object oriented analysis：OOA オブジェクト指向分析 247
observation 観測値 41
OEG → Operations Evaluations Group
offender behavior 犯罪者の行動 480
offered load 負荷率 521, 575
Office of Field Service 現地サービス室 646
Office of Scientific Research and Development：OSRD 科学研究開発室 43, 646
Office of the Chief of Naval Operations：OPNAV 海軍作戦部 45
Office of the Secretary of Defense：OSD システム分析室 502
off-line algorithm オフラインアルゴリズム 516
OLS → ordinary least squares
one-dimensional bin packing problem 1次元ビン・パッキング問題 515
one-machine model 1機械モデル 297
on-hand stock 手持在庫 212
on-line algorithm オンラインアルゴリズム 516
OOA → object oriented analysis
O, o-notation O記法 37
openloop オープンループ 187
open network オープンネットワーク，開放型ネットワーク 40, 566
open queueing network 開待ち行列ネットワーク 525, 581
open shop オープンショップ 299
Operations Evaluations Group：OEG 作戦評価グループ 44, 179, 647
operations management 業務管理 98
Operations Research Group：ORG オペレーションズリサーチグループ 44
Operations Research Office and Research Analysis Corporations 陸軍を支えたOR機関 646
Operations Research Office：ORO 作戦解析オフィス 647
operations research：OR オペレーションズリサーチ 149
Operations Research Society of America：ORSA アメリカOR学会 2
opinion and attitude survey 意見および姿勢調査 648
OPNAV → Office of the Chief of Naval Operations
opportunism 機会主義 363
opportunity cost 機会コスト 86
optimal 最適な 168, 597
optimal control 最適制御 314
optimal detection search problem 最適探知探索問題 395
optimal feasible solution 最適実行可能解 219
optimal policy 最適政策 428
optimal redundancy 最適冗長化 278
optimal search path problem 最適探索経路問題 397
optimal solution 最適解 334
optimal solution map 最適解写像 491
optimal strategy 最適戦略 167
optimal value 最適値 219
optimal value function 最適値関数 219, 491
optimization 最適化 20, 216
optimization model 最適化モデル 216
optimization of queues 待ち行列の最適化 574
optimization problem 最適化問題 219, 603
OR → operations research
order オーダ 37
ordinal value function 序数価値関数 370
ordinary least squares：OLS 155
ORG → Operations Research Group
organization 組織体 360
organizational design 組織設計 361
organizational failure 組織の故障 657
organizational management 組織的管理 222
organization theory 組織理論 360
origin node 流入頂点 671
OR/MS analyst OR/MSアナリスト 30
OR/MS marketing model OR/MSマーケティングモデル 557
ORO → Operations Research Office
ORSA → Operations Research Society of America
orthogonally interior 直交的に内部 555
orthogonal portfolio 直角ポートフォリオ 549
OSD → Office of the Secretary of Defense
OSRD → Office of Scientific Research and Development
outcome 成果 316
outer product 外積 14
outer product matrix 外積行列 14
outlier 外れ値 235
out of control 管理状態にない 507
out-of-kilter algorithm アウトオブキルターアルゴリズム 1
output 出力 609
output process 出力過程 274, 571
output variable 目的変数 41
outside observer distribution 任意時点分布 453
overachievement variable 過剰達成変数 73
overall mean method 全体平均法 550
overall measure of performance 性能の尺度の総量 334
overflow process 溢れ過程 1
overtaking 追越し 36
over/under capacity expansion model 超過・過少容量拡張モデル 426

P

P^4 P^4 504

packing パッキング 145
packing problem 詰込み問題 414
paired comparison 一対比較 46
pairwise interchange 一対交換 297
Palm measure パルム測度 67
parallel and large scale programming 並列計算と大規模問題 490
parallel computer 並列計算機 294
parallel computing 並列計算 534
parallel model of computation 並列型の計算モデル 516
parallel processing 並列処理 150
parallel random access machine 並列ランダムアクセスマシーン 516
parallel system 並列システム 240
parameter パラメータ 473, 609
parameter estimation パラメータ推定 486
parametric analysis パラメトリック分析 233, 474, 476, 607
parametric bound パラメトリック限界 475
parametric linear programming パラメトリック線形計画法 476
parametric nonlinear programming パラメトリック非線形計画法 491
parametric optimization パラメトリック最適化 494
parametric programming パラメトリック計画法 336, 473, 490
parametric solution パラメトリック解 473
parenthesis matching 挿入マッチング 518
Pareto chart パレート図 205
Pareto optimal solution パレート最適解 479
Pareto race パレート・レース 390
partial autocorrelation function 偏自己相関関数 230
partial balance equation 部分均衡(平衡)方程式 522, 570
partial pivoting 部分軸選択 294
partial pricing 部分価格付け 522
particular solution 特殊解 102
partition analysis 分割解析 613
partitioning 分割 373
PASTA → Poisson arrivals see time average
path 経路 125, 157
path analysis 経路解析 613
path following method パス追跡法 477
path relinking パス再結合 379
patrol car allocation model: PCAM パトロールカー配分モデル 96
patrolling repairman 巡回修理人 573
pattern recognition パターン認識 121, 144, 220
payoff 利得 167
payoff function 利得関数 670
payoff matrix 利得行列 341, 670
p-center problem p センター問題 254, 667
P-complete P 完全 516
PCAM → patrol car allocation model
PD → positive definite
PDF → probability density function
penalty function ペナルティ関数 487
penalty function method ペナルティ関数法 490
perfect information 完全情報 167
perfect matching 完全マッチング 400, 582
perfect packing 完全パッキング 517
performance guarantees 性能保証 298
period 周期 595, 631
periodic 周期的 595
periodic review 定期在庫調査, 定期発注 212, 415
permutation schedule 順列スケジュール 297
PERT → program evaluation and review technique, project evaluation and review technique
PERT/CPM 525

perturbation 摂動 333, 491
perturbation analysis 摂動分析 473
perturbation method 摂動法 333
perturbation theory 摂動理論 494
petro chemical industry 石油化学産業 330
PFI → product form of the inverse
phantom bottleneck 見かけの障害 194
phase I procedure フェーズⅠ手続き 521
phase II procedure フェーズⅡ手続き 521
phase type distribution 相型分布 348, 350, 578
phase type probability distribution 相型確率分布 348
phase velocity 位相の速度 193
piano movers problem ピアノ移動問題 146
piecewise linear function 区分線形関数 112
pipeline stock パイプライン在庫 210
pivot column 枢軸列 292
pivot delection rule 枢軸選択規則 292
pivot element 枢軸要素 291, 292
pivot row 枢軸行 291
planar problem 平面問題 665
plane sweep 平面走査(法) 146, 555
planning 計画 625
planning-programming-budgeting system: PPBS プランニングプログラミングバジェティングシステム 136, 642
plateau model 高原モデル 272
player プレイヤー 167
PL/1 404
p-median model p メディアンモデル 95
p-median problem p メディアン問題 255, 667
point location 点位置 145
point of sale data ポイントオブセールデータ 235
point of sale: POS ポイントオブセール 204
point process 点過程 420
point process with restricted memory 制限メモリ付き点過程 420
point stochastic process 点確率過程 420
point-to-set map 点集合写像 421
Poisson arrival ポアソン到着 404, 540
Poisson arrivals see time averages: PASTA ポアソン到着は時間平均を見る 471, 576, 674
Poisson distribution ポアソン分布 636
Poisson process ポアソン過程 66, 214, 403, 540, 596
police service 警察サービス 96
policy analysis 政策分析 642, 643
policy Delphi 政策デルファイ法 419
policy iteration 政策反復法 592
politico-military analysis 政治-軍事分析 650
politics 政治学 323
Pollaczek-Khintchine formula ポラチェック-ヒンチンの公式 553, 579
polling model ポーリングモデル 573
polling system ポーリングシステム 553
polyad ポリアド 15
polygon simplicity 多角形の単純性 146
polygon triangulation 多角形の三角形分割 146
polyhedra 多面体 144
polyhedral combinatorics theory 多面体的組合せ理論 120
polyhedral theory 多面体理論 115
polyhedron 多面体 381
polynomial complexity 多項式計算量 490
polynomial hierarchy 多項式階層 369
polynomially bounded algorithm 多項式有界アルゴリズム 369
polynomial model 多項式モデル 41
polynomial time 多項式時間 153, 298
polynomial time algorithm 多項式時間アルゴリズム 336

Pontryagin's maximum principle　Pontryagin の最大原理　313
pooling problem　プーリング問題　331
population growth　人口増大　329
portfolio management　ポートフォリオマネジメント　89
portfolio model　ポートフォリオモデル　173
portfolio optimization　ポートフォリオ最適化　60
portfolio selecting model　ポートフォリオ選択モデル　548
portfolio selection　ポートフォリオ選択　335
portfolio theory　ポートフォリオ理論　422, 548
POS → point of sale
positive definite：PD　正定値　441, 447, 488
positive recurrent　正再帰的　595
positive semidefinite：PSD　半正定値，非負定値　441, 488
positive semidefinite programming　半正定値計画法　439
posterior probability　事後確率　532
post office problem　郵便局問題　145
postoptimal analysis　最適化後分析　473
post-optimality analysis　事後分析　233, 336
posynomial program problem　ポジノミアル計画問題　87
power diagram　有力図　555
power model　べき乗モデル　270, 271
power system scheduling　発電日程計画　444
PPBS → planning-programming-budgeting system
practice of OR/MS　OR/MS の実践　29
practitioner　実務家　225
precedence diagramming　先行図表　337
precedence relation　先行関係　298
predicate calculus　述語計算法　614
predicate transformation　述語変換　614
predict　予測　41
predictive model　予測モデル　629
predictive validity　予想妥当性　372, 613
predictor variable　説明変数　41
preemption　割り込み　296, 574, 680
preemptive priority　優先順位　603
preference asymmetry　選好の非対称性　338
preference axiom　選好についての公理　201
preference independence　選好独立　382
preference profile　選好構造　131
preference relation　選好関係　370
preference structure　選好構造　201
preferance theory　選好理論　337
preferentially independent　選好独立　370
premise condition　前提条件　23
preprocessing　前処理　367
prescriptive　処方箋的な　343
prescriptive algorithm　処方箋的アルゴリズム　5
prescriptive battle model　処方箋的戦闘モデル　346
prescriptive model　処方箋的モデル　286
presentation graphics　プレゼンテーショングラフィックス　71
price　価格　57
price directive　価格主導　373
pricing　価格付け　57, 522
pricing vector　価格ベクトル　289
primal-dual algorithm　主双対アルゴリズム　1, 273
primal-dual interior point method　主双対内点法　438
primal problem　主問題　97, 274, 336, 372, 488, 495, 622
primal simplex method　主シンプレックス法　292
primitive polynomial　原始多項式　632
Prim's algorithm　プリムのアルゴリズム　523
principal eigenvector　主固有ベクトル　47
principal pivotal transformation　主座枢軸変換　358
principle of least action　最小作用の原理　538
principle of optimality　最適性の原理　428
prior probability　事前確率　532
prisoner's dilemma　囚人のジレンマ　169

prisoner's dilemma game　囚人のジレンマゲーム　273, 641
probabilistic algorithm　確率的アルゴリズム　62
probabilistic covering model　確率被覆モデル　669
probabilistic programming　確率的計画法　62
probabilistic tabu search　確率的タブーサーチ　377
probability density function：PDF　確率密度関数　64
probability distribution　確率分布　64, 235
probability generating function　確率母関数　64
probability integral transformation method　確率積分変換法　61
problem solving　問題解決　291, 616
problem structuring method：PSM　問題構造化法　616
procedure of batchmean　塊平均法　654
process capability index　工程能力指数　506
processs design　プロセス設計　99
process model　プロセスモデル　247
processor sharing　プロセッサシェアリング　526
product　積　101
product blending model　整品調合モデル　331
product design　製品設計　99
product development　製品開発　98
product form of the inverse：PFI　逆行列の積形式　94
product form solution　積形式解　330, 567, 581
production function　生産関数　27, 500, 543
production management　生産管理　318
production planning　生産計画　38, 100, 335
production rate　生産率　525
production rule　プロダクションルール　286, 364, 526
profile chart　プロフィールチャート　172
program evaluation　政策評価　316
program evaluation and review technique：PERT　174, 453, 472, 485
program monitoring　政策監視　317
programmer's manual　プログラマーマニュアル　527
programming language　プログラミング言語　24
progress curve　進歩曲線　269
progress function　進歩関数　271
project　プロジェクト　229, 233, 360
project evaluation and review technique：PERT　84
projection matrix　射影行列　267
projective transformation　射影変換　438
project management　プロジェクト管理　20, 38, 85, 525
project planning　プロジェクト計画　177
Project RAND　RAND 計画　640, 647
project SCOOP　SCOOP 計画　296
project selection problem　プロジェクト選択問題　172
PROLOG　288
proof of correctness　正しさの証明　614
proper coloring　真彩色　126, 289
propositional logic　命題論理　287
prospect theory　プロスペクト理論　341, 526
PROSPECTOR　22
protocol　プロトコル　526
protocol analysis　プロトコル分析　606
pruned　枝刈される　287
PSD → positive semidefinite
pseudoconcave function　擬凹関数　86
pseudoconvex function　擬凸関数　94
pseudoinverse　擬似逆行列　103
pseudo-polynomial　擬多項式　154
pseudo-polynomial-time algorithm　擬似多項式時間アルゴリズム　93
pseudorandom number generator　擬似一様乱数生成法　652
pseudorandom sequence　擬似乱数列　630
PSM → problem structuring method
public policy analysis　公共政策分析　182

pull down menu　プルダウンメニュー　71
pure integer programming problem　全整数計画問題　340
purely periodic　純周期的　631
pure strategy　純粋戦略　167

Q

QAP → quadratic assignment problem
Q-factor analysis　Q因子分析　122
Q-GERT　175
QJM → quantified judgment model
QP → quadratic programming
Q-sorting　Qソート　174
quadratic assignment problem : QAP　2次割当て問題　256, 447
quadratic convergence　2次収束　489
quadratic form　2次形式　447
quadratic fractional programming problem　2次分数計画問題　528
quadratic integer programming　2次整数計画　447
quadratic model　2次モデル　326
quadratic programming : QP　2次計画法　423, 441, 643
quadratic programming network optimization problem　ネットワーク最適化2次計画問題　441
quadratic programming problem　2次計画問題　19, 181
quadtree　4分木　146
qualitative and limited dependent variable model　質的および制限従属変数モデル　156
quality　品質　505
quality assurance　品質保証　505
quality control　品質管理　504
quality of conformance　適合品質　505
quality of design　設計品質　505
quantified judgment model : QJM　定量化判定モデル　345
quantitative representation　定量的表現　201
quarantine of Cuba　キューバの孤立化　45
quasi-birth-and-death process　準出生死滅過程　66
quasi-concave　準凹　383
quasi-concave function　準凹関数　274
quasi-convex function　準凸関数　278
quasi-Newton method　準ニュートン法　328, 489
quasi-random sequence　準乱数列　634
quasi-reversibility　準可逆性　278, 569
quasi-reversible　準可逆　567
quasi-reversible network　準可逆なネットワーク　567, 570
question driven　問題駆動型　394
queue (queueing)　待ち行列　193, 574
queue discipline　待ち行列規律　574
queueing discipline　待ち行列規律　560
queueing model　待ち行列モデル　481
queueing network　待ち行列ネットワーク　565, 580
queueing network theory　待ち行列ネットワーク理論　38
queueing system　待ち行列システム　402
queueing theory　待ち行列理論　224, 297, 574, 596
queueing time　待ち時間　574
queue inference engine　待ち行列推測エンジン　560
queue length　待ち行列長　574

R

race　レース　535
radical Delaunay triangulation　根軸ドローネー三角形分割　555
radical Voronoi diagram　根軸ボロノイ図　555
radius of the trust region　信頼領域の半径　328
rail freight operation　鉄道輸送（業務）　415
RAND Corporation　RAND研究所　110, 139, 418, 640
random field　確率場　64, 590
randomization　ランダム化　590
randomized improvement heuristics　無作為抽出改良型ヒューリスティクス　275
random number　乱数　630
random number generator : RNG　乱数生成法　630, 631
random variate　非一様乱数　485
random walk　ランダムウォーク　588, 594, 637
range　値域　102
ranging　レンジング　675
rank　ランク（階数）　630
rate matrix　変位行列　537
rate of convergence　収束速度　327
rational　合理的　341
rational economic model　合理的経済モデル　341
ratio scale　比尺度　46
ray　射線　268
Rayleigh quotient　レイリー商　529
RBRVS → resource based relative value system
R-chart　R管理図, Rチャート　3, 235
reachable　到達可能　595
reasoning　推論　286, 291
reasoning knowledge　推論知識　23, 291, 398
recency-based memory　最近メモリ　376
recognition problem　認識問題　453
recourse decision　リコース決定　59
recourse function　リコース関数　58
recourse linear programming　リコース線形計画　59
rectilinear metric　直線計量　666
recurrent point process　再帰点過程　420
ridge regression　リッジ回帰　42
redistricting　選挙区の区分け　324
reduced cost　リデュースト コスト　86, 219
reduced form　還元型　156
reduced gradient method　簡約勾配法　445
reduction of data　データの縮約　120
redundancy　冗長化　278
redundant constraint　冗長な制約　279
reengineering　リエンジニアリング　250
reflecting barrier　反射壁　594
reflective contract　相互対応契約　32
regeneration point　再生点　215
regenerative process　再生型過程　590
registered nurse　登録正看護婦　497
regression analysis　回帰分析　41, 604
regression model　回帰モデル　601
regression problem　回帰問題　486
regression testing　復帰テスト　613
regret　残念度　258
regular detection function　正則探知関数　396
regular measure　正規尺度　297
relative efficiency　相対的効率性　541
relative measurement　相対比較　47
relative neighborhood graph　相対隣接グラフ　554
relaxation　緩和問題　276
relaxed linear programming　線形緩和法　668
relaxed problem　緩和問題　86
reliability　信頼性, 信頼度　240, 290
reliability function　信頼度関数　290
reliability of system　システムの信頼性　240
reliability standard　信頼性基準　425
reneging discipline　中途離脱（リニーギング規律）　401, 574
renewal equation　再生方程式　214
renewal function　再生関数　214
renewal process　再生過程, リニューアル過程　214, 420, 624
representation　表現　348
representation theorem for polyhedral set　多面集合の表現定理　381

reproduction 複製 12
requisite model 必要モデル 161
RESA → Research Evaluation and Systems Analysis
research and development 研究開発 172
Research Evaluation and Systems Analysis: RESA 345
residual 残差 486
residual plot 残差プロット 42
resource 資源 334
resource aggregation 資源集約 233
resource allocation 資源配分 375
resource based relative value system: RBRVS 資源にもとづく相対価値システム 497
resource constrained project scheduling 資源制約のあるプロジェクトスケジューリング 299
resource constrained traveling salesman problem 資源制約付き巡回セールスマン問題 276
resource directive 資源主導 373
resource leveling 資源平準化 233
resource requirements prediction model: RRPM 197
resource smoothing 資源平滑化 233
response curve 応答曲線 187
response function 応答関数 186
response time 応答時間 36
response variable 反応変数 41
restricted-basis entry rule 限定基底入場規則 181
retailing 小売業 204
revenue equivalence theorem 利益等価定理 646
reverse of a process 逆過程 569
reversibility 可逆性 569, 590
reversible Markov process 可逆マルコフ過程 57
reversing 逆過程 569
review 再調査 612
revised simplex method 改訂シンプレックス法 57, 289, 290, 604
R-factor analysis R因子分析 122
Riccati equation リカッチ方程式 315
ridge regression リッジ回帰 42
right-hand-side 右辺 21
right-hand-side perturbation in the constraint 制約の右辺摂動 492
risk リスク 656
risk adverse 危険回避的 342
risk assessment リスク事前評価 657, 664
risk averse リスク回避的 664
risk aversion preference リスク回避性 549
risk function リスク関数 664
risk management リスク管理 656
risk neutral リスク中立的 664
risk prone リスク選好的 664
risk seeker リスク選好的 664
risk seeking リスク選好的 342
Ritter's partitioning method リッターの分割法 665
river basin optimization model 流域最適化モデル 81
RNG → random number generator
robotics ロボット 220
robust ロバスト 42
robust algorithm 頑健なアルゴリズム 147
robust control ロバスト制御 315
robustness analysis ロバスト性解析 617, 679
robust regression ロバスト回帰分析 42
role playing ロールプレイング 628
Rosen's partitioning method ローゼンの分割法 679
roundoff error 丸め誤差 597
route construction heuristic solution 経路構築発見的解法 157
route improvement heuristic solution 経路改善発見的解法 157

routing 移送経路 81
routing problem 経路問題 430
routing rule 遷移規則 574
row 行 101
row vector 行ベクトル 98, 101
RRPM → resource requirements prediction model
rule ルール 164, 672
rule base ルールベース 398
rule based forecasting ルールベースの予測 628
rule set ルール集合 672
run quantity 実行生産量 55
rural postman problem 田舎の郵便配達人問題 401

S

saddle point 鞍点 327
saddle point of a function 関数の鞍点 83
saddle point of a game ゲームの鞍点 166
saddle point problem 鞍点問題 3, 489
safety 安全性 3
safety index 安全性尺度 3
safety stock 安全在庫 55, 210
sample autocorrelation function 標本自己相関関数 230
sampling error 標本誤差 235
sand table 砂表 344
sand table battle model 砂表戦闘モデル 303
SAST → strategic assumption surfacing and testing
satisfiability problem 充足可能性問題 287
satisficing 満足化 9, 381, 597
satisficing tradeoff method 満足化トレードオフ法 390
scalability スケーラビリティ 536
scalable スケーラブル 295
scalar スカラー 101
scalar product 内積 101
scaling スケーリング 300
scanner panel data スキャナパネルデータ 186
scenario シナリオ 261, 422
scenario analysis シナリオ分析 59
SCERT → synergistic contingency evaluation and response technique
scheduling スケジューリング 20, 38, 373, 375, 546
scheduling and sequencing スケジューリングと順序付け 296
scheduling families or groups 族または群のスケジューリング 299
schema スキーマ 12
score function スコア関数 300
scoring model スコアリングモデル 172
screening スクリーニング 5
scripted battle model 決定論型戦闘モデル 164
SDSS → spatial decision support system
SEACAD → Southeast Asia Combat Analysis Division
SEACAG → Southeast Asia Combat Analysis Group
search 探索 394
search direction 探索方向 327, 489
search effort 探索努力 395
searcher 探索者 394
search theory 捜索理論, 探索理論 345, 394
search tree 探索木 286
seasonal adjust 季節調整 625
seasonal variation 季節変動 235
secant condition セカント条件 328
secant method セカント法 489
second-order condition 2次の条件 447
second-order necessary condition 2次の必要条件 327
second-order optimality condition 2次の最適条件 488
second-order sensitivity analysis method 2次の感度分析法 15

second-order sufficient condition 2次の十分条件 327, 491
second price auction セカンドプライス競売 448
security market line 証券市場線 549
seed たね 631
selective incapacitation 選択的権利剥奪 482
self-concordant セルフコンコーダント 476
self-dual parametric algorithm 自己双対パラメトリック・アルゴリズム 233
semantic analysis 意味解析 612
semantic methodology 意味論的方法論 248
semantic network 意味ネットワーク 23
semi-infinite optimization 半無限最適化 494
semi-infinite programming 半無限計画法 487, 490
semi-interquartile range 準四分位点距離 549
semi-Markov process セミマルコフ過程 333, 590, 624
semistrictly quasi-concave 半狭義準凹 529
semistrictly quasi-concave function 半強準凹関数 479
semistrictly quasi-convex function 半強準凸関数 479
semistructured problem 半構造化された問題 10
semivariance 半分散 549
sensitivity analysis 感度分(解)析 85, 161, 173, 233, 336, 473, 491, 604, 613, 673
sensitive parameter 感度パラメータ 336
separating hyperplane theorem 分離超平面定理 531
sequencing 順序付け問題 375
sequential 逐次 535
sequential analysis 逐次解析 235
sequential linear programming: SLP 逐次線形計画法 331, 490
sequential model of computation 逐次型の計算モデル 516
sequential quadratic programming 逐次2次計画法 490
sequential unconstrained minimization technique 逐次制約なし最小化法 487
series queue 直列型待ち行列 406
series system 直列システム 240
service in random order: SIRO ランダム順 575, 637
service planning model サービスプランニングモデル 417
service system サービスシステム 224
servomechanism サーボ機構 220
set covering 集合被覆 114
set covering problem 集合被覆問題 27, 114, 255, 268
set packing 集合充填 114
set packing problem 集合充填問題 114
set partitioning 集合分割 114
set partitioning problem 集合分割問題 114, 268
SETS → smoothed error tracking signal
SEU → subjective expected utility
sewage treatment plant 下水処理プラント 80
sewer system 下水システム 80
shadow price 潜在価格 340, 493
shape parameter 形状パラメータ 63
Shapley value シャープレイ値 171
Sharpe ratio シャープ比率 549
shell シェル 24, 57, 229
Shewhart chart シュワート管理図 509
ship builder's problem 造船問題 361
shock wave 衝撃波 193
shortest path 最短経路 144
shortest path problem 最短経路問題 460
shortest processing time: SPT 最小処理時間 297
shortest route problem 最短ルート問題 216
short selling 空売り 550
short-term forecast 短期予測 627
short-term memory 短期メモリー 376
signomial program シグノミアル計画問題 87
SIMSCRIPT II 643

SIMD → single-instruction, multiple-data
SIMD array SIMDアレイ 518
similarity 類似度 120
similarity matrix 類似行列 122
SIMNET 345
simple plant location problem: SPLP 単純施設配置(工場立地)問題 255, 666
simplex シンプレックス 289
simplex algorithm シンプレックスアルゴリズム 139
simplex method シンプレックス法 25, 94, 102, 147, 150, 234, 289, 303, 335, 367, 437, 522, 537, 642, 680
simplex tableau シンプレックス・タブロー 289, 498, 504
simplified multiattribute rating technique: SMART 多属性評価法 161
SIMSCRIPT 643
simulated annealing シミュレーテッド・アニーリング法 149, 264, 287, 297, 422
simulation シミュレーション 20, 27, 38, 546
simulation language シミュレーション言語 652
simulation model シミュレーションモデル 96, 609
Simulation of Discrete-Event Stochastic Systems 離散事象確率システムのシミュレーション 650
simulator シミュレータ 73, 264, 652
simultaneous equation 同時方程式 186
simultaneous equation model 同時方程式モデル 155
single equation regression model 単一方程式回帰モデル 155
single index market model 単一指数市場モデル 550
single-instruction, multiple-data: SIMD 単一命令, 多重データ型 25, 516, 534
single server network 単一サーバネットワーク 392
singular matrix 特異行列 430
sink node 吸収ノード 97
SIRO → service in random order
siting 位置決定 81
skew symmetric matrix 歪対称行列 485
skewness 歪度 549
slack variable スラック変数 312
slack vector スラックベクトル 312
SLP → successive linear programming
SMART → simplified multiattribute rating technique
Smith's theorem スミスの定理 215
SML → structured modeling language
S-model Sモデル 272
smoothed error tracking signal: SETS 235
smoothing constant 平滑化定数 234
smooth patterns of production 平準化生産 532
SOAR model SOARモデル 364
social choice theory 社会選択論 131
SODA → strategic options development and analysis
soft OR ソフトOR 616
soft system methodology: SSM ソフトシステム方法論(メソドロジィ) 365, 617
software development methodology ソフトウェア開発方法論 244
software failure ソフトウェア故障 657
software nontechnical risk ソフトウェアの非技術的リスク 658
software risk ソフトウェアリスク 657
software system engineering ソフトウェアシステム工学 222
software technical risk ソフトウェアの技術的リスク 658
sojourn time 系滞(潜)在時間 155, 574
solid wastes management 固形廃棄物管理 79
solution 解 41, 170, 334
solution of matrix game 行列ゲームの解 168
solution space 解空間 43
solver ソルバ 307

SOS → special ordered sets
source node 流入ノード 671
Southeast Asia Combat Analysis Division：SEACAD 東南アジア戦闘分析課 45
Southeast Asia Combat Analysis Group：SEACAG 東南アジア戦闘分析グループ 45
space 宇宙 20
span 張る 582
spanning tree 全域木 125, 333
sparse matrix 疎行列 360
spatial decision support system：SDSS 空間的意思決定支援システム 407
SPC → statistical process control
special ordered sets：SOS 特別順序集合 430
specification 規格 506
specification limit 規格限界値 506
speed-accuracy operating characteristic graph 速度-精度作業特性グラフ 269
speedup スピードアップ 536
spindle 主軸 523
spline スプライン 147, 303
SPLP → simple plant location problem
sports スポーツ 308
spreadsheet スプレッドシート 71, 150, 305
spreadsheet based language スプレッドシート言語 606
SPT → shortest processing time
SQC → statistical quality control
square law 2次法則 637, 639
square matrix 正方行列 102
square root law 平方根の法則 534
SSM → soft system methodology
stabbing 貫通 146
stabbing number 貫通数 146
stability analysis 安定性解析 490
stable set 安定集合 170
stage 段階 392
staircase structure 階段(状)構造 56, 367
standard Brownian motion 標準ブラウン運動 589
standard sealed bidding 標準的な入札モデル 448
standard statistics 基本統計量 42
Stanford-B model Stanford-B モデル 272
state 状態 403
state of nature 自然の状態 342
state probability 状態確率 403
state space 状態空間 402, 593
static sequencing 静的順序づけ 297
static technique 静的技法 612
stationary 均衡点 443
stationary distribution 正常(定常)分布 415, 595
stationary point 停留点 327
stationary stochastic process 定常確率過程 415
stationary transition probability 定常推移率 415
statistical analysis 統計分析 648
statistical equilibrium 統計的平衡 427, 575
statistical process control：SPC 統計的工程管理 504
statistical quality control：SQC 統計的品質管理 504
statistical technique 統計的技法 613
statistical test 統計的検定 631
steady state 平衡(定常)状態 531, 575
steady state balance equation 定常状態における平衡方程式 576
steady state distribution 平衡分布 531
steepest descent method 最急降下法 209, 489
Steiner point スタイナー点 146
Steiner tree スタイナー木 144
Steiner tree problem スタイナー木問題 302, 460

steplength ステップ幅 327
stepping-stone method 飛び石法 435
step size ステップ幅 489
stereographic projection 立体的射影 554
Stigler's diet problem スティグラーの栄養素問題 303
stochastic control theory 確率制御理論 315
stochastic decision analysis 確率的決定分析 382
stochastic duel 確率(論)的決闘 68, 345
stochastic machine scheduling 確率的機械スケジューリング 299
stochastic model 確率モデル 4, 64
stochastic optimization 確率的最適化 367
stochastic optimization model 確率最適モデル 609
stochastic process 確率過程 58
stochastic programming 確率計画法 58, 245, 336, 490
stochastic programming problem 確率計画問題 58
stochastic service system theory 確率的サービスシステム理論 574
stock ストック 624
St. Petersburg paradox St. Petersburg パラドクス 533
strategic assumption surfacing and testing：SAST 戦略的仮定の表面化とテスト 347
Strategic Bombing Systems Analysis 戦略爆撃のシステム分析 641
strategic choice 戦略的選択 348
strategic map 戦略マップ 347
strategic options development and analysis：SODA 戦略的オプションの展開と分析 347
strategic oscillation 戦略的振動 379
strategic posture of the firm 企業の戦略的姿勢 89
strategic thrust 戦略スラスト 90
strategy 戦略 167
stress testing ストレステスト 613
strict complementary slackness 狭義の相補性スラック条件 491
strict local minimizer 狭義の局所的最小解 488
strictly competitive game 厳密に競争的なゲーム 168
strictly quasi-concave function 狭義準凹関数 97
strictly quasi-convex function 狭義準凸関数 97
strict preference 強選好 338
strong causal relationship 強い因果関係 627
strong duality theorem 強双対性定理 97
strongly connected 強連結 202
strongly ergodic 強エルゴード的 589
strongly polynomial 強多項式 154
strongly polynomial-time algorithm 強多項式時間アルゴリズム 97
structural analysis 構造分析(解析) 607, 612
structural assumption 構造的仮定 201
structural form 構造型 156
structural variable 構造変数 192
structured analysis 構造解析 612
structured modeling 構造化モデリング 189
structured modeling language：SML 構造化モデル言語 189
structured problem 構造化された問題 10
structure function 構造関数 243
Student's t distribution Student の t 分布 635
stylized theoretical model 様式化された理論モデル 557
subjective expected utility：SEU 主観的期待効用 162
subjective probability 主観確率 532
subjective probability and utility 主観確率と効用 532
submodel testing 部分モデルテスト 613
suboptimization 部分最適化 522
successive approximation 逐次近似法 592
successive bisection 逐次2分割 489
successive linear programming：SLP 逐次線形計画法 331

super sparsity 超疎性 367, 401
superlinear convergence 超1次収束 489
supervised training 教師付き訓練 451
supplemental variable 補助変数 548
surplus variable 余剰変数 625
surplus vector 余剰ベクトル 625
sweep rate 探索率 395
sweep width 探索幅 395
switching equipment 交換機 410
symbolic debugging 記号的デバッグ 613
symbolic execution 信号的実行 613
symbolic manipulation 数式処理 16
symbolic technique 信号的技法 613
symmetric matrix 対称行列 369, 447
symmetric network 対称(型)ネットワーク 369, 570
symmetric primal-dual problem 対称型主双対問題 369
symmetric zero-sum two person game 対称型ゼロ和2人ゲーム 369
synergistic contingency evaluation and response technique: SCERT 25
syntax analysis シンタックス解析 612
system システム 236
system analysis システム分析 109, 135, 243, 498, 641〜643
system availability システムアベイラビリティ 241
System Development Laboratory システム開発研究所 642
system dynamics システムダイナミクス 236, 617
system identification システム同定 314
system of linear equation 線形方程式系 293
systolic array シストリックアレイ 518

T

tabu active タブー活性 376
tabu list タブーリスト 377
tabu search タブーサーチ 149, 287, 297, 374, 422
tabu tenure タブー保有期間 377
tactical doctrine 戦術ドクトリン 44
tactical innovation 戦術的革新 45
tandem network 直列型ネットワーク 581
target 目標 394
target analysis 目標分析 287
Tausworthe generator Tauswortheの生成法 633
Tchebycheff method チェビシェフ法 390
team sports チームスポーツ 308
team theory チーム理論 361
technological coefficient 技術係数 93
tendering 入札 177
terminal 端末 398
terminating simulation 有限(終結型)シミュレーション 653
termination on a secondary ray 副次的半直線上での停止 358
term structure of interest rate 金利期間構造 106
test failed テストの失敗 610
tetrahedralization 4面体分割 146
theater level 戦域レベル 45
The Freight Car Utilization Research/Development Program 貨車運用の研究開発プログラム 415
The Institute of Management Sciences: TIMS 経営科学学会 138
theorem of alternative 二者択一定理 447
theoretician 理論家 225
theory of mass storage 倉庫理論 574
thickness 厚さ 1, 126
thinning 間引き 636
thinning procedure 間引き手順 420
Third World threat 第三世界の脅威 45
time/cost trade-off 時間費用トレードオフ 229
time series 時系列 234

time series analysis 時系列分析 229
time series model 時系列モデル 156
time-stepped simulation 時間追いかけ型シミュレーション 229
TIMS → The Institute of Management Sciences
TIN → triangulated irregular network
tolerance 許容差 506
tolerance analysis 許容分析 105
tolerance limit 許容限界値 506
Tomahawk cruise missile トマホーク巡航ミサイル 46
tool magazine ツールマガジン 523
top-down testing トップダウンテスト 613
T-optimal T最適 396
total float 総余裕 360
total flow time 滞留時間和 297
total lateness 納期ずれ和 297
total optimality 全的最適性 396
total quality 総合品質 352
total quality control: TQC 505
total quality management: TQM 総合的品質管理 38, 350, 504
total tardiness 納期遅れ和 297
total university simulation system: TUSS 197
total waiting time 総待ち時間 574
tour 巡回路, ツアー 275, 286, 399
TQC → total quality control
TQM → total quality management
trade-off トレードオフ 496
traffic analysis 交通解析 192
traffic equation トラフィック方程式 436, 566
traffic flow 交通流動 192, 195
traffic intensity トラフィック密度 65, 436, 575
traffic process トラフィック過程 436
traffic requirement トラフィック要求 410
train scheduling system 列車スケジューリングシステム 416
transfer coefficient 移動係数 82
transfer function 伝達関数 232
transient 一時的, 過渡期 595, 631
transient analysis 過度解析 79, 590
transient solution 過渡解 575
transition function 推移関数 291, 587
transition intensity 状態推移率 568
transition matrix 推移行列 291
transition probability 推移確率 291, 587, 594
transition probability matrix 推移確率行列 594
transition rate 遷移の率 403
transitive 推移的 202
transportation problem 輸送問題 335, 435, 522, 623
transportation problem paradox 輸送問題逆理 623
transportation simplex method 輸送シンプレックス法 622
transposed matrix 転置行列 102
transposition theorem 置換定理 398
trapezoidation 台形分割 146
traveling salesman 巡回セールスマン 205
traveling salesman problem: TSP 巡回セールスマン問題 27, 113, 144, 149, 204, 257, 274, 286, 298, 399, 431, 468, 583, 642
tree 木 86
tree search algorithm 木探索アルゴリズム 149
triangular matrix 三角行列 224
triangulated irregular network: TIN 非一様三角形分割ネットワーク 147
trim problem 切断問題 333
trivial solution 自明な解 267
truck トラック 585
truck dispatching トラック派遣 436
truckload (TL) shipment トラック積荷輸送 436
truncated-Newton method 打切りニュートン法 328
trust region 信頼領域 328

trust region method 信頼領域法 327
truth assignment 真偽値 287
TSP → traveling salesman problem
Tucker tableau タッカー・タブロー 372
Turing machine チューリング機械 152
Turing test チューリングテスト 612
TUSS → total university simulation system
two-dimensional bin packing problem 2次元ビン・パッキング問題 516
two-fluid model 2つの液体モデル 195
two-fluid model approach 2つの液体モデルのアプローチ 195
two-fund separation 2ファンド分離定理 549
two-person game 2人ゲーム 167, 273
two-phase simplex method 2フェーズシンプレックス法 414
two-zone model 2ゾーンモデル 68

U

U-boat Uボート 43
unbalanced transportation problem 不均衡型輸送問題 522
unbiased and minimum variance 最小不偏分散 42
unbiased estimates 不偏推定量 42
unbounded optimal solution 非有界最適解 496
uncertainty 不確実性 7, 160, 202, 361
unconstrained minimization problem 制約なし最小化問題 326
unconstrained optimization 制約なし最適化 326
unconstrained problem 制約なし問題 486
unconstrained quadratic minimization programming problem 無制約最小化2次計画問題 441
unconstrained solution 制約なし解 326
uncontrollable variable 制御不能な変数 312
uncorrelate 相関がない 41
underachievement variable 未達成変数 600
undetermined system of linear equation 不定方程式系 522
undirected arc 無向アーク 600
uniformization 一様化 590
uniformly optimal 一様最適 396
unimodular matrix ユニモジュラ(単模)行列 623
unique solution 唯一解 622
unit dispatch schedule 配電指令スケジュール 425
unit formulation 単位形式 271
unit load concept ユニットロードコンセプト 586
unit maintenance scheduling ユニット保守スケジューリング 426
unit price bid model 単価入札モデル 448
unit roundoff error 単位丸め誤差 294
unloaded (space) unit 無負荷(補給)ユニット 278
unrestricted variable 無制約変数 600
unstable 不安定である 293
unstructured problem 非構造化された問題 10
unsupervised learning 教師なし学習 451
unsymmetric primal-dual problem 非対称型主双対問題 495
urban service 都市のサービス 430
user interface 利用者インタフェース 23
user's manual ユーザマニュアル 527
utility 効用 162, 341
utility function 効用関数 201, 371, 664
utility independence 効用独立 340, 382
utility optimization method 効用最適化法 382
utility planning model 公益事業計画モデル 426
utility theory 効用理論 201, 533
utilization factor 利用率 402

V

vacation model バケーションモデル 471, 573
vacation time バケーション時間 470
validation 妥当性の検証 372

value function 価値関数 73, 338, 382
VAM → Vogel's approximation method
variable estimation 変数選択 43
variable metric method 可変計量法 489
variance 分散 41
variance reduction method 分散減少法 635
variance reduction technique 分散減少法 655
variational inequality 変分不等式 493
vector computer ベクトル計算機 294
vector optimization method ベクトル最適化法 382
vector space ベクトル空間 537
vehicle route 車両経路 157
vehicle routing problem 配送経路問題 466
venture evaluation and review technique: VERT 175, 521
verification of correctness 正当性の検証 325
VERT → venture evaluation and review technique
vertex 頂点 335
vertex coloring problem 頂点採色問題 113
vertical generalization 垂直一般化 359
vertical integration 垂直統合 89
viable system diagnosis 生存可能システム診断 617
Vickrey auction ヴィクレイ競売 448
Vietnam War ベトナム戦争 45, 180
virtual reality 仮想現実 73, 345
virtual relation 仮想関係 607
viscosity solution 粘性解 315
visibility 可視性 555
visibility graph 可視グラフ 146
visibility map 可視地図 146
visualization 可視化 71
Vogel number ヴォーゲル数 19
Vogel's approximation method: VAM ヴォーゲルの近似法 19
von Neumann 139
Voronoi diagram ボロノイ図 145, 553
Voronoi diagram construct ボロノイ図構成 553
Voronoi polyhedron ボロノイ多面体 553
voting 投票 131

W

waiting room 待合い室 574
waiting time 待ち時間, 遅れ 582
walkthrough 立ちげいこ 612
warehouse problem 倉庫問題 355
war game 戦争ゲーム 340, 344, 347
warm standby system 温待機システム 240
warm start ウォームスタート 477
warm-up period 立ち上げの問題 654
wastewater treatment plant 廃水処理プラント 80
watch it and model it 観察してモデル化せよ 260
water distribution system 水分配システム 79
water management 水管理 79
water pollution abatement model 水汚染減少モデル 80
water resource 水資源 597
water resource development 水資源開発 597
water resources management 水資源管理 79
water treatment plant 水処理プラント 79
wave propagation 波動の伝播現象 193
WBS → work breakdown structure
weak difference independence 弱差独立 371
weakly coupled system 弱連結システム 267
weakly ergodic 弱エルゴード的 589
weak solution 弱解 315
Weber problem ウェーバー問題 666
Weibull distribution ワイブル分布 63, 635
weighting vector space 重みベクトル空間 388

well-posed optimization 適切最適化 494
what-if types of question what-if 型の質問 173
white box testing ホワイトボックステスト 613
Wiener process ウィーナー過程 589
wildlife management 野生動物の管理 422
Wilkinson equivalent random technique ウィルキンソン等価ランダム法 19
window ウィンドウ 71
winner's curse 勝者の愚痴 448
withdrawable bid model 解約可能モデル 448
work breakdown structure : WBS 作業構成明細書 502
work flow redesign ワークフロー再設計 250
work schedule 労働スケジュール 676
workstation farm ワークステーション農園 535
World Bank 世界銀行 141
World 3 model ワールド 3 モデル 329
World War II 第二次世界大戦 43
worst case analysis 最悪ケース分析 209
worst case performance 最悪値の振る舞い，最悪例の性能 297, 516

X

$\bar{X}$-chart $\bar{X}$ 管理図 26, 235

Y

yield management of resource 資源の利用効率管理 233
Yule-Walker estimation ユール-ウォーカー推定量 230

Z

zero-one goal programming 0-1 目標計画 333
zero-one linear-programming problem 0-1 線形整数計画問題 112
zero-sum ゼロ和 333
zero-sum game ゼロ和ゲーム 168, 333
zero-sum two-person game ゼロ和 2 人ゲーム 166, 369, 670

監訳者略歴

森村英典
1928年 東京都に生まれる
1951年 東京工業大学卒業
現　在 東京工業大学名誉教授・
　　　 理学博士

刀根　薫
1931年 福岡県に生まれる
1953年 東京大学理学部数学科卒業
現　在 政策研究大学院大学教授・
　　　 工学博士

伊理正夫
1933年 東京都に生まれる
1960年 東京大学大学院数物系
　　　 研究科博士課程修了
現　在 中央大学教授，東京大学
　　　 名誉教授・工学博士

経営科学OR用語大事典（普及版）　　定価はカバーに表示

1999年1月25日　初　版第1刷
2007年6月30日　普及版第1刷

監訳者　森　村　英　典
　　　　刀　根　　　薫
　　　　伊　理　正　夫

発行者　朝　倉　邦　造

発行所　株式会社　朝倉書店
東京都新宿区新小川町6-29
郵便番号　162-8707
電　話　03(3260)0141
ＦＡＸ　03(3260)0180
http://www.asakura.co.jp

〈検印省略〉

© 1999〈無断複写・転載を禁ず〉　　中央印刷・渡辺製本

ISBN 978-4-254-12171-1　C 3541　　Printed in Japan